中华人民共和国地方志丛书

苍山县志

下

兰陵县地方史志编纂委员会　编

方志出版社
Publishing House of Local Records

第十九编
地方政协组织

蒼山縣志

中共十一届三中全会以后，人民政协工作进入了一个崭新的历史发展阶段。1981 年 5 月，在县委的领导下，按照《中国人民政治协商会议章程》，组建了中国人民政治协商会议苍山县委员会，至 2010 年已历 8 届。县政协成立后，根据新时期总任务的要求，大力组织建设，充分发挥政协作用，推动社会发展。

第一章　政协苍山县委员会

第一节　政协委员

2010 年 12 月，有住苍山市政协委员 11 人，县政协组成界别 17 个，县政协委员 256 人。政协委员们来自全县各阶层，代表性强；各领域的专家学者和知识分子委员明显增加；一批在经济建设和改革开放中有影响、有贡献的代表人士，特别是非公有制经济代表人士成为爱国统一战线的新成员。

第二节　县政协会议

第一届委员会

中国人民政治协商会议苍山县第一届委员会第一次会议于 1981 年 5 月 27 日—6 月 1 日在卞庄举行。参加会议的委员 92 人，选举产生政协苍山县第一届委员会主席、副主席、秘书长、常务委员 27 人，组成常务委员会。王家柱为主席，李春学、王子通、孙善斋、冯晓、陈西元为副主席。1982 年 7 月 27 日—30 日举行政协苍山县首届二次会议，出席会议的委员 66 人，补选戚建业为县政协主席。1983 年 2 月 20 日—24 日举行首届三次会议，补选伏广余为副主席。

第二届委员会

政协苍山县第二届委员会第一次会议于 1984 年 7 月 2 日—7 日举行。出席会议的委员 109 人，选举产生政协苍山县第二届委员会主席、副主席、秘书长、常务委员 30 人，周爱三为主席，孙善斋、伏广余、张藻良为副主席。1985 年 5 月 6 日—9 日举行二届二次会议，增补王建东、宁相如、陈兆全、孙竺华为副主席。1986 年 5 月 2 日—5 日举行二届三次会议。

第三届委员会

政协苍山第三届委员会第一次会议于 1987 年 3 月 23 日—26 日在县政府礼堂召开。出席会议的委员 196 人，选举产生苍山县政协第三届委员会主席、副主席、常委 26 人，周爱三为主席，李庆生、王永坤、王建东、宁相如、孙竺华、张藻良为副主席。1987 年 8 月 15 日—16 日举行三届二次会议，列席县十届人大二次会议，坚决拥护省、地委关于对苍山“蒜薹事件”的处理决定。1988 年 1 月 3 日—5 日举行三届三次会议。1989 年 3 月 27 日—29 日举行三届四次会议。

本届共收到委员提案 196 件，立案办理 190 件，作其他处理 6 件。

第四届委员会

政协苍山县第四届委员会第一次会议于 1990 年 4 月 5 日—8 日举行。出席会议的委员 192 人，选举产生苍山县政协第四届委员会。张万连为主席，李桂兰、王永坤、孙竺华、王建东、王兴国为副主席。1991 年 3 月 20 日—22 日举行四届二次会议，补选夏继昌为副主席。1992 年 3 月 24 日—26 日举行四届三次会议，增补常务委员 2 名。

本届共征集提案293件，立案237件，占收到提案的99.2%，作其他处理2件。其中有关经济建设提案123件，占立案51.9%；有关文教卫生提案67件，占立案的28.27%；有关社会、政治、劳动、人事、廉政建设等提案32件，占立案的13.5%；精神文明建设等方面提案15件，占立案6.33%。征集文稿90余篇，40余万字，编辑出版《苍山县文史资料》第7、第8期，收录文稿43篇，17万字，印6800册。

第五届委员会

政协苍山县第五届委员会第一次会议于1993年2月28日—3月3日举行。出席会议的委员201人，选举产生苍山县政协第五届常务委员会35人，李桂兰为主席，夏继昌、梁本红、孙竺华、王兴国、林得宝、王泰广为副主席。1994年3月19日—21日举行五届二次会议，增选常务委员2名。1995年4月5日—7日举行五届三次会议，增选薛振岭、孙宝银为副主席，增选常务委员3名。1996年4月18日—19日举行五届四次会议，增选刘连秀为副主席，增选常务委员1人。本届共办理提案263件。其中，经济建设深化改革、农林水、文教卫生、政法劳动人事、交通邮电商业、政协统战、其他方面提案分别为55件、36件、80件、24件、45件、6件、17件，分别占全部提案的20.9%、13.7%、30.4%、9.1%、17.1%、2.2%、6.5%。为市政协《临沂文史集萃》供稿42篇，23万字。

第六届委员会

政协苍山县第六届委员会于1998年2月7日—9日在县城举行第一次全委会议。出席会议的委员200人，选举产生常委23人，选举李桂兰为主席，张志法、孙宝银、王兴国、王泰广、朱德资为副主席。六届二次会议增选张守余、郭忠文、王洪沧为常委。六届四次会议于2001年3月7日—10日召开。会议选举张志法为主席，补选刘霞、刘信吉、李玲为副主席，增选王慧雅、田忠秀、朱付营为常委。六届五次会议增选徐士文、蒋新东为常委。

第七届委员会

政协苍山县第七届委员会于2003年2月9日—11日在县城举行第一次全委会议。出席会议的委员199人，选举产生常委33人，选举刘霞为主席，公茂森、范秋艳、李玲、李相启、徐士文为副主席。七届二次会议增选王运东、孙文华、邢希雷等11人为常委。七届三次会议选举任传才为秘书长，增选丁海胜、王付金、冯生臣、宋开山为常委。七届四次会议增选朱茂成为副主席。七届五次会议增选杨秀业为副主席、王昌印为秘书长。

图19—1 政协苍山县第七届三次会议 （2005年2月摄）

第八届委员会

政协苍山县第五届委员会县政协八届一次会议于2007年12月11日—13日在县城举行第一次全委会议。出席会议的委员248人，选举产生常委40人，选举刘霞为主席，朱茂成、杨秀业、高久军、黄昌领、王远振为副主席，王昌印为秘书长。八届二次会议增选王明辉、庄肃军、陈一章、张兰美、颜士全为常委。八届三次会议增选朱旭、刘宝林、孙文华、孙晋芳、李昌林、宋远翔、张伟、张磊、薛春霞为常委。

第三节 政协工作机构

1981年，召开苍山县政协第一届第一次

会议，选举产生苍山县政协第一届委员会。到1996年，委员人数由成立时的92人增加到211人，办事机构从只有1个办公室，增加为社会联谊、经济科技建设、文教卫生、学习提案、文史资料5个专门委员会及28个乡镇政协工作室，政治协商制度逐步健全和完善。2010年，县政协机关共设5委1室，即办公室、提案委、文史委、科教委、社联委、经济委。

第二章　履行职能

第一节　政治协商

1981年以后，政协苍山县委员会积极发挥职能作用，围绕中心工作开展多种形式政治协商。2004年9月，中共苍山县委下发《关于进一步加强政协工作的决定》，把政治协商纳入党政决策程序中，凡带有全局性、战略性的重大问题，决策之前都提交政协协商。至2010年，党政主要领导先后100余人次到政协通报工作情况并听取意见。

按照“三在前、三在先”的要求，通过全委会总体协商、常委会专题协商、主席会议重点协商、专门委员会对口协商等协商形式，围绕各个不同时期五年规划的制定和实施、年度政府工作报告、全县大政方针以及经济、政治、文化和社会生活中的重大问题开展协商讨论，提出150余项意见和建议，绝大部分都被党委、政府采纳。

第二节　民主监督

政协苍山县委员会不断增强民主监督意识，改进监督方式，拓宽监督渠道，加大监督力度，增强监督效果。通过调研视察、专题讨论、会议发言、反映社情民意等有效形式，提建议、作批评，积极支持委员通过兼任司法机关和政府部门特约监督员等，开展各种监督活动。党政各部门主动支持县政协开展民主监督，认真听取意见，自觉接受监督。县政协先后组织委员就《中华人民共和国妇女权益保障法》《中华人民共和国人口与计划生育法》《中华人民共和国义务教育法》《公民道德建设实施纲要》《山东省计划生育条例》等法律法规实施情况，“平安苍山”建设，政法机关规范化建设，全县村级实行村务“四监管”情况等，开展专题调研视察活动。针对调研视察中发现的问题，向县委写出报告，提出意见和建议，引起了县委、县政府的高度重视。先后有380多人次的政协委员被聘为行风监督员或人民陪审员。

第三节　参政议政

县政协充分发挥各专门委员会参政议政的独特优势，组织委员开展调研视察、研讨论证，积极建言献策。组织委员就全县重大项目建设，科技事业发展，非公有制经济发展，旅游资源

图19—2　县政协经济工作座谈会　（2009年7月摄）

开发，工业强县，计划生育，县乡公路建设，“平安苍山”创建，农村中小学校舍危房改造，新型农村合作医疗开展，新农村建设，教育、民政、交通、水利等民生建设，经济开发区发展，污水处理厂建设等开展调研60余次、视察170余次，提交调研视察报告230余份，其中有60余篇被县委转发。

制定《政协苍山县委员会提案工作暂行规定》。每次全委会议后，学习提案委员会对收到的提案认真地进行审查登记，积极会同县政府办公室进行提案交办，加强提案办理的督促与检查，确保委员提案的“件件有落实、案案有着落”。在每年度召开的政协例会上，对优秀提案委员和提案承办先进单位进行表彰奖励。至2010年，收到提案638件，办理完毕630件。

2006年8月31日，县政协七届十五次常委会议通过《关于苍山县更名兰陵县的建议案》，该建议案认为，更名为兰陵县，可以通过借助三千年古老名镇的巨大影响力，进一步提升县域形象，推动经济社会快速发展。建议案通过后，按照有关程序，上报县委，供决策参考。

第四节 文史资料征集

1981年至2010年，先后出版九辑《苍山文史资料》和《苍山文史集萃》《苍山名人》等书籍，共计150余万字。其中，《苍山名人》一书编纂收录古代及近现代人物59位，计17.6万字。该书以人物传记的形式，收录苍山从古至今比较有影响、有建树的一批人物，其中有季文子、宗圣曾子、后圣荀子、齐高帝萧道成、“新文化运动先驱”王思玷、革命烈士赵镈、中科院院士王洪桢等。同时，文史委还开展《苍山览胜》一书的前期资料征集工作，承担省、市政协安排的多个协作征集任务，及时将文字、图片等文史资料报送省、市政协，连年被省政协评为文史工作先进集体。

图19—3《苍山文史资料》

第五节 社会联谊

县政协每年春节前都举办社会各界人士迎春茶话会，县委主要负责人到会通报苍山经济社会发展情况，社会各界人士代表欢聚一堂，畅谈苍山发展变化，统一思想，形成共识。先后接待上级政协视察356次、4800多人次，接待兄弟政协来访463次、5750多人次。积极参加一年两次的苏鲁结合部十二县（市、区）政协协作会，作为创始会员方，1981年至2010年12月，先后2次承办苏鲁结合部十二县（市、区）政协协作会。

第二十编
群众团体

蒼山縣志

抗战时期，苍山县境内的工人、农民、妇女和青年团体积极开展各种形式的抗日斗争。解放战争时期，他们支援配合解放军粉碎了国民党反动派的统治。新中国成立后，他们又活跃在社会主义建设的各条战线上，继续为建设富裕文明和谐幸福新苍山努力奋斗。

第一章　工人团体

第一节　组织状况

早期工人运动

1925年3月，向城福兴酒店的15名工人，在类纪友的组织带领下举行罢工，直接与酒店的老板进行谈判，提出增加工资和改善工人待遇的要求，迫使其一一答应工人们提出的要求，并以酒席招待罢工工人。事后，工人所提出的条件只是部分兑现。1926年3月，向城协兴酒店、沂兴酒店、福兴酒店的工人，联合举行有几十人参加的罢工斗争，和老板谈判以后，因提出的条件未能全部兑现，工人们就在暗中采取偷工减料和降低白酒质量的斗争策略，使酒店倒闭。1926年7月，兰陵酒店工人韩英和领导、发动兰陵几家酒店工人举行罢工，要求减轻劳动强度、增加工资。兰陵附近的齐家圩子、蒋家庄、黄山屯、店子等地酒店工人纷纷响应，参加罢工人数300余人。罢工斗争取得初步胜利。

临郯费峄四县边联县职工抗日救国会

1939年春成立，中共鲁南特委职工部科长于康兼任会长。1939年12月27日夜间，四县边联职工抗日救国会带领工人游击队，组织当地百余名工人和农民，一夜间破坏临枣公路上的数座大桥。1940年3月，为解决烧柴困难和增加经济收入，四县边联职工抗日救国会动员敌占区的部分失业煤矿工人，在车辋的节义庄开办大众煤矿。1940年3月，国民党王学礼部对四县边联地区进犯，工人游击队配合自卫团以及其他革命武装进行反击，将国民党军队击溃。1940年4月，在车辋召开职工代表大会，选举产生边区县职工抗日救国总会，张绍九、李希亭、王西恩先后任会长，积极开展各种形式的抗日斗争。1944年2月，改称赵镈县职工抗日救国会。

临沂县职工抗日救国会

1939年3月，中共临郯县委成立，下设职工会，朱安甫任会长，活动于临郯平原。1940年3月，中共临沂县委成立，同时建立临沂县职工抗日救国会，柴广元、赵伟、程风岭先后任会长。

赵镈县职工抗日救国会

1944年2月，由临郯费峄四县边区县职工抗日救国会改称。王西恩任会长。积极动员群众进行减租减息斗争，各村纷纷建立村工会，有的还成立由做短工的农民组成的“短工会”。在共产党员和积极分子带领下，开展“双减”斗争。1944年7月，在职工会长王西恩的带领下，在高山沟村召开减租减息和斗争恶霸地主

图20—1　斗争恶霸地主大会

高明勋大会，到会的工农群众达1000多人。大会上，由群众代表高振东等人控诉恶霸地主的罪行。1948年，职工抗日救国会撤销。

兰陵县总工会

1948年2月，建立起兰陵县的工会组织。因兰陵县下辖的5个区，有的已经成立基层工会，所以兰陵县的工会组织称作兰陵县总工会。由李发祥担任工会主席。

苍山县工会联合会

新中国成立前，未设工会组织。1950年6月《中华人民共和国工会法》颁布后，邮电、教育、商业、供销等按行业组建基层工会委员会。1954年11月，县委任命许景法为苍山县工委主任。1956年11月，苍山县职工队伍已经发展到5200多人，县属企事业单位先后建立起28个基层工会委员会，工会会员发展到900多人。为适应形势的需要，苍山县工会联合会筹委会于1956年11月20日至21日在政府礼堂召开会员代表大会。应出席会议代表150人，实到145人，缺席5人，列席5人。会议选举产生苍山县工会联合会执行委员会、经费审查委员会和出席山东省工代会的代表。联合会未设正职，许景法任副主席。

苍山县总工会

至2010年，全县有基层工会组织582家，共发展会员58008人。其中非公有制企业工会318家，外资企业18家，规模以上企业76家。建立女工组织452家，拥有女职工会员21606人；建立工会经审组织328个，调解组织136个。建立职代会460个。建立职工之家350个。

1997年—2010年苍山县总工会工会组织情况

表20—1

年份	工会组织数（个）	职工人数	会员人数
1997	175	32145	30458
1998	189	35242	32741
1999	202	37698	36923
2000	213	39852	37720
2001	246	40126	39552
2002	275	43278	41788
2003	324	45896	43566
2004	356	48126	46210
2005	398	49240	47842
2006	416	50728	48520
2007	445	51657	50144
2008	499	53410	52336
2009	552	54753	53447
2010	582	58430	58008

第二节　代表大会

1963年5月18日，苍山县总工会第一次代表大会召开，出席代表152人，列席17人，历时3天。选举产生苍山县总工会第一届委员会、经费审查委员会、出席山东省总工会第五次代表大会的代表，郇景奎为主席。至2010年，苍山县总工会已召开9次代表大会，进行8次换届选举。2010年，在县直机关13个系统和21个乡镇建有34个工会工作委员会，辖535个基层工会委员会。

苍山县历次工代会情况

表20—2

届　次	时　间	出席人数		选举情况
		代　表	列　席	
第一次代表大会	1963.5	152	17	选举产生工会委员会委员17人，常委7人；主席郇景奎，副主席刘佃杰
第二次代表大会	1973.5	296	20	选举产生委员27人，常委7人；主席郇景奎，副主席刘洪堂
第三次代表大会	1979.3	452	—	选举产生委员38人，常委11人；主席刘洪堂，副主席任传新、佟宝荣
第四次代表大会	1984.8	249	34	选举产生委员23人，常委7人；主席窦文华，副主席刘华清、王玉珍
第五次代表大会	1988.3	226	42	选举产生委员27人，常委6人；主席窦文华，副主席王玉珍、郑明芳
第六次代表大会	1993.12	259	19	选举产生委员25人，常委9人；主席窦文华，副主席祁德俊、徐丽娟
第七次代表大会	1999.4	199	50	选举委员21人，常委10人，经审委5人；主席窦文华，副主席祁德俊、徐丽娟、邢士江
第八次代表大会	2004.3	198	28	选举委员21人，常委11人，经审委5人；主席高思正，副主席赵玲、颜廷华、梅华
第九次代表大会	2009.11	220	24	选举委员21人，常委9人，经审委7人；主席邢希雷，副主席刘习武、丁士杰、张耀杰

第三节　主要工作

困难职工帮扶

2003年，成立苍山县困难职工帮扶中心，在全县各乡镇、社区、街道和困难职工比较集中的企业建立33个基层帮扶站，聘请法律志愿者10人。结合帮扶工作的主要职能，与有关单位联系，构建以县总工会困难职工帮扶中心为主，由县人力资源与社会保障局、县司法局、县慈善总会、县民政局、县教育局、县卫生局、县科技局、县信访局、县职教中心等单位参与的帮扶工作联动系统。建立健全帮扶工作制度。县帮扶中心建立信访接待、就业服务、法律援助、生活救助等工作制度，全部公开上墙；在资金的使用发放中，设立专门账户科目，管好用好帮扶资金。

2008年，下发《苍山县总工会送温暖工程资金管理使用办法实施细则》，对资金的管理使用作出详细规定。对于帮扶资金按程序发放，并实行实名制，领款人除签名盖章外，还要留下联系方式，以备后查。加强困难职工档案建设，每年对困难职工进行摸底调查，做到及时调整信息，及时录入电子档案，不缺项、无漏项，并保存好原始资料。

1992年，开展春节期间送温暖活动，至2010年，县总工会共争取筹措资金近1100万元用于春节期间送温暖活动，为1.8万多个家庭送去温暖。在就业帮助方面，与劳动部门联合开展春风行动和百万农民工救助行动，使3600余名下岗失业人员重新就业。

2005年，开展金秋助学活动，至2010年年底，县总工会共协调筹集资金160余万元，救助困难职工大学生子女650余人。每年开展帮扶送教育活动，一方面开展结对帮扶，动员有爱心有条件的职工对困难职工子女进行结对，有50多名爱心人士参与；另一方面开展集中救助，仅2010年就筹措资金4万元，对60名中小学生进行帮扶。积极开展医疗救助，对患大病困难职工及时进行救助。与县妇幼保健院合作设立爱心医院，与新华大药房合作设立爱心药店。

2008年7月，成立县总工会法律援助中心，并聘用10名律师开展法律援助。在信访接待方面，对来电、来信、来访情况逐一登记，对一般咨询问题直接受理答复，对重大问题或涉及其他部门的问题及时提交主席办公会议研究，通过转办交办等手段，做到件件有结果、有回音，还主动到困难和问题集中企业进行调研，积极做好矛盾的疏导化解工作。

服务劳模

1989年，评选出苍山县第一届劳动模范。到2009年年底，共开展7届县级劳模的评选。每3年评选1次。2010年11月，苍山县劳动模范协会成立，并召开第一次会员代表大会。会议选举产生第一届劳模协会会长1人、副会长15人、理事33人。全国劳模王传喜当选第一届劳模协会会长。2010年，苍山县有全国劳动模范4人，全国“五一”劳动奖章获得者2人，部委劳模6人；山东省劳动模范51人，山东省富民兴鲁劳动奖章获得者13人，厅局级劳模2人；临沂市劳动模范61人，苍山县劳动模范259人。

2009年12月29日，由苍山县总工会发起的苍山县劳动模范“送温暖献爱心”活动启动仪式在苍山县政府召开举行。此次活动得到临沂市和苍山县各级政府领导的大力支持和积极参与。至2010年年底，各级劳模共筹措捐献资金近3600万元，用于救助困难群众和受灾群众。有360多人次的各级困难劳模得到救助。

实行职代会制度

至2010年，全县建立工会职代会制度的企事业单位583家，建立区域(行业)职代会制度12家，覆盖企业307家，总计覆盖职工5.4万余人。

开展劳动关系和谐企业评比创建活动，至2010年12月，全县共评选表彰县级“劳动关系和谐企业”130家，推荐省级“劳动关系和谐企业”2家、市级“劳动关系和谐企业”12家。

工会宣传

组织工会干部多次利用节假日到街头宣传《中华人民共和国劳动合同法》《中华人民共和国工会法》等政策法规，至2010年12月，发放宣传材料1.5万余份，增加了广大职工群众对工会法规政策的了解。

第二章　青年团体

第一节　组织状况

临郯费峄四县边区县青年救国会

1939年3月，边区县青年抗日救国会成立，边区县委组织部部长孙黎明兼任会长。同年9月孙黎明离职，杨彬任会长。1941年8月，杨彬牺牲。翌年1月，胡友庭任会长，杨广立任副会长。

临郯青年救国团

临郯青年抗日救国团于1938年5月在丁庄成立。1938年3月27日，丁梦荪以临沂县民众总动员委员会副主任的身份，在三重村成立第五战区临郯青年救国团（简称“临郯青救团”）。5月中旬，临郯县委在丁庄小学召开大会，正式成立临郯青年团县团部，丁梦荪任常委（即主要负责人），孙明光任组织部部长，刘贯亭任宣传部部长，石世良任军事部部长，马培卿任总务部部长。10月，县团部迁至涌泉村。临郯青救团是中国共产党在临郯地区第一次公开组织的抗日救亡群众团体。1939年上半年，在东起莒县、赣榆、东海，西至兰陵广大地区，先后建立起近50个分团，共有团员数万人。为加强对各青救分团的领导，县团部设立庄坞、兰陵、长城、道桥、马头、沂东6个区团部。1940年3月，临沂县抗日民主政府成立，临郯青救团解体。

图20—2　临郯青年救国团遗址

临沂县青年救国会

1939年3月，在涌泉村成立临郯青年抗日救国会，赵斌为会长。1940年3月，临郯青年抗日救国会改称临沂县青年救国会，王鹏、杨力行先后任会长。

赵镈县青年救国会

1944年2月成立，先后由王树森、卞怀之任会长，杨广元、郑祥茂任副会长。

赵镈县新民主主义青年团

1949年7月在安庄成立，王祥举任副书记（无正职），张士成任组织委员，王明任宣传委员。

兰陵县新民主主义青年团

1949年4月成立，夏继禹任副书记（无正职）。

苍山县新民主主义青年团

1949年4月成立，邢继岭任副书记。10月，成立中国新民主主义青年团苍山县委员会，邢继岭任书记。

苍山县共产主义青年团

1957年6月，由苍山县新民主主义青年团改称，张青山任书记。至2010年年底，共召开13次代表大会。

共青团苍山县委下设办公室、组织宣传部、工农青年部、学校少年部、社区和维护青少年权益部等5个职能部室，苍山县希望工程领导小组办公室、中国少年先锋队苍山县工作委员会（简称县少工委）、苍山县关心下一代工作委员会办公室（简称县关工办）也设在团县委。其中，县少工委为副科级单位，主任由团县委副书记兼任，其他部室均为股级。

至2010年，全县共有基层团委75个（其中包含隶属乡镇团委的34个二级乡镇中学团委），共青团员60677人，团青比例为20%；团总支158个，团支部2159个；专职团干部86人，全部为大专以上学历，平均年龄26.8周岁，其中女专职团干部8人。

第二节　代表大会

1956年9月11日—15日，中国社会主义青年团苍山县第三次代表大会举行，出席会议的代表395名。会议审议通过上届团县委所作的工作报告，选举产生青年团苍山县第三届委员会，张青山为书记。

1958年12月29日—31日，共青团苍山县第四次代表大会举行，出席会议的代表408名，列席61名。会议听取县委书记处书记王树群作的政治报告，审议通过张青山代表上届团县委所作的工作报告，选举产生由13名委员组成的共青团苍山县委员会，张青山为书记。

1973年2月11日—15日，共青团苍山县第五次代表大会举行，出席会议的代表1270名，38名红卫兵、红小兵代表列席会议。会上，县委常委庄虔恺作《深入批修整风，加强团的建设，为巩固无产阶级专政而奋斗》的报告。会议选举产生由35名委员组成的共青团苍山县第五届委员会，刘相民为书记。

1975年12月，共青团苍山县第六次代表大会举行，会议选举产生共青团苍山县第六届委员会，张保忠为书记。

1979年3月17日—19日，共青团苍山县第七次代表大会举行，出席会议的代表1195名。会议审议通过上届团县委所作的《全县团员青年团结起来，迅速跟上转移，为实现新时期总任务而奋斗》的工作报告，选举由35名委员组成的共青团苍山县第七届委员会，窦文华当选为书记。

1981年12月27日—29日，共青团苍山县第八次代表大会举行，出席会议的代表336名。会议审议通过上届团县委所作的《适应新形势，迈开新步伐，为建设社会主义物质文明和精神文明而奋斗》的工作报告，选举由27名委员组成的共青团苍山县第八届委员会，窦文华为书记。

1985年1月26日—28日，共青团苍山县第九次代表大会举行，出席会议的代表382名。会议听取和审议上届团县委所作的《全县青年迅速行动起来，积极投身经济建设，为开创苍山县两个文明建设的新局面而努力奋斗》的工作报告；选举由30名委员组成的共青团苍山县第九届委员会，柏友文为书记。

1988年1月9日—11日，共青团苍山县第十次代表大会举行。会议听取上届团县委作的工作报告，选举产生由29名委员组成的共青团苍山县第十届委员会，柏友文为书记。

1992年5月28日—29日，共青团苍山县委员会第十一次代表大会举行。会议听取审议上届团县委所作的《振奋精神，努力拼搏，在苍山县两个文明建设的伟大事业中建功立业》的工作报告。选举产生由37名委员组成的共青团苍山县第十一届委员会，林树果为书记。

2003年10月21日，共青团苍山县第十二次代表大会召开。这次大会共有代表220名，其中专职团干部39人，少先队工作者23名，各条战线的先模人物和先进集体代表67名。党员（包括预备党员）93名，团员127名。男代表150名，女代表70名。大专以上学历的112名，高中（含中专、中师、中技）学历的77名，初中学历的31名。年龄最小的14岁，最大的39岁，平均年龄25.1岁。少数民族代表3名。县委、县人大、县政府、县政协、县纪委、县武装部以及部分群团组织的领导和老团干代表出席大会开幕式，县委书记王举生和团市委副书记杨光分别在大会上作讲话；大会审议通过孙静代表第十一届团县委所作的题为《解放思想，与时俱进，为全面建设富裕文明新苍山贡献青春和力量》的工作报告，选举产生共青团苍山县第十二届委员会和苍山县出席共青团临沂市第十五次代表大会代表。共青团苍山县第十二届委员会由29名委员和11名候补委员组成，孙静为共青团书记，沈秀峰、林青海为副书记。

2010年11月26日，中国共产主义青年团苍山县第十三次代表大会召开。这次大会共有代表230名，其中共青团专职干部43名，生产和工作一线代表162名，解放军、武警2名。中共党员（含预备党员）159名，团员113名。女代表102名。大专以上学历的249名。年龄最大的40岁，最小的14岁，平均年龄为26.8岁。少数民族代表6名。团十六大代表1名，省第

十二次团代会代表 20 名，市第十五次团代会代表 17 名，被授予县级以上荣誉称号的 220 名，所有代表均由选举产生。县委、县人大、县政府、县政协、县纪委、县武装部以及部分群团组织的领导和老团干代表出席大会开幕式，县委副书记薛峰和团市委副书记纪军分别在大会上作讲话；大会审议通过张磊代表共青团苍山县第十二届委员会作的题为《争当时代先锋　奉献科学发展　团结带领广大团员青年为苍山又好又快发展建功立业》的工作报告，选举产生共青团苍山县第十三届委员会。共青团苍山县第十三届委员会由 32 名委员和 8 名候补委员组成，张磊为书记，张敏为副书记。

第三节　青年团体工作

1919 年“五四”运动爆发后，苍山一带的青年学生先后举行罢课、集会和游行示威，声援北京学生的爱国行动。

抗日战争时期，县内各级青年团体动员广大青年参军参战、参加减租减息和大生产运动，为抗战胜利做出重要贡献。

1939 年临郯费峄四县边区县青救会成立后，带领全县广大青年，努力做好参军参战，坚持团结、实现团结、巩固团结，促进宪政，推动民主，改善人民生活，加强对青年教育，推动文化运动，培养训练干部，组织儿童共同开展抗日救亡活动等各项工作。

临郯青救团成立后，先后在三重、南头、涌泉举办 7 期青年干部训练班，为临郯地区培养了一大批抗日骨干。临郯青救团在各级抗日民主政府建立之前，行使政府大部分职能：动员参军参战，站岗放哨，惩办汉奸；处理民事纠纷；为部队通信带路，侦察敌情，筹粮募款等。1939 年 4 月，临郯青救团曾发出布告，处死到抗日武装中进行策反，准备投敌当汉奸的王廷玉。

临郯青救团自成立起，就十分重视武装建设。首先在小屯一带组建起“临郯青年抗日义勇队”，8 月在老屯成立“山东省农民抗日自卫团总团”。第十七分团在黄山屯、蒋庄一带组建“兰陵青救团义勇队”。县团部在兰山屯成立“八路军山东抗日游击队第四支队临郯独立团”。　12 月 8 日，临郯独立团在台潍公路小城东附近伏击日军，毙敌 20 余人，伤敌 10 余人，捣毁敌汽车 1 辆，缴获轻机枪 1 挺，在鲁南地区产生广泛影响。1939 年年初，临郯青救团通过工作，将封建地主武装——“联庄会”统一改称“自卫团”，并在涌泉成立“临郯人民抗日自卫团县团部”，统一领导各乡村抗日自卫团。此后，临郯地区抗日武装大发展，临郯县委以青救团为基础，先后在临郯地区成立“临郯青年大队”和“陇海南进支队第三大队独立营”，组建起“八路军临郯独立营”“三大队独立一营”及“磨山大队”等武装。

解放战争中，广大青年纷纷报名参军，奔赴前线。在家的青年民兵则组成运输队和担架队，为解放大军运送物资，抢救伤员，为夺取全国解放作出贡献。

1951 年 4 月，根据青年团临沂地方工委制订的《关于积极响应抗美援朝总会三项爱国号召的具体执行计划》，在全县青年中开展订立爱国公约、优待烈军属残废军人和增产捐献飞机大炮的活动。

1955 年，全县青年团组织配合各级党政做好扫盲工作，组织青年扫盲队在全县推广杨锡印教学法，使扫盲工作取得很大成绩。

1956 年，全县青少年开展冬季植树造林运动。

1959 年，临沂交通局汽修厂共青团员刘合全为抢救国家财产英勇献身后，共青团山东省委和中共临沂地委分别发出通知，在全区、全省掀起学习刘合全的热潮。

1963 年 8 月，全县青年响应毛泽东主席的号召，广泛开展“向雷锋同志学习”的活动，争做好人好事蔚然成风。

1979年春，团地委作出《关于在全区青少年中广泛开展向对越自卫反击战中的英雄们学习的决定》，全县青少年以卫国守边的南疆卫士为榜样，决心以实际行动争做"四化"建设新长征的突击手。

在1981年3月开展的首次"文明礼貌月"活动中，各级团委组织青少年大力治理"脏乱差"，取得显著成绩。

1986年起，全县团组织对农村青年进行实用技术培训，办各类培训班，使青年掌握了实用技术。

1988年，团地委在工交商贸行业开展以"增强活力，提高素质，注重效益，快出成果"为主要内容的"效益杯" 竞赛活动，苍山县组织青年工人参加岗位培训和技术比武活动。

1989年，在全县青年中广泛开展"六个教育"（即反对动乱维护大局教育，国情教育，坚持四项基本原则反对资产阶级自由化教育，改革开放教育，独立自主艰苦奋斗教育，民主法制与纪律教育），较好地解决了一度存在的"一手硬、一手软"的问题。

1990年，各级团组织以"走社会主义道路，做沂蒙精神传人"主题教育活动为主线，开展"两访一学"（访革命前辈、访革命遗址、学革命传统）、"双学奉献"（学雷锋、学赖宁，奉献在沂蒙）等思想教育活动，有效地提高青少年的思想政治素质；实施以培养"青年星火带头人"为重点的农村青年科技星火工程；开展以兴建青年绿化工程为重点的"青春染绿沂蒙山活动"；开展"共青团农田水利基本建设突击队红旗""共青团科技队红旗""共青团服务队红旗"等"三面红旗"竞赛活动；各中学团组织实施中学生社会实践教育活动。

1991年，各级团组织抓住城乡"社教"的有利时机，以"走社会主义道路，做沂蒙精神传人"为主题，对85%以上的农村团员青年和96%以上的城镇团员青年进行系统的社会主义教育。根据形势发展的要求，及时开展反和平演变教育和计划生育教育。在县内遭受严重暴风雨、龙卷风等自然灾害后，各级团组织积极投入抢险救灾斗争。

1993年，根据临沂地委确定的到2010年在经济总量上赶上全省当时平均水平的战略目标，在全区开展促临沂腾飞、助青年成才的"青春立功"活动。农村团组织围绕发展"两高一优"农业实施农村青年科技星火工程，青年星火带头人成为科技兴农的骨干力量。企业团组织围绕转换经营机制、提高经济效益开展青工岗位技术比武和青年科技行动。

1994年，各级团组织坚持建功与育人的统一，团的活动建设和改革发展的统一，实现"青春立功"活动与实施跨世纪青年文明工程、跨世纪青年人才工程的接轨。青年志愿者行动从影响社会、建立队伍入手，迅速启动，健康发展。

1996年—2010年，先后共组织全县广大团员青年10多万人到鲁南革命烈士陵园祭扫革命烈士墓，缅怀革命先烈；在县直中学举行"十八岁成人宣誓仪式"；以在校青少年学生为活动主体，开展"法律知识进课堂"活动，利用课堂教学，使青少年学生掌握宪法和法律知识，明确公民的权利和义务。在"沿着烈士足迹，寻访革命前辈"主题教育中，组织全县团员青年开展以听英模作报告、寻访革命前辈、清明扫墓祭奠

图20—3　组织团员青年义务植树　（2010年3月摄）

以及“青春奉献苍山，增强团员意识”签名为主要内容的团员意识教育主题团日活动等，对广大青少年进行艰苦创业、无私奉献、爱党爱国等方面的教育。评选表彰五届苍山县新长征突击手、十四届苍山县优秀共青团员和苍山县优秀共青团干部、四届苍山县十佳少先队员和苍山县优秀少先队辅导员，并积极推荐苍山县青少年典型参加上级团委、少工委的评选表彰活动。

由邓小平亲笔提名并倡导、旨在帮助贫困地区失学儿童重返校园、唤起全社会关心支持教育的“希望工程”于1994年在苍山县正式实施。1996年—2010年共筹集“希望工程”专项资金470.6万元，累计结对救助贫困学生7060人，共援建、扩建希望小学8所，争取价值近万元的图书，建“希望书库”2个，为全县基础教育和“普九”攻坚做出突出贡献。

团县委主动争取新闻宣传部门及新闻工作者的支持，与县委宣传部联合下发《关于加强希望工程宣传工作的意见》，并在苍山广播电台、苍山电视台、《今日苍山》《临沂日报》《沂蒙生活报》《沂蒙晚报》及各级共青团杂志和网站上进行多篇幅、大容量的宣传报道。1996年—2010年，团县委共编印希望工程简报8000多份，印发希望工程宣传材料15万多份，投入宣传经费10万多元。

同时，县少工委配合上级团委并结合苍山县的实际，开展以“新世纪我能行”“手拉手”“雏鹰争章”“知荣明耻、爱我苍山”“学党史、颂党恩”等活动为重点的一系列形式新颖、内容丰富的教育活动。在全市“光辉的五十年”读书教育征文比赛中，苍山县共有28篇作品获奖。配合全县“新世纪读书计划”的实施，积极组织开展多种形式的课外读书活动，引导少先队员充分利用“新世纪读书俱乐部”这块学习阵地，在课余时间学习各种科学知识和社会知识，努力提高自己的学习能力和知识水平，培养对祖国和人民的深厚感情，为做一个新世纪祖国满意的建设者和接班人而打下坚实的文化基础。

第三章　妇女团体

第一节　组织状况

辛亥革命后，同盟会员刘敢陈在芙蓉创办天足会，提倡妇女放足；开办女学，进行文化教育。抗日战争爆发后，在苍山县境内相继涌现出临郯费峄四县边区县、临郯县、临沂县、赵镈县、兰陵县、苍山县妇女抗日救国会，带领鲁南地区妇女积极参加贴标语、撒传单、组织剧社进行抗日救国宣传，踊跃参加减租减息、土地改革、参军支前、慰问照顾伤病员。新中国成立后，妇女们又献身社会主义革命和建设，涌现出“三八”红旗手、青年突击手、劳动模范等先进集体和个人，支撑起社会的“半边天”。

在县境西部，1939年3月，成立边区县妇女抗日救国会。1940年8月，根据山东省妇女抗日救国联合总会组织章程规定，正式定名为“四县边联妇女救国联合总会”。梁仲侠、木林等先后任会长。1944年2月，改称赵镈县妇女救国会，崔立美、马秀梅等先后任会长。1947年3月，苍山县妇女救国会成立，王恩湛任会长。1948年2月，兰陵县妇救会成立，李春秀任会长。在县境东部，1939年12月临郯妇女抗日救国会在沙埠成立，袁明（傅大娘）任会长，何奇为副会长。1940 年 5 月，临沂县妇女救国会在涌泉村成立，袁明任会长。1941 年 7 月，方景淑任临沂县妇救会长。1945 年 9 月，临沂县并入赵镈县，妇女组织同时撤销。新中国成立初，

图 20—4　妇救会代表合影

苍山县、兰陵县、赵镈县并存。各县妇女组织相继改称民主妇女联合会。1950 年 5 月，赵镈县民主妇女联合会撤销。1953 年 8 月，兰陵县民主妇女联合会撤销。1957 年 10 月，苍山县民主妇女联合会改称苍山县妇女联合会，王永芬为主任。2010 年，全县各乡镇（街道）、省级经济开发区，全部设有妇联主席，1024 个行政村全部设有妇代会主任。

至 2010 年 12 月，县直机关事业单位中妇女数达 10 人以上的已全部设立妇委会，共 76 个，组建率 100%。建立非公有制妇女组织 46 个，社区妇联 1 个，村妇代会 1024 个，妇女合作组织 86 个。全县 90% 的村妇代会建起“妇女之家”，增设电子阅览室、图书室、娱乐室、视听室、知心话室、亲子乐园等。

第二节　代表大会

1951 年 2 月 18 日，苍山县召开第一届妇女代表大会，到 2008 年 11 月先后召开 9 次全县妇女代表大会，选举产生出 9 届苍山县妇女联合会作为办事机构。

苍山县历次妇代会情况

表 20—3

届　次	时　间	出席人数（人）		选举情况
		代表	列席	
第一届	1951 年 2 月 18 日—22 日	317	2	邢德启为主任，委员 7 人
第二届	1956 年 10 月	317	0	王永芬为主任，杨培兰为副主任
第三届	1965 年 3 月 5 日—11 日	505	25	王永芬为主任，杨培兰、梁化莲为副主任，委员 23 人
第四届	1973 年 3 月 12 日	1200	0	王永芬为主任，委员 37 人
第五届	1979 年 3 月 21 日—23 日	1201	0	高熙岫为主任，孙传训、吕春芳为副主任，常委 11 人，委员 41 人
第六届	1985 年 1 月 22 日—24 日	343	特邀 5 人	李春兰为主任，张振兰、白庆贞为副主任，常委 7 人，委员 35 人
第七届	1996 年 3 月 7 日	330	特邀 10 人	刘少敏为主任，邵景云、尹淑云为副主任，常委 7 人，委员 38 人
第八届	2003 年 8 月 12 日	238	特邀 20 人	张秀玲为妇联主席，肖欣、赵玲为副主席
第九届	2008 年 11 月 27 日	263	特邀 33 人	孙静为妇联主席，刘献华、蔡慧芳为副主席

第三节　妇女工作

1937年，兰陵女青年杨兰田，协助其兄杨文田在北大寺组建“兰陵人民抗日义勇军”，杨兰田于次年参加临郯青年抗日救国团第十七分团（兰陵）。苍山妇女运动从零星发展到有组织、有领导的以群体形象登上历史舞台，始于1938年。当时，郑仃云、毕秀英与丁梦荪来到宋庄，将沈林甫组织的“民族解放促进会”改组为“临郯青救团第4分团”，先后建立3个剧团和若干个宣传队，数十名青年妇女参与活动。抗战时期，苍山妇女发扬爱党爱军、不怕牺牲、无私奉献

图20—5　妇女运送伤员

图20—6　扫盲班

的精神，不仅直接参加革命战争，还以极大的热情做好支前工作。她们站岗放哨、传递情报，以糠菜充饥，省下白米、精面做成熟食送给人民军队，自己衣衫褴褛却把新布、棉花做成军衣、军鞋支援抗战，她们常常几天几夜彻夜不眠。

1940年2月，长城镇芦汪子村已有100多个妇救会员被《大众日报》称为“模范抗战妇女”。

1944年，车辋村妇救会7天动员参军49人，加上以前参军的120人，编为一个连队。同年，做军衣1100余件，做军鞋、袜2000余双。在1945年的大动参中，苍山县车辋村妇救会长郭桂兰和张自英组成动员小组，经过7天的动员宣传，该村有53名青年报名参军，被编在同一连队，成了远近闻名的“车辋连”。

1946年11月，赵镈县妇女每天供给部队3.5万千克白面、750万千克煎饼。1946年12月至1947年1月，纳鞋底制军鞋6万多双、袜子4万多双。

1947年8月，赵镈县妇女加工米面160万千克。在腥风血雨中，妇女干部把生死置之度外，为八路军站岗、放哨，运送军火、军粮；深入虎穴，传送情报；精心抚育革命后代，掩护革命干部；把儿子、丈夫送上杀敌战场；亲人们牺牲了，擦干眼泪又加入支前队伍。

支前模范集体有城前妇救会、姊妹团等，模范个人有华东局命名的支前模范郑大娘、临郯县妇救会长袁明、因支前成绩突出被选为沙园乡乡长的张如林等。苍山妇女在共产党的领导下积极参加减租减息、土地改革、民主新文化运动和大生产运动。妇女学文化、参政、争取婚姻自由成为一代时尚。

新中国成立后，各级妇联积极发动妇女投入爱国增产运动，妇女劳力纷纷走出家门，参加大田生产。苍山妇女担负起修复家园、恢复生产的重任。她们响应党的号召，家家养猪、户户积肥；春耕、夏锄、秋收、冬藏，发展农副业生产；抓紧学习文化、科学知识，进行文化

翻身。妇女们勇敢地移风易俗、破除迷信、婚姻自主、喜事新办、尊婆爱媳、团结邻里、助人为乐，开一代新风。

1965年，全县评出五好女社员2万人，五好女干部3235人。广大妇女努力搞好集体生产，各种女技术员500余人。在严重自然灾害面前，妇女发扬传统美德，计划用粮，制作代食品，节约度荒。特别是在农业学大寨运动中，出勤女劳力16万余人，其中组织各种专业队13.6万人。长城公社51名青年妇女成立“三八”女子打井队，打井120眼，发展灌溉面积666.7公顷，因成绩突出，被全国妇联命名为全国“三八”红旗集体。

1976年9月，县妇联受到全国妇联表彰。妇代会发挥组织作用，宣传贯彻婚姻法，关心妇女儿童利益，开展计划生育，成为各级党组织的好助手。

20世纪80年代，各级妇联把动员广大妇女劳动致富摆到重要议程。1983年9月1日，中华全国妇女联合会发出通报，授予苍山县气象局技术员凌菊翠、县邮电局职工李翠兰、兰陵公社西北圩大队党支部书记魏君喜、磨山公社西疃大队妇代会主任傅新华4人为全国“三八红旗手”荣誉称号。

1986年，临沂地区妇联确立“提高妇女素质，强化致富意识，服务商品生产，振兴沂蒙经济”的指导思想，向全区妇女提出“利用优势，大力发展种、养、加、编和庭院经济”的意见。县妇联在实际工作中重点抓宣传发动、树立典型、具体指导、技术培训、搞好服务等5个环节，在全县广大妇女中很快树立起“我要富、我能富、敢于富”的信念。

1989年10月，遵照全国妇联和省妇联指示精神，在全县农村广大妇女中开展“双学双比”（学文化、学技术，比成绩、比贡献）竞赛活动，1991年5月又在城镇妇女中开展“巾帼建功”竞赛活动。在农村围绕建立高产、优质、高效农业，掀起“吨粮田、双百棉”“双千田、高值田”、庭院经济“争千创万”等竞赛热潮，组织妇女从事一村一业生产，至1994年，全县已有95%以上的农村妇女参加竞赛活动。

1993年，临沂地区妇联联合地委宣传部、地区文明办、地区卫生局在全区城镇妇女中开展以加强家庭文化建设和家庭美德建设为主要内容的“美在家庭”活动。1994年3月，在全区开展“美好家庭”评选活动，苍山县结合全县城乡环境综合整治工作，在全县广大妇女和家庭中实施“美在农家”“分片联户保洁”活动，组织动员农村妇女群众自愿参与，以家庭保洁带动整个村落社区保洁，逐步建立起“妇女主体、家庭保洁、分片联户、示范带动”的长效保洁机制，促进农村庭院净化、村庄绿化和生活美化。1994年7月，临沂地委办公室和行署办公室联合下发《转发地区妇联等五个单位〈关于在全区农村继续深入开展“美在农家”活动的意见〉的通知》，对“美在农家”作出规划，提出措施，全县农村“美在农家”活动广泛开展起来。至2010年，全县60%的村达到“美在农家”明星村标准，60%的家庭达到“美在农家”示范户标准。

2004年1月，省委、省政府作出建设“平安山东”的决定，力争用三年时间，把山东建设成为全国最稳定最安全的地区之一。省委、省综治办围绕着这一部署，把“平安家庭”创建作为平安建设的细胞工程，纳入平安山东建设总体规划和全省社会治安综合治理工作体系。县妇联把家庭美德建设与开展“平安家庭”创建、创建文明村、文明户有机结合，广泛开展“好媳妇”“好婆婆”评选，弘扬尊老爱老敬老、爱心诚心孝心、家庭社会和睦共处的良好风气。开展家庭读书活动，倡导家庭成员树立终身学习理念，不断提高科学文化素质、工作能力和致富本领。

从2006年起，县妇联充分利用多种宣传形式，广泛宣传贯彻《中华人民共和国妇女权益保障法》及山东省“实施办法”。与县综治办、县司法局、县劳动局联合开展广场咨询活动，法律专家及妇女工作者现场为妇女群众解答各种法律问题，提供法律帮助。进一步完善妇女维权社会化工作机制，积极发挥妇女法律援助中心、家庭暴力伤情鉴定中心、110家庭暴力报警中心、妇女儿童维权合议庭等社会化维权网络的作用，为妇女儿童提供法律服务和帮助。充分发挥信访维权、疏导情绪的作用，做好信访接待、处理工作，积极推动侵犯妇女儿童权益的案件查处。至2010年12月，共接待来信来访765件次，处结率达98%以上。

从2007年开始，县妇联开展“节能减排家庭社区行动”，动员各村、社区巾帼志愿者，印发节能减排手册，深入到居民家中，挨门逐户宣传，树立节能减排科学观念，倡导文明健康、简约环保的生活方式，推出市级“节能环保家庭”8户、示范社区5个。

图20—7　家庭社区环保行动启动仪式（2009年5月摄）

2008年6月，依托驻沪流动党员党委在上海市嘉定区马陆镇建立临沂市第一个驻外妇联组织，拓展了妇女工作的覆盖面。

2008年9月，苍山县科协、县妇联、县农业局联合举办全县“百万农家女争创致富户”暨新型农民沼气综合技术示范培训活动。活动采取现场参观和集中授课的形式，指导农村妇女正确使用沼气池，推动沼气使用向科学化、规范化方向发展，确保农村妇女真正从中得到实惠。

2008年—2010年，向慈善总会争取资金，连续三年在全县范围内开展“情暖万家”贫困母亲救助行动，发放救助金25万元，救助贫困母亲500人。利用中国妇女发展基金会捐赠的“母亲健康快车”，为孕产妇开展卫生保健公益服务。至2010年，共接送孕产妇377人次。开展“关爱女童”救助、“千名孤残贫困儿童救助”和“牵手贫困”大学生救助等系列活动，共募集资金186.1万元，建“春蕾小学”3所、“春蕾女童班”4个，救助贫困儿童3469人，救助贫困大学生357人。

2009年开始，每年开展“十大书香人家”“百佳书香人家”评选活动。至2010年12月，全县有1户家庭入选山东省“十大书香人家”，6户家庭入选“百佳书香人家”。

2010年5月，组建100多支净化社会文化环境妈妈护卫队，开展净化社会文化环境“家庭护卫行动”。6月，县妇联贯彻落实全国、全省、全市净化社会文化环境工作会议精神，立足家庭，以抓好家庭教育为突破口，广泛开展多种形式的活动，积极参与净化社会文化环境工作，促进未成年人健康成长。组织开展绿色家庭护卫行动，向全县家庭和学生发放《绿坝——花季护航》绿色上网“苗圃卡”，让家长学习使用绿色上网技能，更好地引导孩子文明上网。

1990年—2010年，县妇联同农业、科技等部门密切配合，依托各级各类培训学校、巾帼科技示范基地、沂蒙大姐创业服务中心等载体，开展农业实用技术、家政服务等系列培训。全县共培训农村妇女2万多人次，发放各类技术资料3万余份。

至2010年，共扶持发展妇女专业合作经济组织224家，“妇字号”龙头企业、“巾帼科技示范基地”79处，带动3万名妇女共同致富；组织开展“信贷助推万名农村妇女创业行动”，对农村妇女发展致富项目给予资金扶持，帮助妇女解决创业发展中的资金难题。共争取小额信贷资金428

万元，帮助680名妇女新上致富项目，其中，扶持大棚种植业327人，发放贷款196万元；畜牧养殖业206人，发放贷款123万元；水产养殖业32人，发放贷款19万元；餐饮服务业53户，发放贷款31万元；流通运输业62户，发放贷款59万元。积极探索农村互助合作资金等小额信贷新模式，配合县政府办、县扶贫办、县财政局在北部山区乡镇贫困村开展互助资金试点工作。2010年，共有1375户村民入会，妇女参会率65%，累计对贫困农户借款113.35万元，其中扶持种植黄烟农户83户41.5万元，扶持以养殖肉牛、黑山羊、生猪为主的农户135户、66.45万元。深化岗村共建、企村共建，组织开展“百岗联百村，创建巾帼示范村”和“万名妇女结对帮扶”活动，发动“巾帼文明岗”、女企业家、女致富带头人与贫困妇女结对子，为联带村和贫困妇女提供项目、技术、岗位等方面的扶持，帮扶、协调资金475万元，新上535个项目；借助“阳光工程”“新型农民培训工程”等，开展“妇女就业促进月”“春风送岗位”等活动，有针对性地对农村富余女劳力开展政策咨询、信息服务、就业指导、职业介绍和技能培训，重点开展职业技能、法律和安全就业培训。鼓励、引导外出务工妇女返乡创业，扶持她们创办、领办企业，实现“输出人员、引回人才”的良性循环。共举办培训班15期，培训妇女750人。

图20—8　妇联到机关干部任职村走访（2010年12月摄）

第四章　工商业联合会

第一节　组织状况

1951年，召开第一次各界工商业代表大会，选举成立苍山县工商业联合会（简称工商联）。各界工商业者对抗美援朝、接受社会主义改造、进行爱国主义和社会主义教育等，发挥了积极作用。“文化大革命”时期撤销，1993年5月恢复，第二次会员大会选举领导班子，李加富担任县工商联主任，县工商联执委委员23名，非公有制经济成分人员5名，副主任7名，顾问2名。1997年3月，县工商联召开第三届会员代表大会，选举陆义松担任县工商联主任，县工商联执委31名，非公有制代表人士21名，副主任10名。2002年3月，召开第四届会员代表大会，选举陆义松担任县工商联主任，县工商联执委29名，非公有制代表人士28名，副主任6名。2003年5月，孙文华调任县工商联主席，2007年1月，任县工商联党组书记。2007年3月，召开第五届会员代表大会，选举高思圣担任县工商联主席，县工商联执委60名，副主席10名。

2010年，全县有21个乡镇商会、5个行业商会、2个异地商会，共有各类会员1403个。县工商联连续6年被评为“临沂市工商联系统先进单位”，2005年和2008年被评为“山东省工商联系统先进单位”。

第二节　工商联工作

组织建设和会员发展

1997 年 3 月 28 日，县工商联召开第三届会员代表大会，随后全县 28 个乡镇全部成立基层商会。

2002 年 3 月 28 日，县工商联召开第四届会员代表大会，县工商联换届后，又指导各基层商会进行全面换届。

2007 年 3 月 30 日，县工商联召开第五届会员代表大会，选举新领导班子，并进一步加强对乡镇商会工作的指导，在基层商会开展“五个有”（即有专兼职工作人员、有资料档案台账、有经费保障、有会刊信息简报、有社团注册登记）建设活动，建立健全各项工作制度，明确工作职责，庄坞镇商会连续 4 年被省工商联评为“五好商会”。先后成立大蒜协会、石灰协会、糖酒商会等行业商会。2008 年 9 月，成立苍山县工商联美容美发保健行业商会。2010 年 4 月，成立美容美

图 20—9　县物流商会成立　　　（2010 年 11 月拍摄）

发培训学校，11 月，成立苍山县物流商会。

在建立本地商会的同时，探索异地商会建设，2008 年 6 月，在上海成立“上海山东苍山商会”，同年 11 月，在苏州成立“江苏山东苍山商会”，形成“企业闯市场、商会一线牵”的局面。2010 年 6 月，成立苍山县非公有制经济组织工作委员会。不断壮大会员队伍，2010 年，有各类会员 1403 个。其中企业会员 385 个，团体会员 9 个，个人会员 1009 人。

调查研究和参政议政

2004 年 6 月 26 日，在山东荣庆物流公司召开由 40 名企业家参加的庆“七一”知名企业家座谈会，围绕企业党建和思想政治工作、企业发展思路以及优化外部发展环境等三个方面进行座谈，提建议 6 条。

2005 年 8 月 24 日，组织 10 家企业负责人围绕国务院《关于鼓励支持和引导个体私营等非公有制经济发展的若干意见》的贯彻落实情况、民营经济发展的外部环境以及对政府职能部门行政执法和对县工商联工作有什么意见和建议 4 个方面进行座谈，提出一些好的建议和意见。

2010 年 3 月，县工商联完成《关于全县民营经济发展环境的调查》《新形势下民营企业思想政治工作的探讨》《关于全县非公有制经济代表人士思想状况的调查》《苍山县工商联组织建设情况》《苍山县工商联同行业组织发展情况》《关于全县“光彩事业”开展情况的调查》《关于金融危机对苍山县石膏产业影响的调研报告》《关于民企参与慈善等公益事业的调查报告》等 30 余篇调查报告，并把工作开展情况及时向上级部门汇报，累计报送信息 200 多条。其中《山东省苍山县扎实推进“民企帮村”活动》在《政协工作参考》上刊登，另外被省级刊物采用 6 条，市级刊物采用 40 多条。根据市工商联的安排，完成 2001 年到 2010 年规模以上民营企业的调查。

县工商联发挥工商联界别人大代表、政协委员的参政议政作用，在每年年初召开的人大、政协会议上，要求有关会员积极就事关全县经济和社会发展的一些热点问题提交议案。至 2010 年 12 月，先后提交《关于加快蔬菜行业商会建设的意见》《进一步完善“绿色通道”建设，确保菜畅其流》《严厉打击“三乱”，推进依法

行政》《建议建立苍山大蒜产业研究机构》《建立中小企业金融担保机构》等30余条，有的被评为优秀提案。

服务工作

2004年，组织10家企业到济南参加“中日洽谈会”，组织5家企业参加“黄淮海经贸洽谈会”，组织8家企业参加“中国书圣文化节”经贸洽谈会。2005年，组织6家企业参加“沿海四市经贸洽谈会”，组织3家企业参加在临沂人民广场举办的“首届华东糖酒食品交易会”，组织12家企业参加在临沂举行的“海内外知名企业家齐鲁行”活动。与银行部门联合举办金融生态环境助推县域经济发展暨银企项目推介会，5家企业在会上签订合作协议，签约金额1.9亿元。10月，华瑞公司等4家民营企业成立“华瑞信恒担保公司”。至2010年，通过信恒担保公司，为中小企业协调贷款6.7亿多元。会员企业荣庆小额贷款股份有限公司自2009年年初成立至2010年年底，发放小额贷款180笔，贷款金额12800万元，扩大了民营企业融资渠道。

2006年10月，组织16家企业参加在苍山举办的中国（临沂）第四届农业科技成果展示会。2008年3月，组织6家会员企业赴新加坡、马来西亚、泰国等地学习考察。4月19日，组织20余家会员企业负责人到民营企业发达的浙南参观学习。4月，举办全县工商联暨商会工作培训班，专门邀请北京大学黎晖教授作经济形势、企业管理报告，100多人参加培训。2010年5月，组织8家企业参观上海世博会。

2010年5月，组织6家企业20余人参加中国名仕领袖学院在临沂人民会堂举办的培训班。7月，组织5家企业参加金蓝盟培训中心在即墨举办的“总裁培训班”。8月，工商联联合金蓝盟培训中心在苍山宝华大酒店举办为期2天的培训班，共有60余名企业家参加。

至2010年12月，为民营企业300余名员工办理专业技术职称申报手续，为20家会员企业引进各类人才40多名，为16家会员企业负责人出国进行商务考察办理手续，加快了企业与国际市场接轨的步伐。同时，为会员协调解决纠纷20起，挽回经济损失600多万元。

先进典型宣传

2005年，《临沂工商界》第1期刊登了以工商联商会副会长张玉庆为总经理的山东荣庆物流公司发展历程的文章《车轮滚滚兴大业》。2006年6月，张玉庆又在临沂电视台“琅琊风云榜”节目中接受采访。2006年，《山东统一战线》第7期刊登工商联商会副会长、山东金诺硅砂集团董事长夏继军情系光彩事业的感人事迹。2007年，《山东统一战线》第7期刊登了苍山瑞泰石膏有限公司董事长王胜启《扶贫济困，乐善好施》的专题报道。2009年，开展“沂蒙名企风采”活动。2010年，开展“展民企风采、促苍山发展”系列宣传活动，让社会了解企业的发展、企业对社会的贡献，在全社会营造理解、支持、尊重民营企业和民企企业家的良好氛围。为搞好信息服务，工商联开办“苍山商界”网站，已有一部分会员企业入网，宣传企业经营情况，建立网上项目库，并为会员提供政策、法律、投资、维权、招商等多种网上服务。

实施“民企帮村”，开展光彩事业

实施“民企帮村”。2006年，组织开展“百家民企帮村”活动，筛选100家经营情况好、热心社会公益事业的民营企业开展帮扶活动。山东荣庆物流公司“一帮一带”（即帮扶北张桥村、带动东王楼村），通过修路、架桥、捐资助学等方式，先后投资1360万元用于改善基础设施。投资62万元扶贫、救助、捐资办学，公司新上项目2个，投资3600万元，吸纳帮带村剩余劳动力94人，增加劳动收入200余万元。苍山瑞泰石膏有限公司结对帮扶兰陵镇顺墩村和董塘村，投资46万元对董塘村内两条主要街道路面进行硬化，投资160万元对顺墩村4条街道进行改造，在两村兴建两个石膏矿，帮助

村民发展石膏加工业、石膏运输业以及矿山开采业，共安置农村劳动力608人。苍山凯立矿业公司结对帮扶卞庄镇代村，建设现代农业高科技示范园区；苍山鹏辉矿业帮扶尚岩杨套村，发展少数民族经济。共修路51条，30500米，投资955.6万元；架桥255座，投资210.2万元；打井98口，投资70.95万元；铺设自来水管道50340米，投资24.18万元；救助学生96人，救助资金46.93万元；救助困难群众273户，投资59.11万元；救助五保户老人319人，救助资金24.1万元。

至2010年，非公有制经济人士实施光彩事业项目120多个，参加投资的民营企业家200余人，光彩事业投资类项目到位资金29613.1万元，安置农村富余劳动力1.6万余人，吸纳下岗职工3000多人，救助贫困学生1000余人。在捐资助学、扶贫济困、修路架桥等方面捐款1300万元。

捐助

2000年至2010年，先后组织开展“思想再解放，发展再加快”大讨论、“双思教育”“三个结合教育”“同进共富建小康教育”“争当社会主义合格建设者”活动以及“关爱员工、实现双赢”和“见人间真情”“爱心救助”等活动。

2006年“六一”儿童节，工商联会员企业慷慨解囊，救助贫困失学儿童，县工商联副会长蒋新东捐款7800元，救助26名贫困儿童；县工商联副会长赵福荣捐款6000元，救助20名贫困儿童，并为儿童备置书包、本子、衣服等用品。县工商联被市妇联、临沂日报社授予“春蕾计划”爱心集体荣誉称号。

2008年四川汶川大地震发生后，工商联号召广大会员企业为灾区捐款，各企业纷纷响应。工商联会员企业捐款400余万元，其中山东荣庆物流有限公司捐款41.1万元，苍山宝庆超市有限公司捐款33.08万元，苍山华瑞公司捐款10.784万元，苍山鹏辉矿业公司捐款16万元，苍山凯立矿业公司捐款8万元。

2010年，贯彻落实省委办公厅《关于加强和改进非公人士思想政治工作的若干意见》，在会员企业中开展学习科学发展观实践活动和“创先争优”活动，并启动“苍山县民企企业救助寒门学子”计划。

2010年1月31日，民营企业助学寒门学子启动仪式在车辋镇举行；3月13日，尚岩镇启动恒润矿业助学寒门学子仪式。临沂信恒担保有限公司也制订长期助学计划，2010年资助10个学生，直到大学毕业。

第五章　残疾人联合会

第一节　组织状况

苍山县残疾人联合会，1990年12月成立。1991年，28个乡镇建立残疾人联合会。1996年，县残联下设办公室、宣教部、康复部、基金部、群工部、劳动就业服务部6个科室。1999年机构改革，从县民政局分离单列，升格为正科级事业单位。2010年，县残联机关编制9人，下设办公室、康复部、教育就业部、组织联络部、维权部、宣文部，县残疾人协会组织包括肢残人协会、聋人协会、盲人协会、智力残疾人及亲友协会、精神残疾人及亲友协会等。2008年—2010年，苍山县基层残疾人组织建设工作取得质的飞跃，县残联建立“五部一室”（即组织联络部、教育就业部、宣传文体部、康复部、维权部和办公室），乡镇残联形成“九落实（即残疾人专职干事落实、残疾人专职干事待遇落实、办公场所落实、办公设备落实、工作经费落实、工作职责落实、规章制度落实、服务载体落实、工作网络平台落实）、四健全（工作协调机制健全、扶残助残政策健全、基层工作方法健全、目标考核机制健全）”，村（社区）残协“三明确、三建立、一延伸”，基层残疾人组织建设模式得以健全。总结推广乡镇残疾人

图 20—10　乡镇残疾人疗养院　（2010 年摄）

专职干事“一访三帮两见面”（每月到重度残疾人、一户多残或贫困残疾人家中走访一次，了解情况；对思想有包袱的残疾人进行谈心，对生活有困难的残疾人帮助解决具体问题，围绕“整村赶平均”工程监测指标，帮助贫困残疾人家庭逐个指标分析和推进；坚持与村干部见面，坚持与重度残疾人亲属或监护人见面）的基层残疾人工作方法。全县乡镇（街道）残联全部选聘残疾人专职干事，将专职干事的工资、保险等列入县区财政预算。全县 1024 个村（社区）全部成立残疾人协会、选聘残疾人专职委员。

1992 年、1993 年，2 次进行全县残疾人普查工作。1994 年对第一批重残者 7000 人，颁发残疾人证。2009 年，开展残疾人二代证换发工作，按照“政府领导、残联负责、部门联动、集中办理、流水作业、配套服务”的工作模式，有效推动全县二代证办理工作的扎实开展。2010 年，全县办证总数达 2.6 万人。

第二节　代表大会

残疾人联合会实行代表大会制度。苍山县残联自 1990 年成立至 2010 年年底共召开五届代表大会，前三届代表大会分别于 1990 年 10 月、1994 年 3 月、1999 年 7 月召开。2004 年 4 月，召开第四届代表大会。第四届主席团聘请县人大常委会原主任张宝忠、县政协主席刘霞、县人大常委会副主任刘志启为名誉主席，分管残联工作的副县长为主席，县政府办公室主任、残联理事长及有关部门、群众团体负责人为副主席。2008 年 4 月 3 日，召开第五届代表大会。出席代表 127 人。以无记名投票的方式选举县残疾人联合会第五届主席团委员。主席团第一次会议选举主席团主席、副主席，刘霞、田家成当选为苍山县残联第五届主席团名誉主席，刘连栋当选为主席，李贞昌当选为执行理事会理事长。推选王桂乾任肢残人协会主席，王硕任盲人协会主席，孙国庆任聋人协会主席，赵其云任智力残疾及亲友协会主席，许开雨任智力残疾及亲友协会副主席，袁秀堂任精神残疾及亲友协会主席。

第三节　残联工作

康复工作

1991 年开始，对残疾人进行白内障复明、儿童麻痹后遗症矫治、聋哑儿童语言训练 3 项治疗康复工作。全县建立起县人民医院、磨山医院、文峰山医院、向城卫生院、车辋卫生院 5 个白内障复明中心，文峰山医院 1 个精神病医院，县妇幼保健站 1 个低视康复中心。至 1996 年底，先后 10 多次聘请省、地专家医疗队前来实施手术治疗，全县共做儿童麻痹矫治手术 328 例、白内障复明手术 599 例、低视力康复 19 例、聋儿语训 5 人。

1995 年，全县各乡镇普遍制定残疾人优惠办法，共有 983 个行政村和 27 个企事业单位建立残

疾人组织，有效开展各项残疾人康复工作。1996年残疾人康复工作，由原来“三项康复”，相继扩大到精神疾病防治康复、特需人群补碘、低视力康复和残疾预防等方面。2004年，落实国家康复扶贫计划，开展“行走工程”“光明工程”等康复活动。2006年，开展社会化、综合性、开放式的精神病防治工作，针对精神病人病情采取相应的康复措施。2007年，与县财政局联合实施贫困残疾儿童康复救助工程，在县城城区试点开展残疾人社区康复示范区培育活动。成立康复服务站，选聘康复服务员和康复指导员，配置康复器材。2008年，重点开展精神病防治康复医疗救助工作。2010年，争取国家、省、市及慈善机构康复项目资金，全县社区康复指导机构达到21个；举办各类培训班15期，培训康复工作管理人员400人（次）。至2010年年底，全县共开展康复项目18项，争取康复经费及辅助用品用具1380万元，全县1万余名残疾人得到不同程度的康复和服务，直接

图20—11　光明行动启动仪式　（2007年4月摄）

或间接受益近3万人。共实施白内障免费复明手术6088例，被全国残疾人康复工作办公室评为“全国白内障无障碍县（区）”。对230名贫困脑瘫、智障、孤独症儿童进行抢救性康复训练；国家人工耳蜗、助听器项目救助贫困聋儿8人，为290名贫困聋儿免费配戴助听器；615名贫困肢体残疾儿童得到矫治手术补助；273名贫困精神病患者免费服药，85名特困精神病患者免费住院治疗。

教育就业

1995年，县内有劳服企业1家，安置残疾人就业52人。1996年，重点走访残疾福利企业，走访慰问残疾人家庭166户，发放资助金3万余元。2004年，组织选派残疾人参加第一届全市残疾人职业技能竞赛和残疾人求职推介洽谈会。

2005年，全县新增残疾人教育培训机构2处，参加职业教育培训的残疾人数量大增。至2010年年底，依托县华联技校，打造富脑送技“沂蒙阳光”技师团队，举办8期培训班，共培训学员3094人。组织残疾人参加职业技能竞赛，选送6名残疾人参加全省第四届“劳动之星”技能竞赛和“沂蒙阳光”星级技师评选活动，其中曹海港获得“劳动之星”书画类全省第2名和全国第10名的好成绩，李永获得临沂市“星级技师”称号。加大残保金征收力度，促进了残疾人按比例就业。

残疾儿童入学率不断提高。2010年，共有50余名贫困残疾大中专新生得到补助。

扶贫助残

1991年第一个“助残日”活动中，开展“为兴建山东省康复职业中等专业学校募捐一元钱”活动，全县党政机关、企事业单位、农村群众共捐款33万元，完成地区下达35万元任务的94.3%。

1995年，社会助残“一助一，送温暖”活动蓬勃开展，全县为残疾人办好事、办实事的扶残助残风尚蔚然兴起。1991年—1996年，6个助残日共走访慰问残疾人家庭8180户，发动社会各界为残疾人做好事5763件（次），发放各类慰问品折款616万元。

2008年，实施整村推进贫困残疾人家庭生活水平赶上所在村平均水平即“整村赶平均”工程，初步建立农村残疾人的保障和服务体系，改善了农村残疾人的生活状态。2009年年底，县委、县政府举行“情暖万家”启动仪式，将扶危济困、扶残助残等民生工程推向新高潮。2009年—2010年，一系列惠及残疾人的政策措施相继出

台，全县残疾人参加新农村合作医疗个人缴费部分由县财政代缴，农村残疾人参加养老保险个人缴费100元由县财政代缴，对享受城乡低保的重度残疾人每人每月给予不低于50元的生活补贴。2006年—2010年，全县共实施农村残疾人危房改造项目260户。

维权

2003年，县残联建立“苍山县维护残疾人合法权益法律援助联络中心”，残疾人的合法权益进一步得到维护。

2008年—2010年，先后制定印发《苍山县残疾人优惠扶持规定》和《苍山县无障碍家庭建设工作实施方案》，贯彻落实国家残疾人机动轮椅车燃油补贴政策，共发放残疾人机动轮椅车燃油补贴14万元350人次。实施残疾人无障碍家庭改造，投入资金3万余元为26户残疾人家庭实施无障碍改造。

2009年—2010年，结合创建市级文明城市、省级园林城市工作，县委、县政府加大城市残疾人无障碍建设工作力度。新建盲道2万米，广场、公园、商场、车站、剧院、公厕、体育馆等公共场所残疾人无障碍设施全部增建、改建。

宣传、文体

2008年，推选优秀残疾人艺术人才参加省、市残疾人文艺会演，刘兴才、陈州等获得多个奖项。

2009年，孟祥军、曹海港、曲明美、陈大永等残疾人书画作品入选市残联和北京市东城区残联联合举办的“牵手春天·共书和谐”临沂——北京残疾人书画工艺作品联展。

2009年，王硕、肖峰、王桂乾等残疾人先进典型身残志坚的创业事迹在省、市、县新闻媒体播发后，收到良好效果。

组织多名运动员参加第四届（1995年）、第五届（1998年）、第六届（2002年）、第七届（2006年）省残疾人运动会，共获得金牌18枚，银牌11枚，铜牌10枚。

2009年—2010年，开展优秀运动员选拔训练工作，建立残疾人文艺人才库、体育人才库，残疾人体育工作取得历史性突破。

2009年，组建脑瘫足球队和聋人篮球队并开展集训，在全市“自强杯”残疾人球类运动会上分别夺得金牌和银牌。

2010年，在山东省第八届残疾人运动会上，脑瘫足球队代表临沂市出赛夺得第3名，苍山县运动员共获得13金4银9铜的好成绩，8名运动员被市政府记二等功，8名运动员获“临沂市新长征突击手”称号，1名女运动员获“临沂市三八红旗手”称号，同时输送4名运动员参加山东省坐式排球训练。

第六章　科学技术协会

1979年7月，苍山县科学技术协会正式成立，主任刘志汉。1985年—2010年，苍山县科学技术协会（简称县科协）内设机构为行政办公室、科普部、学会部、科技咨询中心、老科技工作者协会办公室、反邪教协会办公室。其中科技咨询服务中心是1992年5月经县编办批准成立的自收自支事业单位，实行企业化管理，编制2人。

2010年，县科协有工作人员9人，其中大学学历2人，大专学历7人，平均年龄40岁。

第一节　科普工作

青少年科学素质工作

1979年—2010年，组织参与国家、省、市

举办的每年一届的青少年科技创新大赛、信息学奥赛、智力七巧板科普系列活动，并取得优异成绩。全县中小学生共有376篇论文、697项发明创造、236幅科幻画在省、市级大赛中获奖。其中，2001年推选12名学生参加全市中小学生计算机竞赛活动，获二等奖3名，三等奖3名。2002年，卞庄第一小学学生李津在全省科技大赛活动中获省级二等奖。2006年—2010年，组织科普大篷车进校园活动20多次，组织科学家进校园活动383人次，组织各类青少年科学实践活动623次，组织本县区科技辅导员参加各类市级培训活动2360人次。坚持以“科普进校园”为载体，以“共建绿色家园”为主题，开辟中小学生第二课堂，开展“教科书循环使用从我做起”活动，推进“节能减排学校”行动，丰富了校园科普文化。组织科技辅导员、青少年学生参加第二十二届山东省青少年科技创新大赛和第十三届全国信息学奥林匹克联赛竞赛及观摩活动。2008年—2009年，先后组织20余名科技辅导员赴沂水、昆明、日照等地观摩大赛，青少年科技创新大赛中苍山有2人获二等奖，35人获三等奖；2009年，信息学奥林匹克联赛中苍山有3人获市级奖励，并被推选参加山东省复赛，苍山一中许诺、赵恒、王大利获得三等奖，苍山一中被省科协、省教育厅、省地震局授予“山东省地震科普示范学校”。全年共举办大型青少年科普展览4次，参观人数1.3万余人；举办青少年科普讲座30次，有6000余

图20—12　心理专家给学生激情演讲（2010年4月摄）

人听讲。2009年12月9日—14日，县科协、县教育局联合组织“科普大篷车百校行”专题活动，有1.2万多名学生观展。创建省市科普示范学校，至2010年，实验小学获省级科普示范学校称号，苍山一中、苍山一小、二庙中学等5所学校获市级科普示范学校称号。

图20—13　到村任职高校毕业生兼任科普宣传员启动仪式暨科技培训会　（2009年5月摄）

大学生村官科普员工作

山东省科协、临沂市委组织部、市科协于2009年5月25日在苍山县举行山东省到村任职高校毕业生兼任科普员仪式暨科技培训会议。组织17名高校毕业生兼任科普员，宣传农村政策，宣讲现代农业知识，建立农村科普宣传机制。县委组织部、县科协及时总结代村社区的做法经验，于2009年年初全县400名到村任职高校毕业生全部成为科普员，成为全国首创。

企业科普工作

依托县富民食用菌研究所、县食用菌协会、县生物育种中心、神大集团、新天益公司、华宇公司、天宝公司等企业协会，进行“金针菇高产栽培技术研究”“食用菌新品种引进与栽培技术”“利用恒温库周年生产食用菌技术”“金针菇废料生产秀珍菇技术”“食用菌废渣液气转化研究”“黑木耳栽培技术”等10多项科研项目的攻关开发，取得成功。老科协会员曾召玉利用食用菌渣废料为原料自主研发的液气转化炉达到5个类型，批量生产，并在3个乡镇10个村进行试点推广应用。2009年4月，邀请省食用菌协会、

山东农业部管学院的专家教授，举办食用菌培训班，1000多名菇农参加培训。2009年—2010年，举办各层次食用菌专题培训班30期，培训人员1.2万人次，发放食用菌技术资料10余万份。引进推广姬菇、秀珍菇、黑木耳、白平菇、白雪金针菇、白灵菇等16个新品种，新增栽培户1100多个，新增销售收入2000多万元。

社区科普建设

2006年，各乡镇科协、社区科协广泛地开展以《全民科学素质行动计划纲要》为主题的科普宣传活动。碧翠苑社区、中兴社区、朝阳社区、东埝头社区等科普示范社区分别以科普宣传栏、科普橱窗、科普画廊、科普服务站等科普基础设施对“科学素质纲要”进行宣传。

农业科技成果展示会

第四届中国（临沂）农业科技成果展示会由临沂市人民政府主办，中共苍山县委、苍山县人民政府，市科协、市农业局承办，2006年9月中旬，县里成立筹备委员会，下设办公室，办公室在县科协。9月30日召开动员大会，传达筹备工作总体方案，部署筹备工作任务。10月19日—22日，第四届农展会在苍山县塔山广场及新华路、文化路举行。农展会期间，市以上60多个单位部门领导专家云集，新华社、中新社、《人民日报》、中央电视台、香港阳光卫视等36家市以上新闻媒体80多位记者专题采访报道农展会，共刊发各类新闻稿件400多篇（条）。10月12日—13日，市委宣传部、临沂日报报业集团举行“走进新苍山”大型采访；10月21日上午，市以上参会记者进行“相约农展会、感受新苍山”集中采访。同时，市县两级共同举行第四届中国（临沂）农业科技成果展示会新闻发布会，发布苍山县情和农展会成果。先后举办了“相聚苍山　播种希望”大型文艺晚会、神大集团“欢庆农展会、满意在苍山”大型专场文艺会演。农展会展区总面积1.2万平方米，共有220个标准展位，参展单位216家，专业技术人员1000人。涉及高等院校、科研机构40多家，副教授以上职称人员150多人，推出300多个科研成果项目。有600多项新成果、3000多个新品种进行现场洽谈、展示和交易。中国科学院沈阳分院总工程师赵家绪作《现代农业发展与农产品深加工产业集群》科普报告。中国农科院、中国林科院、省科学院、省农科院、山东农业大学、莱阳农学院等分别进行新技术、新成果展示和最新科技信息发布。“科普大篷车”成为本届农展会的一大亮点，共展出展板300多块，科普仪器50多件，有2万多干部、群众、学生观展。参加农展会人员20多万人，发放各类科普宣传资料近50万份，提供科技信息400多条，洽谈技术项目160个，提供科技咨询13万人次。10月21日，举行招商引资引智项目签约仪式，提报招商引资项目6大类31个，合同引资19.86亿元，其中大会签约18个，引资16.6亿元；签约人才、智力意向项目36个，会上签约的有6个。

图20—14　农展会会场　（2006年10月摄）

第二节　三会工作

发展、审批各类学会、协会、研究会是县科协的重点工作之一，1996年前，全县共审批县级学会13个，分别为：苍山县医学会、苍山县珠算学会、苍山县农学会、苍山县工学会、苍山县水利学会、苍山县畜牧学会、苍山县农机学会、苍山县教育学会、苍山县中医学会、苍山县电影协会、苍山县牛

蛙研究会、苍山县果树生产者协会、苍山县防痨学会等，有会员2500余人。1996年—2010年，共批准成立学会组织33个(见附表),发展会员4216人。以上学会均能正常按时换届，开展活动。2002年，县医学会、县珠算学会被推选为市科协系统先进集体。2005年，苍山县大蒜协会、苍山县富民食用菌协会、苍山县粉条协会、苍山县双龙蔬菜协会被市委、市政府授予“全市先进农民专业合作经济组织”一等奖，苍山县尚岩镇农民综合服务协会、苍山县尚岩镇会宝山林果开发协会、苍山县兰陵镇农副产品协会、苍山县新兴镇蔬菜协会、苍山县卞庄镇代村富民养殖协会、苍山县贾庄乡食用菌协会、苍山县东珍兔业养殖协会、苍山县向城镇蔬菜科技协会被授予二等奖。

1996年—2010年苍山县批准成立的学会组织情况

表20—4

学会名称	批准时间	挂靠单位	会员人数
苍山县农村建筑业工作协会	1998.06	苍山县建设局	61
苍山县摄影家协会	1998.08	苍山县交警队	48
苍山县农村卫生工作者协会	1998.08	苍山县卫生局	132
苍山县中医药学会	1999.04	苍山县卫生局	83
苍山县兰陵镇农副产品协会	2002.03	苍山县兰陵镇政府	62
苍山县尚岩镇农民综合服务协会	2002.05	苍山县尚岩镇政府	57
苍山县农村供水协会	2003.12	苍山县水利局	58
苍山县食用菌协会	2004.05	苍山县科学技术协会	150
苍山县兴明乡双龙蔬菜协会	2004.06	苍山县农业办公室	253
苍山县养蜂协会	2004.06	苍山县科学技术协会	50
苍山县下村乡花椒协会	2004.08	苍山县下村乡政府	320
苍山县下村乡板栗协会	2004.08	苍山县下村乡政府	262
苍山县蜜枣协会	2004.08	苍山县下村乡政府	307
苍山县尚岩镇蔬菜协会	2004.10	苍山县尚岩镇政府	285
苍山县尚岩镇会宝山林果开发协会	2004.10	苍山县尚岩镇政府	126
苍山县新兴镇蔬菜协会	2004.11	苍山县新兴镇政府	378
苍山县东珍兔业养殖协会	2004.11	苍山县畜牧中心	66
苍山县富民食用菌协会	2005.02	苍山县贾庄乡政府	59
苍山县测土配方施肥协会	2005.02	苍山县农业局	60
苍山县卞庄镇海鑫农业产业协会	2005.02	苍山县卞庄镇政府	78
苍山县粉条协会	2005.05	苍山县科学技术协会	188

续表 20—4

学会名称	批准时间	挂靠单位	会员人数
苍山县大蒜协会	2005.06	苍山县农业局	386
苍山县贾庄乡食用菌协会	2005.06	苍山县贾庄乡供销社	87
苍山县向城镇蔬菜科技协会	2005.07	苍山县向城镇政府	95
苍山县利民养鸡协会	2005.07	苍山县畜牧局	68
苍山县卞庄镇代村富民养殖协会	2005.09	苍山县卞庄镇政府	56
苍山县餐饮协会	2005.09	苍山县商业局	74
山东兰陵酿酒协会	2005.09	苍山县科学技术协会	52
苍山县新兴镇食用菌协会	2006.03	苍山县新兴镇政府	121
苍山县沼气协会	2006.04	苍山县农业局	63
苍山县肥料协会	2006.08	苍山县农业局	89
苍山县老科技工作者协会	2006.08	苍山县科学技术协会	260
苍山县石灰协会	2006.10	苍山县科学技术协会	142

第三节 建家工作

1996年—2010年，在“全市自然科学优秀学术论文”评选活动中，苍山县科技工作者共有48人次参选，论文分获一、二、三等奖。2001年12月，刘宝敬、韩新生被授予“首届临沂市优秀科技工作者”称号。2000年—2002年，刘一晶、刘宝敬、张景英、卜祥兰、张传胜获市科协系统先进个人荣誉称号。2002年9月，苍山一中青年教师苗立才被评为第二届临沂市青年科技奖。2004年，李桂兰获首届沂蒙大众科普奖，朱炳亮获市级优秀科技工作者荣誉称号，立三等功。2005年，组织开展第一届“十大科普功臣”和“十大科技状元”评选活动。2006年12月，张广友、王健、李兴和被授予“全省科普村村通宣传栏建设先进个人”称号。开展“固本强能、凝聚力量、搭建平台、服务社会”学会主题年活动，重点抓了10个专业学会、行业协会规范建设，组织8人参加第十一届临沂市自然科学优秀学术成果奖评选，1人获一等奖，1人获二等奖，6人获三等奖。组织5人参加第四届临沂市青年科技奖评选。认真征集申报2010年度全市决策咨询课题及重点学术活动项目，苍山县水利局高级工程师戴洪卫的《创新小流域治理体制促进社会主义新农村建设》和县水产局公茂宝的《网箱草鱼养殖中草鱼病毒性出血病及草鱼细菌性赤皮、烂鳃、肠炎的预防及治疗》获得全市科协系统2010年度优秀决策咨询课题。重视老科协基层组织建设，新发展老科协会员23人，建立老科协科技示范基地8处，开展各类科技服务活动160多次，发挥了老科技工作者的余热。加强城乡反邪教工作机制建设，积极开展“崇尚科学、反对邪教示范社区（乡镇）”创建活动，受教育群众60多万人次。组织向城镇、代村社区参加全市评选。

第四节　老科技工作者协会

苍山县老科技工作者协会（以下简称老科协）于2006年9月5日正式成立，并召开第一届会员代表大会，选举产生苍山县老科协第一届理事会，县政协原主席李桂兰为首任会长。老科协下设农业、卫生、教育、建设、经贸5个专业委员会，2010年有会员260人。办公经费由县财政拨付，并列入每年预算，办公室设在县老干部活动中心。

图20—15　2008年，老科协食用菌基地被命名为“山东省老科协农业科技项目示范基地”

老科协先后与车辋、贾庄、尚岩、大仲村、神山、长城、层山、卞庄、庄坞、新兴等乡镇建立基层工作联系点，定期安排专家下乡具体指导、示范、解决技术难题。2010年，共组织专家260多人次下乡宣讲、培训、指导180次，有3.5万多农民接受指导和服务，发放明白纸和技术资料2万多份。

老科协先后承担苍山县食用菌推广及深加工项目开发，组织各类科普讲座15次，听众6000多人次。通过调查研究，汇总整理出1.2字的书面调研报告，根据报告提案，县委、县政府批示，协调帮助菇农发展资金500多万元。根据省老科协提出的“千百万”行动计划，县老科协在全县范围内组织实施“十百千”活动。开展以“四技”服务和“三下乡”为主要内容的科技服务活动。初步建立贾庄金针菇、大仲村黑木耳、庄坞出口创汇菜、长城养鸭、车辋枸杞等科普示范基地。

2007年4月，组织县科协、老科协会长、副会长及各专业委员会主任20人，参加寿光蔬菜交易博览会。2008年7月，组织县科协、县老科协、县食用菌协会、县食用菌研究所的技术人员赴江苏省新沂、邳州等苏北市县学习考察。2009年8月，组织县农业、经贸委员会等16人先后到潍坊、菏泽等地学习考察秸秆气化炉的技术，该项工作在苍山县贾庄老科协秸秆气化炉基础地批量生产，3个乡镇推广应用，得到群众的好评。2008年9月下旬，江苏省沛县老科协、科协到苍山县考察食用菌生产，并与之建立友好合作关系。至2010年，与市、县区有关老科协合作，建立青岛蔬菜合作社苍山分社，并组织有关单位参加中国（青岛）农产品交易博览会，重点推介苍山产品，与有关单位建立经贸关系。

第七章　其他团体组织

第一节　农民团体

农民协会

继1927年春白山、漫溪、黎丘等地组织起农民协会后，1928年冬长城、四哨、芦汪子、小马庄一带也先后组织起农民协会。赵新铭、赵修等被推举为农民协会负责人。

山东农民抗日自卫团总团

1938年，在老屯成立，王伯英任总团长，司贺峰任副总团长。下辖3个团，培训干部2期，440余人。11月6日日军将其包围，制造了“老屯惨案”，农抗团72人牺牲。1939年8月奉命进行整编，王伯英任总团长。1940年3月，农抗团直辖大队被改编为临沂游击总队第二大队。

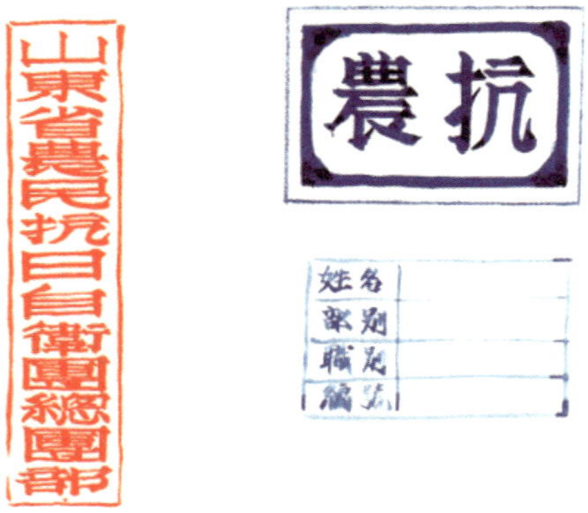

图 20—16　农抗团徽标

临郯费峄四县边区农民抗日救国总会（简称农救会）

1939年2月临郯费峄四县边区民众代表大会选举产生，宋宜安任会长。农救会成立后，举办2期训练班，培训农、工、青、妇干部200余人，努力做好参战、参政、改善生活、生产等各项活动。《大众日报》曾评论说，“这支铁的洪流，便开始了在边区的激荡”。

图 20—17　农民在修筑公路

临郯农救会

1939年4月在涌泉成立，赵广俭任会长。1940年1月，任希元为会长。协助组建临郯青年抗日大队，曾攻克反共据点杨庄，组织为儿桥、肖姬庄村民抵抗日军。多次配合临郯军民，粉碎日伪军“扫荡”。

临沂县农救会

1940年在涌泉成立，赵广俭、赵丙连、周长贵先后任会长。1940年7月，与边区县农救会派代表，出席山东省各界代表联合大会。

苏鲁边农救会

1940年1月在徐圩子成立，赵民三任会长。积极发动群众参加抗日活动。

鲁南农救会

1941年3月鲁南各界代表在西涧村选举产生，魏思文任会长。杨清法于1941年任会长后，于10月牺牲。1942年5月，组织群众进行减租减息试点，发动佃农、贫下中农向地主进行二五、分半减息斗争。1942年，集资修建“农救会烈士纪念碑”，同年10月在邢村落成。

图 20—18　农救会烈士纪念碑　（2010年摄）

赵镈县农救会

1944年2月成立，宋大成为会长。同年5月，在大炉进行整风，解决双减工作中的右倾、自满等情绪，推动运动的健康发展。同年10月，李发祥任会长。发动群众向敌伪顽进行抗税、抗捐、抗粮、抗伕斗争。1945年，动员群众参军参战，把大量土筐、箱子、木柜及时送往前线，将鸡蛋、花生等慰问品送到战士手中。9月，并入县委民运部。

苍山县农救会

1947年3月成立，无正职，宋大成任副会长。在艰难的时期，实行“区不离区，县不离县，坚持就地斗争”的战略，积极组织民工支援地方武装打击敌人，拔除仲村伪据点。

苍山县贫下中农协会

1965年1月，全县贫下中农代表会议选举产生，庄虔恺为主任。组织部分干部、贫下中农代表赴济南参观阶级教育展览，发动全县群众进行大规模的忆苦思甜、阶级教育。1966年5月后，发动群众进行“文化大革命”“农业学大寨”，对农村中、小学进行管理等活动。1973年3月，召开第二次代表会议，选举苍山县第二届贫下中农协会，庄虔恺任主任。1975年，配备1名不脱产的副主任。1979年12月活动停止。

第二节 其他社团

民族解放促进委员会

1937年8月，苍山暴动时的中共党员王献廷返乡后，联络赵叙五、杨月阳，利用旧关系发动青年进行抗战。不久，报名者百人。同年9月，沈林甫邀请当地头面人物20余人，在北哨成立“民族解放促进委员会”(简称民促会)。朱次彭、王献廷、沈林甫被推选为主任委员，其他人为委员。同年年底，中共鲁南中心县委书记何一萍到宋庄一带活动，送给一些如何开展抗日游击战争的小册子。民促会派朱次彭参加中共鲁南中心县委在枣庄举办的抗日民族统一战线训练班学习。1938年1月，宋庄的抗日武装发展到七八十人，沈林甫拿出自家粮食，实行集体吃饭，建立起一支全脱产抗日武装力量。2月，中共党员丁梦荪到宋庄，经与沈林甫协商，把“民促会”改称为临郯青年抗日救国团第四分团。王献臣、赵叙五组织的“促进会”同时改称为临郯青年抗日救国团第二、三分团。

抗日民族先锋队

1937年10月，中共党员董少白从延安回到苍山，在涌泉一带开展抗日救国活动，以涌泉为中心建立抗日民族先锋队(简称抗先)。在涌泉设总队部，开明士绅傅普仁任总队长，傅鸿冉任副总队长。下设大队，傅伯达、傅展如、李少周、朱继箴、王子通分别为大队长。1938年5月，改名为临郯青年抗日救国团第十二分团。

各界抗日救国会

抗日战争爆发后，鲁南地区抗日救国运动形成热潮，各地纷纷成立抗日救国组织。1940年1月，苏鲁边区抗日救国总会在二庙乡徐圩子成立。5月，临沂县各界抗日救国会在涌泉成立，蒋镜寰、李子敬先后任会长。同月，鲁南工、农、青、妇、文代表大会在涧村召开，成立鲁南各界抗日救国联合总会，魏思文为会长。1941年4月，临郯费峄四县边区县各界抗日救国会成立，耿益、牛一萍、张绍九先后为会长。1944年2月，赵镈县各界抗日救国会成立，李子敬、卞怀之先后为会长。1945年9月抗日战争胜利，各界抗日救国会完成其历史使命。

临郯平原联庄会

原为沙埠村士绅王炳南创办。1938年冬，为争取其武装，中共临郯中心县委派韩去非进行统战工作。王炳南同意抗日后，拿出30多支枪及大宗粮食供给部队，并与韩一起争取层山张建侯进行抗日。张建侯的侄子曾带1个排，参加临郯独立团。

临郯费峄四县边区民众抗日总动员委员会

1939年9月成立。公推民主人士宋鲁泉为主任，一一五师民运部部长潘振武为副主任，中共鲁南特委书记宋子成与民主人士刘子才等6人为常务委员。

鲁南总动委会第三分会

1940年3月在大炉成立，刘兴元、宋宜安等17人为常务委员。

鲁南宪政促进会第三分会

1940年3月在大炉成立。八路军一一五师代师长陈光等57人被推选为执行委员。刘兴元、万春圃、盛清沂等17人为常务委员。

第二十一编
劳动保障　人事　民政

蒼山縣志

中华人民共和国成立后，全县综合政务工作坚持依法行政，发展较快。2010 年，由原劳动和社会保障局与人事局合并，组建了苍山县人力资源和社会保障局，至此，全县隶属人社局管理服务的公务员 1800 余人、事业单位人员 1.9 万余人、各类专业技术人员 1.5 万余人，企业 320 余家。民政事业有了长足发展，拥军优抚、救灾救济、婚姻登记、殡葬改革、社团管理等等都走在前列。老龄工作取得可喜成绩，使全县老人老有所养、老有所依、老有所乐。

第一章　劳动保障与人事

中华人民共和国成立初期，苍山县没有专门的劳动机构，其业务由县计划委员会负责。1956 年 9 月成立劳动科，1958 年 6 月组建劳动局。1962 年 8 月，劳动局撤销，其业务并入县计划委员会。1977 年 1 月，恢复苍山县劳动局，为科级单位。1984 年，劳动局设立中共党组。1996 年，苍山县劳动局下辖办公室、劳力调配科、工资科、仲裁办、锅炉监察科、档案室、安全办等 7 个职能科室，下辖 5 个副科级事业单位：劳动服务公司、劳务工作办公室、劳动监察大队、社会劳动保险事业处、职业技术培训中心。

中华人民共和国成立前，未设专门人事机构，人事工作由政府直接办理。1951 年 8 月，县政府成立人事科。“文化大革命”期间人事科停止办公，具体业务由县革委政治部组织组办理。1975 年 9 月，县革委成立政工组，负责人事工作。1976 年，重建人事局，编制 8 人。1996 年，人事局下设办公室、调配任免科、工资福利科、科技干部科、干部教育科、退休干部科、人才交流服务中心、机关事业保险处、机关事业技术工人考核办公室、机构编制委员会办公室。

1999 年 5 月，县劳动局改称劳动和社会保障局；原由县人事局管理的正科级单位机关事业保险处和民政局管理的农村社会养老保险处、卫生局管理的医疗保险处 3 个副科级事业单位整体转交到劳动和社会保障局，安全办公室转交到县经委，锅炉监察科转交到县质量技术监督局。2003 年 9 月，劳务工作办公室升格为正科级事业单位。

2010 年 5 月，县劳动和社会保障局与县人事局合并，改称人力资源和社会保障局，原人事局退休干部科、职业技术工人考核办公室、工资福利科、专业技术人员科、教育培训科、调配任免科、毕业生就业科、人才交流服务中心及档案室等科室整体转入人力资源和社会保障局。

第一节　劳动就业

尽管兰陵酒业历史悠久，但其用工制度为封建把头制。到 20 世纪初，兰陵有 40 多家酒店，人员就业主要通过中人、保人或私人关系进行。中华民国时期，不少饥民被招募为苦工流往外地。1945 年，中共鲁南区委创办兰陵酒店，干部为委派，工人为招聘。1948 年，建立鲁中南沂河酒厂兰陵分酒厂，工人仍为招聘。中华人民共和国成立后，人民政府接管兰陵酒厂，对工人实行自愿去留，没有手续、待遇。国民经济恢复时期，采用以工代赈、团结互助、扩大营业、组织生产自救等方式，扩大就业门路，1952 年，组织起铁、木、编等手工业组织 19 个。1953 年 1 月，成立第一个铁木业合作业，年底，全县有职工 2829 人，其中生产工人 92 人。后随着工商业的发展，就业人数逐年增加。

工人来源主要为社会招工、复员转业军人安置、退休死亡顶补、各类技术学校毕业生分配等。1954 年，开始有计划地招收固定工，主要招收具有城镇户口，当年不能升学的高小、初中毕业生和转业军人。1956 年，对用工人员中，符合条件的转为正式工人，不符合条件者辞退，财贸、文教等行业共试用 845 人，有 522 人转正。从社会招收 45 人，由个体手工业者及私商过渡 219 人。1958 年大办工业，有 14516 人从农村进入工厂企业，其中固定职工 7142 人。1959 年，开始精简机构，实行定员定额管理，合理确定固定工与合同工比例，做好临时工、合同工转固定工的工作。3 年困难时期共压缩、精简职工 6664 人。1966 年，招 20 人支援三线建设。1968 年，为临沂国棉厂招工 97 人。1970 年，为县属工业招工 268 人；国营苍山农场兵团战士转为工人。1971 年，招收 375 名城镇知识青年和部分农村青年就业。1972 年，招收 126 名知识青年。1975 年 6 月，开始实行退休职工子女接班，首批办理 317 人；10 月为县办工业招收轮换工 300 人。1976 年，招收亦工亦农轮换工 750 人，12 月招收固定工 456 人。1978 年广开就业门路。1979 年 4 月，金桥屯煤矿停办，其亦工亦农工人下放回村。1980 年，新增职工 965 人。1981 年，招收 455 人。1984 年，试行招收合同制工人 380 人。1985 年，招收全民合同制工人 360 人，农民合同制 450 人。

1954 年，开始安置复员、退伍军人工作。20 世纪 80 年代，安置部队转业干部、志愿兵及其随调家属、子女和各类技校毕业生。至 1996 年，累计安置 2231 人。

1964 年，开始接收上山下乡知识青年，到 1971 年共接收淄博、青岛集体插队知识青年 477 人，外地回乡知识青年 48 人，外地成户下乡 285 人。1974 年，开始上山下乡、回乡知识青年安置工作，到 1978 年共安置下乡、回乡知识青年 491 人。

1977 年，为减轻就业压力，开始兴办待业网点，1987 年共兴办服务网点 23 个，1988 年发展到 44 个网点，1993 年开始安置企业富余职工，1996 年全县共有劳动服务企业 51 处，累计安置待业青年和富余职工近万人。

随着经济体制改革、经济结构调整，受规模、资金、技术、管理等各方面因素的影响，企业减员增效力度加大，下岗失业职工呈现逐年增加的趋势，加之城镇人口的自然增长和农村剩余劳动力的大量外出务工，对就业再就业工作形成双重压力，就业再就业形势日趋严峻。到 1997 年 5 月底，全县共有企业 150 家，职工 8 万人，其中有下岗职工的困难企业 10 家，下岗职工 4000 人。为缓解就业压力，多渠道分流安置下岗职工和失业人员，1997 年年初开展再就业工程，到 1998 年年底全县建立了 25 个再就业服务中心。

从 1997 年起，开展下岗职工基本生活保障和再就业工作。当年为困难企业发放救济金 6.2 万元。1998 年，筹建苍山县劳动力市场，开设求职登记、培训鉴定申请、劳动仲裁、劳动工资、劳动监察等 9 个窗口。通过实施“三动措施”，即政策推动、典型带动、服务促动以及市场调节就业、劳动者自主择业与政府促进就业相结合的就业办法，至 2001 年年底，有 460 名下岗职工走上新的工作岗位，有 2800 人进入再就业服务中心。

图 21—1 劳动力市场 （2010 年摄）

2002年，推进下岗与失业并轨，发放下岗职工生活费41万元，为216名失业人员发放失业保险金44万元。2003年，筹集再就业资金140万元，为187人办理养老保险费补贴，发放1162名困难人员生活救助金48.6万元。

2004年—2006年，以建立政府责任体系和落实再就业优惠政策为主线，以特困群体人员就业援助为重点，采取加大资金扶持力度，落实各项再就业税费减免政策，开展再就业培训、创业培训，实施一对一帮扶，开发公益性岗位，发展劳服企业等措施。

2006年，落实税费减免260万元，社保补贴70万元，岗位补贴3.7万元，职业介绍补贴2.3万元，培训补贴96万元，春节走访慰问1600余名困难职工，发放求助金63万元，为390余名失业人员发放失业保险金130万元。到年底，全县城镇新就业人员8346人，劳动力市场介绍就业6618人。

2007年，先后为下岗失业职工落实税费减免280万多元；办理再就业优惠证677本，累计发放4451本；全年投入再就业资金442.05万元，其中，社保补贴125万元，职业介绍补贴14.95万元，岗位补贴29.5万元，培训补贴74万元，困难职工生活救助金65万元，人力资源市场建设资金46万元，落实企业吸纳下岗失业人员社保补贴63.9万元，困难群体人员社保补贴23.7万元；开发公益性岗位106个，安置“双零”就业困难家庭人员96人。

2008年，全县新增城镇就业8711人，占年计划的111.68%，下岗失业人员再就业1675人，城镇登记失业率控制在2.62%。全年共发放再就业优惠证547本，累计发放4214本；兑现各类政策性补贴201.01万元，其中社保补贴127.13万元、培训补贴20万元、岗位补贴41万元；减免各类行政事业性收费23.8万元，减免税收45万元，为405名下岗失业人员进行小额担保贷款报名登记。全县失业保险扩面新增参保700人，占扩面任务的140%，发放失业保险金265万元，发放率100%。培训下岗失业人员693人，其中410名培训学员实现再就业，完成全年培训任务的138%；创业培训235人，完成全年培训任务的146%。举办“春风行动”“再就业援助月”“民营企业招聘周”等专场招聘会，提供就业岗位7200个。全年筹集就业再就业资金310万元，投资40多万元为就业困难群体人员租赁公益性摊位78个，无偿安置下岗失业人员288名。鼓励各类经济组织和个人兴办企业8处，吸纳下岗失业人员800余人，发展劳服企业3处，安置各类从业人员600多人。通过“腾、买、训”等方式，积极解决城乡“双零”家庭就业问题，实现县内城乡“双零”家庭存量消零的目标任务。全年累计收集用工信息180条，开发用工岗位7200个，其中开发公益性岗位157个。

图21—2　失业人员再就业培训班开学典礼（2010年4月摄）

2009年，进一步建立健全就业目标责任体系和基层劳动保障服务平台，加强县、乡、村（居）、社区四级劳动力就业服务体系建设，积极开展送岗位、送政策、送信息下乡活动；先后开展就业援助周、春风行动和再就业援助月招聘洽谈会等就业服务系列活动。全年实现新增城镇就业再就业9741人，完成年计划的140%，其中困难群体人员就业333人，城镇登记失业率控制在1.97%以内。联合财政、税务、工商等部门，落实好企业吸纳下岗失业人员和自谋职业人员的税费减免政策和社会保险补贴、岗位补贴等政策，为316名再就业人员减免税费28.16万元，救助1730名下岗特困职工，发放救助款86万元，为671名涉军人员代收代缴养老金525万元，为106名自谋职业、自主创业、自主经营的下岗失业人员补贴养老金31.5万元，为67名再就业人员支付岗位补贴8.04万元，为5家困难企业补助资金116万元；推进小额贷款担保工作，成立“下岗失业人员小额贷款担保中心”，由县财政注入200万元作为担保资金，切实为有就业愿望的下岗失业职工和农民工自谋职业、自主创业提供小额贷款担保扶持。

2010年，实现新增城镇就业12106人，完成全年任务的174.35%，年末城镇登记失业率2.26%；为536名就业困难群体发放社保补贴173.54万元，落实认定困难企业5家，补贴援企稳岗资金113.42万元；组织开展“再就业援助月”“春风行动”“民营企业招聘周”等就业服务系列活动，开发用工岗位6620个。

第二节　劳动调配

1945年，兰陵酒厂初建，调配职工8人。1954年，开始在企业之间调配劳动力。1956年后，严格调配手续，做到随要随调，被调者无条件服从。1959年，对企业劳动力实行平衡调剂，开始办理调动手续。1963年始，普通工人跨县调动应报省劳动厅批准。1965年，县内调配劳动力856人，其中在职职工118人、季节性临时工451人、民工187人、半工半读学生50人。1968年，工人跨省调动须经调出省的县以上劳动部门审查，省内县之间调动由地、县劳动部门联合办理。1979年后，严格控制县外人员调入。1981年，县属企业工人调动由县劳动局审批办理。1986年，城镇合同制工人的合理流动纳入正常轨道。1990年，对农民合同制工人实行县内流动。1992年，全民所有制工人与集体所有制工人可以相互流动。1996年，自谋职业满3年的城镇合同制工人，足额缴纳养老金者可以在县内调动。1996年—2010年，共调配人员1856人，调往省外85人，调往县外102人。

第三节　工资福利

工资制度

自抗日民主政权建立至中华人民共和国成立，党、政、军、文教、卫生等一律实行供给制。建国初一段时间内实行供给制和工资并存，党政军、人民团体的工作人员实行供给制，学校、国营企业、商业、旧公教人员及建国后参加工作的职工实行工资制。1950年4月，根据中央人民政府政务院命令，供给制人员实行包干，把粮食、服装、医药费折米包干供给，菜金、津贴、过节费、老年优待金、妇婴费、住房等仍以实物供给。1951年4月，工资制人员执行“工资分制”，以米、麦、布、油、盐、煤6种实物规定的含量，按“工资分”分数发给。1952年，国营企业工人开始实行八级工资制。3月，提高供给制工作人员津贴标准，扩大包干范围，除保育费外，其他一律包干。7月，调整供给制工作人员的津贴标准及工资制工作人员的工资标准。1955年7月，将包干制一律改为货币工资制，取消“工资分”制，对企业管理人员实行“保留工资”，结束了供给制与工资制并存的阶段。1956年7月，全国统一制定工资标准，并根据全国各地物价的不同，规定11类地区工资标准，苍山县为三类工资区。直至1984年，工资制度无大变动，只进行局部调整或改革。1985年后，进行工资制度的改革，试行工资总额与经济效益挂钩浮动的办法。1993年10月，机关事业单位进行第三次工资制度改革，实现机关与事业单位的工资制度相脱钩，建立了工资增长机制。

2006年7月1日，全国开始实行新的工资制度，这是新中国成立以来经历的第四次大的工资制度改革，机关继续实行职级工资制度，由原来的基础工资、职务工资、级别工资和工龄工资简化为职务工资和级别工资；事业单位实行岗位绩效工资制，由原来的职务工资、津贴变为岗位工资、薪级工资、绩效工资和津贴补贴。

工资调整

1957年—1960年，全县3次降低国家机关领导人员的工资标准。1958年，适当降低普通工、勤杂工的工资标准，实行新的学徒工补贴制度。1963年调整工资，凡1958年以后新增的职工可以提高到老一级工的工资水平，商业、饮食服务业、外贸业人员统一实行8级工资标准。1971年年底，按照参加工作年限制定调整工资的范围，全民所有制企事业单位和国家机关中1957年年底前参加工作的三级工、1960年前参加工作的二级工、1966年前参加工作的一级工和低于一级的工人以及与上述工人工作年限相同、工资等级相似的工作人员提高一级工资，矿山、井下生产工人的调整范围放宽一级。1977年10月调整工资，对1971年前参加工作的一级工、1966年参加工作的二级工以及同等条件的企事业干部和文教、卫生、国家机关部门的职工进行升级。1979年下乡知识青年被招工后，分年限制定工资标准。1983年，对企事业单位职工进行调整工资，全县全民所有制的调整3561人，集体所有制的调整1493人。1984年，简化归并企业工资标准，全县增资职工4391人，月增资总额24047元，人均月增资5.48元。1985年，实行结构工资，全县共5718名职工进行套改，月增工资总额50259元，月人均增资8.79元；全县有3768人升级，月增工资总额37604元，月人均增资9.98元。同时，提高学徒工在学徒期间津贴标准及定级工资待遇，提高各级学校毕业生的工资待遇。1987年4月，按1986年以后的固定职工、合同制工人、计划内临时工的总人数计算增资额，按每人每月增加1.8元，和奖金一起使用，给企业分配增资指标，由企业自主安排。1989年，企业实行浮动工资，全县共有69家企业9006人浮动一级工资，由8级制向上延伸2个工资等级，改为10级工资标准。1990年，企业普调工资，有69家全民企业6551人升级，月增工资额1024172元，人均增资15.64元；为63家集体企业4556人升级，月增资额77418元，人均月增16.95元。1993年，进一步把企业劳动用工权和工资奖金分配权放给企业，取消标准工资界限，企业自主确定工资分配形式。年底，在企业中推行全员劳动合同制和“工效挂钩”，部分企业试行技能工资制。1994年，调整企业职工技能工资标准，一类产业执行起点90元、95元、100元的工资标准，二类产业为85元、90元、95元的工资标准，三类产业为80元、85元、90元的工资标准。全县共有149家企业、15677人套改技能工资，月增资额1373480元，月人均增资87元。其中，国有企业74家、9797人，月增资额860289元、人均增资87元；集体企业75家、5880人，月增资513191元，人均增资87元。1995年年初，在县供电局实行岗位技能工资制试点，全局443名职工，月增资29512.6元，人均增资66.6元。1996年，企业职工增加工资，以体现按劳分配和效率优先、兼顾公平，调节过高收入，保障低收入者的基本生活，防止差距过大，缓解分配不公的政策。根据企业的生产和经济效益，校订企业的增资总量、增资总水平，企业在核定的工资总量内自主进行分配。增资范围除国有和县以上集体企业外，乡镇企业、私营企业和个体工商户雇用的劳动者也参照执行。1996年，全面实行岗位技能工资制度。

1996年—2006年，对供电公司、工程机械配件厂等32家企业开展集体协商确定工资工作，发布150多个工种（职业）企业年工资增长指导线、企业各类人员工资指导价位及企业行业人工成本，为178家企业办理立户手续，为266家企业职工办理转正定级手续，为245家企业职工调整工资，办理职工流动手续5324人次，办理转档5426人次，提供档案查询45200多份。为确保劳动者获得最低劳动报酬以满足自身及家庭成员基本生活需要，2005年确定最低工资标准430元。为控制过高收入，加强对企业经营者收入的规范管理，严格企业经营者收入的审批制度，建立企业工资指导线和企业行业人工成本制度。2007年，先后在德龙机械有限公司、济南益祥信息技术开发有限公司、震元纸业有限公司、棉纺厂、县供电局、石门铁矿等10家企业开展集体协商确定工资工作。同时公布200个工种（职业）工资指导价位。为8家新建企业办理立户手续，为136名企业职工办理流动手续，全年共收集档案资料3000多份，提供档案查询6000多人次，其中事业单位工作人员增资查询档案5000多人次，接收转入档案437份。2008年，加强劳动关系和工资调控机制建设，进一步完善企业工资支付管理规定，严厉查处拖欠和克扣劳动者工资特别是农民工工资的行为，进一步加强对企业工资收入分配的指导、调节和监管职能。

劳动合同签订

1995年1月1日之前没有综合性的劳动法规。1996年—2006年，按照“平等自愿、协商一致”的原则，签订劳动合同7.6万份，审查通过企业集体合同30多份；同时不断改革完善劳动合同制度，全面推行“一步到庭”和“阳光仲裁”制度。建立完善劳动合同台账管理制度及劳动合同专管员制度，使全县劳动合同制度基本走上规范化法制化轨道。

2009年，贯彻实施《中华人民共和国劳动合同法》《中华人民共和国劳动合同法实施条例》，向企业和职工发放政策明白纸1万余份。建立健全劳动关系工作体系，开展农民工劳动合同签订春暖行动，在农民工用工量较大的企业重点开展劳动合同集中签订活动，全年共开展企业集中签约活动10余次，签订劳动合同14024份。实施企业劳动年检，并采取自报、催报、主动上门催订的办法对全县企业逐一建立企业劳动合同管理台账，输入微机，进行量化管理，实现对劳动合同签订、履行等情况的动态监管，对全县136家企业劳动合同签订建立台账。2010年，共为3520名农民工签订劳动合同。为县建筑公司、东方佳园物业管理服务中心等87家企业6300人签订劳动合同12600多份。

工资水平

1947年7月，全县执行滨海专员行政公署规定的供给标准，政府、团体脱离生产人员每人每月生活费720元（北海币）。1951年，执行“工资分”制，勤杂人员至局长工资分数在49至173个之间。1952年7月调整后，供给制津贴标准在85至402个工资分之间，工资制标准在85至656个工资分之间。1955年后，全县职工的工资水平逐步提高，全民所有制单位和集体所有单位基本同步。1996年，城镇职工平均年工资4743元。1997年—2010年，苍山县城镇职工年平均工资稳步增长，从1997年的5207元增长到2010年的13457元。1997年7月，将机关行政人员基础工资标准由原每人每月90元提高到每人每月110元；事业单位各类工作人员工资标准根据其特点和构成比例相应调整。2001年10月，机关行政人员基础工资标准由原每人每月110元提高到每人每月230元。2006年7月，全县职工工资水平大幅度提高，月平均工资1364元。2010年1月，苍山县职工月平均工资达到1531元。

职工福利

中华人民共和国成立初期，对实行供给制职工发放部分津贴。从1960年12月起发放工人生活补助，其中安城煤矿人均月补2至6元，矿坑煤矿人均月补1元，石门铁矿人均月补2元，

采矿大队人均每月补到30元，其他厂矿的困难职工从福利费中酌情解决。1963年，对煤矿井下作业的正式工人及跟班基层干部实行下井津贴，每人每天0.4元。1976年，对国家投资兴办的水利基建工程、岁修工程实行施工津贴，每人每天0.3元。1978年，对回民职工每人每月发伙食补助费3.5元。1979年，对建筑安装企业职工实行施工津贴，对电影放映人员实行放映加强补助，对普通中学、小学公办教师试行班主任补贴。1980年，对国营淡水养殖人员实行水下作业津贴。1957年、1959年、1978年、1989年，职工取暖费标准进行4次调整。1996年，大部分企业已建起澡塘，配备取暖、防暑设备，兰陵集团公司、县供电局、黄埔集团公司还建起舞厅、健身房等。1997年—2010年，各企业都根据自己的情况建立起职工的健身、娱乐设施，增加防暑费，取暖费等。职工福利费用稳步提高。自1997年起，机关事业单位工作人员除工资收入外，还由国家发放工资性津贴补贴。共分两大类：一类是生活性、福利性津贴补贴（绝大多数职工享受，如职务岗位补贴、地方福利补贴、住房补贴等），另一类是岗位性津贴补贴（只在某些特殊行业或特殊岗位上工作的职工中实行，如公安干警值勤岗位津贴，法院、检察院工作人员办案补贴，医疗卫生津贴，护龄津贴，教龄津贴等）。以上补贴又可分为国家统一建立的（如警衔津贴等），由国家统一发放；还有一类是各省市根据本地区实际自行建立的（如信访人员岗位补贴、老干部工作人员岗位补贴等）。1998年1月1日起，苍山县按照上级要求，对机关事业单位津贴补贴进行简化归并，将交通补贴、洗理费、粮油补贴、房租补贴、粮价补贴、开放城市补贴、误餐补贴等七种津贴补贴合并为地方福利补贴，标准为每人每月125元。

劳动保险

1951年—1986年，国家相继出台关于职工伤亡、疾病、女工生育、退休、退职等方面的政策，由企业具体组织实施。1986年后，实行企业行为的劳动保险。1988年，实行退休费用社会统筹，形成覆盖180多家企业的社会保险体系。1996年，收缴劳动保险基金1400多万元。1996年，开始设立企业养老金个人账户，实行基本养老保险社会统筹和个人账户相结合的制度。1997年，开始扩大社会保险覆盖范围，逐步对城镇各类企业职工和个体劳动者的基本养老保险实行统一标准、统一管理和统一调动使用基金。1999年，国务院颁发《社会保险费征缴暂行条例》《失业保险条例》及《关于建立城镇职工基本医疗保险制度的决定》，依法加强社会保险费的登记、申报和缴费。规定所有单位及其职工不分单位性质，不分用工形式，都要依法参加社会保险，使养老、失业、医疗等社会保险最大范围的覆盖城镇各类劳动者。

第四节　养老保险

养老保险，主要包括城镇职工基本养老保险、农村社会养老保险等。业务主要由机关事业保险处、社会劳动保险事业处和农村社会养老保险处办理。2004年—2010年，以民营企业、个体工商户、灵活就业人员为重点，同时兼顾党政事业单位借用借调人员，开展企业养老保险扩面工作，累计新增扩面参保职工7120人，征缴扩面基金582万元，同时做好各项社会保险基金的征缴工作。至2010年12月底，征缴各项社会保险基金150308万元，基金累计滚存结余40722万元。

机关事业保险

机关事业保险处于1999年5月由县人事局划转到县劳动和社会保障局。1999年年底，全县共有109个机关事业单位，17230名职工参加养老保险，参保率100%；离退休职工3105人。1999年，收缴养老基金3630万元，发放离退休费2703万元，发放率100%。2000年，收缴养老基金3201万元，发放离退休费3265万元，发放率100%。2001年，收缴养老基金2863万元，发放离退休费3575万元，发放率100%。2002年7月，在全县21个乡镇实现教师及公务员等财政代发工资人员养老保险金由财政代扣代缴。2004年，首次实现所有乡镇养老金当期无拖欠，全县所有财政代发工资人员养老金由财政代扣代缴，近1.8万名在职在编人员情况全部录入微机，实现动态管理。2007年，征缴机关事业单位养老保险金6003万元，完成年计划的113%。2008年，征缴机关事业单位养老保险基金9279万元，完成年计划的125%。2009年，征缴机关事业单位养老保险金11690万元，超额完成全年任务。2010年，征缴机关事业单位养老保险金11196万元，超额完成全年任务。全县机关事业单位干部职工全部参加保险，参保率100%。

劳动事业保险

1997年，启动实施企业职工基本养老保险社会统筹与个人账户相结合办法，全年为146家企业9600名职工建立个人账户。1998年，抓好社会保险扩面征缴，全年收缴养老保险金1300万元，失业保险金65万元，工伤保险金35万元，女工生育保险金30万元，拨付养老金1200万元，工伤费用12万元，女工生育费用30万元。1999年，做好保险机构移交工作，认真宣传贯彻国务院《社会保险费征缴暂行条例》和《失业保险条例》，全面深化以养老、医疗、失业保险为重点的社会保险制度改革，全年收缴企业养老保险金1450万元。2000年，全年收缴企业养老保险金1672万元，为全县2300名离退休人员发放养老金1510万元。2001年—2010年，继续抓好企业养老金征缴、发放及扩面征缴工作，做到每年任务均超额完成。2007年，实现企业基本养老保险新增扩面参保职工2092人，收缴扩面基金275万元。2008年，实现企业养老保险新增扩面参保职工2107人，收缴扩面基金357万元。2009年，实现企业养老保险新增扩面参保人员2380人。2010年，实现企业养老保险新增扩面参保人员5800人。

2001年—2010年苍山县工伤、生育和企业养老保险金征缴和拨付情况

表21—1　　　　单位：万元

年份	征缴			拨付		
	工伤保险金	生育保险金	企业养老保险金	工伤费用	女工生产费用	养老金
2001	51	41	—	42	19	—
2002	58	49	—	39	23	—
2003	83	74	2744	77	49	2348
2004	92	82	3313	39	29	2628
2005	97	89	3618	58	41	3369
2006	105	71	4460	76	13	4148
2007	111	78	8594	82	11	5463
2008	145	71	9969	103	10	7018

续表 21—1

年份	征缴			拨付		
	工伤保险金	生育保险金	企业养老保险金	工伤费用	女工生产费用	养老金
2009	230	117	11167	204	16	8523
2010	331	202	16468	430	—	11202

图 21—3　2009 年 8 月，社会保险扩面征缴工作会议

农村社会养老保险

农村社会养老保险处于 1999 年 5 月由县民政局划转到县劳动和社会保障局，改为全额拨款事业单位。2001 年，在庄坞镇开展农村养老保险投保缴费清查核对试点工作。2002 年，全县农村养老保险投保缴费清查核对工作顺利完成并通过市劳动和社会保障局检查验收，同时实现养老金的社会化发放，由邮政局代发。2003 年，原乡镇农村养老保险所管理的农村养老保险业务移交给乡镇劳动保障所管理。2004 年—2005 年，在磨山镇开展农村“双女户”养老保险业务和贾庄乡孤山屯村失地农民生活保障试点工作，被市劳动和社会保障局评为农村“双女户”养老保险工作先进集体。2006 年，以神山镇、沂堂镇为试点，开展农村富裕户农民的参保工作。1996 年—2006 年，全县参加农村社会养老保险人数达到 69370 人，征缴养老保险金 1630 万元，支付养老保险金 702 人，发放 138 万元，办理死亡退保 60 人，养老保险金累计结余 2529 万元。2007 年至 2010 年年底，继续推进农村社会养老保险，分别征缴农村养老保险金 201 万元、249 万元、730 万元、6333 万元。

第五节　医疗保险

苍山县于 1996 年在全县行政事业单位开始试行职工医疗保险制度。

医疗保险管理处于 1999 年 5 月由县卫生局划转到县劳动和社会保障局。1999 年，与 39 个定点医疗机构签订服务质量、医疗标准等为内容的医疗保险服务合同书，明确双方的责任、权利和义务。2000 年，实行全市统一的医疗政策，结束了各县区医疗保险“各自为政”的探索阶段；制定职工医疗保险大额救助管理办法、离休人员医疗待遇、职工慢性病管理和补助办法、药品目标等一系列医疗保险管理配套措施；建立职工医疗保险门诊部，隶属于县医疗保险管理处，为参保人员提供住院、转诊、办证、咨询等业务服务。2001 年，先后为 251 位企业离休干部办理医疗保险手续，确保离休干部的医疗保健需求。2002 年，对原定点医疗机构重新进行资格审查，制定定点医疗机构检查制度，验收合格的统一发放医疗保险定点医疗机构标牌，重新签订包括服务人群、服务范围、服务质量、医药费结算办法等内容的协议书。对参保人员个人医疗账户实行刷卡管理，网络设备费用总投资 45 万元。

2003 年，按照“低水平、广覆盖”的原则，开展医疗保险扩面征缴工作，到 2003 年年底，全县共有 3.04 万人参加基本医疗保险，并建立大额医疗费统筹和慢性病门诊费用补助制度。2004年，在医疗服务大厅实行“首问责任制”、医疗保险服务承诺，开展“一站式”服务，建立医疗保险档案室，顺利通过省劳动保障厅对苍山县医疗保险经办机构和职工医疗保险门诊部的考核验收，荣获山东省医疗保险经办机构先进单位。县医疗保险处连续两年获得全市同行年终考核评比第一名的好成绩。2005年，全面开展全省社保经办机构“六个一”服务建设，设立医疗保险咨询、医疗服务、基金筹备、医保登记、费用结算等5个服务窗口，建立苍山县医疗保险信息网络，依托全县21个乡镇劳动保障所建立医疗保险服务平台，达到“六个一”服务的要求。2006年，更新医疗保险服务大厅，建起220平方米高标准的“一站式”服务大厅，设立6个窗口，完成与30多个定点医疗机构和6个定点零售药店的微机联网。同时开展医疗保险扩面突击月活动，采取多种方式，吸纳企业职工和农民工参加基本医疗保险。全年完成乡镇职工扩面4029人，农民工扩面3016人。到2006年年底，全县共有245个单位参加医疗保险，参保人员达39853人，其中在职职工31107人，退休职工4770人，荣残军人280人，农民工3016人，征缴基金2524万元，发放2319万元，累计结余1586万元。2007年至2010年年底，征缴医疗保险基金22366万元。

第六节　失业保险

1996年—1997年，失业保险称为待业保险，1998年改为失业保险。1999年1月，国务院颁布《失业保险条例》，失业保险制度改革进入完善阶段，失业保险征缴扩大到机关事业单位。1996年—1999年，失业保险基金在企业中征缴，年征缴基金数额徘徊在60万元左右。从2000年以后，由于在机关事业单位中征缴失业保险基金，基金增速较快，2005年、2006年基金征缴数额达到337万元和405万元。2006年年底，全县共有参保职工2.3万人，失业保险基金滚存结余1568万元。2007年、2008年基金征缴数额分别达到474万元和602万元，2009年、2010年基金征缴数额分别达到730万元和934万元。2007年年底，全县共有参保职工2.4万人，失业保险基金滚存结余1932万元。2008年年底，全县共有参保职工2.5万人，失业保险基金滚存结余2419万元。2009年年底，全县共有参保职工2.6万人，失业保险基金滚存结余2452万元。2010年年底，全县共有参保职工2.8万人，失业保险基金滚存结余2434万元。

第七节　职工培训

1928年，兰陵曾办起平民夜校，动员不识字的店员和长工参加学习，其课本、灯油、粉笔等款项全部由校长孙仲典负担。境内解放后曾沿用徒工制度。自改革开放始，以技校培养技术工人的方法不断变化，逐步代替徒工制度，改变先招工、后培训的模式。1986年后，实行“先培训，后就业”的做法，举办多种培训班对待业青年和在职职工进行培训。

在职培训

1950年，兰陵酒厂举办短期技术培训班，下半年办起职工学校，开始教字、扫除文盲。1958年，办有红专学校。“文化大革命”中，办有“五七”大学、“七二一”大学等。自改革开放始，电视大学、函授大学、业余大学、各种培训中心蜂拥而起，职工培训形式有自学、自培、委培、脱产、半脱产、业余、岗位练兵、技术比武、操作表演、知识竞赛等，职工的文化、技术等素质有很大提高。至2010年，全县共培训在职职工2.2万人次。

岗前培训

1982年，全县有待业青年42人，1985年增至1219人，此后每年都在千人以上。1986年始，按“先培训，后就业”的方针，举办待业青年培训班。始为单科专业培训，后增加基础培训、劳务输出培训等。先后举办过财务、供销、电工、冷藏、财贸、厨师、理发、粮食、建材、机械加工等专业培训，到1996年共培训待业青年万余人。1997年—2010年，共培训农村劳动力163093人，其中城镇新成长劳动力62659人，进城务工人员100434人。

技术考核

1989年，结合职工培训进行考工晋级。1990年，进行“应知、应会”考核。1992年，50名个体理发户考核评级，评出3级理发师18人、1级理发师16人。1993年，评出技师19名。1995年，组织56名技术人员分10个技能鉴定小组，对8个工种、600人进行技能鉴定。1996年，全县累计有70个单位、3.2万人参加技术考核，有1.8万人晋级。

1996年起，凡举办以职业技能为主的职业资格培训、技术等级培训等各类办学，由劳动部门负责审批和管理。2010年，全县民办职业技术培训机构16家，2003年、2004年、2005年、2006年，分别审批6家、3家、5家和2家。1996年—2006年，采取导师带徒、岗位练兵，班长培训、考工晋级等形式指导企业进行内部培训，2005年—2006年，侧重于高技能人才的培养，共培训在职职工4.8万人次，其中高技能人才4860人。2007年—2010年，共培养高技能人才2512人。

以城乡劳动力转移就业、劳务输出为重点，开展城镇失业人员和农村劳务输出人员培训，2007年—2010年，举办专业技术培训班360期，培训4.2万人。同时，着力开展职业技能考核与鉴定工作，从以企业在职职工培训考核为主，逐步向农村劳务输出人员、社会从业人员延伸，不断拓展鉴定范围。2006年，鉴定各类专业技术人员3560人次，是1996年的3倍。2007年—2010年，共鉴定各类人员14239人次。

按照省市技工学校招生工作的要求，做好技工学校招生工作。1997年、1998年和1999年，分别向各类技工学校输送合格考生314人，220人和59人。2005年—2006年，采取由村（民）调查摸底—乡镇劳动保障所审核—劳动保障部门汇总认定的工作程序，组织347名贫困家庭考生参加全省统考，有216名贫困家庭考生被23所技工学校录取，享受到技能扶贫。2007年—2010年，共输送技能扶贫生475人。2010年开始不再组织统一考试。

第八节 用工制度与劳务输出

用工制度

1949年前，从业的工人、店员完全处于被剥削、被压迫、被奴役境地，用工管理为封建把头制，1936年前后工人曾进行过2次罢工活动。中华人民共和国成立后，实行企业固定工制度，职工生活在逐步改善。1956年，完成对手工业和私营商业的社会主义改造，对临时工、合同工、试用工分批转为企业固定工，实行有计划地招收新工人。1958年，用工制度失控，产业工人猛增26倍。1959年，实行定员定额管理，减少机构，压缩非生产性人员。确定固定工与合同工的用工比例。1960年—1963年的国民经济困难时期，精简和自动回家职工万余人，严格控制招收使用农村劳动力，招收新工人及合同工、临时工转正手续须报地区审查，报省批准。1965年，结合农田水利建设，招收部分新工人安置库区群众。1968年，在动员知识青年上山下乡、回乡的同时，对留城知青进行就业安置，实行统包统配。1971年，推行固定工和“亦工亦农”两种用工制度。1975年—1976年，招收“亦工亦农”职工3699人，数量最大。1977年，严格劳动计划管理，极少招收农村劳动力。1978年改革开放后，乡镇、村办企业、“三资”企业、个体私营企业突起，用

工政策逐步实行多种形式。1979 年，实行劳动部门介绍就业、自愿组织就业、自谋职业相结合的就业政策，推行多渠道、多形式的用工制度，招收新工人实行“德、智、体”全面考核，择优录用，文化程度提高到初中以上。1984 年，推行劳动合同制度，但签订劳动合同人数不多，直到 1989 年才逐步实行。1989 年，全县计划外用工 3676 人，转为农民合同制、城镇合同制 1897 人，占计划外用工数 51%，转为计划内临时工 785 人，占计划外用工数 21%，改制 600 人，占计划外用工数 15%，清退 499 人，占计划外用工数 13.6%。1992 年后，进行企业人事、工资、社会保险 3 项制度改革，废除统包统配的用工制度。国家对企业用工进行宏观调控，实行全员劳动合同制度，用工时间、数量、方式、条件完全由企业自行决定。中国自 1995 年 1 月 1 日实施劳动法后，企业用工制度才开始完善，2000 年实施企业实行企业集体协商制度，2004 年实施最低工资制度，特别是 2008 年实施劳动合同法之后，企业用工制度进一步完善。

劳务输出

1956 年开始劳务输出，首批 191 名回民去青海，支援少数民族地区建设。1959 年 6 月，抽调 2410 人到东北支援铁路建设，招收 200 人到黑龙江进行林业生产。1960 年 4 月，动员 500 户、2705 人迁往黑龙江省林口县集体落户；12 月，组织 1000 人赴浙江省安吉县伐竹、搞副业，组织 1500 人到外地抢修铁路。1965 年 5 月，有 200 人到云南省进行公路建设。1985 年后，设专门的劳务输出办公室，至 1996 年累计向北京、上海、天津、大连等地输出 17524 人。1996 年—2006 年，按照县委、县政府减少农民才能富裕农民和建设农村农民工就业大通道的要求，开展劳务输出。先后在各乡镇村设立信息点 259 个，对苍山县农村劳动力状况定期调查摸底。在经济发达地区设立办事处 10 个，加强与当地政府、企业和中介组织的联系。共处理外出务工工伤事件 8 起，为务工人员挽回经济损失 400 万元。苍山县成为北京、上海、天津、苏州、杭州等 40 多个大中城市的用工基地，与上海保安公司、上海筑炉公司、杭州顶益公司、中铁十四局等 60 多家用工单位建立长期合作关系，保障了苍山县劳务输出的规模。到 2006 年年底，共组织农村劳动力转移输出 2 万人，实现经济收入 1.8 亿元，劳务经济在促进新农村建设中起到重要作用。

2007 年—2010 年，在经济发达地区增设办事处 4 个，新建劳务输出基地 5 个，共转移输出农村劳动力 58420 人，完成计划的 168.8%，并向阿联酋、蒙古、利比亚、阿尔及利亚等国家成功输出 420 多人次，有效解决了农村劳动力的就业问题。

第九节　劳动监察与争议仲裁

劳动监察

1994 年，对县属企业，中央、省、地属企业和“三资”企业、私营企业进行检查，共查出私自使用农村劳动力 1050 人，拖欠 440 名职工工资达 3 月以上，未实行新工时制的企业 2 家，未签订劳动合同的 4268 人，未鉴证的 1343 人，拖欠劳动保险金 47 万多元，查出违反劳动法律、法规的厂规厂纪 3 件 4 条，下发整改通知书 30 个，提出整改性意见 50 多条。1995 年，对 80 多家企事业单位进行以贯彻《中华人民共和国劳动法》为主要内容的劳动监察工作，共查出违反劳动法及不符合有关规定的厂规厂纪 296 条，随意加班加点又不兑现加班工资的企业 16 家，不按月足额发放工资的企业 5 家，私自使用农村临时工 319 人，外地非法招工 8 起，乱招生乱办班 3 起。1996 年，对 45 家存在问题的企业进行复查，对 3 家没有落实劳动监察整改意见的企业依法予以处罚；对 65 家企业进行劳动用工大检查，查出私自使用农村劳动力 98 人，签订、鉴证劳动合同2000多份。

1997年—2010年，主要采取巡视监查、举报专查、专项检查或全面检查、劳动年检、企业劳动规章制度备案等方式。1996年—2006年，劳动监察大队共进行年检10次，巡视监察80次，举报专查720次，专项或全面检查15次，累计检查用人单位6500户，查处各类劳动保障违法案件3000起，给予行政处理、处罚50次，罚款40万元，通过新闻媒体曝光56户。2007年，年检各类用人单位612户，涉及职工31850人，下达《劳动保障监察责令改正指令书》133份，补签劳动合同1122份，补缴拖欠社会保险费138万元，补办职业资格证书45份，督促整改率达到100%。2009年，共检查用人单位800户，其中涉及事业单位305户，企业单位382户，民办非企业单位13户；合格用人单位585户，不合格用人单位115户；下达《劳动保障监察责令改正指令书》86份，涉及职工71900人，补签劳动合同1122份，补缴拖欠社会保险费118万元，补办职业资格证书120份。2010年，对全县420家企业进行劳动保障年检。

劳动争议仲裁

1996年—2006年，苍山县仲裁委员会共立案处理劳动争议案件1200起，结案率为98%。2005年，建设面积80多平方米的标准化劳动仲裁庭办公大厅，同时设立立案庭、劳动关系庭、社会保险福利庭。2003年—2006年，受理案件1852起，是1987年—2002年案件累计的18倍。2007年，共受理劳动争议案件156起，其中集体争议案件2起，调解28起，裁决10起，其他方式调解处理41起，基层调解委员会处理75起，劳动争议结案率为98%。2008年，完善信访、监察、仲裁“三位一体”归口办案工作机制，做好部分军队退役人员和改制企业职工的信访稳定工作。2009年，完善“一步到庭”和“阳光仲裁”办案制度，在全县22个乡镇（开发区）及29家规模企业建立基层调解委员会、设立基层调解室。全年共立案受理劳动争议案件330件，结案325件，结案率达到98%，其中调解结案104件，裁决结案37件，其他方式结案30件，涉及职工1032人。2010年，建立和完成整合仲裁委员会实体化办案机构，建立健全基层劳动人事争议调解组织。根据调解仲裁法和组织规则的规定，于2010年9月1日设立苍山县劳动人事争议仲裁院，2010年12月10日成立劳动人事争议仲裁委员会。共受理劳动人事争议案件107起，其中集体劳动争议案件1起，涉及劳动报酬12起，工伤待遇58起，社会保险16起，经济补偿金17起，结案率98%，为劳动挽回经济损失372万余元。

第十节　干部队伍

干部录用

从工人、农民、学生、社会待业青年和闲散科技人员中择优录用干部，是全县干部队伍的一个重要来源。1950年—1955年，从革命战争中成长起来的军人、土地改革时期涌现出来的农村党员干部和积极分子以及部分具有一定文化知识的进步学生和青年教师中吸收录用干部150人。1956年从农村录用干部80人，多是半脱产的小乡干部和复员退伍军人。1958年，从雇用试用人员中录用干部76人。1959年8月，从苍山农校和部分退伍军人中录用干部30人，充实到农林水部门。1960年8月，从农村吸收90名干部。1963年，有35名粮食系统雇用人员转为国家正式干部。1964年，从工人中提拔干部10人。1965年4月，从社教队员中挑选25名服役干部，1966年2月转为国家正式干部。1971年12月，从农村录用60名干部充实到各公社工作。1976年，从县直各单位工人中选调公安民警23人。1978年12月，从农业学大寨工作队员和“三不脱离”人员中选拔85人转为国家正式干部。1979年，对全县1978年、

1979年毕业的社来社去的60名大、中专学生进行考察，从中录用58人，从待业知识青年中录用26名干部充实到县银行系统。1980年，对闲散在社会上的150名科技人员进行摸底调查，经考试、考核、政审，录用120人，其中农科70人、医科32人、工科等18人。1982年，有132名民办教师转为公办教师，从统计员、会计员中录用干部42人，为财税系统招收干部40人。1983年7月至1984年8月，对“以工代干”人员进行整顿，全县共有1170人转为国家正式干部，其中补办手续的508人、办理转干手续的662人。1985年，从非农业户口高中毕业的待业青年中，通过考试，择优录用63名为国家干部，充实到公、检、法、银行、工商、税务系统。1988年，由地区人事局统一出题阅卷，县人事局组织考试，从92名报考人员中录用干部13人，分配到政法系统。1990年，“以工代干”人员通过考试、考核、政审，择优录用8名干部。1993年、1994年，地区行政干部学校在苍山县招收2期学员共107人，毕业后分别于1995年、1996年转为国家正式干部。1950年—1996年，全县共录用干部5896人。

县乡两级国家公务员过渡工作于1997年通过临沂市检查验收，共过渡国家公务员1697人。从2002年开始，全省实行“凡进必考”政策，对进入行政机关副主任科员以下的工作人员一律实行统一招考，到2006年，苍山县五年共招录国家公务员184人（其中国家公务员159人，人民警察25人）。至2006年底，全县县乡两级共有国家公务员1707人（在职1326名，离岗381人），事业单位管理人员和专业技术人员15219人，企业单位经营管理人员和专业技术人员1902人。2007年—2010年，共招录260名公务员。

毕业生分配

1961年以前，共接收大、中专毕业生992人，其中本科2人、大专98人、中专892人；教育系统共726人，有本科1人、大专25人、中专700人；卫生系统共58人，有本科1人、大专17人、中专40人；农林水系统共108人，有大专32人、中专76人；工交、财贸系统共84人，有大专19人、中专65人；其他系统共16人，有大专5人、中专11人。1962年—1996年，共接收分配大、中专毕业生6238人，其中本科445人，大专797人，中专4996人。

1982年前由人事部门分配，1983年移交教育部门分配。1997年，非师范类大中专毕业生就业工作移交到县人事局，至2010年，共接收非师范类大中专毕业生7034人。2000年以前的毕业生和2001年至2005年的本科生全部安置就业，2001年、2002年专科以下毕业生进行考试，有314人择优进入到事业单位工作，对其他毕业生采取了各种方式进行推荐就业，就业率90%以上。

军队转业干部安置

接收军队转业干部的工作从1952年开始。1965年前共接收122人，数量较大的有3批：1954年接收42人，分配政府系统13人、企事业单位29人；1963年接收89人，其中营职13人、连职52人、排职24人；1964年接收80人，其中营职17人、连职43人、排职20人，分配到供销系统23人、商业系统18人、党政系统23人、粮食系统5人、银行系统5人、卫生系统4人、公安系统2人。1969年1月1日至1975年7月31日，79名转业干部按复员安置，1982年改为转业安置。1976年—1986年，共接收322人，其中团职23人、营职147人、连排职128人、技术干部24人。1987年—1996年，共接收军转干部165人，其中团职16人、营职56人、连排职66人、技术干部27人。

从1991年开始，除银行、邮电、电信等中直企业外，不再向县属企业分配军转干部。1997年—2005年，全县共接收军转干部149人，其中，分配到机关单位109人，全额拨款事业单位16人，中直企业14人，自主择业10人。

2006年—2010年，全县共接收军转干部41人，分配到机关单位34人，自主择业7人。全县共有困难企业军转干部92人，已全部兑现上级规定的所有解困政策。

第十一节　干部管理

干部调配任免

1951年8月，开始办理干部的调配任免工作。对干部进行适当调整。至1964年12月，共调配使用政府系统工作人员727人，其中县级干部4人、区级或相当于区级干部89人、股级干部428人、一般干部110人、各类专业技术干部69人、勤杂27人。1965年，调配干部201人，其中调入34人、调出31人、县内调整136人；任免干部51人，其中科局级19人、股级32人。1966年—1976年，干部调配任免工作基本处于停滞状态。1976年以后，干部调配任免工作逐步恢复正常。工作中坚持干部“四化”标准，以及德才兼备，任人唯贤，人尽其才，才尽其用的原则，做到既能调动积极性，又能发挥专业特长。至1990年，共调出干部232人，调入干部241人，县内调整781人，任免股级干部1602人，副局级干部721人，正局级干部138人。1991年至1996年3月，因机构改革，人事编制处于冻结状态。1996年4月至2010年，共调出干部146人，调入干部101人，县内调整775人。

离休、退休、退职

1958年前，全县共办理退职干部68人。1962年下放精减干部583人。1964年至1981年42人。1958年2月至1978年5月，有716名干部退休。1978年6月至1989年年底，有415名干部办理退休。2010年，全县机关事业单位共有离退休人员5434人，其中退休干部5137人。

2004年—2010年苍山县离退休人员情况

表21—2　　　　单位：人

年份	总数	退休退职人员		
		退休干部	其中退职人员	离休干部
2004	4111	3662	13	449
2005	4257	3841	13	416
2006	4444	4050	13	394
2007	4702	4326	13	376
2008	4913	4564	13	349
2009	5260	4938	13	322
2010	5434	5137	12	297

人才交流

1985年，对全县专业技术人才进行摸底登记，对21名用非所学、用非所长的知识分子进行调整归队，解决132名知识分子夫妇两地分居的问题，引进工程师7人、中专以上学历的知识分子13人，对于1320人科技人员给予工资浮动。1986年，引进助理工程师以上职称科技人员5人、中专以上文化程度12人，为3名自愿到乡镇企业工作的专业技术人员转为干部。1987年，为7名中专以上学历愿意到乡镇企业工作和3名具有突出贡献在企业工作的工人转成干部。1988年，发布《苍山县关于鼓励和支持专业技术人员支援乡镇企业的试行规定》，为自愿到乡镇企业工作的15名专业技术人员办理“农转非”，提高工资待遇。1990年，编印《苍山县籍在外地工作人员通讯录》，选聘信息员898人。1992年，全县聘用制干部工作开始转入正常化，到1996年年底共有4011人成为聘用制干部。1999年，为750人办理聘用制干部聘用手续。2000年，有122人办理聘用制干部聘用手续。2005年，有598人办理聘用制干部聘用手续。

至2010年，共在事业、企业单位中聘干3800多人，为用人单位引进各类人才200多人，提报各种国外智力引进项目30多个，先后共有10多位国外专家到苍山县考察指导。2006年3月1日，经省政府批准建立的临沂市第一家省级“引进国外蔬菜无公害生产技术示范园”，在苍山县兴明乡曹湾引智示范基地举行揭牌仪式。

到2010年年底，全县共有各类专业技术人员41650人，其中高级1049人，中级7664人，初级32937人。共有3人享受政府特殊津贴。

第十二节　干部福利

干部工资

1947年3月至1952年2月实行供给制，供给范围包括个人生活部分和家属子女生活部分，主要有伙食、服装、津贴、过节费、保健费、老年优待金、妇婴费、医药费、埋葬费等。伙食按职务和工作性质、工作年限分大、中、小3种灶别，家属子女及保姆每月发给18元生活费，每人每日供给1斤粮食。干部工资实行评定办法，采取按等级包干制度，每日另发部分津贴。自1952年3月1日起，对供给制工作人员实行供给制加津贴的办法，统一国家机关工作人员的待遇标准，划分29个级别。此间，新参加工作和家庭负担较重的工作人员开始实行工资制，起初以粮代薪发放，以不同时期粮食的不同价格，每天在《大众日报》公布价格标准。到1955年8月，废除以粮物代薪发放办法，实行货币工资制。1956年，进行工资制度改革，实行国家机关事业单位的职务等级工资制，全县765名干部，有292人晋升工资级别，升级面38%，平均人均增资7元左右。1959年，按照“一般不动，个别调整，按劳取酬”的原则，对工资差别较大的不合理现象进行调整。1963年，为纠正部分职工工资偏低现象，在5005名职工中进行工资调整，增加工资2727人，增资面54.5%，人均增资2.45元。1977年，为670人晋升一级工资，调整面占职工总人数的40%。1980年，为758人提升工资，人均增资6元，升级面为40%。1981年10月和1982年10月，对全县党政、事业单位进行工资调整。1985年，实行结构工资制，全县参加套改工资的职工8357人，月增资总额149700元，人均月增资17.9元。1986年—1990年，为列入公安干警范围的人员、专业技术人员以及其他机关事业单位职工6800人，增一级或二级工资，将现行的五类区工资标准，改为六类区工资标准。1993年10月，全县机关事业单位在编职工进行工资改革，工资改革职工13030人，月增资额807860元，人均62元。1995年10月，对机关事业单位工作人员，在连续2年考核合格的基础上，晋升一级职务工资，月增资额27.6万元，人均22.30元。1996年7月起，为全县机关事业单位13200名工作人员增职务补贴，月增资额1030033元，人均78元。2006年7月，全县机关事业单位在编职工进行工资改革，工资改革职工18326人，月增资额3738504元，人均204元。

2010年，县乡两级机关事业单位仍然执行

2006 年工资改革以来的工资制度。全县执行机关工资的在职人员 1745 人，月平均工资　1476 元；执行事业工资的在职人员 16581 人，月平均工资 1618 元。

奖金、津贴

1958 年，发给年终一次性“跃进奖”。1962 年，取消“跃进奖”，增发综合奖。“文化大革命”中，把奖励制度当作“物质刺激”“金钱挂帅”进行批判，奖金随之停发。从 1978 年起，恢复和建立奖励制度，对国家工作人员实行一次性年终奖，每人每年 60 元，奖金与岗位责任制挂钩，通过工作实绩考评分等发放。1984 年后，对从事基层工作的山区教师给予适当补贴，给在农村工作的技术人员浮动一级工资或边远山区补助，在国家提高粮食价格和几种副食品、肉食价格后都分别实行差额补贴等，对从事并接触有毒有害、有传染危险的工作人员，分别享受一、二、三级医疗卫生津贴。1993 年后，全县对机关事业单位工作人员的奖金和津贴作调整，取消肉食价格、四种副食品补贴、书报费，对公安干警实行警衔津贴。1994 年起，特级教师岗位津贴每人每月 80 元。1997 年起，纪检监察办案补贴和审计人员工作补贴每人每天 2 元；检察院和法院办案人员岗位津贴每人每天 2.2 元。1998 年起，国家对从事环境保护监测、城市下水道工人、环卫工人、畜牧兽医给予了适当补贴。2002 年起，法医、毒物化验每人每月 90 元津贴；痕迹鉴定保健津贴每人每月 60 元。2004 年起，密码人员岗位津贴标准根据工作年限每人每月 80 元到 120 元不等。2007 年 9 月，苍山县住房补贴系数调为基本工资的 30%。根据国家统一部署，规范公务员津贴补贴，结合苍山县实际，2008 年 3 月，出台苍山县规范县直机关津贴补贴实施方案及标准，自此，各单位一律不准自行提高标准和扩大范围，一律不准发放有价证券和实物，建立了与经济发展水平相协调，统一有序的公务员津贴补贴机制。

知识分子家属“农转非”

1985 年前，共为 437 名知识分子的 1335 名家属、子女办理“农转非”。1986 年—1990 年，为 894 名知识分子的 3138 名家属、子女办理“农转非”。1991 年—1996 年，为 1221 名知识分子的 2855 名家属、子女办理“农转非”。从 1994 年开始，为 383 名知识分子的 758 名家属、子女办理地方城镇户口。1997 年—2010 年，共为 1850 名知识分子的 2100 名家属、子女办理地方城镇户口。

第十三节　机关事业单位工人技术考核

至 2010 年年底，全县共有机关事业单位的 2106 名工人报名参加理论和实际操作考试，有 1875 人确定技术等级，其中高级 896 人，中级 789 人，初级 190 人。2006 年，举办全县机关事业单位技术工人继续教育培训班 7 期，培训 2378 余人，经考试考核合格后颁发证书。

第十四节　编制与人事档案管理

编制管理

1947 年苍山县成立后，人员无定编。1951 年，设立编制部门，称整编节约委员会。1952 年，全县党政群机关核编。1958 年年初，调整县乡 2 级行政编制，县级行政编制精简 15%，区乡级人员也相应精简。1984 年，拟定新的《苍山县党政群机关编制方案》。1987 年，对全县事业单位和 28 个乡镇机关进行核编。经过近 10 年的调整和理顺，到 1996 年年底，全县设立甲等乡镇 23 个：卞庄、贾庄、小岭、车辋、沂堂、矿坑、南桥、三合、兴明、韩塘、兰陵、大仲村、神山、磨山、层山、二庙、庄坞、长城、芦柞、鲁城、尚岩、新兴、向城，每乡镇编制 35 ～ 38 人，其中党群系统 17 人，政府系统 14 人，工勤人员3～4人。设乙等乡镇5个：大炉、下村、流井、横山、甘霖，每乡镇编制30人，其中党群系统14人，政府系统13人，工勤人员3人。1996年，全县党政群机关编制总数2127人，其中乡镇编制981人、县直编制1146人，县直编制中党群207人、政府939人。

2010年年底，全县党政群机关行政编制总额为2171名，其中县直行政编制为1354名，乡镇行政编制为817名；全县事业编制总额为15371名，其中县直事业编制为5745名，乡镇事业编制为9626名；全县工勤编制总额为193名，其中县直工勤编制为105名，乡镇工勤编制为88名。

档案管理

到2010年年底，共管理机关事业、企业单位在职干部档案3667宗，非在职干部档案3710宗，聘用制干部档案3150宗。

第二章　民　政

中华民国时期，县设民政科，列为县政府第一科，主管区、乡（镇）长的任免、地方选举、行政区划、褒扬抚恤、难民救济、地政、户政、司法调解等多种事务。1940年3月，临沂抗日民主政府设置民政科。1947年苍山县政府设民政科。1959年民政科改为苍山县民政局，22个公社均设民政助理员。“文化大革命”期间，将民政与财政、税务等合并分别办公。1968年4月将民政划出，1971年改称苍山县民政局。根据苍人函〔1996〕11号文件《关于对县民政局职能分解及职位设置意见的批复》，民政局内部设办公室、救灾救济科、优抚安置科、社会事务科、政权社团地名科、财务审计科6个行政科室和社会福利企业管理站、军休所、婚姻登记处、殡仪馆、烈士陵园管理处、农村养老保险处（副科级事业单位，1999年划归劳动和社会保障局，）6个事业单位，代管苍山县残疾人联合会（2001年分离出民政局单立）1个正科级事业单位。2003年12月20日，经县机构编制委员会研究同意，在乡镇民政事务所挂残联牌子，理事长由民政事务所所长兼任，不增编。

根据苍山县人民政府办公室《关于印发＜苍山县民政局职能配置、内设机构和人员编制规定＞的通知》，民政局内设办公室、优抚安置科（挂县双拥工作领导小组办公室牌子）、救灾救济科、基层政权建设科、行政区划和地名科、社会事务科、财务审计科7个行政科室和社会福利科、民间组织管理办公室、军休所、婚姻登记处、低保中心、烈士陵园管理处、殡仪馆7个事业单位。行政编制17人。

1949年后，民政局在乡镇（区、公社）设民政助理员。1985年7月，各乡镇民政设立婚姻登记处专事婚姻登记工作。1986年10月，各乡镇建立民政办公室。1991年12月，各乡镇建立残疾人联合会。1995年7月，各乡镇建立农村社会养老保险所。2010年，全县共有21个民政事务所。

第一节　勘界与地名管理

勘界工作

1997年，全省勘界工作开始。苍山县边界涉及2省、3市、8个县区、8条边界线，其中省界1条、市界3条、县界4条，全长341千米。边界存在争议14处，本着尊重历史、重视现实、顾全大局、互谅互让的原则，1999年，8条边界线的勘定工作经双方共同努力，互相配合，基本完成。解决边界争议13处，贯通7条边界线。

苍山至山亭抱犊崮顶争议双方协商未达成协议，争议被搁置。勘界成果汇总、编写和地形图调绘，已立卷上报存档。县勘界办公室被省民政厅、省人事厅评为全省勘界工作先进单位。2002年，完成乡镇、村地名和名镇、名村的整理上报工作。苍山至山亭抱犊崮顶争议面积12.5亩，两县区勘界办多次协商，省勘界办多次协调，均未达成统一意见。2001年9月28日，山东省勘界领导小组以鲁勘发〔2001〕6号文件《关于确定苍山山亭线抱犊崮段边界走向的意见》对此争议予以裁定。2006年5月，因山亭区在争议区内（抱犊崮顶）进行旅游开发建设，引起了下村乡抱犊崮附近群众强烈不满，导致群众情绪对立，发生多起边界争端。群众先后上访到县、市、省。经过多方努力，省勘界办仍未改变原裁定意见。苍山再次提出保留意见。争议暂时搁置。1997年8月，对鲁城乡后场村与新兴镇北辛庄村的尖顶山争议进行调处，确定2个乡镇的边界走向。

地名工作

2000年，完成《全国小城镇名录大全》一书的资料调查、整理、上报工作。2002年，完成乡镇、村地名和名镇、名村的整理上报工作。2003年，完成《山东省地名大词典》县乡基本情况上报和《苍山县政区地名图》的印刷。2004年8月，对全县1179个行政村、1136个自然村进行一次全面普查，编辑出版《苍山县村（居）标准地名普查表》。2005年，《苍山县地名管理办法》下发。同年，为加快城区建设，提高县城品位，县地名办公室向全县发出公告，征求对城区道路、桥梁、小区、大型建筑物进行命名更名、设置地名标志的意见，并为编制城区地名规划方案做准备。2008年8月，完成县城城区21条主要道路的命名和更名。2009年9月21日，撤销苍山县卞庄镇，设立卞庄街道，全县辖1个街道、13个镇、7个乡。

2010年，苍山县沂堂镇划归罗庄区管辖；撤销鲁城乡、矿坑乡，设立鲁城镇、矿坑镇。调整后，全县辖1个街道、14个镇、5个乡。

第二节　基层政权与社区建设

社区工作

1999年6月7日，将卞庄镇的东村、东南村、西南村、西村、后埝头村分别改为朝阳、中兴、和平、泉山、祥和居委会。

2003年，确定城区社区建设的总体目标和分两步走的实施计划。同年，县民政局投资130多万元进行社区试点建设工作。建成完善朝阳广场和塔山公园的娱乐建设活动设施。2010年，全县规划社区数218个。

基层政权建设

1996年，全县第五届村委会换届选举工作中，依照法定程序全面实行民主选举。1997年，全县560个村委会达到民主管理、村民自治示范村的标准。大仲村镇被省民政厅命名为“村民自治”模范乡镇。1998年，全县农村推广财务公开为重点的村务公开、民主管理效果显著，并逐步扩大村务公开内容。同年，全县34名优秀村主任参加全市示范培训。1999年，完成第六届村委会换届选举工作，成功率达99%以上。2001年，庄坞镇被省民政厅命名为“村民自治”模范乡镇，二庙乡朱场村委会主任朱廷朝被省民政厅命名为全省优秀村主任。卞庄镇宋圩子等11个村委会，卞庄镇代村王传喜等11名村主任，分别被市民政局授予“模范村委会”“优秀村主任”称号。2002年，全县第七届村委会换届选举全面实行直接选举，成功率达98%以上。2003年以后，村务公开、民主管理进一步规范。向城镇的“四监管”“一扎口”做法得到省、市各级的认可，在全市村务公开经验交流会上进行交流，并在全市推广。2005年，全县第八届村委会换届选举工作圆满完成，直接选举的民主形式被群众认可。2006年，全县各乡镇全面落实村务公开、民主管理的各项政策，以监管村“公章、资金、合同、账目”为主要内容的“四监管”、农村宅基地“一扎口”的管理方式得到全面推广。2010年，加强农村社区规范化建设，逐步提高农村社区管理和服务能力，结合全市实施的农村社区建设“十百千”工程，争创1个精品社区，10个规范化农村社区，农村社区建设完成50%。

第三节　拥军优属

拥军支前

1938年3月台儿庄战役中，兰陵、横山等地民众组织1000多副担架、200多辆小车，冒着炮火硝烟为前线运送粮食、救护伤员。1938年，临郯地区青年800余人参军，成立山东八路军临郯独立团，中共临郯县委组建的青年抗日救国团发展分团40多个，有团员1万余人。12月中旬，临郯独立团伏击日军运输车取得胜利后，群众杀猪宰羊进行祝捷慰问。1940年冬到1941年年底是鲁南地区斗争最残酷的阶段，人民群众宁肯自己吃糠咽菜，省下粮食送给部队。春节时，迷龙汪一带群众把自己仅有的一点过年饭菜全部端出来慰问军队，苍山办事处把仅有的1万元（北海币）经费全部拿出拥军。1945年1月～2月，父送子、妻送夫、兄弟争相上前线，参军人员披红戴花、骑着马，欢送的群众敲锣

图21—4　民兵运送粮食

打鼓、扭秧歌。仅正月初七1天，赵镈县2000多人报名参军，其中1560人加入鲁南八路军老5团。六区（长新桥）参军300多人，甘霖村参军1个排，车辋村参军53人，被编入1个连。

解放战争时期拥军支前的主要任务是动员民兵为前线服务，搞交通运输，进行战时物资调剂。苍山人民组织民兵、民工支援了伏山口、鲁南、孟良崮、兖州、济南、淮海等著名战役、战斗，牺牲者中有姓名可查的民工195人。1946年11月，在台儿庄、枣庄铁路线反击战中，赵镈县大炉区人民组织担架团、运输团，即时把弹药运输到前线野战军主力部队。赵镈县七区城前村妇救会、姊妹团，1946年12月12日受到鲁南三专署的通令嘉奖，分别发给“支前模范”和“模范妇女”奖状。1947年3月，苍山县、赵镈县组织1000多人的民工民兵组成支援队伍，在桃峪召开誓师大会，决心随陈毅、粟裕大军远征支前1年。1947年孟良崮战役中，苍山担架营三连被评为支前模范连，连长邢继岭荣立一等功。在历次战斗中，共有74人立功受奖、获荣誉称号。在淮海战役中，出动支前民兵2700余人，常备民工2400余人，担架2700余副、挑子2000余副、小车3500余辆，运送粮食842.5万千克、油盐18.5万千克，加工军粮471万千克，修桥107座，修路543千米。1948年11月19日，围歼黄伯韬兵团的战斗处于胶着状态，苍山县县长房永典率领民工100多人，运送军粮在过沂河时，浮桥还没架好，房县长率先跳进寒冷的水里，帮助运粮车辆过河。民工见状，纷纷下水，冒着国民党飞机的狂轰滥炸，奋勇跟随，按时将粮食送到前线。

抗美援朝时，全县积极制订爱国公约和捐献飞机大炮活动，共捐献飞机、大炮款13亿多元（旧币），支援志愿军肥猪1250头。成立和恢复6072个变工组，开展爱国丰产运动，优待烈属军属，有3.5万余人参加。

中华人民共和国成立后，每当“八一”等

节日来临，各地各级都成立慰问小组，慰问烈军属、老红军战士及当地驻军，举办联欢会、茶话会、座谈会及电影晚会。新春佳节，农村敲锣打鼓给烈、军属挂光荣匾，送慰问信，贴春联、拜年等，青少年学生给烈军属打扫卫生。1970年10月，人民解放军某部野营训练路经苍山县，沿途社队贴标语、设茶水站，欢迎子弟兵。1985年，全县开展向“新一代最可爱的人”学习、“战士在我心中”活动，向云南边防前线写慰问信7600余封，赠送锦旗79面，做鞋垫13400余双，寄背心1100余件、手帕2900余块、毛巾2200余条、钢笔314支、线衣裤100余套、牙膏1200余支，支援苍山大蒜4.36万千克及其他慰问品。7月30日，《解放军报》发表题为《九十五万颗心在跃动——苍山人民一天筹集2.5万公斤大蒜支援参战部队》的报道。8月，济南军区后勤部奖给“拥军支前模范县”锦旗一面。10月20日，济南军区奖给“拥军支前堪称模范，军民一致共筑长城”锦旗一面。参加云南边防保卫战的68名苍山儿女，舍生忘死，英勇杀敌，1人荣立一等功，3人荣立二等功，15人荣立三等功，2人战死南疆，名垂青史。

1996年至2010年12月，开展“爱心献功臣”活动，共下拨优抚款7828万元，“八一”“春节”期间走访慰问全县各类优抚对象慰问款达20万元，切实为优抚对象解决“三难”（住房困难、医疗困难、生活困难）。与县卫生局联合对“三老”优抚对象实行“六优先”“五免收”“四减免”“两上门”，解决了“三老”对象治病难问题。投资11万元，建房35间，解决16位住房难，解决200名治病难。2001年拨款80万元，建武警中队办公楼1400平方米。部门捐款8万元，用于更新器材、走访慰问，安置随军家属9人，解决12名子女入学难。2002年，为16名退伍军人调残，为20位退伍军人病退办理定补，为30位重点优抚对象“解三难”，安置1999、2000年度退役士兵631人，接收480名农村退役士兵。2003年，为患病退伍军人解决医疗费1.5万元，为4名病故军人家属办理一次性抚恤和定补，联系省荣军医院为全县3000余伤残、复员、病退军人义诊，发放10多万元免费药品。组织30名伤残、复员军人到省荣军医院疗养。对480名退伍军人进行量化打分安置，45人进入事业单位，接收退伍军人470人。2005年，开展“爱心献功臣”活动，为12户重点“三老”优抚对象解决住房难，为126名解决治病难，为220名解决生活难。组织伤残军人换发伤残证。为部分伤残军人更换轮椅、拐杖、假肢等。接收城镇义务兵232人。筹资80万元改造鲁南烈士陵园。为360名原8023部队人员查体。2007年，落实部分优抚对象抚恤补助标准及自然增长机制。办理带病回乡新增定补退伍军人26人，为23名残疾军人调整伤残等级。接收102名退役士兵，完成伤残军人换证和原8023部队退役军人查体，为354名原8023部队退伍军人办理定补，为部分患精神病退役军人伤残鉴定和评审；呈报潘平、李学勤因公牺牲。2008年，投入102万元为“三老”优抚对象解“三难”。同时制定出台《苍山县抚恤定补优抚对象医疗保障办法（试行）》，争取县财政列支医疗保障资金492万元，使全部优抚对象享受到优抚医疗保障。2009年，为3890名重点优抚对象（残疾军人除外）更换有关证件。为申请二次体检的100名参加过核试验的退伍军人进行体检，其中符合带病回乡条件的23人，达到评残条件的10人。为庆祝建国60周年，按照中央的有关要求，走访慰问老烈属、建国前参加革命的老伤残军人、老复员军人，共发放慰问金30万元。为126名申请办理带病回乡的退伍军人进行查体，对符合带病回乡条件的101名，于2010年1月落实有关待遇。为自愿选择自谋职业的67名士兵办理相关手续，发放自谋职业补偿金100多万元。2010年，开展双拥共建活动，巩固军政军民关系，通过全省双拥创建检查小组验收。

为庆祝抗战胜利65周年，按照中央规定，为543名在乡抗日老战士发放一次性生活补贴163万元。开展齐鲁福彩助残行动，为全县18名残疾军人免费安装假肢。

优属优待

群众优待 农业合作化前的优属工作主要采取代耕的形式。即为优属对象代耕、代种、代锄、代收或拨工、派工等，以村为单位固定到户，专人负责。同时，国家发放的救济款、救济粮、补助款及房屋修缮款等优抚对象照顾烈、军属。1949年实行代耕的优抚对象10341户、土地1.1万公顷，发放慰问粮6.75万千克、补助粮15.45万千克、救济款27500万元（旧币）。中华人民共和国成立后，分别于1955年、1962年、1978年进行优属对象普查登记。1978年优属对象2174户、103164人。1956年后农业合作化兴起，优属对象的优待逐步由代耕转变为劳动工日优待。1968年，全县统一实行以村为单位，负担优待劳动工日71.3万多个、现金69400元，发放房屋修缮费80740元，为优属对象新建房屋1571间，修缮793间。1981年始，对烈、军属实行粮款定额优待，优待情况及时填写优待通知书。现役军人的优待通知书均寄给所在部队，共寄发7200份。1982年，部分公社实行统一提留优待款，对烈、军属实行户户优待，病退军人优待60%以上。1985年，烈军属、残废军人优待款由各乡镇统一提留，分户发放，

图21—5 送书到军营

向6456户优抚对象发放优待金93083元。在优属对象中坚持评优树先活动，共召开12次优抚对象先进代表会议，全县有1人出席全国积极分子代表大会，8人出席山东省积极分子代表大会。

国家抚恤 1950年—1985年，先后给残废人员换发5次抚恤证。1951年—1962年，查出失踪军人293人、失踪工作人员27人、失踪民兵民工44人，并对其337名直系亲属进行抚恤，发放抚恤金33000元。1956年—1996年，有34名在乡残废军人进入山东革命残废军人第一休养院、第二休养院，91人进入山东省革命残废军人医院，9人住临沂地区社会福利院。1963年，苍山县对651名在乡革命残废军人进行一次性临时补助，补助金13020元。1981年10月，残废人员实行换证，2005年7月1日残疾人员换证结束，全县有1077人，其中在职残废人员332人。1985年7月，对享受定期定量补助的1101户烈属、45名病故军人家属改办为定期抚恤金，抚恤金额35.2万元。1997年—2010年，全县应抚恤的牺牲、病故人员263人，抚恤方式由抚恤粮转变为抚恤金。2003年—2010年，国家先后7次调整牺牲、病故人员抚恤标准。2005年10月13日，贯彻《军人抚恤优待条例》及民政部、财政部民发〔2005〕52、54号文件规定和省民政厅、财政厅《关于提高优抚对象抚恤补助标准的通知》，根据鲁民〔2005〕33号文件，从2004年10月1日起，提高残疾军人的残疾抚恤金、烈属的定期抚恤金，提高在乡退伍军人老战士的生活补助标准不低于每人每年9840元。从2005年1月1日起，按照每人每年500元提高在乡复员军人定期定量生活补助标准。在此基础上，回乡务农抗战老战士每人每年再增加500元，其中140元由地方财政负担。从2010年10月1日起，提高残疾抚恤金、烈属定期抚恤金，提高在乡红军、在乡西路军老战士、红军失散人员生活补助标准。2010年，“三属”人员342人享受生活补助，参战涉核带病回

乡共93人。

烈属养老院　1959年10月，在苍山县城代村建烈属养老院1座，房屋36间，占地0.39公顷，配备院长、会计、炊事员和事务员，有宿舍、办公室、伙房、餐厅、仓库及娱乐场所。第一批接收贫困山区22名无依无靠的烈属老人入院。1961年增至33人，其中男23人，女10人，最大84岁，最小64岁。养老院实行供给制，免费就医，每人每年新衣1套，鞋2双，袜子、毛巾齐全，每人每月有2至3元的零花钱。1983年春，迁至县城。1985年仅剩3人。后停止接收。

烈士褒扬

烈士陵园　苍山县褒扬革命先烈的纪念地——鲁南革命烈士陵园，位于县城西北17千米处的文峰山麓，山下面积达3.4公顷、山上10多公顷，已形成亭、堂、墓、碑、馆等综合性的革命烈士纪念建筑地。

鲁南革命烈士陵园始建于抗战时期。1944年5月5日，中共鲁南区委、鲁南行政公署决定在文峰山建立1941年银厂惨案纪念碑，将在惨案中遇难的原中共鲁南区委书记赵镈的遗骨，从就义处九女山迁葬文峰山，建立墓碑。1945年，第八师师长兼政委王麓水葬于文峰山（1954年5月迁葬临沂烈士陵园）。1954年4月，将1933年苍山暴动主要负责人郭云舫的遗骨，由向城就义处迁葬文峰山，建墓。1956年在文峰山前征地3.06公顷，修门筑墙，建起烈士陵园。1956年、1959年，两次集中散葬烈士遗骨，将1264位非苍山籍烈士的遗骨迁葬到文峰山烈士陵园。1959年10月，修建第八师政治部主任曾明桃墓。1962年12月，维修烈士陵园大门，在其上方筑弧形“烈士陵园”4个镏金字，两侧石柱刻上“烈士英名流传如文峰屹立，英雄业绩不朽同松柏长青”的挽词，1947年，被国民党炮火毁坏的银厂惨案烈士纪念碑和赵镈烈士铜像同时修葺一新。1975年，建烈士纪念堂。1982年，建烈士事迹展览室。1983年，扩大征

图21—6　鲁南革命烈士陵园

地 0.35 公顷，大门南移改成西式门楼，纪念堂、瞻仰区、墓地界隔清楚，错落有致，花墙石阶，曲径通幽。1988 年 1 月，山东省人民政府鲁政发〔1988〕4 号文件，将苍山县文峰山革命烈士陵园更名为“鲁南革命烈士陵园”。11 月，中共临沂地委、临沂地区行政公署在赵镈烈士墓西侧建立赵镈烈士纪念碑，全国政协副主席王任重题写碑名，中共山东省顾问委员会主任高克亭题写赵镈烈士传略。陵园内安葬着苏北、鲁南、淮海等历次战役中牺牲的 1282 名客籍有名、无名烈士及 1264 名苍山籍烈士的遗骨，并存有 300 多件烈士英勇事迹资料和国家领导及近百位著名人士的题词。

1993 年 4 月，鲁南革命烈士陵园被共青团临沂地委列为“青少年传统教育基地”，并先后分别被临沂市民政局、山东省民政厅、山东省国防教育委员会表彰为“烈士陵园管理先进单位”和“国防教育先进基地”。

1997 年，被列为省国防教育基地先进单位。2005 年—2010 年，为了更好地弘扬烈士事迹，县民政局多方筹措资金 930 万元，新建“烈士英名录”（刻有自国内革命战争至社会主义建设时期的烈士 2463 名），党和国家领导人、社会名人题词碑亭各 1 座；翻新修缮了烈士纪念堂；新修“无名烈士公墓”“有名烈士公墓”各 1 座及因公牺牲墓，对陵园进行美化、绿化、亮化。

鲁南革命烈士陵园已成为自然景观与烈士纪念建筑为一体的褒扬革命烈士、教育后人花园式的传统教育基地。每年接待来自临沂、枣庄、徐州、济宁、泰安、潍坊等地和县内缅怀革命烈士接受传统、爱国主义教育的干部 、职工、学生、群众达 20 多万人次。

鲁南革命纪念馆　2009 年 7 月 6 日，鲁南革命纪念馆奠基。该建筑局部为二层仿古式建筑，建筑面积 1614 平方米，中央大厅为纪念馆，东、西侧为陈列馆、展览馆，馆内将主要布展鲁南人民在各个革命历史时期的光辉战斗历程、英雄事迹、烈士英名录，陈列鲁南人民革命战争年代进行革命斗争的武器、文物等，展示鲁南人民在各个革命时期的斗争历史。2010 年，争取革命老区转移支付项目资金 195 万元，财政配套 200 万元，完成鲁南革命历史纪念馆展陈大纲的编纂、历史文物搜集等前期筹备工作，聘请专家开展纪念馆室内布置工作。

烈士纪念碑　1944 年 10 月 27 日，银厂惨案烈士纪念碑在文峰山主峰落成。碑体呈四角塔式，高 7.5 米，正面雕刻“银厂惨案烈士纪念碑”9 个魏体大字。其余各面分别刻有赵镈传略、“四二五事变”“银厂惨案”牺牲的 33 位烈士英名、银厂惨案纪念碑碑记。底部系亭柱式平台，高 1 米，从 4 个方向铺设台阶及金属栏杆，四周为面积 288 平方米场地。碑的顶端嵌一立体五星，在山巅绿树掩映中闪烁着红彤彤的光辉，象征革命烈士与日月同辉。2006 年清明节，

图 21—7　银厂惨案烈士纪念碑

为新建的人民英雄纪念碑举行揭碑仪式。

银厂惨案中边联县农救会会长杨清法等烈士同时遇难。1942年秋，边联县农民抗日救国会发起集资，在边联县根据地前邢村建立农救会烈士纪念碑1座。纪念碑于1942年10月27日落成，青石结构，高2.3米，1.9米。两侧镌刻"气壮山河千秋在，名高日月万古存"的挽词，顶端刻"浩然正气"横额。碑正面刻农救会烈士传及农救会烈士英名。中华人民共和国成立后，几次进行维修，原貌风格依旧。

陡沟庄战斗纪念地建有陡沟庄战斗18烈士纪念碑，为纪念保卫人民利益而牺牲的鲁南八路军第五团18位烈士所立。下铺青石基座，上镶雕刻碑帽，碑身刻"一代英雄千秋烈士，万民崇拜百世光荣"挽词、"名标青史"横额、鲁南八路军第五团烈士碑记和18位烈士姓名。

2010年，县民政局牵头，县委组织部、县委宣传部、县史志办等部门联合对全县重点红色革命遗址进行普查。经普查，全县共有革命遗址200多处，其中包括苍山暴动指挥部旧址、鲁南革命纪念馆、赵镈墓、一一五师部旧址、银厂惨案纪念堂等在内的重点革命遗址39处。

烈士墓　中共鲁南区委书记赵镈烈士墓，位于文峰山前怀，1944年10月27日落成。墓为方形四角亭柱式，基石25平方米，底部4级台阶，高1米。墓体为青石磨雕，高3米。墓前镶嵌赵镈铜像，为鲁南民众捐献40千克铜钱熔铸。铜像下方铸有"赵镈同志遗像"6字。墓基4角各有一直径70厘米石雕圆球相衬。

1933年苍山暴动主要领导人郭云舫烈士墓，于1954年4月烈士遗骨迁葬时修筑，呈正方形。墓基高1.5米，基石9平方米。墓体方形，高3米。四周镶有墓碑，前刻"郭云舫烈士之墓"，后刻烈士传略。山东省原副省长王众音在东、西两侧分别题"楷模"二字和"血染苍山同苍山永固，长眠文峰与文峰并存"挽词。

山东解放军野战兵团第8师政治部主任曾明桃墓，1945年10月27日修建。墓基为直线四角形，基石16平方米。墓顶呈半圆形，高3米。墓前刻"曾明桃同志之墓"7个字，东、西两侧刻曾明桃烈士传略，墓后刻"气壮山河"4字。

烈士谱　1960年9月，成立革命烈士调查登记小组，深入各级逐户逐人进行调查核实、登记、整理，全县革命烈士2138人，比调查前增加487人。县每80人编入1幅烈士谱，共编27幅；公社每50人编入1幅，共编45幅。1981年4月编写《革命烈士英名录》，6月结束，共编入2476位革命烈士，新增213位，对埋葬在苍山县境内外籍烈士中有籍贯姓名的96位烈士，同时编入烈士英名录，并向烈士原籍县、市政府发出函告。1983年6月换发、补发革命烈士证明书，革命烈士增至2492位。1985年6月在云南边防保卫战中牺牲的2名烈士载入烈士谱，骨灰安放文峰山烈士陵园。2010年为2513位。

复退安置

1950年年初，成立苍山县革命军人委员会，县长任主任，下设秘书股、行政股、巡视股、就业登记股，负责复员干部、战士的接收安置。1951年改称苍山县革命军人建设委员会。1957年，撤销苍山县革命军人建设委员会，设立中共苍山县委优抚、复员军人安置工作领导小组，由县委副书记和副县长担任正副组长，下设复员退伍军人安置办公室，由县民政局、县人民武装部、县劳动局、县粮食局、县卫生局、县商业局、县交通局等10个单位抽调人员在民政局联合办公。1981年，成立退伍军人和军队离退休干部安置办公室，列入县民政局业务范围，成为常设机构。同年12月，成立军地两用人材介绍所和军队离退休干部服务站。

复员军人安置　1950年—1957年，根据"原籍安置、行业归口"的原则，共接收复员军人5647人，就业758人，回乡参加农业劳动4952人，解决住房困难651人，修建房屋1587间，治疗慢性病4523人次。1958年后，对伤病残、

孤儿单身和参战立功的退伍军人作为安置重点，拨出专款专料解决缺房无房等住房问题。1984年，开始安置三等以上残废军人、二等功以上退伍军人和志愿兵。1958年—1996年，共接收退伍军人26856人，安置就业277人，回乡参加劳动23879人，解决住房困难123人，解决生活困难285人。1984年，军地两用人材介绍所成立后，接收1442人，开发使用1413人。1996年—2010年，县退伍军人安置办公室总共接收5648名义务兵、转业志愿兵。其中城镇士兵823人、转业志愿兵士官780人，安置事业单位人员306人，安置企业人员1041人。2010年，对2008年度100名退役士兵进行安置，鼓励自谋职业，发放自谋职业补偿金111.85万元，自谋职业率达到60%以上。发放待安置期间生活补助17.8万元。

复退干部安置补助 1953年始，对退伍在乡的老红军实行补助，1957年改为定期定量补助，至1996年曾10次提高补助标准。1983年，安置10名退伍老红军的子女就业。1985年，6名老红军的家属和子女转为非农业人口。1969年—1975年，接收军队复员干部75人，至1977年全部进行妥善安置。1980年—1985年，接收安置军队离退休干部14人，建有军队离退休干部文化娱乐室和服务站。1997年，落实军队离退休干部“两项待遇（政治待遇、生活待遇）”。春节、八一节、中秋等重大节日坚持慰问走访，日常上门服务。至2010年年底，接收安置的军队离退休干部累计25人。

第四节 救灾救济救助

救灾

1950年—2010年，苍山县共发生洪涝灾害25次，风雹13次，旱灾14次，低温1次，国家拨发救济款4320.7万元。

2003年1月16日至22日，对农村特别困难的“双缺户（缺钱户、缺粮户）”发放“救助卡”。确保救灾救济款物真正足额发放到困难群众手中，此做法已在全国推广使用。

2005年春节，按照省、市统一部署，拨款9万元实施“情暖万家”项目。

图21—8 情暖万家慈善救助会议 （2006年1月摄）

2006年4月28日17时51分至18时37分，全县骤然遭受强风暴袭击。全县受灾23万人，受伤115人，死亡8人。农作物受灾面积22.4万亩，其中大棚菜5.6万亩、小麦9.8万亩、大蒜7万亩。损坏房屋25392间，倒塌541间，刮倒院墙15308米，损坏玻璃12800平方米。全县刮倒树木61170棵，刮翻网箱1.4万只，死伤家禽20万只、水貂10万只，损坏通信线杆1720根，刮倒建筑塔吊7座，17座变电站失电，1座110千伏铁塔倒塌，全县工商企业全部停电停产。全县直接经济损失达到10亿元。灾情发生后，县民政局组织人员，深入灾区，并向上争取救灾资金960万元，全县募捐242万元，帮助灾民恢复生产、生活。

1997年—2010年，拨发各类2609万元救灾救济款，用于突发性特困救助和因病、因灾、因残导致特殊困难的困难群众，救助困难户304320户、812960人。

社会救济

1949年—1952年，主要是医治战争创伤，稳定社会秩序，促进国民经济恢复发展，发放社会救济金168.9万元。1953年—1956年，对孤、老、残、幼等救济成为经常性工作，另增部分困难户及被管制改造的各种犯罪分子、案犯家属。冬令棉被的救济对象主要是因灾困难户、穷社穷队的贫困户、部分精简退职的老职工，发放救济金68.2万元。1958年始建敬老院，至1960年建敬老院94所、收养老人715人，幼儿园420所，入园儿童21449人，托儿所409所，育婴11633人，集体食堂2046处，吃饭不要钱。1966年—1978年，除农村灾区的紧急救济和穷社穷队的救济外，其余处于停顿，发放救济金24万元。1978年，救济对象发生变化，救济方式以贴息贷款为主，发放救济金96.3万元，救济258571户、109.7万人次。1978年，结合推行计划生育，重点解决孤寡老人的供养问题。全县共办敬老院3所，集中供养五保老人14人，孤儿1人。分散供养五保户2853户、3312人。1985年，符合五保条件的2194户、2437人，其中集中供养75人，分散供养2362人，供应养费用67.6万元。兴办最好的兰陵艾曲后街村办敬老院，1985年9月受临沂地区民政局通报表扬，副省长马连礼曾亲临视察并题词。

2004年5月开始，确定每年5月为慈善捐助月，并在5月12日开展“慈心一日捐”慈善捐助活动，动员全县社会各界献爱心，踊跃捐款。2010年，募集各类善款290万元。

图21—9　慈心一日捐　（2004年5月摄）

2006年，通过“关爱女童”活动，拨款16万元救助了500名特困孤、残儿童，解决上学难问题。2008年—2010年，会同教育、团委、妇联、工会等部门，共筹集113.36万元对408名贫困家庭大学新生进行救助。2008年—2010年，开展黄如论慈善捐赠项目，每年发放317.44万元，对在校高中、初中、小学学生和贫困老人实施救助。

从2006年12月起，根据中央、省、市的统一部署，为救助灾民度过冬天，在全县范围内开展“送温暖，献爱心”社会捐助活动，募集善款85万元，另购棉衣20137件、棉被8367套救助灾民。

2005年—2010年，共救济34.3万户、66.8万人次，发放救济款550735.8万元。

收容遣送

1959年—1961年，农民生活极为困难，灾民纷纷外流谋生。苍山县收容、遣送来自江苏、安徽等省19县灾民32219人。收容量最大的1959年为15169人，伙食费开支2.8万元，发给救济款2800元，棉衣250件。

第五节　社会福利

1956年，根据第一届全国人民代表大会通过的《高级农业生产合作社示范章程》，对丧失劳动能力的老、弱、孤、寡、残废社员，予以适当安排、照顾，保证他们的吃、穿及烧柴供应，保证年幼的受到教育，年老的死后安葬。1958年—1961年，全县对五保户实行集体供养，兴办敬老院。1958年下半年，全县14个公社办敬老院。至1960年，共建敬老院284所，供养五保老人2023人。1962年以后，随着经济形势的转变和公共食堂的解散，一些敬老院也相继解散。1986年8月《山东省农村五保工作暂行规定》实施后，重新兴办敬老院。1988年，五保供养费用由原村统一提留改为乡镇统一筹集，分月供给。至1989年年底，兴建敬老院41所，其中乡镇中心敬老院28所、分院13所。入院五保老人 755 人，入院率 35.3%。苍山县被省民政厅命名为“敬老院建设先进单位”。1994 年 1 月《农村五保供养工作条例》颁布后，进一步完善五保户供养制度，至 1996 年年底，县投资 127.5 万元、乡镇筹资 156.3 万元，全县敬老院发展到 53 所。其中，中心院 28 所，入院老人 1589 人，占全县五保老人 3711 人的 43%。2010 年，分散供养五保 3476 人次。

2006 年“4·28”风灾中，苍山县半数以上的敬老院受到不同程度的损坏，幸无人员伤亡。灾后，结合省市关于敬老院建设的要求，对受损敬老院及时进行修缮或重建。县委办、县政府办《关于转发〈苍山县财政补助村级资金管理办法〉的通知》规定，农村五保供养资金的发放，根据县民政局、县财政局审核的乡镇申请，县民政局下达乡镇五保老人供养资金指标，由县财政局直接办理拨款手续。集中供养资金直接拨入敬老院，分散供养资金委托金融机构拨付进入个人“沂蒙惠农——一卡通”账户。2006 年—2010 年，县民政局通过积极向上争取资金、

图 21—10　敬老院餐厅就餐　（2010 年摄）

争取政策，积极筹划，先后投入 3200 余万元对全县 21 处敬老院全部进行新建、改扩建。至 2010 年年底，全县有五保对象 4121 人，入院 2947 人，集中供养率 71.51%。供养标准为每年每人 2000 元，每年拨付 5 万多元为五保对象办理新型农村医疗合作保险。

由于建设投资大、供养标准高，2008 年，21 所敬老院全部通过省级敬老院检查验收，其中省一级敬老院 12 所，省二级敬老院 7 所，五保供养工作被省委、省政府表彰为“全省五保供养工作先进县”。2009 年—2010 年，按照市政府实施黄如论慈善资助敬老事业的部署，争取慈善捐款 130 万元扩建向城敬老院。

孤残儿童救助站

2006 年，首次实施“明天计划”“微笑列车”活动，以后陆续组织开展“重生行动”“爱德行动”“齐鲁福彩助残”行动等扶孤助残活动，2010 年，为全县 151 名唇腭裂儿童、180 名先心病儿童免费实施手术，为 65 名低保家庭中的白内障患者免费实施手术，为 110 名农村孤儿提供了助学资助，为低保对象中 160 名肢体残疾人免费安装了假肢。

2000 年，中华慈善总会与美国一非政府组织王嘉廉先生共同出资，当年组织 300 多名患者到青岛市立医院、济南省立医院进行修复、矫治手术。2004 年，开始实施“微笑列车”活动，免费为 47 名贫困唇腭裂患者施行了矫正手术。

2006 年，开始实施“明天计划”，为 11 名符合免费手术条件的儿童施行了手术。为残疾儿童矫治查体 185 人，实施小儿麻痹矫治手术 354 例，白内障手术 436 例，低视力康复 29 例，聋哑儿童语言训练 24 例，智力残疾儿童培训 16 名，补碘 12500 人。2007 年，筹集资金 40 多万元建立全市第一所孤残儿童救助站，至 2010 年共收养社会孤残弃婴 60 多人。

福利企业

苍山县 1958 年兴办福利工厂。至 1959 年全县办福利厂 5 处，产值达 40 余万元。1983 年，社会福利工厂建设得到迅速发展。至 1986 年，全县福利厂已发展到 14 处，年产值 184 万元、利润 23.2 万元，安置残疾人 110 人。1987 年 10 月—1988 年 4 月，县民政局投资 170 万元建起库容 1000 吨恒温库 1 座，相继建起 100 吨的

低温库、加油站，安置残疾人253人。1996年—2010年，全县福利企业产值1851386万元、利税1264126万元、减免税金8768万元，共吸收安排1650名残疾人就业。联合县国税局、县地税局对福利企业进行年检，18家福利企业被取消资格、吊销福利企业证书。

2010年，全县有福利企业14家，职工总数739人，安置残疾职工325人。

“星光计划”

从2000年开始，陆续在朝阳、碧翠苑、泉山社区实施“星光救助计划”。利用福利彩票公益金，对老年人事业进行救助。2010年，投资180万元修建朝阳老年公寓，支持发展老年人事业。

福利彩票

组织发行4次即开型福利彩票，1996年的福利彩票、1998年的“98抗洪”福利彩票、2000年的“即开型”福利彩票和2005年的即开型福利彩票，共销售彩票850万元，筹集公益金340万元。2000年起，实施“齐鲁风采”电脑福利彩票发行，当年设立15个电脑彩票投注站。至2010年，募集公益金626万元。

第六节　慈善事业

苍山慈善总会成立于2007年11月29日。慈善总会聘请终身名誉会长1名（县委书记、县人大常委会主任张闻宇），名誉会长2名（县委副书记、县长王晓军，县政协主席刘霞），名誉副会长71名。选举会长1名，常务副会长1名、副会长49名、秘书长1名、副秘书长4名、常务理事11名、理事36名、监事长1名、副监事长9名、监事19名。创始理事23名、永久理事7名、创始会员157名、永久会员29名、会员365名，会员单位137个。至2009年8月，成立慈善分会21个、慈善工作站1056个，另在北京、上海、浙江、济南设有4个分会筹委会。2008年，苍山县慈善总会被中华慈善总会吸收为会员单位，2007年—2010年，连年被山东省慈善总会评为慈善工作先进单位。慈善总会建有《章程》《资产管理办法》及财务管理制度、各种会议制度和办事制度等。

慈善总会成立后，相继开展为南方雪灾、汶川地震灾区“送温暖、献爱心”活动，其中为汶川地震灾区捐款928.969万元、捐助棉衣被20854件、餐桌600套、大蒜400吨。整合社会各类救助资金1253.6万元，每年的春节前组织开展“情暖万家”慈善大救助活动，以“生活最困难、遭遇最不幸、社会最同情”的人为救助重点，使城乡低保户、残疾人、贫困孤儿、贫困母亲等18类困难群体6.1万余人次得到了有效救助。每年5月都开展“慈心一日捐”活动，筹集善款。2009年，临沂市慈善总会、市民政局启动黄如论慈善捐赠资金资助困难老人和学生项目。每年8月，会同县教育、工会、妇联、团委等部门开展慈善助学活动，各乡镇、各企业也开展形式各异的慈善助学活动。2009年9月5日，在上海成立苍山慈善总会驻上海分会，现场募集善款86.8万元，认捐慈善基金达到5200万元。至2010年，慈善总会共接受社会各界慈善资金4010.8万元（其中总会接收2758万元、各分会接收1176万元、驻外分会接收86.8万元），认捐慈善基金5.2亿元。

图21—11　慈善总会成立大会　（2007年11月摄）

第七节　民政管理

民间组织管理

1998年后，依据《社团管理条例》和《民办非企业单位管理条例》开展工作，搞好年检，加大执法力度，打击非法组织。逐步建立健全民间组织工作制度，加强社团年检和登记管理工作，理顺了社团登记规则。县委、县政府下发《关于加强农村经济协会培育发展的通知》，有力地促进了农村经济协会的发展。苍山双龙蔬菜、大蒜、养蜂等协会相继成立。至2010年，登记社团110个，依法注销社团35个，民非单位92个，成立各类经济协会68个。农村经济协会较好地促进了全县农业的发展，增加了农民收入。2006年9月26日，全省发展农村经济协会暨先进民间组织表彰大会在山东省寿光市召开。苍山县兴明乡双龙蔬菜经济协会被省民政厅授予“全省百强农村经济协会”荣誉称号，并在会上交流了经验材料。

图21—12　2010年6月，创建省级双拥模范县工作汇报会

2006年开始，启动创建省级双拥模范县活动。2010年，县里调整充实了县双拥工作领导小组，县委书记、县人大常委会主任张闻宇，县委副书记、县长王晓军亲自担任领导小组组长。按照“不创则已、创则必成”的目标，扎实开展双拥共建活动，巩固了军政军民关系，顺利通过省级双拥创建检查小组的验收。

婚姻管理（见人口编）

文明新风

殡葬管理改革　殡葬改革主要包括推行火葬，禁止土葬，改革带有封建迷信色彩的殡葬礼仪，对殡葬事业实行统一管理等。中华人民共和国诞生初期，主要是宣传烈士改革，提倡严肃、简朴殡葬的风尚。20世纪60年代主要是改革土葬，改变乱埋乱葬、乱占耕地的现象。70年代主要是推行火葬，1978年5月1日开始实行火化，当年火化率45.9%。1979年提高到77.6%。1980年，土葬和封建迷信活动有所回潮，火化率下降。1981年最低，为6.6%。1982年大力推行火葬，火化率回升，1985年达91.5%。1985年10月，山东省殡葬改革工作会议在苍山县召开，听取苍山县的工作汇报并进行实地调查参观。现场会与同年春天兴起的建劳动人民纪念堂试点，共同推动实际工作健康发展。1990年后，针对边远村庄偷埋、漏化、土葬进行清理。2000年，火化率保持98%以上。2000年后，由于种种原因苍山县殡葬管理工作较为落后，火化率一度仅为11%，引起了省、市、县的高度关注。2003年，进行大规模的集中清理土葬活动，遏制了土葬回潮。2008年3月7日，县委、县政府制定出台《关于殡葬管理工作的奖惩规定》《禁止土葬的规定》，实行殡葬管理“一票否决”，发放张贴《殡葬管理通告》2万多份，组装宣传车29辆，灌制录音带1200盒，成立4

图21—13　2008年3月，殡葬改革宣传

个督导组，长年对殡葬工作进行督导。2008 年 3 月—2010 年 12 月，火化率始终保持在 99% 以上。同时，加强殡葬用品市场的清理整顿，对棺木出售较集中的地方进行清理清查，并在县电视台公开曝光。

公墓管理　2000 年，经省民政厅批准，投资 120 万元成立苍山县文峰觐安园公墓。

火化场　苍山县火化场于 1975 年 12 月破土动工，1978 年 1 月竣工，5 月 1 日投入使用，投资 501780 元。有 14 名职工。火化场位于县城东南 5 千米处，坐落在苍邳公路南侧的芙蓉山脚下，占地 1.5 公顷，建筑面积 1824 平方米。院中花墙相隔，分为南北 2 院。北院为办公室、宿舍及管理用房；南院为火化车间。殡仪室居花墙正中，坐南朝北，把南北两院贯通起来。火化场 4 台设备，采取柴油烧化，40 分钟可化尸 1 具，单耗 3.1 千克。2009 年 12 月，完成殡仪馆改建项目的招投标工作。2010 年 12 月，投资 1250 万元的殡仪馆改建项目开工建设。

劳动人民纪念堂　苍山县劳动人民纪念堂（骨灰堂）分为文峰山干部骨灰堂和村建劳动人民纪念堂。文峰山干部骨灰堂位于文峰山鲁南烈士陵园西侧，占地 366.3 平方米，北房 5 间，单立独院。有一东门与革命烈士陵园相通。建于 1979 年 10 月，1980 年清明节开始存放骨灰盒。村建劳动人民纪念堂始建于 1985 年春，先在殡葬改革先进的磨山镇搞试点，以自然村或行政村为单位，集资兴建。1985 年，建成 14 个村劳动人民纪念堂。磨山镇西三峰村劳动人民纪念堂最为突出。1985 年 10 月，西三峰村投资 4500 元在松柏常青、绿树环绕的三峰山南坡，建起 3 间样式新颖、装饰美观的劳动人民纪念堂，里面设有骨灰盒架，分层存放骨灰盒。苍山县和临沂地区民政局曾在磨山镇西三峰村劳动人民纪念堂前召开现场会，推广其做法。文峰山干部骨灰堂已于 2008 年拆除，在原址修建了鲁南革命烈士纪念馆。

第二十二编
政　法

蒼山縣志

政法系统是保卫社会安全的重要部门。新中国成立后，严打整治，稳定社会治安；司法宣传，不断提高人民群众法律意识和法治水平。1982 年 5 月，政法委成立，统领全县公安司法工作，从多个方面维护安定团结的社会局面，从而为社会主义现代化建设提供坚实的稳定基础。

第一章　政法委及综治工作

第一节　严打整治

1997 年—2008 年，全县政法各部门联合行动，重拳出击，以打开路，始终保持对刑事犯罪的严打高压态势，开展“严打”集中行动、“两抢一盗”专项打击、“法网行动”“破案会战”“双百会战”“百日追逃”“治枪缉爆”“打黄扫非”“一打六整治”等一系列打击活动，取得显著战果。共破获各类刑事案件 17445 起，刑拘犯罪嫌疑人 12568 人，摧毁犯罪团伙 875 个，其中流氓恶势力团伙 269 个，追捕逃犯 1717 人；召开公捕公判大会 40 余次，在乡镇召开巡回公捕公判大会 27 次，巡回村庄 800 个，受教育群众近 80 万人次。

2009 年，开展“八项打击”活动，把影响群众安全感的黑恶痞霸犯罪、影响社会稳定的经济犯罪、影响经济发展的各类盗窃破坏犯罪、影响经济社会发展环境的各类违法犯罪活动作为重点，进行专项打击。共立查刑事案件 2501 起，破获 2283 起；抓获犯罪嫌疑人 3211 人；查处各类治安案件 3886 起，治安拘留 1767 人，劳教 113 人；打掉犯罪团伙 68 个，抓获团伙成员 216 人；追捕各类逃犯 191 人，其中网上逃犯 94 人。检察机关提起公诉 595 件 811 人，追捕漏犯 19 人，追诉漏犯 13 人。法院受理刑事案件 650 件，审结 539 件。深入开展“11 项”综合整治活动。整治治安落后村 14 个；查处侵害师生人身安全案件 8 起；查处违规经营网吧 56 家，查封黑网吧 113 家，查扣电脑主机 310 台，查获盗版音像教材 1000 余册（盘）；组织开展“五种”车辆等重点车辆违法行为专项整治活动，查究各类交通违法行为 54200 起，查扣各类车辆 4600 台次，行政处罚 900 余人次；开展矿产开采秩序整治活动 4 次，查扣挖掘机、铲车、运输车辆各 1 台；开展烟草市场集中整治活动 7 次，查缴非法卷烟 180 件，案值 40 余万元，刑拘涉烟违法犯罪嫌疑人 8 人。破获非法卷烟经营网络 1 个，案值 110 万元。

2010 年，深入开展 “百日会战”“打黑除恶”、打击“两抢一盗”、治爆缉枪等专项打击。共破获各类刑事案件 2125 起，抓获违法犯罪嫌疑人 3993 人，其中刑事拘留 1942 人，逮捕 560 人；查处治安案件 5290 起，行政拘留 3508 人，劳动教养 126 人；打掉盗抢、绑架、敲诈勒索、贩卖毒品犯罪团伙 56 个，抓获犯罪团伙成员 452 名。检察机关受理审查逮捕案件 522 件 784 人，逮捕

图 22—1　为民除害严打整治百日会战誓师大会（2005 年 10 月摄）

633人，立案查处职务犯罪27件30人。审判机关刑事案件立案662件，审结660件；民事案件立案6263件，审结6183件；行政案件立案286件，审结286件；执行案件1928件，执结案件1928件。开展社会治安重点地区和突出治安问题集中排查整治活动，全县共排查社会治安重点地区30处、突出治安问题420余起，破获各类案件712起，抓获各类犯罪嫌疑人729人，整治重点区域9处。开展校园安全保卫工作。开展督导检查活动4次，对全县各级各类学校进行逐校逐项检查，共检查各级各类学校305所、幼儿园434所，关停不符合办园条件的民办幼儿园237所。排查校园及周边重点高危人员16名，排查校园内部、校园与周边各类矛盾纠纷27起。对排查出的问题，全部落实稳控措施和责任人。全县各级学校共配备专职保安850人；新建校园警务室85个，全县校园警务室已经达到167个。开展城乡道路交通秩序整治活动。共检查各类车辆8740台次，查扣各类严重违章违规车辆1325台，现场处理纠正轻微违章车辆2637台次，治安拘留12人，刑事拘留7人，查处酒后驾驶16起。积极开展烟草专卖市场集中整治、“利剑行动”“霹雳行动”、网吧管理等多项集中整治行动，服务经济社会发展。烟草市场秩序集中整治“利剑行动”共检查过往可疑车辆580台，查获违法运输卷烟案件2起，刑拘6人，逮捕5人。对学校周边娱乐场所、网吧等进行两次专项清理整顿、6次突击性检查，检查图书经营单位16家次，查缴各类非法盗版图书6200余册、音像制品4400余盘，取缔无证书摊22处、音像摊点21处，查处无证经营和违规经营网吧7家，抓获网吧行业违法犯罪嫌疑人25名，其中刑事拘留9人、治安处罚16人。

第二节　社会治安综合治理

组织建设

1951年，县委建立乡治保委员会，50户以下的村设立保卫委员，50户以上的村建立3～5人的保卫小组，县直单位设立保卫组织，协助政府管制反革命分子，协助公安部门侦破案件。1953年，全县评出治安模范人物108名。1956年，对全县113名农业合作社保卫骨干进行训练，召开全县治保委员会议，交流治保工作经验。此后，每年进行1次整训。1958年，以生产大队建立治保委员会，县直厂矿、企业、学校建立治保组织。1966年“文化大革命”开始后，全县治保会瘫痪，到1977年开始恢复。1994年，苍山县成立社会治安综合治理委员会，与县委政法委合署办公。1994年，对全县治保人员进行集中整训，全县28个乡镇、1178个行政村、313个单位建立健全治保组织，新增680人，调换756人，有治保主任1493人。1996年，有治保人员5021人。到2010年年底，成立综治维稳工作中心、群众工作部，各乡镇街道、经济开发区成立综治维稳工作中心、社会稳定办公室、群众工作站，各村居社区全部建立综治办、群众工作室。三级社会治安综合治理机构整合社会治安综合治理、社会矛盾化解、信访稳定等多种资源和力量，按照“一个窗口服务群众、一个平台受理反馈、一个流程调解到底、一个机制监督落实”的“四个一”运作模式，积极化解各类矛盾，维护社会稳定。全县基本形成上下双延、体系完备、运行规范的“一站式”为民服务平台。同时，全县各乡镇在驻地成立20～30人的以巡逻、堵截、守候为一体的治安联防队伍，各村居普遍派驻1～2名由乡镇脱产干部兼任的平安特派员，全县村居共成立治安联防队伍1035个，人员6351名人。

治安管理和防范

推行以治安承包、专职民兵站岗和村民义务站岗三种形式为主的站岗巡逻，全县基本落实夜间站岗巡逻制度。在繁华地段、公共场所、交通要道、乡镇驻地等重点部位建设警务工作站（室）。至2010年，全县建有警务工作站（室）56处，

110 报警点 300 多处，学校、医院、金融、供水、供电、广播通信、厂矿企业等重点要害部门以及单位财会、仓储等要害部位全部安装“三铁一器”，物防设施进一步巩固。在技防方面，建成“110”“119”“122”三台合一的接处警指挥调度系统。加大“天网”工程建设力度，先后安装与公安机关联网控制的视频监控探头 525 个，社会有关单位安装视频监控探头 7266 个，初步实现全县重点路段、重点部位区域的视频监控覆盖。

社会矛盾化解

20 世纪 90 年代，开展调解中心建设工作，县级成立人民调解工作指导委员会，乡镇成立调解中心，整合乡镇司法所、信访办、派出所、民政办、计生办、土地所、工商所、税务所、经管站等部门的力量，形成矛盾纠纷排查调解的合力。矛盾纠纷调解中心建设，也是乡镇综治维稳工作中心的前身。全县所有村居建立健全调解组织，设立调解室，配备调解员，全县调解人员达 3000 多人。通过定期开展矛盾纠纷排查调处活动，1996 年—2007 年，全县各级共排查调处矛盾纠纷 18478 起，防止民转刑案件 1137 起，化解了矛盾，消除了不安定因素，维护了社会稳定。2008 年开始，实行社会矛盾定量排查机制，规定每月矛盾排查数量不低于总人口的千分之一；实行重点排查机制，围绕辖区抓排查、围绕日常性工作抓排查、围绕重点热点问题抓排查、围绕非常时期抓排查四项排查工作机制。2008 年，全县共排查各类矛盾 10361 起，化解 9665 起，调处成功率 93%。2009 年，全县共排查各类矛盾纠纷 11071 起，其中干群矛盾纠纷 23 起，土地纠纷 638 起，宅基纠纷 917 起，婚约财产纠纷 662 起，借贷纠纷 1039 起，交通事故赔偿纠纷 36 起，轻微人身伤害赔偿纠纷 511 起，其他纠纷 7245 起。化解 10739 起，调解成功率达 97%。2010 年，全县共排查各类矛盾纠纷 14065 起，化解 13424 起，调解成功率达 95.4%。

2009 年 3 月开始，推行县级领导公开接访制度。每天有 1 名县级领导在县综治维稳工作中心等候受理群众诉求。县委书记、县长等带头接访。至 2010 年年底，共接待群众来访 692 起，结案 659 起，当场安排解决 206 起，化解 10 年以上信访积案 31 起。

队伍建设

自 20 世纪 90 年代开始，坚持用邓小平理论和“三个代表”重要思想武装政法干警，从政治、思想、作风、纪律、业务上持之以恒地对政法干警进行教育，先后深入开展“解放思想大讨论”活动、“三讲”学习、“纪律作风整顿”活动、“保持共产党员先进性教育”活动、“规范执法行为，促进执法公正”专项整改活动、“社会主义法治理念教育”活动、“社会主义荣辱观教育”活动、“作风建设年”活动、“大练兵”活动、创新争优活动、“发扬传统、坚定信念、执法为民”主题教育实践活动。通过一系列教育学习活动，提高政法干警的思想和业务素质，增强了整体战斗力。在司法公正方面，坚持以司法公开促进司法公正，大力实施“阳光工程”，以公开促公正。在执法监督方面，政法各部门每年都聘请社会各界知名人士为执法监督员，以监督促规范。积极改进内部监督制度，建立健全执法单位和执法干警的执法档案，完善了责任追究制度。通过司法公开和司法监督，提高执法质量和效率，杜绝了干警违法违纪现象的发生。在处理涉法涉诉信访案件上，成立涉法涉诉信访案件工作领导小组，加大涉法

图 22—2 平安苍山建设大会 （2009 年 2 月摄）

涉诉信访案件的查处力度。1996年—2010年，共接访涉法涉诉案件1019起，处结1000起。

平安苍山建设

2004年，按照上级的总体部署要求，开展“平安苍山”建设活动。下发《关于创建“平安苍山”的实施意见》，因地制宜地开展“平安乡镇”“平安村居（社区）”“平安行业”“平安企业”“平安家庭”等创建活动，不断延伸创建领域。至2010年，全县共投入创建经费1500多万元，制定下发各类文件和实施方案194个，召开大型会议37次，撰写平安创建新闻稿件1800多篇。2008年、2009年，苍山县被评为平安山东建设先进县。

第二章　公　安

1939年，中共临郯费峄四县边区县委设立保卫部，对外称社会部，即公安局的前身。社会部设部长1人，干事若干人，下属各区设干事1人。1941年，取消社会部，在漫溪村成立公安局，下设教育、侦察、审讯3个股和1个政卫队，县属各区设公安员1人。1944年，改称赵镈县公安局。1945年，临沂县、赵镈县2县公安局合并，在兰陵设派出所。1946年年底，赵镈县公安局移至马桃峪一带。1947年，分成苍山县、赵镈县公安局。1948年年初，苍山、赵镈2县公安局大部分人员参加华东局在山东举办的学习班，至同年6月结束，除部分人员分配到外地工作，其余人员全部调入兰陵县公安局，苍、赵2县复设社会部。1949年5月，苍山、赵镈2县分别设立公安科，公安科曾一度改称公安队。1950年5月，苍山、赵镈2县公安队合并称苍山县公安科，同年7月改科称局。1955年8月，公安队改称武警中队。1965年8月1日，中国人民武装警察苍山县中队改称中国人民解放军苍山县中队，属中国人民解放军苍山县武装部领导。1967年3月，公、检、法实行军管，称苍山县公安机关军事管制小组。1973年，军管组撤销，公安局复设政治、治安、刑侦、秘书、检察、预审、协理室及看守所。同年12月，苍山县中队归公安局领导。1978年，检察股析出扩建成县人民检察院。1996年11月，县公安局设立110报警台，指挥中心开始运转。2010年，有民警386人，下设24个派出所和19个科室队。

第一节　治安管理

反动党团登记

1945年日军投降后，抗战期间混杂在苍山境内的日伪军、政、警、宪人员纷纷逃往国统区。1947年5月，国民党军进犯，他们组成还乡团还乡，对土改干部和翻身农民疯狂地进行反攻倒算。李子瀛之孙李天民、土顽王洪九带部还乡后杀人、放火、抢劫百姓财物。1948年，蒋军溃败南逃，部分反动党团分子逃往外地。全国解放后，外逃的反动党团分子陆续返回。1950年春，对返乡的旧军、政、警、宪、特人员逐一登记，对罪大恶极分子进行严惩，对一般胁从者只要悔过自新、不再进行反革命活动一律既往不咎。登记工作于1951年年底结束。

改造“四类”分子

1951年，苍山县采取公开管制与群众监督相结合的办法，对“四类”分子进行监督改造。1956年4月，在卞庄区进行对地、富、反、坏“四类”分子规划入社试点，对“四类”分子的思想表现、劳动、守法情况，采取群众评议、组织批准的办法，分批接收为社员、候补社员、监督生产3种。全县每年进行1至2次评审工作，对接受改造、表现积极、奉公守法者，给予改变成分或摘帽；对少数不愿接受改造者，取消其社员、候补社员资格；对监督劳动重新犯罪者依法严惩。1979年，根据中共中央（79）5号文件精神，除少数有现行破坏活动、表现恶劣者外，其大部分均予摘帽。1983年秋，全部摘帽，改变成分。

取缔反动会道门

新中国成立前，苍山县境内有“圣贤道”“中央道”“天仙道”“九宫道”“眼光会”“佛教会”“无极道”“乾元堂”8种，分布在12个区189个村庄，3151户，道徒1.5万余人，道首及骨干分子343人。反动道首一贯利用会道门组织造谣破坏，诈骗钱财，奸污妇女，扰乱治安，甚至发动反革命暴乱。1949年6月，从生产救灾、破除迷信入手，发动群众检举揭发会道门的破坏活动。1950年，把取缔反动会道门列入“镇反”运动内容。1951年2月进行排查，把危害大的“圣贤道”“中央道”“九宫道”等8种予以取缔，逮捕道首167人。1955年—1958年，发生“中央道”复辟案件4起，8名道首被判刑。

特种行业管理

1989年，对刻字从业人员培训2次，实现依法审批、承制、备案制度。1992年，对105家特种行业进行备案登记。1993年，对城区周围的25处收购点进行突击检查。1994年，成立生产性废旧金属稽查队，开展废旧金属收购点清理整顿工作。1998年，检查旅店业126家、印刷业31家、旧货业50家，对手续不符合要求、无证经营的全部下发整改通知书，停业整顿。2000年，检查印刷业24家，复印打字业27家，取缔复印打字业2家，收缴非法宣传品200余份，签订守法经营责任书111份。2002年，国务院、省政府先后取消印刷业、废旧金属收购业等15项特种行业行政审批制度。是年，开展与市公安局联网的旅馆业信息系统建设。2004年4月，对公共娱乐场所、旅馆业推行治安管理告知制度。通过调查摸底，全县特种行业120家，机动车修理报废回收业201家。2006年，下发《关于对全县旅馆业进行清理整顿进一步推动旅馆业治安管理信息系统建设有关问题的通知》，强化特种行业管理。至2007年年底，全县有36家旅馆完成信息系统安装。

公共场所管理

1989年，开展“扫黄打非”专项行动，查缴淫秽录像带86盘，打掉传播淫秽录像团伙7个，刑事处罚5人，治安处罚35人，收审74人。此后，对毒品、卖淫嫖娼、赌博等社会丑恶现象，每年都多次开展专项打击行动。1994年，集中整治“路边店”，查处卖淫嫖娼案件12起、24人。1996年，取缔不法书屋、音像出租点40家，网吧1家。2000年—2005年，查处“网吧”违法案件50起。2001年，开展大规模的铲除非法种植罂粟专项行动，铲除罂粟4000余株。2002年，全县旅馆食宿信息实行计算机管理。2003年5月，成立公共信息网络安全监察科。2004年，娱乐场所入驻保安。2010年，对全县公共场所进行清查，查处网吧5家，取缔非法网吧30家，刑事拘留30人，取缔电子游戏网吧10家。

图22—3　销毁赌博机　（2010年摄）

自行车管理

1978年，由县工商局移交公安局管理。1984年设立车管所，负责登记签发自行车牌照，办理自行车过户手续，进行年审路查。6月，通

过自行车管理，全县抓获5个自行车盗窃团伙，破获自行车被盗案件69起。1985年，登记管理自行车20万辆。1997年，全县共有自行车90余万辆，当年新增63825辆，全年审验58300辆，破获盗窃自行车96起，缴获自行车300余辆。2004年—2007年，每年都开展治理自行车被盗问题专项行动，先后破获盗窃自行车案件73件，为侦破案件提供线索40条，抓获犯罪嫌疑人62人，收缴自行车182辆。

2007年，自行车管理科取消后，业务移交治安大队，更名为车管科。

爆炸物品、枪支弹药管理

1951年，对散存在社会上的枪支弹药进行收缴。1958年5月，对使用及保管枪支人员办理持枪证。1979年，将体育运动枪支、猎枪、信号枪、注射枪等清理登记，对私藏和私制枪支弹药者予以法律制裁。1983年5月，除公、检、法、银行配备枪支外，其余枪支全部收缴。1990年，对保卫枪支、社会各类枪支进行清查登记、换证，收缴各类枪支310支，查处私自制贩枪支案件6起。1991年11月，全县共收缴各类枪支9264支。1992年9月再次进行审验。

1986年—1992年，严格管理爆炸物品储存、运输、销售、使用等环节，建立健全爆炸物品管理制度，建成县、乡、村三级管理网络。严打涉爆违法犯罪活动，开展爆炸物品清理收缴工作，共收缴炸药2160千克，雷管1.6万枚，导火线9500米。1993年—1996年，先后开展3次集中收缴非法枪支统一行动。1996年，《中华人民共和国枪支管理法》颁布实施后，县委成立分管副书记，政法委书记，公、检、法、司4部门主要负责人参加的统一行动指挥部，出动宣传车20余台，设立堵截点13处，集中收缴非法枪支。1992年—1999年，收缴各类枪支3900支（其中军用枪支80支，猎枪1125支）、各类子弹9300发、雷管5600枚、炸药7100千克、导火索3488米、黑火药1600千克、手榴弹35枚、炮弹15发、管制刀具2000把，处理各类违法人员230人。1996年开始，每年都开展“治爆缉枪”专项行动，与全县30多万户户主签订不私藏枪支保证书，公、检、法公务用枪实行审批制度。2000年—2003年，建设规范化枪弹库，民爆站实行“一条龙”服务。至2007年12月，组织大规模治爆行动30次，抓获违法犯罪嫌疑人360人，清理取缔非法生产业户420户，非法销售点210处。查破非法生产、销售烟花爆竹案件326起，查获烟花爆竹5000万响，成品、半成品爆竹6800万响，烟花2000余箱，生产原料2330千克，生产工具430套。2000年—2007年，共收缴各种非法枪支730支、子弹5661发、手榴弹102枚、手雷13枚、炮弹11发、雷管2560枚、导火索3400米，保持连续17年爆炸物品安全管理无事故的纪录。

1996年—2010年苍山县治安案件处理情况

表22—1

年份	案件起数	治安拘留（人）	罚款（人）	警告（人）	劳教（人）
1996	286	569	2	—	—
1997	284	568	20	11	—
1998	267	535	6	2	—
1999	278	556	—	—	—
2000	247	514	—	4	—

续表 22—1

年份	案件起数	治安拘留（人）	罚款（人）	警告（人）	劳教（人）
2001	255	550	4	—	—
2002	324	649	10	—	—
2003	266	533	8	5	—
2004	463	775	60	7	—
2005	760	1075	300	20	—
2006	1360	2396	758	30	107
2007	745	1225	664	4	119
2008	1223	1704	811	1	152
2009	1212	1827	884	6	115
2010	1810	3037	2056	26	125

第二节　出入境管理

1995 年，县公安局成立外国人入出境、中国公民出入境管理科，主要职责是对全县公民申请出国（境）、往来港澳台地区申请材料的受理和审查工作；对境外人员在苍居留、签证延期等事务进行管理；依法控制法定不批准出入境人员出入境活动；依法管理涉外宾馆、涉外企业等涉外单位；配合和协助有关部门查处涉外案件及出入境违法犯罪活动等。2000 年，配备专用电脑，安装管理软件，将各种资料输入电脑，实现全市、全省出入境管理联网。2002 年，全县特殊身份人员（国家工作人员）因私出国（境）实行登记备案，法定不批准出境人员的通报备案工作全面启动，逐步建立责任明确、严密有效的长效工作机制。2004 年，全省推广实行护照按需申领，简化了程序，方便了群众。2008 年，出入境管理科更名为出入境管理大队。同年，投入资金约 10 万余元，建成出入境管理接待大厅，被省公安厅评为“省级文明窗口”。出入境管理大队每年开展集中清理“三非”（即非法入境、非法居留、非法就业）外国人专项行动，至 2010 年 12 月，遣返非法入境朝鲜妇女 7 人，遣返非法入境缅甸妇女 3 人。

2000 年—2010 年苍山县出入境数据情况

表 22—2

年　份	护照（人）	港澳台（人）	签注（人）
2000	114	124	23
2001	87	57	11
2002	193	67	10
2003	270	89	10

续表 22—2

年　份	护照（人）	港澳台（人）	签注（人）
2004	293	226	12
2005	375	375	10
2006	434	230	11
2007	875	529	40
2008	905	575	98
2009	908	605	121
2010	1168	779	165

第三节　户籍管理

苍山县户籍管理工作始于 1939 年。建国后，通过户口登记制度，户籍管理进一步完善。1956 年 9 月，在卞庄、田营、庄坞、税郭、兰陵、泉源 6 个乡镇进行调查，整顿户口试点。1957 年 4 月，在县直 27 个单位建立公共户口。1958 年 4 月，更换户口簿。1960 年，建立户口登记卡片。1985 年，开始建立流动人口档案。1987 年，开始实行居民身份证制度。1992 年，对农村户口实行城市化管理，各村绘制住区平面图，各户安装门牌。1996 年，筹措资金近百万元，全县实行微机化管理。1997 年，国务院决定建立和实行公民号码制度，明确公民身份号码将采用居民身份证编号。1998 年，原有的户口簿和常住人口登记表全部停止使用，启用新的微机打印常住人口登记表和户口簿，换发新式常表 113 万余份，新式户口簿 30 余万户。1999 年，全县更新电脑配置，实现县局和派出所微机化联网管理，并利用人口信息系统进行重错号纠错 4900 人。

2000 年，县成立第五次人口普查户口整顿小组，召开全县户口整顿工作会议，全面开展第五次人口普查工作，查清全县常住人口 116.5 万余人。同年，山东省地方城镇户口和全国城镇居民户口合并。2001 年，组建市级人口信息查询系统，实现市公安局、县公安局和派出所人口信息三级联网。2003 年，在全市范围内取消农村居民户口、城镇居民户口性质，按照实际居住地登记户口，统称为“居民户口”，建立城乡统一的户口登记管理制度。2004 年 10 月 1 日，在全省范围内取消农业和非农业户口性质划分，统一登记为“居民户口”。2005 年，集中换发第二代居民身份证。2006 年，本市大中专院校录取的本市新生不再办理户口迁移手续。2007 年，继续深化户籍制度改革，放宽进城务工人员户口迁移条件，拓宽集体户口管理范围。2008 年，实行优秀农民工落户优惠政策，在本县有合法固定住所或与苍山县企事业单位依法签订一定年限以上劳动合同，或实际在企事业单位工作满一定年限以及在苍山县居住并办理暂住证满五年者，均可在苍山县落户。2009 年，集中解决农村地区无户口人员落户问题，共落户 1436 人。2010 年，县成立第六次人口普查户口整顿小组，召开全县户口整顿工作会议，全面开展第六次人口普查工作，查清全县实有人数共 1259522 人，其中摸排人户分离人员 117640 人，户口待定人员 119534 人，注销应销未销户口 13649 人，户口登记项目差错 3997 人，流出人员 57864 人，新登记暂住人口 4143 人，清理出租房屋 860 户，登记流出人口 57864 人。

第四节　交通安全管理

临沂市公安局交通警察支队苍山大队，前身为苍山县交通监理站，1987年交通管理体制改革称为苍山县公安局交通警察队，1992年改为苍山县公安局交通警察大队，1999年5月更为现名，并由原来的副科级单位升格为正科级。大队下设综合科、政工科、宣传科、交通秩序科、计划财务科、肇事处理科、车辆管理所和城区中队、特勤中队、高速中队、向城中队、神山中队、长城中队、仲村中队、机动中队、兰陵中队共16个科、所、队，有正式民警63人。境内辖京沪高速公路25千米，206国道47千米，5条省道149千米和22条县乡道路，全县通车里程2500多千米。2010年年底，全县共有机动车133211台，其中，大型汽车15530台，小型汽车16928台，农用运输车46353台，二、三轮摩托车54400台；共有机动车驾驶员116813人。

驾驶员培训与管理

1992年，成立机动车驾驶员培训中心，学员不再出县学习。此后每年度分期分批对申请人实施驾驶培训，发放、审验驾驶执照。2002年6月，投资145万元建起机动车检测线，结束了车辆出县年审的历史。2005年9月，驾驶员培训中心更名为鲁安机动车驾驶员培训学校，与大队脱钩。是年后，驾驶员的培训工作由社会培训机构承办。

交通秩序管理

1989年—1992年，执勤主要在向城和长城两处检查站固定查车，城区主要在兰陵路与文化路交叉路口和会宝路与文化路交叉路口两处岗亭站台指挥交通。1992年，改为流动巡逻。至2010年，共投资近580万元，在县城各主要路口安装电子抓拍系统和交通信号灯，共计安装电子抓拍系统8处，交通信号灯13处，施划交通标线4.7万平方米。

1993年，整治在公路上打场晒粮，清除打场晒粮450处。配合争创“省级卫生县城”活动，开展城区交通秩序集中整治，纠正道路交通违章2.6万人次，治安拘留8人，吊销驾驶证2人，吊扣驾驶证38个。1998年，组建向城中队、神山中队、长城中队、大仲村中队，先后进行5次大规模的道路交通秩序整顿活动。1999年—2010年，春运交通安全管理成为工作重点，主要治理无牌无证、拼装改型、超载超员、乱停乱放、酒后驾驶、超速行驶等交通违章行为，对重点路段实施24小时巡逻，遏制了重、特大交通事故发生。

2006年10月，全省公安车管部门“三基”工程建设现场会在临沂召开，中央新闻媒体的记者，省总队有关领导，全省交警部门的部分分管支队、大队领导和车管所长共60余人，到大队车管分所、车辆检测处和考试中心实地参观指导。

交通事故处理

1996年，开通“122”交通事故报警专用电话。1997年8月，建起“122”交通事故报警服务台。2001年，购置交通事故清障专用车1辆。1987年—2010年，大队肇事处理科共受理各类交通事故32682起。刑事处罚285人，治安处罚736人。

第五节　消防管理

苍山县消防工作始于1950年。1954年在农村部分农业合作社建立义务消防组织，重点对集体仓库、场院进行防火，备有防火沙、水缸、水桶、铁锨等工具。1978年设立消防股，负责全县防火监督和火灾现场勘察，帮助企事业单位建立义务消防队，定期进行业务培训，防火安全设施检查、整改。1983年后，消防科主要负责人为苍山县公安局编制，消防科组成人员由现役军人组成。1985年，设重点消防单位21个，一般管理的消防单位135个。1988年6月，消防科列入中国人民武装警察部队编制，名称为“武警苍山县公安消防中队”，受武警临沂消防支队和苍山县公安局双重领导。1989年、1996年2次增加消防水罐车2辆、消防指挥车1辆。1992年在各基层派出所设立消防监察室，配备消防监督员，抓辖区农村防火。在1992年至1994年全省防火“百日安全竞赛”中受省、地表彰，1993年度苍山县被省评为无火灾县。1991年至1995年被临沂市评为消防工作先进县。

图22—4　灭火现场　　（2009年摄）

2001年7月，成立武警苍山县公安消防大队，为正营职单位。其人员组成为现役军人和聘用合同制消防人员。主要任务为防火灭火，抢险救援工作。

武警苍山县公安消防大队，2000年—2005年在防火灭火、抢险救援工作中，先后出警2000余次、出动18000人次，灭火700余起、救援120余起，挽回经济损失4000余万元。

2008年—2010年，接警出动1139次，扑救火灾622起，抢险救援375起，社会救援42起，营救群众132人，保护财产5900万元。

第六节　监所管理

看守所管理

苍山县的监所管理工作在境内解放前很不固定，监所经常游动搬迁，先后在庄坞、涌泉、碑住、漫溪、车辋、乔庄、石坑、埝头等村庄设立。1947年，苍山、赵镈两县合并后，监所先后移驻大坊、赵官庄、卞庄等地。1954年新建看守所。1955年，在狱内建立检查汇报制度。1979年，贯彻执行公安部《看守工作制度》，对看守所进行整顿，恢复各项监管制度，杜绝无证关押和打骂、虐待、体罚在押人员的违法违纪现象。1980年，监所实行责任承包和24小时值班制度。1983年，在卞庄镇赵官庄村建设占地28亩，设计押量200人的看守所。看守所采取听广播，读书看报，公、检、法定时上大课等措施，

图22—5　看守所大门　　（2010年摄）

加强对在押人员的思想教育，并加强生活卫生和财务管理，改善在押人员的生活，照顾病犯。1979年12月始，监室内设专职卫生员，在监所内为有病在押人员治疗。1986年，配备监控设备1套，实行双人24小时值班制度。1994年，监所实行封闭式管理，狱内管理做法在全市推广，被评为全市先进看守所。1995年，征地0.38公顷，扩建监狱，建养殖场、猪圈、养鱼池。1996年，狱为所扩建竣工。随着政法机关打击力度加大，押量连年上升，常年维持在280人以上，最多时达到506人。

2008年11月19日，新看守所在县经济开发区朱城前村东山西侧动工兴建。

拘留所管理

1979年，在卞庄镇赵官庄村东、县水泥一厂

西侧建设占地面积1860平方米、建筑面积648平方米，内设拘室7间，教育室、文体活动室、审查室、医务室、图书室和办公室齐全，设计容量49人的拘留所1处，1980年投入使用。拘留所注重加强对在拘人员的思想教育和谈话教育，实行人性化管理。1996年，配备监控设备1套，实行双人24小时值班制度。1985年被省公安厅评定为二类拘留所；1988年被市公安局评定为一类拘留所。2009年实行等级化管理，达标为三级拘留所。2009年，在经济开发区朱城前村东投资750余万元，新建了“四合院”式拘留所。新所建有拘室20间、办公用房12间，设有收拘室、监控室、伙房、餐厅、劳动操作间、阅览室、文体活动室、教育室、医务室，建筑面积1.8万平方米，建筑面积6600平方米。　2010年11月，新拘留所竣工使用。

第七节　网络安全管理

2005年10月，成立公共信息网络监察科。至2010年10月，共发现上报涉嫌违法犯罪情报3000余条，在全县165家互联网使用单位安装监控设备34家。强化网吧管理，共依法取缔“黑网吧”100余家。通过网络监控，抓获上网逃犯70余人。

第八节　打击犯罪

刑事犯罪侦查

1950年开始，苍山县在镇压反革命、打击反革命分子气焰的同时，对杀人、放火、抢劫、强奸、盗窃等刑事犯罪分子进行严厉打击。1951年，将闻名全国的“潘氏女案件”主犯齐宋氏和逃匿东海县的凶犯郭玉山抓获归案进行严惩。1953年，破获涉及临沂、郯城、苍山3县盗众283人的特大盗窃钢轨案。1957年，破获在向城区发生的强奸杀人案。1958年至1965年，社会治安比较稳定，刑事案件发生很少。1983年开始严打斗争，共进行3个战役，抓获各类刑事犯罪分子1352人，摧毁犯罪团伙42个，缴获赃款3.3万元，银圆486块，枪支52支，子弹484发，炸药23公斤，雷管、凶器及汽车、摩托车等一大宗物资。1988年至1989年，集中开展打击流窜犯罪专项斗争。1991年，在主要交通线上开展打击“车匪路霸”的专项斗争，在县城开展打击盗窃自行车的专项斗争，挖出临沂地区新中国成立以来最大的盗窃犯罪团伙，缴获大、小拖拉机16部，价值15万余元。1992年，组织6次集中行动4次专项斗争，破案率为90.5%。1996年，开展“打霸治痞”“打击车匪路霸”“反盗窃”等专项斗争，立案刑事案件、重特大案破案率分别为86.2%和86.7%，抓获各类违法犯罪分子413名，摧毁团伙17个，缴获赃款、赃物30万元。同年4月，县公安局侦破全国十大案件之一的王志刚抢劫杀人案。2002年，侦破苍、费、罗、兰四县区结合部特大抢劫、盗窃、轮奸案。2004年，打掉张步军、龙治飞黑恶犯罪集团。2005年，打掉朱永贵、朱永彬、刘一林黑恶犯罪集团。先后打掉黑恶痞霸势力集团56个，抓获集团成员396人。制定了《侦破杀人案件工作规范》和《现行命案快速侦破机制》。2006年，侦破台商赵秋露被绑架案、银座超市敲诈勒索案。

2004年—2010年苍山县刑事案件情况

表22—3

年　份	立案（件）	破案（件）	涉案金额（万元）	抓获嫌疑人（人）	挽回损失（万元）
2004	20	17	68.1	19	23
2005	51	40	495	16	49

续表 22—3

年　份	立案（件）	破案（件）	涉案金额（万元）	抓获嫌疑人（人）	挽回损失（万元）
2006	61	57	2100	57	1100
2007	367	347	4000	77	1500
2008	259	240	2090	127	1300
2009	84	77	1109	52	640
2010	75	59	2667	68	1131

经济犯罪侦查

2003 年 10 月，苍山县公安局合并原有的保卫科和打假办，成立经济犯罪侦查大队。大队为正股级单位，成立之初民警 13 人，主要职责是开展经济犯罪侦查、经济文化安全保卫和警卫工作。2005 年 10 月，经侦大队高配为副科级单位，下设 3 个侦查中队、1 个经济文化保卫科、1 个办公室，民警 16 人。

2004 年—2010 年苍山县经济犯罪案件情况

表 22—4

年　份	立案（件）	破案（件）	涉案金额（万元）	抓获嫌疑人（人）	挽回损失（万元）
2004	20	17	68.1	19	23
2005	51	40	495	16	49
2006	61	57	2100	57	1100
2007	367	347	4000	77	1500
2008	259	240	2090	127	1300
2009	84	77	1109	52	640
2010	75	59	2667	68	1131

第三章　检　察

1953 年 3 月 9 日，苍山县人民检察署成立。1954 年 12 月，更名为苍山县人民检察院。1966 年 5 月，受“文化大革命”的冲击，内部机构瘫痪。1968 年 3 月 5 日，实行军事管制，检察业务停止。1978 年 5 月重建，10 月 1 日正式办公。

检察署成立之初没有详细分工，由检察长统一安排。1956 年 4 月，设置办公室、批捕起诉组、侦询组、一般监督组。1962 年后，整编为秘书组、批捕起诉组以及社改组。重新建院后，设批捕股、起诉股、经济股、法纪股、办公室。

1980 年 3 月，增设信访股、监所股。1982 年 3 月撤股设科。1984 年 9 月，设立刑事技术科、政工科。1986 年 7 月，设立调查研究办公室。1994 年 7 月，在原经济科的基础上，成立反贪污贿赂工作局。1995 年 7 月，增设民事行政检察科。另外从 1988 年 10 月开始，向县看守所、税务局等单位派驻检察室。1994 年 2 月，与县保险公司联合成立保险理赔鉴定中心。

检察院设有检察委员会，在检察长的主持下，讨论决定重大案件和检察工作的其他重大问题。

1998 年 4 月，县检察院撤销法纪检察科，增设渎职侵权犯罪侦查局（正科级），下设侦查一科、侦查二科和综合科。1998 年 6 月，根据高检、省院通知精神，县检察院撤销设在县税务局、烟草公司、农业银行和兰陵美酒厂的检察室，撤销农税检察联络室、邮电局检察联络室、供电局检察联络室，撤销保险理赔鉴定中心，保留驻卞庄镇检察室，兰陵美酒厂检察室改为驻兰陵镇检察室。1998 年设立行政装备科。1999 年 2 月，成立司法警察大队。2002 年 7 月 30 日，鲁检发政字〔2002〕第 56 号文批准保留苍山县人民检察院驻卞庄镇检察室、驻兰陵镇检察室。2003 年 10 月，县检察院政工科更名为政治处（正科级），下设人事科、宣传科、干部教育培训科。

2005 年 6 月，苍山县人民检察院渎职侵权犯罪侦查局更名为苍山县人民检察院反渎职侵权局。

2010 年 5 月，职务犯罪预防科更名为职务犯罪预防中心。

2010 年，有行政政法编制 103 名，行政工勤编制 10 名。

第一节　刑事侦查

1955 年 5 月开始全面担负审查批捕工作，8 月全面担负审查起诉工作，要求一般案件 2 小时办结 1 件，个别复杂的案件要在 1 天内办结，当年收到公安机关移送批捕的各种案件 556 件，办结各类案件 690 件。1958 年，在“左”的思想影响下，取消《退回补充侦查建议书》等法律文书，改为协商办案，致使办案质量下降。1961 年，恢复检察人员个人阅卷、集体研究、检察长审查、上呈批准的办案制度。1968 年 3 月实行“军管”后，审查批捕和起诉工作中止。1955 年—1967 年，共受理公安机关提请批捕的人犯 3065 人，其中批准逮捕 2135 人，不批准逮捕 701 人，退查 121 人；收到公安移送审查起诉的案件 1762 件，其中起诉 1658 件，免予起诉 51 件，不起诉 23 件。1974 年，检察权由公安机关代行。1978 年 10 月，复设批捕股。在 1983 年 8 月“严打”斗争中，共受理公安提请批捕的各类刑事案件 765 人，经审查批捕 733 人；补查材料 1500 份，复核证据 2800 份。1989 年起，审查批捕部门对重大案件提前介入。1978 年—1996 年，共受理公安机关及自侦提请逮捕的各类案件 4905 人，批捕 4086 人；受理公安移送审查起诉的案件 3093 起 4289 人，经审查提起公诉 2616 起 3684 人，免诉 339 起 440 人，不起诉 22 起 30 人。

1997 年—2000 年，共受理公安机关提请批捕案件 1115 件 1647 人，经审查批准逮捕 836 件 1189 人，不批准逮捕 207 件 447 人。其中，1997 年建议公安撤案的 13 件 17 人，提前介入 47 件 47 人。1998 年，在不批准逮捕案件中，不构成犯罪的 13 人，犯罪情节轻微无逮捕必要的 9 人，事实不清证据不足不符合逮捕条件的 50 人。不捕后公安要求复议 3 件 5 人，要求复核 2 件 4 人，公安机关撤回 6 件 6 人，追捕犯罪嫌疑人 12 人，对侦查活动中的违法情况提出纠正意见 5 件次。1999 年，提请单位撤回 15 件 18 人，提前介入 9 件 19 人，防止错捕 7 人，追捕漏犯 9 人。2000 年，建议公安撤回 40 件 46 人，在不批准逮捕案件中事实不清、证据不符合逮捕条件的案件115人；情节轻微无逮捕必要的8人；不构成犯罪的14人；立案监督要求公安机关说明不立案理由20件20人，公安机关立案20件20人。其中批准逮捕17件17人；已移送起诉1件1人；判决1件1人；受理公安机关要求复议案件5件7人，复议后维持原决定的4件6人；复议后改变原决定的1件1人；公安机关要求复核案件4件4人，维持原决定1件1人。经审查，追捕漏犯4人，改变定性8件。

2001年—2005年，共受理审查批捕案件1909件2808人，经审查批捕1373件1997人，提请单位撤回450件612人，提前介入9件10人。2001年，追捕漏犯9人，监督立案21件22人。2002年，复议2件2人，立案监督案件12件15人。依法从严批捕“三类”重点案件，即将黑恶势力犯罪、严重暴力犯罪、多发性犯罪作为打击的重点，特别是把“打黑除恶”作为重中之重，保持高压态势，坚决严厉打击。2004年，坚持打击和预防并重，建立青少年维权岗，定期派出干警进校开展法制教育，使在校学生法制意识有所加强，全年未发生违法违纪问题。

2006年—2010年，受案2458件3758人，批捕2060件3305人，不捕351件586人。其中，2006年提请单位撤回21件22人，监督公安机关立案8件，邀请公安、法院共同研讨案件80多件次，组织本院法律本科毕业生进行案件研讨21次。2007年，提请单位撤回15件32人，开展“两抢一盗”专项斗争，批捕此类案件27件67人。对普通轻微刑事案件，依法做到从宽处理，努力减少社会对立面。对于犯罪情节轻微，依法能够不予批捕的，一般不予批捕；对初犯、偶犯、过失犯、未成年犯等，积极做好教育、感化和挽救工作，努力化消极因素为积极因素。2008年，提请单位撤回11件13人，监督公安机关立案12件。2009年，立案监督案件15件，追捕追诉漏犯14人。与公安机关会签《检察机关对重大疑难复杂刑事案件附条件逮捕后侦查工作实施跟踪监督的意见》，明确了公安机关对附条件批捕案件证据的搜集标准、移交时限，并辅之处罚办法。2010年，受理检察院自侦部门报请上级院审查决定逮捕案件10件13人，上级院决定逮捕9件12人。完成立案监督案件88件105人，其中监督立案18件25人，监督撤案80件80人，追捕漏犯71人。对侦查机关在侦查活动中的违法及不规范行为及时提出纠正意见，共发出纠正违法通知书167件。

第二节　反贪污贿赂检察

1953年至1957年社会主义改造时期，经济检察主要是打击违法乱纪、贪污盗窃、偷税漏税、破坏统购统销、破坏农业社等犯罪行为，总共受理案件53起，除部分依法提起公诉外，其余均建议有关部门给予其他处理。1958年—1965年，经济检察的重点转向对国家工作人员中的贪污、盗窃和投机倒把等犯罪行为的打击，共逮捕的各种案件556件。

1997年—1999年，共受理各类经济及职务犯罪案件187件，经过认真初查，立案52件，通过办案为国家和集体挽回经济损失600余万元。其中，受理贪污贿赂案27件，挪用公款案20件。2000年在立查案件中科级干部3人，大案18件。

2001年—2010年，共立查贪污贿赂等职务犯罪案件175件。2001年，追缴赃款及各类违纪款215.7931万元。2002年，共受理信访案件线索54件，立查贪污贿赂等职务犯罪案件21件，通过办案为国家挽回直接经济损失200余万元。2003年，立查行政机关工作人员犯罪案件1件1人，基层组织人员职务犯罪8件8人，国有企业工作人员犯罪案件2件2人，医疗卫生、电力等领域的职务犯罪案件4件4人，通过办案为国家和集体挽回直接经济损失400余万元。2004年，涉案正科级4人，副科级1人，副处级1人。党政机关、

行政执法人员贪赃枉法犯罪案件4件4人；国有企业工作人员犯罪案件3件3人;医疗卫生、电力、文化、建设工程招投标等领域的职务犯罪案件7件8人。2005年，涉及行政机关工作人员职务犯罪案件4件4人，基层组织人员职务犯罪案件7件7人，银行、邮电、文化体育行业工作人员职务犯罪4件4人，国有公司企业工作人员职务犯罪案件3件3人。2006年，查办实职正科级领导干部3人、副科级领导干部2人，其中利用人事权、司法权、行政执法权谋取私利的犯罪案件6件6人，基层组织人员职务犯罪2件2人，国有公司、企业、银行工作人员职务犯罪案件5件5人，为国家挽回经济损失220余万元。　2007年，涉案副科级干部2人，其中利用人事权、行政执法权谋取利益的案件3件5人，城市建设、房地产开发等领域商业贿赂案件3件3人，银行工作人员利用职务之便的职务犯罪3件5人，为国家挽回经济损失200余万元。2008年，涉案正科级干部3人，副科级干部3人，其中利用人事权、行政审批权谋取利益的案件2件2人，城市建设、医疗、房地产开发、文化、教育等领域商业贿赂案件10件11人，农村基层人员犯罪案件2件3人。2009年，涉案正科级干部2人，副科级干部2人，其中行政审批权犯罪的3件3人，涉及政府投资监管、重大项目建设领域1件1人，涉农领域的9件11人，公诉率、公诉大案率100%，为国家共挽回直接经济损失535万余元。2010年，涉案正科级干部3人，副科级干部2人，其中利用行政执法权谋取非法利益的案件2件2人，商业贿赂案件4件4人，工程建设领域案件2件2人，医疗领域案件3件3人，涉农案件6件6人。所有移诉案件均做出有罪判决。

第三节　渎职侵权检察

检察院自建立后，即配合有关部门查处违法乱纪案件。1953年—1967年，共自办案件509件。1981年把检察机关管辖的法纪案件全部担负起来。1989年10月，立案查处县公安局民警王桂平、宋永生等4人刑讯逼供案。1996年3月，查处县法院横山法庭庭长林希森包庇案。1979年—1996年，共受理各类法纪案件286起，其中立案侦查96起，移送起诉42起、83人，移送免予起诉36起、56人。在办理案件过程中，根据发案单位的有法不依、有章不循、经营管理混乱等问题，书面或口头提出各类检察建议197次。

1997年—2000年，共受理各类案件71件，其中，1997年起诉5件6人，免诉5件6人，撤案7件8人，为国家挽回经济损失30万余元。1998年立案2件2人,所立查案件均为重大案件。2000年，立案7件8人，立查非法拘禁2件2人，玩忽职守2件2人，滥用职权2件2人，刑讯逼供1件2人。所立查7起案件中特大案件2件2人，重大案件3件3人，正科级干部1人、副科级1人，县人大代表1人，为国家挽回直接经济损失170万元。

2001年—2010年，立查各类案件61件。2001年，立案查处重特大案件5件5人，为国家挽回直接经济损失170余万元。2003年，主要涉及的罪名为国家机关工作人员非法拘禁罪。2005年，主要是基层乡镇行政工作人员非法拘禁案件，其中4人为副科级干部，所立查的案件多为窝案。2008年，围绕地方重点行业，针对由于房地产管理相对混乱，导致辖区内滥用职权、玩忽职守犯罪案件时有发生，给国家造成巨大损失的状况，把工作的侧重点放在房管、国土系统。案件涉及法院、土地、房管、基层乡镇行政执法部门等多个领域，所立查案件均为重特大案件，有罪判决率达到100%。通过办案为国家挽回经济损失300余万元。2009年，通过办案，为国家挽回直接经济损失335万元。2010年，突出反渎职侵权办案重点，重点查办执法司法人员失职渎职、滥用职权，执法司法不公，甚至徇私枉法、执法犯法的渎职案件和乡镇工作人员非法拘禁的侵权案件；深挖窝案串案，增强办案影响力。查办案件领域涉及司法、涉农等。所有案件均移送起诉并做出有罪判决，其中1人被判10年以上有期徒刑。

第四节　监所检察

1954年下半年开始实行监所检察工作。从1957年开始，每季度对看守所检察1次。1963年后，每月检察1次，至“文化大革命”开始，共检察59次。1980年8月后，配合看守所及时发现、排除的重大隐患4起，打击1起2人犯罪活动。至1996年年底，共采取上大课等方式，对在押人犯进行教育388次，个别提审教育1962人次，纠正执法人员违法行为142人次。

1997年—2000年，对人犯实施集体大课教育152次，个别提审教育617人次，日常检察913次，安全检察1029次。

1997年，看守所共收押人犯523人，先后三次对100余名五类外执行犯进行考察，为在押罪犯追回合法财产11900余元。1998年，共收押人犯792人，有缓刑、假释、保外就医、管制、剥夺政治权利等监外罪犯204人，实施外执罪犯考察2次；纠正各类违法9次，办理各类申诉案件14起，为在押罪犯追回合法财产1.4万余元。1999年，收押人犯885人，共有缓刑、假释、保外就医、管制、剥夺政治权利等监外罪犯178人，实施外执罪犯考察2次；使用各类法律文书48次，纠正各类违法17次，催办案件31起；办理各类申诉案件6起，为在押罪犯追回合法财产6500余元。2000年，改造转化重点人犯29人。先后有30名在押人犯主动交待余罪或检举他人犯罪，提供成案线索28条，全年共使用各类法律文书120余次，纠正各类违法37项，堵塞各种漏洞38次，审查各类判决裁定46份，办理各类案件15起，协助办案3起，提供案件线索18条。全年共完成五类外执罪犯综合考察2次，专项考察4次。全年共发现并纠正各司法机关、部门超期羁押、刑讯逼供、违法关押（释放）、律师违法会见、五类外执罪犯、监管违法等各类违法37起，提出各类检察建议80条。

2001年—2005年，实施集体大课教育182次，受教育人犯5.6万余人次；实施个别教育2592人次，2001年、2003年和2005年分别转化重点人犯18、16和26人次。

2001年，共收押人犯1185人，实施日常检察538次，联合检察31次，发现并堵塞各类事故苗头和漏洞26次；2002年共收押人犯1385人，实施日常检察938次，联合检察41次；2003年度，苍山县看守所共收押人犯1025人，实施日常检察1238次，联合检察48次，发现并堵塞各类事故苗头和漏洞12次；2004年收押各类在押人员1050人，五类监外服刑罪犯375人；2005年收押各类在押人员1110人，五类监外服刑罪犯475人。在全年的监所检察工作中，监所科共对监管场所实施安全检察1431次。

2001年和2002年，分别有缓刑、假释、保外就医、管制、剥夺政治权利等监外罪犯218人和260人，实施外执罪犯考察分别为2次；共使用各类法律文书111次，纠正各类违法46次，催办案件56起；共办理各类申诉案件26起，为在押罪犯追回合法财产18900余元。

2003年，审查各类减刑、假释、暂予监外执行法律文书42份；办理各类申诉案件4起；撰写论文和各类经验材料12份，其中被临沂市检察院转发3份。

2004年，对监外罪犯又犯罪案件实施立案监督1次；堵塞和预防各类漏洞、事故苗头18次；审查各类判决、裁定98份；办理在押人犯各类申诉案件16起（其中受理高检、省院转办申诉案件3起），为申诉人挽回经济损失1万余元；审查起诉重新犯罪案件8起、协办5起；对五类监外罪犯实施检察2次。

2005 年，堵塞和预防各类漏洞、事故苗头 14 次；先后有 16 名在押人犯主动交待余罪或检举他人犯罪，提供成案线索 16 条；对监外罪犯又犯罪案件实施立案监督 1 起；审查各类判决、裁定 96 份；办理在押人犯各类申诉案件 18 起，为申诉人挽回经济损失 2.5 万余元。

2006 年，对在押人员实施大课教育 25 次，纠正各类违法行为 42 起，纠正刑期计算错误 10 起，对监外罪犯建议收监 4 起，办理批捕案件 9 起、起诉重新犯罪案件 11 起、查办司法工作人员职务犯罪案件 1 起，为在押人员追回个人合法财产 2 万余元。

2007 年，结合全国进行的脱管漏管专项活动对全部的在押人员进行核查摸底；开展大课教育 21 次，发现并纠正各类违法行为 31 次，查办司法人员职务犯罪案件 1 件，为在押人员追回个人合法财产 1.2 万元，全面维护在押人员的合法权益。

2008 年，看守所共收押各类犯罪嫌疑人 1449 名，实施日常检察 1338 次，联合检察 25 次，发现并堵塞各类事故苗头和漏洞 21 次；实施集体大课教育 23 次，受教育人犯 12586 人次，个别教育 1260 人次，转化重点人犯 22 人次，并先后有 44 名在押人犯主动交代余罪或检举他人，提供各类线索 61 条；2008 年度，全县共有缓刑、假释、保外就医、管制、剥夺政治权利等监外罪犯 892 人，实施外执罪犯考察 2 次；发现并纠正各类违法 34 起，催办案件 142 起；办理批捕案件 30 起，起诉 39 起，向公安机关实施立案监督案件 5 起，初查职务犯罪案件线索 3 起；各类申诉案件 28 起，为在押罪犯追回合法财产 3.9 万余元。

2009 年，看守所共收押各类犯罪嫌疑人 1300 人，实施日常检察 1338 次，联合检察 25 次，发现并堵塞各类事故苗头和漏洞 21 次；实施集体大课教育 23 次，受教育人犯 9586 人次，个别教育 1160 人次，转化重点人犯 22 人次，并先后有 22 名在押人犯主动交代余罪或检举他人，提供各类线索 61 条；2009 年度，全县共有缓刑、假释、保外就医、管制、剥夺政治权利等监外罪犯 843 人，实施外执罪犯考察 2 次；发现并纠正各类违法 54 起；催办案件 142 起；办理批捕案件 30 起，起诉 15 起，向公安机关实施立案监督案件 3 件 4 人，查办监管场所职务犯罪案件 2 起；各类申诉案件 28 起，为在押罪犯追回合法财产 5.9 万余元。

2010 年，县看守所共收押人犯 1501 人，实施日常检察 1388 次，联合检察 23 次，发现并堵塞各类事故苗头和漏洞 21 次；实施集体大课教育 21 次，受教育人犯 8860 人次，个别教育 1360 人次，转化重点人犯 22 人次，并先后有 31 名在押人犯主动交代余罪或检举他人，提供各类案件线索 41 条；全县共有缓刑、假释、保外就医、管制、剥夺政治权利等监外罪犯 893 人，实施外执罪犯考察 2 次；发现并纠正各类违法 155 起，催办案件 102 起；办理又犯罪批捕案件 2 件 2 人，起诉 20 件 22 起，立查职务犯罪案件 3 起并全部办结，人民法院已全部做出有罪判决；办理各类申诉案件 31 起，为在押罪犯追回合法财产 1.9 万余元。2010 年，监所科继续担任省院“监所检察工作联系点”和“监所检察信息直报点”，先后 4 次在全省介绍监所工作经验，有 46 篇经验材料和调研文章被山东省、临沂市检察院及新闻媒体宣传报道。

第五节　控告申诉检察

1953 年至 1966 上半年，共受理各类来信来访 1879 件。其中，信访部门自办 536 件，占总数的 28.5%；转办 982 件，占总数的 52.3%。从 1978 年到 1996 年年底，控申部门在认真抓好举报工作的同时，共受理来信 3755 件，接待来访 4782 人次，其中自办 398 件，转办 2393 件。

1997 年—2000 年，共受理各类来信来访

724件，其中，来信333件，来访391件次。1997年接待5人以上集体上访11件次，直接答复8件，自行查办4件，转其他业务部门和其他机关96件，下访回访13件次，提出检察意见4份，提供信息和统计分析10篇。1998年，直接答复60件，转其他机关112件，接待5人以上集体访8件次，初查领导交办案4件，提出检察建议4份，提供信息和统计分析4篇，先后上街进行法律宣传5次。1999年，初查6件，及时处理集体上访14件188人次。2000年，直接答复70件，转其他机关51件，分送本院其他部门22件。完成检察长接待交办案件32件。经检察长批准，初查案件10起，其中涉及农村财务管理问题的案件4起，结案4起。

2001年—2005年，共受理来信来访451件，直接答复188件。2001年，移送立案7件，检察长共接待处理来访60余起。2002年，审理刑事申诉、赔偿案件3件，及时处理集体上访5件31人次。2003年，转有关部门处理31件次，接待来访群众300余人，答复法律咨询34件次；初查案件3件；审理刑事申诉、赔偿案件2件。2004年，转有关部门处理21件次，直接答复43件次；接待来访群众300余人，答复法律咨询38件次；初查案件5件；审理刑事申诉、赔偿案件3件。2005年，转有关部门处理56件，直接答复70件；答复法律咨询40多人次。审理赔偿案件2件，与县法院共同处理赔偿案件1件。

2005年，先后制定《苍山县检察院控告申诉检察工作规范》《案件线索管理规定》《苍山县检察院内设机构处理来信来访分工暂行办法》《苍山县检察院控告申诉工作首办责任制》《检察长接待来访、处理来信制度》《处理告急访、集体访工作预案》6项规定，按临沂市检察院要求对控申工作的办案流程、操作规则和法律文书、各种登记表、卡、簿的制作和填写进行进一步规范；对案件线索全部实行微机管理，对涉法上访案件建立电子台账，使控申各项工作更加规范、有序。

2006年—2010年，共受理来信来访695件，其中，处理来信199件，接待来访496件1750人次。2006年，转有关部门处理58件，直接答复71件，答复法律咨询40多人次。与法院共同办理刑事赔偿案件1件，办理临沂市检察院交办上访案件1件。返还上访人有关涉案款及支付赔偿金20余万元。2007年，转有关部门处理48件，直接答复53件，答复法律咨询40多人次。办理山东省检察院、临沂市检察院交办案件3件。2008年，办理山东省院交办案件3件、临沂市检察院交办案件6件。2009年，受理民生热线电话177件，其中举报控告电话96件，法律咨询电话81件。2010年，检察长接待来访群众28件60多人次；下访巡访16次，联合接访15次；民生热线受理热线电话214件，其中举报控告电话75件，法律咨询电话139件。

第六节　民事行政检察

1994年起，进行民事、行政检察的试点。

1995年—2000年，共受理民事行政申诉案件48件，立案审查16件，提请抗诉、建议提请抗诉29件，作服判息诉工作28件。

2001年—2005年，受理民事、经济、行政申诉案件115件，提请或建议提请抗诉64件。2001年，发回再审15件，改判11件。2002年，上级法院撤销原判发回重审7起，已改判3起；完成临沂市检察院交办案件3起，息访息诉12起。2003年，受理国有资产流失案件6起，立案5起，支持起诉5起，均已得到法院的采纳，为国家挽回经济损失100多万元。2004年，为当事人挽回经济损失200余万元。2005年，向法院发再审检察建议6件，法院再审的8起案件全部改判。

2006年—2010年，共受理各类民事行政案件154件，其中提请抗诉和建议提请抗诉58件，

向同级法院提出再审检察建议70件。2006年，向同级法院提出再审检察建议的案件，法院全部改判，改判率100%。2007年，提请和建议提请抗诉的10起案件全部被上级院采纳；向同级法院提出再审检察建议的7起案件全部再审，适用检察建议进行同级监督的案件均实现2个月内办结。2009年，向同级人民法院发出检察建议23件，再审均已改判。办理各类创新案件50件，其中办理督促起诉案件35件，刑事附带民事诉讼案件1件，执行监督案件4件，向国土局发出检察建议10件。提请和建议提请抗诉的12件案件全部被临沂市检察院采纳，采纳率为100%。2010年，向同级人民法院发出检察建议21件，再审改判率为94.5%，做服判息诉工作16件。办理各类创新型案件70件，其中办理督促起诉案件35件；调解监督案件20件；刑事附带民事诉讼案件2件；支持起诉案件1件；法院均做出判决。向县国土资源局发出检察建议12件，督促其催收土地出让金200余万元。

第七节　职务犯罪预防

1995年7月17日，反贪局内部设立"预防犯罪科"。建立规章制度和工作细则5份，到县工商、邮电和财政等部门进行法制讲座6次，法制宣传活动7次，受教育的干部群众达2000余人次。

1996年，共发出检察建议20件，通过办案为国家、集体挽回经济损失300余万元，到县交通、税务、金融等部门进行法制讲座13次，法制宣传活动15次，受教育的干部群众达2800余人次。

1997年，搞好综合治理，深入发案单位，建立联系点主动为发案单位搞好服务，检察长上法制课5次，与县税务、水利、城建等部门召开预防职务犯罪联席会议5次，先后到县供电、城建、水利等重点行业和乡镇上法制课26场次，法制宣传活动12次，受教育的干部群众达5000余人次。

1998年，注重利用典型案例，以案释法，先后到县税务、金融、供电、邮电、计生等重点行业和乡镇上法制课20余场次，受教育近1万人，组织大规模法制宣传11次，印发各类宣传材料2万余份，建立预防犯罪联系点22个。与苍山电视台先后联办了6期《依法治县》专题节目，采取个案预防、行业预防、跟踪预防、重点预防等方法，多层次多方位地开展经济犯罪预防工作，主动和联系点、案件多发单位联系，建立健全防范机制，积极参与社会治安综合治理和"严打"斗争。全年共发检察建议24份，检察长发表电视讲话两次，到有关部门上法制课10余次。

2000年，严格按照《2000年全市检察机关预防职务犯罪工作要点》中提出的全年预防职务犯罪工作的目标要求，与县税务、水利、城建等部门召开预防职务犯罪联席会议5次，提出书面检察建议43次。先后到县供电、城建、水利、教育等重点行业和乡镇上法制课57场次，法制宣传活动12次，受教育的干部群众达3.5万人次。

2001年，建立预防职务犯罪18个网络56个联系点，深入网络点讲法制课26次，签订建筑工程廉政协议23份。

2002年，先后到县交通、税务、金融、供电、计生等重点行业和乡镇上法制课20余场次，使受教育的干部群众达5000余人，先后组织"举报宣传周""12·4法制宣传日"等大规模法制宣传4次，印发各类宣传材料1万余份，建立预防犯罪网54个、联系点80个；与苍山电视台联办专题节目、在县报上公布检务公开内容，形成强有力的遏制职务犯罪的舆论环境。全年共提出书面检察建议126份。

2003年，积极做好技术、安全保卫和抗击"非典"工作，上法制课22场次，发专题检察建议7份。

2004年，到有关部门上法制课共26场次，发专题检察建议8份。

2005年，围绕“创平安单位，建平安县城”的部署，搞好检察环节的社会治安综合治理工作，开展举报宣传周活动，活动期间与新闻媒体互动，发表电视讲话，并就法律宣传，党组成员深入有关部门上法制课，召开有县纪委、审计、工商联、教育局等20多个部门参加的预防职务犯罪工作座谈会等活动情况进行专题系列报道；积极探索预防职务犯罪工作的程序和方法，从源头上不断铲除腐败滋生蔓延的土壤，巩固和发展反腐败的成果。先后与县烟草公司、林业局、交通局、教育局、国税局、地税局等10余个重点行业和部门联合制定共同开展预防职务犯罪的工作方案，开展重点工程预防5处，签订“廉洁协议”8份。

2006年，全力推进职务犯罪预防工作，从构筑社会预防机制入手，采取系统预防、专项预防、个案预防等措施，多层次全方位地开展工作，主动和案件易多发单位联系，健全防范机制，与县税务、水利、城建等部门召开预防职务犯罪联席会议5次，先后到县交通、税务、金融、供电、城建、水利、邮政等重点行业和乡镇上法制课20余场次，受教育的干部群众达5000余人次；根据县委主要领导指示，联系县水利、监察、财政、审计等部门，全程介入病险水库加固工程、村村通工程桥涵建设、部分市政工程的招标投标、资金运行和物品采购，监督了权力的使用、资金的运行，努力实现“工程优质，干部优秀”的目标。

2007年，逐步探索完善预防工作的长效机制，并在预防形势、预防领域等诸方面作新的尝试和部署。建立调研预测机制，增强案前预防的主动性；建立犯罪成因分析机制，增强案中预防的针对性；建立检察建议落实情况回访机制，增强案后预防的实效性。“网、面、线、点”相结合的全方位防御系统和系统预防制度化、专项预防规范化、个案预防细微化、警示教育生动化的预防工作格局不断深化，预防工作提高到一个新的水平。在县卫生、水利、交通、教育等6个重点部门开展系统预防，深入各单位进行法制教育19次，受教育2400余人次。

2008年，积极参与社会治安防控体系建设，配合有关部门加强对突出治安问题的整治，广泛开展法律宣传，加强未成年人犯罪预防和监外罪犯社区矫正工作。深入推进职务犯罪预防工作，与县银信、税务、国土、卫生等12个部门联合开展系统预防，形成预防网络；为公职人员上法制课20场次，受教育人员达5000余人次；在县城浉河景观工程、垃圾填埋场、体育场等3个重大建设项目中，开展以“工程优质，干部优秀”为主要内容的专项预防活动，并监督资金正确使用。

向发案单位在制度、管理等方面存在的问题和漏洞，提出检察建议56条，协助建章立制120余项；在县供电、金融、财税等系统和部门举办法制讲座100场次，受教育面达万余人；在病险水库加固等21个重点建设工程项目中，配合开展“工程合同、廉政协议”同签、“工程优质、干部优秀”同创活动，监督正确使用资金7000余万元。

2009年，以保障国家、省市投入拉动内需资金安全为重点，对辖区的会宝岭灌区节水与配套建设工程、临枣高速、临枣铁路等重点工程进行预防，确保工程质量；建设预防职务犯罪警示教育展览室，苍山县深入学习科学发展观教育活动小组专门下发通知，让全县各部门中层以上领导干部来参观，接受警示教育，前来参观受教育的人数达3000余人次；共开展预防宣传咨询活动150多人次，开展行贿档案查询166次，发现职务犯罪案件线索22件，进行专题调研报告12份，向发案部门提出检察建议15件。先后到县地税、城建、教育等18个机关和乡镇及企事业单位开展预防职务犯罪宣传教育工作，举办法制讲座85场（次），受教育人数1万多人次。

2010年，将隶属反贪局内设的职务犯罪预防科调为院直属，成立职务犯罪预防中心，重点在阻碍经济社会发展、影响和谐稳定、侵害民权民生的、党委政府关注、人民群众反映强烈的部位和领域开展职务犯罪预防工作，开展预防调查10次，开展职务犯罪案例分析22件，提出检察建议15件，开展警示宣传教育131次，开展预防咨询214次，开展行贿档案查询186次。针对人们关注的校园安全犯罪，坚持以严惩犯罪为关键点，以预防“涉校”犯罪为重点，挑选12名同志担任法制副校长，搭乘民生检察服务车定期到学校周边开展矛盾排查调处、宣传法制知识，保障学校安全。

第八节　检察技术

检察技术工作从1984年开始，1989年加强工作建设，总投资15.2万元，技术人员已能在法医检验、文件检验、司法会计检验、视听技术等门类展开全面工作。1989年—1996年，共受理各类技术案件511件。其中，法医检验139件，文件检验6件，司法会计检验26件，现场勘查95次，现场、物证照相103件，文证审查34件，出据各种鉴定书108份。1994年—1996年，共受理各类保险理赔案件159件，为国家挽回经济损失79万余元。

1997年—2000年，共办理各类技术案件1682件，保险理赔案件458件，挽回经济损失130多万元。

2001年—2005年，共受理各类案件1790件。2001年，检验鉴定195件、文证审查236件、现场勘验1件、提供技术协助315件、各类文书资料287件；鉴定人出庭5次，受理保险理赔案件233件，其中人寿165件、财产68件，挽回经济损失37万元。2002年，通过法医文证审查，改变公安机关鉴定2件。办理保险理赔案件31件，挽回经济损失20余万元。2003年，办理保险理赔案件31件。办理的某公司涉嫌骗赔的巨额涉外保险案，保险标的高达标153.7万美元。2004年，受理保险理赔鉴定案件14件，挽回经济损失10万余元。2005年，受理文证审查178件、检验鉴定2件、现场勘查4件、技术协助8件，通过审查，不同意原鉴定结论2件。

2006年—2010年，共受理各类技术案件1092件。2008年，改变原鉴定结论1件。2009年，探索推行“检察技术与检察业务一体化工作机制”以最大限度地减少突发疾病的发生率和提高抢救成功率，基本形成一套“预防—先期急救—医务人员治疗”完整的职务犯罪嫌疑人突发疾病预防处置机制；邀请公安机关法医鉴定中心、苍正法医司法鉴定所负责人召开座谈会，开展司法鉴定咨询服务项目；采用技术监督前置的方式加强对社会鉴定机构的法律监督；探索实施自侦案件嫌疑人突发疾病预防处置机制。研发了追捕追诉案件监督软件系统，该系统已具备了分类录入、综合查询、数据统计等四大功能，案件承办人通过软件可随时掌握追捕、追诉案件信息。

2010年，通过临沂市检察院进行检验鉴定3件，对外委托鉴定1件，现场勘查2件，同步录音录像28件、36人、163次、1164小时。探索实施司法鉴定信访评估预警制度，协助反贪部门进行检察院首例电子证据恢复收集工作，与监所部门配合，完成苍山县的保外就医专项检查活动；完成网上办案系统的升级和本院专线网终端的清理、注册工作，更新本院网页，完成机房搬迁改造及全院办案用微机更换工作，并为未成年人案件检察室、案管中心添加部门网页，新开通外网20部，协助监所部门完成监控联网和检察专线网联网工作。

第九节　公　诉

1995年起，继续把严厉打击各类刑事犯罪，维护苍山县社会稳定作为检察工作的重点来抓。

1995年—2000年，共受理移送审查起诉案件1332起1785人，经审查起诉1080起1364人，移送临沂市检察院起诉136起229人。

1995年，免予起诉17起21人，在审查起诉环节追诉案犯4人，深挖漏犯罪8条。

1996年，受理案件中故意杀人案17件20人，贪污案12件13人，挪用公款案7件8人，受贿案7件7人，偷税案9件9人，假冒商标案2件2人，非法拘禁案4件5人，伪证案2件4人，非法侵入他人住宅案4件4人，其他自侦案2件3人，免于起诉43件50人。准时结案率100%，准确率100%，案件平均审结天数为15.8天。加强对侦查监督和审判监督，在侦查监督方面，重点解决有罪不究、以罚代刑等问题，平时注意同公安机关的联系，通过审查案件，提前介入等途径去发现问题，发现问题后予以及时纠正，全年共向公安机关提出口头建议16次，书面建议3次，均被采纳。在审判监督方面，重点放在看审判程度是否合法，量刑是否合理，发现问题也都予以及时纠正，每次建议也均被法院采纳。

1997年，受理各类审查起诉案件中，故意杀人案15件23人，抢劫案14件18人，强奸案24件25人，盗窃案35件48人，故意伤害案21件21人，流氓案6件10人，交通肇事案6件6人，贪污案7件14人，挪用公款案6件6人，其他各类案件43件44人，不起诉1件2人，改变管辖1件1人，退回公安机关补充侦查5件5人，所有案件准时结案率和准确率均为100%。案件平均结案天数为14.9天。

1998年，积极开展严厉打击严重刑事犯罪活动，积极维护政治稳定和社会安定。退查6件6人，追诉2人，追漏2件，改变公安机关的定性4起。

1999年，纠正违法2次，改变定性17条，审查起诉环节退回公安机关补查处理3件3人，追诉漏罪3起。向公安机关提出口头建议9条，发建议书2次，所提建议均被公安机关采纳。突出打击重点，把杀人、抢劫、强奸、爆炸等恶性暴力犯罪和重大盗窃、“车匪路霸”、特别是带有黑社会性质的犯罪团伙作为打击的重点，加大打击力度。

2000年，自侦部门移送29件32人，公安机关移送218件304人，出庭支持公诉185件，经审查认为事实不清、证据不足不构成犯罪，建议侦查机关撤案15件18人，抗诉案件2件，追诉漏犯4人，追诉漏罪5起，改变公安机关定性的14件，提起公诉案件绝大部分都做到了事实清楚，证据扎实，定性准确，适用法律得当，程序合法，法律手续齐备，法院均作有罪判决，准确率为100%。

2001年—2005年，受理审查案件1613件2242人，起诉到法院1329件1751人，上呈临沂市检察院94件159人。

2001年，坚决贯彻“严打”方针，积极参加“严打”斗争，追诉漏犯7件9人，追诉漏罪6件8人。

2002年，追诉漏犯25人，改变侦查机关定性6件；退回公安机关处理5件8人。

2003年，退回公安机关处理8件10人。发出纠正违法2次，检察建议3次，追诉漏犯4人，其中判处10年以上有期徒刑1人；追诉漏罪8起，其中判处10年以上有期徒刑3起；追诉遗漏犯罪事实5起，改变罪名或去犯罪事实的10件（起）；非犯罪嫌疑人所为1起1人，建议公安机关撤案。

2004年，退回公安机关处理6件8人；追诉漏犯7人、追诉漏罪6起；追诉遗漏犯罪事实4起。

2005年，退回公安机关处理5件6人。发出纠正违法4次，检察建议3次，追诉漏犯6人、其中判处10年以上有期徒刑2人，追诉漏罪4起、其中判处10年以上有期徒刑1起；追诉遗漏犯罪事实8起、其中判处10年以上的1起；改变罪名或去犯罪事实的4件（起）。

2006年—2010年，受理审查案件2000余件 4039 人，起诉到法院 2000 余件 3368 人，上呈临沂市检察院 100 余件 292 人。

2006 年，共追诉漏犯 31 人，追诉漏罪 32 条，改变侦查机关定性 37 件。

2007 年，自侦案件 14 件 22 人，刑事案件 473 件 669 人。退回公安机关处理 12 件 13 人。发出纠正违法 3 次，检察建议 2 次，追诉漏犯 7 人、其中判处 10 年以上有期徒刑 4 人，追诉漏罪 6 起，其中判处 10 年以上有期徒刑 2 起；追诉遗漏犯罪事实 6 起，其中判处 10 年以上的 2 起，判处无期徒刑 2 起，死刑 1 起 2 人；改变罪名或去犯罪事实的 7 件（起）；非犯罪嫌疑人所为 2 起 2 人，建议公安机关撤案；本年度提起抗诉 3 起 5 人，其中改判 1 起，实现零的突破。

2008 年，追诉漏犯 18 人。

2009 年，完成立案监督案件 15 件，追诉漏犯 32 人，追诉漏罪 41 条，较上年分别增加 11%、16%、13%。出台《关于在公诉环节实行继续羁押必要性审查机制的办法》，对适用该机制的案件范围、办理程序等作明确规定，是年共对 9 名嫌疑人依法变更强制措施。

2010 年，运用轻微刑事案件快速办理机制办理案件 99 件，占公诉案件总数的 20%，办案时间平均缩短了 6 天，减少了诉累，提高办案效率。加强法律监督，追诉漏犯 34 人，追诉漏罪 25 条。

1995 年—2010 年苍山县检察院公诉情况

表 22—5

	受理审查案件		起诉到法院		上呈临沂市检察院	
年份	件	人	件	人	件	人
1995	191	264	167	187	30	49
1996	231	290	155	180	24	44
1997	167	210	127	151	16	24
1998	238	324	208	275	20	24
1999	258	361	215	299	28	54
2000	247	336	208	272	18	34
2001	400	505	338	415	27	45
2002	275	392	222	291	33	67
2003	275	417	225	330	12	17
2004	324	440	286	371	15	20
2005	339	488	258	344	7	10
2006	—	848	—	698	—	70
2007	487	691	445	618	33	69
2008	548	777	451	610	24	64

续表 22—5

年份	受理审查案件		起诉到法院		上呈临沂市检察院	
	件	人	件	人	件	人
2009	669	900	595	811	28	47
2010	617	823	495	631	—	42

第四章　法　院

1941 年 3 月，临郯费峄四县边联县司法、刑事工作归社会部管理，民事归民政科。1944 年，建立赵镈县司法科。1944 年 8 月，临西县撤销，部分司法人员划归赵镈县。1945 年 9 月，临沂县司法人员并入赵镈县司法科。1947 年，赵镈、苍山县司法科分开组建。1948 年上半年，司法科奉命取消，下半年恢复。1950 年，苍山、赵镈 2 县合并，司法科改称苍山县人民法院。

1848 年前，司法科时期宣判犯人由县政府组织临时法庭。1950 年，成立苍山县人民法庭，庭长由当地最高领导人担任。1951 年，成立虎埠山人民法庭，1953 年，成立芙蓉、庄坞、官庄 3 处普选人民法庭。1954 年，成立庄坞、神山 2 处巡回法庭。1957 年，成立神山、文峰、磨山、兰陵、南桥 5 处保卫麦收人民法庭，同年 12 月，成立贾庄、大仲村、甘霖、下村、鲁城、青山、长城、层山、兰山、神山、南桥、兰陵 12 处临时法庭。1958 年，被行政机关代替。公社社长任庭长，公社文书任书记员，公安特派员任审判员。1963 年恢复磨山法庭，1965 年恢复文峰法庭，后改为向城法庭，1966 年因“文化大革命”冲击，法庭瘫痪。1975 年，恢复磨山、向城两处法庭，1976 年成立车辋法庭。1985 年成立仲村、卞庄、神山、层山、下村、韩塘法庭，1986 年成立三合、长城法庭，1988 年，根据省委关于实现一乡一庭、一站、一所的要求，全县 28 个乡镇均成立人民法庭。1990 年又成立城关法庭，全县共 29 处人民法庭。1997 年，根据上级法院关于规范审判、每个法庭的审判人员必须能够达到组成一个合议庭的要求，县编委发文批准、全县共组建 8 处中心法庭，为副科级单位。1998 年，取消一乡一庭，成立向城、兰陵、南桥、长城、大仲村、磨山、卞庄、车辋 8 处中心法庭。庭长竞争上岗，为实职副科级待遇。2000 年，撤销卞庄和南桥法庭。2010 年，有向城、兰陵、长城、磨山、大仲村、车辋 6 处人民法庭。

第一节　立　案

1988 年以前，法院的各类案件由各审判庭自行审查，自行立案，自行审理。1988 年，告诉申诉庭成立后，当年对刑事自诉案件立案 34 件，申诉案件立案 70 件。1992 年，审查立案 233 件，申诉案件受理 18 件。1993 年，对院直各审判庭、基层法庭实行全覆盖，当年审查立案 1598 件，受理申诉案件 49 件，上呈上诉卷宗 89 件。1995 年，审查立案 2261 件，受理再审案件 13 件，上呈卷宗 121 件。1996 年，审查立案 6835 件，审查上诉呈卷 155 件，受理再审案件 10 件。

1999 年，撤销告诉申诉庭，成立立案庭和审判监督庭，再审案件、假释案件由审判监督

庭审理，实现立审分离。立案庭设立案大厅，负责案件的审查立案，诉讼费的核算与收缴，开庭的排期，诉状、答辩状及有关法律文书的送达，办理诉前保全，公示催告及案件督促，管辖权异议的裁定，审查上呈上诉案件，收转各类卷宗，信访案件的接待、办理、转办。

2002 年—2010 年，共审查立案 65504 件。其中刑事案件 5162 件，民事案件 37964 件，行政案件 2063 件，执行案件 20311 件，赔偿 4 件。

第二节　刑事审判

刑事审判始于 1943 年。时值抗日战争，司法科紧紧围绕发动群众、组织武装、打击日本侵略者及地方反动势力这一中心工作开展刑事审判。先后审判和处决了制造“横山惨案”的罪魁祸首李子瀛、尚岩恶霸地主“大红眼”、大炉恶霸地主田厚聚、卞庄大汉奸王占牛、伪区长赵一樵和一批反革命分子。解放战争时期，司法科紧紧围绕打土豪分田地、粉碎地主还乡团的反攻倒算，动员群众参军支前等工作开展刑事审判。审判和处决了尚岩伪区长赵鉴南，棠林美蒋特务崔建武、赵永太等一批反革命分子。1949 年，面临新中国成立，为防止恶霸地主、反革命、杀人犯逃跑而出现乱押、乱判现象，下半年根据山东省政府颁布的《逮捕人犯暂行办法》进行纠正，并制订若干规范的办案程序和制度，实行对犯人的有关材料进行调查和立卷，出具判决书和上诉等制度。当年审结刑事案件 127 件。

1950 年 5 月，苍山县人民法院成立。同年 7 月，中央政务院、最高人民法院发布《关于镇压反革命活动的指示》，要求坚决肃清一切公开的与暗藏的反革命分子，1951 年 2 月中央人民政府又颁布《中华人民共和国惩治反革命条例》。1951 年 4 月 1 日，对恶霸、流氓、特务为主要对象的反革命分子进行集中逮捕，5 月 1 日，对反动会道门为主要对象的反革命分子进行第二次集中逮捕，同时开展对土匪的清剿。同年 6 月，法院对顾成祥等 17 名反革命死刑犯在层山、鲁城等地召开宣判大会，就地枪决。1950 年—1951 年，共审结反革命案件 626 件，680 人，其中判处死刑 213 人，缓杀 19 人，判处其他刑罚 498 人。审结普通刑事案件 724 件，853 人。判处死刑 4 人，缓杀 1 人，判处其他刑罚 848 人。1952 年，审结反革命案件 42 件，普通刑事案件 229 件，年底镇压反革命运动结束。另外，1950 年 5 月贯彻实施《中华人民共和国婚姻法》后，把干涉婚姻自由案件也作为重要刑事案件进行审理，1950 年—1951 年，共审理虐待致死案 46 件，破坏军婚案 9 件。震惊全国的“潘氏女案件”，于 1951 年 8 月 30 日在案发地召开万人大会进行公开审判，主犯郭玉山、齐宋氏被判处死刑，并当场处决。1952 年，审结“三反”运动揭出的贪污案件 25 件，25 人。

1953 年—1954 年，全国推行“统购统销”，县法院共审结刑事案件 615 件，其中破坏“统购统销”案件 196 件。1955 年，全国开展第二次镇压反革命运动，法院共审结反革命案件 256 件，257 人。判处死刑 10 人，判处死缓 5 人。审结其他刑事案件 176 件。1956 年，上半年集中审理 1955 年转下来的反革命案件，下半年集中审理破坏市场秩序的案件，全年共审结各类刑事案件 79 件。1957 年，部分被打击镇压的反革命、反动会道门、地主恶霸分子煽动农民闹社、退社，闹社风遍及全县十四个区。法院通过刑事审判，严厉打击了煽动和带头闹社造成严重后果的首要分子，同时正确区分两类不同性质的矛盾，从宽处理了一批不明真相跟随闹事的群众。同年 9 月，对镇压“苍山暴动”，惨杀革命干部郭云舫、姜保恩的反革命分子刘望臣进行公开审判，刘望臣被判处死刑，并被当场处决。当年共审结各类刑事案件 194 件。

1958 年，审结各类刑事案件 470 件，其中反革命破坏活动155件。同年12月，对制造“银厂惨案”，杀害赵镈的反革命分子于大川、侯德俊进行审判，判处于大川死刑，判处侯德俊死刑缓期二年执行。1959年，认真贯彻惩办与宽大相结合的方针，审结案件311件，对投案自首和有立功表现的17名罪犯进行特赦。1960年，围绕保卫生产和打击投机倒把进行审判，共审结各类刑事案件189件。1962年—1963年，围绕保护生产和救灾共审结刑事案件237件。1964年—1965年，坚持少捕、少判、少杀的原则，对历史及现行反革命分子，杀人、强奸、盗窃、诈骗集团的首犯实行重判，从犯视其情节适当从轻，共审结刑事案件166件。

1966年—1967年，刑事审判工作受到“文化大革命”的冲击，两年共审结刑事案件72件。1968年，公、检、法实行军事管制，成立预审组和审判组。1968年—1972年，共审结刑事案274件，其中反革命案件25件。反革命集团“国民党”案徐庆春、潘洪彬等6名首犯被判处死刑，对徐继海等31名同案犯分别判处死缓、无期徒刑和有期徒刑，对胥传友等19名从犯予以从宽处理。1973年6月撤销军事管制，法院恢复正常工作。1973年—1974年，刑事审判把反对“批林批孔”和破坏知识青年上山下乡案件作为重点，共审结各类刑事案件114件。1975年—1976年，围绕农业学大寨运动开展审判，审判的重点和打击对象是投机倒把、贪污和盗窃，共审结刑事案件193件。1977年，围绕揭批江青反革命集团和“两打”运动开展审判，当年审结案件59件。1978年—1979年，刑事审判主要是全面认真地纠正“文化大革命”中左的错误，两年审结刑事案件104件。

1980年1月1日，《中华人民共和国刑法》和《中华人民共和国刑事诉讼法》颁布实施，确立公开审判和公开宣判、陪审合议、辩护制度，并严格按照刑法规定定罪量刑。反革命案和判处无期徒刑以上刑罚的案件均由中级人民法院审理，基层法院不再受理。当年按照新法要求审结的案件33件。1981年—1982年，刑事案件呈上升趋势，多以盗窃、诈骗、伤害、破坏生产案件为主，两年共审结刑事案件267件。

1983年—1986年，全国政法机关开展“严厉打击严重危害社会治安犯罪分子的斗争”。斗争共分三个战役，第一战役从1983年8月—1984年7月；第二战役从1984年8月—1985年11月；第三次战役从1985年12月—1986年12月。“严打”斗争开始后，刑事案件猛增，仅1983年8月10日—10月24日就审结各类刑事案件244件330人。全年共审结431件547人。1984年，审结298件386人。1985年—1986年，共审结刑事案件291件326人。严打期间，法院分别在县城和乡镇驻地召开宣判大会26次，受教育群众达30余万人。经过3年严打斗争，一大批严重危害社会治安的犯罪分子受到了严惩。如矿坑乡岗坡村以在集市盗窃为主要生活来源的犯罪团伙被摧毁，其中的主犯、教唆犯均被判处10年以上有期徒刑。

1987年，审结刑事案件202件。1988年，审结刑事案件228件。1989年—1990年，审结刑事案件572件。1991年，开展严厉打击拐卖人口犯罪的斗争。1992年—1994年，审结刑事案件1110件。1995年—1996年，审结刑事案件891件。1997年—1998年，审结刑事案件1034件。为确保未成年人的合法权益，减少和避免未成年人重新犯罪，1999年成立“少年犯罪合议庭”，对未成年人的犯罪案件，坚持以“教育为主，惩罚为辅”的原则进行审理。1999年—2001年，审结刑事案件1680件。

2002年—2004年，坚持严惩爆炸、杀人、抢劫、强奸、聚众斗殴、寻衅滋事和贪污受贿等职务犯罪活动的方针，共受理刑事案件1490件，结案1480件。2005年—2007年，紧紧围绕建设“平安苍山、和谐苍山”开展审判，共受理各类刑事案件1726件，结案1719件。审结贪污、受贿、挪用公款案件15件15人。2008年—2010年，加大对严重扰乱社会治安秩序的暴力犯罪和国家工作人员利用职权贪污受贿职务犯罪的打击力度，共审结刑事案件1993件。其中审结贪污、受贿案件44件，50人。通过刑事审判打击和震慑了犯罪，稳定了社会治安形势，推动了“平安苍山”的建设。

图22—6　公开庭审进校园　（2009年4月摄）

第三节　民事审判

中华人民共和国成立前，由于处于战争年代，没有固定的办公场所，经常转移流动。所到之处办理的多为刑事案件，很少有民事案件。即使有民事纠纷，也多为基层干部口诉或书面介绍，诸如婚姻、地权、财产和租赁等。案件的处理以调解为主，调解成立的发给调解协议，双方当事人在调解书上签字画押，视为生效。中华人民共和国成立后，民事审判工作走上了正规化，所受理的民事案件多以离婚、土地、财产纠纷为主。特别是1950年5月贯彻实施《中华人民共和国婚姻法》以后，广大妇女的觉悟大为提高。反对包办婚姻，要求婚姻自主，到法院提出离婚的案件占各类民事案件之首。1950年，共审理各类民事案件594件，其中土地纠纷17件，财产纠纷12件，宅基纠纷9件，而离婚案件545件，占91.75%。1951年，审理各类民事案件570件，其中离婚案件438件，占76.84%。1952年—1957年，共审理各类民事案件2423件。其中，1952年在上级法院的支持下，成功审结了干涉皇甫寺村回族女青年王洪英与汉族男青年张汉银自由婚姻案。1958年—1960年，民事案件相对减少，3年共审理民事案件484件。1961年—1965年，民事案件略有回升，共审理1178件。1966年，因“文化大革命”民事审判受到影响，后实行军管，1973年恢复正常。1966年—1972年，共审理民事案件882件。1973年—1981年，审理1186件。1982年，贯彻实施《中华人民共和国民事诉讼法》，使民事审判工作走上了规范化。1982年—1985年，共审结民事案件1054件。

1986年《中华人民共和国民法通则》颁布实施，民事案件收案范围扩大，债务纠纷、合伙纠纷、损害赔偿案件上升。1986年—1987年，共受理民事案件1920件，审结1811件。1988年，由于实现一乡一庭，民事审判人员增加，所办理的民事案件也随之增加。1988年，受理2867件，审结2581件。1989年10月，根据最高人民法院的指示，实行以“一个公开、三个为主”为主要内容的民事审判方式改革。同年各基层法庭用改革后的审判方式深入农村开展清理“三角债”活动，全年收案12466件，审结12193件。1990年以后，民事收结案呈上升趋势。1990年—1992年，受理8459件，审结8388件，年平均结案2796件。1993年，深化民事审判方式改革，实行简、普分审制。1993年—1996年，受理17046件，审结16839件。1994年—1996年，西部菜乡涉及假种子、假农药、假化肥案件频发，菜农损失惨重，向城中心庭为此成立专门合议庭审理此类案件，及时挽回了菜农的经济损失。1997年，受理5406件，审结5200件。1998年—2001年，共受理民事纠纷案件18453件，审结18425件。1998年，成立“维护军人、军属合法权益合议庭”，审理军人和军属合法权益遭受不法侵害的案件。

2002年，法院成立民商事审判管理委员会和民商事审判指导小组，并先后成立交通肇事合议庭、金融合议庭、电业合议庭、破产合议庭，以便有针对性地及时化解各类矛盾，妥善解决好不同类型的纠纷。2002年—2003年，受理各类民商事案件11384件，审结11298件。同时，为防范金融风险，处置资产36处，为金融企业收回资金2800万元。2004年—2006年，紧紧围绕“规范市场行为，维护市场经济秩序”开展民事审判，共受理各类民商事案件10019件，审结9915件。2005年以后，劳动争议案件上升，2005年审结8件，2006年审结13件，2007年审结19件，2008年1月—10月审结29件，多为支付劳动报酬和加班工资等。2007年，民事审判以“公正与效率”为主题，共受理民商事案件3389件，审结3331件。其中涉及农业承包合同纠纷193件，交通肇事案件20件，涉案标的1320万元。在审结的案件中调解撤诉的2030件，占结案总数的60%。2008年—2009年，受理民商事案件6180件，审结5883件。其中2009年交通肇事合议庭成功审结了京沪高速公路苍山段发生的100多辆汽车追尾相撞，30多人死亡，涉及十多个省市，100多个当事人的“2•11”特大交通事故责任纠纷案。2010年，民事审判坚持“调解优先、调判结合”的原则，大力推行“多元”解决纠纷机制。全年共受理民商事案件6263件，审结6183件。其中调解撤诉4829件，占结案总数78.19%。

图22—7　菜乡民事法庭　（2010年4月摄）

第四节　经济审判

经济审判庭成立于1981年11月。经济审判庭成立之前，经济纠纷案件由民庭审理。1982年7月1日，实施《中华人民共和国经济合同法》，经济庭当年受理经济纠纷案件6件，诉讼标的4.72万元。1984年—1985年，结案74件，标的80.67万元，1986年—1988年，结案294件，标的95万元。1989年—1992年，经济案件飙升，共审结各类经济纠纷案件3194件，标的544.35万元。1991年，为增强厂矿企业的法制意识，减少在生产经营环节的违法现象和不应出现的风险，普遍建立司法联络员制度。同年8月—10月，法院成立6个巡回法庭为企业清债，用诉讼和非诉讼手段为企业收回欠款490万元。12月，在黑龙江省为苍山县石膏二矿、县外贸公司收回欠款49.2万元。1993年—1994年，经济庭主动为企业提供超前延伸服务，共审结经济纠纷案件3270件，标的1.266亿元，其中涉及外省、市的案件98件，行程13.6万千米，为企业盘活资金4900万元。1995年—1996年，审结案件2106件，标的2.947亿元。审结企业破产案件25件，标的1.11亿元。1995年，圆满审结苍山县首家国有企业“苍山县大蒜制品厂”破产案，其资产以300万元成功拍卖。1996年，审结山东寿光酿酒厂使用兰陵美酒股份有限公司“喜临门”商标及包装侵权纠纷赔偿案，法院判令被告停止侵害和赔偿原告经济损失40万元。

1997年，法院成立“审理不正当竞争领导小组”和专门合议庭，共受理兰陵美酒股份有限公司起诉的仿冒瓶贴装潢侵权纠纷案31件，审结22件，为该公司挽回经济损失320万元。1997年—1998年，审结各类经济纠纷案件3182件，标的3.2亿元。1999年—2001年，审结经济纠纷案件3165件，标的1.9亿元。2002年，

经济纠纷案件融入民商事案件，不再单独统计。2004年，撤销经济庭，成立民二庭审理商事案件。2010年，成立民三庭，承办企业破产案件、保险合同案件、劳动争议案件。2003年—2010年，共受理企业破产案件25件，审结10件。化解企业债务5.7亿元，总付职工债权2345万元，缴纳税金657万元，安置职工6786人。

第五节　行政审判

行政审判庭成立于1988年8月，1991年开始受理行政案件，当年受理5件，审结5件。1992年，受理8件，审结8件，涉及工商管理、治安处罚、渔业管理等5个部门。1993年—1994年，收案48件，审结44件。1995年—1996年，根据上级法院“大胆收集，稳妥办案，精心审理”的要求，收案188件，全部审结。

1997年—1999年，受理行政诉讼案件484件，审结474件，同时受理非诉执行案件192件，全部执结，执结标的533.8万元。2000年—2001年，受理行政诉讼案件418件，审结418件。2002年以后，行政诉讼涉及到土地征用、房屋拆迁、计划生育社会抚养费的征收等方面的新型案件增多。2002年—2003年，受理行政诉讼案件343件，审结340件，收非诉执行案件580件，执结580件，执结标的2691.4万元。2004年—2006年，受理行政诉讼案件681件，审结673件，收非诉执行案件602件，全部执结，执结标的1701.3万元。2007年—2010年，受理行政诉讼案件1028件，审结1021件。收非诉执行案件2366件，执结2365件，执结标的5933万元。

第六节　审判监督

法院按照审判监督程序审理再审的案件，在1988年前均临时组成合议庭进行审理。1979年—1980年，根据中共十一届三中全会精神，对从“文化大革命”开始到1978年判刑的797起案件全部进行复查，其中改判的183件，占总案件的20%。1986年—1987年，受理刑事再审案件253件，审结250件，其中改判的和部分改判的80件。1988年，告诉申诉庭成立，再审案件均由告诉申诉庭审理，当年受理刑事申诉案件70件，审结63件。其中维持原判37件，改判减刑18件，宣告无罪2件，作其他处理6件。1989年，告诉申诉庭针对当事人不管有理无理多次进行申诉和缠诉的状况，主动采取标本兼治的措施，多次到劳改机关同申诉人见面，解答申诉人提出的问题，配合管教人员对申诉人进行法制教育和思想工作，刑事申诉案件逐年下降。1989年，收案47件，审结45件，维持41件，改判4件。1990年，受理刑事申诉案件29件，审结27件；受理民事再审案件3件，审结1件。1991年—1993年，受理刑事再审案件30件，审结30件；受理民事再审案件27件，审结24件。1994年—1996年，受理刑事申诉案件12件，审结12件；受理民事再审案件20件，审结20件。办理假释案件20件，审查上呈上诉卷宗210件。1997年—1998年，受理刑事再审案件11件，审结11件；受理民事再审案件21件，审结21件。

1999年，撤销告诉申诉庭，成立立案庭和审判监督庭。审判监督庭的职权是审理各类申诉再审案件、上级法院发回重审的案件以及各类已结案卷的评查工作。1999年—2001年，受理刑事再审案件3件，审结3件；受理民事再审案件54件，审结50件。2002年—2005年，共受理再审案件108件，结案102件，其中评查已结案件32494卷。2006年—2010年，共受理再审案件195件，审结159件。其中审结发回重审案件70件，评查已结案件28960卷。

第七节　执行工作

执行庭成立于1983年，执行庭成立之前，凡有给付内容的已结案件，均有原承办庭负责执行。执行庭成立后，于1987年开始办公，逐渐实现审执分离。1987年—1988年，共受理执行案件265件，执结265件。其中强制执行17件。1989年—1990年，共受理执行案件806件，执结732件。1991年以后，由于民事、经济案件大幅度上升，申请执行的案件也越来越多。1991年5月，组织执行庭和基层法庭全体人员开展执行突击月活动，收案593件，结案545件。同年8月—9月，开展第二次集中执行，执结案件340件，执结标的380万元。1992年8月初，开始开展执行百日会战活动，收案1279件，结案1107件，执结标的870万元。1993年—1996年，受理执行案件2416件，执结2406件，执结标的2279.29万元。1997年—1998年，共受理执行案件2731件，执结2504件，执结标的3470.14万元。1999年—2001年，受理8525件，执结7353件。

由于经济转型和民商事案件大幅度增加，当事人申请执行的案件逐年攀升，而且难度越来越大，积案增多，一度造成执行难的局面。为解决这一难题，于2003年成立执行局，执行局下设3个执行庭和1个办公室，同时每个基层法庭各设1个执行合议庭，执行本辖区的案件。2002年，收案3142件，执结3142件，执结标的额2.209亿元。2003年—2005年，收案9585件，执结9585件，执结率100%，执结标的7.14亿元。执行难问题得到缓解。2006年，执结966件，标的8909万元。2007年，开展“百日会战”活动，执结1642件，执结标的2.76亿元，2008年—2010年，收案3492件，执结3490件，执结标的7.342亿元。

第八节　陪审员制度

从1950年起，在少数有影响的婚姻案件审判中，邀请县民主妇联参加陪审。1953年，审判案件设陪审员，参加案件的审理。1956年，县人民代表大会选出216名陪审员，由法院进行培训，并制定人民陪审员参加审判活动具体办法和要求，建立完善了人民陪审制度。1966年—1976年“文化大革命”期间，人民陪审制度被废除。1978年，苍山县第七届人民代表大会选举产生新的人民陪审员125名。包括工人、农民、机关人员、少数民族、妇女、知识分子等社会各界人士。从此，凡适用普通程序的刑事案件，有重大影响的民事、经济、行政案件，均按规定邀请陪审员参加审理。陪审员队伍也随着县人民代表大会换届而不断更替和充实。十届全国人大常委会十一次会议通过，于2005年5月1日实施的《关于完善人民陪审员制度的决定》，对陪审员的产生、管理和使用均作出新的规定。人民陪审员的产生由过去县人民代表大会直接选举产生，更改为由基层人民法院根据不低于现任法官的二分之一和工作需要确定名额，由单位或户籍所在地基层组织推荐及本人申请的方式填表报法院，法院审查确定后报县人大常委会批准并颁发聘书。按照新的规定，2005年选任人民陪审员68名，其中男性49名，女性19名；少数民族4名；大专以上学历60名。法院重新制定《人民陪审员使用管理细则》，建立电子档案，使用时随机择取。68名陪审员分3组管理使用。第一组为医学、交通、教育类，主要参与刑事案件的审理。陪审员大多从医院、交通、学校等单位择取。第二组为婚姻家庭类，主要参与民商事案件的审理，陪审员主要从团委、妇联、工会和其他社会工作者中选取社会威信较高的公民，有利于民商事案件的调解和执行。第三组是行政管理类，主要参与行政案件的审理。陪审员从机关、事业单位及村民代表中选择。法院还规定普通程序的案件使用陪审员的比例不低于审结案率的20%。2005年—2010年年底，共审结刑事、民商、行政案件27810起，其中普通程序2940起，陪审员参加2012起，占结案数的22.5%以上，有

陪审员参加审理的民商案件、行政案件、刑事自诉案件的调解、撤诉率达80%以上。

第九节　司法技术鉴定

法医门诊成立于1988年9月，当年接诊229例，394人次。其中为自诉案件鉴定54例，为法庭鉴定95例，为交警队、派出所鉴定56例，为乡镇法律服务站鉴定24例。1989年，接诊1256人，鉴定746例。1990年，接诊1332人，鉴定810例。鉴定诈伤、诈病和纠正错误诊断12例，认定不合格开支2375元。1991年—1992年，法医门诊严把验伤、伤情记录、鉴定标准、鉴定书制作4个环节，共接诊2561人次，鉴定1828例，尸检12具，拍照100余场，复检3例，医疗费鉴定9例。1993年，接诊1475人次，鉴定1500例，居全市之首。1994年—1996年，接诊4313人次，鉴定4061例，纠正错误鉴定及证明82例，避免发生错案数十起，鉴别真伪医疗费单据5245张，13.9万元。1997年—1998年鉴定3571例，1999年—2001年鉴定5152例，2002年—2005年鉴定5811例，尸检71次。根据上级法院指示，2005年法医门诊撤销，对需要进行伤情鉴定的案件，由技术室委托有资质的法医门诊进行鉴定。2006年—2010年，由技术室委托伤情复检92例，其中改变鉴定结案29例。

第五章　司法行政

1943年，赵镈县司法科成立，设科长、录审员、看守等职。1947年10月，司法科同民政、教育科合并，成立民教司科。1948年，司法机构撤销。1950年后，司法行政工作由法院兼理。

1980年11月5日，苍山县司法局成立，为县政府（时为县革委）组成部门，主管全县司法行政工作。主要职责为管理、指导全县人民调解、法制宣传教育、公证、律师工作和负责人民法院法庭设置、后勤装备、助理审判员管理、人民陪审员管理、业务统计等工作。1982年，经县政府批准，县司法局内设办公室、法制宣传教育股、基层调解股3个科室并辖管县公证处、法律顾问处。司法局负责的有关人民法院方面的管理工作随后逐步移交县法院负责。1987年、1990年、1992年，分别增设政工股、法学教育股、信访办公室，1994年，各股改称科，其中基层调解股改为基层工作科。1998年增设“148”法律服务中心。

2004年，县司法局内设办公室、政工科、基层工作科、法制法规宣传教育科、财务科、公证律师管理科、“148”法律服务中心等7个科室。2007年，增设社区矫正办公室。

2010年年底，县司法局内设8个科室，下辖2个事业单位（县公证处、县法律援助中心）和20个乡镇（街道）司法所，共有正式工作人员92人（不含律师和乡镇法律服务所工作人员）。同时，监督管理2个律师事务所和21个基层法律服务所。

第一节　普法教育

20世纪50年代初，对“婚姻法”“选举法”“惩治反革命条例”等法律、法规进行大力宣传，并组织贯彻、落实。“文化大革命”开始后，法制宣传趋于停顿状态。1980年11月县司法局成立，主管全县法制宣传工作。利用各种形式宣传宪法和新颁布的刑法、刑诉法、民诉法（试行）等法律法规及基本法律常识。1982年，在组织全县群众参加宪法修改大讨论的同时，加强宪法知识的宣传。1983年—1984年值新宪法颁布和全国性“严打”斗争开展之际，利用广播、宣传车、图版、印发宣传材料，公捕、公判大会录音、录像等突出宣传新宪法和刑法、治安管理处罚条例等相关法律、法规，还在县广播电台举办宪法知识专题讲座和学法专栏。两年共印发宣传材料2.5万余份，选择典型案例30多个、绘制图板300余幅，出动宣传车1.6万多台次。1985年，根据上级部署，苍山县首先在横山乡进行普及法律常识教育试点，随后以点带面、全县铺开。县政府制订“关于宣传普及法律常识规划”并经县人大常委会审议通过，在全县全面实施。主要是通过开办业余法制学校等形式组织群众、提高认识、联系实际、学法用法，全县有1123个村办起农民业余法制学校，参学人数占农村应普及人数的89%。1986年7月，在省委、省人大常委会、省政府召开的全省普法工作经验交流会上，印发中共苍山县委普法领导小组“抓住重点、学以致用，把普法教育引向深入”的经验材料，在全省推广。1986年到2010年，先后组织实施全县普法的5个五年规划和3个依法治县五年规划。

“一五”普法

1986年—1990年为“一五”普法时期，法制宣传融于全民普法教育。“一五”普法的普法对象为工人、农民、知识分子、干部、学生、军人以及其他劳动者和城镇居民中一切有接受教育能力的公民。主要普法内容是：宪法、刑法、刑事诉讼法、民事诉讼法（试行）、婚姻法、继承法、经济合同法、兵役法、民法通则、民族区域自治法和治安管理处罚条例，即“十法一条例”。为加强全县普法教育工作的领导，成立苍山县全民普法工作领导小组，由县委有关负责人任组长，宣传、政法、司法、公安等20余个部门负责人为成员。领导小组下设办公室，由县委宣传部、县司法局等有关部门人员组成，县司法局局长兼办公室主任。办公室设在县司法局，与司法局法制宣传科合署办公。各乡镇、村（居）也普遍建立普法教育领导机构和办事机构。5年中建立干部职工业余法制学校125处，农民业余法制学校1133处，办教学班3355个，其中骨干班1445个、普通班1910个，全县62.4万人参加学习，占总人口的66%；订购各种法律常识读物57929册，其中干部读本3592册，职工读本7455册，农民读本46882册；组织全县361605人参加学法考试，占学习人数的69.5%。其中干部4096人、占学习人数的83.5%，职工7523人，农民349986人。

“二五”普法

1991年—1995年为“二五”普法时期。1991年，县委、县政府批转县委宣传部、司法局关于苍山县法制宣传教育的第二个五年规划，5月，县人大常委会通过并下发《关于实施苍山县法制宣传教育第二个五年规划的决议》。同年11月，县人大常委会听取并审议县政府《关于苍山县依法行政五年规划的报告》。“二五”普法是在“一五”普法基础上更广泛、更深入的全民法律知识普及教育活动。“二五”普法的主要内容，除继续普及“一五”普法期间的“十法一条例”外，增添了行政诉讼法、土地管理法、集会游行示威法、义务教育法、国旗法、水法、环境保护法、矿产资源法、文物保护法、残疾人保障法、未成年人保护法、产品质量法、食品卫生法、军事设施保护法、《全民所有制工业企业转换经营机制条例》《山东省计划生育条例》等“十四法两条例”。普法的重点对象是各级领导干部，执法人员（包括司法人员和行政执法人员），青少年，特别是在校学生。

“二五”普法期间，县、乡、村各级均调整充实了普法领导机构和办事人员，县委将县直22个单位列入普法领导小组成员单位。普法形式除认真总结推行“一五”普法期间实行的行之有效的方法外，在各机关单位开展学法用法结合、依法行政活动；在农村开展评选“遵纪守法光荣户”、建立“法制宣传一条街”等活动，先后在新兴等乡镇进行试点，全县推广，使“二五”普法收到良好的实效。“二五”普法期间，共有658名企业厂长、经理、财会人员参加法律知识培训，3979名干部接受法制教育，35名县级干部和500名科级干部参加普法考试，1230名农村青年和2500名青工接受全面法律知识教育，全县中小学学生全部受到普法教育。编印、印发宣传资料7500余份、普法小册子26万册，编写普法讲座526讲，出动宣传车5900余台次，宣讲167场次，绘制典型案例展板152幅，评出22万个农村遵纪守法光荣户，各村普遍建立“法制宣传一条街”，受到中央、省、市的肯定，新兴乡被授予全国“二五”普法先进单位。

“三五”普法

1996年—2000年为“三五”普法时期。1996年，县委、县政府印发《苍山县第三个全民普法教育规划》，县人大常委会作出《关于继续在全民中进行法制宣传教育的决议》，通过《苍山县依法治县五年规划》，并作出决议。1996年，县及28个乡镇在“二五”普法的基础上调整充实普法领导和办事机构，将普法领导小组更名为普法依法治理工作领导小组，办公室更名为普法依法治理办公室。县编委将县普法依法治理办公室正式列编，列为副局级行政单位。1998年，县委重新调整公布苍山县普法依法治理工作领导小组组成人员，成员单位由22个增加到28个，成员由22名增加到30名，并配备专职普法依法治理办公室主任。“三五”普法的重点对象是各级领导干部、司法人员、行政执法人员、企业经营管理人员和青少年。主要内容是学习宣传宪法、与公民工作生活密切相关的基本法律和社会主义市场经济法律知识，全面推进各项事业的依法治理，推进建设社会主义法治国家进程。

“三五”普法中，在全县78.2万普法对象中普及了宪法、农业法、村民委员会组织法等数十部相关法律、法规的宣传教育，28个乡镇以及95%的农村、88%的厂矿企业和95%的学校开展依法治理活动，普法宣传教育实现社会化、经常化、制度化、规范化，依法治理，做到重点突出、全面实施。

“三五”普法期间，各村、各单位普遍配备1名普法宣传员，具体负责法制宣传工作。全县层层举办普法骨干培训班，县、乡两级共培训普法宣传员1.2万余人，发行普法课本39.3万册，编印辅导资料33.4万册。1997年4月和1999年5月，全县集中开展两次普法宣传月活动，广造“三五”普法舆论声势。每年组织各行业部门集中开展一至二次专业法律、法规的宣传月、宣传周、宣传日活动。农村各村相继建立、完善了“四个一”工程（即每村有法制宣传一条街，有一个村民行为档案室，每年评选一次遵纪守法光荣户，每户有一张村规民约明白纸）。在电视台开办“普法依法治县”专题栏目，播出108期。1998年，县司法局、县妇联、县文化局联合举办法制文艺节目送法下乡活动，编排数十个法制文艺节目巡回到各乡镇、集市演出宣传；县委组织部、县司法局等9部门组织“信合杯”全县农村党员干部学政策法规知识竞赛活动；司法局、普法办选择全县有重大影响的案例编绘讲案学法宣传画版22块，深入到各乡镇村展出宣传。自1997年开始，每年都组织一次县级领导干部、局级干部、一般干部职工、村民四种类别的法律知识考试，参考率达95%以上，合格率达90%。1996年组织280余名企事业单位经营管理管理人员参加全市经济法律、法规培训班。1998年和1999年，组织全县426名副科级以上领导干部参加法律专业学历教育。全县471处小学、36处中学全部开设了法制课，11.2万学生程度不同地接受了正规化法制教育。在依法治理方面，坚持以基层为重点、全面实施“基层、区域、行业”依法治理三大工程，多层次的依法治县格局初步形成。1996年，首先在层山镇进行基层依法治理试点，把农民群众最关心、反映最强烈、易出现纠纷、影响社会稳定的十大问题作为农村依法治理的主要内容，开展“十公开”活动，并召开全县农村依法治理现场会全县推广。1998年，在总结全县农村依法治理工作经验的基础上，将农村“十公开”的内容、方法和法律依据等内容编纂成《苍山县基层民主法治建设手册》印发全县，作为农村依法治理的参考教材。全县1179个村普遍建立健全“十公开”和三支队伍（即村民代表议事会、党员议事会、民主监督理财小组）及其工作制度。同时，各乡镇均制定依法治乡（镇）规划和措施，领导干部带头学法用法。全县47个县直行政执法部门全部建立执法责任制。

“四五”普法

2001年—2005年为“四五”普法时期。2001年县委、县政府制订并印发《苍山县在公民中开展法制宣传教育第四个五年规划》。县十三届人大常委会第26次会议通过《苍山县人大常委会关于在全县公民中开展第四个五年法制宣传教育的决议》和《苍山县人大常委会关于〈苍山县2001年—2005年依法治县规划〉的决议》，并印发《苍山县2001年—2005年依法治县规划》。“四五”普法的重点对象是各级干部特别领导干部、国家公务员、司法和行政执法人员、青少年、学生、事业单位干部职工、企业生产经营管理人员和农村基层干部。主要内容是：学习宣传宪法、国家基本法律和社会主义市场经济的相关法律法规及与工作、生产、生活密切相关的法律、法规知识。“四五”普法依法治理实行普治并举、普法和依法治理同步推进；由注重依靠行政手段管理向注重运用法律手段管理转变，全方位推进各项事业的依法治理。

“四五”普法依法治理期间，县委、县政府调整充实了县普法依法治理领导小组（2003年将县普法依法治理办公室升格为正局级行政单位），把普法依法治理作为年度目标责任考核和领导干部任期目标考核的主要内容之一，纳入平安苍山建设的考核体系，进行严格考核。普法教育不断创新形式、突出重点。一是以“12·4”全国法制宣传日和各种纪念日、宣传周、宣传日等大型活动为载体，通过举办法律咨询、座谈会、专题讲座等多种形式，广泛开展以宪法及宪法修正案为主要内容的集中宣传教育活动。5年中，共征订和编辑各类普法教材和资料200万份，培训普法师资骨干1200余人，建立普法教育基地1200个，有各类普法宣传员、联络员、信息员3000余人，设置宣传点360余处，参加宣讲人员3万余人次，出动宣传车400余辆次，设置图版300余块，悬挂过街横幅300余幅，发放宣传材料36万份，接待咨询0.6万人次。特别是2003年由县委宣传部、县司法局、县普法办牵头，县直30余个行政执法部门根据各自的执法内容和工作实际提供文字资料、图片、案例等相关内容，统一制作长2.8米、高1.5米的66块大型法制宣传展板，由普法办组织在县城和乡镇学校、社区、集市、村庄等地展出，共展出50多场次，近200天，参观人数达10多万人次。二是积极开展送法下乡和法制文艺宣传活动，县、乡（镇）两级全部开通了“12348”法律服务专线，村居都建立法制宣传一条街。5年中，全县共组织大型文艺演出活动22次，送法下乡活动24次，组织法律知识竞赛56次，县乡“12348”法律服务专线解答咨询电话18603个，接待来访7373次。三是对普法重点对象分类施教，规范化管理。5年中，共举办科级以上领导干部法制讲座23场，每年举行一次副科级以上干部普法考试，参考率和合格率均达到95%以上。培训国家公务员5500人次，行政执法人员 1.2 万人次。组织青少年开展法制教育活动 240 场次，受教育青少年达 24 万人次。

至 2005 年年底，全县有 3 个村被评为全省“民主法制示范村”，46 个村被评为全市“民主法治示范村”，448 个村被评为全县“民主法治示范村”，占全县村庄总数的 45%。

“五五”普法

2006 年—2010 年为“五五”普法时期。2006 年，县委、县政府批转《县委宣传部、县司法局关于在全县公民中开展法制宣传教育的第五个五年规划》。县十四届人大常委会第二十九次会议作出《关于在全县公民中开展第五个五年法制宣传教育的决议》，通过《苍山县 2006—2010 年依法治县规划》，并做出决议。“五五”普法的重点对象是国家公务员特别是领导干部、青少年、企业经营管理人员、农村“两委”成员及农民工。重点内容是进一步学习宣传宪法和国家基本法，并着力抓好与经济社会发展相关的法律法规、与群众生产生活密切相关的法律法规和与维护社会和谐稳定相关的法律法规的学习宣传。“五五”普法依法治理，以“弘扬法治精神，普及法律知识，共建和谐社会”为主题，坚持法制教育和法治实践相结合，深入开展法制宣传教育，全面推进依法治理。“五五”普法工作主要是突出重点、狠抓落实、以重点对象法制教育为抓手，推进“法律五进”活动深入开展。5 年中，共举办领导干部法律知识讲座 12 期，受教育 2000 余人次。县普法依法治理办公室每年都组织全县副科级以上干部参加年度普法考试，参考率、合格率均达 95% 以上。共举办村“两委”干部法制培训班 20 期，培训村“两委”干部 4000 余人次。县委党校每年还分批分期对全县 1024 名农村支部书记进行一次法律知识培训。在全县中小学进一步配齐法制副校长和法制辅导员，规范了法制教育制度，并注重发挥全县宣讲团的作用，有计划、有步骤地到各中小学上法制课，努力构建学校、家庭、社会“三位一体”的法制教育网络，使青少年特别是青少年学生的法制教育更加深入。加强企业经营管理人员的法制教育，推进“法律进企业”活动。重点组织企业经营管理人员学习合同法、公司法、劳动法及与安全生产相关的法律、法规，开展安全生产法律法规知识培训等。共举办企业安全生产法律法规知识培训班 25 期，共培训企业经营管理人员及各类员工 5000 余人次。同时，“五五”普法期间，还利用每年的“12•4”全国法制宣传日和“3•16”全省“148”法律服务宣传日等重要平台，在全县范围内营造浓厚的法制宣传氛围。5 年中，共设立法律咨询点 280 处，接待群众咨询 1.6 万余人次，出动法制宣传车 180 台次，悬挂法制宣传过街联 300 余幅，发放宣传材料 100 余万份，举办法制培训班 176 期，培训讲师团成员和法制宣讲员 2200 余人，组织集中法制报告会和普法宣讲专场 60 场，受教育人数达 90 余万人。“五五”普法期间，落实《苍山县 2006—2010 年依法治县规划》，实施依法治理“三大工程”。按照“向下延伸、向上升级、向外扩展”的工作思路，在全县农村更深入开展“法德结合、文明理家”活动和以推行“双五工程”为主题的“民主法治示范村”创建活动，使全县依法建制、以制治村、民主管理逐步走上规范化、法制化轨道。至 2010 年，全县共有 8 个村被评为省级“民主法治示范村”，76 个村被评为市级“民主法治示范村”，785 个

图 22—8　校园“五五”普法

村被评为县级“民主法治示范村”，占全县村庄总数的85%。在全县认真组织开展“学法用法、专项治理”集中活动，对排查梳理出的农民负担、矿山乱采滥挖等15个突出的群众关注的社会热点、难点问题，进行依法整治。至2010年，全县20个乡镇全部实施依法治理，98%以上的村（居）推行了依法治村（居），92%以上的厂企开展依法治企，95%以上的学校坚持了依法治校。

第二节　公证　律师事务

公证

1980年11月，苍山县公证处成立，为股级行政单位。1984年10月，升格为副局级单位。1994年4月，根据司法部《关于深化公证工作改革的方案》和苍山县机构编制委员会的决定，苍山县公证处改制为依法执行国家公证职能、自主开展业务、独立承担责任的公益性、非营利性副局级事业法人单位。2007年6月，根据《中华人民共和国公证法》规定，经苍山县人事局批准，“苍山县公证处”更名为“山东省苍山县公证处”。公证处1981年有公证员3人，1988年有公证员7人，1996年有公证员10人，2010年有执业公证员7人（其中涉外公证员1人）、助理公证员4人、管理人员1人。

1981年，办理公证40件；1982年，办理公证535件，是1981年的13倍。1988年3月，开始办理涉外公证事务，涉及日本等国家和中国香港、澳门、台湾地区。

至2010年，公证业务范围涉及到社会生活的各个领域、各个层次，公证项目近百项。不仅大量办理遗嘱、继承、婚姻、赡养、身份、声明、委托、收养等民事公证，化解了诸多矛盾纠纷，而且积极办理涉及农业、企业、金融、房地产、建筑诸多领域的承包、招投标、改制、知识产权等方面的经济合同、协议的公证，保证了合同的合法性、真实性、有效性，避免经济纠纷的发生。公证处还针对全县不同时期的“热点”问题，在全面开展业务的同时，重点开展相关的公证事项。1990年，在全县广泛办理赡养协议公证。2008年，参与农村土地承包经营权流转、林权改革、农村房屋与宅基地管理、土地征用拆迁与补偿安置、新型农村生产经营合作等工作，办理公证822件。2009年，参与政府采购、招标投标以及征地拆迁、拆违改造等工程，办理公证846件。2010年，扩大介入金融服务和不动产等领域范围，共办理公证896件。2005年《中华人民共和国公证法》颁布、施行以后，公证处进一步严格公证手续、完善公证程序、依法办理各项公证事项。2005年—2010年，共办理公证4451件，为当事人避免或挽回经济损失7000余万元。

律师事务

1980年11月，苍山县法律顾问处成立，为股级单位。1984年，升格为副局级单位，隶属于县司法局。1991年8月，法律顾问处更名为苍山县律师事务所。1994年4月，苍山县编制委员会决定苍山县律师事务所改制为自收自支的副局级事业单位。1995年7月，苍山县律师事务所更名为临沂神剑律师事务所，同时成立临沂朝阳律师事务所。1999年7月，经山东省司法厅批准，临沂神剑律师事务所更名为山东兰陵律师事务所，临沂朝阳律师事务所更名为山东一品律师事务所。2000年11月，根据国办发〔2000〕51号文件《关于经济鉴证类社会中介机构与政府部门脱钩改制意见的通知》及省、市司法行政部门有关规定，山东兰陵律师事务所、山东一品律师事务所均退出事业机构编制管理，由事业单位改制为自主经营、自担风险、自我约束、自我发展的合伙形式的执业机构。1981年苍山县仅有律师3人。1996年，2个国办律师事务所共有执业律师14人、律师辅助员8人、律师工作者4人。律师改制后，2010年2个合伙律师事务所共有专职执业律师14人、实习律师4人、律师辅助人员5人，执业律师均具有大专以上文化程度，其中法律专业本科11人、其他专业本科1人、法律专业大专2人。

苍山县律师机构严格执行《中华人民共和国律师暂行条例》（该条例于1980年8月26日全国五届人大第十三次常委会通过并颁布）和《中华人民共和国律师法》（该法于1996年5月15日八届全国人大常委会第十九次会议通过颁布，并分别于2001年和2007年修订）。律师机构开展法律服务的范围由刚开始的解答法律咨询、代写法律事务文书和担任刑事辩护工作，逐步扩大到接受委托担任政府、自然人、法人和其他组织的法律顾问；代理民事、行政案件的诉讼；担任刑事案件的辩护人、代理人参加诉讼；代理各类案件的申诉；参加调解、仲裁活动；提供非诉讼法律服务和解答法律咨询、代写法律事务文书、开展法律援助等。尤其是代理民事案件的范围不断扩展到涉及婚姻家庭、房屋土地、宅基纠纷、劳动争议、医疗纠纷、劳务输出、基建承包等诸多领域。2000年—2010年，全县律师先后为100余家国家机关、企事业单位及公民个人担任常年法律顾问，每年成功办理各类民事、行政、刑事诉讼和非诉讼案件都在500件以上。2010年，律师共担任法律顾问26家（其中政府4家、企业16家、社会团体及个人各3家），代理民事、行政、刑事诉讼案件355件（其中刑事辩护及代理133件、民事代理210件、行政代理12件），办理非诉讼案件和调解纠纷160件，提供法律援助38件，代写法律事务文书225件，解答法律咨询9384次（其中书面解答16次）。

第三节　乡镇司法行政

机构人员

乡镇（基层）司法行政工作，1978年前主要是管理、指导调解工作并调解疑难民间纠纷，由区、公社文书具体负责。1978年，各人民公社开始配备司法助理员专职做司法行政工作，业务工作暂由县法院指导。1980年，县司法局建立后交由司法局管理、指导。1981年，全县22个公社配备专职司法助理员14人。1984年，县、乡机构改革后28个乡镇司法助理员全部配齐。1985年，乡镇法律服务站建立后，司法助理员兼任法律服务站站长。1989年11月，全县28个乡镇建立司法所，司法助理员任所长，司法所与法律服务所（站）合署办公。1995年，实行司法所与法律服务所分离，各自独立行使职权，司法所由县司法局直接管理，为县司法局派出机构，司法所所长不再兼任法律服务所所长。1996年，司法所被县编委正式列编，为股级行政单位，乡镇不再设司法助理员。2001年，苍山县撤并乡镇后，21个乡镇全部建立司法所，每所至少1人。2004年，经县委、县政府批准，收编20名公务员充实到各司法所，每个司法所都有一名公务员，工作人员基本达到3～5人。2010年，沂堂镇划归临沂市罗庄区后，全县20个乡镇（街道）均设有司法所，配备国家公务员26人。

司法行政工作

1978年—1985年，司法助理员主要承担管理指导人民调解工作，参与重大疑难民间纠纷的调解及法制宣传教育工作。1985年，乡镇法律服务所（站）成立，司法助理员兼任法律服务站站长，承担管理和开展法律服务职能，全面开展起各项基层法律服务业务。1986年，全民普法教育开始后，司法助理员兼管起乡镇普法办的主要工作，协助乡镇党委、政府组织实施普法及依法治理规划，大力开展全民普及法律知识教育和基层依法治理工作。1998年，乡镇开通“148”法律服务专线，同时成立司法调解中心，乡镇司法调解中心和“148”值班室的工作，也主要由司法所人员承担，司法所充分发挥“148”全方位法律服务的优势，努力为社会各界提供方便快捷的法律服务，并主动参与社会矛盾纠纷排查、调处和社会治安综合治理工作。2000年，乡镇设立法律援助工作站和刑满释放和解除劳动教养人员安置帮教办公室，该两项工作均由司法所工作人员具体办理，司法所积极开展对特殊群体的无偿法律援助及刑释解教人员的过渡性安置帮教工作。2008年，乡镇成立社区矫正工作领导小组办公室，办公室设在司法所，司法所承担乡镇社区矫正工作的主要任务，负责在社会上服刑的五类罪犯的社区矫正工作。

2004年—2010年，全县司法所共参与调解疑难复杂民间纠纷2470件，宣讲法律1071场次，直接受教育者493万人次，为乡镇政府提司法建议384条、被政府采纳325条、采纳率达84.6%，协助乡镇政府制定规范性文件107件，帮助村（居）制定村规民约978件，协助乡镇政府处理社会矛盾1712件、处理成功1653件、成功率达96.5%，开展矛盾纠纷大排查948次，防止群体性上访226件，制止群体性械斗160件，参与“严打”整治及专项治理活动1604人次。

2004年—2010年苍山县司法所工作情况

表22—6

年份	参与调解疑难复杂民间纠纷	法制宣传		依法治理				协助政府处理社会矛盾纠纷		开展矛盾纠纷大排查	防止群体性上访	制止群体性械斗	参与严打整治及专项治理活动
		宣讲法律	受教育人数	为政府提司法建议	政府采纳建议	为政府制定规范性文件	制定村规民约	处理纠纷	处理成功				
	件	场次	万人次	条	条	件	件	件	件	件	件	件	人次
2004	162	402	65	152	143	35	533	564	542	8	36	42	565
2005	542	46	50	51	16	12	86	48	46	265	67	35	73
2006	114	165	86	103	101	46	297	342	339	286	64	36	265
2007	636	62	84	25	23	—	—	296	281	254	29	25	326
2008	367	186	76	19	16	6	21	164	162	6	5	1	47
2009	386	168	76	22	18	6	28	216	207	8	16	18	281
2010	263	42	56	12	8	2	13	82	76	121	9	3	47
合计	2470	1071	493	384	325	107	978	1712	1653	948	226	160	1604

第四节　人民调解

人民调解组织

苍山县人民调解组织在中华人民共和国成立前就已经建立。1943年，县司法科成立，兼管调解工作。1944年，在解放区部分区、村建立人民调解组织。1946年，区设调解助理员。1947年10月司法科撤销后，调解工作由民政科管理。1950年，区由民政助理负责调解工作，区文书具体调解纠纷，乡政府设调解委员会由5人至11人组成，村设调解小组为3人至5人组成。1950年后，人民调解工作归法院管理。1954年，全县各级人民调解委员会基本建齐。1957年，乡调解委员会主任由乡长或文书担任，农村以合作社为单位建立调解小组。1958年，调解小组设在生产

大队。“大跃进”中人民调解组织解体。1960 年，全县重建人民调解委员会 144 个、委员 1028 人，调解小组 895 个、2775 人。1966 年“文化大革命”开始后，人民调解组织近于瘫痪。1974 年，重新恢复、组建人民调解组织。1978 年，公社开始配备司法助理员。1979 年，12 个公社、1258 个生产大队建立人民调解组织。1980 年年底，人民调解工作交由司法局管理，法院进行业务指导。1982 年 8 月，司法局成立基层调解工作股，1994 年改为基层工作科，负责管理指导全县基层人民调解日常工作。

1981 年，针对全县相当一部分人民调解组织处于瘫痪、半瘫痪或名存实亡的实际，对基层人民调解组织进行全面恢复、整顿和健全。在健全农村大队人民调解委员会的同时，并在工矿企业事业单位也建立人民调解组织。全县共有人民调解委员会 1263 个，其中农村调委会 1094 个，工矿企事业调委会 87 个；共有人民调解员 5095 人，每个调委会达 3 人以上。1984 年，在建立村民委员会的同时，调整、健全村调解组织，村民委员会下设人民调解委员会。同时扩大企事业单位建立调解组织的范围，全县基层人民调解委员会达 1442 个，调解人员 4226 人。随后几年，逐步在县乡镇、工作区（管理区）、村民小组建立起调解组织，1996 年又在农村设立“十户三员”，即每 10 户设调解员、纠纷信息员、法制宣传员各 1 名。形成县、乡（镇）有人民调解工作委员会、工作区和村（居）有调解委员会、村（居）民小组设调解小组、10 户设“三员”的全县六级调解网络。尔后，随着形势的发展变化，及时对各级调解组织进行整顿，不断调整充实调解人员，全县人民调解网络得到进一步加强和巩固。2010 年，全县共有人民调解组织 1392 个，调解委员达 5198 人（不包括 10 户调解员）。

人民调解工作

苍山县人民调解工作，在中华人民共和国成立前主要是解决民间民、刑争执。建国初期不但要调解大量的民间纠纷和轻微刑事案件，还要调解婚姻及经济等方面的纠纷。1952 年，调解成功磨山皇甫寺村回、汉婚姻纠纷。1957 年，调解百余起闹社事件。1989 年后，不仅要调解婚姻、家庭、邻里、房屋、宅基、债权债务、赔偿等一般民间纠纷，还要调解未构成犯罪和未违反治安管理条例的民事违法行为引起的侵权纠纷及轻微刑事违法行为引起的纠纷、违反社会公德引起的纠纷等。2004 年—2010 年，全县各级人民调解组织共受理各类民间纠纷 19936 件，调解成功 19554 件，调解成功率达 98.1%，其中已履行 18487 件，履行率达 94.5%；防止因民间纠纷可能引起自杀 410 件，涉及 559 人；防止因民间纠纷可能转化为刑事案件 1280 件，涉及 1559 人。

司法调解

1998 年起，在各乡镇成立司法调解中心，把人民调解和行政调解、司法调解有机结合。乡镇司法调解中心由乡镇党委、政府分管领导兼任主任，乡镇综治办专职副主任、司法所所长任副主任，信访、公安派出所、法庭、武装部、民政、计生、经管、土管、工商、税务及工、青、妇等单位负责人为成员。调解中心办公室设在司法所，由司法所所长兼任办公室主任。每乡镇配调解中心专职人员 5 人以上。2004 年后，根据《山东省司法厅关于加强乡镇司法调解中心建设的意见》和《山东省乡镇（街道）司法调解中心规范化建设的意见》要求，苍山县进一步加强乡镇司法调解中心建设，并多次召开现场会进行部署、落实，逐步使乡镇调解中心成为党委、政府统一领导下，综治委（办）组织协调，以司法所为主体，综治委成员各负其责，齐抓共管的实体性、常设性办事机构。2010 年，苍山县调解中心成立，办公室设在县司法局，由县司法局会同有关单位承担日常工作。2004 年—2010 年，全县各乡镇司法调解中心共受理矛盾纠纷 9938 件。其中受理个体矛盾纠纷9704件，调处成功9596件，成功率为98.9%；受理调处群体性矛盾纠纷234件，包括群体性械斗138件、涉及1371人，群体性上访96件、涉及1131人。

2004年—2010年苍山县人民调解委员会工作情况

表22—7

年份	调解纠纷状况			防止激化状况			
	受理总数	调解成功	履行	防止民间纠纷引起自杀		防止民间纠纷转化为刑事案件	
	件	件	件	件	人	件	人
2004	3478	3436	3436	28	63	35	132
2005	3859	3712	3678	156	168	327	336
2006	3380	3370	3370	83	147	321	485
2007	3359	3269	3251	56	79	327	336
2008	1976	1941	1914	35	46	17	17
2009	1897	1881	1879	28	32	217	217
2010	1987	1945	1932	24	24	36	36
合计	19936	19554	18487	410	559	1280	1559

2004年—2010年苍山县乡镇司法调解中心工作情况

表22—8

年份	受理纠纷总数	调处矛盾纠纷			调处群体性矛盾纠纷					
		受理数	成功数	移交有关部门数	受理数	其中				成功数
						群体性械斗		群体性上访		
	件	件	件	件	件	件	人	件	人	件
2004	2930	2852	2813	39	78	42	292	36	403	76
2005	946	927	896	31	19	16	128	3	54	19
2006	3380	3330	3320	10	50	32	182	18	296	50
2007	857	839	827	12	18	12	286	6	78	18
2008	587	546	541	5	41	18	186	23	134	41
2009	713	687	679	8	26	18	297	8	127	26
2010	525	523	520	3	2	—	—	2	39	2
合计	9938	9704	9596	108	234	138	1371	96	1131	232

第五节　法律服务与法律援助

乡镇（基层）法律服务

苍山县于1985年9月开始在乡镇组建法律服务站。1986年发展到26个。1987年，全县28个乡镇全部建立法律服务站。乡镇法律服务站一般由2～3人组成，司法助理员兼任站长，工作人员称乡镇法律工作者，由其他国家干部、乡镇聘用人员和服务站聘用人员等相关人员构成。28个乡镇法律服务所（站），实行乡镇政府统收统支的22个、乡镇政府补贴的3个、自收自支的3个，全县乡镇法律服务站工作人员有67人，其中司法助理员28人、其他国家干部2人、乡镇聘用人员35人、服务站聘用人员2人。1987年5月，司法部颁发《关于乡镇法律服务所的暂行规定》。1991年9月，司法部发布施行《乡镇法律服务业务工作细则》。1993年，苍山县依据以上两个部颁规章将乡镇法律服务站改称为乡镇法律服务所。1995年，乡镇法律服务所与司法所实行分离，法律服务所独立开展业务，司法助理员不再兼任法律服务所主任，工作人员改称为乡镇法律服务工作者。1995年年底，全县28个乡镇法律服务所共有法律服务工作者74人，其中国家干部16人、服务所聘用人员58人。乡镇法律服务（站）所开展业务工作实行“有偿服务、适当收费”的原则，经费管理实行由乡镇政府统收统支、乡镇政府补贴和自收自支3种形式逐步过渡到实行自收自支。2001年，随着乡镇撤并及法律服务所规范整顿，苍山县将28个乡镇法律服务所调整组建为21个乡镇法律服务所。2004年，根据省、市司法厅、局统一部署，乡镇法律服务所实行脱钩改制，21个乡镇法律服务所全部改制为“自愿组合、自主执业、自收自支、自担风险、自我管理、自我发展”，平等竞争的合伙制社会中介机构。经省司法厅核准21个乡镇法律服务所全部更变名称，将原“苍山县某某乡（镇）法律服务所”更变为“苍山某某法律服务所”，并改称为基层法律服务所，其工作人员改称为基层法律服务工作者。更名后的法律服务所分别为：苍山卞庄法律服务所、苍山兰陵法律服务所、苍山大仲村法律服务所、苍山磨山法律服务所、苍山层山法律服务所、苍山庄坞法律服务所、苍山神山法律服务所、苍山南桥法律服务所、苍山尚岩法律服务所、苍山向城法律服务所、苍山车辋法律服务所、苍山矿坑法律服务所、苍山二庙法律服务所、苍山下村法律服务所、苍山鲁城法律服务所、苍山兴明法律服务所、苍山贾庄法律服务所、苍山沂堂法律服务所和苍山长城迎春法律服务所、苍山三合向阳法律服务所、苍山新兴荀邑法律服务所，加之2003年在县城组建成立的苍山天地人法律服务所，全县共有基层法律服务所22个。2009年，沂堂镇划归临沂市罗庄区，“苍山沂堂法律服务所”随转临沂，至2010年年底，全县共有基层法律服务所21个，取得职业资格的基层法律服务工作者56人。

乡镇（基层）法律服务所管理

1985年—1995年，乡镇法律服务所受乡镇人民政府领导和县司法局指导，由司法助理员（司法所）管理。县司法局由基层工作科（原调解工作股）具体承担指导乡镇法律服务所的日常工作。1995年—2004年，乡镇法律服务所受乡镇人民政府和县司法局双重领导，由司法所具体管理、指导。2005年3月，苍山县法律服务工作者协会成立。协会成立后，对基层法律服务所的管理实行司法行政机关行政管理和“协会”行业管理相结合的管理方式，以“协会”行业管理为主，由司法局进行监督和指导（具体工作由基层科承担）。

乡镇（基层）法律服务所主要开展以下业务：（1）应聘担任法律顾问：担任本辖区的乡镇政府及其各行政管理部门、村（居）民委员会、乡镇企业、事业单位、农村承包经营户、个体工商户、私营企业、个人合伙组织及公民的法律顾问；（2）代理参加民事、经济、行政诉讼；（3）代理非诉讼法律事务：审查合同、协议、章程等法律文书，参与协商和谈判，参与调解、仲裁活动，申请行政复议，代理合作、担保、分家析产等单项民事、经济法律事务等；（4）主持调解纠纷：经济、劳动争议，生产经营性纠纷及具有财产利益性质的民间纠纷等；（5）解答法律咨询：解答法律问题、各项具体法律事务的方法、途径及政策咨询；（6）代写法律事务文书：诉讼法律事务、非诉讼法律事务及其他有法律意义的文书；（7）协助办理公证：协助开展证前服务、办理公证申请、办证过程中有关事项及证后服务；（8）办理鉴证（见证）：在积极开展协办公证业务的基础上，应当事人的申请，可以对一些内容单一、权责明确、标的额小、履行期短的协议或合同给予审查和证明，并监督协议或合同的履行；（9）开展法制宣传和其他有关业务工作。

1986年—1995年，法律服务所与司法所分离、独立开展业务。其间，全县法律服务所担任常年法律顾问898家，调解各类疑难纠纷11422起，代理民事纠纷和非诉讼法律事务2062件，协办公证24111件，代写法律事务文书5299件，解答法律咨询25554人次，审查修订合同6743份，为当事人挽回经济损失1174.46万元，直接宣讲法律知识8107场次、受教育人次达1039.9万。1987年秋，临沂地区司法局在苍山县召开全市基层法律服务工作现场会，向全地区推广苍山县乡镇法律服务业务全面开展的经验。1987年后，按照“巩固、提高、完善、发展”的方针，苍山县逐步加大乡镇法律服务所（站）的建设力度，适时调整充实乡镇法律服务所（站）工作人员，定期组织乡镇法律服务工作者进行政治、业务学习和职业道德、职业纪律教育。2004年，基层法律服务所脱钩改制。2005年，成立全县法律服务工作者协会。是年，大仲村法律服务所被司法部评为“全国优秀法律服务所”。2004年—2010年，全县乡镇（基层）法律服务所累计担任常年法律顾问1757家，代理诉讼法律事务1458件，代理非诉讼法律事务963件，调解纠纷6185件，解答法律询问21840人次，办理其他法律事务8971件，为当事人避免和挽回直接经济损失730余万元。

同时，苍山县还不断加强对基层法律服务工作的检查监督，逐步规范基层法律服务市场。2008年，由县委政法委牵头，县司法局联合县公安局、县检察院、县法院共同出台文件，并互相配合、统一行动，对全县基层法律服务市场进行全面检查、整顿和清理，在全县范围内对不符合规定的法律服务所限期整改；对私自开办的法律服务机构和无证执业人员坚决予以取缔。

2004年—2010年苍山县乡镇（基层）法律服务工作情况

表22—9

年份	担任法律顾问	代理诉讼事务	代理非诉讼事务	调解纠纷	解答法律询问	办理其他法律事务	避免和挽回直接经济损失
	家	件	件	件	人次	件	万元
2004	217	127	139	713	1721	805	113
2005	216	368	64	721	2841	2038	72
2006	316	168	211	1114	2173	1173	123
2007	217	215	179	915	6153	984	115

续表 22—9

年份	担任法律顾问	代理诉讼事务	代理非诉讼事务	调解纠纷	解答法律询问	办理其他法律事务	避免和挽回直接经济损失
	家	件	件	件	人次	件	万元
2008	218	125	117	1132	2189	2321	42
2009	360	263	143	759	3620	807	136
2010	213	192	110	831	3143	843	129
合计	1757	1458	963	6185	21840	8971	730

“148”法律服务

“148”是“要司法”的谐音，寓意为：要寻求法律帮助请找司法行政机关。为更好的满足全县人民群众日益增长的法律需求，县司法局于 1998 年 11 月设立“148”法律服务中心，开通“5235148”法律服务热线电话。2001 年，更换为全国统一号码“12348”法律服务热线电话。群众可以随时拨打此电话，就法律方面的问题提出咨询和寻求帮助。2004 年，县政府正式批准“148”法律服务中心为县司法局内部科室，为股级行政单位。“148”法律服务中心 1998 年 11 月至 2003 年 5 月有 5 名工作人员，2003 年 5 月—2010 年年底调整为 3 名工作人员。1998 年后，各乡镇也相继开通“148”法律服务专线，设立值班室。

“148”法律服务中心的主要职责是接听“热线”电话、接待来访人员，解答法律咨询，宣传法律知识，向当事人提供法律服务，对受理的案件进行分流处理、督查督办并指导各乡镇“148”法律服务专线值班室工作等。2004 年，全县“148”专线共接收咨询电话 4751 个，接待群众来访 1368 人次，提供上门服务 665 次，出警调解纠纷 421 起，除按规定移交有关部门处理的以外全部依法予以解答或解决，由此减少信访案件 86 起，避免民转刑案件 121 件，为当事人避免和挽回经济损失 356 万元。1998 年—2010 年，全县“148”法律服务机构共接收咨询电话 34813 个，接待群众来访 12390 人次，解决纠纷 7425 件，从而避免民转刑案件 1122 件，减少信访案件 911 起，为当事人避免和挽回经济损失 3514 万元。

1998 年—2010 年苍山县“148”法律服务工作情况

表 22—10

年　份	咨询电话（个）	接待来访（人次）	解决纠纷（件）	避免民转刑案件（件）	减少信访（起）	避免和挽回经济损失（万元）
1998 年	391	28	152	6	2	21
1999 年	2824	911	600	146	90	360
2000 年	4586	1629	856	207	134	720
2001 年	3219	1517	731	79	92	417
2002 年	3613	1752	919	81	112	583

续表 22—10

年份	咨询电话（个）	接待来访（人次）	解决纠纷（件）	避免民转刑案件（件）	减少信访（起）	避免和挽回经济损失（万元）
2003 年	5003	1633	837	89	123	446
2004 年	4751	1368	593	121	86	356
2005 年	2017	1113	324	87	66	219
2006 年	1674	774	786	98	53	86
2007 年	1781	618	517	54	71	123
2008 年	1217	312	481	67	32	43
2009 年	1836	421	416	36	21	57
2010 年	1901	314	213	51	29	83

法律援助

2000 年 9 月，苍山县法律援助中心成立，为股级事业单位，编制 5 人；2010 年底实际在岗工作人员人。至 2010 年，共办理各类法律援助案件 1270 件（其中 2009 年承担中央专项彩票公益项目法律援助 58 件）、受援人员达 2000 余人，解答法律咨询 11260 人次。

县、乡、村三级法律援助组织网络逐步建立健全。全县 20 个乡镇（街道）均设立法律援助工作站，各村建立法律援助联络点，并在县妇联、县残联、县总工会、县民政局 4 个相关部门建立法律援助工作站，形成全县法律援助网络体系，方便并及时受理群众的法律援助申请。

法律援助案件的范围，从成立之初的特殊刑事诉讼案件扩展到了民事诉讼、行政诉讼、劳动仲裁以及非诉讼调解案件，内容涉及劳动报酬、工伤赔偿、人身损害、赡养纠纷以及诸多民生事项等，民事案件所占比重逐年提升，已达案件总数的 75% 以上。同时还开辟法律援助“绿色通道”，对拖欠农民工工资、工伤事故等纠纷案件的援助简化审批手续，实行限时服务承诺；为符合法律援助条件的老、弱、病、残及特别困难户发放法律援助“绿卡”，实行预约和上门服务等。办理法律援助案件逐年增加，2010 年突破 300 件。

2000 年—2010 年苍山县法律援助案件数情况

表 22—11

年份	办案数（件）	年份	办案数（件）
2000	11	2004	65
2001	22	2005	78
2002	35	2006	95
2003	47	2007	115

续表 22—11

年份	办案数（件）	年份	办案数（件）
2008	166	2010	347
2009	289	合计	1270

第六节　法学教育培训

苍山县法学教育培训主要融于法制宣传、普法教育、文化政治教育和各类业务培训之中进行，并择机举办多种形式的法学教育与培训。1982年，县司法局设立法制宣传教育股，负责法制宣传和法学教育管理工作。1987年，单设法学教育股（1994年改称科），具体负责法学教育工作。2004年，成立法律法规宣传教育科，法学教育科撤销，法学教育工作由法律法规宣传教育科负责。

1981年—1985年，主要结合法制宣传和各项重点工作进行法律培训。1981年和1982年，分别将全县1100余名村调解主任和50余名人民陪审员集中到县城进行2次专业法律知识培训，收到良好效果。1985年后，法学教育培训主要结合全民普法教育进行。1985年起，全县各村迅速建立起业余法制学校，对农村普法对象进行法学教育。1991年“二五”普法开始后，协助教育部门在全县各中、小学开设法制课，聘请政法各单位法律专业人才为兼职法制副校长，定期到学校上法制课。县司法局配合县、乡两级党校，在所举办的各期学习培训中均开设法制教育课。广造舆论，大力宣传，协助配合县电大站、自考办广招法律大、中专学员入学或参加律师函授法律本、专科学习等，仅1991年—1993年就协助招收162名电大学员，配合组织113人参加法律专业自学考试、53名司法行政干警参加法律专业大专专业证书学历教育的学习。1983年—2010年，县司法局和各乡镇司法所每年均分乡镇对全县人民调解员和法制宣传员进行2～3次法律培训。

1991年1月—1993年10月，组织两期企业单位经理、厂长和财会、供销人员参加的由省司法厅、省经济委员会等6家单位举办的分别为期1年的经济法律法规培训班。全县654名企业人员参加学习，全部以优异成绩结业。

1998年—2002年，以山东省政法干部管理学院为依托，在全县副科级以上领导干部中进行两届系统的法律专业学历教育。每届学制3年，设大学本科和专科两种类型，设置法理学、宪法、民法、经济法、行政法、行诉法、刑法、刑诉法等10余门课程。学习形式为不脱产业余学习，自学为主、面授为辅，由省政法干部管理学院的专家、教授定期来苍山县授课，苍山县负责学员的招收、组织自学和管理工作。1998年7月16日，县委、县政府批准6部门联合下发《关于对全县副科级以上领导干部进行法律专业学历教育的通知》，要求全县党政机关凡年龄在45周岁以下，未取得法律专业学历的副科级以上领导干部，必须报名参加学习。全县有294名

图 22—9　法律知识讲座进校园　（2010年10月摄）

副科级以上领导干部报名参加98级法律专业学历教育学习，其中本科学员6人，专科学员288人，副县级以上干部2人、占学员总数的0.7%，正科级以上干部32人、占学员总数的10.9%，副科级干部260人、占学员的总数88.4%。1999年，县委、县政府下发《关于巩固发展党政领导干部法律专业学历教育的意见》，县司法局等6部门也联合发出《关于一九九九年全县党政干部法律专业学历教育招生的通知》，经过宣传、组织，有132名副科级以上干部报名参加99级法律专业大专班学习。两届426名学员在3年期间全部考试合格，分别于2001年和2002年取得相应的法律专业学历证书。

第七节　安置帮教与社区矫正

安置帮教

1997年前，该项工作具体由公安机关主管，司法行政机关作为参与单位之一主要任务是协助公安机关做好刑释解教人员的法制教育与帮教工作。县司法局由基层工作科负责指导此项工作。各乡镇成立帮教领导小组，各村委设立帮教小组，采取多种形式，认真做好刑释解教人员帮教工作。同时，大力开展对有轻微违法行为的失足青少年的帮教工作，据统计，仅1986年—1990年全县共帮教失足青少年710人。

1994年—1997年，中央综治委和司法部等六部委先后多次下发关于加强刑释解教人员安置帮教工作的意见，其中确定刑释解教人员安置帮教工作在党委、政府统一领导下由公安机关主要负责逐步过渡到由司法行政机关组织、协调实施。根据上级部署，苍山县刑释解教人员安置帮教工作从1997年开始至2000年逐步过渡到司法行政机关主管，2000年年底，全县基本健全安置帮教工作的领导和工作机构、工作制度、工作措施。县成立由政法委、司法、公安、民政、劳动、工商、财政、税务、妇联、共青团等有关部门负责人组成的全县刑释解教人员安置帮教工作协调小组及由上述部门人员组成的安置帮教办公室。办公室设在县司法局，由5人组成，与司法局基层工作科合署办公，负责日常工作。各乡镇（街道）也相继成立协调小组，并在司法所设立安置帮教工作站。各村（居）和有关机关部门均建立安置帮教小组或办公室。至2010年年底，全县安置帮教工作人员达3200余人。

2001年—2010年，全县共安置帮教刑释解教人员2282人（其中刑满释放人员1957人，解除劳教人员325人），安置率达95%以上，重新犯罪率控制在3%以下。

2001年—2010年苍山县安置帮教刑释解教人员情况

表22—12

年份	安置帮教人员（人）	其中	
		刑满释放人员（人）	解除劳教人员（人）
2001	257	219	38
2002	266	243	23
2003	257	216	41
2004	118	111	7

续表 22—12

年份	安置帮教人员（人）	其中	
		刑满释放人员（人）	解除劳教人员（人）
2005	371	297	74
2006	261	245	16
2007	182	144	38
2008	180	144	36
2009	182	156	26
2010	208	182	26

社区矫正

2007 年，县司法局设立社区矫正工作科，开始筹备开展社区矫正工作。2008 年 1 月，县委、县政府决定成立苍山县社区矫正工作领导小组，并发出《苍山县社区矫正工作意见》，开始在庄坞、贾庄、南桥、大仲村、尚岩等乡镇进行社区矫正工作试点。2008 年 2 月，在认真总结试点工作经验的基础上，在庄坞镇召开全县社区矫正工作大会，全面推开社区矫正工作。2008 年，21 个乡镇相继成立社区矫正工作领导小组并在司法所设立办公室，司法所有专人承办社区矫正工作。2009 年 5 月，为加强苍山县外出社区矫正人员的管理，县社区矫正领导小组决定分别成立驻沪办事处和驻苏州办事处驻地社区矫正工作领导小组办公室，各由 4 人组成。2008 年—2010 年，县乡两级社区矫正组织逐步健全，社区矫正队伍逐渐扩大，全县社区矫正组织共接收各类矫正对象 912 人，其中包括被缓刑的罪犯 540 人、被裁定假释的罪犯 368 人、被暂予监外执行的罪犯 4 人。至 2010 年年底，全县社区矫正队伍已达到 337 人，其中，司法局社区矫正工作科 5 人，20 个乡镇（街道）和 2 个驻外办事处社区矫正工作者 89 人，社区矫正工作社会志愿者 243 人，有 144 名矫正对象被依法解除社区矫正，转往乡镇司法所进行接茬帮教安置。

第二十三编
武　装

蒼山縣志

苍山县历来为兵家必争之地。县境内人民亦有着不畏强暴、对国内外敌对势力英勇反抗和不屈不挠的斗争精神，为反帝反封建斗争贡献了力量。民国 22 年（1933 年）7 月，中共临郯县委领导下的“苍山暴动”，为新的革命高潮的到来创造了条件。此后，无论是抗日战争还是第三次国内革命战争时期，苍山人民毁家纾难，戮力支前，积极参战，从人力物力财力上支援人民军队，在中国革命史上写下了浓墨重彩的一笔。新中国成立后，苍山武装力量着力推进正规化建设，在抓好军事训练、战备执勤的同时，积极支援地方建设，为苍山经济发展做出了重要贡献。

第一章　武装机构

民国 22 年（1932 年）9 月，中共临郯县委设军事部。抗日战争时期，苍山县境内的中共临郯县委、临沂县委、临郯费峄边联县委、赵镈县委、兰陵县委建立后，均设军事部。各县抗日民主政府均设武装科，负责地方武装和民兵工作。

1945 年 8 月，县政府武装科、武委会改称为武装部，作为县政府的一个部门，主要职能仍为军事和民兵工作。同月，根据上级指示，赵镈、临沂、兰陵 3 县（区）建立人民武装部，为武委会日常工作机关。县人民武装部设部长、副部长各 1 人。1946 年 9 月 1 日，中共华东局《关于目前人民武装部工作的决定》中确定，各级人武部是地方党委下的一个部门，是党委的军事部，在公开行政上为军区系统一个独立的组成部分，代表县委统一领导县、区武装和人民武装，其公开名义上，一律称为县指挥部。县人民武装部长为县委委员，县委书记兼县人武部政治委员。武装部设部长、副部长各 1 人，工作人员 3 ～ 5 人不等。1947 年，根据华东局指示又将县、区人武部与地方武装（县大队、区中队）按其原属系统各自分开。

第一节　县人民武装部

1947 年 3 月，苍山县成立，县、区设武装部，属地方建制。1950 年冬，改为地方军队系统，其工作人员为现役军人。县委书记兼政委。1951 年 5 月，县、区人民武装部列入部队编制，称中国人民解放军苍山县人民武装部，受中共苍山县委、县政府和临沂军分区双重领导。县、区武装干部均为现役军人。苍山县人民武装部设部长、副部长各 1 人，政治委员由县委书记兼任。下设军事、政工两个股，各设股长 1 人、干事 2 人，另设勤务员 1 人。

1954 年 10 月，为实施《中华人民共和国兵役法》，县人民武装部改编为县政府的兵役局，原部长为局长，原副部长为副局长。设政委、副政委各 1 人，政治委员由县委书记兼任。原县人武部名义上仍予保留，一套班子，两个机构名称。兵役局下设动员、征集、统计、预备役军官、民兵 5 个科，各设正副科长 1 人，每科 4 名工作人员，称助理员。另设秘书、供管员、会计、勤务员各 1 人，共编制 37 人。

1958 年秋，县级人民武装部系统整编，缩小编制。兵役局机构设置由原来 5 个科合并为作训、组织动员、政工 3 个科。设保密员兼收发员 1 人、供管员兼会计 1 人，通信员兼勤务员 1 人，炊事员 1 人。1959 年，县（市）兵役局设立专职政治委员，称第二政治委员，县委书记兼任第一政治委员。

1960 年 8 月，苍山县兵役局撤销，恢复中国人民解放军苍山县人民武装部。1961年，县人武部建立党的委员会，第一书记由县委书记兼任。

1962年，县级人民武装部整编，设正副部长、正副政委各1人。县委书记兼任第一书记、第一政治委员。下设作训、政工、组织动员3个科。各科设科长、副科长各1人。作训科、组织动员科助理员改称参谋，政工科助理员改称干事，原负责军械工作的人员仍称助理员。另设秘书、供管员兼会计、勤务员各1人，炊事员2人。1968年后，县人武部第二政委（即专职政委）改称政委。

“文化大革命”期间，由于地方党委和政府处于瘫痪状态，县委书记不能履行职务，其在人武部兼任的第一政委和党委第一书记职务中断。

1979年2月，人民武装部恢复县委书记兼任人民武装部党委第一书记和第一政委制度。1981年4月，全军精简整编，苍山县人民武装部设正副部长、正副政委各1人。机构设置将作训科和组织动员科合并为作训动员科，仍设政工科，增设供管科。作训动员科设科长1人、副科长2人，参谋1人；政工科设科长1人、干事3人，1名干事兼任秘书工作；供管科设科长1人、军械助理员2人，军医、管理员兼会计各1人，战士4人（炊事员2人、勤务员兼打字员1人、司机1人）。1983年整编，设正副部长各1人，政委1人，取消副政委之职。作训动员科由原来12人减少为9人。1985年，县委书记只兼县人武部党委第一书记，县人武部有一名领导人担任同级地方党委的常委。

1986年6月，中国人民解放军苍山县人民武装部改为地方建制。自7月1日起，改称苍山县人民武装部，为副县级单位。人民武装部改归地方建制后，其性质、任务不变，负责辖区的民兵、兵役和动员工作，仍属军事单位，接受中共苍山县委和临沂军分区双重领导。设部长、政委各1人，县委书记兼任人民武装部党委书记。其机构设办公室、军事科、政工科3个科室。科室为正科级（局）单位。1988年，县人民武装部配副部长1名，为正科(局)级干部。10月，武装部增设后勤科。

1996年4月1日，苍山县人民武装部收归军队建制，称“中国人民解放军山东省苍山县人民武装部”，为正团级单位。其性质、任务不变，接受临沂军分区和苍山县委双重领导，恢复由县委书记兼任县人民武装部党委第一书记制度。武装部编配部长、政委、副部长各1人。下设军事科、政工科、后勤科3个科，均为正营级单位，只设科长1人。苍山县民兵武器装备仓库和民兵训练基地列为地方编制，副科级单位，其中民兵武器装备仓库7人（专武干部1人、职工6人）、民兵训练基地10人（专武干部2人、职工8人）。

2005年，苍山县人民武装部机构设置军事、政工、后勤3个科，各设科长1人。军事科设参谋，政工、后勤科设干事。民兵武器装备仓库和民兵训练基地各设主任1人。

图23—1　苍山县人民武装部　（2010年摄）

第二节　乡镇（区）人民武装部

苍山县境内原各县区级武装部是自1945年9月建立的。1947年，根据华东局指示，将县、区人武部与县、区地方武装按其原系统和建制

各自分开。

1951 年 5 月，县、区两级人武部正式列入军队序列，受上级军事机关和地方党委双重领导，人员为现役军人。区武装部设部长 1 人，军事、政治干事各 1 人。1953 年 10 月，区人武部建制撤销，只设武装助理员 1 人。

1958 年春，重新组建区（后为公社）武装部，不配现役军人，改为地方建制，原有干部转业地方工作。设部长、副部长、干事各 1 人。1960 年 9 月，公社武装部设部长、副政委、干事各 1 人，公社党委书记兼任公社武装部政委。1962 年撤销副政委编制，增设副部长 1 人。

1971 年 1 月，苍山县增设县直机关武装部，负责县直企事业单位民兵预备役和征兵工作。

1984 年 4 月，基层机构改革，改公社为乡镇，全县设立 28 个乡镇。各乡镇设武装部，编配部长、副部长各 1 人，干事 1 ～ 2 人。1989 年 4 月，基层乡镇武装部干事一律改称武装助理员，与乡镇其他助理员同等职级待遇。

1990 年 7 月，根据临沂军分区指示精神，在全县大企事业单位中建立武装部，全县共建立 7 个企事业武装部。企事业武装部设部长、干事各 1 人。1993 年 8 月 14 日，总参谋部、总政治部等 7 部委联合发布《关于企业民兵预备役工作的规定》的通知；1995 年 1 月，遵照上级文件精神经临沂军分区批准，在县属大型企事业单位山东兰陵美酒厂、苍山县供电局、苍山县黄埔集团公司、苍山县邮电局、苍山县水泥厂、苍山县酒厂、苍山县化肥厂、鲁南特种水泥厂、济南钢铁集团石门铁矿、苍山县粮油集团公司、苍山县供销集团公司、苍山县物资集团公司、苍山县商业集团公司、苍山县石膏矿、苍山县造纸厂 15 个企事业单位建立武装部。每个企事业武装部设部长、副部长、干事各 1 人。

2001 年 1 月，乡镇规模调整，全县由 28 个乡镇合并为 21 个乡镇。乡镇武装部随之撤并为 21 个，各配备武装部长 1 人、副部长 1 人、干事 1 ～ 2 人。武装部长为乡镇领导成员之一，按副科级干部配备。

2005 年 12 月，全县共有基层武装部 26 个，其中乡镇武装部 21 个，设部长 21 人、副部长 24 人、干事 6 人；县直机关武装部 1 个、企业武装部 4 个（山东兰陵美酒集团、苍山县供电局、苍山县黄埔集团公司、苍山县工程机械厂），各设置部长 1 人、副部长 1 人、干事 1 人。

第二章　地方武装

第一节　联庄会

清末民初，大部分为地主、豪绅看家护院、防匪患举办的私人武装。以私人武装为基础，联络数村（庄）结成武装联盟，一处有警，互通情报，互相救应，故称“联庄会”。

1934 年年初，韩复榘为扩大实力，挖掘兵员，以省府名义令全省举办联庄会，并颁布《山东省各县联庄会暂行规程》，规定凡 20 岁以上 40 岁以下男子（残废者除外）均有当会员之义务。联庄会与当时的“乡农学校”军事组织结合推行。县设联庄分会，县长兼分会大队长或总会长，每大队辖 1 ～ 3 个中队，中队长由民团军官充任。区编分会，区长兼任分会长。乡镇编甲，乡镇长兼任甲长或由懂军事、富有者充任。

地方私人武装数村结为联盟，也称为“联庄会”，以保护自身利益。

苍山县境内国民党区级均设联庄会。王伯英曾任临沂第二区联庄会会长，万春圃曾任临沂分会会长兼第七区联庄会长，李子瀛曾任第八区联庄会长。

1938 年 5 月 27 日，王伯英调集联庄会 5000 余人，乘日军大批人马南下只留少部分兵力守城的时机，率部攻打临沂城。后因部署不严密，大批人员难以入城，加之武器差而撤退。后王伯英联庄会武装经中共党员司贺峰、何建华做工作，改编为山东农民抗日自卫团总团。1940 年 3 月编入临沂游击总队第 2 大队。

第二节 国民政府郯城县第五区自卫队

1947 年，国民政府郯城县第五区（长城）乡、保、村自卫队约 1000 人。

第三节 中共领导下的地方武装

临郯费峄四县边区联庄会常备队

1937 年 11 月，以万春圃原有人员为基础，建立 150 人的常备队，万国华、刘清如任正副队长。1938 年 8 月，其一部编为鲁南人民抗日义勇第一总队第四大队。1939 年，编为临郯费峄四县边联支队，万春圃为支队长，于华琪任政治委员。

兰陵国民抗敌义勇军

1937 年 11 月，在兰陵北大寺成立，150 人。同年 12 月，国民党临沂专员张里元强行将该部编为专署独立营第四连。该部 1939 年脱离张里元部，改编为八路军山东纵队二团。

临郯青年救国团第十七分团

1938 年 5 月下旬，在兰陵一带成立，主要成员有杨景田、陈德吾、黄莘三（黄应聘）、秦泽浦、魏玉华、王川、靳耀南、孙哲南、王锦堂、王伯华等二三十人。第一次会议选举小学教师陈德吾为常务委员。青救团十七分团为临郯青年救国团中最大的一个分团，它包括整个临沂八区及峄县、罗藤、底阁一带，后来便改为青救临沂八区（兰陵）团部，常务主任先后由陈德吾、靳耀南、任广秀担任，秦泽浦、王伯华等为委员。区团部设在北横山，后又迁址西泇河东岸杨庄，下属横山、南桥、新兴等乡团部。

临郯青年抗日义勇大队

1938 年 6 月成立，200 多人。同年 11 月，在兰山举行武装起义，组建八路军山东抗日游击第四支队临郯独立团，800 余人，薛浩任团长，唐涛为政治委员。1939 年 2 月 8 日，在三山后伏击日军运输队，首战告捷，同年 3 月改编为陇海南进支队第三大队。

临郯费峄四县边联大队

1938 年 6 月成立，辖 3 个大队。一大队，万国华为队长，1938 年 9 月改编为国民党第五战区临沂专署保安司令部直辖二营。二大队，宋云石为队长，由 1938 年 6 月宋宜安、杜纪伟等争取地主武装 200 人组成，1938 年 9 月改为国民党部队番号。三大队，刘清如为队长，由抗日武装组建而成。边联大队于 1939 年 10 月编入八路军一一五师苏鲁支队。1940 年 12 月，编入一一五师教导二旅五团。

山东抗日游击第十二支队

先为傅伯达、王子通等人组织的“中华民族解放先锋队”，继而收编 400 余人地主武装组成。经改造整编，1938 年 11 月编为八路军山东抗日游击第十二支队，董慕仲任司令员，中央派张岗任政治委员，钱钧任副司令员，董少白任政治部主任。1939 年 3 月，与山东纵队第五支队第六十一团合编为山纵第二支队，在临费边坚持抗日。合编后不久，在董少白指挥下曾伏击日军 50 人，毙敌 10 余人。1939 年春，董慕仲煽动部分人员叛逃，叛逃者大部被消灭。

鲁南人民抗日义勇总队

1938 年 5 月成立。张光中为总队长，何一

萍任政治委员，王建新任政治部主任。编为3个大队和1个警卫连，600余人。1938年8月，转移到抱犊崮山区大炉一带，开始创建抱犊崮山区抗日活动基地。此时，改为第一总队，并改用国民党部队番号。1939年9月，改编为八路军一一五师苏鲁支队。1940年9月，改编为一一五师教导二旅五团。

临郯费峄四县边联游击支队

1940年3月，由边联地区各地方武装统编组建。隶属鲁南军区领导，辖4个大队。1941年6月，与八路军一一五师教导旅五团合编为边联支队。1943年4月，改编为鲁南军区5团，万春圃任支队长，于化琪、曾明桃先后任政治委员，王六生任参谋长。

沂河支队

1940年12月组建。贺健任司令员，薛浩任副司令员，杨涤生、韩去非先后任政治委员。沂河支队辖2个大队。第一大队由临沂总队改编而成，大队长李华源；第二大队由郯县总队改编而成，大队长陈岩；第三大队组建后，规模小，不久，并入第一大队。1942年冬，沂河支队按所辖县建成4个区队，临沂县为第一区队，赵镈县为第二区队，兰陵办事处为第三区队，郯县为第四区队。1944年3月，沂河支队并入鲁南军区五团，撤销区队建制。

赵镈县大队

1941年3月，临郯费峄四县边区县大队成立，县长狄井芗兼任大队长，下辖3个中队，有480人。1944年2月，改称赵镈县大队，大队长和政委分别由县长和县委书记兼任。1946年9月，升级编入鲁南军区十七团。不久，重组赵镈县大队。1947年2月，划分为赵镈、苍山两个县大队。同年10月，赵镈县大队补入300人。1950年，并入苍山县大队。

临沂县大队

1941年春成立，李华源任大队长。1942年夏，升级为沂河支队。同年冬，重建，大队长、政委分别由县长、县委书记兼任。年底，县大队编为沂河支队的1个中队。1943年春，沂河支队武装改归各县领导，成立沂河支队区队部，临沂县为第一区队。1944年6月，各县区队统一改编为鲁南三军分区独立营，另组临沂县大队，下辖4个中队，每中队人均100余人。分别活动于卢柞、层山以南及兰陵、三合一带。1945年9月，临沂县大队改编为山东军区警备十七团第三营。

兰陵县大队

1943年2月成立，王芗南兼任大队长，孙哲南兼任政治委员。1944年，改称兰陵县大队，将兰西区2个中队、鲁城区1个中队升编为3个连。1945年10月，改称峄县县大队。1948年2月，恢复兰陵县大队，王玉甫任大队长。

苍山县大队

1947年3月，从赵镈县大队划出，杨权任大队长。同年7月，鲁南三军分区扩军，将苍山县大队及其所属6个区武工队改编为十九团，另组苍山县大队。

第三章　民间武装

第一节　幅　军

幅军是太平天国革命时期的一支规模庞大的农民起义队伍。清咸丰元年（1851年）在太平军、捻军的影响下，爆发了大规模的幅军起义。初期称幅党，在苏北比较活跃，由于当地统治势力较强，清咸丰十一年（1861年）后，活动中心转入鲁南山区。时苍山县境内，幅军结幅聚众，形成武装，打击的目标多是地主豪绅，没收其财粮分给穷苦百姓，参加者日益增多。各据村寨，打造武器，互为援应，抗拒清王朝。时境内幅军圩寨不下百余处。幅军圩寨少则数百人，多则数千人至万人。

幅军起义，给予清王朝和封建地方势力沉重打击。清王朝派重兵“围剿”、镇压。镇压与反镇压的斗争持续20多年之久。幅军终因寡不敌众，各自为战，起义陷于失败。

第二节　大刀会

清末民初，在苍山县境内北部山区及平原一带大多数村庄都有大刀会组织，尤以兰陵、沂堂、南桥、新兴等地大刀会组织较为有名。他们在“防匪保家”的同时，还反抗土豪劣绅、抗缴官府赋税等斗争。1925年夏，袁永平、侯六合在兰陵组织临沂红枪会，兰陵、南桥、新兴一带的大刀会会员大多数人参加红枪会。

1939年8月15日，为儿桥村大刀会为抗击日军入侵，与日军血战一天，毙伤日军近40人，大刀会战死11人，伤10多人。9月，中共党员赵昭、杨只晨在兰陵组织国民抗敌义勇队，新兴下湖村大刀会配合义勇队打击日军，并为护家保村，多次抗击日军侵犯。后下湖村大刀会参加临郯青年救国团兰陵分团。

在中国共产党组织发动下，大多数大刀会会员参加临郯青年救国团，后编入自卫团和地方抗日武装组织。

红枪会

1925年夏，由袁永平自建武装及收编地方大刀会500余人和侯六合收拢孙美瑶旧部200余人组成临沂红枪会，于兰陵发动武装起义。同年8月—9月，红枪会即发展到1700余人。多是临、郯、费、峄、邳县等地农民，最盛时达4000余人，编为28个大队。

民国14年（1925年）9月，红枪会编为国民革命军山东游击队（司令朱霁青）第1支队，袁永平任第1支队司令。9月30日，袁永平率部与军阀鲁军第126旅黄凤岐部战于向城，大败黄军。10月1日，袁永平、侯六合率部攻克临沂城。

民国15年（1926年）1月，红枪会起义军在军阀军队夹击下，供应短缺，进退维谷，被迫暂投临沂镇守使翟文林部。7月23日，袁永平、侯六合被翟文林设计杀害后，红枪会遭受翟文林部“围剿”，红枪会余部坚持数月即散。

无极道

无极道是临、郯、费、峄边联地区的一个会道门组织。由吴家村（今属苍山县向城镇）王桂荣发起。

王桂荣，靠油漆手艺谋生。他平时走乡串户，职业上的方便，当地人对他都比较熟悉。1938年夏，王桂荣自称道长，开始了无极道传道活动。无极道以所谓“防匪保家”“刀枪不入”为信条，信仰“无极神位”“无极至高无上”。其道友大部分为青壮年农民，平时劳动，一旦有匪情，便立即集中起来。

无极道以大刀、红缨枪为武器，因大多数道友使用大刀，亦称“大刀会”。

至1939年春，当地群众入道者很多。境内南至李家官庄（今属苍山县兴明乡），北至文峰山，西至刘家郭（今属苍山县鲁城乡），东至杭头（今属苍山县向城镇）100多个村庄，村村都有道友，约5000余人。

这时，根据抗日民族统一战线政策，中共边联县委派鲁南特委干部丁一、第十一工作区（向城、杭头村一带）指导员郑书箴具体做团结、争取工作，使无极道逐步摆脱迷信，走上革命道路。王桂荣担任了边联地区第11工作区（漫溪、黎丘）自卫团团长，先后率部与其他自卫团一起参加消灭顽匪陶国强、国民党暂编保安第5旅王学礼部，讨伐国民党费县县长李长胜，攻克长新桥日伪据点等战斗。

1940年4月，王桂荣部由中共边联县委改编为边联县自卫团特务团，王桂荣任团长。1941年年初，王桂荣（1940年冬病逝）部改编为抗日游击队，归边联县大队领导。

第四章　民　兵

第一节　民兵组织

在抗日战争初期，临郯地区在中国共产党的领导下，相继建立多种群众武装组织。1938 年 4 月，各种抗日自卫组织 32 个，1 万余人，发展抗日武装 5000 余人，1000 多条枪支。1942 年，统一组成民兵，县政府设立武装科，区以下成立自卫团部。1943 年 3 月，县武装科改为人民武装抗日自卫委员会。1944 年，重新建立县委军事部。1945 年，改称县武装部，大村设民兵团部，小村设民兵小组，3 至 5 个村组成一个联防。团部十余人，小组三五个人，联防 40 余人。全县民兵 7800 余人，6000 余支枪。

解放战争时期县、区人民武装部为民兵领导机构，按小队、村团、联防大队、中队编制。1946 年，临郯地区被国民党军队占领，民兵组织被分散。有的组成武工队、区中队，有的转移到外地。1947 年年初鲁南战役后，民兵组织恢复原编制。1949 年全县有民兵 1.6 万人，步枪 6867 支、短枪 10 支、轻机枪 7 挺。

中华人民共和国成立后至 1952 年，民兵组织由乡、村团部改为民兵队部，共有 1030 个队部。1953 年—1955 年 10 月，实行民兵制，建立民兵基干团，县人民武装部兼团部，区建营，区人民武装部兼营部，乡编成连，村编班、排。参加基干团的民兵与一般民兵混合编队，分别编班，属区民兵中队、分队建制，统一指挥、训练、教育、领导。集中时，基干团进行统一组织、指挥，按班、排、连、营建制。一般民兵按小队、分队、中队组织。1958 年 9 月，根据毛泽东的号召，大办民兵师，全民皆兵。全县共建民兵师 21 个、民兵团 42 个。1959 年开始民兵整组，到 1960 年年初建师 15 个、团 42 个。1962 年，国务院颁布《民兵工作条例》。1963 年，结合社会主义教育运动，整顿民兵组织。1966 年，民兵组织受到破坏。1971 年，按大队建班，联队建排，公社建连，联社建营，县建独立团。1974 年，改为武装基干团，各公社建立武装基干连。1975 年，新建 1 个侦察连、1 个卫生连。1976 年，新建 1 个通讯连。1978 年，新建 1 个高射机枪连。1981 年，对民兵组织进行调整，民兵总数减少为 16.6 万人。1983 年，对基干民兵和各专业技术分队进行组织调整。1984 年后，取消县民兵基干团，乡、镇基干民兵营由县人民武装部直接领导。

第二节　军事训练

抗日战争时期，民兵利用空闲时间开展练武活动，主要练大刀、长矛和射击、刺杀、投弹等军事技能。有时举办小型军事演习，结合实战情况学习游击战术。解放战争时期，民兵边生产边练武，主要开展小型的军事分教活动，定期举行民兵队列、投弹、埋雷、射击等军事训练。中华人民共和国成立后至文化大革命前，民兵利用生产间隙进行训练，学生利用寒、暑假期组织军事野营。主要学习兵器常识及射击、利用地形地物、夜间紧急集合等。其间，1949 年、1950 年，全县民兵进行大检阅，有 14 个区的民兵 2500 人参加检阅式，主要内容为操场动作，操枪、停止间转法、射击瞄准、单双杠等项目。1960 年 4 月召开全县民兵军政文体检阅大会，有 22 个公社、厂、矿，600 人参加检阅。检阅内容是战术、射击、电信、体育、文艺表演等项目，选出80名民兵参加军分区的检阅大会。1964年举办民兵大比武，选出9名代表出席军分区比武，有3名出席山东民兵比武大会。

1973年后，逐步增加迫击炮、无后坐力炮、高射机枪、重机枪、40火箭筒、防化学、通信、侦察等专业技术内容。1978年9月，举办民兵比武大会，162人参加，选出19人参加临沂地区军事汇报表演。1977年—1980年，按训练纲要进行，步兵每年15天，专业分队每年1个月。1981—1984年，基干民兵的军事训练改为2年一个训练周期，每个周期训练1个月，合格者发合格证书。1989年后，建起民兵训练基地1处，集吃、住、训为一体。每年训练四期，每期20天，课目有通信、侦察、高射机枪、炮兵、步兵等6个专业。

第三节　政治教育

战争年代，民兵的政治教育主要是进行打败侵略者，解放全中国等教育，和平时代围绕大政方针，结合进行国防观念教育。具体分为：1952年进行抗美援朝、保家卫国及民兵三大任务教育；1958年—1959年，主要进行“我为人人，人人为我”的共产主义教育，开展“生产好、学习好、治安好、团结好、遵守执行政策法令好”的“五好”竞赛；1960年—1961年，学习毛泽东人民战争思想、执行三大任务守则，进行“三八”作风教育；1962年，开展控诉美蒋罪行教育运动；1963年、1964年，开展政治测验和“一帮一、一对红”活动；1983年起，建立“民兵青年之家”998个，培训政治骨干6100人；1988年，开始刊授教育；1989年，举办“齐鲁杯”国防知识竞赛；1999年，根据中央军委《关于改革开放和发展社会主义市场经济条件下，军队思想政治建设若干问题的决定》，以整风精神开展“三讲”（讲学习、讲政治、讲正气）和党性、党风教育。

进入21世纪，思想政治教育工作逐步加强。2001年，深入开展学习、贯彻“三个代表”重要思想论述，深入开展了党的先进性教育。2007年—2010年，认真学习贯彻中共十七大精神和胡锦涛关于加强军队和国防后备力量建设的一系列指示精神，全面贯彻落实科学发展观要求，坚持每周五学习日制度，组织开展经常性法制教育、安全形势教育、保密教育、沂蒙精神教育等活动。

第四节　民兵作用

救护支前

战时民兵不仅为八路军、解放军带路当向导，站岗放哨，传送情报，而且还担负着战场救护伤员、运送粮食弹药的任务。在伏山口、陡沟庄、鲁南、淮海等战役、战斗中，在历次反“扫荡”、反“蚕食”和粉碎国民党军的全面、重点进攻中，全县民兵配合广大人民群众，利用山洞、地窖、地洞等各种隐蔽场所，掩护、救护伤病员。1947年鲁南战役，苍山民兵组成担架团、挑子营、小车队、牲畜队等踊跃支前，支前民兵数万人，救护伤病员数千人，抢运粮食100多万千克。特别是女民兵，她们连夜赶做军粮，再把军粮、鞋垫、花生等慰问品冒着枪林弹雨送到战壕，分到战士手中。战斗结束后，苍山民兵担负起照顾伤病员、掩埋尸体、清理战场的任务。新四军北上时，广大民兵设立兵站，准备茶水、住房，敲锣打鼓欢迎新四军。1948年，为支援淮海战役决战，每天有20万军队过境，每天需供应部队粮食数10万千克；帮助架设临沂至兰陵、兰陵至台儿庄等地的电话线路，保证电话畅通；支前民兵冒着国军飞机轰炸和风雪严寒，日夜奔走，长途跋涉，不辞劳苦，及时转送伤员、粮食，看押俘虏。

参军参战

抗战初期，各地青年民兵纷纷组织抗日救亡

组织。革命根据地建立后，积极参加区中队、县大队以及八路军主力部队。在1941年、1942年抗战最艰苦的岁月里，民兵纷纷组织武工队、游击队深入敌后坚持斗争。1943年秋，日伪在白山、长新桥安上据点，边联地区被分割成若干小块，鲁南军民开始围困战。民兵配合武装部队切断据点与外界的联系，并时常进行打击骚扰，经过几个月的围困打击，日伪被迫撤出白山、长新桥据点。解放战争时期，民兵开办地雷战训练班2期，请爆炸英雄马立训传授技术，大力开展地雷战，从拉火雷、踏火雷发展到连环雷、跳雷、滚雷等，杀伤敌人。鲁南战役中，赵镈县民兵进至台儿庄、兰陵之间担任袭击任务，成功地阻击敌人南逃。鲁南战役后，迅速掀起参军热潮，为主力部队补充力量。莱芜战役期间，国民党集中4个师重点进攻鲁南，各地民兵配合地方武装实行节节狙击、袭扰，使敌人不敢冒进，不得不采取乌龟战术，伸缩着试探前行。1947年3月，面对国民党重点进攻的严峻形势，赵镈、苍山两县民兵与村干部举行万人誓师大会，提出“区不离区、县不离县，拼上百十斤，坚持就地斗争”的口号，开展敌后斗争。同月下旬，敌一个团袭击朱流，事先埋伏配合的民兵把敌人包围在山沟，打死打伤敌数百人，缴获大批武器弹药，民兵无一伤亡。民兵配合主力部队、地方武装参战300余次，攻克敌据点百余个。中华人民共和国成立后，广大民兵发扬革命传统，每次征兵，适龄青年民兵都积极报名应征。历年适龄民兵报名率在95%以上。

维护社会治安

从战争年代开始，民兵在武装部和公安部门的领导下，实行不定期的戒严，把守交通要道，盘查行人，清查户口。一旦发现形迹可疑的人，立即进行跟踪监视，有力地打击了不法分子的破坏活动，巩固新生政权。中华人民共和国成立后，积极参加剿匪、反霸、防特、除奸、防盗、保卫农业生产、镇压反革命等活动。1950年，各区乡组织以民兵为主的百余人清剿队伍，集体住宿，实行联防哨，进行34次大的清剿活动。1951年，清剿道会门组织13个、剿匪225人，参加剿匪民兵3140人。1952年，剿匪4次，逮捕反革命分子27人，管制反革命分子304人、道首52人、特务24人、土匪匪首5人。1955年，查破反革命案件60起，500余名民兵参加逮捕押送人犯工作。1956年5月，民兵破获长城、南桥2个道会门组织，逮捕道首、道员20人。到1962年，配合公安部门破案361起，查获各种走私贩运案396起，保护集体和人民财产7.8万元；民兵建立反空降点3个，执勤民兵535人；建防空瞭望哨13处，143人。1963年—1982年，民兵长年坚持执勤，配合公安机关挖团伙、抓罪犯、巡逻护林，有力地打击了现行破坏活动。1983年—1986年，民兵参与打击严重刑事犯罪斗争，抓捕犯罪分子680人。1988年10月，三合乡民兵马会宝在执勤中与不法分子斗争光荣牺牲，被临沂军分区追记三等功。1990年，全县成立2000人的应急分队并进行应急行动演练。1991年后，各应急分队制定应付突发事件预案，每年进行1～2次演练，在完成各种急、难、险、重任务中发挥骨干作用。1997年—2005年，苍山县人民武装部先后5次紧急调动县乡镇应急分队2200余人次，参加森林灭火5次，灭火面积11多公顷（不含参加蒙山灭火面积），挽回经济损失88万多元。

第五章 驻 军

第一节 北洋政府军

1915年，北洋政府在临沂驻有山东陆军第5混成旅，苍山县境内重要镇分驻部分兵力。

1917年，山东陆军第七旅第二团（团长孔昭义）第二营驻向城，并分防卞庄、兰陵各1哨。

1925年9月，鲁军第一二六旅黄凤岐部驻向城一带。

第二节 国民政府军

第三路军第八十一师

1931年8月，国民党第三路军第八十一师师长展书堂率部驻临沂，所属第二四一旅（旅长唐邦植）、二四三旅（旅长运其昌）部分驻于苍山县境内的向城、尚岩等地。1933年7月，展书堂奉韩复榘之命率部“围剿”鲁南农民起义军，其师部一度驻向城，唐邦植旅部驻卞庄。

第二十二师六十六旅

1933年7月，国民党军第二十二师谷良民部第六十六旅（旅长李占标）接替展书堂部防务，驻临沂一带，共3个团9个营约2000人，在卞庄驻1个营约200人。

第二十军团汤恩伯部

1937年年底，国民党军队第二十军团汤恩伯部3个军5个师：第二师（师长郑洞国）、第四师（师长陈大庆）、第二十五师（师长张耀明）、第八十九师（师长张雪中）、第一一〇师（师长张珍）分驻于抱犊崮山区白山、埠阳一带二三十个村庄。

第五十一军一一四师三四二旅六八三团

1939年4月，国民党军队苏鲁战区总司令于学忠率第五十一、五十七军入鲁。第五十一军一一四师三四二旅六八三团驻甘霖、九女山、东庄、石河一带。1943年7月，于学忠部因处境艰难，不待李仙洲部接防，率苏鲁战区总部机关和第五十一、五十七军先后撤至皖北。

五十一军一一四师六三八团

1940年5月，国民党五十一军一一四师六三八团驻甘霖、九女山、东庄、石河一带。1941年制造了鲁南“四二五”“七二五”“十·二七”事变，使鲁南地区进入革命斗争的最困难时期，中共鲁南区委书记赵镈惨遭杀害。

李仙洲部第九十二军第一四二师第四二五、四二六团

1942年11月，国民党第二十八集团军总司令李仙洲率部由皖北入鲁西，欲东渡微山湖入鲁南取代于学忠。李仙洲部第九十二军第一四二师第四二五、四二六团，于1943年4月进入抱犊崮山区，大搞反共摩擦，遭到八路军有力反击，于9月初撤逃安徽。

九十二军

1943年春，蒋介石害怕东北军于学忠部日久生变，令其嫡系李仙洲的九十二军入鲁调防，其活动于边联县边界，疯狂烧杀淫掠，无恶不作。莱芜战役中被华东野战军消灭。

山东省挺进军第二十纵队

1945年1月，国民党山东挺进军第二十纵队驻临沂城西北的李家宅、花园、白沙埠、岑石、沙沟崖、棠林（今属苍山县矿坑镇）一带。司令兼山东省第三行政督察专员王洪九与日伪军勾结，划分防区、互通情况，进行反共活动。1945年2月和10月—11月，在八路军两次讨伐王洪九战役中，王洪九部几乎被全歼，王洪九只身潜逃济南，其残部200余人逃往枣庄。

山东游击第八纵队

1939年春，刘敢陈被国民党军苏鲁战区于学忠任命为战区直辖游击第八纵队司令，辖3个直属特务大队、3个支队（第二十二、二十三、二十四支队），约5000人：第一特务大队王成贵部驻埝头，第二特务大队刘家干驻芙蓉，第三特务大队赵子牛驻坊前。李子瀛支队驻横山，梁继璐支队驻峄县。

苏鲁战区游击第十纵队第三十一支队

1938年，费县南部一带地主武装民团联合成立"国民党第五战区第九支队"，李以为任司令，驻梁邱，辖3个大队。不久李以为被人暗杀，李以锦接任司令，兼任第一大队长。

1941年春，李以锦被国民党山东第三区专员兼保安司令张里元编为"苏鲁战区游击独立第二十一支队"。李以锦率部与国民党军第三四二旅第六八三团张本枝制造鲁南"四二五"事变。1943年春，曾配合国民党第九十二军袭击八路军。同年8月，李以锦公开投降日军后，被编为荣子恒伪和平建国军第十军独立旅，驻柱子以北埠下一带（今属费县）。

1944年年初，投靠苏鲁战区王洪九游击第十纵队，被编为第三十一支队。

1945年10月，在八路军讨伐王洪九战役中，李以锦部几乎被全歼。李以锦率残部逃亡枣庄，途经伏山口（今属苍山县新兴镇）被活捉，第三十一支队彻底覆灭。

第三节　人民军队

1933年7月，中共临郯县委组织领导了"苍山暴动"，集结250多人队伍、150多支枪，成立"中国工农红军鲁南游击总队"，镇压恶霸地主，开仓济贫，开展武装斗争。

抗日战争爆发后，1937年9月25日，中共中央、中央军委主席毛泽东发出"全华北党（包括山东在内），应组织发动抗日武装起义，创建自己的武装，开展游击战争"的指示。中共山东省委于10月在济南召开会议，讨论中共中央关于在山东发动人民抗战的指示，制定分区发动武装起义的计划。会后，中共山东省委和地方党组织迅速分赴各地发动抗日武装起义。苍山县境内中共党组织遵照党中央和省委的指示，认真贯彻党的路线、方针、政策，恢复、发展党组织，广泛发动群众，建立抗日民族统一战线，抗日团体、抗日武装纷纷建立，时苍山县境内抗日武装达数十支。

八路军一一五师

八路军一一五师是八路军三大主力之一。1938年3月，师长职务暂由罗荣桓兼任，之后率师部和第六八六团由晋西出发，向山东挺进。1939年春，中央军委决定罗荣桓任师政治委员。6月21日，毛泽东指示第十八集团总部：鲁南在日军"扫荡"后，局面混乱，国民党军损失很大，我应趁此机会将第一一五师师部、第六八六团和萧华纵队一部开赴鲁南，以巩固鲁南根据地，并应下放县长、区长，在可能条件下放专员，以争取政权。根据这一指示，第一一五师主力陆续向鲁南挺进。由彭雄等率领路东支队，从鲁中沂蒙山区的费县北部南进鲁南；由张仁初等率领第六八六团从邹县一带进入鲁南。8月，师参谋处长王秉璋、政治部副主任黄励率领师直属大队，从马家峪出发，于9月1日进入抱犊崮山区的大炉村。10月下旬，师政治委员罗荣桓、代理师长陈光由鲁西到达大炉。

1940年10月，一一五师师部奉毛泽东、朱德、王稼祥的命令，向中共山东分局靠拢，于11月8日抵达沂南县。

八路军一一五师教二旅

1940年10月，由独立支队第一团、鲁南支队和苏鲁支队编成。旅长曾国华，副旅长张仁初，政委吴文玉未到职改为符竹庭，参谋长何以祥，政治部主任王麓水，下辖第四、第五、第六团，活动于鲁南大部地区。1943 年春，一一五师与山东军区合并，撤销各旅、各支队番号，教二旅第五团划归鲁南军区建制。

八路军一一五师教五旅

1940 年 10 月，由活动在临郯平原地区的东进支队编成。旅长梁兴初，副旅长吴世安，政委张国华（后为罗华生），政治部主任刘兴元。下辖第十三、第十四团。教五旅编成后，不久即开往苏北地区。

八路军五团

八路军五团亦称老五团。1940 年 9 月，一一五师于桃峪（今平邑县）召开鲁南高干会议，研究扩大巩固根据地，整编鲁南抗日武装。苏鲁支队担任保卫会议安全的任务，主动向白彦西崇村东岭伪军发起战斗，一举攻下伪据点，俘敌 200 余人，保卫了鲁南高干会议的安全召开。战后，苏鲁支队正式加入八路军行列，编为五团，归一一五师教二旅建制。团长胡云生，副团长王培根，政委彭嘉庆。活动于边联地区，亦称“边联支队”。1942 年 1 月，教二旅五团划归滨海独立军分区建制，不久返回。1942 年年底，五团缩编为 4 个大队，大队相当于连。1943 年 4 月，五团划归鲁南军区建制，团长贾耀祥，政委王六生，直辖 4 个连，在边联地区坚持斗争，并负责加强根据地的政权、地方武装建设，党政军群实行统一领导。1944 年春，鲁南地区部队为适应从坚持地区作战到机动协同作战的需要，统一划分军分区及各县，以五团兼第三军分区。胡大荣任三军分区司令员，王六生为三军分区政委，原沂河支队司令王献廷为三军分区副司令员，沂河支队参谋长李华源任三军分区副参谋长。统一领导五团全部和临沂、郯县、兰陵、峄县 4 个县大队。此后边联大队、沂河独立营编入五团。泗水战役后，五团发展成 3 个营、共 3000 余人，每个营有 4 个步兵连和 1 个机枪连。1945 年，讨伐张里元战役胜利后，五团被调出三军分区，直属鲁南军区指挥，为机动团。1945 年 8 月八师成立，鲁南五团被编为八师第二十三团。从此，四处转战。

山东警备第八、九旅

第三次国内革命战争时期，1945 年 8 月组建的山东野战军第八师和 1946 年 10 月组建的第十师，山东警备第八、九旅等部队驻扎和转战于苍山县境内较长一段时间。

山东野战军第八师、第十师

1945 年 8 月组建的山东野战军第八师，1946 年 10 月组建的第十师，曾驻扎于苍山县境内一段时间。

中国人民武装警察部队苍山县中队

中国人民武装警察部队苍山县中队，其前身为 1939 年在临郯费峄边联地区成立的中共鲁南特委政治保安局警卫队和 1942 年建立的临郯费峄边联县公安局政工队。

1949 年 10 月，称为中国人民公安部队苍山县公安中队，隶属于县公安局。1950 年 10 月，改为中国人民解放军公安部队苍山县公安中队。1955 年，改称为人民武装警察部队苍山县中队，实行义务兵役制。1966 年 10 月，改称为中国人民解放军苍山县公安中队，隶属苍山县人民武装部领导。

根据 1975 年 10 月 19 日公安部、总参谋部、总后勤部《关于县市中队交由公安机关建制领导的有关问题的通知》精神，苍山县公安中队改称人民武装警察中队。同年 12 月，苍山县人民武装部将中队移交县公安局领导。

1983 年 4 月，根据中发〔1982〕30 号文件精神，改称为中国人民武装警察部队苍山县中队，隶属临沂地区武警支队，业务上接受苍山县公安局指导。其主要任务是负责看押、执勤和配合县公安局处置突发事件。

武装警察部队苍山县公安消防中队（见政法编）

第四节　反动武装

日伪军

1938年4月，侵占临沂的日军惠田部凤田大队800余人，在卞庄、向城安设据点，下设3个中队，其中1个炮兵中队。在小仲村、兰陵各安一个小队，每小队约30人，并设立伪军和警察所。孙永俊任临沂伪警备队长，配合日军守据点。1939年，伪军增占青竹等地，有一个大队。1940年，日军小池大队占据卞庄、兰陵，各有一个小队，30人。伪军增占店子、贯村、南哨、长城等据点，有2个中队。1941年，伪军增占白泉、棠林、朱屯、大仲村、南桥、前土头、二庙，共2个大队。1942年，伪军增占沂堂、老屯、神山、杨官庄、小胡子、大胡子、黄山屯、河湾、芦塘等，有7个大队。1943年，伪军增占柞城、胡庄等，增兵力1个大队。1945年春，临沂“剿共队”扩编为15个大队，二大队在九女山一带，十大队占卞庄，十二大队据城后，十三大队守庄坞，各大队约有300人。

土匪

1911年，境内土匪蜂起，张旗啸聚。12月，大股匪徒内外勾结，乘隙殃民。著名匪巢有兰陵、横山、长城、二庙、芦塘、层山、神山、磨山等35处，大小103股，数万人。著名土匪头目有王为、刘月亭、张继先、张思俭、刘守亭（外号馍馍刘）等。土匪始为抢架毙命，绑票掠钱，继而盘踞村镇，攻城焚杀，所过为墟。抱犊崮土匪东抢三百余里，其他地方匪兵混合，到处抢劫。当地百姓愤而谋自卫之术，借学大刀会御匪，大湖子村入会者最多，匪人仇之愈深。后来，土匪攻入村内，逢人便杀，房屋悉付一炬。凡遇男子，则用绳牵到村前大汪边，枪杀后分截数段，置入汪中，致使满汪血肉狼藉，腥闻数里；凡遇女子均用扎刀扎死，再以大刀劈作两半，委诸道旁；凡遇幼童，或投入井内，或扔入火中。计杀男女老幼260余人，又有避难坡外被伤者200余人，全村死伤500余人。凡属亲友，无幸免者。

还乡团

1946年7月—8月，国民党山东省绥靖统一总指挥部命令济南市政府，号召流亡在济南的县（市）长组织各县（市）同乡会、“难民还乡团”等，发给武器让其随时准备配合国民党军队进攻解放区。在山东省52个县中就组织“还乡团”26.11万余人。

1947年3月下旬，国民党军队占领鲁南后，所到之处，网罗地主、恶霸、伪军政人员、流氓、地痞等组成“还乡团”、保安队。同时，王洪九以“山东省第三行政区督察专员”的招牌在徐州、运河一带网罗、集结从解放区潜逃出来的伪、顽军残部及逃亡地主、恶霸组成“区训大队”和“还乡团”，尾随国民党正规军侵占鲁南解放区。

“还乡团”成员，大部分是从解放区逃亡的反动地主、富农、汉奸、恶霸或其子弟以及反动会道门头子、各种反动分子，其反动性很强，对中国共产党和解放区人民怀有刻骨仇恨。他们配合国民党军队进攻，大肆对鲁南人民烧杀抢掠，无恶不作，给人民群众造成极为严重的危害。

时苍山县境内先后聚集“还乡团”武装达数万人，主要有王洪九部、张思俭部、赵尔庚部、李天民部、王玉照部、孙玉明部等数百股，一股人数在数十人、数百人至千人以上。“还乡团”开始分散活动于各村，后在中共各级党组织、地方武装、武工队和民兵打击下，猬集于一些大的村庄和集镇。1947年6月—7月，苍山县武工队两个月瓦解“还乡团”1200余人。10月，鲁南军民对苍山县境内国民党军队和“还乡团”展开攻势，仅10月2日—4日毙、俘“还乡团”1000余人。1948年2月，鲁南军区第三军分区第17团在兰陵一带歼灭其“还乡团”一个大队，大队长赵尔庚被击毙。至此苍山县境内“还乡团”武装被全部歼灭。

第六章 战 事

第一节 幅军战事

清朝道光末年，郯、兰、峄、费、滕县一带连遭自然灾害，农民饥寒交迫，饿殍遍野。失去土地收成的农民，以运河漕运船工、纤夫和佣食及做小生意为生。清王朝为防太平天国进军，切断运河航运，使饥民失去生活依靠。农民以组织贩运私盐为生，又遭官府欺压、盘剥。在太平军、捻军的影响下，爆发了大规模的幅军起义。从事运河漕运船工、纤夫，经常以匹布分幅帕头，郯城、兰山境内称“幅军”，滕县、峄县境内称“棍军”。失业船工、纤夫和贫苦农民参加者日益增多。1859年5月，捻军刘天福率部2万余人进入鲁南后，促进了当地幅军的发展，至1861年幅军起义达到高潮。幅军接受初期的经验教训，逐渐走向成熟。

幅军打击的目标多是地主豪绅，没收其财粮分给穷苦百姓，深得群众拥戴。苍山县境内，幅军结幅聚众，有的占据村庄，筑城建寨，挖壕沟、立吊桥；有的凭借山势，择险筑圩。各据村寨，互为援应，抗拒清军。当时，境内幅军圩寨不下百余处。各圩寨少则数百人，多则数千人至万人以上。

幅军聘请拳师练武，生炉打制兵器，活动日盛，威震官府。官府称之“丛山深峪，隐见出没，不可计数”，“清兵孤单，不敢进战。”

苍山县境内幅军与清军进行的大小战斗数千次，著名的战斗为兰陵、涌泉、长城、仲村之战。

幅军与清军四大战役情况

表23—1

时　间	战斗名称	主战场	幅军首领	胜败方
清咸丰八年六月初九（1858年7月19日）	兰陵之战	兰陵	贾玖、王锅、于洛、邱春	幅军胜
清同治元年八月十二至二十七日（1862年9月5日—20日）	涌泉之战	涌泉	傅双刀	清军胜
清同治二年十二月中旬至二月初七（1863年2月初—3月25日）	长城之战	长城镇	刘兆青	清军胜
同治二年二月十七至三月初五（1863年4月4日—22日）	仲村之战	大仲村	孙化祥、邱春	清军胜

第二节 捻军战事

1859年5月5日，捻军刘天福等部2万余人，在峄县和今苍山县境内等地与幅军联合作战，促进了当地幅军的发展。19日，捻军骑兵数百人，进入柳树王（今属苍山县兰陵镇）、南桥、尚岩等处，沂州知府成善调县兵勇、团丁与捻军大战于蒋沟，捻军失利，遂走他处。21日，另一部捻军由兰陵、横山进入马头，意图县城。郯城知县胡明泰、外委周廷标率勇300名、民团500名与捻军火战于白马桥。马头外委仙兆岐等被捻军击毙。

1860年11月5日，捻军转移至兰山、郯城、峄县及今苍山县境内屯聚。14日，捻军与清军在郯城激战，捻军阵亡200余人。遂渡沂河向西转移，清军尾追，被捻军击败。11月下旬，捻军进入苍山县境内，与幅军联合，多次大败清军。《临沂县志》记："捻军北犯，夹城而过，火光百里。" 29日，山东巡抚文煜抵沂州督战。12月初，捻军转峄县入江苏。

1861年7月6日，捻军一部乘夜渡过运河，冲破清军副都统德楞额运河北岸防线，进入苍山县境内，多次与清军激战。10月16日，捻军张敏行、赵浩然等部转移至兰陵镇，清军追及，捻军与清军在兰陵再次血战，双方伤亡较重。后捻军遂向徐州一带转移。

1863年2月4日，捻军李成联合长枪会数千人支援长城幅军，在长城以北激战。6日，捻军赵开元部及幅军朱三岗部马步兵2000余人前来增援长城幅军，分驻于长城西北杜家堡、南桥。陈国瑞令参将郭宝昌等守营，邵法国、吴炳麒等应战。捻军、幅军援军用骑兵为先锋，突阵如飞，陈国瑞军严阵阻击，张开两翼。援军三骤三驰，马乏进退渐懈。陈国瑞旗三蔽三作，洋枪如雨。

捻军前锋将士赵开元中弹坠马牺牲，援军前队散乱，清兵从东、南两面夹击，援军北撤。此时适逢南桥幅军酋领苏克功来援，马队200余骑冲锋在前，被清军吴炳麒部击退，苏克功、苏二、苏旺等阵亡。幅军退回南桥圩寨坚守。前后激战3日之久。7日，捻军李成部联合长枪会和幅军岳相林、刘双印等部万余人，汇集于车辋等地逼近沂州府城，意求"围魏救赵"之效。

3月，捻军李成、任化邦部在鲁南幅军、文贤教配合下，转战于鲁南、鲁中一带。

1864年，捻军张宗禹、任化邦等与太平天国遵王赖文光部会合，推赖文光为首领，整编部队，采用流动战术，易步为骑。

1865年1月29日，捻军在河南鲁山大败清军僧格林沁部，以迅雷疾风之势进入山东，僧格林沁部尾追。4月初，捻军从苏北邳州入郯、兰、峄县，多次重创清军。

4月上旬，捻军一部由卞庄渡河南进，进入江苏，后迂回。5月4日，奔尚岩、向城、峄县，后转马陵山。遭清亲王僧格林沁、总兵陈国瑞夹击，遂撤至横山、兰陵，后转移峄县。

1867年10月10日，捻军马步兵2万余人聚集鲁坊一带，分三路进击清军，与清军激战。清军杨飞熊部5000人，势不抵捻军，遂撤至横山之麓，用连环炮轰击捻军，捻军三进三退，伤亡500余人，撤至坊前。清军追至，遥望捻军万余人整队围裹而来，适逢大风扬沙，清军且战且退。捻军绕横山以南截其退路，马步兵合围数重，杨飞熊部死战至下午未能突围。兰陵清镇守军出动，在镇西2.5千米处鸣鼓而进，捻军疑清援军到，遂撤走。后捻军经滕、邹、曲，奔新泰、沂水，经日照入江苏。

第三节 北洋军围歼张勋辫子军

1916年6月，盘踞于徐州一带的军阀张勋，在徐州成立北洋7省同盟，为"盟主"，不久任安徽督军，后扩充为13省同盟，勾结保守势力，阴谋策划清室复辟。1917年，张勋以调解"府院之争"为名，以"盟主"身份从徐州入京，拥清废帝溥仪复辟。段祺瑞以反对复辟为名，誓师讨张。7月12日张勋兵败，失掉徐州地盘，败退苏鲁边境又遭到北洋军队追歼。张勋所属江防营于荣先（绰号于三黑）率江防营辫子溃军进入苍山县境内后遭到北洋驻军围歼。

1917年7月中旬，张勋所属江防营于荣先率辫子军200余人溃逃，由宿迁经窑湾一带窜至马头镇。驻临沂第7旅旅长孔昭义派第1营营长颜帮带率两个营，星夜前往截击。在马头与溃军激战2小时，溃军遂向西北退却。至庄坞、学田庄等处后，继又连夜窜至神山，并占据神山村，负隅顽抗。旅长孔昭义急令驻向城第2营派队前往。分防卞庄之右哨率兵60人于23日早8点抵神山，即向溃军展开攻击。至下午2时，又从向城增援步兵两哨，配有机枪，将神山包围。激战中，第2营分防兰陵之一哨也赶到神山，合力猛攻，溃军死伤较多。时值天降大雨，溃军弃圩向西南方向溃逃，驻军追出5千米，天已黑，撤回。

次日，辫子溃军仅余50多人，行至大青山附近，被颜帮带之队围住，遂并力兜剿，经3个小时激战，溃军被全部歼灭。前后共击毙辫子军70余人、生擒30余人，缴获武器一宗。

第四节　红枪会起义

1925年夏，袁永平响应北伐，以“反奉”为口号，组织民众及收编地方大刀会500余人和侯六合在抱犊崮山区收拢孙美瑶旧部200余人，在兰陵正式建立“临沂红枪会”，反抗军阀政府。

同年7月，国民政府在广州成立后，袁永平通过多方奔走，与活动在江北诸省韩仲衡、朱霁青等国民党人取得联系，将其武装改编为国民革命军。当国民革命军在河南开封设立办事处后，袁永平等又与他们取得联系，并派一些人前往接受训练。

8月—9月，红枪会发展到1700余人。最盛时达4000余人，编为28个大队。

1925年9月，国民革命军河南第2路军军长岳文峻（岳维峻）委任李纪才为鲁督，统率大军恢复山东；委任朱霁青为国民革命军山东游击队司令，下设4个支队，其中袁永平为第1支队司令、刘敢陈为第2支队司令。同年9月30日，袁永平率第1支队和第2支队所部与军阀鲁军第126旅黄凤岐部在向城大战，战斗2小时，黄部全线向北溃逃，缴获枪支1000多支。

10月4日，袁永平率部乘胜开进临沂城，以“山东国民自治军第五路军”名义发布布告，声讨北洋军阀，安抚民心。当时，留守临沂城的山东陆军第55旅（旅长徐源泉）第3营（营长王金彪）未敢抵抗，起义军兵不血刃，顺利入城。进城后，开牢门，放囚犯，出榜安民，深得民心。后袁永平、侯六合采纳了临沂“退伍军官”钱广汉的“进言”，由钱电邀苏军（江苏的军队）白宝山来沂“共御张宗昌军”。导致苏军立派第1支队蒋毅于10月8日率部进入临沂。蒋毅窥见起义军内部存在着不少弱点，又亲眼看到临沂物产丰富，欲占临沂城为属地。他不与袁商讨共同进军方略，反提出袁军进兵泰安，光复鲁中地区。临沂的一些官僚士绅及原守军官兵开始慑于起义军的声势，未敢轻举妄动，内心却憎恨起义军，四处散布流言蜚语，迷惑群众，动摇军心。

在此情况下，袁永平、侯六合等主要头领为表明起义军为人民利益兴师，与封建军阀不共戴天，于10月18日主动退出临沂城，北向沂水方面进军。同年冬，起义军在沂水县界湖（今属沂南县）与当地地主武装发生几次激战，双方均伤亡很大。时已进入冬季，起义军转入抱犊崮山区，后回师兰陵、卞庄一带进行休整，深得当地群众支持。起义军以兰陵、卞庄为根据地，等待南方国民革命军北伐。

11月下旬，驻临沂军阀又派出近千兵力进袭卞庄，并以猛烈炮火攻击，围其东、北两面。时值浓雾微雨，袁永平、侯六合利用天气条件，精选200人潜出圩外袭击，取得一些胜利。后雾开雨霁，出袭之兵失去隐蔽，苏军看准目标开炮轰击，起义军迫近东圩，被击退。次日，苏军增加兵力猛攻，起义军据寨死守，在力不能支的情况下撤走，弃圩南去。

1926年1月，奉鲁军第11军王翰鸣部（3个旅，3000余人）进入临沂后，蒋毅率部窜回江苏。周仁寿接任琅琊道尹兼临沂县知事，翟文林任临沂镇守使。春，饥荒严重，翟文林奉令会同王翰鸣部开赴临沂南乡丁家屯（今属郯城县）一带围攻起义军。经一昼夜包围，袁永平、侯六合于次日凌晨率部突围西去，至卞庄塔子山复又被围困。起义军经数月辗转，在军阀的镇压和地主阶级封锁下，弹药告急，供应短缺，饥寒交迫，进退维谷。翟文林派员前往招抚，袁永平、侯六合迫不得已暂投翟文林，以保实力。所部1600人编为第3支队，袁永平为支队司令兼第一团团长，率兵1000余人驻青驼寺（今属沂南县）；侯六合为副司令兼第二团团长，分兵600余人仍驻卞庄一带。

红枪会起义军被收编后，同年6月—7月，翟文林令侯六合部一边清剿，一边招抚零星股匪，此后不久，侯部发生了驻临沂办事处主任袁鸿宾克扣军饷事件。袁鸿宾深知暴露后罪责重大，他恶人先告状，私投翟文林诬告袁、侯的“种种不轨行为”。适有国民革命军韩仲衡、朱霁青从河南派员不断往来于袁永平、侯六合之间联系。翟文林侦知后，即电告张宗昌，张复电“速按便宜行事”。7月23日，翟文林指令袁永平、侯六合亲来临沂领取“委任状”，并拟“晋升”。起义军官兵闻讯劝阻袁、侯莫赴“鸿门宴”，袁、侯则以为与翟“交往尚善”。

袁永平率20多名骑兵行至临沂城北俄庄时，遭翟文林伏兵截杀遇难。侯六合所带24人精锐武装人员亦被以招待名义解除武装，诱入席间逮捕杀害。袁永平、侯六合被杀害后，枭首示众于临沂城南门。

袁永平、侯六合被害后，翟文林派兵前往“围剿”起义军。袁永平部起义军闻讯后，在梁宪章、梁宪文带领下设伏，毙伤翟部数十人（毙其副营、连长各1人）、俘36人，其余溃逃。获重机枪1挺、长枪50余支。梁氏兄弟为防不测，率部遁入蒙山。翟文林多次派兵“进剿”，后双方大战于白云岩。当王翰鸣部黄旅一个团兵力围攻卞庄侯六合部起义军时，未及入圩，起义军闻讯早已撤离。

起义军秘书兼参谋长（一说任秘书兼后勤部长）王思玷当时在劝阻袁永平、侯六合暂投翟文林无效后，率领部分人员离开青驼寺，继续在沂水、沂源、苍山境内一带活动。几经与小股军阀和反动地主武装作战，后回到抱犊崮山区。9月28日，当行至孔庄（今属苍山县下村乡），王思玷被孔庄恶霸地主杜若堂部下开枪击中殉难。

在军阀多次围攻下，起义军余部即散，农民起义失败。

第五节　苍山暴动

20年代末至30年代初，鲁南地区旱、涝、蝗灾连年不断，土匪多如牛毛，兵匪猖獗，鱼肉乡里。1933年春，国民党山东省政府准备新置柞城县，决定派捐筹集资金，更加激起劳苦大众的怨恨。此时，中国共产党在鲁南地区的党组织，经过2年的发展，建立起4个区委，21个党支部，有党员350人，仅中心区就有农民协会会员6000余人。1932年5月，唐东华代表徐海蚌特委决定在磨山举行武装暴动，然而在暴动前，突然宣布因故暂停执行。磨山暴动未遂后，又计划在四哨发动郯马暴动。会议进程中因国民党员刘家干的闯入，决定停止暴动计划。再次改为在孙庄、樊家堰一带举行暴动，因敌防范严密，唐东华被捕，郯马暴动夭折。

1933年1月，中共临郯县委召开会议，总结前几次暴动未果的原因，分析目前形势，认

图23—2　苍山暴动烈士纪念碑

为是实行暴动的有利时机。4月，在尚岩小学开会，决定以国民党统治比较薄弱的苍山为中心再次举行暴动。计划以临沂县的船流为政治宣传区，郯城县的樊家堰、湖埠一带为偏师作战区，苍山为主力军事区，以苍山作为立足之地，预计可迅速聚集千余人的武装队伍，然后转移到抱犊崮山区建立根据地。6月，中共临郯县委在尚岩小学召开临、郯、邳各支部代表会议，商定暴动的十大纲领：①推翻帝国主义的统治；②没收外国企业、银行，③统一中国，承认民族自治权；④没收地主豪绅的土地，分给无土地的农民；⑤建立代表工农利益的苏维埃政权；⑧改善人民生活；⑦实行八小时工作制；⑧实行统一累进税；⑨联合世界无产阶级及苏联；⑩保障人民民主权利，建立平等的新社会。此次会议对暴动的具体计划做了全面的研究和安排，决定于7月10日发动暴动。当时来临郯地区巡视的中共山东省委临时书记张北华参加会议，并答复“暴动起来响应沂水暴动军事配合之需要”。接着郭云舫又到邳县孟家楼召开活动分子骨干会议，对暴动的路线、纪律等作具体布置。暴动前夕，郭云舫叫刘伯誉制作暴动大旗，红旗白字，当中是锄头、镰刀黄色插图。

正当接近暴动日期时，不料南路提前于5日行动，集合暴动队员二三百人，长短枪200余支，戴着红袖章，喊着口号，向苍山方面集结。7月5日晚，中共临郯县委书记刘之言得知南路提前行动的情况后，当夜召开县委紧急会议，决定6日早晨立即暴动，连夜分头准备。

7月6日一早，马瑞图、郭云舫等人搞到几支枪。7时许，刘之言等带领30多人到达苍山，在山顶竖起红旗，对空鸣枪3响，作为暴动信号。刘文漪带人直奔大圩子村地主刘三的家。暴动队员把刘三、刘二百户打死，夺取1支匣子枪，占领刘家宅院，门口挂起暴动司令部的牌子。刘文漪吹起军号。附近村的暴动队员陆续汇集而来。凡外地接头者都发给一面红旗，给个“名义”，叫他们回去扩充人马，把队伍带来。8时许，在大圩子村西空场上召开群众大会，暴动队员列队参加，周围站满群众。刘之言从农民受的压迫说到地主老财的狠毒，从中国革命讲到远大的目标，号召人们起来，自己救自己。暴动队员控诉了地主老财的杀父之仇、夺妻之恨。此时，群情激昂，宣布成立“中国工农红军鲁南游击总队”，由郭云舫任司令员，刘之言任政委。宣布成立苏维埃政府，赵叙五任主席。会后开仓放粮。下午，刘之言对暴动队员进行政治教育后，郭云舫指挥进行军事操练。南路人马会师后，也参加操练。7月7日—8日，小城东地主盛书典等乌合反动民团武装600余人，向大圩子攻击，被击退。神山地主侯树范等纠合300余人前来进攻，亦被打跑。经过2天战斗，缴获敌人3支长枪。

7月9日，躲在神山的反动地主刘七跑到临沂报告，要求派兵镇压。7月10日拂晓，国民党81师师长展书堂率唐邦植旅距苍山村七八里就排开大炮，进行轰击，圩墙被炸毁数处。天亮后发起进攻，很快逼近圩门，并炸毁南门，圩内燃起熊熊大火。中午，刘文漪率领战士沿着圩墙反击，打退国民党军队数十次进攻。他的背上受伤出血，但仍咬着牙坚持战斗。西南角炮楼被炸塌，有5人牺牲，把郭云舫压在下面，被扒出。下午2时左右，郭云舫指挥从西北门突围，发现刘文漪不省人事。郭云舫背起刘文漪，刚要躲藏时，被国民党军队逮捕。刘之言负伤突出重围后，又从秦庄向小城东前进，途中被反动民团捕获。刘之言等6人被押到卞庄杀害。暴动中有刘文漪等11名队员牺牲，2名群众被炸死。

暴动被镇压后，国民党军队进行大搜查。后来有田英、宋庆云、张星被捕杀。郭云舫被押解向城杀害。南路负责人徐腾蛟、凌云志在郯城被害。

第六节　抗日战争时期战事

胭脂山（又名燕柱山）伏击战

1938年9月上旬，苏鲁人民抗日义勇队第一总队改称直辖四团。直辖四团针对日军在临郯地区的侵略态势，决定配合张里元部卢焕彩团和何志斌团一个营及直辖一营，凭借胭脂山一带的有利地形，在临枣公路上打一场伏击战。具体部署是：国民党卢焕彩团及何志斌团各一个营埋伏于胭脂山的东、北两面；八路军四团的两个营和临郯费峄四县边联直辖一营一连，埋伏在南面；待卢团打响后，全军一齐出击。9月上旬的某天9时许，日军约600人乘汽车由西南方向开来。国民党卢团见敌势较大，竟一枪未放撤出阵地。南路伏兵待敌人快过完时，亦未听到卢团的动静，眼看战机即将失掉。边联直辖营的连长、中共党员宋荣文率领全连发起攻击。日军全力抗击。激战2小时，日军逃窜。此役，毙敌60余人，连长宋荣文等60余人牺牲，何志斌团也阵亡40多人。战后，抗日军民在北大寺举行追悼会，悼念阵亡烈士。会上群情激愤，宋荣文烈士的妻子带头参军，许多青壮年纷纷报名，要求参军报仇，很快组成60人的新连队。

图23—3　胭脂山伏击战遗址　（2010年摄）

老屯惨案

抗日战争初期，在鲁南活跃着一支以佛教会员为主体的抗日武装，首领是老屯村的王伯英。他出身于大地主，早年曾在冯玉祥部任职，回家后担任了临沂县第二区联庄会长、大刀会长、临沂佛教会长。日军占领临沂城后，屠城十余日，致天怒人怨。1938年5月下旬，王伯英联合临郯地区部分联庄会员、大刀会员数千人直逼临沂城下，20名联庄会员潜入城内，王伯英率众从西南角攻城。内应会员没等攻城开始，就率先射击朝阳寺西日军，被日军团团包围。攻城人员架云梯爬上城墙，被日军打死。后续人员见日军已有准备，撤兵而回。城内会员孤军奋战，全部壮烈牺牲。临沂一带流传着当年联庄会攻打沂州的歌曲，歌词是“日本鬼子，抢占沂州，杀人放火，扰乱不休。这口闷气，不能忍受，冲上去，狠狠地揍！直向前，别后退，我们要报仇！手榴弹，咔！大刀片，杀！大家一齐冲上沂州”。此次战斗，王伯英威望大增。当时，河北省保定有个普济佛教会，曾多次派人到延安，请求派干部到山东帮助发展佛教会。中共中央派八路军西安办事处林伯渠的副官司贺峰等到山东省委，中共山东省委支持他们发展王伯英的佛教会，开展抗日救亡，扩建抗日武装。

1938年8月，山东佛教会抗日武装——山东省农民抗日自卫总团（简称山东农抗团）在老屯成立，王伯英任总团长，司贺峰任政治委员。农抗团辖第二、第三两个团、一个独立营、一个警卫连。第二团活动于临沂册山，第三团活动于莒县。10月中旬第三团改编为八路军山东

图23—4　老屯惨案遗址　（2010年摄）

抗日游击第二支队独立营，活动于安丘、诸城、沂水、莒县边境，打击日军。以后总团开办武装骨干训练班，先后培训580人。农抗总团的发展，引起日军的注意。1938年11月4日，临沂日军300多人分乘11辆汽车向老屯袭来。正在村南给学员上课的何建华当即命令第一、第四、第五区队300余人过燕子河，向西南转移，第二、第三区队向西转移。日军驱车向西南追击，农抗团队员伤亡20多人。第二、三区队从侧面向日军发起攻击，第一、四、五区队也占据有利地形展开战斗。日军倚仗火力，炮击农抗团阵地，仅第一区队阵地就落炮弹40余发，12人牺牲，第四、五区队也有七八人牺牲。为保存力量，区队员们边打边撤，转移到孙庄。

日军失去追击目标，便集中兵力扑向村内。当战斗激烈进行时，王伯英带30多个信佛团员在其家中佛堂跪拜，祈求神灵保佑。日军在汉奸引导下破门而入，抓捕36名团员，枪杀于东门外，王伯英藏身夹壁墙内免于其难。这次战斗，除被日军集体枪杀者外，另有37人牺牲，老屯村民7人遇难。

横山惨案

李子瀛是兰陵当地有名的大地主，刁顽险诈，善于投机钻营。抗战前夕，任临沂县八区（今苍山县兰陵镇）联庄会会长。“七七”事变后，打着抗日的幌子，扩充武装实力，拉起了六七百人的队伍，号称“国民抗日自卫团”，自封团长。1940年5月25日，他以共商抗日大计为名，发出请帖，宴请中共兰陵区委和动委会的全体干部。26日，区委干部因各种原因皆未赴约，动委会主任车志远、委员陈德吾、王一鳌、孙锡九、县民主政府二科科员蒋作孚应邀前往。

图23—5　横山惨案遗址　（2010年摄）

下午3点左右入席。李子瀛方面李友德（曾任临沂县警备大队长）、李康侯（曾任临沂县民生银行行长）、王友明（李子瀛的团副）等出面待客。侍宴人由佩带武装的李子瀛的卫队充任，均把盒子枪插在腰中。过了半个多小时，忽听“砰”的一声，李友德将手中酒杯摔碎。随即，院里响起枪声，屋内李子瀛的卫队一拥而上，把动委会干部捆了起来。车志远当即怒斥李子瀛反共投敌的罪行，一个卫队队员拔出匕首割下他的耳朵，但他仍然骂不绝口。李子瀛的卫队把动委会干部押出大门，车志远走在前头，遍体鲜血淋漓。横山村群众目不忍睹，纷纷含泪关掩大门。车志远等昂首挺胸走向村外，英勇就义。李子瀛又逮捕工农青妇各救亡团体干部及抗属200余人。李子瀛以5名抗日干部的鲜血换取了沈鸿烈的8万元奖金。此后，李子瀛积极反共，投靠日军当汉奸，参与制造“四二五”“七二五”等屠杀共产党人的事件，犯下累累罪行。

雷雨口事变

1940年8月18日，雷雨口反动地主高子元、高至鲁勾结南鲁城张华荣、刘庄刘胜春、太平庄孟昭敏等反动势力，在鲁城集上殴打并抓捕临郯费峄四县边联支队二队战士数人。同时策动二大队第八中队叛变，把四五名连级干部绑至高子元处，将其活埋于雷雨口西南大路旁，制造了“雷雨口事变”。当夜，八路军一一五师后方司令部司令员邝任农立即带部队进驻埠阳，布置平叛。20日夜，八路军东进支队二大队在边联支队二大队配合下，包围了雷雨口，经半夜战斗，一举歼灭顽敌。

抱犊崮山区反“扫荡”战斗

侵华日军自1941年1月17日—19日，从济南、徐州、兖州及临沂、郯城、费县、峄县边联地区的据点，抽集兵力，以投降派王洪九、申宪武部为呼应，共纠集日伪军2000余人，向抱犊崮山区进行“扫荡”。19日，日伪军3路合击埠阳，另有敌500余人由埝头进犯长新桥，朱村、土楼300余敌进攻宝山前，梁邱之敌由高桥进犯马窝，兰陵日伪军500余人经峨山进攻大炉。敌人将抱犊崮山区四面包围，步步进逼，所到之处，皆实行烧光、杀光、抢光的“三光”政策，妄图一举摧毁边联抗日根据地。抱犊崮山区军民针锋相对，奋起反击，以坚壁清野对付敌人的“三光”政策，以分路游击、设伏粉碎敌人的包围扫荡。抗日武装和峄县支队在虎爪山和乔山之间与敌人苦战1天，肉搏3次，歼日、伪军百余人。进入宝山前的一股敌军被乡联防民兵迎头痛击，激战3小时，后狼狈逃窜。南路青山套一带抗日武装设伏，缴获汽车1辆，救出被敌人抓走的100名壮丁，夺回被抢掠的耕牛、花生、粮食、柿饼等。

“四二五”事变

1941年3月23日，在鲁南抱犊崮山区的万村，中共领导的抗日民主新政府诞生。县政府建立后，区中队、民兵自卫团、青救会、妇救会纷纷成立。抗日民主政权的建立和发展，引起国民党反动派的恐慌。1941年春荒严重，部队和机关的供应十分困难，为减轻群众负担，中共鲁南区委和鲁南军区去鲁东南，行署、各救会去邹东，一一五师去滨海移地就食。只留下中共临郯费峄四县边区县委、县政府及民兵自卫团少量武装。国民党六八三团团长张本枝妄图把抗日力量扼杀掉。4月25日拂晓，张本枝及顽匪王洪九、李子瀛、李以锦等2000余兵力，突然袭击进攻边联县根据地。张本枝用1个团包围县委驻地，并向王庄、张庄、埠阳合击。中共县委书记邸励与县长狄井芗带领机关人员，边打边撤，转移到青山套。驻万村的县大队同样受到袭击，县大队占领会宝岭，坚持战斗到黄昏，撤到青山套与县委会合。县委决定避其锋芒，然后予以回击，撤出的县、区干部及武装一律过临枣公路，向南桥地区转移，以靠近沂河三军分区与鲁南军区联系。县委率领县、区武装，党、政人员连夜向南突围，到吕家村又遭到日军袭击，县委宣传部长马驰牺牲。4月25日一夜之中，中共县委机关单位受顽军袭击22处，70余人被杀害，损失步枪200支，物资价值20万余元（北海币）。

东马山反顽战斗

1941年，国民党五十七军一一二师及五十一军张本枝团不断到处抢劫、烧杀，侵占边联中心地区的东马山、西马山、大炉、宝山一带村庄，造成抗日军民东西交通困难，并企图毁灭抗日军民。八路军在一一五师曾国华旅长的统一指挥下组成东西两个梯队，教四团、峄县支队、边联支队为东路梯队，由车庄开进，负责肃清宝山、车辋、黄山一带国民党军队；五团与一一五师教导大队为西路梯队，由界牌开进，负责收复东西马山、大小增光峪和上村、下村一带地区。八路军五团于1941年5月13日到达界牌，当日下午经50里奔袭，一营攻到孟家崖，歼灭国民党军队一个班，二营一个连抢占骨头山后，乘机袭击西马山。拂晓前，将周围制高点全部控制，国民党军队向大炉溃逃。早饭时，国民党军队以优势兵力分3路反击，企图夺回阵地。六连一排打退其3次冲锋，缴获轻机枪1挺。攻击西马山的国民党军队已占据山岭，并用2挺轻机枪疯狂射击。八路军特务连进行反击，被阻至半山坡，后退亦遭国民党军队封锁。五团用88式小炮压住国民党军队火力，经20余分钟的手榴弹、刺刀近战，把国民党军队击退。黄昏前，八路军收复西马山、黄家沟、刘花湖等，乘胜追击。次日在车辋会师。敌又以一个多团的兵力攻击，八路军主力转移到银厂，国民党军队乘机重占东、西马山。5月

15日八路军迂回打击国民党军队，将其赶走。此后经5昼夜战斗，收复边联区原有村庄，俘虏国民党军队10余人，毙伤国民党军队20余人，缴获轻机枪2挺。

反顽军王洪九部战斗

“四二五”事变后，临郯费峄边区县抗日根据地被国民党顽固派占领，抗日斗争暂时受挫。八路军一一五师政委罗荣桓指示：“边区县是南北交通要道，又是战略要地，一定要夺回来。”决定进行一次“讨逆战役”，遂调三个主力团及鲁南军区地方武装。组成讨逆军指挥部，任命教二旅旅长曾国华为总指挥，中共鲁南区委书记赵镈为政委，彭嘉庆为副政委。1941年5月16日，由地方武装人员作向导，八路军兵分两路向侵占四县边联的顽军王洪九部发起自卫反击。东路军由滨海四团、峄县县大队、沂河支队组成，经宝山前、车辋向北进攻；西路军由老五团与教导大队组成，经上村、大炉、马山向东北挺进。此后历时半月余，经马山庄、升平庄、宝山、宝和庄、康家峪、车辋等十几次大小战斗，歼灭顽军600余人。顽军残部被迫退出边联地区。

临郯平原反“扫荡”战斗

1941年10月10日，日伪一万余人采取长途奔袭和拉网梳篦战术，对临郯地区进行残酷大“扫荡”。上午8时，日伪军将鲁南专署第三行署、三军分区司令部、临沂县党政机关及老四团的一个营，重重包围在庄坞、涌泉方圆6千米的狭小地区内。抗日武装经多次冲杀，仍未突出重围，只得凭借交通沟与敌人反复周旋。10时，抗日武装和党政军机关撤至涌泉南湖，发现前面已有敌人堵截，而后面敌军又尾追不放，遂又展开激战。党政领导机关干部和八路军战士同仇敌忾，分散固守阵地，实行人自为战，用枪托、刺刀、拳脚同日伪军进行殊死肉搏。战至下午3时，终于从东面打开缺口，冲出日伪军的包围，撤至沂河以东的滨海地区。在突围战斗中，鲁南三军分区副政委赖国清、沂河支队独立一团团长颜岩、沂河支队一大队教导员崔广润等100余名干部、战士牺牲。这次“扫荡”后，临郯抗日根据地几乎全被日伪军占领，临沂县有26个党支部被破坏，中共党员从1500人减少到338人。

“十·二七”事变（银厂惨案）

抗日战争相持阶段，日军更加疯狂地进行大“扫荡”，从郑州、徐州调集万余人，采取长途奔袭、铁壁合围、拉网战术，频繁进攻鲁南平原地区，进而继续对抗日根据地进行“蚕食”，占据庄坞、层山、长城、磨山、向城、尚岩、南桥、三合、刘宅子等50多个地方，敌伪据点成片，碉堡林立。1941年10月20日，中共鲁南区委在领导鲁南平原地区反“扫荡”以后，回到山区进驻银厂村。国民党五十一军六八三团团长张本枝，处心积虑，多方寻找鲁南区委机关驻地，一面窜入根据地骚扰，进行武装侦察，一面布置密探，收买叛徒，进行阴谋策划。10月25日，国民党六八三团得知“有高级领导机关进驻银厂村”，随派侯德俊前往侦察。侯在银厂村发现有许多马匹和警卫人员及电话线，断定是首长住处，即向张本枝报告。26日，张本枝团倾巢出动，并纠集顽匪荣子恒、王洪九部，共5000余人，当夜包围。10月27日拂晓，开始攻击。中共鲁南区委宣传部副部长吕志先指挥警卫连进行反击，掩护机关干部向银厂北山突围。区党委书记赵镈本已冲出村外，忽然想起机要秘书外出，许多机密文件无人带出，为保护机密，毅然只身返回住处将机密文件销毁。敌人冲入院内，赵镈被俘。赵镈被俘后，面对敌人的酷刑拷打，英勇不屈，坚贞不渝，正气浩然。敌人技穷，于11月13日夜将赵镈杀害于九女山下。另有边联县委宣传部部长杨彬、工作人员沈奇、张恭等20余人被杀害，边联县农救会会长杨清法、鲁南公安局科长刘广全，边联县二区区长邱玉瑞等10多人牺牲。

附：银厂惨案纪念碑碑记

银厂惨案，就是国民党投降派在敌人对国民党进行诱降时期，策动东北军六八三团团长张本枝于民国卅年十月二十七日，摧残鲁南抗日民主力量的军事暴行。其目的，在于聚歼鲁南区驻边联县银厂一带之共产党八路军抗日民主政权及群众团体的最高领导机关，企图一举而毁灭鲁南抗日骨干，以造成敌为刀俎，我为鱼肉的悲惨局面。因此，我们应当肯定地说，这是对于投降派在皖南以中央大军围歼抗日有功之新四军的响应，这是嗜好屠杀同胞的张本枝率领鲁南所有反动势力，于同年四月二十五日洗劫鲁南抗日根据地的继续，这是国民党投降派在抗日过程中反共反人民，进而投降的本质表现。张逆为着随行这一破坏抗战的阴谋，曾一面事先取得敌人进攻的配合，使我作全力对敌的部署；另一面则联合东北军三三四旅、荣子恒部及苏鲁战区游击第十纵队王洪九部共五千余人，于肇事之日的拂晓前，效法敌人向我作铁筒合围。迨我以果断的行动突出重围时，方知又是反共投降派向我鲁南爱国同胞进行的一次屠戮。当场杀害边联县农会领袖杨清法及何雨田、刘广全、史川浩等外，并劫去中国共产党鲁南区党委书记赵镈、边联县县委宣传部部长杨彬、二区区长邱玉瑞及士绅许善修等。并对赵镈施以惨无人道的非刑，企图逼其吐露所谓共产党的秘密。而赵镈则以布尔什维克的坚强意志，忍受一切痛苦和折磨，并阐明共产党为国为民奋斗到底的意义，指骂投降派破坏抗战的罪行。不幸终于被愚蠢无耻的张本枝活埋于九女山前。闻者无不悲愤填胸，共洒同情之泪。而许先生也亦相继被辱遇害，抱恨千古。杨彬则被王洪九割鼻挖眼，施以宫刑后复遭活埋，其状之惨，不可想象。然而，革命者是从来杀不净的！因为存着剥削与压迫的社会是涌现革命者的源泉。鲁南失去革命的舵手赵镈，虽是不可补偿的损失，但他那为大众而牺牲的革命品质，使我们得到了感召，接受了教训，增长了智慧，并动员起更多的人民在共产党的领导之下以愈挫愈坚的精神，继承着他的意志，胜利地向着民族、民主革命的目标迈进！鲁南之师以能从分割、穷困、愚昧其不利于我的境地、转变为幅员广阔、吃饱穿暖、读书明理极其有利于我的局面，故然有赖于共产党、八路军、抗日民主政权和人民协力奋斗！但与诸先烈的忠勇牺牲也是分不开的，因为他们的鲜血无时不在滋培着革命事业的生机，为最后的胜利培育着新生的革命力量！鲁南各界人士，为了表彰坚贞，发扬正气，除呈准鲁南参议会及专团改称边联县为赵镈县，以资纪念外，尚于文峰山前建立公墓，将银厂惨案与四·二五事变殉难烈士遗骸葬于此，并撰文叙事，题名籍，安忠魂，以励来兹！

图 23—6　赵镈塑像　（2010 年摄）

图 23—7　赵镈烈士纪念碑　（2010 年摄）

附：农救会烈士传

四县边联抗日根据地是经过数年苦斗流血而筑成，我农救会在这伟大斗争中，勇往直前，前赴后继。其中，所牺牲的优秀干部尤以杨清法为范楷的诸烈士，他们忠烈的英名，将与边联根据地永存不朽！杨清法，扶邱人，为农救会创始领袖之一，死前担任县农救会长。为人刚直德慧，正义凛然，苛己厚人，英勇善战，历次领导反扫荡及反贪污、反抢掠、反屠杀的斗争，成农救会模范。争万人活命，上下交赞，威信哄传，直到1941年10月27日不幸战死于打磨山前，时年五十一岁。忠烈不屈，万众同悲。此外杨彬亦被枪杀，于十·二七惨案碑指刻心，坚定不移。颜玉牺牲于东白山，高呼口号从容就义。邱玉瑞惨遭活埋，砍手去臂略无畏惧。宋荣文领导有名的胭脂山战斗，射杀敌人五十余名后光荣牺牲。又刘力俊、刘中华、张桂春、刘广先、刘宗湘、刘德生、吴绍明、房学鲁、周凤彩、吴少义、刘广全、张福生、宋家田、袁照东等廿余同志亦历次牺牲于战场。我农救会诸位烈士不独在残刑酷审之下，在最后流血之时，顽强不屈，气节凛然且富有群众领袖之美德，抗日战士之优点，尤以杨清法为范楷，患难在前，立场如铁，团结群众，廉洁奉公，工作热烈，虚心向人，发扬了高度战斗作风，争取了社会统战模范。农救会诸烈士的死是边联抗日根据地的一大损失，使我农救会如失珍宝。当他们流了最后一滴血，万众无不悲愤下泪，其中可歌可泣的事迹，将永铭心底而不忘于世。在一九四二年十月二十七日正当度过抗日艰苦两年之际，群情悲愤，集资树立纪念碑，深刻不朽的英名，谨表向他们学习的热情，踏着他们的血迹，立誓为他们未完成的事业而斗争！

边区县农民抗日救国会

1942年10月27日

石河战斗

1942年7月，3000名日军在费县南石河（今属苍山）一带受重创。遂纠集兖州、济南、临沂、费县、枣庄等地日伪军4000余人，于8月28日拂晓，包围驻守石河一带的国民党五十一军一一三师三三七旅六七四团。战斗异常激烈。七连连长吴金贵身伤数处，仍率部与日军巷战肉搏，直至全连官兵壮烈牺牲。同年冬，立石河战斗阵亡烈士公墓碑，碑上镌刻着此次战斗经过和54位烈士的姓名。

云涧峪战斗

临沂伪军保安大队300余人，武器弹药充实，号称“临沂主力军”，在边联中心地区的云涧峪设立据点。其一个中队据守西南大山上，大队部带两个中队据守据点，向抗日根据地“蚕食”，并企图占领边联地区。1943年7月，八路军五

图23—8　云涧峪战斗

团发起夜攻，以一大队攻敌据点，二大队牵制山顶之敌，遭大山上敌人的火力射击，攻击未成，撤出战斗。次日部队分散隐蔽，用1个连诱敌、吸引火力，再以尖刀班攻入敌阵地，使敌首尾不顾。经短促激战后，敌人弃尸20余具向山下逃奔。敌人见失去依托，恐慌动摇，匆忙突围，除少数逃跑外，大部被歼。此役俘敌150余人，毙敌20余人，缴获土造88式小炮6门、步枪80余支，八路军无一伤亡。

陡沟庄战斗

1944年农历一月十五日晨，叛国投敌的伪十军军长荣子恒率部800余人进犯边联县陡沟

庄，企图为白山被围的伪军解围，并占领该村设立据点。八路军一一五师五团趁敌立足未稳，发起攻击。下午 1 时，老五团将荣子恒部包围在陡沟庄。八路军攻入圩内激战 3 小时，毙伤敌人 300 多人，敌人狼狈溃逃。八路军勇猛追击，又俘敌军作战参谋王毅及匪兵 150 余人。伪军

图 23—9　陡沟庄十八烈士墓　（2010 年摄）

长荣子恒与少数残匪化装潜逃。这次战斗共缴获机枪 17 挺，其他武器、物资一大宗，在追歼逃敌中孤胆英雄安保全创造 1 人俘虏敌人 1 个连的英雄事迹，老五团二大队副大队长邓岱林等 18 人牺牲。

附：鲁南八路军第五团烈士碑记

除暴安良，军人之天职；歌功颂德，庶民之感戴。然自古国家养兵殊多，其食民害民，反戈自向者百世丛出，确能为国舍身，为民流血者，则无比与今之八路军。国历民国三十三年一月十五日，叛国投敌之巨奸伪首荣子恒，率部千余，突破陡沟庄、思设据点。吾边区瞧类矣。幸我鲁南八路军五团闻报，为拯民于水火，风驰往救。比至冒烽烟、步云梯、登墙逾圩，勇往直前，白刃相接，流弹齐发，斯时也，日月无光，草木含愁，有虎驱羔羊鹯逐乌鹊之概。日夕，敌溃不支，乘隙宵遁，伪军长荣子恒三易其骑，皆中弹而毙，卒易服杂乱军中，跣足潜逃。惜哉！是役也，虽俘伪军过半，交获颇多，大快人心，然我军壮烈牺牲者亦有邓大队副岱林等一十八人。一方群黎悉得还乡之乐，重见天日，共庆更生，亿民数万家之生命财产何莫非诸烈士饮弹流血所争取也。民等于安定之余，谨择于二月十四日在陡沟庄开会公议，捐资建碑表扬烈士功绩于万一，聊慰英灵魂魄于地下，敬书数语勒石，俾后世之风微者，有所取考焉。

民国三十三年岁次甲申季春之日毅旦

坊前战斗

1944 年 3 月 3 日晨，鲁南军区政委王麓水到五团驻地，传达军区关于消灭李子瀛部的决定。下午，五团召集各大队干部会议，具体部署战斗任务。王麓水要求五团把李子瀛部的枪缴过来，把人俘过来，把山炮也“请”过来。这次战斗以五团为主，沂河支队配合作战。天黑后，王麓水和五团政委王六生带领部队从东白山出发，沿西泇河西岸向南疾进，沂河支队同时向横山附近的南桥进发。约 4 小时，五团赶到横山东北的新庄和西岗子。入村后，只捉到李子瀛的两个留守人员。经审问，得知李已于当晚躲到横山西北的松林子里，待部队赶至松林子又扑了空。翌日晓，确知李率部驻在沈家坊前和赵家坊前，决计五团一大队包围沈家坊前，二、三大队先攻赵家坊前，然后再一起围歼沈家坊前之敌，四大队作为预备队待命。正当八路军按部署开始行动时，李的长子率部从赵家坊前逃进沈家坊前。二大队追至沈家坊前以东，占领了围墙外东北角的十多间民房，迅速做好攻坚战准备。一、三大队分别在沈家坊前东南和西南方向，利用民房作依托，待命行动。李预感情况不妙，遂命其两个儿子率部突围。其长子带六七十名顽军妄图从西门逃遁，被五团击溃。李的长子当场毙命。其次子带一批伪军从南面突围，亦被 5 团击毙。李子瀛困兽犹斗，增加了圩寨东、南方向的兵力，企图阻止五团接近圩寨。为尽早攻下圩寨，二大队组成爆破组，政委王六生特为爆破手做示范。下午 3 时，

一、三大队对圩子进行佯攻，掩护二大队实施爆破，爆破组顺利地将圩墙炸开3米宽的缺口，战士们遂即从缺口处冲进圩子。东圩墙上的守敌见大势已去，被迫投降，一、三大队乘机利用梯子突入圩子。李部被打得七零八落，多数敌人缴枪投降，少数敌人妄图向西南溃逃。八路军乘胜追击，在城西南角一所房子门口，将化了装的李子瀛生擒。这次战斗，毙敌100多人，俘敌700余人，缴获平射炮1门，机枪18挺，步枪、手枪数百支，弹药及其他物资一宗。

徐圩子保卫战

徐圩子村地处郯城县三区抗日根据地东部前哨，村周围筑有圩墙。村民擅长生产鞭炮，因此会制造火药土炮，村上成立抗敌自卫队，有枪28支、土炮数十门，常与入侵的小股日伪军作战并取得胜利。此时村中驻有八路军郯城县大队二连100余人、区中队40余人和部分武工队员。1945年3月21日，日军1小队从邳县官湖出发去临沂，途经郯城县南宋庄时遭到群众的袭击，便请郯城日军前往救援。郯城日军300余人、伪军100余人携带钢炮、迫击炮各1门、轻重机枪20余挺，前往增援。上午10时半，日军行至徐圩子村东遭自卫队员的预伏排枪射击，日军死伤3人。日军遂布成扇形阵势将村包围，实行狂轰滥炸，霎时满村浓烟四起。抗日军民进行反击，激战1小时，打退日伪军多次冲锋，遂撤退转移。由于敌人封锁严密，突围失败。抗日军民将圩门紧闭，男女老幼，拿起钢枪、大刀，涌上圩墙，决心与家乡共存亡。下午3时，郯城三区区长任兆铎闻讯前来支援，在圩西北面与敌展开激战，胸部中弹牺牲。徐圩子军民数次击退日军的强攻。日军集中炮火将圩墙炸开1个大缺口，冲进圩内，见人即杀，连婴儿也未能幸免。打光子弹的军民用刺刀、铡刀、铁锹等，与敌巷战肉搏，共击毙日军37人、伪军数10人。八路军有45人牺牲，村自卫队有73人殉国、20人负伤。村民有40人被日军抓走，其中7人下落不明。村中牲畜、粮食及其他物资被日军掳掠一空。

“七二五”事变

1941年5月8日，一一五师政委罗荣桓指示“边联县是南北交通要道，又是战略要地，一定要夺回来”，并于5月16日开始，历经8天战斗，进行了一次讨逆战役。

讨逆战役后不久，主力部队奉命调走。受到惩罚而贼心不死的国民党投降派张本枝，与日军勾结，企图消灭鲁南中共领导机关。7月中旬，日军开始对鲁南地区进行“扫荡”，其主要目标是山区根据地和抗日军民。敌人首先在根据地边沿设立据点，增加兵力，加紧封锁和“蚕食”。根据地南边林立着日伪岗楼据点，北边盘踞着国民党东北军五十一军，根据地被夹在日、伪、顽势力中间，形成犬牙交错的局面。7月24日夜，日军和顽五十一军出动，王洪九部两个营配合，进行南北夹击。由于当晚连降暴雨，西泇河洪水猛涨，日、伪军无法过河，鲁南中共领导机关向鲁城、马庙方向转移。国民党六八三团到万村、坦上集一带扑空，并受到中共地方武装阻击，退回原地。7月25日，县委机关和县大队跟随鲁南行署向抱犊崮山区转移，当到达上村附近时，预先埋伏在此的国民党六八三团向正在转移的抗日党政机关发起突然袭击。抗日党政机关虽全力战斗，终寡不敌众，被迫边打边撤，直至云涧峪一带才摆脱敌人。此事变十几人伤亡，数十人被俘。

第七节 解放战争时期战事

“六九”突围

1947年5月底，汤恩伯纠集进犯沂蒙山区的国民党军40多个团，以及地方反动武装共约10万余人，发动“鲁南大合击”。鲁南军区武装以灵活的游击战术展开反合击斗争，先后作战45次。其中，粉碎国民党军队万人以上的合击6次、小合击11次，并乘机插入敌后，歼敌2000余人。尔后返回抱犊崮山区。6月6日，敌人从四面八方合击抱犊崮山区。鲁南军区机关、地方武装及赵镈、邳县、苍山、枣庄、峄县、费县、邹县、滕县、平邑、泗水等县的干部、民兵、军工家属共5万人被围困在云涧峪一带，形势万分险恶。7日晚，鲁南军区司令员张光中、区党委书记兼军区政委傅秋涛率领4个团掩护突围队伍避开敌军锋芒，跳出包围圈，经车辋、长新桥、卞庄到达芦柞一带，又遭到敌人南、北、西三路围攻。敌人3面兵力集结，往东是沂河。中共鲁南区委、鲁南军区当即决定向东突围，强渡沂河，进入滨海解放区。突围队伍分为二路，一路由第三军分区首长带领，经吴坦、四哨转向涌泉；另一路由中共鲁南区委、鲁南军区领导带领，经磨山、耿墩进入涌泉。

6月8日早晨，突围人员在田阳村与敌人接火，边打边走。当进至磨山以东时，天气突变，暴风骤雨夹带着冰雹铺天盖地袭来。从耿墩到涌泉有5千米的涝洼地，全是黑黏土，“干如铁，湿如鳔，不干不湿抠不掉”。突围人员连续几天行军、作战，极度疲劳，加上一天没有吃饭，举步艰难，大家相互搀扶着一步三跌地行进，走不动的即在水中爬行，终于黄昏时分到达涌泉。

涌泉、耿墩、官庄一带群众迅速全力以赴进行抢救。涌泉村妇救会会长袁明（傅大娘）发动全村，把昏倒人员背到各家安置。群众把

图23—10 “六九”突围

衣服全部献出来，姑娘把嫁衣拿出来，就连身上的衣服扒下来，仍然不够。袁明和大家用火把被窝烤热，再把伤员放进去。有的妇女甚至把伤病员抱在怀里，用体温暖活昏死的人。与此同时，他们烧汤热饭招待大家，对不能吃东西的伤员用调羹一勺勺地喂、嘴对嘴地喂，有的产妇把红糖、鸡蛋、小米拿给伤员补养身体。突围人员转移后，袁明又带领大伙四处寻找遗漏在村外的伤员。一个昏死欲绝的伤员，嘴里都已生了蛆，袁明把他抱回家抢救过来。在涌泉等村群众的抢救下，除近200人牺牲外，其余全部救活。

9日拂晓，突围队伍东进。到达栗林、柴口渡河时，敌自卫队妄图阻击，被鲁南军区的一个营歼灭。先头部队截断了临郯公路上通往临沂、郯城的电话线，左右翼两个团分别包围沙墩、华埠二据点里的国民党保安营。敌拼命突围向临沂、郯城仓皇逃窜。从上午9时至下午2时，两路大军胜利渡过沂河，穿过临郯公路，进入临沭县的岌山一带。接着渡过沭河，胜利突围。此又称“突滨海”。

鲁南战役

1946年12月宿北战役后，国民党整编第二十六师及第一快速纵队到达伏山口至卞庄一线，伺机北犯。其师部驻马家庄、第一六九旅驻卞庄、第四十四旅驻伏山口，第一快速纵队驻向城、陈桥、作字沟地区。另外，国民党整编第五十一师位于枣庄，第三十三军位于小良壁，整编第五十九师位于官湖地区，王洪九保安团驻兰陵镇。华东野战军遵照中共中央军委关于宿北作战后第二步应集中兵力歼灭鲁南之敌，并相机收复峄县、枣庄，使鲁南得到巩固，然后无顾虑地向南发展的指示，在山东军区兼山东野战军司令员陈毅和华中军区副司令员兼华中野战军司令员粟裕指挥下，决定发起鲁南战役。华东野战军以24个团的兵力阻击由涟水、盐城北犯之敌，集中27个团的兵力欲歼鲁南之

敌。战役发起前，中共中央军委在《关于战役部署问题给陈毅、粟裕同志的指示》中指出："鲁南战役关系全局，此战胜利，即使苏北各城全失亦有办法恢复。你们必须集中第一、第四、第六、第八、第九、第十各师及一纵、警备旅等部，并有必要之部署，准备时间，以期打一比宿北更大的歼灭战，第一仗似以打二十六师三旅为适宜。"根据中央军委这一指示，陈毅、粟裕对战役的实施作部署：以第八、九、十师及滨海警备旅共12个团组成右集团，负责切断国民党第二十六师与五十一师的联系，歼灭石城崮、太子堂附近地区的国民党军第四十四旅；以第一纵队、第一师共15个团组成左集团，负责切断国民党第二十六师与三十三军的联系，并歼灭卞庄、向城地区的国民党第一六九旅；尔后左、右两集团会攻国民党军第一快速纵队；以鲁南地方武装和民兵深入兰陵、峄县、台儿庄之间地区开展游击活动，袭击国民党军后方，配合主力作战。1946年12月27日，华中军区主力

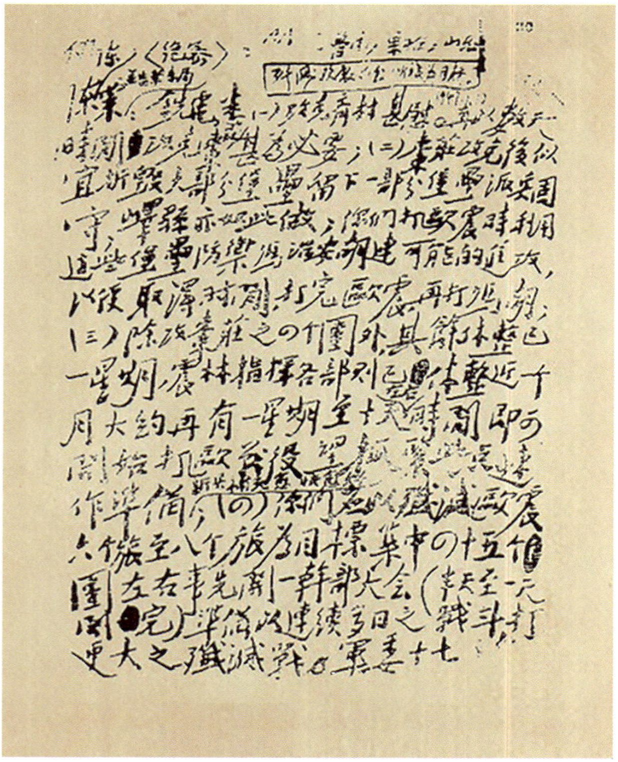

图23—11　毛泽东为鲁南战役拟定的电文手迹

自沭阳地区隐蔽北移，于1947年1月2日夜向国民党军突然发起进攻，当夜即攻占寨山、青山、塔山等要点，完成战役合围并部分实现战役分割。3日晚，解放军向敌展开全面进攻，占领敌指挥中心马家庄，全歼国民党第二十六师师部，使其失去指挥。同时攻克太子堂，全歼国民党第四十四旅。卞庄地区的国民党第一六九旅在突围中大部被歼，残部进入国民党第一快速纵队驻地。至此，陷入孤立的第一快速纵队被包围在贾头、吴家桥、作字沟之间的狭小地区内。4日上午第一快速纵队向西突围，解放军层层拦击，迅速将其压缩在下湖、漏汁湖之间的凹地内。时值雨雪交加，道路泥泞，坦克、车辆行动迟滞，人员、辎重混成一团。解放军以火烧、爆炸等方法与敌机械化部队展开搏斗，战至下午3时，除7辆坦克逃往峄县外，国民党第一快速纵队被全歼。

根据战役发展情况，中共中央军委于1月4日又发电指示陈毅、粟裕，指出第二步之行动"似以攻取台枣线歼灭五十一师、五十九师根本解决鲁南问题为最好"。遵照军委指示，解放军又乘胜扩大战果，于9日晚向峄县守敌国民党第二十六师后方机关、第一一四旅大部、五十二师一个团发起攻击，至11日拂晓全歼峄县守敌，活捉二十六师师长马励武。枣庄守敌系国民党第一一三旅及一一四旅一部，以矿区建筑物为依托，构成坚固的环形防御阵地。解放军第一师及第一纵队一部于10日完成包围，并攻克齐村。19日18时在第八师主力的参加下，对枣庄守敌发起总攻。经激烈的逐房争夺，于20日13时全歼守敌，俘虏国民党第五十一师师长周毓英。由涟水、盐城来犯的国民党军队被解放军阻遏于新安镇及其附近地区。

鲁南战役历时18天，歼灭国民党军队两个整编师、一个快速纵队，共5.3万余人，缴获坦克24辆、榴弹炮48门、汽车470辆、各种小炮400余门、轻重机枪千余挺。战役结束

后，陈毅满怀激情，挥笔写下了题为《鲁南大捷》的诗篇："快速部队走如飞，印缅归来自鼓吹。鲁南泥泞行不得，坦克都成废铁堆。快速部队今已矣，二十六师汝何为？徐州薛岳掩面哭，南京蒋贼应泪垂。"

平山之战　平山是国民党整编第二十六师四十四旅一三二团一营驻守并控制的制高点，有迫击炮2门，六〇炮1门，重机枪3挺，轻机枪十余挺。边沿有第一道防御工事，山南侧的山岗上有1个建有鹿砦、围墙和碉堡及控制全山的中心大碉堡，工事较复杂。担任攻打平山任务的是鲁南战役右集团的鲁南军区第十师第三十团。1月2日，战斗打响后，敌人拼命的固守每个阵地。突击排冲到敌山沿工事附近，一阵手榴弹就突破防线，残敌退向山顶圩子。接着，连续实施5次爆破，炸开一个缺口，但马上又被敌人堵死。突击排冒着敌人火力封锁突进缺口，控制住阵地。敌人退缩进一座地堡顽抗，爆炸手赵学生飞速冲上去，炸毁地堡，炸死守敌。投弹手陈向得只身冲到离敌10多米外，奋力向中心炮楼投掷炸弹。投弹组一拥齐上，把中心炮楼炸起火；一个炸药包，将炮楼炸垮，敌连长及守卫兵士被炸死。部分残敌逃进平山前村。解放军占领、攻克山顶圩子及南山岗。一营因动作错误，进攻平山前村一夜未克。3日拂晓，三十团调整部署，迅速完成对敌包围。9时，炮兵由平山顶居高临下轰击，八发命中，把敌东北、西北地堡及东北高楼摧毁。步兵冲锋，守敌混乱，一部投降，另一部突围被消灭。除敌营长化装逃脱外，其余全部被歼。平山之役为大部队向敌纵深进攻开辟了通道。战后，鲁南军区授予攻克平山顶的第八连为"平山连"称号。

尚岩之战　尚岩是敌整编二十六师师部的重要前哨据点，是鲁南军队通向主战场的一个"钉子"。守敌为一个加强营，配有坦克，号称"模范营"。敌据点严密按照二线至三线的火力交叉配备，筑有坚固工事，修成土墙围寨、外壕，外围设有鹿砦及突出地堡，墙上修有枪火阵地及散兵坑，以纵深独立屋构成核心工事，打开屋角筑成地堡或机枪射孔，可进行节节抵抗。村东头修一小围子，能用短促火力杀伤准备巷战的部队。担任攻打据点的是鲁南战役右集团的山东野战军第八师第二十二团，另有第二十三团三营在水沟担任阻击增援之敌。1947年1月2日晚10时，进攻连队顺利进入突击位置。接着，突击队发起冲锋。敌以暗堡火力压制并进行反冲击。一连乘机冲入村内进行激烈巷战。第二连亦投入巷战，用炸药包开路，直捣敌营部。十一连西北角受挫转到西南角突击，连续3次爆破，炸毁地堡、鹿砦，占领突破口，掩护全营投入纵深。进攻部队两个营合力猛攻。敌拼命反扑，坦克满街横冲直撞，为其步兵打气壮胆，阻止进攻部队前进。进攻部队用火力阻击，用炸药包炸，两包炸药响后，坦克扔下步兵逃出据点。在进攻部队围歼残敌时，敌师部5辆坦克前往支援，被二十三团三营截击。进攻部队加紧攻击，甲等战斗模范马士清连续5次爆破，炸毁敌最后一座堡垒，冒着炮火冲进去，敌人胆战心寒，11挺轻、重机枪全部哑火，敌机枪射手悉当俘虏。残敌见大势已去，缴枪投降。除敌营长带10人逃跑外，余敌被全歼。

攻克塔山　1947年1月2日20时，鲁南战役左集团山东野战军第一纵队第二旅向卞庄外围的塔山、代村、大新庄等地发起攻击，大炮向塔山急袭，山顶闪着片片火光。接着发起冲锋，四连突击排占领南面山脚下的寿圣殿，六连也冲上北面山头，把敌人压上塔山顶。几声巨响，炸开鹿砦、铁丝网。凌晨2时，数十挺机枪掩护进攻部队从东、西、北三面攻击。在接近工事时，遭敌密集火力及排子手榴弹阻击，数次攻击不能奏效，形成对峙。天亮后，敌人用东、西、南三面炮火进行轰击，卞庄之敌向塔山增援。攻山部队顽强坚持，待机前进。野战军炮火再轰山顶，卞庄援军亦被击溃，攻山部队再发冲锋。敌前沿鹿砦、东首庙墙相继破缺，先头已冲进缺口，敌纷纷溃逃。已经负伤的指导员朱浩率部出击，刚过鹿砦又受重伤，士兵们奋不顾身，拥上山顶，全歼守敌。

太子堂围歼战 太子堂在鲁南战役中是敌军占据临枣公路的重要支撑点。守敌为国民党整编二十六师第四十四旅旅部、两个团部、两个步兵营、一个炮兵营。1947年1月2日晚，鲁中军区第九师一举攻克太子堂外围的制高点石城崮、青山、北大窑。1月3日，防守东新兴的一连敌人，在坦克掩护下逃去，失去屏障的太子堂就完全暴露在攻击火力下。3日晚，发起攻击。新兴之敌被二十七团打得逃之夭夭。二十五团在凤凰山扑空后，转攻三里庄。十团从太子堂村西进攻，曾冲进围墙，遭敌猛烈阻击，被迫撤回。敌人向太子堂收缩，妄图据此固守。陈毅司令员电催，要求坚决拿下太子堂，将守敌歼灭。3日晚10点，鲁中军区第九师二十七团、二十五团迅速增援太子堂进攻。鲁中军区参谋长张仁初重新组织对太子堂的攻击。1月4日凌晨3时，鲁中军区炮兵团集中4门山炮、2门步兵炮和4门迫击炮向太子堂轰击。二十五团从东北角突击攻进，与敌巷战。突围之敌在西门外被十团全歼。十团二营攻入村后，与敌逐街逐屋进行争夺。二十七团亦突入。4日6时许，二十五团、十团在太子堂西会师。守敌1000余人被全歼，敌旅长蒋修仁及副旅长被打死，4名副团长被活捉。缴获山炮8门。

攻占马家庄国民党整编第二十六师师部 国民党整编第二十六师师部驻地马家庄，由其五〇五团残部、一个警卫营及一个野炮连守卫。

1947年1月2日，山东野战军利用连日阴云、能见度低、飞机无法援助的天气，发动猛攻。不久，进攻部队如钢刀利剑把敌整编第二十六师的一字长蛇阵斩成数段，使其首尾不能相顾。敌军惊慌，呼救竟用明码，指挥犹豫，下属无措。当晚，山东野战军第八师二十三团（原老五团）从郭村向西凤庄奔袭，其第1营担任主攻。经过激烈战斗，第二十三团在团长陈士法、政委王六生率领下，全团拥进圩内。第三连连长轩广胜率突击排炸院墙、穿庭院、冲胡同、毁地堡，冲杀到敌整编第二十六师师部门前，展开肉搏战。二十六师除敌副师长曹玉珩、参谋长郑辅增跑回峄县外，大部被歼。1月4日拂晓，第八师第二十三团占领马家庄。

王家庄狙击战 华中野战军第一师第一旅与鲁南军区第十师在王家庄、小仲村设下阵地堵歼逃敌。阵地前构筑坚固工事和防坦克壕，坦克必经之路埋放地雷、堆集柴草，设反坦克支撑点，炸药包、手榴弹捆均已摆放整齐。1947年1月4日8时许，敌一个团开始进攻，其两个营被歼灭，余部缩回。不久，天下起雨雪，泥土黏胶起来。敌快速纵队一部以坦克为前导，汽车、步兵随后，蜂拥而来。坦克边打边进，300米、200米、100米。解放军的各种反坦克火器齐发，第一、第二团侧翼猛攻，把坦克与步兵切断。被击毁的先头坦克堵路，后面的坦克、汽车慌忙下路，窜进田野沼泽地里，陷入泥泞中。只听见发动机轰响，就是不见动弹。各打坦克分队乘机爬上坦克，炮塔旋转把人摔下。动作快的奋力掀开坦克顶盖，投进集束手榴弹，“轰”的一声就把坦克炸毁。部分敌坦克冲破堵击继

图23—12　位于马家庄的国民党第二十六师师部旧址（2010年摄）

续前进。堵击部队就点燃熊熊烈火，阻击前进。同时，依托阵地、村庄，用火力分割坦克和步兵。鲁南战役左、右2集团部队，从四面八方猛压过来，把逃敌打得前后无路，左右被夹，乱成一团，纷纷放下武器，成群结队投降。战至下午3时，除7辆坦克逃走外，其余全部被歼，俘敌2784人，缴获7辆坦克、大批汽车及山、野炮等。

戴家村狙击战　刚刚结束马家庄战斗，在向城、马家庄一带待命的滨海警备一团接到追击敌人的命令。其第二营飞速赶到戴家村。突然一梭子机枪弹从村内射出，二营迅速进入战斗。敌轻、重机枪、冲锋枪火力压得难以抬头，敌炮弹乱炸，阻击部队有人牺牲，有人负伤。二营交替掩护转移到一块坟地和已经荒废的抗日沟内。此时大雾散尽，露出光亮，看到40余米外有一村子，设有围墙及4座小炮楼。侦知敌为一个团左右的兵力。王营长带领两个连迂回到村西南面堵截敌人。敌人为夺取生路，集中火力猛攻，几百个人冲上来。“打！”一声令下，几十颗手榴弹飞进敌群，炸得敌血肉横飞。敌人重新组织进攻，各种美式炸弹、炮弹、子弹一齐倾泻过来。顿时，阵地被烈火硝烟所笼罩。敌众我寡，压不住敌军火力，敌人已冲进阵地。牟连长急忙抄起机枪冲入敌群，吓得敌人鬼哭狼嚎，一窝蜂地倒退。此时，一颗炮弹夺走牟连长的生命。连长的牺牲更加激怒了全连的仇恨，虽然伤亡很大，但个个奋力厮杀。第五连亦冲入敌群，拼上刺刀。第四、第六连用火力织成一道火墙，五连从敌侧后冲锋。敌军见突围无望，举手投降。此战，滨海警备一团以一营兵力全歼国民党整编第二十六师四十四旅一个多团。

糖稀湖围歼战　糖稀湖又名漏汁湖，位于新兴乡东南部，是大片沼泽地，南北5千米。鲁南战役时，湖里纵横交错着许多水沟。平时地面很松软，经雨水、雪水浸泡后，全是泥浆池。1947年1月4日，被华东野战军包围在陈家桥、迦头、作字沟地区的国民党第一快速纵队及整编二十六师残部欲战无力、欲退无路、欲救无援，惶惶如惊弓之鸟。清晨，下起淅淅沥沥的小雨，继而又飘起纷纷扬扬的雪花。此时，在峄县城内的国民党整编二十六师师长马励武命令第一快速纵队及整编第二十六师残部向峄县突围。

上午10时左右，困守之敌开始脱离陈家桥、作字沟等阵地向西突围。第一快速纵队走中路，第一六九旅残部走南路，第四十四旅走北路。华东野战军分多路出击、拦击。华中野战军第一师第一旅与鲁南军区第十师在寨山以东的王家庄、小仲村一线阻击敌先头部队，山东野战军第八师由马家庄下南，鲁中军区第四、第九师由太子堂南下，华中野战军第一师第三旅由作字沟北上，第二旅经小仲村西北迂回敌军坦克、汽车部队。六路部队奋勇向前，齐心协力阻击、追击、堵击、截击、围歼，驻陈家桥的第一快速纵队步兵第八十旅第二三九团及二三八团一部，刚突出村子被歼灭。野战军各部飞速追赶，勇猛穿插，分段围歼，迫使敌人沿下湖、漏汁湖一线奔逃。各部队紧缩包围，把敌人逼进漏汁湖。

慌不择路的敌人坦克一进入漏汁湖，整个履带陷入淤泥里，光“嗡嗡”，就是不能动弹，越陷越深。敌步兵呼天号地，到处乱跑。敌人虽然混乱，但仍以坦克、大炮射击。围歼

图23—13　被我军歼灭的第一快速部队坦克营

部队奋勇冲入敌阵，与敌短兵相接，近战格斗。仅几个小时就把美蒋合建、由美军装备训练、蒋纬国苦心经营、号称“国军精锐”的第一快速纵队打成瞎子、聋子、瘫子。逃到漏汁湖及附近的敌军均遭到围歼。敌4000余人逃到新兴附近时，被10发炮弹击中，炸得四散奔逃。

数千名敌步兵簇拥着坦克、汽车向刘庄逃窜，被82炮、60炮、重机枪等集中打击。围歼部队飞速追赶逃窜之敌，地烂泥泞，许多人跑不动，一名副旅长带头冲锋。针对敌军的惊恐心理，战士纷纷喊话令其投降。顿时，原野上响起一片缴枪声。一群群的敌人举手投降。敌整编二十六师第一六九旅副旅长丁子夫、第一快速纵队的两个副团长以下2000人举手投降。

图23—14　缴获的战车

下午3点，敌坦克一部冲击华东野战军的一个排阵地，离前沿15米时，全排集中火力阻击，坦克被击中倒入泥沟，卡车被打着火。有40多辆卡车想跑，被两个营围住，在围歼战中，战斗英雄陈兆仁所带领的通讯班创造了缴获枪支的最高纪录，计获轻机枪18支、汤姆式枪25只、加拿大冲锋枪20支、步枪30余支。围歼战从1月4日10时开始到下午3时结束，国民党第一快速纵队除7辆坦克逃往峄县，其余被歼；整编第二十六师残部除900人逃往峄县外，余者被歼。

附：临城劫车案

北洋军阀时期，孙美瑶带领“山东建国自治军第五路军”（1920年4月由孙美瑶胞兄孙美珠组建。1922年7月孙美珠在西集一次遭遇战中被官军所杀。孙美瑶被推举为司令）据守抱犊崮山区，时约2700余人，与官府对抗。

1923年春，北洋政府派兵进剿，将抱犊崮围困。在紧急情况下，为摆脱困境，5月6日晨2时50分，孙美瑶率部1000余人在津浦铁路沙沟至临城（今薛城）之间（距沙沟4千米、距临城10千米处）毁轨，将由浦口开出的北上第2次特快列车逼停，有乘客100多人，其中美、英、法等5国外籍男女乘客26人（英国人罗斯门被打死）被掳往抱犊崮，制造了震惊国内外的“临城劫车案”。

8日，北洋政府总统黎元洪下令将山东督军田中玉、省长熊秉琦交陆军、内务两部议处，所有肇事地点文武官吏均即先行撤任听候查办，并责成该督军、省长迅速将被掳人等先行设法救回，务令安全出险。

13日，北京政府代表交通总长吴毓麟、山东督军田中玉及美国安特生（曹锟私人代表）、交涉员温世珍（齐燮元的代表）在枣庄和孙美瑶、郭其才见面。协议官兵后撤15千米，解除抱犊崮之围后，即释放被掳外侨；军阀政府方面并允收编“匪兵”为官军。

17日，北京政府撤出进剿军队，解除了抱犊崮之围后，孙美瑶变卦，拒不交人，并向田中玉提出更高条件。21日，官军再度包围抱犊崮，严密封锁。25日，孙美瑶见事态严重，请被劫美侨鲍威尔下山向山东督理郑士琦要求重开和议。但因条件不洽作罢。该日，官方侦察机两架飞往抱犊崮侦察，孙美瑶震惊，再度请鲍威尔下山磋商。双方经断续进行一个多月的谈判，于6月12日达成协议，被掳“外票”全部获释，“华票”24日释放。

6月下旬，孙美瑶部被正式改编为山东新编旅，孙美瑶为旅长，郭其才、周天松为团长，指定郭里集为其驻防地。7月8日，被招抚的孙美瑶旅由山东督理郑士琦派员点验成军，全旅共2700余人，归郑士琦管理。孙美瑶通电宣布所有未释旧票悉数交郑释放。

12月16日，孙美瑶与鲁督派往枣庄监视孙部的稽查新军执法营务处处长吴可章发生冲突。吴急密电请郑士琦派兵。当日，郑士琦派大队人马赶赴滕县，并急电兖州镇守使张培荣相机应付。17日，孙致电郑表示认过，郑复电抚慰，风波暂平。

19日，张培荣奉郑士琦密令，在枣庄中兴公司以调解孙美瑶与吴可章冲突为名，将孙美瑶诱入宴会，当即捕拿，就地处决。同时被杀11人，孙之兄孙美松逃走。23日，郑士琦印“免死证”2500张送枣庄分发孙部，将该旅2000余人缴械，资遣回籍。

第七章　兵　役

第一节　兵役机构

民国时期，国民党政府兵役机构，由地方政府承办，设有征兵局，地方各级军政长官兼任征兵官。1937年“七七”事变后，省设师管区筹备处，区内设若干个征兵事务处。1946年鲁南师管区（先驻临城，后兖州）司令官孙鸣玉，辖莒县、峄县、济宁3个团管区。峄县团管区，辖峄县、临沂、郯城、费县、滕县5个县。1947年年初，在鲁南师管区征兵额1.16万人，远没有完成。由于兵源不足，原按比例抽丁及独子缓征的规定也无形中被取消，代之以“拉丁”“抓丁”，最后发展到壮丁可以买卖。有钱人贿赂乡、保长出钱买壮丁顶替；贫苦百姓远逃他乡“躲壮丁”，有的以钱替役“卖壮丁”。后为扩充军队，直接采取强迫、抓丁以应战时急需。

苍山县境内中国共产党领导的人民政权军事机构始于抗日战争时期。

1942年9月建立的临郯费峄边联县、临沂县人民武装委员会和1945年8月建立的赵镈、临沂和兰陵县人民武装部及各县抗日民主政府武装科为人民政权兵役机构。人民武装兵员征集，建立在动员和自愿基础上。各级党组织、民主政府发挥工、青、妇群众团体组织作用，宣传、动员广大青壮年参军。广大青壮年在中共各级党组织、政府号召下，为抗日救国，踊跃参加八路军。

第三次国内革命战争时期，苍山、赵镈、兰陵县的广大群众通过土地改革，更加热爱共产党，广大青壮年为“保家、保田”，反击国民党军队内战进攻，掀起参军热潮，踊跃参加人民解放军。

中华人民共和国建立后，兵役工作由军分区、县（市、区）人民武装部和区、乡镇（公社）武装部承担。1954年—1960年，县人民武装部改称兵役局。

苍山县的兵役机构，是历届人民武装委员会（人民武装部为武委会的执行机关）。1956年，县以上人民武装委员会改称各级兵役委员会，各级党委书记或副书记任主任，各级人民政府、人民武装部的负责人任副主任，吸收有关单位、部门负责人参加、领导兵役工作和民兵建设。兵员征集期间，在县兵役委员会的领导下，抽调公安、教育、卫生、民政、劳动及群众团体负责人建立办事机构，协助武装部领导、组织征兵工作。

1960年春，兵役委员会改为民兵工作组。1962年民兵工作组又改为人民武装委员会。“文化大革命”期间，武委会的工作制度被搁置。1979年3月，中共山东省委发出的《关于恢复省委和地市县委人民武装委员会的通知》，恢复了县以上各级武装委员会。

人民武装委员会的名称虽几经变化，但作为领导、实施征集兵员和民兵建设的领导机构一直未变。

1994年11月29日，国务院、中央军委发出《关于成立国家国防动员委员会的通知》，根据通知要求，县以上地方各级国防动员委员会与同级党委的人民武装委员会一个机构两块牌子。

苍山县为保证征兵工作任务的圆满完成，县成立以分管县委副书记或副县长为组长，人武部和县委、县政府办公室及有关部门主要负责人为成员的“征兵领导小组”，下设办公室。办公室以人民武装部为主，从地方抽调县公安、教育、卫生、民政、交通、共青团、妇联等部门人员组成，办公室主任由兵役机关或地方一名领导担任。一般组成秘书、宣传、体检、政审4个组，具体负责搞好年度征兵工作。

第二节　兵员募征

1723年，清兖州镇总兵官直辖本标中、右营，兼辖台儿庄、沂州等守营。时驻在台儿庄、沂州等地绿营兵各营都在苍山县境内招募过兵员。

1894年，清廷派员赴沂州一带招募壮丁4个营，以加强埕子口（与大沽口相望）防御。1895年3月，募集5000人。同年12月，袁世凯接练新军，为扩充势力，便“遣副将吴长纯等分往淮、徐、鲁、豫各处，开具格式，选募壮丁”。1900年，袁世凯查山东现存勇队“营制纷杂，号令不齐，散乱无纪，有类乌合”，遂奏朝廷将山东各营“汰其疲羸，去其冗碎，添募归并，依次编伍，增立一军”，即武卫右军先锋队。此编练募集了大批壮丁编成20营，计1.47万人。在其兵员招募期间，苍山县境内，特别是北部山区为数不少的青壮年因生活所迫被招募当兵。

北洋政府基本上沿用了清末新军的募兵制，实质上是强抓硬拉。

国民党政府兵员募征，前期实行募兵制，招募了大量壮丁扩充军队；山东省主席、第3集团军总司令韩复榘在山东推行的兵役制，仍沿用北洋政府的办法，实行招募制。韩复榘入鲁仅3个师兵力，后来发展到5个师1个旅的正规军（约7万人）和5路民团军（约3万人）庞大武装力量。其扩建补充军队，主要是招募壮丁和收编土匪、游杂武装，其次是从联庄会、自卫队中征补。后期实行兵役法征集，实际上采用强迫征集和武装征集。

在中国共产党领导下，苍山县境内先后实行过志愿兵役制、义务兵役制和预备役制等人民兵役制度。

志愿兵

1933年苍山暴动，当地劳苦大众自愿拿起武器，跟定中国共产党进行武装斗争，迅速集合250多人的队伍。抗日战争爆发后，尚岩、宋庄、兰陵、涌泉等地群众纷纷拿起武器，组织武装，进行抗日救亡运动。1938年9月，抗日军民在北大寺举行悼念燕住山阵亡烈士大会，青壮年群情激奋，报名参军。宋荣文烈士的妻子带头入伍。1939年9月八路军一一五师到达大炉后，经过多次整编，许多参战民兵由区、县地方武装，升编为八路军主力部队。1944年经过土地改革，翻了身的广大民众形成参军、参战的热潮。入伍者及其家属视参军为光荣，“一人参军、全家光荣”成为时尚。每次参军都有披红戴花、父送子、妻送夫及广大群众敲锣打鼓、鸣炮奏乐的热闹欢送场面。1945年10月，赵镈县几天参军500人，编为1个大队，加入主力部队。同年有1593人参军。此后，苍山人民为了革命的胜利和自身的解放，好男儿勇赴战场，杀敌逞英豪。1946年参军3186人，1947年4779人，1948年7965人。抗日战争和解放战争共有2万余人自愿参加人民军队的行列。1950

年抗美援朝，全县有2000名热血青年舍小家、顾大家，毅然参加中国人民志愿军。

义务兵

1955年《中华人民共和国兵役法》颁布实施。兵役法规定：年满18岁至25岁的青年，都有服兵役的义务。同年冬，征集首批义务兵921人。自此，每年冬季征集义务兵1次。而1961年至1964年和1978年，每年夏、冬各征集1次。

从1958年起，从应届初中毕业生中选拔飞行员，每年夏季进行，1966年停止。1972年，苍山县开始招收少量女青年服役。1974年开始，从应届高中毕业生中选拔飞行员。1987年后，招收飞行员工作纳入国家普通高等学校统一招生计划，由国家教委、公安部、总政治部统一部署，分别由海、空军组织实施，地方承担招收飞行学员的单位予以积极协助。

兵役登记

苍山县自1984年后，每年7月—9月初，在全县对当年12月31日前满18岁的男性公民进行兵役登记。1996年6月，苍山县发出《苍山县人民政府兵役登记通告》，规定了兵役登记的一些事项。

预备役

清末，预备役制度开始建立。国民政府于1933年6月颁布的兵役法规定实施预备役。中华人民共和国建立后，于1955年建立预备役登记统计制度。每年把符合预备役条件人员分别编入一类预备役、二类预备役和预备役军官。“文化大革命”中，预备役登记统计工作暂停。1980年恢复预备役制度，重新进行登记统计工作。根据总参谋部编印的专业技术号码，对符合服预备役条件的复退军人进行登记、建卡、立档。1981年把预备役组织、人员调整，结合民兵组织整顿每年进行1次。1986年，全县预备役登记为8376人，其中技术兵1993人，普通兵3383人。1993年8月3日，苍山县预备役学校在职工中专开学，第一期学员200人。预备役学校开办两年，共举办6期，培训学员1200多人。

1990年，实行预备役军官登记和预备役军官军衔制度。1989年—1996年，转业军队干部由县人民武装部进行登记、统计后，重新评定预备役军官军衔。1996年10月7日，组成由县委、县政府、县人武部和县组织人事等部门的负责人参加的“苍山县评定授予预备役军官军衔工作领导小组”。

第八章　国防教育

第一节　法制宣传

苍山县在全民国防教育工作中，全面贯彻落实《中华人民共和国国防法》《中华人民共和国国防教育法》和《山东省国防教育条例》，做到在县委、县政府会议中有国防教育议题，人大会议中有议案，政府报告中有专题内容，县报、广播、电视中有国防教育专题栏目。在全县300多所中小学校开展国防教育课程。在民兵政治教育、业务培训中抓好国防知识的学习。在民兵“部、室、家”建设中，订阅各类报刊读物，开展国防教育活动，组织国防知识竞赛。

1997年4月18日—5月10日，《中华人民共和国国防法》颁布后，苍山县结合迎接香港回归祖国，全县组织开展学习、宣传《中华人民共和国国防法》活动，组织进行“强我国防，兴我中华”国防知识竞赛活动，参与人数达到全县总人口5%以上，竞赛题答卷6.3万多份。当年，县委书记蔺景何、县人武装部政委徐海茳被山东省国防教育委员会表彰为“国防知识竞赛先进个人”。

1998年，苍山县组织开展10万人参加的纪念《中华人民共和国国防法》颁布一周年国防知识答题竞赛活动。

2001年4月《中华人民共和国国防教育法》颁布后，在全县300多所中小学校中开展轰轰烈烈的国防教育活动，5万多名学生参加国防知识演讲竞赛。同年9月15日，在全国第一个“全国国防教育日”活动中，苍山县由宣传、武装、民政、教育、群团等单位组成国防教育活动领导机构，运用《苍山县报》、电视、广播、宣传车大力宣传，人武部政委崔成兵就“国防教育日”作专题电视讲话。人民武装部印发国防知识竞赛题5万多份，并在主要街道设立国防教育知识咨询服务站，解答群众有关国防知识的咨询。在县城主要街道悬挂国防教育过街联，向行人发送国防宣传材料5000多份。同时在18个乡镇、县城6个主要公共场所、7所中小学、10家大型企业单位设置了人武部统一设计制作的国防教育宣传专用栏。

全民国防教育宣传中，神山镇党委、政府组织500多名学生参加的锣鼓队，走街入村宣传国防法规，在中小学校中开展国防知识竞赛。并拨款8万多元为全镇民兵开展国防教育，订阅各类民兵报刊，使国防教育工作搞得扎实有效。2001年4月，中共神山镇党委书记张贵富被临沂市国防教育委员会表彰为“关心国防建设十佳人物”。南桥镇宋疃村31岁青年民兵周忠举为宣传国防教育法，当起义务宣传员。他用一辆独轮车、一面国旗，几幅标语、一顶帐篷，一套音响、两筐宣传材料，从家乡启程进郯城，入台儿庄，过枣庄、滕州、泰安、莱芜、济南，到天津、北京，用双脚丈量老一辈革命之路，用实际行动宣传国防知识，受到人们的赞誉。2001年9月，苍山县人民武装部政委崔成兵被山东省军区表彰为“国防教育先进个人”。

2002年，在“国防教育日”活动中，人武部印制《中华人民共和国国防教育法》1000本，分发国防教育委员会成员单位和基层乡镇武装部及部分学校，并印发5万份国防知识竞赛答题，发放到各乡镇民兵和学生中。县国防教育委员会同时安排宣传车辆深入乡镇、村庄开展国防知识宣传。同年5月，苍山县国防教育委员会被山东省国防教育委员会表彰为“宣传国防法先进单位”。

2005年3月，中共苍山县委、县人民政府、县人武部以苍发〔2005〕3号文件，将县国防教育委员会与县国防动员委员会合并，其成员单位纳入县国防动员委员会，以领导、组织全县国防动员、国防教育工作。

第二节　教育基地建设

苍山县是山东革命老区之一，革命烈士纪念建筑物较多。苍山县境内1944年中共鲁南区党委、鲁南区行政专员公署在文峰山建立革命烈士陵园（后改称鲁南革命烈士陵园）。中华人民共和国建立后，中共苍山县委、苍山县人民政府重视和加强国防教育基地投资、建设，先后投资新建、维修鲁南革命烈士陵园、苍山暴动纪念馆、八路军一一五师政委罗荣桓办公旧址、赵镈烈士办公旧址、陡沟庄烈士陵园等10多处革命烈士纪念建筑，为全县人民群众的国防教育，特别是革命传统和爱国主义教育提供了良好的场所。每年清明节、国防教育日和党团员入党入团仪式、老党员重温入党誓词和有关战役战斗纪念日以及有关学习班开学典礼、青少年学生的政治教育活动等都前往革命纪念建筑场所，接受革命传统和爱国主义教育。

苍山县革命烈士纪念建筑场所，每年接待来自临沂、泰安、济宁、枣庄、徐州、邳州、日照等地和外省、市、县机关党员、干部、企事业单位的职工、学生及人民群众达20多万人次。

鲁南革命烈士陵园（见综合政务编民政一章）

罗荣桓办公旧址

八路军第一一五师政治委员罗荣桓办公旧址，位于苍山县抱犊崮腹地的下村乡驻地东北8千米处的上大炉村，占地面积260平方米、建筑面积75平方米(为石墙草房4间)。1939年10月—1940年11月，一一五师司令部设在大炉村，罗荣桓在此处办公、居住，领导抗日军民创建、发展和巩固了以抱犊崮山区为中心的鲁南抗日革命根据地。罗荣桓办公旧址，是历史的丰碑，记载着八路军第一一五师政委罗荣桓、代师长陈光等老一辈革命家在抗日战争时期的光辉业绩。

罗荣桓率一一五师司令部进驻大炉历时1年多时间，为抱犊崮山区抗日根据地创建、巩固、发展和鲁南地区抗战的胜利建立丰功伟绩。

中华人民共和国成立后，中共苍山县委和苍山县人民政府十分重视重要革命遗址的保护工作，将罗荣桓办公旧址的房屋恢复原貌。

1985年10月，全国人大常委会委员、罗荣桓夫人林月琴专程赴下村乡大炉村看望大炉父老乡亲和察看罗荣桓办公旧址。

1991年，苍山县人民政府将罗荣桓办公旧址公布为县级重点文物保护单位。作为一处革命纪念地，已成为广大青少年、学生、群众进行革命传统和爱国主义教育的良好场所。

赵镈办公旧址纪念馆

位于苍山县车辋镇前银厂村，占地面积500平方米，建筑面积50平方米。

1941年10月中旬，中共鲁南区党委书记兼鲁南军区政委赵镈带领鲁南区党、政、机关在反“扫荡”后进驻银厂村休整。10月27日夜，以国民党军队第五十一军第六八三团团长张本枝为首的顽固派纠集5000余人，突然包围银厂村，一手制造了“银厂惨案”(亦称“十•二七”事变)。当时赵镈已冲出包围，当发现党的机密文件没有带出，当机立断让其他同志先撤退，自己只身返回销毁文件。在准备再次突围时不幸被捕。同年11月13日赵镈被国民党顽固派活埋于九女山。

中华人民共和国成立后，为纪念赵镈烈士，对其办公旧址进行保护、修复。1990年6月，中共苍山县委、兰陵美酒厂投资10万元，在赵镈烈士办公旧址院中建起2米高的花岗岩赵镈雕像一尊，重新修复了纪念馆，征集、充实赵镈办公用品及生活用具，修建院墙，并在院中竖立了赵镈办公旧址纪念碑一座。

每当清明等节日来临，前往赵镈烈士办公旧址瞻仰、缅怀革命先烈的干部、学生、群众络绎不绝。赵镈办公旧址已成为国防教育的良好场所。

陡沟庄革命烈士陵园

陡沟庄革命烈士陵园，位于苍山县大仲村镇陡沟庄村。陵园占地面积0.53公顷，建有210平方米的纪念堂和办公室。

1944年1月15日(农历一九四三年十二月二十日)，盘踞崮口的伪“和平救国军”第十军军长荣子桓率部1000余人占领陡沟庄，妄图在此设立据点，为被八路军围困的白山据点伪军相呼应，并想接应其回撤，以便打通刘庄(今属费县)与流井的日伪军据点的通道。

八路军鲁南军区第五团得到情报后，乘伪军立足未稳，于下午1时将陡沟庄包围。战至黄昏，荣子恒率部向西南突围溃逃，被山岭上第五团一部伏击，荣子恒混在骑兵中易装逃走。此役毙伤伪军150余人、俘200余人，八路军第五团第二大队副大队长邓岱林等18名指战员牺牲。

同年2月14日，为纪念陡沟庄战斗中牺牲的革命烈士，陡沟庄周围等村群众自动捐资为18位烈士竖碑纪念。

1986年10月，中共大仲村镇党委和全镇党员为褒扬烈士、教育后人，自动捐资建立陡沟庄革命烈士陵园。重新修建了十八烈士墓，每位烈士墓前竖立烈士墓碑；建立纪念堂，修建了陵园院墙和办公场所。并对陵园进行绿化、美化，使之成为全镇和周边地区青年、学生、群众国防教育的好场所。

第三节 人民防空

抗日战争时期，苍山县境内的人民防空工作还是空白，人们没有防空知识，当地也无防空设施，以致深受日军飞机狂轰滥炸之害。1938年3月26日，日军3架飞机轰炸兰陵，炸死村民40多人。3月27日，日军飞机对大官庄、西柞、长新桥等村轰炸，炸死村民28人。1940年1月26日，日军飞机对层山、沙埠、南哨、沙沟、长城、南桥等地轰炸，无数无辜民众被炸死、炸伤。解放战争时期，当地人民政府开始了群众性的防空工作，宣传防空知识，组织民众对国民党军队飞机空袭，利用地形地物隐蔽、疏散。

中华人民共和国成立后，人民防空工作提上重要议事日程，1969年，苍山县建立人民防空战备领导小组及办公室。1970年前后，进行防空设施建设，使人民防空工程平战结合，初见规模。同时，注意发挥人防工程的战备、社会、经济“三个效益”，收到显著效果。2003年9月，苍山县人民防空办公室成立后，加强防空宣传教育和防空设施工程建设及通信保障，人防工作走上了正规化道路。

组织机构

自20世纪60年代始，国家即实行了由地方党政和军事系统双重领导的人民防空制度。人民防空委员会由党政军和有关部门负责人组成。

1962年，针对台湾国民党当局派遣特务空降、偷渡登陆骚扰的形势，全县建立反空降点3个，防空瞭望哨13处，参加执勤民兵632人。

1969年10月，苍山县人民防空战备工作领导小组及办公室建立。

1971年11月，济南军区、山东省革命委员会决定，各地、市、县人民防空领导小组改称为“战备工作领导小组”。

1974年11月，中共山东省委、济南军区决定，各地、市、县战备工作领导小组改称为“人民防空领导小组”。

1975年8月，苍山县人民防空领导小组和办公室建立。1979年6月30日，根据上级指示精神，县级人民防空办公室撤销，其人民防空工作由苍山县人民武装部兼管。

1982年3月，中共山东省委、山东省人民政府、山东省军区联合发出通知，决定各地、市、县和各大企业人民防空领导小组改称为“人民防空委员会”，并将办事机构改为“人民防空委员会办公室”。同时，要求“进一步加强人民防空办事机构建设，落实编制、充实力量”。

2003年9月，苍山县人民防空办公室成立，为正科级事业单位，下设规划财务、工程管理、指挥通信、人事秘书4个科室，编制4人。

工程建设

1953年11月，第一次全国人防工作会议，提出“长期准备，重点建设”的人防建设方针，要求配合经济建设、城市建设贯彻实施人民防空的必要措施和人防工程技术措施。

1965年1月，毛泽东主席指示全国各大城市都要挖防空洞，指出：“老百姓怎么办？就是每个房子都挖个洞，平时当仓库，藏东西，战时飞机来了当防空洞。”同年5月，山东省人防委员会召开城市防空工作会议，并下达了《关于城市防空工作会议纪要》，各地认真落实防空措施，加强防空工程建设。

1970年前后，响应毛泽东主席“深挖洞、广积粮、不称霸”的号召，各地大力修建人防工程。1984年，国家人防委员会、计划委员会、城乡建设环境保护部下达《关于改变结合民用建筑修建防空地下室规定的通知》。1987年11月，山东省建委、计委、人防办、财政厅、建设银行联合以鲁建防发[1987]3号文件，下达了关于开展结合民用建筑修建防空地下室工作的具体规定和实施办法。

1996年10月29日，第八届全国人大常委会第二十二次会议通过颁布《中华人民共和国

人民防空法》，第二条规定："人民防空实行长期准备、重点建设、平战结合的方针，贯彻与经济建设协调发展，与城市建设相结合的原则。"

苍山县人防工程于1997年开始建设，在"全面建设、突出重点，平战结合、质量第一"的建设方针下，使民防工程与城市建设相结合、与开发利用地下空间结合，人防工程纳入城市总体规划。2005年4月，苍山县制订《苍山县人防建设"十一五"规划》《苍山县人防工程建设与城市建设相结合规划》，人防工程逐步走上制度化、规范化建设的轨道。同时，完成了县级人防指挥中心建设。财政投资1260万元，工程地面地下相结合，地下指挥所2600平方米，防护等级为防核4B级、防常5级，防化乙级。

经费物资

1962年7月，山东省财政厅就人防经费问题确定，各地区、各部门的战备防空经费，报经省防空指挥部审查批准后，由省财政解决。1970年3月，山东省革命委员会《关于防空经费开支和管理的意见》规定，机关团体、学校、企事业单位挖防空洞，要坚持自力更生，因陋就简的精神，发动群众参加义务劳动，原则上不准雇用临时工；防空工程建设费，各城市安排的项目由当地财政安排，企事业单位列入基本建设规划；机关、学校、团体的防空工程费用，按单位性质分别从行政、事业费中开支。1972年9月，国务院、中央军委正式规定人防建设经费为四个来源：国家补助、地方安排、单位自筹和结合基本建设投资。

1980年后，国务院决定实行"划分收支、分级包干"的财政管理体制，将人防经费划归地方财政支出。1985年，经国务院批准，人防经费改为中央预算支出，由国家人防委员会统一管理，直接向各省人防部门办理。

苍山县人防工程建设经费纳入县财政预算，设立单独账户，加强人防经费的专款专用。2005年正式启动政策性收费，至2010年年底，共完成收费任务1400余万元，并对所收款项纳入财政专户管理。人防工程建设，本着增收节支的原则，加强监管，充分发挥财务、物资对人防工程建设的保障作用。

通信保障

1969年10月，国务院、中央军委《关于建立警报系统和传递警报信号的规定》指出，人民防空通信建设由军队统一组织规划，由地方电信部门负责。1983年3月，山东省人民防空委员会下发《关于加强我省人防通信和警报建设的有关问题的通知》。同年10月，国家人防委员会对城市人民防空音响警报设备使用体制做出规定，要求逐步实现人民防空通信警报设备的标准化、制式化。并对警报控制设备、传输信道、警报器、电源和警报信号等作具体规定。

防空防灾警报信号分为："预先警报""空袭警报""灾情警报"和"解除警报"四种。

预先警报：鸣36秒，停24秒，反复3遍；

空袭警报：鸣6秒，停6秒，反复15遍；

灾情警报：鸣15秒，停10秒，鸣5秒，停10秒，反复3遍；

解除警报：连续鸣3分钟；

4种警报信号间隔时间为3分钟。

1984年7月，国务院、中央军委《人民防空条例》规定：人民防空通信、警报应当利用邮电部门和军队现有的通信设施以及人防部门的专用通信警报设施保障。1996年10月29日，第八届全国人民代表大会常务委员会第二十二次会议通过的《中华人民共和国人民防空法》规定："邮电部门、军队通信部门和人民防空主管部门应当按照国家规定的任务和人民防空通信，警报建设规划，对人民防空通信实施保障。"

苍山县人民防空通信警报保障工作，根据上级指示要求不断加强和完善。至2010年年底，共投资100余万元，在全县安装了20台防空警报器，确保了警报音响全覆盖，自2004年起每年9月18日进行警报试鸣。投资80余万元购买通信指挥车和安装流动警报器1台。加强人防专业队伍的组建，并结合“9·18”警报试鸣，广泛开展演练活动。购置安装了无线短波数传电台，落实24小时值班制度，实现与上级人防办和其他县区人防办定时沟通，增强了平时抗灾救灾的预警能力。

为了防止防空警报的“自鸣”“误鸣”，在加强警报器和控制系统日常维护和管理的基础上，自主研发了一套无线集群控电系统。该系统既可实现在总控室瞬间完成对全城所有防空警报器进行断、送电控制，也可分别进行断、送电控制，实现平时断电防误鸣、误放，战时和突发自然灾害时能够应急利用。全县的警报信号发放应急响应时间，由24小时以上缩短为1分钟之内。

人防工程管理

1957年，山东省人防委员会制发《关于人民防空建筑物平时使用和维护保养办法》。1981年6月，山东省人民政府下发《山东省人民防空工事维护管理暂行办法》，对人防工程维护管理的原则、任务和要求以及安全保卫等工作作出明确规定。1983年12月，国务院、中央军委颁发《人民防空工程维护管理规定》。1985年，国家人防办发出《关于安全使用人防工程的通知》，对人防工程平时利用及防火安全工作提出具体要求。

苍山县人民政府办公室于2004年4月19日转发《临沂市人民政府办公室〈关于印发临沂市人民防空工程建设管理办法〉的通知》，规范了全县人防工程的建设与管理。对已建成的人防工程和地下设施进行登记造册、存档管理，定期检查指导，确保无安全隐患。同时，组织训练人防工程抢险抢修、防化、通信、运输、医疗救护、消防灭火、治安等专业队伍2613人，其中干部148人、队员2465人。

2005年—2010年，苍山县人民防空办公室连续六年被临沂市人民防空办公室、临沂市人事局表彰为全市人民防空先进集体、人民防空工作先进单位。2010年被省军区评为“济南军区人民防空工作先进单位”。

宣传教育

20世纪60年代，台湾国民党当局叫嚣反攻大陆，人民防空宣传教育工作得到进一步加强。苍山县人民防空战备领导小组及办公室，利用广播、电影、幻灯、图片展览等形式，进行广泛宣传战备形势和防空常识教育。

1984年5月，山东省人民防空办公室、山东省教育厅联合下发文件，要求各级人防重点城市将“三防”（防核武器、化学武器、生物武器等大规模杀伤性武器的袭击）常识教育纳入中学的正常教学计划，切实抓好落实。1986年，国家人民防空委员会、教育委员会下发《关于在初级中学进行人民防空“三防”知识教育的通知》。1987年，在全省初中学生中普遍落实了“三防”教育，配备兼职教师与教学器材。

苍山县1986年普及初中生人民防空知识教育，各学校制定教学计划，配齐了专、兼职人民防空教育教师。中学生人防教育每年在16课时以上。

2001年，中共中央、国务院、中央军委印发《关于加强人民防空工作的决定》，要求将人民防空法律、法规的宣传教育，纳入社会普法教育规划；要重视和加强在校中小学生的人民防空知识教育，军队和地方的高、中等院校也要增加人民防空知识的宣传教育。2004年8月，临沂市人民防空办公室统一编制出版了《临沂市初级中学人民防空知识读本》，在全市普及防空教育。

2008年，开展人防知识教育进党校、进社区、进企业，至2010年，共有4万多名党员干部和人民群众接受人民防空知识教育。

第二十四编
科学技术

蒼山縣志

1959年7月，苍山县科学技术委员会成立，县内有了专业的科学技术管理机构。2002年，改称苍山县科技局。苍山县科技局（苍山县科学技术委员会）对苍山县科技队伍建设、科技规划与项目实施、科技管理、科技服务等方面发挥了积极的推动作用。1987年，苍山县大蒜深加工技术开发获国家级星火科技奖。1996年5月，苍山县被国家科学技术委员会评为“全国科技工作先进县”，自国家科委批准之日起实施期为5年。此后，又顺利通过2002年—2003年、2004年—2005年、2006年—2007年、2008年—2009年全国科技进步县考核。

第一章　科技体制与队伍

第一节　管理机构

1959年7月，设立苍山县科学技术委员会。1966年“文化大革命”开始后，科技机构处于瘫痪状态。1972年，恢复科学技术委员会。1984年4月，成立人事秘书科、技术科、情报科、地震科4个科室。1987年6月，成立科技干部管理科。1988年7月，成立科技开发中心。1990年9月，成立苍山县技术市场管理办公室，同时地震科更名为苍山县地震办公室。1992年10月，成立苍山县生物技术育种中心。1995年10月，地震办公室改称地震局。2002年5月，苍山县科学技术委员会改称苍山县科学技术局，内设办公室、农村与社会发展科、高新技术产业科、政策法规科，下辖苍山县生物技术育种中心、苍山县知识产权局（2003年12月设立苍山县知识产权服务中心，2005年4月更名为苍山县知识产权局）和苍山县科技开发中心。2007年，苍山县知识产权局被省知识产权局评为“全省知识产权行政执法先进单位”。2008年，苍山县科技局被评为“省小蘑菇新农村建设先进单位”。

第二节　科技队伍

1949年—1966年，大中专毕业生的技术职称实行任命制。毕业生经过1年试用期，考察合格承认具有相应技术职称，大学本科生为技术员，大专毕业生为一级助理技术员，中专毕业生为二级助理技术员。

“文化大革命”期间，大中专毕业分配及技术职称评定停止。

“文化大革命”结束后，大中专毕业分配及技术职称评定逐步恢复。1981年4月，分别成立工程、农业、卫生、会计、统计等专业技术干部初级职称评审委员会，对所属专业系统的技术干部进行技术职称的评定工作。1987年5月，全县开展专业技术干部技术职务的评审工作。在县职称改革领导小组的统一组织下，按照工程、农业、经济、会计、统计、中小学、卫生等系列，成立初级评审委员会，对全县企事业单位进行技术职务评聘。1992年，移交人事部门管理，制订《苍山县企事业单位开展专业技术职务经常性评聘工作的实施方案》，成立中、小学教师、中专教师、卫生、农业、工程、艺术、群文、图书等9个初级评审委员会。按照“以考代评”的规定，会计、统计、审计、经济等4个专业相继开考。1996年，通过评审和考试，全县共有12288人获得专业技术职称，其中高级职称158人，中级2545人，初级9585人。

1997年后，大中专毕业生分配采取计划分配与市场调节相结合的方式，既结合县里用人的实际，又考虑毕业生的实际困难。1999年，全县各类专业技术人员13875人，其中高级职称228人，中级2800人，初级10847人。

2010年，全县共有各类专业技术人才15949名，其中高级职称1172人（正高14人，副高1158人），中级5688人，初级9089人。

第二章　科技规划与项目实施

第一节　科技规划

1991年，县政府确立全面实施“科技兴县”战略，制订《苍山县科学技术发展“八五”规划》。规划确立“八五”期间苍山县科学技术发展的主要目标是依靠科技进步，使全县工农业生产水平有显著提高，规划由传统的产量型农业向产量质量并重的效益型农业转变，不断优化农业种植结构。“八五”期间全县通过实施各级各类科技项目，顺利完成规划之初的目标和任务。

1996年，县政府按照“八五”期间规划执行情况和苍山县实际情况，制订《苍山县科学技术发展“九五”规划》，规划农业在良种繁育推广、地膜覆盖、保护地栽培、大棚蔬菜推广、节水灌溉、大蒜脱毒繁育、农产品精深加工等技术上进行研发。“九五”期间通过重点开展此类项目的攻关，较好完成规划之初制定的工作任务。

2001年，县政府制订下发《苍山县科学技术发展“十五”规划》，规划要求在农业科技方面重点开展良种产业化工程、食用菌产业化工程，大力发展专业市场应用类、适合加工类品种，加强对生姜、大蒜、蔬菜等植物病虫害防治技术攻关，加强大蒜、蔬菜等冷藏加工技术攻关，加强对动植物重大病虫害防治，开展蔬菜、食用菌、畜禽、水产类产品的初级加工和精深加工攻关，开展农业集约化生产技术与装备研究，开展新品种新成果的推广应用研究。在工业方面积极开展食品加工、机械制造、微生物等方面的应用与新产品开发研究。医疗方面积极开展临床医学研究，推广临床新发明、新成果，加大科技成果转化力度。

2006年，县政府制定下发《苍山县中长期科学和技术发展规划纲要（2006年—2020年）》和《苍山县科技发展“十一五”规划纲要》，规划确定全县科技事业到2010年发展的总体目标是充分发挥科技是第一生产力的作用，全面建立科技发展的新机制，培养自主创新能力，提高科技对经济发展的贡献率。

1983年—2010年，全县共组织实施各级各类科技计划项目820余项，争取无偿科技扶持资金2200多万元。

1984年—2010年苍山县承担的部分省级以上科技计划项目情况

表24—1

年份	级别	类别	项目名称	承担单位
1984	省级	计划攻关	苍山大蒜综合利用技术的研究	苍山县脱水厂、省食品发酵工业研究所
1991	省级	攻关	大蒜脱毒中试	苍山县科委、北京农林科学院

续表 24—1

年份	级别	类别	项目名称	承担单位
1991	省级	攻关	立体种植最佳模式的开发试验	苍山县农业局
1991	省级	中试	食用菌高产栽培技术研究与开发	苍山县科委、苍山县食用菌研究所
1990	省级	中试	大蒜渣预混剂中试技术研究	苍山县大蒜食品厂、省化学所
1989	省级	科研	蒜薹贮存期病害发病规律及防治技术措施	苍山县科技试验冷藏加工厂、山东农业大学
1990	省级	星火项目	柿子深加工技术开发	苍山县供销社食品加工厂、下村供销社
1991	省级	星火项目	冬季大棚蔬菜高产技术开发	苍山县科技开发中心、苍山县经作站、省蔬菜所
1993	省级	科研	脱毒大蒜高产栽培技术研究	苍山县科委、北京市农林科学院
1993	省级	科研	山牛蒡良种繁育技术研究	苍山生物技术育种中心、省蔬菜所
1993	省级	科研	生姜腐烂病特效药配方试验	苍山县科委、省科技开发中心、苍山县长城镇农药厂
1992	省级	新产品	新型塑料络纱管的研制	苍山县棉纺厂
1992	省级	科　研	大蒜病虫害发生规律及防治技术的研究	苍山县科委、山东农业大学
1993	国家级	星　火	山牛蒡栽培及加工	苍山嘉德蔬菜食品有限公司
1993	省级	星　火	镁质复合瓦、板	鲁南美利亚新型建材厂、山东建材学院
1993	省级	星火	国防山洞微生物综合开发利用	苍山微生物总厂、山西省生物高新技术发展公司
1993	国家级	星火	矿用高水速凝固化填充材料	苍山县水泥厂
1993	省级	火炬计划	脱毒苍山大蒜快繁	苍山生物技术育种中心、北京农林科学院
1992	省级	星火计划	多用途组合式农具	苍山县机械厂、江苏工学院
1994	省级	科研	山牛蒡良种繁育及深加工技术研究	苍山县科委、苍山县嘉德公司、山东农业大学
1994	省级	科研	硝苯吡啶对冠心病窦房结电生理影响	苍山县人民医院
1994	省级	科研	中医中药辨证治疗乙型肝炎的研究	苍山县中医院
1994	省级	科研	疏肝活血降脂汤治疗脂肪肝的研究	苍山县中医院
1994	省级	新产品	高强镁质墙体板的试制	鲁南美利亚建材厂
1994	省级	科研	B 超监测下乙型肝炎的动态观察	苍山县人民医院
1994	省级	科技推广	高效立体种植技术推广	苍山县农技站
1994	省级	科技推广	庭院经济开发示范试点	苍山县多种经营办公室
1994	省级	科技推广	高效益蔬菜栽培技术推广	苍山县科委、苍山县农业局、苍山县嘉德公司

续表 24—1

年份	级别	类别	项目名称	承担单位
1994	省级	科技推广	脱毒大蒜技术推广	苍山县科委
1995	国家级	星火	保鲜蒜米技术开发	苍山县黄埔冷藏总公司、山东农业大学
1995	国家级	星火	阻燃系列人造板	苍山县人造板厂、南京林业大学
1996	省级	科研	创汇蔬菜高效技术研究与开发	苍山县人民政府
1996	省级	科技推广	酵素菌应用技术	苍山县科委、下村乡人民政府
1996	国家级	星火	真空冷冻干燥蔬菜	中日合资山东省苍山县花扇、蔬菜食品有限公司
1996	省级	星火	大蒜病害综合防治	苍山县植保站、苍山县科委、山东农业大学
1996	省级	星火	牛蒡美味烤鱼	苍山县尚岩经贸开发总公司、青岛海洋大学
2003	省级		食用菌示范县	苍山县人民政府
2004	国家		神大有机蔬菜基地建设	山东神大食品有限公司
2004	国家		国家小麦玉米丰产计划	苍山县人民政府
2005	省级		科技特派员工程	
2007	省级		富硒大蒜高产栽培技术研究与示范	苍山县大和农业开发有限公司
2007	国家		有机活性高硒大蒜的培植及产业化开	山东星发农业科技股份有限公司
2008	省级	星火计划	环保型水压式沼气池的示范推广	苍山县农村能源办公室
2008	省级	科技计划	有机活性高硒大蒜单体提纯及生物制药的研究	山东星发农业科技股份有限公司、山东省中医药研究院
2009	省级	科技富民强县专项行动	科技富民强县专项行动	苍山县人民政府

第二节　科技项目实施

“十一五”期间，苍山县重点实施“科技特派员工程”“百万农户致富工程食用菌专项工程”“农村科技信息村村通工程”“农业科技示范园工程”等一系列项目，其中食用菌项目先后被山东省食用菌协会评为“山东省小蘑菇新农村建设先进集体”“山东省十大食用菌主产基地县”等荣誉。在工业方面，规模以上工业企业自主开发新技术 50 多项，开发拳头新产品 20 多个。

百万农户致富工程

“百万农户致富工程”是临沂市委、市政府确立的重大项目。该项目的主要目标是通过 2—3 年的努力，力争使参与百万农户致富工程的家庭经营性资产达到 5000 ～ 10000 元。苍山县根据自身优势，申报食用菌产业专项发展成功获批。项目实施期间，科技部门通过在资金、政策、成果推广等方面开展扶持、不断推进苍山县食用菌产业的发展，使苍山县食用菌产业迅速成长为主要产业，并将苍山县建立成为江北最大的金针菇生产基地。项目结题时，顺利地完成工作目标，苍山县科技局被市委市政府授予“百万农户致富工程先进单位”。

2010年，全县生产各类鲜菇3.2亿千克，产值5.8亿元，菇农人均增收6800元，全县农民人均增收400余元，初步形成以金针菇为主推品种，双孢菇、鸡腿菇、茶薪菇、白灵菇、黑木耳等新品种全面发展的格局。

图24—1　2010年，苍山县科技局开展送科技下乡活动

“科技特派员”工程

2005年，根据中共中央〔2004〕1号文件精神和省市部署，苍山县被确定为科技特派员工程试点县。县委、县政府成立科技特派员工程工作领导小组，制订下发《关于实施科技特派员工程的意见》。按照积极试点、逐步推开、普遍带动、培育重点的原则，在全县范围内推行科技特派员制度。

2005年—2010年，全县选派的66名科技特派员常年活跃在生产一线，带动与培养了一大批农村实用技术人才。

2010年年底，科技特派员共涉及主导产业的科技攻关项目17项，参与乡镇农业园区和农副产品基地建设24处，进驻21个乡镇的29个村和8家企业。全县科技特派员共培训农民和企业职工16800人次，发放各种资料24200份（册），结成经济利益共同体6个，建立研究所和技术服务机构2个。

科技人员承包和负责技术指导的农业、林业、水产、畜牧、农副产品加工等项目，直接经济效益达886万元。培训4500余名农民技术员，农民技术员创办568个专业技术合作组织，发展社员近10万人。

科技信息“村村通”工程

2007年，根据市政府《关于加强社会主义新农村科技支撑体系建设的意见》，苍山县启动实施农村科技信息“村村通”工程，旨在为广大农民群众提供充足的科技信息服务。

2010年年底，已经完成全县近1000个行政村科技信息服务终端的安装使用，发展加入科技信息服务网络的农村科技合作经济组织41家，申报加入科技信息“双通”工程的会员3200多名，建立科技信息涉农超市服务站1家，建立科技信息县级服务平台1处，月发送各类实用科技信息1万多条。

农业科技示范园工程

2005年—2010年，申报现代农业科技示范园、新天益食用菌产业示范园、会宝山生态发展农业科技示范园、龙湾蔬菜产业发展示范园等4家成为市级农业科技示范园，苍山县成为全市市级示范园最多、园区种类最齐全、园区发展规模最大的县区。

科技富民强县行动计划项目

2009年年底，山东省科技厅及财政厅下文，对苍山县申报的省级科技富民强县行动计划项目“绿色蔬菜基地建设”予以立项。该项目获省科技富民强县专项行动计划资金90万元，是全省唯一追加的计划外科技富民强县项目。

第三节　创建全国科技先进县

1992年，国家科委下发《关于在全国开展县（市）科技达标的意见》，统一制定《县（市）科技工作达标验收实施细则（试行）》，把县（市）科技工作达标的10条标准分解为27项具体考核指标，对部分定量验收考核标准实行附加分，少数几项关键性指标可一票否决。1995 年 1 月，苍山县人民政府向国家科委递交“创建科技县”申请报告。1995 年 1 月—4 月为组织发动阶段。其间，县委、县政府印发《关于创建全国科技工作先进县的意见》《关于加速科学技术进步的决定》，制订《苍山县科技工作目标责任制实施方案》，把创建科技县的总目标分解落实到各部门、各乡镇，签订目标责任状。1995 年 4 月 14 日，召开创建科技县动员大会，5 月—9 月为全面实施阶段。县委、县政府确立卞庄、兰陵、向城等乡镇及黄埔集团公司、嘉德集团公司、县人造板厂、县造纸厂等企业为试点单位，树立样板，带动全县进行全面实施创建科技示范单位和评选优秀科技人才活动。县委、县政府制订《关于开展创建科技示范单位和评选优秀科技人才活动的意见》，县人大常委会通过《“九五”及 2010 年科技发展规划》。各单位进行科技材料的收集、整理、建档工作，对照国家验收标准逐条落实，解决难点、重点问题。1995 年 10 月以后为自查阶段。将参加考核验收的单位分成 3 类，对一类单位抓提高、抓突破，对二类单位抓进度、上水平，对三类单位抓基础指标的完成。1995 年 9 月，省科委到苍山县督促检查；11 月，市人大、市政府进行初审。1996 年 1 月，国家科委委托省人大、省科委到苍山县进行全面验收。1996 年 3 月，苍山县委、县政府向国家科委进行全面汇报。1996 年 5 月，苍山县获“全国科技工作先进县”称号，自国家科委批准之日起实施期为 5 年。从 2002 年起，国家科技部每两年进行一次全国科技进步县考核，苍山县顺利通过 2002 年—2003 年、2004 年—2005 年、2006 年—2007 年、2008 年—2009 年全国科技进步县考核。

第三章　科技管理

第一节　科技成果管理

1990 年，设立“苍山县科学技术进步奖”。县政府下发《关于对在推动苍山县科学技术进步中做出重要贡献的集体和个人进行表彰奖励的决定》和《苍山县科学技术进步奖励试行办法》2 个文件，对全县科技进步奖奖项的设置、评价指标体系和评审办法等作出具体规定。自 1981 年国家设立科技进步奖至 2010 年，苍山县通过鉴定获奖的科技成果 496 项，其中国家级科技进步奖 1 项，省级科技进步奖 31 项，市级科技进步奖 82 项，县级科技进步奖 381 项，另有 1 项获国家级星火科技奖。

图 24—2　2006 年 10 月 20 日，第四届中国（临沂）农业科技成果展览会在苍山举行

苍山县获省级以上科技成果奖情况表

表 24—2

年份	成果名称	完成单位	类别	授奖等级
1982	苍山大蒜的研究	苍山县农科所	科技进步奖	省三等
1986	苍山大蒜综合利用技术的研究	三合大蒜制品厂	科技进步奖	省三等
1987	苍山县大蒜深加工技术开发	苍山县大蒜食品厂	星火奖	国家级星火科技奖
1987	苍山县大蒜深加工技术开发	苍山县大蒜食品厂	星火奖	省三等
1988	蒜蛆发生规律及防治技术研究	苍山县科委	科技进步奖	省三等
1988	快硬硅酸盐水泥	苍山县第二水泥厂	科技进步奖	省三等
1989	遗传性色素皮肤病的调查研究	苍山县皮防站	科技进步奖	省三等
1989	柿子保鲜及加工技术研究	苍山县供销社下村食品综合加工厂	科技进步奖	省三等
1990	着色真菌的实验研究	苍山县皮防站	科技进步奖	省二等
1991	200T/a 大蒜渣预混剂中试技术研究	苍山县大蒜食品厂	科技进步奖	省三等
1992	蒜薹贮存期病害发生规律及防治技术研究	苍山县科技试验冷藏加工厂	科技进步奖	省三等
1992	氯化镁复合波瓦及装饰板新产品试制	苍山县鲁南美丽亚新型建材厂	科技进步奖	省二等
1992	引进栽培高档蔬菜深加工及其设备的研究	苍山县嘉德蔬菜食品有限公司	科技进步奖	省三等
1992	深冬大棚蔬菜高产技术开发	苍山县科技开发中心	星火奖	省三等
1993	麦收皮炎的研究	苍山县皮防站	科技进步奖	省二等
1993	脱毒苍山大蒜中试技术研究	苍山县科委	科技进步奖	省三等
1993	苍山县水资源及供需前景研究	苍山县水资源办	科技进步奖	省三等
1994	蒜米复合保鲜剂及保鲜技术应用研究	山东黄埔冷藏总公司	科技进步奖	省二等
1994	大蒜病害发生规律及防治技术研究	苍山县科委	科技进步奖	省三等
1994	阻燃系列人造板的研制	苍山县人造板厂	科技进步奖	省二等
1994	井外疏干配合斜板桩过流沙层的吊挂井壁施工法	苍山县第二石膏矿	科技进步奖	省三等
1995	牛蒡栽培及加工	山东嘉德集团公司	星火奖	省二等
1995	钙镁复合波瓦、板技术开发	山东美丽亚建材厂	星火奖	省二等
1997	杨木改性技术研究	苍山县人造板厂	科技进步奖	省二等
1997	石膏刨花板	山东苍松建筑材料有限公司	科技进步奖	省二等

续表 24—2

年份	成果名称	完成单位	类别	授奖等级
1997	牛蒡良种繁育及系列产品深加工技术研究	苍山县科委、山东嘉德集团公司	科技进步奖	省三等
1997	AZD/20 锅炉节能减污技术研究	山东省苍山县发电厂	科技进步奖	省三等
1997	保鲜蒜米技术开发	苍山黄埔冷藏总公司	星火奖	省二等
1998	甘利欣治疗肾综合症出血热的疗效观察	苍山县人民医院	科技进步奖	省三等
2000	单板层积 LVL 工程板材	苍山县凯林人造板厂	科技进步奖	省二级
2002	山东新型温室蔬菜系统技术工程研究与开发	苍山县人民政府	科技进步奖	国家二等
2003	瓜菜病虫害持续治理技术研究与开发	苍山县植保站	科技进步奖	省二级
2007	有机活性富硒大蒜的配置及生物制品的研究开发	山东星发农业科技股份	科技进步奖	省三等

第二节　专利管理

1985 年，《中华人民共和国专利法》实施。至 20 世纪 90 年代，企业及人民群众专利意识逐渐提高，专利申请量逐年增长。

2003 年，经过县编办审批，在科技局设立苍山县知识产权服务中心。2005 年 3 月，更名为苍山县知识产权局。至 2010 年，据国家知识产权局统计数据显示，全县累计专利申请 741 件，专利授权 475 件。

2010 年，苍山县有 4 家省级专利明星企业：山东星发生物科技股份有限公司、山东普金肥料有限公司、苍山县科能科技电子有限公司和苍山县荆华蔬菜食品有限公司。其中苍山县荆华蔬菜食品有限公司曾在 2008 年荣获山东省第二届“发明创业奖”一等奖。

第三节　创新基金项目申报

1999 年，设立科技型中小企业技术创新基金（以下简称创新基金），主要支持符合国家产业技术政策、有较高创新水平和较强市场竞争力、有较好的潜在经济效益和社会效益、有望形成新兴产业的中小企业。自创新基金项目设立至 2010 年，共获各级创新基金无偿扶持资金 140 万元。其中，苍山县科能科技电子有限公司分别于 2006 年、2009 年获得市级扶持资金 10 万元和 35 万元，苍山县德隆机械有限公司于 2008 年获得省级扶持资金 35 万元、国家级扶持资金 50 万元，苍山县工程机械配件厂于 2010 年获得市级扶持资金 10 万元。

第四节　技术市场管理

1990 年，成立县技术市场管理办公室，配备专职工作人员，开展技术市场管理工作，鼓励集体和个人创办民办科研组织。1991 年 2 月，对全县的技术贸易机构进行普查、登记和发放技术贸易许可证。至 2010 年，共签订技术贸易合同 96 项，技术贸易额达 1.2 亿元。

1995 年，县政府出台《关于加强技术市场管理的意见》。同年，科技局对全县技术贸易机构进行清理整顿，对无证经营的技术贸易机构进行取缔或补办手续，规范技术贸易活动，维护技术市场秩序。每年 5 月，对全县技术贸易许可证进

行年检，对符合条件的予以保留，不符合条件的予以规范。为规范技术市场秩序，2007 年年底，对民办技术贸易机构进行专项整治，对自行解散、2 年以上未年检和已不具备举办条件的民办技术贸易机构予以注销、撤销，使民办技术贸易机构走上合法化、规范化的轨道。

2008 年，构建大型精密贵重仪器设备共享机制和网络共享平台，对县医院、县技术监督局、神大集团等企事业单位的仪器设备进行有效登记。截至 2010 年年底，全县技术贸易机构达到 40 余家，有民办科研机构 24 家(其中市级 2 家)，年技术交易额突破 3000 万元。

2010 年苍山县民办科研机构情况

表 24—3

机构名称	地　　址	法人代表
苍山县全成石膏材料开发应用研究所	县城埝桥路西段斜路	车向远
苍山县果树研究所	经济开发区赵家洼	赵景云
苍山县食用真菌研究所	经济开发区赵家洼	刘华安
苍山县农业生物研究所	泉山商业街南段路西	张　申
苍山县中药蒸敷研究所	小岭乡驻地	左桂成
苍山县男女不育不孕研究所	埝桥路 99 号蓝湖名邸西侧沿街楼	雷启发
苍山县富民食用菌研究所	县城南环路中西段	李桂兰
苍山县景观植物研究所	大仲村中学东邻	沈自军
苍山县环保科技研究所	南桥镇驻地	和西永
苍山县瓜类研究所	县委党校西	魏云亭
苍山县庭院经济研究所	贾庄乡东楼村	祝长喜
鲁南现代农业种苗研究所	南桥镇后胡寨村	李如乾
苍山县利民农业机械研究所	卞庄镇高沙窝	高继刚
苍山县名优水产养殖研究所	尚岩镇会宝岭村	陈贵国
苍山县层山镇车辆研究所	层山镇西沙埠村	王广斗
苍山县果树盆景研究所	代村农业科技园区	李如乾
苍山县硅砂研究所	鲁城乡	夏继军
苍山县林业科学技术研究所	苍山县良种场	苗全盛
苍山县农业技术应用研究所	苍山县良种场	赵庆春
苍山县林业局林业果树研究所	县林业局	王付敬
苍山县秸秆研究所	层山镇	杨　廷

续表 24—3

机构名称	地　　址	法人代表
苍山县新洁能源科技研究所	县城新华路西段原化肥厂前院	刘文国
临沂多普生物技术研究所	经济开发区	刘　峰
临沂宝敬环保科技研究所	县交通局	刘宝敬

第四章　科技服务

第一节　科研开发

农业科研

新中国成立后，苍山县人民政府重视农业新技术的研究、试验与推广。主要进行小麦、玉米良种的引进、繁育、试验、示范、推广和高产栽培技术研究，优质玉米的培育与大面积栽培、配方施肥、病虫害的综合防治，大蒜品种改良栽培技术研究，生姜瘟疫防治技术研究，蔬菜新品种引进示范与推广，食用菌高产栽培技术研究与开发，貂良种引进、试验与技术推广，匙吻鲟大面积的养殖技术等。1982 年 11 月，大蒜地膜栽培覆盖技术获山东省优秀科学技术三等奖、山东省农业厅科学技术成果三等奖；1988 年引进牛蒡试种成功，1990 年在全县大面积种植，由此获得山东省科技进步三等奖。1996 年，开发的牛蒡系列产品获得山东省科技进步三等奖。

工业科研

1990 年，苍山县水泥厂开展节能快硬利特水泥项目研究。1993 年，开展矿用高水速凝固化填充材料研究。苍山县机械厂开展多用途组合式农具的研发。2001 年—2010 年，苍山县金硅矿业有限公司开展石英砂（砂硅）提纯的研究；山东丽晶玻璃有限公司开展太阳能专用玻璃、低辐射玻璃的研发；苍山县科能科技电子有限公司开展各种型号的挖掘机电脑监控器项目的研究，这些产品完全可以取代国外进口产品；山东德隆机械有限公司开发单缸内燃机启动助力器和双动力扒装机产品，填补了国内空白；苍山县工程机械配件厂研发农用铲运车、秸秆压块机、驻车制动器等产品；山东旭日太阳能科技有限公司利用太阳能技术研究开发太阳能空调、洗衣机、喷雾器、路灯等产品。

医疗卫生科研

医疗卫生部门主要开展对心血管病、小儿常见病等的防治研究，并提出有效的预防措施与防治方法。苍山县人民医院、苍山县卫生防疫站等承担的“苦碟子、丹奥联合治疗椎基底动脉血栓形成研究”“股部保存骨瓣阔筋膜扩大修补硬膜治疗重型颅脑损伤的临床研究”“尼莫地平合用生脉注射液治疗早产儿颅内出血研究”“血脂康对 2 型 DM 脂代谢紊乱胰岛素敏感性影响的临床研究”“前臂筋膜贯穿尺骨重建环状韧带治疗孟氏骨折及钛网融合器在脊柱前路手术中的应用”“早产儿凝血酶原时间、凝血活酶时间及纤维蛋白原测定及早期应用西地兰价值的临床研究”“苍山县慢性非传染性疾病综合防治基线调查”等项目分别获得市级科技进步奖二等奖、三等奖。

第二节　科技活动

科技宣传

2000年—2010年，举办“三下乡”活动50余场（次），10余万人次参加；举办“4·26”知识产权日宣传活动11场，累计1万余人次到场参观学习。

科技培训

1989年，苍山县成立农村实用技术培训班，针对农民培训新品种引进、栽培、养殖推广技术，开展农村星火计划培训。1989年，苍山县举办乡镇秋种培训班。1990年，苍山县科委举办星火计划培训。1994年，苍山县举办科技副乡镇长和科技助理员培训。2008年，苍山县举办黑木耳种植技术培训。每年组织100余人次参加上级各类科技培训。

科技合作

改革开放后，积极组织各行业、企业参加农博会、技术市场博览会、专利产品博览会等，

图24—3　2009年，中国农科院专家到苍山指导工作

开展技术合作。县内企业分别与山东农业大学、山东中医药研究所等大专院校科研院所签订合作协议，开展技术合作。2006年，苍山县生物技术育种中心与北京农林科学院合作开展象蒜引进与培育。2010年，苍山县人民政府与山东轻工业学院签署合作协议，为苍山县企业与山东轻工业学院开展合作搭建平台。

科技扶贫

1989年，苍山县科委帮扶大炉乡下大炉村依靠科技致富，重点帮扶采用塑料大棚种植技术和小尾寒羊等的养殖技术；帮扶贾庄乡小山东村开展山果种植。1990年，县科委安排1名领导、2名工作人员帮扶鲁城乡庙东村。1996年—1998年，苍山县科委为做好大炉乡高山前村扶贫工作，发展优良种兔养殖和林果种植业。1999年，苍山县科委帮扶流井乡后姚村，筹

图24—4　2010年，山东省马铃薯协会秘书长宗西龙到苍山现场教学

资1万元修建拦水坝，引种厚皮网纹优质甜瓜。2003年—2005年，苍山县科技局帮扶贾庄乡拾钱庄村，投资2万元帮助修建办公场所，立足该村多年种植花生和山场多的优势，调整优化农业结构。2006年—2007年，苍山县科技局帮扶向城镇前姚村，邀请农业专家、蔬菜专家到村开展科技培训工作。

科技带动高新产业

苍山县高新技术产业发展起点比较低。1996年，苍山县获全国科技工作先进县，县委县政府高度重视科学技术发展，资金投入逐年提高。2001年—2010年，高新技术产业进入迅速发展期，产值逐年增加，占规模以上企业产值的比重每年增加近2个百分点。

2003年，苍山县黄埔集团申报为省级高新技术企业。2005年，山东神大集团申报为省级

高新技术企业。2007年，山东星发农业科技有限公司和山东丽晶玻璃有限公司先后申报为省级高新技术企业。2009年，苍山县被授予“山东省十大食用菌主产基地”称号。

2010年，全县高新技术产业产值实现31.61亿元，累计增长33.97%，占规模以上工业产值的15.41%，较上年提高2.44个百分点。

第三节　地震监测与预防

机构

苍山县地震局　苍山县地震局成立于1996年，隶属于县科学技术委员会，为副科级全额拨款事业单位，编制5人。1998年4月，苍山县防震减灾工作领导小组成立，办公室设在县地震局。地震局从县科学技术委员会析出，归口县政府办公室，由政府分管副县长直接领导，机构内设办公室、综合防御科、安评中心。2004年4月，按政府要求设立法制办公室。2010年，有人员9人，辖管县域内5处市级地震监测点。

图24—5　苍山县地震观测点　（2010年摄）

苍山县地震台　苍山地震台由中国科学院地球物理研究所于1968年6月选建，同年10月建成。苍山地震台（台站代码37023）位于苍山县城卞庄镇，海拔65米，为区域台，隶属于临沂市地震局。该台地处沂沭断裂带西侧、苍尼断裂带北侧塔山脚下，属丘陵地带，台基为灰岩。2010年有工作人员3人，设测震观测项目，使用熏烟记录地震仪、数字化宽频带地震仪；形变项目：GPS观测，YRY-4钻孔应变仪。

地震监测

苍山县地处苏鲁交界，南黄海边沿，郯庐断裂西侧，苍尼断裂、苍费断裂纵贯县境。1990年—2010年被国家列为全国重点监视防御区，4级左右地震时有发生，地震形势不容乐观。

2006年5月，苍山县地震局为各观测点更新深井高精度水温仪，形成覆盖全县的群测群防网络。2009年，新建1处强震台，更新各观测点观测仪器。1998年—2010年，调整地震宏观监测网点、观测点分布，市级骨干观测点由原3处增至5处，建立县级宏观观测点63处，各乡镇防震减灾助理员21名（兼职）。

苍山地震台是山东省东南部地区非常重要的测震观测综合地震台。自建台以来，为地震监测预报工作提供了准确、完整、连续、可靠的观测资料，记录了唐山、黄海、菏泽、苍山等地大量的地震资料。至2010年，苍山地震台拥有测震、地形变等地震监测手段，主要监测沂沭带中南段及周围地区地震活动和断裂带活动情况，在苍山及周边地区的地震监测工作中起着极其重要作用。

地震预防

宣传教育　坚持“主动、慎重、科学、有效”的原则，苍山县始终重视防震减灾科普知识宣传教育。充分利用宣传周和纪念日，进行广泛宣传，一是每年利用“3·1”《中华人民共和国防震减灾法》实施纪念日、“7·28”唐山大地震纪念日等特殊时期进行集中宣传，发放地震资料、地震知识图片、摆放专题版及利用新闻媒体进行广泛宣传，有效地提高了全县广大人民群众的防震减灾意识和应急自救互救能力。二是建立地震科普教育示范基地。2004年9月，苍山县东苑高级中学被命名为“临沂市地震科普示范学校”，2006年10月，苍山一中被

命名为“省级地震科普学校”，全县也相继设立3处县级地震科普示范学校，并出资为学生配备统一服装、学习用品及地震、防震科普知识读本，并聘请地震专家为学生讲课，达到“教育一个学生，带动一个家庭，影响整个社会”的目的。

法制建设　自《中华人民共和国防震减灾法》颁布后，全县注重加强防震减灾法制建设，相继制定《苍山县地震安全性评价实施细则》《苍山县破坏性地震应急预案》，调整充实了防震减灾工作领导小组，先后制订《震情值班制度》《震情会商制度》《监测点规范》《地震系统内部应急实施细则》《苍山县地震局地下水观测资料综合评比标准》等一系列内部管理规章。成立法制办公室，加强执法人员教育培训，提高了执法人员依法行政水平，有力的推动了全县防震减灾事业发展。

抗震设防　搞好建设工程地震安全评价，提高工程抗震能力，是防震减灾重要环节。依据《中华人民共和国防震减灾法》《山东省防震减灾条列》《山东省地震安全性评价管理办法》等法律法规，制订《苍山县地震安全评价实施细则》，把建设工程抗震设防工作纳入基本建设管理程序，全县新建工程基本达到7度抗震设防要求，提高城市抗震能力。

第二十五编
教　育

蒼山縣志

苍山县境内有据可考的教育可追溯到春秋后期的儒学教育。当时，曾参曾到磨山华严寺设坛讲学，高柴曾在兰陵次室邑收徒。战国后期，荀况在兰陵去官后传经授徒，著有《劝学》，被誉“最为老师”。汉朝时期，苍山儒学极为兴盛，涌现出一批儒学家，如孟喜、萧望之、匡衡、疏广、疏受、王良等。南北朝时期，县境内战乱频仍，儒学教育停滞。生活在南北朝至隋朝时期的颜之推，著有《颜氏家训》，在封建家庭教育发展史上有重要的影响，后世称此书为“家教规范”。隋唐时期，萧氏家族儒学传承不断，有许多人在朝为官；徐氏家族如徐岳、徐旷等，皆通五经，在朝中任职。宋元时期，书院兴盛，磨山“宗圣书院”、文峰山“荀子书院”相继建立。始于北宋，兴盛于明清时期的义学，在苍山县辖区内也有不少，鸦片战争后共有义学 11 处，有文字记载的有 5 处，分别为学道堂义学、上村义学、楼山义学、几山义学、赵坊前义学。作为封建社会儒学教育的主要形式——私塾，直至 1945 年，才不复存在。

清光绪三十年（1904 年），矿坑村侯玉恩等绅董，延聘兰山县庠生彭其瀚为教习，改义塾为蒙养学堂，为县境内现代教育的开端。抗日战争开始后，中国共产党在县境内相继成立了抗日小学，鲁南中学，教干、教师训练班和鲁南干校等学校，培养了一批人才，推动了教育的发展。到新中国成立前，全县有教师 241 人。新中国建立后，党和政府重视教育发展，幼儿教育、小学教育、初等教育、职业教育、师范教育逐步完善。到 1952 年，拥有教师 874 人。2006 年，全县义务教育入学率 100%，巩固率 99.01%，较 1996 年分别提高 1.8% 和 0.92%；高中入学率 63.4%，较 1996 年提高 26.6%。至 2010 年，苍山教育已经建立起覆盖全面、体系完备的教育体系。

第一章　基础教育

第一节　学前教育

苍山县学前教育始于 1955 年秋。层山区杨庄乡新新一社组成 9 人的托幼组织，办起农忙托儿所；文峰区尚岩乡爱国农业社组成幼教队。1956 年夏，全县办起农忙托儿所 52 处，托儿组 786 个，幼教队 10 个。同年秋，在苍山县城塔山西南麓建成县直机关幼儿园。1958 年，农村托儿所 904 处，托儿组 4095 个，收托幼儿 35228 人；农村幼儿园 1577 所，入园幼儿 38410 人。合计收托幼儿 73638 人，占应入托幼儿的 60%。教养员 1990 人，保育员 7667 人。1959 年上半年，农村托幼组织急剧下降为 592 处，在园幼儿 28948 人，保教人员 1229 人。1960 年，下降到 365 处，在园幼儿 1622 人，保教人员 568 人。“文化大革命”中，农村托幼工作基本停办。

1977 年 7 月，举办幼儿教师培训班，培训幼儿教师 62 人。同时，县直单位办起幼儿园、所 5 处，收托儿童 100 人；农村建起常年农忙园 132 所，收托幼儿 1980 人，有保教人员 85 人。1978 年，全县托幼园、所、育红班开展社会主义竞赛活动，进一步促进幼教事业的发展。1979 年后，调整充实幼教领导组织、保教队伍，改善办园条件，贯彻“保教并举”方针，小学附设学前班，大力开展学前教育，幼教事业发展很快。1979 年 10 月，县政府成立托幼工作领导小组，办公室设在县妇联，负责全县幼儿教育的宣传、组织等。教学、教研、师资的培养培训等业务由教育部门负责。1990 年年底，全县贯彻省托幼工作会议精神，把托幼工作移交到教育部门主管，在县教育局设立托幼办公室。

1985年，县城建有机关幼儿园14所，托育儿童474人，农村幼儿园和学前育红班447处、托育儿童15163人，有幼儿教师和保育员515人。1990年，全县幼儿园、学前班发展到758处，较1985年增长60.8%;在园幼儿226462人，较1985年增长69%；3～6岁幼儿入学率为34.6%(城镇为52.9%，农村为33.2%)。1990年，全县共有幼儿教师942人，其中中师、高中毕业生及以上的占13.6%，初师、初中毕业以及以上的占54.2%，初师、初中肄业及以下的占33.2%。1991年，投资50万元建起县实验幼儿园，70%以上的乡镇建起中心幼儿园；县城幼儿入学率88%，6岁儿童入学率为100%，农村为90%。

1990年年底，全县贯彻省托幼工作会议精神，把托幼工作移交到教育部门主管，在县教育局设立托幼办公室。1992年，对全县700多处幼儿园、学前班逐个进行考察、核实，对符合办园（班）条件的发给办园（班）许可证。1993年，对全县852名幼儿教师进行考核、审查，认定其教师资格，对合格者发放继续认教证书，不合格的教师发放限期任教证书，令其努力达到合格。

1998年，制订实施《苍山县幼儿教育工作目标管理方案》，幼儿教育工作纳入小学的年度考核。2001年，制定《苍山县托幼工作管理规定》。2004年，教育局制定印发《关于进一步加强全县农村幼儿教育工作的意见》，在农村实行“幼儿园、小学一体化管理”。同年，新的《幼儿教育指导纲要（试行）》颁布实施，幼儿园课程涉及健康、语言、社会、科学、艺术五大领域，教学方式以游戏为主，教育教学变分科教学为主题教育活动形式，教学模式由单一上课转变为集体教学与区域活动相结合。

2010年，全县共有幼儿园252所，在园幼儿24783人，教师1670人，3～6岁幼儿入学率56.3%。

第二节　小学教育

国民学校

清光绪三十年（1904年），矿坑村侯玉恩等绅董（泛指地方上有势力有地位的人）延聘兰山县庠生彭其瀚为教习，改义塾为蒙养学堂。宣统二年（1910年）3月，层山村、庄坞街同时建立小学堂。

1915年10月，层山村设乡立第一高等小学，民国政府令初等小学改为国民学校。1916年9月，卞庄区私立第四国民学校附设女子国民学校在小屯村成立。当年，县境辖区有高、初等小学48处。1924年—1928年，一些小学停闭或时办时辍。

1929年—1937年，小学教育有较大发展。1935年县辖区有县立小学14处、区立小学55处、私立小学5处、短期小学20处，共计166班、4983名学生，学龄儿童入学率约8%。

此间增设公、私立普通小学，个别普通小学采用二部制（学校把学生分为两部分轮流在学校上学的教学组织形式），尽量充实小学生名额。调查学龄儿童，推行短期小学。短期小学始办于1935年，强迫儿童入学，以普及农村小学义务教育，对拒不入学者，由乡农学校派武装人员登门催促。入学年龄为9～12周岁，学制1年。由国民党省教育厅根据农村需要统编供应教材。教学采取二部制，每日上午、下午轮流教学，或全日间时教学，每日每班至少授课3～4小时。放农忙假，缩短其他假期，以补足修业时数。学生不交纳学费，课本免费发给。教师薪俸和办公费由县拨给，月薪分3个等级，每处月发办公费3元。

抗日战争前原有或新设立的私塾均填具设立私塾表，请求当地教育机关核准发给设塾许可证。假期对塾师予以训练，平时中心小学予以辅导，教材教法作部分改革，称为“改良私塾”。其较优者，

逐步改为短期小学或普通国民小学。凡地域辽阔、地方贫瘠、人口稀疏、村落星散、交通不便、儿童不易集中、无力设置学校或附近学校学额已满无力容纳者，于适当地点设置1班，每班5～20人，由教员巡回教学。教员离村，由学长领导自动学习。每个教员至少教2～3班，课程设置同短期小学。县境北部山区曾短期试行。

1916年《临沂县志》所载境内小学情况

表25—1

学校名称	校址	创办时间	学校名称	校址	创办时间
乡立第一高等小学校	坊前村	民国元年（1912年）九月	乡立第五高等小学校	周家庄村	民国五年（1916年）四月
乡立第二高等小学校	鲁坊村	民国元年（1912年）九月	私立第一高等小学校	卞庄村	民国二年（1913年）二月
乡立第三高等小学校	店子村	民国四年（1915年）十月	私立第二高等小学校	鄫城后村	民国三年（1914年）四月
乡立第四高等小学校	兰陵镇	民国四年（1915年）十月	私立第三高等小学校	道兴屯村	民国三年（1914年）四月
乡立第五高等小学校	作字沟村	民国四年（1915年）十月	私立第四高等小学校	小屯村	民国五年（1916年）九月
乡立第一高等小学校	下大炉村	民国二年（1913年）四月	乡立第一高等小学校	层山村	民国四年（1915年）十月
乡立第三高等小学校	向城镇	民国四年（1915年）八月	乡立第二高等小学校	庄坞村	宣统二年（1910年）三月
乡立第四高等小学校	石龙口村	民国四年（1915年）八月	乡立第四高等小学校	涌泉村	民国二年（1913年）二月
私立第一高等小学校	西车辋村	民国二年（1913年）二月	乡立第五高等小学校	芦塘村	民国二年（1913年）五月
乡立第一高等小学校	长新桥村	民国三年（1914年）八月	乡立第六高等小学校	圈子村	民国二年（1913年）五月
乡立第二高等小学校	田家官庄村	民国四年（1915年）七月	乡立第七高等小学校	沙埠村	民国二年（1913年）四月
乡立第三高等小学校	萧陵村	民国四年（1915年）七月	乡立第八高等小学校	大桥村	民国二年（1913年）四月
乡立第四高等小学校	吕家塘村	民国四年（1915年）七月	乡立第九高等小学校	二郎庙村	民国四年（1915年）十一月

说明：1. 层山高等小学的校长张树梅曾任1916年《临沂县志》编修采访员，教师李宗泌毕业于山东工业学校预科，阚席珍毕业于沂州师范学校

2. 层山高等小学校的前身是宣统二年三月成立的国民学校

抗日小学

1939年，抱犊崮山区建立根据地，鲁南抗日形势日趋好转。抗日民主政府通令各区、乡建立抗日小学，创办民众夜校、半日学校和识字班等。根据地和边沿区原有小学相继恢复，原无小学的村庄积极筹建小学或暂把学龄儿童纳入民校、识字班学习。到1940年冬，抗日小学发展到132所，学生6215人，超过战前最高年份。

1941年秋至1942年冬，鲁南抗日根据地处于极端困难的境地，抗日小学几乎全部停办。1942年冬，抗日斗争形势开始好转。1943年春，抗日小学相继恢复并日趋发展。

1945年春，参照莒南县洙边区莲子坡小学教师、省教育英雄张健华的办法办“庄户学”，即根据群众需要，缩短在学时间，打破正规化小学的框框，组成儿童识字班，采取小先生制（指人人都要将自己认识的字和学到的文化随时随地教给别人，而儿童是这一传授过程的主要承担者），做到田野山岭是课堂，歇歇就学，有空就教，能者为师，互教互学。教师着重培养儿童干部，“小先生”负责教学生。

1946年，县境内有抗日民主小学395所、学生12470人，村学（庄户学）55所，夜校（冬学）251所，受教育的成年人4673人、民兵1626人、妇女8187人。1947年，国民党军队重点进攻鲁南，小学教育停止。

人民小学

1949年，全县有小学172所，其中初小169处，完小3处，在校学生6909人，学龄儿童入学率9.76%。经过国民经济恢复时期，1953年，全县有小学446所，在校学生1428人。1958年“大跃进”期间，小学迅猛发展，达到898处，在校学生67075人。

1959年，小学数量猛跌，1961年进行调整，1962年基本稳定。全县有小学471处，在校学生29631人。

1963年，确定卞庄一小、卞庄二小、车辋、神山、大仲村、南横山、贾庄、向城、磨山、尚岩、兰陵、长城等12所为县级重点小学。

1964年，大办耕读小学，全县发展到659所，在校学生44823人。到1966年，公、民办小学和耕（工）读小学计1897所，95657名学生，小学数量为1935年的19.76倍，在校学生为1935年的17.8倍、为1949年的13.86倍。“文化大革命”开始后，耕读小学全部转为民办小学。

1964年—1967年苍山县耕（工）读小学情况

表25—2

年　份	学校数（所）	班数（个）	学生人数	教职工人数
1964	529	691	20802	699
1965	956	1372	35376	1334
1966	956	1425	41866	1397
1967	956	1226	32496	1154

“文化大革命”中，小学教育受到严重破坏。1968年，公办小学下放到大队办，实行小学不出村。1975年，全县有小学1115所，在校学生131579人，学龄儿童入学率96.4%。1976年，开始调整学校布局。到1996年，全县有小学439所，在校学生171539人，学龄儿童入学率100%，在校学生巩固率99,2%，应届毕业班学生毕业率99.8%。到2010年，全县有小学264所，在校学生112126人。

1949 年—2010 年苍山县小学基本情况

表 25—3　　　　　　　　　　　　　　　　　　　　　　　　单位：所、个、人

年份	学校数	班数	学生人数	教职工人数	年份	学校数	班数	学生人数	教职工人数
1949	172	230	6909	241	1980	1042	4035	125012	5302
1950	243	299	9621	321	1981	1044	4230	115396	5202
1951	401	585	21158	645	1982	1024	3503	109793	5239
1952	412	645	23985	903	1983	964	3304	112899	5091
1953	446	829	31428	962	1984	964	3296	107497	4728
1954	449	816	34747	968	1985	934	3325	105554	4851
1955	451	831	31275	962	1986	934	3337	104474	4873
1956	508	1056	41857	1193	1987	920	3223	104372	4781
1957	512	1045	42318	1304	1988	920	3221	105378	4659
1958	898	1239	67075	2059	1989	917	3214	103756	4679
1959	639	1634	61559	1652	1990	917	3217	103321	4778
1960	561	1227	51050	1683	1991	930	3321	113221	4780
1961	571	1180	35772	1526	1992	921	3319	109987	4997
1962	471	983	29631	1458	1993	919	3318	122453	4909
1963	598	1203	35897	1432	1994	919	3317	132664	4659
1964	659	1325	44823	1602	1995	918	3320	142432	4679
1965	724	1518	52057	1820	1996	897	3112	168962	4678
1966	941	1573	53791	1822	1997	890	3013	164447	4884
1967	901	1675	58639	1969	1998	864	2997	160581	4997
1968	587	1337	45000	1620	1999	447	2889	158850	4816
1969	567	1238	41500	1521	2000	380	2997	132920	4783
1970	1008	2083	75511	2751	2001	323	2999	112131	4659
1971	1082	3046	104215	4453	2002	294	2913	100814	4679
1972	1102	3204	101680	4860	2003	269	2994	92775	4578
1973	1087	3378	107449	4860	2004	264	2679	78313	4480
1974	1088	3491	109559	4894	2005	264	2412	72904	4997
1975	1155	4060	131579	5660	2006	264	2262	73185	5016
1976	1114	4079	133454	6037	2007	264	2358	80831	4778
1977	1035	3971	133347	6135	2008	264	2585	88254	4880
1978	1076	411	134086	5984	2009	264	2835	97408	4897
1979	1079	3992	125107	6073	2010	264	3082	112126	4889

说明：2004 年以前教师数含民办教师数

学制课程

新中国成立后，小学实行二部制，即初级小学4年，高级小学2年，共6年。1952年，开始五年一贯制试点，1953年年底停止，仍沿用四二学制，分初、高两级。1964年，全县大办耕（工）读小学，有整日制、半日二部制、间日制、早午晚一揽子制等形式。1967年全部改为五年制，课程设置及教材随着国家教学计划或课程计划的变化而变化。1989年—1993年上学期，执行国家《全日制五年制小学教学计划（修订草案）》。1993年—1998年，全日制五年制小学教材与九年义务教育全日制小学教材并存。课程设置包括学科、活动两部分，学科课程设有思想品德、语文、数学、社会、自然、体育、音乐、美术、劳动、健康教育、活动课等，活动课程设有晨会、班（队）会活动、体育活动、科技文娱活动、社会实践活动。

2000年2月，县教委制订下发《关于完善小学课程体系落实课程方案的意见（试行）》，将小学课程体系分为三大课程九大系列。三大课程包括学科课程、活动课程、隐性课程；学科课程包括必修课和选修课，活动课程包括教育实践活动、手工科技活动、文学艺术活动、体育卫生活功，隐性课程包括制度隐性课、环境隐性课、关系隐性课。规定一至五年级选修课各1节。

2002年，苍山县开始实施基础教育新课程改革。8月，教育局印发《基础教育课程改革纲要（试行）》，制订《2003年全县中小学新课程实施方案》，小学阶段以综合课程为主。2003年，全县小学实行六年制。小学段开设语文、数学、自然、思想品德、社会、劳动、音乐、体育、美术。2006年起小学三年级开设英语课程。

2006年后苍山县义务教育课程设置方案

表25—4　　　　单位：节

课程		年级								
		一	二	三	四	五	六	七	八	九
品德与生活		2	2	—	—	—	—	—	—	—
思品与社会		—	—	3	3	3	3	—	—	—
思想品德		—	—	—	—	—	—	2	2	2
历史与社会	历史	—	—	—	—	—	—	2	2	2
	地理	—	—	—	—	—	—	2	2	—
科学	科学	—	—	2	2	2	2	—	—	—
	生物	—	—	—	—	—	—	3	3	—
	物理	—	—	—	—	—	—	—	2	3
	化学	—	—	—	—	—	—	—	—	3
语文		8	8	7	7	6	6	5	4	5
数学		4	4	4	4	5	5	4	4	5
外语		—	—	2	2	3	3	4	4	4

续表 25—4

课程		年级								
		一	二	三	四	五	六	七	八	九
体育		3	3	3	3	3	3	3	3	3
艺术	音乐	2	2	2	2	2	2	1	1	1
	美术	2	2	2	2	2	2	1	1	1
综合实践		—	—	2	2	3	3	3	3	3
地方与学校课程		4	4	3	3	2	2	4	3	2
周总课时数		26	26	30	30	30	30	34	34	34
学年总课时		910	910	1050	1050	1050	1050	1190	1190	1122

第三节　初中教育

公办中学

中共鲁南区委办的鲁南中学从费南迁至大炉后，1945年春招生1期，3个中队、150余人，后迁往滕东山区。1952年，苍山县建立第一处中学，名为山东省苍山中学，初设在县城西北的管庄，有2个初中班。1953年夏，迁入塔山北麓的新校。1955年春，在尚岩建立苍山第二中学，1956年始招4个初中班，学生216人。新建磨山、兰陵、褚墩、大仲村4所普通中学。年底，褚墩中学划归郯城县。同年，在长城、车辋、大炉3处完小各增设1个初中班。至1961年，全县共有12所中学。1962年，调整中学布局，撤销会宝岭、大圩子、贾庄3所中学，保留一中（在县城）、二中（在尚岩）、三中（在磨山）、四中（在大仲村）、五中（在兰陵）、六中（在层山）、七中（在车辋）、八中（在长城）、九中（在南桥），共9所中学。

“文化大革命”中，提出上中学不出公社。1967年—1977年，恢复新建下村、神山、新兴、贾庄、鲁城、流井、向城、二庙、三合、横山、大炉、迷龙、卞庄13所中学，达到每个公社1所，全县共22所。从1972年开始，改以数字序列命名为以学校所在地命名。1984年，建成实验中学。1990年，建立育才中学（皆为完全中学）。1996年，全县有初中41所， 819个班，在校生58042人。

2008年，教育资源整合，新的实验中学成为唯一一所县直初中，2009年，搬迁至新的教育片区。2010年，县实验中学新校规划建筑面积2.4公顷，累计投资2681万元，完成建筑面积2.2公顷，一期工程1号、3号教学楼和图书楼投入使用，二期工程实验楼、办公楼、2号教学楼完工。2010年，全县有中学45所，705个班，在校学生31726人。

联办中学

联办中学是由公社（乡镇）、管理区或大队在国家辅助下集体办中学的形式，始建于1958年，称民办中学、农业中学、红专学校等。1968年，各公办中学大多数改招高中班，少数招初中班，初级中学教育压到公社；规模大的小学办起初中班，有的招高中班，诸如此类，简称联中。1976年，全县有253所，初中班544个，高中班25个。

由于联中的教学质量低下，不适应大中专招生考试，1978年冬，逐步对联办中学进行调整，1981年压缩到47所、529个班。1985年有78所、291个班，1987年有62所、284班，1993年全部撤销。

1987年—2010年苍山县普通初中基本情况

表25—5　　　　单位：所、个、人

年度	学校数	班数	学生人数	教职工人数	年度	学校数	班数	学生人数	教职工人数
1987	38	589	37309	1781	1999	38	565	81754	2566
1988	38	581	37899	1799	2000	38	608	89212	2781
1989	38	588	37560	1879	2001	39	709	78777	2859
1990	38	599	33219	1878	2002	41	667	67505	2899
1991	39	572	32217	1910	2003	43	454	55074	2978
1992	39	563	33870	1967	2004	43	379	51779	3080
1993	39	612	34538	1997	2005	45	260	42877	3097
1994	39	600	36649	2059	2006	45	439	39672	3016
1995	37	687	40432	2169	2007	45	610	25145	3178
1996	37	655	59892	2278	2008	45	559	19202	3280
1997	37	702	60258	2289	2009	45	626	25054	3397
1998	38	560	70917	2467	2010	45	705	31726	3486

学制课程

1952年—1966年，初中学制3年，1967年学制缩短为2年，1978年学制又改为3年，延续至今，开学均在秋季。

从1993年秋季，初一新生实施国家教委颁发的《九年制义务教育全日制小学、初级中学课程方案（试行）》，实行国家、地方、学校三级课程管理，包括学科课程与活动课程两部分。学科课程设思想政治、语文、数学、外语、历史、地理、物理、化学、生物、体育、音乐、美术、劳动技术13科，活动课程设晨会（夕会）、班团队活动、体育活动、科技文体活动、社会实践活动和校际活动等。

2002年2月，初中课程包括两大体系四大板块。分为显性课程和隐性课程，显性课程为国家课程计划规定的学科课程和活动课程，隐性课程为校园文化；四大板块为必修课、选修课、活动课、环境课。学科课程包括必修课和选修课。

2003年8月，整体设置九年一贯制义务教育课程。初中段开设语文、数学、英语、物理、化学、思想品德、历史、地理、劳技、音乐、体育、美术、信息技术。

2005年秋季，全县实行“六·三”学制改革后实行。（课程设置见2006年后义务教育课程设置方案）

第四节　高中教育

学校设置

1956年，山东省苍山中学更名为山东省苍山县第一中学。1958年，苍山一中始招高中班，成为完全中学。1967年，二中开始招收高中班。1969年，三中、五中、九中开始招收高中班。1970年，全县各个公社中学开始招收高中班。

至1976年，全县共有高中班114个。1981年，调整布局，压缩高中数量，全县保留一中、尚岩、磨山、大仲村、兰陵、卞庄6所完整中学。1993年，尚岩、大仲村改为乡镇中学。2002年，三中从磨山迁至县城。2004年，苍山一中分校改为苍山二中。2008年，实行初、高中完全分离，县直高中包括苍山一中、苍山二中、苍山三中、东苑高级中学、高考补习学校5所学校。

1987年—2010年苍山县普通高中基本情况

表25—6　　单位：所、个、人

年份	学校数	班数	学生人数	教职工人数	年份	学校数	班数	学生人数	教职工人数
1987	4	40	2630	311	1999	4	167	9365	576
1988	4	40	2689	319	2000	4	201	10067	659
1989	4	50	2568	329	2001	5	229	11359	769
1990	4	56	3621	328	2002	5	237	12880	799
1991	4	60	3601	332	2003	5	234	16354	828
1992	4	63	4387	355	2004	5	243	18167	880
1993	4	76	4838	368	2005	5	270	16395	1097
1994	4	81	5949	412	2006	5	278	12653	1016
1995	4	87	6443	469	2007	5	260	19385	1178
1996	4	98	7512	478	2008	5	258	18329	1280
1997	4	119	8045	489	2009	5	254	17171	1397
1998	4	134	8681	527	2010	5	242	14182	1401

1987年—2010年苍山县高考情况

表25—7　　单位：人

年份	本科录取	专科录取	高中中专	毕业人数	年份	本科录取	专科录取	高中中专	毕业人数
1987	49	125	35	530	1994	199	342	—	1349
1988	56	112	39	689	1995	211	330	43	1348
1989	59	121	—	768	1996	232	349	—	1478
1990	63	137	—	821	1997	253	332	—	1567
1991	84	146	—	901	1998	261	371	127	1664
1992	89	207	—	1287	1999	304	406	223	1689
1993	148	276	—	1338	2000	471	574	201	1876

续表 25—7

年份	本科录取	专科录取	高中中专	毕业人数	年份	本科录取	专科录取	高中中专	毕业人数
2001	579	745	—	1989	2006	907	2651	—	6420
2002	703	691	—	2185	2007	883	3520	—	6360
2003	897	702	—	2386	2008	927	3619	—	5673
2004	896	848	—	2764	2009	—	—	—	7352
2005	1032	3012	—	3615	2010	—	—	—	5327

说明：2009 年后，按上级规定高考一些数据不予公布

学制课程

1958 年，高中学制 3 年，1967 年缩短为 2 年，1981 年又改为 3 年。除“文化大革命”前期几年开学在春季外，自 1974 年起，开学都在秋季。

1986 年—2009 年，高中文化课程一直开设语文、数学、英语、物理、化学、生物、政治、历史、地理，使用全国统编教材，同时还设有体育、音乐、美术、劳动等课程。自 1991 年高一开始，高中学生实行毕业会考制度。

2004 年，从高一开始全部使用人教版教材。8 月，按照《山东省普通高中新课程实验工作方案（试行）》，县教育局制订《苍山县普通高中新课程实验工作方案》。组织召开全县普通高中新课程实验工作会议，组织新课改教师课堂教学展示活动，建立校本教研制度，不断提高教师驾驭新课程的能力。

2005 年 6 月，山东省教育厅下发《山东省义务教育地方课程和学校课程实施纲要的通知》，规定实行国家、地方和学校三级课程管理，鼓励地方和学校在落实国家课程计划的同时，自主开发和实施地方课程和学校课程，规定了地方课程设置的主要领域为地方文化领域、生命教育领域、自然探究领域和社会探究领域。8 月，县市教育局转发山东省教育厅《关于进一步加强普通高中新课程实验工作的指导意见》。10 月，苍山县教育局转发省教育厅《严格执行〈山东省普通高中学分认定管理暂行规定〉规范学分认定行为的通知》。

2008 年后普通高中课程设置方案

表 25—8

学习领域	科　目	必修学分	一年级		二年级		三年级	
			学分	周学时	学分	周学时	学分	周学时
语言与文学	语文	10	8	4	8	4	4	5
	外语	10	8	4	8	4	4	5
数学	数学	10	8	4	8	4	4	5

续表 25—8

<table>
<tr><th rowspan="2">学习领域</th><th rowspan="2">科　目</th><th rowspan="2">必修学分</th><th colspan="2">一年级</th><th colspan="2">二年级</th><th colspan="2">三年级</th></tr>
<tr><th>学分</th><th>周学时</th><th>学分</th><th>周学时</th><th>学分</th><th>周学时</th></tr>
<tr><td rowspan="3">人文与社会</td><td>思想政治</td><td>8</td><td>4</td><td>2</td><td>4</td><td>2</td><td rowspan="3">12</td><td rowspan="6">12</td></tr>
<tr><td>历史</td><td>6</td><td>4</td><td>2</td><td>4</td><td>2</td></tr>
<tr><td>地理</td><td>6</td><td>4</td><td>2</td><td>4</td><td>2</td></tr>
<tr><td rowspan="3">科学</td><td>物理</td><td>6</td><td>4</td><td>2</td><td>4</td><td>2</td><td rowspan="3">10</td></tr>
<tr><td>化学</td><td>6</td><td>4</td><td>2</td><td>4</td><td>2</td></tr>
<tr><td>生物</td><td>6</td><td>4</td><td>2</td><td>4</td><td>2</td></tr>
<tr><td rowspan="2">技术</td><td>信息技术</td><td>4</td><td>2</td><td>1</td><td>2</td><td>1</td><td rowspan="2">2</td><td rowspan="2">1</td></tr>
<tr><td>通用技术</td><td>4</td><td>2</td><td>1</td><td>2</td><td>1</td></tr>
<tr><td>艺术</td><td>音乐</td><td>3</td><td>1</td><td>1</td><td>1</td><td>1</td><td>1</td><td rowspan="2">1</td></tr>
<tr><td></td><td>美术</td><td>3</td><td>1</td><td></td><td>1</td><td></td><td>1</td></tr>
<tr><td>体育与健康</td><td>体育与健康</td><td>11</td><td>4</td><td>2</td><td>4</td><td>2</td><td>3</td><td>2</td></tr>
<tr><td rowspan="3">综合实践活动</td><td>研究性学习活动</td><td>15</td><td>6</td><td>2</td><td>6</td><td>2</td><td>3</td><td>2</td></tr>
<tr><td>社区服务</td><td>2</td><td colspan="6">三学年至少 10 个工作日</td></tr>
<tr><td>社会实践</td><td>6</td><td>2</td><td>全年至少 1 周</td><td>2</td><td>全年至少 1 周</td><td>2</td><td>全年至少 1 周</td></tr>
<tr><td colspan="3">学校课程（选修学分 II）</td><td>2</td><td>1</td><td>2</td><td>1</td><td>2</td><td>1</td></tr>
</table>

第五节　特殊教育

基本概况

1992 年，县聋哑学校成立。1993 年招生，招收聋哑学生入读。同年，开始在全县内招收适龄听障儿童。1993 年—2005 年，累计培养学生 200 多人，聋生入学率达 88.6%。

2006 年，改称苍山县特教中心。该校是全县唯一一所专门招收听障、智障儿童的综合性特殊教育学校，学制从学前教育到九年义务教育。按照“盲送市、聋送县、弱智教育乡村办”的特殊教育办学方针，特殊教育与全县的学前教育、义务教育、职业教育一起布局。从残疾类别上，盲、聋、弱智残疾教育整体规划、分类布局。从办学形式上，使特殊教育建校、办班、随班就读一起布局。

2009 年春，开始招收学前听力语言康复儿童及智力障碍儿童。

2010 年，有 10 个教学班，聋部 8 个班（其中小学 6 个班，初中 2 个班），培智班 1 个，学前听力语言康复班 1 个，共 95 名学生。至 2010

年，已有200多名学生学成毕业，其中有21人升入省特教中专，并继续就读于泰山医学院工艺美术专业，100多人进入罗庄嘉禾冠龙公司工作，50多人进入苍山县棉纺厂工作。

课程设置

学校的课程设置以各类特殊学生的全面发展和综合提高为宗旨，使学生在获得知识的同时缺陷得到补偿，让特殊儿童能最大限度地得到应有的康复。聋部设置语文、数学、劳动技术、品德与生活、美工、科学、体育与健康、信息技术等课程。培智部设置语文、数学、音乐、常识、美工、体育与健康、康复训练、劳动技能等课程。学前听力语言康复班主要针对听力有障碍的7岁以下儿童开设，通过对听障儿童的发音基本功训练、主题课教学及个别训练，使他们具有听话（看话）、说话的能力，从而达到语言康复、能和正常人口语交流的目的。

特教经费

1994年后，县财政设立特殊教育专项补助费，并逐年增长。生均公用经费、弱智儿童康复训练费、特教教师的有关待遇全部落实。县政府采取积极措施，不断增加特教经费投入，保证特殊儿童完成义务教育。2000年，申请到省教委下拨的培智班专项资金11万元。多方筹措资金，积极争取社会捐助。截至2010年，社会捐助累计达110余万元。

第六节　民办教育

苍山县人口众多，教育需求巨大，公共教育资源早已无法满足居民对于教育的需求；并且全县外出务工、经商人口众多，出现了大批留守儿童，部分家长希望儿童能够进入寄宿制学校学习。在这种情况下，全县民办教育从无到有，逐步发展起来。

1996年，全县只有1所民办学校，教职工30人，在校生760人。2000年《苍山县人民政府鼓励与支持民办教育发展的意见》的印发、2002年《中华人民共和国民办教育促进法》的颁布、2004年《中华人民共和国民办教育促进法实施条例》的实行，使得苍山县民办教育迅速发展。学校数量多、投入大，基本建设扩展较快，教育教学条件相对先进，招生规模不断扩大。2006年，全县有民办学校17所，专任教师450人，在校生1.2万人，固定资产近亿元。城区投资超过千万元、在校生超过1000人的学校有诚信中学、志成中学、荀子学校、大众双语学校等4所学校。2010年，全县民办学校有19所，职业培训学校1所，在校高中生190人，初中生11495人，小学生19420人，教职工1288人。在校生超过2000人的有诚信中学、志成中学等。

重点民办学校

志成中学　兰陵县志成中学创建于2000年，是经县政府批准成立最早的民办学校之一。学校位于兰陵县城北部、文化路北段，北临北环路，东靠东泇河，地理位置优越，交通十分便利。经过十年发展，学校硬件设施日益完善，现代化教学设备逐步齐全。2000年，学校有6个教学班，在校生200余人，教职工20余人。至2010年，有60个教学班，在校生4000余人，教职工260人。

诚信中学　苍山县诚信中学是经县教育局批办的一所民办寄宿制学校，始建于2000年5月。学校有3个教学区，占地220亩，建筑面积10万多平方米，固定资产总值达8000多万元。建有标准的教学楼5座，办公楼3座，学生公寓7座，能容纳8000多人就餐的餐厅5座，标准塑胶操场3处，实验室、音乐室、绘画室、多媒体教室、图书阅览室、微机室等一应俱全，学校的硬件建设能够满足教育教学之需。2005年，通过“市级规范化学校”验收，被评为“市级规范化学校”。2009年，被评为“全国民办教育百强学校”。2010年，诚信中学有教学班128个，在校生8200多人，教职工总数近600人，其中专任教师366人，学历达标率100%。

启蒙小学 兰陵县启蒙小学是县教育局批准建设的寄宿制民办小学。学校集小学教育、教学、教研、管理、服务于一体，是县级规范化学校、县级文明单位。2008年，获全国中小学思想道德品德建设成果展评一等奖。2010年，学校占地21亩，有30个教学班，在校生1620人，教职工116人。

新华学校 兰陵县新华学校创建于2003年，最初校址在苍山县进修学校，2006年迁到县城建设路南段（自来水公司南100米处）。学校占地36亩，校舍建筑面积5300平方米。2010年，有教学班19个，在校学生1100余人，教职工60人，大型学生接送车6辆。

2009年，被中国民办教育发展研究中心、中国民办教育促进会授予“全国民办教育示范学校”的称号。2010年，被临沂市安全生产监督局、临沂市公安局交通警察支队命名表彰为“优秀交通安全示范学校”。

守义中学 守义中学创建于2004年3月，是经县政府和教育主管部门批准的一所全封闭、寄宿式民办学校。学校位于磨山，占地面积26664平方米，校舍建筑面积17525平方米，固定资产1614万元。2009年4月，被评为临沂市规范化学校。2010年，学校有37个教学班，在校生2561人，教职工126人，其中专任教师76人，学历达标率100%。

第二章 师范教育与职业教育

第一节 师范教育

发展历程

苍山县师范教育始于抗日战争时期的教干、教师训练班和鲁南干校、鲁南中学的小学教员队。1945年冬，在赵镈县卞庄创设师范讲习所，招4个班，学员160人。1946年秋，迁至盘石沟，冬季迁至抱犊崮一带，与鲁南二中、麓水中学部分师生于黑峪整编合并，成立滕峄联中。年底，多数学员分配工作，年龄小的学员随校北撤。1947年春，并入曲阜师范。1948年年底，台枣专署举办师训班，2月初迁至兰陵赵坊前一带，4月迁至台儿庄。

1952年年初，临沂专署在磨山区东疃村创办第六速成师资培训班，学制1年，共办2期，每期3个班。第一期修业半年，第二期修业1年。

1958年9月，苍山县在管庄（今经济开发区赵官庄村）开办初级工读师范学校，招收初师2个班、幼师1个班，学制1年。1959年春迁入苍山县第一中学西院，暑假并入苍山师范。

1958年夏，苍山师范成立，校址在塔子山东南麓、小岭灌区西干渠东侧，校园总登记土地面积为21416.7平方米。同年，由苍山第一中学代招中师2个班，学制3年，脱产学习，毕业后全部充实中小学教师队伍。1961年，停招中师，招师训班1个，将卫校2个班纳入。1962年8月，师范撤销。1964年冬复校，改称工读师范学校，学制3年。1966年春，改为2年制。1970年秋，改称苍山县师范学校。至1977年年底，培训民办小学教师和联中教师6期，举办工农中专班2期、学制2年；社来社去班1期、学制1年。1977年秋，恢复考试制度，统一招生，学制2年。1980年，停招中师班，改为培训新教师，学制1年。1982年春，改称教师进修学校。1981年—1983年夏，培训在职小学教师和联中教师，学制1年。1982年夏起，代办初中班6个。1984年，实验中学建立，移交4个初中班。1984年夏，始招小学教师离职进修班，每年 2 个班，学制 2 年，毕业后承认中师学历。1994 年停招。

教学

课程、教材　赵镈县师范讲习所设有政治、国文、算术、体育、音乐 5 科，自编教材。台枣专署师训班主要学习政治，进行思想改造。第六速师设有政治、语文、数学、历史、地理、体育、音乐、美术，用初中课本，辅以讲义。初级工读师范设有政治、语文、数学、体育、音乐、教育学，多采用初中教材，上午上课，下午劳动，晚上 2 节自习。

1958 年，师范中师班课程、教材基本上同于高中班。1959 年—1962 年，以培养初中教师为宗旨，文、理分科，辅以讲义。初速师、中速师班以培养小学教师为目标，一两年学完三年的主要课程。1964 年—1968 年，苍山县工读师范设有政治、语文、数学、农技、体育、音乐、美术，采用全国统编教材和省编教材。1970 年—1976 年，苍山师范设有政治、语文、数学、工业基础知识、农业基础知识、革命文艺、军体，全采用省编教材。1977 年和 1978 年两届中师生，入校后即分文班、理班。文班设有政治、汉语、文选、历史、地理、教育学、音乐、体育、劳动，理班设有政治、数学、物理、化学、教育学、音乐、体育、劳动。1979 年，参照教育部《二年制师范教学计划试行草案（征求意见稿）》执行。1984 年起，执行山东省《中等师范学校二年制（招收小学民办教师师范班）教学计划试行草案》，采用三年制教材，删减选学。

教学改革　台枣专署师训班上课以开会作报告的形式，辅以自学讨论、中会辩论、大会总结，对学员进行思想政治教育和道德品质培养，文化课基本没学。

新中国成立后，同中小学的教学改革步调基本一致，不同的是以最新最科学的教法——点拨教法进行教学，使学生掌握系统的文化科学基础知识、专业知识和教授技能。注意指导学生掌握分析教材、课堂教学、批改作业、课外辅导、写评语、制作教具、写黑板字以及实验操作、开展课外文体、科技活动等专业知识和技能。教师以身作则，培养学生毕业后从事小学教育工作的能力；加强教育学、心理学和小学教材法的教学，组织好教育见习和实习。

教学设备及后勤保障　赵镈县师范讲习所、台枣专署师训班、第六速师和初级工读师范使用的全是没收地主的房屋和借用的民房。第六速师有全套桌凳，无图书仪器。

1958 年，苍山县师范兴建时，校园和生产园地 6 公顷，筹建 18 个班的规模。1962 年夏撤销时，已建有校舍 147 间，购置图书 7000 余册、仪器 1000 余件，固定资产总值 25 万元。“文化大革命”后期，苍山师范、教师进修学校陆续建起会堂、师生宿舍和小工厂。1996 年，教师进修学校建筑面积 3771 平方米，有图书 7000 余册，各种刊物 45 种，各种报纸 12 种，钢琴 1 架，风琴 27 部，仪器 507 件，生物标本 4 件，电影放映机 1 部，电视机 2 部，仪器总值 5 万余元。学生全部住校，生活统一管理。

赵镈县师范讲习所和台枣专署师训班实行供给制，自第六速师起实行人民助学金制。1964 年后的工读师范招收“社来社去”学生，国家不包分配，学生不转户口，参加生产队分配口粮，在校期间学生生产自给。学校初建，采用带粮补差的办法。民办教师培训，补助费由原单位发，口粮采取带粮补差的办法。1984 年后，教师进修学校受培训者带薪学习。

第二节　职业教育

1996 年，全县有职教中专和职业高中 2 处国办职业学校，主要招收全日制实用技术专业班。毕业后国家承认中专学历，自主择业和推荐就业相结合。

同先进地区相比，苍山县职业教育远不适

应社会经济发展的需要，2010年仅有3处职业技术学校：苍山县职业教育中心（公办）、苍山县华联技校（民办）、苍山县安达职业培训学校（民办）。

农业专业学校

苍山县农业技术专业学校建于1956年，设在卞庄区连场村。由社队推荐具有高小以上文化程度的农村青年报考，录取学员126人，分2个教学班。课程设有语文、会计、农业机械等，学制2年。学员毕业后，承认中专学历，择优分配。学校经费、教学设备、器材均由省农业厅拨发。1962年撤销。举办过大队会计班、农业技术班、兽医防疫班、林业技术班、生产队长培训班，培训期为15天至3个月。共办短训班30期，培训农业技术人员近5000人。

农业中学

始建于1958年夏，属农村职业中学，招收具有高小或初中文化程度的农村青年，实行半耕半读。学校多以公社、管理区或几个大队联办，1958年年底有47处、47个班，学生1996人。1966年前学制3年，“文化大革命”期间改为2年。课程设置和全日制中学相似，对农村应用文、会计、珠算、农业技术等相当重视。1967年，有农中59处，初中72个班，高中3个班，会计75个班。在校学生2466人，其中初中生2346人、高中生120人。1968年后，农业中学改招普通中学班。1970年后，除南桥人工湖农业中学外，其他转为社办联中或改为小学。

果林学校

1965年创办，1967年10月停办，设在文峰山南麓的园艺场内。学制1年，共办2期，每期1个班，每班40人，共培训学员80人。学员来源于有果林社队的初中毕业生，培训结业后仍回本村。课程设有语文、数学、政治、果林栽培学、造林学、桑蚕学等。

“五七”大学

建于1976年5月，培养亦工亦农技术人员，下设农场、良种场、文峰山园艺场、县医院4个分校。采取推荐与选拔相结合的办法，招收具有初中以上文化程度，经2年以上劳动锻炼的下乡、回乡知识青年。1977年5月，学员全部结业，“五七”大学撤销，累计招生11个班、480人。

职业中等专业学校

1982年8月，在县城东南建立，名为苍山县农业技术中学。招收第一届学生，设农学班、果林班。1983年1月，改名苍山县第一农技中学。1984年，增设畜牧兽医专业，后陆续开设水产、制冷、机电等专业。1988年8月，改名职业高级中学，不久改为苍山县第一职业高级中学。1989年1月，改为苍山县职业中等专业学校。1982年，招收果林、农学2个专业班，学员70人，教职工12人，学制3年。1989年后，招收1年制专修班和短训班。此后，1年制专修班、2年制职业班、3年制中专班并存。1992年4月，副省长宋法棠到校视察工作，题词“发展职业教育，为经济建设服务”。1998年，学校占地面积10公顷，建筑总面积11634平方米，其中教学楼2409平方米，办公实验楼2709平方米，总造价261.17万元；图书3550册，脚踏缝纫机75部，电动缝纫机146部，各种型号微机360台，各类仪器价值225万元。

课程有文化基础课和专业课2大类，文化基础课学习全国统编教材。学校以教学为中心，教学以专业教学为中心，专业教学以技能培养为中心，先后设农学、果林、牧医、水产、蔬菜、建筑、种植、养殖、农经、制冷、服装、驾驶、机电、家电、微机、保安、经警等17个专业。1982年—1998年，共招收134个班，学员5543人，毕业4821人。1982年—1996年，考入、升入大专共39人。

苍山县职业高中

1986年，将位于县城西南代村的卞庄中学改为职业技术中学。1988年8月，全省统一将

各县市职业技术中学改为职业高中，职业技术中学排序为第二职业高中，原苍山县农业技术中学为第一职业高中。1989年，第一职业高中改为职业中专后，职业高中不再排序，第二职业高中遂成为苍山县职业高中。

职工中等专业学校

1984年7月成立。1986年9月，招收第一届学员时，挂靠郯城县职工中专。1993年7月，设立苍山县职工中等专业学校，设有9个专业，全脱产文科2年、理科3年，业余函授3年。1996年，占地9972.98平方米，建筑面积6411.67平方米，图书7800余册，报刊杂志45份，微机20台。1986年—1996年，累计招收28个班，其中脱产16个班、业余11个班、函授1个班，学员1122人，毕业925人。

苍山县职业教育中心

1998年，职业中专与职业高中合并。同年8月，再合并县职工中专，成立苍山县职业教育中心，办学地点设在职业中专原址。学校占地10.08公顷，建筑面积3万多平方米。2010年，有教职工232人，其中高级教师38人，中级教师53人，“双师型”教师21人，在校学生1150人，占全县高中在校生的15.7%。有教学楼2座，办公楼和实训楼各1座，教师公寓、学生公寓4座，设计算机技术、电子应用、机电一体化、服装、数控、焊接、幼教、汽车维修等专业，同时承担县人事局、教育局、劳动局、农业局等单位专业技术人员的培训任务，是全县专业技术人员继续教育培训基地和农村劳动力转移阳光工程培训基地。

1999年，学校被省人民政府评估为省级重点职业学校。2006年5月，定为莱芜职业技术学院教学科研基地。2007年起，省财政按1500元/生拨款扶持职业教育。1998年—2010年，先后为上海、苏州、杭州、无锡、宁波、北京、天津、济南、青岛、烟台、威海等地大中型企业输送1.2万余名技工人才，与有关单位联合举办专业技术培训9000余人次，培训下岗职工3000余人次，为部队输送500余名合格兵员。有1000余名学生回家乡成为当地科技致富带头人。

卫生中等专业学校

1958年，建苍山县卫生学校。1980年，改为苍山县卫生干部进修学校，迁到县医院东侧，设医生、护理2个专业，全脱产，学制2年，招收初中文化程度的职工。1987年3月，改为苍山县卫生职工中等专业学校。

第三章　成人教育

第一节　农民教育

抗日战争时期，鲁南抗日根据地各乡村纷纷创办农民业余学校，有农民夜校55处，59个班，学员4313人，教师59人；识字班有118处，134个班，学员4224人，教师72人。抗日战争胜利后，解放区农民业余教育发展到鼎盛时期，1947年因国民党军“重点进攻”而停办。

1950年春，全县有550个村庄建立民校和冬学，12312名青壮年农民参加学习，其中有8850人转入常年民校。1951年，组织农民学习“抗美援朝”“土改”等时事政策，全县有民校743处、21767人，部分冬学转为常年民校。1952年，推广“速成识字教学法”，培训专职教员800人，开展扫盲运动，有民校645处，51922人，评选出模范学员、教师、办学先进人物24人。1953年，有民校1300处，学员

41893人，毕业1966人。1955年，94353人入校学习，其中小班1774人。1956年，组织扫盲突击队128个，有4358人脱掉文盲帽子。1958年，民校发展到2895处、194381人。1972年，恢复农民教育。1975年，抽调60人指导业余教育，全县办政治夜校6006个班、98239人，其中青少年扫盲班2093个、67165人，壮年扫盲班1254个、1538人，小班9个、235人，基层干部组485个、10464人，理论班336个、7920人，专业技术班106个、2114人，联户班1723个、8603人，包教5743人。

1984年起，扫除青、壮年文盲。1990年，15～45周岁的青壮年文盲、半文盲38551人，文盲率为7.8%，其中妇女文盲26420人，占文盲总数的68.6%。1991年后，选聘1200名扫盲教师包教，发动4000余名学生包教家长中的文盲，到1995年经省、市验收基本成为无盲县。1996年，国家进行复查，基本合格。1981年7月，开办农业广播学校，第1期招收155人，1983年转为中专学历生。1989年，全县基本完成扫盲任务。之后，农村成人教育的重点转移到科技教育方面，同时有计划地扫除剩余文盲。至1996年，共招收12期，招收中专4143人，毕业1316人，联办大专122人。

1992年，县委、县政府出台《关于大力推进农科教统筹结合、加快科教兴农步伐的决定》。全县投资160万元用于农技校扩建和迁建，90%的乡镇办起农民文化技术学校，县、乡（镇）农村成人教育网络基本形成。1993年—1996年，全县推行“绿色证书”（农民技术资格证书）制度。全县青壮年非盲率由98.2%提高到99.2%，基本扫除青壮年文盲。

1995年，省教委下发《关于印发县、乡、村三级规范化农村成人学校标准的通知》，县内有1处成人学校达到省级办学标准。1999年—2009年，乡镇农技学校始终坚持“两为主”“三结合”的办学原则，即培训对象以青壮年农民为主，培训内容以农村实用技术培训为主，培训教育的方式方法做到长、短班结合，理论与实践结合，实验示范与普及推广相结合，运用多种方式，通过多渠道把文化科技知识传授到农民群众之中，使70%以上的青壮年都能掌握一至两门农村实用技术，使科学技术在农业生产中的贡献率逐步提高到80%以上。

第二节　职工教育

鲁南抗日干部学校

1940年秋建立，简称鲁南干校，隶属鲁南专署。校长由专员于化琪担任，副校长由区委组织部长魏思文兼。实行军事化管理，教学基本单位为队，队设队长、指导员，队以下设组。在学习政治、文化课的同时进行军事训练，主要培训县、区、乡干部与村抗战积极分子。干校随专署活动，先后在涧村、花园村、邹东一带设立课堂授课。1941年，由邹东转移到沂河地区，秋迁苍马地区，举办1期师资短训班，招收学员80人，培训结业后随专署迁回抱犊崮山区。1947年春，国民党大举进攻解放区，干校北撤。

鲁南建国学校

1949年1月，中共鲁南区委党校在兰陵的小仲村一带以建国学校的名称培训干部。校部设在小仲村，专员王亚民任校长，王子通任党委书记兼副校长。学员为农村基层干部、新区进步青年，分2个大队。大队设大队长、教导员，中队设中队长、指导员，小队设正、副小队长，工农干部队300多人，青年队102人。学习期间发展一批新青年团员，毕业后选送10余人去鲁中南团校学习。其余人员有的去开辟新区，有的任教，有的到外地铁路、银行、邮电等部门工作。上课以作报告形式进行，干部、教师均任课，主要讲授政治形势，青年队加《新民主主义论》的文化部分。1949年6月停办。

机关学校

1949年春，苍山县机关学校成立。招4个班，学员121人，其中干部、工人、勤杂人员99人，教员2人。

1950年，在县人民政府后院继续开办，县长李光明任校长。学校有高、初级2个班，开语文、数学2门课程。学习时间为早晨1～2小时，有专职教师1人、兼职教师2人。1952年，采取分班定点上课的办法，设3个班，共有学员160人。

1953年，县长李肃任校长，有混合班1个、约20人，扫盲班1个、50人，初小班1个、40多人，高小班1个、30人，使用省编职工业余教材。1954年，扫盲班毕业，机关学校发展到高、初小4个班。

1955年，开设初中班1个、初小2个班、高小1个班。1956年，有初小、高小、初中班5个，专职教师4人，兼职教师2人。学校较前正规，每周学习时间2～3次，每次2～3小时。学校有专用教室1所，其余均用作各单位会议室。1957年冬停顿，1958年停办，1962年恢复。商业局设高中班1个（28人），学习古文；粮食局设初中班1个（40多人），学习语文、数学；戏院设初一班1个（40多人），学习语文、算术；百货公司设珠算班1个（10人），汉语拼音班1个（20人）。学习时间多在晚上，每周上课2～3次，每次2～3小时。1964年停办。

电大教育

临沂电大苍山分校（简称苍山电大）原名苍山县电大站，始建于1979年，1980年8月正式挂牌。1982年秋，开始招收第一期汉语言文学专业学生业余班（学制3年，仅在周末上课）。1989年年初，校址迁至县城泉山东路60号。2010年，学校占地面积3996平方米，固定资产500万元，教职工22名。

1985年，首次通过全国成人高等教育入学统一考试，在全县在职干部中录取43名党政干部专修科学生1个班，脱产学习，同时向社会招收78名汉语言文学专科学生，分脱产和半脱产两个班学习。1989年9月经省教育厅、省电大批准开始招收普通中专班财务会计专业的学生，学员毕业后参加县聘用干部录取考试，充实干部队伍。

1995年—2001年，招收注册视听生，免入学考试。设财务会计、法律等专业。2007年被山东广播电视大学授予“全省现代远程开放教育先进教学点”。2008年，从泉山东路60号校址暂时搬迁到县城东郊的职教中心。至2010年，苍山电大先后招收中专、专科、本科层次共43个专业，86个教学班，3805名学员，继续教育累计培训各级各类人员8000多人次。

第四章　教　师

“文化大革命”以后，教师组成主要有公办教师和民办教师。公办教师主要是师范院校大中专毕业生和部分按政策转正的民办教师。

2003年，师范类毕业生全部由国家分配的政策终止。2004年起，不再实行全部分配，为补充师资，采用在大中专毕业生中考录中小学教师的办法。2004年考录203人，2005年302人，2006年154人，2007年150人，2009年199人。

2010年年底，全县共有中小学教师8861人，其中小学教师4025人，初中教师3276人，高中教师1333人，其他人员237人。教师学历达标率100%。

第一节　教师队伍

幼儿教师

1958 年，培训教师 40 余人。1960 年，从临沂、济南、北京分来幼师 10 余人。1977 年，培训 62 人。1984 年，举办 3 期幼师培训班，培训幼师 119 人。1985 年，培训幼师 397 人。

20 世纪 90 年代，幼儿园教师大多是幼儿师范毕业生分配，少数从高中毕业生招收，另有部分小学教师改做幼师。

2010 年，共有幼儿教师 1670 人。

小学教师

清末民初，塾师近 200 人。抗战期间，国统区有教员 368 人。1949 年，有教职员工 241 人。新中国成立后，教师多数是由台枣专署教师训练班分配和招收徐海地区知识青年，部分是徐州、济南、曲阜等师范学校的毕业生，少数是解放区的教师。

1952 年后，教师主要来源于各类师范院校，部分由民办教师转成，部分是录用的社会知识分子。1961 年—1962 年，2 次共精简 1010 名教师。1968 年，公办小学下放后，有 446 名小学教师调出苍山。1978 年 8 月，有 130 名民办教师转为公办教师。

2010 年，共有小学教师 4025 人。

中学教师

1945 年，鲁南中学教师多是干部任教。1952 年 3 月，苍山中学建立，教师主要由专署文教科分配，部分从本县教师中选拔。1953 年，有教职工 18 人。1962 年，中学在调整中稳步发展，全县有高、初中教职工 262 人，专任教师 157 人，主要是国家分配的高校毕业生。1978 年，全县有高、初中教职工 910 人，专任教师 407 人。"八五"期间，初级中学义务教育实施，中学教师不断增加。

2010 年，共有初中教师 3276 人。

民办教师

20 世纪 50 年代中期到 80 年代中期，为弥补师资短缺，各公社（乡镇）选招部分回乡初、高中毕业生到中小学任教，这部分教师在待遇上不同于国拨工资的公办教师，被称作"民办老师"。他们在户口所在地的生产队标工分，一开始只有 5～7 元钱的津贴；后来提高标准。他们要以部分工资款回生产队"买工分"。90 年代末，每人每月工资 200 余元。他们含辛茹苦、任劳任怨，为农村教育事业做出不可磨灭的贡献。

1986 年，根据省、地指示精神，对现有民办教师通过关、转、招、辞、退等途径逐步解决。1987 年 12 月 1 日，苍山县教育局发文，对全县现任中小学民办教师进行登记建档工作，自此开始，民办教师有了自己的正式工作档案。1999 年，临沂市政府印发《关于提高在编老民办教师待遇的通知》，文件规定：对因年龄超过省规定而不能转为公办教师的在编民办教师办理退养手续，其退养补助费比照同等条件的公办教师工资套改，然后对其职务工资部分按 80% 折算出享受的退养补助费，其他福利工资不变，退养待遇基本达到同等退休公办教师的水平。2000 年，苍山县教育局为部分超过 50 周岁的 221 名老民办教师办理退养手续，工资相当于在职教师的 80%，由所在乡镇财政负担。2003 年，按照政策所有符合条件的 1080 名民办教师全部转正。

第二节　职称改革

苍山县教育系统职称改革工作开始于 1987 年 8 月，1988 年夏天结束。全县有 3290 名教师参加评定，52 人被评为高级职称，782 人被评为中级职称，2456 人被评为初级职称。

1992 年，职称评定成为制度，以后每年进行一次评定。1987 年—1996 年，共有 115 人被评为高级职称。

1999 年—2009 年，共有 10045 人次参加职

称评定。其中，中学教师有801人被评为高级职称，2425人被评为中级职称，2381人被评为初级职称；小学有22人被评为高级职称，3300人被评为中级职称，2088人被评为初级职称。在评定职称的过程中，民办教师与公办教师同样评定职称。

1987年—2009年苍山县教师职称评定情况

表25—9　　单位：人

年份	初级		中级		高级		合计
	小学	中学	小学	中学	小学	中学	
1987	2456		782		52		3290
1999	325	341	168	175	3	34	1040
2000	252	302	133	104	1	25	817
2001	143	125	95	126		35	524
2002	330	299	124	117	1	36	907
2003	268	347	1368	693	4	135	2815
2004	226	279	231	287	1	102	1126
2005	98	58	445	287	1	118	1007
2006	16	55	307	241	3	70	692
2007	65	306	265	156	3	107	902
2008	229	193	163	231	2	47	865
2009	156	76	3	108	3	92	438

教职工荣获各种荣誉称号情况表

表25—10　　单位：人

年份	劳动模范				优秀教师				优秀教育工作者			模范班主任			师德标兵		
	国	省	市	县	国	省	市	县	省	市	县	省	市	县	省	市	县
1983					1	10	116										
1984																	
1985—1989					7	11	33		4	1			1				
1991	1				2	7		240	1			1					
1993					4	7	23		1	3			3				
1995					3	7			1								

续表 25—10

年份	劳动模范				优秀教师				优秀教育工作者			模范班主任			师德标兵		
	国	省	市	县	国	省	市	县	省	市	县	省	市	县	省	市	县
1997						2	24	245		3			3				
1999						5	24	219	2	7	29		3			1	
2001						4	24	204	1	7	37					1	10
2003						5	24	218	1	7	37						10
2005							24	100		1				10			10
2007					1	5	22	100	1	7	10			10			10
2009					1	4	22	100	1	7			1	30			

第三节　教师待遇

政治待遇

解放区教师地位较高，明令“各级学校教师均以抗战技术人员待遇之”。建国后，党和人民政府赋予人民教师“人类灵魂工程师”光荣称号。1951 年 3 月，县召开社会办学模范、民师模范、学习模范会，评选出模范民师 98 人。1952 年春节，开展尊师运动。1960 年，评选出席省群英会代表 6 人，出席全国文教系统群英会 1 人。1977 年，县委、县政府表彰 139 个单位，360 名个人。1980 年，苍山一中教师张秀常被批准为省级特级教师。1981 年 5 月—1985 年 5 月，在苍山县人民代表大会八届一次会议、九届二次人大会及政协一届一次会议、政协二届一次会议上，有 3 人被选为人大常委会副主任，1 人被选为副县长，2 人被选为政协副主席。其间，有 14 人当选为各级人民代表，12 人被吸收入党，10 人出席省优秀教师表彰大会，1 人被授予全国“五讲四美”先进工作者称号。

1985 年第一个教师节期间，县委、县政府召开庆祝暨表彰大会，对 153 名优秀教师、8 个先进单位进行表彰奖励。1987 年—1989 年，教育系统评出拔尖人才 10 人。1986 年—1990 年，评出国家级优秀教师和优秀教育工作者 17 人，省级 55 人，地（市）级 83 人。1991 年—2007 年，评出国家级优秀教师和优秀教育工作者 16 人，省级 41 人，省特级教师 4 人。1999 年—2009 年，评出市级优秀教师和优秀教育工作者 200 人，县级 454 人。1990 年，卞庄一小教师陈宏被评为省特级教师。

“八五”期间，苍山县第十届、十一届人大代表会和三届、四届政协会议都有教育系统代表参加，两会教师代表 61 人，人大常委 2 人，政协常委 4 人。以后，每届县、市党代会、人代会、政协会都有一定比例的教育系统的代表、委员参加。

经济待遇

民国初年，教师薪金每年最高者不过百十元，低者四五十元，平均年俸 60 元。

抗日战争和解放战争时期，教师多为薪粮制，一级教师最高薪粮每年 225 千克，二级教师最高薪粮每年 200 千克，三级教师每年最高薪粮 175 千克。1949 年，教师工资仍实行薪粮制，最高者每月 85 千克，最低者 60 千克。1951 年 8 月教师增薪，农村小学高级教员每月 100 千克、105 千克、110 千克，初级教员 80 千克、85 千克、90千克。1952年7月，改薪粮制为工资分制，小学教师每月工资分75至150分不等，每个工资分值约合人民币0.203元。1956年秋，实行工资改革，教师分10个等级，一级79.50元，十级26.50元；小学行政人员分13个等级，一级91元，十三级23.50元。1963年，给中小学48.5%的教师提高工资。1972年—1987年，6次为中小学教师提高工资，实行特级教师补贴，中学30元，小学20元。1988年，实行职称工资，3290名中小学（含幼教、职教、师范教育）教师根据各人评定的职称，较前提高3至4级工资。1990年，全体教职工普提1级工资，4042人月增工资30222.5元。1993年，全县教师进行第三次工资改革，人均月增103.6元。

1988年，行政上简政放权，教育经费、教师工资放在乡镇，由于各乡镇经济发展不平衡，个别乡镇一度出现拖欠教师工资的现象。2003年，省政府规定教育经费由县统筹，教师工资由县一级发放。2004年以后，随着公务员制度的实行、工资制度的改革，教师工资大幅度提高。2009年实现城乡教师工资同标准发放。

1996年—2010年，根据国家政策，对年满30年教龄的教师实行100%退休金制度。

2000年—2010年苍山县教职工工资情况

表25—11　　　　单位：人、元

年　份	教职工人数	人均工资
2000	9638	10718
2001	9336	10502
2002	9045	11570
2003	8660	10408
2004	9376	10945
2005	9686	11036
2006	9439	13422
2007	8811	24377
2008	8703	27650
2009	9307	25426
2010	9072	31226

第五章 教育行政

第一节 管理机构

清朝时期，县境分属兰山县、郯城县、费县。各县儒学设教谕、训导各1人，负责科举岁考、训迪生徒。清末实施新政，1904年设劝学所，为县级教育行政机构。

中华民国成立后，县境分属临沂县、郯城县、费县。1913年，各县把劝学所改为视学所。1916年，又改为劝学所。1923年，改为教育局，设局长1人、县督学1人、教育委员4人。1933年裁局，改为县政府第五科，设科长1人，督学及教育委员设置不变。

1949年—1957年，实行集中统一的教育管理体制。新中国成立前，苍山县民主政府设教育科。1950年、1953年，赵镈、兰陵二县先后合并到苍山县，1953年5月改设文教科。县文教科设科长1人、职员5人。各区设文教助理员。1956年6月，文教分开，教育局单立，设局长1人、副局长1人、科员4人、会计1人。

1958年—1962年，实行以地方分权为主的教育管理体制。1958年，中共中央、国务院发布《关于教育事业管理权力下放问题的规定》，指出：小学、普通中学、职业中学、一般的中等专业学校和各级业余学校的设置与发展，无论公办或民办，由地方自行决定。1962年，县文化科与教育局合并，改称文教局，设局长1人、副局长2人、科员8人、会计1人。公社设文教助理、扫盲辅导员各1人。

1963年，中共中央转发《全日制小学暂行工作条例（草案）》和《全日制中学暂行工作条例（草案）》。各类学校经过重新整合，办学逐渐走向正轨。1963年—1966年，实行“统一领导、分级管理”的教育管理体制。

“文化大革命”初期，教育遭受到极大冲击。1968年春，县革命委员会成立，下设政治部教育组，设正、副组长各1名。中小学一度由工宣队、贫管会管理，后来由校革命委员会领导。1975年7月，教育组改称教育局，设正、副局长各1人，科员2人，经费会计1人，办事员3人。公社革委会也设教育组，设组长、扫盲辅导员、会计各1人。

1978年—1984年，恢复“文化大革命”前实行的“统一领导、分级管理”教育管理体制。1978年，教育部颁发《全日制小学暂行工作条例（试行草案）》和《全日制中学暂行工作条例（试行草案）》，规定：全日制中小学由教育局统一领导和管理；社队办的小学，可以在县的统一领导下，由社队管理。基础教育实行县、乡镇、村“分级办学、分工管理”。教育局设局长1人，副局长2人。1981年，苍山县革委会教育局改称苍山县教育局。1984年机构改革，将公社教育组改为乡镇中心校，实行中心校长负责制。

1985年—2001年，实行“地方负责、分级办学、分级管理”的教育管理体制。1985年，中共中央、国务院颁发《中共中央关于教育管理体制改革的决定》。中央放权给地方，地方也逐级放权到乡镇，以调动地方政府和群众的办学积极性。1986年，乡镇成立教育委员会，下设教委办，有主任、副主任、工会主席、会计、出纳等职。乡镇教委领导“四中心”（中心初中、中心小学、中心幼儿园、成人教育中心）。1990年后，增强县、乡镇对教育的统筹决策权，规定县对基础教育特别是义务教育负有主要责任，乡镇是实施义务教育的主体，由此形成县、乡镇、村三级管理，以乡镇为主的管理体制。1993年12月，县委县政府公布县、乡镇体制改革方案，决定县教育局改为县教育委员会，同时全县实行“三制”（校长负责制、教师聘任制、岗位责任制）改革。

2002年，苍山县教育委员会复称苍山县教育局。2003年，开始实施“地方政府负责、分级管理、以县为主”的教育管理体制。实现两个转变：把主要向农民收费集资办学改变为由政府财政出资办学，将义务教育的主要责任变为以县为主。2008年，全县基本上确立“县、乡、村三级办学，县乡两级管理、以县为主”的教育管理体制。2010年5月，苍山县教育局改为苍山县教育体育局，负责全县教育体育工作。局机关行政编制17人，配备局长1名、副局长3名。

第二节　教育督导

1995年8月，苍山县教育局内部成立督导室。1996年1月，经县编委批复，县教委设立督导室，属教委，内设股级科室。1998年，经县委、县编委批准，成立苍山县人民政府教育督导室，为正科级事业单位。

1990年—1995年，教育督导室工作重点是推进“基本普及九年义务教育、基本扫除青壮年文盲”（以下简称“两基”）实施进程。1994年10月，经市政府验收组复评验收，评定苍山县初等义务教育已实现，进入全面实施义务教育的新阶段。1995年10月，县“两基”工作顺利通过省政府验收。1997年，在各级各类学校开展以“学校综合目标管理”为内容的督导活动，全县有20处学校管理全部达标。1997年后，教育督导重点为巩固、提高“两基”成果。

图25—1　2010年，省教育厅领导到二庙中学检查工作

2002年，开展乡镇政府教育督导评估。县委组织部、县教育局、县政府教育督导室制定印发《关于将乡镇教育工作情况纳入乡镇党政领导政绩考核内容的通知》，把乡镇党政领导抓教育工作的情况纳入政绩考核，作为干部使用提拔的重要依据。

2003年，省、市政府对县教育工作进行综合督导评估。2005年、2007年、2010年，苍山县被评为临沂市“教育督导工作先进单位”。2010年，制定订《苍山县乡镇教育工作目标量化考核方案》《2010年度学校工作综合考核评估实施意见（千分考核）》和《苍山县教育体育局机关科室年度工作目标考核办法》等规章制度，对全县学校工作及教育机关工作进行督导考核。

第三节　招生考试

从新中国成立到1965年，普通高等和中等专业学校招生考试由国家和省里统一组织考试，对考生德、智、体诸方面进行严格考试审查后，通过文化课考试择优录取。1966年—1970年，普通高等和中等专业学校停止招生。1972年—1976年，有些高校采取“自愿报名、群众推荐、领导批准、学校复审”的办法面向社会招收“工农兵”大学生。

普通高等学校招生考试

1977年，全面恢复高考。按国家规定，由市地、县招招生办公室组织报名，省招生办公室负责录取，招生学校负责复查资格。从1986

年开始，高考的总体趋势发生变化，将理科7门、文科6门各减为“3+2”5门。1990年，高考开始采取标准化考试。1994年，高等教育实行“并轨”招生。2000年，苍山县招生办公室对高考报名实行现场照相、现场采集考生信息的办法。2002年，开始推行“3+X”科目考试方案。2005年的高考全省实现考试管理的电子监控，苍山县所有高考考场实现电子监控。2006年，苍山县招生委员会及教育局给每个考场配备微型耳机探测仪，购置50部电子屏蔽仪，对所有考场实行电子屏蔽。2007年，购置23部指纹确认系统仪器。

中等专业学校招生考试

1981年—1997年，中专与高中招生分别进行，普通中专招生由县教育局按乡镇下达中专预选计划，各中学组织预选，预选学生单独编场进行考试，然后按各乡镇计划单独划线录取。1997年，临沂市教委下发《临沂市1998年中考改革实施意见》，改革中考招生制度，中考实行“一考多取”的办法。2003年，在考试内容上进行改革，扩大理化生实验操作考试范围，按30分计入总成绩，体育考试满分为30分（2009年后按60分计入总分）。2009年，增加信息技术考试项目，按30分计入学业水平考试总成绩。

自学考试

苍山县自学考试办公室与县招生办公室合署办公，负责全县自学考试报名、教材发行、毕业证发放等工作。1989年—2010年，全县35127人获得高等教育自学考试毕业证书，其中专科25014人，本科10113人。

第四节 校舍建设

新中国成立后，校舍兴建、改造、维修均由国家投资。1952年—1957年，用于中学基本建设总投资215.2万元，其中用于高级中学投资174.5万元，用于初级中学投资40.7万元。1958年—1965年，公办中学仍由国家投资，全县用于中学基本建设投资58.4万元。1966年—1976年，国家用于中学基本建设投资157.6万元，其中高中基建投资119.5万元，初中基建投资38.1万元。新建校舍5.3万平方米，其中高中2.5万平方米，初中2.8万平方米。还是远不能满足学校建设需要，联办中学大都挤占小学校舍。到1983年，全县共有中学校舍7.4万平方米，其中公办中学5.1万平方米，许多房屋需要改造、维修。

1996年，全县计有校舍13272间。1998年，全县中小学、职业学校校舍改造总投入1127万元，维修校舍4.71万平方米，投入使用的新建校舍9981平方米。2000年，各学校筹措资金近700万元用于校舍建设，新建教学楼2座，新建教室、宿舍等用房127间。

2001年—2005年，全县危房改造工程资金共筹集32231.92万元，县城市教育附加482万元，农村教育附加530万元，对全县43处学校的危房进行彻底改造，消除危房面积42843平方米，改造面积684865平方米。

2006年，投资2170万元，改造全县57所学校，改造面积25030平方米，消除危房24405平方米。2007年6月底，全部完成2005年年底上报的危房改造任务，并顺利通过省危改办的复查验收。当年投资3589万元，改造全县122所学校，改造面积76311平方米，消除危房60036平方米。2008年5月，召开全县危房改造工作现场会，加快校舍改造进度。当年，总投资4655万元，改造23所学校，改造面积2.9万平方米，新建学校21所，在建面积3.1万平方米。2009年，投资2391万元，改造43所农村中小学校舍，新建校舍2.5万平方米，在建面积0.9万平方米；投资264万元，购置22000套课桌凳，对57所中小学校课桌凳进行更换；投资185万元，对43所义务教育阶段学校校舍进行粉刷维修，维护面积达20万平方米；投资151万元，更换32所农村中小学的供电线路和变压器；投资485万元，实施仪器更新工程，购置仪器82188件；投资215万元，为苍山一中、苍山二中、第二实验小学、车辋镇中心小学、层山中学、卞庄二中等6处中小学安装太阳能热水器。2010年，投资2508万元，改造面积20737平方米，在建面积43117.5平方米，新建校舍6.714万平方米，消除学校危房5.3万平方米。

图25—2　车辋镇中心小学危房改造前　（2005年摄）

图25—3　车辋镇中心小学危房改造后　（2010年摄）

第五节　电　教

1992年，全县电教器材总价值达96.7万元。1994年，县教委相继制定出台《苍山县中小学教学设施配备标准》《苍山县中小学特种用室及内部设施管理星级达标评估标准》。1996年，印发《关于加强中小学电教设备装备工作的实施意见》。全县累计投资500余万元，配备电教设施，加强电教教学。全县各学校共有286型以上计算机近150台。1998年，全县有语音室3座。1999年，全县计算机达650台，计算机教室8个，语音室12个。2003年，全县中心小学以上学校教室配备固定“两机一幕”，苍山一中所有教室配备“四机一幕”。

2006年，新建多媒体教室7口，全县学校共装备多媒体教室53个，其中小学20个，初中29个，高中4个。2007年，全县教育系统信息技术建设累计投资4500多万元，建成苍山教育局域网。农村完全小学以上学校全部建成校园网，并接入苍山教育信息网和国际互联网，实现“校校通”。全县中、小学计算机总数达5040台，其中教师个人购机3166台。2007年10月，为适应全县教育信息化工作需要，成立县教育信息中心（正股级单位），隶属于县教育局。2008年，投资800万元完成农村中小学现代远程教育工程，农村中小学办学条件得到有效改善。2009年，投资2160万元为广大农村中小学配备教师用计算机1850台，笔记本电脑251台，学生用计算机1811台；建成多媒体教室94口，班班通93套，微机室45口，校园网54处，完成了教育局信息中心、全县教育系统内部“城域网”和现代远程教育网络管理平台的建设，基本实现现代远程教育工程“校校通”，教育现代化信息化水平得以提高。

第六节　仪器设备

实验教学是教学内容的重要组成部分，随着“两基”的实现和“中小学实验教学普及县的实施”，全县实验教学投入不断加大。1990年，县教委修订全县实验室建设规划。1991年，全县有实验室71个，各种教学仪器48171件。1993年，开始实施初等义务教育，年内进购教学仪器、音体美器材价值32万余元。学校自制教学仪器、器材6000余件，价值近16万元。1994

年，全县实施中等义务教育，全面启动“两基”工作，年内进购教学仪器、音体美器材价值达62万余元。1996年，印发《苍山县中小学实验室工作条例》，加强实验室的规范化管理。新建高标准实验室40个，仪器室123个，音美劳教室89个。1999年，全面启动实验教学普及县创建活动，新建实验室20个，面积1720平方米；新做仪器橱367个、实验桌416套、演示台37个，进购教学仪器、音体美器材价值达98.6万元。

2007年，为适应新课改的需要，根据《山东省中小学实验室建设配备标准（试行）》，全县改建实验室43口，新上探究实验室4口。2008年，投资404万元实施中小学仪器更新改造工程，进行农村中小学内部实验设施的更新建设，促进义务教育的均衡发展。

第七节　图　书

1991年，图书代办有专人负责，负责全县学校教育报刊图书的宣传、征订发行工作。1993年，全县中、小学生均图书12册。1994年4月，全县小学共有图书室163个，阅览室52个，藏书17.31万册；初中共有图书室32个，阅览室38个，藏书8.48万册；高中、职业学校共有图书室6个，阅览室12个，藏书7.73万册。1995年，结合省教委制定的各级各类学校图书配备标准，县教育局制订《关于加强学校图书室建设和管理工作意见》，为全县图书室建设提供样本依据。全县初中、小学共征订123万元图书，新购图书22万册，捐书14万册，小学图书达标率85%，初中达标率为79%。完小以上生均图书11册以上，初中生均图书17册以上，达到“普九”图书配备要求。

1998年，县教委制定《苍山县中小学图书室、阅览室建设、管理、使用评估标准》，自此，全县中、小学图书管理工作走上规范化、科学化管理的轨道。1998年，全县小学藏书总量为29.81万册，生均图书10.11本；初中藏书总量为31.12万册，生均图书12.31册。2003年，全县师生共捐书6.11万册，统一购书8万册，学校购书4.4万册。全县共有符合标准的图书室34个，图书63万册，书架507个，阅览室78个，接近国家规定的图书配备标准。2006年—2010年，图书室建设与管理日趋规范，突出计算机管理。至2010年，全县60%的学校配备电子图书，全县共有电子图书3万册。

第六章　教学研究

第一节　小学教学研究

清末，学堂废止私塾个别传授的教学形式，实行班级课堂教学形式，但教学方法仍未摆脱学生死记硬背、歌书、先生讲完学生回讲的窠臼。辛亥革命后，推行赫尔巴特的五段教学法，即“预备、提示、联合、概括、应用”，但多数塾师出身的教员仍以传统的注入式教法教学。“五四”运动后，杜威的实用主义教育学说传入，要求采用三段教学法，即“新授、复习、应用”，并要求应用八项教学原则，“准备、自动、设计、兴趣、美化、个性适应、手脑并用”等原则。1930年后，临沂三乡师毕业生在苍山县各小学任教的教师，多采用陶行知的“教、学、做合一”教学法，但其他学校毕业的教员仍多墨守讲演式注入法。

抗战时期，解放区小学以全日制、半日制、

二部制、季节学校、晨学、午学、夜校和各种庄户学等办学形式，提倡教学用启发式，注意教与学、知与行的联系，充分发挥导生（小先生）的作用，能者为师，互相帮助，集体学习。解放战争时期，采用启发教导、注意讲授及反复练习，启发儿童研究兴趣、思考问题。

新中国成立初期，教法使用不统一，原老解放区教师和刚从中等专业学校毕业分配来的新教师，教学多采用联系实际、启发诱导的方法；私塾出身的知识分子教学多不得法，仍沿用旧学校注入式教学法。

1953年下半年，开始学习凯洛夫《教育学》和《普希金教授教育学讲演录》。各完小以学科为单位，初小以学区为单位，组织教师边学习边备课，按固定的程式写出学期教学进度、单元计划和课时授课教案，教师按教案进行教学。县、区有计划地组织观摩教学，以推广教学新方法。

1955年，学习“普希金《红领巾》教学意见”，强调用谈话法进行教学。1956年，学习冈察诺夫、叶希波夫教学法，逐步形成讲读法、谈话法、问答法及综合运用的启发式教学法。1958年，大搞“教育革命”，冲破“五段教学法”的程式，对教材进行“砍、换、合、补”，增添为中心工作服务、为生产服务的教学内容。

1960年，纠正生产劳动过多、影响文化课教学的倾向，改革教学，重点学习语文、数学两门学科，采取单元讲授法。

1962年，提出抓住重点，培养尖子，树立“小宝塔”，不少小学片面追求升学率，教学满堂灌，出现笔记多、作业多、测验多的现象，以致学生负担过重，影响健康，违背德、智、体全面发展的要求。

1964年，提出“少而精”的教学原则和启发式的教学方法，加强基础知识教学与基本技能训练。课堂教学抓住关键、突出重点、突破难点、精讲多练、讲求实效、减轻学生课业负担，考试定为期中、期末和单元测验，不出偏题、怪题，正确处理主课和非主课的关系。

“文化大革命”期间，教学陷入混乱。课堂教学都先引用几段语录开头，中间还要插入一些语录，末尾或念语录或呼口号，八股式的教学方式盛行一时。1972年，一度注重抓教学质量与教学改革，不久因“反教育黑线回潮”打了下去。1973年，大搞勤工俭学，实行开门办学，严重忽视课堂教学，教学秩序又陷入混乱。

“文化大革命”后，全面贯彻党的教育方针，围绕培养能力、发展智力这个中心，积极探讨教育规律，改进教学方法，逐步提高教育质量，正常教学秩序逐步建立。教师树立以教学为主的思想，克服教学自由化，推行教学环节规范化、制度化，对备课、课堂教学、书面作业的设置与批改制定了标准尺度。数学教学推广上海市“口算、笔算、珠算三结合”的教学方法。语文教学采取教给学生识字方法、培养识字能力的措施。作文教学注意培养学生的观察能力，从看图说话、看图写话、写一句话到写一段话入手，反复训练，过渡到写一篇文章。阅读教学采用启发式教学法，精讲多练，讲练结合，刹住满堂灌的“讲风”。

1981年6月，对语文、数学课教学质量作抽样调查，将全县1151所小学分类研究对比，获取大量数据。1982年，根据查出的问题，鼓励教师勤练基本功。1983年秋，进行教学基本功竞赛，开展教材教法过关活动，培训辅导员460多人。1985年，推行教材法过关考试，过关达标占72%。1986年过关补考，有150人（占教师总数的3%）仍未过关。1987年，以单元教学为线、以复式教学为补充，进行整体教学改革，强调教研中心下移，全面提高教学质量。

1990年，全县建立三级教研网，带动全县教改实验的全面开展。1991年，在全县推广布鲁姆目标掌握学习法。1992年，在全县开展以“说课”为主要内容的群众性教研活动，推广“五

段式作文”。1992年—1995年，推行“愉快教育（赏识教育）”，逐渐将其渗透到语文、数学、自然、音乐、体育、美术、思想品德等各个学科。1994年，中、高年级阅读教学进行“三步五环一条线”专题研究，并在全县推广。1999年，学习推广“诱思探究”教学法。

“九五”期间，全县共承担省级以上研究课题17项，其中国家级研究课题5项，共有8项成果获“市教科研优秀成果奖”。

2000年—2003年，围绕实施素质教育，县教育局制订《苍山县中小学学科课堂教学实施素质教育意见》《苍山县小学生综合素质发展性评价实施方案》，开展“创新教育与实践能力”活动，对小学生进行综合评价和学科评价。

2005年，全县加强校本教研。教育局下发《关于在苍山县中小学校本教研实施意见》，修订《苍山县小学教学常规实施细则》。当年，县教育局被评为“临沂市教育科研先进单位”，有1项教科研成果获得山东省优秀教科研成果二等奖。

第二节　中学教学研究

20世纪50年代初，教学基本沿用传统教法，教师讲述，学生听讲、记笔记，少有思考的余地。1954年，苍山一中学习苏联的教育理论和教学方法，备课、上课有固定的模式、程序，强调直观性、量力性、连续性、系统性、巩固性原则。课堂采用组织教学、检查复习、讲授复习、讲授新课、复习巩固和布置作业5个环节。1955年，强调用谈话法进行教学。1956年，学习冈察诺夫、叶希波夫教学法，逐步形成讲读法、谈话法、问答法及综合运用的启发式教学法。1958年，打破五个教学环节的框框，上“跃进课”，对教材实行“砍、换、合、补”，组织师生下队进厂，在工余上课。1960年，恢复正常的教学秩序，发动师生提教改建议，制订教改方案，进行教改实验。

“文化大革命”中，全盘否定中国17年（1949年—1966年）教育工作成就，许多行之有效的经验被贴上封、资、修的标签加以批判，摈弃正在实施的教学改革试验，代之以开门办学为主要标志的“教育革命”。各校纷纷与社队、工厂、矿山挂钩，建立学工、学农基地。校内大办两厂（场），开设专业班，聘请工农兵和医务工作者兼课。经常进行忆苦思甜、访贫问苦活动，加上学工、学农、学军和批判资产阶级，所用课时约占总课时的三分之一以上。具体教学中，中学使用山东省编教材，内容少而简单。1972年，改用全日制、十年制全国统编教材，知识系统，但难度较大。解决的措施是缩减完中数量，将高中教师集中到县重点中学，抓好各科教材通研工作。

1979年，普遍存在教学观念陈旧、教学方法默守陈规、教学效率较低、课堂时间被教师独占的现象，学生没有时间练习、巩固。为此，进行人才观、教学观、学生观、质量观四个方面的观念更新，改变刻板的程序教学，提倡因材施教、灵活多样的教学方式；改变教师一讲到底的做法，提倡精讲多练、讲练结合的教学结构；教师面对新课题，进行再学习；提倡自制教具、教学仪器，提出新的教学原则；改革学习方法，培养自学能力；抓课堂教学薄弱环节，提倡教育改革，促进教学质量提高。

1989年8月—1992年7月，全县进行掌握学习和目标分类教学改革，主要借鉴美国布卢姆“掌握学习”理论、布鲁纳“结构主义”理论和原苏联教育家巴班斯基的“教学过程最优化”理论。

1994年3月，全县开展“目标教学”的理论与实践研究，形成数学课“启导掌握教学法”、物理课“启发式综合教学”、英语课“语言情景的创设”、语文课借鉴掌握学习策略培养学生的阅读能力、政治课“激发兴趣——联系实际——提高觉悟——培养能力”等教学方法。

1996年，进行“合作学习”教学改革实验，在苍山一中、卞庄一中、尚岩中学、向城一中4处学校试点后，迅速在全县展开。

1999年，卞庄二中“大阅读为主”的大语文课堂教学实验被评为“市级先进教改实验项目”。

2001年，建立必修课、选修课、活动课、隐性课“四位一体”的课程体系。2003年，各初中学校全面推广“先学后教、当堂达标”的江苏省洋思中学课堂教学模式。

2005年—2008年，全县共有县级立项课题653项，市级84项，省级10项，上报国家级课题2项，均列全市首位。有2项省级课题结题，22项市级规划课题通过市教育局结题鉴定，37项县级规划课题通过县教育局结题鉴定。教科研成果29项在市获奖，75项在省获奖，14项重要课题成果在不同刊物上发表。

2008年—2010年，以构建高效课堂为抓手，以提高教师实施新课程的能力和水平为切入点，以加强教学研究、提高课堂教学质量为动力，通过实施生本教育、分片联研、优质课评选、组织观摩学习等方式，加强教学指导，提高课堂教学效益。三合中学的“一二三四”课堂教学模式、长城中学开展的“生本教育”理念下的高效课堂研究产生较大影响。

2008年，确定为“办学行为规范年”，制订出台《苍山县教育局关于落实〈山东省普通中小学管理基本规范（试行）〉深入推进素质教育的实施意见》等文件，通过加强家长与学校的联系，聘请专家举行家庭教育报告会等形式推进素质教育实施。

2008年，县教育局与金星国际教育集团联合承担了教育部“十一五”教育规划课题——“学案导学提高课堂教学实效性教学策略研究”，苍山县作为全国中学教育科研联合体理事单位和全国第一个县级实验区与金星国际教育集团联合承担“新新学案”教学指导丛书的研发工作。作为教育部规划课题研究成果，涵盖高中三个年级的57种教学指导用书已经出版，并已进入全国20余个省、市教育图书发行目录。

2009年，先后有4人被评为沂蒙名师，有261人获市教学成绩奖，383人被评为县教学能手，93人被评为县教学新秀，45人被推荐参选市教学能手，38人被推荐参选市教学新秀。

2010年，以全面提高教育教学质量为核心，稳步推进新课程改革，全面落实教学常规。先后组织教师培训5000余人次，现场指导课堂教学560余节次，有7位教师在市级以上讲课比赛中获奖，其中1人获得山东省数学优质课比赛一等奖。有县级立项课题196项、市级69项、省级12项，其中69项市级课题、6项省级课题通过同级教育部门结题鉴定。

第七章　教育体制改革

第一节　办学体制改革

1949年，实行国家办学体制。苍山县人民政府贯彻山东省政府通令《恢复和整顿小学实施办法》，全面恢复小学教育工作。1950年—1957年，相继建立苍山县第一中学、苍山县第二中学（校址在今尚岩镇驻地）。小学也得到普遍恢复和发展。

1958年后，教育管理权下放。中小学及中专，无论公办或民办，都由地方自行决定，公、民办小学迅速发展，各乡公办中学、苍山师范相继建立。同时，全县各地“联中”得以充分发展。

1964年春，贯彻刘少奇“两种劳动制度，两种教育制度”的指示，采取多种形式办学。文化大革命中，批判两种教育制度，耕（工）读小学解散或转为民办小学。1968年年底，“公办小学下放到大队来办”，对小学教师“一鞭赶”，许多教师回归原籍。办学体制混乱。除教师工资由国家发放外，小学无办公经费。

1971年，县革委会提出：“上小学不出大队，上初中不出管理区，上高中不出公社，把学校办到贫下中农家门口。”中小学教育极快发展，教师逐级拔高，公办教师奇缺，由民办教师递补。民办教师占教师总数的68%。民师由生产队记工分，小学民办教师每人每月国家补助2元，中学民办教师每人每月国家补助5元。普通中学教育盲目发展，县内办起许多联中、初中戴帽班（为了响应“上初中不出管理区”的政策，部分完小没有招收初中的资格而招收的初中班）。到1976年，县内共有公办中学45所，联办中学137所，小学657所。

1978年后，教育事业在调整、改革中前进。1979年，对中等教育结构进行调整改革。首先撤销部分农业中学、初中戴帽班，撤并一批联中，撤销联中高中班。各乡镇中学陆续停止招收高中班。部分公办高中改为职业高中（中专）。苍山师范于1978年恢复招生。1980年，苍山电大建成招生。1981年，苍山师范更名为苍山县教师进修学校，负责全县教师的进修培训工作。

1991年，完善办学体制，实行分级办学。各级加大教育投入，改善办学条件，提高义务教育的普及程度。1992年，在扫除青壮年文盲的同时，各乡镇陆续设立成人教育中心校，举办农民技术培训班。1993年，发展特殊教育，县聋哑学校建成并开始招生。到1995年，“两基”经省政府验收合格。

1997年，县政府决定对幼儿教育办园体制进行改革，鼓励社会力量、公民个人投资办幼儿园，全县形成以民办幼儿园为主的办园格局。到2008年，全县基本普及学前三年教育，实现3～6周岁幼儿入园率85%以上。

2000年，县委、县政府制订《关于积极鼓励支持民办教育发展的若干意见》，大力进行办学体制改革，改变政府包揽一切的做法，鼓励社会力量办学。诚信中学、志成中学、荀子中学等一批民办学校相继成立。至2008年，全县共建起民办学校23所，在校学生高中675人、初中9677人、小学13724人，教职工1224人。

第二节　办学经费机制改革

1949年后，教育经费由财政预算拨给，列为事业开支，分人员经费和事业经费两类。公办中学校舍的兴建维修，由国家拨款。中学基建投资，1952年—1957年总计215.2万元，1958年—1965年总计58.4万元，1966年—1976年总计157.6万元。小学建设维修，由群众自筹解决。

1979年，开始集资办学。1980年，教育经费实行“划分收支、分级包干”。农村按人口集资筹款，对中（联中）小学进行“六配套”（校舍、课桌凳、操场、院墙、校门、厕所）建设。至1986年，累计投资1865.6万元，新建校舍8893间，改建大修4296间，添置课桌凳113460套，基本上消灭“黑屋子、土台子”。

1986年，开始征收教育经费附加。1988年后，国家对财政体制进行改革，建立乡一级财政，设财政所。乡镇所辖农村中小学下放到乡镇管理，包括教师工资在内的10多种支出由乡镇财政负责。

1988年，按人口集资，进行以乡镇中心初中为重点的“四中心”（中心初中、中心小学、中心幼儿园、成人教育中心）建设和中小学其他“三化”（绿化、美化、经济化）、“四室”（图书室、阅览室、仪器室、实验室）及路面硬化建设，至1990年，计投资1411.3万元。1990年11月，发动干部职工捐资1872.2万元，开始城镇学校改建工作，建楼19幢，平房213间，1993年年底基本完成。1994年，实现初等义务教育。

1994年—1996年，按人口集资1.12亿元，征地53.67公顷，建教学楼、办公楼37幢，平房3120间，改造旧房7.4万平方米，完善内部设施投资1500万元。1995年3月，县委、县政府作出《关于建立教育基金的决定》，决定通过14种筹集渠道筹集教育基金，以增加教育投入。1995年—2001年，教育经费主要靠财政拨款和征收教育费附加。2001年，农村实行税费改革，征收16年的“农村教育费附加”取消。2002年后，实行“分级管理、以县为主”的基础教育管理体制，教育经费纳入财政预算，教师工资发放归县统管。2004年，执行“一费制”收费。2007年，农村义务教育阶段全面免除学生的学杂费。

2005年，《国务院关于深化农村义务教育经费保障机制改革的通知》印发。2006年，教育部办公厅、山东省人民政府都陆续发出实施农村义务教育经费保障机制改革的通知。县政府贯彻上级指示精神，进行农村义务教育经费保障机制改革。2008年，按照省市义务教育经费保障机制改革标准，小学每生每年由240元提高到295元，初中每生每年由340元提高到445元，家庭困难的寄宿生，生活补助费标准由每生每年补助300元提高到小学500元、初中750元。

1986年—2010年，《中华人民共和国义务教育法》实施的15年间，各乡镇义务教育投入存在很大差异，学校之间发展不均衡，主要表现在经费投入、师资队伍、校舍及教学设备、生源等方面。改革和完善教育投入机制、保证教育经费逐年增长、增加教育投入，是落实教育优先发展的根本措施。县政府逐步建立和完善“以财政拨款为主，多渠道筹措教育经费”的教育投入机制，切实加大对教育的投入。2009年，县财政投入1.25亿元，相继建成苍山县第一中学新校、苍山县实验中学新校、苍山县第二实验小学，教育面貌发生很大变化。

2010年，全县累计落实资金6921.9万元，全部免除义务教育阶段学生杂费和农村义务教育阶段学生课本费，惠及全县16.2万中小学生；筹集资金53.5万元，资助大学新生165人；办理大学新生生源地助学贷款2143份，累计发放资金1100万元。新机制的实施使义务教育阶段的投入全部纳入政府保障范围，真正实现“从人民教育人民办”到“义务教育政府办”的历史性变革。2010年10月，全县实现城乡教师工资统一标准发放。

第八章　重点学校

第一节　县直学校

苍山县第一中学

1952年，苍山县建立第一处中学，名为山东省苍山中学。1956年，山东省苍山中学更名为山东省苍山县第一中学。1958年，开始招高中班，成为完全中学。

2003年，于县城育才路北段东侧筹建苍山县第一中学新校。2010年暑假，学校由塔山北麓整体搬迁至新校。2010年，学校占地203万平方米，建筑面积9万平方米；教学班65个，在校生4000余人，教职工433人。其中，高级教师116人，中学一级教师183人，省劳动模范1人，省特级教师2人，齐鲁名师1人，全国优秀教师3人，省市优秀教师、教育工作者、

教学能手130余人。同年，被山东省教育厅批准为“山东省规范化学校”。

新校区人文景观遍布，建有礼仪广场、思源广场、艺术广场、地理园、生物园及2.6万多平方米的绿地。综合大楼建筑面积2.4万余平方米，内置180多口功能室，是全临沂市单体建筑面积最大的现代化教学设施；建有全市一流的体育场馆，相继承办山东省田径锦标赛、临沂市中学生运动会等省市级大型体育赛事。按省规标准或超标准建设信息通用技术实验室、理化生实验探究室、政史地文科探究室和数学探究室、音体美教室、心理咨询室、卫生保健

图25—4　苍山第一中学　　（2010年摄）

室、校史馆和特色展室。开放式图书阅览室面积1400平方米，藏书20多万册，同时容纳700多人阅览；建有校园网络系统、数字监控系统，教室内配备52英寸平板电视，实现多媒体班班通；任课教师每人一台手提电脑，实行电子备课和多媒体教学。

苍山县高考补习学校

苍山县高考补习学校是经山东省临沂市教育局批准、山东省教育厅备案直属于县教育局的一所公办学校，于2008年8月27日成立，校址位于原苍山一中老校。2008年，面向全县招收复读班30个，在校学生1636人，教职工120人。其中，高级教师29人，中级教师53人，全国优秀教师1人，临沂市人大代表1人，临沂市优秀班主任1人，国家级、省级骨干教师2人，市、县级教学能手23人。至2010年，全校共19个班，在校生1050人，教职工120人。

图25—5　苍山高考补习学校夜景　　（2009年摄）

苍山县东苑高级中学

苍山县东苑高级中学是一所公办普通高中学校，于2001年成立，是临沂市首批市级规范化学校，占地17.47万平方米，建筑面积7.62万平方米。2010年，教学班56个，在校生2440人，教职工336人。其中，中学高级教师73人，中学一级教师144人，“山东省优秀教师” 1人，“沂蒙名师”3人，有9人次获得临沂市优秀教师和优秀班主任。

苍山县第二中学

苍山县第二中学，原名育才中学，建于1990年，坐落在县城南环路中段，南靠银湖度假村，西邻代村现代农业示范园。2001年，合并为苍山

图25—6　苍山二中学生在参加军训　　（2009年摄）

一中分校。2004年，更名为苍山县第二中学。占地12万平方米，总建筑面积5.5万平方米，绿化、美化面积4000平方米。2010年，有教学班46个，在校生3040人，教职工289人。其中，中学高级教师89人，中学一级教师131人，全国优秀教师1人，省特级教师2人，省优秀教师3人。

苍山县第三中学

苍山县第三中学建于1958年，始建位置位于磨山镇磨山东村与东疃后村交界处。1958年春，教育拨款1.2万元，建房27间。同年7月，招收初中新生3个教学班，162人。

1994年，有教学班16个，在校生1100多人，教职工87人，中高级职称8人，初级职称20人。学校拥有建筑用地1.61万平方米，总建筑面积1.0万平方米，教室48间，学生宿舍60间，教职工宿舍62间。

2002年9月，整体搬迁至县城，占地面积2.75万平方米，建筑面积1.64万平方米。东邻东㳗河故道，西靠朝阳居委，南靠㳗右村，北靠县城顺和路。有教学楼3座，实验楼、办公楼、学生宿舍楼和学生餐厅各1座。2010年，共有20个班，学生1602人，教职工178人。

苍山县实验中学

苍山县实验中学始建于1984年，为一所初、高中兼顾的完全中学，原址在县人民医院西侧，县体育场南端，西北与教师进修学校相接。2008年，整体搬迁至县行政中心北侧、北邻苍山一中新校，西接苍山县第二实验小学的新校区，停招高中，为县直初中学校。占地面积60万平方米，建筑面积2.2万平方米，教学楼3座，办公楼、图书楼、实验楼各1座。2010年，有教学班53个，学生3300人，教职员工291人，其中中学高级教师66人、中学一级教师155人。

苍山县实验小学

苍山县实验小学于1959年9月建校，前身是卞庄公社第二小学（简称卞庄二小），占地面积4570平方米，校舍32间，教学班6个，在校学生260余人，教职工9人。

1963年，卞庄公社第二小学搬迁至塔山路42号。校址南北长121米，东西宽78米，坐北朝南，前临塔山路，后靠县药材公司。

1985年，卞庄二小改为县实验小学，归县教育局直接领导管理。有校舍93间（其中1座小教学楼18间，建于1983年），教学班18个，在校学生1265人，教职工45人。

2010年，建筑面积8800平方米，有教学楼、办公楼6幢，教学班38个，在校学生3566人，教职工141人，其中本科学历100人、专科学

图25—7　苍山县实验中学　（2010年摄）

图 25—8　苍山第二实验小学　（2010 年摄）

历 31 人、小学高级教师 108 人。

苍山县第二实验小学

苍山县第二实验小学始建于 2008 年，2009 年投入使用，背依苍山一中，东邻实验中学，西接育才路。2010 年，占地面积 10.85 万平方米，总建筑面积 3.6 万平方米，教学班 44 个，在校生 2700 多人，教职工 121 人，其中省特级教师 1 人，省优秀教师 2 人，市级教学能手 3 人，是临沂市规范化学校。

学校教学设施完善，建有高规格的塑胶运动场、标准篮球场、乒乓球台，拥有校园智能广播系统、校园网络管理系统、图书电子系统，实现校园管理数字化、图书管理超市化。心理咨询室、卫生室、德育室及语音室、微机室、科学实验室、综合实践活动室、音乐教室、舞蹈教室、美术教室等功能室一应俱全。教师用微机人手一台，各类教学仪器、器材均按照国家一类标准配备。

苍山县实验幼儿园

苍山县实验幼儿园的前身是苍山县政府机关幼儿园，1957 年秋，在苍山县城塔山西南麓建成，园内设备参照省幼儿园规格标准购买，配备教职员 9 人，收托幼儿 27 人，分大、中、小班，实行寄宿制，教学参照教育部颁发的《幼儿园暂行教学规格规程》执行。1960 年最多时 81 人，1966 年—1968 年几至空园，1969 年 5 月 4 日撤销。

1989 年，机关幼儿园恢复开办，园址设县水利局院内，教职员 9 人，开大、小 2 个班，收托儿童 110 人。1991 年 10 月，在县城塔山西麓建 1200 平方米教学楼 1 座，改称苍山县实验幼儿园，1993 年 8 月，达到省级实验幼儿园标准。1999 年，搬迁至惠民路中段。

2010 年，有托、小、中、大 4 个年龄段教学班 12 个，在园幼儿 450 余人。教职工 40 余人，其中 30 名专任教师，本科毕业 7 人，专科毕业 15 人，市教学能手 5 人，市先进工作者 3 人，市优秀教师、优秀教育工作者、学科带头人、师德标兵、巾帼岗位明星、优秀女教职工 10 人。

图 25—9　苍山县实验幼儿园　（2010 年摄）

第二节　省级规范化学校

2010 年，苍山县省级规范化学校创建实现新的突破。教育系统以“创建省（市）级规范化学校”为契机，进一步完善学校管理制度，提高学校管理水平，2010 年，一次成功创建苍山一中、实验二小、卞庄二中、代村小学、鲁城中学、层山中学等 6 所省级规范化学校。

车辋镇中心小学

始建于 1982 年，2007 年 4 月筹建新校，2008 年整体搬迁至新址（车辋镇政府西侧，蒙台公路北侧）。2009 年年底，被省教育厅批准为山东省规范化学校。占地面积 2.65 万平方米，建筑面积 4283 平方米，绿地面积 8526 平方米。2010 年，教学班 14 个，在校学生 781 人，教职工 44 人（其中省级骨干教师 1 人，临沂市骨干教师 3 人，县级骨干教师 7 人，大专以上的学历 37 人，取得小学高级职称的教师 39 人），专业教师学历达标率 100%。有多媒体教室、仪器室、语音室、综合活动实验室等 18 个专用教室。

卞庄街道代村小学

始建于 1946 年，占地面积 4300 平方米。1992 年，代村生产大队自筹资金 32 万元建成，有综合教学楼 1 座，教学班 9 个，学生 446 人，教职工 23 人。

2009 年春，卞庄镇党委政府和代村社区党委对代村小学进行重新规划设计，一期工程教学楼于 2009 年 6 月底动工，2010 年 3 月竣工。二期工程实验办公楼、图书楼于 2010 年 5 月动工，9 月竣工。扩建后，占地面积 2.56 万平方米，建筑面积 6652 平方米，生均占地面积 36 平方米，生均建筑面积 9.4 平方米。2010 年，有教学班 20 个，在校生 1256 人，教职工 72 人，其中本科学历 41 人、大专学历 31 人。

教室全部安装多媒体系统、智能广播系统和数字监控系统，配备高标准实验室 2 个。根据“省规”标准，建有 300 米环形跑道、标准的田径场、篮球场、排球场、乒乓球场、音乐室、美术室、舞蹈室、书法室、技术室、卫生室、心理咨询室、探究室、实验室等。2010 年年底，被省教育厅批准为“山东省规范化学校”。

卞庄街道第二中学

始建于 1995 年，占地 8.53 公顷。2010 年，有教学班 34 个，在校生 2109 人，教职工 189 人，其中中学高级教师 30 人，中学一级教师 102 人，学历达标率 100%。2010 年，被省教育厅批准为“山东省规范化学校”。

有教学楼 2 座，综合楼 1 座，办公楼 1 座，学生公寓楼 3 座，多功能餐厅 2 处，可容纳 800 人的学术报告厅 1 处，300 米标准跑道的田径场地和篮球、排球场地。综合楼设音乐器材室、体育器械室、舞蹈教室、音乐教室、心理咨询室、综合电教室各 1 个，美术教室、微机教室、图书阅览室各 2 个。

图 25—10　层山中学　（2010 年摄）

层山镇初级中学

曾用名苍山县第六中学、层山中学。始建于 1960 年，因相邻的褚墩公社划归郯城县，遂以其所属苍山县第六中学为名，位于山后村东北，镇政府南侧。1990 年秋，迁入现址（山东村南，苍郯公路西侧）。2010 年，被省教育厅批准为“山东省规范化学校”。

2010 年，学校占地 4.49 万平方米，建筑面积 1.14 万平方米，教学班 18 个，在校生 810 人。教职工 93 人，其中高级教师 12 人。

鲁城镇初级中学

曾用名苍山县第十三中学、鲁城中学。始建于 1970 年，原址位于 206 国道临枣交界处北太平村村后。2007 年 11 月 26 号，新校建成投入使用，位于镇驻地西北驼山前村村东。占地 5.52 万平方米，建筑面积 1.22 万平方米。2010 年，被省教育厅批准为“山东省规范化学校”。

2010 年，有教学班 14 个，在校生 598 人，教职工 60 人，其中高级教师 6 人，中级教师 22 人。

第二十六编

文化　体育　旅游

蒼山縣志

苍山县有着悠久的历史、灿烂的文化，历代名人辈出。左丘明的《春秋左氏传》、荀况的《荀子》、兰陵笑笑生的《金瓶梅》在中国文学史上都占有很重要的地位。自古至今，文化传承连绵不断。进入21世纪，苍山县又涌现出了一批优秀的诗人、作家。悠久的历史、厚重的文化需挖掘、整理、传承、保存、宣传，进而发扬光大。

新中国成立以来，苍山县体育事业发展迅速，群众体育和竞技体育蓬勃发展，带动了全县人民热爱体育运动的积极性，使人民的身体素质有了很大的提高。

会宝岭水库碧波荡漾，文峰积雪、抱犊崮“君山望海”风景秀丽，湖光山色融为一体，再加上众多的古迹，构成苍山县丰富的旅游资源。

第一章　文化艺术

第一节　管理机构

1956年，苍山县人民委员会设立文化科。1962年，文化科与教育局合并为文教局。1975年7月，设立文化局。1993年12月，文化局与体育委员会合并为文化体育委员会。1994年6月重设文化局。2003年文化局和体育运动委员会合并为文化体育局，成立县体育发展中心，为正科级事业单位，属县文体局管理。2006年6月，县体育发展中心并入文化体育局。2010年7月文化体制改革，成立文化广电新闻出版局和文化市场管理执法局，原局属单位文化市场管理办公室转制到文化市场管理执法局，原体育中心合并到县教育体育局。原县广播局的执法管理职能分别并入文化市场管理执法局和文化新闻出版局。文化广电新闻出版局机关设办公室、文化科、新闻出版办公室，下属单位有文化馆、图书馆、文化信息资源共享中心、文物管理所、剧团、剧院、书画院等7个股级事业单位和1个小二型企业电影发行放映公司，同时负责对全县21个乡镇文化站和全县的文艺宣传工作进行业务上的指导。全系统共有干部职工220人，其中高级专业技术人员6人，中级专业技术人员14人。全县设21个乡镇文化站，有工作人员54人。

第二节　文学创作

苍山历史悠久，有着深厚的文化积淀。春秋时，向邑人（今苍山县向城镇）左丘明著《春秋左氏传》，后来成为儒家重要经典之一。战国晚期，兰陵县令荀况著述《荀子》32篇，是当时儒家学派最重要的著作。秦汉时期，兰陵形成经学大师群落，王臧、缪生、褚大、孟卿、孟喜、萧望之、匡衡、疏广、疏受、殷嘉、后仓、翼丰、毋将隆等人皆名显于时。魏晋南北朝时期，有缪袭、何承天、鲍照、鲍令晖、萧子云、萧子显、萧衍、萧统、何逊、徐擒、徐陵、刘令娴等，其诗歌、散文、小说辉映文坛，成就卓著。唐朝天宝年间，兰陵人萧颖士是古文运动的先驱。元代定居兰陵的贾仲明，词俪工巧，被誉为元曲一绝，传本有《吕洞宾桃柳升仙梦》《铁拐李度金童玉女》等6部杂剧。

明代兰陵笑笑生创作的《金瓶梅》，被张竹坡推为明代“四大奇书”之首，是中国文学史上最伟大的小说之一。明末珩头宋鸣梧为一代散文大家，有“琅琊文坛领袖”之誉。清初，宋之韩著有《海沂诗集》，宋之韩的儿媳王恭人著有《绿窗诗草》。乾隆年间，庄坞人杨晦“工篆书，精刻印，至今人宝其遗迹”。长新桥人宋天相写有仿《长恨歌》体裁的《梦花缘歌》。道光年间，棠棣园（今苍山县贾庄乡朱村）人宋兰华著有《咏兰轩诗草》。1921年—1924年，兰陵人王思玷先后在《小说月报》上发表《风雨之下》《偏枯》等7篇短篇小说，被茅盾誉为中国现代文坛上的一颗“彗星”。

1978年改革开放后，通过落实知识分子政策，开展国际地区间的文化交流活动，涌现出一批苍山籍著名作家。田兵、王鼎钧、韩瀚的文学成就不但在中国当代文学史有着重要地位，而且鼓舞带动着家乡文学事业和文学创作的发展。郑理、白槐、郁笛、刘明银、北雁等苍山籍作家、诗人为华夏文坛增光添彩，成为苍山文学创作的楷模。

20世纪80年代，全县形成以李润德为主体的一支业余文学创作队伍，在临沂地区有着重要影响。1984年，由夏立海发起成立晨曲文学社，编辑有周永学、高思义、王凌晓、高沛长、晋舰航等知名作家，更有众多社员参加，如左振平、赵广范、李士明、陈光武、徐文升、徐孝强等，对苍山县文学创作起到了很好的推动作用。晨曲文学社的活动也为苍山县的文化发展打下了良好基础。高沛长的短篇小说《酸枣》被《小说选刊》（1984年第5期）转载，成为这一时期文学创作的高峰。1995年，成立“山东兰陵诗社”，陈建新、李国华被推举为社长，其代表诗人李国华、陈建新、苍城子、朱元峰等人的诗作开始步入山东诗坛，彰显出旺盛的创作势头。1996年，出版诗集《兰陵兰》，收录兰陵诗社成员诗作100余首，与全国诗社交流。1999年，县宣传文化部门组织召开全县业余文学作者座谈会，李国华主编的苍山县文学艺术创作精品集锦《唱响今朝》由县文化局编印刊行。进入21世纪，刘明才创作的小小说，苍城子、辰水、刘星元等人的诗歌登上了《诗刊》《人民文学》等全国核心期刊，开始引起文学界的关注。

2010年2月，县委、县政府组织出版《文化苍山》系列丛书，全书共分“沧桑史海”“星耀兰陵”“苍山风情”“锦绣苍山”四卷，共计70万字。

2006年，苍山县作家协会成立，王凌晓任主席。协会拥有山东省作家协会会员5人、临沂市作协会员28人，编辑出版文学刊物《苍山文学》，到2010年年底出版6期。2010年，建成苍山作家网站。至2010年，苍山籍作家协会成员在国家、省、地级报刊发表各类文艺作品1380余篇，文学专辑30余部。

第三节　艺术创作

戏曲

柳琴戏　柳琴戏19世纪初传入苍山，苍山县成为柳琴戏起源和传播重要地之一。1887年—1900年，芦塘村徐宗合、韩连成，吴坦村李玉琢，于沟的马纪昌，前东柞村的宋启运（外号宋难缠）等艺人较为有名。早期柳琴戏被称为“小戏”，是旧社会穷人逃荒要饭或谋生的手段。1900年前后出现专业艺人。1940年前后，苍山比较大的戏班有十几个，他们长期在农村集市广场演出，柳琴戏的200多个传统剧目在苍山流行表演百余个。1949年，被誉为“柳琴戏马连良”的艺人徐茂银与夫人周桂珍二人应田汉、赵丹之邀，在电影《武训传》中扮演柳琴戏中的角色。1954年，华东地区举行了这个剧种的会演，根据它的伴奏音乐主弦乐器为柳叶琴的特点，遂正式命名为柳琴戏。

1956年3月，31位老艺人组成苍山县柳琴剧团，系民办性质。1956年11月，成立大众柳琴剧团，属县级集体单位职业剧团，隶属于文化科（团址在当时的兰陵区，1960年迁往当时的卞庄公社），于1963年7月改为苍山县柳琴剧团。1964年，临沂地区举办现代戏会演，苍山县柳琴剧团选送的《抱犊山区好后勤》获演出奖。1969年4月，苍山县柳琴剧团撤销，25名青年演员调往临沂地区柳琴剧团。1970年10月，县革委会政治科举办文艺培训班，在文艺班的基础上成立

毛泽东思想文艺宣传队。1973 年 10 月，毛泽东思想文艺宣传队改称文工团，属县级集体性质。1978 年 6 月，在县文工团的基础上恢复苍山县柳琴剧团建制，属事业单位，隶属于文化局。恢复建制后的柳琴剧团，全团达到 60 余人。20 世纪 90 年代后，恢复上演部分传统戏和现代剧目。1994 年，创作的柳琴戏《双喜临门》参加临沂地区首届文化艺术节获优秀编剧奖。2005 年，《俺要嫁给他》参加中国徐州柳琴艺术节获优秀剧本奖。2008 年，柳琴戏表演唱《听新房》、柳琴戏《心愿》在省级会演中获奖，其中《听新房》在当年山东电视台“谁不说俺家乡好”展演中获山东特色表演奖。2009 年 5 月，苍山县柳琴剧团重排演出的现代戏《李双双》录制成实景戏曲电视剧。

京剧　清道光十五年（1936 年），万村就有人至车辋翰林院唱京剧。清末，万村、圈里村、鲁坊设有科班。民国初至抗日战争时期，县内共有 6 个半职业性戏班子，农闲季节在农村演出，每逢春季的山会、庙会特别活跃。1954 年 5 月成立县大众京剧团，1960 年 12 月撤销。

图 26—1　2006 年，苍山柳琴剧团演出

1954 年 2 月，建起一座露天大众京剧院，1955 年 11 月投资 4500 元对大众京剧院进行改建。1955 年—1959 年，每年演出 300 余场，观众累计达 10 万以上。1959 年 5 月，投资 9.64 万元改建为苍山剧院，12 月竣工。2000 年 3 月拆除，院址租给县市场管理局，建成蔬菜副食品交易市场。一年后又被改造成超市。

民歌

苍山县民歌历史悠久，源远流长。荀子的《成相篇》《赋》首开说唱文学之先河，苍山民间说唱艺术深受其熏陶。隋唐以至宋代，运河的开凿、海上交通和一些内陆码头的建立促进了文化交流，许多外地民歌小调传入苍山，为苍山民歌的发展与繁荣创造了重要的条件。元末明初，戏剧家贾仲明，移居苍山兰陵后便定居下来，他的杂剧作品对苍山民歌起到重要的借鉴和推动作用。清末，由于统治者的腐败，沂河、沭河常年失修，致使洪水经常泛滥，人们迫于生计，身背花鼓以讨饭为生随编随唱，这对苍山民歌的丰富和繁荣起到了一定的推动作用。苍山民歌发展至清宣统年间，在兰陵一带出现边唱边舞的舞蹈歌曲，演唱形式、风格、内容都发生了变化，俗称“玩社”。新中国成立后，苍山创作的民歌主要表现了翻身做主的劳动人民自由欢乐的生活、对理想和建设新生活的追求以及纯真的爱情和生活习性等。

苍山民歌体裁广泛，大致分为劳动号子、秧歌、花鼓调、儿歌以及各种流行小调。特别是流传在广大农村的各种民间小调，数量约占整个苍山民歌的 90% 左右，无论在音调、曲式还是在唱法上，形成苍山民歌独特的风格。有倾诉人们的美好心愿和纯真爱情的《放风筝》《大踏青》《绣荷包》等，旋律和谐，优美动听；有形象生动、欢快活泼的《纺棉花》《摘大桃》《走娘家》等，富有情趣，亲切感人；有幽默风趣的《老两口顶嘴》《大实话》《劝夫五更》《小秃子闹房》等。1978 年、1980 年《山东民间歌曲选》上载苍山民间歌曲 11 首。苍山民歌的优秀代表作《绣荷包》《歌唱大生产》《大踏青》《纺棉花》还被选为部分音乐院校的必修科目。

2007 年 9 月，在“北京大学百年大讲堂上”举行了“山东民歌专场演唱会”，演唱了苍山民歌《绣荷包》《唱起歌儿心里甜》。继民歌《大蒜谣》之后，民歌演唱家秦守印于 2009 年推出新作《蒙山沂水，我的亲爹娘》，同年他还主唱了电视连续剧《沂蒙六姐妹》的主题曲。2008—2010 年，江桂英对苍山民歌进行挖掘整理，制作出版了影像制品《蒜乡处处都是歌——苍山民歌集萃》。

影视作品

2005 年 8 月，由张贵元导演的反映大仲村镇朗公寺传说的《朗公寺传奇》拍摄完成。

2007 年，由八一电影制片厂、苍山县委、县政府等单位联合拍摄，赵继烈导演、高忌义编剧的电视剧《血沃丰碑》上映。此剧当年获第二十六届电视剧飞天奖中的短篇电视剧三等奖。

书法

有史料记载，已发现的苍山县最早的书法当属 1973 年 5 月在卞庄公社晒米城前村出土的东汉元嘉元年画像石。石刻文字 15 行、328 字，隶书阴刻，书写自然，字形长、方、扁兼有，不拘一格，略似《杨怀表》一路，在当今书法界有极高的地位。原石现藏山东省考古研究所。及至清代光绪年间，兰陵人王思衍（1866—1938）书艺超群，闻名遐迩。王思衍书、诗、石三品俱佳。书法自成一家，以篆书、隶书见长，行草次之，有“铁笔王思衍”之美誉。同期王侪鹤（字天乙）一生爱好书法诗文，尤善楷行草书。清末民国年间，兰陵人陈桂友（字乐三）书艺品味至上，形神兼备。大楷宗颜，浑厚庄重；小楷法欧，结构严谨。陈桂友书写碑文，直书碑上，为兰陵永安寺、三皇庙书写碑文数座。

当代苍山书法，首推曾任浙江省书法家协会主席的郭仲选（1919—2008，苍山县向城镇人）。他钟爱书法，浸淫于传统，广览博收，以古为镜，是当代书坛帖学领域卓有成就者。

1992 年，苍山县书画协会成立。书协充分发挥引领作用，每年组织不同规模的县内书画作品展，或与外县区举办书画联展，传承古兰陵的文化底蕴，掀起了县内群众学习书法的热潮。20 世纪 90 年代中期至 2010 年，县内以颜世举、吕金光、王世业、张守国等为代表的一批书法家，其作品先后入展国家级展览，荣获各种荣誉，并成为中国书法家协会会员。其中，苍山籍四川大学教授吕金光 2006 年获第二届中国书法“兰亭奖”艺术奖。其他较有影响的书法界人士有郑汉农、陈焕然、时卫东、刘铁、徐建民、张铁伟、孙合玉、王德成、苏晓敏、李思峰、朱雷刚、刘知勇、房彬等。

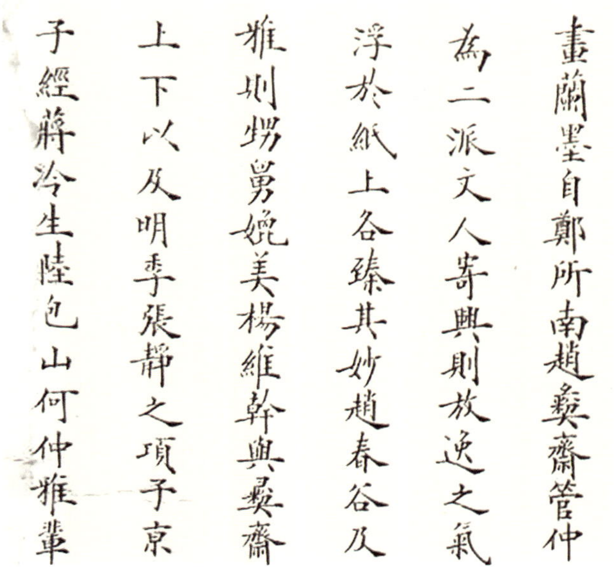

图 26—2　陈桂友小楷　清《芥子园画谱》

美术

1973 年 5 月，于苍山县城西晒米城前村发掘 1 座东汉元嘉元年画像石墓。墓内侧室上层出土题记 2 方，画像石石刻计 10 石 12 幅，有车马出行图、乐舞杂技图、进馔图、胡汉交战图、捕鱼图、结龙图等，主要刻置在墓门与前室。画面形象生动，充分反映了早在东汉时期先人就具备了相当高的绘画技巧。

清末人于腾（1832—1890，苍山县沂堂镇人），工书法，精通书画鉴赏，爱好收藏画作，其藏画以宋画册页为最多，今存国家博物馆及各大美术馆内。

到了现代，随着经济持续发展，物质生活水平不断提高，人民对精神生活也有了更高的要求。在这种情况下，涌现出了一批苍山籍画家，活跃在中国画坛，其中加入中国美术家协会的有王沂东、王沂蓬、王沂光、张清智、司马连义、

孙景瑞、姚秀明、王利等，其他较有影响的美术界人士有赵道珍、高继兴、郝兴起、刘继庄、王崇章、花怀民、宋涛、王荣山、江福礼、邱永旭、范奉坤、杨树国、巩大有、张志雁等。

1990年起，中国美协会员、苍山籍雕塑家左耀国为华东烈士陵园创作《汉斯·希伯》石雕像，应邀为奥地利创作《罗生特大夫在中国》铜像两尊，1997年为孟良崮战役纪念馆创作大型石雕《决胜孟良崮》，2000年其作品《抗日英雄范筑先》参加第九届全国美展。

享誉画坛的“王氏三兄弟”王沂东、王沂蓬、王沂光，祖籍苍山县磨山镇宋庄村。父母为军医，三人先后毕业于中央美术学院。

王沂东曾任中央美术学院教授，是中国美术家协会理事，中国美术家协会油画艺术委员会副主任，北京市美术家协会副主席，中国国家画院研究员，中国书画院油画创作院院长，北京画院专业画家，国家一级美术师，是当今中国最具实力的油画艺术家之一。曾在美国、德国等国家举办个人画展，其作品多次在全国性美展中获奖。王沂蓬是中央美术学院设计学院副院长、书记、教授，2008年北京奥运会特聘设计专家、文化部行业大典特聘专家，是2008年北京奥运会奖牌设计方案“金镶玉”的领衔设计者。王沂光是中国美协会员，副高级美术师。现为中国书画院副院长，大路美术家协会副主席、大路油画学会主席，长期从事西藏题材的美术创作和西藏文化的研究。是享誉中国画坛40年“大路画展”的主要主持人。其油画作品曾多次入选全国美展和其它国内外重要展览，获各类奖项数十项次。

第四节　非物质文化遗产

2006年5月，苍山县非物质文化遗产保护普查工作启动，截至2010年，共完成4个省级、5个市级、18个县级项目的申报和名录的入选工作。大仲村镇依托“蓝印花布”被省文化厅命名为“山东省民间艺术（染织）之乡”。2010年10月22日，猴呱哒鞭舞代表性传承人张学法被列入省级第三批非物质文化遗产保护性传承人。

苍山县非物质文化遗产名录（省市级）

表26—1

项目名称	项目类别	公布时间	等级批次	公布文号
苍山泥塑	传统美术	2006.12.30	省一批	鲁政发（2006）149号文
猴呱哒鞭舞	传统舞蹈	2009.9.27	省二批	鲁政字（2009）232号文
兰陵美酒传统酿造技艺	传统技艺	2009.9.27	省二批	鲁政字（2009）232号文
蓝印花布印染技艺	传统技艺	2009.9.27	省一批扩展	鲁政字（2009）232号文
苍山民歌	传统音乐	2007.8.24	市一批	临政发（2007）19号文
猴呱哒鞭舞	传统舞蹈	2007.8.24	市一批	临政发（2007）19号文
蓝印花布	传统美术	2007.8.24	市一批	临政发（2007）19号文
小郭泥塑（苍山泥塑）	传统美术	2007.8.24	市一批	临政发（2007）19号文
长城套色门笺	传统美术	2007.8.24	市一批	临政发（2007）19号文

小郭泥塑

小郭泥塑发源地为兴明乡小郭村，起源于清咸丰年间。原为已故老泥塑艺人李宪志的祖父从师天津泥人张，掌握雕塑之技巧，采用本地黄泥塑成人畜模型玩具，晾干、涂粉、着色，至集市销售。其制作技艺代代相传，泥塑作品流传于国内外，至今有近200年的历史。兴明乡依托小郭泥塑于1996年被山东省文化厅命名为“山东省民间艺术之乡”，2003年3月被文化部命名为“中国民间艺术（泥塑）之乡”。

小郭泥塑题材广泛，发展到100多个花样品种，既有人物、神像，又有飞禽走兽、果蔬食品。内容有戏曲故事和神话故事，后发展到人与动物结合。小郭泥塑制作精巧，多达30多道工序，其中印模和彩绘是两道重要的工序。其造型完整统一，概括夸张，简洁而不粗俗，显现出泥人古朴的质感，富有浓郁的乡土气息。泥玩具的底部或背后装有芦哨，吹着时可模仿多种动物发出不同的声响，有的还能吹出简单的音阶，巧妙地把“塑”“彩”“声”有机地结合在一起，使泥塑作品形同声似，惟妙惟肖，生动传神。20世纪40年代鼎盛时期，“小郭泥塑”玩具在江南等地颇为畅销。

1964年，山东省群众艺术馆选送李宪志、张永西的75件泥塑玩具至中央对外文委会，参加中国驻外10多个大使馆的内部民间工艺品展览。1982年《美术》（中国美术家协会主办）第10期刊登小郭村李玉法制作的泥玩具《杨宗保》等2件。1983年，南京工艺美术学院选取李玉法的6件泥玩具作为直观教具。小郭泥塑的工艺特色和审美价值成为各大工艺美术院校不可缺少的教学内容。1984年，北京工艺美术学院和北海团城中心玩具厂向“小郭泥塑”第四代传人李玉法征集泥玩具200套。

20世纪90年代，山东电视台专题报道了“小郭泥塑”的表现艺术。部分泥塑作品被宋庆龄纪念馆、宋庆龄基金会及省市博物馆陈列珍藏。

图26—3　兴明镇小郭村泥塑玩具人物

兰陵猴呱哒鞭舞

兰陵猴呱哒鞭舞是苍山民间一种独具风格的民间乐舞。发源地为兰陵镇西横沟崖村，起源于清道光年间，迄今已有近200年的历史。其节奏明快，动作性强，把舞蹈表演、滑稽动作、民间歌曲融于一体，具有浓郁的地方特色。2009年7月31日，猴呱哒鞭舞走进中央电视台《民歌·中国》大舞台，进行现场录制。现已发展成为山东乃至全国乐舞文化的重要组成部分。

猴呱哒鞭舞，起先是贫苦人讨饭谋生的手段，表演者一般为夫妇二人，以男性打花鞭（即花棍，又可当打狗棍）模拟猴的姿态舞步，与手握洛子（大竹板、撒拉机）的女性（或男扮女装）伴舞者穿插逗乐为主，二人互相配合，动作简单，即兴发挥。西横沟崖村的老艺人张学法回忆，他7岁时跟姥爷孙茂章学艺，当时称“猴王鞭”。花棍形似孙悟空的“金箍棒”，动作模仿猴子的形态，灵活多变，与持洛子的相互逗乐，增强了该舞的吸引力。到清宣统年间，该形式演变为一种“玩社”（自娱性群体活动），从演出形式到动作风格均发生了变化。舞蹈的成分明显增多，表演者由原来的二人增加至四人，即一人执鞭以舞为主，三人执洛子伴舞伴唱。演唱的曲目多为民间流传的歌曲，内容多以反映爱情及劳动生活为主，唱词本身带有大量的衬词，使曲调委婉动听，很有地方戏“柳琴”

的韵味。在段落之间的间奏处配以行进速度的打击乐，更显得热烈而协调。建国后，该舞蹈形式得到进一步发展提高，表演者由原来的四人增至五人，二男舞鞭，三女伴唱伴舞，不再男扮女装。动作又增加了“对打花鞭”“单鞭戏洛子”等组合，并将单调的打板演唱加入民乐伴奏，使节奏更加明快，气氛更为热烈。除逢年过节演出外，村、乡召开大会或村民们办喜事、庆丰收时，艺人们也常前往献艺。

猴呱哒鞭舞具有鲜明的地域特征，与当地群众的生活习惯、风土人情息息相关。旧社会人们比较传统，女角多是男扮女装，后来民间艺人在生活中获得灵感，把花棍视为孙悟空的“金箍棒”，表演中突出猴的特点，与男扮女装的“相逗成趣”，体现了劳动人民丰富的想像力和审美情趣，富有鲁南特有的乡土气息，形成独树一帜的艺术风格。该舞蹈形式被评为临沂市在全国独有的民间乐舞形式，并入选1998年出版的《中国民族民间集成·山东卷》。

1983年，参加全省民间乐舞普查。2001年，经过县文化部门挖掘整理，“猴呱哒鞭舞”参加临沂第二届中国人寿杯民间秧歌会并获金奖。2007年8月被列入市级非物质文化遗产名录。2009年8月又被公布山东省第二批非物质文化遗产名录，同年9月被推荐申报全国第二批非遗名录。

图26—4　苍山县兰陵镇西横沟崖村猴呱哒舞演出剧照（2007年摄）

猴呱哒鞭舞的第二代传承人为张学法，第三代传人仅有孙建忠、曹洪兵，后继乏人，普及提高受到制约。

大仲村“蓝印花布”

大仲村镇政府驻地西北1.5里处的小吴宅村是苍山蓝印花布的主要产地之一，该村印染业始于清嘉庆年间，相氏印染技艺已传至五代，至今有200多年的历史。2006年，大仲村镇依托蓝印花布被省文化厅命名为“山东省民间艺术（染织）之乡”。

大仲村镇小吴宅村相氏作坊印染的蓝印花布，题材广泛，内容形式多样，常以花鸟鱼虫、飞禽走兽等为题材，并带有明显的谐音、隐喻、象征和美好的寓意，具有浓郁的地方特色和乡土气息。其印染技艺工序精细，尤其在染色阶段特别讲究，染第一遍为“月白”，第二遍为“二蓝”，三遍为“鸦青”，每一匹布都要反复10多次，故有“三分印七分染”“青出于蓝而胜于蓝”之说，并在传统工艺的基础上吸收了剪纸、汉画像石、刺绣、木雕等艺术创作方法。为不断适应时代需要，由原来的单面印花发展成双面印花，由单色发展成复色，由小布发展成宽幅布。印染的蓝印花布色彩质朴，纹样丰富，风韵素

图26—5　著名艺术家韩美林（右一）与苍山县大仲村镇民间艺人相友文（左二）一起交流蓝印花布的设计与制作（2008年摄）

雅，形象生动，有较高的观赏价值、审美价值和使用价值。如印染的匹料花布“猫蹄花”“凤戏牡丹”“红鱼戏莲”“梅花鹿”“双鸡”和件料花布“富贵花瓶”（门帘）、“鱼与龙”（床单）、“双凤戏牡丹”（包袱皮）等倍受人们喜爱，受到国内外不少艺术机构和收藏家的青睐。作品多次赴潍坊、曲阜等地乃至晋京陈列展销，受到国内外友人的喜爱，韩美林工作室及山东大学、中央美术学院、清华大学等院校的专家、学者多次到此采访、征集作品。部分作品并被中国美术馆、文化部群文局及宋庆龄基金会等组织机构珍藏。

长城门笺

门笺是剪纸艺术的一种，俗称“过门笺”“门吊子”或“花纸”。其形状如小幡，纹饰如人胜。古时用幡表达人们意愿的风俗，最初见于《后汉书·礼仪表》。到南宋始把幡胜“元旦（即春节）悬于门首，为新岁吉兆”。清初，“除夕贴挂钱”已与现在流行的门笺相似。从幡胜到门笺，从丝绢到五色纸，已经历了1000多年的演变。

苍山县过春节贴门笺的风俗有200多年的历史。苍山的门笺产地以长城镇为主，长城镇又以冯村门笺历史最悠久、工艺最精湛、特色最鲜明。

长城门笺一般是一门五张，每张一色。长城门笺从最初的单色发展到“挖补”套色，不但形式五彩缤纷，其中心花纹内容多以吉祥语或图案组成，承载和印证了地域的历史人文、民间习俗状况，散发着浓郁的乡土气息。部分作品被宋庆龄纪念馆和中外美术家珍藏，并录入《中国美术全集》一书。

从清朝中晚期到新中国成立前，门笺制作只是一种在农闲时期谋存生计的手段，好多人学得这门手艺更多是为了养家糊口。据冯村老艺人赵克田回忆，他17岁时师从本村徐玉堂学习剪纸。追溯到徐玉堂一辈，已有100多年的历史。在抗日战争的动荡年代，老艺人徐玉堂“跑反”途中，把门笺样板绑在腿上或腰间，以防丢失，生前一直珍藏着父辈的门笺纹样。

新中国成立后，老百姓安居乐业。到了农闲季节，刻制门笺遍布整个冯村，一人一天可生产30～50套。赵克田一个腊月里可以刻凿4000多套。产品集中行销于临沂、昌潍、淄博、枣庄一带，有的还远销江苏、安徽、河南和东北三省等地。

从老艺人保存的原始刻制校样看，可推算长城门笺刻制经过了从横幅到竖幅、从单色到挖补套色的发展过程。套色门笺一般是一门五张，每张一色。其顺序为“头红、二绿、三黄、四水（红）、五蓝（或紫）”。结构为黄金分割的长方形，由膛子（中心花纹）、边框（上、左、右）和穗子（俗称牙子）三部分组成。

套色门笺，俗称换膛子，是把用五色纸刻制的门笺图案拆开，重新搭配组合而成。这种套色方法使得门笺这一形式更加绚丽多姿，统一中富有变化，在原来的基础上又有了新的发展。由于门笺悬挂门楣下，要承受一定牵拉。因此，膛子和边框、穗子之间必须像网络一样紧密相连。再加上构思巧妙，衔接自然，就使得门笺形成一种富有线条韵律装饰特点的艺术风格。中国剪纸艺术家申沛农说：“苍山挖补门笺，以少胜多，产生审美系列感，为创作人员搞设计工作提供了有利的借鉴。”

套色门笺的作品以花卉、虫鸟为主，多用象征、谐音寓意表达对生活的美好愿望与追求。如“福禄”门笺，膛子花纹是鹿和蝙蝠图案，蝠和福、鹿与禄谐音，表“福禄并臻”之祈求。“荣华富贵”门笺，中心花纹是牡丹，表“荣华富贵”之期盼。“斗升三级”门笺，中心花纹为梅花瓶上插三个箭头，梅花瓶意为“斗”，箭头为“戟”，寓“步步高升”之意。“吉庆有余”门笺，中心花纹为昂首高歌的雄鸡，尾穗两条鲤鱼连在一起，寓“吉祥欢庆、连年有余”之意。

长城套色门笺曾先后参加“山东省工艺美术展览”“山东省民间美术汇报展览”和“山东

省剪纸作品展览”，两次晋京参加“山东省工艺美术展销会”“山东省民间美术汇报展览”。

1964年，国家对外文化交流委员会到苍山征集门笺10套，参加驻外使馆展出。

1982年5月，美国加利福尼亚首府报纸对苍山剪纸艺术以《东方艺术传到西方，使剪纸成为优秀的艺术》为题对长城门笺作专题报道。中央工艺美术学院还把苍山门笺的制作工艺列为民间美术教材。

2007年8月，长城套色门笺被列入临沂市第一批非物质文化遗产名录。

第五节　文化市场管理

管理机构

苍山县文化市场管理办公室　1995年设立，为股级事业单位，隶属苍山县文化局，是苍山县文化市场管理的专职机构。2010年5月，因文化机构改革被撤销，人员编制及职能同时划归新成立的苍山县文化市场管理执法局。

苍山县文化市场管理执法局　2010年5月设立苍山县文化市场管理执法局，下设办公室、政策法规科、市场监管科、县文化市场管理暨“扫黄打非”工作领导小组办公室，行政编制10人。

查处非法出版物

2002年组织开展依法打击“制黄”“贩黄”非法出版活动。2003年组织开展音像市场、书刊市场、演出市场的治理活动，收缴非法书籍800多册、音像制品1200多盘；10月份对全县印刷厂突击检查，查处2家非法经营印刷行为。2004年—2010年，组织协调文化、公安、工商等部门开展以打击整治书刊、音像市场为主的集中行动100余次，对有书刊印刷能力的印刷企业、出版物经营店档、集贸市场、学校内部及周边等进行集中检查，查缴各类非法出版的图书5.6万余套、音像制品10万余张（盘），收缴各类盗版教辅读物1.5万余本，取缔无证经营的书摊、音像摊点190余处，立案查处销售非法图书、音像制品案件46起，治安管理处罚32人。

违规经营管理

2000年6月，组织开展了“电子游艺机专项治理”活动。2004年，投资建立了网络监控平台，加大了监管力度。2004年—2010年4月，开展查处无照或证照不全的“黑网吧”经营活动，共取缔黑网吧260余家，查处违规接纳未成年人的案件1400余起。2006年，加大对演出市场的管理，对农村“草台班子”进行整顿，确保城乡文化市场健康规范。2010年下半年，累计巡查市场500余次，出动执法人员1000余人次，检查经营单位700余家次，查处违规经营户50家，取缔无证经营户23家。全年收缴违规经营物品2万余件，音像制品8000余张、电脑主机100台、赌博游戏机25台、非法摇奖设备1套，清理非法安装的卫星广播电视地面接收设施70多套，取缔违规营业性演出15场次，取缔无证流动音像书摊120多处，查处非法经营古玩字画等8家。

图26—6　苍山县文化执法局到街头宣讲政策、法规（2010年摄）

第二章　图书报刊

第一节　图　书

1951年始建苍山县文化馆图书室，当时有管理员1人，藏书少许。1976年2月改称苍山县图书馆。馆舍面积较小，设施简陋陈旧。当年对藏书进行清理整顿后，经过补充，藏书达到16850册。1978年，与文化馆分设并正式对外开放。1984年，投资15万元在原馆址建图书馆一座，1985年3月投入使用，馆舍面积1140平方米，藏书31080册。2010年藏书9.5万册。

至2010年，苍山县图书馆共收到社会各界捐赠的图书1.5万余册图书，主办各种主题的宣传周16次，向农民群众赠送科技图书5000余册，年接待读者3万余人次。在全县范围内建图书分馆6处，社区图书馆1处，帮助建立乡村图书馆（室）100余处。2010年年底，全县共办理借书证5000余个，图书年流通10万册次，年接待读者6万人次，年解答读者咨询5000余条。

第二节　报　纸

《新群众报》

系中共山东一区委四地委机关报。1940年4月在地委驻地涌泉村（今属庄坞镇）创刊，为4开4版，石印，3日刊。初创时由地委宣传部部长周南兼任社长，王识（一作士）超任总编辑。同年冬，苏鲁边区干校副校长乔彬（女）任总编。1941年2月乔彬任社长，冷明任总编，有编辑、记者七八人，社址在涌泉村（今庄坞乡）。乔彬、冷明调走后，赵宏弼任社长兼总编。中共鲁南区委成立后，四地委改为鲁南区三地委，《新群众报》又成为三地委机关报。1941年10月日军大“扫荡”，被迫停刊。

《鲁南时报》

抗战时期鲁南区党委机关报。1940年7月1日创刊于天宝山区油篓村（今平邑县），为8开4版，油印、周报。中共鲁南区委宣传部部长林乎加兼任社长，白刃任总编辑，一一五师政委罗荣桓为该报题名。1941年春，因日军“扫荡”和干部调动，暂时休刊。1941年11月在抱犊崮山区的东涧村（今下村乡）复刊，赵宏弼任社长，黄华任总编辑。1942年7月7日改为石印4开2版，2至3天一期。1945年8月3日为铅印，4开4版，3日刊。1947年3月因国民党进攻，再度休刊。此间，报社派出黄华3人记者组随军采访，编印战地小报。1947年12月复刊。1948年2月15日因区划调整，宣告停刊。创刊后时断时续，历时7年8个半月，共出702期。

《红色鲁南报》

中共鲁南第一支部主办。1930年春创刊，8开，不定期、油印小报。孙镇国任主编。1932年6月转为中共临郯县委主办，随县委负责人的活动而流动。1932年7月孙镇国被捕，马叙卿、刘谐和继之，转移到临沂城北船流小学出刊。1933年7月“苍山暴动”失败，中共临郯县委遭破坏，停刊。

《抱犊崮报》

鲁南军区政治部主办，1940年11月在边区县岭南头一带创刊。1941年改称为《战号》，1943年改名为《鲁南报》。刘兴华、郭仲选、高博、李红林先后任主编。

《苍山县报》

中共苍山县委机关报。1958年7月1日创

刊，8开铅印，每期2版，3天1期。主编邢继岭，副主编朱广玉。报社设在兴华路南端路西。初期由农机厂印刷，县邮电局发行。报纸刊载内容有新华社消息、上级党报的社论和重要文章、各级领导的重要讲话、科技知识、本县先进单位和个人的典型事迹及经验等。共印刷114期，1959年7月6日停刊。1996年复刊。1996年5月15日，《苍山县报》发行试刊第1期，6月1日《苍山县报》发行第1期。至1997年12月31日，《苍山县报》共出版对开四版大报72期，发表各类稿件三千余篇。1998年1月7日，《苍山县报》自第74期起改为四开四版。1998年4月1日，《苍山县报》第86期更名为《今日苍山》。1998年10月12日，《今日苍山》自第114期起由周一报改为周二报。2003年9月29日，《今日苍山》第609期推出《今日苍山·月末版》，设生活、艺苑、社会等栏目。2003年12月31日，《今日苍山》发行第632期后停刊。2006年1月1日，《今日苍山》出版第1期。2009年10月28日，《今日苍山》改版为《农村大众·苍山新闻(试刊)》，共出版15期。2010年1月6日，《农村大众·苍山新闻》正式出版第1期。2010年11月26日，《农村大众·苍山新闻》第76期推出《农村大众·苍山新闻月末版》，设健康、体育、艺苑等栏目。

第三章　文　物

第一节　文物管理

1951年3月，苍山县政府设专职文物管理干部1人。1952年7月县政府发布《关于保护征集文物范围和办法的通报》。1957年2月进行第1次文物普查，发现古墓46处、古遗址10处、古建筑6座、石刻14件、其他文物68件。1972年2月，公布苍山县第一批县级重点文物保护单位10处。1977年12月，鄫国故城和荀子墓被定为省级第一批重点文物保护单位。1980年8月，进行第二次文物普查，历时2个月。1986年3月，县文物管理所成立。1988年7月12日—8月31日，参与全国第二次文物普查，临沂地区普查队对苍山县28个乡镇、1000多个村庄普查，发现古遗址、古墓葬、古建筑等208处和一批文物。1990年，省、县拨款5万元修缮荀子墓。1991年5月20日，公布第二批县级重点文物保护单位25处。

1992年6月12日，县内3处遗址被公布为省级重点文物保护单位。1993年1月，县内37处省、县级重点文物保护单位设立标志。1993年，县政府下发《关于公布苍山县境内重点文物保护单位保护范围的通知》。1994年，破获2起盗窃文物案件，抓获犯罪嫌疑人数人，追回文物一宗。1996年，县文物管理所被省文化厅评为全省文物安全先进单位。

2003年，策划编撰出版《苍山文物画册》，在全市率先完成县、乡镇、村签订文物保护责任状的工作。2003年9月27日，东高尧遗址、柞城故城、庄坞牌坊被临沂市人民政府公布第一批市级文物保护单位。2006年12月7日，柞城故城、庄坞牌坊、东高尧遗址、金山汉墓被山东省人民政府公布为第三批省级文保单位。2006年，县财政拨专款为县文物仓库安装电视监控。2007年5月，苍山县人民政府出台《苍山县文物保护管理办法》。

2008年10月22日—2009年12月30日，组织参加全国第三次文物普查野外实地调查，期间共普查各类文物点294处，其中新发现79处、复查215处。全县共新发现、复查各类文物遗迹294处，其中新发现79处、复查215处，登记消失不可移动文物7处。

2008年—2009年，苍山县连续两年被临沂市人民政府授予临沂市第三次文物普查先进集体，金爱民、王树栋先后被临沂市人民政府，评为临沂市第三次文物普查先进个人。2010年金爱民被省文化厅授予全省文物安全先进工作者，被国家文物局授予三十年文物贡献奖。

苍山县文物保护单位情况

表26—2

文物保护单位名称	批次和公布日期	年代	类别	所在地	级别	备注
鄫国故城	第一批　1977.12.23	周	古遗址	向城镇鄫城前村、鄫城后村之间	省级	
荀子墓	第一批　1977.12.23	战国时期	古墓葬	兰陵镇王张庄村东	省级	
鲁南革命烈士陵园	第二批　1992.6.12	1944年	革命纪念地	尚岩镇文峰山	省级	
城子遗址	第二批　1992.6.12	北辛·汉	古遗址	向城镇城子村	省级	
于官庄遗址	第二批　1992.6.12	北辛·汉	古遗址	兰陵镇于官庄村	省级	
小湖子遗址	第二批　1992.6.12	大汶口·汉	古遗址	南桥镇小湖子村	省级	
东高尧遗址	第三批　2006.12.7	新石器、商周、汉	古遗址	庄坞镇东高尧村	省级	市级第一批2003年9月27日
柞国故城	第三批　2006.12.7	新石器、商周、汉	古遗址	卞庄镇柞城村后	省级	市级第一批2003年9月27日
金山汉墓	第三批　2006.12.7	汉代	古墓葬	兰陵镇金山村	省级	
庄坞牌坊	第三批　2006.12.7	清	古建筑	庄坞镇驻地河西村	省级	市级第一批2003年9月27日
朗公寺遗址	第一批　2003.9.27	隋唐、明清	古遗址	大仲村镇	市级	
沂堂牌坊	第二批　2006.12.27	清	古石刻	沂堂镇后沂堂村	市级	
萧望之墓	第二批　2006.12.27	汉	古墓葬	兰陵镇北王庄村	市级	
大吴宅古墓	第二批2006.12.27	汉	古墓葬	大仲村镇大吴宅村	市级	
高柴墓	第三批2011.12.8	东周	古墓葬	兰陵镇刘堡子村	市级	
楼子古墓群	第一批　1979.2.21	汉	古墓葬	鲁城镇楼子村	县级	
东城子遗址	第一批　1979.2.21	新石器	古遗址	大仲村镇东城子村	县级	
东大埠古墓群	第一批　1979.2.21	汉	古墓葬	沂堂镇东大埠村	县级	
青草堰遗址	第二批　1991.5.14	大汶口至汉	古遗址	兴明乡金楼村	县级	

续表 26—2

文物保护单位名称	批次和公布日期	年 代	类 别	所在地	级别	备 注
柞城前遗址	第二批 1991.5.14	大汶口至汉	古遗址	卞庄镇城前	县级	
大城子遗址	第二批 1991.5.14	大汶口至汉	古遗址	层山镇大城子村	县级	
董塘遗址	第二批 1991.5.14	大汶口至汉	古遗址	兰陵镇董塘村	县级	
高王庄遗址	第二批 1991.5.14	龙山—汉	古遗址	新兴镇高王庄村	县级	
马圈遗址	第二批 1991.5.14	龙山—汉	古遗址	尚岩镇马圈村	县级	
程村遗址	第二批 1991.5.14	龙山—汉	古遗址	南桥镇程村	县级	
北漫溪遗址	第二批 1991.5.14	商、周、汉	古遗址	车辋镇北漫溪村	县级	
刘家堡遗址	第二批 1991.5.14	商、周、汉	古遗址	兰陵镇刘家堡村	县级	
兰陵故城	第二批 1991.5.14	东周	古城址	兰陵镇政府驻地	县级	
神山古墓群	第二批 1991.5.14	汉	古墓葬	神山镇西北村西	县级	
殷家馆古墓群	第二批 1991.5.14	汉	古墓葬	大仲村镇殷家馆村	县级	
灵峰寺	第二批 1991.5.14	元	古寺庙	下村乡抱犊崮东侧	县级	
苍山暴动纪念地	第二批 1991.5.14	1993 年	革命纪念地	卞庄镇大圩子村	县级	
农救会纪念碑	第二批 1991.5.14	1942 年	古石刻	车辋镇邢村	县级	
罗荣桓办公旧址	第二批 1991.5.14	1939 年	革命纪念地	下村镇上大炉村	县级	

第二节 考古发掘

苍山县文物管理所先后对田野古遗址、古墓葬进行抢救、发掘，其中有神山镇西道庄、沂堂镇大兴屯古文化遗址、层山镇小东山汉墓群、韩塘乡马屯汉墓、卞庄镇柞城故城、二庙乡后湖古象牙化石、兰陵镇金山汉墓等多处。

2006 年 8 月—10 月，先后抢救性发掘兰陵前孙庄汉墓和下村埠阳东汉画像石墓。2009 年 10 月—2010 年 8 月，省市县先后组织开展临枣高速公路、临枣铁路苍山段沿线的考古勘探和抢救发掘工作，勘探发现文物点 38 处，抢救发掘苗庄遗址、宋庄遗址、西城前遗址、前小岭遗址、独山头墓群、后杨官庄遗址等多处。

重大考古发掘

元嘉元年画像石墓　1973 年 5 月，山东省博物馆协同苍山县文化馆于县城西 1500 米处的晒米城前村北土台处发掘一座东汉元嘉元年画像石墓。原台高 5 米，墓室暴露在土台南部的断崖上，墓顶距地表深 1.2 米，墓室四周及顶均用土填封夯实，墓门朝南，墓道已被破坏。墓室是用 60 块石灰岩石料砌成，分墓门、前室、双主室及侧室 5 个部分，平面近长方形。墓室内全长 5.46 米，宽 2.94 米，高 2.48 米。该墓早年遭受破坏，现存的随葬品有瓷器、陶器、铜镜和铜钱等。建于东汉元嘉元年（公元 151 年），墓内侧室上层出土题记 2 方，及画像石石刻计 10 石 12 幅，有车马出行图、乐舞杂技图、进馔图、胡汉交战图、捕鱼图、结龙图等，主要刻置在墓门与前室。

题记碑为两块刻石，其一高 0.48 米、宽 0.22 米、厚 0.22 米，其二高 0.48 米、宽 0.16 米、厚 0.44 米。两题记碑刻隶书 15 行、328 字，内容连贯，共分 12 段，3 个部分，前一段是序言，后一段是结语，中间志文是对墓中的 10 块画像石的内容释读。题记文字之长，反映石刻方面内容之多，为全国少有。

题记曰：“元嘉元年八月廿四日立廓毕成以送贵亲魂灵有知柃哀子孙治生兴政寿皆万年薄疎郭中画观后当朱雀对游□仙人中行白虎后凤皇中□柱□结龙主守中霤辟邪夹室上石央五子举僮女随后驾鲤鱼前有白虎青龙车后□被雷公君从者推车乎梩冤厨上卫桥尉车马前者功曹后主簿亭长骑佐胡使弩下有深水多鱼者从儿刺舟渡诸母使坐上小车軿驱驰相随到都亭游徼候见谢自便后有羊车橡其□上即圣鸟乘浮云其中画像蒙亲玉女执尊杯桉□局□稳□好弱貌堂殃外君出游车马道从骑吏留都督在前后贱曹上有虎龙衔利来百鸟共持至钱财其殃内有倡家生芋相如仳吹□龙雀除央□□鱼堂三柱中□□龙□非详左有玉女与仙人右柱□□请丞卿新妇主待给水将堂盖慈好中□□上□包未有盱其当饮食就夫仓饮江海学者高迁宜印绶治生日进钱万倍长就幽冥则决绝闭旷之后不复发。”

金山汉墓 金山汉墓位于苍山县兰陵镇东南约 3500 米处的金山村西金山东坡近顶处。2003 年春，村民在金山东坡取土过程中发现古墓，随之被盗。经报国家文物局批准，山东省文物考古研究所、临沂市文物考古队、苍山县文物管理所联合组成考古队于 2004 年 6 月、7 月对该墓进行抢救性发掘，并取得重要考古发现。

该墓为单墓道岩坑竖穴木椁墓，由墓道、甬道、墓室、墓上封土、墓上祭祀建筑几部分构成。墓室坐西面东，墓室东西长 7.3 米，南北宽 4.6 米，深 11 米。墓道向东敞开，全长 44 米。墓道前设坛，祭祀祠堂建筑全国首次发现。该墓历史上多次被盗掘，出土文物仍品种丰富，通过专家集体鉴定，龙纹金属饰件、玉璜、笄等 5 件（套）被定为国家二级珍贵文物，人形金箔、口含、木俑等 11 件（套）被定为国家三级保护文物，其余 20 余件被定为一般文物（已由县文管所登记收藏）。2006 年 12 月 7 日，被山东省人民政府公布为第三批省级重点文物保护单位。

后杨官庄遗址 位于神山镇后杨官庄村北约 700 米，平面呈椭圆形，东西长约 400 米，南北宽约 250 米，面积 10 万平方米左右。

此次发掘共开 5×5 米探方 22 个，连扩方在内发掘面积 0.06 公顷。发掘区位于遗址北部边缘地带路基上面。遗迹主要有灰坑 21 个、沟 3 条、墓葬 5 座。墓葬中 1 座为唐代，其他 3 座墓葬为龙山文化时期，墓结构为长方形土坑竖穴，其中一龙山文化时期墓葬死者为成年男性，仰身直肢，头向东北，面向左，方向 74 度。骨骼粗壮，保存完好，无随葬品。左膝处插有一角镞。

出土各类器物 300 余件，按类别主要分为陶器、石器、骨器、蚌器、角器、铜器、铁器等。陶器除大量陶片外，可辨器物有鼎、盆、罐、甗、碗、豆、鬶、觯形壶、筒形杯、高柄杯、器盖、纺轮、拍、球、弹丸、珠和网坠等，主要属于大汶口文化和龙山文化时期。遗址中还发现少量岳石文化的陶片，如陶甗腰部、蘑菇形器纽、瓮腹上的附加堆纹等。石器中有斧、锛、凿、铲、长方形刀、双孔半月形刀、矛、镞、打磨器和大量磨石，其中石镞数量最多，种类繁杂，非常锋利，有的相当完整。质料多采用板状泥灰岩、闪长岩和千枚岩制成，形状主要有菱形、三棱形、柳叶形、桂叶形等。其中的文物骨针，不仅磨制光滑，而且针鼻还可以穿进丝线，说明大汶口、龙山文化时期该地区纺织缝纫技术已经出现。

文化遗址

向邑故城遗址 位于向城镇驻地西南，为春秋时鲁国向邑故城。据《左传》记载，向邑为鲁桓公十六年（前 696 年）鲁国所筑。故城呈长方形，

东西约500米，南北约450米。现余长约60米、宽30米、高2.5米的西南城墙一段，其西约50米为护城河，今为阳明河与陈桥水利枢纽工程连通的水渠，其余夷为平地。曾采集到半角瓦、平瓦当、陶豆盘、陶仿轮、铜剑等文物。

王岭遗址　是苍山县境内发现最早的旧石器遗存，位于下村乡王岭村东北50米，双河水库东岸，属坡地遗址。东西80米，南北100米，分布面积约0.8公顷，文化层堆积厚约4米，采集标本有石核、刮削器以及动物化石等。

南吴庄遗址　该遗址文化堆积跨越大汶口文化、龙山文化、商、周、秦、汉等历史时期，是鲁南地区为数不多的旧石器文化遗址之一，位于二庙乡吴庄村南约200米处。遗址呈中间高四周低的缓丘状，东西、南北各约250米，分布面积约6.25公顷，文化堆积厚约1.5米。地表采集的标本有旧石器时代晚期的火成岩打制的舌状器、龙山文化的夹砂黑陶罐、商周时期的夹砂灰陶绳纹鬲足、汉代的灰陶罐等。

城子遗址　该遗址文化堆积跨越新石器文化、商、周、秦、汉等历史时期，为沂沭河流域发现的最早的两处新石器北辛文化遗存之一。位于向城镇城子村内及村后，东临潍徐公路西侧南北干渠，1992年6月公布为省级重点文保单位。高台堆积，东西、南北长各约250米，面积约6.25公顷。遗址中高四低，北侧呈断崖，东、西地势延缓，文化堆积较好，内涵丰富，地表采集有北辛文化夹砂褐陶圆柱高鼎足、大汶口文化夹砂红褐陶鼎足等。遗址出土汉代“治河赏”陶罐和铁剑等文物。

图26—7　城子遗址　（2010年摄）

小湖子遗址　该遗址文化堆积跨越大汶口文化、龙山文化、商、周、秦、汉等历史时期，位于南桥镇小湖子村南200米处。1992年6月公布为省级重点文保单位。该遗址是土丘式高台遗址，南北长约200米，东西宽约180米，分布面积约3.7公顷，文化堆积丰富，地表采集的标本有大汶口鼎足、龙山鼎足、商周盆口沿、汉代筒瓦等遗址，南距江苏省邳州市境内的大墩子汉文化遗址1.5千米。

于官庄遗址　该遗址文化堆积跨北辛文化、大汶口文化、龙山文化、商、周、秦、汉等历史时期，位于兰陵镇于官庄村北及村内，郯夏公路南侧约700米处。1992年6月公布为省级重点文保单位。该遗址原为高台，现已为平地，南北约400米，东西约400米，分布面积约16公顷，三分之二为村落所覆盖。文化堆积情况不详，地表采集的标本有北辛文化的夹砂红陶鼎足、大汶口文化的夹砂鼎足、龙山鬲足、商周鬲口沿、汉代板瓦片等。

东高尧遗址　该遗址文化堆积跨大汶口文化、龙山文化、商、周、秦、汉等历史时期，位于庄坞镇东高尧村南，前高尧村（原名寺前村）北，东面紧靠武河。2006年12月公布为省级重点文保单位。遗址为中间高、四周逐渐降低的土丘式高台堆积，最高点高出地面约3米，东西180米，南北150米，分布面积约为2.7公顷。文化层堆积丰富，地表采集标本有大汶口鼎足、龙山鬲足、龙山黑陶口沿、商周鬲足等。1963年，村民张吉祥在此挖地窖时曾出土一批晚商青铜器（已成为临沂市文物馆的镇馆之宝）。1984年9月清理时发现大汶口文化长方形土坑竖穴墓两座，出土罐、匾、背壶等一批铜器，同时发现晋墓1座。

图 26—8 于官庄遗址 （2010 年摄）

高尧寺遗址（位置与东高尧遗址重合） 为石座砖木结构殿堂建筑。1984 年拆除原大雄宝殿时，曾拆下刻有“贞观三年”字样的木梁 1 架，据此推断，该寺应修建于唐朝初期，距今约有 1300 多年的建寺史。明朝万历年间修建为尼姑庵。清康熙年间（约 1651 年）改建为和尚寺院，始称高尧寺。

寺内原有铜钟一口，重 100 余千克，每当佛事，香烟缭绕，颂经声与钟鸣声相谐，声传十数里。寺西尼姑庵内供有观世音菩萨、“送子娘娘”等像，泥塑彩绘，形象生动。寺前农历正月十五为庙会，延续到“文化大革命”中被移到西高尧村，后又移至庄坞村。

大城子遗址 该遗址文化堆积跨大汶口文化、龙山文化、商、周、秦、汉等历史时期，位于层山镇大城子村内及村北，西邻小涑河，东靠武河。原有大（南）、小（北）两城，小城现已夷为平地，汉时为武阳侯国所在地。遗址为缓丘状高台地，东西、南北各长约 250 米，分布面积约 6.25 公顷。文化层堆积丰富，地表采集的标本有大汶口鼎足、龙山鼎足、商周鬲足、汉代筒瓦残片等。1979 年曾在此出土大汶口白鬶陶 1 件。

图 26—9 庄坞大城子遗址出土白陶鬶 （2010 年摄）

东城子遗址 该遗址文化堆积跨越新石器文化、商、周、秦、汉等历史时期，属县级重点文保单位。位于大仲村镇东城子村后，西靠温水河。遗址中部和南部为民房所掩，为高台遗址，东西约 130 米，南北约 120 米，分布面积约 1.56 公顷，文化堆积高约 7 米。遗址北、东被挖去 40 米，文化堆积明显，土层内夹杂着一层红烧土和大量植物颗粒。已采集的标本有大汶口文化早期的加砂圆锐状鼎足、龙山文化的黑陶片、春秋鬲足、春秋战国时期灰陶豆及盆残片以及汉代瓦片等。该遗址发现的时代较早，延续时间长，是一处重要的跨越新石器时代、商周、秦汉的文化遗址。

程村遗址 属龙山文化、商、周、汉等历史时期，位于南桥镇程村北 50 米处。1991 年 5 月公布为县级重点文保单位。该遗址为缓丘高台遗址，南北约 380 米，东西约 250 米，分布面积约 9.5 公顷，文化堆积厚度约 1.5 米，灰褐土质，地表采集的标本有龙山陶片、商周鬲足、鬲口沿、汉代瓦片等。

古代墓葬

高柴墓 位于兰陵镇刘家堡子村北，西距潍徐公路 500 米。高柴，字子羔，春秋卫国人，孔子弟子，曾在卫国从政，游学于兰陵。墓地遗址封土直径约 25 米，高约 5 米，周长约 215 米，分布面积约 0.28 公顷。墓冢高台封土上有清嘉庆二十年（1815 年）刻立墓碑一通，圆首方座，高 1.90 米，宽 0.72 米，厚 0.28 米。碑阳中部

图 26—10　高柴墓　（2010 年摄）

竖刻“孔子弟子先贤高柴字子羔之墓”，右刻“唐封共城伯”，左刻“宋封共城侯”，除“孔子弟子”为篆书，余皆隶书。碑阴刻高氏自高柴之后流传述略，正文 12 行字数不等，楷书，书丹（书写墓志铭）为岱山下庠生李学周。墓冢封土东南部有银杏树 1 棵，树高约 8 米。

萧望之墓　俗称萧王墓，位于兰陵镇小仲村西南，北王庄村东，东距潍徐公路 500 米。1979 年定为县级重点文物保护单位，2006 年 12 月定为市级重点文物保护单位。原有呈品字型大型封土墓冢 3 座。主墓为西汉宣帝时御史大夫、汉元帝时太子太傅萧望之之墓，东西约 120 米，南北约 80 米，保存封土高 1 米左右，分布面积为 0.96 公顷。主墓以南东西各 30 米处有 2 座墓冢，每座约 80 米见方，现已夷为平地。20 世纪 50 年代

图 26—11　萧望之墓　（2010 年摄）

曾在此出土圆瓦当、半瓦当、石兽、陶楼等文物。

东大埠古墓　位于沂堂镇东大埠村西约 350 米处，往西约 1000 米处为卞庄至沂堂的乡镇公路，南约 1200 米处为大苍山。1979 年 2 月公布为县级重点文保单位。该墓群又称“天子墓”“柞王墓”等，其地周围山岭起伏，东西各有一条南北走向的山岭，墓群坐落其间，墓穴多为石板墓，封土残留高约 0.3 米。墓群东西长约 70 米，南北长约 50 米，分布面积约 0.35 公顷。20 世纪 40 年代曾在此挖掘石墓 1 座，墓石上刻有车马、人物等图案，同时出土石人 1 尊，后运往郯城县（时属国民政府郯城县西北乡）。该墓已回填多年。

何逊墓　位于长城镇长城二村内西南部的一处水塘之中，因四面环水，俗称“墓子汪”。2011 年 12 月公布为临沂市级第三批重点文保单位。墓地呈半球状，封土堆积，高 4 米，直径约 10 米，围绕其四周的水塘面积约 0.10 公顷。墓上遍长榆树，四周已露出部分墓石。

图 26—12　何逊墓　（2010 年摄）

大吴宅古墓群　又称“牛王墓”“吴王墓”墓群，位于大仲村镇大吴宅村东至村东南，东泇河东岸。2006 年 12 月公布为市级重点文保单位。东西长约 200 米，南北宽约 180 米，占地面积约 3.6 公顷。墓群地势较高，部分墓葬露出，多为石板扣合之墓。墓群东南部有 3 座墓室露出地表，墓石无画像及纹饰，但造工精致。

于腾墓　清光绪十六年（1890 年）所建，

位于沂堂镇寨子村南约130米处，坐西北朝东南，是于腾及其夫人的合葬墓，呈覆斗状，周长21米。1976年3月该墓出土“皇恩重命”金凤冠1顶，为慈禧太后褒奖于腾夫人王氏在临沂捐资举办义学所赐，并封王氏为“一品夫人”。

赵氏墓葬群 位于长城镇沙园村北，吴坦河东侧。长城赵氏自明朝洪武年始，历经八代在锦衣卫任职。墓群东西约145米，南北约100米，分布面积约1.45公顷。原立有“大明锦衣卫赵氏先茔”门坊，现仅存部分石刻散落墓地之中。墓群中有锦衣卫正千户都佥事赵淮墓，墓中曾出土明朝抗倭英雄戚继光撰文墓志铭等文物。

王守正墓 位于兰陵镇南横山村北。墓地东西约100米，南北约80米，分布面积约0.96公顷，为明代直隶大名府知府王守正（1550—1615）之墓。王守正于万历四十三年（1615年）六月二十日卒于任上。万历皇帝为旌表其功德，钦赐“金鼎御葬”，并派钦差扶柩送故里安葬。其墓为黄土堆积，呈圆锥状，周长12米，高2米。墓前现存石人1对，万历四十七年(1619年)立墓碑1通，坐北朝南，墓碑阳面镌楷书“皇明顯考中憲大夫四川按察司副使兼参议府君显妣诰赠恭人杨氏之墓”正文32字，左侧楷书“万历四十七年”六字，圆首方座，青石质，高1.95米，宽0.80米，厚0.28米。2007年，经南横山村王氏家族捐款重新修缮。是临沂市保存最好的明代名人墓地之一。

楼子汉墓群 位于鲁城镇驻地西北3000米处，面积0.25公顷，封土高出地面1米，墓葬建筑用材为大块石灰石，地表曾有石马头物，地下墓石已部分挖出。此处出土的一座长3.6米、宽4.1米的浮雕画像石，现保存于县文馆所内。

摩崖石刻碑记

敕褒节孝碑 本碑刻为第三次全国文物普查的新发现，位于兰陵镇朱家堡村北130米，兰陵至韩塘公路西侧50米处。该碑位于兰陵望族王氏族人王思注潘氏墓东南，坐西北、朝东南，高2.4米，宽0.8米，厚0.4米。碑基座长1.5米，宽0.5米，青石质，方碑。碑身正面周边饰云纹，中部竖刻魏书“敕褒节孝”，左侧竖刻“中华民国二十六年六月上浣”，右侧竖刻两行楷书“光绪二十六年五月十日礼部为题请旌奉报山东户部主事管象颐结到山东沂州府兰山县兰陵镇儒童王思注妻潘氏节孝呈册”，由王思衍书丹。

豫让刺赵襄子刻石 出土于兰陵镇兰陵古城附近。青石质，高浮雕，中间刻双孔桥，桥下左侧刻2人耳语，右侧刻3鱼，桥左侧上下刻成2组，上部刻两车左行，下部1人骑马导行，后1车随行，左下角刻1房舍，1人弯腰迎宾；桥右侧5人骑马举单幢并行，后随1辎车，车后2人骑马随行。该画像石由蒋英炬先生认证为是“豫让刺赵襄子”历史故事的画像石刻。

东柞隋碑 位于贾庄乡东柞村后，高1.8米，宽0.78米，面图向南，上部有浮雕神像5尊，下面书有“开皇九年”等字。

第三节 馆藏文物

苍山县文物馆藏文物两千余件，其中珍贵稀有文物百余件，品种丰富。另还有大量化石、锡器、银器、文具、古币和革命文物等。

石钺

长21.7厘米，宽14.5厘米，厚0.7厘米，1985年秋在兴玥乡小郭村出土。石质轻灰色，长方形、体扁薄，顶端有一半孔，其下有圆口，刃部宽于顶端，系新石器大汶口文化晚期遗物。

永初六年刀

铁器，长111.5厘米，宽3厘米，背厚1厘米。1974年夏在下庄公社东纸坊村后的九女墩汉画像石残墓出土。环首呈椭圆形，刀身有金错火焰纹，背端金错隶书铭文“永初六年五月丙午造卅湅大刀吉羊宜子孙”。铭文中的“湅”即“炼”，“卅湅”可能代表着一定的工艺质量。该刀是反映东汉时期冶炼技术水平的重要实物，1989年9月调中国历史博物馆收藏，被定为国家一级文物。编录入《中国冶金简史》（科学出版社）、《中国古代冶金》（文物出版社）等书。

皇恩诰命凤冠

金器，清代皇宫制品，慈禧为褒扬女武训王氏义办义学所赐之物。1976 年 3 月，沂堂乡寨子村于滕和其夫人王氏合葬墓出土。重 1480 克，今藏临沂市银雀山竹简墓博物馆。

南芙蓉古象牙化石

1987 年 8 月 5 日于卞庄镇南芙蓉村东出土，长 4 米。经中科院古脊椎动物与古人类研究所徐晓峰、宗冠福教授鉴定，属晚更新世，距今 20 万年，为古菱齿象牙化石。

青竹古象牙化石

古象下颌骨臼齿化石。1985 年 5 月于神山镇青竹山东村东出土。残断为 2 块，均长 47 厘米，宽 42 厘米，厚 17.5 厘米。经中科院古脊椎动物与古人类研究所宗冠福教授鉴定，属早更新世，为古菱齿象诺氏象牙化石。

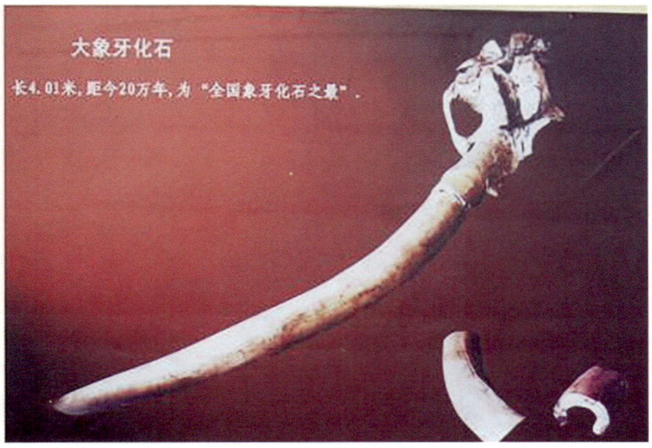

图 26—13　南芙蓉古象牙化石　（2010 年摄）

董其昌《兰亭序》轴

绢本，行书手卷，纵 3.8 米，横 0.24 米。书录王羲之《兰亭序》，后题“己酉暮春适从事过武林馆于陈氏主人欲偕余游山阴为风雨阻舟不得渡江漫录斯文聊以解嘲”。落款“云华亭董其昌浅”，钤白文刻印 2 方“董其昌印”“宗伯学士”。

缪公壶

平口、束径、鼓腹，六枝式圈足，肩部饰两兽形辅首衔环，加四道凸弦纹，胸及腹部各三道凸弦纹，圈足饰两组纹饰，一组为二龙对戏，一组为一人持一矛刺凤。口沿外刻隶书“缪公”二字铭文，该器与元和四年铜壶，于 1980 年 10 月 28 日在卞庄镇柞城故城东南角窖藏出土。

元和四年铜壶

平口、束颈、鼓腹，八棱式圈足，肩部饰两兽形辅首衔环，腹部饰凸弦纹八道，圈足外饰隶书铭文两行四十字：“元和四年江陵黄阳君作宜子孙及酒食吏人得之致两千石口人得之致两千万田家得之千厨万仓”。元和即东汉章帝年号，元和四年即公元 87 年。

古印玺

建国前，苍山县境内古鄫城及卞庄镇晒米城先后出土过“部曲将印”“戈蒲监丞”“宪丘强印”等汉代印章，收录于民国五年的《临沂县志》。20 世纪 80 年代—2010 年，考古中又出土若干。

荼大夫之玺

战国玺，1984 年出土于卞庄镇柞城古城遗址中。铜质，鼻钮，印面正方形，边长 2.5 厘米，通高 1.5 厘米。印面刻“日”字形框，印文大篆，曰“荼大夫之玺”，其中“大夫”二字为合文。属国家一级文物。

行军万户矢字之印

1989 年 12 月出土于流井乡北韩庄村大崮山附近。铜质，印面正方形，边长 6.3 厘米，通高 4.4 厘米。印文为阳文九叠篆书。钮部顶端刻“上”字，背面两侧左刻“行宫礼部造”，右刻“兴定五年五月”，立棱上刻楷书“行军万户矢字之印”。“兴定”为金宣宗完颜珣的年号，兴定五年即公元 1221 年。

郭安—臣安双面印

1994 年 4 月出土于横山乡宝鼓墩汉墓中。铜质，印面方形，边长 2 厘米，厚 0.6 厘米。印棱立面刻 1.3 厘米的条形透孔，似有钳类之物，辅助盖印使用。该印双面白文，曰“郭安”“臣安”。

第四章 广播 电视 电影

第一节 管理机构

广播电视管理机构

1950年6月成立收音站，隶属于中共苍山县委宣传部。1958年2月筹建苍山县人民广播站，同年10月对外播音。1975年9月组建苍山县广播事业管理局，下设苍山县广播站、22个公社广播放大站。1983年开始筹建苍山电视差转台。1985年1月，苍山县广播事业管理局更名为苍山县广播电视局，升格为正科级单位。1987年12月，撤销苍山县广播站，成立苍山县人民广播电台。1992年12月，经广播电影电视部批准，苍山县人民广播电台正式对外播出，同时苍山县电视差转台更名为苍山县电视转播台。1993年12月，撤销广播电视局分设苍山县人民广播电台和苍山县电视转播台。1995年11月，恢复苍山县广播电视局，内设办公室、总编室、新闻部、广告文艺部、广播电视录制部、技术播出部、有线电视工程部、有线电视稽查队、音像管理站、财务科等。1998年2月，苍山县人民广播电台被广播电影电视部批准为苍山县广播电视台。

2010年5月，为深化广电和文化体制改革，广播电视的执法和管理职能分别并入新成立的苍山县文化市场管理执法局和苍山县文化广电新闻出版局，苍山县广播电视局更名为苍山县广播电视台，是县政府直属正科级事业单位，下设办公室、总编室、财务科、新闻中心、广告文艺中心、工程部、播出部、有线电视管理部、电台编辑部、技术设备科、网络部、稽查大队12个职能科室。

1985年—1993年年底，苍山人民广播电台连续9年获山东人民广播电台“先进集体记者”称号。2007年—2010年，苍山电视台已连续4年荣获“山东电视新闻宣传先进集体”一等奖。

电影管理机构

苍山县电影公司属国有小二型企业，隶属于县文广新局，位于县城文化路35号。2010年有职工137人，专业技术人员31人，经理1名，副经理2名，新增固定资产285万元，有电影院、招待所、录像厅、家电商场、网吧等设施，占地面积1.2公顷，建筑面积0.65公顷，总资产1600万元。

1956年9月，苍山县电影队二小队成立，两队分片放映。1957年4月，苍山县电影队三小队成立，同年建立电影中队。1960年，全县发展到5个放映队。1961年，苍山县电影三小队下放到长城公社。到1971年7月，全县已发展到11个放映单位。1972年以后，随着社办电影队的发展，国办队的活动区域逐步稳定，直到下放为社办电影队。1975年年底，县电影中队改为苍山县电影管理站。1983年7月15日，苍山县电影管理站改为苍山县电影发行放映公司，下设发行、放管、技术、宣传、计财、器材6个股和办公室，下属28个乡镇管理站和150个放映单位。

第二节 广 播

设备

1950年6月，配备1台直流收音机，接收和记录中央及省电台新闻，供县委主要领导参阅。1958年2月成立广播站，征地0.15公顷，建平房19间，购进2台广播扩大机。当年10月开播，用邮电局电话线路传送信号，全县农村安装小喇叭5000只。1972年年底，架通165千米广播专线，1015个生产大队通上广播，入户喇叭13万只，通播率95%，实现“村村通广播，户户安喇叭”的良好局面。1973年3月，全县22个公社建立广播放大站。1976年4月，建成广播大楼，建筑面积0.1公顷。1994年，有线广播完全停办。

1987年11月，无线调频广播开播，在县城塔山安装了两台发射功率100瓦的广播调频发射机。1991年，更换为ELT-S-0.1-3两台发射机，主备两用，发射频率100.1MHZ。1994年在县城主要街道安装低音立体声柱83个。1996年乡镇调频广播发展到12个。1998年，全县广播线路450杆千米，全县通播率100%，乡村通播率89%。2004年，购买一部调频直播车，购买一台无锡华立广播器材厂生产的30W调频发射机，频率为98.3MHZ，并配备了电源逆变器1台、话筒2支、调音台1部、卡座等设备，用于会议直播。2005年年底，全县有广播喇叭10.8万只，县城通播率100%，乡村通播率60.4%。

2007年，投资21.5万元购置了数字调音台、数字调频发射机、延时器、数字音频工作站、直播台、调频音箱等全套设备，投资2万元对广播电台直播室、导播室进行声学装修。2010年，电台有效覆盖半径为30千米。

节目

县广播站开播后，为适应“大跃进”的形势，每天4次广播，播出时数12小时。全套转播中央、省台广播新闻，同时自办《苍山新闻》《文化生活》《科技园地》等节目。1966年下半年至1969年上半年，由于“文化大革命”冲击，广播站一度失控，停止自办节目，1969年年底恢复自办节目。

1987年调频电台开通后，除转播中央、省台广播新闻节目外，加大自办节目容量，主要节目有《苍山新闻》《社会广角》《乡镇之音》《防病与健康》《警方热线》《计划生育》《土地之声》等。全天3次播音，播出时间6小时45分钟。

2005年，每天播音6小时，其中转播中央台《新闻和报纸摘要》《每周一歌》《法制》等节目1小时，转播省台《新闻联播》《农村》《今日山东》《评书联播》《天气预报》等节目2小时40分钟，转播临沂台《行风热线》等节目20分钟。苍山台自办节目2小时，主要有《苍山新闻》每期10分钟，每天播出3次（周日除外）；《德治与法治》每期10分钟，每天播1次，每周一首播，周二至周日重播。

2007年年初，苍山人民广播电台每天播音时间10小时35分钟，其中转播中央台《新闻和报纸摘要》《新闻联播》等节目1小时55分钟，转播临沂台《行风热线》节目15分钟。2007年7月苍山人民广播电台与苍山县政府纠风办联办《行风热线》直播栏目，同时还开办了《音乐点播》《健康早班车》《音乐驿站》《曲艺天地》《红泥巴村》等8档自办节目，时长3小时10分钟。2008年，新开设的栏目有《一听可乐》《生活互联网》《音乐下午茶》《经典时间》等栏目，每天播音时间从早上6：25至晚间21：00。2010年，电台新开办《新闻抢鲜报》《说说听听》《时尚生活》等栏目，播音时间从早上6：30至晚间21：00，共14小时30分钟。

第三节　电　视

设备

1983年，开始筹建苍山电视差转台。1984年建40米拉线塔1座，5月购进50W彩色电视差转机，转播中央台电视节目，使用6频道开播，覆盖范围近10千米。1984年2月，购置1300瓦差转机发射机，同时铁塔增高20米，后改为自动发射机。1988年1月，电视发射功率扩大到300瓦。1989年2月，6.2米电视地面接收站投入运行。1991年12月，建立电视发射台，安装32频道千瓦发射机。1992年12月，县城有线电视开通，转播10套节目。1996年，配备摄像机3台，购置编辑线1套，电视节目制作初具规模。电视发射（拉线式）铁塔由54米增至62米，功率扩大到1000瓦，全县电视收视率85%。同年，临沂至苍山19.2千米有线广播电视电话光缆开通，县城和12个乡镇使用有线电视。1996年，开通光缆有线电视节目20套，其中市广播电视局传输8套，卫星信号12套。1997年，购置1部北京广播器材厂生产的YW312型单管彩色电视发射机，发射功率1000瓦，发射频率bCH，用于苍山电视台自办节目。1998年年底，购置北京广播器材厂生产的CSD-1-MV-1A分米波1000瓦发射机。1999年又在机房附近新建电视发射（自立式）铁塔1座，高80米，使苍山电视台节目覆盖全县。

1998年，投资100万元上8套微波节目，13—20频道，在全县经济条件较好的村庄建起87个微波接收点。2005年年底停播，被有线电视取代。从2000年开始，投资1000多万元架通了县城至28个乡镇（原区划）光缆传输线路510千米，实现乡乡通有线电视，71%的村通有线电视。

2004年1月，节目播出由录像带改为硬盘试播，2005年硬盘播出系统正式开播。硬盘播出设备2套，编辑线4条，电视发射机6频道一主一备，32频道1台。2005年，有线电视节目达到36套，其中省、市光缆传输13套，自办3套，增值业务2套，中央台及省台共18套。2006年，投资200多万元将县城有线电视光缆转入地下，并给每个电视用户配发机顶盒，实行有线电视前端加扰和可寻址收费系统，彻底改变了有线电视收视维护费需上门催缴的难题。县城有线电视纳入可寻址收费系统的用户，当年即达1.5万户。

2007年年底，圆满完成乡镇村村通有线电视的年度目标任务，“村村通”工程累计投资646万元，架设光电缆717千米。全县1056个行政村实现村村通有线电视，全县有线电视总户数达到13.5万户，入户率达到48.7%。2008年，投资520万元，建设杆路180千米，全县有线电视用户达到16.38万户，“村村通”顺利通过市局的年度验收。

至2010年年底，县城有线电视用户达到2.4万户，全县有线电视用户达到18.48万户，全县有线电视入户率达到67%，传输有线电视节目达到42套。

节目

电视差转台开播后，主要转播中央和省台节目。1990年年初开始自办节目，采制县内重大会议等内容。1993年后开设《苍山新闻》栏目。苍山电视台电视节目，在1996年之前只有《苍山新闻》《天气预报》《广告文艺》等栏目，1996年后增加《依法治县》《黄淮海经济信息联播》《科技30分》等自办栏目，并推出苍山电视台台标。此后，增加的自办栏目主要有《点歌台》《德治与法制》《文明创建》《苍山公安》《今日苍山》《快乐365》《菜乡记事》《金盾之光》等自办栏目。2008年—2010年，苍山电视台两套节目每天播出时间共32个小时，其中转播中央台《新闻联播》《天气预报》《焦点访谈》等节目50分钟；自办新闻和专题类栏目有《苍山新闻》《菜乡记事》《苍山财经》等，其他栏目有《黄金剧场》《新剧冲击播》《乡村大戏院》《戏曲天地》《大家说法》《农广天地》《健康之路》《百家讲坛》等，自办节目31小时10分。

图26—14　电视节目制作现场　（2010年摄）

2004年12月，在苍山电视台原有新闻综合频道的基础上，开通有线电视台生活娱乐频道。2007年1月，正式开通苍山电视台影视频道。为贯彻落实山东省广播电视局《关于在全省开展整顿规范广播电视播出秩序专项行动的通知》精神，2007年8月10日，苍山电视台生活娱乐频道和影视频道停止播出。8月11日，两频道整合为苍山电视台影视娱乐频道，并进行全面包装改版，重新制作开始曲、苍山电视台台标和台形象宣传片、新闻和专题片头、新闻背景、电视栏目片花和栏目推介等。至2010年年底，苍山电视台拥有两套无线节目——新闻综合频道和影视娱乐频道，两套有线节目——综艺生活和影视购物频道。

第四节　电　影

技术管理

1975年县电影中队成立以后，建立兼职的技术检查小组。1960年，县中队配备专职技术人员，不久建立修理组。他们在“中修不出队，大修不出县”的口号鼓舞下，经常深入小队巡回帮助各放映队检修机器，进行技术传授辅导。1983年，县电影管理站改为电影发行放映公司，设立技术股，配4名专职技术人员，具体负责全县各类放映设备的登记、普查、维修、技术辅导，放映人员的技术训练和放映设备的改革等工作。

电影放映

苍山县电影院是县公司直属的全民所有制放映单位，前身是县35毫米提包机队（苍山县电影队五小队），开始露天放映。1961年搬进由县大礼堂改建的影院放映，影院为10间大屋，内设条凳座位926个。老电影院在1979年新电影院启用后废弃，原址改建县图书馆。

新电影院坐落在文化路西侧。1977年11月开工建设，1979年5月1日落成使用。影院为三层楼房，长50.7米，前门厅宽32.6米，观众厅及后楼宽29.45米，为2层楼房；观众厅楼下设座位1051个，楼上设座位509个，共1560座位。建筑面积0.26公顷，工程造价58万元，其中，省文化局拨款24万元，县财政拨款34万元。1991年4月，电影公司向银行申请贷款13万元，对县电影院内1560个座位进行改造，把原来的木质座椅，全部换上软座椅。

1953年5月，山东省巡回放映队第十小队到苍山县，在县驻地和兰陵镇放映国产故事片《她》和《重返前线》，为苍山第一次放映电影。同年10月，临沂专署文教科所属的“山东省四零四电影队”到苍山巡回放映，历时半年，放映国产故事片《白毛女》和《春风吹到诺敏河》。1955年8月，临沂专署文教科组建“山东省四O一电影队”，8月底将该队下放到苍山，这是苍山县的第一个电影队，名为“山东省苍山县电影队”。在县驻地首场售票放映国产故事片《金银滩》和《人往高处走》。

1996年，在全县中小学校开展“百部爱国主义电影教育”活动，当年上映68部优秀影片，108部拷贝，22885场次，受教育学生66.4万人。1998年—1999年，全县农村开展宣传计划生育、文化、法制、科技“四下乡”活动期间，县电影公司在农村放映各类电影60场。

1999年5月，公司参与县教委、交警队、供电、移动、金融、电信等单位开展的“影企联姻”“千片进村”等活动。1999年8月，成立“喜庆电影服务中心”，开展送电影“进村、进校、进农户”活动，当年放映喜庆电影1970场次，爱国主义教育专场电影200余场，科教电影800余场。2006年，在苍山文化广场隆重推出“缤纷鲁南风”系列文化活动百部爱国电影放映活动，组织协调开心汤姆、网通公司等单位参与举办的苍山消夏之夜广场电影放映80场次。2010年年底，苍山县电影公司共有注册数字电影放映队32支，共放映公益电影12504场次，实现每村每月放映一场电影的任务目标，观影人数475万余人次。

第五章 档 案

第一节 管理机构

新中国成立前，苍山县分属临、郯、费、峄4个县管辖，没有档案管理机构。仅有少数1937年—1947年的革命历史档案，存放于山东省档案馆。1960年前县委、县政府各有1个档案室。1960年3月1日在县委、县政府2个档案室的基础上成立档案馆。1962年成立县档案科。1963年4月成立县档案局。1966年"文化大革命"开始后，档案馆封闭。1972年12月恢复县档案局，同时恢复档案馆，并合署办公。1984年档案局、馆一起被撤销，改为县委办公室档案科。

1986年4月恢复档案局、馆建制。1993年10月撤销档案局，保留档案馆。1994年12月恢复档案局。2002年机构改革，档案馆挂档案局的牌子，授权行使有关行政和管理两种职能。档案局（馆）内设办公室、库房管理科、业务指导科和信息文档服务中心。1992年、1995年分别晋升为省三级、省二级先进档案馆。2003年、2004年考核分别被评为省档案管理先进单位和省一级先进档案馆。2005年—2010年在全市档案管理考核中保持省一级档案馆。

第二节 档案管理

业务指导

苍山县档案局积极指导全县各单位档案整理工作，推动了全县档案事业健康发展。从1988年开始，县档案局对全县党政事业、企业、乡镇专兼职档案员进行函授、进修、专题培训班等各种形式的培训，促进了档案工作的开展。截至2010年，全县共有4个省特级档案室、31个省一级档案室、58个省二级档案室，60个档案室达到合格标准。积极开展民营企业档案指导工作，其中东方佳园房地产开发公司档案室被评为省一级档案室。做好农村档案工作，主要抓了卞庄街道、苍山经济开发区、向城镇、神山镇农村档案工作，其中神山镇被山东省档案局列为"社会主义新农村建设档案工作示范镇"。

档案征集

1960年，县档案馆发布征集历史档案资料的范围，征集1947年—1949年反映华东局、山东分局、鲁中南区党委、临沂地委关于土改、监察、支前、肃反、救灾等方面内容的报刊杂志等资料。1960年3月，接收县委、县政府档案931卷，革命历史档案26卷。1963年，接收县直部门及各公社档案927卷。1979年—1982年接收档案2714卷。1984年，接收县直机关及22处人民公社档案5697卷。1992年，接收县直部分单位1986年以前档案2366卷。1993年，接收县直撤、并、改单位档案2319卷。1995年，接收县直机关档案1787卷。2002年，乡镇机构改革，接收被撤销、合并乡镇档案1528卷。2004年，接收朱氏族谱、张氏族谱及县委、县政府档案共3786卷。2008年，接收破产企业（美术公司、县造纸厂）、民政局婚姻等档案9105卷（件）。2009年，接收破产企业（苍山县建筑材料工业局）、工商局等档案4256卷(件)。2010年，接收破产企业(丝绸公司、嘉德公司）和县委、县政府档案3202卷、4012件。至2010年，县档案馆存各种门类、不同载体的档案计68535卷、23603件。

档案馆藏

县档案馆内存有1947年—2010年的革命历

史档案和现行文件档案128个全宗，68535卷、23603件。另有音像、电子、实物等专门档案1458件，图书资料15829册，现行文件5845件，照片档案99册2469张，以及兴明乡“小郭泥人”、大仲村镇“蓝印花布”、长城镇“过门笺”等地方特色档案。编制各种检索工具目录330册，编研资料14万字。基层档案室现存文书档案11475卷，业务档案25915卷，科技档案7002卷，会计档案5.2万卷，干部职工档案14207卷，音像档案325盒。企业综合档案室现存档案21860卷，其中文书档案6362卷，科技档案3452卷，专门档案15350卷，音像档案52卷，编研资料35种、65300多字。

图26—15　苍山县档案局库房　（2010年摄）

档案鉴定

苍山县档案鉴定工作始于1962年10月，对1959年以前的县委、县政府2个全宗档案进行全面鉴定。鉴定后分为永久、长期、短期3个保管期限。

1980年，县档案局对“文化大革命”前的全部档案进行具体鉴定，把4572卷档案分别划分保管期限。1982年后，在一年一度整理接收县六大班子档案的同时，鉴定工作同步进行。在县直、乡镇文书立卷会召开时，连同文件材料一并鉴定，划分全宗、门类，排列组合。

档案馆将接收进馆的所有档案进行集中统一管理，严格执行收集、鉴定、立归档、编目、保管、保密、统计、利用、销毁、借阅、查阅等各项规定，对不同载体的档案分门别类进行管理。专职管理人员每天对库房温、湿度进行记录，调整温、湿度。每月清对1次案卷，对接收的案卷进行编目、排列以便查阅利用。

编研工作

为方便对馆内档案进行检索，更好地满足社会查阅的需求，县档案局共编写了《案卷目录》《全引目录》《归档文件目录》《专题文件目录》《分级文件目录》《文号索引》《存放地点索引》《开放文件目录》《修复文件目录》《人名卡片》《资料卡片》《全宗卷》《资料目录》等13种检索工具。

从1985年开始，相继编写《苍山县档案馆指南》《苍山县历次党代会、人代会简介》《苍山县自然灾害纪实》《苍山县档案馆重要资料简介》《苍邳苏鲁边界水利纠纷大事辑要》等11种编研资料，约14万字。协助县党史委办公室编写《中国共产党山东省苍山县组织史资料》，38万字。

档案利用

1979年以来，档案馆平均每年接待查阅者800多人次，利用档案2000多卷次，解决了领导决策、编史修志、落实政策、职级、工龄、工资、地权纠纷等重大问题。2008年接收民政局婚姻档案后，每年接待查阅者1200多人次，帮助解决了孩子落户、财产纠纷、购房、买车、计划生育、贷款等关系到老百姓切身利益的许多重要问题。至2010年，县档案馆开放存期满30年的档案5000余卷，把各种编研资料送到领导手里。

第六章 地方史志

1982年1月县委、县政府决定成立苍山县地方史志编纂委员会，下设办公室，简称县志办，为正科级事业单位。

第一节 志书编纂

《苍山县志》(1998年版）编纂

1982年春，开始组织编纂的《苍山县志》，是苍山县历史上第一部社会主义新方志。全书共计100万字，设概述、大事记、建置沿革、自然环境、人口、政党群众团体、政权政协、民政、劳动人事、公安司法、军事、农业、苍山大蒜、林牧渔业、水利、工业、兰陵美酒、交通邮电、城乡建设、商业、粮油、财政税收、金融、经济综合管理、教育、科学技术、文化、卫生体育、民俗宗教、方言、人物、荀子、附录共33卷，146章，414节。该志编修工作始于1982年，1997年8月完成送审稿，1998年年初由中华书局出版，大体分为起步、试写、总纂、修改四个阶段，历时16个春秋。主编张富敏，第一版共印5000册。

二轮修志

2010年10月，县委重新调整充实了史志办领导班子，使史志办各项工作逐步健康运转起来。新的领导班子根据县委、县政府及上级业务部门的要求，决定启动二轮修志工作。11月，史志办立足实际，广泛调研，最终形成《苍山县二轮修志工作方案（讨论稿)》及县志编修基本框架。讨论稿对二轮修志的目的要求、指导思想、组织领导、工作步骤等进行部署，并将修志断限进行定位，即上限原则上始于事物发端，下限至2010年。讨论稿明确指出要“编纂一部全面、科学、真实、准确反映苍山自然、政治、经济、文化和社会历史与现状的资料性文献——《苍山县志》”，二轮修志工作自此展开。

其他志书编纂

从20世纪80年代开始，县内部分单位先后开展专业志、部门志、行业志、乡村志的编纂。至2010年年底，已出版的志书有《苍山县地名志》《苍山县教育志》《苍山县人民医院院志》《涌泉村志》等，已完成编纂、未出版的有《苍山县人大志》《苍山县军事志》，油印的有《苍山县供销合作志》《苍山县水利志》《苍山县邮电志》。

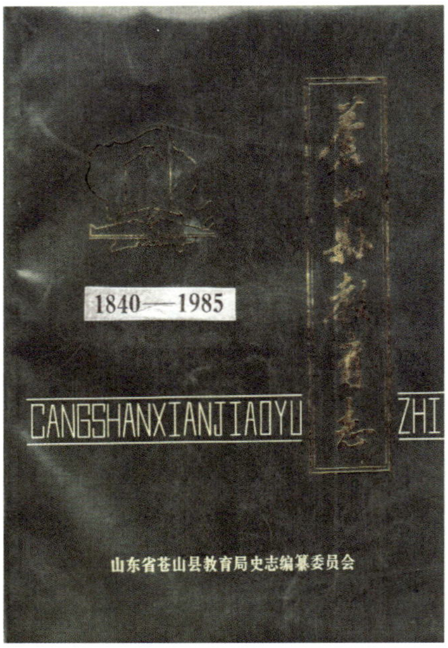

图26—16 《苍山县教育志》

第二节 年鉴编纂

《苍山年鉴》编纂

2006年，苍山县第一部综合年鉴《苍山年鉴（1996—2006)》开始编纂，其上限为1996年年初（与《苍山县志》的下限1996年相衔接)，下限为2006年年底。2009年10月由中国文化出版社出版发行，采用大16开彩色印刷。全书88万字，采用分类法编辑体制，共设19个类目。

该年鉴被省史志办分别评为“综合、框架设计、条目编写、印刷装帧”四个二等奖。

《苍山统计年鉴》编纂

《苍山统计年鉴》，其前身为创刊于1964年的《苍山县国民经济统计资料（1949—1963）》，由苍山县统计局主办。1976年，又出版了《苍山县国民经济统计资料（1949—1975）》。此后，《苍山县国民经济统计资料》逐年出版至1989年，1990年改为《苍山统计年鉴》。至2010年，共出版《苍山统计年鉴》21部。

第七章　体　育

新中国成立初期，县政府无专门体育办事机构，体育工作由团县委分管。1955年，秋苍山县体育运动委员会成立，其间几经并撤。1977年，重建苍山县体育运动委员会，并开始集训队员。群众体育工作由厂矿、企业的基层工会负责，各乡镇的文化站、各村的青年之家负责农村的群众体育工作。

1996年以前为苍山县体育运动委员会，2002年与县文化局合并为苍山县文化体育局，体委更名为苍山县体育发展中心，为正科级事业单位。2005年变更为股级事业单位。2010年归口苍山县教育体育局，更名为苍山县体育中心，为副科级事业单位。

第一节　体育设施

1971年，在职工俱乐部建起苍山县第一座看台灯光球场，1976年进行整修，可容纳3000人同时观看。1977年征地4公顷，建起苍山县体育场，1983年，铺设标准400米田径运动跑道，2002年拆除，产权转让给县人民医院。1983年后，县职工俱乐部设有游艺室、乒乓球室，开展活动，组织比赛。大部分厂矿、企业、机关都有自己的篮球场和乒乓球室以及部分体育器材，各中学、联中、中心小学都有田径场、篮球场、乒乓球室、单双杠等场地器材。

2008年4月27日，县体育馆开工建设，占地1.75公顷，建筑面积1.15公顷，位于县育才路北段、苍山一中新校区北侧。设固定看台2600座，另有移动看台800座，主场地为48米×32米。2009年7月31日移交接给县文化体育局。

图26—17　苍山县体育馆　（2010年摄）

第二节　竞技体育

苍山县竞技运动员培养主要集中县直高中学校，集中训练在县业余体校，竞技项目集中主要有举重、摔跤、游泳、武术、射击、田径等类别。到2010年年底，有4人曾代表山东省参加全国比赛，有50多人次代表临沂地区（市）参加全省的体育比赛并获得优异成绩，有12人次破临沂地区（市）纪录，并且有6人被输送到省队，有26人被输送到临沂体校。

苍山县参加全国、省级运动会获奖运动员情况

表 26—3

姓　名	运动会名称	时　间（年）	项　目	成　绩
刘庭尧	全国乙级队篮球比赛	1956	篮球	第四名
杜志强	山东省田径运动会	1962	田径	三级跳远第三名
徐维栋	山东省田径锦标赛	1984	田径	撑杆跳高第二名
陈沂山	山东省田径分区赛	1983	田径	铁饼、十项全能第一名
黄昌领	山东省马拉松比赛	1990	马拉松	第二名、接力第一名
曾　永	山东省希望运动会	1990	举重	第一名
黄昌领	山东省百县运动会	1991	田径	第二名
曾　永	山东省希望杯运动会	1991	举重	第一名
曾　永	全国青少年锦标赛	1991	举重	第六名
冯　磊	山东省希望杯运动会	1991	田径	200 米第二名
姜良杰	山东省希望杯田径比赛	1991	田径	跳高全能第一名、跳远第三名
倪怀军	山东省长跑比赛	1991	田径	男子团体第三名
曾　永	山东省第十六届运动会	1992	举重	第三名
姜良杰	山东省中学生田径运动会	1992	田径	跳高第一名，跳远第一名
王庆云	山东省中学生田径运动会	1995	田径	800 米第三名
姜良杰	全国少年田径比赛	1993	田径	跳远第二名，100 米第五名，4×100 米第一名
姜良杰	山东省第十七届运动会	1992	田径	跳远第一名，100 米第一名
冯　磊	山东省希望杯运动会	1993	田径	100 米第二名
郭　艳	山东省希望杯运动会	1994	田径	4×100 接力第四名
郭　艳	山东省希望杯运动会	1996	田径	4×100 接力第三名
于　飞	全国青少年篮球比赛	1996	篮球	第六名
冯　磊	山东省第三届工人运动会	1996	田径	100 米第二名、200 米第二名
吕艳艳	山东省希望杯	1996	田径	800 米第三名

续表 26—3

姓　名	运动会名称	时　间（年）	项　目	成　绩
刘　伟	山东省希望杯	1996	武术	武术第二名
郭　艳	山东省希望杯运动会	1997	田径	4×100 接力第二名
郭　艳	山东省希望杯运动会	1998	田径	4×100 接力第八名
牛丽娜	山东省第十九届运动会	1998	射击	慢加速个人第二名、团体第二名
牛丽娜	全国城市运动会	2000	射击	气枪第三名
牛丽娜	山东省第二十届运动会	2002	射击	气枪个人第一名
牛丽娜	中朝友谊赛	2003	射击	气枪个人第五名
宗秀秀	全国锦标赛	2007	拳击	第三名
刘　跃	全国少年锦标赛	2007	跆拳道	第三名
刘　跃	山东省锦标赛	2007	跆拳道	第三名
彭国辉	山东省拳击锦标赛	2009	拳击	第一名
彭国辉	山东省第二十二届运动会	2010	拳击	第二名
曹桂华	山东省拳击锦标赛	2008	拳击	第一名
张学良	山东省锦标赛	2009	散打	第一名
张学良	山东省第二十二届运动会	2010	散打	第一名
曹桂华	山东省第二十二届运动会	2010	拳击	第三名
马贵宾	山东省锦标赛	2009	摔跤	第一名
马贵宾	山东省第二十二届运动会	2010	摔跤	第二名
张小玺	山东省锦标赛	2009	散打	第二名
金宝伟	山东省第二十二届运动会	2010	足球	第六名
徐　慧	山东省女子散打锦标赛	2010	散打	第三名
周　涛	山东省第二十二届运动会	2010	散打	第三名
倪维臻	山东省锦标赛	2010	拳击	第二名
张梦瑶	山东省第二十二届运动会	2010	摔跤	第三名

第三节 群众体育

农村体育

新中国成立前，农村所喜爱的体育活动有踢毽子、摔跤、跳房、打瓦、打牤牛、打拐、崩铜钱、游泳、象棋、六方、打秋千、武术等，春节期间耍龙灯、踩高跷、跑旱船、舞狮子。建国后，在原有的传统项目之外，又增加了篮球、乒乓球、单双杠、羽毛球等，活动普及城乡。1977 年配备公社体育干部 14 人，具体负责农村体育活动的开展。2010 年，在长城、庄坞、矿坑等乡镇建设了高标准的全民建身广场，全县各乡镇都有了篮球场、乒乓球室，涌现出了庄坞镇涌泉后村、南营子村，卞庄代村，兰陵横沟崖，神山大西杨等 21 个农村体育建设示范村。

职工体育

新中国成立后，职工体育活动开始兴起。1954 年，苍山县召开第一届运动会，1958 年，召开第二届运动会。1962 年，职工杜志强参加省运会，三级跳远获第三名。1978 年后，职工参加体育活动人数增加，项目增多。苍山县“塔山杯”职工篮球赛从 1976 年到 1996 年共举办 8 届，后因举办地点塔山灯光球场被拆除停办。县总工会、县体委、县妇联、团县委每年根据不同节日，联合举办相应的不同类型的运动会。农业银行、县医院、县造纸厂、兰陵美酒厂等单位不定期举办适合自身的运动会。先后成立了老年体协、象棋运动协会、乒乓球运动协会、太极拳运动协会、武术运动协会等十余个运动协会，这些协会在指导和组织群众开展体育活动，提高运动技术水平发挥了积极作用。

进入 21 世纪，人民物质生活水平普遍提高，越来越重视身体健康。球类、棋类、武术、太极拳、气功，秧歌等体育项目和近年来兴起的保健操、健身舞、广场舞、瑜伽等，成为人民锻炼身体、陶冶情操的重要运动。各机关、企事业超百人的单位 60% 以上成立了运动队，组织参加国家、省、市的比赛。2000 年，王连杰代表山东省参加在上海举行的全国第五届残疾人运动会，以 1.75 米的成绩获男子 F46 级跳高比赛铜牌。2001 年 3 月，张玉山参加世界首届太极拳健康大会，获得两个第二名。2009 年县体育馆建成后，相继举办了“宝华之夜”上海、山东、八一队“荣庆杯”篮球邀请赛，“华鹏杯”职工篮球赛，WBO 洲际拳王争霸赛。2010 年，举办了第九届苏鲁豫皖（淮海经济）少儿乒乓球公开赛。

老年体育

1983 年，苍山县老年人体育协会成立。1983 年—1996 年，苍山县共举办了 6 届老年运动会，1996 年—2010 年每年举办一次老年运动会，比赛项目越来越丰富，参赛人数逐年增多。老年体协每年积极组织人员参加临沂市（地区）举办的门球、象棋、太极拳柔力球等比赛，丰富了老年人的精神生活。为提高老年人的体育运动水平，1996 年—2010 年，共举办门球、太极拳剑、柔力球、泰迪球等培训班 400 余期。

为解决老年人运动场所问题，2002 年，投资 500 多万元，在东苑新区新建占地 37 亩、建筑面积 3000 多平方米的老干部活动中心，配备了老年人活动器材。至 2010 年年底，各乡镇（街道、开发区）均作出了老年体育示范村建设计划，有 6 个基本达到要求，已建设和正在建设的达 95 个。

民间武术

苍山县在民间流传的武术主要是少林拳和太祖长拳两大拳种，2000 年后，县境内习练大成拳的人数日渐增多。

少林拳，由少林名家杨秀三之子杨沛五于 1930 年传入，从师者有宋殿法、赵宝璧、宋同朝、姚承长、宋西恩、许佃生六人，其中以宋殿发、赵宝璧为佼佼者，弟子众多，遍及鲁南苏北，享誉一方。宋殿发（1916—1998），南桥大宋庄人，1945 年任八路军某部副营长，参加淮海战役光荣负伤，系二等甲级伤残军人。1951年复员回家后，一直传播少林拳法，1983年任苍山县武术协会副主席，为苍山的武术传承做出贡献。

冷氏太祖长拳，系神山镇青竹冷氏家族世袭拳法，据传为宋太祖赵匡胤所创，明朝万历年间由第十三世冷氏先祖传至山东琅琊，落户于青竹村，至今有400多年的历史。整套拳路仍保持着太祖长拳的正宗打法，演练起来，驾势大而开朗，豪迈奔放，为中国武术界"六大名拳"之一。1983年，苍山县体委对冷氏太祖长拳套路挖掘整理上报国家体委，1984年5月，青竹冷氏太祖长拳参加全县武术大赛，有数人获得拳师称号。2007年，青竹冷氏太祖长拳被列入县级非物质文化遗产名录。

大成拳，又称意拳，由清末民初河北深县（现深州）魏家林村人王芗斋先生在形意拳基础上吸取众家之长创立。1995年，公茂安拜师大成拳传人王选杰，苦学4年艺成。回到老家后，公茂安致力于大成拳的推广，经过苦心经营，越来越多的人通过学习大成拳达到强身健体的目的，也体会到了大成拳的实战价值。

第八章　旅　游

第一节　旅游资源

苍山具有独特的地理与人文环境，发展现代旅游业的条件与资源得天独厚。有以兰陵美酒、作字沟、造律头、荀子墓、萧望之墓、王思玷雕像、鲁南大捷纪念地为标志的兰陵景观资源群落，以鄫国故城、季文子墓、赵镈纪念碑、"江北第一藤"为标志的文峰山景观资源群落，以抱犊崮、灵峰寺、大炉罗荣桓办公旧址、双河水库为标志的下村景观资源群落，以大宗山、朗公寺、陶硅院、宋潢读书处、金泉湖为标志的朗公寺景观资源群落，以柞城故城、塔子山、大蒜塔、芙蓉寺、代村现代农业旅游示范区、东泇河沿河风光带、中国科学院院士王鸿祯故居为标志的县城景观资源群落，以鸳鸯松、永济桥、庄坞牌坊、牛蒡种植基地为标志的庄坞景观资源群落，以匡衡凿壁偷光处、埠阳刘少奇办公旧址、石城崮、会宝岭水库为标志的会宝岭景观资源群落等。

截至2010年，苍山县县级以上文物保护单位有35处，为临沂市文化古迹最多的县。

文峰山

文峰山位于县城西北17千米处，原名神峰山，春秋时期鲁国执政大臣季文子死后葬于此处，谥号为"文"，后人为纪念他改神峰山为文峰山，故亦名季山、季子山、鲁卿山。山上有"季文子庙""荀子讲学处""荀子晒书台"等遗址。自唐代始，文峰山为苏鲁一带极富盛名的宗教圣地，山上曾建有"三清宫""泰山殿""子孙堂"等道教建筑。

山上古木参天、清泉潺潺、怪石嶙峋、盘

图26—18　蛟龙探海　（2010年摄）

藤冉枝、峭壁摩崖、曲径通幽。"晴开泉"每年夏秋两季，逢雨而止，天晴泉开，此为文峰山第一奇观。"龙王泉"泉水甘甜沁人，长年不止。泉东有古银杏两株，株距6米，东株粗4.6米，西株粗9.6米，高30余米，枝杈交错，互为连理，俗称"银杏情侣"，虽经千年风霜仍根深叶茂。通往山顶的石阶共77盘297阶，沿石阶而上，两旁峭壁奇石，古松参天，古藤攀绕。二株盘根巨石的古松，一称"骑马松"，一称"偏马松"。崖缝中两株千年古藤，一称"壮志凌云"，一称"蛟龙探海"。

图26—19 壮志凌云 （2010年摄）

季文子庙碑为元代所立，坐北朝南，残高1.65米，宽1.1米，厚0.32米，青石质。原碑为圆首篆额碑，碑座为一探首右顾的神龟赑屃石刻。庙碑正面竖刻14行，为楷体间杂着部分行书，背面为捐银者姓名。残碑的正面左边记载："□水县尹兼管本县诸军奥鲁劝农事刘璧撰额，乡贡进士王佐撰之书，知观颜志佑立石。"中间正文分两段，碑文记述季文子生平政绩等，部分字迹多斑驳。右边镌刻着主事人的名号："临沂县主薄黄国瑞，临沂县尹兼管本县诸军奥鲁劝农事张汝贤，临沂县达鲁花赤兼管本县诸军奥鲁劝农事忽都不花，安田县尹兼管本县诸军奥鲁劝农事张玠，□□都浙军南五州上千户所事王甫，□□都益路沂州邦官赵章，□州知州兼管本州诸军奥鲁劝农事刘继祖，□州达鲁花赤兼管本州诸军奥鲁劝农事驰山。"最后几行小字，镌刻着几位观主的姓名。现存残碑碑文为元代乡贡进士王佐所撰，文章内容根据元代宪宗九年王良弼所撰写的《重修季文子庙记》碑文追忆删减而成。

文峰山是重要的革命纪念地，山上建有银厂惨案烈士纪念碑、中共鲁南区委书记赵镈烈士墓、山东军区八师政治部主任曾明桃烈士墓和"苍山暴动"领导人郭云舫烈士墓。鲁南革命烈士陵园坐落在山前。

银厂惨案烈士纪念碑为最佳眺望之处。由此南观，碧野千里，泇河曲折如玉带，塑料大棚层层叠叠似银涛雪浪；西望群山起伏，石城崮、抱犊崮等皆可指数；近看山之东坡，白石皑皑如雪，即古沂州八景之一的"神峰积雪"。

鄫国故城

鄫国故城文化堆积跨越夏、商、周、秦、汉等历史时期，位于向城镇鄫城前村后、鄫城后村前、文峰山东侧。1977年12月公布为省级重点文保单位。鄫国是东方较早建立的部落方国，为夏朝第七代君主少康次子曲烈的封地。因大禹为姒姓，故称其为姒姓鄫国。其时，鄫国大面积种植桑柞麻，盛产蚕茧，因丝织品统称"缯"，故又名"缯国"。夏代有证可考的部落方国约30个，鄫国便是之一。

鄫国故城北高南低，北部山岭，南部平原。

城北黄龙山，雄居如磐。城东1千米处为阳明河，自北向南如玉带蜿蜒。河东岸为石龙山，绵延西北与黄龙山呼应，形成天然的弧形屏障。城西是季子河（因季文子而得名），紧靠城廓自北向南，注入距城1千米的西洳河。季子河西是文峰山，南面为广袤的平原，肥田沃土，坦荡无垠。西南1千米处有一小山，隔季子河与城相望，山上怪石嶙峋，千姿百态，形似玛瑙，名曰“玛瑙埠”。

今故城遗址为汉代在周代小城的原址上兴建，其东为周代大城，现已为平地。小城原为国君居住，大城为“国人（即百姓）”居住。

故城近似方形，城墙遗址显不规则丘陵状，起伏绵延，部分城垣积土呈红褐色，如战火烧过的焦土。城垣为人工黄黏土夯筑，平面略呈方形。东墙长550米，西墙长480米，北墙长530米，南墙长528米，分布面积约为29.15公顷，其中城墙东南角、东北角高约9.5米，所存城墙墙基宽30米。城内有鄫子井1眼。城中一高台遗址，东西长290米，南北宽140米，为宫殿和府衙遗址，地面散布较多瓦当等残片，地表采集的标本有商周鬲足、东周豆柄、东周瓦当、汉代瓦当、汉代豆盘等。这是山东地区时代较早、面积较大、保存较好的故城遗址之一，对于研究山东地区先秦古国史和秦汉时代经济文化具有重要的历史价值与科学价值。

泉源寺及千佛崖造像

位于文峰山与城墙山两山交汇处，由千佛崖的崖下泉水流入得名。相传，汉代刘秀被王莽追赶至此，前为悬崖，后有追兵，处境十分危险，为避拘捕之苦，跃马而下却安然无恙。刘秀登基称帝后，不忘厄难脱险之情，拨专款令修建千佛庙。钱款被官府污吏贪吞自肥，只令在此悬崖上刻佛像，以敷衍欺世，美其名曰“千佛崖”。现存有遗址、古泉碧水及佛像石雕。

石刻造像位于东西长约200米、高约20米的高低起伏的天然崖壁上，刻有佛、菩萨造像15尊。佛造像多为坐姿，菩萨多立姿，高矮大小不同，或组刻在一块石面上，或单一刻造，为龛中刻像，龛外做题记，难以辨识。佛像石

图26—20　文峰山千佛崖　（2010年摄）

刻在“文化大革命”中遭破坏，多数面貌损坏，西部有二龙戏珠刻石造像，东部有一组佛、菩萨造像，气势恢弘，保存较好。第三次全国文物普查复查时，发现一尊石刻造像上刻“天福”年记铭文，故此石刻造像年代为五代（913年）。其东一泉自石隙中横出，汩汩有声，曲折汇为巨池。周围绿树浓荫，别具幽趣。

万村李家大院

位于尚岩镇万村村南，西洳河北岸。始建于明代，清中后期为李氏十六世李继思修建，由门楼和3座院落组成。东西50米，南北22米，占地面积约0.11公顷。门楼坐东向西，东西长5米，南北宽4米，青砖砌成，上边各伸出一打制成“弓”行石梁，上挂青砖刻制的莲花石雕，并镶嵌“福寿”“康宁”等字样，上有飞拱形门楼前檐盖筒瓦。进入大门，东西通道，通道北并排三院，房屋为砖木结构，硬山式屋顶，上覆青瓦，墙体青砖垒砌，坐北朝南，西院、中院保存较好，其中中院面阔19米，进深10米，正堂主房5间，原有东、西厢房，现仅存东厢房3间。正堂主屋门庭西旁13根木条串成“册”字形窗棂。门前基石，其上一对石鼓上立两根廊柱，支撑伸出横梁。走廊东西墙垛上方嵌有两对云字象牙浮雕，在墙垛伸出的“弓”字形

石梁上刻犀牛望月、花鹿啃蹄浮雕。西院存有正堂主屋5间，东院仅存正堂主屋3间。

图26—21　万村李家大院　（2010年摄）

兰陵故城

兰陵故城文化堆积跨越战国、秦、汉等历史时期，位于兰陵镇驻地，潍徐公路东侧。1991年5月公布为县级重点文保单位。故城为土城，城墙及护城河已淹没成耕地。遗址东西约860米，南北约1900米，分布面积约163.4公顷。墙基宽约30米，护城河遗址宽约50米。北墙确切位置为所在镇五中北墙基，东门遗址为兰陵酒厂厂房东南角，故城中心在兰陵酒厂的十字路口。史书记载，战国时兰陵为楚兰陵县治所，汉时为东海郡38郡县第四位，其后历代多为郡县治所，清一度设分县。曾出土蚁鼻钱、五铢钱范、清代甘棠碑等文物。2000年后，陆续发现汉代郡国铸钱遗址，采集文物标本有圆瓦当、半瓦当、筒瓦、灰陶豆、花纹砖。故城东门称“东海镜清”，西门称“逵达邹鲁”，南门称“衢通徐淮”，北门称“文峰映秀”。

沈家大院

位于兰陵镇沈坊前村内，古宅院为明代沈家祖辈所建，沿用到清代。原为一座三进院古建筑大宅院，现仅存二进院。其中，西院坐北朝南，现有房屋15间，东西21米，南北20.7米。正堂3间，设有走廊，木质顶柱，长9米，宽4.7米，高约5米；东侧房两间，院内东西厢房，东、西各3间，东西3米，南北11米；有过道门楼，南北5米，东西3米，高6米；屋顶正檐饰有“祥云”青瓦，西边伸出山墙眉面饰有“莲花、寿字”合体图案，门两旁枕石和石鼓完整无缺；门楼西有3间南房。建筑为砖墙结构，屋梁采用双屋梁和扣榫，屋顶为硬山式，合瓦板瓦屋面，上覆青瓦，墙体为青砖垒砌。二进院西院，面阔20米，进深12米，除西厢房屋顶修复外，其余房舍保存较好。二进院东院仅残留东厢房3间，屋顶已改造。二进院北面的原三进院，仅存东厢房3间，房屋顶已改造。

抱犊崮

抱犊崮位于苍山、枣庄2县市交界处，又名抱犊山、君山、豹子崮。汉代称楼山，魏时称仙台山。据山东麓灵峰寺中元至正五年（1345年）碑文记载，东晋时道家葛洪（字稚川，号抱朴子）抱一牛犊上山隐居，修身养性，“浩气精淳、名闻帝阙”，被皇帝敕封为抱朴真人，故名。

抱犊崮属尼山山系，山体南北走向，由石灰岩、沙岩构成，面积13.5平方千米，主峰海拔580米。山北麓为西泇河发源地之一。

崮顶周围陡峭如壁，崮顶方圆数十亩，有水池2方，深约1.5米，俗称“天落池”。天气晴好，立崮顶可观黄海，称“君山望海”。崮西幽谷中，有建于宋元的清华观与巢云观，俗称上观、下观，遗址犹存。巢云观前有1株古银杏，干粗数围，虬枝翅展，宛如一把遮天巨伞。

山腰有水帘洞、桃源洞、十八罗汉洞等洞窟。水帘洞在巢云观东，洞内泉水淙淙，常年不断。稍高处为桃源洞，洞口古树盘根错节，洞内平阔清凉。之上是十八罗汉洞，洞内有摩崖雕像，造型各异，栩栩如生。

抱犊崮以天险著称，历史上曾发生过多次惊心动魄战斗。

灵峰寺遗址

位于下村乡山北头村西，抱犊崮东侧，1991年5月公布为县级重点文保单位。始建年代不详，分别在元至正五年（1345年）、明成化五年（1469年）年、万历十年（1582年）、清乾隆四十一年（1776年）等重修。坐北朝南，保存东西50米，南北80米，占地面积0.4公顷，遗有藏经楼、钟楼、鼓楼等建筑。藏经楼屋顶已塌毁，墙基仍岿然屹立，长14米，宽8米，高10米，正门门楣题写“释迦文佛”4字，北门门楣题写“灵峰大寺”4字。钟楼、鼓楼3间，面阔9.5米，进深5.5米，其中东配殿房门两侧镶嵌石碑，北为“重修灵峰寺碑记”，乾隆六年（1741年）立。院内尚存明、清重修碑刻10余通，多残缺。鼓楼西侧立有“重修鲁府天台山灵峰寺碑记”石碑，青石质，圆首，方座，高2.7米，宽1米，厚0.21米，万历十年（1582年）年立，额篆12字，碑文650余字，楷书，记述灵峰寺的地理环境、抱犊崮的得名、元至正五年（1345年）重修寺院后兴盛情况及本次重修事宜，其北有雍正十三年（1735年）所立“天台山灵峰寺碑”。

朗公寺遗址

位于大仲村镇政府驻地东3.5千米处的大宗山前。2003年9月公布为市级重点文物保护单位。朗公寺旧为沂州四大名寺之首，与杭州灵隐寺、泰山灵岩寺齐名，寺院早已倾废，遗址犹存。

始创于东晋成帝咸康五年（339年），兴于隋唐，元成宗元贞元年（1295年）重修，明弘治三年（1490年）扩建，清代多次扩建重修。现有上寺、塔林、下寺三大建筑群遗址。

上寺遗址东西约120米，南北约100米，占地面积约1.2公顷，大殿墙基高5米，宽1.3米。内有碑刻若干。元代采画水陆传记碑，篆额，高2.15米，宽83厘米，厚29厘米，坐东面西，碑身地下约1.5米，元成宗元贞元年（1295年）立。宋稷学《游朗公寺记》石刻一方，行书镌刻，长62厘米，宽45厘米。

上寺西约50米为历代僧人灵骨塔林，剩余塔基7座。

下寺遗址位于上寺遗址西约200米山涧北侧，庙观遗址残高约1.5米，有清代残碑乾隆三十二年（1767年）“万古流芳碑”一通。

陶砫院普佛寺遗址

《费县乡土志·卷下》记载：“中村社统二十一村庄，以朱柳屯为枢要。自朱柳至城六十里，东至兰山界十五里，西至东柳社流井村二十里，北至接舆社后立庄五十里。社内普佛寺在陶砫院，有伪齐时碑。官集设中村，学堂设惠民庄。又有十八学士桥，在朱柳东南，上刻石人十八为槛。”

“吴翟村东禅觉寺伪周造像碑”和“吴翟村西食堂画像二石”最为出名。《费县志·金石》记载：“吴翟村西食堂画像二石。一石横长六尺，高二尺。分两层：上层画车骑人物之像，车二，上有盖，乘者二人；车前二骑前导，步行四人，手执殳，或以为门下小吏；上下皆鸟兽像。”“又残石一，作半圆形。分三层：上层作大鸟，中一车一骑，下作两小兽相顾望。”“食堂内画像高约尺余，横丈余，均阴文，画禽兽形。”

《费县古迹考·卷之四祠庙部》记载：“普佛寺：寺在县治东南吴翟村，有伪齐阜昌七年《碑记》云‘宋政和六年，因普佛旧额为号。’是北宋时此寺已非创修。”陶砫从公禅师塔记云：“智从退老陶砫，在政和六年，越三年元寂。是塔之建，当是宣和元年，中陶仲汝尚文，洛口程玮书，东武傅公麟篆，盖皆一时能手。”陶砫院普佛寺是宋徽宗政和六年（1116年）沂州天宁万寿禅寺第一代禅师智从告老退居的地方。寺内贵公塔和昺公塔均记载了史事变迁和文人墨客的古迹。

宋徽宗时，吴翟村属费县和顺乡。陶硅院普佛寺住持智从公塔铭（普佛寺从公塔铭）为宋徽宗政和六年到九年之间所撰。仲汝尚撰文，程暐书丹，傅公麟篆刻。

金皇统四年（1144年），沂州普照禅寺住持觉海对寺院进行扩建和修缮后，请仲汝尚撰写《沂州普照禅寺兴造记》的碑文，仲汝尚遍采唐代著名书法家柳公权的墨迹精心临摹，刻成后被称为“集柳碑”。

大冶桥遗址

大冶桥位于大仲村镇大冶村西，横跨东泇河上游，是临沂市有名的古桥梁建筑。民国版《临沂县志》载：“大冶桥在城西南七十里跨泇水上。”建于宋代，明万历十九年（1591年）重修，石拱结构。解放初尚存9孔，每孔各1龙头，9个龙头形态各异。桥体东连河岸，河水绕桥西南流，桥分水位。桥面青栏石雕，纹图精巧。1981年拆除，龙头雕刻运往临沂。

图26—22　大冶桥遗址　　（2010年摄）

柞城故城

柞城故城文化堆积跨越商、周、秦、汉等历史时期，位于苍山县城东北2千米处，柞城村东206国道苍山至汤庄段穿越其南部。2006年12月公布为省级重点文保单位。故城分大城、小城两部分，护城河已淹没成平地，只剩东河道。自北南流的金水河绕过城东北角，成为东面的护城河。大城全长3915米，城区轮廓完整，界限分明。东、西城门遗址清晰可见，自城西南起向北651米为西城门遗址，门址宽约15米。大城南城墙长845米，残留高3米；东城墙长1070米，残留高3米；北墙长905米；西城墙长1095米。墙基宽约40米，由主墙、内外护墙组成。夯筑方法和出土遗物显示，大城筑成年代为秦汉早期，分布面积约为99公顷。小城略呈正方形，分西、北、南三段，共长1450米，分布面积约为23公顷，筑成年代为春秋时期。

故城内曾出土陶鬲、陶豆、瓦当、铜镜、铜壶、铜洗等。1979年，出土1枚战国时期阴文篆体“荼大夫之玺”的5字铜印，属国家一级文物。1980年冬，出土一批窖藏汉代铜器，有铜洗11件。其中6件带有铭文和纹饰，“永元二年堂狼造”“蜀郡董氏造宜侯”“吉雁”等铭文清晰瞩目；鼎鹤图、鹿雁图、双鱼图、飞雁图等图案分明，形态生动。有铜壶3件，其中之一的圈足部有铭文40字，文曰：“元和四年，江陵黄阳君作，宜子孙及酒食，吏人得之，致二千石；□人得之，致二千万；田家得之，千厨万仓。”另一件缪公壶，口沿处有“缪公”二字，为兰陵望族缪氏遗物。

故城里有一古文化遗址，东西长280米，南北宽40至60米，上为黄土和灰土，瓦砾遍地，曾有夹砂灰陶鼎足、灰陶绳纹鬲足、素面灰陶豆等文物出土。

庄坞永济桥

建于明代，位于庄坞镇庄坞村西、庄坞河西村东南，东南、西北走向，跨越武河。据《临沂县志》及桥碑记载：明弘（治）正（德）间建，万历四十六年（1618年）邑人杨蕃、道光二十五年（1845年）杨廷扬、杨初重修。南有武阳桥二孔，今废。

桥长72米，宽3.8米，高2.2米。孔跨2.3米，31孔桥涵，条状块石垒砌。因修筑时竖有六通纪事碑，俗称“六碑三十一孔桥”。主桥为平立桥式结构，桥身保存完整，桥头石狮等物大多破损缺失。

庄坞牌坊

位于庄坞镇驻地河西村东北，东距武河 100 米，坊高 9.6 米，宽 7.4 米，厚 2.8 米，横竖石料均系整块大石迭成，为青石雕凿建筑。2006 年 12 月公布为省级重点文保单位。牌坊始建于清嘉庆十年（1805 年），竣工于嘉庆十一年（1806 年），是清廷旌表儒林郎杨绩继配夫人刘氏节孝坊。

牌坊结构为 4 柱 3 间 5 层楼阁式，条石层迭，石柱擎承。坊中间跨度大，走车马；两侧跨度小，过行人。斗拱承托楼檐，歇山顶，坐北朝南，四立柱两侧刻有赞美刘氏的对联，其下为 4 尊门神雕像、4 座神兽雕刻。

朝阳面的对联分别是“三美全收卓矣大家之范，一清独抱蔚然女士之宗”“冰霜著节垂千古，松柏为心贯四时”；朝阴面的对联分别是“宜文学富兼从慈孝同传，道韫风高闻者心形俱服”“青闺品望寿贞珉，丹阙恩光昭绰楔”。

主横梁为二龙戏珠透雕，其上 5 层石刻。自上而下，最上层为斗拱飞檐，中间镶嵌圣旨刻石；第二层朝阳面刻丹凤朝阳，背面刻凤参牡丹；第三层朝阳面浮雕状元及第，背面浮雕八洞神仙；第四层两面分别为“光扬彤史”“节重清门”巨匾；第五层横匾书“敕建例授儒林郎候选州同杨绩继妻例封安人刘氏孝节坊”24 字。

门楣两侧两块刻石刻文记录牌坊筹建过程。当时的山东巡抚铁保、山东学政刘凤诰、山东布政使司布政使陈仲琛、沂州知府克什纳、兰山县（清代庄坞属沂州府兰山县管辖）知县张廷楠等山东省、沂州府等地方政要均参与了节孝坊立建的奏请事宜，户部主事宋潢题写了全部 4 幅对联。

图 26—23　庄坞牌坊　（2010 年摄）

整座牌坊由清吏部主事宋潢书丹。整个牌坊采用浮雕与透雕相结合，构图严谨，均衡对称，纹理清晰，繁而不乱，以谐音和隐喻的手法，表现福寿吉庆等意蕴。牌坊后附杨氏祠堂一座，占地面积共计 0.21 公顷。

石城崮

《续修四库全书・兆域志》载：“石城崮在州（沂州）西南一百四十里，省志九十里。四壁峻绝，顶上宽平，其地约有百亩，可以种禾蔬，可以避兵寇，中有龙潭，祈雨辄应。”

《地形志》载：“兰陵有石城山。兰陵西北二十里，俗称石城崮，上有城，内土外石，隍堞咸具。”

清乾隆《沂州府志》卷二载：“伏龙山，县西南一百四十里。东为石城崮，壁立峻绝，顶上宽平，约百亩可耕；中有龙潭，深不可测，龙祠在焉，祈雨辄应。”

民国五年修纂的《临沂县志》记载：“石城山（崮），鲁卿山（今文峰山）西南，俗名石城崮。土人以山戴石壁立而上平者为崮。壁立峻绝，顶宽平，有池曰龙池，大旱不涸。周堆石为垣，城址尚在，松柏阴森，榆连理若户。大青山峙其东，伏龙山据其西，石城之分支也。西南为大东山，又西为寨山，迤南为峨山，转而东偏北为薄山，东南为帽山，又东为温岭，故兰陵城在其东。”

石城崮是旧时兰陵县全县的制高点与天然屏障，依托城池防御与天险防御成犄角之势，一高一下，互相呼应。

小湖子牌坊

建于清光绪十年（1884 年），是清廷表彰刘纯修夫人闫氏及其儿媳李氏两代合一节孝坊，位于南桥镇小湖子村东部。整体为四柱五层阁楼式建筑，正面向东，高约8米，南北长约6米，宽约2米。斗拱承托楼檐，歇山顶。

整体青石刻凿，四立柱上端刻有赞美闫氏、李氏的对联，下端从北向南依次刻有水仙、兰草、竹笋、松鹤、菊花、玉兰等图案。

主门柱东面所题对联是“贤姑树懿型彤管芬芳光后嗣，孝妇亲妇德苍松志节绍前徵”，西面是“褒扬荣两代国恩万古常新，节孝萃一门壶范千秋不朽”。

外侧门柱东面所题对联是“星使深怜双节苦，天恩崇锡一家荣”，西面是“光争日月次第联辉，节励冰霜后先济美”。

主横梁两侧皆刻二龙戏珠浮雕，其上五层石刻。自上而下，第一层楼顶起脊飞檐和圣旨悬匾，毁于20世纪60年代的“文化大革命”；第二层东刻双凤朝阳浮雕，西刻凤参牡丹半透雕；第三层两面均为“两叶清芬”的悬匾；第四层为状元及第图；第五层刻“旌表刘纯修妻闫氏节孝坊，旌表刘奇之妻李氏节孝坊”22字。

上园金鱼池

位于县城西北10千米的贾庄乡上园村内。金鱼池为青石砌成，东西长约7.2米，南北宽约7米，深约2米。池内有红、黄、蓝、白、青五色金鱼，约千余尾。相传，鱼池建于明代永乐年间，当时上园村一夏氏族人被招为驸马，其后人建府邸，筑鱼池，放养皇帝所赐五色金鱼，繁衍至今。此处金鱼与众不同，每隔10年产卵1次，多在傍晚、夜间和早晨。产卵时，金鱼首尾相咬，浮于水面，围成圆圈。3天后，只听一声响动，金鱼散开，鱼卵甩出。鱼卵在此池不能孵化。每到金鱼甩卵时，村民把干柴放入池内，鱼卵甩出后再把带有鱼卵的干柴放到其他池里，待其长成后，再移入鱼池放养。小鱼起初没有彩色，长大后渐分5色。该金鱼生长缓慢，死后有异味，猫亦不食。

棠林古庙遗址

位于矿坑镇棠林村北，凤凰山西南侧。该遗址属丘陵地貌，为道教群仙观遗址，东西40米，南北36米，分布面积0.14公顷，遗址残存高1米。有高8米、冠径10米的古银杏1株。

神山古寺遗址

位于神山镇驻地神山村西北神山之上，为一复合型宗教建筑群落遗址。山顶为道教泰山行宫遗址、玉皇楼、娘娘庙遗址；山腰部分为佛教寺院，佛寺前为庙会戏台，占地面积约0.8公顷。佛殿遗址前有“神山顶大佛殿膳庙地碑记”等残碑15通。

“苍山暴动”纪念地

位于县城东北约10千米的卞庄街道办事处大圩子村西南部，1991年8月公布为县级重点文物保护单位。东西约10米，南北约10米。1933年7月6日，中共临郯县委在大圩子村组织成立中国工农红军鲁南游击总队，领导了著

图26—24　上园金鱼池　（2010年摄）

图26—25　苍山暴动遗址　（2010年摄）

名的“苍山暴动”。纪念地原为地主刘翔臣家院的一部分，暴动发生后，游击总队司令部即设于此。1988 年，原小岭乡政府筹资在苍山暴动司令部旧址建苍山暴动展览室 3 间。展览室坐北朝南，东西宽 9.2 米，南北长 5 米，高约 6 米，室内正面悬挂郭仲选题写“苍山暴动指挥部旧址”匾额，陈列苍山暴动领导人刘之言、郭云舫、刘文漪、赵叙五等人图片资料。

银厂惨案纪念地

位于车辋镇前银厂村。抗战时期，此处为中共鲁南区党委办公室。1941 年 10 月区党委书记赵镈为保护机密在此被捕。1991 年兰陵酒厂出资 10 万元修建纪念堂三间，陈列赵镈与夫人李岩、八路军一一五师政委罗荣桓等人合影、银厂惨案烈士名录、薄一波等人题词和文物。

院内塑赵镈像，前侧立“赵镈办公旧址”石碑，院内种植白云兰、松树等。纪念堂 3 间，东西 10.5 米，南北宽 5 米。外院墙东西 20 米，南北 30 米。

赵镈就义处

位于车辋镇九女山村西约 100 米处，东西约 10 米，南北约 10 米。1941 年 11 月 19 日，中共鲁南区委书记赵镈在此被国民党军队活埋。1986 年，为纪念赵镈牺牲四十五周年，甘霖乡全体共产党员暨各界人士立“赵镈同志就义处”纪念碑一通，坐北朝南，高 1 米，宽 1.2 米，厚 15 厘米，方碑，大理石质。正面刻有原山东省委书记高克亭题写的“中共鲁南区党委书记鲁南军区政委赵镈同志就义处”楷书；碑的背面刻有赵镈生平简介及建纪念碑事宜。

图 26—26　赵镈就义处　　(2010 年摄)

邢村农救会烈士纪念碑

位于车辋镇邢村内，1991 年 5 月公布为县级重点文保单位。1942 年 10 月 27 日，四县（临沂、郯城、费、峄）边联农民抗日救国会为纪念在抗日战争中牺牲的农救会员而建。碑为青石质，碑身坐北朝南，长方形，两侧青石镶边，上承青石碑帽，底座砌两层青石。通高 2.28 米，宽 2.10 米，厚 0.40 米。碑阳横额刻“农救会烈士纪念碑”，两边竖刻“气壮山河千秋在，名高日月万古存”对联，下刻 32 位烈士芳名。碑阴刻烈士事迹和农民捐款及立碑经过。

耿墩革命烈士纪念碑

位于层山镇耿墩村西，碑高 10.6 米。正面镌刻着中共山东省委原书记高克亭题写的碑铭；背面为纪念碑记，左面为 18 位烈士简介，右面为捐资人员名单。

抗日战争和解放战争期间，耿墩村有 97 位仁人志士投身中华民族的解放事业，其中有 19 位血染沙场，为国捐躯；有 15 位致伤致残，荣立战功。

1937 年“七七”事变后，临沂三乡师进步青年蒋奇来到耿墩村，组织起临郯地区第一个儿童团，杨力行任团长。到 1938 年 5 月，儿童团迅速发展到近 200 余个村庄，后被整编为“临郯青年救国团儿童部”，傅承聪任部长，总部仍

图 26—27　耿墩革命烈士纪念碑（2010 年摄）

设在耿墩村。

鲁南战役和淮海战役期间，耿墩村共出动牛车72辆次，运送粮草4.92万千克。为支援鲁南战役，村党支部发动全村妇女推磨、烙煎饼，一天完成熟食715千克，并组织青壮年推着独轮车，连夜送到伏山口前线。

苍山县旅游资源及分类情况

表26—4

主类	亚　类	基本类型	文化旅游资源实体名称	数量
A 地质景观	AA 综合自然旅游地	AAA 山丘型旅游地	大宗山（大仲村镇）、传经山（大仲村镇）、九顶莲花山（矿坑乡）、文峰山（尚岩镇）、抱犊崮（下村乡）、铁角山（贾庄乡）、塔子山（县城驻地）、九女山（车辋镇）	8
	AB 沉积与构造	ABF 矿点矿脉与矿石积聚地	龙宝山金矿、贾庄杏山、大仲村沂沟	3
	AC 地质地貌过程形迹	ACB 独峰	抱犊崮（下村乡）、铁角山（贾庄乡）	3
	ACE 奇特与象形山石		大宗山兔子石	1
	ACL 岩石洞与岩穴		小马山溶洞（下村乡）、虎口洞（车辋镇唐庄西）、朝阳洞（贾庄乡南码头村北白云山）	3
	AE 岛礁	AEA 岛区	钓鱼岛（下村乡）	1
B 水域风光	BA 河段	BAA 观光游憩河段	东泇河、西泇河、阳明河、汶河、燕子河、仙女池（大仲村镇）	6
	BB 天然湖泊与池沼	BBA 观光游憩湖区	大宗山万仙湖、大仲村镇金水湖、马庄水库、长新桥水库、会宝湖、双河水库	6
		BBC 潭池	五色金鱼（贾庄乡）	1
	BC 瀑布	BCA 悬瀑	抱犊崮崖瀑	1
	BD 泉	BDA 冷泉	涝坡温泉（大仲村镇）、晴开泉（尚岩镇文峰山）、龙王泉（尚岩镇文峰山）	3
C 生物景观	CA 树木	CAA 林地	贾庄千亩淡竹、抱犊崮林地	2
		CAB 丛树	贾庄乡万亩板栗园、矿坑乡万亩石榴园、枣庄北山枣园	3
		CAC 独树	大宗山万年松；文峰山情侣树、下马松、骑马松、藤缠柏、公孙树；下村乡黑檀树、隋槐、孔庄流苏；贾庄乡唐槐	10
	CC 花卉地	CCB 林间花卉地	抱犊崮山区	1
	CD 野生动物栖息地	CDA 水生动物栖息地	马庄水库、长新桥水库、会宝岭水库、双河水库	4
		CDB 陆地动物栖息地	抱犊崮	1
		CDC 鸟类栖息地	大宗山、传经山、抱犊崮	3

续表 26—4

主类	亚　类	基本类型	文化旅游资源实体名称	数量
D 天象与气候景观	DB 天气与气候现象	DBB 避暑气候地	大宗山、文峰山、抱犊崮、矿坑乡凤凰山神洞	4
E 遗址遗迹	EB 社会经济文化活动遗址遗迹	EBA 历史事件发生地	“临城劫车案”发生地	1
		EBB 军事遗址与古战场	罗荣桓指挥部旧址、银厂惨案纪念地、糖稀湖大战纪念地、苍山暴动纪念地、赵镈就义处	5
		EBC 废弃寺庙	朗公寺、文峰祠、碧云观、泉源寺、灵峰寺、佛楼、三清观、碧霞宫、季文子庙、三清宫、泰山殿	11
		EBF 废城与聚落遗迹	鄫国故城、柞城故城、东城子古遗址	3
F 建筑与设施	FA 综合人文旅游地	FAB 康体游乐休闲度假地	塔山公园、钓鱼岛度假村、银湖湾度假村、龙湾公园	4
		FAC 宗教与祭祀活动场所	朗公寺、文峰祠、灵峰寺、庄坞牌坊	4
		FAF 建设工程与生产地	兰陵美酒厂全国工业示范园、龙宝山金矿、神大集团工业园	3
		FAH 动物与植物展示地	安庄万亩棚菜基地、代村现代农业示范园、龙湾农业观光示范园、庄坞牛蒡种植基地	4
		FAI 军事观光地	赵镈烈士墓、赵镈纪念馆（银厂惨案纪念地）、鲁南革命烈士陵园、银厂惨案烈士纪念碑	4
	FB 单体活动场馆	FBC 展示演示场馆	兰陵镇太白楼、苍山县博物馆、奇石馆	3
	FC 景观建筑与附属型建筑	FCA 佛塔	大宗山塔林	1
		FCC 楼阁	朗公寺聚仙阁、龙王楼、望海阁	3
		FCG 摩崖字画	泉源寺千佛崖	1
	FC 景观建筑与附属型建筑	FCH 碑碣（林）	兰陵美酒厂碑廊、文峰山龟驮碑	2
		FCI 广场	县城文化广场、塔山广场	2
		FCJ 人工洞穴	矿坑镇凤凰山神洞	1
		FCK 建筑	大冶桥、庄坞永济桥、庄坞牌坊、沂堂牌坊、小湖子牌坊、兰陵镇现代大型壁画	5
	FD 居住地与社区	FDB 特色街巷	兰陵古镇一条街	1
		FDD 名人故居与历史纪念建筑	罗荣桓指挥部旧址	1
		FDH 特色市场	县城商业街	1

续表 26—4

主类	亚　类	基本类型	文化旅游资源实体名称	数量
F 建筑与设施	FE 归葬地	FEA 陵区陵园	鲁南革命烈士陵园、春秋公园	2
		FEB 墓（群）	吴王汉墓、萧王墓、荀子墓、金山古墓、晒米城遗址汉墓、东大埠古墓、何逊墓、高柴墓、楼子古墓群	9
	FG 水工建筑	FGA 水库观光游憩区段	马庄水库、长新桥水库、会宝湖、双河水库	4
G 旅游商品	GA 旅游商品	GAB 农林畜产品与制品	苍山白糖蒜、沂蒙煎饼、烤排、牛蒡制品	4
		GAE 传统手工产品与工艺品	小郭村泥塑工艺品、小推车工艺品制作、草柳编工艺品、杏山奇石	4
		GAG 其他物品	兰陵美酒	1
H 人文活动	HA 人事记录	HAA 人物	兰陵笑笑生	1
	HB 艺术	HBA 文艺团体	地方戏曲班	1
		HBB 文学艺术作品	《金瓶梅》	1
	HC 民间习俗	HCF 庙会与民间集会	朗公寺庙会、文峰山庙会	2
说明：共计 8 主类（共 8 类），23 亚类（共 31 类），49 基本类型（共 155 类），126 个资源实体				

第二节　旅游开发

苍山县旅游局成立于 2002 年 9 月，设有办公室、财务科、行业管理科、政策法规科、规划发展科、旅游投诉中心、旅游执法大队、招商办公室等科室。

旅游规划

2006 年，聘请山东大学编制完成《苍山县旅游产业发展总体规划》。2008 年，聘请北京创新旅游开发中心编制完成《文峰山旅游风景区修建性详细规划》。2009 年，聘请山东省旅游规划设计院、徐州师范大学编制完成《兰陵镇旅游发展总体规划及重点项目控制性详细规划》，聘请北京创新旅游开发中心编制完成《苍山县抱犊崮修建性详细规划》。

景区建设

2007 年，成立文峰山旅游景区管理委员会，制定《苍山县旅游景区资源保护暂行规定》，组织有关人员对景区进行勘界定桩，划定景区的保护范围，协同公安、林业、土地、建设、规划等部门对景区的外部环境进行综合整治。

2008 年，代村现代农业旅游示范区由省级农业旅游示范区升格为国家级农业旅游示范区，宝华大酒店被评为临沂市“十大星级酒店”，文峰山、抱犊崮、代村现代农业示范园被评为“国家 AA 级旅游风景区”。

2010 年，抱犊崮景区累计投资 2560 万元，建成灵峰寺佛教区、五龙壁、祈福园、君山人家等景点，投资 420 万元建成 13.8 千米的景区硬化道路；代村现代农业示范园累计投资 1200 万元，建成农业展览馆及银河草莓采摘园园区硬化道路；兰陵景区累计投资 678 万元，完成

兰陵萧氏大宗祠主体土建；文峰山景区投资120万元完成1千米的主道路沥青铺筑和路沿石安装，投资136万元完成景区引水项目，投资158万元完成季文子庙主体工程，投资75万元完成季文子墓堆砌并安装石牌坊等。

2010年，具备接团能力的旅游景区有代村国家级农业旅游示范区、县城泇河风光带、兰陵景区、文峰山景区、抱犊崮景区、会宝山生态农业旅游示范园等。

旅游促销与招商

2007年，邀请山东广播电视台拍摄《苍山旅游资源风光片》，在山东电视台、临沂电视台多次播放，在《齐鲁晚报》《临沂日报》《沂蒙晚报》等报刊杂志上对苍山县的旅游特色资源进行专题宣传，在中国旅游投资网、苍山公众信息网等网站登载苍山县旅游资源及招商信息，赴马来西亚、新加坡、印度尼西亚等国宣传推介苍山县旅游资源及旅游招商项目等。

2008年，组团参加在福建省晋江市召开的第六届环球萧氏宗亲恳亲大会，宣传推介兰陵文化，进一步提高兰陵知名度。

2009年，先后参加“谁不说俺家乡好——山东人游山东”“沂蒙好风光——临沂旅游宣传周”等宣传促销活动，印发《沂蒙旅游》杂志苍山专版，组织县内各旅游景区、旅游企业加入临沂市旅游接待协会、山东省旅游景区协会景区分会，帮助县内星级饭店、星级餐馆加入携程网。

2010年4月，组团参加萧氏宗亲会台湾之行、三亚萧氏环球宗亲会和长沙环球商会，把苍山县旅游资源及招商项目推介给以兰陵萧氏后人为主的商家或财团。

旅行社

苍山县山青清旅行社有限公司成立于2007年，位于县城文化路中段万隆大厦。2010年接待游客5000人次以上。

苍山县广宇旅行社有限公司成立于2007年，位于县城兰陵文化广场西侧。2010年接待游客5000人次以上。

第二十七编
医疗卫生

蒼山縣志

苍山县的现代医疗事业起步较晚，1927年西医、西药始传入今县境内。医疗卫生的管理机构为苍山县卫生局，其前身为1952年7月成立的苍山县卫生科。1950年设立苍山县卫生院（1956年9月改称苍山县人民医院），结束了县境内无正规医院的历史。其后，县妇幼保健院、县皮肤病防治站、文峰山人民医院、苍山县中医医院相继建立。从1950年开始，各基层卫生院陆续建成，于1996年统称为乡镇卫生院。至2010年，苍山县在医疗救治、卫生防疫、妇幼保健、社会卫生等方面取得全面发展，建立起覆盖全面的医保体系，确保病有所医，为全县人民解除了后顾之忧。

第一章　机构与队伍

第一节　管理机构

1952年7月，成立苍山县卫生科。1966年，苍山县卫生科为群众组织代替。1968年3月，设立苍山县生产指挥部卫生组。1972年2月成立县卫生局。1987年，县卫生局搬迁至塔山路东端北侧。1996年，县卫生局设办公室、人事科、医政科、药政科、卫生防疫监督科、财务审计科、老干部管理科。2004年11月，县卫生局成立新型农村合作医疗办公室。

2006年12月，县卫生局医疗机构管理科更名为基层卫生与妇幼保健科，卫生执法大队更名为卫生法制与监督科，防疫科更名为疾病控制科。

2010年，苍山县卫生局设办公室、人事科、财务科、基妇科、药品集中采购办公室、新型农村合作医疗办公室、医政科、信访科、医务工会、红十字会办公室、卫生法制与监督科11个科室。

第二节　医疗机构

新中国成立前，县境内仅有大全药社、平民医院、大众药社、赵镈县机关门诊部、苍山县机关门诊部、赵镈县立医院等6处医疗机构。苍山县公立医疗机构多系军事性质，流动性强，既无正规病床，也无病房，大多临时租用民房。直至1950年才有房屋22间，建筑面积480平方米。1950年—1955年，兰陵、贾庄、向城等10所卫生院相继建立，租用民房3～5间不等。1958年后各公社卫生院进行改建扩建，基本建筑初具规模。

全县乡镇卫生院的前身多为联合诊所，20世纪50年代初称卫生所，1958年后改称“公社卫生院”，70年代有8所公社卫生院改称“苍山县人民医院××分院”，1996年统改为乡镇卫生院。2003年，乡镇卫生院人、财、物上划卫生局管理。2010年，全县辖乡镇卫生院20所，其中中心卫生院7所，一般卫生院13所。

2010年，病人治愈好转率、入出院诊断符合率、手术前后诊断符合率都在90%以上，其中县医院达到95%以上。苍山县人民医院率先进入“二甲”行列并被评为“爱婴医院”，顺利通过省市复查验收。

苍山县人民医院

1950年5月，设立苍山县卫生院，院址在卞庄区南小庄。同年9月，迁往卞庄区小东庄。1953年2月，搬迁至文化路中段路西，房屋72间，面积1467平方米，职工28人，设正规床位10张。1956年9月，县卫生院改称苍山县人民医院。1960年搬迁至会宝路东段南侧，建房170间，面积2838平方米，设正规床位28张、简易床位20张。1974年1月，建成门诊大楼，设正规床位 160 张。1985 年建成病房大楼，病床增至 224 张，医务人员增至 301 人。1996 年，占地面积 6.4 万平方米，建筑面积 3.4 万平方米，开设床位 440 张，职工 478 人，其中副高级以上职称 29 人、中级职称 91 人。万元以上医疗设备 50 多套，年门诊 20 万人次，入院病人 1 万人次，手术 3800 台次，病床使用率 100%。全院固定资产 2158 万元。2010 年，开设床位 689 张，职工 564 人，其中

图 27—1　苍山县人民医院　（2010 年摄）

副高级以上职称 72 人、中级职称 275 人。全年收入 2.30 亿元，门诊病人 71.72 万人次。

苍山县中医院

1985 年 5 月设立，称苍山县中医医院，院址在会宝路东段北侧，有中医师 2 人，中医士 1 人，中药师 1 人，初级卫生技术人员 3 人，设有床位 5 张。1986 年 3 月增设痔瘘科。1991 年 1 月迁至卞庄镇卫生院与其合并，称苍山县中

图 27—2　苍山县中医院内景　（2010 年摄）

医院，有职工 99 人，床位 25 张，房屋 107 间。1994 年 3 月建成病房楼。1995 年，通过临沂市二级甲等医院评审。1996 年，业务用房 5418 平方米，开设床位 120 张，职工 170 人，其中副高级以上职称 6 人、中级职称 28 人。全院总资产 383.4 万元，固定资产 318 万元，年门诊量为 14.1 万人次，病床使用率为 86%。2010 年，医院卫生专业技术人员 161 人，其中高级职称 15 人、中级职称 82 人、初级职称 64 人。门诊量 86567 人次，收住院人数 4395 人次，病床使用率 53.9%，出院诊断符合率 96.6%，全年业务总收入 2436 万元。

苍山县妇幼保健院

1955 年前妇幼保健工作由县医院负责。同年 12 月，苍山县妇幼保健站正式成立，站址在卞庄三村，有房屋 7 间，工作人员 3 人。1968 年搬到防疫站院内。1985 年，分设妇女保健、儿童保健和计划生育 3 个科室。1990 年，建门

图 27—3　苍山县妇幼保健院　（2010 年摄）

诊楼 1 座，建筑面积 1310 平方米。1996 年，改称县妇幼保健院，有副高级职称 4 人、中级职称 12 人、初级职称 15 人。固定资产 98 万元，业务用房 1400 平方米。2009 年 5 月妇幼保健院整体搬迁到新址，占地面积 2.67 公顷，建筑面积 2 万平方米。

2010 年，有 47 个科室，职工 246 人，有 161 名专业卫生技术人员，其中副高级职称 11

人、中级职称80人，开放床位200张。全院业务总收入2200万元，总固定资产4472万元。

苍山县皮肤病防治站

建于1956年6月，站址寄置于苍山县人民医院内，有医生2人，护士2人。1959年，在磨山区小含山村北建麻风病人治疗村一处，有房屋370间，占地66.67公顷。

1962年，皮防站由县医院迁至县城西，同年8月开设皮肤科门诊，对外接诊皮肤病病人，当时为省内县级首家。1972年更名为苍山县皮肤病防治站，有工作人员7人，其中医生4人，护士1人，化验员1人，后勤1人。1974年，在青竹206国道南300米处新建，有房屋37间，约600平方米，占地1.13公顷，设皮科门诊、化验室、药房、制剂室、治疗室、手术室等科室。1985年大部迁回县城新站。1996年，皮防站发展成为国内县级最大的皮防机构。2009年，与县结核病防治所联合建设皮防结防中心大楼，建筑面积1700平方米，2010年完工。2010年，在编在岗职工43人，年门诊病人46700人次，有大型医疗设备5台（套），全年收入542万元。

苍山县结核病防治所

建于1979年3月，有职工4人，主要设备有3台（套），房屋12间。1985年9月13日建成结防所门诊楼，建筑面积为316平方米。1992年，在兰陵路东段建东关综合门诊部，建筑面积523平方米，设病床24张。2010年，在编在岗职工18人，年门诊病人4023人次。全年收入356万元，固定资产增加6万余元。

苍山县红十字会医院

建于1992年12月，称苍山县红十字会防治院，有职工13人，病床20张。1993年，增设痔瘘科，增置设备4台。1996年，改称苍山县红十字会医院。2010年，在编在岗26人，年门诊量7180人次，全年收入263万元，固定资产增加18.6万元。

苍山县文峰山人民医院

建于1958年，位于县城西17千米的文峰山下。2010年，占地面积39064平方米，建筑面积8264平方米，病床20张。设有内、外、妇、儿、眼、口腔、耳鼻喉、中医、精神病、肛肠、皮肤、急症、理疗、整骨、手术室等15个病床科室，化验X光、药剂、B超、心电图、红外乳腺诊断、脑电检查等7个医技科室和10个辅助科室。医疗设备主要有200毫安、500毫安X光机各1台、B超红外乳腺诊断仪、心电图机、心电监护仪、脑电检查治疗仪、牙科综合治疗机、电动洗胃机、细胞计数仪、721光电比色计、麻醉呼吸机、导频治疗仪、电离子治疗机等。年门诊量为81172人次，病床使用率65%。

苍山县磨山人民医院

始建于1957年，前身是磨山区诊所。1993年，经地区卫生局考核验收，达到一级甲等医院标准。年门诊量为6万人次，住院1211人次。1996年，占地面积23310平方米，建筑面积5140平方米，业务用房2080平方米，设内、外、中医、妇产、五官、放射、检验、药剂、防保等十几个科室。拥有床位60张，职工116人，其中卫生技术人员99人。大型医疗设备有500毫安双床球管X线机1台，200毫安X线机1台，日产导津310B超1台，心电监护仪1台，救护车1部。能开展的主要业务项目有外科的各种普外手术，内科时疫杂病，妇产科的剖腹产、子宫全切等。2010年，新增颈颅多普勒超声诊断室。当年总收入488万元，总支出467万元，固定资产增加11万元。

第三节　卫生队伍

1927年，西医、西药传入境内。1949年，全县有诊所130家，从业人员463人，其中中医433人、西医30人（有职称者3人）。中医以擅治内科、妇科者居多，外科、儿科、眼科

亦有专长者。

新中国成立后，医疗卫生队伍不断扩大。1958年分到第1名医科大学生。20世纪60年代各级卫生学校毕业生成为卫生队伍的主要来源。1958年，开办苍山县卫校，培养了8批卫生人员。1965年，全县有卫生人员338人，其中大专24人，中专169人。1976年，全县1103人，其中专业人员1010人。1985年，全县从医人员1228人，其中专业人员1206人。1978年，全县拥有各类卫生专业技术人员1020人，其中中西医医生308人。1996年，全县从医人员1833人，其中专业人员1485人，全县平均每千人有专业医护人员1.3人。2010年，全县从医人员2208人，其中专业人员1764人，全县平均每千人有专业医护人员1.5人。

1956年农业实行生产合作化后，农业社建卫生室，从业人员经卫生部门培训后任保健员。1958年，有卫生室163处，保健员258人。1966年后保健员改称赤脚医生。1977年，有村级卫生室1080处，有赤脚医生2440人，其中女医生783人。1983年后，赤脚医生经考核合格方准行医，称乡村医生。1987年，有村级卫生室1016处，乡村医生883人，卫生员1010人，接生员802人。1996年经整顿，农村卫生室实行关停并转，卫生室改称卫生院门诊部，有乡村医生1260人。2006年，对全县村卫生室进行整合，实行村卫生室一体化管理。2010年，农村有475处村卫生室，乡村医生2258人。

第四节　医疗卫生管理

医院管理

抗日战争和解放战争时期，县办、县区乡联办卫生机构均实行军队化管理。1950年改为院长负责制。1950年—1978年，实行医政合一的领导体制，党支部一元化领导。1966年“文化大革命”开始后，医院管理水平下滑。1978年后医院实行党支部领导下的院长、科主任两级负责制。1987年党政分开，实行院长负责制。同年，医院内部实行技术、经济岗位责任制和综合承包制。1987年，卫生局搬迁至塔山路东端北侧。1996年卫生局设办公室、人事科、医政科、药政科、卫生防疫监督科、财务审计科、老干部管理科。2004年11月，卫生局成立新型农村合作医疗办公室。2006年12月，卫生局医疗机构管理科更名为基层卫生与妇幼保健科，卫生执法大队更名为卫生法制与监督科，防疫科更名为疾病控制科。2010年卫生局设办公室、人事科、财务科、基妇科、药品集中采购办公室、新型农村合作医疗办公室、医政科、信访科、医务工会、红十字会办公室、卫生法制与监督科11个科室。

医护管理

1963年医院开展以“三基”（基础知识、基本理论、基本技能）、“三严”（严肃的态度，严格的纪律、严密的组织）为主要内容的比赛活动，建立健全查对、交接班、查房、处方等制度。“文化大革命”开始后，医护管理工作一度陷于瘫痪。1984年，制订《医院达标要求及评分标准》，突出“三个效益”（社会效益、技术效益、经济效益）、定期检查考核、奖优罚劣。1990年，进一步加强医护技术和质量管理，强调管理制度化、工作规范化、操作程序化。2010年，推进“优质护理服务示范工程”创建工作，把落实整体护理责任制作为切入点，探索实施科学的护理管理体制和运行机制。

农村卫生室管理

卫生室由行政村管理，乡镇卫生院负责业务指导。1984年—1995年，对全县1356名乡村医生进行考核，对525名合格者发放乡村医生证书。1996年，对村卫生室进行整顿合并称卫生院门诊部，由乡（镇）及卫生院统一管理，称为乡村卫生一体化管理。全县共有1260名乡医获得行医资格证书。2008年，投资341.45万元，建设规模3302平方米，完成了69处卫生室新建、改

扩建。2009年，投资1202.55万元，建设规模25110平方米，完成了223处卫生室新建、改扩建。2010年，投资732.41万元，完成了129处卫生室新建、改扩建任务，对475处一体化村卫生室统一配备档案橱、血压计、听诊器、身高体重测量器、出诊箱等基本诊疗设备。同时，开工建设中央专项资金建设卫生室项目6个，建设规模600平方米，总投资36万元。

医疗事故管理处理

新中国成立后，各级医疗机构规章制度不断完善，责任日益明确，广大医护人员实行革命的人道主义，认真负责，医疗事故极少发生。1979年2月27日，苍山县医疗事故鉴定委员会成立。1988年村卫生室由个人承办，个体行医者增多，医疗事故时有发生。2010年，县卫生局成立信访科，与医政科共同组织、协调处理医患纠纷。

药政管理

20世纪五六十年代，卫生行政部门一手抓医疗管理，一手抓药政管理。1978年成立药品检验所。1984年设立药政科，配专职人员抓药政管理。1985年7月1日《中华人民共和国药品管理法》实施，药政管理开始走上法制化轨道。此后，苍山县率先在全省范围内建立起三级药品监督网络，对购销药品进行大检查。20世纪90年代，开始把药品管理重点转向乡镇卫生院和农村卫生室。2003年，县卫生局药政科、药品检验所划归食品药品监督管理局。2007年9月，县卫生局组建全县药品统一采购办公室，将150种常用药品纳入统一采购目录，实行网上竞价、统一采购，在全县21所乡镇卫生院和400处一体化卫生室实行统一零售价格。

自费医疗管理

1964年，对享受公费、劳保医疗待遇的人员实行非抢救或非病理医疗费用自理制度。1972年—1989年，规定挂号、安装假肢、镶牙、整容、凶杀殴打致伤、交通肇事致伤等70余项属自费范围，珍贵、滋补、营养、健身等150余种中药品为自费药品，烈军属、残废军人等可减费或免费治病，医疗费由社会救济部门补助或交付。

新型农村合作医疗

1969年—1975年，全县1138个生产大队办起合作医疗室。资金由社员个人、生产队、生产大队3方筹集，各方交纳金额视各村经济情况而定。社员医病费用全部或部分从合作医疗费中支付。1980年后停止执行合作医疗制度。1996年后农村实行合作医疗保险制度。2005年，苍山县被省政府列为新型农村合作医疗第三批省级试点县，同年7月1日启动报销程序，全县参合农民88.3万人，参合率84.8%。2006年，全县参合农民89.7万人，参合率86.2%。2010年，全县参合农民99.96万人，参合率为99.97%，全年参合农民共发生医药费用3.54亿元，按比例补偿金额1.1亿元，直接受益农民552万人次。2006年—2010年，新型农村合作医疗受益农民累计达2200万人次。

卫生事业费管理

1949年前，各医疗机构自负盈亏。建国后，卫生事业费有财政拨款与业务收入两种。按“统收统支”的财政体制，卫生事业费预算逐级下达，条条管理。全民单位财政包工资和重要的设备购置。集体单位中的全民所有性质的人员财政包工资，集体所有性质的人员工资财政包66%。1980年改为“划分收支，分灶吃饭”，卫生事业费由县财政直接安排，块块管理。1985年改包人头费为定额补助，由卫生局根据县财政和单位具体情况确定补助数额，定额外的不足部分由单位增收节支解决。1992年，全县将乡镇卫生院划归乡镇政府管理，核定每年卫生差补经费为305万元，占职工工资总额（508万元）的60%，并规定此基数随当地经济发展情况每三年调整一次。1993年管理权下放，乡（镇）医院经费由乡（镇）财政和医院共同负责。1996年由于当时全县财力紧张，未能按照计划对乡镇卫生事业经费进行调整，总的卫生经费差补水平由 1992 年占工资总额的 60% 降至 1996 年（工资总额 965 万元）的 31.6%。2003 年 11 月，县委、县政府下发《关于加快发展农村卫生事业的决定》，2005 年增加 40 万元、2008 年增加 80 万元的差额补助。2007 年 3 月，出台《关于乡镇卫生院财务工作执行收支两条线、实行“四监管”管理办法》，设立乡镇卫生院财务“四监管”办公室，对乡镇卫生院的财务、资金、公章和合同实行统一监管，率先在全市卫生系统推行“院财务、局管理”模式。

第二章　防　疫

1950 年—1956 年，卫生防疫工作由县卫生院兼管。1956 年 6 月建立县卫生防疫站，有 7 人。1972 年设立办公室、检验室、防疫组、寄生虫病组 4 个科室。1980 年改设 5 个科室，即地方病科、卫生科、防疫科、检验科、办公室。1981 年增设宣传科。1985 年，增设食品卫生监督检验科。1996 年有 13 个科室，93 人，其中副主任医师 2 人，主管医（技）师 18 人，其他技术人员 51 名人。2010 年在编职工 72 人，其中医师 5 人、副主任医师 3 人、主管医（技）师 23 人、技师 4 名，年门诊病人 5.8 万人次，全年完成总收入 1019 万元。

第一节　疫情管理

1950 年开展疫情统计、报告工作。1956 年配备专职疫情管理人员。此后，区卫生院、大队均有专人负责疫情统计、报告工作。至 1960 年，全县、公社、大队三级疫情管理网络基本形成，建立疫情报告制度。报告范围为 2 类 25 种传染病，以月、旬报表方式按时上报。防疫部门对基层疫情管理人员进行培训，定期进行检查。1984 年，疫情报告制度进一步完善，对以往疫情资料进行整理，编成 2 册苍山县疫情资料汇编。开展疫情统计分析，制订《苍山县疫情管理制度》。2010 年，加强传染病疫情信息化管理，提高各医疗卫生单位传染病疫情报告及时率，杜绝漏报、误报；加强疫情网络直报审核，每 2 小时上网浏览一次疫情，对上报疫情填报不规范的项目均及时进行订正。2010 年，全县共报告乙、丙类法定传染病 18 种 2704 例，较上年同期（3401 例）下降 20.49%，死亡 5 例，较上年同期（8 例）下降 37.5%。

第二节　预防接种

接种牛痘苗，自 1949 年开始，每年分春秋两季进行，2 个月以上婴儿初种。1982 年后不再接种牛痘苗。从 1956 年始，开展霍乱菌苗、伤寒三联菌苗、白喉类毒素、破伤风类毒素、百日咳、白破二联、百白破三联、乙脑疫苗、流脑菌苗、卡介苗、脊灰疫苗、麻疹疫苗、甲肝疫苗、乙肝疫苗、腮腺炎疫苗、流行性出血热疫苗等预防接种工作。1978 年，实行预防接种卡制度，每年利用冬、春季节进行 1 ～ 2 次预防接种。1985 年后，苍山作为全省计划免疫冷链试点县之一，实行计划免疫分片包干责任制。投入使用恒温库 1 座、速冻器 12 台、冷藏运输箱 32 个、电冰箱 30 台，配有 473 个冷藏背包和 3 千支冰排。县城驻地实行每月 1 次接种，28 个乡镇均实行 2 月 1 次接种。1988 年，实现以省为单位的 85% 的儿童全面免疫目标。1990 年实现以县为单位的 85% 儿童全面免疫目标。1995 年实现以乡镇为单位的第 3 个 85% 的儿童全面免疫目标。2010 年，全年完成一类疫苗常规免疫 42.86 万人次，麻疹强化免疫 16 万人次，脊灰强化免疫 12 万人次，二类疫苗常规免疫10万人次。

第三节　传染病防治

天花

1949年免费为儿童接种牛痘苗5万人份，以后每年按时接种。1949年—1981年，全县共接种牛痘苗197.95万人份。

霍乱与副霍乱

为重点防治疾病之一。1949年，磨山、苍山两区霍乱流行，死亡20人。县政府及时派出医疗队抢救，7天治愈200余人。1950年，发现部分霍乱病，及时采取措施，疫情很快扑灭，未造成流行。1951年后未再发生。

1982年，长城镇一农民在江苏染上副霍乱，很快被防疫站发现，隔离后治愈。以后在全县开展疫源地检索、疫情监测、重点人群的检疫、传染源搜索及预防性处理工作，有效地控制了副霍乱的传播流行。

2010年4月30日，举办霍乱、伤寒等肠道传染病防治技术培训班，对全县各医疗卫生单位86名卫生工作人员进行技术培训。5月1日，全县25处肠道门诊按时开诊，坚持“有泻必登，有泻必检”的原则，加强疫情“零病例”周报告制度。同时，开展疫源检索，完成检测腹泻病人粪便1042份，生活饮用水15份，海产品15份，肉类产品15份，聚餐食品10份，全部阴性。

白喉

1949年前白喉发病率、死亡率都很高。新中国成立后采取措施，积极预防，发病率逐年下降。1959年—1963年，共发生白喉病3622例。此后，大量接种百白破三联疫苗和精白类，预防接种率达90%以上。1978年后未再发现白喉病人。

病毒性肝炎

1960年开始列入疫情报告。1972年，发生8751例，发病率为1079.83/10万。1977年，发生9611例，发病率为1095.27/10万。为了减少病毒性肝炎的发病率，1978年开始采取综合防治措施：1. 做好疫点处置；2. 接种疫苗，把甲肝疫苗和乙肝疫苗纳入常规免疫接种；3. 加强15岁以下甲肝、乙肝病例和聚集性病例的监测；4. 加强“世界肝炎日”宣传，提高大众的认识。由于措施得当，病毒性肝炎发病率迅速下降。至1996年，全县共发生151例，发病率为13.6/10万。2010年，病毒性肝炎发病数253例，发病率为21.08/10万。

流行性脑脊髓膜炎

简称“流脑”，流行历史较长。1956年—1980年，全县有16143人发病，死亡1450人。1974年开始接种流脑疫苗。1982年实行计划免疫，基本上控制了流脑的发生。

黑热病

1949年前发病率较高。建国后，政府积极采取措施进行综合防治，黑热病的发病率直线下降。1971年后未再发生黑热病例。

钩端螺旋体病

1970年8月，因大雨积水引起，部分地区钩端螺旋体病流行。经各级医疗、防疫人员努力，很快控制住了疫情。

麻风病

1955年，对部分区域进行麻风病调查摸底，初查出麻风病人132人。1956年，组建皮肤病防治站对麻风病人进行治疗。1958年，进行麻风病普查，查出麻风病人566人。1959年，在小含山建立麻风村，收治全县的麻风病人。1983年后，用3年的时间对全县再次进行麻风病普查。至此，全县的麻风病防治工作逐步走上查、防、治一条龙的轨道。1990年，全县麻风病发病率下降至0.006‰以下，达到国家规定的基本消灭麻风病的标准，治愈率亦达到国内领先水平。皮肤病防治站主任医师林得宝所创的“胫后肌移位术矫正麻风足术”得到国内外专家一致好评。

伤寒、副伤寒

1956年开始有疫情记载，发病数19例。除1958年、1969年无病例外，至2003年每年都有病例发生。其中2003年爆发流行，全年报告102例，发病率8.6455/10万。经过积极防治，疫情迅速得到控制，2004年，全年共报告47例，2005年—2009年，每年仅散在发病1～2例。2010年，起草下发《苍山县2010年伤寒、副伤寒防治工作意见》，加强疫情报告和管理，加强疫源检索和疫点卫生处理工作，全年无伤寒副伤寒病例报告。

狂犬病

1978年开始有病例统计，当年统计患病者4人，对病人隔离对症治疗。此后加强宣传教育，普及狂犬病防治知识，规范伤口处置和疫苗及球蛋白、血清的接种质量，有效地降低了狂犬病的发病率。2010年，以加强狂犬病暴露处置、门诊规范化管理为核心，加强宣传教育和人用狂犬疫苗的管理，普及狂犬病防治知识，规范操作规程，切实提高接种质量和咬伤后的技术处理。全年共有被动物咬伤者7918人，全程注射狂犬疫苗7918人，注射抗狂犬病球蛋白834人，全年未发生狂犬病。

艾滋病

2005年，苍山县发现第一例艾滋病。自发现后，认真贯彻各项艾滋病防治政策，加大艾滋病宣传教育、行为干预、监测检验、治疗关怀等工作力度，巩固艾滋病防治成果，进一步推动全县艾滋病防治工作深入开展。2010年，对外来妇女检测157人，性病病人检测161人，羁押人员检测380人，高危人群干预覆盖目标人群416人，新发现艾滋病毒携带者2例。全县共检出含携带HIV病毒和AIDS病毒者21人，随访到12人，失防2人，死亡7人，其中含HIV8病毒人，含AIDS6病毒人。

流行性出血热

1973年12月，苍山县发现首例出血热病。1973年—1980年8月，共发病49例。1980年后发病人数大增。1985年发病范围扩大到全县28个乡镇。1986年发病270例，发病率27.96/10万，为历史最高水平。1976年—1986年，共进行大面积灭鼠活动7次。1987年后，全县范围内开展6次大规模灭鼠，之后鼠密度下降，疫情也得到了有效控制。1996年夏开始对重点人群进行流行性出血热疫苗的大规模接种，继续落实以灭鼠防鼠、疫点卫生处理为重点的防治措施，加强EHF疫情监测和管理，加强血清学复核、个案调查和疫点卫生处理，病例逐步减少。2010年，共发生出血热病例15例，发病率为1.2/10万，比上年发病率有所上升。

疟疾

苍山县是疟疾病高发区之一，1960年暴发流行时发病率为36.15%。防疫部门为抑制虐疾病发生，采取了防治措施。1.现症病人管理，1961年—1966年治疗375738例。2.疟史病人休止期根治和抗复发治疗，1974年—1988年根治服药268780人次。3.注重季节预防服药，1961年—1978年服药5465617人次，1978年和1981年改用乙胺嘧啶盐防治。4.开展传染源检索，1980年起在全县陆续设立镜检站进行检索，1980年—1988年共血检577414人次，检出疟原虫阳性56767例，阳性率0.98%。5.加强流动人口及重点人群管理，1988年经卫生部专家考核验收，苍山县达到基本消灭疟疾标准。

2010年，根据《中国消除疟疾行动计划(2010年—2020年)》《山东省消除疟疾实施方案》及《临沂市消除疟疾实施方案》的要求，全县血检发热病人4320人次，血检率0.37%，未发现疟原虫阳性者。中心镜检站共复检血片440张，复检率10.18%，未发现漏检者。

非典型性肺炎

2003年，全国暴发非典型性肺炎（简称“非典”）疫情，苍山县委、县政府高度重视，安排专人负责非典防治工作，县内未发生疑似病例。采

取的主要措施有：1.2003年4月，成立了非典型肺炎防治工作指挥部，对防治工作统一领导。2.构筑9条防线。第一条防线是在交通要道沿线站点设立留验站，每个留验站派驻一名公安局干警，对拒治、拒检人员采取强制措施；第二条防线是蔬菜批发市场消毒检测线；第三条防线是兰陵、南桥、三合、兴明、长城、二庙等乡镇往返南方客货车消毒监测线；第四条防线是应急处理专业防治线；第五条防线是农村综合防治线；第六条防线是县直重点部门、重点单位、重点场所的监测防治线；第七条防线是广泛开展爱国卫生运动；第八条防线是“非典”防治宣传线；第九条是流动人员管理检测线。3.打好三个战役。一是专业防治战役。主要是充分发挥医务人员和防疫人员的作用，为进一步提高专业防治能力，2003年4月23日，成立防治非典型肺炎专家组，由22人组成。二是社会防治战役。“非典”防治，是一项系统的社会化工程，为增强各部门、行业的职责、互相协调能力，以苍办发〔2003〕21号文印发了《关于进一步明确各部门、各行业在非典防治工作中职责的通知》，明确了卫生、财政、公安、宣传、教育、工商、文化、劳动、城建、旅游、药品监督和技术监督、物价、外经贸、邮政通信、交通、经贸与“非典”关系密切的16个部门行业的职责、需要采取的相应措施，由纪检监察部门负责督查，对出现问题的，一律严肃处理。三是综合防治战役。一方面充分运用大众宣传媒体普及防治知识，建立第一道预防屏障，做好正面宣传，坚持正确的舆论导向，消除群众误解；另一方面，以此为契机搞一次爱国卫生运动，长期坚持下去。4.落实三个到位。即防疫物资到位，医疗救护人员、防疫人员到位，督促检查到位。

“非典”基本过去后，为适应“非典”防治工作由应急状态转入常规状态需要，建立健全“非典”长效机制，科学应对可能再次发生的“非典”疫情，制订了《苍山县防治传染性非典型肺炎预案（试行）》（苍政办发〔2003〕74号）。

手足口病

2005年6月1日，苍山县出现首例手足口病人。2005年—2006年散在发病，2年共报告5例。2007年病例迅速增多，报告436例。2008年报告662例。2009年报告1611例，重症202例，死亡1例。为控制病情，县政府每天掌握疫情动态，县卫生局、县教育局共同制订防控方案，托幼机构、小学实行晨午检制度、卫生消毒制度及缺勤缺课追踪制度；认真开展手足口病防治知识宣传教育，指导儿童家长及时带患儿到定点医疗机构就诊和做好居家隔离治疗，对所有病例进行流行病学调查及疫点消毒处理；各级教育和卫生部门加强督导检查。疫情得到有效控制，重症病例迅速减少。2010报告629例，较2009年下降60.96%；重症26例，较2009年下降69.31%。

结核病防治

新中国成立前，由于经济、医疗卫生条件差，无法解决结核病的预防和治疗。建国后，各级党政非常重视人民的身体健康，对结核病的防治列入重要议事日程，建立省级防痨机构，开展卡介苗接种，进行结核病疫情调查和防治试点研究，加强了结核病防治工作。1959年，全县建立4处公社结核病疗养院，共收治肺结核患者131人，实施化疗19人。1959年—1960年，开展结核病普查，共痰检1120份，阳性人数102人，阳性率9.1%；胸透12100人，发现肺结核病人737人。因早期没有链霉素和异烟肼，只能用中药及土、单验方治疗，如白芨、大蒜等。1979年3月结核病防治所成立后，推行“网、查、治、管、卡”五个环节相结合的防痨模式。至1980年，历时两年对全县15岁以上的人群进行胸透普查。普查区人口730671人，普查476751人，查出Ⅰ组432人、Ⅱ组2432人、Ⅲ组171人，合计3035人，治疗3035人。1984年，开展流行病学调查，两个调查点2076人，接受调查2024人，发现肺结核病人9人，患病率0.44%。1985年9月结防所正式开诊，开展初、复治排菌化疗项目，实施统一的化疗方案，发挥三级防痨网作用，加强肺结核病人的治疗管理。1985 年—1990 年，全县共掌握肺结核病人 5756 人，新登 2742 人，均给予正规化疗。1992 年—2001 年，利用世界银行贷款结核病控制项目，对结核病人实行统一免费治疗管理。2001 年，制订结核病防治十年规划，建立健全三级防痨网络。2002 年 9 月—2005 年 12 月，实施 3 轮加拿大国际发展部（CIDA）资助、WHO 驻华代表处提供技术支持的“CIDA-WHO 结核病控制项目”，共发现登记活动性肺结核患者 1424 例，新涂阳病人登记率从 2001 年的 26.4/10 万提高到 43.8/10 万以上，总体规则治疗率和全程规则治疗率均达 98% 以上，治愈率 95% 以上。自 2006 年 1 月实施中央补助公共卫生专项资金结核病控制项目至 2010 年，5 年间共接诊可疑肺结核患者 34422 人，发现并登记活动性肺结核病人 5585 例，其中初治涂阳 3499 例，复治涂阳 430 例，涂阴 1656 例。DOTS 覆盖率达 100%，治愈率达 96%。患者转诊及追踪工作的总体到位率 95%。

第三章　妇幼保健

第一节　妇女保健

孕妇保健

新中国成立，广大妇女因受封建礼教的束缚和医疗卫生条件的限制，育产期间妇幼身体生命安全得不到根本保证。

1951 年 7 月，在 4 个区开办接生员培训班，普及新法接生，有 136 人参加学习，其中旧产婆占 71%，新接生员占 29%。到 1953 年，新法接生培训班扩大到 12 个区，培训新法接生员 289 人。同年，建立县、区保健站各 1 处，建立乡接生站 10 处，每处 3 名保健人员。1956 年，全县成立接生站 73 处，配备新法接生员 408 人。到 1963 年，全县新法接生员总数达到 790 人。

1990 年，苍山县被列入“加强中国妇幼卫生·计划生育服务”项目县，苍山县委、县政府先后下发 10 个文件和实施方案。到 1995 年，妇幼卫生项目开始实施。

从 1996 年开始，全县开展孕、产妇系统保健管理和高危妊娠管理工作。1996 年，全县新法接生率 100%，住院分娩率 83.82%，孕、产妇系统管理率 92.11%，孕、产妇死亡率下降到 3.32/ 万人。大部分乡镇于 1997 年开始开展保健保偿服务。

2010 年，积极实施农村孕、产妇住院分娩补助、免费补服叶酸、免费婚前医学检查等重大公共卫生项目，为 3704 名农村孕、产妇住院分娩给予每人 350 元的补助，1.17 万农村孕妇孕前、孕早期补服叶酸，免费婚前医学检查 30870 人次。妇幼卫生管理与服务体系进一步完善，全年产妇住院分娩 25485 人，妇幼保健工作继续保持较高工作水平，无一例死亡。

妇女病防治

常见的妇女病有子宫炎、阴道炎、尿瘘、子宫脱垂等。1962 年，进行妇女病普查普治，共查 50787 名妇女，其中患子宫脱垂的 2659 人，占 19.1%。普查后全部采用中草药、子宫托、手术等方法治疗。1978 年对子宫脱垂、尿瘘病人进行免费治疗。

1979 年，以防治尿瘘、子宫脱垂为重点，共查出患子宫脱垂病人 2194 人，治疗 321 人，

好转 260 人。同时，对其他妇女病进行复查复治，共普查妇女 27841 人，发病 6898 人，发病率 24.8%。1985 年，查治妇女病 41887 人，普查率 39.1%，查出妇女病患病人数 9345 人，发病率 22.3%，均采取相应的治疗措施。1997 年 5 月，开展乳腺疾病的普查和治疗。1998 年 1 月，开展利用微波治疗仪对妇科炎症的治疗。1999 年 8 月，开展子宫肌瘤、卵巢肿瘤、异位妊娠的手术治疗。2001 年 4 月，利用彩色超声多普勒开展对妇科宫腔内疾病的可视性诊断和治疗。2005 年 8 月，县妇幼保健院成功实施无痛流产、无痛分娩和导乐分娩。2005 年 9 月，利用母婴监护仪开展对孕妇的产前监护。2005 年 11，月利用彩超开展对不孕不育疾病的经阴超声诊断。

妇女劳动卫生保护

1953 年，在宣传新法接生的同时，开始抓城乡劳动妇女的卫生保护措施。1979 年，妇幼保健站人员配合县、社妇联深入到 8 个公社对妇女劳动保护情况进行检查指导。根据妇女劳动保护存在的问题，举办 200 多个大队的妇联主任学习班，专门讲解妇幼卫生知识和妇女劳动保护措施，根据妇女的生理特点适当照顾或调配工作。1990 年后，每年进行 1 次女工健康查体。1996 年共查 2084 人。普遍开展婚前医学检查，凡登记结婚的女青年都进行程序化管理，每人发给学习材料，内容有婚姻登记、结婚、生育、母乳喂养、妇女儿童保健等。

第二节　儿童保健

1955 年，县妇幼保健站成立伊始，配合防疫部门做儿童卫生保健和计划免疫工作。1985 年全县统一规定预防接种日，定期给儿童进行预防接种。每年对 0 ～ 7 岁的儿童进行健康查体，对查出的疾病进行治疗、缺点进行矫正，对 2 ～ 7 岁儿童进行免费驱蛔。

1979 年，全县服药儿童 125501 人，驱蛔率 98.3%，有效率 96.2%。1990 年后，对 2 岁以内不能进站的儿童在预防接种期间进行查体。1993 年对县直学前班和一年级学生进行视力调查，应查 1496 人，实查 1039 人，健康人数 469 人，占 45.13%，有缺点人数 570 人，占 54.86%。对有缺点的人员分别给以咨询、用药、配镜，对斜视儿童进行矫治，进行眼的保健知识宣传。1997 年 1 月 1 日，开展母子系列保健保偿服务。1999 年 9 月 1 日，开展新生儿甲低和苯丙酮尿症两种疾病的筛查。1998 年 8 月，利用 PPYT 开展 3 岁 6 个月～ 9 岁 4 个月儿童的智商测试。2002 年，开展经皮胆红素测定，对高胆红素血症患儿进行早期干预。2003 年 7 月起，开展新生儿听力筛查。2010 年，对 24581 例新生儿进行疾病筛查工作，新筛率 98.85%，查出苯丙酮尿症 2 例，甲状腺功能低下 4 例。新生儿听力筛查 7220 例，查出听力障碍的 17 例。婴儿死亡率下降至 7.67‰。

第四章　社会卫生

第一节　爱国卫生

机构

苍山县爱国卫生运动委员会办公室（简称县爱卫办）于 1995 年 7 月从苍山县卫生局分出，为正科级事业单位，隶属于县政府。

环境卫生综合整治

县爱卫办不断完善各项爱国卫生工作制度，加大对县城公共场所的督导力度，全县环境卫

生状况显著提高，先后被临沂市爱卫会评为“1999年度爱国卫生先进县”和“2001年度城镇爱国卫生先进县”。2009年为迎接“全运会”在山东省召开，苍山县县委办公室和县政府办公室联合印发《关于＜迎“全运会”县城卫生检查标准及职责分工＞的通知》，全县各级对照标准，认真落实，县环境卫生面貌得到进一步改善。

卫生创建

1993年，县委、县政府提出创建省级卫生县城的目标。1995年，苍山县被省爱卫会命名为省级卫生县城。2009年，顺利通过省、市爱卫会对我县省级卫生县城的复审。1997年，县爱卫办开始组织创建省、市级卫生先进单位和省、市级卫生城镇（村居、社区）活动，县政府办公室于2006年印发《苍山县城区单位卫生管理办法》，促进全县卫生创建工作。至2010年，全县共有省级卫生镇1个，省级卫生村1个，省级卫生先进单位26个，市级卫生镇2个，市级卫生先进单位42个，市级卫生村居11个。

除“四害”工作

1996年后，县爱卫办每年冬春两季对全县城乡免费发放药品开展灭鼠活动，被临沂市爱卫会命名为1998年度、1999年度和2001年度灭鼠工作先进县。2006年，县政府办公室印发《苍山县除四害管理办法》，对全县除四害工作进一步规范，制定了奖惩措施。2009年，全县灭鼠工作由免费发放药品转为免费发放毒饵，灭鼠措施进一步完善，效果明显。在夏秋季节蚊、蝇、蟑的消杀工作中，县爱卫办督促各乡镇认真开展消杀活动，在县城驻地公共场所免费进行消杀。

改厕工作

2003年，苍山县成为国家农村改厕项目试点县，获得300座无害化卫生厕所的建设任务，2007年获得400座国家农村改厕任务，2010年，获得2000座无害化卫生厕所的建设任务，以上任务均顺利完成并通过上级专家的检查验收。至2010年，全县卫生无害化厕所普及率为65.22%。

健康教育工作

2007年，县政府办公室印发《关于印发苍山县城区公共场所禁止吸烟暂行管理办法的通知》，对禁烟工作实行“限定场所、单位负责、加强引导、严格管理”的原则，鼓励各级各单位创建无吸烟单位。2009年，县爱卫办和县疾病控制中心联合印发《苍山县健康教育手册》，向各级各部门、各乡镇、村居免费发放，受到广大人民群众的好评。

第二节　红十字会

机构

1986年12月1日苍山县红十字会成立。1987年3月，设立“苍山县红十字会防治院”。1990年4月10日，苍山县红十字会医疗救护站成立，借调卫生技术人员11人，设有医疗、护理、急救、化验等服务项目，地点设在苍山县第一中学。1991年11月21日，苍山县红十字会公布青竹、卞庄等23个第一批红十字会医疗救护点。1991年11月25日，苍山县红十字会建立红十字会卫生救护中心，地点设在红十字会防治院内。1991年12月加入社会团体。1994年10月，苍山县机构编制委员会批复成立苍山县红十字会办公室，指导开展红十字事业的组织，为股级事业单位，隶属县于卫生局。

主要工作

1990年10月20日，苍山县红十字会首次开展机动车驾驶员卫生救护培训，共对2000余名机动车驾驶员进行了止血、包扎、固定、搬运伤病员4项技术和心肺复苏术的训练。1991年7月25日，苍山县遭受大风暴雨袭击，灾情严重。县红十字会积极开展募捐，共募集捐款79457元、水泥100吨、粮票20253斤、大蒜20万斤。对灾区开展义务医疗和饮水消毒、蚊

图 27—4　2006 年，开展造血干细胞采样活动

图 27—5　2009 年，获得“支援四川抗震救灾先进集体”荣誉

蝇消杀，无偿提供药品、消毒剂。1992 年 9 月 5 日，苍山县召开募捐建设临沂地区红十字会中心血站动员大会，向地区红十字会血站募集捐款 8 万元。1993 年 8 月 4 日、5 日，苍山县遭受大涝灾，县红十字会组织医疗队赴灾区救援并发放食品、药品。1997 年 10 月 21 日，苍山县红十字会首次组织公民无偿献血。2001 年 5 月，组建“流动血库”。2002 年 9 月 1 日，苍山县教育局、苍山县第一中学、苍山县实验中学成立红十字工作委员会。2005 年 3 月，为印度洋海啸募捐善款 8 万元。2006 年 4 月，援建贾庄乡卫生院博爱卫生站。2006 年 6 月，开展造血干细胞采样活动。2007 年 5 月，开展关注农民健康、支援新农合的募捐活动，募集资金 12 万元。2008 年 5 月，开展四川汶川地震灾区募捐活动，募捐现金 18 万元。2010 年 4 月，开展向西南旱灾、玉树地震灾区募捐。2010 年 8 月，开展向舟曲灾区募捐活动。

第二十八编
民俗　宗教

蒼山縣志

苍山地处齐鲁文化与吴楚文化的交汇地带，受左丘明、曾子、荀子等古代圣贤的影响，自古民风素以“重礼崇义、勤劳朴实”著称，兰陵子弟以“多善为学”闻名。近代，经过民族解放战争及国内革命战争的洗礼，又融入了“敢爱敢恨、无私奉献”的精神特质，成为沂蒙精神、中华民族精神光彩夺目的组成部分。

古代中国崇尚的是“国以农为本，民以食为天”，加之历代统治者大多推行“重本（农）抑末（商）”的国策，虽然商品经济有一定发展，但与自给自足的农耕经济相比都处在次要的从属地位，生产与生活无不打上“农业、农村、农民”的深深烙印。

1979年以来，特别是2006年国家废止农业税后，广大农民从土地上解放出来，有的在耕种责任田的同时，趁农闲或进城打工，或就近打工，或完全脱离土地从事工商服务业。苍山县最为突出的事例就是由20世纪90代的“十万菜农闯江南”到21世纪初的“二十万菜农下江南”，农业的市场化、产业化经营完全改变了人们的生产生活习俗，表现出开放、包容、进取、个性的时代特色。

宗教作为一种社会现象与民风民俗的形成和流变有着密切的关系。东晋时佛教传入县境，与本地传统的儒家思想及土生土长的道教相互激荡、融合，形成独具特色的“儒、释、道”三足鼎立的传统文化信仰格局。1840年鸦片战争爆发以后，基督教开始传入县境。人民政府实行“宗教信仰自由”政策，县境内基督教在改革开放以后有了大的发展，成为当地民风民俗及文化信仰格局新的内容。

进入21世纪之后，游览观光之风盛起，像大宗山朗公寺，抱犊崮灵峰寺，文峰山的泉源寺、碧霞祠等宗教遗址或场所已成为旅游开发的支撑点及游人旅行的目的地，为民间休闲娱乐增添了通道与空间。

第一章　岁时习俗

第一节　农历节俗

除夕

除夕指农历腊月的最后一天，俗称“年三十”，不论腊月是“大进”（30天）还是“小进”（29天）。这天早晨，家家户户用一张黄纸卷着一根桃树枝条插在门楣两侧、磨眼、粮缸、小推车等器物上面，甚至去河边、井边挑水也要插上一根桃树枝条。民间相传，桃树条具有避邪功能，黄纸用以比喻软金片。

门楣上插桃树条寓意给门神送钱，石磨、粮缸、小推车上插桃树条意思是给管粮食的神仙送钱，河边、井边插上桃树条意为给河神、井神送钱。此外，石磨磨眼里还要放上一把麸子，“麸”谐音“福”，寓意大富大贵，丰衣足食。

到了下午，人们还会把一根中指般粗细的木棍横向摆在家门口门槛外。按照传统，木棍要么不放，一旦放了就必须放足3天，只能等到大年初四才能拿走。人们认为，这样“小马驹”就不能把家里的财产拉走，也不会带进来一些鬼怪，确保一年家和太平。旧时穷人在这一天为躲债外出，称“藏年”。

除夕这天，家里要仔细打扫一遍卫生，因为大年初一至初三家里无论怎么脏都不能打扫，旧时有“初一到初三，扫地钱跑光”的说法。

这天下午开始到傍晚，家家户户在大门两边贴上崭新的春联，红底黑字（服丧期第一年不贴，第二三年贴紫蓝色对联），稳重而鲜艳，表达对新年的美好愿望。20世纪90年代前，春联多是村民自己买来红纸，找村里会写毛笔字的人书写，一般不太讲究书法及对联内容。进入21世纪后，购买机器印制的渐多。春联张贴在门框、横楣、家具、床头、农具、牲畜棚等处，和春联一同贴的还有大小不等的“福”字，正贴倒贴都可以，倒着贴福，谐音“福到了”。主要屋门口还要挂过门笺，室内贴年画、财神像等。

民俗讲，贴上春联就不打发要饭的了，因此，讨饭的看到谁家贴上春联，也就不上这家门了。

当天要打满一缸水，备足三日柴。年初一那天一般不去挑水。

傍晚，一家人围在一起忙活着和面包饺子，大年初一吃的饺子也要在除夕包出来，旧俗是大年初一不干农活、不做家务。和面的“和”字谐音“合”，饺子中的“饺”字谐音“交”，俩字凑在一起便是相聚团圆的意思，寓意吉祥。从饺子的造型可见其形似元宝，又有招财进宝的意思。同时，大家在包饺子的时候还会特意在几个饺子中包上洗干净的钱币或者糖块，谁能吃到便预示着新年财运当头，生活幸福。

年夜饭一要做到全家团聚，无论男女老幼都要参加家庭宴会；二要做到食品丰富，种类繁多，其中鱼做出来放着以后再吃，寓意“年年有余”。

吃过年夜饭后，一家人坐在一起守岁。家家都在堂屋正中放一个火盆，点燃棉柴等燃料，全家人围火而坐，直烤得头上冒汗。旧时守岁，打牌、下棋、聊天是百姓们的主要娱乐活动。20世纪80年代至今，一家人围着电视看中央电视台的春节晚会是不可缺少的。21世纪，网络、通信技术飞速发展，上网、玩手机已经成为年轻人守岁娱乐的大趋势。

除夕晚上忌说脏话和不吉利的话，不能说破、穷、断、死亡之类的字眼，饺子煮破肚要说“挣了”，碗打碎要说“碎碎（岁岁）平安”，某事做完不能说“完了”，要说“好了”。

旧时农村无论贫富，家家买青竹1竿，年三十傍晚，先把青竹插于磨眼之中，然后用黄裱纸包上五谷杂粮及麦麸将其固定，意求“节节富（麸）足（竹）”，也叫“栽摇钱树”，待正月十五以后取下。现在打煎饼糊子用机器，已很少见用到石磨，人们就在小缸中放上粮食固定竹竿，代替过去的磨眼。

除夕晚上要阖家团圆吃饺子等“年夜饭”，贴春联、福字、门笺等，标志着春节正式开始。除夕半夜子时煮饺子“守岁”，长辈带领子孙祭拜天地祖宗，保佑老少平安，除旧迎新的鞭炮爆响。全家围坐喝团圆酒，吃素馅水饺。晚辈给长辈拜年，长辈向未成年的晚辈分发“叩头钱”，称压岁钱（如果长辈和晚辈不在一起守岁，则拜年、发压岁钱的礼仪延至黎明后）。当“守”到寅时，燃放鞭炮，庆贺“守”来的第一个黎明。

旧时除夕这一天，首先要做的事情就是准备好“敬天拜神祭祖先”的各种祭品，敬天的水饺必须是素馅的。待半夜子时一到，便由长者带领全家在摆好祭品的供桌前烧纸、放鞭炮、跪拜，敬天祭神，祈求上苍保佑在新的一年里风调雨顺，五谷丰登，一家人有吃有穿，平平安安，团团圆圆。

过年

春节也称“过年”“过大年”，为中国古老的民间传统大节。古代叫元旦、元日、元辰、正旦、新正，还称正月初一为元之日，俗称大年初一。国家法定节日为3天，广义的春节是指从除夕到正月十五这一段时间。民间往往还把节前走访送礼算作春节期间的一项重要礼仪。

大年初一早上的第一餐，便是煮吃头天晚上预先包好的素馅饺子。其意是不忘过去的艰难日子，再就是图个在新的一年里素素净净、平平安安。

大年初一上午的主题就是拜年。旧时，有的大家族设有祠堂，全族人先去祠堂向列祖列宗跪拜。一般人外出拜年时，先在堂屋给父母

磕两个头，再去本家的叔伯家依次拜年，然后去庄邻家拜年。走进堂屋，待主人坐定后，行跪拜礼，按照长辈的人数磕头，一位长辈磕一个。磕完头，陪主人坐一坐，一起说会祝福新春的话语，再继续到下一家拜年。一些平日里有矛盾的邻里，也利用拜年的机会消除隔阂，重归和睦。

旧时，由于对妇女的歧视，乡村妇女一般不到旁门外姓人家去拜年。

大年初一不走亲戚。从初二开始，直到正月十四，家家户户都是频繁走亲访友的时期，大家都想趁此机会加强联系，增进情意，同时也成为未婚青年男女提亲、建立恋爱关系的好机会。进入21世纪，远方的亲朋多用手机短信发祝福语拜年。

大年初一到初三，言谈举止都有一定避讳。不能说不吉利的话，尤其忌讳“死”“亡”之类的语词。

大年初二，舞狮、高跷、旱船、秧歌、唢呐、戏班纷纷出场亮相竞技，有的借此上门演出拜年。

这天，家家户户有“动家什”的习俗。在以前，一般是木匠、泥瓦匠、小卖部店主等都要把谋生的家什摆出来，放挂鞭，烧些纸钱，祝愿在新的一年交好运、赚大钱。现如今，家家大都有三轮车、电动车、小汽车等交通工具，大年初二是走亲戚的日子，家家户户免不了要开车走亲访友。所以在开动车子之前，先放挂鞭，祝愿在新的一年里平平安安，也算是“动家什”。

初二早饭后，各家各户开始走亲戚。先是“叫客”，是叫闺女的日子，俗说“初二三，好日子，家家叫妮子”，即前往已婚嫁的姑姑、姐姐、妹妹家，叫她们回娘家聚聚，也称“归宁”。在古代，叫姑娘一般是在正月十六，后来提前到初六，现在则又提前至初二、三。在这天，已婚女子都要备好酒菜，恭候父亲、兄弟、侄子等娘家人前来，至于回不回娘家去，则需要视情况而定。

初五为“无忙日”，不动土，不拿针，不走远路，不干重活。旧俗在这一天家里也要吃饺子。

初七吃渣豆腐，“喝鬼脑子”，同时烧纸、动磨，谓之避邪祛恶。

商户一般在正月初一至初三不开门，大多选择初六开门营业。集市贸易也要到初六以后陆续开集。

“要想走，三六九”，初三、初六、初九（也包括十三、十六、十九、二十三、二十六、二十九）被认为是出远门的吉日。初三开始，公路上的长途客车就渐渐多起来。在初三、初六、初九日是人们出行的高峰。

除相关禁忌外，春节期间大家可尽情玩乐，喜庆持续到正月十五。

元宵节

在苍山，元宵节叫“过正月十五”。这天是“年”节的最后一天，此后，学校开学、工厂开工、农活忙动，人们进入新一年的学习、工作、生活之中。

节前几天的主要活动是全家老小一起去赶集、赶庙会。“闺女要花儿要炮”，长辈要给儿女买一些鞭炮、花炮、炸花、滴滴金等工艺品和红狗头篼子、灯笼、木花刀、小皮鼓、王母娘娘打鼓等玩具。

旧时最让孩子们喜欢的是放“气火”，也叫气呼、高升、钻天猴等。它是根据火箭反冲原理，用土火药制作的小火箭。燃放时，把麻杆竖直轻轻捏手中，另一手点着导火捻。气火筒里的火药持续燃烧，产生的反推力驱动气火上升到十数米的高度，随即引发鞭炮药在空中爆炸。燃放气火存在安全隐患，掌握不好会烧伤燃放者自己，也可能炸伤围观者。

正月十五日这一天，家家户户主食都是水饺、汤圆，寓意家庭圆满幸福，团团圆圆。

元宵节的主要庆祝活动是在夜晚观灯火，故又称为灯节。到了夜晚，“钻天猴”此起彼伏，“滴滴金”竞相燃放，红灯笼高高举起，再加上心灵手巧的人自己扎制的走马灯、孔明灯等，农村的天空亦得璀璨夺目。现在公众活动场所，多燃放礼花庆祝元宵，大街上挂满五颜六色的电子灯笼、彩带（条），以烘托节日气氛。

除孩子们挑的灯笼外，家家户户还要做面灯。用面团捏出碗状，中间安上棉捻子，再倒入豆油作燃料。晚饭后女主人端着点燃的面灯，在屋里屋外“照灯”。她边走边说：“照照眼，不害眼，照照牙，没虫牙，照照墙角不招蛐蜒，照照粮囤不招虫子咬，照照老天保平安……”有的人还根据面灯灯芯燃烧变形后的形状来预测农作物的收成：灯芯像麦粒，小麦丰收；像高粱，高粱丰收；像豆子，豆子丰收。元宵节这天无风无雨叫“收灯”，象征本年五谷丰登。若遇雨雪，则有“正月十五雪打灯，八月十五云遮月”之说。

这一天还要做面龙，将和好的面揉成龙状长条，在上面划上龙鳞，点上龙眼，放入粮缸或粮囤，待“二月二”时再将其蒸熟食用。

有的地方要唱大戏、玩龙灯、舞狮子、扭秧歌、踩高跷等。现在有些大的村镇把各种娱乐活动集中展示，叫灯会。

从20世纪90年代开始，县城塔山公园在元宵节期间都要举办大型灯会及猜灯谜活动。

二月二

民国5年（1916）版《临沂县志》载，“二月二昧爽，庭院各画灰为重圈，中实五谷，压以石，谓之填仓。”农历的二月初二，叫“龙抬头”或“春龙节”。此后，下雨时就可能打雷了。

这天早晨，用草木灰或石灰在院子里撒上一圈圈的圆仓形状，中间放少许杂粮，称“围仓囤”，边画边唱“二月二，龙抬头，大仓满，小囤流”，祈求新的一年风调雨顺、五谷丰登、粮食满囤满仓。

这一天早上要炒豆子吃。炒豆称作“炒虫”，一般以黄豆为主，也有的杂以豌豆、红小豆、芸豆等共5色，炒熟后加入少许白糖，香甜酥脆可口；如果是把豆用水煮，则称为“煮豆”，煮时加点盐，亦可佐餐。吃炒豆、煮豆又叫“吃虫”，是一种颇具乡土气息的食文化风俗。二月初二值惊蛰前后，各种毒虫出动，通过“炒虫”“吃虫”，寓意把毒虫驱逐干净，保佑家人一年平安。

传说“二月二”是土地老爷（土地神）的生日，旧时家家凑钱，买纸买鞭，敲锣打鼓的到土地庙祭祀，为土地老爷祝贺生日，祈求赐福百姓。

二庙乡二庙村（村名原叫二郎庙）在这天原来有庙会，20世纪70年代改为物资交流会。

三月三

也叫上巳节。节日来历有两种传说。一是说这一天是女娲娘娘捏泥造人的日子，另一说是黄帝的生日。

魏晋时期，三月初三这天，人们成群结队到水边洗手或沐浴，祈求洗去病灾，祓除不祥。后来逐渐演变为节日。由于“三月三”与清明节相近，人们常在这期间趁天气晴好外出踏青游玩，做做游戏、放放风筝。青年男女借机结交异性。

旧时有到田间采摘荠菜花的习俗。民间认为，荠菜花挂在灶间，可以驱虫蚊；女子插在鬓边，可以明目；孩子戴上，可以防病灾。

清明节

清明节既是节气，又是传统节日。自古至今有扫墓祭祖的传统，男子到祖宗及已故亲人的坟地去祭扫、添土，叫添坟。

清明节早晨吃鸡蛋、喝稀饭，相传已久。

新中国成立后，党政机关、学校等单位在清明节期间组织青年职工、学生等到烈士陵园扫墓，缅怀先烈，进行革命传统和爱国主义教育，已成新的风尚与习俗。

清明时节，民间有插柳的习俗。人们在头天就出去采折柳枝，清明这天早晨就把柳条插在门框上沿，意谓避邪秽、驱蛇虫。

端午节

农历五月初五是端午节，县境战国时属楚

国边地，故境内也有端午节吃粽子、吃煮鸡蛋的习俗。旧时，粽子大多是自制，主料是糯米、红枣等，包以鲜苇叶（用以代替竹叶）。前一天晚上或这天早上，各家都把新鲜的核桃枝、艾叶、“毛子眼”（泽漆）等与粽子、鸡蛋一起煮，据说人吃了这种粽子、鸡蛋可以避邪、解五毒。同时，人们还要把已经长成的艾棵割下，有的插于门头之上，有的晒干后放到席子下面用于避邪解五毒。小孩子手系“五色线”（白、黑、蓝、红、黄五色线混搓在一起，代表金木水火土五行），或胸佩“香荷包”（内装川芎、白芷、香附、苍术等多种药材），或用艾枝汤沐浴，意为避邪驱虫不生病。这天还可以将半边莲与转经棵（荆棵）采集收存，以后若有人遇感冒低烧不退，用这两味草药一起煎汤喝，以求“转转经”，往往会有奇效。

过半年

县境东部把在农历六月初一，西部把在农历六月初六这天的节日叫“过半年”。有“晒龙衣”、给小孩开金锁之俗。

“六月一，晒龙衣”。农历六月，进入酷夏，阳光灿烂炽热，在这时晒衣物等生活用品有杀菌驱潮之作用，“龙衣”是借用作吉祥之意。六月骄阳如火，蒸发量巨大，如汛期未来，河流池塘沟渠水位下降很快。如与春旱相连，有些河流池塘沟渠的底部就会露出，在阳光下曝晒。民间传说龙是水之精灵，水没了，它的衣服也就晒着了，所以有“晒龙衣”之说。

“六月六，蒸满笼”。六月刚好是新产小麦刚刚打下的时候，家家户户都要用新麦磨面，用蒸笼蒸馍馍（馒头）、糖角子、面鱼等，用于敬天，以此感谢老天爷赐福，并祈求秋季粮食瓜果大丰收。

“六月六”也是农家走亲戚的节日。“亲戚换篼，邻居换碗”，挎着一篼子新面蒸出的馍馍走亲戚，在那个物质匮缺的年代，体现的是一种浓浓的亲情。而收到馍馍的户往往还舍不得吃，转手将其作为自己家的礼品也去走亲戚。

夏至

民间有“冬至饺子夏至面”的说法。夏至到来，适逢新麦到口，各家要吃自擀的面条，带有尝新之意。当然，如果遇到年景不好收成差，新麦就舍不得吃了。

七夕节

境内旧时称农历七月初七为“七月七”，当晚人称“七夕”，也有人称之为“乞巧节”“女儿节”“双七”“香日”“兰夜”，起源于汉代。这是中国传统节日中最具浪漫色彩的一个节日，也是过去姑娘们最为重视的日子。现在被中国文化界称为“中国的情人节”。

在晴朗的夏秋之夜晚，天上繁星闪烁，一道白茫茫的银河纵贯南北，银河两边各有一颗闪亮的星星隔河相对，分别就是牵牛星和织女星。

在七夕时刻，人们围坐着遥看牵牛织女星，给晚辈讲述牛郎织女的故事。传说这个节日是牛郎织女相会的日子，如果在瓜果架下偷听，会听到两人在“鹊桥”上相会时的脉脉情话。

民间认为，织女是一个美丽聪明、心灵手巧的仙女，凡间的妇女在这一天晚上可以向她乞求到智慧和巧艺。女孩们在这个晚上拜织女，预先约好自己朋友或邻里五六人一起，于月光下放一张桌子，摆上时令瓜果等祭品，对着天空的朗朗明月，朝天祭拜，乞求天上的仙女能赋予她们聪慧的心灵和灵巧的双手，让自己的针织女红技法娴熟，更乞求爱情婚姻的姻缘巧配、幸福美满。姑娘们乞巧的方式有：穿针引线验巧，做些小物品赛巧，摆上些瓜果乞巧。

中元节

农历七月十五日也叫七月半。古代“正月十五为上元，七月十五为中元”，故称中元节。中元节又与佛教盂兰盆节有关。据《盂兰盆经》所载“目莲以其母死后极苦，如处倒悬，求佛救度。佛令其在僧众夏季安居终了之日（即农历七月十五日），备百味饮食，供养十万僧众，

可使母解脱。”目莲是释迦牟尼的十大弟子之一，传说其母坠入饿鬼道中，食物入口化为烈火，目莲向释迦牟尼求救，释迦牟尼念《盂兰盆经》，嘱咐他在七月十五做盂兰盆会以祭其母。盂兰盆为梵语音译，意为“救倒悬”之意。目莲为救母而做盂兰盆会，后来逐渐演变为“七月十五”上坟祭祖以及祭祀孤魂野鬼以超度亡灵的习俗。因此，“七月十五”又称“鬼节”。

后来又在盂兰盆节的基础上，附会出“阎王爷”从农历七月十三日起，将全部鬼魂放出的故事，所以有“七月半，鬼乱窜”之说。“七月十五”这一天，人们要给已故亲人上坟，饯饷亡魂。这天午后，女主人要包水饺，为上坟做准备。煮好水饺后，先盛出3碗，各碗中数目不同，均为单数，比如分别为3个、5个、7个等。在傍晚时分，男主人或者儿子携带酒水、水饺、水果以及火纸等到祖坟祭奠。

旧时战乱、洪水、干旱、瘟疫、饥荒等是死人最多的时候，“七月十五定旱涝”，到了七月十五日仍然阴雨连绵，秋季粮食难以收成，接下来的冬春两季就会发生灾荒，就会有许多人被冻死、饿死，故“七月十五”祭奠已逝的亡灵，更多是对可能要发生灾难的恐惧。祭奠已逝去的祖宗与亲人，也是希望他们的在天之灵能够多多保佑活在世上子孙后代。

解放后，随着人民大众的文化水平的提高和科学知识的普及，过鬼节的习俗渐不流行。

中秋节

农历八月十五日谓中秋节，也叫“仲秋节”，境内俗称过“八月十五”，传统上是仅次于春节的大节日。俗有“七月十五定旱涝，八月十五定太平”的民谚。中秋之夜，皓月当空，合家聚宴，酒肴尽丰，赏明月，吃月饼，共度佳节。

在境内，中秋节是仅次于春节的第二大节，也是走亲串友送礼的重要时节。家家户户要在节前到长辈家里，尤其是要到岳父母家里“送节礼”，礼物有月饼、瓶酒、猪肉、公鸡等。

中秋节的主题是团圆。在当天下午，女主人要精心准备团圆饭，包水饺、炒菜。水饺煮好后，男主人带着水饺、月饼、酒水，到自家祖坟上烧纸磕头，祭奠已亡亲人。回来后，全家人团聚在一起吃团圆饭，吃月饼，赏明月。家中如有亲人未归，吃团圆饭时，桌上必须为他摆上碗筷，象征合家团圆。由于中秋节是团圆节，在一般情况下都要回自己的家过节，民间忌讳已婚妇女中秋节在娘家留宿。

“男不拜月，女不祭灶”，旧时有女子中秋拜月之俗。在月亮升起后（如阴天不见月亮，也同样遥拜），在院中摆好供桌，上奉月饼、石榴、苹果、西瓜等，点着蜡烛、焚烧纸钱后，女子跪拜于供桌之前，祈求月亮奶奶赐福添寿，保佑爱情美满、家庭幸福。

旧时有“八月十五吃月饼杀鞑子”之传说，说是在元朝末年，由于蒙古族统治者对汉人实行经济剥夺和残酷镇压，汉族民众纷纷起兵反抗。为联络汉族民众统一行动，齐心协力把蒙古兵将驱逐出中原，朱元璋的谋士刘伯温为此想出一个办法，就是在月饼底部贴上一张方块纸，纸上画有约定共同起义的秘密信号。各地汉族义军吃到月饼后，以此为号令，一呼百应，在八月十五这天晚上发动大起义，终于推翻元朝的残暴统治，建立起大明王朝。时至今日，月饼背面包装纸上往往还保留着那张曾经担负重要使命的方块纸笺。由此，民间便有了“七月十五定旱涝，八月十五定太平”之说。

重阳节

农历九月初九是重阳节。传统易学“以阳爻为九”，两九相重即为重九，两阳相重，故九月九日称为重阳。旧时逢“九月九”，有的人会佩戴臭蒲的块根（中药名菖蒲），以祈避瘟禳灾。乡间新豆收获，做豆腐，烧豆腐脑、三汁糊饾，清新郁香，甜腻润肠。

1989年国务院确定重阳节为“老人节”，成为尊老、敬老、爱老、助老的全民性节日。每

年重阳节期间，有关部门都要开展孝敬父母、关爱老人的宣传活动，为老人举行慰问活动，组织老年人登山秋游、赏菊观光等有意义的活动。

冬至节

冬至是农历的二十四节气之一，也是汉族传统的节日之一。冬至进入一年中最为寒冷的季节，叫“一九一”，又叫“数九”或“交九”，即进入“一九、二九不出手”的严寒天气。

人们会把棉花柴捆绑于椿树之上，传说到大年初一作烤火之用，能在新的一年里带来吉祥与好运。同时有“冬（至）不回婆家，就死老公公”之避讳。

冬至以后进入一年中最冷的季节，民间有在冬至期间吃狗肉、羊肉进补的说法和习俗。

腊八节

农历十二月初八为腊八节，民间习俗主要是熬腊粥喝。腊八粥多用黄米、白米、小米、栗子、红豇豆、红枣泥等合水煮熟，外用染红桃仁、杏仁、松子及白糖、红糖、葡萄作以点染。喝腊八粥也有祈福求寿、避灾迎祥之意。

辞灶

辞灶，也叫过小年，为农历的腊月二十三日。旧时，这一天要在灶台上摆麦芽糖饼、糖果等，晚间燃起香烛，由当家的男子跪拜，然后将挂了一年的灶神像（俗称“灶蚂子”）取下，换上新的，俗称“辞灶”。传说，分管灶堂事务的“灶王爷”在这天要到天上去向玉皇大帝报告每家善恶，故祭灶时，有口念“上天言好事，回宫降吉祥”之俗。

忙年、送节礼

小年过后就开始“忙年”，大都忙着打扫卫生、杀猪宰羊、蒸年糕、做豆腐、炸丸子、生豆芽……赶集上店，置办年货，洗澡理发，添置新衣。置办年货务要添新碗新筷，意求增人添口、家族兴旺；要备鸡、鱼，意求年年大吉，岁岁有余；要蒸年糕、做豆腐，意求“年年站高”“阖家幸福”等。在解放前的乡村，许多人家生活困难，就招呼几家合到一起，每家凑几斤豆子（俗称“攒豆子”），一起做豆腐分食。也有的图省事，干脆拿豆子去换豆腐。

20 世纪 70—90 年代期间，稍微富裕一些的人家，过年时节往往要购买一个猪头，使得猪头变成了紧俏货。也有的把自家喂大的肥猪找人给杀了，猪肉大部分卖掉，留下“头蹄下水”好过年。

过了小年，亲戚朋友之间开始互相馈送礼物，叫做“送年”“送节礼”。送礼对于新女婿、准女婿特别重要，送年礼都很讲究排场，必备礼物有“里肉”（谐音“礼肉”，猪腰窝间的方肉，约 5 公斤）、鲤鱼（2 条或 4 条，每条 1 公斤左右）、粉条（1 捆，俗称“一杆子”）、瓶酒（至少 1 箱）等。收礼方往往要“退一半”，即退回全部或其中某些礼物的半数（如果礼物中的鲤鱼为 4 条，则一定要退 2 条；如系 2 条则可不退。但如果什么礼品都不退则显得不懂礼节）。对于已婚多年的女婿女儿来说，则不再讲究排场。自己有什么送什么，或者父母需要什么就给什么，送的多少不限，但是春节前必须要送。

上年坟

苍山各地都有年前上坟的习俗，一般在腊月二十七日至二十九日。届时，在家的男子去几人。人们挑或抬着酒菜（大都放在竹筛子里）。菜必须是单数，一般是 5 个或 7 个，其中必须有下好的饺子。到墓地后，从辈分最高的祖坟起，依次摆供品、烧纸、磕头、放鞭炮。所烧之纸必须是事先经过“纸戳子”打过的。

第二节　公历节俗

中华人民共和国成立后，新兴节日在县内逐渐相沿成俗，人们以不同的方式庆祝。

社会节日

元旦　1 月 1 日，法定节日 1 天。从 20 世纪 80 年代开始，时兴邮送贺年卡、赠送挂历。

国际劳动妇女节　3 月 8 日。妇联多组织妇女开展相关活动。许多男士会在这天对女士说“祝你节日快乐！”

植树节　3 月 12 日。各级政府发动干部职工和公民群众，在节日及适时日子植树造林。

国际劳动节　5 月 1 日，法定节日 1 天。民众多选择在此期间旅游、探亲。

青年节　5 月 4 日。共青团机关多组织青年、团员集会庆祝，或举行专题活动。

国际儿童节　6 月 1 日。小学生放假，父母往往借此带他们外出旅游，为其购买礼物。

中国共产党建党纪念日　7 月 1 日。机关、团体多举行文艺演出、党的知识讲座等活动。

中国人民解放军建军节　8 月 1 日。各级机关、团体慰问当地驻军。

教师节　9 月 10 日。政府机关组织慰问教师。

国庆节　10 月 1 日，法定节日 3 天。百姓多选择在国庆节黄金周期间旅游观光。

外来节日

情人节　2 月 14 日。部分年轻人会借机给意中人送鲜花。

母亲节　5 月的第二个星期天。子女多为母亲购物、赠送礼品。

父亲节　6 月的第三个星期天。子女请父亲吃饭和赠礼物。

圣诞节　12 月 25 日。基督教、天主教教徒、信众的重要节日。一般青年多聚会吃喝玩乐。

第二章　生计习俗

第一节　农　事

境内民众自古以务农为本。一般是男人耕种劳作，女人操持家务。农民生活节奏缓慢，日出而作，日落而息。一年的农事活动一般是过了正月才开始，入冬后即进入冬闲时期，农民大多在家“猫冬”，少数人外出做小生意。农业合作化以后，集体常利用冬闲时期开展整山治岭、修建水库、治理河道、改造洼地等工程，将冬闲变为了“冬忙”。实行农业生产责任制以后，各家各户自行安排耕作种植等农事及工副业生产，以及农业机械化的发展，传统的农事逐渐发生变化。

劳动力

土地私有制时代，收获庄稼时大户要在临时雇来的短工中选出一个活路好、威信高、带头割庄稼的，叫“领趟子”，干活赶不上“趟子”的要少给工钱。人民公社化时期，一个生产队数十人一起收割庄稼时，带头的那个人也叫“领趟子”。20 世纪 50 年代农业互助合作运动起，始有“劳动力”之称，简称“劳力”，有整劳力（18 周岁以上的）、半劳力（15 岁以上、18 岁以下）之分，男、女之别。生产队对劳动力的出工要记“工分”，一般在“活儿”紧、劳动强度大的情况下，一整天要给男劳力记 10 分，给女劳力记 9 分，给半劳力记 7～8 分；农闲时节干活的要相应减分。20 世纪 90 年代以后，只要不是固定的职业，大都称作“打工”，“打工仔”“打工妹”“打工族”等都是打工者的称谓。

土地

平原把田野称为湖地，到田间做活称为下地、下田、下湖等；山区称耕地等为湖地、山地，山场。20 世纪 50 年代以前，土地面积以亩、分、

厘计算，民间通行的地亩计量大小相当于现代市亩的 3 倍（折合 2000 平方米），称大亩、老亩、旧亩，50 年代起，对国家统一的市亩称为小亩、新亩、官亩。实行人民公社后，土地计量统一于市亩（简称“亩”，一市亩为 2000 平方米的三分之一）。

田地间的界线，旧时要在证人（中间人）的见证下，或两地邻主人都在场时埋上标志性石桩，称“志子石”“角子石”；或在地界中间打洞灌下石灰水或石灰粉，称“打灰橛”等。一般把地界之间留下一条小沟叫作墒沟（耕地时土向两边翻中间留下的浅沟亦称墒沟）。村民依据方位或周围明显参照物等给地块命名，如沟东、堰西、路南、林北、官地、河崖、桥头、折（shé）腰地等。

一般作物下种前，都要把土地耕翻、耙暄、整平，然后按照作物的时令要求，视土壤墒情及灌溉条件适时播种。

耕耘

农户、生产队耕地的主要工具是单铧犁，也叫犁头，多用两头牛、马、骡子、驴并排牵拉，没有牲畜时用人拉。有两头牲畜的叫“一犋”牲口。耕地时给牛套上木制的梭头、系上熟牛皮做的“经绳”。20 世纪 50 年代至 70 年代的人民公社化时期，生产队有“两怕”，即“一怕死老牛，一怕烂地瓜”。当时宰杀耕牛需报上级批准，否则负责人或当事人要被追究责任。

把式们在驱赶牲畜耕地或打场时，常吆喝号子。吆牛号子也叫“号号溜”“嗥嗥溜”，一般没有唱词，曲调随把式心出，其调悠扬、舒展，充满自信感。

农用运输

20 世纪 70 年代以前，农户或生产队常置备牛车。牛车的车轴没有滚珠轴承，车轮是木制的，没有胶皮，粗老笨重不灵活，多用黄牛牵引。

70 年代以后，农用马车、“地排车”（板车）和“小胶车”（独轮车）逐渐增多。农用马车与牛车不同，装有用钢制的车轴、滚珠轴承和胶皮“轱辘”（轮子），摩擦力小，速度快。早期的马车较大，根据车上所载货物多少可以套上 1 ～ 3 匹骡马牵引；后期的马车稍小，只用 1 匹马（或驴、骡）牵引。马车在 70 年代至 90 年代使用较普遍，多用作短途小吨位运输。进入 21 世纪，农业机械化程度不断提高，耕地、播种、运送等农活大都使用拖拉机或农用三轮车，农用马车使用量越来越少，小胶车在农户中也逐渐淘汰。

生产时令与播种、田间管理

农业集体化以前，当地复种指数较低，农民习惯“两年三种”，上年的晚秋作物地茬一般都是留作“春地”，入冬前要对其耕翻“晒茬子”。过了正月十五至二月二“龙抬头”这一段时日，春种开始，家家运肥，户户春耕。

播种分春播、夏播和秋播，民间分别叫做“春种”“夏种”“秋种”。

春播的主要作物有高粱、谷子、地瓜、花生、棉花、西瓜等，夏播的主要作物有玉米、大豆、地瓜等，秋播的主要作物有小麦、大麦、豌豆、大蒜等。

春播期间，同时对秋播越冬作物进行田间管理，包括追肥、浇水、除草、防治病虫害等。对春播作物的管理重点是棉花，集体化时期一般由生产队组织棉田专业队种植、管理。

小满时收获大麦、豌豆、小豌豆，芒种时收获小麦。

麦收后，抢墒播种豆子、玉米等，扶薯沟、压麦茬地瓜，对春播作物夏锄。入伏后要“挂锄歇夏”。

立秋过后，陆续进入秋收及秋种。“立秋三天镰刀响”，是说春播的高粱、玉米、谷子等早秋作物要开镰收获；所谓“三春不如一秋忙”，是说对秋季作物特别是晚秋作物要抢收、抢打，对所腾地块要抢茬翻耕，对秋播作物要抢墒、抢节令播种。

农忙时，农人日出前即下地，日落后方收工，早中两餐多在地头吃，送饭者多为妇女和儿童；集体化生产时期很少送饭，只有在农活特别忙且劳作的地块离家很远的情况下才由生产队安排专人置办饭菜并送到田间。白天劳动分为五个时段叫做“五派”，即早上一派（约2小时），上、下午各两派（各约3～4小时）。在暑夏期间，一般中午不下地干活，谓之“歇晌”。

农业生产责任制实行以后，农民的种植有了自主权，劳动时间可以自行掌握。随着农业机械化水平的不断提高，农民的劳动强度已大为减轻。

看青

“看青”也叫“护青”，是指派人守护未成熟的庄稼，直到庄稼成熟并收获到家而采取的措施。

农业集体化时期，为防止本村村民及其他人破坏青苗和偷窃田地里的果实，一般从夏季青苗长起来就开始派专人看青，为此村里会找一些脾气不好，不怕得罪人的人做这项工作。后期从庄稼半成熟到收获前往往还要加派民兵昼夜守护。

收获

农业机械化水平不高时期，要在农作物收割以前，选一块不易积水的田地整平，用水适当泼湿，叫泼场。随后在泼湿的地面上撒上麦糠等，三四人拉动碌碡转圈碾压，这叫“按场”。压过的场地如果经雨淋后会疏松，雨后还要及时撒上麦糠，再用碌碡碾压，这叫“矼场”。

收获小麦多数是用镰刀割麦，少数用手拔麦，然后捆成麦捆，运到打麦场脱粒。玉米、高粱等作物的收获也主要用镰刀收割，取穗运到场上脱粒。大豆用镰刀收割后不打捆，直接装车运往场上晾晒脱粒。收获谷子，前面的人先用镰刀把成熟的谷子割下排放在地，后由他人持一种专用掐谷刀切下谷穗，俗称“掐谷子”，再集中运往场上脱粒。收获芝麻，是将黄熟的芝麻整棵割下，捆成小把，运回家院，靠墙根并排站立晾晒，以后视“芝麻梭子”（果实）干燥情况每隔三两天，就要手持芝麻捆倒过来用木棍敲打震动，使干燥的芝麻粒落在事先铺好的布面上，这叫“咔芝麻”。绿豆等的收获要人工及时摘取成熟果实。地瓜、花生、大蒜等的收获主要靠镢剜、镬刨，地瓜收获后，除一部分放入地窖鲜贮用作留种或鲜食外，大部分要切成片晒成地瓜干，即“晒瓜干”。地瓜切片时要使用专门的工具“锼子”。锼子过去是农家必备的工具。

把成熟的庄稼运到场上以后进行脱粒叫打场。旧时打场大多是用人力拉动碌碡打场，70年代中期开始使用小麦脱粒机脱粒及用拖拉机拉着铁碌碡打场，但扬场仍然依靠人力。现已在小麦、玉米等作物上推广机械收割、脱粒。

大田玉米成熟的标志是大多数的“棒子”（带皮的玉米穗）变黄并垂下。收获玉米，要掰下棒子，运回场上或家中庭院。一是剥皮晾晒，干后脱粒或直接储存玉米穗；另一法是剥去外面老皮留下几叶内皮，每两个系在一起，又一层层叠起挂在墙上、树干上、木架上晾晒。玉米手工脱粒时，一人持剪子、蒜铲等工具在一穗玉米棒上戳掉若干行籽粒，其余的人双手各持一穗对搓，很容易就把剩下的籽粒搓掉。冬天农闲时节，一家人围坐在一起搓玉米，边说边干，其乐融融。

棉花的采收是次第进行的。棉桃先开的要及时“拾棉花”（采摘），一般要趁早晨空气潮湿的时候，如此可以少带些枯叶等杂物。棉花采收回来后要在“箔”（高粱秸并排勒编的器具）上摊开晾晒，并随时“择棉花”（剔除杂质）。

实行农业生产责任制以后，农民为节省土地，一家一户大都不去按场打场，为图方便，许多农户常把收获的小麦等运到公路上打场晒粮，此举严重影响了交通。经过各级各部门多年的不断治理，以及机械收割程度的持续提高，这种情形现在已很少发生。

储藏

粮食脱粒后还要经过几次晾晒才能进行储存，要视粮食的干湿和农活、场地情况，选择晴好天气予以晾晒。农谚有“热装麦子凉装豆”说法，是说晒好的小麦要趁热装袋，以此可以杀死害虫虫卵，而晒好的大豆要放凉再装袋，以防“捂”坏豆子。

境内一年有两次粮食收藏。交完税粮（征购粮）后，剩下的就要自己储藏。专门储藏粮食的房屋叫仓房，生产队里的粮仓叫仓库。粮食进了仓，为了防止霉烂、虫蛀，要经常晾晒。为了防止老鼠咬嚼、搬拉，或放上“铁猫”（放有诱饵的触发式捕鼠夹）等器具进行捕捉，或投放“老鼠药”（毒鼠剂）进行毒杀。

一般农户家中用陶质、瓷质的大缸、大盆等器具储藏粮食。粮食多时用囤储藏，粮囤的底部叫囤底，一般是用不易被老鼠咬坏的蜡条编制，存放粮食前要用麦糠和泥糊好。沿着囤底沿内向上一圈一圈围着加高的器具叫“簧子”，用芦苇或高粱秸的蔑片编制。粮食增多，簧子就要增高，叫“旋（方言读suó）簧子”。除了储存粮食，簧子还可以用来储存花生、地瓜干等。

植树

境内有在庭院和“四旁”（田、村、路、宅旁）植树的传统。庭院内多种植枣、石榴、香椿等树，房前屋后多种植杨、柳、国槐、刺槐、杏、花椒、泡桐等，田边路旁多栽植杨、刺槐、白蜡条等，山岭多种植柿、枣、桃、花椒、刺槐、松、侧柏等，墓地多种植松、柏等。

养殖

20世纪80年代以前，农户养殖以鸡、猪为主，杂以鹅、鸭、兔、羊、驴，偶有养牛、马、骡的。鸡的饲养最容易，每户几只至一二十只，忌养4只，因避“八眼”（疤眼）之嫌；白天散养，以产蛋为主要用途，有“鸡腚门子是银行”之说，故公鸡淘汰较早。养猪主要目的之一是积肥，生产队时有专人给各家猪圈“出粪”“垫圈”，并视猪的大小按日给记“工分”；猪的饲料主要为糠麸、鲜地瓜、地瓜秧、瓜干、青草和粉碎的干地瓜秧、干花生秧等；家长一般会使唤小孩子下地“拔猪食”采集饲草。

第二节　商务　手工业

旧时，境内商业经营主要有店铺、摊贩、行商3种形式，习称他们为“做买卖的”“开店的”“摆摊的”“货郎”。店面较大的一般称作“××店”，店面较小的则称作“××铺”“小铺”。店铺的经营场所多称为“门头”。境内还有“逢集”和“逢庙会”的传统。

境内称手工业者为“手艺人”“××匠”。其中大部分制作方面的手工业产品为自产自销。有固定生产经营场所的也称为“××铺”或“××坊”。

传统家庭手工业门类较多，大多为兼业，少数为专业，主要有木工、泥瓦工、打石头、打铁、磨豆腐、屠宰、扎笤帚、扎扫帚、条编、织席、打苫子、打苇箔、纺线、织布（老粗布）、染布、烟花鞭炮制作、特色食品制作等。20世纪80年代以后，手工业门类不断扩展，服装加工、照相、电器维修、车辆维修、刺绣、十字绣等逐渐增多，而打铁、编筐、补锅、纺线、织布等渐少乃至绝迹。

集市

集市的日子又叫“逢集”，集市结束称“散集”。人们到集上买卖叫“赶集”，不经商的、没有要紧事情而到集市上随便逛逛的叫“赶闲集”。

20世纪90年代以前的集市为综合性贸易场所，除生产资料与生活资料交易外，像餐饮、理发、说书听书、印染、农具修理等服务性交易也是集市贸易的重要内容。同时，带有明显的季节性特点。夏收夏种来临时，木杈、木锨、木筢、撞板、镰刀、锄头、竹筢、竹编扫帚、磨石、陶制磨刀罐、陶制茶水罐等器具批量上市；春节来临时，商品有年画、春联、过门笺、灶马子、鞭炮、烟花等，又有刚从竹园砍来带叶的竹竿（俗称摇钱树）和火纸、香、香炉、糖块、瓜子、花生、红枣、栗子等年货。进入21世纪，随着大型超市的出现，集市贸易日益萎缩，多数农村集市基本上成为一个大型的服装市、青菜市、水果市，其它传统交易已比较少见。

庙会

从起源上讲，庙会是从古代大型的祭祀活动与宗教活动开始的。据《续修临沂县志》记载，今苍山境内有庄坞（农历三月十九、四月十四）、层山、徐桥、卞庄（农历四月初八）、兰陵、楼子（农历三月初三）、向城、兴明、尚岩、高尧寺、南桥、贾庄等庙会。另外，大仲村镇的朗公寺庙会（农历四月初八，有人认为与祭祀释迦牟尼有关）、清明节文峰山庙会（有人认为与祭祀大禹有关）等都是当地有影响力的大型庙会。

新中国成立后，庙会逐渐演变为物资交流会，形同大型的集市贸易，一般持续3天。进入21世纪，随着集市贸易逐渐萎缩和旅游业的兴起，某些庙会又兴旺起来。

开张

旧时，店铺、作坊开业或改换门面，要选择“吉日”邀请亲友、同仁前来参加开业仪式，此举称

为“开张”“开市”。主家要装潢门面，燃放鞭炮，宴请亲友，赠纪念品，以庆“开市大吉”。应邀前往志喜的亲友一般都会备礼物（或礼金）相贺。

第三节　匠　作

苍山民间匠作均崇奉本行业祖师爷，如木、瓦、石匠均尊鲁班为始祖爷，每年于农历五月初七日聚会纪念，掌尺的或把头酹酒率众叩拜。有的在作坊、工场、店堂设神位、挂神像，定时祭祀。

工匠分为生产性工匠和服务性工匠，有些类型的工匠兼具二者，如铁匠、木匠。

铁匠

烘炉，也叫铁匠炉、打铁炉。铁器的使用是中国传统农业生产工具中最先进的生产力形式。许多生产工具、生活用具都与铁匠、铁器密不可分。烘炉一般有如下设备：一座砌有数米高烟囱的炉盘，一架有强大吹力的风箱，若干锤子、钳子，数尊生铁铸的铁砧子，“溅火”（淬火）用的水槽，若干磨刀、开刃用的大磨石等。境内烘炉的燃料大多为烟煤，很少用焦炭。

铁匠是利用烘炉锻造和修理铁器的工匠。铁匠师傅一般要带一两个徒弟。打铁时，师傅用左手拿钳子将烧红的铁块（铁器）取出放置砧子上，右手持小锤往需要锻打的部位敲击，而其徒弟则双手举“二锤”（也叫八棱锤）奋力击打师傅所敲击的部位，二人轮番敲打，直至合格或铁块变凉发硬而再次加热。

现在农业生产工具多由工厂生产，但小型的一些工具用坏了，还要进行修理。给新买来的的铁锨、镐头等淬火还是离不开传统铁匠的手工艺。淬火是一种金属热处理工艺，把铁锨、镐头的头部或镰刀、菜刀的刃部放在烘炉火中焙烧，待发出如同晴空烈日样的颜色时取出，将其要淬火的部位放入事先准备好的水池内急速冷却，能增强钢的硬度。

木匠

木匠常用的工具有大锯、小锯、斧子、凿子、刨子、大锛、小锛、线钻、墨斗、锤子、矩尺、铅笔等。旧时，木匠活中最累人的是拉钻，最折磨人的是拉大锯，最难学好的是打卯。当地木匠属北方流派，用锛是其拿手好戏。

现在有了带锯机、电动刨车等机具，大大减轻了匠人的劳动强度。

现在木制家具、生产工具多采用流水作业，

效率大大提高，但仍有一些巧妙活仍采用老工艺制作，如庄坞最负盛名的“于家耩子”，就属此类。耩子中间是装盛种子的斗升，斗升后下方开口与小斗槽相通，开口处装有一个用竹条和圆石蛋连结而成的拨动种子向下并朝各个耩腿里散开的元件，叫“活儿蛋子”“格勒蛋子”。耩腿中空，下面装上燕尾形的铧犁，叫“耩脚子”或“耩铧子”。在两条（有少数为3条）耩腿的中间外侧装上两根等长的方木用于套牲畜拉动，叫“耩杆”。播种豆子、谷子等农作物时还需在两条耩腿的底部装上弓形的“抹棍子”，用以刮土遮掩种子。

石匠　錾磨工

石匠按其工作性质分为几种，常见的有“打墙盖屋的”（普通石匠）、“起石头的”（普通采石工）、“扒磨的”（采磨盘石工）、“断磨的”（錾磨工）。

“扒磨的”的采石工采出石块后，要将适合的石块做成磨扇，这叫“洗磨”。

石磨由两个圆柱型石块组成，总称“磨扇”。上面这扇叫“上启（起）子”“上磨扇”，下面这扇叫“下启”“底启子”“底磨扇”。底磨扇顶部中间有一套上钢圈的凸出顶部平面的圆柱形木柱，叫“磨脐子”。围绕磨轴有若干组用钢凿子和钢錾錾打成放射状的稍微隆起的“磨齿”。上磨扇有向磨中添加粮食的通道叫“磨眼”，磨“糊子”用的是一个磨眼，专门磨面粉的有两个磨眼（磨麦子的一个眼，磨麸皮的另一个眼稍大，暂时不用的那一个用物什堵住）。底磨扇的中心是一个凹进去的圆柱形石槽，在里面沿槽壁套上钢卷，用来把上层磨套在磨脐子上并能够转动。上磨扇的侧面相对凿有两个圆槽，内安“磨把子”，以便拉转磨扇。底磨扇是固定在一个石质磨盘里的（因其不会转，民间有“你净找底启子磨推”的说法），磨盘比磨扇大的地方被做成一圈磨槽，用来接放磨制过程中流下的糊子或干粉。

石磨用上一段时间，磨齿子会被磨钝。这时就要请专门的石匠（俗称“断磨的”）来“錾（县境东部读“断”）磨”，錾磨工用钢凿子把槽沟加深，接着用锤子夹住一块薄钢片将磨得平滑的磨齿重新敲打出糙面来。新錾后的磨初次使用时有“磨合期”，这时会有细石屑脱落混到糊子里，所烙的煎饼吃时会“牙碜”，人一般不去吃它，而是将这部分糊子煮（或烙）熟了拿去喂猪等。

柳编、竹编与草编

柳编，也叫条编，主要原料有蜡条、荆条、紫穗槐条、杞柳条，统称为“条子”。条子不去皮称为“黑条”，去皮的为“白条”。黑条用来编织生产工具，白条用来做编织生活用具及艺术品。柳编制品是当地老百姓的日常生产生活必需品，比如针线筐，俗称“鞋筐子”（柳条筐箩的一种），长期以来就是姑娘出嫁时必备的陪嫁品之一。

传统的蜡条、荆条、紫穗槐条等条编手艺，以庄坞镇南北营子所产独轮车上的长筐较出名。

柳编制品中有供观赏用的花盆套、花篮、吊花篮、挂篮等百余种，有日常生活用品如纸篓、洗衣筐、各式提篮等共600多种。制品原料以棉柳为主。其特点是大、中、小条挺拔均匀，条眼小，空心小，韧性大，质地洁白。现今苍山县的柳编业主要集中在庄坞镇一带。

自20世纪90年代始，为了适应国内外市场需要，又增加了用山红柳、煮柳和带皮柳等编制的新产品。白条产品涂施彩色，再上清漆，　绚烂多彩。在工艺上也打破了传统的横编法，逐步吸取西欧竖编法。融横编、竖编于一炉，大大提高了工艺水平。庄坞一带的柳编产品远销日本、美国等国家和欧洲等地区。每年正月十五日庄坞街逢交易大会（20世纪70年代由高尧寺庙会移来），柳编艺人还编有大小不等的染上大红色的“狗头篼子”，是小孩子们最喜欢的玩具兼工具之一。到了庄坞的三月十九与四月十四（皆为农历）两个大会，用蜡条、荆条、紫穗槐条所编的大小囤底、长筐、抬筐、柴火筐、粪箕子（也叫“扒箕子”）等生产工具，用白杞柳条所编的篼子、鞋筐子、簸箕等生活工具都会排上长长的一街。

扫帚、笤帚与刷帚。扫帚主要用于在场上清扫粮食粒子与杂物，或用于打扫天井（院子）。用若干道铁丝或其他线绳扎牢南方出产的实心竹子苗而成。笤帚或刷帚多用脱粒后的高粱穗扎制。

苍山县曾为北方地区最大的淡竹林区，竹器、竹编用具品种较多，主要有席子、斗笠、筛子、炊具等。

旧时另一种草编品是草鞋。中老年妇女在农闲时用芦花、黄草、蕾草（鎯瑯草）、茅草等掺和着苘、麻的“经子”编织而成的女式草鞋，黄草为主织的叫“草窝子”，蕾草与芦花织的叫“毛儿翁”。草窝子轻巧透气，一般在春、夏、秋三季穿用；毛儿翁厚重暖和，主要在冬天穿用。毛儿翁也有小孩和男性穿的，多为男子在农闲时编织。男性穿的也叫毛儿崴。小孩和男性活动量大、脚下重，所穿草鞋底要用苘、麻编织。

据《续修临沂县志》记载，庄坞、层山二镇一带是传统草帽的集中产地，但因制式及工艺各有差别，未能形成大规模生产。草帽走进市场，从涌泉村傅普仁开办青白草帽合作社开始，当时主要产品为圆顶式、平顶式的女性草帽。

图 28—1　柳编工艺品　（2008 年摄）

20 世纪 70 年代发展社办经济时，层山镇东部村庄聘请郯城马头的师傅教习社员编织草帽。进入 21 世纪，多为机器编织所代替，人工编织草帽效益不佳，只为村民闲暇时织作礼品之需。

制陶与制瓷

烧制陶器与瓷器的主要区别是原料用土，用一般黏土烧制出的是陶器或普通砖，用矸土（类似高岭土）烧制的即瓷器（烧制温度要高于陶器，而且烧前要施釉）或耐火砖。

境内烧制罐子、盆、青砖、青瓦的制陶工艺以庄坞镇东高尧村、大仲村镇索村为代表。轮制作坯，从远古传至近代。所制器物有缸、盆、罐、碗等。主要工序有选土、和泥、覆泥、踩大泥、踩小泥、揉剂子、轮制成型、晾坯、上釉（瓷器）、烧窑等。

图 28—2　土窑　（2009 年摄）

烧制陶器、瓷器、砖瓦的工序叫烧窑。砖窑的规模要比烧制日用陶器的大一些，一窑能装 40 方左右砖坯（一方为 200 块），连续用烟煤烧 5 ～ 7 天，待窑内温度降到适合人进出之时，就开始出窑。

新中国建立后，境内流行新型陶瓷瓦（瓦体呈长方形，有纵向凹槽，两头有挂瓦挡头，两边有搭扣合边）。烧制自己、之前不施釉的为陶瓦（俗称“泥瓦”），烧制之前瓦体正面“挂釉”的称“磁瓦”俗称“琉璃瓦”。

烧窑时说话亦有忌讳，如烧砖时看炉中之火

放红光，不能说火“红”，要说“亮”“明”，因为砖坯烧不好的次品叫二红砖、半红砖。

织布与印染

旧时，专门从事染布业的叫开染坊。今境内庄坞、涌泉、磨山、卞庄、兰陵、大仲村等大型集镇皆有开染坊者。染坊的主要工作就是把布染上颜色或印上花纹图案，做成特别受姑娘、媳妇喜爱的蓝印花布和彩印花布。蓝印花布的颜料为靛青，是从几种叫“蓝”的植物中提取的有机染料，物理性能稳定，色泽素雅。荀子在《劝学》中说：“青，取之于蓝，而青于蓝”。青即靛青，蓝即兰陵一带出产的菘蓝、蓼蓝。

蓝印花布的制作流程是，透过油纸花版镂空的孔隙，用刮刀把石灰与黄豆面和成糨糊状防染剂附着在白布上，晾干后再把布浸入染缸用靛蓝去染，也有用硫化蓝煮染的。染后晾干，放在捶布石上捶打，让防染剂脱落，露出白的底色形成花样。

蓝印花布的图案多以七点花为基调，形似梅花或猫蹄印。结构用小圆点、短线、小块面组成，形成富有特色的装饰性图案。彩印花布多以大红、绿、桃红、紫、黄五色套印，又称五色花布。由于多版套印，能印出较大面积的色块，再加上以桃红为主调，形成结构丰满、色彩绚丽夺目的艺术效果。印花布的图案纹样以梅、兰、竹、菊、花、鸟、鱼、蝶、龙、凤为主，有的采用“轱辘钱”“盘长”等传统纹样。常用题材有“凤戏牡丹”“喜鹊闹梅”“狮子滚绣球”“猴子摘桃”“鹿鹤同春”“梅兰竹菊”等，用来象征喜庆、吉祥和幸福。

化学印染技术飞速发展，使得古老的染坊工艺渐渐退出历史舞台，极少数保留下来的染坊都被当地政府作为非物质文化遗产保护起来。1935 年成书的《续修临沂县志》中就记载了因受价格与美观度等因素影响，临沂一带传统手工纺织业受到外来机器纺织业的冲击，濒临绝产的情况。

纸雕、剪纸

苍山县纸雕工艺以长城镇一带的门笺最为有名。门笺，俗称过门笺，也叫挂门笺。具体工艺是先在色纸上凿成图或字，然后将这些图字相互搭配，重新粘连成一体，组成一幅色画。门笺每门一套为五幅，每幅分三个版块。

第一版块用表面亮丽鲜艳的广檀纸作外框。第二版块是内部图案，也叫底子图。象征“福禄”的主题花纹是鹿和蝙蝠图案，蝠和福、鹿与禄谐音，表达人们祈求“福禄”之意。象征“荣华富贵”的主题花纹是牡丹，民间用牡丹表示荣华富贵。象征“斗升三级”的主题花纹是梅花瓶上插三个箭头，梅花瓶意为“斗”，箭头为“戟”，寓意步步高升。第三版块是汉字，在五幅图的正中心各有一个大字，五个字组成一句吉庆祥和之语，如“寿比南山松”“福如东海水”等。

剪纸，就是用剪刀将纸剪成各种各样的图案，如窗花、门笺、墙花、顶棚花、灯花等，既有平面的，也有立体的。其载体可以是纸张、金银箔、树皮、树叶、布、皮、革等片状材料。逢年过节或者婚庆志喜，人们常把美丽鲜艳的剪纸贴在雪白的窗纸上或明亮的窗玻璃上以及墙上、门上、灯笼上，渲染喜庆的气氛。

剃头匠

理发师，旧时叫“剃头匠子”“挑剃头挑子的”。在推进式组合剪传入中国以前，剃头刀与剪子是理发师的主要工具。那时理发师的挑子一头是温水用的柴火炉子和脸盆（多为铜、铝质，因其传热快），另一头是工具箱和折叠椅，以及毛巾、磨刀石、荡刀布等。故民间有歇后语“剃头挑子一头热”的说法。他们走街串巷，收费低廉。许多理发师还会用按摩、拿环（手法治落枕等）、掏耳朵等技艺服务顾客。

货郎挑子

专指肩挑担子的流动小贩。其担子的一头是特制的木器，上下两三层，最上面有几个格子，用以放置针头线脑、染料饰物等妇女用品和玩具、糖果等儿童喜爱的物品；有的还在上面设置一具转轮，轮面上写有各种中奖的物品名称，玩者扳动机关，将针镖射向快速转动的转轮，以确定奖品，这叫做“打彩”；担子的另一头就是一个筐或篓，用以盛放收换来的废铜烂铁、头发、鸡蛋等物品。他们走街串巷，手摇一只拨浪鼓，人称“货郎鼓子”；也有的是用小泥哨吹出一段特定的乐曲，以招徕顾客。

箍漏锅子

箍（也写作“锢”）漏锅子，是专门为铁器、瓷器、陶器修补裂缝的流动工匠。按其工艺分为两种：一种是担子的一头有个小化铁炉，利用熔化的铁汁填补铁器的裂缝和孔洞，这种工匠有时也被称作“小炉匠”；另一种是用手钻在器具的裂缝两边钻眼，然后安上若干锔子（俗称“扒子”）固定，最后在缝上抹点石灰就行了。他们修补平常的铁器和陶器，使用钢钻就能钻成眼，如果是修补瓷器就得用上金钢钻了。境内常见的多为后一种工匠。

磨刀匠

磨刀工匠主要是打磨刀具和剪子。旧时的剪子多为铁匠打制，容易用钝，须靠工匠重新磨快（锋利）；菜刀等用钝了也要靠工匠打磨。先前的磨刀工除了磨石外，还使用特制“戗子”，可以将菜刀的面上戗出亮光，所以他们的吆喝声是“磨剪子来…戗菜刀…”。而到如今，他们改用手摇砂轮打磨，也就不再如此吆喝了。

扎柳匠

他们是一些擅长柳编工艺的挑着挑子（担子）走街串巷的手艺人。旧时，临近麦收季节，也会直接到集（会）的柳编市里，为农户修理（或加固）木叉、木筢、竹筢、扫帚、囤底、褶子、箢子、鞋筐子、簸箕等。他们使用的修理工具常有手钻、锥子、大直径钢针以及粗细不等的熟牛皮线等辅料。当地人把他们称作“扎柳匠子”。

扎腿匠

为故去之人祭奠而扎糊各种冥器的手艺人，叫“扎花匠”“扎腿匠”。遇有殡事，亲朋多数要携带花圈致祭，逝者的女儿（侄女）则要给父亲（伯父、叔叔）或母亲（伯母、婶娘）置办纸做的仆人、车马、金山、银山、摇钱树等，现在扩展到汽车、楼房、金库、电视机等。由于有市场需求，扎花匠手艺得以较好传承。

叭喇匠子

“叭喇匠子”，即吹鼓手，一般在婚丧庆典上常见。他们大多五六个人结成一个鼓乐班，主要乐器为唢呐（俗称叭喇）、笙、管等吹奏乐器以及铜打击乐器；好一点的还配有男女歌手，同时也相应增加伴奏乐器及音响设备。古典的叭喇匠子是不吹号的，有歇后语“叭喇匠子分家——摊不上号”为证，但现在也有专门以吹奏各种西洋铜管乐器为主的班子为各种庆典服务，民间依然习惯称呼他们为叭喇匠子。

鼓乐班所吹奏的乐曲根据喜事、丧事及其场合的不同而定。旧时喜事多吹奏《十样锦》、五调《桃红》等，丧事多吹奏《大官调》等。现今时兴配上男女歌手，演唱一些经典歌曲及戏曲选段。

碗匠

碗匠，一种专门为婚庆宴席提供服务的职业。他们一般是一两个人出台，同时提供自备的碗碟、筷子及桌凳等。

民间的婚庆宴席，来客中常有“大客”（一般是新娘娘家的舅舅和叔伯，大多为二人）。招待“大客”大都安排在单独的房间里，并有男方相对应的人员陪客。宴席中，上菜、撤菜的顺序，菜品摆放的位置以及为客人斟酒、提供擦手毛巾等，就由碗匠提供服务。

碗匠的碗筷桌凳等有时也会单独出租给丧事上使用。

抬盒子的

抬盒子的，一种为婚丧礼仪提供礼品运输服务的职业。他们一般二人一组，自备一种抬盒，俗称“盒子”。抬盒为圆柱形，直径约 1 米（也

有长方形的），高 1 ～ 1.2 米，4 层套盒，加盖，木质，外表漆成黑色或红色，加红色或黑纹涂饰，上有梁，以便穿进扁担抬走。

在民间，订婚后要下聘礼，礼品要备“四色礼”，送礼方就要雇用抬盒子的，将四色礼分别放置于套盒内，一同前往女方家中，以此显得庄重、好看，女方也将这礼仪说成“来盒子了”。有时新娘出嫁也配有抬盒。

在丧事上，死者的女儿家要“摆桌子”，供桌的祭品也会雇请抬盒子的给抬去。机关企事业单位有时也会雇用抬盒子的抬送礼品、展品等。

随着交通工具的普及发展，这一职业也逐渐消亡。但在民间仍留有一句歇后语：“两头不收礼——难为抬盒子的”。

做豆腐

首先用水泡豆，泡好，上石磨磨成豆糊，装入用过滤布料制作的“豆腐插口子”（袋子），挤出的汁液称为豆腐浆子、豆浆，余下的称豆腐渣。豆浆的另一种做法就是把磨好的豆糊子放上清水搅匀后，放进用粗布做的吊包中利用重力把浆控到缸盆中。20 世纪 80 年代，电动磨浆机开始使用，做豆腐的效率大大提高。豆浆锅中烧开，如果以冷风稍稍冷却，表面会凝结成一层皮，用一细木棍去一粘一转，可取一张全皮，称为“揭豆腐皮”。可连续揭四五次，豆腐皮晾干即为腐竹。在烧开的豆浆中加入适量的盐卤水（或石膏水、酸浆），即凝结为豆腐脑，其过程称“点脑”。在特制的豆腐筐中铺下笼布，将豆腐脑舀进筐中，收紧笼布，上放重石，挤水成型，即成豆腐。依照不同卤水所点制的豆腐分别称为“盐卤豆腐”“石膏豆腐”“酸浆豆腐”，各有不同的风味。

豆腐的深加工产品有豆腐皮、千层豆腐、豆腐干、臭豆腐、豆腐乳等。

第三章　生活习俗

第一节　村落　家庭

村落

境内村落大都为杂姓村落，只有个别小村子为单一家族村落。

大的村落里面往往有若干个大姓，各姓家族往往就近居住形成聚居。由此，家族势力往往很强盛。

集体财产

集体财产有两种，一种是早年承袭下来的土地、山林、水域、道路等，一种是由集体资金投资或村民集资设置的学校、办公室、桥梁、水坝、水库、作坊、车辆、大牲畜、果园、工厂、娱乐工具设施等。20 世纪 80 年代期间，房屋、农具、牲畜等处理为私有财产，土地、山林、果园、工厂大都实行承包制。

村民互助

村民之间一家有事大家帮，形成互助的常例。某家有婚事，村邻来帮忙，承担记账、采购、办宴、叫客、接待、司仪等职。主人则请帮忙者喝酒吃饭作为酬谢。如有丧事，从病危到下葬，都少不了村里人相帮，其中报丧、接待、挖圹、抬埋等均为丧者家族以外的村邻帮忙包办。

某家遇有修房盖屋，在开工后都要请村人帮助。20 世纪 80 年代以后，有了专门的建筑队，帮工的渐少。至于邻里关系好的人家，平时借驴拉磨、借牛耕地、借车外出等更是习以为常。

家庭与分家

旧时，境内家庭中儿子娶妻之后若干年内往往仍与父母合居。如婆媳关系不好则很快就会“分家”。分家的最重要条件是必须给儿子修建一处房屋。分家时，老人会给儿子购置一些锅碗瓢盆、刀案桌凳等炊具、家具，分给够吃到新粮接续时候的粮食。如果双方意见不一，则要请来一二“中人”予以调停，有些东西甚至还有予以“抓阄”，并当面将田地、房屋、财产、老人赡养等事项在“分单”上写清楚。

赡养与继承

旧时，分家后的儿子对老人的赡养有多种形式：一是老人单独居住自行起火食宿，诸子分摊生活费和粮食，定时交给老人；二是老人固定在其中一家吃饭，其他儿子另外拿钱拿粮贴补；三是老人的口粮田由某子耕种者提供粮食，其他儿子适当分摊生活费；四是老人轮流到儿子家里吃饭，短者十天半月一轮换，长者一年一轮换。

如果老人只有女儿（没有养育儿子或儿子早亡），有几种情况可以选择：一是从近支侄辈中“过继”一人为子，此人过继之后，一切称呼、礼仪、赡养老人、财产继承等都要跟随出继后的父母；二是带着相应财产投靠女儿，由女儿承担赡养责任；三是坚持自己单过，村里由公产或族产予以援助，公社化以后集体对此类老人都实行了“五保”。

家产继承主要为儿子平分继承。如果是最后赡养老人者可全部或大部继承老人财产，或者共同赡养老人者共同平分老人遗产。

旧时，女儿出嫁后就是外人，不承担赡养老人的义务，也不能继承遗产。随着时代的进步和法制的普及，儿女共同赡养老人的情况日益通行，女儿参与赡养老人的亦可分得相应遗产。

随着社会养老保险制度的完善和商业养老保险的普及，如今人们都及早为自己着手制定养老规划，以使自己的老年生活无后顾之忧，同时减轻子女的赡养负担。

第二节　饮　食

境内传统饮食一般为每日三餐，部分农民在农闲时节为一日两餐，以节省粮食。习惯于阖家共同进餐。普通民众日常饮食在20世纪80年代中期以前以瓜干、地瓜、高粱玉米等粗粮为主，多自行做成煎饼为食；其后转为以小麦等细粮为主，制成品花样增多，肉食等副食品消费比重持续上升，外出购买成品食品渐成饮食习惯。

境内居民有在重大节日团聚、集中消费的习惯，家庭多提前准备充足的菜肴和烟酒、干鲜果品等，供节日期间家人团聚、接待亲友走访消费。待客饮食一般据家境条件及视来客身份等情况而定，对男客人一般都会上酒，而且劝酒之风颇盛。

民以食为天

“吃饭是第一件大事”。旧时，人们见面互相打招呼问候的第一句话随口就说“你吃了吗？”家里来了客人最重要的是招待他们吃饭，朋友间交情也要靠时不时的餐饮来维持、加深。

老百姓口语往往把每天吃的主食叫做“吃头”，把配合主食而制作的汤类叫“喝头”，把一般菜肴包括咸菜等叫做“就头”。

人们要以粮食等生活必须品的资源来维持生存，而农民家中粮食的储有量更是衡量家庭境况的一个重要标志，过去女子找对象往往要到婆家察看粮食多不多，避免婚后“没得吃”。

时至今日，食品安全问题更被人们日益关注，人们不但要求吃饱、吃好，更要保证吃的健康、不出问题。

主食品

据《续修临沂县志》载：“农民家常便饭为煎饼、稀饭。佐味为豆腐、小豆腐、咸菜、番椒。煎饼用高粱麦穇。稀饭用谷米或黍米，豇、豌、绿、红、黄豆，地瓜，胡萝卜等。豆腐以黄豆为之。小豆腐以豆汁与各种蔬菜为之。蔬有葱，椒，韭，蒜，茄，瓠，蔓菁，莴苣，茼蒿，芹菜，菠菜，薹菜，白菜，辣菜（俗名辣疙瘩），芫荽，萝卜，篱豆（学名扁豆），王瓜（今名西葫芦），搅瓜，丝瓜，冬、南、北瓜，山药，金针，藕等属，皆可佐食。待客以鸡黍、鸡子为主要，或佐以蔬。凶岁则野菜、树皮、草实、麦苗皆可借以充饥延命，无所谓佐味也。”

1978年改革开放之前，社会生产力落后，粮食产量低，很多人家过着“半年糠菜半年粮”的穷困生活。如果碰上自然灾害，一些地方十年九涝，人们往往要用野菜、树皮、糠秕等蒸窝窝头填饱肚子。“高粱煎饼上把捧，糊饭汤子照人影”是当时穷苦人的生活写照。在当时的条件下，小麦煎饼、大米糊饭只有少数富裕家庭才能吃上。

20世纪80年代，家庭联产承包责任制全面实行后，稻麦等粮食产量逐年提高。小麦、大米成为大众主食，大米饭，小麦煎饼和用小麦面粉做成的水饺、油饼、面条、馍馍、花卷、朝牌（烤牌）、锅饼、烧饼、火烧、煎包、大包子等面食成为普通民众的主食。平时一日三餐，早餐有稀饭、点心、小菜、煎饼。中餐、晚餐讲究有干有稀，饭菜相辅。冬季农闲时节一日二餐，饭菜并重。

制作煎饼的原料有鲜地瓜、地瓜干、玉米、高粱、豆子、大麦、小麦等，用石磨磨成糊子后，用鏊子烙制即成煎饼。一般家庭的煎饼原料以地瓜（秋天刚刨下的鲜地瓜用刀砧碎后用磨磨成糊子）为主，年景好时，可以在地瓜或地瓜干里加些少量的玉米、小麦等。遇有歉收的馑年，多掺以树叶、糠菜、甘薯叶（秧），以能团成个、烙成形为准。纯粹的麦煎饼有时是刚下来新麦子，磨上一回，让一家子拉个馋；有时是有了重大活路（如盖屋、割麦等），才烙纯麦煎饼。麦收季节，最好吃的饭就是纯麦煎饼就咸鱼或卷上炒鸡蛋。

20世纪80年代以前，农村家家户户都有石磨，但有驴的户很少。在磨糊子之前，要先将洗净泡好的地瓜干片、玉米、小麦等用石磨磨成糊子。通常由2～3人每人各抱着一根磨棍一圈一圈地围着磨道重复性地向前推动，这叫推磨。推磨是累活，而且大都利用天亮前的一段时间磨糊子，这时正是孩子们睡的正香的时候，被父母从床上拽起来，无精打采地随着大人在磨道里转，一不留神磨棍就会掉到糊子上。糊子磨好以后，家庭主妇用鏊子一张张地烙好，这也是非常耗时耗力的苦活累活，尤其在夏天，天热加烟熏火燎，不用多长时间浑身上下就全部湿透了。

图28—3 石磨 （2010年摄）

80年代末，有了打糊子机，人们不再用石磨磨糊子。也有把麦子拿到电机磨坊磨出全麦粉，俗称“连筋道子”“连麸道”，需要烙煎饼时就取出一些，加水拌匀后即成糊子，然后烙成煎饼。现在想吃煎饼，只需带上淘洗干净的小麦、玉米、高粱等上打糊子机磨糊并用煎饼机加工即可，也可以到煎饼铺直接购买。

进入21世纪，大石磨基本退出历史舞台，只有石质小拐磨在部分家庭用于磨豆浆。

面食以煎饼、馒头为主。有名气的其它面食有磨山的大锅饼、神山的火烧、横山的大烧饼、兴明的挎包烧饼、尚岩王庄的高桩馒头等。

稀饭俗称糊饾、糊涂，是相对于干饭的主要汤水饭，春、秋、冬时节的必备饭食。一般用麦钱、麦仁、大米、小米、玉米、地瓜、瓜干、豆类、芝麻等选取一样或多样熬煮，熬过后加上一点面粉，使其成糊糊状，所以称糊饾。有条件的是用做豆腐过滤豆浆时的豆渣第二遍加水滤得的稀豆浆加上大米或麦仁熬制的，称“三汁子糊饾”。在夏天，可将黄豆用碓砸碎，放到锅里煮，然后加上野菜、菜末和盐，汤水多的称“沫子水”，汤水少以吃为主的称“小豆腐”“渣豆腐”。

档次更高些的“喝头”有面疙瘩汤、面叶汤、鸡蛋汤、糁乃至羊肉汤等。

菜肴

旧时，苍山民众习惯全家共桌吃饭，农忙时一日三餐，冬日两餐，口味偏重咸辣，很少炒菜、吃肉。即使炒菜，也多是自家出产的青菜、萝卜、辣椒、蒜苗和鸡蛋等。农家作坊生产的豆腐颇受欢迎，农户习惯用大豆兑换豆腐来吃，俗称“钆（义同割）豆腐”。

苍山县离海边并不太远，平时常有小贩用独轮车从岚山头（属日照市）、青口（属江苏省赣榆县）贩来石头鱼、矛刀鲚、白鳓鱼、虾皮、咸螃等干咸海货，在春季还会运来黄鲟子鱼、“林刀鱼”（带鱼）等海鲜，常被人们买来改善生活。

境内的禧宴都时兴“八大碗”，即主菜8碗加4个小碟，主要菜品有：鸡肉、整鱼、酥肉、酥鱼、山药、肉丸、卷煎、大肉及鸡蛋汤等。招待贵客讲究“三大件”，主要有海参、洋菜（琼脂）、整鸡、鲤鱼、肘子、扣肉等。也有些出嫁女家庭招待宾客只吃6大碗。有些家庭条件差的人家办酒席就会在碗底预先放些粉条、海带、萝卜等，这叫做“使衬”。

农村家庭联产承包责任制后，生活水平逐年提高，菜肴餐餐有，煎炒烹炸的菜品更是花样繁多，荤菜讲究鸡鱼肉蛋。婚丧办的宴席规格也越来越高档。20世纪80年代，苍山成为蔬菜生产和恒温储藏大县，民众餐桌上的各种时令蔬菜和反季节蔬菜应有尽有。

旧时，农家自己腌制的老咸菜被戏称为“一年吃到头、两年吃到尾”。老咸菜分生熟两种。每到秋后，将萝卜、白菜、辣疙瘩等加盐腌渍，次年开春捞出晒干。清明前后下锅，用大火烧煮（俗称“烀咸菜”），即成黑咸菜，也叫熟咸菜；把没有下锅煮的辣疙瘩清洗干净后，放入一个小缸之内用煮咸菜的老汁子重新浸泡，需要吃时从缸中捞出的，叫生咸菜。秋天，人们把“萝卜缨子”（萝卜叶）、辣菜缨子（蔓菁叶）、白菜帮等晒干，或将嫩的豆角、扁豆角等烫熟再晒干（扁豆角为原料的称“米豆皮子”），然后放进盐水及辣椒等佐料里烧煮，即成为“秋咸菜”（相对于春天煮制的咸菜，因形体较小，也叫小咸菜）。另外，腌萝卜干、腌豆腐干、腌韭菜花、腌香椿芽、腌黄瓜等也是人们爱吃的小咸菜。

苍山盛产大蒜，将提完蒜薹后7天以内挖出的鲜嫩蒜头，冲洗干净后放进坛子，用白砂糖水腌渍，一个月后即可食用，这叫“糖蒜”，是苍山的名吃特产之一。也可在腌渍时加入与糖等量的好醋，腌好的糖蒜酸甜可口，非常适合作下酒菜肴。

20世纪90年代，牛蒡在庄坞镇大面积种植，围绕牛蒡开发的系列菜肴，也是苍山的名吃特产。

饮料

解放前和解放初期，境内居民平时无饮茶饮酒习惯，仅在待客时才用茶饮酒。20世纪60—70年代，农村主要是喝散酒，进入80年代，饮用瓶酒者渐多，各种品牌的白酒、啤酒、甜酒进入百姓家庭，饮茶也是普遍现象。

炊具与餐具

主要为锅、碗、瓢、盆、灶等。旧时，农村多为铸铁锅、土灶、黑碗、泥盆、陶罐、木桶、白铁皮的壶，烧柴草或烟煤。20世纪60年代，城镇居民有部分人家使用蜂窝煤炉、煤油炉等。改革开放后，餐具为搪瓷、白陶瓷、不锈钢、

铝制品及塑料成品。90年代，炊具逐步向使用液化气灶、高压锅、电饭煲、微波炉、电磁灶等发展，但在农村仍有部分家庭保留传统灶台。

传统民间用品有“盖顶子”，系用两排高粱秸莛垂直交叉以麻绳穿成的平面用具，可放置馒头、煎饼、包好的饺子，以及用来盖锅等。

燃料

20世纪70年代以前，农村多以农作物的秸杆、树枝、树叶、草穰等为燃料，有些农户在不够用时就购买烟煤来烧，但其灶必须配有风箱及小铁铲等。80至90年代，多改为烟煤、柴草兼用，城镇居民普遍使用蜂窝煤炉烧饭炒菜，后发展为能温热水和取暖兼用的煤炉。

70年代开始，人民政府曾推广建沼气池使用沼气，但未能普遍推开。进入21世纪，提倡低碳经济，在一些本来就有使用沼气底子的村庄得到巩固与提高，不仅能用沼气做饭，还能用作照明。90年代开始普及液化气、天然气等燃料和使用电磁炉、电饭煲、电烤箱等电器。

第三节　服　饰

“新三年，旧三年，补补连连又三年。”解放前，大多数民众生活困难，穿着打扮连同饮食一起停留在“吃什么，只要饿不死；穿什么，只要冻不死”的水平上。有的家庭夫妻俩一条裤子轮流穿。到了冬天，许多孩子穿不上棉裤，只穿一件单层裤子，叫“穿灯笼裤子”；上身只穿一件棉袄，叫“穿空心袄”，外以布条束腰保暖；脚下没有像样鞋袜，许多人穿着用芦花、茅草编织的草鞋、毛儿翁，脸、手、脚等外露部分多有冻伤。

衣着

衣着俗称穿戴。清末民初，男子春秋穿圆领大襟上衣，也有穿对襟式上衣，有5、7、9颗纽扣不等（俗语“四六不成人”）。下穿直裆高腰宽脚裤（不分前后），冬为棉袄、棉裤，夏为坎肩短裤或赤膊。老年人喜扎外腰带、束腿带。普通妇女褂袄为右大襟，袖短而肥，领、袖口有镶沿花边；裤肥，裤脚有镶边、扎腿。贵妇及大家闺秀穿旗袍。普通人家的衣着为土布（当地手纺土机织的棉布），色泽多为蓝、黑或蜡染花布；绅商富户的衣着为洋布或绸缎。富裕户增有客衣，称“长袍短罩”，专备出门、拜客、访亲等活动用。

20世纪30年代末至40年代初，白洋布、花布始见于乡村。学生装、中山装兴起，原有服装不断改革，肥度、镶边减少，女裤除老年妇女外，皆撒腿。衣料为洋布或土、洋布混用。民国中后期兵荒马乱，人们无心讲究穿戴，相反为避灾祸，常常少着老装、女扮男装、富改贫装。

50年代，长袍马褂消失，男女均为短装，老年者着以大襟短褂、袄。青壮年装饰以学生服、中山服、国防服居多，以兰、灰、黑（青）色为主。女性普遍穿中便服、中西服、偏襟对襟不一。老年人多穿手工制作的对襟、大襟上衣，布料多为老粗布。

60年代开始，各种新型棉、毛织品上市，衣料除普通棉布外，还有人造棉、的确良、涤卡、线呢、灯芯绒等，但大都凭票供应，常人无法购置较多的衣物。“文化大革命”时期，青年人以草绿色国防服为时髦，其他多为兰、灰、黑色；女性穿着的花色服装、裙子一时匿迹。

80年代后，服饰随经济发展而变化，购布料加工定制的逐渐减少，成衣化成为主流。女装中绚丽的花色、柔和的格调次第出现，连衣裙、短裙、西式袄裤较为普遍。男着西装，牛仔服流行。继而茄克衫、滑雪衫、羽绒服、风雪衣、羊毛衫、健美裤、马夹等相继流行。进入21世纪，城乡差别逐步缩小，衣着服饰趋向一致，呈现出多种风格并存、各种流派汇集的场面。既有浓郁的古典怀旧情调，又有激进的前卫反叛风格；既有表现20世纪80年代装束的喇叭裤、长裙、长裤，又有超短裙、超短裤、吊带衫，还有追求舒适、随意的回归自然的休闲服装等。冬季穿棉衣棉裤者逐步减少，内衣加毛衣、毛裤，款式新颖；裘皮大衣、呢子大衣、羽绒服等外套服装应运而生。

帽子、头巾

辛亥革命后，成年男子春秋戴瓜皮帽、毡帽，冬为毡帽或自织棉线风帽，俗称套筒帽、土耳其帽，富者为礼帽围巾；老年妇女顶黑色头巾或白色毛巾，儿童多戴虎头帽。新中国成立后，蓝、黑便帽盛行较长时间，到“文化大革命”中被绿军帽替代。

20世纪50年代，男子流行春秋戴八角帽、冬戴栽绒“三块瓦帽”(三页瓦帽)。60至70年代，男子多戴“军式帽”“单帽”，女子多以方头巾或长方形花围巾包头。80至90年代，男子流行戴各式各样美观大方的前进帽(俗称“鸭舌帽”)、太阳帽等，女子普遍戴手工针织线帽，夏天流行围纱巾。这时也出现了人造毛、人造皮以及羽绒服上的风帽。

进入21世纪，随着市场经济的繁荣，城乡青年在穿衣戴帽上可供选择的商品非常丰富，人们在秋冬季节用来御寒的帽子、围巾式样更加多元化，颜色更加丰富，用料也是应有尽有。青年男子一般四季均不戴帽；女子冬春时节多戴皮帽、时装帽和各种手工编织的毛线帽，夏秋时节戴草帽、遮阳帽；农村老人在冬天仍常戴轻便、耐脏、暖和的黑色棉帽;在回民居住区，成年男子有戴白色礼拜帽之习。

鞋袜

20世纪40至50年代,男女多穿自纳底布鞋、自制布袜，或老式土织线袜，少数有钱者穿洋袜。冬天穿自制棉鞋，穷者穿自制蒲毛翁（即前文所说毛儿翁)。青年女子和姑娘穿丝线绣花或割花（左右两只鞋面合在一起纳绣，然后从中间割开，形成左右对称的花样）鞋。50年代，始有橡胶鞋、解放鞋，少有皮鞋、线袜、纱袜。

80年代后，鞋袜品种繁多，质地柔软，形式多样、美观。90年代后，鞋子造型频繁变化，有质地考究的真皮、合成革鞋，旅游、保健、登山、大头鞋。冬天有棉鞋，夏天穿凉鞋。青年女子多穿高跟鞋、半高跟鞋、高筒皮靴。袜子有真丝、仿丝、尼龙袜、长筒、短筒、连裤袜、无跟袜等。

佩饰

旧社会，女孩出生后要穿耳洞（俗称“扎耳朵眼子”）戴坠子，有钱人家戴金银耳环、耳坠，穷人穿线悬珠，为双耳；男孩娇生惯养者亦在左耳戴单耳坠。儿童多戴长命锁、手镯。“文化大革命”中，被扫“四旧”潮流涤荡，该风俗一时消失。进入80年代后，饰物花样日益增多，饰物成为成人服饰特别是中青年妇女服饰的重要组成部分，头饰、耳饰、胸饰、手饰种类繁多，发卡、戒指、项链、耳环等琳琅满目。饰物质地有珍珠、钻石、水晶、金银、玉石等系列。少数人向高档、奢侈品追求。青年人结婚，选购结婚戒指甚是风行。

第四节　发型与美容

男子自清代开始，老幼一律剃光前额，脑后留发，梳成一条辫子，时有盘脖间者。婴儿留偏毛，在垂髫之年扎束“冲天杆”，成年后改为“松二扣”。辛亥革命后，民国政府勒令剪除男辫，少数顽固者设法保留，有的将留辫盘头，戴在帽子里。直到“文化大革命”开始，男辫才绝迹。留辫的同时，中老年者亦留胡须。

新中国成立前，男子一般在子女婚后留有胡须，上有父亲、叔伯等老辈者只能留上唇须，如留下颌须(胡子)则被视为无礼、不孝。到现在，农村仍然有很多老人坚持这种传统。

女子自古即留发，幼时挽双髻，叫“抓鬏”。婚前，梳一条长辫垂于背后，用红、绿头绳扎束，富家有金、银卡子等首饰。从出嫁开始盘头，俗称“握纂”，即把辫子拆散，挽成方圆型发髻

于脑后，以簪子、钗子插发，外套“网子”。少女、少妇通常梳刘海，亦有留长发披两鬓者。中华民国成立后，职业女性、女学生开始剪短发。

20 世纪 30 年代后，机关工作人员及年轻人开始留发。分头、平头称“洋头”。多数成年、老年一直剃光头，亦称“秃头”。小男孩多剃光头，或在前面、两边留小片“偏毛”。

20 世纪 50 年代，剪短发的增多，女童及未婚女青年多扎双辫，少有老妇剪发。“文化大革命”初，盘头、辫子被视为“四旧”之物，强令剪除，不久照常复旧。80 年代后，个别男青年喜好长发，尺度逐渐增长，几至男女不分。80 年代后，始兴烫发、染发，发型多样，美容、美饰业逐步发展。90 年代，有光头、分头、平头、背头，亦有少年、青年、成年、老年之分，不一而足。理发业各立门市，竞相营业，成为人们美化生活的重要手段。凡出嫁新娘，都要到专业美发店巧妆一番。家庭美容也成为潮流。

第五节　居　住

旧时县内多数居民住房简陋。北部山区多为石墙到顶的起脊草房，低矮狭窄，墙缝透风，夏热冬寒；南部平原多为泥土打墙或泥坯垒墙的草房，遇有暴雨洪水冲淹，极易垮塌。所建房屋，均不留后窗，以免与前后邻居互看。各家一般都垒有围墙，以圈成院子；院门不论大小高矮，均称作“大门”。富裕人家多住四合院，有堂屋、东屋、西屋、南屋、过道屋及影壁墙等设施。赤贫家庭无力正经盖房，只能在村头巷尾搭棚或盖一两间矮草房栖身。

建房

建房也叫盖屋。自古兴邻居朋友相助之风，现在此俗更甚。新屋上梁时，门框、窗框、屋脊、房梁要贴大红对联，内容多为“上梁大吉”“安门大吉”“姜太公在此百无禁忌”等吉祥语，还要燃放鞭炮，以图吉利。在奠基、上梁及竣工时 3 次宴请工匠及帮工。新屋落成，在新屋设宴答谢亲友邻里。

苍山一带的民居主房大都坐北朝南，称堂屋。旧时，富裕人家多建有四合院，大多是青砖瓦房，主屋（堂屋）三间或五间，长辈居住；东西屋各为两至三间，低于堂屋，晚辈居住或做仓库；南屋一至三间，东首作灶房，西南隅为牲畜栏、厕所。房屋之间以院墙连接，大门一般开在正南或东南，有的以南屋作过道屋，也有的建门楼，正对门口处设影壁墙。富裕人家还对房子精雕细琢，房脊上是镶有“平安如意”的砖雕，或镶有龙、凤、麒麟等纹样的砖刻；门簪上刻有“吉祥”二字；门前抱鼓石上刻上小狮子。院中的门楼、牌匾、门楣、花窗等部位镂刻诸如“万世其昌”“四代同堂”“吉祥瑞庆”“耕读传家”“忠厚传家”“诗书继世”等内容。雕刻中用寿字或桃子图案寓意长寿，用磬的图形寓意喜庆，用梅兰竹菊图案借喻高雅，用牡丹、玉兰表现富贵，以龙象征祥瑞，以狮象征辟邪、护福，以鱼为余，以瓶为平。条件更好的一些富裕家庭有三进天井（三个院子）的四合院扩展，每个天井都有过道相连，辈份最长的住最后一进天井，长辈夫妻与晚辈夫妻不住在同一个天井，雇有扛活的一般住在第一进天井的偏房里。第一进天井的主屋上首多用作接待客人，叫“客屋”。

旧的社会条件下，建房时往往请地理先生“卜宅”，叫“看宅子”，并选择“黄道吉日”动工。动工时，燃放鞭炮，条件好的还要祭祀土地公公，念道“天无忌，地无忌，姜太公在此无禁忌。”

看好了宅子，然后放线、挖地基、夯地基，夯好地基用砖石砌“践脚”（墙基），黏合剂多为沙子与熟石灰的混合灰料，也有沙子、熟石灰、泥土三者混合的插花泥。富裕家庭的践脚用石头垒到 50 厘米左右，以上墙体全部用青砖垒砌。

一般家庭，条件好的践脚垒的高一些，差的低一些，再差的就是把地基堆的高一些夯实后直接在上面打墙。打墙的工具包括四根较直、长约350厘米、直径约10厘米的树干(叫打墙板，也有用四根加工好的专用条形木块)，堵版两块，引子绳8根，木榔头若干。先把两根墙板一边一根用引子绳牵引，并在践脚石上支好后向里面堆填湿土，再用榔头打实。用同样的方法把另两根墙板放在前两根墙板之上。打实后，把第一层的墙板解下，放在第二层之上，依次向上翻板，依次向上填土打实。矮墙10层板左右，高墙15层板左右。用砖石垒的墙垛不须用堵版堵住墙板的两头，没有墙垛的用堵版把两头堵上，保证墙体的完整美观。前后左右的墙打平口后，就要垒山墙，叫捎山。山墙较高，不宜用土打墙，用的是事先已经准备好的土坯块（也叫起块、基块等）和泥垒上。此时要慎重测量东邻西舍的屋脊高度，最好是一样脊高，自己低一些没有什么，要是比别人高了，也就是压了别人，会影响邻里关系。

接下来就是上梁。上梁是建房的重要环节，一般都要举行庆贺仪式，至亲好友都要前来致贺，礼物多是烟、酒、礼金等。上梁时，要事先在大梁中间贴上“上梁大吉”，在杈木（叫叉首）两侧贴上诸如“上梁欣逢黄道日，立柱巧遇紫微星”或“鲁班问梁何时上，太公答曰此时吉”等吉祥对联。然后，由两个工匠上墙用绳子提着，底下多人撑着，在鞭炮声中抬梁上墙，称“请中梁”。屋主再用红布披挂叉首，并向木工、瓦工和前来看热闹的人群抛撒花生、糖果之类。然后，依次把轮木（檩木）和脊棒放在山墙与叉首上，调整好后开始“拉把子”。（拉把子的作用相当于铺椽子）把子也叫屋把，用高粱秸或芦苇扎合而成。拉把后开始上泥，上泥后开始苫草或苫瓦。至此，盖屋的基本式序完成。

盖屋有“借山不借水”之说，可以借用左邻右舍的山墙，但新盖房屋的滴水不能直接滴到邻居的地界。否则，也会影响到邻里关系。

建房也有不少忌讳，如大门口正冲街口、巷口、墙角或高大建筑物时，要用木板书写“姜太公在此”五个红字钉在墙上或门楣上，或用石板刻上“泰山石敢当”，镶嵌在墙上，直对着街口、墙角、巷道或高大建筑物，据说如此便可避灾驱邪。

20世纪80年代后，物质技术条件较以前发生根本变化，墙体多为水泥、砖石构砌而成，践脚、墙垛、主梁全部用钢筋水泥浇筑而成，房顶有的打上钢筋混凝土，有的苫上青釉瓦，较为坚固。90年代，农村建房日益改善，草房变瓦房，土墙石墙变砖墙，讲究前后出厦带挂耳、三间平房带小楼、明三暗五带拐角，钢筋水泥大框架、瓷砖贴墙内装修等不一而足。进入21世纪后，部分居民陆续搬进城镇小区，住上了楼房，住房条件更加改善。

迁居、温锅

子女婚后一般要建新房新院分住，这一般不算作搬家。迁居指举家迁入新的住房。

迁入新居，有的人会在家门上张贴“与德为邻”“择仁而处”等红纸对联。

迁居新家后（一般在一周之内），亲友们要登门祝贺看望，赠送礼品，主要是烟酒、食品及炊具、餐具等，主人备办酒宴款待，互祝家庭幸福、邻里和睦，谓之“温锅”。此事含有“认门”之意，以便于日后往来。另有温锅可以给主人家增加“旺气”之说。“文化大革命”时期，此俗被废。20世纪80年代以后，“温锅”之风又日盛。

家具、用具

旧时，床具多为木质。贫者为秫秸铺床，较为窄小。富者床上设架，挂床帐、床幔、床围，床前有脚踏。20世纪60年代后，时兴双人床、高低床。80年代，因防地震，增有防震床。90年代，时兴组合床，可单可合，其质材亦有木、铁、铝合金等之分。床上用品变化最大。过去为苫子、草席、被褥、床单，90年代后有床板、席梦思垫、床围、床罩、被罩、凉席、电热毯、棉被、丝棉被、

羽绒被、太空被等，不可胜数。

新中国成立前，普通人家只有吃饭桌、小凳子、长板凳、箱子衣柜、小菜橱等，富裕之家有八仙桌、太师椅、立橱、屏风、条几、衣架等。大家具多为结婚时女家陪送，颜色以棕红或黑褐为主，老气粗笨。20 世纪 70 年代后逐渐被淘汰，嫁妆增加为梳妆台、写字台、大衣橱、食品柜、圆桌、折叠椅、高低柜等。80 年代增加沙发、电视橱、书柜、茶几等。随着人们生活水平的提高，90 年代，时尚家具有组合柜、组合橱、真皮沙发、红木沙发，新建楼房装修时大都建有壁橱、吊柜，柳条箱、木柜等已基本绝迹。

娱乐用品的乐器在 20 世纪 70 年代以前主要有锣、鼓、钹、铙等打击乐器，民间艺人有唢呐、笙、管、笛、胡琴、柳叶琴等演奏乐器；80 年代以后，电子琴以及小号等铜管乐器有所增加。

第六节　出　行

旧时，达官贵人出行乘坐车马轿，富裕人家出行骑毛驴或乘驴车，一般民众出行多为步行，老年人外出时则由晚辈用小车或牛车迎送。遇有水路，都要乘船摆渡。

苍山河流众多，许多靠近河流的村庄都设有船只摆渡。摆渡人叫船夫、撑船的。随着桥梁的普遍架设，一些渡口慢慢退出历史舞台。庄坞镇附近现在仍在使用的是北营子、南营子渡口。旧时渡船有的是摆渡人自己出资建造，有的是周围村庄的乡绅及有名望之人捐造。如清代嘉庆年间马湾村的焦鹏举、焦鹏振，庄坞村的杨应斗、杨廉宜，高尧寺的住持照公等人捐款建造了马湾渡口的渡船。现在渡口多数属摆渡人承包，船只修建及维修由自己出资。

20 世纪六七十年代，自行车在农村还是稀罕物，运载较重物什或者带老弱病残之人出行多借助于独轮车、地排车。90 年代，自行车基本普及。进入 21 世纪，电动车基本取代自行车，私家汽车走进经济条件好的百姓家庭，交通工具发生根本性变化。距离近一些的出行除驾私家车外，可乘坐公交车、短途客运汽车等，远一些的出行可乘坐长途客车、客运列车、高速列车、飞机等。摩托车、两轮三轮电动车等已成为农村人们出行的常见工具。

第七节　娱乐　游戏

苍山民间娱乐活动较为丰富，形式众多。旧时传下来的集体项目有舞狮、高跷、跑旱船、秧歌舞等。有的村庄或家族组织起长期固定的娱乐队伍，在冬闲季节特别是重大节庆期间举行表演或上门给机关企事业单位等拜年。

个人和小伙项目的娱乐游戏更是形式多样，灵活普遍。如象棋、扑克、六条、打瓦、踢毽子、跳绳、跳方、打转锥（抽陀螺）、“藏马蒙”（捉迷藏）、“指星过月”（一种蒙眼猜人的游戏）等。现今时兴跳广场舞、扭秧歌等；也有些音乐爱好者不时凑在一起，弹琴唱歌，引得群众围观。

六条

也称来六、安六等，一种双方对阵的博弈游戏，每盘对局参加人数 2 人。游戏前先在地面画上横竖各 6 条直线，组成 25 个小方格、36 个相交点的棋盘（也可使用已备好的棋盘）。对阵双方各自准备 18 枚棋子。棋子多为就地取材，石子、土块、树枝、玉米粒等皆可，可大可小，只要能区分双方不同即可。

开始时，双方轮流在有空位的相交点上放置一个棋子，叫安子。一般是双方各占 18 个相交点、把盘面交叉点全部占据后，双方各拔下对方一枚棋子，腾出空点开始走子。开始先行安子的一方要让对方先行拔子、走子。

走子是对某一枚棋子依直线移动到相邻的空白交叉点上。

在安子或走子时，某一方的棋子把某个方格周围的4个相交点全部占据，叫上“方”。上“方”后，可以拔掉对方除“方”或“六条”以外的任意一个棋子。

在安子或走子时，某一方的棋子把棋盘中某条直线上6个点全部占据，叫上“六”或上“六条”。上“六”后，可以拔掉对方 除“方”或“六条”以外的任意两个棋子。

有时一方的棋子没有空白交叉点可走子，叫“憋死”，需要双方各拔出对方的一枚棋子（“方”“六条”上的棋子不得拔去，被“憋”的一方先拔），腾出空白交点后，继续轮流走动棋子。

每人依次各走一步棋，直到一方把对方棋子全部吃掉，对方就输掉一盘。可继续重新开始下一盘。有时双方谁也上不了“方”或“六条”，无法继续吃子，就判定为和棋。

此游戏就地取材，方便易行，男女老少皆宜。

跳方

跳方，也叫跳房、来方。参加人数2人以上，分甲乙双方。游戏开始前在地面上划上4条横线，3条竖线，组成6个方格（也可更多），每个方格的长宽多在50厘米以上。从右边第一个方格开始依次为一方、二方、三方，与三方相邻的左边第一个方格叫四方，往右依次是五方、六方。

道具就是一个砸好的没有棱角的碗鼓底（饭碗坏了以后剩下碗底的那一部分，也可以是打磨好的薄石片），也叫瓦片。游戏时谁先开始可以协商，也可用“剪子、包袱、锤”决定。开始后，跳方者要站在右侧方格的最底端，把瓦片扔到一方的方格内后，一腿悬起，用搁地的脚尖驱动瓦片，依次驱动到二方、三方……直到六方，然后在六方里把驱到方格以外划定的圈子里，谁先完成，谁就是胜者。如某人在三方内没有把瓦片驱到四方里，就要退出方格让对手进方驱瓦。中途悬起的另一只脚着地，或踩到方格线，也要让出。如果对手也违规，本人就从原来违规的那个方格重新开始驱瓦，直到把瓦驱到目的地。

第四章 礼仪习俗

第一节 社 交

礼节

清末以前，参见皇帝、下级见上级、民见官、晚辈见长辈均行跪拜礼，俗称磕头。民国以后，跪拜礼已经逐步淘汰，但在给长辈拜年、举行祭祀、婚礼、丧礼或宗教仪式时，仍时有所见。行礼者双手在胸前上方抱拳致意为作揖打恭。20世纪30年代，在社会层面及工商教育界人士中改行鞠躬礼。50年代后，见面时握手或点头致意，简单易行。在农村，村民邻里之间碰面时的第一句话多是问候“你吃饭了吗？”，如此有时会因时辰、环境的特殊而闹出些笑话来。

待客

家中有客来访，主人要迎出门外。客人若携有礼品，即上前接过，礼让客人先行，或与之携手并进。进屋先让座，若是同辈或长辈，一定要请其先坐上首，自己再坐于下首或陪坐一旁。然后敬烟、献茶，互相致意。敬烟必拿两支，客人取其一支。倒茶不能太满，献茶必起立双手奉上，客人也应立起双手接过。主人设酒饭待客，极尽盛情。坐席讲究男女分席，长幼分次序。一般是主人坐于下首陪，斟酒倒茶，劝菜让饭。就餐时客人坐上首。主人先给客人斟酒，酒要满杯；敬酒时要说些客气话、吉利话、祝

酒辞。喝第一口酒之前，要端起酒杯倾斜往地面洒几滴酒，意为“敬天”，也有解释为“喝酒不忘造酒人”的。主人往往先饮，说“先饮为敬”，然后主客一起干杯。吃饭、用茶均以客人为先。客人要注意自己的姿势，动作不能过大，出声不能过响，处处谦虚礼让。主人要等客人吃完后再放碗筷。客人用不完饭，主人不可先自罢席。

客人饭后不可久留，俗语“客走主家安”。客走，主人表示挽留，并出门相送，分别时要邀请客人“再来”。如客人来时带有礼品，主人要表示谢意，或表示不能收这些礼品，让客人再带回一部分。客人告辞时要向主人道谢，客人先行，主人送到大门外或村头。客人如有行李等较重的物品，主人要代为提扛。客人若乘车，主人要为客人打开车门，如骑自行车，则代客人推车，并陪送一程，然后挥手告别。确认客人离开，方才回家关门。

人情往来

邻里亲朋交往重礼尚往来，遇有儿婚女嫁、老人亡丧、生儿育女等红白大事和打墙盖屋等活路，均一齐来相助。把尊老爱幼、助人为乐、先人后己、拾金不昧等视为美德。

春节（俗称“过年”）和中秋节（俗称“八月十五”）两大节日期间，晚辈普遍向长辈送礼，尤其是已婚妇女要向娘家人送礼，包括自己父母、叔伯以及哥嫂等，叫送节礼。春节多为猪肉、白酒、粉条、点心等，俗称“四色礼”。送节礼的猪肉讲究要腰窝肉，长方形，在10斤以上，叫“一刀肉”。中秋节则是月饼和白酒。准女婿或者新女婿第一次送节礼必须送厚礼，即数量大、范围广，不仅要给岳父母家送礼，还要给岳父的父母兄弟家送礼。在这两大节日期间，也是人与人之间表达感激的时机，像木匠、铁匠等行业中的学徒要向师傅送礼，又有遭遇红白喜事家庭为了感谢乡亲的帮忙，也需要在这两大节日里有所表示。

除节日外，亲戚间平日往来也很多，大多数人认为亲戚不常走动即是生分。平日往来，有互通有无、遇事相帮这一类事务性的往来；有送瓜果蔬菜，双方小孩的来来往往；远行归来，遍访亲戚，告诉在外情况，赠送由外乡带回来的礼物；有病有灾，及时探问安慰等。亲戚间的探望多以联络感情为主，相对比贺、互相来往，普遍奉行“礼轻情意重”的原则。

亲属称谓

长辈称谓。父系方面，称曾祖父为“老爷爷”、曾祖母为“老奶奶”，祖父为“爷爷”、祖母为“奶奶”，祖父的兄嫂弟媳按顺序分别为“大爷爷”“二爷爷”“大奶奶”“二奶奶”，祖父的姐妹为“姑奶奶”，其配偶为“姑老爷”，父亲为“爹”“爷”“大”“爸爸”、母亲为“娘”“妈”“妈妈”，伯父为“大爷”、伯母为“大娘”，叔父为“叔”、叔母为“婶子”，姑家为“姑”“姑夫”。妻在婆家随夫称。母系方面，称曾外祖父（包括父亲的外祖父和外祖父的父亲）为“老姥爷”、曾外祖母为“老姥娘”，外祖父为“姥爷”、外祖母“姥娘”“姥姥”，舅父为“舅”、舅母为“妗子”“舅母”，姨家为“姨”“姨娘”“姨父”，父亲的舅父母、姨父母为“舅姥爷”“舅姥娘”“姨姥爷”“姨奶奶”。丈夫在岳父家称岳父为“大爷”或“叔”、岳母为“大娘”或“婶子”，现在青年人婚后随妻尊称已成时尚。

平辈称谓。兄称“哥”或“哥哥”、弟称“兄弟”，兄妻称“嫂子”、弟妻称“弟妹”或“妹妹”，姐称“姐姐”、姐丈称“姐夫”或“哥”，妹称“妹妹”、妹丈称“妹夫”或“兄弟”，妯娌间分称“嫂子”“妹妹”。姑家、姨家的平辈称谓在前面上加个“表”字。现今只是在表明关系时，说是表某某，实际叫的时候一般不加“表”字。亲家之间一般不直接称“亲家”，称“某哥”“某嫂子”或“某兄弟”“某妹妹”。

夫妻之间，一般不在之间下称呼，确实需要说明关系时，常以子女的名字加上“他爹”“她娘”来指代。外人称某人的妻子为“某某人的媳子”，称某人的丈夫为“某某人的男人”。

另外，还有互相结拜而形成的“仁兄弟”“干姊妹”等。

晚辈称谓。有了自己孩子的人称呼晚一辈的人，常在称呼前冠以“他”，如“他大哥”“他嫂子”“他大姐”等。也有些人误用“您”字，对晚辈称“您哥”、“您嫂子”等

社会称谓

新中国成立前，对官员称长官，对陌生的男子称呼先生，年轻女子称呼小姐，年老女子称呼太太。新中国成立后，大部分称同志，对长者称呼大爷、大娘，仍有称呼同龄段陌生男子为“三哥”的传统习惯。80年代以来，对陌生男子称师傅，对陌生的年轻女子称大姐，年长女子称阿姨。

对不满周岁的婴儿叫做“月窝孩儿”，对小男孩叫“小小子”，对小女孩叫“小丫头”“小妮子”，对未婚男子称“小青年”，对大姑娘称“姊妹团”（个别高龄老人还有延续革命战争年代的称呼其为“识字班”的），对新媳妇称为“新媳子”。另外，对大龄未婚男子称为“光棍”，将再婚妇女称为“二婚头”，这一般不当面“下称呼”，以免引起尴尬。

第二节　婚　姻

境内旧时的婚姻择偶多遵从“父母之命，媒妁之言”，一般是介绍人从中牵线搭桥，父母参谋乃至直接做主为儿女婚配。有些人家甚至在儿女三四岁时就为其订立“娃娃亲”；有些稍微富裕的家庭提前为儿子收养“童养媳”；有些家庭因条件不好其儿子难以婚配，则采取了“换亲”“转亲”的方式为儿子娶亲。

新中国成立后，特别是《中华人民共和国婚姻法》颁布实施后，上述现象得到了遏制，男女婚姻自由得到保障。

说媒、相亲

20世纪50年代前，女子到了十二三岁、男子到了十四五岁，就要开始订亲。订亲前，须有媒人从中提亲说合，称“说媒”。双方父母就对方家境贫富、人品才貌等情况互相了解，称“访媒”。

在双方认为差不多时就安排面对面的相看，叫“相媒”。相媒往往有双方的女性亲属多人陪同相看。80年代，城里有了婚姻介绍所，相当一部分人特别是大龄青年往往通过这个渠道走进婚姻殿堂。进入21世纪，随着科技的发达，相当一部分青年人通过QQ等网上社交工具交友，进而结合在一起。

合年命

旧时，父母按照“门当户对”原则，经过相互了解中意后，请人按十二属相、阴阳五行、生辰八字进行合对，即“合年命”。双方属相若为马和牛、羊和鼠、蛇和虎、鸡和狗、猪和猴，则不宜结婚。除了属相要相合外，还要依据“五行相生相克”看年命是否相合。如果男女双方的属相、年命都相合，年龄相当，就可订婚，否则提亲到此为止。

传小柬

结亲的第一个仪式是定亲。若属相对头，年命不相克，岁数合适，双方条件相符，可以选择吉日“传柬下聘”。有的地方叫“下小柬子”“下小红子”“过红”“传小启”等。

一般用红纸（卡册）按一定格式写上发聘人（旧时只写男方父亲，现在男女平等，要把父母亲的姓名同时写上）、受聘人（旧时只写女方父亲，现在父母姓名同时书写）姓名，婚嫁男女双方的姓名、属相、生辰八字及合对年命的吉祥话等内容。

定亲方式后来逐渐演变为女方“看家”，即女方由亲属、媒人陪同去男方家中，探看住房及其装修、布置等情况。如女方满意，则留下吃饭。饭后男方包上现金连同礼品，由媒人转交女方作为定亲礼。

下聘礼

“下聘”之“聘”就是男方送给女方的订亲

礼物，多为适合女子穿戴使用的衣物和金银首饰、钱币等，用印花红色包袱皮包裹，加上“四色礼”（肉、鱼、粉条、点心）。该聘礼由媒人连同订婚书柬一起送到女方家中。

婚约订立后，男方就是女方的未婚夫，女方就是男方的未婚妻。在旧社会叫“订终身”，订了终身就不能更改、反悔。对于女方来说叫“一张红纸刮进门，生也是你家的人，死也是你家的人”。定亲后，青年男女就要改口，女方要按照男方的称呼“下称呼”；男方对女方的父母一般称呼为大爷、大娘或叔、婶子。男女双方的父母也就成了准亲家，再见面就要以哥、嫂等相称呼。

20世纪80年代后，男女双方看中后，时兴男青年带着女青年到集市或城里给女青年购买一定数量的服饰，这也是双方进一步了解、沟通的重要方式。在这个交往中有些让对方不中意的问题暴露出来，这门亲事可能就“不行了”。

20世纪70年代，传小柬有“不下的确良，不叫婆母娘；不给凡尼丁，不喊老公公”之说。90年代的定亲礼物有“三金（金戒指、金手镯、金项链）一木（木兰牌座式摩托车）”之说。进入21世纪，彩礼大兴，传小柬的彩礼从数千元到数万元不等，但都要拿下1元钱来，叫“喜不足”。所给钱数越多，“9”的个数也就越多，寓意此桩婚事将来会“长长久久”。

“传大柬”与“送日子”

传小柬、过小红后，双方了解进一步加深，到了法定的结婚年龄（未有婚姻法以前，由双方父母商定结婚的年龄），媒人和双方的父母协商，定下举行婚礼的意向。男方请人根据双方的属相、生辰八字等推定举行婚礼（喜期）的日期后，要告知女方，叫“定日子”“下日子”“下大柬（子）”“下大红（子）”“过大红（子）”“传启（期）”等。传大柬与传小柬相类，要用红纸（卡册）书写迎婚帖，上书新娘冠笄、坐帐、开面、梳妆、下轿的方向时辰与嫁女客所忌属相等事宜。同时，要在传小柬“四色礼”的基础上加大份量，增配其它礼品、服饰（必有大红袄、红棉裤、蒙头红子）等。收到“大柬帖”后，女方的父母要对“迎婚帖”提出一些具体建议，请媒人告知准亲家翁。

按照传统习俗，确定婚期有固定的推算原则，如行嫁月的歌：“正、七迎鸡兔，二、八虎与猴，三、九蛇共猪，四、十龙和狗，牛羊五、十一，鼠马六、十二。”迎亲、送亲人属相忌讳歌：“辰子申忌蛇鸡牛，巳酉丑忌虎马狗，寅午戌忌猪兔羊，亥卯未忌龙鼠猴。”吉日良辰一般选两个，一个在上半月，一个在下半月，由女家选择后再确定。

现在年轻人大多将婚礼日期定在元旦、“五一”节、国庆节等节日，少了许多陈规旧套。

《中华人民共和国婚姻法》颁布实施前，双方认可的迎婚帖就类似于今天的结婚证。现今，在“下日子”到举行婚礼这段时间内，男女双方要到民政部门登记并领取结婚证。

20世纪50年代至“文化大革命”期间，年命帖渐被废弃。80年代，农村青年结婚 “年命帖”又开始兴起，以求婚后和睦。青年男女在婚姻登记机关办理结婚登记手续后，婚期由双方共同商定，农村多选在冬春农闲时节，城镇多定在节假日。

整理新房

结婚男方叫“娶媳妇”，女方叫“出门子”。

从婚礼的前一天到婚礼后“过对九”的一段时间内，人们习惯上把男的叫新郎、新郎官，把女的叫新人、新娘子、新媳妇等。在女家称呼新郎为新贵客等。

婚期临近，娶媳妇的一方就要整理新房，其中最重要的一项就是布置婚床。要请一位夫妻双方健在、儿女双全的“全福之人”的女性铺床设帐，新床腿下要垫新砖、裹红纸、放铜钱，床上以铺高梁秸为主，辅有麦秸、秫秫疙瘩、芝麻柴、豆秸等其它庄稼秸秆。铺上秫秸疙瘩，意思是让新人不要贪恋舒适，忘了爹娘。铺芝麻秸的，借芝麻开花节节高，寓意婚后日子步步高。现如今，基本都是用席梦思床垫，不再铺秫秸，但仍要用红纸包好四块新砖放在四条床腿下面。铺床人边铺边唱，所唱《铺床歌》：

新房新，住新娘，我先巧铺这张床。红床腿，床掌黄，荷花扣榫在当央。

梅花镜，引凤凰，照满乾坤喜满堂。席后头，两条龙，腾云驾雾好威风。

秫秸白，黄草黄，儿孙满堂喜洋洋。红绫子，套花被，一对新人真相配。

鸳鸯枕，床两头，日子过得不用愁。左铺床，右铺床，金童玉女站两旁。

床公床母哈哈笑，生下儿子状元郎。

下催妆

查过日子之后，一般双方都会通知亲朋好友，确定请客的时间。

结婚前一天，男方派人给女方送去红棉袄、红棉裤、“蒙头红子”等嫁衣及其他喜庆礼物，以示喜期已到，催请发嫁。同时换回女方写有送嫁人数、所用镇物、忌讳等内容的“婚单子”，叫“下催妆”。

填箱

大约在婚期之前两三天，女方家中开始络绎不绝，迎来“填箱”（也叫“添箱”）的亲戚。旧时填箱的主要礼品是面粉、糖、油做成的餜子与香烟等，并依据自己的经济条件和双方关系亲近程度添上相应的喜礼钱。本家长辈以及外祖家等至亲女性除送果子、香烟之外，有的还送衣服、衣料、床单、毛毯等日用品，同时给新娘子“压腰钱”。压腰钱不登账，是专门给新娘子随身带走的。

20世纪80年代以后，生活水平逐步提高，“填箱”只是一种形式上的说法，喜餜子、喜烟等礼品已淡出，为礼钱所取代。

忙嫁

女家接“大柬帖”后，要着手准备嫁妆。旧时，贫穷人家为一柜（形似木箱，比木箱大一倍，并配有柜架子，多漆成大红色）、一桌、一对座床三件家具，一铺（褥子）一盖（被子）及镜子、脸盆、盆架等简单梳妆用品。经济稍好些人家为一柜、一桌、一对座床、高低八仙（大小八仙）桌子5件家具，一铺一盖及较多一些的梳妆用品。富裕人家为大八件、小八件，内装被褥嫁衣、化妆品、果盒等，外加双铺双盖。不论贫富，所陪嫁的被褥四角用红线钉有铜钱、栗、枣、花生等吉祥物。

随着生活水平提高及风俗改易，现在嫁妆中的主要家具要由男方购置，出嫁时，女方只须带有一定数量的生活用品即可，如给公公、婆婆及其它长辈置办的新鞋新袜新帽，电饭煲、电磁炉等家用电器，碗、碟、筷子、糖果、点心等日用品。这种模式叫“一头沉”。

“赔送不尽的闺女，办不完的年”。结婚前一天的傍晚，女方要请吹鼓手（现在为乐队或小型歌舞团）到门前奏乐歌舞，称“暖轿”。同时要请“全福之人”或待嫁姑娘的嫂子为新娘“开脸”——用线绞除脸上的汗毛，及修齐鬓角、沐浴、梳头等，俗称“扮上轿”。扮上轿后，待嫁的姑娘被称为“新人”，一般身居家中，足不出户，不见生人，静候佳期。夜里收拾嫁妆，在一位“全福之人”的主持下，将衣服、团圆饼、压床鞋、压柜钱、宽心面等物品放入陪嫁的家具之中，谓之“装柜”“装箱”。

“文化大革命”初期的几年，出嫁品往往会贴上剪有“忠”等字样的红纸。改革开放后，随着人们经济收入、生活水平逐年提高，一般家庭都要陪送自行车、缝纫机、电风扇、收录机等，家庭条件好的陪送的就更好一些。进入20世纪90年代，嫁妆的花样与品种越来越多，除了传统的嫁妆外，开始有陪送组合音响、彩色电视机、洗衣机、电冰箱的，一直到陪送液晶电视机、电脑、摩托车甚至小轿车的。

20世纪50年代至“文化大革命”期间，吹鼓乐渐废，余俗尚存。80 年代，女子出嫁的前一天晚上鼓乐奏鸣之俗渐起，出嫁女的姐妹、同学、同事、朋友等都要到场祝贺，这些姐妹、同学、同事、朋友一般都要作为送亲的队伍出席第二天的婚礼，成为实际意义上的“群体伴娘”，同时还要商定第二天婚礼时如何应对男方的男青年们的嬉闹，喜庆劲越来越不亚于男方迎娶时的气氛。

请客与滚床

农村办喜宴一般在婚礼的头三天开始置办，城里则要在定下日子的那天起就开始张罗婚礼的举办地点。

婚礼前一天，男方要派出人马到新郎的姑家、外祖父母家、姨家，请长辈们来参加婚礼，叫“请客”“叫亲戚”。亲戚们一般要跟叫亲的侄子或外甥们到喜事主家住下，准备第二天早上迎轿。

到了晚上，主家要让新郎的未婚的弟弟、侄子、外甥等人到新房中的禧床上住宿，叫“滚床”。滚床时要唱滚床歌“上滚床、下滚床，一年一个状元郎”，也有年龄大一些的男孩子滚床时往往故意戏谑新郎“上滚床，下滚床，一年一窝屎壳郎”等。

这一天，男女双方都要贴“禧”字及对联来烘托气氛，对联用纸的颜色一般为大红色，若三年内有长辈去世的要用蓝色纸张书写。新娘的娘家一般在醒目位置或送嫁的车辆、家具上贴若干“禧”字，新郎的家庭贴“囍”，贴对联。对联文有“周易曰乾坤定矣，毛诗云钟鼓乐之”“十五连城光赵璧，三千锦字灿周球”“诗咏杜甫其三句，乐奏周南第一章”“庭前咏雪来淑女，笔里生花见才郎”“画眉西阁张京兆，坦腹东床王右军”“蓝田日暖玉生烟，沧海月明珠献彩”等。

发嫁与迎亲

吉日早晨，家中亲人要为新娘子穿上红棉袄、红棉裤，腿上扎红带子，发辫绾成发髻，头盖“蒙头红子”，不论冬夏都要如此妆扮，以期婚后日子过得厚实红火。然后给父母磕头表示不忘养育之恩，这时新娘流下的泪珠就是给娘家留下的颗颗宝珠。发嫁时辰一般都在上午吉时，力求中午之前到婆家。发嫁时，由新娘的兄弟们用铺上红布的椅子抬上禧轿或禧轿车。旧时，新娘子乘坐的禧轿称花轿，俗称“花堂轿”，有八人抬、四人抬不等。女方送亲者，有男大客 2 人，女大客 2 人，“小客”（新娘的兄弟及侄子）、“送女客”（新娘的闺蜜、未婚的姐妹及侄女等）各若干，凑成偶数。送亲队伍少者十数人，多者数十人。一路上鼓乐班（俗称“叭喇匠子”）前导，花轿（轿车）居中，小客、嫁妆随轿而行。嫁妆如果没有车辆运送，则要邀请庄邻朋友（外姓人）抬、扛，统称“抬嫁妆”。后来即使嫁妆都用机动车辆装运，因需要装卸及押车，仍沿袭这个称呼。捆扎嫁妆的绳子要事先染成为红色。

在送亲队伍经过的河流、桥梁及平常人们认为有灵性的自然实体或人造实体上贴上青龙帖，以祈求保佑新娘一路平安，未用完的青龙帖到了婆家要用红线缠在饭帚上放在水缸里。

20 世纪 60 到 70 年代，因条件受限，新娘坐独轮车、地排车乃至步行。“文化大革命”的“破四旧”期间，新娘大都步行到婆家，鼓乐队由革命小将组成的宣传队代替。80 年代，条件好一些的可以坐拖拉机。90 年代以后，新娘子基本上都要坐小汽车。

两支出嫁的队伍在途中相遇，往往会有抢“上风头”的情况发生。南北道上东为上，东西道上北为上。两支送亲队伍相遇，抬花轿的争着往上绕，不管有路无路，是湖是坡也要跑。有的新娘子干脆扔下轿子往上风头奔跑。即便是县官、州官、府官等官员出巡，遇有送亲队伍，也要主动为新娘子让出上首，以示爱民如子。随着时代进步，“抢上风”习俗现已不多见。

现今也有部分年轻人举行现代版的复古婚

礼，或者是中西结合的西式婚礼，新娘有的乘坐古代样式的花轿，有的乘坐西方的古典式马车等。

20世纪90年代，吉日早晨，新娘要到专业的美容店化妆、盘头，穿上西式婚纱，然后坐装饰一新的轿车返回家中，等待吉时发嫁。

迎亲，古时也叫搬亲，是新郎带着花轿或轿车到新娘子家中，把新娘接回自己家中举行婚礼的方式。20世纪90年代，迎亲的路程不断延伸、程序不断增加，新郎官一般都要在新娘盘头梳妆的婚庆公司一起乘车到新娘子的家中等候发嫁，过去是新娘子一个给父母磕头，现在流行的是新郎与新娘一起向新娘的父母行跪拜礼。岳父母要向新贵客赠送志喜的红包，祝愿婚姻幸福美满。

婚礼

迎娶前，新郎一方一般要请执事（俗称“执喜”“大总管”）操持迎娶事宜。执事由深谙人情世故和婚嫁礼仪，年高有德的长者担任。本家近邻在婚娶日被邀前来帮忙。执事与喜主商定场面、收支后，司账、帮厨、乐队、车轿、迎亲、安席、送客等，皆由执事统一安排调度。

进入21世纪，有的将婚庆全部托付给婚庆公司办理，有的只是将婚礼仪式交给婚庆公司，其它仍交由“大总管”操持。

花轿来到男方家门时，男方燃放花炮、大鞭。吉时一到，复鸣炮奏乐，新郎披红戴花由迎女客带领迎出大门，在花轿前作一个揖，意为请新娘下轿。轿帘掀起，新娘由送女客、迎女客扶出轿门。新郎执同心结一端，另一端交与新娘。新郎在前，引领新娘踏上铺地的红毡（或红席）。两块红毡交替往前挪，叫“倒毡”，新人行进速度很慢。这时，由新郎的弟弟或侄子们抱着盛满麸皮、七色金纸片、铜钱（现在用硬币代替）等象征喜庆如意的物品撒向新娘，一直撒到婚礼仪式的天地桌前，这叫“撒福子”（撒麸子的谐音）。撒福子的人要边撒边唱：“一撒团，二撒圆，三撒儿女满窗前。一把撒上新媳妇的头，今后吃穿不用愁。一把撒上新郎的脸，生个儿子中状元。一把撒到新洞房，五谷丰登五世昌。最后一把撒满屋，金银财宝满院福。”或者是“一把栗子一把枣，闺女小子往家跑。一把麸子两把钱，富贵荣华万万年。”

现在物质条件好了，同时受西式婚礼的影响，在新郎居住的小区门口或巷口要架设彩虹门，彩虹门上有“双喜”，写有新郎新娘的姓名及贺辞；从下轿（车）处到天地桌、再到新房这段通道全部用红地毯铺设，在路边树上等距离挂满喜鞭、在路沿上等距离安放烟花喜炮，待新娘下车（轿）通过时，依次燃放。条件好一些的家庭在新娘通过的路边架上由电打火的钢筒式液化气礼炮，依次鸣放。

在新娘子刚到还未下轿之际，婆婆要跑到轿子前，敞开衣襟作怀抱状，飞快跑回家，口中念念有词，意思上盼望早早抱孙子。

花轿停稳后，有一位“全福之人”或称“全美人”（婆家娘家父母具在、儿女双全、有原配丈夫的人）的递给新娘一只红底色的瓷花瓶，让新娘怀抱，寓意“招财进宝、平平安安”。并歌曰：

“揭轿帘，请新人，揭开轿帘喜连连。新娘独坐莲花凳，好似嫦娥降九天。

新人好似昭君女，容是西施貌貂蝉。怀中宝瓶双如意，春风十里杏花天。

一枝金梅似金霞，金枝玉叶开金花。金花老来结金果，来年定生小探花。”

有的新娘子到了下轿点后，要等待婆婆赏给下轿礼方才下轿。根据条件，可多可少，只要众人高兴热闹就好。新娘下轿时，要按“迎喜贴”上择定方位下轿。

有人会一大早在门前燃起一盆松枝、柏枝，噼噼啪啪作响，烟雾缭绕。意为火盆能将新人一路招惹来的妖魔鬼怪驱逐干净。新娘进入婆家大门时，要跨过这火盆。在跨火盆时“全美人”

也有歌诀："新人进门，五路财神，八方瑞气，十分喜人。新娘跨火盆，大人养小人。新娘跨板凳，贵子早早生。新娘跨马鞍，合家保平安。新娘跨进门，带来聚宝盆。"

待新人并肩立于天地桌前，司仪宣布婚礼开始后，鞭炮鼓乐齐鸣。司仪请来宾讲话志喜，请证婚人证婚，请新郎的父母到天地桌两侧端坐。司仪说过一些串场词后高唱："一拜天地，二拜高堂，夫妻对拜，送入洞房"。这叫"拜堂"，旧时行跪拜礼，现在多以鞠躬礼代替。

20世纪50年代及其之前，举行婚礼的那天，如新郎因故缺席，就让新郎的妹妹或者嫂子抱着大红公鸡充当新郎拜堂，有时也让新娘直接抱着大红公鸡自己拜堂。

"文化大革命"初期破"四旧"，农村婚礼常由生产队里的负责人担任证婚人。证婚人要向新人赠送一套"红宝书"《毛泽东选集》1～4卷及两把新铁锹，祝愿他们在家庭中成为恩爱的夫妻，在生产中成为比翼齐飞的劳动模范。

礼毕是扶新娘入洞房，同时向人群中撒糖果等，供众人抢拾。

有些机灵的小伙子，会不让新娘急于入洞房，他们将事先准备好的一个苹果用红线吊起，逼新人同时去咬这个象征美满婚姻的"同心果"，或者让新人介绍"恋爱经过"。这实际上把本来到夜晚才要进行的闹房程序提前，让婚礼更热闹。

新娘入洞房坐帐后，新郎要当众给新娘挑去"蒙头红子"。接下来，就要进行"浇心酒"仪式，主要内容有：新郎与新娘同吃"宽心面"，同咬红鸡蛋，同喝交杯酒。主持"浇心酒"的人是新郎的嫂子们（一般有两个）。在劝小两口喝交杯酒时，嫂子们或念或唱：

天上大星配小星，地下酒壶配酒盅；八仙桌子配交椅，十八的大姐配学生；

这杯酒，敬给天，一年四季报平安；这杯酒，敬给地，风调雨顺保收成；

这杯酒，敬门框，小两口子不打仗；这杯酒，往里泼，一年就生一小窝。

也有这样说唱的：

八仙桌子配交椅，乌木筷子叨肉皮；先叨鸡，后叨鱼，末了叨了大闺女；

这盅酒，敬老天，一年四季保平安；这盅酒，泼在地，一年四季拔籽粒；

这盅酒，滴啦啦，闺女小子往家爬；这盅酒，热是热，一把递给小孩的爹；

这盅酒，凉是凉，一把递给小孩的娘。这盅酒，浇门框，小两口子不打仗，

这盅酒，泼门外，媳妇看着夫婿爱。这盅酒，浇床沿，一年一个宝贝蛋。

还有这样说唱的：

浇、浇、浇心酒，从今夫妻手挽手；浇、浇、浇花根，从今夫妻心连心；

浇、浇、浇铜盆，从今夫妻一家人；浇、浇、浇镜台，夫妻恩爱强过万贯财；

浇、浇、浇门头，两口子打仗不记仇；浇、浇、浇床头，从今夫妻恩爱到白头；

浇、浇、浇被头，叫声君子早把淑女求；浇、浇、浇柜头，好日子一年一层楼；

浇、浇、浇床沿，保准生个宝贝蛋；浇、浇、浇床前，生了贵子点状元；

浇、浇、浇床边，地下三尺有金砖；浇、浇、浇银簪，一年四季保平安！

新人喝过交杯酒之后，会安排新郎的嫂子、弟弟、妹妹、侄子等人一起拿着小盆、小罐、小锅等器具前来贺喜，边走边说"床前抱小盆，来年抱小侄；床前抱小罐，来年生个宝贝蛋；床前送小锅，一年生一窝"等吉利话。"浇心酒"仪式也有到夜间闹洞房结束后才进行的。

"浇心酒"以后，新娘子坐于床沿，3天内不出房门，称"坐帐"。

入夜，一般是街坊邻居的年长女性及新郎的本家弟弟、侄子们到新房（洞房）瞧看新娘，要糖要烟、说笑话、出洋相，俗称"闹房"。旧

时讲洞房“三天无大小”，实际上真是上了岁数的人，即便是新郎的晚辈也不会和年轻人一起闹腾的，否则会让年轻人们把他半真半假地推出洞房。洞房昼夜燃红烛，谓“长命百岁灯”。

入洞房后不久，男方就要为送亲的队伍开席。送嫁妆的队伍、大客（Kéi）都另有安排。唯独送新娘的姐妹们（送女客）必须在新房内摆宴席。新娘就坐在床边，看着姐妹们吃喝（偶尔自己也吃点）。在吃饭过程中，新郎要进来敬酒。

男方对于“大客席”的招待很有讲究，一是要找男方家族中有地位、有学问、有影响的伯父、叔父陪大客，以显示出门第荣耀；二是酒、菜档次要高，与普通宴席不同。上菜的顺序也有讲究。在上“大鲤鱼”（境内对用作礼品及酒宴菜品整鱼的鲤鱼不论大小通称大鲤鱼）这道菜时，厨师会用红纸盖着鱼眼，而大客见此即会付给厨师赏钱，方能动筷；三是礼节程序繁多，喝酒的时间要拖长，尽量让大客吃饱喝足，双方都要竭力避免在婚礼上失礼，否则日后见面尴尬不说，还会就此给对方留下笑柄。

女方的送亲队伍吃好喝好以后，男方家要给所有的送亲人员派发喜糖、喜烟、喜果子，表示感谢。然后派车送他们回家。临行前，大客要到新房看看，同时向新娘说些“要孝敬公婆”“好好过日子”等“面子话”。

女方的大客和伴娘回到女方娘家，跟新娘的父母谈谈婚礼的情况，以及他们对男方家的印象，通常都是宽慰的话，然后自行散去。

男方在送走女方的客人后，就要分轮宴请前来贺喜的亲戚、好友和庄邻，称“喝喜酒”，又称“吃八碗”。一般家庭要办上几十桌（小开贺），大户人家甚至上百桌（大开贺）。人来人往，贺喜祝福，热闹喜庆。喜宴客厅的墙上挂满了亲朋好友送的喜幛，都是些红绿被面、蓝黑衣料、毛毯线毯之类，贴有用红绿纸写的幛芯，“上条”为庆贺并称呼，“下条”落款是自称，中间的大字写些吉庆的四字成语，如“百年好合”“天作之合”“螽斯衍庆”“秦晋之好”“诗题红叶”等。

客人吃过午饭，新娘、新郎要给亲戚、长辈磕头，俗称“磕喜头”。一般先给姥姥家的亲戚磕头，然后给自己家的亲戚磕头，但是本家的婶子、大娘暂时不磕头。新郎、新娘磕头时一般用红毯子垫着。新娘新郎磕头时，受礼者要送红包，俗称“磕头礼”“磕头钱”。此时的磕头钱要全部交由新娘子保管。凡是参加婚礼的亲戚朋友，主家要送馒头、糖块、甜点之类，俗称喜馍馍、喜糖、喜果子。在新娘、新郎磕头时，有人专门负责登记磕头礼，有人专门负责送喜馍馍等。待新娘、新郎给亲戚长辈磕完头，亲戚朋友领到馒头、糖块等回礼后，就各自回家。

20世纪80年代至今，无论城乡，送亲的车队一路鼓乐喧天，同时请婚庆公司的摄影师拍照、录像留念。如今很多家庭为了省事，往往用大客车将客人一齐拉到预定好的饭店，吃喝一顿，就算是喝喜酒。或者直接在饭店举办婚礼，礼毕客人就地开桌吃饭。

喜期这天，要饭的和“喊好的”往往要来“赶喜”。他们或一说一和地“喊好”，或放几响鞭炮，或放几响手炮。主家管事的要赏给他们“喜钱”“喜烟”以及酒饭等。

婚礼第二天，新娘要早起给公婆扫地，端鞋敬献公婆，称“扫柜”，同时还要把预先制作好的给公婆、婆奶奶公爷爷、伯叔父、兄弟姐妹的鞋袜送出。这天，新娘娘家要派人到其婆家探看，这叫“瞧客”。瞧客可以是娘家的兄弟、侄子等人。新郎家中要摆酒席认真接待。

婚礼第三天，是礼仪最多的一天。婆婆要在堂屋、院子内放上数量不等的钱币，让新娘在扫地时拣起。上午，新郎、新娘在人引导下拜见同族中的长辈，称“磕喜头”；长辈要赏给磕头礼。旧时，有的赤贫之家拿不出赏钱，只好避开。下午，新郎新娘要在长辈的带领下携带喜香、喜烟、喜酒、喜鞭、喜馍馍及其它供

品等到新郎家族的祖林上行跪拜礼，告知列祖列宗家族中新添贵人，祈求列祖列宗给新婚夫妇降喜赐福，叫“上喜坟”。（新娘娘家方上喜坟一般是在婚礼的前三天，由准新娘的父亲准备头锅馍馍、头锅炸鱼、头锅酥肉、头瓶禧酒等供品及香烟纸箔到祖林上坟，告知列祖列宗女儿就要出嫁，祈请列祖列宗“在天之灵”保佑女儿婚姻美满终身幸福）

婚礼后的几天，新娘的娘家派人接新娘回娘家与亲人团聚，叫“回门”。如果是早上接走下午就送回婆家的叫“短趟子”；如果是新娘婚后第六天被叫回娘家一直过六天的叫“过对六”，婚后第九天被叫回一直过九天的叫“过对九”。回门这天，新媳妇要给公婆老人磕头请安方可离去，再回婆家的时候仍要向公婆磕头请安。

从婚礼之日算起 30 天叫蜜月。蜜月结束，娘家往往要迎新娘回家过上一段时日，叫“过对月”。

旧时，婚后有些日子是做妻子的要避讳的。如“冬（即冬至那一天）不回婆家，就死他老公公”等。

从 20 世纪 80 年代开始，人们的婚姻观念不断发生变化，集体婚礼、旅行结婚等富有时代特色的结婚形式也不鲜见。

招赘

男子到女子家举行婚礼并当上门女婿落户的，雅称“入赘”，俗称“倒顶门”“倒插门”。旧时入赘受人歧视，入赘的女婿要改随女方姓氏，生下子女要用女方的姓氏取名。招赘的男子在为岳父岳母养老送终后，有的夫妇要重新回到男方老家居住，若为族长认可，班辈称谓不改；不为族长认可，则要免下一辈方可回归本家，也就是比别人矮了一辈，因为他们认为当上门女婿的人卖了姓。

如果某男子婚后去世而媳妇不愿改嫁，经公婆同意，可以招赘一男子上门成家，叫“坐山招夫”。如此招赘来的男子一般也要改名换姓

新中国成立后，法律保障男女平等，政府鼓励男子到女方安家落户。特别是进入 21 世纪，到谁家安家落户全由双方协商而定，被招赘上门的也有不改名换姓的。

离婚、再婚

在旧的社会条件下，男子对婚姻不满意，一纸休书就可以把妻子抛弃，这种离婚方式叫休妻。被休是女子的一种耻辱。现在的离婚是指夫妻双方通过协议或诉讼的方式解除婚姻关系，终止夫妻间权利和义务的法律行为。夫妻“感情确已破裂”是判决离婚的法定条件。

再婚，也叫二婚，是指离婚或丧偶后第二次结婚（亦包括三次及以上）的婚姻行为。乡间把女子改嫁再婚叫“�илиṡ（chào）二道门欠子”。

女子丧夫后，被人说成是有“孀夫相”，再婚多受干涉。再嫁女不得坐轿，需趁黑夜未天明之时骑毛驴往新夫家，婚礼一切从简。随着社会的进步与包容，法律保护婚姻自由等思想观念的逐步深入，寡妇再嫁和离婚再嫁，同样能正大光明的举办婚礼。

第三节　生　育

祈子

在结婚前一晚找一个或几个男孩子（新郎的晚辈如侄子、外甥等），在铺好的新床上睡觉，俗称“滚床”。边滚边唱：“东滚床，西滚床，一年一个状元郎。”

婚礼当天，新娘一到新郎家门口，婆婆要跑到轿子（婚车）前，敞开衣襟作怀揣状，飞快跑回家，口中念念有词，意思上盼望早早抱孙子。

新婚夫妇双方所准备的被褥的四角都钉有用线串着的红枣、栗子和染了颜色的花生果等。枣、栗等谐音“早立子”，象征早得贵子。在新娘的嫁妆中，必装有新的小陶罐，俗称“小罐”，民间有叫“子孙罐”的，闹房的干脆直呼“小尿（shuí）罐”。结婚当晚，新人喝过交杯酒之后，

新郎的嫂子、弟弟、妹妹、侄子等一起前来贺喜，拿着小盆、小罐等器具边走边唱“床前抱小盆，来年抱小侄；床前抱小罐，来年生个宝贝蛋；床前送小锅，一年生一窝”等。

婚后几年不育的妇女，在婆婆或其他女性长辈的陪同下，到送子娘娘神像前烧香磕头、祈祷布施，然后从神龛上偷偷拿一个小泥娃娃，揣在怀里，口中念叨着“跟娘回家”，头也不回地跑回家，把泥娃娃藏到床上，叫“拴娃娃”。如果将来怀孕生了孩子，就要到娘娘庙还愿，多买几个小泥娃娃放在送子娘娘神龛上，供其他妇女来拴。

妊娠

妊娠是指女子怀孕，文雅的称谓叫 “身怀六甲”，世俗叫“有了”“怀上了”“有喜了”“有身子了”“有身孕”等。

对于孕妇的饮食，苍山民间有很多禁忌，如兔子肉不能吃，说是吃了兔子肉容易生出豁嘴（兔唇）的孩子；公鸡肉不能吃，吃了公鸡肉，生的孩子可能是夜啼郎；螃蟹不能吃，吃了螃蟹，生的孩子嘴可能会吐沫；辣椒不能多吃，吃多了辣椒，生的孩子火气大，烂眼边子；姜不能吃，多吃了姜，生的孩子可能长有六个指头。这些说法虽然没有什么科学依据，但是流传甚广。

分娩

旧时，分娩都是在自己家里，孕妇大多不清楚自己的临产期，临产时由家人请附近的“收生婆”（接生婆）接生，事后给收生婆一定报酬。由于卫生和医疗条件差，这种接生方式充满风险，妇女生一次孩子，就好比过一次鬼门关。婴儿产下后，接生婆剪断脐带，将胎衣（胎盘，俗称“衣胞子”）用一根长长的白线缠绕起来，放进一只瓦罐中，多数乘夜间深埋在石磨的底边。民间传统认为，埋得不深会使婴儿噎乳和夜间不安，也有的将装胎衣的罐子深埋于路口。民间传说，胎衣经千人踩、万人踏，表示刚生下来的小孩子命贱，长大后可以无病无灾。

旧时，产妇在家中分娩，产房有很多禁忌，比如产妇分娩时，不允许别人随便出入，特别是男性、儿童、寡妇、未出阁的姑娘家绝对不允许观看。现在产妇都是提前到乡镇、县城的医院等候分娩，医院作为公共场所，但一般男性不允许进入产房仍是各医院的通例，作为即将成为父亲的男子，不论心情多么着急也必须在产房外等候消息。

产妇在分娩后三日内不下床，一个月内不出大门，俗称“坐月子”。这是孕妇分娩后调养身体、哺育新生儿的重要阶段。“坐月子”民间禁忌颇多，产妇必须用头巾蒙上头，怕吹风，不能出屋走动，不能使用冷水，不能吃生冷食物。坐月子的房间务必保证安静、暖和、不通风。房门窗必须关好，有内门的要扯上双层门帘，无论冬夏都要密不通风，不然产妇易生月子病，婴儿易得月子疯。不欢迎陌生男性进入，禁止穿孝者、寡妇等“不吉利”的人进入。

产妇在分娩三天下床后，要摆供烧纸磕头，感谢“泰山奶奶”“送子观音”“床神”“门神”“灶神”等。

产妇在饮食上以小米饭、小米粥、鸡蛋、面条、红糖等为主，为了保证奶水充足，产妇还要经常喝老母鸡汤、鲫鱼汤、猪蹄汤等可催奶的食物。产妇的食物里不放盐，否则奶水质量不好，对婴儿不利。产妇忌吃豆制品，否则会“岔奶”（停止分泌乳汁）。

报喜

新婚夫妇生下头一胎孩子（俗称“头生孩”），3 天后丈夫要带上礼物到岳父母家“报喜”。过去，由于受重男轻女思想的影响，生男孩叫大喜，生女孩叫小喜。现在条件好了，分娩当天双方亲人都会到医院陪护，报喜也只是个形式。

婴儿出生的第 3 天，向邻里报喜叫“出红子”“挂红子”。“红子”是用一尺见方的大红布，拴住一角，再用红线串上栗子、红枣和染红的花生果等，一同系在一根小木棒上，插在或挂

在大门门楣之上。生了男孩的，红子挂在大门左侧，同时还要配上用柳条或高粱莛子做的一副弓箭，也有同时挂上书本、弓箭的，寓示孩子长大后文武兼备，富贵荣华；生了女孩的，“红子”挂在大门右侧，一般不挂弓箭，有的只挂弓不挂箭，也有挂上书本、蒜头、红布条，寄希望女孩长大后知书达理、精打细算会过日子、做一手好针线活。如果主家正处于“三年守孝”期间，出红子的布要用紫蓝色，而不用大红色。旧时认为出了红子，就会有神灵保佑，让一切妖魔鬼怪后退，镇邪消灾。

左邻右舍在看到主人家的红子后，在三五日内就拿着红糖、小米、面条、鸡蛋等礼物前来探望贺喜。主家均以“红鸡蛋”（鸡蛋煮熟后以染料浸染，生男孩染大红，生女孩染洋红，进入21世纪后多改为在熟鸡蛋上贴喜帖）回赠相谢，一般是生男孩的回8个，生女孩的回6个，有的还要再加上1包糖块1盒烟等，如今多回赠定制或订制的“大礼包”。

送米糖

女孩出生后第9天，男孩出生后第12天，其外祖母及舅姨等亲友携小米、面粉、红糖、鸡蛋、袄面及童衣童帽等来祝贺，称“送米糖”。众人吃过喜酒后，要赏给婴儿“见面钱”“添喜钱”。婴儿的奶奶赏的垫底，姥姥（外祖母）赏的盖顶。这天，凡向婴儿赠送礼物和见面钱的亲朋好友，不论到不到场，都回赠红鸡蛋、点红点的馒头等；凡跟随长辈参与“送米糖”的儿童，都可以得到新生婴儿的母亲赠送的一定数量的“同乐礼”钱。20世纪60至90年代，同乐礼由5角到5元、10元不等；进入21世纪，由20元到50元不等。

满月

满月这天，主人家通常做一锅小米饭，称为“黏住”“黏粥”或“小米黏粥”，盛入碗中，连同一点红糖一起送给年长的邻居品尝。

婴儿满月后，其母亲要带其到外祖母家小住几日。外祖母给婴儿做新衣服，缝“虎帽”“风帽”，做“虎头鞋”，还要送手镯等。此后，产妇可出房下地干活，谓之“出月子”。现在亲朋好友向新生婴儿贺喜，大都采取满月宴的方式。

婴儿出生后第24天可以为其“铰头”（剪头发）。届时，主人在家里备上香案，请邻居3位年轻姑娘，分别手持剪刀在小孩头上比划着铰（剪）3下，接着由小孩的母亲再铰，口中念叨：“七铰伶俐八铰乖，二十四剪铰秀才”。

穿百日裤

婴儿出生后第100天，全家要当回事地庆贺，叫“过百天”，也叫“过百岁”。“过百天”时，婴儿的姥姥或舅母要为其做马褂和百天裤，俗称“穿百日裤”。旧时的马褂，前后缝上布头剪成的“红月亮”，前面绣上“长命富贵”（文字），后面绣上“交天大赦”（文字），颜色用一黄二绿三青搭配。百天裤是向左邻右舍索取各色各样布块（叫“敛布”），剪成三角形或其它形状拼做而成，不一定有100块，但敛布的家数要越多越好（故名“百家衣”）。婴儿穿百家衣可以托福百家，消灾躲难。这天全家要吃面条，意谓小孩子长命百岁。穿上“百日裤”以后，婴儿就不再睡“窝窝”（多用“席笼子”，里面铺麦穰），俗称“起来了”。

婴儿满百天，姥姥、姑、姨、舅妈要赠送糕点、衣物、长命锁等“寿礼”祝贺，叫“过百岁”。亲戚给婴儿送衣物也有讲究，有所谓“姑做鞋，姨送袜，妗子送个喇卜杈（裤子）”等说法。长命锁多为银质，椭圆形，一般长10～14厘米，宽6～8厘米，用银项链或红丝带穿入锁档中，挂在婴儿脖子上，表示根基永固，健康平安。“长命锁”正面錾以“长命百岁”“长发其祥”“后生可畏”等字样，背面錾以“麒麟送子”“麟趾呈祥”或龙、虎、寿字样，取富贵吉祥、龙腾虎骧之意。同时，婴儿的舅父要为婴儿剪头。剪头时，婴儿要由奶奶抱着，舅父从婴儿头上剪下一小撮胎毛，与一小撮狗毛或

猫毛混合在一起，挂在婴儿的床头上，意味着“好养活”。还有的把剪下胎毛装入小布袋内，缝在婴儿的内衣上。旧时认为，发为血余，血为精气之本，佩戴在身，不敢毁伤，有不忘母亲生养之恩、成人后必当尽孝之含义。

抓周

婴儿出生满一年，称周岁，俗称“一生”“过生日”。旧时，周岁这天不仅要全家庆贺，还要让婴儿抓周。抓周，又叫试儿、试周、揸生日。在筛子、筐子或桌面摆上各种具有象征意义的物品，让婴儿随意抓取。看婴儿先抓之物来 “占卜”未来，预测婴儿长大后的性情、兴趣和职业。男孩通常放秤、书、算盘、钱币、账本、玩具、馒头等，女孩子则放锅铲、勺子、剪子、尺子、算盘、化妆品、馒头等。如果首先抓到馒头，则认为长大没出息，就知道吃；如果抓到书，则认为将来能知书达礼；如果抓到算盘、称等，则认为将来能经商、做买卖。

在周岁这天，如果男婴被算命先生算着“命贵”，认为不易养活，则需在后脑勺上留一小辫，扮成“假丫头”，用以消灾避难。小辫子要留到12岁时才能剃掉。也有的会给男孩的一只耳朵“扎耳朵眼”，戴上耳坠子，以此把他“当闺女孩”养。

割脚绊

旧时认为，婴儿两腿之间有一根看不见的线索，叫“脚绊”，满周岁后的婴儿按正常情况已会走路，如果还不会走，则脚绊未除。婴儿父母则要择日让其站在门槛上，用一根绳子放在其胯下，割时不要让孩子注意，暗中用剪刀把绳子剪断，并让婴儿吃一个熟鸡蛋，谓之“斩绕脚绊”。据传，此法可使周岁后不会走路的婴儿走路。

送夜哭郎

有的婴儿在夜间经常啼哭，其长辈请人或自己在红纸写上“天皇皇，地皇皇，我家有个夜啼郎，过往的君子读一遍，一觉睡到天大亮”等字，趁傍晚贴在大街巷口行人较多、容易引人注目的地方，希冀人们读上一遍后，婴儿不再夜间啼哭，叫“送夜哭郎。”

招魂

俗称“叫魂（子）”。婴儿不明原因的啼哭不止，萎靡不振，家人或“明白人”便认为婴儿是受惊吓而“掉魂了”，必须把魂“叫”回来，婴儿才能安宁。“叫魂”一般由其父母抱着婴儿，从家中到认为是受惊吓的地方或村边路口，烧烧纸，之后返回，途中一个人在前面喊一声“XX（婴儿名字）唻——家来啦！”后面一人随即应声“来了！”如此连续不停地喊着，直到家中的水缸边，再拉拉婴儿的耳朵，轻声喊几声婴儿的名字，就可把婴儿吓掉的“魂”喊回来了。此之谓“收吓”，亦称为“招魂”。

烧满龙

小孩子种上牛痘后的一年，外祖母要给外孙(外孙女)送上12朵纸做的花、12个大馍馍(馒头)，在家中摆上供案后，让孩子把每一朵花抱上一遍后，焚香烧纸，娘儿个一起跪下，祈求“上苍”保佑，让外孙（外孙女）在12个月里都有花看、有饭吃，健康快乐地成长。

送龙碗

“盛世春来早，龙年行大运”。旧时人们认为在12个属相中属龙最为吉祥如意，虽然不可能人人都出生在龙年，但都可以在龙年里沐龙之“灵气”，得龙之“神威”。祖父母、外祖父母为了祈求上苍保佑孙子、外孙有一个美好的未来，会在龙年的春天给孩子们送上4个或6个花碗和其它配套礼物，叫“送龙碗”。

开蒙

自荀子始，兰陵一带就有“多善为学”的良好风气，汉代又出现了匡衡“凿壁偷光”的苦学典型。到了明清两代，许多家族以“忠厚传家、诗书继世”为训，引导教育子弟诵经习文。民国前，儿童在10岁前拜师求学，不论是进私塾，还是入庠序等官办学府，都要行拜师

礼，奉上礼物，以表达敬意。依据儿童家庭的地位及经济状况，仪式有繁简之别。传统的拜师礼仪反映了社会对老师这一职业的尊重。古代许多家训、家诫中都强调要尊敬老师，视师如父，谓之“一日为师，终身为父”“不敬先生，天诛地灭”。新中国成立后，县城开始有学前教育机构，广大农村的启蒙教育仍是家庭教育为主。随着高考制度的恢复及公务员招考的推开，重视对孩子的教育与培养已成蔚然之势。到20世纪90年代，学前教育开始在农村普及，接受学前教育已经成为重要的人生习俗之一。

生日、祝寿与本命年

旧时，富家大户老人年过50岁即过生日，俗称“做寿”(如上有父、母健在一般不做寿)。以后逢10整岁要大庆。主人预先准备“寿桃”“寿面”和酒宴。届时，家中张灯结彩，儿女全家人和不出“五服”的本家都来祝寿、献寿礼，诸如寿桃、寿联、寿幛之类。官僚士绅、社会名流家中做寿，尤其排场，来客上席，早晚两宴，还要请戏班唱一天戏。穷家小户无法讲究，只子女邻人欢聚，以示敬老之意。做寿之人要吃寿面。

父母66岁生日时，出嫁女儿要送猪肉一块。俗谚“六十六，吃他闺女一块肉”，若不送谓之不孝。又如“六十九，棺材张着口”“七十三、八十四，阎王不叫自己去”之类说法。如父母69岁时，出嫁闺女要包上69个未捏口的较小的水饺亲自送给父母，等到了娘家，临下锅以前，由父母亲手把这些张着口的水饺捏上口，象征父母平安度过69岁这一生命“关口”。

进入20世纪80年代，随着人民群众生活水平的提高及改革开放的扩展，受西方过生日习俗之影响，不论孩子大人，遇有生日即全家为之庆贺，亲朋好友或应邀参加或主动前往，戴“皇冠”，点生日蜡烛，吃生日蛋糕，唱“祝你生日快乐”歌，渐成新俗。

本命年，就是人生12年一轮到了与自己属相相同的这一年。旧时认为“本命年犯太岁，太岁当头坐，无喜必有祸”。民间常把本命年叫做“槛儿年”，即度过本命年如同迈过一道槛儿、一道“关口”一样。到本命年时，穿红背心、红裤衩，系上红腰带都可以“趋吉避凶”“消灾免祸”。

第四节　丧　葬

旧时，依照死去之人的年龄等因素而确定不同的丧葬方式。婴儿死去用谷草包裹，弃之沟壑或坟地不掩埋；幼年、少年夭亡，入小棺，埋小坟，不入祖林；未婚青年死亡，入棺，第二日埋入祖林。如果某成年人因故在外地死亡，其尸体不得运回家中举行丧礼，只得在村头空地上临时搭棚举行。

成年人尤其是老年人死去，其葬礼仪式隆重、繁杂。大致过程如下：

报丧举哀

在人弥留之际给其穿上寿衣，亡后（也称咽气）将其停放在灵床之上，用草纸蒙脸，再在逝者口中放上一口米饭或一枚银元（或铜钱），叫“满口饭”或“含口钱”。同时按男左女右的要求在逝者的袖子上套上一串“打狗饼子”，饼子数量与死者年龄相同。传说人去世后，“灵魂”要过恶狗山，如果没有打狗饼子，就会被恶狗撕咬。

灵床都要放在堂屋，床头正对着屋门口。灵床前要放上“长命（明）灯”“老盆（燃烧火纸的瓦盆）”、逝者牌位、“倒头饭”等，屋门口要挂上透亮的竹帘，儿女们扎白巾、戴孝帽、服孝衣，举哀守灵。儿女、媳妇及孙子女们守在灵床两边，男在东，女在西。当有人来吊孝时，孝子要边哭边在“老盆”里烧纸。

同时，亡者长子在同族长辈的带领下跪请一位德高望重的精通丧礼的长者前来主持并全权处理丧事，叫“执大殡”“大执殡”“大料理”；

辅助大执殡安排事务的人叫执事。执事有专门负责收奠仪“登账”的，负责灵棚奠祭的，负责厨房接待的，负责打圹抬棺材下葬的等。

待大执殡与其他主要治丧人员到齐后，要挂上魂帛、魂幡，幡上串起与逝者岁数相等的纸钱，在门前或登上屋顶呼喊招魂，然后将纸马和死者的旧衣物送往宅外烧掉，这叫“指路”。

逝者家中以及本家的大门都要用火纸贴门，称“封门”。同时，在逝者门前竖起“百岁纸”，即用白纸条绑在木棍上，纸条数目与逝者年龄相同。男女有别，逝者为男，百岁纸的顶部带尖；逝者为女，顶部带叉。

指路后就要组织亲属为逝者泼“倒头汤”（第一次汤），泼汤时领路的是挑着灵幡的逝者的大长孙，紧跟着的是孝子。大孝子用木盘端着用黑布遮盖的逝者的灵位，盘内压上一定数量的草纸（火纸），其他孝子手拉哀杖棍，后面是逝者晚辈亲属相随，哭泣哀悼。泼汤动身前要先向逝者行跪拜礼，目的地是本村的土地庙，去时不在中途停留，到了土地庙后，要对“土地老爷”行跪拜礼，同时点燃火纸，浇上一勺米汤（汤勺要向外手泼）。回时，遇有十字路口都要继续向“土地老爷”行跪拜礼、燃火纸、浇米汤，回到灵堂前再向逝者行跪拜礼，再回灵堂守灵。泼头汤时，亲属不需穿孝服。

此后再泼汤时，晚辈亲属要穿孝服，俗称“披麻戴孝”，队伍前面多了“叭喇匠子”奏乐致哀。

在逝者去世的第一天晚上，大执殡要召开治丧会议，研究安排丧礼的全部过程与各项事宜。诸如安排专人到逝者的亲戚朋友家报丧，俗称“送信”“撒信”，张榜公布治办丧礼各个岗位上的人选，商定餐饮标准，安排客屋与厨房，安排火化、打圹、举重（抬举棺材）等具体事宜。

“送信”是事主家派人上门去本族之外的亲属家，告知何时送殡等事宜。随着手机、电话的普及，人们往往先行打电话告知丧亡信息、何日去人送信等事宜；而接电话的亲属往往会回应道“我们知道了，不要再来人了”，以此简化仪式。

奔丧

逝者在外地的亲人接到噩耗后要火速赶回。儿、儿媳妇、女儿、孙子、孙女，外孙、外孙女奔丧时，临到村头就开始大哭，一直哭到灵前。

必备用品

老盆　即用泥土烧制的黑泥瓦盆，放在灵床前面燃烧戳有铜钱印记的火纸。打制铜钱印记的工具叫纸戳子。丧礼所用火纸都要用纸戳子打印一遍。迷信说法，死者到阴间去要花钱，将纸箔化成灰即为死者送钱，为使纸钱不被外鬼抢去，必须在瓦盆里焚烧。

倒头饭　也称“馅食罐”。人一咽气，称之为“倒头”。倒头饭即为死者提供的食物，是现煮的一碗半生不熟（为防活人误食）的小米饭，正中间插上一双麦秸莛或秫秸莛，当作筷子，放在死者头前。民间迷信说法：有了倒头饭，死者在冥间就不会成为饿死鬼。

长明灯　也叫“引魂灯”“引路灯”“随身灯”。传说阴曹地府黑暗无边，刚刚去世的亲人必须借助于灯光的照明，才能到阎王爷那里报到。一般用黑陶瓷灯罐，也有用面蒸制的灯盏，内盛豆油，用棉花捻做灯芯，置于灵床前方，随时添油，昼夜不熄，直到出殡。

灵位牌　是用白纸叠做的纸牌，写上“某某之灵位”，用两根筷子支撑，插在萝卜做的底座上，称“灵位牌”。灵位牌一般要做两个，一个放在灵床前面，一个放在土地庙前，留着泼汤时用。

倒汤罐　是用来装半熟的小米（或可用大米）汤的陶罐，瓦罐两边有耳，穿上粗麻绳，由儿媳妇（如儿子多个则由长子媳妇）或抬或提，专用来每天 3 次的“泼汤”。

入殓致哀

20 世纪 80 年代后，遗体火化普遍推开，旧时的入殓习俗也发生很大变化。现在入殓多是

在举行丧礼的前一天送遗体火化，火化回来后把骨灰盒放入棺材，即为小殓。

旧时的小殓主要是指为逝者穿好寿衣后，把逝者请入棺材。大殓是将随葬物品都放入棺材，再将棺材盖钉上，不再打开。

小殓之前要给逝者收拾干净，叫“净面”。

入棺之前要先扫棺，将棺材抬入屋内打开盖打扫，笤帚要用新的没用过的。扫过之后，要在棺材底部放上用七枚钱币组合成北斗七星图案，铺上褥子、垫上枕头后把遗体平稳地移入。入殓后，要保持棺材的平稳。

大殓又叫“入棺”。人死后并不立即入殓，主要是防止死者复活。在实行火化之前，都是在亲朋好友看视过遗体之后，将穿戴整齐的遗体直接放入棺材，用钉子将棺盖钉上“刹材口”，这叫“盛殓”。死者如为女性，入棺之前必须由其娘家人检查验尸，得到认可后，方能大殓。

旧时，入棺后往往不是马上安葬，而是停棺在家等候，叫“停棺”。一般停放七天，遇有特殊情况要停十几天或几个月，甚至几年。停棺几个月甚至几年的，要把棺材移放到宅旁或园边的新盖小屋内，谓之“丘”。现代社会一般都是停棺 3 天即下葬。

“守灵”就是指在出殡之前，孝子要守在灵床前，“守灵”的目的是尽最后的孝道。“守灵”必须早晚烧纸，朝夕祭奠。孝女除了早中晚三次规定的哀哭外，还要随着吊丧者的祭奠不时哀哭。按照传统习俗，守灵期间，男不剃头，女不梳头，寝苫枕块，啜粥吃素。在灵堂的地面铺上麦穰，孝子白天坐在麦穰中哀哭，晚上则在麦穰中睡眠。白天孝子孝女出去泼汤时，长子仍要留下“守灵”。

亲友来吊唁，“守灵”者要磕头谢孝。

孝服序哀

穿戴孝服也叫“破孝”“戴孝”“穿孝”。死者亲属从第二次泼汤起，男的要戴孝帽，女的顶褡头，或者“首巾”，女儿穿“孝衣”，这就是“穿孝”。凡前来吊唁者都送孝帽、孝布者叫“大破孝”。只给闺女婿、侄女婿、外孙、外孙婿、外甥等人的孝帽、孝带的叫“小破孝”。

按照古礼，丧服分斩衰、齐衰、大功、小功、缌麻五种，以麻布的粗细区别，称之为五服。五服是通过父系血缘关系的亲疏来确定的。这种用不同的丧服表明个人的身份以及亲疏远近甚至嫡庶的做法，体现封建宗法礼仪与长幼有别、尊卑有别、男女有别的原则。

在现代社会，丧服相对简化。男子主要通过孝帽的细节来区分与死者的关系。孝子在丧礼中戴有麻辫的“大孝帽子”，光脚，束腰绳，俗称“披麻戴孝”。孝子的孝帽一般为一尺二寸白布折叠起来，前沿缝有麻辫，前面坠棉球，俗称“黏乎（棉花）蛋子”。父死棉球垂左，母死棉球垂右，父母双亡的钉两个棉球，死去一人的钉一个，也有直接把棉球缝在孝帽前沿的。

假如孝子有仁兄弟，或者死者有干儿子，干儿子（孝子的仁兄弟）们也要戴“大孝帽子”，沿边缝麻辫而不钉棉球。

其侄以及其族兄弟孝帽为“柿花”；其孙辈孝帽为“俩角”；曾孙辈孝帽亦是“俩角”，但在一帽角钉红布条，玄孙辈孝帽角钉黄布条，钉布条谓之“轻孝”。逝者（本家族近亲）的女婿、侄女婿和孙女婿、侄孙女婿要腰束孝带，女婿、侄女婿为白色，孙女婿、侄孙女婿为蓝色。如果死者的女婿已早亡，由其儿子（死者的外孙）代为行孝，孝带亦为蓝色，改为斜披肩上。

其孝女穿不缝边的孝衣，麻边白鞋，谓之“重孝”；女子的孝服主要有长而宽的白布，类似围巾，顶在头上向两边垂下，俗称“首巾”。死者女儿还有用白布撕成的“孝褂子”。儿媳、女儿的首巾要同棺长，侄媳、侄女为 5 尺，孙女辈为 3 尺。女的还要扎腿布，宽窄长短也依据辈份而定。

除了孝帽、首巾外，逝者亲属的鞋子也要缝上白布。如果父母一人死去的，孝子的鞋不幔严，留脚后，侄辈幔鞋头，孙辈幔脚腰。父母均故的，儿子幔整鞋，侄孙辈不变。除此以外，有的地方孝子的腰里系一苘绳，拖在地上，叫“孝绦”。父母均故去的，系的是两根；只有一人去世，系的是一根。

其他参加吊唁（俗称“烧纸”）的亲友一律只戴孝帽（死者的长辈不戴），吊唁结束离去时即可除去。

在丧礼结束后儿子要守孝，守孝日期长短不定。按照古礼，“斩衰”守孝三年，“齐衰”守孝一年。

家奠呜哀　辞灵、装库

家奠是在丧礼的前一天晚上，是儿孙后代专门祭奠逝者的一种形式。家奠之前，先“请灵”，即请家里的宗亲之灵回家享用香火。孝子用捧盘捧着火纸折叠的牌位，上写“三代宗亲之灵位”，牌子上披有黑布，由执事人带领到村头的岔路口，烧纸磕头后回家，将牌位放在祭桌上，叫“请灵”。

祭桌上香炉里要燃香，烛台上点上蜡烛，灵棚两边挂上马灯，祭桌前放一块席，靠近祭桌放一装了麦穰的“口袋”（粗线编织的长袋子。现多用麻袋），祭桌后立一由秫秸和五色彩纸扎制的“钱库”（形似楼房）及金山、银山、轿、马、书童、奴仆等。

家奠开始，唢呐响起，先是孝子们磕头，边哭边行三跪九叩或繁式八叩礼。接着男性侄辈、孙辈，然后是女眷行礼，儿媳、女儿依序顺延。

最后是“装库”，儿女们边哭边用筷子将用金箔纸折叠好的“元宝”夹到“钱库”中。

家奠之后，便是唢呐乐队表演，吹鼓手拿出看家本领尽情表演。旧时，大户人家要请来戏班子唱大戏。20 世纪 90 年代至今，一些富裕家庭请演员边歌边舞，表演费用多由逝者的闺女或女婿支付。

丧礼古称凶礼，是人生礼仪中最后一件大事。主要包括亲友吊唁、送盘缠、出棺（启灵）、路祭、安葬等。

丧礼举行前，要在灵堂前搭建灵棚，过去用芦苇编织成的席子（俗称芦席）盖顶，现在由丧礼公司提供配套服务，灵棚中要安放祭奠桌案，上放香案、蜡烛等基本祭奠器具，桌案前放有供领祭人奠香时的护膝草袋，同时铺上一领宽约 2 米、长约 4 米的大芦席，供奠祭人行跪拜礼时叩头之用。灵棚前端两侧要挂有悼念致哀的挽联，如“事业已归先辈录，典型留于后人看”“风凄暝色愁杨柳，月吊宵声哭杜鹃”“三径寒松含露泣，半窗残竹带风号”“白马素车愁入梦，青天碧海怅招魂”等。

唁奠

民间也叫“烧纸”。亲友接到报丧后前来吊唁者，每门亲友一般分为男女两拨，男宾客直接哭着到灵堂奔丧，向孝子寒喧致哀后退出；女宾客吊唁时，逝者的儿媳妇要出灵堂跪拜，领她们到灵堂叙哀后，再由女执事领到客厅休息。听到哭声，唢呐乐队要马上奏乐迎宾。

男宾客奔丧后宾客开始登账，俗称登吊簿，即记上祭品、奠仪（现金）的数量，然后按先来后到的顺序由执事带到灵前祭奠，有祭品的要摆好后行唁奠礼。

过去唁奠礼主要有三跪九叩、九跪八叩两种形式。现在礼仪简化，关系亲近的要行正式的九跪八叩礼，简称八叩礼。祭奠者中如有孝子或陪棚人的外甥辈，外甥要先向孝子及陪棚人中的舅舅们作一个揖、叩一个头，表示对跪着舅舅们的问候与尊敬。八叩礼分为三个环节：第一环节，领祭人到祭桌前立正站好，把先作揖、后叩头的礼仪重复四次；第二环节是领祭人第五次作揖后，跪到奠桌前为逝者上香、奠酒；第三环节，领祭人退回原位后，领众人重复第一环节的礼仪，接着领众人有序退出，由执事带至客厅休息。祭奠者要在上香奠酒后大声哭泣，将对逝者的哀悼之情充分表达。在祭奠者磕最后一个头时，执事要朝灵堂内高喊“谢”，

孝子要跪着以大声哭泣表示感谢。

关系较远一些的可以行简式八叩礼，也叫懒八叩，所不同的是在第三环节，作完揖后可趴倒一气连磕四个头，其他程式不变。现在也有行脱帽三鞠躬礼的。

孝子跪在棺材前左侧，哭迎奠者，叫“谢纸”。逝者的侄、孙辈要在灵棚左右两侧跪立，陪同祭奠者行礼，侄子辈的在上首，孙子及曾孙辈在下首，叫陪棚。

旧时客厅的墙壁上要挂上各家亲友致哀的布幛，上面写有“瑶池添座”“驾鹤荣归”等致哀文字及亲友姓名等。待宾客坐满客厅时，为一拨。有时家族大，亲戚多，宾客用餐要坐好几拨。执事下令厨房上菜上饭请宾客用餐。用餐时，唢呐队要到逝者女婿、侄女婿所坐桌前为其奏乐，女婿们要送给他们一定数量的酬金。上齐菜后，逝者的儿孙在执事带领下，到客屋给就餐的吊唁者磕头，这叫“谢菜”。在执事高呼“谢”的时候，就餐者中的首要宾客要停筷、起身，表示答谢。

餐后不参加“候送”（跟随送葬队伍至墓地待逝者下葬后方能离开叫候送，也叫后送）的便可辞别回去。候送的宾客多为逝者的女婿、侄女婿、外甥等人。逝者若是女性，娘家门上的亲属也要参与候送。

丧礼期间治丧人员与亲属用餐，一般为 4 次，即丧礼前一天的晚餐，丧礼当天的早餐、中餐与晚餐。丧礼当天的晚餐，逝者的儿孙要在执事的带领下向所有执事人员行跪谢礼。

送盘缠

给逝者去“阴间”送上象征性的经费，叫“送盘缠”，时间在逝者下葬的前一天傍晚。

先是用纸糊好 3 个钱褡子，也叫“捎马子”。系为“土地老爷”“二鬼当差”及逝者自背（上面多数写逝者家族的堂号等字样）各送 1 个，里面装满纸“钱”，放在扎好的纸马、纸牛的背上由执事和本家族的男性同辈、晚辈一同送到土地庙前焚烧。

旧时家庭条件好一些的，扎有纸人、纸马、摇钱树、金山、银山、聚宝盆（女性增有纸轿、纸牛），进入 21 世纪后，纸汽车、纸楼房等时髦用品亦出现在“盘缠”之中。原来是用打好的纸钱填满聚宝盆、钱搭子等“冥器”中，现在也有将印制的“冥币”填满金库、银库、聚宝盆。

送盘缠的亲属要从灵堂一直哭到土地庙前，磕头伏拜。待纸人、纸马点火烧着后，逝者是男性的，孝子喊“爷，您上马”；是女性的，孝子喊“娘，您上轿”。其他人跟着用不同称谓大声呼喊“上马”或“上轿”。旧时个别地方有忌讳，说父亲去世后儿女不能哭“爹”，而要哭“爷”，据说是“喊了爹，死了要变鳖”。

现在礼仪简化，送盘缠常与丧礼这天的第三次泼汤仪式合并进行。

除有极个别特殊情况的人家，在祭拜完成后不当时下葬而是将其“丘”起来择日安葬外，绝大部分都要在三五日内出棺下葬。

出棺

送盘缠后是出棺，也叫启灵。出棺前，先由执事掀开棺材盖，让逝者的子女及近亲最后一次瞻仰遗容，然后用长铁钉把棺材口封死。众抬棺者（也叫举重的，每边 8 人）在抬棺执事的指挥下，背靠棺材用双手托起底部，将其抬至大街上已经用粗大苘绳（现在多为质地柔软的粗大尼龙绳）捆绑好的棺木架上，并用绳子固定好。棺木架主体是两根笔直的长约 4 米的硬料树干或方木，叫大杆；上面横绑着两根长约 2 米的小型硬料方木，叫横杆。每根大杆的两端都捆绑有长约 1.5 米的硬料木棍或方木，叫稍木。在稍木的两端各系双股粗大苘绳，再在它的上面固定好抬杠。每根抬杠两个人抬，每根大杆的一端有 4 位抬棺者，四端共有 16 位抬棺者。待他们各就各位后，抬棺执事便站立于棺材前的横杆木上，指挥 16 位抬棺人或抬起、或行走、或落地。16位抬棺者必须步调一致，目的就是保持棺材的平稳运行。连同亲属的哭送者一起组成送葬队伍。

出棺之后，逝者的家里要举行“扫棺”仪式。扫棺，就是在棺木离开屋后，请人将棺木底下的垃圾打扫起来拿到大街上与火纸一起焚烧，在原来放棺木的地方放上土坯，土坯下面放上一碗粮食。扫棺人系全福人，即儿女双全的年长妇女。

出棺后，孝子在棺头领棺，到村头较为宽敞的路面停下，举行“路祭”。

路祭

路祭是丧礼中耗时最多、礼节最隆重、最给孝子要脸面的一个环节。主祭人在出殡队伍经过的路边摆好供桌，摆上祭品，进行祭祀。

当棺木在香案后停稳后，首先是孝子带众亲属行正式的九跪八叩大礼，接着孝子跪于供桌后右侧，侄子辈跪于供桌前右侧，孙子、曾孙辈跪于供桌前左侧，准备向奠祭的亲属与客人答谢。

祭奠的形式基本与唁奠中的跪拜礼仪相同。

第一拨祭奠的多为与逝者有较近血缘关系的平辈男性，也有逝者长辈参与的；第二拨多为与逝者有较近亲缘关系的侄孙辈男性；第三拨为本村要好的邻居、世交等人；从第四拨开始为主要亲戚。这时，最引人注目的是逝者的女婿、侄女婿等贵客在行祭奠礼时的表现。围观者众多，其中未婚的准贵客或新婚的新贵客是人们评论的重点人物，人修养高不高、长的帅不帅等为评论的重要内容。

路祭后，女眷们在众人的劝说开导下退场。棺材刚刚抬起时，主祭人要将老盆高高举起在孝子头上绕上一圈后猛摔致碎。这叫“顶老盆”。一般情况下，长子要为父母各顶一次。但也有例外，如长子已过继给他人，或有其他原因未参加葬礼，就由次子顶老盆，依次类推；有的逝者无有儿子，侄辈、孙辈亦无愿意过继者，就由女儿办理后事并顶老盆；有的人一生可能要顶三四次甚至更多，给父母顶过后，若有父亲的平辈无子无女，当侄子的就要像亲生儿子一样为其办理后事并顶老盆，这在家族中叫承重；有时逝者的侄子辈无人可以过继，就要到孙子辈找人过继，老人去世后，则由过继的孙子为其办理后事并顶老盆。一般的习俗是，只要不是儿女顶的老盆，其他为逝者顶老盆者都有资格（权力）继承逝者的遗产（逝者夫妇尚存一人者暂不继承）。

安葬

此后，送葬队伍在执事的带领下向安葬地（林地，过去富贵人家要事先请风水先生看风水选择安葬地点，现在多为公墓林）奔走。接近墓地时，在执事的指挥下，抬棺者要碎步快跑一段，叫“跑林”，又称“抢风水”。

待棺木停稳后，抬棺人在执事的指挥下解开棺木架上的绳索，用两根粗大苘绳从事先已做好的棺材底部的两个预留绳眼中穿过，并把两根大杆横绑于棺材顶上，绳子要预留出一段可以调整的长度。在执事的指挥下，众抬棺人托起大杆，把棺材抬至圹口之上，缓缓将棺材放至圹底，圹中要把在灵堂时的长明灯等物品一并放入。如是与已亡人合葬，事先要准备一小木板，叫“过棺木”，俗称“过桥板”，放于两棺之间，意思是让逝去的人便于来往。

待调整好棺材方向与平整度后，把行唁奠礼时用的芦席放于棺顶之上，随后由逝者的侄、孙辈为其聚土起坟，聚成后，在坟顶留下顶尖部分不堆，以备三天圆坟之用。接着将逝者的牌位、冥币（火纸）等一起焚烧，并将亲朋好友所献花圈整齐排放到坟前。有的地方上五七坟时将花圈焚烧，有的村子上周年坟时焚烧。其后，孝子们用孝服兜土绕坟三周后在逝者脚蹬的方向上行长跪礼。一般情况下，从向圹中安放棺材到坟茔聚起、行长跪礼这一段时间，孝子等人要保持静穆。

长跪之时，执事们的将“盖斗饼”（一种烙饼，也称“盖钉子火烧”）分成若干份，分给孝子及侄、孙辈食用，孝子、侄、孙们不得拒绝。

这时孝子们要在执事的带领下挽留各位治丧人员到客厅聚餐，并致跪谢礼。对候送的男客也诚心诚意挽留。否则，会被认为不懂礼数，没有教养。

女儿、侄女要回婆家的，需到原灵堂内行跪拜礼后一直痛哭至村头。

戴孝追哀

旧时丧服分为斩衰、齐衰、大功、小功、缌麻 5 种，居丧时间亦相应为三年、一年、九月、五月、三月 5 等，叫行戴孝礼。在现代社会中，居丧时间虽没有如此严格，但对不同身份的人群也有明显区别。比如，死者的儿女服丧三年，侄孙服丧一年。在给逝者“三天圆坟”后，孝子、孝女等要在日常衣服上用白布缝边，包括褂子领口、袖口、上衣的底边、裤子的裤边、鞋面等地方都要缝上白边。到百日坟、周年坟后可以换孝。现在三天以后多以戴黑纱代之，用黑布缝上白色的“孝”字，逝者为女性，戴在右胳膊，逝者为男性，带在左胳膊。

在皇权时代，守制有以下几种情况：第一，普通百姓应谢绝应酬事务，官员应解除职务，在家守孝至居丧期满。对于父母丧事不奔丧者，被认为“大不孝”，严重者将面临相应的惩处。不过，国家如因军事需要或其他特殊原因，官员守制没有期满，朝廷也可强令其出仕，这叫作“夺情”或“起复”。但在入署办公时应穿素服，平日不能参加朝会、祭祀等礼仪活动。第二，居丧期间禁止婚宴、饮宴等喜庆之事，如有违反，就会给予处罚。第三，居丧期间禁止参加科举考试。起初限制很严，即使是服缌麻也不准赴考。明代限制放宽，除了服三年之丧者不得赴考外，其余不再限制。

居丧期间，在衣食住用行上都要有所节制，儿子百日之内不理发，女的不妆饰；不参与娱乐；一年内过春节时不贴春联；三年服丧期间不娶、不嫁等。

现代社会中，多对居丧礼仪变通行事。

祭拜忆哀

祭祀安葬后的逝者，叫“上坟”。安葬逝者的第三天，其子女和近亲都戴孝要参加“三天圆坟”仪式。三天圆坟时女性亲属可以参加。逝者的女儿事先要摆祭桌，家人及亲朋好友从家哭到坟前，摆上供桌，烧纸磕头后，孝子用土把安葬时的坟头堆成圆顶。女儿们用孝褂兜土添坟，兜得土越多越好，坟茔堆得越大越好。现在有些地方“三天圆坟”在安葬后的当天傍晚一并完成。

旧时安葬死者之后，在每逢“七日”都要祭祀，连做 7 个，叫“做七”。现已简化，惟在“五七”上坟。

“五七”祭祀叫上“五七坟”，这一天下午，死者的子女、近族及至亲先到灵堂内聚齐后行跪拜。都要前来，女儿还要带着金银山、摇钱树、聚宝盆等纸活和供品、香纸等参加祭祀。

“五七”之后，就是“百日坟”。仪式与三天圆坟相似，就是时间上比上“五七”坟要晚，所谓“早五七，晚百日”。之后服丧之人可以更换孝服。

百日坟之后，主要是周年祭祀，主要有“一年周”“三年周”“十年周”。上三年坟方可添坟。每次祭祀，多由逝者女儿轮流摆祭桌，儿子负责招待。“十年周”不等到满十年再进行祭祀，即“十年周，九年上”。

除此之外，只在忌日以及清明、“鬼节”（农历七月十五）、冬至、小年等节日里进行小型的祭拜。

新中国成立以来，实行殡葬改革，推行火化和简朴节约之风，治丧期间，实行开追悼会、送花圈、戴臂纱等。

县内回族居民的丧葬按伊斯兰教义和穆斯林风俗举行，主要有以下几个特点：一是土葬，不用棺木而将尸体用白布裹后葬入土中；二是速葬，回民去世后入葬一般不超过3天；三是薄葬，无论亡者家庭贫富、生前社会地位高低不同，入葬时一律用同样的白布裹身，葬入同样大小的墓穴之中。回民的葬礼相对简单，参加吊唁的人不烧纸，不嚎哭，只有默默地祈祷和祝愿。

第五章 禁忌 陋习

第一节 民间禁忌

民间禁忌属于风俗习惯中的一类观念，含有在言行上被“禁止”或心理上被“抑制”的行为控制模式。其来源大体有四个方面：对神灵的崇拜和畏惧，对欲望的克制和限定，对仪式的恪守和服从，对教训的总结和记取。

本节为旧时境内农村汉族的一些重要的禁忌。

男女有别

男女有别是封建礼教的一项重要规范，也就是平常所说的“男女授受不亲”。

旧时，平民良家妇女幼年起就深藏闺阁，“大门不出　，二门不迈”，不让外人看到；即使成年妇女，外出时一定要穿好外衣、长裤、鞋袜的，叫做“女不露皮”。

住娘家的禁忌

嫁出去的女人生孩子不能在娘家生；守寡或离婚的女人要是回娘家长住会对娘家人不吉利；大年初一，女儿不能回娘家过节，那样要吃穷娘家的；还有许多重大节日不让回娘家，如“娘家过六月六，死婆婆带着舅”等，其中原因之一是以此能让一些离家的媳妇尽快回家。

婴儿的冲犯与庇护

家里有新生儿，其他男人应尽量在天黑前回家，避免“邪气”入侵；婴儿如外出，要尽量包裹并以红布蒙脸，母亲须手持桃枝以“辟邪”；

忌言以避祸

不吉利的话不能说，如果说了就如同骂人、咒人；其次，因同音字可能造成不吉利的话也要尽量避免，如数字“四”与“死”同音，尽量少说、少用；有病要说“不妥当”“不舒坦”“不受用”之类；在服食中药汤剂时，不说“喝药”，所谓“喝药”特指寻短见服毒的；在宴席上吃“大鱼”（即整鱼）吃完一面要再吃另一面，就避讳说“翻”，可以说成“正过来”。有的人特别讲究这方面，面发酵过头导致蒸的馒头裂开了花，要说“笑啦”，以图个吉利。

送礼的禁忌

不送钟，钟和终谐音，会令人想到“送终”；朋友忌送伞和扇子，因为与“散”谐音，会导致绝交；戴过的旧帽子不能送人，那样会对原来戴帽子的人不吉利；近亲不送猫狗，因怕由此咬断了关系，如确实需要，也得象征性的给点钱。

日常起居中的禁忌

床具不能冲着房门口，也不能置于房梁之下。吃饭时筷子不能插在米饭里，因为那样是祭奠死者的；用勺子舀水盛汤时不能向外倾斜倒出，这个动作俗称“反别桄子”，会“财水外流”；梨子不能分着吃，因为梨和离同音，会令人想到“分离”；不能用筷子敲碗，这像是叫花子讨饭，不吉利、不礼貌。亲朋间探望住院病人，都要在上午前往。

第二节 婚姻陋习

换亲、转亲、姑表亲、姨表亲

多系贫困之家不得已而为的婚姻方式。双方

父母各以自己的女儿嫁给对方的儿子，俗称换亲。婚礼可以从简，故多为穷苦之家，今已绝见。两家女子婚后互为姑嫂，夫妻感情多不融洽。

转亲是换亲的扩展，由条件大致相当的三家兄妹或姐弟转着相互娶嫁。随着时代的进步，这种无可奈何的婚姻方式也已退出历史舞台。

女子嫁给姑家表哥表弟或男子娶姑家表姐妹为妻的叫“姑表亲”，女子嫁给姨家表哥表弟或男子娶姨家表姐妹为妻的叫“姨表亲”，是近亲结婚的主要形式。过去把这两种婚姻关系叫“亲上加亲”，现在为婚姻法明文禁止。

指腹为婚与娃娃亲

指腹为婚指双方父母在孩子尚未出生之时即约定婚姻关系。又怕男女长成后，互不相认，或一方不守信诺，将衣襟裁为两幅，各执一幅为凭证者，称“指腹裁襟”或“指腹割衿”。

娃娃亲指男女双方在孩童时由父母约订的准婚姻关系。

童养媳

20 世纪 50 年代前，有些人家从小收养穷人家的女孩子作为准儿媳，待成人后成婚。被收养的女孩子叫童养媳、团圆儿媳妇（子）等。童养媳在准婆家的地位非常低，要做最重最脏最累的活，要吃最差最难吃的饭，要穿最旧最破的衣衫，稍有不慎则拳脚相向，备受折磨。

守节

多指丈夫或妻子去世后，终生不再娶、不再嫁的行为。庄坞河西村的节孝坊表彰的就是杨绩的继配夫人刘氏在杨绩去世后未再嫁人，持家立家坚守贞节的事迹。

抢亲

抢亲有两种形式。第一情况是一个女子被两个以上的男子看中，势力相当的要看谁先把女子迎来举行婚礼；势力不相当的，女子往往被势力强一些的男子强行抢去举办婚礼。第二种情况是出身贫寒、无力娶妻的男性青壮年探悉某处有孤守青灯的寡妇后，邀集一伙穷兄弟伺机抢她回去成亲。抢亲陋习是古代遗留下来的掠夺婚俗，生活在社会底层的劳动妇女是其最大的牺牲品和受害者。

蓄婢纳妾

新中国成立前，达官贵人或富裕人家从民间挑选少女充当家庭佣人，叫做蓄婢，或称养女。长大成人后，或为主人纳为小妾（侧室、二房），或被转卖。

妾，雅称小妻、侧室，俗称小老婆、姨太太。古代重男轻女，允许男子讨小老婆。官宦和豪富之家妻妾成群。男子纳妾视为荣耀，所谓“大丈夫三妻四妾”。为妾者虽有明媒聘娶，但只能坐小轿进门，受大老婆管束，受人鄙视。民国时期虽然规定一夫一妻制，但各种变相的多妻制仍实际存在。1950 年颁布的《中华人民共和国婚姻法》规定：严格实行一夫一妻制，禁止纳妾。

新中国建立以后，妇女的婚姻权力受到婚姻法等法律保护，男女平等、婚姻自由的观念日益深入人心，以上所述种种陋习恶俗已成历史陈迹。

第三节　其他陋俗恶习

迷信

1949 年以前，封建迷信活动遍及城乡。每逢天灾人祸，或遇事不顺时，多“祭鬼”“拜神”，或求助于神汉、巫婆、“算命先生”等。民间信奉的“神”很多，如“玉皇大帝”“龙王”“土地神”“财神”“关帝”等。大家捐款修建神庙神祠，按时祭祀。遇事祈神许愿，求神保佑。遇有祭天、祈雨等重要祭礼，地方官员亲自主持典礼。

神灵信仰的第一大神是“老天爷”，在习俗上表现为“敬天”。一般在春节、中秋节等重大节庆都要设供桌祭拜，婚丧嫁娶等人生重要礼仪时要拜天、敬天，打井、盖房等重大活动时也要先敬天。神灵信仰的第二大神是“土地爷”，旧时境内每个村庄都建有土地庙。人们认为“土地爷”是保佑一方平安的神灵，家中有人去世，人们都到土地庙前泼汤祭拜。

“认命”是普通民众迷信的重要内容，其表现形式就是迷信“算命先生”、巫婆神汉。日常生活中遇有疑难之事时，常会找“算命先生”算命。算命的形式很多，有算卦、相面、测字、抽签等，尤以算卦、相面居多。算到吉利时，即放心去做，否则便畏首畏尾。由于缺医少药，居民遇疑难杂症，多求助于巫术“驱邪赶魔”。巫婆、神汉宣称各有自已供奉的“神仙”，如狐狸“大仙”、黄鼠狼“大仙”等。请神要备请神礼，礼少了还请不下来。人们迷信“仙家”法力，往往延误了病情。还有请阴阳先生看风水、查日子的习惯。诸如建房，要请其看宅基，丧要请其选墓地;遇婚丧嫁娶、破土动工、出门求财、乔迁新居等都需选个“吉日良辰”。

20 世纪 50 年代，破除封建迷信思想。“文化大革命”破“四旧”后，各类迷信活动基本绝迹。20 世纪 80 年开始，由于社会环境宽松，迷信活动又有所抬头。

灵物信仰

境内民众的灵物信仰很多，首推龙、虎，如出嫁途中要张贴青龙帖，认为可以避邪。民间有人把黄鼬（黄鼠狼）称作“黄仙姑”，认为不宜捕杀。有一种小型燕子叫“火燕”，在民间被视为吉祥鸟，认为在谁家垒窝就会给这家带来好运。民间认为柳树、桃树、红布等有驱秽避邪作用，一般是清明节在家门口插柳枝，春节家中要在磨眼等处插桃枝，婴儿外出要在包被上插两枝用红丝线缠绕在一起桃枝。

缠足

旧时，女子皆以足小为美。女孩长到六七岁须缠足，将拇趾以外 4 个脚趾窝在脚掌下，用棉布宵条缠紧，抑制双脚的正常发育，导致趾骨折断，掌骨变形，最终缠成“三寸金莲”。脚大者日后难找婆家。缠足者双足畸形，终生遭受步履维艰之苦。辛亥革命后，国民政府明令禁止缠足，倡导放足，但千年积习，难以一时奏效。1935 年临沂县成立放足委员会，编印《缠足十恨》歌，广泛宣传，收到一定成效。1949 年始，人民政府尤为重视，限令放足，使缠足陋习终于根绝。

嫖娼卖淫

卖淫嫖娼指异性之间以金钱、财物为媒介发生两性关系的行为。旧的社会条件下，专门经营卖淫嫖娼的场所叫妓院、窑子，出卖肉体的女性叫妓女、窑姐等，男性叫男妓、面首等。另有暗娼，俗称“半掩门的”。

新中国成立后，人民政府明令禁止卖淫嫖娼，取缔妓院，基本上禁绝了卖淫嫖娼活动。

20 世纪 80 年代以后，随着对外开放和一切“向钱看”思想的影响，这一丑恶现象如同瘟疫一般出现。曾经一时，“南环路上美容院”成为县城一说。随着公安机关加大打击和治理力度“扫黄”，卖淫嫖娼行为得到有效遏制。

赌博

1949 年以前，赌博之风遍及城乡，男女老幼皆有参加者。老年人爱玩摸纸牌，青壮年嗜好掷骰子，此外还有推牌九、押宝等赌法。平时村村皆有设局，尤以逢年过节和冬闲期间为盛。

赌具有骰子、牌九、纸牌、宝盒等。参与赌博的人经常在夜间出入赌场，行动诡秘。沉溺于赌场的赌徒，俗称“赌鬼”。赌博有“瞪眼的骰子，倾家的牌九”之说。少数赌徒在赌场中日夜聚赌，输赢极大，甚至拉拢良家子弟参与聚赌。有人一夜之间便输得倾家荡产，一旦有钱，仍旧拿去赌博。更有甚者，穷极为盗，致使家庭不睦，邻里不安，社会不宁。1934 年国民临沂县政府县长范筑先铁腕禁赌，曾使赌风大煞。

1949 年后，人民政府明令禁止赌博，将其列入刑事犯罪，予以严厉打击。20 世纪 60 至 70 年代，赌博行为基本绝迹。80 年代后，少数人以玩扑克、打麻将、抹纸牌娱乐为掩护，进

行赌博活动，多受到公安机关的惩治。

吸毒

清朝后期，大烟（鸦片）、白面（海洛因）等毒品相继传入境内，当地居民也有植罂粟谋利的。吸食者初为胥吏富绅、地痞流氓，后延及城乡百姓。酒肆、赌场等处大都备有鸦片烟具。吸者成瘾，欲罢不能，久则皮肉干枯，体衰无力，形同饿鬼，故俗称“大烟鬼”。辛亥革命后，政府禁止吸毒，但官僚与吸毒贩毒者互相勾结，明禁暗纵，禁而不止。1934年国民临沂县政府县长范筑先设戒所强制戒烟，四乡响应，吸毒者一时几绝。

1950年后，人民政府将吸毒贩毒判为犯罪，轻者教育惩戒，重者判处徒刑。鸦片之害祸及民众百余年，至此始绝。

同赌博一样，20世纪80年代以来，贩毒、吸毒案件时有发生，所涉及毒品种类也有所增多。

第六章　宗　教

县境内多种宗教并存，群众信仰多样。

道教流传最早，东汉末年传入；稍后至东晋佛教传入，大宗山朗公寺为境内最早寺院；元朝期间伊斯兰教传入，形成几个回民定居村庄；19世纪初基督教传入，先后有4个教派各自组织活动；19世纪末天主教传入，至20世纪40年代其教务活动基本停止。

第一节　佛　教

佛教在县境的发展有着悠久的历史，东晋中期传入县境。东晋时期，郯国人朗公卓大在大宗山建朗公寺，并请其弟卓锡携弟子多人来此修行，即为僧朗，僧朗后到泰山西（今长清县灵岩寺）讲经布道，每次都有成百上千的人听讲。唐朝中叶，芙蓉寺寺院庞大，构建宏伟，僧侣众多。北宋徽宗时期，有芙蓉禅师，俗家名崔道楷（1043—1118），沂州芙蓉社（今苍山县卞庄街道芙蓉村）人，属中土佛教重要流派曹洞宗的重要发扬光大者，六祖慧能的第12位衣钵传承人，世称芙蓉道楷法师。其后游历国内名寺，先后住持洛阳之招提、郢州之大阳山、随州之大洪山崇宁保寿禅院等佛刹，大扬洞上之风，从者如云。崇宁三年（1104），宋徽宗闻其名，召住京师十方净因禅院，赐紫衣袍及“定照禅师”之号。芙蓉禅师在芙蓉寺率众弟子连年开渠，排放芙蓉湖水得良田数万亩，交与贫苦百姓耕种，造福众生。

县境内佛教为大乘教的禅宗，又分为临济、曹洞、云门3个教派。佛教徒信仰“四真谛”“八正道”“十二缘起”，劝善止恶、救度众生，以断除烦恼、超凡成佛为最终目的。

县境内佛教遗迹众多，如抱犊崮东麓的灵峰寺、大宗山的朗公寺、芙蓉山的芙蓉寺、玉石山的普佛寺（陶硅院）、文峰山的泉源寺、塔山的禅林寺、武河畔的高尧寺等。

民国五年版《临沂县志》记载，当时境内的佛教寺院有：阳明寺，县西南一百五十里（今向城镇政府驻地西阳明河畔），金大定四年僧道信建；高尧寺，县南七十八里高尧村（今庄坞镇高尧村）；高大寺，县西南六十里，明正德年建；石佛寺，县南九十里大埠，清康熙年建；毗卢寺，县西南五十五里丰山（今沂堂镇丰山村），清康熙年间建；大觉寺，县西南五十五里丰山（今沂堂镇丰山村），清康熙年间建；朗公寺，县西南五十五里；兴国寺，县西南九十里田杨村（今三合乡王田营），清顺治年建；妙音寺，县南七十五里湖埠山（今层山镇湖埠山村），唐天祐年建；永安寺，县西南一百三十里兰陵，清康熙万历年间修建；祝多庵，县南六十五里瓦屋村（今层山镇瓦屋村），清乾隆年建。

见诸史册的还有道庄的释迦院、长城的开元寺、柞城的万福寺、漫溪的阳明寺、东柞的清泉庵等。

抗日战争前，县境尚有寺院20座，后来大都毁于战火，所剩者亦改作他用，僧尼还俗归家。

2002年7月，经山东省佛教协会委派，释清严法师开始重修灵峰寺。

2007年5月，经省宗教局批准，灵峰寺作为正式宗教活动场所开放。

2010年7月，经市民族宗教事务局批准，苍山县佛教协会成立。第一次会员代表大会选举释清严（又名释慧悟）为会长，释灵云为副会长兼秘书长，方瑞民为副会长。

2010年，全县有灵峰寺、禅林寺、朗公寺3处合法佛教活动场所，僧人10余人，信教群众有500余人。

禅林寺

俗称“下寺”。位于县城塔子山南麓，始建于唐初，清光绪年间重修。寺中分为东南、东北、西南、西北4个院落，有殿堂35间、彩色泥塑像41尊，为结构严谨、错落有致的民族风格建筑群落。坐北向南，依山朝阳，分设东、西二门，各为牌楼式建筑，门前5级石砌台阶。沿东门拾级而上，内有火神殿、关帝庙。火神殿前有二人合抱的唐槐2株，虬枝旁逸，参差交臂。两殿之间有一小门与东北院生活区相通。进西门，正面为大佛殿，跨宽3丈，内塑如来佛像、护法神像及十八罗汉像。佛殿前两侧各建有天王殿及马殿，彩色泥塑四大天王像及黄骠、赤兔两“神马”像。大佛殿后为西北院，正佛殿耸立院中，正佛殿两侧分别建筑送子娘娘庙及地母宫，别建1座二层小楼，楼下是铁铸关帝像，楼上为藏经处，楼前一银杏树挺拔独立。1946年底，国民党二十六师将院内树木砍伐构筑碉堡。1949年12月，禅林寺辟做试验农场。1954年改做兽医院，1957年被拆除。

新的禅林寺正在筹建中，现在塔子山上仅有几间佛堂。负责人为释灵云。

朗公寺

该寺位于大仲村镇政府驻地东3.5千米处的大宗山前。东晋咸康五年（339）朗公寺建成，是为山东地区最早的佛教寺院之一，当时有高僧朗公卓锡率弟子到此修行。元成宗元贞元年（1295）重修。明弘治三年（1490）扩建。朗公寺旧为沂州四大名寺之首，后毁于战火。2000年开始重修。住持为释延宏。

灵峰寺

寺院位于苍山县下村乡抱犊崮东麓。灵峰寺始建于隋朝，历代王朝都要“敕封榜谕”。唐宋时寺内香火最为鼎盛，寺碑载僧众达三百余人。历史上几经兴废，解放后尚存清雍正年间佛楼3座，明清时期碑刻10块等寺院遗址，占地2公顷。2002年开始重修，先后建起天王殿、大雄宝殿、观音殿、地藏殿、念佛堂、斋堂、客堂等殿堂和数十间寮房，塑造了全堂佛像。2007年3月，经宗教主管部门批准，灵峰寺成为县域内第一座合法对外开放的佛教禅寺。5月7日，灵峰寺举行全堂佛像开光法会，临沂市佛教协会副会长兼秘书长徐向前到会并讲话。住持为释慧悟。

第二节　道　教

道教是中国本土宗教，由东汉顺帝年间（126—144）的张陵（尊称张道陵）创立。道教以“道”为最高信仰，奉老子为教主，尊称太上老君。

道教传入县境始于东汉末年。道教信徒活动的宗教场所统称为宫观。经过2000多年的发展，境内宫观庙宇遍布各地。见于《临沂县志》

记载的有301处，主要有隋末唐初（约618年）的塔山岿然观和文峰山道观建筑群等；见于《郯城县志》记载的有磨山观和长城镇的南岳庙。

道教在境内发展缓慢，几经战火、匪患，至20世纪40年代已近湮灭。

文峰山道教建筑群

位于县城西17千米的文峰山，有玉皇殿、三官庙、泰山行宫、三星殿、关帝庙、眼光楼、龙王楼、晒书台等建筑，始建年代不详。龙王楼碑载，龙王楼建于宋咸平三年（1000）。以上宫观几经战火，现已无存。

岿然观

俗称“上寺”。位于县城塔山主峰顶，建于隋末唐初（约618年前后），清道光年间（1821年后）重修，共有殿堂24间、彩色泥塑神像35尊。整个建筑分上、下两院，坐北朝南。大门在下院南墙正中，为2间过道式建筑，门前13级台阶。门内东侧立建观记事碑，石座，碑高2米、宽1米、厚0.5米，碑东为关帝庙。沿门上行15米，过33级石阶到上院。上院南部是一条4米大路横贯东西。路东端是2间过道式建筑，即东门。上院正中3间大殿，即岿然观，东有三清殿，西有三皇殿。院北部是3间出厦大殿，即玉皇顶，4根六棱红柱擎厦。殿前为观音庙，1株合抱苍松参天，1946年年底被国民党军二十六师筑工事时砍掉。不久，岿然观大部毁于鲁南战役的战火。

神山玉皇庙

位于神山镇西北村的神山阳坡。建于唐代，现遗有庙基、残碑15幢。上为玉皇殿，中为泰山行宫（奶奶宫），下为戏台。玉皇殿内原有铁铸“玉皇大帝”神像1尊，毁于1959年。残碑存字可辨认者，有清康熙七年（1668）“神山顶佛殿羽善庙碑记”、清乾隆四年（1739）“重整泰山奶奶行宫碑记”、乾隆六年（1741）“重整大师自罗碑记”等。

另据民国5年（1916）《临沂县志》记载，朱村保兴明村（即今兴明乡兴明村）有洞渊观。

第三节　伊斯兰教

伊斯兰教，又称天方教、回教或清真教，信奉伊斯兰教的民众称穆斯林。伊斯兰教传入境内的时间至少不晚于元末。境内的穆斯林均为回族。回族人俗称回民。

2010年，境内有西疃、马庄、皇甫寺、大仲村等回民村及相应的清真寺6座，有伊斯兰教信徒5076人，分布在4个乡镇，9个村；伊斯兰教住寺阿訇6人，散班阿訇1人。磨山镇西疃清真寺住寺阿訇是李华军，寺管会主任是李洪江；磨山镇皇甫寺住寺阿訇是白福昌，寺管会主任是王洪岭；磨山镇马庄清真寺阿訇是金先刚，寺管会主任是白春青；尚岩镇马套清真寺住寺阿訇是杨国军，寺管会主任马帮涛；大仲村镇大仲村清真寺住寺阿訇是冯升沛，寺管会主任杨明绍；层山镇新吴庄清真寺住寺阿訇是张水泉，寺管会主任是马看斌。6坊清真寺阿訇均在2004年通过了省、市考核，换发了证书。

境内清真寺以西疃清真寺最为著名。西疃清真寺位于磨山镇西疃村东门里，坐北朝南，占地约0.27公顷。始建于明永乐七年（1409），寺中现存清道光二十六年（1846）、光绪二十三年（1897）石碑2块，皆记载“不知创为何时”。据村中老人回忆，寺中原有两棵古槐，直径在2米以上，数十株古柏均有合抱粗，树龄约有千年。现存古柏6株，另有百年青桐（梧桐）树1株。清真寺有前、后两院。前院有门楼1间，门楣上书正楷“古清真寺”4字。门楼东侧建罩子房2间，门西为院墙，高约3米。院中有矮墙相隔，矮墙砌有东、西2座拱门，进拱门为寺的正院，西有大殿，东设对厅，正面是5间讲堂，讲堂西接水房、古井。大殿和门楼皆为飞檐出厦，上覆青瓦。大殿前檐雕梲画栋，古朴典雅，具有中式宫殿和阿拉伯装饰相结合的风格。

第四节 基督教

境内基督教为新教（俗称耶稣教）。约在19世纪初传入，先后有美国基督教北长老会、灵恩自立会、耶稣家庭3个教派各自组织活动。

清光绪末年，神山镇西北村村民金文楼（号善修），在郯城县受美国基督教北长老会影响入教。其弟金善全、金善德也先后成为虔诚的教徒。金氏兄弟3人私塾出身，先后被按立为长老、牧师。同时，按立的长老还有神山的桐敬恩、磨山的夏传德，归属郯城教会。后在大仲村、庄坞、层山、兰陵、向城等地逐步建立堂口。

1930年，灵恩自立会从费县传入，发展不广。新中国成立后，并入基督“三自”爱国会。

1946年后传入耶稣家庭，先后在墩庄、庄坞、三合等地组建耶稣家庭。

抗日战争和解放战争期间，全县基督教徒约500人。

1954年信教群众为1282人。1955年夏成立基督教临沂区会，苍山县设立了3个堂会：仲村堂会（属长老会）、褚墩堂会（属灵恩会）、庄坞堂会（属耶稣会），下辖64处活动点。“文化大革命”前，信教群众约1万余人。

“文化大革命”中，宗教活动停止，部分教徒在运动初期受冲击。

1979年，党的宗教信仰自由政策开始在县境落实。1981年秋，苍山教会在磨山东大队购买6间草屋作为礼拜堂。几年后翻盖为大教堂。1982年全县受洗教徒650人，其中男85人，女565人。1983年，全县受洗教徒950人，其中男131人，女819人。1985年4297人，其中男522人，女3775人。1996年，全县已受洗教徒10641人，有牧师1人，长老5人；新建大教堂5处。2010年，境内城镇及村庄皆有数量不等的基督教众，计有50356人；依法登记的活动场所115处。有基督教教职人员19人，其中牧师2人、教师1人、长老8人、神学生6人。

苍山县基督教设基督教“三自”爱国运动委员会与基督教协会（合称苍山县基督教“两会”）。1958年8月9日，成立苍山县基督教“三自”爱国运动委员会，召开苍山县基督教“三自”爱国运动委员会第一次代表大会，出席会议代表90人，选举主任杨成经，副主任栗宝忠，成员20人。1963年1月11日召开基督教“三自”爱国运动委员会第二次代表大会。1982年12月14日—17日，在磨山镇召开苍山县基督教“三自”爱国运动委员会第三次代表会议，选举杨成经为主任。1988年初，苍山县“三自”爱国运动委员会从磨山迁至县城。1988年1月26日至30日，召开苍山县基督教“三自”爱国运动委员会第四次代表会议，通过《苍山县三自爱国会运动委员会章程》。会议选举主任1人，副主任1人，成员21人，主任为杨成经，副主任为冷相贤。2007年7月27日，召开基督教三自爱国运动委员会第五次代表会议暨基督教协会成立大会（简称“两会”）。会议选举产生新一届基督教“两会”领导成员，通过基督教“两会”章程。选举冷相贤为主任。

第五节 天主教

天主教于1888年传入苍山县神山村。后陆续传入西庄、何庄、赤土门、墩头、山南、兰陵、堡子、红瓦房、张家楼、杨家楼、鲁坊等村。1944年前后，教务活动基本停止。

1990年，全县仅存教务活动点1处，信教群众120人，其中男45人，女75人。1999年12月，苍山县天主教爱国运动委员会第一次代表会议召开，会议选举主任周秀芳，副主任刘青、王树银、杨美广。2010年，全县信教群众1832人，分布在8个乡镇，依法登记的宗教活动场所13处，其中教堂1处，固定处所12处。

第二十九编
苍山方言

为便于读者识读，本志采用国际音标和同音汉字相结合的方式注音。所用国际音标符号如下：

辅音表

发音方法＼发音部位			双唇	唇齿	舌尖前	舌尖中	舌叶	舌尖后	舌面前	舌根
塞音	不送气	清	p			t				k
	送气		P‘			t‘				k‘
塞擦音	不送气			pf	ts		ʧ		tɕ	
	送气			pf‘	ts‘		ʧ‘		tɕ‘	
鼻音		浊	m			n			ȵ	ŋ
边音						l		ɭ		
擦音		清		f	s		ʃ		ɕ	x
浊				v			ʒ			ɣ

元音表

	舌面						舌尖	舌叶	卷舌
	前		央		后		前	前	央
	不圆	圆	不圆	圆	不圆	圆	不圆	不圆	不圆
高	i	y				u	ɿ	ʅ	
半高	e				ɤ	o			
中			ə						ər
半低	ɛ					ɔ			
低	a				ɑ				

说明："ʅ"在国际音标中是舌尖后元音，因为国际音标没有专设舌叶元音，本志用"ʅ"代替舌叶元音，拼在舌叶声母ʧ、ʧ‘、ʃ之后

声调符号

本书声调采用五度制标注法，用5、4、3、2、1五个数字分别表示相对音高的高、半高、中、半低、低。单字调的调值标在音标的右上角，变调值标在本调右边，中间用"-"连接；轻声音节不标调值，在音标右上角标轻声符号"˙"，例如苍山 ts‘ɑŋ$^{213\text{-}24}$ʃã^{213}、宪法 ɕiã^{31}fɑ^{213}、天上 t‘iã$^{213\text{-}31}$ʃɑŋ˙ 等。

其他符号

ø，零声母符号。

r，卷舌元音符号，标在元音之后。

～，鼻化元音符号，标在元音之上。

第一章　区属及主要特点

苍山地处沂蒙山区向江苏里下湖过渡的地带，鲁、吴、楚、鄫、郯等多种文化在此交汇与融合，形成独特的文化传统与语言习惯。从左丘明写《春秋左氏传》到荀子在此著书立说、传经授徒，从匡衡解诗到缪袭鼓曲，从朗公卓锡到萧德言讲经，从芙蓉禅师说法到管文通办学，从宋鸣梧享誉文坛到王思玷辉映午夜……，苍山大地有着2500年以上颂读雅言（官方语言）使用雅言的历史，由于这个原因，苍山方言与历朝历代的官方语言、与现今国家推行的普通话都有着很大的重合度，听懂普通话的人基本上都能听懂苍山方言。但由于历史的变迁与政区的调整，再加上多种文化基因的相互影响与作用，苍山方言又有着与众不同的特色与个性。

苍山方言在汉语官话方言中属于中原官话，在山东方言的分区中是属于西区西鲁片。苍山方言除了符合中原官话和山东西鲁片方言的总体特点以外，还有自己的一些特点，这些特点存在于语音、词汇、语法等各个方面，尤其是语音的特点更为明显，以下简略说明（为便于说明语音特点之所在，必要时与普通话进行对比）。

声母方面　有成套的唇齿声母pf（猪庄）、pf‘（初窗）、f（书双）、v（弱容）和舌根浊擦音ɣ（安恩）。分尖团，如“精经”“清轻”“星兴”三对字不同音，“精清星”的声母是ts、ts‘、s，“经轻兴”的声母是tɕ、tɕ‘、ɕ。

韵母方面　有一个iɛ韵母，与ɛ、uɛ配套，如“爱”“挨”“怪”三字分别读ɛ、iɛ、uɛ。曾摄开口一等、三等庄组和梗摄开口二等入声字，如“伯客黑摘”四个字，苍山都读ei韵母，普通话则分别读为o、ɤ、ei、ai四个韵母。苍山有两套8个鼻化元音韵母ã、iã、uã、yã和ẽ、iẽ、uẽ、yẽ，在普通话中是舌尖中鼻辅音韵尾n，如“安烟碗渊”和“恩音温晕”，普通话读an、ian、uan、yan和ən、in、uən、yn。单元音韵母相对较多，如普通话的ai（uai）、au（iau）两组韵母，如“爱（歪）”和“袄（腰）”，苍山为ɛ（uɛ）和ɔ（iɔ）韵母。

声调方面　从调类来说，古清声母和次浊声母入声字读阴平，是中原官话的总体特点，苍山方言也不例外，如古清声母入声字“八急骨客”和次浊入声字“日立木律”，前四字普通话读为阴平、阴平、上声、去声四个调，后四字普通话都读去声，而苍山话都读阴平。从调值来说，普通话的四个声调调值分别是55、35、214、51，苍山话则是213、53、55、31—312。

苍山方言词汇和语法也有自己的一些特点，简述如下。

词汇方面　长期的历史及特有的自然环境和生活习惯，苍山方言积累了大量当地特有的词语。苍山方言词汇丰富，同义词较多，以称谓为例：称父亲有“答tɑ^{213}、达tɑ^{53}、大大、爹、爷、爸爸（新）”，称妻子有“媳子、办饭的、家来的、家里的、暖脚的、做伴儿的、那口子、小孩儿娘”，指连襟有“连襟、两乔、两来拽、对鼻子”，称大伯子有“大伯哥、老大伯、大伯头子、小孩儿大爷”，称未婚女青年有“丫头、妮子、姐妹团（或姊妹团、姊妹班）、识字班、大闺女”等。

语法方面　“子”缀词丰富。表示形容词程度，除了前加程度副词“透、太、忒、怪、满”等修饰一般形容词以外，还可用“挺、溜、宁（或精）、黢、稀、焦、煞、风、邪、酷、瞎、乔”等修饰特定的形容词。被动句的介词用“叫”等。

第二章　语　音

第一节　单字音系

声母 28 个（含零声母）

p 玻白	pʻ 坡皮	m 麻米			
pf 桌庄	pfʻ 出窗		f 方双	v 如软	
ts 资挤	tsʻ 雌漆		s 思西		
t 刀达	tʻ 掏逃	n 拿奴			l 来里
ʧ 知支	ʧʻ 吃翅		ʃ 失诗	ʒ 日人	ɭ 儿二
tɕ 基极	tɕʻ 期其	ȵ 泥女	ɕ 希畦		
k 归跪	kʻ 亏葵		x 火活	ɣ 鹅袄	
ø 衣五					

说明：1. 舌叶音ʧ、ʧʻ、ʃ、ʒ与普通话的舌尖后音tʂ、tʂʻ、ʂ、ʐ近似，但是并不卷舌，而普通话的t、tʂʻ、ʂ、ʐ卷舌明显

2. pf、pfʻ带有舌叶色彩

3. “儿耳二”等字的声母舌尖后边音ɭ，音节发音时ɭ本音拉长，最后带出央元音ə

韵母 36 个

ɿ 资雌丝			
ʅ 知齿诗	i 衣低基	u 乌骨驴	y 迂区女
ɑ 啊拿抓	iɑ 呀加下	uɑ 蛙瓜跨	
ə 鹅玻二	iə 耶铁歇	uə 窝多罗	yə 约缺决
ɛ 哀来拽	iɛ 挨街鞋	uɛ 歪怪快	
ei 北墨客		uei 威对追	
ɔ 熬包刀	iɔ 腰刁交		
ou 欧走周	iou 忧丢九		

ã 安班软	iã 烟边天	uã 弯端官	yã 冤捐
e 恩人春	iẽ 因民今	uẽ 温吞滚	yẽ 晕君
ɑŋ 昂帮庄	iɑŋ 央良江	uɑŋ 汪光筐	
əŋ 哼能荣	iŋ 英平顶	uŋ 东公红	yŋ 雍兄

声调 4 个

阴平	213	安衣八骨日月
阳平	53	移鱼爬盘别读
上声	55	跑主马米
去声	31—312	抱跪对骂大

说明：去声 31 和 312 两可，强调时多读 312，本志一般记为 31

声韵调拼合表

	ʅ				ʅ				ɑ				ə			
	阴	阳	上	去	阴	阳	上	去	阴	阳	上	去	阴	阳	上	去
p									八	拔	靶	霸	剥	薄	簸	簸
p‘									趴	爬		怕	泼	婆		破
m									妈	麻	马	骂	摸	膜	抹	磨
pf									抓				捉	镯		
pf‘											欻		焯	戳		
f									法	乏			说	勺	所	硕
v													弱			
t									答	达	打	大				
t‘									塌		他			特		
n									纳	拿	哪	那				
l									拉	啦	喇	剌				
ts	姿		子	字					咂	杂	咋		责	泽		
ts‘	刺	慈	跐	次					擦				册			

	ɿ				ʅ				ɑ				ə			
	阴	阳	上	去	阴	阳	上	去	阴	阳	上	去	阴	阳	上	去
s	思		死	四					仨		洒					
ʧ					之	直	指	智	扎	铡	闸	炸	折	辙	者	这
ʧʻ					吃	迟	齿	翅	插	茶	蹅	岔	车		扯	澈
ʃ					湿	时	使	事	沙	啥	傻	厦	赊	舌	舍	社
ʒ					日								热		惹	
ɭ														儿	耳	二
tɕ																
tɕʻ																
ȵ																
ɕ																
k									割	尜	嘎		各	硌		个
kʻ									磕		咔		克		可	课
x									哈	合			喝	合		贺
ɣ													恶	鹅	恶	饿
ø																

	ɛ				ei				ɔ				ou			
	阴	阳	上	去	阴	阳	上	去	阴	阳	上	去	阴	阳	上	去
p			摆	拜	北	白	拨	背	包	薄	饱	报				
pʻ	俳	排		派	拍	陪		佩	抛	袍	跑	炮				
m		埋	买	卖					毦	毛	卯	帽				
f	衰		甩	帅	飞	肥	匪	费			否					
pf	拽		跩	拽	追			缀								
pfʻ	搋		揣	踹	吹	垂										
v																
t	呆		逮	待	德				刀		捣	道	都		陡	豆
tʻ	态	台		太					掏	桃		套	偷	头		透

	ɛ				ei				ɔ				ou			
	阴	阳	上	去	阴	阳	上	去	阴	阳	上	去	阴	阳	上	去
n			奶	耐			馁	内	孬	挠	脑	闹				
l		来		赖	肋	雷	垒	累		捞	老	涝		楼	搂	漏
ts	栽		崽	在	则	贼			糟		早	造			走	揍
ts‘	猜	才	采	菜					操	曹	草	肏		棱		凑
s	腮			赛	塞				骚		嫂	臊	搜		擞	
tʃ	斋	宅		寨	摘	宅			召		找	照	粥	轴	掫	宙
tʃ‘	钗	柴	踩		拆				超	朝	炒	趠	抽	仇	瞅	臭
ʃ	筛			晒	色		谁		烧	绍	少	潲	收		手	受
ʒ										饶	绕		鞣	柔		肉
ʅ																
tɕ																
tɕ‘																
ȵ																
ɕ																
k	该		改	盖	隔	给			高		膏	告	沟		狗	够
k‘	开		凯		客	尅					考	靠	抠	怐	口	扣
x		孩	海	害	黑				蒿	耗	好	浩	齁	猴		后
ɣ									熬	熬	袄	傲	沤		藕	怄
ø	哀	挨	矮	爱		诶										

	ã				ẽ				ɑŋ				əŋ			
	阴	阳	上	去	阴	阳	上	去	阴	阳	上	去	阴	阳	上	去
p	班		板	办	锛		本	笨	帮		榜	棒	崩			蹦
p‘	攀	盘		盼	喷	盆		喷		旁	耪	胖	烹	朋	捧	碰
m		蛮	满	漫	麦	门	美	闷	牤	忙	莽		蒙	盟	猛	梦
pf	专		转	赚	谆		准		庄		奘	壮	中		肿	重
pf‘	川	船	喘	串	春	纯	蠢		窗	床	闯	创	充	虫	宠	冲

	ã				ẽ				ɑŋ				əŋ			
	阴	阳	上	去	阴	阳	上	去	阴	阳	上	去	阴	阳	上	去
f	翻	凡	反	饭	分	坟	粉	奋	方	房	芳	放	丰	缝		凤
v			软											荣		
t	丹		胆	但					当		党	荡	灯		等	邓
t'	贪	谈	坦	探					汤	糖	躺	烫	熥	腾		
n		男		难			您			馕	攮	齉		能		弄
l		蓝	栏	烂						狼	朗	浪			冷	棱
ts	簪		攒	赞			怎		脏			葬	增		怎	赠
ts'	餐	蚕	惨	灿					苍	藏		伧	噌	层		蹭
s	三		伞	散					桑		嗓	丧	僧			
tʃ	沾		展	站	真		珍	镇	章		掌	账	蒸		整	挣
tʃ'	搀	馋	产	颤	深	晨	嗔	衬	昌	常	厂	唱	撑	呈		秤
ʃ	山		闪	扇	身	神	沈	渗	伤		赏	尚	生	绳	省	胜
ʒ		然	染			人	忍	认	让	瓤	嚷	让	扔	仍		
ʅ																
tɕ																
tɕ'																
ȵ																
ɕ																
k	甘		感	干	跟		艮	亘	刚		港	杠	耕		梗	更
k'	堪		砍	看			恳	掯	康			抗	坑			
x	憨	含	喊	汗		痕	很	恨	夯	航			哼	衡		揁
ɣ	安		俺	案	恩			摁	肮		昂					
ø																

	i				iɑ				iə				iɛ			
	阴	阳	上	去	阴	阳	上	去	阴	阳	上	去	阴	阳	上	去
p	屄	鼻	比	闭					憋	别	瘪					

	i				iɑ				iə				iɛ			
	阴	阳	上	去	阴	阳	上	去	阴	阳	上	去	阴	阳	上	去
p‘	匹	皮	痞	屁					撇							
m	蜜	迷	米						灭	乜						
pf																
pf‘																
f																
v																
t	低	笛	底	地					爹	迭	嗲					
t‘	踢	提	体	替					贴							
n																
l	力	厘	理	利			俩		裂		挒	趔				
ts	积	集	挤	际					节	截	姐	借				
ts‘	七	齐		砌					切			怯				
s	西	习	洗	细					揳	斜	写	谢				
tʃ																
tʃ‘																
ʃ																
ʒ																
ɭ																
tɕ	吉	及	几	季	甲		假	架	结	杰			街		解	界
tɕ‘	期	旗	起	弃	掐		卡	洽	趄	茄		怯			遣	遣
ȵ		泥	你	逆					捏			孽				
ç	稀	畦	喜	戏	虾	霞		下	血	携				鞋	蟹	械
k																
k‘																
x																
ɣ																
ø	一	移	椅	易	压	牙	哑	轧	叶	爷	也	夜		挨	矮	唉

	iɔ				iou				iã				iẽ			
	阴	阳	上	去	阴	阳	上	去	阴	阳	上	去	阴	阳	上	去
p	标		表	摽					边		扁	变	宾			鬓
p‘	飘	瓢	瞟	票					篇	便	谝	片	拼	频	品	聘
m	喵	苗	秒	妙				谬		棉	免	面		民	皿	赁
pf																
pf‘																
f																
v																
t	刁			钓	丢				颠		点	电				
t‘	挑	条	挑	眺					天	甜	舔					
n																
l		缭	燎	料	遛	留	柳	溜		连	脸	恋	拎	林	凛	吝
ts	焦				揪		酒	就	尖		剪	渐			尽	进
ts‘	缲	瞧		俏	秋	囚			千	前	浅		亲	秦	寝	吣
s	霄		小	笑	休			秀	先			线	心	寻		信
ʧ																
ʧ‘																
ʃ																
ʒ																
ɭ																
tɕ	交		搅	叫	纠		久	救	坚		俭	见	金		紧	劲
tɕ‘	敲	桥	巧	翘	丘	求	糗		谦	钳	遣	欠	钦	勤	寝	沁
ȵ			鸟	尿	妞	牛	扭	拗	蔫	年	捻	念				
ɕ	嚣		晓	校	休		朽	嗅	锨	闲	显	县	心	寻		芯
k																
k‘																
x																
ɣ																
ø	腰	遥	咬	要	优	油	友	幼	烟	檐	眼	雁	音	银	引	印

	iaŋ				iŋ				u				ua			
	阴	阳	上	去	阴	阳	上	去	阴	阳	上	去	阴	阳	上	去
p					冰		柄	并	不		补	布				
p‘					乒	平			扑	葡	谱	铺				
m						明		命	木	谋	母	目				
pf									猪	逐	煮	注	抓		爪	
pf‘									初	锄	储	怵			欻	
f									夫	伏	府	富				
v									入	如	乳					
t					丁		顶	定	督	独	读	度				
t‘					听	停	挺		突	途	土	兔				
n										奴	努	怒				
l		梁	两	亮		零	领	令	撸	炉	鲁	路				
ts	浆		奖	匠	精		井	净	足	卒	祖					
ts‘	呛	墙	抢	戗	清	情	请	亲	粗			猝				
s	箱	祥	想	像	星		醒	性	苏	俗		素				
ʧ									竹	逐	主	注	抓		爪	
ʧ‘									出	除	楚	处			欻	
ʃ									书	熟	鼠	树	刷		耍	
ʒ									人	如	乳					
ɭ																
tɕ	江		讲	降	京		景	敬								
tɕ‘	腔	强			轻	擎	苘	庆								
ȵ		娘		酿		宁	拧	宁								
ɕ	香	享	响	向	兴	形		杏								
k									姑		鼓	顾				
k‘									窟		苦	裤				
x									呼	胡	虎	护				
ɣ																
ø	央	阳	养	漾	英	营	影	硬	屋	无	五	务	挖	娃	瓦	注

	uə				uɛ				uei				uã			
	阴	阳	上	去	阴	阳	上	去	阴	阳	上	去	阴	阳	上	去
p																
p‘																
m																
pf																
pf‘																
f																
v																
t	多	夺	躲	剁								对	端		短	段
t‘	脱	砣	妥	拓					推	颓	腿	退		团	疃	
n	搦	挪		糯											暖	
l	落	罗	裸	摞										峦	卵	乱
ts	作	昨	左	做					堆		嘴	最	钻		纂	攥
ts‘	搓	矬		措					崔		璀	脆	窜	泉		篡
s	梭	穴	索						虽	随		穗	酸		选	算
ʧ	捉	浊			拽		跩	拽	追			缀	专		转	赚
ʧ‘	绰	戳		辍	搋		揣	搋	吹	垂			川	传	喘	串
ʃ	说	勺	所	硕	衰		甩	帅			水	睡	拴			涮
ʒ	弱										蕊	瑞			软	
ɭ																
tɕ																
tɕ‘																
ȵ																
ɕ																
k	锅	国	裹	过	乖		拐	怪	归		轨	贵	官		管	冠
k‘	阔						㧟	快	亏	奎	傀	愧	宽		款	
x	擢	活	火	货		怀		坏	灰	回	毁	惠	欢	环	缓	换
ɣ																
ø	窝		我	卧	歪	𡍲	𩑶	外	威	围	伟	位	弯	完	碗	万

	uẽ				uaŋ				uŋ				y			
	阴	阳	上	去	阴	阳	上	去	阴	阳	上	去	阴	阳	上	去
p																
p‘																
m																
pf																
pf‘																
f																
v																
t	敦		盹	顿					东		懂	动				
t‘	吞	屯							通	同	桶	痛				
n										农		弄				
l	抡	轮		论						龙	拢		绿	驴	捋	滤
ts	尊		撙	俊					宗		总	纵	足			聚
ts‘	村	存		寸					聪	从			蹴		取	趣
s	孙		笋						松			颂	须	徐		叙
ʧ			准		装		奘	壮	中		肿	众				
ʧ‘	春	纯	蠢		窗	床	闯	创	充	虫	宠	铳				
ʃ			吮	顺	双		爽									
ʒ				润						荣						
ɭ																
tɕ													驹	局	举	具
tɕ‘													曲	渠	取	去
ȵ															女	
ɕ													虚	徐	许	煦
k			滚	棍	光		广	逛	工		巩	共				
k‘	坤		捆	困	筐	狂		况	空		孔	控				
x	婚	魂		混	荒	皇	幌	晃	轰	红	哄	横				
ɣ																
ø	温	文	稳	问	汪	王	网	旺	翁				淤	鱼	雨	玉

	yə				yã				yẽ				yŋ			
	阴	阳	上	去	阴	阳	上	去	阴	阳	上	去	阴	阳	上	去
p																
p‘																
m																
pf																
pf‘																
f																
v																
t																
t‘																
n	虐															
l																
ts																
ts‘																
s																
tʃ																
tʃ‘																
ʃ																
ʒ																
ɭ																
tɕ					捐		卷	倦	君			郡	炯			
tɕ‘	缺	瘸	搉		圈	权	犬	劝		群			倾	穷		
ȵ																
ç	靴	学		谑	轩	悬	选	楦	熏	巡		训	兄	雄		
k																
k‘																
x																
ɣ																
ø	月		哕	跃	渊	圆	远	院	晕	云		运	拥		永	用

第二节 异读及特殊字音

文白异读

声母不同，例如：

字	文读	白 读	例词	字	文读	白读	例词
赐	ts‘ɿ^{31}	sɿ^{31}	～给	森	sẽ^{213}	ʃẽ^{213}	～林
凳	təŋ^{31}	t‘əŋ^{31}	板～	伸	ʃẽ^{213}	tʃ‘ẽ^{213}	～手
踏	t‘ɑ^{213}	tʃɑ^{213}	～青	棉	miã^{53}	ȵiã^{53}	～花
筝	tʃəŋ^{213}	tʃ‘əŋ^{213}	风～	歼	tɕiã^{213}	ts‘iã^{213}	～灭
殊	fu^{53}	pf‘u^{53}	特～	随	suei^{53}	ts‘uei^{53}	～他去
赁	liẽ^{31}	miẽ^{31}	～房子	畦	tɕ‘i^{53}	ɕi^{53}	菜～

韵母不同，例如：

字	文读	白 读	例词	字	文读	白读	例词
饿	ə^{31}	uə^{31}	饥～	格	kə^{213}	kei^{213}	～子
发	fɑ^{213}	fu·	头～	崖	iɑ^{53}	iɛ^{53}	山～
好	xɔ^{55}	xɑŋ^{213}	～～地干	别	piə^{53}	pɛ^{53}	～说
么	mə·	mɛ· mɑ·	拿的什～	或	xuə^{53}	xuei^{53}	～者
旮	kɑ^{213}	kə^{213}	～旯	棵	kə^{213}	k‘uə^{213}	一～
鹁	pə^{53}	pu^{53}	～鸽	磕	k‘ə^{213}	k‘ɑ^{213}	～倒

声母、韵母都不同，例如：

字	文读	白 读	例词	字	文读	白读	例词
泽	tsə^{53}	tʃei^{53}	沼～	色	sə^{31}	ʃei^{213}	颜～
册	ts‘ə^{213}	tʃ‘ei^{213}	相～	鹊	tɕ‘yə^{213}	tsuə^{213}	喜～
眨	tʃɑ^{213}	tɕia^{213}	～眼	雪	ɕyə^{213}	suə^{213}	下～
缰	tɕiaŋ^{213}	kaŋ^{213}	～绳	刚	kaŋ^{213}	tɕiaŋ^{213}	～忙
酿	ȵiaŋ^{31}	ʒaŋ^{55}	酝～	爪	pf‘a^{55}	tʃɔ^{55}	～子

特殊字音

一个字存在两种读音，一种符合常规读音，另一种不符合常规读音，是在特定情况下由于语音变化而造成的（此情况有的为文白异读，可能在文白异读中重复出现）。例如：

字	脐	八	发	麻	
常规读音	tɕ'i^{53}	pɑ^{213}	fɑ^{213}	mɑ^{53}	
例词（语）	肚～	四面～方	～达	～花	
特殊读音	tʃ'ʅ˙	pu˙	fu˙	mu˙	
例词（语）	肚～眼子	王～	头～	芝～	
字	膊	拨	卜	的	
常规读音	pə^{213}	pə^{213}	pə˙	tə˙	
例词（语）	赤～上阵	～动	萝～	光明～前途	
特殊读音	p'eï	pei^{55}	p'ə˙	tï	tɛ˙
例词（语）	胳～	～拉	萝～	谁～？	
字	特	色	合	和	
常规读音	t'ə^{53}	sə^{31}	xə^{53}	xə^{53}	
例词（语）	～别	～彩	～作	～平，～气	
特殊读音	tei^{53}	ʃei^{213}	xɑ^{53}	xu˙	xuŋ˙
例词（语）	～为	颜～	～上眼睛	暖～	

一个字的读音不符合古今演变规律，造成与普通话或其他方言读音不同。例如：

字	厕	豉	趿（靸）	糁	勺
读音	ts'ʅ^{31}	ʃʅ˙	sɑ^{213}	sɑ^{53}	fə^{53}
例词	～所	豆～	～拉着鞋	鸡肉～	小～
字	舂	踩	笔	碡	掇
读音	pf'ɛ^{31}	tʃ'ɛ^{55}	pei^{213}	pfeï	tɔ˙
例词	～米	～在脚下	买钢～	碌～	拾～
字	褥	弄	谴	遣	饽
读音	ʒou^{31}	nəŋ^{31}	tɕ'iɛ^{55}	tɕ'iɛ^{55}	tuə^{213}
例词	～子	～来	～责	派～	菜～～

县境内部分行政村名存在特殊音变，例如：

行政村名	讹读村名	读　音	所在乡镇
杨官庄	严谷庄、严户庄	iã$^{53-55}$ku˙pfɑŋ^{213} iã$^{53-55}$xu˙pfɑŋ^{213}	卞庄街道
造律条村	笊篱头儿	tʃɔ$^{31-53}$lït'our^{53}	兰陵镇

行政村名	讹读村名	读　音	所在乡镇
长兴庄	长亭庄	tʃ'aŋ^{53}t'iŋ^{53}pfaŋ^{213}	向城镇
三峰庄	三户庄	sã$^{213-31}$xu˙pfaŋ^{213}	磨山镇
大吴宅	大吴椎	ta^{31}u$^{53-55}$pfei˙	大仲村镇
牧羊沟	没娘沟	mu$^{31-53}$ȵiaŋ˙ kou^{213}	尚岩镇
念沂泉	粘泉儿	ȵiã^{53}ts'uɛr^{53}	车辋镇
孟家渊	蒙烟儿	məŋ^{53}iɛr^{213}	下村乡
雷雨口	鲤鱼口	li$^{213-31}$y˙ k'ou^{55}	鲁城镇
朱邑	朱己	pfu(tʃu)$^{213-31}$tɕi˙	南桥镇
太子堂	蔡堂	ts'ɛ$^{31-53}$t'ãr^{53}	新兴镇

第三节　音　变

变调

两字组变调和后字读轻声的基本规律

后字＼前字	阴平 213	阳平 53	上声 55	去声 31—312
阴平 213	213+213 → 24+213 青天　鲜花	53+213（不变） 民生　房间	55+213（不变） 水清 党章	31+213（不变） 泰山　竞争
阳平 53	213+53（不变） 光明　坚强	53+53（不变） 繁荣　沂蒙	55+53（不变） 彩虹　感情	31+53（不变） 进程　数学
上声 55	213+55（不变） 中午　斑马	53+55（不变） 红嫂　民主	55+55 → 53+55 水井　打扫	31+55（不变） 大嫂　骏马
去声 31—312	213+31 → 24+31 称赞　期盼	53+31（不变） 荣幸　蛮干	55+31（不变） 感谢　喜庆	312+312（不变） 盼望　面貌
轻声	213+ 轻→ 31+24 鸭子　衣裳	53+ 轻→ 55+2 房子　河里	55+ 轻→ 213+5 嫂子　讲着	31+ 轻→ 53+1 凳子　笑话

不符合两字组变调基本规律的特殊变调

（1）部分儿化的形容词后面加轻声“的”的结构，不论这个儿化的字原来属于什么调类，变调时一律读为55。例如：

原调类	例词	读音	例词	读音
阴平	高高儿的	kɔ^{213} kɔr$^{213-55}$ ti˙	油汪儿的	iou^{53} uãr$^{213-55}$ti˙
阳平	明白儿的	miŋ^{53} per$^{53-55}$ti˙	要紧要忙儿的	iɔ^{31}tɕie^{55}iɔ^{31}mãr$^{53-55}$ti˙
上声	硬整儿的	iŋ^{31}tə̃r^{55}ti˙	轻巧儿的	tɕ'iŋ^{213}tɕ'iɔ^{55}ti˙
去声	清亮儿的	ts'iŋ^{213} liãr$^{31-55}$ti˙	没事儿的	mu^{31}ʃer$^{31-55}$ti˙

（2）部分单音节形容词重叠后且前加表示程度（或轻或重）的副词，重叠后的第二个形容词不

论原来属于什么调类，一律读为 53 调，例如：

词	副词	例　词	读　　音	例　句
长	多	多长长	tuə^{53}tʃʻɑŋ^{53}tʃʻɑŋ^{53}	绳子～
短	宁（精）	宁（精）短短	ȵiŋ^{213}(tsiŋ^{213})tuã^{55}tuã$^{55-53}$	褂袖子～
宽	多	多宽宽	tuə^{53}kʻuã^{213}kʻuã$^{213-53}$	街道～
窄	宁（精）	宁（精）窄窄	ȵiŋ^{213}(tsiŋ^{213})tʃei^{213}tʃei$^{213-53}$	小巷子～
高	多	多高高	tuə^{53}kɔ^{213}kɔ$^{213-53}$	个子～
矮	宁（精）	宁（精）矮矮	ȵiŋ^{213}(tsiŋ^{213})iɛ^{55}iɛ$^{55-53}$	小媳妇～

（3）部分单音节形容词加后缀“X 的”的形式，其“X”不论原来是什么调值，一律变为 55。例如：

单音节词	后　缀	词　语	注　　音
甜	木嗦的	甜木嗦的	tʻiã$^{53-55}$mu˙ suə$^{213-55}$ti˙
咸	酊的	咸酊的	ɕiã^{53}tiŋ$^{213-55}$ti˙
苦	聊的	苦聊的	kʻu^{55}liɔ$^{53-55}$ti˙
酸	不叽的	酸不叽的	suã^{213}pu˙ tsi$^{213-55}$ti˙
臭	烘的	臭烘的	tʃʻou^{31}xuŋ$^{213-55}$ti˙
香	喷的	香喷的	ɕiaŋ$^{213-24}$pʻẽ$^{213-55}$ti˙
热	乎儿的	热乎儿的	ʒə^{213}xur$^{213-55}$ ti˙

（4）部分形如“A+ 虚词 +VV+ 的”或“AB+VV+ 的”形容词性短语，两个“V”不论原来是什么调值，第一个一律变为 53 调，第二个一律变为 55 调。例如：

词　语	读　音	例　　句
恣个挠挠的	tsɿ$^{31-53}$kə˙ nɔ^{53} nɔ$^{53-55}$ti˙	他刚娶了个俊媳妇，心里～
木个得得的	mu$^{213-31}$kə˙ tei^{53}tei$^{53-55}$ti˙	他今天挣了不少钱，心里正～
能不唧唧的	nəŋ$^{53-55}$pu˙ tsi^{53}tsi$^{53-55}$ti˙	那人就喜欢逞能，整天～
火不唧唧的	xuə$^{55-213}$pu˙ tsi^{53}tsi$^{53-55}$ti˙	他脾气就那样，跟谁都～
急之歪歪的	tɕi$^{53-55}$tʃɿ˙ uɛ^{53}uɛ$^{53-55}$ti˙	借他的钱？他正～，烦得了不得
气木哼哼儿的	tɕʻi$^{31-53}$mu˙ xəŋ^{53}xəŋ$^{53-55}$ti˙	我看他脸上～，不知谁得罪了他

（5）单音节动词重叠，后字轻声，前字一概不变调。例如：

调类	例词	读音	例词	读音
阴平	听听	tʻiŋ^{213}tʻiŋ˙	擦擦	tsʻɑ^{213}tsʻɑ˙
阳平	学学	ɕyə^{53}ɕyə˙	查查	tʃʻɑ^{53}tʃʻɑ˙

调类	例词	读音	例词	读音
上声	找找	ʧɔ^{55}ʧɔ˙	想想	ɕiaŋ^{55}ɕiaŋ˙
去声	看看	k'ã^{31}k'ã	蘸蘸	ʧã^{31}ʧã

（6）动宾短语带“了”的结构，宾语前的动词音节拖长，疑是“了”的零音节化。例如：

	未完成		完成	
阴平	刮风	kuɑ$^{213-24}$fəŋ^{213}	刮（了）风了	kuɑ$^{213-3124}$fəŋ$^{213-31}$lɑ˙
	升旗	ʃəŋ$^{213-24}$ʨ'i^{53}	升（了）旗了	ʃəŋ$^{213-3124}$ʨ'i$^{53-55}$lɑ˙
阳平	爬山	p'ɑ^{53}ʃã^{213}	爬（了）山了	p'ɑ$^{53-4112}$ʃã$^{213-31}$lɑ˙
	赢钱	iŋ^{53}ʦ'iã^{53}	赢（了）钱了	iŋ$^{53-4112}$ʦ'iã$^{53-55}$lɑ˙
上声	买车	mɛ^{55}ʧ'ə^{213}	买（了）车了	mɛ$^{55-2135}$ʧ'ə$^{213-31}$lɑ˙
	洗头	si^{55}t'ou^{53}	洗（了）头了	si$^{55-2135}$t'ou$^{53-55}$lɑ˙
去声	背诗	pei^{31}ʃʅ^{213}	背（了）诗了	pei$^{31-5113}$ʃʅ$^{213-31}$lɑ˙
	报仇	pɔ^{31} tʃ'ou^{53}	报（了）仇了	pɔ$^{31-5113}$ tʃ'ou$^{53-55}$lɑ˙

说明：此类变调在词汇中没有普遍使用

（7）由相同字形组成的含有不同语义的词语，往往具有不同的调形。例如：

字形	读音	词义	备注
过年	kuə^{31} ȵiã^{53}	过春节，动宾短语	不变调
	kuə$^{213-31}$ ȵiã˙	明年，名词	后字轻声
窝风	uə$^{213-31}$fəŋ˙	植物受病虫害等使枝叶畸形	后字轻声
	uə$^{213-24}$fəŋ^{213}	风不能通畅地流动	不变调
裹脚	kuə$^{55-213}$ʨyə˙	裹脚布，名词	后字轻声
	kuə^{55}ʨyə^{213}	缠足，动宾短语	不变调

此外，由于区别词义的需要，或是受前后词语、不同语境、个人习惯的影响及某些强调等因素，还有一些词语存在特殊的读音和变调现象，例如：左不列子 tsuə$^{31-53}$pu˙ liə$^{213-31}$tsɿ˙，浮尧浮尧的 fu$^{213-31}$iɔ˙ fu$^{213-31}$iɔ˙ ti˙。此类现象只在词汇注音中出现，此处不再一一说明。

儿化韵 27 个

儿化韵	原韵母	例　词	儿化韵	原韵母	例　词
ɑr	ɑ	刀把儿　小马儿　方法儿	ier	i	草地儿　小米儿　小鸡儿
iɑr	iɑ	马甲儿　豆芽儿　小虾儿		iẽ	脚印儿　衣襟儿

儿化韵	原韵母	例　词	儿化韵	原韵母	例　词
uɑr	uɑ	牙刷儿　鲜花儿　脑瓜儿	uer	uei	吃亏儿　一会儿　小鬼儿
ər	ə	水波儿　山坡儿　蛋壳儿		uẽ	拐棍儿　打盹儿　飞轮儿
iər	iə	蝴蝶儿　树叶儿　锅贴儿	yer	y	孙女儿　金鱼儿　驴驹儿
uər	uə	砂锅儿　差错儿　小豁儿		yẽ	合群儿　衣裙儿
yər	yə	山脚儿　补缺儿　满月儿	ɔr	ɔ	水泡儿　口哨儿　草帽儿
ɛr	ɛ	口袋儿　壶盖儿　婴孩儿	iɔr	iɔ	麦苗儿　水漂儿　石桥儿
	ã	小盘儿　作伴儿　商贩儿	our	ou	合口儿　毛豆儿　小猴儿
iɛr	iɛ	花鞋儿　小街儿　秫秸儿	iour	iou	小球儿　俊妞儿　小鬏儿
	iã	金边儿　一片儿　细面儿	ɑ̃r	ɑŋ	鞋帮儿　帮忙儿　赶趟儿
uɛr	uɛ	竹筷儿　敞怀儿　拐弯儿	iɑ̃r	iɑŋ	稻秧儿　豆浆儿　小枪儿
	uã	花碗儿　茶馆儿　银环儿	uɑ̃r	uɑŋ	渔网儿　草荒儿　竹筐儿
yɛr	yã	庭院儿　圆圈儿　手绢儿	ə̃r	əŋ	橘梗儿　方凳儿　水坑儿
ur	u	打谱儿　牛犊儿　铁箍儿　黑窟儿　找主儿　小树儿　小猪儿　小老鼠儿	iə̃r	iŋ	银镜儿　人影儿　铁钉儿
			ũr	uŋ	山洞儿　竹筒儿　小葱儿
			yə̃r	yŋ	小熊儿
er	ʅ	生字儿　挑刺儿　蚕丝儿			
	ʅ	小侄儿　汤匙儿　喜事儿			
	ei	葱白儿　铁锤儿　出飞儿			
	ẽ	开门儿　瓷盆儿　书本儿			

第四节　与普通话音系的比较

下表中“( )”内的音标是“汉语拼音方案”。

声母对照表

苍山方言	普通话	例字	苍山方言	普通话	例字
p	p（b）	布别	tʃ	tʂ(zh)	支知
p‘	p‘（p）	怕盘	tʃ‘	tʂ‘(ch)	翅迟
m	m（m）	门民	ʃ	ʂ(sh)	诗石
pf	tʂ（zh）	庄追	ʒ	r(r)	日人

苍山方言	普通话	例字	苍山方言	普通话	例字
pf‘	tʂ‘（ch）	窗吹	tɕ	tɕ(j)	基极
f	f（f）	飞风		ts(z)	足钻
	ʂ(sh)	双水	tɕ‘	tɕ‘(q)	欺奇
v	ʐ(r)	软如		ts‘(c)	葱窜
t	t(d)	刀夺	ȵ	n(n)	年女
t‘	t‘(t)	太同	ɕ	ɕ(x)	希校
n	n(n)	南闹		s(s)	蒜笋
l	l(l)	兰老	k	k(g)	瓜柜
ts	ts(z)	资杂	k‘	k‘(k)	开狂
	tɕ(j)	尖集	x	x(h)	花黄
ts‘	ts‘(c)	此词	ɣ	ø	安恩
	tɕ‘(q)	七前	ø	ø	啊
s	s(s)	三饲			
	ɕ(x)	西席			

韵母对照表

苍山方言	普通话	例字	苍山方言	普通话	例字
ɿ	ɿ（i）	字四	ʅ	ʅ（i）	志石
i	i（i）	机挤	u	u（u）	父古
y	y（ü）	举取		y（ü）	绿驴
ɑ	a（ɑ）	巴妈	iɑ	ia（iɑ）	家恰
	uɑ（uɑ）	抓刷	uɑ	uɑ（uɑ）	瓜华
ə	ɣ（e）	车哥	iə	iɛ（ie）	爹叶
	o（o）	波婆	uə	uo（uo）	多郭
	uo（uo）	桌说	yə	yɛ（üe）	决月
	ə（e）	儿二	iɛ	iɛ（ie）	街鞋
ɛ	ɑi（ɑi）	牌快		ɑi（ɑi）	挨矮
	uɑi（uɑi）	帅拽		iɑ（iɑ）	涯崖

苍山方言	普通话	例字	苍山方言	普通话	例字
uɛ	uɑi（uɑi）	怪快	ei	ei（ei）	北妹
uei	uei（uei）	最灰		o（o）	伯迫
ɔ	ɑu（ɑo）	包刀		ɑi（ɑi）	白麦
iɔ	iɑu（iɑo）	标交		ɤ（e）	择客
o	ou（ou）	走手		uei（uei）	追水
io	iou（iou）	六九	ã	ɑn（ɑn）	班安
iã	iɑn（iɑn）	边言		uɑn（uɑn）	专闩
uã	uɑn（uɑn）	短关	yã	yɑn（üɑn）	权远
ẽ	ən（en）	本根	iẽ	in（in）	民音
	uən（uen）	唇顺	uẽ	uən（uen）	滚昏
yẽ	yn（ün）	军群	ɑŋ	ɑŋ（ɑng）	帮忙
iɑŋ	iɑŋ（iɑng）	江央		uɑŋ（uɑng）	庄窗
uɑŋ	uɑŋ（uɑng）	光黄	əŋ	əŋ（eng）	耕能
iŋ	iŋ（ing）	英平		uŋ（ong）	忠虫
uŋ	uŋ（ong）	东公翁	yŋ	yŋ（iong）	雍兄

声调对照表

苍山方言	普通话	例字	苍山方言	普通话	例字
阴平 213	阴平 55	刀衣一八	阳平 53	阳平 35	桃皮杂局
	阳平 35	格竹	上声 55	上声 214	巧椅
	上声 214	法甲	去声 31—312	去声 51	套意
	去声 51	各作日月			

第三章 语 汇

第一节 特色词语

一、天文

词例	释义	词例	释义
日头 ʒʅ$^{213-31}$t‘ou^{213}/ ʒʅ$^{31-53}$t’ou·	太阳	太影 t‘ɛ$^{31-53}$iŋ·	①太阳②阳光
月姥姥 yə^{213}lɔ$^{55-213}$lɔ·	月亮	月黑头 yə$^{213-24}$xei^{213}t‘ou^{53}	没有月亮的夜晚
勺子星 fə$^{53-55}$tsʅ·siŋ^{213}	北斗星	扫帚星 sɔ$^{31-53}$pf‘u/fu·siŋ^{213}（“帚”音“处/夫”）、扫把星 sɔ$^{31-53}$pɑ·siŋ^{213}	彗星
贼星 tsei^{53}siŋ^{213}	流星	响晴 ɕiɑŋ^{213}ts‘iŋ^{53}（“响”音“香”）	天空晴朗
风阁拉 fəŋ$^{213-31}$kə·lɑ^{213}	月晕	雨阁拉 y$^{55-213}$kə·lɑ^{213}	日晕
直脖子 ʧʅ^{53}pə$^{53-55}$tsʅ·tɔ^{31}	倾盆大雨	麻杆子雨 mɑ^{53}kã$^{55-213}$tsʅ·y^{55}	中到大雨
雾露 u$^{31-53}$lou·	下毛毛细雨	雾露毛子 u$^{31-53}$lou·mɔ$^{53-55}$tsʅ·	毛毛细雨
潮乎拉唧的 ʧ‘ɔ$^{53-5}$xu·lɑ$^{213-24}$tsi$^{213-31}$ti·	①有些潮湿 ②比喻人言行或神志不清醒	阴天布拉的 iẽ$^{213-24}$t’iã$^{213-24}$ pu$^{31-53}$lɑ·ti·	阴雨连绵或阴天
上冻 ʃɑŋ^{31}tuŋ^{31}	结冰	冻 tuŋ^{31}、冻冻 tuŋ$^{31-53}$tuŋ·	冰
薄屎雪 pə^{53}ʃʅ^{55}suə^{213}	落地即融化的大雪	稀热 ɕi$^{213-24}$ʒə^{213}	天气很热
雾茫的 u^{31}mɑŋ$^{53-55}$ti·	薄雾，雾气不很浓的样子	琉沥 liou$^{53-55}$li·、琉沥簪子 liou$^{53-55}$li·tsã$^{213-31}$tsʅ·、琉沥苔 liou$^{53-55}$li·t‘ɛ^{53}	屋檐流下雨水或雪水结成悬挂的冰柱，即“溜沥”
热冈的 ʒə^{213}kɑŋ$^{53-55}$ti·	天气有点热	冷嗖的 ləŋ^{55}sou$^{53-55}$ti·	天气有些冷

二、地理 方位

词例	释义	词例	释义
就地 tsiou^{31}ti^{31}	①地面的统称 ②特指房内地面	薄薄连 pə$^{53-55}$pə·liã^{53}	较薄的石板
埗土 pu^{53}t‘u^{55}	干细的尘土	埗土杠烟 pu^{53}t‘u^{55}kɑŋ^{31}iã^{213}	尘土飞扬
山旮旯儿 ʃɑŋ$^{213-24}$kə$^{213-24}$lɑr^{31}（“旮旯”音“各拉”）	①较偏僻的山区 ②山与山之间的沟壑	石头蛋 ʃʅ$^{53-55}$t‘ou·tã^{31}、石卜蛋 ʃʅ$^{53-55}$pu·tã^{31}	①石块 ②泛指石头
土娄 t’u$^{55-213}$lou·	土的统称	坷垃蛋 k’ə$^{213-31}$lɑ·tã^{31}	土块的统称

词例	释义	词例	释义
坷垃头子 k‘ə$^{213-31}$lɑ·t‘ou$^{53-55}$tsɿ·	较小的土块儿	坷埌 k‘ə^{213}lɑŋ^{53}	凹坑
圆悠蛋 yã$^{53-55}$iou·tã^{31}、 圆溜蛋 yã$^{53-55}$liou·tã^{31}	①较圆的石块 ②泛指圆形物	明石崖 miŋ^{53}ʃʅ^{53}ie^{53}	陡峭的石壁
周阁拉 ʧou$^{213-24}$kə$^{213-24}$lɑ^{213}、 转阁拉 pfã^{31}kə$^{213-24}$lɑ^{213} 中当央 pfəŋ$^{213-24}$tɑŋ^{213}iɑŋ^{53}	周围	索拉方近 suə$^{55-213}$lɑ·fɑŋ$^{213-24}$tɕiẽ^{31}、 方圆索近 fɑŋ^{213}yã^{53}suə^{55}tɕiẽ^{31}	周围，附近
中当间儿 pfəŋ$^{213-24}$tɑŋ$^{213-24}$tɕiɛr^{31}	正中间	一阁拉儿 i$^{213-24}$kə$^{213-31}$lɑr·	①一圈②周围

三、时令 节日

词例	释义	词例	释义
大年境 tɑ^{31}ȵiã^{53}tɕiŋ·	春节期间	这年把儿 ʧə^{31}ȵiã^{53}pɑr^{55}	最近一年多的时间
论天家 luẽ^{31}t‘iã$^{213-31}$tɕi·、 整天家 ʧəŋ^{55}t‘iã$^{213-31}$tɕi· （“家”音“吉”）	天天如此	麦口里 mẽ^{213}k‘ou$^{55-213}$li· （“麦”音“闷”）	麦收季节
当麦口 tɑŋ$^{213-24}$mẽ^{213}k’ou^{55}（“麦”音“闷”）	正值麦收时节	今每儿 tɕi^{213}　^{31}mer·（“今”音“吉”）	今天
前儿每 ts‘iɛr^{53}mei·、 前儿天 ts‘iɛr^{53}t‘iã·、 前儿来 ts‘iɛr^{53}lɛ·	前天	头天 t‘ou^{53}t‘iã^{213}、 昨儿来 tsuər^{53}lɛ·、 昨儿里 tsuər$^{31-53}$li·、 夜儿来 iər$^{31-53}$lɛ·、 沿儿来 iɛr$^{31-53}$lɛ·、 昨每儿 tsuə^{53}mer·	昨天
清清 ts‘iŋ$^{213-31}$ts‘iŋ	早晨	天清清 t‘iã$^{213-24}$ts‘iŋ$^{213-31}$ts‘iŋ	每天早晨
黑笼儿的 xei^{213}lũr$^{53-55}$ti·	天蒙蒙亮	五更 u$^{55-213}$tɕiŋ·	深夜
下晚儿 ɕiɑ^{31}uɛr^{55}、 下半天 ɕiɑ$^{31-53}$pã·t‘iã^{213}	下午	刚忙儿 tɕiɑŋ^{213}mãr^{53}（“刚”音“江”）	刚才
晌午西了 ʃɑŋ$^{55-213}$uẽ·si$^{213-31}$lɑ·	午后	每儿来 mei$^{55-213}$lɛ·	从前，过去
头噻子 t‘ou^{53}məŋ$^{213-31}$ tsɿ·、 前噻子 ts‘iã^{53}məŋ$^{213-31}$ tsɿ·、 前阵子 ts‘iã^{53}ʧẽ$^{31-53}$ tsɿ·	前一段时间	早里儿来 tsɔ$^{55-213}$lier$^{53-55}$lɛ·	离某件事时间还很长
黑晏里 xei$^{213-31}$ iã·li·	黑夜里	白晏里 pei$^{53-55}$iã·li·	白天
放炮仗 fɑŋ^{31}p‘ɔ$^{31-53}$ʧ‘əŋ· （“仗”音“成”）	燃放爆竹	小豆札儿 siɔ^{55}tou^{31}ʧɑr^{53}	体型很小的鞭炮
滴滴金儿 ti$^{53-55}$ti·tɕier^{55}	一种简易烟花	气火 tɕ‘i$^{31-53}$xuə·	一种升入空中爆炸的小型爆竹

四、亲属 称谓

词例	释义	词例	释义
姥娘 lɔ$^{55-213}$ȵiŋ˙（"娘"音"宁"）、 姥姥 lɔ$^{55-213}$lɔ˙	外祖母	爷几个儿 iə^{53}tɕi$^{55-213}$kər˙	①父子几人 ②几个不同辈分的男子
老的 lɔ$^{55-213}$ti˙	①指直系长辈 ②本家长辈的统称③专指父母	老丈人 lɔ^{55}ʧaŋ$^{31-53}$ʒẽ˙、 丈母爹 ʧaŋ$^{31-53}$mẽ˙tiə^{213} （"母"音"门"）、 丈母爷 ʧaŋ$^{31-53}$mẽ˙iə^{53}	岳父
大娘 ta$^{31-53}$ȵiŋ˙（"娘"音"宁"）	伯母	老白毛儿 lɔ^{55}pei^{53}mɔ^{53}	年代很久远的直系长辈
仁兄弟 ʒẽ^{53}ɕyŋ$^{213-24}$ti^{31} 把兄弟 pa^{55}ɕyŋ$^{213-24}$ti^{31}	结拜的异姓兄弟	干姊妹儿 kã^{213}tsɿ^{55}mer^{31}	女性结拜的异姓姐妹
妗子 tɕiẽ$^{31-53}$ tsɿ˙	自己或配偶的舅母	老小 lɔ$^{55-53}$siɔ^{55}	排行最小的儿女
公母俩 ku$^{213-31}$mẽ˙lia^{55} （"公母"音同"姑门"）	夫妻俩	新客 siẽ$^{213-24}$k'ei^{213}	女儿刚订下或刚结婚的对象
客 k'ei^{213}（音同"剋"）	①客人 ②专指女婿	小嫒儿嫒儿 siɔ^{55}par$^{53-55}$par˙	婴儿的统称
老嬷嬷儿 lɔ$^{55-53}$ma$^{55-213}$mar˙ （"嬷"音"马"）	①泛指老年妇女 ②老年男士对老伴儿的称呼③自己或同事对母亲的称呼	兄媳子 ɕiyŋ$^{213-31}$si$^{213-31}$tsɿ˙	①弟媳妇 ②丈夫弟弟的媳妇 ③同姓、异姓中比自己年龄小的同辈人的媳妇
小小子儿 siɔ$^{55-53}$siɔ$^{55-213}$tser˙、 小放牛的 siɔ^{55}faŋ^{31}ȵiou$^{53-55}$ti˙、 带把儿的 tɛ^{31}par$^{31-53}$ti˙、 带橛儿的 tɛ^{31}tɕyər$^{53-55}$ti˙	男孩儿	小妮子儿 siɔ^{55}ȵi$^{213-31}$tser˙、 丫头嫒儿 ia$^{213-31}$t'ou˙par^{53}、 妮子疙瘩儿 ȵi$^{213-31}$tsɿ˙kə$^{213-31}$tar˙、 闺女嫒儿 kuẽ$^{213-31}$ȵy˙par^{53}	①小女孩 ②最小的女儿 ③对女孩的昵称 ④对小女孩的贬称
全美人儿 ts'uã^{53}mei˙ʒer^{53}	夫妻健在、儿女双全的人	看二行的 k'ã^{31}ḷə^{31}ɕiŋ$^{53-55}$ti˙	局外看热闹的人
黄子 xuaŋ$^{53-55}$tsɿ˙	对人或物不敬的称呼	小末尕儿 siɔ^{55}miə^{213}kar^{53}	①排行最小的孩子 ②最小的动物 ③个头儿最小的东西
香汤 ɕiaŋ$^{213-24}$t'aŋ^{213}	很受宠爱、重用的人	男人头子 nã^{53}ʒẽt'ou$^{53-55}$tsɿ˙	男人的统称
老人精 lɔ^{55}ʒẽ^{53}tsiŋ^{213}、 老人筋 lɔ^{55}ʒẽ^{53}tɕiẽ^{213}	①人虽老了，但还很精明②精明伶俐的孩子	状元帕子 pfaŋ$^{213-31}$yã˙p'a$^{213-31}$tsɿ˙	指长相好、有才华、有出息的青少年

词例	释义	词例	释义
庄户人 pfɑŋ$^{213-31}$xu˙ʒẽ^{53}、 打庄户的 tɑ^{55}pfɑŋ$^{213-31}$xu˙ti˙、 种地的 pfəŋ^{31}ti$^{31-53}$ti˙、 耪四垄子地的 p‘ɑŋ^{55}sɿ^{31}luŋ$^{55-213}$tsɿ˙ti$^{31-53}$ti˙ 撸牛尾巴的（“尾巴”音“乙卜”） lu^{213}n̠iou^{53}i$^{213-31}$pu˙ti˙ 扛锄的 k‘ɑŋ^{31}pf‘u$^{53-55}$ti˙、 撸锄杠的 lu^{213}pf‘u^{53}kɑŋ$^{31-53}$ti˙、 钻秫秫棵的（“棵”音“扩”） tsuã^{213}fu$^{53-55}$fu˙k‘uə$^{213-31}$ti˙	泛指农民	婊仔儿 piɔ$^{55-213}$tser^{53}、 熊羔子 ɕyŋ^{53}kɔ$^{213-31}$tsɿ˙、 熊黄子 ɕyŋ^{53}xuɑŋ$^{53-55}$tsɿ˙、 鳖羔子 piə$^{213-24}$kɔ$^{213-31}$tsɿ˙、 龟羔子 kuei$^{213-24}$kɔ$^{213-31}$tsɿ˙、 龟渣子 kuei$^{213-24}$tʃɑ$^{213-31}$tsɿ˙、 小黄黄儿 siɔ^{55}xuɑŋ$^{53-55}$xuãr˙ 小东西 siɔ^{55}tuŋ$^{213-31}$ɕi˙、	对小孩无恶意的骂语，多对自己亲生或亲近的子孙
二婚头儿 ɭə$^{31-53}$xuẽ˙t‘our^{53}	再嫁的妇女	侉子 k‘uɑ$^{55-213}$tsɿ˙、 北侉子 pei^{213}k‘uɑ$^{55-213}$tsɿ˙	泛指北方人
查门鼻儿的 tʃ‘a^{53}mẽ^{53}pier$^{53-55}$ti˙、 戳狗牙的 pf‘ə^{53}kou^{55}iɑ$^{53-55}$ti˙	乞丐	毴子 mɔ$^{213-31}$tsɿ˙、 蛮子 mã$^{53-55}$tsɿ˙、 南毴子 nã^{53}mɔ$^{213-31}$tsɿ˙、 南蛮子 nã^{53}mã$^{53-55}$tsɿ˙	泛指南方人
吃喜儿的 tʃ‘ʅ^{213}ɕier$^{55-213}$ti˙	专从赚钱者或有喜事者身上揩油的人	二叶子 ɭə$^{31-53}$iə˙tsɿ˙	性别特征不明显的人
半拼子 pã^{31}p‘iẽ$^{213-31}$tsɿ˙	傻头傻脑不懂得事理的人	二半吊子 ɭə^{31}pã^{31}tiɔ$^{31-53}$tsɿ˙	办事不牢靠的人
叽叽狗子 tsi$^{213-31}$tsi˙kou$^{55-213}$tsɿ˙、 叽叽鬼子 tsi$^{213-31}$tsi˙kuei$^{213-31}$tsɿ˙	特别爱计较且小气的人	能豆子 nəŋ^{53}tou$^{31-53}$tsɿ˙、 能不豆子 nəŋ$^{53-55}$pu˙tou$^{31-53}$tsɿ˙、 能不够子 nəŋ$^{53-55}$pu˙kou$^{31-53}$tsɿ˙	好逞能摆显自己的人
牛屄匠子 n̠iou^{53}pi$^{213-24}$tsiɑŋ$^{31-53}$tsɿ˙、 牛屄篓子 n̠iou^{53}pi^{213}lou$^{55-213}$tsɿ˙	善吹牛皮的人	出溜狗子 pf‘u$^{213-31}$liou˙kou$^{55-213}$tsɿ˙	比喻游手好闲到处闲溜的人
护腚油 xu^{31}tiŋ^{31}iou^{53}	比喻为他人利益卖命的人	不着调的 pu$^{213-24}$tʃɔ^{31}tiɔ$^{31-53}$ti˙	行为不检点或不务正业的人
青皮二愣 ts‘iŋ^{213}p‘i^{53}ɭə^{31}ləŋ^{31}	地痞	难缠头 nã^{53}tʃ‘ã^{53}t‘ou^{53}	很难管理教育的人
大老支 tɑ^{31}lɔ^{55}tʃʅ^{213}	专司丧事的总管	二知先生 ɭə^{31}tʃʅ$^{213-24}$siã$^{213-31}$ʃəŋ˙	既知阴又知阳的风水先生

五、身体

词例	释义	词例	释义
人物头子 ʒẽ$^{53-55}$u˙t‘ou$^{53-55}$tsɿ˙	指人的形体相貌	矬不墩儿 ts‘uə$^{53-55}$pu˙tuer^{213}、 矬不挡儿 ts‘uə$^{53-55}$pu˙tãr^{31}、 小矮个儿 siɔ$^{55-53}$iɛ^{55}kər^{31}	指身材矮而胖小
似尺 sɿ^{55}tʃ‘ʅ^{213}	身体匀称、适中	漫长脸儿 mã^{31}tʃ‘ɑŋ^{53}lier^{55}	一种圆长的脸型

词例	释义	词例	释义
缩不拉叽的（“缩”音同“出”）pfʻu$^{213-31}$pu·lɑ$^{213-24}$tsi$^{213-31}$ti·	身材不舒展	稀丑 ɕi^{213}ʧʻou^{55}	①很丑陋 ②害羞、丑陋的部位 ③害羞的事
稀俊 ɕi$^{213-24}$tsuẽ^{31}	很俊俏	板整 pã$^{55-213}$ʧəŋ·	①很整洁②很正派
仁伍 ʒẽ$^{53-55}$u·	①像模像样的人 ②长得俊俏	薄脸儿 pə^{53}liɛr^{55}、 薄脸薄齿儿 pə^{53}liã^{55}pə^{53}ʧʻer^{55}	脸庞瘦削过于单薄
脑么勺子 nɔ$^{55-213}$mu·fə$^{53-55}$tsɿ·	后脑部	额嘞盖 ɣə$^{213-31}$lɑ·kɛ^{31}	额头
有红似白儿 iou^{55}xuŋ^{53}sɿ^{31}per^{53}	人的面色白里透红	眼支毛 iã^{55}ʧʅ·mɔ^{53}	睫毛
大眼嘟噜的 tɑ$^{31-53}$iã·tu$^{53-55}$lou·ti·	眼睛大而好看	鹁鸽子眼 pu^{53}kə$^{213-31}$tsɿ·iã^{55}	①眼睛像鸽子的眼 ②比喻献媚、拍马溜须的人
腚帮子 tiŋ^{31}pɑŋ$^{213-31}$tsɿ·、 腚锤子 tiŋ^{31}pfʻei$^{53-55}$tsɿ·、 屁股蛋子 pʻi$^{31-53}$ku·tã$^{31-53}$tsɿ·	臀部	死羊眼 sɿ^{55}iɑŋ^{53}iã^{55}	①像死羊一样的眼，瞪着不转眼珠儿 ②形容人视而不见 ③呆板不灵活
积嘟的 tsi^{213}tu$^{53-55}$ti·	形容眼睛睁得特大，眼球凸起	嘟喽嘴子 tu$^{213-31}$lou·tsuei$^{55-213}$tsɿ·	爱唠叨的嘴
鼻圪渣 pi$^{53-55}$kə·ʧɑ^{213}	鼻孔里干结的鼻涕	咧泻 liə$^{53-55}$siə·	涎水
脖了颈（“颈”音同“梗”） pə$^{53-55}$lɑ·kəŋ^{55}、 脖了拐 pə$^{53-55}$lɑ·kuɛ^{55}	颈部	下巴颏子（“巴”音同“卜”） ɕiɑ$^{31-53}$pu·kʻə$^{213-31}$tsɿ·	下巴
吞子 tʻuẽ$^{31-53}$tsɿ·	嗓子	胳了肢 kə$^{213-31}$lɑ·ʧʅ^{53}	腋窝
胳肢毛 kə$^{213-31}$ʧʅ·mɔ^{53}	腋毛	脯肋子（“脯”音“卜”，阳平） pu^{53}lei$^{213-31}$tsɿ·	胸脯
肋卜骨 lei$^{213-31}$pu·ku^{213}	肋骨	馍儿 mər^{53}、奶子 nɛ$^{55-213}$tsɿ·	乳房
疙愣眼子 kə$^{53-55}$ləŋ·iã$^{55-213}$tsɿ·	①两只眼睛睁得不一样，其中一只眼小或睁不开②只有一只眼睛能看东西	夹雀子 tɕiɑ^{53}tsʻuə$^{213-31}$tsɿ·、 夹夹儿 tɕiɑ$^{53-55}$tɕiɑr·、 夹儿 tɕiɑr^{53}、 鸡巴子 tsi$^{213-31}$pu·tsɿ·、 鸡巴 tsi$^{213-31}$pu·、 鸡鸡 tsi$^{213-31}$tsi·、 那玩艺儿 nɑ^{31}uã$^{53-55}$ier·	多指男孩的外生殖器
巴耳子 pɑ^{213}ɭə$^{55-213}$tsɿ·	巴掌	腿腋锨子 tʻei^{55}iə/iɔ^{213}ʧə$^{53-55}$tsɿ·	大腿腋窝
胳拉拜子 kə$^{213-31}$lɑ·pɛ$^{31-53}$tsɿ·	膝盖	脚趾盖子 tɕyə^{213}ʧʅ^{55}kɛ$^{31-53}$tsɿ·	脚趾甲

六、服饰

词例	释义	词例	释义
穿戴 pfʻã$^{213-24}$tɛ^{31}、 打扮 tɑ$^{55-213}$pã·、 穿扎 pfʻã$^{213-24}$ʧɑ^{213}	泛指衣着服饰	漫头抹 mã^{31}tʻou^{53}mɑ^{213} （“抹”音“妈”）	较小的单上衣，前后不开缝，穿脱时需要从头部漫过去
手捏子 ʃou^{55}ȵiə$^{213-31}$tsɿ·	手帕	裤衩子 kʻu^{31}ʧɑ$^{53-55}$tsɿ·	①短裤 ②贴身穿的短内裤

词例	释义	词例	释义
奶勒子 nɛ^{55}lei$^{213-31}$tsɿ˙	乳罩	戒镏子 tɕiɛ^{31}liou$^{213-31}$tsɿ˙	戒指
手布子 ʃou^{55}pu$^{31-53}$tsɿ˙	①毛巾②手帕 ③乡村妇女头上顶的布块儿	挎包 kʻuɑ^{31}pɔ^{213}、 挎兜儿 kʻuɑ^{31}tour^{213}	①衣服口袋的统称 ②斜背在肩上的包
秋裤 tsʻiou$^{213-24}$kʻu^{31}、 春秋裤 pfʻẽ$^{213-24}$tsʻiou$^{213-24}$kʻu^{31}	适合春秋季穿的长内裤	半截袖儿 pã^{31}tsiə^{53}siour^{31}、 褂砟子 kuɑ^{31}tʃɑ$^{53-55}$tsɿ˙	短袖上衣
席夹子 si^{53}tɕiɑ$^{213-31}$tsɿ˙	以竹篾或苇篾等编织而成，戴在头上可遮阳亦可遮雨的用具，尖顶，多呈六边形	茅了蓊 mɔ$^{53-55}$lɑ˙uŋ^{213}、 茅了崴 mɔ$^{53-55}$lɑ˙uɛ^{55}	一种用茅草、芦花及苘等织成的草鞋，很笨重，里面填上麦穰、棉絮等，用来穿在脚上御寒
束腰带 fu$^{213-24}$iɔ$^{213-24}$tɛ^{31}、 捆腰带 kʻuẽ^{55}iɔ$^{213-24}$tɛ^{31}	泛指腰带	春秋衫儿 pfʻẽ$^{213-24}$tsʻiou$^{213-24}$ʃɛr^{213}	①春秋季节穿用的内衣，一般为针织品②专指内上衣

七、饮食

词例	释义	词例	释义
仁样吃 ʒẽ$^{53-55}$iɑŋ˙tʃʻʅ^{213}	吃饭菜时很讲究礼节	孬种吃 nɔ^{213}pfəŋ^{55}tʃʻʅ^{213}	过分贪吃且吃相不雅
吞 tuẽ^{55}（音“吨”）	狼吞虎咽地吃，且吃得很多	呜喽 u$^{213-31}$lou˙	因牙齿不好，吃东西嚼不碎而慢慢软化咽下
沐喽 mu$^{213-31}$lou˙	含化	嘘喽 ɕy$^{213-31}$lou˙	小口慢慢地喝
饽饽（“饽”音“多”） tuə$^{213-31}$tuə˙、 窝窝头 uə$^{213-31}$uə˙tʻou^{53}	一种馒头状面食，为了易蒸熟，常在底部捏出一凹洞	牙沓 iɑ$^{53-55}$tsʻi˙（“沓”音“七”）	①咀嚼很慢，似吃非吃的样子②用很鄙视的语气重复别人的话
不攒粪的 pu^{213}tsã^{55}fẽ$^{31-53}$ti˙	①主食外的蹊跷零食，贬义 ②骂人话	洋盼 iɑŋ$^{53-55}$pʻã˙、 洋番 iɑŋ$^{53-55}$fã˙、 洋尝 iɑŋ$^{53-55}$tʃʻɑŋ˙	①因富足而过分挑剔②形容对一般事情不屑一顾
头鏊子 tʻou^{53}ɣɔ$^{31-53}$tsɿ˙	每次烙出的第一张煎饼	末鏊子 mə^{213}ɣɔ$^{31-53}$tsɿ˙	每次烙煎饼时的最后一张煎饼
糊子 xu$^{53-55}$tsɿ˙	烙制煎饼用的较稠的糊状物	朝牌 tʃʻɔ^{53}pʻɛ^{53}、 烤牌 kʻɔ^{55}pʻɛ^{53}	一种长方形的烤制面食
日馕 ʒʅ$^{213-31}$nɑŋ˙	①大口吃且吃得很多②窝囊	油之啦子 iou^{53}tʃʅ^{213}lɑ$^{53-55}$tsɿ˙	动物脂肪炼油后剩余的渣滓
饹馇儿 kə$^{213-31}$tʃɑr˙	片状的碎渣	糊豆 xu$^{53-55}$tou˙	各类稀饭的统称
二抹头 ḷə^{31}mə^{55}tʻou^{53}	很稠的稀饭，可以连吃带喝	糊豆汤子 xu$^{53-55}$tou˙tʻɑŋ$^{213-31}$tsɿ˙	很稀的稀饭
茶 tʃʻɑ^{53}	①白开水②放了茶叶等物品的茶水③茶叶	淤 y^{213}	①急剧沸腾溢出②泥土积淀
苟儿它 kour^{53}tʻɑ˙、 肥儿它 fer^{53}tʻɑ˙	喝酒专用语，“干杯”之意（限于县域西南部）	喝气儿 xə^{213}tɕʻier˙、 扭气儿 ȵiou^{55}tɕʻier˙	①指很随意的喝酒②在喝酒中端起酒杯喝一次（不论多少）
突 tʻu^{213}	烫：水太热，别～着孩子	先酒 siã^{213}tsiou^{55}	斟酒

八、伤病 医疗

词例	释义	词例	释义
揍弄人 tsou$^{31-53}$luŋ˙ʒẽ^{53}、 葬弄人 tsɑŋ$^{31-53}$luŋ˙ʒẽ^{53} （“弄”音“笼”）	外界环境、不洁的食物等对人体造成危害	蓩心 li$^{53-55}$siẽ˙（“蓩”音“厘”）	胃酸过多刺激胃壁有微痛感
泚鞭杆子 ts‘ʅ$^{213-24}$piã$^{213-24}$kã$^{213-31}$tsʅ˙	严重腹泻	哕 yə^{55}	呕吐
栗栗寝寝的 li$^{213-31}$li˙tɕ‘iẽ$^{53-55}$tɕ‘iẽ˙ti˙	全身酸软无力	榨着了 ʧɑ$^{53-55}$ʧə˙lɑ˙、 激着了 tɕi$^{213-31}$ʧə˙lɑ˙	身体因受冷水、冰水的刺激而患病
出故赤眼子 pf‘u^{213}ku$^{31-53}$ʧ‘ʅ˙iã$^{55-213}$tsʅ˙	①经常患些小毛病②故意生是非	脏症 tsɑŋ$^{213-24}$ʧəŋ^{31}、 瞎卜症 ɕiɑ$^{213-31}$pu/pɔ˙ʧəŋ^{31}、 瞎卜病 ɕiɑ$^{213-31}$pu/pɔ˙piŋ^{31}	①性病的俗称 ②某些容易传染的疾病
木疙瘩 mu$^{213-31}$kə˙tɑ^{213}	①因蚊虫叮咬等原因皮肤上出现的小肿块，伴有瘙痒等感觉②砍伐后的树根	磕疤儿 k‘ə^{55}pɑr^{213}、 结疤儿 tɕiə$^{213-24}$pɑr^{213}、 定疤儿 tiŋ^{31}pɑr^{213}	结痂
噶喽 kɑ$^{53-55}$lou˙	①打嗝并排出胃里的气体②骂人语，意为“放屁”	绺抽 liou$^{55-213}$ʧ‘ou˙、 绺处 liou$^{55-213}$pf‘u˙	条状血印
佯活着 iɑŋ^{53}xə˙ʧə˙	①摄取很少的营养维持生命②指人厌食	扎古症 ʧɑ$^{213-31}$ku˙ʧəŋ^{31}、 施维病 ʃʅ$^{213-31}$uei˙piŋ^{31}	治病
揞 ɣã^{55}（音“俺”）	用药面等敷在伤口上	长大疮 ʧɑŋ^{55}tɑ^{31}pf‘ɑŋ^{213}	①患梅毒②长大疔疮
倒戗子 tɔ^{31}ts‘iɑŋ$^{213-31}$tsʅ˙ （“戗”音“枪”）	指甲根部皮肤出现的戗刺	瓤 ʒɑŋ^{53}	①身体虚弱②含水多而软③能力差④懦弱无能力

九、红白事

词例	释义	词例	释义
找主儿 ʧɔ$^{55-53}$pfer^{55}	①未婚男女找对象②寻找顾客	成头儿 ʧ‘əŋ^{53}t‘our^{53}	指青年找到了对象
过红 kuə^{31}xuŋ^{53}	确定婚姻关系后，男方筹备礼品、衣物等，用红布包裹，择日送给女方，表示双方正式结亲	下柬子 ɕiɑ^{31}tɕiã$^{55-213}$tsʅ˙	即将结婚时，男方郑重筹备礼品送给女方，以向女方表达要结婚之意
下福子 ɕiɑ^{31}fu$^{213-31}$tsʅ˙、 下衣裳 ɕiɑ^{31}i$^{213-31}$ʃɑŋ/xɑŋ˙、 传启 pf‘ã^{53}tɕ‘i^{55}、 下日子 ɕiɑ^{31}ʒʅ$^{213-31}$tsʅ˙、 送日子 suŋ^{31}ʒʅ$^{213-31}$tsʅ˙	结婚前一两天，男方将女方嫁衣连同出嫁的具体时间、时辰等送给女方	过门儿 kuə^{31}mer^{53}	女子已嫁到婆家
出门子 pf‘u^{213}mẽ$^{53-55}$tsʅ˙	女子出嫁	行人情 ɕiŋ^{53}ʒẽ^{53}ts‘iŋ^{53}、 行份子 ɕiŋ^{53}fẽ$^{31-53}$tsʅ˙	亲朋好友家有婚丧嫁娶事宜时去送礼
叨着 tɔ$^{213-31}$ʧə˙	客套话，劝客人夹菜吃	趟二道门槛子（“槛”音“欠”） ʧ‘ɔ^{31}ɭə^{31}tɔ^{31}mẽ^{53}tɕ‘iã$^{31-53}$ʧ	妇女改嫁

词例	释义	词例	释义
瞎卜事儿 ɕia$^{213-31}$puʃer^{31}	①不好的事②隐指男女间的房事	拾了 ʃʅ$^{53-55}$la·	生孩子了
大喜 ta^{31}ɕi^{55}	隐指生了个男孩	拉哺 la$^{213-31}$pu·	喂养，抚养
小喜 siɔ$^{55-53}$ɕi^{55}	隐指生了个女孩	积姆 tsi$^{213-31}$mu·	骂人话，生养
把 pa^{55}	从后面托起小孩的屁股和两腿使其拉屎撒尿	悖儿悖儿的 per$^{213-24}$per$^{213-31}$ti·、偎儿偎儿的 uer$^{213-24}$uer$^{213-31}$ti·	男女性交时的情形或声音，多用来骂人或发誓
棺材瓤子 kuã$^{213-31}$ts'ɛ·ʒaŋ$^{53-55}$tsʅ·	比喻体弱多病随时可能死去的人	杯 xə^{53}（音“合”）	棺材
辞灵 ts'ʅ^{53}liŋ^{53}	向死者祭拜的一种仪式，一般晚间举行	擢汤（“擢”音“豁”）xuə$^{213-24}$t'aŋ^{213}、泼汤 p'ə$^{213-24}$	丧礼中的一种仪式，将小米汤泼在土地庙地面上
跪棚 kuei^{31}p'əŋ^{53}	吊唁人行礼时，死者的侄孙辈们（男性）跪在两边相陪	打哈哈 ta^{55}xa$^{213-31}$xa·	男子向死者祭奠礼毕，弯着腰，双手或单手高拱，发出哀号声
哀杖子 ɣɛ$^{213-31}$tʃaŋ·tsʅ·、丧木棍 saŋ^{31}mu$^{213-24}$kuẽ^{31}	孝子手里拿的哭丧棒	打圹 ta^{55}k'uaŋ^{31}	挖或垒砌墓穴
林 liẽ^{53}	①坟地②树林	差林 tʃ'ɛ^{213}liẽ^{53}	①选择风水宝地用以建造家族墓地②建造墓地
老林 lɔ^{55}liẽ^{53}	①祖辈延续集中埋葬的地方②很久的家族墓地	圆坟 yã^{53}fẽ^{53}、三天 sã$^{213-24}$t'iã^{213}	死者葬后（一般为三天），亲人们到墓地去再为其举行一次祭奠仪式

十、动作 行为

词例	释义	词例	释义
澎 p'əŋ^{213}	①迸溅②故意想办法使水等溅到某处	谝 p'iã^{55}	炫耀
俳 p'ɛ^{213}（音“排”，阴平）	①重重地坐下：她一腚～在地上②长时间懒坐在某地方不动③用屁股撞击	靠 k'ɔ^{31}	①因经常缺少营养致身体瘦弱：老人叫～倒了②馋：多日没吃肉了，怪～得慌③经常：他～买东西去看他妈
打亘 ta^{55}kẽ^{31}（“亘”音“艮”）	①由于紧张等原因说话时断断续续地停顿②由于一时回答不出而短暂地愣神③口吃	埲 paŋ^{31}（音“棒”）	①尘土飞扬：一刮风灰尘各处里～②被飞尘污染：身上～了一层土
旋 suã^{31}（音“算”）	①用利器（如刀类）削或剥离：～苹果②旋转着切割	剺 li^{53}（音“厘”）	用利器割、划：手～破了
搲 ua^{55}（音“瓦”）	用瓢或类似的器具舀出面粉、粮食等东西	撅 tɕ'yə^{55}（音“确”，上声）	①用力折：～断②折服：这回可叫人～大褂子了
㧟 k'uɛ^{55}（音“快”，上声）	用手抓挠：～痒痒	抹 ma^{213}（音“妈”）	①脱掉：～帽子②擦拭：～桌子③错过：可别～了时间，否则会误事

词例	释义	词例	释义
趼 kuɛ^{213}（音“乖”）	①触，碰：手别～着我②牵扯、涉及：那事可能～着他了	趼 kuɛ^{53}（音“乖”，阳平）	划拉：胳膊叫他的指甲～破了
咔 k‘ɑ^{213}	用力倒掉、清除容器里的东西 把盆里的面～出来	咔 k‘ɑ^{55}	不小心弄撒落了：瓢里的水叫我弄～了
毁 xuei^{55}	打：～人	噘 tɕyə^{53}（音“掘”）	骂：～人
邓 təŋ^{31}	①用力拉紧：～紧绳子②较劲：她俩还～起来了	扺 ti^{213}（音“低”）	提起，向上拔：～蒜薹
擗 p‘i^{55}（音“批”，上声）	①从整体上向下扯拉：～柳枝子②扯开，撕开：把竹竿一～两半	揞 tɕiẽ^{213}（音“金”）	轻拉，拉扯：小孩～着妈妈的衣角
坉 t‘uẽ（音同“屯”，上声）	踩了，踏了（多指不该去的地方）：～到泥里	扒哧 pɑ$^{213-31}$ʧ‘ʅ˙	①胡乱翻动：你胡乱～什么？②梳理：这些事～不开了
归兜 kuei$^{213-31}$tou˙	①聚拢：把剩下的～一块儿去②分拣归类：把那些东西～一下	添么 t‘iã$^{213-31}$mu˙、添巴 t‘iã$^{213-31}$pu˙（“巴”音“卜”）	①添补②扶持，帮助：她娘俩过日子，多亏众人～
掘拉 tɕyə$^{53-55}$lɑ˙	用工具胡乱拨弄、翻动等	铺排 p‘u$^{213-31}$p‘ɛ˙	安排，吩咐等
摣拉 pfɑ$^{53-55}$lɑ˙（“摣”音“抓”，阳平）	用短小的扫帚等胡乱地扫	磨磨 mə$^{31-53}$mə˙	①把重物慢慢移动：把大石头往东～②稍稍移动，错开：您～身子我过去
嗑磨 k‘ə$^{213-31}$mu˙	思索，盘算，筹划：咱得～～怎么办合适	胳肢 kə$^{53-551}$ʧ‘ʅ˙	挠人敏感的部位（如腋窝、脚心等）使之发痒
撩指 liɔ$^{53-55}$ʧ‘ʅ˙	①招惹②挑逗	摩拉 mə$^{53-55}$lɑ˙	①轻轻地抚摸②用手指梳理
单别 tã^{213}piə^{53}	①不与别人合作，个人单独进行②没有人愿与合作或伙同③单打独斗	婆拉 p‘ə$^{53-55}$lɑ˙、扑搂 p‘u$^{53-55}$lou˙	①用手掌拂平或堆起：把褥子～平②除去、开脱：这事一沾边就～不掉了③筹措：钱整天～不上花的
肯 k‘ẽ^{53}	①主观上乐意、喜欢：～管闲事｜～说～笑②表示同意：首～③表示时常或易于发生：夏天～下雨	及赶 tɕi$^{31-53}$kã˙	①等到：～你来到，黄花菜都凉了②在不佳的情况下愈加恶化：～家里穷，又摊上这个事
提搂 t‘i$^{53-55}$lou˙	①提，拉：～串葡萄②不断警醒：老师～耳朵嘱咐③从关押的地方带出来	踖 ʧ‘ɑ^{55}（音“叉”，上声）	①在雨雪泥水中走：～雪窟②用脚步丈量土地：～地③穿越农田：斜着～过去
申申 ʃẽ$^{213-31}$ ʃẽ˙	小心剔出表面的部分：馒头掉在地上，～皮能吃	握巴 uə$^{213-31}$pu˙（音“窝卜”）	①揉搓：把纸～碎了②胡乱折叠：衣服叫你～得都是褶子
跐 ts‘ʅ^{55}（音“次”，上声）	脚踩在某物体上：～着凳子安灯泡	刺巴 lɑ^{31}pu˙（“巴”音“卜”）	两腿过分分开（不雅之态）
趫 ʧ‘ɔ^{31}（音“超”，去声）	跨越：一步～过去	蹿 tuã^{31}（音“断”）	追赶：～不上他
躁 tsɔ^{31}（音“造”）	踩、踏：你别～了那棵花	喊呼 xã$^{55-213}$xu˙	①大声喊叫②招呼，邀约

词例	释义	词例	释义
踹 p’ɛ^{55}（音“牌”，上声）	用脚踹	该到 kɛ$^{213\text{-}24}$tɔ^{31}	①注定如此 ②巧合
咋呙 ʧɑ$^{213\text{-}31}$uɛ˙（“呙”音“歪”）	大声喊叫	码撒 mɑ$^{213\text{-}31}$sɑ˙、 撒目 sɑ$^{53\text{-}55}$mu˙	观察、寻找等
活喊 xə^{53}ɕiã^{55}（音“合显“）	很大声地哭叫，一般指孩子	嫌乎 ɕiã$^{53\text{-}55}$xu˙	①嫌弃 ②批评，责怪
嘿唬 xei$^{213\text{-}31}$xu˙	恐吓	嘻噔 ɕi$^{213\text{-}31}$t‘ɑŋ˙	①不分轻重地乱开玩笑②不认真对待
谝能 p‘iã^{55}nəŋ^{53}	逞能	呱叱 kuɑ$^{213\text{-}31}$ʧ‘ʅ˙	用很下流的话骂人
胡咧咧 xu^{53}liə$^{55\text{-}213}$liə˙、 胡哌哌儿 xu^{53}pɛ$^{55\text{-}213}$pɛr˙	没有根据地胡说八道	侃空儿 k‘ã^{55}k‘ũr^{213} （“侃”音“砍”）	撒谎
攠量 mi$^{53\text{-}55}$liɑŋ˙ （“攠”音“迷”）	对比，对照，比较等	得济 tei$^{213\text{-}24}$tsi^{31}	得到报答、恩惠等：养儿育女现在总算～了
管及 kuã$^{55\text{-}213}$tsi˙	①小心、注意 ②珍视，爱惜	搁拉 kə$^{213\text{-}31}$lɑ˙、 搅拉 tɕiɔ$^{55\text{-}213}$lɑ˙	① 搅拌：面和水要～匀②挑拨离间，无事生非：别在中间瞎～③搅扰：～人睡不好觉④搅动：把鸡～出来
叽喎 tsi$^{213\text{-}31}$uɛ˙（“喎”音“歪”）	①口角：两人整天～②形容人多，声音嘈杂，吵吵闹闹的不安静	央央 iɑŋ$^{213\text{-}31}$iɑŋ˙	① 耽误，耽延：快点，再～就误点了②混乱且声音噪杂：会场上～的
岌到央央 tsi$^{53\text{-}55}$tɔ˙iɑŋ$^{213\text{-}31}$iɑŋ˙、 岌岌央央 tsi$^{53\text{-}55}$tsi˙iɑŋ$^{213\text{-}31}$iɑŋ˙	长时间拖延、耽误	合斯 xə$^{53\text{-}55}$sʅ˙	①抖落：把菜上的泥土～干净②颤抖：冻得浑身打～③公开点名批评、数落：他叫队长～得抬不起头来④无节制地花费：那点家底不够他～的
突娄 t‘u$^{213\text{-}31}$lou˙	①顺着物体或斜坡慢慢下滑②训斥，数落，埋怨③脚紧贴着地面走④动词，形容鸭子吃食⑤拟声词	樉 fɑŋ^{55}（音“访”）	①投掷：～标枪②被垂直向下撞击：腿叫～着了③被投中扎伤：叫标枪～着了④把较硬实的条状东西成捆竖起用力在地面上向下撞，使其底部整齐：把那捆苇子～齐
别匙 piə$^{53\text{-}55}$ʧ‘ʅ˙	撬挖：把树根从石头缝里～出来	坐窝 tsuə^{31}uə^{213}	①坐在那里一动也不动②原地再进行
蹲墩儿 tuẽ$^{213\text{-}24}$tuer^{213}	坐监，劳改	萦 iŋ^{55}（音“影”）	①牵挂，惦念：妈妈不要～得慌，我很好②好奇：到底怎么回事？我怪～得慌
犯于 fã^{31}y^{53}、 犯如 fã^{31}vu^{53}	值得：不跟他一般见识	上劲 ʃɑŋ^{31}tɕiẽ^{31}	①来了劲头 ②较真，来了拗劲 ③给绳索等拧劲
就会 tsiou^{31}xuei^{31}	①肯、只会：这人～喝酒②善于：他～来这一套 ③一定：只要坚持～成功	码量 mɑ$^{55\text{-}213}$liɑŋ˙ 母量 mu$^{55\text{-}213}$liɑŋ˙	①目测，估量：你～河面有多宽？ ②斟酌：这事你自己～着办
料子 liɔ$^{31\text{-}53}$tsʅ˙	无用、无能之辈	七叶子 ts‘i$^{213\text{-}24}$iə$^{213\text{-}31}$tsʅ˙	心智不全、办事不当的人

十一、性格 神态 心理

词例	释义	词例	释义
㤘 tʃou^{55}（音“肘”）	固执，生硬，不随和：那人脾气太～	怐 k'ou^{53}（音“扣”，阳平）	①性格暴戾易怒②特别锋利、尖锐：那刀子很～
广 kuaŋ^{55}	①时髦，赶潮流②面积、范围宽泛	猴 xou^{53}	①比喻过分精明刁钻：那人太～②哄骗，谋取：他经常～别人东西
嘎 ka^{55}、嘎呀 ka^{55}ia^{53}	①各方面能力很强，非同一般（包括好坏方面）②性格暴躁③严重，繁重：这任务怪～，俺担不起④多：集市上人真，挤不动～	襆 p'u^{53}（音“朴”，阳平）	①笨拙：你的手真～②不灵巧：那人办事真～③不灵便：他穿那么大的褂子显得真～
懆乎的 ts'ɔ^{53}xu$^{53-55}$ti·	心术不正，暗中对别人进行破坏	平乎 p'iŋ$^{53-55}$xu·	①心地正直、公正、善良②平整：那条路很～③整平：把园地～一下好种菜
文昧 uei^{53}mei·	腼腆	懒歪 lã$^{55-213}$uɛ·	懒惰
力赖 li$^{213-31}$lɛ·	①松松垮垮且懈怠的样子②纠缠③近于无赖	娇乖 tɕiɔ$^{213-31}$kuɛ·	①娇贵、娇气②娇小、脆弱
牙硬 ia^{53}iŋ^{31}	①自知理亏而口头上不肯认错服输②说话强横	愚娄 y^{53}lou·	愚笨，思维不清，言语拙笨
邋么 la$^{213-31}$mu·（音“拉母”）	不干净，不整洁：他老婆是个～女人	拐古 kuɛ$^{55-213}$ku·	性情精怪，好生气，过分计较
钻挤 tsuã$^{213-31}$tsi·	①善于钻营②机灵，干练	洋勾 iaŋ$^{53-55}$kou·	①过分地显摆、招摇② 过分讲究穿戴、言行另类
皮愣 p'i$^{53-55}$ləŋ·	调皮捣蛋不听话：那孩子太～	阴阳 iẽ$^{213-31}$iaŋ·	①说话、办事不直接，拐弯抹角，阴风阳气②用语言诋毁人
大不叽的 ta$^{31-53}$pu·tsi$^{53-55}$ti·	看不起人，对人不热情，好摆架子	吃拉悟怔 i$^{31-53}$la·u^{31}tʃəŋ^{213}、悟悟怔怔 u$^{31-53}$u·tʃəŋ$^{213-31}$tʃəŋ^{213}、吃拉巴怔 i$^{31-53}$la·pa$^{213-24}$tʃəŋ^{213}	思维、言行有悖常规，像做梦一样
吊拉呱唧 tiɔ$^{55-213}$la·kua$^{213-24}$tsi^{213}、甩拉呱唧 fɛ$^{55-213}$la·kua$^{213-24}$tsi^{213}	言行散漫，轻率，不严肃	出腰别肚 pf'u$^{213-24}$iɔ^{213}piə^{55}tu^{31}、执拗别肚 tʃʅ$^{213-24}$ȵiou^{31}piə^{55}tu^{31}	①行动迟缓，拖拉散漫②不和谐，不融洽：两口子自从结婚就～的
木 mu^{213}	喜欢张扬，忘乎所以，得意忘形：他这几天～得不轻	木不开 mu$^{213-31}$pu·k'ɛ^{213}	①张扬、显摆的空间似乎太小了：他在那单位里～②到处显摆、张扬：那点成绩就～了，真没出息
乜邪 miə$^{53-55}$siə·	无精打采，懈怠，不利落：那人办事太～	唐心 t'aŋ$^{53-55}$siẽ	后悔、遗憾等 你就是离婚，我也不～

词例	释义	词例	释义
曲娄拐弯儿 tɕʻy$^{213-31}$lou˙kuɛ^{55}uɛr^{213}	①不直爽，说话绕圈子②弯弯曲曲	佯打二怔 iɑŋ^{53}tɑ^{55}ɭə^{31}ʧəŋ^{213}	做事不认真，心不在焉的样子
恬木惺惺的 tʻiã$^{53-55}$mu˙siŋ^{53}siŋ$^{53-55}$tiˑ	似笑非笑，满不在乎的表情	梗梗着头 kəŋ$^{31-53}$kəŋ˙ʧɔ˙tʻou^{53}、别梗着头 piə$^{53-55}$kəŋ˙ʧɔ˙tʻou^{53}	①头稍歪或前伸，挺着脖颈，怒目而视的样子②形容固执、不服气、挑衅或纠缠的样子
拉拉着脸 lɑ$^{213-31}$lɑ˙ʧɔ˙liã^{55}、撸拉着脸 lu$^{213-31}$lɑ˙ʧɔ˙liã^{55}	面部阴沉、不高兴的表情：他整天～，不知为什么	克星脸 kʻə$^{213-31}$siŋ˙liã^{55}	愁苦、气愤、不满意的表情：你脸～得那样，怎么回事
迭歇着脸 tiə$^{55-213}$ɕiə˙ʧɔ˙liã^{55}	生气、沮丧、不满意等时的表情：你～给谁看的？	本哼着脸 pẽ$^{55-213}$xəŋ˙ʧɔ˙liã^{55}	①面部肌肉绷紧，脸色阴沉的表情②严肃、气愤、不满意的表情：他气得～
急目露眼儿 tɕi$^{213-31}$mu˙lou^{31}iɛr^{55}、扒吃露眼儿 pɑ$^{213-31}$ʧʻʅ˙lou^{31}iɛr^{55}	急切、期盼、好奇、等待的眼神	瞅漏猴儿 ʧʻou^{55}lou$^{31-53}$xour˙、瞅漏缝儿 ʧʻou^{55}lou$^{31-53}$fə̃r˙	找漏洞寻找可乘之机：他就会～
耳乎 lə$^{55-213}$xu˙、耳视 lə$^{55-213}$ʃʅ˙	①理会，理睬　：那人谱儿大，从不～人②忽略：那事我一时～了	耳 lə^{55}	①耳朵②理会，理睬③打，斥责等：那人叫我～了一顿
叽叽 tsi$^{213-31}$tsiˑ	过分计较、小气、吝啬等：那两口子怪～	烧包 ʃɔ$^{213-24}$pɔ^{213}	由于富有或得势等而过于张扬、逞能或忘乎所以
恶殃 ɣə$^{213-31}$iɑŋ˙	①使人恶心、厌恶②肮脏③宣扬、败坏④糟糕、丢丑	臆歪 i$^{31-53}$uɛ˙	①心里放不下，心存疑虑②使人恶心
恣个挠挠的 tsʅ$^{31-53}$kə˙nɔ^{53}nɔ$^{53-55}$tiˑ	高兴得手舞足蹈，心里畅快：儿子上大学了，他心里～	恣儿 tser^{31}、恣 tsʅ^{31}	心情舒畅：喝美酒，吃烧鸡，真～
木个得得的 mu$^{213-31}$kə˙tei^{53}tei$^{53-55}$tiˑ	①很高兴，很得意，甚至忘乎所以②过于张扬，显摆	露猴儿的 lou^{31}xour$^{53-55}$tiˑ	①眼睛睁得很圆，目不转睛地盯着②眼睛很有神
腌臜 ɣɑ$^{213-31}$tsɑ˙（音“啊杂”）	①好的动机却没有把事情办好，或事与愿违，心里感到不痛快②追悔莫及	二唧 ɭə$^{31-53}$tɕiˑ、二二唧唧 ɭə$^{31-53}$ɭə˙tɕi$^{213-31}$tɕiˑ、二唧子 ɭə$^{31-53}$tɕi˙tsʅ˙	智力不健全，言行不合常理

十二、动植物　农事

词例	释义	词例	释义
趴牯 pʻɑ$^{213-31}$ku˙、帮子 pɑŋ$^{213-31}$tsʅ˙	年轻的公牛	犍子 tɕiã$^{213-31}$tsʅ˙、牤犍 mɑŋ$^{213-24}$tɕiã^{213}	阉割过的公牛
牤子 mɑŋ$^{213-31}$tsʅ˙、牤牛 mɑŋ^{213}ȵiou^{53}	公牛	趴蛋 pʻɑ$^{213-24}$tã^{31}	用作配种的公猪
牸牛 ʃʅ$^{31-53}$ȵiou˙（“牸”音“是”）	母牛	猪秧子 pfu$^{213-24}$iɑŋ$^{213-31}$tsʅ˙	猪崽

词例	释义	词例	释义
劁豚 tsʻiɔ^{213}tʻuẽ^{53}（“劁”音“敲”）	被割去卵巢的老母猪	臊秧子 sɔ^{31}iɑŋ$^{213-31}$tsʅ˙	狗交配
克拉 kʻə$^{31-53}$lɑ˙	已经养大还没有育肥的猪	蚷蠊 tɕy$^{213-31}$liã˙（音“巨连”）	①虫类等翻滚、挣扎②人或动物在地上翻滚
男猫 nã$^{53-55}$mɔ˙	公猫	女猫 ȵy$^{55-213}$mɔ˙	母猫
欢羔儿 xuã$^{213-24}$kɔr^{213}	羊或兔等动物交配	将 tsiɑŋ^{213}、砌 tsʻi^{31}	胎生动物分娩
余喽 y$^{213-31}$lou˙（音“欲篓”）	动物用嘴巴慢慢挑选食物	黄老鼠 xuɑŋ^{53}lɔ$^{55-213}$pfʻu˙、黄鼬子 xuɑŋ^{53}iou$^{213-31}$tsʅ˙、黄鼠狼子 xuɑŋ^{53}pfʻu˙lɑŋ$^{53-55}$tsʅ˙	黄鼠狼
长尾巴郎 tʃʻɑŋ^{53}i$^{55-213}$pu˙lɑŋ^{53}（“尾巴”音“乙卜”）	尾羽特别长的鸡	管蛋 kuã^{55}tã^{31}	禽类产蛋多
喳格拉子 tʃɑ$^{53-55}$kə˙lɑ$^{213-31}$tsʅ˙	灰喜鹊	唧唧棍子 tsi$^{53-55}$tsi˙kuẽ$^{31-53}$tsʅ˙	①一种小型鸟类，因其叫声而得名②比喻人小气、吝啬、爱计较
呼扇 xu$^{213-31}$ʃã˙	①禽类扇动翅膀②摇动扇子扇风③挑动、吹嘘等	拃挲 tʃɑ$^{31-53}$ʃʅ˙（音“炸拾”）	①张开、展开：～翅膀②比喻放肆，过分张扬、显摆等
草鱼壳子 tsʻɔ^{55}y^{53}kʻə$^{213-31}$tsʅ˙	较小的鲫鱼	支横皮子 tʃʅ$^{213-31}$xəŋ˙pʻi$^{53-55}$tsʅ˙	一种体型很小的淡水鱼
蛤蝼 kə$^{53-55}$lou˙	双壳贝类的统称	蚂各得 mɑ$^{55-213}$kə˙tei^{213}、蚂各别 mɑ$^{55-213}$kə˙piə^{53}	蚂蟥
泥拉沟 mi$^{53-55}$lɑ˙kou^{213}（“泥”音“迷”）	泥鳅	污娄牛子 u$^{213-31}$lou˙ȵiou$^{53-55}$tsʅ˙、污娄牛 u$^{213-31}$lou˙ȵiou^{53}、污娄眼子 u$^{213-31}$lou˙iã$^{55-213}$tsʅ˙	螺蛳
咯吱唉 kʻə$^{213-31}$tʃʅ˙iɛ^{31}	黄颡鱼	蛤蟆蝌蝗子 xə$^{53-55}$mu˙kʻə$^{213-31}$siŋ˙tsʅ˙	蝌蚪
长蟲 tʃʻɑŋ$^{53-55}$pfʻẽ˙、长虫 tʃʻɑŋ$^{53-55}$tʃʻuŋ˙	蛇	蟞虎子 piə$^{213-31}$xu˙tsʅ˙、蝎虎子 ɕiə$^{213-31}$xu˙tsʅ˙	壁虎
大牙 tɑ^{31}iɑ^{53}、地狗子 ti^{31}kou$^{55-213}$tsʅ˙	蛴螬，金龟子的幼虫	当螂 tɑŋ$^{213-31}$lɑŋ˙	螳螂
蛾了蛛子 yə$^{53-55}$lɑ˙pfu$^{213-31}$tsʅ˙	蜘蛛	光光蜓 kuɑŋ$^{213-31}$kuɑŋ˙tʻiŋ^{213}	蜻蜓
花大姐 xuɑ$^{213-24}$tɑ^{31}tɕiə^{55}	瓢虫	叫乖子 tɕiɔ^{31}kuɛ$^{213-31}$tsʅ˙	雄性蝈蝈，善鸣叫
姐留 tsiə$^{55-213}$liou˙	蝉	姐留龟 tsiə$^{55-213}$liou˙kuei^{213}、姐留猴儿 tsiə$^{55-213}$liou˙xour^{53}	蝉的幼虫
蜇拉毛 tʃə$^{213-31}$lɑ˙mɔ^{53}	一种浑身长有毒刺的刺蛾幼虫	春咕咕 pfʻẽ^{213}ku$^{53-55}$ku˙、臭椿 tʃʻou^{31}pfʻẽ^{213}	樗树
杨屎毛子 iɑŋ^{53}ʃʅ^{55}mɔ$^{53-55}$tsʅ˙	毛白杨的花	白果 pei^{53}kuə^{55}	银杏
树行子 fu^{31}xɑŋ$^{53-55}$tsʅ˙	树林	麦 mẽ^{213}（音“闷”）	麦子
风搅雪 fəŋ^{213}tɕiɔ^{55}suə^{213}	一种间作方式，即小麦和大豌豆混种	棒子 pɑŋ$^{31-53}$tsʅ˙、玉蜀黍 y^{31}fu$^{53-55}$fu˙、麻蜀黍 mɑ^{53}fu$^{53-55}$fu˙、麻缨 mɑ^{53}iŋ^{213}、马牙 mɑ^{55}iɑ^{53}	玉米

词例	释义	词例	释义
玉蜀胡子 y^{31}fu^{53}xu$^{53-55}$tsɿ˙	玉米穗的花丝	铁玉蜀黍 t‘iə$^{213-24}$y^{31}fu$^{53-55}$fu˙	薏苡
秫秫 fu$^{53-55}$fu˙	高粱	薯 fu^{55}（音“斧”）、 地瓜 ti^{31}kuɑ^{213} 、 山芋 ʃã$^{213-24}$y^{31}、 红薯 xuŋ^{53}fu^{55}、 芋头 y$^{31-53}$t‘ou˙、	甘薯
边麻子 piã^{213}mɑ$^{53-55}$tsɿ˙、 边子 piã$^{213-31}$piã˙tsɿ^{55}	蓖麻	簸箕柳 pə$^{55-53}$tɕ‘i˙liou^{53}	一种丛生柳条，条编的主要原料之一
独砣拉 tu^{53}t‘uə$^{53-55}$lɑ˙	独头大蒜	果子 kuə$^{55-213}$tsɿ˙	①花生②泛指果树的果实③糕点的统称
映日葵 iŋ$^{31-53}$ʒʅ/tʃʅ˙k‘uei^{53}、 转转葵 pfã$^{31-53}$pfã˙k‘uei^{53}	向日葵	地蛋 ti^{31}tã^{31}、 地豆子 ti^{31}tou$^{31-53}$tsɿ˙、 土豆子 t‘u^{55}tou$^{31-53}$tsɿ˙	马铃薯
拉拉秧 lɑ$^{53-55}$lɑ˙iɑŋ^{213}	①葎草②形容好与人攀谈，没时间观念	马芝菜 mɑ$^{55-213}$tʃʅ/tʃəŋ/tʃɑ/tsɿ˙/pfəŋ˙ ts‘ɛ^{31}	马齿苋
婆婆丁 p‘əp‘ə/pə$^{53-55}$pə˙tiŋ^{213}	蒲公英	猪耳朵菜（“朵”音“刀”） pfu^{213}ɭə$^{55-213}$tɔ˙ts‘ɛ^{31}、 猪耳朵棵（“棵”音“阔”） pfu^{213}ɭə$^{55-213}$tɔ˙k‘uə^{213}	车前子植株
井之荷叶 tɕiŋ^{55}tʃʅ^{213}xə^{53}iə^{213}	金丝荷叶，又名虎耳草	黏戗子（“戗”音“枪”） ȵiã^{53}ts‘iɑŋ$^{55-213}$tsɿ˙	①苍耳②苍耳的果实
红车子 xuŋ^{53}tʃ‘ə$^{213-31}$tsɿ˙	木轮独轮手推车	剜叉 uã$^{213-24}$tʃ‘ɑ^{213}	挖地用的三股铁叉
地轱辘子 ti^{31}ku$^{55-213}$lou˙tsɿ˙	由两个小石轮组成的用于播种后压实地垄的农具	剜地 uã$^{213-24}$ti^{31}	挖地，翻地
攒粪 tsã^{55}fẽ^{31}	积肥	上粪 ʃɑŋ^{31}fẽ^{31}	①施肥②背地里添枝加叶地说别人坏话③教唆，鼓动
上地 ʃɑŋ^{31}ti^{31}	①施肥②把螺母拧到最根部以使其紧固	回头 xuei$^{53-55}$t‘ou˙	①耕地时地头未耕到的地方②再婚
打短儿 tɑ$^{55-53}$tuɛr^{55}	零星地、不固定地打工	打斜儿 tɑ^{55}siər^{53}	取直：这地得～耕
投蒜种 t‘ou^{53}suã^{31}pfəŋ^{55}	分拣种蒜	撞板子 pfɑŋ$^{31-53}$pã˙tsɿ˙	一种翻晒粮食的用具，木柄末端镶有木板
穿树 pf‘ã$^{213-24}$fu^{31} （“树”音“富”）	修剪树木多余的枝条	杀树 ʃɑ$^{213-24}$fu^{31}	砍伐树木
割 kɑ^{213}（音“嘎”）	①用刀具收割：～麦②割、割除③划、划破④买：～肉	胡搂 xu$^{53-55}$lou˙（音“葫芦”）	①两手沿着平面把东西除掉：把桌子上的东西～掉②用手或工具聚拢东西：把麦子～一块去③收揽：这些事你都～着吧
出夫子 pf‘u$^{213-24}$fu$^{213-31}$tsɿ˙	农民出义务工	湖 xu^{53}	①田地：都到～里干活去了②湖泊

十三、房舍 器具

词例	释义	词例	释义
门鼻子 mẽ^{53}pi$^{53-55}$tsɿ˙	门板上的铁环	门连挂子 mẽ$^{53-55}$liã˙kuɑ$^{31-53}$tsɿ˙	门板上用以关门或锁门的扣链

词例	释义	词例	释义
屋当门儿 u$^{213-24}$taŋ^{213}mer^{53}、当门儿 taŋ^{213}mer^{53}	房屋里面的地面	锅屋 kuə$^{213-24}$u^{213}	①作为厨房的配房②厨房
屋山头 u$^{213-24}$ʃã^{213}t'ou^{53}	①房屋两端的墙②中式房屋两端的墙体上半部呈三角形的部分	阳及口 iaŋ$^{53-55}$tɕi˙k'ou^{55}、阳门口 iaŋ$^{53-55}$mei˙k'ou^{55}	院墙底部的排水口
过道屋 kuə$^{31-53}$taŋ˙u^{213}（"道"音"当"）、过道 kuə^{31}tɔ^{31}、过当 kuə$^{31-53}$taŋ˙	用作院门通道的配房	阳沟 iaŋ$^{53-55}$kou˙、地阳沟 ti^{31}iaŋ$^{53-55}$kou˙	庭院里的排水沟
上屋 ʃaŋ^{31}u^{213}	建房时苫盖房顶	搰泥 xu^{213}mi^{53}（音"呼迷"）	①快速向墙上抛泥巴②把从沟塘里挖取的泥巴抛向岸边
结工 tɕiə$^{213-24}$kuŋ^{213}	竣工	泥墙 mi^{53}ts'iaŋ^{53}（"泥"音"迷"）	用稀泥、石灰、水泥等抹墙面
山尖子 ʃã$^{213-24}$tsiã$^{213-31}$tsɿ˙、山 ʃã^{213}、山头 ʃã^{213}t'ou^{53}、屋山尖子 u$^{213-24}$ ʃã$^{213-24}$tsiã$^{213-31}$tsɿ˙、	中式房屋两端墙体上部呈三角形的部分	箅巴子 pi$^{31-53}$pu˙tsɿ˙（"箅巴"音"币卜"）、箅梁子 pi^{31}liaŋ$^{53-55}$tsɿ˙、箅子 pi$^{31-53}$tsɿ˙	蒸煮食品等专用的带有空隙的用具
鏊子 ɣɔ$^{31-53}$tsɿ˙（"鏊"音"奥"）	专门用来烙煎饼的铁铸圆盘形器具	劈子 p'i$^{213-31}$tsɿ˙	一种烙煎饼时使用的长竹片，形同佩剑
筜 tʃ'ʅ^{53}（音"池"）	一种烙煎饼时专用的近于半圆的木制用具（流行于县域北部）	蒜臼子 suã^{31}tɕiou$^{31-53}$tsɿ˙、蒜窝子 suã^{31}uə$^{213-31}$tsɿ˙	一种捣制蒜泥的专用生活器具，有石质、瓷质等
舀子 iɔ$^{55-213}$tsɿ˙	用来舀水的器具	坝光子床 pa^{31}kuaŋ$^{213-31}$tsɿ˙pf'aŋ^{53}	一种简易单人木床
包被 pɔ$^{213-24}$pei^{31}	用来包裹婴幼儿的小被子	头枕 tou$^{31-53}$tʃẽ˙（"头"音"豆"）	枕头
头枕皮子 tou$^{31-53}$tʃẽp'i$^{53-55}$tsɿ˙	枕套	头枕穰子 tou$^{31-53}$tʃẽ˙ʒaŋ$^{53-55}$tsɿ˙	枕芯
苫子 ʃã$^{213-31}$tsɿ˙	用麦秸等编制的用以铺或盖的用品	席笼子 si^{53}luŋ$^{53-55}$tsɿ˙	专用高粱秸篾编织的圆筒状容器
鞋筐子 ɕiɛ^{53}k'uaŋ$^{213-31}$tsɿ˙	一种白柳编浅筐，专门用来盛放针线、新制鞋袜等物	篼子 yã$^{55-213}$tsɿ˙（"篼"音"远"）	用白柳条等编制而成的圆形生活器具，上有弯梁，可提可挎
皮尺 p'i^{53}tʃ'ʅ^{213}、软尺 vã^{55}tʃ'ʅ^{213}	皮革或塑料制作的尺子	琉璃蛋子 liou$^{53-55}$ li˙tã$^{31-53}$tsɿ˙	玻璃球
气茄子 tɕ'i^{31}tɕ'iə$^{53-55}$tsɿ˙	泛指气球	八棍子 pa$^{213-24}$kuẽ$^{31-53}$tsɿ˙	棍的统称

十四、人际关系

词例	释义	词例	释义
拢人 luŋ^{55}ʒẽ^{53}	欺骗人	眼诱人 iã$^{55-213}$iou˙ʒẽ^{53}	炫耀自己，使人羡慕
踢蹬人 t'i$^{213-31}$təŋ˙ʒẽ^{53}	①诋毁、损害他人②糟蹋别人的东西③某种东西对人身体造成损害	抬视人 t'ɛ$^{53-55}$ʃʅ˙ʒẽ^{53}	①抬举、吹捧人②使人感到光彩：穿新衣服就是～③长相漂亮，衣着整洁、大方：小伙子长得真～

词例	释义	词例	释义
填还 t‘iã$^{53-55}$xuã· 填乎 t‘iã$^{53-55}$xu·	①无偿给予：俺有东西～他，还不如喂狗唻②白白地为别人付出③使人受益、喜欢等：那小狗怪～人，看家望门可管了	挒 liə^{55}	做，干（某些事）：①厉色批评：叫领导～一顿②打：我叫俺爹～了一顿③吃：一次～了四个馒头④买：这些货咱一块～了吧？⑤隐指奸淫：那女人叫人～了⑥干：休息好了吧，那咱就～⑦喝
呲卟人 ts‘i$^{213-31}$pu·ʒẽ^{53} （“呲卟”音“刺不”）	用刻薄的言辞呵斥、指责别人	单薄人 tã^{213}pə^{53}ʒẽ^{53}	①对人不热情②对人不尊重，态度冷漠
治人 tʃʅ^{31}ʒẽ^{53}	刁难、折磨人	揭挑人 tɕiə$^{213-31}$t‘iɔ·ʒẽ^{53}	揭人的短处
钻弄人 tsuã$^{31-53}$luŋ·ʒẽ^{53}	绕圈子使人在不知不觉中被戏弄或诮骂	叨咕人 tɔ$^{213-31}$ku·ʒẽ^{53}	①轻声念叨思念、牵挂的人②背地说人坏话
没视人 mu$^{53-55}$ʃʅ·ʒẽ^{53}	轻视人，看不起人	啋坏人 ts‘ɛ$^{31-53}$xuɛ·ʒẽ^{53}	毁谤、贬低、讥笑别人
相友 ɕiaŋ$^{213-31}$iou·	结交，讨好：～人一条路，得罪人一座山（俗语）	溜沟子 liou$^{213-24}$kou$^{213-31}$tsɿ·	拍马溜须
诅面子 tsy^{53}miã$^{31-53}$tsɿ·、 驳面子 pə$^{213-24}$miã$^{31-53}$tsɿ·	不给情面	出芽子 pf‘u^{213}ia$^{53-55}$tsɿ·、 出腰蛾子 pf‘u$^{213-24}$iɔ^{213}ɣə$^{53-55}$tsɿ·	①故意找麻烦②节外生枝③籽粒生出幼芽
生楚啦的 ʃəŋ$^{213-31}$pf‘u·la$^{53-55}$ti·	①不太熟悉 ②还不太成熟	人理带道 ʒẽ^{53}li^{55}tɛ^{31}tɔ^{31} 人理在道 ʒẽ^{53}li^{55}tsɛ^{31}tɔ^{31}	泛指人与人之间的友情交往
就乎 tsiou$^{31-53}$xu·	①迁就，勉强，让步②担心，揪心	轧伙 ka$^{213-31}$xu·（音“嘎乎”）	①伙同②相处，结交等③结伙（含贬义）
拱及 kuŋ$^{55-213}$tsi·	①操纵，怂恿②无事生非③提起，倡导：这事到底叫他～成了	顾搂 ku$^{31-53}$lou·	①照顾：你～也一下你老娘②顾虑：心里有些～③招揽：咱～不了他们了
外了 uɛ$^{31-53}$la·	见外	硌仗 kə^{53}tʃaŋ^{31}	①闹矛盾②争吵
缠仗 tʃ‘ã^{53}tʃaŋ^{31}、 挒仗 liə^{55}tʃaŋ^{31}	吵架，斗殴	赚相应 pfã^{31}siaŋ$^{213-24}$iŋ^{213}	占便宜，得到不应得的利益、好处等
抠哧 k‘ou$^{213-31}$tʃ‘ʅ·	①用心谋取②用手指等挖③极力思考	散熊 sã^{31}ɕyŋ^{53}	①以气愤肯定的语气宣称停止、作罢②散伙，关系破裂
咕咕油 ku$^{53-55}$ku·iou^{53}	①故弄玄虚使人猜不透：你这是弄得什么～？②节外生枝：他就肯出～	得依得托 tei^{213}i^{55}tei$^{213-24}$t‘uə^{213}、 忠依忠托 pfəŋ^{213}i^{55}pfəŋ$^{213-24}$t‘uə^{213}	形容完全可靠，值得托付：那人很可靠，～
捏瘸儿 ȵiə^{213}tɕ‘yər^{53}、 抓瘸儿 pfa^{213}tɕ‘yər^{53}、 逮瘸儿 tɛ^{55}tɕ‘yər^{53}	①故意找缺点、抓把柄等：只要～他就老实了②抓住缺点、错误、把柄等不放：得饶人处且饶人，别～不放	实周 ʃʅ$^{53-55}$tʃou·	①诚实、实在②物体中没有空隙③结实④形容话说得实在而有分量⑤形容任务交待得很有分量⑥形容吃得很饱
抵实 ti^{55}ʃʅ^{53}	①关系密切，感情深厚，彼此信赖②十分可靠	哩嘻 li$^{53-55}$ɕi·	①轻佻，不严肃②开玩笑

词例	释义	词例	释义
朋情 p‘əŋ^{53}ts‘iŋ^{53}	一般朋友间的友情	拘板儿 jɕy$^{213-31}$pɛr·	过分客套，拘谨
熟辇儿 fu^{53}ȵiɛr^{55}	熟悉且经常光顾的地方	怎治 tsəŋ$^{55-213}$ʧʅ·	奈何，把某人或某事怎么样
搡把儿 sɑŋ$^{55-53}$pɑr^{55}	行贿或变相行贿	港咕 kɑŋ$^{55-213}$ku·	①暗地里议论②挑拨性地传播
够拉巴三 kou$^{31-53}$lɑ·pɑ$^{213-24}$sã^{213}	①极力攀附②勉强触及获取：树上的柿子～地才摘下来	剋 k‘ei^{31}	①斥责、批评：叫老师～了一顿②斗殴：我跟他～了一仗③吃、喝等：咱把这杯酒～了
悖争 pei$^{213-31}$ʧəŋ·	争执，争论	圆美 yã$^{31-53}$mei·、圆成 yã$^{53-55}$ʧ‘əŋ·	调和、沟通、说情等：这事你从中～就行了

十五、教育 文娱

词例	释义	词例	释义
学屋 ɕyə^{53}u^{213}、学堂 cyə^{53}t‘ɑŋ^{53}	①学校②教室	下学 ɕiɑ^{31}ɕyə^{53}	①放学②辍学③毕业
指杆儿 ʧʅ$^{55-213}$kɛr·、教杆儿 tɕiɔ^{31}kɛr^{213}	教鞭	老字 lɔ^{55}tsɿ^{31}、老写 lɔ$^{55-53}$siə^{55}、真写 ʧẽ^{213}siə^{55}	繁体字
过蓝纸 kuə^{31}lã^{53}ʧʅ^{55}	复写纸	跑校 p‘ɔ^{55}ɕiɔ^{31}	走读
缉书机（“缉”音“七”）ts‘i$^{213-24}$fu$^{213-24}$tɕi^{213}	钉书机	念书歌子 ȵiã^{31}fu$^{213-24}$kə^{21331}tsɿ·	无目的地大声读课文
扎猛儿 ʧɑ^{213}mə̃r^{55}、栖猛儿 ts‘i^{213}mə̃r	游泳时头朝下钻入水中	擦级 ts‘ɑ$^{213-24}$tɕi^{213}、砸级 ts‘ɑ$^{213-24}$tɕi^{213}、蹲级 tuẽ$^{213-24}$tɕi^{213}	留级，降级
默字儿 mẽ$^{213-24}$tser^{31}（“默”音“闷”）	默写生字	咯噔趟儿 kə$^{53-55}$təŋ·t‘ɑ̃r^{31}	一种游戏，一腿弯曲蜷起，靠单腿跃进
抽腊梅牛 ʧ‘ou$^{213-24}$lɑ$^{213-31}$meï·ȵiou^{53}、打腊梅 tɑ^{55}lɑ^{213}mei^{53}	抽打陀螺旋转的游戏	打旁连 tɑ^{55}p‘ɑŋ$^{53-55}$liã·	侧手翻
转迷悠转儿 pfã^{31}mi$^{53-55}$iou·pfɛr^{31} 转迷娄转儿 pfã^{31}mi$^{53-55}$lou·pfɛr^{31}	原地转圈儿游戏	老末 lɔ^{55}mə/miə^{213}	①最后一名②最后一个、最后一位等③做事拖拉，行为迟缓的人
揁仗 xəŋ$^{213-24}$ʧɑŋ^{31}（“揁”音“哼”）	摔跤	打澎澎 tɑ^{55}p‘əŋ$^{213-31}$p‘əŋ·	狗刨式游泳
藏蒙蒙儿 ts‘ɑŋ^{53}məŋ^{213}mə̃r^{53}、藏瞎蒙儿 ts‘ɑŋ^{53}ɕiɑ^{213}mə̃r^{53}、摸瞎窟儿 mə$^{213-24}$ɕiɑ^{213}k‘ur^{213}	捉迷藏	打别拉勾子 tɑ^{55}piə$^{53-55}$lɑ·kou$^{213-31}$tsɿ·、使别拉勾子 ʃʅ^{55}piə$^{53-55}$lɑ·kou$^{213-31}$tsɿ·、打别腿 tɑ^{55}piə^{53}t‘ei^{213}、使别腿 ʃʅ^{55}piə^{53}t‘ei^{213}、打摽腿 tɑ^{55}piɔ^{53}t‘ei^{213}、使摽腿 ʃʅ^{55}piɔ^{53}t‘ei^{213}	①一种摔跤动作，用腿勾住对方的腿或脚，使之跌倒②比喻对人从中使绊
小戏儿 siɔ^{55}ɕier^{31}	①地方戏②场面较小的戏	大戏 tɑ^{31}ɕi^{31}	①京剧②场面较大的戏

十六、商业 交通

词例	释义	词例	释义
拉账 la$^{213-24}$ʧaŋ^{31}	欠账、借账	常摊儿 ʧʻaŋ^{53}tʻɛr^{213}	固定在某处的商贩摊位
打货 ta^{55}xuə^{31}、 进货 tɕiẽ^{31}xuə^{31}	购进货物	赶四集 kã^{55}si^{31}tsi^{53}	当地哪里有集市就去哪里赶集
翻包底 fã$^{213-24}$pɔ^{213}ti^{55}	成批低价买来货物再在街市上高价零售	发市 fa$^{213-24}$ʃʅ^{31}	①生意开张：买卖还没有～②生意兴隆
赔掉了腚 pʻei^{53}tiɔ$^{31-53}$la·tiŋ^{31}、 赔血本儿 pʻei^{31}ɕiə^{213}per^{55}	亏本很严重甚或赔得一干二净	收市 ʃou$^{213-24}$ʃʅ^{31}	①将货物、商品等全部买下来② 集市散去，收摊子
货 xuə^{31}	①名词，商品②平价转手货物③骂人话，“东西”之意	齐钱 tsʻi^{53}tsʻiã^{53}	①将每人或每家应付的钱款筹集起来②索要多家赊欠的货款③向多人或多家索要或乞讨钱款
拔钱 pa^{53}tsʻiã^{53}	按份额筹集钱款	掉钱 liɔ^{31}tsʻiã^{53}	①降价②丢钱
毛到 mɔ$^{53-55}$tɔ·、 毛着 mɔ$^{53-55}$ʧə·	毛重	分戈子 fẽ$^{213-24}$kə$^{213-31}$tsɿ·	人民币硬币的统称
块了八角（“角”音“决”） kʻuɛ$^{31-53}$la·pa$^{213-24}$ tɕyə^{213}、 毛拉八分 mɔ$^{213-31}$la·pa$^{213-24}$fẽ^{213}	形容钱很少：少个～的俺就不在乎了	剋哧 kʻei$^{213-31}$ʧʻʅ·	①过分地讨价还价②用手指、小器具等给土豆、生姜等去皮③千方百计索要
毛戈儿 mɔ^{55}kər^{213}	小面额硬币	要谎 iɔ^{31}xuaŋ^{55}	向顾客要价远超过商品实价
拉价儿 la$^{213-24}$tɕiar^{31}	①降价 ②向低处讲价	拿税 na^{53}fei^{31}（“税”音“费”）	①缴税，纳税②收税：～的又来了
拾贱么头儿 ʃʅ^{53}tsiã$^{31-53}$mu·tʻour^{53}	①接近罢市时买便宜货②娶二婚或要求条件低的女人	拾集头儿 ʃʅ^{53}tsi^{53}tʻour^{53}	①在集市外截收、贱买货物，然后到集市里高价出售②在集市拾取别人丢弃的东西
没老狠儿 mu^{53}lɔ$^{55-53}$xer^{55}	没有计划地过分贪多	磅猪 paŋ^{31}pfu^{213}、 号猪 xɔ^{31}pfu^{213}	到收购部门出售生猪
桥腿 tɕʻiɔ^{53}tʻei^{55}	桥墩	破不开辙 pʻə$^{31-53}$pu·kʻɛ^{213}ʧə^{53}	①过分堵塞、拥挤②事情繁杂，忙得不可开交

十七、色彩 味道 感觉

词例	释义	词例	释义
大红 ta^{31}xuŋ^{53}	很红的颜色	二红 l̩ə^{31}xuŋ^{53}	近于桃红的颜色
三红 sã^{213}xuŋ^{53}	粉红	红余的 xuŋ^{53}y$^{53-55}$ti·	微红
花花哩哩的 xua$^{213-31}$xua·li$^{53-55}$li·ti·	颜色过分鲜艳杂乱	乌目皂眼儿的 u$^{213-31}$mu·tsɔ^{31}iɛr$^{55-213}$ti·	色彩灰暗
花花搭搭的 xua$^{213-31}$xua·ta$^{53-55}$ta·ti·	①色彩不均匀，不一致②斑斑点点③大小、疏密不一致	白白唧唧的 pei$^{53-55}$pei·tsi$^{213-31}$tsi·ti·	①皮肤浸泡时间过长而泛白②物品在水里浸泡时间过长而失去本色

词例	释义	词例	释义
魖蓝 sy^{213}lã^{53}	颜色很蓝	魖绿 sy$^{213-24}$lu^{213}	颜色很绿
魖清 sy$^{213-24}$ts‘iŋ^{213}	很清澈：河水～	魖紫 sy^{213}tsɿ^{55}	颜色很紫
魖青 sy$^{213-24}$ts‘iŋ^{213}	①很绿：麦苗～②颜色很黑：这块布颜色～③青紫色：胳膊被碰得～	歇酸 ɕiə$^{213-24}$/ɕiə^{53}suã^{213}、歇卜子酸 ɕiə^{213}pu·tsɿ·suã^{213}	①味道很酸②非常疲乏无力
歇苦 ɕiə^{213}/ɕiə^{53}k‘u^{55}、稀苦 ɕi^{213}k‘u^{55}、歇卜子苦 ɕiə^{213}pu·tsɿ·k‘u^{55}	味道很苦	稀烂 ɕi$^{213-24}$lã^{31}	①菜、饭等加热到过熟：南瓜煮得～②腐烂很严重③完全破碎④程度极深：今年白菜～贱
香喷的 ɕiaŋ^{213}p‘ẽ$^{213-55}$ti·	香气扑鼻	香不聊的 ɕiaŋ$^{213-31}$pu·liɔ$^{53-55}$ti·	怪异的轻香味
温臭 uẽ$^{213-24}$tʃ‘ou^{31}、稀臭 ɕi$^{213-24}$tʃ‘ou^{31}	①很臭，气味很难闻②名声极坏	臭烘的 tʃ‘ou^{31}xuŋ$^{213-55}$ti·	有点臭味
稀甜 si^{213}t‘iã^{53}	味道很甜	稀面 ɕi$^{213-24}$miã^{31}	口感很好，食物很软且极易嚼
甜丝的 t‘iã^{53}sɿ$^{213-55}$ti·	味道稍甜	甜木嗦嗦的 t‘iã$^{53-55}$mu·suə^{53}suə$^{53-55}$ti·	似甜非甜、不纯正的甜味
喷香 p‘ẽ^{31}ɕiaŋ^{213}	味道特别香	虾腥 ɕia$^{213-24}$siŋ^{213}	腥味很浓
急燎味儿 tsi$^{213-31}$liɔ·uer^{31}	毛发等燃烧散发的气味	毛腥味儿 mɔ$^{53-55}$siŋ·uer·	食物霉变发出的味道
土腥味儿 t‘u$^{55-213}$siŋ·uer^{31}	尘土、泥土的味道	乔味儿 tɕ‘iɔ^{53}uer^{31}	味道很难闻
嗞闹 sɿ$^{213-31}$nɔ·	饭菜等馊烂变质	习蹬人 si$^{53-55}$təŋ·ʒẽ^{53}	①食物等似甜非甜，吃起来有想呕吐的感觉②吃了不适当的药物、食品等胃里难受，有想呕吐的感觉
搓脚木滥的 ts‘uə$^{213-24}$tɕyə^{213}mu$^{213-31}$lã^{31}ti·	形容焦急、急躁的样子	木痒痒 mu^{213}iaŋ$^{55-213}$iaŋ·	①瘙痒②内心的某些感觉：看人发财他心里

十八、日常生活

词例	释义	词例	释义
扎古 tʃɑ$^{213-31}$ku·	①打扮②治病③修理	铰 tɕiɔ^{55}	用剪刀等剪开
鎉 t‘ɑ^{213}（音“塔”）	一种食品制作方法，把食物贴在加热的锅或鏊子上烙熟	熥 t‘əŋ^{213}（音“腾”，阴平）	①烘烤，烘干②放在鏊子上或锅里微火烙制：烙饼要～干些才好吃
擢 xuə^{213}(音“豁”)	①泼，倒掉（液体）②弄洒，撒落③倒掉④用盆、斗等排水	烀 xu^{213}	①长时间地熬煮：排骨～得很烂②比喻关系特别贴近：他俩整天～在一块③栽赃：你不要把那事硬往我身上～
绗 xaŋ^{53}（音“杭”）	一种手工缝纫针法，针脚较细密地缝制：～鞋垫子	泖 mɔ^{55}(音“卯”)	为去掉肉的血腥味等，将其放在热水里稍煮
燎 liɔ^{55}	放在火苗上短时间地烧烤：～的麦穗很好吃	歪快 uɛ^{213} ^{31}k‘uɛ·	斜躺着稍事休息

词例	释义	词例	释义
迷瞪 mi$^{53-55}$təŋ˙	①眯起眼睛稍事休息②视觉模糊：眼睛有点～③昏厥：疼～了④眯着眼睛瞪人（色相）	家来 tɕiɑ^{213}lɛ^{53}、 家走 tɕiɑ^{213}tsou^{55}	回家
抹脸 mɑ^{213}liã^{55} （“抹”音“妈”）	①用湿毛巾擦脸 ②隐指女性洗澡	抹澡 mɑ^{213}tsɔ^{55}	一种简单的洗澡方式，用湿毛巾等擦洗身体
投衣裳 t‘ou^{53}i$^{213-31}$ʃɑŋ˙、 揪揪衣裳 ʧ‘ou^{53}ʧ‘ou˙i$^{213-31}$ʃɑŋ˙（“揪”音“仇”）	把用洗涤剂洗过的衣服放在清水里再次漂洗	熰 ɣou^{55}（音“偶”）	① 慢烧，柴草因潮湿等不容易着火②用麦糠、锯末等制造烟雾以驱除蚊蝇、传递信号等③过去农村保留火种的方法之一
敞着怀儿 ɕiə$^{55-213}$ʧɔ˙xuɛr^{53}	上衣不扣纽扣，衣襟敞开	搦 nuə^{213}（音“挪”，阴平）	①用手握住挤压：～干菜里的水分②紧抓：他～住贼的手不放
步蹑儿 pu^{31}ȵiɛr^{55} （“蹑”音“辇”）	步行	转向 pfã^{31}ɕiɑŋ^{31}、 掉向 tiɔ^{31}ɕiɑŋ^{31}、 掉梁子 tiɔ^{31}liɑŋ$^{53-55}$tsʅ˙	迷失方向
撒蹦 sɑ$^{213-24}$pəŋ^{213} （音“仨崩”）、 撒腿 sɑ^{213}t‘ei^{55}	放开腿脚快跑	迈蹦 ʒəŋ$^{213-24}$pəŋ^{213} （音“扔崩”）	快速跑开：他刚吃完就～了
步崩儿 pu^{31}pə̃r^{213}	徒步	迈蹦二百八 ʒəŋ$^{213-24}$pəŋ^{213}ɭə^{31}pei$^{213-24}$pɑ^{213}	形容很快逃逸离开：看到要挨打，他～跑没影了

十九、形容词

词例	释义	词例	释义
臊当儿的 sɔ^{31}tãr$^{213-55}$tï、 臊拉儿的 sɔ^{31}lɑr$^{213-55}$tï、 麻利的 mɑ$^{213-24}$li$^{31-55}$tï、 赶立的 kã^{55}li$^{31-55}$tï	抓紧时间、动作快捷、利落：你要干就～的，别磨磨蹭蹭的	吭吭儿的 k‘əŋ$^{213-24}$k‘ə̃r$^{213-31}$tï	①很吃力的样子：累得～②吃得很饱③因哮喘等喘不开的样子④形容严厉的批评、斥责等：我叫他～熊了一顿⑤形容气得厉害：叫儿子气得～⑥咳嗽得厉害：他有气管炎，整天～
撅撅儿的 tɕyə$^{213-24}$tɕyər$^{213-31}$tï	①形容走路很快很有力的样子：整天忙得～②紧跟在别人后头献殷勤的样子：整天跟在村长腚后头～	非儿非儿的 fer$^{213-24}$fer$^{213-31}$tï	①非常充实，非常满：筐子里的柴草按得～②形容喘不开气而憋得厉害③形容特别生气，气喘吁吁
溜儿溜儿的 liour$^{213-24}$liour$^{213-55}$tï	容器里的液体或其他物质非常满	绷儿绷儿的 pə̃r$^{213-24}$pə̃r$^{213-31}$tï	①很坚硬：水缸里的水冻得～②绳索等拉得很紧
咯咯泱泱的 kə$^{213-31}$kə˙iɑŋ$^{213-31}$iɑŋ˙tï	指一定范围内人或动物等十分密集并慢慢移动：池子里的小鱼～，真多	齐乎梁子 ts‘i$^{53-55}$xu˙liɑŋ$^{53-55}$tsʅ˙、 齐大伙子 ts‘i$^{53-55}$tɑ˙xuə$^{55-213}$tsʅ˙	全部，一拥而上：大家～上阵，把地扫得干干净净
登登儿的 təŋ$^{213-24}$tə̃r$^{213-31}$tï	①塞得很满②捆得很紧③拥挤	哈拉八七的 xɑ$^{213-31}$lɑ˙pɑ$^{213-24}$ts‘i$^{213-31}$tï	全部，所有的
当戗 tɑŋ$^{213-24}$ts‘iɑŋ^{31}（“戗”音“抢”，去声）	①很关键，很重要：他来得太～了②作用很大，很管用：那根柱子很～③独当一面：全家人就他～	毁了堆 xuei$^{55-213}$lɑ˙tsuei^{213}、 毁了腿 xuei$^{55-213}$lɑ˙t‘ei^{55}	①坏了，失败了：那事～，办不成了②事情结果坏得出乎意料而惊叹：可～了，事情闹大了！

词例	释义	词例	释义
大铺儿的 tɑ^{31}p‘ur$^{31-55}$ti˙	①大大方方的：今天相亲，你可要～②放心：你～，这事我包了	仁样 ʒẽ$^{53-55}$iɑŋ˙	①谦和，有礼貌：那小青年吃饭很有～②俊俏，标准等：那孩子长得真～
硬整儿的 iŋ^{31}pfə̃r^{55}ti˙	稍硬，软中带硬：这米饭还～，不到火候	听噹二五 t‘iŋ$^{213-24}$t‘ɑŋ^{213}ɭə^{31}u^{55}	形容速度快、干净利落：那点活叫几个人～一阵子干完了
宁尕儿 ȵiŋ^{213}kɑr^{53}、精尕儿 tsiŋ^{213}kɑr^{53}	较小	宁窄 ȵiŋ$^{213-24}$ʧei^{213}、精窄 tsiŋ^{213}ʧei^{213}	较窄
宁尕儿尕儿 ȵiŋ^{213}kɑr^{53}kɑr^{53}、精尕儿尕儿 tsiŋ^{213}kɑr^{53}kɑr^{53}	很小：我要个～的	宁窄窄 ȵiŋ$^{213-24}$ʧei^{213}ʧei$^{213-53}$、精窄窄 tsiŋ$^{213-24}$ʧei^{213}ʧei$^{213-53}$	很窄：小巷子～
直杠儿的 ʧʅ^{53}kɑ̃r$^{31-55}$ ti˙	挺直无弯曲：腿伸得～	稀好 ɕi^{213}xɔ^{55}	很好
蛮蛮的 mɑ̃$^{53-55}$mɑ̃ti˙	怪不得，原来如此，忽然明白了事情的原委和真相：～唻，原来这么回事！	撑梗儿 ʧ‘əŋ$^{213-24}$kə̃r^{213}	①数得着，算得上等（多指好的方面）：论家产，老王～，论出力，他也～②经得住折腾，承受能力强
年不幼儿的 ȵiɑ̃$^{53-55}$pu˙iour$^{53-55}$ti˙	很年轻	晴管了 ts‘iŋ^{53}kuɑ̃$^{55-213}$lɑ˙（“晴”音“情”）	只管放心：孩子的婚事你～了，我们一定让你满意
利亮 li$^{31-53}$liɑŋ˙	①不杂乱、很干净②心里清净无负担③打扮得体、干净	安眼 ɣɑ̃^{213}iɑ̃^{55}	①使人看了顺眼、舒服②心安理得：你做的那事能～吗？
凑手儿 ts‘ou^{31}ʃour^{55}	①协调一致，配合默契：干活时几个人要～，不然干不出活来②帮助，帮手：大家都来～这活就干完了③充足：钱不～就不买了	浅迟 tɕ‘iɑ̃$^{55-213}$ʧ‘ʅ˙、喋迟 tiə$^{53-55}$ʧ‘ʅ˙、喋歪 tiə$^{53-55}$uɛ˙	①十分巧合：真～，表姊妹俩同天结婚②缺极少：真～，就缺一两不够一百斤③很不凑巧：真～，我到的时候车刚出站④粗俗：那人就说～话
活泛 xə$^{53-55}$fɑ̃˙	①宽裕：这二年他手里很～②和蔼，随和，灵活：不论给谁处事都得～③松动，不牢固：轮子有点～	捞害 lɔ$^{31-53}$xɛ˙	①程度深：这场雨真～②很多、很重、很快等：他家的钱可～了③厉害至极，达到相当高的水平：那人的手段可～了
犟歪 tɕiɑŋ$^{31-53}$uɛ˙	①很勉强，很吃力：这活他干很～②性格有些倔强③过分谦让：别～了，吃饭去吧	大迟 tɑ$^{31-53}$ʧ‘ʅ˙	①过分：这玩笑开～了②差，缺：现金还～一小部分③超过了一定限度：本来是小事，叫他弄～了
巴结 pɑ$^{213-31}$tɕiə/tɕiɛ/tɕi˙	①很勉强：他干这活很～②不宽裕：日子过得很～③逢迎，讨好	瘪茄 piə^{55}tɕ‘iə^{53}	①茄子因被霜打等而萎蔫②起初很强势，后因无能为力而垂头丧气
出心 pf‘u$^{213-24}$ siẽ^{213}	全心全意：他给俺办事很～	塌场儿 t‘ɑ^{213}ʧ‘ɑ̃r^{55}	失面子，下不来台
成总儿 ʧ‘əŋ^{53}tsũr^{55}	①一总，不是零星的②成整数的，成批的	厘卜 li$^{53-55}$pu˙	①外行：对木工活他太～②差，不合常理：他讲的这个理太～了
可意 kə^{55}i^{31}	如愿，满意	窄筑 ʧei$^{213-31}$pfu˙	住所等面积较小：住得很～
四齐 sʅ^{31}ts‘i^{53}	①非常整齐：牙齿长得～②四面均整齐：那块地叫他整理得～	窝憋 uə$^{213-31}$piə˙	①地方狭窄：他家里真～②窝火，憋气：那事在我心里～了好几天
四平 sʅ^{31}p‘iŋ^{53}	非常平整	殃烂 iɑŋ$^{213-31}$lɑ̃˙	腐烂朽坏：木头都～了
依挨 i^{53}ɣɛ^{53}	确定，不改变：这事咱可说～，不能反悔	沾嫌 ʧɑ̃^{213}ɕiɑ̃^{53}	①有钱有势，霸气十足：人家～，咱惹不起②有能力等：我饭量还行，喝酒就不～了

词例	释义	词例	释义
耐龌 nɛ^{31}uə^{31}、耐污 nɛ^{31}u^{213}	耐脏：深色衣服～	蔫败 iã$^{213-31}$pɛ·（"败"音"烟"）、蔫悠 iã$^{213-31}$iou·	①植物叶片萎蔫②比喻无精打采
吃心 tʃʻʅ$^{213-24}$siẽ^{213}	①很用心：为了你的事儿，他可～了②下功夫：学习不～就学不好	柴乎的 tʃʻɛ^{53}xu$^{213-55}$ti·	①由于纤维多或干瘦而不易嚼烂②比喻人性格怪异，比较难以对付
瞎卜 ɕia$^{213-31}$pu·	对不起，不好意思：没能参加兄弟你的婚礼，太～了	巧鼻儿 tɕʻiɔ^{55}pier^{53}	巧合，正巧：真～，在这遇到你了
烪 xuŋ^{213}（音"轰"）	变软：树上的柿子～了	一近的 i$^{213-24}$tɕiẽ$^{31-53}$ti·	最近一段时间内：他～就来

二十、量词 代词 副词 介词 连词　叹词 拟声词

词例	释义	词例	释义
一盼子 i^{213}pʻã$^{31-53}$tsʅ·	量词，①一段时间：天还早，咱再干～②行为动作或情况持续的时间长：这孩子叫他～惯坏了	这买塞 tʃə^{31}mɛ$^{213-24}$sɛ^{213}、这买卖 tʃə^{31}mɛ$^{213-31}$mɛ·、这买卖塞 tʃə^{31}mɛ$^{213-31}$mɛ·sɛ^{213}	代词，这事儿，这种情况
怎么 tsəŋ$^{31-53}$mu·	这么，指示代词，但也含有程度副词的意味：～远	哪合儿 nɑ$^{55-213}$xər·、哪来 nɑ$^{55-213}$lɛ·	疑问代词，哪里，什么地方
怎弄 tsəŋ$^{213-24}$nəŋ^{31}	怎么办、怎么做等	这合儿 tʃə^{31}xər^{213}	代词，这地方：我坐～就行
乔 tɕʻiɔ^{53}	副词，很、非常，表示程度重：～冻得慌，～累得慌	崭 tʃã^{55}	副词，①太：衣服～瘦，时间～早②很：这条裤子还～新
刚 tɕiɑŋ^{213}（音"江"）	副词，刚刚：他～走，你快去追	杭 xɑŋ^{53}、行 ɕiŋ^{53}	副词，①正在：他～听着音乐就睡着了②一边：他～吃着饭～看电视
喷 pʻẽ^{31}	副词，正在：他～吃饭	沾一 tʃã$^{213-24}$ i^{213}	副词，稍微：玻璃～动就坏了
靠不断的 kʻɔ$^{31-53}$pu·tuã$^{31-53}$ti·	副词，经常：我们～在一起喝酒	巩总 kuŋ$^{55-213}$tsuŋ·、巩子 kuŋ$^{55-213}$tsʅ·	副词，很长一段时间：我～不见那个人了
缠无儿的 tʃʻã^{53}ur$^{53-55}$ti·、缠翁儿的 tʃʻã^{53}ũr$^{53-55}$ti·	副词，偶尔：你～来看看你妈	剔剔 tʻi$^{213-31}$tʻi·	副词，特别，格外：那孩子～肯生病
管怎着 kuã^{213}tsəŋ$^{55-213}$tʃʅ·	连词，无论如何：～我也不能做那样的事	曼 mã^{31}、半 pã^{31}、拜 pɛ^{31}、卖 mɛ^{31}	介词，把：你～牛栓到牛棚里
已就的 i$^{213-24}$tsiou$^{31-53}$ti·	①连词，既然已经：～答应了，就得干②形容词，已经是事实了：反正事了，咱就干吧	俺娘唻 ɣã^{213}ȵiɑŋ$^{53-55}$lɛ·、俺娘哎 ɣã^{213}ȵiɑŋ$^{53-55}$ɣɛ·、娘乎哉 ȵiɑŋ$^{53-55}$xu·tsɛ·、老天唻 lɔ^{55}tʻiã$^{213-31}$lɛ·、天乎哉 tʻiã^{213}xu·tsɛ·	叹词，惊讶的语气：～，两年没见，你怎么变成这样了？
可罢了 kʻə$^{213-24}$pɑ$^{31-53}$lɑ·	叹词，①表示后悔、惋惜的语气：～，我把这事忘了！②指责的语气：～，你给小孩一般见识	噫唏 i^{53}ɕi^{213}	叹词，表示很失望：～！怎么考了这么点分数
哧啦 tʃʻʅ$^{213-24}$lɑ^{213}	拟声词，形容撕裂的声音：裤子～划了一道口子	泚溜 tsʻʅ$^{213-24}$liou^{213}	拟声词，形容某种声音：爆竹捻子～下子点着了
盎盎的 ɣɑŋ$^{213-24}$ɣɑŋ$^{213-31}$ti·	拟声词，人多，声音大而杂乱：会场里～	揉儿揉儿的 ʒour$^{213-24}$ʒour$^{213-31}$ti·	拟声词，形容风吹的声音等：西北风～，真冷

第二节　俗　语

一、一般俗语

词　例	释　义	词　例	释　义
一时耳艮了	一时忽略而忘记了	一溜歪踱	踉踉跄跄几乎要跌倒的样子
一溜狗抢屎	形容人猛地向前扑倒且因惯性前滑	一马二虎（“虎”音“呼”）	指言谈举止不严肃不庄重，嘻嘻哈哈不认真的样子
一分头诺	如果有一点办法	一个来拐	一次往返
一点就明	稍微暗示、提点就明白	一股子攮劲	有猛劲、韧劲
耳朵卷（“朵”音“刀”，“刃”音“印”）	①耳朵聋或听力差 ②比喻听而不闻，听不进别人的劝告或教育等	一搁爪儿就忘、一搁把儿就忘、搁爪儿就忘、搁把儿就忘、搁下就忘	形容记忆力很差，手里的东西一放下就忘记了
不腥不淡	①轻描淡写：～地说了他两句②说风凉话：他就会说些～的话	不招四邻	连邻居都不愿靠近，惹得周围邻居不安宁或反感
大胆本恃的	①放心而大胆的：有大家给你撑腰，你～干 ②有恃无恐	当妖儿捉	比喻像捉拿妖怪一样严肃认真地当大事对待
四脚八叉	四肢完全伸开仰面躺着的姿势	心不在肝	心不在焉，心猿意马
零碎八味儿的、零碎八物儿的	断断续续的，零零碎碎的：这些东西都是老的～积攒的	耳朵椎驴毛、耳朵塞驴毛	耳朵里塞进驴毛了，比喻听不见或听而不闻：你耳朵～了？喊你半天都不答应
调山厘乎计、调天厘乎计	诡计多端	手拿把攥、手拿把掐	就像已经握在手里一样非常有把握
趟大步儿了	超出计划、限度或承受能力等	脚踩滥绊（“脚”音“决”）	①到处都有且乱：屋里东西～的到处乱放②碍手碍脚：路上树枝～的耽误走路
一溜漫下沿儿	坡度小且较长的下坡路	巴三结四	很吃力，很勉强：父母～地凑齐了学费
云山雾罩	①形容云雾弥漫。 ② 形容说话漫天边际，胡言乱语，使人摸不着头脑	驴疯马拉	①形容像驴马那样忘形地到处奔跑②比喻人整天毫无目的地到处遛逛
人五人六的	①道貌岸然的样子 ②穿戴很体面的样子	胡尔马约的	①马马虎虎的②敷衍了事的：这事～就算过去了
日娘八卦	口出污言秽语，脏话连篇	瞎目定眼的	斥骂人瞎眼：你～往人身上撞？
屌蛋精光	一无所有	酌量着来、照量着来、母量着来	酌情办理
给抠瞎的姐留龟样	形容人弯腰驼背，相貌丑陋：那人长得～	现时现报	①当时、当面回应 ②作恶或行善，当时就有好或坏的报应

二、寓意性俗语

词　例	释　义	词　例	释　义
一盆糨子	①“糨子”即浆糊，比喻稀里糊涂、不明白②比喻事情繁乱、无头绪	一推六二五	什么事都推脱得干干净净

词　例	释　义	词　例	释　义
一枪攮俩眼儿	比喻一箭双雕，一举两得	一个驴屎蛋儿不拉	比喻没做一点事情，没有一点贡献
不肠子不肚子（“肚”音“读”）	比喻态度不明朗，办事不果断	不图麸子不图面	比喻不贪图任何名利、报酬等
找狼子剥	比喻自找麻烦	眼里出火腚里冒烟	比喻气愤至极
白手拿鱼	比喻没有任何付出就得到了便宜、好处等	强一百帽子、强没把子	形容要好很多倍：我的货比他的～
出棵蒿子（“棵”音“扩”）	比喻家族中出了有名气、有地位的人	放屁添风	①比喻随别人说些轻淡的话②起到微不足道的作用
管头不顾腚	比喻办事考虑不周全，不顾及后果	直了龟腰子	①比喻原来穷困潦倒，忽然发了财昂首挺胸②比喻从压抑和负担中解脱出来
渣毛六豆腐	①形容说话咋咋呼呼，声音高而不文雅②形容办事不稳重、很杂乱的样子	醉人不醉心	比喻故意假装糊涂，其实心里很明白
等白了眼支毛	“眼支毛”即睫毛，其颜色永远是白的，意为永远不可能实现	拉裤子盖脸	比喻极力掩盖
拿不出大市场儿	①比喻不能公开，不能摆在大庭广众面前②羞怯、矜持，不能见大场面	拾坷垃砸坷垃	比喻不做投入，不付成本，只利用他人提供的条件去赚取利益。
牙齿子镑地、牙齿子划天（“镑”音“拐”，阳平）	说话时牙齿几乎划着地面，形容极其狂妄高傲，说话生硬蛮横	孬种多了扛歪墙	①坏人多了也能把墙推倒②比喻正不压邪
提鞋也嫌手指头粗	不喜欢，不稀罕：人家～，你别巴结人家	尿不到一个壶里	形容立场、观点、性格等不相容，不能在一起共事
五门不干干六门儿	比喻什么不正经的事都做	现鼻子现眼	①比喻势利小人的一种行为：他跟刚来的局长套近乎，真是太～了②丢人现眼
路上说话草里有人	比喻说话时要处处小心，否则石块可能会有人听见	光见鱼喝水不见鱼尿尿（“水”音“匪”）	①比喻只见别人的收入，看不见别人的支出②比喻只看见人家得的利益，看不见人家的付出
黑碗蒜臼子	比喻是一路货色	面糊子耳朵（“朵”音“刀”）	①比喻耳朵像面糊一样软②比喻没有主见，容易轻信别人的话
穿连裆裤子	比喻相互串通、沆瀣一气	瞎子磕到屄上去（“去”音“弃”）	蔑指偶然或侥幸得到

第三节　歇后语

苍山方言中常用的歇后语，有喻意和谐音等类型。例如：

一、喻意

二十一天不出鸡——坏蛋	绸子布上绣牡丹——锦上添花	狗吃麸子——不见面
屎壳郎打喷嚏——满嘴喷粪	厕所里开卖铺——净摆臭架子	寡妇死儿——没盼头了
王八吃筛子——心眼儿不少	出窑的砖——定型了	提着醋瓶子要饭——穷酸
蒜薹顶门——撑不住	穿着蓑衣扒地瓜——刺毛撅腚	铜铃铛打镗锣——音外有音
王麻子照镜子——个人观点	捋着胡子坐摇篮——装孙	要饭的起五更——穷忙乎

怀里揣把笊篱——光想着捞	吹气茄子出身——口气大	有屎不拉——跟狗怄气
巴耳子长毛——老手	地瓜秧爬树——攀高枝儿	枕扁担睡觉——想得宽
疤拉眼照镜子——自找难看	蛤蟆蝌子害头疼——浑身是病	种到地里不发芽——坏种
敞棚里睡觉——摸不着门儿	毛猴子吃蓑衣——没人味儿	走着路拉屎——不像人
光腚坐板凳——有板有眼	鞋帮子做帽檐儿——高升	老母鸡翻跟头——完了蛋
大闺女要饭——死心眼	高射炮上刺刀——远近都行	老鼠啃书本儿——咬文嚼字
黄鼠狼趴在墒沟里——强充大黄犍	半夜里哭妗子——想起来一阵子	干窝窝滚芝麻——多少沾点儿

二、谐音

裁缝掉剪子——就落尺（吃）了	罗锅子靠墙——不依腚（一定）
磨眼里长草——荒膛（唐）	卖盐的伙计——都是咸（闲）人
扫帚枝子顶门——叉（岔）子多	卖茶的招手——壶（胡）来了
腊月里生人——冻（动）冻（动）脚	卖鸡子儿的腾筦子——倒（捣）蛋
屎壳郎爬到粪堆上——熬到粪（份）上了	茅房里放鞭炮——震腚（镇定）
过河湿小辫儿——没（木）的不浅	牛角上抹油——又尖（奸）又滑
苍蝇坐月子——抱蛆（屈）	三尺长的梯子——搭（答）不上檐（言）
腊月穿裙子——美丽冻（动）人	沙壶里煮饺子——有嘴倒（道）不出来
对着鸡窝放屁——刺鸡（激）	秃子打伞——无发（法）无天
飞机上吹喇叭——响（想）得高	团鱼的屁股——龟腚（规定）
和尚到家了——庙（秒）哉！	王八肚子插鸡毛——龟（归）心似箭
鸡蛋壳挑水——不是好筲（烧）	小老鼠啃碟子——口口是瓷（词）
见了妗子打敬礼——讲舅（究）	蝎子拉屎——屙（恶）毒
姐柳猴子爬墙——没有树（数）	掌鞋不用锥子——针（真）好
嗑瓜子嗑出臭虫来——什么仁（人）都有	四两棉花——弹（谈）不上
喇叭掉井里——响（想）不起来了	膝盖上长草——荒（慌）了腿
癞蛤蟆吃碗叉——净拉名瓷（词）	咸菜缸里腌秤砣——一盐（言）难进（尽）
老虎拉车——没人赶（敢）	庄前的地——南（难）湖（和）。
姥娘死了儿——没舅（救）了	和，打麻将或玩牌时取胜，音hú。

第四节　谚　语

苍山方言中，还流传着一些用简单的话语，反映出某种经验和道理的谚语。例如：

打出来的把式，耍出来的猴	吃饭防噎，走路防跌
吃不穷，穿不穷，盘算不到就受穷	十年河东转河西，别笑穷人穿破衣
春捂秋冻，没灾没病	人要脸，树要皮
明人不做暗事，脚正不怕鞋歪	不蒸馍馍，也得蒸（争）口气
树挪死，人挪活	远亲不如近邻，近邻不如对门

生活谚语

农谚

水好鱼旺，粪好苗壮	人勤地不懒
有钱买种，无钱买苗	枣树开花，麦子到家
种地不用问，全靠工夫粪	干锄一遍光，湿锄一片荒
白露早，寒露迟，秋分种麦最当时	七月十五定旱涝，八月十五定收成
头伏萝卜二伏芥，三伏种上大白菜	三分种，七分管，十分收成才保险

气象谚语

长蛑过路，必定有雨	交了七月节，夜寒白里热
春雾风，夏雾雨，秋雾连阴冬雾雪	春刮东南夏刮北，六月西风等不到黑
重阳不下盼十三，十三不下一冬干	东虹雾露西虹雨，南虹出来卖儿女

第五节　方言故事

一、《逛街》

ʧ‘əŋ^{53}xuei$^{31\text{-}53}$tsɿ˙　mẽ^{31}　pf‘u^{213} mẽ^{53}，ts‘iã^{53}mer˙ kuaŋ^{31}tɕiɛ$^{213\text{-}31}$　lɛ˙，ma$^{55\text{-}213}$sa˙　lɔ^{213}

成　会　子　没（音“闷”）出　门，前　每儿　逛　街　来，码　撒　老

p‘ã$^{31\text{-}53}$tsɿ˙，kei^{31}　tɕia$^{213\text{-}24}$li˙ mɛ$^{55\text{-}213}$la˙　kə˙　mã^{31}　t‘ou^{55}mar^{213}，　xuei^{31}tɕia^{213}i^{213}

盼　子，给　家　里 买　了（音“拉”）个　漫　头　抹（音“妈”）儿，　回　家　一

mi$^{53\text{-}55}$ liaŋ˙，xuei$^{55\text{-}213}$la˙，ʧẽ^{213}　tɕ‘iã$^{55\text{-}213}$ʧ‘ɿ˙，ʧeŋ^{31}　ta$^{31\text{-}53}$ʧ‘ɿ˙ i^{213}　kə$^{213\text{-}31}$la˙，xɛ^{55}　xu$^{31\text{-}53}$

攡（音“迷”）量，毁　了，真　浅　迟，正　大　迟 一　阁　拉，还　护

pu˙ ku˙　tu$^{31\text{-}53}$ ʧ‘ɿ˙　iã$^{55\text{-}213}$tsɿ˙，tɕi^{53} kã^{55} ɕi^{31}　xuã^{31}，na^{31}　ʃɿ$^{31\text{-}53}$　kə˙　liou$^{213\text{-}31}$

不　过（音“固”）肚　脐（音“池”）眼　子，及　赶　去（音“弃”）换，那　是　个　溜

ɕiaŋ$^{213-31}$ti˙, lɔ$^{213-24}$xuei^{31} tsiou^{31} tsou^{55} mẽ^{31} iŋ$^{55-213}$ la˙, kuã^{213} tsəŋ$^{55-213}$ ʧʅ˙ mẽ$^{31-53}$pf‘u˙
乡 的，老 会 就 走 没 影 了，管 怎（音“增”）着 没 处
tuã$^{31-53}$ la˙, tɕiɔ^{31} siɔ^{55}xɛr^{53} ȵiaŋ^{55} tu$^{55-213}$naŋ˙ la˙ i^{213} uaŋ$^{55-213}$ ʃaŋ˙, fə^{213} uə^{55}
蹿（音“断”）了，叫 小 孩 娘 嘟 囔 了 一 晚（音“网”）上，说（音“佛”）我
mɛ^{55}pu^{213}ʧʅ^{53} mɛ^{31}pu^{213}ʧʅ^{53}, tsou^{31} i$^{213-24}$pf‘u^{213} pɛ^{31} i$^{213-24}$pf‘u^{213},ɣã^{55} ɣa$^{213-31}$tsa˙ ti˙ liɔ$^{55-213}$
买 不 值 卖 不 值，做（音“揍”）一 出 败 一 出，俺 腌 臜 得 了
pu˙ti^{53}, ʧẽ^{213} ʃʅ^{31} xɔ^{55}siẽ taŋ$^{213-24}$ la˙ lu^{55} kã^{213} fei^{31}.
不得（音“迪”），真 是 好 心 当 了 驴（音“卢”）肝 肺。

二、《赶集》

tɕi$^{213-31}$ mer˙ ts‘iŋ$^{213-31}$ts‘iŋ˙ tɕ‘i$^{55-213}$la ˙kə˙ u$^{55-213}$tɕiŋ˙ tɕ‘i^{31}kã^{55}tsi^{53}, t‘iã^{55} xɛ^{213}
今（音“机”）每儿 清 清 起 了 个 五 更（音“经”）去赶 集， 天 还
xei^{213}lũr$^{53-55}$ti˙, i^{213}ʃʅ^{53} mẽ^{31} uaŋ^{53}ts‘uẽ^{213},t‘uẽ$^{213-31}$ la˙ i$^{213-31}$kə˙ lɔ^{55}ȵiaŋ$^{53-55}$mer˙ ti˙
黑 笼儿 的，一 时 没 望 清（音“村”），趸（音“吞”）了 一 个 老 娘 们儿的
tɕyə^{213}, t‘a^{55} k‘ə^{213}liɔ$^{55-213}$pu˙ti$^{53-55}$la˙, mẽ^{31}təŋ$^{55-53}$ɣã˙ fə^{213}xua^{53}, t‘a^{55} tsiou^{31}ɕia$^{213-24}$ iɔ^{213}
脚（音“诀”），她 可 了 不得 了，没 等 俺 说 话， 她 就 虾 腰
mə^{213} k‘uɛ^{31} k‘ə$^{55-213}$la˙t‘ou$^{53-55}$tsʅ˙ʧɔ$^{31-53}$ɣã˙ʃẽ$^{213-31}$ʃaŋ˙ tsiou^{31}tsa^{53}, ȵi^{55}fə^{213} tɕ‘iɔ^{55}pi^{53} pa^{55},
摸 块 坷 垃头 子 照 俺身 上 就 砸， 你 说 巧 鼻 吧，
ʧəŋ^{31} tsou$^{31-53}$ uə˙ ɣə$^{213-24}$la˙ kɛ^{31}, taŋ^{213}ʃʅ^{53} tsiou^{31} xu$^{213-24}$xu^{213}t‘aŋ$^{55-213}$ɕiə$^{213-31}$la˙, t‘a^{55}
正 揍 我 额 嘞（音“拉”）盖，当 时 就 呼 呼 淌 血 了，她
sa^{213} t‘ei^{55} tsiou^{31} p‘ɔ$^{55-213}$la˙, uə^{55} mẽ^{31} tɕ‘i^{55}i^{31} tɕ‘i^{31} tuã^{31}, ts‘uã^{53}suã^{31} tsã^{55} mẽ^{31}
撒 腿（音“忒”）就 跑 了，我 没 起 意 去 蹿（音“断”），全 算 咱 没
ʃʅ$^{53-55}$tɕ‘i˙, tei^{213} kã^{213}li^{53}ti˙ tɕ‘i^{31}pɔ^{213}t‘ou^{53}, tsi^{53} ʃʅ^{31} kã$^{55-213}$pu˙ ʧ‘əŋ^{53}la˙.
时 气，得（音“嘚”）赶 立 地 去 包 头， 集 是 赶 不 成 了。

三、《回娘家》

uaŋ^{53}lɔ^{55}t‘our^{53} ti˙ ta^{31}kuẽ$^{213-31}$ȵy˙ tɕia$^{31-53}$tɔ˙la˙ liẽ ts‘uẽ^{213},ʒʅ$^{213-53}$tsʅ˙kuə$^{31-53}$ ti˙ pu$^{213-24}$
王 老 头儿 的 大 闺（音“棍”）女 嫁 到了 邻 村， 日 子 过 得 不
ts‘uə^{312}. ʧə^{31}pu^{213}, i$^{213-24}$tɕia$^{213-24}$ sã^{213}k‘ou^{55} suŋ^{31}li^{55} lɛ$^{31-55}$lɛ˙.
错。 这 不， 一 家 三 口 送 礼 来 了。

kuẽ$^{213-31}$ȵy˙ “ta^{213},ȵiaŋ^{53},ɣã^{55} lɛ^{53} kei^{53} nẽ^{55} suŋ^{31}li$^{55-213}$ ti˙!”
闺 女：“答，娘， 俺 来 给 您（音“嫩”）送 礼 的！”

uaŋ^{53}lɔ^{55}t‘ɛ^{31} “lɔ^{55}t‘iã^{213}iɔ$^{53-55}$xu˙lɛ˙, uə^{55} ʧə^{31}pã^{31}t‘iã^{213}xɛ^{55}p‘ẽ^{31}tɔ$^{213-31}$ku˙ lɛ˙, tsəŋ$^{31-53}$
王 老 太：“老 天 爷 乎来，我 这 半 天 还 喷 叨 咕 咴，怎
mu˙ k‘uɛ^{31} tsiou^{31} lɛ^{53}tɔ$^{31-53}$la˙.”
么（音“增木”）快 就 来 到 了。”

ȵy213-31su· "ta31-53 ȵiŋ·, ta31-53i·, ʧ'ʅ213 fã31-53 lɔ·mɛ·?"

女婿(音"苏")："大娘(音"宁")，大爷(音"矣")，吃饭了吗(音"老买")？"

uaŋ53lɔ55t'ɛ31 "ts'iŋ213-31ts'iŋ· ʃɔ213-31tiã xə213-31t'our·, ɣã55 ku213-31mẽ· lia55 i213ʒẽ53

王老太："清清烧点喝头儿，俺公母俩一人

ɕy213lou· la· liaŋ55-53uã55,ts'ɛ53 tɕiaŋ213 kə213-31 ɕi· uɛr55."

嘘喽了两碗，才刚(音"江")搁下(音"西")碗儿。"

uaŋ53 lɔ55 t'our53 "ȵi55 fə213-31fə·, t'uei213-24 tuə213i31-53 la·, ka213 nəŋ53-55 mu·

王老头儿：你说说，忒(音"推")多意了，割(音"嘎")那么(音"能木")

ta31 k'uɛ· ʒou31 tsou31 ʃəŋ53-55mu· tɛ·, tsɔ213-31 t'a· ts'ã312!

大块肉做(音"揍")什么(音"绳木")的(音"呆")，糟蹋钱！

ma213li53-55 ti· na53 ʃou55-53 pu31-53tsʅ ma213-31ma· liã213, t'aŋ55-2135 na31ɕiə55-213 tsʅ xã312."

麻利地拿手布子抹抹脸，淌那些子汗。"

ȵy213-31su· "tɕi213-31ȵiã·pfəŋ31-5113ɭə31mu55ta31p'əŋ53,kuɛ31 kuã55, nəŋ31-5113ɕi213xɔ55-213

女婿："今年种二亩大棚，怪管，弄(音"能")稀好

liaŋ55-213kə·, xɛ55siaŋ55ʧ'əŋ213ɭə31tɕiẽ213kuə55-213tsʅ·lɛ·,fã213tɕyə213-31ti·t'ã213-31ti·ʃer31, ti53-55lou·

两个，还想秤二斤果子唻，反觉得担得事儿，提溜

ʧɔ· tsiou31 maŋ53xuə53 ti· lɛ53-55 la·." uɛ31 suẽ213 "lɔ55-213lɔ·, lɔ55-213i·, ɣã55 iou55

着(音"敌楼招")就忙活地来了。"外孙："姥姥，姥爷，俺有

t'aŋ53kə213-31ta·, si213t'iã53, kei53 nẽ55 i213 ʒẽ53 i213 k'uɛ31 mu213-31lou· mu213-31lou·."

糖疙瘩，稀甜，给您一人一块沐喽沐喽。"

liẽ53-55jyə· "ta31ʃẽ55-213tsʅ, tɕia213-31li· lɛ53 k'ei213-31 la·?"

邻居："大婶子，家里来客(音"尅")啦？"

uaŋ53 lɔ55t'ɛ "ʃʅ31 ta31 ia213-31 t'ou· i213 mã55 tɕia213-31tsʅ· lɛ53-55ti·. t'a55 sɔ55-213tsʅ· pɛ53

王老太："是大丫头一满家子来的。他嫂子别(音"白")

kə213 taŋ213-24t'iã213-31tɕiŋ· ʧã31,ʃaŋ31 u213 ʧɔ55 pã55-213t'əŋ· tsuə31-53ɕi·, la53-55la· kua55,

搁当天井站，上屋找板凳(音"藤")坐下，啦啦呱，

kuŋ55-213tsʅ·pu213kuə31-53lɛ·." liẽ53-55tɕy· "kei53 nẽ55fə213-31kə·ʃʅ31,tsuə31-53mer ·kei53 ɣã55 ɭə31-53 fer·

巩子不过来。"邻居："给您说个事，昨每儿给俺二份儿

ti· siaŋ213la·kə·t'our53, siɔ55ȵi213-31tsʅ·liã55-213ʃaŋ·pu213-24ʧʅ213mə55-213ti·ʃəŋ53-55mu·xuaŋ53-55tsʅ,

的相了个头儿，小妮子脸上不知抹的什么黄子，

ʃa213 pei53, sã213-24 paŋ213-31 tsʅ ʒã55-213 ti· t'ou213 xuŋ53, t'ou53-55 fu·

煞白(音"悲")，腮(音"三")帮子染得通(音"偷")红，头发(音"夫")

tɕiɔ213xuaŋ53, xɛ53tɕyã55-213kou· ʧɔ·, i213k'ã31 tsiou31ʃʅ31 kə· siɔ55 mu213-24 ʒour31, pu213 siaŋ31 ʃʅ31

焦黄，还绻勾着，一看就是个小木肉儿，不像是

kuə31ʒʅ213tsʅ ʒẽ53-55tɕi·, ɭə31xuaŋ53-55tsʅ· xɛ55 i213-31 kə· tɕiẽ31-53 ti· fei213 k'u213xã55-21 ʧɔ· iɔ31

过日子人家(音"几")，二黄子还一个劲地非哭喊着要

yã55-213i˙, nẽ55 fə213 tsəŋ55-213ʧʅ31!”
愿 意，您 说 怎 治！”

uaŋ53lɔ55xã31 “pɛ53 tɕi213-31xuaŋ˙, siɔ213t‘iŋ53-55 ti˙ lɛ53. t‘iŋ213-24fə213 ȵi55 ts‘iɛr53-55mei˙
王 老 汉：“别 急 慌， 消 停 的 来。听 说 你 前儿 每
fei213-31 ʧɔ˙ la˙, kə213-31la˙pɛ31-53tsʅ˙ xɛ55 t‘əŋ53 pa˙?”
摔(音“飞”)着了， 胳 拉拜 子 还 疼 吧？”

liẽ53-55tɕy˙ “t‘uə55-213 taŋ˙ tuə213-31la˙, tsiou31 ʃʅ31 ɣə213-31la˙kɛ31xɛ55 ʃəŋ213t‘əŋ53,tou213-24 ʃʅ31
邻 居：“妥 当 多 了，就 是 额 嘞盖 还 生 疼， 都 是
ta31-53fer˙ti˙tɕ‘i31-53ti˙,tɕiɔ31 t‘a53 ɣə53-55sʅ˙la˙, kuaŋ213 tɕyə53ʒẽ53, ʧə31mɛ55-213sɛ˙tsəŋ55-213nəŋ31!
大 儿的气 得，叫 她 讹 死了，光 噘 人，这 买 塞怎 弄！
xɛ55ʃʅ31ia213-31t‘ou˙par53xɔ55,ȵi55 k‘ã53 ȵi55 tuə55 tei213tsi31! pu213 tsɔ55-213la˙,tei213-24 tɕia213tsou55!”
还 是 丫 头 嬎儿 好，你 看 你 多 得 济！ 不 早 了，得 家 走！”

uaŋ53lɔ55t‘ɛ31 “t‘a55 sɔ55-213tsʅ˙, pɛ53 tsou55-213la˙, tsɛ31 ʧə31 ʧ‘ʅ213 ʃaŋ55-213uẽ˙ fã31.”
王 老 太：“他 嫂 子，别 走 了，在 这 吃 晌 午(音“温”)饭。”

liẽ53-55tɕy˙ “pu213-31la˙, tei213 ma213li53-55 ti˙ tɕia213tɕ‘i31 ʧ‘ou55ʧ‘ou˙, ɣã55 k‘ə213 saŋ31
邻 居：“不 了，得 麻 利 地 家 去 瞅 瞅，俺 可 丧
liaŋ53siẽ213 la˙, t‘a55tiə213 mə31-5113iɔ213 la˙, xɛ55 fei31-53 tsɛ˙ u213-24 taŋ213mẽ53-31 li˙, ʧ‘ʅ213-24
良 心 了，他 爹 磨 腰 了，还 睡(音“费”)在 屋 当 门 里，吃
yə213 iɛ55 pu213-24 tɕiã31kuŋ213, uə55 k‘ã31 t‘uə55-213 pu˙ liɔ55 iɔ31 xuei55 tsuei213.”
药(音“月”)也 不 见 功， 我 看 脱 不 了 要 毁 堆（音“罪”）。”

四、《催公粮》

ʒẽ53miẽ53 kuŋ213ʃə31na31ʧẽ31-53tsʅ˙, i213kə˙ ts‘uẽ213 kã31-53pu˙ tsɛ31 pa55-213la˙t‘ou53-55tsʅ˙ ʃaŋ˙
人 民 公 社 那 阵 子，一 个 村 干 部 在 叭 喇 头 子 上
xã55-213xu˙ ts‘uei213 kuŋ213liaŋ55 “ lɔ55ʃɔ31 ɕyŋ213ti31 iə53-55mer˙ mẽ˙, tsʅ213-31mei˙ ȵiaŋ53-55mer˙
喊 呼 催 公 粮：“老 少 兄 弟 爷 们儿 们，姊 妹 娘 们儿
tou213-24 t‘iŋ213ts‘iŋ55-213 la˙, kuŋ213liaŋ53 fu31 ta31 ts‘iɛr53-55 mei˙ tsiou31 fẽ213-24 ɕia˙ tɕ‘i˙ la˙,
都 听 清 了，公 粮 数（音“付”）大 前儿 每 就 分 下 去 了，
ʒẽ53-55tɕi˙ tuŋ213-24pfaŋ213-31 ʃaŋ˙ tou213 tɕiɔ213-3124 pei213-24 fẽ213ʧʅ213-24 i213pɛr31-53 la˙, tsã55
人 家 东 庄 上 都 交 百（音“北”） 分 之 一 半儿 了，咱
xɛ55 pf‘u213-24iɔ213piə55tu53 ti˙ kei53 mu53 ʃer53-55 ti˙ ʃʅ31-53ti˙, tsiŋ31 nəŋ31siə55 ku53-55ku˙ iou53,
还 出 腰 憋 肚 的 给 没（音“木”）事儿 的 似 的，净 弄 些 鸪 鸪 油，
tsəŋ53-55iaŋ˙ pu213kuã53, tsã55 tei213 sɔ31la53-55 ti˙, pɛ53 təŋ55-213ʧɔ˙la213-24 kua213iaŋ213-31 la˙ tsɛ31
怎 样 不 管，咱 得 臊 啦 的，别 等 着 拉 瓜 秧 了 再
tɕiɔ213, nəŋ53-55 iaŋ˙ tɔ31 iɛ213-31 la˙ ɕyŋ53, iɛ55 ʃɔ55 tɕiɔ213-31 pu˙ liɔ55. tsɛ31 tsɛ213-31 p‘ɛ˙
交， 那(音“能”) 样 倒 挨(音“耶”)了 熊， 也 少 交 不 了。 再 栽 派

i^{213}ɕiɔ$^{31-53}$ tsɿ˙, ʧə^{31} tɕier^{31} kuŋ^{213}liɑŋ^{53} t‘uŋ^{55} kuŋ^{31} sã$^{213-24}$ iɑŋ^{31}, mei^{55}ʒẽ^{53} xə^{53} y^{31}fu$^{53-55}$
一 下（音“卸”）子，这 季儿 公 粮 统 共 三 样，每 人 合 玉 蜀
fu˙ i^{213} ʧ‘əŋ^{31}, fu^{55} kã$^{55-213}$ tsɿ˙ sã$^{213-31}$ ʃʅ˙ tɕiẽ^{213}, kuə$^{55-213}$ tsɿ˙ ʃʅ^{53} tɕiẽ^{213}, tou^{213}
黍（音“伏伏”）一 秤，薯（音“府”）干 子 三 十 斤，果 子 十 斤，都
nəŋ$^{31-53}$ti˙ kã^{213}tsiə̃r$^{31-55}$ti˙. tɔ^{31} liɑŋ^{53}k‘u^{55} ti˙ lu^{31} pu^{213} xɔ^{55} tsou^{55}, tou^{213} ʃʅ^{31} ɕyŋ ^{53}ʃã^{213}lu^{31},
弄 得 干 净 的。到 粮 库 的 路 不 好 走，都 是 熊 山 路，
tɕ‘y$^{213-31}$lou˙kuɛ^{55}uɛr$^{55-213}$ ti˙, tɕ‘i$^{31-53}$ ti˙ ʃʅ$^{53-55}$xu˙ siɔ^{213}t‘iŋ$^{53-55}$ ti˙, pɛ^{55} tɕiɔ^{31} ʃʅ$^{53-55}$pu˙ tã^{31}
曲 娄 拐 弯儿 的，去 的 时 候（音“乎”）消 停 的，别 叫 石 卜 蛋
ts‘y$^{213-31}$ ʧɔ˙ tɕyə^{213}, iɔ^{31} ʃʅ^{31} k‘ɑ^{213} tɔ^{55} lɑ˙, k‘ə$^{213-24}$ pu^{213} ʃʅ^{31} siɔ^{55} uɛr$^{53-55}$ ti˙.
蹴（音“屈”）着 脚（音“诀”），要 是 磕（音“咔”）倒 了，可 不 是 小 玩儿 的。
tsiou^{31} nəŋ ^{53}iɑ̃r$^{31-53}$ pɑ˙.”
就 那 样儿 吧。”

五、《池塘边》

tɑ^{31}ʒə$^{213-31}$ti˙ t‘iã^{213}, ɕiɑŋ^{213}tɕ‘iŋ^{53},tɑŋ^{213}ʃɑŋ$^{55-213}$uẽ˙ tiŋ$^{55-213}$tsɿ˙, tu^{53}t‘ɛ$^{31-53}$iŋ˙, i$^{213-31}$kə˙ p‘i$^{53-55}$
大 热 的 天，响 晴，当 晌 午 顶 子，毒 太 影，一 个 皮
lɑ˙ siɔ$^{55-213}$tsɿ t‘uə$^{213-31}$ lɑ˙ kuɑŋ^{213}tiŋ^{31}, tsɛ^{31} uɑŋ$^{213-31}$li˙ mə^{213}y^{53}. i^{213} ʧã^{55} iã^{55}, t‘ɑ^{55} iə$^{53-55}$
啦 小 子 脱 了 光 腚，在 汪 里 摸 鱼。一 眨（音“展”）眼，他 爷
iə˙ lɛ^{53}lɑ˙, tɑ^{55} lɔ$^{55-53}$yã^{55}tsiou^{31}ʧɑ$^{213-31}$xu˙ k‘ɛ$^{213-31}$lɑ˙ “ȵi^{55} kə˙ piə^{213}kɔ$^{213-31}$tsɿ˙, tɑŋ^{213}ʃɑŋ$^{55-213}$uẽ˙
爷 来 了，打 老 远 就 咋 呼 开 了：“你 个 鳖 羔 子，当 晌 午
tiŋ$^{55-213}$tsɿ˙, tsəŋ$^{31-53}$mu˙ ʒə^{213}, ȵi^{213} p‘ɔ$^{55-213}$tɔ˙ uɑŋ$^{213-31}$li˙ tɑ^{55}mi^{31}! pə^{53}mi^{53}lɑ^{213}ʧ‘ɑ$^{55-213}$
顶 子，这 么 热，你 跑 到 汪 里 打 泥（音“迷”）！薄 泥 拉 踏
ti˙, xuẽ^{53} ʃẽ^{213} ku$^{31-53}$ ʧã˙ ti˙ kei^{53} ȵi$^{53-55}$mu˙ xour^{53} ʃʅ^{31} ti˙, mɑ^{213} li$^{53-55}$ ti˙ kei^{53} uə^{55}
的，浑 身 沽 沽 得 给 泥 模（音“尼木”）猴儿 似 的，麻 利 地 给 我
kuẽ$^{55-213}$ ʃɑŋ˙lɛ˙!”
滚 上 来！”

siɔ^{55}xɛr^{53} t‘ou^{53} i^{213} kəŋ$^{31-53}$kəŋ˙ “iə$^{53-55}$iə˙, uə^{55} pu$^{213-24}$ ʒə^{213}!”
小 孩 头 一 梗 梗：“爷 爷，我 不 热！”

“xɛ^{55} pu$^{213-24}$ʒə^{213}?t‘ɛ$^{31-53}$iŋ˙ ʧə$^{31-53}$kə˙ tu^{53}tɕiẽ^{31}ti˙, mɑ$^{213-31}$tsɿ˙ts‘ɛ^{31}tou^{213} tɕiɔ^{31} ʃɛ^{31}iã$^{213-31}$iou˙
“还 不 热？太 影 这 个 毒 劲 的，马 子菜 都 叫 晒 焉 悠
lɑ˙, y^{31} fu$^{53-55}$fu˙ iə$^{213-31}$tsɿ˙ tou^{213} liou$^{55-213}$lɑ˙ lɑ˙, tsiə$^{213-31}$liou˙ tou$^{213-24}$ pu^{213} tɕiɔ$^{31-53}$ lɑ˙,
了，玉 蜀 黍 叶 子 都 绺 拉 了，姐 留 都 不 叫 了，
fei^{55} tou^{213} tɕiɔ^{31} ʃɛ$^{31-53}$ti˙ t‘u^{213} ʒẽ^{53}.”
水（音“匪”）都 叫 晒 得 突 人。”

“iə$^{53-55}$iə˙, uə^{55} kuɑŋ^{213} siɑŋ^{55} tɛ^{55} y^{53}.”
“爷 爷，我 光 想 逮 鱼。”

“tɛ^{55} ʃəŋ$^{53-55}$mu· y^{53}?iou^{55}y^{53} xɛ^{55} nəŋ^{53} tɔ$^{31-53}$ la· ȵi^{55}?pf‘u$^{53-55}$la· mi$^{53-55}$la·kou^{213}, tsiou^{31}
“逮 什 么 鱼？有 鱼 还 能 到 了 你？除 了 泥 拉 沟， 就
ʃʅ^{31} kə$^{213-24}$ʧʅie^{31} ʧʅ$^{213-24}$xəŋ·p‘i$^{31-53}$tsʅ· lã^{31}xə$^{53-55}$mu· u$^{213-31}$lou·ȵiou$^{53-55}$tsʅ·, xɛ^{55}
是 咯 吱唉、支 横 皮 子、癞 蛤 蟆（音“烂合木”）、乌 娄 牛 子，还
iou^{55} fei^{55}ʧ‘aŋ$^{53-55}$pf‘ẽ· ma$^{55-213}$kə·tei^{213} ʃəŋ$^{53-55}$mu· ti·, ȵi^{55} k‘uɛ^{31}tãr$^{53-55}$ ti· ʃaŋ$^{31-53}$lɛ·！”
有 水 长 虫、蚂 各 得 什 么 的，你 快 当儿 地 上 来！”

“pu^{213}, na^{31}siə$^{55-213}$tsʅ· siɔ^{55} xei^{213}yer^{53}, tou$^{213-24}$ ʃʅ^{213}siɔ^{55} ȵiŋ^{213}kar^{53}, xɛ^{55} ʧaŋ$^{55-213}$ʧɔ· siɔ^{55}
“不， 那 些 子 小 黑 鱼儿， 都 是 小 宁 尕儿， 还 长 着 小
i$^{55-213}$pu·.”
尾 巴。”

“ʃəŋ$^{53-55}$mu· siɔ^{55} xei^{213}yer^{53}! na^{31} ʃʅ^{31}xə$^{53-55}$mu·k‘ə$^{213-31}$siŋ·tsʅ·.”
“什 么 小 黑 鱼儿！ 那 是 蛤 蟆 蝌 鯹子。”

“ȵi^{55} tou^{213} fə$^{213-31}$ti· ʃəŋ$^{53-55}$mu· t‘u^{55}xua^{31}?ɣã^{55} fu^{213} pẽ$^{55-213}$ tsʅ· ʃaŋ· k‘ə^{213}
“你 都 说 的 什 么 土 话？ 俺 书（音“夫”）本 子 上 可
mu^{31} iou^{55}.”
没（音“木”）有。”

“ʃəŋ$^{53-55}$mu· xua$^{31-5113}$?tɕi^{55} pi$^{31-53}$ tsʅ· tou^{213} tsəŋ$^{31-53}$mu· fə^{213}, ȵi^{55} k‘uɛ^{31}tãr^{53} ti·
“什 么 话？ 几 辈（音“闭”） 子 都 这 么 说， 你 快 当儿 地
ʃaŋ$^{31-53}$lɛ·, iɔ^{31}pu^{213}, uə^{55} tsiou^{31} na^{53} k‘ə$^{55-213}$la·tã^{31} p‘əŋ^{213} ȵi$^{55-213}$ la· xa·！”
上 来，要 不， 我 就 拿 坷 垃蛋 澎 你 了 哈！”

“siɔ^{55}xɛr^{53} tɕiã^{31} iə$^{53-55}$iə· ʧẽ^{213} ʃəŋ$^{213-3124}$tɕ‘i$^{31-53}$ la·, pu^{213} kã^{55} tsɛ^{31} fã^{213}tsuei^{55}tiɔ^{31}ʃər$^{53-55}$
小 孩 见 爷 爷 真 生 气 了，不 敢 再 反 嘴 调 舌儿
la·, maŋ^{53}xuə$^{53-55}$ti· ʃaŋ$^{31-53}$lɛ·, sa^{213}pəŋ^{31}tsiou^{31}p‘ɔ^{55},ʒəŋ$^{213-24}$pəŋ^{213} ɭə^{31}pei^{213}pa^{213} ɕia$^{31-53}$tɕ‘i·la·.”
了，忙 活 的 上 来，撒 蹦 就 跑， 迸 蹦 二 百 八 下 去 了。

iə$^{53-55}$iə· iou^{31} ʧa$^{213-31}$uɛ· k‘ɛ$^{213-31}$la· “pɛ^{53} p‘ɔ^{55}, uə^{55} kei^{53} ȵi^{55} si^{55}si·, ȵi^{55}k‘ã^{31}
爷 爷 又 咋 喎（音“歪”）开 了：“别 跑， 我 给 你 洗 洗，你 看
pfa$^{55-213}$tsʅ· t‘i$^{53-55}$tsʅ· tiŋ$^{31-53}$ ʃaŋ· liã^{55}ʧ‘a$^{213-31}$tsʅ· ʃaŋ· pu^{53} lei$^{55-213}$tsʅ· ʃaŋ· tsi$^{213-31}$
爪 子、蹄 子、腚 上、脸 碴 子 上、脯（音“卜”）肋 子 上、脊
ȵiaŋ· ku$^{55-213}$ ʃaŋ· tou^{213} ʃʅ^{31} mi^{53}! ʧə$^{31-53}$kə· nɔ^{213}pfəŋ^{55}tsʅ$^{55-213}$tsʅ·！” i$^{213-31}$mẽ· tu$^{213-31}$naŋ·
梁（音“鸡娘”）骨 上 都 是 泥！ 这 个 孬 种 子 子！”一 门 嘟 囔
ʧɔ·, i$^{213-31}$mẽ· iou^{31} ts‘y$^{213-24}$tɕyə^{213}pã^{31}k‘a$^{55-213}$ ti· ɕiaŋ^{31} suẽ$^{213-31}$tsʅ· tuã$^{31-53}$tɕ‘i· la·.
着，一 门 又 蹴 脚 绊 磕 地 向 孙 子 躖 去 了。

六、《打麦场上起风波》

taŋ$^{213-24}$mẽ^{213} k‘ou$^{55-213}$ li·, ʧ‘aŋ$^{53-55}$li· ti· ʒẽ^{53} tou^{213} maŋ$^{53-55}$ti· kei^{53} tsuã^{31}kã$^{55-213}$ ʃʅ·ti·
当 麦（音“闷”）口 里，场 里 的 人 都 忙 得 给 钻 杆 似的

t‘i$^{213-31}$lour˙ pfɛr^{31}, k‘ə^{213} taŋ$^{213-24}$tɕia^{213}ti˙ tɕ‘yə^{213} uɛ$^{55-213}$k‘uɛ˙ tsɛ^{31} tuə^{31}kẽ$^{213-31}$ li˙
提溜（音“梯娄”）儿转儿，可当家的却歪快在垛根里

xu$^{213-31}$lou˙ xu$^{213-31}$lou˙ ti˙ fei^{31} pfə$^{53-55}$la˙. t‘a^{55} tɕia$^{55-213}$li˙ti˙ tɕ‘i$^{31-53}$ti˙ pei$^{53-55}$təŋ˙ la˙ t‘a tɕi$^{55-53}$iã^{55},
呼噜呼噜地睡着了。他家里的气得白瞪了他几眼，

mə^{213}tɕ‘i^{55} sɔ$^{31-53}$pf‘u˙ pfa$^{31-53}$ tsɿ˙ xu^{53}luã^{31} pfa$^{53-55}$la˙ la˙ tɕi^{55}ɕiə^{31}tsɿ˙, iou^{31} ʃɿ^{53}tɕ‘i^{55}
摸起扫帚（音“处”）摣（音“闸”）子胡乱摣拉了几下子，又拾起

mu$^{213-24}$ɕiã^{213} ʃɿ^{55}tɕiẽ^{31} ti˙ tɕyə$^{53-55}$la˙, pɛ^{31} na^{31}siə$^{55-213}$tsɿ˙ mẽ$^{213-24}$k‘aŋ^{213} tou^{213} paŋ$^{31-53}$
木锨使劲地掘拉，把（音“百”）那些子麦糠都埲（音“棒”）

tɔ˙ t‘a˙ nã^{53}ʒẽ˙ ʃẽ$^{213-31}$ʃaŋ˙, k‘ə^{213} t‘a^{55} na^{31}k‘ou$^{55-213}$tsɿ˙ tsiou^{31}ʃɿ^{31} mei^{31} siŋ$^{55-53}$tuer^{55}.
到她男人身上，可她那口子就是没醒盹儿。

si$^{213-24}$pei$^{213-31}$ʃaŋ˙ u^{213}yẽ^{53}tou^{55}ɣã$^{53-55}$ ti˙ tɕ‘i$^{55-213}$la˙ lei$^{53-55}$pu˙ y^{55}, ʒẽ$^{53-55}$tɕi˙ tou^{213}
西北上乌云陡暗地起了雷暴（音“不”）雨，人家都

maŋ$^{53-55}$tɔ˙ ts‘iaŋ^{55}tʃ‘aŋ^{53}, xɛr$^{53-55}$ t‘a˙ȵiaŋ^{55} i^{213}ɕiə$^{31-53}$tsɿ˙ fa^{213}tʃa$^{213-31}$ la˙, tʃɔ^{31} nã^{31}ʒẽ˙
忙着（音“刀”）抢场，孩儿他娘一下子发扎了，照男人

tiŋ$^{31-53}$ʃaŋ˙ pəŋ^{213}pəŋ^{213} p‘ɛ$^{55-213}$ la˙ tɕi^{55}tɕyə^{213} ”fei$^{31-53}$ sɿ˙ la˙ ʃɿ^{31}pa˙?iã^{55} ɕia$^{213-31}$la˙, ḷə$^{55-213}$
腚上嘣嘣踹（音“拍”）了几脚：“睡死了是吧？眼瞎了，耳

tɔ˙ iɛ^{55} pfei^{213} lu^{53} mɔ$^{53-55}$ la˙?”
朵（音“刀”）也椎驴（音“卢”）毛了？”

si$^{213-31}$tsɿ˙ tʃə^{31} i$^{213-24}$tɕ‘iaŋ^{213}xɛ^{55} tʃẽ^{213} kuɛ^{31}kuã^{55}xur^{213}, t‘a^{55}tɕy$^{213-24}$liã^{213} ɕiə˙tsɿ˙ p‘a^{53} tɕ‘i˙
媳子这一腔还真怪管乎儿，他蛆蠊下子爬起

lɛ˙, p‘u$^{53-55}$lou˙ tɔ˙ t‘ou$^{53-55}$fu˙ ʃaŋ˙ ti˙ mẽ$^{213-24}$k‘aŋ^{213}, tɕiaŋ$^{213-24}$iɔ^{31} xuã^{53}iã^{53}, k‘ə^{213}k‘ã^{31}tɔ^{31} si$^{213-31}$
来，扑搂着头发上的麦糠，刚要还言，可看到媳

tsɿ˙ lu$^{213-31}$la˙ tɔ˙ liã^{55},ɕiə$^{31-53}$ti˙ t‘a^{55} liã^{53} kə˙ p‘i^{31} iɛ˙ mẽ^{31} kã^{55} faŋ^{31}, tsiou^{31} mə$^{213-31}$tɕ‘i˙ pfaŋ$^{31-53}$
子撸拉着脸，吓得他连个屁也没敢放，就摸起撞

pã˙tsɿ˙ uaŋ^{53} i$^{213-24}$k‘uer^{31} tɕyã^{31}mẽ^{213} tɕ‘i˙ la˙.
板子往一块儿圈麦去了。

第四章　语　法

苍山方言的语法和普通话的语法大同小异，本章共分五节描述苍山方言语法的特点。

第一节　构词语素

一、构词语素的数量

1. 苍山方言的一些单音节词，普通话是多音节的，例如：

爹——爸爸　娘——妈妈　叔——叔叔
哥——哥哥　姐——姐姐　客——客人
眼——眼睛　馍儿—乳房　腚——屁股
泼——泼辣　鞭——爆竹　园——菜园
菜——青菜　麦——小麦　米——大米
面——面粉　茶——开水　筲——水桶
谝——炫耀　怎——怎么

2. 苍山方言的一些三音节或多音节词，普通话是双音节词，例如：

额拉盖——额头　脖拉颈——颈部
下巴颏——下巴　胳拉肢——腋窝
胳肢毛——腋毛　脊仰骨——后背
肋巴骨——肋骨　玉秫秫——玉米
蚂各得——蚂蝗　小秫秫——高粱
泥拉沟——泥鳅　出蝼传——蚯蚓
屎壳郎——蜣螂　老老雕——老鹰
花大姐——瓢虫　光光蜓——蜻蜓

二、构词语素的成分

1. 都是双音节词，其中一个构词成分不同，例如：

太影——太阳　天河——银河
石刀——菜刀　洋火——火柴
洋蒜——洋葱　上年——去年
昨来——昨天　明来——明天
打春——立春　叫驴——公驴
伢狗——公狗　男猫——公猫
女猫——母猫　鸣鸭——公鸭
草鸭——母鸭　贼星——流星
牙屎——牙垢　炭球——煤球
草鱼——鲫鱼　晌午——中午

2. 都是双音节词，构词成分完全不同，例如：

大爷——伯父　大嬷——伯母
姥嬷——外婆　老爷——外公
馍馍——馒头　秫秫——高粱
山芋——甘薯　长果——花生
糖球——山楂　趴牯——公牛
趴蛋——公猪　洋灰——水泥
咧泻——涎水　老鸹——乌鸦
清清——早晨　撗仗——摔跤

第二节　名词语缀

一、名词后缀

1. 苍山方言“子”缀名词丰富，苍山的“子”缀名词普通话不带“子”的名词如：

冷子——冰雹　牙花子——牙龈
坷垃头子——土块　妗子——舅母
儿媳子——儿媳　突娄堆子——土堆
媳子——老婆　宰不子——屠夫
下巴颏子——下巴　棒子——玉米
吞眼子——喉咙　胳拉拜子——膝盖
蛙子——青蛙　肩膀子——肩膀
肚脐眼子——肚脐　虮子——虱卵
脑门子——前额　蛇出律子——蜥蜴
茅子——厕所　驴驹子——驴驹

蛾拉蛛子——蜘蛛　　障子——篱笆

腚帮子——屁股　　草鱼壳子——鲫鱼

盐粒子——霰　　鹁鸽子——鹁鸽

檐蝙乎子——蝙蝠

另对一些有生理缺陷的人称、某些人的称谓带“子”缀，有的职业称谓用“匠子”，常常含有贬义，例如：

秃子　瘸子　瞎爪子　駒包子　疤眼子

街滑子　聋子　豁子　罗锅子　豁鼻子

碎嘴子　咬舌子　憨子　傻子　豁牙子

迷沫子　宰不子　二愣子　甩子　料子

北侉子　南蛮子　气包子　姑姑子

烂红眼子　鸡脯肋子　外来户子

二道贩子　货郎鼓子　锢漏锅子

剃头匠子　叭喇匠子

2. 其他名词后缀

苍山方言“子”缀以外的名词后缀有：

头

犟筋子　厘不头　二婚头　王八头

扒灰头　养汉头　怡子头　难缠头

败坏头

头子

鞋头子　袄头子　袜头子　布头子　铲头子

绳头子　瓜头子　葱头子　男人头子

女人头子　娘们头子　萝卜头子

煎饼头子　馍馍头子　镰刀头子　火棍头子

货

瞎货　笨货　坏货　孬货　骚货　浪货

贱货　破货

种

坏种　孬种　贱种　瞎种　杂种　晕种

憨种　傻种

黄子

什么黄子　熊黄子　贱黄子　瞎黄子

二、名词前缀

苍山方言的名词前缀有“老”“二”（有些含贬义）等：

老

老祖　老大　老岳　老三　老王　老小　老本儿　老油子

二

二皮脸　二把刀　二愣子　二叶子　二半吊子

第三节　动词重叠式

1. 单音节动词重叠“AA”，后一个音节读轻声，表示动作轻微或含尝试义，相当于普通话的“AA”或“A 一 A”。例如：

消　消消　你吃点儿药～肿。

听　听听　当官的要时常～老百姓的呼声。

试　试试　你～到底是什么毛病。

薅　薅薅　我去～地里的草。

晾　晾晾　今天～衣服。

2. 单音节动词加后缀“巴”形成“A 巴”式，“巴”音同“不”，轻声；也可重叠，形成“A 巴 A 巴”式，表示动作轻微短暂。例如：

砸　砸巴　砸巴砸巴　你把那些大的石头～。

搓　搓巴　搓巴搓巴　我得赶快把衣服～洗出来。

擦　擦巴　擦巴擦巴　你赶快把餐桌～。

拣　拣巴　拣巴拣巴　把豆子里的砂子～。

剔　剔巴　剔巴剔巴　把还能用的～。

3. 单音节动词其他后缀，例如：

拉　扒　扒拉　小孩可别到处胡～。

　　婆　婆拉　你赶快把床上～平放孙子睡觉。

乎　吹　吹乎　你可别听他整天瞎～。

　　嘘　嘘乎　小事也叫他～大了。

悠　握　握悠　那张纸叫你～碎了。

　　搓　搓悠　洗衣服要用洗衣粉～～才干净。

搂　提　提搂　她～着一大嘟噜葡萄。

　　胡　胡搂　那些东西她都～着啦。

打　搋　搋打　和面要使劲～蒸馒头才劲道。

　　鞣　鞣打　你把铺上～干净好休息。

跶 蹦 蹦跶 秋后的蚂蚱没有～头。

跳 跳跶 小孩不住地～也不觉得累。

4. 双音节动词"AX"式重叠，形成"AXAX"式，表示轻松的语气。例如：

复习 复习复习 明天就要考试了，你赶快～。

讨论 讨论讨论 咱赶快～县长上午的工作报告。

考虑 考虑考虑 你～这件事到底该怎样答复？

修理 修理修理 你把自行车～。

磕磨 磕磨磕磨 咱～办喜事得用多少钱。

第四节 形容词生动形式

一、"FA"或"FAB"式

由形容词前加副词构成，表示程度深。苍山方言常用副词如"透、忒、太、怪、满"等，相当于普通话的"很、非常、特别"等。例如：

透 ～好 ～香 ～俊 ～甜

～利亮 ～热乎 ～凉快

忒 ～好 ～坏 ～高 ～累

～窝囊 ～小气 ～差劲

太 ～热 ～傲 ～冷 ～脏

～邋遢 ～大方 ～浪费

怪 ～丑 ～瞎 ～酸 ～矮

～漂亮 ～小心 ～蜗憋

满 ～好 ～行 ～高兴 ～受看

～场面 ～合适 ～透丝

二、"XA"或"XAB"式

由形容词加前缀构成，表示程度深。这些前缀虽然具有程度副词的作用，但哪些前缀可以修饰哪些形容词是有限定的。例如：

挺 ～硬 ～湿 ～潮 ～干 ～直 ～热

溜 ～薄 ～细 ～滑儿 ～暄儿

精（或宁） ～瘦 ～矮 ～短 ～稀

～薄 ～细

魆 ～蓝 ～绿 ～紫 ～清 ～尖 ～青

稀 ～丑 ～俊 ～漂亮 ～聪明

～烂 ～甜

焦 ～黄 ～粘 ～干 ～酥

风 ～快 ～脆

邪 ～苦 ～酸

酷 ～辣 ～咸

滚 ～热 ～烫

通 ～红

黢 ～黑

煞 ～白

瞎 ～腥 ～黑 ～瘪 ～轻

温 ～臭

三、"AX"式

由单音节形容词加后缀"乎"等构成，一般语气较弱，并带有喜爱、厌恶等不同感情色彩。例如：

乎 热～ 软～ 粘～ 湿～ 潮～

暄～ 涩～

乎的 高～ 俊～ 累～ 困～ 冷～

饿～ 甜～

溜的 空～ 细～ 尖～ 瘦～

稀～ 酸～

丝的 甜～

喷的 香～

烘的 臭～

不叽的 苦～ 酸～ 甜～ 能～ 水～

不拉叽的 甜～ 酸～ 软～ 苦～

不燎的 苦～

不酊的 咸～

木嗦的 甜～

朴儿的 矮～

整儿的 硬～

以上后缀含喜爱色彩的有"丝的、喷的"，含厌恶色彩的有"不叽的、不拉叽的、不燎的、木嗦的"，感情色彩不明显的有"乎、乎的、溜的、烘的、朴儿的、整儿的"。

四、“（乔）A 得慌”或“（乔）AB 得慌”式

由某些表示心理感受的形容词后加“得慌”构成，相当于普通话的“A 得很”或“AB 得很”，如果在前面再加“乔”，表示程度更深。例如：

（乔）冻～　（乔）累～　（乔）困～

（乔）气～　（乔）急～　（乔）吓～

（乔）笑～　（乔）嗔～　（乔）渴～

（乔）委屈～　（乔）窝囊～　（乔）拿扭～

五、“AA 的”式

由单音节形容词重叠加“的”构成，相当于普通话的“的”或“地”，有加强语气、强调的作用。例如：

长　长长的　他～出了一口气。

快　快快的　你～赶到你村里。

薄　薄薄的　她～嘴唇。

白　白白的　他～跑了一趟。

足　足足的　钱～够花的。

六、“AABB 的”式

由双音节形容词“AB”重叠加“的”构成，表示程度略深，语气较强。例如：

了巧　了了巧巧的　那人干什么都～，不像个男人。

愚陋　愚愚陋陋的　那人缺心眼儿，～。

急着　急急着着的　那人脾气～。

窝囊　窝窝囊囊的　俺那男人～。

愣乖　愣愣乖乖的　这小孩～不准成。

七、反义形容词前缀

“多”和“宁（精）”构成“多 xx 式”和“宁（精）xx 式”，例如：

长　多长长　这根绳子～。

短　宁（精）短短　褂袖子～。

宽　多宽宽　门口街道～。

窄　宁（精）窄窄　小巷子～。

高　多高高　那人个子～。

矮　宁（精）矮矮　小媳妇～。

深　多深深　井水～。

浅　宁（精）浅浅　河水～。

粗　多粗粗　他的腰～。

细　宁（精）细细　模特儿腰～。

第五节　句　式

一、单句

（一）被动句

苍山方言被动句的介词大多用“叫”，相当于普通话的“被”，常用句式有 4 种：

（1）受事 + 叫 +VP　例如：

衣服叫划破了。

杨树叫刮倒了。

（2）受事 + 叫 + 给 +VP　例如：

衣服叫给划破了。

钢笔叫给弄丢了。

（3）受事 + 叫 + 施事 +VP　例如：

衣服叫树枝划破了。

大桥叫洪水冲垮了。

（4）受事 + 叫 + 施事者 + 给 +VP　例如：

衣服叫树枝给划破了。

街道叫环卫工人给打扫干净了。

（二）处置句

苍山方言处置句的介词（相当于普通话的“把”）有以下 4 个读音：

pɛ^{31}（音“拜”）：你把牛牵过来套上。

pã^{31}（音“半”）：你把鸡圈到鸡栏里去。

mɛ^{31}（音“卖”）：你把俺的衣裳都给泼湿了。

mã^{31}（音“曼”）：我把那事给忘了。

（三）进行式

苍山方言表示进行式的句子用“行”、“杭”、“喷”等。相当于普通话的“正在”。例如：

“行”（音 ɕiŋ^{53}）：我们行上着课，忽然听到集合铃响了。

“杭”（音 xaŋ^{53}）：俺一家子杭吃着饭，他突然不吃了。

“喷”（音 p‘ẽ^{31}）：小王喷专心背单词，咱不能打扰他。

二、复句

（一）并列复句

1.“一门……一门”，相当于普通话的“一边……一边”。例如：

他一门啃着馒头，一门看电视。

那人一门放鸭子，一门哼着《沂蒙山小调》。

2.“一展……一展”，相当于普通话的“一会儿……一会儿”。例如：

这孩子一展写作业，一展又跑出去玩。

你一展叫我扫地，一展又叫我打球，我真不知道该干什么！

（二）递进复句

“不光……还”“不光……连……也”“光都……不说，还……”，相当于普通话的“不但……而且”。例如：

那孩子不光文化课学得好，还是学校里的篮球队员。

他不光孝敬爹娘，连敬老院里的老人也照顾得很好。

沉溺于网吧光都耽误学习不说，还会使孩子学坏。

（三）假设复句

“要是……的话，就……”“要是……的话，也……”，相当于普通话的“如果……（的话），就……”“如果……（的话），也……”。例如：

明天要是不下雨的话，咱就去临沂进货。

你要是真想下学打工的话，我也不能硬勉强你上学。

（四）条件复句

“但凡……也……”“别问……都（也）……”。例如：

我但凡有一点办法，也不想来麻烦你。

但凡我有一点时间，也一定帮你办。

别问谁来说，我都不会答应。

别问费多大的功夫，我也得把事情办好。

（五）承接复句

“才得……又……”，相当于普通话的“刚刚……又……”。例如：

才得暖和了几天，又刮起了西北风。

才得修好这条路，那条路又该修了。

第三十编
乡镇　街道

蒼山縣志

1947 年，建置苍山县，辖层山、芙蓉、长城、贾庄、仲村、苍山 6 个区。1956 年，苍山县辖 15 个区。1958 年年初，撤区并乡，全县辖 28 个乡镇。1958 年 11 月，税郭乡划归峄县，其余 27 个乡镇改为 15 个人民公社。1965 年，将 22 个人民公社改为 14 个区。1971 年，复将区改称人民公社，共辖 17 个人民公社。1975 年，增设迷龙、横山、大炉、皇路 4 个人民公社，共辖 21 个人民公社。1984 年，撤销人民公社，改建乡镇，全县辖 6 个镇和 22 个乡。2001 年，部分乡镇合并，全县为 21 个乡镇，其中 14 个镇、7 个乡。2009 年，撤销卞庄镇，设立卞庄街道。2010 年，沂堂镇划归罗庄区管辖。至 2010 年年底，全县辖 1 个街道、14 个镇、5 个乡。

卞庄街道

2009 年，经山东省政府批准，原卞庄镇改为卞庄街道，成为苍山县第一个街道建置。

地理环境

卞庄街道位于县境中部偏东，驻地卞庄，是县城驻地。北靠沂堂镇、大仲村镇、贾庄乡，南接三合乡、长城镇、层山镇，西接向城镇、兴明乡，东和神山镇、磨山镇接壤国有苍山农场、山东苍山经济开发区位于街道西部。境内 206 国道、潍（坊）徐（州）、临（沂）枣（庄）、苍（山）邳（州）等公路纵横交汇，临（沂）枣（庄）高速、临（沂）枣（庄）铁路自境北而过。2010 年，镇境最大横距 10 千米，其中最大纵距 28 千米；土地面积 178 平方千米，其中耕地面积 11194.06 公顷，年末常用耕地面积 8828.07 公顷。境内地势自北向南逐渐降低，北部山地，南部平原，一般海拔 50 米左右。境内有大苍山、塔子山、芙蓉山、龙沂庄山等大小山头 25 座，其中大苍山为境内最高山峰，海拔 181 米。吴坦河、东伽河、运粮河、沙沟河 4 条河流自北向南注入中运河。吴坦河从苗庄北流入境内，由小卞庄流出境外。东伽河北起大新庄南，南至东小屯，流入三合乡境，境内流程 22.3 千米。沙沟河发源于卞庄村南，至西小屯西南，流出境外，境内长 3.2 千米。运粮河发源于龙沂庄一带，至苏庄南，流入三合乡，境内长 9.4 千米。另有燕子河、沂武河分洪道、粮田河自北向南流经境内。有小（二）型水库 1 座，为于庄水库；塘坝 4 座。

建置区划

境域在抗日战争前属临沂县。1941 年属边联县。1944 年属赵镈县。1947 年属苍山县。1950 年称苍山县一区。1958 年年初撤区建镇；秋，成立卞庄人民公社。1965 年称卞庄区。1971 年复称卞庄人民公社。1981 年 12 月改称卞庄镇。2001 年 1 月 12 日，原芦柞乡、小岭乡并入卞庄镇。2009 年 9 月 21 日，经省政府批准，卞庄镇改设卞庄街道。卞庄街道办事处于 2010 年 8 月 16 日正式挂牌。

2010 年，卞庄街道辖 112 个行政村、12 个社区，58281 户，总人口 223581 人，人口密度为 1256.07 人 / 平方千米。

经济概况

1984 年，工农业总产值 2900 万元，其中农业总产值占 85%。1996 年，工农业总产值 8.81 亿元，其中工业总产值 7.5 亿元，农业总产值 1.31 亿元，分别占工农业总产值的 85.1%、14.9%，财政收入 1108.5 万元，人均纯收入 1947 元。2006 年，地区生产总值 13.2 亿元，全社会固定资产投资 5.3 亿元，地方财政收入 3206 万元，城镇居民人均可支配收入 8000 元，农民人均纯收入 4400 元。2010 年，工农业总产值 74.1 亿元，规模以上固定资产投资 43.26 亿元，四税收入 7569 万元，地方财政收入 4544 万元，农民人均纯收入 9812 元。卞庄街道被市委、市政府评为 2010 年度经济社会发展先进乡镇（街道）。

农业 1984年，粮食亩产302千克。有淡竹园17处，50.7公顷。养鱼水面18.5公顷。农机动力9091千瓦，拖拉机326部，机耕面积38%。1996年，粮食亩产341千克，粮食总产28068吨，人均粮食418千克。经济作物有大蒜1067公顷，蔬菜8460公顷。有果园10公顷，淡竹园53公顷。有经济林282公顷，农田林网3333公顷，防风林498公顷，林木覆盖率为22.7%。有养鱼水面14公顷，畜牧养殖场39家。全镇农田水利配套，有土、石渠64条，机灌站15处，大、中型水闸18座，机井164眼，水浇面积2167公顷。拥有农机总动力9642千瓦，机耕、机播面积达85%。2000年后，种植业以大蒜、棚菜、露地蔬菜为主，面积达6000公顷，粮经比例超过4∶6。其中大蒜种植达5333公顷以上，超过全县种植面积的三分之一，年产蒜薹4万吨以上，蒜头3万吨以上，居全县各乡镇（街道）首位。2007年，在代村开工建设山东省苍山现代农业示范园（详见农业编）。2010年，种植大蒜5400公顷。粮食作物播种10510.8公顷，亩产398.1千克，总产62772吨，其中小麦25452吨，玉米32925吨，谷子23吨，高粱30吨，豆类3212吨，薯类1130吨；油料作物播种1651.6公顷，总产6410吨；蔬菜种植7425.5公顷，总产234136吨；瓜类种植305.7公顷，总产21002吨。养殖业形成水貂、奶牛、生猪、肉蛋鸡4大养殖基地，发展专业养殖村39个，养殖户4000户，其中水貂养殖规模居全国第二。畜牧业产值过2亿元，占农业总产值的35%以上。

二、三产业 1984年，镇办企业初具规模，其中农机修配、服装、食品加工等较为发达。1996年，四级企业3185家，从业人员2.1万人，实现利税7836万元。其中镇属企业23家，固定资产4500万元，从业人员5500人。骨干企业有苍山县第二建筑公司、苍山县鲁盟花扇绿色食品有限公司、苍山县华盛食品有限公司、苍山县立达食品有限公司、苍山县新东方蔬菜食品有限公司、新世纪大厦、火柴厂、搪瓷浴盆厂、苍山县长沣包装有限公司、苍山县万隆工贸集团公司。主要从事大蒜、蒜薹、牛蒡等蔬菜保鲜和白果、青刀豆、菠菜等农副产品速冻，产品销往日本、韩国、加拿大等国家及中国香港地区。2000年—2010年，先后培植发展苍山县新天地游乐有限公司、苍山县华盛冷藏有限公司、苍山县星发农业科技有限公司、苍山县豪王卫浴有限公司、苍山县德隆机械有限公司等一批骨干企业，培植壮大佳园房产、华盛食品、平安房产、贵翔置业、佳华置业、东润化工、海洋结构件、捷兴物流、清水蔬菜等一批纳税骨干企业，引进太阳能电池板、清水蔬菜、北方（鸿运）物流、华瑞物流、嘉华星级酒店、金榕酒店等一批优势企业，形成农产品加工、建筑建材、机械制造、商贸流通四大支柱产业。2009年，规模以上企业20家，民营企业800家，个体私营业户7000家，实现经营总收入44亿元，年出口创汇能力1000万美元以上。2010年，有规模以上企业40家。投资1亿元的代村商城一期工程、5000万元的预拌砂浆项目、4000万元的米糕生产加工项目、1500万元的巨鼎搪瓷生产线等项目于2010年开工建设。种植业带动了以大蒜、蔬菜冷储加工为主的农产品加工业的发展，2010年有恒温库68座，农产品储藏、保鲜、腌渍、脱水加工企业58家，大蒜、蔬菜专业批发市场10处，有苍山县三山绿色食品有限公司、苍山县华盛冷藏有限公司、苍山县金利源食品有限公司、临沂绿色源食品有限公司、苍山县超伟保健食品有限公司等一批龙头企业，形成产加销一条龙、农工贸一体化的产业化体系。

村镇建设

2000年—2010年，相继完成滨河大道综合治理工程、206国道拓宽改造工程、泉山路南段拓宽改造工程、苍郯路改造工程、中兴路南段改造工程、洳河故道和小汶河片区拆迁改造工程、园林城市创建、文明城市建设等市政重点建设工程，实施代村、大新庄等城中村改造工程，打造

了阳光花园、东方佳园、莲花山城、蓝湖名邸、开元瑞都等精品住宅小区。实施泇河故道片区、塔山市场片区改造工程。加强环境综合整治，投资近千万元，先后完成苍邳路芦柞段、卞棠线小岭段、卜庄段的绿化、净化和人行道铺设任务，完成206国道城东段平交路口硬化工程，完成206国道、苍邳路和卞棠线沿线经营户广告牌的统一规范和更换工程。引导村居投资1634万元，实施村庄“一路一街”“五化”工程，硬化道路32.9千米，绿化8.6万平方米，粉刷墙体10.8万平方米。2010年，新上住房建设与危房改造项目10个，完成拆迁14万平方米，建安置楼56幢、30万平方米，形成城中村改造、新型社区建设、农村土地“增减挂钩”和整体迁建等形式多样、竞相发展的住房建设新格局。成功创建省级文明社区4个，市级文明社区5个，市级绿色社区5个。2010年，村村通公路里程220千米。自来水受益村113个。“村村通”有线电视、电话、宽带网络，覆盖率95%。

教育

1949年，有小学8所，学生440人。1984年，有小学37所，在校生8045人。儿童入学率83.4%。有中学1所、联中4所，幼儿班21个。1996年，有初级中学2所，小学29所，在校生15400人，教师523人。中学普及率95.6%，小学普及率100%。有专业技术人员1144人，其中高级职称35人，中级职称305人，初级职称804人。2009年，有中小学、幼儿园51所，教职员工1500余人，在校生16988人，其中中学生3790人，小学生13198人，义务教育覆盖率100%。2010年，有初级中学4所，在校生4950人；小学34所，在校生15521人；幼儿园62所，在园幼儿8803人；教职员工1684人。实施中小学危房改造工程10个，落实街道配套资金846万元，完成南小庄小学等5所中小学校舍改造任务，新建校舍面积19400平方米，并全部投入使用。创建代村中心小学、卞庄二中2所省级规范化学校。投资270万元实施芦柞小学等4所学校、1.08万平方米的校舍改造工程。

医疗卫生

1984年，有卫生院1所，乡村卫生室71个，医务人员168人。1996年，有卫生室29个，医务人员101人。2009年，整合开通乡村合作医疗门诊31处。2010年，有中心卫生院1所，下设分院3所，拥有医务人员430人，其中医疗技术人员192人，护理人员158人。有副主任医师10人，主治、主管45人，医师、医士295人；村级卫生室33个，医务人员275人。参加新型农村合作医疗12万人，参保率达97%以上，报销门诊医药费和住院费1150万元。启动民间投资800万元，实施北城医院、芦柞骨科医院建设工程。北城医院建成并投入使用，芦柞骨科医院完成主体工程。共完成新生儿建卡、建证3904人，建卡建证率达到100%，基础免疫接种47977人次，接种率96%以上，强化免疫接种16265人次，接种率96%以上；对418例乙类和丙类传染病例进行依法管理，对卫生室进行消毒监测，对260个食品从业人员进行健康查体，审办卫生许可证119件，培训乡村医生330人次，发放卫生知识普及宣传资料2万份。

人口和计划生育

1984年总人口52963人，1996年总人口100893人，2002年总人口185035人，2006年总人口190567人。2010年，总人口223581人，其中男性116575人，女性107006人。女性初婚晚婚率47.8%，出生性别比为115.6，人口出生率11‰，死亡率4.40‰，人口自然增长率6.6‰。

社会事业

镇敬老院经2005年、2006年2次扩建，占地2公顷，房屋154间，入院集中供养五保老人176人，集中供养率95%。2009年，投资90万元，完成省一级敬老院建设任务。城乡低保覆盖率98%。2009年5月，成立全省第一个乡镇慈善分会，募集善款108万元，认捐基金

7200万元。2010年，发放慈善救助金46万元，发放各类惠农补贴资金1386万元。

历史文化

位于街道办事处驻地东北10千米处的大圩子村和苍山官庄，是1933年中国共产党人刘之言、郭云舫等领导“苍山暴动”的所在地。驻地东4千米有柞国故城遗址，属省级重点文物保护单位。驻地西1千米有晒米城遗址。东南3千米处有芙蓉山兴化寺遗址，芙蓉山兴化寺在日本佛教界知名。1987年，在南芙蓉村东出土古菱齿象牙化石，距今约12万年至20万年。

图30—1　1933年苍山暴动指挥部旧址

地名源流

卞　庄　相传，建村于春秋时期，因鲁国卞邑大夫卞庄子曾居此而得名。元朝初年为卞庄站。明、清、民国时为卞庄集。1950年，赵镈县撤销并入苍山县，为县人民政府驻地。1958年初建镇，为镇政府驻地，11月为公社管委会驻地。1981年12月为镇政府驻地。2009年改设街道，为街道办事处驻地。

连　厂　据庙碑记载：“村东六亩汪塘，夏季开满莲花，明洪武二年（1369年），白姓从山东长清迁来居住，取名莲花场地。”清朝初年，简称莲场。新中国成立后，书写为今名。1950年为苍山县人民政府暂时驻地。

柿树园　据《赵氏家谱》记载，柿树园之名始于明朝初年。聚落处原为代村地主的柿树园。刘姓由郯城马头迁此为大户看园。后众姓迁入，形成聚落，遂以柿树园名村。

弯槐树　相传，建村于明成化年间（1465—1487）。因陈、李两姓先居于此，名村陈李村。后两姓渐少，别姓迁入，因村前有两棵数围粗的弯槐树，易为今名。

卜　庄　据《卜氏家谱》记载，卜庄之名始于明崇祯年间（1628—1644）。因卜姓先居于此，故名。

马　巷　据马氏谱碑记载，马巷之名始于明万历年间（1573—1620）。因马姓先居于此，故名。

马家庄　据《宋氏家谱》记载，建村于明万历年间（1573—1620）。因宋姓先居于此，名村宋庄。后以马姓居多，易名马庄。因县内村庄重名，更为今名。

于　庄　据于氏谱碑记载，于庄之名始于明崇祯年间（1628—1644）。因于姓先居于此，故名。

小卞庄　据卞氏谱碑记载，建村于明永乐十五年（1417年）。因卞姓先居于此，名村卞庄。因与县人民政府驻地卞庄重名，1974年县革委会工作组在此蹲点时，易为今名。

王沙窝　据碑碣记载，王沙窝之名始于清乾隆九年（1744年）。聚落处有一片沙滩，因王姓先居于此名村。

长杨庄　据《杨氏宗谱》记载，建村于清康熙年间（1662—1722）。因杨姓先居于此，名村杨庄。1980年全县地名普查时，因县内村庄重名，更为今名。

北王楼　据墓碑记载，建村于明天启年间（1621—1627）。相传，一仗势欺人的王姓太监，在此建五凤楼1座。后让其母亲上楼四处瞭望，遂对母亲说：“凡是您能看到的地方，土地都归咱所有。”其母亲心地善良，对他的霸道行为很气愤，故意说：“我只能看到楼下。”遂以此，名村望家楼。后谐音为王家楼，简称王楼。因县内村庄重名，更为今名。

代　村　相传代村之名始于东晋末年，因戴姓先居于此名村。后戴姓绝嗣，众姓相继迁

入，仍沿称原名。人民公社化以后，因记账方便，以“代”代“戴”，遂为今名。

孙家洼 相传孙家洼之名始于明崇祯年间(1628—1644)。因聚落处地势低洼，且孙姓先居于此，故名。

刘圩子 据庙碑推断，刘圩子之名始于元朝末年。因刘姓先居于此，故名。

张 庄 据《张氏宗谱》记载，建村于明朝初年。因张姓先居于此，名村张庄。至清道光年间(1821—1850)，聚落分成前后两处，称前张庄、后张庄。

宋 庄 相传，建村于明正德年间(1506—1521)。一宋姓财主占有大量土地，外号宋百顷。后人以宋姓名村宋庄。聚落分成前后两处，称前宋庄、后宋庄，皆为行政村。

宋圩子 据庙碑推断，宋圩子之名始于元朝末年。因宋姓先居于此，故名。

苏家庄 据清康熙元年（1662 年）在聚落东阳明河上修的石桥推断，建村于顺治年间(1644—1661)。因姚姓先居于此，名村姚家桥。后姚姓绝嗣，苏姓迁入，易名苏庄。因县内村庄重名，更为今名。

芦 柞 相传建村于唐贞观年间（627—649）。因鲁姓先居于此，名村鲁公村。后讹称芦柞。聚落分成前后两处，称前芦柞、后芦柞。1984 年 4 月至 2001 年 1 月，前芦柞为芦柞乡驻地。

杨 庄 相传杨庄之名始于明朝末年。因聚落为杨姓地主的佃户村而得名。

邹 庄 相传邹庄之名始于元朝末年。因邹姓先居于此，故名。

苗 庄 据《宋氏家谱》记载，苗庄之名始于明崇祯年间（1628—1644）。因苗姓先居于此，故名。

金 岭 因苏姓先居于此，名村苏家圈。后苏姓迁出，易名圈里。1980 年全县地名普查时，因县内村庄重名，更为今名。

南王庄 相传，建村于明朝末年。因王姓先居于此，名村王庄。新中国成立后，以与北王庄对应，遂称今名。

南徐庄 1965 年修马庄水库时，由流井公社迁居于此，名村新村。1980 年全县地名普查时，因县内村庄重名，更为今名。

姜宅子 据《姜氏家谱》记载，姜宅子之名始于清雍正十一年（1733 年）。因姜姓先居于此名村。

剡子官庄 据《王氏宗谱》记载，剡子官庄之名始于明洪武年间（1368—1398）。因剡姓先居于此，故名。

夏家庄 相传夏家庄之名始于唐朝末年。因夏姓先居于此，故名。

秦家庄 相传秦家庄之名始于唐天宝年间（742—756）。因秦姓先居于此，故名。

高 庄 据墓碑记载，高庄之名始于明洪武年间（1368—1398）。因高姓先居于此，故名。

高沙窝 据《高氏家谱》记载，高沙窝之名始于清顺治年间（1644—1661）。因聚落处有一片沙滩，高姓先居于此，故名。

葛 庄 相传，葛庄之名始于明朝末年。因葛姓先居于此，故名。

阚家庄 据墓碑记载，阚家庄之名始于元大德初年。因阚姓先居于此，故名。

大古庄 据《马氏宗谱》记载，建村于清顺治年间（1644—1661）。起初只有 10 户人家，聚落中有一大汪，人们祈望村人能有为官者，因此名村十家官汪。清朝末年，易名大官庄。因县内村庄重名，更为今名。

小 屯 聚落原处东洳河西岸。据《赵氏家谱》记载，明洪武二年（1369 年）由山西洪洞县迁来。初无村名。据清道光十八年(1838 年)建的兴隆桥碑记载，聚落为临沂西南部所屯之首，因以名村小院屯。新中国成立后，聚落沿东洳河东西两岸分布，遂称东小屯、西小屯。

小古庄 相传建村于清光绪年间（1875—

1908)。原名小古庄。后因与大官庄毗邻，易名小官庄。因县内村庄重名，复用原名。

小　庄　据村前土地庙碑记载，建村于南宋末年。原为运粮河的码头，是周围村庄的物资集散地。后渐成聚落，名村销货庄。明朝末年，讹称为小庄。聚落分成南北两处，称南小庄、北小庄。

小　岭　据碑碣记载，建村于北宋末年。因附近有萧氏陵墓，名村萧陵。明朝末年，谐音为小岭。聚落分成前后两处，称前小岭、后小岭。1984年4月至2001年1月，后小岭为小岭乡驻地。

小　埝　据庙碑记载:“明朝万历四年(1576年),赵姓从管庄迁此,居土埝之上。”小埝之名，因此而得。

月　庄　相传建村于明永乐年间（1403—1424)。因聚落中有一水井的形状与缫丝、绕纱的籰子相似，名村籰庄。后为书写便利，遂名为月庄。聚落分成东西前中4处，称东月庄、西月庄、前月庄、中月庄。

坝　口　相传建村于明朝末年。因聚落处东泇河西岸，为防决口，遂在聚落后筑一土坝。坝口之名，因此而得。

吴　坦　建村不晚于元代，因靠西燕子河居民多有养鹅者，盛产鹅蛋，得名鹅蛋。新中国成立前后，因其名称不雅，改称吴坦。聚落分成前后两处，称前吴坦、后吴坦。

顺河庄　据《李氏宗谱》记载，顺河庄之名始于清乾隆十六年（1751年)。聚落处燕子河西岸，因顺河而居，故名。

莲子汪　相传建村于明洪武三十一年(1398年)。聚落处地势低洼，有大小沟汪数十个，且遍植莲藕。莲子汪之名，因此而得。

涝　村　相传建村于清朝初年。原名老村。清朝末年，因聚落处宝代河南岸，常有涝灾，易为今名。

盘石沟　相传建村于明朝末年。聚落处有通往临沂的官道，因聚落东的宝代河上是水漫桥，来往车辆到此必须结伙攀车盘绕而过，因此名村盘车沟。后因官道改道，此桥废弃。1933年易名盘石沟。聚落分成东、西两处，称东盘石沟、西盘石沟。

椅子圈　相传椅子圈之名始于清光绪十六年（1890年)。因聚落处在柞城故城里形似老式椅子的高台地上，故名。

道沟崖　相传建村于明崇祯年间（1628—1644)。聚落前有条大沟，自西向东流入东泇河。每逢汛期，洪水上涨，东泇河之水自东向西倒流于聚落中，因此名村倒沟崖。清朝初年，书写为今名。

墩　头　据《郭氏宗谱》记载，墩头之名始于明正统元年（1436年)。因聚落处有一大土墩，故名。

小北山　据《赵氏家谱》记载，建村于清顺治三年（1646年)。因聚落处柞城故城东，名村城东。后因村北有一小山，遂易为今名。

苍山官庄　据碑碣记载，建村于明万历年间（1573—1620)。原名雄沂官庄。聚落处大苍山西麓。1930年始称今名。

大城东　据墓碑推断，建村于清康熙年间（1662—1722)，因聚落处柞城故城以东，与小城东毗邻，故名。

小城东　据庙碑记载，建村于明嘉靖三年（1524年)。因聚落处柞城故城以东，名村城东。清康熙年间（1662—1722)，因与大城东毗邻，遂称今名。

山东头　相传山东头之名始于清道光元年（1821年)。因聚落处北芙蓉山东头，故名。

东坊上　相传建村于明朝末年。因聚落处建有作坊，名村坊上。清咸丰初年，因与西坊上隔河相对，遂称今名。

东纸坊　据古墓碑记载，建村于东汉永寿年间（155—158)。相传官府在此修建大墩时，建有几间账房，供民工前来支取工钱，俗称支房。

后在周围形成聚落，遂名村支房。明成化年间（1465—1487），讹称纸坊。后因与西纸坊隔河相对，故名。

东　柞　据隋碑记载，开皇九年（589年）曾在附近建有庙宇。相传明永乐年间（1403—1424）姜、寇等姓由山西洪洞县老鹳窝迁此定居后，建起东、西两个铁木业手工作坊。该聚落处东，遂以东作坊名村，简称东作。清朝初年，讹称为东柞。后聚落分成前、中、后3处，称前东柞、中东柞、后东柞。

东埝头　据墓碑推断，建村于明洪武年间（1368—1398）。因聚落处东洳河东岸，名村小河东。后因在河东岸筑堤，遂易村名埝头。嘉靖四十四年（1565年），因与西埝头隔河相对，改称今名。

北芙蓉　系主地名，含后营、刘圩子、宋圩子3个自然村。据庙碑记载，建村于北宋太平兴国四年（979年）。因聚落处北芙蓉山之阳，与南芙蓉毗邻，故名。

北城里　相传北城里之名始于明洪武年间（1368—1398）。因聚落处柞城故城北城墙里，故名。

西坊上　相传建村于清咸丰元年（1851年）。因聚落处建有作坊，且与东坊上隔东洳河相对，故名。

西纸坊　相传建村于明成化年间（1465—1487）。因聚落与东纸坊隔东洳河相对而得名。

西　柞　相传明永乐年间（1403—1424）姜、寇等姓由山西洪洞县喜鹊窝迁此定居后，建起东西两个铁木业手工作坊。该聚落处西，遂以西作坊名村，简称西作。清朝初年，讹称为西柞。后聚落分成东西柞、前西柞、后西柞、西柞官庄。

西　哨　相传建村于唐贞观年间（627—649）。因征战曾在此安营屯兵，设有4个哨卡，后渐成聚落，因在“四哨”中位于西部，故名。

西埝头　相传西埝头之名始于明嘉靖四十四年（1565年）。因聚落与埝头隔河相对而得名。

后　营　相传后营之名始于南宋初年。因柞国在此安过军营，兵卒住在后面，故名。

洳右村　相传建村于清朝初年。古人将芙蓉山西的东洳河称芙蓉河。因聚落处芙蓉河西岸，名村芙蓉河西。清朝末年，村中一举人按东洳河顺流方向，易为今名。

洳河东　据清乾隆五十四年（1789年）十二月立的碑碣记载，建村于乾隆初年。原名印河庄。清朝末年，由大仲村迁入一宋姓富户，遂易村名宋庄。1980年全县地名普查时，因县内村庄重名，更为今名。

南芙蓉　据庙碑记载，建村于北宋太平兴国四年（979年）。因聚落处南芙蓉山之阳，与北芙蓉毗邻，故名。

南城里　相传南城里之名始于明洪武初年。因聚落处柞城故城南城墙里，故名。

南　哨　相传建村于唐贞观年间（627—649）。因征战曾在此安营屯兵，设有4个哨卡，后渐成聚落，因在“四哨”中位于南部，故名。

林　西　据《张氏宗谱》记载，林西之名始于明朝末年。因聚落东有片大树林，故名。

柞城西　据清嘉庆二十年（1815年）立的桥碑记载，建村于明嘉靖十二年（1533年）。原名赵家林。新中国成立后，因与南王庄对应，易名北王庄。1980年全县地名普查时，因县内村庄重名，更为今名。

晒米城前　据出土文物推断，建村于东汉永和年间（136—141）。因聚落处晒米城之前，故名。

大圩子　据庙碑记载，建村于明朝初年。因聚落处大苍山南麓，名村苍山村。后因在聚落周围筑起用作防卫的围墙，易为今名。1933年7月6日，中共临郯县委在此发动“苍山暴动”。

小　坊　相传清乾隆年间（1736—1795），此处建一庙宇。后陆续有人在周围居住，形成聚落，名村银河庄。清朝末年，因与大坊毗邻，遂易为今名。

石　桥　据明永乐二年（1404 年）立的碑碣记载，建村于建文年间（1399—1402）。原名池坻。后在村西阳明河上修一石桥，遂以桥名村。

洼　桥　据庙碑记载，洼桥之名始于明朝末年。聚落处一小河西岸，河上有座古老的凹腰桥（水漫桥），以桥名村。

大　坊　据碑文记载，大坊之名始于明万历年间（1573—1620）。因聚落中有一较大的手工作坊，故名。

大新庄　相传大新庄之名始于清光绪初年。聚落处原为卞庄王姓的耕地。因相隔东泇河，种地不便，一户王姓遂到此安家落户。后傅、萧等姓迁此为王姓种地，渐成新聚落，因此名村。

太平庄　相传建村于明朝末年。原名杨家林。因名称不雅，1944 年，以吉祥嘉言易为今名。

英沂官庄　相传建村于清光绪年间（1875—1908）。因聚落处有一大汪，农户养鸭多，名村鸭蛋官庄。因名称不雅，宣统年间（1909—1911）易为今名。

柞　城　史籍记载，建村于南宋初年。因聚落处柞国故城址，故名。

柞城前　相传柞城前之名始于明朝初年。因聚落处柞城故城之前，故名。

城　后　据明万历三十九年（1611 年）重修清凉山万佛寺碑记载，建村于永乐四年（1406 年）。因聚落处柞城故城之后，故名。

龙沂庄　据龙泉寺碑文记载，建村于唐朝末年。聚落中有一寺庙，两侧有泉，南面是绵延的山岭，形似龙体，庙似龙头，泉似龙眼，称龙泉寺。以庙名村龙泉庄。后称龙王庄。新中国成立后，演变为今名。

金　河　相传金河之名始于清朝初年。因聚落北有条小沙河，河沙中有闪闪发光的金粒而得名。

大官庄　据出土文物推断，建村于元朝末年。因聚落附近多坟地，外村人称大官地。清乾隆年间（1736—1795），易为今名。

仓谷屯　相传仓谷屯之名始于南宋末年。因聚落处为运粮河流经之地，并建有粮仓，故名。

赵官庄　据村中《琅讶赵氏家谱》记载："明朝永乐十年（1412 年）住赵、管两家。后赵姓被管姓招为养老婿，改姓管。"遂名管家庄。后又改称赵官庄。

赵家洼　据《赵氏家谱》记载："清乾隆初年从长城河头迁至此地居住。"原名龙泉庄。后因聚落处地势低洼，且赵姓居多，易为今名。

2010 年卞庄街道村庄（社区）基本情况

表 30—1

行政村	自然村	曾用名	户数（户）	人口（人）	占地面积（亩）	耕地面积（亩）	集体收入（万元）
朝阳社区		朝阳居委、卞庄东村、一村	832	1768	829.87	0	100
中兴社区		中兴居委、卞庄东南村、二村	1220	3232	710.56	9.47	20
和平社区	卞庄	和平居委、卞庄西南村、三村	1140	3641	883.66	120.04	10
泉山社区		泉山居委、卞庄西村、四村	930	3122	461.62	0	10
新华社区		新华居委、五村	601	1306	1364.17	0	10

续表 30—1

行政村	自然村	曾用名	户数（户）	人口（人）	占地面积（亩）	耕地面积（亩）	集体收入（万元）
前埝头社区	前埝头	前埝头村、前埝头居委	378	1685	4412.74	25.02	50
西埝头社区	西埝头	西埝头村、祥和居委	657	1415	759.18	15.37	15
东埝头社区	东埝头	小河东、埝头、东埝头	1839	4704	4301.35	764.3	130
大　坊	大　坊		610	2178	922.38	2081.13	20
宋圩子	宋圩子		508	1675	927.47	2261.59	3
西小屯	西小屯	小院屯	511	2393	932.68	2619.66	
东小屯	东小屯		267	864	363.07	1104.8	1.41
南小庄	南小庄	销货庄、小庄	860	3026	1296.41	3412.92	65
北小庄	北小庄		399	1585	906.83	1955.24	30
南徐庄	南徐庄	新村	162	525	200.45	529.57	1
大城东	大城东		582	2041	708.87	1677.16	1.5
柿树园	柿树园		163	473	275.02	365.27	2
龙沂庄	龙沂庄	龙泉庄、龙王庄	1857	5719	4003.47	3644.41	10.4
石　桥	石　桥	池坻	166	570	224.37	718.55	8.1
南王庄	南王庄	王庄	155	498	167.86	583.16	1.1
小　坊	小　坊	银河庄	464	1523	671.57	740.69	0
西纸坊	西纸坊	支房	679	2711	1796.65	2737.56	1.5
洼　桥	洼　桥		320	1228	620.88	779.72	0
坝　口	坝　口		179	651	276.95	285.41	2.7
山东头	山东头		143	429	487.67	461.97	0
后　营	后　营		761	2498	1535.89	1281.71	5
刘圩子	刘圩子		215	799	170.43	352.51	1
小北山	小北山	城东	157	538	1626.06	1088.24	3.5
小新庄	小新庄	新庄	59	191	110.05	119.32	0
杨　庄	杨　庄		470	1564	536.67	1599.87	2.82
洳河东	洳河东	宋庄	177	783	260.34	643.59	1.41
南城里	南城里		155	477	182.23	271.27	0

续表 30—1

行政村	自然村	曾用名	户数（户）	人口（人）	占地面积（亩）	耕地面积（亩）	集体收入（万元）
小城东	小城东	城东	626	2133	1189.27	3215.72	0
前连厂	连　厂	莲花场地、莲场	228	815	424.48	811.06	30
后连厂			264	985	458.32	1065.08	20.7
小　埝	小　埝		145	700	251.17	415.64	0.16
弯槐树	弯槐树	陈李村	269	969	409.34	934.02	20
苏家庄	苏家庄	姚家桥、苏庄	195	684	387.95	620.1	0
王沙窝	王沙窝		150	489	294.25	407.58	1
柞城前	柞城前		358	1188	349.5	538.06	12
柞　城	柞　城		1332	4498	2745.27	2722.1	68
芙蓉东头	芙　蓉		385	1902	1455.65	3024.6	0
芙蓉西头			500	1684	823.82	1312.75	0
洳右村	洳右村	芙蓉河西	251	853	881.76	305.33	25
高沙窝	高沙窝		388	1733	849.18	2432	0
大新庄社区	大新庄	新庄	818	1724	1954.66	270.64	38
代村社区	代　村	戴村	1319	3503	3234.66	1519.91	21.73
晒米城前社区	晒米城前	晒米	213	471	694.01	53.68	20
葛庄社区	葛　庄	葛庄	555	1065	489.73	114.2	7
前西柞	前西柞	西作坊、西作、西柞	412	1371	421.48	1067.04	0
后西柞	后西柞		281	1030	570.59	1266.55	0
西柞官庄	西柞官庄		260	898	909.03	1748.79	0
东西柞	东西柞		325	1120	673.27	1517.46	0
孙家洼	孙家洼		240	817	365.19	670.37	0
姜宅子	姜宅子		161	601	203.8	650.96	0
林　西	林　西		452	1460	632.93	1256.54	0
卜　庄	卜　庄		243	836	419.83	476.49	0
涝　村	涝　村		223	754	667.86	963.99	0

续表 30—1

行政村	自然村	曾用名	户数（户）	人口（人）	占地面积（亩）	耕地面积（亩）	集体收入（万元）
前张庄	前张庄	张庄	172	673	244.59	677.45	0
后张庄	后张庄		221	872	336.44	602.88	0
西坊上	西坊上		78	263	588.23	602.88	0.9
西月庄	西月庄	篗庄、月庄	78	315	177.52	217.55	0.1
东月庄	东月庄		115	373	135.35	308.36	0.3
前月庄	前月庄		101	392	202.01	389.49	0.56
中月庄	中月庄		152	631	485.92	519.18	1
前东柞	前东柞	东作坊、东作、东柞	205	652	371.78	597.17	0.6
中东柞	中东柞		285	923	556.4	1034.87	1.2
后东柞	后东柞		108	364	255.46	549.15	0.21
道沟崖	道沟崖	倒沟崖	79	259	140.95	266.79	0.5
东盘石沟	东盘石沟	盘车沟、盘石沟	132	564	302.36	410.41	1
西盘石沟	西盘石沟		247	853	432.81	781.19	3
苗　庄	苗　庄		335	1219	1852.17	129.61	5
马家庄	马家庄	宋庄、马庄	62	288	232.33	237.82	0.6
东坊上	东坊上	坊上	115	381	166.15	638.9	0
英沂官庄	英沂官庄	鸭蛋官庄	201	810	424.87	1590.13	0
沟　东	后小岭	萧陵、小岭	76	325	321.34	557.64	0
沟　西			204	701	328.35	468.13	0
东北圩	前小岭		149	649	324.33	1354.86	3
东南圩			94	416	179.61	680.85	0
中　圩			254	1072	254.86	548.79	0
金　岭	金　岭	苏家圈、圈里	588	1962	1215.38	2548.02	4.68
东纸坊	东纸坊	支房、纸坊	369	1334	563.31	1408.57	40
夏家庄	夏家庄		373	1384	319.49	1101.86	0
城　后	城　后		225	804	264.71	867.72	1.5

续表 30--1

行政村	自然村	曾用名	户数（户）	人口（人）	占地面积（亩）	耕地面积（亩）	集体收入（万元）
北城里	北城里		162	549	174.81	577.16	0
阚家庄	阚家庄		139	639	164.6	452.55	1
秦家庄	秦家庄		191	717	203.76	702.29	0
柞城西	柞城西	赵家林、北王庄	171	552	144.36	410.16	0
椅子圈	椅子圈		83	280	68.8	438.73	0
邹　庄	邹　庄		266	947	293.12	919.8	0
于　庄	于　庄		430	1368	1888.33	3404.85	1.44
苍山官庄	苍山官庄	雄沂官庄	120	458	289.67	512.42	0.1
太平庄	太平庄	杨家林	170	673	655.85	1762.65	1.8
大圩子	大圩子	苍山村	343	1314	868.56	2146.34	1
西大埠	西大埠	大步、大埠	683	2851	2194.55	4866.59	0.32
金　河	金　河		195	600	332.46	1143.16	0.14
马　巷	马　巷		410	1447	744.83	838.03	2.6
莲子汪	莲子汪		564	1876	922.3	2930.79	3
墩　头	墩　头		782	3056	1423.37	4219.46	4.21
顺河庄	顺河庄		131	543	293.82	943.96	0
长杨庄	长杨庄	杨庄	357	1587	826.15	2450.32	0
前宋庄	前宋庄	宋庄	147	697	284.9	972.25	1.2
后宋庄	后宋庄		280	1102	517.89	1511.55	0
小古庄	小古庄	小官庄	184	846	467.21	1734.11	0
后吴坦	后吴坦	无担村、鹅蛋村、吴坦	939	3247	1651.66	4373.65	3
前吴坦	前吴坦		561	2494	1384.75	3312.62	6.9
大古庄	大古庄	十家官汪、大官庄	452	1742	756.48	2748.59	5
北王楼	北王楼	望家楼、王家楼、王楼	303	1070	328.22	1176.43	2.2
剡子官庄	剡子官庄		509	1949	3222.77	3312.62	3
南　哨	南　哨		715	3439	1565.48	4883.72	0
高　庄	高　庄		416	1706	650.07	2788.55	0

续表 30—1

行政村	自然村	曾用名	户数（户）	人口（人）	占地面积（亩）	耕地面积（亩）	集体收入（万元）
西哨三村	西　哨		377	1684	650.07	2788.55	4.6
西哨二村			347	1359	580.39	2285.54	2.5
西哨一村			351	1118	373.38	1534.71	3.2
赵官庄	赵官庄	管家庄	1025	3693	2300	810	0
大官庄	大官庄	大官地	480	1868	1250	790	0
赵家洼	赵家洼	龙泉庄	400	1430	600	600	0
仓谷屯	仓谷屯		160	553	215	335	0
小卞庄	小卞庄	卞庄	499	1959	1282.12	4088.15	4
芦柞东村	前芦柞	鲁公村、芦柞	394	1439	659.69	2201.27	0
芦柞西村			420	1467	886.67	2136.54	0.9
芦柞一村	后芦柞		290	1092	423.99	1613.22	1.6
芦柞二村			303	1183	753.87	1675.25	2
芦柞三村			294	1314	554.43	1801.20	3.5

附一：芦柞乡

原芦柞乡位于县境东南部，乡驻地为前芦柞，距县城 12 千米。北靠卞庄镇、磨山镇，南连长城镇，西邻三合乡，东与层山镇接壤。境内苍（山）邳（州）公路纵贯南北，境内全长 11 千米；南（哨）北（庄）乡间柏油路 11 千米，东至层山镇、西至三合乡。境域南北最大纵距 15 千米，东西最大横距 10.5 千米，总面积 53.21 平方千米。2000 年，人口 29811 人、7728 户，其中非农业人口 756 人，人口密度为 560.25 人/平方千米。

乡境抗日战争前属郯城县。1940 年属临沂抗日民主政府。1945 年属赵镈县。1947 年分属苍山县长城、磨山两区。1984 年，析长城、磨山两人民公社的部分村庄建芦柞乡。辖 22 个行政村，17 个自然村。2001 年 1 月并入卞庄镇。

乡境地势北高南低，全乡皆为平原，平均海拔 40 多米。吴坦河、燕子河、沂武河苍邳分洪道、粮田河自北向南流经境内。全乡耕地面积 2893 公顷，土壤均属砂礓黑土。农作物主要有小麦、玉米、花生、甘薯、棉花、高粱、大蒜、西瓜、蔬菜等。1949 年前，粮食亩产 50 千克左右。1984 年，粮食亩产 261.5 千克，粮食总产 14530 吨。有淡竹园 1 公顷，机井 42 眼，拖拉机 189 部，农机动力 3259 千瓦，机耕面积占 70.8%，粮田复种指数达 170%。1996 年，粮食亩产 252.5 千克，粮食总产 22344 吨。经济作物仅大蒜就有 1000 公顷，创产值 4300 万元，瓜、蔬菜 2000 公顷，有淡竹园 3 公顷，果园 13.3 公顷，养鱼水面 25.3 公顷，桑园 53.3 公顷，饲养业占农业总收入的 40%。有水闸 5 座，扬水站 3 处，石渠 6000 米，机井 560 眼。1996 年，拥有农机动力 23536 千瓦，喷灌机 6083 台，收割、脱粒、播种等农机具 2320 套，全乡实行统一灌溉、统一耕播。2000年，粮食总产12167吨，亩产260千克，豆类总产583吨，亩产184千克，花生总产3196吨，亩产233千克，蔬菜瓜类播种1882公顷，总产41412吨。拥有农机总动力32783千瓦，农用拖拉机2521台。1984年，乡办企业有水泥预制厂、竹器加工厂、麻袋厂等。1996年，乡办企业有制瓷、冷藏、建筑、水泥预制、塑料制品、农副产品加工、大蒜批发等项目；大蒜批发市场占地2公顷，有摊位100个。1996年，购销大蒜、蒜薹8万吨，客户遍及全国各地；全乡有运输车辆2800辆，摩托车600辆。全乡工农业总产值2.08亿元，其中农业总产值1.5亿元，四级企业产值5800万元，利税500万元，财政收入255万元，人均纯收入2268元。1999年农民人均纯收入2168元，2000年达到2319元。

1996年，全乡村村通程控电话，有电话机160部、移动电话10部，寻呼机50部。2000年，村村通汽车，通电户7616户，通电话户902户。1984年，有联中2所，小学19所，在校学生2595人。1996年，全乡有中心中学1所，小学14所，在校学生5177人，入学率达100%，有幼儿园23所，成教中心校1处，农民技术学校22所，有文化站1处，电影管理站1个，有线电视中转台1部，有线电视普及率达98%。

1984年，有卫生所2个，村级卫生室17个，医护人员32人。1996年，有乡卫生院1所，医务人员30人，病床36张；村级卫生室18个，村医护人员60人。2000年，有乡卫生院1所，村级卫生室39个，甲级卫生室1个，乡村医生39人，卫生员3人。

1996年，总人口28772人，其中回族25人，非农业人口580人，农业人口28205人。2000年29811人。1996年，计划生育率99.9%，人口自然增长率1.2‰。2000年，女性初婚晚婚率96.4%，人口出生率10.62‰，出生性别比为132，计划生育率97.8%，死亡率5.13‰，自然增长率5.49‰。

2000年芦柞乡村庄情况

表30—2

行政村	自然村	行政村	自然村
前芦柞东村	前芦柞	剡子官庄	剡子官庄
前芦柞西村		顺河庄	顺河庄
后芦柞一村	后芦柞	墩　头	墩　头
后芦柞二村		北王楼	北王楼
后芦柞三村		西哨一村	西　哨
大古庄	大古庄	西哨二村	
后宋庄	后宋庄	西哨三村	
小卞庄	小卞庄	前宋庄	前宋庄
高　庄	高　庄	南　哨	南　哨
后吴坦	后吴坦	前吴坦	前吴坦
长杨庄	长杨庄	小古庄	小古庄

附二：小岭乡

原小岭乡位于县境中部，乡政府驻地为小岭，距县城6千米。北靠大仲村镇，南连卞庄镇，西邻贾庄乡，东与沂堂乡、神山镇接壤，总面积47.52平方千米。境内有卞（庄）棠（林）公路穿过。2000年，总人口35520人，9854户，其中非农业人口775人，人口密度为747.47人/平方千米。

乡境抗日战争前属临沂县。1944年属赵镈县。1947年属苍山县。1984年，由卞庄镇、贾庄人民公社、神山人民公社各析出部分建小岭乡。辖49个行政村，46个自然村。2001年1月并入卞庄镇。

乡境地处东泇河两岸，东部多丘陵，西、北、南部以平原为主。境内有大、小山头9座，大苍山为全乡最高，海拔181米。东泇河（现统称为吴坦河）及支流宝代河流经境内。东泇河自北向南流入卞庄镇，境内长15千米。土壤以砂礓黑土、潮土为主，耕地2352公顷，宜种植小麦、玉米、高粱、谷子、水稻等粮食作物。1984年，粮食亩产323.5千克，粮食总产16585吨，农机总动力2324千瓦。1996年，粮食亩产326千克，粮食总产17909吨，人均450千克，其中大豆1790吨。花生总产5580吨，棉花34吨，蔬菜93840吨。盛产板蓝根、桔梗、沙参等多种药材。山岭、河边及道旁绿化347公顷，有淡竹园2公顷，养鱼水面8公顷。1996年，全乡农机动力机械513台，机耕面积2429公顷，修筑塘坝7处，大口井42处，拦水闸1处。2000年，粮食总产20040吨，亩产335千克；其中豆类总产187吨，亩产102千克。花生总产544吨，亩产177千克。蔬菜瓜类播种706公顷，总产23875吨。拥有，农用拖拉机470台农机总动力9033千瓦。境内有铁、铜、金、钨、铀、煤等矿产资源。乡办企业以采矿、建材、编织为主。1996年，工农业总产值1.95亿元，人均纯收入1818元。2000年，农业总产值1.2亿元。1999年，农民人均纯收入2218元，2000年达到2286元。

1984年，建邮政代办所。1995年，开通国内、国际直拨电话。2000年，自来水受益村4个，村村通汽车，村村通电话，通电户9549户，通电话户1107户。1984年，有联中3所，小学31所，在校学生4674人，入学率96%。1996年，全乡有完全小学6所，村级小学15所，在校学生5046人；联中1所，在校学生1312人，儿童入学率100%，有成人教育中心、文化站各1处，电影队2个，业余剧团2个，图书室3个，藏书11万册。

1984年，乡设卫生站3个，村办卫生室25个，医护人员40人。1996年，有乡卫生院1所，医务人员30人，病床10张，设门诊部1处、乡村卫生室8个。2000年，有卫生院1所，村级卫生室12个，乡村医生64人。1984年总人口31189人。1996年34513人，其中非农业人口586人、农业人口33506人。全乡246个姓氏，以王姓人口最多，人口密度为每平方千米718人。2000年总人口35520人。

2000年小岭乡村庄情况

表30—3

行政村	自然村	行政村	自然村
后小岭沟东村	后小岭	前小岭东西圩	前小岭
后小岭沟西村		前小岭中圩	
西盘石沟	西盘石沟	前小岭东南圩	
苗　庄	苗　庄	西柞官庄	西柞官庄

续表 30—3

行政村	自然村	行政村	自然村
东盘石沟	东盘石沟	后西柞	后西柞
涝　村	涝　村	前西柞	前西柞
东西柞	东西柞	孙家洼	孙家洼
西月庄	西月庄	东月庄	东月庄
中月庄	中月庄	前月庄	前月庄
西坊上	西坊上	道沟崖	道沟崖
后张庄	后张庄	前张庄	前张庄
后东柞	后东柞	中东柞	中东柞
前东柞	前东柞	英沂官庄	英沂官庄
东坊上	东坊上	秦家庄	秦家庄
阚家庄	阚家庄	邹　庄	邹　庄
夏家庄	夏家庄	东纸坊	东纸坊
椅子圈	椅子圈	城　后	城　后
北城里	北城里	西大埠	西大埠
莲子汪	莲子汪	金　河	金　河
大圩子	大圩子	苍山官庄	苍山官庄
太平庄	太平庄	于　庄	于　庄
马　巷	马　巷	柞城西	柞城西
马家庄	马家庄	金　岭	金　岭
林　西	林　西	卜　庄	卜　庄
姜宅子	姜宅子		

兰陵镇

地理环境

兰陵镇位于县境西南部，镇政府驻地兰陵，距县城23千米。地处2省（山东省、江苏省）、4县市区（临沂市苍山县、枣庄市峄城区、枣庄市台儿庄区、江苏省邳州市）交界处，北靠新兴镇、向城镇，东接南桥镇和兴明乡，西与枣庄市峄城区底阁镇、峨山镇相连，南与江苏省邳州市邢楼镇接壤。潍徐公路由东北向西南贯穿镇境，郯（城）薛（城）公路横贯东西。2010年，镇境东西最大横距9千米，南北最大纵距18千米。镇境地处鲁中南山地丘陵区的南缘低洼地带，地势北高南低，一般海拔40米左右，庙山最高，海拔94米。境内除温岭、鹰爪山、花果山、庙山、南横山等小山外，其余皆为平原。土层深厚。陶沟河、运女河、西枷河自北

向南流经镇境。年平均气温13.2～13.4摄氏度。年平均降水量830.6毫米。土壤以潮土和砂礓黑土为主，质地适中，宜种植小麦、玉米、地瓜、棉花、花生、谷子、高粱、大豆、绿豆、黍子、芝麻、蔬菜等农作物。境内石膏石、铁矿石资源丰富。石膏石探明储量17.6亿吨，为全国优质石膏重要产区。铁矿石探明储量16亿吨，品位高达31%。

建置区划

始建于商、周时期。春秋时先属鄫国，后属鲁国，鲁国在此设次室邑。鲁哀公八年（前487年），一度为吴国控制。鲁哀公二十七年（前468年），为越国势力范围。楚国强大后占据鲁南大片地区，于公元前255年在此置兰陵县。秦代为东海郡兰陵县。西汉时属徐州刺史部琅琊国、鄫国东海郡。三国、西晋初年为东海郡兰陵县。晋元康元年（291年），从东海郡析置为兰陵郡。东晋及十六国时期，兰陵先后为北方几个政权割据，后赵、前燕、前秦均于此置兰陵郡，后燕改为琅琊郡。北魏复置兰陵县，属徐州琅琊郡。北齐复置兰陵郡。隋代设兰陵县，属彭城郡。唐初为河南道沂州兰陵县。武德四年（621年），为沂州兰陵县。贞观元年（627年），废兰陵县，置丞县，属沂州。南宋庆元元年（1195年），兰陵为金占有，仍置兰陵县，隶山东西路之邳州。元代逐渐衰落，降为普通城邑。明朝历经兵祸，每况愈下，沦为普通集镇。清朝属沂州府兰山县。后因兰陵离县城太远，一度被置为兰陵分县。咸丰四年（1854年），太平军在此与清军的一场大战，使得兰陵十室九空。

民国至抗日战争前为临沂县8区。1940年属临沂县抗日民主政府。1944年建兰陵县。1945年，兰陵县撤销，属赵镈县。1948年复置兰陵县，县治所设兰陵。1949年，兰陵县治所迁往台儿庄。1953年，撤销兰陵县，兰陵并入苍山县，称苍山县兰陵区（16区）。1958年初称兰陵乡，秋称兰陵人民公社。1975年，兰陵析置出横山人民公社。1981年改称兰陵镇。1984年析出南部若干村庄，与横山公社析出的村庄组成韩塘乡。2001年1月，横山乡、韩塘乡并入兰陵镇。2010年，兰陵镇先后被评为山东省村镇建设新型乡镇、全国小城镇建设示范镇、山东省百新工程试点镇，是全国500家小城镇建设试点镇之一，山东省小城镇建设重点中心镇。经济较为发达，有“天下第一酒都”“石膏之乡”之称。

2010年，全镇土地面积141平方千米，耕地面积9925.77公顷，年末常用耕地面积8862.47公顷。辖113个行政村，109个自然村，总人口120826人，25399户，人口密度856.92人/平方千米。

经济概况

1984年，工农业总产值2167万元，其中农业总产值2058.6万元。人均口粮519千克，现金分配435元。2010年，地区生产总值16.78亿元，工农业总产值40.23亿元，地方财政收入3481万元，规模以上固定资产投资3.31亿元，社会消费品零售总额4.2亿元，农民人均纯收入7396元。

农业　1984年，粮食亩产308千克，总产23800吨，完成国家收购任务6390吨，人均口粮519千克。鱼塘水面28.7公顷，农机总动力5177千瓦，有效灌溉面积2000公顷。

1996年，粮食亩产356.8千克，总产28507吨；油料作物总产3吨，蔬菜、瓜类面积241公顷，总产10860吨；有经济林33.3公顷，丰产林100公顷，农田林网2333.3公顷，林木覆盖率25%；有果园10公顷，改造中、低产田1666.7公顷；水利配套工程8处，有机井5眼，修水渠8000米，扩大恢复灌溉面积233.3公顷；拥有农机动力14710千瓦，机耕面积85%；有养鱼水面16.7公顷，畜禽养殖业总产值8675万元。1996年后，农田水利基本建设以糖稀湖、龙王湖、岗子湖、田屯湖、韩塘湖“五大湖”的内涝治理为主。

2006年，粮食亩产490千克，总产84842吨，其中小麦、玉米总产9.5万吨。蔬菜种植面积1200公顷，其中棚菜面积570公顷，蔬菜总产13.5万吨，总收入1.2亿元。完成排水沟清淤12万米，河道疏浚3000米，打大机井5眼、小机井32眼，整修田间生产路15万米，渠道修复3000米，修建桥涵闸26座，动用土石方10万立方米，总投资280万元。林业生产以“三条线”“两大片”为重点，发展丰产林800公顷，绿色通道300公顷；大棚养鸡、养羊以及特种养殖大户200多户，养殖专业村10个。

2010年，粮食作物播种11589.5公顷，亩产453.1千克，总产78760吨，其中小麦40269吨，玉米34800吨，高粱114吨，豆类2319吨，薯类1257吨；油料作物总产1043吨，播种340.8公顷；蔬菜总产170078吨，种植3148.13公顷；瓜类总产11658吨，种植222.73公顷。畜牧业以猪、羊、家禽为主，生猪饲养量1.7万头，年末存栏0.6万头；羊饲养量1.2万只，年末存栏0.7万只；家禽饲养量5.6万只。水产品产量16吨。

二、三产业　1984年，镇办企业有农机、酿酒、粮油加工、工艺、砖瓦、水泥预制件等10多个项目。1994年，全国规模最大的农民自办蔬菜批发市场——艾曲蔬菜批发市场正式建成，并发展成多种服务齐备的综合批发市场，年成交量14万吨，成交额3亿元。1996年，镇办企业有建安公司、彩印厂、包装制品公司、农机厂、酒厂、面粉厂等10多家。建筑企业2家，从业人员80多人，年建筑安装产值300万元。个体运输户600户，从业人员1100人。饮食服务业32处，从业人员640人，年营业额1200多万元。商业网点20个。2006年，中小型石膏深加工企业50家，石膏板、石膏粉加工户300多户。有建筑工程队4个，从业人员600人，年建筑安装产值2300万元。个体运输户1600多户，从业人员3000多人，有汽车660台，拖拉机920多台，年产值8800多万元。饮食服务业62处，从业人员120人，年营业额400万元。商业网点48个，从业人员1862人，实现利润5700万元。2010年，兰陵石膏集团辖石膏矿井22座，年产石膏560万吨，是山东省最大的石膏生产基地，固定资产达6000万元，职工3000多人；引进山东黄金集团5000万元石膏系列产品开发项目。兰陵酒久负盛名，有3000余年历史。镇境驻有国家大型企业山东兰陵集团。中小型酿酒企业34家，年产白酒10万吨。包装印刷制品厂12家。板材加工厂35家。各类批发市场8处。艾曲市场拥有蔬菜生产基地9334公顷，以开发生产优质无公害蔬菜为主，上百个品种，常年有货，四季产供，国内外固定客商达1000余家，年经营量30万吨，成交额8亿元，年创外汇400万元。全镇形成以石膏开采、酿酒、包装印刷、蔬菜加工销售、板材为5大支柱的产业体系。规模以上企业19家。商业网点85个。

2000年—2010年，着力构建3个经济区。一是凭借兰陵酒文化、历史文化等独特的旅游资源优势，建设旅游型小城镇；发挥地处4县市区交界的区位优势，建设苍山西南部交通枢纽、商贸集散小城镇。二是以蔬菜产业为主导，重点发展蔬菜等农副产品生产、加工、集散，建设农工商为一体的菜区。三是以石膏资源为依托，重点发展石膏开采、深加工为主的工业

图30—2　艾曲蔬菜生产基地（利源）

矿区。山东省旅游规划设计研究院、徐州师范大学历史文化与旅游学院编制的《兰陵镇旅游发展总体规划及重点项目控制性详细规划》、上海古元建筑设计有限公司编制的《兰陵镇荀子文化园及周边地段修建性详细规划》分别于2010年2月、5月获得通过，总体目标是将兰陵镇打造成苍山县核心旅游区、鲁南苏北地区重点节点型旅游区、山东省旅游强镇、山东省文化旅游产业发展的示范基地、山东省“逍遥游”示范基地、北方第一古镇、国内知名的文化休闲体验旅游目的地。

村镇建设

1976年，建成镇供电站。1981年，建成镇变电站。1995年，建邮电大楼1座。2001年—2005年，累计投入基础设施建设资金1.4亿元，完成公共建筑面积3.4万平方米，完成生产建筑面积2.6万平方米，建设道路总面积6.7万平方米。共打通硬化镇中心区街道132.6千米，形成五纵四横一外环的交通框架，并完成123.4千米的“村村通”道路硬化工程。2004年，建成晁庄自来水厂。2006年，建成西北隅自来水厂；投资400多万元完成郯薛路的硬化和综合整治；成立生活废弃物清扫专业队伍，将卫生区落实到人，镇区有垃圾箱32处，垃圾处理率达到95%。2010年，建成古兰水厂，有深水井17眼及成套净化设备，年供水10万立方米。自来水受益村81个。有线电视覆盖率90.2%，用户2.3万户。电信企业2家，服务网点100个，电话交换机总容量2.6万门，固定电话入村率100%，固定电话用户4000户；移动信号入村率100%，移动电话用户3.2万户，互联网用户2200户。镇文化站、广播电视站各1处，有村级文化活动中心1处，村级图书室89个。有邮政支局2处，金融机构3家。镇区主要道路两侧分别铺设D600排水管道6000米，污水、雨水分别排放。镇驻地有花坛60个，绿化面积6万平方米，绿地68.2万平方米。

图30—3　东外环

教育

清乾隆五十五年（1790年），王访考中进士。嘉庆七年（1802年），王评考中进士。嘉庆十年（1805年），王寿考中二甲进士。道光二十年（1840年），王绍奎考中武进士。光绪二十四年（1898年），王思衍考中进士。1922年，王思玷创立兰陵区立第一高级小学，校址在东南隅。后在北大寺办起学堂。由王子玉任校长，王思玷、王思璞、王思瑕兄弟3人担任义务教员。1929年，兰陵区团圆店村人李登云捐资银圆1.1万元，创办私立新民小学1所。1935年春，国民党县政府在兰陵开办乡农学校。1939年，日本侵略军在兰陵办起日伪小学，对学生进行奴化教育。1949年春，王纶和创办兰陵小学，校址在西北隅。1950年6月1日，庆祝第一个儿童节。1970年12月，兰陵完小改称兰陵联中。1978年，开始使用十年制通编教材。1979年，兰陵联中大部分班级迁西南隅。1982年，四隅村小撤销，归并兰陵联中，共有初中2个班、小学10个班，总人数460人。1984年，有完中1所，联中4所，小学33所，儿童入学率92.4%。1988年，兰陵中心小学正式命名。1989年，兰陵联中的初中班分离小学。1994年秋，兰陵中心小学被评为市级规范化学校。1996年，有完全小学8所，初级小学9所，在校学生4799人，教师188人；县第五中学、中心中学各1处，在校学生2699人，教师167人。全镇各类专业技术人员500余人。

2002年6月，民办教师全部转为公办，恢复小学六年制。2006年，投资160多万元，新建镇中心小学办公楼1座，拆除重建D级危房65

图30—4　王思玷纪念碑

图30—5　苍山县兰陵镇中心小学

间，改造C级危房36间。2006年，有小学25处，在校学生6171人，其中女生2905人，教师343人；中学7处，在校学生2562人，其中女生1224人，教师308人。2010年，有幼儿园46所，在园幼儿3300人，专任教师194人；小学24所，在校学生10013人，专任教师394人；初中6所，初中在校生4800人，专任教师365人。小学、初中适龄儿童入学率，小升初升学率，九年义务教育覆盖率均为100%。

医疗卫生

镇南部分村庄为高氟地下水地区，1983年2月启动防氟改水工程，在陆庄打井1眼，配套建设自动供水工程1处，让群众吃上低氟水。至1995年，附近村庄1～15岁儿童氟斑牙患病率23.2%（135/582），比改水前下降了66.8%。

1984年，有兰陵卫生院1所，下设小仲村、田屯2个卫生所，有卫生室25个，医务人员71名。1996年，有县人民医院兰陵分院1所，病床30张，医务人员40人，下设卫生所6个，村卫生室45个。2006年，投资100多万元新建镇中心卫生院门诊大楼；参加新农合人数8万多人，参合资金82万元。2010年，有卫生院1所，分院2所，一体化卫生室37个。有病床200张，每万人拥有病床20张。固定资产总值1500万元。医务人员202人，其中执业医师10人，执业助理医师22人，注册护士20人。2010年，医疗机构完成诊疗7.2万人次。新农合参保率99.9%。

人口和计划生育

1984年总人口40608人，1996年47499人，2002年100658人，2006年101096人，2010年120826人。2006年，投资近20万元，改建计生服务大楼1处。为243户独生子女和双女户计划生育家庭发放奖励扶助金30万元。2010年，共有独生子女户1991户，14周岁以下1309户，每个独生子女家庭每年奖励120元，60岁以上计划生育独生子女、双女户共82人，每人每年奖励扶助720元。2010年，人口自然增长率为6.1‰，女性初婚晚婚率60.1%，人口出生率8.10‰，出生性别比为118.1。

社会事业

经2008年、2009年改扩建，镇办敬老院有房屋95间，床位150张，入院集中供养五保老人108人。2009年，投入60万元，完成省一级敬老院建设任务；城乡低保覆盖率98%。2009年5月，成立兰陵慈善分会，属于全省首批乡镇分会。当年，认捐基金2亿元，募集善款72

万元，发放救助金62万元。2010年，农村最低生活保障户1627户，3254人，支出约210万元，月人均72元；医疗救助13户，支出26500元。国家抚恤、补助各类优抚对象248人，抚恤事业费支出约145万元。慈善分会全年接受社会捐款67万元，支出35万元，使2000人次困难群众受益。2010年，参加新型农村养老保险5.1万人，参保率96%。

历史文化

据第三次全国文物普查资料显示，境内有文物点50余处，省级文保单位2处，市级文保单位2处，县级文保单位6处。

镇政府驻地东南1千米处有荀子墓，为省级重点文物保护单位。镇驻地东北4千米处有刘家堡商周遗址（上有孔门七十二贤之一的高柴墓），镇驻地北3千米处有萧望之墓，均为县级重点文物保护单位。东汉时曾建有“次室亭”。明清时曾建有4座牌坊，均毁于“文化大革命”时期。

兰陵地灵人杰，令世人瞩目。战国晚期荀况两任兰陵县令，是时兰陵政通人和，物阜民丰，楚国国势因之大振。先秦及两汉时期有兰陵人孟喜、萧望之、疏广、疏受、王良等，三国时期有文学家缪袭，南北朝时期有武将周盘龙。随着兰陵萧氏家族南迁，其后裔有南朝齐开国皇帝萧道成、编纂《文选》的萧统以及萧绎、萧纲、萧子显、萧子良、萧子范……由此，将有才男儿称之为“萧郎”。

西横沟崖村“猴呱哒鞭舞”是沂蒙民间一种独具风格的民间乐舞，起源于清道光年间，有近200年的历史，节奏明快，动作性强，把舞蹈表演、滑稽动作、民间歌曲融于一体，体现了劳动人民丰富的想像力和审美情趣，富有鲁南乡土气息，形成独树一帜的艺术风格。2007年8月，兰陵“猴呱哒鞭舞”被列入市级非物质文化遗产名录。2009年8月，被列入山东省第二批非遗名录，代表性传承人为张学法。

地名源流

团圆店　系主地名，为狄庄、后孙庄、后张、齐庄、耿庄、彭园6个自然村的总称。相传，北宋末年，狄姓三兄弟从山西外出谋生，失散多年，后在此相遇定居，并修庙1座，名团圆殿，以示纪念。众姓迁入，形成聚落，遂以庙名村。清朝末年，各宗族相继迁出，形成6个自然村落。建国后，团圆殿书写成团圆店。

狄　庄　清朝末年，从团圆殿析出。因狄姓居多，名村狄庄。

后孙庄　清朝末年，从团圆殿析出。因孙姓居多，名村孙庄。1980年全县地名普查时，因县内村庄重名，更为今名。

后张村　清朝末年，从团圆殿析出。因张姓居多，名村张庄。因县内村庄重名，更为今名。

齐　庄　清朝末年，从团圆殿析出。因齐姓居多，名村齐庄。

耿　庄　清朝末年，从团圆殿析出。以耿姓居多，名村耿庄。

彭　园　清朝末年，从团圆殿析出。因彭姓在聚落周围种有菜园，名村彭园。

丁家滩　据墓碑记载，丁家滩之名始于明宣德年间（1426—1435）。聚落处陶沟河滩上，因丁姓先居于此，故名。

大王庄　据王氏谱碑记载，大王庄之名始于元朝末年。由萧家庄、葛家庄、孟家庄、李家巷4个村落合并而成，因王姓居多，故名。

大刘庄　据桥碑记载，建村于明万历十年（1582年）。因刘姓居多，名村刘庄。1980年全县地名普查时，因县内村庄重名，更为今名。

大李庄　据墓碑记载，建村于元至正年间（1341—1368）。因陈姓先居于此，名村陈家庄。明成化年间（1465—1487），李姓迁入后，易名李家官沟。后俗称李庄、李围子。建国后，改称今名。

大郭家庄　相传建村于明隆庆年间（1567—1572）。因蔡姓先居于此，名村蔡家河湾。据《郭氏家谱》记载："于明万历元年（1573 年），由东埝头迁入。"郭姓迁入后，蔡姓迁出，遂易为今名。

造律头　相传刘邦称帝后，兰陵人丘颖撰写律条，故村名为律条村。后又演化成今名。

作字沟　据传，柞城国王之子自幼骄横，柞国毁灭期间被敌军追至此处沟中死去，该村易名柞子沟。明永乐年间，宋纬坐库征税遭王某欺侮，宋纬的四个儿子后来均为官绅，但族人不计前嫌，请王某吃酒。王某感动，愿为宋家效劳，开作坊刻书，并在村中建起"仓圣庙"便于祭祀，村名遂改为作字沟。

于官庄　据墓碑推断，建村于明永乐年间（1403—1424）。于姓迁此居住后，有为官者。于官庄之名，因此而得。

马　屯　相传马屯之名始于明永乐年间（1403—1424）。因马姓先居于此，故名。

小王庄　相传小王庄之名始于清顺治年间（1644—1661）。因王姓先居于此，故名。

小李庄　相传建村于清康熙初年。因聚落处较高的土坡上，名村岗上村。咸丰年间（1851—1861），因李姓居多，易名李家庄。新中国成立后，因与大李庄对应，始称今名。

小魏庄　相传建村于明崇祯年间（1628—1644）。赵、李两姓迁此居住后，建起 3 座楼房，以楼名村三座楼。后魏姓迁入，且人户居多，易为今名。

王坊前　据墓碑记载，建村于明正德年间（1506—1521）。聚落处有两眼泉，俗称双泉。王姓迁此居住后，以泉名村王双泉。后因与西洳河东岸坊前毗邻，遂称今名。

王张庄　据《王氏家谱》记载："十世王道元于清乾隆四年自台儿庄西南五十里处王母山迁居此地。"即建村于 1739 年。因聚落处兰陵古镇南，名村南王庄。1980 年全县地名普查时，因县内村庄重名，更为今名。

王家艾曲　据唐开成五年（840 年）所立庙碑推断，建村于大和初年（827 年）。聚落处古运盐河的曲流处，河边长有艾草，俗称"艾曲"，因王姓先居于此，名村王家艾曲。

车官庄　相传建村于清朝初年。聚落处官地旁，因赵姓先居于此，名村赵官庄。后以车姓居多，易为今名。

公　庄　相传公庄之名始于明万历年间（1573—1620）。因公姓先居于此，故名。

田家屯　据《田氏宗谱》记载，建村于明永乐二年（1404 年）。田姓由山西迁此居住后，因房前有一大坑，便推土填平。聚落因此得名填坑，亦称田坦。清朝初年，改称今名。

田家庄　据清嘉庆二十五年（1820 年）所立庙碑记载，田家庄之名始于嘉庆初年。因田姓先居于此，故名。

孙　楼　相传建村于明洪武年间（1368—1398）。因王姓先居于此，名村王庄。后孙姓迁入。清朝初年，孙姓一翰林家中盖起楼房，遂易为今名。

孙家屋　据《孙氏家谱》记载，建村于明天启四年（1624 年）。一孙姓铁匠迁此居住后，盖起两间草屋，以打铁为业，后繁衍成聚落。孙家屋之名，即源于此。

西赵庄　相传建村于明永乐年间（1403—1424）。因赵姓先居于此，名村赵庄。1980 年全县地名普查时，因县内村庄重名，更为今名。

邢　庄　相传邢庄之名始于清同治年间（1862—1874）。因邢姓先居于此，故名。

朱王庄　据墓碑推断，建村于清雍正年间（1723—1735）。因杨姓先居于此，名村杨家庄。1980 年全县地名普查时，因县内村庄重名，更为今名。

朱家堡　相传朱家堡之名始于三国末年。因聚落中有一高台，且朱姓居多，故名。

任家庄　据清乾隆六十年（1795 年）所立墓碑推断，任家庄之名始于乾隆初年。因任姓先居于此，故名。

后朱楼　相传建村于明建文年间（1399—

1402）。因白姓迁此居住后，建一楼房，名村白家楼。后因朱姓居多，易名朱楼。宣德年间（1426—1435），聚落分成前后两处，因与前朱楼对应，改称今名。

刘岗子　相传刘岗子之名始于明永乐年间（1403—1424）。聚落处为一片较高的土坡，俗称岗子。因刘姓先居于此，故名。

刘河崖　据《刘氏宗谱》记载，刘河崖之名始于明嘉靖年间（1522—1566）。聚落处陶沟河崖上，因刘姓先居于此，故名。

刘家艾曲　据《刘氏家谱》记载："明朝洪武二年迁此居住。"即建村于1369年。聚落处古运盐河的曲流处，河边长有艾草，俗称"艾曲"。以刘姓先居于此，名村刘家艾曲。

刘家堡子　相传建村于明洪武年间（1368—1398）。刘姓先居于此。聚落后有一高台地，俗称堡子。刘家堡子之名，即源于此。

李家艾曲　据《李氏家谱》记载："李氏始祖于大清顺治二年由邳县迁居至此。"即建村于1645年。原名李家巷。后因聚落处古运盐河的曲流处，河边长有艾草，俗称"艾曲"，易为今名。

杨　庄　相传杨庄之名始于清康熙初年。因杨姓先居于此，故名。

杜家庄　相传建村于清乾隆年间（1736—1795）。因罗姓先居于此，名村罗村。后因杜姓居多，易名杜庄。因县内村庄重名，更为今名。

吴　村　据庙碑记载，吴村之名始于明万历年间（1573—1620）。因吴姓先居于此，故名。

孟家楼　据明永乐二十二年（1424年）所立墓碑推断，建村于永乐初年。因孟姓先居于此，名村孟家庄。1980年全县地名普查时，因县内村庄重名，更为今名。

张家艾曲　据《张氏家谱》记载："张氏始祖于明万历十五年至此定居。"即建村于1587年。聚落处古运盐河的曲流处，河边长有艾草，俗称"艾曲"。张家艾曲之名，即源于此。

张赵庄　相传建村于明正德年间（1506—1521）。因张姓先居于此，名村张庄。1980年全县地名普查时，因县内村庄重名，更为今名。

张岗子　相传清光绪年间（1875—1908），由周岗子析出。因聚落处周岗子东，名村小东庄。后因张姓居多，易为今名。

宋家庄　据《魏氏家谱》推断，宋家庄之名始于清康熙年间（1662—1722）。因宋姓先居于此，故名。

陆　庄　据墓碑记载，建村于明成化年间（1465—1487）。因陆姓先居于此，名村陆家庄。因县内村庄重名，更为今名。

沈坊前　相传建村于明正德年间（1506—1521）。因聚落与王坊前毗邻，且沈姓先居于此，故名。

欧家屯　相传欧家屯之名始于明永乐年间（1403—1424）。因欧姓先居于此，故名。

林　屯　据《林氏家谱》记载："宋建炎二年由济南府长青县野鹊窝迁至风草山后居住。"即建村于1128年。原名后屯。后因林姓居多，易名林屯。聚落分成大小两处，称大林屯、小林屯。

苗家艾曲　据《苗氏家谱》记载："苗氏始祖北宋熙宁三年至此定居。"即建村于1070年。聚落处古运盐河的曲流处，河边长有艾草，俗称"艾曲"。苗家艾曲之名，即源于此。北宋末年，苗氏分支在村北建房居住，形成大小两处聚落，称大苗家艾曲、小苗家艾曲。

周岗子　相传建村于明朝末年。聚落处为一片较高的土坡，俗称岗子。因戚姓先居于此，名村戚岗。清康熙年间（1662—1722），因周姓居多，易为今名。

房家庄　据碑碣记载，建村于明崇祯年间（1628—1644）。原名房林。后易为今名。

金　山　相传，建村于清乾隆年间（1736—1795）。金姓由尚岩迁至庙山脚下，以打制铁器为业，后渐成聚落。金山之名，即源于此。

南杨庄　据墓碑记载，建村于清乾隆年间（1736—1795）。因聚落系江苏省邳县一杨姓财主的佃户村，名村杨庄。因处苍山县南部，1977年易为今名。

赵　庄　相传赵庄之名始于明永乐年间（1403—1424）。因赵姓先居于此，故名。

赵坊前　相传建村于明正德年间（1506—1521）。因聚落与王坊前毗邻，且赵姓先居于此，故名。

赵家庄　据赵氏谱碑记载："清嘉庆三年自江苏邳县迁入。"即建村于1798年。因赵姓先居于此，故名。

侯　宅　据侯氏谱碑记载，侯宅之名始于清光绪年间（1875—1908）。因侯姓先居于此，故名。

前朱楼　相传前朱楼之名始于明宣德年间（1426—1435）。因与后朱楼对应，故名。

前刘家　据墓碑记载，前刘家之名始于清同治年间（1862—1874）。因聚落处蔡家庄之前，且刘姓居多，故名。

高　塘　相传建村于明万历三十四年（1606）。原名下官庄。清朝初年，因聚落处建一庙堂，且高姓居多，易名高堂。后书写为今名。

徐家庄　相传徐家庄之名始于唐武德年间（618—626）。因徐姓先居于此，故名。

晁家庄　据清顺治十八年（1661年）所立墓碑记载，晁家庄之名始于顺治初年。因晁姓居多，故名。

黄家庄　相传建村于清光绪年间（1875—1908）。因万姓先居于此，名村万家庄。后因黄姓居多，易为今名。

崔宅子　据墓碑记载，建村于清康熙年间（1662—1722）。因崔姓迁居于此时，建一宅院，名村崔家宅。清朝末年，易为今名。

常　堡　相传常堡之名始于清顺治年间（1644—1661）。聚落处原为一高滩，前是洼地，称堡子汪。常姓迁此居住后，遂称今名。

董　塘　据庙碑记载，建村于明永乐年间（1403—1424）。以聚落处西枷河西岸，名村顺河庄。清朝初年，聚落北的菩萨庙，经董姓整修一新，并设有庙堂，遂易村名董堂。后书写为今名。

韩　塘　相传建村于北宋末年。因聚落附近地势低洼，沟塘中蔓草丛生，名村葛沟。明朝初年，因韩姓居多，易为今名。1984年4月至2001年1月，为韩塘乡驻地。

蔡　庄　据碑碣记载，蔡庄之名始于清朝初年。因蔡姓先居于此，故名。

蔡家庄　据蔡氏谱碑记载，蔡家庄之名始于清同治年间（1862—1874）。因蔡姓先居于此，故名。

蔡　庙　据碑碣记载，建村于明洪武年间（1368—1398）。因丁姓先居于此，名村丁家集。后以聚落处庙附近，庙内和尚姓蔡，遂易为今名。

臧　桥　相传臧桥之名始于清顺治年间（1644—1661）。聚落处运女河西岸。因臧姓迁此居住后，在河上修一石桥，故名。

潘王庄　据墓碑记载，建村于北宋淳化元年（990年）。因林姓先居于此，名村平林镇。南宋绍兴二十年（1150年），兴隆庙会时，易名兴隆镇。明万历末年，因潘、王两姓居多，改称今名。

大庄子　相传建村于明万历年间（1573—1620）。马姓由山西迁此定居后，因周围无村落，遂名村老庄子。刘姓迁入后，易名马刘大庄。清光绪初年，改称今名。

小仲村　据1916年版《临沂县志》记载，建村于西汉建元年间（前140—135）。初无村名。西汉初元末年，因聚落西南有萧望之墓，名村萧家村。清朝初年，谐音为小中村。建国后，以与大仲村对应，书写为今名。

小桥头　相传小桥头之名始于清顺治年间（1644—1661）。因聚落处运女河的桥头，故名。

草　湖　据《张氏家谱》记载，草湖之名始于明永乐年间（1403—1424）。张姓迁此定居后，因聚落处土地荒芜、野草丛生，故名。

顺　墩　据墓碑记载，建村于明崇祯年间（1628—1644）。相传聚落附近有一大堆粪，多年用车装运不完，因以名村粪堆。后因名称不雅，易为今名。

桥　头　据《王氏家谱》记载："于明朝建文三年迁居此地。"即建村于1401年。相传，王、张两姓迁此定居后，在聚落北的九曲河上建桥一座。清光绪十五年（1889年）重修时，因张姓居多，名村张桥头。后简称今名。

烟　头　据明崇祯十七年（1644年）所立墓碑推断，建村于崇祯初年。聚落处的运女河中有一大深渊，刘、孙等姓迁居于深渊前后，名村前渊头、后渊头。后讹称为前烟头、后烟头。

黄　墩　据墓碑记载，建村于明建文年间（1399—1402）。聚落附近有座黄土岗，俗称黄墩。因黄墩名村。聚落分成前后两处，称前黄墩、后黄墩。

滩　上　据《韩氏家谱》记载："明朝万历元年，韩氏兄弟俩由济南府长清县野鹊窝迁入。"即建村于1573年。因聚落处古运盐河边的滩地上，故名。

横路口　相传，建村于清道光年间（1821—1850）。聚落处西泇河西岸，因河水常在此决口，洪水泛滥，名村洪路口。后讹称为今名。

横沟崖　据《孙氏家谱》记载："孙氏始祖于北宋建隆四年在此定居。"即建村于963年。宋太祖在位时，修筑由沿海通往京城的运盐河经此。后运盐河淤塞干涸成干沟，在沟东西两边形成聚落，称东横沟崖、西横沟崖。

小郭庄　据出土文物推断，小郭庄之名始于唐朝末年。因聚落处小郭山下，故名。

山西村　据清光绪元年（1875年）所立墓碑记载，建村于咸丰年间（1851—1861）。因聚落处庙山西，故名。

丘　后　相传建村于唐朝末年。因聚落前有一大土丘，名村丘后。新中国成立后，潍（坊）徐（州）公路穿过村中，形成前后两处聚落，称前丘后、后丘后。

北横山　据兴云寺庙碑记载，建村于明朝初年。相传，聚落西庙山（后称横山）建有兴云寺庙，以寺名村兴云镇。后以山名村，易名横山。清朝末年，因与南横山对应，改称今名。

后小庄　相传后小庄之名始于清顺治年间（1644—1661）。由孙楼析出，因聚落处孙楼后，故名。

沟　南　相传建村于清顺治年间（1644—1661）。因聚落北有一条大沟，名村沟南。

泇西村　相传建村于清康熙年间（1662—1722）。因聚落前的水沟用碾盘搭桥，名村碾盘庄。后因村中孙姓有人中举，建起新房，名村新庄。1980年全县地名普查时，因县内村庄重名，更为今名。

河南头　据《王氏家谱》记载，建村于明洪武十五年（1382年）。因聚落南与江苏省邳县境毗邻，处运女河南头，故名。

南横山　据田氏墓碑记载，建村于元朝末年。因田姓先居于此，名村田家疃。清朝末年，因与北横山对应，易为今名。

埠　后　据《王氏家谱》记载："王氏二世祖于明嘉靖十三年迁入至此定居。"即建村于1534年。因聚落处一小丘陵（当地人称埠）后，故名。

花亭子　相传建村于清光绪年间（1875—1908）。孙楼翰林在此建一花园，并有观花亭，花农在此繁衍成聚落，花亭子之名，因此而得。

岔路口　据《张氏家谱》记载："于皇清顺治六年，由济南府长清县野鹊窝迁于沂州府西南乡定居。"即建村于1649年。因聚落中一毛姓在西边路口插植数棵柳树，名村插柳口。清朝末年，讹称为今名。

柳树王　相传建村于明洪武二年（1369年）。聚落中有数棵大柳树，其中1棵粗数围，堪称柳树之王，村名源此。

友期庄　相传兰陵王姓与岳城王姓结为友好，定期在此相会。聚落遂以有期庄名之。后书写为今名。因村民爱唱柳琴戏（俗称诌鼓戏），友期庄曾俗称过诌鼓庄。

兴利村　1966年，从会宝岭水库库区鲁城公社匡王村移民迁居于此，名村新村。因县内村庄重名，更为今名。

前进村　1967 年，由会宝岭水库区鲁城公社刘家郭村迁居于此，名村新村。后易为今名。

2010 年兰陵镇村庄基本情况

表 30—4

行政村	自然村	曾用名	户数（户）	人口（人）	占地面积（亩）	耕地面积（亩）	集体收入（万元）
刘家堡子	刘家堡子		210	780	253	851	0.3
前丘后	前丘后	丘后	265	1060	448	1095	2
后丘后	后丘后		171	753	458	1462	0
公　庄	公　庄		274	1338	630	1156	0
小李庄	小李庄	岗上村、李家庄	192	788	794	989	0
杜家庄	杜家庄	罗村、杜庄	130	530	195	586	0
小魏庄	小魏庄	三座楼	95	380	171	440	0.3
沟　南	沟　南		80	375	161	505	0
于官庄东村	于官庄		338	1461	863	2197	0
于官庄西村			313	1310	667	1848	0
欧家屯	欧家屯		134	626	401	806	0.4
前孙庄	前孙庄		124	594	614	1264	0
张岗子	张岗子	小东庄	160	520	450	483	1
刘岗子	刘岗子		294	1151	706	1533	1.2
泇西村	泇西村	碾盘庄、新庄	220	756	515	1280	0
周岗子	周岗子	戚岗	110	454	262	704	0.6
耿　庄	耿　庄		220	1095	626	1511	0
彭　园	彭　园		80	350	103	139	0
后孙庄	后孙庄 齐　庄	孙庄	119	632	222	620	0
狄　庄	狄　庄		112	463	315	703	1.1
后张庄	后张庄	张庄	176	698	370	989	1
横路口	横路口	洪路口	180	726	279	825	0
沈坊前	沈坊前		335	1436	740	2515	1.7
王坊前	王坊前	王双泉	259	1078	435	1078	1
赵坊前	赵坊前 蔡　庄		365	1405	767	1934	1.8

续表 30—4

行政村	自然村	曾用名	户数（户）	人口（人）	占地面积（亩）	耕地面积（亩）	集体收入（万元）
北横山一村	北横山	兴云镇、横山	176	955	323	510	0
北横山二村			217	870	440	730	2
北横山三村			110	758	625	907	0.5
朱王庄	朱王庄	杨家庄	133	808	349	961	3.2
孙　楼	孙　楼	王庄	338	1648	1221	3008	2
	邢　庄						
	花亭子						
	后小庄		94	402	82	505	0.3
金　山	金　山		170	773	492	976	0.9
柳树王	柳树王		280	1170	613	2404	2.4
韩　塘	韩　塘	葛沟	270	1223	987	1875	3.6
高　塘	高　塘	下官庄、高堂	150	760	369	1102	0.5
臧　桥	臧　桥		83	353	310	806	0
小王庄	小王庄		70	305	194	436	0
小桥头	小桥头		40	210	124	172	0
常　堡	常　堡		48	238	167	490	0
西赵庄	西赵庄	赵庄	173	671	550	1183	2
河南头	河南头		280	1513	1414	2918	0
张赵庄	张赵庄	张庄	130	772	270	911	0
南横山后村	南横山	田家疃	278	1040	1061	2321	0
南横山前村			265	1048	863	1629	0
兰陵东北隅	兰陵		280	860	773	579	300
兰陵西北隅			660	2050	1586	1183	32
兰陵西南隅			581	2635	766	1174	6
兰陵东南隅			300	1270	1185	2521	1
徐家庄	徐家庄		246	1120	675	1806	0.3
	晁家庄		100	470	100	465	1
埠　后	埠　后		520	1908	1095	2791	1
前烟头	前烟头	前渊头	224	1100	597	1018	0
后烟头	后烟头	后渊头	243	1031	1012	1661	2

续表 30—4

行政村	自然村	曾用名	户数（户）	人口（人）	占地面积（亩）	耕地面积（亩）	集体收入（万元）
杨　庄	杨　庄		192	928	321	1200	1
赵家庄	赵家庄		158	793	436	1468	0.6
王张庄	王张庄	南王庄	350	1757	622	1479	0
朱家堡	朱家堡		160	800	343	1843	0
田家庄	田家庄		152	760	345	616	0.2
宋家庄	宋家庄		138	646	356	964	0
桥　头	桥　头	张桥头	560	2800	1269	3937	0
任家庄	任家庄		60	250	83	245	0.8
黄家庄	黄家庄	万家庄	50	249	176	289	0
岔路口	岔路口	插柳口	216	800	338	1097	0
友期庄	友期庄	有期庄、谄鼓庄	370	1427	864	2406	0.3
小郭庄	小郭庄		180	765	382	1149	1
东横沟崖	东横沟崖		147	740	328	807	0.6
西横沟崖	西横沟崖		489	1800	1137	2356	27
王家艾曲后街	王家艾曲		246	1145	678	1545	2.2
王家艾曲前街			242	1128	485	1179	0
大苗家艾曲	大苗家艾曲	苗家艾曲	265	1393	695	1465	0
小苗家艾曲	小苗家艾曲		102	560	274	71	1.5
作字沟南	作字沟南		262	1518	414	889	0
作字沟北	作字沟北		371	1550	752	2190	2
张家艾曲	张家艾曲		156	846	292	779	1.1
李家艾曲	李家艾曲	李家巷	120	565	355	701	0
刘家艾曲	刘家艾曲		180	960	184	567	0
滩　上	滩　上		187	911	339	887	0
大郭家庄	大郭家庄	蔡家河湾	316	1623	893	1987	0
大刘庄	大刘庄	刘庄	236	1170	728	3372	0.5
前进村	前进村	新村	117	520	115	19.7	0.3
孟家楼	孟家楼	孟家庄	79	410	202	155	0.8

续表 30—4

行政村	自然村	曾用名	户数（户）	人口（人）	占地面积（亩）	耕地面积（亩）	集体收入（万元）
造律头	造律头	律条村	70	187	96	8	0.3
大王庄一村	大王庄		310	1576	916	1845	0
大王庄二村			172	945	385	290	0.5
大王庄三村			150	710	456	1859	1.6
小仲村南村	小仲村	萧冢村、小中村	768	3150	1740	3183	5
小仲村北村			400	1811	967	1998	1.2
林　屯	大林屯 小林屯	后屯	368	1630	669	1820	0.7
吴　村	吴　村		118	526	351	945	0
蔡　庙	蔡　庙	丁家集	219	1120	573	1486	0.2
崔宅子	崔宅子	崔家宅	82	300	216	369	0.5
赵　庄	赵　庄		130	560	330	718	1
马　屯	马　屯		110	605	492	1029	0
后朱楼	后朱楼	白家楼、朱楼	82	400	260	550	0
大庄子	大庄子	老庄子、马刘大庄	92	378	536	884	1.5
田家屯	田家屯	填坑、田坦	77	320	442	865	1
孙家屋	孙家屋		194	783	625	1569	5
前刘家	前刘家		118	450	438	968	4
丁家滩	丁家滩		151	624	880	2100	1
南杨庄	南杨庄	杨庄	96	421	301	874	0.5
顺　墩	顺　墩	粪堆	190	688	548	1769	0
蔡家庄	蔡家庄		87	340	375	898	4
刘河崖	刘河崖		91	386	595	663	1
陆　庄	陆　庄	陆家庄	130	628	527	1171	0
侯　宅	侯　宅		63	243	243	624	1.5
前黄墩	前黄墩	黄墩	230	980	756	2432	20
后黄墩	后黄墩		190	836	617	1781	0
车官庄	车官庄	赵官庄	216	900	850	1855	0
房家庄	房家庄	房林	238	1156	932	2367	1.2

续表 30—4

行政村	自然村	曾用名	户数（户）	人口（人）	占地面积（亩）	耕地面积（亩）	集体收入（万元）
大李庄	大李庄	陈家庄、李家官沟、李庄、李围子	468	2260	1208	3157	12
前朱楼	前朱楼		84	384	258	560	0
兴利村	兴利村	新村	80	410	183	636	0
潘王庄	潘王庄	平林镇、兴隆镇	540	2760	1374	5092	4
董　塘	董　塘	顺河庄、董堂	240	1126	957	2053	13.6
草　湖	草　湖		134	570	470	1186	8.8

附一：横山乡

原横山乡位于县境西南部，乡政府驻地为北横山，距县城23千米。北靠兴明乡，南与韩塘乡相连，西邻兰陵镇，东与南桥镇接壤，总面积30.5平方千米。郯薛公路横贯乡境。2000年，总人口23860人（6265户），其中非农业人口2497人，人口密度782.3人/平方千米。

乡境抗日战争前属临沂县。1940年属临沂县抗日民主政府。1944年属兰陵县。1947年属赵镈县。1948年属兰陵县。1953年属苍山县兰陵区。1958年年初，从兰陵区析出，建横山乡。同年秋，合并为兰陵人民公社。1962年复置横山人民公社。1965年合并为兰陵区。1975年，从兰陵人民公社析出，称横山人民公社。1984年改称横山乡，并析出部分村庄与兰陵镇析出的村庄组成韩塘乡。辖30个行政村，31个自然村。2001年并入兰陵镇。

乡境北高南低，除少数丘陵外，多数为平原。庙山为全乡最高，海拔94米。西泇河、运女河流经乡境。土壤以潮土、砂礓黑土为主，适宜种植小麦、玉米、水稻、大豆、棉花、蔬菜等。境内有丰富的矸土资源。金山镰刀自清初即享盛名，销往山东、安徽、江苏、河南等省。1996年，乡办企业有砖瓦厂、釉面砖厂、建安公司、农机修理、恒温库等，户办、联办企业有面粉厂、酒厂、农副产品加工、木材加工、水泥预制等。1996年，工业总产值2亿元，农业总产值7800万元，财政收入1434146元，人均纯收入1708元。1999年，农民人均纯收入2030元，2000年达到2062元。

2000年，村村通汽车，村村通电话，通电户6000户，通电话户700户。

1984年，有中学1所，联中4所，小学30所，在校学生2273人。1996年，全乡有中学1所，小学7所，教师215人，在校学生4336人。

1984年，有乡卫生院1所，卫生室28个，医务人员35人。1996年，乡卫生院1所，卫生室4个，医务人员33人。全乡各类技术人员320人。2000年，有卫生院1所，村级卫生室5个，乡村医生13人。

1984年总人口20409人，1996年23583人，2000年23860人。1996年，计划生育率100%，人口自然增长率为2.4‰。2000年，女性初婚晚婚率96.1%，人口出生率8.28‰，出生性别比为114，死亡率5.51‰，自然增长率2.77‰。

2000年横山乡村庄情况表

表30—5

行政村	自然村	行政村	自然村
北横山一村	北横山	横路口	横路口
北横山一村		王坊前	王坊前
北横山一村		赵坊前	赵坊前
刘岗子	刘岗子		蔡　庄
张岗子	张岗子	狄　庄	狄　庄
小李庄	小李庄	耿　庄	耿　庄
周岗子	周岗子	彭　园	彭　园
金　山	金　山	公　庄	公　庄
沟　南	沟　南	小魏庄	小魏庄
后小庄	后小庄	孙　楼	孙　楼
前烟头	前烟头		邢　庄
杨　庄	杨　庄		花亭子
于官庄东村	于官庄	欧家屯	欧家屯
于官庄西村		后孙庄	后孙庄
后张庄	后张庄		齐　庄
前孙村	前孙村	杜家庄	杜家庄
沈坊前	沈坊前	泇西村	泇西村

附二：韩塘乡

原韩塘乡位于县境西南部，乡政府驻地韩塘，距县城37千米。北靠兰陵镇、横山乡，南与江苏邳州市邢楼乡相连，西和枣庄市底阁镇毗邻，东与南桥镇接壤。境内有兰（陵）韩（塘）公路，全长4.2千米。境域东西最大横距8.7千米，南北最大纵距6.75千米，总面积52.3平方千米。2000年，总人口26380人，6833户，其中非农业人口809人，人口密度504.4人/平方千米。

乡境抗日战争前属临沂县。1940年属临沂县抗日民主政府。1944年属兰陵县。1948年属兰陵县横山区。1953年属苍山县横山区。1958年年初属横山乡，秋并入兰陵人民公社。1962年属横山人民公社。1965年并入兰陵区。1975年属横山人民公社。1984年，从兰陵、横山2人民公社析出，建韩塘乡。辖39个行政村，38个自然村。2001年并入兰陵镇。

乡境地势东北高、西南低，除东北部有一小山南横山外，均系平原。一般海拔40多米。境内有西泇河、浏沟子河、运女河、陶沟河及4大沟。西泇河从南横山流入，至董塘村流入江苏境内。运女河从高塘流入，由河南头流出境外，境内长5千米。陶沟河由丁滩流入江苏境内。全乡耕地面积3200公顷，植被面积1000公顷。土壤以砂礓黑土、黑潮土为主，砂礓黑土占全乡耕地面积的85%，适宜种植小麦、玉米、地瓜、大豆、花生、棉花、蔬菜等农作物。1984年，粮食单产295千克，总产15865吨。农机动力1184千瓦，机耕面积22%。境内石膏石资源丰富，1984年有田屯石膏矿。1996年，全乡乡办、联办、个体办企业260多家，从业人员2100人。骨干企业有华鲁石膏集团、塑料薄膜、石膏天花板、面粉加工等，有石膏、建筑石膏粉、食用石膏粉、医药石膏粉、普通石膏粉等产品。1996年，四级企业总产值25708万元，利税3313万元。农民人均纯收入1780元。有运输车辆420台。2000年，农业总产值9000万元。1999年，农民人均纯收入2085元，2000年达到2196元。

1987年，50门交换机组并入县电话网，1995年开通光缆直拨电话。2000年，村村通汽车，村村通电话，通电户5269户，通电话户619户。

1984年，有农中1所，联中4所，小学35所，在校学生3653人。有文化站1处，电影放映队5个。1996年，全乡有小学13所，中学1所，教师252人，在校学生4170人，有成教中心、中心幼儿园、文化站各1处，电影队1个。

1984年，有乡村卫生室12个，医务人员22人。1996年，有乡卫生院1所，病床21张，医务人员18人；村卫生室10个，医务人员32人。2000年，有卫生院1个，村级卫生室24个，甲级卫生室10个，乡村医生26人，卫生员6人。1984年，总人口20972人。1996年24480人，其中农业人口23864人，非农业人口616人。2000年26380人。1996年，计划生育率100%，人口自然增长率为2.6‰。2000年，女性初婚晚婚率95.6%，人口出生率10.35‰，出生性别比为177，死亡率5.08‰，自然增长率5.27‰。

南横山村北，有明朝御葬林，墓主为王守正。（详见文化 体育 旅游编）

2000年韩塘乡村庄情况

表30—6

行政村	自然村	行政村	自然村
韩　塘	韩　塘	柳树王	柳树王
马　屯	马　屯	南横山前村	南横山
吴　村	吴　村	南横山后村	
赵　庄	赵　庄	东官庄	东官庄
后朱楼	后朱楼	前朱楼	前朱楼
潘王庄	潘王庄	崔宅子	崔宅子
高　塘	高　塘	小王庄	小王庄
蔡　庙	蔡　庙	小桥头	小桥头
常　堡	常　堡	张赵庄	张赵庄
草　湖	草　湖	河南头	河南头
董　塘	董　塘	房家庄	房家庄

续表 30—6

行政村	自然村	行政村	自然村
后黄墩	后黄墩	前黄墩	前黄墩
孙家屋	孙家屋	侯　宅	侯　宅
丁家滩	丁家滩	刘河崖	刘河崖
田家屯	田家屯	大庄子	大庄子
顺　墩	顺　墩	前刘家	前刘家
蔡家庄	蔡家庄	南杨庄	南杨庄
臧　桥	臧　桥	兴利村	兴利村
陆　庄	陆　庄	西赵庄	西赵庄
大李庄	大李庄		

大仲村镇

自然地理

大仲村镇地处县境北部，镇政府驻地大仲村，距县城 18 千米。东接沂堂镇，西靠车辋镇，南连卞庄街道和贾庄乡，北邻矿坑镇和费县马庄镇。境内 229 省道、沂王路、沂流路等公路纵横交汇，临（沂）枣（庄）铁路穿境而过。2010 年，镇境东西最大横距 26 千米，南北最大纵距 18 千米。土地面积 151 平方千米，耕地面积 9354.13 公顷，年末常用耕地面积 6738.53 公顷。地势西北高东南低，西部多为山地丘陵，东部以平原为主，平均海拔约 45 米，自然比降为 0.08%。有大小山头 25 座。水资源丰富，河流、水库较多，有东洳河、馆里河、柳河、流井河等河流，小（二）型水库 4 座，塘坝 22 座。地下水主要分布在第四系砂层中，西部地下水埋藏较深，存在人畜饮水困难，东部普遍埋藏浅，质量好，适宜开发利用。土壤分棕壤、潮土、砂礓黑土 3 类。农作物主要有小麦、玉米、地瓜、高粱、谷子、大豆、花生、烟草、蔬菜等。矿产资源丰富，有铁、煤、石灰石、石英砂、铝矾土等 20 多种。

建置沿革

镇境明、清、民国前期属费县，抗日战争前分属临沂县、费县。1941 年属边联县。1944 年属赵镈县。1947 年属苍山县。1950 年称仲村区（3 区）。1958 年年初称仲村乡，秋称仲村人民公社。1965 年称仲村区。1971 年称仲村人民公社。1981 年改称大仲村人民公社。1984 年改称大仲村镇。2001 年，原流井乡并入大仲村镇。2002 年被列为第一批省级中心镇，2006 年通过创建省级环境优美乡镇验收，2008 年被评为省级文明生态示范镇。

2010 年，全镇辖 67 个行政村，81 个自然村，总人口 85943 人，19827 户，人口密度 569.16 人／平方千米。

经济概况

1984 年，农业总产值 2600 万元。1996 年，工农业总产值 2.4 亿元，其中工业总产值 2.1 亿元；实现利税 890 万元，财政收入 298 万元，人均纯收入 1726 元，居民存款 4200 万元，人均住房面积 19 平方米。2006 年，地区生产总值 6.18 亿元，工农业生产总值 4.38 亿元，全社会固定资产投入 8500 万元，农民人均纯收入 3760 元。2010 年，地区生产总值 14 亿元，规模以上固定资产投资1.56亿元，招商引资1.05亿元，地方财政收入731万元，农民人均纯收入7072元。

农业　1984年，粮食亩产334.5千克，总产27485吨，农业总产值2600万元。有淡竹园25公顷，拖拉机94部，农机总动力4767千瓦。

1996年，粮食亩产407千克，总产28947吨；地瓜种植面积1119公顷，产瓜干8862吨；花生330公顷，总产1498吨；金银花100万墩，种植果园333.3公顷、蔬菜1000公顷。有鱼塘10.7公顷，利用河道网箱养鱼，年产鱼11吨；有水闸6处，机井41眼，电灌站38处，可灌溉面积1466.7公顷。有竹园25公顷，经济林346.6公顷，农田林网400公顷，林木覆盖率15%。1996年，拥有农机总动力2194千瓦，其中拖拉机279台，农用车辆659部，机耕面积占85%。2000年后，按照“一村一品”的发展思路，形成以大蒜、大姜、大棚蔬菜、黄烟、黑木耳、丰水梨、池田藕、优质林果和豆腐干、粉条加工为代表的高效农业发展新格局。

2006年，粮食亩产363千克，总产26735吨，发展农业示范基地4个，培育专业村23个，发展林果1600公顷，大姜333.3公顷，大蒜533.3公顷，烟草200公顷，大棚菜及露地菜800公顷，优质地膜花生2666.7公顷。投资1500余万元在西部山区放马岭流域实施省级扶贫开发项目，栽植杨树丰产林133.3公顷，经济林果200公顷。盛产黄金丰水梨、蜜桃、山楂、板栗、杏、核桃等，果品年产量2万吨以上。所产黄金丰水梨色泽鲜艳，肉质细嫩、爽脆，果汁丰沛、口感佳，有“丰水梨之乡”之誉。2006年，投资30万元完成下流井拦河坝和柳河灌渠整修工程，投资36万元修建2处风力提水项目，投资500万元修建各种桥、涵、闸22座，铺设地下管道1万米，开挖河道5000余米，修建、加固拦水坝6处，完成打井配套12眼，整修水渠3000米。

2010年，全镇种植烟草200公顷，收获烤烟9700担，销售收入650万元，实现财政增收260万元，被评为全省烟叶生产先进乡镇。发展金银花种植240公顷，产出金银花150多吨，销售收入3000万元。种植黑木耳166.7公顷，产出1000吨，产值4000万元。新建沼气池67个，生态循环养殖小区5个，被评为全市沼气建设先进乡镇。粮食作物播种5325.6公顷，亩产402.1千克，总产32124吨，其中小麦12956吨，玉米6728吨，谷子347吨，高粱278吨，豆类641吨，薯类11175吨；油料总产6946吨，播种1656.5公顷；蔬菜总产149372吨，种植2826.8公顷；瓜类总产4064吨，播种78.8公顷。畜牧业以猪、羊、家禽为主，1996年—2010年，共发展养殖户660户、养殖专业村12个、养殖示范基地8处、生产加工企业3家。2010年，生猪饲养量4.1万头，年末存栏2.3万头；羊饲养量0.88万只，年末存栏0.6万只；家禽年饲养量99.6万只。

图30—6　千亩黄金丰水梨梨花盛开

二、三产业　1984年，镇办企业有农机装配、采矿、建筑材料、粮油加工等20多个项目。1996年，镇办、村办企业7家，个体私营企业439家；骨干企业有建筑公司、地毯厂、肉联厂、皮革厂、绿源食品厂、恒温库、粉条加工厂等。1996年，建筑企业2家，从业人员120多人，年建筑安装产值200万元；个体运输户800户，从业人员1600人；饮食服务业8处，从业人员 40 人，年营业额 200 万元；商业企业 4 家。2006 年，建筑工程队 5 个，从业人员 400 人，年建筑安装产值 1000 万元以上；个体运输户发展到 2000 多户，从业人员 4000 多人，年产值 5000 多万元，逐步形成板材、建材、蔬菜、果品四大运输体系；饮食服务业发展到 32 处，从业人员 180 人，年营业额 600 万元，形成以大宗山会仙居和金水湖金泉山庄为龙头，集饮食、休闲、娱乐为一体的综合服务网络；商业企业 16 家，从业人员 1200 人，实现利润 2000 万元。2010 年，有商业网点 127 家，城乡集贸市场 9 个。有各类工业企业 115 家，规模以上企业 17 家，蔬菜食品冷藏加工 46 家，建材板材 64 家，新行业 5 家，临沂华宸陶瓷有限公司、苍山县远方陆宁建材有限公司、兴发石材等公司迅速崛起，为工业发展注入新动力。蔬菜食品冷藏加工、陶瓷产品、建材板材三大主导产业初步形成，2010 年实现营业收入 4.2 亿元，利税 4000 万元。全镇共有私营企业和个体工商户 3830 家，从业人员 1.2 万人，固定资产超过 3.6 亿元，实现利税 3000 万元。

村镇建设

2000 年—2010 年，按照城市规划，相继完成东环路、北环路、莲花山街等城镇道路拓宽改造，启动仲村社区新农村建设改造工程，实施河西商贸小区、森木商贸小区、中心初中商品楼、供销超市大楼、国税局商品楼、镇机关沿街商品楼、镇机关行政办公楼、计生委服务楼、信用社大楼、烟站办公楼等工程，完成东环路、北环路中心街等绿化提升工程。引导村居投资 620 万元，实施村庄“一路一街”“五化”工程，硬化道路 32.9 千米，绿化 8.6 万平方米，粉刷墙体 10.8 万平方米。2010 年，自来水受益村 58 个。有镇文化站 1 处，村级文化活动中心 81 处，各类图书室 23 个，藏书 18 万余册。有线电视用户 1.8 万户，入户率 90.3%。有邮政支局 1 处，代办所 14 处。金融机构 2 家。电信服务网点 21 个，固定电话用户 0.9 万户，电话普及率 96%；移动电话用户 3.2 万户，互联网用户 8900 户。镇客运站辖大仲村客运和流井客运 2 个车站，日发客车 80 班次，日均容量 2500 余人次。供电所 1 处，有变电站 1 座。自来水厂建于 2001 年，共有深水井 8 眼及成套净化设备，年供水 3.4 万立方米。镇驻地共有花池 120 个，绿化面积 1.3 万平方米，绿化苗木 3 万余棵。

教育

1984 年，有完全中学 1 所，联中 5 所，小学 46 所，在校学生 5700 人，儿童入学率 94%。1996 年，有中学 1 所，在校生 2256 人；完全小学 23 所，初级小学 9 所，在校生 7205 人；教师 446 人，其中高级职称 4 人，中级职称 69 人，初级职称 141 人。1996 年—2006 年，投资 800 万元新建石坑、向阳、石曲、大吴宅、全球通、月亮湾、大冶、柳河海树、寨子、城子、韩庄、念沂庄、陡沟庄、保合庄 14 所小学，改建中心小学、馆里、金桥、流井、胡家庄 5 所小学和流井中学。投资 50 万元配备电视、电脑等教学设备。2010 年，共有中学 2 所，在校生 1680 人，适龄生入学率 99%；小学 19 所，在校生 3940 人，入学率 100%；幼儿园 10 所，入园幼儿 1628 人，入园率 80%。共有教职工 529 人。

医疗卫生

1984 年，有镇办卫生院 1 所，各类医护人员 90 多名。1996 年，卫生院设有 15 个科室，病床 46 张，全院职工 72 人，诊所 33 个，儿童免疫覆盖率 98%。2006 年，投资 200 万元，改造中心卫生院。2010 年，村级卫生室发展到 76 处，卫生技术人员 136 人，其中镇卫生院有专业人员 82 人，药库 1 所，固定资产 500 万元，每年接受门诊病人 6 万人次。有床位 340 张，每万人拥有病床 36.2 张。2010 年，新农合参保率 100%，全年共报销医疗费用 324.6 万元。

人口和计划生育

1984 年总人口 45934 人，1996 年 51610 人，

2002 年 77405 人，2006 年 78549 人，2010 年 85943 人。2006 年，全镇人口自然增长率控制在 1.7‰左右。晚婚晚育率达到 90% 以上，优生检测率达 98% 以上，出生缺陷干预率 90%，孕期保健服务率 95%，病残儿家庭再生育优生监护率 100%，出生缺陷发生率控制在 6‰。2006 年，镇村两级共投资 76 万元完善计生服务设备设施，投资 120 万元按照国家计生委设计图纸和要求建设建筑面积 1330 平方米的计划生育服务大楼 1 幢，为育龄妇女服务和教育培训提供良好环境。

社会事业

1996 年—2006 年，发放各类救助物资折合 20 万元，救济困难户 560 多户，供养五保、孤寡老人 520 人；对 156 名烈、军、荣、残优抚对象累计发放优抚经费 10 万余元，发放临时补助款 3 万元。2010 年，全面实施农村居民最低生活保障制度，共发放低保资金 99 万元，发放军烈荣残补助 52.3 万元，发放五保供养资金 14.8 万元，发放其它救助补助 21.4 万元；扶助残疾人建房 2 处，救助困难大学生 5 名，补发、换发残疾证 223 人，免费做白内障手术 60 例。深入实施城镇社会养老保险扩面工作，办理养老保险 365 份，征缴扩面金额 696 万元。共发放小麦补贴、农机补贴、良种补贴、家电下乡、汽车摩托车下乡等补贴资金 730 余万元。

历史文化

大仲村镇历史悠久，文化璀璨，境内有吴王汉墓、城子遗址、普佛寺遗址、天齐庙遗址等。境内山水秀丽，温泉众多，柳河、涝坡温泉东西相依，常年水温保持在 16 摄氏度，水质优良，含有锌、锶、偏硅酸、硒等多种矿物质和微量元素。以朗公寺为中心的大宗山旅游风景区闻名遐迩。大仲村蓝印花布是民间曾广为流传的古老手工印花织物，在民间艺术中独树一帜。2006 年，大仲村镇依托蓝印花布被省文化厅命名为“山东省民间艺术（染织）之乡”。

图 30—7　朗公寺清水湖

镇政府驻地西北 8 千米、殷家馆村西 1.5 千米处有殷家馆汉墓，墓地南北走向，南北长 120 米，东西长 110 米。镇驻地西北 2 千米、大吴宅村南 500 米处有大吴宅汉墓，墓地南北长 30 米，东西宽 50 米，封土 1 米。为汉代尢王墓葬，内有精美画像石刻。1979 年被列为县级重点保护文物。镇驻地南 2.5 千米、东城子村河北岸有东城子古文化遗址。遗址系长方形，东西长 200 米，南北宽 150 米，高出地面 3 米，为泥土堆积而成，曾有陶器、铜箭头、铜钱等出土。

地名源流

大仲村　相传建村于明朝永乐年间（1403—1424）。因聚落中有一大冢，故名大冢村，清初易名为大仲村。新中国成立后，为区、乡、人民公社驻地。1984 年起为镇政府驻地。

石　坑　据《王氏家谱》记载：“前明洪武六年，自孔庄迁居此地。”即建村于 1373 年。因聚落处有一山泉，名村水泉庄。清乾隆年间（1736—1795），因村中修庙和建佛塔时，凿石形成一大坑，遂易为今名。

龙泉庄　相传建村于明崇祯元年（1628 年）。因高姓先居于此，名村高家庄。1980 年全县地名普查时，因县内村庄重名，更为今名。

石　曲　旧《费县志》记为石渠。据《崔氏宗谱》记载：“前明永乐二年，自山西省洪洞县喜鹊窝迁居此地。”即建村于 1404 年。因聚落东南奶奶山下，有一石曲庙，名村石曲。聚落

分成东、西、中3处，称东石曲、西石曲、中石曲。

庙　疃　据明崇祯十七年（1644年）所立庙碑推断，建村于天启年间（1621—1627）。因缪姓先居于此，名村缪疃。后缪姓渐少，袁、赵等姓迁入后，以袁姓为主建庙一座，遂以庙名村，易为今名。

兰凤窝　据清康熙元年（1662年）所立庙碑推断，建村于清朝初年。因聚落前有青凤岭，后有凤凰山，传为鸾凤鸟栖息处，名村鸾凤窝。后书写为今名。

白彦庄　据明洪熙元年（1425年）所立墓碑推断，建村于永乐初年。相传，王氏始祖由山西洪洞县喜鹊窝迁此定居后，当年秋天，在地里落了数百只白雁，名村白雁庄。后书写为今名。

念沂庄　据《程氏家谱》记载："前明永乐二年，自山西洪洞县喜鹊窝迁居此地。"即建村于1404年。原名青云村。因建砖窑，村址迁移。为纪念原址，易名念云庄。清朝末年，改称今名。

胡沿庄　相传，建村于明朝末年。原名聚钱庄。村中一许某因私造钱币，受到灭村惩罚，聚落成为焦土。后人重建家园，名村煳焰庄。清朝末年，书写为今名。

陡沟庄　据明崇祯十四年（1641年）所立墓碑记载，建村于天启年间（1621—1627）。相传，初因周、顾两姓先居于此，名村周顾庄。后以聚落北依山，南有条小河，易名陡沟峪。清朝末年，改称今名。

城　子　相传建村于唐贞观年间（627—649）。聚落处古城址旁，因朱姓先居于此，名村朱家城。后聚落分成南北两处，1956年始称大城子、小城子。

涝　坡　相传建村于明天启年间（1621—1627）。因聚落处遍植杏树，名村杏花村。清道光末年，因聚落处两山岭下，地势低洼，积水成涝，遂易为今名。

柳　河　据《宋氏家谱》记载，建村于清朝初年。因聚落中有条小河，两岸遍植柳树，名村柳河。

栗　园　据《王氏家谱》记载，栗园之名始于明崇祯年间（1628—1644）。因聚落处多植栗树，故名。

小官庄　据《张氏宗谱》记载："明崇祯十二年七世祖自南桥迁居来此。"即建村于1639年。初因张姓先居于此，名村张庄。后因村中有为官者，遂称今名。

小徐庄　据《徐氏家谱》记载："大清光绪五年徐姓迁居，取名南庄。"即建村于1879年。后因徐姓居多，易名徐家庄。1980年全县地名普查时，因县内村庄重名，更为今名。

北刘庄　相传建村于清朝初年。因刘姓先居于此，名村刘家庄。1980年全县地名普查时，因县内村庄重名，更为今名。

北邱庄　据碑碣记载，建村于清顺治元年（1644年）。因邱姓先居于此，名村邱庄。新中国成立后，因与南邱庄对应，遂称今名。

北孟庄　据《孟氏家谱》记载，建村于宋绍兴元年（1131年）。因孟姓先居于此，名村孟庄。1980年全县地名普查时，因县内村庄重名，更为今名。

北韩庄　相传建村于清朝初年。因韩姓先居于此，名村韩庄。后聚落分成南北两处，以与南韩庄对应，1964年始称今名。

代家庄　据碑碣记载，代家庄之名始于明朝末年。代、张两姓由费县城庄迁居于此，因代姓居多，故名。

孙家馆　相传孙家馆之名始于唐贞观年间（627—649）。因聚落为孙姓聚居处，且与黄家馆毗邻，故名。

西辛庄　据清同治六年（1867年）立的碑碣记载，建村于咸丰年间（1851—1861）。因辛姓先居于此，名村中辛庄。后因与东辛庄对应，遂称今名。

刘家宅　相传刘家宅之名始于清康熙元年

(1662年)。因刘姓先居于此，故名。

李家庄　相传李家庄之名始于明崇祯年间(1628—1644)。因李姓先居于此，故名。

吴　宅　据碑碣记载，建村于南北朝末年。因吴、翟两姓先居于此，名村吴翟村。明朝初年，村中部分居民迁居于东泇河南岸，形成新的聚落，名村小吴翟，河北的吴翟称大吴翟。后书写为大吴宅、小吴宅。

吴宅圈　据清顺治四年（1647年）所立墓碑推断，建村于明崇祯年间（1628—1644）。相传，董姓母子二人逃荒至此定居，后渐成聚落，名村董凤庄。后因村后的小河绕村南流，且吴姓居多，易为今名。

林官庄　据明弘治年间(1488—1505)所立墓碑推断，建村于成化年间（1465—1487)，原名省正村。清康熙年间（1662—1722)，将西北湖、有宅及该村合并为一个村，归沂州直接管辖，故称归沂官庄。后因林姓居多，易为今名。

南邱庄　据碑碣记载，建村于明宣德年间(1426—1435)。因邱姓先居于此，名村邱庄。新中国成立后，因与北邱庄对应，遂称今名。

南韩庄　新中国成立后，由北韩庄析出。聚落与北韩庄隔东泇河相对，1964年始称今名。

胡家庄　相传胡家庄之名始于明永乐年间(1403—1424)。因胡姓先居于此，故名。

姚　庄　据《张氏家谱》记载，建村于明洪武五年(1372年)。原名任治官庄。清乾隆三年(1738年)，刘姓迁此建窑，遂易名窑庄。后书写为姚庄。聚落分成前后两处，称前姚庄、后姚庄。

陶　屯　据陶氏谱碑记载："前明永乐二年自山西洪洞县喜鹊窝迁居于此。"即建村于1404年。因陶姓先居于此，故名。

胜　庄　据盛氏祖碑记载，建村于元朝末年。因盛姓先居于此，名村盛庄。后书写为今名。

索　村　据《索氏家谱》记载："始祖于前明自山西洪洞县喜鹊窝迁此。"即建村于明朝初年。相传，一官吏回故乡祭祖经此，连声赞美该地风景，后渐成聚落，名村谷子屯。清朝初年，因索姓居多，易名索家村。新中国成立后，简称今名。

殷家馆　据碑碣记载，建村于清朝初年。原名李宅、西官庄。后因殷姓居多，且与黄家馆毗邻，易为今名。

梁家屯　据明永乐二十二年（1424年）所立墓碑推断，建村于永乐初年。因梁姓先居于此，故名。

黄家馆　相传建村于唐贞观年间（627—649)。因征战时留下部分官兵在此居住，以黄姓为首，盖有几座楼房，名村黄家馆。

黄家馆河北　相传黄家馆河北之名始于明朝初年，因聚落由黄家馆析出，且南有东泇河自西向东从两村之间穿过，故名。

康　庄　据《康氏宗谱》记载："前明永乐四年自北京迁居至此。"即建村于1406年。因康姓先居于此，名村康庄。后聚落分成东西两处，称东康庄、西康庄。

大　泉　相传大泉之名始于清朝初年。因聚落处东泇河支流上游，河中有泉，故名。

马　山　据明泰昌元年（1620年）所立墓碑推断，建村于万历初年。原名义和庄。后因缺水，聚落由山西部迁至马山前，遂以山名村。

沂　沟　据宋氏谱碑记载："宋氏始祖于明弘治十八年自长新桥迁居至此。"即建村于1505年。聚落中有一大沟，向西通东泇河。夏季河水上涨，逆流溢出沟中，名溢沟。聚落沿溢沟南北分布，沟南称前溢沟，沟北称后溢沟。后书写为前沂沟、后沂沟。

茶子山　相传茶子山之名始于清乾隆八年(1743年)。聚落处茶子山东麓。以山名村。

泉　汪　相传泉汪之名始于清宣统年间(1909—1911)。因聚落周围多泉，故名。

流　井　相传建村于唐朝末年。原名官庄。明永乐年间（1403—1424)，因聚落西有一井，每逢夏季井水外溢，易名流井官庄。后简称流井。聚落分成上、下两处，称上流井、下流井。

下流井，1971 年—1984 年 4 月为流井公社驻地，1984 年 4 月—2001 年 1 月为流井乡驻地。

绿　庄　相传建村于清乾隆年间（1736—1795）。因聚落濒临东洳河，河水深绿，名村绿漪庄。后为读写方便，遂称今名。

金桥屯　据《王氏宗谱》记载："前明永乐二年自山西洪洞县喜鹊窝迁居此地。"即建村于1404 年。相传，村西东洳河支流上建一桥，畅通南北，名桥京桥。以桥名村京桥屯。因在附近采矿，1958 年易为今名。

城　子　相传建村于春秋时期。因聚落处商周古城遗址上，名村城子。明崇祯年间(1628—1644)，村西形成两个聚落。西边的聚落，初因卜姓先居于此，名村卜庄。后因与城子毗邻，易名西城子。中间一聚落，则称中城子。原城子遂称东城子。

郁家杭　相传明崇祯十一年（1638 年）正月十二日，费县东流社社长陪同费县知县视察于此，村民遂取村名为御驾行（行 xíng，后人因多音字多读为 háng）。后来书写时，改成今名。

陶主院　宋政和六年（1116 年），智从在陶砫山建普佛寺。至明朱厚熜幼时不肯受王宫约束，逃到普佛寺，被掌门收养管教，后来成为皇帝，故用"逃主"之意取村名陶砫院，后易为今名。

祖居庄　相传建村于清康熙四年(1665 年)。因聚落处古老，名村祖宗庄。（一说因为该村丰衣足食，名村足衣庄。）后书写为今名。

立营庄　相传村前南岭有一古寺，寺中和尚作恶多端，唐朝大将薛礼东征经过此地，烧死作恶和尚。后人把薛礼安营扎寨的隶隶庄改为立营庄。

大　冶　相传建村于元至正年间（1341—1368）。初无村名。明朝初年，官府在此冶铁，遂名村大冶。1916 年版《临沂县志》记载："县西有村大冶。村西有顽铁如柱，挺然立于地上，拔之不出，摇之辄动，土人神之，无敢动者。按，村名大冶，自是古时冶铁之所。此铁必鼓铸所遗，何以作此状，不可考也。"1935 年版《续修临沂县志》记载："大冶，熟铁露出土上，即所称大冶神铁者也。但非天产，其地是否产铁，尚属疑问。"明、清时，为大冶集。村西东洳河上，有宋代所建石桥一座，后称大冶桥。明万历十九年（1591 年）重修，现已废圮。当地人把大冶读作 dàiyé。

2010 年大仲村镇村庄基本情况

表 30—7

行政村	自然村	曾用名	户数（户）	人口（人）	占地面积（亩）	耕地面积（亩）	集体收入（万元）
大仲村	大仲村	大冢村	707	2501	282.8	1999	—
河　西	河　西		420	1527	168	1300	—
大吴宅	大吴宅	大吴翟	682	2858	272.8	2865	—
小吴宅	小吴宅	小吴翟	229	1021	91.6	920	—
金桥屯	金桥屯	京桥、京桥屯	462	2184	184.8	1990	—
泉　汪	泉　汪		92	324	36.8	350	—
车　庄	车　庄		672	2550	268.8	3300	—
马　山	马　山	义和庄	506	1933	202.4	2046	—

续表 30—7

行政村	自然村	曾用名	户数（户）	人口（人）	占地面积（亩）	耕地面积（亩）	集体收入（万元）
陶　屯	陶　屯		278	1104	111.2	1076	—
东辛庄	东辛庄		82	314	32.8	328	—
梁家屯	梁家屯		169	682	67.6	500	—
龙泉庄	龙泉庄	高家庄	220	851	88	993	—
沂　沟	前沂沟	前溢沟	140	520	56	441	—
	后沂沟	后溢沟	150	550	60	387	—
永安村	永安村	徐家庄	131	477	52.4	325	—
东　圩	东　圩		136	483	54.4	329	—
涝　坡	涝　坡	杏花村	296	1086	118.4	840	—
索　村	索　村	谷子屯 索家村	490	1816	196	1116	—
大　冶	大　冶		388	1591	155.2	1950	—
埠　东	埠　东		301	1155	120.4	1400	—
林官庄	林官庄	省正村 归沂官庄	364	1520	145.6	1780	—
乐沂官庄	乐沂官庄		293	1277	117.2	1610	—
金城村	东城子	城子	225	840	90	500	—
	中城子		196	813	78.4	616	—
	西城子	卜庄	199	790	79.6	690	—
西寨子	西寨子		415	1532	166	1449	—
庙　疃	庙　疃	缪疃	250	974	100	718	—
绿　庄	绿　庄	绿漪庄	98	350	39.2	294	—
兰凤窝	兰凤窝	鸾凤窝	230	851	92	916	—
任合村	任　庄		130	456	52	550	—
	后　岭		141	536	56.4	620	—
现　庄	现　庄		371	1430	148.4	1465	—
石　坑	石　坑	水泉庄	404	1567	161.6	1424	—

续表 30—7

行政村	自然村	曾用名	户数（户）	人口（人）	占地面积（亩）	耕地面积（亩）	集体收入（万元）
康　庄	东康庄	康庄	200	745	80	724	—
	西康庄		117	384	46.8	300	—
	小东湖		73	260	29.2	210	—
念沂庄	念沂庄	青云村 念云庄	275	1030	110	1058	—
胡家庄	胡家庄		383	1415	153.2	2383	—
	白彦庄	白雁庄	81	293	32.4	270	—
陶主院	陶主院	陶砫院	81	340	32.4	320	—
小官庄	小官庄	张庄	162	572	64.8	420	—
陡沟庄	陡沟庄	周顾庄 陡沟峪	274	1061	109.6	1300	—
西南哨	西南哨		159	599	63.6	578	—
向阳庄	向阳庄	神佑庄	404	1479	161.6	1596	—
西辛庄	西辛庄	中辛庄	162	575	64.8	639	—
吴宅圈	吴宅圈	董凤庄	81	415	32.4	329	—
石　曲	东石曲	石曲、石渠	219	875	87.6	875	—
	中石曲		230	653	92	775	—
	西石曲		232	864	92.8	965	—
上流井	上流井	官庄 流井官庄	197	628	78.8	800	—
下流井	下流井		498	1834	199.2	2381	—
荆山后	荆山后		211	728	84.4	500	—
荆　山	荆山前	沙埠庄	107	346	42.8	450	—
	团　结		80	281	32	140	—
黄家馆	黄家馆		266	916	106.4	900	—
	黄家馆河北		125	460	50	330	—
北邱庄	北邱庄	邱庄	201	649	80.4	700	—
北孟庄	北孟庄	孟庄	141	485	56.4	350	—
北刘庄	北刘庄	刘家庄	119	424	47.6	370	—

续表 30—7

行政村	自然村	曾用名	户数（户）	人口（人）	占地面积（亩）	耕地面积（亩）	集体收入（万元）
殷家馆	殷家馆	李宅、西官庄	254	959	101.6	750	—
胜　庄	胜　庄	盛庄	322	1163	128.8	1200	—
祖居庄	祖居庄	祖宗庄	225	856	90	970	—
立营庄	立营庄	隶隶庄	138	451	55.2	500	—
韩　庄	南韩庄		79	278	31.6	370	—
	北韩庄	韩庄	290	908	116	990	—
保合庄	保合庄		539	2014	215.6	2198	—
郁家杭	郁家杭	御驾行	185	682	74	700	—
驻城村	大城子	朱家城、城子	207	716	82.8	600	—
	小城子		103	375	41.2	300	—
南邱庄	南邱庄	邱庄	236	775	94.4	904	—
后姚庄	后姚庄	任治官庄、窑庄、姚庄	229	758	91.6	900	—
前姚庄	前姚庄		134	424	53.6	500	—
柳　河	柳　河		214	802	85.6	915	—
栗　园	栗　园		256	994	102.4	960	—
北码头	北码头		200	731	80	350	—
小徐庄	小徐庄	南庄、徐家庄	103	357	41.2	354	—
茶子山	茶子山		315	1022	126	1100	—
代家庄	代家庄		189	600	75.6	400	—
	胡沿庄	聚钱庄、烟焰庄	42	133	16.8	150	—
孙家馆	孙家馆		199	718	79.6	700	—
刘家宅	刘家宅		126	436	50.4	348	—

附：流井乡

原流井乡位于县境西北部，乡政府驻地为下流井，距县城21千米。南与车辋镇、贾庄乡相连，西接甘霖乡，东和大仲村镇、矿坑乡毗邻，北靠费县。城乡公路穿过乡境。2000年，境域东西最大横距11.9千米，南北最大纵距16.63千米，总面积66.4平方千米，总人口23825人（6782户），其中非农业人口1031人，人口密度358.81人/平方千米。

乡境抗日战争前分属临沂县、费县。1941

年属边联县。1944年属赵镈县。1950年属苍山县甘霖区。1958年年初建流井乡。同年秋，合并为甘霖人民公社。1963年从甘霖人民公社析出，称流井人民公社。1965年并入车辋区。1971年从车辋区析出，复称流井人民公社。1984年改称流井乡。辖32个行政村，33个自然村。2001年并入大仲村镇。

乡境属丘陵地带，地势西北高东南低，一般海拔75米以上。南、北、西三面群山环绕，有大小山头13座。其中，黄山为全乡最高，海拔305米。境内有馆里河、柳河、流井河3条河流。馆里河为东洳河源头，境内流程13.7千米，流入马庄水库。柳河长8千米，流入长新桥水库。流井河长5千米，流入马庄水库。另有小型水库3座，机井15眼，塘坝25座，扬水站16座，可供农田灌溉。全乡山地面积2400公顷，丘陵面积3372公顷，山间平原面积173.2公顷，裸石地733公顷。可耕地面积1901公顷，占33.76%。土壤分褐土、棕壤2类，褐土占70.9%。宜种植地瓜、谷子、花生、芝麻、黄烟、绿豆和少量的小麦、玉米、棉花之类，土特产有金银花、花椒、板栗、柿饼等。

1996年，拓宽硬化路面长6千米，开通程控电话28部。2000年，自来水受益村30个，村村通汽车，村村通电话，通电户6425户，通电话户920户。1984年,有中学1所,联中2所,小学32所，在校学生2700人。1996年，有中学1所，在校学生1140人；小学23所，在校学生3221人；有文化站1处，电影队1个，村建文化大院13处。

1984年，有卫生院1所，乡村卫生室24个，医务人员58人。1996年，有乡卫生院1处，乡村卫生室10个，医务人员32人。2000年，有卫生院1个，村级卫生室30个，甲级卫生室8个，乡村医生38人。1984年总人口21251人，1996年总人口23300人，2000年总人口23825人。2000年，女性初婚晚婚率91.7%，人口出生率11.32‰，出生性别比为124，死亡率6.26‰，自然增长率5.06‰。

2000年流井乡村庄情况

表30—8

行政村	自然村	行政村	自然村
下流井	下流井	祖居庄	祖居庄
上流井	上流井	团　结	团　结
北邱庄	北邱庄	郁家杭	郁家杭
殷家馆	殷家馆	大城子	大城子
	大　泉	小城子	小城子
黄家馆	黄家馆	南邱庄	南邱庄
黄家馆河北	黄家馆河北	前姚庄	前姚庄
刘家宅	刘家宅	后姚庄	后姚庄
孙家馆	孙家馆	保合庄	保合庄
胜　庄	胜　庄	柳　河	柳　河

续表 30—8

行政村	自然村	行政村	自然村
胡沿庄	胡沿庄	栗　园	栗　园
代家庄	代家庄	北码头	北码头
北韩庄	北韩庄	北刘庄	北刘庄
南韩庄	南韩庄	北孟庄	北孟庄
茶子山	茶子山	小徐庄	小徐庄
荆山后	荆山后	荆山前	荆山前
立营庄	立营庄		

尚岩镇

自然地理

尚岩镇地处县境西部，镇政府驻地北尚岩，距县城 15 千米。北靠车辋镇，南连新兴镇，西接鲁城镇、下村乡，东邻向城镇。206 国道穿境东西，岳下公路贯穿南北，临枣高速、临枣铁路同经境内。2010 年，镇境东西最大横距 9 千米，南北最大纵距 13.5 千米。土地面积 83 平方千米，耕地面积 4487.42 公顷，年末常用耕地面积 3220.33 公顷。

地势北高南低，北部为低山丘陵，中部、南部为平原，境内主要有文峰山、阎王鼻子山和城墙山等山峰，最高峰为阎王鼻子山，海拔 283 米。地质方面，岩石主要是碳酸盐岩，其次为砂岩、页岩和闪长岩等，主要地层为泰山群山草峪组和第四系。境内河流主要有西泇河、峰下沟和水沟。水资源丰富，会宝岭水库坐落在西北部。西泇河发源于抱犊崮山区，自西北向东南流经境内。小（二）型水库 6 座，塘坝 6 座。属暖温带季风半湿润气候，四季分明，全年平均气温 13.2 摄氏度，无霜期为 202 天以上，日照时数平均为 2562 小时，平均年降水量为 913 毫米，年降水量 60% 集中在 7 月—9 月，形成水、热同期的气候特点，极有利于干鲜果和温室蔬菜的种植和生长。有铁矿石、石英石、石灰石、页岩等矿产资源，铁矿石储量 2 亿吨，石英石储量 5 亿吨，主要集中在西部王埝沟、白水牛石前村、后村、沟西一带。

建置区划

镇境在抗日战争前属临沂县。1941 年属边联县。1944 年属赵镈县。1950 年为苍山县尚岩区。1953 年为文峰区。1958 年年初称尚岩乡，秋属文峰人民公社。1963 年从文峰人民公社划分为向城、尚岩两个人民公社，称尚岩人民公社。1965 年并入向城公社，改称向城区。1971 年又从向城公社析出，称尚岩人民公社。1984 年 4 月，由尚岩公社改为尚岩乡。1995 年 12 月 18 日设为尚岩镇。2007 年被评为山东省最具发展潜力乡镇，2009 被县委县政府评为经济社会发展先进乡镇，2010 年被评为山东省扶贫开发红旗乡镇。

2010 年，全镇辖 50 个行政村，64 个自然村，总人口 51155 人，13084 户，包括汉族和回族两个民族，回族人口约占总人口的 1.33%，人口密度 616.33 人 / 平方千米。

经济概况

1996 年，工农业总产值 3.8 亿元，人均纯收入 2249 元，四级企业总产值 1.3 亿元，利税 1236 万元，财政收入 420 万元。2006 年，工农

业总产值 6.4 亿元，其中农业总产值 3.8 亿元，工业总产值 2.6 亿元，农民人均纯收入 4380 元。2009 年，地区生产总值 20.2 亿元，其中工业总产值 12 亿元，农民人均纯收入为 6770 元。2010 年，地区生产总值 24.9 亿元，其中工业总产值 16.4 亿元，规模以上固定资产投资 8.76 亿元，地方财政收入 1464 万元，农民人均纯收入达到 7362 元。

农业　主要农作物有小麦、水稻、玉米和大棚菜等，是苍山棚菜经济的发源地之一。1981 年，尚岩乡全面推行包产到户，此后连续 5 年粮食总产量都超过 2 万吨。1984 年，粮食亩产 319.5 千克，总产 17500 吨；有竹园 35 亩，有机井 19 眼，电灌站 12 个，干渠 3 条，农机动力 2726 千瓦，拖拉机 100 多台。1996 年，农作物总产 24 万吨，粮食总产 27383 吨，水稻 67 公顷，蔬菜 2667 公顷，苹果、山楂、板栗、柿子等果品总产 2500 吨，养殖业年产值 6536 万元。1996 年，拥有农业机械 1490 台，拖拉机 430 台，农机总动力 4339 千瓦，机耕面积 2000 公顷。

2006 年，全面取消农业税，累计发放各类补贴 260 万元。不断加强农业结构调整力度，在蔬菜之乡、稻米之乡的基础上，发展林果基地、畜牧养殖基地、水产养殖基地，农业五大基地初具规模。2010 年，粮食作物播种 3697.6 公顷，亩产 436.3 千克，总产 24198 吨，其中小麦 9817 吨，玉米 5778 吨，稻谷播种 528 公顷、总产 4118 吨，谷子 80 吨，高粱 4.8 吨，豆类 348 吨，薯类 4051 吨；油料总产 1854 吨，播种 441.5 公顷；蔬菜总产 155528 吨，种植 2329.9 公顷；瓜类总产 1100 吨，种植 20.9 公顷。金银花 1333.3 公顷，林果 1333.3 公顷，会宝山绿化林地 13.5 平方千米，绿化苗木 60 余万株。特色农产品有“沟西大米”“会宝蔬菜”“史庄蒜黄”“大泉西瓜”“会宝山鸡蛋”等。农民合作经济组织发展到 19 家，注册商标 12 个，20 种产品取得质量认证，“史庄蒜黄”“东水沟茄子”成功打进上海世博会，大棚辣椒、黄瓜、香菇远销全国各大省市。共发展养殖专业村 10 个，养殖规模户 300 家，全镇共有猪 6000 头，羊 1000 只，牛 700 头，家禽 50 万只，貂 4 万只，养殖业实现产值 2400 万元。会宝山建有占地 40 公顷的蛋鸡养殖场，散养、笼养蛋鸡 15 万只，日产鸡蛋 2 万枚，直销上海、北京等地大型超市。可养鱼面积 43.3 公顷，会宝岭水库网箱养鱼发展到 8000 多箱，产品远销全国各地，年创价值 3 亿元。主要农产品中有机、绿色及无公害产品种植（养殖）面积所占比重为 43%。积极推进小流域治理工程，已治理水土流失面积 7.7 平方千米，整修梯田 666.7 公顷，开挖整理排水沟 6000 余米，达到省级生态乡镇标准要求。

2004 年 3 月，成立苍山县会宝山生态产业合作社，集中各种力量、多种资源对会宝山流域进行综合开发。至 2008 年，共开发造地 667 公顷，修环山路 25 千米，建桥涵 28 座（处）。建设以薄皮核桃、柿子、板栗、桃、杏等优质干鲜果品为主的特色林果基地 1333.3 公顷。2010 年，产核桃 6.5 吨，柿子 25 吨，桃 10 吨，杏 10 吨，销售收入 30 余万元。

二、三产业　1984 年，乡镇企业有 8 家。1996 年，有四级企业 420 家，其中镇办企业 13 家，骨干企业有石英石开发、铁矿、食品、运输、建筑、冷藏加工、饲料厂、蔬菜批发市场等，有烤鱼、蔬菜腌制等 18 种产品。2006 年，山东宝华（国际）集团有限公司与俄罗斯国际化工有限公司合作投资 2 亿元，建成专业复合肥大型企业，落户尚岩镇。2008 年，有民营企业 121 家。完成招商引资项目 6 个，引进外资 2.6 亿元，其中会宝岭铁矿项目 1.95 亿元，苍山县凯立矿业有限公司 2000 万元，苍山县翔地制管有限公司 800 万元，苍山县金泰矿业有限公司 2100 万元，苍山县鑫硅矿产有限公司石英砂项目 1000 万元，苍山县宝庆超市 500 万元。2009 年，规模以上企业 8 家。2010 年，有工业企业

62家，职工3560人，规模以上企业9家，其中过亿元项目5家，形成复合肥生产、铁矿石和石英砂加工、管材建造等支柱产业。

图30—8 凯立矿业

第三产业以商贸物流和旅游为主。2010年，有个体工商户1600户，从业人员6000人；餐饮服务业16家；有岳村、葛村等6处蔬菜批发市场，年成交额2800万元。大小超市10余家，农资商店30余家，年交易额2亿元。有集贸市场3处，分别是尚岩、张庄和坦上集，都是每5天一集，交易日期分别为农历二、七，三、八，五、十。其中尚岩集贸市场在镇驻地，占地2.6万平方米，高峰日上市人数1.3万人左右，一般上市人数1万人，日成交额50万元，主营布匹、粮油、牲畜和日用百货，服务周围15个村庄。旅游业形成以文峰山、会宝湖、会宝山林果基地为重点的格局，年接待游客10万余人。

村镇建设

2000年后，以“一条河（西泇河）、两条路（206国道、岳下公路）”为重点，累计投资近3亿元进行城镇基础建设。至2007年，新增硬化路面26.4千米。2008年，新修道路5条，硬化道路15千米。2010年，新修王埝沟、周埝沟、河北村、山门前、后院、石龙口等道路6条。村村通柏油路，全长189千米。

2007年，聘请省规划设计院技术人员，对镇驻地进行重新规划和设计，完成到2020年的小城镇规划修编工作，规划行政办公区、文教区、工业区等功能区，形成“四纵三横”的城镇发展格局，年投资50余万元对城镇主要街道进行亮化、绿化、美化。2008年，镇驻地主要路段新增绿化面积3000多平方米。2009年，开发建设206国道西段两侧的商贸楼，新建政府办公楼、派出所办公楼、计生委办公楼、学校教学楼和医院门诊楼。2010年，文峰山山门和文峰山革命历史纪念馆竣工并投入使用。至2010年，共开发沿街楼172座、硬化路面16750平方米、绿化5万平方米、更换路灯399盏、新建广场2个。北尚岩村兴建8栋居民楼，完成整村搬迁，成为临沂市新农村建设的精品工程、样板工程。

图30—9 北尚岩社区

1984年，全镇实现电力村村通。2008年11月，实现电话村村通。2010年，电信企业1家，服务网点1个；电话交换机总容量6000门，固定电话用户2600户，电话普及率85%；移动电话用户约2.5万户。2009年10月，实现互联网村村通，2010年用户1200户。1997年，部分家庭已用上有线电视，2000年与县局联网，2006年实现有线电视村村通，2010年用户7800户。2010年，自来水受益村32个，有3.8万人吃上自来水，水源为地下水，井深180米，集中式饮用水水源地水质达标率100%，农民饮用水卫生合格率100%。有邮局1处，员工5人，代办所1处。金融机构2家。镇文化站、广播电视站各1处，村级文化活动中心50处，图书室63个。污水处理厂1座，日污水处理能力180吨。35千伏及以上变电站2座。镇驻地有花坛2个，集休闲、娱乐、健身于一体的1120平方米中心公园1

座。全镇绿化面积 14.6 公顷。

教育

清代安庄、万村、纸房村、尚岩街、岳村等处曾办过私塾。中华民国 13 年（1924）创办安庄国民学校，中华民国 16 年（1927）创办尚岩国民学校，后称尚岩小学。1942 年建立水沟小学。1944 年建立安庄小学。1946 年建立沟西小学和后院小学。1952 年建立尚岩完小（南校）。1955 年春，苍山县第二中学（简称苍山二中）在境内建立，为县直属中学。1956 年建立大庙小学。1957 年建立尚岩中心校。1964 年建立坦上集小学。1966 年，有 4 所联中：大庙、安庄、新庄、尚岩。至 20 世纪 70 年代初期，读小学一般不出自然村，读初中一般不出公社。1978 年后，压缩教学点，逐步停办公社初中班。1984 年，有完中 1 所，联中 3 所，小学 36 所，儿童入学率 78%。1985 年，改建沟西小学。1991 年，尚岩第一中学成立，苍山县第二中学撤销并改称尚岩第二中学。1996 年，尚岩第二中学并入尚岩第一中学，称尚岩镇初级中学。1996 年，有中学 7 所，小学 19 所，成教中心 1 处；教师 327 人，高级职称 2 人，中级职称 51 人；在校学生 5700 多人。1998 年，杨套村回民学校新建教学楼 1 座。1999 年，撤销尚岩完小（南校）。2003 年，改建三庆希望小学、水沟小学、坦上集小学，三庆希望小学被评为市级规范化学校。2006 年，有中小学校 14 所，在校生 2500 人，幼儿园 5 所，入园幼儿 108 人，教职工 210 人。2007 年，改建大庙小学、后院小学，山套回民学校新建综合楼 1 座。2008 年，为每所小学配备电脑 1 台，电视机 2 台，DVD 播放机　1 台，卫星接收设备 1 套。2010 年，请县规划设计局按照省级规范化学校标准规划尚岩镇中心小学。2010 年，有幼儿园 11 所，在园幼儿 295 人；中心小学 1 所，下辖学区小学 8 所，在校学生 4000 人；中学 1 所，在校学生 526 人。共有教师 263 人。

医疗卫生

中华民国时期，境内比较出名的中医有高套村的高进德兄弟 2 人，人称“大红眼”“二红眼”，擅长外科医治和疙瘩肿结治疗。1958 年，因位于文峰山前，始建苍山县文峰山人民医院。1984 年，有村级卫生室 42 个。2006 年，投资 200 万元改造中心卫生院，村级卫生室发展到 60 处。至 2010 年，文峰山人民医院占地 20 余亩，建有门诊病房楼 1 座（5 层），精神科门诊病房楼 1 座（4 层），是一所集医疗、预防、保健、科研于一体的综合性、现代化医院，是苍山县第二人民医院、苍山县西部医疗中心、苍山县精神病康复中心。医院设置床位 120 张，在职职工 147 人，其中专业技术人员 127 人，中高级职称 59 人，高级职称 2 人。2010 年，全镇小儿上卡率 100%，五苗接种率分别为卡介苗 99.6%、小儿麻痹糖丸 99.6%、白百破 98.3%、麻疹 99.1%、乙肝 99.4%，产妇住院分娩率达 97%，新型农村合作医疗参保率 98.6%。

人口和计划生育

1984 年，总人口 40411 人，1996 年总人口 45757 人，2002 年总人口 45914 人，2006 年总人口 46596 人，2010 年总人口 51155 人。2010 年，领取独生子女证 1091 人，人口自然增长率 5‰，女性初婚晚婚率 45.4%，人口出生率 10.34‰，出生性别比为 117.4。

社会事业

2010 年，农村最低生活保障户数 256 户，人数 784 人，支出 133.4 万元，月人均 70 元。国家抚恤、补助各类优抚对象 188 人，抚恤事业费支出 105 万元。敬老院床位 200　张，收养农村五保老人 156 人。有慈善分会 1 个，全年接受社会捐款 61 万元，使 5000 余人次困难群众受益。参加新型农村养老保险 2.25 万人，参保率 90%。

历史文化

明朝正德年间，安庄人张崇德考中进士后，先后任枞阳县令、汝州知州等职。1937 年 11 月，临（沂）郯（城）费峄四县边区联庄会办事处在尚岩沟西陈毓山家中成立。境内文峰山有季文子庙、玉皇庙、碧霞祠等道教建筑遗址，城墙山有泉源寺及五代摩崖石刻等佛教建筑遗址，张村南有明代张崇德御葬林遗址等。

地名源流

北尚岩　据金氏谱碑记载，建村于明朝初年。因聚落处多桃树，名村桃花村。清朝初年，因濒临西泇河，易名上沿。后书写为尚岩。清朝末年，因与南部尚岩毗邻，遂称今名。1971年起为公社驻地。1984年4月起为乡政府驻地。1995年12月起为镇政府驻地。

尚　岩　相传尚岩之名始于元朝末年。因聚落北临西泇河，名村上沿。后书写为今名。明、清时，为尚岩集。建国后曾为乡驻地。

安　庄　据《张氏家谱》记载，安庄之名始于元朝末年。因聚落处文峰山之阳，山清水秀，田肥民殷，堪称乐土名村。1947年—1948年为赵镈县政府驻地。

珍珠庄　据墓碑记载，珍珠庄之名始于明永乐年间（1403—1424）。因与玛瑙埠毗邻，故名。

新　庄　据王氏谱碑记载，建村于明洪武元年（1368年）。后因战乱，聚落由丘陵处移至东1千米的平原上。

新　村　1961年修会宝岭水库时，由鲁城公社匡王村迁居于此。新村之名，因此而得。

纸　房　据张氏谱碑记载，建村于明崇祯年间（1628—1644）。因居民建有造纸的作坊，名村纸坊。后书写为今名。

大　泉　据刘氏谱碑记载，大泉之名始于明永乐十年（1412年）。因聚落北有一泉，故名。

白　山　据《马氏族谱》记载，建村于明永乐年间（1403—1424）。原名柏子山，简称柏山。后书写为今名。

会宝岭　相传会宝岭之名始于清康熙年间（1662—1722）。因聚落处会宝岭下，故名。

玛瑙埠　相传玛瑙埠之名始于明正德年间（1506—1521）。聚落处玛瑙埠山之阳，以山名村。

大南庄　据桥碑记载，建村于明万历年间（1573—1620）。因居民生活困难，名村大难庄。后因名称不雅，书写为今名。

小西湖　据孙氏谱碑记载，建村于清嘉庆年间（1796—1820）。因吴姓先居于此，名村吴庄。后因聚落处尚岩沟西的西部，易为今名。

小南庄　相传小南庄之名始于明天启年间（1621—1627）。因与大南庄毗邻，故名。

东水沟　据桥碑记载，建村于明朝初年。因聚落处有一泉沟，且与西泉沟毗邻，名村东泉沟。后泉沟形成大水沟，聚落处大水沟东，遂易名东水沟。

东南岭　据刘氏谱碑记载，建村于清道光年间（1821—1850）。因聚落处埠阳村东南的山岭上，名村埠阳东南岭。后简称今名。

北荆堂　据墓碑记载，建村于明永乐年间（1403—1424）。因聚落南有一池塘，塘边长满荆棵，名村北荆塘。后书写为今名。

西水沟　据桥碑记载，建村于明朝初年。因聚落处有一泉沟，且与东泉沟毗邻，名村西泉沟。后泉沟形成大水沟，聚落处大水沟西，遂易名西水沟。

西纸房　1975年由纸房村析出。因聚落处纸房的西岭上，故名。

沟　西　相传沟西之名始于元朝末年。因聚落处与尚岩间的大沟西侧，故名。

尚岩河北　据桥碑记载，建村于清乾隆年间（1736—1795）。因王姓先居于此，名村王庄。后郭姓迁入，易名小郭庄。1980年全县地名普查时，因县内村庄重名，更为今名。

石龙口　相传建村于元泰定年间（1324—1328）。聚落后有条小河，河床中石头显露水面，形似蛟龙张口卧滩。石龙口之名，因此而得。

白水牛石　相传白水牛石之名始于于明万历年间（1573—1620）。因聚落前有块大白石头，形似水牛而得名。聚落分成前后两处，称白水牛石前村、白水牛石后村。

坊　口　相传建村于清嘉庆年间（1796—1820）。原名寄贤村。道光年间（1821—1850），村南荸荠湖洪水泛滥，将聚落冲成一个大口子。于是在湖边挖沟引水，以防决口，遂易村名防口。后书写为今名。

坦上集　据庙碑记载，建村于唐宝应元年（762 年）。原名桃花店。后因在聚落北的城墙山上设集市，易名大山集。北宋建隆四年（963 年），聚落前有通往东京汴梁的大道，来往商旅络绎不绝，遂将大山集市移至山下的平坦处。坦上集之名，由此而得。

牧羊沟　相传建村于明洪武年间（1368—1398）。母子二人逃荒经此山沟，突遇大风失散。后在此形成聚落，名村没娘沟。因名称不雅，清朝初年易为今名。

枣　庄　相传枣庄之名始于清康熙年间（1662—1722）。因聚落东、北的城墙山西麓遍植枣树，故名。

荆　堂　据宋氏墓碑记载，建村于明永乐年间（1403—1424）。聚落处有一池塘，周边长满荆条，因此名村荆塘。后书写为今名。

万　村　据碑碣记载，建村于明洪武二年（1369 年）。李姓由山西迁此定居后，常怀念故乡，形容远离故乡有万里之遥。万村之名，由此而得。

马　套　相传马套之名始于清乾隆年间（1736—1795）。因聚落处四面环山，俗称山套，且马姓先居于此，故名。

马　圈　相传马圈之名始于清道光年间（1821—1850）。西洳河从西、北、东绕聚落而过，因马姓先居于此，故名。

小高楼　小高楼之名始于 1954 年。因高姓由高套迁居于此后，盖起一座土炮楼，故名。

王　村　据墓碑记载，建村于清光绪年间（1875—1908）。因王姓先居于此，名村王庄。1980 年全县地名普查时，因县内村庄重名，更为今名。

王埝沟　相传初因灵、洪两姓不睦，便在聚落中挖沟筑埝，名埝沟。明永乐年间（1403—1424），王姓迁居于此。王埝沟之名，因此而得。

王　楼　据墓碑记载，建村于明朝初年。原名段村。邵姓迁入后，盖起楼房，易名邵家楼。后因王姓居多，亦在村中盖起楼房，遂改称今名。

卞　村　据李氏谱碑记载，建村于元元统二年（1334 年）。原名李家庄。明洪武年间（1368—1398），卞、张两姓相继迁入，因卞姓居多，易为今名。

史　庄　据碑碣记载，建村于明崇祯年间（1628—1644）。因聚落南有一沟与泉相通，名村北泉沟。后因史姓居多，易为今名。

孙埝沟　相传孙埝沟之名始于明永乐年间（1403—1424）。因聚落与王埝沟毗邻，且孙姓先居于此，故名。

西宋庄　据《宋氏族谱》记载，建村于清光绪年间（1875—1908）。因聚落前有宋姓的一块菜园，名村宋园。后易名宋庄。因县内村庄重名，更为今名。

朱　庄　相传建村于明正统年间（1436—1449）。因高姓先居于此，名村高家庄。清朝初年，高姓迁出，朱姓迁入，遂易今名。

刘　村　据碑碣记载，建村于南宋淳祐年间（1241—1252）。宋、刘两姓迁此居住后，和睦相处，名村结义村。后宋姓迁出，刘姓将聚落北移，易名刘家村，简称刘村。

杜　庄　据庙碑记载，建村于清康熙年间（1662—1722）。原名西新庄。后因杜姓居多，易为今名。

杜　村　据杜氏谱碑记载，杜村之名始于明天顺年间（1457—1464）。因杜姓先居于此，故名。

杜村河西　据杜氏谱碑记载，建村于明天顺年间（1457—1464）。因聚落处杜村西的西洳河西岸，故名。

杨　套　相传建村于明朝初年。因聚落处四面环山，俗称山套，且徐姓先居于此，名村徐家山套。后徐姓迁出，杨姓迁入，遂易今名。

张　庄　据《张氏宗谱》记载，张庄之名始于明永乐年间（1403—1424）。因张姓先居于此，故名。

张家村　据《张氏宗谱》记载，建村于明洪武年间（1368—1398）。原名张家村。后简称张村。因县内村庄重名，复用原名。

郑　村　据郑氏谱碑记载，郑村之名始于明嘉靖二十六年(1547)。因郑姓先居于此,故名。

居　庄　据墓碑记载，居庄之名始于明万历年间（1573—1620）。因居姓先居于此,故名。

周埝沟　相传周埝沟之名始于明永乐年间（1403—1424）。因聚落与王埝沟毗邻，且周姓先居于此，故名。

岳　村　据岳氏谱碑记载，建村于明永乐年间（1403—1424）。因岳姓先居于此，名村岳家村。后简称今名。

陶李村　据王氏谱碑记载，建村于明万历年间（1573—1620）。王、陶、李三姓先居于此，因王姓居多,名村王庄。1980年全县地名普查时，因县内村庄重名，更为今名。

娄　庄　相传娄庄之名始于明永乐年间（1403—1424）。因娄姓先居于此，故名。

郭　村　据墓碑记载，郭村之名始于元元统年间（1333—1335）。因郭姓先居于此,故名。

高　套　相传建村于明朝初年。因聚落处四面环山，俗称山套，且高姓先居于此，名村高套。1948年土地改革时，曾易名平村。后复用原名。

戚　套　据庙碑记载，建村于清雍正年间（1723—1735）。原名青山后。后因聚落处四面环山，俗称山套，且戚姓居多，易为今名。

葛　村　据碑碣记载，葛村之名始于明成化年间（1465—1487）。因葛姓先居于此,故名。

董家后院　据东汉建武十二年（36年）所立庙碑记载，建村于西汉末年。聚落处后院寺附近，因董姓先居于此，故名。

彭家后院　建村缘由与董家后院相同，因彭姓先居于此，故名。

魏家后院　建村缘由与董家后院相同，因魏姓先居于此，故名。

马家后院　建村缘由与董家后院相同，因马姓先居于此，故名。

苗家后院　建村缘由与董家后院相同，因苗姓先居于此，故名。

杜家后院　建村缘由与董家后院相同，因杜姓先居于此，故名。

朱家后院　建村缘由与董家后院相同，因朱姓先居于此，故名。

2010年尚岩镇村庄基本情况

表30—9

行政村	自然村	曾用名	户数（户）	人口（人）	占地面积（亩）	耕地面积（亩）	集体收入（万元）
西水沟	西水沟	西泉沟	546	2328	250	2150	0
东水沟	东水沟	东泉沟	378	1635	200	1871	0
新　村	新　村		107	475	130	380	0
坊　口	坊　口	寄贤村、防口	64	254	99	296	0
尚岩一村	尚岩一村		212	834	180	500	0
尚岩二村	尚岩二村		380	1512	550	500	0

续表 30—9

行政村	自然村	曾用名	户数（户）	人口（人）	占地面积（亩）	耕地面积（亩）	集体收入（万元）
尚岩三村	尚岩三村		176	670	263	460	0
沟　西	沟　西		473	1963	250	2100	0
小西湖	小西湖	吴庄	173	714	150	68	0
王楼南庄	王楼	段村、邵家楼	555	2190	650	2700	0
	大南庄	大难庄					
	小南庄						
岳　村	岳　村	岳家村	152	584	200	320	0
北尚岩王村	北尚岩	桃花村、上沿、尚岩	594	2122	580	971	0
	王　村	王庄					
史　庄	史　庄	北泉沟	334	1373	161	800	0
马　圈	马　圈		86	346	100	280	0
郭　村	郭　村		541	1940	500	2300	0
新　庄	新　庄		584	2215	510	2600	0
杜　庄	杜　庄	西新庄	202	769	916	1084	0
王埝沟	王埝沟	埝沟	141	583	811	530	0
周埝沟	周埝沟		134	548	1063	595	0
马　套	马　套		148	626	500	500	0
杨　套	杨　套	徐家山套	121	557	748	462	0
戚　套	戚　套	青山后	175	695	910	608	0
白水牛石前村	白水牛石前村		167	697	100	700	0
白水牛石后村	白水牛石后村		192	768	150	356	0
石龙口	石龙口		130	527	560	260	0
朱　庄	朱　庄	高家庄	120	430	700	400	0
坦上集	坦上集	桃花店大山集	335	1385	320	400	0
万　村	万　村		520	1922	300	1972	0
卞　村	卞　村	李家庄	196	755	220	330	0

续表 30—9

行政村	自然村	曾用名	户数（户）	人口（人）	占地面积（亩）	耕地面积（亩）	集体收入（万元）
刘　村	刘　村	结义村、刘家村	264	1045	150	580	0
安　庄	安　庄		587	2340	570	1680	0
尚岩河北	尚岩河北	王庄、小郭庄	106	401	80	220	0
珍珠庄	珍珠庄		204	836	90	460	0
玛瑙埠	玛瑙埠		146	562	150	243	0
居　庄	居　庄		160	643	602	498	0
葛　村	葛　村		379	1502	840	960	0
杜　村	杜　村		277	1045	180	300	0
	杜村河西						
张家村	张家村	张村	271	1028	464	806	0
枣　庄	枣　庄		188	714	125	570	0
东纸房	东纸房	纸坊	150	584	140	380	0
西纸房	西纸房		63	244	85	227	0
东南岭	东南岭	埠阳东南岭	143	505	794	320	0
会宝岭	会宝岭		144	551	488	292	0
大　泉	大　泉		244	936	150	920	0
陶李村	陶李村	王庄	360	1335	763	1237	0
张娄村	张　庄		397	1489	280	890	0
	娄　庄						
	西宋庄	宋园、宋庄					
郑牧村	郑　村		99	360	120	368	0
	牧羊沟	没娘沟					
荆　堂	南荆堂	荆塘、荆堂	140	507	150	550	0
	北荆堂	北荆塘					
白　山	白　山	柏子山、柏山	128	483	110	223	0

续表 30—9

行政村	自然村	曾用名	户数（户）	人口（人）	占地面积（亩）	耕地面积（亩）	集体收入（万元）
后　院	董家后院		804	2894	1500	2700	0
	朱家后院						
	苗家后院						
	杜家后院						
	魏家后院						
	马家后院						
	彭家后院						

磨山镇

自然地理

磨山镇位于县境东部，镇政府驻地磨山，距县城 10 千米。北靠神山镇，南连层山镇，西接卞庄街道，东与临沂市罗庄区褚墩镇接壤。境内有苍邳、苍郯、泉重公路经过。2010 年，镇境南北最大纵距 11.5 千米，东西最大横距 9 千米。土地面积 80 平方千米，其中耕地面积 5580.49 公顷，年末常用耕地面积 5166 公顷。

镇境地势中部高，除三峰山、大含山、凤凰山等大、小 7 座山头外，大部为平原，一般海拔 40 多米，其中三峰山为全镇最高，海拔 127.7 米。平原 3464.4 公顷，占全镇总面积的 72.2%；洼地 1333.3 公顷，占总面积 27.8%。境内有吴坦河、燕子河、五里河 3 条河流。吴坦河由神山镇流经境内石良、高家庄、皇甫寺，进入卞庄街道，境内长 4800 米，宽 100 米。燕子河由神山镇流经境内焦店，自山南进入卞庄街道，境内长 12300 米，宽 200 米。五里河由褚墩镇流经旺庄，在花庄东部汇入燕子河。土壤分砂礓黑土、潮土、褐土 3 类，宜种植小麦、玉米、地瓜、花生、大蒜、棉花、谷子、蔬菜等农作物。

建置区划

镇境抗日战争前属郯城县 4 区。1940 年属临沂县抗日民主政府。1945 年属赵镈县。1947 年属苍山县。1950 年称磨山区（14 区）。1958 年初称磨山乡，秋称磨山人民公社。1984 年改称磨山镇。先后被命名为临沂市经济社会发展先进乡镇、临沂市城镇建设先进乡镇、临沂市文明生态乡镇等。

图 30—10　2010 年，省政府为磨山镇颁发的“山东省民族团结进步模范集体”奖牌

2010 年，全镇辖 42 个行政村（其中 3 个回民村），34 个自然村，15747 户，67707 人，人口密度 846.34 人 / 平方千米，是回汉民族共同居住的乡镇。

经济概况

1984 年，工农业总产值 2452 万元，其中农

业产值占95.3%，人均口粮376千克，人均现金收入366元。1996年，工农业总产值4.4亿元，人均纯收入1888元。2006年，工农业总产值12.6亿元，其中农业产值4.6亿元，工业产值8亿元，财政税收1060万元，农民人均纯收入4350元。2010年，工农业总产值18.6亿元，其中农业产值5.8亿元，工业产值12.8亿元，规模以上固定资产投资1.71亿元，地方财政收入1504万元，农民人均纯收入7380元。

农业　1949年前，粮食作物亩产100千克，农机动力空白。1984年，粮食亩产254.5千克，总产25865吨；养鱼水面14公顷，农机动力2943千瓦，机耕面积35%。1996年，全镇复种指数195%，粮食总产3.84万吨，大蒜面积1800公顷，西瓜533.3公顷，蔬菜466.7公顷；拥有农机动力73550千瓦，机耕面积85%。有水塘52个，拦水坝3个，可浇地1913.3公顷，有养鱼水面33.3公顷，果园45处、266.7公顷。1996年，大牲畜19620头，出栏生猪27300头、羊28430只、家禽235872只。1999年，旺庄西村出现大蒜—黄瓜—芸豆“三种四收”种植模式，并逐渐在全镇推广和普及。1996年后，林业生产确定“两路两河六湖片”的总体规划。至2006年，林地面积发展到200公顷，四旁植树46万株，新开和完善绿色通道22000余米，发展丰产林60.7公顷，林木覆盖率16%。1996年—2006年，对东旺庄、东石良、花庄、西三峰4座闸进行维护，对武城河、西燕子河进行清淤疏浚，新建西燕子河高庄闸、南周庄闸和小含山桥。2010年，大蒜种植面积达到3666.7公顷，是苍山大蒜的主产区。粮食作物播种5192.1公顷，亩产364.8千克，总产28412吨，其中小麦11293吨，玉米14994吨，稻谷71亩，总产33吨，豆类2093吨；油料作物460.9公顷总产2403吨；蔬菜种植4856.7公顷总产222827吨。充分发挥旺庄、石良蔬菜批发市场的带动作用，大力推广套种蔬菜面积，“三种四收”“四种五收”立体高效蔬菜种植面积达到2533.3公顷。特色农业规模不断扩大，位于高庄村的金鸡山枣文化博览园由山东龙洲集团投资建设，是鲁南苏北地区最大的枣业基地。占地200公顷，育苗20万株，定植富硒大枣6万棵，盛果期年产1000吨，拥有梨枣、贡枣、龙须枣、磨盘枣等20多个品种，是国内为数不多、规模较大的集科研、培育、加工、休闲为一体的枣生态示范园和枣文化观赏园。西瓜种植面积达到1000公顷。畜牧业以回民村的牛羊，华岩寺、周庄的养猪，旺庄、河西的家禽及特种养殖为主。养殖总量32万头（只），专业村10个，养殖专业大户136户。

二、三产业　1996年，镇办企业有农机修理、塑料管、玩具、水泥、砖窑、水泥预制、石料加工、蔬菜保鲜等。1996年，新建占地667公顷的工业区，全镇四级企业总产值2.8亿元。1996年，有建筑企业1家，从业人员80多人，年建筑安装产值100万元；个体运输户200户，从业人员300人；饮食服务业18处；商业企业32家。2006年有建筑工程队2个，从业人员200人，年建筑安装产值600万元；个体运输户600多户，从业人员1000多人，有汽车180台，拖拉机420多台，年产值1800多万元；饮食服务业56处，从业人员160人，年营业额400万元；商业企业58家，从业人员1080名，年利润1000万元。1996年—2006年，招商引资项目18个，合同利用外资1.7亿元，实际到位资金1.5亿元。新建项目17个，其中500万元以上限额企业2个，苍山县金信皮革有限公司和友禾木业有限公司投资额分别为7000万元和1000万元。2006年，有私营经济和个体工商户1460家，从业人员6000人，利税1000万元。2010年，民营企业1316家，年可实现产值超10亿元，成为全镇经济发展的主要支柱。有规模以上企业11家，其中金信皮革等6家企业产值近6亿元。

村镇建设

1979年，建成镇变电站、供电站。1994年，建成镇客运站，日发客运汽车32班次，日均容量1002人次。2000年—2010年，先后投资500万元完成苍郯公路改造，投资500多万元完成镇驻地街道排水、亮化、绿化、美化工程，投资1000万元完成中学教学楼、中心小学教学楼、苍山沂州民族小学、新土财税办公楼、社保所及便民服务大厅的建设。加快新农村建设步伐，皇甫寺、磨山西村、河北村、河西村、华岩寺一村等村新建住宅楼，建设了文化广场和沿河公园。2000年，建成镇有线电视台，后称镇广播电视站。2010年有线电视用户1.2万户，入户率78.1%。2009年，建成凤凰山泉水厂，有深水井6眼及成套净化设备，年供水量4万立方米。2010年，全镇村村通自来水，村村通汽车，村村通电话。文化站、广播电视站各1处，村级文化活动中心42处，各类图书室43处，藏书21万余万册。有金融机构2家。镇驻地有花坛50个，绿化面积1400平方米，有绿地7500平方米。镇区主要道路两侧铺设排水管道6000米，污水、雨水排入燕子河及镇南引干渠。

图30—11　皇甫寺新村社区

教育

1984年，有完全中学1所，联中6所，小学40所，儿童入学率92.4%。1996年，有中学、小学33所，其中有1所回民中学。在校生1.1万人，教职工497人，适龄儿童入学率95%。1996年—2006年，投资600万元，调整中小学规模，新建扩建磨山二中、史家庄联小、孙屯小学、西三峰小学等4所中小学校舍，配备教学设备。2002年9月，苍山县第三中学从镇境迁至县城。2006年，有中小学16所，在校生3952人，幼儿园12所，教职工340人。2010年，有幼儿园27所，在园幼儿2908人，专任教师131人；小学15所，在校生4306人，专任教师229人；初中1所，在校生528人，专任教师109人。小学、初中适龄儿童入学率，小升初升学率，九年义务教育覆盖率均为100%。

医疗卫生

磨山人民医院为县直属医院，成立于1957年。1984年，磨山人民医院分13个科室，村村设有卫生室，医务人员190人。1996年，磨山人民医院下放到镇管理；全镇有卫生室16个。2006年，投资200万元，新建卫生院门诊大楼。2010年，村级卫生室76个，卫生技术人员186人，其中镇卫生院有专业人员60人，药库1所，固定资产600万元，日接受门诊病人200余人次。新农合参保率95%。

人口和计划生育

1984年，总人口50910人，1996年总人口57825人，2002年总人口61101人，2006年总人口61762人，2010年总人口67707人。2010年，女性初婚晚婚率34.4%，人口出生率11.20‰，出生性别比为106.2。

社会事业

2010年，农村最低生活保障户1296户，人数2976人，支出21.4万元，月人均70元。国家抚恤及补助各类优抚对象132人，抚恤事业费支出47.5万元。敬老院床位135张，收养农村五保人员86人。有慈善分会1个，全年接受社会捐款12.6万元，使困难群众210人受益。参加新型农村养老保险2.6万人，参保率78%。

历史文化

华岩寺村是春秋时曾子游学的地方，元代

建有“宗圣书院”，亦称“一贯书院”，其遗址犹存。1863 年 1 月 8 日，清军逼攻磨山幅军寨圩，激战 3 日，幅军寨圩全毁，数百突围者被杀。1928 年秋，陈耀贤等成立松山学社，进行革命宣传。1940 年 8 月 20 日，花庄村东南湖曾发生反击日军“扫荡”的战斗，磨山中队 11 名战士壮烈牺牲。1947 年 4 月 3 日夜，长城区和层山区武工队在史家庄村东南伏击国民党军车 1 辆，俘敌 5 人，缴获机枪 1 挺、迫击炮 1 门、步枪 13 支、子弹 9 箱、文件 1 箱，烧毁敌军车及其余物资。镇境名菜有汉民的“全猪席”和回民的“全羊宴”，面食有“锅饼”和回民的“挎包卷子”。民谚称：“吃遍磨山饭，天下不用看；‘锅饼’赶路走，‘卷子挎包’有。”

地名源流

磨　山　相传磨山之名始于春秋时期。聚落西南有磨山，以山名村。明、清时为磨山镇，分为东西两村。建国后，为区、乡、公社驻地。1984 年 4 月起为镇政府驻地。

华岩寺　原名凤仪村。据《五灯会元》记载，芙蓉禅师曾在此修行，政和七年（1117 年）宋徽宗赐为“华严禅寺”，故建村不晚于宋代，后因华严寺之名胜过凤仪，故以寺名村。“文化大革命”中因书写之误，易为今名。

皇甫寺　据王氏谱碑记载，建村于明洪武三十一年（1398 年）。因村庙由黄姓捐款建成，庙堂内塑有数尊神像，称皇佛寺。村以寺名。后书写为今名。

旺　庄　据明永乐五年（1407 年）所立墓碑推断，建村于洪武年间（1368—1398）。因王姓先居于此，名村王庄。后因瘟疫，人们期望村庄兴旺发达，于天启年间（1621—1627），易为今名。

马　庄　据《马氏宗谱》记载，马庄之名始于明洪武年间（1368—1398）。因马姓先居于此，故名。

史家庄　相传史家庄之名始于明永乐年间（1403—1424）。因史姓先居于此，故名。

北张庄　据《张氏家谱》记载：“张氏始祖自前明永乐年间由山西洪洞县喜鹊窝移民安庄，后复分是支，于万历十三年迁居至此。”即建村于 1585 年。因张姓先居于此，名村张庄。1980 年全县地名普查时，因县内村庄重名，更为今名。

孙杨庄　据《杨氏宗谱》记载：“先祖十二世于明万历十年自庄坞迁来。”即建村于 1582 年。因孙姓先居于此，名村孙庄。1980 年全县地名普查时，因县内村庄重名，更为今名。

孙家屯　相传建村于明洪武年间（1368—1398）。因邢姓先居于此，名村邢家屯。后邢姓渐少，因聚落中有一大道，易名大道屯。清朝初年，因孙姓居多，改称今名。

花　庄　据清顺治元年（1644 年）所立墓碑推断，花庄之名始于明崇祯初年。因花姓先居于此，故名。

宋　庄　原名清平庄。清康熙年间（1662—1722），成为车辋宋姓大地主的挂名佃户村，遂易今名。1942 年曾为临沂县抗日民主政府驻地。

杭　庄　据墓碑记载，杭庄之名始于清康熙年间（1662—1722）。因杭姓先居于此，故名。

周家庄　据明建文四年（1402 年）所立墓碑记载，建村于洪武初年。因孔姓先居于此，名村孔家庄。万历年间（1573—1620），因孔姓乏后，周姓居多，易为今名。1958 年分南、北周庄。1980 年全县地名普查时，因县内村庄重名，更为今名。

高家庄　据《高氏宗谱》记载：“前明永乐十年，自赤土门移居此地。”即建村于 1412 年。因高姓先居于此，名村高庄。因县内村庄重名，更为今名。

焦　店　据明建文二年（1400 年）所立墓碑推断，建村于洪武初年。相传此处为通往青口的要道，一焦姓在此开店，后繁衍成聚落，名村焦家店。清朝末年，简称今名。

窦　村　相传窦村之名始于清道光年间

（1821—1850）。因窦姓先居于此，故名。

赤土门 据陈氏谱碑记载：“陈氏始迁之祖，自元至正二十六年，由济南府野鹊窝移居此地。”即建村于1366年。聚落处琉珠山与凤凰山之间，两边陡峭，形似大门，且附近土色红赭。赤土门之名，因此而得。

河 套 相传河套之名始于明万历年间（1573—1620）。因聚落处燕子河东西两岸，故名。

河套屯 据清乾隆三十五年（1770年）所立日月龙凤碑推断，建村于乾隆初年。官府为便于纳粮，遂在燕子河西岸建一接官厅，修起日月龙凤桥。后渐成聚落，且与河套毗邻，故名。

大含山 据清顺治十八年（1661年）所立含珠山石碑推断，建村于顺治初年。因聚落处大含珠山的斜坡上，名村大含珠山。后简称今名。

小含山 建村由来与大含山相同，因聚落与大含珠山对应，名村小含珠山。后简称今名。

山 南 相传山南之名始于明洪武年间（1368—1398），因聚落处竹篱山南，故名。

东 疃 据《夏氏家谱》记载：“夏氏明初来沂，因兹土居焉。”即建村于洪武初年。因与西疃对应而得名。1950年10月前，曾为苍山县人民政府驻地。

西 疃 据北宋乾德六年（968年）所立清真寺碑记载，建村于建隆年间（960—963）。古人称禽兽践踏的地方为疃。相传聚落东有片大树林，为鸟兽栖息处，居民称其为疃。因疃而取名，故名西疃。

松山东 据明万历元年（1573年）所立庙碑推断，建村于嘉靖年间（1522—1566）。因聚落处万松山东，名村万松山东。后简称今名。

松山西 据明万历元年（1573年）所立庙碑推断，建村于嘉靖年间（1522—1566）。因聚落处万松山西麓，名村万松山西。后简称今名。

河 北 据清康熙二十二年（1683年）所立桥头碑推断，建村于康熙初年。聚落东有一桥，因高姓先居于此，名村高家桥。后高姓渐少，李姓迁入，因聚落处燕子河北岸，易为今名。

黄山前 据《黄氏宗谱》记载，建村于明永乐二年（1404年）。因聚落背靠黄山，名村黄山屯。1980年全县地名普查时，因县内村庄重名，更为今名。

磨山河西 据清康熙元年（1662年）所立墓碑推断，建村于顺治初年。因董姓先居于此，名村董村。后因聚落处燕子河西，且与磨山毗邻，易为今名。

桑 科 相传桑科之名始于元至元年间（1264—1294）。因聚落处多植桑树，故名。

三峰庄 据《张氏家谱》记载：“张氏二世始祖自前明永乐二十二年由安庄迁来。”即建村于1424年。因聚落处三峰山前名村。后成为2个村落，1958年起，称东三峰、西三峰。

石 良 据唐贞观二十一年（647年）所立桥碑推断，建村于唐朝初年。聚落沿小河东西两岸分布，因人们交往不便，两岸居民各集资金钱十两，修石桥一座。聚落遂以十两名之。后谐音为今名。河东的聚落称东石良，河西的聚落称西石良。

2010年磨山镇村庄基本情况

表30—10

行政村	自然村	曾用名	户数（户）	人口（人）	占地面积（亩）	耕地面积（亩）	集体收入（万元）
磨山东村	磨山	磨山	687	2827	400	2000	5.3
磨山西村			320	1152	4.2	750	2.3

续表 30—10

行政村	自然村	曾用名	户数（户）	人口（人）	占地面积（亩）	耕地面积（亩）	集体收入（万元）
杭庄	杭庄		210	720	148.9	965	2.2
东疃前村	东疃	东疃	510	2038	1046	1754	5.2
东疃后村			526	1780	561	1639	4.6
磨山河西	磨山河西	董村	246	810	214	400	3.4
河北	河北	高家桥	135	537	16.6	260	5
窦村	窦村		108	253	67.5	283	1.0
桑科	桑科	三块	180	746	165.2	710	2.8
孙家屯	孙家屯	邢家屯、大道屯	610	1900	396.3	2100	6.0
高家庄	高家庄	高庄	219	736	169.6	950	2.9
西疃	西疃		560	2436	476.5	2300	2.3
马庄	马庄		810	1200	252	1440	1.9
河套	河套		420	1600	329.1	2300	4.2
河套屯	河套屯		220	898	266.1	1560	3.4
孙杨庄	孙杨庄	孙庄	220	798	216.2	780	2.6
东石良	东石良	十两、食粮、石良	478	1891	359.9	2017	10
西石良	西石良		860	3242	743.6	1700	6.6
松山西	松山西	万松山西	360	1386	291.8	1815	4.3
松山东	松山东	万松山东	346	1182	184.5	1600	3.7
焦店	焦店	焦家店	587	1922	440.2	3258	7
山南	山南		1200	4000	799.5	6100	10
宋庄	宋庄	清平庄	606	2067	543.2	3479	4.5
花庄	花庄		560	1780	319.9	2400	4.3
旺庄东村	旺庄	王庄、旺庄	603	1847	420.2	2000	4.7
旺庄西村			450	1790	407	1800	4.0
史家庄	史家庄		456	1868	358.8	2053	4.2
大含山	大含山	大含珠山	410	1386	300.5	1900	3.2
小含山	小含山	小含珠山	263	956	192.9	1170	2.6

续表 30—10

行政村	自然村	曾用名	户数（户）	人口（人）	占地面积（亩）	耕地面积（亩）	集体收入（万元）
华岩寺一村	华岩寺	风仪村、华严寺	398	1388	270.5	1560	4.4
华岩寺二村			255	902	250	1080	2.4
华岩寺三村			305	1068	254	1300	3.1
北张庄	北张庄	张庄	328	1360	353.9	1600	5
赤土门东村	赤土门	赤土门	310	800	205.1	900	2.6
赤土门西村			308	800	205.1	800	2.5
赤土门后村			410	1468	389	1350	4.3
西三峰庄	西三峰庄	三峰庄、三峰山	904	3880	619.5	2347	4.4
东三峰庄	东三峰庄		576	2086	474.0	2300	3.7
南周庄村	周家庄	孔家庄、周庄	402	1721	466.3	2800	4.2
北周庄村			248	840	177.1	1040	2.4
黄山前	黄山前	黄山屯	178	697	182.2	1200	3.0
皇甫寺	皇甫寺	皇佛寺	258	704	930	424	2.4

新兴镇

自然地理

新兴镇位于县境西南部，镇政府驻地西新兴，距县城 25 千米。东与向城镇交界，南靠兰陵镇，北接鲁城镇、尚岩镇，西和枣庄市峄城区峨山镇毗邻。北临 206 国道，南接郯薛公路。自 2010 年始，驻地北侧有临枣高速和临枣铁路由东北向西南横穿全境，铁路在境内设有货运站口。境内有洳头至伏山口公路横贯东西，白水牛石至三山公路纵穿南北。2010 年，土地面积 69 平方千米，耕地面积 4373.49 公顷，年末常用耕地面积 3507.8 公顷。

镇境东西向长，南北向窄。地势北山西陵，东部是平原，南部是洼地。著名的糖稀湖最低海拔 36.5 米，经过人工改造，已成黑土平原。境内有大青山、小青山等大、小山头 28 座，大青山最高，海拔 218.1 米。陶沟河自北向南流入兰陵镇，境内流程 3 千米，另有 11 条沟供排涝之用。有小（一）型水库 1 座，小（二）型水库 1 座，塘坝 6 座。土壤以棕壤和褐土为主，适宜种植小麦、玉米、谷子、地瓜、水稻、高粱、棉花、大豆、芝麻、蔬菜之类。矿产资源丰富，主要有石英石、铁矿石、镁石等。其中镇北部、西部裸露的寒武系五山组优质石英砂岩矿达 18 处之多，累计面积 6.6 平方千米，总储量达 6.1 亿吨以上。经钻口抽样加权测验，其化学成分二氧化硅最高 99.78%，平均 98.88%。变化系数为 0.35%。矿体呈灰白色、浅肉红色至浅紫色。平均厚度 20 米左右，最厚达 40 米。矿石粒度均匀，硅质胶结。

建置区划

镇境抗日战争前属临沂县。1941 年属边联县（5 区）。1943 年属兰陵县，为 5 区。1945 年属赵镈县。1948 年重又属兰陵县，称青山区。1949 年划归赵镈县，称青山区。1950年又划归兰陵县，称青山区。1953年划归苍山县，称青山区。1958年，初称新兴乡，秋称新兴人民公社。1965年称新兴区。1971年称新兴人民公社。1984年改称新兴乡。1997年12月26日，撤销新兴乡，设立新兴镇。新兴镇是山东最大的硅砂生产基地，2002年被省政府命名为“山东硅砂生产重镇”。

2010年，全镇辖44个行政村，44个自然村，10556户，总人口43856人，皆为汉族，人口密度635.59人/平方千米。

经济概况

1996年，工农业总产值3.08亿元，人均纯收入1906元。2006年，工农业总产值6.26亿元，其中工业产值4.26亿元，农业产值2亿元，实现财政收入777万元，城乡居民储蓄余额8780万元，农民人均收入3762元。2009年，地区生产总值11.3亿元，固定资产投资1.6亿元，农民人均纯收入达到6340元。2010年，地区生产总值12.9亿元，规模以上固定资产投资1.12亿元，地方财政收入988万元，农民人均纯收入7251元。

农业　1984年，粮食亩产282.5千克，总产20120吨，养鱼水面33.2公顷。1996年，粮食亩产317.4千克，总产20020吨，经济作物总产值9822万元，其中蘑菇收入1500万元，大棚菜年产值5000万元。2000年后，积极引导农民调整结构，重点建设棚菜、林果、丰产林、水稻、食用菌、特种养殖及烟草种植等7大基地。2006年，蔬菜专业村26个，温室与大中小棚、露地菜等栽培面积1066.7公顷。优质果园466.7公顷，食用菌专业村15个，畜牧养殖专业村8个，形成蔬菜、林果、食用菌、养殖、黄烟5大支柱产业。五项收入占总收入的90%。2009年，实施绿色蔬菜基地建设工程。以云铺蔬菜批发市场为依托，新扩建蔬菜科技棚体300个，完成云铺、岳桥、下湖3个村百亩片无公害、标准化蔬菜生产片建设，列入新苍山优质蔬菜“三进工程”。2010年，种植农作物品种152种，其中瓜菜80余种。粮食作物播种6175.2公顷，亩产438.4千克，总产40606吨，其中小麦19460吨，玉米19604吨，稻谷播种54.9公顷，总产453吨，豆类369吨，薯类719吨；油料总产1373吨，播种465.1公顷；蔬菜总产41408吨，种植630.5公顷；瓜类总产2615吨，种植44.5公顷。畜牧业以猪、羊、家禽为主，2010年生猪饲养量1.2万头，年末存栏1.5万头，家禽年饲养量60万只。

农田水利建设以排涝改土为主。1959年，开工兴建全县第一座小（一）型水库后大窑水

图30—12　万亩黄烟生产基地

库，1960年竣工，从根本上改变西部、北部山区干旱缺水的历史。1961年，初步治理糖稀湖，主要侧重疏通河沟渠；1963年测量规划，准备治理；1964年秋开始治理，2500人吃住在工地，1965年春完工，彻底改变糖稀湖常年因涝洼成灾的状况。1967年建设四支渠。1969年，掀起黑土涝洼深翻高潮。1977年秋冬，治理虎皮岭。1978年冬，治理岳楼湖。1979年，治理小寨子万亩湖。1996年—2006年，投资60万元，对后大窑水库、小寨子水库进行除险加固；投资30万元，疏浚陶沟河、十沟，新增耕地面积133.3公顷；开挖大口井12眼，修建桥涵闸24座。2009年，投资400万元，实施糖稀湖万亩标准粮田建设项目，修建桥梁30座，打大小机井11眼，埋设管道15千米，修复拓宽生产路面30千米，田、沟、渠、路得以综合整治。

二、三产业　1957年，区辖乡成立铁木业组。1958年，铁木业组扩建成铁木业社。1986年，成立新兴铁矿。1996年，乡办企业有石英砂矿、铁矿、标准件、混凝预制、面粉加工、工艺品、农业综合服务等。2006年，有私营企业和个体商户980家，从业人员5000人。有三级资质建筑企业1家，从业人员180多人，年建筑产值800万元；个体运输户300户，从业人员500人，汽车180台，拖拉机1000多台，年产值1800多万元；商贸业经营摊位500多处，销售收入6000万元，利税300万元。石英石加工、铁矿石开采为支柱产业。1996年—2006年新建项目12个，建成2000万元以上规模企业4个，其中新兴铁矿、鲁南蔬菜有限公司东新兴铁矿投资额分别为5000万元和5500万元。实施招商项目8个，合同利用外资2.4亿元，实际到位资金1.5亿元。2009年，实施招商引资项目4个，其中新引进招商项目1个，往年续建项目3个。合同引资2.3亿元，实际到位资金8000万元。总投资1.2亿元的苍山县华荣矿业铁矿石地下开采项目，完成投资3100万元；投资1500万元的新兴腾达硅砂技改项目，到位资金1400万元；投资1200万元的恒丹制衣服装加工项目，投资8000万元的苍山县金昊硅砂有限公司，作为续建项目，完成投资2300万。2010年，民办企业120家，年产值5000万元以上的企业5家。有矿产品开采加工企业23家，年开采量430万吨以上。有大型超市3座，城乡集贸市场4个。

图30—13　东新兴铁矿

村镇建设

1973年，加宽改道新马庄至伏山口公路。1975年，架电、通电。1985年，建成镇变电所。1995年，泇伏线、新古线公路铺沥青。1996年，修铺新石公路。2000年2月，建成镇广播电视站，2010年有线电视用户8265户，入户率78.3%。2006年，筹资600万元，全面完成泇伏线西段5千米老柏油路改造和古白线10千米道路改造工程。1996年—2006年，先后投资2000万元，完成村村通公路里程40千米。2007年，建成镇自来水厂，铺设干线水管23千米，有深水井6眼及成套净化设备，年供水2.65万立方米。2010年，自来水受益村34个，村村通汽车，村村通电话。文化站、广播电视站各1处，村级文化活动中心44处，各类图书室44个，藏书30余万册。有邮政支局1处、代办所6处。金融机构2家。电信企业2家，服务网点32个，电话交换机总容量3.5万门，固定电话用户6000户，电话普及率66%；移动电话用户9200户，互联网用户2600户。镇驻地有大型花坛1个，绿化面积2000平方米。镇区主要道路两侧铺设D600排水管道5000米。

教育

1952年，太子堂小学、艾庄小学设高年级班，成为镇境2所最早的完全小学。1968年，在东新兴西山建苍山县第十四中学，1970年中学迁至现址。1972年，中心小学建立。1984年，有中学1所，联中3所，小学36所，在校生4832人。1990年，中心中学建教学楼1座。1991年，农村后备干部培训学校成立，1992年被命名为省级规范化学校。1993年，中心小学建教学楼1座。1995年，中心中学建办公楼，加高教学楼。1996年，有中心中学1所，小学7所，在校学生6909人，入学率100%；有成教中心1处，新建中心幼儿园1所。1996年—2006年，投资300万元，新建教学楼1座；加大校舍危改力度，累计投资300多万元，新建教学宿舍32间，修缮、改建各类校舍危房100余间。2006年，有初级中学1所，16个教学班，在校生838人；小学7所（其中中心小学1所，学区完小6所），61个教学班，在校生2426人；成教中心1处。有教职工175人，其中专任教师160人。2010年，有学校8所，其中初级中学1所，中心小学1所，其他小学6所。有教职员工214人，在校生4263人，其中小学生3576人，中学生687人。小学、初中适龄儿童入学率，小升初升学率，九年义务教育覆盖率均为100%。

医疗卫生

1958年，卫生院由小仲村迁至西新兴，1968年迁至现址。1984年，有卫生院1处，卫生室42处。

图30—14　新兴中学

1994年，卫生院建成门诊楼1座。1996年，有卫生院1所，病床21张，下设7处门诊部，医务人员54人。2006年，镇卫生院1所，有专业人员40人，病床20余张，药库1所，固定资产800万元，新农合参保率93%。2009年，投资100万元对镇卫生院进行改建，新农合参保率97%。2010年，设中心卫生院1所，医务人员26人，其中高级职称2人、中级职称6人、初级职称12人，床位45张，村级服务室32处，新农合参保率100%。

人口和计划生育

1984年，总人口32594人，1996年总人口37180人，2002年总人口39240人，2006年总人口39301人，2010年总人口43856人。2010年，女性初婚晚婚率63.8%，人口出生率8.83‰，出生性别比为119.6。

社会事业

1986年，建立敬老院。1996年—2006年，发放各类救助物资折合560万元，救济困难户1100多户；对烈、军、荣、残优抚对象累计发放优抚经费150万元，发放临时补助款70万元。2006年，在匡金华的资助下，投资50万元，新建敬老院1所，解决50多位五保老人赡养问题。2010年，农村最低生活保障户数762户，1426人，支出119万元，月人均70元。国家抚恤、补助各类优抚对象82人，抚恤事业费支出90万元。敬老院床位83张，收养农村五保人员83人。有慈善分会1个，全年接受社会捐款63.8万元，使620人次困难群众受益。参加新型农村养老保险4.1万人，参保率98%。

历史文化

镇境为1947年1月鲁南战役第一阶段的中心战场，东部的糖稀湖是山东野战军分割围歼国民党军第二十六师及第一快速纵队的地方。因糖稀湖土质湿时像糖稀一样，粘住敌人的坦克车辆，为战役立功，故人们把此次战役叫做“糖稀湖战役”。战役指挥部设在新兴镇阁老埠村。境内有市、县级文物保护单位2处。

地名源流

新　兴　据北宋天圣四年（1026年）所立太子龙王庙石香幢碑推断，建村约在唐代。因吉祥嘉言名村。聚落分成东、西两处，称东新兴、西新兴。建国后，西新兴为新兴区、乡、公社驻地。1984年4月起为乡政府驻地，1998年1月起为镇政府驻地。

新官庄　相传建村于清朝末年，原名大官庄。新中国成立后，聚落分成东、西两处，该聚落处东，称东官庄。因县内村庄重名，更为今名。

新胜村　1966年修建会宝岭水库时，由下村公社埠阳迁居于此，名村新村。1980年全县地名普查时，因县内村庄重名，更为今名。

太子堂　约建村于北宋中叶，因聚落处原有太子龙王庙，以庙名村。后易为今名。

云　铺　相传建村于明万历十八年（1590

年）。聚落处有寺庙云间阁。以庙名村云铺。

东凤庄　据《刘氏家谱》记载，建村于清康熙年间（1662—1722）。因聚落处凤凰山东侧，名村东凤庄。

西凤庄　据碑碣记载，建村于清光绪年间（1875—1908）。因聚落处凤凰山南侧，与东凤庄毗邻而得名。

西官庄　相传建村于清朝末年。原名大官庄。建国后，聚落分成东、西两处，因与东官庄对应，名村西官庄。

后大窑　据《王氏家谱》记载，建村于南宋绍兴元年（1131 年）。王姓迁此定居后，以烧窑为业，聚落遂称大窑村。因聚落处木山后，1960 年易为今名。

大　寨　据碑碣记载，建村于元朝末年。聚落沿用作防卫的寨墙分布，寨墙东的聚落称东大寨，寨墙西的聚落称西大寨。

下　湖　据碑碣记载，建村于元至正年间（1341—1368）。原名圣皇庄。清嘉庆末年，易名青龙村。因聚落处糖稀湖最低洼处，光绪二年（1876 年）改称今名。抗日战争时期，被鲁南军区授予“抗日模范村”称号。下湖附近的湖地，地势低洼，旧称漏汁湖、芦湖，后俗称糖稀湖，为鲁南战役第一阶段的中心主战场。

小寨子　据庙碑记载，建村于明天启年间（1621—1627）。原名沂新庄。后因与东大寨、西大寨毗邻，易为今名。

古　林　据庙碑记载，古林之名始于清乾隆八年（1743 年）。因聚落西北有“御葬林”，故名。

伏山口　相传建村于元至正年间（1341—1368）。因聚落处伏山南侧的山口处，故名。

板闸湖　相传建村于明天启年间（1621—1627）。聚落处荸荠湖畔。为治水，在湖中建立许多水闸，闸门为木板，故名板闸湖。聚落遂以湖名村。

新马庄　据庙碑记载，建村于元朝初年。原名青龙桥。后因众多农户以养马为生，易名马庄。1980 年全县地名普查时，因县内村庄重名，更为今名。

于　楼　相传于楼之名始于唐贞观年间（627—649）。因聚落处有一寺庙，并建有楼台，且于姓先居于此，故名。

马　楼　据《马氏家谱》记载，马楼之名始于明洪武十六年（1383 年）。因马姓迁此居住后，建有楼房，故名。

山里王　据《王氏家谱》记载，建村于明朝末年。因聚落处四面环山，且王姓先居于此，名村山里王。

王家庄　据《王氏家谱》记载，王家庄之名始于清嘉庆三年（1798 年）。因王姓居多，故名。

王家楼　据《王氏家谱》记载，建村于清顺治十五年（1658 年）。王姓由兰陵迁此居住后，建起一座楼房，名村王楼。因县内村庄重名，更为今名。

艾　庄　据《徐氏家谱》记载，艾庄之名始于明洪武年间（1368—1398）。因艾姓先居于此，故名。

龙　庄　据《夏氏家谱》记载，建村于明朝末年。因夏姓先居于此，名村夏庄。1980 年全县地名普查时，因县内村庄重名，更为今名。

冯　岭　据墓碑记载，冯岭之名始于清康熙年间（1662—1722）。因聚落处小岭之上，冯姓先居于此，故名。

卢家楼　据《卢氏家谱》记载，建村于清朝末年。原名卢楼。因县内村庄重名，更为今名。

北辛庄　相传建村于清道光七年（1827 年）。因辛姓先居于此，名村辛庄。1980 年全县地名普查时，因县内村庄重名，更为今名。

西刘庄　据庙碑记载，建村于明崇祯十七年（1644 年）。因刘姓先居于此，名村刘庄。1980 年全县地名普查时，因县内村庄重名，更为今名。

苏官庄　据《苏氏家谱》记载，苏官庄之名始于清嘉庆年间（1796—1820）。因苏姓先居于此，故名。

朱　屯　据墓碑记载，朱屯之名始于清光绪九年（1883 年）。因朱姓先居于此，故名。

朱　庄　相传朱庄之名始于清光绪年间（1875—1908）。因朱姓先居于此，故名。

何　庄　相传何庄之名始于清光绪二年（1876 年）。因何姓先居于此，故名。

张　屋　据《张氏宗谱》记载，建村于清道光十二年（1832 年）。因张姓迁居此地时，盖有数间草屋，名村张家屋。后俗称今名。

岳　桥　据《岳氏家谱》记载，岳桥之名始于清顺治元年（1644 年）。因聚落南的陶沟河上修一石桥，且岳姓先居于此，故名。

岳　楼　据《岳氏家谱》记载，岳楼之名始于清顺治初年。因岳姓迁居此地后，建有楼房，故名。

徐山口　据碑碣记载，建村于清乾隆年间（1736—1795）。原名长青庄。后因聚落处两山之间的山口处，且徐姓居多，易为今名。

高王庄　据《高氏家谱》记载，高王庄之名始于清道光年间（1821—1850）。因高、王两姓先居于此，故名。

曹　庄　据《曹氏家谱》记载，曹庄之名始于清嘉庆元年(1796 年)。因曹姓先居于此,故名。

黄山屯　据《黄氏家谱》记载，黄山屯之名始于清乾隆元年（1736 年）。因聚落处黄山东麓，且黄姓先居于此，故名。

蒋家庄　相传建村于清道光年间（1821—1850 年）。因聚落处小河东岸，名村蒋河岸。新中国成立后，易名蒋庄。因县内村庄重名，更为今名。

木　山　相传木山之名始于清顺治年间（1644—1661）。聚落处木山东侧，以山名村。

双山屯　据碑碣记载，建村于清咸丰元年（1851 年）。因代姓先居于此，名村代胜屯。聚落处双山之阳。1960 年易为今名。

阁老埠　据碑碣记载，建村于清康熙年间（1662—1722）。相传一官吏晚年曾居此，且乐于助人。人们尊其为“阁老”。为纪念他，且聚落处地势较高，名村阁老埠。

2010 年新兴镇村庄基本情况

表 30—11

行政村	自然村	曾用名	户数（户）	人口（人）	占地面积（亩）	耕地面积（亩）	集体收入（万元）
于楼	于楼		580	2356	290	1610	2
前官庄	苏官庄		96	405	101	349	0.5
后官庄			61	299	104	256	0.5
东凤庄	东凤庄		115	469	97	493	1
西凤庄	西凤庄		128	514	120	780	2
马楼	马楼		120	511	112	798	1
东新兴一村	东新兴		336	1156	319	1531	2
东新兴二村			178	727	790	1531	2
板闸湖	板闸湖		182	719	110	575	0
后大窑	大窑	大窑	135	501	60	450	0
前大窑			123	478	148	600	3

续表 30—11

行政村	自然村	曾用名	户数（户）	人口（人）	占地面积（亩）	耕地面积（亩）	集体收入（万元）
朱屯	朱屯		243	1025	115	1040	5
木山	木山 何庄		160	616	135	615	0
徐山口	徐山口	长青庄	485	2066	1293	2197	10
云铺	云铺		300	1399	221	1529	3
高王庄	高王庄 朱庄 王家庄		170	767	105	995	2
王家楼	王家楼	王楼	350	1631	305	1670	2
岳楼	岳楼		356	1376	404	1071	5
岳桥	岳桥		176	688	202	708	2
西新兴	西新兴		168	690	62	833	2
双山屯	双山屯	代胜屯	270	1210	270	910	5
新官庄	新官庄	大官庄、东官庄	95	365	60	320	3
伏山口东村	伏山口		277	1086	120	1166	2
伏山口西村			284	1431	372	1088	5
阁老埠	阁老埠		180	720	100	700	0
西大寨	西大寨		186	745	100	570	0
东大寨	东大寨		618	1922	100	1700	0
张屋	张屋	张家屋	189	727	135.4	1448.3	0
冯岭	冯岭		160	1187	53	663.	0
艾庄	艾庄		253	1879	200.6	1037	0
下湖	下湖	圣皇庄、青龙村	564	2464	298.9	3860.2	0
黄山屯	黄山屯		450	1619	299.7	3060.5	0
小寨子	小寨子	沂新庄	120	311	45.5	390.7	0
新胜村	新胜村	新村	107	364	56	540.8	0
太子堂	太子堂 西官庄	太子龙王庙 大官庄	1030	4368	1733.1	4785	0
古林	古林		286	1447	580	1900	0
卢家楼	卢家楼	卢楼	110	590	107	803	0

续表 30—11

行政村	自然村	曾用名	户数（户）	人口（人）	占地面积（亩）	耕地面积（亩）	集体收入（万元）
山里王	山里王		412	1718	550	2000	1.5
蒋家庄	蒋家庄	蒋河岸、蒋庄	260	1100	350	1500	0
龙庄	龙庄	夏庄	120	470	230	500	0
北辛庄	北辛庄	辛庄	200	988	223	1177	5
新马庄	新马庄	青龙桥、马庄	210	980	188	1112	5
曹庄	曹庄		370	1780	295	1310	10
西刘庄	西刘庄	刘庄	343	1419	170	1720	4

南桥镇

自然地理

南桥镇位于县境南部，镇政府驻地南桥，距县城 16.1 千米。东临长城镇，北与兴明乡、三合乡接壤，西接兰陵镇，南与江苏省邳州市四户镇毗邻。境内郯薛公路横穿东西，苍南公路纵贯南北。2010 年，镇境东西最大横距为 11 千米，南北最大纵距为 10 千米。土地面积为 85 平方千米，其中耕地面积 6141.87 公顷，年末常用耕地面积 5780.47 公顷。

地处鲁南平原，属淮河流域，地域北高南低，稍有倾斜，海拔最高点为 41.1 米，最低点为 31.44 米。平均海拔高度 36.27 米，平原面积 7507 公顷，山地丘陵面积 47 公顷，洼地 27 公顷，水面面积 160 公顷。有塘坝 1 座。属季风区域大陆性气候，四季分明，雨水充足，年平均气温 13.5 摄氏度，全年日照 2480 小时，日照率 56%，无霜期平均 206 天，全年降水量 850～900 毫升。地处温带，土肥沃，属黑黄土质。水资源充足，吴坦河、汶河、东洳河、西洳河、沙沟河和东宋沟、西宋沟流经全境。

建置区划

镇境抗日战争前分属临沂县、郯城县。1940 年，临沂县抗日民主政府设置南桥分区，又称 7 区。1943 年，划归兰陵办事处，称兰东区。1944 年，划归赵镈县，为 9 区。1948 年 2 月划归兰陵县，称南桥区，1949 年 3 月划归苍山县，1950 年 5 月复划归兰陵县。区驻地先设在大吴皇路，后设在贯村。1953 年 8 月，划归苍山县，为 15 区，区政府驻地由贯村迁至南桥村。1958 年初称南桥乡，乡驻地为南桥村。1958 年秋，称南桥人民公社。1963 年，析分为南桥、皇路 2 个人民公社，1964 年重又合并为南桥人民公社。1965 年称南桥区。1971 年，称南桥人民公社。1976 年年初，再次分为南桥、皇路 2 个人民公社。1984 年称南桥乡。1996 年 5 月 24 日，改称南桥镇。

2010 年，全镇辖 59 个行政村，60 个自然村，15897 户，总人口 69808 人，人口密度 821.27 人／平方千米。

经济概况

1996 年，企业总产值 3032 万元；人均收入 1764 元，财政收入 254 万元。2006 年，地区生产总值 7 亿元，10 年累计完成固定资产投资 2.2 亿元，农民人均纯收入达到 4010 元。2009 年，地区生产总值 7.8 亿元，农民人均纯收入 5600

元。2010年，完成规模以上固定资产投资2250万元，地方财政收入162万元，农民人均纯收入6393元。

农业 在粮食生产方面独具优势，是苍山传统的粮食生产乡镇。1984年，粮食亩产276.5千克，总产30995吨，棉花总产1225吨，有农机动力9737千瓦，机耕面积4000公顷。1996年，粮食亩产379.5千克、总产53185吨，其中小麦亩产391.6千克、总产27667吨，玉米总产25711吨，高粱总产54吨；棉花3.2万担；蔬菜1467公顷，其中大姜1万吨，大葱2万吨，棚菜2.5万吨。畜牧养殖专业户1896户，大牲畜存栏量5000头、生猪存栏15400头、羊2.3万只、家禽60万只；有养鱼水面80公顷，有果园80公顷；有机井156眼，建扬水站8座，疏通沟渠25千米，新增和恢复灌溉3667公顷。全镇拥有农业机械680台，拖拉机500台，农机总动力9414千瓦，机耕面积5600公顷，机播面积5333公顷。2008年，粮食作物种植面积10266.7公顷，其中小麦5200公顷，玉米5066.7公顷，亩产452.5千克，总产7.05万吨。以南苑、信诚等企业为龙头，积极推进“企业+基地+农户”产加销集约化、规模化农业生产模式，大力推进瓜菜示范园区建设，形成大宋庄、任桥、邹庄小甜瓜和辣椒高温科技大棚，鲁东、南桥、小湖子“订单土豆”，大桥、马沟生姜，吕家、大湖子、前后疃、西户庄大蒜，石埠、宋疃等村的优质小麦等五大种植片区。全镇发展订单作物800公顷，发展“三辣”作物种植1666.7公顷（其中大蒜666.7公顷、大姜600公顷，辣椒400公顷），种植水稻333.3公顷，土豆533.3公顷，洋葱133.3公顷，草莓、黄瓜各66.7公顷，种植户亩均增收千余元。畜牧业有北桥的蛋鸡饲养，远沟、前后疃的水貂养殖，鲍庄、卓庄的肉牛养殖，邹庄、大宋庄、大桥的生猪饲养等，形成“一村一品”“一村多品”或“多村一品”的规模养殖模式。养殖大户120余户，牲畜存栏量超过12万头。年可出栏生猪7500余头，日产饲料100吨。2010年，粮食作物播种8876.3公顷，亩产428.2千克，总产57014吨，其中小麦30209吨，玉米25858吨，豆类948吨；油料作物播种229.4公顷，总产1289吨；蔬菜种植2164.2公顷，总产118173吨；瓜类种植228.5公顷，总产15412吨。2006年，全镇林地面积发展到800公顷，其中经济林66.7公顷，用材林733.3公顷，“四旁”植树40万株，林木覆盖率21.6%。2010年完成533.3公顷的绿化任务，林网总面积1333.3公顷。

图30—15 订单土豆农业

二、三产业 1984年，乡办企业有农机厂、塑料厂、面粉厂、粮油加工厂等。1996年，全镇四级企业381家，从业人员1679人，骨干企业以面粉加工、造纸、挂毯、农机为主。有建筑企业2家，从业人员80多人，年建筑安装产值300万元；个体运输户200户，从业人员300人；饮食服务业4处，从业人员20人，年营业额110多万元；商业企业2家。2006年，建筑业从业人员600人，年建筑安装产值900万元；个体运输户600多户，从业人员1600多人，有汽车120台，拖拉机500多台，年产值2900多万元；饮食服务业10处，从业人员90人，年营业额600万元；商业企业6家，从业人员600名，实现利润1000万元。2006年，有私营企业46家、个体工商户560户。2010年，有规模以上企业8家。南苑蔬菜食品有限公司、信诚蔬菜食品有限公司、六福牧业科技有限公司和庆丰源蔬菜食品有限公司，为镇内四大支柱企业。信诚、南苑、顺利、红光元利、庆丰源、焰磊、瑞光启义、洪涛、瑞意等蔬菜食品企业，年产值均在1000万元以上。物流企业中南苑国通、鸿顺2家规模较大。个体工商户增至1500户，外出务工经商人员突破3万人。城乡集贸市场3个。物流运输、蔬菜食品加工、机械配件加工为全镇三大主导产业。

图30—16　陆福牧业科技有限公司

2010年，南苑公司完成总投资1000万元、年吞吐能力10万吨的蔬菜预冷库建设，信诚公司完成与韩国地球株式会社合作的10000吨泡菜成品加工项目建设。超伟公司饲料加工车间，可日产饲料100吨。苍山盛民机械厂有厂房1处、销售营业部2处，拥有15台机床，在岗职工80人，年产值3000万元。苍山瑞安医疗器械有限公司占地面积1.3公顷，投资1500万元，建成后胃管年产量达1500万支，尿袋年产量1000万支，扩张器年产量2000万支，年实现利税600余万元，解决就业人员100人。苍山县全福圆饲料有限公司占地1公顷，职工52人，主要生产配合饲料、浓缩饲料，拥有日产能70吨的饲料生产线1条，年产量2000万吨，为临沂规模最大的一家专做猪饲料的加工生产企业。

村镇建设

1992年10月，建成镇有线电视站。2010年，有线电视用户300户，入户率2%。1998年，建成镇客运站，日发客车80班次，日均容量2000余人次。2006年完成郯薛路改造工程，2009年完成南四路改造工程，2010年完成卞南路改造工程。全镇59个村全部实现村村通公路，总长度52千米。2010年，自来水受益村19个。镇文化站、广播电视站各1处，有村级文化活动中心20处，各类图书室20个，藏书10　余万册。有邮政支局1处。电信企业分支机构2家，服务网点30个，电话交换机总容量2万门，固定电话用户0.3万户，普及率20%；移动电话用户1.5万户，互联网用户0.11万户。镇驻地街道宽40米，有花坛20个，绿化面积6000平方米。

科技教育

1984年11月，成立镇科技协会。1996年，全镇科技人员1023人，其中高级职称12人，中级职称的35人。2010年，有科技人员1045人，其中高级职称14人，中级职称35人。从事林果业617人，畜牧养殖78人，渔业130人，大棚菜220人。

1958年，成立南桥中学。1984年，全乡有中学1所，联中5所，小学58所，在校学生5902人。1994年，成立南桥二中。1996年，全镇有初中2所，在校学生1845人；完全小学9所，初级小学8所，在校学生7025人；成教中心1所，幼儿园12所，教师351人。2010年，有幼儿园15所，在园幼儿1300人，专任教师40人；小学10所，在校学生5860人，专任教师220人；初中2所，在校学生1200人，专任教师65人。小学、初中适龄儿童入学率，小升初升学率，九年义务教育覆盖率均为100%。

医疗卫生

1984年，有乡办卫生院1所，诊所3处，村村建有卫生室。2006年，投资90万元新建中心卫生院。新农合参保人数53407人，参保率88.2%。2010年，有卫生院1所，门诊部28个；有床位134张，每万人拥有病床18张；固定资

产总值500万元。专业卫生人员38人，其中执业医师20人，执业助理医师10人，注册护士8人。医疗机构（门诊部以上）完成诊疗2万人次。新农合参保率99.9%。

人口和计划生育

1984年，总人口50317人，1996年总人口58484人，2002年总人口62209人，2006年总人口63035人，2010年总人口69808人。2010年，女性初婚晚婚率45.5%，人口出生率6.22‰，出生性别比为117。

社会事业

2010年，农村最低生活保障户980户、1756人，补助支出99万元，月人均70元。国家抚恤、补助各类优抚对象170人，抚恤事业费支出10万元。敬老院1所，床位130张，收养农村五保人员114人。有慈善分会1个，全年接受社会捐款30万元，受益困难群众200人次。参加新型农村养老保险2.37万人，参保率74.3%。

历史文化

1942年5月，鲁南军区边联支队与国民党五十一军战于吕家村、唐庄一带，50余人牺牲。1947年4月，赵镈县县大队配合八路军十七团在大桥村对国民党还乡团进行阻击，毙敌伤敌110余人，俘敌100余人。

境内小湖子古文化遗址、程村古文化遗址及小湖子牌坊为县级重点文物保护单位。小湖子古文化遗址，位于小湖子村南200米，遗址系长方形，南北长180米，东西宽150米，中间高，四周低，高出地面2.5米，曾出土石杵、石箭、陶鼎足、石锤等，属龙山文化遗址。程村古文化遗址，位于程村西北50米，镇驻地西南10千米处，遗址系长方形，南北长200米，东西宽150米，中间高，四周低，高出地面3米，曾出土古陶器、陶鼎足等古物。小湖子牌坊，位于镇驻地南5千米，小湖子村东，牌坊宽高各6米，牌坊正上方题“两叶清芬”4个大字，清光绪十年夏建成。小湖子村是南朝著名文学家鲍照、鲍令晖兄妹的故乡。

图30—17　龙山文化遗址

民间艺术、文娱生活丰富，程村的魔术，丁庄的皮影戏，朱邑的马戏，石埠、鲁坊的京戏较为出名。南桥、大宋庄等村有尚武的习惯，2010年，习武人数2500余人，有民间武术队1个。

地名渊源

南　桥　相传建村于元朝末年。因张、王两姓先居于此，名村张王庄。明弘治年间（1488—1505）进士任良弼，号南桥，曾居此，遂易村名南桥。明、清时为南桥集。建国后，为区、乡、公社驻地。1984年4月起为乡政府驻地，1996年7月起为镇政府驻地。

向阳村　相传建村于清嘉庆年间（1796—1820）。因杨姓先居于此，名村杨庄。1980年全县地名普查时，因县内村庄重名，更为今名。

小　寺　据庙碑记载，建村于唐朝末年。相传，有一和尚叫孟玄，在此建一寺庙。后人为纪念他，名村玄寺。后易为今名。

红旗新村　1970年，由会宝岭水库区移民迁居于此，建村。

鲁　坊　据墓碑记载，建村于春秋时期。初，刘、丘二姓从鲁国迁居于此，并建有手工作坊。鲁坊之名，由此而来。与此毗邻的小鲁坊，名称亦源于此。

大　桥　相传大桥之名始于明永乐年间（1403—1424）。聚落西的西泇河上，有唐朝末年建的老鸪巷桥，俗称大桥。以桥名村。清乾隆七年（1742年）正月十六重修大桥落成。后每年正月十六在此逢的古会，即源于此。

小　窑　据墓碑记载，小窑之名始于唐朝末年。刘姓迁此定居后，以烧制陶器为业。村名源此。

官家桥　相传建村于清光绪年间（1875—1908）。数位乡绅捐款，在聚落附近的白亭河上建一石拱桥，名官桥。以桥名村。因县内村庄重名，更为今名。

丁　庄　据墓碑记载，丁庄之名始于清康熙年间（1662—1722）。因丁姓先居于此，故名。

大宋庄　据墓碑记载，建村于明万历年间（1573—1620）。因宋姓先居于此，名村宋庄。因县内村庄重名，更为今名。

马　沟　据庙碑记载，马沟之名始于元至顺年间（1330—1333）。聚落处地势低洼，多沟汪。因马姓先居于此名，故名。

王　庄　相传王庄之名始于清康熙间（1662—1722年）。因王姓先居于此，故名。

户　庄　相传户庄之名始于清朝末年。因户姓先居于此，故名。后聚落分成东西、两处，称东户庄、西户庄。

北李庄　据《李氏家谱》记载，建村于明天顺年间（1457—1464）。因李姓先居于此，名村李庄。1980年全县地名普查时，因县内村庄重名，更为今名。

卢　楼　据《卢氏家谱》记载，建村于清朝初年。原名凤凰庄。后因卢姓盖起两座楼房，遂易为今名。

吕家村　据墓碑记载，吕家村之名始于明朝末年。因吕姓先居于此，故名。

朱　邑　相传建村于明朝末年。因朱、魏两姓先居于此，名村朱魏村。后魏姓渐少，易名朱邑村。聚落中间有一大汪，将聚落分成前、后两部分，称前朱邑、后朱邑。

任　桥　据碑碣记载，建村于明万历年间（1573—1620）。聚落处东泇河东岸。因李、曹两姓先居于此，名村李家曹桥。任姓迁入后，因人户居多，易为今名。

刘　桥　据刘氏谱碑记载，建村于明朝末年。因刘姓先居于此，名村刘庄。聚落处东泇河东岸，1976年河上建桥1座。1980年全县地名普查时，因县内村庄重名，更为今名。

刘家村　据墓碑记载，刘家村之名始于春秋时期。因刘姓先居于此，故名。

孙家村　据墓碑记载，建村于清朝初年。因孙、刘、柴3姓先居于此，名村三姓庄。后刘、柴两姓迁出，易名孙村。因县内村庄重名，更为今名。

安堡子　相传安堡子之名始于清嘉庆年间（1796—1820）。聚落处地势较高，俗称堡子。因安姓先居于此，故名。

远　沟　据墓碑记载，远沟之名始于明嘉靖年间（1522—1566）。聚落处地势低洼，多沟汪。因远姓先居于此，故名。

杨　庄　相传杨庄之名始于明成化年间（1465—1487）。因杨姓先居于此，故名。

李　沟　相传建村于清朝初年。因赵姓先居于此，名村赵家村。后因李姓居多，易名李沟。嘉庆年间（1796—1820），聚落分成大、小两处，称大李沟、小李沟。

李　楼　据墓碑记载，李楼之名始于清乾隆年间（1736—1795）。因李姓迁此居住后，建起一座楼房，故名。

佘　村　相传佘村之名始于清康熙年间（1662—1722）。因佘姓先居于此，故名。

邹圣庄　相传建村于明朝末年。因邹姓先居于此，名村邹庄。1980年全县地名普查时，因县内村庄重名，更为今名。

陆家庄　相传建村于清道光年间（1821—1850）。原名付家寨。后因陆姓居多，易为今名。

宋　疃　据墓碑记载，宋疃之名始于南北朝初年。因宋姓先居于此，故名。

陈　庄　相传陈庄之名始于元朝末年。因

陈姓先居于此，故名。

张　沟　据《张氏宗谱》记载，建村于清嘉庆年间（1796—1820）。原名戚家沟。清朝末年，戚姓迁出，张姓迁入，遂易为今名。

卓　庄　相传卓庄之名始于清康熙年间（1662—1722）。卓、谢两姓先居于此，因卓姓居多，故名。

贯　村　据墓碑记载，建村于明崇祯年间（1628—1644）。因徐姓先居于此，名村徐家巷子。后徐姓迁出，贯姓迁入，遂易为今名。

赵　堡　相传赵堡之名始于清顺治年间（1644—1661）。聚落处地势较高，俗称堡。因赵姓先居于此，故名。

胡　寨　据墓碑记载，胡寨之名始于明洪武年间（1368—1398）。因胡姓先居于此，故名。后聚落分成前、后两处，称前胡寨、后胡寨。

南李庄　据墓碑记载，南李庄之名始于康熙年间（1662—1722）。李姓由江苏邳县迁此居住后，因北有李庄，故名。

耿　沟　据碑碣记载，耿沟之名始于元朝末年。聚落处地势低洼，多沟汪。因耿姓先居于此，故名。

袁　庄　相传袁庄之名始于清康熙年间（1662—1722）。因袁姓先居于此，故名。

唐　庄　相传唐庄之名始于明朝末年。因唐姓先居于此，故名。

程　村　据《程氏家谱》记载，建村于明朝初年。后因程姓由石埠移出居此，故名。

董　庄　据碑碣记载，建村于明成化年间（1465—1487）。因杨姓先居于此，名村杨庄。后因董姓居多，易为今名。

鲍　庄　据碑碣记载，建村于明崇祯年间（1628—1644）。因鲍、贾两姓先居于此，名村鲍贾庄。后简称今名。

魏　楼　据《魏氏家谱》记载，魏楼之名始于明朝末年。魏姓由江苏迁此居住后，建起一座楼房，名村魏楼。后聚落分成大、小两处，称大魏楼、小魏楼。

大湖子　据墓碑记载，大湖子之名始于南宋庆元年间（1195—1200）。因聚落处地势低洼，积水似湖泊，且与小湖子毗邻，故名。

小湖子　相传建村于北宋末年。初无村名。至南宋庆元年间（1195—1200），因聚落处地势低洼，村周围积水似湖泊，且与大湖子毗邻，故名。

石　埠　据墓碑记载，石埠之名始于明崇祯年间（1628—1644）。因聚落处有一石岭（当地人称石埠），故名。

坊岭新村　1969年，由会宝岭水库区车辋公社白山村迁居于此。因聚落处原称坊岭，故名。

界　坊　相传建村于明朝末年。原名义和庄。因聚落处山东省和江苏省的分界处，清朝末年，易为今名。

高埠庄　相传高埠庄之名始于明朝末年。因聚落处地势较高（当地人称高埠），故名。

斜　里　相传建村于清朝初年。原名卸梨村。后因聚落中有条斜路，易为今名。

影合村　相传建村于明朝末年。因聚落处东洳河两岸，名村影家河。后因赵姓居多，易名赵庄。1980年全县地名普查时，因县内村庄重名，更为今名。

北　桥　据墓碑记载，建村于明万历三十五年（1607年）。聚落西的阳明河上建一桥，因与南桥对应，故名。

后　屯　相传建村于清朝初年。薛、焦两姓迁此定居后，形成前、后两个聚落。因该聚落在后，与前屯对应，故名。

后　疃　据《任氏家谱》记载，建村于明万历年间（1573—1620）。聚落分成前、后两处，因该聚落在后，与前疃对应，故名。

前　屯　相传建村于清朝初年。薛、焦两姓迁此定居后，形成前、后两个聚落。因该聚落在前，与后屯对应，故名。

前　疃　据《任氏家谱》记载，建村于明万历年间（1573—1620）。聚落分成前、后两处，以该聚落在前，与后疃对应，故名。

黄山南　相传建村于明洪武年间（1368—1398）。因聚落处黄山南侧，名村黄山前。因县内村庄重名，更为今名。

蒲坦庄　据《吴氏宗谱》记：始祖伯在建文壬午应召勤王被勅封都指挥，于1402年为南军押运粮草时遭燕军伏击而殉职。燕王朱棣起兵称帝后追杀将领后人以除隐患。亚氏率小叔仲及太、甫、参三个儿子，自安徽歙州逃莒。等官兵过后，怕遭反扑，又命仲居郯北簍庄，太居白山，甫居凤凰，自己带领三子参隐居郯西山野。因把家谱摊开审视，遂取村名谱摊。几经演化，改为今名。

2010年南桥镇村庄基本情况

表30—12

行政村	自然村	曾用名	户数（户）	人口（人）	占地面积（亩）	耕地面积（亩）	集体收入（万元）
卢楼	卢楼	凤凰庄	223	1035	179	1143.3	0
南桥	南桥	张王庄	559	2670	44.5	1984.3	35
	陈庄						
小寺	小寺	玄寺	168	788	151.7	1258	0
任桥	任桥	李家曹桥	416	1572	377	1980	0
后疃	后疃		420	1800	10.7	2187.2	0
影合村	影合村	影家河、赵庄	178	819	153.6	1345.9	0
鲁坊东村	鲁坊东村		576	3162	213	1611	800
斜里	斜里	卸梨村	286	1353	350.5	1848.3	0
前疃	前疃		265	1304	236	1611	0
卓庄	卓庄		225	962	176	1103.3	0
远沟	远沟		321	1507	348.7	1927	0
邹圣庄	邹圣庄	邹庄	403	1598	414.4	2328.3	0
石埠	石埠		460	2804	669	3580	0
黄山南	黄山南	黄山前	221	904	173.2	1189.1	180
程村	程村	程家村	1020	445	877	5544.8	0
前朱邑	前朱邑	朱魏村、朱邑村	270	1297	219.8	1400.2	0
后朱邑	后朱邑		209	1005	189.5	1064.6	0
官家桥	官家桥	官桥	248	980	215	1450	20
陆家庄	陆家庄	付家寨	242	1045	233	1332	170
鲁坊西村	鲁坊西村	鲁坊	369	1820	440	2760.3	0

续表 30—12

行政村	自然村	曾用名	户数（户）	人口（人）	占地面积（亩）	耕地面积（亩）	集体收入（万元）
前屯	前屯		200	867	180	1432.2	0
刘桥	刘桥	刘庄	160	733	147.3	1274.2	0
赵堡	赵堡		253	1079	205	960	0
袁庄	袁庄		130	643	97.6	543.6	0
前胡寨	前胡寨	胡寨	210	800	175	1030	0
后胡寨	后胡寨		210	842	226	1086	0
向阳村	向阳村	杨庄	66	278	76.5	253	0.5
孙家村	孙家村	三姓庄、孙村	272	1138	207	172	0
张沟	张沟	戚家沟	182	870	144.6	981.1	0
大湖子	大湖子		334	1477	252	2609	0
大李沟	大李沟	赵家村、李沟	223	1050	252.5	1350.2	0
小李沟	小李沟		120	429	71.5	1162	0
小窑	小窑		78	338	54.8	456.4	24
小湖子	小湖子		354	1678	280	3400	0
蒲坦庄	蒲坦庄	谱摊庄	147	596	166.4	728.1	0
宋疃	宋疃		825	3969	718	4931	0
李楼	李楼		137	640	101.1	590	0
小魏楼	小魏楼	魏楼	42	236	30.2	204	0.2
大魏楼	大魏楼		86	366	57.4	362.5	0
大宋庄	大宋庄	宋庄	280	1252	338	2050.2	0
界坊	界坊	义和庄	276	1227	209.5	1324	0
丁庄	丁庄		205	942	151	876	0
红旗新村	红旗新村		110	496	70.8	397.6	0
吕家村	吕家村		370	1715	390	2700	0
高埠庄	高埠庄		183	784	135	1109.5	0
北李庄	北李庄	李庄	147	590	108	587.3	0
东户庄	东户庄	户庄	142	520	102.9	785	0

续表 30—12

行政村	自然村	曾用名	户数（户）	人口（人）	占地面积（亩）	耕地面积（亩）	集体收入（万元）
西户庄	西户庄		140	559	85	770	0
北桥	北桥		608	2501	524	3073.3	0
贯村	贯村	徐家巷子	284	1135	213.2	1684	0
南李庄	南李庄		174	686	103.4	586.4	0
唐庄	唐庄		91	373	82	976	0
董庄	董庄	杨庄	240	961	193.5	1336	0
鲍庄	鲍庄	鲍贾庄	448	2164	402.6	3011	0
马沟	马沟		432	1944	456	2134.2	0
大桥	大桥		148	592	133.8	748	0
坊岭新村	坊岭新村		96	380	43.1	129.5	0
后屯	后屯		81	327	91	255.9	0
佘村	佘村		251	1106	226.4	1285.8	0

庄坞镇

自然地理

庄坞镇位于县境东南部，镇政府驻地庄坞河西，距县城25千米。地处罗庄、郯城、苍山3县区交界处。西连层山镇，北接罗庄区黄山镇、褚墩镇，东靠沂河，沂河东属郯城县庙山镇，南与郯城县胜利乡接壤。232省道汤郯公路干线穿境而过，京沪高速公路贯通南北。2010年，镇境东西最大横距5.2千米，南北最大纵距6.5千米。土地面积38平方千米，其中耕地面积2139.5公顷，年末常用耕地面积1860.13公顷。

地处沂、武河冲积平原，地势自东北向西南逐渐降低，地面坡度较小，海拔高度在47米左右。境内有沂河、武河、小涑河、苍邳分洪道等河流。沂河由多福庄东北入境，至南营子村出境，境内流程5.24千米，一般洪水流量3000立方米/秒，最大洪水流量9000立方米/秒。武河为沂河支流，从多福庄北流入，至庄坞村西南流进郯城县边境，境内流程5.3千米，河宽188米，允许洪水流量84立方米。苍邳分洪道从江风口泄洪闸分洪，经多福庄入境，至向曙村出境，境内流程5.21千米，分洪宽2000多米，内有大片良田。小六河发源于多福庄村，为人工开挖河道，上游宽5米，下游宽18米，流经层山、二庙等乡镇入江苏省境，境内流长4.5千米。小涑河发源于涌泉村，境内流长4.5千米。全镇属沂武河冲积平原，土层深厚，质地适中，通透性良好，地下水位浅，肥力高。土壤大部为河潮土亚类和湿潮土亚类两种类型。另外还有沿沂河西岸部分为沙土，结构差，肥力低，改良困难，因受沂河洪水影响，不宜种植农作物，只宜植树造林。

建置区划

镇境抗日战争前属临沂县。1940年属临沂县抗日民主政府。1945年划归赵镈县。1947年，划归苍山县，分属层山、褚墩2区。1958年年初，分属层山、蔡村2乡。同年秋，分属层山、褚墩2人民公社。1965年，属层山区。1971年，属层山人民公社。1984年4月，从层山人民公社析出，建庄坞乡，辖19个自然村。1998年10月19日，撤销庄坞乡，设立庄坞镇。

2010年，全镇辖19个行政村，17个自然村，10086户，39337人，人口密度1035.18人/平方千米。

经济概况

1996年，工农业总产值2.1亿元，其中农业总产值6000万元，工业总产值1.5亿元，农民人均纯收入1767元。2003年，工农业总产值9亿元，其中工业总产值5亿元，农业总产值4亿元，农民人均纯收入3000元。2006年，工农业总产值13亿元，农民人均纯收入4260元。2010年，完成规模以上固定资产投资1.17亿元，地方财政收入474万元，农民人均纯收入6980元。

农业　1988年，开始牛蒡商品化种植，由苍山县嘉德公司与日本合作，在庄坞种植，因环境和土质极为适宜牛蒡的生长，品质和单位产量均超过日本本土。1990年，形成2666.7公顷(4万亩)种植规模，出口牛蒡数千吨。2004年庄坞被国家

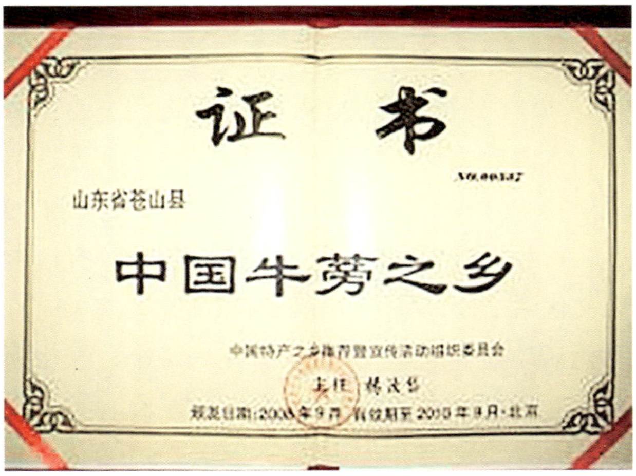

图30—18　庄坞镇是“中国牛蒡之乡”的主产地

特产委命名为“中国牛蒡之乡”。2008年，保鲜牛蒡、牛蒡茶被中国绿色食品发展中心认证为绿色食品。2009年，通过农业部地理标志产品认证保护。“庄坞牛蒡”成为知名的牛蒡产品品牌。至2010年，庄坞成为中国最大的牛蒡种植、加工和出口中心，年产20万吨，有156个储藏加工企业，出产牛蒡速冻保鲜、腌渍、脱水、制茶、酿酒等八大系列20多个产品，出口15万吨，创汇6000多万美元，畅销日本、韩国、新加坡等国家和中国台湾、欧洲、中东地区。在国内，庄坞牛蒡占据45%以上的市场份额。

图30—19　庄坞万亩牛蒡基地

1984年，粮食亩产329千克，总产15470吨，人均口粮517.5千克。有淡竹园2公顷，养鱼水面33.3公顷，特产白柳条、大青萝卜。有机井62眼，农机动力3746千瓦。1996年，粮食亩产380千克，总产11341吨，种植蔬菜1334公顷，盛产大葱、白菜、青刀豆、花菜、大蒜、青萝卜、大白萝卜等，总产2万吨；有白柳167公顷，果园3.4公顷，淡竹园2公顷，农田林网1200公顷，河旁植树12万棵，林木覆盖率28.7%。拥有农机动力13761千瓦，其中拖拉机222台，汽车46辆，农用三轮车1000多辆；机耕面积1533.3公顷，占80%；机播面积1800公顷，占95%。全乡有50年以上树龄的银杏树767棵，年产银杏果6吨，有银杏叶圃园667公顷。畜牧总产值890万元。2010年，粮食作物播种2364.1公顷，亩产441.6千克，总产15658吨，其中小麦2812

吨，玉米12787吨，豆类59吨；油料总产255吨，播种48.7公顷；蔬菜总产116476吨，种植1923.7公顷；瓜类总产1831吨，种植32.7公顷。有白柳300公顷，年产白柳近1万吨，产值3000万元，是庄坞创汇农业的又一重要支柱。南营子村近80%的农户从事规模饲养鸡、鸭、鹅、兔等畜禽，存栏3000只以上的养殖大户有20多家。多福庄村为养鳖重点村。

二、三产业　20世纪80年代，南营子村就开始从事家禽贩运，有车辆300台。1984年—1992年，乡办企业从无到有，先后办起农机修理厂、建筑工程公司、造纸厂、庄华白柳工艺品有限公司、冷藏厂、宾馆、饭店、水泥预制厂、印刷厂等10个企业。1992年，职工2500多人，有固定资产600万元，定额流动资金400万元，年产值1500万元，年利润25万元。1992年—1998年为发展阶段，冷藏厂规模扩建，建筑公司由原来的2个队扩充到10个队，以232省道为中轴的经济园区初具雏形。乡镇企业由原来镇办村办改为镇、村、户、联户办的四级企业。1996年，有四级企业972家，从业人员5080人。骨干企业主要有蔬菜加工贮藏、造纸、板纸、纸箱、建材、建筑、农机修理、面粉加工、锯片制造等30多个。1996年，完成工业总产值1.5亿元，占工农业总产值的71.4%。在四级企业产值中，乡镇企业、村办企业、个体企业、与外商合资企业、公私合营、外商独资企业分别占10%、5%、57%、5%、20%、3%，实现利税380万元。1999年—2003年，结合农业结构调整，以提高农副产品加工增值能力为重点，全镇形成创汇蔬菜加工、家禽贩运、农机销售、柳条编织四大支柱产业。2003年，有私营企业102家，个体工商户1092户。工业总产值5亿元，利税4000万元。其中规模以上企业产值1亿元，利税900万元。以恒利、联中、多福、原野、福禄寿公司为龙头，成规模、上档次的创汇蔬菜加工企业65家，其中有自营出口权的5家，外商独资、合资企业7家，年出口能力5万吨，创汇4000万美元，产品形成速冻、腌渍、保鲜、脱水等系列30多个品种。农机销售以美松农机有限公司、金亮农机有限公司为龙头，年销量近万台，销售额6000万元。南营子村、河西村有鲁南家禽批发市场，年购销家禽4000余万只，年成交额6000多万元，带动1000多人常年从事家禽贩运。柳条编织业以翰林、翰卿、爱迪亚、志泉工艺品公司为龙头，建立柳条编织网点36处，产品有15大系列70多个花色品种，全部外销，年销售额1000多万元。2010年，有规模以上企业13个，二、三产业吸纳劳动力1.2万人，产品全部参与国际竞争。有集贸市场4处，分别位于庄坞、多福庄、涌泉、小傅庄。有个体商户1200个，大小超市10余家，其中位于镇驻地的万家福超市规模最大。农资商店20余家。2010年，社会商品零售总额8000万元。

村镇建设

1984年，建成镇变电站、供电站，实现电力村村通。同年建成镇客运站，日发客车50班次，日均容量1000余人次。1994年12月，建成镇有线电视转播台，后称镇广播电视站。1995年，乡投资40万元，县局投资200万元，开通256门程控电话，新建1000平方米的邮电通信综合楼1座，实现村村通程控电话。1998年，邮电通迅建成程控电话本地网，电话用户5000个。2008年，实现有线电视村村通。2010年，有线电视用户8000户，入户率80%。有电话用户3946户，宽带用户2250户，手机用户21500户。有邮政支局1处，村邮政代办处19处、邮政信箱23个。金融机构3家。自来水受益村19个。村村通水泥硬化路，总长37千米。有镇综合文化站1处，房屋10间。农村文化大院19个，文化活动室30个。镇驻地有花坛4个，绿化面积1.2万平方米，有绿地7800平方米。

教育

1984年建立镇中学。同年，有联中1所，小学17所，在校生3700人。1996年，有中心中学1所，在校学生1125人，教师59人；小学14所，在校生4997人，教师231人，适龄儿童入学率100%。2010年，有中学1所，16个教学班，在校生545人；小学8所，43个教学班，在校生2400人；幼儿园15所，中心幼儿园在园幼儿160人。教师220人，其中中学64人，高级职称9人，中级职称53人，初级职称2人；小学130人，中级职称80人，初级职称40人，未定职称10人；幼教26人。中学、中心小学、中心幼儿园均为市级规范化学校。小学适龄儿童入学率、巩固率、毕业率均为100%。中学占地面积38560平方米，建筑用地7100平方米，校舍建筑面积8979平方米，图书2万余册，有办公楼、教学楼、实验楼各1座。

医疗卫生

1984年，乡办卫生所1个，卫生室24个，卫生人员56人。1996年，有乡卫生院1所、13个科室，病床15张，医务人员24人，设村级门诊部8处，医务人员51人。2004年12月，率先进行新型农村合作医疗试点工作，参保率80%。2010年，有镇卫生院1所，有职工20人，其中初级职称8人，中级职称4人；设有内科、妇产科、防保科、B超室、放射科等科室。村级卫生室19处。新农合参保率100%。

人口和计划生育

1984年，总人口30673人，1996年总人口35368人，2002年总人口36203人，2006年总人口36872人，2010年总人口39337人。2010年，有独生子女户1550户，14周岁以下1123户。人口自然增长率10.1‰，人口出生率12.74‰，出生性别比为109.8。

历史文化

清朝晚期，涌泉幅军曾与清军大战一场。抗日战争时期，以涌泉、庄坞为中心的临郯平原抗日根据地曾多次粉碎日本侵略军的“扫荡”。临郯抗日军政机关在涌泉南湖同日军进行过殊死搏斗，许多抗日英雄血染沃土。1944年3月，在中国共产党的统战政策下，庄坞杨庭芸率伪保安自卫团第一大队等500多人弃暗投明，举行起义，加入八路军。1947年6月7日，中共鲁南区党、政机关和鲁南军区实行战略转移，途中受国民党军队堵截围追及暴雨、冰雹袭击，经涌泉等村民众组织抢救，救活数百人。

河西村有嘉庆十年（1805）所立节孝牌坊1座，保存较好。东高尧有大汶口文化遗址，曾出土大量文物（现馆藏于临沂市文物馆）。马湾村有2株稀有树种民间称之为“鸳鸯团松”，树龄300余年。镇政府院内有1棵唐植银杏，叶盛果硕。明代武河上建有永济桥1座，桥面至今完好。

21世纪初，全镇先后建起电影放映队4个，每年放映电影1200多场，观众达150多万人次。除镇业余文艺宣传队外，涌泉前村、涌泉后村相继成立村办业余京剧团，河西、南营子等村成立村办业余柳琴剧团。评书、小鼓、琴书、唢呐等民间说唱艺人，活跃在集镇街头，全镇文化专业户30多个，各类文化艺术表演人员250多名。

地名源流

庄坞河西　相传建村于南宋末年。聚落处武河西岸，与河东庄坞隔河相对。庄坞河西之名，因此而得。1984年4月起为庄坞乡政府驻地，1998年12月起为庄坞镇政府驻地。

庄　坞　相传庄坞之名始于南宋末年。因聚落处周围高、中间低，故名。明、清时，为庄坞集。

庄坞东北园　得名由来与庄坞村相同，因聚落处庄坞东北，有杨姓的林园，故名。

向　曙　据庙碑记载，建村于明万历年间（1573—1620）。原名许家官庄。清嘉庆年间（1796—1820），易名杨家官庄。后简称官庄。1980年全县地名普查时，因县内村庄重名，更为今名。

多福庄　据张、李二姓墓碑记载，建村于明洪武年间（1368—1398）。因小儿多痞病，将聚落南迁500米，名村躲避庄。后瘩病减少，因吉祥嘉言，易名多福庄。聚落分成南、北两处，称南多福庄、北多福庄。

河西北楼 相传河西北楼之名始于元朝初年。因聚落处武河西岸，有杨姓的北楼，故名。

河西西楼 相传河西西楼之名始于元朝初年。因聚落处武河西岸，有杨姓的西楼，故名。

河西西北园 相传河西西北园之名始于元朝初年。因聚落处武河西岸偏西北，有杨姓的菜园，故名。

河西西南园 相传河西西南园之名始于元朝初年。因聚落处武河西岸偏西南，有杨姓的菜园，故名。

南　街 南街之名始于南宋末年。因聚落系庄坞村的南街，故名。

小傅庄 据碑碣记载，小傅庄之名始于清康熙年间(1662—1722)。因其为涌泉傅姓分支，故名。

北吴庄 相传建村于明朝初年。因吴姓先居于此，名村吴庄。为区别新吴庄，1957年后始称今名。

马　湾 相传建村于宋朝。因聚落处马王城（位于今郯城县黄山镇的麻湖村与栗林村之间）南的沂河曲流处，名村马湾。

学　田 据《杨氏家谱》记载，建村于元朝初年。聚落前有为官府办学用的399亩地。学田之名，因此而得。

营　子 据庙碑记载，建村于唐贞观年间(627—649)。相传古时征战曾在此安营扎寨，分南、北二营，后渐成聚落，称南营子、北营子。

涌　泉 相传涌泉之名始于明洪武年间(1368—1398)。因聚落西北有泉水涌出，故名。清朝末年，为涌泉集。1938年9月，中共临郯中心县委在此成立。

核桃园 据《张氏族谱》记载，核桃园之名始于清光绪六年（1880年）。因聚落处原为高尧村的核桃园，故名。

高　尧 据出土文物推断，建村于东汉末年。聚落处有高尧寺，以寺名村。聚落分成前、后、东、西4处，称前高尧、后高尧、东高尧、西高尧。

2010年庄坞镇村庄基本情况

表30—13

行政村	自然村	曾用名	户数（户）	人口（人）	占地面积（亩）	耕地面积（亩）	集体收入（万元）
南多福庄	多福庄	多福庄	462	2114	300	1260	0
北多福庄			710	2850	366	1500	0.56
小傅庄	小傅庄		436	1743	275	1414	0
南街	南街		510	2000	269	1100	3
学田	学田		453	2037	356	1620	0
庄坞	庄坞		890	3370	526	2900	0
前高尧	前高尧		236	1051	146	620	3
后高尧	后高尧		177	703	99	290	0
西高尧	西高尧	西翘尧	698	2668	400	1700	8
东高尧	东高尧		368	1605	259	986	4

续表 30—13

行政村	自然村	曾用名	户数（户）	人口（人）	占地面积（亩）	耕地面积（亩）	集体收入（万元）
马湾	马湾		355	1229	173	710	7
庄坞河西	庄坞河西		780	3416	545	1960	10
核桃园	核桃园		90	375	82	160	0.5
向曙	向曙	许家官庄、杨家官庄、官庄	487	2043	354	1476	0
南营子	南营子		669	2693	435	1858	30
涌泉前村	涌泉	涌泉	900	3198	736	2700	0
涌泉后村			805	3014	464	2729	0
北吴庄	北吴庄	吴庄	202	924	125	630	2
北营子	北营子		380	1495	386	1020	0

层山镇

自然地理

层山镇位于县境东南部，镇驻地层山，距县城 20 千米。南接二庙乡，西靠磨山镇、卞庄街道，北连庄坞镇和罗庄区褚墩镇，东邻郯城县胜利乡。境内京沪高速公路及苍郯路、泉重路 2 条县级公路穿过。2010 年，镇境东西最大横距 10 千米，南北最大纵距 8 千米。土地面积 51 平方千米，其中耕地面积 3663.78 公顷，年末常用耕地面积 3516 公顷。

镇境中部 1 座孤山（层山），原来海拔 86.5 米（现已挖平），其余皆为平原。境内有武河、涑河、苍邳分洪道 3 条河流，从东北向西南流经镇境，境内长 5 千米。矿产资源有煤、石灰石等，土壤分为潮土、砂礓黑土、黄土 3 类。土地肥沃，属于典型平原乡镇，素有“粮囤子”和“油桃之乡”的美誉。

建置区划

镇境抗日战争前属郯城县。1940 年属临沂县抗日民主政府，1945 年属赵镈县。1947 年属苍山县。1950 年称层山区（11 区）。1958 年初称层山乡，秋称层山人民公社。1965 年称层山区。1971 年称层山人民公社。1984 年秋称层山乡。1995 年 12 月 18 日，改称层山镇。先后被授予临沂市文明乡镇、临沂市平安创建工作先进乡镇、临沂市先进基层党组织、临沂市科普工作先进乡镇等荣誉称号。

2010 年，全镇辖 7 个工作区。有 34 个行政村，30 个自然村，11416 户，47963 人。人口密度 940.45 人 / 平方千米。

经济概况

1996 年，工农业总产值 4.44 亿元，其中工业总产值 3.3 亿元，农业产值 1.14 亿元，财政收入 426.4 万元，农民人均纯收入 1851 元。2006 年，农民人均纯收入 4355 元。2010 年，工农业总产值 6.02 亿元，农村经济总收入 3.1 亿元，规模以上固定资产投资 1.18 亿元，地方财政收入 177 万元，农民人均纯收入 6694 元。

农业　1984 年，粮食亩产 283 千克，总产 20080 吨，农业总产值 1852 万元，植白柳条 66.7 公顷，有机井 85 眼，农机动力 3746 千瓦，机耕面积 51%。1996 年，粮食亩产 368 千克，总产26253吨；经济作物2000公顷，创产值6000万元；经济林面积167公顷，农田林网面积3667公顷，柳条面积100公顷，"四旁"（村旁、路旁、宅旁、水旁）植树50万株，林木覆盖66.8%；畜牧养殖场15处，大牲畜存栏量3225头、生猪存栏量6000头、羊6400只、兔15.5万只、禽蛋产量350吨；有养鱼水面25公顷，年产量2000吨；有大小井口3000眼，灌溉水渠8000米，电灌站3座，水浇地面积2667公顷。拥有农机总动力5300千瓦，其中农用拖拉机1368台，排灌动力机械1700台，实现机耕机播。2010年，粮食作物播种2864.9公顷，亩产426.7千克，总产18335吨，其中小麦总产12035吨，玉米6042吨，豆类258吨；油料作物播种350.8公顷，总产1624吨。经济作物种植面积1673.3公顷，产值1.18亿元。其中大蒜面积1073.3公顷，蒜薹产量0.56万吨，蒜头产量0.95万吨，产值5800万元；大棚油桃面积266.7公顷，产量7500吨，产值2800万元；早春草莓100公顷，产量1500吨，产值600万元；早春西瓜133.3公顷，产量5000吨，产值800万元；牛蒡100公顷，产量6000吨，产值1800万元。畜牧业总收入8600万元。养殖专业户45户。大牲畜存栏240头，出栏472头；猪存栏1200头，出栏2500头；肉鸡、肉鸭出栏10万只以上；畜禽防疫率100%。全镇形成西部夏秋露地菜、东部林果、中部牛蒡的区域化种植格局。按照"稳粮、扩菜、增林果、兴畜牧"的总体思路，以园区建设为抓手，实施"西稳东扩"工程，在西部高效农业种植园区稳定666.7公顷"四种五收"模式种植的基础上，引导创办农副产品加工企业，走"公司＋基地＋农户"的路子，发展"三园"露地菜200公顷，地膜花生333.3公顷，订单白圆葱53.3公顷；在东部国家农业综合开发区扩种大蒜，种植早春西瓜、草莓，发展订单黄瓜。

二、三产业　1958年，有木业、铁业、榨油、粉坊、副食品等10多个行业。1968年，有木匠90户，木业社2处。铁匠10户。榨油坊15处。食品加工坊30处。1984年，乡办企业有农机修配、印刷、草柳编、水泥、砖瓦等项目。农机厂生产的箩底，远销青海、陕西等省。1996年，有镇办、村办、联户办、个体企业2015家，从业人员9683人，四级企业固定资产3000万元，总产值33000万元，实现利税3000万元，镇办企业有水泥、纸塑包装、塑料加工、建筑等，其中草柳编制品品种繁多，产品销往海内外，塑料薄膜、缆绳、鱼肉丝销往山东、河北、江苏、安徽、内蒙古、上海、新疆、东北等省市和地区。2010年，工业总产值1.3亿元，第三产业总收入7800万元。有规模以上企业2个。塑料打绳、草柳编、水泥预制等专业村14个。集贸市场5处，分别位于层山、董墩、沙埠、北哨、王杨庄。大小超市10余家，日营业额数万元。农资商店有40余家，均为个体经营，日成交额15万元左右。有蔬菜批发市场2处，年成交量6万吨。

图30—20　柳编工艺品

村镇建设

1958年，于层山东麓建公社大礼堂1座（于2005年拆除）。1980年，实现电力村村通。1981年，建立邮电支局。1998年，实现电话村村通。邮电通信建成程控电话本地网，电话用户5000个。2006年，10个村用上自来水。2008年，实现有线电视村村通。2010年，投资

50余万元，在主要路口、路段及21个村安装电子监控设施。村村通水泥柏油路，总长38.2千米。自来水受益村30个。有线电视用户8000户，入户率70%。有电话用户1950户，宽带用户2260户，手机用户2.5万户。金融机构3家。有综合文化站1处，房屋10间，设台球室、乒乓球室、图书室、电子阅览室、健身房、创作室、文艺人才培训室、展览室、网球场、健身体育场等。农村文化大院26个，文化活动室30个，文化广场、文化公园3处。

教育

1984年，有中学1所，联中2所，小学29所，在校学生5700人。1996年，全镇有中学1所，小学15所，在校生6426人，幼儿园55所。2006年，争取上级扶助资金220万元，新建层山中学教学楼1处。2010年，有中学1所，幼儿园20所，小学8所；教师总数250人，中学70人，小学140人，幼教40人；在校中学生766人，小学生2670人。中学、中心小学、中心幼儿园均为省级规范化学校。小学适龄儿童入学率、巩固率、毕业率均为100%。

医疗卫生

新中国成立前，有中药堂铺2个。1984年，有乡办卫生院1所，村卫生室31处，个体医疗室20个。1996年，有中心卫生院1所，职工31人，设卫生室11个，医务人员52人。2010年，有镇卫生院1所，共有职工23人，其中初级职称10人，中级职称5人。有村级卫生室21个。新农合参保率100%。

人口和计划生育

1984年，总人口36049人，1996年总人口42007人，2002年总人口43010人，2006年总人口43217人，2010年总人口47963人。2010年，有独生子女户2607户，14周岁以下1487户，年人口自然增长率12.1‰，女性初婚晚婚率32.4%，人口出生率9.70‰，出生性别比为118.9。

历史文化

1941年10月11日，日军对镇境东部肖姬庄进行烧杀抢掠，制造“肖姬庄惨案”。镇东南3千米处大城子文化遗址，为县级文物保护单位。耿墩村西有耿墩村革命烈士纪念碑，上列18位烈士简介。

地名渊源

层　山　聚落处缯山北麓，以山名村。东汉建武五年(29年)，改缯为层。新中国成立后，为区、乡、公社驻地。1984年4月至1995年11月为乡政府驻地，1995年12月起为镇政府驻地。

新合庄　相传建村于清光绪年间（1875—1908）。因聚落处原为危屯危姓的打谷场地，名村危场。1945年易为今名。

瓦屋庄　据庙碑记载，建村于清乾隆年间（1736—1795）。因聚落处祝多庵附近，遂以庵名村祝多庵。嘉庆年间（1796—1820）杨姓迁入后，因新建数间瓦屋，易为今名。

山　西　据《徐氏族谱》记载，建村于明正德年间（1506—1521）。聚落处河岸上，因尚姓先居于此，名村尚河头。后因黄姓居多，易名黄庄。明朝末年，因聚落处层山西，遂称今名。

东　哨　相传建村于唐贞观年间（627—649）。因征战曾在此安营屯兵，设有4个哨卡，后渐成聚落，因在四哨中居东，故名。

北　哨　相传建村于唐贞观年间（627—649）。因征战曾在此安营屯兵，设有4个哨卡，后渐成聚落，因在四哨中居北，故名。

王杨庄　据出土文物推断，建村于北宋崇宁年间（1102—1106）。为避官府捐税，聚落遂以庄坞杨姓名村杨庄。因系王姓聚居处，故称王杨庄。

卞杨庄　据出土文物推断，建村于北宋崇宁年间（1102—1106）。为避官府捐税，聚落遂以庄坞杨姓名村杨庄。因系卞姓聚居处，故称卞杨庄。

司　庄　据明崇祯七年（1634年）三月十六日所立庙碑记载，建村于天启年间（1621—1627）。

原名十顺官庄。后因司姓居多，易为今名。

吕　园　据墓碑记载，吕园之名始于明朝末年。因聚落处为吕姓的栗树园，故名。

危　屯　相传危屯之名始于清朝初年。因危姓先居于此，故名。

李杨庄　据出土文物推断，建村于北北宋崇宁年间（1102—1106）。为避官府捐税，聚落遂以庄坞杨姓名村杨庄。因系李姓聚居处，故称李杨庄。

杨　园　据墓碑记载，杨园之名始于清光绪年间（1875—1908）。聚落处原为庄坞杨姓的果园。杨姓迁此居住后，以园名村。

张杨庄　据出土文物推断，建村于北宋崇宁年间（1102—1106）。为避官府捐税，聚落遂以庄坞杨姓名村杨庄。因系张姓聚居处，故称张杨庄。

肖姬庄　据墓碑记载，肖姬庄之名始于清顺治年间（1644—1661）。因萧、姬两姓先居于此名村。后人以肖代萧，写为今名。

周　庄　据墓碑记载，建村于明崇祯年间（1628—1644）。原名北哨沟东。后因周姓居多，易为今名。

房杨庄　据出土文物推断，建村于北宋崇宁年间（1102—1106）。为避官府捐税，聚落遂以庄坞杨姓名村杨庄。因系房姓聚居处，故称房杨庄。

柏　庄　相传建村于清光绪年间（1875—1908）。原名南官庄。后因柏姓居多，宣统二年（1910年），易为今名。

耿　墩　据墓碑记载，建村于元朝末年。聚落处有一高地，因耿姓先居于此，名村耿家墩。后简称今名。

曹　屯　据墓碑记载，建村于清朝初年。原名层山前村。后因曹姓居多，易名曹巷。1950年改称今名。

凌　庄　据墓碑记载，凌庄之名始于明崇祯年间（1628—1644）。因凌姓先居于此，故名。

董　墩　据墓碑记载，董墩之名始于唐朝末年。聚落处有一土墩，因董姓先居于此，故名。

新吴庄　据墓碑记载，建村于明永乐年间（1403—1424）。因吴姓先居于此，名村吴庄。1957年修沂河分洪道时，聚落迁此，遂称今名。

銮　墩　据碑碣记载，建村于清顺治年间（1644—1661）。聚落处有两座土墩，因銮姓先居于此，名村銮墩。聚落分成前、后两处，称前銮墩、后銮墩。

颜圩子　相传颜圩子之名始于清嘉庆年间（1796—1820）。聚落周围被武河堤所绕，因颜姓先居于此，故名。

小池头　据武河桥碑记载，小池头之名始于明嘉靖末年。因聚落处通往大城子的护河堤边有一小水池，故名。

沙　埠　据碑碣记载，沙埠之名始于明建文年间（1399—1402）。因聚落后有一沙埠子，故名。

湖埠山　相传湖埠山之名始于明洪武年间（1368—1398）。聚落处湖埠山上，以山名村。

大城子　因聚落处春秋时双城（大、小二城）的大城遗址之上，故名。

2010 年层山镇村庄基本情况

表 30—14

行政村	自然村	曾用名	户数（户籍数）	人口（人）	占地面积（亩）	耕地面积（亩）	集体收入（万元）
层山东村	层　山	缯山	493（618）	2419	636	2014	0.5
层山后村			618（800）	2973	688	2810	1
街西头			431（442）	1800	380	1581	0.5
张杨庄	张杨庄	杨庄	239（224）	959	155	1114	0
李杨庄	李杨庄	杨庄	244（261）	995	202	1022	0
王杨庄	王杨庄	杨庄	147（159）	611	134	415	0.2
湖埠山前	湖埠山		515（507）	2039	254	2355	0
湖埠山后			95（104）	411	200	445	0
山西	山西	尚河头 黄庄	279（290）	1103	280	1119	0
危屯	危屯		283（317）	1255	329	1710	0.5
曹屯	曹屯	层山前村 曹巷	128（154）	587	130	710	0
柏庄	柏庄	南官庄	242（251）	964	177	1093	0
董墩	董墩		352（371）	1424	292	1752	2
新合庄	新合庄	危场	72（84）	293	75	392	0
颜圩子	颜圩子		88（93）	354	75	423	0
肖姬庄	肖姬庄		254（266）	1103	172	1083	0.6
瓦屋庄	瓦屋庄	祝多庵	218（232）	919	167	1039	0
卞杨庄	卞杨庄	杨庄	265（264）	1067	259	1442	0
房杨庄	房杨庄	杨庄	213（197）	850	167	972	0
沙埠东村	沙埠		562（607）	2230	390	2509	1
沙埠西村			503（556）	2062	472	2468	1
耿墩	耿墩	耿家墩	926（954）	3739	621	4067	0
新吴庄	新吴庄	吴庄	324（338）	1346	361	1806	1
东哨	东哨		596（628）	2570	503	3447	0
北哨	北哨		440（493）	1893	416	2834	0
周庄	周庄	北哨沟东	173（165）	678	162	895	0.5

续表 30—14

行政村	自然村	曾用名	户数（户籍数）	人口（人）	占地面积（亩）	耕地面积（亩）	集体收入（万元）
凌庄	凌庄		202（185）	811	155	1053	0
司庄	司庄	十顺官庄	233（179）	731	199	1073	0
大城子	大城子		215（199）	861	152	1144	0.5
小池头	小池头		410（394）	1631	417	2553	0
吕园	吕园		204（206）	831	141	869	1
杨园	杨园		68（62）	279	53	307	0
后銮墩	后銮墩	銮墩	193（288）	1375	311	1237	0
前銮墩	前銮墩		345（188）	790	167	2334	0

向城镇

自然地理

向城镇位于县境西部，镇政府驻地向城，距县城 11 千米。北靠车辋镇，南与兰陵镇、兴明乡相连，西和尚岩镇、新兴镇毗邻，东与贾庄乡和国营苍山农场接壤。206 国道、沂蒙公路、潍徐公路在镇驻地交汇，临枣高速和临枣铁路穿境而过。2010 年，镇境东西最大横距 9 千米，南北最大纵距 12 千米。土地面积 61 平方千米，其中耕地面积 4159.67 公顷，年末常用耕地面积 3443.2 公顷。

镇境地势西北向东南逐渐降低，除北部山陵外，皆系平原，山地面积 200 公顷，丘陵面积 67 公顷，平原面积 3074 公顷。境内有 9 座山头，黄龙山最高，海拔 161.4 米。西泇河、阳明河、汶河、矾子河自北向南流入运河。西泇河从峰下沟流入，至苏圈流出，流程 8 千米。阳明河由黎丘流经东张庄村，境内长 10 千米。汶河发源于石龙山，境内长 6 千米。矾子河发源于城后流入西泇河，长 3 千米。土壤分棕壤、砂礓黑土、潮土 3 类，潮土占耕地面积 78%，宜种小麦、玉米、大豆、高粱、地瓜、棉花、药材之类，土特产有大麻、大棚菜、大蒜等。

建置区划

镇境抗日战争前属临沂县。1941 年属边联县。1944 年属赵镈县。1947 年，分属赵镈、苍山 2 县。1948 年，分属赵镈、苍山、兰陵 3 县。1950 年称苍山县向城区。1958 年初称向城乡，秋与尚岩合并建文峰人民公社。1963 年，文峰人民公社划分为向城、尚岩 2 个人民公社，称向城人民公社。1965 年，与尚岩公社合并，称向城区。1971 年，划分向城、尚岩 2 个人民公社，称向城人民公社。1984 年称向城乡。1993 年 9 月 16 日，设为向城镇。2000 年 2 月，被省政府确立为中心镇。

2010 年，全镇辖 69 个行政村，65 个自然村，14938 户，61834 人，人口密度 1013.67 人／平方千米。

经济概况

1996 年，工农业总产值 5.3 亿元，其中农业总产值 2.4 亿元，工业总产值 2.9 亿元，完成税收 532 万元，财政收入 420 万元，人均纯收入 2285 元，人均住房面积 20 平方米。2006 年，工农业总产值 12.43 亿元，地区生产总值 5.38 亿元，其中第一、二、三产业增加值分别为 1.96 亿元、1.03 亿元和 2.39 亿元，财政收入 2535

万元，农民人均纯收入4530元。2010年，规模以上固定资产投资2.46亿元，财政收入4472万元，农民人均纯收入7698元。

农业　1984年，粮食亩产348千克，总产27295吨。有灌溉渠4条，拦河闸1处，电灌站27个，机井26眼，可浇地2133.3公顷。农机动力8038千瓦，机耕面积64%，有竹园7.7公顷，养鱼水面13.9公顷。大麻为主要经济作物，其特点是色泽光洁，抗拉力大，纤维细长，历史悠久。种植面积高达533.3公顷。1996年，粮食亩产309千克，总产21324吨，蔬菜亩产717千克，总产12812吨；用材林333公顷，农田林网2800公顷，苗圃6公顷，竹园8公顷，林木覆盖率9.8%;养鱼14公顷，有拦河闸1处，电灌站27个,机井93眼,可浇灌面积2133公顷;拥有农用机械1351台，机耕机播95%。蔬菜种植发展迅速，2006年总产19.3万吨。2010年，蔬菜品种30多个，年复种蔬菜面积4600公顷，蔬菜总产36万吨，标准化种植面积666.7公顷。粮食作物播种3745.5公顷，亩产406.6千克，总产22845吨，其中小麦11545吨，玉米10368吨，豆类312吨，薯类164吨；油料播种53.8公顷总产168吨；瓜类播种42公顷总产1840吨。加强农业基础设施建设，投入600多万元，垒砌河道3000米，修生产路4000米，新增除涝面积133.3公顷，完成农用电网向棚区延伸2万米，确保菜农用水用电。

图30—21　向城镇5万亩优质蔬菜示范区

二、三产业　1984年，乡办企业有农机修配、面粉加工、木材加工、砖瓦、草柳编等项目。1996年，全镇四级企业997家，其中镇办3家，村办12家，个体合营982家；骨干企业主要有鲁南蔬菜腌渍厂、液化气总厂、食品加工、汽车维修、冷藏保鲜、纸箱厂等，各种酱菜销往天津、青岛、威海、南京等10多个城市。鲁南蔬菜批发市场、生资建材批发市场、货运交易批发市场和粮油交易批发市场为全国百强农贸市场。2010年，有苍山县星火蔬菜冷藏有限公司、苍山县富达纸箱厂、苍山县金峰塑料有限公司、苍山县丰晨制粉有限公司、苍山县伯利恒塑料有限公司等重点企业28家。有规模以上企业16

图30—22　荣庆集团

家。个体工商户2780户，从业人员近1万人。有荣庆、建华、鲁南、富通、运发等大型物流企业，其中荣庆集团在全国百强物流企业中排第33位，为中国冷链运输第一供应商。有鲁南蔬菜批发市场、华凯蔬菜购销市场、生资批发市场、农业种肥批发市场四大专业市场，影响辐射周围12个乡镇，其中鲁南批发市场年成交蔬菜180万吨，交易额24亿元，列全国同类市场第7位。星火蔬菜冷藏有限公司和中国蔬菜研究协会合作实施有机蔬菜项目。

村镇建设

1985年，建成镇客运站，日发客车200余班次，日均容量6900余人次。1992年，建成镇变电站、供电站。1994年12月，建成镇有线电视台，后称镇广播电视站。1997年，建成镇自来水厂，有深水井68眼及成套净化设备，年供水13.62万立方米。2006年，为打造全新向城，

图30—23 向城镇东村公园

创建品牌中心镇，由政府投资1300万元实施15项建设工程。重点是镇政府办公楼建设工程、阳明河清淤垒砌及配套建设工程、阳明河广场建设工程、南环路拓宽改造工程、沿街商品楼开发建设工程、步行街建设工程、停车场建设工程、向峰路改造工程、路宅分家工程、治安监控系统建设工程、镇计生委建设工程、派出所建设工程、敬老院建设工程、学校危房改造工程。投资243万元，完成涉及12个村庄的7条村村通公路，总长13.4千米。投资245.87万元，完成9个村的村村通自来水工程，受益人口2万人。2010年，对镇驻地三横六纵的整体道路框架进行统一规划。实施镇驻地主要街道的绿化、亮化、美化等工程。投资550万元硬化村级道路12万多平方米，投资700多万元对蒙台路镇驻地至206国道段进行拓宽改造。实施“六个一”工程，即建设1条商业街、1处沿河公园、1处规范的住宅小区、1处垃圾转运站、1处农贸市场和1处综合建材市场。向城北村、宋楼、马于沟东村3个村居民楼竣工入住，西城前村投资5000万元实施整村迁建工程。投资500多万元建成占地2.8公顷，供养能力超过300人的花园式敬老院。投资50万元，建设综合文化站1处。自来水受益村54个，村村通电话，村村通公路。有邮政支局1处，金融机构5家，电信企业2家。镇区主要道路两侧铺设D600排水管道2.8万米，污水、雨水排入西泇河及阳明河干渠。镇驻地铺建花坛1.2万米，绿化面积2.4万平方米，有绿地3.6万平方米。

教育

1949年前，有小学6所，私塾24所。1984年有中学1所，联中8所，小学52所，在校学生5700人。1996年，有中学2所，完小1所，村级小学25所，成教中心1处，中心幼儿园1所，在校生11734人，教师452人。2006年，投资170万元，改造校舍153间，其中新建房屋113间。2010年，投入600多万元建设1处高标准的寄宿制完全小学，投资2000万元建设1处省级规范化初级中学。有中学1所，小学10所。在校学生4900人，教师381人。适龄儿童入学率、小升初升学率、九年义务教育覆盖率均为100%。

图30—24 向城镇初级中学

医疗卫生

1984年，有卫生室45个，卫生人员56人。1996年，有镇卫生院1所，病床26张，医务人员51人，下设诊所19处，医务人员72人。儿童计划免疫覆盖率98%。2006年，新农合参保率88.4%。2010年，有卫生院1所，村级卫生室108个，医务人员260人。新农合参保率100%。

人口和计划生育

1984年，总人口50408人，1996年总人口

53600人，2002年总人口54253人，2006年总人口55224人，2010年总人口61834人。2010年，女性初婚晚婚率62.1%，人口出生率10.51‰，出生性别比为113。

历史文化

镇境为曾姓发源地，驻地西北5千米有鄫国故城遗址。驻地西南3.5千米有城子古文化遗址。以上两处皆为省级重点文物保护单位。驻地西南1千米处，有向邑故城遗址。

地名渊源

向　城　因聚落西南有向邑古城而得名。鲁桓公十六年（前696年）冬，鲁国在向地筑邑，遂有向城之名。鲁襄公十四年（前559年）春正月，鲁国执政大夫季孙宿、叔老，与晋、齐、宋、卫、郑、曹、莒、邾、滕、薛、杞、小邾等国使节，在向城与吴国使节会盟。金时，因居民稠密，设向城镇。明清时为向城集。新中国成立后，为区、乡、公社驻地。1984年4月起，为乡驻地。1993年10月起，为镇政府驻地。

长兴庄　据清嘉庆元年（1796年）所立庙碑推断，建村于乾隆年间（1736—1795）。原名长亭庄。新中国成立后，易为今名。

永红新村　1970年修会宝岭灌区时，由尚岩公社石龙口迁居于此。因吉祥嘉言，故名。

胜利村　据《马氏家谱》记载，建村于明宣德年间（1426—1435）。原名桥北头。抗日战争时期，为便于打击敌人，村民迁居异地。抗日战争胜利后又陆续返回。胜利村之名，因此而得。

岭顶子　据清康熙九年（1670年）所立墓碑推断，建村于清朝初年。原聚落前有一古庙，为议事之地，名村聚贤村。后聚落迁至小岭上，遂易为今名。

洳　头　据《张氏家谱》记载："始祖三世于明嘉靖元年自安庄迁居此地。"即建村于1522年。西洳河由北向南流至聚落后，转向东流。洳头之名，由此而来。

峰下沟　据张氏谱碑记载，峰下沟之名始于明永乐年间（1403—1424）。因聚落处文峰山下、季文子河边，故名。

埠　子　据《孙氏宗谱》记载，埠子之名始于清宣统三年（1911年）。因聚落处土岭（当地人称埠）之上，故名。

土　楼　据清顺治十七年（1660年）所立墓碑推断，建村于明朝末年。聚落处阳明河东岸，因孙姓先居于此，名村孙庄。后孙姓迁居于阳明河西岸，其他众姓迁入后，建起数座土楼，名村土楼。

道　口　据《马氏祖谱》记载，建村于明洪武年间（1368—1398）。因聚落前有一河泉，泉水顺沟倒流，名村倒口。后书写为今名。

黎　丘　据《宋氏家谱》记载，建村于明崇祯年间（1628—1644）。因聚落处黄山脚下丘陵处，且土质黧黑，名村黧丘。后书写为今名。

簸箕掌　据《李氏宗谱》记载，簸箕掌之名始于明永乐十五年（1417年）。因聚落东的山上，有块石头形似簸箕，故名。

石龙山　据墓碑记载，石龙山之名始于明洪武末年。聚落处石龙山之阳，以山名村。

印王山　据《宋氏家谱》记载，印王山之名始于明洪武年间（1368—1398）。聚落处印王山之阳，以山名村。

小北湖　据清乾隆六十年（1795年）所立墓碑记载，建村于乾隆初年。聚落处鄫国故城北的湖场。小北湖之名，因此而得。

东安庄　据《宋氏家谱》记载："宋氏始祖于明永乐二年，自山西洪洞县喜鹊窝迁居此地，取名安庄。"即建村于1404年。1980年全县地名普查时，因县内村庄重名，更为今名。

东南园　据《马氏家谱》记载，建村于明洪武年间（1368—1398）。因聚落处马于沟村东南的菜园，故名。

后　林　据明宣德元年（1426年）所立墓碑推断，建村于永乐初年。姜姓迁居于此后，为他姓看管聚落后面的墓林。后林之名，因此而得。

南　楼　据明永乐十六年（1418年）所立墓碑推断，建村于洪武年间（1368—1398）。相传原南北相距里许，各有1座楼，因聚落处南楼附近，故名。

城　前　据《周氏家谱》记载："明朝永乐三年周姓迁此重建家园。"即建村于1405年。因聚落处向邑故城南，名村城前。聚落分成东、西两处，称东城前、西城前。

梧桐村　据《宋氏宗谱》记载："宋氏始祖前明永乐二年自山西洪洞县喜鹊窝四世迁居杭头，后复分是支，七世祖择居于此。"即建村于明正德年间（1506—1521）。因聚落处杭头东南方，且建有楼房，名村东南楼。清康熙十年（1671年），易为今名。但至今仍有俗称原名的。

鄫城后河东　相传建村于明永乐年间（1403—1424）。因聚落处鄫国故城后、季文子河东，故名。

鄫城后河西　相传建村于明永乐年间（1403—1424）。因聚落处鄫国故城后、季文子河西，故名。

鄫城前　据《焦氏家谱》记载，建村于明永乐二年（1404年）。因聚落处鄫国故城前，故名。

城　子　1946年年初，由陈桥村析出几户人家，因聚落处古城遗址上，故名。

杭　头　据宋氏谱碑记载："宋氏始祖明永乐二年自石龙山迁居于此。"即建村于1404年。后罗、马两姓迁人，名村三姓庄。三姓关系融洽，遂在村西共建一祖林。后树多且成行，因聚落处树行头，易名行头。因"行"系多音字，为避免误读，故书写为"杭头"。又作"珩头"。

柳　峪　据《马氏家谱》记载："于洪武年，由山西而长清辗转迁来建村。"即建村于1368年—1398年。聚落处西泇河的曲流处，水势缓流。两岸多植柳树，常堆积泥沙与柳絮，天长日久，形成柳树林，俗称柳树域。聚落因以为名。后简称柳域。清朝初年，书写为今名。

柳峪官庄　据明崇祯十七年（1644年）所立墓碑推断，建村于天启年间（1621—1627）。因管姓先居于此，名村管庄。后书写为官庄。清朝初年，因与柳峪毗邻，遂称今名。

马于沟　据《司马氏家谱》记载，马于沟之名始于明洪武二年（1369年）。聚落处阳明河南岸，地势低洼、沟多，俗称鱼沟。因马姓先居于此，名村马鱼沟。后书写为今名。

东马庄　据碑碣推断，建村于明洪武年间（1368—1398）。因侯姓先居于此，名村侯埠。后侯姓绝嗣，马姓迁入，遂易名马庄。因县内村庄重名，更为今名。

东王楼　据清宣统三年（1911年）所立墓碑推断，东王楼之名始于光绪初年。因聚落与西王楼毗邻，故名。

东宋庄　据《宋氏家谱》"前明永乐二年自山西洪洞县迁居杭头，后复分是支，择居于此。"即建村于1404年。因宋姓先居于此，名村宋庄。因县内村庄重名，更为今名。

东张庄　据《张氏家谱》记载："五世始祖明成化二十年自安庄迁居此地。"即建村于1484年。因张姓先居于此，名村张庄。后易为今名。

北孙庄　据《孙氏家谱》记载，建村于明永乐二年（1404年）。因孙姓先居于此，名村孙庄。1980年全县地名普查时，因县内村庄重名，更为今名。

北陈庄　据清顺治元年（1644年）所立墓碑推断，建村于明崇祯初年。因陈姓先居于此，且聚落处陈庄北，故名。

西王楼　据清宣统三年（1911年）所立墓碑推断，建村于清光绪初年。因周姓先居于此，名村周里庄。后周姓迁出，王姓居多，且与东王楼毗邻，易为今名。

西张庄　据《张氏宗谱》记载："张姓六世于明弘治十七年自安庄迁至此地。"即建村于1504年。因张姓先居于此，名村张宅子。1946年，为纪念革命烈士张正祥，易名正祥村。后俗称张庄。新中国成立后，因与东张庄对应，改称今名。

杨　桥　据杨氏谱碑记载："杨氏始祖于元至正十一年，自泗州府长南村迁居此地。"即建村于1351年。因杨姓迁此居住后，烧制瓷器，名村杨家窑。抗日战争时期，在村前通往峄县的公路上修一石桥，遂易为今名。

芦　庄　据《芦氏家谱》记载："芦氏始祖前明永乐二年，自山西洪洞县喜鹊窝迁至此地。"即建村于1404年。因芦姓先居于此，故名。

张　桥　据《张氏家谱》记载："前明年间张姓二世始祖由安庄迁居张家桥。"即建村于明朝初年。因张姓在聚落西的阳明河上建一桥，名村张家桥。后部分居民迁居于阳明河南岸，名村南张桥。张家桥则俗称北张桥。

何　庄　据张氏谱碑记载："前明永乐二十一年自安庄迁入。"即建村于1423年。因何姓先居于此，故名。

邵　庄　据明洪熙元年（1425年）所立邵氏谱碑推断，邵庄之名始于永乐初年。因邵姓先居于此，故名。

宋辛庄　据清宣统二年（1910年）所立墓碑推断，建村于光绪初年。因辛姓先居于此，名村辛庄。1980年全县地名普查时，因县内村庄重名，更为今名。

宋　楼　据明宣德三年（1428年）所立墓碑推断，建村于永乐初年。因宋姓先居于此，名村宋村。1980年全县地名普查时，因县内村庄重名，更为今名。

吴家村　据清顺治二年（1645年）所立墓碑记载，建村于明崇祯初年。因孙姓先居于此，名村孙庄。后孙姓迁出，因吴姓居多，易为今名。

陈　桥　据清顺治元年（1644年）所立墓碑推断，建村于明崇祯初年。聚落处西泇河的城阳桥附近，以桥名村城阳桥。后因陈姓居多，易为今名。

周胜庄　据明永乐二十二年（1424年）所立墓碑推断，建村于永乐初年。因周姓先居于此，名村周庄。1980年全县地名普查时，因县内村庄重名，更为今名。

南陈庄　据《陈氏家谱》记载："陈氏始祖四世明万历二年自济南府长清县迁入此地。"即建村于1574年。因陈姓先居于此，名村陈庄。至崇祯初年，因与北陈庄毗邻，遂称今名。

赵宅子　据《赵氏宗谱》记载："前明永乐年迁居管庄，后复分是支，九世始祖因兹土而居焉。"即建村于嘉靖末年。因赵姓先居于此，故名。

姚　村　据《姚氏家谱》记载："前明永乐二年自山西洪洞县喜鹊窝迁居此地。"即建村于1404年。因姚姓先居于此，名村姚家村。后聚落分成前、后两处，称前姚村、后姚村。

徐　庄　据明洪武二年（1369年）所立墓碑推断，建村于元至正初年。相传，村内一皮姓赴沂州纳粮，因无村名，官府起名皮户庄。明洪武年间（1368—1398），徐、朱两姓迁居于此，因徐姓居多，易为今名。

徐家园　相传徐家园之名始于清咸丰年间（1851—1861）。聚落处阳明河西岸。因徐姓先居于此，且以种菜园为业，故名。

董家庄　据清顺治六年（1649年）所立墓碑推断，董家庄之名始于明崇祯初年。因董姓先居于此，故名。

温家庄　据明正统十三年（1448年）所立墓碑推断，建村于宣德年间（1426—1435）。因温姓先居于此，名村温庄。因县内村庄重名，更为今名。

谭良子　据《谭氏宗谱》记载，建村于明永乐年间（1403—1424）。聚落处西泇河西岸。因谭姓迁此居住后，在河中建起捕鱼的梁子，名村谭家梁子。后演变为今名。

谢家村　据清咸丰四年（1854年）所立墓碑推断，建村于道光年间（1821—1850）。后因生活所迫，谢姓由谭良子村迁居于此，故名谢家村。

蔡　庄　据清雍正二年（1724年）所立墓碑推断，建村于康熙年间（1662—1722）。因盛姓先居于此，名村盛庄。后因蔡姓居多，易为今名。

魏家村　据魏氏谱碑记载："前明永乐十三年自山西洪洞县喜鹊窝迁入。"即建村于1415年。因聚落处阳明河东岸，名村碧溪。后因魏姓居多，易为今名。

2010年向城镇村庄基本情况

表30—15

行政村	自然村	曾用名	户数（户）	人口（人）	占地面积（亩）	耕地面积（亩）	集体收入（万元）
马于沟西村	马于沟		220	836	341.9	1030	0.3
马于沟东村			279	1249	340.15	1160	3.5
马于沟南村			290	1180	394.4	1030	0
后　姚	后　姚	姚家村	192	681	543.2	760	0
前　姚	前　姚		188	720	525.05	850	13.4
董家庄	董家庄		185	731	474	960	0
吴家村	吴家村	孙　庄	185	750	414.55	650	1.4
东张庄	东张庄	张　庄	199	724	262.05	702	0
东南园	东南园		183	759	372.35	718	0
向阳新村	向阳新村		72	279	105.5	160	0
岭顶子	岭顶子	聚贤村	192	739	112.85	580	1.8
城　子	城　子		44	186	855.9	192	0.4
陈　桥	陈　桥	城阳桥	125	448	125.15	460	2
宋　楼	宋　楼	宋村、朱村	320	1412	819.65	1384	56.8
苏　圈	苏　圈		288	1170	640.25	1351	10.3
泇　头	泇　头		505	1807	1044.2	2260	0
谢家村	谢家村		100	350	71.45	274	0
赵宅子	赵宅子		58	248	137.65	248	0
杨　桥	杨　桥	杨家窑	580	1792	1666.05	1950	4.2
满　村	满　村		58	223	80	130	0
谭良子	谭良子	谭家梁子	115	437	51.45	378	0
胜利村	胜利村	桥北头	156	626	383.55	450	0

续表 30—15

行政村	自然村	曾用名	户数（户）	人口（人）	占地面积（亩）	耕地面积（亩）	集体收入（万元）
向城东村	向　城	向城镇、金镇、向城集	201	828	754.35	300	184
向城南村			162	624	355.35	354	0
向城北村			260	863	264.7	410	139
向城西村			246	1120	853.65	600	0
南张桥	南张桥	张家桥	273	1036	542.35	980	0
北张桥	北张桥		330	1150	904.95	738	4
东城前	东城前	城前	286	1036	737.7	1008	2
西城前	西城前		342	1346	770.65	1010	12.5
东王楼	东王楼		60	232	396.95	190	0
西王楼	西王楼	周里庄	152	510	482.95	407	0
长兴庄	长兴庄	长亭庄	95	386	364.35	450	0
柳　峪	柳　峪	柳树域、柳域	380	1412	732.15	1044	0
芦　庄	芦　庄		162	615	329.8	650	1.2
西张庄	西张庄	张宅子、正祥村、张庄	145	540	220.35	510	9.6
温家庄	温家庄	温庄	176	598	409.9	494	1.2
峰下沟	峰下沟		270	1017	761.75	850	11.2
柳峪官庄	柳峪官庄	管庄、官庄	150	610	434.85	780	5.7
梧桐村	梧桐村	东南楼	305	1168	947.35	1400	20.6
东安庄	东安庄	安庄	218	779	517.7	1153	0
周胜庄	周胜庄	周庄	202	786	478.15	800	0
东宋庄	东宋庄	宋庄	192	693	392.65	950	0
印王山	印王山		420	1570	1617.15	2100	2
宋辛庄	宋辛庄	辛庄	84	310	130.2	420	0.2
东马庄	东马庄	侯埠、马庄	126	429	392.25	615	2.3
蔡　庄	蔡　庄	盛庄	182	620	441.15	780	0
杭　头	杭　头	三姓庄、珩头	301	1102	807.85	1457	0

续表 30—15

行政村	自然村	曾用名	户数（户）	人口（人）	占地面积（亩）	耕地面积（亩）	集体收入（万元）
后　林	后　林		170	668	780.3	600	0.4
石龙山	石龙山		146	560	880.25	421	17
土　楼	土　楼	孙庄	293	1130	601.85	700	0.5
埠　子	埠　子		108	428	595.95	390	0.4
永红新村	永红新村		98	348	66.35	328	0
南　楼	南　楼		170	702	223	656	0.2
沟　北	沟　北		98	382	103.15	164	0
何　庄	何　庄		115	407	637.35	330	0
黎　丘	黎　丘 北陈庄	黧丘	420	1368	1666.75	1283	2.6
魏家村	魏家村	碧溪	220	759	841.55	700	3
邵　庄	邵　庄		96	386	391.3	290	0.7
簸箕掌	簸箕掌		210	745	1454.65	560	0
鄫城后河东	鄫城后河东		383	1268	1273.65	1215	3.9
小北湖	小北湖		61	227	125.65	191	0
徐　庄	徐　庄	皮户庄	230	897	413.9	850	1.4
鄫城前	鄫城前		560	1913	1457.5	1640	0
南陈庄	南陈庄	陈庄	226	846	391.25	880	5
鄫城后河西	鄫城后河西		205	675	177.25	113	0
徐家园	徐家园		75	302	85.45	95	0
北孙庄	北孙庄	孙庄	100	379	532.5	360	0
道　口	道　口	倒口	189	801	568.2	600	0

神山镇

自然地理

神山镇位于县境东部，镇驻地神山，距县城13千米。西依卞庄街道，南邻磨山镇，东靠临沂市罗庄区汤庄街道、褚墩镇，北连沂堂镇。206国道、京沪高速公路、泉重路、临枣高速穿境而过。京沪高速出口在镇驻地东3千米处，临枣高速出口在镇驻地西6千米处。2010年，镇境东西最大横距11千米，南北最大纵距9.5千米。土地面积67平方千米，其中耕地面积4304.64公顷，年末常用耕地面积3332.93公顷。

镇境地势自北向南逐渐降低，西部为山区，

东部为平原。有燕住山、三峰山等大小山头21座。神山位于镇驻地北偏西1千米，面积2平方千米，海拔150.9米，东北西南走向，由石灰岩构成，原名凤凰山，唐时在山顶大修庙宇，因庙院中神像众多，遂易今名。自东向西依次有汤旺支河、小屯排水沟、东燕子河、青竹排水沟、西燕子河等5条南北走向河沟，属中运河水系。有塘坝1座。地下水储量丰富，水质良好，地下水位一般在5～10米。土壤以褐土和砂礓黑土为主。

建置区划

镇境抗日战争前属郯城县5区。1940年属临沂县抗日民主政府。1944年属赵镈县。1947年属苍山县。1949年10月称苍山县第二区，驻地神山村。1950年5月改称第十三区。1955年10月改称神山区。1958年2月改称神山乡，同年11月改称神山人民公社。1965年4月，神山人民公社与迷龙人民公社合并设立神山区。1971年复称人民公社。1975年，析出迷龙人民公社。1984年5月改称神山镇。2006年，被《财富》论坛评为山东省最具投资价值的地方。2008年，被国家统计局、中国市场调查研究中心评为中国最具综合竞争力城镇、中国投资环境百佳城镇。先后多次被市委、市政府授予招商引资先进单位、外经贸工作先进单位、商务工作先进乡镇、沼气建设先进乡镇、城乡环境整治先进乡镇、信访三无乡镇等荣誉称号，多次被县委、县政府授予经济社会发展先进乡镇、民营经济工作先进乡镇、招商引资工作先进单位、计划生育工作一等奖和平安创建工作先进单位等荣誉称号。

2010年，全镇辖38个行政村，31个自然村，12425户，总人口51371人，人口密度766.73人／平方千米，皆为汉族。

经济概况

1984年，工农业总产值2115万元，其中农业产值1708万元。1996年，工农业总产值6.78亿元，其中农业总产值1.78亿元，四级企业总产值5亿元，利税4200万元，财政收入1200万元，人均纯收入1987元。2010年，财政收入1780万元，规模以上固定资产投资2.16亿元，农民人均纯收入7319元，外贸出口创汇1200万美元。

农业　农产品主要以小麦、玉米、大蒜、花生为主。1984年，粮食亩产332千克，总产23050吨。鱼塘16.7公顷，果园43.3公顷。有台、条田沟1140条，深翻改土1333.3公顷，大口机井148眼，排水沟25千米，修石渠25000米，可灌溉面积1733.3公顷。其中，道庄大口井投资15万元，可灌溉200公顷农田。农机动力3633千瓦，机耕面积40%。1996年，粮食亩产399千克，总产22456吨。有鱼塘57公顷，果园65.3公顷；有农机总动力12886千瓦，机耕面积2000公顷。2003年—2005年，总投资650万元，完成燕子河两岸1133.3公顷农田黄淮海综合开发项目。2010年，粮食播种4395.1公顷，亩产385.9千克，总产25442吨，其中小麦10731吨，玉米13537吨，豆类1046吨，薯类128吨；油料总产2468吨，播种613.5公顷；蔬菜总产28959吨，播种1589.5公顷；瓜类总产6吨，播种0.13公顷。畜牧业以猪、羊、家禽为主，生猪饲养量11756头，年末存栏量10794头，羊存栏量8600多只，家禽存栏量60万只。

神山镇是苍山大蒜的发源地和主产区，大蒜自汉代传入已有2000多年栽培史。种植面积1984年800公顷，1996年1200公顷，2010年1733.3公顷，年产蒜薹蒜头3万吨。所产蒜薹粗、脆、鲜、辣，耐贮存；大蒜头大、皮薄、色白、瓣整、黏辣郁香，有很高的食用和药用价值，因所含大蒜素明显高于其他产区而被誉为“天下第一蒜”。素有“神州大蒜看苍山，苍山大蒜数神山”之美誉。

二、三产业　建国初期，工业以个体手工业为主。1955年社会主义改造，个体手工业组织起来建立手工合作社。1958年人民公社化后，社办工业相继出现。至1984年，有农机修配、印刷、电器维修厂、日用化工、面粉、水泥、

图 30—25 神山大蒜

大蒜脱水、采煤、采矿等120多个项目。水泥厂生产的500＃水泥外销北京、上海、广州等大城市。1996年，有四级企业882家，其中镇办企业9家，村办企业24家，联办36家，个体办713家，有“三资”企业3家。骨干企业有第三水泥厂、第五水泥厂、大西杨绿色食品有限公司、东珍肉兔食品有限公司等6家。有建材、冷藏、大蒜脱水、肉类加工等4大产业。脱水、冷藏业有盐渍、保鲜、冷冻、脱水等4大系列36个品种。至2010年，有各类工业企业240多家，有规模以上工业企业43家。神氏集团、嘉诚陶瓷、越洋食品等公司迅速崛起，蔬菜食品加工、物流配送、建材三大主导产业已初步形成，销售收入26亿元，占全镇工业总收入的29.6%。苍山县东部民营工业园区（即神山工业园区），规划面积167公顷，有42家企业入驻，园内省级农业产业化重点龙头企业4家，市级农业产业化重点龙头企业6家，12家拥有自营进出口权，从业人员1.8万人。境内驻有北方物流、荣庆物流、盛和物流三大物流企业。山东北方物流（集团）有限公司位于小屯村，成立于1998年，下辖苍山县北方物流有限公司、苍山县鸿运汽贸有限公司和苍山县鼎力担保有限公司3家子公司，至2010年5月，公司资产总额13803万元。全镇有恒低温库74座，储藏能力5万吨；大蒜加工出口创汇企业8家，年加工能力15万吨，产品有保鲜蒜薹、保鲜大蒜、蒜粒、蒜粉、速冻蒜泥、油炸蒜片等近10个品种，远销日本、韩国及欧美等20多个国家和地区。全镇商业、饮食业、服务业等各类服务网点862个，大型超市2处。个体工商户638户，个体运输户420户，运输车辆800余辆，从业人员3896人。

村镇建设

2000年—2010年，相继实施泉重路提升改造、卫生院门诊楼建设、供电所办公楼建设、206国道沿街商品楼建设、206国道环境综合整

图 30—26 神和食品科技园

治、小学D级危房改造、旧村改造等工程建设。2010年，被市政府授予全市城乡环境综合整治先进乡镇称号；后杨官庄、东南村农民公寓楼投入使用，燕山官庄、西西庄等村农民公寓楼项目开始实施。

2006年，总投资400多万元，全面完成村村通水泥路工程。有线电视入村率93%，入户率30%。2010年，自来水受益村20个，村村通电话。信用社、邮政支局、新联通公司、移动公司各1处，变电站2处，通信基站6处。综合文化站、广播电视站各1处，农村文化大院35处，文化活动室 16处，文化广场2处、文化公园1处。有敬老院1处，农民公寓2座。有青竹和大西杨客运站点2处，日均容量1200余人次。镇区

主要道路两侧分别铺设排水管4000米。

教育

1984年，有小学36所，联中5所，中学1所。1996年，有小学15所，中学2所，幼儿园35所，教育中心1处，在校生9870人，入学率98.4%。1996年—2006年，先后投资600多万元进行中小学危房改造，新建西杨小学、和庄小学和道庄小学3所，镇一中教学楼和宿舍楼各1处。2006年，有中小学17所，教师368人，学生4778人。2010年，有中学1所，小学8所。幼儿园20所。教师总数320人，在校中学生818人。中学、中心小学、中心幼儿园均为市级规范化学校。同年投资120余万元改善全镇办学条件。

医疗卫生

1984年，有镇卫生院1所，卫生室29个，各类卫生人员102人。1996年，有镇卫生院1所，设有病床128张，村村设有卫生室。2005年，投资130多万元新建镇卫生院青竹分院1所，新农合参保率87.7%。2006年，有卫生院2所，医务人员61人，病床83个。整合农村一体化合作医疗，设立集中点15处。2010年，有卫生院2所，村级卫生室23个，医务人员52人，病床78张，新农合参保率100%。

人口和计划生育

1984年，总人口38784人，1997年总人口43438人，2002年总人口45269人，2006年总人口45710人，2010年总人口51371人。2010年，女性初婚晚婚率23.3%，人口出生率11.17‰，出生性别比为115.7。

社会事业

1996年—2006年，发放各类救助物资折合860万元，救济困难户3100多户；对烈、军、荣、残优抚对象累计发放优抚款230万元，发放临时补助款110万元。2010年，成立镇慈善分会，募集慈善资金153万元。开展“情暖神山”慈善救助活动，为660余户困难群众一次性发放救助资金40多万元。参加新型农村养老保险20311人，参保率99.6%。

历史文化

1898年秋，发生以杨清贤为首反对外国宗教侵略的“神山教案”。1928年，苍山县第一个中国共产党支部在老屯村建立。境内有柞王击鼓戏铁燕亡国之传说，有神山脚下不老泉神话。有唐代大将史大奈石像，及古墓群、玉皇楼、娘娘庙、金锥、铁神、月牙桥等古迹。“天下第一蒜”牌坊，即青竹大蒜门，位于206国道与泉重路交汇处，建于1996年秋，耗资36.9万。其“天下第一蒜”为著名书法家沈鹏题字。青竹太祖长拳有近300年传承史，有“青竹的孩子走一走，个个都会四门斗”之说。

图30—27　“天下第一蒜”牌坊

地名源流

神　山　相传神山之名始于唐朝初年。聚落处神山之阳，以山名村。明清时期属郯城县，为神山集。新中国成立后，为区、乡、公社驻地。1984年4月起为镇政府驻地。

六合店　相传建村于明万历年间（1573—1620）。原名兴隆店。清光绪初年，易为今名。六合，指上下和东西南北四方，泛指天下或宇宙之意。

和　庄　据元至治年间(1321—1323)所立墓碑推断，建村于至元（1264—1294）末年。起初代家围子（现村东）与毗邻的李家庄（现村西）不睦，后和睦相处，成为一村。和庄之名，因此而得。

青竹官庄 据王氏谱碑记载，建村于明崇祯十七年(1644年)。原名光山前。清同治年间(1862—1874)，村中有人中举，遂易名大官庄。1980年全县地名普查时，因县内村庄重名，更为今名。

东新庄 据碑碣记载，于清光绪三年（1877年）由将军桥村析出，名村新庄桥。1980年全县地名普查时，因县内村庄重名，更为今名。

西　庄 相传建村于唐贞观四年（630年）。因聚落处有条大路，来往旅客常在此搭棚住宿，名村寄宿店。后因处燕子河西岸，易名西宿店。清朝末年，改称今名。

西河头 据出土文物推断，建村于北宋宣和年间(1119—1125)。聚落沿燕子河两岸分布，一支流从河西岸流入河中，因以名村西道沟子。后易为今名。

青竹山东 据《冷氏家谱》记载，青竹山东之名始于明万历年间（1573—1620）。因聚落处青竹山东，故名。

青竹山前 据《冷氏家谱》记载，青竹山前之名始于明万历年间（1573—1620）。因聚落处青竹山前，故名。

三山后 据李氏谱碑记载：“大清乾隆三十七年李氏始祖居三峰山下。”即建村于1772年。聚落处三峰山后面，名村三峰山后。新中国成立后，简称今名。

东刘庄 据刘氏谱碑记载，建村于明天启七年(1627年)。因刘姓先居于此，名村刘家庄。1980年全县地名普查时，因县内村庄重名，更为今名。

东杨庄 据杨氏谱碑记载，建村于清乾隆五十九年（1794年）。一杨姓在此开饭铺，其子孙定居于此，形成聚落，名村杨家坊子。后易名杨庄。1980年全县地名普查时，因县内村庄重名，更为今名。

邱　庄 相传邱庄之名始于明朝末年。因邱姓先居于此，故名。

杨官庄 据李氏谱碑推断，建村于唐朝末年。相传，西宿店（今西庄）有一杨姓财主，周围土地均属他家，其他住户均为他家佃户，以此名村杨官庄。聚落分成前、后两处，称前杨官庄、后杨官庄。

郑　岭 据《郑氏家谱》记载：“十世祖郑恒若，自明朝正统八年从郯城北老城，迁居神山西一岭前落户。”即建村于1443年。因郑姓先居于此，故名。

夏宅子 相传夏宅子之名始于明朝初年。因聚落处原系夏氏宅基，故名。

耿家庄 相传建村于唐朝末年。因耿姓先居于此，名村耿家寨。后简称耿庄。因县内村庄重名，更为此名。

甄　庄 据甄氏谱碑记载，甄庄之名始于清朝末年。因甄姓先居于此，故名。

山　口 据庙碑记载：“清顺治三年，王姓迁居于泉家山前龙家湾。”即建村于1646年。建国后，因聚落处山前沟壑处，易为今名。

石　杭 据庙碑记载，建村于元朝末年。聚落后有一山，西山坡上山石南北排列成数行，因以名村石行。后因“行”系多音字，为避免误读，遂将“行”改成“杭”。

老　屯 据吴氏墓碑记载，吴氏祖先吴某大臣，随明成祖朱棣扫北，立下战功，皇帝亲赐土地一方。后迁居于此，并实行屯田。老屯之名，因此而得。与老屯毗邻的小屯，则系老屯吴氏家族的分支而得名。

道　庄 据明万历二年（1574年）所立墓碑记载，建村于嘉靖年间（1522—1566）。因聚落处有一大道，名村大道庄。后因人户增多，居民向大道东、西居住，以大道为界，成东、西两处聚落，称东道庄、西道庄。

白　泉 据胡氏谱碑记载，白泉之名始于明洪武元年（1368年）。因聚落西北有一泉，流出之水为白色，故名。

神山官庄 据沈氏谱碑记载，建村于明弘治十八年（1505年）。原名小官庄。1980年全县地名普查时，因县内村庄重名，更为今名。

燕山官庄　据墓碑推断，燕山官庄之名始于明朝初年。因聚落北有燕住山，聚落中有中举为官者，故名。

将军桥　相传隋末名将史大奈在此招兵买马，因聚落东有条小河，阻挡兵马通行，遂建桥1座，名将军桥。唐朝初年，以桥名村。清朝初年，桥曾重修，并立碑为记。桥头雕刻石像1尊，高1.5米，传为史大奈像。

2010年神山镇村庄基本情况

表30—16

行政村	自然村	曾用名	户数（户）	人口（人）	占地面积（亩）	耕地面积（亩）	集体收入（万元）
东北村	神　山	神山	393	1522	1013.5	2158.5	0
西北村			480	1531	1225.9	2015	2
东南村			610	1622	975.7	1899.3	1
西南村			442	1409	1161.1	1638.8	0
东耿庄	耿家庄	耿家寨、耿庄、耿家庄	117	416	340	530	2
西耿庄			268	926	746.3	1003.7	0
东刘庄	东刘庄	刘家庄	150	545	317.6	797	3.5
小北湖	小北湖		84	303	112.9	318.7	0
老　屯	老　屯		588	1769	796.4	3594.2	2
神山官庄	神山官庄	小官庄	150	453	340.6	799.8	1
青竹山西	青竹山西		420	1326	788	3070	0.5
三山后	三山后	三峰山后	117	420	427.1	514.3	0
青竹山前	青竹山前		431	1721	877.9	3082	0
将军桥	将军桥		208	672	314.1	752.7	5
郑　岭	郑　岭		149	451	225.2	773.1	0
夏宅子	夏宅子		233	698	378.1	1051.2	0
东道庄	东道庄	大道庄	500	1521	742.03	1785.6	3
西道庄	西道庄		415	1357	565.3	1304.7	0
燕山官庄	燕山官庄		149	469	233.3	634.6	0
六合店	六合店	兴隆店	613	2022	1260.8	2381.7	0
青竹官庄	青竹官庄	光山前、大官庄	823	2798	1417.2	3591.2	0.6
小　屯	小　屯		722	2652	653.3	3455.6	0

续表 30—16

行政村	自然村	曾用名	户数（户）	人口（人）	占地面积（亩）	耕地面积（亩）	集体收入（万元）
白　泉	白　泉		817	2801	2553.7	3134.2	0
和庄西村	和　庄	和庄	523	1622	1607.2	1690.8	2
和庄东村			426	1398	1544.4	1752.6	2
和庄中村			352	1356	1532	1758	0
甄　庄	甄　庄		257	699	291.7	726	3
东西庄	西　庄	寄宿店、西宿店	810	2603	1002.6	3090.8	2
西西庄			288	992	453.7	1552.3	0
东新庄	东新庄	新庄桥	190	650	232	705.5	0
邱　庄	邱　庄		207	698	404.3	624.9	0
东杨庄	东杨庄	杨家坊子、杨庄	159	478	174.6	402	0
青竹山东	青竹山东		274	958	345.3	1289.2	0
西河头	西河头	西道沟子	433	1706	702.4	1945.1	0
石　杭	石　杭	石行	633	2876	1339.9	3899.4	0
后杨官庄	后杨官庄	杨官庄	614	2233	833.2	2374.4	2
前杨官庄	前杨官庄		626	1931	747.5	2009.3	0
山　口	山　口	龙家湾	360	1258	788.9	1739.3	0

长城镇

自然地理

长城镇位于县境南部，镇政府驻地长城，距县城 21 千米。地处两省交界，北靠卞庄街道，东邻二庙乡，西接南桥镇，南与江苏省邳州市邹庄镇相邻。苍邳公路纵贯南北，郯薛公路横亘东西，在镇驻地交汇。2010 年，镇境东西最大横距 8.5 千米，南北最大纵距 10.7 千米。土地面积 72 平方千米，其中耕地面积 5293.63 公顷，年末常用耕地面积 4772.87 公顷。

镇境系低洼平原，地势自北向南逐渐降低，一般海拔高程 40 米。境内有卧虎山 1 座，原海拔 53 米，因长年采石已无实体。有苍邳分洪道、燕子河、吴坦河、武成河、粮田河、东㳺河等 5 条河流自北向南流经镇境，河水流量不大，雨季客水多，易造成内涝。燕子河、吴坦河上建有庞庄、土头、八大洼、沙元 4 座排灌站及河头水闸等。吴坦河上建有苍山第一长桥——八大洼大桥。有塘坝 1 座。地下水资源丰富，水质好、水位浅，一般在 5 米以内。土壤以砂礓黑土为主，粮食作物主要有小麦、玉米、大豆等，经济作物以大蒜、红辣椒、花生、大棚蔬菜等为主。

建置区划

镇境自唐代后属郯。抗日战争前为郯城县 4 区。1940 年属临沂县抗日民主政府。1944 年属赵镈县。1947 年称长城区（10 区），改属苍山县。

1958年初称长城乡，秋称长城人民公社。1984年4月改称长城镇。2006年，被评为沂蒙红辣椒之乡。2008年，长城红辣椒获中国农产品地理标志保护认证。先后被评为信访三无乡镇、粮食生产先进乡镇、沼气建设先进乡镇。

图30—28　长城红辣椒

2010年，全镇辖52个行政村，50个自然村，8个工作区，12026户，总人口54592人，其中非农业人口1437人，人口密度758.22人/平方千米。

经济概况

1984年，工农业总产值3602.99万元，其中农业总产值2695.4万元，占工农业总产值的74.81%。1996年，工农业总产值3.7亿元，其中农业总产值1.3亿元，四级企业总产值2.4亿元，财政收入192万元，全镇人均纯收入1964元。2006年，工农业总产值6.3亿元，固定资产投资8600万元，财政收入780万元；农民人均纯收入3850元。2010年，地区生产总值6.8亿元，地方财政收入217万元，规模以上固定资产投资9300万元，农民人均纯收入7297元。

农业　1984年，耕地面积4740公顷，粮食亩产255.5千克，总产21420吨，种植大蒜666.7公顷。有竹园19处，养鱼水面42公顷。有机井120眼，可浇地1333.3公顷。农机总动力6690千瓦，机耕面积74%。1996年，耕地面积4553.3公顷，种植小麦3400公顷，玉米3200公顷，粮食亩产293千克，总产29498吨；大蒜种植1400公顷，其中地膜覆盖大蒜666.7公顷，辣椒533.3公顷。境内河边、道路绿化133.3公顷，林木覆盖率40%；有竹园17处，共1.9公顷；有机井352眼，渠道5600米，可浇地3066.7公顷。全镇拥有农机动力11620千瓦，机耕面积2333.7公顷。2006年1月，国家实行小麦补贴，每亩补贴14元，全镇3330公顷小麦享受补贴。2010年，粮食作物播种5306.6公顷，亩产378.3千克，总产30109吨，其中小麦16035吨，玉米11519吨，豆类2556吨；油料作物播种323.7公顷，总产1859吨；瓜类种植32.1公顷，总产1738吨。推广优良小麦品种2200公顷。大蒜、红辣椒“两辣”种植面积超过3333.3公顷。露地蔬菜种植4400公顷，棚菜面积138.7公顷。林业生产以“林网线”“两大片”为重点，发展丰产林333.3公顷，绿色通道20公顷。在养殖上，实施“一村一品”，在加大对传统养殖支持力度的基础上，重点扶持特色养殖，大力发展肉牛、水貂养殖，2010年年底，肉牛养殖超过1100头，水貂突破12300组。养殖专业村12个，专业户162户。

2008年，争取国家政策资金400万元完成长城南湖片农业综合开发，该项目惠及11个村，800公顷耕地，开挖排水沟39.8千米，整修生产路43.5千米，栽植绿化树苗4.8万棵，打机井129眼（其中200米深水机井4眼），修建板桥11座，管桥93座，动用土石方10.5万立方米；村村通自来水工程，投资200万元，规划设计7个集中供水点。投工0.5万个，完成土石方1.2万立方米，铺设管道2.3万米，解决16个村、近2万人的饮水问题。

二、三产业　1996年，镇办企业有建筑、农机厂、纸箱厂、加油站、榨油厂等，村办企业有恒温库、预制厂、轧钢厂等。2000年后，以小城镇建设为载体，大力发展民营经济，壮大经济实力，形成以苍郯公路、郯薛公路2条省道交汇处为中心，以商贸、餐饮、服务、仓储、板材加工为主的两翼辐射式发展格局。2010年，共引进木材加工企业7家，总投资超过7000万元。超1000万元的项目1个，合同利用外资6000万元，实际到位资金5000万元。省道两侧民营企业达到140家。全镇商业企业260家。饮食服务业130处，从业人员353人，年营业额135万元。建筑企业2家，从业人员80多人，年建筑安装产值800万元，从业人员3593人，个体工程队20家，年建筑安装产值235万元。镇驻地有朴华物流运输有限公司，全镇个体运输户200户，从业人员800人，有汽车130台，拖拉机160多台。有冷库8座。有规模以上民营企业5家。有鲁南蔬菜批发市场长城分场1处，永顺蔬菜批发市场1处。银行业存贷款余额分别为17281万元和13564万元。苍山县永顺商贸有限公司位于镇驻地，是一家集农产品种植、收购、冷藏加工、贸易于一体的私营企业。2008年，被临沂政府确定为农业产业化重点龙头企业。公司建于2008年，占地1.9公顷，总投资1500万元。2010年，有职工126人；建成沿街楼128套，2.6万多平方米，主体3层；批发市场钢架棚体2个，面积1万平方米，年交易额110万元；储藏加工车间8个，储存能力5万吨。自办产销合作社建于2007年8月，建有3.3公顷食用菌基地和8公顷恒温棚蔬菜基地，先后有120家农户入社。

村镇建设

2004年11月，通过省交通厅验收，成为全县首个实现村村通硬化路的乡镇，总长48.5千米，主要有冯村至小马庄线，李宅至芦汪线，后土头至西林线，前墩至姜庄线，城北至薛村线，前王庄至白庄线，新村至东王庄线，聂官庄至长屯线。2006年，投资400多万元完成郯薛路的硬化和综合整治。2008年，投入基础设施建设资金3000万元，完成公共建筑面积8600万平方米，建设道路总面积3.7万平方米。其中，投资400多万元完成苍邳路的翻修和综合整治，安装高档路灯106盏，在镇中心街十字路口设立红绿灯和治安岗亭。2010年，投资400万元实施镇驻地环境综合整治工程，安装路灯146盏，开挖排水沟1万米，绿化1.5万平方米，栽苗木6000棵，铺广场砖2.2万平方米、路沿石9500米，配备垃圾筒、垃圾箱36个，清理垃圾530吨，粉刷墙体4.4万平方米，改善了鲁苏边界城镇形象；投资60万元完成马庄村南至江苏边界接壤处1500米覆土扩增，栽植绿化苗木、开挖排水渠，于鲁苏边界公路入口两侧建立2座高15.5米的汉阙；投资58万元对长屯村实施绿化、亮化、净化、排水等工程。冯村、范滩、西河头、庞庄3个村投资240万元修水泥路7740米，粉刷墙体3.1万平方米，绿化6300平方米，建广场2处。聂官庄和东河头社区利用土地增减挂政策，建成居民楼9栋270户3.24万平方米。2010年，有35千伏变电站1处。宏图液化气站1处，加油站5处。邮政支局1处，成立于1956年，镇内周六班邮路2条，营业厅120平方米。自来水受益村16个。村村通电话，用户5600户。镇驻地有垃圾池6个，垃圾处理率95%以上。

教育

1958年，长城中学建立。1984年，有小学42所、中学1所、联中2所，儿童入学率94%。1996年，有中学1所，小学15所，在校生6414人。2006年—2009年，投资260多万元对中心小学进行维修改造，拆除重建D级危房31间，新建教学楼1座，建筑面积3000平方米。2010年，投资90万元完成沙沟完小重建工作；投资200万元建设中心小学宿舍、餐厅综合楼和办公楼各1座，建筑面积2950平方米；投资50万元，建立各校校园110警务室。有初级中学1所，小学9所，成教中心1处，幼儿园3所，教职工270人，在校学生6630人。镇初级中学占地3.9公顷，教学楼3313平方米，宿舍楼、办公楼、实验楼各1301平方米，有22个教学班，在校

学生 1039 人，教职工 92 人。

医疗卫生

1984 年，有村卫生室 42 个，卫生员 73 人。1996 年，有镇卫生院 1 所，病床 32 张，医务人员 39 人，乡村卫生室 16 个，医务人员 73 人。2006 年，投资 100 万元改建卫生院门诊大楼。参加新型农村合作医疗人数 3.8 万多人，参合资金 52 万元。2010 年，有镇卫生院 1 所，病床 32 张，医务人员 38 人，村级新农合定点医疗卫生室 38 个，医务人员 83 人。参加新农合人数 4.8 万多人，参合资金 96.4 万元，全年报销医疗费用 952 万元。

人口和计划生育

1984 年，38094 人，1996 年 43526 人，2002 年 46547 人，2006 年 47012 人，2010 年 54592 人。2010 年，女性初婚晚婚率 68.7%，人口出生率 5.87‰，出生性别比为 104.7。

社会事业

2006 年，投资 90 万元重建敬老院。2009 年 8 月，成立长城镇慈善分会，募集善款 38 万元。广泛开展“美在农家”“富在庭院”等活动，共创建十星级文明户 158 户，13 个村跨入县级文明村先进行列。

历史文化

南北朝时期，长城一带政治、经济、文化发达。仅何姓就有多名文学家、天文学家和社会活动家，在中国历史上有一定影响。何承天、何思澄、何子朗、何逊、何敬叔、鲍照、鲍令晖等都是很有造诣的才人。岁月沧桑，何家楼台亭阁已荡然无存，仅有长城二村西南角 1 棵老槐树是何宅唯一的遗村。古槐南 500 米处有何逊墓，今陷入水汪中，称“墓子汪”，1979 年被确定为县级重点文物保护单位。沙元村后有大明锦衣卫赵氏先茔，墓园有苍松古柏 200 余棵，设有石马、石羊、碑亭和功勋碑。清朝晚期，长城幅军寨圩被清军围剿 7 昼夜始攻下，清军驱逐圩民数千，杀死千人以上。前马庄、沙园等地群众武术活动较为普遍。前土头有手工作坊，自产自销祖传小磨香油、醋和酱油等调味品。

地名渊源

长　城　战国末期，为楚国襄贲邑。从秦至西晋，均为襄贲县治。聚落呈矩形，四周建有城墙。长城之名，即由此而得。建国后，为区、乡、公社驻地。1984 年 4 月起，为镇政府驻地。聚落西南有何逊墓。

芦　汪　据《赵氏家谱》记载：“明崇祯年，赵氏家族分支，自沙元迁来。”即建村于 1628 年—1644 年。因聚落濒东洳河东岸，地势低洼，名村芦苇汪。聚落分成前、后两处，称前芦汪、后芦汪。

为女桥　在燕子河中游。据明万历二十六年（1598 年）二月十三日所立桥头碑记载，建村于万历初年。相传聚落中有户徐姓人家，因女儿嫁到燕子河对岸，来往不便，徐某宠爱女儿，遂修一桥，称为女桥，并立桥头碑为记。聚落遂以桥名村。

大马庄　据《马氏宗谱》记载：“大明崇祯年间自小赵庄迁来定居。”即建村于 1628 年—1644 年。聚落以沟为界，分成前、后两处。原名前马庄。1980 年全县地名普查时，因县内村庄重名，更为今名。

小马庄　据《马氏宗谱》记载：“前明永乐二年自山西洪洞县喜鹊窝迁居道口，后十世始祖迁居至此。”即建村于万历年间（1573—1620）。因马姓先居于此，故名。

小张庄　据《张氏宗谱》记载：“大清光绪年间自南高庄迁来。”即建村于 1875 年—1908 年。因张姓先居于此，名村张庄。1980 年全县地名普查时，因县内村庄重名，更为今名。

王樊庄　据《樊氏家谱》记载：“大清顺治十八年自樊埝迁居至此地。”即建村于 1661 年。因樊姓先居于此，名村樊庄。后王姓迁居于村西，名村王庄。1957 年修分洪道时，两村合并为一村。

王樊庄之名，由此而得。

白　庄　据庙碑记载："明崇祯七年徐姓迁居此地。"即建村于1634年。原名西沙沟。后因白姓居多，易为今名。

白　堡　据清嘉庆十五年（1810年）所立墓碑记载，白堡之名始于乾隆年间（1736—1795）。因聚落处一土丘之上，白姓先居于此，故名。

冯　村　据庙碑记载，冯村之名始于元至正元年（1341年）。因冯姓先居于此，故名。

北马庄　据《马氏宗谱》记载："大明崇祯年自小赵庄迁来定居。"即建村于1628年—1644年。聚落以沟为界，分成前、后两处。原名后马庄。1980年全县地名普查时，因县内村庄重名，更为今名。

西王庄　据《王氏家谱》记载："前明永乐二年，始祖自山西洪洞县喜鹊窝迁居此地。"即建村于1404年。因王姓先居于此，名村王庄。后因聚落处长城西，遂称今名。

乔　庄　据清嘉庆五年（1800年）所立墓碑记载，乔庄之名始于乾隆年间（1736—1795）。因乔姓先居于此，故名。

朱家庄　相传建村于明崇祯年间（1628—1644）。因朱姓先居于此，名村朱庄。因县内村庄重名，更为今名。

孙　庄　据《孙氏家谱》记载："大清乾隆年至此定居。"即建村于1736年—1795年。因孙姓先居于此，故名。

李　宅　相传李宅之名始于明崇祯年间（1628—1644）。因李姓先居于此，故名。

苏　庄　相传苏庄之名始于明崇祯年间（1628—1644）。因苏姓先居于此，故名。

季　庄　相传季庄之名始于清乾隆年间（1736—1795）。因季姓先居于此，故名。

庞　庄　相传庞庄之名始于清乾隆年间（1736—1795）。因庞姓先居于此，故名。

赵新庄　据清咸丰元年（1851年）所立墓碑推断，赵新庄之名始于道光初年。因赵姓先居于此，故名。

范　滩　据墓碑记载，建村于明弘治年间（1488—1505）。聚落处原系高滩地，范姓兄弟来此放牧，后迁此定居。范滩之名，由此而得。

姜　庄　据墓碑记载："大清乾隆三十三年迁来。"即建村于1768年。因姜姓先居于此，故名。

姜　滩　据清嘉庆元年（1796年）所立墓碑记载，建村于乾隆年间（1736—1795）。原名高滩。后因姜姓居多，易为今名。

前王庄　据明隆庆二年（1568年）所立墓碑推断，建村于嘉靖初年。因王姓先居于此，名村王家大庄。后简称王庄。新中国成立后，称为今名。

姚　村　据清雍正元年（1723年）所立墓碑推断，姚村之名始于康熙年间（1662—1722）。以姚姓先居于此，故名。

栗　堡　相传栗堡之名始于清乾隆年间（1736—1795）。聚落处一土丘之上。因栗姓先居于此，故名。

聂官庄　相传聂官庄之名始于清顺治年间（1644—1661）。因聂、官两姓相继迁居于此，故名。

戚　庄　据清乾隆六十年（1795年）所立墓碑推断，戚庄之名始于乾隆初年。因戚姓先居于此，故名。

焦　庄　相传因焦姓先居于此，故名。

薛　村　据清咸丰二年（1852年）所立墓碑推断，建村于道光初年。相传薛姓始祖由江苏邳县薛庄子迁居于此，名村薛庄。1953年始称今名。

土　头　据《刘氏家谱》记载："前明永乐五年自江苏小沛迁来。"即建村于1407年。聚落处有座土木桥，俗称土桥头。因桥而取名，故名村土桥头。后简称土头。聚落分成前、后两处，称前土头、后土头。

小　庄　相传建村于清康熙年间（1662—

1722）。原名小新庄。1980年全县地名普查时，因县内村庄重名，更为今名。

长　屯　据《任氏家谱》记载：“任氏始祖于明永乐年间，自山西洪洞县喜鹊窝迁居姚村，后复分是支，于大清乾隆年迁居此地。”即建村于1736年—1795年。因聚落距长城较近，故名。

沙　元　据《赵氏家谱》记载：“赵氏居长城久矣。周围诸赵者，长城赵也。长城赵氏家族分支，永乐年分一支，人居长城西沙元。”即建村于明永乐年间（1403—1424）。聚落处一小河东岸，初因常受水灾，遂在周围筑一沙堰，名村沙堰。后讹称为今名。

沟　崖　据《赵氏家谱》记载：“前明永乐二年，始祖自山西洪洞县喜鹊窝迁居姚村，后复分是支，于崇祯十三年迁居至此。”即建村于1640年。原名赵沟堰。后演变为今名。

河　湾　相传河湾之名始于清乾隆年间（1736—1795）。因聚落处东泇河下游曲流处，故名。

沙　沟　相传沙沟之名始于明洪武年间（1368—1398）。因聚落处数条沙沟河间的高滩上，故名。

东河头　据《赵氏家谱》记载：“明崇祯十七年，自赵湖埠迁居此地。”即建村于1644年。燕子河在此分流，一支南流，另支流向西南。当地人俗称河头。因聚落处南流河的东岸，名村东河头。

东官庄　据明洪武元年所立墓碑推断，建村于元至正年间（1341—1368）。原名燕子官庄。新中国成立后，因与附近村庄重名，聚落处长城东，易为今名。

西　林　据《徐氏家谱》记载：“前明嘉靖年，始祖自芦塘择居于此。”即建村于嘉靖年间（1522—1566）。因聚落处芦塘西，为徐姓林地附近，故名。

西河村　据《赵氏家谱》记载：“明崇祯十七年，自赵湖埠迁居此地。”即建村于1644年。原名河套。后易名西河头。因县内村庄重名，更为今名。

前　墩　据《赵氏家谱》记载：“前明永乐二年，自山西洪洞县喜鹊窝迁居姚村、湖埠。后复分是支，八世始祖从赵湖埠迁居至此。”即建村于嘉靖年间（1522—1566）。因聚落处一沙墩前，故名。

后　墩　据《赵氏家谱》记载：“前明永乐二年，自山西洪洞县喜鹊窝迁居姚村、湖埠，后复分是支，八世始祖从赵湖埠迁居至此。”即建村于嘉靖年间（1522—1566）。因聚落处一沙墩后，故名。

沙沟东　据《王氏家谱》记载：“大清道光二十年，王氏始祖自济南府野鹊窝迁来。”即建村于1840年。因王姓先居于此，名村王庄。后因聚落处沙沟河东，易名东王庄。因县内村庄重名，更为今名。

南官庄　相传建村于清康熙年间（1662—1722）。原名小官庄。新中国成立后，因聚落处长城，易为今名。

城北村　据王氏谱碑记载：“大清乾隆二十五年自张庄择居卧虎山西。”即建村于1760年。原名山西王庄。后易名山西。因县内村庄重名，更为今名。

洪西村　据《张氏家谱》记载：“前明永乐二年，自山西洪洞县喜鹊窝移居安庄。后复分是支，二世始祖迁居至此。”即建村于宣德年间（1426—1435）。原名沟西。因县内村庄重名，更为今名。

新　村　1977年，聂官庄的部分农户迁居于此，名村新村。

2010年长城镇村庄基本情况

表30—17

行政村	自然村	曾用名	户数（户）	人口（人）	占地面积（亩）	耕地面积（亩）	集体收入（万元）
城东村	长　城	长城	205	901	195	1195	3.5
城西村			230	1162	254	1254	1.5
城南村			135	763	87	991	2.5
城北村	城北村	山西王庄、山西	112	556	78	778	5.2
西河村	西河村	河套、西河头	425	1486	102	1800	2.6
姚　村	姚　村		215	972	80	780	6.1
东官庄	东官庄	燕子官庄	301	1297	156	2022	4.5
季　庄	季　庄		255	1048	112	1236	2.3
栗　堡	栗　堡		101	409	39	269	5
前王庄	前王庄	王家大庄、王庄	203	812	103	1100	2
冯　村	冯　村		396	1602	247	2447	2.2
沟　崖	沟　崖	赵沟堰	112	582	158	1160	3.2
薛　村	薛　村	薛庄	268	1102	214	1700	1.3
戚　庄	戚　庄		224	897	125	1310	1
王樊庄	王樊庄	樊庄、王庄	210	853	75	989	0.9
前　墩	前　墩		123	519	76	980	2.1
后　墩	后　墩		153	606	102	1101	2.3
孙　庄	孙　庄		114	553	75	903	2.2
朱家庄	朱家庄	朱庄	100	369	59	759	5
姜　庄	姜　庄		92	344	60	460	2
姜　滩	姜　滩	高滩	75	289	78	325	1.5
小张庄	小张庄	张庄	63	244	112	412	2.5
范　滩	范　滩		213	973	254	1969	2.2
为女桥	为女桥		204	838	243	1243	3.2
新　村	新　村		48	191	106	406	1.3
长　屯	长　屯		215	1092	278	2654	1

续表 30—17

<table>
<tr><th>行政村</th><th>自然村</th><th>曾用名</th><th>户数（户）</th><th>人口（人）</th><th>占地面积（亩）</th><th>耕地面积（亩）</th><th>集体收入（万元）</th></tr>
<tr><td>聂官庄</td><td>聂官庄</td><td></td><td>231</td><td>1198</td><td>121</td><td>2121</td><td>0.9</td></tr>
<tr><td>苏　庄</td><td>苏　庄</td><td></td><td>204</td><td>859</td><td>98</td><td>1205</td><td>2.1</td></tr>
<tr><td>大马庄</td><td>大马庄</td><td>前马庄</td><td>321</td><td>1354</td><td>185</td><td>2195</td><td>2.3</td></tr>
<tr><td>北马庄</td><td>北马庄</td><td>后马庄</td><td>295</td><td>1121</td><td>112</td><td>1406</td><td>2.2</td></tr>
<tr><td>小马庄</td><td>小马庄</td><td></td><td>245</td><td>965</td><td>140</td><td>1640</td><td>5</td></tr>
<tr><td>沙　元</td><td>沙　元</td><td>沙堰</td><td>354</td><td>1572</td><td>128</td><td>2328</td><td>2</td></tr>
<tr><td>西王庄</td><td>西王庄</td><td>王庄</td><td>523</td><td>2384</td><td>233</td><td>3533</td><td>1.5</td></tr>
<tr><td>南官庄</td><td>南官庄</td><td>小官庄</td><td>178</td><td>786</td><td>176</td><td>1476</td><td>2.5</td></tr>
<tr><td>小　庄</td><td>小　庄</td><td>小新庄</td><td>115</td><td>556</td><td>124</td><td>1168</td><td>2.2</td></tr>
<tr><td>东河头</td><td>东河头</td><td></td><td>198</td><td>789</td><td>135</td><td>1181</td><td>3.2</td></tr>
<tr><td>白　庄</td><td>白　庄</td><td>西沙沟</td><td>135</td><td>579</td><td>45</td><td>240</td><td>1.3</td></tr>
<tr><td>沙沟东</td><td>沙沟东</td><td>王庄、东王庄</td><td>132</td><td>528</td><td>65</td><td>1065</td><td>1</td></tr>
<tr><td>白　堡</td><td>白　堡</td><td></td><td>52</td><td>232</td><td>36</td><td>240</td><td>2.1</td></tr>
<tr><td>焦　庄</td><td>焦　庄</td><td></td><td>106</td><td>506</td><td>121</td><td>821</td><td>2.3</td></tr>
<tr><td>沙沟东村</td><td rowspan="2">沙　沟</td><td rowspan="2">沙沟</td><td>245</td><td>1035</td><td>141</td><td>1605</td><td>0.9</td></tr>
<tr><td>沙沟西村</td><td>298</td><td>1016</td><td>158</td><td>1702</td><td>2.2</td></tr>
<tr><td>前土头</td><td>前土头</td><td rowspan="2">土桥头、土头</td><td>501</td><td>2028</td><td>198</td><td>2885</td><td>5</td></tr>
<tr><td>后土头</td><td>后土头</td><td>264</td><td>1119</td><td>201</td><td>1630</td><td>2</td></tr>
<tr><td rowspan="2">芦　汪</td><td>前芦汪</td><td rowspan="2"></td><td rowspan="2">150</td><td rowspan="2">622</td><td rowspan="2">175</td><td rowspan="2">1257</td><td rowspan="2">1.5</td></tr>
<tr><td>后芦汪</td></tr>
<tr><td>李　宅</td><td>李　宅</td><td></td><td>325</td><td>1468</td><td>196</td><td>1500</td><td>2.5</td></tr>
<tr><td>赵新庄</td><td>赵新庄</td><td></td><td>119</td><td>441</td><td>74</td><td>574</td><td>2.2</td></tr>
<tr><td>河　湾</td><td>河　湾</td><td></td><td>164</td><td>696</td><td>98</td><td>1192</td><td>3.2</td></tr>
<tr><td>乔　庄</td><td>乔　庄</td><td></td><td>141</td><td>589</td><td>96</td><td>954</td><td>1.3</td></tr>
<tr><td>西　林</td><td>西　林</td><td></td><td>254</td><td>1083</td><td>146</td><td>1943</td><td>1</td></tr>
<tr><td>庞　庄</td><td>庞　庄</td><td></td><td>196</td><td>789</td><td>182</td><td>1240</td><td>0.9</td></tr>
<tr><td>洪西村</td><td>洪西村</td><td>沟西</td><td>209</td><td>1082</td><td>265</td><td>2417</td><td>2.1</td></tr>
</table>

车辋镇

自然地理

车辋镇位于县境西北部，镇政府驻地车辋，距县城约19千米。南接向城镇、尚岩镇，东邻大仲村镇、贾庄乡，西靠下村乡，北靠费县新庄镇。沂邳公路、沂流公路、省道蒙台路穿越境内。2010年，镇境东西最大横距14千米，南北最大纵距16.5千米。土地面积128平方千米，其中耕地面积7638.63公顷，年末常用耕地面积5190.33公顷。

地势由西北向东南缓缓低下，西部有低山丘陵，东部平原区地势平坦，平均海拔约45米，自然比降为0.08%。境内矿产资源丰富，石灰石、铝矾土、煤矿、页岩等储量大、品位好。石灰石开采已形成较大规模。山泉资源丰富，有沂蒙响泉和龙桃峪地下矿泉等。主要河流有石河和阳明河2条。有中型水库1座，为考村水库；小（一）型水库2座，为沙河子水库和驼山水库；小（二）型水库9座；塘坝20座。

建置区划

镇境清时属兰山县，抗日战争前属临沂县，1941年属边联县，1944年属赵镈县，1950年属苍山县甘霖区（4区），1958年年初属车辋乡，同年秋与甘霖乡合并成立甘霖人民公社。1963年，甘霖人民公社划分为车辋、流井2个公社，属车辋公社。1965年，2公社合并为车辋区。1971年，复划分为车辋、流井2个公社，属车辋公社。1984年4月，由车辋公社改称为车辋乡，同时将北部析出建甘霖乡。1996年5月24日，撤销车辋乡，建立车辋镇。2001年1月，甘霖乡并入车辋镇。先后被市、县授予经济社会发展先进乡镇、全市信访三无乡镇、市级卫生先进单位、市级环境优美乡镇等荣誉称号。

2010年，全镇辖48个行政村，79个自然村，总人口15383户，58223人，人口密度454.87人/平方千米。

经济概况

1996年，工农业总产值3.029亿元，人均纯收入1614元。2006年，地区生产总值达6.05亿元，财政收入1161万元，农民人均纯收入达到4281元，10年累计完成固定资产投资7.15亿元。2010年，工农业总产值15.05亿元，规模以上固定资产投资9622万元，财政收入415万元，农民人均纯收入6970元。

农业　1984年，粮食亩产363千克，总产15750吨。有大口井15眼，深井7眼，机电灌溉35处，农机动力4079千瓦，机耕面积42%。1996年，粮食作物亩产565.8千克，总产24362吨；油料作物亩产277千克，总产335吨；蔬菜、瓜亩产4744千克，总产77030吨；有果园387公顷，经济林面积800公顷，丰产林面积420公顷，农田林网193公顷；水利配套工程32处，打机井22眼，铺设管道80万米，修建水渠34万米，扩大恢复灌溉面积420公顷。2000年—2010年，推进规模经营拉动农业增产、增收，于省道蒙台路两侧桃峪、甘霖、扶丘、车辋推广优质小麦及玉米良种2800公顷；发挥山区优势，于东庄、桃峪、石河三大片开展地瓜区域种植1733.3公顷；以石河、东庄为中心，发展花生种植1533.3公顷，黄烟种植410.4公顷，2010年烟叶销售收入1700余万元，黄烟生产区人均收入3900元；以南山为中心发展甜桃种植1066.7公顷，2010年大桃亩产7500多千克，年产值2亿元，甜桃产区人均增收4300余元；以扶丘、漫溪为中心发展蔬菜种植800公顷；以邢村为中心发展甜瓜种植133.3公顷。2010年，全镇粮食作物播种5282.2公顷，亩产387.7千克，总产30722吨；油料作物播种1789.5公顷，亩产315千克，总产8455吨；蔬菜种植944.8公顷，亩产3436千克，总产48703吨。有甘霖、扶丘、曹庄等专业养殖村16个，肉牛、黑山羊、山地草鸡等专业养殖户

1500余家。畜禽存栏量超过60万头（只），从业人员年均纯收入超过1.9万元。其中山地草鸡存栏20多万只，可助农增收450万元。形成邢村甜瓜、石河烤烟、沙沟甜柿、南山甜桃、扶丘有机绿色蔬菜、曹庄山地草鸡等一批农产品品牌。

2000年—2010年，先后投资6600万元对宝山前、后银厂、李村的533.3公顷山场进行综合治理开发，修筑梯田173.3公顷，栽植核桃树8万株，打机井12眼，硬化道路5.2千米，建蓄水池13座，铺设管道9000米。投资292万元完成前邢村13.3公顷造地工程与甘霖、唐庄等7处69公顷土地整理工程，净增耕地58.3公顷；投资30万元完成前小炉村土地增减挂钩整理项目，新增耕地2公顷。先后投资5781万元完成全镇12座水库除险加固工程；投资125万元完成南山引水改造、白山生产交通桥等9处库区移民后期扶持工程；投资177万元完成东庄、埠南头2处黄烟水利配套建设工程。2006年，林地面积1533.3公顷，其中经济林533.3公顷，防护林800公顷，用材林200公顷，“四旁”植树30万株。2010年，防护林1040公顷，经济林867公顷，丰产林233.3公顷，人均公共绿化面积18平方米。

二、三产业　1984年，乡办企业有农机修配、翻砂、电气焊、刨床、面粉加工等。1996年，全镇四级企业总产值2.03亿元，镇办企业有建筑、冷藏加工等，村办企业有恒温库、玻璃丝厂、瓦窑、石料、预制等16个项目，私营企业有12家，主要是蔬菜保鲜及农副产品加工。建筑企业1处，从业人员40多人，年建筑产值100万元。个体运输户200户，从业人员300人。饮食服务业4处，从业人员20人，年营业额100多万元。商业企业2家。2006年，全镇有私营企业38家，个体工商户542户，形成三大支柱板块：一是以宝山冷藏有限公司、念泉冷藏厂、振兴冷藏厂为龙头的冷藏加工业，二是以水泥制品深加工为主的建材业，三是依托江元水泥、东宝山焦化等龙头企业而形成的以餐饮、物流配送等为主的第三产业。建筑企业从业人员200人，年建筑安装产值600万元。个体运输户500多户，从业人员1000多人，有汽车80台，拖拉机500多台，年产值1900多万元。饮食业8处，从业人员50人，年营业额400万元。商业企业6家，从业人员600名，年利润1000万元。2010年，工业总产值14.13亿元，利税1.74亿元，规模以上企业16家。其中临沂中联水泥有限公司、苍山县东宝山焦化有限公司销售额过亿元。有恒温库10座，批发市场3家。

村镇建设

1996年—2006年，修建村村通道路72.7千米。2006年—2010年，投资310万元完成可乐圈到费县驼衣、杨岭到后厂、考村到甘霖、房村到向城黎丘、韩庄至张桃峪、杨岭到温庄6条村村通硬化道路12.7千米，基本实现硬化道路村村通。2010年，村村通电话，共有电话用户1946户。宽带用户2251户，手机用户37756户。有线电视用户8000户，入户率52%。镇文化站1处，村级文化活动中心79处。

2000年—2010年，累计投资2000多万元，对车辋南环路实施综合开发，先后建设行政办公大楼，计生服务楼，黄烟站、交管所、派出所、国税、地税、国土资源所办公楼，职工公寓餐厅楼；在行政办公区前实施金水河、桥建设；改造原行政办公区的商贸一条街；实施镇驻地绿化、亮化、美化工程。开展城乡环境综合整治，重点对22.5千米省道蒙台路、沂王路两侧私搭乱建及车辋、甘霖集贸市场两侧私搭乱建与违章广告进行清理拆除。投资20万元对蒙台路和沂王路两侧建筑物进行涂白、喷刷涂料，涂刷面积31500平方米。对农村环境卫生进行全面整治，硬化村内通路面22千米，安装路灯378盏，新建村文化广场7处，村公共场院6处，清理村内粪堆、柴堆、垃圾堆1.2万余吨，取缔整改不规范废品收购点3个，全镇平均庭院绿化率28%。先后投资50万元在各主要路口、路段、派出所和21个村安装电子监控设施。

教育

1984年，有小学35所，中学、联中各1所，入学率79%。1988年，中心小学建成教学楼和教师宿舍。1996年，有中学1所，完小6所，村级小学35所，在校生5786人，教职工382人；有图书室16处、藏书3万册。2006年，投资810万元用于中心小学建设。2008年，中心小学成为苍山县第一所省级规范化学校。2006年—2010年，投资215万元对车辋中学、甘霖中学、房村小学、甘霖希望小学、考村小学的功能室及教学仪器设备进行完善与更新；投资100万元对漫溪、李村、九女山小学73间D级危房进行拆除重建，投资20万元对甘霖希望小学25间C级危房进行改造。2010年，有中学2所，在校生973人；小学11所，在校生2644人；幼儿园7所；教职工260人。小学适龄儿童入学率、巩固率、毕业率均为100%。

医疗卫生

1984年，有卫生院1所，卫生室30个，卫生员79人。1996年，有镇卫生院1所，职工56人，卫生室12个。2005年，投资180万元新建中

图30—30　车辋镇卫生院

心卫生院。2006年，新农合参保人数43849人，参保率85.7%。2010年，有各类卫生机构23处，病床105张，医务人员145人，其中医生23人，护师、护士28人。新农合参保率99%。镇卫生院有职工44人，病床20张，占地1.53公顷，建筑面积4123平方米。

人口和计划生育

1984年，总人口26731人，1996年28872人，2002年52574人，2006年53402人，2010年58223人。2010年，人口自然增长率9‰，女性初婚晚婚率42.2%，人口出生率9.30‰，出生性别比为116.5。

社会事业

1996年—2006年，发放各类救助物资折合100余万元，救济困难户3000多户；对198名

图30—29　车辋镇中心小学

烈、军、荣、残优抚对象累计发放优抚款60余万元。2010年春节前夕，车辋镇党委、政府开展困难群众走访慰问救助工作，累计发放慰问救助金1939020元、面粉1687袋、食用油203桶、棉被230床，走访慰问困难群众7803人，占全镇人口的13.13%。2010年，发放各类惠农补贴资金526万元，其中小麦直补款282万元，汽车家电下乡补贴170万元，玉米良种补贴24万元，金银花烘干器补助5万元，其他补贴45万元。为2238名困难群众发放低保资金123.4万元。办理养老保险3.2万份，发放养老金232万元，征缴养老基础金368万元，征缴率65%。镇敬老院位于镇驻地北5千米处，甘霖集贸市场东，占地面积2公顷，房屋103间，内设颐养园门诊1处，集中供养老人175人。

历史文化

清朝中期，车辋建有翰林院1处。1941年10月27日，国民党第五十一军张本枝部突然袭击中共鲁南区党委机关驻地前银厂村，制造“银厂惨案”，区委书记赵镈等30余人被捕。1941年11月13日，赵镈就义于九女山前。1945年1月大参军时，鲁南军区八师二十三团三营九连的干部战士大部分是车辋人，被人称为“车辋连”。境内有南山万亩桃园、虎口溶洞、考村水库湖心垂钓等具有乡村特色的绿色旅游资源，又有前银厂赵镈纪念堂、九女山赵镈就义处等红色旅游资源。

地名源流

车　辋　据庙碑记载，建村于隋朝末年。因山洪暴发，在聚落东冲击成溪，溪水渗漏地下，遂名村漏溪、川溪。后因居民耕地地块形似车轮周围边缘部分，俗称轮辋，易名车辋。附近为鄫国、鄫邑、鄫亭故地。建国后为区、乡、公社驻地。1984年4月起为乡驻地。1996年7月起为镇驻地。

牡丹池　据庙碑记载，牡丹池之名始于元朝初年。因聚落处的庙前有一花池（花坛的俗称），池中植牡丹花，故名。

小新庄　小新庄之名始于1937年。因几户人家由后银厂析出，故名。

可乐庄　1968年，由费县划归苍山县。相传建村于清光绪年间（1875—1908）。原名乐马圈。后易名可乐圈。1980年全县地名普查时，因县内村庄重名，更为今名。

节义庄　相传建村于清朝初年。因红石旦、南庙、北庙3个聚落合为一体，取团结友爱之意，故名。

安平庄　相传建村于清康熙二十八年（1689年）。原名安庄。1980年全县地名普查时，因县内村庄重名，更为今名。

兴隆庄　相传建村于明朝末年。因聚落附近有条土坝，形状似龙，名村兴龙庄。清乾隆初年，写为今名。长期以来，民间习惯称为白家屋，因该村的住房多用石灰抹白屋脊。1958年，驻村工作队为其更为今名。

新官庄　据郑氏谱碑记载，建村于明崇祯二年（1629年）。因郑姓先居于此，名村郑官庄。1944年易为今名。

车辋河东　相传建村于明天顺年间（1457—1464）。张、李、佟3姓从车辋迁居于此，聚落处阳明河东岸，与车辋隔河相对。车辋河东之名，由此而得。

东白山　据碑碣记载，建村于北宋末年。因聚落南有座白云山，名村白山。因县内村庄重名，更为今名。

北　岭　相传北岭之名始于清道光年间（1821—1850）。因聚落北靠高山，处一小岭上，故名。

白山北岭　1960年修长新桥水库时，由白山村析出。因聚落处白山北的山岭上，故名。

西　岭　相传西岭之名始于清道光年间（1821—1850）。初由车辋析出。因聚落处车辋西的山岭上，故名。

驼山南　相传建村于清光绪年间（1875—

1908）。因聚落处驼山之阳，名村驼山前。1980年全县地名普查时，因县内村庄重名，更为今名。

宝山前　相传宝山前之名始于元朝末年。因聚落处宝山之阳，故名。

南山后　1960年修长新桥水库时，聚落由库区迁至南山上，名村南山。因县内村庄重名，更为今名。

埠南头　据《刘氏家谱》记载，埠南头之名始于清康熙二十二年（1683年）。因聚落处埠子岭南头，故名。

大　郎　建村于1935年。原名大狼。后因名称不雅，聚落周围有自然形成的形似榔头的石头，俗称石榔，名村大榔。新中国成立后，书写为今名。

甘　霖　相传建村于明永乐年间（1403—1424）。原名甘凉庄。清朝末年，因久旱以后所下的雨，易为今名。新中国成立后为区、乡驻地。1984年4月至2001年1月为乡驻地。

扶　丘　据碑碣记载，建村于明朝初年。原名扶丘里。古时称居民聚居处为里。初有25户为里，后有50户、100户为里之说。清朝初年，简称今名。

沟　底　相传建村于清嘉庆年间（1796—1820）。因聚落处高山之间，名村高山沟。新中国成立前后，易为今名。

宝山窝　旧有村碑，刻“明崇祯五年始村”，即建村于1632年。聚落处宝山脚山，且三面环山。宝山窝之名，因此而得。

洼　里　据刘氏谱碑记载，洼里之名始于清光绪二十七年（1901年）。因聚落处地势低洼，且周围环山，故名。

黄　汪　相传黄汪之名始于明万历年间（1573—1620）。因聚落东有一水坑，土色橙黄，故名。

大李村　相传建村于清雍正年间（1723—1735）。因李姓先居于此，名村李村。因县内村庄重名，更为今名。

马桃峪　据《马氏家谱》记载，马桃峪之名始于明天顺二年（1458年）。因马姓先居于此，且聚落西的小河两岸遍植桃树，故名。

韦石河　相传建村于清朝初年。聚落前的小河名石河。因鼓姓先居于此，名村鼓石河。后因韦姓居多，易为今名。

龙桃峪　相传建村于唐朝初年。因聚落处多泉，名村永泉庄。龙姓迁此居住后，因聚落周围的丘陵上多植桃树，易为今名。

东房庄　相传建村于清朝末年。因房姓先居于此，名村房家庄。因县内村庄重名，更为今名。

台　庄　相传台庄之名始于清康熙十三年（1674年）。因台姓先居于此，故名。

邢家村　相传建村于元朝末年。因邢姓先居于此，名村邢家村。清雍正五年（1727年），邢姓迁居他乡，村名沿称至今。村西有1942年边联县农民抗日救国会为了纪念为民族解放而牺牲的烈士们集资立的纪念碑。烈士纪念碑建于1942年10月27日，碑高2.81米，宽2.1米，青石砌成。碑身下面是两层底座，左右青石镶边，上面石帽盖顶。纪念碑正面碑文是“农救会烈士纪念碑”。两边刻有“气壮山河千秋在，名高日月万古存”的对联。横刻“浩然正气”4个大字。碑背面刻有32位烈士姓名，均系边联县农民抗日救国会的负责人及成员。

朱家桃峪　相传朱家桃峪之名始于清乾隆年间（1736—1795）。因朱姓先居于此，且聚落西的河岸边多植桃树，故名。

桥　庄　相传建村于明正德年间（1506—1521）。因乔姓先居于此，名村乔庄。后写为今名。

许山套　相传建村于明嘉靖年间（1522—1566）。因许姓先居于此，且聚落处周围环山，故名。

杨　岭　据《杨氏家谱》记载，建村于明崇祯三年（1630年）。因杨姓先居于此，名村杨庄。1980年全县地名普查时，因县内村庄重名，更为今名。

李高山沟　聚落处高山东麓。据高山碑碣记载:“明崇祯七年,李姓始村。”即建村于 1634 年。因聚落处两山之间，名村高山沟。1958 年易名李家庄。1980 年全县地名普查时，因县内村庄重名，更为今名。

吴家官庄　据《吴氏家谱》记载，明嘉靖十一年（1532 年）吴姓由南方迁居于此，后有为官者。吴家官庄之名，因此而得。

张　杭　据《张氏家谱》记载，建村于明朝初年。因张姓先居于此，且聚落周围多树行，名村张行。因“行”系多音字，为避免误读，后写为今名。

张桃峪　相传张桃峪之名始于唐朝末年。因张姓先居于此，且聚落西的河岸边多植桃树，故名。

陈家石河　据《陈氏家谱》记载，陈家石河之名始于清顺治八年（1651 年）。因陈姓先居于此，且聚落处石河岸边，故名。

陈家林　相传建村于明万历年间（1573—1620）。一葛姓逃荒户来此为陈家看林，后繁衍成聚落。陈家林之名，由此而得。

房家村　相传建村于明朝初年。因聚落处阳明河西岸，名村阳明溪。后因房姓居多，易为今名。

房家沙沟　据明成化二年（1466 年）所立沙沟河桥碑记载，建村于明朝初年。因聚落处山洪暴发冲击成溢洪沟，名村溢河庄。后因河沟中多沙，村中房姓居多，易为今名。

孟　庄　据孟氏谱碑记载:“明洪武二年从邹县孟府迁来。”即建村于 1369 年。因孟姓先居于此，故名。

赵家石河　相传赵家石河之名始于清朝初年。因赵姓先居于此,且聚落处石河岸边,故名。

赵沙沟　据明成化二年（1466 年）所立沙沟河桥碑记载，建村于明朝初年。因聚落处沙沟河东岸，赵姓先居于此，故名。

段家庄　据碑碣记载，段家庄之名始于元至元年间(1335—1340)。因段姓先居于此,故名。

傅家山　相传傅家山之名始于清康熙三年（1664 年）。因聚落处山脚下，傅姓先居于此，故名。

郭家庄　据《郭氏家谱》记载，郭家庄之名始于清朝初年。因郭姓先居于此，故名。

唐家庄　相传唐家庄之名始于隋朝末年。因唐姓先居于此，故名。

曹家庄　据碑碣记载，建村于明正德八年（1513 年）。因曹姓先居于此，名村曹庄。清康熙八年（1669 年）,因聚落处高山脚下的山沟处，易名曹家山沟。后俗称今名。

常家庄　相传常家庄之名始于明朝末年。因常姓先居于此，故名。

崔桃峪　相传崔桃峪之名始于明洪武年间（1368—1398）。因崔姓先居于此，且聚落西的河岸边多植桃树，故名。

韩家庄　据墓碑记载，韩家庄之名始于明崇祯年间(1628—1644)。因韩姓先居于此,故名。

韩家沙沟　相传韩家沙沟之名始于明万历年间（1573—1620）。因聚落处沙沟河东岸，韩姓先居于此，故名。

韩家官庄　相传韩家官庄之名始于清康熙十年(1671 年)。因韩姓先居于此,且有为官者,故名。

董许庄　相传建村于清康熙年间（1662—1722）。因董姓先居于此，名村董庄。因县内村庄重名，更为今名。

董　村　相传建村于元至元年间（1264—1294）。原名上泉。明朝末年，董姓迁居于此，称董家上泉。后易为今名。

蒋　庄　相传建村于清嘉庆初年。因蒋姓先居于此,名村蒋家庄。1980 年全县地名普查时，因县内村庄重名，更为今名。

温　庄　相传温庄之名始于明朝初年。因温姓先居于此，故名。

靳家沙沟　相传靳家沙沟之名始于明崇祯年间（1628—1644）。因聚落处沙沟河东岸，靳姓先居于此，故名。

蔡　村　相传建村于清光绪二十八年（1902年）。因聚落西的小河上游有一大泉，名村上泉。后因蔡姓居多，易为今名。

潘　庄　相传潘庄之名始于明正德年间（1506—1521）。因潘姓先居于此，故名。

九女山　相传建村于明万历年间（1573—1620）。初无村名，天启年间（1621—1627），聚落由小河南岸，迁至北岸的九女山下，遂以山名村。

灰　墩　据《马氏族谱》记载，建村于明洪武二年(1369年)。因聚落处小灰山脚下，故名。

驼　山　相传驼山之名始于清光绪年间（1875—1908）。聚落处驼山脚下，以山名村。

念沂泉　据庙碑记载，建村于唐大顺元年（890年）。相传几个放牛郎在聚落处开凿一泉，受到人们赞扬，并名泉溢泉。后为纪念开凿泉的人，遂名村念溢泉。明朝末年，因归沂州管辖，改称今名。

漫　溪　相传明朝初年，居民由山西迁此。因山阻阳明河之水，流至聚落北分成东、西两股，洪水泛滥时，河水溢出岸，漫过地面，遂称漫溪。聚落分成南、北两处，称南漫溪、北漫溪。1948年—1949年，北漫溪为赵镈县政府驻地。

东　庄　相传建村于明朝末年。因聚落西有一寺庙，名村东庄寺。后简称今名。

小　炉　相传建村于明万历元年（1573年）。初无村名。后因龙宝山开金银矿，在此建起小炉子炼金银，名村小炉。聚落分成前、后两处，称前小炉、后小炉。

小炉店子　相传建村于明万历三十年（1602年）。因前、后小炉炼金银，来往行人多，有人遂在此开店，后逐渐形成聚落。小炉店子之名，因此而得。

银　厂　相传建村于明万历末年。聚落附近有银洞山，万历初年在此开矿炼银，因处炼银厂址名村。史籍记载，当年炼银的石臼、石碾、炉址，民国初年尚存。聚落分成前、后两处，称前银厂、后银厂。1941年，前银厂为中共鲁南区委驻地。

2010年车辋镇村庄基本情况表

表30—18

行政村	自然村	曾用名	户数	人口（人）	占地面积（亩）	耕地面积（亩）	集体收入（万元）
车　辋	车　辋	漏溪、川溪	828	2798	1006	3306	4.7
车辋河东	车辋河东		136	478	134	520	1.4
兴隆庄	兴隆庄	兴龙庄	120	532	142	826	1.0
宋　岭	宋　岭		126	432	140	622	6.5
西　岭	西　岭		104	381	137	565	0.9
蒋　庄	蒋　庄	蒋家庄	117	372	95	472	5.4
唐家庄	唐家庄		354	1166	280	1630	1.6
桥　庄	桥　庄	乔庄	445	1418	304	2031	4.1
扶　丘	扶　丘	扶丘里	479	1550	260	1900	3.0

续表 30—18

行政村	自然村	曾用名	户数	人口（人）	占地面积（亩）	耕地面积（亩）	集体收入（万元）
房家村	房家村	阳明溪	310	1111	207	1273	2.8
邢家村	前邢村		360	637	120	746	0.6
	后邢村			502	140	1199	2.1
念沂泉	念沂泉	念溢泉	191	883	180	798	3.0
宝山前	吴宝山		391	342	120	451	0.48
	刘宝山			751	190	899	0.46
	常宝山			318	80	219	0.2
董许村	许山套		274	186	80	355	0.2
	董　村	上泉、董家上泉		755	170	1144	0.8
忠义村	孟　庄		493	370	90	421	0
	蔡　村	上泉		536	105	631	0.2
	大李村	李村		870	180	1180	0.2
牡丹池	牡丹池		314	1234	330	2239	1.8
前银厂	前银厂	银厂	630	2049	420	2504	1.4
后银厂	后银厂		145	571	130	968	1.3
杨　岭	杨　岭	杨　庄	152	529	210	952	3.5
陈家林	陈家林		206	760	165	1037	1.0
南杭山峪	南山后	南山	590	638	188	820	0.6
	东白山	白山		690	202	856	0.4
	白山北岭			558	92	665	0.4
温　庄	温　庄		236	903	230	1627	4.5
宝山窝	宝山窝		190	721	172	1024	0.3
吴家官庄	吴家官庄		164	621	180	491	0.2
南漫溪	南漫溪		316	872	206	793	0.5
	东房庄	房家庄		321	70	295	0
北漫溪	段家庄		548	429	102	557	0.2
	北漫溪			1645	320	1645	0.8

续表 30—18

行政村	自然村	曾用名	户数	人口（人）	占地面积（亩）	耕地面积（亩）	集体收入（万元）
西漫溪	常家庄		208	273	50	805	0.1
	郭家庄			429	146	295	0.1
甘　霖	甘　霖	甘凉庄	380	1140	540	2248	4.6
沙　沟	房沙沟	溢河庄	422	136	96	629	0.1
	靳家沙沟			318	102	775	0.3
	韩沙沟			551	175	1179	0.2
	赵沙沟			383	60	280	0.1
傅家山	傅家山		132	459	146	903	0.1
黄山峪	考　村		482	168	36	216	0.1
	董许庄	董庄		374	94	279	0.3
	韩家庄			791	210	1114	0.4
平安村	洼　里		198	460	195	764	0.2
	安平庄	安庄		249	128	298	0.2
节义庄	节义庄		309	936	260	1289	3.4
南桃峪	张桃峪		642	672	160	820	0.1
	马桃峪			743	300	1519	1.0
	崔桃峪			653	180	1526	0.9
龙桃峪	龙桃峪	永泉庄	260	988	380	1991	0.2
张　杭	张　杭	张桃峪	190	636	160	1204	1.2
黄　汪	黄　汪		120	420	120	857	0.3
东　庄	东　庄	东庄寺	239	731	220	1279	0.6
	张　庄			176	70	295	0.1
官台庄	新官庄	郑官庄	195	301	85	603	0.1
	台　庄			255	60	441	0.1
沐　庄	沐　庄		315	1100	320	1861	0.9
潘　庄	潘　庄		420	1186	240	1277	1.2
埠南头	埠南头		182	629	160	798	1.0

续表 30—18

行政村	自然村	曾用名	户数	人口（人）	占地面积（亩）	耕地面积（亩）	集体收入（万元）
小　炉	前小炉		391	524	130	714	0.5
	后小炉			818	270	1412	0.4
九女山	九女山		440	1421	300	2287	1.6
灰　墩	灰　墩		210	712	220	1310	0.8
高山村	北　岭		302	180	56	318	0.5
	沟　底	高山沟		156	85	361	0.4
	曹家庄	曹庄、曹家山沟		397	120	760	0.3
	李高山沟	高山沟、李家庄		342	110	600	0.2
前石河	陈家石河		591	510	130	1024	0.2
	韩石河			498	123	1139	0.8
	韦石河上队	鼓石河		345	70	648	0.4
	韦石河下队			492	150	962	0.2
后石河	赵石河		395	648	120	923	0.3
	驼　山			657	170	940	0.3
	驼山南	驼山前		524	65	475	0.2
	可乐庄	乐马圈、可乐圈		280	85	604	0.2

附：甘霖乡

原甘霖乡位于县境西北部，乡政府驻地甘霖，距县城 26 千米。南接车辋镇，西邻大炉乡，东与流井乡相连，北靠费县新庄乡。境内蒙台公路贯穿南北，沂王公路东西穿越乡境南部。境域东西最大横距 8 千米，南北最大纵距 9 千米，总面积 64.73 平方千米。2000 年，总人口 22731 人，7705 户，其中非农业人口 462 人，人口密度 351.17 人／平方千米。

乡境抗日战争前分属临沂县、费县。1941 年属边联县。1944 年属赵镈县，称甘霖区。1950 年属苍山县，称甘霖区。1958 年初称甘霖乡，秋称甘霖人民公社。1963 年，甘霖人民公社划分为车辋、流井 2 处人民公社，属车辋人民公社。1965 年属车辋区。1971 年属车辋人民公社。1984 年建甘霖乡，辖 41 个行政村，47 个自然村。2001 年 1 月，甘霖乡并入车辋镇。

乡境地势较高，多山多岭，平均海拔 125 米。有大、小山头 54 座，高山为全乡最高，海拔 378.8 米。境内有沙河、石河、桃峪河 3 条河流。沙河发源于石河山岭地带，向南流经四沙沟，流入沙河水库，长 5 千米。石河发源于可乐庄的高山一带，流入西迦河，境内流程 8 千米。桃峪河发源于张杭东山及龙桃峪一带，向南注入考村水库，长 5 千米。境内有铁矿石、铝矾土、鸡窝煤、大理石等矿产。全乡耕地面积 1733.4

公顷，林业用地2333.3公顷。土壤分沙土、沙壤土2类，沙土占总面积80%，分布在十八岭一带。农作物有甘薯、花生、小麦、玉米、蔬菜等。1984年，粮食亩产320千克，总产9055吨，花生亩产154千克，有柿子、板栗、山楂、苹果、核桃等果树100万棵。农机总动力1020千瓦。1996年，粮食亩产314千克，总产11280吨，花生亩产190千克，总产1922吨，有果园667公顷，产干鲜果3000吨，产值480万元，蔬菜面积120公顷。土特产金银花，年产量50吨。利用高山、考村、沙河子3座水库，发展网箱养鱼达250箱，总产500吨。畜牧业产值1515万元。整山治岭467公顷，修水坝4处，水渠2500米，荒山绿化40%。农机总动力646.5千瓦。2000年，粮食总产6298吨，亩产218千克，豆类总产143吨，亩产146千克，花生总产1823吨，亩产225千克，薯类总产3852吨，蔬菜瓜类种植160公顷，总产7106吨。拥有农机总动力9033千瓦，农用拖拉机470台。1984年，乡办企业有铝矾土矿、建材、采煤、黄沙、建筑等项目。1996年，全乡四级企业334家，总产值6600万元，骨干企业有乡建筑公司，先后打入青岛、济南、山西等地施工。1996年，工农业总产值1.1亿元，其中农业总产值6000万元，人均纯收入1501元。2000年，农业总产值8000万元。1999年，农民人均纯收入1992元，2000年1951元。

1996年，有程控电话43部。2000年，自来水受益村14个，村村通汽车，村村通电话，通电户6067户，通电话户300户。

1984年，有中学1处，联中2处，小学32处，图书馆3处。1996年，有中学1处，完全小学6处，村级小学18处，教师167人，在校学生3900人，有乡办幼儿园1所，有文化站1处，电影队3个。

1984年，有卫生所1处，卫生室30处，各类卫生人员59名。1996年，有乡卫生院1处，卫生室8处。2000年，有卫生院1处，村级卫生室5处，甲级卫生室5处，乡村医生30人。

1984年，总人口20245人。1996年22626人，其中非农业人口475人，农业人口22315人，人口密度352人/平方千米。1996年，计划生育率100%，人口自然增长率为4.8‰。2000年总人口22731人。2000年，女性初婚晚婚率90.4%，人口出生率11.33‰，出生性别比95:100，死亡率5.86‰，自然增长率5.47‰。

2000年甘霖乡村庄情况

表30—19

行政村	自然村	行政村	自然村
甘　霖	甘　霖	驼　山	驼　山
韦石河上队	韦石河上队	赵石河	赵石河
韩家官庄	韩家官庄	黄　汪	黄　汪
北　岭	北　岭	曹　庄	曹　庄
张　杭	张　杭	沟　底	沟　底
龙桃峪	龙桃峪	灰　墩	灰　墩
	小龙桃峪	傅　山	傅　山

续表 30—19

行政村	自然村	行政村	自然村
九女山	九女山	崔桃峪	崔桃峪
马桃峪	马桃峪	可乐庄	可乐庄
	朱桃峪	赵沙沟	赵沙沟
后小炉	后小炉	韩沙沟	韩沙沟
	南店子	考　村	考　村
东　庄	东　庄	前小炉	前小炉
韩　庄	韩　庄		徐　庄
新官庄	新官庄	台　庄	台　庄
洼　里	洼　里	潘　庄	潘　庄
埠南头	埠南头	节义庄	节义庄
沐浴庄	沐浴庄		红石店子
驼山南	驼山南	安平庄	安平庄
李高山沟	李高山沟	董许庄	董许庄
陈石河	陈石河	张　庄	张　庄
张桃峪	张桃峪	靳沙沟	靳沙沟
房沙沟	房沙沟		沙沟蛋
韦石河下队	韦石河下队		

矿坑镇

自然地理

矿坑镇位于县境最北部，镇政府驻地矿坑，距县城21千米。西、南与大仲村镇相接，北靠费县刘庄镇，东邻临沂市兰山区马厂湖镇。境内岚济（岚山—济宁）、沂邳（沂源—邳州）2条省级公路干线纵横贯通，枣（庄）临（沂）铁路穿境而过，且在薛南村设有站口。2010年，镇境东西最大横距15千米，南北最大纵距12千米。土地面积85平方千米，其中耕地面积5159.14公顷，年末常用耕地面积3988.4公顷。

地势东西高，中间低。除中部平原外，多数是山岭，一般海拔60米。有大、小山头41座，其中大山顶为全镇最高，海拔236米。土壤以褐土为主。境内有爱沟河、东枷河、南坡河，总长10千米。中型水库1座，为小马庄水库；小（二）型水库1座，为灰泉水库；塘坝4座。矿产资源丰富，有铁矿石、铝矾土、矸土、石灰石、鸡窝煤等。矸土主要分布在矿坑、后立庄、惠民庄等村；石灰石主要分布在薛南、兴龙、棠林、娄山沟、后立庄、远立庄、惠民庄等村；铝矾土主要分布在矿坑、后立庄、升平庄等村。

建置区划

镇境抗日战争前属费县。1941年，部分归边联县，棠林、凤凰、南坡属费县。1944年分属赵镈县、费县。1948年分属苍山县、临西县。1950年属苍山县仲村区。1958年年初建矿坑乡，秋合并为仲村人民公社。1963年，从仲村人民公社析出，称矿坑人民公社。1965年合并为仲村区。1980年12月，复置矿坑人民公社。1984年改称矿坑乡。2010年6月，撤销矿坑乡，设立矿坑镇。

2010年，全镇辖24个行政村，26个自然村，9598户，总人口34310人，人口密度403.65人/平方千米。

经济概况

1984年，工农业总产值1447万元，人均占有408元。1996年，工农业总产值3.077亿元，其中工业总产值1.917亿元，农业总产值1.16亿元，人均纯收入1900元，完成利税79.7万元。2003年，工农业总产值3.2亿元，其中工业总产值1.2亿元，农业总产值2亿元，农民人均纯收入2300元。2006年，工农业总产值6.19亿元，社会固定资产投资0.8亿元。“十五”期间，累计完成社会固定资产投资1.75亿元，是“九五”期间的3.7倍。农民人均纯收入3877元。2010年，完成规模以上固定资产投资1.76亿元，地方财政收入709万元，农民人均纯收入6775元。

农业　1949年前，粮食亩产80千克左右，作物品种单一。1984年，粮食亩产307千克，总产23350吨。1996年，粮食亩产416千克，总产33097吨，人均粮食1095千克。其中小麦亩产279千克，总产9485吨；地瓜亩产750千克，总产27500吨。有西瓜100公顷，棚菜67公顷，有输水管道25000米，大口井3眼。拥有农机动力11768千瓦，拖拉机760辆，机耕面积85%。2010年，粮食播种面积5521.3公顷总产31646吨，亩产382.1千克。其中，小麦2630.7公顷，亩产426.8千克，总产16842吨；玉米1794.3公顷，亩产350.7千克，总产9439吨；地瓜1000公顷。花生面积866.7公顷。大姜面积20公顷，主要分布在朱柳屯、升平庄、矿坑等村。常规瓜菜面积（含西瓜面积）133.3公顷，主要分布在南坡、棠林、朱柳、朱柳屯、升平庄等村。蘑菇、金针菇、黑木耳、花椒种植发展迅速，主要分布在棠林、惠民庄、郭家沟等村。

20世纪80年代开始种植生产黄烟。2002年，种植200公顷，亩产值3000多元。2008年，种植206.7公顷，产值760万元，利税158万元。2009年，种植253.3公顷，产值860万元，利税190万元。2010年，种植266.8公顷，主要分布在棠林、薛南、兴龙、湖子峪、灰泉等村，产值960万元，特产税210万元。

1996年，有果园707公顷，新开板栗园400公顷。1996年—1997年，开发兴龙岭流域面积666.7公顷，涉及薛南、兴龙、灰泉、湖子峪4个村，栽植优质板栗42.6万株。1998年—2001年，连续开发凤凰岭共4期工程，治理流域面积666.7公顷，涉及棠林、后立庄、远立庄、郭沟、南坡、凤凰6个村，重点栽植优质沂蒙红石榴52.8万株。2010年，山林面积1466.7公顷，其中山区开发面积1333.3公顷。后立庄的上海蜜桃、朱柳屯的乌克兰大樱桃和永莲大蜜桃远近闻名。

图30—31　板栗园

境内山场、草场面积大，饲草资源丰富，余粮多，发展养殖业条件充沛。2010年，养牛

5000头，主要分布在灰泉、兴龙、湖子峪、娄山沟、薛南等村；生猪存栏8000头，养羊1.5万只，兔3.2万只，养鸡5万只。

二、三产业　1958年，有木业、铁业、榨油、粉房、副食品等10多个行业。1970年，有木匠60户，铁匠4户，木业社1处。榨油坊19处。食品加工坊30处。1984年，乡办企业有采矿、建材、农产品加工等。1996年，全乡四级企业100家，骨干企业有采石、水泥厂、工艺被加工厂、调料厂等。2008年，有化工、建材、塑料加工、木业加工、食品、农副产品加工、蔬菜保鲜等12个行业。集体、村办企业100余家，职工6000人。工业总产值4.1亿元，实现利税1400万元。有6家企业利税超30万元。亚顺股份、城尔美建材、科成墙材、鸿瑞木业、拓扑之鑫木业、冠茗木业等是镇内龙头企业。2010年，成立棠林工业项目区；全年招商引资新上2000万元以上项目12个，个体办、联户办石料加工、板材加工等中小项目118个，总投资2.6亿元。有工业企业192个，规模以上企业12家，出口企业3家。

20世纪70年代，有供销社5处，代销点24处。1980年后，个体、私营商业大发展。2008年，有集贸市场6个，分别位于矿坑、棠林、南坡、薛南、后立庄、惠民庄；大小超市10余家，以万家福规模最大；农资商店30余家；个体商户1200户；社会商品零售总额8000万元。

村镇建设

1980年，实现电力村村通。1998年，实现电话村村通，邮电通讯建成程控电话本地网，电话用户5000个。2006年，10个村用上自来水。2008年，有水泥路70条，贯通24个行政村，总长37千米。实现有线电视村村通。2010年，自来水受益村20个，自来水供水点24处，有深水井52眼，年供水40万立方米。有线电视用户8000户，入户率为83%。电信企业3家，有电话用户1940户，宽带用户2200户，手机用户2.1万户。有综合文化站、广播电视站各1处，农村文化大院15处，文化活动室24处，文化广场、文化公园6处。有邮政支局1处，金融机构2家。境内有单庄客运站，日发客车26班，日均容量近千人次。生活用电主要由大仲村供电站提供，工业用电主要由后立庄供电站提供。镇区主要道路两侧铺设排水管2600米。绿化面积6500平方米。

教育

1984年，有小学27处，联中1处，在校学生3680人。1985年，成立镇初级中学。1996年，有小学20处，中学1处，成教中心1处，在校学生5620人，儿童入学率99.9%，教师251人。2010年，有中学1所，幼儿园15所，小学8所。教师总数282人。中学87人，高级职称15人，中级职称43人，初级职称29人；小学171人，中级职称135人，初级职称28人，未定职称8人；幼教24人；在校中学生566人，小学生2365人，中心幼儿园学生75人。中学、中心小学、中心幼儿园均为市级规范化学校。小学适龄儿童入学率、巩固率、毕业率均保持100%。

医疗卫生

1949年前，有中药堂铺3个。1984年，有乡卫生院1所，村卫生室33处，医务人员56人。1996年，有乡卫生院1所，病床12张，医务人员16人，村卫生室12个。2006年，投资100万元，建成卫生院门诊楼，建筑面积1422平方米，设置15个科室，配备20张床位。新建标准化村级卫生室15个，新农合参保率85%。2010年，镇卫生院有职工21人，其中专业技术人员初级职称11人，中级职称4人。有村级卫生室21个，全部配有高压锅、紫外线灯等消毒器械。新农合参保率100%。

人口和计划生育

1984年，总人口28072人，1996年总人口30893人，2002年总人口31676人，2006年总人口31866人。1996—2006年，人口自然增长率平均约为3‰。2010年总人口34310人。2010年，女性初婚晚婚率47.4%，人口出生率12.03‰，出生性别比为117.2。

社会事业

2010年，农村最低生活保障户872户，1239人，补助支出89208元。有慈善分会1个，全年接受社会捐款15万元。参加新型农村养老保险14850人，参保率82.6%。敬老院1所。

历史文化

镇驻地有明代古槐树1棵，生长旺盛。棠林村后有九顶莲花山，山有九顶环环相连。分别为凤凰山、团山、庙山、青山、铁山、钢山、云山、雾山、钗山。山中有陈武洞，相传系唐代陈武“修仙”之地。棠林村西北250米有西汉古墓群。矿坑村东南1千米有皇姑坟，是清朝乾隆年间古墓。1943年5月21日，日伪军在南坡村进行大屠杀，民众多人被杀害。1946年7月28日，特务分子在棠林村发动暴乱，杀死村干部，后被镇压，称为“棠林暴乱”。1984年，有村办剧团2个。

地名渊源

矿　坑　相传建村于明永乐年间（1403—1424）。原名官庄。因在此采矿留有矿坑，易为今名。1980年起为公社驻地。1984年4月起为乡、镇政府驻地。矿，原写作鑛，亦读gǒng，当地人把矿坑读作gǒngkēng。

远立庄　据庙碑记载，建村于清咸丰年间（1851—1861）。因聚落处的庙中塑有一尊远神像，名村远立庄。

延　寿　据《颜氏家谱》记载，建村于清康熙十一年（1672年）。相传，聚落中有一人叫李万年，字延寿，高龄百余岁。因此名村延寿庄。聚落分成东、西两处，称东延寿、西延寿。

升平庄　据张氏谱碑记载，建村于明洪武年间（1368—1398）。原名康泰庄。清朝初年，易为今名。

兴龙村　据王氏谱碑记载，建村于明成化年间（1465—1487）。原名龙泉村。后因王姓居多，易名王庄。1980年全县地名普查时，因县内村庄重名，更为今名。

惠民庄　据碑碣记载，元朝末年，皮姓始居，毁于兵祸。明永乐年间（1403—1424），张、李、顾等姓先后迁居于此，因期望吉利，避免灾祸，名村惠民庄。

后立庄　据庙碑记载，于明洪武二年（1369年）在此建朝阳殿1座。万历年间（1573—1620）山西移民在庙后建成聚落。后立庄之名，因此而得。

南　坡　据村西麒麟寺碑记载，建村于元至正年间（1341—1368）原属费县接舆社，现属苍山县矿坑镇。土匪曾多次攻打该村，未有成功，故名难破。后又易今名。

薛　南　据玉皇庙碑记载，建村于明弘治年间（1488—1505）。因聚落处薛山之阳，故名。

朱　柳　据朱氏谱碑记载，建村于明洪武末年。因征战时，曾在此屯兵，几经兵燹，聚落尚存，且朱姓居多，名村朱留。后书写为今名。

朱柳屯　据王氏谱碑记载，建村于明洪武末年。因与朱留毗邻，名村朱留屯。后书写为今名。

罗　庄　据《罗氏家谱》记载，建村于明崇祯六年（1633年）。因罗姓先居于此，名村罗家庄。1958年修马庄水库时，居民向水库外迁居，形成前、中、后3个聚落，称前罗庄、中罗庄、后罗庄。

单家庄　据墓碑记载，单家庄之名始于明天启年间（1621—1627）。因单姓先居于此，故名。

郭家沟　据郭氏谱碑记载，建村于明崇祯十七年（1644年）。原名兴隆庄。清朝初年，聚落北迁，跨沟而建，易名过街沟。后因郭姓居多，改称今名。

棠　林　原名棠棣林。相传棠林之名始于明嘉靖年间（1522—1566）。因棠姓先居于此，且在聚落北植有棠棣树，故名。1975年部分居民迁居于村西，形成新聚落，名村西棠林。

马　庄　据崔氏谱碑记载，建村于唐朝末年。因聚落东的太平石上有马蹄印，名村马庄。聚落分成前、后两处，称前马庄、后马庄。

凤凰庄　据《吴氏宗谱》记载，先祖甫公于明朝中期迁于此，取名凤凰庄。后吴姓人家外迁，李姓于清同治元年（1862 年）迁入，改名李庄。后又恢复，名村凤凰庄。聚落分成前、后两处，称前凤凰庄、后凤凰庄。

湖子峪　据碑碣记载，建村于清嘉庆年间（1796—1820）。原名安沂庄。后因聚落处两山岭之间，易为今名。

楼山沟　据杜氏谱碑记载，楼山沟之名始于明崇祯八年（1635 年）。因聚落处楼山脚下的沟里，故名。

灰　泉　据庙碑记载，建村于明洪武年间（1368—1398）。原名巍泉。后因三面环山，泉水灰暗，易为今名。

2010 年矿坑镇村庄基本情况

表 30—20

行政村	自然村	曾用名	户数（户）	人口（人）	占地面积（亩）	耕地面积（亩）	集体收入（元）
前马庄	前马庄	马庄	278	992	120	620	54721
后马庄	后马庄		180	631	80	420	51546
前罗庄	前罗庄	罗家庄	159	568	80	340	32415
中罗庄	中罗庄		83	283	40	220	310564
后罗庄	后罗庄		112	432	50	260	29814
南　坡	南　坡		734	2301	320	4386	50824
凤凰庄	凤凰庄	李庄	425	1383	180	2670	213780
郭家沟	郭家沟	兴隆庄、过街沟	380	1254	160	3450	61721
东延寿	东延寿	延寿庄	240	784	100	1500	174640
西延寿	西延寿		125	448	60	690	50149
薛　南	薛　南		700	2505	300	6030	315427
兴龙村	兴龙村	龙泉村、王庄	420	1166	180	2600	799752
湖子峪	湖子峪	安沂庄	330	1035	200	2925	198740
灰　泉	灰　泉	巍泉	245	876	600	1680	78654
矿　坑	矿　坑	官庄	1075	3495	450	4600	574147
升平庄	升平庄	康泰庄	650	2261	300	3300	81515
朱　柳	朱　柳	朱留、朱流	710	2516	460	4800	287615
朱柳屯	朱柳屯	朱留屯	403	1268	340	1950	211490
惠民庄	惠民西村		604	1875	250	2700	300524
	惠民东村						

续表 30—20

行政村	自然村	曾用名	户数（户）	人口（人）	占地面积（亩）	耕地面积（亩）	集体收入（元）
棠　林	棠　林	棠棣林	960	3186	500	6000	831850
	西棠林						
单家庄	单家庄	墠家庄	420	1370	180	3450	423154
后立庄	后立庄		428	1650	180	3300	296450
楼山沟	楼山沟		125	476	82	975	38424
远立庄	远立庄		155	453	70	960	312400

鲁城镇

自然地理

鲁城镇位于县境西部，镇政府驻地雷雨口，距县城 34 千米，距枣庄市 18 千米。北靠下村乡，南接新兴镇和枣庄市峄城区峨山镇，西连枣庄市市中区孟庄镇、税郭镇，东邻尚岩镇。境内 260 国道、鲁平线、雷泉线、坦马线、徐河线等公路纵横交错。2010 年，镇境东西最大横距 15 千米，南北最大纵距 10 千米。土地面积 88 平方千米，其中耕地面积 3876.28 公顷，年末常用耕地面积 2236.67 公顷。

镇境三面环山，一面临会宝岭水库。西部、北部为石灰岩山区，东南部为丘陵，中部为平原。大小山头 87 座，海拔 200 米以上的有神山、寨山、白人山、狮子山、石城崮、平山、尖山等，其中神山最高，海拔 423 米。土壤属棕壤土、褐色土、潮土，宜于小麦、玉米、地瓜、花生等农作物生长。矿产资源主要有铁矿石、石英石、石灰石、海绿石等。铁矿石储量 4.2 亿吨，石英砂储量 6 亿吨，集中分布在镇境南部东石门、西石门一带。地表水资源丰富，地下水储量分布不均，北多南少。西泇河上游自西北向东南流经境内，并同多条支流汇入会宝岭水库。有小（二）型水库 8 座，塘坝 13 座。

建置区划

镇驻地雷雨口。镇境在抗日战争前属临沂县。1941 年属边联县 4 区。1944 年属赵镈县。1947 年划分赵镈、苍山两县后，仍属赵镈县。1950 年“苍、赵合并”后，并入苍山县，属鲁城区。1958 年初称鲁城乡，秋称鲁城人民公社。1965 年称鲁城区。1971 年称鲁城人民公社。1984 年 4 月撤社改乡。2010 年 6 月撤乡建镇。先后获得临沂市特色产业镇、全市城乡环境综合整治工作先进乡镇、市级文明村镇、发展民营经济先进乡镇（街道）、社会主义新农村建设先进单位、平安临沂建设模范乡镇（街道）、安全生产工作先进单位、全县招商引资工作先进单位、全县“三个文明”建设先进乡镇等荣誉称号。

2010 年，全镇辖 37 个行政村，61 个自然村，10562 户，总人口 40031 人，人口密度 454.9 人/平方千米。

经济概况

1996 年，工农业总产值 2.11 亿元，其中工业总产值 16201 万元，人均纯收入 1361 元。2006 年，规模以上工业企业总产值 40795 万元，规模以上固定资产投资 9106 万元，财政收入 906 万元，人均纯收入 3583 元。2010 年，地区生产总值 27.7 亿元，规模以上固定资产投资 4.34 亿元，财政收入 2099 万元，农民人均纯收入 7191 元。

农业　1984 年，平原区耕地 933.3 公顷，粮食亩产319千克，总产11165吨。1996年，可耕地1666公顷，粮食亩产342千克，总产12334吨，农机动力6575千瓦。2006年，农业总产值达1.4亿元，粮食亩产330千克，总产达1.5万吨。以蔬菜、林果、花生、养殖为重点的高效农业得到迅速发展。2010年，粮食作物播种2880.7公顷，亩产321.2千克，总产13879吨，其中小麦7366吨，玉米2951吨，薯类2082吨；油料作物播种560.8公顷，总产2185吨，其中花生2021吨。新发展辣椒、黄瓜等蔬菜大棚80公顷；新发展优质板栗、核桃、柿子、石榴等林果基地94.7公顷，经济林15万株，荒山绿化153.3公顷。四旁植树60余万棵。累计造林1288.3公顷，其中防护林508.7公顷，经济林591公顷。专业养殖合作社4个，会员1200余人，养殖专业村18个，规模养殖户260余家，其中饲养狐狸、蚂蚱、水貂、野猪、山鸡等动物的特种养殖户80余家。规模养殖蛋鸡16万只，肉鸡4万只，羊存栏量1.8万只，母猪存栏量2661头，生猪年出栏量5000余头，网箱养殖鲑鱼、鲶鱼、草鱼等1.1万箱，年产水产品1.5万吨，产值1.2亿元。可用于水产养殖的水库面积15平方千米、滩涂面积5平方千米、淡水水面15平方千米。1996年—2010年，大搞山区开发，先后对匡山流域、神山流域、狮子山流域、走马岭流域共10平方千米进行综合治理，总投资8600万元，开发荒山666.7公顷，造地600公顷，栽植防护林40余万株，果树8万株。整治山沟50条，除险加固小（二）型水库8座，建桥涵12处，扬水站2座，修建配套机井23眼，垒砌河道13千米，整治沟渠23万余米。

二、三产业　1996年，乡办企业有铁矿、家具制造、电机修理、粉丝加工等。有建筑企业1处，从业人员30多人，年建筑安装产值500万元；个体运输户160户，从业人员200人；饮食服务业40多处，从业人员180人，年营业额800多万元。1996年—2006年，民营经济迅速发展。2006年，有建筑企业8处，建筑工程队35个，从业人员420人，年建筑安装产值4100万元；个体运输户400多户，从业人员750多人，有汽车600余台，拖拉机3000余台；饮食服务业100多处，从业人员400人，年营业额2000万元。2006年前后，初步形成矿产开采加工、农副产品加工等门类比较齐全的工业体系。有济钢集团石门铁矿、中钢集团山东矿业有限公司、鹏辉矿业、中矿联华、太平村铁矿、临沂浩硕、福利铁矿等26家铁矿石开采加工企业。以开采加工石英石、硅砂为主的东钢矿业、金诺集团、晶润硅砂、琨鹏矿业等民营企业，发展成为鲁南硅砂生产基地。物流运输业以苍山县达源运输有限公司、临沂永诚运输有限公司2家规模较大。2010年，民营企业45家，规模以上企业20家。民营经济营业收入22.36亿元，企业增加值8.6亿元，全部工业营业收入18亿元，全部工业增加值5.1亿元，全部民营规模企业收入16亿元，固定资产投资11亿元。个体工商户640余家，年销售收入1.6亿元，利税680万元。集贸市场4处，分别位于雷雨口、北鲁城、西马庙和东石门。

图30—32　鹏辉矿业有限公司

村镇建设

2006年—2010年，先后实施鲁平线拓宽改造，环湖路、雷泉线、匡衡路、下河线、坦马线摊铺等道路建设工程。2010年，王子石、刘郭、天台庄、姚庄等村新修户户通硬化路18.7千米，新建和改造镇村道路27.2万平方米，全镇村村通水泥硬化路。在鲁平线南段安装低碳环保节能型太阳能路灯118盏，王子石、孙村等村安装路灯120余盏。镇驻地设邮政支局1处，联通公司1处，电话装机容量3800部，互联网用户1850个，移动及网通公司基站15个。村村安装电话、有线电视等，基本实现“三网”覆盖。自来水受益村26个。供电所1处，变电站2处。金融机构2家。

教育

1984年，有中学1所，联中3所，小学39所，在校学生3630人。1996年，有初级中学1所，小学24所，在校学生6597人。2006年，投资1200万元新建中心中学、中心小学各1所，达到市级规范化学校二类标准。2010年，有中小学8所，77个教学班，在校生3173人。其中初级中学1所，14个教学班，在校生650人，为省级规范化学校；小学7所，63个教学班（其中中心小学15个，村级小学48个），在校生2523人。适龄儿童入学率和小学入学率均达到100%。教职工175人，其中中学60人，小学115人，学历合格率100%。投资420万元开工建设寄宿制小学教学楼、宿舍楼、餐厅。建筑面积4229平方米，可容纳1100名学生就学和住宿。

医疗卫生

1984年，有卫生院1所，卫生室54个。1996年，有卫生院1所，村级卫生室14个，医务人员96人。2005年，进行新型农村合作医疗改革。2010年，有卫生院1所，职工40人，病床102张，固定资产总值500万元，年就诊病人32000人次。有村卫生室16个，乡村医生67人。新农合参保率100%。

人口和计划生育

1984年，总人口28423人，1996年总人口34632人，2002年总人口35446人，2006年总人口35730人，2010年总人口40031人。2010年，女性初婚晚婚率54.1%，人口出生率9.79‰，出生性别比为118.3。

社会事业

1998年，对全乡社会残疾人进行等级评定，发放残疾证。2003年，对优抚对象进行普查登记，定期发放各种补助资金。2006年，投资260万元新建敬老院1处，使五保户集中供养率达到80%以上，2010年入住120人。

历史文化

西汉时，匡王村匡衡“凿壁偷光”，激励无数后学之士。抗日战争时期境内发生过雷雨口事件和楼子惨案。镇驻地西北部有响水泉、龙湾温泉、观音洞等名胜。鲁城宫廷全羊宴闻名遐迩。

图30—33　匡衡故里

地名渊源

雷雨口　据王氏墓碑记载，建村于明嘉靖年间（1522—1566）。因聚落北有块大青石，形似鲤鱼张口，名村鲤鱼口。后谐音为今名。1984年4月起为鲁城乡政府驻地。

北鲁城　相传明正德年间（1506—1521），白人山寨主居此，自封鲁南王。后渐成聚落，名村鲁城。嘉靖年间（1522—1566），因与南鲁城对应，遂称今名。

南鲁城　据庙碑记载，建村于明嘉靖年（1522—1566）。因聚落与北鲁城对应，故名。

匡王村　相传建村于西汉初年。因西汉经学家匡衡故里名村。1935年版《续修临沂县志》载：“匡衡故里：今七区西部之匡王村附近。匡姓繁衍，皆其后裔。村前有匡山，亦以衡得名。

山前有村名老书房，即当年凿壁偷光处。”系主地名，现由王围子、楼前、大后庄、小后庄、北山口组成。

大兴庄　据墓碑记载，建村于清嘉庆年间（1796—1820）。因李姓先居于此，名村大李庄。因县内村庄重名，更为今名。

太平村　相传建村于明嘉靖年间（1522—1566）。因窦姓先居于此，名村窦岭。后易名槽碾沟。1918 年因吉祥嘉言，改称今名。

永　红　相传建村于明嘉靖年间（1522—1566）。因聚落前有一玉皇庙，名村玉皇庙后。后简称玉皇庙。1966 年因吉祥嘉言，易为今名。

财　源　据李氏谱碑记载，财源之名始于清顺治十年（1653 年）。聚落濒西泇河北岸，土地肥沃，因吉祥嘉言，故名。

幸福岭　1960 年，由会宝岭水库库区李山根村迁居于此，因吉祥嘉言，故名。

楼　子　据墓碑记载，建村于明成化年间（1465—1487）。聚落中建有数座楼房。楼子之名，因此而得。

大后庄　相传大后庄之名始于西汉初年。因聚落与小后庄毗邻，故名。

上寨山头　相传上寨山头之名始于清光绪初年。因聚落处寨山前的山坡上，与下寨山头毗邻，故名。

下寨山头　相传下寨山头之名始于清光绪初年。因聚落北有寨山，与上寨山头毗邻，故名。

小后庄　相传小后庄之名始于西汉初年。因聚落与大后庄毗邻，故名。

上河村　据《李氏家谱》记载，建村于明崇祯年间（1628—1644）。因聚落处西泇河的曲流处，名村河湾。因县内村庄重名，更为今名。

中泉沟　据墓碑记载，建村于清咸丰元年（1851 年）。聚落西水沟内自北向南有 3 泉，该聚落处中间一泉的沟崖上，中泉沟之名，因此而得。

平山后　相传平山后之名始于清道光年间（1821—1850）。因散居于平山附近的居民，聚居于平山后名村。2004 年完成整村搬迁，仍沿用原名。

东石门　据碑碣记载，建村于明万历年间（1573—1620）。因聚落与西石门毗邻，故名。

东林　据碑碣记载，建村于清雍正年间（1723—1735）。因聚落东有倪姓祖坟林地，故名。

北山口　1960 年修会宝岭水库时，由庙东析出。因聚落处两山之间的北山口，故名。

北小堡　据庙碑记载，建村于清道光年（1821—1850）。因聚落东有堡子庙，名村小堡子。1960 年修会宝岭水库时，聚落分迁于南、北岭上，因该聚落处北岭上，故名。2000 年整村搬迁，仍沿用原名。

北泉沟　相传北泉沟之名始于清康熙年间（1662—1722）。聚落西水沟内自北向南有 3 泉，因该聚落处北一泉的沟崖上，故名。

西山村　相传建村于清乾隆年间（1736—1795）。原名杨山头，后因李姓居多，易名小李庄。因县内村庄重名，更为今名。

西石门　据墓碑记载，建村于明朝初年。因聚落南平顶山北侧有一石洞，形似大门，名村石门。万历年间（1573—1620），聚落分成东、西两处，因与东石门毗邻，故名。

西南园　相传西南园之名始于清道光年间（1821—1850）。原为大阎庄王姓的茶园，因聚落处大阎庄西南，故名。

后　场　据石城崮庙碑记载，建村于清道光年间（1821—1850）。因聚落处石城崮北脚下，原为石城崮庙中和尚的打谷场地，故名。

匡山后　相传匡山后之名始于清同治年间（1862—1874）。因聚落处匡山后，故名。2001 年整村搬迁，仍沿用原名。

驼山前　据墓碑推断，建村于清康熙年间（1662—1722）。原名北湖。后因周姓居多，易名周家庄。建国后，因聚落处驼山之阳，改称今名。

庙　东　据庙碑记载，建村于明嘉靖年间（1522—1566）。因周姓先居于此，名村周家围子。

1961年修会宝岭水库时，因聚落迁至“仁义庙”东，故名。

南小堡 据庙碑记载，建村于清道光年间（1821—1850）。因聚落东有堡子庙，名村小堡子。1960年修会宝岭水库时，聚落分迁于南、北岭上，因该聚落处南岭上，故名。

南　山 据墓碑记载，建村于唐贞观年间（627—649）。原名匡王南山。新中国成立后，简称今名。

南泉沟 相传南泉沟之名始于明朝末年。聚落西水沟内自北向南有3泉，因该聚落处南一泉的沟崖上，故名。

楼　前 相传建村于西汉初年。聚落后有一楼台。楼前之名，因此而得。

大阎庄 据墓碑记载，建村于明万历年间（1573—1620）。因阎姓居多，名村阎庄。清道光年间（1821—1850），因与小阎庄对应，遂称今名。

小刘庄 相传建村于清康熙年间（1662—1722）。刘姓由刘家郭迁此居住后，名村刘庄。1980年全县地名普查时，因县内村庄重名，更为今名。

小阎庄 相传小阎庄之名始于清道光年间（1821—1850）。因阎姓居多，且与大阎庄对应，故名。

王围子 相传王围子之名始于西汉初年。因王姓居多，故名。

毛家埠 据墓碑记载，毛家埠之名始于明弘治年间（1488—1505）。聚落处河边的小岭上。因毛姓先居于此，故名。

孙家村 据墓碑记载，建村于明万历年间（1573—1620）。因孙姓先居于此，名村孙村。因县内村庄重名，更为今名。

西芦庄 相传建村于清顺治年间（1644—1661）。因芦姓先居于此。名村芦庄。因县内村庄重名，更为今名。

庄　岭 相传庄岭之名始于明万历年间（1573—1620）。聚落处山岭上。因庄姓先居于此，故名。

刘家郭 亦称刘郭。据墓碑记载，刘家郭之名始于明永乐年间（1403—1424）。聚落处地势平坦，三面环水，似锅形，因刘姓先居于此，名村刘家锅。后书写为今名。

李山根 据墓碑记载，李山根之名始于清乾隆年间（1736—1795）。李姓由峄县水牛铺村迁此居住后，因聚落处山脚下，故名。

沈家庄 据墓碑记载，建村于清乾隆年间（1736—1795）。因沈姓先居于此，故名。

吴山头 据墓碑记载，吴山头之名始于清康熙年间（1662—1722）。聚落处山坡上。因吴姓先居于此，故名。

庞　户 相传庞户之名始于清朝初年。汪小五占山为王，被官军围困。山下庞姓人给暗送给养。汪为报答恩情，遂以庞姓名村。

姚　庄 据墓碑记载，建村于清道光年间（1821—1850）。因陈姓先居于此，名村陈湖。后因姚姓居多，易为今名。

曹家崖 据墓碑记载，曹家崖之名始于清顺治年间（1644—1661）。聚落处西泇河北岸。因曹姓居多，故名。

魏家庄 据墓碑记载，魏家庄之名始于清咸丰年间（1851—1861）。因魏姓居多，故名。

大　地 据李氏墓碑记载，建村于清光绪年间（1875—1908）。聚落处原为石城崮庙中和尚种的大块田地。大地之名，因此而得。

天台庄 据碑碣记载，天台庄之名始于北宋宣和二年（1120年）。因聚落处天台岭下，故名。

龙　湾 相传建村于清乾隆年间（1736—1795）。聚落处西泇河上游曲流处，河边青石与小山相连，如龙吸水，称龙潭。聚落遂以龙潭湾名之。后简称龙湾。聚落分成前、后两处，称前龙湾、后龙湾。

薄　岭 相传建村于清顺治年间（1644—1661年）。以聚落处山坡土地瘠薄，且苑姓先居于此，名村苑家薄岭。后简称薄岭。聚落分成

东西两处，称东薄岭、西薄岭。

赵山头　相传赵山头之名始于明天启年间（1621—1627）。因聚落处赵山之阳，故名。

响水泉　据墓碑记载，响水泉之名始于明万历年间（1573—1620）。因聚落西有一泉，常年流水，如鸣佩环，故名。

下　寺　相传建村于唐开元年间（713—741）。原无村名。唐天宝年间（742—756），依山建有上、下两个寺院。因聚落处下寺院附近，故名。

马　庙　据庙碑记载，建村于明洪武年间（1368—1398）。聚落处有一寺庙，庙中塑有一对泥马，俗称马王庙，简称马庙。聚落分成东、西两处，以庙名之，称东马庙、西马庙。

2010年鲁城镇村庄基本情况

表30—21

行政村	自然村	曾用名	户数（户）	人口（人）	占地面积（亩）	耕地面积（亩）	集体收入（万元）
雷雨口	雷雨口	鲤鱼口	482	1798	683	1606	—
	西南园						
大阎庄	大阎庄	阎庄	286	975	284	216	—
驼山前	驼山前	北湖、周家庄	176	639	263	847	—
太平村	太平村	窦岭、糟碾沟	248	1024	458	1466	—
小阎庄	小阎庄		200	675	644	460	—
刘家郭	刘家郭	刘家锅	228	765	500	400	—
	庙　东	周家围子					
	匡山后						
南　山	南　山	匡王南山	376	1076	656	606	—
	北小堡	小堡子					
王子石	王子石	望子石	124	468	380	298	—
老书房	老书房		339	1192	330	720	—
	南小堡	小堡子					
幸福村	小刘庄	刘庄	155	542	286	440	—
	幸福岭						
北鲁城	北鲁城	鲁城	310	1101	650	1300	—
南鲁城	南鲁城		177	555	181	286	—
孙家村	孙家村	孙村	200	730	261	525	—
庄　岭	庄　岭		230	792	217	425	—
	赵山头						

续表 30—21

行政村	自然村	曾用名	户数（户）	人口（人）	占地面积（亩）	耕地面积（亩）	集体收入（万元）
匡王村	王围子		820	2689	700	900	—
	大后庄						
	小后庄						
	楼　前						
	北山口						
上河村	上河村	河湾	139	513	158	628	—
天台庄	天台庄		244	926	143	681	—
前龙湾	前龙湾	龙湾	210	806	134	833	—
响水泉	东薄岭	苑家薄岭、薄岭	321	1132	510	1352	—
	西薄岭						
	响水泉						
寨山前	上寨山头		379	1317	473	1638	—
	下寨山头						
	西芦庄	芦庄					
	东　林						
	后龙湾	龙湾					
平山后	平山后		93	330	90	345	—
东石门	东石门	石门	586	1679	509	1438	—
西石门	西石门		243	863	375	1355	—
合　兴	李山根		197	712	395	879	—
	后　场						
大　地	大　地		77	290	142	176	—
毛家埠	毛家埠		243	805	362	879	—
吴山头	吴山头		158	548	317	860	—
姚　庄	姚　庄	陈湖	66	240	260	502	—
永　红	永　红	玉皇庙后、玉皇庙	245	804	366	885	—
楼　子	楼　子		310	1250	506	1222	—

续表 30—21

行政村	自然村	曾用名	户数（户）	人口（人）	占地面积（亩）	耕地面积（亩）	集体收入（万元）
泉　沟	北泉沟		198	696	531	1008	—
	中泉沟						
	南泉沟						
李　庄	大兴庄	大李庄	193	768	360	650	—
	西山村	杨山头、小李庄					
东马庙	东马庙	马王庙、马庙	335	1204	396	1450	—
西马庙	西马庙		568	1984	485	2774	—
银财源	财　源		410	1118	416	1464	—
	曹家崖						
	沈家庄						
魏家庄	魏家庄		90	470	134	500	—
寺　前	下　寺		386	1262	210	1017	—
	庞　户						

兴明乡

自然地理

兴明乡位于县境西南部，乡政府驻地兴明，距县城10千米，北靠向城镇和苍山农场，南连南桥镇，西与兰陵镇隔西泇河相望，东接三合乡。境内城乡公路连接206国道，村村通公路与三合乡、南桥镇、兰陵镇相通。2010年，乡境东西最大横距7.9千米，南北最大纵距12.2千米。土地面积48平方千米，其中耕地面积3523.37公顷，年末常用耕地3245.87公顷。

乡境地势平坦，全部是平原。境内有西泇河、阳明河2条河流。西泇河从乡西部曹湾、高村呈N字型曲折穿过，境内长6.5千米，是与兰陵镇、向城镇的分界线。阳明河由北向南流经东部。土壤以潮土和砂礓黑土为主，潮土占耕地的70%，适宜种植小麦、玉米、水稻、大豆、花生、棉花、芝麻、大棚蔬菜等农作物。

建置区划

乡境抗日战争前属临沂县。1941年属边联县。1944年属赵镈县。1948年称兰陵县兴明区。1950年为苍山县兴明区。1958年年初属皇路乡，秋分属南桥、向城2个人民公社。1984年3月，由三合人民公社析出26个村庄、向城人民公社析出17个村庄，建兴明乡。

2010年，全乡辖43个行政村，41个自然村，10457户，总人口46642人，人口密度971.71

人／平方千米。

经济概况

1996年，农业总产值1.6亿元，人均纯收入2281元。2003年，规模以上固定资产投资1960万元，农民人均纯收入2651元。2008年，工农业生产总产值6.7亿元，新建招商引资项目7个，到位资金6200万元，固定资产投资1.2亿元；农民人均纯收入6164元，是1984年的6倍。2010年，规模以上固定资产投资1.03亿元，地方财政收入133万元，农民人均纯收入7320元。

农业　1949年前，粮食亩产100千克左右，作物品种单一。1984年，粮食亩产263.5千克，总产17120吨。有芦苇10.8公顷，淡竹14.6公顷，养鱼水面61公顷。1986年，尹村带头建起全乡第一个200米蔬菜大棚，黄瓜卖到12元／千克。1996年，粮食亩产328千克，总产18470吨，其中小麦亩产375千克，水稻亩产407.5千克，玉米亩产250千克；花生亩产225千克，芝麻亩产60千克。经济作物主要有大棚菜、大姜、大蒜等，种植面积600公顷。全乡已绿化120公顷，有芦苇7公顷，淡竹园8公顷，养鱼水面47公顷，拥有农机动力3040千瓦，农用机械225台。2008年，全乡蔬菜复种面积4133.3公顷，其中冬瓜533.3公顷，西红柿266.7公顷，新建科技蔬菜大棚620个，改建大棚960个，形成瓜菜专业村26个，年产各类瓜菜40万吨，成为长江以北最大的"冬瓜之乡"和"西红柿之乡"。有龙湾和天马瓜菜2个蔬菜种植示范园区。天马蔬菜基地被中国消费者协会认证为绿色食品生产基地，是山东省首批通过国家级认证的绿色生产基地，冬瓜、西红柿、黄瓜等13个蔬菜品种被评为绿色食品。胡官庄村金针菇种植大棚40个，实现规模化、产业化种植。小郭水稻注册"古廓里"商标，并通过绿色无公害认证。张村、李皇路的养猪，兴明前街、兴明后街的养牛和养鸡，后兰庄、高屯村的养鸭都已形成规模。林网绿化实现达标。农业机械动力2万千瓦，拥有各类农业机械1.2万台套，机耕面积2000公顷。2010年，粮食作物播种4965.5公顷，总产33589吨，亩产451千克。其中小麦播种2466.7公顷，总产16530吨，亩产446.8千克；水稻播种286.2公顷，总产2291吨，亩产533.7千克；玉米播种1965.3公顷，总产14073吨，亩产477.4千克；豆类播种247.3公顷，总产695吨。花生播种11.8公顷，总产49吨，亩产275.1千克。蔬菜总产106953吨，瓜类总产12824吨。

图30—34　龙湾西红柿生产基地

新中国成立后，进行大规模农田水利基础建设。1958年，全县开挖陈桥经兴明到南桥的大干渠，兴明开挖纵横全乡的9个支渠，形成东至三合乡金庄、西至西洳河的河网化排水渠。20世纪60、70年代，进行涝洼改造大会战。1996年—1998年，兴明乡南部黄淮海平原农业综合开发初见成效，修U型渠2万米，修桥涵闸120座，挖排水沟5万米，新修道路1万米，抵御自然灾害能力大为增强。2008年，曹湾示范园区、田村南湖修建渠道1600米，孙于沟、卜楼、张村、金楼、后兰庄开挖水沟6.9万米，修生产路6.7千米，架设电线路3000米，实现路、渠畅通，解决防洪、抗旱、排涝问题。全乡有机井60眼。通过引用会宝岭水库之水，灌溉面积2000公顷，比1949年增加1666.7公顷。

二、三产业 1958年，有木业、铁业、榨油、粉坊、副食品、苇竹编等10多个行业。1968年，有木匠80户，木业社1处，红炉20盘。榨油坊30处，制醋房5处。食品加工坊25处。造纸坊110家。20世纪80年代，乡办企业有编织、造纸、鞭炮制作、大蒜脱水、罐头、砖瓦烧制等项目。兴明竹编闻名省内外。1984年，建成兴明木料加工厂。1985年，建成兴明乡罐头厂，占地1.3公顷，主产桔子、山楂罐头。1986年，建兴明化工厂，主产火碱；建兴明大蒜脱水厂，主产脱水大蒜片、大蒜油，产品销往日本、韩国等10个国家，年利润80万元。1990年，兴明罐头厂停产，改建为兴明皮革厂，加工猪皮，制成皮革，销往全国各大制鞋厂。2008年，有化工、建材、塑料加工、木业加工、竹编、条编、食品、农副产品加工、蔬菜保鲜等12个行业，集体、村办工业65家，企业职工3000人。工业总产值4.1亿元，利税1400万元，有6家企业利税超30万元。山东国帅蔬菜食品有限公司、高屯华贵塑胶、龙湾蔬菜产销服务公司、天马瓜菜开发公司、玉民羽绒加工厂为境内龙头企业。1998年—2008年，工业企业累计实现利税8400万元。天马瓜菜开发公司、龙湾蔬菜产销服务公司2家龙头企业，集瓜菜生产、贮藏、加工和运销于一体，组建8000余人的瓜菜运销队伍，在大中城市拥有260个销售网点，全国各地固定客户220余家，产品畅销大江南北29个省、市、自治区及俄罗斯等国家。2010年，有规模以上企业4家。

图30—35 山东国帅蔬菜食品有限公司

1980年前，有供销社6处，代销点36处，重要商品凭票供应，靠计划调拨。1980年后，私营商业大发展。2008年，有集贸市场4处，分别位于兴明、坊前、小郭、田村，集日分别为农历四、九，五、十，二、七，一、六。蔬菜批发市场3处，年成交额2亿元，分别为龙湾蔬菜批发市场、于沟天马瓜菜批发市场、王皇路蔬菜批发市场。有个体商户1200户，社会商品零售总额8000万元。

村镇建设

1980年，实现电力村村通。1984年，建立邮电支局。1987年，建成乡供电站。1998年，实现电话村村通，建成程控电话本地网，电话用户5000户。2004年，邮电分开，成立兴明邮政支局、兴明电信支局。2006年，自来水受益村25个，2010年为29个。2008年，实现有线电视村村通。共有村村通水泥路150条，总长200千米。客运线路通车里程15千米。有乡镇综合文化站1处，房屋30间；农村文化大院26个，文化活动室30个，文化广场、文化公园3处。曹湾、小郭东村被评为省级园林绿化村庄。乡驻地沿街共建商住楼500幢。曹湾、马官庄、田村村民全部住进小康楼。

教育

清代咸丰年间（1850年），坊前村绅士杨倜捐地2公顷，刘继荣捐地1.3公顷，赵元秀捐地1.3公顷，建坊前义学。赵节、杨梦萍为义学校长。坊前义学最后一位老师是清末民初的万栋臣。1905年—1949年，有坊前、兴明、小郭3所小学，学生230人，教师18人。1977年，有完全小学16所，学生3000余人，教师110人。1984年，有联中1所，小学30所，在校生4550人。2010年，有中学1所，小学7所。在校生4300人，教师251人。适龄儿童入学率、小升初升学率、九年义务教育覆盖率均为100%。

医疗卫生

清代有中医堂铺3个，分别为万育堂、仁和堂、燕喜堂。乾隆五年（1740年），揭永宝从江西南昌游方行医到兴明后街村定居设万育堂。道光三年（1823年），沈鹏儒从兰陵镇沈坊前村来兴明村行医定居设仁和堂。光绪三十四年（1908年），尹村尹玉琪开设燕喜堂。1984年，有乡村卫生室24个，卫生人员80多人。1985年，建立军民共建农民医院，聘请部队退休医生王保骏担任卫生院院长，有房屋20间。1990年，建计生、卫生、防疫“三位一体”的综合楼，3层48间。2007年，拆除乡大礼堂建乡卫生院病房楼，3层36间，占地面积1500平方米，集卫生、防疫、新型农村合作医疗为一体。2010年，卫生院有病床30张，医务人员22人，有医师资格5人；达标乡村卫生室15个，医务人员42人，平均年龄35岁。新农合参保率100%。

人口和计划生育

1984年，总人口34766人，1996年总人口39894人，2002年总人口41421人，2006年总人口41663人，2010年总人口46642人。2010年，女性初婚晚婚率62.8%，人口出生率11.22‰，出生性别比为109.7。

历史文化

兴明乡小郭村有“小郭泥塑”，起源于清咸丰年间（1851—1861）。其创始人李宗标曾师从天津“泥人张”，后又采无锡惠山泥人之长，主要代表作有“鱼头娃娃”“抱鸡娃娃”“刘海戏金蟾”“关公”“观音”“罗汉”等。农忙时节趁早就晚，就地取泥，捏制泥坯晾干。待到冬闲之时，涂粉着色制成成品，走街串巷销售。小郭泥塑于清末民国至建国初期达到鼎盛。这期间，除李宗标祖孙四代（其子李占云、孙子李宪志、重孙李玉法）以外，又涌现出一大批有较高造诣的泥塑艺人。泥塑作品的题材、内容和样式得到进一步充实，戏曲故事和神话故事融入其中。代表作有《杨家将》中的杨宗宝、穆桂英，《西游记》中的师徒四人，《三国演义》中的关公、周仓、关平，《梁祝》中的梁山伯、祝英台等。1996年，兴明乡依托小郭泥塑，被省文化厅命名为山东省民间文化艺术（泥塑）之乡。2003年3月，被文化部命名为中国民间文化艺术(泥塑)之乡。2006年12月，小郭泥塑经省政府批准被列入省级非物质文化遗产名录。小郭泥塑已有100多个花样品种，制作精巧，多达30个工序，其中印模和彩绘是两道重要工序。其造型完整统一，夸张而又生动，简洁而不粗俗，显现出泥人古朴的质感，富有浓郁的乡土气息。小郭泥塑第五代传人有尹芳利、刘福祥等。

青草堰遗址在乡驻地北1.5千米处，属夏商部落文化遗址。“左史遗冢”在金家楼村，为春秋末左丘明墓。1917年版《临沂县志》载：“向城东南十许里左家官庄，左墓在焉，今渐陁平。南百许步，石基方铺墓道也。道咸间隧陷，入者见石门，篆书左丘明墓云。按左子中都人，墓西距小中村不过二十里，是中都乡地矣，《寰宇记》谓在氶县东北七十里，较肥城墓为有据。”坊前村胡义御葬遗址，为金末元初骠骑卫上将军胡义墓。牌坊2座，皆建于清代。曹湾牌坊，位于曹湾村北，是为高家节妇而建。尹村牌坊，位于尹村西，为尹家节妇孙氏建立。有庙宇7处。兴明村有京剧团，成立于1959年12月。

地名渊源

兴　明　相传建村于东汉建武年间（25—56）。原名兴隆镇。清朝末年，易为今名。建国后，曾为区驻地。1984年4月起为乡政府驻地。

兰　庄　据《宋氏家谱》记载，兰庄之名始于明万历元年（1573年）。因聚落南的小岭上生长兰花，故名。聚落分成前、后两处，称前兰庄、后兰庄。

竹　园　据王氏谱碑记载，竹园之名始于清康熙五十八年(1719年)。因聚落处多竹园，故名。

北官庄　据墓碑记载，建村于北宋末年。因聚落大于北部附近的胡、彭、刘等几个官庄，

名村大官庄。1980年全县地名普查时，因县内村庄重名，更为今名。

北新村　1969年，由会宝岭水库区尚岩公社石龙口村迁居于此，名村于沟新村。因本乡内有个南新村，为便于称呼，更为今名。

坊　前　据《赵氏家谱》记载，建村于唐贞观二年(628年)。因赵姓先居于此，名村赵庄。明朝初年，村后建有牌坊，遂易村名为坊前。

南小官庄　相传建村于清宣统年间（1909—1911)。因与大官庄毗邻，名村小官庄。因县内村庄重名，更为今名。

南新村　1968年，由会宝岭水库区下村公社迁居于此，名村新村。因县内村庄重名，更为今名。

王皇路　据《王氏宗谱》记载，建村于清雍正末年。因王姓先居于此，名村王庄。后传说乾隆皇帝南巡经此，遂易为今名。

李皇路　据李氏谱碑记载，建村于清康熙初年。因李姓先居于此，名村李庄。后传说乾隆皇帝南巡经此，遂易为今名。

杨皇路　据《杨氏宗谱》记载，建村于明洪武年间（1368—1398)。因杨姓先居于此，名村杨庄。后传说乾隆皇帝南巡经此，遂易为今名。

赵皇路　据《赵氏宗谱》记载，建村于清顺治年间（1644—1661)。原名东北庄。后传说乾隆皇帝南巡经此，因赵姓居多，易为今名。

徐皇路　据《张氏家谱》记载，建村于明永乐年间（1403—1424)。因张姓先居于此，名村张庄。后传说乾隆皇帝南巡经此，因徐姓居多，易为今名。

卜家楼　据《卜氏家谱》记载，卜家楼之名始于清顺治十八年（1661年)。因卜姓迁此居住后建有楼房，故名。

于　村　据《于氏家谱》记载，于村之名始于明崇祯年间（1628—1644)。因于姓先居于此，故名。

马家官庄　据《马氏家谱》记载，马家官庄之名始于清顺治五年（1648年)。因聚落与胡家官庄毗邻，马姓先居于此，故名。

小　郭　相传建村于明洪武年间（1368—1398)。原名古洛王城。后郭姓迁入，易为今名。

王家官庄　据墓碑记载，王家官庄之名始于明万历年间（1573—1620)。因聚落与胡家官庄毗邻，王姓先居于此，故名。

邓　桥　相传邓桥之名始于明永乐二年（1404年)。因聚落处有座小桥，邓姓先居于此，故名。

尹家村　据尹氏谱碑记载，建村于明崇祯年间（1628—1644)。因周姓先居于此，名村周庄。后因尹姓居多，易为今名。

毛　庄　据《毛氏宗谱》记载，毛庄之名始于明崇祯年间（1628—1644)。因毛姓先居于此，故名。

田家村　相传建村于明嘉靖初年。因唐姓迁此居住后，在聚落北河上建桥一座，名村唐家桥。崇祯二年(1629年)田姓迁入后，易名田家官庄。建国后，始称今名。

孙于沟　据孙氏谱碑记载："孙姓始祖，前明永乐二年（1404年）自山西洪洞县喜鹊窝迁居石龙山，三世分支因兹土而居焉。"即建村于正统末年。因聚落与常于沟毗邻，孙姓先居于此，故名。

刘家官庄　据墓碑记载，建村于明洪武末年。相传刘姓由山西迁此定居后，子孙有为官者。刘家官庄之名，因此而得。

庄　屯　据《张氏家谱》记载："前明永乐五年(1407年)，自山西洪洞县喜鹊窝迁居此地。"即建村于1407年。因聚落前有一小河，向西流入西泇河，名村停湾屯。后聚落分成东、西两处，该聚落处西，为庄姓聚居处，名村庄屯。

李家官庄　相传李家官庄之名始于清朝初年。因聚落与胡家官庄毗邻，李姓先居于此，故名。

杜坊前　据墓碑记载，杜坊前之名始于清光绪年间（1875—1908)。聚落由坊前析出。因杜姓居多，故名。

张　屯　据《张氏家谱》记载："前明永乐五年，自山西洪洞县喜鹊窝迁居此地。"即建村于1407年。因聚落前有一小河，向西流入西泇河，名村停湾屯。后聚落分成东、西两处，该聚落处东，为张姓聚居处，名村张屯。

张　村　据《张氏家谱》记载，张村之名始于明朝末年。因张姓先居于此，故名。

宋　村　据《宋氏家谱》记载，宋村之名始于明崇祯十四年（1641年）。因宋姓先居于此，故名。

林　村　据墓碑记载，林村之名始于明洪武年间（1368—1398）。因林姓先居于此，故名。

金家楼　据墓碑记载，金家楼之名始于清乾隆年间（1736—1795）。因金姓迁此居住后建有楼房，故名。

郎　庄　据《郎氏宗谱》记载，郎庄之名始于清嘉庆二十五年（1820年）。因郎姓先居于此，故名。

胡家官庄　据墓碑记载，胡家官庄之名始于南宋景炎年间（1276—1278）。因胡姓迁此居住后，子孙有官居翰林者，故名。

高　屯　据《高氏家谱》记载，高屯之名始于明永乐年间（1403—1424）。因聚落处突起，周围低洼，高姓先居于此，故名。

高　村　据《高氏宗谱》记载，高村之名始于明永乐年间（1403—1424）。因高姓先居于此，故名。

常于沟　相传建村于明朝初年。聚落处阳明河北岸，地势低洼、沟多，俗称鱼沟。因常姓先居于此，名村常鱼沟。后书写为今名。

曹　湾　据墓碑记载，建村于明万历年间（1573—1620）。因曹姓先居于此，名村曹家庄。清朝末年，因聚落处西泇河曲流处，易为今名。

彭家官庄　据墓碑记载，彭家官庄之名始于明万历年间（1573—1620）。聚落与胡家官庄毗邻。因彭姓先居于此，故名。

魏坊前　据墓碑记载，魏坊前之名始于清顺治年间（1644—1661）。聚落由坊前析出。因魏姓居多，故名。

2010年兴明乡村庄基本情况

表30—22

行政村	自然村	曾用名	户数（户）	人口（人）	占地面积（亩）	耕地面积（亩）	集体收入（万元）
尹家村	尹家村	周庄	580	2356	290	1610	2
李家官庄	李家官庄		96	405	101	349	0.5
彭家官庄	彭家官庄		61	299	104	256	0.5
竹　园	竹　园		115	469	97	493	1
金家楼	金家楼		128	514	120	780	2
邓　桥	邓　桥		120	511	112	798	1
徐皇路	徐皇路	张庄	336	1156	319	1531	2
王皇路	王皇路	王庄	178	727	790	1531	2
杨皇路	杨皇路	杨庄	182	719	110	575	—

续表 30—22

行政村	自然村	曾用名	户数（户）	人口（人）	占地面积（亩）	耕地面积（亩）	集体收入（万元）
南新村	南新村	新村	135	501	60	450	—
赵皇路	赵皇路	东北庄	243	1025	115	1040	5
李皇路	李皇路	李庄	160	616	135	615	—
小郭东村	小　郭	古洛王城	485	2066	1293	2197	10
小郭西村			343	1419	170	1720	4
北官庄	北官庄	大官庄	300	1399	221	1529	3
南小官庄	南小官庄	小官庄	170	767	105	995	2
兴明前街	兴　明	兴隆镇	350	1631	305	1670	2
兴明后街			356	1376	404	1071	5
庄　屯	庄　屯	停湾屯	176	688	202	708	2
张　屯	张　屯		168	690	62	833	2
宋　村	宋　村		270	1210	270	910	5
王宅子	王宅子		95	365	60	320	3
师　庄	师　庄		277	1086	120	1166	2
于　村	于　村		284	1431	372	1088	5
刘家官庄	刘家官庄		180	720	100	700	—
胡家官庄	胡家官庄		186	745	100	570	—
高　村	高　村		618	1922	100	1700	—
田家村	田家村	唐家桥、田家官庄	189	727	135.4	1448.3	—
王家官庄	王家官庄		60	244	50.3	363.3	—
马家官庄	马家官庄		53	187	30.6	307	—
孙于沟	孙于沟		564	2464	298.9	3860.2	—
常于沟	常于沟	常鱼沟	450	1619	299.7	3060.5	—
曹　湾	曹　湾	曹家庄	120	311	45.5	390.7	—
北新村	北新村	于沟新村	107	364	56	540.8	—

续表 30—22

行政村	自然村	曾用名	户数（户）	人口（人）	占地面积（亩）	耕地面积（亩）	集体收入（万元）
坊　前	坊　前	赵庄	1030	4368	1733.1	4785	—
后兰庄	后兰庄	兰庄	286	1447	580	1900	—
前兰庄	前兰庄		110	590	107	803	—
高　屯	高　屯		412	1718	550	2000	1.5
卜家楼	卜家楼		260	1100	350	1500	—
郎　庄	郎　庄		120	470	230	500	—
毛　庄	毛　庄		200	988	223	1177	5
林　村	林　村		210	980	188	1112	5
张　村	张　村		370	1780	295	1310	10

二庙乡

自然地理

二庙乡位于县境东南部，乡驻地二庙，距县城 30 千米。北靠层山镇，西邻长城镇，东和郯城县胜利乡接壤，南与郯城县重坊镇和江苏邳州市邹庄镇相连。境内省道郯薛公路横穿东西，沂蒙公路泉重线纵贯南北。2010 年，乡境东北至西南最大距离 13 千米。土地面积 53 平方千米，其中耕地面积 3426.86 公顷，年末耕地面积 3345 公顷。

乡境总体呈三角形，地势低平，除芦塘村内有一小山，海拔 65 米，皆为平原。境内有苍邳分洪道、武河、小涑河 3 条河流。苍邳分洪道从大墩村流入，由红圈村流出，境内流程 11 千米。武河从东南边境经过，境内流长 9.8 千米。小涑河贯穿中部，发源于庄坞乡涌泉村，境内流长 12.4 千米。土壤以砂礓黑土、潮土为主，宜种植小麦、玉米、高粱、谷子、大豆、棉花、大蒜等作物。

建置区划

乡境抗日战争前分属临沂县、郯城县、江苏省邳县。1940 年属临沂县抗日民主政府。1947 年属苍山县。1950 年属苍山县长城、层山 2 区。1958 年，初建芦塘乡，秋分属芦塘、层山 2 处人民公社。1965 年并入层山区。1971 年，从层山人民公社析出，为二庙人民公社。1984 年改称二庙乡。

2010 年，全乡辖 36 个行政村，38 个自然村，11195 户，总人口 49637 人，人口密度 936.55 人/平方千米。

经济概况

1984 年，农业总产值 1246 万元。1996 年，工农业总产值 2.7 亿元，其中工业总产值 1.5 亿元，农业总产值 1.2 亿元，人均纯收入 1865 元。2006 年，地区生产总值 4.1 亿元，农民人均纯收入 3366 元。2010 年，完成规模以上固定资产投资 6940 万元，地方财政收入 151 万元，农民人均纯收入 7071 元。

农业　1984 年，粮食亩产 265.5 千克，总产 20070 吨。有养鱼水面 18 公顷，机井 150 眼，电灌站 2 座，旱涝保收田 1333.3 公顷，农机动力 2868 千瓦，机耕面积 106.7 公顷。1996 年，复种指数 212%，粮食亩产 361.5 千克，总产 2.6 万吨。有蔬菜 80 公顷，有苹果、核桃、栗子、

枣、柿子、银杏等果树，有机井246眼，开挖排水干渠24条、19500米，排灌动力机械640台，全乡水浇地面积2267公顷。1997年—2006年，不断加大种植结构调整力度，先后建设万亩优质大蒜、万亩无公害蔬菜、万亩优质花生三大生产基地和山东省特色产业（银杏）开发示范区。2006年，又新发展大蒜400公顷、露地菜333.3公顷、大棚菜33.3公顷，新增养殖大户96户。2010年，农作物总播种面积7000.5公顷，粮食作物播种面积4318.3公顷，粮食总产26548吨，其中小麦16013吨，亩产409.7千克，玉米9816吨，亩产459.9千克，豆类655吨，亩产155.7千克，薯类66吨，亩产452.1千克；油料作物播种718.9公顷，总产2785吨，亩产258.2千克；蔬菜种植1929.3公顷，总产58825吨；瓜类种植21.3公顷，总产1447吨。全乡有百年以上银杏树1000多棵，优质银杏苗圃200多公顷，年可供苗木100万余棵，银杏果叶产量相当可观。

二、三产业　1984年，乡办企业有农机厂、铝合金柜台厂、粮油加工厂、酿造厂、翻砂厂、胶囊厂等。1996年，乡办企业有冷藏食品、板材、工艺品、铝合金、不锈钢制品等，琅琊草编和白柳条编为土特产品，出口日本、美国及东南亚国家。至2006年，全乡形成蔬菜保鲜加工、炒货加工、驴肉加工、板材加工和草柳编等5大支柱产业。年可实现产值7600万元，利税800万元，吸纳农村剩余劳动力2000余人。2010年，有规模以上企业8家。居村有牲畜交易市场，设计占地面积6600平方米，总投资120万元，由居村李青林和广州槎头禽畜动物批发市场刘建康合资兴建，年交易活驴2万头。鑫颖编织工艺品厂，始建于2002年3月，与广东、浙江等地客商合作，产品销往美国、新加坡、澳大利亚、韩国等国家，年产值近1000万元，带动全乡40%以上的农户参与。

村镇建设

1988年年底，镇政府大院、派出所、计生委等单位搬迁于郯薛公路沿线。1996年—2006年，累计投资500多万元完成村村通柏油路工程，大部分村庄接通客运线路。2006年，投资1100万元完成郯薛线、泉重线二庙段的改建、新修任务。2007年，投资100万元建设敬老院大楼。2010年，自来水受益村26个，村村通电话。有线电视入村率100%。

教育

1984年，全乡有中学1所，联中2所，小学33所，在校学生4048人。1996年，全乡有初级中学1所，在校学生1891人；小学17所，在校学生6003人。教师261人，入学率100%。2006年，有高标准教学楼6座，学校8所，在校生3468人，教职工220人，配套达标学校8所，市级规范化管理学校2所，其余均达到县级农村学校标准。

医疗卫生

1984年，有乡卫生院1所，卫生室14处，卫生人员56人。1996年，有乡卫生院1处，医务人员21人，病床10张，设诊所9处。2010年，有卫生院1处，村级卫生室10个，医务人员40人，新农合参保率99%。

人口和计划生育

1984年，总人口36323人，1996年41810人，2002年43005人，2006年43557人，2010年49637人。2007年，投资100万元建设高标准的乡计生服务站大楼。2010年，女性初婚晚婚率53.1%，人口出生率10.55‰，出生性别比为118.9。

历史文化

南北朝时期，二庙、芦塘一带的徐氏家族，人才荟萃。著名文士徐摛创作宫体诗，开一代诗风，延续百年之久。其子徐陵“每一文出手，好事者已传写成诵”，在当时文坛上被称为“一代文宗”。徐摛之孙、徐陵之子徐份从小聪颖过人，九岁时作《梦赋》，很有文采。徐悱、刘令娴文坛伉俪留美名。南朝宋文学家徐孝嗣，很小就才学横溢，人称“神童”。历史名人还有徐广、徐谌之、徐羡之、徐勉、徐伯阳、徐孝克等。居村是鲁南苏北远近闻名的“天下驴肉第一村”。

地名渊源

二　庙　据碑碣记载，元朝初年，在聚落西建有二郎庙。明嘉靖年间（1522—1566）重修时，以庙名村二郎庙。建国后，简称今名。1971年起为公社、乡政府驻地。

大　墩　大墩之名始于明朝初年。相传聚落中有一人长得矮壮，外号叫大墩。为方便行人，他常在聚落处的河边驮人过河，且不要报酬。后来，他又在河上架桥一座。百姓为纪念他，遂以大墩名村。

小　桥　据《徐氏家谱》记载，小桥之名始于明万历年间（1573—1620）。徐姓由后湖迁此定居后，在聚落东的武河上建一小桥，遂以桥名村。

后　湖　相传后湖之名始于元朝末年。因聚落处芦塘山后，地势低洼，故名。

马　场　相传聚落处原为郯城县马圩子一马姓的打谷场地。清嘉庆年间（1796—1820），李姓迁居于场边为其种地打场，后渐成聚落。马场之名，由此而得。

马　村　据墓碑记载，建村于明永乐年间（1403—1424）。因马姓先居于此，名村马庄。1980年全县地名普查时，因县内村庄重名，更为今名。

马湖埠　据《杨氏家谱》记载，建村于明崇祯九年（1636年）。因聚落处较高，周围低洼，且杨姓先居于此，名村杨台子。后杨姓渐少，马姓居多，易为今名。

王湖埠　相传王湖埠之名始于清光绪九年（1883年）。聚落处较高，周围低洼，俗称湖埠。因王姓先居于此，故名。

亓　庄　据墓碑记载，亓庄之名始于明洪武二十九年（1396年）。因亓姓先居于此，故名。

东张村　相传建村于明正德三年（1508年）。因张姓先居于此，名村张村。1984年因县内村庄重名，更为今名。

孙　村　相传建村于明朝末年。因郭姓先居于此，名村郭家庄。后郭姓招孙姓为婿，其后代改姓孙，遂易为今名。

纪　庄　相传纪庄之名始于清顺治年间（1644—1661）。因纪姓先居于此，故名。

朱　场　相传朱场之名始于清嘉庆初年。聚落处地主的打谷场地边。因朱姓先居于此，故名。

李圩子　据《李氏家谱》记载，建村于明朝初年。因聚落处武河西岸，名村武河埝。后绕村筑起用作防护的墙圩，因李姓居多，易为今名。

李　村　相传李村之名始于清康熙年间（1662—1722）。因李姓先居于此，故名。

李湖埠　相传李湖埠之名始于明崇祯年间（1628—1644）。聚落处地势较高，周围低洼，俗称湖埠。因李姓先居于此，故名。

吴　庄　据《吴氏家谱》记载，吴庄之名始于明万历三年（1575年）。因吴姓从郯城吴埔坦迁居于此，故名。为区别于层山的新吴庄和庄坞的北吴庄，曾名南吴庄。1984年定为今名。

吴湖埠　据《吴氏家谱》记载：“明崇祯年间，从郯邑吴埔坦（今郯城县吴埠坦村）迁此高滩安居。”即建村于1628年—1644年。聚落处地势较高，周围低洼，俗称湖埠。因吴姓先居于此，故名。

居　村　相传居村之名始于清康熙七年（1668年）。因郯城大地震后，居姓先居于此名村。

赵湖埠　相传赵湖埠之名始于明朝初年。聚落处地势较高，周围低洼，俗称湖埠。因赵姓先居于此，故名。

赵　楼　据清康熙初年许氏立的祖碑记载：“许氏者，郯邑之旧族也，自明迄今三百年矣。”即建村于明朝初年。因许姓先居于此，名村许家堡。明朝末年，村中赵姓官人建起楼房，遂易为今名。1947年前，村落沿武河分为东、西两聚。1947年苍山县建县后，河东部分归郯城县管辖，河西部分归苍山县管辖，皆以赵楼名村。当地人为区别两村，常称苍山县的为西赵楼。

姚　场　相传姚场之名始于明万历十一年（1583年）。因聚落处为地主的打谷场，姚姓先居于此，故名。

郭　楼　据《郭氏家谱》记载，郭楼之名始于明万历十一年（1583年）。因郭姓迁此居住后，建有楼房，故名。

徐圩子　相传建村于元大德年间（1297—1307）。因刘姓先居于此，名村小刘庄。明成化十九年（1483年），徐姓由芦塘迁此居住后，筑起用作防护的墙圩，遂易为今名。

徐　村　据《徐氏家谱》记载，徐村之名始于明嘉靖初年。因徐姓先居于此，故名。

徐　桥　相传徐桥之名始于明朝初年。徐姓迁此居住后，因聚落东武河上有石桥一座，故名。

倪湖埠　相传倪湖埠之名始于明朝末年。聚落处地势较高，周围低洼，俗称湖埠。因倪姓先居于此，故名。

付　村　相传付村之名始于明万历初年。因傅姓居多，故名，后简为今名。

颜　庄　相传颜庄之名始于清康熙年间（1662—1722）。因颜姓先居于此，故名。

大　埠　据《徐氏家谱》记载，大埠之名始于明嘉靖年间（1522—1566）。因聚落处一个较大的高台上，故名。

瓦子埠　相传建村于唐朝初年。聚落处高台之上，且有瓦片残留。瓦子埠之名，因此而得。

池　口　相传建村于明朝末年。因聚落东的武河道口有座石桥，桥头有个大水池，名村池桥口。新中国成立后，简称今名。

沙　墩　相传沙墩之名始于明永乐年间（1403—1424）。因聚落处有个沙墩，故名。

店　子　据碑碣记载，建村于明弘治初年。此处是郯城通往兰陵的大道，有人在路边开店，后渐成聚落。店子之名，因此而得。

武河村　聚落处武河西岸。据《张氏家谱》记载，张姓于元朝末年，从郯城老沟迁居于此，名村张庄。1980年全县地名普查时，因县内村庄重名，更为今名。

芦　塘　相传芦塘之名始于元朝末年。因聚落依芦塘山，故名。

红　圈　据碑碣记载，建村于清朝末年。因聚落处武河两岸，名村横沟崖。建国后，易为今名。

新　华　据《徐氏家谱》记载，建村于清乾隆三十七年（1772年）。徐姓由小桥迁居于此，名村新村。1980年全县地名普查时，因县内村庄重名，更为今名。

2010年二庙乡村庄基本情况

表30—23

行政村	自然村	曾用名	户数（户）	人口（人）	占地面积（亩）	耕地面积（亩）	集体收入（万元）
二　庙	二　庙	二郎庙	422	1688	172	1720	5
徐　村	徐　村		112	438	50	436	2
东张村	东张村	张村	200	761	164	1649	1.5
孙　村	孙　村	郭家庄	312	1367	205	2050	2.5
李　村	李　村		205	831	136	1362	2.2

续表 30—23

<table>
<tr><th>行政村</th><th>自然村</th><th>曾用名</th><th>户数（户）</th><th>人口（人）</th><th>占地面积（亩）</th><th>耕地面积（亩）</th><th>集体收入（万元）</th></tr>
<tr><td>店　子</td><td>店　子</td><td></td><td>312</td><td>1421</td><td>78</td><td>780</td><td>3.2</td></tr>
<tr><td>吴　庄</td><td>吴　庄</td><td>南吴庄</td><td>395</td><td>1564</td><td>185.5</td><td>1855</td><td>1.3</td></tr>
<tr><td>大　墩</td><td>大　墩</td><td></td><td>521</td><td>2286</td><td>199</td><td>1990</td><td>1</td></tr>
<tr><td>亓　庄</td><td>亓　庄</td><td></td><td>532</td><td>2288</td><td>83</td><td>838</td><td>0.9</td></tr>
<tr><td>马　村</td><td>马　村</td><td>马庄</td><td>423</td><td>1856</td><td>220</td><td>2205</td><td>2.1</td></tr>
<tr><td>居　村</td><td>居　村</td><td></td><td>325</td><td>1384</td><td>141</td><td>1414</td><td>2.3</td></tr>
<tr><td>付　村</td><td>付　村</td><td>傅　村</td><td>231</td><td>1020</td><td>130</td><td>1301</td><td>2.2</td></tr>
<tr><td>瓦子埠</td><td>瓦子埠</td><td></td><td>536</td><td>2395</td><td>270</td><td>2700</td><td>2.1</td></tr>
<tr><td>赵　楼</td><td>赵　楼</td><td>许家堡</td><td>213</td><td>1081</td><td>145</td><td>1450</td><td>2.3</td></tr>
<tr><td>池　口</td><td>池　口</td><td>池桥口</td><td>214</td><td>1004</td><td>57</td><td>577</td><td>2.5</td></tr>
<tr><td>沙　墩</td><td>沙　墩</td><td></td><td>226</td><td>1134</td><td>24</td><td>243</td><td>3</td></tr>
<tr><td>纪　庄</td><td>纪　庄</td><td></td><td>111</td><td>364</td><td>115</td><td>1150</td><td>2</td></tr>
<tr><td>朱　场</td><td>朱　场</td><td></td><td>126</td><td>544</td><td>59</td><td>595</td><td>1.5</td></tr>
<tr><td>姚　场</td><td>姚　场</td><td></td><td>121</td><td>383</td><td>40</td><td>408</td><td>2.5</td></tr>
<tr><td>芦　塘</td><td>芦　塘</td><td></td><td>832</td><td>3540</td><td>520</td><td>5207</td><td>2.2</td></tr>
<tr><td>后　湖</td><td>后　湖</td><td></td><td>423</td><td>1651</td><td>218</td><td>2183</td><td>3.2</td></tr>
<tr><td>大　埠</td><td>大　埠</td><td></td><td>458</td><td>1992</td><td>177</td><td>1778</td><td>1.3</td></tr>
<tr><td>新　华</td><td>新　华</td><td>新村</td><td>121</td><td>555</td><td>62</td><td>620</td><td>1</td></tr>
<tr><td rowspan="3">李湖埠</td><td>李湖埠</td><td></td><td rowspan="3">124</td><td rowspan="3">1537</td><td rowspan="3">145</td><td rowspan="3">1458</td><td rowspan="3">0.9</td></tr>
<tr><td>倪湖埠</td><td></td></tr>
<tr><td>马湖埠</td><td>杨台子</td></tr>
<tr><td>赵湖埠</td><td>赵湖埠</td><td></td><td>214</td><td>947</td><td>80</td><td>800</td><td>2.1</td></tr>
<tr><td>王湖埠</td><td>王湖埠</td><td></td><td>124</td><td>653</td><td>63</td><td>635</td><td>2.3</td></tr>
<tr><td>吴湖埠</td><td>吴湖埠</td><td></td><td>425</td><td>1564</td><td>19</td><td>197</td><td>2.2</td></tr>
<tr><td>郭　楼</td><td>郭　楼</td><td></td><td>241</td><td>847</td><td>54</td><td>540</td><td>2.1</td></tr>
<tr><td>徐　桥</td><td>徐　桥</td><td></td><td>1013</td><td>4546</td><td>348</td><td>3489</td><td>2</td></tr>
<tr><td>小　桥</td><td>小　桥</td><td></td><td>217</td><td>1135</td><td>61</td><td>612</td><td>2</td></tr>
</table>

续表 30—23

行政村	自然村	曾用名	户数（户）	人口（人）	占地面积（亩）	耕地面积（亩）	集体收入（万元）
颜 庄	颜 庄		169	726	210	2100	1.5
红 圈	红 圈	横沟崖	645	2558	72	720	2.5
徐圩子	徐圩子	小刘庄	632	2581	257	2570	2.2
李圩子	李圩子		205	820	58	580	3.2
武河村	武河村	张庄	161	620	77	777	1.3
马 场	马 场		151	612	63	630	1

三合乡

自然地理

三合乡位于县境南部，乡政府驻地三合，距县城10千米。东、北与卞庄街道相邻，北靠国营苍山农场，南连南桥镇，西邻兴明乡。境内有南桥至卞庄公路纵贯南北。2010年，乡境东西最大横距9.5千米，南北最大纵距7.5千米。土地面积49平方千米，其中耕地面积3439.29公顷，年末常用耕地面积3311.8公顷。

乡境总体呈菱形，地势西北高，东南低，无山和丘陵，一般海拔40米，属典型的纯平原乡镇。土壤以潮土和砂礓黑土为主，潮土占耕地面积的60%。有东伽河、沙沟河、小汶河、吴坦河4条主要河流。

建置区划

乡境抗日战争前属临沂县。1940年属临沂县抗日民主政府。1944年属赵镈县。1948年属兰陵县兴明区。1950年属苍山县兴明区。1958年初建皇路乡，秋属南桥人民公社。1963年，从南桥人民公社析出，称皇路人民公社。1965年并入南桥区。1975年复置，称皇路人民公社。1981年改称三合人民公社。1984年称三合乡。1995年，被省政府评为畜牧养殖强乡。

2010年，全乡辖43个行政村，42个自然村，10210户，总人口44963人，人口密度917.61人/平方千米。

经济概况

1996年，工业总产值1.5亿元，人均纯收入2150元。2006年，地区生产总值4亿元，农民人均纯收入4337元。2010年，地区生产总值7.3亿元，规模以上固定资产投资2640万元，地方财政收入209万元，农民人均纯收入6974元。

农业 1984年，粮食亩产290.5千克，总产17680吨。有机井30眼，灌溉面积2333.3公顷，农机动力2862千瓦，拖拉机136部，机耕面积80%。有淡竹园5.7公顷，养鱼水面47.9公顷。河边、道旁绿化141.3公顷。1996年，粮食亩产423千克，总产2.8万吨。有机井30眼，灌溉面积1667公顷，农机动力8601千瓦，机耕面积达85%以上。2006年，粮食总产2.1万吨。2010年，粮食作物播种5036.3公顷，亩产409.7千克，总产30950吨，其中小麦12084吨，亩产461.3千克，玉米18321吨，亩产399千克，豆类538吨，亩产157.1千克；油料作物播种7.3公顷，总产30吨；蔬菜种植1618.1公顷，总产40377吨；瓜类种植2公顷，总产60吨。种植业以小麦、玉米为主，大蒜、棚菜、露地蔬为辅。其中大蒜种植1467公顷，年产蒜薹8500吨、蒜头6500吨，为苍山大蒜的主产区之一。东部形成以东秦庄、陶庄、尤庄为中心的大蒜种植区；南部形成以圩子蔬菜批发市场为中心，顾庄、赵村、广东等村为基地的棚菜种植区。养殖业以肉蛋鸡、水貂等皮毛动物养殖为主，是省级养殖强乡。养殖专业村 13 个，养殖专业户 1200 多户。养殖肉蛋鸡 5000 只以上规模的有 100 多户。肉鸡存栏量 60 万只，年出栏量 260 万只；蛋鸡存栏量 35 万只，年产蛋量 6300 吨。水貂养殖投资在 10 万元以上的有 400 多户。以斜沟村为代表，选育出“苍山黑”优良水貂品种。种貂存养量近 80 万只，每年水貂养殖纯利润 6000 多万元。生猪存栏 5 万多头，养殖 50 头以上的有 150 多户。规模化、标准化饲养占总饲养量的 60% 以上。三合、赵村、任皇路、西秦庄、尤庄各有水闸 1 处，有机井 600 眼，灌溉面积 4666 公顷。农机动力 30666 千瓦，机耕面积达 90% 以上。有淡竹园 6 公顷，养鱼水面 48 公顷。全乡农田林网 2133.3 公顷，其中未完善 533.3 公顷；有林地 596.7 公顷，产业结构调整 156.7 公顷，“四旁”植树 12 万株，育苗 2 公顷，经济林 5.3 公顷，林木覆盖率 27%。

二、三产业　建乡较晚，工业基础薄弱。1984 年，乡办企业有农机修配、大蒜脱水、农副产品加工等项目。2000 年后，立足肉蛋鸡、水貂等皮毛动物养殖和大蒜种植资源优势，发展“鸡（即肉鸡加工）、毛（鸡鸭毛深加工）、蒜（大蒜加工）、皮（皮毛动物加工）”四大产业。

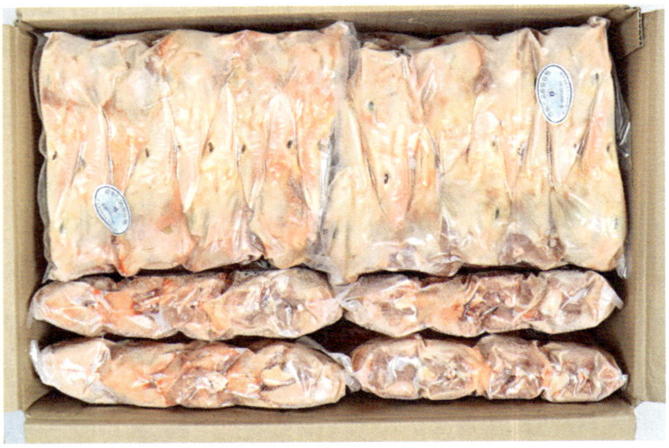

图 30—36　六和鸭头

形成以苍山县六合红运肉鸭食品有限公司、苍山县晟亚水貂养殖场、鲁南保平貂业有限公司、任氏食品有限公司、苍山县海发食品有限公司、苍山县华海冷藏公司等为代表的一批龙头企业。2010 年，工业产值 1.8 亿元，有规模以上工业企业 1 处。招商引资 6000 万元。第三产业以物流、批发市场、集市贸易为主，产值 1.8 亿元。有私营企业和个体工商户 1600 家，从业人员 4530 人。固定农贸市场 6 处，平均每处占地 8000 平方米，年零售额 9000 万余元。有蔬菜批发市场 3 处，常年卖菜户近 2000 户，从业人员 300 余人。金融业存款余额 3 亿元，其中邮政储蓄 9198 万元；贷款余额 2.2 亿元。超市、商店 450 处，年销售额 5000 万元，农资商店 61 个，农资销售额 2000 万元。

村镇建设

2000 年—2010 年，投资 2000 多万元用于镇区道路拓宽改造、绿化、路灯安装和沿街楼开发。2004 年、2005 年，投资 560 万元完成村村通柏油路工程。2010 年，自来水受益村 38 个，受益人口 3.2 万人，普及率 81.5%，农村卫生厕所普及率 90%。村村通电，村村通电话，村村通有线电视。有邮政支局 1 处，员工 7 人；金融机构 3 家。变电站 1 处。有 30 多个村、企、事业单位安装闭路电视监控设备。

教育

20 世纪 30 年代中期建立三合小学，1981 年称三合完小，1984 年扩建，改称乡中心小学。1994 年，建中心小学教学楼 1 座，1997 年投入使用。1975 年 8 月建立皇路中学，1981 年称三合中学，1983 年 7 月称乡中心初级中学，1988 年 7 月称乡初级中学。1986 年 8 月，集资 30 余万元，建全县第一座乡镇初中教学楼；1995 年 10 月，筹资 89 万元，建该校第二座教学楼。1996 年—2010 年，投资 1600 万元，调整中小学规模，改建扩建 9 所中小学校舍，配备教学设备。1984 年，有中学 1 所，联中及小学 43 所，

在校生4465人。2010年，有中小学校12所，在校生3600人;幼儿园11所，入园幼儿540人;教职工271人，升学率100%。中心小学占地2200平方米；在校生723人；教师31人，其中本科学历21人，专科学历5人，中专学历5人。初级中学占地2.8公顷，房屋420间，建筑面积8432平方米;有18个教学班，在校生752人;教职工85人，专业技术人员中高级职称17人，中级职称43人；专任教师学历合格率100%（其中本科及以上学历超过62%）。中考成绩连续6年位居全县同类学校前3名。

医疗卫生

1976年6月，成立乡卫生院。1984年，有卫生院1所，村卫生室35个。2003年，乡卫生院创得临沂市规范化接种门诊。2005年7月，实施新型农村合作医疗。2010年，卫生院有在编人员32人，专业技术人员中中级职称11人，初级职称17人；病床80张，药库1所。村级卫生室39个，其中一体化卫生室19个，乡村医生78人。居民平均预期寿命75岁，孕产妇死亡率和婴儿死亡率逐年下降，主要健康指标居全县先进水平。2010年，乡卫生院建立居民健康档案3.2万余人次，管理高血压病人737人，糖尿病病人215人；每年为慢性病病人上门服务4次；每年为儿童预防接种8000余人次。传染病发病率逐年下降，从1980年38.5/万降至2000年13.6/万，2010年将至8.1/万。2010年，新农合参保率100%。

人口和计划生育

1984年，总人口31711人，1996年总人口37374人，2002年总人口39880人，2006年总人口39367人，2010年总人口44963人。2006年，投资200多万元新建计划生育服务大楼1座。2010年，女性初婚晚婚率70.8%，人口出生率9.01‰，出生性别比为116.1。发放农村计划生育家庭奖励资金28080元;独生子女户699户，发放独生子女费83880元。

社会事业

2005年，投资33万元，为敬老院新建房屋45间。1996年—2006年，发放各类救助物资折合82万元，救济困难户1230户。对650名烈、军、荣、残优抚对象累计发放优抚款130万元，发放临时补助款25万元。2010年，发放小麦直补、良种补贴、能繁母猪补贴、家电下乡补贴等各项支农惠农资金307万元。农民外出务工9500人，就近入企业3100人。

群众文化

2008年10月，建立文化大院、文化活动室，先后投资32万元购买运动器材、播放器材、演艺道具等。活动室占地300多平方米，有图书2000多册。民间艺术团体有常庄的富广演出团、小吴皇路村演出团、大杨树村演出团、陶庄村演出团、顾庄村演出团。付连玉擅长传统乐器吹奏，在当地享有盛名。

地名渊源

三　合　据碑碣记载，建村于北宋末年。以东伽河、西伽河、阳明河在此汇流而名村三河。后书写为今名，寓意“天时地利人和”。明、清时为三合集。1975年起为皇路公社管委驻地。1984年4月起为三合乡政府驻地。

广　东　据墓碑记载，建村于清同治年间（1862—1874）。原名王庄、西王庄。因县内村庄重名，更为今名。

双庙后　据庙碑记载，双庙后之名始于清乾隆年间（1736—1795）。因聚落前有火神庙、玉皇庙，故名。

西小店　据墓碑记载，建村于明崇祯年间（1628—1644）。萧姓迁此定居后，开一小酒店，名村小店村。后聚落分成东、西两处，称东小店、西小（谐音“萧店”）。

王田营　相传王田营之名始于明天启二年（1622年）。古时征战，曾在聚落处安过兵营。因王姓先居于此，故名。

王　堡　相传王堡之名始于清康熙元年

(1662年)。因聚落后有一堡子庙，王姓先居于此，故名。

韦河湾　据墓碑记载，韦河湾之名始于清光绪年间（1875—1908）。因聚落处阳明河曲流处，韦姓先居于此，故名。

尤庄　据尤氏谱碑记载，尤庄之名始于明永乐年间(1403—1424)。因尤姓先居于此，故名。

尤堡　据《尤氏族谱》记载，尤堡之名始于清康熙元年(1662年)。因聚落后有一堡子庙，尤姓先居于此，故名。

东王庄　据墓碑记载，建村于清道光年间(1821—1850)。相传卞庄一王姓财主在此买地百余亩，雇用佃户耕种。因佃户聚居处形成聚落，名村王庄。后因聚落处东枷河东岸，遂称今名。

东秦庄　据《秦氏家谱》记载，建村于清光绪十年（1884年）。因秦姓先居于此，名村秦庄。清朝末年，因与西秦庄对应，遂称今名。

西秦庄　相传西秦庄之名始于清朝朝末年。因秦姓先居于此，且与东秦庄对应，故名。

任河湾　据《任氏家谱》记载，任河湾之名始于明万历年间（1573—1620）。因聚落处阳明河曲流处，任姓先居于此，故名。

刘　庄　据《刘氏家谱》记载，刘庄之名始于明永乐二年(1404年)。因刘姓先居于此，故名。

刘家岗　相传建村于明永乐年间(1403—1424)。因苗姓先居于此，名村苗庄。后因杜姓居多，易名杜家岗子。清乾隆末年，因苗、杜两姓渐少，刘姓居多，改称刘岗子。因县内村庄重名，更为今名。

李田营　据碑碣记载，李田营之名始于明天启元年（1621年)。古时征战，曾在聚落处安过兵营。因李姓先居于此，故名。

李河湾　据墓碑记载，建村于明永乐年间(1403—1424)。因崔姓迁此居住后，在聚落北的阳明河上修一桥，名村崔桥。后因李姓居多，且聚落处阳明河的曲流处，易为今名。

邵家桥　相传建村于明崇祯元年(1628年)。因聚落处小河的桥头上，名村大桥头。因邵姓居多，1965年易名邵家庄。1980年全县地名普查时，因县内村庄重名，更为今名。

金　庄　据《金氏宗谱》记载，建村于明永乐二年（1404年）。相传因荆、贾两姓先居于此，名村荆贾庄。后荆、贾两姓渐少，金姓由山西迁入，易为今名。

周　村　相传建村于明永乐四年(1406年)。因周姓先居于此，名村周家村。清嘉庆八年(1803)，聚落分成前、后两处，称前周村、后周村。

赵　村　据《赵氏家谱》记载，赵村之名始于明永乐年间（1403—1424)。因赵姓先居于此，故名。

赵河湾　据《崔氏家谱》记载，建村于明永乐年间（1403—1424)。聚落处阳明河的曲流处。因崔姓先居于此，名村崔河湾。后崔姓渐少，赵姓居多，易为今名。

胥河湾　据墓碑记载，胥河湾之名始于明天启年间（1621—1627)。聚落处阳明河的曲流处。因胥姓先居于此，故名。

陶　庄　据明万历四十八年（1620年）所立墓碑推断，建村于万历初年。因聚落处东枷河西岸，名村溢水官庄。后有陶姓兄弟二人带领村民与土匪搏斗获胜，陶姓兄弟去世后，为纪念他们，遂易为今名。

顾　庄　据墓碑记载，顾庄之名始于明永乐年间（1403—1424)。因顾姓先居于此，故名。

常　庄　相传常庄之名始于清朝初年。因常姓先居于此，故名。

崔　桥　相传崔桥之名始于明万历十三年(1585年)。因崔姓迁此居住后，在聚落西的小河上修一桥，故名。

刘皇路　又名凰落村。相传建村于明万历年间（1573—1620)。因吉姓先居于此，名村吉塘子。后传说乾隆皇帝南巡经此，因刘姓居多，易为今名。

任皇路　据墓碑记载，建村于清乾隆年间（1736—1795）。相传乾隆皇帝南巡经此，因任姓居多，故名。

吕皇路　据墓碑记载，建村于明洪武年间（1368—1398）。因吕姓先居于此，名村吕村。后传说乾隆皇帝南巡经此，易为今名。

吴皇路　据《吴氏宗谱》记载，建村于明永乐年间（1403—1424）。明永乐年间，吴氏族人由蒲坦迁此。因吴氏图腾为凤凰，见凤凰落下建村，取名凰落，并建有凰落牌坊。后又改名吴村。后传说乾隆皇帝南巡经此，遂易名为吴皇路。聚落分成大、小两处，称大吴皇路、小吴皇路。

邵皇路　据谱碑记载，建村于清乾隆十年（1745年）。原无村名。后传说乾隆皇帝南巡经此，因邵姓居多，故名。

邱皇路　据邱氏谱碑记载，建村于清乾隆初年。原无村名。后传说乾隆皇帝南巡经此，因邱姓居多，故名。

栗皇路　据栗氏林碑记载，建村于明永乐初年。因栗姓先居于此，名村栗村。后传说乾隆皇帝南巡经此，易为今名。

斜　沟　相传建村于唐朝末年。因在此征战，死伤者众多，血流成河，名村血沟。后谐音为今名。

大杨树　据《王氏家谱》记载，大杨树之名始于明洪武十二年（1379年）。因聚落东有棵大杨树，故名。

圩　子　据杜氏谱碑记载，建村于元至元十四年（1277年）。原名镇园圃。后聚落周围筑起用作防卫的圩墙，因杜姓居多，易名杜家圩子。新中国成立后，简称今名。

2010年三合乡村庄基本情况

表30—24

行政村	自然村	曾用名	户数（户）	人口（人）	占地面积（亩）	耕地面积（亩）	集体收入（万元）
三合北头村	三　合	三河	430	1900	100	1500	—
三合南头村			230	980	296	1104	—
西秦庄	西秦庄		220	990	340	900	—
河　西	河　西		172	860	260	790	—
斜　沟	斜　沟	血沟	737	3335	75	3265	—
大杨树	大杨树		272	1278	220	1460	—
后周村	后周村	周家村	261	1460	191	1536	—
前周村	前周村		101	492	79	561	—
王　堡	王　堡		81	411	128	363	—
尤　堡	尤　堡		107	483	50	530	—
王田营	王田营	王田营	193	964	190	1430	—
任河湾	任河湾		410	2044	328	1872	—
胥河湾	胥河湾		180	840	70	742	—

续表 30—24

行政村	自然村	曾用名	户数（户）	人口（人）	占地面积（亩）	耕地面积（亩）	集体收入（万元）
李河湾	李河湾	崔桥	176	777	180	754	—
韦河湾	韦河湾		75	380	68	467	—
赵河湾	赵河湾	崔河湾	131	677	88	580	—
栗皇路	栗皇路	栗村	162	771	320	798	—
刘家岗	刘家岗	苗庄、杜家岗子、刘岗子	254	1332	190	1390	—
大吴皇路	大吴皇路	凰落、吴村、吴皇路	468	2142	520	1580	—
小吴皇路	小吴皇路		110	543	67	333	—
金　庄	金　庄	荆贾庄	151	638	130	580	—
刘　庄	刘　庄		210	876	130	720	—
邱皇路	邱皇路		73	347	50	342	—
任皇路	任皇路		90	391	30	300	—
吕皇路	吕皇路	吕村	101	441	58	480	—
邵皇路	邵皇路		310	1243	130	1350	—
刘皇路	刘皇路	吉塘子	148	737	127	666	—
双庙后	双庙后		144	602	108	712	—
东小店	东小店	小店村	163	787	270	830	—
西小店	西小店		166	737	100	900	—
崔　桥	崔　桥		130	545	120	510	—
常　庄	常　庄		201	854	100	633	—
邵家桥	邵家桥	大桥头、邵家庄	134	747	79	690	—
李田营	李田营		183	772	130	1100	—
前田营	前田营		110	450	180	500	—
尤　庄	尤　庄		710	2622	358	2987	—
东秦庄	东秦庄	秦庄	310	1310	268	1624	—
陶　庄	陶　庄	溢水官庄	212	946	190	1100	—
东王庄	东王庄	王庄	187	713	230	550	—

续表 30—24

行政村	自然村	曾用名	户数（户）	人口（人）	占地面积（亩）	耕地面积（亩）	集体收入（万元）
圩　子	圩　子	镇园圃、杜家圩子	482	2160	494	2300	—
顾　庄	顾　庄		403	1920	263	2274	—
赵　村	赵　村		380	1683	207	2286	—
厂　东	厂　东	王庄、西王庄	206	1020	126	1134	—

下村乡

自然地理

下村乡位于县境西北部，乡政府驻地下村，地距县城 30 千米。南接鲁城镇、尚岩镇，东连车辋镇，北靠费县石井镇、新庄镇，西邻枣庄市市中区孟庄镇、山亭区北庄镇。境内有沂王线、岳下线 2 条主要公路干线。2010 年，乡境东西最大横距 24.1 千米，南北最大纵距 23.21 千米。土地面积 121 平方千米，其中山场面积 6000 公顷，耕地面积 5429.75 公顷，年末常用耕地面积 3708.73 公顷。

境内属山区丘陵地带，地势西高东低，有大小山头 171 座。其中鲁南最高峰——抱犊崮拔地通天，雄踞西关，被誉为“天下第一崮”。小（一）型水库 1 座，为双河水库；小（二）型水库 6 座，塘坝 30 座。有河流 11 条，属小清河水系，境内河道长 67.4 千米。文峰河自北崮发源，自西向东，入会宝岭水库。腾龙河自里米坑、吴家沟发源，自西向东，入双河水库；库水又向南注入会宝岭水库。生态环境优美，有生态林 4700 公顷，封山育林面积 2100 公顷，森林覆盖率 46.2%。有金银花、全蝎、灵芝、何首乌等药材资源。君山风景区为国家 2A 级景区。矿产资源丰富，已探明的地下矿藏有金、银、重晶石、大理石、石灰石、稀土等 20 多种。

建置区划

乡境抗日战争前属费县。1941 年属边联县。1944 年属赵镈县。1953 年称苍山县下村区。1958 年初，析为下村、大炉 2 乡。同年秋，与大炉合并改称下村人民公社。1963 年析为下村、大炉 2 处人民公社。1965 年复合并下村区。1971 年复称下村人民公社。1975 年，析为下村、大炉 2 处人民公社。1984 年改称下村乡。2001 年 1 月，下村、大炉 2 乡合并，仍称下村乡。先后获得省级环境优美乡镇、省级无邪教先进乡镇、市级“五个好”先进党委、市级计划生育先进乡镇、市级平安创建先进乡镇、市级环境整治工作先进乡镇、市级生态文明乡镇、市级招商引资工作先进乡镇、市级信访三无乡镇、市级经济林专业乡镇、市级绿化示范乡镇等荣誉称号，多次被县委、县政府评为“三个文明”建设先进乡镇。

2010 年，全乡辖 33 个行政村，76 个自然村，12345 户，总人口 44859 人，人口密度 370.74 人 / 平方千米。

经济概况

1996 年，工农业总产值 1.55 亿元，其中四级企业总产值 1.05 亿元、农业总产值 5000 万元，财政收入 230 万元，利税 56.5 万元，人均纯收入 1687 元。2006 年，地区生产总值 2.6 亿元，人均纯收入 3981 元。2010 年，地区生产总值 8.2 亿元，地方财政收入 340 万元，招商引资到位资金 2.01 亿元，规模以上固定资产投资 6530

万元，农民人均纯收入7297元。

农业　粮食作物以小麦、玉米、地瓜为主，金银花、柿子、核桃、花椒等为该乡特产，其中柿饼质量闻名遐迩，1978年境内（当时分别为下村、大炉乡）柿饼收购量123.5万千克，排名全国各县第4位。1984年，有耕地1066.7公顷，粮食亩产310千克，总产6910吨。1996年，全乡农田面积1133.4公顷，山场面积3067公顷，石岩裸面147公顷，绿化2920公顷。粮食亩产353千克，总产7396吨，人均粮食352.5千克。大棚菜287公顷，干鲜果总产1050吨。有养鱼网箱1970箱，年产值590万元。利用山场发展养牛、养羊等，畜牧业年创收100多万元。2000年后，相继建立花椒、柿子、板栗、桃杏及大棚林果生产基地。2010年，粮食作物播种3314.2公顷，亩产351.5千克，总产17475吨，其中小麦6418吨，玉米4142吨，谷子37吨，高粱24吨，豆类241吨；油料作物播种1133.4公顷，总产3108吨；蔬菜播种798.5公顷，总产39164吨；瓜类55.1公顷，总产2558吨。发展花椒4000万棵、板栗80万棵、核桃40万棵、柿子30万棵、石榴20万棵、大枣300万棵、金银花600万墩，是省内著名的“花椒之乡”“林果之乡”。森林覆盖率达到68%，为全县之最。开发生产的绿色食品有五小杂粮（小米、绿豆、豇豆、红小豆、黍子）、五小山果（核桃、板栗、蜜枣、柿饼、黑枣）、五小茗茶（石榴叶、山枣、栝蒌、草决明、苦菜）。创建出“抱犊人家”“山水下村”“一品农”等无污染、无公害绿色食品品牌。养殖业立足山场面积大、饲草资源丰富的优势，扩大肉鸡、蛋鸡、肉牛、山羊、绵羊、蝎子等产品养殖规模，发展养牛大户150户3万头、养羊大户200户5万只、养鸡大户230户，大牲畜存栏量达到15万头。烟草种植历史悠久，2003年起，镇党委政府把黄烟生产列为实现群众增收、财政增收的重要产业来抓。2010年，全乡种植烟草133.3公顷，创利税100万元。

二、三产业　1984年，乡办企业有农机修配、饮料、副食品加工、面粉加工、铁木业等项目。1996年，四级企业有精密铸造、农副产品加工、石料厂、空心砖厂、鞋厂等。2010年，工业以石材加工、食品加工为主。招商引资项目6个，其中新建项目4个、续建项目2个、合同利用外资4.2亿元，实际到位资金7600万元。投资3000万员的济宁嘉祥县恒盛石材厂施工建设。投资7000万元的塑料热缩膜及PVC包装制品生产加工项目建设完成生产加工车间和办公楼。由鹏辉矿业有限公司投资2.6亿元开发的双河湖旅游度假村综合开发项目，已投资1600万元，完成岛体、水面转赁、合同签订、度假村规划设计、湖面周围土地租赁、绿化苗木栽植、盆景园建设、办公楼内外装修、游艇购置配套等工程设施。投资900万元的花园敬山特种养殖场，开始放种养殖。投资800万元的上村优质大樱桃基地，取得良好经济效益。抱犊崮旅游开发项目续建投资1800万元，继续完成观光电梯、君山宾馆、君山超市、野战游戏、高空滑翔、蹦极、滑草等项目建设，建设200公顷中药材基地1处，并完善景区相关设施配套。有商业网点42家，职工453人，集贸市场5个，年商品成交额6000万元。

村镇建设

2010年，全乡村村通柏油路。境内原下村乡部分由会宝岭供电站供电，原大炉乡部分由车辋供电站供电。村村通电话，有电信企业2家，固定电话用户1180户，移动用户18980户，互联网用户430户。有线电视用户1万户，入户率84.6%。自来水受益村21个。有深水井12眼，年供水2.88万立方米。有邮政局1处，金融机构2家。有乡文化站、广播站各1处，创建文化活动中心1处。境内2家客运站，日发客运汽车80班次，日均容量2000余人次。驻地主要道路两侧铺设排水管道1500米，污水、雨水排入腾龙河及文峰河。乡政府驻地有花坛26个，

绿化面积8000平方米。

教育

1984年，有小学28所，中学、联中各1所，在校学生2377人。1996年，有完全小学6所，初级小学2所，在校学生2760人；初级中学1所，在校学生733人；教师130人。2010年，有幼儿园16所，在园幼儿896人，专任教师80人；小学10所，在校学生2883人，专任教师216人，适龄儿童入学率100%；初中2所，在校学生1037人，专任教师124人，适龄儿童入学率100%，小升初升学率100%，九年义务教育覆盖率100%。有寄宿制中心小学1处，可容纳1200名学生。

医疗卫生

1984年，有卫生院1所，村卫生室38个，医务人员91人。1996年，有卫生院1所，下设门诊6处，医务人员27人。2010年，有中心卫生院2所，村级卫生室33个，拥有病床138张，每万人拥有床位30.8张，固定资产总值6880万元，各类卫生专业技术人员150人，中心卫生院配有X光机、微波治疗仪、彩超机等设备。新农合参保率100%。

人口和计划生育

1984年，总人口18695人，1996年总人口21724人，2002年总人口42212人，2006年总人口42769人，2010年总人口44859人。2010年，女性初婚晚婚率40.8%，人口出生率11.32‰，出生性别比118.3。

社会事业

2010年，农村最低生活保障数611户，人数1326人，补助支出92820元，人均70元。国家抚恤、补助各类优抚对象102人，抚恤事业费支出98万元。敬老院床位40张，收养五保人员41人。成立慈善分会1个。参加新型农村养老保险20145人，参保率81.01%。

历史文化

下村乡是中共鲁南抗日根据地，1930年就有中共党组织活动，抗日战争时期八路军第一一五师驻军乡境，政委罗荣桓等在这里领导指挥了鲁南的抗日斗争。著名的米山子战斗、“四二五”事变、民兵武工队抱犊崮突围等都发生在境内。抱犊崮原名君山，汉称楼山、魏云仙台山，以雄、奇、险、秀著称。相传东晋时道家葛洪投簪弃官，抱一牛犊上山隐居，“名闻帝阙”，皇帝敕封他为抱朴真人，抱犊崮因此得名。崮顶面积约有2.7公顷。山上洞府迭出，有桃源洞、水帘洞、十八罗汉洞、黄龙洞等。山下有大型溶洞群。文化积淀深厚，西汉刘向《列仙传》、东晋葛洪《抱朴子内篇·金丹》、唐李吉甫《元和郡县志》、清东轩主人《述异记》等均有记载。葛洪将该山与泰山、华山、峨眉山等一起列为“图经宇内三十二福地”“海西第一洞天”。此地为闻名中外的“民国第一案”临城劫车案的发生地。山下有旧石器时代王岭遗址、古村遗址。东麓有灵峰寺，占地2公顷。始建于隋唐时期，多次重修，“文化大革命”中毁损严重，2002年开始重建，新修大雄宝殿、左右配殿及僧舍等。为县级重点文物保护单位。

地名渊源

下　村　相传建村于明永乐年间（1403—1424）。因聚落与上村毗邻名村。新中国成立后，为区、乡、公社驻地。1984年4月起为乡政府驻地。

义河村　相传建村于清光绪年间（1875—1908）。因聚落东临独角山，名村独角庄。后易名王庄。新中国成立后，因吉祥嘉言改称义和庄。后书写为今名。

明山后　据碑碣记载，建村于清顺治八年（1651年）。因聚落处灰山后面，名村灰山后。1946年秋，解放军与国民党军在此作战获胜，因吉祥嘉言，易为今名。

大北庄　相传建村于明永乐年间（1403—1424）。因孟姓先居于此，名村孟家庄。清宣统年间（1909—1911），易为今名。

上双沟峪　相传上双沟峪之名始于清道光年间（1821—1850）。因聚落东、南各有一条沟，

且处西泇河上游名村。

下双沟峪　据灵峰寺庙碑记载，建村于元朝末年。聚落处两山之间，前后各有一条大沟。下双沟峪之名，因此而得。

小山后　相传小山后之名始于清光绪年间（1875—1908）。因聚落前有座小山，故名。

小南湖　相传小南湖之名始于清道光年间（1821—1850）。因聚落处孟家渊南，故名。

山北头　据灵峰寺碑碣记载，建村于1920年。因聚落处抱犊崮东北脚下，故名。

水晶山后　相传水晶山后之名始于清光绪十二年（1886年）。因聚落前临水晶山，故名。

东　山　1960年修双河水库时，由上村析出。因聚落处上村的东山根，故名。

东　崮　相传东崮之名始于清光绪年间（1875—1908）。因聚落处黄山东麓，故名。

东上峪　相传建村于明天启年间（1621—1627）。原名学堂村。后易名上峪。一条小河从村中流过，形成东西两处聚落。该聚落处河东，遂称东上峪。

西上峪　相传建村于明天启年间（1621—1627）。原名学堂村。后易名上峪。一条小河从村中流过，形成东、西两处聚落。该聚落处河西，遂称西上峪。

马山村　相传建村于唐光化年间（898—901）。原名马山。南宋建炎年间（1127—1130），因与西马山毗邻，遂称东马山。2005年更为今名。

东山前　1960年修双河水库时，由上村析出。因聚落处上村东山之阳，故名。

东苇湖　据《宋氏家谱》记载："祖居杭头，顺治元年，分居东苇湖。"即建村于1644年。因聚落处芦苇丛之东，故名。

北　崮　相传建村于明洪武年间（1368—1398）。原名黄崮。新中国成立后，因聚落处黄山之北，遂易为今名。

西　河　相传西河之名始于唐贞观年（627—649）。因聚落处小河东岸，故名。

西　崮　相传西崮之名始于清乾隆年间（1736—1795）。因聚落处黄山西麓，故名。

西马山　西马山之名始于南宋建炎年间（1127—1130）。因聚落与东马山毗邻，故名。

西北岭　1960年修双河水库时，由上村析出。因聚落处上村西北的山岭上，故名。

西苇湖　相传西苇湖之名始于清乾隆年间（1736—1795）。因聚落处芦苇丛之西，故名。

西南岭　1960年修双河水库时，由上村析出。因聚落处上村西南的山岭上，故名。

杨崮前　相传杨崮前之名始于明洪武年间（1368—1398）。因聚落处杨崮之阳，故名。

里米坑　相传建村于清嘉庆年间（1796—1820）。原名里山湾。1949年易名聚米坑。建国后，因与外米坑毗邻，改称今名。

外米坑　相传建村于清乾隆五十二年（1787）。原名蒺藜坑。1949年易名聚米坑。建国后，因与里米坑毗邻，改称今名。

英宝山前　据《宋氏家谱》记载，建村于清光绪十一年（1885年）。因聚落处鹰膀山之阳，名村鹰膀山前。后谐音为今名。

岭南头　相传岭南头之名始于清乾隆年间（1736—1795）。因聚落处楼山山岭之南，故名。

南山湾　1960年修双河水库时，由上村析出。因聚落处上村的南山湾，故名。

高山前　相传高山前之名始于清乾隆年间（1736—1795）。因聚落处高山之阳，故名。

花　园　相传花园之名始于明嘉靖年间（1522—1566）。因一刘姓老农在聚落北建有花园，故名。

枣峪子　相传建村于清乾隆年间（1736—1795）。聚落处寨山北麓，当地人称此处有18峪，皆植满枣树。枣峪子之名，由此而得。

马家洼　据《马氏家谱》记载，马家洼之名始于清嘉庆七年（1802年）。聚落处凤凰山与小崮山之间的山洼处，因马姓先居于此，故名。

孔　庄　据碑碣记载，建村于明弘治十六

年（1503年）。原名孔孟庄。后简称今名。

王　岭　1960年修双河水库时，由上村析出，迁至村西北的山岭上。因王姓居多，故名。

北张峪子　据李氏谱碑记载，北张峪子之名始于清康熙年间（1662—1722）。聚落处两山之间的西泇河支流北岸。因张姓先居于此，故名。

北宋庄　相传建村于明万历年间（1573—1620）。因宋姓先居于此，名村宋庄。1980年全县地名普查时，因县内村庄重名，更为今名。

刘　湖　相传建村于清雍正年间（1723—1735）。因地势平坦，下村的刘姓财主常来此遛马，俗称溜马湖。后刘家佃户迁居于此，繁衍成聚落。刘湖之名，由此而得。

刘山前　相传建村于清乾隆年间（1736—1795）。因张姓先居于此，名村张庄。后张姓迁出，刘姓迁入，仍沿称原名。1980年全县地名普查时，因县内村庄重名，更为今名。

杨　村　相传建村于明万历十三年（1585年）。原名丘妻湖。后因杨姓居多，易名杨庄。1980年全县地名普查时，因县内村庄重名，更为今名。

杨峪子　相传建村于清道光十三年（1833年）。聚落处大虎山南麓，前有一山峪，因杨姓先居于此，名村杨家峪。新中国成立后，遂称今名。

杨刘庄　相传建村于明万历年间（1573—1620）。因杨姓先居于此，名村杨庄。刘姓迁入后，仍沿称原名。1980年全县地名普查时，因县内村庄重名，更为今名。

邱　庄　相传邱庄之名始于清顺治年间（1644—1661）。因邱姓先居于此，故名。

富田村　原名吴家沟。相传吴家沟之名始于明隆庆年间（1567—1572）。聚落处小北山和龙宝山之间。因吴姓先居于此，故名。2005年更为今名。

吴家岭　相传吴家岭之名始于明崇祯年间（1628—1644）。聚落处一小山岭上。因吴姓居多，故名。

陈家沟　相传陈家沟之名始于清乾隆年间（1736—1795）。聚落处黑山和小北山之间的山沟里。因陈姓居多，故名。

孟家渊　据墓碑记载，孟家渊之名始于明洪武十三年（1380年）。聚落西的河中有一深渊。因孟姓先居于此，故名。

周家岗　据周氏谱碑记载，建村于清道光二十五年（1845年）。聚落处凹陷，因周姓先居于此，名村周家凹。后为耕种方便，聚落迁至南山下，地势较高，遂易为今名。

周家洼　据周氏谱碑记载："周氏祖居江苏省睢宁县马广村。自雍正元年，其祖讳敬者，独偕妇人，携三子一女至此。"即建村于1723年。因聚落处地势低洼，故名。

郑家庄　相传郑家庄之名始于明成化年间（1465—1487）。因郑姓先居于此名，故名。

南张峪子　相传南张峪子之名始于清嘉庆年间（1796—1820）。聚落处山峪中西泇河支流南岸。因张姓先居于此，故名。

南赵家庄　相传南赵家庄之名始于清嘉庆年间（1796—1820）。聚落处东苇湖南。因赵姓先居于此，故名。

郝家村　1960年修双河水库时，由上村析出，迁至东南岭上，名村东南岭。因县内村庄重名，更为今名。

赵　庄　相传赵庄之名始于清康熙年间（1662—1722）。因赵姓从下双沟峪迁居于此，故名。

涧　村　相传建村于明成化年间（1465—1487）。聚落处大猪牙山、小猪牙山之间的山涧处，以李、宋、徐、郝聚居处分别形成4个涧村。1958年，将李、宋两个涧村合并称东涧村，将徐、郝两个涧村合并称西涧村。2005年，将东涧村更名为涧村。

黄山口　据墓碑记载，黄山口之名始于清康熙年间（1662—1722）。因聚落处山口处，黄姓居多，故名。

崔家沟　相传崔家沟之名始于清道光年间

(1821—1850)。因聚落处两山之间的山沟内，崔姓先居于此，故名。

大　荒　原为一片荒地。1953年，一杨姓农户迁居于此，后渐成聚落。大荒之名，因此而得。

云　峪　据碑碣记载，建村于清嘉庆年间(1796—1820)。原名云涧峪。后简称今名。

钓鱼台　相传钓鱼台之名始于清乾隆年间(1736—1795)。因聚落前的西泇河支流中有一深渊，人们常来钓鱼，故名。2001年，实施整村搬迁，仍沿用今名。

泇河滩　相传建村于明隆庆年间(1567—1572)。聚落前后各有一条西泇河的支流汇流于此，水流缓慢，淤积成滩。泇河滩之名，因此而得。

蚕　厂　相传建村于明崇祯年间(1628—1644)。因聚落中户户都善养蚕，名村蚕场。后书写为今名。

埠　阳　相传埠阳之名始于明崇祯年间(1628—1644)。因聚落北有一土埠，故名。

黄　崖　相传黄崖之名始于明崇祯年间(1628—1644)。因聚落处黄山崖下，故名。

崖　头　相传崖头之名始于明弘治年间(1488—1505)。因聚落东黄莲山悬崖陡峭，故名。

鹁鸽崖　相传建村于清嘉庆年间(1796—1820)。原名东北山。聚落处黄山西麓，山半腰处有一石崖，人不可攀登，鹁鸽巢居于上，1918年易为今名。

大灰泉　相传大灰泉之名始于唐武德年间(618—626)。因聚落处有一泉，周围土色灰暗，且与小灰泉对应名村。

小灰泉　相传小灰泉之名始于唐武德年间(618—626)。因聚落东龙王庙前有一泉，周围土色灰暗，且与大灰泉对应，故名。

双　河　相传双河之名始于清乾隆四年(1739年)。因两条小河在聚落前汇流，故名。

龙王堂　相传建村于清乾隆年间(1736—1795)。聚落中有一形似龙的温泉，泉水从池塘中流出，故名龙王塘。以塘名村。后书写为今名。

龙宝山头　相传龙宝山头之名始于明崇祯年间(1628—1644)。因聚落处龙宝山上，故名。

米山子　相传米山子之名始于清乾隆年间(1736—1795)。聚落处有座大米山子，以山名村。

扁担山　相传扁担山之名始于清光绪年间(1875—1908)。聚落处扁担山东麓，以山名村。

流　井　据庙碑记载，建村于明朝初年。原名小官庄。清朝初年，因聚落处井水外溢，易为今名。

玉　桥　相传建村于明永乐年间(1403—1424)。原名石桥。1980年全县地名普查时，因县内村庄重名，更为今名。

增光峪　相传建村于明天启年间(1621—1627)。一位姓增名光的人，在此山谷中居住。他勤奋善良，以助人为乐，后迁居异乡。人们都很怀念他，遂名村增光峪。聚落分成大、小两处，称大增光峪、小增光峪。

大古村　相传大古村之名始于唐大中年间(847—860)。因聚落古老，与小古村毗邻，故名。

小古村　相传小古村之名始于唐大中年间(847—860)。因聚落古老，与大古村毗邻，故名。

大　炉　相传建村于明朝初年。原名天宝寨。万历二十六年(1598年)，村西的龙宝山开金银矿，在此建起大炉子炼金银，遂易村名大炉。聚落分成南、北两处，北称上大炉，南称下大炉。建国后，上大炉为区、乡、公社驻地。1984年4月至2000年1月为大炉乡驻地。

蔄宝庄　据碑碣记载，建村于明弘治年间(1488—1505)。因龙宝山开金银矿，将炼好的金银存放在聚落西的小黄山下，聚落遂以搁宝庄名之。后书写为今名。

二里村　相传建村于清光绪年间(1875—1908)。原名康庄。因聚落距周围的北宋庄、明山后、莲花峪、东峪(后两村为费县村庄)都是二里，1945年易为今名。

2010年下村乡村庄基本情况

表 30—25

行政村	自然村	曾用名	户数（户）	人口（人）	占地面积（亩）	耕地面积（亩）	集体收入（万元）
三合村	蚕　厂	蚕场	248	884	187.8	1016	0.73
	大古村						
	小古村						
宝山村	吴家岭		254	874	206.7	606	0.74
	崔家沟						
	高山前						
增光峪	大增光峪		300	997	229.9	1356	0.75
	小增光峪						
富田村	富田村	吴家沟	344	1135	268.4	1463	0.74
上　村	西南岭		644	2099	440.2	2215	0.74
	东山前						
	郝家村	东南岭					
	王　岭						
	南山湾						
	西北岭						
双峪村	郑家庄		503	1679	382.5	2781	0.76
	下双沟峪						
六合村	刘山前	张庄	379	1313	309.2	2098	0.72
	马家洼						
	黄　崖						
	鹁鸽崖	东北山					
	杨峪子	杨家峪					
米峪子村	里米坑	里山湾、聚米坑	450	1574	365	2197	0.74
	外米坑	蒺藜坑、聚米坑					
	南张峪子						
	北张峪子						

续表 30—25

行政村	自然村	曾用名	户数（户）	人口（人）	占地面积（亩）	耕地面积（亩）	集体收入（万元）
娄山村	西马山		363	1260	277.6	1825	0.73
	岭南头						
	上双沟峪						
马山村	马山村	马山、东马山	362	1275	243.1	1425	0.74
米河村	米山子		708	2383	528.1	2392	0.74
	西　河						
	流　井	小官庄					
孟家渊	孟家渊		638	2144	432.6	2519	0.79
	小南湖						
孔　庄	孔　庄	孔孟庄	723	2475	388.6	3025	0.81
刘　湖	刘　湖		348	1158	163.9	1575	0.81
花园新村	崖　头		435	1427	244	1278	0.78
	花　园						
杨刘河	洳河滩		450	1671	348.2	1313	0.76
	杨　村	丘妻湖、杨庄					
	杨刘庄	杨庄					
上大炉	上大炉	天宝寨	466	1569	427.9	2070	0.74
	黄山口						
宝崮村	北　崮	黄崮	444	1480	384.2	1755	0.72
	西　崮						
	东　崮						
	葛宝庄	搁宝庄					
山河村	英宝山前	鹰膀山前	221	785	188.7	1046	0.72
	水晶山后						
	扁担山						
	义河村	独角庄、王庄、义和庄					
明山村	小山后		359	1292	295.9	1354	0.73
	北宋庄	宋庄					
	二里村	康庄					
	明山后	灰山后					

续表 30—25

行政村	自然村	曾用名	户数（户）	人口（人）	占地面积（亩）	耕地面积（亩）	集体收入（万元）
上　峪	西上峪	学堂村	255	922	277.9	1232	0.74
	东上峪	学堂村					
下大炉	下大炉	天宝寨	530	1799	330.3	1109	0.75
苇湖村	东苇湖		702	2443	512.1	2590	0.79
	西苇湖						
	钓鱼台						
大北庄	大北庄	孟家庄	543	1917	365.5	2148	0.74
	周家岗	周家凹					
顺河村	西涧村		475	1553	311.7	2093	0.74
	枣峪子						
埠阳村	北埠阳		159	545	132.1	469	0.74
	南埠阳						
涧　村	涧　村	东涧村	317	1011	136.2	1224	0.73
云　峪	云　峪		335	1099	249.9	1729	0.74
下　村	下　村		644	2638	304.3	1690	0.75
灰　泉	大灰泉		381	1271	302.3	1734	0.74
	小灰泉						
杨崮前	杨崮前		229	807	157.1	885	0.73
双　河	双　河		277	901	186.4	1202	0.75
玉　桥	玉　桥	石桥	243	837	138.8	740	0.80

附：大炉乡

原大炉乡位于县境西北部，乡驻地上大炉，距县城30千米。南连下村乡，东接甘霖乡，北靠费县的石井、新庄2乡，西邻枣庄市北庄乡。沂王公路，境内长10千米。苍（山）费（县）公路，境内长5千米。境域东西最大横距20千米，南北最大纵距5千米，总面积57.3平方千米。2000年，总户数5358户，总人口20047人，其中非农业人口495人，人口密度349.86人/平方千米。

乡境抗日战争前分属临沂县、费县。1941年属边联县。1944年属赵镈县8区。1950年属苍山县下村区。1958年，初置建大炉乡，秋并入下村人民公社。1963年，从下村人民公社析出，建大炉人民公社。1965年，合并到下村区。1971年属下村人民公社。1975年析出，称大炉人民公社。1984年改称大炉乡。辖42个行政村，45个自然村。2001年1月，与原下村乡合并，称下村乡。

乡境群山环绕，西高东低，中间有狭小的平原，素有“六山一水三分田”之称。境内有大、小山头94座，其中抱犊崮最高，海拔580米。

境内东面河、西面河均为西泇河上游支流。东面河发源于银羊寨山，自北向南流入会宝岭水库，流长11千米。西面河发源于抱犊崮，自西北往东南于下村乡汇入双河水库，境内长3千米。全乡耕地面积1808公顷，林业用地2000公顷。土壤以褐土、棕土为主，褐土占耕地面积的65%。宜种植地瓜、小麦、玉米、高粱、谷子等农作物。境内有全蝎、金银花、枸杞等药材资源，其中金银花年产量200吨；有铜、铅、银、锰、金、大理石等矿产资源，其中金、铜储量较多，大理石储量8千万立方米。1984年，粮食亩产327.5千克，总产7235吨。有机井13眼，小水库18个，拦河闸5处，农机动力1048千瓦。1996年，农业总产值6200万元，粮食总产9067吨。有棚菜53.4公顷，林果1200公顷，嫁接大枣110万棵，板栗50万棵，1996年果品总产2000吨。有大口井19眼，小（二）型水库3座，塘坝9个，拦河桥闸25处，灌溉面积133.4公顷，拥有农机总动力2353千瓦。2000年，粮食总产9218吨，亩产342千克，薯类总产5006吨，亩产604千克，花生总产1947吨，亩产321千克，蔬菜瓜类总产13286吨。拥有农用拖拉机164台，农机总动力4770千瓦。1984年，乡办企业有大理石、食品加工、铁木业、农机维修等项目。1996年，有个体私营企业147家，四级企业产值3000万元；财政收入50万元，农民人均纯收入1492元。2000年，农业总产值1.1亿元。1999年农民人均纯收入2108元，2000年2168元。

100千米的环山路，形成山山相连，村村相通。2000年，自来水受益村24个，村村通汽车，村村通电话，通电户5462户，通电话户360户。1984年，有小学31所，中学1所，入学率90%。1996年，全乡有学校17所，在校学生3700多人，适龄儿童入学率99%，教师172人。全乡各类科技人员78人，文化站1处，有放映机6部，有电教室、卫星电视地面接收站。

1984年，有乡卫生院1所，村卫生室36个，医务人员52人。1996年，有乡卫生院1所，病床18张，下设5个门诊部，医务人员43人。2000年，有卫生院1所，村级卫生室12个，乡村医生28人，卫生员2人。

1984年，总人口17528人，1996年总人口19784人，其中农业人口19300人，非农业人口500人。2000年总人口20047人。1996年，计划生育率100%，人口自然增长率3‰。2000年，女性初婚晚婚率90.4%，人口出生率7.96‰，出生性别比为104，死亡率5.51‰，自然增长率2.45‰。

2000年大炉乡村庄情况

表30—26

行政村	自然村	行政村	自然村
上大炉	上大炉	明山后	明山后
下大炉	下大炉	东　崮	东　崮
外米坑	外米坑	西　崮	西　崮
里米坑	里米坑	南张峪子	南张峪子
二里村	二里村	小山后	小山后
北张峪子	北张峪子	葛宝庄	葛宝庄
北　崮	北　崮	东上峪	东上峪

续表 30—26

行政村	自然村	行政村	自然村
西马山	西马山	米山子	米山子
上双沟峪	上双沟峪	西　河	西　河
西上峪	西上峪	流　井	流　井
东马山	东马山	孟家渊	孟家渊
高山前	高山前		邱　庄
吴家沟	吴家沟	小增光峪	小增光峪
	陈家沟	小南湖	小南湖
	龙宝山头	北宋庄	北宋庄
吴家岭	吴家岭	杨　村	杨　村
崔家沟	崔家沟	杨刘庄	杨刘庄
水晶山后	水晶山后	岭南头	岭南头
河　滩	河　滩	扁担山	扁担山
小古村	小古村	义河村	义河村
蚕　厂	蚕　厂	大古村	大古村
黄山口	黄山口	英保山	英保山
大增光峪	大增光峪		

贾庄乡

自然地理

贾庄乡位于县境中部，乡政府驻地贾庄，距县城 6 千米。北靠大仲村镇，南接卞庄街道、国营苍山农场、山东苍山经济开发区，西邻车辋镇、向城镇，东接卞庄街道。206 国道横贯东西，蒙台公路纵穿南北。卞（庄）车（辋）公路由东南向西北经过境内。2010 年，乡境东西最大横距 9 千米，南北最大纵距 10 千米。土地面积 76 平方千米，耕地面积 4728.11 公顷，年末常用耕地面积 2962.6 公顷，山场面积 2533.3 公顷。

乡境地势北高南低，多数为丘陵，有大、小山头 43 座。境内有中型水库 1 座，为长新桥水库；小（二）型水库 2 座，为压油沟水库和晒钱埠水库；塘坝 10 座。汶河、宝代河流经乡境，汶河发源于晒钱埠、坞丘，宝代河发源于长新桥水库。土

图 30—37　长新桥水库

壤分砂礓黑土、褐土、潮土3类。属暖温带季风性气候，四季分明，年平均降水量800～1000毫米，年平均温度13摄氏度，无霜期250天以上，光照充足，适宜苹果、板栗、大枣、桃、杏等林果及多种粮食作物繁育生长。矿产资源主要为石灰岩，地质储量2000万立方米，可开采储量1500万立方米，集中分布在晒钱埠一带。

建置区划

乡境抗日战争前属临沂县。1941年属边联县。1944年属赵镈县。1947年分属赵镈县、苍山县。1950年建苍山县贾庄区。1958年初称贾庄乡，秋称贾庄人民公社。1965年称贾庄区。1971年称贾庄人民公社。1984年改称贾庄乡。

2010年，全乡辖49个行政村，46个自然村，12700户，总人口52943人，人口密度696.62人／平方千米。

经济概况

1996年，工农业总产值1.4728亿元，其中农业总产值4833万元，工业总产值9895万元，利税39.5万元，人均纯收入1580元。2006年，地区生产总值7.29亿元，其中一、二、三产业增加值分别为2.35亿元、3.44亿元和1.50亿元，人均纯收入4112元，财政收入123万元，固定资产投资1.2亿元。2010年，地区生产总值11.4亿元，其中一、二、三产业增加值分别为3.36亿元、6.37亿元和2.67亿元，规模以上固定资产投资7440万元，地方财政收入530万元，农民人均纯收入6689元。

农业　1984年，粮食亩产317千克，总产19205吨，养鱼水面67公顷，淡竹园26.7公顷，农机动力2756千瓦。1996年，粮食亩产294千克，总产1.8万吨。经济作物有大棚蔬菜、大蒜、大姜、葡萄等，种植面积333.3公顷。养鱼水面100公顷，淡竹园15公顷，板栗园97.3公顷，农机总动力5413千瓦，机耕面积70%。2000年后，北部山区以压油沟流域为中心，重点加强林果产业；南部平原以金针菇种植和畜牧养殖为核心，努力提升规模。2004年，被命名为“食用菌之乡”。至2010年，共改造老果园666.7公顷，全乡栽植有板栗667公顷，凯特杏、金太阳杏333公顷，苹果33公顷，桃133公顷，其他林果233公顷，保护地栽培66公顷。2010年，有金针菇种植村25个，食用菌生产占地面积466公顷，实现投料2.5万吨，产值1.5亿元，户均收入3.5万元。大力发展猪、牛、羊、禽四大专业村，2006年畜牧业总收入900万元。2010年，生猪存栏量7.6万头、牛9900头、羊5.6万只，有养殖专业村18个，养殖小区16处。全年出栏生猪3.5万头，出栏小家禽80余万只。粮食作物播种4374.9公顷，总产25187吨，其中小麦12558吨，稻谷284吨，玉米10448吨，豆类604吨，薯类1293吨；油料作物播种611.7公顷，总产3074吨；蔬菜532.2公顷，总产30720吨；瓜类41.1公顷，总产260吨。在西、北部发挥杏山奇石、长新桥水库风光、五色金鱼、鲁南第一竹园等景观和自然资源优势，重点发展旅游农业；长新桥水库下游333公顷水稻生产基地、666公顷林果示范生产基地、夏庄食用菌生产示范园等初具规模。

二、三产业　1996年，全乡四级企业492家，骨干企业有座椅厂、石料开采加工、建安公司等。吴庙子石质小拐磨做工精细，闻名省内外。有建筑企业1家，从业人员60多人，年建筑安装产值100万元；饮食服务业2处，从业人员30人，年营业额50多万元；商业企业2家。2006年，有建筑工程队2个，从业人员100人，年建筑安装产值300万元；饮食服务业6处，从业人员60人，年营业额100万元；商业企业6家，从业人员360人，实现利润600万元。1996年—2006年，实施招商引资项目7个，利用外资1.94亿元，其中合同利用外资7200万元，实际到位3000万元。2010年，主要有农产品加工、机械配件、饲料、肥料、大理石板材等工业项

目。农产品加工有蔬菜水果和畜禽肉制品保鲜、速冻、脱水、腌渍、油炸等5大系列20多个品种，年产值3000万元。石材开发是境内主导产业，年产石材50万吨，大理石板材、石子加工、石材雕刻实现规模化生产，杏山奇石、水磨石、吸水石、竹节石等也形成一定规模。依托泉山（泉山水泥厂2010年破产）、佳田2家水泥厂，发展石材开采大户120户，运输专业户1000户，运输车辆1500辆。2010年，有民营企业28家，规模以上企业10家。有商业零售点120个，集贸市场4个，年商品成交额3000万元；农贸中心1处，农资零售额625万元，农产品收购成交额5005.5万元。

村镇建设

2008年，投资46万元完成南码头至可乐圈总长2.2千米公路，投资20万元建设乡综合文化站。2010年，投资200多万元完成18个村总长35千米公路。全乡村村通柏油路，通车里程70千米。投资800万元实施压油沟整村搬迁项目。完成总投资280万元的夏庄村和投资60万元的降香台村土地增减挂钩项目。实施投资5000多万元的贾庄社区和投资1500万元的坞丘社区建设项目。农村电力覆盖率98%。村村通自来水，覆盖率91%。村村通电话，普及率90%。有线电视村村通，普及率96%。互联网覆盖率55%。投资200万元完成驻地东西大街道旁绿化、美化。有邮政支局1处，金融机构1家。有广播站1处，文化站1处，文化活动室15处，文化广场1处。

教育

1984年，有中学1所，联中5所，小学37所，在校学生5140人。1996年，有中学2所，小学11所，成教中心1所，教职工311人，在校生8279人。2006年，有中小学12所，在校生2500人，幼儿园5所，入园幼儿108人，教职工350人。2010年，有中学1所，小学8所。中学有教职工115人，专任教师92人，其中副高级职称教师11人，一级职称教师64人。中心小学有教职工46人，其中大专学历22人，本科学历14人。投资近200万元，完成尚庄、坞丘、盛庄、上岭和长桥5所小学危房改造。落实“两免一补”（免除书本费、免除学杂费，对家庭经济困难寄宿生补助生活费）政策，救助贫困学生300多人次。

医疗卫生

2008年，新农合参保率96%，参保金额71万元。2009年、2010年，投资20余万元对卫生院门诊楼进行改扩建。2010年，有乡卫生院1所，下设诊所39处，其中19个一体化卫生室。乡卫生院有病床16张，职工22人，其中副主任医师1人，主治医师7人，医师5人。

人口和计划生育

1984年，总人口40117人，1996年44858人，2002年46580人，2006年47350人，2010年52943人。2006年，人口自然增长率控制在8‰以下。2010年，女性初婚晚婚率33.9%，人口出生率9.13‰，出生性别比为129.7，合法生育率70.1%。

社会事业

1996年—2006年，发放各类救助物资折合20万元，救济困难户500多户，向烈、军、荣、残优抚对象累计发放优抚款100多万元，发放临时补助款10多万元。2008年，投资130万元的乡敬老院通过省一级敬老院验收。2010年，全乡供养五保老人134人，院内供养率90%；发放低保补助金97.4万元，救灾款9.8万元，面粉10吨，棉大衣200件，棉被220床，共救济困难户1650户。

历史文化

乡政府驻地西北4千米的上园村，有明代金鱼池1个，保存完好。池内有红、黄、黑、白、青五色金鱼1000余尾。相传建于明永乐年间，五色金鱼为明成祖亲赐。此处金鱼与众不同，生长慢，最大不超过25厘米，并且保持一定密度。如遇天灾或人为破坏造成密度减少，就开始繁殖；达到一定密度，就不再繁殖。更为奇异的是，五色金鱼只有在此水中方能生存，换水即死，且鱼卵在异地水中孵化不出艳丽而别致的五色金鱼，故称“五色神鱼”。1916 年版《临沂县志》记载：“上园村中有夏氏花园。厅前石砌，鱼池游鱼极夥，五色灿然，似是盆鱼遗种，所化池内。大石挺立池数百年，虽三遇不测，至今犹存。”

地名渊源

贾　庄　据墓碑记载，建村于唐朝初年。因贾姓迁此居住后，建有楼房，名村贾家楼。明朝初年，易为今名。建国后，为区、乡、公社驻地。1984 年 4 月起为乡政府驻地。

义合庄　相传义合庄之名始于明朝末年。因刘、傅两姓迁此定居后，和睦相处，故名。

友谊庄　相传建村于清朝末年。因尤姓先居于此，名村尤庄。1980 年全县地名普查时，因县内村庄重名，更为今名。

可乐圈　相传聚落西边山坡上有口井，井边的一棵何首乌，长势繁茂，枝藤爬了一大片，形似柳条编的农具栲栳，名村栲栳圈。后演变为今名。

安乐庄　据《宋氏家谱》记载，建村于明朝初年。原名沙家埠。相传洪武末年，官府征税重，百姓缴不起，遂举家逃避他乡。后陆续返回，为图吉利，过平安日子，将村易为今名。

拾钱庄　相传建村于清朝初年。人们以福地之意，名村石田庄。后谐音为今名。

上　园　夏氏原住尚庄，传说夏氏后裔曾被招为驸马，得明成祖御赐金鱼载回故里，在尚庄北的丘陵处建驸马府，府中建有金鱼池。后在周围形成聚落，遂名村上园。

小东山　1959 年修长新桥水库时，由南码头村析出。因聚落处南码头东边山坡上，故名。

山　前　相传山前之名始于清朝初年。因聚落处邓王山前，故名。

邓王山前　相传邓王山前之名始于清朝初年。因聚落北依邓王山，故名。

东　楼　据墓碑记载，建村于唐朝初年。因聚落处有贾姓所建楼房一座，名村贾家楼。后因处贾庄东，称贾庄东楼。新中国成立后，简称今名。

东大桥　相传建村于元朝初年。聚落东边小河上有座桥，常被洪水冲塌，俗称东塌桥。后谐音为东大桥，遂以桥名村。

东山庄　相传东山庄之名始于清康熙初年。聚落由东坞丘析出。因处东坞丘东的山坡上，故名。

北坞丘　相传西汉末年，王莽赶刘秀至此。眼看刘秀就要被捉时，天突降大雾，王莽失去追赶目标，刘秀脱险。刘秀称帝后，称此地为雾救。后形成聚落，谐音称坞丘。明朝初年，因与南坞丘对应，遂称今名。

东坞丘　相传建村于明朝初年。因聚落与北坞丘毗邻，且与西坞丘对应，故名。

西坞丘　相传建村于明朝初年。因聚落与北坞丘毗邻，且与东坞丘对应，故名。

南坞丘　相传建村于明朝初年。因与北坞丘对应，故名。

尚　庄　据《夏氏家谱》记载，建村于金大定末年。其宗祖夏完，大定初年被授宣武将军，曾率师东征至此。见这里山清水秀，适宜繁衍生息，遂将眷属由河东大夏（今山西夏县）迁此，名村上庄。后书写为今名。

南码头　据碑碣记载，建村于元朝末年。聚落北的白沙河上，架有石板桥 1 座。桥头形似马头，遂名村马头。后书写为码头。清光绪五年（1879 年），因与北码头毗邻，称为今名。

夏　庄　据《张氏家谱》记载，建村于明洪武年间（1368—1398）。因聚落与上庄对应，名村下庄。后书写为今名。

李　屯　据碑碣记载，李屯之名始于明洪武二年（1369 年）。因李姓居多，故名。

杨　林　相传杨林之名始于清朝初年。因杨姓先居于此，且给宋姓财主看林，故名。

吴庙子　据庙碑记载，建村于明万历十一年

(1583年)。吴姓迁此居住后，在聚落东岭上建庙1座。吴家庙子之名，因此而得。后简称为今名。

时　村　据碑碣记载，建村于明万历年间(1573—1620)。因陈姓先居于此，名村陈村。后陈姓迁出，时姓居多，新中国成立初，易为今名。

金　屯　相传金屯之名始于明洪武二年(1369年)。因金姓先居于此，故名。后金姓迁居于尚岩，其他姓氏相继迁入，村名沿称至今。

胡　窝　相传胡窝之名始于明崇祯三年(1630年)。聚落处地势平坦，周围是山。因胡姓先居于此，故名。

黄　庄　1958年由南坞丘析出。因黄姓居多，故名。

曹　村　相传明朝初年，南方一曹姓商人来此，见满山是玫瑰花，风景宜人，遂迁居于此。其女爱养花，且品种繁多，故名村万花山。后曹姓迁出，他姓迁入，人们都很怀念曹姓，将村易名曹庄。因县内村庄重名，更为今名。

盛　庄　相传盛庄之名始于明朝末年。因盛姓先居于此，故名。

潘家沟　据碑碣记载，潘家沟之名始于清乾隆四十年(1775年)。潘姓由孙家庄迁居于此。因聚落处两山之间的沟壑处，故名。

压油沟　相传北宋末年，南方人在聚落北的银铜山上开银矿，经常从南方拉油经此，供开矿用，因以名村拉油沟。清乾隆四十九年(1784年)，易为今名。

晒钱埠　相传唐朝末年，有一官员携带大量铜钱路过聚落处时遇雨，遂在高埠上晾晒。晒钱埠之名，因此而得。

砚台岭　相传砚台岭之名始于明朝初年。因聚落处的小山岭周围高，中间低，形似砚台而名村。聚落分成上、下两处，称上砚台岭、下砚台岭。

压虎庄　相传压虎庄之名始于明朝末年。因聚落处虎头山之阳，故名。

桥山沟　相传桥山沟之名始于清朝初年。因聚落内有条沟，西北依桥山，故名。

铁角山　相传铁角山之名始于明嘉靖元年(1522年)。聚落处铁角山下，以山，故名。

黄　山　相传黄山之名始于清朝初年。因聚落处黄山东麓，故名。

滂　河　相传明洪武二年(1369年)，刘姓一家逃荒至此定居，后繁衍成村落。因处小河旁，河水常涌出。滂河之名，由此而得。

长新桥　据《宋氏家谱》记载，建村于南宋建炎三年(1129年)。原名芙蓉村。村南东洳河支流上有一桥，原名朝仙桥，因屡修屡坏，遂易村名为长修桥。后来，人们为祈望修桥一次永新无毁，改称今名。

竹笼桥　据《张氏家谱》记载，建村于明嘉靖年间(1522—1566)。聚落东的小河上修一桥，名竹笼桥。以桥名村。也作竹龙桥。

官　桥　据曹氏谱碑记载，建村于明永乐十二年(1414年)。聚落处一小河西岸，因曹、王、金三姓先居于此，名村合庄。后聚落迁至河东，官府修桥一座，遂易名官桥。

堡　子　相传堡子之名始于明朝初年。因聚落处有一古城堡，故名。

降香台　相传建村于北宋末年。因聚落处庙堂的香台附近，故名。

齐　庄　据庙碑记载，建村于明万历初年。因聚落处铁角山东麓，名村铁角山屯。因齐姓居多，万历十一年(1583年)易为今名。

朱　村　原名棠棣园。相传建村于明朝初年。宋姓迁此居住后，在聚落北栽种山楂和闻香果(榅桲)等树，因以名村棠球园。后因聚落处贾庄东，易名东贾庄。1958年，因朱姓居多，改称今名。

朱城前　相传朱城前之名始于明朝末年。聚落处古城址前。因朱姓居多，故名。

孤山屯　相传孤山屯之名始于明万历五年(1577年)。因聚落处孤山之阳，故名。

小山子　据《曹氏族谱》记载，建村于明朝末年。原名山南头。清朝初年，聚落迁至小山前，遂易为今名。

2010年贾庄乡村庄基本情况表

表30—27

行政村	自然村	曾用名	户数（户）	人口（人）	占地面积（亩）	耕地面积（亩）	集体收入（万元）
贾　庄	贾　庄	贾家楼	963	3374	1263.43	1310	5
东　楼	东　楼		79	291	75.66	226	0
竹龙桥	竹龙桥	竹笼桥	314	1141	245.09	1000	0.5
时　村	时　村		191	814	123.39	586	0.3
滂　河	滂　河		175	705	129.92	520	0.5
降香台	降香台		91	325	143.53	242	3
堡　子	堡　子		230	768	214.23	470	1
曹　村	曹　村	万花山、曹庄	130	422	120.92	544	2
李　屯	李　屯		461	1593	345.59	1570	0.5
盛　庄	盛　庄		371	1258	381.21	1100	0.5
金　屯	金　屯		140	475	125.45	269	0.2
铁角山	铁角山		443	1568	350.31	1675	1
官　桥	官　桥	合庄	452	1707	363.86	1500	0.3
东坞丘	东坞丘		390	1359	321.50	991	1
西坞丘	西坞丘		564	1815	390.13	1528	2
黄　庄	黄　庄		151	519	105.55	365	2
南坞丘	南坞丘		155	516	97.03	411	0.4
胡　窝	胡　窝		199	688	250.45	562	3
北坞丘	北坞丘	雾救、坞丘	295	1034	406.84	721	0
义合庄	义合庄		305	1027	304.81	1149	0
潘家沟	潘家沟		84	316	161.24	302	0
东山庄	东山庄		165	528	156.52	482	0.2
吴庙子	吴庙子		239	826	250.01	929	0.5
夏　庄	夏　庄	下庄	309	1062	344.56	630	0.5

续表 30—27

行政村	自然村	曾用名	户数（户）	人口（人）	占地面积（亩）	耕地面积（亩）	集体收入（万元）
尚　庄	尚　庄	上庄	756	2350	605.88	2460	1
上　园	上　园		287	1052	231.52	1042	0.3
压油沟	压油沟	拉油沟	73	245	41.45	802	0
可乐圈	可乐圈	栲栳圈	188	624	299.81	969	0
南码头	南码头	马头、码头	209	820	215.05	365	0
小东山	小东山		52	205	40.43	500	0
晒钱埠一村	晒钱埠		412	1516	333.78	1600	3
晒钱埠二村			372	1685	499.26	1200	3
晒钱埠三村			380	1310	272.41	960	3
小山子	小山子	山南头	335	1249	355	930	0
朱　村	朱　村	棠棣园、棠球园、东贾庄	380	1346	245	934	0
朱城前	朱城前		460	1600	1300	1100	0
齐　庄	齐　庄	铁角山屯	380	1166	1300	1100	0
孤山屯	孤山屯		515	2010	1600	600	0
上砚台岭	上砚台岭		555	1778	548.66	1870	2
下砚台岭	下砚台岭		154	461	119.73	442	0
邓王山前	邓王山前		268	891	335.12	1448	1
长桥东村	长新桥	芙蓉村、长修桥	459	1602	346.12	1030	2
长桥西村			428	1530	298.94	950	1
安乐庄	安乐庄	沙家埠	691	2419	541.67	2410	0.5
东大桥	东大桥	东塌桥	225	801	124.61	625	0
友谊庄	友谊庄	尤庄	234	792	133.03	620	0
拾钱庄	拾钱庄	石田庄	245	477	159.77	500	0
桥山沟	桥山沟		42	167	77.87	400	0
压虎庄	压虎庄		62	206	74.92	60	0

附：沂堂镇

自然地理

沂堂镇位于县境东北部，镇政府驻地南沂堂，距县城15千米，南接卞庄街道、神山镇，西邻大仲村镇，北靠临沂市高新区罗西街道，东接罗庄区罗庄街道、付庄街道。境内京沪高速公路贯穿南北；沂王公路、沂磨公路、俄北公路纵横交错，总长23千米。2009年，土地面积75平方千米，其中耕地面积4777.91公顷。

镇境地势西北高、东南低，西北为山区，东南是平原，一般海拔50米以上。境内有尖山、卧牛山、峰山等大小山头30座，卧牛山为全镇最高点，海拔224米。有省级公益林286.7公顷，荒山207公顷。有小（一）型水库1座，为台井水库；塘坝4座。地下水资源非常丰富，地下水位在4米左右。燕子河自北向南流经乡境。燕子河发源于境内龙王堂村，从西为儿桥村流入神山镇，境内流长5千米。已探明储量的矿产资源有石灰石、铝矾土、石英砂、页岩、瓷石等。

建置区划

镇境抗日战争前属郯城县。1940年属临沂县抗日民主政府。1944年属赵镈县。1947年属苍山县。1950年属苍山县神山区。1958年初设迷龙乡，秋并入神山人民公社。1975年，从神山人民公社析出，称迷龙人民公社，驻地设在南沂堂村南。1984年，迷龙人民公社改称沂堂乡。1999年12月，撤销沂堂乡，设立沂堂镇。2010年2月区划调整，由苍山县划归临沂市罗庄区管辖。

2009年，全镇辖32个行政村，26个自然村，4.5万人。

经济概况

1996年，工农业总产值3.56亿元，其中农业总产值7764万元，四级企业总产值2.79亿元，实现利税2130万元，财政收入145.6万元，人均纯收入1709元。2006年，地区生产总值8.8亿元，财政税收突破1000万元，农民人均纯收入4300元。2009年，地区生产总值14.6亿元，农民人均纯收入6400元。

农业 主要种植大蒜、花生、烟草等经济作物和小麦、玉米等粮食作物。1984年，粮食亩产342.5千克，总产27600吨；有机井115眼，可浇地1000公顷，农机总动力2957千瓦。1996年，粮食亩产326.7千克，总产24681吨，人均粮食602.6千克。有大蒜533.4公顷，花生347公顷，烟草21公顷。有竹园6.4公顷，年采伐量235吨。有寨子、东西湖、东大埠3大板栗基地。畜牧业以牛、猪、羊、鸡、兔为主，总产值1580万元，被省政府命名为"畜牧强乡"。全乡有大口井165眼，电灌站8座，可灌溉面积1667公顷。拥有农机总动力19134千瓦，农用机械2578台，拖拉机598台，机耕面积90%。2006年，争取黄淮海开发扶持项目，在大兴屯、东为儿桥村实施200公顷农业综合开发，在冷水沟村实施33.3公顷土地整理，在贤孝庄村实施20公顷造地工程。当年，全镇整修生产路4.5万米，新建修复桥、涵42座，疏通泄洪道5条，新打配套机井12眼。由山东六和集团投资1000万元新上年出栏肉鸡100万只的苍山六和养殖场。同时，依托养殖场龙头优势，重点发展寨子、东迷龙、冷水沟等8个养殖专业村，畜牧养殖规模进一步壮大。2009年，种植大蒜1000公顷、地膜花生1000公顷、优质小麦2000公顷、烟草200公顷。

二、三产业 1984年，有乡办企业10多家，其中煤窑、水泥预制、大理石开采、陶瓷业发展较快。1996年，有四级企业2735家，乡办骨干企业有冷藏加工、建筑建材、水泥厂、造纸厂等。2000年后，大力实施招商引资，投资过千万元的项目有双森建陶、真琰金属、森茂木业、金耐特钢等。2006年，实现销售收入5.6亿元，利税1.2亿元。2008年，有民营工

业集聚区2处，民营企业26家，规模以上企业11家，个体工商户1290户。有以荆华蔬菜食品有限公司为龙头的蔬菜加工保鲜企业12家，以天丰、华伟、福顺瓷业有限公司为龙头的陶瓷企业8家。镇境东部民营工业园区规划面积6平方千米，形成四纵九横的发展框架，完成园区“振兴大道”硬化绿化工程和各路段路基工程，基本实现路、水、电、气、通信、宽带“六通一平”。2009年，全镇有规模以上工业企业16家，从业人员3200人，有5家企业获自营进出口经营权，8家企业通过ISO质量认证，形成以陶瓷、建材、冶金、化工、蔬菜加工为主导产业的工业发展体系。全镇拥有年产2亿件日用陶瓷、800万平方米内墙砖、2亿块页岩砖、2000万平方米石膏板、400吨硫酸软骨素、3万平方米集装箱木底板、6万吨还原铅和6000吨蔬菜冷藏加工生产能力。

村镇建设

1993年，开通程控电话。2006年，新修硬化道路84千米，硬化路通车总里程100千米，率先实现村村通硬化路。有线电视入村率93.8%，程控电话入村率100%，自来水入村率75%。2009年，镇政府驻地小城镇建设初具规模，规划面积4平方千米，基本形成两纵七横的发展框架，完成镇驻地中心大街和泉重路硬化、绿化、亮化工程。建有35千伏变电站2座，西气东输减压站1座。

教育科技

1984年，有中学1所，联中2所，小学29所，在校学生5359人。1996年，有中学1所，小学26所，在校学生6688人，教师284人。2006年，实施镇中学、中心小学、大兴屯实验小学、峰山明德小学等一批农村中小学危房改造工程。2009年，有中学1所，小学18所。

1996年，有各类科技人员390人。2006年，天发生化、天丰瓷业、华伟建陶、荆华食品等企业通过国家质量体系认证，产品质量大幅度提升。荆华食品研制申报的一种蒜米保鲜技术获得国家发明专利。

医疗卫生

1984年，有卫生院1所，门诊所2处，村卫生室32个，卫生人员83人。1996年，有卫生院1所，诊所11处，有病床85张，医务人员88人。2006年争取国债资金扶持项目，实施镇卫生院门诊大楼改造工程。2009年，有一体化卫生室23个。

人口和计划生育

1984年，总人口36409人，1996年总人口40958人，2002年总人口43224人，2006年总人口44159人，2009年总人口45479人。2006年，新建镇计划生育服务站大楼，重新装修村级服务场所，对育龄妇女信息实行微机化管理，规范育龄人群档案，镇村服务站室建设有明显改善。兑现农村独生子女父母每年120元的现金奖励，年满60周岁独生子女及双女户夫妻双方每年600元的现金奖励等优惠政策，建立计划生育利益导向机制。

历史文化

麒麟山位于镇驻地南2千米处，山上存有玉虚观，建于明朝永乐年间。在玉虚观的对面有相传乾隆下江南时路过此地搭建的戏台。山上有石麒麟、淋水坡、朝阳洞、玉石桌四大景点。明代火烧麒麟山、清代响马大战麒麟山的传说流传至今。镇政府驻地南4千米，有前大埠汉代古墓群，系县级重点文物保护单位。南沂堂村亦有汉墓群。镇驻地西北1.5千米的北沂堂村，有清嘉庆二十年（1811年）为表彰武秀才侯振纲之妻王氏所建的节孝牌坊1座。清代著名文物收藏家于腾出生于本镇寨子村，其妻王氏在于腾逝后捐建临沂琅琊书院第一义学，时称“女武训”。

1939年5月，东为儿桥村村民自卫组织——“红旗会”和全体村民，与前来“扫荡”的日伪军进行了一场殊死决战，打死日伪军13人，打伤20多人。由于寡不敌众，11名会员英勇牺牲、36名村民被残酷杀害。

地名渊源

沂　堂　相传乾隆皇帝南巡至此迷路，南一趟、北一趟地来回走。于是，人们便把南、北两个聚落称为南一趟、北一趟。后书写为南沂堂、北沂堂。1976年1月—1984年3月，南沂堂为迷龙公社驻地。1984年4月，迷龙公社改称沂堂乡政府，为乡政府驻地。1999年12月起为镇政府驻地。

贤孝庄　相传建村于明崇祯年间（1628—1644）。因袁姓先居于此，名村袁家庄。后因袁小拉耙的传说，易为今名。

为儿桥　在燕子河上游。据明代墓碑记载，建村于元至正年间（1341—1368）。相传，燕子河从聚落中流过，为方便儿女上学，人们便在河上修了一石桥，桥板及桥头碑刻有劝学扬善的各种图案及文字，名桥为儿桥。聚落遂以桥名之。河西称西为儿桥，河东称东为儿桥。

龙王堂　据庙碑记载，建村于清顺治年间（1644—1661）。聚落处有一座龙王庙，以庙名村龙王堂。

迷龙汪　建村于清雍正年间（1723—1735）。原无村名。后传说乾隆皇帝南巡至聚落中的汪边迷路，古人称皇帝为“龙”，故聚落遂以迷龙汪名之。后划分东、西、前、后4个生产大队（行政村），各自简称为东迷龙、西迷龙、前迷龙、后迷龙。

大　埠　相传乾隆皇帝南巡，在几个聚落处迷路，便北一大步，西一大步，东一大步地来回走。于是，人们便把聚落称为大步，后书写为大埠。因聚落有北、东、西3处，遂称北大埠、东大埠（均属沂堂镇）、西大埠（属卞庄街道）。东大埠又分为前、后2个行政村，分别为前大埠、后大埠。

台　井　相传建村于西汉末年。原名卧牛村。后传说乾隆皇帝南巡，在一汪边迷路后，至此方觉清醒，遂将村名易为抬头醒。后演变为台井。新中国成立后，聚落分成前、后两处，称前台井、后台井。

冷水沟　相传冷水沟之名始于元朝末年。聚落处两山之间的山沟里，因冷姓先居于此，故名。

龙泉官庄　据《张氏家谱》记载，建村于明洪武九年（1376年）。原名官庄。后因村后有一形似龙的泉，遂易为今名。

杏山湖　据《赵氏家谱》记载，建村于清雍正年间（1723—1735）。因赵姓先居于此，名村赵庄。聚落处杏山东麓，1940年易名杏山湖。建国后，聚落分成东、西两处，称东杏山湖、西杏山湖。

荆　山　相传荆山之名始于明朝初年。聚落处荆山东麓，以山名村。

泉里堡　据《王氏家谱》记载，泉里堡之名始于明永乐三年（1405年）。因聚落中有一泉，故名。

峰　山　据碑碣记载，建村于宋朝末年。原名杏花村。因村东西两面有山，常遭北风侵袭，俗称风山。清朝末年，因处峰山东麓，易名峰山。聚落分成前、后两处，称前峰山、后峰山。

沂西岭　1930年，由北沂堂析出。因聚落处沂堂村的西岭上，名村沂西岭。后简称西岭。因县内村庄重名，复用原名。

柳　庄　据庙碑记载，柳庄之名始于明洪武年间（1368—1398）。因聚落中有棵大柳树，故名。

大槐树　据庙碑记载，大槐树之名始于隋朝末年。因聚落处有棵大槐树，故名。

麒麟山　据《钟氏家谱》记载，麒麟山之名始于明万历三年（1575年）。聚落处麒麟山东侧，以山名村。

寨　子　据庙碑记载，建村于北宋靖康元年（1126年）。原名净兴村。清乾隆十八年（1753年）三月，因古时曾在此安营扎寨，易为今名。

大兴屯　据《刘氏家谱》记载，建村于明万历三年（1575年）。原名前沙屯。1950年易为今名。

兴路口　相传建村于明朝末年。因聚落中有十字路口，名村岔路口。1980年全县地名普查时，因县内村庄重名，更为今名。

2009年沂堂镇村庄基本情况

表30—28

行政村	自然村	曾用名	户数（户）	人口（人）	占地面积（亩）	耕地面积（亩）	集体收入（万元）
南沂堂	南沂堂	南一趟	805	2965	—	3416	—
北沂堂	北沂堂	北一趟	864	2831	—	2850	—
寨　子	寨　子	净兴村	953	3029	—	4125	—
沂西岭	沂西岭	西岭	210	633	—	950	—
后台井	后台井	卧牛村、抬头醒、台井	308	1032	—	1200	—
前台井	前台井		269	992	—	1246	—
贤孝庄	贤孝庄	袁家庄	265	845	—	2257	—
前峰山	前峰山	杏花村、峰山	721	2607	—	2385	—
后峰山	后峰山		252	905	—	850	—
东泉里堡	泉里堡		560	1798	—	1520	—
西泉里堡			246	767	—	950	—
东迷龙汪	迷龙汪		484	1532	—	1435	—
前迷龙汪			368	1225	—	1658	—
西迷龙汪			653	2258	—	2145	—
后迷龙汪			343	1031	—	1105	—
东杏山湖	东杏山湖	赵庄、杏山湖	126	443	—	510	—
西杏山湖	西杏山湖		132	415	—	485	—
冷水沟	冷水沟		292	992	—	1345	—
麒麟山	麒麟山		617	2665	—	625	—
荆　山	荆　山		883	2715	—	3200	—
北大埠	北大埠	大步、大埠	330	1048	—	1120	—
前大埠	东大埠		227	759	—	515	—
后大埠			503	1638	—	2203	—
大兴屯	大兴屯	前沙屯	782	2483	—	2218	—

续表 30—28

行政村	自然村	曾用名	户数（户）	人口（人）	占地面积（亩）	耕地面积（亩）	集体收入（万元）
东为儿桥	东为儿桥	为儿桥	327	1279	—	1150	—
西为儿桥	西为儿桥		916	2743	—	2418	—
前柳庄	柳　庄		765	2546	—	2277	—
后柳庄			487	1639	—	1950	—
大槐树	大槐树		210	694	—	360	—
龙王堂	龙王堂		207	660	—	765	—
龙泉官庄	龙泉官庄	官庄	399	1236	—	950	—
兴路口	兴路口	岔路口	296	887	—	665	—

附：乡镇基本情况统计表

1999 年苍山县建制镇镇区主要指标情况

表 30—29

名称	户数	人口（人）		劳动力	集贸市场个数（个）		企业数	企业从业人员数
			非农业人口			综合市场个数		
	（户）		（人）	（人）		（家）	（个）	（人）
大仲村镇	560	3050	1256	2135	2	1	11	405
兰陵镇	6500	15000	6000	9000	4	2	23	1300
长城镇	1130	44964	1662	780	1	0	15	500
磨山镇	2618	9721	1233	26708	2	2	50	6411
神山镇	1860	6550	1205	5350	1	1	35	1560
车辋镇	865	3392	522	1650	1	1	10	110
尚岩镇	145	728	157	429	1	1	5	300
向城镇	2536	11042	2960	7490	3	1	20	3560
南桥镇	1400	3860	1052	2470	2	1	10	400
层山镇	1550	5636	893	3550	1	1	39	1603
庄坞镇	769	2976	185	2450	4	2	150	1200
沂堂镇	250	1050	80	860	1	1	6	180

2005年苍山县乡镇基本情况

表30—30

乡镇	村居	总面积	耕地面积	人口	粮食总产量	乡镇企业	财政收入	学校	医院	农民人均纯收入
	（个）	（公顷）	（公顷）	（家）	（吨）	（个）	（万元）	（所）	（所）	（元）
卞庄镇	124	17854	8210.2	133425	51627	600	2955	51	6	3900
大仲村镇	67	15074	7065	79842	30875	186	1171	43	2	3758
兰陵镇	113	14162	9005	101264	80747	2011	1805	36	4	3808
长城镇	52	7233	5514	46920	25953	14	677	9	1	3640
磨山镇	42	7961	5095	63515	28026	55	936	22	1	3775
神山镇	38	6709	3354	45631	20416	187	991	17	1	3688
车辋镇	48	12728	5266	53138	27663	86	902	13	2	3446
尚岩镇	50	8354	2967	46819	18833	160	881	13	1	3727
向城镇	69	6076	3615	56488	20648	63	2160	15	1	4029
新兴镇	44	6879	3603.5	39214	24911	129	704	8	1	2888
南桥镇	59	8507	5805	63198	48520	40	731	11	1	3418
层山镇	34	5118	3515	43677	15918	270	624	9	1	3767
庄坞镇	19	3756	1870	36646	5543	132	738	8	1	3883
沂堂镇	32	7567	4151	43721	18685	148	839	8	1	3121
贾庄乡	49	7570	3252	46878	19252	325	662	12	1	3300
矿坑乡	24	8532	3475	32241	28157	150	595	6	1	3583
下村乡	33	12115	3762	42639	9252	48	670	12	2	3350
鲁城乡	37	8798	2287	35635	13154	66	672	10	1	3050
三合乡	43	4887	3312	39388	22498	186	639	12	1	3776
兴明乡	43	4786	3270	42232	22094	4	636	10	1	3581
二庙乡	36	5350	3243	44591	20271	18	575	8	1	3366

第三十一编
荀　子

蒼山縣志

荀子是战国末期杰出的思想家、教育家、文学家，先秦唯物主义集大成者，继孔子、孟子之后的儒学大师。幼年师从虞卿学习《春秋左氏传》，后游学燕、楚，赴稷下参与百家争鸣，三为祭酒，最为老师。长期观政于秦，议兵于赵。应楚相春申君黄歇之邀，于公元前255年至公元前238年两任兰陵（今苍山县兰陵镇驻地）令。去官后在兰陵传经授徒，序列平生著述，终老兰陵，长眠兰陵。墓地在今兰陵镇南王庄村东。其弟子李斯、张苍等人为当世名相，浮丘伯、毛亨等人为传经大儒，韩非为先秦法家思想之集大成者；其著作经汉代刘向等人整理，现存《荀子》32篇；其"明于天人之分、制天命而用、人性本恶、隆礼重法"等思想，对中华传统文化的形成与发展产生巨大而深刻的影响。

第一章　荀子生平

第一节　生卒时间

荀子，姓荀名况，时人尊号为卿。战国时期赵国（今山西省安泽县）人。胡元仪《郇卿别传》云：荀子为周郇伯公孙之后，故又氏孙，称孙卿子。《后汉书·荀淑传》称：淑为荀卿第十一世孙。对其生卒时间，由于《史记·孟子荀卿列传》无确切年代记载，生平不可详考，均以约数代之，常见者有"约前313年—前230年""约前313年—前238年""约前325年—前238年"等说法。目前学术界普遍认可的是：荀子大约生于公元前316年，卒于公元前230年。

图31—1　荀子

第二节　重要事迹

稷下游学

齐宣王十九年（前301年）稷下学宫始置列大夫，招徕四方贤士。荀子少年聪慧，求学若渴，初抵稷下，应劭在《风俗通义·穷通》中有"孙卿有秀才，年十五始来游学"之载。而立之年的荀子进谏齐相，齐相不听，加之齐国国势日渐衰微，列大夫纷纷散去，荀子于齐湣王十六年（前285年）怏怏离齐，南游楚国。荀子此次游齐，凡16载。

燕灭齐后，齐襄王五年（前279年）田单大败燕军，收复都城临淄，襄王重整稷下，稷下学风再度兴起，荀子重游齐国。此时，老一代学者大都作古，荀子在学术上的成就日益超拔，在列大夫中"最为老师"。"齐尚修列大夫之缺，而荀卿三为祭酒焉。"（《史记·孟子荀卿列传》）荀子主持稷下讲坛长达24年。

荀子除在齐国讲学外，也曾回到赵国，在赵

孝成王面前议论兵事。荀子还西入秦“观国之光”,《荀子·强国篇》详细地记述入秦的所见所闻。荀子经秦相范雎的引见,拜会了秦昭襄王,劝说秦国实行儒家的仁政王道思想,力陈“行一不义、杀一无罪而得天下,不为也”(《荀子·儒效》)的观点。秦国不重视儒学,荀子重返齐国。齐王建嗣位后国事混乱不堪,权落太后君王后之手。荀子因上书语涉君王后,受到群小的攻击,于齐王建十年(前255年)接受楚国春申君黄歇的聘请,任楚国兰陵县令。

三为祭酒

齐湣王十五年(前286年),50岁左右的荀子在有了充分的学识积累与人生阅历后,进入齐国参与稷下学宫的百家争鸣。通过争鸣,相互砥砺,取长补短,丰富和提高自己,展示所积所学,在更大范围内引起各诸侯国执政者的重视。

齐湣王十七年(前284年),被胜利冲昏头脑的齐湣王不听众学士劝谏,内政外交失控。后燕军大举入侵,齐湣王国破身死,众学士纷纷离开齐国。荀子遂到楚国游学,与后来成为楚国国相的春申君黄歇进行学业交流。

约齐襄王五年(前279年),齐襄王复国后重建稷下学宫,荀子应邀回到齐国。这时,田骈、邹衍等老一辈学者都已去世,慎到、接子等稷下旧人又不在齐国,荀子凭借他的德才与威望,在学宫中“最为老师”,先后三为学宫的“祭酒”,继续推进“百家争鸣”。荀子在稷下度过了他人生最为辉煌的时期。

观政于秦

秦昭襄王四十一年(前266年),荀子应邀赴秦国。刘向《孙卿新书·叙录》记载:“孙卿之应聘于诸侯,见秦昭王。昭王方喜战伐,而孙卿以三王之法说之,及秦相应侯,皆不能用也。”

荀子在与秦相范雎的交谈中对秦国淳朴的民风、奉公守法的政风大加赞赏,认为秦国具备了一统天下的能力与势力。

荀子在与秦昭王的交谈中认为,秦国欲统一天下,必须“力术止,义术行”,推行以“修德保民”为主、德威并用的“王道”,而非以“征伐攻战”为主、损德失信的“霸道”。虽然荀子的主张未被采纳,但后来秦国统一天下不久便被农民起义推翻,成为历史上最为短命的王朝之一,证明了荀子的论断是正确的。

议兵于赵

昭襄王四十二年(前265年),在“观政于秦”期间,荀子预感到秦、赵两雄在未来的兼并战争中必有一战。他既为天下即将统一感到欣慰,又为自己的故乡赵国的前途深深忧虑。在自己的政治主张不为秦国君臣所采纳的情况下,遂赶回故乡与临武君庞煖议兵于赵孝成王前,提醒并建议赵国要建立起真正的“仁义之师”“威武之师”,主动地把统一天下的使命担当起来,但也不为赵国君臣采纳。

此后,赵孝成王与国相平原君赵胜贪图小利,接受上党守将冯亭的投降,引发了著名的“长平之战”。赵孝成王七年(前260年),赵国战败,兵卒40万惨遭屠戮。赵国自此失去了与秦国一决雌雄的能力与势力,终为秦国所灭。

主政兰陵

《史记·孟子荀卿列传》记载:“齐人或谗荀卿,荀卿乃适楚,而春申君以为兰陵令。”

楚考烈王七年(前256年),楚国攻灭鲁国,改次室为兰陵,楚相黄歇拜荀子为兰陵令。荀子在赴兰陵途中,看到因灾荒饥民乞讨、老稚不能相顾的情景,甚是怜民。到任后开仓放粮,救济百姓,实行新政,治水一方。荀子到任不久,有食客向春申君进言说,商汤以七十里之地,周文王以百里之地,后来皆成为天下之王。荀子是一贤者,您让他管理百里之地的兰陵,这不是很危险的吗?春申君耳朵一软,便婉言劝辞了荀子。荀子只好离开楚国,回到阔别多年的故乡赵国。

荀子居赵7年,他与临武君在孝成王面前议兵,想以此推动故国的再次振兴强大,将天下兵争形势归结为“兵不血刃”。其“凝士以礼”、为“义”而战等“仁战”思想已不合时宜。

这一消息传到楚国后，又有食客在春申君面前进谏说："伊尹去夏入殷，殷王而夏亡；管仲去鲁入齐，鲁弱而齐强。故贤者之所在，君尊国安。今孙卿，天下贤人，所去之国，其不安乎？"春申君恍然大悟。考烈王十六年（前247年），在春申君的再次固请下，复任兰陵县令。

荀子复任兰陵县令17年，继续推行新政。他制定吏法，督县衙内官吏各司其职。他考察兰陵的地理、环境、民情，沿泇北行，寻其源头抱犊崮。翌年春日测量渠道路线，冬时征调徭役修堤梁、开水渠，形成千亩良田灌溉区。他薄赋税、轻徭役，以政裕民，使兰陵仓廪实、府库满。他明礼义，严法度，隆礼尊贤，理民施政，使兰陵民风更加淳朴。他建学室，设杏坛，开办讲学处，为兰陵培育人才，兖州的毛亨等慕名前来求学。他清正廉洁，节用裕民，使兰陵政通人和，成为楚国之楷模。司马迁在《史记·春申君列传》中记述说："当是时，楚复强"。

考烈王二十五年（前238年），春申君黄歇被杀，荀子受株连入狱，放出后免官。

劝学兰陵

荀子在兰陵培养与储备了一大批治国安邦的优秀人才，如他的弟子李斯、韩非、张苍、浮丘伯、毛亨等人，再传弟子刘交、贾谊、后苍、孟卿、孟喜、申公、戴德、戴圣、董仲舒、毛苌、萧望之、匡衡等人，有的成为治世名臣，有的成为传经大儒，在秦汉之际大放异彩。汉代刘向因此评价说："兰陵多善为学，盖以荀卿。"

荀子的另一伟大贡献是对儒家经典著作的保护与传播。荀子从稷下转到楚国后，把当时许多儒家典籍带到了兰陵，特别是通过心传口授的教学方法传授给弟子。虽然秦始皇搞焚书坑儒，但荀子是李斯、韩非、张苍等人的老师，并且兰陵远离咸阳，故儒家经典在兰陵得以保存与传播。清代汪中评价说，"荀卿之学，出于孔氏，而尤有功于诸经"，儒家"六艺赖以不绝者，荀卿也，周公作之，孔子述之，荀卿子传之，其揆一也"。

恩泽兰陵

楚考烈王二十五年（前238年），楚相春申君为其门人李园杀害，荀子受牵连，因之去官，遂于兰陵定居，继续传经授徒，开始整理自己一生的著述，即司马迁所说"推儒、墨、道德之行事兴坏，序列著数万言"。作为百家争鸣的总结，荀子的著作为我们留下了研究那个征战不绝、烽火连天、风起云涌、变革迭起时代的基础材料。

荀子弟子韩非的思想是秦统一天下、建立新王朝的理论武器，另一位弟子李斯帮秦始皇推行"车同轨、书同文、统一度量衡、统一货币、实行郡县制、中央集权"等政治经济文化制度。故谭嗣同说"两千年之政，秦政也……两千年之学，荀学也……"。荀子在中国文化发展史上是一位承前启后的里程碑式的伟大人物。

第二章　荀子思想

荀子是先秦儒学的最后一位大师，他顺应战国末期国家统一的历史潮流，批判和综合吸收了先秦各学派的思想，建立内容包括哲学、政治、法律、伦理、教育、军事、文化、艺术等诸多领域的独立特行的庞大思想体系。冯友兰在《中国哲学简史》中认为，荀子"重视自然主义，与任何宗教思想都不相容"。

第一节　天　论

殷周时期"天命论"在政治思想领域占主导地位。春秋末年的孔子、墨子和战国时期的孟子也以“天”为最高主宰，没有摆脱“天命论”的束缚。荀子继承前人对天的认识的积极因素和道家“道法自然”的思想，在中国思想史上第一次比较系统地建立了唯物主义自然观。

天行有常

荀子认为天是客观存在的自然界本身，“万物同宇而异体”（《荀子·富国》，以下凡引《荀子》只注篇名），天地万物同处于物质世界之中。“万物为道一偏，一物为万物一偏”（《天论》），各种事物都是物质世界的一部分。自然界的变化，都源于自然界本身，没有神灵主宰。他说：“列星旋转，日月递炤，四时代御，阴阳大化，风雨博施，万物各得其和以生，各得其养以成。不见其事而见其功，夫是谓之神。皆知其所以成，莫知其无形，夫是之谓天。”（《天论》）这里说的“神”是指自然界自身的生机和功能，而不是有意志的“天”的主宰。

荀子继承宋、尹学派的“精气”说和庄子学派“通天下一气耳”（《庄子·知北游》）的思想，认为宇宙万物的构成均来源于“气”。他说：“水火有气而无生，草木有生而无知，禽兽有知而无义，人有气有生有知，亦且有义，故最为天下贵也。”（《王制》）

荀子认为自然界有其自身的规律，他用“天道”来表述自然界的规律性，“天有常道矣，地有常数矣”（《天论》）。自然界的规律不因人的品质的好坏和人对它的好恶而有所改变，“天行有常，不为尧存，不为桀亡”（《天论》），“天不为人之恶寒也辍冬；地不为人之恶辽远也辍广”（《天论》）。国家的治乱兴废也与自然界无关，禹和桀所处的自然条件并没有什么变化，为什么“禹以治，桀以乱”（《天论》），原因来自当政者自身。“应之以治则吉，应之以乱则凶”，“修（循）道而不贰，则天不能祸。……倍（背）道而妄行，则天不能使之吉”（《天论》）。荀子还认为天不能主宰吉凶祸福，决定富贵贫贱。只要人们勤于耕作，又节省开支，天不能使人贫穷；衣食足而又注意锻炼身体，天不能使人病。反之，荒废农业生产而又奢侈浪费，天不能使人富裕；衣食不足而又不锻炼身体，天不能使人健康。

荀子反对“营于巫祝，信机祥”（《史记·孟轲·荀卿列传》），认为“天地之变”不可畏。自然界的一些现象，如“星队（坠）、木鸣”，“日月之有蚀，风雨之不时，怪星之党（傥，偶也）见”，都是“天地之变，阴阳之化”，是自然界自身的变化而产生的现象，可怪而不可畏。而真正可畏的则是人为的灾祸，“人袄则可畏也”（《天论》）。荀子反对天旱时用“雩”舞求雨，出现了日食、月食，去击鼓救日、月，以及通过卜筮决定大事。他说：“雩而雨，何也？曰：无何也，犹不雩而雨也。日月食而救之，天旱而雩，卜筮然后决大事，非以为得求也，以文之也。君子以为文，而百姓以为神。以为文则吉，以为神则凶也。”（《天论》）自然界的现象受客观规律支配，企图用某种仪式祈求改变是不可能的。他认为宗教仪式只是一种文饰的手段，而不是因为真正有神。

荀子反对相术，认为人的吉凶祸福和富贵贫贱不是由人的形相决定的，而是决定于后天的“择术”。“故相形不如论心，论心不如择术。形不胜心，心不胜术。术正而心顺之，则形象虽恶而心术善，无害为君子也。形象虽善而心术恶，无害为小人也。”（《非相》）

“明于天人之分”与“制天命而用之”

“明于天人之分”和“制天命而用之”是荀子自然观的中心思想。“天人之分”是指天和人有特定的职分和功能，不能相互代替。“天能生物，不能辨物，地能载人，不能治人”，“天有其时，地有其财，人有其治”（《天论》）。天的职分是“不为而求，不求而得，夫是之谓天职”（《天论》）。自然界的存在和变化既不是神的意志的体现，也不是人为的结果，而是自然界自身运动变化功能的体现。人的职分是“人有其治”，人不能越出自己的职分范围把主观意志强加给自然界，“不与天争职”（《天论》）。但荀子认为天和人又是相互影响的。自然界的物类相生相养，人类必须利用自然界适于自身生存的条件，才可保证生存和发展，“顺其类者谓之福，逆其类者谓之祸”（《天论》）。天不能干预人事，但人的生存和发展却要受到自然规律的制约。

荀子认为人对自然界不能只是消极适应，无所作为，而应发挥主观能动性。认识和掌握自然规律，利用自然，改造自然，“制天命而用之”。“大天而思之，孰与物蓄而制之？从天而颂之，孰与制天命而用之？望时而待之，孰与应时而使之？因物而多之，孰与骋能而化之？思物而物之，孰与理物而勿失之也？愿于物之所以生，孰与有物之所以成？故错人而思天，则失万物之情”。（《天论》）人不能消极等待天的恩赐，而必须积极地掌握自然规律和各种自然条件，向自然界夺取财富、增加生产。

第二节　性恶论

人性问题是先秦思想家普遍关注的问题，有代表性的观点有周世硕的人性有善有恶论、孟子的性善论和告子的人性无善无恶论。荀子则针对孟子的性善论，作《性恶》篇，主张人性恶。

人之性恶，其善者伪也

荀子认为人性是人的自然本性，“凡性者，天之就也，不可学，不可事。……不可学、不可事而在人者谓之性”（《性恶》），“不事而自然谓之性”（《正名》），又说“性”是未经加工、质朴的原始素材，“性者，本始材朴也”（《礼论》）。“性”还包括生理器官的本能和衣食声色之欲。他认为人的这种自然本性是恶的，其所谓恶，是因为“今人之性，生而有好利焉”，“饥而欲饱，寒而欲暖，劳而欲休，此人之情性也”（《性恶》）。孟子主张人性善是混淆了“性伪之分”，“伪”是后天的教化和积习，不能用后天的礼义教化而产生的善行当作人的本性。他认为求取自己没有的东西是人的普遍心理，人之所以欲为善，恰恰证明本性不善。“凡人之欲为善者，为性恶也。夫薄愿厚，恶愿美，狭愿广，贫愿富，贱愿贵，苟无之中者必求于外”。（《性恶》）圣王之所以制作礼义进行人伦教化，恰恰证明人性本恶，人性中本无“礼义”。

化性起伪

荀子在指出人性本恶的同时，提出了“化性起伪”的人性改造论。荀子认为人性恶是自然生成的，无法改变，但后天是可改造的，“性也者，吾所不能为也，然而可化也”（《儒效》）。人性的改造过程就是“化性起伪”，即通过自身的主观努力，接受教化和磨炼，弃恶向善。他说人的社会地位和道德品质不是先天注定的，君子、小人，乃至尧舜与桀跖，其自然本性并没有区别，之所以有君子、小人的不同，关键是后天的“注错习俗”，“君子注错之当，小人注错之过”（《荣辱》）。圣人并不是天生的，“圣可积而致”，“涂之人可以为禹”（《性恶》）。尽管由于后天的社会环境和经受的磨炼不同，不是人人都能成为圣人，但不能否认他有成为圣人的可能性，“然则可以为，未必能也；虽不能，无害可以为”（《性恶》）。

荀子强调教育对人性的改造作用，“不教无以理民性”（《大略》），因而十分重视“师法之化”。教育的关键在教师，教师不仅关系到教育的成败，也关系到国家的兴衰存亡。“国将兴，必贵师重傅；贵师而重傅，则法存。国将衰，必贱师轻傅；贱师而轻傅，则人有快，人有快则法废坏。”（《大略》）荀子把教师和天、地、君、亲同等看待，认为天是生存之本，祖先是种族之本，君师是治国之本，三者缺一不可。他还把教师和礼相提并论，“礼者，所以正身也；师者，所以正礼也。无礼，何以正身？无师，吾安知礼之为是？”（《修身》）。在接受教育的过程中，荀子非常强调自身的能动性和自觉性。他说：

"我欲贱而贵，愚而智，贫而富，可乎？曰：其唯学乎！"（《儒效》）荀子在《劝学》篇和《修身》篇中，一是强调"积"，不断积累，持之以恒，"积土成山，风雨兴焉；积水成渊，蛟龙生焉；积善成德，而神明自得，圣心备焉。故不积跬步，无以至千里；不积小流，无以成江海。骐骥一跃，不能十步；驽马十驾，功在不舍。锲而舍之，朽木不断；锲而不舍，金石可镂"（《劝学》）；二是强调"自存""自省"，"见善，修然必以自存也；见不善，愀然必以自省也"（《修身》），把善善、恶恶当成自觉的行动。荀子认为人通过"师法之化"和主观努力，不仅能"化性起伪"，弃恶从善，而且能"青，取之于蓝，而青于蓝"，成为君子、圣人。

第三节　礼法论

《荀子》书中有《礼论》篇，主张"隆礼"，对礼的起源、作用作了详细论述。荀子也重法，常常礼法并举，主张以法治充实礼治。

隆礼

荀子在《礼论》篇开宗明义，讲了礼的起源。他以人性恶为理论基础，认为人"生而有欲"，为了满足人的欲求，又避免没有"度量分界"而发生争夺，故"先王恶其乱也，故制礼义以分之，以养人之欲，给人之求。使欲必不穷乎物，物必不屈于欲，两者相持而长，是礼之所起也"。荀子认为礼在承认人的物质欲望的同时，其主要作用是维护封建的等级贵贱制度。他说："故礼者，养也。君子既得其养，又好其别。曷谓别？曰：贵贱有等，长幼有差，贫富轻重皆有称者也。"（《礼论》）在荀子的《礼论》中封建社会的君权、族权、夫权已具雏型。他说："请问为人君？曰：以礼分施，均遍而不偏。请问为人臣？曰：以礼待君，忠顺而不懈。请问为人父？曰：宽惠而有礼。请问为人子？曰：敬爱而致恭。请问为人兄？曰：慈爱而见友。请问为人弟？曰：敬诎而不苟。请问为人夫？曰：致功而不流，致临而有辨。请问为人妻？曰：夫有礼则柔情听侍，夫无礼则恐惧而自竦也。此道也，偏之而乱，俱立而治，其足以稽矣。"（《君道》）荀子认为礼是最高的社会规范，是一切思想行为的标准，"国之命在礼"，"非礼，昏世也；昏世，大乱也"（《天论》）。

重法

在儒家学派中，荀子和孔子、孟子不同，他不仅隆礼也强调重法，常常礼法并称，主张以法治补充礼治。他认为法和礼一样，也是为了规定贵贱、上下的社会秩序和维护职业分工，使处于不同社会地位和职业的人有明确的行为准则。他说："下之亲上欢如父母，可杀而不使不顺，君臣上下、贵贱长幼，至于庶人，莫不以是为隆正。然后皆内自省以谨于分，是百王之同也，而礼法之枢要也。"（《王霸》）又说："然后农分田而耕，贾分货而贩，百工分事而劝，士大夫分职而听，建国诸侯之君分土而守，三公总方而议，则天子共己而已矣。出若入若，天下莫不平均，莫不治辨，是百王之所同而礼法之大分也。"（《王霸》）荀子讲的法也包括刑赏，主张赏罚严明，刑罚当罪。他还吸收法家"法不阿贵"的思想，反对"刑罚怒罪，爵赏逾德，以族论罪，以世举贤"，主张"刑不过罪，爵不腧德"（《君子》）。这些思想都突破了周礼的束缚，体现了时代精神。

第四节　王制　富国论

《王制》《富国》是《荀子》中的两篇文章。荀子以《王制》篇为中心，结合《荀子》的其他篇章，系统论述了他的政治思想和以"王道"统一天下的理想。《富国》篇反映了荀子的经济思想，是他"王道"思想在经济管理方面的体现。

王、霸之辨

荀子曾到秦国考察，称赞秦国的政治"其

法治，其佐良，其民愿（老实），其俗美”（《王霸》），但是还没有达到理想的境地，理想的政治是“王”，而秦只是“霸”。“王”是行礼义、施仁政，而“霸”则“非以仁义为之也”（《议兵》），“仲尼之门，五尺之竖子，言羞称乎五伯（霸）”（《仲尼》），“五霸”虽称雄一时，但其“非本政教也，非致隆高也，非綦文理也，非服人之心也”(《仲尼》)。“政教”“隆高”“文理”均指礼义教化，五霸都是以力服人，而非礼义服人。因此，荀子曾劝秦国“力术止，义术行”(《强国》)，用仁义服人之心。他说:“以德兼人者王，以力兼人者弱。”（《议兵》）“王夺之人，霸夺之与，强夺之地。夺人者臣诸侯，夺之与者友诸侯，夺之地者敌诸侯。臣诸侯者王，友诸侯者霸，敌诸侯者危。”（《王制》）荀子发展了儒家的“王道”思想，主张用“王道”统一中国。

法后王

荀子主张“法后王”。他说：“王者之制，道不过三代，法不贰后王。道过三代谓之荡，法贰后王谓之不雅。”（《王制》）“道”指政治原则，“法”指章程制度。“法后王”就是在政治原则和章程制度上以后王为法。荀子指的“后王”是什么人？学术界有不同的看法。因为荀子有时也称“法先王”，这“先王”“后王”是否为一类人呢？目前比较公允的看法是，荀子所指的“后王”是周文王、周武王，也包括孔子，荀子有时称他们为“先王”是因为周文、武是三代的最后之王。荀子强调“法后王”就是要继承周代和儒家的德治思想，用礼义、仁政治理国家。

隆礼敬士，尚贤使能

荀子有丰富的人才思想，“隆礼敬士”“尚贤使能”是其人才思想的基本内容，有三个要点。其一，强调人才是国家的重要支柱，“士之与人也者，道之与法也者，国家之本作也；君子也者，道法之总要也，不可少顷旷也”（《致士》)，因此“欲修政美俗，则莫若求其人”（《君道》）。其二，反对世卿世禄，坚持德才兼备的人才标准。他说：“虽王公大人之子孙，不能属于礼义，则归之庶人。虽庶人之子孙也，积文学、正身行，能属于礼义，则归之卿相士大夫。”（《王制》）人才要“既仁且知”，不可偏废。“知而不仁，不可；仁而不知，不可；既仁且智，是人主之宝也，而王霸之佐也”（《君道》）。在品德方面，他特别强调要“忠信而不谀，谏争而不谄”，“是案曰是，非案曰非”（《臣道》），忠诚正直，不说假话，这样的人才堪当重任。其三，要言行一致，不能口头上言用贤，而实际行动却排斥贤人。“人主之患，不在乎不言用贤，而在乎诚必用贤。夫言用贤者口也，却贤者行也，口行相反而欲贤者之至，不肖者之退也，不亦难乎？”（《致士》）

强本节用，以政裕民

强本节用、以政裕民是荀子王制、富国思想在经济领域的重要体现，也是他经常说的“平政爱民”的基本内容。他的基本思路是强本，以“制天命而用之”的战斗精神，发挥人的主观能动性，发展农业生产。对农民轻征薄敛，节约开支，使农民富足，从而达到富国和“一天下”的目的。

荀子对发展生产始终持乐观进取的精神，他认为“天之所覆，地之所载，莫不尽其美，致其用”（《王制》)，只要人们勤劳而不懒惰，五谷、瓜果、六畜、鱼鸟以及麻葛、茧丝都能满足人的吃穿之需，用不着像墨子那样“为天下忧不足”（《富国》）。同时，他又强调节约开支，提出了“开其源，节其流”的著名经济管理原则。他的结论是“强本节用，则天不能贫”，“本荒而用侈，则天不能使之富”（《天论》）。

荀子重视农业，强调“强本”，主张限制工商，尤其反对奢侈品的生产，“工商众，则国贫”（《富国》）。但他并非盲目地反对一切工商业，荀子认为工商业对发展生产、互通有无起着重要的作用。他主张改善交通和住宿条件，“使宾旅安而财货通”；反对“苛关市之征，以难其事”（《富国》），从而使四面八方和中原地区的物资得到交流，形成“四海之内若一家”的市场。

荀子“以政裕民”的政策，包括以下内容：一是与儒家“民本”“爱民”思想相联系，认为民众对巩固统治者的地位有举足轻重的作用，“马骇舆则君子不安舆，庶人骇政则君子不安位。马骇舆则莫若静之，庶民骇政则莫若惠之。……传曰：‘君者，舟也；庶人者，水也。水则载舟，水则覆舟’。此之谓也”（《王制》）。二是减轻赋税、徭役，实行裕民、富民政策。“轻田野之税，平关市之征，省商贾之数，罕兴力役，无夺农时，如是则国富矣。夫是之谓以政裕民”（《富国》）。三是处理好富国与富民的关系，要充分认识富民是富国的基础。“下贫则上贫，下富则上富。故田野具鄙者，财之本也。”（《富国》）能否实行富民政策，结果各不相同，“王者富民，霸者富士，仅存之国富大夫，亡国富筐箧、实府库”（《王制》）。

第五节　解　蔽

《解蔽》是荀子讲认识论的文章。“解蔽”是说解除认识的障蔽，克服思想认识的片面性、表面性和主观偏见，以便正确把握客观世界及其规律。涉及到认识的来源、认识的过程、知行关系等方面的内容。

凡以知，人之性；可以知，物之理

荀子认为人非生而知之，知识不是先天固有的，也不是通过内心反省体验出来的，而是从对客观世界的观察和对前人知识的学习中得来的。“不登高山，不知天之高也；不临深溪，不知地之厚也；不闻先王之遗言，不知学问之大也。”（《劝学》）

荀子研究了认识主体和认识对象之间的关系问题，认为“凡以（可）知，人之性也；可以知，物之理也”（《解蔽》）。人的本性具有认识客观事物的能力，客观事物的道理也能被人所认识。又说“所以知之在人者谓之知，知有所合谓之智；智所以能在人者谓之能，能有所合谓之能”（《正名》）。他将主观的知、能和经过与客观事物接触而获得的智、能加以区分，就是说只有主观的认识能力还不能获得知识，必须与客观事物接触（配合）才能获得知识和才能。

天官意物，心有征知

荀子认为认识客观事物有一个过程，这个过程就是“天官意物”和“心有征知”。“天官”是指人的耳、目、鼻、口、身等感觉器官，“意物”是指感觉器官对事物的感知、印象。“天官意物”是指人的感官对客观事物的感觉、印象，也就是哲学上讲的感性认识。这是认识的第一步。认识的第二步是“心有征知”。“心”指思维器官，“征知”指思维、思考。“心有征知”是指人的思维器官对感觉器官获得的感觉、印象进行分析、综合，做出正确的判断。这在哲学上叫理性认识。荀子认为，在认识过程中“心”的作用高于感官的作用。“心者，形之君也，而神明之主也”，“心居中虚，以治五官，夫是之谓天君”（《天论》）。“心”对感觉材料能起到“是之则受，非之则辞”“明是非，决嫌疑”（《解蔽》）的作用。

荀子认为，在认识客观事物的过程中要十分注意克服认识的片面性，之所以出现“诸侯异政，百家异说”的分裂局面，皆因“蔽于一曲，而暗于大理”（《解蔽》），被片面的见解所蒙蔽，看不到根本的大道理。任何事物都有相反相成的两个方面，人们往往只见到其中的一个方面，而忽视另一面，“故为蔽：欲为蔽，恶为蔽，始为蔽，终为蔽，远为蔽，近为蔽，博为蔽，浅为蔽，古为蔽，今为蔽。凡万物异则莫不相为蔽，此心术之公患也”（《解蔽》）。事物的一面掩盖了另一面，只知其一，不知其二，就会陷于认识的片面性。

要解决认识上的“蔽”，首先要“兼权”“孰计”，即对欲恶、始终、远近、博浅、古今作全面权衡和思考，不要“祸托于欲，而以为福”“福托于恶，而人以为祸”（《正名》），只有掌握了事物根本的规律（“道”），才能“众异不得相蔽以乱其伦”（《解蔽》）。其次是在认识事物时，心要“虚壹而静”，即虚心、专一和宁静。“虚壹而静”本是宋、尹学派的学术用语，荀子作了新的解释。他说虚心并非心中不藏东西，而是不因已有的认识阻碍接受新的东西；专心就是不以对这一事物的认识妨害对另一事物的认识；宁静并非不动心，而是在思考问题时不受梦幻和杂念的干扰。做到“虚壹而静”，心就达到了“大清明”的境界，能识“道”，洞察一切。

学至于行之而止

荀子十分重视“行”在认识中的作用，强调学以致用，行高于知，“不闻不若闻之，闻之不若见之，见之不若知之，知之不若行之。学至于行之而止矣”（《儒效》）。同时强调用“行”来检验知，他说圣人之所以高明而无过错，就是因为注意用行来检验知的效果。“圣人也者，本仁义，当是非，齐言行，不失毫厘，无它道焉，已乎行之矣”（《儒效》）。荀子把“行”看作学习的目的和认识的归宿，反对脱离实际、经不起实际检验，又不能付诸实行的空淡。

第六节　正　名

《正名》是荀子讲逻辑学的文章。荀子针对战国时代名辩思潮中的诡辩学说，研究了名与实的关系，对我国古代逻辑理论的发展做出了可贵的贡献。

制名以指实

荀子所指的名有四种：一刑名，即刑法上的名词；二爵名，即分别等级的名词；三文名，即礼节上用的名词；四散名，即一般事物的名称。他从三个方面讨论了正名问题。首先为什么要制名。制名是为了分别贵贱、等级和区分事物的同异，“制名以指实，上以别贵贱，下以别同异。此所以为名也”（《正名》）。“制名以指实”，实是首要的，名是从属的，名是为实服务的。其次是正名的根据，即荀子说的“所以缘同异”（《正名》）。他认为人的认识开始于感觉，人的感官与外物接触有或同或异的感觉。人们根据这种感觉，相约以制名。第三是正名的原则，即荀子说的“制名之枢要”。人们根据认识事物的同异来制定名称，“制名以指实”（《正名》）。事物相同的（同实），就给它相同的名；不同的事物（异实），就给它不同的名，即“同实同名”“异实异名”。荀子还认为名有“单名”和“兼名”，即用一个字能说明某一物的用“单名”，须用两个字表达某一物的用“兼名”。名还有“共名”“别名”的不同，举同一类事物就用“共名”，举一类事物中的一部分则用“别名”。一类事物用“共名”，但一类事物之上还有更大的类，还须有更大的“共名”，他叫“大共名”。他说：“推而共之，共则有共，至于无共然后止。”（《正名》）荀子认为“物”是最大的类，“类”是最大的共名。一类事物中的一部分用“别名”，但一部分之中还有部分，则别名之下还有别名，“推而别之，别则有别，至于无别然后止”（《正名》）。无别的名就是个别事物的名，为了区分一类事物的“别名”与个别事物“别名”的不同，他称前者为“大别名”。

荀子认为，“制名以指实”要掌握“约定俗成”和“稽中定数”的原则。“名无固宜，约之以命，约定俗成谓之宜，异于约则谓之不宜。名无固实，约定俗成谓之名。名无固善，径易而不拂，谓之善名。”（《正名》）什么实叫什么名合适，什么名代表什么实，并非一开始就固定的，而是“约定俗成”，根据人们的习俗形成的。名称固定下来之后，人们便能呼其名而知其意（“经易而不拂”）。“稽中定数”就是通过考核事物的实际数量和名称的多寡，使名副其实。

荀子对当时名辩思潮中出现的玩弄名辞概念、歪曲名实关系的诡辩论作了批评，他称这些诡辩为“惑”。第一种是“惑于用名以乱名”。他认为当时流行的“见侮不辱”“圣人不爱己”和“杀盗非杀人”就是由于名词的含混造成的。他说“侮”和“辱”同义,“见侮”就是被辱。“人”包括“圣人”“己”“盗”，圣人爱人不排斥爱己，杀盗也是杀人。第二种是“惑于用实以乱名”。他认为“山渊平”“情欲寡”“刍豢不加甘，大钟不加乐”的说法是把个别当作一般。海拔低处的山与高原的渊可能相平，有些人欲寡，也有的不爱吃肉食，不爱听音乐，但这不能用个别现象代替一般人的共同感觉，以偏概全。第三种是“惑于用名以乱实”。他说“有牛马非马”就是利用“牛马”与“马”的名词不同抹煞事实。“牛马”包括“牛”和“马”，说“牛马”中没有马，就违背了人们长期形成共同信守的概念。荀子对上述“三惑”的批评坚持名实相符的原则，应予肯定。但荀子批评的三种说法有深刻的社会政治内容，简单地把它归结为形式逻辑的诡辩并不能解决问题。

名、辞、辩说

“名”“辞”“辩说”是荀子提出的逻辑思维的三种形式，即逻辑思维中关于概念、判断、推理的表述方式，是一个比较完整的逻辑思想体系。荀子认为，“名”是了解事物的形式，对于某一事物说不明白，就给它取一个名字，即“实不喻然后命”,“名闻而实喻，名之用也”（《正名》）。在自然界和社会中，有很多不同的事物（“异实”），异实就须异名，用不同的“名”表示。把不同的名联系在一起，用以说明一个意思，就是“辞”。某一事物只用一个“辞”还不能表达清楚，就要举出理由（“故”）。如果还不能表达清楚就需要“辩”，就是大段的辩论。一个名所指的“实”，在运动和静止中表现出的情况和规律不同，对这种情况和规律作充分的叙述和讨论，就是“辩说”。“辩说”所作的叙述和讨论，是心对于某一事物所作的分析和研究的表现。荀子认为“辩说”要以“道”为标准，“道也者，治之经理也”，道是治国的原则。“辩说”要合乎以下的条件：心的认识要与“道”相合；所立的“说”要与心的认识相合；所有的命题与主题相合，为主题服务；所用的名词都能正确表达事物；分析和类推都要合乎规律；发表自己的主张，要把原因和根据都讲出来。这是荀子对于一个正确的合乎逻辑的思考和辩论的总的要求。

第七节　养生观

荀子在《天论》中提出具体的“制天命而用之”的养生方法：“强本而节用，则天不能贫；养备而动时，则天不能病；循道而不忒，则天不能祸。”由此可见，荀子非常重视养生保健，尤其注意思想品德修养，强调遵循道，认为这是立身处世和防治疾病的根本。养备而动时，主要是针对养生而言的。养备，既指营养充足合理，又指养生有道；动时，既指勤劳，又指经常运动，包括导引、吐纳等气功术。具体地来说，就是“清其天君，正其天官，备其天养，顺其天政，养其天情”，即做到保持清醒的头脑，发挥五官的作用，充分备齐生活所必需的各种物质，顺应自然变化的规律，使人的心情舒畅，如此则“其养曲适，其生不伤”，生命就可以延长。

荀子认为人都是有愿望、有欲念的，“食欲有刍豢，衣欲有文绣，行欲有舆马”（《荣辱》），“以所欲为可得而求之，情之所必不免也”，所以“欲不可去”。但是，“欲不可尽”，欲望不可能完全得到满足，怎么办呢？“求可节也”。对于情欲，荀子亦有其精辟的论述：“故虽为守门，欲为去，性之具也。虽为天子，欲不可尽。”（《正名》）不能因为是地位低贱的守门人，就可以限制扼杀他的正当欲望；也不能因为是富贵之极的天子，就可以恣情纵欲。唯有道者，即懂得养生之道的人，既能做到满足情欲，又能有所节求。所以他在《正名》篇中说：“凡语治而待寡欲者，无以节欲而

困于多欲者也。”“岂夫所欲之不可尽也，离得欲之道，而取所恶也哉？故可道而从之，奚以损之而乱？不可道而离之，奚以益之而治！”他在《礼论》中又说：“人生而欲，欲而不得，则不能无求。求而无度量分界，则不能争；争则乱，乱则穷。先王恶其乱也，故制礼义以分之，以养人之欲，给人之求。”也就是说，正道礼义是对待欲求的最好办法，这与孔子的养生思想是一脉相承的。

荀子明确提出治气养心的理论和方法，将它分为两个阶段。第一阶段是对治习性，陶冶性情。具体方法则因人而异。《修身》篇中说：“血气刚强，则柔之以调和；知虑渐深，则一之以易良；勇胆猛戾，则辅之以道顺；齐给便利，则节之以动止；狭隘褊小，则廓之以广大；卑湿重迟贪利，则抗之以高志……”即要针对各人性情上的弱点，在日常生活中反其道而治之，这样日复一日，跬步不休，达到治气养心的目的。第二阶段是在陶冶性情的基础上作进一步的修养。其要旨有三：曰礼，曰一，曰诚。“凡治气养心之术，莫径由礼，莫要得师，莫神一好。”（《修身》）这里提到了“礼”和“一”，而“诚”则是前提。“君子养心莫善于诚，致诚则无它事矣。唯仁之为守，惟义之为行。诚心守仁则形，形则神，神则能化矣。诚心行义则理，理则明，明则能变矣。”（《不苟》）其中，“唯仁是守”“唯义是行”的标准是“礼”。“凡用血气、志意、知虑，由礼则治通，不由礼则勃乱提僈……”荀子的养心治气之法的要旨在于“一”，在于“虚壹而静”。“心未尝不臧也，然而有所谓虚；心未尝不两也，然而有所谓一；心未尝不动也，然而有所谓静……虚壹而静，谓之大清明。”（《解蔽》）达到虚静、“大清明”境界的路径在于心“结于一”。这样抱定操守长久习之，循序渐进，就能达到“使目非是无欲见也，使耳非是无欲闻也，使口非是无欲言也，使心非是无欲虑也”（《劝学》）“万物莫形而不见，莫见而不论，莫论而失位。坐于室而见四海，处于今而论久远。疏观万物而知其情，参稽治乱而通其度，经纬天地而材官万物，制割大理而宇宙里矣”（《解蔽》）的从心所欲的境界。

第八节　兵学观

战国时期，七雄争霸，战争连绵，军事和国家的防务对国家的命运至关重要。荀子根据当时的历史条件，提出军事和国家防务的根本任务是“禁暴除害”，并提出一整套在当时来说比较完备的军事理论体系。

荀子认为战争是国内政策的延续。兼并战争能否取得成功，与各国兼并过程中所推行的国内政策是密不可分的。战争有正义与非正义之分，评价战争性质的标准是人心向背。民心所向，代表人民根本利益的即为正义之战；民怨沸腾，与人民根本利益相悖的即为非正义之战。正义之战，对于防御来说是“禁暴”，对于进攻来说是“除害”；非正义之战对外是“暴”，对内是“害”。

荀子认为一支强大的军队应该做到“仁人一心，百将一心，三军同力”。确保军队绝对服从君主的领导和指挥，绝不允许大权旁落；给予军队将领三种临时处理权，以适应战场瞬息万变的形势，保证前敌指挥立于不败之地。

荀子认为一个高明的军事将领必须对“六术”“五权”“五无圹”的战略战术熟练掌握灵活运用。“六术”即“制号政令，欲严以威；庆赏刑罚，欲必以信；处舍收藏，欲周以固；徙举进退，欲安以重，欲疾以速；窥敌观变，欲潜以深，欲伍以参；遇敌决战必道我所明，无道吾所疑”（《议兵》）。“五权”指不要只顾拼命前进而不注意休息；不要急于求胜而忽略可能造成失败的因素；不要只对内威严而对外轻敌；不要只看到有利的一面却对不利的一面视而不见；临敌列阵行军都要深思熟虑，该用的财物不要吝啬。“五无圹”指慎重谋划不疏忽大意，慎重对待军务不疏忽大意，慎重对待下属官员不疏忽大意，慎重对待士兵不疏忽大意，慎重对待敌人不疏忽大意。

第三章　荀子著作

第一节　《荀子》版本

据《史记·孟子荀卿列传》载："春申君死而荀卿废，因家兰陵……序列著数万言而卒。"其著作起初盖单篇流传，至西汉成帝时，经刘向整理校定编次，始汇集成书。刘向《孙卿叙录》言："所校雠中《孙卿书》凡三百二十二篇，以相校除复重二百九十篇，定著三十二篇。"刘向《书录正文》，未言卷数及分卷之事。至唐代杨倞为之作注，把32篇分为20篇，计75100余字，改孙卿为荀卿，改称《荀子》。杨倞的《荀子》注，多明古义，亦异于无稽之言，颇受后人欢迎，以后历代版本皆源于此。

《荀子》一书，经后人考证，大部分出自荀子手笔，有小部分是由他的学生记录整理而成，另一部分可能为秦汉之际或汉初的儒者杂录而成。梁启超对《荀子》作过考证，他说："今案读全书，其中大部分固可推定为卿自著，然如《儒效》《议兵》《强国》，皆称'孙卿子'，似出门弟子记录。内中如《尧问篇》末一段，纯属批评荀子之语，其为他人所述尤为显然。又《大略》以下六篇，杨倞已指为荀卿弟子所记卿语及杂录传记。然则非全书悉出卿手盖甚明。"又说："《宥坐》以下五篇，文义肤浅；《大略篇》虽间有精语，然皆片断。故此六篇宜认为汉儒所杂录，非《荀子》之旧。"梁启超还认为，《荀子》中同大小戴两《礼记》相同的文字，"皆当认为《礼记》采《荀子》，不能谓《荀子》袭《礼记》"。（《荀卿及〈荀子〉》，见《古史辨》第四册）

《荀子》屡经刊刻，版本殊多。历代版本不下百种，互有短长。高正著有《荀子版本流源考》，把《荀子》版本归纳为18个系统，52种。汉代，荀子的著作被传抄者达300余篇。西汉刘向校定《孙卿书》32篇，乃《荀子》成书之始。其后，有人将32篇分为12卷，12卷本遂取代32篇未分卷本。

唐代杨倞据12卷本《孙卿新书》作注，分为20卷，并改书名为《荀子》。杨注《荀子》写本系统在流传中似分化出至少两种文本颇有出入之写本。其一乃北宋熙宁监本之祖本，其二乃南宋二浙西蜀本与监刻《四子纂图互注》本之祖本。熙宁本的翻刻本有台州本、浙北本、朝鲜古刊本。三本均有影抄本或摹抄本，台州本又有《古逸丛书》影刻本。监刻《四子纂图互注》本的翻刻本盖有龚士卨《五子纂图互注》本、纂图分门类题注本、删"纂图互注"巾箱本、建安书坊《纂图互注重言重意四子》本等，龚氏《音点大字荀子句解》盖亦由之出。其后，坊间合龚氏《五子》与建安《四子》，又增入《列子》，刊为《纂图互注重言重意六子》，此书元、明翻刻本较多。明谢汝韶据元翻纂图互注重言重意本正文刊成白文《二十家子书》本。清崇文书局又刊有《子书百家》本。南宋钱佃本以熙宁监本为底本，取二浙西蜀诸本参校刊成。钱本又有摹抄本。明世德堂本盖取元纂图互注重言重意本与钱佃本合校而成。世德堂本的翻刻本众多，明虞九章、王震亨订正本、《四库全书》本等均由之出。明吴勉学《二十子全书》本乃取世德堂本正文刊成。明季若干评注本正文亦多据世德堂本。清卢文弨、谢墉取摹抄浙北本、元纂图互注重言重意本、世德堂本、虞王订正本等合校而成谢刻本。日本久保爱《荀子增注》

乃以日本平安书林翻刻世德堂本为底本，以台州本、元纂图互注重言重意本、谢刻本等参校而刊成。清光绪年间，王先谦《荀子集解》则以谢刻本为底本，参校台州本、虞王订正本而刊成。

诸刊本中，以熙宁系统本刊刻最精，误文亦较少。熙宁系统现存最古者为南宋浙北翻刻本，版本价值最高者为《古逸丛书》影刻台州本。另纂图分门类题注本、删“纂图互注”巾箱本版本价值亦极高。纂图互注系统本虽刊刻欠精，然正因其未经校改，故亦多有可补熙宁系统本误夺缺失之处。该系统现存最早版本为南宋坊刻元明递修本。赵子惠旧藏元刻明印本乃此系统之重要版本，其中补足递修本夺文多处，然亦增若干误字，其后翻刻者多以此为据。南宋钱佃本为最早之合校本。世德堂本乃以纂图互注系统本与钱佃本合校之重要版本，其刊刻尚佳，然误字亦多。其后，谢刻本、《荀子增注》本、《荀子集解》本更取诸本合校。合校本之流弊乃取舍未精，谬从误文。《荀子集解》收集资料丰富，于当时堪称完备。之后，为《荀子》作注者，多取《集解》作为底本，而其他版本则流传日鲜。《集解》不主一本，取舍之间终显杂乱，与现存善本佳刻对勘，不免相形见绌。统观现存《荀子》版本，此书之校勘似宜取《古逸丛书》影刻南宋台州本为底本，而以南宋浙北刻本、南宋刊删“纂图互注”巾箱本、南宋刘旦校刻纂图分门类题注巾箱本及南宋坊刻元明递修本为主要参校本。得此 5 本，有校勘价值的《荀子》异文资料则已略近完备，其余诸本文字，纵有可取者亦甚少。

据《荀子》各版本的刊刻时代及书目著录，可推知其流传概况。北宋熙宁以前，《荀子》无刊本，藉写本以流传。熙宁监本流传于北宋熙宁元年以后至南宋前期。南宋前期又有二浙西蜀本、闽本等坊间俗本流传。台州本、钱佃本流传于南宋淳熙八年（1181 年）以后，光宗以后有纂图分门类题注本流传，宁宗以后又有浙北本流传。南宋中期又流传监刻《四子纂图互注》本、坊刻删“纂图互注”巾箱本、龚士卨《五子纂图互注》本、《音点大字荀子句解》本等。南宋后期历元代直至明初，纂图互注重言重意诸本大行。明中期以后，世德堂本及其诸翻刻本大行，直至清朝中期。明中后期，同时流传数种白文诸子汇刻本及评注本。清中期以后谢刻本及其翻刻本大行，直至清末为王先谦《荀子集解》所取代。

由清末至今，通行本为王先谦《荀子集解》及其翻刻本，新注本亦多以之为据。百余年来，研究荀子的学术专著无出其右者。其中较有影响的是梁启雄的《荀子简释》、章诗同的《荀子简注》、北京大学《荀子》注释组的《荀子新注》、杨柳桥的《荀子诂译》、张觉的《荀子译注》、董治安和郑杰文的《荀子汇校汇注》。其中以学术价值著名的当数梁启雄的《荀子简释》、张觉的《荀子译注》、董治安和郑杰文的《荀子汇校汇注》。

第二节　《荀子》主要内容

《荀子》一书，对中国古代史研究颇有价值，在中国哲学史上也占有重要地位。

《荀子》中的议论篇章所列举的各种历史事实，都可以直接取材作为史料之用。如《儒效》篇中说：“武王崩，成王幼，周公屏成王而及武王，以属天下，恶天下之倍周也。履天子之籍，听天下之断，偃然如固有之，而天下不称贪焉；杀管叔，虚殷国，而天下不称戾焉。兼制天下，立七十一国，姬姓独居五十三人，而天下不称偏焉。……周之子孙，苟不狂惑者，莫不为天下之显诸侯。”这里提到周初封国七十一，而姬姓独居五十三人，周的子孙，除非狂惑者，都当了天下的大诸侯。这条资料成为研究周初封国的数字根据，极被重视，广泛引用。《议兵》篇中“齐之技击不可以遇魏之武卒，魏之武卒不可以遇秦之锐士”的论述，是战国时期各国军士实力的对比，被史学研究者广泛引用说明秦国军事力量的强大，从而论证它是秦统一六国的原因之一。

《荀子》书中，有许多批判和评论的篇章。如《劝学》篇说：“礼、乐法而不说，诗、书故而不切，春秋约而不速”，简要地对几部书作了评价，可作为对史书评论的参考。关于先秦诸子人物的评论，也较为具体简洁，如《天论》篇说：“慎子有见于后，无见于先；老子有见于诎，无见于信；墨子有见于齐，无见于畸；宋子有见于少，无见于多”。又在《解蔽》篇说：“墨子蔽于用而不知文，宋子蔽于欲而不知得，慎子蔽于法而不知贤，申子蔽于执而不知知，惠子蔽于辞而不知实，庄子蔽于天而不知人。”这些对先秦诸子主要学派创立者及其学说的评论，被人们所重视，广为引用。

《荀子》一书的唯物主义思想体系，对后来封建社会两千多年的唯物主义传统产生了深刻的影响。如荀子的学生、法家集大成者韩非继承了《荀子》“人定胜天”的思想，提出“梁括之道”，用人类制造工具说明对于自然和人事的态度，不应该听任其自发的和偶然的因素，而应该自觉地积极地活动。唐代唯物主义思想家柳宗元推崇《荀子》中的性恶论，借以论证国家的起源。与柳宗元同时的唯物主义哲学家刘禹锡直接借用《荀子》中《天论》的题目，也写了《天论》，提出“天与人变相胜”，发展了“制天命而用之”的思想，为他在政治上主张革新提供理论根据。明末唯物主义哲学家王夫之提出的“天理即在人欲中”，清初唯物主义者戴震提出的“理存于欲”，都吸取了《荀子》“礼起于欲”的思想、反对先验的道德观念论。

《荀子》一书的思想，作为新兴地主阶级的思想意识，在地主阶级处于进步和革命时期发挥了重要的作用，他的礼义伦理思想对封建上层建筑的建立以及对封建基础的巩固起了积极

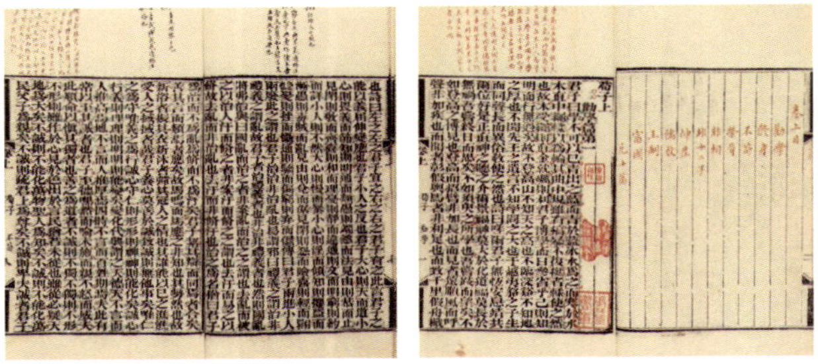

图 31—2 《荀子》影印本

作用。但随着封建社会的巩固，封建统治者为了镇压和欺骗农民，更加需要从已往的剥削阶级那里吸取反动保守的思想。《荀子》中的唯物主义无神论思想和曾起过进步作用的社会政治思想，便不再适合封建阶级的口味。因此，《荀子》的思想在汉以后的长期封建社会中不被重视，受到排斥，一直延续到近现代，才发生根本性的变化。

第四章　荀学研究

第一节　荀学研究概况

荀子作为先秦时期最杰出的思想家之一，不仅在儒学史上，而且在中国思想史和中国文化发展史上都占有举足轻重的地位。关于荀子及荀子之学的研究与评价，从他去世之后不久就已经展开。

新中国成立前的荀学研究

《尧问》篇的最后一段是荀子的弟子们对其

先师的评述。当时有人说“孙卿子不如孔子”，荀子的弟子们就予以反击。他们认为“今之学者，得孙卿之遗言余教，足以为天下法式表仪。所存者神，所过者化。观其善行，孔子弗过。世不详察，云非圣人，奈何？天下不治，孙卿不遇时也。”

司马迁认为：“孟子、荀卿之列，咸遵夫子之业而润色之，以学显于当世。”班固《汉书·艺文志》将《孟子》《荀子》当作“七十子之弟子”以后的代表著作，列入儒家类。从《史记》和《汉书》两书的总述来看，荀子在两汉时处在与孟子并尊的地位。

汉代对荀子评价最高的是刘向，他不但认为战国诸子中“惟孟轲、孙卿为能尊仲尼”，而且认为“如人君能用孙卿，庶几于王”，战国诸侯一一残灭，秦国大乱，非常快地被农民起义推翻，就是因为背离了荀子的政治主张。因此，他认为“其书比于记传，可以为法。”

魏晋时期，孟、荀仍并称。徐干在《中论》中尊荀子为“亚圣”，认为荀子“生乎战国之际而有睿哲之才，祖述尧、舜，宪章文武，宗师仲尼，明拨乱之道”。

唐代是对荀子评价的转折期。中唐时，杨倞第一个为《荀子》作注，认为荀子是“真名世之士，王者之师”，《荀子》一书可以“羽翼六经，增光孔氏，非徒诸子之言”。

韩愈是尊孟抑荀思潮发起的始作俑者。韩愈推原儒家道统，认为儒家道统上启于尧，“尧以是传之舜，舜以是传之禹，禹以是传之汤，汤以是传之文、武、周公，文、武、周公传之孔子，孔子传之孟轲。轲之死，不得其传焉”（《原道》）。他视孟学为真传，而谓荀学“择焉而不精，语焉而不详”，从而将其排斥于儒家道统之外。于是，由此而下的“五代”，《孟子》便荣擢入“经”，而《荀子》则依列“子部”。及至宋代，诸儒皆承韩愈“道统”之说，益发尊孟而抑荀。在韩愈那里，荀学虽见斥于道统之外，但毕竟还是“大醇而小疵”（《读荀》）。

宋代学者一般都视荀子为儒门异端，他们对荀子的攻击主要集中在性恶论、非思孟以及李斯“焚书坑儒”而罪及荀子。最突出的当数理学家程颢、程颐、朱熹等人，他们认为孟子是仅次于孔子的亚圣，荀子批评了孟子就是悖于圣人、喜为异说、敢为高论，直接将荀子排除在儒家之外。朱熹认为荀子之学“极偏驳”“使人看著如吃糙米饭相似”“不须理会”，“荀卿全是申、韩”，“只一句‘性恶’，大本已失”（《朱子语类》卷一三七）。这种影响一直持续到清末民初。王鼎钧上私塾时曾问老师说，荀子做过兰陵令，墓也在兰陵，我们可不可读荀子的书呢？得到的回答却是荀子不是圣人，他的书不能读。

但南宋的有识之士，时任台州知州的唐仲友却于宋孝宗淳熙八年（1181 年）刻印《荀子》二十卷，刻成后，人称“宋椠上驷”，赞其“雕镂之精，不在北宋蜀刻之下”。现日本尚有藏本，举为国宝。唐仲友在《刊行荀子后序》中对荀子的生平详加考证，还原出荀学发展的历史真相，对荀子思想的内涵给予高度评价，成为今天研究荀子的重要参考文献。

明朝的嘉靖皇帝比宋儒们走得更远，取消了荀子配祀孔庙的资格，把荀子之学又一次推向深渊。尽管如此，仍有不少人对宋人评荀之说提出异议，如杨慎、何俊良、归有光、王世贞、董其昌、邓元锡等。对于荀子肯定最有力的是李贽，他认为荀子的历史地位应高于孟子，在《藏书》中将荀子列为“德业儒臣”之首。

清初的傅山对荀子思想有许多精到的散论，为此还写了一部《荀子评注》。戴震尊孟而不贬荀，“孔子之后，异说纷起，能发明孔子之道者，孟子也；卓然异于老聃、庄周、告子而为圣人徒者，荀子也。”

清人汪中写了《荀卿子通论》，从荀子对经学传授贡献的角度肯定荀子为儒学正统，“荀卿

之学出于孔氏，而尤有功于诸经”。他考证出《毛诗》《鲁诗》《左氏春秋》《谷梁春秋》都是荀子所传，“六艺之传，赖以不绝者，荀卿也。周公作之，孔子述之，荀卿传之，其揆一也”。随着汉学的兴起，清人翻宋儒之案者愈来愈多，如徐养厚、钱大昕、严可均、吴德璇、凌廷堪、方宗成、蒋彤、郝懿行、谢墉、王先谦等，都对荀子作出了肯定的评价。

戊戌变法时期，信奉今文经学的维新派为了打破汉学的垄断而进行思想启蒙，发起 “排荀”运动，谭嗣同在《仁学》中认为：“二千年来之政，秦政也，皆大盗也；二千年来之学，荀学也，皆乡愿也。惟大盗利用乡愿，惟乡愿工媚大盗。”梁启超指出：“两千年政治，既皆出于荀子矣，而所谓学术者，不外汉学、宋学两大派，而其实皆出于荀子。然则两千年来，只能谓之荀学世界，不能谓之礼学世界也。”

夏曾佑不但集中抨击荀子的性恶论，而且还公开向孔子问罪。他指出，秦始皇及后来的历代统治者都是“本孔子专制之法，行荀子性恶之旨”。

与维新派对荀子进行猛烈抨击相反，古文经学派的民主革命家章太炎却对荀子思想大胜褒扬。他评荀并不以孔孟之是非为是非，而是用历史的发展的眼光来看待孔、孟、荀之间的异同。他的《九言书》中第一篇就是《尊荀》。他甚至写了批评孔子的《订孔》篇，说荀卿学过孔子，认为荀子是后圣。他还对荀子的逻辑思想进行系统研究。

光绪十七年（1891 年），王先谦汇勘众本，广采各家之说，择善而从，撰成《荀子集解》。这本书对历代荀学成果作了全面、系统的总结，被誉为荀子研究的集大成之作。

“五四”运动时期，人们对荀子的看法仍沿今文经学和古文经学双脉二流向前演进、发展。“五四”运动以后，像谭嗣同、梁启超、夏曾佑那样全盘否定荀学的人已不多见，对荀子的争议主要集中在他的学派归属上。

新中国成立后的荀学研究

1949 年—1966 年是学术界运用马克思主义研究荀子思想的开创和初步发展阶段，内容涉及荀子的哲学自然观、认识论、辩证法、教育、音乐、逻辑、经济、伦理、人性论、无神论、政治思想以及荀子的思想渊源、荀子对先秦诸子的批判等。在那个特定的历史条件下，一方面，荀子作为中国哲学史上最有代表性的唯物主义思想家受到了充分的重视和肯定，被誉为“先秦时期唯物主义哲学的集大成者”；另一方面，荀子思想同唯心主义的对立和斗争被不适当地强调和夸大，被认为“和孔丘、孟轲针锋相对”。这种研究模式不仅忽视了荀子思想的局限性，也否定了荀子与孔孟相统一的一面，影响了人们对先秦思想史本来面目的认识。杜国庠的《荀子从宋尹黄老学派接受了什么》《中国古代史由礼到法的思想变迁——荀卿和韩非的思想关系》等文章对学术界产生较大影响，为荀子研究做出重要贡献。

“文化大革命”中，荀子研究被绑上了“批林批孔”和“评法批儒”的战车，荀子被视为法家的代表和鼻祖，受到空前的赞扬。

“文化大革命”后，人们在揭批江青反革命集团的同时，又极力论证荀子属儒不属法，强调其思想中保守与落后的一面，说荀子的宇宙观是形而上学的，其“制天命而用之”的提法是主观唯心主义的狂想等。

1978 年—2010 年，人们首先对“文化大革命”时期对荀子思想和形象的歪曲进行拨乱反正，否定了荀子属于法家阵营的论调，恢复了其儒家的本来面目。“百代宗师孔孟荀，三足鼎立仁义礼”的认识已经深入人心。荀子研究进入一个崭新的发展阶段，荀学研究活动不断丰富，荀学研究成果不断涌现。其中，以 2007 年 8 月召开的儒学全球论坛（2007 临沂 • 苍山）荀子思想当代价值国际学术研讨会和 2006 年—

2010年连续举办5次的山西安泽荀子文化节荀子研究高层论坛最具代表性。但是由于种种原因，荀学研究还存在诸多不足。一是缺少权威的专门研究机构的推进；二是研究视野不够宽阔，往往把荀子思想作为一个静态的体系，习惯于拿自然观、认识论、历史观、政治思想、经济思想等理论框架来向荀子思想上套用，不能站在中国或世界历史文化的高度上去研究荀子思想的重大影响。

第二节　荀子研究观点述要

荀学对后世的影响，以中唐为界限，前期以褒扬为主，后期有褒有贬，但以贬为主，荀学逐渐成为备受曲解的演说。乾嘉时期，考据之学盛行，《荀子》受到士人的关注。在近代社会转型时期，严复、谭嗣同、梁启超、章炳麟等人对荀学表现出不同的态度。民国时期，荀学研究出现了异彩纷呈的局面，出现了一些荀学研究的力作。新中国成立后，荀子研究受到普遍重视，出版了许多有价值的著作。由于受政治的影响，在“文化大革命”期间，荀子的思想曾被曲解。

自然观

学术界占主导地位的见解是荀子的自然观是唯物主义的，认为荀子在中国哲学史上第一次建立了比较系统的唯物主义自然观。荀子主张天是客观存在的自然界，气是世界统一性的物质基础，自然界按照自己固有的规律运动发展。也有人对荀子自然观的理论缺陷提出批评。也有人认为荀子主张天地以诚化万物，而诚产生于人心，归根到底是心产生万物，由客观唯心主义被纳入主观唯心主义。还有人认为荀子是心物二重化的世界观。

认识论

多数人认为荀子的认识论是唯物主义反映论。荀子区分了感性认识和理性认识，并正确把握了两者的关系。荀子还提出“虚壹而静”的认识方法，主张克服认识的主观性、片面性。在知与行的关系上，荀子重行，把行看作认识的来源和目的。也有人认为荀子的认识论属于唯心主义先验论，因为荀子主张养心积物，心支配道，道产生物，物之理就包含在人心之中，通过人心可以认识物理。

辩证法思想

多数人认为荀子宇宙观属于朴素辩证法的宇宙观。其辩证法思想包括矛盾对立是普遍存在的，看到了矛盾着的事物和现象之间的对立统一关系，接触到辩证法关于对立统一的观点；提出矛盾诸方面的对立斗争是宇宙万物运动变化的原因；猜测到矛盾的对立面是相互依存、相反相成的关系；提出由量变而引起质变的辩证观点。也有人认为荀子的宇宙论是形而上学的循环论。

天人关系论

有的学者指出不依据天道观念以建立人道，把人提升到与天、地并列的三才之一，肯定人的主体性及其价值，是荀子思想的主体特征。有的学者提出荀子的天人关系论始终贯彻“人定胜天”的精神，不仅打破了传统的信天、尊天的宗教迷信，而且其精神为后代许多思想家所继承，对中国封建制度的确立、发展和灭亡，对中国社会的近代化过程都起到积极作用，是中华民族优秀文化传统的重要内容。有的学者不同意把荀子“制天命而用之”的思想和西方的“戡天主义”思想等同起来，指出荀子“制天命”的“制”字，并不包括“征服”“战胜”的意思，而是“裁制”之义。有的学者指出，荀子对自然界的解释有不少真知灼见，是由直观得出的结论，朦胧而含糊，不可与近代科学的自然观同日而语。荀子“唯圣人不求知天”的思想妨碍人们去认识自然，遏止了人们不断探索大自然奥秘的兴趣。荀子还没能认识到人是自然之子，自然是人类的家园，应该努力保持与自然的和谐一致。

人性与道德修养

有的学者认为荀子把人与生俱来的自然属性当作人的本性，是其人性论的一大失误。有的学者认为荀子所谓的“性”并不包含有“人的本性”的规定，旨在追究人类邪恶的根源所在以除却之，因此说荀子论“性”即是在论“人的本性”是对荀子思想的一种误解。有的学者指出荀子把人的生理、心理本能说成是“恶”，是荀子思想体系的内在矛盾。有的学者认为人的自然属性的种种情欲是一种未被社会化的个人私欲，是与社会伦理原则或人的存在本性相抵触的，是恶的，荀子“人之性恶”的结论是合乎逻辑的。许多学者指出荀子认为道德修养是一种外在的道德法律行为，所注重的是社会道德、政治规范对道德个体的制约和改造，强调社会外在机制对人的“化性起伪”。

关于义利之辩

许多学者指出荀子的义利观是先秦时期在义利关系问题上的一种比较全面合理的观点。有的学者认为强调义利二者的对立与统一是荀子义利观的一大特点，是对义、利产生及存在问题的朴素唯物主义解释。有的学者认为荀子以理节欲的主张，既反对“纵情”“纵欲”的禽兽之行，又反对“去欲”“寡欲”的禁欲主义，比较合理而全面地发展了孔子以来儒家在理欲问题上的观点。有的学者认为荀子的“义与利者，人之所两有也”的思想想法，不仅为人们考察、评价历史人物提供了正确的思想方法，而且对现代人克服社会危机、制定正确的社会发展战略也具有积极的指导作用。

经济与管理思想

有的学者认为荀子的富国养民之术所论精辟，其总纲是节用裕民，具体措施是“轻田野之税，平关市之征，省商贾之数，罕兴力役，无夺农时”（《富国》）。有的学者指出，荀子似乎认为商贾只能消费，不能生产，不可没有但不能过多，同时并没有否定流通的作用，荀子减少商贾的主张，也许只是在主张减少过多的不生产的人，而没有顾及、考虑到与其流通理论的矛盾。学者们一致认为《荀子》书中有着十分丰富的经济与管理思想，其对国家经济制度、经济管理、经济与政治的关系等问题都有比较深刻的见解，有必要对其进行深入的发掘和研究，以为现代化建设服务。

荀子的学派属性

第一种观点认为荀子是儒家的伟大代表，他始终没有离开儒家的立场。第二种观点认为荀子是法家。第三种观点认为荀子既是儒家也是法家。第四种观点认为荀子学习儒而背儒，他在综合百家之学的基础上创立自成一家的荀学。第五种观点认为荀子属于稷下学派。第六种观点认为荀子属黄老学派。

附：

一、荀子墓

位于苍山县兰陵镇政府驻地东南1.5千米处，西距兰陵镇王张庄村200米。1977年12月公布为省级重点文保单位。楚考烈王八年（前255年），楚相春申君黄歇聘荀子为兰陵令。楚考烈王二十五年（前238年），春申君遇害，荀子被免官，遂于兰陵居住，讲学著述。据《史记·孟子荀卿列传》记载“序列著数万言而卒，因葬兰陵”。墓为黄土堆积，东西长30米，南北宽20米，封土高3米，黄黏土夯筑。1966年—1976年“文化大革命”期间，墓地遭破坏，墓冢封土中部挖一深坑，呈M状。1977年被列为山东省第一批省级重点文物保护单位，并立有保护标志碑一方。1990年，苍山县人民政府对荀子墓进行修缮，墓地封土周围用青砖垒砌了高约1米、周长158米的围墙，墓冢的周边也用红砖围砌了高约2.2米的围墙，总面积约6400平方米。

墓冢前有两通清朝时期的碑刻，西侧一通是清道光二十二年（1842年）兰陵王氏学人捐立

的补建荀子墓碑，四角碑帽，碑额为篆文，碑文为楷书，碑高2.2米、厚0.15米、宽0.75米，方座，正文楷书刻491字。碑文记述了荀子墓兴衰状况，由借补镇雄州知州王寿篆额，增广生王鲁楷撰文，邑庠生王锡藩书丹。东侧一通是清光绪三十年（1904年）山东巡抚周馥立“楚兰陵令荀卿之墓”碑，高2米、宽0.8米、厚0.18米，圆首，方座，碑首为二龙朝阳图案，正文楷书刻69字，为捐建重修荀子墓的记述。

二、兰陵伯庙

宋神宗熙宁七年（1074年），诏封荀况为兰陵伯，从祀孔庙。根据清道光二十二年(1842年）补建荀子墓碑记载，宋徽宗政和六年（1117年）于荀子墓上建兰陵伯庙，因年代久远，载写“修兰陵伯庙记”的石碑已经损毁，建庙由来及相关事宜皆无从查起。“文化大革命”以前，墓上尚存庙基与殿墙残迹，后因取土全部毁掉。

三、《刊行荀子》后序

荀子二十卷三十二篇，杨倞注，初，汉刘向校雠中孙新书凡三百二十二篇，除复重定著三十二篇，为孙卿新书十二卷，至倞分易卷第，更名荀子。皇朝熙宁初，儒官校上诏国子监刊印颁行之。中兴□补遗逸监书□具，独荀子犹阙，学者不见旧书，传习□本文字□异，仲友于三馆睹旧文，大惧湮没，访得善本，假守余隙，乃以公帑锓木，悉视熙宁之故，诗曰：虽无老成人，尚有典刑卿，不可作其书，独非典刑乎？向博极群书，序卿事大抵本司马迁，于迁书有三不合：春申君死当齐王建二十八年，距宣王八十七年，向言卿以宣王时来游学，春申君死而卿废。设以宣王末年游齐，年已百三十七矣。迁书记孟子以惠王三十五年至梁，当齐宣王七年，惠王以叟称孟子，计亦五十余。后二十三年，子之乱燕，孟子在齐，若卿来，以宣王时不得如向言后孟子百余岁。田忌荐孙膑为军师败魏桂陵，当齐威王二十六年，距赵孝成王七十八年，临武若与卿议兵于王前，向以为孙膑，倞以败魏马陵，疑年马陵，去桂陵又十三年矣。崇文总目言卿楚人，楚礼为客卿，迁书向序驳益难信，据迁传参卿书，其大略可睹：卿名况，赵人，以齐襄王时游稷下，距孟子至齐五十年矣，于列大夫三为祭酒，去之楚，春申君以为兰陵令，以谗去，之赵，与临武君议兵，入秦，见应侯，昭王以聘。反乎楚，复为兰陵令。既废，家兰陵以终。自战国争富强，儒道绌，孟子学孔子，言王可反掌，致卒不见用。卿后孟子，亦尊孔子氏，子思作中庸，孟子述之，道性善，至卿以为人性恶，故非子思、孟轲，扬雄以为同门异户。孟子与告子言性，卒绌告子，惜卿不见孟子，不免异说方说士徼时好。卿独守儒，议兵以仁义富，以儒术强，以道德之威旨，意与孟子同，见应侯，病秦无儒，昭王谓儒无益人之国，极明儒效。秦并天下以力，意儒果无用，至于坑焚灭不旋踵。汉书布衣终假儒以定，卿言不用而后验。自董仲舒、韩愈皆美卿书，言王道虽不及孟子，抑其流亚，废于衰世，亦命矣。夫学者病卿以李斯、韩非，卿老师学者已众，二子适见世昼寝哺啜，非师之过，使卿登孔门去异意，书当与七篇比，此君子所为太息。

大宋淳熙八年岁在辛丑十有一月甲申

朝请郎权发遣台州军州事唐仲友后序。

四、补建荀子墓碑记

先贤荀子卿者，其初赵人也。年五十游学于齐，与齐之三驺子、慎到、淳于髡之属讲学稷下，而荀子三为祭酒，后被谗适楚，为兰陵令，爱其风土遂家焉，死即葬此兰陵。人感其德化，为筑巨冢，以此甘棠之遗爱。

荀子嫉群否之害，正大道不明也，爱述儒者道德之旨，著书数万言以鸣于世。当秦汉时，其书家传户诵，与孟子并称，此太史公作《史记》，所以合孟荀为列传也。

虽后世多刻核之论，究何伤其硕儒之量！善乎？韩子之言曰：“孟子醇乎？醇者也；荀子与扬大醇而小疵。”此岂无所见而云然哉！

又考《宋史》，元丰元年诏封荀子为兰陵伯；七年诏以荀子从祀孔子庙堂。非其有关于名教，何得令后世尊崇若是乎？独其墓上之庙，碑载修于宋政和六年，迄今七百余岁，兵燹风霜，销毁已尽。道光辛丑春，余同兰陵王氏诸君子游览其地，见有断碣卧于荒烟蔓草之中，摩挲审视，惟存“修兰陵伯庙记”与政和年号十数字，其余皆漫灭不可复辨。因慨然于昌黎伯之言曰：“莫为之前，虽美弗彰；莫为之后，虽盛不传。”古者孟、荀并重，今孟子之庙，赫奕若彼；荀子之墓，荒灭若此。非“莫为之后，虽盛不传”之故乎？侪等学识谫陋，何敢妄议高深。但当此际而听先贤古迹湮没不彰，亦一方士大夫之羞也！

爰约同志并请于兰山县分县、粤东张公渭共修丰碑，序其巅末，俾先贤德业姓氏赫赫然永垂不朽，亦吾人好古尊贤越俗之义举也。至踵修祠堂，延人以奉其祀，则均有志焉，尚未逮也。

八十岁老人增广生王鲁楷顿首拜撰

赐进士出身诏封奉政大夫明江同知借补镇雄州知州王寿篆额

邑庠生王锡藩沐手敬书

大清道光岁次壬寅小春月吉立上石

首事人　御前侍卫候选卫守备王绍奎

邑庠生□□□

章邑太学生□□□

五、荀公亭

1991年3月，苍山县酒厂在院内建荀公亭1座，为六角仿古亭，有六柱（红色）、六角、六脊、六翅角脊，五色彩画斗拱飞檐，盖桔红色鳞瓦，圆锥形亭尖。亭全高5.4米。亭中央有汉白玉石雕荀公坐像，坐高1.6米，花岗石底座厚0.5米，1.72米见方。亭上有全国人大副委员长王光英书“荀公亭”3字和苍山县荀子研究会会长刘庭尧题撰的对联：“荀酒醇正流传古今，名言博达教化万载”。随着酒厂倒闭，该亭已拆除。

六、书画篆刻

1992年10月县荀子研究会成立后，约请书法名家郭仲选、李燕杰、张寿民、惠玉昆、高庆荣等人书写荀子名言65篇，约请画家吴兴沛等人画荀子像及写意画12幅，收集荀子名言篆刻石印81方。另收集《荀子》版本16种，荀子研究论文75篇，编印《荀子名言篆刻选》。

七、荀子文化书社

1993年，县新华书店在埝桥路西段南侧建“鲁南荀子文化书社”，为3层楼房。设150平方米营业室，专售有关荀子的书籍。进入20世纪，县城改造期间拆除。

八、城市雕塑

1993年9月，县政府在县城五岔路口建立汉白玉荀子站立雕像1座，高2.5米。黑色大理石基座高1.24米，1米见方。基座正面楷书“荀子”2字，背面为县荀子研究会撰写的荀子简介。

雕塑撰文：

荀子（约公元前三一三年——前二三〇年）名况，字卿，战国末期赵人。我国杰出的思想家、教育家、儒学大师，朴素的唯物主义者。是诸子百家的集大成者，孔子、孟子的后继人。

公元前二二五年，楚相春申君北伐灭鲁，以荀卿为兰陵令，前后十八年，政绩卓著，内治外联，施惠于民，政平而民安。前二三八年，春申被害，荀子遭罢，家居孙楼，著书立说，在文峰山杏坛讲学，韩非、李斯，汉初之张苍、毛亨等皆为其弟子。约公元二三〇年逝世，享年八十四岁。葬于兰陵南王庄。至今荀子墓高耸在苍山大地上。

荀子著述博大精深，现存《荀子》一书，共三十二篇，其哲学、政治、经济、教育、文学等光辉思想，至今仍具有现实意义和借鉴作用，有待我们后人继续研究。让中华民族智慧之精华——荀子思想，永放光芒。

九、楚兰陵令荀卿之墓碑碑文

甲辰夏，余因巡视河道，路出兰陵，见先

贤荀子墓，基址就荒，不禁慨然太息，特捐俸银一笏，交兰陵县佐，令其重加修筑，并立碑，禁止樵采，以垂久远，原泐数语于后，用誌景仰云尔。

大清光绪三十年九月九日山东巡抚周馥重建，兰山县县丞恩棣奉饰监修。

十、刘庭尧主编《后圣荀子》

由苍山县荀子研究会、河北省邯郸县第一中学、苍山县第一中学发起，刘庭尧任主编。书号为ISBN7-80629-3469，1999年8月由济南出版社印刷出版。全书分生平事迹、思想概述、《荀子》三十二篇简介、荀子治世名言、历代评述、荀学研究概况等六大版块，共12800字。山东大学丁冠之题写书名，中共河北省邯郸县委书记赵浩军、苍山县委书记王举生作序。刘庭尧（1931—1999），祖籍安徽蚌埠，1951年入南京大学中文系学习，毕业赴苍山任教，曾任临沂广播电视大学苍山分校校长，苍山县荀子研究会会长等职。

十一、临沂人民广场荀子雕像

位于临沂市区人民广场西南侧，雕像高2.5米，厚1.5米，宽2.0米，以山峦青松造型衬托荀子人像，材质为白色花岗岩，2000年12月竣工，作者左耀国（苍山县小岭乡东盘石沟村人）。

十二、儒学全球论坛荀子思想当代价值国际学术研讨会

2007年8月6日—8日，由山东大学、临沂市人民政府与苍山县人民政府共同举办的儒学全球论坛（2007临沂·苍山）荀子思想当代价值国际学术研讨会在山东省临沂市举行，中国、美国、俄罗斯、日本、韩国等国家与地区的100余位学者参加会议。此次会议是新中国成立后举行的第一次大规模的荀子思想国际学术研究会，与会学者围绕荀子思想的当代价值、荀子的政治思想、荀子的人性论、荀子及荀子思想在儒学发展中的地位、《荀子》篇目解读及历代荀子思想研究等问题展开热烈讨论。

2007年8月7日，参加儒学全球论坛荀子思想当代价值国际学术研讨会的100余位学人，在苍山县兰陵镇荀子墓前举行祭荀仪式，仪式由山东大学孟祥才教授主持，山东大学颜炳罡教授代表与会学者诵读《祭荀子文》。

2008年12月，山东大学出版社出版了由山东大学儒学研究中心庞朴教授为主编、总计46万字的《儒林》（第四辑）荀子志刊，书中收录了荀子思想当代价值国际学术研讨会期间参加研讨的37位学者的论文。

第三十二编
艺　文

蒼山縣志

第一章　文学作品

第一节　先秦部分

季文子论德才（鲁文公十八年）

左丘明

莒纪公生大子仆，又生季佗，爱季佗而黜仆，且多行无礼于国。仆因国人以弑纪公，以其宝玉来奔，纳诸宣公。公命与之邑，曰："今日必授。"季文子使司寇出诸竟，曰："今日必达。"公问其故。季文子使大史克对曰："先大夫臧文仲教行父事君之礼，行父奉以周旋，弗敢失队。曰：'见有礼于其君者，事之如孝子之养父母也；见无礼于其君者，诛之如鹰鹯之逐鸟雀也。'先君周公制周礼曰：'则以观德，德以处事，事以度功，功以食民。'作《誓命》曰：'毁则为贼，掩贼为藏，窃贿为盗，盗器为奸。主藏之名，赖奸之用，为大凶德，有常无赦。在《九刑》不忘。'行父还观莒仆，莫可则也。孝敬忠信为吉德，盗贼藏奸为凶德。夫莒仆，则其孝敬，则弑君父矣；则其忠信，则窃宝玉矣。其人，则盗贼也，其器则奸兆也。保而利之，则主藏也。以训则昏，民无则焉。不度于善，而皆在于凶德，是以去之。

"昔高阳氏有才子八人：苍舒、隤敳、梼戭、大临、龙降、庭坚、仲容、叔达，齐圣广渊，明允笃诚，天下之民谓之八恺。高辛氏有才子八人：伯奋、仲堪、叔献、季仲、伯虎、仲熊、叔豹、季狸，忠肃共懿，宣慈惠和，天下之民谓之'八元'。此十六族也，世济其美，不陨其名，以至于尧，尧不能举。舜臣尧，举八恺，使主后土，以揆百事，莫不时序，地平天成。举八元，使布五教于四方，父义、母慈、兄友、弟共、子孝，内平外成。昔帝鸿氏有不才子，掩义隐贼，好行凶德，丑类恶物，顽嚚不友，是与比周，天下之民谓之'浑敦'。少皞氏有不才子，毁信废忠，崇饰恶言，靖谮庸回，服谗蒐慝，以诬盛德，天下之民谓之'穷奇'。颛顼氏有不才子，不可教训，不知话言，告之则顽，舍之则嚚，傲很明德，以乱天常，天下之民谓之'梼杌'。此三族也，世济其凶，增其恶名，以至于尧，尧不能去。缙云氏有不才子，贪于饮食，冒于货贿，侵欲崇侈，不可盈厌，聚敛积实，不知纪极，不分孤寡，不恤穷匮，天下之民以比三凶，谓之'饕餮'。舜臣尧，宾于四门，流四凶族，浑敦、穷奇、梼杌、饕餮，投诸四裔，以御螭魅。是以尧崩而天下如一，同心戴舜，以为天子，以其举十六相，去四凶也。故《虞书》数舜之功，曰'慎徽五典，五典克从'，无违教也；曰'纳于百揆，百揆时序'，无废事也；曰'宾于四门，四门穆穆'，无凶人也。舜有大功二十而为天子，今行父虽未获一吉人，去一凶矣，于舜之功，二十之一也，庶几免于戾乎！"

作者简介：见人物部分

大　学（节选）

曾　参

生财有大道，生之者众，食之者寡，为之者疾，用之者舒，则财恒足矣。仁者以财发身，不仁者以身发财。未有上好仁而下不好义者也，未有好义其事不终者也，未有府库财非其财者也。孟献子曰："畜马乘，不察于鸡豚；伐冰之家，不畜牛羊；百乘之家，不畜聚敛之臣。与其有聚敛之臣，宁有盗臣。"此谓国不以利为利，以义为利也。长国家而务财用者，必自小人矣。彼为善之，小人之使为国家，灾害并至，虽有善者，亦无如之何矣。此谓国不以利为利，以义为利也。

作者简介：见人物部分

劝 学

荀 子

君子曰：学不可以已。青，取之于蓝，而青于蓝；冰，水为之，而寒于水。木直中绳，𫐓以为轮，其曲中规，虽有槁暴，不复挺者，𫐓使之然也。故木受绳则直，金就砺则利，君子博学而日参省乎己，则知明而行无过矣。

故不登高山，不知天之高也；不临深溪，不知地之厚也；不闻先王之遗言，不知学问之大也。干、越、夷、貉之子，生而同声，长而异俗，教使之然也。《诗》曰："嗟尔君子，无恒安息。靖共尔位，好是正直。神之听之，介尔景福。"神莫大于化道，福莫长于无祸。

吾尝终日而思矣，不如须臾之所学也；吾尝跂而望矣，不如登高之博见也。登高而招，臂非加长也，而见者远；顺风而呼，声非加疾也，而闻者彰。假舆马者，非利足也，而致千里；假舟楫者，非能水也，而绝江河。君子生非异也，善假于物也。

南方有鸟焉，名曰蒙鸠。以羽为巢，而编之以发，系之苇苕，风至苕折，卵破子死。巢非不完也，所系者然也。西方有木焉，名曰射干，茎长四寸，生于高山之上，而临百仞之渊。木茎非能长也，所立者然也。蓬生麻中，不扶而直；白沙在涅，与之俱黑。兰槐之根是为芷，其渐之滫，君子不近，庶人不服。其质非不美也，所渐者然也。故君子居必择乡，游必就士，所以防邪僻而近中正也。

物类之起，必有所始；荣辱之来，必象其德。肉腐出虫，鱼枯生蠹。怠慢忘身，祸灾乃作。强自取柱，柔自取束。邪秽在身，怨之所构。施薪若一，火就燥也；平地若一，水就湿也。草木畴生，禽兽群焉，物各从其类也。是故质的张而弓矢至焉，林木茂而斧斤至焉，树成荫而众鸟息焉，醯酸而蜹聚焉。故言有招祸也，行有招辱也，君子慎其所立乎！

积土成山，风雨兴焉；积水成渊，蛟龙生焉；积善成德，而神明自得，圣心备焉。故不积跬步，无以至千里；不积小流，无以成江海。骐骥一跃，不能十步；驽马十驾，功在不舍。锲而舍之，朽木不折；锲而不舍，金石可镂。蚓无爪牙之利、筋骨之强，上食埃土，下饮黄泉，用心一也；蟹六跪而二螯，非蛇、蟺之穴无可寄托者，用心躁也。是故无冥冥之志者，无昭昭之明；无惛惛之事者，无赫赫之功。行衢道者不至，事两君者不容。目不能两视而明，耳不能两听而聪。螣蛇无足而飞，鼫鼠五技而穷。《诗》曰："尸鸠在桑，其子七兮。淑人君子，其仪一兮。其仪一兮，心如结兮。"故君子结于一也。

昔者瓠巴鼓瑟而流鱼出听，伯牙鼓琴而六马仰秣。故声无小而不闻，行无隐而不形。玉在山而草木润，渊生珠而崖不枯。为善不积邪？安有不闻者乎？

学恶乎始？恶乎终？曰：其数则始乎诵经，终乎读《礼》；其义则始乎为士，终乎为圣人，真积力久则入，学至乎没而后止也。故学数有终，若其义则不可须臾舍也。为之，人也；舍之，禽兽也。故《书》者，政事之纪也；《诗》者，中声之所止也；《礼》者，法之大分、类之纲纪也。故学至乎《礼》而止矣，夫是之谓道德之极。《礼》之敬文也，《乐》之中和也，《诗》《书》之博也，《春秋》之微也，在天地之间着毕矣。

君子之学也，入乎耳，箸乎心，布乎四体，形乎动静，端而言，蠕而动，一可以为法则。小人之学也，入乎耳，出乎口；口、耳之间，则四寸耳，曷足以美七尺之躯哉！

古之学者为己，今之学者为人。君子之学也，以美其身；小人之学也，以为禽犊。故不问而告谓之傲，问一而告二谓之囋。傲，非也；囋，非也；君子如响矣。

学莫便乎近其人。《礼》《乐》法而不说，《诗》《书》故而不切，《春秋》约而不速。方其人之习君子之说，则尊以遍矣，周于世矣。故曰：学莫便乎近其人。

学之经莫速乎好其人，隆礼次之。上不能好其人，下不能隆礼，安特将学杂识志，顺《诗》《书》而已耳。则末世穷年，不免为陋儒而已。将原先王，本仁义，则礼正其经纬蹊径也。若挈裘领，诎五指而顿之，顺者不可胜数也。不道礼、宪，以《诗》《书》为之，譬之犹以指测河也，以戈舂黍也，以锥餐壶也，不可以得之矣。故隆礼，虽未明，法士也；不隆礼，虽察辩，散儒也。

问楛者，勿告也；告楛者，勿问也；说楛者，勿听也；有争气者，勿与辩也。故必由其道至，然后接之；非其道则避之。故礼恭，而后可与言道之方；辞顺，而后可与言道之理；色从，而后可与言道之致。故未可与言而言谓之傲，可与言而不言谓之隐，不观气色而言谓之瞽。故君子不傲、不隐、不瞽，谨顺其身。《诗》曰："匪交匪舒，天子所予。"此之谓也。

百发失一，不足谓善射；千里跬步不至，不足谓善御；伦类不通，仁义不一，不足谓善学。学也者，固学一之也。一出焉，一入焉，涂巷之人也；其善者少，不善者多，桀、纣、盗跖也；全之尽之，然后学者也。

君子知夫不全不粹之不足以为美也，故诵数以贯之，思索以通之，为其人以处之，除其害者以持养之。使目非是无欲见也，使耳非是无欲闻也，使口非是无欲言也，使心非是无欲虑也。及至其致好之也，目好之五色，耳好之五声，口好之五味，心利之有天下。是故权利不能倾也，群众不能移也，天下不能荡也。生乎由是，死乎由是，夫是之谓德操。德操然后能定，能定然后能应。能定能应，夫是之谓成人。天见其明，地见其光，君子贵其全也。

作者简介：见荀子篇

第二节　两汉部分

鲁漆室女

刘　向

漆室女者，鲁漆室邑之女也。过时未适人。当穆公时，君老，太子幼。女倚柱而啸，旁人闻之，莫不为之惨者。其邻人妇从之游，谓曰："何啸之悲也？子欲嫁耶？吾为子求偶。"漆室女曰："嗟乎！始吾以子为有知，今无识也。吾岂为不嫁不乐而悲哉！吾忧鲁君老，太子幼。"邻妇笑曰："此乃鲁大夫之忧，妇人何与焉！"漆室女曰："不然，非子所知也。昔晋客舍吾家，系马园中。马佚驰走，践吾葵，使我终岁不食葵。邻人女奔随人亡，其家倩吾兄行追之。逢霖水出，溺流而死。令吾终身无兄。吾闻河润九里，渐洳三百步。今鲁君老悖，太子少愚，愚伪日起。夫鲁国有患者，君臣父子皆被其辱，祸及众庶，妇人独安所避乎！吾甚忧之。子乃曰妇人无与者，何哉！"邻妇谢曰："子之所虑，非妾所及。"三年，鲁果乱，齐楚攻之，鲁连有寇。男子战斗，妇人转输不得休息。君子曰："远矣漆室女之思也！"诗云："知我者，谓我心忧，不知我者，谓我何求。"此之谓也。

颂曰：漆室之女，计虑甚妙，维鲁且乱，倚柱而啸，君老嗣幼，愚悖奸生，鲁果扰乱，齐伐其城。

作者简介：刘向（约前77年—前6年），西汉经学家、目录学家、文学家。本名更生，字子政，沛（今江苏沛县）人。治《春秋谷梁传》，著有《新序》《说苑》《列女传》等，撰成《别录》，为我国最早的目录学著作。

第三节　魏晋南北朝部分

挽歌

缪　袭

生时游国都，死没弃中野。

朝发高堂上，暮宿黄泉下。
白日入虞渊，悬车息驷马。
造化虽神明，安能复存我。
形容稍歇灭，齿发行当堕。
自古皆有然，谁能离此者。

作者简介：见人物部分

贫家赋

束　皙

余遭家之坎轲，婴六极之困屯。恒勤身以劳思，丁饥寒之苦辛。无原宪之厚德，有斯民之下贫。愁郁烦而难处，且罗缕而自陈。有漏狭之单屋，无蔽覆之受尘，唯曲壁之常在，时弛落而压镇。食草叶而不饱，常嗛嗛于膳珍，欲恚怒而无益，徒拂郁而独嗔。蒙乾坤之遍覆，庶无财而有仁。涉孟夏之季月，迄仲冬之坚冰。稍煎蹙而穷迫，无衣褐以蔽身。还趋床而无被，手狂攘而妄牵。何长夜之难晓，心咨嗟以怨天。债家至而相敦，乃取东而偿西。行乞贷而无处，退顾影以自怜。衒卖业而难售，遂前至于饥年。举短柄之掘勺，执偏䴡之漏鋗。煮黄当之草菜，作汪洋之羹饘。釜迟钝而难沸，薪郁绌而不然。至日中而不熟，心苦苦而饥悬。丈夫慨于堂上，妻妾叹于灶间。悲风嗷于左侧，小儿啼于右边。

作者简介：见人物部分

咏二疏

陶渊明

大象转四时，功成者自去。
借问衰周来，几人得其趣？
游目汉廷中，二疏复此举。
高啸还旧居，长揖储君傅。
饯送倾皇朝，华轩盈道路。
离别情所悲，余荣何足顾。
事胜感行人，贤哉岂常誉！
厌厌闾里欢，所营非近务。
促席延故老，挥觞道平素。
问金终寄心，清言晓未悟。
放意乐余年，遑恤身后虑。
谁云其人亡，久而道弥著。

作者简介：陶渊明（352或365—427），字元亮，又名潜，私谥“靖节”，世称靖节先生。浔阳柴桑人。东晋末至南朝宋初期伟大的诗人、辞赋家。他是中国第一位田园诗人，被称为“古今隐逸诗人之宗”，有《陶渊明集》。

安边论

何承天

伏见北藩上事，虏犯青兖，天慈降鉴，矜此黎元，博逮群策，经纶戎政，臣以愚陋，预闻访及。窃寻猃狁告难，爰自上古，有周之盛，南仲出车，汉氏方隆，卫、霍宣力。虽饮马瀚海，扬旍祁连，事难役繁，天下骚动，委兴负海，赀及舟车。凶狡倔强，未肯受弱，得失报复，裁不相补。宣帝末年，值其乖乱，推亡固存，始获稽服。自晋丧中原，戎狄侵扰，百余年间，未暇以北虏为念。大宋启祚，两耀灵武，而怀德畏威，用自款纳。陛下临御以来，羁縻遵养，十余年中，贡译不绝。去岁三王出镇，思振远图，兽心易骇，遂生猜惧，背违信约，深构携隙。贪祸恣毒，无因自反，恐烽燧之警，必自此始。臣素庸懦，才不经武，率其管窥，谨撰《安边论》。意及浅末，惧无可采。若得询之朝列，辨核同异，庶或开引群虑，研尽众谋，短长毕陈，当否可见。其论曰：

汉世言备匈奴之策，不过二科，武夫尽征伐之谋，儒生讲和亲之约，课其所言，互有远志。加塞漠之外，胡敌掣肘，必未能摧锋引日，规自开张。当由往年冀土之民，附化者众，二州临境，三王出藩，经略既张，宏图将举，士女延望，华、夷慕义。故昧于小利，且自矜侈，外示余力，内坚伪众。今若务存遵养，许其自新，虽未可羁致北阙，犹足镇静边境。然和亲事重，当尽庙算，诚非愚短，所能究言。若追踪卫、霍瀚海之志，时事不等，致功亦殊。寇虽习战未久，又全据燕赵，跨带秦魏，山河之险，终古如一。自非大田淮、泗，内实青、徐，使民有赢储，野有积谷，然后分命方、召，总率虎旅，精卒十万，使一举荡夷，则不足稍勤王师，以劳天下。何以言之？今遗黎习乱，志在偷安，非皆耻为左衽，远慕冠冕，徒以残害剥辱，视息无寄，故繦负归国，先后相寻。虏既不能校胜循理，攻城略地，而轻兵掩袭，急在驱残，是其所以速怨召祸，灭亡之日。今若遣军追讨，报其侵暴，大翦幽冀，屠城破邑，则圣朝爱育黎元，方济之以道。若但欲抚其归附，伐罪吊民，则骏马奔走，不肯来征，徒兴巨费，无损于彼。复奇兵深入，杀敌破军，苟陵患未尽，则困兽思斗，报复之役，将遂无已。斯秦、汉之末策，轮台之所悔也。

安边固守，于计为长。臣以安边之计，备在史策，李牧言其端，严尤申其要，大略举矣。曹、孙之霸，才均智敌，江、淮之间，不居各数百里。魏舍合肥，退保新城，江陵移民南涘，濡须之戍，家停羡溪。及表陵之屯，民夷散杂，晋宣王以为宜从江南以北岸，曹爽不许，果亡相中，此皆前代之殷鉴也。何者？斥候之郊，非畜牧之地，非耕桑之邑。故坚壁清野，以俟其来，整甲缮兵，以乘其敝。虽时有古今，势有强弱，保民全境，不出此涂。要而归之有四：一曰移远就近；二曰浚复城隍；三曰纂偶车牛；四曰计丁课仗。良守疆其土田，骁帅振其风略。搜猎宣其号令，俎豆训其廉耻。县爵以縻之，设禁以威之。徭税有程，宽猛相济。比及十载，民知义方。然后简将授奇，扬旌云朔，风卷河冀，电扫嵩恒，燕弧折却，代马摧足，秦首斩其右臂，吴蹄绝其左肩，铭功于燕然之阿，飨徒于金微之曲。

寇虽乱亡有征，昧弱易取，若天时人事，或未尽符，抑锐俟机，宜审其算。若边戍未增，星居布野，勤惰异教，贫富殊资，疆场之民，多怀彼此，虏在去就，不根本业，难可驱率，易在振荡。又狡虏之性，食肉衣皮，以驰骋为仪容，以游猎为南亩，非有车舆之安，宫室之卫。栉风沐雨，不以为劳；露宿草寝，维其常性；胜则竞利，败不羞走，彼来或骤，而此已奔疲。且今春逾济，既获其利，乘胜忸忕，未虞天诛，比及秋末，容更送死。猋骑蚁聚，轻兵鸟集，并践禾稼，焚爇闾井，虽边将多略，未审何以御之。若盛师连屯，废农必众，驰车奔驲，起役必迟，散金行赏，损费必大，换土客戍，怨旷必繁。孰若因民所居，并修农战，无动众之劳，有捍卫之实，其为利害，优劣相悬也。

一曰移远就近，以实内地。今青兖旧民，冀州新附，在界首者二万家，此寇之资也。今悉可内徙，青州民移东莱、平昌、北海诸郡，泰山以南，南至下邳，左沭右沂，田良野沃，西阻兰陵，北扼大岘，四塞之内，其号险固。民性重迁，暗于图始，无虏之时，喜生咨怨。今新被钞掠，余惧未息，若晓示安危，居以乐土，宜其歌抃就路，视迁如归。

二曰浚复城隍，以增阻防。旧秋冬收敛，民人入保，所以警备暴客，使防卫有素也。古之城池，处处皆有，今虽颓毁，犹可修治。粗计户数，量其所容，新徙之家，悉著城内，假其经用，为之闾伍，纳稼筑场，还在一处。妇子守家，长吏为师，丁夫匹妇，春夏佃牧。寇至之时，一城千室，堪战之士，不下二千，其余羸弱，犹能登陴鼓噪。十则围之，兵家旧说，战士二千，足抗群虏三万矣。

三曰纂偶车牛，以饰戎械。计千家之资，不下五百耦牛，为车五百两。参合钩连，以卫其众。设使城不可固，平行趋险，贼所不能干。既已族居，易可检括。号令先明，民知夙戒。有急征发，信宿可聚。

四曰计丁课仗，勿使有阙。千家之邑，战士二千，随其便能，各自有仗，素所服习，铭刻由己，还保输之于库，出行请以自卫。弓干利铁，民不办得者，官以渐充之，数年之内，军用粗备矣。

臣闻军国异容，施于封畿之内；兵农并修，在于疆场之表。攻守之宜，皆因其习，任其怯勇。山陵川陆之形，寒暑温凉之气，各由本性，易则害生。是故戍申作师，远屯清济，功费既重，嗟怨亦深。以臣料之，未若即用彼众之易也。管子治齐，寄令在民；商君为秦，设以耕战。终申威定霸，行其志业，非苟任强，实由有数。梁用走卒，其邦自灭；齐用技击，厥众亦离。汉、魏以来，兹制渐绝，搜田非复先王之礼，治兵徒逞耳目之欲，有急之日，民不知战，至乃广延赏募，奉以厚秩，发遽奔救，天下骚然。方伯刺史，拱手坐听，自无经略，唯望朝廷遣军，此皆忘战之害，不教之失也。

今移民实内，浚治城隍，族居聚处，课其骑射，长吏简试，差品能不，甲科上第，渐就优别，明其勋才，表言州郡。如此则屯部有常，不迁其业。内护老弱，外通官涂，朋曹素定，同忧等乐，情由习亲，艺因事著，昼战见貌足相识，夜战闻声足相救，斯教战之一隅，先哲之遗术。论者必以古城荒毁，难可修复。今不谓顿便加功，整丽如旧，但欲先定民，营其闾术，墉壑存者，因而即之，其有毁缺，权时栅断。足以御彼轻兵，防遏游骑，假以方将，渐就只立。车牛之赋，课仗之宜，攻守所资，军国之要，今因民所利，导而率之。耕农之器，为府库之宝，田蚕之氓，兼城之用，千家总倍旅之兵，万户具全军之众，兵强而敌不戒，国富而民不劳，比于优复队伍，坐食廪粮者，不可同年而校矣。

今承平未久，边令弛纵，弓竿利铁，既不都断，往岁弃甲，垂二十年，课其所住，理应消坏。谓宜申明旧科，严加禁塞，诸商贾往来，幢队挟藏者，皆以军法治之。又界上严立关候，杜废间蹊。城保之境，诸所课仗，并加雕镌，别造程式。若有遗镞亡刃，及私为窃盗者，皆可立验，于事为长。又钜野湖泽广大，南通洙泗，北连青齐，有旧县城，正在泽内。宜立式修复旧堵，利其埭遏，给轻舰百艘。寇若入境，引舰出战，左右随宜应接，据其师津，毁其航漕。此以利制车，运我所长，亦微彻敌之要也。

作者简介：见人物部分

代出自蓟北门行

鲍　照

羽檄起边亭，烽火入咸阳。
征师屯广武，分兵救朔方。
严秋筋竿劲，虏阵精且强。
天子按剑怒，使者遥相望。
雁行缘石径，鱼贯度飞梁。
箫鼓流汉思，旌甲被胡霜。
疾风冲塞起，沙砾自飘扬。
马毛缩如猬，角弓不可张。
时危见臣节，世乱识忠良。
投躯报明主，身死为国殇。

作者简介：见人物部分

拟青青河畔草

鲍令晖

袅袅临窗竹，蔼蔼垂门桐。
灼灼青轩女，泠泠高台中。
明志逸秋霜，玉颜艳春红。
人生谁不别，恨君早从戎。
鸣弦惭夜月，绀黛羞春风。

作者简介：见人物部分

塞客吟

萧道成

宝纬紊宗，神经越序。
德晦河晋，力宣江楚。
云雷兆壮，天山繇武。
直发指河关，凝精越汉渚。
秋风起，塞草衰。
雕鸿思，边马悲。
平原千里顾，但见转蓬飞。
星严海净，月彻河明。
清辉映幕，素涂凝庭。
金笳夜厉，羽轊晨征。
干晴潭而怅泗，柑松洲而悼情。

兰涵风而泻艳，菊笼泉而散英。
曲绕首燕之欢，吹轸绝越之声。
欷园琴之孤弄，想庭藿之余馨。
青关望断，白日西斜。
恬源靓雾，垄首晖霞。
戒旋鷁，跃还波。
情绵绵而方远，思袅袅而遂多。
粤击秦中之筑，因为塞上之歌。
歌曰：朝发兮江泉，日夕兮陵山。
惊飙兮瀄汩，淮流兮潺湲。
胡埃兮云聚，楚旆兮星悬。
愁墉兮思宇，恻怆兮何言。
定寰中之逸鉴，審雕陵之迷泉。
悟樊笼之或累，怅遐心以棲玄。

作者简介：见人物部分

捣衣诗

萧　衍

驾言易水北，送别河之阳。
沉思惨行镳，如梦在空床。
既寤丹绿谬，始知纨素伤。
中州木叶下，边城应早霜。
阴虫日惨烈，庭草复芸黄。
金风徂清夜，明月悬洞房。
袅袅同宫女，助我理衣裳。
参差夕杵引，哀怨秋砧扬。
轻罗飞玉腕，弱翠低红妆。
朱颜日已兴，眄睇色增光。
捣以一匪石，文成双鸳鸯。
制握断金刀，熏用如兰芳。
佳期久不归，持此寄寒乡。
妾身谁为容，思君苦入肠。

作者简介：见人物部分

饮马长城窟行

萧　统

亭亭山上柏，悠悠远行客。
行客行路遥，故乡日迢迢。
迢迢不可见，长望涕如霰。
如霰独留连，长路邈绵绵。
胡马爱北风，越燕见日喜。
蕴此望乡情，沈忧不能止。
有朋西南来，投我用木李。
并有一札书，行止风云起。
扣封披书札，书札竟何有。
前言节所爱，后言别离久。

作者简介：见人物部分

登石头城

何　逊

关城乃形势，地险差非一。
马岭逐纡回，犬牙傍隆窣。
百雉极襟带，亿庾兼量出。
至理归无为，善守竟何恤。
眺听穷耳目，远近备幽悉。
扰扰见行人，晖晖视落日。
连樯入回浦，飞盖交长术。
天暮远山青，潮去遥沙出。
薄宦恧师表，属辞惭愈疾。
愿乘觳觫牛，还隐蒙笼室。

作者简介：见人物部分

《玉台新咏》序

徐　陵

夫凌云概日，由余之所未窥；千门万户，张衡之所曾赋。周王璧台之上，汉帝金屋之中，玉树以珊瑚为枝，珠帘以玳瑁为匣。其中有丽人焉。其人也：五陵豪族，充选掖庭；四姓良家，驰名永巷。亦有颖川新市、河间观津，本号娇娥，曾名巧笑。楚王宫里，无不推其细腰；卫国佳人，俱言讶其纤手。阅诗敦礼，岂东邻之自媒；婉约风流，异西施之被教。弟兄协律，生小学歌；少长河阳，由来能舞。琵琶新曲，无待石崇；箜篌杂引，非关曹植。传鼓瑟于杨家，得吹箫于秦女。

至若宠闻长乐，陈后知而不平；画出天仙，阏氏览而遥妒。至若东邻巧笑，来侍寝于更衣；西子微颦，得横陈于甲帐。陪游馺娑，骋纤腰于结风；长乐鸳鸯，奏新声于度曲。妆鸣蝉之薄鬓，照堕马之垂鬟。反插金钿，横抽宝树。南都石黛，最发双蛾；北地燕脂，偏开两靥。亦有岭上仙童，分丸魏帝；腰中宝凤，授历轩辕。金星将婺女争华，麝月与嫦娥竞爽。惊鸾冶袖，时飘韩掾之香；飞燕长裾，宜结陈王之佩。虽非图画，入甘泉而不分；言异神仙，戏阳台而无别。真可谓倾国倾城，无对无双者也。加以天时开朗，逸思雕华，妙解文章，尤工诗赋。琉璃砚匣，终日随身；翡翠笔床，无时离手。清文满箧，非惟芍药之花；新制连篇，宁止蒲萄之树。九日登高，时有缘情之作；万年公主，非无累德之辞。其佳丽也如彼，其才情也如此。

既而椒宫宛转，柘馆阴岑，绛鹤晨严，铜蠡昼静。三星未夕，不事怀衾；五日尤赊，谁能理曲。优游少托，寂寞多闲。厌长乐之疏钟，劳中宫之缓箭。纤腰无力，怯南阳之捣衣；生长深宫，笑扶风之织锦。虽复投壶玉女，为观尽于百骁；争博齐姬，心赏穷于六箸。无怡神于暇景，惟属意于新诗。庶得代彼皋苏，微蠲愁疾。但往世名篇，当今巧制，分诸麟阁，散在鸿都。不藉篇章，无由披览。

于是燃指暝写，弄笔晨书，撰录艳歌，凡为十卷。曾无忝于雅颂，亦靡滥于风人，泾渭之间，如斯而已。

于是丽以金箱，装之宝轴。三台妙迹，龙伸蠖屈之书；五色花笺，河北胶东之纸。高楼红粉，仍定鱼鲁之文；辟恶生香，聊防羽陵之蠹。灵飞太甲，高擅玉函；鸿烈仙方，长推丹枕。至如青牛帐里，馀曲既终；朱鸟窗前，新妆已竟。放当开兹缥帙，散此绦绳，永对玩于书帷，长循环于纤手。岂如邓学春秋，儒者之功难习；窦专黄老，金丹之术不成。因胜西蜀豪家，托情穷于鲁殿；东储甲观，流咏止于洞箫。娈彼诸嫉，聊同弃日，猗欤彤管，无或讥焉。

作者简介：见人物部分

第四节　隋唐部分

明堂议

颜师古

明堂之制，爰自古昔，求之简牍，全文莫睹。始之黄帝，降及有虞，弥历夏、殷，迄于周代，各立名号，别创规模。众说舛驳，互执所见，巨儒硕学，莫有详通。斐然成章，不知裁断。究其指要，实布政之宫也。徒以战国纵横，典籍废弃；暴秦酷烈，经礼湮亡。今之所存，传记杂说，用为准的，理实芜昧。然《周书》之叙明堂，纪其四面，则有应门、雉门，据此一堂，固是王者之常居耳。其青阳、总章、玄堂、太庙及左个、右个，与四时之次相同，则路寝之义，足为明证。又《文王居明堂》之篇："带以弓蜀，祠于高禖。下九门磔禳以御疾疫，置梁除道以利农夫，令国有酒以合三族。"凡此等事，皆合《月令》之文。观其所为，皆在路寝者也。《戴礼》："昔周公朝诸侯于明堂之位，天子负斧扆南向而立。明堂也者，明诸侯之尊卑也。"《周官》又云"周人明堂，度九尺之筵，东西九筵，堂一筵。"据其制度，即大寝也。《尸子》亦曰："黄帝曰合宫，有虞氏曰总章，殷曰阳馆，周曰明堂。"斯皆路寝之征，知非别处。大戴所说，初有近郊之言，复称文王之庙，进退无据，自为矛盾。原夫负扆受朝，常居出入，既在皋库之内，亦何云于郊野哉？《孝经传》云"在国之阳"，又无里数。

汉武有怀创造，询于搢绅，言论纷然，终无定据，乃立于汶水之上而宗祀焉，明其不拘远近，无择方面。孝成之代，表行城南，虽有其文，厥功靡立。平帝元始四年，大议营创。孔牢等乃以为明堂、辟雍、太学，其实一也，而有三名。金褒等又称经传无文，不能分别同异。中兴之后，蔡邕作论，复云明堂太庙，一物二名。郑玄则曰：

"在国之阳，三里之外。"淳于登又云:"三里之外，七里之内，丙巳之地。"颍容《释例》亦云："明堂太庙，凡有八名，其体一也。"苟立同异，竞为巧说，并出自胸怀，曾无师祖。审夫功成作乐，理定制礼，草创从宜，质文递变。旌旗冠冕，古今不同，律度权衡，前后不一，随时之义，断可知矣。假如周公旧章，犹当择其可否；宣尼彝则，尚或补其阙漏。况郑氏臆说，淳于謏闻，匪异守株，何殊胶柱？愚谓不出墉雉，迩接宫闱，实允事宜，谅无所惑。但当上遵天旨，祗奉德音，作皇代之明堂，永贻范于来叶。区区碎议，皆略而不论。

又上表曰："明堂之制，陛下已发德音，久令详议。但以学者专固，人人异言，损益不同，是非莫定。臣愚以为五帝之后，两汉已前，高下方圆，皆不相袭。惟在陛下圣情创造，即为大唐明堂，足以传于万代，何必论户牖之多少，疑阶庭之广狭？若恣儒者互说一端，久无断决，徒稽盛礼，昔汉武欲草封禅仪，博望诸生，所说不同，莫知孰是。唯御史大夫倪宽劝上自定制度，遂成登封之礼。臣之愚诚，亦望陛下斟酌繁省，为其节文，不可谦拒，以淹大典。"寻以有事辽海，未暇营创。

作者简介：见人物部分

客中行

李　白

兰陵美酒郁金香，玉碗盛来琥珀光。

但使主人能醉客，不知何处是他乡。

作者简介：李白（701—762），字太白，号青莲居士，又号"谪仙人"。唐代浪漫主义诗人，被后人誉为"诗仙"，与杜甫并称为"李杜"。有《李太白集》传世，代表作有《望庐山瀑布》《行路难》《蜀道难》《将进酒》《越女词》《早发白帝城》等。

题蒙山

萧颖士

东蒙镇海沂，合沓馀百里。

清秋净氛霭，崖崿隐隐起。

余逸劳往还，息徒暂攀倚。

将穷绝迹处，偶得冥心理。

云气杂虹霓，松声乱风水。

微明绿林际，杳霭丹洞里。

仙鸟时可闻，羽人邈难视。

此焉多深邃，贤达昔所止。

尚子捐俗缘，季随蹑遐轨。

蕴真道弥旷，怀古情未已。

白鹿凡几游，黄精复奚似！

顾予尚牵缠，家业重书史。

少学务从师，壮年贵趋仕。

方驰桂林誉，未暇桃源美。

岁暮期再寻，幽哉羡门子。

作者简介：见人物部分

逢雪宿芙蓉山主人

刘长卿

日暮苍山远，天寒白屋贫。

柴门闻犬吠，风雪夜归人。

作者简介：刘长卿（约726—约786），字文房，宣城（今属安徽）人，唐代诗人。工于诗，长于五言，自称"五言长城"，作品有《逢雪宿芙蓉山主人》等。

第五节　宋元部分

兰陵新迁城隍庙

桑　范

盖闻施政教刑赏，佐天子以治民者，吏之职也；为吉凶祥，相上帝以佑民者，神之职也。幽显不同其理一而已。是故都鄙郡□吏以主之，山川城邑神以主之，守私土者，禄斯土之□赋，福斯民者，享斯民之血食，施报之义然也。惟城隍之神于民为亲且而，故自京师至于郡县，凡有沟垒，莫不建其祠。兰陵为春秋鲁公食邑，楚取之以为兰陵县，置令以治，自汉迄唐或为县或为郡为国，考之前志，终未尝废，则阎堵之设，其来尚矣。

旧祠在县之东北，湫隘嚣尘，非神灵所依，而又上漏旁空，不蔽风雨，里人相与谋曰：民居城中神之所庇也，今则生生自庸，室家安处，而神祠若此，得无愧于心乎？乃祷于神，请迁诸爽丰于北门之左，负城以为庙，建一殿两庑，堂阶崇岭，绘塑森严，时祀主敬有常无怠之，凡入庙者莫不敬之。夫箕子序八政，先祀而后司空，古之祀神如此其急。今国家承平日久，生齿繁衍，异日增城，浚隍再置郡县，则居是城者益，益宜思今日迁庙之志而润色之。是庙迁于元祐辛未，至是垣墉始备，遂为记。

曾子祠碑记

刘　诜

皇元混一天下，世祖皇帝在位日久，诏书每下郡国，必以勉励学校，敦厚风俗为先。累世相承，教化大敷。又以明经修行取天下士，人心翕然，日趋于道。于是山东临沂县遂起曾子书院，举秦汉唐宋以来千七百年未有之旷典，何其盛哉！夫天地之道，非圣人则不能久其立；圣人道，非学者则不能久其传。夫子之道，虽与天地同流，然论圣贤传道之功，则曾子为大。盖颜子于圣人具体而微，然得于心而不示于人，敏于学而不传诸书，又先夫子而没也，志有所未就微。曾子立於斯道绝续之后，则近而思、孟，何所据以传？远而周、程，何所溯而得哉？是故周公之道非不大矣。虽施於事者不必尽传於言，而周公之不逮。夫夫子者，曾思为之继也。孟子所谓贤于尧舜，此之谓舆？且曾子之年去夫子悬绝，彼其闻一贯之旨，不可谓不早。则颖悟绝人，何可当哉！故圣门之有曾子，殆天授之，为传道计也。然则曾子有功于圣门如此，而以临沂生圣贤之地，沐礼义之邦，至千七百年而不知设学以祀之。迨于子孙废熄，故宅遗基泯为民居，莽为荆棘。一旦乃有发其良心善性，既然兴起，岂非圣朝道化极威，薰陶涵养之至而后然与？倡是举者，前副提举管文通。独以为己任。和而起者，凡十人有奇。其急义如饥渴之求所欲，而府若州县之循其情，又如影响之应。上下合志，不日而成。得请於朝，省以“曾子书院”为额，呜呼美哉！吾儒幸生极治无事之时，将见车书万里，弦育连城。盖收杖策邹鲁，观礼器於曲阜之庙，想春服舞雩之风。而后揖逊周旋，以观书院之新制，究先圣之遗言，补其学之不足，岂非一时千载之遇与！文通今为庐陵县尹，有善政以大治，又修凤山书院、庐县学，其崇教化类如此。由是薰陶所及，闻风兴起，庐陵士又有郭元辅，买书籍若干部，刊曾子所著书若干卷，今皆藏于“曾子书院”云。

作者简介：刘诜，元代江西庐陵人。兴建曾子书院者系庐陵县县尹管文通，管为元代沂州临沂县凤仪村人，即今苍山县磨山镇华严寺村人。

重修季文子庙记

王良弼

季文子，鲁大夫，讳行父，季友之孙，是为季孙。文公六年，公俶为政，使聘于陈，遂娶而归。惟公克勤于邦，克俭于家，绥怀远迩，有大臣节。观于谏莒仆之赂；使齐归汶阳之田；如晋致莒邱之执；见晋侯之不敬，知其不为盟主；谓齐侯伐有道，知其不免于难。其嘉言善行，俱载鲁史，不可历举。

方周之衰，晋、楚争盟，鲁欲与楚，文子不可，遂往来齐、晋，交聘诸国，周旋其间，不避艰险。使诸夏之盟不入于彝者，公之力也。

至襄公五年冬，辛未，公卒，《传》曰：“大夫入殓，公在位，宰庀其家器以为葬具；无衣帛之妾，无食粟之马，无藏金玉，无重器备。”君子以为“相三君而无积”。于戏！余于是益知公之忠于鲁也。当宣成之际，禄去公室，政在大夫，三家擅鲁之权，人各私其己，肥其家。公独不然，

廉恭俭之资，守清忠之操；不以宝玉为悦，而以安社稷为悦；不以妻妾之奉菲薄为忧，而以宗庙颠废为忧。公之存亡，鲁之安危系焉；诚社稷之臣也！且富贵人之所同欲，公独视之恬然，非其胸中素有所存者能如是乎？相其君，显其名于天下，不能者能之乎？字其民，施其泽于国，不贤者不能也！非若叔世之臣，事君之礼薄，奉己之禄厚，食前方丈，侍妾数百，衣锦曳绣，殊方之物毕填其第，苟不为贿赂之污者能几乎？故闻公之风者，贪夫廉，鄙夫悫，其有功于名教也如此。若夫宣立而纳赂于齐，使晋求遭丧之礼，亦公生平少疵。人非尧舜，安能每事皆善？大抵《春秋》之法，责备贤者，录人之善，不讳人之恶；纪人之过，不掩人之功。是故孔子称管仲则大其功而小其器，岂可掩公之善哉？

夫费，公之食邑也，费人思公之功不能忘，筑祠祀之，历代以来，绵绵不绝。暨金明昌间，道士杜公于祠阴结茅为庐，开石引泉，以为栖寝之所。右有泉一泓，其味清冽，遂名“龙泉观”。世掌所祀。逮皇元诏忠臣烈士之祠有废者，官为之葺，是以公祠得而举也，厥后有道士颜志佑来掌其祠，见庙像为风雨所颓，乃集里人而告之曰：“维公之堂，自经中原板荡之后，间有修之，皆未可观，今欲崇其堂，民愿役者听。”佥曰：“维公之灵，邦人所赖以安。凡有水旱疾疫，祷之立应，蒙公之赐甚厚，敢不趋其事！唯命是从。”志佑于是鸠工斩木，自戊午冬始厥工，民之趋事犹子事其父也。越明年己未春，工毕，四方来祀之者，方可瞻仰。志佑一日告余曰：“堂既成矣，欲勒石以纪其事，於予为我志之？”余曰：“噫！公之忠烈著于天地，非鄙人俚语所能尽。”固辞之，弗得，而遂为之记。

李素兰风月玉壶春（第一折）

贾仲明

（老旦扮卜儿上，诗云）教你当家不当家，及至当家乱如麻。早晨起来七件事，柴米油盐酱醋茶。老身嘉兴府人氏，姓李。有一个女孩儿，小字素兰，幼小间学成歌舞吹弹，做着个上厅行首。这里也无人。我这个女儿也不是我亲养的。他自身姓张，幼小间过房与我做义女，如今十八岁了，诗词歌赋，针指女工，无不通晓，生的十分大有颜色。时遇清明节令，着女孩儿梳妆打扮了，领着梅香去郊外踏青赏玩去，早些儿来家。老身无甚事，往刘妈妈家吃茶去也。（下）

（正末扮李斌引琴童上，云）小生姓李名斌，字唐斌，别号玉壶生，本贯维扬人也。自幼攻习儒业，因游学来至嘉禾地方。这是古秀州，乃江南繁华胜地。今日清明，倾城士民，尽往郊外游春赏玩。小生引着琴童，前往郊外散心。小生暗想，寒窗下曾受十载苦功，他日必夺皇家富贵。岂不闻十年窗下无人问，一举成名天下知，信有之也。（唱）

【仙吕】【点绛唇】映雪窗前，岂辞劳倦，攻经典。甲榜争先，独占文场选。

【混江龙】赴琼林饮宴，不枉了青灯黄卷二十年。有郎官过盏，中使传宣。御酒淋漓袍袖湿，宫花蹀躞帽檐偏。列紫衫银带，听玉管冰弦。挑绛纱红烛，对皓月遥天。醉醺醺红妆扶策下瑶阶，气昂昂朱衣迎接离金殿。摆列着玉簪珠履，准备着宝马银鞭。

（琴童云）相公，时遇春天清明节令，你看这郊外人稠物穰，都是赏心乐事。真个好热闹也。（正末唱）

【油葫芦】则见那仕女王孙游上苑，人人可便赏禁烟。则见那桃花散锦柳飞绵，语关关枝上流莺啭，舞翩翩波面鸳鸯恋。这壁厢罗绮丛，那壁厢鼓吹喧。抵多少笙歌闹入梨花院，可兀的就芳草设华筵。

【天下乐】则待要闷向秦楼列管弦，青帘风外悬，嗔游人醉眠芳径软。绿阴中闻鹧鸪，红香中啼杜鹃，休辜负艳阳三月天。

（云）琴童，你看那香车宝马，来往交杂，

正好赏心乐事也呵。（唱）

【那吒令】一从从香车翠辇，一队队雕鞍骏騣，一簇簇兰桡画船。一攒攒蹴踘场，一处处秋千院，一行行品竹调弦。

【鹊踏枝】一个个玉天仙，一双双美婵娟。一层层锦坞花溪，一里里翠绕珠圈。一步步丹青扇面，一段段流水桃源。

（云）你看如此春景，真乃咏之不足，玩之有余，明明是一幅丹青图画也。（唱）

【寄生草】端的是万万首诗难尽，千千笔画不全。日暄暄芳草汀晴沙暖衬鸳鸯荐。露涓涓杨柳楼柔丝困摆黄金线，风习习杏花村粉墙乱落胭脂片，翻滚滚玉阑干搧粉翅飞倦采香蝶，急煎煎翠池塘展乌衣忙杀衔泥燕。

（云）琴童，天色早哩，俺慢慢的行。（旦扮李素兰引梅香上，云）妾身姓李，小字素兰，自幼习学些谈谐歌舞，做着个上厅行首。时遇春天清明节令，母亲言语，着梅香跟着妾身，郊外散心。梅香，你看那万紫千红，游人甚广。俺来到这花深去处，将那春盛担儿，放在一壁，俺慢慢的赏玩咱。（正末云）好一个小娘子也。（旦云）好一个俊秀才也。（梅香云）好一个傻琴童也。（琴童云）好一个丑梅香也。（梅香云）你也不俊。（正末唱）

【六幺序】呀，猛见了心飘荡，魂灵儿飞在天，怎生来这搭儿遇着神仙？他那里眼送眉传，我这里腹热心煎，两下里都思惹情牵。他则管送春情不住相留恋，引的人意悬悬似热地蚰蜒。他生的身躯袅娜真堪羡，更那堪眉弯新月，步蹙金莲。

【幺篇】好着俺俄延熬煎，眼晕头旋，有口难言。兀的不送了我也这一搭儿平原。他那里褪后趋前，俺这里意马心猿，几时得共宿同眠。若天公肯与人方便，成就了一世姻缘。若是风亭月馆谐莺燕，但得他舌尖上甜唾，才止住这口角头顽涎。

（旦云）梅香，你问那秀才，那里人氏？姓甚名谁？（梅香见末科）秀才万福！（正末云）琴童接了马者。（琴童云）牢坠镫。（正末云）小娘子祗揖。（梅香云）秀才，俺姐姐使我来问秀才，那里人氏？姓甚名谁？（正末云）小生扬州人氏，姓李名斌，字唐斌，别号玉壶生，今年方才二十八岁，未曾娶妻哩。（梅香云）也是个傻厮，谁管你娶妻也不曾？（正末云）小生则这般道。（梅香云）我回俺姐姐话去。姐姐，那秀才扬州人氏，姓李名斌，字唐斌，年方二十八岁。（旦云）梅香，你问那秀才，我有心请他来花坞中，将咱那酒肴共饮几杯。看他心下如何？（梅香见末科，云）秀才，俺姐姐说来，请你去那花坞中饮几杯酒。你心下如何？（正末云）小生愿随鞭镫。（梅香云）你看他，一让一个肯。（正末见旦科，云）姐姐祗揖。（旦云）秀才万福！（正末云）敢问姐姐谁氏之家？姓甚名谁？（旦云）妾身是本处上厅行首，姓李，小字素兰。今日因赏清明节令，幸遇尊颜。妾身有菲馔蔬酒，若蒙不弃，共饮几杯，未知尊意如何？（正末云）感承姐姐厚意，小生焉敢违命。（旦云）梅香，将酒过来，我与秀才递一杯。（正末云）量小生有何德能，敢劳姐姐如此相待也？（唱）

【后庭花】感谢你个曲江池李亚仙，肯顾恋这贬江州白乐天。愿你个李素兰常风韵，则这个玉壶生永结缘。双通叔敢开言，着你个苏卿心愿。我虽无那走江湖大本钱，也敢赔家私住几年。

【柳叶儿】也养的恁满门宅眷，也是我出言在骏马之前，哎，你个谢天香肯把耆卿恋。我借住临川县，敢买断丽春园，一任着金山寺摆满了贩茶船。（旦云）秀才若肯屈高就下，妾身愿与秀才做一程儿伴。妾身有随身的翠珠囊一枚，更有二十五轮香串一腕，与秀才权为信物，只望贵脚早踏贱地。（正末云）姐姐见赐之意，小生合当拜受。小生有掠鬓角的玉螳螂一枚，白罗春扇一把，送姐姐权且收留，亦为信物。（旦

云）此信物妾身收留，来日专候秀才，休得失信。（正末云）小生孔子门徒，焉敢失信也？（唱）

【赚煞】我得了这沉香串翠珠囊，你收取这玉螳螂白罗扇，四件儿是咱这玉洁冰清意坚。（旦云）秀才，则是一件，争奈老母严恶，休得见责。（正末云）姐姐放心。（唱）料的这入马东西应不免，我着他拣口儿食，换套儿穿，任抓掀，不是我拨万论千，常拚着卖了城南金谷园。若你个李素兰意专，这玉壶生情愿，我情愿一春常费买花钱。（下）

（旦云）天色晚了也，梅香，咱回家去来。（下）

楔子

（冲末扮陶伯常引祗候上，诗云）三年为吏在钱塘，近奉征书入建章。自省循良无实政，终惭父老说甘棠。小官姓陶，名纲，字伯常，广陵人也，由进士及第，授杭州同知之职。今奉圣人的命，取小官赴京，路从嘉兴府过。此处有一故友，乃是李玉壶。据此人文学，还在小官之上。争奈此人以花酒为念，堕了功名。小官在此驿亭中等候，已曾着人请他去了。左右的，门首觑者，若来时，报复我知道。（正末引琴童上，云）小生李玉壶。今有故友陶伯常相公，在驿亭中相请，小生须索走一遭去。门上的，报复去，道有李玉壶特来拜见。（祗候报科）报相公得知，有李玉壶求见。（陶伯常云）道有请。（见科，正末云）早知哥哥来到，只合远接。接待不及，勿令见罪。（陶伯常云）数载不见，有失动问。兄弟请坐。（正末云）哥哥，请问因何至此？（陶伯常云）兄弟不知，今有圣人命，取小官赴京，路从此过，闻知兄弟在于此处风月。兄弟，你有满腹才学，不思进取功名，只以花柳为念，小官恐怕误汝一生大事，如之奈何？（正末云）老兄严训，焉敢不从？因愚弟疏狂，致劳尊念。李斌得罪于仁兄，有玷于名教。虽然如此，争奈此妓非风尘之态，乃贞节之妇，故此留心于他，实非李斌荒淫。（陶伯常云）既贤弟坚心，有难割遣。如今小官行促，贤弟平日有甚么做下文章，待小官赍至都城保奏，但得进身，以尽朋友之心。可是何如？（正末云）辱弟有作下的万言长策，万望哥哥提拔。（陶伯常云）将来我看咱。（做递策，接看科，云）好写染也。小官将此万言长策。亲到圣人跟前，举荐你为官，必不负所托。（正末云）多谢了哥哥。（陶伯常云）小官则今日便索与贤弟长别也。（正末唱）

【仙吕】【端正好】赴皇都，趋天阙，现如今国家选用豪杰。（陶伯常云）据贤弟文章，必得重用。（正末唱）凭着我三冬足用文章绝，挥翰墨，走龙蛇，穿宫锦，着朝靴，封官爵，享豪奢。那时分，恁时节，我可将仁兄结草的这衔环谢。（下）

（陶伯常云）兄弟去也了。小官不敢久停久住，将着此万言长策，回京师见圣人走一遭去。（下）

作者简介：见人物部分

第六节　明朝部分

宗圣祠碑记

何　格

宗圣曾子，鄫子曲烈之后也。曲烈，少康少子，国于临沂之西境。鄫城，其故墟也。春秋鲁襄公六年，莒人灭鄫，昭公四年取鄫。方莒灭鄫也，鄫太子巫求属于鲁，为之大夫，弗与兴灭，而取于莒，惨孰愈焉。

巫于是改鄫为曾，遂以为姓，巫生阜，阜生蒧，字晰。晰生曾子，曾子生三子：元、申、华，孙：西。四世皆贤，不仕于鲁，以取鄫故。晰以狂自废，孔子未尝裁之，察其志也。曾子敝衣耕于鲁，鲁君请致邑焉，固辞，以为受人者畏人。曾氏，鄫人也，安得不云尔邪！其居武城也，寇至而去之。安知武城非鄫邑，而鲁取之？不然，曾子虽父师，片言排难遏刈，保我墙屋，义固无害者。其谓："以乱攻乱，非其国人也，又何与焉。"哀公问："弟子孰为好学？"盖将求从政于圣人之门云。时曾子之学，不在颜氏下，弗以告哀公者，知其必不仕鲁故也。孔子殷人也，辙迹遍天下，独与周王无见焉。失国之裔，义宜尔也。

格也读曾氏之遗书，而辱在鄫子之故国，尝考明其世系，爰立宗圣祠于沂。别室以祀宗圣之先子晰，合其子：曾子元、曾子申、曾子华；孙，曾子西；门人：公明子仪、公明子高、公明子宣、乐正子春、阳子、肤子、襄子、沈犹子行配焉。门人七人者，咸武城也。

金瓶梅（节选）

兰陵笑笑生

第三十回　蔡太师擅恩锡爵　西门庆生子加官

词曰：

十千日日索花奴，白马骄驼冯子都。今年新拜执金吾。

侵幙露桃初结子，妒花娇鸟忽嗛雏。闺中姊妹半愁娱。

话说西门庆与潘金莲两个洗毕澡，就睡在房中。春梅坐在穿廊下一张凉椅儿上纳鞋，只见琴童儿在角门首探头舒脑的观看。春梅问道：“你有甚话说？”那琴童见秋菊顶着石头跪在院内，只顾用手往来指。春梅骂道：“怪囚根子！有甚话，说就是了，指手画脚怎的？”那琴童笑了半日，方才说：“看坟的张安，在外边等爹说话哩。”春梅道：“贼囚根子！张安就是了，何必大惊小怪，见鬼也似！悄悄儿的，爹和娘睡着了。惊醒他，你就是死。你且叫张安在外边等等儿。”琴童儿走出来外边，约等够半日，又走来角门首趄探，问道：“爹起来了不曾？”春梅道：“怪囚！失张冒势，唬我一跳，有要没紧，两头游魂哩！”琴童道：“张安等爹说了话，还要赶出门去，怕天晚了。”春梅道：“爹娘正睡的甜甜儿的，谁敢搅扰他，你教张安且等着去，十分晚了，教他明日去罢。”

正说着，不想西门庆在房里听见，便叫春梅进房，问谁说话。春梅道：“琴童说坟上张安儿在外边，见爹说话哩。”西门庆道：“拿衣我穿，等我起去。”春梅一面打发西门庆穿衣裳，金莲便问：“张安来说甚么话？”西门庆道：“张安前日来说，咱家坟隔壁赵寡妇家庄子儿连地要卖，价银三百两。我只还他二百五十两银子，教张安和他讲去。里面一眼井，四个井圈打水。若买成这庄子，展开合为一处，里面盖三间卷棚，三间厅房，叠山子花园、井亭、射箭厅、打毬场，耍子去处，破使几两银子收拾也罢。”妇人道：“也罢，咱买了罢。明日你娘每上坟，到那里好游玩耍子。”说毕，西门庆往前边和张安说话去了。

金莲起来，向镜台前重匀粉脸，再整云鬟。出来院内要打秋菊。那春梅旋去外边叫了琴童儿来吊板子。金莲问道：“叫你拿酒，你怎的拿冷酒与爹吃？原来你家没大了，说着，你还钉嘴铁舌儿的！”喝声：“叫琴童儿与我老实打与这奴才二十板子！”那琴童才打到十板子上，多亏了李瓶儿笑嘻嘻走过来劝住了，饶了他十板。金莲教与李瓶儿磕了头，放他起来，厨下去了。李瓶儿道：“老潘领了个十五岁的丫头，后边二姐姐买了房里使唤，要七两五钱银子。请你过去瞧瞧。”金莲遂与李瓶儿一同后边去了。李娇儿果问西门庆用七两银子买了，改名夏花儿，房中使唤，不在话下。

单表来保同吴主管押送生辰担，正值炎蒸天气，路上十分难行，免不得饥餐渴饮。有日到了东京万寿门外，寻客店安下。到次日，赍台驮箱礼物，迳到天汉桥蔡太师府门前伺候。来保教吴主管押着礼物，他穿上青衣，迳向守门官吏唱了个喏。那守门官吏问道：“你是那里来的？”来保道：“我是山东清河县西门员外家人，来与老爷进献生辰礼物。”官吏骂道：“贼少死野囚军！你那里便兴你东门员外、西门员外？俺老爷当今一人之下，万人之上，不论三台八位，不论公子王孙，谁敢在老爷府前这等称呼？趁早靠后！”内中有认的来保的，便安抚来保说道：“此是新参的守门官吏，才不多几日，他不认的你，休怪。你要禀见老爷，等我请出翟大叔来。”这来保便向袖中取出一包银子，重一两，递与那人。那人道：“我到不消。你再添一分，与那两个官吏，休和他一般见识。”来保连忙拿出三包银子来，每人一两，都打发了。那官吏才有些笑容儿，说道：“你既是清河县来的，且略等候，等我领你先见翟管家。老爷才从上清宝霄宫进了香回来，书房内睡。”良久，请将翟管家出来，穿着凉鞋净袜，青丝绢道袍。来保见了，忙磕下头去。翟管家答礼相还，说道：“前者累你。你来与老爷进生辰担礼来了？”来保先递上一封揭帖，脚下人捧着一对南京尺头，三十两白金，说道：“家主西门庆，多上覆翟爹，无物表情，这些薄礼，与翟爹赏人。前者盐客王四之事，多蒙翟爹费心。”翟谦道：“此礼我不当受。罢，罢，我且收下。”来保又递上太师寿礼帖儿，看了，还付与来保，分咐把礼抬进来，到二门里首伺候。原来二门西首有三间倒座，来往杂人都在那里待茶。须臾，一个小童拿了两盏茶来，与来保、吴主管吃了。

少顷，太师出厅。翟谦先禀知太师，然后令来保、吴主管进见，跪于阶下。翟谦先把寿礼揭帖呈递与太师观看，来保、吴主管各抬献礼物。但见：黄烘烘金壶玉盏，白晃晃减靸仙人。锦绣蟒衣，五彩夺目；南京纻缎，金碧交辉。汤羊美酒，尽贴封皮；异果时新，高堆盘盒。如何不喜，便道：“这礼物决不好受的，你还将回去。”慌的来保等在下叩头，说道：“小的主人西门庆，没甚孝意，些小微物，进献老爷赏人。”太师道：“既是如此，令左右收了。”旁边祗应人等，把礼物尽行收下去。太师又道：“前日那沧州客人王四等之事，我已差人下书，与你巡抚侯爷说了。可见了分上不曾？”来保道：“蒙老爷天恩，书到，众盐客就都放出来了。”太师又向来保说道：“累次承你主人费心，无物可伸，如何是好？你主人身上可有甚官役？”来保道：“小人的主人一介乡民，有何官役？”太师道：“既无官役，昨日朝廷钦赐了我几张空名告身扎付，我安你主人在你那山东提刑所，做个理刑副千户，顶补千户贺金的员缺，好不好？”来保慌的叩头谢道：“蒙老爷莫大之恩，小的家主举家粉首碎身，莫能报答！”于是唤堂候官抬书案过来，即时签押了一道空名告身扎付，把西门庆名字填注上面，列衔金吾卫衣左所副千户、山东等处提刑所理刑。又向来保道：“你二人替我进献生辰礼物，多有辛苦。”因问：“后边跪的是你甚么人？”来保才待说是伙计，那吴主管向前道：“小的是西门庆舅子，名唤吴典恩。”太师道：“你既是西门庆舅子，我观你倒好个仪表。”唤堂候官取过一张扎付：“我安你在本处清河县做个驿丞，倒也去的。”那吴典恩慌的磕头如捣蒜。又取过一张扎付来，把来保名字填写山东郓王府，做了一名校尉。俱磕头谢了，领了扎付。吩咐明日早晨，吏、兵二部挂号，讨勘合，限日上任应役。又吩咐翟谦西厢房管待酒饭，讨十两银子与他二人做路费，不在话下。

看官听说：那时徽宗，天下失政，奸臣当道，谗佞盈朝，高、杨、童、蔡四个奸党，在朝中卖官鬻狱，贿赂公行，悬秤升官，指方补价。夤缘钻刺者，骤升美任；贤能廉直者，经岁不除。以致风俗颓败，赃官污吏遍满天下，役烦赋兴，民穷盗起，天下骚然。不因奸臣居台辅，合是中原血染人。

当下翟谦把来保、吴主管邀到厢房管待，大盘大碗饱餐了一顿。翟谦向来保说：“我有一件事，央及你爹替我处处，未知你爹肯应承否？”来保道：“翟爹说那里话！蒙你老人家这等老爷前扶持看顾，不拣甚事，但肯吩咐，无不奉命。”翟谦道：“不瞒你说，我答应老爷，每日止贱荆一人。我年将四十，常有疾病，身边通无所出。央及你爹，你那贵处有好人才女子，不拘十五六上下，替我寻一个送来。该多少财礼，我一一奉过去。”说毕，随将一封人事并回书付与来保，又送二人五两盘缠。来保再三不肯受，说道：“刚才老爷上已赏过了。翟爹还收回去。”翟谦道：“那是老爷的，此是我的，不必推辞。”当下吃毕酒饭，翟谦道：“如今我这里替你差个办事官，同你到下处，明早好往吏、兵二部挂号，就领了勘合，好起身。省的你明日又费往返了。我吩咐了去，部里不敢迟滞你文书。”一面唤了个办事官，名唤李中友：“你与二位明日同到部里挂了号，讨勘合来回我话。”那员官与来保、吴典恩作辞，出的府门，来到天汉桥街上白酒店内会话。来保管待酒饭，又与了李中友三两银子，约定明日绝早先到吏部，然后到兵部，都挂号讨了勘合。闻得是太师老爷府里，谁敢迟滞，颠倒奉行。金吾卫太尉朱勔，即时使印，签了票帖，行下头司，把来保填注在本处山东郓王府当差。又拿了个拜帖，回翟管家。不消两日，把事情干得完备。有日雇头口起身，星夜回清河县来报喜。正是：

富贵必因奸巧得，功名全仗邓通成。

且说一日三伏天气，西门庆在家中聚景堂上大卷棚内，赏玩荷花，避暑饮酒。吴月娘与西门庆俱上坐，诸妾与大姐都两边列坐，春梅、迎春、玉箫、兰香，一般儿四个家乐在旁弹唱。怎见的当日酒席？但见：

盆栽绿草，瓶插红花。水晶帘卷虾须，云母屏开孔雀。盘堆麟脯，佳人笑捧紫霞觞；盆浸冰桃，美女高擎碧玉斝。食烹异品，果献时新。弦管讴歌，奏一派声清韵美；绮罗珠翠，摆两行舞女歌儿。当筵象板撒红牙，遍体舞裙铺锦绣。消遣壶中闲日月，遨游身外醉乾坤。

妻妾正饮酒中间，坐间不见了李瓶儿。月娘向绣春说道：“你娘往屋里做甚么哩？”绣春道：“我娘害肚里疼，揾着哩。”月娘道：“还不快对他说去，休要揾着，来这里听一回唱罢。”西门庆便问月娘：“怎的？”月娘道：“李大姐忽然害肚里疼，房里躺着哩。我使小丫头请他去了。”因向玉楼道：“李大姐七八临月，只怕搅撒了”。潘金莲道：“大姐姐，他那里是这个月？约他是八月里孩子，还早哩！”西门庆道：“既是早哩，使丫头请你六娘来听唱。”不一时，只见李瓶儿来到。月娘道：“只怕你掉了风冷气，你吃上钟热酒，管情就好了。”不一时，各人面前斟满了酒。西门庆分咐春梅：“你每唱个‘人皆畏夏日’我听。”那春梅等四个方才筝排雁柱，阮跨鲛绡，启朱唇，露皓齿，唱“人皆畏夏日”。那李瓶儿在酒席上，只是把眉头忔皱着，也没等的唱完，就回房中去了。月娘听了词曲，耽着心，使小玉房中瞧去。回来报说：“六娘害肚里疼，在炕上打滚哩。”慌了月娘道：“我说是时候，这六姐还强说早哩。还不唤小厮快请老娘去！”西门庆即令平安儿：“风跑！快请蔡老娘去！”于是连酒也吃不成，都来李瓶儿房中问他。

月娘问道：“李大姐，你心里觉的怎的？”李瓶儿回道：“大娘，我只心口连小肚子，往下鳖坠着疼。”月娘道：“你起来，休要睡着，只怕滚坏了胎。老娘请去了，便来也。”少顷，渐渐李瓶儿疼的紧了。月娘又问：“使了谁请老娘去了？这咱还不见来？”玳安道：“爹使来安去了。”月娘骂道：“这囚根子，你还不快迎迎去！平白没算计，使那小奴才去，有紧没慢的。”西门庆叫玳安快骑了骡子赶去。月娘道：“一个风火事，还象寻常慢条斯礼儿的。”那潘金莲见李瓶儿待养孩子，心中未免有几分气。在房里看了一回，把孟玉楼拉出来，两个站在西梢间檐柱儿底下那里歇凉，一处说话。说道：“耶嚛嚛！紧着热剌剌的挤了一屋子的人，也不是养孩子，都看着下象胆哩。”良久，只见蔡老娘进门，望众人道：“那位是主家奶奶？”李娇儿指着月娘道：“这位大娘哩。”那蔡老娘倒身磕头。月娘道：“姥姥，生受你。怎的这咱才来？请看这位娘子，敢待生养也？”蔡老娘向床前摸了摸李瓶儿身

上，说道："是时候了。"问："大娘预备下绷接、草纸不曾？"月娘道："有。"便叫小玉："往我房中快取去！"

且说玉楼见老娘进门，便向金莲说："蔡老娘来了，咱不往屋里看看去？"那金莲一面不是一面，说道："你要看，你去。我是不看他。他是有孩子的姐姐，又有时运，人怎的不看他？头里我自不是，说了句话儿'只怕是八月里的'，叫大姐姐白抢白相。我想起来好没来由，倒恼了我这半日。"玉楼道："我也只说他是六月里孩子。"金莲道："这回连你也韶刀了！我和你恁算：他从去年八月来，又不是黄花女儿，当年怀，入门养。一个婚后老婆，汉子不知见过了多少，也一两个月才生胎，就认做是咱家孩子？我说差了？若是八月里孩儿，还有咱家些影儿；若是六月的，踩小板凳儿糊险神道——还差着一帽头子哩！失迷了家乡，那里寻犊儿去？"正说着，只见小玉抱着草纸、绷接并小褥子儿来。孟玉楼道："此是大姐姐自预备下他早晚用的，今日且借来应急儿。"金莲道："一个是大老婆，一个是小老婆，明日两个对养，十分养不出来，零碎出来也罢。俺每是买了个母鸡不下蛋，莫不吃了我不成！"又道："仰着合着，没的狗咬尿胞虚欢喜？"玉楼道："五姐是甚么话！"以后见他说话不防头脑，只低着头弄裙带子，并不作声应答他。少顷，只见孙雪娥听见李瓶儿养孩子，从后边慌慌张张走来观看，不防黑影里被台基险些不曾绊了一交。金莲看见，教玉楼："你看献勤的小妇奴才！你慢慢走，慌怎的？抢命哩！黑影子绊倒了，磕了牙也是钱！养下孩子来，明日赏你这小妇奴才一个纱帽戴！"良久，只听房里"呱"的一声养下来了。蔡老娘道："对当家的老爹说，讨喜钱，分娩了一位哥儿。"吴月娘报与西门庆。西门庆慌忙洗手，天地祖先位下满炉降香，告许一百二十分清醮，要祈母子平安，临盆有庆，坐草无虞。这潘金莲听见生下孩子来了，合家欢喜，乱成一块，越发怒气，迳自去到房里，自闭门户，向床上哭去了。时宣和四年戊申六月念三日也。正是：

不如意事常八九，可与人言无二三。

蔡老娘收拾孩子，咬去脐带，埋毕衣胞，熬了些定心汤，打发李瓶儿吃了，安顿孩儿停当。月娘让老娘后边管待酒饭。临去，西门庆与了他五两一锭银子，许洗三朝来，还与他一匹缎子。这蔡老娘千恩万谢出门。

当日，西门庆进房去，见一个满抱的孩子，生的甚是白净，心中十分欢喜。合家无不欢悦。晚夕，就在李瓶儿房中歇了，不住来看孩儿。次日，巴天不明起来，拿十副方盒，使小厮各亲戚邻友处，分投送喜面。应伯爵、谢希大听见西门庆生了子，送喜面来，慌的两步做一步走来贺喜。西门庆留他卷棚内吃面。刚打发去了，正要使小厮叫媒人来寻养娘，忽有薛嫂儿领了个奶子来。原是小人家媳妇儿，年三十岁，新近丢了孩儿，不上一个月。男子汉当军，过不的，恐出征去无人养赡，只要六两银子卖他。月娘见他生的干净，对西门庆说，兑了六两银子留下，取名如意儿，教他早晚看奶哥儿。又把老冯叫来暗房中使唤，每月与他五钱银子，管顾他衣服。

正热闹一日，忽有平安报："来保、吴主管在东京回还，见在门首下头口。"不一时，二人进来，见了西门庆报喜。西门庆问："喜从何来？"二人悉把到东京见蔡太师进礼一节，从头至尾说道："老爷见了礼物甚喜，说道：'我累次受你主人之礼，无可补报。'朝廷钦赏了他几张空名诰身扎付，就与了爹一张，把爹名姓填注在金吾卫副千户之职，就委差在本处提刑所理刑，顶补贺老爷员缺。把小的做了铁铃卫校尉，填注郓王府当差。吴主管升做本县驿丞。"于是把一样三张印信扎付，并吏、兵二部勘合，并诰身都取出来，放在桌上与西门庆观看。西门庆看见上面衔着许多印信，朝廷钦依事例，果然他是副千户之职，不觉欢从额角眉尖出，喜向腮边笑脸生。便把朝廷明降，拿到后边与吴月娘众人观看，说："太师老爷抬举我，升我做金吾卫副千户，居五品大夫之职。你顶受五花官诰，做了夫人。又把吴主管携带做了驿丞，来保做了郓王府校尉。吴神仙相我不少纱帽戴，有平地登云之喜，今日果然。不上半月，两椿喜事都应验了。"又对月娘说："李大姐养的这孩子甚是脚硬，到三日洗了三，就起名叫做官哥儿罢。"来保进来，与月娘众人磕头，说了回话。吩咐明日早把文书下到提刑所衙门里，与夏提刑知会了。吴主管明日早下文书到本县，作辞西门庆回家去了。

到次日，洗三毕，众亲邻朋友一概都知西门庆第六个娘子新添了娃儿，未过三日，就有如此美事，官禄临门，平地做了千户之职。谁人不来趋附？送礼庆贺，人来人去，一日不断头。常言：时来谁不来？时不来谁来！正是：时来顽铁有光辉，运退真金无颜色。

作者简介：见人物部分

荀卿墓

李　烨

古冢萧萧鞠狐兔，路人指点荀卿墓。

当时文采凌星虹，此日荒凉卧烟露。

卧烟雾，秋黄昏，苍苍荆棘如云屯。

野花发尽无人到，惟有蛛丝罗墓门。

季文子祠

李　烨

竹枝挑诗到处游，春风吹上小瀛洲。

花边猿鹤闲迎客，洞口烟霞不记秋。

古殿翠深松叶老，疏帘红淡夕阳收。

道人不管人间事，独坐溪头看水流。

作者简介：李烨：字文晖，闽县人，明代进士，作品有《湖堤晓行》等。

九日登石城崮

贾梦龙

招伎

抖搜吟肩，爱着重阳不雨天。旧有登高伴，新整壶浆担。

嗏，风景似东山，指名呼唤。

非月非云，金菊对芙蓉面，共把茱萸一笑看。

携友

霞有云朋，三五轮鞯气味同。都做醒了邯郸梦，都远抱着山阴兴。

嗏，方外学长生，修真烁汞。

纵不能骑鹤骖鸾，已占一步神仙境，胜水名山取次登。

吊古——出罗藤拜二疏祠

仰止高风，汉代衣冠后代崇。恬退人钦敬，放达人欢应。

嗏，廊庙术勋名，江湖受用。

水远山长，磨不了乡人颂，合酹黄花酒一钟。

纪年

夜宿朝筵，前岁甘泉一讨禅。去岁西山玩，今岁东山宴。

嗏，天赐与平安，共君留恋。

屈指明年，此会知谁健，聊得今生七十三。

临池

天匠神奇，凿出石城崮上池。水接银河气，山抱江湖意。

嗏，山水载神祇，四时禋祀。

岗转峰回，青不了云和树，值得游人一品题。

遣怀

茗碗诗瓢，每遇良辰怕寂寥。山也同人到，酒也同人乐。

嗏，脚步但坚牢，登高远眺，

一埽新词，歌也成腔调，白发光阴兴转豪。

对景

怡老林泉，不借为官趁酒钱。游览从吾便，歌舞儿童惯。

嗏，临水又登山，野花开绽。

远浦秋云，写一字南来雁，试倒银瓶酒未干。

劝酒

吩咐歌童，一曲新词劝一钟。未饮将歌送，饮罢还斟奉。

嗏，剧饮便千钟，从伊乘兴。

却不道酒满陂池，浇不上刘伶冢，休向人间问醉醒。

夜宿

九日跻攀，千百游人崮上看。簪组来迎见，鼓吹开筵宴。

嗏，高唱入云烟，烛光闪闪。

席上敲棋，睹酒着蛾眉劝，今夜华清宫里眠。

雨行

小宴蓬莱，忽地风云变九垓。留客的言姑待，请客的催行快。

嗏，浓淡沐楼台，烟波世界。

细洒岗峦，仆马走红尘，疑是山阴雪后来。

作者简介：贾梦龙（1511—1597），字应乾，号柱山翁，山东兖州府峄县（今属枣庄峄城区）人，明代大儒。

二疏城

张 鹏

闲情暂适二疏城，把酒临风归思生。

一代帝朝随水去，逸人壁垒傍山横。

荒坟宿莽寒烟起，斜日平沙落雁鸣。

叹我经年持使节，风尘奔走竟虚名。

作者简介：张鹏，字腾霄，号拙庵，保定涞水人，明代进士。

两疏祠记

李士允

兰陵西北三十里，里曰罗滕，盖有城，云往。李子行县过其下，不知其为二疏城也。有寺憩焉，见其堂空而祀。询诸僧曰：“此二疏祠堂也，墓在祠南里许，累累七冢莫辨，墓无祠，此其祠也。”

于是李子揽衣启行，登城四眺，城势如环山，城中高阜深广，可宫可田。榛莽翳如，瓦石狼藉，覆栋仆碑交委堂下，乃怆然而悲曰：“嗟乎！斯非守土者之责哉！乃彼时有地方之役未之遑也。”

嘉靖癸巳夏六月，李子再过之，而峄县尹李孔曦从焉，则以祠事谋之李。李曰：“表贤举对有司事也，曦敢不力！”无何峄以文来告成，李子谒祠祭告。

或曰：“古之作者代不乏人，二疏何以独著？”李子曰：“为其见之蚤也，又父子故如逢之挂冠梅之匿，固咸明哲保身。西京之高，致然祸乱已形，所谓其智可及者也。而二公父子贵盛，非有微衅可去者，乃同日上书解绶。若将及之，自当时观者，不过曰贤哉，二大夫耳！逮萧望之相次为太傅，而竟以谗死。则二公之去，岂独犹夫人哉？萧亦西京硕儒，与二公同里，今不获与二公并祠矣！故祠之言思也。

厥义二，服其功祠，沐其风祠。功之祠近，所谓五世而斩者也。风之祠远，所谓百世之下，闻而兴起焉者也。推此义也，二疏祠之当百世犹一日也！”

罗滕隶沂，然去沂百四十里，去峄四十里而近且峄旧疆，故是役也。峄主之云初祠在寺殿前，嚣而逼。于是迁祠寺后爰作二像。

李子则为迎送神辞三章，歌以侑尸，以纾厥思，以永厥祠焉。辞曰：

若有人兮山之巅，采三秀兮披云烟。驾玄鹤兮后先，御飘风兮联翩。辟兰堂兮葺荪户，灵仿佛兮予怀顾。林黯黯兮层隈，草凄凄兮兴衰。睠新宫兮可栖，怀故城兮归来。归来兮盘桓，薜服兮云冠。奠蕙殽兮桂醑，灵欣欣兮交欢。出同游兮人不独处，眷旧邦兮偕故侣。爰有闻兮忾息，忽若见兮延伫，世代易兮陵宫迁，挥金往兮乐当年。长林飒兮风暮，故山晻兮气雾。神醉饱兮夷犹，炎若逝兮修若留。既横举兮四海，终弥节兮一丘。以永烟兮兹士，慰邦人兮千秋。

作者简介：李士允（1587—1638），字德一，号青屿，金乡县羊山镇公子楼人（今属韩楼村），明代进士。

琅琊文社序

宋鸣梧

曾子仁以为己任者也。静安止善，恂慄守约，真为仁繇，已嫡派而其紧切，着已乃谓仁，以友辅友，以交会夫，岂驰鹜交游，忽意内省，而藉讲求，为磨砻无以仁道。如輶相观而善，非僻之念不觉，渐劘自化，由王公以逮韦布，未有不须友而成者，此其真积实践。千经万练无过友辅，最为得力耳。

琅琊自春秋始，著世不乏彬彬，曾皙则有童冠、子桑诸友；子舆则有邱明、冉伯牛诸友；在汉则有二疏、望之、匡衡诸友；汉末武侯早岁觅友徐庞，久乃迁南阳；晋有睢陵、即邱兄弟自相师友，其后裔著述以文名者七十二家。吾不知其辅仁若何，其于文彬彬，尽车南之美矣。自唐宋暨我明，山川形胜，未有迁徙，而人才逊古远甚。

往在天启，琅琊英少，感愤前美初创社会，时则黄翊明、周濂浦、王稚公、任仲乐，暨予长男之普，并各夙夜琢砥，戛陈致新，后先南宫，次则颜心卓、刘心余、孙六子，信尔极，俱登贤书、殿对自奋，又次则任叔玉、全贞乙、颜飞虹、周吉人、刘胤隆、王范之、周五干、杨严矶，暨余次长男诸弟，数辈不能悉举，并皆却利绝器，焠掌逊志，专精搜研。一时文人之奋发，勃不可御如此。

余自冏抵里，贞乙、吉人、范之，揖余而请言，余何以言哉！夫鄫为曾子祖邑，而诸葛城址未圮，遗教炳若日星。士生其地，不绍前武游艺依仁，而别踵步趋羔雁自工，非长老之忠告也。曾子在圣门最少，止有若之事斥西河之痛，追不校之友于朋友，一伦最为侃侃而其所，最得力乃在知止定静，树极千古。武侯才负王佐，而其教子乃曰："才须学，学须静，非淡泊无以明志，非宁静无以致远。"则"静"之一字，乃孔门传授心法。武侯相去七百余年，何所见之略同也？夫尼父中天，颜曾素臣皆在邹鲁，乃关闽濂雒、河汾余姚，皆在数千里远，乃万里而五百近。圣之居乃三千年，寥寥无一人，斯亦读曾孔者之羞也。况曾为本郡先贤，可无守先待后为纂承乎？诸公慷慨奋发，尚友千古，而上不宗述圣，下不希武侯则焉。用风云月露之藻，绘取甲第高贵，以自肥润不佞，固尝叨侍从为近臣矣。平生内省内讼，尝若自愧千古，无以自容，岂甲第之未取，仕宦之未美哉！鸡鸣孳孳，老而无闻，未免为乡人亦大可见矣。曾子曰：堂堂乎张虽与并为仁夫友，以辅仁而又难与并为仁，正谓其文太胜，而不能定静以钦，厥止虽日日会文仁固日远，夫博文约礼，尼父之所以示颜子为仁者，具在吾愿诸公于会文时，详求仁方以仁天下，毋小之为求富贵利达地。

作者简介：见人物部分

第七节　清朝部分

梅月篇（效联珠体）

宋之韩

其一

梅月芬芳晓气奢，纱窗报月到梅花。
梅花爱色月为伴，明月贪花梅作家。
梅卧月明来月窟，月忻梅淡动梅华。
宜人只有梅边月，觅醉月前梅正斜。

其二

寒梅独喜月华偎，月魄梅魂晓夜陪。
香影动摇梅引月，清光零乱月呼梅。
多情明月因梅白，解语梅花为月开。
爱月怜梅须酒谢，慢教梅月两相猜。

其三

月得香梅香月貌，梅分皓月洁梅颜。
疏梅任月来疏影，初月从梅分细弯。
梅骨清清增月倩，月光冷冷照梅寒。

知心梅月永相契，月色梅芬满画栏。

其四

香梅放艳月痕开，为月酬梅暖玉杯。
梅延好友三更月，月结良朋五岭梅。
无语梅花因月解，有心明月为梅来。
梅横月下年年也，几度看梅向月台。

其五

月魄初圆梅正韶，梅香月皓满清宵。
梅筛月影影同艳，月浸梅痕痕亦娇。
明月撩人梅解笑，寒梅嘲客月为妖。
月明梅畔催诗句，欲报梅花倩月招。

其六

收梅拾月入诗囊，月下梅间我独狂。
小苑梅花分月貌，幽闺月色动梅妆。
梦梅月下寻虚白，拜月梅前踏暗香。
岁岁梅花好月夜，相将赋月报梅芳。

其七

梅径香深趁月寻，月阴寂寂上梅襟。
梅知沃月清魂魄，月解传梅照古今。
检点梅愁勾月恨，团圆月貌慰梅心。
嘱梅莫属姮娥月，片片月明梅畔深。

其八

弄梅月下舞螺杯，月上梅花解赋来。
对对梅风吹月老，盈盈月露饮梅媒。
疏梅织尽空明月，皓月染成淡素梅。
无限幽闲梅上月，忻从月里觅梅胎。

其九

新月向梅巧样妆，梅魂月魄满华堂。
月藏梅里色难辨，梅绽月前清未央。
月浸梅花无一界，梅栖明月有同香。
满怀逸兴月梅寄，为报月光待梅芳。

其十

梅宜幽砌月宜楼，月满梅花楼欲浮。
梅以月光为性命，月将梅艳作风流。
梅经霜雪月仍伴，月被云烟梅尚俦。
领袖梅花明月夜，开怀明月借梅筹。

归宁遇雨

王恭人

云垂四野暗长空，草满泥深鸟道中。
鹤唳松巢烟漠漠，猿啼翠岫雾濛濛。
车轮碾碎梨花雨，马首披开柳线风。
行尽崎岖天已暮，祊河浪逐费城东。

作者简介：见人物部分

咏大宗山朗公寺

宋契学

其一

危峰峭壁郁崚嶒，石径云迷识陟登。
松老定非今世树，衲寒疑是旧朝僧。
泉飞暮阁平吞磬，花照阴桥半映冰。
悟到招提空色界，童心一点即三乘。

其二

野寺僧依岩外楼，夕阳仅锁水西头。
数声笛远山光暮，百尺松高塔影秋。
咽雪残钟归小涧，避人老鹿上高丘。
平生剩有沧州兴，欲付燃灯石洞陬。

入兰陵

邵　士

兰陵古道一天晴，山色青青马首迎。
美酒临觞怀李白，雄文佩笔访荀卿。
村村鸡犬同豳国，户户弦歌近武城。
停辔观风民物好，与农闲话劝春耕。

哀芙蓉村宋烈妇

屈　复

日长如海，花香月彩，有女二十方五载，三年药炉无闲晷。

无闲晷，奉夫子，嗟嗟花月乃如此！

日长如海，夜长如海，念我泉下人，谁当共忧喜？

忧喜由来已九年，新我衣裳，为备两棺！

日长如海，风雨相倚。夜长如海，风雨相待。

风雨待妾妾不来，遂令妾意与君违。磐石尚可转，桃花几度开？

别我姊与父，回头为姑语：

莫言为儿致芳名，名亦不到荒村土。先茔之侧日夜长，此是儿随夫葬处！

作者简介：屈复（1668—1745），清代诗人。初名北雄，后改复，字见心，号晦翁，晚号逋翁、金粟老人，世称“关西夫子”。著有《弱水集》22卷等。

兰陵晚眺

傅尔德

鲁中云物自荒荒，欲抚平原道路长。
朔气能连野火白，童山不待夕阳黄。
地分南楚怀丰沛，水灌西泇避吕梁。
历落异乡难日暮，秋风崩岸散牛羊。

拟来春南归

赵德懋

金台一望暗销魂，依住琅琊下里村。
柳暗楼头悲少妇，草薰陌上怨王孙。
文峰日暖浮螺色，泇水波融认縠痕。
春到故乡多旖旎，归来犹理旧田园。

作者简介：见人物部分

重修散金城二疏祠立祀田碑记

张　汾

余初游散金城谒二疏先生遗像，慨然有向慕古人之意，及抚残碑于断壁颓垣中，前人凭吊之句几漫灭不可读。按州志祀典故在，而庙庭闲寂，岁时伏腊，茕然走村翁而已。盖时值天造初辟，萑苻甫靖，民生之凋敝疮痍尚未及复。而前贤禋祀沉沦于蔓草荒榛，其势然也。

夫城曰散金，固昔之父老子弟感散金之惠而筑，以卫其里居者也。城南二三里岿然并峙者，其墓也。城内平田数亩，二先生饘粥于斯，诵法于斯，今之祠宇即昔之宅邸也。故宫禾黍已兴怀古之思，而岁之所入卒消归无有，其不为势家侵渔者，散金城有以限之也。

按旧碣，二先生后裔随宋南渡，嗣续已不可知，独留狐城荒祠以历沧桑。念我朝定鼎以来，休养生息垂七十余年。圮者兴，废者举，山川土谷之神以妥以侑，而名贤祀典莫不以次肇修。居人沂庠孟绪武拟请于官，以城内域区为二疏祀田，永着为典志，未讫而殁。其子庠生衍儒于戊戌秋，纠众力重修祠宇，慨然成先人之志。计城内地若干亩，请蠲租税，□僧之奉香火者主之，为春秋俎豆之需。于祠侧隙处搆静数椽，为士子藏息幽居，亦将仪型于二先生而肃然奋起也。

赏□观二先生仕汉炳炳史册者，固照耀今古。而知足不辱，知止不殆之义，当时罕有其匹。迄于今，林下无人而冠盖乘与以至者，瞻拜仰止。穆然想见其为人，往往流连欷歔而不能去。里人传散金轶事，又附会艳称以为美谈。然则二先生廉顽立懦之功，殆沨沨乎有余韵者矣。呜呼！古来侯王第宅，画栋连云，食邑千钟，生前赫赫，及殁而子孙零落澌灭殆。

燕南路

王思衍

到处凭陵尽鬼狐，田家耒耜化蝥弧。
糇粮自裹仍北向，国愤同仇振劳呼。
野寺冬烘来牧竖，古槐神赛走村巫。
可怜尽是丹平象，回首今朝事事无。

作者简介：见人物部分

韡韡棠棣

宋　潢

送我星溪，行将诣北。载驰载驱，来自东国。
与子相守，雪月交辉。送我星溪，对我子诵。
人生几何，离别其间。对床旧约，于今三年。
送我星溪，听我一言。戏散歌终，人散漫阑。
韡韡棠棣，归我故山。故山之业，业不可言。
薄田五顷，茅屋数间。梨棠花下，共醉陶然。

作者简介：见人物部分

华严八景之管桥夜雨

王　彬

四环雁齿咽溪流，风雨潇潇与耳谋。
珠跳波心宵有韵，凉溪枕畔夜未秋。
石钟山水腾清响，赤壁江声数后游。
入籁寂时天籁发，几回闲坐管桥头。

作者简介：见人物部分

五律·晚至坊前村

赵德懋

望里一孤楼，依稀认旧游。
云霞迷远树，风露接清秋。
入室人何在，临溪水自流。
挑鐙宵不寐，虫语助悲秋。

华严八景之松山镜碑

陈敬修

皓月同千古，娲皇鼓铸成。
妍媸人不觉，到此自分明。

作者简介：见人物部分

送陈进士——敬修之任余杭

王菊谱

湖山管领古杭城，不向钱塘问叶清。
循吏家声犹未远，高悬明镜树勋名。
官舫银灯色上新，天留胜地待词人。
名流融处多诗趣，莫为清吟误此身。

第八节　中华民国部分

偏　枯

王思玷

刘四……唉，这个苦人儿！他得了半身不遂的病了。……他没日没夜地，躺在他的屋子里，失却了一切举动的自由，生活的快乐。

他的屋子，是靠着佛寺的院墙盖的，大殿的高大的红山墙，和殿前顶着朵朵如花的嫩芽的大白果树，作他的背景。屋子里的右边，土炕上，躺着刘四，二子睡在他的脚下，左边一口小锅，一个鏊子，墙上贴着灶神码子，还有乱杂的一些破盆，破罐子，破锄头，破镰刀，新陈几年的斗笠，蓑衣；愈多愈显着不值钱。

屋外是用秫秸夹的篱笆院落，右边到一盘小磨，看样是人推的，檐下——无棂的窗洞前——支一个石台，台下砌就一个鸡窠，台上一个半截罐子，满盛着黄土，象以前曾栽过草花，现在又破下一块来，一任那雨水冲激着黄土，从石台上流到石台下了。

院的左边，有棵小槐树，树底下，近门的一边，铺一片破席，阿大哄着他小兄弟三儿，在那里玩耍；他们的母亲，靠门搭个架子，在那里打麦草苫，手头极不熟习，脸上含着一种说不出来的悲哀。

“我若不趁早给你打个苫子，以后还有谁给你打？”她喃喃地说着。

“不是！”他说，“我是觉你不会，这虽是个不出奇的手艺，搁在不会的人身上，就是个难为。”

忽然一个燕子飞过来，吱吱啁啁地叫着，把阿大惊觉了。他一边仰着脸看着，一边喊：“妈……妈……燕子来了！……财主们又好盖屋了！……该锄地了！……收麦的时候也快了……”

他母亲不但不看那个燕子，更极可怜地说：“傻孩子，不要再提那一些了！你父亲睡在那里，有谁再去锄地，再去作泥瓦匠给人家盖屋。唉，麦与我们也断缘了！”

“不！”他在屋里说，“我不时就要好了，我常常梦着在屋上工作，或在地里割麦呢！唉，我的那张锄，卖得可惜！要光独我自己吃，饿死我也是不卖那张锄的。以后有钱也不易再买那样的锄了！唉，这都是因为我的病呀！这是个什么病呀！什么是半身不遂，也就算是周身全死定了。”

这时三儿把阿大的耳朵扯住了。用两只小手，狠命地撕着，鼓起小腮格格地笑起来。阿大疼了，急速地避开。三儿失却了他的玩具，就哭起来了。

刘四在屋里说，“别教他哭啦！……给他一口吃罢！……”

她还只顾打她的苫子。说：“别哭啦！玩吧！”那个孩子，果然不哭了，又抓住一缕麦秸，再玩起来。

一个催命的判官又来了！他的小二子起来了。他呆着小脸定省一会，一边用手揉着眼，慢慢地走到他母亲的身边。他母亲又犯了愁了，好歹地哄着睡了的，怎么又起来？又要闹吃了。那种干煎饼，他一定还是不愿意吃。好的，又哪里有？她不由的就恳求似地说：“你那边给你兄弟玩去吧！一会我烧煎饼汤给你喝，搁上油盐；打上咱卖了的白母鸡下的蛋；女孩子，去吧！”

小孩子刚起来，是不想着吃的，她却糊涂了，反把一套话提醒了他。他承认了鸡蛋是怎样好吃的了，但是他也不说吃，只哼哼地噎着，使出要哭的样子来。她没法，只得把那个蛋拿给他，他才好了。偏偏三儿又看见了，一定也要玩那个蛋，但是他家再没有第二个蛋了。以前下的，刚下了就卖了，终于把那可怜的白母鸡也卖了。这白母鸡也可怜她，临卖的那天，又给他下了这个可怜的蛋。如今闹得可怜了。她无奈，把三儿抱起来，给他一口奶吃，才各自安生玩去。她重新再打她的苫子。

一时，一个小院落都寂静。她又自己念着：“怎么和尚也不来呢？”

阿大急促地说：“母亲，快别提他了，那人，老大地不好。我昨天见他把他徒弟，按在凳子上，使板子把臀打得通红，就要露出血来了，我怪害怕的。”

于是她的头垂下去了，忧愁，恐惧，而且悲伤；又极力地隐藏着，不愿教小孩子看见，只说：“不好吗？……那个人不好吗？……不好……”

她的眼珠，一时全被泪痕包起。她极力自持，想把它收回去；但是她的鼻涕，又出来了。她无聊地瞅着她打的苫子，苫子老大的又不成样子。一头愈打愈宽，绳口也没结紧密，略一活动，麦秸便纷纷乱坠，她悲忿得变转了声音，喊叫出来，“一个苫子都不能打，只好死去了！”她的眼泪，终于止不住泉一般地奔出来。

“不要打啦！”刘四在屋里说，“离用苫子的时候早呵！那时我也就好啦。我从来没做过坏事，老天爷一定不能叫我终于这样的。”

“三儿的父亲！”她说，“这我是气忿我自己。唉！多无用呵！这不是你的病累赘你，是我累赘你了！上年三儿那个时候，我足足病倒了三个月。你竟然什么也没叫他缺乏。借债，人都争着借给你。因为你是个有用的人呀！这临到我身上，竟然就不行了。天老爷呀！还叫我睡着吧！”

“不要悲伤了！”他说，“你不是个女人嘛。”

“三儿的父亲！”她说：“我上了女人的当了！女人为什么不能割麦锄地？……为什么只好造饭缝衣……”

“唉，三儿的父亲！你这病要发生在没有孩子的时候，我给人家制鞋底，缝衣服，也可以供给咱两个的穿衣吃饭。设使再过两年，再生下两个孩子，那可就更不得了了！”

“唉，这也是命定下的。等我好了，也就好了。”他可可怜怜地安慰她。她把手扶在苫子架子上，不再去打了。泪包着的眼睛，看着微黄略带黑色，显着稚气，不大圆满的两个小面庞；和一个腻嫩的小白脊梁，上接着很短的一个小脖儿，胖出一道沟来。啊！这是多么美啊！爱啊！眼前看看要分离了，这些天真烂漫的小孩子哪里知道呢？

阿大说：“你不好生给咱兄弟玩，明儿父亲再挣了钱来，买了东西，不给你吃。”

二子急促地说："哥哥，哥哥！……早晚才有卖梨子的？……啊，母亲，母亲，张奶奶来了！"

她转过脸去，擦擦眼，果然张奶奶来了。刘四也凄惨地抬起他病黄了的脸，但是他的身子，却不服他的命令，不能起来致敬来宾。他无奈何地喊着："张婶子！张婶子！"他的两个嘴角，就酸下去了，再不能说了。他的妻子，只怔着眼，看定张奶奶的脸儿，包藏无限的恐惧，无限的忧思，好象有许多吉凶参半的问题，急待张奶奶判断出来，但是她不敢先问她。

张奶奶看着她的仿佛大小的三个小孩，坐一块，象一窠小燕一样，开口就吁出一口气来："唉！两口儿都不大的年纪，头高头低的三个小孩子，谁不说你们好命！……唉！……"

"我适才又遇见和尚来。他也说：'怪可怜的。无论怎着，我没有不应承的。'论起来，也不错，不过是他的规矩大点，唉……"

"那两条路，我也都给你串通好了，须得你们自己拿主意。你们想做粗针线呢？就上李太太那里去。带着三儿也行。钱也不少，每月四百大钱——可是不能带吃饭的孩子！你若愿意作奶妈？钱可更多啦！每月三吊大钱！我是和孙老爷说的。孙太太还应承我叫你带着二子。他那样人家，每天吃他两顿饭，是不要紧的，这样可倒怪好，阿大，二子，都有了吃饭的地方。你的工钱，也满可以养活病人——只有一件，这个吃奶的小孩子，是必须离……"

"我的小孩吗？"

张奶奶开始说的时候，她的一双眼睛就盯在她的脸上，以后渐渐有了泪了，以后竟哭来了。

"不要顾惜我了！你们想法活命去吧！张婶子，我忘不了你的好处！"刘四哀惨地在屋里说。

"你们不要急躁！咱慢慢地商议。"张奶奶说。

"不用商议了，张奶奶。"她决断地说，"一定得走这条路的！大的一定得去当和尚的！只有小的……"

阿大猛然哭起来了！一手扶着小槐树跳，口里不住地喊："母亲……母亲……俺不愿意当和尚呀……俺怕呀……母亲……"

刘四在屋里也哭了。说："天爷呀！你让我死了吧！……唉！这是什么病呀！……"

三儿看着他哥哥哭，也无意识地哭了，只有小二子怔着小眼看看这个的脸，看看那个的脸，他仿佛还不大明白似的。

张奶奶说："阿大别哭了，你母亲是说不叫你做和尚了！叫你和你弟弟，都跟你母亲上李太太家吃馒头去！等你父亲好了再回来。我看四哥的脸上，好了老多了，也象快要好了。"

刘四说："婶子说的不错。我从来没做过坏事，难道叫我就这样子了吗？"

张奶奶好歹把阿大哄得半信半疑地不哭了。他的母亲，只顾站在那里，一个连一个地坠她的眼泪。张奶奶再把三儿抱起来，看着他的小面庞，说："嫂子，你把这小可爱的，赏给我吧——可怜我这没儿女的老虫！"那无知觉的小爬虫，竟挺起身来，伸开一只小拳头，拥着张奶奶的老嘴巴，吱吱咯咯地笑起来了。饱满的小腮上，笑出两个深窝。无儿女的老妈妈，何曾尝过这样的甜蜜，不知不觉地也落下两点泪来。

这时的太阳，将要沉下去了。大白果树上，满含着迷漫的春烟。金日脚从大殿的红山墙映到小院子里，象一片血雾。人们的愁惨的面庞，都象浴在血里。这时外面忽然又有一套脚步声，想是和尚来了。

作者简介：见人物部分

"五卅惨案"纪念歌

刘之言

战云弥漫，国事凌乱，惨淡过"五三"。

倭奴逞凶，军阀逃窜，济下血花染遍，明湖水呜咽。

今朝忆当年，烈士死无怨，无怨！

河山摧残，永久乐园将来会实现！
到今日团结精神涣散，
看，多少人已跑出革命战线，
看，多少人已和仇敌亲善！
民众痛苦含冤，
阴惨，阴惨！吊烈士莫空咨嗟，吊烈士不用花圈。
只要，只要奋斗精诚，和烈士一般。

作者简介：见人物部分

立志诗

徐腾蛟

男儿立志比钢坚，革命不成誓不还。
儿女寻生各自去，信仰马列天地宽。
公仇不报目不瞑，私怨无偿心自甘。
埋骨何须家园地，祖国到处是青山。

作者简介：徐腾蛟，字孟章。郯城县胜利乡徐圈子（今南刘宅子）村人。1933年春，为苍山暴动筹集枪支弹药、变卖田地等。9月19日就义。

鲁南战役祝捷诗

陈　毅

快速纵队走如飞，印缅归来自鼓吹。
鲁南泥泞行不得，坦克都成废铁堆。
快速纵队今已矣，二十六师汝何为？
徐州薛岳掩面哭，南京蒋贼应泪垂！

作者简介：陈毅（1901－1972），名世俊，字仲弘，四川乐至人，中国共产党员，中华人民共和国十大元帅之一。有《陈毅诗词选集》。

第九节　中华人民共和国部分

兰陵纪事

田　兵

一、名酒香天下

“兰陵美酒郁金香，玉碗盛来琥珀光。但使主人能醉客，不知何处是他乡”。会喝酒的人，或者能吟几句古诗的人，几乎没有不知道李太白这脍炙人口的诗句的。我偶翻王渔洋诗集，第一首就看到了“兰陵十千酒”的名句。可见从唐到清，千余年来，兰陵美酒是被天下人颂扬的。实际上不止千余年来，远在东周列国时候，当时名酒东阳酒即为兰陵所酿（兰陵古称东阳）。那时，兰陵人已知用郁金酿酒，因郁金花黄，也称金花酒，花、华古时通用，故亦称“金华”酒。有人说李白不一定到过兰陵，上诗是“竹溪六逸”饮酒时所作。按《唐书》李白客任城（山东济宁），与孔巢父、韩准、裴政、张叔明、陶沔，居徂徕山，酣歌纵酒，号“竹溪六逸”。如果是这时所写，这首诗应有酬和饮咏的痕迹，然而诗中不但没有这些痕迹，且还显得在饮酒之前风尘仆仆，如“不知何处是他乡”。这说明饮酒前，是有他乡风尘之感的。实际这首诗题为《客中作》或《客中行》，是在行役中写的，既不是酬答诗，也不是游景诗，更不是送别诗。当年李白登过泰山，在徂徕山（泰安东南四十里）称“竹溪六逸”，又经下邳圯上怀念过张子房。当时兰陵与邳县接界，兰陵西北约二百余里即徂徕山，途经兰陵时写的。当然也有可能是去别的什么地方途经兰陵写的。总之，是跋涉旅途之作。

据中华书局《李太白全集》注解引《香谱》载，郁金香生大秦国（实际原产我国西藏，传入西方），二三月花，如红兰，四五月采之，其香十二叶，为百草之英。可见此花有可能是从丝绸路上传来的。李白要不是途经兰陵亲尝此酒，很难想到郁金香这个形容词。为此，我疑心当时兰陵有人种植这种花。退一步说，如果当时兰陵没有从大秦传来的这种花，那么中国的郁金花，或中药郁金，也定会是有人种植的。否则如果酒中没有这种植物，也就不会形容为郁金香了。现在此酒留下来的香味，像是黄米饭发酵的香味为主（其中药香应以郁金为主）。李白时代的兰陵美酒，无非是像现在农村酿酪酒一样，煮一缸黍子米饭（放些郁金之类的药物），放上酒曲，搅拌后密封发酵，过一段时间便成酒。这种酒酿成后，喝酒时用筛子压着底下的酒糟，撇上面的酒。古人说的筛酒、压酒，都是指这种情况。李白用郁金香形容此酒，显然因此酒呈黄红色，有郁金香味。按，郁金有三：(1) 丝绸路上传来的郁金香；(2) 中国的郁金花；(3) 中药“郁金”。郁金，多年生草，高二尺许，叶为长椭圆形，花黄，有鳞状之苞包之，一苞开三、四花。地下茎可入药并为黄色染料。古以之浸酒，为祭祀所用。所谓：煮郁金草取汁，酿黑秬（黑黍子）一稃（米糠）二米者为酒，酒成，则气芬芳调畅，故呼为“鬯”的，祭祀用的“郁鬯酒”。当时李白饮的兰陵酒，很有可能是从郁鬯酒发展起来的，是比郁鬯酒更香更美的酒。由于兰陵酒的前身是东阳酒，其药用价值也很有名，明人汪颖在《食物本草》中写道：“入药用东阳酒最佳，其酒自古擅名。”与此同时的另一本书《事林广记》不但对东阳酒推崇备至，而且还详细记载了这种酒的酿法（我认为兰陵酒厂应参考此书）。

兰陵酒由于历代有名，1915 年在巴拿马太平洋万国赛会上，曾获得“金牌奖”。在解放战争结束后，约 1949 年，领导上就委派曾在抗日战争前就当过兰陵酒店经理的王子玉同志任酒厂经理，重整社会主义新中国的兰陵美酒。据王子玉同志说，远在抗战前很早的时候，兰陵美酒已不纯是古老的酩酒酿制法，而是兼有黄酒（黍米酒）和高粱烧酒的两种香味。即先用黍子米煮一缸稀米饭，再炒点红枣放上（取色），另有些瓜种米、核桃仁、郁金等药物，再放上酒曲，然后用上好的高粱烧酒倒在上面，密封，放一段时间，便成为市场上的兰陵美酒。一般是农历头年腊月做好，放到第二年三月（四月）出售，最好的是放三年。这种酒经化验，有人说杂质太多，所以后来瓜种米等物就不再放了。此酒基本像黄酒，但有烧酒的半高度数，经烧酒与黄酒的化合，有一种独具的香味。1954 年，周总理参加日内瓦会议，携带的就是这种兰陵美酒。用烧酒倒在含有酒曲的黄米饭上，不仅是兼有两种香味，更重要的是酒比水轻，烧酒杀菌，可以起到密封的作用，免得其他杂菌入侵，而影响酒的质量。当时王子玉同志雄心勃勃，决心在党和人民的委托下把酒厂办好。可惜，不久王子玉同志由于马失足致伤，还未来得及施展酿酒的技术、经验和才能的时候，就去世了。以后兰陵酒是怎样发展的，我就不很清楚了。作为一个兰陵人，我希望它名声重振，高风再现。

兰陵白酒圣之清，千里飘香瑞气融。

莫怕相逢难解醉，长天自古下高风。

凡是天下名酒，大都挂以地名，如茅台、泸州、兰陵等。这是因为在同样的酿制技术条件下，水、土、气候、风、雨等条件形成的环境，适合于某一种酒曲菌的生长，而能使酿制的酒带有某一种香味的缘故。所以名酒除酿制技术外，当地水、土便是决定的因素。我因为出生于兰陵，小时候知道酿酒的水井叫苦水井（含矿物质多的硬水）或碱水井；做豆腐和人饮的水井叫甜水井（含矿质少的饮水）。这两种水井虽然都是当地水，但如果用甜水酿酒（白酒），同样的原料，便出酒少，质量也赶不上苦水酿的酒。

目前全国白酒（清酒或烧酒）的香型，大致可分三种：(1) 酱香型，又带回香味，茅台属于这类香型；(2) 浓香型，打开酒瓶，馥郁满屋，也有的带回香味，像董酒、五粮液、习水大曲、兰陵大曲等各种曲酒，属于这类香型；(3) 清香型，香味不浓，但清香宜人，像汾酒属于这类香型。总之，我认为兰陵白酒应发展浓香型和清香型两个类型。至于诗人咏过的兰陵美酒，尽管酿制方法应力求合乎科学，但还应当注重古老的酿制法和外表的古色古香，实质则应是别具香味。即谓“兰陵美酒郁金香，玉碗盛来琥珀光”。

我虽然出生在兰陵，但少小即离家读书，

卢沟桥事变后，我便赴延安，后又随山东省委书记、山东纵队政委黎玉同志回山东。军行至鲁西聊城，派我做抗日英雄范筑先的秘书，从此便转战在冀鲁豫战场上，未能和家乡人一同战斗。近偶蒙友人赐尝故园名酒，顿觉异香袭人，实为战前佳酿所不能比。白酒中有兰陵大曲、特曲，特曲最好的称“太白老窑”。现用咖啡色长颈古式瓷瓶装，不亚于当世名酒茅台。真是“举杯浓香远，入口回味长”。色酒有兰陵美酒和郁金香两种。兰陵美酒也是用古式瓷瓶装，现行销海外。

兰陵，顾名思义，可能因高阜上生兰，故名兰陵。但这个高阜，究竟是指比周围稍高一点的现在的兰陵镇呢？还是指《汉书》上说的位于城西二里路的温陵呢？我至今不得而知。我小时，常见温陵附近的农民到集镇卖香草，五月端午的时候，姑娘们争着买香草，缝香荷包，送给父母和兄弟姊妹们，带在身上防毒虫。这个香草又称都梁香或孩儿菊。叶像是菊科植物，但结子如小豆荚。这就是《楚辞》上所说的“兰”。所谓：离骚言其绿叶、紫茎、素枝，可纫、可佩、可其他籍、可膏、可浴。今天这种平行叶脉的叶似麦门冬稍阔的兰花，是宋朝黄山谷把这种植物误称“兰”（所谓一干一花为兰，一干数花为蕙）后而讹传下来的。所以到明李时珍写《本草纲目》时，在注解中把这种平行叶脉的“兰”，叫做兰花（意思是根茎叶都是香的）。兰陵人从古至30年代都有种兰的习惯。兰陵北60里路有山名兰山，临沂县曾一度名兰山县；兰陵西南20里路有村名兰城店。有人说金瓶梅的作者笑笑生是峄县的贾三近，果真如此，兰城店即贾三近的原籍。兰陵上有兰山，下有兰城店，可见古代这一方农民，都是喜欢种兰的。因此，我怀疑李白写《客中行》时可能在兰陵看到了包括郁金在内的各种香花，其中也有兰。如果可能的话，兰陵酒厂也无妨在“兰”字上下点工夫，除郁金香外，也搞点兰香酒。

二、名师高徒聚兰陵

兰陵，历史悠久，是战国时的楚邑，汉朝为兰陵县，晋和后魏时为兰陵郡。《史记》记载荀卿适楚，春申君以为兰陵令，即指今苍山县兰陵镇。

荀卿，赵人，名况（时人相尊而号为卿也。仕齐为祭酒，仕楚为兰陵令。后亦谓之孙卿子者，避汉宣帝讳改也）。《史记》说“年五十始游学于齐”。以后，刘向序荀卿书亦因之。惟应劭《风俗通·穷通篇》说“孙卿有秀才，年十五，始来游学”，当以后说为是。所以黄以周说：“游学必幼年事，五十游学继无是理。”可见荀卿是幼年到齐国稷下，先当学生，博览各种学派，增长知识，以致学识渊博。到齐襄王时，尊为最好的老师，时称“最为老师”。曾三为祭酒（按：理食必祭先，饮酒亦然，必以席中之尊者一人当祭，后因以为官名）。后为齐人所谗，乃适楚。一般人认为荀子活动时间从公元前298年至前238年（春申君被杀）的60年中。在齐约40年，在楚约20年。在齐游学期间约前250年前后，一度回到赵国，与楚将临武君，在赵孝成王面前讨论了军事问题，这就是“议兵于赵”（吉林大学齐力）。但范文澜同志的《中国通史简编》，则认为荀子在齐湣王晚年到稷下游学，当时齐将败亡，列大夫离齐散去。荀子南游楚国。齐襄王时，稷下士又盛，荀子回到齐国，在列大夫中“最为老师”，被尊称为卿。荀子遭谗，离楚至赵，在赵孝成王面前议兵。离赵至楚，春申君以荀子为兰陵令。荀子又遭谗，离楚至赵，在赵孝成王面前议兵。离赵至秦，见秦昭王与秦相范雎（观政于秦）。离秦归赵，又至楚为兰陵令（一县大抵方一百里，万户以上为令，不满万户称长）。前238年春申君死，荀子君失官居家，著书数万言。死后葬兰陵。总之，范老认为议兵于赵，观政于秦，都是在第一次为兰陵令遭谗免官以后的事，而并不是在齐游学的时候。范老还认为荀子活动的时候，起点应

从公元前 286 年（齐灭宋）算起，至公元前 238 年免官时。约 50 年的时间。如果荀子从 15 岁游学，免官时约 65 岁；如果从 50 岁游学，免官时为 100 岁。如果活动时间从公元前 298 年算起，至此为一百一十岁。

荀子何时为兰陵令，未有明确时间。春申君黄歇是楚考烈王元年为相，也是在是年封为春申君，赐淮北地十二县。春申君相楚八年，为楚北伐灭鲁，此时荀卿为兰陵令（《史记·春申君列传》）。显然，兰陵是鲁国的地方，鲁灭归楚，荀子才得为兰陵令。是年，当为公元前 256 年，到前 238 年，荀卿第二次兰陵令罢官，前后共 18 年（中间去过一次赵国和秦国）。但据说荀卿是公元前 255 年适楚的，在作兰陵令之前，还有一年的时间在楚作其他小官，可能参加灭鲁的战斗谋划。总之，在罢官之前荀子在楚国为官有 19 年的时间。因此，李斯和韩非这两个大弟子，都是学于兰陵，而非学于齐国稷下。这在《史记》已经写明："春申君死而荀卿废，因家兰陵，李斯尝为弟子已而相秦。"这显然说的是在兰陵的事。韩非与李斯同时，俱事荀卿，也是在兰陵和老师告别。当时荀卿罢官后，落户于兰陵，治学于兰陵东南约五六里路的山村。荀卿和其弟子的法治思想，对于当时的中国统一和后世，都有着不可磨灭的功绩。秦始皇统一天下，就是用的李斯的谋略，秦统一后的"书同文"，就是用李斯的小篆来统一天下文字的。

因荀卿汉以后称孙卿，目前在兰陵城东的横山镇、城西北的洪沟崖村、城东南的孙庄，孙氏都是大族，可能是孙卿后裔。荀卿可算是兰陵唯一的古圣先贤。城东北十里路的东堡子村，高柴墓如是真的，高柴虽愚，但也不失为孔门贤人。

据《史记》载：秦始皇二十三年（前 224 年）秦将王翦击楚，取陈以南至平舆地，虏楚王负刍。楚将项燕立昌平君为楚王，反秦于淮（徐广说"淮"一作"江"）南。二十四年（前 223 年），王翦、蒙武攻楚，破楚军，昌平君死，项燕自杀。这段历史，在冯梦龙、蔡元放编的《东周列国志》里，说项燕奉昌平君为楚王，居于兰陵，缮兵城守，昌平君巡城，为流矢所中，军士扶回行宫，夜半身死。项燕泣曰："吾所以偷生在此，为华氏一脉未绝也，今日尚何望乎？"乃仰天长号者三，引剑自刎而死。按当时，淮南或江南，均无"兰陵"这个地名。今江苏武进县的南兰陵，是东晋以后侨置的。因为淮南的"南"字，如不是"北"字之误，定是兵败以后逃到淮北。因为秦国在公元前 278 年，攻破楚都郢，楚怀王逃到陈（河南淮阳县），以后经顷襄王、考烈王，春申君为相，救赵后楚国复强，但也终未能巩固郢都。楚国都城后由郢迁都鄀（湖北宜城县），又迁都陈。前 241 年，迁都寿春（安徽寿县），早就在江北了，此时兵败，断无力过大江。虽然是兵败逃到兰陵，兰陵算是楚国最后一个都城。从此，楚国就亡了。在苍山县兰陵镇，楚国的痕迹，至今也可随时找到。如下雨之后，凡是流过水的地方，只要留神，随时都可拣到当年楚国蚁鼻钱（形如马齿苋叶），群众呼为"印由"。"印由"有鬼脸、人脸两种，群众把它钻眼系在儿童的手脖上，说是能避邪。富裕家的小孩有带五六个的。总之，凡是在兰陵及其附近地区出生的小孩，几乎均带过"印由"。"印由"之音从何而来？我怀疑是当时楚国金币"郢爰"的音转。因楚亡后，后世人民也不记得楚有几种钱币，听说有个"郢爰"，于是便以最贵重金币"郢爰"的名字呼"蚁鼻钱"，久了便讹为"印由"，这也是很自然的。

三、兰陵多学

汉时，兰陵县属东海郡。据《南齐书》载：萧何居沛时，侍中萧彪（萧何孙）免官居东海兰陵县中都乡中都里（今小仲村附近）御史大夫萧望之，是萧何的六世孙。今距兰陵城北二里路的三个大墓，其中有一个是萧望之的（"文化大革命"中农民烧砖，将墓烧成平地，墓中之物，不知流落何处）。萧望之墓，讹传为萧王墓。

萧望之字长倩，官太子太傅，宣帝疾笃受遗诏辅政。元帝时夷师傅见重，多所匡政。后为弘恭、石显所陷，饮鸩自杀。萧望之也算继先贤之后，兰陵有贤名的人。《南齐书》载："晋元康元年，分东海为兰陵郡，中朝乱，淮阴令整（字公齐，萧望之十四世孙），过江居晋陵武进县之东城里。寓居江左者，皆侨置本土，加以南名，于是为南兰陵人也。"这就是说兰陵萧整过江以后，率寓居江左的兰陵人，侨置兰陵县、兰陵郡，后又加以"南"名。南兰陵（当地人自称晋陵）的住户头面人物，大都是兰陵人侨居的。侨居南兰陵的萧整的曾孙（萧何二十四世孙）萧道成，便是南齐开国皇帝。梁朝开国皇帝萧衍，也是侨居南兰陵的萧氏同族。这些都是兰陵萧望之的后人。

西汉今文易学"孟氏学"的开创者孟喜，亦为兰陵人。他与施雠、梁丘贺，同学《易》于田何的再传弟子田王孙。宣帝时，立为博士。他以六十四卦分配气候，以卦气言《易》。著作虽已失传，但在清代马国翰《玉函山房辑佚书》、黄爽《汉学堂丛书》、孙堂《汉学二十一家易注》中均有辑录。惠林在《易汉学》中，对孟喜的《易》说也有所阐发。

西汉时，兰陵的另一个著名人物匡衡，字稚圭，能文学，善说《诗》。时引经义议论政治得失，为一代经学大家。元帝时任丞相，封乐安侯。成帝时为司隶校尉王尊所劾，后免官。

汉代另两个兰陵贤达人，要算疏广、疏受叔侄两个。疏广少好学，明《春秋》，宣帝时为太傅；兄子疏受同时为少傅，朝廷以为荣。世称"二疏"。在位五年俱谢病免归。不为子孙置产业，并将银钱散乡里穷人，常说："子孙贤而多财，则损其志；愚而多财，则益其过。"一时传为名言。唐李白诗句有"达士遗天地，东门有二疏"。《峄县志·古迹考》载："二疏城，县东四十里，地名罗滕，汉疏广、疏受归老于此。城周二三里，土人指以为宅。"兰陵西距峄城五十里，这个罗滕村，就在兰陵西北约十里左右。我小的时候，群众把罗滕呼为"摞铜"，讹传的意思是铜钱摞起之意，含有散金的传说。由于小时候的好奇心，我曾经到过摞铜，看过二疏的散金台。实际那不是什么汉代二疏散金台，而是明朝人在二疏故宅基修的庙，供的是二疏，庙已坏，群众便把破庙台喊作"散金台"。

萧望之、孟喜、匡衡、疏广、疏受等杰出人物均生于兰陵，正如班固谓："汉兴以来，鲁东海多至卿相。"刘向亦曰："兰陵多学。"

西晋分东海郡为兰陵郡时，郡治在峄县（今枣庄峄城）；后魏置兰陵郡时，郡治在今苍山兰陵；隋废郡为兰陵县时，县治在今兰陵；唐武德四年（621 年）仍改氶县，县治在今峄城；金明昌六年（1195 年）又改兰陵县，县治在今兰陵；贞祐末，移治今枣庄市峄城镇南，后改为峄州治所。汉东海郡有氶县，峄城西大河为古氶水，古氶县旧址，在今峄城西北里许，古氶水西岸。

北齐时，文襄第四子高长恭（孝瑾）封为兰陵王。《北齐书》载："芒山之败，长恭为中军，率五百骑再入周军，遂至金墉之下，被围甚急，城上弗识，长恭免胄示之面，乃下弩手救之，于是大捷。武士共歌谣之，为《兰陵王入阵曲》是也。"此曲后为南北朝和隋唐乐舞节目，摹拟高长恭指挥、击剑的姿态。表演者戴面具，称为"大面"或"代面"，"衣紫、腰金、执鞭也"（《乐府杂录》）。这个歌舞内容，后又成为唐教坊曲的词牌名，称为"兰陵王"，三段 130 字或 131 字，仄韵。周邦彦咏"柳"，填此调最为有名。但一般以 130 字者较常见。

隋高祖第五女阿五，封为兰陵公主。美姿容，情婉顺，好谈书，高祖至为钟爱。十八岁嫁于河东柳述，对舅姑甚孝。隋炀帝即位后，贬徙柳述，令公主与柳离绝另嫁，公主不允，忧愤而死。时年 32 岁。

唐代散文家萧颖士，字茂挺，也是兰陵人。开元进士，曾任秘书正字、扬州功曹参军等职。

致力于古文写作，自谓“平生属文，格不近俗，凡所拟议，必希古文”，与李华齐名。原有文集已散佚，后人辑有《萧茂挺文集》。开元二十三年（735 年）及第，恃才傲物，漫无与比。

元末明初的戏剧作家贾仲明，一作贾仲名，号云水散人。原为淄川人，明成祖即位前，他曾为侍从，后退隐兰陵以为家，卒于永乐二十年（1422 年）之后。所作杂剧，今知有十六种。现存《玉梳记》《菩萨蛮》《玉壶春》《金安寿》《升仙梦》五种。《升仙梦》全部用南北合套，打破了元杂剧的规律。一说《裴度还带》《录鬼簿续编》也是他所作。

与贾仲明同时的另一个兰陵人徐孟曾，号爱梦，世业医。幼而颖悟，书史涉猎，医家诸书皆诵。治人之疾，一诊视间决死生，士大夫多称誉之。然气岸高峻，时人以为矜傲，呼为“憨斋”。日与同好更唱迭和，浅斟低吟，以适其所乐而终。

明代有名的才子书《金瓶梅》的作者笑笑生，也是兰陵人。最重要的证据是 1931 年北京文友堂古书铺在山西太原分号，从介休县购到一部木刻大本《金瓶梅词话》，书首有一篇欣欣子写的序言，说：“窃谓兰陵笑笑生作《金瓶梅传》，寄意于时俗，盖有谓也。”从这句话中，我们可以确切的知道，笑笑生的籍贯，就是兰陵。然而由于这是一个孤证，所以几十年来，又时有反对意见出现。

譬如戴不凡君，在其所撰《小说见闻录》中就认为《金瓶梅》的作者是浙江金华人。他的理由是：“小说《金瓶梅》中凡饮酒几乎不离金华酒……西门庆一家妇女几无不嗜金华酒者……此若非金华、兰溪一带人，殆难有可能反复举之于小说之中的。”这是戴不凡君误会了，因为兰陵美酒（黍子、郁金酿的）的别名也称“金花酒”“金华酒”“东阳酒”。由于是黍米酿的度数低，所以妇女爱饮。戴把“金华”酒名误成了浙江“金华”地名。西门庆一家嗜金华酒，正说明爱饮兰陵酿的黄酒，这更证明了笑笑生是兰陵人。

再如天津师院教授朱星循清代学者旧说，力主《金瓶梅》的作者是江苏太仓人王世贞，徐州教育学院老师张远芬写了两篇文章与他争鸣，其中很重要的一点收获是考出了“明贤里”也是指兰陵。在《金瓶梅词话》欣欣子序的末尾，有这样一句话“欣欣子书于明贤里之轩”。关于欣欣子，各家学者都认为他就是笑笑生，这已成了定论。明贤里是指什么地方，却一直没能考证出来。此次张远芬在《南史》中查出齐废帝东昏侯萧宝卷，原名叫“明贤”，而东昏侯是萧望之的后代，原籍就是兰陵。所以兰陵（南兰陵是侨置）就是萧明贤的故里。简言之，即明贤里也。这样，“欣欣子书于明贤里之轩”这句话，就可以翻译成“笑笑生书于兰陵之轩”。在《南史·齐废帝东昏侯本纪》中，不但可以找出《金瓶梅》作者的籍贯，而且还可以找出西门庆和潘金莲这些人名的来源。这说明，张远芬的这个考证是可信的。说笑笑生是兰陵人，除去书上明说和西门庆一家爱饮“金华”酒外，这就有了第三个重要证据。

此外，张远芬还从《金瓶梅》中找出八百个词语，分别于 1980 年 8 月和 1981 年 2 月，两次到峄县、兰陵一带作方言调查。其结论是：(1)《金瓶梅》中的方言，凡外地人看不懂的，几乎都是峄县、兰陵一带独有的语汇。(2) 其余的部分虽然外地人也懂，但调查证明，它们也都是峄县、兰陵一带人民的日常用语。(3) 在《金瓶梅》中，峄县、兰陵的方言不是偶尔的点缀，而是从头至尾遍布全书，并且运用得极为准确自然。(4) 无论是人物对话，还是作者叙述，在表达方法、句子结构、口吻语气等方面，也都符合峄县、兰陵人民的语言习惯，明显地表现出这一地区人民独特的语言风格。对于证明《金瓶梅》作者的籍贯来说，这更是千古难移的铁证。

综观以上，结论只有一句话——《金瓶梅》只有兰陵人才写得出来。现在进一步说，他又是兰陵的哪一个人呢？是不是萧氏后人“笑萧生”的谐音呢？还是其他什么人？

张远芬认为：笑笑生就是明代峄县的大文学家贾三近。贾三近（1534—1592）字德修，号石葵。祖居兰陵附近的西坊上村，距兰城店三里路，因兰城店村大，对外也称兰城店人。后迁居峄县城里。嘉靖三十七年（1558年）24岁，举山东省魁。隆庆二年（1568年）34岁，赴京会试中进士，名次又为“山东省第一”。以博学宏词选翰林庶吉士，累迁至兵部右侍郎。著作有《先庚生传》《宁鸠子》《滑耀编》《皇明两朝疏钞》《东掖奏草》等刊行于市。张氏从贾三近的生平经历、文学素养、气质风格、笔名由来等方面详加分析，无一不与《金瓶梅》作者应该具备的条件相符。而且在贾三近的其他著作中，还有与《金瓶梅》相同的情节和文字。后人续修的《峄县志》中，特别点名贾三近虽身居高位，却“言不雅驯”。新出土的《贾三近墓志铭》，又明确指出他写了一部不能公开流传的小说。再有《四库全书》收了贾三近的《滑耀编》，在这部书中，他用了一名号就叫“兰陵散客”。如此等等，说贾三近是《金瓶梅》的作者，自然是可信的。否则，一定是兰陵大族，萧氏的后人。

兰陵，在我记事时，王姓是大族，共有三家，老坟上的碑，一家是王大公，一家是王二公，一家是王三公。我的老祖是王三公“盈”，其他两家，祖名也是单字，有一家记得像是“炳”，其他就不记得了，都是明朝万历年间的碑，其他姓的坟碑更晚。有人说王姓三家当年是弟兄三人，逃荒到此。三家均自称是琅琊王氏。是否王姓是弟兄三人，续不起来，但子孙相处，各有班辈称呼。另外一些老人说，明朝以前大水，当地人淹死大半，现在各姓居民，大都是从山西迁来的。这说明元朝那次黄河决口，河水改道，由河南省武陟东南行，夺汴、泗入淮，历河南、山东、江苏，由安东入海的那次大水患，波及到了兰陵。

战前，兰陵是临沂县第八区的重镇，为区公所所在地。有1800户人家，为三四十家大小地主统治着，最大的王姓地主所谓“小红袄”家到过100顷地（百亩为顷），也称“区长家”。大地主的子弟，多不学无术，但也有不少是念书的人家。据《明清进士题名碑录》载：清代兰陵王姓一族，中进士五人（不算武的）。王访：清乾隆五十五年中三榜三十七名；王评：嘉庆七年中三榜九十五名；王寿：嘉庆十年中二榜七十名；王鹏翥：嘉庆十三年中二榜九十四名；王思衍：光绪二十四年中三榜第一名。一个小小的村镇，在200年的时间里，中了5个文进士，这数字可不算小。进士，在清代已是最高学位。状元、翰林也都是进士出身。

武进士中，我因手边没有材料，不知中了几个。但我知道王绍套（也叫绍一），是道光庚子科武进士，钦点蓝翎侍卫，历任御前侍卫等要职，因镇压太平军在江南阵亡，死后陛加三级。他是王思衍的伯祖，王权和的曾祖（因我熟悉王权和，所以知道）。据说他是兰陵西街路南王天渠（排行风渠）的学生，王天渠是个武举。

我离开家时，清末有功名的人，只剩下两个秀才一个进士。王思颖是个秀才，我呼他二大爷（二伯），我曾请他看过几首旧体诗。他亲自修改，并把所以要改的原因，给我耐心的讲述。另一个秀才是王思衍的哥哥。进士王思衍，算是当时最大的功名。任过清朝的刑部主事。他本是三榜第一名，按常规，不得状元，至少得探花。据说因为他的字写的太硬，皇上说傲骨不驯。因此殿试未中。庚子事变，他也未能随驾西逃，算是不受重用之臣（太后还驾后，又用过他几天）。此人诗、书、画俱佳，而且还善于刻印章，刻玉，刻白瓷壶。精通《周易》和老子《道德经》。老居乡里，注《道德经》。听说日寇入村时，他忧愤而死（也有人说自缢而死的）。所注《道德经》，我离家时已成书（据其孙毓肇说已九易其稿），此书不知流于何人之

手。他长子早夭，二子庶出，叫王意和，外号“京秃”（少白头，在八国联军战乱中，随父由京逃回家乡），一天到晚饮酒作诗，与同辈人少有来往。和我较友善，他曾送过我他写的一首律诗。诗为：“倒把金鞭下酒楼，知心以外更无求。浪游落似长安少，豪放疑猜轵里尤。菩萨心肠侠士胆，霸王魄力屈子愁。生平未解作么解，万劫千年忆赵州。”王意和的诗和对联都很工整。从上述这一首看，虽然充满了贵族意识，却也不乏豪放、善良之感。

五四运动后的新文化先驱，兰陵要数王思玷兄弟二人。王思玷从1921年到1924年，在《小说月报》上发表过《风雨之下》《偏枯》《一粒子弹》《刘并》《归来》《瘟疫》《几封用S署名的信》等七篇小说。茅盾同志曾说他是文坛上的一颗彗星，一闪就不见了。实际上他是在1925年，参加兰陵豪士袁永平响应北伐的革命军，于1926年在孔庄牺牲了。在那次革命军的行动中，兰陵一带牺牲了上百人。像有名的东庙上的道士郭和坤，就是在革命军打到沂水县界湖（今沂南县城）时牺牲的。王思玷的哥哥王思璞，是兰陵小学的语文老师，当时是教我的班主任，呼为“大老师”，呼王思玷为“二老师”，他还有个弟弟王思瑕，教史地，呼为“三老师”。由于王思玷的牺牲，三老师后来疯了。王思玷的《偏枯》《一粒子弹》，……大老师都给我们细致的讲过。我记得很清楚，大老师说这些小说的主人公，都是实有其人，实有其事，而且这些人还都是我们一个村上的。后来兰陵一带参加革命的学生，几乎全是王思玷和王思璞老师的徒弟。我从小学到乡村师范，从未见过像这两位老师这样教书认真的。他们不仅学识渊博，而且思想进步，待人接物通情达理。当时的所谓大老师、二老师，可算是兰陵新文化运动的旗手。

抗日战争的烽火，把兰陵一带绝大一部分青年人（有农民子弟，也有地主子弟）卷进了人民革命的阵营，1937年秋冬之际，笔者被吸引到革命圣地延安。在当地第一个拉起约200多支枪的抗日队伍的，是大老师的爱徒，曲阜第二师范毕业的杨文田（只晨）。卢沟桥事变后，他弄了个当时第五战区（李宗仁）的委任状做护身符，开始在北大寺聚会抗日义勇军。参加者有的还自带枪枝和给养。我离家时，这个队伍约聚会到150人（但还未停止），估计在1937年底，就可能有250人的队伍。当时杨文田可能与我们山东地下党有联系。据说这个队伍组成后，由杨文田、赵昭带往北去，编入八路军山东纵队第四支队。杨文田也被派往延安抗大学习。我是1938年由延安回到鲁西的。大约1939年夏秋之际，我在鲁西中共七地委宣传部工作，见到了杨文田（那时他改名叫杨冷），当时他刚在延安学习结束被派往鲁西工作，记得他是与他要好的同学梁温柔（梁百朴）一起，像是在郓城县工作。从此就未再见面。大约1940年初，他和梁温柔（百朴），都被错误“肃托”。由于这时候杨勇同志当了军区司令，一般由军区除奸部审查，不是像过去那样，说杀就杀。审查的结果，他和梁温柔都没有问题。放出后，不久他就走了，梁温柔也不知道他到了何处去。我想：当时战争频繁，做地方工作个人单独行动，被敌人俘去，牺牲，都是有可能的。

家乡兰陵，自打1937年冬杨文田、赵昭领导北上后，兰陵小学的同学们，仍旧积极参加抗日工作，组织救亡活动。1938年初，兰陵的同学们公推魏玉华（玉洁）、孙景亮到涌泉一带，主动找临郯青救团汇报工作，请求指示。得到指示后，成立兰陵临郯青救团第十七分团。主要成员为：杨景田（杨文田之兄）、陈德吾（桂馨）、黄莘三（黄应聘）、秦泽甫、魏玉华、王川、靳耀南（荣耀、荣照）、孙哲南（晋云）、王锦堂（庭和）、王伯华（立勋）等二三十人，团结孙仲典等老年一起工作。并选陈德吾为常务委员。

1938年秋，日寇在兰陵安了据点，两月后，

绿林出身的伪军张如德起义，把两个日本人抓了起来，在押解的路上，日寇买通押解人逃跑了。当地团家店的地主武装李子瀛乘机把兰陵维持会的人捉起来，赢得了收复兰陵的好名声。这支地方武装发展很快。

1938年5、6月间，台儿庄会战后，十七分团到黄山屯一带工作，由王伯华、黄莘三等同志自己出枪出人，拉起一支武装，然后绕道到于家官庄，王川也拿枪相会，以后住在黄山，靠近李子瀛部，与其讲统一战线。1938年12月，兰陵分团建立党支部，以杨景田为书记，孙哲南、魏玉华为委员。1939年初成立兰陵区委，杨景田为书记，孙哲南为宣传委员，魏玉华为组织委员，王川为武装委员，任广秀为青年委员，刘玉屏为妇女委员。为防止李子瀛吃掉我们，遂移到洳河东岸杨庄工作。

1939年夏，李子瀛靠不住了，区委决定由魏玉华负责拉自己的武装，很快拉起百余人。王伯华、黄莘三、鲍乾法等同志也拉起三个连。此事惹起了李子瀛的妒忌，1940年5月26日，李子瀛以请客为名，诓杀了青救团、动委会等主要负责人车志远、王一鳌、陈德吾、孙锡九等同志，使我们的工作受到重大损失。直到1944年春，我军才全歼李匪于坊前村。

1942年9月，根据工作的需要，以兰陵区为中心建立兰陵工委并相继成立办事处，后改成兰陵县政府。在外地参加工作的王秋岩同志，调任兰陵县政府的秘书。这一带的革命同志，除去被李子瀛诓杀的外，同日寇作战牺牲的也很多，像黄莘三同志等。

1947年，根据工作需要，以赵镈县（原临沂七区）、兰陵县（原临沂八区）为基础，析峄县、江苏省邳县，划成比原来大的新兰陵县，治所设在台儿庄。坊前杜季伟（我的乡师同学，原叫杜承德，他是小说《铁道游击队》中政委李正这一艺术典型的原型之一），《白毛女》的执笔人之一、当代著名诗人、文化部代部长贺敬之同志等名人，都是兰陵水土养育起来的一代之秀。

兰陵古郡，历史悠久，人杰地灵。自汉至今，照耀简册者，几乎代不乏人。更因为它是曾被大诗人李白吟咏过的兰陵美酒的酿造地，所以虽历经沧桑，不为世人所忘。真是：

兰陵古郡几沧桑，万劫历经人未忘；

可是少年风华茂，或缘美酒天下香。

作者简介：见人物部分

题翠湖春色

王鸿祯

佳气兼天净，春光入望遥。

斜晖落万瓦，疏影上小桥。

台榭临芳圃，青山出柳梢。

堤边数株树，婀娜欲相邀。

作者简介：见人物部分

饮兰陵酒

贺敬之

太白何处访，兰陵入醉乡！

我来千年后，与君共此觞。

崎岖忆蜀道，风涛说夜郎。

时殊酒味似，慷慨赋新章。

作者简介：贺敬之（1924—　），山东枣庄市峄县（今枣庄市台儿庄）人，现代著名诗人和剧作家。代表作品有歌剧《白毛女》、抒情短诗《回延安》等。

吾　乡

王鼎钧

一九四三年，对日抗战第六年，我在离家千里以外的地方读流亡中学。一天，教本国地理的姚蜀江先生讲完最后一课，合上书本，提出一个大家意想不到的问题：

“你们已经读完本国地理，你们对整个中国已经有清楚的认识。你们最喜欢哪座山哪条河？

你们最喜欢哪一省哪一县？抗战胜利以后，你们希望在什么地方居住？”

当时，我举手发言，我说我仍然愿意住在自己的故乡。

姚老师问我的故乡在哪里，我告诉他，在山东省临沂县的兰陵镇。

姚老师想了一想，欣然点头：“你们那个地方的确不错。”

一头来自洪荒的骆驼

从地图上看，山东像一匹骆驼从极西来到极东，卸下背上的太行山，伸长了脖子，痛饮渤海里的水。然后，它就永远停在那里。

这骆驼身上有两条黑线。一条线由肩到口，几乎是水平的，那就是胶济铁路；一条线由背至膝，越过前身，几乎是垂直的，那就是津浦铁路。这两条铁路夹住了绵亘三百里的山岭岗峦，地理书上称之为三角山地，写书的人把山东境内的津浦路看成“勾”，把胶济路看成“股”，把骆驼颔下的海岸线看成“弦”。

三角山地又分好几个山区，它的西南角叫沂蒙山区。沂河由此发源，向南部平原流去，到山势已尽，这出山泉水映带的第一个城市，就是临沂。

兰陵是临沂西南边境的一个大镇。兰陵北望，那些海拔一千多公尺的主峰都沉到地平线下，外围次要的山峰也只是在地平线稀薄透明的一抹。兰陵四面都是肥美的平原，东面到海，西面到河南，南面到淮河。清明踏青，或者农闲的日子探望亲戚，一路上眺望这么好的土壤，是一大享受。尤其是春末夏初麦熟的季节，原野放射着神奇的光芒，浴在那光芒里的人，自以为看见了人间的奇花异卉。唉，必须田里有庄稼，必须有成熟的庄稼，那大地才是锦绣大地。

兰陵附近仅有的一座山，名叫横山。我读小学的时候，全校师生集体远足，目的地就是横山。十一二岁的孩子征服了那山，可以想见那山是如何小巧玲珑。在我梦中，那里并没有山，太初，诸峰向三角山地集中，路经兰陵东郊，在相互拥挤中遗落了一座盆景。

兰陵，兰陵，史书中的常用字

兰陵出过很多名人。查记载中国古代名人年里的专书，找出汉代三人，晋代一人，前五代二十八人，隋唐十三人。其中三十九个人姓萧，占百分之八十七。

历史上还有一个南兰陵。南兰陵是晋室南渡以后在江苏武进附近所置，称为“侨置”。东晋侨置了南徐州、南兰陵、南琅琊，把北方的地名拿到南方来用，表示不忘故土。南宋也有“侨置”，欧洲移民到了美洲也有“侨置”，用意大致相同。南兰陵出了十八个名人，清一色姓萧，其中有南齐的开国皇帝萧道成、梁朝的皇帝萧衍。

由萧家的昌显，使人想起门第背景的作用，族人互相援引，“向阳花木易逢春”。可是唐代以后，不论南兰陵、北兰陵，都不跟名人的名字连在一起了。

依太史公司马迁创下的体例，中国历史以名人传记为龙骨。传记的格式，第一句是传主的姓名，第二句就是他的籍贯，例如“萧望之，东海兰陵人”“疏广，东海兰陵人”。由于“兰陵人”一词在史书中出现的次数很多，以致当年“我是兰陵人”这样平常的一句话，被人家赋予特别的意义。祖居兰陵的光绪戊戌进士王思衍先生也就刻了一方大印，在中堂或楹联大件作品中使用，文曰“王思衍东海兰陵人”，以表示他的自我期许。

现在，兰陵人有一大意外收获，那就是《金瓶梅》的作者“兰陵笑笑生”。《金瓶梅》本来被人视为“低俗”的“淫书”，若干年来身价蒸蒸日上。有人说，它是中国最早也最大的自然主义小说，了不起；又有人说，它的妙谛在文字之外，禅境高深。一部小说经得起批评家用写实和象征两个不同的角度钻研探讨，当然不是凡品，兰陵人的乡贤祠中，也只有对它的作者虚席以待了。

我少年时期的偶像——二疏

细数历代乡贤，以疏广对我影响最大。

疏老先生是汉朝人，宣帝时官至太傅。他的侄子疏受也在朝为官，位至少傅。太傅是三公之一，少傅是三孤之一，都是很高的爵位。

疏广遇上了好皇帝，宦途顺利。可是疏老先生对他的侄子说，“知足不辱，知耻不殆”，咱们提前退休吧。

叔侄二人称病告归，皇帝赐给他俩许多黄金。二疏回到家乡，把黄金分给亲族故旧宾客。有人问他们为什么不留给子孙，疏广说，子孙“贤而多财，则损其志；愚而多财，则益其过”。一时传为名言。

兰陵在历史上一度辖区甚广，有过兰陵郡的时代，有过兰陵县的时代，可称之为大兰陵。近代的兰陵是一个乡镇，本来属于临沂，后来成立苍山县，划归苍山，这是小兰陵。

二疏的故居在兰陵镇之西，离镇约二十华里。萧望之墓在兰陵镇北若干里，乡人讹称萧王墓。他们显然都是大兰陵人。

在小兰陵的时代，二疏故居在峄县境内，也可以说是峄县人。

现在峄县废县为城，属枣庄市，二疏又可以说是枣庄人了。

《金瓶梅》作者的原籍，可能也是这个样子？

小时候，我到过二疏的故居。

对日抗战期间，兰陵由日军占领，我家迁往乡间居住，有道是“大乱住乡，小乱住城”。

有一段时间住在兰陵之西。某月某日父亲带我回兰陵一行，他老人家特地绕个弯儿从二疏故居之旁经过。

二疏是汉代人，他的故居也不知经过后世几度重修，如今只见空旷之地四围高墙，造墙用土，在景观上与乡野调和，倒不失二疏敦亲睦邻的心意。

乡人称此处为二疏城，用“城”来表示对先贤的尊敬。又在当年散金之处筑台，以纪念二疏的义行。

我似乎并未看见高台，二疏城的围墙也残破了。从墙外看墙内，只见一棵枝叶参天的银杏，在西风残照中为古人作证。

父亲讲述了二疏辞官散金的故事，我大受感动。回到家，我翻查从上海经纬书局邮购得来的《中国历代名人传》，找出二疏的合传。这本精装巨著只是把正史中的传记挨个儿重排一次，不分段落，没有标点，和线装书一模一样，也许比线装书多几个错字。

我那时读文言文不求甚解，所幸二疏的传记并不古奥，篇幅也简短。我用毛笔写正楷，把二疏的传记抄下来，贴在座右，幻想古人的音容笑貌，进退举止。多年以后，我在外模仿他们轻财尚义，也曾把他们的事迹写成广播剧本。

给大儒提供书房

荀卿也是兰陵人吗？

战国时，兰陵属于楚国，春申君当政，任用赵人荀卿为兰陵令。春申君死，荀卿辞官，在兰陵安家落户，晚年潜心著述，后人辑成《荀子》一书。

《荀子》是一部重要的经典。兰陵为晚年的荀卿提供了著述的环境，是这个小镇对中国文化的最大贡献。兰陵也沾了这位大儒的光，在战国之时就光耀史册，垂名千古。

研究荀子的人说，兰陵人很爱荀卿，喜欢用“卿”做自己的名字。兰陵人爱荀卿应该没有问题，否则荀卿不会把自己的著述自己的子孙都交给兰陵。至于兰陵人以卿为名，似乎无迹可寻。

荀卿死后葬在兰陵，兰陵镇东门外约三华里处，有荀子墓，乡人讹称舜子卿。

荀墓封土为立方体，平顶，造形安详谦和，但体积甚大，我小时候爬上去翻过跟斗。后来看数据，这座古墓长三十公尺，宽二十公尺，高六公尺，相当于一座房子。

荀卿的官位不过是兰陵令，萧望之是太傅，萧墓却不像荀墓那么出名，也没有荀墓“好看”。

我幼时也曾从萧望之墓旁经过，印象中外形是传统的土馒头式样，但高大异常，看上去

近似圆锥体。墓不只一座，呈品字形排列，我以为造墓时布置了疑冢，疑冢是为盗墓贼而设，使他不知从何处下手。后来看数据，才知道“余为诸子葬处”。萧望之是在政治斗争中失败自杀的，但他的墓仍有富贵骄人之气。

兰陵似乎没出过荀学专家，满眼是孔孟的信徒。我在家塾读书时曾要求一窥荀子，老师正色曰：“他不是圣人！”

后来，我仍然受了荀子一些影响，那是我四十多岁以后了。

好酒出在自己的故乡

兰陵人雅俗共赏津津乐道的，是他们酿造的酒。他们说，兰陵是杜康造酒的地方。

当年李太白“遍干诸侯、历抵卿相”，行经山东，喝了兰陵出产的美酒，作一首七言绝句。诗云：

兰陵美酒郁金香，玉碗盛来琥珀光。

但使主人能醉客，不知何处是他乡。

在李白的作品里面，这是很寻常的一首七绝，但是李白不是寻常人物。此诗一出，中国文学马上增加了几个典故：兰陵酒，兰陵一醉，兰陵郁金，兰陵琥珀。兰陵也兴起了一种工业：酿酒。李太白一句话，兰陵人发了财。

据说，兰陵美酒有几项特点。

第一，据说，酒怕过江，本来是满满的一瓶酒，由北岸运到南岸，自然减少三分之一。兰陵美酒没有这种损耗。

第二，据说，兰陵美酒的香气特别馥郁。在中国，“酒为百药之长”，酒里总有一股药味，兰陵美酒是少有的例外。饮普通烧酒，入口时香醇可口，回味却败坏嗅觉，只有兰陵美酒，“连酒嗝都不难闻”。

第三，嗜酒足以致病，但是兰陵父老相信，饮他们酿造的美酒比较安全。明代的汪颖在《食物本草》中说，“兰陵酒清香远达，饮之至醉，不头痛，不口干，不作泻。其水称之重于其它水，邻邑造之俱不然。”

对酒，兰陵人有他主观的信念。入兰陵而不喜欢兰陵酿造的烧酒，那是可以默许的；入兰陵而褒贬兰陵美酒，那就超出了容忍的限度，视同极大的恶意。

我想，每个地区的人民都在当地找出几件事物来寄托他们的集体自尊，基于无伤大雅的原则，你最好接受他们的价值标准。

很久以前，在兰陵，我就该学会这一点。

可想而知，兰陵有许多酒坊酒店。清末民初，兰陵酿造业的全盛时代，十八家字号欣欣向荣，百里内外分支机构处处。

酿酒是工业，有一定的法则和程序。但是，同一个师傅、使用同样的原料、未必能每次都酿出同样的酒。就像王羲之写《兰亭集序》，反复写了好几次，只有第一次写出来的最好。所以，酿酒又是艺术。

有时候，全体工人在酒师傅的指导下，该做的事都做了，最后却涓滴皆无，或者流出来气味刺鼻的恶水。这种状况真是糟糕透顶，店主损失了资本，酒师傅损失了声誉。既然尽人事不能保证结果，那就加上乞求天命。所以，酿酒又是宗教。

美酒有它独特的配方，主要的原料是黍。酒要埋在地下一年，等惊蛰闻雷时开窖取出。

实际上，在我幼时，“遵古泡制”的美酒已难在酒店里买到，坦白的说，我从未见过。

在大自然的宠爱之下，一般而论，兰陵人的运气不错。

兰陵镇的地势是一个方形的高台，极适合建屋筑城。我在《碎琉璃》中曾借用此一形象。想当初汉族漫行黄河下游觅地求生，先民忽然发现这天造地设的家园，必定欣喜若狂。

作者简介：王鼎钧（1925—　），兰陵县兰陵镇人，当代著名华文文学大师，代表作品有《那树》等。

古镇的迷雾

韩　瀚

小镇名为蒇亭。

据说真的有个叫蒇亭的亭子，那亭子两千多年前就耸立在镇子上。这是听老年人说的，老年人又是听他们的老年人说的，这样推上去，可以推到很古的时代，仍不能证实。我去问塾师了，他是中过秀才的，博古通今。老师说：“洛阳有个夕阳亭，汉朝就有了。南京有个劳劳亭，是三国东吴时候建的，都不如咱们这里的蒇亭早。《春秋》里记的有，鲁庄公九年，鲁国跟齐国曾在蒇亭会盟。那时候咱蒇亭就是有名的地方。”蒇亭当时属于鄫国。鄫国的都城就在蒇亭南面不远处，后被莒国所灭。

可是，那个有名的亭子在哪里呢？镇内镇外没有影儿。

镇上有两处像样的建筑。一处叫“楼院”，因院内有座数里之外都能看到的高楼得名。人们都知道，那是乾隆时候一位翰林的宅第。提到翰林，人们常常要说起他的故事。故事之一是说翰林工诗，好苦吟，颇有点贾岛“两句三年得”的劲头。一日雪霁，看到院子里孩子堆起的雪马在日光下消化，忽然得句“日出银驹瘦”，颇为得意，然下联苦思不出，回到书房，踱着步子，低头瞑想，嘴里不停地重复着：“日出银驹瘦”……如此三日，水粒不进，衾被不沾，结果，恨佳句之难得，抱残章而作古。翰林死后，房子便无人敢住，据说每天夜深都能听到翰林在沉重地踱步，还有那永远重复着的“日出银驹瘦”……不知过了几代人，一位过路书生借宿，被安排到那房里。那天正是中秋之夜，书生凭窗赏月，听到身后有踱步声，又听到不断重复的“日出银驹瘦”的断句，忽然对景生情对了一句“月圆玉兔肥”，回头看去，却不见有人，但从此，这房子寂静了。

又听人说，小镇上另一处高大宅院就是这位与翰林对句的书生得中做官后盖起来的。这宅院正是我的出生地。我从小便听说宅院为我曾祖父所造。他既非满腹经纶的文士，亦非功勋卓著的将军，他没当过官，只是个生意人。况且，后来听人传说那两诗是从明朝什么人的诗里活剥来的，原句是“雪消狮子瘦，月满兔儿肥”。曾祖父与诗不相干，因为他用全部积蓄造了那座足以与“楼院”媲美的宅院，被赠号“发宅”（亦作法择），真名倒湮没不传了。曾祖父如何“发宅”也有说法。说是韩家宅院底下原来是个湖，湖上有亭，即蒇亭。曾祖父一日夜宿亭上，遇见神人赠他大量财宝。曾祖父便买下了湖地，填土建宅，那蒇亭成了韩家院中一景，外人再不得一见。曾祖父是否在亭上接受过财宝无法查证，但蒇亭是宅院一景绝非事实。因为住在那宅院中的我的祖辈和父辈，谁也没见过亭子。

又有人说，蒇亭原来在镇子东面，现在那里是个河滩，亭子被水冲走了。

关于镇子东面的那条河，母亲讲过两个故事。第一个故事是在没有提起亭子的时候讲的。

上古时候，这里曾是一片荒滩，没有河，也没有泉水，当然也没有人烟，不知从哪里来了兄弟三人在荒滩上住下来。他们打了一口井，开荒种地。一年久旱不雨，连井也快干了，每天只能舀出三小碗水来，仅够兄弟三人饮用。一天中午，来了一位老太太，衣衫褴褛，步履艰难，拄着拐杖走到他们住处门口，一头栽倒在地上。兄弟三人把老太太抬到屋里，老太太睁开眼睛，看到放在那里的三碗水，说：“渴死了！”大哥听了，急忙端过一碗水来。老太太一气喝下去，又说：“渴死了！”老二又端过一碗水来，老太太又一气喝下去，然后又说：“渴死了！”老三端来最后一碗水，老太太又一气喝下去。老太太问：“还有吗？”三人同声回答：“没有了。”老太太问：“你们喝什么？”三人都无言以对。老太太：“你们真好，我要让你们有水喝。给你们一条河吧。”说罢拿起拐杖在地上

划了一条线。霎时间，一条大河出现了。

母亲很会说故事。她的故事有的是小时候听来的，有的是她即兴创作。关于河的故事我问过许多老年人，他们都没听说过。

后来我问母亲："不是说原来有个蔇亭被河水冲走吗？"

母亲没读过《春秋》，不知道齐鲁会盟的事。她又说了一个故事。

自从有了河，三兄弟就招了许多人到这里开荒种地，不几年成了大财主。临河盖了一座很大的宅院。那——蔇亭就是他家后花园里的一座亭子。那亭子是比着王宫里的亭子盖的，雕龙琢凤，金碧辉煌。三兄弟整天在亭子里饮酒作乐。有一年，又是久旱不雨。别的地方都旱得寸草不生，唯独这条河里还有水。许多灾民到这里要饭。那天哥儿仨又在蔇亭喝酒，忽然一个老太太走上亭子。老太太右手拄着拐杖，左手端着个破碗，叫道："三位老爷行行好，给老婆子点吃的吧！"老大怒气冲冲骂道："哪里来的穷婆子！"老二拍着桌子叫嚷："这蔇亭是你来的地方吗？"老三大吼一声："把这穷婆子赶出去！"老太太叹了一口气："人哪——"话音没落，拐杖一指，蔇亭不见了，宅院不见了，河水干了，不下雨再也没有水了。

这些历史的、传说的迷雾一直轻纱般披在小镇身上。我仿佛就是在迷雾中生下来，又在迷雾中度过了生命中最初几年。后来，我离开了那里，迷雾似乎仍在脑际萦绕着。但是，随着岁月的流逝，那迷雾渐渐淡薄，以至于终于消退了。我愿意用理性的目光去看待关于小镇迷雾般的历史和传说了，"春秋无义战，"蔇亭既然是齐鲁两国会盟之地，为何不能是两国争战之地？史有记载，鄫国被莒国所灭，后来鄫莒两国的土地都为强大的齐国所有。莒国或齐国的战马曾经践踏过小镇的平静，使蔇亭毁于兵燹亦未可知。这劫难似乎过于遥远，晚近的历史亦可证明小镇曾是战场。本世纪三、四十年代接连两次战争，让我记忆中的小镇那两座巍峨壮丽的建筑化为断垣碎瓦，让阔别五十年重返故里的我以为到了一个陌生的所在，不禁怆然嗟叹……

披在古镇身上的迷雾早已不复存在，蔇亭做为一个古老的小镇，实实在在地立在那块曾经哺养过我的土地上。它现名车辋。

作者简介：韩瀚：兰陵县车辋镇人，著名作家，发表过多部长篇小说、诗集、散文集。散文集《难得的苦闷》获1994年安徽文学奖，《重量》获全国1979年—1981年优秀诗奖。

第二章　民间文学

第一节　故事传说

苍山大蒜的故事

据说在东汉末年的一个盛夏，曹操带兵到南方打仗，途径兰陵，因其兵将大都是北方人，到此水土不服，加上连日行军劳乏，很多兵将得了一种怪病，上吐下泻，全身无力。随军军医使尽了浑身解数，却收效甚微，这严重地影响了曹军的行军进程。

这事报给曹操后，他万分着急，便召集众谋士商议，有人劝曹操可速派快马到许都请名医，又有人说不如去请神医华佗……众谋士各执一词。曹操手捻胡须，一言不发，最后他的目光落在了著名谋士郭嘉的脸上，问："先生有何高见？"郭嘉微微一笑，说："我军将士患病，实乃不适气候所致。依在下之拙见，病情来势虽猛，实属小疾，大可不必惊慌，更无须远涉千山万水去请名医。我观此地，土地肥沃，人民富饶，人口虽稠密，然皆身强力壮，无别处百姓的菜色之相；我料此处定有高人隐匿，丞相不妨派人打探实情，再作定夺。”曹操笑答：“先生所言，正合我意。”

时间不长，探子报知：此地人民常年食用一种叫九头草的根块，这种根块经捣烂被人食用后，可起到去湿、解毒、清热的功效，若长期服用，可增强体质。最初发现九头草药用价值的是一位姓胡的老先生。胡老先生原在朝担任御医，因看不惯奸佞之人的所作所为，便告老还乡隐居故里。他见家乡人民终日劳作，面黄肌瘦，身体普遍较差，便深入山林野地中采集各种中草药，终于发现了九头草的药用价值。

曹操遂令郭嘉请胡老先生到军营。胡老先生一番诊断后，说：“九头草可治此疾患。”郭嘉当即令士兵漫山遍野刨挖。去根、洗净，捣烂服用后，只一个多时辰，将士们的病情得到控制。

曹操大喜，设宴款待胡老先生。曹操问胡老先生：“这种神草为何叫九头草？”胡老先生回答：“只因此草长有九片叶子，山野之人没有雅趣，故叫此名。曹丞相学富五车，请起一个好的名字吧。”曹操放下酒盏，自语道：“草茎小，果实也小，头上还长着草，该叫啥名字呢？”这时，郭嘉在一旁开口道：“丞相您已经说出来了，二小二小，头上长草，这不就是个‘蒜’吗！”曹操说：“那就叫蒜吧！”

自此以后，这地方种植的大蒜便闻名天下，人们精心种植，并不断提高品质，使苍山大蒜以质取胜。发展到今天，苍山已成了全国闻名的大蒜之乡。

酒仙显圣

故事发生在唐朝的开元年间，距现在已有一千多年了。

兰陵东南方向四里许，有一座南北长的山岗，当地的人都叫它“兴云山”。山东边有个村庄叫孙家庄，山西边有个小村庄也叫孙家庄，事情就发生在山东边的那个孙家庄。庄上有一富户，有一天这家主人命伙计李长有（长工）挑着两个大青皮罐子到兰陵“老字号王家店”里去买酒。因李长有为人眼活、勤快、嘴巧，又坦诚忠厚，深受主人喜欢，所以家里有些生活用品常常派李长有去购买。这一天主人给李长有十两银子，让他把买酒剩下的钱顺便再买点新鲜的牛肉来。李长有接过银子揣在怀里，挑起罐子就往兰陵走去，大约走了有两三顿饭的功夫，李长有进了兰陵东城门，顺着大街直奔十字街口，从街口往南一拐弯路西就是“老字号王家店”。当李长有走至十字街口时一转脸看见路北一溜安了三张八仙桌，有好多人在玩牌九，不由得就凑过去想看看热闹，也顺便歇歇脚。

突然“啪”的一声说八点！接着又“啪”的一声说九点，对门放出的是地杠，这时满场的目光直逼庄家（推牌九坐庄的人）。庄家还真能沉住气，只见他两手紧握牌九，慢慢地摸啊、摸啊、摸啊！忽然昂起脸放开嗓门说：“八点、九点算个屁，老子这里是天杠，统统都吃掉！”于是，大把大把的钱全搂到自己的怀里，李长有也跟着干乐。

李长有的牌九虽说不精，在家里避着主人也摸过几把，看着看着也就腊月的萝卜——动（冻）了心啦。于是，他就自己跟自己商量，“要不我就摸几把？见赢就收。”自己拿定了主意，于是便向赌头要求下场。那些赌头、赌棍，一看来了个土头土脑的乡巴佬要下场，坐庄的那个家伙马上让出座位给李长有。可是一连五过全输，十两银子被输光，身无分文的李长有被赌头赶出场外。赌博的规矩是：好也赌，孬也赌，没有银子就是不给赌。

李长有被赶出场外，沮丧着脸，想三想四地想了多时，也没想出好点子来。只见他挑起担子，想走不能，不走又无银子买酒，怎么办呢？

咳！真是愁死人。谁叫我手痒痒、讨贱，想摸把牌九呢，自作自受吧！思来想去，拿定了大主意，一不做二不休，扳倒葫芦豁了油，先挡一时，到哪时讲哪时吧。于是李长有急忙走出城墙外，看看四下里无人，就在圩沟里灌了两罐子水，封好罐子口儿一气挑到家里，放下酒挑子，也没敢见主人一面，就不知去向了。

到了吃晚饭的时候了，主人问家人李长有买酒回来了吗？家人说："酒已经放到厨房里了。"于是，这家主人走进厨房，打开罐口想尝尝酒好酒歹，哪知刚打开罐口，扑鼻的酒香溢出，香味跟往日的大不一样，不由得弯腰低头呷了一口——哎呀！美味香甜！一口酒下肚，立时觉得精神焕发，四肢有力，真乃仙酒矣。

主人当即命家人多备罐子，叫李长有带着赶快去挑酒。家人忙忙碌碌准备挑担，一时却又找不着李长有，越是找不着人心里越急，遂撒开了人马四下里找。至黄昏时分，家人才带着李长有来见主人。李长有自知自己有错，见了主人二话没说，跪下磕头如捣蒜："都怨小人该死，请老爷饶命。"把主人弄得丈二和尚——摸不着头脑了。他想，李长有做了好事，还磕头求饶，这是为什么呀？没等主人问话，李长有就一五一十地说了实情。主人听了李长有的一席话，喜得他前张后仰的，指着李长有的鼻子说："你睁着两眼说瞎话，这罐子里明明是美味香甜的美酒，你怎说是水呢？不信你尝尝……"这时的李长有也不知如何是好，怎么今天主人反常，明明是圩沟里的水，怎么能变成好酒呢？奇怪！奇怪！此时上上下下的家人也都莫明其妙地愣了神。身不由己地上前闻、品尝……果然酒香无比。李长有这才把一颗悬着的心放下来。这家主人当场下令："今晚大家辛苦一点，连夜由李长有带领每人挑一担酒来，有重赏。"哪知大家七手八脚再到李长有挑水的那个圩沟里挑来的，就没有酒的味道了，仍然还是水。

为什么李长有在当天还是在那个地方再挑来的是水，而不是酒了呢？这是因为酒仙显圣的缘故。据传说，酒仙要540年才能在兰陵显圣一次。因为那时的兰陵小镇内造酒的大户就有几十家，不仅在中国，在世界上也是生产白酒最多的城镇。每天的酒气直冲九霄。这年三月三日，正值王母娘娘的蟠桃盛会。各路大仙前来赴会，兰陵上空的酒香阵阵，飘到会场。当各路大仙闻到酒香时，不约而同地问王母为什么有酒香，王母掐指一算，说："是因为下方山东地界有个兰陵小镇，家家都会造酒，那里的酒香味浓，世称美酒，这就是兰陵飘来的酒香。"众仙听了王母的一席话，一致要求王母和玉帝要到兰陵痛饮美酒。玉帝说："那可不行，咱们神人怎么能饮用凡间的酒啊！"这时的太白金星上前说道："请我主放心，我可以施法将凡酒变仙酒。"玉帝说："那也不中，众大仙每天下界去兰陵吃酒，成何体统！"酒仙李金星说，"那也无妨，咱可定个时间，错过了时辰不允许下界。"玉帝这才点头同意，"这样吧，从今天起，每540年一次，百神下界赴兰陵饮一回吧。"

在唐代开元年间，这次酒仙显圣时被李长有碰着。后来百神下界、酒仙显圣的时间就改为夜间在人们熟睡的时候，酒仙子为了显示自己的本领，让百神喝个饱，干脆就把兰陵周围的河、沟、汪全部点化成美酒，不过时间很短，不到一袋烟的功夫。

因此，后来百神下界、酒仙显圣的时候人们就不容易发现了。

荀卿勘庙

相传，在荀卿任兰陵令的时候，兰陵城外社庙中一棵古柏一天夜里忽然发出"吱吱"的怪声。这件事一传十，十传百，很快传遍全城。有人说："社庙古柏得道，兰陵人有此神树保佑，从此有好日子过了。"也有人说："古柏怪叫，大难来到，兰陵人要遭殃了。"后来越传越玄，闹得满城风雨。许多士农工商放下活计，纷纷抬上"三牲"到社庙里烧香磕头，祈求神灵保佑，本来荒凉的社庙一时间门庭若市，烟雾缭绕。这样一来，人心躁动，生产和社会秩序受到严重影响。

荀卿知道这件事情以后，立刻出了一纸安民告示："社庙古树怪叫，城内谣言纷传。此乃物之罕见，不必惶惶不安。加强耕战守备，不怕灾荒战乱；行动不违时令，暑寒难为病患。倘若轻信谣言，废弃农桑生产，致使田园荒芜，殃祸即在眼前。万望各安生业，谨防小人作乱。若有造谣惑众，必当查究从严。"

告示发出之后，社会秩序稍安定了一些。但社庙里那棵古柏夜间仍不时怪叫，人们的恐惧心理仍未去除。为了彻底破解这个迷，荀子决定亲自到社庙里去查勘一番。

这天夜半三更，荀子换上便衣，带上两个随从，打着灯笼悄悄往城外走去。将近社庙的时候，突然阴云密布，狂风骤起，灯笼被吹灭了，周围漆黑一团。就在这时，只听得社庙里那棵古柏"吱吱"怪叫起来，声音尖利刺耳，令人毛骨悚然。两个随从吓得浑身筛糠，再也走不动了。荀子一手接过灯笼，另一手按着腰间长剑，不慌不忙地向庙里走去。进庙以后，那叫声戛然而止。荀子找了个避风处，取火掌灯，举起灯笼一照，嗬！原来是几只白毛老鼠，正在古柏下闪着绿莹莹的目光惊奇的瞧着他这位不速之客呢！荀子抽出腰间宝剑一挥，几只老鼠吓得争先恐后钻到树洞里去了。看到此情景，荀子不由得哈哈大笑起来。

庙外两个随从听见荀子的笑声，心中十分纳闷，提心吊胆地向庙里走来。进庙一看，见荀子正举灯执剑在古柏上刻字。两个随从问道："先生，刚才你看见什么妖怪了？""妖怪？"荀子指指下面的树洞说："妖怪都在这里头呢！"两个随从循着荀子手指的方向借着灯光向树洞里一看，恍然大悟，异口同声地说："啊！原来是这几个小畜生在作祟！若非先生不畏天命，气豪胆壮，深夜勘庙，揭穿底里，好端端一个兰陵城，说不定就叫它们给搅乱了！"荀子说："是啊，应该让我们的后人谨记这个教训！"随从再看荀子树上刻下的字，不禁念到："鼠假神威，国人骚骚。神灵何在，皆为人造。"

至今，兰陵一带还流传着这个故事。

甘霖的传说

传说，在很久以前，有一位年轻英俊的小伙子叫杜公，他和年过半百的老母一起逃荒，走进了一片方圆几百里的深山老林中。时值夏日，灼热的太阳烤焦了树叶。母亲口干舌燥，浑身无力。杜公便安排老人家在林中歇下，自己手捧瓦盆，翻山越岭想找点水给母亲喝。他在一块十多丈高的大石头下面发现了泉水，端回了满满一瓦盆。母亲接过瓦盆咕嘟咕嘟喝了个够，不料，刚喝完水，肚子就疼起来，在地下打了几个滚，口吐白沫。两眼一闭不省人事了，杜公急得放声大哭。正哭着，他听到树上布谷鸟叫道："杜公，杜公，且住悲伤，待要救母，快去月牙河东。"鸟儿叫着朝东飞去了。杜公急忙背起昏迷不醒的母亲朝着布谷鸟飞去的方向奔去。他一连跨过九岭十八坡，来到了一条弯弯曲曲的河口。在一片翠绿竹园中有一座十分幽静的院落。杜公见有人家，忙去敲门。一个丫鬟给开了门，问道："来客是杜公吗？"

杜公道："正是在下。"

丫鬟说："我家夫人已等你多时了，快快进来。"

杜公背着母亲进到里面，见到一位白发苍苍的老夫人。老夫人叫他把母亲放到床上，然后从袖中取出宝瓶，拔出瓶盖。屋里顿时芳香四溢，母亲被这香一熏，即刻醒来。母子二人对主人感激不尽，忙拜倒在地。老夫人扶起母子，说："此地西边的大山深处有一条大毒蛇，盘踞着一眼泉水。刚才你们是喝了有毒的水，中了毒。前几天我家小女灵芝见此地三年滴雨未下，想布点雨，不慎被这毒蛇捉去，非得拜堂成亲不可。唉！如今也不知小女怎么样了。"说着潸然泪下。

杜公听了，决心去搭救灵芝。老夫人把宝

瓶递给杜公，嘱咐说："要是遇到毒蛇，你将瓶盖拔去，即可防止中毒。

杜公带上绳子、刀剑、弓箭上了路。他翻过九岭十八坡，趟过九涧十八河，终于找到了毒蛇的老窝。他将尖刀埋在毒蛇出入的路上，单等毒蛇出来把它刺死。

杜公累了，他理好尖刀，便躺在一块大石头上睡着了。朦胧中他看见无数条头上闪着火光的小蛇从悬崖底飘飘而上，毒蛇大王大喊："小的们，快给我到林中捉拿入睡的小子，等明天我和灵芝小姐成亲，咱们下酒用。"小蛇刚踏上崖头几步，就被杜公埋下的尖刀刺死了，毒蛇大王也被刺伤，急忙逃回洞府。

天将明时，杜公将绳子一头系在树上，另一头拴在自己的腰间，下到悬崖底，进入了蛇洞。殿前一女子正向他招手："快打开瓶盖，我是灵芝，随我来。"

杜公手托打开盖的宝瓶跟在灵芝小姐的身后，走进宫殿，见那毒蛇大王正鼾声如雷。于是他抽出宝剑，一剑斩了毒蛇大王，随后杀了洞中大小妖蛇。灵芝小姐一手托宝瓶，一手挽着杜公带他飞出了洞外。不一会，他们就来到月牙洞边的家中。灵芝小姐上前拜见了母亲，叙说得救之事。

原来那老夫人是百草仙子。她见杜公这小伙子英俊勇敢，又斩了毒蛇大王，解了心头之患，十分欢喜，就把小女灵芝许配与杜公。玉皇大帝得知此事，特派雷公雨婆在他们成亲这天前来祝贺，为此下了一场大雨。霎时，此地百草成茵，树木葱茏，更有布谷鸟到处喊叫："杜公，杜公，斩蛇有功，兴建家园，甘霖村中。"

杜公与灵芝在此兴建家园，繁衍生息，人们给村庄起名"甘霖"。此后，这里年年风调雨顺，五谷丰登。

匡王村凿壁偷光

历史上，匡衡"凿壁偷光"的故事是人们所熟悉的，可是这个故事发生在什么地方却是鲜为人知的。

在苍山县鲁城镇的匡山脚下，有个匡王村，这就是匡衡的故乡。过去，这个村是由四个小村落组成，其中南边的两个村落，一个叫王子石，一个叫老书房，就是匡衡居住和读书的地方。"凿壁偷光"的故事就发生在这里。

匡衡出生在一个农民家庭里。他小的时候，家里很贫穷，靠父亲给人家当长工维持生活。当他六七岁的时候，就被他父母送到西边不远的村里去上学。每天他早早起来去学校，总是由母亲护送他。等他出了村，母亲便站在村外的一块大石头上向西望着，直到他进了村才回家。下午放学后，别的同学回家了，匡衡仍在学校里读书，一直到傍晚。匡衡的母亲看到别人家的孩子都回来了，而自己的孩子没回来时，就又去站在村那边那块大石头上翘首西望，眼巴巴地迎匡衡回家。就这样天天如此，天长日久，那块大石头上竟然留下了匡衡母亲的一双清晰的脚印。

匡衡吃过晚饭，就又到自己的屋里继续看书学习。但是，由于家境贫穷，常常买不起灯油，他就让母亲去隔壁邻居家借。邻居觉得匡衡家里很穷，借了无法还，便不愿意借灯油给他。匡衡没有好办法，就想了个主意，暗暗地在墙壁上凿了个洞，晚上借着邻居家不时从洞里透过来的一线光亮来读书。年年岁岁，日积月累，年纪十来岁的匡衡便成了一个知识丰富、远近闻名的小才子了。

匡衡酷爱学习，从不因已有的知识为满足。他总是把书籍看作比什么东西都宝贵。可是匡衡居住穷山僻壤，哪里有多少书读呢！为这事，他常像一个几天吃不上饭的饿汉一样难受。后来，他听说向城有个姓文的财主家藏了不少书，就想去借着看看，但一想起向邻居家借灯油人家都不肯借的事，只好望而却步了。用什么办法才能看上财主家的书呢？他反复思索着，终于想出了一个去财主家当长工的法子。当财主和匡衡议定工钱的时候，匡衡说："你只要让我晚上看你家里的书，我就可以不要工钱了。"财主感到很奇怪，仔细地想了想，觉得是捡了个便宜，就答应了匡衡的要求。从此，匡衡白日里为财主干活，晚上钻进财主家的书房里秉烛夜读。几年间，匡衡在这里看了不少书，进一步丰富了知识，后来他能文学、善说《诗》、精经传，成了西汉著名的经学家。在元帝的时候，他任过丞相，被封为乐安侯。

人们为把匡衡勤学苦读的精神传与后世，把附近的几个村落统叫"匡王"，村后边的那座山叫匡山，匡衡上学的那个小村落叫做"老书房"。至于匡衡家住的那个小村落，人们当然忘不了匡母为迎送儿子上学站过的那块大石头，就把这个小村落叫做"望子石"。随着岁月的流逝，"望子石"就被叫成现在的村名"王子石"了。

会宝岭的传说

在苍山县的西部，有一座不大的村庄，它依山傍水，前有聚龙山，东临西泇河。更为难得的是它有着一个美丽而响亮的名字——会宝岭。这里有一座1959年建成的大型水库，也是以会宝岭三字命名。会宝岭在苍山县可以说是家喻户晓、人人皆知，但对于村名会宝岭的来历知之者可就甚少了。

相传，春秋时期，周天子权威下落，一些较大的诸侯国纷纷起来争当霸主，争霸战争此起彼伏，伤了国力，苦了百姓。

春秋五霸之首的齐桓公为了巩固其霸主地位，提议举行一次由诸侯王子参加的斗宝（赛宝）大会。诸侯纷纷响应，有十八家诸侯王子参加斗宝大会。斗宝地点就选在小诸侯国——鄫国疆域内西部的一座孤山（今会宝岭水库大坝南头）上，斗宝营地就设在山后的一片空地（今会宝岭村内）上。十八家诸侯王子及随从，加上保卫盛会的兵士，使得该处人头攒动，热闹非凡。

斗宝正式开始了，十八家诸侯王子相继登临山顶，亮相登场，拿出各自的镇国之宝来。只见夜明珠发出绿灿灿的荧光，聚宝盆内生满了金银财宝，登云靴能让穿着它的侠客腾空飞升，隐身衣使得穿它的武士时隐时现；又见千年柴能燃出经年不熄的熊熊烈火，万人毯随着躺上去的人不断增多而越来越大，点金棒在咒语驱使下能点石成金，魔幻餐桌使得蒸熟了的鸡鱼看上去栩栩如生……众人一时间看得目瞪口呆。因众家宝贝各有特色，一时难以评出哪个宝贝最好，榜首之位争得难解难分。

据说，在斗宝会后，夜明珠、千年柴等一批无价之宝就被藏在山底的一个洞穴中，国王也派了重兵把守。不知过了多少年，护宝的官兵撤走了，藏宝洞穴口也隐没在荒草丛中无法查找，从此这些宝贝就沉睡了下去。

斗宝会中王子们相聚之山，被后人取名为聚龙山；驻扎过军队的无名荒岭被取名为会宝岭，后来就有了村庄。

由斗宝而得名的"会宝"二字，这个带有两千年神秘传奇的吉祥名称，今天被人们争相启用：会宝湖、会宝山、会宝街乃至会宝市场、会宝商店等，无不彰显着特有的人文色彩。原县政府招待所又名会宝宾馆，寓有"迎四海宾朋，招八方贤士"之意；会宝宾馆前的东西大街被命名为会宝路，寄寓了一方百姓"招财进宝""平安幸福"的美好期盼。

大冶桥的传说

在苍山县城北15公里的地方，有个村庄叫大（dài）冶村，她东依凤凰岭，西傍东泇河。在村西的河面上，曾经巍然横卧着一座造型宏伟、工艺精湛的大石桥——大冶桥。桥名随村名而称起，村名也随桥名而远播。

大冶桥是一座平面长方体的拱券形桥，共九孔，全部由青石砌成，东西净长77.9米，宽12米，高7.9米（含栏杆），孔间跨度9米。桥两侧各立有72根海棠望柱作为栏杆柱，柱头雕有神态各异的石狮子。栏柱之间镶有青石板，分别雕有龙凤祥云等各种图案。每孔桥龙门上北面镶有龙头，南面嵌有各种兽头，神态有别，豁鼻瞠目，怒视河面十分威严。桥顶均由4块拱券形巨石中间夹两块正方形的条石而成，4块拱券形巨石头上各打出一个碗口粗的榫，插入横放的两块石梁中，严密而牢固。

桥顶的这些巨石，大的每块重达7吨。据说，这些石材均取自20多里外沂堂北的青凤山上。当时搬运这些大石头，都是在零下一二十度的严寒中进行的，工匠们在路面泼水，待结成冰，再用木托、牛拉、人推。历经千辛万苦，耗时四五年才修成这座雄伟壮观的大石桥。

据说，这座美丽壮观、气势恢宏的大桥是沂州绗头（现苍山县向城镇杭头）村宋鸣梧出资修建的。他在明朝万历年间任朝廷的御史，当时他去临沂进北京必经大冶村处的东泇河，蹚水过河给人马车辆带来极大的不便。为此他投巨资修建这座桥，二来也是觉得自己在京城做官应该给家乡的父老乡亲做点好事。

而据1961年所编《临沂县志》记载：大冶桥“在（临沂）城南七十里，跨泇水。建于宋代，明万历十九年（1591年）重修。”而且据说是皇帝下旨由朝廷拨专款修建的。

传说，因为修桥正合民意，附近的人们纷纷参加劳动。就在工程开始垒石头那天，忽然来了一个弓腰驼背的白发老人，背着一个錾包，一瘸一拐地来到工地，对着众人喊道:“哪位官爷做主？老朽也想为大桥添块石头。”众人一看老头那穷酸样，以为是来混碗饭吃的，也不理会他。监工嫌老头碍事，就把他撵走。老头来到大冶村头的一座豆腐坊，就向卖豆腐的厉老太赊了一斤豆腐吃。

吃罢豆腐，老头又来到工地转圈，不是说“这块石头打得太大”，就是说“那块石头安得太高”，惹得监工发了火：“我说老头，是你监工还是我监工？你整天在这唠叨啥？去去去！”老头挨了熊也不寒脸，反而一本正经地说：“你监工，我验工，合拱还得靠老翁。”监工一听，嘴咂得更响了：“嗬！听你口气，好像是鲁班爷转世，说这话也不嫌寒碜人。”“差不多！”“你说什么？”监工一听转过身来。老头忙又改口：“我是说这块石头安得差不多。”监工看看拿他没有好办法，也不再理他。

老头三番五次的赊豆腐吃，把厉老太给吃急了，便问：“这位老哥，你是哪里的？”老头笑道：“我是四海为家，木匠石匠都会，想在这里混碗饭吃，可人家嫌我老了不收。”厉老太又问：“吃了人家的豆腐，你总该留个名吧？”老头听了哈哈大笑：“我的名和姓，俩字听分明，上边在水里，下头在空中，上下合一起，老家在山东；干一晌，歇一旁，一十一，紧靠膀，一刀下去冒铃铛。”厉老太越听越糊涂，便说：“你别绕弯子了，不就是还想赊我豆腐吃嘛？”老头说：“我一辈子给人家干活，人家管饭吃，我吃饭从来没给过钱，我没钱给你，但可以给你打块石头抵账。”厉老太说：“我要石头干什么？”老头不说话，从錾包里拿出錾和锤子，将豆腐坊门旁的一块石头打錾了起来。不多会功夫，石头打錾完了，老头指着石头对厉老太说：“别看这块石头不大，离了它这大桥还修不成。到时候他们来买，少了100两银子你别卖。”厉老太对他的话半信半疑，但还是收下了这块石头。

到了大桥主拱合龙那天，缺口上就是找不到一块合适的悬石。工匠们各显手段，打制出来的悬石不是太大就是太小，忙活了半天也没有弄出一块合适的石块，工地上能够使用的石料也没有了，大家只好分头去找。

工匠们来到厉老太的豆腐坊，一眼就看上了门口摆放的那块石头，拿尺子一量，正合尺寸。为首的就问厉老太：“你这块石头是哪来的？”老太回答：“是以前一个石匠老头给我打的，说是能卖100两银子，你们要是能用，就拿去好了，反正搁在我这里也没有用。”工匠们喜出望外，搬起石头抱到拱口安上，可卯合榫的，丝毫不差，主拱终于合龙了。

大家高兴之余，就向厉老太追问这块石头的来历。厉老太说：“这个人就是你们不愿收留的老石匠。”她讲了老头打石头的经过，并把老头给打的哑谜说了一遍。有个机灵的一听就猜中了：“这不就是鲁班爷嘛！”大家对此无不感到惊奇。

为纪念鲁班的功绩，人们又在那块悬石上刻了一行字——鲁班一块石。

后来，由于河水改道，这座造型壮观、工艺精湛的“国桥”遂成无用。人们不再经过这里，大冶桥也慢慢从人们的视野中消失。更加令人痛惜的是，栏杆上的兽头雕刻等毁于“文化大革命”初期，大桥也在1984年被村里人以建石渠缺石料为由给拆了。

抱犊崮的传说

抱犊崮位于苍山县城西北35公里处。此处群山绵延不绝，峰头林立，群山之中有一峰凸起，如擎天柱直插霄汉，这便是抱犊崮。

抱犊崮主峰位于苍山县下村乡境内，西与枣庄市相连。海拔584米，为沂蒙七十二崮之首，被誉为“天下第一崮”。崮西南麓有一条深涧大壑，泉水汇聚于此，形成瀑布。深涧东侧有清华观和巢云观。半山处有洞数十个，名曰桃源洞、水帘洞等；洞内外石壁雕有千姿百态的佛像。自麓至巅，陡峭如壁，需手足并用方能攀援而上。崮顶为平田数十亩，有一石池蓄满山水，深数尺。伫立崮顶，极目南天，平野如画；东眺黄海，云雾缭绕，故有“君山望海”之称。周围森林植被面积大，森林覆盖率96.8%，为国家森林公园，AAAA级风景旅游区。

说起抱犊崮，还有一段美丽的传说：

传说在唐代，山下住着一个姓王的老汉，因无法忍受官吏的苛捐杂税，逃到又高又陡的抱犊崮山上去。山顶上土地肥沃，面积也不小，可耕种无牛是个大问题。石壁陡峭，大牛无法上去，他就抱着一只牛犊上了崮顶。小牛犊长大后就帮着他耕种田地。

天长日久，王老汉因平日饥食松子茯苓，渴饮山泉甘露，久而久之，渐渐觉得神清目朗、风骨脱俗。后经一位仙人点化，居然飞升而去，抱犊崮因此而得名。清代诗人雷晓专门为此作诗一首：“遥传山上有良田，锄雨耕云日月偏。安得长梯还抱犊，催租无吏到天边。”

造律头村的由来

在兰陵镇北2公里处有一个二百来户的小村，名叫“造律头村”。别看村子不大，说起它的由来，还有一段动人的故事。

传说，这个村原名“丘梁宅子”。在汉朝时期，这个村出了一个聪颖的年轻人，名叫丘颖。丘颖，字子箭，从小聪颖过人。虽然家境贫寒，他父亲仍让他上学读书。

刘邦坐了汉朝的皇帝以后，为招贤纳士，对天下实行举贤考试。这年长安开考，丘颖自觉有些学问，也前去参考。

在考前，丘颖结识了在朝廷做官的萧何。经过几次交往，萧何认为丘颖的学问很好，定能榜上有名；同时又发现丘颖家境贫寒。于是萧何对丘颖说：“你的学才很好，准能榜上有名，可惜的是你家中太贫穷了，你即使考上，要想当官还需很多压任钱，你拿不出压任钱，就是考上了又有何用？再说你的年龄还小，上任做官肯定不会被重用。不如我给你些钱，你回家再读诗书，等到下次开考再来应试。等你考取后，上任的压任钱由我承担。”

丘颖听后，觉得萧何说的很有道理，心想：我这次能考上，下次更能考上，并且还结识了萧何这个名人，上任的压任钱也有了着落了。于是丘颖就答应了这件事。丘颖带着萧何给的钱，辞别了萧何，回家再读诗书，准备下次参考。

在这期间，汉高祖刘邦死去，吕后独揽朝

政大权，萧何为辅政首臣。

到了第三年，丘颖再度进都城赶考。得知这次的主考官是萧何，丘颖心中大喜。三场考过，丘颖并没有中榜。丘颖找到萧何，被告知是吕后把榜中的前十名均改为她娘家的吕氏兄弟，好给吕氏子弟封王找借口。而丘颖的名次正好在这十名之中，被人顶替了。“这次实在是没办法了，只好下次再来吧。”萧何又给了丘颖一些钱让他回家了。

丘颖闷闷不乐的回家，把这次考试的情况如实告诉了父亲。他父亲听罢一病不起，不久就死去了。丘颖越想越气，想来想去没有好办法，于是就想编造一部律书来方便民众打官司。经过两年的努力，终于造出上下两部《律书》。造完《律书》以后，丘颖因劳累过度积劳成疾。他自觉病情沉重，就告诉其母梁氏，“如果我死了，你可把我造的《律书》下部同我一起葬于坟中，上部《律书》你可拿到萧何府门去卖，要价三百两。”之后不久丘颖病逝，时年 29 岁。

史书记载，淮阴侯韩信是被萧何骗入宫中杀害的，由此社会上很多人认为丘颖也是被萧何所骗而死的。

丘颖死后，其母梁氏按照丘颖生前安排，把下部《律书》随葬埋人坟中。随后，梁氏带着《律书》的上部便去都城卖书。

梁氏来到都城萧何府门前，门卫把府门前有人卖《律书》的情况报给了萧何。萧何让门卫将卖书人带进来。萧何并不认识梁氏，只是把《律书》拿在手中阅览——果然是一部好书。看完此书，萧何便问有无下部，得知有，又问下部何在？梁氏说已埋人土坟之中。萧何说这是宝书烂了可惜，能否把下部取来？梁氏说，要取这书，须准我三个条件：第一须有皇帝的圣旨，第二须付白银三百两，第三是你必须亲临现场，三个条件缺一不可。萧何深知该书的价值，便把上部《律书》呈给皇帝看。皇帝看后大喜，又问下部何在？萧何便把下部《律书》的下落以及梁氏的三个条件说出。皇帝应允了这三个要求，即下圣旨命萧何前去取书。

萧何来到梁氏的家，把圣旨和三百两银子交给梁氏，他这才知道此《律书》是丘颖所造。为获得《律书》，萧何无奈只得扒坟揭墓取出《律书》下部。萧何自己又给梁氏一百两银子为丘颖厚葬。

却说萧何拿到《律书》下部后随即回到都城，把这下部《律书》拿给皇帝看。皇帝打开下部《律书》一看，第一条第一款就是扒坟揭墓为杀头之罪。皇帝立即按照这条法律下令立杀萧何，众大臣求保，最后皇帝下令将萧何革职回家。

萧何临死时召集家人，把丘颖才子考试如何被顶替等说了一遍，又说丘颖所在村庄的南面有一流水小河，其地是出才子的富贵之地，但我死了还不能葬在那里，原因是丘氏家族会报仇雪恨来扒墓的。你们在三世以后即可迁入此地。

《兰陵春秋》记载，萧何的三世孙萧彪迁兰陵。萧何确实有眼力，萧彪遵照萧何的遗嘱从沛县迁来兰陵后，四世孙萧望之就做了汉元帝的师傅、西汉大臣。

将军桥和史大奈的传说

隋朝的昏君杨广无道，造成了天下大乱，逼得群雄四起纷纷竖起反隋大旗。在山东等地的农民起义军被隋朝官府称为“响马”。那时候，在将军桥东北的站岭上有个凤凰城，就是响马的一个落脚点。当时，村东边是条小河，不便通行，响马就修建了一座七孔石桥以便招兵买马，晚上常到将军桥村吃饭住宿。因凤凰城里的大将军们经常来回路过此桥，所以就被叫了将军桥。

传说，史大奈本是将军桥村里的大财主，又有一身好武艺，善用的兵器是拍耙和大斧，马上、步下武艺精通。年少轻狂的他为了显示自家的富有，在村西北角修建了一处响场。所谓响场，就是在地面上立起许多柱子，类似梅花桩，上面铺上大木板，在木板的下面安上密集的大铃铛，在给收获的庄稼打场时，骡马在上面拉着碌碡转，下面的铃铛就叮叮当当响起来，很远都能听到。人们便给这场面起了个名儿，叫史大奈打响场。时间一长，被奸臣诬告，上本于杨广，说史大奈明地里是打响场，暗地里招兵买马、聚草屯粮想谋反。杨广便下旨捉拿史大奈，抄杀满门。好在史大奈有个好友在朝中当差，立即派人将此消息火速传给史大奈。史大奈得到消息后，立刻下令家人和家奴院工、亲朋好友赶快逃难。于是家中老小四散奔逃，隐姓埋名各自谋生，史大奈被逼无奈，单枪匹马闯荡江湖。适逢各处响马为给秦琼的母亲祝寿而齐聚秦琼家中，史大奈也参与其中。寿庆期间，他们竖起反隋大旗，在贾柳店歃血为盟结为生死弟兄。后来他们又聚集于瓦岗寨，成为一支重要的农民起义军力量。再后来，这伙起义军投靠了唐王李渊，并被指定辅助李世民。玄武门兵变后李世民当了皇帝，这帮响马都受了皇封，史大奈也被封为窦国公。十二年后，史大奈想回老家探望，李世民立即批准，并下旨为窦国公史大奈雕刻一座大将军形象的石像，由钦差和本人带领三千人马护送到老家将军桥村，安放在将军桥头。史大奈回家后，命人杀猪宰羊，置办了成缸的美酒，宴请黎民百姓三天。过后，史大奈随钦差回都城，自此再也没有回过老家。

千年以来，史大奈留下的威风传遍当地东西南北，其石像也被尊称为将军老爷。每年春节大年初一这天，附近的老百姓纷纷前来祭拜，磕头放鞭献供品。据说，平常有的人如果身上长了疙瘩，就会前来求石像史大奈，说“将军老爷好待承，一块豆腐俩烧饼”，并摸摸石像上的相应部位，这样他身上的疙瘩就会慢慢好了。

第二节 歌 谣

临郯青年救国团团歌

1＝F $\frac{3}{4}$

丁梦孙 词
沈琪生 曲

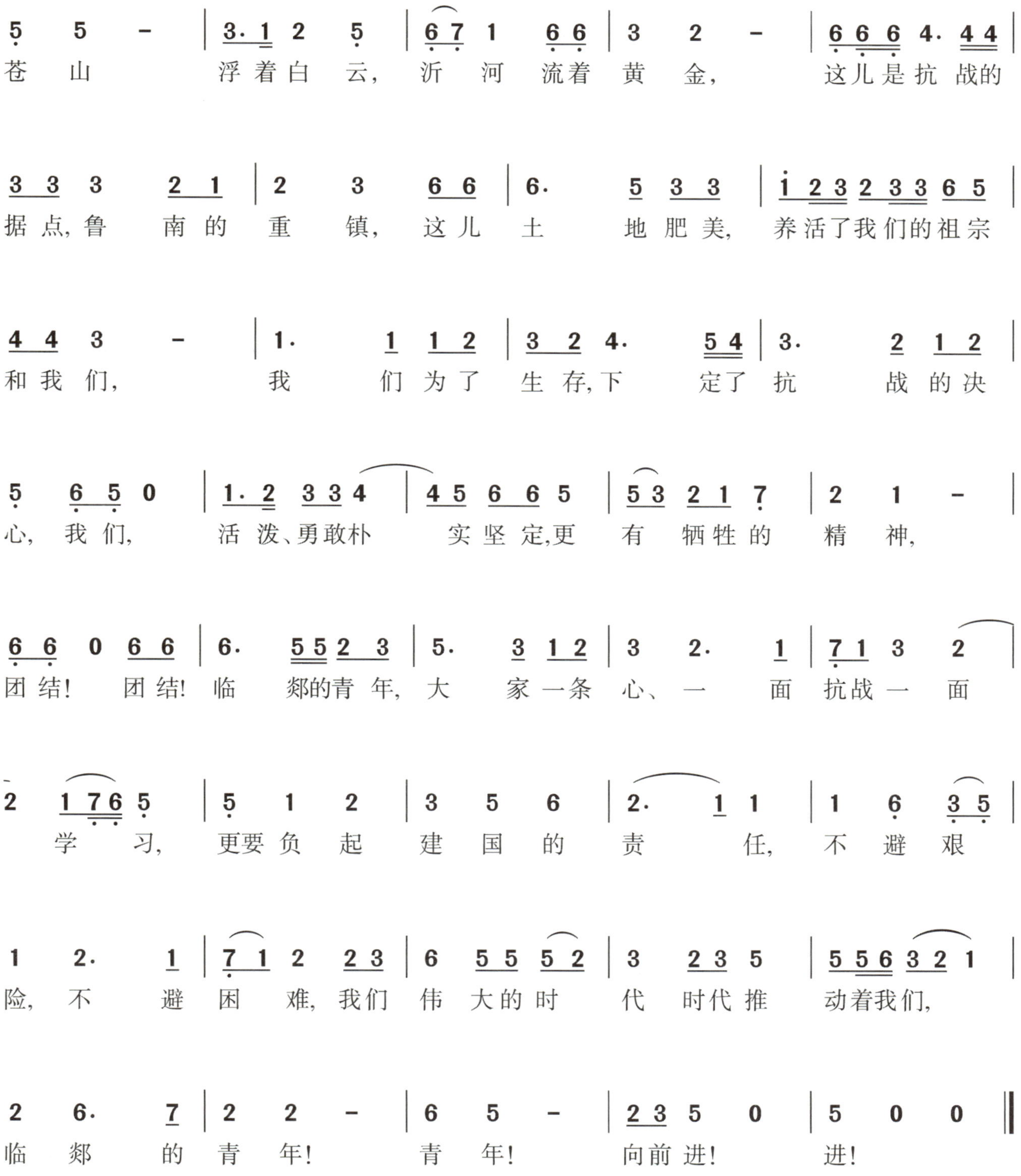

抱犊崮山高水又秀

王云生 词
陶俊禄 曲

1=G 2/4

深情、亲切地

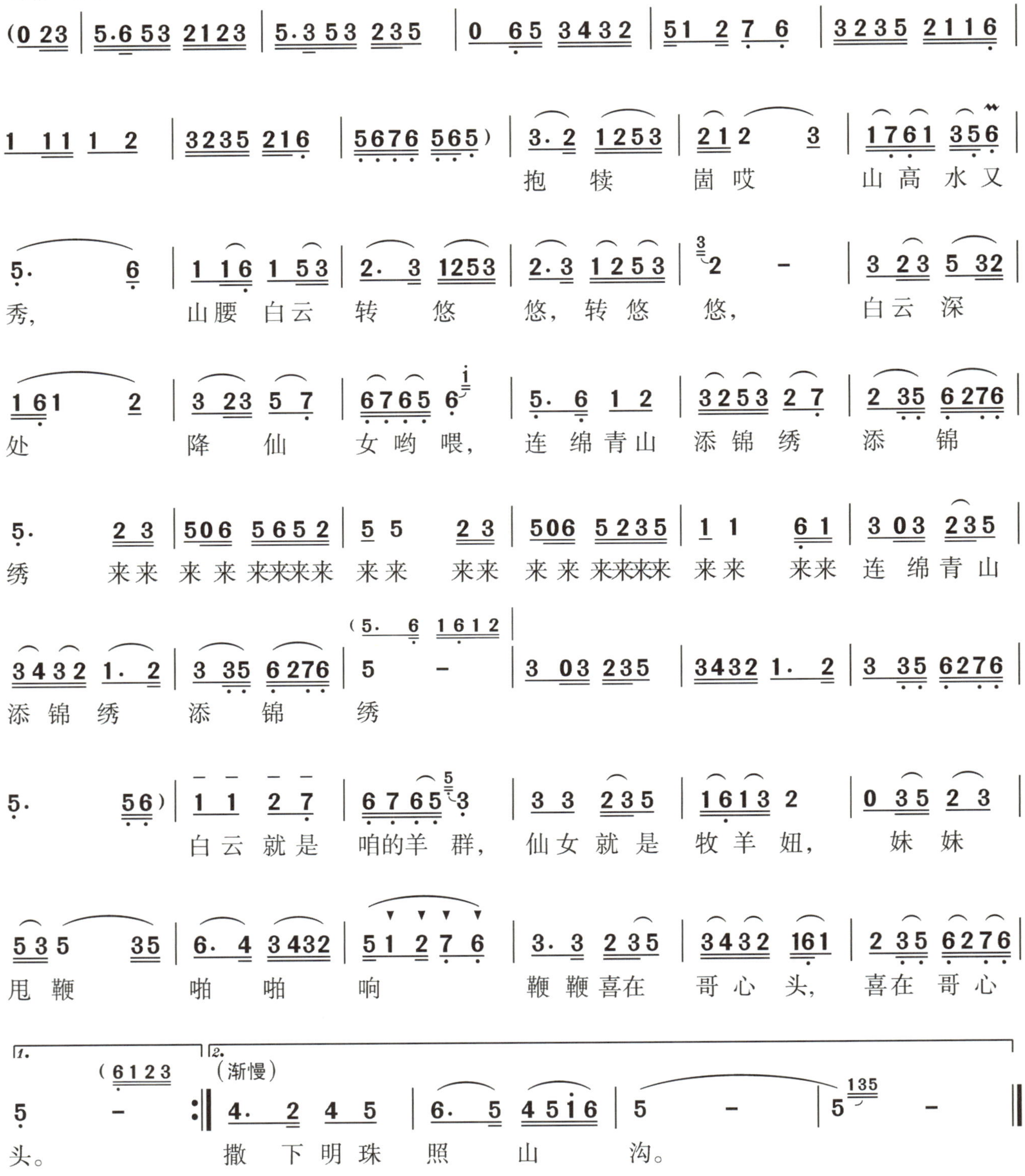

小奴去参军

1= A $\frac{4}{4}$

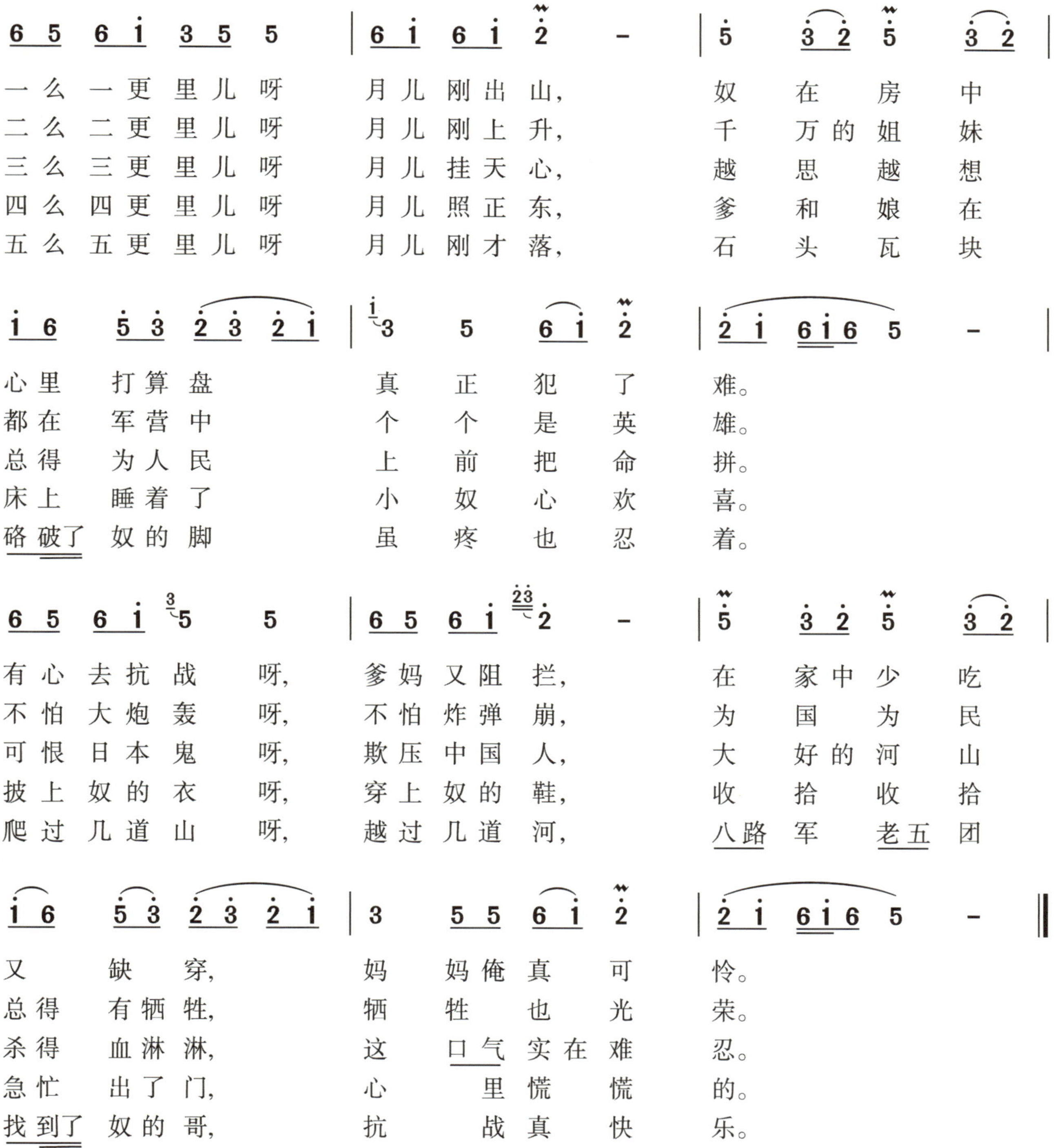

（杜景顺 唱 江桂英 记）

绣荷包

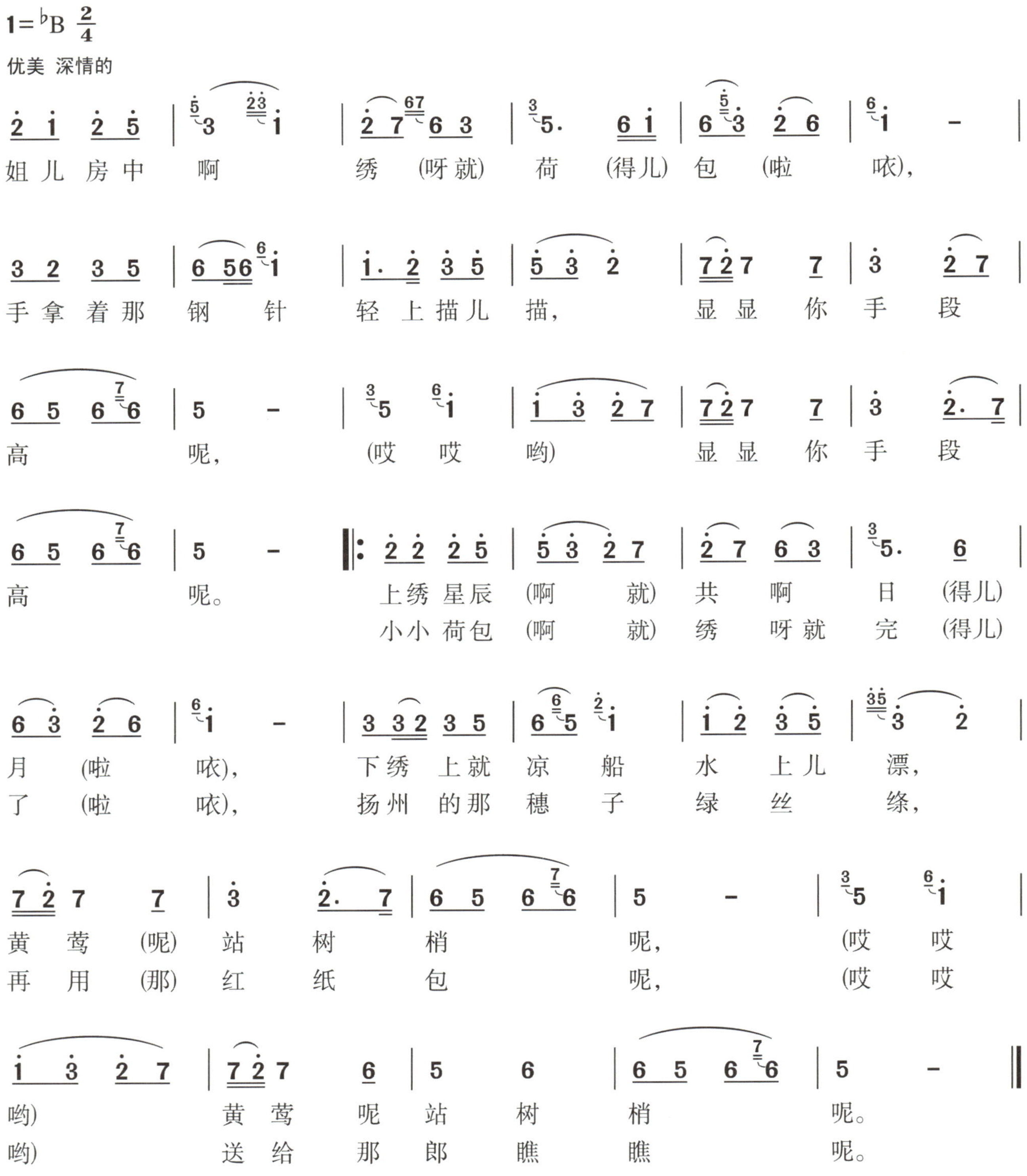

（高桂兰 唱　苗 晶、萍 生 记）

叫老乡，你快去把战场上

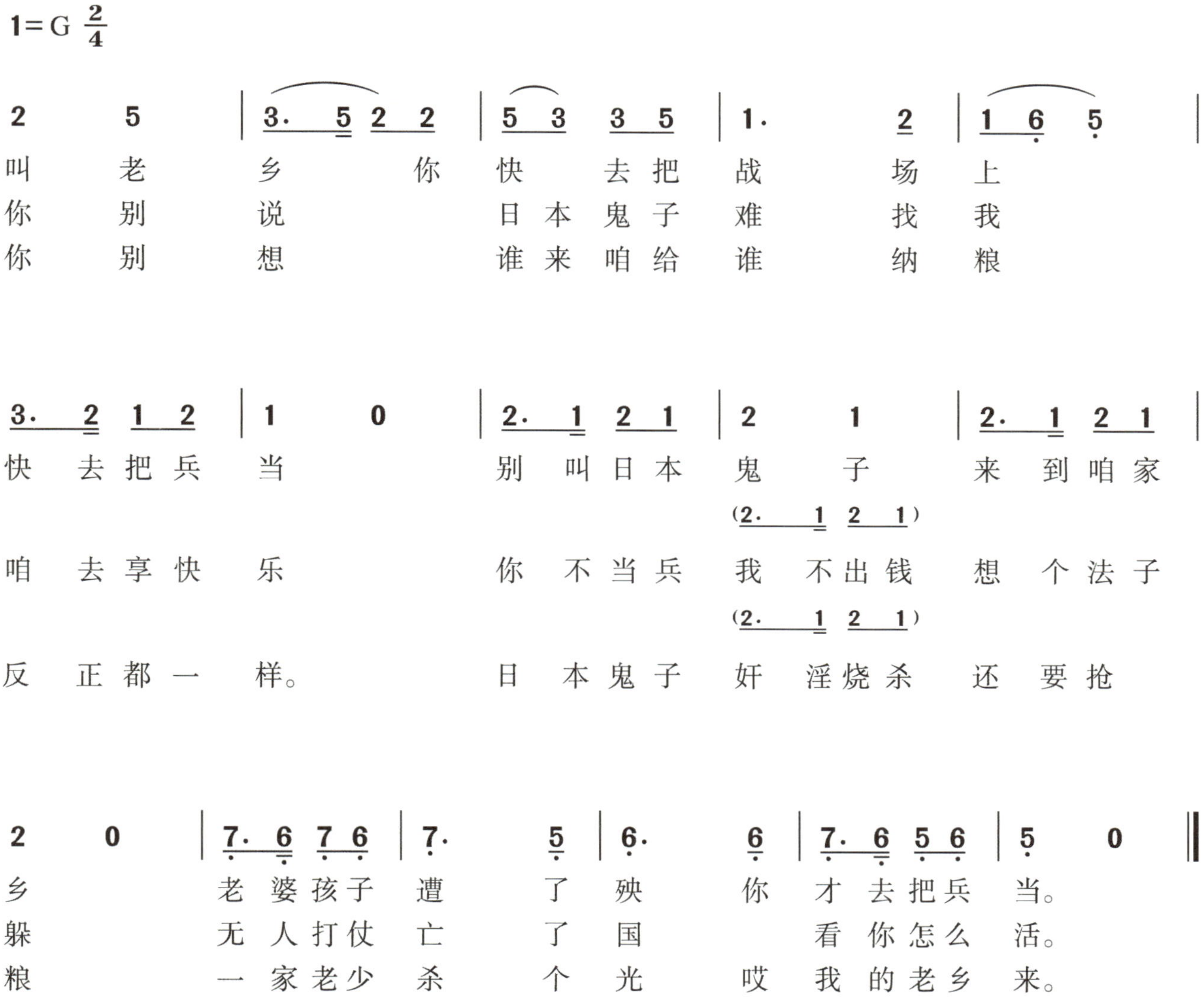

（陈跃松 唱　江桂英 记）

大 蒜 谣

（男声独唱）

1=F $\frac{2}{4}$

李润德 词
秦守印 曲

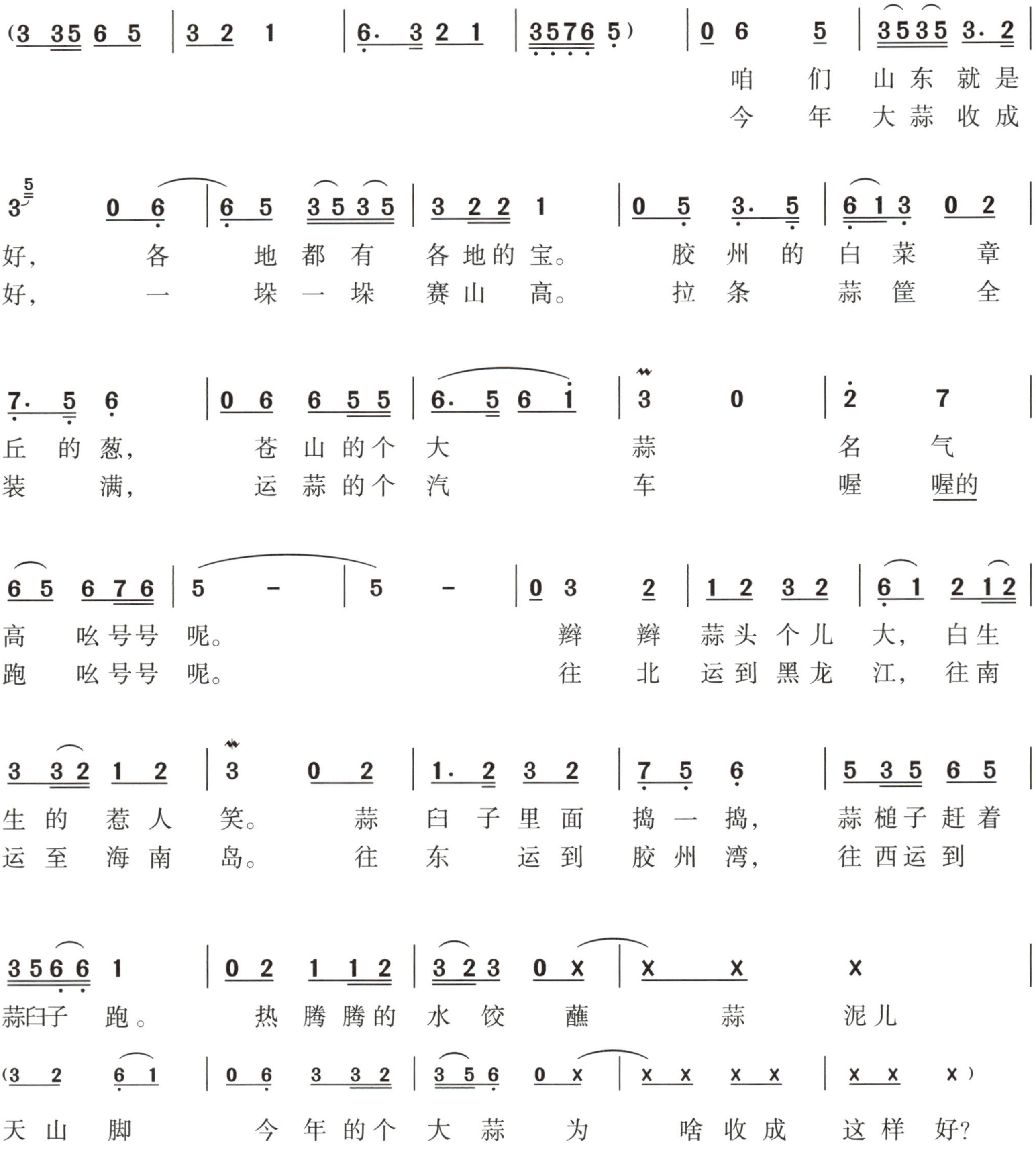

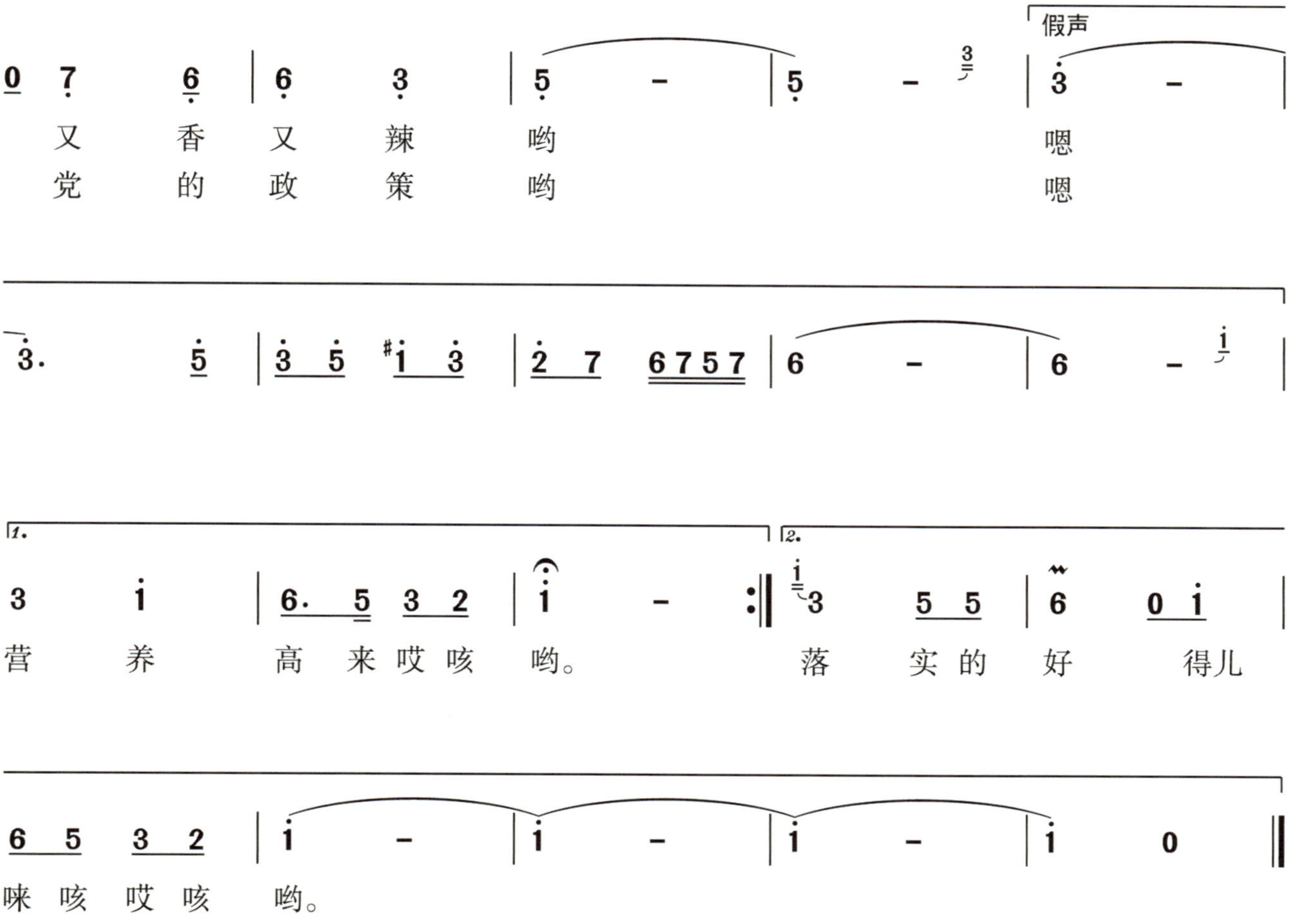
假声
又 香 又 辣 哟 嗯
党 的 政 策 哟 嗯
营 养 高 来 哎 咳 哟。
落 实 的 好 得儿
咪 咳 哎 咳 哟。

人　物

蒼山縣志

一、人物传略

曾 巫 即太子巫，春秋时期鄫国太子，生卒年代不详，活动时间大约在公元前586年至公元前546年之间。鄫（亦作缯）是西周初期封给夏朝少康帝后裔姒曲烈的封国（遗址在今苍山县城西北15千米处）。鲁襄公五年（前568年），他与鲁大夫叔孙穆子一起到晋国，同晋军卿会晤，请求鄫国为鲁之属庸国。鲁襄公元年（前567年），莒灭鄫，巫逃到鲁国，去掉“鄫”之邑，以“曾”为氏，寄托不忘故国之情，是为曾氏得姓之始。

季文子（约前648—前568） 姬姓、季氏，别称季孙行父，春秋时鲁国正卿。在鲁国执政33年，辅佐鲁宣公、鲁成公、鲁襄公三代君王。为稳定鲁国政局，曾驱逐公孙归父出境。他“克勤于邦，克俭于家”，其妻、妾不穿锦缎，只穿布衣；府无金玉，马不食粟，忠贞守节，以德为荣。

季文子倡导做事要“三思而后行”，并且身体力行。为笼络人心、招揽人才，季文子立兰陵为“次室”，分割公室的权力。在“次室”与“公室”的斗争中，季文子实行有利于民众的社会改革，推行“初税亩”，使劳作在井田上的奴隶获得解放，开垦私田的“隐民”有了鲁国户口。鲁国民众拥护支持季文子的新政策，站在“次室’一边，以至于“民不知君而只知季氏”。

季文子死后葬神峰山（属今苍山县尚岩镇），建有墓。神峰山因此又名鲁卿山、季山，后人为纪念季文子，兼以山形远观如毫末，改名为文峰山。其墓已湮灭，仅剩银杏两株，雌雄各一。

唐代《初学记》把季孙行父与诸葛亮并称，述为“季孙相鲁”与“诸葛兴汉”。

左丘明（约前532—约前447） 春秋末期鲁国向邑（今苍山县境内）人，博学多闻，曾任鲁国太史。《山东通志》称：“峄县，周左丘明墓，在县东北七十里。”《临沂县志·古迹》载：“向城东南十许里左家官庄（今兴明乡金楼），左墓在焉，今渐驰平。南百许步，石基铺墓道也。道、咸间隧陷，入者见石门，篆书左丘明墓云。”但其生平事迹，历史文献却记载很少。

《左传》一书，司马迁和班固都认为系左丘明所著。《史记·十二诸侯年表》标：“鲁君子左丘明惧弟子从异端，各安其意，失其真，故因孔子史记具论其语，成《左氏春秋》。”《汉书·艺文志》亦肯定左丘明作《左传》之说。《左传》是《春秋左氏传》的简称，又名《左氏春秋》，是配合《春秋》的编年史。《春秋》一书是鲁国的编年史。《左传》是中国第一部叙事详细完整的历史著作，也是一部有着极高成就的文学著作。它记载的史实文采绚烂，叙事富有故事性、戏剧性，充满紧张动人的情节，还为中国保存了一些自然科学方面的史料，记录了古代一些科学成就，如日食、彗星、陨石、地震等。

左丘明晚年时眼睛出了毛病，不得不辞官回乡，不久就双目失明了。强烈的历史使命感使他振作起来，将几十年来的所见所闻、各诸侯的要闻和君臣容易得失的话记述下来，汇集成著名的历史名著《国语》。《国语》是中国现存最早的一部国别史，它与《左传》一起成为珠联璧合的历史文化巨著。《史记·太史公自序》称：“左丘失明，厥有《国语》。”《国语》为国别史，分《周语》《鲁语》《齐语》《晋语》《郑语》《楚语》《吴语》七部分，七万余字。分别记载周王朝及各诸侯国的事情，起于周穆王二年（前990年），终于东周考王元年（前440年）。因《左传》是传《春秋》之书，故《国语》又称为《春秋外传》。

曾 参（前505—前432） 字子舆，春秋末期鲁国南武城人，世称曾子，祖籍鄫国（故城遗址在今苍山县向城镇），是鄫国太子巫的曾孙。父亲曾蒧，字子晰或皙，曾在孔子身边“言

志”，得到孔子的称许。曾子16岁拜孔子为师，勤奋好学，颇得孔子真传，为孔子弟子七十二贤之一。后来他积极推行儒家主张，传播儒家思想。

曾子性情沉静，以孝著称，不但是孝道思想的理论家，而且是孝道的实践者。齐国欲聘之为卿，他因在家孝敬父母，辞而不就。曾子“啮指痛心”的故事被后人推为“二十四孝”之一。曾子提出“慎终、追远、民德归厚”的主张，又提出“吾日三省吾身”(《论语•学而》)的修养方法。

曾子生前仿效孔子的行径，各地讲学，弟子达70多人。相传他曾到鄫国故城(当时已属越国)凭吊故国，追念先祖；曾到临郯地区的华岩寺村（今属苍山县磨山镇）讲学授徒。今苍山县磨山镇有元代管文通所建“曾子书院”遗址。

曾子著有《大学》《孝经》《曾子》等儒家经典，著述较丰，被后世儒家尊为“宗圣”“述圣”。曾子传业于子思，子思传业于孟子，形成著名的“思孟学派”。曾子的主要思想建树有不苟同权贵的君子品格、修齐治平的政治理想、天人观中的“人为贵”思想。

高　柴（前521—前393）　字子羔，亦称子皋、子高、季高。春秋末卫国人（一说齐国人）。身材较矮，相貌丑陋，但有政治才能，20岁就被子路派去当“费宰”，孔子周游列国时“为卫之士师”，执掌刑狱，至卫国内乱回到鲁国。孔子去世后，任“武城宰”，又任孟孙氏的“成邑宰”。在为父母守孝的三年之中，从未笑过。任卫国士师时，为政清廉，执法公平，受到孔子及民众的称赞。

高柴生前曾到次室（后改为兰陵）讲学，去世后归葬次室（遗址在兰陵镇东北5千米的刘堡子村）。墓上有清代嘉庆年间泰安高柴后人所立石碑1幢，刻有“先贤高柴字子羔之墓”，1979年被苍山县人民政府确定为县级重点文物保护单位。

高柴在唐玄宗开元二十七年（739年）被封为“共伯”，宋真宗祥符二年（1009年）改封为“共城侯”。其子改姓为柴，为柴姓祖先。

次室女　生卒年不详。亦称漆室女，鲁穆公末年次室（今苍山县兰陵镇）人，到了出嫁的年龄，却没有嫁人。

有一天，她依靠在家中廊柱上嚎啕大哭，哭声让路人动容。邻人以为她因没有找到如意郎君而烦恼。次室女道：“我哪里是因为嫁不出去而悲伤，我是因为国君年迈，太子却年幼无知，无法继承王位而为国家担忧难过。”三年后，鲁国果然大乱。

汉代刘向在《列女传•仁智传•鲁漆室女》中记载了她的事迹，晋代顾恺之在其所绘《女史箴图》中有“鲁漆室女”的形象，清末秋瑾以次室女为榜样投身革命。民国初年梁漱溟以次室女事为原型编成《女子爱国》剧本，并于1906年在北京公演。

疏　受（？—前48）　字公子，疏广兄之子。疏受少时跟其父和叔疏广学儒家经典，对孔子少时演礼的事特别崇拜，常效孔子演礼，至精至勤，为人恭谨，亦因有贤才被选为太子家令。疏受分析问题敏捷，宣帝到太子宫中察看时，疏受出迎，宣帝所问之事，对答如流；酒宴上，他捧杯为宣帝祝寿，谈吐自然，举止大方，宣帝对他很满意。不久，被任为太子少傅。

任职5年后，疏广对疏受说：我听说“知足不辱，知止不殆；功遂自退，天之道也”。现在我们当了二千石的高官，宦成名立，如果现在不辞职，恐怕有后悔之时。假如我们叔侄一起归老故乡，不是很好吗？疏受听从了他的意见。谈话的当天，叔侄俩都移书称病。3个月后，疏广上书要求辞职回故乡。宣帝考虑到他们年纪已大，便同意。宣帝赐黄金20斤，太子赐50斤，公卿大夫和熟人在都门外为他们饯行，相送的

车子有100辆。在道路两旁观看的民众，称二疏为贤大夫。

他们回到故乡兰陵后，经常让家里人设酒宴，请亲朋好友、乡邻一起欢聚。一年多后，疏广的子孙托与疏广要好的老者，劝他为子孙们购买田地，购置住宅，疏广、疏受没有同意。疏广说："子孙贤而多财，则损其志；愚而多财，则益其过；我们教育子孙后代，应该让他们通过自己的劳动，过着和平常人一样的生活就行了。"二疏不为子孙增置产业，却将钱用以救济乡里的穷人，深为广大百姓崇敬和爱戴。唐代大诗人李白有诗赞曰："达士遗天地，东门有二疏。"明代学者李贽认为，疏广、疏受的事迹"人人可读，宜置座右"（《藏书》）。《临沂县志·古迹》有二疏当年救济群众的"散金台"记载。

萧望之（约前107—前47）　字长倩，西汉东海郡兰陵人。宣帝时，曾以儒家经典教授太子。历任左冯翊、大鸿胪、太子太傅等。元帝即位后，以师傅甚受尊重。后遭宦官弘恭、石显等排挤诬陷，被迫自杀，葬于兰陵镇小仲村。

萧望之的童年是在兰陵度过的。从小刻苦好学，向经学家后苍学习《齐诗》，向夏侯胜学习《尚书》《论语》《礼记》等。后来举家迁到杜陵（今陕西省西安市附近），以种田为业。地节三年（前67年），京师雹雨成灾，宣帝认为是天降怒于人，向群臣询问政治上的得失。因久闻萧望之的名声，派人问话。萧望之提出广选贤才参与国家大事，听其忠言，闭塞邪路，树立公道等主张。宣帝认为言之有理，就授他为谒者，专门在皇帝身边引见朝臣，传达使信，处理奏文。一年中3次升迁，升为谏大夫、丞相司直，辅佐丞相处理朝政，食俸两千石。霍氏谋反被杀后，萧望之的地位和威望越来越高，被擢升为大鸿胪，成为九卿之一，直至任御史大夫，位列三公。

元帝新立，萧望之以元帝为太子时的师傅身份受其器重，对他言听计从，萧也用心辅政。后来有人联名写状，趁其离朝时启奏元帝，应将萧望之"召至廷尉"。元帝年纪尚幼，还不懂得"召至廷尉"就是逮捕入狱，稀里糊涂准奏。当明白过来，萧望之已被赦免，贬为庶民。几个月后，元帝考虑启用其为丞相时，又遭人诬陷。当执行逮捕的人将萧府包围后，萧望之服毒自杀。元帝听说师傅自杀的消息，悲痛不已。以后每年都派使者至兰陵祭祀。

萧望之是当时的名儒，政治上有一定见解。史称他"身为儒宗，有辅佐之能，近古社稷臣"。其子孙世居兰陵，至西晋末年南渡。

萧望之有八子，其中萧育、萧咸、萧由较为著名。

疏　广（？—前45）　字仲翁，西汉东海郡兰陵（今苍山县兰陵镇）人。西汉名臣。少时刻苦好学，习惯用读、记、背、研的学习方法巩固知识，拓宽知识面，对《论语》《春秋》很有研究。兴办家学，治学严谨，注重学生的德学兼优，很远地方的读书人都赶来向他求教。因名气大震，被朝廷召为博士太中大夫。地节三年（前66年），宣帝封疏广为太子太傅。

孟　喜（约前90—约前40）　字长卿，西汉东海郡兰陵（今苍山县兰陵镇）人。西汉今文易学"孟氏学"的开创者。

其父孟卿对《礼》和《春秋》很有研究，但感到《礼》的内容很多，而《春秋》又太繁杂，于是就让孟喜去学《易》。孟喜"得易家候阴阳灾变书"，以阴阳灾异解说《周易》；以六十四卦分配气候，以卦言《易》。孟喜举孝廉为郎，任曲台署长，后因病被免职，为丞相掾。宣帝时，博士缺人，大家推荐他为博士，宣帝没有用他。孟喜的学生东海人白光、沛人翟牧，却当了博士。此后，《易》有孟、翟、白之学。

孟喜的著作已失传，清代马国翰《玉函山房辑佚书》、黄奭《汉学堂丛书》、孙堂《汉魏二十一家易注》有辑录，惠栋《易汉学》对他的《易》有所阐发。

匡 衡（约前100—约前27） 字稚圭，西汉东海郡承（今苍山县鲁城镇匡王村）人。著名经学家。官至光禄大夫、太子少傅、光禄勋、御史大夫、丞相。

匡衡祖上世代务农，他自幼勤学苦读，因家中贫困，在自己住的屋子的墙上凿了个小洞，把主人家的灯光引过来读书。《西京杂记》记载了他“凿壁偷光”的故事。十数年之后，匡衡学业大进，终成为研究儒家经典《诗经》的权威。

匡衡曾做过小官，地位不高，加之宣帝不大喜欢儒生，便被派到地方任职。当时长安城内很多学者给宣帝上书，请求将其留在京城，没被采纳。元帝即位后，调匡衡回京都，经常让其对国家大事发表意见。他上书元帝：百姓生活十分贫困，而许多官吏却贪赃枉法，大肆搜括民财，一味追求享受。他们为了自己的利益，不顾廉耻，大搞裙带关系，阿谀奉承等。匡衡建议压缩开支，考订国家制度，整顿朝纲，得到元帝的重视和采纳，却收效甚微。他当了丞相后，胆子很小，对专权宦官不敢揭露斗争。直到元帝死后，宦官失宠，才上书弹劾，因此受到指责和非议。匡衡在羞愧中辞去丞相之职。他明知百姓疾苦，却大量占有土地，达2.27万公顷（元帝封其为安乐侯，其封邑内土地为2万多公顷，匡衡利用郡图之误，非法扩大食封土地2600多公顷）。成帝将其罢官为民，归家后病卒。其墓在枣庄市峄城区。

毋将隆 生卒年不详。字君房，西汉东海郡兰陵（今苍山县兰陵镇）人。

出仕后，做了大司马车骑将军王音的从事中郎，后来升任谏大夫。因成帝刘骜无子嗣，毋将隆上奏建议立定陶王刘欣为太子。绥和二年（前7年），成帝去世，刘欣即位，是为哀帝。毋将隆因政绩优异、百姓拥戴，升任京兆尹，后又调任执金吾，位列九卿。哀帝执政后，毋将隆无意中卷入权力斗争的漩涡，自顾不暇，其后23年多一事无成。

王莽年轻时仰慕毋将隆的名气，欲与之交往。毋将隆深知王莽为人，并不与其附和，致使王莽怀恨在心。王莽独揽朝政后，毋将隆遭冤陷，被流放到合浦郡（今广西壮族自治区北海市合浦县），从此杳无音信。

王 良 生卒年不详。字仲子，东汉东海郡兰陵（今苍山县兰陵镇）人。任谏议大夫、太中大夫、司徒司直等。

少时好学，习《小夏侯尚书》。王莽篡位时，他称病不去做官，在家教授学生千余人。建武二年（26年），大司马吴汉征召王良，他没答应。翌年，应召任谏议大夫，“数有忠言，以礼进止，朝廷敬之”。调任沛郡太守时，赴任途中称病不至，并上书要求辞职回乡，被征召任太中大夫。建武六年（30年），王良代宣秉任大司徒司直，任期中十分恭俭。有一次，司徒史鲍恢到王良的老家兰陵探望，见王良的妻子穿着布裙，抱着柴火正从田中回家。鲍见其十分清贫，敬佩而对她下拜行礼，并叹息其家如此廉朴。此事传出，闻者莫不赞赏。后王良病回故里。光武帝刘秀到兰陵巡视，怜其清廉，下诏书免除他子孙的徭役。

公沙穆（约100—165） 字文义，东汉北海郡胶东国（今山东省平度县）人。幼时家中贫贱，后学习《韩诗》《公羊春秋》，尤专心研究《河图》《洛书》和推算阴阳灾异的道术。隐居东莱山，许多人赶来向他求学。

后来公沙穆被推举为孝廉，以优异的成绩擢任主事，升为缯侯国（治所位于今苍山县向城镇鄫国故城，秦及西汉皆为缯县县治所在）的国相。后调任弘农令。县内出现螟虫吃庄稼的现象，百姓恐惧惊慌。公沙穆于是造土坛，谢罪说："百姓有过错，原因在于我公沙穆，请允许我用身体进行祈祷。"这时，天降暴雨，放晴后螟虫自行消失，百姓称呼其为神明。

缪 袭（186—245） 字熙伯，东海郡兰陵（今苍山县兰陵镇）人，三国魏文学家。缪袭生于名儒之家，博学多闻，曾在御史大夫府任职。历事曹操至曹芳四世，后官至尚书、光禄勋。

缪袭才思敏捷，著述颇丰。《隋书·经籍志》载其《列女传赞》1卷、文集5卷。另《初学记》载其《喜雾赋》《青龙赋》等文数篇。他又是位诗人，著有《魏鼓吹曲》，共诗12首，大都是歌颂曹操功业之作，其中《克官渡》赞扬曹操在官渡之战中大破袁绍的功绩。缪袭的名作《挽歌》，抒发了"生时游国都，死没弃中野"的悲哀心情，也揭示死对于任何人来说都是"自古皆有然，谁能离此者"的客观规律。因而，被后人誉为"词极峭促，亦淡亦悲"（清何焯《义门读书记》）。缪袭原有文集已散佚。

缪袭与汉末哲学家仲长统为密友，极赞同仲长统提出的"人事为本，王道为末"的论点。延康元年（220年）仲长统死，缪袭为其著作《昌言》（24篇）撰表，介绍仲长统的生平事迹。

束 皙（约261—300） 字广微，西晋著名文学家。王莽末年，疏广的曾孙疏孟达为避难从东海兰陵（今苍山县兰陵）迁到阳平元城（今河北大名县），将所姓疏（繁体字"踈"）字去掉左边的偏旁，只留其右旁的"束"为姓，以教授学生为业。

束皙博学多闻，与兄束璆俱知名于汉时。少时到京城国学中游历。生性沉静谦退，不慕荣利，写了与东方朔《答客难》相比拟的《玄居释》，表达自己的志趣。国学后举孝廉、茂才，束皙皆不就。

束皙文学功底深厚，著作甚丰。有《三魏人士传》《七代通纪》《晋书记》《晋书志》《五经通论》《发蒙记》《补云诗》等，均已散佚，仅余明朝人所辑《束广微集》行于世。

缪 播（？—309） 字宣则，西晋兰陵（今苍山县兰陵镇）人。才思清辩，曾任祭酒，继任太子中庶子。缪播之从弟缪胤（？—309），字休祖，曾任尚书郎、魏郡太守等。

晋惠帝驾临长安时，河间王司马颙想挟天子以令诸侯。东海王司马越准备起兵，以武力奉迎惠帝还洛阳，因缪播之父是有名的故吏，便将缪播看作股肱，派缪播、缪胤到长安劝说河间王。河间王反复无常，与东海王兵戎相见，战败，将惠帝送归洛阳。惠帝死后，怀帝即位。缪播任给事黄门侍郎，继任侍中、中书令，缪胤任左卫将军、散骑常侍、太仆卿，共同参与朝中机密大事。东海王专权日盛，害怕缪播、缪胤暗算，强行带兵入宫，逮捕了两人，并将其杀害。后帝追赠缪播为卫尉。

僧 朗 生卒年不详，活动约在340年至410年之间，东晋高僧佛图澄的著名弟子，先后为后赵国主石勒、石虎，前秦国主慕容德与后秦国主姚兴的国师，是促进佛教中国化的重要人物之一。

先是郯国东海人朗公卓大，于东晋咸康五年（339年）携资来琅琊大宗山（今苍山县大仲村镇大宗山）修建朗公寺，后邀已出家多年的胞弟卓锡携弟子多人来此修行，卓锡即僧朗。永和七年（351年），僧朗到泰山北的玉符山建立寺院（后发展为今济南长清灵岩寺），讲经布道，名冠一时先后得到6位皇帝的垂青。

何无忌（？—410） 东海郡郯（今苍山县长城镇）人。少有大志，获州府命为从事，后转太学博士。隆安四年（400年），司马元显封子司马彦璋为东海王，任命何无忌为东海国中尉，加广武将军。

义熙六年（410年）二月，广州刺史卢循乘刘裕北伐南燕的机会叛乱，进攻江州。三月，何无忌自寻阳引兵拒卢循，与卢循部将徐道覆相遇于豫章，徐令数百兵以强弩登临西岸小山射击何军。恰西风暴急，无忌所乘小船飘向东岸，徐命大船进逼何之小船，虽何无忌执苏武节督战，但敌军甚巨，何军奔走溃败。何无忌毫无惧色，持节战死。

徐羡之（364—426） 字宗文，东海郯（今苍山县长城镇）人。早年任太子太傅王雅主簿、刘牢之镇北功曹。刘裕建南宋后，为镇军将军加散骑常侍，又为司空、录尚书事、扬州刺史，封南昌县公。

永初三年（422年）五月，刘裕病逝。少帝刘义符继位后，耽于游乐，不理政事，徐羡之等谋废少帝。元嘉元年（424年），先废庐陵王刘义真为庶人，放逐新安郡。五月，废少帝为营阳王，立刘裕第三子刘义隆为帝。六月，徐羡之派人杀刘义符、刘义真。八月，刘义隆即帝位，是为宋文帝，改封徐羡之为南平郡公，进爵为司徒。元嘉二年（425年）正月，徐羡之辞官回私宅。在其侄徐佩之等苦劝下，奉诏摄政。翌年正月，宋文帝以其杀害少帝、刘义真之由而降罪诛杀，徐羡之得到消息，乘内人问讯车出郭，步行至新林自缢而死。《全宋文》存《徐羡之集》。

何承天（370—447） 东海郯（今苍山县长城镇）人，南朝宋科学家。博通今古，尤精历数，在文学、考古学、史学、天文学等方面均有建树。他五岁丧父，母亲徐氏聪颖博学，舅父徐广是位天文学家和史学家。良好的家教使他幼渐训义，儒史百家莫不概览。同时，秉性耿直，不畏权势，导致他一生坎坷，几经磨难，终不得志。隆安四年（400年）起，任辅国府参军、浏阳令、行参军、宛陵县令、寻阳太守、征虏参军、西中郎参军、钱塘县令等。南朝宋时，改任尚书水部郎、治书侍御史、南蛮长史、右军录事、尚书殿中郎兼左丞。频繁调职后，被贬为衡阳内史，人称“何衡阳”。后遭人诬陷，被弹劾下狱。元嘉十六年（439年）赦免出狱，重被召为著作佐郎、国子博士、御史中丞。元嘉二十七年（450年）又遭暗算，以泄露密旨为由被贬。一气之下，回到长城老家。

他在舅父徐广研究成果的基础上，苦心观测钻研40年，校正历代八家历法的弊端，于元嘉二十年（443年）改定出一套较为完整的精确的《元嘉历》。他改“上元积年”为“临近取元”，计算五星行度，校正冬至度数，计算出岁差数值百年一度；纠正“春秋二分日影有长短之分和影长差一寸、地远差千里”的错误。他公开宣扬无神论，写《达性论》《答宗居士书》《报应问》等论著。他提出“先安边后进取”的治国大略，将八百卷《礼论》分类、合并、删减成三百卷，撰《春秋前传》和《宋书》等。他兼通音律，发明出比古代十二律更为科学的新律，并在考古学方面有较深造诣。著名学者沈约称赞何承天“博而笃矣”。

鲍　照（约414—466） 字明远，南朝宋杰出文学家，东海郯（今苍山县长城镇）人。出身寒微，才气横溢，文学成就卓著。元嘉十六年（439年）谒临川王，献诗言志，颇解赏识，擢国侍郎。孝武帝初，历任中书舍人、秣陵令等。后为临海王刘子顼前军参军，故世称“鲍参军”。刘子顼因响应晋安王举兵反叛宋明帝，兵败，鲍照在荆州为乱兵所杀。

其诗今存200多首，题材广泛，思想内容丰富，气势雄劲奔放，词采新奇丰盛，音节激昂，风格俊逸挺拔，富有浪漫主义色彩，反映出庶族地主对当时士族专权的政治现状的不满。长于乐府，尤擅七言歌行，对唐代诗人李白、岑参、高适等有很大影响。沈德潜在《古诗源》里评曰：

“明远乐府，如五丁凿山，开人世所未有。后太白往往效之。五言亦在颜、谢之间。”又曰：“抗音吐怀，每成亮节，其高处远轶机、云，上追操、植。”鲍照所作乐府《拟行路难》18首（一说19首）堪称名作，抒发贫士愤激，风格清俊飘逸，奇特瑰丽，音节错综，有时直抒胸臆，有时则纯用比兴。他很注意使每首诗具有风格上的特征，各首诗情调多种多样，切合诗的思想内容。叙事诗《代东武吟》是鲍照五言乐府的代表作之一，作者以乐府古题独出机杼，另辟新意。鲍照与颜延之、谢灵运合称“元嘉三大家”。他们诗风注意描写山水，讲究对偶和词藻。鲍照也擅赋及骈文，《芜城赋》《登大雷岸与妹书》皆为名篇。流传至今有《鲍参军集》共10卷，计凡赋2卷，诗6卷，文2卷。

鲍令晖 生卒年不详。东海郯（今苍山县长城镇）人，鲍照之妹，南朝宋女文学家。钟嵘《诗品》评其诗“崭绝清巧，拟古尤胜”。曾著《香茗赋集》刊行于世，但今已散佚，留存作品不多，《玉台新咏》录其诗7首。清钱振伦注《鲍参军集》，附注其诗。

其兄鲍照曾以左思兄妹自况。鲍氏兄妹出身寒族，生丁孤单。因生活所迫，鲍照少时曾离家远游，告别相依为命的妹妹，经历了萍踪飘泊生活。鲍令晖写下《题书后寄行人》的言情小诗，慰藉正在艰难征途中的哥哥。鲍令晖的《古意赠今人》，描写细腻，蕴藉含蓄，感情真挚，善于通过联想、烘托、对比、比喻等多种手法，表现出女主人公缠绵悱恻、矛盾复杂的思想感情，是古代女性作品中不可多见的佳作。

鲍令晖的作品虽数量有限，但有其独特之处。拟古诗注重雕琢词句，对仗工稳，大量使用对偶句，在格律方面做了有益的探索；五言小诗有唐诗风味，这些对后世产生了一定的影响，在文学史尤其是妇女文学史上有一定的地位。

萧道成（427—482） 字绍伯，小字斗将，祖籍东海兰陵（今苍山县兰陵镇）人，南朝齐建立者，书法家、诗人。

元嘉十九年（442年），年仅16岁的萧道成即被宋文帝派遣率偏军讨伐“北蛮”。宋明帝时为宋禁军将领，乘宋皇祖内战，逐步掌握军政大权。元徽五年（477年）杀后废帝刘昱，拥刘准为顺帝，被封为齐公。升明三年（479年）四月，废宋顺帝而自立，改元建元，建立齐国，是为齐高帝。建元四年（482年）三月病逝，终年56岁。在位4年，庙号太祖，谥号高皇帝，葬于江苏省武进县泰安陵。为政宽严清俭，身不御精细之物，宫内用品凡为金或铜者，皆改用铁。他说：“使我治天下十年，当使黄金与土同价。”萧道成的诗文多散佚，其子孙多为文士，有诗文传世。“文化大革命”期间，在兰陵镇曾出土其印2枚，印文“字萧侯一字绍白”“尽抛身外无穷事”，存民间。

周盘龙（409—487） 南朝宋、齐时兰陵（今苍山县兰陵镇）人。他有胆量，有勇气，弓马纯熟，武艺超群。宋泰始（465—471）中期，因作战果敢，建有战功，被封为晋安县子。元徽二年（474年）桂阳王刘休范举兵反，周盘龙跟随右卫将军萧道成，屯兵新亭以拒，升为骁骑将军，封沌阳侯。

萧道成伐宋成为齐高帝后，周盘龙为右将军。建元元年（479年），北魏军队进攻寿春，齐高帝以周盘龙为军主，协助豫州刺史垣崇祖与魏作战，大败魏军，受到齐高帝下诏赞扬并赐予奖赏。翌年，北魏军队进攻淮阳，围困角城，齐高帝又命周盘龙率军到淮阳救援。周盘龙部与魏军展开激战，其子周奉叔带200人冲进魏军阵地，被万余名魏军包围，周盘龙飞马手持长矛冲向魏军，所向披靡。父子会合后，横冲直撞，搅乱数万魏军阵脚，杀得魏军大败而逃。周盘龙父子英勇善战，名播北国。永明五年（487年）周盘龙任征虏将军，因年老不能再守镇边疆要求辞去军中职务，被朝廷批准，调回朝任散骑常侍、光禄大夫。不久病卒，时年 78 岁。

萧　赜（440—493）　字宣远，萧道成长子，建元四年（482 年）三月即位，为齐武帝。

萧赜注重发展经济，重视文化教育。体恤民情，不喜游宴，为政务求节俭。数次在建康城的玄武湖中为禁军讲武，有北伐之志。由于萧赜继续执行齐高帝的治国方略，社会出现相对安定的局面，并且与北魏保持边界和平，南齐的国力大幅增强，史称“永明之治”。

徐孝嗣（453—499）　字始昌，东海郯（今苍山县二庙乡）人。幼时博闻强记，才学横溢，人称“神童徐孝嗣”。少时举止俶傥，风仪端简，孝武帝十分赏识器重，将其女康乐公主许配与他。后任驸马都尉、著作郎。入齐后，任吴兴太守，善于治理，有政声，随升为尚书令。为官清廉，器重弘雅，不以权势骄人，谦恭得度。永和初年（499 年），受遗诏辅政。适时，东昏侯密谋争夺皇位，视徐孝嗣为障碍，将其毒死。

徐孝嗣著有文集 12 卷。清人严可均《全上古三代秦汉三国六朝文》辑其文 4 篇，明人冯惟讷《古诗纪》存其《白雪歌》1 首。

何　逊（约 466—518）　字仲言，东海郯（今苍山县长城镇）人，南朝梁著名诗人，何承天之曾孙。他的诗对唐诗的形成和发展有着深刻影响。

何逊 8 岁即能赋诗，16 岁被州郡举荐为秀才，未曾入仕便文名远扬。为梁武帝的开国重臣、学者范云赏识，二人结为忘年交，时为佳话。不久，做南平王的宾客，后任安成王的参军兼尚书水部郎、庐陵王记室等。人称“何水部”“何记室”，与何思澄、何子朗父子并称“东海三何”。

何逊诗文很多，擅长刻画山水，抒发离情别绪、行役羁旅之思，词句隽秀。何逊的诗受永明体的影响，十分讲究韵律，开唐代律诗、绝句之先河。唐代诗人杜甫说自己“颇学阴何苦用心”（何，即何逊）。梁元帝说，诗写得多而好的是沈约，写得少而精的要数谢眺和何逊。除诗以外，何逊还有少量辞赋和骈文传世，但远不如他的诗。

有《何记室集》3 卷传世。《何逊集》据《梁书·何逊传》说是他死后由同时人王僧孺所编定，共 8 卷。中华书局有排印本《何逊集》。

何逊的文名很大，仕途却不顺利。他所担任的奉朝请、记室、参军等职，都是些无职无权的小官。最高只任过尚书水部郎，无关轻重。死后葬于家乡长城镇，墓地现处汪塘内，为县级文物保护单位。

何　远（470—521）　字义方，南朝东海郯（今苍山县长城镇）人。

何远是梁代著名的“良吏”。任武昌太守时，其地水产丰富，但他生活节俭，每顿饭只不过几片鱼干为菜。任镇南将军、武康令时，生活“愈厉廉节”。他以端正的作风处理政务，深受民众爱戴。为官期间，田秩俸钱，并无所取。每到年底，免除贫苦人家赋税。但其家庭妻子饥寒，如下贫者。

他为人耿直无私，不畏权贵。太守王彬巡视所辖各县，皆隆重接待，独何远用炒熟的米、谷和白开水接待他。何远拒绝邀请和另有所求的谒见，不拜访权贵，对富贵贫穷者一视同仁，特为豪右所畏惮。任东阳太守时，被免官。天监十六年（517 年），梁武帝两次下诏表彰。病卒时，梁武帝给他家中以优厚的赏赐。

何子朗（约 499—522）　字世明，东海郯（今苍山县长城镇长城村）人。曾任员外散骑侍郎、国山令等。

何子朗“早有才思”，诗文以清丽新雅见长，人们评价说“人中爽爽何子朗”（《梁书·何思澄传》)。又因与其父何思澄、同宗的文士何逊三人并驾齐驱，且是一位多产作家，故时人又评价说："东海三何，子朗最多。"何子朗诗文留传下来的很少，现仅存《学谢体》《和虞记室骞古意》《和缪郎视月》等篇。

徐　悱（494—524）　字敬业，东海郯（今苍山县二庙乡）人，徐勉次子，梁代诗人。受父母影响，少年气盛，从小就有创功立业志向，发愤读书，写一手好文章。15岁时涉入政坛，初任著作郎，青云直上，改任太子洗马、中舍人、书记、晋安内史等。后因足疾，早逝。他的诗在《玉台新咏》《昭明文选》《文苑英华》中均有收录，以《昭明文选》中的《古意酬到长史溉登琅琊城》为著名。《玉台新咏》中辑录数首他与刘令娴这一对文学夫妻的赠答诗，抒发对妻子的相思缱绻之情。

妻刘令娴，南朝梁女诗人。祖籍琅琊，出身世族。兄刘孝绰为文学士，时人称她为"刘三娘"。她的诗多写闺怨，流传至今的仅8首，全见于《玉台新咏》，以《答外诗》著名。丈夫徐悱早逝，刘令娴悲痛欲绝。丈夫逝世周年，她写《祭夫文》以悼。"一见无期，百身何赎""如此当诀，永痛无穷"等祭词，淋漓尽致，发自肺腑。公公徐勉本欲作词哀悼，见其《祭夫文》，乃止。

萧　琛（478—529）　字彦瑜，南朝梁兰陵（今苍山县兰陵镇）人。萧琛少而朗悟，有纵横才辩。起初，他任齐太学博士。当时王俭当朝，萧琛年少，其才能未被发现。他负才拜访王俭，通过交谈，王俭对他十分赏识。王俭任丹阳尹，征召萧琛担任主簿，并推荐为南徐州秀才，升任司徒记室。

齐永明九年（491年），北魏派李道固出使齐，齐武帝设宴招待。萧琛在御宴上给李道固劝酒，李不接受，说：公庭无私礼，不容受劝。萧琛慢慢地回答：《诗经》上所谓"雨我公田，遂及我私"，在座的人都佩服此言有理，李接受劝酒。不久，出任晋熙王长史、行南徐州事。齐东昏侯嗣立，议论无庙见之典仪，萧琛提出按《周颂烈文》《闵予》之典，被采纳。梁天监元年（502年），任太子中庶子，出任宣城太守。北朝有一僧人自带葫芦，内藏《汉书序传》，称是班固真本。萧琛再三要求，方得此书，转献东宫收藏。天监九年（510年），出任宁远将军、平西长史、江夏太守，后又任南郡太守、东阳太守、吴兴太守等。普通元年（520年），升迁左户尚书，领南徐州大中正、太子右卫率，又任骁骑将军、领军将军、后军将军等职。梁武帝与萧琛关系密切，每次朝中宴会，都称他为"宗老"。

萧琛为官，不治产业。常说少壮三好，音律、书、酒。年长以来，三事都废，唯书籍不衰，其好学精神跃然显现。中大通元年（529年）病卒。死前任侍中，特进金紫光禄大夫。他遗令诸子，葬事从俭，事存率素，谥号为"平子"。

萧　统（501—531）　字施德，兰陵人，梁武帝萧衍长子，史称昭明太子。

萧统天资聪敏，3岁时学《孝经》《论语》，5岁即遍读五经，过目能诵，赋诗便成，9岁能在寿安殿讲《孝经》，12岁能判决案件。天监十四年（515年）正月初一，萧统15岁，梁武帝在太极殿为萧统举行了隆重的加冠礼仪式。

萧统平时衣食简朴，以己率物。普通二年（521年），京师物价飞涨，萧统命东宫所有人员缩衣节食，降低开销。每当遇到阴雨连绵，积雪封门，萧统常派遣心腹，巡视闾巷。看到贫困百姓，或流离在外的穷人，都暗暗给予赈济。又命人买来许多布帛，缝制成棉衣、被褥之类的物品，用来救济京城内及其附近贫苦受冻的百姓。如果有的穷人死了买不起棺材，萧统就为他们置备棺木。

萧统秉性仁和，喜怒不形于色；待人谦和，

心胸宽广，待下人十分和善。有一次吃饭，发现菜肴里不干净，里面有一只苍蝇。他悄悄地用筷子把苍蝇拨到盘子外边，没有让其他人看见，然后继续吃饭。萧统不想让厨役因这点疏忽而受到惩罚。平治刑狱时，萧统也以仁慈为本，从不随意持律刑人，所以人们都说他有仁义之心。

普通七年（526 年）十一月，萧统母亲丁贵嫔病重期间，他夜不能寐，寝食不安。殡葬期间，萧统茶饭不思，每每恸哭欲绝，后来甚至滴水不进、粒米不沾，到葬礼完毕腰带只剩下一半。

萧统的仁德在南朝广为流传，死时朝野为之扼腕叹息，京城建康的男男女女，奔走于宫门，在大大小小的街道上掩袖抹泪。从京师周围的百姓到边疆的民众，听说太子逝世的消息都向着京城志哀。

萧统温文尔雅，学识渊博，喜好与文人交往，在他的主持下，一批著名文人共同编选了《昭明文选》。《昭明文选》又称《文选》，共 30 卷，是中国历史上最早的一部文献巨著，选录从先秦到普通元年（520 年）八百多年间 130 多位作家文质兼备的文章 754 篇，加上唐章怀太子李善的注文及清胡克家的《考异》10 卷 20 万字，共 180 多万字，是中国现存编选最早的诗文总集。

何思澄（约 479—532）　字元静，东海郯（今苍山县长城镇长城村）人。初仕为南康王侍郎，天监十五年（516 年）出任治书侍御史，后历任东宫通事舍人、秣陵令、黔县令等。

曾登庐山写了《游庐山诗》，为当时的文坛领袖沈约所称赞。在担任治书侍御史时，何思澄曾与顾协等 5 人历经 8 年，共同撰写了 700 卷供皇帝参阅的、类似于后世小说集的大型综合类图书《遍略》，为整理传承世俗文化做出贡献。

何思澄有文集 15 卷，仅有 3 首传世，《玉台新咏》收其《奉和湘东王教班婕好》。

徐　勉（466—535）　字修仁，东海郯西南二庙（今苍山县二庙乡）人。南朝梁经学家。

幼年家贫，发愤读书，任太学博士、镇军参军、中书侍郎、尚书左丞、侍中、给事中等。天监六年（507 年），任吏部尚书。徐勉居选官，彝伦有序，既闲尺牍，兼善辞令。虽文案填积，坐客充盈，他手不停笔，应对如流。常与门人夜集，客有虞日高求詹事五官，他正色答曰“今夕只谈风月，不宜及公事”，时人折服其无私。他居高位，为官清廉，经常把自己的俸禄分给穷苦人，而对自己的孩子却要求很严，从不娇惯。他常说：“人遗子孙以财，我遗子孙以清白。子孙才也，财自致辎；如其不才，终为他有。”

徐勉撰修《嘉礼仪注》《军礼仪注》等 117 卷，删编《流别起居注》660 卷，撰写《左丞弹事》5 卷、《选品》5 卷、《太庙祝文》2 卷、《会林》50 卷、《妇人集》50 卷等。

萧　衍（464—549）　字叔达，祖籍兰陵。原是南齐的官员，中兴三年（502 年）四月废齐和帝，自己称帝，史称梁武帝，在位 48 年，在中国历史上列清康熙在位 61 年、乾隆 60 年、汉武帝 54 年之后，居第 4 位。颇有政绩，有“天监之治”之名。

萧衍吸取齐灭亡的教训，勤于政务，孜孜不怠，不分春夏秋冬，总是五更天起床批改公文奏章，冬天手都冻裂了。为了广泛纳谏，听取众人意见，最大限度地用好人才，他下令在门前设立两个盒子，一个是谤木函，一个是肺石函。如果功臣和有才之人，没有因功受到赏赐和提拔，或者良才没有被使用，都可以往肺石函里投书信。如果是一般的百姓，想要给国家提什么批评或建议，可以往谤木函里投书。普通二年（521 年），萧衍创办一所孤独院，收养无依靠的贫民。时处中国南北分裂状态，在南强北弱的背景下，萧衍多次“北伐”，终未打败北魏“收复失地”。晚年的萧衍刚愎自用，不听劝谏，后

期政绩下降，以致发生“侯景之乱”，被侯景软禁，饥渴死于台城。

萧衍非常节俭，史书上说他“日止一食，膳无鲜腴，惟豆羹粝食而已”。萧衍时常“身穿布衣，木绵皁帐，一冠三载，一被二年”，“后宫职司贵妃以下，六宫袆褕三翟之外，皆衣不曳地，傍无锦绮。”他不饮酒，不听响声，“非宗庙祭祀、大会飨宴及诸法事，未尝作乐；政务之余，坚持读书，虽日理万机，犹卷不辍手，燃烛侧光，常至戊夜”。

萧衍学术研究和文学创作上的成就突出，史书称他“六艺备闲，棋登逸品，阴阳纬候，卜筮占决，并悉称善。……天资睿敏，下笔成章，千赋百诗，直疏便就，皆文质彬彬。……草隶尺牍，骑射弓马，莫不奇妙。” 萧衍现存诗歌有 80 多首，按内容、题材可大致分为四类：言情诗、谈禅悟道诗、宴游赠答诗、咏物诗。他的乐府拟作大多为情歌，主要以女性为咏唱对象，郑振铎认为“萧衍新乐府辞最为娇艳可爱”。在梁武帝的影响和提倡下，梁朝文化事业的发展达到了东晋以来二百年间最繁荣的阶段。

萧衍重视儒家思想，亲自写了《春秋答问》等书，解答大臣们的疑问，直接倡导了良好的学习风气。萧衍早年对道教学说也颇有研究，但晚年从儒家转向佛家，还几次入寺庙做和尚，当住持，讲解经书，是中国历史上第一个信佛的皇帝。著有《涅萃》《大品》《净名》《三慧》等数百卷佛学著作。在此基础上，他把儒家的“礼”、道家的“无”和佛教的“因果报应”糅合在一起，创立了“三教同源说”，在中国古代思想史上占有极其重要的地位。

梁武帝时，发生了一场旷日持久的“神不灭”与“神灭”的大争论。萧衍虽然反对著名思想家、无神论者范缜的“神灭论”观点，但是他对范缜是非常尊重的，仍给予范缜较高政治待遇。这场大争论对于促进学术繁荣、活跃思想起到非常重要的作用。萧衍为隋唐封建文化的繁荣开辟了道路。

萧衍有八子，长子即昭明太子萧统，三子简文帝萧纲，七子元帝萧铎。梁朝（含后梁）立国 86 年，传位 5 代，共 11 帝。

徐　摛（472—549）　字士秀，一字士绩，东海郯（今苍山县二庙乡）人，梁代著名文士。

历任太学博士、左卫司马、太子侍读、云麾府记室参军、平西府中记室、安北中录事参军、郯令、秣陵令。普通四年（523 年）任谘议参军。大通元年（527 年）任宁蛮府长史、家令。中大通元年（529 年）起任新安太守、中庶子、戎昭将军。太清三年（549 年），南方发生重大历史变故，侯景起兵反梁，梁都台城陷落，萧梁政权崩溃。当时侍卫奔散，唯独徐摛坚守岗位，忠于职守，岿然侍立不动。太宗后被幽闭，徐摛不获朝谒，因感气疾而卒。

徐摛幼年好读书，遍通经史、五经大义和百家杂说，解论释教，应答如流。他长期跟随萧纲，写出大量反映宫廷生活的诗歌，先后被萧纲以太子和皇帝的身份大加倡导和宣传。宫体之号，自斯而起，在历史上延续百年之久。其宫体诗显赫当时，对唐诗产生过一定影响。《全梁文》存其诗 5 首。

高长恭（约 541－573）　又名高孝瓘、高肃，祖籍渤海调蓨（今河北景县南），神武帝高欢之孙，文襄帝高澄第三子，南北朝时北齐宗室、将领，封爵兰陵王。

高长恭骁勇善战，据说因为面相太柔美，不足以威赫敌人，每每打仗都要带上狰狞的面具。为将躬勤细事，每得甘美，虽一瓜数果，必与将士分享。突厥攻入晋阳，高长恭奋力将其击退。邙山之战，高长恭为中军，率领五百骑兵再入周军包围圈，直至金墉城下，因高长恭戴着头盔，城中的人不确定是敌军或是己军，直到高长恭把头盔脱下来城上的人才知道是高长恭，派弓箭手开始放箭保护他，之后成功替金墉解围。高长恭在此次战中威名大振，士兵们为此战而讴歌他，庆功会上能歌善舞的北齐将士以这场胜仗为背景创作了歌颂兰陵王的舞乐《兰陵王入阵曲》。该曲是为歌颂兰陵王的战功和美德而做的男子独舞。舞者表现兰陵王"指麾击刺"的英姿。唐朝时期随遣唐使东传日本，并成为日本雅乐传承至今。1986 年，河北省邯郸市文保所及磁县兰陵王墓文物人员通过日本专家找回此曲，使其重归故里。

高长恭累次升任至并州刺史，后历任尚书令、录尚书事、大司马、太保、太尉等。前后以战功别封钜鹿、长乐、乐平、高阳等郡公。高长恭受封兰陵王后，在兰陵建土城一座，在北街正中建兰王府，并在兰陵镇东北十余里（今兴明乡毛家庄附近）建"王乐城"。后因"国事即家事"招致北齐后主高纬记恨，于武平四年（573 年）被高纬赐死。后追赠为太尉，谥号武。

高长恭死后墓地有两处：一是河北磁县，有墓碑；二是在苍山县兰陵镇的大官庄前，几十年前被破坏。其附近另有一座兰陵王妃墓，其规格是兰陵王冢的三倍（因王妃先于高长恭去世）。

徐　陵（507—583）　字孝穆，徐摛长子。梁中大通三年（531 年），其父徐摛为左卫率，徐陵与弟徐信并为抄撰学士。父子三人同在东宫出入禁闼。太清二年（548 年）夏，徐陵出使东魏。北齐伐魏后，他被迫羁留北齐 7 年。从陈天嘉六年（565 年）起，历任散骑常侍、御史中丞、吏部尚书、领大著作、建昌县侯、尚书左仆射、国子祭酒、太子太傅等职。

徐陵天资聪颖，纵横有口辨。诗文每一出手，好事者已传写成诵，遂被之华夷，家藏其本，时称"一代文宗"。他一生著述颇丰，多散佚，后人辑有《徐孝穆集》，收其遗文 81 篇，诗歌 42 首。他著有词采兼备的骈文，传世书简精彩奇藻，摇笔波涌。他编《玉台新咏》10 卷，集先秦晋梁诗 870 首，是继《诗经》《楚辞》后一部较早的诗歌总集。他支撑起"玉台诗体"的门户，创造中国文化史上诗之最，给后代首先是唐代以有益的借鉴。

萧摩诃（533—605）　字元胤，南朝陈兰陵（今苍山县兰陵镇）人。其祖父萧靓、父萧谅都在梁为官。

萧摩诃小时随父在始兴郡官府生活，其父病死后，由其姐夫蔡路养收养。年龄渐大，果毅有勇力。13 岁单枪匹马出战，军中莫有挡者。归附侯安都后，多方征战，战功卓著，被任为巴山太守。太建五年（573 年），陈军十万北伐中原，萧摩诃驰马直冲齐军阵地，击杀西域将领等十余人，打败齐军，萧摩诃被封为廉平县侯。后转任太仆卿，又以军功升任晋熙太守。太建九年（577 年），与齐军再战，萧率七骑冲入敌阵，手夺齐军大旗，齐军溃败。战后被任命为谯州刺史。周武帝灭齐后派精骑数千，争夺吕梁地区。萧摩诃只带十二骑，深入周军，纵横奋击杀死多人。陈宣帝授萧摩诃右卫将军。

陈后主派萧摩诃抵御隋军渡江，授其南徐州刺史。祯明三年（589 年），后主召萧摩诃还朝，隋军乘虚渡江南征，攻击京口。萧请求征战，后主不许，以致错过战机。连续三次请缨，后主方允。战则大败，死伤五千余人，陈后主被擒。萧摩诃负伤身陷隋军，刀架其颈，词色不挠，被释而礼立。隋文帝杨坚素重萧摩诃的为人，说：壮士也。陈亡后，萧摩诃随陈后主降隋，任开府仪同三司。隋炀帝即位后，随汉王杨谅起兵谋反，被俘诛杀。

颜师古（581—645）　名籀，字师古，祖籍琅琊临沂人，随祖父颜之推迁居关中，为京兆万年（今陕西西安市）人。唐初儒家学者、经学家、语言文字学家（训诂学家）、历史学家。

颜师古少传家业，遵循祖训，博览群书，

学问通博，擅长文字训诂、声韵、校勘之学。唐初任中书舍人，专掌机密。秦王李世民即皇帝位，擢为中书侍郎，封琅琊县男。后因故两次免职。

贞观七年（633 年），任秘书少监，专管校定古书的工作，受唐太宗之命考定五经，撰成《五经定本》。《五经定本》颁布天下，成为全国儒学和科举考试的钦定用书。颜师古还是研究《汉书》的专家，对两汉以来的经学史十分熟悉，奉太子承乾之命，为《汉书》作注。在广泛汲取前人成果的基础上，多有创新，解释翔实明晰，深受时人称许。《匡谬正俗》是其另一部重要著作，全书 8 卷，主要探求造成解释谬误与读音的关系，纠正了诸经、诸书中的一些错误，并从中总结出原因和教训。

颜师古有文集 40 卷传世。《新唐书•艺文志》著录有集 60 卷，已散佚。《全唐文》辑录其文 19 篇，《全唐诗》辑其诗 1 首。

贞观十五年（641 年），颜师古调职秘书监、弘文馆学士。贞观十九年（645 年），随唐太宗征辽东，途中病逝，谥曰“戴”，归葬芦柞（今苍山县芦柞镇）。唐太宗为其建祠，并御题“墩煌公师古祠”门匾。

萧皇后（570—648）　即隋炀帝之皇后，南梁萧统之曾孙女，西梁国主萧岿之女。萧氏生于二月，时江南风俗以二月出生不好养，故养于其叔家，叔萧岌夫妇去世后，转养舅张轲家。隋文帝为晋王杨广选妃，因萧氏出身名门，知书达礼，又能吃苦耐劳，遂选。杨广即位后，封其为后，对她很尊敬，每次出巡都让萧妃跟随。杨广骄逸奢靡，萧皇后写《述志赋》规劝丈夫要有所节制。杨广被宇文化及杀死后，萧氏为宇文化及所据。其后，宇文化及为窦建德所败，萧氏又为窦建德所使。突厥处罗可汗闻后遣使向窦建德索要，窦建德又将萧氏送与处罗可汗。至唐贞观四年（630 年），大军攻灭突厥，唐太宗下令以隆重的礼节迎接萧氏回归，封为昭容（皇妃称号），居于京师。贞观二十二年（648 年）与其弟萧瑀同年辞世。

萧　瑀（574—648）　字时文，后梁文帝萧岿之子，兰陵萧氏在隋唐重新崛起的关键人物。

萧瑀秉性耿直，屡次劝谏隋炀帝，渐被疏远。隋大业十三年（617 年），李渊以书信邀其返都，并授光禄大夫，拜封宋国公，任民部尚书。唐统一天下后，萧瑀由参与决策转为总领百官，主管政务。玄武门之变后，李世民即皇位，萧瑀为尚书左仆射。唐贞观十七年（643 年），唐太宗命绘制功臣图像悬挂于凌烟阁，萧瑀入列。贞观二十二年（648 年）六月，因病逝于玉华宫。临终前留有遗书一封，认为“生而必死，理之常分”，要求诸子办理丧事，一切从俭。

自唐一代，萧瑀的后世子孙中萧嵩、萧华、萧复、萧宥、萧俛、萧倣、萧遘等人皆官至宰辅。欧阳修评价说：“梁萧氏兴江左，实有功在民，厥终无大恶，以浸微而亡，故余祉及其后裔。自瑀逮遘，凡八叶宰相，名德相望，与唐盛衰。世家之盛，古未有也。”

萧德言（558—654）　字文行，南陈吏部侍郎萧引之子，南陈灭亡，迁徙到关中。晚年定居沂州兰陵。

受家族影响，萧德言自小广博涉猎，犹精经史，成年后以渊博的经史知识闻名乡里。贞观年间授著作郎，兼任弘文馆学士，参与《群书治要》《括地志》等文化典籍的编写。

晚年笃志于经学，每读、授《五经》，必先沐浴，焚香端坐，其妻埋怨说：整天如此，你不累吗？这么大的年纪了，何必这样折腾呢？萧德言回答说：经书是先圣流传下来的言教，面对先圣的言教就如同面对先圣一般，怎么可以惧怕劳累呢？

唐永徽五年（654 年），以 96 岁高龄逝于家中，高宗得报，万分悲痛，休朝一日，并赠太常卿之爵，赐谥号为“博”。有文集30卷传世。

萧颖士（708—759） 字茂挺，颍州汝阴（今安徽阜阳）人，郡望南兰陵（今江苏常州），唐代散文家和诗人。开元进士，曾任秘书正字、扬州功曹参军等。

萧颖士致力于写作古文，自谓“平生属文，格不近俗，凡所拟议，必希古文”，“魏晋以还，未尝留意”。其出身世代官宦家庭，自幼勤奋好学，19岁中进士，对策第一，以此名扬天下。天宝初年，奉命到河北一带收集散落在民间的历史遗书，淹久不报，被有司劾免。客留濮阳，教授度日。有志于撰史传世，致力于古文写作，是古文运动的先驱。萧颖士不仅是颇负盛名的散文作家，还是一位诗人。《全唐诗》中有其诗作20余首，其中《蒙山行》一诗，展现了蒙山彩云缭绕、松涛阵阵、泉山叮咚、群鸟相鸣的美景，讴歌家乡的山和水，赞扬家乡的人民，倾注无限眷恋之情。

萧颖士著述甚丰，有《游梁新集》3卷、文集10卷及大量诗歌。文集至明代已佚，诗歌传世较少，《全唐诗》辑其诗19首。今存《萧茂挺文集》1卷，系后人根据《文苑英华》《唐文粹》等书辑成。

萧颖士善于分析天下的形势。安史之乱前，他预感到形势要乱，暗与朋友交谈。大乱中，他正在山南节度使麾下任职。当源洧要放弃南阳不守而退守江陵时，他力主坚守南阳，得到源洧的采纳，保住南阳战略要地，对后来南粮北调中原、平定叛乱起了重要作用。安史之乱后，永王起兵与唐肃宗争夺皇位，请萧颖士、李白、孔巢父等名士参与起事。萧颖士和孔巢父借机逃脱，而李白被卷入，后遭流放夜郎之祸。萧颖士后弃官而去，旅居汝阳，并卒于其地。终官扬州功曹参军，因称“萧功曹”。

芙蓉禅师（1043—1118） 俗家名崔道楷，北宋沂州芙蓉社（今苍山县卞庄街道芙蓉村）人，六祖慧能第十二位衣钵传承人，属中土佛教重要流派曹洞宗的重要发扬光大者，世称芙蓉道楷法师。

幼时，逢蝗灾，随父捕于田，然于别田中捕。父问何不捕自田之蝗，答曰：“捕自田之蝗而不捕别家之田，蝗仍聚食，最宜先捕别田之蝗。”后离家学道术于伊阳山中，渐悟其非，弃而习佛，于京师（汴梁，今河南开封）术台寺出家，后师从投子山义青禅师学习，成为义青法师之继承人。其后游历国内名寺，先后住持洛阳之招提、郢州之大阳山、随州之大洪山崇宁保寿禅院等佛刹，大扬洞上之风，从者如云。崇宁三年（1104年），宋徽宗闻其名，召住京师十方净因禅院，赐紫衣袍及“定照禅师”之号。芙蓉禅师以衣非佛制，固辞不受，因而坐罪，黥而流放淄州，不久获赦。政和三年（1113年）回故乡芙蓉湖畔（遗址在今卞庄街道小屯村）建寺，大扬禅风，学者风从，四方来追随者达数百人。同时，征得地方官员同意，率众弟子连年开渠，将芙蓉湖水从东珈河排走，得良田数万亩，分由无田者或流民耕种，受益者众多。所产之米煮熟后清香远逸，名曰“芙蓉香稻”，后成为朝廷贡米。寺院香火隆盛，远近闻名。政和七年（1117年），宋徽宗赐以“华严禅寺”一额，后又赐名“兴化寺”。翌年五月圆寂，寿七十六，临终前作偈曰：“吾年七十六，世缘今已足。生不爱天堂，死不怕地狱。撒手横身三界外，腾腾任运何拘束。”灵骨在华严寺供奉，后迁至随州大洪山佛塔。有《新纂续藏经·祇园正仪》1卷传世。

胡　义 生卒年不详。字忠卿，金末元初沂州坊前（今苍山县兴明乡坊前村）人。

自幼聪敏，成人后以孝悌闻名。金元之际，天下大乱，生灵涂炭，他誓救一方百姓于水深火热之中，遂带百余家乡亲到石城崮构筑城垣以避战乱。石城崮周围数十里民众慕名而聚者络绎不绝。胡义因势利导募集壮士万余人进行军事训练，组成石城民军，威震山东。为收服人心，金国任命胡义为骠骑卫上将军、琅琊军节度使兼沂州管内观察使右副元帅。金亡后，元朝仍按旧制保其官职地位，去世后得到皇帝下旨安葬的殊荣。

管文通　生卒年不详。元代中后期沂州临沂凤仪村（今苍山县磨山镇华严寺村）人。

任儒学副提举期间，与十数同志捐资在家乡凤凰山前曾子讲学处兴建书院，并立祠祭祀曾子，报请朝廷后，皇帝手书“曾子书院”匾额相赠。至正三年（1343 年）到至正七年（1347 年）任庐陵县尹，任内行善政以大治，并修凤山书院及庐陵县学，隆师宗教一时传为美谈。为感管文通之惠政，庐陵人郭元辅买书籍若干部，刊曾子所著书若干卷，送于曾子书院，供学子讲读。同为“江西文派”领袖人物的庐陵人刘诜专门为此撰写《曾子祠碑记》一文，述当时之盛。管文通故居遗址曾被清末拔贡王彬推为华严八景之“管桥夜雨”。

贾仲明（1343—1422）　一作仲名，号云水散人、云水翁。淄川（今山东淄博）人，后退隐定居兰陵，元末明初戏曲作家。

贾仲明聪敏好学，博览群书，喜欢吟咏，尤精于戏曲、隐语（即谜语）的创作。明成祖朱棣为燕王时，他曾为侍从，受宠。每有宴会应制之作，无不称赏。曾增补过元人的《录鬼簿》，并对其中 80 多位杂剧作家分别写了吊词。他风流潇洒，才华出众，交游甚广，所作乐府、传奇极多，骈丽工巧，广为流传，为当时人所敬服。

贾仲明著作颇丰，他所作杂剧见于著录的有 16 种，现有《吕洞宾桃柳升仙梦》《铁拐李度金童玉女》《李素兰风月玉壶春》《萧淑兰情寄菩萨蛮》《荆楚重臣对玉梳记》《山神庙裴度还带》6 种传本。贾仲明的这些杂剧作品，对日后苍山民歌起到重要的借鉴推动作用，并对近邻淄川清代蒲松龄的俚曲也有较大的影响。

张崇德　生卒年代不详。字履谦，号北山，明代沂州安庄（今苍山县尚岩镇安庄村）人。明弘治十四年（1501 年）与其族弟张崇道同时考中举人，正德九年（1514 年）考中进士。

正德十年（1515 年）出任枞阳知县，任内重修晋代陶侃所筑“运甓亭”，并将其易名“惜阴亭”，教育人们惜时励志，至今枞阳民众仍引以自豪。正德十四年（1519 年）出任临汝州知州，正德十六年（1521 年）创办圣学书院（清乾隆七年知州宋名立重修，更名为童蒙书院），置房舍数十间，名立雪、春风、诚敬、涵养、践履。离任时民众涕泣攀辕不去者连绵数十里。后官至提刑按察使司佥事（正三品）。去世后，皇帝下旨御葬，遗址存于今尚岩镇张庄村南。

王守正（1550—1615）　明代沂州兰陵南横山人（今苍山县兰陵镇南横山村）。万历十六年（1588 年）考中举人，翌年中进士。初仕直隶无极县知县，历任刑部福建清吏司郎中、直隶大名府知府、天津兵备道副使、四川守北道按察司副使兼布政司使右参议、太子朱常洛太子少傅（正三品）。

王守正生性刚直，秉公执法，政声远扬。有《间间翁自赞》传世。去世后，皇帝下旨安葬，今南横山村北有其墓地遗址。

兰陵笑笑生　生卒年不详。中国优秀长篇古典名著《金瓶梅》的作者。

兰陵笑笑生的真实姓名不详。400 年来，猜测蜂起，众喙不息，成为中国古文化之谜。然“兰陵”之命名，从春秋时代以至如今 2000 多年，不论其隶属关系及郡、县、镇规模如何沿革变迁，

“兰陵”之名没变。只有兰陵籍的笑笑生，才称其为真正的兰陵笑笑生。

兰陵笑笑生作为中国文学史上第一位独立创作长篇小说的作家，在小说创作上达到前所未有的高度，他所创作的“第一奇书”《金瓶梅》以市井人物与世俗风情为描写中心，开启了文人直接取材于现实社会生活而创作长篇小说的先河。

宋日就（约1557—1629） 字克明，号警铭，明沂州珩头（今苍山县向城镇杭头村）人，后居黎丘（今向城镇北黄鹂山前），名儒宋悌长子。万历十三年（1585年）考中举人，被推为琅琊艺林领袖。万历三十五年（1607年）选任陕西富平知县，任内和平宽厚、勤政爱民，有“宋佛”之称。后升任龙门别驾，升王府长史告归。为父守孝后，开馆授教，不再出仕。去世后入祠乡贤。所著《自淑集》行于世。

宋日振（约1563—1630） 字警亭，祖籍沂州珩头（今苍山县向城镇杭头村）。为琅琊名儒、著名隐士宋梯五子。岁贡生，授陕西平凉府同知，摄陕西提行按察使。为官忠于职守，“黎民争歌”。

宋鸣梧（1577—1636） 字泰侯，号泰斗。明沂州珩头（今苍山县向城镇杭头村）人。

万历二十八年（1600年）考中举人。万历三十八年（1610年），其父宋日乾病逝于新城（今山东省桓台县），宋鸣梧散发赤脚在泥泞中步行扶灵柩返乡，并在墓前守孝三年。此后继母去世，亦在墓前守孝三年。

万历四十七年（1619年）中进士后任职刑部，与左光斗、缪昌期等人结为莫逆之交。因数次拒绝魏忠贤拉拢，遂不被容。魏忠贤被除方官复原职。奉旨清查魏忠贤家产时，纤毫不染。被任命为左佥都御史（正四品）。

崇祯七年（1634年）任尚宝寺卿。根据中国古代设立常平仓的规制，于大冶村（今大仲村镇大冶村）新桥北创建义仓三间。

崇祯九年（1636年）卒于京城。崇祯帝追封其为正义大夫、都察院左副都御史（正三品），钦赐《清修介节》匾额一方，并准入祠乡贤。

宋鸣梧为“琅琊文社”发起人之一，当时沂州名士皆集于文社旗帜之下，著有《家传纂言》（今藏于国家图书馆古文库，《刻本》共4卷）、《羲易集成》《琅琊集》《纂言诸子》等书。

宋鸣梧的“忠孝”思想和非凡行为，对子孙后代产生了持久的影响，如子侄辈的宋之普、宋之韩，孙子辈的宋念祖、宋瞻祖、宋成立、宋名立等，还有更晚辈的宋澍、宋潢、宋开勋、宋献章等人，《沂州志》和《临沂县志》均有记载。

宋鸣珂（？—1645） 字泰如，晚号碧溪居士，沂州黎邱（今苍山县向城镇黎丘村）人，宋日就长子，明末贡生。因“献三策”有功，授莱州府知府。顺治元年（1644年）清军入关后，于莱州聚众反清，清军围攻时因寡不敌众，其仆人曹节易其冠被捕遇害。脱身后回老家隐居。顺治二年（1645年）六月，发誓“宁愿饿死不食清粟”，绝食而死。

洪良范 生卒年不详。又名全良范，字心矩，沂州费县陶硅院村（今苍山县大仲村镇陶柱院村）人，明代著名治水专家。

万历二十二年（1594年）考取解元，万历二十六年（1598年）中进士。初仕浙江鄞县知县，到任后整修加固海堤，惠政于民。升任河南开封府知府后，在黄河南岸带领民众修筑百子岗以拒洪水，此后黄河大堤十数载未出险情，扶沟县民众自发为其建生祠崇祀。后以户部郎中身份督办湖广漕运，上疏奏请整修城陵矶港口，得到批准。工程竣工后，整个湖广行省的水路交通得以通畅。其后升任河南按察副使兼管河道治理。此前因连年夏季大雨，汴河与黄河交汇的地方河道失修，洪水泛滥成灾。洪良范到任后，因地势、水势实施治理，三个月即修复了大堤。因母病逝，洪良范回沂州城守孝。白莲教首领徐鸿儒攻打沂州城时，带头捐资守城，去世后入祠乡贤。

王昌时（1590—1647） 字稚公，苍山县兰陵镇人。王昌时出生于书香门第，寒素之家，幼时勤学好问，废寝忘食。他博览群书，但不守绳墨，能把诸子百家灵活运用，不失法度，做到文有出处，论而有据。在乡试中出类拔萃，明天启七年（1627年）中举，崇祯四年（1631年）殿试考中二甲进士。朝廷授他行人司行人，后任江南淮安知府，次年改任江西赣州知府，后晋升为江西岭北道提刑按察使，并代理盐院。辞官回乡后著书立说，卒于清顺治四年（1647年）十月十五日，葬于兰陵东南。

王昌时为官几十年，兢兢业业，廉洁勤政，恪尽职守，不畏权贵，爱民重士，不徇私情，被世人赞扬。崇祯九年（1636年）九月，鉴于他政绩卓著，皇帝敕封他为徵侍郎。其母年届八旬之时，皇帝恩准其回乡敬养。回乡后，他著书立说，著作颇丰，但由于战乱，多散失，所存有制仪1卷，碑文、祭文《皇明郡牧廉平传》10卷，其中《皇明郡牧廉平传》在明末由英刻本发行，现存江苏省扬州市图书馆，被江苏省列入《江苏省珍贵古籍名录》和江苏古籍重点保护推荐名单。

杨富春 生卒年不详。字严矶，沂州庄坞（今苍山县庄坞镇庄坞村）人，琅琊文社社友之一。以孝闻名乡里。杨富春精通中医，所开中医方剂让许多贫病之人得到治疗。

其子杨通，曾捐钱200千文加固马湾村东的沂河大堤，并带头捐资1000千文修建庄坞永济桥。兖州府知府、沂州知州及分管水利的滩水令同时赠送匾额予以表彰。

宋之普（1602—1669） 字则甫，号今础，沂州长新桥（今苍山县贾庄乡长新桥）人，宋鸣梧长子。崇祯元年（1628年）进士，历任翰林院庶吉士、礼部给谏、给事中、太仆寺少卿、都察院佥都御史、户部左侍郎等。甲申之变后，鲁王朱以海正式出任监国，用为辅弼，赐以尚方宝剑。鲁王被挫败后，出任清朝常州太守。顺治十二年（1655年），退居苏州东林书院建“道南堂”谈经校艺。著作有《桃花涧记》《中丞公行实》《云成阁集》等，多已散佚。

长子宋念祖，授直隶安肃县知县，升广东儋州牧；次子宋瞻祖，官至刑部郎中，赠奉直大夫。

宋之韩（1610—1669） 字奇玉、稚甫，号莲仙、西莲、莲花居士，自称西莲父，人称涑洲先生、涑州司马、琅琊公子等，沂州安乐庄（今苍山县贾庄乡安乐庄）人。清初沂州一带著名的文学家。

明崇祯三年（1630年）至清顺治十六年（1659年），参加明、清两朝10次科举，皆无果。52岁时，康熙皇帝称他“才堪效用，力可宣猷”，遂到东昌府任教授职，沉浮于升斗之间。四年后，因考绩优秀擢任四川泸州通判。其后三年，去职回乡，居住在青云村万凤窝（今苍山县大仲村镇寨子村），康熙八年（1669年）辞世。

著有《海沂诗集》和《蜀难本末记》等。2010年，《海沂诗集》被录入由中国人民大学和北京大学联合编纂的《清代诗文集汇编》第30册中。《蜀难本末传》真实记录了明末清初蜀难的过程和“全蜀之民，半死于寇，继死于兵，又死于疫，复死于殍，而更死于虎，欲求有民不可得也”的惨状，对于研究明末清初的四川历史有弥足珍贵的史料价值。

宋之郊（1609—1676） 字万生，号莫斋，诗人，清沂州东南楼（今属苍山县向城镇）人。明崇祯十五年（1642年）科贤书，授江西乐平知县，在官有惠政，民称“宋青天。”

杨德懿 生卒年不详。字天美，沂州庄坞（今苍山县庄坞镇庄坞村）人，秀才，朝廷授其鸿胪寺鸣赞之职。长子杨苞曾任直隶顺德府广宗知县；三子杨宏武科进士，曾任四川守备、重庆都司游击等。杨德懿每次给杨苞、杨宏寄信时都要教导“洁己奉公，勤慎厥职”。每遇瘟疫流行，则购同仁堂的药散剂救助患病之人。

杨德裕 生卒年不详。沂州庄坞（今苍山县庄坞镇庄坞村）人，秀才，曾任历城（今济南历城）训导。有一年饥荒，他出麦一百八十石，分给流亡灾民。沂河暴发洪水，他出小米五百石济贫。奉命督修沂河大堤，他自己捐钱九万作为民工补助，东河总督亲颁匾额予以表彰。

王恭人（1638—1709） 东昌学博、四川泸州州判宋之韩次子宋契学之妻。清代女诗人，《临沂县志·著述》记其《绿窗诗草》1卷。

王氏自幼生长在官宦家，饱受封建礼教熏陶。父亲王政敏，字道沛，费县马庄人，明崇祯十六年（1643年）进士，任行人司行人。父女皆善诗文，政敏鼎革（指1644年明亡清立）不仕，誉称“介节先生”。有《块阜山咏》一诗，诗中自喻山石，表达其“风韵迥绝伦”的天生傲姿。女儿又代启父风，《费县志·卷十·人物》记：王政敏“有女能诗，适琅琊宋氏，著有《绿窗诗草》”。《费县志·艺文》载其14首，多数从《绿窗诗草》中选出。至其元孙潢为编集的《绿窗诗草》（共78首），与公父之韩的《海沂诗集》20卷，俱名载《临沂县志》。王绍曾先生编纂的《山东文献书目》也提到这两个集子。北京图书馆古籍库藏有原本。

宋念祖（1642—1717） 字陟庭，号敬思，沂州府兰山县长新桥（今苍山县贾庄乡长新桥）人，宋之普长子。幼年入国子监读书，由官出仕，授直隶安肃知县。调离时，百姓依依难舍，而集以碎布，合缝“万民伞”，赠以纪念。后被提升为广东琼州牧、儋州牧等。为官清廉谨慎，辛勤供职，深受百姓赞誉和爱戴。

宋瞻祖（1663—1732） 字绍庭，号缄斋，沂州府兰山县长新桥（今苍山县贾庄乡长新桥）人，宋之普次子。由太学生出仕，历任詹事府、太常寺典簿、光禄寺主簿、大理寺寺正、刑部员外郎、郎中等。政绩声名俱佳，被康熙帝诏封为承德郎。

宋成立（1695—？） 字仙原，号南村，清代沂州府兰山县涝坡（今苍山县大仲村镇涝坡村）人。由顺天庠生入廪贡，保举刑部陕西司学习行走，后效力实录馆议述，试用河工，授扬州宝应知县。到任时为雍正末年（1735年），江淮地区因蝗旱而岁酿荒歉，饥民背井乞食者无处不见。宋成立遍查邑村灾状，以首务呈告上司，急待赈济。又告示邑内士绅自愿捐钱粮，与邑民一起度荒。后因触怒权贵而罢职。

宋名立（1698—1757） 字令闻，号补斋，岁贡生，清代沂州府兰山县西纸坊（今苍山县卞庄街道西纸坊村）人。历任河南裕州知州、直隶汝州州牧、四川达州州牧、署豫顺庆府知府，雍正帝颁诏称他“作牧重于长城，遂委一州之任，亲民莫为长吏，远逾百里之荣。”特授为奉直大夫。在任期间，注重编修志书，修理书院，对文物古迹保护贡献甚大。

杨　慰（约1738—1783） 字安临，号健庵，清代沂州府兰山县庄坞（今苍山县庄坞镇庄坞村）人。乾隆二十四年（1759年）中举，乾隆二十八年（1763年）中进士。历任福安、惠安、诏安、诸罗等县知县。

诸罗县汉族与少数民族杂居，积累诸多矛盾。杨慰到任后，采取教育与救助相结合的方法进行管理，不到两年就减缓、化解了各种矛盾。任诏安知县时，福建水师提督黄仕简家人仗势多占耕地。失地农民到县衙告发时，杨慰默许他们到黄仕简门前请愿，让黄家退出了多占的耕地。后来诸罗与彰化交界处发生强盗内讧案，黄仕简暗示强盗乃杨慰所致。时任闽浙总督的陈辉祖据强盗告发，参劾杨慰，杨慰被押至刑部大牢。经过长子杨应星近一年的营救，方得释。不久，在忧愤中辞世。

宋熊图（1721—1787） 字兴渭，号励堂，清代沂州府兰山县长新桥（今苍山县贾庄乡）人。

曾祖宋之普为明代大臣、南明鲁王监国辅弼（宰相），祖父宋念祖为安肃知县、广东儋州牧，父亲宋本立为州同知。自幼丧父，事母杨氏至孝。乾隆十七年（1752 年）科武举，授官议叙游击。

据《临沂县志》记载：乾隆五十一年（1786 年）沂水大饥，宋熊图尽输家当助赈。郡北青驼寺（今属沂南县）为齐鲁通衢，桥圮难行，宋熊图输五百金助工。十二月，乾隆皇帝颁诏称他“英猷克矢，武力维宣，抚恤师徒，广仁风于挟纩，勤劳军卒，鼓壮气于同袍，凯惠修颂章，宜赐以尔克囊王事”，并特授为武翼都尉（从三品武官）。

宋　澍（1751—1807） 字沛青，号小坡，清代沂州府兰山县车辋（今苍山县车辋镇）村人，乾隆四十六年（1781 年）辛丑科进士。

其高祖宋稷学，清初以雅好诗词、古文显于时，结庐车辋村。宋澍成进士后，被选为翰林院庶吉士。当地人称他为“翰林老爷”，将其私宅称为“翰林院”。后宋澍由庶吉士改任吏部主事，擢升郎中。又曾历江南道、京畿道、监察御史、刑科给事中。其间，曾向嘉庆皇帝提出镇压川陕白莲教起义的建议，受到赏识。乾隆五十四年（1789 年）任会试同考官，乾隆六十年（1795 年）任湖南乡试正考官，为清政府选拔人才。不久，又视学陕甘，完成使命后诰封京畿道监察御史加三级及中宪大夫。后因老归养，其子孙多有仕宦。死后葬于沂水县庐山之阳。

杨永泽（约 1730—约 1811） 字沛字，苍山县庄坞村人。自幼嗜学，多读书。乾隆十五年（1750 年），年弱冠以第二入举于乡。后任陕西富平知县，因不善奔竞，久赋闲。乾隆三十七年（1772 年），诸城刘文正公如陕西，与其大吏言及之，乃授清涧知县。上任后振兴该县的笔峰书院，慈爱廉明，颂声载道。升任商州同知，自叹职微任轻，不能转移风气，年未五十，致仕归。课读外，以诗自娱。

赵德懋（1751—1821） 字建泽，号勉斋，别号荆园，清代沂州府兰山县大官庄（今苍山县卞庄街道赵家官庄）人。其祖父赵淑彬死后因孙而荣，被诰赠中宪大夫。

乾隆五十四年（1789 年）由拔贡生被国子监录取。三年后被授以知县赴云南任职，途中路经南州铜厂（今云南东川铜矿），发现该厂积弊成灾，陷于瘫痪状态，吏治与地方皆视为老大难，无人敢往插手，赵德懋毅然前往。由于工作得法，处事得当，清除诸弊，不到一年时间使年产铜额由三十万上升到三百万。他得以功著推以知府入觐（觐见皇帝），被嘉庆皇帝夸奖，钦命曲靖府知府，后又擢升为大理府知府并护理迤西兵备道（代管边防军事）。十年后卒于任上。曾被诰授朝议大夫、中宪大夫，为正四品。

赵德懋能诗善文，是当时闻名的诗人知府，著有《妙香斋诗集》4 卷，今有其残本一二卷，刊有诗作约 200 首。

其父赵锡祖，字赐韩，号凤山太学生，因子而荣，先后被诰封朝议大夫和晋封中宪大夫。

赵德懋生有六子，均为官员，其中长子、三

子、五子、六子均为五品官。其后裔迁住三合乡大吴皇路村。

赵德润 生卒年不详。字清泽，号矗峰，清代沂州府兰山县大官庄（今苍山县卞庄街道赵家官庄）人，赵德懋堂兄。

赵德润天资聪颖，髫高好学，乾隆二十一年（1756年）考取举人。之后，被选授陕西褒城县（今陕西省勉县）知县，又先后被擢升为华州（今陕西华县）知州、安徽太平府（今黄山市黄山区）同知，又调授湖南岳州（今湖南省岳阳市）同知，进而被擢升为南康府（今江西省南康市）知府和候补道。赵德润曾被诰授朝议大夫和中宪大夫，为正四品。享年88岁。

其祖父赵淑彬，字书上，号西坡庠生，后因孙而荣被晋封中宪大夫。其父赵念祖，字世菴，赵淑彬的第三子，因子而荣，先后被诰封朝议大夫和晋封中宪大夫。赵德润是其次子。

宋　潢（1761—1826）　字星溪，号小岚，清代沂州府兰山县棠棣园（今苍山县贾庄乡朱村）人。幼时家贫，得本族宋雄图资助，入宋家学馆读书。乾隆五十四年（1789年）乙酉科拔贡、甲寅科举人，嘉庆四年（1799年）乙未科进士。官至户部云南司主事、郎中，军需局铸法堂现审处侧例馆，钦点遮常政户部主事，安徽省颍州、卢州知府，苏松储粮署都道，卒时赐中宪大夫。工诗文，尤善书法。其书法受董其昌影响，以正楷和行、草最佳，字体淳厚。著有《明恕堂诗稿》2卷。

宋宪章（1777—1835）　字文舫，号蕴亭，清代沂州府兰山县车庄（今苍山县大仲村镇车庄村）人，由贡生授光禄寺署正，历任江宁府督粮同知、扬州府知府、诰授奉直大夫、晋封中宪大夫。

道光十五年（1835年），江淮先涝后旱，百姓大饥，宋宪章奉旨采购粮食，救济灾民，日夜来往于山东济宁、滕州等地，积劳成疾，医治无效，逝于府衙。

王鹏翥（1762—1835）　字云程，号晓山，清代沂州府兰山县王楼（今苍山县尚岩镇王楼村）人。10岁熟《五经》，治《春秋》《大戴礼记》，20岁入郡庠。乾隆五十七年（1792年），督学使臣翁方纲读其文，赞为"山东省经义文之第一流"，于是声名愈高，四方之士争相向他学习。

嘉庆十三年（1808年）中进士，被派往广东。时广东沿海混乱，两江总督张百龄遣新去试用人员到齐郡县，组织百姓训练。王鹏翥被派饶州，即将70余乡百姓组织起来，构筑战守工事，统一调动指挥，强盗闻之逃遁。总督将其做法通报全省，并补其为阳春知县。不久，总督率兵经阳春县境剿灭海盗，用金银一万两，皆由王鹏翥县衙里支出，没有向百姓摊派。海盗平定，胜利回师，沿途各县皆大摆筵席，演戏庆功。唯王鹏翥仍似往常，以淡饭粗茶相待。王鹏翥任阳春知县3年，告病还乡时，邑人纷纷涌向衙门前，与他依依惜别。回乡后，以教书著述为乐，生徒甚多；著有《经说》《诗文集》等，藏于家。

杨　晦　生卒年不详。字仓谷，清代沂州府兰山县庄坞（今苍山县庄坞镇庄坞村）人。清乾隆年间人。性格浪漫、淡泊名利。精篆书，自成一体，以铁丝篆体字为世人宝之。工刻制印章。

宋兰华（1809—1882）　清代沂州府兰山县棠棣园人（又名糖球园，今苍山县贾庄乡朱村），宋潢之女。道光间沂州南乡有名的女诗人，16岁嫁与庄坞生员杨位中（字云樵，杨慰曾孙）。她的《春宵感赋》组诗反映了对庚子赔款的深深忧虑，表达出强烈的爱国之情。

于　腾（1832—1890）　字飞卿，生于清代沂州府郯城县寨子村（今苍山县沂堂镇寨子村）一个贫苦家庭。从小给人家放猪，上不起学。只能在放猪来去的路上，跑到学校窗下偷听。后被老师董继志发现，让他免费入学。他读书十分勤奋，县试中秀才。后在岳父资助下，继续攻读。咸丰二年（1852 年）壬子科乡试正榜，同治元年（1862 年）壬戌科会试二甲进士。先后任四川省宜宾、铜梁知县，代理成都知府。

政务之余，工书法，尤其精通书画的鉴赏与收藏。其藏画以宋画册页为最多，今存国家博物馆及各大美术馆内。他还整理编印《盛宋文选》《昭明文选》《皮子文薮》等书。

夫人王氏在其去世后定居临沂城，捐资办义学，被朝廷褒奖，封其为“一品夫人”，并赐金凤冠一顶（于 1976 年出土，重 1480 克）。

王杞庸（1846—1919）　沂州府兰山县兰陵（今苍山县兰陵镇）人，绰号小红袄，因其在隆冬时镇压农民义军，其亲兵抢劫百姓红棉袄披其身上而得名。

他在兰陵附近霸有十多个佃户村，为建造高大楼房，不惜重金从江西购买上等木材，聘请有名的泥瓦匠施工。工程基本完竣后，蛮不讲理赖付工钱，工头杨三冈子气愤无望，悬梁自尽，王杞庸因此入狱。适逢山东宁海响应太平天国革命，爆发农民起义，清兵屡剿失利，出榜招“贤”。王杞庸应招进剿有“功”，清政府重加封赏赐官。但他不愿在外为官，回家当起兰陵圩主、十八社的总团练，带领民团剿灭幅军、捻军。他经常将大批无辜平民逮捕送县，惨加杀戮，邀功请赏。清山东督军送其“保卫邻封”之金字匾额。

他在兰山县西南乡（今苍山县兰陵镇）一手遮天，一切民间诉讼都由他审判。兰陵集镇的秤、斗、牙行，所有税收全归他管。他的一匹白马整天撒着，不论下湖地吃谁的庄稼，还是上菜园吃谁家的菜，都无人敢管。一天，他酒足饭饱，悠闲自得地在池边观鱼，忽闻“啪”的一声，游鱼受惊潜入水底，大煞风景。盛怒之下，命人查明来报。原来是几个赶驴的从大路经过，因驴走得太慢，打了一个响鞭。他当即派人把打响鞭的人捆绑起来投进监狱。

小红袄沉溺女色，年逾 70 岁，仍头系红绳纳妾。唯恐力不从心，到处高价求医，购买春药。小红袄看上了一名长工的妻子，设计把她奸污，为长期占有，派人将其丈夫杀害。小红袄为霸占其族弟的妻子，买通官府把族弟杖毙狱中。70 岁以后，每天都要佣人搀扶或用小车推着去和情人相会，靠人乳滋补身体，妄图苟延生命。

袁永平（？—1926）　字秋臣，沂州府兰山县底阁（今枣庄市峄城区底阁镇底阁村）人。兰陵红枪会首领。1916 年 10 月，他因策动山东新军起事，被捕于台儿庄，判处一等徒刑，囚禁 8 年。1925 年 3 月特赦出狱。遂以“反奉”为号召，组织民众，与侯六合等联兵在兰陵成立临沂红枪会。

1925 年 9 月国民联军鲁督委任袁永平为山东游击队第一支队司令，30 日他在向城打一胜仗。10 月 4 日，红枪会开进临沂城。开牢门，放囚犯，并以“山东国民自治军第五路军”名义发布告示，声讨北洋军阀，安抚临沂民心。10 月 18 日退出临沂城。盘桓数十日，乃进入抱犊崮山区，移师卞庄，回到兰陵。沂州镇守使翟文林攻袁，袁永平在困境中被招抚。整编后，他率 1600 人驻青驼寺。1926 年 7 月 23 日，翟指令袁亲去临沂领取委任状，并拟“晋升”。袁永平率 20 余骑，行至临沂北，即遭翟部伏击，全部遇难。

王思玷（1895—1926） 原名王思溃，曾用笔名亦民，沂州府兰山县兰陵（今苍山县兰陵西南隅村）人。

少时就读于乡间私塾，后入临沂高等小学。毕业后考进南京铁道专门学堂，其间受到新文化运动的影响。“五四”运动后，辍学回乡与人合创临沂县兰陵区立高等小学。一边执教，一边从事新文学创作。他积极倡导白话文，批判有神论，发动学生剪辫子，游行示威，抵制日货，为“五卅”惨案募捐。又开办农民夜校，组织进步学生成立马列主义学习小组等。1921 年—1923 年，在茅盾主编的《小说月报》连续发表《风雨之下》《偏枯》等 7 篇描写农村和民生生活的短篇小说，蜚声文坛。1925 年袁永平响应北伐在兰陵举行武装起义，他投笔从戎参加义军，被委以一等秘书。1926 年率义军途经下村孔庄时遭鲁南孔庄联庄会的袭击，王思玷不幸殉难，时年 31 岁。茅盾曾在《中国新文学大系·小说一集·导言》中称誉他“像彗星似的一现就不见了”。

在“五四”新文学开拓者群中，王思玷是一位较有影响的作家。他的作品逼真地再现了 20 世纪 20 年代初鲁南一带农村的社会风貌及生活图景，揭露了时代的黑暗、残酷与不合理。第一篇小说《风雨之下》就是因其所展示的贫苦农民饥荒的痛楚及家破人亡的悲剧，引起时人的注目。茅盾曾评论说：“作者对于农民生活的熟悉，在这里已露端绪。”《偏枯》描写农民贫病交加、妻离子散的凄惨场面，使人惊心动魄。此外，他写农村青年的苦闷彷徨、走投无路（《归来》），写兵匪给人民群众带来的祸患（《瘟疫》），写农村社会秩序的混乱（《刘并》），都反映出日趋衰颓的现实景象和不断激化的社会矛盾。他写士兵形象的作品《一粒子弹》《几封用 S 署名的信》深刻地揭示出军阀混战的罪恶实质，表现了强烈的反战情绪。在 1935 年胡适、鲁迅、茅盾共同编纂《中国新文学大系》中，王思玷的《偏枯》《瘟疫》《几封用 S 署名的信》入选其中，并受到茅盾的极高评价。1979 年，北京大学、北京师范大学、北京师范学院三校中文系联合编选《中国现代文学史参考资料》一书时，选收其《偏枯》。

陈敬修（1863—1927） 字可亭，沂州府郯城县磨山华严寺（今苍山县磨山镇华岩寺村）人。

陈敬修生性敦厚聪敏，六七岁能背《百家姓》等文章。少时家贫，常卖豆腐，以渣、菜度日。后得旺庄秀才陈新太资助教导，中秀才。从此便在小岭、长新桥、卞庄等地教书。光绪十四年（1888 年）戊子科乡试正榜中举。后到临沂教书。光绪十六年（1890 年）庚寅恩科会试三甲 36 名，因无钱送礼买缺，当押粮官 13 年。光绪二十九年（1903 年）调任浙江平湖县知县，任职一年半弃官回家闲住。其间，他集资重盖一贯书院和万松山玄子庙，重修华岩寺东傅家桥，编著自传和《一贯书院》等。墨迹遍及县内，其书法俊秀流畅，许多墓碑多系其手笔。1927 年，被土匪劫至芦塘残害致死。现存有《华岩寺八景诗》。

冷相佑（1902—1927） 又名冷相祐，民国初年郯城县青竹村（今苍山县神山镇青竹村）人，是今苍山县境内入党最早的中共党员，中共早期创建人民军队的见证人和参与者，周恩来称誉他是“黄埔硬骨头”。

幼入郯城县立高等小学学习，后入山东省立第五中学学习。1924 年 1 月，由张苇村介绍加入国民党，同年 5 月抵广州，6 月考入黄埔军校第一期。同年，经陈赓介绍加入中国共产党，参加中国青年军人联合会活动，任黄埔军校教导二团排长及第四期入伍生团区队副，其后参加国民革命军第一、第二次东征及北伐。1926 年秋起，任国民革命军第九军连长、第二十军教导团一营营长等职。

1927年8月1日，参加南昌起义。9月30日，国民党军队向潮州发起进攻。为掩护起义军领导机关南撤汕头，时任贺龙所部第三师教导团第一总队长的冷相佑，奉命率第三师教导团及第六团第六连600余人守卫潮州城西北竹竿山及城西南芦山一带，与国民党15军第四、第六师9000余人展开惨烈的阵地争夺战。终因弹尽援绝，腹背多处中弹，壮烈牺牲。

新中国成立后，潮州人民政府在烈士陵园为冷相佑建墓立碑。南昌起义纪念馆烈士群雕中亦存有雕像。

傅思义（1903—1927）　字鹤亭，沂州府郯城县磨山赤土门（今苍山县磨山镇赤土门村）人。1920年考入山东临沂第五中学，1924年毕业于济南美术学校，夏考入黄埔军校第二期。1925年任国民革命军第一军连代表。东江战役中奋不顾身，被数创，深为同泽钦佩。惠州之役左臂受伤，疗养于汕头博爱医院。1926年7月参加第一军北伐，任中校营长。1926年年底奉上级委派，赴济南做军事秘密工作，在徐州设济民医院为机关部，秘密联络江淮志士，乘机待发。因内奸告密，1927年5月7日被奉系军阀张宗昌逮捕。傅思义挺身自承，威武不屈，27日被害于徐州东郊河畔，1929年其尸骨运回家乡埋葬。

刘文漪（1901—1933）　字其园，沂州府兰山县西大埠（今苍山县卞庄街道西大埠村）人。幼年于本村私塾就读。1925年参加冯玉祥的西北军，接受进步思想。1926年回家，先后任神山、安庄、西大埠等村小学教员。他性情刚烈，具路见不平、拔刀相助之侠肝义胆，多次不惜舍身救助受欺侮的穷苦人，令当地恶霸与土匪生畏。

他结识鲁南地区共产党地下领导人刘之言后，竭力掩护并协助其从事革命活动。1932年参加中国共产党。1933年夏参加苍山暴动，成立苏维埃政府，建立中国工农红军鲁南游击总队，任军事指挥兼第四中队队长。他亲率250名暴动人员，与当地民团及国民党八十一师展书堂部英勇搏击。因寡不敌众，于7月9日傍黑突围时，在大圩子村北门里中弹牺牲。

刘之言（1906—1933）　名汾，原名刘昭逊，字之言。沂州府郯城县马头（今郯城县马头镇马头村）人。

出身于市民家庭，16岁初小毕业，后考入济南第一师范初师部。1926年冬加入中国共产党。1927年受党组织派遣回乡从事革命活动。1929年在马头镇建立党支部，又在苍山县境发展党员，建立北哨、芦汪子等中共支部。1932年建立中共临郯县委，刘之言任县委书记。中共临郯县委统一了临沂、郯城、费县、峄县、莒县、邳县、赣榆等地区的中共党组织的领导，发展党员350余名，下属4个区委、31个支部、110多个小组。

1932年冬，国民党山东省党部主任张苇村指令郯城县政府在其老家柞城修建一座新县城，大量派丁派款导致民众怨声载道。中共临郯县委决定以苍山为主力军事区，举行暴动。暴动队伍的名称为中国工农红军鲁南游击总队，郭云舫为总队司令，刘之言为政委。中共山东临时省委书记张恩堂来鲁南检查工作，听取“苍山暴动计划”的汇报，予以批准。

1933年7月6日晨，郭云舫、刘之言领导的暴动队伍于苍山山顶鸣枪吹号，暴动爆发。他们在大圩子村场上召开誓师大会，成立苏维埃政府，处决恶霸地主，开仓放粮。7月8日两次击溃反动民团的进攻。9日国民党八十一师六十八旅包围苍山镇压暴动。激战一天，大批暴动队员死伤。刘之言负伤，突围时被地主武装逮捕，押送卞庄后被害。

刘之言烈士陵墓位于郯城县马陵山烈士陵园。

郭云舫（1908—1933）　又名郭宝，今山西省永济县人，中国工农红军鲁南游击总队司令，苍山暴动主要负责人。

郭云舫于长安民主中学读书时加入中国共产党（一说于1931年经刘之言介绍入党）。1925年春，因其父被害受牵连入狱，获释后投奔军阀刘镇华部当兵。1927年秋随岳父到苍，先后在文峰、西疃、小岭、尚岩等小学任教。其间，他结识了中共党员朱次彭（后叛变）、刘之言，在费县用土枪击毙开药房的王姓恶霸，在文峰小学发动雇工与地主赵鉴南斗争。1927年秋，中共临郯（中心）县委成立，郭云舫任军事部部长。

1933年7月6日晨，苍山暴动始发。7月9日，国民党军队包围苍山，郭云舫、刘之言等率部分头迎击，多次击退进攻之敌。午后，西南角炮楼被敌炮击中，十几名队员当场牺牲，郭云舫被砸在楼下。被扒出后，带领一部分人向北突围，不幸被捕。

郭云舫被捕后被带到向城，旅长唐邦植亲自审理。先以高官厚禄诱降，后施以酷刑。他大义凛然，英勇不屈，重刑下慷慨陈词。唐假惺惺地说："你不要逞强，应为家中的妻儿想想？"郭反驳说："你们杀戮无辜，丧尽天良，迟早要受到历史的惩罚，你们更该想想！"郭云舫话音未落，敌人便强制他把脸仰起，把两支点燃的蜡烛插入鼻孔，炽热的烛泪滴在脸上。接着又用烧红的火铲灼其肌肤，灌辣椒水。灌后敌人轮番猛踏其肚子，辣椒水混着血水从嘴中喷出。郭云舫铮铮铁骨，毫无惧色。晚上，他忍着剧痛给妻子留下了一封遗书："……我心已定，只能慷慨就义……"12日上午，郭云舫在向城南门外就义，时年25岁。1954年9月归葬文峰山。

张　星（？—1933）　沂州府兰山县东纸坊（今苍山县下庄街道东纸坊村）人。七八岁即雇给大户放牛，青年时给大户扛活。1932年4月，由郭云舫介绍加入中国共产党。1933年7月6日，在苍山暴动中任小队长。暴动失败后，转移到郯城红花埠，后被敌人密探侦知被捕。被捕后，在敌人残酷刑讯下，只字不吐露党的机密。在去往刑场路上，慷慨悲歌，反复呼唱《国际歌》的第一句，"起来，饥寒交迫的奴隶……"。当敌人要向他开枪时，他大声说"别忙，等老子站好了再动手"，高呼"共产党员万岁！"慷慨就义。

张鲁峰（1909—1933）　字维宇，又名岩。沂州府郯城县大埠子（今郯城县花园乡大埠子村）村人。1930年10月加入中国共产党。1931年7月中共涝沟区委成立，任组织委员。1932年春任中共涝沟区委书记。同年10月，中共徐海蚌特委鲁南特派员唐东华被捕，特委即指派张鲁峰任鲁南特派员。在斗争形势十分险恶的情况下，他不顾个人安危，日夜奔波，使马头、房部庄一带的党组织很快恢复，又通过发展一批党员，开辟沂、武河两岸党的工作。1933年春，中共临郯县委在尚岩（今苍山县尚岩镇尚岩村）小学召开会议，决定举行苍山暴动，以沂、武河地区为偏师作战区，由他负责。会后，他根据县委部署，很快组织起4个暴动大队。7月3日，张鲁峰率领150多人的暴动队伍，高举"中国工农红军郯城游击队"的大旗渡沂河西进，向苍山进发。行至徐桥，突遭国民党军队和民团截击。张鲁峰指挥队伍奋勇抵抗，连续打退敌人三次进攻。因敌众我寡，遂率队向西突围，他一手紧握盒子枪，一手挥舞大刀，高喊"同志们跟我来！"终因敌人火力甚猛，不幸中弹，壮烈牺牲。

陈耀贤（1910—？）　字希堂，沂州府郯城县磨山华严寺（今苍山县磨山镇华岩寺村）人，陈敬修之五子。1923年秋入郯城县立高等小学读书，1925年回乡。1928年加入中国共产党（介绍人系临沂县最早的共产党员孙金宣），并秘密发展新党员，组建党小组。经常发表文章，宣传共产党的主张。1929年9月在青岛被捕，转押济南监狱，几经审讯，惨遭折磨。1931年冬出狱。1934年在济南创办“众鸣文艺社”，出版《一线》刊物。1936年年初，秘密组织“反蒋抗日同盟”，为躲避国民党军警，改名纪永才，奔赴上海，进行抗日救亡活动。1939年秋，其家中收到他的信，大意为：现在日寇猖獗，我要领兵打仗，居无定所，以后不再通信。遂从此下落不明，传说各异。

田　英（1912—1933）　临沂县夏庄（今苍山县卞庄街道夏庄村）人。七八岁给大户看林，15岁扛活。1931年在学校当校工，在郭云舫的启发与引导下，成为郭云舫的得力助手。1932年春，加入中国共产党。同年9月，任中共临郯县委委员、组织部副部长。1933年7月中共临郯县委在苍山举行武装暴动时任路北大队大队长兼第一中队长。7月7日、8日，暴动队员连续击退小城东、神山民团。9日，遭国民党镇压，队员们浴血奋战，打退敌人数次进攻，至夜幕降临，分别突围。此后，田英转移到金乡县花鱼集，以做生意为掩护开展党的工作。同年秋被捕。面对敌人的严刑拷打，他丝毫不吐露党的机密，保持一个共产党员的崇高气节。同年10月被害。

张苇村（1897—1935）　名舫海，字苇村，沂州府郯城县柞城城前（今苍山县卞庄街道柞城城前村）人。国民党候补中央执行委员。

张苇村10岁进学，每试必为头名。17岁时考入山东省立曲阜师范学校，改名张大成，开始接受资产阶级民主革命影响。1919年毕业，到郯城县立高等小学任司事（教务员）。1921年夏，又转考入山东省立医科专门学校。1922年山东省学生联合会改选时，张苇村被推选为代表。不久，被选为学联会长。1923年春，张苇村代表山东省学联到上海参加全国学联会议，会议期间集体参加国民党。1924年1月20日，国民党“一大”在广州召开，张苇村是孙中山亲自提名的山东代表，被选为候补中央执行委员，并被任命为国民党北平地方执行部副监察委员。同年10月孙中山带病北上，张苇村自济赴京看望，并与在京的中央委员轮流守护。1925年3月12日孙中山逝世，他协助料理有关仪式后返济。

1925年6月底，张苇村医专毕业，赴广州从事民主革命活动。10月，参加广东革命政府第二次讨伐陈炯明的战役。同年秋，受命回到山东老家以“中央大员”身份组建国民革命军迎接北伐。不料在所组建的国民革命军攻打临沂失利后被捕，后经其表舅杨廷森保释。

1929年，张苇村任国民党山东省政府参议兼青岛接收专员公署秘书。1930年，任山东省党务整理委员会常务委员兼训练部部长。不久，又兼任山东省临时军法会审判委员会委员长、陆军二十九师特派员。下半年，兼任山东省审查党义教师资格委员会委员。

1931年11月，国民党“四大”召开，张苇村复任国民党候补中央执行委员，并任国民党山东省执行委员会常务委员（即省党部主要负责人）等职。在济南期间，曾多次制造反共事件，屠杀共产党人，逐步受到蒋介石的器重，1932年秋兼任山东省政府委员。

1933年1月，张苇村向韩复榘提议在鲁南临郯交界处设置新县治，得到准许。山东省政府查勘柞城故城，拟划临沂县七、八（卞庄、兰陵）两区及郯城、费县交界地区新建柞城县，后因经费无着及当年7月“苍山暴动”影响而停办。

当时主鲁的韩复榘和蒋介石素有矛盾，张苇村为进一步取信于蒋，经常秘密向蒋报告韩的情报。韩察觉后便用尽一切手法拉拢，表面把其待如手足。张苇村认为韩很讲义气，且兵力雄厚，与其合作对霸占山东省有利，便叛蒋投韩。张、韩合流被国民党“CC”派发觉。1935 年 1 月 2 日晚，济南举行提灯大会。6 时许，张苇村驱车至商埠进德会，与卫兵杨金向东南柏墙甬道绕路北行时，突遭从柏墙暗处的袭击，张苇村身中 5 弹，当场毙命。

王思衍（1866—1938） 字仲蕃，号源亭，又号亦嚣子。沂州府兰山县兰陵（今苍山县兰陵镇）人，诗人，书法家。光绪二十四年（1898 年）进士，官至刑部主事。

王思衍幼学聪俊，12 岁便以诗名领沂州府“四才子”之首。28 岁中甲午科举人。32 岁戊戌科进士及第，官刑部主事。光绪二十六年（1900 年），八国联军侵犯北京，因不满慈禧丧权辱国策略，未随“驾”西逃，借机退隐故乡兰陵。后虽蒙召，再次入京为清廷补写被帝国列强捣毁的宫廷匾额，因耻于朝政腐败，国祚沦丧，告病未再仕。归隐后，初始过着“种瓜初劳土，秧菊待编篱”“赖有童孙兴，抛书不厌嬉”的田园生活。1938 年 2 月，日军飞机轰炸兰陵，兵屯枣庄，王思衍耻作亡国奴，愤而自缢。

王思衍书、诗、石三品俱佳。书法神从米、王、颜、赵，自成一家。中进士后，殿试原有候选“三鼎甲”之望，慈禧太后嫌其笔力过于刚劲，认为必定抗上而未选。王思衍为达官权贵鲜有挥毫，驻防临沂旅长李森多次求字，均遭拒之门外。1936 年前后，为筹资修复西泇河大桥，曾与好友王天乙、宋仲熙到临沂城临街卖字，送字上门。

王思衍残存诗稿《亦嚣诗存》220 首。早年之作《新钱法》《河防行》有“恶胥夜半惊乡村，村门更索赔迷钱”“隶持尺牒片旁门，良田沃沃与富人”“结底未足秋课到，嗷嗷床头无裤身”之句，颇有杜甫“三吏”诗风。晚年诗风多有陆游感慨忧国之愤，《记潦》中写道：“清满池塘绿满山，天空日月地空田，蜀滇燕粤同灾害，独有军人不问年。”《金缕曲》更是悲愤万千：“迩来事变尤奇绝，尚不知日后迁流，作何究结。假如至今此老在，当更如何恨切。洒何地一腔热血，万千章疏了无补，况寥寥数纸空言托。为掩卷，肝肠裂。”现存印谱有《木石居印存》手稿一部，共计 81 章。章法上宗秦玺汉印，下师历代名家，博采广取，刀法苍隽、古邃、淳朴。王思衍的诗集《亦嚣诗存》下卷和《木石居印存》手稿为 1979 年发现。

赵　斌（1917—1939） 字杰三，郯城县长城河头（今苍山县长城镇河头村）人。1938 年 5 月参加临郯青年抗日救国团，同年秋加入中国共产党，任中共临郯县委青年部部长、青年抗日救国团组织部副部长。

1939 年秋末，国民党军队向中共临郯县委驻地涌泉一带进犯，青救团向东北方向转移，赵斌带领警卫排进行阻击掩护。天色近黑，双方距离不到 200 米。战斗打响后遭到敌人机枪扫射，担任指挥的其他 4 人牺牲，赵斌亦身受重伤，部队伤亡很重。赵斌对身边的警卫说：“我不行了，你们赶快撤退，我掩护。”战士问：“你怎么办？”赵斌说：“不要管我！”当这个战士再三要求留下来同他一块战斗时，赵斌火了：“这是命令，快撤！”赵斌为掩护撤退，在阵地上流尽最后一滴血。第二天拂晓找到赵斌的遗体。从现场看，赵斌进行过顽强搏斗，双手被肢解，牙齿被刺刀别在嘴外，整个面部血肉模糊。在赵斌牺牲的附近沙土里，找出他的日记本。日记本中还夹有一张写好的信：“子见同志，张 ×× 的入党问题，我已经给他谈了两次，你再与他谈谈，有可能成为我们的同志……”

车志远（1896—1940） 原名车传道。兰山县东官庄（今苍山县兰陵镇东官庄村）人。

1938 年加入中国共产党。1939 年年初，任

兰陵区抗日运动会主任委员。后在韩塘、南桥一带秘密进行抗日活动。

1940年5月26日,车志远被李子瀛“请客”诱捕。车志远当时大骂李子瀛叛国投敌,被李的卫队员拔出匕首割下耳朵,鲜血直流。车志远同其他抗日干部一起,于横山村东门外英勇就义。

陈德吾（1912—1940） 原名陈桂馨,字德吾,苍山县兰陵镇西南隅村人。

幼时师从王思玷,在山东省立第五中学读书时接受进步思想,加入中国共产党。毕业后在兰陵小学、峄城店子街小学以任教为掩护开展党的工作,学生秦泽甫、王信忠（王子孚）、王川等在其影响下,先后参加革命。1938年5月,和杨景田等组织成立临郯青年抗日救国团第十七分团,第一次会议陈德吾被选举为常务委员,魏玉华、靳耀南、孙哲南等任委员。青救团十七分团后来改为青救团临沂八区团部,陈德吾任常务主任。1938年台儿庄大战期间,带领临郯青救团伏击日军运输车队。1939年4月带领临郯青救团十七分团夜袭兰陵守敌仓库,将日军库存的大米、汽油全部烧光。

1940年5月26日,陈德吾与其他中共抗日干部在“横山惨案”中被临沂县八区联庄会长、横山“抗敌自卫团”团长李子瀛以共商抗日大计为名诱捕杀害。陈德吾牺牲后,其全家为躲避李子瀛的追杀外出逃难。妻子欧氏不幸被抓入狱,受到非人的折磨,含恨离开人世。其父母亦因悲伤过度去世,他的两个侄子、两个侄女亦在日军扫荡中被杀或因病去世,短短三年内,一家人就去了八口。

王鼎钧在谈到抗战时期兰陵抗日人士时说“陈桂馨、陈德吾是同一人,桂馨先生是我小学的老师,他的哥哥桂友先生是我的私塾老师。桂馨先生遇难,我惊骇悲伤……”

杨清法（1886—1941） 兰山县扶邱（今苍山县车辋镇扶丘村）人。1938年参加革命,历任边联县农救会副会长、会长等职。1941年10月,在“银厂惨案”中牺牲。

杨清法出身贫苦,少时便受雇于大户之家放牛、扛活。1927年,宋宜安办农民协会,杨清法带领扛活的伙伴们积极响应。1935年,在国民党大肆搜捕共产党人的白色恐怖下加入中国共产党,在与上级党失去联系的情况下,协助宋宜安恢复东白山党支部。

1938年,杨清法惜别家中体弱多病的八旬老母,毅然投身抗日救国的战斗行列。1941年,国民党军六八三团制造“银厂惨案”时,杨清法随鲁南区党委一起活动。杨清法带领农救会人员和数名民兵,由村东南突围,向邓王山一带转移。当他们边打边走赶到压油沟附近时,被敌军的一个连包抄合围。他们固守阵地,期待天黑突围,因弹药告罄,进行激烈的肉搏战,杨清法身体被穿7洞,壮烈牺牲。1942年,边联县委在邢村竖纪念碑,文曰“……其中所牺牲的优秀干部,尤以杨清法为楷模,该同志立场坚定,爱憎分明,历次领导反扫荡、反掠夺、反屠杀的斗争,成为农救会的模范”。

赵 镈（1906—1941） 又名赵林。陕西府谷人,黄埔军校第六期毕业。牺牲时为中共鲁南区委书记兼鲁南军区政委。

赵镈出生于农民家庭,中学时期积极投身反帝反封建的革命斗争。1926年加入中国共产党,5月入黄埔军校学习。1927年,在北平、天津一带从事地下工作,因叛徒出卖在天津被捕入狱,敌人对他软硬兼施,威胁利诱,毫无结果。两年后被释放,继续在平津工作。1931年6月25日,赵镈在北平再次被捕,连续40天的审讯中,敌人施用种种手段,他坚贞不屈。后被转到陆海空副司令行营军法处,又经多次审讯后,被关进“北平军人反省分院”。赵镈以赵林为名与薄一波、刘澜涛等在狱中成立秘密中共支部，任组织干事，先后兼任学习委员会、生活委员会的主要负责人，抱病开展绝食斗争。1936年秋经组织营救，10月出狱，先后任冀东特委、津南特委书记，化名王元。1937年卢沟桥事变后，开辟冀南根据地。1938年秋，调任冀鲁豫区党校校长。1939年1月，任中共鲁西区委组织部长兼党校校长、妇委书记。1940年，中共山东分局成立鲁南区党委，赵镈任书记，驻边联县境。他加强党的思想和组织建设，健全区党委机关，相继建立三个地委，创办《鲁南时报》及党刊《先进》。此间，赵镈兼任鲁南军区政委，建立军区机关和三个军分区，健全各县地方武装。6月中旬，召开抱犊崮山区抗日人民代表大会，按“三三制”原则选举专员，组成专员公署；选举参议长、参议员，组成参议会。随后，建立和健全各级抗日民主政府和参议会，颁布各种法令，进行战备、禁毒、禁赌，开展民政司法、财政经济、文化教育等工作，并召开鲁南区工、农、青、妇各代表大会，成立各团体领导机构和各界救国联合总会。1940年冬，部队没有棉衣穿，赵镈带领大家早起跑步取暖，和大家一起吃糠咽菜。

1941年，日本侵略军加紧对鲁南根据地的“蚕食”“扫荡”，形成所谓“南北十余里，东西一线牵”“一枪打透根据地”的局面。赵镈带领鲁南两个团和边区支队，分兵三路全面出击，激战半个月，收复边区根据地。9月，日军再次“扫荡”，先犯临郯平原，接着进击抱犊崮山区。在日军合击时，赵镈领导区党委机关机动转移，10月20日住进银厂村休整。26日，国民党五十一军六八三团乘机夜袭区党委机关。赵镈带领警卫迅速向东突围。但没走多远，忽然想起秘书交下的一个机密文件包还没带出，就命令通讯员继续突围，自己返回屋内找到文件包，点火焚烧后，又向外冲，被国民党伏兵逮捕。第3天夜间，敌人使用压杠子、灌辣椒水等残酷刑罚。赵镈临危不惧，慷慨陈词，揭露国民党的罪行，怒斥土顽认贼作父、破坏抗日统一战线、残害共产党人的行径。敌顽张口结舌，又施展劝降花招，许以高官厚禄，遭到严厉拒绝。11月13日深夜，国民党军队把赵镈押至九女山下。他面对葬身的土坑，从容不迫地对国民党士兵发表义正辞严的演说：“请记住，中国人民是杀不绝的，死了我一个，会有千千万万个人站起来。抗战一定要胜利，共产主义一定要实现！”最后高呼口号，从容就义。

1943年春，为纪念赵镈，鲁南区党委和鲁南行署决定将边联县改名赵镈县。1944年春，将赵镈烈士遗骨从九女山迁葬文峰山，全县群众还捐集40公斤铜钱铸造了赵镈铜像镶嵌在烈士墓前。1988年11月，中共临沂地委、临沂地区行署在赵镈烈士墓前公立赵镈烈士纪念碑，薄一波、刘澜涛、王任重等老一辈革命家题词以示纪念。

颜景伦（1908—1941）　又名颜月岩，郯城县芦柞（今苍山县卞庄街道芦柞村）人。生前任沂河支队独立一团团长。自幼上私塾，1926年，在磨山山南村创办“山南小学”。1931年加入中国共产党。1932年，在芦柞一带开展工作，发展党员。1933年4月，创建中共芦柞支部，任支部书记。同年7月6日，带领武装参加苍山暴动。暴动失败后，转移到江苏下湖、河南信阳一带。1938年回家，11月参加兰山武装起义，加入临郯独立团。入伍后历任班长、连长等职。1939年4月，受组织派遣，在芦柞一带组织成立独立六营，任营长。此后，历任郯城抗日大队大队长、边联县前敌工委书记、鲁山抗日独立团副团长等职。1941年6月，任八路军鲁南军区3分区政委兼独立一团政委。10月10日，在日军的“扫荡”中，为掩护机关突围，中炮弹壮烈牺牲。

黄应聘（1912—1941）　又名黄莘三，临沂

县八区（今苍山县新兴镇）人，出身殷实之家。

1935 年，就读济南齐光中学，阅读进步书籍，接受进步思想。1937 年，重返故里，着手发动群众。常聚众说教，教唱军歌，演武操练，唤起民众。黄应聘不顾家人反对，卖掉地产和 3 大囤粮食，买回 20 余支盒子枪，拉起队伍上山。1939 年，加入中国共产党，与石涛联手成立东进支队八大队，计有 500 余人，任指导员，转战鲁南与日军展开游击战。1940 年，东进支队八大队调入八路军一一五师，他又回乡继续组织地方武装。同年，改编地方民团为八路军游击中队，黄应聘任中队长。1941 年，任边联县第五区区长，率部抗击日军至鲁南枣峪，与日军重兵遭遇。他只身抵抗，掩护战友撤退。战场上弹飞如雨，火网纵横交织，黄应聘中弹仆地，挣扎不动。日军包抄过来，对其连刺 40 余刀。他浑身窟窿，血染碧草，牺牲时年仅 29 岁。

孙仲典（1883—1942）　又名孙传经。原籍峄县（今山东省枣庄市峄城区），后迁居兰陵镇西南隅村。因以裁缝为业，被人称为“孙裁缝”。

孙仲典早年参加过同盟会，身份暴露后被捕，关押在徐州监狱。1925 年春特释出狱，便和车志远、王思玷等人参加袁永平的武装起义。在袁永平被诱杀、起义军溃散之时，和王思玷等人率其余部转战抱犊崮山区。1926 年，王思玷在下村孔庄遇难，孙仲典回到兰陵重操旧业。1928 年，帮助王思璞、王思瑕恢复因匪乱而停办的兰陵小学。同时，和王思璞等人办起平民夜校，孙仲典任校长，主动捐资购买课本、灯油、粉笔等。有一次，兰陵西南隅围墙被大雨淋塌一段，群众担心匪患。他独自到地主王家衡家，说服其出牛车拉土，出麦草踩墙。事成后，群众都说：“孙裁缝真是穷兄弟们的贴心人。”

1936 年，孙仲典受熟人之邀，到济南苇村中学担任传达，广泛接触进步学生和教师。“七七事变”后辞职回乡，同年 8 月参加抗日义勇军，中共地下工作者崔介、韩去非等到兰陵开展工作，均受到孙仲典的热情协助。1938 年 3 月 16 日，日军飞机轰炸兰陵，群心惶惶，不知所措。孙仲典带领邻居逃难到马头、沭阳等地，一路上找房子、求铺草、借粮食，忙里忙外。回乡不久，适逢临郯青年救国十七分团成立，他立即跑到横山，要求以老年身份加入青救团，被誉为“老青年”“老积极”。1940 年，在兰陵区动委会任交通员，经常步行百余里到涌泉青救团县团部请示汇报工作。他扮成买卖人，挑着烟叶担子，走村串乡了解敌情。1941 年 10 月，日伪军大“扫荡”，组织上动员他随主力转移。他说：“我这么大年纪，怕什么！”就一个人留下来，坚持斗争。后转移到邳县北部活动。

1942 年春，因叛徒出卖，孙仲典在邳县北部连防山被日伪军逮捕。被捕后受尽严刑拷打审讯，敌人一根一根地拔他的胡须，致其满脸流血，他仍痛斥敌人，直到生命最后一息。

刘广全（1916—1942）　苍山县下村乡大炉村人。1938 年参加革命，曾任鲁南特委侦察员、鲁南行署公安局科长等职。1942 年银厂战斗中，为掩护行署机关转移牺牲，获鲁南军区战斗英雄称号。

刘广全外拙内秀，其貌不扬，充满传奇色彩。1940 年，鲁南特委让他送一份机密情报给八路军一一五师指挥部，路经费县封锁线时，被伪军抓住，遭受严刑拷打。刘广全不但不害怕，反倒傻头傻脑地向伪军要东西吃，并说，吃饱了，打不疼。又说，只要给吃，天天打也行。伪军见他顾嘴不顾皮的傻相，又见他咧歪着厚嘴唇，眼直愣直愣地犯呆，说，我们还当人物，原来是个傻子。刘广全却立愣着眼反对说，你们才是傻子来。说完爬起身，嘴里念念有词地咕咕着，没事人一样，摇摇摆摆地走了。等伪军醒过神来再去追时，早已不见人影。

1941 年冬，鲁南区党委为了更好地开展敌后工作，配合根据地反扫荡，分别派员恢复遭破坏的敌区地下工作点的关系。当时，只有峄城地下工作点未接上头，几次派员都中途撤回。峄城完全控制在日伪军手里，日夜岗哨林立，戒备森严，稍一疏忽，便会血流当地。刘广全知道后，主动请缨前往。区党委领导顾虑刘广全活动范围大都在山区，城镇情况不熟，万一有突发事件，怕他应付不了。刘广全笑笑说："小鸟老趴在窝里，翅膀是硬不起来的，让我试试，兴许也行。"就这样，刘广全装扮成卖柿饼的山里商贩，奔了峄城。一路上，果然层层关卡都盘查甚严。好在刘广全装龙像龙，装虎像虎，道道哨口都被他灵活机智地混过来了。进了峄城后，刘广全没有直接去党的地下工作点——西关一家门面不大的布店接头，而是在城里走街串巷卖柿饼，借机熟识地形，观察敌情。延至天黑，才三拐两转的转到目的地，用上门叫卖的吆喝声，敲开了店门。任务完成得既漂亮，又丝毫没有闪失。1942 年刘广全牺牲后，鲁南区党委在悼词中评价他说"……刘广全同志外拙内秀，大智若愚……"

杨晋昌（1918—1942） 临沂县庄坞（今苍山县庄坞镇庄坞村）人。1938 年参加革命。1942 年 8 月在甲子山战斗中英勇牺牲。被八路军一一五师授予"战斗英雄"称号。

1942 年 8 月 3 日，驻守甲子山区（日照与莒南交界处）原国民党东北军五十七军一一一师官兵举行"八三"起义。之后，撤转至莒南抗日根据地整训。原师三三一旅旅长孙焕彩乘机纠集旧部与顽匪李延修、朱信斋相勾结，抢占了甲子山营地，妄图与抗日军民相对抗。为支援起义部队，驱逐敌军，山东分局、山东军区决定予以歼灭。杨晋昌时任八路军一一五师教二旅六团连指导员，率队随部参战。8 月 14 日战斗打响，杨晋昌与连长各率一个排，分头袭击，攻占了敌守部东上涧、草岭前两处山村，全歼朱信斋部一个连。拂晓，又利用雨后山冈浓雾，一鼓作气，攻破三皇山、陡山河一带碉堡封锁线。17 日夜，八路军分别从西北、西南向甲子山主峰守敌发起总攻，杨晋昌连同其他连队连续攻占 360、450、560 诸高地，毙敌 300 多人，击退敌人反扑 3 次。凌晨 5 时，杨晋昌与战友们一道冒着枪林弹雨，最后拿下了甲子山主峰。18 日，溃退敌军沿莒日公路向北逃窜，杨晋昌奉命堵截逃敌。胜利在望之际，头部中弹牺牲。

萧云庆（1912—1943） 化名华光，苍山县下村乡大炉村人。

1937 年，毕业于山东省第二师范学校，求学期间接触进步思想，靠近党组织。回乡后，积极参加党领导的地下活动。1938 年，加入中国共产党，在《大众日报》社长期做发行工作和交通工作。1940 年，组建枣庄交通站，发动本村杜友德参加交通工作，负责鲁南至湖西的交通联系。1942 年，奉命组建临郯费峄边联县战时邮局，任局长，带领交通员多次冲破敌人的封锁线，将党的文件及时、安全地传递到下一站，为掩护战友身负重伤。1943 年 9 月，日伪军对鲁南山区进行"扫荡"，实行惨无人道的"三光"政策。萧重病在身，没能随队转移，在边联县一区城前村被特务告密，为掩护乡亲自己挺身而出被捕。被捕后，敌人先以高官厚禄引诱没能使他开口，后用严刑拷打，用枪探条捣鼻子，绑在树上用火烧等。非刑拷打审讯都未能使其屈服，并大骂敌人的无耻，最后被敌人杀害。鲁南区邮政局追认其为模范战邮局长。

孙金宣（1884—1944） 原名孙锡声，又名孙实，兰山区南坊街道西曲沂村人。宣统元年（1909 年）秋，考入保定北洋"陆军速成军官学校"读书。1923 年，中共第三次全国代表大会后，他开始接受马列主义思想，于冬季在广州加入中国共产党，成为临沂最早的共产党员。孙中

山逝世之后，孙金宣加入冯玉祥部，驻内蒙五原。先后任营长、国民革命军第十五旅旅长等职。

1928 年 8 月，他弃官归里。到傅家庄、老屯、小屯、华岩寺一带开展党的工作。开办“松山学社”，讲授“政治学”，从教者有陈耀贤（陈希堂）、陈向顺、王尤轩、冷相升等 40 余人。10 月，孙金宣发展陈耀贤入党，陈又发展王以仁入党。是年冬，建立“中共临沂县老屯村党小组”。翌年秋，扩建为党支部，是临沂县最早的党组织。1928 年 11 月，杨虎城部移驻临沂，被聘任教导团团长。1930 年年底，赴济南任山东省军官讲习所所长，他的住处成为共产党人经常聚会的场所。1933 年，因中共山东省临时省委组织部部长宋鸣时叛变，他转移到绥远、北平一带，以行医为名，进行革命活动。抗日战争爆发后回乡。日伪临沂商会会长齐华亭、地方顽固派王洪九先后请他出任伪职，他断然拒绝。1944 年 8 月，在原籍病逝。

李子瀛（1887—1944）　字登云，兰山县团园店（今苍山县兰陵镇张庄村）人，外号“土皇帝”。

他家占地 28 顷，拥有酒厂一座。为人刁险奸诈，工于投机钻营。1932 年不惜重金贿赂，拜认驻临沂的国民党第六十六旅旅长李占标作家叔，当上临沂县第八区联庄会会长。抗战开始后，拉起一支 600 余人的武装。因他曾同日军打过仗，中国共产党主动团结其抗战，并推举他担任第八区“国民抗战自卫团”团长。他乘机扩充私人势力，认贼作父，与抗日军民为敌。

1940 年 5 月 25 日至 26 日，李子瀛设计把兰陵区抗日运动委员会组成人员车志远、陈桂馨（陈德吾）、王一鳌、孙锡九、蒋作孚等人骗至横山抓捕、杀害，继而又活埋、杀害八路军家属 240 多人，制造了惨绝人寰的“横山惨案”。1941 年，李子瀛配合国民党第五十一、五十七军、王洪九部，大举进攻鲁南抗日革命根据地，使临郯费峄四县边联机关、部队后勤受到严重损失。1942 年，投降临沂日军，当了汉奸。1943 年秋，李子瀛率 1200 人窜到坊前、新庄构筑堡垒，继续配合日军袭击抗日军民。1944 年 3 月 5 日，鲁南军区第五团发起讨逆战斗，一举全歼李部，俘获李子瀛。其后，兰陵县抗日民主政府在南桥召开审判大会，将李子瀛处死。

宋彦成（1912—1944）　苍山县大仲村镇兰凤窝村人。

宋彦成八口之家只种二亩半薄地，常年吃糠咽菜仍难维持生计，父亲被迫抛下亲人下了东北。小小年纪的宋彦成被送到安乐庄给富户放牛。稍大，便给大户扛活，常年不得回家。1940 年遭雹灾，颗粒未收，再加国民党反动派的盘剥蹂躏，老百姓苦不堪言。宋彦成拼死拼活也只能混饱自己的肚子，看看一家人个个饿得骨瘦如柴，心中泛起参加革命的念头。同年 7 月，他投奔大康庄胡麻子（绰号）的三中队，后编入老五团。宋彦成当了机枪射手，作战异常勇猛。不久，任班长、机枪组组长。

1944 年南维持会的刘二水子（绰号）带兵北犯，驻防呦鹿山一带的老五团受命阻击。战斗在铁佛寺打响，一时弹流如雨，炮声似雷，硝烟弥漫。宋彦成一听枪响就来了精神，抱起机枪向前冲，所向披靡。当他冲到一座大坟前向敌人扫射时，被敌人发现，敌人密集的炮火向他压来。他身上多处受伤，头部中弹牺牲。被鲁南军区授予一级战斗英雄称号。

宋保起（1922—1944）　生于兰凤窝村（今苍山县大仲村镇）一个贫农家庭，家境贫寒，上不起学。1940 年 7 月参加革命。先后数次立功，被评为战斗英雄。

宋保起全家 6 口人，仅有 3 亩山岭薄地，过着半年糠菜半年粮的生活。1940 年当地遭受严重雹灾，颗粒无收。他想到只有共产党、八路军才能领导穷人翻身得解放，于是告别家人，投奔大康庄胡麻子（绰号）的三中队当八路军战士。后编入鲁南老五团，任班长。1944年铁佛寺战斗，宋保起英勇杀敌，接连缴获7支步枪。当他捡起子弹袋准备后撤时，被藏在暗处的敌人瞄准射击，胸部中弹，当场牺牲。

宋佃俄（1924—1944）　苍山县南桥镇邹庄村人，出身于中农家庭，小时上过私塾。

其父亲曾有土地70余亩，分家后他与父母一起生活，有地20余亩，在当时的农村算得上是小康之家。1943年，鲁南军民奋起反“扫荡”。1月29日夜，五团二大队奔袭河湾据点，2月4日，五团一、三大队拿下小仲村伪据点，俘敌百余人。在革命浪潮的激励下，宋佃俄经本村展思竟介绍于4月15日加入沂河支队独立一团，作战异常勇猛。1944年，在鸽子埠与日军遭遇，战斗激烈。当向日军发起冲锋时，宋佃俄首先从掩体中跃出，率先进击，中数弹牺牲。被师部授予“战斗模范”称号。

王占牛（1895—1945）　原名王成贵。因其乳名叫牛，身高头大，人们送其绰号占牛。兰山县东埝头（今苍山县卞庄街道东埝头社区）人，日伪汉奸。

王占牛青壮年时当土匪，只身浪迹沈阳一带。东北沦陷后返乡，与郯城等地土匪结成同伙，四处抢劫，被郯城县衙捕获，关进监狱。其父托人求情，保释放回后，在卞庄以开小饭馆为生。1938年，投奔驻临沂的日本顾问川本定雄。不久，当上伪临沂县第七区区长。1939年，日军提出“确保华北大东亚战争兵站基地”的任务，王占牛实施“治安强化”运动。1941年4月，抓抗日军属母子二人，命人用大刀砍死，将人头挂在树上。1942年年初，为山东临沂道尹剿共第一大队长。同年11月，俘获抗日战士，把其杀害后悬首示众。1943年12月，疑心两名手下人员，先后将其枪杀。抢粮、逼款无法计算，吊打百姓无数。他还带着伪军在光天化日之下强奸和轮奸妇女。

王占牛当汉奸数年之间，从一个开小饭铺的变成拥有千亩土地的大地主。当时的卞庄、埝头、代村、纸坊等村都有他的土地，每村多则500亩，少则100余亩。1941年秋，王占牛竖“德政碑”掩其凶残奢侈。竖碑时，全部伪军头目、周围百姓都得送礼，表示祝贺。其子结婚，数月前就下通知，送钱、送物者，手提、肩背、人抬，财物源源流入其家中。

1945年，日本宣布无条件投降，王占牛率千人逃离卞庄，在抗日武装的打击下潜入峄县县城。9月9日，八路军、武工队攻克峄县县城，活捉了王占牛。1945年秋，赵镈县抗日民主政府在塔子山前召开万人公判大会，将王占牛处决。

娄恒德（1909—1945）　兰山县娄庄（今苍山县尚岩镇娄庄村）人。全家6口人，无土地。从小给大户放牛、扛活，吃猪狗食，出牛马力。抗战爆发后加入八路军。1942年7月，五团一大队遭到日军追击，在敌强我弱的情况下，被迫将两挺重机枪丢入河中。娄恒德发现后，同哥哥一起把机枪转移到安全地带埋起来，待鬼子走后交给了八路军。1943年3月，娄恒德参加范玉堂领导的游击小组，后编入五团一大队。在历次战斗中冲锋在前，勇敢作战，曾多次受奖。尤其在消灭敌伪头子梁钟亭（外号梁麻子）之前，他三次深入虎穴，活捉四个“舌头”。1945年6月23日晚，讨梁战斗（又称王海子战斗）打响，鲁南军区五团从南桥镇贯村出发，远距离奔袭，出其不意，将王海子紧紧包围起来。据点被围困了4天，敌人仍不缴械投降，八路军遂实行强攻。此时，大雨如注，王海子村周围一片汪洋。四团炮兵将南圩炸开3个缺口，某排37人一声呐喊冲进村内。守敌疯狂反扑，双方展开肉搏战，全排壮烈牺牲。五团三次派人送炸药包均未奏效。在此紧要关头，娄恒德抱着炸药包冲了上去，“轰”的一声，圩墙炸开了，娄恒德身中4颗子弹，腹部和大腿处受伤，血流如注，抬下后不久牺牲。因战功卓著，被鲁南军区授予“战斗英雄”称号。

李奎元（1915—1945）　临沂县沙埠（今苍山县层山镇西沙埠村）人。1940年参加兰山（今郯城县褚墩镇兰山，1947年至1958年属苍山县管辖）抗日游击小组，后编入八路军沂河支队前备自卫团。牺牲前任八师二十三团排长兼机枪射手。1940年8月20日，李奎元所在的连队奉命骚扰驻枣庄的敌人。他们以官地村（枣庄东3000米）为基地神出鬼没，给日伪军以很大威胁。25日夜，伪峄县特务大队队长王继美所部趁小雨，将官地村团团包围。当八路军战士发觉后向村北门突围，因力量悬殊未能奏效。退至东门时连长牺牲。余下战士继续英勇抵抗，退至一座二层楼内。李奎元在楼上居高临下，手持机枪，猛烈开火，敌人伤亡严重，视楼上机枪为眼中钉，便集中火力向李奎元射击，他中弹身亡。敌人又架柴，放火将楼烧毁。李奎元后被鲁南军区授予“战斗英雄”称号。

陶起高（1916—1945）　苍山县大仲村镇陶屯村人。1941年参加革命，曾数次立战功，被鲁南军区授予“战斗英雄”称号。

陶起高出生贫苦农家，曾上过3年私塾夜校。五口之家仅有薄地1.2亩，主要以讨饭为生。近处去过临沂，远处去过安徽省明光县。在明光县讨饭7年，回村后给车庄大户宋纯西放牛、扛活。25岁时参加临沂县大队，曾参加过薛南、仲村河西、神山等多次战斗，负伤1次，因作战勇敢升任排长。1945年去抱犊崮抗日根据地受训3个月，其间加入中国共产党，并晋升为连长。受训期满探家3天，正遇上顽匪王洪九各处抢粮，骚扰百姓。陶起高怒不可遏，便带领当地民兵和临沂县大队一个班主动迎击敌人（约一个营）。终因寡不敌众被迫撤入毕庄村，在村西胸部中弹牺牲。

林凤玺（1917—1945）　苍山县大仲村镇林官庄村人。出身于破落地主家庭。1935年，考入临沂乡师，接受了马列主义思想。1939年，加入中国共产党，任临西县东庄区区长，带领区中队，活动于迷龙、陶屯等地。1941年，调任县一科副科长。1945年年初，任温河县县长，赴任后因病住院，病故。

罗炳辉（1897—1946）　云南省彝良县偏坡寨人。他从农民出身的普通士兵成长为一位统率千军万马、屡建战功的杰出军事家，1989年被中共中央军委认定为解放军36位军事家之一。2009年9月，被评为100位为新中国成立做出突出贡献的英雄模范之一。

1915年，入滇军当兵，曾参加讨袁护国战争。因作战勇敢，屡建战功，从士兵逐级晋升至营长。1926年参加北伐战争，任国民革命军第三军营长，在攻克南昌的牛行等战斗中率部冲锋陷阵，战功卓著。

1929年春，任江西省吉安县靖卫大队大队长，7月秘密加入中国共产党。同年11月，率部起义，参加中国工农红军，历任团长、纵队长、军长等职。在完成艰险任务中，智勇兼备，屡立战功，曾获中革军委颁发的二等红星奖章，两次当选为中华苏维埃共和国中央执行委员。第五次反“围剿”开始不久，任新组成的红九军团军团长。1934年10月率部参加长征。

1939年1月任新四军第一支队副司令员，5月任第五支队司令员，率部开辟皖东抗日根据地。1940年，任新四军江北指挥部副指挥兼第五支队司令员。1941年起，任新四军第二师副师长、师长兼淮南军区司令员等职，率部转战于淮河以南、长江以北的津浦铁路两侧，积极开展抗日游击战争，为巩固和扩大淮南抗日根据地做出重要贡献。

1945年8月初，虽身患重病，仍亲临前线指挥所部参加大反攻，解放了苏皖边界的六合、定远、嘉山、天长等城镇。9月，任新四军第二纵队司令员，率部赶赴鲁南，参加界河伏击战，攻克韩庄，粉碎了国民党军从徐州沿津浦铁路北上、进犯解放区的企图。1946年4月，任新四军第二副军长兼山东军区副司令员。6月，在国民党军发动全面内战前夕，到枣庄前线指挥作战。21日，在返回临沂途经兰陵时病情突然恶化，不幸逝世，安葬于临沂。

高振元（1915—1946）　苍山县下村乡义合庄人。

参军前即参加村民兵组织，坚持对敌斗争。1943年加入中国共产党。1945年参加鲁南军区五团，历任班长、排长、连长等职。1945年5月17日，在台（儿庄）枣（庄）地区对张里元的战斗中，带领全连英勇顽强，战绩卓著。战斗结束后，被鲁南军区授予战斗模范称号。1946年1月9日，在围歼国民党三十三集团军的战斗中牺牲。

杨　柏（1922—1946）　临沂县庄坞（今苍山县庄坞镇庄坞村）人。

1938年参加革命，同年入党，曾任八师团政治委员。16岁毕业于临沂五中。参加八路军后，活动于鲁南、滨海两地区。一次在马陵山与日军骑兵相遇，情况危机，他急中生智，脱下自己的大衣和军帽披在石头上，迷惑日军，才得以脱险。1946年6月，八路军攻打宿羊山，原有敌军1000人，后来暗中增至3000人。战斗打得十分惨烈，一营、二营伤亡惨重。此时，担任团政委兼三营教导员的杨柏正在医院养伤，得知战况后，急忙跑出医院，带领三营赶赴前线。在激烈战斗中，城中有一暗堡，火力凶猛，威胁极大。杨柏脱去上衣，提着两把盒子枪带领战士们向前猛冲，不幸中弹牺牲。

吴福贞（1923—1946）　苍山县大仲村镇高庄村人。

吴家世代都是佃户。1944年9月，参加鲁南军区五团，由于身体强壮，被编入机枪连重机枪排。1945年10月3日，在江苏宿羊山战斗中，吴福贞以机枪掩护三营十连突破伪据点，全歼伪军刘裴然部900人。战后，八师领导机关授予吴福贞“战斗模范”称号。1946年12月15日，在江苏峰北镇北晓店战斗中牺牲。

杨茂武（1903—1947）　苍山县下村乡杨庄村人。

1938年加入中国共产党。1939年任村农救会长。在此期间，带领民兵设路障、埋地雷，多次炸毁敌伪过往车辆和小股敌人。赵镈县武委会授予他“爆炸大王”称号。1945年2月，参加鲁南军区英模会，被鲁南军区授予战斗英雄称号。1946年调入五区武工队。1947年2月15日，在截击国民党军运输车辆的战斗中负伤，只身与敌搏斗，壮烈牺牲。

朱景秋（1912—1947）　化名朱景昌，临沂县兰陵（今苍山县兰陵镇）人。

1938年参加革命，同年入党。之前在本村小学任教，后在临郯中心县委青救团受训。1940年5月，受中共派遣到李子瀛自卫团任秘书。李子瀛欲以请客为名，逮捕杀害共产党人。5月24日晚，朱景秋获此情报后，多次冒着危险向外传递。傍晚终于将情报传送给指定人，第二天才转到兰陵区委，车志远、陈德吾等人已到横山赴宴，兰陵区委迅速组织人员转移。惨案发生后，朱景秋奉命撤出，在三地区交通科工作。1942年调邮局工作，任交通员、发行员等职。1944年2月，组建温河县战邮局，任

局长。1944年4月，在兰陵县组建战邮局，任局长。夜间步行几十里到枣庄张贴报纸，将《大众日报》《鲁南时报》《号外》贴在敌人的炮楼上。1945年，建立峄县战邮局，任股长。1947年，到滋阳县战邮局任局长。一天，朱景秋到滋阳西孟村邮务所、台集邮务所召开会议。驻兖州城国民党吴化文部1000余名敌人到西乡抢粮，包围了孟村邮务所驻地。朱景秋带领与会人员奋起反击，战斗从早晨4点打到中午11点，最后子弹打光，一起摔碎武器，烧掉文件突围。朱景秋率先冲出大门，被敌人砍伤，倒在地上大骂敌人，被敌人杀害。后被鲁南邮电管理分局誉为“模范邮电局长”。

许茂生（1919—1947） 临沂县贯村人，被中共苍山县委追认为模范共产党员，被鲁南区战邮局追认为模范交通员，追记特等功一次，一等功一次。

幼时家中贫穷，给大户放牛十余年。抗日战争爆发后，许茂生参加八路军南进支队三大队，因患病，没南下，但积极参加地方群众运动，领导群众减租减息，被选为村农会会员、区委委员。1944年参加邮局工作，在赵镈邮政局任交通员。1946年雨季支前，一个人完成两人的任务。河水涨时，平地水深一尺多，他不顾困难，穿越沂河、运河走60里水路到台儿庄邮局，打通华东野战军军邮线。1947年加入共产党，担起与武装交通队联系的任务。特别是在4、5月份，坚持敌后斗争的鲁南地区党、政、军、民与上级的联系中断，迫切需要打通与滨海的联系。他化装成小商贩，走到马头南良村时被敌人乡公所查获，遭到严刑拷打，吊在梁上逼问口供，一夜威逼，没向敌人暴露党的机密。敌人抢走他身上的钱财，将他放出。回局后，他带领六七个武装交通队员穿过敌人七八十里封锁线，胜利完成联络任务。6月，敌人集结35个团的兵力清剿鲁南，机关部队转移，他连续四五夜作向导，跳出包围圈。之后又插回鲁南，了解敌情。9月15日的长城战斗中，许茂生配合主力部队作战，担任前线侦察任务，不幸被俘，忠贞不屈，英勇牺牲。

张德胜（1922—1947） 苍山县鲁城镇财源村人，出生于贫穷的农民家庭，无地无房。父亲去世早，母子二人挤住在地主的一间小场院屋内。母亲常年给大户人家办饭，他10岁就给郭里集的大户放牛，稍大改做长工。1942年，在家中实在呆不下去，便参加地方武装，后编入老五团。1947年，在张峪战斗中牺牲，时任三分区司令部特务连连长，被授予“战斗英雄”称号。

任广远（1924—1947） 苍山县南桥镇南桥村人。

1938年春参加临郯青年抗日救国团，任南桥团部儿童委员。1939年加入中国共产党。1942年调临沂区中队任指导员。1943年编入沂河支队，任连指导员。1945年9月任八师二十三团一营副教导员。

1947年1月3日夜，一营对国民党二十六师师部驻地马庄发起攻击。战斗中，任广远腹部受重伤，仍不下火线，指挥战斗。至拂晓占领马庄，因流血过多牺牲。鲁南战役后，八师领导机关授予任广远“战斗模范”称号。

姜大嫂 名讳、生卒皆不详，曾为赵镈县七区妇救会小组长。1947年夏反“清剿”中被敌逮捕，敌人将其上衣剥光，倒吊树上，接连拷打三次，逼她把丈夫（民兵）藏的步枪和子弹拿出来，被她坚决拒绝。敌人又将其四肢吊起，腰间压上十多千克重的石块。她昏迷三次，仍坚持不说。敌人无计可施，勒去银圆120元，将她放回。她回到家后，迅速设法把枪和子弹送给武工队。

杨兆瑞（1925—1947） 回族，苍山县大仲村镇大仲村人。8岁丧母，10岁雇给大户放猪。1940年冬参加八路军。1943年加入中国共产党。1947年1月在鲁南战役中，他所在的八连奉命夺取平山制高点，仅用40分钟即夺取平山，被鲁南军区命名为“平山连”。在伏山口阻击敌人战斗中，全连缴获敌人坦克7辆。杨兆瑞在战斗中牺牲，被鲁南军区授予“战斗英雄”称号。

刘嘉生（1926—1947） 苍山县下村乡刘庄村人，出生于贫苦农民家庭。

童年雇给大户放羊。1943年参加鲁南八路军五团。1944年任一营三连机枪排排长，同年加入中国共产党。1945年3月任三连副指导员。1947年1月任三连指导员。7月24日，在济宁战斗中，三连为一营突击连。刘嘉生带领全连攻入城内，战斗打得异常激烈，在战斗中牺牲。战斗结束后，刘嘉生被三纵队追认为“战斗模范”。

“六九”突围烈士 1947年6月6日—9日，中共鲁南军区机关、地方武装及周边数县的干部、民兵、军工家属共5万人被国民党军队围困在赵镈县下村的云涧峪一带。为跳出包围圈，军区党委决定东渡沂河进入滨海根据地。越过台潍公路后，因敌军追逼，军区党委决定到涌泉村集中。8日早，磨山、东哨至层山、涌泉一带天气突变，狂风暴雨夹带冰雹自天而降，因过度饥饿，衣着单薄，被饿死、冻死者多达300余人（此说见臧鸣亚《激流浪花 “六九”突围（增补修订稿）》）。9日凌晨强渡沂河时，既有被国民党军队阻击牺牲者，又有沉于河水中牺牲者。因当事人基本故去，史料缺少，只能列出部分烈士名录以志纪念。

王严文（？—1947），时任鲁南第三军分区第十九团第三营营长，参加过长征，多次负伤，身体虚弱，他主动要求担任南路突围前卫，把所乘之马让给患病的通讯员。行进至层山南銮墩湖时，倒地后心脏即停。通讯员抱着王严文的遗体放声大哭。

马司务长（？—1947），时任鲁南第三军分区第十九团第三营营部司务长，疲劳过度，牺牲于銮墩湖。（查询不到烈士的英名，以职务代称）

曹会兰（？—1947），时任鲁南第三军分区九连连长，疲劳过度，牺牲于銮墩湖。

马景常（？—1947），时任鲁南第三军分区八连三排长，疲劳过度，牺牲于銮墩湖。

刘继忠（？—1947），时任中共临沂县委副书记，负伤致残，突围时身患疾病，急行军八十里后，牺牲于耿墩、涌泉间的八里湖。

彭玉楷（？—1947），时任中共临沂县委副书记刘继忠警卫员，与刘继忠二人相互搀扶，亦牺牲于八里湖。

吴超鲁（？—1947），女，时任鲁南军区政治部文工团演员，牺牲于八里湖。

徐进经（？—1947），时任义堂区武工队队长，在搀扶刘继忠时力竭身亡。

曹文华（？—1947），时任临沂县委军事部长兼武装部长，行至八里湖时力竭身亡。

薛彦贵（？—1947），时任中共临西县委书记刘矩警卫员，行至八里湖时力竭身亡。

任庆德（1919—1948） 苍山县层山镇沙埠西村人。出生于贫苦农民家庭，七八岁就给大户人家放猪，14岁给沙埠小学当校工，16岁给人家当长工。1938年春，参加临郯抗日救国团，同年夏加入中国共产党。1938年11月，参加兰山武装起义，加入临郯独立团。1940年12月，编入沂河支队，任排长。1941年年初，任二连连长。1942年夏，任磨山区中队长。1944年春，区中队编入主力部队。1948年3月，在解放洛阳的战斗中牺牲，被三纵机关追认为“战斗英雄”。

傅普仁（1880—1949） 名朝燕，字安溪，号普仁。苍山县庄坞镇涌泉村人。

幼入私熟，1912年考入北京国立高等警官学校，1914年毕业后被任命为福建盐运使府谘议，后调任山东道尹公署查案委员。1916年回村创办初等小学堂。1918年调任曲阜县公安局一等警佐。1924年先后出任曲周县、青县公安局局长。因不满当时官场腐败，于1930年辞职返乡，自任区立涌泉小学校长。

抗战爆发后，与傅伯达、王子通等人成立抗日武术队，打制大刀标枪习武练兵，发动青年学生加入抗日救国行列，任中华民族解放先锋队总队长。1938年6月，为进驻涌泉的中共临郯县委、临郯青年救国团县团部提供办公场所，并与临郯青年救国团县团部主任丁梦孙一起举办了第三、四期临郯青年救国团骨干培训班。1940年8月，当选为临沂县参议会副参议长；10月，一一五师政委罗荣桓、中共鲁南区委书记赵镈在其家召开“打开郯马抗战局面、开辟滨海抗日根据地”动员会议。1941年10月10日，日军对临郯根据地进行扫荡。撤离过程中，他与中共临沂县委机关失散。其后，以年老为由居家不出。

1946年土改时，把自家良田分给贫雇农。1949年12月因病辞世。

朱保山（1922—1949） 苍山县尚岩镇朱家后院村人。生于抱犊崮山区的一个贫苦农民家庭，幼时给大户放牛。

1938年参加鲁南游击队。1940年3月调入临郯费峄四县边联游击支队，任通讯班班长。同年年底，任鲁南军区司令部警卫连连长。1941年春加入中国共产党。1943年11月15日，参加讨伐刘桂棠（刘黑七）的战斗，朱保山带领警卫排冲锋在前，出色地完成战斗任务，荣立一等功。1948年年底，参加台儿庄战斗，荣立二等功。1949年4月随大军南下，9月带领全连担负守桥的任务。20日上午，国民党飞机狂轰滥炸，一时浓烟四起，火光冲天。朱保山立即带领战士冲向火海似的粮库，把大米抢出。衣服着了火，手脸被烧伤，全然不顾。抢运完粮食，又向一座冒着浓烟的百货店跑去。敌机不停地扫射，有人负伤，有人中弹倒下，街上一片混乱。朱保山冒着生命危险冲到街心，沉着地指挥人们疏散。这时大火正向附近的汽油库逼近，情况十分严重。他一边命五班长指挥人群疏散，一边带领部分战士冲进油库。正当他们把一桶桶汽油从库房滚出时，房子被敌机炸塌，朱保山被砸在下面。等战士把他从废墟中扒出时，他已遍体鳞伤，昏迷不醒。朱保山刚苏醒，听到附近一家燃烧的民房中有小孩的哭叫声，他忍着伤痛冲进烈火燃烧的房子，抱着小孩冲出。此时，一颗燃烧弹爆炸，他的腹部被弹片击中。小女孩得救，他却献出了年轻的生命。中国人民解放军八师授予朱保山“爱民模范”称号。

李从思（1924—1950） 苍山县二庙乡李湖埠村人，出生于贫苦农民家庭。其父年近50岁，才与一讨饭的妇女结婚，住的是别人的房，吃的是百家饭，常年为有钱人家帮工挣点吃喝。李从思小时失去父亲，母亲眼看生活无望也忍痛离他而去。小小年纪的李从思失去双亲，依靠叔父生活。艰辛的生活磨炼了李从思的意志，使他及早的成长为一个有志的青年。

1939年参加临郯独立团。同年3月，独立团改编为陇海南进支队。1940年4月改编为东进支队一大队，11月又改编为一一五师教导五旅十三团。李从思随部队南北转战，工作积极，战斗勇敢，多次立功受奖。1950年赴朝参战，在敌机的一次狂轰滥炸中牺牲，时任志愿军卫生处处长。

陈毓山（1880—1963） 兰山县尚岩沟西（今苍山县尚岩镇沟西村）人。其祖上土地甚多，曾挂过千顷牌，中华民国建立后还有30多顷地。担任国民党临沂第七区区长。抗日战争爆发后，受共产党革命思想的影响，同情支持抗日活动。1937年8月，在其家中召开会议，成立临郯费峄四县边区联庄办事处筹备处，并成立抗日常备队。11月，又在其家中召开各县联庄会负责人第一次会议，正式成立临郯费峄四县边区联庄会办事处。1939年，八路军一一五师军需困难，陈毓山献出几万斤小麦和300块大洋（银圆）。抗日战争时期，将4个女儿送入革命队伍，参加抗战。后为省政协委员。

方兰亭（1889—1964）　女，苍山县人。1938年2月加入中国共产党。1939年，其任地下交通员的丈夫周振苍（费县人）遭日军杀害后，接替丈夫担起送情报的任务。后任温河县妇救会会长。1940年，她忍痛卖掉亲生女儿为八路军筹军粮，后被战士发觉凑钱将孩子赎回。解放战争中，因积极动员青年参军成绩卓著，荣立一等功。

杨贯吾（1903—1964）　原名杨关吾，苍山县沂堂镇东迷龙汪村人。1923年临沂省立五中毕业，到横山任小学教员。1924年投笔从戎于冯玉祥的西北军。1928年离队回家，继任小学教员。1932年加入中国共产党。

1933年参加苍山暴动，任宣传工作负责人，率领宣传队写标语、印传单，宣传发动群众起来革命，冒着枪林弹雨向敌军喊话。暴动失败后化名王其五，去济南、开封等地。后返回，以小学教员为掩护，继续从事革命活动。

历任临沂抗日民主政府文教股股长、鲁南抗属小学校长、干校教育主任、赵镈县文教科员、苍山县文教科科（局）长等职。他用岳飞、文天祥、戚继光等民族英雄的事迹教育启迪学生，讲解抗日救国的道理，揭露当时的社会黑暗。带领学生开荒、种地、植树，自制石笔、石板、砚池等，经常资助贫穷学生，有时连自己的生活也无法维持。他组织校外的穷苦群众，壮大党的组织，创立、发展抗日小学、民众夜校、识字班，积极推行张健华创办的庄户学，组织农村剧团、秧歌队等。新中国成立后，他带病坚持工作，经常徒步走区串校，了解情况，常被误认为贫苦老农民。1964年病逝，被追认为革命烈士。

黄玉凯（1909—1967）　苍山县新兴镇下湖村人。幼年上过2年私塾，后因家贫随父母到东北谋生。“九一八”后，他在乞讨中亲眼目睹日军的残暴罪行，既同情东北人民，又仇恨日本侵略者，不愿做亡国奴，毅然返乡。1938年鲁南沦陷后，开始从事秘密抗日活动。1939年10月加入中国共产党，活动于马庄、太子堂等地。1943年，组织基干民兵团进行抗粮、抗税、抗伕斗争。下湖村在其领导下曾数十次抗击日伪军的进攻，1944年秋被鲁南军区命名为“抗日模范村”，其家被授予“抗日模范家庭”。黄玉凯还动员兄妹投入抗日斗争行列，劝说妹夫参军参战，其五弟为国捐躯。历任村支部书记、峄县人民武装部副部长、潍县公安局副局长、法院院长。“文化大革命”中多次受到冲击。1967年受迫害而死，后被平反昭雪，恢复名誉，重新安葬。

魏思文（1910—1967）　原名郭维福，山西文水县徐家镇人。

1929年加入中国共产党，东北沈阳冯庸大学肄业，曾任北平学生运动党支部书记，率领学生到古北口长城与日本侵略军作战。1933年3月，任绥远省（今内蒙古）临河县委兵运小组组长，策反阎锡山晋绥军屯垦部队410团起义。1934年，受中共北方局派遣到山东省即墨县发展党组织。1935年12月，因叛徒出卖在青岛被捕。1937年10月，在济南被党组织营救出狱。1939年，任中共山东分局第一区党委组织部部长。1940年5月至1949年，任中共鲁南、鲁中南区党委组织部部长及民运部部长，成为区党

委书记赵铸、张雨帆、王麓水和傅秋涛的得力助手和亲密战友，长期驻扎在临郯费峄四边县根据地，为苍山县和鲁南战略区党的组织建设、政权和各界民众抗日救国的组织建设辛勤工作。1948年，任华东支前委员会民力部长和华东支前司令部政治部主任，率领民工支援济南、淮海、渡江、沪宁等战役。1949年9月，任解放军西南服务团二团副团长，随第二野战军进军大西南。重庆解放后，任川东区党委副书记、川东行署副主任。1952年10月，调任北京工业学院，先后任党委书记、院长，他把这所中国共产党在延安创建的一般工科大学建设成为新中国第一所国防工业学院，研制了许多属于“新中国第一”的设备，培养了大批国防急需的高科技人才，受到党和国家领导人刘少奇、朱德、周恩来、彭德怀的表扬和接见。

1967年10月，受迫害致死。1972年10月，毛泽东亲笔批示为其平反昭雪。

刘明鹄（1922—1967） 苍山县卞庄街道椅子圈村人。家贫，以租种地主土地维持生计。从小聪颖好学，其父见他聪明过人，便求亲告友供他上完初中。受当时临、郯一带抗日救亡活动的影响，1938年毕业后便加入八路军山东纵队临郯独立团。1939年参加中国共产党，后转战南北，参加过庄坞、吉林、四平街等战役，身经百战。1950年赴朝参战，他足智多谋，英勇善战，荣立战功1次。回国后被派往北京学习深造。历任排长、连长、营长、团长、师政委等职。1967年在北京病逝，被追认为革命烈士。

杨庭芸（1888—1969） 字香斋，苍山县庄坞镇庄坞村人。出身地主，因与本村大地主杨介藩打官司赔光家产，蹲过“班房”，被迫流落他乡。1930年回乡，开始组织“三番子”，靠帮会势力和在庄坞集上玩行收税、“华局”赌博，因仗义疏财，颇被友朋拥戴。“七七”事变后，拉起武装，很快发展到700多人，杨自称团长，习称“杨团”。1938年秋，王献廷、傅伯达对其开展统一战线工作，无结果。后接受国民党专员的委任，当了保安团团长，曾赴沂水作战，被日军击败。1939年冬，看到抗日力量的壮大，被中共改编为八路军东进支队第四大队，杨庭芸任大队长。次年秋，调任临沂扩军委员会自卫大队队长。1941年10月，杨全家在日伪“扫荡”中被俘，将其部改编为“剿共团”。他暗中派人向中共临郯县委表明其“身在曹营心在汉”，中共党组织抓住时机，派人担任其副团长，八路军帮助其除掉内部的日伪汉奸。1944年3月19日，杨团军需主任到临沂日军处领取军需，日军拖延并企图扣压人质，军需主任逃回，向杨庭芸报告。他连夜赶到八路军鲁南三军分区驻地，表示同意起义，并约定日期。4月3日夜，杨庭芸率部起义。除其所属17个据点外，另有14个据点随杨团一同起义。起义后，杨庭芸任八路军教九旅十七团团长。新中国成立后任山东省政协委员，曾多次到苍山县视察。“文化大革命”中受到错误批斗，1969年病逝于临沂。

宋鲁泉（1898—1969） 原名宋洙昌，山东省苍山县车辋村人。1920年任西北边防军战士、事务长。1924年在东北军某部任军需长、军需处长。1929年任临沂县第七区小学校长。1931年任临沂县警卫队长。1933年任鲁南区清乡大队长。1936年任山东卫生材料委员会科员。1937年10月参加革命工作，在临郯费峄四县边联办事处任指导主任。1938年5月任临郯费峄四县边联办事处抗日自卫团主任兼总指挥。1939年2月任临郯费峄四县边联办事处副主任。1940年2月任临郯费峄四县边联游击支队副支队长。1942年4月任鲁南区工商局八分局副局长。1946年2月任东北辽东矿务局安东办事处主任，3月加入中国共产党。1948年8月到华东财办山东省工商部工作，任主任秘书。1950

年4月任山东油脂公司经理。1953年1月任中国粮谷油脂出口公司青岛公司经理。1959年后因病休养。

万春圃（1881—1972） 字鸿源，苍山县下村乡上大炉村人。20世纪20年代初，抱犊崮山区匪患严重，民不聊生，万春圃组织民团看家护院，与土匪抗争。1923年，他当上临沂七区联庄会的会长。1933年“苍山暴动”失败，他掩护部分暴动人员。1938年春，日军先后占领临沂、枣庄，他依照党组织的指示，打起“守土抗战、坚决不做亡国奴”的旗帜。他把自家粮食、枪支和猪羊献出来，开了齐心会，喝了齐心酒，坚决表示“抗日救国不怕牺牲，打鬼子决不充孬种”。他组建一个营，参加“鲁南人民抗日义勇队”。

1939年2月，日军、汉奸万余人分5路“扫荡”山区，万春圃主动承担阻击任务，掩护中共鲁南特委转移。在执行任务中，他年仅19岁的次子万国英阵亡，广大战士为之悲痛。他赶到队伍前面高声喊道：“国英是为国家民族解放而死的，他死的光荣，有什么可悲呢？打鬼子就得做好牺牲准备。在这点上，国英为我们树立了榜样。”他的话激励大家化悲痛为力量，英勇杀敌，胜利地完成任务。共产党对他更加信任，把特委机关设在他家中。

同年9月，一一五师到达抱犊崮山区，他打开自家粮仓，砍伐自家松树以供军需，筹集军粮十几万斤，大洋300块。八路军第一一五师政委罗荣桓的爱人林月琴住在他家数年，亲如家人。一一五师代师长陈光把自己的战马给了他，师政委罗荣桓与其彻夜长谈，进一步做他的思想工作。1941年春，国民党反动派乘机占领大炉村，俘去万春圃的女儿万国荣和儿子万国平。国民党五十一军写信威逼利诱他，称“只要你能过来，最小也能给你个团长。要不，就抓你全家，扒你的祖坟”。他回答说：“孩子无罪，杀剐存留随便。想叫我投降，瞎了狗眼。我跟共产党走是为了抗日，不是为了当官，抗战到底这条路我走定了。”

1942年，中共山东分局在他60寿辰时为他祝寿，鲁南区党委、行署、军区和边联县领导及鲁南各界人士代表数千人到会祝贺，山东分局、八路军一一五师政委罗荣桓、代师长陈光和政治部主任萧华等均发来专电表示祝贺。席间，他不停地向到会人员鞠躬致谢，声音颤抖，热泪盈眶地说：“我不过刚刚迈开步，党就这样信赖我，人民就这样抬举我，这么大的荣誉我实在受之有愧呀！我一定要抗战到底，报答党和人民的关怀。”1943年，边联支队与苏鲁支队合并编为鲁南军区直属五团，调往军区，他任鲁南军区副司令员。1946年2月，加入中国共产党。当时，主持分局工作的罗荣桓兴奋地说：“一个从旧营垒中走出来的人，坚持站到了革命人民的一边，这是一个根本的转变，这个转变确实是难能可贵的。”新中国成立后，在济南市工作，后任济南市政协副主席，“文化大革命”中受到非人的摧残，1972年病逝济南。

万国英（1920—1939），万春圃次子。自幼受其父的影响，任侠好武，崇尚正义。后在胞兄万国华（共产党员）的熏陶下，同情民众，支持革命。1938年，其父万春圃毁家纾难，起兵抗日，万国英随父从戎，走上抗日救国的革命道路，初任边联县大队战士，后任八路军一一五师苏鲁支队连指导员。当时其父、兄都担任部队主要领导，但他从不借此扯风炫耀、懈怠自骄。他从士兵干起，以一个普通抗日战士的身份，一步一个脚印的走自己的路，工作、学习、战斗，身体力行，自强自律。参加革命一年，就3次被评为战斗模范。10月，日军侵占边联县中心村车辋，构筑工事，安设据点，边联县军民抗日活动受到很大限制。中共鲁南特委决定拔掉这颗“钉子”，1938年12月攻坚战打响。日军凭借深沟高垒、碉堡炮楼拼命顽抗，抗日战士冒着枪林弹雨逐死强攻，战事持续了月余未竟。1939年1月，中共鲁南特委决定改变战略，采用网开一面、诱敌入袋的战术，逼敌就范。1月29日，久困无援的日伪军终于抵抗不住抗日战士的打击，按照抗日军民的布置从据点溃出，沿甘霖、大炉一带山套向枣庄方向逃窜。上午11时，日伪军在米山子山套被抗日战士扎进口袋。此时，万国英率领战士在山上负责打伏击。伏击战打响后，双方短兵相接，战况胶如白炽。日伪军困兽犹斗，拼命挣扎。抗日战士衔仇杀敌，个个勇猛果敢。就在罄克敌军、战事接近尾声、胜利在望之际，万国英被一颗子弹射中胸部，战友要救护他下火线，他却说："不要管我，打仗就会死人，你们只管狠狠地打。"说完牺牲。

袁　明（1891—1972）　女，郯城县庙山镇立朝村人。因其丈夫为傅姓，故尊称为傅大娘。

袁明自幼贫苦，父亲早亡，随其母亲逃荒到庄坞河西。7岁被卖给地主当丫鬟，受尽苦难。有一次，她给地主婆拾床叠被，一根头发没有扫掉，被按倒在地毒打一顿，头上留下一道明显的伤疤。地主的压迫和剥削，在她幼小的心灵里埋下了阶级仇恨的种子。20岁与地主家长工傅鸿杰结婚，28岁丈夫去世，此后她便一人孤单生活。

抗日战争爆发后，袁明积极动员妇女参加抗日活动。1938年9月加入中国共产党员。1939年1月在中共临郯县委做妇救会工作。1940年12月任临郯妇女抗敌救国会会长。1941年调鲁南三地委各救会工作。此后，日伪军对临郯根据地"扫荡"，她被留在敌占区任总联络员，了解敌情，传送情报，组织群众开展武装斗争。一次，她冒着枪林弹雨救出3名村干部。在减租减息中，她把分到的1公顷地和1万元（北海票）都分给了穷人。1947年国民党重点进攻山东时，她是中共苍山县委妇联干部，正在磨山区宋庄开展工作，被敌人探悉，进村搜查。一位农妇急中生智，把她安排在自家锅屋内的一张床上躺着，盖上一件破大袄，并在床前放一把药壶作掩护，她才幸免遭难。1947年6月"突滨海"，鲁南地区党、政、军、民兵5万余人冲破敌人围追堵截，在耿墩被暴风雨袭击，大批人员负伤、得病。赶到涌泉时，数以千计的人昏死过去。袁明带领群众一齐出动，把伤病员背到各家安置、抢救。她和大家烧汤热饭招待，不能吃东西的就嘴对嘴地喂，救活200余人。有1名奄奄一息的伤员，嘴里已生了蛆，袁明把他抱回家，用人工呼吸把他救活。

新中国成立后，历任台枣地委妇联组织部部长、滕县地委妇委委员、济宁地委妇委委员等职。1956年退休，晚年生活仍然艰苦朴素，积蓄的钱多次用于救灾和幼儿园设施。1963年回苍山居住，1972年8月4日逝世，葬于文峰山革命公墓。

刘清如（1900—1972）　原名刘宗彦，苍山县下村乡埠阳村人。1935年参加革命并加入中国共产党。1938年任临郯费峄四县边联县地方武装连长。1939年任苏鲁支队营长。1940年任区长。1942年任赵镈县县长。1944年任济南矿务局局长、临沂矿务局局长。1964年任临沂地区行署副专员。病逝于临沂。

宋宜安（1887—1973）　原名宋庆玉，号逸庵。祖籍江苏苏州，其曾祖父逃荒到鲁南，后定居兰山县东白山（今苍山县车辋镇东白山村）。

幼时家贫，随父蓄发为道士。12岁入私塾陪读，1915年考入临沂师范讲习所。1917年教书被辞退后，边种地边筹办小学。1918年，将从地主手中争来的树木、庙产等作为经费，办白山小学，收70名学生。1920年，联合各村农民与当地恶霸进行斗争。1927年，创办农民协会，当选会长，组织农民武装揭露恶霸地主的罪行。恶霸豪绅恨其入骨，暗使人行刺宋宜安不成，又用重金买通匪首窜其家中打、砸、抢，把其三子活活打死，宋宜安被迫离乡。1932年3月加入中国共产党，推车串乡卖窑货，暗中联络农民，发展组织，建立中共白山党支部。到7月，他建立25个村农会，会员万余众。他积极筹划苍山暴动，为西路指挥。因暴动提前，宋派子探信，其子中途被捕。敌人以其子为饵，欲诱其上钩。宋识破诡计，连夜逃走。1935年返乡，迅速恢复中共党支部与上级取得联系。

1937年9月，成立临郯民族解放促进会，宋宜安当选为委员。他又在白山成立分会，后改为临郯青年救国团分团，发动群众开展游击战。1938年6月拉起200余人的抗日武装，9月在胭脂山伏击日军，毙伤敌60余人。1939年“官里庄惨案”后，他率领死难者亲属请愿，取得初步胜利。1940年1月任讨顽副总指挥，率21个自卫团一举捣毁伪费县县长的老窝。同年年初，被选为四县边联农救会会长，发动农民参军参战、站岗放哨、锄奸支前。7月当选为山东省农救会总会副会长、山东省临时参议会参议员。1942年春受到山东指导工作的中央代表刘少奇的接见。刘少奇评价说：“像宋宜安这样的农民领袖，在群众中很有威望，到基层去作用更大。”1943年，调任中共鲁南区委委员、各救会长、武委会主任等，领导农民开展反霸、减租减息运动。1945年出席在延安召开的解放区人民代表大会。宋宜安的家庭前赴后继，有2个儿子为国捐躯，其妻、儿媳、女儿都在战火中加入革命队伍。1938年次子牺牲后，在阵亡烈士追悼会上，宋宜安说：“我的儿子荣文和60多位勇士们虽然牺牲了，他们是为抗击日本侵略军而牺牲的，虽死犹荣。”

新中国成立后，历任山东省政协委员、常委等职，仍坚持深入基层，调查研究，倾听群众意见，人们尊称他为“宋老”。

宋荣昌（1907—1942），宋宜安之子。父母均是中国共产党党员。1933年，在父母的影响下，宋荣昌加入中国共产党。同年5月，同父亲宋宜安一起参与组织苍山暴动。暴动失败后，宋荣昌被捕，后经多方营救出狱。1938年春，参加青年抗日救国团，后历任边联县公安局副局长、局长、鲁南行署一专署公安局局长等职。他带领武工队积极开展袭击敌人、捕捉汉奸、特务，争取敌伪反正等工作，被行署公安局誉为“党和人民的怀中刀、袖中剑”。1942年12月在剿匪中牺牲。

宋荣文（1911—1938），又名荣蓉、荣闻。宋宜安之子。在家庭影响下，青年时期投身革命。1933年加入中国共产党。同年7月参与苍山暴动。暴动失败后转移到济宁一带以做小生意为掩护，进行革命活动。1937年“七七”事变后，回到家乡。1938年年初，参加临郯青年抗日救国团，春参加临郯青年抗日义勇队，任第一中队长。9月任连长后，在燕柱山伏击日军，埋伏在路北的国民党军见敌人声势浩大，未放一枪仓皇逃跑，抗日义勇队则英勇发起攻击，宋荣文在战斗中牺牲。

马瑞图（1906—1974）　原名马耀庭，苍山县卞庄街道苍山官庄人。1932年4月，由刘之言介绍加入中国共产党，参加“苍山暴动”。暴动失败后，曾流浪于徐州、烟台、赣榆等地，历经苦难。1937年冬，重新申请加入中国共产党。经全面考查，恢复党籍，同年5月参加工作。新中国成立前后，历任中共区委委员、地方武装中队长、鲁南边区支队四大队长，县武委会主任、县人民武装部部长、地委人民武装部科长、潍坊市坊子区区长、县人民检察署检察长、昌邑县人委副县长等职。1974年病故。

杨鸣皋（1920—1974）　临沂县庄坞村（今苍山县庄坞镇庄坞村）人。10岁在本村上小学，高小毕业后学做小买卖挣钱补贴家用。1939年加入中国共产党，后被派到临沂学习。初任青年营给养员，后任连长，活动在鲁南、苏北一带，战斗中多次负伤。1940 年编入八路军一一五师教导五旅。

1947 年 11 月，独立一团三营与兄弟部队配合，在高密以东的胶济线南侧的姚戈庄、草泊一带击溃国民党九师，许多没来得及撤走的国民党军队家属纷纷向三营战士交出手表、项链、金戒指与“金圆卷”等，跪求饶命。打扫完战场后，杨鸣皋召集各连干部布置：凡干部战士接受国民党军俘虏、家属的个人物品，一律交还本人；凡缴获的公物一律交公。第二天，在遣返回青岛前，国民党军伤兵及家属异口同声地称赞解放军纪律严明。1949 年随军南下后，赴武汉任空军某团团长，继任武汉空军政治部直工部主任（师级）。1974 年在武汉病故。翌年，被追认为革命烈士。

翟秀吉（1926—1975）　日照市岚山镇三村人。1948 年 8 月加入中国共产党，10 月参加工作。历任滨海工人医院会计，日照县岚山镇特委文书，日照县八区财粮助理、副区长，沂水地委组织部整党检查组织员，郯城县一区委副书记，郯城县委组织部副部长（县委委员），临沂地委组织部副科长，郯城县李庄区委书记，郯城县委书记处书记、组织部部长，苍山县委副书记兼县长等职。在苍山县任职期间，勤恳务实，任劳任怨，带领干部群众同自然灾害作斗争，整山治水，发展生产，深受人民赞誉。于任职期间病逝。

陈信亭（1894—1977）　原名陈允修，别名陈东阜，生于神山镇小屯村一个地主家庭。

1911 年入临沂经文中学。1915 年到临沂耶稣医院当看护员。1916 年到济南市齐鲁医院护士学校进修。1921 年去徐州基督教医院实习一年，后在郯城开设东海医院。1924 年从戎，为西北军三军三旅一团团长孙金宣的副官。此后，受到共产主义的启蒙教育。1926 年写信给临沂基督教会，声明退出。同年 7 月，在小屯开办“农民医社”，救死扶伤，抗恶扶善。1931 年拟《农民医社宣言》，唤民众抗日，在神山成立“抗日救国会”，被推选为会长。1932 年加入中国共产党。他的医社成为中共临郯县委的联络地点，筹备苍山暴动。暴动时为东路指挥，未及行动，苍山暴动已遭镇压。陈信亭不顾个人安危，坚持在农民医社收拢、掩护突围出来的暴动人员，直到善后结束，他才到徐州隐蔽。在此期间曾脱党。

抗日战争爆发后，陈信亭组建南进支队独立营，兼任第一营营长。1939 年 5 月带突击队攻打李庄敌据点，6 月任南进支队独立营营长。1939 年秋，奉罗荣桓之命，负责组建八路军一一五师东进支队后方医院救护所。救护所创建后，在苍山境内艰苦转战两年半，出色地完成战时医疗任务，并培养出一批技术骨干。1942 年秋，经罗荣桓批准重新入党，被滨海军区授予“老年模范”称号。1943 年 8 月，带领医院参加滨海南醋庄、大庄战斗的战地救护。1945 年，任滨海军区卫生部科长，自告奋勇参加甲子山战斗，任战地手术队队长，受到军区嘉奖。1946 年 6 月起，历任华东干部休养院院长、渤海军区二院院长、鲁中南军区医院院长、鲁中南军区卫生部医务主任、山东省康复二院、五院、八院院长、惠民地区结核病防治所所长等职。

房永典（1914—1981）　临沂县房村（今苍山县车辋镇房村）人。1939 年加入中国共产党。在抗日战争和解放战争的岁月里，转战苍山大地，进行艰苦英勇的斗争。1947 年 3 月，带领武装在段家庄伏击国民党六十八军运输队，截获牛车 11 辆、大米 1.5 万余千克。同年夏，鲁南地区斗争形势极其严峻，他带领武工队返回漫溪一带进行游击战，除奸反霸，瓦解敌军，坚持到中共鲁南区委从滨海地区返回。为表彰其在国民党重点进攻期间坚持敌后斗争的功绩，山东省政府给其记一等功一次，被中共鲁南区委评为“模范公安局长”。1948年11月，为支援淮海战役，身为苍山县县长的房永典带领民工抢运军粮。在过沂河时，敌机狂轰滥炸，浮桥难以抢修，他毅然率先跳进刺骨的河水里，带领民工奋不顾身地把桥架好，将军粮按时送往前线。1949年被评为“人民的好县长”。同年南下，参加西南服务团，任大队长。1950年后，历任县委书记、专署公安处处长。1954年，从西南局党校结业后，历任昆明市人民检察院检察长，中共昆明市委常委、监察委员会书记，中共昆明市委常委、昆明市委纪律检查委员会代理书记等职。病逝于昆明。

解洪生（1899—1982） 苍山县大仲村镇大吴宅人。14岁父母早丧，投亲去了东北。15岁后创“胡子”，很快成为具有百多支枪的草头王，代号“老黑山”。日军占领东三省后，被赶进深山老林，误入苏联境内，被苏联红军围困，经教育后回境。1932年，携枪带人参加东北抗日联军，任大队长。1951年入朝参战。1953年回国，任某部团长。1964年离休。1982年病故后，骨灰安放于文峰山革命烈士陵园。

王士一（1906—1983） 又名王荫松，苍山县卞庄街道西大埠村人。

1932年加入中国共产党，1933年参加苍山暴动。暴动前，参与中共临郯县委制定苍山暴动的计划、武器弹药供应等。暴动中，负责抢夺地主武装的枪支。暴动失败后，曾避难莱阳。1933年10月被敌逮捕，押至临沂狱中，坐牢3年，被残酷审讯4次，始终没有暴露身份。1939年8月被恢复关系，重新入党。历任贾庄区区长、区委书记、临沂专署科长、林业局局长、苍山县副县长等职。任县级领导期间，艰苦朴素，住普通小房，吃机关食堂，吸旱烟，穿粗布衣。

杜纪伟（1911—1983） 原名杜成德，苍山县兰陵镇沈家坊前村人。1938年3月经宋宜安介绍参加革命，7月加入中国共产党。1940年2月，任鲁南铁道游击队政委。鲁南铁道游击队在敌人据点林立、重兵据守的铁道线上，扒火车搞机枪，血染洋行，为鲁南抗日主力部队搞来所需的武器和其他物资，消灭敌人。1945年枣庄解放，任中共枣庄市工委书记兼工人支队司令。1946年11月离开枣庄，历任鲁南军区特务团政委、中共凫山县委书记、二十一团政委、鲁中南尼山军区政治部主任、中共湖区工委书记、湖区剿匪指挥部副政委、鲁中南滕县军区政治部主任、中共鲁中南军区党委委员兼直属党委书记、中国人民解放军炮兵第十二师副政委、炮兵第五师政委等职。1966年任济南军区炮兵副政委。1981年离休。

王家祥（1915—1983） 苍山县下村乡西马山村人。抗战初期任抗日民主政权通讯联络员，1940年加入中国共产党。1947年3月，费县被国民党三十八旅占领，并建洪山乡乡公所。王家祥得知后，夜间带领17名民兵突袭顽分队，端了乡公所，缴获步枪12支、手枪1支、子弹百余发。4月，国民党三十八旅合击抱犊崮山区。王家祥带领22名游击队员与之周旋，国民党军队穷追不舍，无奈之下，王家祥带领队员攀上抱犊崮顶峰。敌人无法攻取，遂调来大炮轰击，经50余发炮弹攻击，激战一天，队员张丰田负伤。天黑时骤降大雨，天气格外寒冷。王家祥趁敌麻痹之机，用苘麻、被单、裹腿、衣物等撕条搓绳索50余丈，乘天黑雨大，从崮之东南坠下，巧妙地冲出重围。9月，敌又来扰，随处逮猪、捉鸡、抓人。王家祥把游击队化整为零，偷袭敌人。一次，他与刘忠田、胡之光三人打伏击，毙、俘敌各一人。秋后，王家祥被鲁南专署授予特等功臣称号，奖励特等功臣奖章一枚。1950 年，在鲁南军区表彰大会上被评为鲁南民兵战斗英雄。

杨月阳（1907—1984） 原名杨殿贵，由苍山县神山镇迁到下庄镇小城东居住。

1931 年 1 月加入中国共产党，参与磨山暴动未遂，转移到曲阜姚村组织敢死队，身份暴露后，被迫外出谋生。1933 年参加苍山暴动，把红旗插上山顶。暴动失败后，去西北军作副官。1936 年回家。1937 年组织成立“民族解放促进会和临郯青年救国团第二分团”。1939 年收编土匪马汉三部，任鲁南三军分区团参谋长、副团长。后分别在沂河支队、鲁南军区特务团、三十五军、海军学校、海军司令部舰船修造厂等处任职。

吴敬坡（1910—1984） 又名吴景，苍山县神山镇老屯村人。

1927 年参加农民协会，积极进行革命活动。1928 年 9 月，加入中国共产党，担任中共老屯党小组长，是苍山县境早期的中共党员之一。1929 年 9 月，老屯一带中共党员发展到 20 余人，老屯党小组扩建为苍山县境内中国共产党创建的第一个党支部。吴敬坡参加老屯支部以“农民医社”为掩护开展活动，到 1933 年春，建立起孙庄、王庄、道庄、西官庄等支部或党小组。在此基础上建立中共老屯总支部，吴敬坡参与领导工作，并积极参与苍山暴动的筹备工作。抗日战争时期，历任临沂县第三区委组织委员、中共道桥区委副书记、书记等职。解放战争时期，历任中共苍山县委民运部部长、农委书记等职。新中国成立后，历任中共兰陵县委农委书记、县协商委员会副主席、赣榆县农委书记、徐州专署农业科副科长等职。病逝徐州。

傅贡三（1915—1984） 苍山县庄坞镇涌泉村人，出身地主家庭。

6 岁入本村私塾，13 岁入本村初小，后改入临沂益新街小学，17 岁考入临沂乡师。1937 年开始教学生涯。他一面在本村小学任教，一面参加“动委会”“抗协”等组织，做抗日工作。1939 年秋，从鲁南专署受训回来，任兰山小学学区主任，搞冬学运动兼任涌泉小学教师。1941 年，日伪“双十”大“扫荡”，涌泉一带沦陷，他继续在本村办教育，有时帮助地下工作者散发传单。1946 年春，调台枣地区五专署受训。1948 年秋，先后任涌泉小学教师、碑柱完小教导主任。1952 年 1 月，到临沂专区第六速师任语文教师兼教导主任。1953 年夏，调苍山一中任教，直至病逝。

在从教的近 50 年中，傅贡三努力学习专业知识，特别在古典文学方面有较深的造诣。他常说：“要交给学生一杯水，自己至少要有一桶水，最好是长流水。”他年近半百还参加山东师院中文系函授，以优异的成绩取得大专证书。他忘我地钻研业务，除使所教班级一贯成绩优良外，热情耐心地对青年教师传、帮、带。全县举行中学语文教研活动，每次都观摩他的教学，为全县语文教学的改革、改进与提高作出重要的贡献。“文化大革命”中，受到极其不公正的批斗及非人的折磨。“文化大革命”后，从大局出发，不计个人私怨，热情地进行教学。1977 年退休后，更加忘我地工作，后因高血压半身瘫痪，卧床不起。1984 年病逝。

盛清才（1900—1985） 女，苍山县城前村人。

1942 年担任村民兵队长，带领民兵搞训练、埋地雷、打伏击，不断袭击日伪军。1944 年加入中国共产党。解放战争时期，组织妇女推磨压碾，为部队筹集给养，动员青年参军参战，抢救伤员和护理伤员，被华东局授予“支前模范”称号。

石　涛（1903—1985） 河北东光人。

1938 年 4 月参加革命工作，5 月加入中国共产党。抗日战争期间，在山东临沂、苍山一带组织抗日武装，开展游击斗争，历任苏鲁支队营教导员、第八游击大队政治委员和临沂县青抗大队政治委员。在打击日本侵略军的屡次战斗中，石涛所领导的抗日队伍得到当地人民群众的支持，取得很大胜利。解放战争时期，任中共郯县县委书记兼县大队政治委员、鲁南三地委委员、武装部长，作战英勇。

上海解放后，任上海市军管会法曹区（后定名长宁区）接管专员，完成接收旧政权、开展镇压反革命、打击反动势力、维护社会安定和建设人民政权等工作。1950年6月，任长宁区第一任区长。1956年，任中共长宁区委第一书记。他关心和团结区内各民主党派，做好统战工作，重视发挥知识分子作用，为全区的社会主义改造和建设事业出力。1958年，在整风补课中，石涛被错划为右派，受到开除党籍、行政撤职和工资降级处分。“文化大革命”中，又遭到迫害。1978年彻底平反后，为中共上海市纪律检查委员会筹备组成员。

王兆昕（1915—1985）　苍山县层山镇沙埠村人。

青年时代勤奋好学，考入临沂五中。1936年加入中国共产党。五中毕业后，在张里元部做士官。抗日战争爆发后，因不满国民党的行为毅然辞官回乡。1937年参加苏鲁边青年抗日先锋队。1938年任八路军连长，后参与收编土匪任务，成立滨海军区独立团，任团参谋长。在军需物资亟待解决时，受命任盐滩经理，为解决军需用盐呕心沥血。1941年秋任鲁南三地委科长，在白彦战斗中负伤，为三等甲一残废。1946年历任鲁南军区合作社总社长、湖区武装部部长，率部转战剿匪。1949年南征过江，挺进福建。新中国成立后，历任济南市手工业合作社主任、社长，临沂地区粮油公司经理等职。1958年因说“大跃进”是烧票子，被错划为右派，“文化大革命”中受到非人折磨。1979年平反，将补发的数万元工资全部交纳为党费。在临沂逝世。

王　川（1918—1985）　原名王本和，字升杰，苍山县兰陵镇西南隅村人。

1938年参加临郯青年救国团第十七分团，后任兰陵区委武装委员、八路军一一五师南进支队第八大队政治部主任、鲁南军区敌工科科长。1953年任南京307厂厂长。1960年任二机部五局副局长。1963年起任五机部司长、副部长、生产领导小组组长等职。

盛儒修（1902—1986）　字卜筠，苍山县卞庄街道西柞村人。

1916年考入临沂省立第五中学。1919年转入济南一中学习。1923年转南京高师附中补习，8月考入北京民国大学法律系。1924年孙中山扶病入京，盛儒修作为学生代表前往车站迎接，并送到行辕驻定。孙中山病逝，盛儒修参加迎柩队伍。在学校举行的哀悼大会上，他声泪俱下，决心遵照总理遗嘱，宁为实现国民革命而死，不愿惜身而生。1926年，参加李大钊组织发动的天安门国民大会，游行请愿。大学毕业后，到泰安国民党山东省党务指导委员会当职员。1928年1月加入国民党，6月到临沂任五中教员和临沂县小学教员训练班教务主任，讲授三民主义。1932年8月，调济南国民党省党务指导委员会任干事。1933年，掩护参加苍山暴动的杨贯吾和刘伯誉。抗日战争爆发后，耳闻目睹国民党的不战而逃，愤然辞职，烧掉国民党证，回乡参加抗日救亡活动。

1938年8月，中共山东省委在鲁南抗敌工作团的基础上，筹建鲁南民众总动委会，盛儒修被推选为委员。1939年，为临郯费峄四县边区动委会常务委员、苍山抗日协会书记。在家乡成立抗协自卫队，后编入区中队。1941年3月，为临郯费峄四县边区县参议长兼政府委员。

1942年1月，调任临沂县参议长兼政府委员。1945年，改任赵镈县参议长。其间，还被推举为省和鲁南参议会参议员。鲁南战役中，他带领赵镈县参议会，代表全县40万人民慰问前方战士。国民党军重点进攻山东时，县机关缩编，他告别7年的参议长工作，回到苍山县第三区，随同区乡干部趴山沟、蹲山头，坚持游击战。1948年淮海战役大决战，盛儒修为苍山县随军粮站站长，带着民工，冒着炮火硝烟出色地完成战勤任务，荣获“支前三等功臣”称号。全国解放后，历任科员、小学校长、师范教师、教导主任等职，被选为费县人民委员会委员、费县政协第一届委员、省五届政协委员。

傅展如（1916—1986） 原名傅鸿业，苍山县庄坞镇涌泉村人。

1932年考入临沂师范讲习所学习，1933年起在褚墩、张家哨等处任教。抗战爆发后，回村参加中华民族解放先锋队。1938年6月，中华民族解放先锋队改称临郯青年救国团，傅展如担任该团十二分团组织委员。同年，加入中国共产党，受命组建中共涌泉村党支部，并任党支部书记。12月，任临郯中心县委组织部部长。1939年年初，先后任中共邳县县委副书记兼组织部部长、县委书记。1941年7月，任中共临沂县委书记兼县大队政委。10月10日，日军对临郯根据地进行扫荡，傅展如冲出重围后，转移到敌占区开展地下斗争，积极寻找失散人员，整顿恢复党的基层组织，针对伪军政人员进行统战工作。

1942年春，临沂县大队主力编入沂河支队后，以傅展如为首的临沂县委不仅重新组建了临沂县大队，还在各区建立起有二三十人的区中队，全县发展到500余人枪，巩固与壮大了抗日武装力量。抗战胜利后，先后担任中共皀山县委书记，苍山县委副书记、书记，鲁南三地委武装部部长等职。1949年3月随军南下，先后任浙江省公安厅秘书处处长，台州地委副书记、专员，浙江省监察厅厅长等职。1973年3月起，历任宁夏自治区民政厅厅长、自治区第三届政协常委等职。1980年离休。1986年8月因病在杭州辞世。

郑承泰（1938—1986） 日照市马庄乡西小曲河村人。

1956年3月加入中国共产党，1958年10月参加工作。历任日照县马庄公社党委文书、区财粮助理、奎山公社党委书记、中共日照县委副书记、中共莒县县委副书记、中共苍山县委副书记兼苍山县人民政府县长。1986年2月到苍山县后，为改变苍山的面貌，郑承泰废寝忘食，夜以继日地工作。他作风干练严谨，受到干部群众的敬重与爱戴。1986年7月22日病逝。

吉祥山（1929—1987） 苍山县许里屯村人。

1947年2月参加革命工作，任北海银行渤海分行德平办事处出纳员。1948年11月加入中国共产党。1949年4月，调北海银行鲁中南分行赵镈办事处，任出纳员。1955年5月，成立中国人民银行苍山县支行，任出纳股股长，历任副行长、行长，是苍山县金融事业的创始人之一。他坚持实事求是原则，教育培养出一支深入实际，开展金融业务，为群众生产、生活服务的职工队伍。1964年8月任县财贸政治部主任，1980年任县财贸办公室主任。1980年9月当选为中共苍山县第五届委员会委员。1980年5月当选为苍山县第八届人大常委会副主任。

王献廷（1901—1988） 又名王宝琛，苍山县卞庄街道东纸坊村人。

王献廷生性秉直、豪爽，爱结交朋友。少时在家乡读书，后开作坊、经商。1931年加入中国共产党。1933年参加苍山暴动。暴动失败后，逃往外地，与党组织失去联系。抗日战争爆发后，回乡组织成立“抗日民族促进会”，后改为“青年救国团”，任第二分团团长。1938年春，经人介绍重新入党。后任临郯独立团三营营长、八路军南进支队三大队大队长、沂河支队副司令员、三军分区副司令员等职。1938年秋，冒着生命危险，只身前往岗哨林立、戒备森严的杨庭芸部做统战工作，没有成功。1939年夏，再次到已投靠日军的杨庭芸部，对其晓以大义，争得了杨部对八路军的支持。1939年，国民党郯城保安团500多人包围花庄，王献廷率部与敌激战两昼夜后，又一昼夜急行军90千米胜利突围。他在担任三军分区副司令员时，只带一名警卫员深入敌后发动群众，很快招募到一支几百人的队伍。渡江战役时，任华东局船务处副处长，积极筹措船只供解放军过江。先后担任华东军区徐海外事处主任、上海市港务局副局长、华东局交通部内河局副局长。1956年，调任上海市政府机关事务管理局副局长、局长、党委书记。1962年，任上海市政府副秘书长兼机关事务管理局局长，后被选为上海市第五届政协常委。1984年11月离休。

宋体正（1928—1989）　苍山县鲁城镇刘郭村人。

1947年加入中国共产党，1948年4月参加工作。历任赵镈县干事，苍山县仲村区（今苍山县大仲村镇）委副书记、书记，苍山县卞庄公社党委书记。1980年9月至1984年9月任中共苍山县委常委，1981年5月至1984年7月任苍山县人民政府副县长，1984年7月至1987年3月任苍山县人大常委会副主任。

在仲村区委任职期间，宋体正带领群众大搞农田基本建设，整山改土，开挖干渠，进行山水林田路综合治理，造福一方。全区有多少条河流、多少个山头，每个生产队有多少地块，哪块地庄稼的长的好孬，他都了如指掌。每逢大年三十，他都要带着同志们到各村访贫问苦，并到各生产队的牛棚内与饲养员谈心，叮嘱他们搞好耕牛的饲养及牛棚春节防火安全。

沈林甫（1897—1990）　又名沈廷仁，郯城县四区宋庄（今苍山县磨山镇宋庄村）人。

幼入私塾启蒙，后入郯城县立高等小学、省立临沂五中学习。1918年考入山东省工业讲习所。其间，适逢五四运动爆发，作为学生联合会长的沈林甫，积极领导学生上街游行，响应北京的学生运动。1921年毕业回乡，相继就任郯城县普利工厂技师、郯城县四区农民协会主任、北哨小学校长等职。1931年在任北哨小学校长期间，经刘之言介绍加入中国共产党。1933年，中共临郯县委组织“苍山暴动”，沈林甫拿出钢枪6支、银圆120块支援暴动。暴动失败后，沈外出避捕与党失去联系。“七七事变”爆发后，忧愤中的沈林甫先与王献廷、颜月岩等人自发组织“民族解放促进会”，从事抗日救亡工作。后与苏鲁豫皖边区特委取得联系，在丁梦孙、朱次彭介绍下重新入党。他拿出自家钢枪20条、银圆500块、粮食1仓，会同王献廷等人组成“抗日民族促进会”，后易名“青年救国团”，沈林甫任一营营长。出山第一仗，杀敌20余人，伤敌10余人，烧毁汽车4辆，缴获歪把子机枪1挺，“三八”式步枪3支，子弹千余发，军需品一宗。1942年就任鲁南行署纺织局局长，专门从事后勤供应。初始因陋就简，买群众棉花再发给群众纺线，把线集中起来织布，办起织布厂。随着经济条件的好转，逐渐办起肥皂厂、造纸厂、油墨厂、弹药厂，总称鲁南华丰总厂。解放战争期间，调任渤海地区兴利工厂经理，专事生产布匹、毛巾，支援解放战争。1948年济南解放，任济南国棉一厂副经理。1953年调任山东省农业厅农业干校总务主任。1958年退休，后迁居于临沂干休所。1990年病逝。

孙善斋（1926—1990）　安丘县石埠子乡中孙家庄人。

1943年8月加入中国共产党。1944年6月参加工作，历任文书、会计、干事、诸城县公安局股长、山东省公安厅副科长、苍山县人民检察院副院长。1958年后，历任苍山县机械厂副厂长、县公安局副局长、县委研究室主任、县人民检察院检察长、县科委主任兼地震办主任、县文委副主任、苍山县政协第一、二届副主席。1987年3月离休。在政协工作期间，孙善斋热心参与《苍山县文史资料》的征集编辑。他喜爱书法，刻苦探索，勇于创新，具有一定造诣，其草书被收入河南的碑林。

李金玉（1906—1992）　费县东涧（今苍山县下村乡东涧村）人。

1944年2月加入中国共产党，4月参加革命工作，任鲁南军区后勤部采购员。1954年10月，参加信用社工作，任涧村信用社主任、下村乡信用社副主任。李金玉从事农村金融工作，勤勤恳恳为人民服务，用实际行动开创了“三勤”“四上门”办信用社的经验。1956年8月，县行召开会议，介绍推广其工作经验，推动全县农村金融的发展。1964年10月，临沂地区中心支行在苍山县召开1300多人的“学习李金玉办信用社经验交流会议”，发出向李金玉学习的号召。1959年出席“全国群英会”，受到党和国家领导人接见。1963年3月，出席全国农村金融会议，受到毛泽东主席和国家领导人接见并合影留念。1966年5月，省人民政府授予李金玉“五好职工”称号（省级劳动模范）。此后，李金玉被省、地树为学习毛主席著作标兵，多次到省内各地进行巡回报告，一直在基层农村信用社工作30余年。

孙哲南（1915—1992）　原名孙晋云，苍山县兰陵镇西横沟崖村人。

山东省立临沂乡村师范学校毕业，1938年春参加革命工作，同年12月加入中国共产党。历任苏鲁边区临郯青年救国团常务主任，中共临沂县委民运部部长、县委书记，中共临、郯、邳中心县委书记，中共兰陵县委书记，中共济南特别市第二分区委书记。1950年12月至1953年2月任济南市总工会第二、三届执委会副主席，党组副书记、书记，中共济南市委委员。1953年2月至1955年6月任济南市总工会第四、五届执委会主席、党组书记。1954年10月任中共济南市委常委。1955年6月后历任中共山东省委工业部副部长，山东省总工会副主席、主席、党组书记，中共山东省第二届委员会候补委员，山东省第三届人民委员会委员，山东省劳动局副局长、党的核心领导小组副组长、顾问，政协山东省第四届委员会常委等职。

杜汪洋（1916—1992）　原名杜兰芳，苍山县宋庄人。

青年时期在山东省立第五中学学习，在校期间受中国共产党的影响走向革命道路。1936年加入中国共产党。1938年在山东抗日军政大学（岸堤干校）学习。抗战期间与丁梦孙、傅伯达、王献廷等一起，领导郯城县的抗日斗争工作。1949年解放军南下时，到上海任团政委（华东警备第八团）。抗美援朝期间任六五二师师长（驻长春），兼任长春汽车制造厂军代表。后调入建筑工程部（后来与国家建委等合并）任援外局局长。曾先后在坦桑尼亚、赞比亚参与领导援外工作。20世纪50年代末，受中央派遣到越南领导援外工作，任专家团副团长（受方毅领导）。60年代中期回国后，任国家计委对外经济联络局副局长。“文化大革命”期间，下放到内蒙古“五七”干校劳动。70年代末平反，任陕西省建工局局长。1992年病逝，经上级批准安葬于西安烈士陵园。

傅伯达（1905—1993）　苍山县庄坞镇涌泉

村人。

18岁考入临沂山东省立第五中学。毕业后在涌泉、临沂、层山等地当教师10年。1937年参加“民主解放先锋队”。1938年加入中国共产党，后任临郯青年抗日救国团十二分团大队长。1939年任泉源区区长，坚持地下斗争，领导发动群众建立党组织，筹备武装，开展统一战线工作，迅速把郯城以北地区的革命工作开展起来。此间，曾率武装消灭土匪滕之三。1941年10月，日军调集万余人，以“铁壁”合围、拉网战术对以涌泉、庄坞为中心的临郯平原抗日根据地进行围剿“扫荡”，傅伯达率地方武装配合八路军主力部队掩护机关人员突围，护送领导机关转移滨海、邳北安全地区。1942年任中共马陵办事处主任兼武装大队长，除掉许多日伪据点，巩固了抗日根据地和革命政权。6月18日，同危益民等人率20名战士，化装成伪军，涉过沂河，在南营子村出其不意地把鲁南有名的匪首刘月亭活捉，押至郯城县进行公判处决。1943年任郯城县县长兼县大队长。1948年支援淮海战役，后随军南下。新中国成立后，历任浙江省嘉兴地区专员、浙江省林业厅厅长、中共丽水地委副书记兼专员。

庄虔恺（1915—1993）　莒县刘官庄区中泉村人。

1939年2月加入中国共产党。历任小学教师、村中共支部书记、区委委员、区委书记、莒县人民政府副县长、县长、中共莒县县委书记处书记、中共苍山县委副书记、苍山县人大常委会主任等职。1984年离休，享受地专级待遇。

1942年抗日战争的艰苦时期，积极发展党的组织，千方百计与上级组织接续联系。莱芜战役中，率领民工参战支前，荣立大功1次。病逝于苍山县。

邢继岭（1925—1993）　苍山县大仲村镇大吴宅村人。

1941年5月加入中国共产党，历任中共苍山县第三区委委员、支前担架连指导员、中共区委书记。积极发动群众锄奸反霸，开展对敌斗争，发展壮大革命力量。1947年3月，带领民工参战支前，荣立一等功1次，二等功2次。新中国成立后，历任共青团苍山县委副书记、书记，苍山县人民政府副县长等职。离职休养后不图安逸，毅然回村带领群众脱贫致富，积极关心教育事业，在县、乡做传统教育报告会几十场，受到省地表彰。

毛华清（1910年—1994）　祖籍江西省太和县兰碑村。

1927年加入中国共产党。1935年为中国工农红军排长，参加了二万五千里长征。1937年3月任中国工农红军五团连长，在团政委王六生的带领下，到抱犊崮山区开辟抗日根据地。1938年负伤住院治疗，受到邓子恢的慰问。1941年担任游击队队长，在抱犊崮山区开展游击战争。1942年5月定居于下村乡双沟峪村，曾担任村支部书记。病逝于下村。

王占一（1927—1994）　苍山县西大埠村人。

1943年2月参加革命工作。自幼受其叔父王士一影响，13岁任村儿童团长，16岁离家到微山湖一带参加共产党领导的抗战活动。1949年，随解放大军南下到浙江，相继在浙江省青联、浙江省委党校任职。在新安江水力发电站工程局工作期间，受到过周恩来的两次接见。1977年恢复工作后，先后任浙江省电力工业局副局长、局长兼党组书记，华东电管局党组成员，浙江省人大常委会委员等职务。

离休后，非常关心浙江的儿童福利事业，带头向浙江省儿童福利基金会捐款。他还心系家乡，20世纪80年代末根据国家扶持“老、少、边、穷”的有关政策，请求山东省电力局帮助“苍山暴动”所在地附近7个村庄通电，解决了群众生活用电问题。

王六生（1917—1995） 江西省萍乡县人。在鲁南征战9年。1943年4月任八路军一一五师五团政委兼中共边联中心县委书记，1944年8月任鲁南三地委书记；后任第三野战军二十二军六十五师政委，率部南下南京、上海、浙江作战，历任上海警备区第二政委、南京军区政治部主任、武汉军区政委、中国人民解放军工程兵政委、中共中央候补委员、中顾委委员等职。1955年授予少将军衔。

郝学鲁（1913—1996） 苍山县下村乡南山湾村人。

1949年加入中国共产党。1950年参加工作，任上村街合作社社长。1952年任下村合作社主任。1964年被评为山东省劳动模范。同年，参加国庆观礼，受到毛泽东等党和国家领导人的接见。1965年春，突然来了大风雪，天气奇寒。他带领干部职工，3天时间访问233个困难户，送去取暖煤炭、煤油、食盐等生产生活必需品1500多千克，收购积压在群众手中的废旧物资、鲜蛋等3500余千克。群众称赞郝学鲁是人民的好勤务员。他所领导的供销社多次被评为先进单位。

魏玉华（1919—1998） 苍山县兰陵镇西南隅村人。

出生在手工业者家庭。1938年2月参加革命，11月加入中国共产党。新中国成立后，任徐州市委副书记。1961年5月，在第四届人民代表大会第一次会议当选徐州市长。“文化大革命”期间下放劳动，1973年重新工作后，任泰州市委常委、书记、革委会副主任。1974年10月至1977年5月任泰州革委会主任。后任扬州市委书记、革委会主任、地委常委、扬州市委顾问。1983年12月离休，享受正厅级待遇。

杨金德（1916—2001） 原名杨成德，苍山县神山镇神山村人。

1937年11月在山西省平定地区参加八路军一一五师，1939年9月加入中国共产党，历任战士、班长、排长、副连长、连长、副营长、副支队长等职务。1941年3月参加青口战役。1942年参加三次甲子山反顽战役。后调任山东纵队第二旅第四团三营三连副连长。山东纵队第二旅撤销番号后，1942年年底回调一一五师开赴沂蒙山地区。1947年秋，奉命回到地方组织并领导游击战争和抗击还乡团斗争，后任临沂县公安局副局长，继调任赵镈县（今苍山县）公安局主持工作。1956年被授予“三级独立自由勋章”“三级解放勋章”和“人民功臣”称号。“文化大革命”中受到不公正处分。1978年平反并恢复名誉，享受县处级待遇。

李　洪（1918—2001） 原名杨凤岐，字鸣山，苍山县庄坞镇庄坞村人。

小学毕业后，考入临沂乡村师范学校。“七七事变”后，参加抗日活动。1938年6月赴沂南岸堤八路军军政干校学习。1939年1月在临郯青年救国团抗敌协会工作。

1942年1月，在抗敌自卫军临西大队任参谋长，并加入中国共产党。8月起，在临沂、诸城等地从事抗日活动。解放战争期间，负责组织民工支援前线。1949年6月，按组织的安排参加中国人民解放军西南服务团，担任三大队副大队长。12月，任中共四川省綦江县委委员、綦江县人民武装部部长，兼中国人民解放军炮九团参谋长。1950年，先后任巴县、江津、綦江三县联防剿匪指挥部参谋长、中国人民解放军璧山军分区綦江县独立营政委、綦江县剿匪指挥部参谋长。1950年1月，率一个连追到贵州习水温水，通过强大的政治攻势和军事压力，迫使国民党习水县政府县长朱崇仁带100余人枪投诚。5月，率两个连袭击以刘中周、朱化南为正副司令的“川东剿共救民军”，击毙70多人，击伤76人，活捉69人。

1950年7月，调任中共綦江县委宣传部部长。1951年8月，受川东行署委派，接管巴县电厂，担任军代表。1953年，赴北京参加国家燃料工业部举办的电力系统厂长、经理研究班学习。1954年当选为北碚市第一届人民代表大会代表。1956年11月任宜宾电厂副厂长兼扩建工程处主任，负责宜宾电厂的扩建工程。1958年4月调成都热电厂工作，先后任副厂长、厂长兼代理党委书记。1979年4月任成都电业局副局长。1981年12月任成都供电局（今成都电业局）顾问。1982年12月离休。

田　兵（1915—2003）　原名王言诚，幼名自成，字从化，军名史涛，临沂县兰陵（今苍山县兰陵镇）人，现代诗人、民族民间文学家。

1933年入山东省立三乡师读书。1937年10月入延安陕北公学学习。1938年4月加入中国共产党，为八路军山东纵队干部队成员。8月，带毛泽东亲笔信送范筑先，受邀任范筑先秘书，参与聊城保卫战，后转战鲁西。新中国成立后，历任平原省文联常委、文化部剧本创作室副主任、贵州省文化局副局长、省文联副主席、作协副主席、民间文艺研究会主席、省博物馆馆长、中国民间文艺研究会常务理事等职，并主编《山花》《南风》等。

在贵州任职时，组织领导了贵州民间文艺资料共72集的印制，其中《苗族古歌》获全国民间文学一等奖。作品有《田兵诗集》、叙事长诗《春光寄母》及游记《黔山探幽》等。

王伯华（1914—2006）　苍山县新兴镇人。

1938年参加革命工作，历任八路军南进支队八大队连长、临沂八区游击队中队长、兰陵县兰西区区长、华东一纵兵站站长、赵镈县县长、湖北省房县县长。新中国成立后，历任中共房县县委书记、郧西县委书记、郧阳专区公安处长、湖北省林业厅副厅长、厅长。

吴振东（1914—2006）　苍山县新兴镇下湖村人。

1938年夏，在村里组织十几名青壮年成立大刀会，抗击日军，并沿徐潍公路破坏日军通信设施，袭击小股日伪军。同年秋，动员群众拿出自家枪支，参加王芗南、杨振参领导的抗日联防游击队。1939年6月加入中国共产党。1940年8月，因汉奸告密被捕，被押半年，经历严刑拷打，始终不屈。敌人无法，判他无期徒刑，发往满洲改造。1941年4月经党组织营救出狱后，参加抗日救国学习班。回村后，利用所学，组织大刀会，发展党员壮大党的力量。1942年3月，下湖村党小组改为特别支部，吴振东担任支部书记。下湖村周边18个村庄联合成立抗日联庄会，他被推举为会长。1952年7月任兰陵县县长，12月兼任中共兰陵县委副书记。1953年9月任中共邳县县委副书记、县长。1960年2月至1963年12月在扬州文化干校学习。1964年1月复任中共邳县县委副书记、县长。1975年9月任邳县县委顾问。1981年9月任邳县政协第六届委员会主席。1983年11月离休，享受地厅级待遇。

王守湘（1924—2006）　苍山县大仲村镇大冶村，中共党员。

1939年初，参加临郯青年救国团。同年7月，参加临郯青救团游击大队，1941年改编为八路军苍山县大队。1940年4月，参加鲁南抱犊崮山区反“扫荡”作战。1941年10月，国民党制造银厂惨案，参加白山战斗。1946年6月至1947年11月，先后参加反顽的义和庄、涧沟崖突击，自卫战争中的界河、邹县、泗州、鲁南数次大小战役，其中鲁南战役时，任特务连指导员，受到师部通令嘉奖。

1955年9月，被授予少校军衔。1957年6月，被授予三级独立自由勋章和三级解放勋章。1960年5月，被授予中校军衔。1964年8月，晋升上校军衔。1965年8月，转业到文化部中央新闻纪录电影制片厂，历任党委副书记兼政治部主任、副厂长、党委书记。1985年离休。1986年11月，获中华全国新闻工作者协会颁发的荣誉证书。

王敬礼（1925—2007） 苍山县贾庄乡东大桥村人。

1940年6月参加革命工作，1942年入党。青少年时代就投身革命，在抗日游击战争中先后任东大桥村儿童团长，长桥区抗日宣传队队员、队长，区青救会会长等职。解放战争初期入伍任副排长，先后参加了官桥、盛庄战斗，洛阳、开封等战役。1949年3月，任二十二军师教导营政治教导员，出色地完成象山战斗中的突击任务。1950年3月，任二十二军一九五团一营政治教导员，被师党委授予一等功臣的荣誉。1958年11月后，相继任守备九二团团长、宁波军分区副参谋长、二十军独立一师副师长。1981年10月，任浙江省军区后勤部正师职顾问。1982年9月离休。

郭仲选（1919—2008） 号魁举，苍山县兴明乡人。中国书法家协会理事，浙江省书法家协会名誉主席。

1938年8月参加革命工作，1939年6月加入中国共产党。历任鲁南人民抗日义勇军宣传员，临郯费峄四县边联特务营教导员，四县边联支队一大队教导员，鲁南军区政治部秘书、宣教干事，鲁南军区五团武工队副政委、政委，鲁南军区政治部秘书，鲁南军区武装部政工科科长，鲁南军区政治部组织科科长，南下干部纵队一支队政治部组织科科长。杭州解放后，任杭州市军管会卫生处政委。新中国成立后，历任市政府秘书处主任、市文教局副局长、中共杭州市委宣传部副部长、市委副秘书长、市委统战部部长、市政协副主席兼秘书长等职。离休后，担任浙江省文史馆馆长、西泠印社常务副社长。

郭仲选从小爱好书法，青年时期就读临沂师范时经常到洗砚池边的历代名家书法碑刻前观摩、学习，其书风亦受家乡清末书法家王思衍的影响。在杭州期间，多次举办个人书法展，作品参加全国第一、二届书法篆刻展及国际书法展。其书艺水平和艺德人品都获得书画艺术界和社会各界的高度赞誉，是当代中国书坛具有代表性的书法家之一。

石德山（1920—2008） 苍山县芦柞镇坊前村人。

1944年8月参加革命，先后任山东沂河工商局坊前检查站站长、苍山县工商局芦柞事务所所长。1948年，任鲁南支前司令部油盐供应总站站长，参加淮海战役。1949年4月，调任华东支前司令部运河煤厂收发保管股股长，参加渡江战役。1949年，先后任上海铁路局供应总店钦金华支店经理、上海铁路局南京米厂经理。1952年12月，调任铁道部第十一局供应科副科长，参加萧甬铁路建设。1955年5月，调任铁道部第五工程局供应科科长，参加蓝烟铁路建设。1957年6月，在西安、郑州任铁道部第六工程局业务科科长、供应科科长，参加陇海铁路的复线建设。1958年8月，调任铁道部青藏铁路工程局供应处副处长，参加青藏铁路的一期工程建设。1960年6月，调任铁道部西北铁路工程局供应处党总支书记、副处长。1964年5月起，先后在成都、贵阳参加“三线”建设，任铁道部西南铁路工程局指挥部供应处副处长。1978年8月，调任铁道部西安铁路局工程处副处长。1980年起，调任宝天铁路电气化工程指挥部党委常委、副指挥长兼指挥部后勤部部长。1983年离休，享受正局级待遇。

王鸿祯（1916—2010） 苍山县卞庄街道人，地质学家。

民国二十八年（1939年），毕业于北京大学地质系。民国三十六年（1947年），获英国剑桥大学博士学位。研究领域包括古生物学、地层学、古地理学、前寒武纪地质和大地构造学，尤长于珊瑚古生物学和历史大地构造学。历任北京大学秘书长、北京地质学院副院长、武汉地质学院院长、中国古生物学会理事长、国际地科联地质科学史委员会副主席、第六届全国政协委员、第七届及第八届全国政协常务委员、中国民主促进会中央参议会副主席、中国地质博物馆名誉馆长、中国民主促进会顾问等。

1978年，王鸿祯参与编写的《亚洲地质图》与《中国地质图集》获全国科学大会奖，1982年获国家自然科学一等奖。1980年，当选为中国科学院院士。1983年，辞去武汉地质学院院长一职，专心致力于大地构造研究室的领导与研究工作，完成一系列重大基础科研课题。1985年，出版《中国古地理图集》，以沉积分析与结构分析相结合，用多种图件综合表达了中国地壳的构造发展和古地理演化，逐步形成了全球构造的活动论和历史发展的阶段论相结合的地球历史观。2010年7月17日6时，因病逝于北京。

丁冠之（1932—2010） 苍山县庄坞镇向曙村人。

1960年毕业于山东大学历史系，1960年至1981年在中国社会科学院哲学所从事中国哲学史研究，历任研究实习员、助理研究员、《中国哲学史研究》副主编。1982年调入山东大学，历任副教授、教授、《文史哲》杂志主编、《儒林》特约编审，享受政府特殊津贴。2007年，丁冠之与颜炳罡等人一起促成由临沂市委、市政府，苍山县委、县政府主办的“儒学全球论坛（2007临沂·苍山）荀子思想当代价值国际学术研讨会”。8月6日下午，丁冠之代表大会组委会向大会作学术总结报告，得到国内外200余名学者的普遍认同，为提高临沂、苍山的知名度，推进荀子思想研究及地域文化繁荣发展做出很大贡献。

2010年3月8日，因病在济南逝世，《文史哲》编辑部敬献挽联曰：“出玄入道熏沐往哲一代高文多灼见，编刊荐才奖掖后进千秋儒林传嘉风。”

二、人物表

（一）苍山县烈士名录

1. 卞庄街道（257人）

林希昌 李德同 郭保申 张朋胜
李艳臣 王际明 张怀亮 王付军
曹万相 范径全 徐芝明 王洪烈
张邦贵 马西良 张进才 王付现
张砚田 马青山 程福胜 郭广义
王富钻 何守现 郭俊明 郭永贵
何守山 刘永安 张登科 宋传信
赵尔凤 崔玉臣 隽文友 赵凤洪
郭昌言 吴兴全 于连顺 王福芝
王保俭 戴守桂 刘凤云 盛清吉
郭德胜 王学胜 张玉环 王看芝
王胜君 张志芳 宋三勤 王洪启
张万生 王春其 赵景尧 朱广荣
吴恩祥 季景和 赵学如 管相逸
高步春 张景方 张景丑 张　顶
张进瑞 杨　彬 张万里 赵一贯
任道重 桑建义 张景和 王兆芳
杨宾婆 刘　玉 冯　理 王志带
杨佃举 王兆印 杨志连 孙启敏
张志军 王兆其 李宗发

（以下为原芦柞乡）

郭金荣 杜　灿 王连民 张喜梅

王善义　颜士奎　郑作贤　邹云庆
石振和　王洪信　刘守信　张开俊
李开启　刘玉珍　李兰玉　李向生
郭全义　杨维彩　傅万锦　张永胜
朱永胜　秦步平　张永启　张永富
颜廷华　张建申　张建振　颜景勋
周继前　张建全　杜景坤　周玉生
张学师　杜宗义　周文志　王广富
马　筹　周永昌　王庆恩　赵喜文
徐小娥　李凤祥　王伯生　张敬彩
王伯兰　王思聪　任兆修　王纪明
历兴方　马德胜　颜景善　颜景伦
颜士义
（以下为原小岭乡）
冷自德　孙茂勇　钟恩前　姜保恩
王印渠　王定其　崔凤岭　王印方
姜干部　彭俊奎　王俊生　苏羊蛋
于　金　周志学　赵淘气　程全德
吴绍营　李怀臣　宋全胜　李凤其
于廷九　李玉珍　赵保轩　于廷海
周景奎　刘万然　王俊生　王树松
王印绪　吴绍祥　刘文漪　李佃友
李福玉　刘其远　刘贵生　王京田
王从一　王印需　侯　奎　王之德
王洪生　亓宗明　方佃玉　聂庆法
左兰卿　方佃秀　王兆雨　刘怀清
张善友　宋玉川　刘星全　张学里
马德胜　崔永信　何文义　宋开亮
左胜祥　左洪祥　杨守法　盛一臣
陈秀保　张自明　邢明德　宋庆云
石秀珍　宋传喜　杨福春　吴兴桂
李景瑞　刘自友　阎景文　周玉亮
宋经春　左德玉　崔永贞　卜庆祥
程玉和　秦永广　卜范荣　李洪道
刘鸣鹄　卜范玉　左少信　左廷年
蔡福贵　杜思义　马克成　姜开成
杨文俊　赵尔武　靳保山　张玉启
赵其山　左爱民　季茂胜　岳永庆
赵尔恒　吴玉亭　夏敬先　宋传合
王学礼　夏东美　赵文华　钟恩洁
林万祥　赵志标　赵尔廷　王墨山
王俊明　赵尔德　王洪强　王桂才
王胜才　张　星　田作鹏　郭振其
肖　乾　郭德志　张开祥　郭金琢
颜景仁　徐继昌　田　英　赵洪年
左良民

2. 大仲村镇（175 人）

周凤明　袁兆安　密云祥　吴　雷
袁兆灿　刘夫坤　曹德兴　君学修
吴连登　赵乾明　尹发修　吴凤明
邢继山　王恩茂　宋彦厉　赵加文
左永成　孙纪发　曹德仁　李保其
陆振江　胡保信　王佃行　王云生
孙如田　周保田　孙树仁　聂会卿
陶志文　刚庆友　齐玉法　陶其高
吴克田　李清修　陶志明　王士吉
王安民　张金堂　宋传江　袁春广
齐玉珍　朱健元　颜现文　徐兴业
林凤玺　赵起动　宋彦成　赵传玺
赵尔更　宋保起　袁兆才　赵尔运
张发四　李文学　刘兴全　宋善军
卓芳玉　吴清高　王士友　王丙杰
吴清龙　郑荣太　马坤路　吴清斗
沈自保　王德良　杨兆瑞　宋传朋
高　朋　周凤才　薛友明　王俊杰
宋传骤　吴绍连　沈玉桂　康德修
徐新民　王云田　付宗元　祝茂松
沈玉光　张志成　林现修　王瑞云
刘井芝　陈凤起　王克立　林凤章
王金如　刘忠伦　林凤民　房永杰
周文斌　蒋庆荣　吴洪印　周洪思
龙起瑞　房永德　聂会江　宋炎兴
沈永凡　吴福贞　王秀如　李芹成

吴兴义　唐玉和　黄其德　丁守存
胡尊礼　孙永田　丁祥法　卓胜才
赵玉山　王学俭　舒玉山　张万选
冯德功　左文富　李传九　顾洪才
孙景田　袁德清　周凤桂　孙　三
周玉廷　崔文亮　王士杰　宋沛元
宋善纪

（以下为原流井乡）

苏兴太　毛相义　宋友章　崔才友
刘荣山　宋友吉　包立仁　王友顺
孙家生　马敬祥　王成友　马洪良
魏启胜　苏兴胜　张玉程　门廷秀
袁均一　孙传义　王均三　李秀云
李传和　邱现发　李思明　李传法
邱玉进　李登友　林凤才　邱玉瑞
王振永　林士保　刘振奎　王振堂
李文才　黄启台　李秀海　陈清如
李友吉　李思恩　刘相同　代保金
李秀同　张凤伦　毛相义　孙中义
张西仁　陈桂傅

3. 兰陵镇（41人）

赵继山　王永军　王元魁　杨贵宝
刘玉厚　李茂玉　王子祥　王玉柴
何永胜　郭庆样　张洪松　欧庆达
张宝山　赵怀成　宋富远　魏思亮
林西山　林秀平　梁文贤　周长贵
赵连成　梁广才　王尚会　王富有
孙重典　董太安　孙茂巍　刘洪胜
陈德吾　赵敬厚　王保银　冯佃文
高学田　贾平和　李艾芳　王时才
孙晋昭（建国后）刘洪善　赵连胜
孙为景　林钧胜

（以下为原横山乡）

张传亮　孙茂玲　傅守田　王思义
孙景佃　魏元义　狄见刚　孙茂元
蔡业盛　郭　堂　孙晋德　刘　景

郭贵修　解景云　李学玉　周思清
金春文　孙晋全　周玉太　金秋文
沈兆瑞　耿如才　彭秀峰　董守田
杜清华　赵立轩　郑子坡　杜建米
高继胜　徐青庚　孙景岱　程凤领
郭景玉　赵永杰　孙晋田　赵永义
陈学纪　孙景志

（以下为原韩塘乡）

车传道　张洪哲　夏永昌　朱廷德
王纪法　高金普　张信志　马宗仪
杨自华　王恒昌　孙　本　张现琪
杨传富　韩广才　王志学　韩保启
王太连　刘玉岗　段凤鸣　栗胜元
王开九　刘玉亭　王昌时　吴振胜
王一鳌　张文朋　龚堂义　冯秉臣
王中善

4. 长城镇（93人）

赵宗飞　孙传学　王丙杰　赵作富
孙文彩　宋友章　赵学岭　孙连胜
赵如春　宋春岭　周宗礼　赵思宣
赵训胜　宋从玉　赵荣武　赵永房
张建喜　赵风举　赵玉连　赵清林
赵士钦　孟　好　赵东林　赵杰三
赵佃杰　孙友岱　赵乐三　郭守银
张志田　赵如喜　赵兴志　徐会恩
房玉志　赵兴仁　徐会春　刘井民
赵恩明　徐保功　赵宗才　许友彬
王振奎　赵永平　郑从合　张贵金
苏少先　樊奎远　傅成英　陈玉德
樊学远　姚子彦　赵计成　张志华
李忠山　姜纪松　赵永四　赵春元
李忠学　赵永吉　赵金章　安新华
赵永芳　徐友连　安荣华　赵永太
赵广如　乜慎楼　魏玉田　赵焕章
左洪毛　魏玉朴　赵广法　刘玉友
任永湘　赵凤友　乜慎庆　刘广会

戚秀才　董玉法　刘员吉　郑保廷
赵宗尧　赵振廷　陈付胜　庞永强
孙寿印　韩作廷　马德明　薛沛恩
马文礼　马德宽　夏德芝　代守瑞
刘昌启

5. 磨山镇（152 人）

傅思义　王西玉　梁甲让　刘兆乾
陈万华　许思明　秦永茂　杜长清
徐敏康　汤友敏　沈廷芳　夏西增
秦永汉　王洪礼　梁怀五　秦步连
沈朝兰　梁怀斗　王传胜　徐凤岩
梁甲栋　杨宗学　沈廷杰　徐会芝
秦永青　沈朝芝　张元信　陈玉英
王守恩　李太成　刘增安　廖福臣
马德胜　杨宗尧　王守训　颜士茂
陈　华　曹洪志　葛怀喜　刘兆吉
张贵仁　刘庄田　颜景玺　傅如修
张　俊　颜士法　傅如启　张傅胜
颜景春　傅秋吉　陈松吉　颜士祥
李德胜　陈友吉　邵理东　傅玲云
张凤其　张学明　赵学礼　徐志文
王富祥　傅思宽　朱有胜　杨金良
傅杨善　刘　英　王凤友　傅朝礼
田自敏　李西歧　傅伯杰　田小说
杨伯俊　傅凌宵　田广铭　李保银
冯其芝　李福祥　李夫可　马耀武
赵连祥　王凤珠　张　乾　赵连其
王凤根　张明岗　候尽琪　李宗周
杨青岭　李沛坤　王继成　王兴良
周怀玉　杨伯春　高　田　张　景
张善德　高宗堂　孟现成　刘俊三
王学让　孟召镇　王清法　高士明
宋善明　刘才三　周文范　宋志恒
李凤文　芦成明　刘宗利　刘建三
周德昌　焦丕勋　李际民　马　荣
刘维和　陈丙月　王宗怀　孙长明
刘崇新　刘兴俭　杜守申　陈丙志
刘兴文　李洪飞　刘崇信　张钦礼
陈克让　刘崇堂　杨继法　孟现久
刘锦三　袁兆伦　刘兆华　傅成三
周文数　陈敬堂　孟现珠　傅士选
傅连三　李洪玉　杨兴傅　徐成梅
马成明　李相武　金明堂　王宗林
张敬才　刘天顺　王子纪　张振伦

6. 神山镇（96 人）

冷相祐　杨庆兰　李成因　李建民
张　拴　张兴志　李夫庆　杨　花
甄善述　吴大堂　王廷石　姚西贞
张德玉　张怀三　姚西康　张德荣
郑耀光　张兴田　张孝芝　许荣桓
王永增　卜庆广　王廷安　李元后
李夫田　杜成良　李元廷　刘永臣
姜培荣　李玉奎　黄士其　刘怀远
蔡廷玉　亓开太　刘明远　李成钦
李友生　李成兰　李成田　郑德喜
刘德顺　李金安　杨德山　吴敬胜
王爱民　申　二　吴克典　王晋清
胡夫生　吴凤春　田瑞轩　申好杨
吴克先　赵明春　代玉义　陈锡纯
宋学谦　胡夫仕　刘学森　孙永柱
杨迎德　陈西银　邹广德　刘　三
吴敬良　姬茂兴　刘春全　尤自五
李凤祥　尤学修　尤　俄　吴绍思
刘春乾　马德胜　韩丙云　邱圣德
王廷于　韩百芳　刘焕伍　王胜堂
陈继伦　刘景太　王胜堂　胡士杰
于文江　常贯臣　宋友臣　杜永康
刘石来　宋友臣　张文友　李倍德
李西范　李焕兴　冷成金　杨士军

7. 车辋镇（235 人）

许祥君　范瑞年　李继泉　郭宗启

王　方　李德发　许山修　王继刚
朱洪高　李思举　李怀志　郭玉华
朱洪莲　郑作发　郭文喜　朱茂常
张延法　韩佩才　宋玉莲　张延仁
邵长学　姜振法　刘凤有　李发奎
崔德胜　王建胜　郑作喜　孙德法
张延梅　夏怀义　李怀玉　邵泽启
宋济茂　李思法　李书同　宁茂全
李德昌　张得一　吴绍祥　李思举
王清海　粟兴林　吴绍荣　刘清才
刘清香　王兴合　田富才　董广先
王继华　刘广德　刘　贵　盛启兰
贾福臣　陈贵和　任德贵　葛　进
刘广和　葛　亭　葛洪太　吴绍义
吴兴春　宋荣文　刘宗泽　王兴太
齐凤启　袁兆东　顾二冲　宋茂昌
刘宗善　吴　江　郭茂林　刘友三
吴绍沛　刘广先　吴清河　卜　四
刘宗华　曹中后　王德臣　刘大雪
刘宗贵　柏茂信　刘宗礼　常永田
孟庆全　盛文远　邢德勋　马福九
郑汉中　张景才　宋德全　郑作良
刘凤和　邢广富　宋建德　李守安
邢广义　宋则旺　张万同　刘德发
宋大成　殷锡文　邢广英　胡德臣
何明启　宋则连　沈献胜　殷文广
丛大营　宋金章　胡德臣　王凤起
田中贵　丛富田　马成祥　李贞祥
周　三　房学讲　杨清法　王锡志
房学修　朱德银　宋　毛　房学鲁
夏西德　徐家其　房学元　孙玉山
张宪玉　吴绍银　王凤安　廉思全
刘志广　季彦柱　李秀生　贾永昌
芦文胜　宋永茂　宋永奇　姜西华
杨清水　宋家元　李得田　李思权
张延振
（以下为原甘霖乡）
韩成玉　韩沛迎　韩宗臣　杨玉发
芦宝法　徐玉龙　周兴太　郑德苍
李宗广　李宗胜　王　修　赵文成
陈凤梅　刘守城　胡玉山　李成信
韩成良　芦文胜　王成信　李其平
侯德伟　刘凤昆　曹洪良　靳凤昆
邢启运　马景尧　靳凤坤　李昌彩
孙保和　陈凤堂　王立东　马俊平
刘德元　姜代胜　李仲才　宋聚业
孙玉奎　高胜云　孙保平　韩沛贞
王法元　刘兆富　张凤勤　宋贞叶
常永继　王祚林　邵泽岭　邵泽坡
王家发　张贵春　李清德　王福五
马锡川　冯志业　马志田　周守法
冯志才　马玉苍　冯志才　张存富
赵文德　张贵良　宋玉才　纪玉连
邵士友　王德山　刘立俊　焦同山
李常仁　燕广彩　赵继承　李秀德
张洪志　焦永奋　刘守山　房有德
张贵山　高胜田　许茂同　冯纪才
王志祥　惠清标　张安文　王贵祥
周运成　张贵相　房安友　王永安
高振元　胡成义

8. 向城镇（131 人）

邵士龙　宋继荣　王继礼　徐庆礼
王玉春　杨振家　徐贵敏　王玉法
吴兴旺　朱德成　解树才　许祥军
曾继有　杨振全　陈伯余　杨继厚
殷有德　赵启连　赵传琨　李德荣
赵　需　姚正祥　杨德志　姜玉堂
解富才　马孝泉　赵尔庆　马西德
刘保金　郭金芳　刘思印　马继臣
吴少敏　刘士亮　马继成　郑怀仁
李开吉　李德茂　梁保合　宫玉德
杨振田　宋宽厚　尹振其　马继福
乔学坤　宋中堂　刘振清　宋东高

朱继光　田玉元　乔忠玉　宋生义
张云斗　宋家瑞　郑作美　魏天庆
刘士学　宋升元　徐凤友　马连芝
宋英臣　金纪路　栗贵荣　吴　兰
赵洪山　彭善愣　谭　凯　黄顺义
蒋成勇　李贵茂　陈文友　焦福昌
李志文　马全志　李　锋　邵常秋
顾振东　彭海振　邵士荣　张连才
彭海恩　纪广胜　李成方　彭加文
马相武　马开义　胡佃德　金兰堂
郭云舫　徐凤友　张云好　李其山
马相茂　宋传经　邵泽修　宋耀远
宋庆瑞　李占奎　李兆杯　王保田
宋成友　芦克山　宋成汝　宋成如
魏全信　宋成方　宋文富　芦凤梅
刘振廷　苑永吉　李忠义　许文其
刘厚铭　王思城　李兴林　许富义
马士太　甘长青　许富田　刘振红
王二份　马连元　周玉顺　马德胜
马茂勇　张景友　马继贞　马茂同
夏学其　马茂举　李贵友

9. 尚岩镇（151人）

刘占魁　金宝增　陈光辰　刘振生
陶文芝　李广彬　宋林祥　刘昌仁
王巧瑞　王　平　刘振雨　张庆祥
杜有岭　张桂兰　王德立　杜立修
刘思廷　张天祥　杜立亮　娄金春
卞洪先　杜立会　王步营　张焕荣
陈纪明　娄炬德　张福利　邵士全
刘宗唐　张成荣　杨学君　宋茂玉
张元亮　金宝顺　孟兆友　刘发庆
金怀善　朱玉均　贾文开　金宝玉
张成国　张兆坤　张成仓　张元成
池继本　万才元　刘思雨　郭生玉
李传德　刘思祥　郭秀志　马西海
刘宗相　刘宗俭　万振岗　孙凤海
刘苍厚　马佃杰　李庆玉　刘宗礼
陈继明　刘思计　杨守营　宋开华
李文英　藏凤芝　朱玉兴　李思义
臧继合　李兴起　张焕昌　孙成义
臧继先　李德全　居文会　刘增成
张士荣　刘兴兰　狄尚文　李兴全
訾德胜　邵士深　郭德玉　张福生
刘增山　郭秀常　金洪才　金洪德
宋传友　秦洪元　马邦义　宋傅珍
刘思成　杨凤山　傅天才　赵尔敬
马帮富　张孝家　李富信　宋成法
宋树斌　金佃贵　张佃启　张成永
赵正举　陈庆志　夏西玉　赵　秋
陈广瑞　宋玉如　刘庆安　杨继厚
米继祥　刘作义　杨继春　王大业
赵义祥　张兴金　王玉立　张文志
张云章　张瑞昌　朱保山　张学海
张文秀　朱保合　王修礼　夏如华
张兴山　张士太　张允学　王玉德
刘德生　彭清全　胡克成　刘思春
吴清山　刘法栋　万振刚　宋富起
刘宗桂　徐德义　刘宗仓　姜连中
杨兆德　娄金春　李绍康　刘振才
娄志德　陈庆春　宋建吉

10. 层山镇（145人）

朱秀伦　胡玉岭　董凤田　曹卓廷
董德珍　董玉恒　吴启绪　李坤祥
颜成绪　周元信　傅寿华　张朝进
杨保胜　傅洪伦　张宽勤　张柏祥
傅万彩　张兆沂　张淑兰　朱自法
刘忠国　张芝章　张思明　崔左才
高德聪　高文亮　王福明　梁纪安
胡俊秀　张立中　王　俊　刘傻子
杜传芝　陆献扬　吴少俊　李秀坤
丁凤山　秦步连　宋奎山　董玉刚
吴绍其　王秀文　赵凤启　王福振

肖庆荣　杜启昌　王朝俊　姬如法
李玉堂　吴兴奉　刘赞堂　吕元忠
任庆德　陆俊山　危洪进　常俊早
张福盛　王春秀　李奎元　吴广明
颜景启　王兆芳　张杰颜　成　玉
王树森　任庆远　许庆荣　蒋洪标
张广哲　蒋洪富　杨　三　唐玉彩
李念春　赵景芝　傅纪高　司金良
王景春　高德纯　王树民　巩自德
柏富礼　王崇户　侯作云　杨友德
王广才　李士洪　柏希谦　王景可
张梅中　王景昌　马德明　张金中
姬善同　张洪忠　管栾秀　王云生
魏廷杰　管栾成　黄永昌　王沛吉
蒋进廷　王利生　唐洪奎　管栾吉
宋保森　陈兰峰　蒋洪锡　王祥吉
李更岩　赵金才　王挺道　管栾欣
徐伟山　张景黎　蒋洪佑　赵宗九
五庆生　李少廷　王开友　张云侠
蒋洪明　赵邦怀　张志节　张耀武
王景生　高德纯　张如明　尹连生
卞目康　张来中　王洪奎　吕开其
刘庆柏　卞廷龄　苗开祥　王崇德
张秀荣　王洪宪　王崇珍　周克安
董成连　颜井芳　唐洪魁　蒋洪典
柏信谦

11. 南桥镇（75人）

赵广志　张凤祥　周东生　赵永胜
孙连斗　李金法　李金玉　宋佃俄
刘振寺　李德昌　徐振法　于广廷
芦芝兰　刘思玉　吕廷德　王道义
王德富　吕广义　董玉平　崔玉成
吕开成　任怀林　任修忠　颜士田
任怀吉　任富美　张伯志　许茂生
孙成德　邵常修　魏贵志　孙茂更
任现法　周成富　孙景堂　张德才
陈景春　陈祥云　赵若德　周春生
刘酬吉　周杨志　吕天顺　陈景云
刘光生　周广良　崔连桂　赵儒勋
赵广良　赵传为　刘守厚　周会钢
李良成　刘兴周　杨树勋　刘保先
任孝巷　杨永昌　朱成兰　刘千吉
田秀员　师天才　张员陈　苏　龙
李玉山　任景佑　李芳彩　朱广军
许德胜　任应银　朱同喜　汪宝田
任广义　任广元　潘广永

12. 贾庄乡（146人）

王保全　曹桂全　宋玉法　焦福云
刘瑞芳　高洪爱　曹二麦　傅广信
邱文杰　张文秀　傅文秀　李贯军
张怀珠　傅云会　王保生　曹立民
赵启新　张吉良　曹立志　黄凤兰
张吉仓　李伯牙　盛英杰　周瑞生
宋景玉　盛英全　赵开城　宋景才
盛维言　王西胜　高士信　盛英聚
李思红　高洪奎　殷义志　宋传起
高士昌　李玉春　胡廷芝　张玉启
李玉亮　胡廷秀　潘忠昌　张文胜
左宗礼　刘庆和　马春雨　孟昭文
傅连其　顾西胜　宋传礼　李桂庆
刘贯章　宋传典　潘广成　曹士平
刘　保　赵荣刚　曹文峰　李保田
沙继祥　曹传伦　宋加桂宋中芳
曹桂荣　马登奎　李学同　曹文全
曹传学　李学玲　李学法　王福颜
李士昌　李继勋　孙庆言　李学敬
李学荣　孙启敏　张德法　李玉林
曹邦先　曹西法　沙现银　张文才
黄永银　左洪福　张文现　傅宗法
刘　新　郑作友　赵义领　傅连坡
程丰祥　宋沛元　刘兴民　刘明生
芦农会　傅保林　孙凤民　魏学信

程中连 张开兴 彭金亮 宋常才
张英桂 赵尔钦 吴福全 姜永太
顾荣学 赵凤山 张开山 于才会
沙振修 张英杰 李言芳 于佃起
张秀生 刘帮现 吴凤现 邵泽生
刘帮明 郭顺和 朱家田 李广起
孙三丫 陆胜太 郑作义 沙瑞义
吴清均 高 金 傅建春 吴绍明
夏西田 沙凤著 王德修 陈玉生
马登龙 陈奇华 陈君顺 孙从善
崔广文 宋传友 郭兴亮 刘中元
王兆田 夏永来

13. 矿坑镇（45人）

李德法 李 志 郭西明 李德才
顾宗桂 王景章 官学傅 张开顺
滕兴三 陈希志 冯开胜 陈德勤
曹福江 王守良 密乃国 孙邦瑞
许庆齐 陈 林 曹丫头 刘夫祥
张玺秀 朱德友 刘夫亮 张保珍
杜德法 刘庆德 赵保纪 密保太
吴广秀 赵荣年 田玉堂 崔秀才
范永德 王西福 崔冠英 吴士才
孙茂修 芦开山 刘长礼 钱洪德
张秀法 王彦曙 王金生 王敬尧
王本东

14. 下村乡（124人）

王清海 张成法 刘全志 孟现成
高坤明 刘思举 李玉山 王利如
马宗武 孟兆余 刘怀欣 杜立法
李金胜 王丕仁 傅兆芹 倪文玉
刘云苍 杜保增 倪文才 曹向怀
王起真 姬俊舟 曹思现 刘宗贤
李洪章 宋建后 刘怀山 姚文忠
孟现民 刘云庆 郝金堂 刘康后
刘宗海 郝桂茂 沈玉山 李计品
黄兴志 宋道山 池守业 李学江
张本芝 刘思现 李玉和 马金德
宋德伦 宋金升 刘怀恩 李永法
刘恩修 张纪臣 宋树运 郝贵业
李永岭 张允顺 刘兆勤 杜好知
杜守善 李茂堂 李纪法 李茂祥
宋玉起 赵廷斌 李宝山赵廷才

（以下为原大炉乡）

宋传千 高振元 肖云厚 张玉中
田传忠 刘广全 韩永胜 庄凤芝
王兆玺 樊富德 靳 刚 沈佩明
李怀田 臧孝堂 宋云信 李向满
张文生 李金才 许善修 房志修
吴兴信 刘俊娥 万兴发 宋建平
程茂芝 肖士田 刘宗仁 刘善田
郭胜德 胡玉海 冯士元 冯义英
杜修德 肖云秀 万国英 冯士贞
刘荣堂 金才元 岳开全 万寿才
刘振娥 刘兆友 张进昌 姜沛林
赵宪贵 任玉金 田志昆 岳开江
宋传友 宋振江 田志发 宋传思
胡安胜 刘家生 刘家胜 杨茂武
杨振乾 杨学礼 焦 富 任清雨

15. 鲁城镇（104人）

刘善义 陈凤廷 倪志山 李茂良
徐文金 刘兴川 赵锡军 朱保龙
李广银 徐文友 孟庆芝 宋 东
满清江 刘发动 毕先祥 张云贵
董运峰 张佃起 秦玉德 张志伦
庄秀发 王瑞生 赵思亮 赵邦信
高玉林 陈太平 毕德学 李景山
邵泽祥 刘庆则 李文纪 李增如
倪洪善 高志强 夏景德 倪洪海
刘广生 常志学 李守信 董广四
张德胜 张德胜 毛本振 张佃林
孟庆祥 孟兆春 李如梅 魏克仁

王德好 李守明 魏克志 周兴太
张学亮 管玉德 张玉修 李景玉
朱德永 倪志广 张喜三 姚贵海
孙景芝 徐永军 刘善忠 阎成砚
阎文胜 丁胜志 李福田 阎文江
高志宽 李成方 阎成信 张于安
张景代 王思合 倪景兰 朱玉林
李庆长 刘广起 李开修 王荣昌
周文才 宋景贵 魏克彬 刘昌德
倪学聪 刘思扣 刘传志 刘昌平
梁纪安 李文立 高志法 李增连
李文右 李文德 刘恩纪 张慎安
刘善全 刘慎祥 刘传墩 崔承起
高怀新 王爱民 李清海 董广钦

16. 新兴镇（81人）

张义祥 王树和 张洪昌 黄玉芹
崔明义 张洪斗 黄兴礼 王立柱
陈玉香 贾平和 孙忠志 郭李义
李金英 杨景兰 陈玉杰 陈太祥
杨德全 张跃远 黄兴胜 岳朝法
王保乾 郇佩启 于明钦 王义更
陈良法 于广坡 王傻子 陈庆友
刘思田 王　奎 高开伍 房焕增
王义功 董运成 王玉春 岳朝元
张凤昌 赵广居 刘伯爱 张凤全
王玉贵 吴立坤 刘善敬 刘善宝
芦志全 苏广生 张学善 芦克景
王凤垛 傅建春 李　六 徐加合
程太良 李文彩 郭振明 齐兆亮
孙景全 巩立全 张文学 张玉德
陈玉春 王从廷 徐德洪 李玉正
王从云 房继海 刘元祥 王汉章
王宝亮 贾平章 黄敬然 曹佃银
黄应聘 曹佃友 黄应黑 张自明
黄敬元 刘伯连 芦子厚 常德胜
芦之明

17. 三合乡（34人）

黄希三 王孝柱 代义章 任振昌
潘广杰 戴金明 邱孝德 赵昌文
朱明德 王作才 王友祥 王同兴
秦步生 邵士祥 罗　五 秦保善
吴兴时 刘善发 周自新 孟继周
秦玉荣 王明勤 秦树德 秦永胜
秦步林 王伯法 秦玉珠 刘依矩
颜承信 刘明玉 宋佃举 李宗山
秦玉英 葛玉堂

18. 二庙乡（78人）

李西全 徐安和 邢学文 李西林
秦自其 甘永才 曹庆芳 徐树森
赵如良 王少英 徐会敬 倪敬胜
曹维新 李西晓 倪训胜 房继广
李如军 杜慎起 杜茂法 秦士华
潘国栋 刘再胜 徐起勇 张洪如
韩廷斌 徐起仁 潘二合 徐元亮
徐会才 潘相雅 徐启敬 徐会雪
徐会民 倪训昌 徐会卓 徐其昌
杜荣昌 房雪玉 朱现廷 刘如义
徐其美 李安学 李大成 王风山
徐玉珠 桂西真 肖艾富 李希申
高景兰 朱从怀 徐纪明 王保贵
徐廷奎 徐纪明 郭守顺 徐孝孔
周恒义 郭恩友 金贵德 张全恩
郭孟吉 姚如江 郭孟增 陈学礼
李从思 徐学礼 陈大早 侯景伦
张开江 庄恒义 樊家贞 李西岭
张现友 倪训民 杨茂清 徐永胜
胡秀全 李维善

19. 沂堂镇（107人）

钟士祥 胡印堂 杨士林 钟家珠
孙学谦 杨桂花 杨庆芬 方庆东
黄金玉 朱照明 陈希贤 危志学

邵士庆　王连昌　危志胜　方守业
钟家仁　刘　更　王廷俊　张学文
危克俭　王永昌　李德昌　张　锅
秦永茂　张成玉　方德启　秦玉恩
孙兆才　孙　东　张　拴　祝文坡
张国柱　王善修　吴福敬　冯玉玺
刁秀云　李佃友　王洪中　孙学美
李佃业　张德明　宋德柱　王洪德
顾学曾　耿清雨　王宣起　顾祥友
宋明良　王善军　赵振田　李学德
邓万生　邱　四　李学文　王景才
邱广田　李月贵　王景胜　康克兰
相会敬　阎士谱　池永太　相会干
孙俊起　周凤荣　姜生帮　王　钦
李明扬　王善光　亓永昌　王丙贸
刘德明　王梅英　刘福俭　刘长业
张希勤　冷成德　刘贵业　王梅修
刘二斗　代西福　王洪飞　刘福吉
张义先　王洪其　朱良臣　马建东
左秀荣　马俊祥　王　权　贾凤台
姜重树　张玉章　许荣恒　张　荣
姜保德　李俊才　张福立　张连成
杨贯武　郑金相　张开友　赵连成
刘俊起　胡玉明　秦玉连

20. 兴明乡（71人）

李荣祥　高佃义　赵永凯　张守才
王佃义　杨恩贵　孙荣武　王均营
魏　牛　孙龙武　徐兆杰　刘文志
刘成吉　徐玉坤　赵兴亮　马玉恩
李金玉　魏纪和　孙成合　朱景秋
冯秀奇　胡安成　朱广起　高振凯
常安吉　陈广海　高其昌　孙云配
朱景星　高振启　张腾明　高振生
高纪贤　张其增　朱景才　杨文秀
张景全　毛常庚　申家贞　田纪昌
魏继学　师纪芳　郭奎勋　陈克勤
公方亮　李兴田　黄玉贵　郭英才
毛思荣　田兴才　周兴茂　田振义
金洪德　郎善修　马春和　周尚学
宋沛举　尹传学　张庆立　金佃明
林现英　张文生　林传德　王贵明
惠才法　惠起申　惠其申　刘文义
惠开启　赵义贵　柴春亮

21. 庄坞镇（99人）

王景芝　傅振廷　苗佩法　杨希成
刘士彬　傅立志　戚中华　张可宗
曹文德　丁成新　张贵恩　杜维新
杨锡九　张平安　王成德　杨昂山
张芝平　杨永兰　张加启　张景汉
王兰田　孙纪仁　张玉胜　张景岱
孙纪平　刘焕巨　杨冠英　张遁九
杨玉文　张玉堂　李新安　陈宪文
张银明　苗纪堂　刘自田　张秀启
傅前川　傅自敏　刘广玉　田喜伦
任景开　杨传和　杨荣昌　李凤山
李守祥　焦纪桂　梁廷俊　杨洪涛
杨传祥　姜连喜　王德胜　徐慎云
徐宗汉　杨　柏　王景芝　于　迪
赵国贞　杨永志　杨晋昌　赵继善
戚庆信　张凤柱　杨允熙　陆士杰
杨鸣皋　杨玉芝　李景仰　刘金玉
傅学义　徐安吉　吴成善　傅成绪
徐安基　李麦成　傅瑞雪　孙志利
吴　岭　张保真　徐振其　吴秉顺
傅更新　李守怀　杨　涛　傅洪敏
冯步连　杨宗志　刘广运　傅良民
杨映亮　王善良　李洪义　杨传伦
王文奎　李友才　刘昆山　张凤祥
杨思让　杨贞哲　张家启

（二）兰陵萧氏人物表

表人物—1

人　物	关　系	主要事件
萧　斌 （？—453）	兰陵人，孝懿皇后萧文寿的近亲族人，萧思话堂弟萧摹之子	颇富军事才华，助太子刘劭登基，后刘劭兵败，萧斌、萧简兄弟及家人皆为武陵王刘骏所杀
萧惠开 （423—471）	兰陵人，萧思话长子	少时，有文采。吃穿从简。心中素有大志，性情率真、刚烈，为政素来威行禁止，从严治蜀。曾说：“人生不得行胸怀，虽寿百岁，犹为天也。”
萧惠基 （430—488）	兰陵人，萧思话之子	宋元徽二年（474年），平定刘休之乱。妙解音律，每逢重大礼节演奏激昂慷慨的魏三祖曲，意在匡正流俗
萧映 （456—489）	兰陵人，字宣光，齐高帝萧道成第三子	吏治聪敏，永明七年（489年）去世，朝野惋惜之
萧晃 （460—490）	字宣明，兰陵人，齐高帝萧道成第四子	少有武力，为萧道成所喜爱。萧赜游钟山，萧晃从驾，用马槊刺进道边枯柏树，左右数人去拔，银缠都卷聚了，而槊却拔不出。萧晃驰马去拔槊，应手而下
萧子响 （469—490）	字云音，兰陵人，齐武帝萧赜第四子	气力过人，开弓有四斛的力量。因叛乱被杀，赐为蛸氏
萧嶷 （443—492）	字宣俨，兰陵人，齐高帝萧道成第二子	性宽仁弘雅，有肚量，学有成就。不喜听别人的闲言碎语，更不乐于探听别人的过失。一次，左右投书相互揭露，萧嶷把书放在鞋中，始终都没有看一眼，最后命人把书焚烧了。有子十一
萧长懋 （458—493）	字云乔，兰陵人，齐高帝萧道成长孙，齐武帝萧赜长子，史称文惠太子	与其父萧赜的勤俭节约相反，萧长懋非常喜欢奢侈华丽，曾多次受到皇帝的指责。萧长懋有子四人，皆为萧鸾杀害
萧晔 （467—494）	字宣昭，兰陵人，齐高帝萧道成第五子，封武陵昭王	4岁时，母被杀，思慕不异于成人，常悲痛得吐血。精篆法，善围棋。性格轻财重义，有古人遗风
萧锋 （474—494）	字宣颖，兰陵人，齐高帝萧道成第十二子，封江夏王	精于书法，为当时的藩王所推重。明帝杀戮诸王，萧锋给他写信诘问指责，左右的人不给他传送。明帝萧鸾非常害怕，不敢在府第中抓他。萧锋出外登车，追杀他的兵士想要上车逼迫，萧锋徒手击退数人，后被杀害
萧子良 （460—494）	字云英，兰陵人，齐武帝萧赜次子，封竟陵王	南齐建元元年（479年）任会稽太守。次年，改任丹阳尹。任内开仓济贫，督垦荒田，发展农业生产。 萧子良礼才好士，广结儒生，召集天下有才之士，其中以“竟陵八友”最为知名。永明九年（491年），任中书令，曾上表请修治塘遏，削除窃官假号，清理狱囚，停止土木工费，偃息交州用兵，蠲减赋敛，又论司市加税之弊。凡此奏请，皆有关国计民生。其中以赋税奏议最为突出。主张以“略小利、取大益”的赋税方针为指导，实行有利于百姓的赋税政策。萧鸾知掌尚书省事后，大权在握，萧子良在抑郁、无奈中病逝，年仅35岁。有子昭胄、昭颖

续表人物—1

人　物	关　系	主要事件
萧昭文 （480—494）	字季尚，兰陵人，文惠太子萧长懋次子，南朝齐代第四任皇帝	延兴元年（494年）秋七月二十五日，其兄萧昭业被杀后，萧昭文继皇帝位。十月，萧鸾逼迫萧昭文禅位于己。十一月，退位不久的萧昭文遇害身亡
萧谌 （？—495）	字彦孚，兰陵人，齐高帝萧道成远房族孙	萧谌依附萧鸾，与萧鸾密谋废除萧昭业。自恃功勋重大，常常干预朝政，建武二年（495 年）六月，萧鸾以借宴请之名，杀死萧谌
萧坦之 （？—499）	兰陵人，齐高帝萧道成远房族孙，南朝时期兰陵萧氏宰相之一	萧昭业继位后，与萧谌等人暗中依附萧鸾。建武二年（494 年），萧坦之挂帅，都督徐州的征讨军事。北魏军队围困钟离，萧坦之在春天用截流淮河的方法击败魏军
萧懿 （？—500）	字元达，兰陵人，梁武帝萧衍长兄，南朝时期兰陵萧氏宰相之一	永元二年（500 年），萧衍起兵征讨萧宝卷，萧懿率精兵三千驰援。萧懿功勋极高，独自居于朝廷，朝廷派人赐下毒药，萧懿与其弟萧融一同死去
萧宝义 （？—509）	字智勇，本名明基，兰陵人，南朝齐明帝萧鸾之庶出长子	自幼聋哑。梁武帝萧衍即位后，因萧宝义是聋哑人，没有政治威胁力，就没有伤害他性命，封其为谢沐县公
萧颖达 （477—510）	兰陵人，齐光禄大夫萧赤斧第五子，萧颖胄之弟	萧衍围攻郢城时，萧颖达在汉口聚集士兵助萧衍攻下郢城
萧景 （？—523）	字子昭，兰陵人，左光禄大夫萧道赐（齐高帝萧道成的堂兄弟）之孙	梁代著名政治家、廉政楷模。齐永明六年（488 年）萧景的父亲萧崇之被叛军杀害，萧景服丧期间以绝食遵礼闻名。梁天监八年（509 年）三月，北魏驱逼群蛮，萧景开门接受蛮人的归降。后在蛮人的支持下，大败北魏，斩杀魏军万余人
萧宏 （？—526）	字宣达，兰陵人，梁武帝萧衍六弟，南朝兰陵萧氏宰相之一	个人生活任意放纵，奢侈过度，肆意聚敛财物。其子萧正则与他品德相类，常在家私自留百姓，偷铸钱币，阴谋反叛，后被斩首
萧宝夤 （485—530）	字智亮，兰陵人，南齐明帝萧鸾第六子	北魏景明二年（501 年），逃往北魏。后任北魏都督东讨诸事、镇东将军等职，与齐军多有激战。孝昌二年（526 年），出任宰相。后称帝反魏，改年号为隆绪元年（527 年）。永安三年（530 年），兵败被赐死
萧综 （502—531）	字世谦，兰陵人，梁武帝萧衍次子	自己曾开棺滴血验骨，疑为东昏侯之子，决意反叛。梁普通六年（525 年），反叛入魏，后为魏军所杀
萧方等 （528—549）	字实相，兰陵人，梁武帝萧衍之孙，梁元帝萧绎长子	聪明机敏，很有才华，善于骑马射箭，尤其长于思考
萧正德 （？—549）	字公和，兰陵人，梁武帝萧衍六弟萧宏第三子，南朝兰陵萧氏皇帝之一	梁太清二年（548 年），侯景发动叛乱拥萧正德为帝。后被侯景所杀
萧渊藻 （483—549）	字靖艺，小字迦叶，梁武帝萧衍之侄，豫章王萧嶷之子，南朝时期兰陵萧氏宰相之一	初仕齐著作佐郎。侯景控制朝政后，剥夺其官职，绝食而死

续表人物—1

人　物	关　系	主要事件
萧誉（？—550）	字重孙，兰陵人，梁武帝萧衍之孙，昭明太子萧统次子	梁大宝元年（550年），萧绎派王僧辩攻萧誉，萧誉被俘后遇害
萧纲（503—551）	字世缵，梁武帝萧衍第三子	昭明太子萧统的同母兄弟，南朝梁第二任皇帝，庙号高宗。太清二年(548年)，侯景发动叛乱，被侯景立为皇帝，成为傀儡。大宝二年(551年)十月，被侯景杀害。萧纲酷爱文学，他在文序中说："余七岁有诗癖，长而不倦。"是南朝"宫体诗"的突出代表与开创人物
萧大器（523—551）	字仁宗，萧纲长子	字仁宗，萧纲长子。大宝二年（551年）八月，侯景废掉萧纲，欲加害太子。萧大器正讲《老子》的时候，行刑人突至。萧大器神色不变，和缓地说："久知有这种事，只是叹其来得晚罢了！"取绳自缢，年仅28岁
萧纶（约507—551）	字世调，兰陵人。梁武帝萧衍第六子	从小聪明，博学并善于写诗文，尤善书信。为人任性，轻财而爱士，不与人争利，府中没有积蓄
萧纪（508—553）	字世询，梁武帝第八子	梁武帝去世后，萧纪在蜀地自己称帝，改年号叫天正。后兵败被俘，萧纪与其第三子萧圆满被萧绎部将樊猛杀害
萧绎（508—555）	字世诚，乳名七符，梁武帝萧衍第七子，南朝梁国第三任皇帝，谥号元帝	太清二年（548年），侯景叛乱，萧绎作壁上观。大宝三年（552年）十一月，萧绎于江陵称帝，年号承圣。承圣三年（554年）十一月，被西魏所灭。萧绎及太子萧方绪被俘后杀
萧方智（543—558）	字慧相，萧绎第九子，年号绍泰，史称梁敬帝	梁天成元年(555年)，陈霸先拥立萧方智即位，改元绍泰。在位期间"征伐有所自出，政刑不由于己"，受陈霸先控制。太平二年（557年），萧方智禅位于陈霸先，梁亡
萧渊明（？—556）	字靖通，梁武帝萧衍之侄，南朝兰陵萧氏皇帝之一	被王僧辩立为帝，后萧方智为帝，以萧渊明为太傅。齐人召萧渊明返回，准备出发时生疽去世
萧济（505—570）	字孝康，东海兰陵人	少时好学，通晓经史。曾为梁武帝咨询《春秋左氏传》的疑难义项30余条
萧撝（515—573）	字智遐，梁武帝七弟安成王萧秀之子	西魏恭帝元年(554年)，西魏授萧撝侍中、骠骑大将军、开府仪同三司，封归善县公。北周武成年间（559—560），明帝宇文毓命诸文士在麟趾殿校定经史，萧撝也参与其中
萧庄（548—577）	梁武帝萧衍曾孙，梁元帝萧绎之孙	梁承圣三年（554年），西魏攻陷江陵、杀死萧绎时，萧庄只有7岁，逃匿于民家之中。之后被王琳发现，护送回建康。萧方智即帝位之后，将萧庄作为人质送往北齐。陈永定元年（557年），萧庄回到南朝，王琳在郢州立萧庄为梁国国主。天嘉元年（560年），王琳兵败，与萧庄逃亡北齐。萧庄投奔北齐。太建九年（577年），萧庄在邺城被北周暗杀
萧大圜（？—约581）	字仁显，南朝梁武帝萧衍之孙，梁简文帝萧纲第二十子	4岁能诵《三都赋》及《孝经》《论语》。梁元帝曾问其五经要事数十条，他辞约旨明，应答无滞。元帝降魏后，客居长安，得到北周文帝的礼遇。入隋后，拜内史侍郎，出为西河郡守，卒于任上
萧岿（542—585）	字仁远，梁武帝萧衍之孙，后梁国主萧詧第三子，后梁第二任国主	生前孝悌仁慈，俭省节约，政治清平，社会安定，深得民众爱戴。祭祀太庙时，所有人都为之痛哭流涕。有子萧琮、萧瓛、萧瓛、萧瑒、萧瑀等，有女萧皇后等

续表人物—1

人　物	关　系	主要事件
萧允（506—589）	字叔佐，兰陵人。南朝宋代尚书右仆射萧思话曾孙	初任邵陵王萧纶法曹参军，入陈后历任太子庶子、丹阳尹丞、大匠卿、光禄卿等职。隋灭陈后，萧允以年老多病为由授官而不就
萧琮（558—607）	字温文，梁昭明太子萧统曾孙，后梁第一任国主萧詧之孙，后梁最后一任国主	隋开皇五年（585 年），萧琮继承国主之位，开皇七年（587 年），萧琮奉诏到京，拜为上柱国，封为莒国公。从萧詧称帝至萧琮被废，西梁政权一共存在 33 年
萧铣（583—621）	昭明太子萧统五世孙，后梁宣帝萧詧曾孙，兰陵萧氏帝王之一	少时丧父孤贫，卖书谋生，侍奉母亲孝顺。隋炀帝时，因外戚之恩（炀帝皇后萧氏为后梁明帝萧岿之女）任命其为罗川县令。大业十三年（617年），起兵反隋，自称梁王，纪元年号为凤鸣。义宁二年（618 年），萧铣称帝。武德四年（621 年），被李渊击败，遭杀害
萧钧（？—约 658）	祖籍兰陵，西梁第一任国主萧詧曾孙，西梁第二任国主萧岿之孙，隋迁州刺史、梁国公萧珣之子	博学有才望。唐太宗贞观年间（627—649），累除中书舍人，甚为房玄龄、魏徵等人所重。唐永徽二年（651 年），历迁谏议大夫，兼弘文馆学士。著《韵旨》20 卷
萧至忠（？—713）	隋唐大儒萧德言之孙，唐代兰陵萧氏宰相之一	年轻时与朋友约好在大路岔道口会合，恰好遇到了雪天，大雪纷纷，寒风刺骨，同行的人都赶忙跑到附近人家的屋檐下避风，只有萧至忠不去，他说：“怎么可以与人约好了，而失信于人呢？”一直等到朋友来了才离开，于是众人都对他的言而有信表示佩服。先天二年（713 年），李隆基再次发动政变，萧至忠闻变遁入终南山，不久即被捕杀
萧嵩（670—749）	隋梁国公萧珣之曾孙，弘文馆学士、谏议大夫萧钧之孙，渝州长史萧灌之子，唐代兰陵萧氏宰相之一	开元十五年（727 年），凉州刺史、河西节度王君㚟战死，唐玄宗调萧嵩任河西节度使，兼管凉州诸事。萧嵩经营边疆一年左右，给吐蕃以沉重打击，此后吐蕃渐衰，无力再与唐朝抗衡
萧华（约 650—762）	唐玄宗开元年间（713—741）宰相萧嵩之子，唐代兰陵萧氏宰相之一	安史之乱中，萧华被俘虏，任命其为魏州（今河北大名东北）刺史。萧华虽身受伪职，但心怀唐廷。在魏州他劝课农桑，体察百姓疾苦，为百姓所称颂。宝应元年（762 年），因得罪李辅国，再贬为峡州（治今湖北宜昌）司马。不久在此地病逝。唐宣宗仿照太宗作“续图凌烟阁”，萧华名列三十七人之中
萧复（732—788）	字履初，唐玄宗开元年间（713—741)宰相萧嵩之孙，太仆卿、驸马都尉萧衡与唐玄宗之女新昌公主之子，唐代兰陵萧氏宰相之一	虽然出身于显贵的家族，但是从小就能保持清苦的节操。他经常穿着洗旧了的却又十分干净整齐的衣服，一个人坐在房里，不知厌倦地读书、习字。建中三年（782 年）二月，安禄山的旧部叛乱，唐德宗任命萧复为户部尚书兼统军长史。萧复为相后，上言反对宦官专权，为德宗所不满
萧昕（699—791）	字中明，梁代鄱阳王萧恢（梁武帝萧衍之九弟）七世孙	唐大历中期，奉命持节出使回纥，沟通两国关系。萧昕是一个善于发现人才、培养人才的伯乐式人物，在为朝廷人才梯队建设上做出过很大贡献
萧鄴	字启之，生卒不详，南朝齐代长沙宣王萧懿（梁武帝萧衍之兄）九世孙，唐代兰陵萧氏宰相之一	唐大中年间（847—859），召还翰林，拜中书舍人，迁户部侍郎，其后，以工部尚书的身份出任同中书门下平章事（宰相）

续表人物—1

人　物	关　系	主要事件
萧俛 （约 770—842）	字思谦。唐玄宗开元年间（713—741）宰相萧嵩之曾孙，唐肃宗朝宰相萧华之孙，殿中侍御史萧恒之子，唐朝兰陵萧氏宰相之一	萧俛不赞成用兵，主张以仁义、厚德治天下。持家重孝，母亲韦氏，贤明有礼，理家甚严。萧俛虽为宰相，仍侍母左右，与不任官时一样
萧倣 （796—876）	肃宗朝宰相萧华之孙，大理司直萧悟之子，唐代兰陵萧氏宰相之一	唐大和元年（827 年）进士及第，历任谏议大夫、给事中。以检校工部尚书出任滑州（今河南滑县）刺史，用两个月的时间完成了将黄河河道向南逼移四里的巨大工程，使滑州以后 20 多年中免于水患之苦
萧遘 （？—887）	玄宗朝宰相、徐国公萧嵩之曾孙，唐代兰陵萧氏最后一位宰相	身为宰相，敢于坚持国法，维护朝廷的尊严，与宦官及地方势力作斗争。后遭宰相孔纬诬陷，被唐僖宗赐死于永乐县

说明：以上收录人物为未单独列传部分

（三）历代科举（进士、举人）人物基本情况表

表人物—2

姓　名	籍贯	主要事迹
萧颖士	兰陵	唐开元二十三年（735 年）进士第一名；著名诗人，古文运动先驱
萧　鄴	兰陵	进士出身；曾任唐宣宗朝监察御史、宰相，唐懿宗朝荆南节度使、宰相等职
萧　俛	兰陵	唐贞元七年（791 年）中进士；曾任唐宪宗朝御史中丞、唐穆宗朝宰相等职
萧　杰	兰陵	唐元和十二年（817 年）中进士
萧　倣	兰陵	唐大和元年（827 年） 中进士，曾任唐懿宗朝宰相
萧　廪	兰陵	唐咸通三年（862 年）中进士
萧　遘	兰陵	唐咸通五年（864 年）状元，曾任唐僖宗朝宰相
刘　源	沂州古塘	金代进士；曾奉元世祖忽必烈诏命出使缅甸
张崇德	沂州张桥	明弘治十四年（1501 年）中举人；正德九年（1514 年）中进士；曾任汝州知州、提刑按察使司佥事等职
孙　禄	沂州南横山	明嘉靖二十五年（1546 年）中举人
赵梦祐	郯城长城	明嘉靖四十三年（1564 年）中武科举人；嘉靖四十三年（1565 年）中武科进士
宋日就	沂州珩头	明万历十三年（1585 年）中举人
王守正	沂州南横山	明万历十六年（1588 年）中举人；万历十七年（1589 年）中进士；曾任大名府知府等职
洪良范	沂州陶硅院	明万历二十二年（1594 年）乡试举人第一（解元年）；万历二十六年（1598 年）中进士
张登庸	沂州张桥	明万历二十八年（1600 年）中举人

续表人物—2

姓　名	籍贯	主要事迹
宋鸣梧	沂州珩头	明万历二十八年（1600 年）中举人；万历四十七年（1619 年）中进士
周文斗	沂州周城前	明万历四十年（1612 年）中举人；崇祯元年（1628 年）中进士
任者泰	沂州南桥	明万历四十六年（1618 年）中举人；崇祯四年（1631 年）中进士
王昌时	沂州兰陵	明天启七年（1627 年）中举人；崇祯四年（1631 年）中进士
宋之普	沂州长新桥	明崇祯元年（1628 年）中进士
孙一脉	沂州南横山	明崇祯三年（1630 年）中举人；崇祯十三年（1640 年）中进士
宋之郊	沂州珩头	明崇祯十五年（1642 年）中举人
杨　宏	沂州庄坞	清雍正元年（1723 年）中武科举人；雍正八年（1730 年）中武科进士；曾任四川守备、都司游击等职
杨大任	沂州庄坞	清雍正四年（1726 年）中武科举人；雍正八年（1730 年）中武科进士
杨　儆	沂州庄坞	清雍正四年（1726 年）中武科举人
杨大勇	沂州庄坞	清雍正十三年（1735 年）中武科举人
杨永泽	兰山县庄坞	清乾隆十五年（1750 年）中举人；曾任陕西富平、清涧知县等职
宋熊图	兰山县车辋	清乾隆十七年（1752 年）中武科举人
杨朝端	兰山县庄坞	清乾隆十八年（1753 年）中武科举人
傅育岊	兰山县涌泉	清乾隆二十一年（1756 年）中举人
赵德润	兰山县官庄	清乾隆二十一年（1756 年）中举人
杨大魁	兰山县庄坞	清乾隆二十一年（1756 年）中武科举人
杨朝栋	兰山县庄坞	清乾隆二十一年（1756 年）中武科举人
杨　慰	兰山县庄坞	清乾隆二十四年（1759 年）中举人；乾隆二十八年（1763 年）中进士；曾任福建诏安、惠安、诸罗县知县
宋天麒	兰山县车辋	清乾隆三十五年（1770 年）中举人
杨奎甲	兰山县庄坞	清乾隆三十五年（1770 年）中举人
杨　恺	兰山县庄坞	清乾隆四十四年（1779 年）中举人
宋　澍	兰山县车辋	清乾隆四十六年（1781 年）中进士
杨　价	兰山县庄坞	清乾隆四十八年（1783 年）中举人
王　访	兰山县兰陵	清乾隆五十四年（1789 年）中举人；乾隆五十五年（1790 年）中进士
宋　潢	兰山县棠棣园	清乾隆五十九年（1794 年）中举人；嘉庆四年（1799 年）中进士；曾任户部主事、苏淞粮道等职

续表人物—2

姓　名	籍贯	主要事迹
宋绳祖	兰山县长新桥	清乾隆五十九年（1794年）中举人
王鹏翥	兰山县尚岩王楼	清嘉庆三年（1798年）中举人；嘉庆十三年（1808年）中进士
宋俊起	兰山县向城宋楼	清嘉庆五年（1800年）中举人；嘉庆六年（1801年）中进士
王　评	兰山县兰陵	清嘉庆六年（1801年）中举人；嘉庆七年（1802年）中进士
王　寿	兰山县兰陵	清嘉庆九年（1804年）中举人；嘉庆十年（1805年）中进士
王鹏翔	兰山县王楼	清嘉庆十二年（1807年）中举人
王绍奎	兰山县兰陵	清道光十四年（1834年）中武科举人；道光二十年（1840年）中武科进士
密云路	兰山县兰山	清道光十五年（1835年）中举人；道光二十五年（1845年）中进士
密云祥	兰山县兰山	清咸丰九年（1859年）中举人
于　腾	郯城县寨子	清同治元年（1862年）中进士；曾代理成都知府
杨淑时	兰山县庄坞	清同治十二年（1873年）中举人
陈敬修	郯城县华严寺	清光绪十四年（1888年）中举人；光绪十六年（1890年）中进士；曾任浙江平湖知县
王思衍	兰山县兰陵	清光绪二十年（1894年）中举人；光绪二十四年（1898年）中进士

（四）民国学界及军政人物基本情况表

表人物—3

姓　名	性别	生活年代	籍　贯	主要事迹
傅普仁	男	1880—1949	庄坞镇涌泉村	北京国立高等警官学校毕业
傅蕴琦	男	1906—1982	庄坞镇涌泉村	山东省立第五中学、国立北平大学毕业，曾任山东师范学院副教授
傅蕴珖	男	1908—2001	庄坞镇涌泉村	山东省立第五中学、国立北平大学毕业，曾任天津市体委副主任，中华全国体育总会副主席等职
王廷恩	男		神山镇青竹官庄村	山东法政学校毕业，抗日战争前曾任河北满城县长、山东海阳县长等职
王廷愈	男		神山镇青竹官庄村	保定军校毕业，抗日战争前曾任上校团长、少将参谋长等职。
王绪曾	男		神山镇青竹官庄村	北平高等警官学校毕业，抗日战争前曾任临沂县公安局长等职
王壮曾	男		神山镇青竹官庄村	天津法国工科大学学习，抗日战争前曾任临沂第六小学教师
陈德吾	男	1912—1940	兰陵镇西南隅村	山东省立第五中学毕业，抗日战争时期曾任临郯青年抗日救国团第十七分团常务委员、青救会临沂八区团部常务主任
王子通	男	1914—	庄坞镇涌泉村	临沂县立师范毕业，抗日战争期间曾任中共郯城县委书记、邳县县委书记，解放战争期间任首任中共苍山县委书记、鲁南三地委宣传部长，建国后任山东省立医院副院长等职

续表人物—3

姓　名	性别	生活年代	籍　贯	主要事迹
王鸿祺	男	1914—	卞庄街道卞庄村	山东省立第五中学、国立北平大学毕业，先后在贵州大学、南京工学院、无锡轻工业学院、江南大学任教
王鸿祯	男	1916—2010	卞庄街道卞庄村	山东省立第五中学、国立北平大学毕业，英国剑桥大学博士，曾任武汉地质学院院长、第八届全国政协委员
傅蕴瑛	女	不详	庄坞镇涌泉村	国立北平师范大学毕业，民国时期临沂县第一位女大学生，曾任曲阜师范学院教授
傅贡三	男	1915—1984	庄坞镇涌泉村	临沂乡村师范学校毕业，苍山一中教师
王兆昕	男	1915—1985	层山镇沙埠村	山东省立第五中学毕业，抗日战争期间曾任八路军连长、团参谋长等职
杨　柏	男	1922—1946	庄坞镇庄坞村	山东省立第五中学毕业，曾任八路军团政委

说明：本表格人物收录标准：学界以中学毕业为线，政界以县长为线，军界以团长为线，籍贯以现行政区划为线

（五）1949—2010 年劳动模范、先进人物基本情况表

国家级劳动模范、先进人物基本情况表

表人物—4

姓名	性别	出生年月	籍贯或工作单位及职务	荣誉名称
张俊德	男		下村兽医站	1957 年全国劳动模范
李树德	男	1962	兰陵县检察院	1958 年五一劳动奖章
李　萍	女		车辋公社团委书记	1979 年“全国新长征突击手”
王桂华			县医院团支部副书记	1979 年“全国新长征突击手”
焦保民	男		县无线电元件厂团支部书记	1979 年“全国新长征突击手”
凌菊翠	女		县气象局技术员	1979 年“全国三八红旗手”
李士英	女		代村“三八”养猪场场长	1979 年“全国三八红旗手”
曹乐秀	女		层山公社山东大队保管员	1979 年“全国三八红旗手”
魏君喜	女		兰陵公社西北隅党支部书记	1979 年“全国三八红旗手”
刘嘉伟	男		县体委	1979 年“全国优秀教练员”
张藻良	男		苍山县第一中学教师	1983 年全国优秀教师
尹克军			金桥屯村团支部书记	1987 年“全国新长征突击手”
杨振刚	男	1955	大炉乡杨庄村党支部书记	1989 年“全国劳动模范”
孟现福	女	1941	县实验小学	1989 年全国优秀教师

续表人物—4

姓名	性别	出生年月	籍贯或工作单位及职务	荣誉名称
李　英	男		武警苍山中队	1989 年“全国卫国爱民英雄” 1990 年中国武警“学雷锋标兵”
徐广谋	男		苍山县皮肤病防治站医师	1990 年“全国学雷锋先进个人”
李秀芝	女	1958	县邮电局	1991 年五一劳动奖章
崔茂海	男	1965	苍山县第一中学教师	1995 年全国优秀教师
焦子栋	男	1959	苍山县第三中学一级教师	1995 年全国优秀教师
姬长永	男	1959	神山镇教师	1995 年全国优秀教师
董勤民	男	1957	建行苍山县支行	1995 年全国建行系统先进个人
苗建礼	男	1950	苍山县公安局交警大队宣传股股长	1995 年全国优秀人民警察
李恩建				1996 年“全国十佳春蕾园丁”
王葆苓	女	1943	临沂市妇女联合会主席	1996 年全国家庭教育工作园丁奖 1997 年全国“三八红旗手”
杨家坤	女	1956	临沂市供销贸易中心经理	1996 年全国供销系统劳动模范
潘洪儒	男	1963	苍山县公安局科长	1998 年全国优秀警察
李洪亮	男	1947	临沂市民族宗教事务局调研员	1999 年全国民族团结进步先进个人
刘宝敬	男	1958	苍山县交通局职工	2001 年五一劳动奖章 2006 年“地球奖”
王士启	男	1949	苍山县矿坑乡南坡村会计	2003 年全省见义勇为十佳公民
王善启	男	1972	苍山县鼎元良种合作社理事长	2004 年全国粮食生产大户 2005 年全国劳动模范
盛建学	男	1962	苍山县第一中学教师	2005 年全国优秀教师
刘连栋	男	1967	县委常委、政法委书记	2006 年全省“四五”普法依法治理工作先进个人
张文书	男	1958	苍山县结防所所长	2007 年全国结核病防治工作先进个人
杨宇侠	女	1964	苍山县艾曲肉牛养殖有限公司经理	2007 年全国农村妇女“双学双比”活动女能手
王传喜	男	1968	卞庄街道代村社区党委书记	2010 年全国劳动模范
宋向荣	女	1966	苍山县实验幼儿园教师	2010 年全国优秀教师

省部级劳动模范、先进人物基本情况表

表人物—5

姓名	性别	出生年月	籍贯或工作单位及职务	荣誉名称
陈德荣	男	1927	尚岩沟西村	1953 年山东省劳动模范

续表人物—5

姓名	性别	出生年月	籍贯或工作单位及职务	荣誉名称
于廷森	男	1929	卞庄于庄	1953 年山东省农业劳动模范
张保恩	女	1933	卞庄一村	1956 年山东省农业劳动模范
杨成言	男	1919	神山供销社	1958 年山东省先进工作者
刘　晓	女	1932	车辋前银厂村党支部书记	1958 年山东省农业劳动模范
鲍桂凡	男	1933	南桥公社北斜里村	1959 年山东省农业劳动模范
吕洪恩			神山公社邱庄村	1960 年山东省劳动模范
任增学	男	1930	南桥农业中学副校长	1960 年山东省劳动模范
牛家岫	男	1936	苍山县财政局	1960 年山东省劳动模范
徐宗娥	女	1933	卞庄一小	1960 年山东省劳动模范
邢秀云	女	1943	车辋公社南漫溪村	1960 年山东省劳动模范
王玉珍	女	1941	兰陵完小教师	1963 年山东省先进工作者
芦永田	男	1939	县邮政局	1982 年山东省劳动模范
李福让	男	1932	磨山信用联社	1982 年山东省劳动模范
徐家钰	女	1939	县物价局	1983 年山东省先进儿童少年工作者
陈绍聚	男	1947	尚岩镇史庄村	1986 年山东省农业劳动模范
宋远富	男	1945	县供销联社	1986 年山东省劳动模范
刘传德	女	1959	县教育局	1988 年山东省“富民兴鲁”奖章
陈汉鼎	男	1927	县农行工会主席	1989 年山东省劳动模范
杨振刚	男	1955	大炉乡杨庄村党支部书记	1989 年山东省劳动模范
周荣生	男	1952	南桥镇宋疃村党支部书记	1990 年山东省农业劳动模范
姜玉荣	男	1955	县水泥厂	1990 年厅局劳动模范
黄运玺	男	1940	县物价局	1990 年部委劳动模范
李　艳	女	1953	县邮政局	1991 年山东省“富民兴鲁”奖章
郁全仁	男	1980	县邮政局	1993 年山东省“富民兴鲁”奖章
牟乃池	女	1940	苍山县实验中学	1993 年部委劳动模范
李子康	男	1956	县物价局	1993 年厅局劳动模范

续表人物—5

姓名	性别	出生年月	籍贯或工作单位及职务	荣誉名称
窦文华	男	1946	苍山县总工会主席	1993年山东省优秀工会工作者 1995年山东省劳动模范
孙晋才	男	1941	县供销联社主任	1994年部委劳动模范
范建国	男	1952	临沂凯利实业公司总经理	1995年山东省劳动模范
张新谦	男	1953	嘉德公司总经理	1995年山东省劳动模范
李学田	男	1941	县林业局局长	1995年山东省劳动模范 1995年山东省林业劳动模范
孙建华	男	1958	下村乡里米坑村党支部书记	1995年山东省农业劳动模范
郭永法	男	1949	苍山第二建筑公司经理	1995年山东省优秀乡镇企业家
张德华	男	1952	县工商局副局长	1996年山东省模范军转干部
王道民	男	1947	下村乡党委书记	1996年全省百名优秀乡党委书记
朱庆法	男		县环卫所	1996年山东省“富民兴鲁”奖章
刘廷明	男		苍山县农业技术推广中心高级农艺师	1997年山东省第五批专业技术拔尖人才
李凤祥	男	1961	新杨集团总经理	1997年山东省乡镇企业优秀经理
宋诗伟	男	1966	苍山县第一中学	1997年山东省优秀教师
李兴国	男	1963	卞庄镇教委	1997年山东省优秀教师
范立春	男	1945	卞庄小学教师	1997年山东省优秀教师
阚广侠	女	1965	层山中心中学教师	1997年山东省优秀教师
杨玉娟	女	1968	苍山聋哑学校教师	1997年山东省优秀教师
王兆方	男	1956	磨山小学教师	1997年山东省优秀教师
贺　敏	女	1959	县实验一小	1997年山东省优秀教育工作者
宋景兰	女	1947	苍山县政府招待所所长	1998年山东省劳动模范
李金章	男	1933	兴明乡小郭东村党支部书记	1998年山东省农业劳动模范
张金华	男	1945	苍山县人民检察院纪检干部	2001年山东省“富民兴鲁”奖章
吕俊廷	男	1955	苍山县水泥有限公司车间主任	2002年山东省“富民兴鲁”奖章
赵福荣	女	1957	宝庆公司总经理	2002年山东省劳动模范
赵　光	男	1964	县公安局副局长、刑警大队长	2003年山东省劳动模范
房耀东	男	1965	县供电公司总经理	2003年山东省劳动模范

续表人物—5

姓名	性别	出生年月	籍贯或工作单位及职务	荣誉名称
王慧雅	男	1955	东珍食品公司董事长、总经理	2003 年山东省农业劳动模范
颜廷华	男		县总工会	2003 年山东省优秀工会工作者
王佩玉	男	1951	县委政法委书记	2003 年 7 月全省严打整治斗争先进个人记一等功
岳邦荣	女	1955	苍山县教育局工会主席	2004 年山东省“富民兴鲁”奖章
远传仁	男	1954	苍山通信公司经理	2006 年山东省“富民兴鲁”奖章
高思正	男	1954	苍山县总工会主席	2007 年山东省“富民兴鲁”奖章
王胜启	男	1956	山东瑞泰石膏有限公司	2007 年山东省“富民兴鲁”奖章
高继富	男	1966	苍山县兴明乡曹湾村支书	2008 年山东省劳动模范
蒋新东	男	1959	山东星发食品有限公司总经理	2008 年山东省劳动模范
付瑞明	男	1972	苍山县第一中学教师	2008 年山东省劳动模范
金怀华	男	1966	尚岩镇	2009 年山东省“富民兴鲁”奖章
孟祥宏	男	1958	苍山县人民医院院长	2010 年山东省“富民兴鲁”奖章

市级劳动模范、先进人物基本情况表

表人物—6

姓名	性别	出生年月	籍贯或工作单位及职务	荣誉名称
丁玉忠	男		大仲村公社粮管所	1979 年临沂市劳动模范
魏君喜	女		兰陵公社西北隅党支部书记	1982 年临沂市“三八红旗手”
刘传德	男		县教育局	1988 年临沂市劳动模范
高传军	男		鲁城乡马庙卫生院	1989 年临沂市劳动模范
马鹤年	男		县水利局	1989 年临沂市劳动模范
康建华	男		县公安局	1989 年临沂市劳动模范
郭庆军	男	1955	黄埔冷藏总公司经理	1989 年临沂市劳动模范
郭忠文	男		县委统战部	1991 年临沂市劳动模范
王忠才			兰陵镇兽医站	1991 年临沂市劳动模范
仲崇礼	男	1935	苍山县科学技术科科长	1991 年市级专业技术拔尖人才
姚如友			苍山县锯条厂	1992 年临沂市劳动模范
夏广志			矿山机械配件厂	1992 年临沂市劳动模范

续表人物—6

姓名	性别	出生年月	籍贯或工作单位及职务	荣誉名称
赵凤山			苍山县商业局	1992年临沂市劳动模范
黄友忠	男		实验中学	1992年临沂市劳动模范
田忠秀	女		苍山县经贸局	1992年临沂市劳动模范
冯昌军	男		县物价局	1993年临沂市劳动模范
张秀元			大炉乡	1993年临沂市劳动模范
范中杰			大炉乡	1993年临沂市劳动模范
苗士宝	男		苍山县中医院	1993年临沂市劳动模范
宋坤才	男		新兴乡党委	1993年临沂市劳动模范
冷相鲁	男		苍山一中校长	1993年临沂市劳动模范
王龙祥	男	1954	兰陵美酒厂副厂长	1994年市级专业技术拔尖人才
傅友德	男		磨山镇西疃村党支部书记	临沂地区民族团结进步先进个人
杨兆祥	男		尚岩乡杨套村党支部书记	临沂地区民族团结进步先进个人
曹兴安	男		原鲁南特种水泥厂	1994年临沂市劳动模范
李玉铭	男		县人民医院	1995年临沂市劳动模范
李洪元	男	1958	神山镇东杨庄村党支部书记	1998年临沂市劳动模范
王万东	男	1952	长城镇前王庄村党支部书记	1998年临沂市劳动模范
戴延东	男	1959	苍山县交通委运输公司党支部书记	1998年临沂市劳动模范
朱景府	男	1958	兰陵（企业）集团总公司苍山分公司	1998年临沂市劳动模范
李凤祥	男	1961	神山镇后杨官庄村 新杨集团总经理	1998年临沂市劳动模范
夏继军	男	1965	鲁凯晶硅制品有限公司总经理	1998年临沂市劳动模范
王凌华	男	1970	山东兰陵美酒股份有限公司	1998年振兴沂蒙劳动奖章
李相启	男	1952	苍山县财政局局长	1998年振兴沂蒙劳动奖章
丁松山	男	1948	苍山县工程机械厂厂长	1998年振兴沂蒙劳动奖章
温德海	男	1962	苍山县卞庄工商所所长	1998年振兴沂蒙劳动奖章
宋传文	男	1960	苍山县广播电视局新闻部主任	1998年振兴沂蒙劳动奖章 2006年临沂市劳动模范
王作斌	男	1948	苍山农场场长	1998年临沂市劳动模范

续表人物—6

姓名	性别	出生年月	籍贯或工作单位及职务	荣誉名称
宋传增	男		县公安局	1999年临沂市劳动模范
孙士奎	男		恒力水泥厂	2000年临沂市“振兴沂蒙”劳动奖章
刘宝敬	男	1958	苍山县交通局职工	2001年市级专业技术拔尖人才
王士启	男	1949	苍山县矿坑乡南坡村会计	2001年临沂市农业劳动模范
高继富	男	1966	苍山县兴明乡曹湾村支书	2001年临沂市农业劳动模范
王保明	男	1950	苍山县三合乡斜沟村农民	2001年临沂市农业劳动模范
赵　侠	女		县工商局	2002年临沂市劳动模范
宋诗伟	男	1966	苍山县第一中学	2002年临沂市劳动模范
宋华远	女	1957	苍山县人民检察院副检察长	2003年临沂市“振兴沂蒙”劳动奖章
张　涛	男	1970	苍山县泉山水泥有限公司总经理	2003年临沂市“振兴沂蒙”劳动奖章
刘美华	男	1972	兰陵石膏集团董事长、总经理	2003年临沂市“振兴沂蒙”劳动奖章
陈怀英	女	1957	苍山县人民医院	2003年临沂市“振兴沂蒙”劳动奖章
王连杰	男		贾庄乡贾庄村	2004年临沂市劳动模范
程中东	男		神山镇党委书记	2004年临沂市“振兴沂蒙”劳动奖章
钱学良	男	1957	苍山县自来水公司工会主席	2005年临沂市“振兴沂蒙”劳动奖章
胡晓玲	女	1983	苍山工程机械配件厂化验员	2005年临沂市“振兴沂蒙”劳动奖章
赵平森	男	1958	苍山县财政局局长	2005年临沂市“振兴沂蒙”劳动奖章
王兴华	男	1958	山东省苍山县工程机械配件厂厂长	2006年临沂市劳动模范
吴俊青	男	1968	万家福商贸有限公司总经理	2006年临沂市劳动模范
高俊春	男	1958	苍山县地方税务局局长	2006年临沂市劳动模范
舒太龙	男		县公路局工程科	2006年临沂市“振兴沂蒙”劳动奖章
王晓民	男	1963	苍山县公安局综合整治大队主检法医	2006年临沂市劳动模范
高钟奇	男	1956	苍山县交通局副局长	2006年临沂市劳动模范
王树海	男	1962	三合乡斜沟村党支部书记	2006年临沂市劳动模范
高久军	男	1960	苍山县政协副主席	2007年临沂市“振兴沂蒙”劳动奖章
陈一章	男	1962	苍山县石门铁矿工会主席	2007年临沂市“振兴沂蒙”劳动奖章

续表人物—6

姓名	性别	出生年月	籍贯或工作单位及职务	荣誉名称
杨德义	男		县教育局教研室副主任	2007年临沂市“振兴沂蒙”劳动奖章
杜玉峰	男	1976	苍山县供电公司变电队队长	2007年临沂市“振兴沂蒙”劳动奖章
张东华	男	1976	临沂震元纸业有限公司车间主任	2007年临沂市“振兴沂蒙”劳动奖章
蒋　峰	男		县卫生局	2008年临沂市“振兴沂蒙”劳动奖章
胡景生	男		苍山德隆机械有限公司	2008年临沂市“振兴沂蒙”劳动奖章
徐廷合	男		会宝山生态产业合作社	2008年临沂市“振兴沂蒙”劳动奖章
颜廷华	男		县总工会	2008年临沂市“振兴沂蒙”劳动奖章
颜　伟	男	1975	卞庄街道芦柞中学	2009年临沂市“振兴沂蒙”劳动奖章
郭长青	男	1973	县公安局	2009年临沂市“振兴沂蒙”劳动奖章
朱拥建	男	1963	苍山县国税局局长	2009年临沂市“振兴沂蒙”劳动奖章
陈广柱	男	1958	县总工会主席	2009年临沂市“振兴沂蒙”劳动奖章
刘建学	男		艾曲蔬菜公司	2009年临沂市“振兴沂蒙”劳动奖章
崔　霞	女		向城镇敬老院副院长	2010年临沂市劳动模范
潘云峰	男		苍山县公安局刑侦大队政治教导员	2010年临沂市劳动模范
庄守营	男		苍山县房管局	2010年临沂市劳动模范
刘云峰	男		东方佳园房地产开发有限公司董事长	2010年临沂市劳动模范
刘国华	男		山东鲁南蔬菜产业有限公司总经理	2010年临沂市劳动模范
蒋继慧	女	1983	星发农业科技股份有限公司总经理	2010年临沂市劳动模范
马茂军	男		苍山县一马瓜菜产销专业合作社董事长	2010年临沂市劳动模范
侯家明	男		县信用联社	2010年临沂市“振兴沂蒙”劳动奖章
徐　丽	女		宝庆公司	2010年临沂市“振兴沂蒙”劳动奖章
张玉荣	男		荣庆集团	2010年临沂市“振兴沂蒙”劳动奖章

附　录

蒼山縣志

中共苍山县委
关于加强完善农业生产责任制的若干规定

（讨论试行稿）

党的十一届三中全会特别是贯彻执行中央（1980）75 号文件以来，我县农村各种形式的生产责任制有了很大的发展。实行联产计酬的单位越来越多，生产和经营管理水平较高的单位向专业承包联产计酬发展，大量中间状杰的单位向统一经营、联产到劳发展，经济困难单位实行包产到户或大包干。尽管工作进展不平衡，不完善，也出现过这样那样的一些问题，但总的说，方向是对头的效果是显著的。两年来的实践证明，搞好生产责任制，对落实党的农村经济政策，调动广大农民的积极性，促进农业生产的发展，增加粮食产量，培加社员收入，提高社员分配水平，体现各尽所能、按劳分配的原则，改善干群关系，都定到了积极的作用。

从全县来看，现行的农业生产责任制有七、八种之多，但主要形式有三种：一是专业承包、联产计酬；二是统一经营、联产到劳；三是包产到户或大包干。不管哪种形式的责任制，当前都要稳定下来，在稳定的基础上，根据生产力发展的水平，因地制宜地实行分类指导，使之逐步地加以完善、提高。为了进一步贯彻落实好（1980）75 号文件，加强和完善各种形式的生产责任制，根据我县实际情况，特作如下规定：

（一）

“专业承包、联产计酬”责任制，是目前比较先进、高级的管理形式，生产基础好，干部有一定管理水平的单位，要积极推行。

这种责任制是在生产队统一领导、统一经营的前提下，颇具经营内容和劳动力的特点，实行专业分工，包工包产。各业的生产，根据方便生产，利于经营的原则，分别包到组、到劳、到户。生产过程的各项作业，生产队宜统则统，宜分则分。计工方式，有的按包产计工，有的以交款（产值或纯收入、利润）计工。包产以内的实物和现金由生产队统一分配，超产奖励，减产受罚。实行这种责任制，必须做到五条：

1. 种粮食的社员，不承包多种经营和工副业生产；经营工副业的社员不再承包粮食生产。一户中几个劳动力，因技术特长分别参加不同的承包组。

2. 农业生产承包到组。承包组宜小不直大。生产队对作业组，实行“三定一奖”。作业组内部劳力要有个合理分工，并以灵活多样的形式搞好劳动计酬。要建立严格的质量检查验收韵度，保证农活质量。切实防止“大呼隆”变成“小呼隆”。

3. 林、牧、副、渔生产，根据各自的经营特点，确定劳动组合形式。适宜到组的，建立专业组；适合到户的，建立专业户或联营户。一个生产队办不了的，可由大队组织经营，或联队经营。其承包办法一般是：定产、定工、定投资（产值或利润），超产奖励（全奖或部分奖），也可以实行利润“大包干”（保本、保值、保设备）。

4. 拖拉机、排灌机械等大型农机具，由队固定专人承包管理，统一调配使用。耕畜可以由队或

组饲养和使役，畜权归队，繁殖幼畜队组分成。机井、渠道每建筑物归所在地的组管理，由队统一安排，组与组之间有次序地使用。

5. 大队、生产队必须继续加强领导。各业的包产，均要签定合同书，一包几年不变。要积极帮助各专业组（户）。解决生产中碰到的困难，必要时组织一定的生产协作。农时大忙，工副业劳力要支援农业生产，切实保证及时牧种，不误农时。农闲季节，也可以抽调农业组的部分劳力，参加工副业生产。各专业之间的协作，一定要考勤记工，合理计算报酬，以免影啊社员生产积极性。

（二）

生产水平和经营管理水平处于中间状态的单位，要积极推行统一经营、联产到劳责任制。

联产到劳责任制的基本做法是：

1. 坚持“三不变”，即集体所有制不变，基本核算单位不变，生产队统一分配不变。

2. 实行“四统一”：①统一种植计划，主要农作物种植计划、茬口安排，由集体统一安排部局，搞好区域化种植；②生产队统一耕种；③拖拉机、柴油机等大型农具和劳动力，由队统一管理，集中调配使用；④生产成本主要由队投资。

3. 生产队对社员实行“五定”，即定地块、定产量、定投资、定工分、定奖惩。

4. 现有的农田水利建筑物，要固定到组或到人管理。由队统一安排调度使用，按亩收取费用。今后要继续由队统一组织、兴建和续建一些当年见效的小型农田水利工程，以提高生产能力。

5. 林牧（包括耕畜）副渔各业，仿照“专业承包、联产计酬”工副业承包的方法，要推行专业承包，实行“几定一奖”，或实行利润、商品大包干。耕畜要由队统一喂养，统一使役。对饲养人员要实行“六定”责任制，即定牲畜、定草料、定肥料、定工分、定膘肥、定奖惩。

（三）

在边远山区和长期困难的“三靠”单位，允许实行包产（包干）到户。这对于激发农民生产积极性，尽快地解决温饱，摆脱贫困确实起了积极的不可忽视的作用。

包产到户和包干到户，是两种不同的生产经营方式。包产到户是在生产队统一经营下，实行“三统”（统一种植计划、统一核算、统一分配）“三定”（定产、定工、定成本）“一奖惩”，包产部分统一分配。

包干到户，只定上交，生产队不再统一分配。社员所收除上交国家、集体提留外，全部归个人所有。提留数量，要根据实际需要经社员民主讨论通过，并用合同及早确定下来，不能随意变动。这种形式虽是个体经营，但与过去的单干有着本质的不同，今后生产发展了，再向更高一级的形式过渡。

实行包产（包干）到户后，要本着兼顾国家、集体、个人三方面利益的原则，经过群众讨论，做到以下五条：①必须保持生产大队，生产队的体制不变，充分发挥基层党支部的领导作用。②要保持集体经济的主体地位，严禁拆毁和平分集体财产，严杂乱砍树木。③对烈军属和五保户、困难户的生产、生活，要有妥善的照顾。④集体经营的工副业生产经济效果好的，要尽力保留，并建立好完备的责任制，以不断扩大统一经营因素；在正常年景下，要坚持提留固定财产折旧费和公积金做为扩大再生产的基金；生活好、收入大的单位，提留一定数量的储备粮和生活基金，以丰补欠。⑤生产队和社员要坚定地履行各自承担的义务。

（四）

各社、队在加强和完善各种形式的生产责任制中，必须认真处理好以下各项具体问题。

1．土地的权属保证不能改变。不论搞哪种形式的生产责任制，生产队内的一切土地和地上的树木多年生经济作物和水利建筑物，都应归集体所有，承包者只能使用、保护、发展，不能破坏不准买卖租赁，不准建房（确需盖房时，由大队统一规划），不准在里面埋坟子。自留山、自留地、饲料地在不破坏水土保持的原则下，社员可以自由支配种植和使用。所有包产的土地，都应合理包产，明确议定上交任务。土地承包一要便于管理，二要利于增产。实行包产到户的单位，要地分级、人分成，按人劳比例承包。实行联产到劳的单位，要尽量按劳或以劳为主承包。土质好坏、远近多适当搭配，以产量和定工找平衡。地级差，一般为三级，山区也不要超过五级，已把土地分零乱的单位，要在做好思想工作的基础上，选择适当季节做必要的调整。土地承包好以后，要固定几年不变，什么时候变，视生产发展情况，由社员讨论决定。实行包产（包干）到户的单位，集体要保留适量土地，以备人口变动调整补缺。

脱产职工本人一般不要承包土地，其家属可按劳力情况少包或不包，吃粮按价付款。失去劳动能力的社员、在校的学生，一律不能承包土地。

2．包产要积极可靠。作物种植要受国家计划指导，由生产队统一安排。包产指标，要积极可靠，留有余地，使多数承包者经过努力，确实有产可超。但也要防止有意的搞“包低产”，影响各行各业的平衡和社员争超产创高产的积极性。包产方法，可以前三年平均产量为基础加增长比例，也可以上年度的实产为基数，适当上调或下降。

3．包工一定要合理。凡是搞统一分配的，包工一定要统筹兼顾全面平衡，要注意处理好两点：一要大力压缩非生产用工，严格控翻标工。二要做到农林牧副渔各业之间包工基本平衡。技术工和工副业生产，创造价值多，包工允许适当高点，但又不能悬殊远大，一切包工和定工，都要以农业为标工参数定工，力求平衡。农业包工的计算方法，可以“按定额”计算，也可以“以产定工”。为了今后继续有计划、有步骤地搞好农田水利基本建设，不管实行那种生产责任制的单位，对主要劳动力，都要明确规定一定数量的基本建设投工，不出工的，要按一定工值交款。

4．包成本是保证平衡增产的关键。凡是实行包工包产的单位，集体对承包者一定要承包一定数量的生产费用。承包数量，主要以包产多少来确定。同时，要考虑到本单位的收入和经济条件，一般要保证定产需要。集体原有的种子，通过会计核算保留下来，不能分掉。

5．定上交和提留要民主议定。实行包干到户的单位，在承包土地的同时，一定要将上交数量定好。上交数量需要由群众民主讨论决定，一次定死，签定合同，双方自觉遵守。需要变动时，要经群众商定，并经公社批准 上交的项目一般是：农业税、国家征购任务、行政管理费（包括干部误工补助），牲畜饲料和适当数量的公积金、公益金、储备粮－固定财产折旧费。农业税和国家征购任务，按原定任务分配上交。一切上交的粮、款、物都要纳入集体财产账，防止挥霍浪费，严禁贪污盗窃.

6．林、牧、副、渔业一律实行单项专业承包。成片的用材林、经济林、园林化沿路的树木、芦苇、条园、竹园、有收益的汪塘水面队及集体的畜禽和各种工、副业生产及其设备等等，都是集体经济的重要组成部分，是多年来积累下来的集体经济基础，是今后大力发展多种经营生产的经济阵地，是使农民尽快富起来的希望所在不能放弃，不能削弱，更不准破坏。不论农业实行那种形式的责任制，对这些集体的经营项目，都要搞好专业承包。零星的树木，要树随地走，包干到户管理，定本定产。已经搞了专业承包、联产计酬的单位，通过大力发展多种经营，提高其在总收入中的比例。未有搞专业承包、联产计酬的单位，只有大力发展多种经营，才能创造向专业承包、联产计酬发展的条件。

7. 搞好耕畜饲养管理和使役。生产队的大牲畜，是集体的公有财产，在实行联产到劳或包产（包干）到户的队里，仍要强调集体喂养或固定到户喂养，统一组织使役，所有权不准转让，不准随慈出售和倒卖，更不准未经批准，随意宰杀。固定到组或固定专人喂养的，要合理解决牲畜饲草饲料和饲养员的报酬。繁殖幼畜合理分成。不论实行哪种办法，都要保本保值。因责任致残或死亡的，要照价赔偿，已经转卖或宰杀的，要追回现款.

8. 管好用好农业机械和一般公有农具。拖拉机、排灌机和各种粮食加工机械等，不管实行哪种责任钠，都要有集体固定专人管理，统一组织调配使用，不许倒卖，不准拆散破坏。数量少的，可以包给个人单机核算；数量多的，大队可以建立站（组），专业承包，单项经济核算。一般小农具，如犁、耙、绳、索等，随耕畜走，由专人管理；手推小车、地排车及衩、耙、扫帚、扬场锨等，可以作价到户管理使用。

9. 做好对烈军属、五保、社会困难户的优待照顾。对烈军属实行统一核算分配的单位，继续实行定工或补工优待照顾；实行包干到户的单位，可以组织代耕代种，也可以从提留粮中拿出一定数量的粮款给予补助。对五保户，不论实行那种形式责任制，都要坚决实行包吃、包穿、包用，所需粮款在公益金中开支。对无劳力的社会困难户，要积极的帮助他们解决生产中的困难，尽力搞好生产，增加收入。仍然解决不了的困难户，要给予适当补助，切实安排好他们的生产生活。

10. 明确干部的工作职责和待遇问题。实行各种形式责任制后，生产形式、领导方法都发生了新的变化。基层干部的工作任务，应做好八条：

(1) 宣传落实党在农村的各项政策，做好社员的政治思想工作。

(2) 管好生产队的土地、共有财产和仍属集体经营的项目。

(3) 统一规划和落实全队的农业基本建设任务。

(4) 制定包产计划，检查落实包产合同的执行情况，对有意不交上交任务的，要收回其承包土地；对破坏集体财产、树木、水利设施的，要给予经济制裁或追究法律责任；组织互助协作，帮助承包单位和个人解决生产中出现的有碍增产的问题；大力开展科学种田，不断提高科学种田水平，使粮食生产和多种经营水平不断提高。

(5) 加强经营管理，搞好会计核算，搞好公共积累的提留、管理和使用。做好收益分配工作，积极完成国家的征购任务。

(6) 调解民事纠纷，做好治安保卫工作。

(7) 组织好集体和家庭副业生产。

(8) 抓好计划生育和文化福利事业。

实行定额管理和专业承包的单位，对干部继续实行误工补工或定工补助。实行包产到户的单位，干部承包的数量可少于同等劳力。大队干部承包同等劳力的50%，生产队干部承包同等劳力的70%，实行误工记工或定工补助。实行包干到户的单位，可全年一次定死补助一定数量的粮成钱。干部的报酬包括奖励，原则上要高于同等劳力的平均水平，但一般不能超过百分之二十。另外，对工作多年为集体经济的巩固发展做出了贡献，现在年老体弱丧失劳动能力的大队、生产队干部，可以根据他们任职的年限、贡献大小，以及本队的经济负担能力，分别给予不同的定额补贴，不论实行那种办法，要经社员民主讨论决定，不能由少数人说了算。

对民办教师、赤脚医生、计划生育专职人员，不要承包土地，可实行误工定工补助或定量补贴。

对执勤民兵和其他为集体服务的用工，要随误随记，或随误随补。

11. 正确贯彻执行好奖励政策。在贯彻执行生产责任制中，凡已经群众民主议定或干部已经说了话的奖励政策，包括农业超产奖，工副业超利润奖，大家畜繁殖奖，经济作物超计划奖，实行定额管理社员超工、超肥奖励等，都要坚决执行、保证兑现，取信于民。在落实奖励政策中，应注意：㈠受奖者，必须是超额完成劳动任务的劳动者。要实行“同奖同罚”或“多奖少罚”，一般不未取全奖全罚的做法；（二）奖金要从超产中提取，不要从总收入里扣除；（三）奖励以工分或现金为好，也可以奖粮，但不要奖棉花、油料等国家统购物资，奖励项目不要搞得太多、太繁琐。

（五）

实行农业生产责任制，走农村工作的一个新课题，必须切实加强领导。

一是，要继续学好文件，提高认识，进一步清除“左”的影响。各级干部都要进一步学好中央文件，提高对搞好农业生产责任制重要意义的认识，正确理解和贯彻执行三中全会以来党所制定的路线、方针、政策，增强贯彻执行中央文件的自觉性和积极性。

二是，要相信群众，依靠群众。坚持群众路线实行生产责任铜，要根据生产条件、干部管理水平和群众的意愿，因地制宜，适合什么形式就搞什么形式，不要搞“一刀切”。

三是，要放开手脚，善于引导。各种形式的生产责任制，都在发展，都在前进，要不断地研究新情况，发现新问题，总结新经验取得新知识。对在工作中出现的问题，要善于启发引导，积极修好工作，使之不断地完善、提高。要保护群众的积极性，绝对不能放弃领导、“大撒把”。

四是，要层层培训好干部。实行农业生产责任制，是管理集体经济的一项重要改革，很多干部不会管、不会做。必须有计划地通过党校轮训，或举办短期学习班，专题进行讨论等形式，对社、队干部进行培训，通过训练，明确认识，学会做法，提高其政治理论水平和管理水平。

五是，要切实加强政治思想工作。在加强和完善生产责任制的过程中。要运用不同形式，不断地向广大干部群众进行“四个坚持”的教育，爱国家、爱集体的教育，以及形势教育，宣传社会主义制度的优越性和光明前途。通过宣传教育，使广大干部群众认清形势，明确方向，坚定信心，更好地坚定不移地走社会主义道路，不断巩固壮大集体经济。

一九八一年六月四日

苍山县人民政府
批转县农业委员会关于在我县依法开展农业承包合同管理工作的意见的通知

苍政发［1993］13 号

各乡镇人民政府，县政府有关部门：

县政府同意县农业委员会《关于在我县依法开展农业承包合同管理工作的意见》，现转发给你们，请与《国务院关批转农业部关于加强农业承包合同管理意见的通知》（国发［1992]52 号）、《山东省人民政府批转省农业厅关于加强农业承包合同管理的意见的通知》（鲁政发［1992］ 165 号）和《临沂地区行政公署关于加强农业承包合同管理工作的通知》（临政发［1992］ 179 号）一并贯彻执行。

一九九三年三月十三日

苍山县农业委员会关于在我县依法开展农业承包合同管理工作的意见

县政府：

为把我县稳定和完善家庭联产承包责任制工作纳入法制化管理轨道，根据国发［1992]52 号、鲁政发［1992]165 号、临政发［1992]179 号文件精神和农业部《关于进一步加强农业承包合同管理，减轻农民负担的通知》（1993 农经字 2 号）、《山东省农村集体经济承包合同管理条例》规定，结合我县实际，我们建议，对全县各业集体承包合同，开展一次补签、续签和完善工作，建立一套完整的农业承包合同管理档案，为今后依法加强农村承包合同管理，做好合同纠纷的调解和仲裁工作，奠定一个扎实的基础。为使这项工作善始善终。抓出成效，特提出以下工作意见：

一、目的要求

农村承包合同管理工作是农村改革和发展的客观要求，依法管理承包合同是稳定完善联产承包责任制的重要手段，是将这项基本制度纳入法制化轨道的具体途径。我县开展农村各业集体承包合同的补签、续签和完善工作，目的就是长期稳定以家庭联产承包为主的责任制，不断完善统分结合的双层经营体制。稳定是指基本政策和基本制度的稳定，包括土地的集体所有权、农户的承包经营自主权、承包双方的权利、责任和义务，以及国家、集体、农户之间舍理的分配关系等。完善是指执行这一基本政策和制度过程中方法与措施的完善，包括承包方式、承包指标、承包期限、承包期内的调整方法与条件、相应的法律程序等。稳定完善的核心是土地的承包制度，要在坚持土地集体所有权的前提下，给农户更多的经营决策权、产品处理权和合法收益权。这既是党的十三届八中全会和十四大提出的农村工作的方针政策，也是广大农民的根本意愿。对此，我们希望各级以农业部门为主，有关部门密切配合，按照上级法规政策的要求，以土地、林业、果树承包合同的补签、续签为主要内容，同时完善农机、畜牧、水产、工副业、服务业等项合同，实现统一合同式样，统一指导签订、鉴证，统一调处合同纠纷，统一合同档案管理，统一组织兑现（在乡村两级建立和完善民主管理制度、合同鉴证制度，纠纷调解制度、档案管理制度等）。逐步达到我县农业承包合同管理责任化、格式规范化、检查制度化、执行法制化，以保护和调动农民的生产积极性，维护农村良好的经济秩序和安定团结的社会局面。

二、完善的重点内容

（一）建立健全乡、村两级管理组织，在乡镇一级设立农村承包合同管理委员会，分工的乡（镇）长或书记任主任，经营管理站长、法应庭长担任副主任。农业、林业、畜牧、水利、农机、土地、司法等部门为成员，办公室设在经管站，负责日常合同的签订、鉴证、回访、兑现等项业务工作。村级设立合同管理小组，人员由村民委员会主任、村会计和调解主任组成，配合主管机关搞好合同管理，指导合同签订，保管合同档案，督促合同履行和调解合同纠纷等项工作。

（二）制定完善各项管理制度，为使农村合同管理规范化、制度化，必须健全各项管理制度，主要有民主管理制度、签订、鉴证制度、回访检查制度、纠纷调解制度、档案管理制度等。

（三）搞好各业承包合同的修订、续签和补签工作，按照统一的合同样式，对过去已签订的不规范合同，按照《条例》规定要求，进行修订补充；对已到期的合同进行续签；对过去无正式合同文本的项目进行补签。完善的项目有：土地承包合同、三高农业开发承包合同、五荒开发承包合同、林业承包合同、果园承包合同、桑园承包合同、水利设施承包合同、水产承包合同、畜禽养殖承包合同、农业机械承包合同、工副业、服务业承包合同等。合同签订后，由乡（镇）合同管理委员会进行统一鉴证。

（四）对原有已签定的各业承包分同和新签订的各业合同纳入经管部门统一管理，建立统一的农村合同管理档案。

三、方法、步骤和时间安排

根据外地经验和我县实际情况，农村各业承包合同的完善是一项政策性很强的工作，我们计划结合“五清理、三整顿”工作，统一部署，由点到面在全县展开，整个工作分三步走：

（一）准备阶段

1、搞好宣传发动，培训业务骨干。以国务院（1992）52号文、鲁政发（1992）165号文、临政发（1992）179号文和省《条倒》为依据，讲解合同管理知识，对乡业务人员、村主任、会计进行合同管理知识的业务培训，掌握合同签订、管理方面的基本技能。

2、建立管理组织。乡健全管理委员会，村建立合同管理小组，明确到人。

3、对集体承包项目调查摸底，已到期的合同进行兑现。对过去承包管理中比较突出和比较普遍的问题，提出解决方案。

（二）完善阶段

1、对原已承包的项目，无合同文本的进行补签，原有合同但条款不完善的进行修订。

2、对群众意见较大，存有纠纷的承包项目，进行调解，完善合同。

3、已到期兑现的合同，进行续签合同。

4、未承包的生产项目进行招标叫行承包。

5、合同管理部门对新订合同的主要条款进行核实无误后，予以鉴证，发包方、承包方和管理机关各一份存档。

（三）建档回访阶段

1、乡（镇）、村两级设立承包合同档案专柜，对各业合同收集整理分门别类、归纳成册，统一编号，责任到人。

2、对已包的项目组织回访检查，督促承包人遵守合同，搞好生产，发现问题，及时解决。

四、掌握的政策界限

（一）要坚决维护农业承包合同的法律严肃性。任何单位和个人都无权下令解除或改变依法确立的农业承包合同。未完善的农业承包合同，要按照《条例》规定，在维护既定的承包关系的基础上，进行依法完善。属于无效合同、显失公平的合同和违约责任，要按照《条例》规定，由农业承包主管机关依法处理。

（二）在土地承包管理中，对已形成的土地承包关系，要保持稳定；只要办法合理、群众基本满意，就不要变动。不得以抽回农户承包田（含果树）的办法壮大集体经济。不仅承包合同未到期的不允许毁约抽回，即使合同期满终止未经村民大会民主讨论决定，也不允许随意变更。地块过于零散不便于耕作的，可以按照基本等质等量的原则适当调整;因基建占地，人口变动等确实需要调整的，可以采取群众能够接受的各种利益调节办法，定期解决，但要从严掌握，必须由村民大会讨论通过，村民委员会提出申请和调整方案，经乡镇合同管理委员会核实，报县合同管理委元会批准后，在农闲时进行，时间不能和农时安排相冲突。土地调整时，应重新签订承包合同，实行统一管理。

（三）土地承包可以多种形式。一是抽机动田的办法，机动田占总耕地的5—10%。二是“两田制”，分口粮田、责任田。口粮田一般为半亩，只负担农业税，不负担承包费和定购任务，可采取动账不动地的办法进行。三是“三田制”即口粮田、责任田和经济田，经济田比例占耕地面积的10—30%，可公开招标，承包金纳入乡统筹、村提留，不得分开核算，重复提取，加重农民负担。四是租赁制承包。五是股份制等。

（四）林业和“五荒”的承包要坚持依靠劳动积累的办法，实行统一规划，综合治理，综合开发。提倡先治后包，也可实行先包后治。承包期要适当延长，承包金可给予优惠。要注重实行适度规模经营，不要平分到户。

（五）果树承包要明确果树权属，集体果园承包到户后所有权仍归集体，承包户只有生产管理权和收益权。承包户在按时上交承包费的同时，要承包果树管理，保证果树生产健壮，完好无损。要以树定产、合理确定承包基数，可由定承包全改为定包产量，每年根据市场价格，确定上交村集体的承包费，一般不少于年纯收益的40%，对承包荒山后发展的果树，要补办果树承包手续，一般按照谁栽谁承包的原则，签订承包合同。承包期可适当延长，承包费可给予优惠。出现纠纷的应采取“稳定果园、调整指标”的原则进行调整和完善。

（六）水利设施的承包，要明确水资源属国家所有，农户采用水资源应严格遵守《水法》的有关规定，自觉交纳水费，村委会有代收水费的权力。集体投资兴建的水利设施，一般应由集体统一管理使用。也可承包到户，农户根据统一规划在承包田上兴建的水利设施，在土地调整时，应给合理补偿。

（七）工副业项目的承包。要提倡推行集体承包或全员承包，选择事业心强、有管理经验的能人挑头，组成包括业务人员、管理人员和财会人员在内的领导班子，共同承包企业。除承包产量、质量、产值和承包金外，还要承包设备保养、设备折旧、设备更新、资产积累等项目，坚决克服短期行为，杜绝掠夺经营。集体工副业在合理确定承包基数，公开竞争承包，坚决杜绝依仗职权压低基数，肥个人、亏集体的问题。村干部一律不准入权力股，多头领取报酬。

五、组织领导

依法加强农业承包合同管理工作，在我县是稳定家庭联产承包完善双层经营机制的一个重要环节，各业合同的修订、续签和补签工作，关系广大农民的切身利益，面广量大，政策性强，各级必须加强对这一工作的组织领导，督促和支持业务主管部门做好这项工作。建议县政府对这一工作统一部署，由点到面，全面展开。县里以农委牵头，和人大农经委、法院经济庭配合，组成业务指导组，从农委、县法制局、农业局、林业局、土地局、水产局、畜牧局、水利局、农机局、乡镇企业局等单位抽调业务骨干，分赴各乡镇帮助指导各业承包合同的完善工作。各乡镇也要组织工作人员分赴各村，在搞好以前各业承包合同兑现的基础上，按照民主程序，对土地等各项承包合同进行续签和完善，并建立健全各项管理制度。整个工作结束后，县里要统一对各乡镇的合同完善情况进行检查验收，并列为一九九三年农村工作的一项重要考核指标。

以上报告，如无不当请批转各乡镇和有关部门执行。

一九九三年三月十三日

关于企业全面实行全员劳动合同制的实施方案

苍政发（1993)84 号

各乡镇人民政府、县政府各部门，各企事业单位：

为适应社会主义市场经济发展要求，建立新型劳动关系，实现“国家宏观调控，企业自主用工，多种形式并存，全员劳动合同”的劳动制度改革目标，按照地区行署的统一部署，县政府研究决定，全县县属企业于今年年底前全部实行全员劳动合同制，推行工效挂钩和岗位技能工资制。现根据地区行署《关于劳动制度综合配套改革的实施方案》和鲁劳发（1992)24 号、鲁劳发（1993)297 号文件精神，结合我县实际，特制定如下方案：

一、指导思想

实行全员劳动合同制由指导思想是以党的十四大精神为指针，以《企业法》和《全民所有制工业企业转换经营机制条例》为依据，以转换企业经营机制，提高经济效益，增强企业活力为目的，坚持实事求是，解放思想，积极稳妥的原则，逐步建立适合社会主义市场经济发展需要的新型劳动用工管理体制。

二、全员劳动合同制实施的范围、对象和条件

凡是县属企业，不论全民或集体性质，不论工业企业还是流通企业，不论目前效益如何，都要实行全员劳动合同制。暂不具备条件的，如停工放长假，工人不能正常上班的，由主管部门提出意见，报县企业三项制度改革办公室（县劳动局）批准，可以适当延期执行。

企业实行全员劳动制，打破干部、固定工、合同制工人、临时工的界限，企业职工在平等自愿、协商一致的基础上均与企业签订劳动合同。

新调入和统一分配到企业的职工也要按照本方案与企业签订劳动合同。

凡不愿签订劳动合同的职工，经企业批准可限期调离。未经劳动部门批准使用的临时工不得纳入全员劳动合同制范围。

三、全员劳动合同制的基本内容

企业全员劳动制是按照国家的统一规定，履行一定的程序和手续，签订劳动合同，确定企业与职工的法制化劳动关系。劳动合同一经签订，经县劳动仲裁机构鉴证后，就具育法律效力，必须严格遵照执行。其主要内容为：

1、确定劳动合同的期限。根据企业的实际情况，劳动台同可签三年、五年、十年、二十年或长期合同。

新调入的职工可实行六个月的试用期；

新分配的大中专毕业生、技校生可实行一年见习期；

临时工的合同期限不得超过一年；

复原转退军人和军队转业干部随军家属，签订劳动合同不实行试用期。

2、签订劳动合同书。劳动合同书统一使用地区劳动局统一印发的《全员劳动合同制劳动合同书》，劳动合同必须明确企业和职工解除合同、不得解除合同和违反合同的责任，明确履行劳动合同的义务，以及解除合同和签订合同的手续、解除合同后的待遇等。

3、进行竞争上岗。企业在搞好定员定额的前提下，要科学合理地确定岗位用工标准，并遵照“承包到岗，竞争到人”的原则，在企业内部实行平等竞争。考核上岗，工人可以从事管理工作，干部也可以从事工人岗位劳动。

经考核考试，达标者上岗，不达标者离岗培训或试岗，经培训、试岗后仍不能达标上岗或无法做其它安置的，实行企业内部待业。同时，建立上岗、试岗、下岗培训，企业内部待业的动态管理机制。在岗人员条件下降不能适应生产需要下岗；试岗、培训、企业内部待业人员经考核合格后可重新上岗。在企业内部待业职工发给生活费，其标准一般按照标准工资的60%发放，不足60元的按60元发放。

4、搞好内部工资分配。实行全员劳动合同制后，企业职工取消现行等级工资标准，标准工资封存为档案工资。企业推行“工效挂钩”和“岗位技能工资制”。职工的医疗待遇由企业按照有关规定自行确定。

5、妥善安置富余人员。企业富余人员的安置，本着企业内部消化为主、社会调节为辅的原则。妥善安置富余人员。

（1）开展业务技术培训，为考试上岗创造条件。

（2）经个人申请，单位批准，可以办理辞职和停薪留职。停薪留职者按国家有关规定向单位交纳保险基金，停薪留职人员的条件由企业自行确定。

（3）兴办第三产业，开辟新的生产门路。

（4）实行企业内部退养制度，对男年满五十五周岁，女年满四十五周岁的老弱病残不能坚持正常工作的职工，可以实行企业内部退养，其待遇应低于退休待遇，退养费标准由企业确定。

四、全员劳动合同制的有关政策规定

省、地对实行全员劳动合同制制定了一些政策规定，必须认真贯彻执行：

1、企业实行全员劳动合同制以后，原干部、固定工身份作为档案保留，调出后仍按原身份介绍。职工可在不同所有制企业之间相互流动。劳动部门不再办理保留全民、集体职工身份和改制手续。新招聘、流入及统一分配到企业的，均要与企业签订劳动合同。

2、实行全员劳动合同制后，取消原合同制职工标准工资的17%工资性补贴，其供养直系亲属享受半费医疗。企业根据原合同制职工的多少，在不低于合同制工人按17%提取的总额的前提下，确定适当的提取比例，经劳动部门同意核入工资基数，从成本（费用）中列支，主要用于职工的医疗风险补偿和个人缴纳养老基金。具体使用办法由企业自行确定。

3、原企业干部到工人岗位工作的，在岗期间待遇按工人有关规定执行。五九年前参加工作家居农村、从未照顾安排子女的，可以照顾招收一名符合条件的子女就业。工人到管理岗位工作的，在岗期间可与同岗位管理人员享受同样的待遇。

4、对企业富余人员，要按照国务院《国有企业富余职工安置规定》和我省有关规定予以妥善安置。安置确有困难的，可以推向社会，其比例应控制在企业职工总数的2%以内。

5、对孕期、产期、哺乳期的女职工，按照规定享受相应的假期和待遇，期满后经本人申请，企业批准，可延长休假期限，但最长不超过一年。延长休假期间发给不低于70%的本人标准工资，生活补贴照发。

6、企业为安置、分离富余人员而兴办的第三产业，可参照劳服企业的有关规定，享受国家规定的优惠政策。

7、对企业需要的科技、管理人员、生产骨干，如单方不愿与企业签订合同的，企业可以限期调离。上述人员如系引进或企业出资培训而又未能在企业服务期满的，调离前须赔偿企业的培训费和对企业因此而造成的损失。

8、对原固定工工龄满二十年，男满年四十五周岁，女年满四十周岁的，原则上应签订长期合同或直到退休年龄的合同。竞争不能上岗的，企业应安排其力所能及的工作。

五、实行全员劳动合同制的时间、方法和步骤

1、宣传教育阶段（十月下旬至十一月上旬）

县政府召开有关部门、县属企业负责人和科室负责人会议，进行动员部署。各企业单位也要召开领导骨干会、党团政工群众参加的动员会议。大力宣传深化劳动制度改革和实行全员劳动合同制的目的、意义，宣传党和政府实行全员劳动合同制、实行工效挂钩的政策规定，开展形式多样的宣传活动，广泛深入进行思想动员，做到职工人人明白、个个了解，增强职工的心理承受能力，激发其参与改革、支持拥护改革的热情。

在全面发动、深入动员的基础上，各单位要结合实际制定本单位具体的实施方案。全员劳动合同制方案要经广大职工讨论，提交职代会审议通过，报县劳动部门备案后实施。

2、签订劳动合同，进行合同鉴证阶段（十一月中旬）

签订劳动合同是实施全员劳动制合同的关键。各单位要集中抓好这一阶段的工作。

（1）组织职工学习《劳动台同书》，明确企业和职工的责，权，利，明确签订合同时程序和方法。增强职工的合同意识。

（2）签订合同坚持平等自愿，协商一致的原则，职工个人填写申请书，做好签订合同前的准备工作。

（3）召开职工大全，举行劳动合同签订仪式。首先由企业法人代表与职代会签订劳动会同，然后由企业法人代表分别与职工签订劳动合同，并由职代会代表监督。

（4）劳动合同签订后，由县劳动争议仲裁办公室组织统审查，对符合国家规定，手续齐全的劳动合同逐一进行鉴证。

3、实行工效挂钩，完善企业内部分配制度阶段（十一月下旬至十二月上旬）

企业实行全员劳动合同制后，要逐步建立和完善内部劳动制度的配套改革。要在搞好定员定额的前提下，实行平等竞争，考核上岗，真正做到职工能上能下，能进能出，双向选择，择优录用。建立起上岗、试岗、下岗培训、企业内部待业的动态管理机制。

企业内部分配要与现行的等级工资制完全脱钩。企业在核定的工资总额内，可自主确定内部分配形式和办法，要合理拉开一、二、三线职工收入差距。根据劳动技能、劳动责任、劳动强度和劳动条件，确定劳动报酬，逐步实行岗位技能工资制。

凡是实行全员劳动合同制的企业，都要推行“工效挂钩”，使职工的收入随企业效益的增减上下浮动。暂不具备条件的企业，必须实行工资总额包干。“工效挂钩”的具体办法按照县劳动局、财政局。税务局联台下发的文件执行。同时，企业要与职工签订《岗位责备书》或《聘用合同书》，搞好内部管理。

4、总结检查阶段（十二月中下旬）

各企业要充分利用这段时间，总结本单位落实劳动制度改革的经验，使劳动用工、全员劳动合同制、“工效挂钩”、岗位技能工资制更加规范化。并将劳动制度综合改革情况写出书面报告，于十二月三十日前报县企业三项制度改革办公室。县企业三项制度改革领导小组将组织有关部门进行检查验收，总结典型，推广经验，评比先进。

六、加强组织领导

实行全员劳动合同制是劳动用工制度改革的一件大事，它涉及到职工利益的重大调整，政策性强，工作难度大，各有关部门各企业都要认真准备，严密组织，精心实施。

1、县政府成立企业三项制度改革领导小组，由分管劳动工作的副县长任组长，县劳动局、体改委、经委、财委、人事局、财政局、税务局、审计局、人民银行等部门负责人为成员。领导小组下设办公室（地点在县劳动局）。各企业单位也要成立专门班子具体抓好这项工作。企业领导成员要分工负责定人定任务定责任，建立以工会为主、由职工代表参加的检查监督小组，保证全员劳动合同制和“工效挂钩”等项改革的顺利进行。

2、广泛深入地进行宣传发动。广播、电视部门要配合搞好宣传，大造声势，广造舆论，为劳动制度综合配套改革创造一个良好的舆论氛围。各单位要采取不同形式进行宣传，过细地做好职工思想工作，进行正确的引导，使宣传教育活动有声有色、扎实细致、不图形式、不走过场。

3、发现总结典型。交流推广先进经验。各单位要联系实际，实事求是，创造性地开展工作，不断积累新的经验。在工作方式方法上，不搞一刀切。有关部门要深入厂矿企业进行指导帮助，协助解决改革中出现的困难和问题，及时传递信息，认真总结推广典型经验，推动三项制度改革的发展。

4、各级领导干部要做劳动制度改革的带头人，带头学习，带头宣传，解除思想疑虑，提高思想认识，带领广大职工积极进行企业三项制度改革，按照县政府的统一要求，在规定的时间内完成全员劳动合同制和“工效挂钩”工作，同时要充分发挥共产党员的先锋模范作用，认真执行劳动制度改革的有关规定，为建立适应市场经济发展的新型劳动管理体制作出贡献。

一九九三年十月二十五日

苍山县人民政府
关于企业实行“先出售、后改制”股份合作制度改组的试行意见

苍政发［1994］38号

为加快我县企业股份制改革的步伐，转换企业经营机制，增强企业活力，提高经济效益，根据行署临发［1993］208号文件精神，现就我县企业实行“先出售、后改制”的股份合作制改组工作，提出如下试行意见：

一、指导思想

1、转换企业经营机制，促进政企职责分开，实现企业的自主经营、自负盈亏、自我发展和自我约束。

2、确保国有资产、集体资产不受损失，保证存量资产的保值和增值。

3、通过职工内部持股，增强企业的凝聚力。

二、形式、范围

1、形式。“先出售，后改制”，即将企业的全部资产按国家现行规定进行重新评估。评估确认后的生产经营性净资产折价出售给本企业职工，将企业改造成为内部职工持股的股份合作制企业。

2、范围。中小型工业企业、流通企业、建筑、服务、种、养业等企业。已列入地区试点的企业，仍按国家规范性意见规定进行试点。

三、主要程序

企业进行改制的具体工作程序主要分为以下五个阶段。

1、宣传发动阶段。一是组织企业干部职工学习上级有关股份制改革文件，提高认识；二是成立改制筹委会，负责清产核资、起草章程等工作；三是进行思想发动，统一思想认识，增强职工的参与意识。

2、资产评估、产权界定阶段。在企业资产评估方面，县属企业由审计师事务所或会计师事务所按照国家规定客观公正地评估；乡镇企业由乡镇政府组织力量评估。审核结果分别由县财政局、经济主管部门和乡镇政府予以审核确认。在产权界定上，县属企业的净资产来源清晰的，分归不同的所有者；来源不清的，暂由县财政局代管。乡镇办企业的净资产归乡镇政府所有。

3、报批阶段。企业按规定要求，写出成立股份有限公司申请报告，可行性研究报告，企业章程、招股说明书、产评估或验资报告，经主管部门审核后，报县体改办公室核实后，由县政府审批。

4、认购股份阶段。企业取得批文后，召开募股动员大会。要采取配额认购与自愿认购相结合的方式进行募股。一般为一次购买，分期付款，首次付款不得少于60%，其余部分两年内付清。出售收入可借给原企业有偿使用。

5、召开创立大会阶段。募股工作完成后及时召开创立大会，选举产生董事会和监事会等企业领导班子。企业可根据需要确定董事、监事名额，由全体股东按持有的股份直接投票选举产生。

四、有关问题的处理

1、土地使用权暂不作价入股，仍按国家现行规定交纳土地使用税和国有资产占用费。

2、企业职工宿舍及福利设施，从净资产中剥离出来，不折股出售，暂由企业代管，有偿使用，待房改方案实施后按房改及其他政策办理。

3、企业离退休职工退休费按原规定由劳动保险部门支付。按临劳发[1992]16号文转鲁劳发[1992]24号文规定的厂内退养职工，在退养期间的退养费及养老金统筹，按现行标准计算，从出售资产收入中一次留出。完全丧失劳动能力及因公致残的职工的工资费用等，按国发[1978]104号文规定，以现行退休年龄的标准及工资标准计算，一次性从资产收入中留出。以上人员的医疗费、丧葬费接每人不低于1500元标准，从出售资产收入中一次性扣留给企业，由企业支付。职工遗属抚恤等费用，企业可根据现有人员标准和时间界限按孩子养到18岁，父母、配偶平均70岁计算，一次性从出售收入中扣出，留给企业，由企业支付或上交劳动保险部门，由劳动保险部门负责支付。

4、首次折股出售剩余的国有、集体资产，可留给企业有偿使用，作为企业债务。企业不再设置国家股、集体股。

5、企业上交所得税按国家现行规定执行。企业改制的第一年，可参照外地的做法，给予适当照顾。

6、股份制企业的党、团、工会，分别按《党章》、《团章》、《工会法》的规定设立。

五、组织领导

1、统一认识，切实加强组织领导。企业进行股份制改革，涉及到产权制度改革和现有利益格局的重新分配，触及到社会深层次矛盾，这项工作政策性强，操作难度较大。各级各部门要以发展生产力为标准，统一思想认识，切实加强对这项工作的领导。县股份制领导小组及其办公室要具体做好政策制定，布置实施，综合协调，检查指导，调度总结；各经济综合部门，企业主管部门会同体改办具体组织面上的推广实施；财政、人行、税务、劳动、工商等部门要密切配合，通力合作，共同做好这项工作。

2、分类指导，典型引路，扎扎实实地向前推进。县直各部门、各乡镇要结合实际，抓紧对现有企业进行分类排队，确定出“先出售、后改制”试点企业名单。选取几个企业进行试点，摸取经验后，分期分批地推进。

3、搞好改制企业的资产评估工作。搞好资产评估是防止国有、集体企业资产流失的重要环节。资产评估要实事求是，加快进度，不搞复杂化。

4、加大宣传力度，为股份制改组创造良好的舆论氛围。电台、电视台要举办专题讲座，及时宣传、报道股份制改革中好的经验和做法。各有关部门要做好干部职工的思想政治工作，增强心理承受能力，保持人心稳定，企业稳定，社会稳定，加快全县推行步伐。

一九九四年六月十五日

苍山县人民政府
印发《关于加快住房制度改革的实施意见》的通知

苍政发[1994]42号

卞庄镇人民政府，县直各部门，各企事业单位，省、地驻苍各单位：

《苍山县人民政府关于加快住房制度改革的实施意见》已经县委、县府研究通过，现予以印发，望结合实际认真贯彻执行。

一九九四年六月二十二日

苍山县人民政府
关于加快住房制度改革的实施意见

住房制度改革是经济体制改革的重要组成部分。我县的住房制度改革，前一个时期按照省、地统一部署，先后完成调查测算，上报批复方案等工作任务。为了不失时机地加快改革步伐，加大改革力度，现根据《国务院关于加快城镇住房制度改革的决定》和鲁政发[1994]1号文即《山东省人民政府关于城镇住房制度改革的意见》，结合我县实际，制定关于加快城镇住房制度改革的意见如下：

一、加快城镇住房制度改革的指导思想和原则

我县加快城镇住房制度改革总的指导思想是：按照党的十四届三中全会通过的《决定》要求，改革旧的住房投资体制、运行体制和分配体制，逐步实现住房商品化、社会化。认真妥善地做好出售公有住房工作，实行售、租、建并举，加大租金改革力度，全面推行住房公积金、加快经济适用房建设，鼓励集资、合作建房，推动解危解困。到2000年，使城镇居民住房达到小康水平。今后一个时期，加快住房制度改革的基本原则是：

——坚持国家、集体、个人三者合理负担。改变住房建设投资由国家、单位统包的旧体制，建立三者合理负担，共同解决住房问题的新体制。

——坚持售、租、建并举。改变低租金和无偿分配的住房制度，把住房分配纳入市场经济轨道，形成提高租金，降 低造价，促进买房，回收资金，加快建房的良性循环。

——坚持多住房、住好房多拿钱。抑制不合理的住房需求，纠正住房分配和建房中的不正之风。

——坚持机制转换，配套改革。改变住房福利性实物分配为工资性货币分配，发展住房金融和住房保险，建立公积金制度和政策性、商业性并存的住房信贷体系，建立规范化的住房交易和维修、管理市场。

二、认真妥善地做好出售公有住房工作

出售公有住房是加速实现住房商品化、加快回收资金，促进住房建设的重要举措。城镇公房，除政府认为不宜出售的外，可逐步出售。职工购房坚持自愿原则。凡住公房的党政机关、群众团体和企业、事业单位的固定职工、合同制职工、离退休职工，均可按国家规定职工住房控制标准购买自住公房。凡有私房的职工和双方已领取异地安置费的离退休职工暂不准购买标准价公房。

（一）合理确定售房价格。按照建立新的住房制度的要求，向高收入家庭出售公有住房实行市场价；向一般收入家庭出售公有住房实行微利价。根据目前一般收入家庭经济承受能力和实际情况，可以实行标准价，作为过渡到微利价的售房价格。

标准价由负担价和抵交价两部分组成。按照省地规定，1994 年一套两居室（建筑面积 56 平方米）砖混一等新房的负担价，为 1992 年所在城镇双职工年平均工资的 3 倍。1995 年新房的负担价为 1993 年城镇双职工年平均工资的 3 倍，以后逐年以此类推。双职工年均工资按县统计部门公布的当年职工平均工资乘以 2 计算。抵交价按双职工 65 年 （男 35 年，女 30 年）内积累的由单位资助的住房公积金的 80% 计算：

旧房负担价按买房当年新房的负担价成新折扣（折旧年限一般为 50 年，每年折扣 2%）计算。旧房的抵交价可比新房的抵交价有所降低。使用 15 年以上的，抵交价按新房抵交价的 80% 计算，使用 10 年至 14 年的，按 85% 计算，使用 10 年以下的，按 90% 计算。1994 年 1 月 1 日以前建成使用的住房为旧房，在此之后的为新房。

职工购买现已住用房给予现住房优惠。1994 年优惠负担价的 10%，以后每年减少 2%, 1998 年后全部取消。

售房单位可以对购房职工给予工龄折扣，折扣年限按建立公积金制度前的工龄计算，职工工龄由职工所在单位确认。离退休职工工龄按国家规定的离退休年龄计算。每年工龄的折扣数额按抵交价除以 65 计算。

住房的实际售价应根据房屋的结构等级，所处地段、层次、朝向、设施和装修等因素，按县房改方案及配套办法规定区别计价。县房改办对出售的公有住房，按规定进行丈量、评估，并收取售房款 3% 的丈量、评估费，由产权单位和购房者各承担 1.5%。公有住房出售的对象及价格要张榜公布，并广泛征求广大职工的意见。要坚持实事求是，防止低价出售，以权谋私，徇私舞弊。

出售公有住房的标准价和微利价，由县房改办公室会同工商、财政、建设、土地、国有资产、统计、劳动、人事部门逐年测算，经县政府审核一年一定，报地区行署批准后，由县房改办组织实施。

职工按标准价购买公房，每个家庭只能享受一次一套 住房，现住户有优先购买权，住房面积在控制标准范围内的 按标准价并享受优惠。超过控制标准 20% 以内部分，仍按 标准价，但不享受购房优惠政策，超标 20% 以上部分，实行 市场价。凡购买标准价住房且有庭院的，收取庭院使用费。 我县各类干部、职工的住房面积最高控制标准为：一般干部 职工 65 平方米建筑面积，局级 75 平方米建筑面积，县级 91 平方米建筑面积，地级 117 平方米建筑面积。各类专业技术人员被聘任后，按专业职务享受标准执行。

对房改方案出台前已构成家庭户的无房户，在房改方 案出台后的两年内购买公有住房者，仍可享受优惠政策的 规定。

（二）售房价格要逐步从标准价过渡到微利价。新房负担价与职工年平均工资的倍数要逐年提高。2000 年达到 4 倍，2005 年达到 5 倍。

（三）付款方式。购房职工可一次付款也可以分期付款。为补偿一次付款的利息损失，对一次付清房款的给予实际 售房款20%的折扣。实行分期付款的，首期付款不能低于 实际售房款的30%，在此基础上每多付10%，给予2%的折扣。分期付款年限，新房最长不超过10年，旧房最长不超过6年。分期付款户每月付款不得少于家庭收入的15%，分期付款的自第二次付款开始不再享受优惠，并承担所欠房款的利息，利息按政策性抵押贷款确定。

经办政策性住房金融业务的建行房地产信贷部，应充分利用房改资金，向购房职工个人买房提供政策性抵押贷款。

（四）明确产权，完善房地产交易市场。职工以市场价购买的住房享有全部产权，归个人所有，可依法进入市场买卖，收入归个人。职工以微利价、标准价购买的住房，也享有全部产权，归个人所有，5年内因工作调动、职务调整等原因需要出售的，可按届时的标准价出售，出售后可按届时标准价再购买一套住房，住满5年后可依法进入市场直接出售或出租。在同等条件下，原售房单位有优先购买权或租用权。原售房单位已撤销的，县政府房地产管理部门有优先购买权或租用权，售价和租金水平依据届时的市场价确定，收入归个人所有。

职工购买公房，要向县房地产管理部门办理住房产权过户登记手续；出售、出租、赠与、继承以及其他形式转让所购住房，须经县房改部门审批，按国家有关规定交纳有关税费。

三、加大租金改革力度

加大租金改革力度可以促进住房资金良性循环和公房出售。租金改革要考虑租售比价的合理性和促进售房，逐步提高占家庭收入的比重。

（一）国务院规定，近十年内租金标准应达到住房折旧费、维修费、管理费、投资利息和房产费五项因素计租水平。根据我县实际，第一步从1994年7月1日起，提高到每平方米使用面积平均月租金0.35元，以此为基价，按住房的环境区域、结构、楼层、朝向、设施等因素增减后进行核定。第二步1995年底房租达到折旧费、维修费、管理费三项因素计租水平。以后公房租金将按照国家有关规定分步提高，提租不发补贴。

（二）职工承租公房应交纳租赁保证金。只有交足租赁保证金后，才能取得住房租用权，并按房改租金标准核定租金，否则按市场租价收取租金。新建住房的租赁保证金为每平方米建筑面积10元，旧房为6元。租赁保证金按照银行同期活期储蓄利率计息，不计复息，所有权归承租人，退房时一次性归还本息。

（三）实行超标准加租。以户计算，多占住房超标的要加收租金。超过控制标准20%以内的部分，94年每平方米使用面积月加收0.10元；超过控制标准20%以上部分，94年加收0.20元。

（四）租金改革后，对老红军、抗日战争、解放战争时期参加革命工作的职工和民政部门确定的职工救济户和非在职的优抚户，在一定时间内实行减免补政策。老红军新增租金全免；抗日战争、解放战争时期参加革命工作的职工，到1996年（含1996年）分别减免新增租金的65%和50%。职工救济户和非在职优抚户的新增租金由发放救济金和优抚金的部门予以补贴。

四、全面推行住房公积金制度

所有行政和企事业单位及其职工均应按照个人存储、单位资助、统一管理，专项使用的原则，交存住房公积金，建立住房公积金制度。

（一）住房公积金由职工个人及其所在单位，各按职工工资总额的一定比例逐月交存，归个人所

有，建立个人账户。公积金可用于购（包括偿还购房的分期抵押贷款）、建、大修住房。职工离退休或病故时，本息一次结清，退还职工本人或法定继承人。

（二）公积金交存率，1994 年按职工工资总额的 2% 执行。财力允许的单位，也可以按 4—5% 执行。实行公积金确有困难，财力不允许的单位、部门、企业可以写出申请，经房改办批准后可暂不实行住房公积金。随着经济发展和人民生活水平的提高，公积金交存率逐步提高。

（三）公积金的计息，一年以内的按活期存款利率计息，一年以上的按同期定期存款利率计息。住房公积金是类似职工工资，属于个人所有的社会保障性质的资金，应遵循社会保障资金特有的规律，建立住房公积金管理机构，统一管理公积金及各项住房基金，确保专款专用。

公积金的具体交存和贷款对象的审查以及贷款手续的办理等金融业务，由政府委托的县建行房地产信贷部办理。

五、建立住房基金制度

建立住房基金是筹集住房建设资金的重要措施。房改开始后，要把围绕住房生产、经营、消费所发生的资金集中起来，建立政府、单位和个人三级住房基金，逐步实现住房资金的规范化、合理化和制度化。

县人民政府委托县建设银行设立房地产信贷部，在县房改领导小组的领导下，办理全县政策性房改金融业务。房地产信贷部实行单独核算、自负盈亏、自求平衡、单独缴税的办法。房地产信贷部的盈利纳入县级住房基金。

（一）住房基金的来源

1、县财政、各部门、各企业按原有渠道列支的公有住房建设、维修、管理的资金；

2、企业按规定提取的住房折旧基金和大修理基金；

3、公有住房出售、出租收入及其统筹收入；

4、通过集资建房、收取住房租赁保证金等形式筹集的资金；

5、建立公积金制度筹集的资金；

6、住房资金的利息收入和经营收益；

7、其他住房资金。

（二）住房基金的管理

所有产权单位的售房、租房资金，在所有权不变的前提下，存入县住房资金管理中心在房贷部开设的专户内。产权单位如需动用该款购、建、修缮职工住房时，须向县房改办写出申请，由县房改办核实后报县房改领导小组审批。住房基金坚持“专款专用、专户储存、集中管理、统一使用”的原则，专款用于住房建设、经营和消费，不得挪作他用。县成立住房资金管理中心，在县房改领导小组的领导下，负责住房资金的筹集、划转和管理工作。

六、加快经济适用住房的开发建设

要重视经济适用住房的开发建设，努力完善社会保障性质的住房供应体系，加快解决一般收入职工的住房问题。

（一）经济适用住房由房地产管理部门按照政府规定的房改目标和住房计划、城市规划负责开发建设。政府在征地、拆迁、规划、金融、税费等方面给予政策扶持。具体的扶持政策由房地产管理部门会同计划、财政、税务、土地、银行、工商等部门共同制定，报县政府批准执行。

（二）房改归集的资金专项用于建设经济适用住房和房改。从 1994 年开始，在加快房改步伐的同时，制定经济适用住房建设计划并抓好实施。

（三）今后所有从事房地产开发的公司都要承担 20% 以上的微利居民住房建设任务，或将 20% 成本价与市场价的差额部分资金上交县政府房地产管理部门，用于解危解困。

（四）继续发展集资、合作建房，加快解危解困。

七、加强公房售后服务管理

要建立完善的住房管理体系和方便的维修服务市场，解除购房职工的后顾之忧。

（一）职工购买的公房，各项维修费用由产权人负担。售后住房要建立共用部位、共同设施的维修基金。基金来源从售房款中以 10% 的比例提留。

（二）县房改部门要成立独立核算、自主经营、自负盈亏的住房维修、管理、服务实体，逐步形成社会化、专业化的住房维修管理市场。

八、有关配套政策

为积极稳妥地搞好住房制度改革，确保《意见》能够正常实施运转，特制定以下配套政策：

（一）公有住房提租暂行规定；

（二）公有住房租赁保证金暂行办法；

（三）住房公积金暂行办法；

（四）公有住房出售办法；

（五）《公有住房出售办法》实施细则；

（六）公房出售、出租付款暂行办法；

（七）政策性信贷业务管理暂行规定；

（八）公有住房出售后维修管理暂行规定；

（九）住房基金管理暂行办法；

（十）关于经济适用房开发建设暂行规定；

（十一）关于违反房改政策处理暂行规定。

九、加强住房制度改革工作的领导

住房制度改革是一项复杂的系统工程，是建立社会主义市场经济体制的重要组成部分，直接关系到广大群众的切身利益，关系到政治稳定和社会安定。各级各部门要把这项改革作为九十年代经济发展的战略重点来抓，加强领导，加强协调。根据国务院《决定》和省、地的《实施意见》以及本意见，完善房改方案，制定实施细则和配套政策，保证房改各项新政策真正落到实处。

要保持房改政策的连续性，做好房改新老政策的衔接工作。自 1994 年 7 月 1 日起房改各项政策，均按国务院《决定》、省政府及地区《意见》和本意见执行。

根据国务院和省、地的规定，住房制度改革实行属地原则。所有驻苍单位不论隶属关系，都要参加地方房改，执行所在地的统一房改政策。

要把企业房改作为城镇住房制度改革的重点来抓。企业应结合经营机制转换和劳动工资制度改革，建立现代企业制度，把房屋开发建设、分配、管理和维修服务这一社会功能从企业中分离出来。加快实现房屋商品化、社会化。

要进一步加强房改机构建设，赋予其必要的协调责任和决策权力。有关房改的各项配套政策，

要由房改领导小组总揽协调后下发执行。

要加强房改的宣传工作，房改部门和宣传部门要密切配合，利用各种宣传工具向群众讲明加快房改的目的、意义、政策和实施步骤，引导群众转变观念，积极参与房改。

要严格执行国务院、省、地和县规定的统一政策。县直各部门要各司其职，各尽其责，相互配合，抓紧落实配套改革的政策措施，协调解决深化改革中的矛盾和问题，保证住房制度改革的顺利实施。

原《方案》规定与本《意见》不一致的按本《意见》执行。

一九九四年六月二十二日

中共苍山县委　苍山县人民政府
关于加快蔬菜产业化进程 再创苍山蔬菜优势的意见

（1998 年 12 月 16 日）

各乡镇党委、政府，艾曲小康实验区党委、管委，县直有关部门：

为认真贯彻落实党的十五届三中全会精神，加快我县蔬菜产业化进程，再创苍山蔬菜优势，特提出如下意见。

一、正确分析我县蔬菜生产的现状和优势

苍山蔬菜栽培历史悠久，其生产、流通、加工具备了良好的基础和发展前景。在生产规模方面，以大蒜、大姜、大棚菜、夏秋露地菜和创汇蔬菜为特色的蔬菜生产已成为我县农村经济重要的支柱产业，被称为“山东南菜园”、“洋菜园”，成为全国重要的“菜篮子”基地。在市场流通方面，以鲁南、艾曲两大蔬菜专业批发市场为龙头、以农民运销服务组织为主体，形成了“渠通四海，菜销天下”的格局。在贮藏加工方面，现有各类贮藏加工企业 200 多家，年贮藏能力 1 亿多斤，开发出保鲜、速冻、油炸、淹渍、脱水五大系列 60 多个品种，年加工能力 25 万吨，产品远销日本、韩国、台湾、香港、东南亚、西欧等国家和地区。

但是，我们也要清醒地看到市场竞争和苍山蔬菜面临的挑战。近年来，随着市场经济的发展，全国各地的蔬菜迅猛发展，供求形势由短缺向供求基本平衡转变，甚至在一些地区、一定时间内，农产品出现了供大于求，市场竞争日趋激烈，买方市场已经形成。苍山蔬菜在 96 年以前销售顺畅，价格高，效益好。但在 96 年下半年以后，“北上”的数量明显减少，“南下”的霸主地位受到严重冲击，市场份额呈下降趋势，原来的优势在弱化。从规模上看，97 年全国蔬菜面积 1.67 亿亩，山东省 1900 万亩，我县的蔬菜面积所占比例很小；从品种上看，寿光常年保持几十个品种上市，而我县仅有十几个品种，远远不能满足销区群众的需求；从质量上看，我县蔬菜科技含量低，缺乏精致的包装，就连久负盛名的苍山大蒜，也因“重苔轻头”而导致品质逐年下降；从贮藏加工看，大部分冷库只储存一季蒜薹，品种单一，导致市场风险加大，造成连年亏损。加工企业的加工能力不足，产品档次和出口创汇能力较低。因此，加快蔬菜产业化进程，再创苍山蔬菜优势，势在必行。各级各部门必须从贯彻落实党的十五届三中全会精神，促进农村经济发展，增加农民收入，保持社会稳定的高度出发，进一步提高思想认识，增强紧迫感和责任感，采取得力措施，再造苍山蔬菜优势，使我县的蔬菜发展再上一个新的水平。

二、指导思想和任务目标

总的指导思想是：坚持以党的十五届三中全会精神为指针，以市场为导向，以效益为中心，努力扩大规模，增加花色品种，提高科技含量，培植名牌产品，巩固和扩大市场份额，大力发展产业化，力争三年内使我县蔬菜在数量、质量、规模、效益上有一个重大突破。

具体任务目标是：三年发展大蒜30万亩，大姜10万亩，保护地栽培蔬菜20万亩，夏秋露地栽培和出口创汇蔬菜20万亩。99—2001年三年产量分别达到45亿斤、50亿斤和60亿斤，品种达到50个，培育5—10个在全国叫响的名牌产品。

在县内市场培育上，坚持把“鲁南”、“艾曲”两大蔬菜批发市场作为龙头市场，上规模，上档次，上水平，年集散能力分别达到15亿斤和10亿斤，并培育几个产地型特色蔬菜初级市场，使苍山成为跨市、跨省、辐射全国的蔬菜集散中心、信息交流中心和价格形成中心。

在运销能量上，一是继续强化农民运销队伍。蔬菜主产乡镇（区）都要建立有实力的蔬菜运输合作社，每个村庄有3—5个蔬菜运销联合体。二是鼓励扶持200家贮藏加工企业改变单一经营模式，拓宽经营渠道，加入运销大军，走贮藏、加工、运销一体化的路子，促进市场流通，增加经济效益。

在国内销区市场培育上，一是继续巩固主销区和老销区市场，不断扩大市场份额。二是加快发展近几年已开辟、但还不稳固的新销区市场，以多样化的品种，好的质量逐年增加市场占有量。三是抢占苍山菜很少涉足的销区市场。在国外市场的开拓上，要充分利用我县蔬菜储藏加工企业海外市场客户比较多、信息比较实的优势，及时追踪和预测国际市场需求，发展科技含量高的精深加工品种，力创苍山品牌，逐年增加国际市场占有份额，争取用三年的时间使蔬菜出口创汇在现在3000万美元的基础上翻一番，达到6000万美元，成为全省蔬菜出口创汇大县。

在蔬菜产销上重点搞好九个方面的突破：

（一）区域化种植的突破。五大品类蔬菜的生产都要向高标准的区域化种植发展，尽量做好工作，解决“插花田”，相对形成“一村一品”、“一乡一业”的种植格局。在区域化种植上，除大蒜、大姜、黄瓜、辣椒和茄子外，再建成10个具有乡镇特色的“万亩园”，即西红柿、胡萝卜，白萝卜、生菜、苦瓜、韭菜、甘兰、菜花、西芹、西瓜等。

（二）高效深冬大棚的突破。深冬大棚的面积要占到保护地蔬菜的一半即10万亩。通过改造和新建，采光、保温、通风等性能均符合标准的高效深冬大棚要占到深冬棚面积的60%以上。

（三）“苍山大蒜”生产的突破。引导农民尽快改变“重苔轻头”的观念，在重视蒜头产量和质量的前提下，考虑蒜薹的产量和质量。努力扩大至今仍倍受欢迎的“苍山大蒜”面积，采取降低种植密度、正确使用地膜、慎用农药、禁用激素类药物、加强收获后初加工、保护性存放等措施，提高“苍山大蒜”的品质和声誉，增加经济效益。

（四）立体种植模式的突破。根据不同品种生长的要求和市场需求，科学合理地安排季节茬口，大力发展一年三种或四种的立体种植模式，提高复种指数。

（五）推广优新品种的突破。根据市场需求和自然条件，积极引进、试种和推广名优特新品种，力争每年有3—5个优新品种引进、试种成功，并得到市场认可。

（六）无公害蔬菜生产的突破。依据国际、国内“绿色”食品的标准要求，采取有效措施，大力发展无公害蔬菜生产，尽快取得“绿色”食品认证，努力创造名牌产品。

（七）野菜“棚拱化”、“大田化”栽培的突破。随着人们对保健的重视和消费习惯的改变，野菜的需求量和价值必然提高。要早研究、早开发，把野菜引进棚内、大田种植，并尽快形成量的优势。

（八）精深加工和“小包装”上市的突破。要充分利用我县原料充足、费用较低、贮藏加工能力大的优势，紧盯国际、国内市场，加大产品开发力度，大力发展精深加工和“小包装”上市。

（九）创汇蔬菜生产的突破。要按照国际市场的要求，积极引进国外新品种，大力发展洋菜生产基地。除山牛蒡外，力争每年引进试种成功 2—3 个新优品种，并尽快形成规模和品质优势。

三、加强领导，搞好服务

加快我县蔬菜产业化进程，再创苍山蔬菜优势，是一项跨世纪的系统工程，需要全县各级各部门的共同努力和各行各业的大力支持。因此，必须加强领导，搞好服务。

（一）建立县乡村三级蔬菜产销、管理服务体系。县蔬菜发展管理局是县政府的职能部门，其基本职能是对全县蔬菜生产、流通、加工以及关联行业实行行业管理，提供全方位服务，为县委、县政府正确决策当好参谋助手。各乡镇要尽快建立“蔬菜产销管理服务站”，为其辖区内的蔬菜产销服务。凡是蔬菜生产较为集中的村都要选配 1—2 名蔬菜生产技术指导员，经培训合格后持证上岗，负责全村蔬菜生产的技术指导和技术服务。

（二）完善服务手段，搞好系列化服务。县蔬菜局已设立了蔬菜生产技术服务“168”热线电话，加入了全国蔬菜产销信息网络，并已配备了蔬菜生产技术服务专车，为全县蔬菜生产服务。各乡镇要在成立蔬菜产销管理服务站的基础上，抓紧完善服务手段，保证职能到位。要围绕产前、产中、产后三个环节，搞好土地调整、种植规划、优质种苗、肥料、农药、农膜等方面的服务。所有蔬菜种子、农药、化肥等农资经营单位要守法经营，全面建立质量保证制度，实行进货备案、销售登记，信誉卡随货同行的经营办法，防止坑农害农事件的发生。公安、工商、技术监督、农业等有关职能部门要切实履行职责，加大力度，加强农资市场管理，保护菜农的切身利益。

（三）加大科技和资金投入力度。县委、县政府决定：从明年开始建立“苍山蔬菜发展基金”，专门用于蔬菜生产、科研、蔬菜新品种的引进、试种，繁育、推广和示范园建设，为龙头企业和个体大户提供资金担保。各重点乡镇（区）也要结合各自实际，建立蔬菜发展协会和蔬菜发展基金，支持蔬菜生产发展，扶持示范大户和困难户。金融部门和农村合作基金会的资金要向从事蔬菜生产和运销的农民重点倾斜。同时要教育菜农注重资金积累，加大对蔬菜生产的投入。在资金投向上，要重点向科研、人才和技术的引进，高科技深冬大棚、名优特新品种的引进、试种、繁育、推广和新技术、新品种示范园倾斜。

（四）实行领导干部蔬菜生产责任制，创办蔬菜生产示范园。各级领导干部要克服畏难发愁、怕担风险的思想，学会用示范的方法领导和推动蔬菜生产。县里已在向城、艾曲等乡镇建立了五处高科技蔬菜示范园，各乡镇也要结合实际，建立两处以上高科技蔬菜示范园。县乡两级要把领导、组织蔬菜生产情况和示范园建设列入任期目标和年终目标考核的重要内容，并严格兑现奖惩。

（五）制发激励政策，促进蔬菜产业化发展。从明年开始，每年评选一次蔬菜生产先进乡镇、专业村、示范户、先进蔬菜储藏加工企业和模范运销大户，评选一次为再创苍山蔬菜优势做出突出贡献的先进单位，并予以表彰奖励。同时从技术、资金等方面给予重点扶持。力争通过全县上上下下的共同努力，使我县蔬菜生产再上新台阶，为振兴苍山经济做出更大的贡献。

苍山县人民政府
关于加快结构调整提高大蒜生产市场化
水平的方案

各乡镇（区）人民政府（管委），县政府各部门：

大蒜产业作为我县的支柱产业，多年来在增加农民收入和地方财政收入，带动“三高”农业乃至整个经济的发展方面发挥了重要作用。但随着市场经济的发展，大蒜产业结构存有许多不适应市场经济发展的问题。为了进一步加快大蒜产业结构调整优化的步伐，巩固发展大蒜这一支柱产业，特制定本方案。

一、大蒜生产经营的现状

近年来，我县根据市场需求和苍山的实际，把大蒜作为振兴苍山经济的产业来抓，坚持贸工农一体化经营，在大蒜的生产、流通、加工等方面都形成了一定的优势和特色。

1、大蒜已成为农村经济的支柱产业。由于我县独特的土壤、气候条件和地理环境，使群众养成了种植大蒜的传统习惯，种植面积逐年扩大，由生产责任制前的 2 万亩发展到 1998 年的 16.5 万亩，占耕地面积的 13%，占蔬菜种植面积的 25.4%；蒜区乡镇人均种植面积达 0.3 亩，占人均耕地面积的 25%；蒜区乡镇的大蒜产值一般占农业产值的 15%—30%，提供的税收占乡镇财政收入的 1/4 至 1/3，大蒜为农民提供的收入占人均纯收入的 20% 左右。

2、市场销售体系初步形成。除了鲁南、艾曲两大蔬菜批发市场外，芦柞、卞庄两处大蒜专业批发市场也已形成了较大的规模。越来越多的农民进入大蒜流通领域，每年围绕大蒜、蒜薹的购销网点达 5000 多个，经营人员 1 万多人，全县已形成了以芦柞、卞庄大蒜批发市场为龙头，蒜区乡镇集贸市场为补充，田间地头、村庄农户收购网点为基础，农民运销组织为纽带的销售体系。销售区域遍及全国 20 多个省市自治区和日本、韩国、美国等 20 多个国家和地区。销售手段也正在由传统的方式向网上招商等方面转变。

3、形成了苍山大蒜的优质品牌和较高的知名度。苍山大蒜有近 2000 年的种植历史，具有头大瓣齐、皮薄色白、粘辣郁香、营养丰富、药用价值高等特点，在国内外享有较高的声誉。目前，苍山大蒜的内在品质已得到国内外客商的普遍认可，不少客商慕名而来。蒜头的市场份额以每年 20% 的速度递增。今年 4 月份，我县精心培育的 20 盆大蒜入选 99 昆明世博会并获银奖。5 月份又被中国特产委员会命名为“中国大蒜之乡”。这都将成为我县今后发展大蒜生产宝贵的无形资产，产生巨大的名牌效应。

4、大蒜加工已经形成了较大的规模，正在向精深加工发展。目前全县拥有蔬菜加工企业 175 家，其中有自营进出口权的企业达 34 家，201 座恒温库，年加工能力 10.8 万吨，其中保鲜储存能力 9.3 万吨，占蒜薹和蒜头总产量的 48.3%；蒜片、蒜粉、蒜粒、蒜油等大蒜制品加工能力 1.5 万吨，可消化大蒜 7.5 万吨。目前正在实施和计划实施的餐桌保健食品、超临界萃取大蒜素、超微粉碎等项目，都具有较高的科技含量和附加值。围绕大蒜、蒜薹加工，形成了益星、黄埔、生资外贸、新杨等一批龙头企业和保鲜、速冻、脱水、腌渍四大系列近百个品种，在加工增值、扩大出口、减缓流通压力方面发挥了重要作用。

5、按市场化手段调控大蒜生产经营积累了一定的经验。近几年，市县各级都对蒜薹购销走向市场作了许多有益的探索，特别是今年我们按照市政府的决策要求，转变思想观念和工作方式，淡化政府行为，弱化行政手段，由银行、企业、蒜农按市场需求组织蒜薹购销，实现了由行政干预向市场化运作的实质性转变，达到了政府、银行、企业、蒜农、外地客户“五满意”，为今后的大蒜、蒜薹购销积累了经验。

尽管我县在大蒜的生产、经营方面具备了许多优势和特点，但面临的形势仍很严峻，大蒜生产经营过程中还存有一些问题和矛盾，突出表现在四个方面：

1、产销过程中的行政干预与市场化运作之间的矛盾。蒜薹作为一般性商品，应该完全按市场化运作，但由于历史的原因，特别是87年“蒜薹事件”以后，各级过多的用行政手段调控蒜薹购销，助长了蒜农、企业过分依赖政府的心理。今年虽然实行了市场化运作，但部分蒜农、企业仍有依赖心理，有的企业仍然找政府协调资金；有的地方、部门还在自觉不自觉地用行政手段去调控蒜薹购销；还有的地方、部门对蒜薹购销重视程度降低，服务意识淡化，走向了另一个极端。

2、产品数量、质量与市场需求之间的矛盾。从消费市场来看，由于反季节蔬菜的迅猛发展，蔬菜市场多品种、高质量供应以及人们消费观念的变化，蒜薹作为城市居民冬季餐桌上的唯一绿色食品的地位已不复存在，蒜薹的市场空间逐步萎缩；从供求关系看，全国8个大蒜主产区，蒜薹的商品量达10.2亿斤，储量9.4亿斤，已经呈现出供大于求的趋势，特别是各大中城市的蔬菜流通企业已经摆脱计划模式，营销方式由储存待销变为现销现购。这样销储矛盾更加突出。从今年的情况来看，外地客户已经大幅度减少。尽管我县有1.86亿斤的储存能力，但储存并不是最终消费，还要通过消费者来实现效益。而蒜薹销售市场的萎缩，使即期消费无市场，预期消费无价格，储存企业的风险越来越大。由于蒜农不了解蒜薹市场的这些变化，特别是前几年蒜薹价格较高，背离了价值规律，导致蒜农重苔轻头，认为皇帝的女儿不愁嫁，有苔蒜面积有增无减，种植密度大大超过传统密度，品种单一，老化、退化严重，蒜头产量降低，出口率下降。尽管近几年国际市场蒜头销售看好，但由于我县蒜头出口率低，造成产销脱节，一些企业不得不到外地收购。初步统计，每年收购外地蒜3万多吨。

3、储存企业资金严重不足与银行商业化运作之间的矛盾。由于前些年保鲜企业过多的依赖政府调控购销资金，盲目抬价抢购，信誉差，经营管理不善，加上市场萎缩及整个农副产品价格下降的大环境影响，保鲜企业连年亏损。目前，全县金融机构投入到恒温库建设、蒜薹购销中沉淀的资金达4亿元，占全县贷款总量的23.5%，严重影响了金融机构的正常运营，加大了金融风险，同时还影响到对整个工业的投入。今年银行按商业化原则择优放贷，逼着企业拓宽筹资渠道，加强经营管理，收到了较好的效果，但还有一部分企业因资金不足未装满库，使这些困难企业更困难，沉淀的资金更难回收。

4、现有加工水平与大蒜开发潜力之间的矛盾。苍山大蒜具有较高的药用价值和营养价值，有着巨大的开发潜力，但现有加工企业的产品档次低，科技含量低，附加值低，属资源型的粗加工、初加工，多数企业规模偏小，设备陈旧，经营单一，属于低水平、低层次的重复，加剧了我县工业的结构性矛盾。

所有这些问题和矛盾，都必须依靠调整优化结构，提高大蒜市场化水平来解决。

二、结构调整优化的主要目标和措施

根据国际、国内市场需求，结合我县实际，今后一个时期，大蒜生产经营总的是围绕提高大蒜种植效益，以市场为导向，发挥优势，强化服务，在生产、流通、加工三个环节进一步调整优化结构，增加科技含量，巩固和提高大蒜的支柱产业地位，达到农民增收和财政增收的目的。近期具体调控目标是：种植面积稳定在16万亩左右，适当减少有苔蒜面积，扩大无苔蒜面积，用2至3年时间，使有苔蒜由现在的15万亩降至12万亩左右，无苔蒜由现在的1万亩扩至4万亩左右；蒜薹总产由99年的1.8亿斤降至1.2亿斤左右，蒜头总产由99年的2.05亿斤增至2.6亿斤左右。按前三年蒜薹、蒜头平均价格测算，大蒜总收入可增加1200万元左右，增幅达10%左右。

1、稳定种植面积。从对乡镇、企业、蒜农的调查和对市场的分析来看，大蒜种植面积总体上应该以稳定为宜。因为我县在种植、销售和加工方面已经形成了较大的优势，大蒜品质好，知名度高，在国内外具有较高的声誉，而且已经成为农民和财政收入的重要来源，成为农民和财政增收的重要项目。如果种植面积不能保持稳定，不仅影响到大蒜加工企业的发展，而且影响到农民和财政的增收，多年来形成的优势也将会失掉。从种植效益来看，大蒜亩收入高的年份在2000元左右，低的年份也在1000元左右，扣除成本，亩纯收入最低也在500元左右，远高于种麦的收入。尽管今年的蒜薹价格与往年相比不高，但与整个农副产品特别是各类蔬菜低迷的价格相比，蒜农认为还是可以接受的。受市场、价格等因素的影响，一些新蒜区、新地块可能转产，但老蒜区蒜农有种植大蒜的传统习惯和经验，市场经济意识和心理承受能力较强，种植积极性不会受到大的影响。鉴于蒜薹上市集中，必须鲜销，受天气、市场等因素影响，蒜薹销售风险较大等原因，必须逐步降低有苔蒜面积，扩大无苔蒜面积，以适应市场要求，减少蒜农和企业的风险，缓解蒜薹购销的压力。

2、适应市场需求，调整品种结构。总的是围绕增加蒜头产量，减少蒜薹产量，拉长蒜薹上市时间，调整品种结构，改变种植方式。对苍山本地蒜，一是扩大糙蒜和高脚子种植面积。糙蒜与蒲棵相比，具有生长期短、早熟、头大、瓣齐等特点；高脚子比蒲棵晚熟3—5天，蒜头、蒜薹的产量在苍山大蒜三个品种中占第一位。适当扩种糙蒜和高脚子，不仅可以大幅度提高蒜头产量，还能拉长蒜薹上市时间，缓解蒜薹集中上市的压力。通过努力，使蒲棵、糙蒜、高脚子的种植比例由现在的8∶1.5∶0.5调整到6∶3∶1。同时，每个品种都搞一部分地膜覆盖，形成三个品种、六个档次。二是降低种植密度。大蒜种植的合理密度在每亩3万株左右。目前我县的种植密度高达4万一4.5万株，致使蒜头小、蒜薹细，易引发病害。如果将亩株数降到3万一3.5万株，即由现在的“一乍四”、“一乍五”恢复到传统的“一乍三″，蒜头的单体质量和重量就会大幅度提高。三是积极搞好大蒜脱毒、提纯复壮。大蒜脱毒技术虽已研究成功多年，但由于成本高、繁育慢，不易大面积推广。今后要积极与科研院校合作，研究脱毒技术降低成本和应用推广的办法，争取早日大面积推广。四是易地调种。实践证明，同是苍山蒜，乡镇之间易地调种能够减轻病害，提高质量。各乡镇要易地调种作为提高质量的一项重要措施来抓，向群众宣传易地调换蒜种的重要性，为蒜农调换蒜种搞好服务。

积极引进、推广外地优良品种蒜。近几年，蒜区乡镇和部分加工企业引进种植了部分外地优良品种蒜，从种植情况看，它们确实具有许多苍山大蒜不具备的优点，如上市早、蒜头大、蒜薹产量低、经济效益也好于苍山大蒜。从市场销售情况看，外地优良品种蒜的出口率很高，仅我县加工企业每年就要收购、出口3万多吨。因此，今后要进一步加大外地优良品种蒜的引进推广力度，利用多种

形式，宣传外地优良品种蒜的优点和种植成功的经验，通过算帐对比，提高广大蒜农种植杂交蒜的自觉性。通过政策引导、示范带动、搞好蒜种调剂等服务，加快外地优良品种蒜的推广。

3、坚持科学种植，提高大蒜质量，恢复苍山大蒜原有的优势。一是实行植前土壤、种子消毒和病虫害预防。大蒜病虫害传播来源主要是种子和土壤，而我县实行土壤和种子消毒的地块很少。实践证明，在植前对土壤进行药物处理和药物浸种，对减轻病虫害，提高蒜薹、大蒜质量，可达到事半功倍的效果。近期先搞1.5万亩植前土壤、种子消毒示范，以后逐年推广。二是推广地膜覆盖和适时除膜技术。适时除膜能减少蒜薹病害和“帽缨子”，提高蒜薹品质和耐储性，提高蒜头出口率。除膜时间一般在清明节后5天为宜。推广地膜覆盖和适时除膜技术的面积，力争达到10万亩。三是按照无公专蔬菜生产的要求，慎用农药，禁用膨大素等激素类药物，确保“头”、“苔”品质。16万亩大蒜，力争全部达到无公害蔬菜生产的要求。四是加强蒜头收获后的管理。当前，我县绝大多数蒜农在收获后、出售前，对蒜头不采取任何加工处理和保护性措施，任意堆放。由于此时正值炎热、阴雨、潮湿天气，极易造成变色、散瓣、霉烂。有关专家和出口企业普遍反映，苍山大蒜只要采取削须平头、避雨防霉、离地通风存放等措施，即使不增产，也能大大提高出口品级。通过加强宣传和必要的行政手段，第一步使4万亩大蒜收获后，采取削须平头、避雨防霉、离地通风等措施，以后逐步推广。五是广泛推广蒜田间作套种，面积达到12万亩，重点推广磨山等蒜区乡镇的“三种”（大蒜、黄瓜、芸豆）“四收”（蒜薹、蒜头、黄瓜、芸豆）模式，提高土地利用率和产出率。

4、培育市场，搞活流通，加快大蒜购销市场化进程。发展大蒜生产，必须实行贸工农一体化经营，其中贸是关键。一是加强市场配套建设和管理，扩大市场规模。对鲁南蔬菜批发市场综合改造项目，明确专人，明确责任，靠上落实，尽快开工建设，提高市场的档次和功能。卞庄大蒜批发市场要结合东苑新区商贸城建设，搞好综合开发、配套完善。芦柞大蒜批发市场要搞好经营设施建设和服务设施的配套完善。同时，制定优惠政策，加强市场管理，打击欺行霸市、强买强卖、哄抬价格、压级压价等不法行为，吸引更多的客户和蒜农到市场交易，真正做到有场有市，努力使其成为鲁南、苏北重要的大蒜集散地。力争两处专业批发市场到2002年成交量分别达到1.5亿斤。二是进一步开拓国内市场。蒜薹销售市场主要在国内。要进一步发挥蔬菜运销联合会的作用，发动更多的农民进入大蒜产品贩运领域，在巩固东北、华北市场的基础上，积极开拓江南和广州、深圳、香港市场，努力拓宽大蒜销售区域。三是积极开拓国际市场。蒜头的销售主要靠国际市场。今年我县大蒜产量高、质量好、出口货源充足，特别是县外贸公司享有每吨400元人民币的有偿配额并不受数量限制的专用权。要充分利用这些有利条件，积极组织企业参加广交会、厦门招商会和其他招商及博览会等活动，扩大宣传，联系客户，在巩固韩国、日本等传统出口市场的同时，重点开拓东欧市场，力争今年大蒜、蒜薹系列产品出口量超过9万吨，比去年增长30%。四是积极探索新的购销形式。以市场或冷藏企业为龙头，组织蒜农成立大蒜产销合作社，统一购进生产资料，统一销售产品，实现规模效益，降低成本费用，解决一家一户办不了、办不好的问题。

5、搞好大蒜产品的深加工。加工是产业化链条中的重要一环。搞好大蒜系列产品加工，有利于把资源优势变成产品优势，进而变成产业优势，不仅能够实现增值增效，还能极大地促进生产。目前我县每年实际加工出口大蒜7万吨左右，占加工能力的65.2%，其中保鲜加工6.5万吨，加工大蒜制品0.5万吨，潜力很大。对益星、黄埔、生资外贸、新杨、丰苑等龙头企业，要积极帮助他们解决生产经营中遇到的困难和问题，在资金协调、新产品开发、市场开拓、生产规模的膨胀等方面给予重点扶持，为他们创造良好的外部环境。对已具有速冻、保鲜、脱水、腌渍能力的企业，鼓励、支持他们积极开拓国内外市场，加强企业管理，提高产品质量，实现满负荷生产。单一的储藏已经没有出路了，对保险储藏企业，引导他们寻找市场，寻找门路，多品种经营，积极为他们牵线搭桥，使他们挂靠龙头企业，根据市场需求，制定标准，分级选拣，整理包装，发展初加工，这样既不需要高深技术，又不需要大量投资，却能大幅度提高效益。继续把大蒜的精深加工作为重中之重来抓，围绕大蒜的营养和药用价值，积极挂靠科研院校、大公司、大集团，引进国内外先进技术、设备、资金，研制、开发、生产大蒜制药和保健产品。目前，越洋公司的蒜粉生产线已投入生产，黄埔集团的调理食品年前可望投产，下一步重点转好黄埔集团超微粉碎、超临界萃取大蒜胶囊和益星公司餐桌保健食品等项目建设，提高产品的科技含量和附加值。同时，根据国家的产业政策和我县的实际，组织有关部门积极论证提报一批深加工项目。

6、不断深化储藏加工企业的改革，增强企业发展的活力。近几年，恒温库企业出现大面积亏损的一个重要原因就是部分储藏加工企业产权不分、机制不活，经营管理水平差。同样的条件，个体私营和股份制企业的经营状况明显好于其他经济性质的企业。要使储藏加工企业尽快摆脱困境，必须加快企业改制步伐。否则，不仅储藏加工企业难以生存，而且将严重影响到大蒜产业的发展。今年蒜薹入库前，我们加大了对保鲜企业的改制力度，黄埔集团划分成6个具有独立法人资格的公司，对缺乏资金的76家保鲜企业分别采取承包、租赁和股份合作等形式，占恒温库总数的37.8%，其中有33家租赁给外地客户，占改制总数的43%，不仅盘活了这些企业，还吸引了1000多万元外地资金，推动了蒜薹购销的市场化进程。最近，嘉德公司又与韩国益山集团合资兴建了临沂三山绿色饰品有限公司。租赁、承包等形式的改制虽不彻底，但在解决资金不足、经营不善等问题上仍不失为一种好办法。据调查，如果今年蒜薹储存效益好的话，绝大多数企业愿意继续承包租赁。下一步要把产权改革作为重点，对产权不明和经营管理不善的国有、集体企业，下决心转为民有民营；以后新上项目，原则上必须依托个体私营企业；同时鼓励个体私营企业购买、兼并国有、集体企业。积极探索新的销储形式，大力推广二庙乡朱场村恒温库的经验，对一些信誉较好的村办、个体办恒温库，由蒜农以蒜薹和蒜头入股的形式投入储藏加工企业，采取代存、代销或吸收农户参与生产、加工和管理，年底按股分红，使农户与企业互利互惠，共同发展，从而建立起适应市场经济要求的新型销储关系。

三、转变观念，转变职能，为大蒜产业化结构调整提供优质服务

1、坚定不移地按照市场化要求运作。大蒜作为一般的农产品，应该由农民根据市场行情、种植效益自行决定种植面积和种植品种。但由于农民对市场的认识、信息以及思想观念上的局限性，不一定能够完全按照市场需求来进行生产，这就需要各级政府转变计划经济时代用行政手段知道大蒜产销的观念和方式，用市场经济运行规律指导大蒜产销，在生产规划、信息、政策、科技等方面为农民搞好服务，既尊重农民家庭经营的决策权，又承担起为农民提供服务的责任。对蒜薹购销实行市场化运作，符合市场经济的要求，符合我县的实际，今后要认真总结，继续坚持，积极探索，不断完善和提高。同时举一反三，不仅限于蒜薹销售，对需要市场调节的产品的生产、流通、加工等各个环节都完全推向市场，形成产销加工系统的市场化。进一步转变思想观念，转变指导经济工作的方式和方法，注意运用经济、法律和适度的行政手段指导大蒜生产及整个经济工作，认真进行调查研究，科学地制定大蒜产业化发展规划，采取信息引导、政策推动、示范带动等方法加快大蒜产业化的进程。

2、围绕提高市场化水平，加强对内对外宣传。利用多种形式，向广大蒜农和企业干部职工宣传大蒜产销面临的形势，宣传市场经济知识，宣传市场需求信息，向群众讲明实行市场化运作是大势所趋，从而增强他们的市场经济意识和心理承受能力，彻底消除依赖心理，提高他们搞好大蒜结构调整的自觉性，使他们自觉地按照市场需求组织生产。抓住我县被命名为“中国大蒜之乡”这一难得的机遇，充分利用电视、广播、报纸等新闻媒体，召开新闻发布会、大蒜定货会，参加各类招商会等多种形式，大张旗鼓地宣传苍山大蒜的悠久历史、优良品质、生产规模，特别是其独特的药用和营养价值，宣传我县的优惠政策、优质服务和良好的经营环境，形成强大的宣传攻势和舆论氛围，进一步提高苍山大蒜的知名度，吸引更多的国内外客商来我县经营大蒜产品。

3、按照商业化原则搞好金融服务。尽管蒜薹是一般商品，但上市集中，容易腐烂，蒜薹的这些固有特点，要求金融部门既要坚持商业化原则，又要提供及时的、特殊的服务，尽管这种服务有一定的特殊性，但仍然是建立在尊重市场规律的基础上，它的本质仍然是一种商业行为。今年金融部门完全按照商业化原则进行运作，共投入收购资金 810 万元，比去年减少 5100 万元，由去年占收购资金总量的 85% 下降到 11%，贷款质量明显提高。企业不等不靠，按照市场机制筹集资金，基本保证了入库需要，改变了资金主要依靠银行的局面。今后，要继续组织协调金融部门发挥融资的主渠道作用，集中资金保一些重点骨干企业，适时适度地增加有效资金的投入，不断优化新增贷款的投向，发挥新增贷款的带动效应，激活企业的发展，促进不良贷款、沉淀资金的盘活转化。县里计划从“蔬菜发展基金”中拿出一部分资金支持大蒜新品种试种、传统品种改良，扶持示范大户和困难户。企业要充分发挥主观能动性，在搞好经营管理、提高经济效益的基础上，增强还贷意识，制定还贷计划，逐步消化不良贷款，求得金融部门的资金扶持。

4、明确职责，落实责任，在大蒜产、加、销等各个环节提供优质服务。在生产上，蔬菜局已经装备了技术服务车，开通了“168”服务热线，编印了《苍山大蒜生产实用技术手册》，农委、科委、蔬菜局、农业局、农资公司等单位要密切配合，搞好技术指导、新品种的试种、优良品种的调剂、化肥和农药的供应；在流通上，商委、市场贸易发展局及蔬菜运销联合会等单位要积极组织农民流通大军开展大蒜产品的购销，形成内连千家万户，外接销区市场的销售网络；公安、工商、技术监督、物价等部门要加强市场管理，防止竞相压价抢客户，严厉打击哄抬价格、坑蒙拐骗等不法行为，树立文明的苍山形象，创造公平的竞争环境。外经委要在认真研究国家出口政策的基础上，帮助龙头企业开拓国际市场；在加工环节上，县计委、经委、乡镇企业局、体改委等部门要经常深入企业，帮助企业开拓市场，强化管理，深化改革，论证提报精深加工项目。通过各级各有关部门的努力，形成大蒜结构调整的合力，为大蒜产业化发展提供优质服务，推动大蒜这一支柱产业的稳步健康发展。

一九九年八月五日

关于培植创业板上市企业的实施意见（试行）

苍政发［2001］4号

各乡镇人民政府，县政府有关部门：

根据目前掌握的国家关于创业板市场（二板市场）上市的有关运行规则和要求，结合我县企业的发展实际，制定本实施意见。

一、指导思想和目标

以党的十五届四中、五中全会精神为指导，抓住国家即将设立创业板市场的机遇，深化企业改革，规范资本运营，探索中小企业发展及风险投资的多元化融资渠道，着力培植二板上市企业的后备资源。推动中小企业利用资本市场筹集创业资本，实现跨跃式发展。通过2—3年的完善和培育，力争经过全县上下的共同努力，有1—2家中小企业能够在创业板上市，并达到健康快速成长的目的。

二、创业板市场上市的基本条件

1、根据目前了解的情况，国家创业板市场的上市对象为具有高新技术含量和成长型中小企业（包括国有、集体、民营、个体私营企业）。

2、申请创业板上市企业，必须是经过发起式设立的股份有限公司，且正常运转两年以上。即公司从取得法人营业执照之日起至申请发行股票时止，已满两个完整的会计年度。

3、申请创业板上市的企业必须主业单一，即只能从事某一行业中的一种业务及其衍生业务。

4、企业有形净资产必须达到800万元以上，资产负债率不高于70%。且最近两个会计年度经审计的主营业务收入净额达到500万元，最近一个会计年度经审计的主营业务收入净额达到300万元。

5、申请创业板上市企业首次发行新股后，股本总额的最低限为1000万元，但不得多于1亿元。且持有股票面值达1000元以上的股东不低于200人，公开发行的流通股须达到公司股份总数的25%以上，公司发起人拥有的股本总额要占总股本的35%以上。

6、申请创业板上市的企业，其公司董事会中独立董事占董事总数的比例不得少于1/3。且公司的股东和公司董事、监事、高级管理人员的直系血亲或三代内旁系血亲及公司关系企业的董事、监事、高级管理人员，包括公司可以操纵的任何人员不得担任其独立董事。

7、大型国有企业及其分拆部分资产和业务设立的公司不得申请创业板上市；有内部职工持股的定向募集公司和职工持股会、工会直接或间接持股的公司不得申请创业板上市；同时，已申请主板上市，且中国证监会已经受理的企业不得再申请到创业板上市；另外，企业1/2以上董事、高级管理人员和作为公司董事长、总经理以及公司的核心技术人员，在最近24个月内发生变化的公司不得申请创业板上市。

三、培植措施

1、进一步抓好创业板上市知识培训。主要是通过邀请有关专家及证券商来我县举办讲座、培训等，使广大的中小企业经营者及相关部门，尽快熟悉掌握创业板上市的有关知识和政策法规；同时，组织县内企业通过多种渠道抓好《公司法》及相关知识的学习，进一步了解国家设立创业板市场的

目的和对推荐创业板市场上市的基本要求，熟知创业板市场的运行规则和程序。

2、搞好调查摸底，制定具体的上市规划。按照目前掌握的国家关于创业板市场上市的标准要求，对全县范围内的所有中小企业进行一次调查摸底，排列出哪些企业已基本具备创业板上市的条件、哪些企业通过完善和培育能够具备上市的条件，哪些企业不适合上市。并针对调查实际和每个企业的不同状况找准差距，制定具体的培植方案，包括计划上市的年限、方式、步骤等。

3、进一步深化企业改革。创业板市场要求申请上市企业首先必须是发起设立的股份有限公司并正常运转2年，目前，我县的企业改制工作大部分已经完成，但改制企业中规范的公司制企业甚少。下步，一方面，对已改制为有限责任公司的县营和重点民营企业，按照《公司法》的要求，抓紧改组为发起式的股份有限公司，对未进行公司制改造的重点骨干企业，创造条件直接改制为发起式股份有限公司；另一方面，抓好改制企业的内部规范，健全法人治理结构，确保按照《公司法》规定的现代企业制度的要求规范运营。同时，抓住国家加快对传统产业技术改造的有利时机，对我县具备条件的传统行业、企业，采取切实有效的措施，千方百计地加大技术改造投入，以提高企业及产品的高新技术含量。

4、加强与证券部门和证券商的联系，搞好拟上市公司的规范和包装。据了解，国家将二板市场定位于为新经济公司服务，其中包括代表新经济发展方向的新兴企业，尤其是众多成长性良好的中小型企业。只要产品销路好、经济效益高、发展潜力大、成长性强，就可以获得在二板上市的机会。但是，企业具备条件后，能否真正上市关键还要取决于证券商的举荐和担保。为此，计划采取政府搭台引荐，企业、券商交流合作的方式，加强与证券商的联系。搞好拟上市企业的规范包装，并选择适当时机，召开拟上市企业推介会，实行拟上市企业与券商的双向选择，让拟上市企业与证券公司等中介机构直接见面洽谈，吸引券商及早介入，避免走弯路。

四、切实加强领导

1、充分认识企业创业板上市的重要意义。国家设立创业板市场的目的是为了成长型的高科技中小企业发展筹集更多的创业资本。我县相当一部分企业项目、产品，科技含量较高，成长性能较强，但是企业规模较小，发展前景不确定，较缺乏信用积累，难从银行等金融中介机构筹措到大量的资金，创业资本匮乏。创业板市场的设立为中小企业发展融资提供了一个更为广阔的空间。为此，各企业，各级各有关部门要充分认识二板上市的重要意义和我县企业上市培植工作的有利条件，抓住机遇，做好各项基础性的准备工作。

2、加大宣传力度，营造舆论氛围。充分利用广播、电视、报刊等新闻媒介，加大对创业板市场设立的目的、意义及其运行规则的宣传力度，大力宣传我县企业争取创业板上市的有利条件，努力营造加快推进我县企业创业板上市的浓厚舆论氛围。形成良好的舆论环境。

3、切实加强领导和指导。县里成立培植企业创业板上市工作领导小组，各企业、各有关部门也要成立相应的组织，具体负责本系统、本企业上市培育方案的具体落实。各相关部门要密切配合，通力协作．为企业上市工作加强指导，搞好服务。

二〇〇一年二月十九日

历届苍山县地方史志编纂委员会名单

苍山县地方史志编纂委员会

（1984年7月）

主　　任：李常存

副 主 任：李善东　周可信　石传俊　苑继鸿

委　　员：王丕生　侯和志　刘兆田　李德璋　孙庆仁　仲从荣　刘　开　李相启　朱书为　王兴荣

苍山县地方史志编纂委员会

（1986年9月）

主　　任：王占鹤

副 主 任：王世堂　孙善斋　秦砚海　王文清

委　　员：李善东　周可信　王者安　石传俊　李相启　刘兆田　仲从荣　孙庆仁　朱书为　梁智宇　张立法　苑继鸿　王兴荣

苍山县地方史志编纂委员会

（1996年9月）

主　　任：于中华

副 主 任：孙忠民　秦砚海　孙忠华　张富敏

委　　员：王者安　柏友文　王精华　邵家汉　张立法　宋景盛　刘华清　车庆敏　宋坤才　周可信　李福田　吴学善　窦文连　冷秀廷　李相启　李润德　吕自栋　赵启昌　潘广义　孙晋才　刘国华　倪洪标　陈思渠　郭彬三　孔凡清　王加坤

苍山县地方史志编纂委员会

（2007年4月）

名誉主任：张闻宇

主　　任：王晓军

副 主 任：王精华　李善东　范秋艳　朱茂成

委　　员：孙运峰　李恒举　陈秀文　王昌印　宋学进　巴志强　吴庆明　朱丙涛　苏云涛　戚兆伟　左德富　穆振昂　李玉廷　刘正生　张　林　徐景亮　王彦锋　杜　明　张学会　朱绍民　姜浩昌　付信民　程中东　李海林　高久军　宋传新　远传仁　房耀东　郭彬三　马建平　刘冠林　李玉宝

苍山县地方史志编纂委员会

（2008年1月）

名誉主任：张闻宇

主　　任：王晓军

副 主 任：李善东　刘连栋　朱茂成　宋庆华

委　　员：孙运峰　李恒举　陈秀文　王昌印　宋学进　巴志强　吴庆明　朱丙涛
苏云涛　戚兆伟　左德富　李玉廷　王立武　张　林　徐景亮　王彦锋
杜　明　张学会　朱绍民　姜浩昌　付信民　杨振广　程中东　穆振昂
李海林　宋传新　郭彬三　赵连信　李玉宝

苍山县地方史志编纂委员会

（2009年7月）

名誉主任：张闻宇

主　　任：王晓军

副 主 任：李善东　刘连栋　高思圣　杨秀业

委　　员：孙运峰　刘砚秋　陈秀文　王昌印　巴志强　刘献利　金怀峰　徐景亮
李瑞松　戚兆伟　刘　震　颜世全　李玉廷　王立武　张　林　王彦锋
陈国义　张学会　朱绍民　姜浩昌　左德富　杨振广　程中东　付信民
李海林　宋传新　郭彬三　赵连信　李玉宝

苍山县地方史志编纂委员会

（2012年11月）

名誉主任：郑连胜

主　　任：薛　峰

副 主 任：矫晓斌　高思圣

委　　员：孙运峰　陈建新　刘志军　吴付岭　孙晋芳　赵　海　沈秀峰　李瑞松
李玉伟　刘　震　姚　远　徐景亮　王荣修　刘砚秋　卞艳林　张步志
刘　坤　徐安军　廖俊宽　周磊明　温德海　张同峰　孙　静　王胜永
宋　军　金怀峰　刘树龙　郭再立　邢希峰　王永学　宋传新　陈国义
左德富　王景亮　吴绍良　李恒举　庄肃军　王冠雅　宋远增　李海林
张学飞　付信民　陈永亮　陈怡红　孙庆华　王　琳　张中国

《苍山县志》撰稿人员名单

（按姓氏笔画为序）

丁明艳	卜凡印	万希来	马志申	马秀丽	马苗苗	马国民	马建环	马春兴	马艳文	马艳南
马霄鹏	王大磊	王广兴	王广学	王卫东	王凤连	王玉文	王玉新	王正军	王付卿	王兰营
王永华	王发明	王传山	王庆成	王运宝	王连国	王君美	王国亮	王金霞	王育红	王建华
王树栋	王保凤	王保国	王　哲	王　莹	王校敏	王晓湛	王　健	王　敏	王　新	王福华
王翠平	王德强	亓学军	毛玉东	公文哲	尹美华	左夫强	左汉毅	石仁君	龙光华	卢园园
田　浩	付中原	付　玉	付用建	付环宇	丛时猛	冯立新	冯瑞宝	皮启武	邢云鹏	邢宝玉
邢振华	毕于恩	师一砜	师红卫	朱成德	朱建侠	朱炳辉	朱培国	任传爱	任清华	庄正伟
刘力华	刘　义	刘丙龙	刘丙龙	刘西龙	刘成富	刘向明	刘向峰	刘向梅	刘庆学	刘庆涛
刘　亦	刘军吉	刘志胜	刘　芳	刘兵利	刘　松	刘宝栋	刘春雷	刘洪军	刘效同	刘海龙
刘海防	刘通强	刘雪红	刘　铮	刘婷婷	刘献利	刘　鹏	刘福慧	江成侠	许玉成	许善启
孙云建	孙文华	孙文兴	孙　龙	孙　刚	孙希鹏	孙怀广	孙忠全	孙慧丽	纪洪侠	苏　杰
苏建秀	苏　涛	杜兴金	杜昆明	杜金军	李　义	李　飞	李玉东	李玉超	李玉善	李加明
李传珍	李传美	李传勇	李兴华	李如玉	李国庆	李依华	李　波	李宗强	李建刚	李建红
李　洁	李洪昌	李冠华	李　勇	李素堂	李桂华	李峰光	李　彬	李跃奎	李　婧	李　超
李景景	李　智	李　静	李　燕	杨卫征	杨　飞	杨友军	杨代东	杨永强	杨亚伟	杨成林
杨志国	杨　景	杨靖靖	杨　赟	吴士强	吴传军	吴金华	邱万苍	冷言平	宋红卫	宋远胜
宋丽萍	宋爱平	宋新民	张广华	张子钰	张文广	张文永	张玉磊	张立俊	张西增	张成侠
张　华	张会文	张庆军	张秀亮	张国桂	张明远	张　波	张宗利	张树蕾	张洪飞	张娜娜
张　健	张　涛	张祥明	张继发	张　超	张　博	张　奥	张湘东	张鹏飞	张　磊	张德存
张　薇	陈永刚	陈旭东	陈昊鑫	陈绍田	陈　勇	陈艳凤	陈晓林	陈祥文	邵　飞	武文举
苗全青	苑伟栋	苑兴国	范文福	范继光	范银华	林化庆	林清江	郁金太	金保伟	金　勇
周士玲	周　玲	周恩涛	周　健	周鲁青	周鹏飞	郑存祥	郑国华	郑祥永	房保华	孟凡秀
孟令杰	孟庆敏	孟祥连	孟祥杰	赵　卫	赵叶枫	赵向峰	赵庆春	赵启燕	赵国栋	赵学凯
赵建华	赵珍妮	赵艳明	赵桂民	赵　海	赵清华	赵　雅	赵　辉	赵　强	赵　腾	赵　燕
赵　蕾	胡文晓	柏艳君	柳　森	钟　政	侯远芝	闻惠鹏	姜玉民	姜玉海	姜　涛	贺　翔
秦光远	秦启峦	袁　方	袁　林	袁　征	栗民龙	贾继彪	夏继立	顾盛传	晏　飞	徐　娜
徐文静	徐向军	徐连波	徐宏娟	徐金虎	徐　俊	徐艳丽	徐　涛	徐　萍	凌　艳	高　伟
高怀乐	高　松	郭万永	郭　芳	郭　莹	唐金付	涂学超	黄明复	黄俊海	黄勤明	曹　青
曹海鹏	戚玉柱	戚兆红	盛文瑞	常军彦	崔友才	梁付宏	梁　毓	寇全会	董双蕾	蒋文娜
蒋　峰	程宝同	焦　波	解党先	蔡惠芳	臧宝响	颜世爱	颜廷玉	颜廷怀	潘兆伟	潘国乾
戴洪卫	魏传礼	魏英亮	魏治刚	瞿成章						

索　引

蒼山縣志

说明：

一、本索引采用主题分析方法编制，按主题词第一字汉语拼音顺序排列，首字相同者按第二字排列，依次类推。

二、索引名称后的阿拉伯数字表示索引内容所在的页码。

三、“特载”“大事记”“附录”内容不作索引。

A

B

C

D

E

F

G

K

P

Q

R

S

T

后 记

《苍山县志》是在中共兰陵县委正确领导下，由兰陵县人民政府主持，兰陵县地方史志编撰委员会办公室具体编纂的第二部社会主义新方志，上限始于事物发端，下限至2010年。全书除序、凡例、概述、大事记、人物、附录外，共设32个专业编、150章、564节，约237万字。编纂工作始于2011年初，2016年10月付梓印刷，共经历了五个阶段。

一、筹备阶段

根据国务院《地方志工作条例》《山东省地方史志工作条例》以及省、市史志部门和县委、县政府编修二轮志书的要求，2011年初，县史志办工作人员先后到省、市及沂水、临沭、莒南等地参加培训、学习取经，借鉴好的经验做法。然后，我们根据苍山县情和市、县领导、专家的意见，提出编修一部上限起于1840年鸦片战争，下限2010年，部分内容记叙到苍山有史以来的二轮志书。2011年3月，我们形成了《苍山县志（1840—2010）》编纂方案，并报县政府批准。2011年3月25日，县政府召开全县二轮修志工作大会，对具体工作进行了安排部署。会后，各单位、各部门根据要求向县史志办报送了供稿人员名单。为了确保《苍山县志（1840—2010）》按时高质量的完成，经县委组织部安排，从有关部门和单位抽调了焦子栋、李洪振、梁龙顶3名政治素质和业务能力较强的编辑人员，充实到县志编纂队伍中，从而形成“老中青结合”的修志队伍。2011年5月17日，县政府又举办了县志培训会，市史志办专家杨兴文、于芹莅临会议，并详细讲解了史志的资料收集、整理、志稿撰写等方面的业务知识。各乡镇、各部门撰稿人及史志办全体人员共百余人参加了培训会。通过这次培训，全体撰稿人员进一步掌握了县志编修知识，加深了对志书编纂工作的了解与认识，对全县二轮修志起着重要的指导和推动作用。

二、供稿阶段

二轮修志工作会议召开以后，各承编单位成立了由分管领导任组长的编纂工作领导小组，确定了2至3名有一定写作能力、责任心强、比较了解本行业（单位）情况的人员担任此项工作。2011年7月，为推进工作，史志办全体工作人员分成3个小组，每名编辑人员负责联系一定数量的单位和部门，由一名分管领导带队，采取上门指导、电话催稿等方式，进行材料收集工作。期间编印《苍山县志通讯》，及时通报反馈供稿情况，指导各供稿单位撰稿。至2012年3月，130多家供稿单位完成撰稿任务，资料收集基本完成。

三、初稿撰写阶段

2012年5月，志稿开始初编。本着先易后难、对资料完整的章节优先审阅编纂的原则，边修订、删减，边查找资料，进行补充。焦子栋负责概述、大事记、区域环境、人口与计划生育、科学技术、教育、文化体育旅游、医疗卫生、民俗宗教、荀子、艺文、人物等编；王秀彬负责凡例、中国共产党苍山县地方组织、地方权力机关、地方行政机关、政协地方委员会、群众团体、劳动保障、人事、民政、政法、武装等编；李洪振负责城乡建设、环境保护、交通运输、邮政电信、电业、工业、商业流通业、对外开放与园区开发、财政金融保险、经济总情、经济综合管理等编；梁龙顶负责农业、苍山蔬菜、水利、兰陵美酒、方言、乡镇街道等编。针对记述时间跨度长，各行业单位机构沿革变化大的事实，在编纂过程中，先是在每篇编前设了机构沿革一节，后大部分调整为无题序，使结构设置更为合理。至2012年底，志稿经过三次修订，编纂完成专业志稿36编，加上大事记、概述和附录，共39编，约300万字。

四、总纂合成、评议志稿阶段

2013年8月底，《苍山县志（1840—2010）》经过第七稿精编，形成评议稿并分发给省、市、各县区及县领导和有关专家审阅。评议稿共37编专业志，加上概述和大事记，共39编，约200万余字。2013年9月，马建光调入史志办任副主任。2013年11月，聘县纪委退休干部杜广建为县志编辑，参与《苍山县志（1840—2010）》的修订工作。2013年12月，有临沂市史志办主办的《苍山县志（1840—2010）》志稿评议会召开。省史志办市县志指导处处长李刚、副处长李天程、专家罗毅、魏振华，市史志办主任朱海涛、总编辑王瑞柱、市史志办副主任于芹，专家王卫东、张艳华、张丽，临沂市所辖9县3区的史志办主任和专家，江苏省邳州市史志办副主任沈昌玲、临朐县史志主任刘建国、莒县史志办主任史宗利等，共40余人出席评议会。各位专家从不同角度指出存在的问题，提出许多宝贵的修改意见和建议。

五、修改完善、送审出版阶段

2014年初，焦子栋、梁龙顶调回本单位。两人承编的任务分别分解给陈永亮、杜广建、王琳、马建光、王秀彬、李洪振。具体分工如下：陈永亮负责序、凡例、概述、大事记、人物等编；杜广建负责民俗宗教、方言、艺文等编；王琳负责区域环境、人口与计划生育、乡镇街道等编；马建光负责科学技术、教育、文化体育旅游、医疗卫生等编；王秀彬负责荀子编；李洪振负责农业、苍山蔬菜、水利、兰陵美酒等编。2014年度，我们对省、市、县修志专家的意见，进行了认真的梳理，按照评议会的要求，对苍山县志评议稿进行全面修改补充。这期间，针对资料不全、体例不规范、流水账式、文不对题、内容交叉重复等问题，进行了大幅的删节、补充、调整，部分章节重新编写。2014年7月，朱冉考入史志办工作，负责数据表格的编制工作。2015年上半年，经修改补充后的志稿，经王敬涛、冯熙伶、黄克勇、徐庆芳等专家给予修改指正，共计15编。2015年下半年，史志办工作人员根据修改意见，再次到各供稿单位，调研资料，补充修订，完善成稿。2016年1月至4月，县志办全体编纂人员再次修订了志稿，并排印《苍山县志（1840—2010）》评审稿，报省专家委员会成员审阅。2016年4月25日，省地方史志办公室颁发了鲁史志办字〔2016〕3号文《关于同意《苍山县志》为2016年度省级重点市县级志书的批复》，从而使《苍山县志（1840—2010）》成为全省两部重点志书之一。同年4月，我们把《苍山县志（1840—2010）》报省专家委员会成员审阅。2016年6月，由省史志办主持的《苍山县志（1840—2010）》志稿省专家评审会在兰陵县召开。省政府办公厅党组成员、省史志办主任刘爱军、临沂市政府副市长赵爱华、省史志办副主任翟世林、省史志办市县志指导处处长李刚、副处长李天程、省史志办秘书处副处长刘坤、市史志办主任朱海涛、副主任于芹、助理调研员王卫东、兰陵县委书记郑连胜、县长薛峰等领导及省专家委员会成员参加了会议。刘爱军主任对《苍山县志（1840—2010）》给予了高度评价，省专家委员会成员对志稿进行了全面评审，指出了问题和不足，提出了意见和建议。会后兰陵县史志办根据评议意见，完善资料、调整篇目，认真修改、仔细打磨。根据省专家委员会建议，该志书的断代时间调整为：上限始于事物发端，下限至2010年。书名也调整为《苍山县志》。2016年8月，形成《苍山县志》排版稿，并报送市史志办。同年9月，市史志办审核通过，送方志出版社终审。同年10月，经方志出版社三审，县志办对存在的问题，进行修订，送印刷厂印刷。

《苍山县志》在整个编纂过程中，县委、县政府高度重视，省、市史志部门给予了大力支持，各县区同仁提供了无私帮助，各单位、各部门、社会各界也都鼎力相助。省史志办李天程、罗毅、魏振华，市史志办杨兴文、于芹、王卫东、张艳华等专家对县志稿体裁、编章结构等给予指导。临沭县史志办主任王敬涛、莒南县史志办主任杨永早、沂水县史志办冯熙伶等领导专家，针对县志稿中的观点、结构、资料真实性、语言、数据等方面提出了修改意见和建议。县纪委原副书记刘月平撰写了概述，县档案局郑存祥提供了大量有价值的图片资料。张富敏、石传俊、穆振昂、吴庆臣、季文成、张恩平、李复运、刘军、王宇飞、王树栋、王继学、高传宝、孙文芳、田家成、周爱三等社会各界人士，积极提供资料，提出一些有益的修改意见。县史志办公室全体编修人员甘于清苦、任劳任怨、精益求精，倾注了大量的心血和汗水，为县志的出版付出了艰辛的劳动。在该书出版之际，谨向关心、支持和付出艰辛劳动的领导、专家、编辑和社会各界人士表示衷心的感谢！

《苍山县志》虽经编纂人员的反复推敲，精心修改，但由于编史修志是一项浩繁复杂的社会系统工程，涉及面广，工作量大，又限于学识、水平、经验，该部志书的疏漏、错误等在所难免，敬请读者不吝赐教。

编　者

2016年10月

中华人民共和国地方志丛书

苍山县志

上

兰陵县地方史志编纂委员会　编

方志出版社
Publishing House of Local Records

图书在版编目（CIP）数据

苍山县志/兰陵县地方史志编纂委员会编. -- 北京：方志出版社，2016.10

ISBN 978-7-5144-2142-2

Ⅰ.①苍… Ⅱ.①兰… Ⅲ.①苍山县-地方志Ⅳ.①K295.24

中国版本图书馆CIP数据核字（2016）第252629号

苍山县志

编　　者：兰陵县地方史志编纂委员会
责任编辑：王笃银　陈　菁

出 版 人：冀祥德
出 版 者：方志出版社
地址　北京市朝阳区潘家园东里9号（国家方志馆4层）
邮编　100021
网址　http://www.fzph.org
发　　行：方志出版社发行中心
电话（010）67110500
经　　销：各地新华书店
印　　刷：济南黄氏印务有限公司

开　　本：889×1194　　1/16
印　　张：97.5
字　　数：2370千字
版　　次：2016年10月第1版　　2016年10月第1次印刷
印　　数：0001～3000册
ISBN　978-7-5144-2142-2　　定价：1168.00元

LANLING

城市名片

- 中国大蒜之乡
- 中国牛蒡之乡
- 中国蔬菜之乡
- 中国果菜无公害十强县
- 国家园林县城
- 国家一类革命老区
- 国家级优质粮生产示范县
- 国家级无公害生态农业示范县
- 国家级农业标准化示范区（大蒜）
- 全国粮食生产先进县
- 全国蔬菜产业十强县
- 全国群众体育先进县
- 全国科技工作先进县
- 全国农业标准化生产示范区
- 全国无公害蔬菜生产基地县
- 全国创汇菜生产示范基地县
- 山东南菜园
- 山东洋菜园
- 山东省绿化模范县
- 山东省双拥模范县
- 山东省粮食生产先进县
- 山东省十大（农业）产业集群
- 山东省平安山东建设先进县
- 山东省县域经济十大农业高效聚集园区

兰陵县地方史志编纂委员会

（2014 年 7 月）

名誉主任：郑连胜

主　　任：薛　峰

副 主 任：刘　斐　高思圣

委　　员：朱元峰　张同峰　王玉纯　沈秀峰　吴付岭　李玉伟　刘　震　赵　海
李中华　宋庆保　李海林　诸葛洪田　周磊波　王荣修　宋　军　徐安军
刘砚秋　李恒举　刘　坤　王胜永　孙　静　周　谊　王冠雅　陈永亮
段培庆　卞艳林　陈怡红　廖俊宽　李明坤　宋远增　宋传新　师　冰
刘树龙　郭再立　邢希峰　王永学　王景亮　吴绍良　王昌印　左德富
张宽祥　徐　琳　孙庆华　霍海涛　张中国　王　琳

办公室主任：陈永亮
副　主　任：王　琳　马建光

《苍山县志》编审人员

主　　审：高思圣

副 主 审：朱元峰　王玉纯

主　　编：陈永亮

副 主 编：王　琳　孙　燕　马建光　王凌晓

编　　辑：王秀彬　李洪振　朱　冉　韩　萍　张恩东

特邀编辑：焦子栋　杜广建　梁龙顶

凡　例

一、本志编纂以马克思列宁主义、毛泽东思想、邓小平理论、“三个代表”重要思想和科学发展观为指导，坚持辩证唯物主义和历史唯物主义的立场、观点和方法，遵循实事求是的原则，全面、系统、科学地记述苍山县自然、经济、政治、文化、社会等方面的历史与现状。

二、本志记事上限原则上始于事物发端，下限至2010年，大事记下延至2015年。志首前插照片部分突破断限。

三、本志采用述、记、志、传、图、表、录、索引等体裁，以志为主前设概述、大事纪，中为各专志，后设人物、附录、索引等。专志采用编、章、节、目结构和横排门类、纵写始末的方法；大事记以编年体为主，辅以纪事本末体。

四、本志按“生不立传”原则收录本籍（含在外地活动的）人物，兼收在本地活动时间较长，有重大影响的客籍人物，去世人物排列以卒年为序。

五、本志所记“新中国成立前”“新中国成立后”是指1949年10月1日新中国成立前后；“改革开放后”均指1978年12月中共十一届三中全会之后。

六、本志中机构、会议等名称或专用词组，第一次出现时用全称，并括注简称，再次出现时用简称。

七、本志使用现代语体文，记述体。记载地名、机构名称等均用当时的通称，部分古旧地名第一次出现时，加注今名。

八、本志时间采用公元纪年，涉及朝代纪年的括注公元纪年。

九、计量单位，以国务院公布的《中华人民共和国法定计量单位》为准。历史上使用过的旧的计量单位不便换算的，仍保留原计量单位。

十、数字书写，以国家质量监督检验检疫总局、国家标准化管理委员会于2011年7月颁布的《出版物上数字用法的规定》为准。所用各种数字，以县统计部门数字为准，统计部门没有的，采用有关单位数字。

十一、本志资料主要由县直有关部门和各乡镇等提供，部分资料来源于档案、文献、报刊、典籍、旧志及各单位新编专业志，入志时不注明出处。

十二、“—”表示该栏中数字空缺或无法收集。

中共兰陵县委书记　郑连胜

序

《苍山县志》历经五载的潜心编纂，数易其稿，终将付梓刊印，这是全县人民政治、经济、文化生活中的一件大事，也是精神文明建设的一项重要成果，可喜可贺。

以史为鉴，可知兴衰；盛世修志，古今尽然。据下村乡王岭村遗址发现，在旧石器时代就有先民在此繁衍生息。兰陵镇于管庄北辛文化遗址的发现，证明在7000多年前先人就学会了烧制陶瓷。公元前255年，楚国在此设置兰陵县，成为山东省历史上的第一县。在此后的2000多年里，勤劳朴实、勇敢智慧的苍山人民，在这方热土上创造出无数辉煌的历史，孕育产生了荀子、季文子、左丘明、匡衡、萧望之、鲍照、何逊等众多的名人志士，形成了富有特色的兰陵文化。

特别是建国后，苍山人民积极响应党的号召，紧跟时代步伐，自力更生、艰苦创业，全县经济、文化、医疗卫生等各项事业得到蓬勃发展。进入21世纪以来，在历届县委、县政府的领导下，认真贯彻落实党的路线、方针和政策，紧紧围绕“富民强县”目标，深入贯彻落实科学发展观、习近平总书记系列重要讲话精神，加快转变经济发展方式，社会各项事业全面进步，城乡面貌持续改观，居民生活水平和生活质量逐步提高。2014年，苍山县更名为兰陵县，使得千年

2013 年 8 月，中共山东省委书记姜异康（主席台中）到苍山县调研

1998 年，山东省省长李春亭（左三）视察苍山

2010 年 7 月 10 日，国家人口计生委副主任江帆（前右一）到苍山视察苍山县计划生育服务站

2014 年 4 月，国家农业部副部长张桃林（前右一）到兰陵县调研

2013 年 8 月 27 日，中共山东省委副书记王军民（左二）到苍山县走访慰问

2011 年 9 月，中共山东省委常委、副省长孙伟（前排中）到苍山县视察工作

2013 年 3 月 27 日，中共山东省委常委、省纪委书记李法泉（左二）视察苍山

2013 年 8 月 27 日，中共山东省委常委、秘书长雷建国（左三）到苍山县走访慰问

鸟瞰县城

县城新貌

县城夜景

县城一览

兰陵文化广场

沭河风光

火车站

汽车站

苍山一中全景图

县境内 G2S38 立交

抱犊崮

会宝湖

塔山枫情

塔山叠翠

上园五色金鱼

朗公寺

灵峰寺

文峰祈福

文峰山（被誉为鲁南小泰山）

收获时刻

收获时刻

蒜薹

大蒜

黄瓜

茄子

西红柿

红辣椒

西葫芦

油桃

丰水梨

草莓

苦瓜

白金针菇

板栗

牛蒡

白萝卜

圣女果

华瑞集团

凯立集团

凯森制药

兰陵美酒厂太白楼

山东普金肥料
有限公司

荣庆集团

山东神氏食品集团

临沂中联水泥有限公司

山东远东国际化工有限公司

山东史贝美肥料股份有限公司

苍山暴动指挥部遗址

银厂惨案纪念碑

苍山

罗荣桓办公旧址

赵镈烈士就义遗址

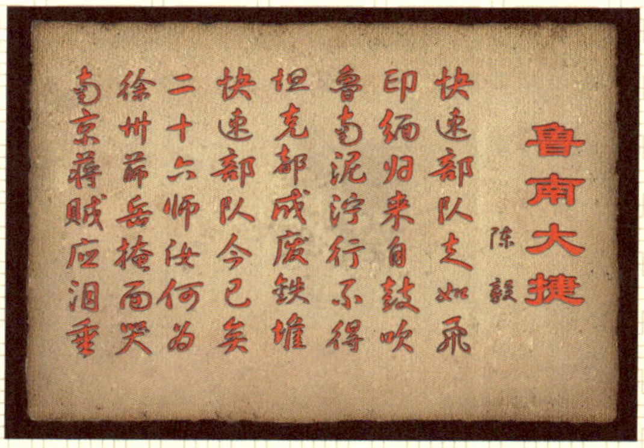

陈毅《鲁南大捷》诗

鲁南战役遗址——糖稀湖

抱犊崮山区抗日根据地简介

造字沟、仓（仓颉）圣庙遗址石碑

郜国故城高台区西南角

新石器时代高尧遗址

城子遗址

荀子庙

萧望之陵园

高柴墓

何逊墓

颜师古之墓

皇明金鼎御葬林

东高尧遗址出土鸡首壶

东高尧遗址出土戎甗

庄坞大城子遗址出土白陶鬶

卞庄晒米城前遗址出土商代铜爵

神山密家岭出土商代青铜鼎

东纸坊九女墩汉墓出土汉代铜熏炉

鄫国故城春秋墓出土提梁壶

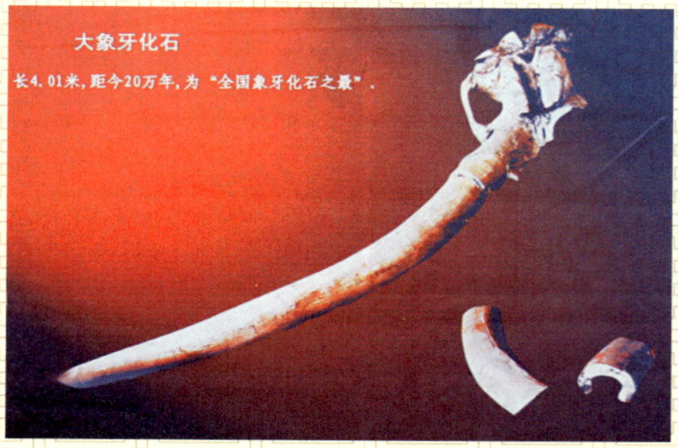

古菱齿象牙门齿化石

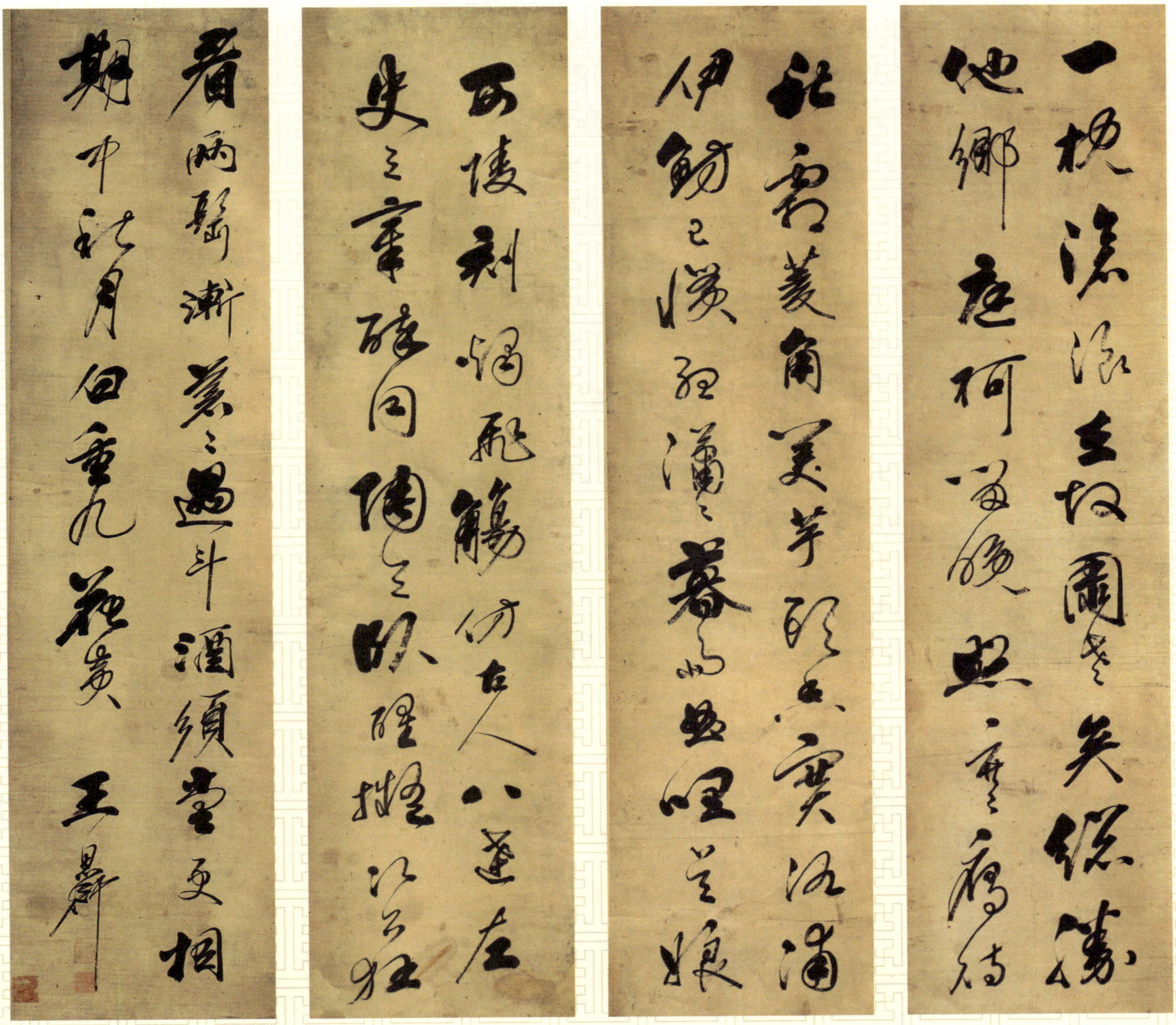

王思衍书法作品

王沂东油画作品

王沂蓬设计的奥运奖牌

王沂光油画作品

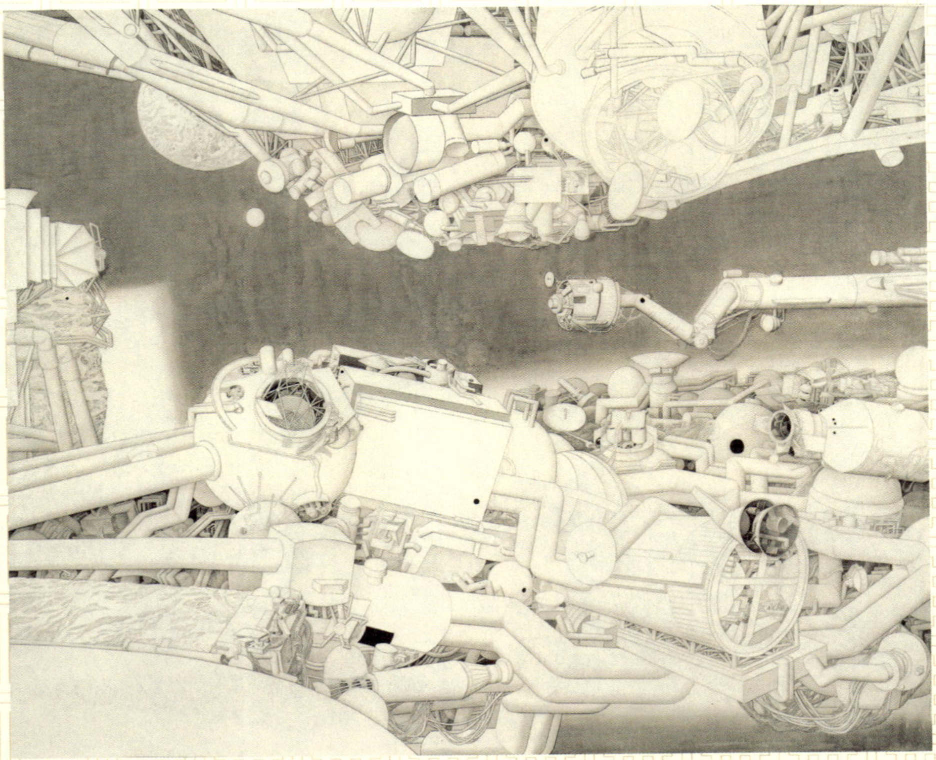

王莉国画作品

司马连义国画作品

高继兴国画作品

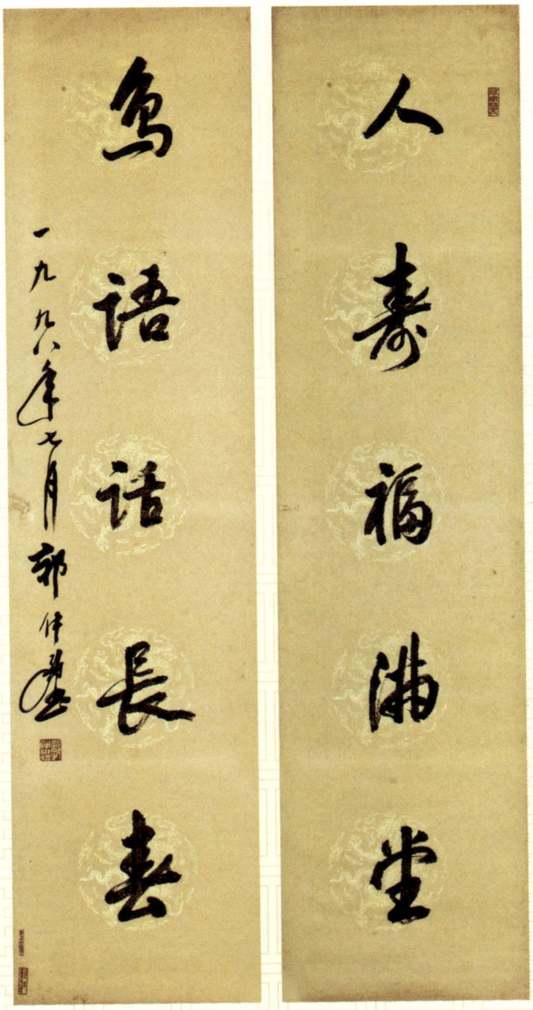

郭仲选书法作品

姚秀明国画作品

赵道珍国画作品

郝兴起国画作品

2013 年 12 月 19 日，《苍山县志（1840—2010）》志稿评议会在兰陵大酒店召开

第一排左起：陈永亮、高思圣、于芹、李天程、朱海涛、李刚、郑连胜、薛峰、王瑞柱、杨振广、宋敬华、孙运峰

第二排左起：张丽、刘露、张永民、刘相尚、王敬涛、李春升、杨永年、公鑫、巩祥军、史宗义、刘建国、沈昌玲、罗毅

第三排左起：魏振华、葛瑞强、王文明、寇利明、王卫东、李瑞辉、冯熙伶、杨勇、杜广建、穆振昂、王凌晓、李洪振、全玉伟、马建光、孙燕、焦子栋、王琳

第四排左起：张艳华、杨晓娜、张军、张洪建、席加铭、王庆国、吴耿彬、王洛泉、冯涛、孙长生、梁龙顶、李辉、王秀彬。

2016年6月14日，《苍山县志（1840—2010）》志稿专家评审会在兰陵大酒店召开
前排左起：邵鸿志、王现军、李天程、翟世林、郑连胜、刘爱军、赵爱华、薛峰、朱海涛、李刚、丁爱军、郭能永、王笃银
后排左起：朱冉、马建光、韩萍、王琳、肖功江、陈永亮、朱元峰、王卫东、于芹、高思圣、杜广建、魏振华、王凌晓、王秀彬、梁龙顶、张恩东、孙燕、李洪振

兰陵县史志办全体人员合影

2016.06

前排左起：李洪振、马建光、陈永亮、王凌晓、王秀彬
后排左起：朱冉、张恩东、王琳、孙燕、韩萍

《苍山县志》编辑人员合影

2016.06

前排左起：李洪振、马建光、王凌晓、陈永亮、焦子栋、梁龙顶、王秀彬
后排左起：杜广建、朱冉、张恩东、孙燕、王琳、韩萍

目　录

概　述

蒼山縣志

一

苍山县地处山东省南部边缘，在北纬 34°37′至 35°06′、东经 117°41′至 118°18′之间。南部与江苏省邳州市接壤，东南部与郯城县毗邻，东部、北部与临沂市罗庄区、兰山区、费县相连，西部与枣庄市山亭区、市中区、峄城区三区交界。

苍山县建制始于 1947 年 3 月，由当时的赵镈县析置，为纪念 1933 年中国共产党领导的“苍山暴动”而定名。境内最大横距 55 千米，最大纵距 48 千米，总面积 1724.02 平方千米。2010 年，辖 14 个镇、5 个乡、1 个街道，共 128.95 万人。

苍山县位于尼山山东穹窿东南边缘，沂沭深大断裂带西侧，有褶皱、断裂两种构造形态。境内大小山头 611 个，总属尼山山脉。抱犊崮为县境制高点，海拔 580 米。境内有主要河流 12 条，大都发源于县境西北部山丘地带，自北向南流经境内，穿过鲁苏边界，注入中运河。流域系鲁南丘陵与苏北平原的过渡地带，地势自西北向东南逐次降低，依次是低山、丘陵、平原、洼地。全县山地、丘陵、平原洼地分别为 3.47 万公顷、3.37 万公顷、11.17 万公顷，各占总面积的 19.26%、18.7%、62.04%。

境内属暖温带季风区半湿润大陆性气候，四季分明。年平均降水量 814.3 毫米，平均气温 13.7℃，平均日照 2369.7 小时，平均无霜期 196 天。

良好的自然环境，丰富的地形地貌，造就了苍山特有的物产和资源。境内盛产小麦、玉米、地瓜、水稻、大豆、高粱、谷子、花生、黄烟、棉花、大蒜、大姜、辣椒、药材等粮食作物和经济作物。其中，苍山大蒜以皮薄色白、头大瓣齐、黏辣郁香、防癌治病的优秀品质，成为著名的地方特产，驰名海内外，大量出口。境内生产的兰陵美酒，是国内唯一一家有考古证明的国产名酒，有 3000 多年的生产历史。1915 年，获巴拿马万国赛会金奖。1954 年，周恩来总理出席日内瓦国际会议，用兰陵美酒宴宾。1987 年，在上海“中国第一届黄酒节”上，兰陵美酒荣获一等奖。改革开放以来，苍山县先后被国家有关部门和组织命名为“中国蔬菜之乡”“中国大蒜之乡”“中国牛蒡之乡”“全国农业标准化生产示范区”“全国粮食生产先进县”“全国科技工作先进县”“全国蔬菜产业十强县”“中国果菜无公害十强县（区）”，有“山东南菜园”“山东洋菜园”的美誉。境内具有开采价值的矿产资源达 20 多种。其中铁、石膏、石英砂、石灰岩、铝矾土、大理石等品质好、储量大，已被大面积开发利用。

苍山县山清水秀，名胜众多。境内抱犊崮列沂蒙 72 崮之首，为鲁南第一高峰，山势险峻，陡峭如削，泉流瀑泻，松柏苍郁。有植物 620 多个品种，鸟类 80 多个品种，兽类 20 多个品种，现为国家森林公园、国家地质公园、淮太流域重点防护林区。素有“鲁南小泰山”之称的文峰山，松高藤古，石怪泉奇，景观众多，风景如画。历史上曾被列为“琅琊八景”，现为鲁南地区旅游名胜。季文子庙、荀子墓园、兰陵酒都、曾萧故里、灵峰寺、朗公寺、会宝湖都已成为当地颇有名气的旅游景点。

二

苍山县建制虽晚，但辖区治内却有着悠久的历史，历代不乏名士文人。境内发掘和残存的王岭、程村、小湖子、于官庄、东城子、大城子、东高尧等古文化遗址和柞国故城、鄫国故城、向邑故城遗址，以及化石、陶器、青铜器等文物，分属于旧石器文化、北辛文化、大汶口文化。至少在 7000 年前，就有先民在此繁衍生息。

夏代少康中兴后，封其次子曲烈于鄫（今向城镇鄫国故城），为姒姓鄫国之始，距今 3960

余年。

商代，境内有鄫国、莸国、武国、大彭国等部落方国。

周朝建立，因鄫为大禹之后，封为子爵，由部族方国转为周天子的诸侯国，称鄫子国。

春秋时代，鄫国曾为莒国所灭。太子巫避难鲁国，后在鲁国为官。巫之曾孙、孔子弟子、被后世尊为儒家宗圣的曾参，常至境内凤凰山下凤仪村（今磨山镇华岩寺村）讲学授徒。鲁国击败莒国后，鄫地为鲁国所辖。历相宣公、成公、襄公的鲁国上卿季文子，在今兰陵镇设次室。他以“家无衣帛之妾，厩无食粟之马，府无金玉”著称，做事以“三思而后行”闻名，死后葬于鲁卿山（又名季山，后易名为神峰山、文峰山），山上建有季文子庙。以《左传》《国语》名世的左丘明，以及先后任费宰、武城宰、成邑宰，生前到鲁国次室讲学，死后葬于次室之地的高柴，都是境内见诸志书史册的名人。

战国晚期，楚灭鲁。公元前255年，楚为控制北部边防，设置兰陵县。这是秦兼并六国之前，今山东境内最早的县治。楚相春申君聘任负有盛名的稷下学宫祭酒荀卿为兰陵令。荀子晚年免官后居家兰陵，讲学授业，著书立说，有《劝学》《修身》《天论》《王制》等32篇，死后葬于兰陵。荀子曾先后两次任兰陵县令，治理兰陵18年，政治上主张礼法兼治，轻徭薄赋；用人上坚持尚贤使能，反对世袭；经济上推行强本节用，开源节流；自然观上认为天行有常，人定胜天，营造了一个政治清明、乡民富裕、社会安定、民风醇厚，“近者歌讴而乐之，远者竭蹶而趋之”（《荀子·儒效》）的社会环境。其弟子或再传弟子李斯、韩非、浮丘伯、张苍、贾谊等人，在秦汉时期或为治世名臣，或为传经大儒，对时代产生了持续、深刻、广泛的影响。梁启超认为：“两千年政治，即皆出于荀子矣，而所谓学术者，不外汉学、宋学两大派，而其实皆出于荀子。”

秦汉时期，郡国并行。境内先后有缯县、兰陵、襄贲等县治延续，分属薛郡、郯郡（后改为东海郡）、徐州刺史部；有琅琊国、武阳侯国、山阳侯国、缯侯国等诸侯国建立。一大批饱学名士、朝廷重臣如灿烂星汉，令世人炫目。西汉博士孟喜，以六十四卦分配气候，以卦气言《易》，成为今文易学“孟氏学”的开创者；汉宣帝、元帝两朝著名大臣，官至御史大夫、太子太傅的萧望之，精通经史，擅长政事，石渠阁纵议儒经，首倡民族平等，功标麒麟阁，百代景仰；以勤学苦读、凿壁偷光闻名于世的西汉经学大家匡衡；在元帝时期成为太子太傅、太子少傅的“东门二疏”疏广、疏受，不羡高位，不谋私产，功遂身退，称病回乡，将皇帝所赐黄金尽数散发乡邻，其“子孙贤而多财则损其志，愚而多财则益其过”的金钱观至今振聋发聩；东汉谏议大夫王良，守礼谦让，恭谨俭约，“数有忠言，以礼进止，朝廷敬之”。

三国魏晋南北朝时期，县境先后属徐州琊邪国缯县，东海国兰陵县、襄贲县，东海郡，徐州琅琊郡、兰陵郡。境内兰陵人，官至尚书、光禄勋的缪袭，以文学家、诗人名世，辟魏国御史大夫府。其子缪悦，其孙缪绍、缪播、缪征、缪胤，皆为晋代社会显达。境内长城人，南宋天文学家何承天，在文学、史学、天文学方面都有建树，匡正历法谬误，纂修《宋书》，著有《达性论》《春秋前传》等。境内二庙人，南朝宋、齐宰相徐孝嗣，博闻强识，才华横溢，有12卷文集传世。永嘉之乱后，兰陵萧氏、长城何氏、二庙徐氏、南桥鲍氏等名门望族相继南渡崛起。自南朝刘宋皇太后萧文寿开始，以萧道成、萧衍为代表，开创了南朝齐、梁两朝18位帝王、30多位宰相，掌政110多年，一直延续到隋唐时期的萧氏帝王文化；以萧衍、萧统、鲍照、鲍令晖、何逊、何思澄、何子朗、徐摛、徐陵为代表，以“竟陵八友”“祖孙四名士”“东海三何”“鲍氏兄妹”等为群体，以《昭明文选》

《玉台新咏》《颜氏家训》等为载体的诗文文化；以僧朗、萧衍为代表，以“儒、释、道三教同源”为教义基础的佛教文化。同一时期，北齐时被封为徐州兰陵郡王的名将高长恭（孝瓘，文襄王第四子），骁勇善战，名声远扬。将士们为其创作的《兰陵王入阵曲》，成为南北朝和隋唐时期宫廷乐舞节目，《兰陵王》还成为唐教坊曲的词牌名。

隋唐两宋时期，县境先后分属彭城郡兰陵县，琅琊郡临沂县，下邳郡郯县，鄫州鄫城县、兰陵县，京东东路沂州承县、临沂县，山东东路临沂县、兰陵县。历仕隋唐三帝，虽五遭罢相，仍忠心报国，正直做人，被李世民赠诗“疾风知劲草，板荡识诚臣”的萧瑀；唐宋古文运动先驱、时人称之为“萧夫子”的萧颖士；以精通训诂、善作文章著称的弘文馆大学士颜师古等，是这一时期境内的社会显达。“诗仙”李白饮兰陵酒，赋《客中行》一诗“兰陵美酒郁金香，玉碗盛来琥珀光，但使主人能醉客，不知何处是他乡”成了兰陵美酒千年多来盛行不衰的最佳广告。北宋时期，“芙蓉禅师”崔道楷在境内芙蓉寺大扬禅风，天下衲子蜂拥而至，一时盛极。他建议官府开渠疏导，引芙蓉湖水入东泇河，并率弟子亲为，开良田千顷，受益者甚众，四方百姓扶老携幼，咸至芙蓉山拜谢感恩。

元明清时期，县境先后属山东布政司兖州府沂州、沂州府兰山县辖。向城、车辋、贾庄一带宋氏望族兴起，宋鸣梧、宋之普父子崇祯年间同殿称臣，名动京城，并与宋之韩、宋念祖、宋瞻祖、宋名立形成了宋氏一门祖孙6名士。宋日就、宋澍、宋俊起、宋潢、宋献章、王鹏翥、王评、王寿、王绍奎、于腾、陈敬修等，均为明清时期以科举功名入仕的境内英杰。明末至清朝中期，境内先后有21人科举考取进士，4人考取武进士，传承了“兰陵多学”的优秀传统，形成沂州西南乡文化精英群。元末明初著名戏曲家贾仲明定居兰陵，所作杂剧见于著录者有16种，广为流传。兰陵笑笑生所著天下第一奇书《金瓶梅》，问世400多年来争议蜂起，众喙不息。清末最后一科进士，时人号为“铁笔”的王思衍，书法技艺闻名遐迩，他宁死不做亡国奴，民族气节饮誉海内，有《亦嚣诗存》传世。

民国时期，县境一部分是临沂县六、七、八区，时称“临沂西南乡”；一部分是郯城县四、五区，时称“郯城西北乡”；一部分是费县二、七区，时称“费县南乡”。

抗战开始至建国初期，境内先后成立过四县边联办事处、临沂县抗日民主政府、临郯费峄四县边区县、临西办事处、兰陵办事处、兰陵县、赵镈县、苍山县，最多时境内有4个县级政权并存。1950年、1953年，相继撤销赵镈县、兰陵县。1959年年初，县境固定为现在的辖区。

现当代，苍山境内更是名人辈出。由“山大王”到鲁南军区副司令的抗日名将万春圃，解放后任山东省政协常委的“鲁南农民领袖”宋宜安，名震临郯平原根据地的妇救会长“傅大娘”袁明，被茅盾称为“午夜彗星”的中国新文化先驱王思玷，诗人田兵，中科院资深院士、地理学家王鸿祯，书法家郭仲选，著名美籍华人作家王鼎钧，历史学家丁冠之，作家韩瀚，都是苍山的名人精英。

三

巍巍抱犊崮，赋予了苍山人民英勇顽强的斗争精神；滔滔泇河水，哺育了苍山人民百折不挠的坚强品格。苍山人民有着不屈的抗争精神和光辉的革命历史。1851年，幅军拉起一支农民起义队伍，在苍山境内筑圩建寨近百处，与捻军联合作战。他们或啸聚山林，或深沟壁垒，盛时达10万之众，10多年间与清军进行了大小数千次战斗，给予清政府和封建地方势力以沉重打击。1898年秋至翌年3月，境内发生了长达半年的神山反洋教斗争。德国神甫戈巴德，以传教为名，网罗地痞恶棍，藏垢纳污，包揽词讼，为害县政，诬良为盗，鱼肉乡民。四乡民众忍无可忍，神山人杨清贤率众竖旗，捣毁教堂，均分钱粮，散发什物。德国驻山东南路教主安治泰，电告北京清政府“严加镇压”，沂州府饬令郯城知县派兵“飞驰捕拿”。在清政府血洗诱捕、软硬兼施的镇压下，斗争虽告失败，却对外国的洋教侵略给予了沉重打击。北伐革命初期，袁永平、侯六和、王思玷等人在兰陵自建武装，成立“红枪会”，举行武装起义，率众4000余人，攻占临沂城，转战抱犊崮山区，与军阀势力浴血奋战一年多，在鲁南地区播撒了国民革命的火种，有力地配合了北伐革命。被周恩来称为“黄埔硬骨头”的境内青竹人冷相佑，黄埔军校一期学员，中共党员，先后参加两次东征、北伐战争、南昌起义和会昌战役。1927年9月28—30日，在潮州竹竿山阻击战中，年仅24岁的他任二十军教导团第一总队队长，率领600余人防守潮州，顽强战斗，坚守阵地，壮烈牺牲。他为周恩来、贺龙、叶挺、刘伯承等人领导的南昌起义军转战汕头、海陆丰地区争取了时间，为人民的革命事业献出了宝贵的生命。1933年7月，中国共产党领导的“苍山暴动”打响了反对国民党反动派的枪声，树起了“中国工农红军鲁南游击总队”的大旗，成立了苏维埃政府，后被国民党军残酷镇压。刘之言、郭云舫、田英、刘文漪等20多位革命英烈在暴动中先后血染苍山。在鲁南战役、莱芜战役、济南战役和淮海战役中，兰陵、赵镈、苍山三县出动民兵1.8万人次，常备民工18.3万人次，送伤员，运弹药，看押俘虏，修路架桥；后方人民做军鞋，烙煎饼，碾米磨面，踊跃支前。整个抗日战争至解放战争期间，境内有万国英、宋荣昌、宋荣文、高振元、任广远、陈德吾等2331位豪杰壮烈殉国，赵镈、曾明桃、罗炳辉等1289位境外英雄横刀跃马，奋勇杀敌，为国捐躯，都为解放全中国做出了重大贡献。

苍山因其特殊的地理位置，历来成为军事要地，改朝换代期间，境内多有战事发生。明朝开国大将徐达的北伐军，清朝太平天国将领曾立昌的北援太平军，活跃在鲁南苏北一代的捻军、幅军，都曾大兵过境，以境内为战场，进行过激烈的战斗。抗日战争时期，县境西部以抱犊崮山区为中心，开辟了鲁南抗日革命根据地。中共鲁南区委、鲁南行署、鲁南军区、八路军一一五师进驻抱犊崮山区，罗荣桓政委、陈光代师长、中共鲁南区委书记赵镈，在这里领导了艰苦卓绝的战斗。县境东部以涌泉为中心，建立了临郯平原抗日根据地。中共山东一区党委四地委、鲁南三地委、鲁南三行署、沂河地委、临郯中心县委、临沂县委先后驻设涌泉、庄坞、耿墩等村，率领地方武装转战沂武河畔、临郯平原。解放战争时期，境内成为狙击国民党重点进攻山东解放区的重要门户。华东野战军司令陈毅、副司令粟裕在苍山境内叱咤风云，威震敌胆。主战场发生在新兴、向城一带“糖稀湖”的鲁南战役，歼敌5.3万多人，震惊中外，打响了整个解放战争阶段三大战役的前奏。

四

在漫长的封建社会里，秀美的山川和丰富的资源，并没有让这方人民摆脱贫穷苦难的命运。尤其是近代，县境内天灾人祸频仍，经济凋敝，饥民大批流亡。1841年—1860年，仅20年间就发生了8次较大地震；新中国成立前几十年间，旱、涝、虫、风、冰雹轮番交替，瘟疫肆虐，兵燹匪祸横行。旱时赤地百里，禾干苗枯，颗粒无收；涝时泱泱泽国，平地成河，沦为鲁南地区“洪水走廊”。境内遍野荒芜，乡民流离失所，十室九空，锅碗瓢盆成了鸟禽孵化之所。“收不收，下邳州”“赤李子，结黄瓜，十里路内无人家”，车老担小四处逃荒。“逵达邹鲁”“衢通淮徐”的盛世情景，只见于周边县市志书对秦汉时期

境内兰陵郡县的描述中。

新中国成立后，党和政府领导人民进行社会主义革命和社会建设，恢复生产，重建家园。苍山人民保持了战争年代艰苦奋斗、吃苦耐劳的光荣传统，西部整山，东部治涝，经过几十年持续不断的努力，取得了令人瞩目的辉煌成就。1958年年底，全县出动3万民工，用一年时间，建起了坝体全长2700多米，库容1.97亿立方米，控制灌溉面积420平方千米的会宝岭大型水库。《人民日报》发表了题为《人民公社锁蛟龙》的文章，对会宝岭水库的建设成就给予了高度评价。1972—1978年，全县13个公社抽调3.27万人次，先后参加了12期沂河东调入海工程，使县境东部、南部由著名的鲁南地区“洪水走廊”，变成了旱可浇、涝能排的鱼米之乡。1950—2010年，共计造林绿化27253公顷，森林覆盖率29.4%。荒山、荒滩、荒丘陵得到综合治理，农田分界全部实现了林网化。建成大中小型水库47座，塘坝118座，有效灌溉面积12400公顷。经过多年退耕还林、恢复植被、坡度改梯、适地制宜等山区改造会战，彻底改善了县境西部、北部“山洪暴发，走石飞沙，淤没田园，墙倒屋塌”的局面。1987—1996年，全县累计脱贫人口46.26万人，被评为“山东脱贫先进县”。2010年，全县山区、库区人均收入达到5750元。

全县经济发展，经历了从战时萧条到战后恢复，从新中国成立初期自给自足的小农经济到改革开放后“规模化”“产业化”的发展历程。三大产业比例经过历次调整，从1995年前的55.9∶23∶21.1调适为2010年的21.2∶37.1∶41.7。经济结构和经济运行方式，在经历了自然经济、计划经济、计划经济向市场经济的转换过程后，基本步入了市场经济的轨道。2006年—2010年，累计利用县外资金128.9亿元，市外资金96.7亿元；实现进出口总额3.1亿美元，其中自营出口2.6亿美元；累计完成规模以上固定资产投资305亿元；开工建设总投资过亿元的重大工程项目76个；规模以上民营企业发展到285家，销售收入过亿元的企业20家；个体私营业户达到3.8万户。

1986年以来，苍山先后被国家和省列入商品粮基地县、优质小麦基地县、大蒜生产基地县、淡水商品鱼基地县、瘦肉型猪养殖基地县、黄淮海平原开发县、中德粮援项目县和高产、优质、高效农业示范县。随着各项惠民政策的实施，各类专项资金、物资陆续扶持到位，农民生产条件和农田基础设施逐步改善，经济发展状况发生了根本性的变化。全县国民生产总值逐年递增，居民人均纯收入逐步提高。截至2010年，全县地区生产总值190.7亿元，是新中国成立初期1949年1900万元的363倍，是改革开放初期1978年4.63亿元的1004倍。2010年全县地方财政收入4.5亿元，是新中国成立初期的210倍、改革开放初期的47倍。全社会消费品零售总额98.9亿元，分别是新中国成立初期和改革开放初期的1440倍、158倍。2010年，在岗职工工资总额79159万元，是改革开放初期1978年760万元的104倍；农民人均纯收入6687元，是1978年69元的97倍。2010年，规模以上固定资产投资85.2亿元，是改革开放初期910万元的936倍，呈现出强大的发展后劲和蓬勃的建设活力。

特色产业培植也取得了重大进展。改革开放以来，以培植发展优势产业，建设山东南菜园为目标，在国家、省市科研部门和高校专家支持下，建设了规范的农产品检测中心，全面实施蔬菜无毒无害化种植加工，苍山蔬菜品牌优势逐渐形成。经过多年的导向引领和重点培植，大蒜、大姜等传统蔬菜与反季节大棚蔬菜，辣椒、黄瓜等露地日常菜与山牛蒡、青刀豆等创汇洋菜竞相发展，储、运、销逐步配套成龙。2010年，全县蔬菜面积66333.3公顷，总产量355万吨。20世纪80年代中期至2010年，全县为储存各类蔬菜而建设的恒温库400多座，总库容35万吨，成为全国恒温储藏蔬菜规模最大的县（市）。市级以上农业产业化龙头企业发展到44家，县内建设各类专业批发市场48处。苍山蔬菜进上海、进超市、进世博会“三进工程”成功实施，菜农运销队伍由20世纪90年代的“10万菜农闯江南”，发展到2010年的“20万菜农下江南”。鲁南蔬菜批发市场列全国百强市场第7位，荣庆物流集团列全国百强物流企业第28位，被评为“中国冷链物流竞争力第一品牌”。蔬菜产业大生产、大市场、大流通的格局已经形成，传统农业大县向现代农业强县的跨越正在实现。

兰陵美酒生产酿造，具有悠久的历史。兰陵酒可追溯到殷商时代的“郁鬯”或“柜鬯”酒，是中华民族酒文化的一个独立源头。1995年，江苏省徐州市狮子山西汉楚王墓中出土3坛封印于2148年前的兰陵美酒，为兰陵酒的历史和价值提供了物证。两汉时期，兰陵酒一度成为萧氏家酿、皇室贡酒，身价尊贵。经过魏晋南北朝战乱，兰陵酒业逐渐衰退。20世纪初，兰陵有40多家酒店，各立堂号，相互竞争。解放后，通过社会主义工商业改造，兰陵酒厂成为大型国有企业，生产规模、酒类品种、市场份额逐年增长，产品质量大幅度提升，2010年已成为国内最有竞争力的酒类生产企业之一。

新中国成立前，由于县境辖属变化更替，战事频仍，境内只有木业、铁业、榨油、粉房、砖瓦、土布、印染、副食品加工等10多个行业，82盘打铁红炉，24个手工作坊，74户木匠，基本上从属于自给自足的小农经济。以20世纪50年代中期的“三大改造”为开端，境内手工业走上了合作化道路。乡、社以铁匠、木匠等民间技工为主体，成立铁木业合作社，工业化进程由此展开。20世纪70年代初至80年代末，随着现代工业技术的引进，乡、社铁木业社逐步发展成为制造农业生产工具、群众生活用具、交通运输器具、建筑掘进机械的综合社办工业。一些县办集体企业、中小型国营企业也在陶瓷烧制、矿产开采、机械和电子元件制造、造纸印刷、化肥水泥生产、农副产品加工等领域相继建成，生产规模和产品质量都提高到一个新层次，在吸纳劳动力就业、增加财政收入、支援农业生产、满足市场需求方面做出重要贡献。世纪之交，宏观政策的调整和行业性整合，使苍山的工业经济发展受到制约。境内企业同全国大多数县市一样，进入曲折徘徊的低潮时期，多数县办企业、乡镇企业关停并转，大量职工下岗待业。2005年后，县内铁矿、石膏、石英砂等矿产开采业异军突起，物流、商贸、冷藏、食品加工、竹编、柳编加工渐成规模，园区经济集群后发，境内工业企业进入了一个新的发展时期。2010年，规模以上工业企业发展到255家，比2005年净增127家；实现增加值48亿元，利税19.3亿元，年均分别增长18.5%、23.8%。

水电、交通、通信等基础设施建设迅速发展，城镇化水平不断提高。

新中国成立后，县城群众生活用水和单位企业办公用水、工业用水，经历了土井石砌井人工提水、手摇式铁链水车提水，钢管水压井泵水、水塔深井电力提水，自来水输水管线供水三个阶段，截至1993年，城区共建成3个水厂，日供水能力达到3万立方米。到2009年，县城安装自来水19777户，有8万人生活用水使用自来水。全县农村人畜饮水，自20世纪90年代以后发展加快，县内先后实施了“中德合作粮援项目工程”“临沂市千村人畜饮水解困工程”“村村通自来水工程”“农村饮水安全工程”，解决了783个行政村22.16万户77.57万人的生活用水和畜禽饮水困难。

苍山使用电能较晚。1957年，县城驻地建成第一座青年水力发电站，机关、学校开始用电灯照明。1968年，斜沟变电站建成，县内开始使用网电。到2010年，初步形成以220千伏

苍山站、220千伏兰陵站为中心的双电源网架，拥有110千伏及以下变电站24座，35千伏变电站17座。110千伏架空线路6条，95.1千米；35千伏架空线路23条，232.58千米。全县实现了环网供电，2010年完成供电电量10.26亿千瓦时，有力地支援了工农业生产和经济发展，满足了人民群众的生活需求。

新中国成立初期，苍山境内只有2条公路和1条较为正规的大车道。新中国成立后，全县公路建设经历了“一修二改三硬化”三次集中建设高潮。20世纪50年代至60年代初，全县修建干线公路3条80千米、县乡公路23条342千米、乡村道路94条723千米。1957年，县内始建汽车站，每日4个班次运行临沂至枣庄、徐州等地的过路班车。20世纪70年代，开始对干线公路、县乡公路进行拓宽改造、铺筑沥青，全县公路主框架基本形成。1972年县内有了始发班车。到1990年，全县28个乡镇全部通车，通车路线达到348.1千米。1992年，开始对县乡道、乡村道逐步进行硬化改造，公路建设步入快车道。2003年，全面实施农村公路改造工程。2006年，全县实现了村村通硬化路。到2010年，全县共新建、改建农村公路1532千米，其中县道213千米，乡道258千米，新建村道1062千米。全县通车里程2306千米，交通状况日益提高，人民群众出行条件明显改善。

1956年以前，县内电话仅有单线话路2条，架空明线26.89千米。到2010年，县内拥有联通、移动、电信3家通信公司，有固定电话用户9.06万户，移动电话用户57.06万户，国际互联网用户3.88万户。

2010年，城镇化水平达到39%，县城城区面积23平方千米，人口20万人。2006—2010年，5个乡镇被授予“省级生态乡镇”称号，9个村庄被评为“山东省村庄建设示范村”，东泇河治理工程荣获“山东省人居环境范例奖”。

与经济社会发展相适应，县内的教育、科技、医疗卫生、文化体育事业也取得了长足的进步。

儒学在县境内开办较早，宋元时期建立华岩寺“曾子书院”、文峰山“荀子书院”。1949年，全县有小学172所，在校学生6909人。2010年，全县各级各类学校达到335所，其中省级规范化学校7所，市级规范化学校27所。在职教师9503人，在校学生13.53万人。全部免除义务教育阶段学生杂费、农村和城市低保家庭学生课本费。1982年后，县内有20位学子考入北大、清华。

改革开放以来，全县共承担省级以上科技计划项目42项，获国家级科技进步奖1项、省级31项、市级82项。2010年，全县科研和技术贸易机构达到40余家，民办科研机构24家。全县有各类专业技术人才14498人，其中高级职称1578人，中级4349人，初级8968人。科技进步在社会发展中的贡献率逐年攀升，1996年获“全国科技工作先进县”称号之后，连续6次通过了两年一度的全国科技进步县考核验收。

新中国成立时，县内无正规医院，有诊所130家，中医433人，西医30人。到2010年，县辖直属公立综合医院、专科医院10所，乡镇医院20所，从医人员2208人。农村有475个乡村一体化村卫生室，2258名乡村医生。全县参加新型农村合作医疗的农民99.96万人，参合率99.97%。人民群众就医条件发生巨大变化，健康水平大大提高。

苍山境内文化积淀深厚，文史著述代有高俊。先秦时期，向邑左丘明注《春秋左氏传》，兰陵县令荀卿著《荀子》32篇，均为儒家重要经典。秦汉以至元代，境内文史大家佳品频出，灿若星辰。明清至民国时期，兰陵笑笑生著《金瓶梅》，为明代四大奇书之首。王思玷在《小说月报》发表《风雨之下》《偏枯》等7篇小说，成为“五四”新文学革命的先锋，被茅盾称为“午夜彗星”。当代著名华文文学大师王鼎钧，创作生涯跨越大半个世纪，著作近40种，被誉为“一代中国人的眼睛”。20世纪80年代至2010年，“小郭泥塑”、兰陵“猴呱嗒鞭舞蹈”、大仲村“蓝印花布”被列入省级非物质文化遗产名录，“苍山民歌”“长城过门笺”“苍山柳琴戏”“磨山渔鼓”“向城虎头鞋、虎头帽”等被列入临沂市非遗名录。另有“青竹冷氏太祖长拳”等18个项目，被县政府公布为县级非遗名录。境内有荀子墓、鄫国故城等省级文物保护单位10处，萧望之墓、朗公寺遗址等市级文物保护单位12处，兰陵故城、“苍山暴动”纪念地等县级文物保护单位19处。竞技体育上，县内先后有7人在国家级比赛中获奖，30人次获省级比赛奖。

勤劳勇敢、朴实智慧的苍山人民，在这块历尽沧桑的土地上，曾经创造出无数的辉煌。历史走到今天，天时地利人和，使苍山进入了加快发展的最好时期。在中国共产党领导下，苍山人民一定会励精图治，团结奋斗，用曾经改天换地的双手，创造更加美好的明天。

大事记

蒼山縣志

夏少康元年（前 19 世纪后期）

少康恢复夏的统治后，分封其子曲烈于鄫（亦称缯，遗址在今苍山县向城镇鄫国故城）地。

商武乙元年（前 1147 年）

东夷人在今县境东部建立部落方国——武方（亦作戎方、戈方，遗址在今苍山县庄坞镇东高尧村）。

周武王元年（前 1046 年）

周灭商，周朝建立。分封夏代曲烈后人继续以鄫国为封地，称鄫子国。

鲁桓公十六年（前 696 年）

冬　鲁国在向地（今苍山县向城镇驻地西南西泇河东岸）筑邑。

鲁庄公九年（前 685 年）

春　鲁庄公与齐国大夫会盟于蔇（今苍山县车辋镇扶丘村）。

鲁僖公十四年（前 646 年）

鄫子赴曲阜拜见鲁僖公。

鲁僖公十六年（前 644 年）

冬　鄫国受淮夷入侵，鲁僖公与齐桓侯（公）、宋襄公、陈穆侯（公）、卫文侯（公）、郑文公、曹共公等诸侯会盟于淮，达成加固鄫国城墙的协议。加固工程中途废止。

鲁僖公十九年（前 641 年）

夏　鄫子赴邾娄参加宋、曹、邾等国会盟，遭邾文公绑架，后在次睢之社（今临沂城区东北沂河西岸）被戕杀，用作牺牲祭祀次睢之神，民间称此地为“食之人社”。

鲁宣公十五年（前 594 年）

季文子在鲁国推行“初税亩”。具体做法为：以承认公田以外的私田为前提，“公田之法，十足其一；今又履其余亩，复十取一”。

鲁成公八年（前 583 年）

冬　晋鲁联军经县境攻伐郯国。

鲁襄公四年（前 569 年）

晋悼公设宴款待鲁襄公，襄公请求悼公把鄫国划为鲁国附庸，悼公没有准许。鄫国与晋、鲁二国结盟，受到莒国的强烈反对。冬，莒国联合邾国攻打鄫国。鲁国派臧纥救援，直逼邾国城下，却被邾国击败。

鲁襄公五年（前 568 年）

冬　鲁国执政大夫季孙行父（即季文子）去世，谥号“文”，归葬神峰山（今苍山县尚岩镇文峰山）。

鲁襄公六年（前 567 年）

鄫国自恃有鲁国作靠山，没有认真防备，被莒国攻灭。太子巫避难鲁国。

鲁襄公十四年（前 559 年）

春正月　鲁国执政大夫季孙宿、叔老与晋、齐、宋、卫、郑、曹、莒、邾、滕、薛、杞、小邾等国使节在鄫地与吴国使节会盟。

鲁昭公四年（前 538 年）

秋　鲁国攻取鄫国之地。

鲁哀公七年（前 488 年）

吴国北上争霸，威胁鲁国，鲁哀公被迫在鄫地与吴国谈判。后称吴征百牢之会。

鲁哀公八年（前 487 年）

吴国北上攻占次室（今苍山县兰陵镇）。

周贞定王元年（前 468 年）

吴国北上争霸，以鲁国次室（今苍山县兰陵镇）为北上桥头堡。

楚考烈王八年（前 255 年）

楚灭鲁。荀子应楚相黄歇之邀，出任兰陵令。

秦王政元年（前 246 年）

李斯辞别老师荀子，由兰陵西入秦，为秦相国吕不韦舍人。

秦王政九年（前 238 年）

荀子去官，定居兰陵。

秦王政二十六年（前 221 年）

秦统一中国。秦王嬴政称始皇帝，分全国为三十六郡，县境先属薛郡后属东海郡。

汉高祖六年（前 201 年）

秋　刘邦封其同父异母弟刘交为楚王，兰陵县（今苍山县兰陵镇）、襄贲县（今苍山县长城镇）、缯县（今苍山县向城镇鄫国故城）等在其管辖范围内。

汉武帝元鼎元年（前 116 年）

夏　朝廷分襄贲县之鱣地为鱣国，封城阳顷王刘延之子刘应为鱣侯，治所在今二庙乡池口村附近。五年后，因祭祀宗庙随同酌酒所献黄金不合规定，被免除侯爵，鱣国不复存在。

汉武帝太始三年（前 94 年）

春　汉武帝经县境巡视东海郡，并作《朱雁之歌》。

汉宣帝甘露三年（前 51 年）

汉宣帝因匈奴归降，为褒扬辅佐有功
令人画十一位功臣图像于麒麟阁，兰陵籍萧望之位列其中。

汉元帝初元元年（前 48 年）

萧望之因遭弘恭、石显诬陷迫害，愤而自杀

汉成帝鸿嘉元年（前 20 年）

汉成帝封左将军史丹为武阳侯，治所为东海郡郯县之武强聚（今层山镇大城子村）。

王莽天凤元年（14 年）

春　王莽为使天下郡县之名合乎儒家经典，对郡县之名进行更改。东海郡更名沂平郡，兰陵县更名兰东县，襄贲县更名章信县，缯县更名缯治县，费县更名顺从县，丞县更名承治，武阳侯国更名弘亭国等。

汉光武帝建武四年（28 年）

秋　董宪的部将、据守兰陵县的贲休投降刘秀，董宪带兵包围兰陵。刘秀派虎牙大将军盖延、平狄将军庞萌带兵救援贲休，被李宪打败，李宪攻占兰陵。

汉光武帝建武十七年（41 年）

刘强进爵为王，东海郡遂为东海王国。县境分属东海国之缯、兰陵、襄贲三县及若干侯国。

汉光武帝建武十九年（43 年）

立东海王刘阳为皇太子，改名刘庄，以原皇太子刘强为东海王。其后，缯县改为缯侯国，为东海王刘强子孙封地。

汉光武帝建武二十年（44 年）

秋　光武帝刘秀东巡东海郡，莅临兰陵探视王良。

汉章帝建初五年（80 年）

邪国王刘京迁都开阳（今临沂市城区），国由东海国划归琅邪国管辖。

汉献帝兴平元年（194 年）

曹操与刘备、陶谦部将曹豹在郯地大战，刘、曹豹失败，曹操继而攻陷襄贲（今苍山县城镇），并屠城。

汉献帝建安十一年（206 年）

曹操东征班师后，立原琅邪王刘容之子刘熙继任琅邪王，将东海郡之襄贲、郯、戚三县划归琅邪国，并任臧霸为琅邪相。时县境分属琅邪国之襄贲县、戚县、缯侯国，东海郡之兰陵县及其他侯国。

魏文帝黄初七年（226 年）

秋　魏明帝曹睿即位，王朗由司空改任司徒，并封兰陵侯。

魏明帝太和二年（228 年）

王朗去世，其子王肃袭封兰陵侯。

魏明帝太和六年（232 年）

封曹敏为琅邪王，改琅邪郡为琅邪国，缯县归琅邪国管辖。

魏高贵乡公正元三年（256 年）

王肃去世，其子王恽袭封兰陵侯。

魏元帝景元四年（263 年）

因王恽去世后侯爵无子继承，封王肃次子王恂为兰陵侯，以继兰陵侯国之嗣。

晋惠帝元康元年（291 年）

封司马越为东海王，东海郡改为东海国；分丞、昌虑、合乡三县设立兰陵郡，治所在丞县。县境分属琅邪国之缯县、东海国之襄贲县、兰陵郡之兰陵县。

晋怀帝永嘉四年（310 年）

琅邪王司马睿转镇江南建业（今江苏南京），琅邪国管辖中断。是年，北方士族大规模南迁至淮河、长江以南以避战乱，史称“永嘉南渡”。兰陵之萧氏在其列。

南朝宋文帝元嘉二十八年（451 年）

北魏占领青、徐二州，县境归于北魏版图。

南朝齐高帝建元元年（479 年）

兰陵人萧道成代宋称帝，国号齐，史称齐高帝。

南朝齐高帝建元二年（480 年）

秋　萧道成派游击将军桓康北征淮阳，兰陵人桓富为迎接南齐北伐，率众起义，义军攻破兰陵县城，杀死北魏鲜卑人县令后据守石城崮，等待南齐北伐军。

北魏孝文帝太和五年（481 年）

春　桓康在淮阳被北魏孝文帝派出的南征军击败，兰陵义军在石城崮待援无望，被北魏淮阳王所败。

北魏孝明帝孝昌三年（527 年）

梁朝将军彭群、王辨率军经县境围攻北魏琅邪郡城，不克而还。

东魏孝静帝武定五年（547 年）

东魏重置兰陵郡，治所丞县，管辖昌虑、丞县、兰陵、合乡四县。

东魏孝静帝武定七年（549 年）

春正月　梁朝徐州刺史萧正表投归东魏，被

封为兰陵郡开国公、吴郡王。

北齐废帝乾明元年（560 年）

春　北齐封高欢之孙、高澄之子高长恭为兰陵王。

北齐武成帝河清三年（564 年）

冬　兰陵王高长恭在芒山大战中率部击败北周军队，其部下为其作歌曰《兰陵王入阵曲》。

北齐后主武平四年（573 年）

春　兰陵王高长恭由大司马改任太保、大将军、定州刺史。

夏　北齐后主高纬派徐之范毒死兰陵王高长恭。

北周宣政元年（578 年）

北周改北魏设置之北徐州为沂州，其后统称沂州琅邪郡。县境东部属沂州即丘县管辖。

隋文帝开皇十六年（596 年）

分承县设鄫州（治所在今枣庄峄城区）及兰陵县（归彭城郡）。

唐高祖武德四年（621 年）

夏　承县置鄫州，分置兰陵、鄫城二县；新置邳州，辖下邳、郯、良城三县。

县境东部属河南道沂州兰山县、北部属费县，西部属河南道鄫州兰陵、鄫城二县，东南部属河南道邳州郯县。

唐太宗贞观元年（627 年）

废鄫州，并兰陵、鄫城二县入承县，承县划归沂州琅邪郡管辖；废邳州，归泗州管辖，郯、良城二县亦撤销归并到下邳县。县境西部归属沂州琅邪郡承县，县境北部属沂州费县，县境东部属沂州郡临沂县，县境东南部属河南道泗州下邳县。

唐太宗贞观十九年（645 年）

颜师古随从唐太宗征辽东，途中病逝，终年 65 岁，谥“戴”，归葬芦柞。

唐太宗贞观二十一年（647 年）

春　诏命以左丘明、刘向、王肃等 21 人著作为太学教材，并配享孔庙。

武后光宅元年（684 年）

僧人重修吴翟（今苍山县大仲村镇吴宅村）禅觉寺。

唐玄宗开元二十三年（735 年）

兰陵人萧颖士科举考中进士第一名。

唐玄宗开元二十七年（739 年）

秋　唐玄宗李隆基赠曾子为郕伯（此为曾子赠爵之始），高柴为共伯，巫马期为鄫伯。

唐宪宗元和十三年（818 年）

杨倞重新编注的《荀子》二十卷成书。

唐宪宗元和十四年（819 年）

春　武宁节度使李愬率兵在沂州打败平卢淄青节度使李师道的军队，并且攻占承县。其后，李师道被其部将刘悟所杀，朝廷派杨于陵为淄青宣抚使，并把原来李师道管理的淄青一分为三，县境属其沂海兖密道。

唐懿宗咸通五年（864 年）

兰陵人萧遘科举考中状元。

宋太宗淳化五年（994 年）

辽国封萧挞凛为兰陵郡王。

宋真宗大中祥符二年（1009 年）

秋　封曾子为瑕丘侯，诏令左丘明配享孔子庙。

宋真宗大中祥符四年（1011 年）

因攻伐高丽有功，辽国封萧排押为兰陵郡王。

宋嘉祐元年（1056 年）

朝廷敕命抱犊崮灵峰寺院为灵峰院。

宋神宗熙宁七年（1074 年）

宋神宗诏封荀况为兰陵伯，从祀孔庙。刘向同时从祀孔庙。

宋神宗元丰二年（1079 年）

夏　辽国封南院枢密使事萧托卜嘉、殿前副点检驸马都尉萧绰哈为兰陵郡王。

秋　辽国封吴王萧罕嘉努为兰陵郡王。

宋哲宗元祐八年（1093 年）

辽国封萧阿鲁带为兰陵县公。

兰陵移建城隍庙，桑范写文《兰陵新移城隍庙记》述之。

宋哲宗绍圣二年（1095 年）

辽国封萧阿鲁带为兰陵郡公。

宋徽宗政和三年（1113 年）

辽国封萧得里底为兰陵郡王。

宋徽宗政和六年（1116 年）

沂州天宁万寿禅寺第一代僧人智从在陶硅山重修普佛寺。普佛寺称吴翟（今苍山县大仲村镇大小吴宅村）普佛寺。

金皇统五年（1145 年）

重修抱犊崮灵峰院。

金大定二十一年（1181 年）

时任台州知州的唐仲友主持刻印唐代杨倞编注的《荀子》二十卷。

金明昌元年（1190 年）

道士杜公于文峰山建龙泉观。

金明昌五年（1194 年）

黄河在阳武（今河南省原阳县附近）决口改道，至梁山泊后分两支，南支夺泗再夺淮入海，县境南部河流亦受影响。

金明昌六年（1195 年）

丞县更名为兰陵县。

金贞佑二年（1214 年）

金国武宁节度副使赫哩鹤寿攻破红袄军占据的兰陵石城崮（今苍山县鲁城镇石城崮）。

金正大六年（1229 年）

坊前人胡义带乡民在石城崮上筑城建寨，以避兵匪之祸，应者甚众，遂组建起 1 万余人的石城军，一时威震山东。元统一中国后，因胡义维护一方安宁，朝廷特授其为骠骑卫将军、瑯邪军节度使，兼沂州观察使右副元帅。

蒙古太宗窝阔台汗四年（1232 年）

县境归蒙古统治。

元至元四年（1267 年）

宋度宗改封曾子由武城侯为郕国公，荀况为兰陵伯，高柴为共城侯，左丘明为中都伯。

元顺帝至正二年（1342 年）

管文通在磨山华严寺创办曾子书院，刘诜为其撰写碑文纪念。

明太祖洪武七年（1374 年）

沂州归青州府管辖。析沂州临沂县南部设立郯城县，同时撤销临沂县，所余地域归沂州直接管辖。是时，县境分属沂州、郯城县、费县等。

至清雍正十二年（1734年）设立沂州府兰山县360年间，县境大部归沂州直接管辖（即临沂历史上的“以州代县”管辖模式）。因沂州无考院，县境参加科举考试的举子皆赴青州应试。

明太祖洪武十八年（1385年）

沂州划归兖州府管辖。因沂州无考院，县境参加科举考试的举子由原来赴青州应试改为赴兖州应试。至清雍正十二年（1734年）设立沂州府的350年间，沂州籍举人名录多见于《兖州府志》记载。

明武宗正德六年（1511年）

刘六、刘七、戚宴明等人起兵反明，到沂州、费县一带劫掠，并于九月攻陷费县县城。

明武宗正德九年（1514年）

张崇德科举考中进士。曾任汝州知州、提刑按察使司佥事等职。

明世宗嘉靖元年（1522年）

秋　王堂带暴动矿工到县境北部抢掠。

明世宗嘉靖四十四年（1565年）

长城村人赵梦祐考中武科进士。

明神宗万历二年（1574年）

夏　县境大风拔木，横雨穿墙，房屋倒塌过半，庄稼淹没。

是年　宋鸣梧于沂州大冶村创建“义仓”。

明神宗万历十七年（1589年）

兰陵南横山人王守正科举考中进士。

明神宗万历四十七年（1619年）

向城绗头人宋鸣梧科举考中进士。

明思宗崇祯元年（1628年）

长新桥人宋之普、城前（今向城镇城前村，亦名周城前）村人周文斗科举考中进士。

明思宗崇祯四年（1631年）

南桥人任者泰、兰陵人王昌时科举考中进士。

明思宗崇祯十三年（1640年）

春夏持续干旱，六月蝗灾，大饥。民变多发，县境西部多有聚众抢劫者。

是年　兰陵孙楼人孙一脉科举考中进士。

明思宗崇祯十四年（1641年）

春　县境西部瘟疫流行，病死者过半。苏鲁交界处民变多起，沂州官军难以控制，其势愈炽。

夏　大旱并发蝗灾，持续大饥。史二、姚三等人聚众在县境北部抢劫。总兵杨御蕃赴邳州围剿聚众抢掠者，部分抢掠者乘隙北上与抱犊崮土匪会合，据险固守，秀才李名世奉檄征召1000余人与土匪在狼石沟激战，李名世阵亡。

清顺治九年（1652年）

清政府派总督御史张存仁率旗兵赴抱犊崮山区剿灭王小武所部。沂州、峄县匪患方平。

清顺治十六年（1659年）

夏　多日连阴雨，沂河外溢，已割小麦未运上场的全部漂没，运上场的全部霉烂，五谷失收，民大饥，饿死者甚众。

清康熙七年（1668年）

六月十七　郯城发生8.5级大地震史称“旷古奇灾”。受本次地震影响，黄河决口，县境部分地区后数十年皆为泽国。

清康熙二十四年（1685年）

夏　连阴雨不止，沂河决口，平地行船，是

年冬及来年春，米贵民饥。

清康熙三十七年（1698 年）

林三卓、王九锡等人聚众在县境北部抢劫，后被官府扑灭。

清雍正八年（1730 年）

庄坞人杨大任、杨宏科举考中武进士。

清雍正十二年（1734 年）

沂州升为沂州府，同时以原沂州直辖之地设兰山县隶之。今县境多为沂州府兰山县属地。

清乾隆十四年（1749 年）

兰山县知县王垲组织民工疏浚卞庄（今苍山县城驻地卞庄）附近河流。

清乾隆十五年（1750 年）

兰山县知县王垲组织修整武河河堤。

清乾隆十六年（1751 年）

冬　兰山县知县王垲会同郯城县组织疏浚东泇河。

清乾隆十八年（1753 年）

沂州知府李希贤实地勘察孤山湖，任命经历张瀚洲为治水专员。其后连年挖渠排放孤山湖积水，出洼地 1000 余顷。

清乾隆二十三年（1758 年）

沂州知府李希贤、兰山县知县沈玉琳组织民工疏浚阳明河、泉子涯沟、官桥湖、孤山湖、鱼沟河、东泇河、横山公庄沟、卧龙湖、西泇河、兰陵草桥河、太子堂沟、将芦汪湖（即糖稀湖）、石城崮沟、太子堂沟、燕子井河、卧牛泉沟等河渠。同时，加固沂河大堤。

清乾隆四十三年（1778 年）

因干旱，粮食歉收，清政府将次年普免赋税的计划提前到本年执行。

清乾隆四十六年（1781 年）

车辋人宋澍科举中进士。

清乾隆五十一年（1786 年）

秋　瘟疫流行，县境西部、北部人死十分之七。

清乾隆五十五年（1790 年）

兰陵人王访科举考中进士。

清嘉庆四年（1799 年）

棠棣园（今贾庄乡朱村）人宋潢科举中进士。

清嘉庆十三年（1808 年）

尚岩王楼人王鹏翥科举考中进士。

清嘉庆二十年（1815 年）

夏　泰安高柴后人在兰陵为高柴建碑以示纪念。

清道光二十二年（1842 年）

春　兰陵人王绍奎、王鲁楷、王寿等人重修荀子墓，并立碑纪念。

冬　清政府为使运河漕船畅行，批准挑运河淤浅工程，拨专银疏浚上、捕、运（河）、泇（河）等四厅各段淤浅，并派员监办督催，限期完竣。

清道光二十三年（1843 年）

春　修运河、泇河等五厅闸桥埽坝工程。

夏　修运河、泇河等四厅土石工程。

冬　清政府增拨银两加挑深通运、泇等四厅淤浅河道。

清道光二十五年（1845 年）

春　盐价昂贵。

夏　二庙、磨山、长城、南桥涝灾。北部大雨、冰雹。

清道光二十七年（1847 年）

春　境内下冰凌，树木草叶冻如琉璃。

夏　幅军聚众发展组织，抗拒官兵。

冬　泇河挑浅疏浚。

是年　大旱，民饥。

清道光二十八年（1848 年）

六月二十　县境北部大风拔木、毁房。

夏　涝，南部发水。

清道光二十九年（1849 年）

夏　县境兰陵、横山、长城、二庙、芦塘、车辋、大仲村等村庄成为幅军活动的中心地区，修圩筑寨，抗拒官府。

夏　北部大雨滂沱、河流决溢，南部一片汪洋。修泇河堤坝及减闸引水工程。

清道光三十年（1850 年）

春　政府组织修泇河堤坝及挑浅工程。

清咸丰元年（1851 年）

幅军打出旗帜正式起事，波及今县境大部。

清咸丰四年（1854 年）

夏　蝗、旱灾。饥民乞食卖儿女。

是年　幅军活动频繁，太平军林凤祥、李开芳部攻天津失利，曾立昌率军北援，其右翼经兰陵，与清总兵杨飞雄部展开激战，清军败退。百姓死伤逃亡，兰陵十室九空。

清咸丰五年（1855 年）

夏　蝗灾。

秋　北部大雨连降 7 昼夜，河水决堤，洪水淹村毁田，卞庄以南尽为泽国。

清咸丰七年（1857 年）

二月初五　邳州幅军首领马汶标率部 300 余人过横山沟（今横山乡）与当地幅军阎三虎等汇合，共 700 余人。清军驻台儿庄部前往镇压，在兰陵被幅军击回。沂州知府成善率部进剿亦被击败。马汶标旋入郯城、宿迁交界处，后转战至磨山、层山一带。

夏　清政府调林士琦、蒋庆第分别任费县、峄县知县，募兵招勇，进剿幅军。

八月二十八　清军会于抱犊崮，侦知幅军李希梦 500 余人隐于山中，遂分兵包抄。幅军设伏 300 人，重创清军。清军连放炮火轰击。幅军弹药被炮火轰发，伤人数十，幅军首领梁光松等 13 人被俘。幅军败走西北。

秋　山东巡抚崇恩抵沂州督军进剿，幅军首领李武在卞庄被俘。

清咸丰八年（1858 年）

二月初十　幅军首领李希梦等隐在兴姑山砚台岭，费县知县周鹍等乘夜进剿，李希梦与其兄一起被俘，遭杀害。

六月初九　幅军汇合千余人由邳州进入兰陵，兰山知县刘锦堂督事 300 人至埝头交战。清军开炮轰击，幅军死数十名。幅军后撤，清兵追至半里许，忽有幅军 60 余人从两旁高粱地斜刺出击。清军猝不及防，首尾不能相顾，兰山县丞姚凤长被斩杀，知县刘锦堂被俘。

七月初四　兖沂曹济道王观澄带兵攻打南桥、长城幅军，路经车辋，遭幅军贾玖、于洛部狙击。清军炮击幅军，幅军数十人伤亡。清兵会合费、峄、郯城等知县合围，幅军阵亡百余人，向西南撤退。幅军在长城、南桥失利，向南转移。

清咸丰九年（1859 年）

四月十七　捻军一部零骑数百，到南桥、尚岩诸处。沂州知府成善合营县兵团，追击捻军于蒋沟。捻军败走。

清咸丰十年（1860 年）

春　县境北部地震。

三月十二　兖州镇总兵双龄会同山东副督统德楞额部骑兵及郝上庠所部追击幅军于兰山、费县之仲村、青山等处。

清咸丰十一年（1861 年）

春　捻军围困沂州城十九日。

三月二十　幅军牛闺女部会众万人攻破关阳圩，杀死团练李默眷属 30 人，团丁 200 人，把李默押至鄫国故城（今向城镇鄫国故城）刺死。

清同治元年（1862 年）

三月十一　峄县知县张振荣引军进攻底阁幅军靳光德部，清军德楞额部富全、永山等协同纵炮进逼。相持时，北风忽起，清军乘风纵火烧寨，圩中大乱。圩破后，寨民死 200 余人，伤千余人。他部幅军从兰陵、横山等地来援，遭清军阻击退走。

八月十二至二十七　涌泉（今苍山县庄坞镇涌泉村）之战。先是沂州同知奎芳、兰山知县长赓等多次谋攻涌泉幅军，因村落周广 5 里，幅军首领傅双刀部长期据守，势力雄厚，攻击未果。清军招安青竹幅军冷朝阳部后，用其做内应，骗傅双刀出圩，然后各路围剿破圩，傅双刀中枪身亡。破圩后，清兵搜杀幅军 160 余人，将圩寨墙垒悉行平毁。同时，清军攻破兰山圩，杀死幅军 200 余人。

腊月初十　清漕运总兵黄国瑞率洋枪队 2 千人配合郯城知县等人攻克徐圩子（今二庙乡徐圩子村）幅军据点，杀幅军 200 余人。继而进逼芦塘，幅军首领徐友馗等 25 人投降。附近徐桥、孤宅幅军启寨投降，降者 5000 人以上。

是年　寨子人（今苍山县沂堂镇寨子村）于腾科举考中进士。

清同治二年（1863 年）

二月初　长城之战。黄国瑞移军攻打长城幅军。南桥、横山、鲁坊、杨庄、吴坦等幅军，捻军李成部联合长枪会由日照、莒州奔袭支援，均被清兵击退。幅军阵亡过半，幅军首领刘兆青等被俘死难。清军破圩后，驱逐圩民数千，杀死千人以上。长城之役，清兵共破幅军 20 余寨。

二月十五　兰陵圩长王绍虞等缚幅军首领杜红德、刘二成等 25 人献于官军。

二月十七至三月初五　大仲村之战。清军黄国瑞部在沂州知府文彬配合下攻克鲁南幅军的中心圩寨——仲村，斩杀首领孙化祥。幅军死伤 3000 人以上，降者 5000 余人。

清同治三年（1864 年）

鲁南大批荒田无人耕种。清政府下令，以一年为限，逃亡户于限期内认领者，地归原主，给予耕种。逾期者，地入官。

清同治四年（1865 年）

四月　捻军一部由卞庄入江苏，折回后奔尚岩、向城、峄县，后转移至马陵山，遭清军僧格林沁、黄国瑞部夹击，遂经横山、兰陵撤奔峄县。

清同治五年（1866 年）

春　县境北部民饥，牛疫流行。

清同治六年（1867 年）

八月初九　捻军一部在郯城县李家庄、城郊一带与清军杨飞熊、牛师韩等部作战失利，遂渡沭河奔沭阳。山东巡抚丁宝桢为防捻军再入山东境，复调兵遣将分别扼守兰陵以防备西路，扼守郯城以防备北路，扼守卞庄以防备中路。

九月十三　横山（今兰陵镇横山村）之战。捻军2万人马步兵聚集横山、鲁坊一线，分3路进击清军。清兵杨飞熊所部5000人依横山列阵，用连环炮还击，捻军三进三退，前队阵亡百余人。反复交战至暮，入夜驻兰陵清军出圩增援，捻军败走。捻军阵亡1400余人，清军亦亡130余人，伤200余人。

清同治七年（1868年）

夏　涝灾。芙蓉山以南河湖通连，月余乃退。

清同治九年（1870年）

沂河决口。洪水沿庄坞、层山、二庙南下，大片农田被淹，夏秋均减产。

清同治十年（1871年）

春　北部麦遭严重霜冻。牛生瘟疫，所剩无几。

清同治十一年（1872年）

三月十九　清政府命山东布政司拨银5万两修运河、泇河堤防工程。

腊月初五　大雪，平地雪深数尺。

清同治十三年（1874年）

北部雹灾。

大旱，禾苗枯死，减收三成以上。

清光绪三年（1877年）

夏、秋　大旱，飞蝗遮天。秋季作物近乎绝产，人饿死甚多。

清光绪五年（1879年）

夏　大雨，河溢，长城以西八大洼成泽国，蛙声彻天。南部低洼地区，秋季颗粒无收。

清光绪六年（1880年）

秋　大旱。八大洼、糖稀湖、芦塘湖等处蝗蝻孳生，群聚群起，豆类绝产。

清光绪七年（1881年）

夏　雹灾。

秋　阴雨连绵数十日，禾穗生芽。南部洼地积水多日，庄稼淹死。

清光绪十年（1884年）

大雨成灾。沂河决口，冲毁村户，淹没田舍，庄坞、层山、二庙成为洪水走廊，长城、南桥积水。

清光绪十四年（1888年）

夏　县境西部谣传贼至，民众多外出躲避。

清光绪十六年（1890年）

磨山华岩寺人陈敬修科举考中进士。

清光绪十八年（1892年）

冬　大寒，井皆结冰，厚数寸。德国传教士开始在境内活动、传教。

清光绪二十年（1894年）

二月初九　雨雪成凌，鸟兽多冻死。

清光绪二十四年（1898年）

春　鲁南一带阴雨连日，粮食昂贵。车辋等处宋四等聚集数百人，携带洋枪器械，向大户“借粮”。三月二十八与清军发生激战。被清兵开枪打死40余人，俘25人，余众转移。

秋　神山圩长杨清贤竖旗聚众逾万人，扒毁神山教堂。德国传教士戈巴德逃回沂州城。杨清贤把教堂囤积的粮食，均给贫民，“闹教匀粮”在神山、磨山一带应者甚众。

是年　兰陵人王思衍科举考中进士。

清光绪二十五年（1899 年）

正月　郯城县知县余则达，从沂州搬兵作策应，借查放积谷赈粮为名，诱捕神山“闹教”首领杨振坤等 6 人，血洗神山，围抄杨家，杨清贤避走他乡。

六月初二　数百名民众拆毁棠林教堂。六月初八又拆毁甘霖、升平庄 2 处教堂，对为非作歹的教徒予以严惩。反洋教斗争持续月余。

秋　黏虫大发生，有黑、青、白、殷黄诸色，有腹中带血者。五七日即长寸余。不数日繁衍遍野，厚积寸余，道不容足。

清光绪三十年（1904 年）

九月初九　山东巡抚周馥重修荀子墓，兰山县县丞恩棣监修，并立碑纪念。

清光绪三十一年（1905 年）

芙蓉村人刘敢陈加入同盟会后回到家乡，创办天足会。他以自家妇女带头放足。接着又创办 2 处男学堂和 1 处女学堂。

清光绪三十四年（1908 年）

秋　居村贫民臧公锦发动村民起事，没收富家粮物，分给贫苦百姓。臧所到之处，农民纷纷加入，很快发展到 900 余人，活动在兰、峄、费交界处，坚持 80 多天，被清军镇压。

清宣统元年（1909 年）

夏　兰山县西部（兰陵等地）连日大雨，河渠不疏，一片汪洋，月余未退，秋季作物不得下种。

清宣统二年（1910 年）

冬　保定军官学校孙金宣、李淑九在外参加起义失败后，到刘敢陈处商讨工作方略。时刘敢陈为郯城县议会议长，经与孙爱庭、张问山、颜赞臣等人研究决定，以郯城县议会之名义，推荐孙金宣代表兰山、郯城二县之人民前往清江欢迎国民革命军。

清宣统三年（1911 年）

正月　瘟疫流行。

中华民国元年（1912 年）

夏　山东同盟会在济南成立后，派王荫南在卞庄成立分部。

中华民国 2 年（1913 年）

沂州府制取消，兰山县复称临沂县，县辖大部属临沂县。

中华民国 3 年（1914 年）

6 月 15 日—7 月 15 日　山东第一次物品展览会上，临沂县选送的兰陵美酒公司的郁金香酒获优等褒奖金牌，兰陵美酒获优等褒奖银牌。兰陵美酒公司的 6 瓶兰陵美酒，被选为 1915 年巴拿马万国赛会参赛产品。

中华民国 4 年（1915 年）

由山东选送的兰陵美酒公司的兰陵美酒获巴拿马万国博览会金质奖牌。

是年　沂河决口，患及县境东部、南部地区。山东南运湖河疏浚事宜筹办处总办潘复与江苏筹浚江北运河工程局总办马世杰在台儿庄开会，讨论苏鲁两省水利统筹合作事宜。

中华民国 5 年（1916 年）

春　抱犊崮股匪王为等袭掠临沂县第八区（兰陵）。

夏　沂防军营长张华亭在鲍庄击毙匪首王为。

8 月　芙蓉村人刘敢陈与李淑九等人合办《东鲁日报》，宣传三民主义。

10 月　袁永平策反山东新军时，在台儿庄被捕，后被判一等徒刑。

中华民国 6 年（1917 年）

1 月　由王景祜总纂兼总校、兰陵人王思衍参订的《临沂县志》问世。

7 月　张勋所属江防军官于荣先（绰号于三黑）率溃兵 200 余人，顺沂河西岸直奔马头镇，临沂驻军围歼 2 小时，溃兵窜至庄坞、学田庄等地，又连夜窜到神山，并占据全村，势甚凶猛。沂防军第 7 旅向城第二营派兵速剿，卞庄驻军 60 人 23 日驰抵神山，与溃兵接火。后向城、兰陵援兵赶到，合力猛攻，击毙溃兵甚多。溃兵弃寨奔逃，仅剩 50 余人。次日，经 3 小时激战，将其全歼。

中华民国 7 年（1918 年）

6 月 22 日　抱犊崮巨匪张继先（外号张黑脸，小盛家庄人）率 2000 多土匪攻破费南石龙村。村民奋力反击，因土炮受潮而失败。村民 9 人战亡，半个村庄被焚。

6 月下旬　鲁南大雨，山洪暴发，汶、洳河堤冲决，县境受灾尤甚，灾民以赈济度灾。

中华民国 8 年（1919 年）

5 月 9 日　兰陵各界举行国耻纪念会，声援“五四运动”。

中华民国 9 年（1920 年）

4 月 5 日　孙美珠在抱犊崮组建“山东建国自治军”，下辖 5 路军，由孙美珠任联军总司令，提出“以平等为主义，均户为目的。志在除尽贪官污吏，杀绝劣董恶绅”等行动口号。7 月，孙美珠战死，孙美瑶接替其职，继任“山东建国自治军”总司令。

7 月　江淮水利测量局在郯城李家庄成立水文站，分别测量沂河、鄂堵河（武河）的水位流量。

是年　土匪赵成志、徐大鼻子、王景龙、刘四等部盘踞临沂县八区（兰陵）对各村进行抢掠。

中华民国 10 年（1921 年）

春　刘敢陈赴上海，由丁惟汾介绍重新加入国民党。与赵曰路（临沂人）、李小泉（费县人）、汪成章（临沂人）、狄叶（峄县人）、侯六和等人于枣庄开设大同客栈作为秘密联络站。后因消息走漏，赵、李、汪、狄等人皆被捕死难，侯六和因事幸免。

夏　匪首张继先被诱杀后，盛家庄（原属费县东流社，现属苍山县大仲村镇）包三猖獗一时，经常打家劫舍骚扰费南一带。麦收时侵犯东流村，打死吴门三秀才吴清寅、吴清润、吴广誉。

8 月—11 月　《民国日报》连续报道沂州匪事猖獗，蔓延全境。8 月 14 日该报称，自青纱帐起，临郯 2 县土匪猖獗，抢劫毙命之案不胜枚举。郯城西北乡之三合、王庄等村，亦有数起。

是年　兰陵人王思玷，从南京铁路专门学堂结业回乡，创办兰陵小学堂，传播新文化，提倡白话文，推荐高尔基、鲁迅等人的著作，成立读书小组，学习《共产党宣言》。王思玷的短篇小说《风雨之作》发表于《小说月报》第 12 卷 12 号，被评为入选的优秀作品之一。

是年　土匪赵成志、徐大鼻子、徐黄脸、徐牛等部盘踞芦塘（今二庙乡芦塘村）一带进行抢掠。

中华民国 11 年（1922 年）

7 月　郯城溃兵与土匪混合，势众械利，到处抢劫，被害村庄有磨山、芙蓉等处。重者被匪杀伤几尽。李森部第五混成旅在临沂西南乡（今兰陵镇）仅以三营游击剿匪。许团长竟匿迹不闻。在兰陵时，张家屋子村遭匪，一夜告急 5 次，许皆不报。溯自湖子村浩劫后，匪焰日炽。

7 月　抱犊崮为土匪屯聚之处，大者四五千人，小者不下数百人。月中，突有土匪 1300 余人，洗村抢寨。驻军前往追剿，激战一昼夜，伤亡官兵 10 余名。匪势更其嚣张，城镇乡民异常惶恐。

是年 山东省督军派吴长植旅到抱犊崮山区剿匪，令地方为其筹办给养粮草。自此，凡有军事行动，皆向地方索取。

中华民国12年（1923年）

2月 道庄、长城、四哨三保经过会商，组织沿河民众疏浚由江峰口流入燕子河的沂河支流。浅者挖深，窄者加宽，计10余千米。

5月6日 津浦铁路北上的特别快车在距峄县临城站（今薛城）10千米，离沙沟4千米处，被孙美瑶部千余人毁轨劫持。乘客200多人（其中有外国男、女乘客26人）被劫往抱犊崮，成为轰动一时的"中华民国劫车案"。

中华民国13年（1924年）

1月20日 国民党第一次全国代表大会在广州召开。作城城前人张苇村作为山东6代表之一，参加代表大会，并当选国民党中央执行委员会候补委员。

5月 青竹人冷相佑在张苇村、宋聘三、刘积学等人的介绍下考入黄埔军校，成为第一期正式学员。同年8月，由陈赓介绍加入中国共产党，成为苍山籍最早的中国共产党党员。

中华民国14年（1925年）

6月 上海"五卅"惨案发生后，兰陵小学教师王思璞、王思玷、袁永平等广泛发动师生及当地民众开展反帝斗争宣传和募捐活动，支援上海等地的反帝斗争。

夏 以袁永平、侯六合为主要首领的临沂红枪会建立。袁永平在兰陵自建武装及改编地方大刀会众共500人；侯六合在抱犊崮山区收拢孙美瑶旧部200人，加之当地平民，多达4000人。

9月18日 增设琊邪道，今县境大部随临沂、郯城、费县隶属其辖管。王铭珍任道尹兼临沂县知事。

9月 国民革命军第二军委任袁永平为山东游击队第一支队司令，刘敢陈为第二支队司令，王子衡为第三支队司令，刘竹溪为第四支队司令。

9月30日 袁永平率红枪会在兰陵起事。与刘敢陈部在向城大败鲁军黄凤岐部，军威大振。

11月19日 袁永平率部开进临沂城。

11月23日 应袁永平之邀，苏（江苏）军白宝山第一支队在蒋毅带领下进驻临沂城。

12月3日 袁永平在蒋毅的挤压下退出临沂城。

冬 为地主看家庙的宋宜安组织7个村的贫农、佃农，向地主宋卓云进行抗租斗争。

中华民国15年（1926年）

春 红枪会孙安仁、董福楼、刘二、万福沛等部被直鲁军旅长刘荆山招降收编，收编后由所在地方提供给养，并索取开拔费。沂州镇守使翟文林招降收编红枪会袁永平、侯六和、赵玉琢、郑嘉平等部，任袁永平为沂州镇守第三支队队长，主要首领分任营长，分据各区乡。部分红枪会首领仍暗中劫掠。

5月2日 抱犊崮山区匪首孙美官纠众2000余人，绑架"肉票"897人，沂州镇守使翟文林率队进剿，匪众不支，缴械投降。孙美官就俘，"肉票"获救。

7月 侯部军需官、邳州人袁鸿宾因私吞军饷被侯六合发觉，为逃避罪责，遂向沂州镇守使翟文林告密，翟文林在临沂城北第四区驻地鹅庄（今临沂市兰山区枣沟头镇鹅庄村）伏杀袁永平，在城内杀侯六合及会众50余人。翟文林1927年赴济南，途经枣庄时被刺身亡。

秋 袁永平被害后，王思玷率余部转战数日，回到抱犊崮山区，行至孔庄，被杜若堂部下从背后发枪击中身亡。

中华民国16年（1927年）

5月 中国共产党党员刘之言受组织委派，

回到家乡郯城。他以教员身份为掩护，到磨山、四哨等地开展革命工作。

夏　土匪赵嬷嬷袭击埠东村（今属大仲村镇），枪杀村民39人。

7月8日　北伐军第四十四军屡攻临沂不下，杨杰第六十七军十七师主力撤至卞庄、向城一带休整。

8月1日　冷相佑参加中国共产党领导的八一南昌起义，打响反抗国民党反动势力的第一枪。9月30日，在起义部队转战潮州时，为阻击数倍于己的国民党军队，率部浴血奋战而牺牲。

8月底　抱犊崮土匪搬运王有祭尸体，被山后几条峪子的大刀会和马庄的盐巡追赶。土匪企图盘踞费南青龙山。吴保君、吴保田率石龙大刀会发起了猛攻，土匪大败趁夜而逃。次日，匪首王有祭尸体被张家桃峪村民焚烧。因此，后来土匪为复仇又血洗了桃峪。

秋　韩英和领导兰陵18家酒店工人举行罢工，迫使店主答应工人的要求。

11月　临沂县二区民团首领王伯英等人，破李斗金、李斗银、赵家粉等大股土匪于郯城小官庄（今神山镇神山官庄村），毙匪20余人，救出被掳男女399人。

是年　临沂"惠英""惠文"两教会学校合购汽车2辆，专营临沂、卞庄、向城、枣庄线客运。

是年　白山、漫溪、黎丘等地在宋宜安的领导发动下相继成立农民协会。

中华民国17年（1928年）

春　江文胜率匪侵占孙家馆（原属费县东流社，现属苍山县大仲村镇）。石龙村18岁的吴保田率众第一个冲进西门。在激战中，飞身擒烈马，三逮三放，众匪皆惧，仓皇而遁。他不畏子弹纷飞，手持标枪刺中匪首。著名的姑嫂汪一战，救下了40多名"把士"（肉票），大灭土匪威风。

4月23日　山东省废道，琅邪道撤销，所属各县直隶于省，县公署改称县政府，县知事改称县长。今苍山县境大部随临沂、郯城、费县等县直隶于山东省。

夏　鲁南蝗灾。秋后流行伤寒霍乱。临沂西南乡（今兰陵镇）半数农民逃荒。

9月14日　中共老屯党小组建立，吴敬坡为党小组长。

冬　长城、四哨、芦汪子、小马庄等村组织农民协会。

中华民国18年（1929年）

1月29日　南京国民政府公布《捐资兴学褒奖条例》。临沂县兰陵区团店村李登云捐资1.1万元大洋，创办私立新民小学，获褒奖一等奖。

9月　中共老屯支部成立，负责人王以仁，党员20余人。此为苍山县境内最早的中共支部。

10月　中共郯城三小支部在马头（今郯城县马头镇驻地）成立（后称鲁南第一党支部），刘之言任书记兼宣传委员，刘谐和任副书记，孙镇国任组织委员。

12月　山东省建设厅着手修建台潍公路，途经卞庄等地。

是年　大旱。

中华民国19年（1930年）

春　中共鲁南第一支部主办的《红色鲁南报》创刊，版式八开，不定期油印小报。孙镇国任主编。1932年6月为中共临郯县委主办。1932年7月孙镇国被捕，马叙卿、刘谐和继之，转移到临沂城北川流小学出刊。1933年7月"苍山暴动"失败，中共临郯县委遭破坏，报纸停刊。

7月—8月　大雨，涝灾严重。

9月　中共徐海蚌特委派鲁南特派员唐东华到临郯一带开展工作。

是年　中共党员郭云舫以教书为掩护，在磨山西疃、夏庄等地进行革命活动。

中华民国 20 年（1931 年）

春　刘之言在马头三小发展校长宋幼准等人加入共产党。之后，又深入农村，发展赵叙五等人入党，并相继建立起北哨、褚墩、芦汪子、小马庄等党支部。后又在临沂省立五中和三乡师发展党员，并先后在上述两校成立党支部。同时刘盛华根据鲁南第一支部的指示，建立临沂五中党支部，自任书记。至此，以刘之言为领导人的鲁南党组织，已逐渐扩大到临郯广大地区。

4 月 18 日　韩复榘督师分 3 路进剿抱犊崮土匪，攻击兵力 2 万人。土匪孙美松部 6000 人，分据南山等地。总攻发起后，连日激战，土匪利用有利地势据险顽抗。韩下令实行根诛：除妇孺外，凡 15 岁至 50 岁男子，如无“连环保”者一律处死，并将抱犊崮山区匿匪村庄择要焚毁。至 5 月 4 日，基本肃清，被捕土匪多被当场杀戮，所有要隘路径及山洞一律破坏。

9 月　中共山东省委派省委委员宋鸣时到傅庄、卞庄一带，以教学为掩护，开展党的地下工作。10 月，移至后杨官庄、小屯一带，发展陈信亭入党，成立“抗日救国会”“中共临沂县特别支部”，宋鸣时任书记。

秋　刘之言组织领导的中共四哨区委成立（即郯四区区委），隶属中共鲁南第一支部领导，书记朱次彭，委员有颜景武、危益民、徐鹤亭，辖长城、磨山、四哨、褚（墩）桥（头）等党支部。赵民三为长城乡党支部书记，朱安甫为四哨乡党支部书记，颜景武为磨山乡党支部书记。

10 月　中共山东省委委员宋鸣时到后杨官庄、小屯一带以教书为掩护进行地下活动，发展陈信亭入党，成立“抗日救国会”“临沂特别支部”，自任支部书记。

12 月下旬　韩复榘收编鲁南各路土匪，扩充实力。

是年　开始种植美棉，即脱籽棉、金低棉。

中华民国 21 年（1932 年）

5 月　唐东华与刘之言接上组织关系，除全部承认刘之言所发展的组织外，并指定刘之言、孙镇国、马叙卿 3 人正式组成中共郯城县委（前身鲁南第一支部）。刘之言任书记，组织宣传委员孙镇国、委员马叙卿，隶属中共苏鲁边徐海蚌特委领导，辖涝沟、马头、城关、四哨 4 个区委。

6 月　中共郯城县委驻马头三小地下机关遭严重破坏，党的领导人孙镇国、胡维鲁和宋幼准等先后被捕。刘之言、马叙卿等转移到临郯边界地区继续从事党的活动。

6 月中旬　中共郯城县委在北哨村朱次彭家召开会议，决定 7 月 15 日以四哨为中心举行郯马暴动。会议进程中，由于芙蓉村国民党员刘家干的突然闯入，随即休会转移，暴动计划中止。

9 月　中共郯城县委改称为中共临郯县委，隶属中共山东省委领导，在西大埠成立，刘之言任县委书记兼组织部部长，赵叙五任宣传部长，郭云舫任军事部部长，田英任组织部副部长。辖临沂、郯城和峄县的中共党组织。到“苍山暴动”时，活动范围扩大到 106 多个村庄，350 名党员，建立起 4 个区委、21 个支部、101 个党小组。

中华民国 22 年（1933 年）

1 月　经国民党山东省党部负责人张苇村建议，山东省政府查勘柞城故城，拟划临沂县七、八（卞庄、兰陵）两区及郯城、费县交界地区新建柞城县，后因城址偏东、经费无着及当年 7 月“苍山暴动”影响而停办。

5 月　中共临郯县委在尚岩小学召开临、郯、邳支部代表会，制定“苍山暴动”计划。

6 月　中共山东临时省委书记张北华到鲁南视察，批准“苍山暴动”计划，决定于 7 月 10 日举行暴动。

7 月 5 日　苍山暴动的南路队伍提前行动，

张鲁峰、颜成志等带二三百人向苍山大圩子集结。途中遭国民党军队李占标旅围击，张鲁峰在徐桥牺牲。当晚，中共临郯县委决定将暴动日期提前到7月6日。

7月6日　中共临郯县委书记刘之言带领30多人，携枪登上大苍山山顶，竖起“中国工农红军鲁南游击总队”大旗，鸣枪三响，作为暴动信号，暴动开始。暴动在大圩子村集结队伍250余人，枪械130余支，在镇压了反动地主后，宣布成立中国工农红军鲁南游击总队和苏维埃政府，郭云舫任鲁南游击总队司令，刘之言任政委，赵叙五任苏维埃政府主席。

7月7日—8日　小城东地主盛书典、和庄地主胡兆谦纠合民团武装600余人，向大圩子进击，被姜保恩率队打退。神山地主侯树范、于庄地主于庭阶纠合约300人，向暴动地点进攻，被刘文漪率队击溃。两天激战，缴获敌枪3支。

7月9日　躲藏在神山村侯树范家中的刘七，跑至临沂报告，请求派兵镇压暴动。

7月10日　国民党军唐邦植旅开始围攻大圩子村。刘文漪等13人牺牲，暴动失败。刘之言身负重伤后，带领部分人员突围，追兵迫近时，他只身跑离队伍，高呼“共产党员在这里”，把敌人吸引过去，以自己的牺牲为他人争得了脱险的机会。后来，被押至卞庄杀害。

7月12日　郭云舫、田英被俘后，历尽残酷折磨，高呼口号，从容就义。

8月18日　唐东华、孙镇国、孙善师等人在济南遇难，是为著名的“泺口九君子”事件。

秋　国民政府六十六旅旅长李占标清乡剿匪，匪首赵家枌等20余人被剿杀。

冬　台潍公路开始建设。次年9月建成通车。

是年　临沂县长范筑先下令禁赌，社会赌风收敛。

中华民国23年（1934年）

夏　中共枣庄区工委书记郭子化到抱犊崮山区开展革命工作。

9月　台潍公路建成通车。经兰陵、向城、卞庄等地，境内长48千米，路宽4米。

冬　临沂县县长范筑先下令严查毒品。

中华民国24年（1935年）

1月　中共枣庄矿区工委书记郭子化召开枣庄矿区和周围地区党组织负责人会议，选举产生中共苏鲁边区临时特别工作委员会，郭子化任书记。特委派人赴西安，与中共西北特支建立组织关系。从此，苏鲁边区临时特委隶属西北特支领导。

1月2日　国民党中央候补委员、山东省党部执行委员、山东省政府委员、柞城城前村人张苇村在济南遇刺身亡。

春　临沂县联庄会成立，县长范筑先兼任会长。

4月　中共苏鲁边区临时特委派郭致远等先后到抱犊崮山区开展工作，发展万国华等40余名党员。

是年　“苍山暴动”后，遭严重破坏的鲁南中共组织开始恢复活动。

中华民国25年（1936年）

是年　大旱，农业歉收。

是年　斑疹伤寒、猩红热病流行。

中华民国26年（1937年）

8月　山东省第三区行政督察专员张里元召见地方士绅万春圃，研究建立联庄会问题。中共苏鲁豫皖特委得知消息后，立即动员山区各县党组织，积极从事恢复联庄会的工作，利用联庄会从事抗日活动。临沂县联庄会长为万春圃。

9月　兰陵国民抗敌义勇军成立，150余人。10月，赵昭、杨只晨率部在北大寺起义，杨只晨及其胞兄杨景田毁家纾难，卖地买枪、捐粮。

这是县境内的第一支抗日武装。

10月　张里元在尚岩召开会议，决定建立临、郯、费、峄四县边区联庄会办事处。张里元任秘书，李同伟任主任，士绅宋鲁泉任副主任。办事处下设6个股（其中5个股长为中共党员），设常备队50余人。

11月10日　临郯费峄四县边区联庄会办事处在尚岩沟西成立，李仲勋任办事处主任。下设组训、宣传、军事、谍报、卫生、庶务6股。办事处内成立秘密中共支部，李韶九任支部书记。

是年　“七七”卢沟桥事变后，“苍山暴动”幸存下来的共产党员和进步人士纷纷挺身而出开展救亡活动。杨月阳、赵叙五、王献廷在小岭一带筹划抗日救亡，发动青壮年近百人组建抗日武装。共产党员宋宜安等在长新桥、白山一带建立农民协会。傅伯达、傅展如、王子通等在涌泉一带组织青年学生40余人，成立抗日武术队，打造大刀、长矛，准备杀敌。

中华民国27年（1938年）

3月26日　日军2架飞机轰炸兰陵，炸死百姓40余人，炸毁民房50余间。

3月27日　日军1架飞机在大官庄轰炸国民党军李占彪部军车。当日下午，在长新桥、西柞投炸弹10余枚，炸死百姓23人。其中崔振龙一家被炸死5人。

4月13日　日军杀死西柞村民26人，烧毁房屋6间。其中，左明贤家4人全被杀死，女儿在母亲怀中头被砍掉，口里仍含着奶头。

4月21日　日军占领卞庄、向城、兰陵等地。进入兰陵后奸淫烧杀抢掠，有的妇女被奸污后刺死。王思衍不甘做亡国奴，自缢身亡。

4月　台儿庄大战。日军坂本支队经向城、艾曲进入兰陵，从东边攻击五十二军侧背，对台儿庄围歼战造成威胁。1日，第五十二军迅速抽调1个步兵营、2个骑兵连赶赴作字沟阻击日军。主力以横山为轴，外翼经横山东北转向艾曲、向城，将日军卷入包围圈。第八十五军由青山附近向南桥、鲁坊一带日军攻击，掩护五十二军侧背。2日，五十二军攻占作字沟，二十五师张濯明部向兰陵、横山日军发起攻击，歼其大部。4日，五十二军肃清兰陵周围日军残敌，向台儿庄进军。

台儿庄大战期间，临郯青救团趁日军慌乱之际，伏击日军运输车队，全歼日军百余人，缴获大炮2门、机枪1挺、步枪60余支。临郯青年游击小组袭击进攻向城的日军，使敌不知虚实，两天不敢前进。兰陵等地民众组织大批运输队、担架队，赶运物资，救护伤员。

5月　中共临郯县委在三重（今罗庄区）建立，韩去非为书记，迅速恢复了老屯、小屯、芦柞等10个党支部。

5月中旬　中共临郯县委在丁庄小学召开大会，正式建立临郯青年救国团县团部，开展抗日救国运动。后相继成立50个分团，其中在兰陵一带成立的第十七分团为最大的一个分团，分团第一次会议选举陈德吾为常务委员。青救团十七分团后来改为青救团临沂八区团部，常务主任先后由陈德吾、靳耀南、任广秀担任，秦泽浦、王伯华等为委员。

6月　第十集团军（国民党石友三部）中共工委成员张友渔、袁鸿烈到庄坞指导工作。

8月　中共临郯费峄四县边区（边联）委员会（后称边联县）在车辋建立，王永福（王一夫）任书记。

9月上旬　日军五六百人乘六七十辆汽车沿台（儿庄）潍（坊）公路由西南方向至燕柱山开来。张里元部卢焕彩团见敌势大，一枪未放即撤出阵地。鲁南军区四县边联直辖第一营一连与张里元部何志斌团向日军发起攻击，毙日军67人。此役，直辖第一营连长宋荣文等60余人及何志斌团45人壮烈殉国。

10月　四县边区联庄会办事处主任李仲勋

调任国民党峄县县长，拉走部分武装。办事处即被中共边联县委接收。

10月　沙埠开明地主王炳南、层山开明地主张建侯参加抗战。八路军山东纵队临郯独立团成立时，王炳南送30人和30条枪，供应大批粮食和弹药。张建侯动员本村青年参加部队，组成1个排。

11月4日　日军300人分乘11辆汽车，突袭山东农抗团总团驻地老屯村。战斗中，八路军牺牲72人，老屯村7名农民同时遇难。

12月8日　八路军临郯独立团在台潍公路小城东附近伏击日军，激战2小时，毙敌20余人，伤敌10余人，击毁汽车1辆，获三八式机枪1挺、步枪2支及其他战利品。

中华民国28年（1939年）

1月初　中共鲁南特委在费县朱满成立后移驻南坡，特委机关对外称八路军第三工作团，辖临郯、边联、临费、费县、峄县、滕县等县委，宋子成任特委书记兼社会部部长。

1月　鲁南人民抗日义勇第一总队（直辖第四团）在群众支持下，围困车辋日伪据点，历时40天，共毙日伪军80余人，拔除了车辋日伪据点。

2月初　日军再次占据车辋，并从临沂、枣庄调集500人进犯大炉。6日，四团及边区武装合兵抵御，万国英率队冲锋，中弹牺牲。战士义愤填膺，一鼓作气击溃日伪军，再次夺回车辋。

2月8日　八路军山东纵队临郯独立团在临（沂）郯（城）公路伏击日军，毙敌20余人，击毁汽车4辆。

2月　中共临郯（中心）县委撤销，在涌泉恢复中共临郯县委，王永福为书记。辖庄坞、道桥、长城、兰陵、苍马5个分区委和马头、徐黄2个特支。

春　临郯青年救国团组织“民众”“黎明”“青年”3个剧社，在庄坞、涌泉、宋庄一带活动。

4月8日　埝头日伪军百余人，在1架飞机掩护下增援棠林，行至西柞，遭八路军伏击。激战4小时，日伪死7人，伤10人，溃败。

4月　临郯青救团十七分团夜袭兰陵守敌仓库，将日军库存的大米、汽油全部烧光。

5月　肖姬庄（今苍山县层山镇肖姬庄村）村民同日军激战，打死、打伤日伪90余人。村民死伤惨重。边联办事处调集武装，一举攻克反共据点杨庄，活捉土顽头子杨福洪，公审处决。

6月　中共鲁南特委先后在芦汪子、土头、沙埠等村举办两期抗日干部训练班，培训800余人。

7月　边联地区南部无极道众7000人，走上抗日道路。道首王桂荣在战斗中冲锋陷阵，为保卫抗日根据地做出贡献。

9月1日　八路军第一一五师参谋处长王秉璋、政治部副主任黄励率领直属大队到达大炉，开辟以抱犊崮山区为中心的鲁南抗日根据地。

9月　鲁南军区政治部和三地委工作团在大炉村成立“抱犊剧社”，演出《鞭打芦花》等节目。

10月27日　八路军第一一五师政委罗荣桓、代理师长陈光率师直属队一部，由东平湖进入抱犊崮山区大炉。罗荣桓在全师党的活动分子会议上作《关于目前形势和任务的报告》。

10月　鲁南人民抗日义勇军第一总队改编为八路军第一一五师苏鲁支队。第一一五师抽调百余名干部帮助地方开展民运工作，拨给边区县500支步枪，扫清了抱犊崮山区附近的日伪据点。

10月　陈信亭在沙埠建立后方医院救护所，隶属东进支队后方医院领导。八路军第一一五师东进支队进入鲁南第四地委驻地沙埠。正值阎丽天部围攻驻西哨的临郯独立团，东进支队飞速增援，将顽军赶跑。

11月10日　八路军第一一五师直属队与边联县自卫团攻打孔庄反共据点，激战2天，把土顽杜若堂部彻底消灭，共缴获步枪200余支、机枪 4 挺。

12 月　日军“扫荡”临郯平原根据地和抱犊崮山区，沿途烧杀抢掠。根据地军民开始反“扫荡”。

12 月　边区县实行累进税制，推行合理负担。

中华民国 29 年（1940 年）

1 月 6—15 日　八路军第一一五师在大炉召开干部联席会。罗荣桓作《关于建设抱犊崮山区根据地》的报告，陈光作《坚持我们的阵地》报告。

1 月 19 日　八路军第一一五师东进支队教导大队迎头痛击由埝头向长新桥进犯的日伪军，毙敌 30 余人。

1 月　以庄坞、涌泉为中心的临郯平原抗日根据地军民，粉碎日伪军 5 次“扫荡”，共毙伤敌 200 余人，缴获步枪 50 余支，于层山狙击日军 12 辆坦克、6 辆汽车。日军飞机在层山扔炸弹 4 枚，炸死 100 余人。

2 月 4 日　《大众日报》刊文《模范抗战妇女》，报道芦汪子村妇救会的模范事迹。

2 月 7 日　八路军第一一五师发布《对抱犊崮山区统战工作问题的指示》。同时，提出对东北军统战工作的政策和策略。

春　中共鲁南区党委书记赵镈创办党刊《先进》，并撰写发刊词。

3 月 9 日　伪大队长刘兆麟纠集所部攻进后杨官庄村，纵火烧毁房屋 120 余间，将抗日干部李华源、姜善荣的亲属 9 人推入火海烧死，把地下情报员李锡范、李焕兴及其亲属 4 人杀害。

3 月 14 日　临沂县抗日民主政府在庄坞成立，丁梦荪为县长。临沂游击总队在庄坞成立，丁梦荪兼任总队长，有 1200 人枪。

3 月 22 日　中共边区县委将边联地区地方武装统编为四县边联游击支队，万春圃为支队长，于化琪为政委，下辖 4 个大队。

3 月　临沂县抗日民主政府主持治理小涑河，从层山到邳县边界进行开挖疏通。自 1939 年冬开工，至 1940 年春完工。按地亩出夫，无劳力者出钱粮补工。

4 月 13 日　中共山东分局决定撤销第一区党委，建立鲁中和鲁南区党委。5 月，赵镈任中共鲁南区委书记兼社会部部长。原三、四地委划归鲁南区党委，临郯费峄四县边区县属鲁南区党委直接领导。

4 月 14 日至 5 月上旬　鲁南军民进行反“扫荡”，共作战 30 余次，毙伤敌 2200 余人。

4 月　《新群众报》在涌泉创刊，为中共第四地委机关报，后为三地委机关报，3 日刊，1941 年 10 月停刊。

5 月 26 日　临沂县八区联庄会长、横山（今苍山县兰陵镇横山村）“抗敌自卫团”团长李子瀛以共商抗日大计为名，宴请中共兰陵区委和动委会的全体干部。席间以摔杯为号，将赴会的车志远、陈德吾、蒋作孚、王一鳌、孙锡九 5 人当场抓捕并杀害。此后，李又逮捕工青妇各救亡团体干部及抗属 200 余人，动委会成员朱景星、高振声等人亦遭杀害。“横山惨案”发生后，鲁南总动委会第四分会强烈谴责李子瀛反共反人民的罪行，呼吁有关方面严惩凶手。

6 月 11 日　鲁南参议会、鲁南专署建立，彭畏三任参议长，于化琪任专员。鲁南专署直接领导峄县、费县、边联县 3 个抗日民主县政府。一行署于 7 月 29 日建立，后改称三行署，由张策平任主任，辖郯城、临沂、邳县、赣榆、东海 5 个抗日民主县政府及苍马办事处。

6 月　日伪军扫荡临郯平原根据地。庄坞保安团的张绍九带 30 人投敌，到华岩寺安据点。

7 月　鲁迅艺术大队在庄坞成立。由临沂县动委会宣传队、临郯青救团宣传队、农抗团宣传队及庄坞小学宣传队合编而成。

8 月 18 日　雷雨口反动地主高子元等，煽动四县边联支队第二大队第八中队叛变，在雷雨口活埋抗日干部5人。20日，八路军一举将其歼灭。

8月　罗荣桓、赵镈在临沂县委驻地涌泉检查工作，解决民主理财和干部作风等方面的问题。

9月　边区县文联成立，赵先进任会长，办起会刊《边联抗战文艺》。鲁南三军分区将临郯民众剧社、先锋剧社合并，成立沂河剧社。

10月　鲁南商店在刘郭村成立，主要经营食盐，又称“盐糟子”。

10月　鲁南区党委决定，并报请山东分局和第一一五师司令部批准，成立鲁南军区，统一领导鲁南各地的武装力量。邝任农任司令员兼政委。不久，张光中任司令员，邝任农（其后有赵镈、王麓水、傅秋涛）任政委，孙伯龙（其后有万春圃）任副司令员，贾耀祥任参谋长，潘振武（其后有曾明桃、丁秋生、张雄）任政治部主任。接着又成立了鲁南军区一、三军分区。

11月27日　临沂游击总队拔掉杨官庄伪据点，毙伤敌37人，俘敌128人。

11月　《抱犊崮报》在岭南头、张峪子一带创刊。1941年改为《战号》，1943年改为《鲁南报》，主编先后有刘兴华、郭仲选、高博、李洪林等。

11月　八路军在凹子埠、林前、小卞桥一带歼敌500余人。

12月18日　临沂游击总队拔掉将军桥伪据点，俘敌50人，缴获步枪50余支。

12月　峄县支队激战10小时拔掉仲村伪据点，毙伪乡长等20余人，俘敌80余人，缴获枪百余支。

12月　八路军鲁南三军分区成立沂河支队，贺健兼任司令员，薛浩任副司令员，杨涤生兼任政委，王献廷任参谋长。支队下辖两个大队。一大队由临沂总队改编组成，二大队由邳县总队改编组成。

是年　沂河以东、运河以北相继伪化，日、伪、顽、匪乘机打劫，加之久旱不雨，农业歉收，人民生活极其困难。为减轻根据地人民负担，保存抗日力量，八路军第一一五师六八六团留下配合鲁南区党委坚持斗争，其余分散转移至鲁中、滨海、苏北地区。

中华民国30年（1941年）

2月　沂河支队二大队在沙埠把外出抢劫的200名顽军击溃，毙伤敌50人。在土头村毙伤敌200余人。五连指导员花如景等3人俘敌孙业鸿部1个连、87人，缴获步枪70余支、机枪1挺。

2月　边区县春荒严重，鲁南区党委、军政机关向外转移。

3月28日　临郯费峄四县边联抗日人民代表大会在万村召开，成立临郯费峄四县边区政府，简称“边联县”。30日闭幕，盛清益为参议会会长，狄井芗当选为县长。

4月中旬　八路军第一一五师、鲁南军区部队进击临郯日伪据点，激战7昼夜，攻克老屯、卞庄、汤庄、神山、文昌山、窑北头等据点，毙伤日伪军100余人，俘伪大队长、伪乡长以下300余人，缴获战马10余匹、长短枪250余支、炸弹300余枚、子弹千余发。

4月25日　国民党第五十一军六八三团团长张本枝率部突然包围临郯费峄边联县驻地车辋。中共边联县委、县政府人员一边战斗，一边撤退。26日，转移到邳县吕家村，又突遭日军包围。县长狄井芗带部分人员冲出吕家村，穿插到邳县南部。中共边联县委宣传部部长马驰、青委书记杨彬等19名干部、战士牺牲。张部占领边区县后，仅在九女山一处，就活埋抗日干部和群众77人，劫走民兵枪支2000余支，抗日力量遭受重大损失。

5月16日　八路军第一一五师教导二旅四团、五团、教导大队、沂河支队及鲁南军区地方武装，分两路向侵占临郯费峄边联县的顽军

王洪九部发起反击。东路由滨海四团、峄县支队、沂河支队组成，经宝山前、车辋向北进攻。西路由五团与教导大队组成，经上村、大炉、马山向东北挺进。历时半月余，经马山、升平庄、车辋等大小十几次战斗，歼顽军600余人。边联县根据地又回到抗日军民手中。

6月10日　边联支队在临枣公路上伏击敌运输车队，激战3小时，击毁敌车8辆，焚烧汽车5辆，俘敌1部。

6月17日　八路军第一一五师教导二旅及鲁南军区部队攻击寨子、西柞等伪据点，毙敌百余人，打毁汽车5辆。同时，击溃援军400人。

6月—8月　县境北部山区干旱无雨，水井多数干涸，人畜吃水困难。

7月24日　日伪军对鲁南地区“扫荡”，在边缘地区设置据点，对临郯费峄边联县封锁蚕食。鲁南行署机关及临郯费峄边联县机关、县大队向抱犊崮山区转移。25日拂晓，在上村附近突遭国民党军张本枝部伏击，双方短兵相接，战斗激烈。鲁南党政军机关和边联县有十几人牺牲，数十人被俘。经奋力苦战，方摆脱张部围击。此后，鲁南行署及边联县政府转移到邹（县）滕（县）一带活动。

9月　临沂县在杨家官庄（今庄坞镇向曙村）召开第一次党员代表会议，选举傅展如为县委书记，并部署反“扫荡”工作。

9月　国民党第五十一军进攻卞庄等地，枪杀抗日军民，焚烧民房，抢劫财物。

秋　国民政府费县县长顾寿彭带人一夜间在县境南部抓捕了40多名共产党人家属。他们在石龙村西头老陈家安起临时县政府，对这些人进行残酷审讯。后在石龙村西北角使土汪活埋20多人，其余的20多人在第二天夜里被带往鲍家庄，下落不明。

10月5日　边区县大队新兴区中队拔除尚岩伪据点，缴获10余支枪。

10月10日　伪军1万余人，采取长途奔袭和“拉网梳篦”战术，对临郯平原抗日根据地进行“扫荡”。上午8时，伪军将中共鲁南第三地委、第三行署、第三军分区和临沂县委、县政府机关及教导二旅四团的一个营包围在庄坞、层山、褚墩、涌泉等方圆不足6千米的狭小地区内。抗日武装经多次冲杀，仍未突出重围，只得凭借交通沟与敌周旋。10时，在涌泉南湖与敌展开激战。下午3时，从东面打开缺口，冲出包围，撤至沂河以东。在突围中，三军分区副政委赖国清、沂河支队独立一团团长颜岩、沂河支队一大队教导员崔广润等100余名干部、战士牺牲。这次“扫荡”后，临郯地区全部伪化，临沂县党员由1500人减少到338人，26个支部被破坏。

10月11日　日军数百人突然包围肖姬庄，集中小炮、机枪袭击，扫射村内，并顺风施放毒气。民兵、群众以简陋武器顽强抗击。日军攻进圩内，杀50余人，烧房240余间，粮食、牲畜被抢掠一空。

10月上旬　边区县大队一个班在吴庙子以北掩护机关转移时，被敌包围。从早晨5时战至8时，毙伤敌20余人，全班人员遇难。

10月27日　国民党六八三团团长张本枝率4000人突袭中共鲁南区委驻地银厂村，何玉田等7人当场牺牲，中共鲁南区委书记赵镈被俘。“银厂惨案”中，抗日军政人员40余人先后遇难。

11月13日　中共鲁南区委书记赵镈被敌活埋于九女山西嵎。他在临终前还利用生命的最后一息，向行刑的国民党官兵宣传抗日救国的道理，然后高呼口号，英勇就义。

11月　国民政府军事委员会调查统计局济南站派杨可僧重建沂州组，机关及电台设在顽军王洪九司令部驻地矿坑村。

11月　人民政权鲁南专署在边联县刘郭村（今鲁城镇刘郭村）组织商人到滨海区运盐，建立“盐槽子”，实行食盐专卖，粉碎了敌人的封锁，保证了抗日军民的食盐供应，发展了根据地经济。

12月　中共山东分局宣传部部长兼山东战工会秘书长李竹如到鲁南检查指导工作。中共鲁南区委在张村召开扩大会议，李竹如作讲话，号召军民团结一致，发扬顽强斗争精神，咬紧牙关，渡过难关。

冬　鲁南被服厂在流井建立，有工人10人、缝纫机1部，后扩大到40部。1946年1月，与3个军分区的缝工队合并，更名为鲁南军区被服厂，拥有500余名工人、120部缝纫机。

中华民国31年（1942年）

1月　边联县各分区委书记兼任区中队指导员，加强军事工作，整顿县大队。全县训练民兵470人。

3月　中共鲁南区委向山东分局报告组织工作：边联县自三大“事变”以来，在解放区恢复整顿143名党员，在顽占区恢复23个村的党组织、5个支部。临沂县自“双十扫荡”以来，完全配备灰色干部，撤出53名公开干部，党员深入群众进行对敌奸细的侦察。区党委对基层党支部进行恢复整顿，总结推广河头、芦汪子等支部对敌斗争、巩固组织的经验。

4月　为开辟郯马地区工作，山东分局决定，成立中共马陵工委，王子通任工委书记。同时成立马陵办事处，傅伯达任主任；中共临邳县委建立，孙哲南任书记。

5月　边联县在漫溪、段庄等地开展“双减”试点。

6月18日　中共马陵工委书记王子通、办事处主任傅伯达等率武工队深入敌占区南营子村，活捉鲁南匪首、日本特务头子刘月亭，并将其处决。

6月23日　八路军五团一大队突袭向城伪军据点，击毙日特张成志、叛徒李文献等，俘敌150人。

7月2日　八路军沂河支队副司令员王献廷、马陵办事处主任傅伯达带领马陵办事处公安局干部战士在马湾村（今庄坞镇马湾村）西武河岸边设伏，击毙到庄坞搜集情报的日本特务13人。

7月　临郯地区伪化后，边联县的苍山、小岭、车庄、迷龙一带划归临沂县，双减队在大冶等村进行双减试点。

7月　中共中央代表、新四军政委刘少奇由滨海区返回延安，途经边联县，在迷龙汪住一宿，后到达埠阳。听取八路军五团政委王六生关于鲁南工作情况汇报，就“双减”和对敌斗争等作重要指示。三天后离开埠阳，再经鲁西去延安。

8月28日　兖州、济南、临沂、费县、枣庄等地日伪军5000余人拂晓包围驻守费南县石河（今车辋镇石河村）一带的国民党军第五十一军一一三师六七四团，战斗异常激烈。七连连长吴金贵负伤数处，仍率部与敌巷战肉搏，全连官兵大部壮烈牺牲。是年冬，为石河战斗阵亡烈士公墓立碑，镌刻战斗经过和54位烈士的英名。

8月　日伪4000余人从徐州、临沂、济南等地分8路“扫荡”抱犊崮山区根据地。抱犊崮东南的基本区被压缩到仅剩十几个村庄，即所谓的“东白山、西白山，南北漫子宝山前，东西十余里，南北一线牵”的格局。八路军跃入敌后开展游击战，迫敌撤退。

8月　中共临郯邳中心县委建立，孙哲南任书记。

8月　边区县侦察员于守平在尚岩集场击毙日特汉奸金良喜。

9月23日　边区县公安局局长郭华带精干武装在向城集场将作恶多端的叛徒蒋春之击毙。

11月　中共鲁南区党委决定，在敌占区成立中共沂河地委，韩去非任书记。撤销临郯邳中心县委。成立兰陵县办事处，王乡南任办事处主任。成立中共临西工委，萧芳洲任工委书记。

11月　八路军沂河支队在南桥俘获伪乡长等10人，救出被抓民工2000余人。

11 月　日伪军 200 余人在埠阳安据点。八路军化装成农民与当地民兵实行围困袭扰战术，不到 50 天把敌人赶跑。

12 月　日伪军对鲁南抗日根据地进行疯狂“扫荡”“蚕食”，在鲁南设据点 440 余处，抱犊崮东南的基本区仅有 10 余个村。

中华民国 32 年（1943 年）

1 月　日伪军万余人“拉网合围”鲁南，打通尚岩至九女山、城前至梁邱、城前至平邑 3 条公路线，建立埠阳、九女山等据点，将鲁南根据地分割成 5 小块互不相连的地区。八路军五团先后奔袭河湾、小仲村、孤山屯等日伪据点，击毙日军 20 人，俘日伪 160 余人。

1 月　抗日民主政府临西办事处成立，王元荣、杨权（杨沂民）先后任办事处主任。中共兰西工委改称中共兰陵县委，孙哲南任书记。

2 月 9 日　日伪军 4000 余人以大炉为合围中心，“扫荡”国民党第五十一军。

2 月 15 日　国民党第五十一军打破日伪扫荡后，在大炉召开祝捷大会。遭日军炮火猛烈轰击，死伤 800 余人，被迫撤出大炉。

2 月　临郯县妇女救国会主任郑汀云与毕秀英、丁梦荪等到临沂县宋庄（今磨山镇宋庄），动员进步人士沈林甫（原名沈廷仁）参加救亡工作，将他组织的民族解放促进会改编为临郯青年救国团第四分团。

3 月 6 日　八路军五团一部奔袭小埠子日伪据点，经 5 小时战斗，全歼守敌。刺死日军 20 人，俘 5 人，击毙伪军 10 余人，俘虏 50 余人。

3 月 18 日　山东纵队一旅政委王麓水任鲁南区党委副书记兼鲁南军区政委。同年 9 月，任中共鲁南区委书记。

3 月　鲁南区党政军机关精兵简政，开展大生产运动，实行生产自救。

3 月　抗日民主政权兰陵办事处成立。

4 月　国民党李仙洲部第九十二军由鲁西进入鲁南，向八路军进行挑衅。八路军五团在高桥、吴家沟、阳泉等处狙击，共毙伤敌 240 余人，缴获小炮 1 门、枪 22 支、电台 1 部。

5 月 30 日　八路军第一一五师代理师长陈光途经上村去延安。

6 月　鲁南形势继续恶化，根据地急剧缩小。八路军五团在荆山口狙击抢掠的国民党军第一四二师，俘敌 300 余人，缴获大批物资。

7 月 4 日　滨海军区主力部队连克芦塘、湖埠、沙墩、二庙等 10 多个日伪据点，毙敌数十人，俘敌 50 余人，缴获手炮 1 门、枪 120 余支。

7 月　八路军五团拔掉云峪日伪据点，在南码头伏击日军，毙敌 80 余人，缴获小炮 6 门、机枪 1 挺、步枪 87 支。

9 月　国民党张里元部与日军达成反共协议。兰陵县区中队在洳河东歼其一个连，毙伤顽军 10 人，俘 60 人，缴获机枪 2 挺、步枪 50 支。

10 月　国民党中统局鲁南区室主任、费县党部书记安茂珊宣布解散县党部，将电台送给王洪九（时驻矿坑）后，带部下若干投奔伪军荣子恒（驻今苍山县、费县交界处）部。

11 月　敌伪沿青竹、华岩寺、层山、南桥、兰陵 30 千米一线挖封锁沟，筑封锁墙，加强对临郯平原抗日根据地的封锁。临郯军民不断破袭，挫败敌人阴谋。

是年　自下半年起，山东抗日根据地停止使用法币和伪币，北海币成为根据地唯一的本位币。

中华民国 33 年（1944 年）

1 月 3 日　八路军五团在陡沟庄包围增援白山据点的荣子恒第十军，歼其 400 余人，军长荣子恒化装逃跑。战斗中，八路军五团副大队长邓岱林等 18 人牺牲。

1 月　边联县在车辋、王楼进行“双减”斗争，斗争恶霸地主，车辋退回租粮 4872 千克。临西县在迷龙进行“双减”试点，发动群众斗争参与镇压“苍山暴动”的恶霸地主马朝奎。

2月初　中共鲁南区委在大邵庄召开扩大会议，宣布将边联县改称赵镈县。

3月3日—5日　八路军五团对伪军李子瀛部发动攻击，全歼700余人，活捉李子瀛。

春　中共鲁南区委在鲁南中学（设在大炉）培训师资一期，共50余人。

3月27日　临沂县伪警备队第十二大队长杨庭芸率保安自卫团及下属黄山、兰山、涌泉、庄坞等10多个据点700多人枪，在庄坞起义。

4月中旬　沂河地委在高尧村召开会议，贯彻鲁南区党委会议精神，决定加强领导，整顿党群组织，巩固和发展抗日武装，大力开展“双减”工作。会后，在涌泉、层山、庄坞等地进行“双减”试点。

8月2日　中共庙山区委书记兼区长张国柱被日伪军肢解，悬首示众，惨不忍睹。

10月27日　“银厂惨案”烈士纪念碑落成。1943年5月赵镈烈士遗骨由九女山迁葬文峰山，开始修建“银厂惨案烈士纪念碑”。同时，赵镈县干部群众自动捐献铜钱，为赵镈烈士铸成铜像，镶在烈士墓前。

秋　下湖村自抗战以来，全村进步青年组织“大刀会”，防土匪，保家乡。自1939年建立村党组织及农、青、妇、童抗日团体以来。1942年后，又抗击十数次日伪军的进攻，成为抗日的坚强堡垒。下湖村被鲁南军区和中共兰陵县委、县抗日民主政府命名为“抗日模范村”。

11月上旬　临沂县大队在芦汪子党员群众帮助下，全歼国民党张里元部1个连，俘50余人，缴获机枪2挺、步枪40余支，迫敌放弃10多个据点。

12月　赵镈县民兵开展地雷战、石雷战、麻雀战，巧妙打击敌人。卞庄、麒麟山等地的地雷阵，狙击了敌人的“扫荡”。

冬　山东省文工团与鲁南军区文工团在漫溪村联合演出苏联名剧《前线》。

是年　中共临西工委、抗日民主政权临西办事处撤销，辖区并入赵镈县。

中华民国34年（1945年）

1月　兰陵县办事处改为兰陵县政府，孙文成任县长。同年10月该县撤销。

1月　赵镈县召开区委书记、村党支部书记和农、工、青、妇各抗日团体1000多人参加的代表会议，动员全县深入开展“双减”运动，掀起参军热潮。全县1336人参军，车辋1个村即参军53人，被编入1个连，号称“车辋连”。

2月　民兵英雄郇玉德、赵兰秀，劳动模范张云祥、宋义平出席鲁南地区战斗英雄和劳动模范表彰大会。

3月1日　临沂县七区中队副队长吴德和叛变，抢劫枪21支，捆绑农会干部5人。4月19日，吴德和被擒、处决。

3月7日　鲁南军区发起讨伐王洪九的战役，赵镈县组织民兵随五团参战，把军需物品送往前线。战斗中，车庄、前台井等村民兵、妇救会带着山果、鸡蛋、柿饼、花生等到战壕慰问。

3月21日　徐圩子村（现属二庙乡）民众在县大队等地方武装配合下与日、伪军展开殊死血战，军民110多人壮烈殉国。

5月1日　日军独立第一旅团纠集7000余人分10路向抱犊崮中心区推进。鲁南军民共同进行反击。

5月　赵镈县区划调整为：一区（漫溪）、二区（仲村）、三区（尚岩）、四区（甘霖）、五区（大炉）、六区（长新桥）、七区（庙岭）、八区（苍山）、九区（庙山）。

6月　柳树王村坚壁固守，抗击300余名日伪军的围击。全村男女老少齐参战，从早晨坚持到中午。在八路军一部和兰陵区中队的救援下，解除围困。

7月7日　伪山东省公署将田赋改为实物征收。一是在卞庄、兰陵等敌占区强征，二是以

伪票强买群众存粮，三是在卞庄以南、兰陵周围向解放区武装抢粮。鲁南行署根据敌情发出训令：打击敌之抢粮阴谋，严禁解放区粮食出境。

7 月 12 日　鲁南区选举宋宜安等 7 人为出席延安解放区人民代表大会代表。

8 月上旬　临枣公路沿线日伪军向西逃窜，临沂县大队在卞庄歼敌 50 余人，缴获机枪 1 挺、步枪 11 支。县大队干事杨诗祥牺牲。

8 月 17 日　驻卞庄、兰陵的日伪军逃跑。卞庄、兰陵解放。

8 月 29 日　北海币不分地区，统一流通。

9 月 11 日　鲁南重镇临沂城解放，另组中共临沂县委。原以庄坞、涌泉为中心的临沂县撤销，其辖区大部划归赵镈县。

9 月　兰陵县委、县政府改称峄县县委、县政府，由任广秀任书记、孙文成任县长。

10 月　赵镈县建立兵站，迎接北上的新四军。新四军第一纵队到达后，其所属医院驻漫溪。

10 月　赵镈县政府在卞庄塔子山西召开万人公审大会，将日伪汉奸、伪临沂县剿共支队长王占牛、伪临沂县警备大队长赵一樵处决。

中华民国 35 年（1946 年）

1 月中旬　赵镈县运送粮食、蔬菜到马兰屯一带慰问郝鹏举起义部队。该部在调防途经赵镈县时，农村剧团、秧歌队进行慰问演出。

2 月　赵镈县千余名农村基层干部组成新区民运工作队，分别到铜山、邳县、运河及台枣等新解放区帮助开展反奸诉苦和“双减”工作。

3 月　回归热、脑膜炎、麻疹等时疫流行。

春　赵镈县动用民工 48 万人，扒修旺庄到河套、耿墩到店子、老屯到廖屯、田阳到大道口、孤山湖等处 100 多千米河道。

4 月　1945 年秋开展“双减”工作以来，卞庄区 4726 户贫下中农分得土地 1200 公顷、粮食 9 万千克、现金 8000 万元。

5 月　据不完全统计，赵镈县有农村剧团 32 个，秧歌队 167 个，大大活跃了农村文艺生活。

6 月 21 日　新四军副军长兼山东军区第二副司令员罗炳辉从峄县前线去临沂，途经兰陵突发脑溢血，在兰陵逝世。

6 月　瘟疫、霍乱病流行。驻鲁南部队医务所及各地平民医院组成 7 个医疗队进行抢救，控制住疫情。

7 月 28 日　赵镈县仲村以赵永太、崔建武为首的 20 余名国民党匪特分子抢劫步枪 8 支，打死村长、区干部。又到民兵联防队长吴德秀家，将吴砸死，用刺刀将其妻妇救会长崔秀英刺死，抢去步枪 12 支。仲村民兵前往平叛。29 日，在县大队与周围民兵配合下，将匪徒围剿、擒获。30 日，赵镈县召开公判大会，将匪首崔建武处决。

8 月　赵镈县近百名残废军人在坏分子刘文明、管鲁民的煽动下，大闹县政府。提出每人配一个通讯员、一个媳妇、一头毛驴，并接管兰陵酒厂和税收工作等。其无理要求被拒绝后，冲击县政府，攻打司法科。县委采取果断措施，分化瓦解孤立首恶分子，然后将刘、管二犯处决。

8 月　赵镈县在华岩寺举办爆破训练班，请胶东民兵英雄于化虎传授技术，培训几百人。

9 月上旬　赵镈县组织 10 万民工到苏北抢运军粮，3 天抢运 300 万千克，迎接新四军北上和支援鲁南战役。

9 月　赵镈县卞庄师范讲习所与卞庄小学、代村小学全体学员 350 多人在卞庄集市上游行示威，内容是“反饥饿、反内战、反迫害”，鼓舞了人民争取解放战争胜利的斗志。

10 月 27 日　赵镈县各界数千人，在文峰山公祭赵镈烈士，号召军民团结一致，坚持斗争，粉碎国民党反动派的进攻。

10 月　山东野战军鲁南部队奋起反击企图进犯临沂的国民党军队，激战 3 日，将敌打退，收复兰陵等地，毙伤敌 2500 余人。

10 月　赵镈县加快土地改革步伐。在万村抽调1500人补充山东野战军第八师。

11月10日—12日　山东野战军在台枣公路上反击国民党军队，毙伤敌3000余人。

11月26日　大炉担架队、向城妇救会、城前姊妹团分别被鲁南三专署授予“英雄担架队”“支前模范”“模范妇女”称号。

12月12日—20日　鲁南国民党军第二十六师、七十七师、五十九师一部，于12日分路向临沂进犯。人民解放军顽强抗击，歼敌700余人，击毁坦克7辆，击落飞机1架。国民党军队被阻于卞庄、铁佛寺一线。

12月17日　滨海警备旅1个连71人在代村狙击数倍之敌，毙伤敌300余人，击毁坦克1辆，被旅党委授予“代村连”称号。

12月19日　驻枣庄、峄县的国民党军继续东犯。鲁南三军分区警备九旅十八团在青山一带激战两天，毙敌数百人。同时，滨海警备旅一直把敌阻于卞庄一带，使之不能东犯。

中华民国36年（1947年）

1月2日—20日　华东野战军发起鲁南战役，歼敌5.3万人，缴获坦克24辆、大炮217门、汽车474辆。

1月　赵镈县全力支援鲁南战役，全县人民在“保卫山东南大门”的口号鼓舞下踊跃支前，1.7万民兵奔赴前线支前参战。县委提出“前线需要高于一切”，千方百计保证物资供应。卞庄区把3万千克军粮一天送到参战部队，仲村区妇女一夜加工熟食3.5万千克。银厂村安伙房25个，最少时也住7000余人。全县妇救会、姊妹团做鞋垫，缝制慰问品送到前线。战役结束后清理战场，收集敌伤员600余人。

1月　华东野战军陈毅司令员与粟裕副司令员到车辋慰问鲁南战役伤病员。

2月　国民党全线进攻失败后，调集8个整编师20万人向山东解放区实施重点进攻。鲁南、苏北干部及许多村干家属撤到抱犊崮山区。

3月　赵镈县划分为苍山、赵镈两县，东部6个区为苍山县。王子通任中共苍山县委书记，杨权任苍山县长。

3月　苍山、赵镈两县武工队坚持敌后斗争，歼敌230余人，俘敌百余人，缴获迫击炮1门、枪88支、大米2.5万千克。苍山、赵镈两县担架团随野战军参战，一年后返回。

4月　鲁南三军分区特务营在文峰山前伏击进山“扫荡”之敌，俘敌76人，缴获迫击炮1门、步枪75支。

5月　苍山县、赵镈县各组织1个担架营随军支援孟良崮战役。苍山县担架营三连被评为“支前模范连”，连长邢继岭立一等功一次。

6月9日　被国民党军队包围的鲁南党政机关、部队及从枣庄、峄县等10余县撤出的干部、家属、民兵共5万余人，分三路突围，到达滨海地区。

6月　华东野战军北上，鲁南被国民党军队占据。逃亡地主等组成还乡团武装趁机回来，建立反共政权，对广大土改干部群众进行疯狂的阶级报复，反攻倒算，血腥屠杀。苍山、赵镈两县共有1594人被杀害，197人被活埋，724人被打伤。还乡团抢走粮食1077万千克、耕畜868头、猪羊4.66万头（只）、家禽27万只，杀树13.6万棵，烧毁房屋1.68万间。

6月　鲁南军民开展敌后游击战，牵制国民党军队35个团，两个月毙伤敌6000余人。

7月　王洪九带还乡团到白山、银厂“清剿”，抓走40余人，其中有14人被送往临沂用警犬咬死。

7月　赵镈县宋振儒爆炸队在文峰山埋雷10多个，炸伤敌连长及匪兵7人。在向城、车辋大路埋雷600多个，毙伤敌62人。

8月　苍山县武工队所到之处即召开还乡团家属会，瓦解还乡团1200余人。

9月　鲁南军民粉碎国民党军队向抱犊崮山区的进攻，逐步开始战略反攻。月底，解放从抱犊崮到卞庄一带广大地区。

10月4日　兰陵解放，俘敌350余人。在双石桥歼敌50余人。

10月22日　建立临西县，辖义堂、艾山、棠林、朱陈、册山、城关6个区。刘炬任县委书记兼县长。

10月　苍山县地方武装配合主力部队清扫沂、武河两侧的还乡团，毙伤俘敌306人，苍山、赵镈两县大部解放。

10月　中共中央发布《中国土地法大纲》，苍山、赵镈两县全面开展土地改革。

12月　在国民党重点进攻期间，赵镈县委书记刘显辉、公安局局长房永典坚持敌后斗争，贡献突出，山东省政府给予记一等功1次。

是年　苍山县军民坚持全面游击战，歼灭、瓦解敌军4500人，缴获轻重机枪3挺、步枪171支、小炮2门、十轮卡车2辆、战马5匹、炮弹22发、子弹13297发、火箭炮架6副，收复全部失地。

是年　鲁南地区发生水灾，苍山县511个村被淹372个，被淹65302户、245697人，土地3.14万公顷，占68%，减产1960万千克；兰陵县704村有447个村被淹，被淹27127户、143530人，土地2.62万公顷，占62%，减产1112万千克；赵镈县581村被淹51个，被淹2000户、9500人，土地1400公顷，占4%，减产74万千克。

中华民国37年（1948年）

1月　赵镈县、苍山县先后开展“三查三整”（即查阶级、查思想、查作风，整顿组织、整顿思想，整顿作风）运动。

1月　由苍山、平邑、费县、泗水等10余县3000余名民工组成的鲁南随军担架团胜利完成任务，于当月返回鲁南。该团从鲁南战役开始，先后参加大小战役10余次，涌现出“苍山陈毅运输队”“平邑陈毅担架队”等英雄集体。苍山县蔺景鲁、牛亭山等13人被评为特等功臣。该团立一等功者183人，二等功者1216人，三等功者462人。全团有1260人加入中国共产党。

2月　仲村区对还乡团开展政治攻势，瓦解50余人。鲁南三军分区在兰陵一带歼灭还乡团1个大队和兰陵区中队，毙伤敌72人，大队长赵尔庚被当场击毙。

2月　兰陵县恢复重建，刘向一任县委书记，孙文成任县长。

3月　鲁南地区春荒严重，群众缺粮，大批难民逃往外地。苍山、赵镈两县瘟疫流行，死亡百余人。各县实行层层包干，逐级负责，进行生产自救。

春　赵镈县第一个农村团支部在北漫溪村成立，有团员10人。

4月19日　国民党军一五零旅3000余人，从临沂出动抢粮。鲁南基干兵团与地方武装在为儿桥毙伤敌300余人。

4月　苍山县、赵镈县抽调百余名干部参加接管潍县工作。

夏　苍山县、赵镈县疟疾流行，其中赵镈县发病2144人，死亡113人。两县积极组织卫生医护人员赴病区抢救治疗，月余后疫情得到控制。

8月15日　原鲁南三地委、专署改称鲁中南区第五地委、专署。辖苍山县、赵镈县、兰陵县等。

8月　赵镈县出动民工7.3万人、担架180副支援前线。加工军粮116万千克，抢修公路80千米，运粮240.5万千克。

8月　鲁南地区连降大雨，山洪暴发，沂河决口，被淹20万公顷土地。兰陵、苍山两县最重，被淹土地5.7万公顷，占2/3，受灾总人口30余万人。

9月　苍山县、赵镈县各组织1个担架营随军参加济南战役。

10月　鲁中南五军分区十八团在尚岩成立。

11月　淮海战役打响后，苍山县、赵镈县、兰陵县提出“一切为了前线”“要粮有粮、要人有人”的口号，全力支援淮海战役。3县共出动常备民工21.4万人、担架2688副、挑子2000副、小车1650辆，运送粮食847.5万千克、油盐18.5万千克，加工粮食471万千克，修桥107座，修路543千米。19日，苍山县县长房永典带领民工抢运军粮，冒着敌机的狂轰滥炸，率先跳进刺骨的河水，将桥修好，按期将军粮送往前线。战役后，苍山县运输队一连指导员吴绍田被评为支前模范，赵镈县民工李金山被评为特等功臣。

冬　仲村创办1所建国学校，设工农干部、青年2个队、402人，汪亚民任校长。1949年6月停办。

1949年

2月　苍山县、赵镈县、兰陵县抽调360人随军南下，开辟新解放区。这批干部扎根南方，为新中国的成立、为社会主义革命和建设事业做出重要贡献。

3月　兰陵县的南桥、兴明区划归苍山县，兰陵县的青山区划归赵镈县，赵镈县的郭里集区划归峄县。

4月20日　赵镈县发生不同程度的旱情，甘霖、大炉、青山、贾庄区尤为严重。6月，又有两次雹灾，甘霖、尚岩、大炉、贾庄、青山、鲁城6个区103个村8297户受灾。受灾面积1333.3公顷、果树1910株、房屋86间。县政府组织以工代赈治水，运粮生产自救。

4月21日　苍山县、赵镈县各抽民工2000人参加导沭工程。

5月初　鲁中南区第五地委改称台枣地委。中共苍山、赵镈两县委属其领导。

8月6日—14日　鲁南连降暴雨，沂、武、泇河水泛滥，决口49处，平原水深1米，历史罕见。苍山县被淹村庄372个、粮田3.13万公顷。赵镈县被淹村庄27个、粮田140公顷。神山、层山、磨山数十千米交通阻断，用船渡行。

9月16日—21日　连降6天大雨，已修复的决口又复决，晚秋作物绝产。苍山县政府再次抽调干部配合行署工作组分赴灾区救灾。

9月　赵镈县在安庄进行中共党支部公开试点，逐步将党支部由秘密转为公开活动。

10月2日　苍山县、赵镈县分别在县政府驻地磨山、车辋隆重举行盛大集会，庆祝中华人民共和国成立。

10月5日　接鲁中南台枣专署训令，各县辖区一律改为数字名称。苍山县的磨山、苍山、褚墩、芙蓉、长城、层山、兴明、南桥8个区依次更改为一、二、三、四、五、六、七、八区；赵镈县的向城、贾庄、仲村、甘霖、大炉、鲁城、尚岩、青山8个区依次更改为一、二、三、四、五、六、七、八区；兰陵县的涧头、车辐、宿羊山、马兰、兰城、台东、岳城、横山8个区依次更改为一、二、三、四、五、六、七、八区，台儿庄镇原名不变。

10月17日—18日　赵镈县在车辋召开首届各界人民代表大会第一次会议，通过颁发土地证等5项决议，选举万兴安为出席省人民代表会议的代表。

10月　苍山县新华书店成立。

11月21日—23日　苍山县首届各界人民代表大会第一次会议在磨山举行。选举王士一为县协商委员会主席和出席省人民代表会议的代表，吴敬坡、徐松轩当选为副主席。

12月6日—9日　赵镈县召开首届各界代表大会第二次会议。

12月23日—27日　赵镈县召开劳动模范代表会，选举劳模32名。

1950年

5月1日　中共山东分局发布《关于撤销行政公署、合并专区及调整若干市、县行政区划的决定》。决定原台枣专区所辖的苍山、兰陵两县划归临沂专区管辖；撤销赵镈县，其辖区

划归苍山县；将滨海地委、专署改称临沂地委、专署，下辖临沂、临沭、赣榆、新海、郯城、邳县、苍山、兰陵、费县9县。

5月8日　苍山县、赵镈县合并为苍山县合并仪式在洼桥村举行。原苍山县的南桥、青山2区划归兰陵县。刘耀华任中共苍山县委书记，李光明任县长。合并后的苍山县辖14区、117乡、965村、106648户，居民417647人，耕地109万亩。县委、县政府于10月由磨山迁至卞庄。

5月15日　中共苍山县委纪律检查委员会成立，县委组织部部长柏茂祯兼任书记。

5月　《中华人民共和国婚姻法》颁布实施。中共苍山县委、苍山县人民政府组织专门力量，宣传贯彻婚姻法。婚姻法得到了全县广大人民群众的拥护，当年到政府机关进行结婚登记的1908对，离婚登记的167对。

5月　全县民兵积极参加打击反动会道门及剿匪行动，至5月，共查出会道门13种，道首367人，道众6600余人，逮捕道首120人，逮捕恶霸地主105人。

6月1日　苍山县进行公开中共党支部工作，7月底完成。

6月24日—26日　苍山县召开首届各界代表会第二次会议，选举苍山县各界人民代表会常务委员会，刘耀华为主席，郑作贤、徐松轩、李光明、万兴安为副主席。

7月25日　苍山县开展全党整风运动，10月10日结束。主要清除对形势认识上的糊涂观念，坚定信心，检查不良作风，提高政策水平。

7月　县境连降3次暴雨，孤山湖积水长5千米，宽4千米，淹没耕地1.3万公顷。

8月初　沂、武、洳河水势猛涨，决口49处，苍山县有8个区受淹。16日，中共鲁中南区委发出《关于抢救水灾的紧急指示》，要求地、县、区党委、政府把抗洪救灾作为当前一项最为紧迫的任务，采取得力措施，全力以赴。受灾各专、县连夜召开紧急会议，成立抗洪救灾指挥部，抽调大批干部深入灾区，领导救灾。

9月　全县开始土地改革运动，至1951年10月结束。土改中共逮捕恶霸、不法地主、反动富农、反动道会门头子、反动党团特首要分子、匪首惯匪、杀人犯等565人；共没收与征收耕地360公顷，非耕地602.8公顷，房屋14660间，牛驴18216头，粮食74.9万千克，主要农具2832件；有29842户贫农、5410户下中农，共41865人分得土地、房屋和其他财产。

9月　苍山县政府改称苍山县人民政府。

10月　中共苍山县委、县人民政府驻地由磨山迁至卞庄。

10月21日—26日　中共苍山县首届党员代表大会第一次会议在卞庄举行。

10月　全县开展抗美援朝运动。至1953年3月，共有2905名青年参军。捐飞机大炮款13亿元（旧币），生猪1250头。

11月5日—7日　苍山县召开第二届各界人民代表会第一次会议，选举各界人民代表会常务委员会，刘耀华为主席，李光明、郑作贤为副主席。

冬春期间　农村聚赌成风，捕判权下放，发生乱捕乱押。

1951年

1月—5月　全县共逮捕反革命罪犯649人。其中，恶霸地主231人，反动道会首139人，土匪52人，特务87人，其他140人。

3月8日—16日　苍山县召开首届党员代表会第二次会议，补选张作臣、赵宁、陈兆修、刘永顺为县委委员。

春　县长张作臣任沂河筑堤指挥部指挥，组织民工2万人，完成右岸苍山境内培堤近10千米，土方12万立方米；又调民工2万人完成武河培堤加固土方22万立方米。

4月17日　苍山县一区青年妇女潘氏因不堪婆母和丈夫虐待，要求离婚，被婆母齐宋氏、村长郭玉山、丈夫齐守德残害致死。案发后，县人民法院进行审理。8月13日，县政府在沙窝乡召开万人公审大会，判处郭玉山、齐宋氏死刑，齐守德有期徒刑15年，对其他从犯分别判处有期徒刑。中共临沂地委、地纪委、苍山县委亦将破坏婚姻法，阻挠潘氏婚姻自由，庇护犯罪分子的有关人员分别给以党纪处理。9月11日，《大众日报》以《坚决贯彻婚姻法，保障妇女人身自由——苍山县人民政府认真处理潘氏被杀案》为题进行报道，并发表题为《接受潘氏被害的教训》的社论。此后，有关部门把潘氏案件谱曲填词成为歌曲，广为传唱。

5月　根据上级统一部署，苍山县两次集中统一行动，取缔县内各种反动会道门组织。

6月10日　先是十、十一、十四区的21个乡连续发生蝗灾约2333公顷，后蔓延4533公顷。县政府成立捕蝗指挥部，调集5个区1.8万民工捕打。

7月—8月　降雨544毫米，平原积涝成灾，受淹2.1万公顷，其中绝产666.7公顷。

10月　全县土地改革工作胜利结束。

11月21日—29日　苍山县召开首届党员代表会第三次会议，进行整党动员，克服无组织无纪律观念。

12月23日　全县开展反贪污、反浪费、反官僚主义的“三反”运动，1952年6月结束。参加干部301人，发现集体贪污案5起，打大小“老虎”32个，其中定案15个。（贪污旧币1000万元即新人民币千元以上者为“老虎”）

1952年

3月上旬至中旬　流行性感冒、麻疹、流行性脑膜炎、天花、腮腺炎、斑疹、伤寒、肠炎、肺炎、鼠疫等传染病蔓延。其中流行性感冒、麻疹传染最快，死亡最多。病灾发生后，县、区、村均组织卫生人员进行抢救，疫情得到控制。

3月30日　临沂县的为儿桥、柳庄、前杨官庄、后杨官庄、大兴屯、大槐树6个村划归苍山县。

6月下旬　县政府推行“五麦斯”籽棉，强令7个区72个村拔除31.38公顷小棉花。8月15日，临沂地委通报严肃批评苍山县，特别是县长张作臣在清理棉田中犯有严重强迫命令的错误。中共山东分局亦发出通报。1953年1月，山东省人民政府作出撤销张作臣县长职务的决定；《大众日报》发表题为《接受拔棉事件教训，坚决克服官僚主义、命令主义》的社论，并刊登省委、省政府的处理决定。临沂专署拨9000万元（旧币）对棉农进行补偿。1982年3月，经山东省委同意，临沂地委决定撤销1953年对“拔棉事件”有关人员的处分，为张作臣恢复名誉。

秋　治理燕子河，调集受益村民工1万人，从万松山到苍邳边界进行河槽疏浚，河堤加固，至1953年春完成土石方52万立方米。国家投资17万元，群众自筹10万元。

10月　苍山中学（今苍山县第一中学前身）成立开课。

10月下旬　全县以常年产量、土质为标准进行查田定产，逐步实行农业税累进税制。

冬　老涑河入武河工程开工，调集14个区民工2万人，到1953年春完成土石方48万立方米。国家投资35万元，群众自筹10万元。

是年　天花病在县境绝迹。

1953年

2月14日　下村赵廷海办起全县第一个农业合作社，入社农民14户，73人。

春　汶河疏浚、培堤，共调集5000人，完成工程量24万立方米，国家投资10万元。4月中旬，大雨，小涑河在沙埠、大墩、二庙3处决口，成灾面积4.1万公顷。

夏　苍山县调集民工5000人，由任庆坤带队，参加沂河江风口段筑堤，67天完成任务。

4月10日—14日　寒流侵袭，气温骤降，全

县有3万公顷小麦受冻害，占总播种面积的70%。

4月29日　县委纠正乱捕乱判错误，对犯有严重错误者予以处分。

5月　山东省电影放映队第十分队到苍山县的卞庄、兰陵等地放映电影。

5月　有7区、33乡发生蝗灾，受灾面积3400公顷，6月底基本捕灭。

7月1日　全县参与全国第一次人口普查，计有575039人。

8月1日—5日　降暴雨3次，主要河流漫溢，决口23处，县城以东的泇河3天不能过人。全县有87个乡、401个村受灾，被淹作物2.24万公顷，冲倒房屋38间。上级拨款1.3亿元（旧币）及物资救灾。

8月中旬　临沂地委、专署在省公安厅协助下，采取果断措施，平息在临沂、苍山、郯城、临沭、费县一些地方因“水鬼”“毛人”谣言而导致的骚乱事件，惩治了犯罪分子，稳定了社会与生产秩序。

8月20日　兰陵县撤销，其横山、青山、南桥3个区划归苍山县。苍山县辖区增至17个。

8月29日　中共临沂地委批转大兴屯供销社下乡送货经验。

10月25日　山东省劳模、苍山县于庄村党支部书记于廷森作为中国人民慰问团成员在朝鲜慰问。中国人民志愿军司令员彭德怀授其“和平万岁”纪念章1枚。

11月　全县实行粮食统购统销政策，当年征粮1150万千克。

12月16日　中共苍山县委设立常委会，由李福崇、李肃、李希祥3人组成。

1954年

2月10日—19日　苍山县委召开三级干部会议，以整党精神整顿干部的思想作风。

2月15日　根据山东省人民政府指示和苏、鲁两省徐州会谈协议，南部临沭、郯城、苍山3县与江苏有关县之边界调整工作结束。划出3区，32乡，175村，104244人，2.8万公顷土地；划入1个区，15个乡，79个村，48737人，1万公顷土地。

4月24日　以政务院总理兼外交部部长周恩来为首席代表的中国政府代表团抵达日内瓦出席国际会议，代表团将兰陵美酒带到会上宴请外宾，极大地提高了这一历史名酒的声誉。

4月　原中共鲁南区委书记、山东军区第八师师长兼政委王麓水烈士遗骨，由文峰山迁葬临沂烈士陵园。

4月　苍山暴动主要领导人郭云舫烈士遗骨由向城就义处迁葬文峰山，开始建烈士墓，9月3日落成，1983年重修。

5月　全县参加互助组的农户已达54.6%，农业合作社发展到57处。

5月　选举苍山县首届人民代表大会代表。全县有17个区、182个乡、3个镇、1207个村，总人口575039人，选民316985人，实际参选选民225809人，参选率71.12%。选出乡镇人民代表大会代表6541人，苍山县首届人民代表大会代表438人。

7月6日—12日　苍山县举行首届人民代表大会第一次会议，出席代表427人。选举李肃为苍山县人民政府县长，王熙民为副县长，张友文为县人民法院院长及出席省人代会代表4名。

9月10日—13日　苍山县召开首届人大二次会议，通过决议，坚决拥护中央人民政府关于棉花实行计划供应，以实际行动支援解放台湾。

9月15日　全县实行棉布凭票供应。

10月13日—21日　全县积极分子活动大会召开，明确提出“支援工业化、支援解放台湾、支援灾区”三大任务。

10月23日—25日　苍山县召开首届人大三次会议，号召坚决完成秋粮征购任务，踊跃出售余粮，支援国家工业化、支援解放台湾、支援灾区人民。

10月　苍山县开始实行义务兵役制。

11月　甘霖区赵大娘（本名马光太）与本村赵夫祥（原仲村区委书记赵纪宗之子）争1棵柿树，发生纠纷。自1952年7月始，赵大娘多次到县上访控告赵纪宗。县委派人调查并作了处理，但赵大娘不服，又到省、地继续上访，并告县委包庇“坏分子”赵纪宗。地委派工作组到苍山调查处理，定赵纪宗为“阶级异己分子”。25日，以“长期隐瞒地主成分，利用职权倒算果实，霸占军人之妻”等问题，将其开除党籍，并依法逮捕。1955年12月14日，对苍山县委与事件有关的人员分别做组织处理。1982年1月，山东省纪律检查委员会作出批复，撤销原处理决定，给予平反改正。

12月18日　层山区的大刘庄、小刘庄、孟场、林子场4个村划归郯城县。

12月　全县镇反工作基本结束。共捕各种反革命分子1114人，肃清了土匪，摧垮了反动道会门组织，并缴获一批武器、弹药、车辆、粮食、毒品、反动书籍、证件等。

是年　全县完成粮食征购任务，收购粗细粮2616.8万千克，地瓜干32.25万千克。

1955年

1月27日—2月3日　苍山县第二次党员代表大会举行。决定在全县进行形势和兵役法教育。

2月4日—6日　苍山县首届人大四次会议召开。号召以动员征兵为重点，完成国家经济建设公债的发行等各项任务。

2月18日—3月19日　人民群众响应世界和平理事会号召，集会签名反对美国使用原子武器。

3月1日　新人民币开始在苍山县发行，同时回收旧人民币。新币1元等于旧币1万元。

春　县政府组织力量对17个区的水利技术员进行培训，山区、平原各培训两期，共培训1953人，这批学员后来多数成为县乡水利建设骨干力量。

1月—4月　降雨仅27.1毫米，至6月底共降雨101.2毫米，致春夏作物播种晚。

7月1日—11日　降雨246毫米，特别是8日、9日，大雨倾盆，造成山洪暴发。东西泇河、阳明河、涑河漫溢，决口55处，南部方圆20多千米一片汪洋。受灾农田5.82万公顷，占总面积46.7%，冲毁各种作物2133公顷，伤亡13人。

8月10日　运用多种形式开始对私营工商业进行社会主义改造，到1956年3月基本结束。安排私商2006人，组织合作商店、饭店41处，供销生产社53处，运输社1处。

8月　苍山县电影队成立。

9月上旬　传达毛泽东主席《关于农业合作化问题》的指示，讨论制定全县农业合作化发展规划。

9月20日　于庄爱国农业生产合作社社长于廷森、下村前进第二农林牧生产合作社饲养员张俊德出席全国青年社会主义积极分子大会。

10月10日　全县各辖区更换新名称，将以数字命名的17个区分别改为按地名称呼。

10月　对58个落后村进行改造。主要是发动群众检举漏划的地主、富农，逮捕倒算地主、反革命分子，并没收其土地、房屋、粮食等。

11月3日　按正常年景确定产量、征购任务，确定到户进行秋粮征购，全县征粮1875万千克，地瓜干100万千克，花生285万千克，棉花12万千克。

12月7日—23日　苍山县召开首届人大五次会议，决定撤销苍山县各界人民代表会常务委员会，选举苍山县人民委员会，盛玉璞当选为县人民委员会县长，王熙民为副县长。苍山县人民政府改称苍山县人民委员会。

是年 临沂专区开始对麻风病患者进行可疑线索调查。至年底，共查出患者1261人，由县麻风病防治站送药上门，免费治疗。

1956年

2月 肃反运动开始，1957年10月结束。先是1955年7月1日，中共中央决定在全国开展肃清一切暗藏的反革命分子的斗争，为确保运动的正常进行，中央提出“提高警惕，肃清一切特务分子；防止偏差，不要冤枉一个好人”和“一个不杀，大部不捉”的指导方针。全县有23个县直单位和15个区的干部、工人、教师共2615人参加。运动中，被定为反革命分子的20人，占总人数的0.76%。其中，被定为国民党、日伪特务分子7人，反动党团骨干1人，汉奸2人，土匪1人，国民党军政警宪人员中的反革命分子9人。

2月8日 向城、兴明2区撤销。原向城区划归文峰区，原兴明区分别划归卞庄、南桥、文峰3个区。

2月 为支援边疆建设，根据省委关于移民工作的指示精神和专署《关于今后移民工作的意见》，县委、县人委先后动员组织两批青壮年，迁移到青海、黑龙江两省垦荒。第一批于本月动员上岩、磨山、仲村、卞庄4个区的回族农民44户、191人，到青海省湟中县安置。第二批于4月初动员15个区1709人组织青年垦荒队迁居黑龙江省甘南县，建垦荒村。同年冬又动员156户、430人移民家属前往甘南县参加垦荒。8月，苍山县副县长王熙民调任甘南县县长。

4月13日 国营苍山农场建立。全场面积703公顷，其中耕地650公顷。

5月16日—21日 中共苍山县第一次代表大会举行，选举产生中共苍山县第一届委员会和出席山东省党代会代表7人。首届一次全委会选举李福崇为书记，李希祥、高新炬为副书记。

5月 苍山县入社的农户131666户，占总户数96.61%。其中，高级社505处97797户，占总户数70.51%；初级社600处33869户，占总农户26.1%。

夏 全县3.33万公顷小麦发生严重秆锈病，减产三成以上。有些收割后的小麦堆在场上即发黑变质，腐烂于麦场。

9月22日 苍山县卫生院改称苍山县人民医院。

9月 文峰山烈士陵园竣工，总投资34652元。陵园占地45.86亩，安葬着1264位外地烈士。1988年1月5日，经省人民政府批准，改称鲁南烈士陵园。

10月21日—23日 苍山县首届人大六次会议举行。

10月24日 水利部淮委在安徽蚌埠市召集苏鲁两省水利协商会，通过“1957年汛后兴建苍邳分洪道”等3项决定。

10月26日 山东省政协委员邓月楼、徐金六、杨庭芸到苍山县视察农业合作社。全县基本实现农业合作化。入社农户占总农户数的98.6%，其中高级社占总农户数72.5%，初级社户数占总农户数26.1%，单干户4541户。

10月—12月 全县3811人参加干部扩大会，传达贯彻中共八大会议精神，带领全县人民进入社会主义革命和建设的新的历史时期。

11月10日 苍山县柳琴剧团成立。

是年 及1959年，两次对散葬在全县各地的1261名革命烈士遗骨集中迁葬于文峰山革命烈士陵园。

1957年

1月 苍山县第二届人民代表大会第一次会议选举孙立阶为县人民委员会县长。王连福、李春学、宋沛汉为副县长，张友文为人民法院院长。

1月 全县农业社会主义积极分子代表会召开，交流民主、勤俭办社、发展多种经营的经验，表彰19个先进单位、18名劳动模范。

1月　全县农村推行包工包产管理办法。

2月　下村青年张俊德出席全国劳模大会，受到毛泽东主席等领导人接见。

2月　县文化科组织10人文物普查工作组在全县开展第一次文物普查，历时一个月，查出古墓46处，古建筑6座，古遗址10处，石刻14件，其他文物68件。

3月8日—16日　山东省第二届农业积极分子代表会议在济南举行。苍山县前进社荣获省人委颁发的奖旗。

3月　苍山县首届妇女社会主义建设积极分子代表大会在卞庄召开，到会代表304人，民主选举54名先进积极分子。

5月4日—10日　县委认真解决群众闹社问题。春季刮起单干风，不少群众要求退社，有的拿走农具，有的牵走耕牛，有11个区、23个乡、24个农业社发生闹退社、闹垮社事件。5月，县委召开由县、区、乡、社四级干部共2782人参加的扩大会议，传达中央指示和省委3月会议精神，地委书记朱奇民作关于政治思想动员报告，县委书记李福崇作工作意见报告，分析部分群众闹社的原因，明确矛盾性质和正确的处理方法。会后，各级党组织紧紧依靠贫下中农，团结争取中农，对经过教育仍坚持退社的群众，按照互利政策允许退社。同时，对参加闹事的违法犯罪分子进行处理，闹社风波平息。

7月6日—26日　境内连降暴雨，平均降雨607.4毫米，最大降雨点达800毫米，沂河洪峰达1.55万个流量。沂河分洪致使全县大面积受灾。受灾农作物5.3万公顷，冲毁塘坝40余个，倒塌房屋5748间，伤亡66人，砸死牲畜118头，冲走粮食5.5万千克，为百年一遇特大水灾。中央、省先后派飞机9架次空投食品、药品、救生器材等物资和大批慰问信；因水灾期间多种传染病相继暴发，又派来大批医务人员。专署调来20只汽艇帆船及大批救灾物资。全县10万名干部、党团员日夜与洪水搏斗，4.3万名老弱群众安然脱险，受灾群众得到安置。

8月23日　县委决定在农村进行一次大规模的社会主义宣传教育运动，以生产、整社、分配为中心，以社会主义宣传教育为重点，结合搞好其他各项工作。

11月16日　苍邳分洪道第一期工程开工，12月24日竣工。共调集民工3.5万人开挖筑堤工程33.65千米，投资150万元，完成土石方157.8万立方米。

冬　掀起农田水利建设高潮，至翌年6月，完成沂河行洪道筑堤、小涑河疏通培堤、燕子河下游延修、吴坦河中游筑堤、东枷河改筑堤、阳明河改道、西枷河下游退修河堤等9项工程，总长150千米，计土方950万立方米，动用民工7万人，73天完成。同时，兴建多福庄闸、小岭闸、金桥屯自流灌溉3处工程及桥涵37座，计石方7.2万立方米。

12月2日—4日　全县召开冬季农业积极分子代表会，对61个先进单位进行表彰，全县掀起以水肥土为中心的冬季生产高潮。

是年　全国人民代表大会常务委员会委员长朱德在接见城市服务部部长杨一辰时说："你们山东出一种名酒，叫兰陵美酒，兰陵美酒是李白喝过的，他喝了酒还作诗。兰陵酒还用原来的陶瓷瓶，把李白的诗句写在上面，加上中外文说明，就可以大量出口。"

是年　水灾、旱灾造成粮食减产近1亿千克，占全年计划的64.1%，花生减产323.1万千克，占计划的60.9%。

1958年

1月—8月　全县参加整风反右斗争的干部职工4657人，共划右派171人。1979年10月，完成对错划右派的改正和安置工作，对全县196人全部进行复议，改正195人，不予改正1人，安排工作162人。

2 月　将全县 15 个区划分为 28 个乡镇：卞庄、贾庄、仲村、矿坑、流井、车辋、大炉、下村、鲁城、尚岩、向城、新兴、兰陵、横山、南桥、皇路、长城、芦塘、层山、磨山、神山、沂堂、苍山、甘霖、税郭、褚墩、丰山、蔡村乡。

2 月—4 月　选举苍山县第三届人民代表大会代表。全县 28 个乡镇，共 649006 人，有选举权的 344610 人，由各乡镇选举委员会选出乡镇人民代表 1937 人，县第三届人民代表大会代表 404 人。

3 月　全县掀起除“四害”(苍蝇、蚊子、老鼠、麻雀)、讲卫生运动，28.2 万人投入这一运动。经过 13 天，全县共捕杀老鼠 432567 只、麻雀 377653 只，挖蝇蛹 3184 斤，药熏房屋 36532 间。

3 月 13 日—17 日　中共山东省委第一书记舒同到临沂专区视察工作。先后召开地委负责人和临沂、郯城、苍山 3 个平原县的县委书记座谈会。针对座谈讨论的情况和反映的问题，舒同指出：临沂专区是全省山水最集中的地方，水利大有可为，也是“势在必为”。要围绕农田水利化的需要，改进和创造提水工具，生产水利机械。临沂地区应该是“四治”“九化”。“四治”是治水、治山、治路、治矿。“九化”是农田水利化、作物水稻化、耕作机械化、肥料化肥化、交通工具胶轮化、城镇电气化、荒山绿化、涝洼地良田化、坡地梯田化。

春　县委、县人委决定引种水稻，并提出“学天津，赶江南，快马加鞭改稻田，三年实现水利化，变成鱼米之乡”的口号。当年，全县播种水稻 15028 亩。

5 月 25 日—30 日　苍山县举行第三届人民代表大会第一次会议，选举苍山县第三届人民委员会和出席省人代会代表 5 名，选举孙立阶为县人民委员会县长，王连福为副县长，张友文为县人民法院院长。

6 月　学习宣传“鼓足干劲，力争上游，多快好省地建设社会主义”的总路线，各条战线掀起“大跃进”热潮。

6 月　村头路口设小黑板、识字岗，进行扫盲运动，多处建起红专大学。

7 月 1 日　《苍山县报》社成立，首发创刊号。该报为 5 日刊，8 开 2 版。1959 年 7 月 16 日停刊，共发行 114 期。1996 年复刊。

7 月　全县养猪达 23 万头。其中，集体养猪 21.5 万头，平均户均 1.6 头。当年支援兄弟县及河北省仔猪 1.2 万头。县委第一书记薛亮在地委扩大会上作经验介绍。

7 月　中共苍山县委设立书记处，薛亮任第一书记，李福崇、张文潮、王树群、高庆德、高新炬为书记处书记。

7 月 27 日—8 月 1 日　县委召开“元帅、卫星”会议，参加会议的干部 888 人，听取县委《关于建设社会主义总路线》《关于大搞丰产田，大搞元帅升帐，卫星上天，争取 1958 年农业大丰收》的报告，严肃批判右倾保守思想和封建迷信，提出争取 1958 年实现粮食“千斤县”的指标。8 月 22 日，发动群众昼夜奋战大搞钢铁生产。到 9 月 16 日，建成各种炼铁炉 1058 座，投入生产 282 座。全县投入钢铁生产 21470 人，其中采矿 10777 人，建炉冶炼 1740 人，采煤 4418 人，交通运输和服务钢铁 4435 人。不少群众家中的铁锅、鏊子等生活用品被聚集用于炼钢。9 月，组织 2 万余农民赴汤庄煤矿，参加以煤保钢会战，支援“大跃进”生产。

8 月 10 日　卞庄塔子山“塔山青年水力发电站”竣工发电，为苍山县第一座水力发电站。

8 月—11 月　8 月中央政治局在北戴河举行扩大会议后，浮夸风在全国逐步泛滥，11 月达到白热化。其间，《临沂大众》报连续报道了包括苍山县磨山区卫星社亩产玉米 3285 千克在内的一批所谓粮食“高产典型”。

9 月　苍山县新建中学 4 所：三中（磨山)、四中（兰陵，后改称五中)、五中（褚墩，年底划归郯城县)、六中（仲村，后改称四中)。新建师范2所：苍山师范、苍山工读师范（1959年夏并入苍山师范）。

10月1日　苍山县人民广播站建成并开始向全县播音。全县农村安装小喇叭5000只。

10月11日　侯德俊被开除党籍并判刑。1941年，侯德俊投靠国民党51军683团当便衣特务。同年10月27日参与制造“银厂惨案”，致使鲁南区党政军机关遭到严重损失，区党委书记赵镈等惨遭杀害。县监察委开除其党籍，公安机关将其逮捕归案。1960年，侯德俊被判处死刑，缓期二年执行。

10月13日　县委传达地委关于开展全党全民整风运动和“插红旗、拔白旗”的指示。到11月20日，投入运动31万人，贴大字报18.3万张，鸣放各种意见11.7万条，插红旗11793人，拔白旗1194人，被错误处分295人。

11月23日　税郭乡划归枣庄峄县。

11月　全县实现人民公社化。从夏季开始，在原有28个乡镇、792个农业生产合作社的基础上，合并办起卞庄、贾庄、仲村、甘霖、下村、鲁城、文峰、新兴、兰陵、南桥、长城、层山、磨山、神山、褚墩15个政社合一的人民公社。加入公社的农户共141346户，占总农户的99%。公社下辖生产大队，生产大队下辖生产队。土地等生产资料归集体所有。

11月　全县各生产大队办起各种形式的公共食堂2758处，实行“吃饭不要钱”。其后不久即逐渐停止。

12月初　调集3万余名民工修建会宝岭水库。至1959年12月竣工，累计完成土石方288万立方米。

年底　褚墩人民公社划归郯城县。

是年　卞庄公社大新庄村南至芦柞公社后吴坦，开挖长6千米、堤距150米的东洳河分洪道，将东洳河改入吴坦河，成为东洳河河水的主要通道，原东洳河东大桥以南老河道仅起排涝作用。

是年　文峰兽医站站长万振鲁出席11月21日至12月2日举行的第二次全国青年社会主义建设积极分子大会，磨山兽医站技术员马秀兰出席12月4日至6日举行的全国妇女社会主义积极分子代表大会，县长孙立阶、下村公社下村管理区主任赵廷海出席12月25日至翌年1月1日举行的全国农业先进单位代表会，均受到党和国家领导人的接见。

1959年

1月28日　东、西大车庄，东、西小车庄，大、小丁庄及赵庄、苍埠岭、汤庄等9个村庄划归临沂县。

3月26日—4月7日　县委召开5694人参加的五级干部会议，作出《关于人民公社管理体制和若干政策问题》的10个具体方案。

5月　全县14个人民公社分别召开党代会和社员代表会，集中对人民公社进行一系列的整顿巩固工作。到8月20日，共分自留地4498公顷，占总耕地面积的4.09%，户均0.033公顷，人均0.008公顷；口粮分到户的603个核算单位，占91.2%；原有食堂2700处，经整顿剩下949处，占原有的35.1%。

6月24日　全县组织2410名青年赴哈尔滨铁路局，支援边疆铁路建设。

8月　全县65万群众和1万职工掀起增产节约运动高潮，到12月完成增产节约总值212.4万元。其中，增加生产、提高质量、增加收入55万元，节约原材料35.3万元，利用各种代食品节约粮食430万千克、66.2万元。全县群众收起糠秕411.5万千克，田间菜911.5万千克，野菜19.3万千克，树头菜15万千克，其他菜16万千克，以备度荒。

9月10日—11日　苍山县召开第三届人大二次会议，补选李春学为苍山县人民委员会副县长。

10月1日　举行万人大会庆祝中华人民共

和国成立10周年。县委第一书记薛亮作《苍山县10年来巨大变化和伟大成就》报告，会后举行声势浩大的游行。晚上，举行焰火晚会。同时举办国庆展览、群众娱乐等活动。

10月15日—23日　全省畜牧业现场会在临沂召开。会议在省委农村工作部、农林厅负责人的主持下，采取边看、边听、边议的方法，实地参观了苍山县的下村公社、神山公社和日照县的马庄公社、三庄公社畜牧业发展情况，并听取了他们的经验介绍。

10月　根据7月2日国务院《关于统一全国计量制度的命令》，全县从10月份开始在交易中停止使用十六两一斤的秤，一律改用十两一斤的新秤。

11月　苍山县水泥厂投产。

12月31日　《人民日报》刊登题为《人民公社锁蛟龙》的文章，对苍山县会宝岭水库的建成给予高度评价。

12月　当年3月份动工的苍山剧院竣工。

12月　位于西泇河上的大型水库会宝岭水库建成。水库分南北两库，中间有连同沟相连；南坝长1500米，最大坝高25米，顶宽8.5米；北坝长1250米，最大坝高19.6米，顶宽6.5米，顶高程81.6米；总库容1.97亿立方米，控制灌溉面积420平方千米。在修水库的过程中，共迁移村庄37个、2987户，移民1.3万人。

冬　组织12万水利大军改造山河，兴修水利。到翌年底，完成土、石4100万立方米，铺工修建长新桥等4座中型水库，平原水库2座，武河、燕子河、东泇河、西泇河4大灌渠。治山1.24万公顷，治岭0.6万公顷，造林0.58万公顷，改造洼地1.6万公顷。

是年　神山公社于庄大队党支部书记于廷森出席全国农业劳动模范会议，下村信用社主任李金玉、兰陵商店经理王振江出席全国群英会。

是年　全县进行社会主义教育运动和整党整社工作。

1960年

1月6日　《大众日报》刊发《学习赵廷海不畏困难的干劲，把畜牧生产推向新的高潮》的社论，发表题为《赵廷海——畜牧战线的标兵》文章，介绍下村公社赵廷海的事迹。

2月24日—3月3日　中共苍山县委召开5000余人参加的五级干部会，号召开展生产运动、学习运动、技术革新运动。

2月　全县民兵代表大会在南桥召开，选举杜建堂、杜希乾、于廷森、张景田为出席全国民兵代表大会的代表。

3月—4月　选举苍山县第四届人民代表大会代表。全县14处人民公社，955个生产大队，1079个自然村，4818个生产队，总人口588548人，有选举权的292760人，选出各条战线人民代表3261名，由各人民公社分别召开人民代表大会选举县第五届人民代表大会代表400人。

4月7日—11日　“五省一市”农业厅和农业院校主要负责人共60余人，在下村参加由农业部召开的畜牧业生产现场会。赵廷海介绍发展畜牧业生产和利用黄牛加工挤奶的经验。

4月　全县动员500户、2705人移居黑龙江省林口县。县人委给移民共发放大衣300件、棉袄1600件、棉布14479尺、棉花4939斤。

6月25日—7月9日　连续降雨600毫米，5条主要河流漫溢决口41处。南部平原洪水泛滥，平地积水1米深。农作物受灾面积4.7万公顷，其中绝产1.7万公顷。倒塌房屋3000余间，砸死淹死21人，淹死生猪270头。

6月　第一批134个核算单位进行反贪污、反浪费、反官僚主义运动。

6月　县委推行“二五制”领导方法，即每周一、二2天为学习、开会、研究工作时间，每周三至周日5天为到生产第一线参加劳动时间，并必须做到与群众同吃、同住、同劳动、同商议、同学习，当好指挥员、战斗员、宣传员、技术员、饲养员、炊事员、学习辅导员。

6 月　县人民医院副院长张恭勋、仲村小学教师程法箴出席 6 月 1 日至 11 日在北京举行的全国教育和文化、卫生、体育、新闻方面社会主义先进单位和先进工作者代表大会。

8 月 6 日—12 日　中共苍山县第二次代表大会举行，选举中共苍山县第二届委员会和出席省党代会代表 7 人。周晓当选为县委第一书记，丁履扬、高新炬、刘尚文、王树群、李明兰、孙立阶为书记处书记。

9 月 6 日　全县 6 个小时降雨 103 毫米，河流决口 50 多处。农作物受灾面积 3.7 万公顷，其中绝产 4666.7 公顷，866.7 公顷地瓜变质腐烂。倒塌房屋 3008 间，砸死 7 人，伤 24 人。冲毁小型水库 2 座，塘坝 132 个。

10 月 19 日　周恩来总理在颐和园接见黄埔军校校友时说："黄埔硬骨头冷相佑烈士的家属也不知在哪？请大家帮助查找烈士的家人。"（多年后查实，冷相佑系苍山县青竹村人）

11 月 3 日　县委开始纠正"五风"（即共产风、浮夸风、命令风、干部特殊风和对生产瞎指挥风）。到 12 月，全县已兑现土地 683 公顷、房屋 7544 间、粮食 123.9 万千克、现金 113 万元、劳力 2.3 万人、耕畜 1355 头、猪羊 1409 头（只）、树木 5.12 万棵、农具 2.3 万件、家具 4850 件、柴草 972.5 万千克、砖头 6154 立方米、木材 4375 立方米，其他 2998 件。

11 月 12 日—16 日　接收临邑县 3 批受灾移民 2251 户，5708 人，安置到 13 个公社 748 个村。全县为其捐献粮食 2.4 万千克、干菜 2.95 万千克、生活用具 2100 件、煤炭 5 万千克，腾出房屋 2500 间。1962 年对这批灾民组织返迁，5699 人迁返原籍，苍山县支付路费 29376 元。

12 月 1 日　县委号召开展以生产救灾为中心的群众运动，实现保人、保牲畜、保秋收、保社会治安。18 日后组织 11 万人进入荒山、田间，开展小秋收，复打粮食 7.3 万千克，小秋收总值 10.85 万元。组织医务人员 304 人，分赴各公社检查、抢救危重病人。拨大豆 26.3 万千克、康复饼干 2.6 万千克、营养药 16926 瓶。加工地瓜本、秧 750 万千克。挖鲜茅草根 1500 万千克，种植越冬春菜 4000 公顷。同时，大搞"人造肉""小球藻""叶蛋白"等微生物代食品。

12 月 29 日　县人委公布，全县增设 7 所中学：六中（下村）、七中（甘霖）、八中（贾庄）、九中（南桥）、十中（长城）、十一中（层山）、十二中（神山）。

1961 年

1 月 6 日—18 日　苍山县委召开 3925 人参加的四级干部大会，检查纠正县、社党委两年来的"五风"问题，自上而下进行自我批评。认真检查"五风"的各种表现，对各级干部转变思想工作作风起重要作用。

1 月　4 万人患营养性水肿病。中国人民解放军总政治部、总后勤部，上海市委无偿支援苍山县一批救济药物；福建省军区捐赠大米 4000 吨、药物一批。全县大力开展生产救灾，安排统销粮 221.5 万千克、加工代食品 33.2 万千克，110 个生产大队互借粮食 2300 千克、干菜 1.3 万千克，解决 1760 户、7100 人暂时困难。办起营养食堂 432 处、疗养院 9 处，制造康复饼干 750 千克和价值 20 万元的药品。组织 3510 辆大小车日夜运煤 4 万余吨，解决烧柴问题。水肿病人数逐步下降，病情慢慢好转。

2 月　苍山县人民医院因做豆腐误用含汞药品引起 65 人中毒，经抢救脱险。

4 月 17 日—22 日　苍山县举行第四届人大一次会议，选举苍山县第四届人民委员会，补选出席省人大会议代表 1 名。孙立阶当选为县长，邢继岭、张盛法、李春学、王兴泉为副县长。

5 月　开始贯彻落实中央《农村人民公社工作条例》（即《农业六十条》），总结经验教训。年底开始整风整社，到 1962 年春结束。全县 1042 个生产大队、4991 个生产队基本完成“三定”（定生产计划、定上缴任务、定分配方法），4867 个生产队划为核算单位，3500 个生产队按劳动定额改进评工记分办法，2420 个生产队建立财务管理制度。

9 月　全县疟疾大流行，先后有 30 万人患疟疾。磨山、兰陵、下村、文峰等地还发生白喉病 238 例，死亡 9 人。迅速组织医疗队下乡，控制住疫情。

12 月 9 日—17 日　县委召开四级干部会，制定通过冬季整风整社计划。决定从现在起到翌 2 月进行整风整社运动。重点是固定生产队的规模、人口、劳力、土地、农具等，落实生产计划、粮食征购任务和分配方法，坚决贯彻“各尽所能、按劳分配、多劳多得、不劳动不得食”的原则，避免平均主义。

12 月　自 1958 年修建水库始，全县共移民村庄 41 个、4209 户、17754 人。就地安置 3319 户，分散安置 890 户。

1962 年

1 月 31 日　整风整社工作基本结束。全县 1042 个生产大队，有 4991 个生产队实行“三定”，有 4867 个生产队成为独立核算单位，4800 个生产队落实生产计划，3500 个生产队落实劳动定额，2420 个落实财务管理，3050 个建立牲畜饲养管理制度，有 636 个生产大队、3405 个生产队搞完组织建设。

3 月 4 日　全县开始传达落实中共中央《关于改变人民公社基本核算单位问题的指示》，将生产队全部划为核算单位。

3 月　县委传达贯彻中央扩大的工作会议精神，进一步揭露批判以共产风为重点的“五风”。

5 月　县委对在 1958 年“整风”“拔白旗”、1959 年“反右倾”和 1960 年“整风整社”等运动中受到错误批判和处分的 3771 名干部进行复议，甄别 3767 人，对错划“右派”中的 67 人摘掉帽子。

5 月　小麦普遍发生红蜘蛛，南桥、横山、韩塘、新兴等地的小麦大面积枯死。

7 月 15 日　徐潍公路上横跨县城东泇河的埝头大桥竣工。桥全长 85 米，宽 10 米，总投资 32.8 万元。

7 月 21 日　卞庄等 8 个人民公社、126 个生产大队遭暴风雨和冰雹袭击。冰雹大如拳头、小似豆粒，持续半小时，并伴有 7 级大风。全县农田受灾面积 1 万公顷，其中重灾 5980 公顷；毁房 3500 间。

8 月　国有苍山农场所属的张屯、庄屯、徐皇路、赵皇路、西小店、东小店、河西、王庄、黄山前、后兰庄、前兰庄、小湖子、大湖子 13 个生产大队划归南桥人民公社。

8 月　省农业厅分给苍山东方红—54 拖拉机 5 台、机引五铧犁 10 具、轻型圆盘耙 20 具。

11 月 18 日—19 日　平均降雨 100 毫米以上，伴有 8 级大风，阵风达 10 级。上水麦田 1.3 万公顷，2666.7 公顷未出苗；上水地瓜窖 13 万个，占总数 90%，坍塌 1.5 万个，受水地瓜 6000 万千克，占总数 8%；刮倒树木 15 万棵，砸死、冻死群众 4 人，冻死猪羊 580 头（只），毁房 2.8 万间，刮毁国家仓库 110 余间，浸水粮食 25 万千克。

11 月　县委撤销书记处，周晓任中共苍山县委书记，丁履扬、王树群、刘尚文为中共苍山县委副书记。

12 月 4 日　传达贯彻中共八届十中全会精神，落实“以农业为基础、工业为主导”的总路线，批判“包产到户”为走资本主义道路。

12 月　全县精简下放 4941 人，现有非农业人口 6815 人。

1963 年

1 月 23 日　全县农村开展面上的社会主义教育运动，分 3 个阶段，到 1965 年结束。目的是，以阶级斗争为纲，放手发动群众，有步骤、有领导地开展“四清”（清工分、清账目、清财务、清仓库）运动。

2 月 1 日—16 日　代村大队党支部副书记李桂兰、东城子大队党支部书记李凤鸣出席华东农业先进集体代表会议。

3 月 22 日　人民公社体制进行调整，将全县 14 个人民公社划分为 22 个人民公社，即卞庄、贾庄、仲村、矿坑、流井、车辋、下村、大炉、鲁城、新兴、兰陵、横山、南桥、皇路、尚岩、向城、层山、长城、芦塘、磨山、神山、迷龙。

5 月　选举苍山县第五届人民代表大会代表。全县 22 个人民公社，1072 个自然村，148569 户，总人口 639718 人，有选举权的 325412 人，实际参加选举的 297668 人，参选率 91.4%，选出人民公社社员代表大会代表 5801 人。由各人民公社分别召开人民代表大会选举县第五届人民代表大会代表 400 人。

5 月 19 日—28 日　苍山县举行第五届人大一次会议，选举苍山县第五届人民委员会和出席省人大代表 7 名。孙立阶当选为县长，邢继岭、王士一为副县长。

5 月　全县有 2 万公顷小麦发生黏虫，麦叶被吃光，麦穗头被咬掉，磨山、层山等地的路边青草都被吃光。调用飞机撒药灭虫 7 天。

7 月 3 日—8 月下旬　20 余次降雨 1030 毫米，暴雨中心 7 个公社均在 1200 毫米。有的降雨过程伴有 8～9 级大风。河道决口 254 处，冲毁桥梁 88 座、农田水利设施 32 个。上水村庄 199 个，倒塌房屋 2.6 万间，砸、淹死 48 人，伤 48 人，损失猪羊 595 头（只），霉烂粮食 13.4 万千克。刮倒、折断树木 6.4 万棵，受灾作物 5.26 万公顷，绝产 2200 公顷。灾后各级进行生产救灾。

11 月 17 日—20 日　中共苍山县第三次代表会议召开，选举中共苍山县第三届委员会和出席省党代会的代表 7 人，候补代表 1 人。在三届一次全委会上，选举周晓为县委书记，丁履扬、刘尚文为副书记。

12 月 27 日—翌年 1 月 14 日　县委召开县、社、大队 2777 名干部参加的会议。会议分 4 个阶段进行：第一阶段学习中共中央《关于目前农村工作中若干问题的决定（草案）》和《关于农村社会主义教育运动中一些具体政策的规定（草案）》；第二阶段进行回忆对比，忆苦思甜，揭阶级斗争盖子；第三阶段“洗手洗澡”，检查贪污盗窃、铺张浪费、多吃多占等问题；第四阶段讨论生产救灾。会后，训练基层骨干 3750 人，准备进行大规模的社教运动。此次会议把下放土地、包产到户、扩大开荒地等批判为走资本主义道路。

12 月　组织 30 名干部进行林木确权、发证，明确权属，发展四旁植树。

1964 年

4 月 13 日　《大众日报》报道下村供销社事迹，中共临沂地委号召以下村供销社为榜样，搞好业务工作，更好地为政治、生产、群众服务。

6 月 12 日、14 日　12 日 21 时、14 日 15 时，矿坑、仲村、流井、迷龙 4 个公社雨、风、雹交夹，风力最大 10 级。全县损毁民房 3.6 万间，死 2 人，受灾作物 7666.7 公顷。

7 月 1 日　全国第二次人口普查，苍山县总人口 660371 人。

7 月 24 日—26 日　苍山县举行第五届人大二次会议，选举翟秀吉为县长，李中全为副县长。

8 月 14 日—20 日　各界分别举行抗美援越声援集会、游行，全县 22.8 万人参加。

8 月 29 日　省委批准，丁履扬任中共苍山县委书记，王林任中共苍山县委副书记。

9 月 5 日　县直机关开展反对贪污盗窃、反

对投机倒把、反对铺张浪费、反对分散主义、反对官僚主义运动，到10月5日结束。共揭露犯有各种错误288人，其中贪污盗窃29人，投机倒把11人，铺张浪费6人，多吃多占92人。

9月26日　下村供销社主任郝学鲁参加全国群英会。下村供销社被授予国家级“五好企业”。

12月　苍山县“四清”（清思想、清政治、清组织、清经济）工作队797人，分赴曲阜、临沂2县进行试点。翌年6月陆续返回。

冬　全县掀起冬季农田水利建设高潮，投入整山治水的劳动力达20万人，各项工程共投工1000万余个，完成土石沙方1867万余平方米，共投资547万元，其中群众自办投资423万元。经过一个冬春的奋战，全县共造林3万亩，修梯田4万亩，建小水库、塘坝16座；完成会宝岭水库灌区新西干渠、陈桥闸、吴宅闸、杜村大渡槽等9项大型骨干工程，扩大配套灌溉面积10667公顷；治理糖稀湖、龙王湖、青竹湖等8个大洼湖，新修和整修台田、条田16667公顷。

是年　小郭村的泥玩具、西城前村的剪纸，由山东省群众艺术馆送中央对外文委会，参加中国驻外十几个国家大使馆的民间艺术品展览。

是年　开始接收上山下乡知识青年。到1971年，共接收淄博、青岛集体插队知识青年477人，外地回乡知识青年48人，外地成户下乡285人。

1965年

2月6日　开始传达贯彻中共中央《农村社会主义教育运动中提出的一些问题》（即“二十三条”），解决干部思想和农村社会主义教育运动中打击面过宽的问题，稳定形势，发展农业生产。同时提出运动的重点是整“党内那些走资本主义道路的当权派”。

4月　全县22个人民公社划分为卞庄、贾庄、仲村、车辋、下村、鲁城、向城、新兴、兰陵、南桥、长城、层山、磨山、神山14个区。区下设小公社。

5月3日　中共苍山县委召开2053人干部会，进行形势教育，增强战备观念，开展比、学、赶、帮、超活动。

7月9日　《大众日报》报道下村信用社主任李金玉的事迹，号召全省财贸职工向李金玉学习。9月26日《人民日报》刊登关于李金玉事迹的长篇通讯，题为《为革命办金融的一面红旗》。

8月15日　中共苍山县委召开1450人的政治工作会议，11个单位介绍学习毛泽东著作的经验。历时6天。

10月7日　苍山籍187名青年赴云南，支援边疆国防公路建设。1967年12月这批工役制工人退役回乡。

10月15日　苍山工读师范学校成立开课，其目标是培养一批既能从事生产劳动，又能教学的新型小学教师。

10月　上海电影制片厂著名演员夏天率队到会宝岭水库拍摄《沂蒙在变》纪录片。

11月16日　全县开展学习王杰“一不怕苦、二不怕死”革命精神的活动。许多单位、学校组织人员赴邳县王杰牺牲处参观学习。

11月21日　小马庄水库续建工程开工，经过两期施工，至1966年4月20日竣工。完成大坝加高培厚、旧放水洞接长、建新放水洞、开挖新溢洪道等工程，国家投资25万元。

12月8日　县委召开1585人的四级干部会议，参观冬季农田水利建设现场，增强战备观念，决心自力更生，艰苦奋斗，愚公移山，改造自然。

1966年

2月　选举苍山县第六届人民代表大会代表。全县14个区，93个人民公社，1078个生产大队，5018个生产队，总人口677433人，有选举权的328188人，选出公社社员代表6280人。

由公社社员代表大会选举县第六届人民代表大会代表405人。

3月上旬　临沂专署拨来专款，用于库区移民生产建设，包括为每个农户配齐锄、镢、锨、锸四大件，一头仔猪及饲养费等；为每个移民生产队打一眼井，安大碾和小碾各一座，配备胶轮车、板车若干辆。

6月　苍山一中开展“文化大革命”，校内贴满大字报，“横扫一切牛鬼蛇神”，县委派驻文革工作组。

6月19日　省委书记处书记苏毅然到苍山县检查工作。

7月7日　临沂专署决定拨给苍山库区移民重迁经费179万元，专项用于库区移民的搬迁安置。专署要求，要本着节约、坚固、适用的原则，按平均每户3间房、每人平均不超过0.7间和每间住房国家补助经费不得超130元的标准，为移民建房。

7月底　根据省委、地委的部署，全县各中等学校教职工在县工读师范集结，以集训形式开展“文化大革命”，历时35天。在此期间，经过“大鸣、大放、大揭发”，有30余名教职工被打成“黑帮”，惨遭迫害。

8月8日　中共八届十一中全会通过《关于无产阶级文化大革命的决定》（即《十六条》）。为宣传贯彻《十六条》和八届十一中全会精神，苍山县举行万人大会，游行示威。县委号召积极参加“文化大革命”，各派驻学校的工作组陆续撤出。

9月16日　全县各中学选派红卫兵代表进京，接受毛泽东主席在天安门的检阅。

秋　县委组织发动全县人民群众掀起大学大背、大演大唱、活学活用毛主席著作的热潮。

10月　红卫兵走向社会，进行破“四旧”（旧思想、旧文化、旧风俗、旧习惯），揪斗“走资派”“反动黑帮”“资产阶级代表人物”“地富反坏右”分子，一部分名胜古迹、历史文物、古典书籍遭破坏。全国性的“大串联”开始。

11月16日　惠民庄水库动工，由仲村、磨山、神山、南桥4个区调集民工3500人施工。1967年7月26日全部竣工，国家投资27.8万元。

11月　由济南各大专院校临沂籍的一部分红卫兵组成的“沂蒙山串联队”到苍山“点火”，开展“文化大革命”。

1967年

2月20日　县境发生4.3级地震，未造成损失。

2月25日　各造反组织联合夺取县委、县人委及各部门的权，各级干部挨批斗，大批干部靠边站；建立苍山县革命委员会筹备委员会，并进驻机关。

2月　驻苍山部队奉命“三支两军”（支左、支工、支农，军管、军训）。1972年8月陆续撤出。

3月　“文化大革命”开始不久，很多学生成立“红卫兵”组织，与部分教师到外地进行“革命串连”，打乱了正常教学秩序。20日，外出“串联”师生大部返校。

4月　台儿庄至斜沟35千伏输变电工程兴建，全长36.44千米，1968年4月25日全面投入运行。斜沟变电站是县内第一座变电站。

5月上旬　全区发生流行性脑膜炎，患者达37617人，比上年同期上升3.5倍，发病率4.85%，死亡1925人。地革委会动员人民群众抓紧防治。

7月　苍山县革命委员会筹备委员会在省革委会主要负责人王效禹发动的“反逆流”中解体。造反派群众组织分裂成势不两立的两大派，全县形势大乱。

9月24日　甘霖公社发生里氏4.0级地震，震中坐标东经北纬34度58分、117度49分。

10月14日　党中央下达“复课闹革命”通知，全县中小学相继复课。

11月12日　苍山县两对立“造反”组织在县城发生武斗，部分干部群众遭毒打。

1968 年

3 月 15 日　苍山县革命委员会成立，下设办公室、政治工作委员会、文化革命委员会、生产管理委员会、革命师生军政训练办公室等工作机构。

6 月 8 日　兰陵、南桥 2 区 34 个生产大队受冰雹袭击。冰雹大如拳头，小似白果，持续 40 分钟，伴有 8 级大风。受灾作物 866.7 公顷，刮毁房屋 1200 间，砸死 10 人，伤 1 人。

8 月 28 日　县卫生科、医院、防疫站、妇幼保健站、皮肤病防治站撤并为苍山县“六二六”人民卫生院，建革命委员会，行使行政、防治、教研职能。不久，全县农村普遍推行合作医疗制度，农村医疗下放到大队来办，医务人员参加所在大队分配，当“赤脚医生”。

9 月 4 日　山东省革委会常委张美智带省、地“工农兵宣传队”到达苍山。6 日，武装围攻神山西北村，制造武斗事件，打伤 20 余人，非法逮捕 9 人。此后，一部分不同观点的造反派群众被逼往苏北和郯城马陵山一带。

11 月　工人宣传队、贫下中农管理委员会进驻各学校。县直机关许多被错误批判和“靠边站”的干部被送往青竹“五七”干校改造，或到农村进行“劳动锻炼”。

12 月 22 日　全县公办小学一律下放到大队来办，公办小学教师一律回本大队任教，从 1969 年 1 月开始记工分，1969 年 6 月停发工资、粮油供应。部分教师系新中国成立初支援沂蒙老区的客籍骨干教师。这批客籍教师被迫返回原籍后，造成县内山区师资力量的严重匮乏。王效禹下台后，这一错误做法很快得到纠正。

是年　全县开展“清理阶级队伍”运动，大批干部群众被揪斗。

1969 年

春　全县城镇知识青年开始分期、分批安排上山下乡。

6 月　贯彻中共中央关于解决山东问题的 10 条措施批示，全县逐步掀起落实热潮：一是层层举办各类学习班、报告会，揭发王效禹的错误和罪行；二是反对资产阶级派性，反对无政府主义，制止武斗，实现革命的大联合；三是进一步落实各级领导干部政策，充实到各级革委会。苍山局势初步得到稳定。

7 月　县人民武装部及仲村、鲁城区武装部先后发生被抢劫事件，造反组织抢去部分枪支、弹药。

8 月　兰陵公社乙脑流行，县医院组织医疗队赴病区抢救，控制住病疫。兰陵西北圩发生食物中毒 100 人，经医疗队抢救，无一死亡。

12 月 10 日　省革委会批准，丁履扬由县革委会副主任调整为主任，霍胜清由主任调整为副主任，增补庄虔恺为副主任。

是年　夏季发生水灾，全县受灾 2.13 万公顷，成灾面积 8000 公顷。秋、冬 5 个月少雨，受旱面积 2.5 万公顷，成灾面积 1 万公顷。

1970 年

2 月 13 日—14 日　召开四级干部会，传达中央《关于反对贪污盗窃、投机倒把的指示》。听取赴省毛泽东思想学习班人员的汇报，揭发批判王效禹的罪行。

3 月　开展“一打两反”(7 月 6 日改称“一打三反”)，即打击反革命破坏、反对贪污盗窃、反对投机倒把、反对铺张浪费运动。到年底，共挖出历史、现行反革命分子 1769 人，破大、要案 164 起，揭露贪污盗窃犯 1576 人，清出赃款 49 万元。揭露投机倒把犯 1586 人，涉及牟利 18.2 万元。造成大量冤假错案。

6 月　县公安机关在南桥区破获一起现行反革命集团“国民党”。该集团自 1956 年成立以来，已发展到 57 人。12 月 7 日，中国人民解放军苍山县公安机关军事管制领导小组在卞庄召开公判大会，对该集团首犯徐庆春等 6 人判处死刑，对其他从犯也分别进行了处理。

8月　苍山县化肥厂建成投产。该厂占地面积7.8公顷，国家投资180万元，年产合成氨3000吨，主要产品为农用氨水。

10月　苍山县毛泽东思想宣传队成立。

11月　仲村区学习河南林县经验，开工建设小马庄水库东风干渠。经2年奋战，修渠15千米，过5座山，劈6道岭，跨3条河，凌空架起高12米、宽4米、长1010米的36孔渡槽3个，扩大水浇面积2533.4公顷。

12月　“文化大革命”间中断的高校招生开始恢复，部分高校进行试点，废除高考，采取“推荐与选拔相结合”的方法。苍山县首批推荐工农兵学员31名。

1971年

1月　县文化馆举办农村普及“样板戏”培训班，学员150人，历时20天。

1月—3月　省革委会3次共分配临沂地区当年度农村粮食统销指标6295万千克。根据各县缺粮情况，苍山分750万余千克。

3月　全县区划调整，将14个区划分为17个人民公社：卞庄、贾庄、仲村、车辋、流井、下村、鲁城、向城、尚岩、新兴、兰陵、南桥、长城、层山、二庙、磨山、神山。

9月　疟疾大流行，发病25万人。1973年3月进行全县范围的疟疾休止期治疗，1974年后进行根治服药。1988年基本消灭。

10月19日　省、地区减免苍山县农业税65万元。

12月17日—19日　中共苍山县第四次代表大会召开，代表1205人，列席68人，选举33人组成委员会。20日，中共苍山县第四届委员会召开第一次会议，选举常委9人，丁履扬当选为县委书记，王传荣、毛振勇为副书记。新县委成立后，县革委会党的核心领导小组即行撤销。

12月　燕子河系统治理开工。燕子河发源于临沂罗庄区和苍山县交界处，流经神山、磨山、芦柞、长城等乡镇。从本月开始，调集神山、磨山、层山、长城等公社民工分期进行治理每期0.8万～2.2万人，1978年2月竣工。

1972年

1月　由1970年11月开始的整党建党工作基本结束。全县新建党委17个、支部1119个，共处理党员521人，其中清除出党165人，占处理总数31%。共接收新党员4552人。

3月7日　县革委会在县招待所召开沂沭河东调工程动员大会。大仲村、贾庄、车辋、下村、流井5个公社1000名民工参战，投资14.22万元，完成土石方6.64万立方米，开挖出2200米河段。

春　传达贯彻中共中央(1972)4号文件，深入批判林彪反党集团罪行。

6月18日　水利电力部部长钱正英率淮河治理办公室和苏、鲁、豫、皖4省水利部门负责人到苍山视察苍邳分洪道清障工作，就如何防止水利事件纠纷作指示。

11月5日—12月29日　卞庄、南桥、新兴、大仲村、贾庄、车辋、下村、流井、尚岩、鲁城等10个公社6000名民工参加沂沭河东调第三期工程，投资588万元，完成土石方29.71万立方米。

12月　“文化大革命”中靠边站的干部基本安置完毕。1200名党政干部，已安排工作1180人，占98.3%。其中，副科级以上干部192人，安排185人，占96.4%。

年底　全县架通165千米广播专线，1015个生产大队通上广播，入户喇叭13万只，通播率95%，实现“村村通广播，户户安喇叭”的良好局面。

1973年

1月　县直各部门负责人、公社党委书记

350 人参加批修整风学习班，开展革命大批判。

3 月 17 日—5 月 29 日　卞庄、南桥、新兴、大仲村、贾庄、车辋、下村、流井、尚岩、鲁城等 10 个公社 3600 名民工参加沂沭河东调第四期工程，投资 52.49 万元，完成土石方 20.97 万立方米。

3 月　召开全县农业学大寨先进集体代表会，1546 代表与会，18 个单位作典型经验介绍，奖励 561 个先进单位。

8 月　对全县麻风病患者实行统一集中治疗。1990 年基本消灭麻风病。

9 月　县革命委员会中的军队代表陆续撤出。

10 月 15 日—12 月 29 日　兰陵、层山、新兴、下村、二庙、大仲村、车辋、流井、尚岩、鲁城 10 个公社的民工参加沂沭河东调第五期工程，投资 91.07 万元，完成土石方 35.24 万立方米。

10 月　县毛泽东思想宣传队改称县文艺工作团。

11 月　对东泇河—吴坦河系统治理开工。调集卞庄、磨山、长城、神山、南桥 5 个公社民工分 6 期参与治理，每期调集民工 2 万人左右，至 1979 年竣工。总治理长度 31.6 千米，建桥、涵、闸 76 座，开挖支流 3 条 19 千米。

12 月　发现首例出血热病。

1974 年

2 月　传达中央通知，宣讲《林彪与孔孟之道》，掀起“批林批孔”运动。部分人重新立起山头，7 个公社处于瘫痪状态，84 个生产大队被夺权，砍伐树木 4.7 万棵，分掉储备粮 7 万千克，发生多起武斗事件，打死打伤多人。

2 月　县、公社革委会组织工人宣传队、贫下中农管理小组再次进驻各中学，造成学校不敢抓文化教育，教师不敢管理学生，学校秩序混乱，教学质量严重下降。

夏　卞庄公社东纸坊大队九女墩出土东汉永初六年钢刀一把，铭文为：“永初六年五月丙午造卅湅大刀吉羊宜子孙”，被定为国家一级文物，现存中国历史博物馆。

8 月 12 日—13 日　40 个小时内，全县降雨 216 毫米，暴雨中心的长城、二庙、层山、南桥等公社达 270 毫米。全县各水库、塘坝全部溢洪，主要河流决口 7 处；县城多处机关进水，深处半米以上；进水村庄 712 个、2.77 万户，倒塌房屋 1.15 万间，砸伤 17 人、死亡 5 人；冲走粮食 5.5 万千克，过水浸泡粮食、种子 262.5 万千克；冲毁地堰 2.2 万道、耕地 666.7 公顷、树木 32 万棵，冲去柴草 36.5 万千克；受灾作物面积 5.3 万公顷，其中绝产 1.5 万公顷。当月，国家拨救济款 39 万元支援救灾。

11 月 25 日—12 月 15 日　兰陵、层山、新兴、下村、二庙、大仲村、车辋、流井、贾庄、鲁城等 10 个公社的民工参加沂沭河东调第七期工程，投资 17.42 万元，完成土石方 12.56 万立方米。

11 月　全县有 131 名知识青年上山下乡，占应动员数的 89%。其中，集体插队 87 人，回乡 29 人，到农场 15 人。1970 年—1974 年，共有来自济南、兖州、德州、临沂等地的 1024 名知青来到位于苍山的山东建设兵团三师独立营。从 1972 年下半年开始，部分兵团知青陆续离开。

是年　由于批林批孔的影响，粮食比上年减产 4250 万千克，工业总产值比上年减少 325 万元，工农业总产值比上一年下降 16.4%。

1975 年

2 月　县革委会调集民工 7000 人系统治理陶沟河，11 月竣工。治理长度 17.3 千米，完成土石方 43.2 万立方米，工日 41.8 万个，国家投资 47 万元。治理后达 5 年一遇排涝、20 年一遇防洪标准，排涝效益 4666.7 公顷。

3 月 8 日—6 月 5 日　兰陵、层山、新兴、下村、二庙、大仲村、车辋、流井、贾庄、鲁城等 10

个公社的民工参加沂沭河东调第八期工程，投资87.07万元，完成土石方46万立方米。

5月13日　地委决定，王德臣、李中全、李桂兰任中共苍山县委副书记。

5月　召开1.7万人大会，交流学习毛泽东主席“三项指示”（关于理论问题、安定团结、把国民经济搞上去）的经验。

6月25日　撤销县委、县革委会合一的办公室、县革委会政治部、生产指挥部，设立县委办公室、组织部、宣传部和县革委会办公室、工交办公室、农林水办公室、财贸办公室、文教卫生办公室、教育局、文化局、人事局。

9月20日—12月7日　大仲村、车辋、流井、贾庄、鲁城等5个公社的1670名民工参加沂沭河东调第九期工程，投资30.56万元，完成土石方6.26万立方米，修桥2座，建涵洞3座。

11月　全面开展学大寨运动，组织1200人的“学大寨工作队”，分期分批进驻一部分社队，帮助开展农业学大寨运动。

11月　长城公社组织51名青年妇女成立“三八”女子打井队，队长颜成芳。至1979年，用“大锅锥”打机井190眼，发展灌溉面积1133.3公顷。1976年9月受全国妇联表彰。

11月21日　据县移民办公室报告：“文化大革命”期间，全县库区迁出移民734户、3525人，分别安置在新兴、兰陵、南桥、向城、尚岩、贾庄、卞庄等7个公社，建立15个新村，盖房2404间，调整土地506.7公顷。

11月28日—12月2日　召开由生产队长以上干部2万余人参加的全县农业学大寨会议，传达全国农业学大寨会议精神，总结几年来全县农业学大寨的经验教训，提出建设大寨县的任务。会议设18个分会场。

12月　县委书记丁履扬带领工作组到仲村公社陡沟庄西岭搞整山治岭的样板，全县迅速掀起以改土治水为中心的农田水利建设热潮。

是年　在文峰山烈士陵园建立烈士纪念堂。

1976年

1月4日　增设皇路、横山、迷龙、大炉4个人民公社。

1月8日　中共中央副主席、国务院总理周恩来，因病医治无效，在北京逝世。苍山许多干部群众和学校师生自发组织各种悼念活动，表达对周总理的无限哀思。

2月　召开农业学大寨会议，计划5年建成大寨县，1980年实现农业机械化，保证当年粮食亩产超“纲要”，苦战3年过“长江”，总产4.5亿千克，人均占有千斤粮。但未能实现目标。

3月12日　李顺祥任中共苍山县委书记、县革委会主任。

3月11日—6月20日　大仲村、车辋、流井、贾庄、鲁城等5个公社的民工参加沂沭河东调第十期工程，投资27.64万元，完成土石方6.64万立方米。

3月　在迷龙公社寨子村于滕与其夫人王氏的合葬墓中出土金凤冠一顶。此冠系慈禧为褒扬“女武训”王氏兴办义学所赐之物，重1.48千克，成色98%。出土后即遭破坏，被银行收购，付款4409.22元。后又被临沂文物店收藏。

4月下旬　中共山东省委副书记苏毅然、省委秘书长李子超到苍山视察。

4月26日　根据省地关于分批开发石门铁矿的决定，县委成立石门铁矿筹建处领导小组，开始筹建工作。秋，在鲁城走马岭开始建设采矿场、选矿场各1处，1979年1月投产，累计建矿投资1465.45万元。1990年7月，石门铁矿划归省冶金工业总公司。1992年8月，组建济南钢铁集团鲁南矿山公司，年采选能力80万吨，年产矿精粉20万吨。

7月21日　皇路公社高村民兵连长高振吉，办喜事私拉电线照明，电线杆倒入水中，水中12名儿童当场触电死亡6人。

8月　唐山大地震后，县成立抗震救灾领导小组，要求全县从思想上、组织上、物质上

做好防震准备。各单位、企业纷纷搭建防震棚，并搬入防震棚生活，工农业生产受到影响。

9月9日　毛泽东主席逝世，县直各部门和各公社、村庄、企事业单位，普遍设立灵堂祭拜。9月18日，县委在苍山一中广场举行万人追悼大会。

秋　中共临沂地委、临沂地革委会决定在临郯苍平原地区进行农田基本建设会战。该会战区包括临沂县沂河以西地区和郯城、苍山两县，总耕地22.1万公顷，其中平原涝洼17.1万公顷，占81%。经过为期4年的治理后，该区域的自然条件得到明显改善，粮食产量有了较大提高。

10月20日—12月8日　大仲村、车辋、流井、贾庄、鲁城等5个公社的民工参加沂沭河东调第十一期工程，投资6.75万元，完成土石方4472立方米。

10月26日　中共苍山县委召开声讨“江青反革命集团”罪行的万人大会。

秋、冬　临郯苍治涝会战开始。苍山县委首先在神山公社道庄成立东风湖会战指挥部，调集神山公社800名基干民兵组成战山河专业队并以此为骨干开始施工，随后组织全社教师学生及县直机关干部等8000余人参加的基干团参加会战，到11月中旬完成东战区的框架工程和深翻整平任务。东风湖拿出样板后，县委成立苍山县治涝会战指挥部，调集5万民工开展“五湖”（神山公社的东风湖、沂堂公社的双庆湖、磨山公社的反修湖、卞庄公社的红旗湖和长城公社的胜天湖）治涝大会战。经过一冬天的奋战，完成一级沟20条、长78.7千米，一级路12条、长29.8千米，二级沟附二级路长192.2千米，三级沟附三级路84.3千米，完成土石方592万立方米，治涝面积8800公顷。

1977年

3月11日—6月5日　大仲村、车辋、流井、贾庄、鲁城等5个公社的民工参加沂沭河东调第十二期工程，投资35.75万元，完成土石方10.13万立方米。

4月15日　县委在新华书店隆重举行《毛泽东选集》第五卷发行仪式。此后，全县各级党组织采取多种形式带领群众掀起学习《毛泽东选集》第五卷的热潮。学习热潮推动了揭批江青反革命集团和“工业学大庆、农业学大寨”的群众运动。

4月　省委副书记李振到向城、皇路2个人民公社视察，并对苍山今后的工作作指示。

5月30日　清查与江青反革命集团篡党夺权阴谋活动有牵连的人和事，到1978年2月结束。全县269个清查对象（其中科级干部28人，脱产干部64人，社员24人，职工153人）解脱85%，对12人采取组织措施。

秋　恢复全国统一招生考试制度，全县32人考入大学专科，110人考入高中中专。

10月7日—12月28日　大仲村、车辋、流井、贾庄、鲁城等5个公社的民工参加沂沭河东调第十三期工程，投资18.34万元，完成土石方5.17万立方米。

10月下旬　中国人民解放军拉练部队途经苍山北部。沿途村村设茶水站，庄庄有欢迎人群，社社队队召开军民联欢会。车辋公社为部队送去猪肉、蔬菜，20位女社员义务为战士洗衣服。

11月　开展打击投机倒把、打击贪污盗窃运动，到1978年结束，共揭露“两打”对象2300人，交待贪污现金130多万元和部分枪支弹药。

是年　鲁城、下村两人民公社被评为山东省库区建设先进单位。

1978年

1月　苍山县火化场建成。自5月1日起全县一律实行火化，严禁土葬。

2月28日—5月10日　大仲村、车辋、流井、贾庄、鲁城5个公社的1100名民工参加沂沭河东调第十四期工程，投资 17.23 万元，完成土石方 5.25 万立方米。

春　80 多天基本无雨，4 月始持续高温。到 5 月 28 日 36 座小型水库干枯 35 座，85 座塘坝的水全部放干，汪塘干枯 395 处，水井干枯 400 余眼，沟、河断流 51 条。有 177 个生产大队、7.7 万人吃水困难，小麦绝产 3666.7 公顷，春播严重受阻。全县 20 万人投入抗旱。

2 月—4 月　选举苍山县第七届人民代表大会代表。全县以人民公社为单位共划分 21 个选区，按照民主集中制原则，自上而下酝酿提名，广泛征求人民群众意见，各公社分别召开公社革委会常委扩大会议，采用无记名投票方法，选出县第七届人民代表大会代表 750 人。

4 月 23 日—26 日　苍山县第七届人民代表大会第一次会议举行，李顺祥当选为县革命委员会主任。

5 月 10 日　县委发出《关于在全县深入开展宣传新时期总任务和新宪法的通知》。

6 月　县文工团改称苍山县柳琴剧团。

7 月 26 日　沂沭河东调工程苍山民工团在圆满完成上级下达的施工任务后撤回本县。

8 月　在 7 月整风的基础上，贯彻落实中央(1978)37、42 号文件精神，县社两级清理出平调、转嫁、克扣而增加农民不合理负担 170 万元，退赔 65.8 万元。清理出多占农村劳动力 8200 多人，退出 4500 人；多占生产队土地 417.3 公顷，退出 119.3 公顷。有 900 名干部检查打骂群众的错误，372 名干部向受害群众登门赔礼道歉。

12 月 5 日　中共苍山县委召开 15 万人有线广播大会，为“马陵山游击队土匪集团”等政治假案平反昭雪。

冬　地委、行署确定实施的卧虎山农田基建会战工程全面展开。会战区域位于临沂、费县、苍山 3 县交界处，东西长 40 千米，南北宽 30 千米，其中耕地 2.1 万公顷，山、滩 1.7 万公顷。会战历时 3 年，明显改变了该地区的生产条件，促进了粮食产量的提高。

是年　小仲村大队党支书记李成华当选为第五届全国人大代表，出席第五次全国人民代表大会第一次会议。长城税务所所长李金胜、兰陵信用社主任陈汉鼎出席全国财贸学大庆、学大寨会议。兰陵西北圩大队团支部书记王兰华出席共青团第十次全国代表大会。

是年　苍山县建立大蒜、兔毛等全国性出口商品基地。

1979 年

1 月 28 日—29 日　全县遭受冰凌灾害，供电线杆断、倒 508 棵，所有工矿企业停产；通讯线杆断、倒 4272 棵，农村电话大部中断；广播线杆倒、断 1.4 万棵，广播信号全部中断。2 月 6 日恢复。

2 月 8 日—9 日　县委召开 10440 人的四级干部会，学习中共十一届三中全会文件，表彰农业先进单位，全党工作着重点开始转到以经济建设为中心的轨道。

2 月 21 日　县革委会批准并公布县级重点文物保护单位 10 处。

3 月 24 日　总投资 266.3 万元的会宝岭水库发电站建成发电，同时并网运行。发电站总装机容量 2300 千伏安，年发电量约 407 万千瓦时。

6 月 26 日　省委省政府命名苍山县印刷厂为 1978 年度“大庆式企业”。

6 月　贯彻中共中央《关于地主、富农分子摘帽问题和地、富子女成分问题的决定》，苍山县共为 7000 名地、富分子摘帽，有 3 万多地、富出身的人改变为社员成分或社员出身。

8 月 30 日　召开一对夫妇只生一个孩子授奖大会。表彰 176 对夫妇。

9 月 19 日　苍山县车辋公社团委书记李萍、县人民医院团支部副书记王桂华、县无线电元件厂团支部书记焦保民、尚岩供销社青年营业员杨茂春和贾庄公社铁角山大队团支部书记曹

俊荣5人被共青团中央授予“全国新长征突击手”荣誉称号。

9月21日　长城公社“三八女子打井队”被中华全国妇女联合会授予“全国三八红旗集体”荣誉称号，苍山县气象局技术员凌菊翠、卞庄公社代村大队三八养猪场场长李士英、层山公社山东大队保管员曹乐秀、兰陵公社西北隅大队党支部书记魏君喜4人被授予“全国三八红旗手”荣誉称号。

9月24日　经山东省政府3部门批准，确定在苍山县“建立出口大蒜生产基地2万亩”。

10月27日　赵镈同志英勇就义38周年纪念会在文峰山隆重举行，县直机关和附近公社干部群众500余人出席了纪念会，赵镈的生前战友、省委书记兼省革委会副主任高克亭等送了花圈。

10月　开通苍山至临沂电报电传电路。

10月　对1958年划为右派的196人全部进行复议，给予改正165人，安排工作162人。

12月　中共十一届三中全会后，对“文化大革命”中立案审查的373名干部全部进行审查。其中受处理的177人中，已平反纠正125人，占受处理的70%。对从“文化大革命”开始到1978年判刑的797起案件全部复查完，其中改正183起，占总案件的20%。在“文化大革命”和“四清”运动中受审查处理的农村党员干部911人，已全部复议，其中受各种处分的757人中，已平反纠正345人，占处理总数的46%。在“反右倾”“拔白旗”期间受审查处理的党员干部1334人，已平反纠正1254人，复议80人全部得到纠正。另外，对国民党起义、投诚人员的政策也全部落实。

1980年

2月26日—28日　全县农村工作会议召开，全县四级干部1万余人参加会议。会议决定调整农业内部结构，进一步落实党在农村的各项政策。

4月　1978年以来，由于国家对打井采取扶持政策，农村掀起打机井热潮。全县配有大锅锥86台、动力钻机4台。到本月，全县机井发展到2695眼，其中3年内打机井1480眼；全县配套机井1616眼，井灌面积发展到1.2万公顷。

4月　学习贯彻中共十一届五中全会精神，各级党组织以整风精神，对照《关于党内政治生活的若干准则》，开展批评与自我批评，总结经验教训，改进领导作风。

9月9日—11日　中共苍山县第五次代表大会举行，选举中共苍山县第五届委员会。在苍山县五届一次全委会上，李顺祥当选为书记，胡广惠、姚学益、戚建业、刘广伦为副书记。

9月　兰陵美酒首批出口新加坡、马来西亚等国家。

11月　贯彻中共中央《关于进一步加强和完善农业生责任制的几个问题》，部分社队开始推行多种形式的农业生产责任制。

12月29日　大仲村人民公社调整为仲村、矿坑两处人民公社。

12月　选举苍山县第八届人民代表大会代表。本届县人民代表大会代表开始由选民直接选举产生，并设立县人民代表大会常务委员会。全县总人口913473人，选民529245人。在县选举委员会的领导下，全县划分为200个选区，参加投票的选民507297人，参选率95.9%，选出县第八届人民代表大会代表447人。

1981年

2月11日—15日　县委召开全县三级干部会议，贯彻中共中央（1981）2号文件，调整国民经济并制订1981年度国民经济计划和措施。

4月19日　县革委会从兰陵、车辋两公社调集部分农民到韩塘西南湖动工兴建石膏矿。该工程共投资100万元，开掘矿井1眼。翌年5

月竣工投产，年生产能力6万吨。

4月　全县普遍推行农业生产责任制。实行“两统一包”定额管理的有254个生产大队、1368个生产队，占总队数的22.6%；实行联产计酬、责任到组的有220个生产大队、1261个生产队，占总队数的20.6%；实行包产到户、包干到户的有335个生产大队1693个生产队，占总队数的27.8%；实行部分土地不联产、田间管理责任到人，部分土地包产到户的有332个生产大队、1771个生产队，占总队数的29%。

5月27日　政协苍山县首届一次会议召开，会议选举政协苍山县第一届常务委员会，王家柱为主席，李春学、王子通、孙善斋、冯晓、陈西元为副主席。

5月28日—6月1日　苍山县第八届人民代表大会第一次会议召开。会议选举庄虔恺为县人大常委会主任，吉祥山、邱炳、张秀常为副主任；选举姚学益为县人民政府县长，周爱三、李保义、郑宗厚、李桂兰、宋体正为副县长；选举崔云鹏为县人民法院院长，刘春法为县人民检察院检察长。会后，县革命委员会即行撤销。

11月　皇路人民公社改称三合人民公社。仲村人民公社改称大仲村人民公社。

12月15日　地、县委在神山进行完善农业生产责任制试点，总结交流神山公社自1980年包产到户，一年粮食大增产的经验，指导全县进一步完善农业生产责任制。

12月27日　兰陵人民公社改称兰陵镇。

12月31日　卞庄人民公社改称卞庄镇。

1982年

1月5日　姚学益任中共苍山县委书记，白正和任中共苍山县委副书记。

1月—5月中旬　全县大旱，10条河流断流，30座小水库干涸，致2.35万公顷春田无法播种，140个村人畜吃水困难。全县20万人投入抗旱播种、抗旱保苗。

5月10日　县委抽调280名干部，深入76个生产大队落实中共中央《全国农村工作会议纲要》精神，进一步完善农业生产责任制。

6月　苍山县农技中学成立。校址位于县城东2千米，前身为卞庄公社农业中学。

7月1日　参与全国第三次人口普查，全县人口为926659人。

7月29日　苍山县第八届人民代表大会第二次会议补选白正和为苍山县人民政府县长。30日，政协苍山县委员会首届二次会议补选戚建业为苍山县委政协主席。

8月2日　县委、县政府作出关于开展向芦永田、傅旭东学习的决定。芦永田是大仲村邮电支局投递员，5月被邮电部授予全国优秀投递员荣誉称号。傅旭东1962年退休后，义务养路20多年，1979年被评为山东省养路模范。

10月6日—8日　山东人民广播电台在苍山县召开全省通讯报道会议。

12月　共青团苍山县委书记窦文华出席共青团第十一次全国代表大会，受到党和国家领导人的接见，并合影留念。

是年　投资400万元对县化肥厂进行技术改造，使合成氨生产能力达到1.5万吨，产品由农用氨水改为碳酸氢铵。

是年　全县贯彻学习中共十二大会议精神，开展学习、宣传《中华人民共和国宪法》的热潮。

1983年

1月21日　由省卫生厅组织的《胃癌低发区保护因素流行病学调查》通过部级鉴定。该调查表明，1970年—1974年，苍山县胃癌平均死亡率为2.88/10万，大大低于全省18.33/10万的平均数，为高发区的1/12，是全省最低区，也是长江以北10万人口以上县中的最低者。

3月　全县响应省委“向八十年代活雷锋——张海迪学习”的号召，开展文明礼貌月活

动。5月25日，表彰文明礼貌月活动101个先进集体，命名横山公社孙楼等5个生产大队为文明村庄，县委党校等7个单位为文明单位。

4月30日　矿坑乡村民段学法砍杀10人，纵火焚烧现场。5月6日罪犯段学法落网。

5月　苍山县第一座蒜薹恒温库（属嘉德集团公司，容量2700吨）建成投产，蔬菜加工业开始起步。

8月　开展严厉打击刑事犯罪斗争，共抓获各类刑事犯罪分子632人，摧毁犯罪团伙52个，破获各类刑事案件4382起，其中重大案件48起。

10月　组织207人普查工作队，对全县农业资源进行全面调查，1985年4月结束。

11月8日　县委、县政府作出关于《统一集体提留比例，减轻农民负担》的10条规定。

是年　在县城塔子山建电视差转台和贮水池。

是年　开始对农村基本建设进行统一规划。

1984年

2月26日　县级机构改革完成，姚学益任县委书记，杨国胜、孙运河任县委副书记，王世业任县纪委书记。

3月　开展全面落实知识分子政策工作，重点解决中青年知识分子在政治、工作、生活中的实际困难。到年底，共吸收124人入党，21户由农业户口转为城镇户口，35户解决住房困难问题。

春　自上年冬天，160天未降雨雪。全县有2.7万公顷小麦受旱，其中枯死或接近枯死的有0.7万公顷。有50个生产大队，3万人吃水困难。

3月—5月　选举苍山县第九届人民代表大会代表。全县28处乡镇，总人口947950人，选民580908人，564711位选民参加投票，参选率97.2%。选出县第九届人民代表大会代表443人。

4月25日　全县22个人民公社（镇）改建为28个乡镇，即贾庄、小岭、矿坑、流井、车辋、甘霖、大炉、下村、鲁城、尚岩、向城、新兴、韩塘、横山、南桥、三合、兴明、芦柞、二庙、层山、庄坞、沂堂22个乡，卞庄、大仲村、兰陵、长城、磨山、神山6个镇。

5月　塔山公园开工建设，占地13.87公顷。

6月15日　县、乡镇两级机构改革结束，历时7个月。调整后的县级领导班子，职数减少了3人，平均年龄下降了8.8岁，具有高中以上文化程度的提高了37%；调整后的县直机关领导班子平均年龄下降了7.8岁，具有高中以上文化程度的提高了41%；各乡镇领导班子平均年龄下降了8岁，具有高中以上文化程度的提高了35%。

6月　县书法协会成立，李常存、孙善斋为名誉理事长，吴兴沛为理事长。

7月6日　政协苍山县第二届一次会议选举产生政协苍山县第二届常务委员会。周爱三当选为主席，孙善斋、伏广余、张藻良为副主席。

7月7日　苍山县第九届人民代表大会第一次会议选举姚学益为人大常委会主任，王世堂、宋体正、张秀常、李桂兰、郑宗厚为副主任；选举杨国胜为苍山县人民政府县长，李常存、陈兆泉、郭东林为副县长，刘春法为县人民法院院长，张志法为县人民检察院检察长。

8月30日—9月1日　中共苍山县第六次代表大会召开，出席代表401名、候补代表40名。会议选举产生中共苍山县第六届委员会和中共苍山县委纪律检查委员会。中共苍山县六届一次全委会选举姚学益为县委书记，杨国胜、孙运河为副书记。

9月1日　苍山县实验中学建成开学。

12月　大搞社会治安综合治理活动，破案135起，挖出犯罪分子255人，摧毁犯罪团伙12个。

是年　磨山公社皇甫寺大队获“山东省民族团结先进集体”称号。

1985 年

2 月 6 日　开始传达贯彻中共中央《关于进一步活跃农村经济的十项政策》和全省农村工作会议精神，制定搞活农村经济、调整产业结构的措施。

2 月　全县向云南前线发慰问信 7660 封，赠锦旗 79 面、鞋垫 13417 双、背心 1189 件、手帕 2958 块及其他物资，慰问和支援云南边防保卫战的参战部队。

3 月　以磨山镇马庄联中为基础，组建临沂地区第一所回民中学——苍山县回民中学。

春　副省长马连礼到苍山视察社会治安综合治理情况，并亲临兰陵镇王家艾曲敬老院视察，作“忧民为先、便民为念，动之以情、晓之以理”的题词。

5 月 25 日　全县进行整党运动。第一批整党有 68 个县直部门，共 5 个党委，32 个党组，4 个党总支，95 个支部，1927 名党员，历时 6 个月。第二批整党有 27 个乡镇机关，244 个企业单位，82 个县直单位，3 个试点村，共 30 个党委，3 个党总支，356 个党支部，5885 名党员，历时 4 个半月。第三批整党有 1158 个农村党支部，21139 名党员，历时 6 个月。整个整党运动 1987 年 4 月结束，予以登记的党员 29838 名，缓登记党员 68 名，不予登记党员 64 名，被开除党籍 13 人，留党察看处分 28 人，撤销党内外职务 3 人，受严重警告处分 21 人，受警告处分 31 人。参加整党的 831 名预备党员中，被取消预备党员资格 5 人。

5 月 26 日　张洪举任中共苍山县委书记。

6 月 20 日　韩塘乡除氟改水工程验收合格，有 18 个村庄、1 万余人用上低氟自来水。

7 月 17 日　磨山、神山、芦柞、卞庄 4 个乡镇收集 2.5 万千克苍山大蒜，献给云南边防部队。30 日，《解放军报》头版进行报道。济南军区、山东省军区首长专程到苍山表示感谢。

7 月 19 日　县委召开有线广播大会传达县委、县政府关于授予王保骏“模范共产党员”的决定，号召全县党员、干部、群众向王保骏学习。王保骏原系济南军区空军医院副院长，身患筛窦癌的他 1983 年离休后毅然离开城市返回家乡，为南桥、兴明、三合一带群众义务诊病治病，赢得了群众的赞扬和爱戴。

7 月 30 日　安排县直部门包扶 27 个人均收入不足 150 元的贫困村。

8 月 20 日—21 日　县委邀请赴云南参战部队一等功臣束永新、吴春田举行英模报告会。

9 月 10 日　庆祝全国第一个教师节。县委、县政府表彰 153 名优秀教师、8 个教育先进单位、11 个尊师重教先进集体和 2 名尊师重教先进个人，分别授予荣誉证书、奖状、奖旗。

9 月 20 日　查处制售假蛤蟆油案结束。自 15 日和 18 日中央人民广播电台、《人民日报》点名批评后，县委县政府抽调 300 名干部配合卫生部和省地进行查处，弄清真相。苍山县捕杀癞蛤蟆（中华大蟾蜍）制造假蛤蟆油是由费县宋远兴和苍山县刘文才等人引起，逐步发展到 8 个乡镇、75 个村、608 户、643 人参与，共制假油 7110.5 千克。逮捕制售假蛤蟆油首犯，没收制售者非法所得的 8.19 万元，罚款 4579 元，没收假油 185 千克。

10 月 21 日　罗荣桓元帅的夫人、全国人大常委会委员林月琴到大炉视察，参观原八路军第一一五师司令部旧址，与老房东、老党员座谈。

12 月　苍山县 110 千伏变电所在县城西大官庄建成。

1986 年

2 月 18 日　地委决定，杨国胜任中共苍山县委书记，郑承泰任中共苍山县委副书记、代县长。

3 月 15 日　开始贯彻落实《中共中央、国务院关于 1986 年农村工作部署》，改善农业生产资料供应，组织产前、产后服务，推动农村经济持续、稳定、协调发展。

5月6日　苍山县九届人大三次会议选举郑承泰为苍山县人民政府县长。

5月14日　县委、县政府作出贯彻《中共中央关于教育体制改革的决定》的意见，提出有计划地实行九年制义务教育。

5月19日　地委书记刘明祖和地委副书记、行署专员王渭田到苍山调研乡镇企业生产情况。

6月15日　中国人民解放军苍山县人民武装部改为地方建制。1996年4月1日又划归军队建制。

7月22日　县委副书记、县长郑承泰病故。

8月11日　地委提名李常存任苍山县人民政府代县长。15日，地委决定李常存、张万连任中共苍山县委副书记。

9月2日　甘霖乡干部群众捐资修建的赵镈就义处纪念碑揭碑仪式在九女山举行。中共山东省委原书记高克亭为纪念碑题“赵镈同志就义处”7个字。

9月2日　甘霖乡石河供水工程建成，石河等8个村庄、3000人吃上自来水。

9月14日　省委常委、省妇联主任杨衍银到苍山县视察妇幼工作，实地考察神山镇等5个单位。

9月25日　苍山县扩大计划免疫——冷链工作通过由联合国儿童基金会、世界卫生组织、卫生部组织的联合审评，基本达到要求标准。

10月19日　开始学习贯彻《中共中央关于社会主义精神文明建设指导方针的决议》，推进精神文明建设。

11月19日—21日　中共鲁南区委书记赵镈牺牲45周年纪念会举行。中共山东省委原书记高克亭、省政协常委刘勇及赵镈烈士的儿子赵继烈等600余人参加纪念会。

年底　全县总人口976358人。到选举日年满18周岁以上的公民614435人，登记选民612903人，全县28个乡镇、1168个行政村和县直单位共划分选区212个，选出县第十届人民代表大会代表381人。

1987年

1月9日　原磨山镇石良管理区党总支书记邵立金将审查其经济问题的镇政府工作组16人锁在屋内，引爆事先隐藏的炸药包，炸死1人，炸伤14人。罪犯邵立金用手榴弹自爆亡命。

1月10日　苍山县被省政府列为控制开放区。

3月25日　政协苍山县第三届一次会议选举第三届常务委员会，周爱三为主席，李庆生、王永坤、王建东、宁相如、孙竺华、张藻良为副主席。

3月26日　苍山县第十届人民代表大会第一次会议，选举张保忠为县人大常委会主任，郑宗厚、陈兆泉、王世堂、李桂兰为副主任；选举李常存为苍山县人民政府县长，王占鹤、王世业、郭东林、杜华生为副县长，于连法为县人民法院院长，张志法为县人民检察院检察长。

5月4日　共青团中央授予苍山县大仲村镇金桥屯村团支部书记尹克军“全国新长征突击手”荣誉称号。

5月27日　“蒜薹事件”发生。（详见第八编《苍山大蒜》章之附篇）

6月30日　南桥等9个乡镇遭受历史上罕见的龙卷风、冰雹和暴风袭击。受灾中心最大风力11级，降冰雹12厘米厚，降暴雨56毫米以上。受灾村庄157个、2.5万户、12.4万人。受灾作物0.9万公顷，绝产1066.7公顷，受灾果园100公顷。倒塌房屋166间，砸死2人，伤26人，刮断树19万棵，刮断高压线、电话线、广播线杆6793根，直接经济损失1530.5万元。灾区群众在县委、县政府领导下，掀起救灾运动。

7月9日　流井等10个山区乡镇遭暴风雨袭击，平均降雨181.5毫米，流井乡为224毫米。南部平原11个乡镇、156个村庄、2.1万户、10.5万人受水灾。受灾作物5333公顷，冲断桥涵13座，刮断树木3.6万棵，刮倒房屋557间，砸死1人，伤16人，直接经济损失558万元。在各地支援下，灾区迅速恢复生产。

7月下旬—8月　中共苍山县委进行开门整风，学习省委关于苍山“蒜薹事件”的通报，总结经验教训，开展防止和克服官僚主义的自学、自查、自改活动。组织县级领导班子成员带领50多名县直部门负责人进行“百村千户”调查，征得群众意见、建议上万条。发动县乡机关干部提合理化建议250多条。

8月　苍山县被中央正式列入山东省83个开发县市的范围，开发项目以农田水利基本建设和畜牧（包括畜牧加工）为重点。

8月16日　苍山县人大第十届二次会议决定罢免李常存苍山县人民政府县长职务，补选潘本学为苍山县人民政府县长。

9月15日　中共苍山县第七次代表大会选举产生中共苍山县第七届委员会和中共苍山县纪律检查委员会。中共苍山县第七届一次全委会选举李荣强为中共苍山县委书记，潘本学、张万连、刘其夏为副书记。中共苍山县纪律检查委员会全委会上，沈云兴当选为书记。

12月　苍山县委、县政府提出“在保证粮食总产稳定增长的前提下，上经济作物、上畜牧业，围绕农副产品加工上县乡工业，面向国际、国内两个市场”的经济发展战略。

1988年

1月　苍山县被列为黄淮海平原开发区。主要任务是以改造中低产田为中心，实行农、林、水、牧、渔综合开发。10月27日，县政府成立黄淮海平原农业开发领导小组，下设办公室。

春　苍山县掀起蒜薹恒温库建设高潮，共建起蒜薹恒温库97座，可贮存蒜薹3000万千克。

3月13日　县委、县政府决定，命名22人为苍山县专业技术拔尖人才，并颁发荣誉证书。

4月4日　新兴乡干部群众集资修建的黄莘三烈士纪念碑在黄山屯村落成。

5月25日　全县顺利完成9000万千克蒜薹购销任务。

6月6日—8日　苍山县举行中共党员代表大会。会议选举李荣强等5人为出席中共山东省党代会的代表。

6月至7月上旬　40天平均降雨33.4毫米，比常年减少121.6毫米，受旱农作物8万公顷，其中严重干旱3.33万公顷，0.8万公顷夏玉米、200公顷大豆旱死，1万公顷花生减产三成以上。每天有20万人参加抗旱。

8月17日　全县有12个乡镇被国务院贫困地区经济开发领导小组列为沂蒙山区贫困区，予以扶持。省政府确定省化工厅、建设银行到苍山县具体指导帮助开展扶贫工作。

10月8日　省委常委、省委政法委书记高昌礼和省人大常委会副主任王树芳等前往省立医院看望在大炉暴力事件中受伤的民警康建华。

10月10日—14日　国务院贫困地区经济开发领导小组顾问林乎加到苍山北部山区乡镇检查指导扶贫工作。抗战时期林乎加在苍山工作过，曾任鲁南区宣传部部长等职。

10月　苍山暴动烈士纪念碑在鲁南烈士陵园内落成。碑高3.25米，长4.47米，宽1.13米，正面刻着著名书法家朱学达书“苍山暴动烈士纪念碑”9个大字，背面为“苍山暴动”简介。

11月—12月　10月15日以来，连续2个月未降雨。小麦重旱3.5万公顷，其中0.67万公顷基本枯死。每天上阵劳力24万人，浇小麦1.7万公顷。

12月13日　由苍山县科委、三合大蒜食品厂、山东省食品发酵工业研究所共同承担研究的苍山县大蒜深加工技术开发获国家星火科技奖。该项目为大蒜的多层次加工利用，主要产品为蒜油、蒜酱、蒜粉、蒜盐、蒜片、蒜汁。

是年　全县平均降雨594.1毫米，较常年减少40%。

是年　县公安局制发第一代居民身份证，它是一种照片翻拍、聚酯塑封的密封单页式证件，发放对象限16周岁以上公民。

1989年

1月14日　苍山县火力发电厂一期工程3000千瓦机组在县城西建成投产发电，同时并网成功。该机组1987年9月投建，总投资600万元，年发电量2100万千瓦时。

4月　临沂市（县级）8个单位对口支援苍山县6个乡镇。

5月2日—6日　武警苍山中队中尉警官李英出席团中央召开的各行各业杰出青年表彰会，被授予“全国卫国爱民英雄”称号。1990年3月5日被中国人民武装警察部队授予“学雷锋标兵”。

5月7日　赵镈烈士纪念碑揭碑仪式在文峰山举行。中共山东省委书记姜春云，广州军区原政委彭嘉庆，中共山东省委原书记赵林、高克亭，山东省委常委马仲才，地委书记王渭田，地委副书记刘兴武、辛云岩及苍山干部群众500余人参加。纪念碑高3.7米，长5.1米，正面镌刻着全国政协原副主席王任重题写的“赵镈烈士纪念碑”7个大字，背面镌刻着山东省委原书记高克亭撰写的碑文。

5月7日　省委书记姜春云视察苍山，听取苍山县委工作汇报。

6月　两次降雨256毫米，3万公顷成熟小麦受灾。9日—11日突击抢收小麦2.8万公顷。11日连续降雨，使尚未脱粒的小麦发霉发芽，损失2500万千克。

7月　自中旬开始，连续70天基本无雨，降雨比常年同期减少300多毫米。伏旱连着秋旱。8.4万公顷秋季作物普遍受旱，减产粮食9000万千克、棉花90万千克、花生650万千克，60个村人畜吃水困难。全县每天上阵劳力30万人，抗旱保秋2.5万公顷。

8月24日　副省长王乐泉到苍山县视察旱情。

11月16日　县委、县政府作出《关于开展向杨振刚同志学习活动的决定》。杨振刚，大炉乡杨庄村党支部书记，一等残废军人。退伍后带领群众苦战4年，改变了村庄落后面貌，被先后授予“省劳动模范”和“全国劳动模范”，并赴京参加中华人民共和国成立40周年国庆观礼，受到党和国家领导人接见。

11月至翌年3月　选举苍山县第十一届人民代表大会代表。1989年年底，全县总人口1001593人，到选举日年满18周岁以上的公民666963人，登记选民663907人。全县28个乡镇、1180个行政村及县直单位共划分选区218个，612256位选民参加投票，选出县第十一届人民代表大会代表393人。

12月30日　县邮电局举行微波通讯开通仪式。当年，全县投资200万元，建设9600路微波通讯，购置安装1000门纵横制自动电话交换机1部。

1990年

1月11日　民政部特邀顾问、民政部原副部长杨琛一行，到苍山灾区农村检查救灾工作，深入了解群众生活情况，慰问灾民。

2月10日　刘其夏任苍山县人民政府代县长。

2月12日　开始贯彻落实中共中央(1989)12号文件，加强农业在国民经济中的基础地位。

3月8日　临沂地区地直机关为苍山灾区捐现金10.3万元，粮票1.75万千克，成品粮3665.5千克，衣物3351件，布匹2600米，煤32吨。

3月20日　卞庄镇西小屯村人王思远杀死3人，碎尸埋匿。4月27日又杀1人，毁容栽赃。

后被处决。

4月8日 张万连当选政协苍山县第四届委员会主席，李桂兰、王永坤、孙竺华、王建东、王兴国当选副主席。

4月9日 苍山县第十一届人民代表大会第一次会议，选举张保忠为县人大常委会主任，王占鹤、陈兆泉、李洪秀、秦砚海、李庆生、任士庆、钟士富为县人大常委会副主任；选举刘其夏为苍山县人民政府县长，杜华生、王世业、郭东林、李金胜、冯国民为副县长，于连法为县人民法院院长，张志法为县人民检察院检察长。

4月10日—14日 苍山县大炉乡杨庄村党支部书记杨振刚参加“沂蒙精神”报告团，由地委书记王渭田、地委宣传部部长李祥栋带领赴济南先后为省直机关和济南市的8000余名干部、群众作7场报告，引起强烈反响。

4月22日 中共苍山县第八次代表大会选举中共苍山县第八届委员会和中共苍山县纪律检查委员会。中共苍山县第八届一次会议选举李荣强为中共苍山县委书记，刘其夏、张万连、孙家振为副书记。中共苍山县纪律检查委员会全委会选举沈云兴为书记。

4月27日 中华全国总工会授予山东兰陵美酒厂“全国五一劳动奖状”。该厂上年业绩为全国同行业第一。

5月21日 副省长马世忠带省有关部门到苍山现场办公，在山区吃水、工业技术改造、工艺美术公司扩大生产等问题上进行重点扶持。

5月26日 韩塘乡投资兴建、年生产石膏粉能力为1万吨、全省最大的石膏粉厂——鲁南石膏粉厂建成投产。

6月4日 省长赵志浩到苍山视察，对搞好蒜薹收购、扶贫、工业生产作指示。

7月6日 小岭乡举行苍山暴动57周年纪念会，原中共临沂地委副书记李福崇及县乡干部群众500余人参加纪念会。

7月 县城最大的专业市场——人民商场竣工。该商场位于县城北关，总投资300万元，占地面积36665平方米，建筑面积10389平方米，设固定摊位983个。

8月1日 北京夏令时5时44分，在苍山县城西北8千米的贾庄尚庄一带（北纬34°50′、东经117°55′）发生4.4级地震，震中烈度为5度，未造成人员伤亡。苍山、临沂、郯城、费县、莒县、沂水等县均有震感。

8月3日—6日 平均降雨220毫米，泄洪被苏鲁边界的堵水坝阻挡，造成水灾。受灾作物2.8万公顷，绝产0.27万公顷。有64个村进水0.5～1米深，倒塌房屋3910间，冲毁桥涵28座、道路63千米，直接经济损失1800万元。

9月22日 中国共产党中央顾问委员会委员、山东省委原书记苏毅然带省有关部门到苍山视察灾情。

9月27日 位于西泇河下游的岗子桥闸竣工，投资217.5万元，可利用会宝岭灌区尾水灌溉土地3800公顷。

10月13日 苍山、博山缔结友好县区协议在苍山县签字。20世纪60年代，博山区有数百名知识青年上山下乡在苍山县集体插队落户。

11月14日 县委抽调2512人，组成社会主义思想教育宣讲队，进驻28个乡镇、531个村，进行农村社会主义教育活动。同时，地委社会主义思想教育宣讲队一行44人进驻3个乡镇、18个村庄，帮助搞好农村社教工作。

是年 苍山县参加全国人口普查，普查人口1082844人。

1991年

1月14日 中共中央政治局常委、中央纪律检查委员会书记乔石到苍山县流井乡北邱庄视察扶贫和农田水利建设，并走访农户，与群众亲切交谈。乔石在临行前告诫地委、行署领导人，搞劳动积累，改变生产条件是对的，但

要注意爱惜民力，注重实效，凡是没有解决温饱和吃水难问题的，要抓紧解决。要切实搞好领导班子建设，这是个关键问题。

1月　农村开展公物还家、移风易俗、评先树优、提合理化建议和寻找致富门路五项活动，巩固社会主义教育运动成果。全县共清退挪借公款151.7万元，归还公物1.5万余件，折款102.6万元；建文艺宣传队455个、各种服务队2888个，做好人好事1.9万件；评先进党支部387个，优秀党员3766名，遵纪守法户12万户，五好家庭6.5万个；成立党员议事会826个，村民议事会833个，提建议1.5万条，采纳7637条；5.5万户参与寻找致富门路活动，找出1.5万项致富门路。

3月18日　鲁南蔬菜批发市场在向城镇建成开业。该市场占地面积66万平方米，总投资560万元，为山东省最大的蔬菜批发市场，辐射苏、鲁、豫3省。

3月　苍山县制定十年经济发展规划，以县城驻地为中心，以食品、建材、轻纺为主体，建设一批加工程度深、低消耗、高效益的骨干龙头企业，带动全县工业的发展。农业初步形成“东蒜、西菜、南棉、北果”的经济格局。

4月下旬　根据省委、地委部署，苍山县委在全县党政机关、企事业单位开展为期3个月的社会主义思想教育活动。

5月17日　淄博市对口支援苍山县签字仪式在淄博市举行，签订24个对口支援项目。

5月　全县自然灾害频繁发生。14日北部8个乡镇遭龙卷风、冰雹袭击。24日21时后的8小时内平均降雨153毫米，到月底降377毫米，比历史同期最大雨量多200毫米。农田受灾3.2万公顷，麦田倒伏2.4万公顷，倒塌房屋2541间，蒜薹减产500万千克。继而持续阴雨、低温，2.7万公顷麦田混生白粉病、条锈病、叶锈病，减产5000万千克。全县直接经济损失6621.6万元。

6月4日　副省长王建功到苍山视察山区开发、生产、救灾和苏鲁边界水利工程。

7月14日—15日　特大暴雨。平均降水193.7毫米，最大降雨231毫米。5座大中水库溢洪，东泇河、汶河漫堤。农田受灾4.3万公顷，倒塌房屋758间，刮倒树8.2万棵，冲毁塘坝桥涵284座、公路151千米，造成直接经济损失6000万元。15日，省委常委王怀远带省直部门到苍山指挥救灾。

7月25日　2时至6时内降暴雨127毫米，北部196毫米，水库河流全部爆满。农田成灾2.9万公顷，倒屋143间，砸死1人。县城受淹，70个单位进水0.5～1.5米。造成直接经济损失2800万元。

8月3日　副省长张瑞凤、省军区副政委杨聚庆带领救灾慰问团到苍山慰问。

10月8日　沂蒙公路（苍山段）自4月动工兴建，沿线7万群众投工145万个，开挖山头28座，填沟涧15条，动用土石方104万立方米，建桥涵182座，铺设管道2100米，修防护工程21处。

10月26日　全国总工会授予苍山县针织工艺服装厂“五一劳动奖状”，授予苍山县向城邮电支局女话务员李秀芝“五一劳动奖章”。

11月4日　苍山县国家粮油交易市场在向城建成开业。市场为8米高天棚，占地6660平方米，投资25万元。

11月13日　赵镈就义50周年纪念大会在银厂村举行。中央、省、地领导和曾在鲁南工作过的赵健民、赵林、高克亭、穆林、王怀远、刘鹏、王润斋、孙恕之、刘勇、王渭田、张守业及赵镈烈士的亲属等参加纪念会。

12月6日　省长赵志浩扶贫联系点——苍山县视察指导工作，先后到仲村、流井、大炉等乡镇察看山区开发建设工程。赵志浩强调，山区开发，一靠政策，二靠科技，三靠投入，四靠流通，走一种二养三加工四推销的路子。盛赞苍山县为“山东的南菜园”。

冬　农田水利建设和山区开发全面铺开，每天上阵劳力13万人。平原实行旱涝兼治，建管并举，重点搞陶沟河、汶河、阳明河、小涑河治理和宋疃、吴坦、八大洼排灌站建设，改造治理孤山湖、吴坦湖、八大洼、糖稀湖、韩塘湖、柞城南湖、兴明北湖、二庙湖。山区实行山水林田路综合治理，重点抓好十八岭、放马岭和矿坑至沂堂、甘霖至向城、大炉至鲁城3条线的开发。共153项工程，完成土石方793.9万立方米，投资2500万元。

1992年

1月29日　县委、县政府制定出全面实施第二步战略目标，1999年全县人均国民生产总值达3000元，实现小康水平。提出推进改革、发展科技教育、优质高效农业、强化市场流通等6项措施。

3月15日　会宝岭灌区的卞庄、向城、尚岩、新兴、兰陵、横山、南桥、兴明、三合9个乡镇建立“三高”（高产、高质、高经济效益的农产品或项目）农业开发区。到1995年，开发区粮食亩产1000千克，亩均农业总收入2000元，人均纯收入1500元。

3月15日　苍山县卞庄镇与高密县高密镇缔结为友好镇。双方共签订了7条协议，建立了经济、技术政治文化等领域的协作关系。

4月5日　县委、县政府决定，在全县国合商业企业中实行经营范围放开、商业价格放开、分配放开和用工放开，以搞好商业企业，促进经营机制转换。

5月20日　省人大常委会主任李振到苍山视察，察看了鲁南、艾曲蔬菜批发市场及黄埔集团公司。

5月26日　《县人民政府关于建造“大蒜塔”的报告》被县第十一届人大常委会第十六次会议批准。

5月27日　大蒜塔奠基动工。

6月　中德合作苍山粮援项目通过立项。该项目是由德国政府提供无偿援助、中德双方合作实施的营养保障项目。在省粮援项目规划会议上，苍山县被获准与泗水县同时于1993年首先实施。苍山县项目区范围确定为北部10个山区乡镇。

7月1日　第四次全国人口普查，苍山县总人口1082844人。

7月28日　中共中央总书记江泽民到临沂地区视察时，谈到临沂地区农业结构调整时指出：“苍山蔬菜品种多、质量好，要多搞，占领市场，占领江苏、上海市场，让农民尽快富起来。”县委、县政府认真研究制定落实江总书记指示的具体措施，提出：以江总书记指示精神为指导，以社会主义市场经济为发展方向，以“三高”农业为重点，进一步扩大和强化区域规模经济，大力发展个体经济，努力开发公路经济，走立足农业优势、先富民后富县的路子。

9月　向城建成鲁南最大的农副产品产、供、销一条龙综合市场，年成交额2亿元。

10月　山东省人民政府授予苍山县人民政府为依法行政先进单位称号。

11月中旬—翌年2月　选举苍山县第十二届人民代表大会代表。1992年年底，全县总人口1109279人，到选举日年满18周岁以上的公民719279人，登记选民716507人。全县28个乡镇、1177个行政村和县直单位共划分231个选区，672939位选民参加投票，选出县第十二届人民代表大会代表394人。

12月初　中德合作苍山粮援项目全面动工。总投资2500万元，其中德国援助1081万元。主要解决山区41个村庄2.6万人吃水困难；治理小流域8条，43平方千米；灌溉工程8处，发展灌溉233.3公顷。

是年　全县有6万农民南下北上搞“三产”（即第三产业），有万余辆个体车从事蔬菜运输。从南京到杭州，都有苍山农民经营蔬菜，出现

了苏州“苍山一条街”、上海“苍山一条街”，国内40多个城市吃上了苍山生产的蔬菜。县里还组织5000多农民深入东北三省兴办风味小吃。“三产”增加了农民收入，也增加了国家税收。

1993年

1月2日　地委决定，蔺景何任中共苍山县委书记。

1月10日　根据临沂地区行署决定，成立兰陵企业（集团）总公司，享受大型（一）企业待遇，直属行署领导，日常工作委托地区经委代管。

3月3日　李桂兰当选政协苍山县第五届委员会主席，夏继昌、梁本洪、孙竺华、王兴国、林德宝、王太广为副主席。

3月4日　苍山县人大第十二届一次会议选举孙家振为苍山县人民政府县长，赵树林、王世业、李金胜、刘霞、赵启全为副县长，刘信吉为县人民法院院长，薛振岭为县人民检察院检察长。

3月25日　中共中央候补委员、省妇联主任吴爱英到苍山视察，先后察看向城、兰陵艾曲蔬菜生产销售情况，深入农户察看“美在农家”“庭院经济”“双学双比”情况。

4月1日　副省长宋法棠到苍山视察，先后到苍山一中、职业中专、人民医院、嘉德蔬菜食品公司、鲁南蔬菜批发市场、艾曲蔬菜批发市场等地进行调查研究。

5月5日　县委抽调721名干部进驻268个重点村进行思想整顿、发展经济、整顿班子。

6月初　清理、清退乡镇党政事业单位临时工和编外民办教师4229人，每年可减轻农民负担650万元。

6月10日　苍山县石膏刨花板厂奠基。该厂由国家计委立项，省计委、外经委批准，总投资10443万元，占地8.4公顷，建筑面积1.57公顷，建设期2年。项目建成后，年产石膏刨花板3万立方米，年创利税2660万元，投资回收期为6年。

7月20日—21日　苍山县糖酒副食股份有限公司和县工程机械有限公司分别召开大会举行股份证首发式。这两个公司均系全区50家首批股份制企业试点单位。

8月4日—5日　全县遭受特大暴雨，伴有8级大风。20小时内平均降水320毫米，最大400毫米。水库溢洪，河流决口，淹20个乡镇、534个村庄，受困群众11万人。受灾作物重灾3.9万公顷，绝产1.7万公顷。倒房7994间，死13人，死亡牲畜5495头、家禽5万只。冲毁塘坝、桥涵1143处，道路276千米，刮倒通信、电力、广播线杆1500棵。县工商企业有533家进水受淹，146家停产。全县直接经济损失4.3亿元。本县捐款32万元，粮食、衣物一大批自救。省地机关、人民解放军、兄弟县市纷纷支援。

8月6日　副省长王建功到苍山视察灾情，慰问群众，指挥救灾。

8月7日　省委副书记、常务副省长李春亭到苍山视察灾情，指挥救灾；山东省军区参谋长秦江昌少将到苍山慰问灾区群众，捐赠药物、食品等物资救灾；山东兰陵酒厂向灾区捐赠20万元。

8月11日　中共中央政治局委员、省委书记姜春云，省长赵志浩、省委秘书长韩喜凯、副省长张瑞凤、省军区副政委杨聚庆等一同察看涝灾灾情最重的长城镇八大洼与神山镇东道庄村。

8月12日　水利部淮委主任赵经武到苍山视察灾情，实地考察二庙乡的古宅大坝、芦塘南湖、苍邳分洪道的东西偏泓、长城镇的八大洼、燕子河入运河处、南桥乡山喇叭口等水利工程和苍（山）邳（州）郯（城）新（沂）边界防涝工程情况，并对防止边界水事纠纷等问题作出指示。

8月14日　民政部副部长范宝俊到苍山灾

区慰问。

10月9日　撤销向城乡，设立向城镇。

10月24日　苍山县党员代表大会选举李祥栋、杨振刚、赵树林、蔺景何为山东省第六次党代会代表。

12月17日　国家计委、交通部批准立项的以工代赈项目，纵贯沂蒙山区腹地的第一条南北大通道——沂蒙公路，于17日举行通车典礼，省人大常委会副主任马仲才到会祝贺。该路全长163千米，连接蒙阴、费县、苍山3县27个乡76个村，直接受益群众百万人以上。全线共穿越大小山头420座，深沟河流530条。全路按二级公路标准施工，总投资1.81亿元。

12月　苍山县城被山东省爱国卫生运动委员会命名为“省级卫生县城”。

1994年

1月15日　全国人大代表、省政协委员、临沂市罗庄镇沈泉庄村党支部书记王廷江向苍山县灾区捐赠小麦5万千克。

2月17日　县委召开由县、乡、村三级干部1500多人参加的全县农村工作会议。

3月9日　省工商局、省公安厅、省国防科工委、山东电视台下派20名干部到苍山挂职工作。

4月10日　县乡机构改革结束。整个工作分为清理清退乡镇临时工、制订改革方案、调整领导班子、搞好“四定”人员分流五个阶段。

4月22日　《人民日报》在显要位置发表《“蒜薹事件”后的苍山》一文，并以此文作为《老少边区行》专栏的开篇，该文以“蒜薹事件”为标志，反映苍山县领导机关两种思路、两种作风带来的两种结果。“蒜薹事件”后，县委、县政府积极引导农民走向市场，所产蔬菜不仅畅销全国28个省、市、自治区，还远销十几个国家和地区。全县蔬菜种植面积已达3.3万公顷，年产12亿千克，净收入6.3亿元，农民人均600元。1991年创建的鲁南蔬菜批发市场成为全国“菜篮子工程”的重要成员。

4月30日　县委、县政府确定，1996年全县实现初级中等义务教育，80%的乡镇实施水平达到优秀标准。

4月　副省长宋法棠到苍山县职业中等专业学校视察，并亲笔题词：“发展职业教育，为经济建设服务。”

5月16日　县委、县政府隆重举行苍山大蒜标志塔竣工落成典礼。大蒜塔系经第十届县人大常委会第十六次会议批准，于1992年5月27日动工兴建的，全县干部群众自动捐款120万元。塔址位于县城塔子山顶，塔高33米、11层，建筑面积1100平方米。平面设计为八角形，外回廊，塔顶塑有倒立的大蒜造型。

5月19日　中国青少年发展基金会牵线并命名，香港陈廷骅基金会捐资援建的希望工程——苍山县希望小学在甘霖乡动工兴建，总投资110万元，建筑面积1.5万平方米。当年10月建成。能使600名贫困少年儿童重返校园。

6月9日　大炉乡扁担山村通电，临沂地区实现村村通电。23日，全国政协常委赵庆夫、省委副书记李文全到大炉乡扁担山村，为通电仪式剪彩并合闸送电。

6月23日—24日　省委副书记李文全出席全区通电仪式后视察苍山县工作。

8月4日　中共中央直属机关党团员和干部职工捐资援助的“山东省苍山希望小学”在小岭乡官庄村奠基。中直机关工委副书记顾云飞、省政协副主席、省教委主任崔惟琳出席仪式，并将20万元捐款和6万册捐赠图书移交苍山县人民政府。希望小学于1996年1月落成，解决了8个村庄500多名儿童的上学问题，使280名失学儿童重返校园。

8月9日　10个乡镇遭受龙卷风和暴雨袭击，风力11级，平均降雨110毫米。受灾作物1万公顷，刮毁房屋450间，刮倒供电、通信线

杆 318 棵，折断树木 6100 棵，伤亡 4 人，直接经济损失 2700 万元。

8 月　全国最大的农民自办蔬菜批发市场在兰陵镇艾曲建成。该市场占地 7.7 公顷，有办公楼、招待所和 2470 平方米天棚 1 座，集饮食、住宿、通信、文化娱乐为一体，代购、代装、代储、代运、代销、代办加工全方位服务。

10 月 24 日　受上海市委书记、市长黄菊委派，上海市政府副秘书长冯国勤率领市农委、蔬菜总公司、农业局、财政局和十几个蔬菜经营单位的负责人，及《文汇报》《解放日报》《新民晚报》等新闻单位的记者共 24 人，对苍山县蔬菜生产流通情况进行实地考察。考察团提出，愿以优惠条件与苍山搞合作联营。

11 月中旬　台胞董海树捐资支援苍山公益事业。一是捐资 6 万元在流井乡柳河村建 1 所容纳 500 名学生的海树小学，二是向县中医院捐赠 80 张病床及部分医疗器械，三是为 16 所乡镇敬老院老人查体。

11 月 22 日　全长 163 千米的郯（城）夏（镇）公路全线贯通，其中苍山境内 39 千米。

12 月 9 日　206 国道苍山县向城至平山后 18 千米 2 级水泥混凝公路竣工通车。从 1992 年开始，总投资 3000 万元，为临沂地区第一条水泥公路。

12 月 17 日　撤销临沂地区，改为地级临沂市，苍山县隶属关系随之改变。

是年　鲁南及艾曲蔬菜批发市场已成为鲁南、苏北地区最大的蔬菜集散中心。

是年　全县蔬菜种植面积 3.7 万公顷，其中冬季大棚菜 1 万公顷，总产量 15 亿千克。苍山县成为上海、南京等南方大中城市最大的“菜篮子”基地。

1995 年

1 月 15 日　中共中央政治局候补委员、书记处书记温家宝在省委书记、省长赵志浩等陪同下到苍山县视察，深入车间、市场、农户进行调查慰问。

2 月 6 日　市委提名于中华为苍山县人民政府代县长，吴玉学为中共苍山县委副书记。

2 月 13 日　全县农村工作会议召开，中共临沂市委副书记李祥栋等在会上作讲话。

3 月 9 日　省委、省人民政府授予苍山县“山东省荒山荒滩绿化先进县”称号。

3 月 12 日—18 日　苍山县保鲜、速冻、脱水、腌渍、油炸 5 大系列 100 多个加工产品，在青岛交易会上与十几个国家和地区签订蔬菜合同 2500 份，出口成交 1310 万美元。签订合同协议利用外资项目 5 个，合同利用外资 231 万美元。

3 月 20 日　县委发出关于在全县开展向孔繁森、王廷江、韩素云学习活动的决定，号召“领导干部学习孔繁森，基层干部学习王廷江，人民群众学习韩素云”。

4 月 5 日　政协苍山县第五届三次会议召开，增选薛振岭、孙宝银为副主席，选举出席临沂市十届政协会议代表 11 名。

4 月 8 日　苍山县第十二届人大三次会议选举于中华为苍山县人民政府县长，李金胜为苍山县人大常委会副主任，刘贵增为县人民检察院检察长。

5 月 21 日　临沂市委宣传部和兰陵集团在北京人民大会堂举行汉楚王陵兰陵美酒出土暨兰陵美酒北京地区面市新闻发布会。市委副书记李玉妹讲话，兰陵集团常务副总经理任洪志发布此前在徐州市狮子山楚王陵出土尘埋 2148 年的 3 坛兰陵美酒的重要新闻。人民日报社、新华社、中央人民广播电台、中央电视台、经济日报社等首都 28 家新闻单位的领导和记者共 60 余人参加会议。

5 月 29 日　中共苍山县第九次代表大会选举中共苍山县第九届委员会和中共苍山县纪律检查委员会。在中共苍山县九届一次会议上，选举蔺景何为中共苍山县委书记，于中华、赵树林、王举生、武玉学为副书记。中共苍山县纪律检查委员会全委会选举张志法为书记。

5月30日　山东省苍山县、郯城县和江苏省邳州市、新沂市在苍山县召开苏鲁边界水利协调会议。

6月27日　省经委、省工商局批准，山东华鲁石膏集团成立，系苍山县首家省级乡镇企业集团。该集团前身是苍山县第二石膏矿，成立于1985年1月。

8月3日　《临沂日报》以《沂蒙春风吹岛城》为题，报道了苍山人公方武拾金不昧的事迹。

8月27日　德国技术合作公司粮援项目负责人德莱斯吕赛率领德国考察团，对苍山县等中德合作粮援项目的实施情况进行考察评估。

8月　苍山县被市委、市政府列为改革开放试点县。

9月4日—9日　苍山县在95香港中国山东经贸洽谈会上，签订外资项目3个，合同协议外资额420万美元，外资成交额76万美元。

9月20日　11时14分，苍山县北部（北纬34°58′7″、东经118°6′7″）发生5.2级地震，这是自1859年后临沂市域内发生的最大的一次地震。

11月7日　4时，发生严重风灾，风力达7级以上。全县共刮毁大中蔬菜棚4.7万个，受灾面积1.3万公顷，直接经济损失6000万元。向城、尚岩、兰陵等乡镇损失较重。

11月10日　中共山东省委书记赵志浩到苍山县视察，对苍山工作作指示。

11月　在国家经贸委、国家统计局进行的评价中，兰陵集团高居中国轻工业第4位、中国酿酒业第1位。到本月，兰陵集团已拥有国有企业和中外合资企业15家，拥有19大系列54个产品品种。

1996年

1月15日　层山乡、尚岩乡撤乡设镇。

1月　苍山县被授予“山东省信访工作先进单位”和“全省社会治安综合治理先进单位”称号。

1月　苍山县被国务院授予“全国粮食生产先进县”称号。

3月　苍山县退出全国贫困县行列。

5月22日　车辋乡撤乡设镇。

5月24日　南桥乡撤乡设镇。

6月1日　《苍山县报》复刊并开始发行。

6月28日　苍山县通过山东省政府评估验收，达到“基本普及九年制义务教育、基本扫除青壮年文盲”的标准。至此，临沂市在全国“老少边穷”地区中率先实现教育“两基”达标。

9月8日　贯彻国家、省、市关于关停十五小企业的通知精神，关停全县小型造纸厂。

10月6日　原中国人民解放军总后勤部车船处主任郑书箴向故乡向城镇捐资10万元，帮助兴办教育事业。捐资交接仪式在向城镇杭头村举行。

10月16日　香港《大公报》《经济导报》《香港商报》《深星时报》、传讯电视等5家新闻单位记者到苍山县采访蔬菜生产基地和批发市场。中共临沂市委副书记、市长乔延春接受记者联合采访。

11月26日　中共苍山县九届三次全委（扩大）会议，审议通过《苍山县“九五”期间社会主义精神文明建设规划》。

12月1日　县城206国道改线工程竣工通车。改线后的县城206国道全长8320米，总面积37.9万平方米，总投资5150万元，其中全县干部群众捐款650万元。

1997年

1月14日　县委、县政府命名卞庄镇晒米城前村等77个村庄为苍山县首批小康村。

4月5日　层山镇耿墩村隆重举行革命烈士纪念碑落成仪式。全镇3000多名干部群众参加仪式。

6月4日　副省长邵桂芳一行10人到向城镇、长城镇等地视察农业生产。

6月　苍山县人民武装部被临沂军分区评为“连续十年以上无责任退兵事故先进单位”。

7月1日　香港回归祖国。全县各级党政机关和社会各界群众通过各种形式庆祝香港顺利回归祖国。

7月29日　由人民日报社、新华社、经济日报社等13家新闻单位的14名记者组成的中央新闻单位赴沂蒙采访团到苍山等县区采访。

7月　东珍公司“东珍”牌冻兔肉通过欧盟EEC卫生注册，获欧盟3700/03175注册专号。12月，东珍公司被外经贸部授予自营进出口经营权。

7月　在青岛对外经济贸易洽谈会上，苍山县出口成交额合同达到1217万美元，连续四年列临沂市第一位。

7月　县道沂（堂）王（岭）线大仲村—流井段路面硬化改造完成，标志着全县28个乡镇实现乡乡贯通柏油路。

10月17日—18日　香港《文汇报》山东采访团一行12人到苍山采访。

10月28日　中央政治局委员、山东省委书记吴官正一行8人到苍山视察。吴官正一行视察了大新杨集团、光明肉兔公司、黄埔集团、石膏刨花板厂、艾曲蔬菜批发市场、向城镇温庄塑料大棚，听取了县委书记蔺景何的全面汇报。

12月31日　市委决定，李富山任中共苍山县委书记，同意提名王举生任苍山县人民政府副县长、代县长。

年底　全县总人口1115494人，到选举日年满18周岁以上的公民767208人，登记选民766823人。全县28个乡镇、1176个行政村和县直单位共划分选区219个，731136位选民参加投票，选举出苍山县第十三届人民代表大会代表343人。

1998年

2月7日—9日　政协苍山县六届一次会议召开，会议选举李桂兰为主席，张志法、孙宝银、朱德资、王兴国、王泰广为副主席。

2月8日—10日　苍山县第十三届人民代表大会第一次会议召开，会议选举张保忠为县人大常委会主任，王世业、李洪秀、李金胜、刘耀、车庆敏、田凤翔、张艳丽（女）为副主任；选举王举生为县人民政府县长，张汝俊、公茂森、孙忠民、王行华、公丕宣、范秋艳（女）、陆晓东为副县长，朱太铭为县人民法院院长，侯顺吉为县人民检察院检察长。

3月6日—7日　中共苍山县第十次代表大会召开。在十届一次全会上，选举李富山为书记，王举生、李明开、张汝俊、徐勇为副书记。在县纪委全委会议上，选举刘霞为书记。

3月7日　副省长吴爱英到苍山县视察科技工作。

3月14日　副省长韩寓群到苍山县检查工作。

3月　临沂市人民政府授予苍山县人民政府1997年度“出口创汇先进单位”“利用外资先进单位”。

5月19日　《临沂日报》报道，苍山县人民政府的“苍山棚菜三高示范区”、黄埔集团公司的“苍山蔬菜加工”被列入“新亚欧大陆桥鲁南星火产业带建设计划”首批项目，并被山东省科委批准立项实施。

5月29日—30日　国家环保总局副局长王心芳率领的国家检查组一行7人，在副省长陈抗甫等领导陪同下，到苍山县检查重点工业企业污染治理工作。

6月3日　省委常委、省军区政委何法祥少将到苍山检查指导民兵预备役工作。

7月23日　副省长邵桂芳、省计划生育委

员会主任班开庆一行到苍山县检查指导计划生育工作。

7月25日　中共山东省委副书记、省长李春亭到苍山县肉兔加工企业及蔬菜批发市场考察。

8月29日　艾曲小康实验区党委管委会成立暨揭牌仪式大会在艾曲召开。

9月23日　副省长陈延明到苍山县了解秋季农业生产情况。

10月19日　庄坞乡撤乡设镇。

10月21日　中共中央政治局委员、山东省委书记吴官正到苍山县视察工作，并到大仲村等乡镇与基层人大代表座谈。

11月10日　县政府下发《关于贯彻落实〈山东省老年人优待规定〉的通知》，决定从1998年老人节开始，对全县60岁以上老年人发放“山东省老年人优待证”，保障老年人优待政策的落实。

11月　苍山县蔬菜发展管理局被山东省政府评为山东省“菜篮子工程”建设先进单位。

11月　山东省人民政府确定苍山为改革开放试点县，并明确省外经贸委和即墨市对口支援苍山。

12月7日　苍山县62处中德粮援项目饮水灌溉工程全部通过省级验收，优良率100%。工程投入使用后，可解决7.6万人吃水，增加灌溉面积2666.7公顷。

是年　根据中办发〔1997〕16号文件和临沂市委、市政府两办《关于认真做好稳定和完善农村土地承包关系试点工作的通知》要求，825个村进行二轮土地延包，占全县总村数的70%，农村土地承包期一律延长30年。

是年　山东省实施瓜菜“一减双保”（减少化学农药用量，保护生态环境，保证果品农药残留不超过国家标准）安全工程项目，苍山县被省农业厅、财政厅列为示范县。

1999年

1月　县委组织部、老干局，县人事局、县劳动局、县财政局联合印发《关于调整离休干部护理费标准的通知》，将抗日战争时期参加革命工作和因生活长期不能自理的离休干部的护理费进行调整，由每人每月79元调整为每人每月109元。

1月　县委、县政府根据县域实际，提出3年在全县南部治理内涝，发展水稻2万公顷的整体规划，即“苍南治涝稻改工程”，并被列为省政府重点扶持项目。29日，全县水稻生产技术骨干培训会议在卞庄镇政府礼堂进行，市政协副主席郑斯仁、市农业局高级农艺师周洁等以水稻三旱栽培技术为主对参会的180多人进行技术培训。全县有15个乡镇参与当年的稻改工程。

2月5日　苍山县个体私营大户投资1.5亿元在大仲村兴建亚洲第一恒温库，被评为1998年临沂市十大新闻。

4月8日　中共山东省委副书记吴爱英到苍山县考察工作。

5月29日　副省长黄可华率领省直有关部门负责人到苍山县调查研究。

8月5日　县委发布《关于切实做好处理和解决“法轮功”问题进一步搞好党员集中教育活动的通知》。

9月10日　苍山县委、县政府发布《关于全县人口与计划生育工作综合改革的实施意见》。

9月23日　国家环保总局派员到苍山县检查水污染防治情况。

9月　“东珍”牌冻兔肉被中国国际贸促会及法国科技质量监督评价委员会列为“向欧盟市场推荐产品”，同时经法国科技质量监督评价委员会审核，被推荐为高质量科技产品。

是年　县纪委、县委组织部、县监察局、县农业局联合印发《苍山县农村财务监督管理实

施细则》，在全县范围内实行农村财务“双代管”，即把村级账务、资金一并纳入乡镇经管站统一管理。

是年　经县编委批准，以中央农业广播学校苍山县分校为依托，挂牌成立“苍山县农村科技教育培训中心”。

2000 年

3 月 22 日　山东省第二届植保技术培训班在苍山县举办。全国农技推广中心研究员易齐，山东农业大学教授王开运、吴洵耻、朱汉成以及山东植保总站研究员孙源正等专家授课，枣庄市、临沂市各县（区）植保人员及苍山县乡镇农技人员、农民技术员、科技带头户、农药经营人员共 1200 人参加培训。

3 月 30 日　新疆喀什地区考察团一行 9 人，在喀什地委书记姚永峰、地委副书记史遵衡的带领下，到苍山县考察大棚蔬菜生产。

春　苍山县被农业部、财政部列为优质粮生产示范县，首期开发示范二庙、层山、磨山 3 个乡镇。

4 月 22 日　解放军总后勤部离休干部郑书箴与其夫人贾梅瑢捐资 15 万元，用于苍山县大炉中学校舍改造，捐资助学仪式在大炉中学举行。

9 月 1 日—翌年 2 月 12 日　165 天中，全县雾雪等灾害性天气达 108 天，占总天数的 2/3。严重的灾害性天气造成全县棚菜在育苗期、定植期、开花期、果实膨大期发生不同程度的冻害、病害。程度比较严重的棚菜面积 4666.7 公顷，程度严重的棚菜面积 1666.7 公顷，程度极为严重的棚菜面积 300 公顷，经济损失总计 1.99 亿元。

9 月 27 日　山东省瓜菜“一减双保”安全工程验收鉴定会议在苍山县召开。省农业厅邀请农业部、山东农业大学、莱阳农学院、山东农科院有关专家教授到苍山县对山东省瓜菜“一减双保”安全工程项目进行现场验收鉴定，并视察苍山县瓜菜“一减双保”安全工程示范区、鲁南蔬菜批发市场、瓜菜农药残留检测站和培训学校。

秋　甜菜夜蛾在苍山县蔬菜田普遍发生，危害严重，主要危害玉米、大豆、花生、棉花及多种蔬菜，发生面积 5333 公顷左右。美洲斑潜蝇大中等偏重发生，受害作物一般减产 10% ～ 20%，丝瓜、芸豆、黄瓜、番茄受害最重，发生面积 5333 公顷左右。

11 月 1 日　进行全国第五次人口普查，全县普查人口 1128161 人

11 月 9 日　京沪高速公路临沂至红花埠段竣工通车。该路段经临沂市的兰山、罗庄、苍山、郯城 4 县区的 16 个乡镇、126 个村，全长 83.74 千米，概算投资 20.5 亿元。

12 月　山东省外经贸厅将苍山“东珍”牌冻兔肉列入山东省出口名牌产品管理。

2001 年

3 月 4 日　由国家计委、经贸委、监察部、财政部、建设部、农业部、水利部、中国人民银行、国家发展银行、国务院法制办、国家环保总局十一部委组成的淮河流水污染防治检查团，实地察看苍邳溢洪道东、西偏泓断面水质情况（COD 含量 10 毫克 / 升以下）。

3 月 5 日　副省长赵克志察看苍邳溢洪东西偏泓断面水质，对苍山县水污染防治工作给予充分肯定和高度评价（COD 含量 10 毫克 / 升以下）。

3 月 8 日—10 日　苍山县第十三届人民代表大会第四次会议选举李明开为县人大常委会主任，增选孙忠民、刘志启、李善东、王金营为副主任；选举杨俊波为县人民政府县长，马金国、赵志德为副县长。

3 月 27 日—28 日　受北方强冷空气侵袭，苍山县气温陡降至 0℃以下。据农业局田间调查，全县 5.2 万公顷小麦不同程度地遭受冻害，严

重者1.3余万公顷。

3月　县境降水极少，至4月中旬不足8毫米。4月25日，苍山县人民政府办公室下发《关于迅速行动起来大力抗旱促丰产的通知》。

5月　县委办公室、县政府办公室印发《关于加强老年人体育活动站点建设的意见》。

6月1日　市小麦良种观摩现场会议在苍山县召开。

6月　市文物管理办公室和苍山县文物管理所组成的考古工作队，在柞城故城发现5000年前的陶鼎和石镰。

7月23日　凌晨，全县21个乡镇不同程度的遭受暴雨和龙卷风袭击，其中卞庄、磨山、层山、庄坞、二庙、长城、南桥等7个乡镇灾情尤为严重。全县农作物受灾面积达2万公顷，绝产和基本绝产5333公顷，房屋倒塌损坏6820间，院墙倒塌1万余米，刮倒折断树木30万株，刮倒、刮断电线杆2206根，倒塌蔬菜批发市场2处、企业厂房4000平方米，伤7人，死亡1人，死亡牲畜、家禽1.3万头（只），直接经济损失1.87亿元。

7月　县委办公室、县政府办公室印发县委组织部、老干部局等4部门《关于优先将企业离休干部纳入医疗保险范围有关问题的通知》，自2001年7月1日起，全县企业离休干部的医疗费用纳入医疗保险范围，推行财政支持机制，保障全县企业离休干部的医疗费按规定据实报销。

8月31日　苍山县第十三届人大常委会举行第二十六次会议。审议通过《苍山县2001—2005年依法治县规划》。

10月　日本东京书坛院参访中国团参观苍山县馆藏汉画像石，拜谒荀子墓。

11月1日　北京大学教授博士生导师于希贤等考察荀子墓、大吴宅古墓、朗公寺等文化遗址。

是年　通过1999年—2001年三年的实施，全县建起黄瓜、辣椒、大蒜、番茄示范区9420公顷，带动推广1.53万公顷。示范区内基本杜绝高毒、高残留农药品种的使用，降低化学农药用量76.9%，生物农药占总农药用量的71.5%。建检测中心1个、检测站1个和流动检测点5个，其间共检测各种样品320个，检测的主要品种有黄瓜、辣椒、茄子、莴苣、西红柿、大葱、甘蓝等。通过检测，示范区内瓜菜农药残留均控制在国家规定标准之内，非示范区合格率达95%以上。

是年　苍山县被农业部列为“创建无公害蔬菜示范县”，被省农业厅列为“无公害蔬菜生产基地县”。为加强对全县农业产业化、蔬菜标准化生产的组织领导，加快农业产业化进程，推进全县蔬菜标准化生产，经县委、县政府研究，决定成立苍山县农业产业化、蔬菜标准化生产工作领导小组，由县委书记王举生任组长。

是年　苍山县农村科技教育培训中心被农业部命名为“全国育才兴农示范校”，苍山县被省农业厅、省财政厅、团省委列为省级“新世纪青年农民培训工程”项目县。

2002年

1月11日　苍山县委、县政府发布《关于实行工业经济“1246”工程领导包扶责任制的意见》。

1月22日　县环保局开通全国统一的“12369”环境违法专线举报电话。“12369”专线举报电话面向广大人民群众，接受环境污染方面的投诉。

2月28日　全国首家县级蔬菜检测中心在苍山县建成投入运行。

3月28日　苍山县召开工商联第四届会员代表大会。本届大会共有会员代表168名，其中县直代表10名，工企业代表32名，农副产品加工行业代表48名，商业代表37名，种植养殖行业代表23名，科技开发及其他行业代表

18名。

3月　县委、县政府决定对2001年实现水稻生产中单产过千斤、总产过千吨、面积过万亩的乡镇进行表彰，各奖1万元。同时，对实施科教兴农、技术培训、田间技术指导等方面做出贡献的县农业技术推广中心进行表彰，奖金1万元。

4月22日　苍山县委、县政府发布《关于进一步深化土地使用制度改革的意见》。

5月23日　省人大常委会副主任王渭田一行在市人大常委会主任李祥栋陪同下，到苍山县视察指导工作，对苍山县的城市建设、农业发展给予高度评价。

5月31日　苍山县委、县政府印发《苍山县县委机关机构改革实施方案》《苍山县人民政府机构改革实施方案》《苍山县乡镇党政机构改革实施意见》《苍山县乡镇事业单位机构改革实施意见》的通知。

6月5日　苍山县纪念六五世界环境日大会在县城文化广场召开，并开展一系列纪念、宣传活动。县政府有关领导，团县委、县教委、县环保局的主要负责人，驻城有关学校的青年志愿者及全县环境执法人员1000余人参加纪念大会。

6月18日　苍山县委、县政府发布《关于实施县级代发乡镇工资的意见》。

6月29日—30日　2002年苍山县招商引资暨科技项目洽谈会举行，19个国家和地区的49家公司及国内12家科研单位参加。签约项目34个，协议投资额近15亿元。

7月　二庙乡后湖村西河滩清理发掘出象牙门齿化石1对、头骨化石1具。8月13日，中科院考古专家魏光飚在省博物馆自然部负责人陪同下，考察鉴定该象牙化石地质年代，为晚更新世早期，距今约8万～12万年，古菱齿象种属，山东电视台、《人民日报》等新闻媒体予以报道。

7月　中央美术学院美术委员会副主任、博士生导师、著名油画家袁远生携中央电视台摄影记者等一行8人到苍山考察汉代画像石。部分苍山汉代画像石入选《中国美术全集》和《山东汉画像石精粹》丛书，22块汉石像石背景资料原真复制后，陈列中央美术院资料室。

7月　日本来访学者、东京立正大学教授、佛学家桐谷征一，在中国汉画艺术研究学会理事、邹城市文物局副局长胡新立陪同下，考查文峰山泉源寺千佛崖，提出其建于宋元时期之新说。

9月4日　苍山县委、县政府发布《关于加快发展农业产业化的决定》。

秋　烟粉虱在县境爆发，主要危害蔬菜、大豆、棉花、花生等作物。全县发生面积6666.7公顷。

12月　大仲村镇敬老院院长冯广清被评为全国孝亲敬老之星。

12月底至翌年2月　选举苍山县第十四届人民代表大会代表。2002年年底，全县总人口1169803人，到选举日年满18周岁以上的公民818928人，登记选民814915人。全县21个乡镇、1176个行政村和县直单位共划分230个选区，744756位选民参加投票，选出县第十四届人民代表大会代表340名。

是年　山东鲁南蔬菜产业有限公司、山东黄埔集团公司被省农业厅、省财政厅命名为第一批“省级农业产业化龙头企业”。

2003年

2月10日—13日　苍山县第十四届人民代表大会第一次会议召开，会议选举王举生为县人大常委会主任，刘志启、田凤翔、王佩玉（回）、张艳丽（女）、李善东、王金营、张德华为副主任；会议选举杨俊波为县人民政府县长，马金国、公丕宣、范秋艳（女）、陆晓东、赵志德、薛峰为副县长，朱太铭为县人民法院院长，侯顺吉为县人民检察院检察长。

4月6日　年生产能力位居亚洲第二的山东神大集团FD（真空冷冻）生产线二期工程在神山工业园奠基。

4月12日　临沂市2002年度人口与计划生育奖惩兑现大会召开，苍山县荣获二等奖，奖金2万元。

4月24日　苍山县委、县政府印发《关于苍山县传染性非典型性肺炎防治工作实施方案的通知》。

5月13日　苍山县委、县政府发布《关于实施出口创汇奖励政策的规定》。

5月　苍山县田柿园村将1.2万千克荷兰豆、辣椒等新鲜蔬菜赠送到北京市抗击“非典”定点医院小汤山医院。

5月　苍山县被中国果菜专家委员会、中国果菜杂志社评为“全国蔬菜产业十强县”。

5月　苍山县物价局下发水价调整通知，生活用水价格由0.82元/立方米调整为1.20元/立方米，生产及商业用水价格由0.90元/立方米调整为1.40元/立方米，建筑用水价格由0.90元/立方米调整为1.80元/立方米。

6月25日　县委、县政府在政府小礼堂召开全县环境保护工作会议。会议通报2001—2002年度环境目标责任书完成情况，并发布《苍山县人民政府关于表彰2001—2002年度环境目标责任制先进单位的决定》及《关于继续开展“苍山环保世纪行宣传活动”的通知》。

9月27日　东高尧古文化遗址、柞城故城、庄坞牌坊被临沂市人民政府公布为第一批市级文物保护单位。

9月　全县推行户口一元化管理改革，取消农业户口和非农业户口分类，统一改称居民户口。

秋　县纪委、县委组织部、县农业局、县民政局联合印发《关于进一步规范村级“四监管”工作的意见》，在全县范围内推行村级事务“四监管”工作，即把村级账务、资金、合同、公章一并纳入乡镇经管站统一管理。

10月10日　县委、县政府在沂堂镇政府组织召开县六大班子成员、有关部门及有关乡镇主要负责人员会议，部署全县“两小”企业拆除工作。

11月4日　苍山县委、县政府发布《关于加快发展农村卫生事业的决定》。

11月20日　县政府在政府小礼堂召开全县减轻农民负担工作会议和全县清理取缔土炼焦、小炼铁企业工作会议。

是年　苍山县植保站参与完成的“瓜菜病虫害持续治理技术研究与开发”技术项目被评为“2003年山东省科学技术奖二等奖”。

2004年

1月6日　苍山县第十四届人民代表大会第二次会议选举张玉新为县人民检察院检察长。

春　为保护粮食综合生产能力，保护农民种粮积极性，国家财政开始每年按小麦种植面积对种粮农民进行直接补贴。2004年苍山县补贴面积为72.5万亩，每亩补贴13元。

4月13日　苍山县委、县政府发布《关于切实促进农民增收的意见》。

5月31日　苍山县被农业部命名为“中国牛蒡之乡”。是日，举行揭牌仪式暨招商引资推介会。

5月—12月　在全县农村广泛开展签订家庭赡养协议书活动，共有6.9万个农村老年户签订《家庭赡养协议书》，促使家庭养老逐步法制化、规范化。

夏　省政府从2004年开始，连续5年安排扶持资金，专项用于实施“山东省出口农产品绿卡行动计划”项目。“山东省出口农产品绿卡行动计划”是以实施良好农业操作规范（GAP）为基础，从源头抓起，严格生产全过程监控与管理，保证生产出的农产品达到进口国农产品质量安全标准要求，而实施的一项农业系统工程。苍山县被列为实施县。

7月21日　由省文物考古研究所、市文化局、县文化局、县文管所联合组成的考古队对兰陵金山古墓发掘工作结束，历经54天。该墓为西汉中期大型墓葬，出土文物丰富。12月28日，由市文化局召集的汉墓文物鉴定会和新闻发布会分别在苍山县政府招待所和临沂新闻大厦举行。经专家组鉴定，国家二级文物5件（套），国家三级文物11件（套），一般文物20余件，出土文物由县文物管理所登记珍藏，《中国文物报》《大众日报》和中央电视台及省、市电视台等媒体作了报道。

7月　山东省苍山大蒜产业进出口商会成立。该商会有基本会员100家，是苍山县从事苍山大蒜生产、经营、科研以及与其相关行业的企业、事业单位、个体种植、运输专业户等自愿组成的自律性社会团体组织。

8月2日　由江苏省环保厅、安徽省环保局组成的国家环保检查组到苍山县检查环保工作。检查组分别到兰陵集团苍山分公司、天龙化工有限公司、临沂震元纸业有限公司和金信皮革有限公司4家企业，现场查看企业污染治理情况。

8月24日　县政府召开县长办公会，研究决定在全县范围内对石灰土窑和小规模淀粉加工厂进行全面清查，要求有关乡镇要进行一次全面清理，采取联合治理的措施，使排放达到国家规定的标准。

8月28日　省农业厅到苍山县检查“绿卡行动计划”项目实施情况。

9月15日　苍山县委、县政府发布《关于进一步加强和改进未成人思想道德建设的意见》。

9月23日　苍山县委、县政府发布《关于进一步做好农村劳动力转移工作的意见》。

10月10日—15日　农业部主办的“第二届中国国际农产品交易会”在北京举行，苍山县组织大仲村镇粉皮、粉条、五香豆腐干，庄坞镇牛蒡及系列加工产品，长城镇干红辣椒，磨山镇“苍山大蒜”等产品参展。

10月22日　10时22分，下村乡下村村南下坡路段发生一起特大交通事故，11人死亡，5人受伤。

12月　苍山县被评为“全国粮食生产先进县”，兰陵镇北王庄村王善启被农业部评为全国粮食生产大户。

12月　省农业厅代表农业部对苍山县无公害农产品（种植业）出口示范基地县的创建工作进行验收，苍山县成功达标。

是年　苍山县组织有关人员参加《临沂果茶志》的整理和编集工作，该志于2005年9月出版。

是年　苍山县酒厂改制。

是年　山东星发食品有限公司、苍山县越洋食品有限公司被临沂市人民政府公布为第一批市级农业产业化重点龙头企业。

2005年

1月25日　张闻宇任中共苍山县委书记。

2月19日　苍山县第十四届人民代表大会第三次会议选举张闻宇为县人大常委会主任，王行华为县人民政府县长，谷恒广为县人民法院院长。

4月　兰陵镇北王庄村王善启被评为全国农业劳动模范。

4月　苍山县委、县政府下发《关于进一步加强老干部工作的意见》，提出新时期做好老干部工作的指导原则、方法、措施和步骤。

5月1日　苍山县委、县政府发布《关于加强环境保护工作的决定》。

6月1日　苍山县委、县政府发布《关于发展农村合作经济组织的意见》。

6月28日　苍山县委、县政府发布《关于健全完善决策目标执行责任考核监督三个体系的意见》。

7月10日　县公安局开始换发第二代居民身份证，发证对象扩大到全体公民。

8月10日　县境受特大暴风雨袭击两个多小时，最大降雨209毫米，最大风力11级，农田受淹，农作物倒伏、倒折严重。

9月9日　苍山县委、县政府发布《关于加快教育改革与发展的决定》。

9月22日　苍山县委、县政府发布《关于加快经济开发区建设与发展的意见》。

9月　江苏省邳州市、新沂市和山东省郯城县、临沭县、苍山县共同发起在苍山县老干部活动中心举办苏鲁五县市老年人书画展。

秋　本年继续实施种粮补贴。苍山县补贴面积85.1万亩，每亩补贴13元。同时，开始实施“优质专用小麦良种推广补贴”项目。实施面积40万亩，国家财政每亩补贴良种资金10元，共扶持资金400万元。

10月　华瑞公司联合荣庆公司等四家民营企业成立“华瑞信恒担保公司”。

11月3日　省委、省政府在济南举行精神文明建设工作表彰大会，苍山县卞庄镇代村被授予“全国创建文明村镇工作先进村”称号。

11月22日　苍山县继续实施“绿卡行动计划”项目，起草《大蒜良好农业操作规范》及脚本，制订“出口欧盟花生良好农业操作规范（GAP）”，完成黄瓜、大蒜和花生GAP用药的药效、消解动态、最终残留和肥料试验共50项，发展并带动各类自建示范基地800公顷，GAP的示范、推广面积达到2333公顷。

11月　全县累计修建通村硬化1010.9千米，基本实现全县村村通硬化路。

12月1日　苍山县委、县政府发布《关于开展“争创文明苍山县、争做文明苍山人”活动的意见》。

12月2日　《苍山生态县建设规划》论证会在贵华大酒店召开。

12月24日　苍山县首届外来投资企业家联谊会在县招待所多功能厅召开。

12月26日　206国道苍山县城至平山后段、沂邳线费县探沂至苍山县城段改建工程等道路建设重点工程举行竣工通车仪式。

12月　苍山县在首届山东省产业集群发展高层论坛上被山东大学经济研究中心评为“山东十大（农业）产业集群”，卞庄镇代村被评为“全国尊老、敬老、爱老、助老村（居）”，县公安局王砚石被评为全国尊老、敬老模范。

是年　苍山县被省政府确定为新型农村合作医疗省级试点县。

是年　山东省特色农产品区域布局规划（2006年—2010年）发布，“苍山大蒜”被列为“山东省特色种植产品”，苍山大蒜标准化示范基地被列为“山东省主要特色农产品标准化示范区”。

是年　山东星发农业科技股份有限公司、临沂三山进出口贸易有限公司、苍山县越洋食品有限公司等3家公司被列入山东省农业厅等11部门联合命名的第三批“农业产业化省重点龙头企业”。

2006年

1月1日起　中国全面取消农业税。农业税的雏形“初税亩”由春秋时期的次室（后改名兰陵）发端。从春秋时期（前594年）鲁国推行“初税亩”到2005年，中国农业税共计实行2600年。

2月9日　苍山县第十四届人民代表大会第四次会议召开，会议审查、批准《苍山县国民经济和社会发展第十一个五年总体规划纲要》（草案），增选赵平森、田家成、薛良斗为苍山县第十四届人民代表大会常务委员会副主任。

3月3日　8集电视剧《血沃丰碑》在苍山县开拍。该剧由八一电影制片厂、山东省委宣传部、山东省军区、临沂市委宣传部等单位联合摄制。

4 月 28 日　17 时 51 分至 18 时 37 分，受冷空气和局地性暖湿气流共同影响，出现强对流天气，迅速生成强风暴，县境骤然遭受强风暴袭击。风暴侵袭时，夹带冰雹和雷雨，最大风速 28.3 米 / 秒，最大风力达 11 级，瞬间造成电力、通信、交通、供水等设施全部中断，全县各行业损失惨重，尤其以大棚蔬菜为主的农业生产遭受重创。

8 月 2 日　省委书记、省人大常委会主任张高丽到苍山视察工作。张高丽指出："苍山抓风气的转变抓的很好，抓风气的转变也是政绩，一个地方，只要风气好了，思路清了，有了好的班子，工作就一定能够干好，没有好的风气就容易出问题，就不能发展。"

8 月 3 日　山东省 2006 年国家优质粮食产业工程项目公布，苍山县农业局组织申报的"山东省苍山县小麦良种繁育基地项目"和"山东省苍山县农业有害生物预警与控制区域站项目"名列其中，两个项目国家总投资达 915 万元。

9 月 30 日　山东省人民政府批准杨士军为革命烈士，发给其家属"革命烈士证明书"并享受待遇。杨士军，苍山县神山镇东西庄人，中共党员。2005 年 7 月 17 日，为抢救落水儿童献出宝贵生命，时年 48 岁。

10 月 20 日—21 日　临沂市人民政府主办的第四届中国（临沂）农业科技成果展示会在苍山县举行。展示会期间，参加展销、展示、招商活动的企业和科研单位达 200 余家，各类专业技术人员近千人，展示技术及产品交易品种 3000 多个，参加展示会的农民群众近 10 万人次。大会签约项目 18 个，签约引资额 16.6 亿元。

11 月 23 日　苍山县作家协会成立。

12 月 7 日　柞城故城、庄坞牌坊、东高尧遗址、金山汉墓被省政府公布为第三批省级文保单位。

12 月 16 日　在浙江省丽水市庆元县松源镇开炒货店的苍山长城镇后土头村民刘丽芳，从大火中接连救出 7 名儿童。翌年 1 月 16 日，临沂市文明委授予刘丽芳"文明市民标兵"荣誉称号。9 月 23 日　在山东省道德模范表彰大会上，刘丽芳被评为"全省道德模范"。

12 月 30 日　小郭泥塑入选山东省第一批省级非物质文化遗产名录。

12 月　在第四届中国果菜产业发展（博鳌）论坛上，苍山县依托中国"大蒜之乡"、中国"牛蒡之乡"和山东"南菜园"的品牌优势，以及先进的生产和管理经验、高品位的果菜质量，被授予"中国果菜无公害十强县（市、区）"荣誉称号，成为全省唯一获此殊荣的县区。

是年　临沂市农业局命名临沂十大农产品批发市场，苍山县有山东鲁南蔬菜批发市场、山东南菜园蔬菜食品有限公司和苍山县龙湾蔬菜产销服务有限公司 3 家入选，数量列全市第一。

是年　开始筹建苍山现代农业示范园。示范园将卞庄镇农业开发区、苍山农场与代村、晒米城前、洼桥、南小庄、北小庄 5 个行政村进行整合，同时把附近的养殖场、加工厂、污水处理厂、度假村等纳入园中。2006 年 3 月由中国农科院编制园区总体规划，当年 10 月开始建设。

2007 年

2 月 1 日　临沂市 2007"魅力乡村、活力城市、和谐临沂"城乡游启动仪式在卞庄镇代村农业旅游示范点举行。

2 月 9 日　苍山县第十四届人民代表大会第五次会议选举王晓军为县人民政府县长，刘连栋为副县长。

3 月 2 日　苍山县首届秧歌会举行。

3 月　苍山县被评为全市"对外经济技术合作工作先进县区"。

4 月 26 日　兰陵美酒股份有限公司经山东省经贸委评审认定，荣登首批"山东老字号"企业榜。

4 月　“苍山大蒜”地理标志产品保护申请通过国家质检总局专家审查委员会的技术审查，实现临沂市地理标志产品保护零的突破。

4 月　“银厂惨案”纪念地被评为临沂市十大红色旅游景点。

4 月　东泇河大新庄橡胶坝工程启动。

6 月 26 日—28 日　“苍山大蒜”作为山东省唯一参展的地理标志产品，在北京举办的世界地理标志大会上展出。

7 月 17 日　苍山县山东星发农业科技有限公司研发的有机活性高硒大蒜培植及生物制品技术在山东省科技厅委托临沂市科技局组织的成果鉴定会上被鉴定为国内首创，属领先水平。

8 月 6 日—8 日　儒学全球论坛（2007 临沂—苍山）荀子思想当代价值国际学术研讨会在苍山举行，美国、德国、日本、俄罗斯、加拿大、韩国等国家和中国大陆 12 个省、市、区及中国港台地区的 100 多位专家学者出席研讨会并进行学术交流。苍山县与山西省安泽县（荀子的出生地）缔结友好县关系。

8 月 24 日　苍山县民间美术“小郭泥塑”“长城门笺”“大仲村蓝印花布”、民间音乐“苍山民歌”、民间舞蹈“兰陵猴呱嗒鞭”等 5 个项目被临沂市人民政府列入临沂市第一批市级非物质文化遗产名录。

8 月 25 日　八一电影制片厂、山东省委宣传部、临沂市委宣传部、苍山县委县政府联合摄制的电视连续剧《血沃丰碑》获得中国电视剧“飞天奖”中短篇电视剧三等奖。

9 月　苍山县在首届中国果菜产业龙头企业发展论坛上被授予“中国果类加工十强县”。

10 月 24 日　“蒜乡民歌献给党　2007 年山东·苍山民歌会”大型文艺演出在县文化广场举行，王世慧、李海鸥等名家倾情演唱。

11 月 29 日　苍山县慈善总会成立暨第一次会员代表大会召开。

12 月 13 日　中国科学院院士专家科技宣讲团到苍山，对蔬菜大棚、种植基地参观指导。

12 月 14 日　苍山县第十五届人民代表大会第一次会议选举张闻宇为县人大常委会主任，李善东、李玲（女）、赵平森、田家成、薛良斗为副主任；选举王晓军为县人民政府县长，刘连栋、刘洪军、孙涛、宋学军、侯峰为副县长；选举张永利为县人民法院院长，张玉新为县人民检察院检察长。

12 月 28 日　苍山县城市规划建成区的“城中村”改造工作启动，将利用 3—5 年时间，逐步完成建成区 21 个村居和破旧居住区的“城中村”改造。

年底　全县总人口 1168783 人，到选举日年满 18 周岁以上人口 895392 人，登记选民 891427 人。全县 21 个乡镇和苍山经济开发区（共 1176 个行政村）和县直单位共划分 231 个选区，实行差额选举，816547 位选民参加投票，选举出县第十五届人民代表大会代表 357 名。

是年　新型农村合作医疗按照“政府推动、规范运作、配套联动、整体推进”的原则推行，扩大新农合的受益面，大大减轻农民看病的负担，缓解农民因病返贫、因病致贫问题，受到广大农民的欢迎。2007 年，参合人数达到 92.9 万人，参合率达 90%。筹资标准由 2005 年的年人均 21 元、2006 年的 40 元提高到 2007 年的 50 元。统筹模式为“以大病统筹为主、兼顾门诊小病补助”，补偿办法为门诊实行按比例报销，住院病人实行分级分段按比例累计报销。

2008 年

2 月 28 日　省委、省政府公布《关于支持鲁南经济带加快发展的政策意见》（简称 44 条）。

3 月 17 日　苍山县农产品质量监督检验中心正式升格为省级农产品质量监督检验中心。

3 月　苍山县调整提高失业人员失业保险金发放标准。失业保险金发放标准由每人每月 266 元调整为每人每月 300 元。门诊医疗补助按调

整后的失业保险金发放标准为基数计算，由原来的13.3元调整为15元，失业保险金改为按月发放。调整后的失业保险金发放标准从2008年1月1日起执行。

4月11日　水利部淮河水利委员会主任钱敏一行到苍山县视察长新桥水库除险加固工程和苍山县的防汛工作。

4月17日　苍山县被山东省食用菌协会授予“2007年度全省小蘑菇新农村建设先进县”称号，大仲村镇陡沟庄村被授予“2007年度全省小蘑菇新农村建设先进村”称号，苍山县食用菌协会被授予“2007年度全省小蘑菇新农村建设先进集体”称号。

4月18日　沂州集团捐资130万元援建的沂州民族小学在磨山镇马庄村举行落成典礼。

4月20日　苍山县首次组织实施的优质专用玉米良种推广补贴项目通过省农业厅批准，成为继小麦良种补贴、农机补贴之后实施的又一国家支农惠农项目。此次实施的优质玉米良种推广补贴面积共计40万亩，按照每亩10元的补贴标准，共计400万元。

5月11日　中国邮政储蓄银行苍山县支行挂牌成立。苍山的邮政储蓄自1986年恢复开办以来，已建成全县覆盖面最广的个人金融服务网络。支行挂牌之时，其存款余额已达13亿元。

5月23日—24日　罗荣桓之子罗东进中将率领的“北京八路军山东抗日根据地研究会”一行12人到苍山县调研。研究会一行瞻仰赵镈烈士纪念碑，参观八路军第一一五师师部旧址，并在县行政中心举行了报告会。

5月　四川汶川“5·12”大地震发生后，全县人民积极捐款捐物，至月末捐款总额已逾500万元。县委县政府决定再次向灾区捐赠500吨苍山大蒜，帮助灾区人民做好防疫工作。5月31日，12辆大卡车满载着大蒜发往四川灾区。

6月　荣庆集团被北京奥运会组委会指定为2008年北京奥运会冷链供应商。荣庆物流集团公司拥有高档冷藏保温车400余部，为全国拥有冷藏车辆最多的物流企业。

7月3日　鲁南革命历史纪念馆奠基仪式在文峰山鲁南革命烈士陵园举行，临沂军分区、市民政局等领导参加了奠基仪式。

7月9日　副省长贾万志到苍山县检查防汛工作，实地察看新兴镇后大窑水库。

7月21日　奥运圣火传递（临沂站）在临沂举行，赵福荣作为苍山县唯一的一位火炬手参与了圣火传递。

7月　第十五届人大常委会第三次会议批准县政府《关于申请批准文峰山等3个县级风景名胜区》。

8月16日　省文联组织作家、文艺家一行30余人到苍山县采风。

8月20日—21日　全县普降特大暴雨，造成河道漫溢，部分乡村道路中断，5.9万公顷农田内涝积水。

10月8日　省委常委、副省长王军民到苍山县检查调研尾矿库安全生产工作。

10月29日　山东省农副产品质量监督检验中心（临沂）在苍山县正式揭牌。

10月　苍山县被水利部批准为“全国农村饮水安全试点县”。在国家扶持政策的支持下，苍山县将建成一批5万人以上的跨乡镇供水工程。

是年　在团中央、全国学联主办的首届“中国大学生自强之星”活动中，苍山籍大学生聂名勇被评为“中国大学生自强之星”，并荣获“中国大学生新东方自强奖学金”。

是年　全县完成地区总产值168.3亿元，比上年增长15.7%。

2009年

1月11日　苍山县第十五届人民代表大会第二次会议选举宋中东、高思圣为县人民政府副县长。

2月4日　苍山县大仲村镇、向城镇被省环保局评为“省级环境优美乡镇”。

3月3日　刘丽芳入选“中国好人榜”。

3月15日—27日　省考古研究所文物勘探队联合市文物局考古队，对临枣高速公路苍山段沿途19个文物点进行调查勘探。

3月28日　全市工业发展振兴大会召开，苍山县被临沂市委、市政府评为“2008年度招商引资先进县”，并获得奖金10万元。2008年，全县共实施招商项目268个，其中新开工项目181个，合同引资89.65亿元；实际到位县外资金36.26亿元，其中市外资金30.87亿元，境外资金2510万元。

4月29日　中宣部、中央电视台大型文献专题片《辉煌60年》摄制组到苍山县采访拍摄。

5月21日　苍山县1176台小麦联合收割机南下，开始了当年的跨区麦收作业。

5月　由县委宣传部、县建设局、苍山电视台联合制作的四集电视系列片《洳河颂》在苍山电视台播出。

6月15日　全县夏收结束，共收获小麦6万公顷，出动机械3532台，完成机收面积5.6万公顷，机收率92.17%。预计全县夏粮平均单产429.6千克，较上年亩增产3.6千克；总产39.2万吨，较上年增加3万吨，增长8.29%。单产、总产均超过往年，实现连续6年增产增收的目标。

6月27日　苍山县音乐家协会、美术家协会、摄影家协会同时成立。

8月29日　苍山县贫困大学生慈善救助仪式举行，132名大学生共得到40万元救助金。

9月5日　山东省首个县级驻外慈善机构——苍山慈善总会驻上海分会成立。

9月15日　上海、山东、八一队篮球邀请赛在苍山县体育馆举行，同时举行苍山县体育馆开馆仪式。

10月30日—31日　全国教育科学“十一五”规划教育部课题“提高课程时效性的教学策略研究”成果交流会暨首届中小学新课程改革热点问题高端论坛在苍山县举行，来自全国各地的200多位专家教师代表参加。

10月　苍山县被水利部列为“全国水土保持监督执法试点县”。

10月　苍山县经山东省农科院蔬菜研究所实地考察后，被列为国家大宗蔬菜产业技术体系示范县。

11月5日　2009年山东省田径锦标赛在苍山县体育场举行，来自全省17个地市的1439名运动员参加角逐。

11月27日—29日　苍山县被农业部农产品质量监督检验中心、中国果品流通协会、联合国工业发展组织中国促进处绿色产业专家委员会等部门联合授予“中国蔬菜之乡”称号。

11月　会宝山生态产业科普示范基地被山东省旅游局命名为“山东省农业旅游示范点”。

12月10日　枣临铁路临沂段开工暨苍山火车站奠基仪式举行。

12月27日　苍山县慈善义工联盟成立。

12月27日—28日　中央农村工作会议召开，苍山县种粮大户王善启被农业部授予“全国粮食生产大户标兵”称号，受到国务院副总理回良玉接见，并受奖雷沃欧豹FT804拖拉机1台。

12月30日　苍山县第三次文物普查田野调查阶段初步结束。苍山县共普查乡镇21个、行政村1056个，普查到达率100%。共普查登录文物点294处，新发现文物点79处，消失不可移动文物7处。

12月下旬　农业部信息中心主办，中国品牌农业网、浙江大学农业品牌研究中心承办的“首届中国农产品区域公用品牌建设论坛”在北京举行。“苍山大蒜”在全国600多个主要品牌农产品价值评估中以47.43亿元，位列第七位。

12月　杨文学的长篇报告文学《苍山三农》在《中国作家》2009年12期发表。文章记述了苍山县委、县政府带领120万苍山人民奋力建设蔬菜强县的艰辛历程，再现了20多万人由菜农到菜商的嬗变之路，讴歌了“苍山商团起江南”的创业之路。

2010年

1月9日　苍山县新增140辆出租车投入运行。

1月17日　苍山县第十五届人民代表大会第三次会议选举王纪起为县人民检察院检察长。

1月　“苍山牛蒡”获农业部地理标志产品认证。这是苍山县继“苍山大蒜”“苍山辣椒”之后第三个获得农业部地理标志认证保护的农产品。

2月4日　经省政府批准，苍山县沂堂镇划归临沂市罗庄区管理，苍山县、罗庄区共同签订交接文书。

2月　总投资1.2亿元的苍山县城东伽河综合治理工程获2009年山东人居环境（范例）奖。

3月　会宝山生态产业科普示范基地被临沂市科协授予“临沂市优秀农村科普示范基地”称号。6月，被中国科协、财政部评为“全国农村科普示范基地”。

3月　由山东省环境监测中心全额配置的苍山县大气环境自动监测站安装调试完毕，正式投入运行。

4月1日—2日　山东省和临沂市第三次全国文物普查领导小组办公室联合组织对苍山县第三次全国文物普查实地文物调查阶段的验收。苍山县第三次全国文物普查实地文物调查工作从2008年9月开始，至2009年12月结束。共调查田野不可移动文物302处，其中新发现84处，复查218处，登记消失文物7处，实地文物调查行政村覆盖率达到100%。

4月26日　苍山县“新苍山”优质蔬菜直供世博会新闻发布会暨招商引资推介会在上海举行。

5月—7月　山东省文物考古研究所、临沂市文物局、苍山县文物管理所组成考古队，对位于苍山县神山镇后杨官庄村北约700米的小主墩遗址进行考古发掘。

5月28日　电视文献纪录片《王鼎钧》在苍山县开机拍摄。

6月4日　苍山县被山东省科协、山东省财政厅授予“山东省科普惠农示范县”称号。

6月13日　苍山县首次举办大蒜机械化收获演示。

6月18日　省小麦高产创建项目验收组来苍山县实打验收，10亩高产攻关小麦亩产达738.34千克。

6月　苍山县“情暖苍山”慈善救助活动荣获全省“最具影响力慈善项目”称号。

8月3日　北方物流有限公司在全国第六次A级物流企业授牌大会上荣获“国家AAAA级物流企业”称号。

8月13日　苍山经济开发区在第六届中国工业园区招商引资高层论坛上荣获“2010中国最具发展潜力园区”称号。

11月1日　进行全国第六次人口普查，全县普查登记常住人口116.19万人。

11月　苍山县110辆运营期满的“一元公交”退出客运市场。

12月6日　苍山大蒜生产标准化示范区顺利通过国家标准委考核验收组审核，示范区蒜薹亩产达1400千克，蒜头亩产达1100千克。

2011年

1月13日　中共苍山县第十二届全委九次（扩大）会议讨论并审议《苍山县国民经济和社会发展第十二个五年总体规划纲要（草案）》。

1月　苍山县被农业部公布为第四批全国农产品加工业示范基地。

2月1日　苍山县1路、3路共18台城市公交车开通运行。

2月　因持续6个月未有有效降水，苍山县80余万亩小麦、20余万亩大蒜发生不同程度旱灾。苍山县政府组织抗旱保苗。到2月初，全县共投入抗旱资金1790余万元，投入劳动力50余万人次，动用抗旱机具6万台套、打机井500眼，水库放水630万立方米，浇地47万亩次。

2月26日—28日　苍山县气象局实施人工增雨（雪）作业5次，发射火箭弹48枚，实现有效降水29.2毫米。

2月　全国第一次水利普查工作在苍山县正式推开。

2月　苍山县第十五届人民代表大会第四次会议选举刘茜堂为苍山县第十五届人民代表大会常务委员会副主任，米兴法为苍山县人民政府副县长。

3月17日　中共临沂市委书记、市人大常委会主任张少军到苍山县调研村“两委”换届工作。

3月24日　苍山县光彩事业促进会成立暨寒门学子助学金发放仪式举行，高久军当选会长。

3月31日　苍山县乡镇机构改革工作会议召开，会议要求深化乡镇机构改革，推动社会平稳较快发展。

3月　苍山县被命名为国家大宗淡水鱼类产业技术体系建设先进县。

4月9日　中央电视台新影集团和苍山县联合摄制的26集电视连续剧《乡村都市情》在苍山开机拍摄。

4月26日　苍山县教育工作会议部署《苍山县中长期教育改革与发展行动计划（2011—2020年）》实施工作。

5月　苍山县2.1万公顷大蒜收获蒜薹1.5亿千克，蒜薹销售总收入7.8亿元。

6月中旬　苍山县委宣传部、苍山县文化局、尚岩镇政府、临沂凤凰琴艺术中心联合拍摄的，以鲁南抗日战争为题材的六集柳琴戏连续剧《蒙花与大川》在尚岩镇开拍。

6月24日　临沂市出口农产品质量安全示范区建设工作会议在苍山县召开。

6月　苍山县驻沪流动党委被中共中央授予“全国先进基层党组织”称号。

6月　苍山县人民检察院监所科科长李树德荣获“全国政法系统优秀党员干警”称号。

6月　苍山县玉米良种推广协会荣获“全国科普惠农兴村先进单位”称号。

7月26日　中共苍山县第十二届十次全委（扩大）会议召开，会议提出要把握机遇，迎接挑战，努力实现大发展、大突破。

8月7日　苍山县经济开发区和宁波材料技术与工程研究所合作签约成立博士后科研工作站。

8月13日　苍山县行政区划调整工作会议召开。撤销二庙乡，原行政区域并入长城镇；撤销层山镇，原行政区域并入庄坞镇；撤销兴明乡，原行政区域并入向城镇；撤销三合乡，设立芦柞镇，将卞庄街道的前芦柞等22个行政村划归芦柞镇管辖，镇政府机关驻芦柞西村；撤销贾庄乡，设立金岭镇，将卞庄街道的东坊上等49个行政村划归金岭镇管辖，镇政府机关驻前月庄村；将贾庄乡的贾庄等14个行政村划归苍山经济开发区管辖。

8月16日　车辋镇潘庄村13岁少女王丽红勇救落水儿童而不幸遇难。

8月20日—25日　山东省144所学校2201名运动员参加在苍山县举办的2011年山东省中小学生体育联赛田径比赛。

8月26日　8月26日17时30分至27日3时，苍山县遭受特大暴雨袭击，全县平均降雨213.77毫米，16个乡镇、420个村庄不同程度受灾，44万亩耕地受灾，损毁倒塌房屋388间。

9月2日　苍山县书法家协会成立。

9月5日　全县加快县域经济发展动员会召开。会议要求突出重点，培植优势，推动县域

经济发展实现新跨越。

9月8日　副省长王随莲到苍山县检查指导食品药品安全工作。

9月22日　苍山县城区载客三轮车清理规范工作会议召开。

9月23日—26日　2011年全国女子举重冠军赛在苍山县体育馆举行。

9月27日　省委常委、副省长孙伟到苍山县调研县域经济发展情况。

9月　苍山县凯华蔬菜产销合作社生产的11种蔬菜被中国绿色食品发展中心认证为绿色食品A级产品。

10月上旬　在广州举办的第八届中国国际中小企业博览会上，苍山县12家企业的72件牛蒡制品参展，与南方客商签约合同金额0.97亿元，签订意向投资额5.6亿元，新发展南方代理商15家。

10月16日—17日　省级园林城市考核组来苍山县考核验收。苍山县城区面积18.8平方千米，绿化覆盖面积723.8万平方米，绿地面积586.56万平方米，公园绿地面积227万平方米，建成区绿化覆盖率38.5%，绿地率31.2%，人均公园绿地面积10.16平方米。

10月18日　投资1.2亿元的甘油生产项目落户长城镇。

10月22日　苍山县招商引资项目推介会暨海内外萧氏宗亲恳谈会在兰陵大会堂举行。

10月22日　苍山县见义勇为协会成立大会暨第一次会员代表会议召开。

10月　苍山县公路网化示范县活动正式启动，活动期间（2012年—2013年）苍山县将投资19349.076万元，新建、改建农村公路522.948千米，修建小桥涵925延米。

11月1日—5日　苍山县人民政府联合山东大学、临沂大学、中国散文学会、美国华文文艺界协会等单位举办第二届王鼎钧文学创作国际学术研讨会。中国作协名誉副主席、中国当代文学研究会会长张炯等海内外150余名专家学者出席。

11月11日　投资7600万元、建筑面积1.6万平方米、存储量0.6亿千克的中央储备粮临沂直属库苍山分库迁建（扩容）项目在苍山县长城镇奠基开工。

11月26日　苍山县蔬菜产业（农业）科技信息服务协会成立。

11月28日　郑连胜任中共苍山县委书记，张闻宇调离。

11月　苍山县农村交通物流分拨中心在代村商贸城举行启用仪式。

12月上旬　苍山县东泇河水利风景区被山东省水利风景区评审委员会评定为“山东省水利风景区”。

12月9日　兰陵美酒集团被商务部授予“中华老字号”称号。

12月20日　临沂市加快重点镇建设现场调度会在苍山县兰陵镇举行。

2012年

1月10日　临沂市2011年度见义勇为英模人物颁奖晚会举行，苍山县长城镇村民刘明芳荣获“大义沂蒙、走出临沂”奖，被授予临沂市见义勇为一级英雄勋章。

1月11日　中共苍山县第十三届委员会第一次全体会议选举郑连胜为县委书记，薛峰、刘连栋为县委副书记。中共苍山县纪律检查委员会第一次全体会议选举纪军为县纪委书记。

2月3日　政协第九届苍山县委员会第一次会议选举翟玉才为政协第九届苍山县委员会主席，朱茂成、高久军、黄昌领、王远振、王克洪、宋敬华为副主席。

2月4日　苍山县第十六届人民代表大会第一次会议选举郑连胜为苍山县第十六届人大常委会主任，刘茜堂、李玲、李玉廷、杨振广、张林为副主任；选举薛峰为苍山县人民政府县长，矫晓斌、王剑峰、米兴法、宋中东、高思圣、杨金童为副县长，陈思贤为苍山县人民法院院长，王纪起为苍山县人民检察院检察长。

2月　苍山县在全省农村工作会议上获“全省粮食生产先进县”称号。2011年，苍山县粮食播种面积11.1万公顷，单产453.9千克，总产75.67万吨。小麦十亩高产攻关田平均亩产739.9千克，玉米十亩高产攻关田平均亩产916.7千克，圆满完成创建任务，分获部级高产创建第一名和第二名。

3月　由国家发展改革委会、农业部等联合编制的《全国蔬菜产业发展规划（2011—2020）》公布，苍山县被列为全国蔬菜产业重点县。

4月11日　临商银行苍山支行开业。

4月11日　香港联城贸易公司和福建晋江友成制衣有限公司投资1.5亿元的石英砂深加工项目与新兴镇政府签订合作协议。

4月15日　全市优先发展重点乡镇现场观摩会到苍山县视察，与会领导到兰陵镇瑞福苑社区、荀子墓园、兰陵镇物流园等建设现场实地观摩。

4月16日　《中华人民共和国政区大典·山东卷》（苍山部分）编纂工作会议在县行政中心召开。

5月5日—6日　山东作家苍山行采风活动暨当代兰陵作家文库作品研讨会在苍山召开，省作协副主席王兆山、李掖平等参加会议。

5月6日　苍山县举办“中国苍山大蒜、蒜薹（2012）产销新闻发布会”，中央、省、市级的24家媒体报道了此次会议。

5月15日　山东省高速集团董事长孙亮一行到苍山县视察临枣高速公路苍山段工程建设工作。

5月　苍山县2.13万公顷大蒜收获蒜薹2.01亿千克，蒜薹销售总收入12.3亿元。

5月　苍山县参加山东临沂（北京）招商引资洽谈会，共签约项目3个，签约总投资额13.9亿元。

6月5日　苍山县总投资20.1亿元的8个重点项目集中奠基开工。

6月14日　副省长贾万志到苍山县农场实地察看“三夏”生产情况。

6月15日　山东大学兰陵文化研究中心成立仪式在山东大学中心校区举行。

6月16日　山东能源临矿集团会宝岭铁矿300万吨采选工程项目进行联合试运转。

6月18日　“体验科学”中国流动科技馆苍山巡回展启动仪式在县农展馆中心举行。

6月24日　兰山—苍山临沂商城棠林地产品产业园合作签约暨揭牌仪式在苍山县举行。

6月29日—7月1日　国家文物局政策法规司副司长陈培军率中国社会科学院现代史研究所研究员于化民、山东大学历史文化学院院长王育济、山东大学历史文化研究中心主任党明德、山东大学历史文化学院考古系教授任相宏、山东省地名研究所主任李炳印等一行7人，到苍山县考察兰陵历史文化。

6月　苍山县庄坞镇、尚岩镇荣获2011年度“省级生态乡镇”称号，尚岩镇北尚岩村、岳村及车辋镇念沂泉村荣获“省级生态村”称号。

7月8日—10日　临沂市接连遭受两场暴雨袭击，苍山县大仲村镇降雨量超600毫米，这是该镇自1971年有气象记录数据以来发生的最大强降雨。

7月11日　副省长夏耕带领省水利厅、民政厅、住建厅等部门领导到灾情比较严重的神山镇、金岭镇、矿坑镇、大仲村镇等地，代表省委、省政府看望慰问受灾群众，详细了解受灾群众的生产生活状况。

7月21日　中国农科院副院长王韧一行到苍山县参观考察嘉禾育苗工厂、现代农业示范园等地，并与苍山县政府签约合作农业科技项目。

7月26日　苍山县将5万千克优质大蒜捐

赠给北京市民，用于遭受特大暴雨袭击后的饮食防疫工作。

7月　17岁的苍山籍运动员苏冠宇代表中国前往西班牙参加世界少年田径锦标赛。

8月11日　长城镇徐桥村众多村民奋起围追疯狂作案的劫匪，面对挥刀乱砍的劫匪，该村民兵徐广金驾驶摩托车勇敢撞向劫匪所乘车辆，不幸身负重伤，1名劫匪被当场抓获。8月28日，临沂市委、市政府和临沂军分区共同作出《关于在全市民兵预备役人员中广泛开展向徐广金同志学习活动的决定》。

8月20日　“中国体育彩票杯”2012年山东省中学生田径联赛在苍山县体育场举行。

8月20日　最高人民检察院政治部“全国模范检察官”评选考察组到苍山县实地考察李树德的事迹。

8月21日　临沂大学与荣庆集团联合成立荣庆冷链物流研究协同创新中心，签约仪式在苍山县举行。

8月24日　苍山县2012年特困大学生新生慈善救助金发放，本次共筹集资金32万元，惠及84名大学新生。

9月11日　由商务部、财政部组成的调研小组到苍山县调研农产品流通和“万村千乡市场工程”建设。

9月19日　大众报业集团帮扶、山东建源集团出资援建的苍山建源小学新教学楼启用。

9月　苍山县参加第三届中国（临沂）小商品贸易博览会，共签约招商引资项目5个。

9月　国务院扶贫办副主任王国良一行到苍山县调研工作，调研组到凯华蔬菜产销专业合作社、会宝山生态产业合作社等地实地调研。

10月9日　第四届山东省城市园林绿化博览会“苍山活动日”开幕式在临沂市书法广场举行。

10月15日　威海市黑龙江商会旅客途经兰陵镇时发生重大道路交通事故，致25人受伤。事故发生后，苍山县领导及相关部门人员快速及时到达现场，全力开展救援，将被救后的25名旅客送往医院救治。2013年1月22日，威海市黑龙江商会的8位代表专程将锦旗送到苍山县政府，对苍山县委、县政府在危难之际及时伸出援助之手相救表示感谢。

10月16日　全市网化示范县活动暨千村公路扶贫工作现场会在苍山县召开。

10月20日　泉山实验学校举行开工奠基仪式。

10月27日　山东兰陵荀子文化园开工奠基仪式举行，该项目总投资2.3亿元，规划用地12.09万平方米，总建筑面积5.7万平方米。

11月1日　苍山县蔬菜价格指数在苍山县政府网站正式发布。

11月21日　苍山县举行科技干部竞争性选拔工作新闻发布会，省、市级十余家媒体到会采访。

11月29日　途经苍山县的枣临铁路正式通车。

12月12日　苍山县书画收藏家协会成立。

12月25日　临沂市第三届沂蒙优质农产品“十佳品牌”评选结果产生，苍山县会宝山生态产业专业合作社的“沂蒙会宝山”牌鸡蛋名列其中。

12月　苍山县公交公司一次更新32辆城乡客运公交车。

12月　兰陵县检察院监所检察科科长李树德被最高人民检察院授予“模范检察官”称号。

2013年

1月4日　中共临沂市委作出《关于开展向李树德同志学习的决定》。

1月6日　苍山县车辋镇正兴种植专业合作社理事长李东生获得由共青团中央、农业部评选的第八届“全国农村青年致富带头人”称号。

1月7日　苍山县入围第四批“山东省出口

农产品质量安全示范区”。

1月30日　苍山县被评为山东省生态文明村“611工程”生态文明县。

2月25日—26日　国家人口与计划生育委员会调研组到苍山县调研人口与计划生育工作。

3月2日　全县创建国家园林县城动员大会暨城乡环境综合整治工作会议召开。会上传达了《苍山县创建国家园林县城实施方案》《苍山县创建全省绿化模范县实施方案》等文件。

3月2日　农业部公布首批103个全国农机职业技能培训和鉴定示范基地，苍山县农机局入选。

3月23日　浙江长广集团和苍山县政府签约纤维素丁醇项目仪式在兰陵大酒店举行。项目总投资2.3亿元，占地13.3公顷。

3月28日　省委常委、省纪委书记李法泉到苍山县调研党风廉政建设和经济社会发展情况。李法泉一行先后深入到县派驻乡镇廉洁风险防控办公室、山东能源临矿集团会宝岭铁矿、县群众诉求接待服务中心、县纪委党风室和苍山现代农业示范园，实地察看基层党风廉政建设工作推进情况，听取有关负责人的相关情况汇报。

4月3日　鲁南革命历史纪念馆暨全县廉政教育基地正式启用。启用仪式上，北京八路军山东抗日根据地研究会鲁南分会会长、赵镈烈士之子赵继烈代表烈士亲属讲话并捐献书籍和影像资料，舟山警备区代表现场为鲁南革命烈士陵园捐款5万元。

4月11日　首届中国（苍山）国际蔬菜产业博览会举行新闻发布会。《人民日报》、新华社、中央电视台等中央、省、市级的22家媒体的60余名记者参加了新闻发布会。

4月12日　以“优质·安全·绿色·健康”为主题的首届中国（苍山）国际蔬菜产业博览会在县农展中心开幕。共有17个国家和地区及国内26个省（市、自治区）的客商参加，会上签约项目20个，签约合同金额132亿元。

5月2日　30吨苍山蔬菜支援四川省雅安市灾区。

5月6日　鄫国故城入选全国重点文物保护单位。

5月7日　苍山县组织开展新闻媒体记者走访蒜乡活动，共有新华社、《大众日报》、山东电视台、大众网、《临沂日报》、临沂电视台等媒体的20多位记者参加此次活动。当年，全县大蒜种植面积2.4万公顷，预计蒜薹总产量2.15亿千克。全县可正常使用恒温库327家，库洞1373个，总库容2.45亿千克，可存放蒜薹的库容1.8亿千克。

5月12日　苍山县竞走运动员苏冠宇在第十二届全运会20公里男子团体竞走比赛中获得青年组冠军。

5月20日　全县第一届全民运动会开幕。本次运动会设7个大项、88个小项，乡镇组和县直单位组共54个代表队参赛。

5月24日　全省大蒜机械化收获现场观摩会在苍山县长城镇万亩大蒜示范基地召开。

5月29日　省纪委检查组到苍山县检查指导“农村基层党风廉政建设”工作。

6月　兰陵镇对矿区的杨庄、侯宅、陆庄3个村实施整体搬迁，其中大部分村民入住瑞福苑小区。

7月2日　全省农村公路现场会在曲阜市召开，苍山县在综合验收中获得了全省第二名，并被授予“全省村级公路网化示范县先进单位”称号。

7月4日　“2013苍山蔬菜北京推介会”在北京新发地农产品国际会展中心举行。从当年6月份开始，每天有上百吨的苍山蔬菜销往北京市场。

8月19日　兰陵镇荣获“山东省历史文化名镇”称号。兰陵镇依托厚重的历史文化资源，提出建设“华夏古镇、文化兰陵”的发展目标，全力打造“荀子文化、美酒文化、望族文化、金瓶梅文化”四大文化品牌。

9月11日　苍山县成功申报全国高标准农田水利建设示范县。该项目分三年组织实施，中央、省、市、县概算总投资2.088亿元，主要用于长城、芦柞2个镇56个村的农田水利基础设施建设。

9月25日　在2013中国（高淳）休闲农业与美丽乡村建设活动上，兰陵国家农业公园获得由农业部农村社会发展中心颁发的“2013年全国休闲农业与乡村旅游五星级企业（园区）”称号。

9月27日　兰陵国家农业公园正式获批为国家AAAA级旅游景区。

10月23日　苍山县科技计划7个项目获国家、省级星火计划立项支持。

10月30日　苍山县顺利通过全国科技进步县考核，这是苍山县连续七次通过该项考核。

11月1日　苍山县“萧望之墓地”被评为省级文物保护单位。

11月13日　副省长张超超到苍山县调研。

11月20日　苍山县地方公共财政收入突破10亿元，成为全市12个县区中第四个财政收入突破10亿元的县区。

12月20日　文峰山景区被山东省旅游局列为“山东省自驾游示范点”。

12月25日　苍山县兰陵荀子庙被评为国家AAA级旅游景区。

12月　国家质量监督检验检疫总局发布《关于公布国家级出口食品农产品质量安全示范区名单及检验检疫监管便利措施的公告》，批准苍山县为国家级出口食品农产品质量安全示范区。

12月　省政府下发《山东省人民政府关于公布第二批省级现代农业示范区名单的通知》，苍山县被确定为第二批省级现代农业示范区。

12月　苍山县被农业部授予“全国粮食生产先进单位”称号。是年，全县共收获粮食面积10.2万公顷，总产量73.3万吨。小麦收获面积4.84万公顷，平均单产465千克，总产量33.7万吨。

2014年

1月21日　苍山县正式更名为兰陵县。2006年8月31日，苍山县政协向县委、县政府提出《关于将苍山县更名为兰陵县的建议案》，苍山县更名兰陵县工作开始启动。2013年4月16日，省民政厅在济南召开苍山县更名工作省级专家论证会，获得与会专家的一致通过。6月，临沂市政府《关于将苍山县更名为兰陵县的请示》和《论证评估报告》呈报山东省政府。10月，省政府《关于将苍山县更名为兰陵县的请示》上报国务院。11月9日，民政部委托中国地名研究所在京举行苍山县更名为兰陵县国家级专家论证会，获得了与会专家的一致通过。12月27日，国务院批准苍山县更名为兰陵县。2014年1月8日，民政部行文批复，同意苍山县更名为兰陵县。1月17日，省政府印发《关于苍山县更名为兰陵县的通知》，苍山县更名工作取得成功。1月21日上午，兰陵县举行更名揭牌仪式，召开苍山县更名为兰陵县工作会议，并举行新闻发布会。

2月10日　上午，中国人民政治协商会议第九届兰陵县委员会第三次会议在县兰陵文化中心开幕。11日下午闭幕。

2月10日　下午，兰陵县第十六届人民代表大会第三次会议在兰陵文化中心开幕。12日上午闭幕。

2月14日　兰陵镇在临沂市2013年度县域经济发展表彰大会上被授予“镇域经济发展一等奖”。

2月28日　兰陵县荣获“全市粮食生产先进县”称号。

3月4日　兰陵县党的群众路线教育实践活动动员大会在县兰陵文化中心召开。

4月3日　农业部副部长张桃林带领调研组到兰陵县调研农业发展工作，副省长王随莲等陪同。

4月9日　兰陵县拟定兰花为县花。

4月12日　第二届中国兰陵（苍山）国际蔬菜产业博览会在兰陵县农展中心开幕，会上签约25个项目，签约合同额140亿元。

4月16日　副省长赵润田到兰陵县检查指导春季抗旱和农产品质量监管工作。

4月17日　青海省考察团到兰陵县调研学习粮食行政执法工作。

4月20日—22日　上海市农委考察团到兰陵县就蔬菜生产管理、技术推广和产销服务进行参观考察，并开展业务交流。

5月5日　北方兴业物流有限公司与宁夏哈纳斯新能源集团有限公司在临沂地区合作建设LNG（液化天然气）加注站以及跨省域LNG物流配送项目在神山镇举行签约仪式，预计投入资金30亿元。

5月8日　兰陵全球萧氏经贸文化洽谈会招商引资项目签约仪式在兰陵县行政中心举行。本次签约仪式共签约项目8个，计划总投资32.6亿元。来自马来西亚、澳大利亚、安哥拉等国家和中国台湾、中国香港地区及境内20多个省份的181位萧氏宗亲以及兰陵县各大班子有关领导，各乡镇、街道、开发区和县直有关部门的主要负责人参加了仪式。

5月18日　2014中国（兰陵·代村）休闲农业与美丽乡村建设系列活动在临沂市兰陵县代村开幕。本次系列活动以“文化兰陵、美丽代村”为主题。

6月18日　农业部科技教育司和本山传媒共同举办的大型公益活动——“中国美丽乡村快乐行”科技下乡活动在兰陵县农展广场举行。

7月9日　县委宣传部主办的“兰陵文化大讲坛”活动举行启动仪式。

7月10日　山东省食用菌协会四届二次理事扩大会议在兰陵县召开。

7月23日　兰陵县庄坞镇由于牛蒡主导产业突出、产品品质优良、带动农民增收效果明显被确定为第二批山东省一村一品示范村镇。

8月12日　兰陵县首届“葵花节”在兰陵国家农业公园开幕。

8月18日—19日　省绿化委员会派出检查验收组对兰陵县创建绿化模范县工作进行检查验收。

8月24日　“宝华集团杯”2014年中国业余篮球公开赛山东赛区决赛在兰陵县体育馆开赛。

9月12日　经农业部农产品质量安全中心审查和组织专家评审，“苍山大蒜”符合《农产品地理标志管理办法》规定的登记保护条件，农业部拟准予登记，依法实施保护。

9月30日　兰陵县举行第一个烈士纪念日公祭活动，县委、县政府及社会各界在文峰山革命烈士纪念基地集会，隆重举行公祭仪式。

10月1日　县人民医院、县中医院同时启动公立医疗机构改革收费调整机制，全面取消药品加成、调整诊疗服务收费价格，破除“以药补医”，建立起现代医院管理制度。兰陵县试点医院全部药品取消加成后，药价降价幅度至少达15%。

10月10日　兰陵县小水电规划被山东省水利厅纳入省级规划，列入国家补助标准。规划实施完成后，装机100千瓦以上的小水电站可增加至17座，年发电量最低可达1260万千瓦时。

10月26日　2014兰陵国际半程马拉松赛在兰陵文化公园开赛，本次赛事是兰陵县首次举办国际级体育赛事，共有来自22个国家的92名外籍运动员以及国内专业运动员和爱好者参赛，其中参加半程马拉松项目2000人，迷你马拉松项目8000人。

11月5日　省档案馆专家组到兰陵县对创建国家二级综合档案馆工作进行测评验收。县档案馆达到国家二级档案馆的测评标准，高分

通过。

11 月 20 日　兰陵县荣获“山东省绿化模范县”称号。

12 月 8 日—10 日　韩国全罗南道和顺郡郡守具忠坤，议长李善一行到兰陵县进行友好访问。

12 月 23 日　兰陵县在全国农业工作会议上再次被评为全国粮食生产先进单位。

12 月 24 日　“山东省 2014 年中医中药中国行‘进乡村’暨中医养生保健知识巡讲活动”走进兰陵。

12 月 30 日　山东史贝美肥料股份有限公司承担的“增效大蒜专用肥的研制与应用研究”和“两步分解法生产硝基玉米专用肥的研究与应用”省级技术创新项目鉴定验收会在兰陵召开。两个项目均通过鉴定验收。

12 月　兰陵国家农业公园入选“全国休闲农业与乡村旅游示范点”。

12 月　兰陵镇、尚岩镇入选第一批市级现代农业示范区。

是年　全县新增绿色食品认证 46 个、农业部“苍山大蒜”地理标志 1 个，全县“三品一标”认证总数达到 252 个，其中无公害产品 14 个，绿色食品 224 个，有机食品 11 个，中国地理标志产品 3 个。

是年　全县粮食生产实现“十一连增”，粮食面积 9.9 万公顷，总产量达 75.12 万吨，圆满完成年初制定的任务目标。

2015 年

1 月　全县成功处置首例输入性人感染 H7N9 禽流感病例，未发生扩散和蔓延。

3 月 30 日　省委第一巡视组进驻兰陵县。

3 月 30 日　兰陵县环境监测站通过省级实验室资质认定。

3 月 31 日　国家考核组一行到兰陵县检查考核 2014 年度淮河流域水污染防治工作开展情况。

4 月 11 日　由中国农科院、山东农科院、浙江大学和兰陵县人民政府共同举办蔬菜种业发展论坛在兰陵县召开。

4 月 12 日　第三届中国兰陵（苍山）国际蔬菜产业博览会开幕。

4 月 25 日　2015“万图杯”兰陵半程马拉松赛在临沂市兰陵县文化公园鸣枪开跑，来自包括美国、日本、肯尼亚、埃塞俄比亚等 20 多个国家在内的国内外马拉松运动员和全县机关、企事业单位以及社会各界马拉松爱好者 1.2 万人参加了本次比赛。

5 月 9 日　山东兰陵顺天运输有限公司院内护坡墙砌筑过程中，部分墙体突然倒塌。现场共有施工人员 13 人，事故造成 6 人当场死亡，4 名重伤人员经医院抢救无效死亡，其他 3 人伤情平稳。事故发生后，县政府立即启动应急预案，事故得到妥善处理。

6 月 15 日　山东省委副书记王军民到尚岩镇惠东社区指导新农村建设工作。

6 月 30 日　兰陵县驻太仓流动党员党支部揭牌仪式在江苏省太仓市举行，这是兰陵县在江苏建立的第 8 个、全国第 29 个流动党员党支部。

7 月 6 日　为纪念“苍山暴动”82 周年，苍山暴动纪念馆在金岭镇举行开馆仪式。

7 月 7 日　总投资 3.2 亿元的 6000 万张浸渍纸项目签约仪式在矿坑镇举行。

8 月 5 日　省人大常委会副主任贾万志带领调研组到兰陵县调研旅游“一法一条例”实施工作。

8 月 25 日　省委常委、统战部部长吴翠云到兰陵县就学习贯彻落实中央和省委统战工作会议精神进行调研。

9 月 8 日　省委副书记龚正到兰陵县调研。

10 月 27 日　市环保局机动车排气污染监控中心到兰陵县进行汽车尾气遥感监测，全天共监测有效车辆640余辆，超标率约6.5%。

11月　兰陵县顺利通过山东省专家组的现场考核，成功创建省级慢病综合防控示范县。

12月15日　国务院副总理汪洋在视察中华全国总社“供销e家”电商公司平台运作情况时，通过视频连线了兰陵县兰陵镇小仲村利源蔬菜种植专业合作社蔬菜种植基地。

12月31日　中共兰陵县委十三届八次全体会议在县行政中心召开。

第一编
区域　环境

蒼山縣志

苍山县位于山东省南部，临沂市西南部。县境北与费县交界，东北接壤临沂市罗庄区，东南与郯城县相连，西连枣庄市，南与江苏省邳州市毗邻。总面积1724.02平方千米。2010年年底，辖14镇、5乡、1个街道。

苍山县地处鲁南低山丘陵南缘，海拔高程40～580米。地势自西北向东南逐次降低，抱犊崮主峰海拔580米，有“鲁南第一峰”之称。境内主要河道有沂河、武河、小涑河、苍邳分洪道、燕子河、吴坦河、东泇河、白家沟、汶河、西泇河、运女河及陶沟河12条。河川净流量5.75亿立方米，水利资源蕴藏量7.85亿立方米。苍山县属暖温带季风半湿润气候，大陆度为63.1%，一年四季分明，雨热同季，大陆性明显。年平均气温13.7℃，年平均降水量814.3毫米，全年日照时间2369.7小时，无霜期196天。全县土地面积172401.77公顷，其中山地占19.26%，丘陵占18.7%，平原占62.04%；森林覆盖率29.4%。苍山县矿产资源丰富，已发现的矿产资源有25种，其中铁、石膏、石灰岩、石英砂岩为优势资源。

第一章　建置区划

第一节　位　置

苍山县位于山东省南部，临沂市西南部。县境介于北纬34°37′至35°06′，东经117°41′至118°18′之间。东北部的矿坑、神山2镇与临沂市罗庄区相依。北部的下村、车辋、大仲村3乡镇与费县交界。西部的下村、鲁城、新兴、兰陵4乡镇与枣庄市为邻。南部的南桥、兰陵、长城3镇与江苏省邳州市相接。东南部的庄坞、层山、二庙、磨山4乡镇与郯城县相连。县境东西最大横距55千米，南北最大纵距48千米，总面积1724.02平方千米。以县城驻地卞庄街道为中心，县境四至为：北至矿坑镇棠林村北，县界22.5千米；西至鲁城镇平山后村西，县界25千米；南至长城镇前芦汪村南，县界27.3千米；东至神山镇老屯村东，县界15千米。

第二节　建置沿革

图1—1　战国时期楚国兰陵县位置图

注：选自谭其骧主编《中国历史地图籍》

距今约1万—2万年，今县境东部为“沂沭细石器文化”的扩展地带。夏代少康中兴后，封其少子曲烈于鄫地（今向城镇鄫国故城）。商代县境有鄫、㲋、武等部族方国。周初，鄫由部族方国转变为诸侯封国，㲋国外迁，大彭国（今江苏徐州）、诸暨（今浙江诸暨）等为其所传，武国去向不明。鲁襄公元年（前567年），鄫国为莒国所灭，后鲁国击败莒国，鄫地为鲁国所辖。鲁哀公八年（前487年）兰陵为吴国属地。周贞定王元年（前468年），兰陵为越国属地。楚考烈王二年（前261年），楚国占领兰陵，置兰陵县。

秦始皇三十六年（前221年），秦并天下，县境分属薛郡之缯、兰陵、襄贲、戚等县。西汉时，县境分属东海郡之缯、兰陵、襄贲、戚等县。汉武帝元鼎元年（前116年）夏，分襄贲县之𬶨地为𬶨国，治所在今二庙乡池口村附近，五年后，𬶨国不复存在。其地仍归襄贲县管辖。汉宣帝甘露四年（前50年），封鲁孝王之子刘绾为山乡节侯，其国在今县境鲁城镇一带，刘绾去世后，其子刘丘承嗣，后刘丘因罪被免除侯爵，山乡侯国立国约40年即不复存在。汉成帝元延年间（前12—前9年），兰陵县有13乡，缯县有4乡，襄贲县有7乡，戚县有5乡，武阳侯国、山乡侯国均有1乡。汉光武帝建武十七年（41年），刘强进爵为王，东海郡遂为东海王国。县境分属东海国之缯、兰陵、襄贲3县及若干侯国。建武二十八年（52年），东海国都由郯县（今郯城县城驻地）迁往鲁郡鲁县（今曲阜）。汉明帝永平元年（58年）东海王刘强去世，东海国原辖东海郡地域归中央政府管辖。汉章帝建初五年（80年），琅琊国王刘京迁都开阳（今临沂市城区），缯侯国划归琅琊国管辖。汉献帝建安十七年（212年），封皇子刘敦为东海王，复置东海国。县境分属东海国之兰陵县、襄贲县、武侯国，琅琊国之戚县、缯侯国及其它侯国。汉献帝建安二十一年（216年），曹操杀琅琊王刘熙，国除。琅琊国复为琅琊郡，缯侯国除，复为缯县。汉献帝建安二十五年（220年），曹丕称帝，魏立。县境分属魏东海郡之兰陵县、襄贲县，琅琊郡之缯县。魏明帝景初元年（237年），封王朗为兰陵侯，兰陵县改为兰陵侯国。晋武帝泰始元年（265年），封司马伦为琅琊王，缯县归琅琊国管辖。晋武帝咸宁三年（277年）改封司马伦为赵王，改封为东莞王司马伷为琅琊王，缯县仍归琅琊国管辖。晋惠帝元康元年（291年），封司马越为东海王，东海郡改为东海国；从东海郡析出部分版图新置兰陵郡。县境分属琅琊国之缯县，东海国之襄贲县，兰陵郡之兰陵县。

晋惠帝永安元年（304年），中国进入十六国时代。晋怀帝永嘉四年（310年），琅琊王司马睿转镇江南建业（今江苏南京），琅琊国管辖中断。是年，北方氏族大规模南迁至淮河、长江以南以避战乱，史称“永嘉南渡”。此时，因县境处于南（朝）北（朝）必争之地，行政建置无有定序，有些郡县就此湮灭，不再复设。缯县不再见诸史册，襄贲县亦不在原址建置。南朝刘宋时，今县境分属琅琊郡之即丘县、费县和东海郡之襄贲县。北魏时，今县境分属兰陵郡之兰陵县、琅琊郡之即丘县、郯郡之郯县。

隋文帝开皇十六年（596年），分丞县设鄫州（治所在今枣庄峄城区）及兰陵县归彭城郡；分即丘为临沂、即丘2县归琅琊郡。隋炀帝大业初，废鄫州，并鄫州、兰陵县入丞县，改丞县为兰陵县；并即丘入临沂县。县境西部归属彭城郡兰陵县管辖，县境东北部属琅琊郡临沂县管辖，县境东南部属下邳郡郯县管辖。

唐高祖武德四年（621年），于丞县置鄫州，分置兰陵、鄫城二县。唐太宗贞观元年（627年）废鄫州，并兰陵、鄫城2县入丞县，丞县归沂州琅琊郡管辖；县境西部、东部、北部分别归属沂州琅琊郡丞县、临沂县、费县管辖。唐贞观元年（627年），今县境分属河南道沂州之临

沂县、氶县。北宋属京东东路临沂县、氶县。金时属山东东路沂州临沂县、费县，山东西路邳州下邳县、兰陵县（金明昌六年，即1195年，改氶县为兰陵县）。元代属中书省山东东西道宣慰司益都路沂州临沂县、费县。

明代分属沂州（属直隶州管辖的二级州）、沂州之费县、郯城县，邳州管辖。属沂州管辖的有艾南乡的永安、层山、兰山3社，芙西乡的仲村、沂沟、大冶、小炉、宝山、乐归、扶丘、萧陵、东柞、河湾、青宁、芙蓉、中立、田营、宝义15社，向城乡的伽关、城阳、鱼沟、结义、兴明、高山、鲁坊、昌茂8社，石城乡的郭里、流泉、横山、坊前、兰陵、新兴6社；属郯城县管辖的有芙东乡的三峰、磨山、池头、道庄、柞城、沙沟、沙堰、芦柞、王田、崔冢10社。

清代分属沂州府（属山东省直管的一级州，称直隶州）之兰山县、费县、郯城县及邳州管辖。属兰山县的有芙西乡，辖大冶、乐归、小陵、河湾、芙蓉、中丘、中美、青东、扶宝、小山10社，72村庄；向城乡辖伽头、鱼沟、兴明、高山、鲁坊、昌茂、城义7社51个村庄；石城乡辖坊前、兰陵、新兴、城前、千期、郭泉、黎泉、仁和8社61个村庄。

1913年府制取消，撤销兰山县，复设临沂县。县境分属临沂县六、七、八区，郯城县四、五区，费县二、七区。1937年“七七”卢沟桥事变爆发后，在中国共产党的影响下，上大炉村人万春圃等，于1937年11月10日，在尚岩沟西（今尚岩镇沟西村）召开有临沂县、郯城县、费县、峄县（以下简称“临郯费峄”）四县代表参加的抗日联席会议，协商成立临郯费峄四县边区联庄会办事处。1939年2月，临郯费峄四县边区联庄会办事处在车辋（今车辋镇政府驻地）召开会议进行改组，改称临郯费峄4县边区联合办事处。1940年3月，临沂县抗日民主政府在庄坞（今庄坞镇驻地）成立。1941年3月28日，临郯费峄四县边联抗日人民代表大会在万村（今尚岩镇万村）召开，成立临郯费峄四县边区抗日民主政府，简称“边联县抗日民主政府”。1943年春，中共鲁南区委决定建立兰陵办事处，次年8月改称兰陵县抗日民主政府。1944年春，边联县改称赵镈县。临西办事处撤销，所辖苍山区并入赵镈县八区、庙山区并入赵镈县九区、车庄区分别并入赵镈县八、九区。1945年10月兰陵县撤销，其部分辖区归属赵镈县。1945年9月，赵镈县与临沂县合并统称赵镈县。1947年3月，为应对国民党军队重点进攻山东，中共鲁南区党委决定将赵镈县东部析出置县，寓纪念1933年中国共产党领导的“苍山暴动”之意，取名苍山县。1948年重置兰陵县。1950年5月11日撤销赵镈县，其辖区大部并入苍山县。1953年撤销兰陵县，其部分辖区并入苍山县。新中国成立后，苍山县隶属于临沂地区。1994年临沂地区改置为地级临沂市，苍山县隶属于临沂市。截至2010年，辖兰陵、大仲村、矿坑、车辋、尚岩、鲁城、新兴、向城、南桥、长城、神山、磨山、庄坞、层山14镇，贾庄、三合、二庙、下村、兴明5乡，卞庄1个街道。

第三节　行政区划

抗日战争前，今苍山县境的庄坞、二庙一部分、卞庄一部分、向城、兰陵及尚岩的一部分为临沂县的六、七、八区，东南部的长城、二庙一部分，东部的磨山、神山，中部的卞庄一部分属郯城县的四、五区，卞庄、北部的下村、车辋、大仲村、矿坑为费县的二、七区，西南部的一部分地方为峄县所辖。1937年后，随着抗日民主政权的建分撤合，其区划纷繁多变。

临沂县

1940年3月成立。辖庄坞、道桥、长城、兰陵、层山、册山、沂东7个区。其中庄坞、长城、兰陵、层山区及道桥区一部分为现苍山县境。1940年10月，磨山区由长城区析置，称四区。1942年

7月，苍山区由边联县划为临沂县。1944年8月，兴明区由兰陵县划归临沂县，称第七区。1945年9月，临沂县撤销时，辖庄坞、磨山、长城、二庙、兴明、兰陵、苍山、道桥、泉源、朱陈10个区。其中庄坞、磨山、长城、二庙、兴明、兰陵、苍山及道桥一部分为今苍山县境。

临郯费峄四县边联县

1941年3月成立时，辖车辋、石坑、鲁城、新兴、苍山、上村6个区。1942年7月，增设长新桥区，把苍山区划归临沂县。1943年1月，增设大炉区。1943年5月增设黎丘区。同年12月，把大炉区划归温河县。1944年2月，改为赵镈县前，辖车辋、石坑、万村、鲁城、新兴、上村、大炉、黎丘、长新桥9个区，全为今苍山县境。

临西办事处

1943年1月成立，设苍山、车庄、庙山、棠林4个区。1944年8月撤销时，把苍山、庙山、棠林3个区划归赵镈县，车庄区分划为赵镈县的八、九区。

兰陵办事处

1943年3月成立时，辖兰东、兰西2个区。1944年4月由兰东区析置出兴明区、南桥区、兰陵区。1944年8月撤销时，辖兰东、兰西、兴明、南桥、兰陵5个区，全部划为兰陵县辖。

赵镈县

1944年2月成立时，辖车辋、仲村、尚岩、鲁城、黎丘、上村、长新桥7个区。1944年8月，增设甘霖区，临西办事处的苍山、神山、棠林3个区划入。1945年新增卞庄、苍山、兰陵、南桥、层山5个区。1947年，辖卞庄、苍山、仲村、甘霖、下村、鲁城、尚岩、兰陵、南桥、长城、层山、褚墩12个区，分别编为1至12区。1947年春，把东部析置出苍山县，赵镈县辖甘霖、下村、鲁城、向城、尚岩、青山6个区。1948年2月重建兰陵县时，赵镈县的青山区划归兰陵县。同年5月，改辖鲁城、大炉、向城、车辋、郭里集5个区。1949年1月，辖大炉、甘霖、鲁城、尚岩、郭里集、向城6个区。同年3月，苍山县的仲村、贾庄2个区划归赵镈县，兰陵县的青山区划入，赵镈县的郭里集划归峄县。1949年年底，辖仲村、贾庄、甘霖、大炉、鲁城、青山、尚岩、向城8个区。1950年5月撤销时，除青山区划归兰陵县，其余并入苍山县。

兰陵县

1944年8月成立，辖城前、峨山、鲁城、新兴、黎增（亦作利增）等6个区。1945年9月撤销时，鲁城、新兴划归赵镈县。1948年2月，重建兰陵县，辖横山、南桥、青山、兴明等5个区。1949年3月，将南桥、兴明2个区划归苍山县，青山区划归赵镈县。1950年5月赵镈县撤销，将青山区划归兰陵县，苍山县的南桥区划归兰陵县。1952年，江苏省铜山县撤销，其部分辖区并入兰陵县。1953年8月，兰陵县撤销，将横山、南桥、青山3个区划归苍山县；将底阁、兰城店、马兰、唐庄、涧头集，台儿庄6个区划归峄县；将宿羊山、车辐山、邢楼3个区划归江苏邳县。

苍山县

1947年春，由赵镈县东部析出，建置苍山县，辖层山、芙蓉、长城、贾庄、仲村、苍山6个区。1948年5月，改划为西柞、苍山、大冶、芙蓉、长城、层山、褚墩7个区。同年7月增设磨山区。1949年3月，苍山县的仲村、贾庄2个区划归赵镈县，兰陵县的南桥、兴明划入苍山县。1949年10月，苍山县辖苍山、层山、芙蓉、磨山、兴明、南桥、长城、褚墩8个区。1950年5月，赵镈县撤销，除青山区外，其余辖区并入苍山县。苍山县辖芙蓉、贾庄、仲村、甘霖、大炉、尚岩、向城、鲁城、兴明、长城、层山、磨山、神山、褚墩14个区。1953年8月，兰陵县撤销，将横山、南桥、青山3个区并入苍山县，横山区改称兰陵区。苍山县辖卞庄、磨山、神山、兰山、层山、长城、南桥、兰陵、青山、文峰、鲁城、贾庄、仲村、下村、甘霖、向城、兴明17个区。1956年，撤

销向城、兴明2个区，将向城分划给文峰、贾庄2个区，将兴明分划给卞庄、南桥2个区。此时，苍山县辖15个区。1958年年初，撤区并乡，全县改辖28个乡镇：卞庄镇、苍山乡、神山乡、迷龙乡、峰山乡、层山乡、磨山乡、芦塘乡、长城乡、皇路乡、南桥乡、横山乡、兰陵乡、新兴乡、向城乡、尚岩乡、鲁城乡、下村乡、大炉乡、车辋乡、车辋镇、流井乡、贾庄乡、仲村乡、矿坑乡、褚墩乡、蔡村乡、税郭乡。

1958年11月，税郭乡划归峄县，其余27个乡镇改为卞庄、贾庄、仲村、车辋、下村、鲁城、文峰、新兴、兰陵、南桥、长城、层山、磨山、神山、褚墩15个人民公社。1958年年底，将褚墩人民公社划归郯城县，苍山县辖14个人民公社，县域始得固定。1963年，撤销文峰人民公社，析置尚岩、向城2个人民公社，仲村公社析出矿坑人民公社，下村公社析出大炉人民公社，车辋公社析出流井人民公社，兰陵公社析出横山人民公社，南桥公社析出皇路人民公社，层山公社析出芦塘人民公社，神山公社析出迷龙人民公社。全县改为卞庄、贾庄、仲村、矿坑、车辋、流井、大炉、下村、鲁城、尚岩、向城、新兴、兰陵、横山、南桥、皇路、长城、芦塘、层山、磨山、神山、迷龙22个人民公社。

1965年，将22个人民公社改为卞庄、贾庄、仲村、车辋、下村、鲁城、向城、新兴、兰陵、南桥、长城、层山、磨山、神山14个区。1971年，复将区改称人民公社，增设二庙、流井、尚岩3个人民公社，共辖17个人民公社。1975年，增设迷龙、横山、大炉、皇路4个人民公社，共辖21个人民公社。1980年，增设矿坑人民公社，共辖22个人民公社。1981年11月，皇路、仲村2个人民公社更名为三合、大仲村人民公社。12月，兰陵、卞庄2个人民公社改称兰陵镇、卞庄镇，共辖22处公社、镇，即卞庄镇、兰陵镇和贾庄、大仲村、矿坑、车辋、流井、大炉、下村、鲁城、尚岩、向城、新兴、横山、南桥、三合、长城、二庙、层山、磨山、神山、迷龙20个人民公社。

1984年，撤销人民公社，改建乡镇，全县辖卞庄、兰陵、大仲村、长城、磨山、神山6个镇和贾庄、矿坑、流井、车辋、大炉、下村、鲁城、尚岩、向城、新兴、横山、南桥、三合、二庙、层山、沂堂、芦柞、小岭、甘霖、兴明、庄坞、韩塘22个乡。1993年10月，撤销向城乡，设立向城镇。1996年1月，撤销层山乡、尚岩乡，设立层山镇、尚岩镇。同年5月撤销车辋、南桥乡，设立车辋、南桥镇。1996年，苍山县辖卞庄、兰陵、大仲村、长城、磨山、神山、向城、层山、尚岩、车辋、南桥11个镇和贾庄、矿坑、流井、大炉、下村、鲁城、新兴、横山、三合、二庙、沂堂、芦柞、小岭、甘霖、兴明、庄坞、韩塘17个乡。

1997年12月新兴撤乡设镇，1998年10月庄坞撤乡设镇，1999年12月沂堂撤乡设镇。2001年，撤大炉乡并入下村乡，撤甘霖乡并入车辋镇，撤流井乡并入大仲村镇，撤芦柞乡、小岭乡并入卞庄镇，撤横山乡、韩塘乡并入兰陵镇，共撤7个乡镇，全县合并为21个乡镇，其中14个镇、7个乡。2009年9月21日，撤销苍山县卞庄镇，设立卞庄街道，办事处机关驻原卞庄镇政府驻地。2010年2月，沂堂镇划归罗庄区管辖。2010年，鲁城、矿坑两乡撤乡改镇；辖兰陵、大仲村、矿坑、车辋、尚岩、鲁城、新兴、向城、南桥、长城、神山、磨山、庄坞、层山14镇，贾庄、三合、二庙、下村、兴明5乡，卞庄1个街道。

第二章　自然环境

第一节　地　质

苍山县位于尼山山东穹隆东南边缘与沂沭深大断裂西侧，地层发育较全，受燕山造山运动影响断裂构造发育，岩浆侵入活动强烈，形成的火成岩类较多。

地层分布

太古界泰山群山草峪组　见于县境西部和北部边缘的鲁城镇至新兴镇及车辋镇西北一带。为一套变质岩系，呈带状展布，总体产状走向，近东西，倾向南西。主要由黑云母变粒岩局部夹片岩、四层磁铁石英岩、片麻花岗岩和条状带混合岩组成，同位素地质年龄为24.6亿年。其中，四层磁铁石英岩于鲁城镇走马岭、黄牛岭一带构成中型的沉积变质铁矿床，出露面积约30平方千米，可求得C2级储量3.2亿吨。

上元古界土门群　零星出露在鲁城至横山、小岭东侧之南北剥蚀残丘上。主要由石英砂岩、石英砾岩、条带状灰岩、钙质页岩、迭层石灰岩等组成。同位素地质年龄4.47亿—6.62亿年。总厚度416.8米，但其展布在各处的岩性、厚度有较大差异。

古生界寒武系、奥陶系、石灰系　寒武系的下寒武统地层主要分布在会宝岭水库的东、西两侧、下村乡龙宝山周围、车辋镇甘霖村东、大仲村镇至磨山镇一线。下部岩性为石英砂岩、泥灰岩、页岩，中部为灰岩、豹皮灰岩类泥质灰岩、燧石结构灰岩，上部为紫红色页岩夹杂色泥灰岩。

除在会宝岭水库东南侧少见有上部岩性出露外，其余各处均出露较全。中寒武统地层主要展布在下村以西，大炉、流井两地两侧的南北，矿坑至层山间的局部地段。由下至上的岩石组合为沙质页岩夹薄层砂岩、灰至灰黑色厚层鳞状灰岩、黄绿色钙质页岩夹灰岩小饼状体、厚层鳞状灰岩间夹厚度不大的黄绿色页岩。上寒武统地层主要展布在下村乡大炉村至县城以北和神山至大仲村镇流井村间的山头及山坡上。除在下村乡大炉村、大仲村镇流井村附近露出面积较大外，一般较零星。

奥陶系呈长条状出露在大断裂上盘的车辋镇西北、矿坑镇至大仲村镇两侧。下奥陶统地层为中薄层白云岩、灰质白云岩，厚度67.2米。中奥陶统地层为厚层（纯）灰岩、泥灰岩、豹皮灰岩及少量白云质灰岩、白云岩等，厚度584.66米。

石灰系皆展布在中奥陶统地层之上的局部处，由岩石组合及含沉积矿产各异的中、上两统地层组成，总厚度79.21米。

新生界下第三、第四系　下第三系地表未出露。展布在第四系覆盖下的兰陵镇一带，为跨越山东、江苏两省的近东西向狭长湖盆沉积，县境西南仅有一小局部地段位于其北边缘。下部为红色砂质泥岩、泥岩、灰色泥质砂岩、砂岩瓦层，中部为褐色泥岩夹含膏泥岩，上部为灰色、紫红色泥岩、砂质泥岩、混质砂岩、砂岩及泥灰岩的透镜体等。含矿层矿床以普膏加纤膏为主，其次为泥膏夹纤膏的大型石膏矿床。

第四系西起新兴东，北起车辋镇至贾庄乡至矿坑镇至沂堂镇以南，南至县南缘的丘陵平原区，约占总面积的65%。为上更新统至全新统，分布最广者为黄色亚砂土、亚黏土夹黑色黏土、黄土等。在河流两侧的狭长地带和县城以南的局部，还分布有冲、洪积作用形成的现代砂砾层、灰黄色亚砂土、黑色黏土质淤泥夹粉砂层、黑色沼泽相黏土等。

中生界白垩系　虽有分布，但被第四系广覆在 40 米以下。岩性主要为火山喷发作用形成的安山岩，次为少量玄武岩等。

地质构造

褶皱构造　县境内主要有基底褶皱构造和盖层中的褶皱构造。基底褶皱构造主要表现在鲁城至新兴的变质岩系中，呈密集的挤压褶皱群出现，在石门（今鲁城镇石门村）一带表现尤为明显，构成走向近东西、倾向南西、倾角近 80° 的复式倒转褶皱。盖层中的褶皱构造规模小，不发育，为伴随在大断裂旁侧的次一级构造。略具有一定规模的有位于县城东 6 千米的三峰山背斜，位于贾庄乡西南 2 千米处的桥头向斜，位于兰陵镇政府驻地东约 3 千米的烟头山向斜，在尚岩镇西偏北 6 千米处的小低凹地带亦有类似向斜构造。

断裂构造　主要有发育在盖层中的南北向、北西向及东北向三组。

南北向断裂组主要有延区内的矿坑至县城至长城沙元一线的主干断裂 1 条。倾向变化大，倾角为 60° ～ 70°。呈舒缓波状展布的正断层，后期具有明显的压扭性活动现象。

北西向断裂组具有一定规模者均从区域的北西向上延入县内。从南至北有韩塘北断裂、经龙宝山南侧的下村北断裂、交汇于甘霖附近的 3 条断裂等。走向 300° ～ 340°，倾向南西，倾角 65° ～ 85°，断裂带宽 1 ～ 10 米，具有多次活动的特征。

北东向断裂组规模小，一般长 17 千米，宽 1 ～ 10 米，成组成群地出现在以上 2 组断裂间的大炉以西、车辋以东、小岭东侧和尚岩以西附近地带。走向 15° ～ 50°，一般倾向于北西，倾角 45° ～ 80°，多为储矿构造的高角度正断层。

凹陷　现已查明和尚待查明的有 2 处，均覆盖于第四系之下。

其一为济宁市微山县韩庄镇至江苏省邳州市四户镇延经县内的兰陵镇韩塘村一带，受北西向峄城断裂与其次一级断裂所控制，轴向近东西。在凹陷区内的第四系之下的形成，于距今约 0.6 亿年的下第三系泥岩、砂岩类膏盐的湖相沉积地层。

其二在县蚕场（今下村乡蚕厂村）处，为距今约 1.4 亿年，由火山喷发形成的中性火山岩沉积。

火山岩

甘霖黑云母斜长花岗岩体是境内最早侵入

图 1—2　抱犊崮竹节石　（2010 年摄）

图 1—3　杏山千层岩　（2010 年摄）

的火成岩，同位素年龄值大于 22 亿年。平面分布呈小三角形嵌布在甘霖北的北西向断裂间。侵入围岩为山草峪组的混合岩。岩石呈暗灰色，块状。主要造岩矿物有更长石、角闪石、黑云母、石英、石榴石等。分布在甘霖、灰墩附近的石英脉体现规模稍大，质量亦较好，可采选加工。

中生代燕山运动时期侵入的火成岩，距今约 1.95 亿—0.6 亿年。主要侵入的围岩为寒武系，个别为上元古界地层。由中性至碱性依次有贾庄黑云辉石闪长玢岩体、龙宝山正长岩体。

贾庄黑云辉石闪长岩体位于贾庄乡驻地东北，可见不连续露头面积约 1.2 平方千米。岩石为灰绿色至黑绿色，半自形至他形不等粒结构。主要组成矿物为斜长石、角闪石、辉石、黑云母等。在蚀变岩内有时伴生有钨、铜矿化和磁铁化或构成小磁铁矿体等。

莲子汪斑状闪长岩体位于卞庄街道北、西两侧的英沂官庄至莲子汪村一带。分布面积 6 平方千米。呈岩球状侵入于上元古界地层中，岩石呈灰至深灰色，中粒至似斑状结构。主要造岩矿物成分有斜长石、石英、黑云母及少量钾长石等。

晒钱埠闪长玢岩体，主岩体位于贾庄乡晒钱埠村。包括向西到东山庄至太平庄出露的岩体，向东至砚台岭出露的岩体等。约计总面积 3—4 平方千米。岩石为灰绿至灰黑色，似斑状、斑状结构。斑晶成分主要为角闪石、黑云母和少量磁铁砂、磷灰石、榍石等。

栗园石英闪长玢岩体位于车辋、大仲村、贾庄 3 乡镇的交界地区。产出形态呈岩株状，出露面积 25 平方千米。岩石呈灰至灰绿色，不等状结构、块状结构。主要造岩矿物成分为斜石、石英、角闪石、黑云母等。

龙宝山正长岩体位于下村乡的大、小龙宝山间。呈一出露面积约 3 平方千米的岩株状小岩体，由多次侵入含黑云辉石正长岩、角闪正长斑岩、斑状含石英角闪正长岩、含霓辉石的正长岩组成。主要造岩矿物成分有正长石、斜长石、角闪石、黑云母、石英及副矿物锆石，磷灰石等。

第二节　地　貌

苍山县地处鲁南低山丘陵南缘，海拔高程 40 ～ 580 米。地势自西北向东南逐次降低，依次是低山、丘陵、平原、洼地。境内低山多分布于西北部的鲁城、下村、车辋等乡镇。全县共有大、小山头 611 个，总属尼山山脉。一般海拔高度 100 ～ 200 米，海拔 250 米以上的 16 个。抱犊崮为县境制高点，海拔 580 米。山地面积 3.5 万公顷，占全县总面积 19.26%。境内的主要河流都源于西北，流向东南。平原多为东、西泇河、汶河及沂河冲积、分洪而成，面积 11.2 万公顷，占总面积的 62%。丘陵多分布于低山平原之间，面积 3.37 万公顷，占总面积的 18.7%。

山丘

抱犊崮　位于苍山县、枣庄市山亭区两县市交界处，又名抱犊山、君山、豹子崮。汉代称楼山，魏时称仙台山。相传古时有王老者抱一牛犊上山垦荒种地，故名抱犊崮。属尼山山系，山体南北走向，由石灰岩、沙岩构成，面积 13.5 平方千米。主峰海拔 580 米，号称“鲁南第一峰”。山北麓为西泇河发源地之一。植被茂密，为国家森林公园。抱犊崮山势陡峭如壁，登山仅一石径。崮顶平田数十亩，有水池 2 处，深数尺，当地人称之“天落池”。立崮上东眺黄海，宛然在目，海天一色，蔚为大观，称“君山望海”。崮西幽谷中，有建自明以前的清华观和巢云观，俗称上观、下观，今遗址犹存。巢云观前有一古老的银杏，干粗数围，虬枝翅展，宛如一把遮天巨伞。山腰有洞窟数十个，主要有水帘洞、桃源洞、十八罗汉洞等。水帘洞在巢云观东，洞内泉水淙淙，常年不断。稍高处为桃源洞，洞口古树盘根错节，洞内平阔清凉。之上是十八罗汉洞，洞内有摩崖雕像，造型各异，栩栩如生。抱犊崮以天险著称，在此，历史上曾发生过多次惊心动魄的战斗。清代鲁南幅军起义，长期与清军在此周旋。民国 28 年（1939 年），罗荣桓率八路军一一五师，在此创建了抱犊崮山区革命根据地。

图 1—4　抱犊崮　（2009 年摄）

文峰山　位于今县城驻地西北约 17 千米处。亦名神峰山。春秋时鲁国大夫季孙行父葬此，故亦名鲁卿山、季山，属尼山山系，东北、西南走向，面积 4.5 平方千米，主峰海拔 234 米，一般海拔 150 米，由石灰岩和变质岩构成。山中千岩万壑，古柏参天，风景秀丽，古迹遍布，更有“文峰三奇”，传为佳话，素有“鲁南小泰山”之称。山上原有上下两庙、龙王楼、季子墓、三星殿、眼光殿、三清观、关爷庙、泰山行宫、玉皇阁等建筑，因历代兵燹，已荡然无存。

图 1—5　文峰山　（2010 年摄）

沿山坡上行半里左右，即原下庙之旧址。庙前古银杏树东西各一，相距 9 米，均高 20 余米，粗数围。后有季文子墓碑 1 座，为元代故物。东面为三星殿、关爷庙旧址，庙后为春秋鲁国大夫季文子墓，崖下为季文子林。庙西有龙王楼，又名“西看楼”，建于北宋咸平二年（999 年），今已无存。楼下有洞，洞中有泉，名“龙泉”，又名“玉泉”，泉水清冽，四季不干。龙泉西侧有盘路通向山顶，共 77 盘 297 级台阶，两旁壁石陡峭如削，松柏遮天蔽日。路西侧有两株松树，一株根出石缝，形似偏马欲骑，称为“偏马松”；一株坐于巨石之上，两条主根交叉楔入峭壁缝隙，形如骑马，故称“骑马松”。崖上藤萝 3 株，像 3 条巨蟒缠绕在 3 棵古柏干上，名曰“藤萝绕柏”。崖下岩石间有一泉，名曰“晴开泉”，每年夏秋两季，天晴泉开，天雨而止。虽降雨多日，泉亦不流，流则晴天。

沿石级右行，便是上庙，即季文子庙、三皇庙、三清观故址。相传，三清观为清代颜勋和尚谈经处。东为奉仙楼，基址尚存。崖下奉仙洞，洞内石壁垒砌工整，深不可测。主峰大神山西有古泉源寺遗址，石壁嶙峋，称千佛崖，上有摩崖造像100余尊，其中20余尊尚完好。这些造像或坐或卧，千姿百态，造像风格古拙，年代不可考。泉源寺后一泉自石隙中横出，汩汩有声，流入寺中，曲折汇为巨池。池周围绿树浓荫，别具幽趣。

文峰山是一处重要的革命纪念地。山上有银厂惨案烈士纪念碑、横山惨案烈士纪念碑、中共鲁南区委书记赵镈烈士墓、山东军区八师政治部主任曾明桃烈士墓、“苍山暴动”领导人郭云舫烈士墓。鲁南革命烈士陵园，坐落在山南脚下。

朗公山 位于大仲村镇政府驻地东5千米处。原名大宗山，后因东晋沙门竺僧朗卓锡在此修行，易名朗公山。又因当时老僧每日在此教小僧诵经，故亦称传经山。面积2平方千米，海拔232米，南北走向，山植松柏、刺槐等。

九女山 位于车辋镇政府驻地西北10千米处，面积0.75平方千米，海拔261米，南北走向，山体为石灰岩结构。山植刺槐、松柏等。1941年11月13日，中共鲁南区委书记赵镈在此山下就义，1986年9月立纪念碑1座。

图1—6　朗公寺　（2010年摄）

大苍山 位于县城驻地东北5千米处。面积2平方千米，海拔181.2米，东北、西南走向，山体为石灰岩结构。山植松树、刺槐等。1933年7月，中共临郯县委刘之言、郭云舫等人在此领导“苍山暴动”。

石城崮 位于新兴镇政府驻地北6千米处。因古代筑有石城而得名。面积2平方千米，海拔248米，西北、东南走向，主峰宽平，山体为石灰岩结构。山植松柏、刺槐等。

苍山县境主要山丘情况

表1—1

名称	位置	海拔高度（米）	走向	面积（平方千米）	主要植被	岩石	备注
抱犊崮	苍山县与枣庄市山亭区交界处	580	东南至西北	13.5	松柏　刺槐	石灰岩 砂岩	鲁南抗日根据地，旅游胜地之一
文峰山	尚岩乡政府驻地北2.5千米处	234	东西	4.5	松柏　刺槐	石灰岩 变质岩	多古迹是旅游胜地
大苍山	小岭乡政府驻地东北5千米处	181.2	东北至西南	2	松柏　刺槐	石灰岩	苍山暴动地
塔子山	县城内潍（坊）徐（州）公路南侧	78.7	南北	0.2	松树　刺槐	石灰岩	建有塔山公园
九女山	甘霖乡境、乡政府驻地西北4.5千米处	261	南北	0.75	松树　刺槐	石灰岩	中共鲁南区委书记赵镈在此山下就义
小青山	新兴乡境、乡政府驻地北3千米处	213	东北至西南	2	—	砂岩	—
西神山	下村乡境、乡政府驻地西南3.5千米处	423	南北	2.8	刺槐　松树 花椒	石灰岩	—
神山	神山镇政府驻地西北1千米处	150.9	东北至西南	2	刺槐　松树	石灰岩	—

续表 1—1

名称	位置	海拔高度（米）	走向	面积（平方千米）	主要植被	岩石	备注
石城崮	新兴乡境、乡政府驻地北 6 千米处	248	西北至东南	2	松柏　刺槐	石灰岩	主峰宽平
十八岭	甘霖乡境、乡政府驻地北 5 千米处	194	西北至东南	8	金银花 地瓜　花生	—	—
朗公山	大仲村镇境、镇政府驻地东 5 千米处	232	南北	2	松柏　刺槐	—	—
程山	大炉乡境、乡政府驻地西北 8 千米处	375	东西	1	刺槐　松树	石灰岩	—
大涧山	大炉乡境、乡政府驻地西北 8.5 千米处	415.8	东西	1.3	刺槐　松柏	石灰岩	—
阴阳寨	大炉乡境、乡政府驻地西北 7 千米处	416	南北	1.6	松柏　刺槐	石灰岩	—
高山	大炉乡境、乡政府驻地北 1 千米处	378.8	东北至西南	5	刺槐　松柏	石灰岩	—
景山	大炉乡境、乡政府驻地西北 6.5 千米处	342.5	南北	1.1	—	石灰岩	古时山上长满各种树木花草、景色宜人乃得名
鹰子山	下村乡境、乡政府驻地西北 7 千米处	334	西北至东南	3.6	松树　刺槐	—	—
黄山	下村乡境、乡政府驻地西 6 千米处	414	东北至西南	3.4	梨树　柿树	—	—
平山	鲁城乡境、乡政府驻地西北 8.5 千米处	341	南北	4	—	—	—
大虎山	下村乡境、乡政府驻地西 6 千米处	361	南北	3.6	刺槐　松柏 柿树	—	—

河流

境内主要河道有沂河、武河、小涑河、苍邳分洪道、燕子河、吴坦河、东伽河、白家沟、汶河、西伽河、运女河及陶沟河等 12 条。流域面积在 50 平方千米以上的支流有阳明河、五里河、武成河、良田河、西燕子河、金桥河、下村河、长新桥沟及花园沟。还有一条横向（东西向）河网，连通东伽河、白家沟、汶河及西伽河 4 条河道，起到灌溉水源互补的作用。境内河流除沂河外，其余河沟均属中运河水系。

沂河　发源于淄博市沂源县西部，流经淄博市沂源县和临沂市沂水、沂南、临沂、苍山、郯城等县（市），在庄坞镇北多福庄东北入境，至南营子村南出境，境内长 5.54 千米。出境入郯城县，再南流入江苏省汇注骆马湖。

沂河在苍山境段是中游，上游右岸江风口在历史上经常决口、分洪，仅 1957 年就分洪 5 次，直接威胁着苍山东部人民生命财产的安全，有民谣曰："开了江风口，水漫兰山走，淹了四大哨，长城是总路口"，故而苍山有"洪水走廊"之称。层山镇的耿墩、沙埠，磨山镇的旺庄一带黄土层数十米深，系沂河洪水淤积而成。

苍邳分洪道　又名武河行洪道、沂武河行洪道，是为承泄江风口分洪闸分泄沂河洪水而开挖的行洪河道，并承泄右岸 9 条支流 2300 平方千米流域面积的排水。该河流经罗庄、郯城、苍山 3 区县，在江苏省邳州市大谢湖注入中运河，全长 74 千米，其中苍山境内左堤从庄坞镇多福庄起至二庙乡芦塘村南止，长 20.8 千米；右堤从层山镇耿墩村北起至长城镇庞庄南燕子河入口止，长 17.2 千米。该河为东北西南流向，分东、西偏泓。东偏泓流域面积省界以上 34 平方千米，西偏泓流域面积省界以上 804 平方千米。西偏泓在境内主要支流有武成河和燕子河。

东泇河 东泇河是苍山县主要河道之一。据《沂州府志》记载："东泇水自费县旗山下发源，东南流入兰山县界，经卞庄塔子山后分两支，一支直南，趋三合村阳明河水（阳明河详兰山县志），达邳州境之泇口，一支绕东南流汇入郯城县界之芙蓉河，亦达邳境之泇口，二支交汇复与西泇水会。"以上所述，卞庄塔子山以北历史上的东泇河与现在的东泇河是一致的。在塔子山后分支后，一支直南，趋三合村合阳明河水的是现在的运米河，其下游为现在的汶河。绕东南流汇入郯城县境之芙蓉河的一支，即为现在卞庄南的东泇河。现在运米河上游已不和东泇河连通，上游发源于卞庄北龙沂庄一带，下游于三合流入汶河，由此可以看出原芙蓉河即现在卞庄南东泇河下游（东支），原东泇河下游即现在的龙沂庄至三合的运米河和三合以南的汶河（西支）。

《临沂地区志》记载："东泇水自费县新庄乡季家白露村南，东南流入苍山县小马庄水库，东南流经矿坑、仲村、卞庄、三合、南桥、长城等乡镇，在前芦汪南入江苏邳县境。在边界下 6 千米入苍邳分洪道。"

吴坦河 吴坦河在吴坦村以上原分为东、西两支，西支承泄东泇河以东、金岭村以南的丘陵来水，东支源出前杨官庄的西燕子河。1958 年自大新庄至后吴坦村开挖东泇河分洪道，修筑堤防，堤距 100 米～150 米，在吴坦村以下至省界一段，退东堤，堤距扩大到 220 米～450 米，下游江苏省邳州市将山东新堤防与原有在邳州境内的东堤连接起来，改称三沟河，于卞家湖汇流东泇河入苍邳分洪道。

1965 年，水电部上海勘测设计院编制的《邳苍郯新地区统一排水规划报告》，将卞庄东大桥以北东泇河上游、东泇河分洪道（卞庄至吴坦）、吴坦村以南吴坦河统称吴坦河。吴坦河基本上替代东泇河，成为县境中部的主要防洪排涝河道。原东泇河在卞庄东大桥以南至省界段河道仍称东泇河，于长城镇前芦汪村西南流入江苏

图 1—7 东泇河城区段 （2010 年摄）

省邳州市，改称柴沟，于卞家湖入苍邳分洪道。（此次河流改名并未得到民间普遍认可，故而本志于本章之外提及两河，多为沿用旧称）

两河流域面积共512.49平方千米，其中吴坦河483.27平方千米，东泇河29.22平方千米。

吴坦河支流主要有7条。一是从苍费交界处至前沂沟，叫东河，长18.5千米，南北流向，流域面积133.2平方千米。二是从大仲村镇的石坑至大冶北与干流汇流，长9千米。三是从长新桥水库至贾庄乡西坊上村北与干流汇流，水库下长9千米，东西流向，流域面积59.7平方千米。四是柞城排水沟，从卞庄街道小岭村至大新庄村南，长9.5千米。五是运粮河，从卞庄街道秦庄至吴坦，长10千米。六是西燕子河，从沂堂镇后台井至神山镇山口，为南北流向，山口至吴坦为东北西南流向，流域面积95.3平方千米。七是良田河，从磨山镇孙屯西至长城镇西王庄，长17.4千米，流域面积45.6平方千米。

西泇河　发源于枣庄市东北水涧沟东高山西坡，流经枣庄市北部、苍山县西部。原河道于江苏省邳州市岔河镇与汶河并流经泇口入中运河，1958年冬，西泇河于岔河北改道向东，于林子村北入苍邳分洪道。《沂州府志》记载："西泇河出费县抱犊山下，东南流经兰山县界，由神峰山城阳桥作字里老鹳巷至朱家楼入邳境，下达泇口与东泇水会。"

境内从会宝岭水库坝下至省界河道长39千米，省界以上流域面积642平方千米。西泇河主要支流有5条。一是下村河，自双河水库至会宝岭北库河长5千米，流域面积177平方千米。原由尚岩镇张村南汇入干流，后被会宝岭北库截断。主要支流为花园沟，起源于苍费交界处的车辋镇可乐圈村一带，台庄北为南北流向，台庄南为东北西南流向，长18千米，于下村乡花园村南入下村河，流域面积97.3平方千米。二是峰下沟，从尚岩镇后院至峰下沟村西从左岸流入干流，长7千米，流域面积17平方千米。三是水沟，从尚岩镇埝沟村起至向城镇杨桥村北从右岸汇入干流，长6千米，流域面积30平方千米。四是阳明河，为西泇河主要支流。《沂州府志》记载："阳明河出桃源峪金雀山下，南流，环向城镇至三合村入东泇河。"1958年，阳明河改道，由向城至城前村东挖新河，将向城镇以北阳明河来水改入西泇河。该河自考村水库起，于城前村东汇入西泇河，南北流向，长18.5千米，流域面积79.2千米。从邢村闸至阳明河入西泇河长12千米。五是黄山前沟，上游从兴明乡后兰庄起，下游于南桥镇宋疃西从左岸汇入干流，长9.5千米，流域面积23.4平方千米。

武河　在县境内东南部，是苍山县与郯城县的界河。河源原在江风口，1957年，开挖苍邳分洪道，其上游江风口至蝎子山段利用原武河进行搬堤拓宽成为苍邳分洪道的上游。武河上游在郯城县李官庄北从苍邳分洪道分出，在苍山县庄坞镇多福庄北入境，经多福庄闸，到庄坞南向西南流入苍郯边界，河左岸为郯城县，右岸为苍山县，在二庙乡红圈村南流入江苏邳州市，于邳州楚埠入中运河。武河在县境内长32.2千米，流域面积沙沟河口以上19.73平方千米。

小涑河　原系涑河的支流之一，苍邳分洪道建成后，河流被截。河道发源于庄坞镇涌泉村附近，东北西南流向，下游原在邳州市古宅东入邳，于刘沟入旧燕子河。1960年、1962年，先后在苍邳分洪道左堤上建成古宅、芦塘涵洞，使原小涑河的水部分排入苍邳分洪道。1978年年，在芦塘东南800米处改道南下，于徐桥村东改入武河，经武河流入邳州纳注城河，入中运河。小涑河从涌泉至入武河处长18.8千米，至苍邳边界利用武河段长2.8千米。境内流域面积72平方千米。

燕子河　燕子河是苍邳分洪道的支流，发源

于临沂市罗庄区和苍山县交界的丘陵地区，流经沂堂、神山、磨山、卞庄、长城等乡镇，原于江苏省邳州市入中运河，1957年开挖苍邳分洪道时将燕子河截断，使其在省界以南100米处入苍邳分洪道。小含山以北基本上是南北流向，小含山南至苍郯公路向左拐了一个圆弧弯，从公路南至为女桥为东北西南流向，为女桥南为南北流向。河全长40千米，其中至苍邳边界苍山段长38.4千米，流域面积311.85千米（其中临沂市境内69.7平方千米）。

燕子河主要支流有五里河和小燕子河。五里河发源于临沂市罗庄区汤庄街道以北地区，流经临沂市罗庄区、郯城、苍山三县区，在旺庄东北流入磨山镇，又汇合从郯城县朱庄来的支流，流向西南，至史家庄后拐向西入燕子河。境内长3.7千米，流域面积84平方千米。小燕子河发源于磨山镇西南，经河套屯、卞庄街道顺河庄、杨庄，于长城镇为女桥庄南入燕子河，长11千米，流域面积16平方千米。

汶河　汶河发源于贾庄、向城一带山区，穿过孤山湖，在南桥镇界坊南流入江苏邳州，于杏树村西大墩涵洞入苍邳分洪道，后汇入中运河。县境内河道长度22.55千米，省界以上流域面积164平方千米。主要支流有运粮河（龙沂庄至三合），老阳明河（向城至后周村），小店排水沟和皇路排水沟（兴明至芦楼）。

白家沟　又名沙沟河，发源于卞庄南，南北流向，在赵庄南流入江苏邳州，后汇入汶河。境内从小坊村至省界长19.4千米，流域面积50平方千米。

运女河　位于西泇河以西、发源于兰陵镇横路口，沿镇境中部南流，至河南头村南入邳州，原入老西泇河，1971年，改为经邢楼于丁桥改入陶沟河。县境内长度14.9千米，流域面积41.17平方千米。

陶沟河　发源于新兴镇马庄一带，向西南流至潍徐公路桥拐向南，流经苍山县和枣庄市的交界地带，至兰陵镇刘河崖北入苍山县境内，至丁滩南流入江苏邳州，于王庄西入中运河。省界以上河长18千米，流域面积129.74平方千米。主要支流有新兴沟和兰陵沟。

第三节　气　候

气候特征

苍山县属暖温带季风半湿润气候，大陆度为63.1%，一年四季分明，雨热同季，大陆性明显。春季多风、风大，气候干燥；夏季高温多湿，降水集中，灾害性天气较多；秋季天高气爽，气候宜人；冬季寒冷，雨雪稀少。年平均气温13.7℃，极端最高气温40.7℃，极端最低气温-17.2℃。7月最热，平均26.4℃。1月最冷，平均-0.7℃。冷热年平均相差27.1℃。年平均降水量814.3毫米，北部山区多于南部平原。各月降水分布不均匀，降水的季节性明显，7月、8月雨量达410毫米，占全年降水量的一半。降水变率大，最多年份达1250毫米，最少年份还不足600毫米，因此容易发生旱、涝灾害。年主导风向为东北风，其中夏季多吹东南风。

春季（3月—5月）　是冷暖空气互相争雄消长阶段。气温回升，历年平均13.6℃。降水明显增多，历年平均134.2毫米，是冬季降水量的3倍，占全年降水量的16%。春季是大风最多的季节，历年平均大风日数6.2天，占全年的40%。风速大，气候干燥，土地失墒快，常造成春旱。冷空气势力仍较强，每次入侵会带来降温天气过程，出现霜冻或“倒春寒”天气，对作物造成危害。

夏季（6月—8月）　因受暖湿海洋气团控制，高温高湿，降雨集中。历年平均气温25.4℃，降水量512.1毫米，占全年降水量的63%。同时降水强度大，暴雨（日降雨量≥50.0毫米）日数历年平均2.5天，占全年暴雨日数的76%，是洪涝灾害集中的季节。在降水过程中

往往是雷雨交加，时伴大风、冰雹等不稳定天气，给人民生命财产造成危害。

秋季（9 月—11 月）　蒙古高压增强南下，副热带高压南撤，气温急剧下降，降水减少，秋高气爽。历年平均气温 14.8℃，降水量 126.3 毫米，占全年降水量的 16%。由于历年降水变率大，少雨年份会出现秋旱，个别年份降雨偏多，出现连阴雨天气。晚秋北方空气势力加强，常会出现大幅度的降温天气过程，造成霜冻危害。

冬季（12 月—2 月）　整个冬季都在强大的蒙古冷高压控制之下，天气寒冷，雨雪稀少。历年平均气温 0.8℃，降水量 41.7 毫米，仅占年降水量的 5%。

苍山县四季分配

表 1—2

季节	开始时间		终止时间		持续时间		相当节气
	日期（日／月）	候序	日期（日／月）	候序	日期	候序	
春季	1/4	19	31/5	30	61	12	春分—小满
夏季	1/6	31	10/9	50	102	20	芒种—处暑
秋季	11/9	51	5/11	61	56	11	白露—霜降
冬季	6/11	62	31/3	18	146	29	立冬—惊蛰

温度

平均气温　年平均气温 13.7℃，最高年份 15.0℃（2007 年），最低年份 12.6℃（1984 年），相差 2.4℃。各年各月平均气温以 7 月最高为 26.4℃，1 月份最低为 -0.7℃。气温的年际变化呈单峰型：2 至 7 月逐月上升，8 月开始逐月下降。全年有 7 个月（4 月—10 月）高于年平均值，其中有 4 个月在 20℃以上。全年有 5 个月（11 月—3 月）低于年平均值，1 月份在 0℃以下。

最高气温　历年平均最高气温 19.4℃，7 月份最高，为 30.7℃。极端最高气温 40.7℃，出现在 2002 年 7 月 15 日。日最高气温≥ 30℃的日数历年平均为63.8天，多出现在4月—9月；≥ 35℃的日数历年平均 5.1 天，多出现在 6 月—8 月；日最高气温≥ 40.0℃的日数，仅有 1 年，共出现过 1 次。

最低气温　历年平均最低气温为 8.0℃，1 月最低，为 -6.7℃。极端最低气温 -17.2℃，出现在 1990 年 2 月 1 日。日最低气温≤ 0℃的日数，历年平均 93.6 天。平均初日在 11 月 8 日，最早在 10 月中旬；平均终日在 4 月 4 日，最晚在 4 月下旬。日最低气温≤ -5.0℃的日数，历年平均 51.9 天，出现在 11 月—3 月；≤ -10.0℃的日数，历年平均 14.2 天，一般出现在冬季冬月，个别年份在 3 月上旬也出现过；≤ -15.0℃的日数，历年平均 1.1 天，都出现在 12 月下旬至翌年 2 月中旬。

农业气温　苍山县历年稳定通过 0℃的初日为 2 月 14 日，寒冬已过，春临雪融，土壤解冻，越冬作物开始活动。终日为 12 月 14 日，土壤开始冻结，作物停止活动。其初终间日数 304 天，总积温 5038.1℃，为可生长期。苍山县稳定通过 10℃的平均初日为 4 月 2 日，终日为 11 月 4 日，初终间日数 217 天，总积温 4533.1℃，为越冬作物和喜温作物生长季节。苍山县稳定通过 15℃的初日为 4 月 28 日，终日为 10 月 15 日，初终间日数 171 天，总积温 3907.7℃，为喜温作物的旺盛生长期。苍山县稳定通过 20℃的初

日为6月10日，终日为9月6日，初终间日数89天，总积温2271.3℃。冬小麦处于灌浆或成熟期，玉米、棉花、水稻等作物旺盛生长。

苍山县全年各月平均气温和极端气温

表1—3　　单位：℃

月份	平均气温	最高气温			最低气温		
		极值	日期	年份	极值	日期	年份
1	-0.7	16.7	11	2002	-15.3	2	2002
2	2.0	24.9	12	2009	-17.2	1	1990
3	7.1	28.2	30	2003	-12.4	7	1988
4	14.1	32.4	21	2004	-3.4	1	1991
5	19.8	37.9	25	1982	2.4	3	1991
6	24.2	37.7	25	2009	9.5	7	1992
7	26.4	40.7	15	2002	16.7	4	1984
8	25.5	37.1	1	2003	12.7	30	2003
9	21.3	35.1	2	2002	6.8	28	1982
10	15.4	31.7	6	1987	-2.7	29	1986
11	7.7	27.1	2	2003	-8.9	24	1993
12	1.2	20.4	3	1989	-15.3	9	1985
全年	13.7	40.7	15/7	2002	-17.2	1/2	1990

地面温度　地面温度的年、月分布基本和气温一致，历年平均16.1℃，高于气温2.4℃。各月中以7月最高，为29.8℃，1月最低，为-0.4℃。极端最高温度温度69.9℃，出现在2002年7月14日。极端最低温度-21.5℃，出现在1993年1月18日。

地中温度　包括5厘米、10厘米、15厘米、20厘米深度的各层温度。各月变化，4至5月上升很快，每月都升高5℃左右，6至8月上升平缓，9月份开始急剧下降。各层温度变化，5月—7月随深度递减，10月—11月随深度递增。

苍山县各月地面温度和地中温度

表 1—4　　　　　　　　　　　　　　　　　　　　　　　　　　　单位：℃

项目 月份	地面温度			地中温度			
	平均温度	极端最高	极端最低	5 厘米	10 厘米	15 厘米	20 厘米
1	-0.4	27.0	-21.5	—	—	—	—
2	3.3	34.3	-18.0	—	—	—	—
3	9.5	46.3	-14.6	—	—	—	—
4	18.2	58.8	-6.4	16.3	15.7	15.8	15.3
5	24.3	61.5	-0.3	22.3	21.5	21.5	20.9
6	28.4	69.7	8.4	26.4	25.6	25.6	25.0
7	29.8	69.9	15.0	28.3	27.8	27.7	27.2
8	29.5	63.6	12.2	28.2	27.9	28.0	27.6
9	24.5	58.4	5.3	23.6	23.5	24.0	23.9
10	17.2	48.7	-5.8	16.8	17.2	17.9	18.0
11	8.1	37.3	-13.1	8.5	9.3	10.2	10.6
12	1.1	27.1	-17.3	—	—	—	—
全年	16.1	69.9	-21.5	—	—	—	—

降水

空间及年际变化　年降水量的分布特点是北部山岭区多于南部平原区。北部年降水量在 900 毫米以上，考村附近雨量最多，达 940.1 毫米；西南部的兰陵、横山、三合和新兴南部最小，在 850 毫米以下；其他地区在 850 至 900 毫米之间。据 1981 年—2010 年的降水资料分析，历年平均降水量为 814.3 毫米，其中有 4 年在 1000 毫米以上，占 13%，2008 年最多达 1250.1 毫米。800 毫米～1000 毫米有 9 年，占 30%；600 毫米～800 毫米有 12 年，占 40%；600 毫米以下有 5 年，占 17%，其中 1981 年最少，仅 540.1 毫米。

月份变化　全年各月降水量分布不均，差异甚大。6 月—8 月各月降水量都在 100 毫米以上，其中 7 月为全年各月之最，达 250.1 毫米。其他各月都在 100 毫米以下，其中冬季各月（12 月—2 月）都在 15 毫米以下，12 月最少，仅 11.6 毫米。历年各月相差很大，2008 年 7 月最多达 431.8 毫米，1999 年 7 月最少，仅 120.8 毫米。降水量小的 12 月，最多可达 28.6 毫米（2001 年）。整个 12 月份滴水未下的也有 3 年。

苍山县历年各月平均降水量及最大最小降水量

表 1—5　　　　单位：毫米

项目 / 降水量 / 月份	平均	最大	年份	最小	年份
1	13.8	56.1	1989	0.0	—
2	16.3	40.3	1990	0.8	1988
3	20.7	64.6	2007	0.0	—
4	34.6	116.6	2002	6.8	1981
5	78.9	201.6	1991	7.4	1987
6	102.7	321.4	2007	10.4	1992
7	250.1	431.8	2008	120.8	1999
8	159.3	416.6	1993	121	1989
9	66.4	221.2	2005	7.1	2001
10	37.3	200.2	1987	0.0	1990
11	22.6	131.9	1993	0.0	—
12	11.6	28.6	2001	0.0	—

降水日数　日降水量≥ 0.1 毫米时为降水日。全年降水日数历年平均为 84.3 天，最多 103 天（1985 年），最少 61 天（1996 年、1997 年）。全年各月以 7 月最多，历年平均 14.2 天，1 月最少，历年平均 3.5 天。全年 84.3 天降水日数中，小雨（0.1 毫米～ 9.9 毫米）62.6 天，中雨（10.0 毫米～ 24.9 毫米）12.9 天，大雨（25.0 毫米～ 49.9 毫米）5.9 天，暴雨（≥ 500 毫米）3.3 天。

苍山县历年各月平均各级量别降水日数

表 1—6　　　　单位：天

月份 / 天数 / 级别	1	2	3	4	5	6	7	8	9	10	11	12	合计
小雨	3.0	4.0	5.0	4.7	6.1	5.7	8.4	7.6	5.7	4.8	4.2	3.4	62.6
中雨	0.5	0.5	0.6	0.8	1.6	1.5	2.4	2.1	1.3	0.9	0.5	0.2	12.9
大雨	-	-	-	0.3	0.4	0.8	2.1	1.4	0.5	0.3	0.1	-	5.9
暴雨	-	-	-	-	0.3	0.5	1.3	0.6	0.2	-	-	-	2.9
合计	3.5	4.5	5.6	5.8	8.4	8.5	14.2	11.7	7.7	6.0	4.8	3.6	84.3

苍山县全年各月一日最大降水量

表 1—7　　　　　　　　　　　　　　　　　　　　　　　　单位：毫米

项目 \ 降水量 \ 月份	1	2	3	4	5	6	7	8	9	10	11	12	全年
极值	24.5	22.1	29.9	64.4	133.6	134.3	159.0	284.7	88.2	125.9	50.8	18.8	284.7
日期	6	21	4	4	25	20	3	5	14	14	6	7	5/8
年份	2001	2003	2007	2006	1991	2007	2006	1993	2004	1987	1993	2006	1993

1956 年—2010 年苍山县平均降水量统计

表 1—8　　　　　　　　　　　　　　　　　　　　　　　　单位：毫米

年份	降水量	其中：汛期（6—9 月）	年份	降水量	其中：汛期（6—9 月）	年份	降水量	其中：汛期（6—9 月）
1956	779.8	621.1	1975	846.5	590.9	1994	726.0	518.8
1957	837.0	692.5	1976	605.3	435.9	1995	763.5	593.1
1958	1041.3	749.7	1977	701.4	452.5	1996	623.6	437.6
1959	718.0	396.8	1978	713.3	588.4	1997	747.1	521.3
1960	1264.9	1092.4	1979	897.7	676.0	1998	909.9	532.6
1961	921.8	670.8	1980	781.8	521.1	1999	561.0	321.9
1962	949.9	689.4	1981	539.3	409.1	2000	803.4	537.9
1963	1277.0	1052.5	1982	838.6	632.8	2001	714.8	555.0
1964	1216.6	804.4	1983	671.9	507.5	2002	722.5	407.8
1965	839.4	659.7	1984	775.9	609.3	2003	1068.6	726.6
1966	598.7	367.0	1985	842.9	471.0	2004	944.3	751.0
1967	731.2	550.6	1986	724.5	583.9	2005	1207.4	996.5
1968	638.7	506.1	1987	931.8	602.1	2006	799.3	559.6
1969	890.1	624.0	1988	482.0	328.1	2007	992.6	752.9
1970	1143.2	913.0	1989	627.5	463.9	2008	1250.1	975.9
1971	1010.6	875.9	1990	1061.1	756.9	2009	666.2	378.1
1972	931.2	628.0	1991	893.2	572.9	2010	692.1	509.6
1973	788.2	513.1	1992	550.3	383.3			
1974	1242.2	874.0	1993	944.5	663.2			

日照

全年可照时数为4436.3小时（平年），而实照时数历年平均为2133.8小时，占可照时数48%。日照时数最多年份可达2802.7小时，最少年份为1827.8小时。全年各季中以春季最多，为623.6小时；夏季次之，为555.8小时；秋季518.7小时；冬季最少，为435.7小时。全年各月中以5月份日照时数最多，为226.2小时，2月份最少，为143.2小时。日照百分率全年以4月最大，为54%，7月最小，为39%。其他各月在45%～53%之间。在主要作物生长发育季节（4月—10月）日照时数共1354.6小时，日照百分率为48%。

苍山县全年各月日照时数和日照百分率

表1—9　　单位：小时

月份	日照数（小时）	日照率（%）	月份	日照数（小时）	日照率（%）
1月	143.7	46	7月	172.8	39
2月	143.2	46	8月	185.0	45
3月	183.7	49	9月	176.8	48
4月	213.7	54	10月	182.1	53
5月	226.2	52	11月	159.8	52
6月	198.0	46	12月	148.8	49

湿度

水汽压　全年平均水汽压为13.2百帕，极端最大为41.7百帕（1994年8月3日），极端最小为0.3百帕（1973年12月27日）。水汽压与气温的分布趋势基本一致。全年各月以7月最大，为28百帕，1月最小，为3.8百帕。

相对湿度　全年平均相对湿度为70%。全年各月以8月最大为83%，7月次之为82%，3月最小，为62%，其他各月都在63%～76%之间。最小相对湿度除7月和8月分别为21%和29%，其他各月都在20%以下。历年极端最小为1%（1984年3月1日）。

苍山县全年各月湿度分布情况

表1—10

项目/湿度/月份	水汽压（百帕）			相对湿度（%）	
	平均	最大	最小	平均	最小
1	3.8	10.8	0.4	65	5
2	4.6	15.2	0.4	64	5
3	6.2	15.3	0.5	62	1
4	9.9	25.7	1.1	63	6
5	15.5	32.8	1.8	69	7

续表 1—10

项目 湿度 月份	水汽压（百帕）			相对湿度（%）	
	平均	最大	最小	平均	最小
6	20.5	37.0	5.4	70	9
7	28.0	41.1	11.7	82	21
8	27.1	41.7	10.5	83	29
9	19.2	38.7	3.6	76	14
10	12.1	25.6	1.6	70	12
11	7.4	18.9	0.4	69	5
12	4.5	13.0	0.3	66	3
全年	13.2	41.7	0.3	70	1

风

风向　苍山全年除静风外，以北到东北风为最多，占 13%。东北风次之，占 11%。西到西北风和西北风最少，各占 2%。其他风向在 3%～7% 之间。四季中，春季以东北风最多，夏季转向东至东南风，秋、冬 2 季又以北到东北风为主导。

风速　年平均风速 3.2 米 / 秒。全年各月以 4 月最大为 4 米 / 秒。3 月次之为 3.9 米 / 秒。8 月和 9 月最小，均为 2.6 米 / 秒，其他各月在 2.8 米 / 秒～ 3.5 米 / 秒之间。

冰期

结冰期平均从 11 月 4 日开始，最早 10 月 15 日。结束时间平均为 4 月 2 日，最晚 4 月 14 日。平均结冰期 150 天，最长 177 天。平均结冰日数 104 天，最多 117 天，最少 94 天。

冻土

土壤冻结一般从 11 月下旬开始，3 月初结束。冻土深度达到 10 厘米时，土壤封冻。历年平均土壤封冻的初日在 1 月 11 日，最早 12 月 3 日。解冻日期历年平均 1 月 31 日，最晚 2 月 18 日。最大冻土深度 31 厘米，出现在 1967 年 1 月 18 日至 19 日。

第四节　土　壤

由于受成土母质、地形、地貌、气候、植被、水文地质和人为等成土因素的影响，全县形成棕壤、褐土、潮土、砂礓黑土 4 个土类、10 个亚类、16 个土属、27 个土种。

棕壤

主要分布在西部和西北部砂石山区，以棕壤性土为主，俗称“粗砂土”“火石渣子”。其土层浅薄、质粗、多砾、疏松、酸性至微酸性反应，养分贫瘠，耐肥性差，以种植花生、地瓜为主。面积 1.7 万公顷，占全县可利用面积的 12.6%。

褐土

分布在西部和西北部青石山区，以褐土性土为主，俗称“石渣土”“叠石板土”。其土层薄、碎石多，中性至微酸性反应，养分状况优于棕壤性土。宜种地瓜、谷子、花生、黄烟等。面积 4.8 万公顷，占全县可利用面积的 35.6%。

潮土

俗称“夜潮土”“面沙土”。多分布于沿河平原地区。其土层深厚，质地适中，通透性良好，肥力较高，是高产稳产土壤。宜种小麦、玉米、棉花、大豆。面积 3.79 万公顷，占全县可利用面积的 28.1%。

砂礓黑土

俗称“黑黏土”“黑泥油子”，分布在西、南部低洼地区。面积 3.19 万公顷，占全县可利用面积的 23.7%。上有黏度很强的黑土层，下有砂礓或砂礓层，通透性差，土性冷凉，有机质含量较高，但矿化速度低，养分释放慢，增产潜力大。宜种粮食作物和棉花、大蒜。

耕地坡度

坡度在 2° 以下的 9.34 万公顷，占耕地总面积 82.7%。主要分布在中、南部冲积平原和低平洼地。土层深厚，土壤保肥、保水能力强，地下水源比较丰富，是重要的粮食生产基地。坡度在 2° ～ 6° 之间的耕地分布在低丘、缓岗及河沟备地两侧，计 1.66 万公顷，占耕地总面积的 14.6%，土层较深厚，土质较好，是重要经济作物区。坡度在 6° ～ 15° 之间的耕地有 2918.2 公顷，占耕地总面积的 2.6%，分布在山丘中部，土层比较浅薄，保水、保肥能力较差，水土易流失，农业生产无保障。坡度在 15° ～ 25° 之间的耕地为 167.97 公顷，占 0.1%。分布在山丘上部，肥力差，水土流失严重，农作物产量低下。大于 25° 坡的耕地数量很少，约 1.41 公顷，分布于山区上部陡峭部位，土质差，无农用价值。

第三章　自然资源

第一节　土地资源

2010 年，全县土地总面积 172401.77 公顷，其中耕地 107843.04 公顷，占全县总面积的 62.55%；园地 1428.94 公顷，占全县总面积的 0.83%；林地 11319.84 公顷，占全县总面积的 6.57%；草地 5886.01 公顷，占全县总面积的 3.41%；城镇及工矿用地 23292 公顷，占全县总面积的 13.51%；交通运输用地 7024.76 公顷，占全县总面积的 4.07%；水域及水利设施用地 9234.61 公顷，占全县总面积的 5.36%；其他土地 6372.57 公顷，占全县总面积的 3.70%。

2010 年苍山县土地利用现状一级分类面积情况

表 1—11　　　　单位：公顷

行政区域		行政区域总面积	耕地	园地	林地	草地	城镇村及工矿用地	交通运输用地	水域及水利设施用地	其他土地
名称	代码									
苍山县	371324	172401.77	107843.04	1428.94	11319.84	5886.01	23292	7024.76	9234.61	6372.57
卞庄街道	371324100	17845.29	11122.10	58.56	589.57	210.29	3787.52	866.74	801.45	409.06
大仲村镇	371324101	15128.91	9355.80	171.21	1018.41	617.82	1612.73	480.39	641.49	1231.06
兰陵镇	371324102	14160.40	9910.25	10.98	723.66	65.46	1946.76	811.04	588.14	104.11
长城镇	371324103	7220.19	5293.63	14.97	363.22	1.87	761.18	334.87	432.49	17.96

续表 1—11

行政区域		行政区域总面积	耕地	园地	林地	草地	城镇村及工矿用地	交通运输用地	水域及水利设施用地	其他土地
名称	代码									
磨山镇	371324104	7954.10	5582.41	20.02	263.90	119.93	1344.61	317.38	253.27	52.58
神山镇	371324105	6706.41	4281.11	8.01	268.15	185.98	1260.97	378.13	215.34	108.72
车辋镇	371324106	12741.57	7672.50	175.73	873.48	869.28	1068.17	331.91	502.06	1248.44
尚岩镇	371324107	8316.88	4501.45	23.17	627.59	628.25	959.54	269.78	963.75	343.35
向城镇	371324108	6079.43	4162.66	2.87	182.62	68.84	958.19	332.82	255.50	115.93
新兴镇	371324109	6867.47	4376.22	13.41	307.77	412.27	1020.27	316.03	216.50	205.00
南桥镇	371324110	8520.10	6144.63	8.59	450.36	3.06	1015.63	388.34	476.14	33.35
层山镇	371324111	5125.50	3660.97	64.27	194.17	6.28	692.35	270.42	211.84	25.20
庄坞镇	371324112	3746.40	2138.61	32.59	385.26	1.28	594.28	188.24	395.48	10.66
贾庄乡	371324200	7552.28	4723.83	40.30	443.15	351.51	1041.55	286.27	373.35	292.32
矿坑镇	371324201	8493.10	5145.71	33.48	800.15	404.54	913.26	349.45	376.99	469.52
下村乡	371324202	12140.83	5437.48	416.30	2361.25	1321.37	809.04	242.92	529.23	1023.24
鲁城镇	371324203	8791.39	3942.36	37.91	683.04	607.79	1469.49	190.09	1364.17	496.54
三合乡	371324204	4856.62	3439.29	0.50	184.90	1.53	665.94	175.54	250.71	138.21
兴明乡	371324205	4809.96	3525.17	0.13	157.90	1.40	685.25	250.62	159.22	30.27
二庙乡	371324206	5344.94	3426.86	295.94	441.29	7.26	685.27	243.78	227.49	17.05

第二节　水资源

地表水

外地入境河道流域面积除西泇河上游120平方千米外，其他很小。地表水资源量主要是境内自产水资源。多年平均年径流量为60562万立方米，汛期为46815万立方米，丰水年（P＝20%）为87840万立方米，平水年（P＝50%）为53298万立方米，枯水年（P＝75%）为33318万立方米，特枯水年（P＝95%）为14544万立方米。

地下水

苍山县多年平均地下水资源量32021.7万立方米，50%、75%、95%相应保证率的地下水资源量分别为31428.4万立方米、26623.9万立方米、20876.4万立方米。各地因地质构造的差异，地下水资源的差异也很大。第四系潜水富水区面积244.15平方千米，包括南部武河以西的庄坞、层山、二庙及长城镇的一部分，单井出水量80立方米/小时～120立方米/小时。第四系一般潜水富水区面积170.7平方千米，包括卞庄街道南部及磨山、南桥、三合、长城三乡镇的大部分和向城镇、兴明乡、兰陵镇的一部分，单井出水量40立方米/小时～80立方米/小时。第四系潜水贫水区面积521.06平方千米，单井出水量30立方米/小时～40立方米/小时。基岩富水区面积53.73平方千米，包括神山镇的东北部及沂堂镇的东部，矿坑镇的后立庄、棠林，大仲村镇的泉汪村一带，车辋镇的车辋村、甘霖西、节义庄一带，单井出水量30立方米/小时～60立方米/小时。基岩一般富水区面积730.12平方千米，单井出水量10立方米/小时～60立方米/小时。基岩贫水区面积80.1平方千米，包括鲁城镇的南部、尚岩镇的西部、新兴镇的北部、车辋镇的北部、大仲村镇与临沂市罗庄区沂堂镇的交界处，不宜打钻孔井。

供需量

全县多年平均水资源总量为70381.8万立方米，保证率50%、75%、95%的全县水资源总量分别为64737万立方米、46355.9万立方米、27817.3万立方米。全县年均产水模数为39.1万立方米/平方千米。地表水多年平均可利用水量为21379万立方米，50%、75%、95%来水保证率状况下的可利用水量分别为20952万立方米、13485万立方米、7055万立方米。地下水多年平均可利用水量为6739万立方米，50%、75%、95%保证率的可利用水量分别为6997.3万立方米、7679.5万立方米、8499.9万立方米。50%、75%、95%保证率的可利用水资源总量分别为27949万立方米、21165万立方米、15554万立方米。

水源质量

属于地表水的河流、水库水质基本属于重碳酸盐类钙组型水，水质良好。矿化度在0.2克/升～0.5克/升之间，pH值在6～9之间，总硬度在5至18倍德国度之间。地下水质皆能符合农业灌溉要求，工业区的地下水亦适宜工业供水的不同要求，城乡人畜生活供水达到国家饮用水标准，不经处理即可饮用。

第三节　生物资源

野生动物

鸟类　有麻雀、野鸡、猫头鹰、鹞鹰、雁、野鸭、灰鹤、八哥、燕子、鸽子、鹌鹑、斑鸠、乌鸦、啄木鸟、喜鹊、灰喜鹊、黄雀、麦鸡子、松鸡、白头翁、柳莺、苇莺、杜鹃、灰椋鸟等。

兽类　有野兔、黄鼠狼（俗称黄老鼠）、刺猬、狐狸、獾（俗称獾狗子）田鼠、蝙蝠等。

昆虫类　有蝉、螳螂、蜜蜂、蝴蝶、蚂蚱、蟋蟀、蜻蜓、蚕、天蛾（幼虫叫瞎蠡茧）、豆天蛾（幼虫叫豆虫）、金龟子（俗称金蛇螂，幼虫叫蛇造）、蛴螬（俗称大牙，成虫叫瞎碰子）、土鳖虫、牛虻（幼虫为地蛆）、马蜂、熊蜂、树蜂、桑天牛（山水牛）、天牛、斑蝥、刺蛾（幼虫叫蜇拉蠡）、臭蝽、瓢虫、尺蠖、蚂蚁等。

爬行类　有蛇、壁虎、蜥蜴、鳖等。

两栖类　有青蛙、大蟾蜍、气蛤蟆。

鱼类　有鲤鱼、鲫鱼、乌鳢、鲇鱼、鳙鱼、鲢鱼、草鱼、鳊鱼、餐条鱼、翘嘴鲢、鳜鱼、黄颡鱼（俗称硌吱吔）、黄鳝、泥鳅、沙鳢（沙里趴）、虾虎鱼、鲂鱼等。

其他有河蟹、沼虾、白虾、小龙虾、蚂蟥、田螺、池螺、河蚌、蝙蝠、蜘蛛、蚰蜒等。

植物

木本植物　毛白杨、速生杨、家槐、刺槐、柳、椿、香椿、松、柏、桑、榆、泡桐、青桐、苦楝、柿、核桃、银杏、杏、桃、樱桃、梨、李、栗、山楂、苹果、葡萄、枣等。

草本植物　黄草、白草、白茅、结缕草、狗尾草、抓地草、莠草、稗草、马唐、败酱草、马齿苋、野苋菜、鸭跖草、碱蓬、黄蒿、狼尾蒿、羊蹄子棵、猪食菜、灰菜、小蓟、鬼针刺、艾草、野芹、荠菜、垂盆草、猪牙草、狗牙草、田旋花、葎草、蒺藜、紫花地丁、翻白草、淡竹、芦苇、蒲草、泽蒜、葫芦等等。

生物药材

有金银花、酸枣仁、荆芥、玄参、茵陈、瓜蒌、生姜、半夏、益母草、石榴皮、枸杞、桃仁、杏仁、黑白丑、柏子仁、土元、蝉蜕、全蝎、蜂房、绞股蓝、苍耳、牵牛子、蒲公英、菟丝子、车前子、紫苏、槐米、半枝莲、木贼、王不留行、香附、茵陈、紫苏、何首乌等。

第四节　矿产资源

苍山县矿产资源丰富，已发现的矿产资源有25种，其中，能源矿产1种、金属矿产8种、非金属矿产13种、稀土矿产1种、水气矿产2种。其中铁、石膏、石灰岩、石英砂岩为优势资源。

能源矿产

煤炭资源比较贫乏，仅分布在神山镇道庄村、车辋镇安庄村、大仲村镇金桥屯村和矿坑乡矿坑村、后立庄村等地区，储量约82万吨。

金属矿产

铁矿主要分布在鲁城、尚岩、新兴、兰陵等乡镇，资源总量约10亿吨，矿石全铁平均品位为32%。黄金主要分布在下村乡龙宝山、贾庄乡晒钱埠村和卞庄街道莲子汪村等地区。铝土矿主要分布在车辋、矿坑、沂堂等乡镇。铜矿主要分布在贾庄乡太平庄村及卞庄街道莲子汪村等地区。铅主要分布在车辋镇。钨多以伴生矿物出现，主要分布在卞庄街道莲子汪村、下村乡龙宝山等地区。钼矿主要分布在卞庄街道英沂官庄村东南500米处。银矿未发现单独银矿床，仅在车辋镇铜铅矿区、下村乡龙宝山一带有银矿化显示。

非金属矿产

石膏主要分布在兰陵镇南部，矿层分布稳定，呈多层分布，单层厚度个别达25米，已探明资源储量11.26亿吨，矿石平均品位为60%。石英砂岩主要分布在鲁城、新兴、尚岩等乡镇，资源总量约3亿吨，矿石品位平均为98.3%。石灰岩主要分布在县境西北部，面积约200平方千米。白云岩主要分布在下村、车辋、沂堂等乡镇。大理岩主要分布于在县境西北部山区，地表露头仅见于卞庄街道栗园村、贾庄乡晒钱埠村、下村乡龙宝山前等地区。石榴子石主要分布在贾庄乡晒钱埠村西、下村乡吴家沟村西及卞庄镇莲子汪村等地区。蛭石主要分布在新兴镇小青山西侧。重晶石主要分布在下村乡上村、龙宝山等地区。海绿石主要分布在鲁城、新兴、尚岩等乡镇。页岩、黏土矿在境内分布广泛。

第四章　自然灾害

第一节　旱　灾

苍山县每年四季降水分布不均，春、秋两季的降水量仅占全年降水量的16%，有的年份根本无雨，春、秋两季是干旱多发时期。县境北部是山区，土地多为棕壤、褐土，保水性能较差，为干旱多发地区。每有旱情多由县境西北向东南走向依次蔓延。自1840年—1949年，全县共发生旱灾24次，平均约5年发生1次。1950年—2010年，共发生旱灾32次。

第二节　洪　涝

县境夏季高温高湿，降水集中，尤其是7月、8月常有暴雨天气。1840年—1949年，共发生特大洪涝灾害31次，平均3.5年1次，一般洪涝灾害年年发生。1909年，兰陵一带连日大雨，一片汪洋，月余不退，秋季作物无法下种。1947年夏，苍山、赵镈、兰陵3县大雨成灾，淹没土地88.5万亩，减产3146万公斤。1948年8月初，苍山、赵镈、兰陵3县暴雨成灾，武河、泇河决口49处，大水冲倒房屋无数，淹死7人，淹没农田132万亩，减产430万公斤。1950年—2010年，共发生严重洪涝灾害37次。

第三节　风　雹

苍山县历年平均大风日数为15.5天，风向多是北到东北风。大风造成灾害多在春、秋两季，其他季节亦有出现。大风时多伴有雷雨、冰雹等灾害性天气。风雹灾害为热后突然产生，大部分起于西北，走向东南。虽属局部发生，但其危害相当严重。风雹灾害时刮毁房屋、折断树木，埋没农作物，有的造成人员伤亡。1950年—2010年，共发生严重风灾9次、雹灾14次。2001年7月下旬以后，连降大雨，伴有大风，7月21日，南桥、长城、二庙、层山、磨山等乡镇遭受龙卷风袭击，造成夏玉米大面积倒伏，全县倒伏面积达4000公顷，其中严重倒伏面积1000公顷；个别地块积水内涝，严重影响玉米正常生长发育。2005年8月10日夜，受到特大暴风雨袭击，时长2个多小时，最大降雨达到209毫米、最大风力11级，造成农田受淹，农作物倒伏、倒折严重。2006年4月28日17时51分至18时37分，骤然遭受强风暴袭击。风暴侵袭时，夹带冰雹和雷雨，最大风速28.3米/秒，最大风力达11级。农作物受灾面积14933公顷，其中大棚菜3733公顷、小麦6533公顷、大蒜4667公顷。

第四节　冻　灾

每年2月—4月常有寒流侵袭，易出现倒春寒天气，发生冻灾。1953年4月全县4万公顷小麦受冻灾，平均减产四成以上。1954年4月出现晚霜冻，小麦减产三成以上，高粱苗冻死，不得已重播。

雨凇俗称下树凌、冰凌，古书上叫雨木冰。多发生于1月—3月，表现为天气骤冷，气温急剧下降，同时出现降雨或降雪过程。1966年3月上旬雨凇平均厚度15厘米，树枝挂满长1.5米的冰柱，冻死大牲畜47头。1969年1月下旬的雨凇，使交通中断2天。1979年1月、2月各出现1次，压断部分电线和电缆，造成通讯中断，全县停电。2000年9月1日至2001年2月12日165天中，雾雪等灾害性天气达108天，占总天数的三分之二。且多数灾害性天气是连续的，连续时间最长的超过10天，严重的灾害性天气造成全县棚菜在育苗期、定植期、开花期、果实膨大期发生不同程度的冻害、病害，灾害程度比较严重的棚菜面积达4667公顷，灾害程度严重的棚菜面积达1667公顷，灾害程度最严重的棚菜面积达300公顷，经济损失达1.99亿元。2001年3月27日—28日两天，受北方强冷空气侵袭，气温陡降至0℃以下，给正在拔节的小麦生长带来影响。全县小麦不同程度地遭受冻害，严重的有1.33万公顷。冻害比较严重的品种有烟辐188、鲁麦16等。

1844年—1949年苍山县灾情

表1—12

年度	朝代年号	灾害情况			灾情摘要
		涝	旱	其他	
1844	清道光二十四年		旱		秋大旱
1848	清道光二十八年	涝			大风雨
1849	清道光二十九年	涝			大雨
1851	清咸丰元年	涝		雹	大雨、冰雹
1852	清咸丰二年		旱	震	民大饥，10月地震、雹灾
1853	清咸丰三年		旱	震	地震二次，夏蝗灾，民卖儿女
1855	清咸丰五年	涝	旱	蝗	6月蝗，7月大雨
1857	清咸丰七年		旱	蝗	4月冰雹，秋蝗遍地咬伤儿童
1858	清咸丰八年		旱	雹	5月地震，雹大如掌，秋蝗
1862	清同治元年		旱	震	3月、4月地震，闰八月复地震，冬无水
1865	清同治四年	涝		雹	2月雷电雹交作，6月风雨拔树
1867	清同治六年	涝		震	大雨、秋疫，12月地震
1870	清同治九年	涝			沂河决口，从庄坞乡多福庄写入县境
1873	清同治十二年	涝			7月大水，平地水深数尺，12月大风雨
1874	清同治十三年		旱		大旱
1876	清光绪二年		旱	震	3月地震，峄、费、兰山县特大旱年
1877	清光绪三年		旱	蝗	飞蝗遮天，费县、兰山县大旱
1880	清光绪六年		旱	蝗	秋旱，蝗蝻损豆
1881	清光绪七年	涝		雹	6月雹，秋阴雨
1884	清光绪十年	涝			大雨，沂河决口，从庄坞向西南流泄
1887	清光绪十三年		旱	瘟	夏旱无豆，大瘟
1888	清光绪十四年		旱		旱，民饥
1899	清光绪二十五年		旱	虫	夏旱，秋虫
1904	清光绪三十年	涝			沂河决口，沿庄坞、层山、二庙、长城流泄
1905	清光绪三十一年	涝			沂河决口，东部为洪水走廊，西部积水

续表 1—12

年度	朝代年号	灾害情况			灾情摘要
		涝	旱	其他	
1907	清光绪三十三年	涝	旱		夏、秋旱
1908	清光绪三十四年	涝			8 月大水，卞庄、磨山、层山以南成泽国
1909	清宣统元年	涝		震	夏，大水，兰山县西南部（今属苍山县）一片汪洋，月余未退，秋震
1911	清宣统三年	涝			8 月大雨，沂河决口，从庄坞泄入县境
1912	民国元年	涝			沂河决口，庄坞、层山、二庙、长城为洪水走廊
1914	民国 3 年	涝	旱		冬、春 6 个月无雨，麦绝产，高温树枯
1915	民国 4 年	涝			沂河决口
1917	民国 6 年	涝			6 月 19 日降特大暴雨
1927	民国 16 年		旱		秋久旱成灾，减产三成
1928	民国 17 年		旱		1 月至 6 月大旱无雨，7 月 1 日降雨，秋蝗
1929	民国 18 年		旱	蝗	鲁南大旱，蝗灾
1930	民国 19 年	涝	旱		7、8 月大雨
1931	民国 20 年	涝			7 月大雨
1934	民国 23 年	涝			大旱
1939	民国 28 年		旱		7 月沂河决口，沿庄坞向西南流泄
1940	民国 29 年	涝			沂河决口，庄坞、层山、二庙为洪水走廊
1941	民国 30 年	涝			沂河决口，长城、二庙、横山、兰陵积水
1942	民国 31 年	涝	旱		6 月至 8 月无雨，河断流，井干枯，秋涝
1944	民国 33 年	涝			沂河决口，东部为洪水走廊
1945	民国 34 年	涝			沂河决口，庄坞、层山、长城为洪水走廊
1946	民国 35 年	涝			7 月沂河决口，从庄坞向西南流泄
1947	民国 36 年	涝			苍山、赵镈两县大雨
1948	民国 37 年	涝	旱		春旱，8 月大雨，沂河决口
1949	民国 38 年	（涝）	旱	雪	春连旱 50 天，8 月风雹连降大雨，沂、武、泇河河水猛涨，决口 49 处，有 8 个区一片汪洋，神山、层山、磨山数十千米交通断绝，用船渡行

1950年—2010年苍山县灾情

表1—13

年度	灾名	灾情摘要
1950	涝	7月连降3次暴雨，孤山湖积水长5千米，宽4千米。受灾作物1.36万公顷，成灾0.56万公顷
1951	涝	受灾面积7933公顷，成灾3266公顷
1952	涝	受灾面积5667公顷，成灾2333公顷
1953	旱	秋旱。受灾作物5.6万公顷，成灾2.51万公顷
	涝	8月1日至5日，连降暴雨3次，401个村受灾，毁房38间。受灾作物2.24万公顷，成灾1.07万公顷
	冻	4月10日至14日，遭寒流袭击。受灾小麦3.33万公顷，冻死小麦1.06万公顷
1954	涝	受灾面积1.93万公顷，成灾0.79万公顷
1955	涝	7月1日至11日，连降暴雨，山洪暴发。大小河道决口55处。受灾作物5.82万公顷，成灾3.44万公顷。伤亡13人
1956	涝	受灾面积1.82万公顷，成灾0.81万公顷
1957	涝	7月大雨，沂河分洪，内河决口。冲毁塘坝40余个。毁房5748间，伤亡66人。死亡牲畜118头。冲走粮食5.5万千克。受灾作物5.3万公顷，成灾5.04万公顷
	旱	冬、春、伏旱。受灾面积2.67万公顷，成灾1.07万公顷
1958	涝	受灾面积3.97万公顷，成灾1.63万公顷
1959	旱	秋旱。受灾面积5.93万公顷，成灾1.27万公顷
	涝	受灾面积0.68万公顷，成灾1904公顷
1960	涝	6月、7月、9月连降大雨、暴雨。河道共决口90处，毁房6008间，死28人，伤24人。淹死生猪270头。受灾作物8.34万公顷，绝产2.14万公顷
	旱	受灾面积800公顷，成灾266.7公顷
1961	涝	受灾面积4533公顷，成灾266.7公顷
	旱	受灾面积5.8万公顷，成灾1.07万公顷
1962	旱	受灾面积4.97万公顷，成灾1.47万公顷
	涝	11月暴雨伴有11级大风。毁树15万棵，毁房2.8万间，浸泡粮食25万千克。死4人。死猪羊580头（只）。受灾作物1.33万公顷
	风雹	7月21日下午，全县有126个大队遭风雹袭击。受灾作物1万公顷，重灾0.6万公顷。毁房3500间
1963	涝	7、8月大雨，伴有8～9级大风。河道决口254处，毁坏桥梁88座、农田水利设施32个。199个村庄上水。毁房2.6万间，死48人，伤48人。受灾作物5.26万公顷，绝产0.22万公顷。烂粮13.4万千克
	旱	春旱。受灾面积1.07万公顷，成灾0.4万公顷
1964	涝	受灾面积3万公顷，成灾1.2万公顷

续表 1—13

年度	灾名	灾情摘要
1965	旱	春基本无雨，秋久旱不雨。受灾面积 3.87 万公顷，成灾 1.76 万公顷
	涝	受灾面积 3.05 万公顷，成灾 1.35 万公顷
1966	旱	伏旱，秋无雨。受灾面积 9.47 万公顷，成灾 4.43 万公顷
1967	涝	受灾面积 7.8 万公顷，成灾 1.33 万公顷
	雹	9月21日下午，新兴、黄山的19个村庄遭雹灾，伴有风雨，灾区长约10千米，宽1.5千米，持续半小时。受灾作物 833.8 公顷
1968	旱	初夏旱。受灾面积 1.33 万公顷，成灾 0.33 万公顷
	雹	6月8日下午，兰陵、南桥区的34个村庄遭冰雹袭击，伴有8级大风，持续40分钟。受灾作物866.7公顷，毁房 1200 间，死 10 人，伤 1 人
1969	涝	受灾面积 2.13 万公顷，成灾 0.8 万公顷
	旱	秋、冬 5 个月少雨。受灾面积 2.53 万公顷，成灾 0.87 万公顷
1970	涝	6 月 28 日至 7 月 29 日，平均降雨 892.1 毫米，伴有暴雨、冰雹袭击。水库溢洪，河道决口。288 个村庄进水。毁房 2500 间，桥、涵、渠道 129 个，伤 17 人。受灾作物 4 万公顷，减产粮食 0.8 亿千克
1971	旱	春、夏旱。受灾面积 3.57 万公顷，成灾 1.49 万公顷
	涝	6 月 28 日至 29 日，普降暴雨，伴有暴风、冰雹。532 个大队受灾，毁房 2000 间。受灾作物 1.53 万公顷，绝产 0.53 万公顷
1972	涝	7 月上旬大雨。受灾面积 3.2 万公顷，成灾 1.2 万公顷
	雹	9 月 17 日下午，向城、贾庄、车辋、卞庄 106 个村庄遭雹灾，伴有 10 级大风，持续 15 分钟。平均积雹 7 厘米厚。成灾面积 3963.4 公顷，重灾 105.7 公顷
1973	旱	受灾面积 4.67 万公顷，成灾 2 万公顷
	雹	7 月 22 日，神山、磨山、长城、二庙、层山等公社，遭雹灾，伴有 9 级大风，受灾面积 2000 公顷，绝产 166.7 公顷
1974	涝	8月暴雨，洪水肆虐，有712个村庄上水，2.8万户被淹，毁房1.15万间。伤17人，死5人。冲走粮食5.5万千克，浸泡粮食 262.5 万千克。受灾作物 5.33 万公顷，绝产 1.53 万公顷
	旱	受灾面积 2.52 万公顷，成灾 0.33 万公顷
1978	旱	4 月始，持续高温，80 多天基本无雨。36 座小型水库有 35 座干涸，85 座塘坝的水全部放干，汪塘干涸 395 处，水井干涸 400 余眼，沟、河断流 51 条。177 个大队、7.7 万人吃水困难。小麦绝产 0.37 万公顷
1979	旱	秋旱。受灾面积 7.47 万公顷，成灾 2.67 万公顷
1980	旱	春旱。受灾面积 4.33 万公顷，成灾 2.33 万公顷
1981	旱	冬、春、夏连旱 7 个月。有 127 个村庄、8 万人吃水困难。受灾面积 4.67 万公顷，成灾 2 万公顷

续表 1—13

年度	灾名	灾情摘要
1982	旱	春旱。30 座小型水库干涸，10 条河断流，140 个村庄人畜吃水困难。受灾面积 5.2 万公顷，严重干旱的 2.85 万公顷，2.35 万公顷春田不能下种
	雹	6 月 17 日，二庙、层山、神山等公社遭雹灾。50 多个村庄受害。受灾作物 2000 公顷
1983	旱	初春、伏、秋旱。8 月酷暑高温。受灾面积 3.71 万公顷，成灾 1.23 万公顷
1984	旱	春旱。自去冬 160 天无雨雪。2.67 万公顷小麦受灾，枯死或接近枯死的 0.67 万公顷。有 50 个大队，3 万人吃水困难
	雹	6 月 3 日晚，鲁城、下村、大炉、车辋、流井、甘霖、矿坑、仲村、贾庄、尚岩、沂堂、小岭、神山 13 个乡镇遭雹灾。受灾面积 6666.7 公顷，损失小麦 250 万千克，毁坏树木 7000 棵，电线杆 11 根，房屋 400 余间，直接经济损失 150 万元
1986	旱	冬、春连旱。受灾面积 3.27 万公顷，成灾 1.53 万公顷
	涝	7 月大雨，伴有大风，有 3.8 万人被洪水围困。毁房 110 间，伤 5 人，刮断树木 2.83 万棵，受灾作物 0.9 万公顷，绝产 0.54 万公顷
1987	涝	7 月 9 日，流井等 10 个山区乡镇遭暴风雨袭击。受灾作物 0.56 万公顷。冲毁桥、涵 13 座，断树 3.6 万棵，倒房 557 间，死 1 人，伤 16 人。直接经济损失 558 万元
	旱	秋旱。受灾面积 3.55 万公顷，成灾 1.55 万公顷
	风	6 月 30 日，南桥等 9 乡镇遭龙卷风袭击，伴有暴雨、冰雹。中心最大风力 11 级，降冰雹 12 厘米厚，受灾作物 0.9 万公顷，果园 100 公顷，毁房 166 间，伤 26 人，死 2 人，断倒各种线杆 6793 根，直接经济损失 1530.5 万元
1988	旱	6 月至 7 月干旱。受灾作物 8 万公顷，严重干旱 3.33 万公顷。0.87 万公顷玉米、大豆全部旱死
	涝	受灾面积 1.07 万公顷，成灾 0.47 万公顷
1989	旱	冬、春、秋旱。受灾作物 8.4 万公顷，减产粮食 0.9 亿千克，棉花 90 万千克，花生 65 万千克
	涝	6 月大雨 2 次，3 万公顷小麦受灾，霉烂小麦 2500 万千克
1990	涝	受灾面积 2.8 万公顷，绝产 0.27 万公顷，倒房 3910 间，冲毁桥、涵 28 座，道路 63 千米，经济损失 1800 万元
	旱	受灾面积 2 万公顷，成灾 0.67 万公顷
1991	涝	7 月 14 日至 15 日平均降水 193.7 毫米，7 月 25 日降 127 毫米，县城受淹 70 多个单位，水深 1 米左右，造成直接经济损失 8000 余万元。8 月 4 日至 5 日降水 320 毫米，直接经济损失 4.3 亿元
1992	涝	受灾面积 5.33 万公顷，成灾 3.93 万公顷
	旱	5 月至 7 月旱。受灾面积 6.67 万公顷，0.67 万公顷玉米枯死。6.8 万人吃水困难
1993	涝	8 月 4 日至 5 日，特大暴雨，伴有 8 级大风。水库溢洪，河道决口，534 个村庄上水，11 万人被水围困。受灾作物 5.33 万公顷，1.67 万公顷绝产。倒房 7994 间，死 13 人，牲畜 5495 头，家禽 5 万只。冲毁塘坝、桥、涵 1143 处，道路 276 千米。刮倒各种线杆 1500 棵，533 家工商企业受淹，经济损失 4.3 亿元

续表 1—13

年度	灾名	灾情摘要
1994	风	8 月 9 日，10 个乡镇遭龙卷风和暴雨袭击，风力 11 级，受灾作物 1 万公顷，毁房 450 间，断倒供电、通信线杆 318 根，树木 6100 棵，伤亡 4 人，经济损失 2700 万元
1995	雹	6 月 29 日下午，卞庄、沙窝遭雹灾，伴有大风，受灾面积 266.7 公顷，其中，西瓜 133.4 公顷，地瓜 33.3 公顷
1996	涝	7 月 25 日至 26 日，普降大到暴雨。鲁城一带龙卷风。甘霖、下村、长城伴有冰雹，毁房 4200 间，断倒树木 71.5 万棵，冲毁桥梁 16 座，经济损失 3645.5 万元
1997	风	8 月 19 日，受 11 号台风影响，全县遭暴风雨袭击，风力 8 ～ 10 级，降雨量较大，秋种作物大面积倒伏，倒房 681 间
1998	风涝	7 月 1 日、8 月 12 日，南部 10 个乡镇遭两次暴雨、龙卷风袭击。受淹农田 2.25 万公顷，倒伏秋季作物 0.68 万公顷，毁房 1772 间，死 2 人，伤 6 人，刮断树木 13.6 万棵，直接经济损失 1.3 亿元
1999	旱	全年降雨量仅为 472.2 毫米，比历年同期少 46%，形成春、夏、秋连旱，受旱面积 7.33 万公顷，造成粮食损失 1.25 亿千克
2001	风	7 月 29 日，21 个乡镇遭龙卷风袭击，死 1 人，伤 7 人，房屋倒塌，经济损失 1.87 亿元
	旱	夏旱。8 月 24 日至 12 月 3 日持续干旱，损失 7000 万元
	雾雪	9 月 1 日至翌年 2 月 12 日，阴雨霜雪天气持续 108 天，全县棚菜作物严重受损，经济损失 1.99 亿元
2002	涝	5 月 14、15 日暴雨，一次降雨 80 多毫米，损失 7.98 亿元；1 月至 4 月，6 月 23 日至 8 月 26 日，9 月中旬以后降雨仅 60 多毫米，作物严重减产，缺粮户 34504 户 106071 人
	旱	全年降水量 547.1 毫米，最大受旱面积 7.33 万公顷，绝产 0.67 万公顷
2003	涝	7 月 12 日至 17 日，暴雨袭击，雨量达 265 毫米，4 万公顷农田被淹，倒塌房屋 211 间，直接损失 2.5 亿元
2005	风雹	6 月 14 日晚 18 时 28 分至 35 分，风雹袭击县北部和东部乡镇。作物受灾 0.41 万公顷
	涝	9 月份后，连续降雨达 20 天，阴雨天气达 8 天，9 月全县平均量 320 毫米，最大降雨点 350 毫米。全县农作物受灾面积 5.3 万公顷，绝产面积 2 万公顷（主要是花生、玉米、大豆、蔬菜等），持续降雨造成农村 812 个村庄、13 万户、39 万人和县城城区居民 510 户、2000 余人受灾。房屋进水最深达 1.2 米
2006	风	4 月 28 日 17 时 51 分至 18 时 37 分，最大风速 28.3 米、秒，最大风力达 11 级，瞬间造成电力、通信、交通、供水等全部中断。全县受灾 23 万人，死亡 9 人，病危 2 人，重伤 98 人，农作物受灾面积 1.489 万公顷，直接损失 10 亿元
	涝风雹	7 月 3 日凌晨 1 点 10 分至 22 点 30 分，遭受大暴雨袭击，持续降雨时间达 20 多小时，全县平均降雨量达 160 毫米，暴雨造成部分乡镇受灾，灾情主要集中在南部乡镇，其中兰陵、三合等乡镇灾情较重，全县农作物受灾面积 0.2 万公顷，倒房 8 间，直接经济损失 700 万元

续表 1—13

年度	灾名	灾情摘要
2007	旱	9 月后县境内平均降雨 12 毫米，比历年同期偏少 75%，时段内降雨量重现期为 100 年一遇，旱情已达到严重干旱等级，造成人畜饮水困难村庄 26 个，涉及人口 2.3 万人，大牲畜 5500 头。小型水库、塘坝干涸 48 座，拦河闸干涸 40 处，造成 1.33 万公顷小麦无法播种
2007	风雹	5 月 5 日 15 时 30 分，神山、磨山等乡镇受冷雨冰雹袭击，灾害持续了 20 多分钟，降下花生粒大小的冰雹。5 月 21 日 15 时 29 分至 15 时 37 分，鲁城、向城、卞庄、磨山、三合等 7 个乡镇及苍山经济开发区遭受强风暴袭击，风力 8～9 级，降雨量 22.6 厘米。5 月份以来，小麦受到浆吸虫病侵害，绝产 2667 公顷，损坏房屋 800 多间，经济损失 9400 万元
2007	风雹	5 月 21 日凌晨 1 时 00 分至 5 时 20 分，县境内遭受了大暴风雨的袭击，历时 4 个小时。平均降雨量达 28 毫米，风力达 6～7 级，致使部分乡镇的小麦不同程度倒伏。据调查统计，全县受灾面积 0.6 万公顷，受灾人口 6.2 万人，农业直接经济损失 2400 万元
2008	雪	1 月 26 日 22 时 10 分至 27 日 11 时 30 分，由于受冷空气和西南气流影响，苍山县遭受了较大的冰雪袭击，棚菜塑料膜被压坏，大棚蔬菜遭受严重经济损失。受灾面积 0.4 万公顷，造成农业直接经济损失 1.1 亿元，受灾人口 8.6 万人
2008	风雹	7 月 9 日 11 时 44 分至 13 时 30 分，由于受太平洋热带高压气流影响，苍山县遭受了较大的强降雨、冰雹、龙卷风袭击，大豆、玉米、水稻、蔬菜等均遭受严重的经济损失。受灾面积 0.17 万公顷；损坏房屋 15 间，直接经济损失 380 万元，其中农业直接经济损失 360 万元，受灾人口 5.2 万人
2008	涝	7 月 22 日 10 时 30 分至 23 日 15 时 30 分，苍山县遭受了较大的强降雨，部分乡镇降雨量达到了 130 毫米，全县平均降雨量 90 毫米，造成大面积涝灾，受灾面积 1.47 万公顷，农业直接经济损失 1.02 亿元，受灾人口 18.2 万人 8 月 21 日全天降雨，至晚上 8 时 10 分，降雨量平均达 162 厘米。部分乡镇降雨量达到了 230 毫米，造成大面积涝灾，受灾面积 2.47 万公顷，受损房屋 3523 间，倒塌房屋 87 间，死亡 1 人，受伤 5 人，转移人口 5535 人，造成直接经济损失 3.2 亿元
2009	旱	2008 年 10 月后没有出现有效降雨，全县有 4 万公顷小麦严重受灾，其中成灾面积 1.4 万公顷，受灾人口达到 21.2 万人，因旱造成饮水困难人口 23 万人。直接经济损失 6300 万元，其中农业损失 5040 万元
2009	风雹	2009 年 6 月 5 日 15 时 10 分至 15 时 40 分，部分乡镇遭受了龙卷风冰雹袭击，风力 8～9 级，主要受灾作物是小麦和蔬菜，其中，小麦受灾面积 0.13 万公顷，蔬菜受灾面积 0.03 万公顷
2009	风	2009 年 7 月 8 日 16 时 10 分，苍山县西部部分乡镇遭受龙卷风暴雨的袭击，风力 11 级。尚岩、向城、贾庄等乡镇的受灾村庄 63 个，受灾人口 3.2 万人，倒塌房屋 261 间，损坏房屋 1356 间，受伤 19 人（其中重伤 2 人），转移人口 328 人，受灾面积 0.18 万公顷，直接经济损失 1261 万元，其中农业经济损失 620 万元
2009	涝	2009 年 8 月 17 日 20 时至 18 日凌晨，苍山县部分乡镇遭受龙卷风暴雨的袭击，平均降雨量达到 90.7 毫米。受灾人口 750 人、转移人口 170 人、倒塌房屋 34 间、损坏房屋 80 间、受灾面积 0.44 万公顷，直接经济损失 2074 万元，其中农业经济损失 1994 万元
2010	风	2 月 10 日 16 时 30 分至 11 日 4 时 20 分，苍山县遭受了大雪及大风的袭击，主要受灾农作物为蔬菜大棚，受灾人口 120 人，倒塌房屋 3 间，倒塌蔬菜大棚 121 个
2010	风雹	7 月 5 日 20 时 10 分，苍山县遭受了风雹袭击，风力 10 级左右，并伴有冰雹，主要受灾作物是玉米、瓜类、牛蒡，全县受灾人口 2.6 万人，受灾面积 0.15 万公顷，倒塌房屋 6 间，损坏房屋 160 间，受伤 2 人，其中重伤 1 人，刮倒大树 2100 棵，直接经济损失 460 万元，农业经济损失 260 万元

第五节　虫　灾

县境内的主要虫灾有蝗虫、小麦红蜘蛛、黏虫、蝼蛄和地老虎等。南部的涝洼地是蝗虫的发源地。1928年夏，兰陵一带发生蝗灾，有半数农民逃荒；1957年9月又发生蝗灾。1970年前，飞蝗时常为害，多在夏、秋季节。1962年，发生小麦红蜘蛛，受灾面积2.93万公顷，占小麦总面积的81.5%，平均减产26%，全县绝产3300多公顷。1980年后，红蜘蛛发生面积逐年降低。黏虫暴发在1958年、1963年和1977年，1958年在沙埠村10米长的一垅小麦内就发现黏虫300余只，1977年发生面积1.3万公顷。1996年，麦田灰飞虱开始发生，并呈上升趋势。1993年8月底，县内四代棉铃虫、稻纵卷叶螟大发生，棉田受虫害面积8万亩；稻纵卷叶螟危害面积达2万亩。2006年，小麦吸浆虫在兰陵、南桥和长城等乡镇发生，全县共发生面积200公顷上下。

第六节　地　震

1668年7月25日晚（清康熙七年农历六月十七日戌时），山东省南部的郯城县发生了8.5级地震，震中位于北纬35.3°、东经118.6°，震中烈度达12度，历史上称为“郯城大地震”今苍山县境内属重灾区。

1967年2月20日发生4.3级地震。1990年8月1日在车辋发生4.4级地震，震感强烈，余震数次。1995年9月20日在苍山县（北纬34°57′、东经118°06′）发生5.2级地震，震中烈度Ⅵ度。极震区呈北北西向近似椭圆形，地震使16间房屋倒塌、484间房屋严重破坏，320人受伤（其中重伤56人），无人员死亡。地震造成的经济损失达1990万元。

第二编
人口与计划生育

蒼山縣志

1949年，苍山县总人口472100人，至2010年，户籍人口1289581人。北部丘陵地区人口密度为543人/平方千米,南部平原地区人口密度为913人/平方千米。2010年,第六次人口普查,0～19岁人口329444人，人口比重28.35%；20～39岁人口358752人，人口比重30.88%；40～64岁人口为367491人，人口比重31.63%；65岁及以上人口106281人，人口比重9.15%。2010年，全县常住人口中，除汉族外，有回族、蒙古族等25个少数民族，共5663人。

第一章　人　口

第一节　人口数量

1949年，苍山县总人口472100人，1956年，全县总人口629742人，比1949年净增人口157642人。1949年—1956年，年均净增15764人，为苍山县第1次人口出生高峰期。1958年—1960年，因自然灾害及“大跃进”的影响，国民经济、人民生活出现严重困难，人口发展亦进入低谷时期。1959年后，人口逐年递增，1965年—1972年的8年间，全县净增人口155747人，年均净增19468人，年均自然增长率26.11‰，为苍山县第2次人口出生高峰期。1983年，人口自然增长率为8.81‰。1984年—1991年的8年间，全县净增人口146615人，年均净增18326人，年均自然增长率16.92‰，为苍山县第3次人口出生高峰期。2010年，户籍人口1289581人，2006年—2010年的5年间，全县净增人口100777人，年均净增20155人，为苍山县第4次人口出生高峰期。

第二节　人口密度与分布

1953年，苍山县人口密度336人/平方千米。1965年,苍山县人口密度377人/平方千米，1989年，苍山县人口密度人口密度556人/平方千米。2000年，苍山县人口为1164932人，人口密度647人/平方千米，每平方千米比临沂市多出69人，比山东省多出70人，比全中国多出527人。2010年，苍山县人口为1289581人，人口密度748人/平方千米，每平方千米比临沂市多出126人，比山东省多出139人。下村乡人口最稀，密度为370人/平方千米。卞庄街道人口最密，密度为1256人/平方千米。

第三节　人口构成

性别构成

新中国成立以后至20世纪80年代初，苍山县性别比保持基本平衡。20世纪90年代上升为107∶100，性别平衡被打破。第五次人口普查，0～4岁、5～9岁的性别比分别高达127∶100、118∶100；第六次人口普查，0～4岁、5～9岁的性别比分别高达136∶100、123∶100。

1949年—2010年苍山县部分年份性别构成（比例）情况

表2—1

年份	总人口	男		女		男女性别比（以女子人数为100）
		人数	占总人口（%）	人数	占总人口（%）	
1949	472100	236500	50.10	235600	49.90	100
1953	581471	290043	50.12	290043	49.88	100
1964	663799	328192	50.56	328192	49.44	102
1982	936769	458353	51.07	458353	48.93	104
1996	1115494	574360	51.49	541134	48.51	107
2000	1128161	579579	51.37	548582	48.63	105
2010	1161932	598415	51.50	563517	48.50	106

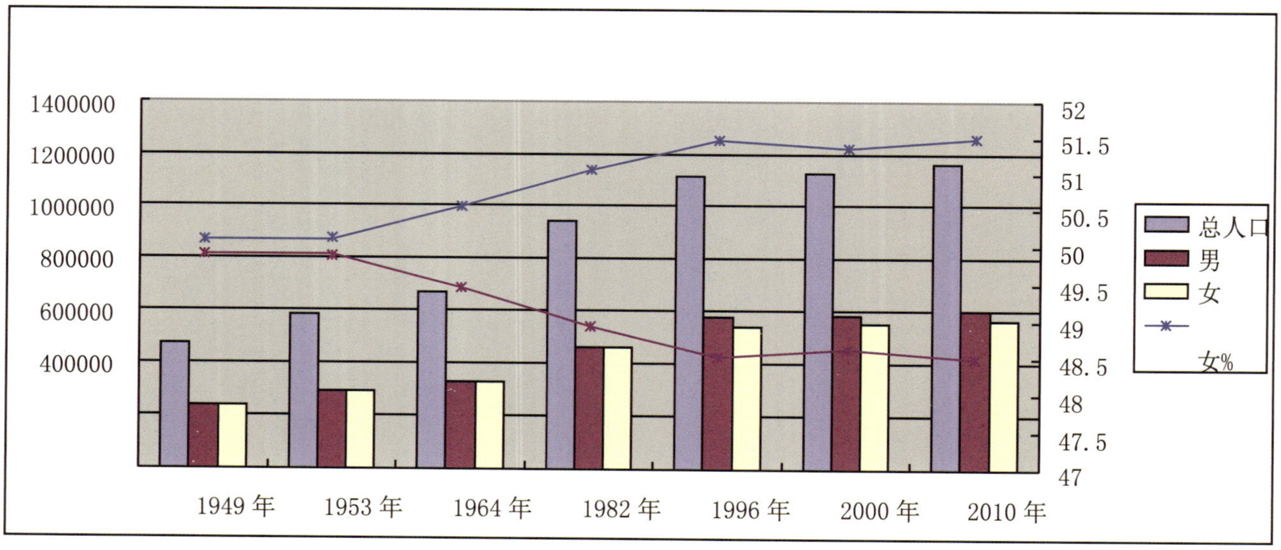

图2—1 1949年—2010年苍山县部分年份性别构成（比例）柱状图

年龄构成

1949 年全县人口中，0 ～ 14 岁人口比重为 29.30%，65 岁以上的人占比重为 17.20%。因 50 年代高出生率的影响，1964 年人口普查时，0 ～ 14 岁人口比重上升到 43.88%，65 岁以上人口比重降至 4.26%。1982 年人口普查，0 ～ 14 岁人口比重降为 33.35%，65 岁以上人口比重为 5.05%，65 岁以上人口与 0 ～ 14 岁人口之比为 15.16%。2000 年第五次人口普查时，0 ～ 19 岁人口 385126 人，人口比重 34.18%；20 ～ 39 岁人口 362809 人，人口比重 32.16%；40 ～ 64 岁人口 288876 人，人口比重为 25.61%；65 岁及以上人口 91170 人，人口比重 8.08%。2010 年第六次人口普查时，0 ～ 19 岁人口 329444 人，人口比重 28.35%；20 ～ 39 岁人口 358752 人，人口比重 30.88%；40 ～ 64 岁人口 367491 人，人口比重 31.63%；65 岁及以上人口 106281 人，人口比重 9.15%。

1964 年、1982 年、1996 年苍山县人口年龄构成情况

表 2—2

年龄段	1964 年 7 月		1982 年 7 月		1996 年	
	人数	占总人口（%）	人数	占总人口（%）	人数	占总人口（%）
0 岁～ 4 岁	102808	15.57	85006	9.17	33320	2.99
5 岁～ 9 岁	97289	14.73	977690	10.54	131214	11.76
10 岁～ 14 岁	89688	13.58	126315	13.63	116433	10.44
15 岁～ 19 岁	54269	8.22	110781	11.95	86236	7.73
20 岁～ 24 岁	44946	6.80	83144	8.97	92073	8.25
25 岁～ 29 岁	40362	6.11	86955	9.38	119088	10.68
30 岁～ 34 岁	45186	6.84	69676	7.52	107500	9.64
35 岁～ 39 岁	35520	5.38	48004	5.18	79515	7.13
40 岁～ 44 岁	32463	4.92	39219	4.23	84900	7.61
45 岁～ 49 岁	25311	3.83	40329	4.35	65197	5.84
50 岁～ 54 岁	23998	3.63	38992	4.21	49398	4.43
55 岁～ 59 岁	22138	3.35	29807	3.22	38468	3.45
60 岁～ 64 岁	18262	2.77	23912	2.58	37126	3.33
65 岁～ 69 岁	11473	1.74	19693	2.13	31014	2.78
70 岁～ 74 岁	9715	1.47	13175	1.42	21358	1.91
75 岁～ 79 岁	4768	0.27	8947	0.97	11078	1.00
80 岁～ 84 岁	1756	0.06	3853	0.42	6692	0.60

续表 2—2

年龄段	1964 年 7 月		1982 年 7 月		1996 年	
	人数	占总人口（%）	人数	占总人口（%）	人数	占总人口（%）
85 岁～89 岁	364	0.01	989	0.11	3410	0.30
90 岁～94 岁	43	—	154	0.02	1181	0.11
95 岁～99 岁	3	—	18	—	19	—
100 岁及以上	1	—	1	—	19	—
人口总计	660372	100%	926660	100%	1115494	100%

说明：本表人口总数为户籍人口数，非人口普查数

2010 年苍山县第六次人口普查人口年龄构成及性别比情况

表 2—3

年龄段	全县总人口：1161932		男：598415	女：563517	男女占总人口百分比		男女性别比（以女子人数为 100）
	人数	占总人口(%)			男	女	
					51.5	48.5	106
0 岁～4 岁	104275	8.97	60027	44248	5.17	3.81	136
5 岁～9 岁	106641	9.18	58876	47765	5.07	4.11	123
10 岁～14 岁	56857	4.89	31308	25549	2.69	2.20	123
15 岁～19 岁	61671	5.31	32798	28873	2.82	2.48	114
20 岁～24 岁	128984	11.10	62895	66089	5.41	5.69	95
25 岁～29 岁	91177	7.85	44376	46801	3.82	4.03	95
30 岁～34 岁	64021	5.51	32102	31919	2.76	2.75	101
35 岁～39 岁	74570	6.42	38865	35705	3.35	3.07	109
40 岁～44 岁	100862	8.68	50818	50044	4.37	4.31	102
45 岁～49 岁	81162	6.99	41327	39835	3.56	3.43	104
50 岁～54 岁	68364	5.88	35521	32843	3.06	2.82	108
55 岁～59 岁	70248	6.05	36530	33718	3.14	2.91	108
60 岁～64 岁	46819	4.03	23379	23440	2.01	2.02	100
65 岁～69 岁	34814	3.00	17060	17754	1.47	1.53	96
70 岁～74 岁	26080	2.24	12576	13504	1.08	1.16	93

续表 2—3

年龄段	全县总人口：1161932		男 :598415	女 :563517	男女占总人口百分比		男女性别比（以女子人数为 100）
					男	女	
	人数	占总人口(%)			51.5	48.5	106
75 岁～79 岁	23419	2.02	10832	12587	0.93	1.09	86
80 岁～84 岁	13603	1.17	6019	7584	0.52	0.65	79
85 岁～89 岁	6290	0.54	2430	3860	0.21	0.33	63
90 岁～94 岁	1691	0.15	566	1125	0.05	0.10	50
95 岁～99 岁	361	0.03	104	257	0.01	0.02	40
100 岁及以上	23	—	6	17	—	—	35

说明：本表人口总数为人口普查数，非户籍人口数

2010 年苍山县百岁老人情况

表 2—4

姓名	性别	民族	出生年月	家庭住址
吕陈氏	女	汉	1906.08	磨山镇大含山村
李王氏	女	汉	1908.03	磨山镇磨山东村
沈永忠	男	汉	1910.09	大仲村镇西辛庄村
赵　氏	女	汉	1910.10	长城镇李宅村
高张氏	女	汉	1905.06	卞庄镇西纸坊村
宋王氏	女	汉	1908.01	南桥镇宋庄村
周李氏	女	汉	1909.05	南桥镇宋疃村
杨玉安	男	汉	1908.08	尚岩镇王楼南村
马英全	女	汉	1910.12	尚岩镇西水沟村
万才英	女	汉	1905.03	尚岩镇会宝岭村
翟甲恩	女	汉	1905.08	芦柞镇任河湾村
李潘氏	女	汉	1910.12	贾庄乡东大桥村
赵加云	女	汉	1910.04	下村乡下村村
杨树英	女	汉	1907.01	庄坞镇南多福庄村
李秀英	女	汉	1903.07	庄坞镇涌泉前村

续表 2—4

姓名	性别	民族	出生年月	家庭住址
赵宋氏	女	汉	1909.11	卞庄街道中圩村
耿义美	女	汉	1910.04	鲁城镇寨山前村
李玉英	女	汉	1910.02	兰陵镇埠后村
彭　氏	女	汉	1910.06	南桥镇宋疃村

文化构成

新中国成立初期，苍山县受教育人口占人口比重很低。到1964年全国第二次人口普查时，大学学历185人，占总人口的0.0027%；高中学历1673人，占总人口0.25%；初中学历9308人，占总人口1.37%；小学学历81845人，占总人口12.03%；文盲、半文盲336000人，占49.36%；7～12岁辍学儿童91474人，占20岁以下辍学人口的40%。

1982年全国第三次人口普查时，6岁以上人口825300人，小学以上学历的356000人，占6岁以上人口的43.15%，占总人口的38.43%。其中，大学570人，高中33491人，初中91009人，小学23.1万人，分别比1964年增长2倍、19倍、9倍、2倍。文盲、半文盲比1964年减少30716人。

1996年全县15大类行业中，受教育程度较高的是教育、文化、卫生、艺术部门，程度较低的是农牧林渔业，文盲、半文盲占本行业人口的20%。在8大职业中，受教育程度较高的是各类专业技术人员及国家机关、党群组织、企事业单位负责人。大专、高中（中专）各占本职业人口的3.5%、52.3%。从事农、林、牧、渔劳动者受教育程度最低，每10万人中有31名大学文化的人，文盲、半文盲占本职业19.6%以上。2010年第六次人口普查时，6岁及以上人口1031565人，各类学历分布是：研究生277人，大学本科8115人，大学专科18466人，高中77016人，初中402851人，小学426988人，未受教育97762人。

2010年苍山县6岁及以上人口分性别受教育程度情况（一）

表 2—5

单　位	6岁及以上人口总计			研究生			大学本科			大学专科		
	总计	男	女	小计	男	女	小计	男	女	小计	男	女
全　县	1031565	523874	507691	277	175	102	8115	4826	3289	18466	10742	7724
卞庄街道	196161	99078	97083	143	95	48	5749	3350	2399	10484	5930	4554
大仲村镇	72559	37020	35539	8	6	2	255	170	85	636	384	252
兰陵镇	86378	44594	41784	18	8	10	254	161	93	1057	657	400
长城镇	45188	22764	22424	8	5	3	118	74	44	602	364	238
磨山镇	57428	29076	28352	7	6	1	143	90	53	376	211	165
神山镇	45440	23261	22179	10	4	6	145	88	57	383	212	171

续表 2—5

单　位	6岁及以上人口总计			研究生			大学本科			大学专科		
	总计	男	女	小计	男	女	小计	男	女	小计	男	女
车辋镇	44951	22910	22041	2	1	1	88	63	25	308	172	136
尚岩镇	35963	18500	17463	1	1	—	128	83	45	385	238	147
向城镇	47147	23996	23151	7	4	3	112	60	52	598	354	244
新兴镇	35416	18124	17292	13	6	7	122	86	36	378	250	128
南桥镇	52411	26520	25891	12	10	2	95	61	34	325	197	128
层山镇	39958	19888	20070	6	2	4	139	76	63	427	233	194
庄坞镇	34347	17288	17059	2	—	2	68	48	20	348	200	148
鲁城镇	32719	16973	15746	16	13	3	131	84	47	463	312	151
矿坑镇	29541	15093	14448	7	5	2	117	69	48	346	209	137
贾庄乡	41524	21257	20267	2	1	1	66	39	27	239	140	99
下村乡	35285	17913	17372	3	1	2	64	39	25	294	171	123
三合乡	29492	14830	14662	1	—	1	52	26	26	148	94	54
兴明乡	31904	16223	15681	5	5	—	121	78	43	298	184	114
二庙乡	37753	18566	19187	6	2	4	148	81	67	371	230	141

2010年各乡镇6岁及以上人口分性别受教育程度情况（二）

表 2—6

单　位	高中			初中			小学			未上学		
	小计	男	女	小计	男	女	小计	男	女	小计	男	女
全　县	77106	49361	27745	402851	227133	175718	426988	199290	227698	97762	32347	65415
卞庄街道	30714	17385	13329	66885	35617	31268	72165	33639	38526	10021	3062	6959
大仲村镇	4186	2969	1217	31809	17960	13849	29621	13444	16177	6044	2087	3957
兰陵镇	5560	3860	1700	34257	19286	14971	35118	17266	17852	10114	3356	6758
长城镇	2211	1537	674	17002	9927	7075	20656	9412	11244	4591	1445	3146
磨山镇	2995	2092	903	26206	14687	11519	23659	10706	12953	4042	1284	2758
神山镇	2300	1586	714	18453	10562	7891	20760	9647	11113	3389	1162	2227
车辋镇	1848	1245	603	17081	9840	7241	19443	9293	10150	6181	2296	3885

续表 2—6

单位	高中			初中			小学			未上学		
	小计	男	女	小计	男	女	小计	男	女	小计	男	女
尚岩镇	2264	1590	674	14076	8041	6035	15805	7465	8340	3304	1082	2222
向城镇	3191	2129	1062	19709	11188	8521	17877	8444	9433	5653	1817	3836
新兴镇	1818	1290	528	12854	7514	5340	15151	7221	7930	5080	1757	3323
南桥镇	2264	1548	716	19592	11230	8362	25378	11988	13390	4745	1486	3259
层山镇	3154	1976	1178	17903	9625	8278	15585	7128	8457	2744	848	1896
庄坞镇	2520	1666	854	15606	8585	7021	13115	6086	7029	2688	703	1985
鲁城镇	1852	1310	542	13018	7576	5442	13202	6325	6877	4037	1353	2684
矿坑镇	2197	1585	612	13024	7455	5569	10321	4557	5764	3529	1213	2316
贾庄乡	1936	1384	552	15977	9230	6747	17553	8417	9136	5751	2046	3705
下村乡	1752	1198	554	12931	7417	5514	15458	7266	8192	4783	1821	2962
三合乡	1051	757	294	10934	6487	4447	13999	6354	7645	3307	1112	2195
兴明乡	1531	1021	510	11246	6521	4725	15153	7204	7949	3550	1210	2340
二庙乡	1762	1233	529	14288	8385	5903	16969	7428	9541	4209	1207	3002

职业构成

计划经济时期，从事农业是绝大多数人就业谋生的出路。随着社会与科技的发展与进步，特别是改革开放后，广大农民逐步从农业中解放出来，进入到第二、第三产业等各种经济领域，苍山农民从“10万菜农闯江南”发展到“20万菜农经营江南”，彻底打破了原有的以“吃上国库粮、端上铁饭碗”为荣的观念，就业谋生呈现出多元化格局。

1950年，苍山县农业人口占总人口的99.7%。1985年，苍山县农业人口占总人口的95.8%。1989年，苍山县农业人口占总人口的88.14%。1996年，苍山县农业人口占总人口的85.37%，2010年，苍山县农业人口占总人口的88.25%。2010年，在国有和城镇集体单位从业人员中，男女比例分别为65.66%、34.34%，从业人员多集中在教育、公共管理、卫生医疗、制造、建筑等吸纳劳动力强的行业。

2010年苍山县国有和集体单位从业人口情况

表 2—7

类别	人数	男		女	
		人数	占总从业人数（%）	人数	占总从业人数（%）
各种从业人口总计	30671	20140	65.66	10351	34.34

续表 2—7

类 别	人数	男		女	
		人数	占总从业人数（%）	人数	占总从业人数（%）
农林牧渔业	734	570	77.65	164	22.35
制造业	3806	2553	67.08	1253	22.92
电力、燃气及水的生产和供应业	1443	1166	80.80	277	19.20
建筑业	1623	1426	87.86	197	12.14
交通运输、仓储和邮政业	67	48	71.64	19	28.36
批发和零售业	1534	720	46.93	814	53.07
住宿和餐饮业	202	122	60.39	80	39.61
金融业	879	553	62.91	326	37.09
房地产业	103	72	69.90	31	30.10
租赁和商务服务业	137	103	75.18	34	24.82
科学研究、技术服务和地质勘查业	507	331	65.29	176	34.71
水利、环境和公共设施管理业	887	499	56.25	388	43.75
居民服务和其他服务业	159	92	57.86	67	42.14
教育	8593	5859	68.18	3094	31.82
卫生、社会保障和社会福利业	3020	1237	40.96	1783	59.04
文化、体育和娱乐业	81	42	51.85	39	48.15
公共管理和社会组织	7036	5144	73.11	1892	26.89

民族构成

1996 年，除汉族外，全县有回族、满族、苗族、蒙古族、彝族、朝鲜族、布依族、哈尼族、傣族、壮族、畲族、黎族、纳西族、达斡尔族、水族、瑶族、侗族、土族、拉祜族、珞巴族、佤族、土家 22 个少数民族。汉族人口最多，占全县总人口的 99.61%。回族次之，以磨山、尚岩、大仲村镇比较集中，其中磨山镇最多，有 2 个回民村，2941 人。

2010 年，全县常住人口中，除汉族外，有回族、蒙古族、藏族、维吾尔族、苗族、彝族、壮族、布依族、朝鲜族、满族、土家族、哈尼族、哈萨克族、傣族、黎族、傈僳族、佤族、拉祜族、纳西族、土族、布朗族、羌族、仡佬族、德昂族、鄂伦春族 25 个少数民族，5663 人，分布在全县 17 乡镇和部分县直单位。其中，回族 5484 人，占少数民族人口的 96.8%；有 9 个民族村（居），分别是磨山镇西疃村、马庄村、皇甫寺村、孙庄村，尚岩镇马套村、杨套村、坦上集村，层山镇新吴庄村，大仲村镇大仲村。

第一、二、三、四次人口普查苍山县民族构成情况

表 2—8

民族	1953 年 第一次普查		1964 年 第二次普查		1982 年 第三次普查		1990 年 第四次普查	
	人数	占总人口(%)	人数	占总人口(%)	人数	占总人口(%)	人数	占总人口(%)
总人口	575039	100.00	660371	100.00	926659	100.00	1082844	100.00
汉族	573082	99.70	657805	99.60	923080	99.61	1078699	99.61
回族	1957	0.30	2563	0.40	3570	0.39	4059	0.38
蒙古族	—	—	1	—	—	—	6	—
满族	—	—	1	—	9	—	15	—
彝族	—	—	—	—	—	—	17	—
朝鲜族	—	—	—	—	—	—	7	—
哈尼族	—	—	—	—	—	—	6	—
拉祜族	—	—	—	—	—	—	2	—
布依族	—	—	—	—	—	—	7	—
珞巴族	—	—	—	—	—	—	1	—
苗族	—	—	—	—	—	—	9	—
傣族	—	—	—	—	—	—	2	—
佤族	—	—	—	—	—	—	2	—
土家族	—	—	—	—	—	—	5	—
壮族	—	—	—	—	—	—	2	—
水族	—	—	—	—	—	—	2	—
瑶族	—	—	—	—	—	—	1	—
侗族	—	—	—	—	—	—	1	—
土族	—	—	—	—	—	—	1	—

第五次、第六次人口普查苍山县民族构成情况

表 2—9

民族	2000 年第五次人口普查		2010 年第六次人口普查	
	人数	占总人口（%）	人数	占总人口（%）
总人口	1128161	100.00	1161932	100.00
汉族	1122876	99.53	1156269	99.51
蒙古族	313	0.02	14	—
回族	4633	0.41	5484	0.47
藏族	39	—	2	—
维吾尔族	17	—	4	—
苗族	37	—	17	—
彝族	77	—	32	—
壮族	16	—	11	—
布依族	26	—	11	—
朝鲜族	36	—	8	—
满族	27	—	13	—
侗族	4	—	—	—
瑶族	3	—	—	—
白族	2	—	—	—
土家族	4	—	7	—
哈尼族	6	—	9	—
哈萨克族	1	—	3	—
傣族	1	—	1	—
黎族	1	—	4	—
傈僳族	7	—	7	—
佤族	9	—	13	—
拉祜族	12	—	5	—
纳西族		—	1	—

续表 2—9

民族	2000 年第五次人口普查		2010 年第六次人口普查	
	人数	占总人口（%）	人数	占总人口（%）
土族	1	—	8	—
达斡尔族	5	—	—	—
羌族	1	—	1	—
布朗族	4	—	5	—
仡佬族	—	—	1	—
普米族	2	—	—	—
鄂温克族	1	—	—	—
德昂族	—	—	1	—
鄂伦春族	—	—	1	—

姓氏构成

2010 年苍山县共有姓氏 566 个，按姓氏笔画排列如下：

单姓

2 画：

丁、卜、刁、乜

3 画：

于、干、万、土、才、山、凡、广、弓、卫、习、马

4 画：

丰、王、井、元、韦、云、木、支、区、尤、车、巨、戈、瓦、水、贝、午、牛、毛、仆、仇、仉、化、从、公、仓、丹、乌、凤、勾、殳、卞、文、方、亢、火、计、尹、孔、巴、邓、双

5 画：

未、甘、艾、古、厉、左、石、戊、龙、平、东、卡、占、卢、帅、叶、申、田、史、冉、丘、付、代、白、丛、印、乐、卯、包、主、邝、冯、兰、汉、宁、司、弘、皮、边、台、母

6 画：

匡、刑、邢、戎、吉、巩、扬、朴、权、臣、厍、有、达、成、尧、毕、师、曲、吕、年、朱、乔、伍、伏、仲、任、华、仰、伊、向、后、全、危、邬、庄、庆、刘、齐、衣、充、闫、羊、关、米、江、汲、池、汝、汤、宇、安、祁、许、农、那、艮、阮、孙、阳、阴、牟、红、纪

7 画：

寿、远、扶、贡、芮、花、苍、严、芦、劳、苏、杜、巫、李、杨、束、邴、来、连、步、肖、时、吴、员、别、岑、利、邱、何、但、伯、佟、位、佘、余、谷、郎、狄、邹、言、况、应、冷、辛、闵、汪、沙、沃、沈、怀、宋、初、迟、张、陆、阿、陈、邵、郈

8 画：

武、幸、苗、英、苟、苑、范、茅、林、杏、松、杭、郁、欧、郏、斩、卓、虎、尚、昊、杲、国、昌、畅、明、易、罗、帕、牧、和、季、竺、侍、岳、佴、岱、金、周、鱼、冼、庞、於、郑、单、法、沿、学、宗、官、空、宓、郎、房、居、屈、孟、降、练、终、经、贯

9 画：

封、项、赵、贲、郝、荆、荀、荣、胡、茹、

柯、查、相、柏、柳、郦、咸、战、哈、钟、钦、钭、钮、郜、秋、段、保、禹、侯、须、俞、郗、逄、昝、饶、施、闻、养、姜、类、娄、洪、宣、宦、宫、祖、祝、费、胥、娇、姚、娜、贺、羿、骆、骈

10 画：

秦、班、敖、素、袁、都、耿、聂、莫、莘、晋、桂、桓、索、栗、贾、夏、原、顾、柴、党、晁、晏、钱、铁、倪、徐、殷、爱、奚、翁、凌、栾、高、郭、席、唐、益、浦、涂、家、容、宰、诸、谈、展、陶、姬、通、能、桑

11 画：

堵、黄、菅、萧、梵、梅、曹、戚、龚、盛、常、鄂、啜、崔、银、笪、符、敏、偃、脱、麻、庾、康、章、商、阎、盖、渠、深、梁、寇、宿、谌、扈、逯、屠、隋、隗、隆、巢

12 画：

琴、越、揭、彭、斯、葛、董、敬、蒋、韩、辜、植、惠、覃、赏、喇、景、喻、智、嵇、程、傲、傅、焦、储、舒、鲁、童、曾、湛、湖、温、滑、渝、游、富、甯、禄、谢、强、缑

13 画：

鄢、靳、蓝、蒯、蓟、蓬、蒲、蒙、楚、裘、赖、甄、雷、督、訾、虞、路、筱、简、鹏、腾、詹、鲍、解、廉、雍、阙、满、溯、慎、窦、褚、福

14 画：

慕、蔡、蔺、蔚、臧、裴、管、僧、雒、廖、韶、阚、漆、漫、谭、谯、暨、翟、熊、缪

15 画：

樊、暴、墨、稽、黎、滕、颜、潘

16 画：

燕、薛、薄、融、霍、冀、穆、衡

17 画：

璩、戴、鞠、魏、糜、濮

18 画：

藩、瞿

19 画：

簿

20 画：

酆、籍

复姓：

上官、万俟、太叔、司马、司徒、令狐、宇文、欧阳、呼延、宗政、南宫、皇甫、夏侯、诸葛、尉迟、端木

第四节　人口变动

自然变动

1949 年，苍山县年均人口出生率 3.6%，死亡率为 1.25%，自然增长率为 2.35%。1949 年后，出现 1953 年—1956 年、1965 年—1972 年两次人口增长高峰期。1973 年始，逐步进入有计划的发展时期。

1953 年—2010 年苍山县人口自然变动情况

表 2—10

年　度	总户数	总人口	人口自然变动					
			出　生		死　亡		自然增长	
			人数	出生率（‰）	人数	死亡率（‰）	人数	增长率（‰）
1953	132297	581471	19266	33.50	5924	10.30	13342	23.20
1954	133477	598990	22757	38.55	5675	9.61	17077	28.94

续表 2—10

年　度	总户数	总人口	人口自然变动					
			出　生		死　亡		自然增长	
			人数	出生率（‰）	人数	死亡率（‰）	人数	增长率（‰）
1955	136429	616401	24586	40.50	7143	11.77	17443	28.73
1956	149129	629742	22399	35.95	6009	9.64	16390	26.31
1957	147799	649382	23257	36.21	8548	13.31	14709	22.90
1958	148723	657665	16493	25.59	7362	11.42	9131	14.17
1959	137418	592378	13877	22.20	7889	12.62	5988	9.58
1960	141054	592652	13855	23.43	6926	11.69	6959	11.74
1961	146510	611192	16789	27.62	6505	10.64	10674	16.98
1962	248061	639647	32361	51.74	8171	13.06	24190	38.68
1963	151253	657392	27738	42.77	8640	13.32	19098	19.45
1964	151224	663799	19110	28.93	10142	15.35	8968	13.58
1965	152226	680556	26960	40.11	7591	11.29	19369	28.82
1966	154176	700280	26617	38.55	7154	10.36	19463	28.19
1967	156524	716047	21214	29.96	6659	9.04	14555	20.56
1968	161413	739337	27651	38.00	4909	6.75	22742	31.25
1969	165650	764173	24105	32.00	4540	6.00	19565	26.00
1970	168340	784640	27351	35.32	5389	6.96	21962	28.36
1971	172066	801044	23794	30.31	6802	8.58	16992	21.43
1972	176332	819546	25630	31.63	5918	7.30	19712	24.33
1973	177387	834069	20101	24.31	5377	6.50	14724	17.81
1974	183278	844337	17214	20.51	5716	6.81	11498	13.70
1975	188766	860271	22677	26.61	5714	6.70	16963	19.91
1976	192163	873316	18662	21.53	5294	6.11	13368	15.42
1977	195503	881676	14855	16.93	5676	6.47	9179	10.46
1978	198492	888622	14548	16.44	5374	6.07	9174	10.37
1979	204617	896547	14753	16.53	5293	5.93	9460	10.60

续表 2—10

年　度	总户数	总人口	人口自然变动					
			出　生		死　亡		自然增长	
			人数	出生率（‰）	人数	死亡率（‰）	人数	增长率（‰）
1980	209006	905913	15075	16.73	5062	5.62	11013	11.11
1981	214454	920866	20556	22.51	5257	5.76	15299	16.75
1982	214895	936769	20248	21.80	3852	5.22	15396	16.58
1983	217664	945272	13219	14.05	4930	5.24	8289	8.81
1984	221216	954699	15994	16.84	4809	5.06	11158	11.78
1985	225746	965142	14704	15.23	4948	5.10	9756	10.10
1986	230240	976358	16456	16.85	4751	4.86	11750	11.98
1987	237743	988587	15427	15.60	4547	4.58	10880	11.00
1988	249470	1001593	16631	16.60	4837	4.82	11794	11.77
1989	262673	1012750	15570	15.37	4552	4.49	11018	10.87
1990	279314	1086811	63442	58.37	5166	4.75	58276	53.62
1991	287206	1101314	21154	19.20	5441	4.94	15713	14.26
1992	291598	1104046	10781	9.76	5706	5.16	5075	4.59
1993	291797	1105743	9191	8.31	5435	4.91	3756	3.39
1994	293252	1110142	13212	11.90	5825	5.24	7387	6.65
1995	296448	1112491	6211	5.58	5195	4.66	1016	0.91
1996	298714	1115494	9478	8.49	5692	5.10	3786	3.39
1997	299632	1126636	9189	8.20	5448	4.80	3741	3.30
1998	300992	1132520	16863	14.90	5724	5.00	11139	9.80
1999	305162	1137651	12064	10.60	5970	5.30	6094	5.40
2000	310624	1164932	23892	20.50	6326	3.10	17566	4.50
2001	311893	1169502	9817	8.40	4952	4.2	4865	3.90
2002	341037	1172862	10438	8.90	4926	4.3	5512	4.10
2003	346902	1175461	10094	8.70	5709	4.1	4385	4.00
2004	316891	1180191	10799	9.10	5495	4.7	5304	4.00

续表 2—10

年　度	总户数	总人口	人口自然变动					
			出　生		死　亡		自然增长	
			人数	出生率（‰）	人数	死亡率（‰）	人数	增长率（‰）
2005	315975	1184204	12979	9.60	7431	4.7	5548	4.70
2006	317168	1188804	11470	9.70	6335	5.3	5135	4.30
2007	318817	1193914	11890	9.90	6027	5	5863	4.90
2008	319709	1207228	13837	11.50	3880	3.2	9957	8.00
2009	322160	1222555	17098	14.00	5403	4.4	15327	12.00
2010	312132	1289581	120555	93.50	11022	8.5	109533	85.00

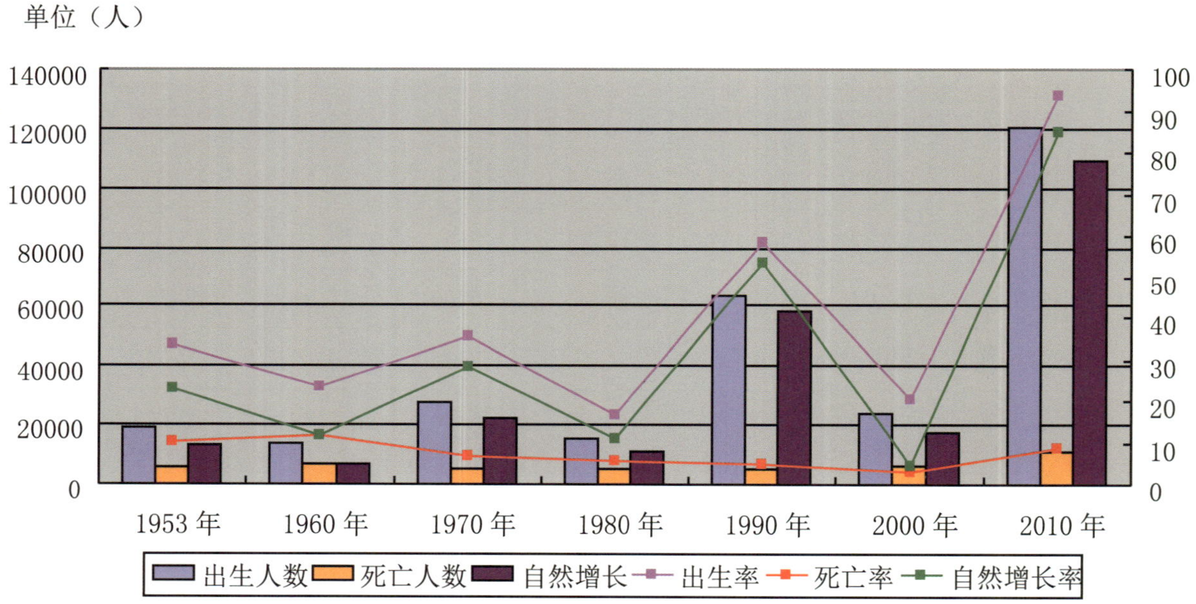

图 2—2　1953 年—2010 年苍山县人口自然变动柱状图

机械变动

改革开放以后，随着国家对流动人口政策的放宽，流动性人口数量增多，迁出人口主要是城镇人员工作调动、大中专院校新生入学、学生毕业后在外地就业等，迁入人口主要是退役军人还乡和毕业生分配安置等。

1953年—2010年苍山县人口机械变动情况

表2—11

年　份	总户数	总人口	人口机械变动		
			迁入人数	迁出人数	机械增长率（‰）
1953	132297	581471	—	—	—
1954	133477	598990	—	—	—
1955	136429	616401	—	—	—
1956	149129	629742	10245	12617	—
1957	147799	649382	—	—	—
1958	148723	657665	—	—	—
1959	137418	592378	—	—	—
1960	141054	592652	—	—	—
1961	146510	611192	—	—	—
1962	248061	639647	—	—	—
1963	151253	657392	—	—	—
1964	151224	663799	—	—	—
1965	152226	680556	—	—	—
1966	154176	700280	—	—	—
1967	156524	716047	—	—	—
1968	161413	739337	—	—	—
1969	165650	764173	—	—	—
1970	168340	784640	—	—	—
1971	172066	801044	—	—	—
1972	176332	819546	—	—	—
1973	177387	834069	—	—	—
1974	183278	844337	6733	7916	1.40
1975	188766	860271	—	—	—

续表 2—11

年份	总户数	总人口	人口机械变动		
			迁入人数	迁出人数	机械增长率（‰）
1976	192163	873316	7100	7451	0.40
1977	195503	881676	5331	6325	1.10
1978	198492	888622	7022	9234	2.40
1979	204617	896547	7807	9574	1.90
1980	209006	905913	9944	10174	0.20
1981	214454	920866	10877	11052	0.20
1982	214895	936769	9611	9113	-0.50
1983	217664	945272	5869	7515	1.70
1984	221216	954699	14900	16735	1.90
1985	225746	965142	8385	8787	0.40
1986	230240	976358	9548	10020	0.40
1987	237743	988587	10938	11102	0.40
1988	249470	1001593	9985	10135	0.10
1989	262673	1012750	9770	9538	0.10
1990	279314	1086811	20160	11289	-0.20
1991	287206	1101314	7637	8598	-0.81
1992	291598	1104046	6879	9165	0.80
1993	291797	1105743	10606	11948	2.00
1994	293252	1110142	9543	12380	1.20
1995	296448	1112491	24821	23584	2.50
1996	298714	1115494	13455	14114	-1.10
1997	299632	1126636	13699	11298	2.10
1998	300992	1132520	10230	10485	-0.20
1999	305162	1137651	9010	9973	-2.90

续表 2—11

年　份	总户数	总人口	人口机械变动		
			迁入人数	迁出人数	机械增长率（‰）
2000	310624	1164932	8143	9381	-1.00
2001	311893	1169502	7218	8028	-0.40
2002	341037	1172862	6538	7921	-1.20
2003	346902	1175461	6194	8018	-1.50
2004	316891	1180191	5900	7088	-1.00
2005	315975	1184204	5321	6989	-1.40
2006	317168	1188804	5288	5979	-0.50
2007	318817	1193914	5449	5637	-0.20
2008	319709	1207228	6323	5093	0.70
2009	322160	1222555	7080	4865	1.80
2010	312132	1289581	7379	6986	0.70

第二章　婚姻　家庭

第一节　婚姻状况

旧的社会条件下，女子处在社会最底层，受“夫为妻纲”“男尊女卑”等封建思想的影响，婚姻家庭关系严重扭曲。县境内的婚姻习俗主要遵循“父母之命，媒妁之言”的传统，讲究门当户对，双方父母同意则定亲。地主家庭存有一夫多妻现象，结婚年龄普遍偏低，多未成年即过门。

1949 年 7 月 19 日，山东省人民政府公布《修正山东省婚姻暂行条例》，规定男须满 20 岁，女须满 18 岁方能结婚。1950 年《中华人民共和国婚姻法》颁布实施，得到广大人民群众的拥护。当年到婚姻登记机关进行结婚登记的 1908 对，离婚的 167 对。争取婚姻自主、男女平等遂成潮流。1955 年，内务部公布《婚姻登记办法》，男女结婚建立起申请、审查、登记的完整法律程序。20 世纪 60 年代，开展保护军人婚姻的宣传教育，严肃处理破坏军婚案件。

1978 年，结合开展计划生育的基本国策，落实《中华人民共和国婚姻法》，晚婚晚育成为时尚。当年批准结婚 4530 对，其中晚婚 4009 对，占 88.5%。有 14 人男到女家落户。1981 年 4 月 28 日，第二部《中华人民共和国婚姻法》经第五届全国人大第三次会议通过并公布实施，男不得早于 22 周岁，女不得早于 20 周岁结婚。1984 年，批准结婚 8981 对，要求离婚的 456 对，准予离婚 164 对，占结婚总数的 1.8%。2001 年 4 月 28 日，第九次全国人大常委会第 20 次会议对 1981 年婚姻法进行修订，鼓励晚婚晚育。2003 年 10 月 1 日，国务院颁布的《婚姻登记条例》施行。2006 年—2010 年，办理结婚 45118 对、离婚 1402 对。

第二节　家庭构成

1953 年，苍山县总人口 581471 人，132297 个家庭户，户均 4.39 人。1982 年，苍山县总人口 936769 人，214895 个家庭户，户均 4.36 人。1990 年，苍山县总人口 1086811 人，279341 个家庭户，户均 3.89 人。1953 年—2000 年，苍山县家庭户数基本呈上升趋势，户人均数基本呈下降趋势。

2000 年—2010 年间，苍山县家庭户数、户人均数基本持平，家庭关系整体平稳。2010 年第六次人口普查，全县常住人口中家庭户人口 1146654 人，325487 个家庭户，户均 3.52 人。

第五次人口普查苍山县家庭户规模及代次构成情况

表 2—12

家庭规模	家庭户					
	全县家庭总户数	一代户	二代户	三代户	四代户	五代及以上户
	325284	66759	221804	32955	932	2
1 人户	22681	66759	—	—	—	—
2 人户	55079	22681	11732	—	—	—
3 人户	90412	43347	88254	1572	—	—
4 人户	90386	586	82019	8250	25	—
5 人户	45001	92	31693	13113	157	—
6 人户	13885	38	6681	6850	346	—
7 人户	3728	6	1167	2295	259	1
8 人户	934	—	210	624	99	1
9 人户	239	—	38	169	32	—
10 人及以上户	107	1	10	82	14	—

第六次人口普查苍山县家庭户规模及代次构成情况

表 2—13

家庭规模	家庭户					
	全县家庭总户数	一代户	二代户	三代户	四代户	五代及以上户
	325487	85783	177970	59938	1794	2
1 人户	29900	29900	—	—	—	—

续表 2—13

家庭规模	家庭户					
	全县家庭总户数	一代户	二代户	三代户	四代户	五代及以上户
	325487	85783	177970	59938	1794	2
2 人户	67111	54693	12418	—	—	—
3 人户	67831	873	64946	2012	—	—
4 人户	83583	197	74566	8786	34	—
5 人户	41479	78	20977	20173	251	—
6 人户	21365	26	3848	17016	475	—
7 人户	8817	8	887	7379	543	—
8 人户	3074	1	206	2561	305	—
9 人户	1221	2	71	1046	101	1
10 人及以上户	1106	5	51	965	85	1

第三章　计划生育

第一节　生育政策

1980 年 3 月，《山东省关于计划生育若干问题的试行规定》颁布实施后，苍山县随之印发《关于贯彻执行〈山东省关于计划生育若干问题的试行规定〉的通知》，明确提出每对夫妇只生一个孩子的要求。1984 年 5 月，山东省出台《关于二胎生育政策的暂行规定》，苍山县作出照顾生育二胎的有关规定，符合条件者须间隔 4 年以上的可再生育 1 个孩子。2002 年 9 月，山东省出台《山东省人口与计划生育条例》，鼓励公民晚婚晚育、少生优生，提倡一对夫妻生育一个子女。苍山县作出照顾生育二胎的有关规定，女方年满三十周岁以上可再生育 1 个孩子。至 2010 年仍在沿用。

第二节　生育管理

计划生育管理机构建设

1963 年，苍山县成立县避孕领导小组。1964 年，改称节制生育委员会，同年改为计划生育工作委员会。1970 年，苍山县成立计划生育领导小组。1974 年，改为中共苍山县委计划生育领导小组。1980 年，改为苍山县计划生育工作领导小组。1980 年 2 月，苍山县设计划生育办公室。1981 年 8 月，改为计划生育局。1984 年 5 月，改为计划生育委员会。2004 年 6 月，苍山县计划生育委员会更名为苍山县计划生育局。2005 年 7 月，苍山县计划生育局更名为苍山县人口和计划生育局。2010 年，下设 6 个行政科室，1 个科级事业单位，3 个副科级事业单位。

计划生育责任制落实

1982年9月，苍山县委、县政府印发《关于进一步做好计划生育工作的暂行规定》。1987年，苍山县委、县政府作出《关于计划生育工作的规定》。2001年—2010年，每年年初召开计划生育总结大会，并与乡镇、部门签订人口计生目标管理责任书，安排部署全年的人口和计划生育工作。

依法行政与人口综合治理

2001年—2010年，每年年初，县委、县政府与县直有关部门签订《履行计划生育分工职责责任书》，公安、民政、卫生、药监、计生等部门建立计划生育信息核查联席制度；宣传、广播电视部门加大对计划生育政策法规的宣传；纪检、监察部门对违反计生政策党员干部进行处理处罚；政法部门严厉打击破坏计划生育的违法行为；财政、审计部门协助计生部门征收社会抚养费；工会、共青团、妇联等群团组织组织开展各类相关活动，营造计划生育光荣的社会风气。

利益导向机制建设

2005年，苍山县设立计划生育公益金，主要对计划生育家庭实行奖励、扶助和救助活动。对60周岁以上的农村独生子女户和双女户计划生育家庭发放每人每年600元的奖励扶助金，对终生只要一女孩的计划生育家庭一次性给予2000元的奖励，对自愿落实长效节育措施的双女户家庭一次性给予2000元的奖励，对领取“独生子女父母光荣证”的夫妻每月给予10元的奖励，对计划生育特困家庭分别给予1000～3000元的救助。

2010年，兑现落实计划生育家庭在升学、就业、就医、养老、救助、生育、节育等方面奖励，60周岁以上符合国家规定奖励扶助对象奖励扶助金提高到720元。对报考本县普通高中的独生子女和农村合法生育两女绝育家庭的子女，给予总成绩加10分照顾。对符合国家奖励扶助政策的计划生育对象自愿参加新农合的，个人承担的费用全部由财政支付。

图2—3　全县计划生育村民自治工作培训班　（2010年摄）

村民自治合同化管理

2010年，以矿坑、庄坞为试点乡镇开展计划生育村民自治合同化管理，逐步摸索出“甲方当事人、乙方村委会一张合同，乡镇计生办、司法所两个部门监督见证，丙方三名担保人连带担保”的计划生育合同化管理模式：一是把计划生育行为与婚丧嫁娶、宅基地划分、责任田分配、拆迁补偿、婚嫁落户、村（居）集体经济收益分配等具体权益挂钩；二是同已婚育龄妇女、未婚青年、持《计划生育服务手册》和生育证的育龄妇女分别签订相应合同，并明确3人以上的经济信誉担保人共同承担违约责任。

第三节　生育宣传

1963年，大力开展计划生育宣传教育工作，全县培训2189名节制生育宣传员，在逢会、逢集时宣传计划生育方针政策，举办计划生育讲座，各公社成立计划生育领导小组，培训接生员、保健员、妇女干部。

1980年9月25日，中共中央发出《关于控制我国人口增长问题致全体共产党员、共青团员的公开信》，对宣传教育的发展起到巨大推进作用。

从 1981 年开始，每年进行 1 次计划生育宣传月活动。1984 年，学习荣成县“三为主”（宣传教育为主、避孕为主、经常性工作为主）的经验后，更加重视宣传教育工作。通过举办培训班、各种会议及广播、黑板报、宣传栏、文艺演唱、大字标语等形式，广泛宣传计划生育方针、政策和避孕节育知识。

2000 年—2010 年，苍山县各级党委、政府从开始抓包括宣传教育在内的网络建设，到配备专职干部，形成计划生育宣传工作组织网络体系，实施“中心带动、部门联动、乡镇齐动”工程，寓教于学、寓教于乐，大力宣传基本国情、基本国策、人口形势任务、方针政策、法律法规、避孕节育。

第四节　生育服务

20 世纪五六十年代，主要用避孕药和避孕套。1961 年始，苍山县开展放置节育环措施，1965 年后，普遍推广应用。男性结扎始于 1959 年，当年做男扎手术 1 例。女性结扎始于 1961 年，当年做女扎手术 1 例。以后逐年增加。1996 年，全县育龄夫妇节育率达 94.4%，出生率为 8.49‰，自然增长率为 3.39‰。2010 年，全县育龄夫妇节育率达 95.6%，出生率为 12.68‰，自然增长率为 8.14‰。

2005 年，按照“女性化、年轻化、知识化、专业化”的要求，采取竞争上岗、乡聘村用、县里备案的办法，公开选聘村计生专职主任。2006 年，县委组织部、县人事局、县编委办公室、县人口计生局四家联合，对乡镇计生办主任实行异地交流任职。乡镇服务站全部按规定配备专业技术人员，其中卫生专业技术人员占 70% 以上。2010 年，按照年轻化、知识化等方面的要求，调整充实乡镇计生办主任。

20 世纪 80 年代，县、乡、村普遍建立起计

图 2—4　2010 年 7 月 10 日，国家人口计生委副主任江帆（前排右一）到苍山视察计划生育工作

划生育服务站（室），形成计划生育服务网络。每年对已婚育龄妇女按季度进行一次健康查体服务；并为育龄妇女提供孕前优生 4 项病毒感染筛查、优生监测、监护、查访、产后随访、术后随访、发放药具、生殖保健咨询及妇科疾病的普查等服务，及时了解她们的身体状况、婴儿发育状况、手术后伤口愈合状况等。

2006 年，按照统一标准、统一条件，及国家人口计生委设计的图纸，加强乡镇服务站建设。每个服务站建筑面积达 1330 平方米，消毒供应室达 60 平方米，合理安排科室流程，服务流程便捷；外观设计严格按照国家要求，充分体现人文关怀。2006 年，县计划生育服务中心开始建设，2008 年建成。占地面积 12 亩，建筑面积 3660 平方米，基础设施符合标准，医疗设备先进，科室布局合理，服务环境温馨，是集计划生育技术服务、优生监测、培训指导、避孕药具管理“四位一体”的综合性服务机构。2010 年，县计划生育服务中心设有药房、收款室、B 超室、女性门诊、女性检查室、女性治疗室、流产放环室、乳检室、女性咨询室、视听室等技术服务科室。

第五节　晚婚晚育

1949 年前，苍山县境普遍存在早婚现象。“多

子多福”“早生儿孙早得继”的传统观念很深。1950年，《中华人民共和国婚姻法》颁布后，早婚现象逐渐减少。1969年开始提倡晚婚（男25周岁以上，女23周岁以上），在“计划生育和节制生育的十项规定”中指出：学生、练习生、学徒工在学习期间不准结婚，不论是普通中学、高等院校、技校一律不录取已婚生源，凡是已婚学生劝其自动退学，鼓励晚婚。是年自觉晚婚者6308余名。

1987年，苍山县对女方超过23周岁、男方超过25周岁结婚的，并在生育后落实避孕措施、自觉领取独生子女证者，产假时间在原规定56天的基础上增加3个月。1988年，女性初婚人数7300人，其中晚婚5005人，晚婚率68.6%。1996年，女性初婚人数6264人，其中晚婚6172人，晚婚率98.5%。2010年，女性初婚人数19327人，其中晚婚9722人，晚婚率50.3%。

第三编

城乡建设　环境保护

蒼山縣志

1947年—1950年，苍山县政府内设实业科，兼管基本建设。新中国成立后，城乡建设纳入计划。1982年，成立苍山县城市建设局。20世纪80年代后，对县城进行改造，逐年增加市政工程投入，完善城区道路，排水、绿化、照明等公共设施。2010年，县城区面积23平方千米；绿地1.55平方千米，人均绿地11平方米，建成区绿化覆盖率35%；有主要道路18条，总长度110多千米；2005年—2010年，安装路灯5340盏，道路亮化率99%；供水管网覆盖整个城区，自来水普及率80%；燃气普及率23.2%，集中供热普及率10%；建成污水处理场1座，垃圾处理厂1座，生产生活污水垃圾集中处理率达100%。县内的村镇建设标准高、投入大，出现一批社会主义新农村建设示范村，兰陵古镇文化旅游资源开发、向城镇蔬菜批发市场建设等各具特色。

城镇住房制度改革后，县内房地产开发发展迅速，至2010年，县境内有19家房地产开发公司，开发建设了33个居民小区，开发总面积200多万平方米。

改革开放后，工业生产和居民生活垃圾污染，日趋严重。2000年始，加大污染治理力度，县境内的环境得到初步治理，居住环境日益改善，生态环境更加和谐。

第一章 城乡规划

第一节 县城规划

总体规划

县城驻地卞庄是新中国后的新辟城镇，因始建初期缺乏统一规划，建设布局混乱。西部及北部距城区中心过远，功能分区不明确，工矿企业、行政机关与农民居住区相互交叉；道路系统不完善，对外连接的主要交通干线穿越城区，常出现交通堵塞；街道弯曲狭窄，坑洼不平，城镇容貌脏乱差，给生产和生活带来诸多不便。

1955年夏，进行第一次总体规划，首次确定修建5条主要街道，其中20米宽的4条、6米宽的1条。

1958年10月，进行第二次总体规划，规划面积30平方千米，划为生活区、商业区、工业区及车站等。

1981年10月，进行第三次是总体规划，规划范围东至东洳河，西至110千伏变电所，长约3.6千米；南至县酒厂，北至棉麻公司仓库，宽约2.5千米，面积为9平方千米。规划至1985年总人口控制在2.3万人以内，用地3.7平方千米；至2000年总人口控制在4万人以内，用地控制在6平方千米。

1994年11月，进行第四次城市总体规划编制工作，规划城市规模近期人口12万人，建城用地规模15.28平方千米；规划远期人口规模20万人，建城用地24平方千米，人均120平方米。规划范围：北至贾庄乡小东山、杏山、小岭西柞官庄一带，南至磨山镇的河套屯、芦柞的大古庄、三合乡的东王庄、西小庄一带；西至兴明乡的兴明街、北新村、贾庄的李屯、尚庄一带；东至神山镇的耿家庄、磨山镇的夏宅子、华严寺一带。规划将县城分为城北、城西、城南、城东4个片区。

2005年4月，进行第五次城市总体规划修编工作，总体规划期限为近期2005年—2010年、远期2011年—2020年、远景2021年—2050年，确定城市性质为以发展农副产品加工业为主的现代化山水园林城市。规划近期至2010年，城市人口20万人，用地23.95平方千米；远期至

2020年，城市人口30万人，用地35.28平方千米。远景规划范围为：东至临枣高速公路沿线以东500米；南至皇甫寺、大坊、连厂、南小庄、兴明乡的常于沟一线；西至贾庄乡齐庄、小山子、竹龙桥、堡子；北至贾庄乡的东山庄、邓王山前、晒钱埠，卞庄街道的前西柞、前月庄、莲子汪。规划总面积为195.77平方千米。布局结构确定为“两轴、两带、四区”。“两轴”指以中兴路和埝桥路为城市南北方向和东西方向的空间发展轴；“两带”指以九顶莲花山脉和东泇河为城市生态景观带；“四区”指城西工业区、老城区、东部新区、北部新区。发展方向为：近期城市向东向西发展，继续开发建设西部工业区、完善东部新城区；远期向北发展，建设北部新区，南部控制发展。

小区详细规划

1987年，编制县城第一个居住组团规划——《珠山住宅小区详细规划》，位于县城西部珠山南侧。规划占地面积2.4公顷，总建筑面积约4万平方米，居住人口约1500人，1996年建设完成。1995年，规划建设县城第二个居住组团——《建设小区详细规划》，位于县城南环路南侧、向阳路西侧。规划占地面积3.04公顷，总建筑面积5万平方米，居住人口约1900人。1999年6月，县政府委托武汉城市建设学院编制《苍山县东苑新区详细规划》，规划占地面积230公顷。该规划确立城区跨越东泇河发展的方向，为新区开发建设提供更加清晰的发展思路。重点明确两方面的布局：一是规划行政中心区，老城区的县委县政府办公区东迁；二是规划安居工程小区，缓解老城区居住紧张的问题。同年，编制县城第三个居住组团规划——《东苑小区详细规划》，规划占地面积10公顷，总建筑面积13.5万平方米，居住人口约4000人，2004年

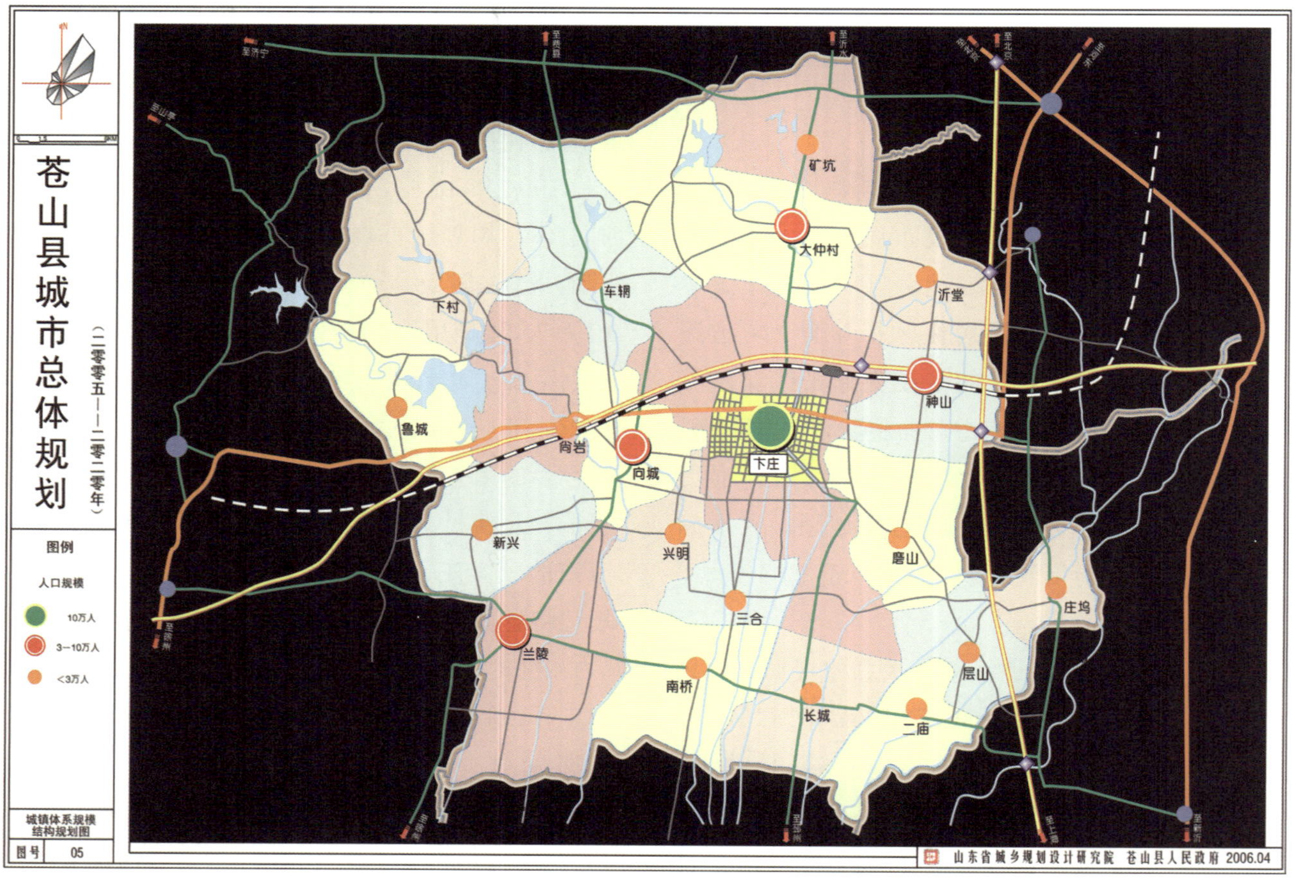

图3—1 苍山县城市总体规划（2005年—2020年）

建设完成。2003 年，规划建设县城第四个居住组团——《阳光花园住宅小区详细规划》，规划占地面积 9.3 公顷，总建筑面积 9.6 万平方米，居住人口约 3000 人，2006 年建设完成。2006 年，编制《兴和综合社区控制性详细规划》，位于县城埝桥路北侧、206 国道南侧、滨河西路西侧、中兴路东侧，规划占地面积 140.5 公顷，居住人口 2.8 万人。2009 年，编制《兰陵文化公园规划》，占地面积 12 公顷，位于新行政中心区南侧。公园内除绿化和硬化外，还建设博物馆、礼堂、图书馆等。

专业规划

绿地系统规划　2010 年编制《苍山县绿地系统规划（2010—2020）》，近期指标为人均公园绿地面积 16 平方米，绿地率 38%，绿化覆盖率 43%；远期指标为人均公园绿地面积 20 平方

图 3—2　县城绿地一角　（2010 年摄）

米，绿地率 40%，绿化覆盖率 45%；单位附属绿地面积占单位总用地面积不低于 30%，其中有污染的工厂绿地率不低于 35%，并要和居住区之间设立不少于 50 米的卫生防护绿带。

县域绿地系统空间布局为“一心、两网、多核”。“一心”指苍山县城区，“两网”指城市建设网和生态环境网，“多核”指由县域内各镇组成的功能片区。

城区绿地系统规划形成“一心、六点、七廊”的绿地系统空间结构。“一心”指兰陵文化公园，位于城区东部，是苍山城区绿色核心区；“六点”指塔山公园、湿地公园、莲花山公园、孤山公园、南北芙蓉山公园、三峰山公园，在城区中心及外围，利用自然山体，形成六大山体公园，丰富苍山自然生态环境；“七廊”指西汶河、孤山河、小汶河、东泇河、小岭河、泇河故道、吴坦河绿化廊道。

热力规划　2010 年，编制《苍山县城区热力专项规划》，规划范围 195.77 平方千米，规划期限 2010 年—2020 年。规划集中供热普及率，近期（2015 年）达到 17.5%，远期（2020 年）达到 50%；规划采暖供热面积，近期 2015 年达到 175 万平方米，远期 2020 年达到 776 万平方米。

燃气规划　2010 年，编制《苍山县城区燃气专项规划》，规划范围 195.77 平方千米，规划期限 2010 年—2020 年。近期城区管道天然气气化率确定为 60%；远期规划，城区人口达到 30 万人，气化人口 28.5 万人（约 8.9 万户），城区的天然气气化率将达到 95%。

第二节　村镇规划

新中国成立前，乡村建设没有规划，村庄自然散落，房屋高低无序、街巷狭窄弯曲、路面高洼不平。新中国成立初期至 20 世纪 60 年代，乡村建设仍然缺乏统一规划，农民建房由村里指定宅基地，房屋形式没有具体标准。20 世纪 70 年代，在改造农田过程中，虽然注意对山水林田路的综合治理，但村庄规划仍然未予重视。20 世纪 80 年代才开始注重乡村建设规划。

1983 年的规划，首先确定村镇性质和规模，然后根据有利生产、方便生活、节约土地、远近结合、因地制宜、合理布局的原则进行规划。平原村庄每户宅基地不超过 0.02 公顷，山区村庄每户宅基地不超过 0.027 公顷。道路分类定

额指标：主干道，乡镇级宽16～20米、村级宽10～12米；次主干道，乡镇级宽12～15米，村庄级宽6～8米；进户巷，乡镇级宽4～6米，村庄级宽3～5米。主干道间距，乡镇级300～500米，村庄级100～150米。次主干道间距，乡镇级100～200米，村庄级50～80米。乡镇驻地规划报县政府批准实施。村庄规划报乡镇政府批准实施，同时报县城乡建设委员会备案。全县农村规划是在原村址上规划的排房，即旧村改建，个别村庄规划新村，逐年搬迁建设。规划前，全县村庄占地9108公顷。规划后，占地8652.6公顷。共节约土地455.4公顷，占原村庄占地面积的5%。至1986年，全县28个乡镇和1171个行政村全部完成规划任务。

图3—3　曹湾村农民小康楼　（2008年摄）

1991年，县城乡建设委员会成立村镇建设服务中心。1994年成立苍山县村镇规划建设设计室，并在有条件的乡镇设专（兼）职规划设计员，同时在各乡镇成立苍山县村镇建设服务中心乡镇服务站。1991年，开始进行第二轮规划修编工作，1995年进行第三轮的规划修编，1996年12月，27个乡镇驻地总体规划的编制、论证、专家评审工作全部完成。2000年后进行第四轮规划编修工作。2004年，完成兰陵镇、向城镇、大仲村镇3个乡镇总体规划的修编。2005年，陆续对各乡镇总体规划进行修编。至2010年，共编制完成各类村庄规划915个，村庄建设规划完成85%。

第二章　城区建设

第一节　道路　桥梁

道路

1949年前，卞庄街只有前街和后街，宽6米，总长1320米。东、西更道、鸡市巷、当铺巷、大槐树底巷等15条街巷，全为土筑路面，狭窄弯曲，高低不平。1950年5月，苍山县人民政府驻地定于卞庄，随着县城基本建设的发展，道路不断增多、加宽、延长。1955年夏，新辟埝桥路、新华路、塔山路、中兴路、文化路，之后又增加泇河路、建设路、泉山路、利民路、龙泉街等。1996年，县城街道有34条，长91千米，占地面积106万平方米。其中，高级、次高级15条，长58.6千米，面积93万平方米。2000年，建设塔山路至埝桥路，全长360米、宽14米的混凝土路面。2001年，建设会宝路至新庄路，全长440米、宽14米的混凝土路面。

图3—4　滨河路　（2010年摄）

2007年—2008年，建设兰陵路至迎宾路，全长2280米，宽22米道路；兰陵路至玉泉路人行道，

图3—5　埝桥路　（2007年摄）

宽度为4米，玉泉路至迎宾路人行道，宽度为2米。2009年，建设新庄路至滨河东路，全长310米、宽14米的混凝土路面。1996年—2010年，新增道路16条，长35.22千米，面积58万平方米。2010年，城区有主要道路18条、长110.6千米，面积达到236万平方米。

兰陵路　原名埝桥路，2009年改称兰陵路。东起东环路，西至西环路，全长6220米、宽40米，原为潍徐公路穿越苍山县城的过境公路。建于1952年，经东、西埝头村南的漫水桥到五岔路口，长750米、宽6米，为砂石路面。1973年，路面拓宽到21米，中间行车道10米筑为沥青路面。1982年，路面拓宽到28米，延长到木器厂。1984年，从五岔路口到加油站，铺筑长400米、宽7米的混凝土路面。1987年—1988年，进行改造，原路向西延至发电厂。新延路段长2977米，占地102080平方米，除人行道外，全铺沥青。中段（埝头桥到木器厂）长1847米、宽40米，主车道宽15米，副车道、绿化带、人行道宽分别为6.5米、2米和4米。绿化带内栽植松柏、冬青、黄杨、紫荆花等共4万余株，安置双臂对称式路灯148盏。西段（木器厂到发电厂）长1130米、宽24米沥青路面。中西段两侧埋设直径80厘米排水水泥管，排入小汶河。埝头大桥到东环路之间长3120米，宽10米，1973年中间7米铺筑沥青路面。1987年—1988年，路面加宽到28米，铺筑沥青。1988年，在埝头桥西和五岔路口处，安装交通信号灯和曲臂式岗亭。1991年和1995年，先后安装隔离墩和护栏。2005年5月，实施改造，由临沂市规划设计研究院设计，全长3870米，投资2000余万元，工程涉及拆迁沿街压线建筑3万平方米。

会宝路　原名塔山路，2009年改为会宝路。西起化肥厂东路，东到沏河路，全长2900米，宽30米。1955年夏，先修中兴路到沏河路，长1134米，宽20米。1959年，改筑砂面路面。1968年，向西延至西门桥。1973年，从沏河路到代村路口铺筑沥青。1978年，沥青路面延至西门桥，宽8米。1987年、1988年，对塔山路进行彻底改造，从沏河路到西门桥拓宽到30米，其中主车道宽12米、非机动车道、绿化带和人行道路分别是4米、1米、4米。主车道和非机动车道全铺筑成三块板式混凝土路面。绿化带内栽植冬青、松柏和紫叶李，安装对称式双臂路灯172盏，路边建有地下式排水沟。西门桥以西路段宽20米，沥青路面，明沟排水。2000年，建设东苑大桥至东环路，全长1270米、主路面为14米的混凝土路面。2005年，实施提升改造，工程全长2600米，包括破损路面处理、沥青混凝土罩面、西段道路铺筑、路沿石安装、4米人行道铺装、弱电下地等，总投资1000万元。2009年9月，西侧铺设人行道，宽为2米。

中兴路　南起代村南路，北至龙沂庄南，全长4200米，宽24米。1955年前，南起卞庄前街东口，北至新华路，宽2～3米。1955年夏，拓宽取直到五岔路口，20米宽，土筑路面。1959年，改为砂石路面。1973年，此段中心铺设6米宽的沥青路面。五岔路口向北原是通向龙沂庄的小路，1976年取直，由西埝头村里改道五岔路口向北，加宽到12米，为砂石路面。1983年，加宽到20米。1984年，五岔路口向

北到泉山东路之间400米，改筑混凝土路面。1990年，五岔路口向北，到果品冷库之间1600米铺筑混凝土路面。1990年，五岔路口到南环路之间1200多米，建起地下式石砌涵洞，安装单臂式路灯38盏。1993年，由塔山路到南环路之间500米筑成混凝土路面。2005年6月，实施中兴路中段及南段改造工程。工程涉及路基处理、路面摊铺（由原来的12米加宽到18米）、路沿石安装、人行道铺装、排水清淤、弱电下地，总投资360万元。

文化路　南起南环路，北至龙沂庄南，全长3050米，宽20米。泉山东路以南1700米为混凝土路面，以北为土路。1955年始，建北起埝桥路、南至塔山路，6米宽的土筑路面。1973年，筑成沥青路面。1985年，拓宽到20米，南延到南环路，将塔山路到埝桥路之间730米行车道铺筑为混凝土路面，两边人行道路宽3米。1992年，将塔山路至南环路之间550米，改造为混凝土路面，1993年，将埝桥路到泉山东路之间350米筑以混凝土路面，分别在1985年和1993年2次修建地下式石砌排水沟。1990年，架设单臂式路灯13盏。2005年6月，实施文化路改造工程。全长1300米，工程涉及路面摊铺、路沿石安装、人行道铺装、排水清淤、弱电下地，总投资230万元。

新华路　东起文化路，西到棉纺厂西墙西，长1570米，宽24米。东段文化路到珠山东路1210米为混凝土路面，西段为砂石路面。1955年夏开始修建，长350米，宽20米，为土路。1959年，换成砂石路面。1973年，加宽到24米，行车道铺筑7米宽的沥青路面。1983年，行车道改为14米宽，两边各留5米宽的人行道，行车道上沥青路面和混凝土路面各占一半。1985年，向西延至棉纺厂墙西。1990年，百货大楼西到泉山路之间500米铺筑混凝土路面。1995年，将泉山路到珠山东路之间380米铺筑混凝土路面。1992年，从珠山路以东安装单臂式路灯24盏。2005年，实施新华路东段改造工程，全长330米，改造为步行街，包括路面改造、路沿石安装、人行道铺装，总投资230万元。

惠民路　原名建设路，2009年改为惠民路。北起塔山路，南至代村南路东口，长1300米，宽24米，混凝土路面。新中国成立前是延向南小屯村的小路，土筑路面。1983年，加宽到10米，换成砂石路面。1991年，铺筑混凝土路面，路东边修建地下式排水沟。1994年，安装单臂式路灯22盏。2003年，对建设路路面进行改造。2005年，实施建设路配套工程，工程全长550米，包括人行道铺装、路沿石安装、胜利渠改造，总投资56万元。

顺和路　原名南环路，2009年改为顺和路。东起苍邳公路，西到206国道仓谷屯村南拐弯处。横贯县城东西，是县城南部交通动脉，全长6000米、宽40米，占地总面积24万平方米。中间主路宽14米，为混凝土路面，两侧辅路各5米，始建于1993年上半年。1995年3月，铺筑中间主路面混凝土和两侧辅路拳石，同年11月完成。南环路共挖填土方4.6万立方米，动用砂石13万立方米，建桥涵15座，拆迁房屋840间，投入人工39万个，硬化路面16.8万平方米，投资1200万元。2004年10月实施改造，2005年6月完成。主路宽21米，在原混凝土路面上摊铺45厘米水稳基层，铺设7厘米沥青面层，总投资约1800万元。2010年9月，重新摊铺4厘米沥青面层，投资460万元。

抱犊路　原名西环路，2009年改为抱犊路。南接顺和路，北靠206国道，全长1446米，宽60米。中间24米行车道为沥青路面。1996年3月，边设计、边开工，7月竣工，共投资350万元。挖填土方2.2万立方米，砂石4万立方米，拆迁房屋123间，建设桥涵3座，硬化面积34392平方米。2010年9月，实施改造，工程包括铺筑4厘米沥青面层、重新铺装大理石材质路沿石6600余米，铺装灰色荷兰砖人行道1.8万平方米。

文峰路　原名东环路，2009 年改为文峰路。南、北两端分别与顺和路和 206 国道相接，全长 2320 米，宽 60 米，总面积 13.92 万平方米。中间 22 米主车道为混凝土硬化路面。1996 年 3 月，边设计、边开工，10 月竣工，共投资 800 万元。挖填土方 4 万立方米，用砂石 4.3 万立方米，拆迁房屋 16 间，建设桥涵 4 座，硬化路面 55680 平方米。

育才路　北起迎宾路，南至滨河东路，全长 2950 米，总投投资 705 万元，为混凝土路面。2000 年，建设会宝路至兰陵路段，长 360 米，宽 14 米。2001 年，建设会宝路至新庄路段，长 440 米，宽 14 米。2007 年—2008 年，建设兰陵路至迎宾路段，长 2280 米，宽 22 米。2009 年建设新庄路至滨河东路段，长 310 米，宽 14 米。

开阳路　位于新区体育馆北侧，东起文峰路，西至育才路，全长约 760 米，道路规划红线 16 米，主路面宽 9 米，人行道宽 2 米。2010 年 8 月开工建设，主要包括道路、路沿石、人行道、排水、绿化、亮化等工程，造价 205 万元，拆迁补偿 10 万元，工程总造价约 215 万元。

桥梁

埝头桥　位于兰陵路中段。始建于 1935 年，为石板漫水桥，长 48 米，宽 4 米，高 4 米。水

图 3—6　埝头桥　（2008 年摄）

大时可在桥上流过，共 20 孔，每孔跨径 1 米。可过载重 8 吨的汽车，为潍坊至徐州的必经之桥。1961 年 5 月 13 日，山东省交通厅工程队在原桥北建成长 85.02 米、宽 10 米的钢筋混凝土板桥，分 10 孔，每孔跨径 6 米，桥高 12 米。行车道宽 7 米，两边人行道和护栏各宽 1.25 米和 0.25 米，可过载重汽车 150 吨，拖车 80 吨，共投资 32.8 万元。1962 年 7 月 1 日建成通车。1991 年 4 月 1 日，在桥南边加宽 23 米，长、高、孔数、跨径都和原桥一样。墩台原是石砌，后为钢混浇灌圆柱形，和原桥连成一体。桥宽 33 米，可过载重汽车 200 吨，拖车 100 吨。安装单臂式路灯 8 盏。当年 10 月 4 日建成通车。

泇河大桥　位于文峰路最南端，分主桥和引桥 2 部分。主桥长 148 米，宽 28 米，9 孔，其中有 4 孔跨经 20 米，5 孔跨经 13 米。1996 年 4 月动工兴建，10 月底竣工。投资 450 万元，为钢筋混凝土板桥。可通过载重汽车 200 吨，拖车 100 吨，是运输、人行两用桥。1996 年 10 月 2 日开工建设引桥，引桥长 43 米，宽 70 米，高 3 米，建筑面积 3010 平方米，投资 48 万元，11 月 28 日竣工。泇河大桥是当时临沂市城市建设中桥面最宽的大桥，桥上共安装双臂式路灯 40 盏，1996 年 12 月 1 日举行通车典礼。

泇河故道桥　位于顺和路东部，1994 年 3 月动工，同年 11 月竣工。长 32 米、宽 37 米、高 8.2 米，4 孔、每孔跨径 4 米，建筑面积 1184 平方米，为钢筋混凝土板桥，墩石由毛石砌成。桥载重为汽车 200 吨、拖挂车 100 吨，为运输、人行两用桥。

汶河桥　位于顺和路中部汶河上。桥长 10 米，宽 40 米，高 3.6 米，为跨径 8 米的单孔桥，投资 49 万元。桥墩台由毛石砌成，桥面为混凝土板桥。1995 年 3 月开工，6 月竣工。桥载重为汽车 200 吨，拖挂车 100 吨，为运输、人行两用桥。

胜利桥　位于健康路东端，东接苍邳公路。1958 年 7 月动工兴建，桥长 40 米，宽 12 米，高 4.5 米，为石拱桥。桥上北有闸、南有 1 米高的拦墙，1959 年 10 月 1 日建成通车。桥为 3 孔，跨径 6 米，载重能力为汽车 150 吨，拖车 80 吨，是到郯城、

邳州的必经之桥，为运输人行桥。

东苑大桥　位于会宝路东段，连接老城区和东苑新区。1999 年 8 月动工建设，2000 年 6 月份竣工通车。桥长 150 米，宽 30 米，为桩基础梁式桥。

2004 年—2010 年苍山县城区道路施工工程情况

表 3—1

工程名称	工程造价（万元）	工期	质量标准
中兴路路基工程	131	2004.05—2004.07	合格
中兴路排水及人行道	6.1	2004.10—2004.11	合格
南环路路面改造工程	750	2004.03—2004.08	合格
塔山路改造工程	450	2005.05—2005.07	合格
文化路改造工程	230	2005.06—2005.07	合格
中兴路中段及南段改造工程	360	2005.06—2005.07	合格
埝桥路改造工程	810	2005.05—2005.08	精品
新华路东段改造工程	230	2005.05—2005.08	优良
西部工业园路面工程	780	2006.05—2006.09	合格
东泇河大桥改造工程	230	2006.10—2007.05	合格
东泇河综合治理工程	246	2007.05—2007.08	优良
污水管网工程	640	2007.07—2007.11	合格
东泇河故道桥改造工程	99	2008.06—2008.09	合格
向阳路珠山路改造工程	960	2008.07—2008.09	合格
小汶河清淤工程	50	2008.06—2008.07	合格
十四号路工程	180	2009.07—2009.09	合格
兰陵路改造工程	154	2009.08—2009.10	合格
泉山路南段改造工程	360	2009.09—2009.11	合格
开阳路工程	180	2010.06—2010.09	合格
金盾路工程	110	2010.03—2010.05	合格

2010年苍山县城区主要道路情况

表3—2

道路名称	结构方式	长度（米）	宽度（米）	始建年份	改造年份	使用情况或存在问题
文化路	沥青路面	4300	14	1987	2006	路况良好
惠民路	水泥路面	1400	12	1991	2003	小面积破损
顺和路	沥青路面	5500	20	1995	2004	路况良好
文峰路	沥青路面	2200	32	1996	2006	路况良好
新华路	沥青路面	—	14	1997	2006	路况良好
抱犊崮路	沥青路面	3300	20	1997	2010	路况良好
莲花山路	沥青路面	650	12	1998	—	路况良好
珠山一路	沥青路面	950	12	1998	2007	路况良好
迎宾路	沥青路面	6800	23	2001	2010	路况良好
会宝路	沥青路面	4900	14	2001	2005	路况良好
东升路	水泥路面	1220	14	2002	—	小面积破损
玉泉路	水泥路面	750	14	2005	—	路况良好
山二路	水泥路面	750	12	2005	—	路况良好
大宗山路	沥青路面	3200	14	2006	—	路况良好
金山路	水泥路面	750	9	2006	—	小面积破损
鑫源路	沥青路面	1950	14	2007	—	路况良好
育才路	水泥路面	1900	20	2007	—	路况良好
金盛路	沥青路面	1850	14	2008	—	路况良好
滨河东路	沥青路面	4200	14	2008	—	路况良好
滨河西路	沥青路面	4100	6	2008	—	路况良好
佳园路	沥青路面	2500	14	2009	—	路况良好
十四号路	沥青路面	750	9	2009	—	路况良好
开阳路	沥青路面	750	9	2010	—	路况良好

第二节 供水 供暖 供气

供水

县城地下水，水质优良，埋藏较浅，受河水影响冬落夏涨，平均水位在地表下 2 ～ 4 米。水质全偏碱性，不经处理即可饮用。1956 年起，县供销社、银行等单位用石砌井，以高出地面 1 米的井台，配制 1 ～ 2 立方米的水池，安装手摇式铁链水车提水。1970 年，县城近百个单位用这种方式用水。1970 年始，县城农业人口生活用水，推行人力泵井（即钢管水压井），各企事业单位、国家机关、学校等打深井、建水塔，安装供水设备。1982 年，苍山县自来水公司成立，主要负责城区范围内生活、办公及工业用水的供水工作以及直径 1000 毫米以下的供水主管道及管网的安装和维修工作。1985 年年底，3000 多个钢管水压井逐步取代 27 眼土井。县城有 45 个自备水源，共 52 眼井，配有水泵 65 台，安装总功率 807.7 千瓦，建水塔 48 座，总容积 864 立方米，每天供水 18200 立方米（其中生活用水 1200 立方米），供水人口 6700 人。2010 年，城区有深井 11 眼，高位水塔 2 座，供水管道 53 千米，日供水能力 3 万立方米，约有 8 万人使用自来水。

水源　1996 年苍山县有两个水厂。第一水厂在老城区内，4 个泵房、6 眼深井，其中 5 眼井是 20 世纪 80 年代分期建成，最大日供水量近万立方米。第二水厂位于城西 206 国道西侧，1991 年 5 月破土动工，1993 年 10 月 1 日竣工投产，日供水 1 万立方米。2003 年，东苑水厂竣工投产，设计供水规模 3 万立方米 / 日。2007 年—2010 年，受自备水源影响，城区日供水约 0.8 万立方米。

管线　至 2010 年，全县有输水管线 10 余条，主要干线长 37 千米。其中，南北走向的有文化路、惠民路、中兴路、中兴路南段、珠山东路、泉山路、东兴路、东兴路北段和抱犊路北段，东西走向的有泉山东路、兰陵路、兰陵路东段、新华路、会宝路和顺和路。主干道管径 100 ～ 600 毫米，材质为铸铁管、聚乙烯管，其中 9.6 千米是水流管，管径为 150 毫米、200 毫米、300 毫米、400 毫米、600 毫米 5 种规格。同时安有直径 100 ～ 600 毫米主控水阀门 150 多个。各单位配水管道采用 20 ～ 100 毫米的聚乙烯管，少数为聚氯乙烯管。

设备　1983 年，建设 100 立方米砖石结构贮水池 1 座。1986 年，在塔山顶部南侧、海拔 74 米处，建筑 500 立方米贮水池 2 座。水池为扁圆柱形，直径 15 米、高 3.5 米、壁厚 0.20 米。1996 年，共有贮水池 3 座，总容积 1100 立方米；有深井电动潜水泵 10 台，总装机容量 402 千瓦；管道加氯机 5 台，柴油发电机 1 台，集装水表 1029 只，分装水表 1390 只。

水价　1983 年，水价 0.20 元 / 立方米。1990 年、1993 年分别增到 0.26 元 / 立方米和 0.37 元 / 立方米。1995 年，生活用水 0.45 元 / 立方米，工商用水 0.62 元 / 立方米。1996 年 5 月 1 日起，生活用水 0.62 元 / 立方米，商业用水 0.80 元 / 立方米，新增工业、饮食业用水 1 元 / 立方米。2003 年，自来水价调整，居民用水 1.98 元 / 立方米，生产、办公用水 2.4 元 / 立方米，建筑、商业用水 2.9 元 / 立方米（含 0.2 元地下水资源费、0.58 元污水处理费）。截至 2010 年，仍执行 2003 年水价标准。

供暖

新中国成立前，居民冬天用泥陶火盆烧柴取暖。20 世纪六七十年代，城镇居民用煤炉或蜂窝煤炉取暖。1980 年，县医院等单位，开始自建锅炉使用暖气。至 1996 年，采用锅炉供暖的单位 30 个，占城区人口的 13.8%。2006 年 5 月 20 日，配合县热电厂建设，县城区集中供热工程开工建设。2006 年 12 月 7 日，一期工程竣工调试，并实现供暖，供热能力达到 80 吨 / 小时，室内温度达到了 18℃左右。至 2010 年，设一级换热站 6 座，二级换热站 13 座，敷设蒸汽管线网6000多米，热水管网1.5万米，县城集中供热面积50万平方米，居民用户2800户。

供气

20世纪80年代起，县城居民多采用煤气灶烧火做饭，县城境内建有液化气站2处，乡镇建有6处。集中供气工程于2006年9月正式启动，由中石油昆仑众德燃气有限公司苍山分公司经营，至2010年，建成苍山压缩天然气（CNG）减压站1座、沂堂调压站1座、高压B级管道7.1千米、中压管线22千米。供气范围为城区，供气管道长度为29.1千米，安装户数1.5万户，约7.5万人用上天然气，城区燃气普及率为37.5%。

第三节　污水处理

污水处理厂

2004年12月31日，苍山县污水处理厂开工建设。位于县城西南，占地面积4万平方米，

图3—7　苍山县污水处理厂　（2010年摄）

是环保部，省环保厅，市、县环保局监控的重点污水处理厂，主要负责城区内及周边村居居民生活污水的收集和处理。2006年7月，试车调试。2010年，日处理污水3.6万吨。

污水管网

2007年，苍山县配套的污水管网于开工建设，当年建设完成一期污水管网工程，主干管全长约7200米，管径直径600～1000毫米不等。第一条管线从污水处理厂汇水井沿小汶河向北，途经代村、泉山居委、新华居委至兰陵路、中兴路向北至中国银行。第二条管线从污水处理厂汇水井向东至造纸厂，途经代村、朝阳居委，把顺和路以南居民、企业的污水和东苑新区的污水主管网接入此管线。

2008年，建设完成二期污水管网工程。第一条管线是顺和路北侧污水主管网，全长约4200米，上游为直径1000毫米混凝土管涵，下游为1平方米石砌渠，从小汶河沿顺和路向东至惠民路，向北至会宝路、兰陵路。第二条管线是县医院等零星污水主管网，全长约2300米，管线为0.8平方米石砌渠，主要线路从县医院至东苑污水管网、建设小区至东苑污水管网、珠山小区至汶河污水管网，最后把县医院、建设小区、珠山小区及其附近区域的污水引入污水厂处理。

2009年—2010年，建设完成三期污水管网工程。第一条管线从碧翠苑南部建管线，向东经平安苑、东苑中学、东方佳园，向南沿文峰路东侧到至气象局南侧，在此处建提升泵站1座，通过泵站提升过东泇河，沿顺和路向西至自来水公司北侧，沿惠民路向南至海事局，向西至聋哑学校，向南至造纸厂管线，全长约4200米，管径为直径400～1000毫米不等。第二条管线是金信皮革污水管网，主要把金信皮革的污水向西沿东泇河左岸输送至东苑泵站，引入东苑新区污水主管网，最后进入污水处理厂，全长约5200米，主管线为直径300毫米玻璃钢管。第三条管线北起迎宾路南至文峰路东侧，该管网沿小岭河西侧铺设全长约4080米，管径为直径600毫米聚乙烯塑料（PE）管。

第四节　排水　防洪

排水

县城排水系统为雨污合流制，根据县城东北

高、西南低的地理特点，以道路为骨架建排水系统，多数通向县城偏西的小汶河。新中国成立后，多次对排水系统维修、清淘。1982年成立城建专业施工队伍，对城区排水系统进行有计划、有步骤的改造、新建。1996年县城内下水道长27.1千米，全城排水基本畅通。2006年—2010年，先后新建文峰路、抱犊崮路、顺和路、育才路、兰陵路等道路排水沟，加上以前建设的排水沟，城区全部交通主干道和绝大部分次干道都有排水系统，县城管网建设总长度为59千米，管网密度达到每平方千米3千米以上。

小汶河排水道　小汶河发源于县城北部东纸坊村，流经县城北部和西部，贯穿中兴路、兰陵路、泉山路、新华路、会宝路和顺和路，在县城南10千米处的秦庄流入汶河。小汶河既是河道又兼排水功能，流经县城河道段长约4千米，河面宽5～10米，深3～4米，因河两岸多为居民区，常年遭受生活垃圾污染。

神泉排水道　北段原是塔子山西北、神泉排水沟，南段是卞庄街道老圩子护城壕。全长1200多米，呈东北、西南走向。1980年前流经的地方用青石砌成宽1米、深1.5米，上面盖有混凝土盖板的涵洞，和文化路、新华路、会宝路3条下水道相连，是城区内主要排水道之一。

另有兰陵路排水道、新华路排水道、会宝路排水道、文化路排水道、中兴路排水道和建设路排水道、泉山路（南段）排水道，一半是石砌涵洞式，水流断面多为0.96平方米，一半是安装直径为0.6米暗管式（水泥预制管）排水道。均设有滤闸、检查井。

防洪

东泇河　东泇河是贯穿苍山县城的主要防洪涝河流，其一条为吴坦河的一段，流经县城河道段长3千米。新中国成立前，流经县城段河面宽40米、深2.5米、堤高2米，流量570立方米／秒。1957年7月1日—17日，上游降雨698.5毫米，下游涨水98次。其中5次决口漫堤，最大流量800立方米／秒，堤外流量1500立方米／秒，两岸共决口35处，长350米，县城内水深1.5米。1957年秋水后，陆续整治东泇河。在胜利桥北，向东开挖1条分洪道，河面加宽到70米，最宽处120米，加深到3.5米，堤坝增加到15米宽、3米高，最大流量增加到1000立方米／秒，基本消除水患。1999年9月，彻底治理东泇河城区段，全县28个乡镇出义务工进行大会战，治理总长度为3.5千米，北起拖拉机站，南至县职业中专南侧便桥，主要进行河底清淤、河滩平整、河堤护坡、河岸挡墙垒砌、护栏安装和人行道板铺装等，工程于1999年11月竣工。2007年，对东泇河再次实施综合治理工程。工程全长4.5千米，总面积156.72公顷，治理后具备防洪、交通和景观三大功能。

小汶河　发源于县城北部的东纸坊村，流经县城的北部和西部，流经县城段4千米。此河是老河道，1957年河道不到5米宽、1米深。1960年夏，县直机关义务劳动，对此河进行整修，河面加宽到5～10米，深3～4米，增设河坝，过水断面增大。2008年，本着治水与治污相结合的原则，对小汶河城区段进行全面的综合整治。在完成清淤的基础上，封堵沿岸污水出口，敷设污水管网，使污水全部收集到污水处理厂统一处理。2009年，对上游部分堵塞河道的违章建筑进行排查和强拆，同时在两岸设置垃圾箱，栽植绿化苗木，加强管护。

第五节　公园　广场

公园

塔山公园　位于苍山县城中心，占地13.9公顷，是市境内建立的最早的县级公园之一。1983年6月，县政府决定建塔山公园，隶属县建乡建设委员会管理，将原塔山景园的塔山及土地权属归公园。同年8月，县建乡建设委员会聘请山东省规划设计院专家，根据塔山的自

图3—8　塔山公园一角　（1999年摄）

然地形条件和生态环境制定详细的规划设计方案。整个公园按地形和原有树种设计成春、夏、秋、冬4个景区，景区内开辟动物园和奇石园、盆景区作为景观补充，以达到公园春有花、夏有荫、秋有景、冬有绿的景致。

1984年，省财政拨款5万元，苍山县投资4万元，自南向北沿塔山山脊先后建起3座木石仿古结构、古朴典雅、风格迥异的四角亭、六角亭、双六角亭，并修建长392米的石台阶将三亭连接，亭内均修建石桌、石凳和石栏杆。1985年，在塔山的东北角建猴房1处，养黄山猴9只。1986年，建鸟房1处，圈养从枣庄购来的孔雀、鹦鹉、尼克拉火鸡等鸟禽供人观赏。1988年，在北坡增建鹿房和骆驼房。儿童乐园作为塔山公园景点的一个补充，位于塔山公园内东坡，东隔胜利渠与塔山苗圃为邻，占地1公顷，于1988年4月动工兴建。1989年6月1日儿童公园一期工程竣工。乐园由舞台、幼儿活动区和乐园绿地组成，幼儿活动区内设有电动火车、飞机、奔马等大型娱乐玩具20余种。

1992年，经苍山县委提议，为巩固苍山县大蒜之乡的地位，提高知名度，汲取苍山“蒜薹事件”的教训，全县人民捐款150多万元，在塔山顶部建起一座苍山县的标志塔——大蒜塔。塔高11层，塔身高33米，1994年5月16日落成。2006年9月，县民政局出资6万元用于公园基础设施的建设，安置单双杠、鞍马、划船器、漫步机等11套体育健身器材。

东洳河景观公园　位于东洳河两岸，自迎宾路至文峰路大桥，全长4.2千米。工程总投资约1.25亿元，其中自筹3500万元，银行贷款8000万元，财政拨款1000万元。2007年，由常州嘉泽园林绿化公司承担绿化施工，东洳河两侧形成30～100米宽的绿化带，绿化总面积达80万平方米。东洳河景观绿化共栽植各种乔灌木1300万余株，安放景石79处，回填和种植面积80万余平方米。以东洳河风光为主题，以碧水、绿地、风情为特色，沿河建设荀子广场、溯源广场、风帆广场、九州健身游园、镜湖游园等景点。

兰陵湿地公园　位于县城代村渔场，占地36万平方米，其中水面面积约15万平方米，是苍山县2010年重点绿化工程之一，于2010年7月开工，总投资约3000万元。景观绿化带由城管局园林处施工，种植各种乔灌苗木360余万株，银杏、柿树、杏树、石榴、黄金榆、鸢尾、翠竹、桂花、百日红、紫叶李、金边黄杨、红叶石楠、水杉、国槐、栾树等共计百余种，栽植草坪9万平方米。

苍山县人工湿地　位于苍山县卞庄街道小坊村附近沙沟河上游，占地10公顷，总投资1228万元，采用表面流人工湿地和砾石床组合工艺，对沙沟河的污水进行强化处理，日处理污水4000吨。该人工湿地选址在沙沟河上游、震元纸业排水口附近，最大程度地减少污水对河道的污染。工程挖土8万立方米，建成8个净水池，筑围堰、中小坝1800余米，垒砾石坝360米，建成出水口观景平台1个，开挖排水渠185米，修布水渠、引水渠280米，修建污水、中水、清水入口各1处，建溢流堰30米，硬化道路6500米，修建停车场2200平方米。种植芦苇38.5万株，香蒲0.78万株，菖蒲0.56万株，水葱0.85万株。湿地布水均匀，水深适中，出水流畅，通过植物吸附净化，达到了消减污染物浓度的目的。

兰陵文化公园　兰陵文化公园位于县行政办公大楼前，北至兰陵路，东至东升路，西至育才路，南至会宝路，占地面积12公顷。2010年，兰陵文化公园绿化工程由常州嘉泽绿化公司中标承担施工，绿化总投资2000万元。兰陵文化公园的整体布局可概括为1条轴线、7个分区：1条轴线即从主入口、景观甬道、主题雕塑、大剧院至南入口的景观轴线，7个分区即入口景观区、主广场区、文化区、兰陵古郡景观区、沂蒙江南景区、老年活动区、儿童游乐区。

3—9　苍山县兰陵文化公园　（2014年摄）

广场

湖源广场　位于塔山公园东出入口处北侧，塔山东北角位置，规划面积约5000平方米，是东泇河景观公园里的一个重要景观。溯源广场在整合原有奇石、园林植物基础上，以设置碑廊的方式，通过大型雕刻设置景点，主要有鄫国故城园、醉卧亭。历史文化展示区主要纪念先秦时期的荀子、季文子、曾子以及近现代的王思玷、郭云舫等人物；“红色经典浮雕”为纪念1933年中国共产党临郯县委组织发动的“苍山暴动”。

文化广场　位于文化路的东侧，地处塔山西麓，始建于1999年9月，竣工于2001年10月。占地面积2公顷，绿化面积达46%，投资规模160万元。广场地面以蒙山大理石铺砌，草坪采用四季青品种栽植，广场南北两侧种植蜀桧、龙柏，花坛内种植冬青、黄杨、金叶女贞、丰花月季等。中心花坛的高杆灯高26米。

第六节　环境卫生

1972年前，县城规模小，沿街各单位和居民“自扫门前雪”，清理路面垃圾。1972年，成立街道清扫队，重点清扫几条主要街道，设置垃圾箱，集中堆放，定期清理。1981年，购置铁制垃圾箱12个，设置在主要街道和住宅区，于影剧院、招待所、车站等地点设置14个果皮箱。1982年，使用8.8千瓦拖拉机运垃圾。1988年7月，环卫处成立，属全额拨款事业单位，编制

图3—10　湖源广场荀子雕像和大蒜塔　（2008年摄）

图3—11　环卫工人清扫卫生　（2010年摄）

8人。地处顺和路东首，与卞庄二中为邻，占地面积2360平方米，建有办公楼1座，建筑面积1400平方米，仓库5间。2010年，全处有职工人数260人，垃圾中转站4处，有各类机械车辆14部，其中垃圾压缩清运车2台，带自动翻盖垃圾清运车2台，不带盖翻斗车2台，11千瓦拖拉机2台，3吨叉车3台，50型铲车1台，20型铲车2台，承担着县城25条主、次干道的清扫保洁，286处生活垃圾收集点的垃圾清运以及15座公厕的卫生管理任务。道路保洁面积60万平方米，日清运生活垃圾120余吨，年收曲生活垃圾处理费100万元。

第七节　绿化　亮化

绿化

从20世纪50年代起，苍山县直机关开展植树造林，在塔子山、土珠山、泉山及东洳河两岸植树20多万株，过境公路栽种大叶杨。20世纪60年代，县城各街道开始有计划植树，主要树种有法桐、苦楝等。1982年，在会宝路、文化路、兰陵路栽植行道树法桐，点缀部分国槐。1983年6月，县政府决定建塔山公园，将林业局园艺场苹果园土地及塔山景区山体划归公园管理，隶属于县城乡建设委员会。

1989年，成立苍山县园林管理所，1989年—2004年隶属县建设系统管理。1999年，县城乡建设委员会成立市容管理处，塔山公园、园林所为其下属单位。2004年10月，县城市管理局挂牌成立，苍山县塔山公园和园林所作为市容处下属单位一并归口苍山县城管局管理。2006年4月，县城管局组建园林处。2010年，干部职工150余人，负责城区及迎宾大道300万平方米绿化面积的浇水、打药、除草、清理垃圾等日常养护工作。有洒水车7台，施工客货车3台，执法车2台，草皮机、绿篱机等各类绿化工具。2010年，东洳河景观绿化工程荣获“山东省适宜人居环境范例奖”，文峰路绿化工程荣获“山东省园林绿化优良工程奖”。

亮化

1985年6月，城市照明管理工作由县供电局划转给县城乡建设委员会管理，2004年年底，路灯管理职能又划转给县城市管理局。2005年4月，成立路灯管理所，为差额拨款的股级事业单位，具体负责城区内的路灯规划建设管理维护工作。

图3—12　路灯维修　（2010年摄）

1957年4月，县政府机关及街道首次安装30盏灯泡照明。1966年，在县城主要路口安装4盏高压水银吊灯。1968年，街灯由木杆换成水泥杆，到1986年增加到60盏。1996年，县城安装543盏，线路总长15千米。2005年—2010年，对城区内的旧路灯进行升级，累计安装新路灯5346盏，路灯专用变压器17台，路灯专用配电箱41台，敷设地下电缆132千米，累计投资2000余万元，形成以滨河路为中心的六纵六横的城市道路网络照明格局。

2010年苍山县城区路灯设施情况

表3—3

道路名称	长度（米）	灯杆数（根）	灯具数量（套）	变压器50千伏安（台）	控制箱（台）	光源总功率（千瓦）	灯杆类型	光源类型	灯杆类型
北环路	7210	350	350	4自备50千伏安	4	87.5	单杆单臂	250瓦钠灯	单杆单臂
206迎宾大道	12000	482	482	6自备50千伏安	6	120	单杆单臂	250瓦钠灯	单杆单臂
金山路	720	26	26	—	—	28	景观灯	110瓦钠灯	景观灯
兰陵路东段	1210	50	450	公变	1	22.8	9火中华灯	250瓦钠灯 40瓦节能灯	9火中华灯
兰陵路中段	3810	196	384	公变	3	109	单杆双臂	250瓦钠灯 70瓦金卤灯	单杆双臂
新华路东段	320	24	24	公变	1	5.2	景观灯	LED数码灯	景观灯
新华路西段	2140	81	81	公变	2	21	单杆单臂	250瓦钠灯	单杆单臂
会宝路东段	1290	64	64	公变	1	16	单杆单臂	250瓦钠灯	单杆单臂
会宝路西段	2380	144	312	公变	2	65	单杆双臂	250瓦钠灯	单杆双臂
顺和路	5165	261	261	公变	4	65.5	单杆单臂	250瓦钠灯	单杆单臂
文峰路	3710	172	380	1自备50千伏安	1	82	双杆双臂	250瓦钠灯 LED数码灯	双杆双臂
东升路中段	370	20	20	—	—	5	单杆单臂	250瓦钠灯	单杆单臂
东升路中段	240	14	28	—	—	8.4	单杆双臂	250瓦钠灯	单杆双臂
育才路北段	1880	85	170	80千伏安 自备	1	42.5	单杆双臂	250瓦钠灯	单杆双臂
育才路南段	800	44	44	—	1	11	单杆单臂	250瓦钠灯	单杆单臂
滨河东岸东侧	4050	98	196	2自备50千伏安	2	46	双杆双臂	250瓦钠灯	双杆双臂
滨河东岸西侧	4050	90	90	30千伏安自备	1	12	景观灯	100瓦金卤灯 LED数码灯	景观灯
滨河西岸	4070	106	210	—	—	42.5	单杆双臂	250瓦钠灯	单杆双臂
文化路	1208	81	81	公变	1	20	单杆单臂	250瓦钠灯	单杆单臂
建设路	1350	37	111	公变	1	4.5	3火花灯	40瓦节能灯	3火花灯
中兴路南段	1200	70	140	公变	2	35	单杆双臂	250瓦钠灯	单杆双臂
泉山路南段	1100	46	92	公变	1	23	双杆双臂	250瓦钠灯	双杆双臂
东兴路	750	38	76	—	1	19	单杆双臂	250瓦钠灯	单杆双臂
14号路	427	17	17	—	—	5.1	单杆单臂	250瓦钠灯	单杆单臂

续表 3—3

道路名称	长度（米）	灯杆数（根）	灯具数量（套）	变压器 50 千伏安（台）	控制箱（台）	光源总功率（千瓦）	灯杆类型	光源类型	灯杆类型
文化广场	—	10	10	—	—	6	单杆多火	节能灯	单杆多火
荀子广场	—	68	68	—	—	2	单杆单火	节能灯	单杆单火
风帆广场	—	4	8	—	—	3	单杆两火	400 瓦钠灯	单杆两火
休闲广场	—	6	115	—	—	3.5	单杆多火	节能灯	单杆多火
风雨桥	—		8	—	—	0.5	—	节能灯	—
文化广场高杆灯	—	1	16	—	—	6.5	—	400 瓦钠灯	—
南环路高杆灯	—	1	12	—	—	4.8	—	400 瓦钠灯	—
东环路高杆灯	—	1	16	—	—	6.5	—	400 瓦钠灯	—
湿地公园路灯	—	300	300	—	6	30	单杆单火	金卤灯	单杆单火
中华玉兰灯	—	30	390	—	—	19.5	单杆多火	节能灯	单杆多火
开阳路	—	17	17	—	—	5	单杆单火	250 瓦钠灯	单杆单火
中兴路北段	2200	100	200	公变	2	50	单杆双臂	250 瓦钠灯	单杆双臂
珠山东路	920	23	23	公变	1	5.75	单杆双臂	250 瓦钠灯	单杆双臂
向阳路	320	8	8	公变	—	2	单杆双臂	250 瓦钠灯	单杆双臂
泉山路中段	1280	60	60	公变	2	15	单杆双臂	250 瓦钠灯	单杆双臂
合计	66170	3225	5340	—	47	1056.05	—	—	—

第八节　城区执法

2005 年 7 月，苍山县城市管理行政执法局成立，为县人民政府行使城市管理相对集中处罚权的部门，下设城市管理行政执法大队。2010 年，装备执法车辆 16 台，执法电动车 7 台，索尼大型摄像机 1 部，执法取证数码相机 8 部。

2005 年成立之初，由于基础设施不健全，人们环境意识观念较差，城区内存在环境卫生脏乱差、车辆停放无序、广告牌破损影响市容的现象。经过两年多的治理整顿，至 2008 年，城区环境得到明显改善，执法人员素质也逐步提高，执法工作更加规范。2005 年—2010 年，

图 3—13　执法队员协助经营业主规范店外堆放的杂物（2010 年摄）

执法人员共收缴各类占道广告牌2600余个，清理城市建筑物、电线杆、树木等位置乱贴、乱画、乱写广告的5万余处；整治不符合市容市貌标准的广告牌2000余块，拆除破损户外广告1000余块；清理城市道路两侧的场所堆放物料3000余处，乱搭乱建建筑物、构筑物或其他设施1700余处；查处抛洒、泄漏污染城市道路的2800余车次，查处未在指定地点倾倒垃圾的1200余起；查处擅自破坏绿化树木和绿化设施的案件60余件；查处履带车、铁轮车或超重、超高、超长车擅自在城市道路上行驶的1500多车次；查处破坏城市道路照明设施的150多起；查处生活噪音污染案件120多起，油烟污染案件60多起，共收缴污染环境的经营工具、炊具和桌椅等物品260多件；规范并查处流动摊点2500余次，治理店外经营1.5万余次；查处各类乱停乱放车辆5000多台次，设置交通标志67处，划定停车泊位1600多处。

第三章　村镇建设

第一节　乡镇驻地建设

新中国成立初期，苍山县的区、乡机关没有固定驻地。20世纪50年代初，区机关设在所在村没收地主的院里。1958年，撤区改乡镇，同年11月又改乡镇为公社。20世纪60年代初，公社机关有较大发展。层山、磨山两公社建起大礼堂，卞庄区、神山公社建起供销社。20世纪60年代至70年代初，公社驻地先后建起机关、学校、医院、商店、邮电所、交易、税务及工副业单位。1984年，撤销人民公社改建乡镇，驻地建设加快。1986年年底，28个乡镇基建投资3449.81万元，建筑房屋45.18万平方米。1990年，基建投资32171.2万元，建筑房屋75.35万平方米。1996年，乡镇驻地建设投资54278万元，建筑房屋102.82万平方米，拓宽街道126条，总占地面积240万平方米。20世纪90年代，苍山县村镇建设社会化服务体系建设被建设部向全国推广。1996年1月，苍山县被省政府命名为“全省村镇建设先进县”。2006年，全县21个乡镇驻地亮化、绿化、供水、排水等基础设施进一步配套完善。2010年，全县小城镇建成区面积73.92平方千米，全县城镇化率达41.2%，小城镇常住人口达到53.1万人，20个建制乡镇硬化道路总面积480余万平方米，铺设人行道180余万平方米，安装路灯1.3万余盏，新增绿地面积110万平方米。

第二节　村庄建设

新中国成立前，民宅多破旧不堪，居住拥挤。1949年，全县有住房23.6万间。1986年，全县有住房96万间。至2010年，全县农房建设累计完成投资13.42亿元，开工建设新农房18448户，改造危房5605户；全县1056个行政村中超过50%的村硬化村中主街道，25%的村庄吃上干净卫生的自来水，35%的村庄安装路灯，共安装路灯1.23万盏；各村庄自来水普及率达到86%，有线电视普及率达到92%。以神山镇后杨、兴明乡曹湾、向城镇东村等为代表的一批社会主义新农村建设示范村还分别建起公寓楼和小康楼，神山镇后杨、兴明乡曹湾、向城镇朱村等村庄还分别建设农民公园或广场。

第四章 房地产

第一节 城镇住房制度改革

1996年，苍山县开始全面实施城镇住房制度改革，与建立住房公积金制度、租金改革及出售公有住房同步运行。当年，为55个单位、950套公有住房办理出售手续，归集售房资金570万元。1998年，取消住房实物福利分配，建立起住房分配货币化新体制，按统一政策对职工超面积住房办理房改售房手续，至2004年，共办理房改售房手续150多个单位1.1万余套住房，归集售房款8800多万元。2010年，户均住房使用面积由80平方米提高到120平方米，住宅成套率达98%，住房私有化达91%。

第二节 房地产开发

20世纪80年代中期，县城开始实施城市居民小区建设，2007年后房地产发展迅速，至2010年，县内具有房地产开发经营资质的有19家房地产开发公司。

1987年—2010年，共投资18亿元，开发总面积200多万平方米，开发建设碧翠苑、平安苑、城市花园、开元瑞都、金盾花园、莲花山城、文轩苑、城建时代花园、阳光花园、世纪福城、家天下、龙泉庄园、清水湾、天龙花园、蓝湖名邸等33个居民小区，另有12个住宅小区正在建设中。

图3—14 顺和小区外景

第三节 房地产管理

产权市场管理

新中国成立后，房屋租赁大多是做住宅用，价格由双方协商。中共十一届三中全会以后，房屋租赁业兴旺起来。单位和个人、各行业之间，都有租赁房屋的情况。租赁的用途多是做商店、仓库或住宅。价格视房屋大小、质量高低和地理位置由双方协商，然后签订契约。1990年，成立房地产交易所，专事房屋租赁和交易，开展县城规划区内的房地产租赁、交易管理。1991年—1996年，共办理房屋租赁485户，租赁额224.7万元；房屋交易业务92起，交易额2204.1万元。1998年9月，苍山县房地产交易中心成立，代表县政府行使城区和乡、镇政府驻地及独立工矿区范围内所有房屋的产权、产籍与房地产交易管理职能。房地产交易中心综合办理房屋初始、交易、评估、测绘、房屋抵押、租赁、商品房预（销）售登记等业务。交易中心实行综合受理，一个窗口收件、发件，资料全部由工作人员内部传递，形成受理、评估、测绘、审核、缮证、产籍管理等业务的一条龙服务。至2010年年底，累计办理房地产买卖1337起，交易额2.24亿元，交易面积17.62万平方米；抵押2221起，抵押额13.78亿元，抵押面积83.42万平方米。

产权产籍管理

1988年，房管所成立，从档案的收集、登记到保管、利用等工作，全部实行标准化管理。

2007 年—2008 年，对城区及周围部分村庄全部

图 3—15　房管局服务窗口　（2010 年摄）

重新划分区域，并对档案进行数字化整理，至 2010 年，共有公、私房屋档案 3 万多卷。

第四节　房地产评估与测绘

房地产评估

2010 年，苍山县房瑞房地产评估事务所成立，是苍山县唯一的房地产价格评估部门。全年，共完成房地产价格评估 3350 起，评估面积 50.25 万平方米，评估额 13.6 亿元。

房地产测绘

2003 年，苍山县房地产测绘队成立，为丁级测绘资质，并配备全站仪、水准仪、手持测距仪等先进仪器，改变以前用圈尺等工具测量误差大的状况。至 2010 年，共测绘房产面积 1600 万平方米。

第五节　拆迁管理

1999 年，县拆迁办成立，为正科级事业单位。2001 年—2010 年，苍山县实施城区“六路改造”，对文化路、中兴路、惠民路、泉山路等道路两侧进行拓宽改造，共拆迁房屋 13 万平方米。经过综合改造，城区环境和容貌得到较大改观。2007 年，苍山县实施东洳河综合治理改造工程。这是苍山县城市建设上的一号工程，共拆迁居民 489 户，拆迁房屋 5 万平方米。

2009 年，苍山县印发《苍山县城中村拆迁改造暂行办法》，为城区城中村改造提供法规性、政策性依据，较好地指导城中村改造工作。2009 年—2010 年，城区相继进行代村、塔山市场、电影院、洳河故道、泉山路北段、贾庄火车站等片区的拆迁，共拆迁房屋 30 万平方米。

第五章　建筑业

第一节　建筑设计

新中国成立后至 1974 年，凡大型工程均委托外地设计，小型的则有施工部门负责设计。1974 年，县建筑公司成立，设计小组由 14 人组成，年完成设计任务量 4 万余平方米，总造价 600 余万元。1979 年，更名为苍山县建筑设计室。1986 年 4 月 1 日，获省级批准的丁级资质，年完成设计任务量 1.5 万平方米，总造价 247.5 万元。1993 年 5 月 18 日更名为苍山县城乡规划建筑设计院，资质升格为丙级。1996 年，设计院职工 15 人，其中工程师 5 人、助理工程师 9 人、绘图员 1 人。1996 年，完成设计任务量 6 万平方米，造价 3500 万元，折合 1 号图纸 7000 余幅。2007 年 7 月 17 日，设计院划归县规划局，共有职工 18 人，其中高级职称 3 人，中级职称 11 人。2010 年，完成工程设计面积 50 万平方米，造价

3.5亿元。2006年—2010年，设计院获得市优秀勘察设计奖十多项。2009年，苍山县代村小康楼和鲁南革命历史纪念馆设计获得山东省优秀村镇规划设计一等奖。其中，鲁南革命历史纪念馆设计还获全国优秀村镇规划设计三等奖。

第二节 建筑队伍

苍山农村建筑业有着悠久的历史，在农村的建筑工人主要从事房屋建筑、修桥、修路。苍山乡镇建筑业是在20世纪50年代至60年代农村建筑队（组）的基础上发展起来的。当时农村建筑队伍大部分处于个体活动状态或临时凑班子，没有长期固定组织，主要为农民修建住房，或从事一些简单交通设施、农田水利设施建设。建筑工程由民间工头招募社会石、瓦、木匠承建，自由结合，无固定组织，以务农为主，有工即来，完工即散。1957年5月，卞庄区建筑队成立。1959年3月，县建筑公司成立，专业工人1000名。1961年3月，县、区两级建筑组织同时撤销，建筑工程仍由民间工头承建。1964年4月，县建筑合作社成立。1966年后，各乡镇陆续成立建筑公司。20世纪80年代中后期，经济发展加快，人民生活水平逐步提高，城乡建设日益兴旺，乡镇建筑业得到真正的发展机会。乡镇建筑业由两部分组成，一是由个体的木、瓦工匠组成的不固定的、临时性的建筑组，主要承担农村农房修建工程；二是乡镇组织的较为固定的建筑队伍，主要承担农村公共设施的建设任务。同时，一部分技术力量、设备水平较先进的乡镇建筑队开始向城市发展，补充国营和城镇集体建筑力量的不足。1986年年底，苍山乡镇建筑企业发展到20多家，从业人员2000多人，实现总收入1200万元。

1993年，成立县建筑安装总公司、县住宅建设公司、县公路桥梁建筑有限公司、县装饰装修工程公司和电力装饰装潢中心等。1996年，全县共有国营建筑安装、装修公司6处，乡镇建筑公司21处，村级建筑公司1处；从业人员24279人，其中高、中级技术人员701人；固定资产7281万元，资产总额14383万元；年均工程竣工面积19.6万平方米，装修、装潢面积2.4万平方米；年总产值1824.3万元，实现利润1399万元。1999年，苍山县建筑安装总公司、苍山县第一建筑公司、苍山县第二建筑公司3家企业合并，成立苍山县建筑安装集团总公司。2000年以后，以民营经济为主的建筑企业迅速发展壮大，如平安房产开发有限公司、开元房产开发有限公司、东方家园房产开发有限公司、嘉华房产开发有限公司等。2007年，全县建筑企业达65家，有资质等级的企业23家，从业人员7494人，完成总产值92330万元，利润10670万元，上缴税金649万元，劳动者报酬8070万元。2008年—2010年，全县新建立总承包建筑企业6家。2010年，全县共有建筑施工总承包企业16家，建筑施工专业承包企业6家，劳务分包企业11家；从业人员约为3.5万人，其中高、中级技术人员238人；固定资产17776万元，资产总额27383万元，年总产值51922万元。

第三节 建筑设备

20世纪70年代前，建筑工具完全是手工工具，如瓦刀、灰铲、锤、锛、凿、斧、锯等。物料用手搬、肩扛和人工提升。70年代初，有绞车和滑轮。1973年，卷扬机、搅拌机开始进入工地。1978年后，各种建筑机械逐步代替手工工具。90年代后，瓦工工具有打夯机、磨光机、高压喷涂机等几十种，木工有动力锯、平板刨、打卯机、开榫机，机械修理有车、铣、刨、焊等，运料有拖拉机、汽车、翻斗车，提升有井字架、吊车和各式塔吊，服务监测工具有水平仪、经纬仪、回弹仪、试拉机、试压机，钢管架棒、钢模板代替木棒和木模板等。1996年，工地上使用各种机械近200种、9000多台（部），价值4764万元，机械装备率4700元/人。2000年后，建筑业迅猛发展，高层建筑的出现加快建筑设备的更新，工程中开始使用大型建筑设备如挖掘机、装载机、平地机、振动打桩机、桩架、静力打桩机、钢筋强化加工机、钢筋焊接机、涂料喷刷机，和服务检测设备、激光测距仪、楼板测厚仪、钢筋测距仪、建筑外窗检测成套设备、建筑防水材料成套检测设备。2007年，开始在工程中使用混凝土泵送机、自升塔式起重机、建筑工程施工升降机。至2010年，在工程中使用的建筑设备已超过上千种，建设工程的质量及进度都有质的提高。

第四节　建筑业管理

基建工程审批

1978年前，县无权审批基建计划，大小基建项目报地区和省政府审批。1978年，零星基建限额不超过2万元的由县发展和计划委员会审批，超过2万元的报地区发展和计划委员会审批。1984年后，凡属基本建设，在建设单位征完土地后，由城建部门规划定点、审核图纸和发放建筑执照。1986年，全民单位工程造价在5万元以内的、集体单位工程造价在50万元以内的，报县发展和计划委员会审批；全民单位工程造价在5万元以上、不到100万元的，集体单位工程造价50万元以上、不到500万元的报地区发展和计划委员会批准；全民单位工程造价100万元以上，集体单位工程造价500万元以上的，报省府审批。1986年后，生产性投资1000万元以下、非生产性投资300万元以下、利用外资1000万美元以下的，报县发展和计划委员会审批；生产性投资3000万元以下、非生产性投资3000万元以下的，报地区发展和计划委员会审批；生产性投资1亿元以下、非生产性投资5000万元以下的，报省政府审批。基本建设计划由县发展和计划委员会审批，更新改造计划由县经委审批。

建筑工程监管

1966年前，建筑施工多由民间个体队伍承担，埝头大桥等较大工程由外地建筑队施工。承包方式及价格由双方口头协商，多数无合同书。1966年—1976年，审批后的建筑施工由县建筑合作社承担，合同手续有所改善。1976年，基建局成立，施工管理趋于健全。1980年后，基建计划一经审核批准，从设计施工、质量验收直到交付使用等均由城乡建设委员会管理。城乡建设委员会审查施工图纸是否符合市容建设要求，施工科下达施工任务书。县发展和计划委员会、县城乡建设委员会、县建设银行等部门实地审核，认定符合规划方可开工，城建科（办）定点放线。质量监督检查站负责施工过程中的质量、速度、效益等。施工结束后，由城乡建设委员会会同有关单位进行检查验收。1988年前，所有建筑施工都由行政分配。1988年后，凡建筑面积在100平方米以上、资金在30万元以上的工程，开始实行招标、投标，小型建筑工程仍实行行政分配。凡未领取“准建证”擅自开工或自行变更设计、变更工程内容的均属违章建筑。

1995年，县政府制定印发《苍山县工程建设施工招标投标管理办法》，对招标公告、专家抽选、评标管理、中标公示制度、备案管理等一系列制度进行规范，严格执行有关法律法规。积极推进计算机在招标投标工作中的应用，加强软件建设，运用电脑软件抽取评标专家，进行语音通知，运用电子评标软件进行评标。1996年，县政府先后出台《关于建筑市场秩序治理整顿的实施意见》《建筑市场管理办法》等文件，以此为依据健全完善工程报建和招标投标管理工作。2000年，进一步规范施工许可和

工程竣工验收备案制度。2004年，县政府印发《关于禁用黏土实心砖的通知》，县建设局印发《关于做好民用建筑外墙外保温体系的通知》《关于做好节能施工专项检查和节能建筑认定工作的通知》《关于严格执行建筑节能强制性标准的通知》。2007年，采取日检、旬检、月检相结合的方式，将检查情况以文件的形式定期通报，促进施工企业提高安全意识。2010年，增加门窗实验设备并通过计量扩项。

名优工程

2007年起，随着建设工程质量检测水平不断提高，全县优质结构工程不断增加。2007年—2010年，县境内有14个建设项目获“沂蒙杯”工程优质奖。

2007年—2010年苍山县获“沂蒙杯”工程情况

表3—4

年度	建设项目	承建单位
2007	苍山县人民法院审判执行综合楼	天元集团
2007	苍山县埝桥路二期改造工程	华安市政工程有限公司
2007	苍山县人民医院门诊楼	苍山县建筑工程总公司
2007	苍山县人民医院室内装饰	临沂嘉城装饰有限公司
2007	苍山县通讯办公楼	天元集团
2008	苍山县计生局服务楼	临沂天山装饰工程公司
2008	苍山县东泇河城区段沥青路面工程	华安市政公司
2008	苍山县地税局征税大楼	苍山县第三建筑安装公司
2009	苍山县泉山路南段道路改造工程	苍山县新兴建筑公司
2009	苍山县交通运管所政务大厅	安泰建筑工程公司
2009	苍山县城市花园5#楼	苍山县新兴建筑公司
2009	苍山县城市花园4#楼	苍山县新兴建筑公司
2010	苍山县污水处理工程	苍山县建筑公司
2010	苍山县公路局征费服务厅	天元集团

第六章　环境保护

第一节　环境检测

1984年，始建苍山县环境监测站，为全民所有制公益性事业单位。2008年4月，苍山县环境监控中心竣工，实现省、市、县三级联网监控，对全县重点涉水、涉气企业实施在线联网监控，对污染企业实施全天候监控。2010年，与环保局合署办公，监测用房面积360平方米，拥有各类监测仪器设备62台套价值185万元。

环境空气检测

2004年开始，设环保局1个点位进行每周3次的大气监测，监测项目为二氧化硫（SO_2）、二氧化氮（NO_2）、可吸入颗粒物（PM10）。2007年，县境可吸入颗粒物、二氧化硫和二氧化氮年日均值分别在0.057～0.105毫克/立方米、0.014～0.042毫克/立方米、0.018～0.038毫克/立方米之间，达到国家空气质量二级标准。2008年，县境可吸入颗粒物、二氧化硫和二氧化氮年日均值分别在0.053～0.109毫克/立方米、0.014～0.053毫克/立方米、0.016～0.042毫克/立方米之间，达到国家空气质量二级标准。2009年，可吸入颗粒物、二氧化硫和二氧化氮年日均值分别在0.058～0.133毫克/立方米、0.012～0.110毫克/立方米、0.016～0.054毫克/立方米之间，达到国家空气质量二级标准。2006年—2010年的“十一五”期间，全县历年空气污染指数（API）控制在51～100之间，空气质量级别为二级。2010年，全县化学需氧量（COD）、二氧化硫年度排放总量分别削减至2100吨、3670吨以内，全县主要污染物化学需氧量（COC）、二氧化硫均已完成“十一五”减排目标。

图3—16　空气监测站　（2010年摄）

水环境检测

1984年—2010年，设地表水监测点位12个，实行月巡回监测，其中苍邳分洪道设东偏泓、西偏泓2个点位，白家沟设官桥1个监测点位，汶河设南桥1个监测点位，西泇河、东泇河、吴坦河、燕子河、粮田河、运女河等河流在郯薛路交汇处各设1个监测点位，武河设赵楼、小红圈2个监测点位。监测项目为重铬酸钾指数（CODCr）、高锰酸钾指数（CODMn）、废水中氨氮含量指标（NH3-N）。

2008年，县境地表水水质达标率为86%，2009年地表水水质达标率为89%，2010年出境断面地表水水质全部达到地表水环境质量标准（GB3838—2002）IV类标准。2009年，苍邳分洪道西偏泓断面高锰酸盐指数（CODMn）、氨氮浓度（NH3-N）年均值较2006年分别下降21.3%、73.3%，7个国控断面水质达标率高于国家考核70%的标准，水质明显好转。2010年，列入国家《淮河流域水污染防治规划》的7个污染治理项目提前完成，县境内3个国控河流考核断面全年达标率全部优于国家要求，6条主要河流水质保持良好。

图3—17　监测站人员正在化验水样　（2010年摄）

噪声环境检测

监测站对县城区内的区域环境噪声、道路交通噪声于每年5月监测一次，其中区域环境噪声按网格布点法，设点位100个，道路交通噪声设点10个。2008年—2010年，全县区域环境噪声平均值分别为：2008年48.0分贝，2009年46.9分贝，2010年47.5分贝。道路交通噪声平均值分别为：2008年64.5分贝，2009年63.7分贝，2010年62.8分贝。

第二节　环境污染与治理

水污染治理

2007年9月15日，制订出台《苍山县饮用水水源保护区污染整治实施方案》。9月21日，县政府组织相关职能部门重点排查向饮用水源保护区内排放废水、污水的各类污染源。通过专项整治，会宝岭水库饮用水源保护区水质达到国家《地面水环境质量标准》（GB3838—2002），达标率为100%，小岭水库饮用水源保护区达到国家《地下水质量标准》（GB/T14848—93），达标率为100%。两个保护区均符合国家《生活饮用水卫生标准》。

“十一五”期间，投资5800余万元建成城市污水处理厂，集中处理规模达到3.6万吨/日，配套建设管网26千米，出水质量达到国家一级A标准；投资3000余万元实施白家沟小流域综合整治工程，实现东洳河、白家沟、汶河、西洳河四河联网；投资1000万元实施白家沟人工湿地水质净化工程。通过综合治理，出境水质达到国家Ⅳ类水质排放要求。

噪声污染治理

2008年10月，落实环保部颁发的《声环境质量标准》《工业企业厂界环境噪声排放标准》《社会生活环境噪声排放标准》3项标准，县环保局率先在全省范围内购进了3台HS5660C型精密噪声频谱分析仪，噪声监测达到标准化与精细化。

污染治理专项行动

“十一五”期间，苍山县落实高耗能、高污染行业的调控政策，关闭水泥生产企业3家和捣固焦炉生产企业1家，拆除土炼焦、小淀粉、小炼铅等“土小”企业80余家。

2007年10月，环保、公安、监察、工商、安监、城管等部门组成联合执法队伍，对全县小淀粉生产设施全部取缔。3名非法生产地瓜淀粉加工业主被公安局刑事拘留，对其造成的污染追究刑事责任。2008年，开展白家沟流域水环境综合环保整治专项行动，关闭沙沟河流域小脱水企业12家，小屠宰企业8家，督促6家小屠宰企业安装治污设施，基本消除了白家沟污水处理厂管网外的环境污染隐患；开展4次矿石开采加工环境综合整治环保专项行动，基本消除铁矿石开采加工过程中的环境污染和安全隐患；开展清理取缔小淀粉加工环保专项行动，出动执法人员上千人次，开展“零点行动”13次，共拆除非法淀粉加工户30多家。2009年4月，依法关停取缔县城周边无证经营、无环保设施、污染严重的小石子厂6家、采石坑2家；对落实整改措施不力的5家小石子厂、3家采石坑进行经济处罚，有效遏制了小石子厂、采石坑噪声及粉尘污染。2009年，督促震元纸业公司完成了中段水生化三期工程建设，金信皮革公司完成了污水再提高工程，华龙热电公司完成了双碱法炉外双塔脱硫配套设施；对恒泰焦化、东宝山焦化两家公司实施停产治理，督促其建成废水和烟尘处理设施。2010年，对石油加工、化学原料、炼铅、铝型材、皮革等涉重金属企业进行重点排查，对10家存在重大环境隐患的企业进行重点监控，整改企业7家，关停取缔企业9家。

图3—18　拆除小炼铅厂现场　（2007年摄）

第三节　环保监督与管理

1980年1月，县环境保护办公室成立。1990年，改为县环境保护局，负责宣传、检查、督促环境保护工作。1987年，成立县环境监测站，配备林格曼黑度测烟望远镜、烟尘浓度测定仪、噪声频谱分析仪、中流量采样器各1台，对县内环境开始监测、治理。

2002年，开通“12369”环保举报投诉专线电话，处理环境信访案件282起，为群众挽回损失30余万元，满意率达到98%以上。

苍山县环境监察大队前身为苍山县环境监测站，2005年，更名为苍山县环境监察大队。2006年10月27日，武河流域二庙乡赵楼段的水环境质量自动监测站投入使用。

2008年，苍山县出台《关于取缔“土小”企业部门联动实施方案》，对申请架设生产电路的企业，由供电部门审核环保和工商准入手续，无准入手续的一律不得供电。对无照经营自行发电组织生产的，由工商部门严肃追究业主非法生产的责任。从2008年起，县委、县政府对“因土小企业”造成严重污染事故的乡镇，实行环保工作“一票否决”，确保环保工作有序有效运行。2008年6月1日，环保局与苍山县妇联在宝庆购物广场联合举办“拒绝塑料袋子行动启动仪式”，向全县广大妇女和家庭发出“号召广大妇女和家庭成员做节能减排、保护环境的倡导者、实践者、志愿者”的倡议。

2009年，建立“企业联络员”制度，选派环保局工作人员与重点企业结成环保帮扶对子，对企业进行环保法律政策服务。

2010年，全县有17所学校先后被命名为“绿色学校”，其中卞庄一中、卞庄二中、矿坑中心小学、长城中学、二庙中学等5所学校被命名为省级“绿色学校”；碧翠苑小区、代村小区、东埝头小区等5个小区被命名为“绿色社区”。

2010年，苍山县环境监察大队有职工44人，环境监察大队下设3个执法中队，负责全县范围内企业的日常监管、信访查处等工作。

图3—19　环保宣传　　（2008年摄）

2010年3月，由山东省环境监测中心全额配制的苍山县大气环境自动监测站正式投入运行。该站能够准确提供每日大气中的二氧化硫、二氧化氮、可吸入颗粒物的监测数据，有效改善了以往苍山县大气数据日报速度慢、数据不精确等状况。

第四编
交通运输　邮政电信

蒼山縣志

新中国成立前，境内只有2条公路。20世纪70年代，全县公路网络已经形成。2006年，全县实现村村通硬化路。至2010年年底，全县境内共有1条高速和1条国道、5条省道，共新建、改建农村公路1532千米。

1916年，苍山县境内已设邮寄代办所。新中国成立前，苍山县境内曾设立过赵镈县战邮局、兰陵县战邮局、苍山县邮电局。1950年，赵镈县邮政局并入苍山县邮政局。1953年，兰陵县邮电局部分邮区纳入苍山县邮电局，兰陵县邮电局撤销。2010年，全县有22处邮政支局、2处城市支局，共有75条投递段道，每年投递量3万件，收寄量达1万件。

1932年，临沂县电话事务所在苍山县境内架设临沂至向城、兰陵的电话线路。至2010年，苍山县境内有通信公司3家，分别是中国联合网络通信有限公司苍山县分公司、中国移动通信集团山东有限公司苍山分公司、中国电信股份有限公司苍山分公司。苍山县内拥有本地固定电话用户9.06万户，移动电话用户57.06万户，互联网用户3.88万户。

第一章　交通运输

第一节　道　路

新中国成立前，苍山境内只有2条公路。一条是潍坊至台儿庄过境公路，1933年修建，1939年桥涵工程修复通车；另一条由临沂至台儿庄，途经县内的青竹、卞庄、向城、兰陵等地，1948年修建，为大车道，其余道路均为宽窄不等的乡间小道。运输多是肩挑、驴驮、小车推。建国后，交通事业迅速发展。1950年，开始修复潍台公路。1952年，卞庄至皇甫寺公路建成。1956年，修建苍邳公路。1958年，修建途经沂堂、大埠、纸坊、卞庄、谭家梁子、新兴、伏山口等地的临枣公路。1959年，修建卞庄至棠林、仲村至流井、尚岩至下村、车辋至流井、高桥至河湾等公路164千米。至20世纪70年代，全县公路网络已经形成。1990年，全县28个乡镇全部通汽车，通车路线348.1千米。1992年—1996年，共硬化县乡公路43.8千米，其中水泥路面10千米。2000年—2010年，苍山县累计投入公路建设资金8.54亿元。境内新建、改建除沂台线北段外全部国省道干线公路183.08千米。同时，县公路管理局加大路政养护管理力度，形成了四通八达、路域环境良好的干线公路网络。至2010年年底，全县境内共有1条高速和1条国道、5条省道。

高速

京沪高速苍山段　1998年8月开工建设，2000年12月竣工通车。途径神山、层山、庄坞3个乡镇，全长51.7千米，路基宽度28米，双向四车道，在神山镇西道庄村设出入口。设计时速120千米，设计通行能力每日4.4万车次。

临枣高速苍山段　2009年4月开工建设，设计全长38千米，在西大埠、向城设两个出入口。至2010年，正在施工中。

国道

206国道（烟台—汕头公路）　县境内东起神山镇的东道庄，经青竹、卞庄、向城、尚岩、石门，西至苍山和枣庄交界处，长43.52千米，属一级公路。

原系潍坊至徐州公路的一段，1986年公路普查后定为国道，改为现名。该路段自明、清以来，沿线设有驿站、铺舍，为重要邮路，1933年—1934年为台潍公路。1960年，修建东道庄至向城一段公路长26.884千米。1970年，在原路基上进行加宽和灰土补强。1971年，铺筑沥青路面。1979年，进行中修罩面（指在已经修好的公路路面上再重新修筑新路面）。1986年改建，加宽路基至17米。1988年，铺筑沥青路面，路面宽14米，油层厚3厘米。向城至石门一段长18.86千米，1972年铺筑沥青路面，路面宽6米，油层厚3厘米。1993年2月，开始改建，省交通厅投资2900万元。1993年，完成路基改造和桥涵配套工程。1994年，完成路面铺筑，改建为路面宽14米的混凝土二级公路。2001年—2005年，由地方政府配套完成路基拆迁工程，省公路局投资路面及桥涵工程全部按照一级公路标准改建，其中对小北山至尚岩段进行改线，路面宽23米。

图4—1　206国道苍山段　（2010年摄）

2000年，修建向城北外环3.2千米。2001年，县城至临沂市罗庄区段改建13.85千米。2002年，县城北外环改线4.95千米。2003年，峰下沟至枣庄界段改线11.43千米，其中对石门磨盘岭路段改线取直。2005年，峰下沟至枣庄界段改建13.17千米。2008年，县城以东段大修工程13.9千米。

省道

省道229（沂水—邳州公路）　境内北起棠林，经矿坑、大仲村、卞庄、吴坦、芦柞、长城至长城镇马庄村南，长47.62千米，属二级公路。县城以北段长24.05千米，原为县乡公路，1998年划归为省道。县城以南段原系地方大车道，沿线多为平原，弯道多，线型不规则。1961年，进行裁弯取直，局部改线，改建后路基宽8米，路面宽5.5米，桥梁多为水漫桥。1975年，对卞庄至马庄段进行路基改建，路基加宽至8米，路面7.5米，并建成吴坦河芙蓉大桥。1976年—1977年，铺筑卞庄至马庄段沥青路面，路面宽7.5米，油层厚2.5厘米。1999年，改建为宽度12米的水泥混凝土路面23.3千米。2005年，沂邳北段改建21.54千米，路面宽度拓宽至15米。2008年，南段改建23.3千米，水泥路面改造为沥青混凝土路面。

图4—2　沂邳线苍山南段通车仪式　（2008年摄）

省道342（岚山头—济宁公路）　境内东起苍山县的单庄，经棠林、凤凰村、南坡至苍山县和费县交界处，长10.5千米，属二级公路。原为临济公路，1986年定为省道017，后改为现名。路面为沙土，宽6～8米不等。1999年，改建为宽12米的水泥混凝土路面。2009年，将水泥路面破碎改造为沥青混凝土路面。

省道234（沂源—台儿庄公路）　境内北起甘霖，经车辋、向城至兰陵镇的荆家岭，长43.39千米，属二级公路。原为一条乡村小道。1933年，向城以南段改建为台儿庄至潍县公路

的一段。1972年铺筑灰土层。1973年铺筑沥青路面。1982年进行分段罩面。1986年再次改建，拓宽为12米，油层厚3厘米。向城以北段原为交通局养护的县乡公路，1993年修筑为沂蒙公路的南段。1998年，划归省道。2003年，公路部门实施了中修罩面。

省道352（郯城—薛城公路）　境内东起二庙，经长城、南桥至兰陵，长36.99千米，属二级公路。其中，兰陵以西至枣庄界段原系一条线型极不规则的老路，长3.05千米，原名为兰（陵）峄（城）公路。1986年公路普查，定为兰陵—薛城公路。1977年改建，路基宽11米，路面宽9米，为三级公路。1988年改建，铺18厘米灰土层和15厘米碎石底层，沥青路面，宽9米，油层3厘米，达二级公路标准。兰陵以东至二庙赵楼段原为县乡公路，2005年—2006年，沿线乡镇负责征地拆迁及路基工程，公路部门负责桥涵及路面工程，对全线实施了改建，路面宽度12米，其中赵楼村改线700米。2010年，兰陵镇大街改线2.424千米。

省道232（汤庄—郯城公路）　境内北起郯城县的永安南入苍山县境，经苍山县的庄坞镇至郯城县的房庄北出境，长5.22千米，属二级公路。原属郯城至微山公路的一段。1958年—1959年，在原路基上进行改建。1966年，局部进行改建。1976年—1984年，逐步进行改建，路基加宽至8米，路面宽7米。1993年—1994年，进行路基改造，路基加宽至15米。1995年，铺筑沥青路面，路面宽12米。2009年，将武河大桥拆除重建，并对路面进行了拓宽改建，路面宽度达15米。

县乡公路

岳下线　岳村—下村。全长14.6千米，沙土路面，属四级路。始建于1957年春。1980年，将岳村至安庄段改走文峰山前。1996年年底路面加宽，待铺油面。1998年铺筑沥青。2006年改建。

青南线　棠林北—南桥。全长41千米，沥青路面，属三级路。1958年8月，在乡村道路的基础上拓宽而成。1959年，全线进行整修。1972年11月，对卞庄至仲村段进行改道。1986年，棠林至小岭段20千米，改建为三级路。1990年，卞庄至南桥段15.6千米，铺筑磨耗层。1991年，小岭至南桥段21千米，路基改建。1992年，卞庄至棠林段，铺沥青24千米。1994年卞庄至南桥段15.6千米铺沥青。1998年，划归省道229管理。

沂磨线　沂堂—磨山。全长17.6千米。其中沥青路面13.4千米，属三级路；水泥路面4.2千米，属二级路。青竹至磨山段为解放前由地方义务修建，1958年改为现行的路线。1976年，对神山至青竹段进行贯修。1980年，对青竹至磨山段进行整修。1987年，修通神山至沂堂路段，至此南北沟通。1994年，青竹至神山段4.2千米铺水泥路面。1996年，青竹至磨山段10.86千米铺沥青，2006年改建。

卞东线　卞庄电厂—吴庙子。全长10.2千米，沥青路面，属二级路，系电厂至车辋的一段。1950年，在原乡村道路的基础上修建而成。1974年，进行大幅度的改道、加宽、整修，原17千米的旧路取直，改造为10.2千米。1993年，卞庄至贾庄5.1千米的路面铺筑沥青。1994年，贾庄至吴庙子5.1千米路面铺筑沥青。2002年、2005年两次改建。

郯苍线　双石桥—皇甫寺。全长18.4千米，属三级路。1959年11月动工修建。1993年铺沥青路面。1999年改建。

庄二线　庄坞—二庙。全长14.3千米，沙土路面，属四级路。1959年，地方群众自行修建庄坞至层山段7千米。1971年9月，修建层山至二庙段7.3千米。2001年，庄坞至向曙段铺筑沥青。2004年，向曙至层山段铺筑水泥。2006年，二庙至吴庄铺筑沥青。

泇伏线　泇头—伏山口。全长14.2千米，沥青路面，属三级路。原为乡村道路，1961年，由地方进行拓修。1974年，马庄至潍徐线接头段南移（原走潭梁子），改为现行的路线。1995年，铺筑沥青。2005年—2006年改建。

沂王线　沂堂—王岭。全线长49千米，经多次修建而成。1963年，修建流井至仲村9.5千米和车辋至大炉12千米。1964年，修建大炉至王岭8千米。1972年，修建流井至车辋10千米。1981年，修建沂堂至仲村12千米。1996年，车辋至大炉段10千米、大仲村至小官庄段2.5千米铺筑沥青，其余待铺。1998年，沂堂至大仲村段11.3千米铺筑沥青。1997年，大仲村至流井段10.3千米铺筑沥青，2007年改建。2002年，流井至车辋段10.2千米铺筑沥青。2004年，车辋至王岭铺筑沥青，2007年改建。

高河线　高桥—河湾。全长20.4千米，沙土路面，属四级路。1966年—1967年修建。2003年，铺筑沥青。2008年王岭至下村大街段进行改建。

鲁平线　北鲁城—平山后。全长7.1千米，属三级路。1972年修建。1995年铺筑沥青路面。

郯夏线　赵楼桥—兰陵。全长33.7千米，属三级路。1973年，修建兰陵至横山段。1975年，修建横山至南桥段。1977年，修建南桥至长城段。1979年，修建长城至二庙赵楼段。1990年铺磨耗层。1994年铺筑沥青。

新古线　新兴—古林。全长5千米，属三级路。1974年，在原乡村道路的基础上拓建而成。1995年铺筑沥青。2006年改建。

艾横线　艾曲—横山。全长8.5千米，沙土路面四级路。1973年，由地区投资修建。2004年改建。

俄北线　俄庄—小北山。全长18千米。其中7千米为沥青路面，属二级路；11千米为沙土路面，属四级路。1975年，修建沂堂至小北山段11.5千米。1981年，修建俄庄至沂堂段，至此全线接通。1995年，俄庄至沂堂西铺沥青。2005年改建，全线铺筑沥青。

义流线（含南流线7.6千米，费南线0.5千米）　南流线，南坡—流井。全长7.6千米，属四级路，沙土路面。流井至黄馆段4.6千米，原为乡村大道，1976年—1978年修建。

费南线　探沂—南坡。全长0.5千米，属四级路，沙土路面。原为乡村大道，1978年修建，2005年改建为水泥路。

小月线　小岭—月庄。全长1.8千米，属三级路。1985年，由乡村道路拓修而成。1992年铺筑沥青。1998年改建。

坦马线　坦上集—西马庙。全长13.5千米，属四级路，沙土路面。1958年修建会宝岭水库时形成的乡村大道。1974年拓修而成。2004年，坦上集至溢洪道段2.2千米铺筑沥青。2005年，溢洪道至北鲁城段6.6千米改建为水泥路。2004年，北鲁城至马庙段7.2千米改建为水泥路。

兰韩线　兰陵—韩塘。全长12.6千米，属二级公路。1987年修建。1995年铺筑沥青。2001年、2005年两次改建。2010年大修，重新铺筑沥青。

安兴线　安庄—兴明。全长10千米，属三级路。1987年修建。1995年铺筑水泥。

沂蒙线　向城—甘霖段。境内长24.5千米，属二级路。原路分为县乡公路和乡村公路。1991年定名立项，进行拓宽改造。1993年铺筑沥青。

乡村道路

图4—3　下庄街道代村社区路段　（2010年摄）

苍山县的乡村道路曾在20世纪60—70年代得到飞速发展。70年代末，长城、三合、韩塘等乡镇，村村修好道路。到80年代末，全县28个乡镇有25个乡镇村村可通汽车。1996年，全县28个乡镇、1178个行政村，村村可通汽车，道路硬化17条、43.8千米，其中水泥路面10千米。2003年起，苍山县实施大规模农村公路（县道、乡道、村道统称）改造。2004年，长城镇率先实现村村通硬化路。2006年，全县21个乡镇全部实现村村通硬化路。至2010年，全县共完成农村公路改造工程建设总投资69100万元，新建、改建农村公路1532千米，其中新建、改建县道212.416千米、乡道257.594千米，新建村道1061.99千米，新建桥梁53座、2452延米，新增通油路行政村459个、受益人口65.3万人。

第二节 桥 涵

县境内在新中国成立后曾有古代桥梁2座，一为位于大仲村大冶村的大冶桥，建于明朝万历年间，毁于1984年；一为庄坞杨氏先祖明代建于武河上的庄坞永济桥，清朝乾隆初年重修该桥，至今仍在使用。

新中国成立前，苍山县内除潍徐公路的几座桥涵外，没有像样的桥梁，只有在河道上架设的非永久性、草木结构的小桥。新中国成立后，随着公路交通的发展和农田水利的兴建，桥涵建设随之得到飞速发展。至2010年年底，国道、省道干线公路上共有大桥5座、中桥17座、小桥60座、涵洞144处。其中，国道有大桥2座、中桥4座、小桥23座、涵洞35处，省道有大桥3座、中桥13座、小桥37座、涵洞109处。全县县乡道路、乡村道路共建桥梁454座，包括大桥6座、中桥87座、小桥361座、涵洞1897处。其中，县道有大桥2座、中桥19座、小桥55座，乡道有中桥17座、小桥68座，村道有大桥4座、中桥51座、小桥238座。

1951年—2010年苍山县农村公路大、中桥梁情况

表4—1

桥梁名称	路线名称	全长（米）	桥跨组合	跨径分类	上部结构形式	上部结构材料	设计荷载	跨越河流	修建年份
后朱楼桥	后朱楼—南桥新村	118	18×6	大桥	整体现浇板	钢筋混凝土	汽车—15级	西泇河	1951
庄坞武河大桥	河西村—北营子	108	8×13	大桥	T梁	钢管混凝土	公路—II级	武河	2006
西泇河大桥	潍徐路—张村	108	8×13	大桥	整体现浇板	钢筋混凝土	公路—II级	西泇河	2005
连通沟大桥	坦上集—西马庙	200	11×16	大桥	整体现浇板	钢筋混凝土	公路—II级	西泇河	2002
仲村桥	沂堂—王岭	105	7×15	大桥	板拱	石	汽车—20级	东泇河	1987
丁滩中桥	丁滩—潍徐路	50	8×6	中桥	整体现浇板	钢筋混凝土	汽车—15级	陶沟河	1971
影合村桥	后疃—影合村	36	5×6.5	中桥	整体现浇板	钢筋混凝土	汽车—15级	汶河	1962
沙园中桥	芦汪—西林	40	8×5	中桥	整体现浇板	钢筋混凝土	汽车—15级	燕子河	1983
庞庄中桥	芦汪—西林	85	13×5	中桥	整体现浇板	钢筋混凝土	汽车—15级	燕子河	—
瓦子埠中桥	瓦子埠—彦庄	34	6×5.5	中桥	整体现浇板	钢筋混凝土	汽车—15级	涑河	—

续表 4—1

桥梁名称	路线名称	全长（米）	桥跨组合	跨径分类	上部结构形式	上部结构材料	设计荷载	跨越河流	修建年份
运女河桥	韩塘—横山	45	10×4.5	中桥	整体现浇板	钢筋混凝土	汽车—15级	—	1987
吕家桥	影合村—吕家庄	36	5×6.5	中桥	整体现浇板	钢筋混凝土	汽车—15级	汶河支流	1962
汶河中桥	卞南线—汶河桥	58	8×6	中桥	整体现浇板	钢筋混凝土	汽车—15级	汶河	1965
燕子河桥	长城新村—沙埠	56	8×6.8	中桥	整体现浇板	钢筋混凝土	汽车—15级	燕子河	2000
西洳河大桥	陈桥—横山	68	6×9.4	中桥	整体现浇板	钢筋混凝土	汽车—20级	—	1989
吴坦河桥	尤庄—沂邳路	46	8×5.7	中桥	整体现浇板	钢筋混凝土	汽车—15级	吴坦河	1978
吴坦河中桥	小卞庄—三合顾庄	42	8×5	中桥	整体现浇板	钢筋混凝土	汽车—15级	吴坦河	1988
燕子河桥	芦柞—西哨	56	8×7	中桥	整体现浇板	钢筋混凝土	汽车—15级	燕子河	2000
刘庄桥	大刘庄—太子堂	32	4×8	中桥	整体现浇板	钢筋混凝土	汽车—15级	西洳河支流	1978
燕子河中桥	郯苍线—小含山	35	5×6.5	中桥	整体现浇板	钢筋混凝土	汽车—15级	燕子河	1983
吴坦中桥	前吴坦—沂邳路	40	8×5	中桥	整体现浇板	钢筋混凝土	汽车—15级	吴坦河	1973
焦店中桥	大新庄—磨山旺庄	37	6×6	中桥	其他桥	其他材料	汽车—15级	燕子河支流	1975
南鲁城中桥	平山后—寺前村	50	5×9	中桥	整体现浇板	钢筋混凝土	汽车—15级	会宝湖上游	2002
财源中桥	东马庙—南鲁城	40	5×8	中桥	整体现浇板	钢筋混凝土	汽车—15级	会宝岭水库支流	1976
奔富桥	岳下线—西纸坊	55	10×5	中桥	整体现浇板	钢筋混凝土	汽车—15级	西洳河支流	1980
东洳河中桥	东柞—大圩子	50	10×5	中桥	整体现浇板	钢筋混凝土	汽车—15级	东洳河	—
小岭闸桥	小岭—月庄	70	8×8	中桥	整体现浇板	钢筋混凝土	汽车—15级	东洳河	1965
孔庄中桥	大炉—孔庄	80	12×6	中桥	整体现浇板	钢筋混凝土	汽车—15级	—	1998
永安桥	梁屯—沂邳线	45	5×6	中桥	—	—	汽车—15级	—	1998
崔桃峪中桥	流井—东庄	32	4×8	中桥	板拱	石	汽车—15级	考村水库支流	1982
金桥屯桥	泉汪—南坡	48	8×6	中桥	整体现浇板	钢筋混凝土	公路—II级	东洳河	2005
升平庄西二桥	矿坑升平庄—单庄	35	7×5	中桥	其他桥	其他材料	汽车—15级	东洳河支流	1976
涑河中桥	庄坞—二庙	40	5×8	中桥	整体现浇板	钢筋混凝土	公路—II级	涑河	2006
层山桥	郯城胜利乡—苍山皇甫寺	51	10×5	中桥	整体现浇板	钢筋混凝土	汽车—20级	苍邳分洪道	1998
层山分洪道中桥	郯城胜利乡—苍山皇甫寺	32	5×6	中桥	整体现浇板	钢筋混凝土	汽车—20级	苍邳分洪道	1998
兴隆桥	安庄—艾曲	67	6×9.3	中桥	整体现浇板	钢筋混凝土	汽车—20级	西洳河	1992

续表 4—1

桥梁名称	路线名称	全长（米）	桥跨组合	跨径分类	上部结构形式	上部结构材料	设计荷载	跨越河流	修建年份
燕子河桥	郯城胜利乡—苍山皇甫寺	58	8×7	中桥	整体现浇板	钢筋混凝土	汽车－20 级	燕子河	1998
河湾桥	徐庄—河湾	48	4×8	中桥	板拱	石	公路－II 级	洳河	1966
大北庄桥	徐庄—河湾	32	4×8	中桥	整体现浇板	钢筋混凝土	公路－II 级	洳河支流	2001
下村桥	岳村—下村	48	8×6	中桥	整体现浇板	钢筋混凝土	公路－II 级	河流	1984
双河桥	徐庄—河湾	40	5×8	中桥	整体现浇板	钢筋混凝土	公路－II 级	会宝岭水库上游	2007
水库溢洪匣	白山—石龙口	68	6×8	中桥	整体现浇板	钢筋混凝土	公路－II 级	西洳河	2000
会宝岭桥	坦上集—西马庙	96	12×8	中桥	整体现浇板	钢筋混凝土	公路－II 级	西洳河	2007
葛村桥	岳村—下村	35	1×20	中桥	板拱	石	汽车－20 级	西洳河支流	1996
车辋中桥	沂堂—王岭	50	4×9	中桥	板拱	石	汽车－20 级	阳明河	1992
北坞丘桥	卞庄—吴庙子	32	4×8	中桥	整体现浇板	钢筋混凝土	公路－II 级	汶河支流	1982
东庄桥	沂堂—王岭	57	4×10	中桥	板拱	石	汽车－20 级	阳明河支流	1983
流井西桥	沂堂—王岭	35	7×5	中桥	整体现浇板	钢筋混凝土	汽车－20 级	东洳河支流	2002
黄家馆中桥	义堂南楼—流井	40	4×10	中桥	板拱	石	公路－II 级	东洳河支流	1978
向阳桥	沂堂—王岭	63	4×13	中桥	T 梁	钢筋混凝土	汽车－20 级	东洳河	1996
阳明河新桥	苍山 206 连接线	56	4×13	中桥	整体现浇板	钢筋混凝土	公路－I 级	阳明河	2000
孤山湖桥	苍山 206 连接线	36	6×5.9	中桥	T 梁	钢筋混凝土	公路－I 级	阳明河	1966
徐桥村中桥	瓦子埠—颜庄	36	6×6	中桥	—	—	汽车－15 级	—	1987
红圈中桥	红圈—江苏界	35	7×5	中桥	—	—	汽车－15 级	涑河	1979
小桥村中桥	小桥村—郯城界	70	10×6	中桥	—	—	公路－II 级	武河	2005
刘河崖中桥	横山—刘河崖	60	10×6	中桥	—	—	公路－II 级	陶沟河	2006
后湖中桥	后湖—芦塘	32	4×8	中桥	—	—	汽车－15 级	—	—
大埠中桥	芦塘南湖—大埠	42	6×7	中桥	—	—	汽车－15 级	—	1969
吕家桥二桥	吕家—小湖子	60	8×6	中桥	—	—	汽车－15 级	—	1990
东河头中桥	长城—薛村	54	10×5	中桥	—	—	汽车－15 级	—	1989
居村中桥	马村—南哨	35	5×7	中桥	—	—	汽车－15 级	—	1987
薛村中桥	去长城路口—薛村	42	6×7	中桥	—	—	汽车－15 级	—	1986

续表 4—1

桥梁名称	路线名称	全长（米）	桥跨组合	跨径分类	上部结构形式	上部结构材料	设计荷载	跨越河流	修建年份
卢楼中桥	后胡寨—卢楼	64	8×8	中桥	—	—	公路－II 级	汶河	2006
河湾桥	刘岗子—顾庄	58	8×6	中桥	—	—	公路－II 级	汶河	2006
剡子官庄中桥	沂邳路—高沙窝	48	6×8	中桥	—	—	公路－II 级	吴坦河	2007
花庄闸中桥	旺庄—赤土门东村	50	9×5	中桥	—	—	汽车－15 级	燕子河	1982
武河桥	北吴庄—马湾	48	12×4	中桥	—	—	公路－II 级	武河	2000
向阳桥	卞庄一村—仓谷屯	32	4×8	中桥	—	—	汽车－15 级	—	—
幸福岭中桥	雷雨口—后场村	32	4×8	中桥	整体现浇板	钢筋混凝土	汽车－20 级	—	2003
西河头桥	西河头—206 国道	40	5×8	中桥	—	—	公路－II 级	燕子河	2005
城后中桥	黎丘—城后	32	4×8	中桥	整体现浇板	钢筋混凝土	公路－II 级	阳明河支流	2005
神山燕子河桥	苍山官庄—后站	33	8×4	中桥	整体现浇板	钢筋混凝土	汽车－15 级	—	—
毛埠中桥	东马庙—吴山头	50	5×8	中桥	—	—	公路－II 级	会宝岭水库支流	2005
盘石沟桥	沂邳路—东盘石沟	40	5×8	中桥	—	—	公路－II 级	东泇河	2007
南湖中桥	刘湖—南湖	45	10×4	中桥	整体现浇板	钢筋混凝土	汽车－15 级	—	1979
长新桥中桥	贾庄—长新桥	44	4×11	中桥	—	—	汽车－15 级	—	—
大冶桥	迷龙—林官庄	72	12×6	中桥	—	—	公路－II 级	东泇河	2006
下双沟峪中桥	王岭—灵峰寺	38	19×2	中桥	—	—	汽车－15 级	—	1956
西北岭中桥	王岭—灵峰寺	50	8×6	中桥	—	—	汽车－15 级	—	1985
孟家渊南桥	南湖—孟家渊	54	9×6	中桥	—	—	公路－II 级	—	2006
张庄坝桥	流东线—张庄	60	7×6+6×3	中桥	—	—	汽车－15 级	—	1975
桥庄西桥	节义庄—桥庄	40	6×6	中桥	—	—	汽车－15 级	—	1990
东康庄北二桥	梁现线—东康庄	48	6×8	中桥	—	—	公路－II 级	—	2007
中石曲南桥	西南哨—石曲	60	9×6	中桥	—	—	汽车－20 级	—	1996
大吴宅桥	大吴宅—小吴宅	72	9×8	中桥	—	—	公路－II 级	东泇河支流	2007
升平庄西一桥	沂邳线—升平庄	32	8×4	中桥	—	—	汽车－20 级	—	1990
孙馆桥	上流井—孙家馆	48	8×6	中桥	—	—	公路－II 级	—	2006
郭沟南桥	岚济线—朱柳	35	7×5	中桥	其他桥	其他材料	汽车－20 级	—	1996

续表 4—1

桥梁名称	路线名称	全长（米）	桥跨组合	跨径分类	上部结构形式	上部结构材料	设计荷载	跨越河流	修建年份
惠民庄桥	升平庄—凤凰庄	40	5×8	中桥	整体现浇板	钢筋混凝土	公路－II级	河流	2008
友谊庄中桥	友谊庄—东大桥	50	5×10	中桥	其他桥	其他材料	汽车－15级	—	—
东大桥中桥	拾钱庄—东大桥	40	5×8	中桥	—	混凝土	汽车－15级	—	1980
郑庄桥	郑庄—西马山	42	7×6	中桥	整体现浇板	钢筋混凝土	公路－II级	泇河支流	1973
郑庄中桥	郑庄—西马山	40	5×8	中桥	—	钢筋混凝土	公路－II级	泇河支流	2006
西马山中桥	郑庄—西马山	32	4×8	中桥	整体现浇板	钢筋混凝土	公路－II级	会宝岭水库上游	1986
毛埠中桥一桥	毛埠—财源	48	6×8	中桥	整体现浇板	钢筋混凝土	公路－II级	泇河	2010
三合中桥	兴明—沙埠	40	5×8	中桥	整体现浇板	钢筋混凝土	公路－II级	汶河	2000

1971年—2010年苍山县国道、省道公路大、中桥梁情况

表 4—2

桥梁名称	路线名称	类型	桥长（米）	桥面净宽（米）	跨径总长（米）	孔跨数	修建时间	备注
东迦河大桥	206国道新线	大桥	166.04	23	160	8孔20跨	2003年3月	—
尚岩大桥	206国道新线	大桥	197.52	24	160	8孔20跨	1986年10月	2004年12月改建加宽
芙蓉大桥	沂邳线	大桥	238	15	238	22孔10跨	1980年3月	2008年3月改建加宽
八大洼大桥	郯薛线	大桥	348.84	15	332	20孔16跨	2006年3月	—
西泇河大桥	郯薛线	大桥	166.04	15	160	8孔20跨	2006年3月	—
孤山湖桥	206国道老线	中桥	36.35	12.7	36	6孔6跨	1966年8月	—
老阳明河桥	206国道老线	中桥	52	18	52	4孔13跨	2000年5月	—
孤山湖新桥	206国道新线	中桥	20	26	20	1孔20跨	2003年3月	—
阳明河新桥	206国道新线	中桥	66.04	26	60	3孔20跨	2003年3月	—
索村桥	沂邳线	中桥	85.4	16	72	9孔8跨	1999年	—
卜庄桥	沂邳线	中桥	62.5	15	48	4孔12跨	1978年3月	2004年3月改建加宽
皇甫寺一桥	沂邳线	中桥	46.5	15	32	4孔8跨	1987年3月	2008年3月改建加宽
皇甫寺四桥	沂邳线	中桥	67	15	48	6孔8跨	1987年	1999年改建加宽
庄坞桥	汤郯线	中桥	86.2	15	60	3孔20跨	2009年	—

续表 4—2

桥梁名称	路线名称	类型	桥长（米）	桥面净宽（米）	跨径总长（米）	孔跨数	修建时间	备注
陈桥	沂台线	中桥	109.6	15	84	7 孔 12 跨	1971 年	1998 年改建加宽
赵楼桥	郯薛线	中桥	92	15	70	7 孔 10 跨	1985 年	2006 年 3 月改建加宽
六河中桥	郯薛线	中桥	66.04	15	60	3 孔 20 跨	2006 年 3 月	—
东溢洪道桥	郯薛线	中桥	56.08	12	52	4 孔 13 跨	2006 年 3 月	—
西溢洪道桥	郯薛线	中桥	82.08	12	78	6 孔 13 跨	2006 年 3 月	—
燕子河大桥	郯薛线	中桥	125.52	15	96	8 孔 12 跨	1980 年 4 月	2006 年 3 月改建加宽
南桥桥	郯薛线	中桥	59	9	50	5 孔 10 跨	1982 年 4 月	—
陶沟河桥	郯薛线	中桥	71.37	15	50	5 孔 10 跨	1978 年 10 月	2006 年 3 月改建加宽

第三节　公路运输

客运

1957 年，临沂地区汽车运输公司在苍山县内始建苍山汽车站。1958 年，增建兰陵站。1970 年，增建向城站、岳村站、石门售票处。县内没有始发客车，只有临沂至枣庄、徐州等地的过路班车，每日 4 个班次，执行国家规定的 0.016 元 / 人千米客运价。1972 年，临沂调拨 2 部青岛松岭 39 座解放客车，用于往返苍山至枣庄，苍山县才有始发班车。1983 年 4 月，国家调派给汽车三队（驻苍山）50 座大型东风客车 18 部，用于客运。1987 年，苍山站新开辟省内班车线路 23 条。1993 年，增辟至北京、上海、苏州长途班车线路 3 条，扩大兰陵、向城、岳村、南桥、长城、棠林、马庄、大仲村 8 处 3 级汽车站及陈桥、青竹、芦柞、艾曲 4 个代办售票处。1996 年，客运量 31.5 万人次，年旅客周转量 3706 万人 / 千米。

1993 年 6 月，苍山县城乡个体客运站成立，有 17 部个体客车参加客运，批准苍山至临沂线路 14 条、苍山至枣庄客车线路 3 条。1994 年—1996 年，新增苍山至临沂线路 20 条，苍山至枣庄线路 4 条，苍山至青岛线路 1 条，县内城乡线路 19 条。1996 年，有个体客车 104 辆、总座位 1123 个，年客运量 20 万人次，全县 28 个乡镇全部开通班车。

2002 年—2003 年 10 月，城乡客运班线分线路，先后两次对 210 多台破旧车辆及农用客车进行更新，对仲村、大炉 2 条热线进行运力调整充实，对兰陵、南桥、鲁城 3 条线路进行归并更新。2003 年 10 月 14 日，对 120 多台从各条线路上淘汰报废的客运车辆进行现场集中销毁。客运车辆“控制增量、优化存量”的运力结构进一步调整。2004 年，绘制村村通客车的规划图，全县村村通客车工作开始。2005 年，苍山县客运市场由粗放型向集约化转变。同年 11 月，苍山县金安运输有限公司成立。2006 年，苍山县顺通运输有限公司、苍山县通航运输有限公司、苍山县路通运输有限公司等客运公司相继成立，全县农村客运线路发展到 14 条，客运班车 252 辆，客运企业 5 家。村村通客车工程累计投入资金 400 多万元，在全县 21 个乡镇，安装客运站点牌 664 块，站点棚 40 个，停车港湾 9 个。2010 年，集长途客运、城乡客运、出

租客运、城市公交“四位一体”的综合性客运枢纽的苍山公共交通枢纽工程建设启动。

货运

新中国成立初期，运输工具为牛拉车、木轮手推车，运输方式为肩挑、人抬、牲口驮。1956年3月，苍山县成立卞庄搬运合作社，有员工129人，其中装卸工36人，搬运工91人，主要承担民间短途货物的搬运、装卸。1959年，改为苍山县运输公司，增至566人，拥有马车3辆，四轮拖车、地排车72辆，胶轮手推车313辆。1961年，县农场购进2部嘎斯51型汽车，为首次落户苍山的汽车。1971年5月，山东省交通厅调拨苏联吉斯7.5吨汽车10辆，由山东省临沂地区汽车运输公司进驻苍山县组建汽车三队。同年，县运输公司购进汽油大三轮车16辆，跃进牌3吨汽车2辆，嘎斯63型载重货车3辆。1975年，各种型号的机动运输车相继增加，其中货运汽车98辆，大型拖拉机12部，各公社先后成立拖拉机站。1978年，全县社队集体交通运输企业39个，从业人员1090人，总收入168万元，主要运输工具是汽车和拖拉机。1978年后，随着社会经济的发展，货源增多，货运量增大，到1980年，实行统一组织货源、统一分配运输任务，县运输公司及汽车三队的货车由县联运办公室统一调度、统一安排运行计划。

20世纪80年代中期，经济作物蔬菜种植面积不断扩大，农村从事个体运输的车辆大量增加，并逐渐形成规模。1989年—1994年，向城、艾曲蔬菜批发市场先后建立。为满足蔬菜大批量外销的需要，向城个体运输户购买3吨跃进牌汽车13辆投入蔬菜运营，后增购南京跃进131汽车50余辆。庄坞乡个体专业户购置9辆跃进131汽车，国有、集体、个体户争先购买汽车、拖拉机、农用运输车和机动三轮车从事运输生产。1996年，全县共有营运货车1788辆、农机车1347辆、大小拖拉机4983台、机动三轮车1986台，总吨位11546吨，年货运量（不含汽车三队）318.7万吨，年货物周转量2.1亿万吨千米。

20世纪初，随着中国经济体制改革的不断深化，运输结构进一步调整，道路货物运输形式开始向多样化方向发展，单一的整车运输形式已被突破，集装箱、冷藏货物和危险货物等专项货运发展十分迅速。2003年，山东荣庆物流有限公司成立。2005年，全县从事运输的大小车辆达3万台，其中汽车8000台，大、中、小拖拉机农用三轮运输车2.2万台，货物运输量7961万吨。随着货运量的急剧增长和车辆的大量增加，众多仓储运输公司应运而生。2006年，成立苍山鲁南蔬菜运输有限公司、苍山北方物流有限公司、苍山运发货物运输有限公司等3家集装箱运输公司，苍山县远通货物运输有限公司等5家普通货物运输有限公司。同时，苍山县的货物运输车辆数量迅速增加，普通货运车辆由1997年的1800余辆增至4825辆，农用运输车辆由1400余辆增至7830辆，逐步取代拖拉机、三轮车的运输地位，年货运量增至5856万吨，年货运周转量达到4.2亿万吨。2007年，建华运输有限公司等7家货物运输有限公司成立，全县交通运输仓储公司达350个，从业人员3164人。2008年，成立苍山县瑞驰运输有限公司等18家货物运输有限公司，苍山县货物运输企业已达到34家，营运货车7915辆，农用运输车15900辆，拖拉机、三轮车11633辆，年货运量36919万吨，年货物周转量7.3亿万吨千米。一个“人便于行、货畅其流”的道路运输市场格局已基本形成。2009年，成立苍山县天之合物流有限公司等9家货物运输有限公司，同年年底共有营运货车9316辆。2010年，成立苍山县金海丰运输有限公司等8家运输公司。全县交通运输仓储企业395家，货运企业52家，营运货车15116辆，从业人员5160人，实现总产值130778万元，利润总额15701万元，上缴税金1976万元，劳动者报酬8009万元，货运企业分布全县 21 个乡镇。

图 4—4 荣庆物流集团 （2010 年摄）

第四节 公共交通

20 世纪 90 年代后，县城下岗工人及附近村民购买机动摩托三轮车用于出租拉客。2008 年后，机动摩托三轮车被电动三轮车取代。电动三轮车具有经济、快捷、及时和随上随下的优势，具有极大的市场。据不完全统计，至 2010 年，仅县城就有三轮车 5000 多辆。但电动三轮车驾驶员因无须驾驶证，整车也不进行年检，并存在随意扎堆、并线、闯红灯等违法现象，具有一定的安全隐患。

苍山县出租车运行始于 2005 年，先期投放市场的为 110 辆昌河微型面包车，乘客上车后只需付一元钱即可到达县城内任一地点，称为“一元公交”。“一元公交”于 2009 年 11 月底到期后全部报废，更换为威志轿车型出租车，并新增 30 辆。2010 年，城市出租车数量达到 170 辆，由通航出租公司统一经营。2010 年 1 月，苍山公共交通客运有限公司成立，筹划城市公交线路运行。

第五节 交通管理

1940 年 3 月，边联县抗日民主政府建立三科，主管交通工作。1956 年，苍山县成立交通科。1958 年 8 月，更名为苍山县委交通运输指挥部。1960 年 6 月，更名为苍山县交通局。1979 年 8 月，成立苍山县联运办公室。1996 年 10 月，苍山县交通局更名为苍山县交通委员会。2010 年，更名为苍山县交通运输局，共有干部职工 480 人，其中行政人员 23 人。局机关设有 6 个职能科室，下设交通稽查大队、交通运输管理所、公路建设工程处、出租车管理办公室 4 个副科级事业单位和苍山县地方海事处及 21 个交通管理所。

1950 年 4 月，成立临沂公路段卞庄公路站，1954 年，改为苍山县公路站。1960 年 9 月，苍山县公路站与交通局合署办公。1963 年，公路站从交通局分出，成立临沂地区公路管理段苍山公路站。1994 年 1 月，苍山县公路站更名为临沂地区公路局苍山县公路管理局。2010 年，下设 9 个科室及向城、长城 2 个公路站，共有干部职工 89 人。

路政管理

1994 年，苍山县交通局设立路政管理科，隶属于苍山县县乡公路管理所，配备专职路政管理人员 2 名。2000 年，路政管理科从县乡公路管理所独立，配备专职路政管理员 6 人。2000 年—2010 年，共设置各类公路标志 200 块，累计划设公路标线 1080 千米。同时，经常性地清理非公路标志和广告牌及以路面堆积物；先后查处涉路案件 30 起，申请法院强制执行 12 起，收取路

图 4—5 工作人员清理路障保畅通 （2010 年摄）

赔费 65 万元。

车辆维修管理

1987 年 6 月，成立汽车维修管理所，为股级行政管理机构，接受交通局的业务领导，由临沂市交通运输管理处维修科指导。1997 年 1 月，经上级业务部门批准，成立汽车综合性能检测站，该站为 B 级检测站，于 2000 年 10 月升级为 A 级综合性能检测站，共有职工 15 人，年检测能力 5000 余台次。2000 年 6 月，撤销汽车维修管理所，设立苍山县运管所维修科，为交通局的股级事业单位，主要负责县内汽车维修、配件经营等业务的管理。至 2010 年，县内共有二类维修企业 14 家，专项维修业户 53 家，汽车检测线 2 条，1 条由交通局管理，1 条由交警苍山大队管理。车辆技术管理实行强制维护、定期检测、视情修理、强制报废制度。

交通规费征收

苍山县开征的交通规费有公路养路费、公路运输管理费、公路客运附加费、公路货运附加费、路港建设费、道安费。1996 年—2006 年累计实现交通规费征收 26300 万元。2005 年实行网络化征缴试点，2008 年后停止征收。

2005 年—2008 年苍山县交通规费征收情况表

表 4—3　　单位：元

年份	养路费	货运附加费	客运附加费	运管费	路港费
2005	1427051943	1041357425	443418550	208224589	247375500
2006	1548660592	1097110475	453080000	218509926	251459200
2007	1994233449	1493259821	468952000	297355965	292098907
2008	2326974927	2270851068	478768000	415803236	322587471

交通稽查

1987 年，苍山县成立 109 号交通检查站，隶属于苍山县交通局，职工 9 人。1996 年 10 月，撤站设队，组建苍山县交通稽查大队，为副科级事业单位。2006 年 12 月，苍山县交通稽查大队搬迁至新 206 国道。2008 年 4 月，新建Ⅱ类治超检测站 1 处。2007 年—2010 年，共查处各类违法车辆 3 万余辆。

第二章　邮　政

第一节　管理机构

1916 年，苍山县境内已设邮寄代办所，隶属于沂州邮政局。1931 年，代办所发展到 11 处。1935 年，改归枣庄邮区管理。1942 年，县境内邮政系统归峄县二等邮政局管理。在历史上县境内曾设立过赵镈县战邮局、兰陵县战邮局、苍山县邮电局。

赵镈县战邮局

1942 年 4 月，临郯费峄边联县战（时）邮局在万村（今尚岩镇境内）成立，有 3 人。1943 年，战邮局下辖陈庄、魏村、枣庄（今尚岩镇境内）3 个邮务所。1944 年 10 月，边联县战邮局更名为赵镈县战邮局。1945年，设有卞庄、兰陵、横山、南桥、新兴、尚岩、向城、柞城、长城、芙蓉、神山、磨山、仲村、下村等代办所。8月，有代办所6个、递信站6个，职工55人。1946年，赵镈县战邮局改由山东省邮政管理局鲁南区办事处领导，将8个邮务所精减为5个四等局，代办所增至15个，递信站增至126个，增添信箱160个。1947年1月，取消四等局，县局变为县里的交通股，下设情报站。同年12月，情报部门从邮局分出，邮情站取消。1948年10月，赵镈县邮政局下设3个邮务所，5个信箱。1950年，赵镈县邮政局并入苍山县邮政局。

兰陵县战邮局

1944年6月，兰陵县战邮局成立，归属鲁南区战时邮政管理局领导。1948年3月，恢复兰陵县制，兰陵县邮政局也随之成立，隶属鲁中南邮电管理分局领导，下辖南桥、横山2个邮务所和坊前、南桥、杜家圩、小仲村4个信箱。1949年，兰陵县邮政局从兰陵迁驻台儿庄。1953年9月，再次撤销兰陵县制，部分邮区并入苍山县邮电局。

苍山县邮电局

1947年，苍山县邮政局在小马头成立。1948年10月，由磨山迁驻卞庄镇关帝庙，隶属于山东省邮政管理局。1951年1月1日，苍山县邮政局改称苍山县邮电局。1953年，苍山县邮电局纳入兰陵县部分邮区，有自办分支机构3处、代办所19处。1955年3月，全县18处代办所全部改由供销合作社和农业合作社办理。1956年，苍山县邮电局改称山东省苍山县邮电局，磨山、尚岩2营业处改称邮电支局，其余仍称邮电所，邮电所增至8处。1958年，向城、兰陵邮电所提升为邮电支局，褚墩邮电所划归郯城县。1964年，代办所全部取消，安城邮电所划归枣庄，时有自办分支机构12处。1969年12月，邮政与电信分设，成立苍山县邮政局和苍山县电信局。邮政局由县革委会与地区局双重领导，电信局归县武装部直接领导，在人民公社驻地分设邮政与电信支局。1973年8月，邮政与电信合并，重新成立苍山县邮电局，由临沂地区邮电局管辖。1990年，自办分支机构26处，开设兴明、小岭2处代办所。1995年1月，临沂撤地设市，苍山县邮电局由临沂市邮电局管辖。1995年，县城驻地增设城关、河东、北关3处邮电支局。1996年，全县邮电支局31处。1998年，邮政、电信各自面向市场，苍山邮电局实行邮电分营，分置邮政局、电信局，分别纳入国家邮政局和中国电信系统，实行垂直管理，分营后的邮政局只管信件邮件和钱款汇兑，附带报刊发行、投递业务。邮电分营之后，邮政局下设25处服务网点。2008年，根据县域经济发展及行政区域划分，撤销大炉、韩塘、流井、小岭4处支局。至2010年，苍山县内共有22处农村支局、2处城市支局，县局设立发行投递业务局、函件集邮局、金融局和分销业务局。

第二节　邮政业务

信函

1942年，赵镈县战邮局开始办理平信业务，后试办挂号信业务。1948年10月，开办保价信函业务。1949年，开办征询、代收货款、代贴广告、代售印花、经购等业务。1950年1月，开办快递业务。同年8月6日，始办国内航空函件业务。1979年5月，开办去台湾的平常函件业务。1980年7月，恢复国内邮政回执业务。1987年7月1日，开办国内有声信函业务。1988年5月1日，开办邮政快件业务。20世纪90年代后，每年收寄各类信函30余万件，投递各类信函500多万件。

包裹

1942年3月，试办包裹业务。1949年后，办理包件业务以个人零星小包为主，兼收商品包裹。1979年，开办“乙类保价”包裹业务。

1981 年 5 月 1 日，恢复办理代收货价邮件业务。1987 年 11 月 1 日，开办大件商品包裹业务。进入 21 世纪后，邮政物流快递业务日益兴盛，并于 2008 年实行专业化经营，业务发展也呈现出新局面，每年投递量 3 万件，收寄量达 1 万件，至 2010 年每年稳定增长。

汇兑业务

始于 1930 年，采用挂号信函或包裹邮寄现款的办法，规定每人每天只能开、兑付 2 张“小款汇贴”。1958 年起，汇票由剪格式改为 2 页 4 联复写式，使用专用汇套，将汇票装入汇套，由发汇局直寄兑付局。随着全县经济社会的不断发展，群众使用汇兑业务量不断增加，1998 年—2010 年，每年开发汇票业务量维持在 6 万～ 7 万笔，入账汇款业务量维持在 1 万～ 3 万笔。

报刊发行

1942 年 1 月，边联县成立《大众日报》分销处，由县委宣传部领导，开展《大众日报》发行工作。为加强对发行工作的领导，同年 11 月并入战邮局。1946 年 4 月，为适应形势需要，发行工作一度从战邮局分出，但不久又重新合并。战邮时期报刊发行的方式，在敌占区主要是张贴、赠阅或成立秘密读报小组，在基本区进行订阅。但随着战势的变化，也是时断时续。境内解放后，报刊发行工作走向正规化。1949 年，代销新华书店出版书刊，以所售金额的 30% 作为报酬。1953 年 1 月，实行报刊定期预订制度，停止报纸、杂志随时起订止订，确定每年 2 月、5 月、8 月、11 月为每个季度报刊的预订期。为扩大业务，1958 年设立报刊发行站（员），1985 年发展到 701 个。1981 年，设报刊发行员。1982 年，设置报刊零售门市部，1984 年 9 月，报刊零售门市部实行承包，以销售额的 10% 作报酬。1996 年，完成报刊流转额 295 万元，完成期发份数 3.85 万份。2000 年，流转额为 360 万元，完成期刊发份数 6.13 万份。2010 年，完成报刊流转额 456 万元，完成期刊发份数 36 万元。

集邮品专供

1983 年，设立集邮专柜，邮政营业员兼职，省邮票公司负责业务领导和新票供应。1986 年，设立专职集邮营业员，由地区邮票公司负责业务领导和新票供应。1988 年，预定户为 120 户。1989 年，预定户增至 150 户，年营业额 7000 元。1996 年，预定户为 200 户，年营业额为 3 万元。1997 年—1999 年，随着香港、澳门回归，大量发行纪念邮票，预定户每年达到 460 户，营业额达到 7 万元。由于国家邮政局控制发行量，2000 年—2007 年，每年预定户保持在 300 户，在面值提高的情况下营业额保持在 6 万元左右。2008 年—2010 年，随着奥运会的举办、新中国成立 60 年大庆以及龙年到来，年度预定户增至 600 户，营业额达到 9 万元。

第三节　设施设备

新中国成立前，邮件的运递等主要是靠肩挑、人背、小车推。到抗日战争后期和新中国成立初期，邮政工具主要是牲口、马车、独轮车。1949 年，邮政系统仅有自行车 3 辆。随着经济形势的好转，人力、畜力车逐步为自行车所代替。1965 年，经省局批准，苍山局购买脚踏三轮车 1 辆。1971 年，上海市邮电管理局无偿送给超役 58 － 1 三轮车 1 辆，从此，苍山县邮电局有第一辆机动车。同年，省邮电局拨给二轮摩托车 1 辆，苍山县邮电局有第一辆摩托车。1980 年，临沂地区邮电局无偿调拨给苍山县邮政局济南跃进牌汽车 1 辆。1982 年，省邮电局拨给邮政专用（蓬式）YZT305 汽车 1 辆。至 2010 年，生产车辆达到 6 辆。

第四节　邮路投递

邮路

1917 年，穿越县境内的邮路分南、北 2 线。

1935年，高密经临沂至峄县邮路穿越苍山境内，邮差线改为汽车线，向城代办所为邮件交接点。1939年10月，八路军山东纵队交通总站建立由沂水至大炉交通干线，打通抗日根据地的联系。1943年，边联县战邮局所辖的陈庄、魏村、枣庄3个邮务所均有邮路相通。1945年9月，赵镈县战邮局打通直达费县与鲁南分局联系的干线及直达麓水县与二地委的干线300余条，县内邮路通8个邮务所、6个代办所、6个支站。1948年10月，赵镈县战邮局辖大炉、车辋、下村邮务所，苍山县邮政局辖卞庄、尚岩、褚墩邮务所和柞城、庄坞、层山代办所，兰陵局辖南桥、横山邮务所，均恢复通邮，为战时邮路。1949年，正规邮路仅有苍山县邮政局至磨山营业处1条。新中国成立后，苍山县邮政局东去付庄与临沂县邮政局交换邮件，西去赵镈县邮政局与峄城县邮政局交换邮件。1950年，赵镈县邮政局并入苍山县邮政局后，增加苍山县邮政局至尚岩营业处1条。1952年8月1日，徐州经兰陵、苍山至临沂汽车邮路开通。1953年，开通县局至兰陵营业处1条委办汽车邮路。1956年，增加县邮政局至仲村自行车邮路1条。1958年，邮电自办分支机构在各区普遍建立，分东、西、南、北4路，有2条委办汽车邮路、2条自办自行车邮路。1973年，除县邮政局至兰陵、县邮政局到长城邮件继续委办汽车站运递外，至其他各支局均为摩托车邮路。1974年7月1日，开通苍山经枣庄至薛城自办汽车邮路。1994年9月16日，县内全部改为自办汽车邮路。1995年11月1日，苍山至临沂汽车邮路开通。1996年，县内汽车邮路4条，日运行2次。2010年，县境内乡镇、街道划分为3条邮路，为汽车邮路。

投递

战邮时期，农村邮件、报刊由交通员或区邮务员徒步投递，时断时续。1945年，划分投递路线。1946年，将原58条邮线简化为13条，长1209千米，平均每人每天67千米。1952年，农村投递逐日到区，3日到村。1954年，农村投递实行亲投到户。1955年，有乡邮线57条，投递段支线3条，邮路全长248千米，乡邮递员22人，分步班、自行车班、三日班。1956年，全县有乡社投递员74人，乡邮班期由三日班改为逐日班。1958年，农村投递实现自行车化。1961年，投递改为二日班和三日班。1963年，全县实行二日班。1967年，投递路线达1896千米，有自行车25辆，乡邮运员20人。1977年，投递路线划为41条，全长2072千米，其中两日班18条，长896千米，乡邮递员33人。1985年，农村投递全面实行承包经济责任制，投递路线共53条，长2560千米，全部使用自行车。1996年，投递路线长2867千米，共有自行车投递路线72条，其中农村68条，县城4条。2010年，全县有投递人员84人，共有75条投递段道，其中城市投递段道19条，农村投递段道56条，市投递路线长367千米，农村投递路线长3690千米。

图4—6　乡村投递　（2010年摄）

第三章　通　信

第一节　电　报

电报种类有天气、水情、公益、政务、新闻、普通、汇款。公电电报主要是水情电报，个人电报业务只有边远电话通信落后的地区使用。1965年6月，苍山县设立小型无线电台1部，开通苍山至临沂的无线报路。1966年2月23日，电台封闭，仅在紧急情况下可临时开通无线报路。1972年1月1日，开通苍山至临沂无线报路，可拍发4种电报。2月1日起，扩大为8种。8月，更换无线报机。1982年2月1日，不再限制无线电台发报种类。1991年9月，无线报机更换为无线单边带发报机。1992年，电报由原来的人工电报改为传真电报。电报的传输手段越来越先进，但业务量逐年下降。2004年，取消公共电报业务。电报投送，属县城投送范围的由专人投送，属各支局投送范围的由各支局投送，收报人收到后签名盖章，以利存档备查。

第二节　无线寻呼

1993年4月，开办人工数字无线寻呼业务。1996年，发展无线寻呼用户3386户。1997年，发展无线寻呼用户5649户。1998年5月，无线寻呼126台、127台、9898台、9899台合并，临沂市设寻呼公司，县设代办处，后按中央指示划归联通公司经营管理，与电信局分离。2004年年底，无线寻呼业务停用。

第三节　固定电话

本地电话

1932年，临沂县电话事务所架设临沂至向城、兰陵的电话线路，在向城区公所安装电话单机2部，在兰陵区公所安装1部。1952年10月，苍山县邮电局接收军用10门台式磁石交换机1部，供长话、市话、县内电话会用。1953年，邮电局代管地方电信。1955年，县内农话有单机3部。1956年前，县内电话仅有单线话路2条，架空明线26.89千米。1956年后，架起县邮电局至向城、向城至兰陵、兰陵至磨山的3条中继线路。同时，架通县邮电局至其他各区的用户话路，皆为双线4路。1960年，中继线路增至21条。1976年，农话使用单路载波机，开通县邮电局至兰陵、向城、车辋、磨山的载波电路。1979年，全县23处支局（所）全部开通载波电路，其中实线28条，载波电路17条。县间线3条：车辋至新庄（费县）、长城至邹庄（邳州市）、层山至房庄（郯城）。1981年，增加县乡、乡乡间中继线路9条。1985年，交换机增至25部，总容量1470门。1987年12月，使用特高频设备，开通县邮电局至兰陵12路特高频。1990年，全县365千米杆路中，水泥杆占289千米。同年，交换机增至27部，总容量1880门。1994年，使用光缆中继线路。6月，架设县邮电局至芦柞、长城、二庙的光缆中继线路，共架设14条中继线路，光缆杆路达到103.5皮长千米。1995年，全县共有兰陵、向城、韩塘、庄坞支局使用24路特高频，南桥使用12路特高频。10月，建成C4本地网，数字传输代替模拟传输。1995年12月，苍山县并入临沂市C3电话扩大本地网，电话号码升至七位。磁石机被淘汰，全部更换为威海三星（SDX-RB）交换机，共有交换机24台，总容量6352门，用户1580户。1996年，完成县局至兴明光缆杆路的架设，光缆杆路208.3皮长千米，交换机总容量为6864门，实装电话3588部。1997年6月20日，投资116.8万美元引进美国5号机1.12万线交换设备。同年，投资60万元的“九七工程”（电信业务计算机综合应用系统）建成并投入运行，全局市农话业务全部实行微机管理。1998年，投资10万元进行5ESS和S1240的升版工作，开通N-ISDN等多种新业务的功能。1999年，引进华为CC08交换机12288门，主要用于农话，农话交换逐步由模块化、接入网化向大容量、少局所方向转化。2000年，完成固定资产投资4400万元，新增局用电话交换机4.4万门，全县电话交换机总容量达到9.6万门，扩容农话电路63个系统，农话中继电路总容量达到17760路，新建杆路5707棵，布放光缆280千米，布放电缆500千米。2001年，累计投资1.3亿元，完成电话交换机扩容14万门，达到24万门，新建接入网点513个，全县接入网点总数达到637个。完成29处乡镇线路延伸工程，全年敷设电缆1120千米，敷设地下通信管道105.6管孔千米，新增光缆538千米，全县杆线总长度达到2300皮长千米。公用通信网的规模容量、技术层次和服务水平都实现质的飞跃。2003年，更换县局—芦柞—长城、县局—三合—南桥、县局—小岭—仲村等多条中继光缆，完成传输网络的扩容改造工程。基础交换网方面，完成5ESS交换机软件版本升级，彻底改造电源系统，硬件水平达到全市前列。2005年，全年完成固网交换机扩容1.7万线，新增管线投资7731万元。固网智能化改造在全省率先实施，开放固网悦铃、预付费、移机不改号、一号通等新的固网增值业务。新97、DCN改造、CRM、集中监控、OA系统建设等信息化项目按照预期进度实施。多业务传输平台（MSTP）技术、智能光网络（ASON）技术和千兆无源光网络（GEPON）技术开始应用。2006年，共计完成建设投资约990万元，交换总容量达到19.2万门，新增2M电路320条，本地网传输电路达到1733条。更换接入网机房电池95组，新上汽油发电机8台。开展机房三线分设，新增ODF架11台，扩容部分网点的MDF架3.84万线。线路方面，投资405.64万元完成大炉、鲁城、沂堂等18处乡镇的线路扩容工程，投资44.4万元完成二庙—层山—庄坞、沂堂—仲村、鲁城—下村的中继光缆扩容改造，布放16芯光缆4.93万米。2007年，完成建设投资770万元，建设项目41个。其中，线缆项目14个，投资257万元；管道项目6个，投资86万元；光缆工程8个，投资166万元；综合布线工程4个，投资51.4万元；装修工程5个，投资58万元。对富余的板件进行下电，下电用户板871块，下电交换机机框10个，割接用户9924门，迁移接入网60处，新增协议转换器机框30台、光电收发器机框25台。2008年，完成建设投资861.72万元，建设项目36个。新增AG接入网点78处，设备分拆58处，布放光缆1750芯皮长千米，撤除铜缆4950芯皮长千米；新增AG设备78台、EPON设备85台。2009年，新增SDH设备30台，新增155M电路112条、2M电路1176条，增加AG接入网、IAD网点56处，对大中型住宅小区285栋楼宇交换机进行EPON改造。2010年，完成城区管道工程建设投资49万元，利用撤旧的交接箱、模块等改造设备机柜、配线架200余台。

2000年—2010年苍山联通本地电话业务量情况

表4—4　　　　单位：万部

年份	业务量（万部）	年份	业务量（万部）
2000	5.7	2006	15.6
2001	9.3	2007	15.2
2002	12.1	2008	12.51
2003	13.8	2009	11.14
2004	15.2	2010	9.06
2005	15.1		

小灵通

2003年，安装ANU机架3台，建成小灵通基站347个，小灵通网络覆盖范围已经从县城延伸到磨山、兰陵、庄坞等18个乡镇，并建成向城镇小灵通全覆盖试点，完成小灵通放号6792部。2004年，完成六期小灵通基站建设，安装基站301个，总数达到648个，并不断进行网络优化，信道完好率达99.1%，完成小灵通放号10027部。2005年，完成无线市话第七期工程，扩容7.5万线，扩大室内覆盖工程实施范围，完成小灵通放号4270部。2006年，继续优化小灵通网络，完成小灵通放号6089部，发展同号用户4170部。2007年，发展小灵通（含同号）357户，总数达到20345部。由于移动电话迅速普及和国家开展清频退网工作，小灵通用户急剧减少。2008年减少5294部，2009年减少7249部，2010年减少2214部，并开始逐步退出市场。

长途电话

1952年，邮电局接管苍山至台儿庄和苍山至临沂2条长途军用电话线路。1954年，苍山至临沂线路换为2对铁线，电路增加为3条。1955年，苍山至台儿庄线路拆除。1958年，苍山至临沂增加幻线电路2条，电路增至4条。1959年，停用幻线电路1条。1960年，电路增至4条，其中至临沂实线电路2条、幻线电路1条，架设开通苍山至枣庄实线电路1条。1963年，停用苍山至临沂幻线电路1条，电路减至3条。1965年，恢复苍山至临沂幻线电路1条。1973年，增开苍山至临沂载波电路1条、苍山至枣庄载波电路1条，电路增至5条。1990年年底，电路总数18条，其中载波电路14条、半自动4条，苍山至临沂电路13条，苍山至济南电路1条，苍山至枣庄实线电路1条，苍山至郯城载波电路1条。

1952年—1956年，长话与市话、县内电话合用1台磁石交换机。1957年，长话与县内电话合用1台30门磁石交换机。1962年，农话分出，磁石交换机为长途电话专用。1971年—1976年，长话使用40门磁石交换机1台。1976年，更用1台60门磁石交换机。1989年，自动电话更为8席40门。1993年，全县所有电话用户均可开放长话业务功能。1995年12月，苍山并入临沂C3大网，长途交换设备拆除，全部更换为数字微波传输。1997年，开通苍山至临沂的西门子SDH传输设备。2002年，开通苍山至临沂华为SDH传输设备。同年，苍山本地C4网撤销归并临沂C3网。至2010年，所有长途均通过临沂长途交换机进行转接。

第四节 移动电话

1994年3月，开通移动电话，用户有133户。2002年，全县移动电话用户6.3万户，2006年，增加到18.6万户，2010年，增加到57.06万户。

苍山县联通公司运营苍山境内的GSM网络130、131、132、155、156、186数字移动通信网、移动通信业务（移动话音、数据业务、国际及港澳台漫游）、数据固定及互联网业务（数据传送、话音通信、互联网、视讯通信、国际通信）、呼叫中心业务（联通秘书、来话宝）、集团客户业务（集团炫铃、企业专线、流动办公）等。至2010年，共设基站118处，手机用户达到11万余户。

2010年，中国移动通信公司苍山分公司共有2G基站320处，TD基站97处，拉远站73处。通过深入开展移动宽带（WLAN）建设营销，建设移动宽带站点93处，发展有效用户2870户。2010年，移动用户的客户数量约45万户，在学校开通“校讯通”业务，用户2500多户。

第五节 互联网

2002年，苍山县联通公司开展ADSL业务，在朝阳小区和东苑小区接入网点2处，ADSL的端口总数到达236个，先后完成人民银行等7处LAN接入方式的建设，建设3个宽带校园网。宽带业务用户发展380户，建设宽带接入小区22个，宽带接入网吧30个。2003年，完成城区和20个乡镇的宽带网络延伸工程，容量已经达到5800个端口，同时完成部分行业单位的联网工程，发展宽带业务用户1177户。2004年，发展宽带用户3460户，与30多家单位签订宽带建设合作协议。2005年，完成宽带网两期扩容工程，ADSL扩容6万线，本地传输网扩容顺利实施，发展宽带业务用户1390户。2006年，新增ADSL接入能力1.12万线，ADSL总接入能力达到1.87万线，发展宽带业务用户2079户，总数达到8893户；安装DSLAM设备，实现村村通宽带。2007年，发展宽带业务用户2205户，总数达到11098户；与32家单位签订电子政务网合作协议；完成DSLAM设备调整，为宽带装机任务的完成奠定基础；实施“5+1”工程（政务信息化、企业信息化、家庭信息化、农村信息化、社区信息化和平安网建设)的建设。2008年，宽带1000M到乡镇和宽带双路由保护，新增粗波分设备26台，发展宽带用户4213户，宽带用户总数15311户。2009年，对701台ADSL设备、1860台楼宇交换机、72台AG设备进行双VLAN绑定，对大中型住宅小区285栋楼宇交换机进行EPON改造，对农村宽带网络进行优化，解决DSLAM设备2M上联的现象。发展宽带用户4999户，宽带用户达到20310户。2010年，苍山县联通公司完成宽带提速二期、三期，宽带用户总数达到31767户，净增宽带用户11457户。

第六节 通信公司

中国联合网络通信有限公司苍山县分公司

中国联合网络通信有限公司苍山县分公司是国有通信企业。2000年3月，中国联通临沂分公司苍山营业厅开始筹建；8月，与国信寻呼合并为国信客户服务中心；9月，国信客户服务中心改称中国联通苍山营业厅。2001年1月，苍山联通营业厅成立，为中国联通临沂分公司在苍山设立的分支机构。2004年3月，苍山联通营业厅更名为中国联通有限公司苍山县分公司。2008年12月5日，成立中国联合网络通信有限公司苍山县分公司（以下简称苍山县联通公司）。苍山县联通公司下设综合部、财务部、网络部、市场销售部、客户服务部、集团客户部以及27处乡镇营业部，共有在职员工83人。主要经营固定电话、2G和3G移动、宽带、

小灵通以及数据、图像、多媒体通信与信息服务，国家批准经营的其它通信业务以及相关的系统集成、技术开发，承担着党政军机要通信、战备通信、抢险救灾等任务。至2010年，全县交换机总容量达到14万门，线路出局线对达到25万余线。电话用户达到9万余户，全县电话普及率达到7.6部/百人，宽带用户达到3.2万户。承建本县的电子政务网络、农村党员远程教育系统、教育网和卫生系统新农合联网工程、政务OA办公系统等通信工程。

中国移动通信集团山东有限公司苍山分公司

中国移动通信集团山东有限公司苍山分公司组建于1999年7月。至2010年，公司正式员工7人，社会聘工121人。设办公室、市场部、财务部、运行维护部，有3处县直营业厅、27处乡镇营业厅、3处合作营业厅、380处代销网点、170处社区便利店。全面负责苍山境内134、135、136、137、138、139、147、150、151、152、157、158、159、182、183、187、188 GSM数字移动电话业务。2010年，累计实现运营收入1.9亿元，实现税收570多万元。2007年开展“诚信服务，满意100”，2008年开展“金牌服务，满意100”，2009年—2010年开展“便捷服务，满意100”等服务年活动。2010年，累计实现运营收入1.9亿元，实现税收570多万元。

中国电信股份有限公司苍山分公司

中国电信股份有限公司苍山分公司位于苍山县城东苑新区，2002年5月开始筹建，2003年10月正式挂牌成立。公司有员工53人，下设综合部、政企部、大客户中心、个家部、网络部、渠道部及5个乡镇支局。2008年5月，按照国家发改委的电信行业体制改革要求，收购原联通公司的CDMA2000网络。2009年12月，成为苍山首家3G网络运营商，并实现城区全覆盖。2010年2月，实现县域3G全覆盖，固定资产6700万元，移动网用户28690户，固网语音用户4400户，宽带用户7560户。主要承建电信基础设施，经营固定电话、移动业务、语音业务、数据业务和互联网业务、商务领航、全球眼、ICT增值业务等。

第五编
电　业

蒼山縣志

苍山县境内用电始于1950年，为1台小型手摇发电机发电供开会扩音。1954年，苍山县才点亮第一盏电灯。1968年，斜沟变电站建成，台儿庄至斜沟35千伏输电线路架设送电，苍山县开始使用网电。1986年—1995年，电网发展迅速，布局也趋向合理，经济较发达地区新建投运35千伏变电站7座，电网已初具规模。1998年—2003年，实施一期农网改造。2004年—2006年，实施二期农网和城网改造，35千伏及以下电网得到很大程度改善，电网结构更加合理。2010年，县供电公司共有110千伏及以下变电站22座，主变45台，110千伏及以下输电线路23条。全县公专配变共有配电室3424座，完成供电电量10.26亿千瓦时。

1957年4月，县水利局设立发电组，管理全县发电业务。1958年10月，水利局撤销发电组。1964年10月，水力发电站与农机厂合并，改称苍山县发电站，属县农机厂领导。1968年12月，改称县供电所，业务归枣庄供电局领导，下设卞庄、南桥和斜沟3个农电站。1972年2月，水利局与供电所合并，成立县水电局。1973年12月，从水电局分离，成立县供电局。1974年，县供电局专设"三电"办公室，负责电力调度业务。1985年5月，改称县供电公司。1986年7月，重新改称供电局，业务属临沂电业局管理。2010年，公司完成上划，成为山东电力集团公司直管全资子公司，职能部室调整为11个，供电所22个。

图5—1 公司外景 （2010年摄）

第一章 发 电

第一节 水力发电

根据水能资源普查，全县理论水力资源4087千瓦，年发电量865万千瓦时。1957年4月，县水利局设立发电组，管理全县发电业务。1958年10月，在小岭西干渠塔子山西水利局院内建成全县第一座水力发电站，名为"塔山青年水电站"，装机20千瓦，供县城照明，共有干部、职工11人。1964年10月，水力发电

站与农机厂合并，发电设备和人员迁至农机厂，改称苍山县发电站，属县农机厂领导，设置人员 13 人。此后，又在小岭西干渠连厂村建成连厂水电站，在会宝岭二干渠新庄东建成新庄水电站，在会宝岭一干渠向城北建成向城水电站，在多福庄西干渠层山东建成层山水电站，在长新桥干渠长新桥庄后建成长新桥水电站，在小岭西干渠塔子山东建成卞庄塔山东水电站。这些水电站，每站装机 20 ～ 50 千瓦，因水源不正常，管理不善，设备质量差，已先后废弃。1973 年，开始在水库、河道上兴建水电站，先后建成小马庄、岳村、会宝岭、沂沟、长新桥等水电站。2010 年，全县有小型水电站 11 处，总装机容量 3492 千瓦。陡沟庄水电站、向阳水电站、东马庙水电站、毛埠水电站、孟渊水电站、孔庄水电站等 6 处微型水电站，皆因水量不足、管理不善、设备失修等原因先后报废。

2010 年苍山县水电站工程情况

表 5—1

电站名称	装机容量（千瓦）	保证出力（千瓦）	所在河流	使用状态	2010 年发电量（万千瓦时）
沂沟	150	150	吴坦河	正常	12
长新桥水库	100	100	吴坦河	正常	8.5
会宝岭	2300	2300	西泇河	正常	144
岳村	375	375	西泇河	正常	0
小马庄	350	350	吴坦河	正常	45
东马庙	24	24	西泇河	毁坏	0
毛埠	24	24	西泇河	毁坏	0
孔庄	93	93	西泇河	毁坏	0
孟渊	40	40	西泇河	毁坏	0
陡沟庄	18	18	吴坦河	毁坏	0
向阳	18	18	吴坦河	毁坏	0
合计	3492	3492			209.5

第二节　火力发电

1987 年，临沂地区电业管理局分配苍山县供电局用电负荷指标 9200 千瓦，并在十里泉发电厂安装定量器，实行定量控制，导致电力负荷紧张经常限电。因此，县委、县政府多方筹资在距县城西 4 千米处兴建 2×3000 千瓦火力发电厂 1 处。一期工程安装 3000 千瓦发电机组 1 台，于 1988 年 10 月投入运行，总投资 600 万元，其中贷款 520 万元，地方群众集资 80 万元。二期工程于 1989 年 6 月 19 日动工，安装 3000 千瓦发电机组 1 台，总投资 450 万元，于 1990 年 10 月投入运行。电厂达到设计能力后年发电 2000 万千瓦时，使严重缺电状况得到一定程度的缓解。

1988年10月—1995年3月，电厂设立运行车间，车间下设四个运行值，实行四值三运转。1995年3月，撤销运行、检修两大车间，成立电气、汽机、锅炉、热化四大车间，同时设立值长组，生产厂长兼任值长组组长，指挥调度运行情况，各车间强化专业管理及设备维护工作。1996年4月电厂实行优化组合后，又恢复到1995年3月以前的运行车间、检修车间的管理体制。1994年6月—10月，电厂根据设备运行状况对AZD/20锅炉进行节能减污技术改造，并获得省科技成果三等奖。因国家能源政策调整，根据鲁政办发〔1998〕34号文件《关于进一步加强小火电管理的通知》，执行“以大代小”政策，苍山县电厂在运行10年后，于1998年10月23日上午8时正式与电网解列关停。2002年，厂房及设备被拆除或变卖。2006年12月，苍山县发电厂宣布破产。2008年，对企业剩余资产进行拍卖。

第三节 内燃机发电

1954年4月，苍山县兰陵美酒厂购置22千瓦柴油机和7.5千瓦发电机1台，用于发电，供夜间照明，这是苍山县历史上第一次使用内燃机发电用于生产。1958年，随着“大跃进”形势的发展，苍山县石门铁矿、埝头炼铁厂、油厂炼铁厂等项目相继上马，各厂矿购置内燃机发电机发电。1960年，县境内有内燃机发电机10台，发电能力629千瓦。钢铁厂下马后，设备调往其他厂矿使用。1968年网电引入后，改做备用电源。1962年，塔山西塔山青年水电站增1台94千瓦柴油发电机组。1963年，增84千瓦柴油发电机组1台，县酒厂、医院、农机厂、广播站相继安装自备发电设备，总容338千瓦。1977年后，工业企业自备发电设备，全部用做自备电源。1996年，全县有自备电源设备32台，发电能力2252.5千瓦时。1996年后，各单位自备应急电源，县供电局不再统计。

第四节 热电联产

2001年10月，由苍山县供电公司职工入股，成立苍山县川越电力工程责任有限公司，注册资金820万元。2003年，苍山县川越电力工程责任有限公司与临沂震元纸业有限公司共同出资，组建临沂华龙热电有限公司。该公司为热电联产企业，符合国家发展和计划委员会、国家经济贸易委员会、建设部和国家环保总局联合颁布的急计基础〔2000〕1268号文件《关于印发〈关于发展热电联产的规定〉的通知》中关于“以热定电、热电联产”的产业政策。总投资5000万元，按股份比例，苍山县川越电力工程责任有限公司占总股份的60%，即3000万元；临沂震元纸业有限公司占总股份的40%，即2000万元。2003年3月1日开始筹建，7月开始建设。2004年3月开始设备安装，10月1日一次试车并网成功。2005年年初并网发电。2007年8月，通过热电联产机组认证。该厂使用1×15000千瓦热电联产机组，机组由2台循环硫化床锅炉、1台抽汽凝汽式汽轮机、1台汽轮发电机（静止可控硅励磁方式）组成。2004年10月—2010年，累计发电约4万千瓦时。

第二章 供 电

第一节 供电调度

1974年前，苍山县供电局没有正规的调度机构，35千伏线路和变电设备的停、送电指挥权属枣庄供电局调度所，10千伏线路和配电设备停送电指挥由枣庄市供电局生技股兼管。1974年，供电局专设三电办公室和1名停送电联络员负责调度业务。1980年1月，苍山县供电局专设1人负责调度业务，对管辖范围内的35千伏及10千伏线路、变电设备的停送电行使指挥权。1981年3月，苍山县供电局成立调度室，对检修、事故处理、调荷节电等停送电行使指挥权。1984年1月，苍山县供电局调度所成立，下设调度班、通讯班、运行方式班。2000年，调度自动化系统通过“县级电网调度自动化系统实用化”省级验收。2010年6月，根据《临沂电力系统调度管理规程》以及苍山电网发展实际，修订《苍山电力系统调度管理规程》。

调度范围

2010年，苍山县供电公司调度管辖范围：110千伏官庄变电站#1、#2主变，35千伏Ⅰ、Ⅱ段母线及母线所连接的设备，10千伏Ⅰ、Ⅱ段母线及母线所连接的设备，与一次设备对应的二次设备；110千伏石门变电站#1、#2主变，35千伏Ⅰ、Ⅱ母线及母线所连接的设备，10千伏Ⅰ、Ⅱ段母线及母线所连接的设备，与一次设备对应的二次设备；110千伏城东变电站#1、#2主变，35千伏Ⅰ、Ⅱ段母线及母线所连接的设备，10千伏Ⅰ、Ⅱ段母线及母线所连接的设备，与一次设备对应的二次设备；110千伏神山变电站#1、#2主变，35千伏Ⅰ、Ⅱ段母线及母线所连接的设备，10千伏Ⅰ、Ⅱ段母线及母线所连接的设备，与一次设备对应的二次设备；110千伏青竹变电站#1主变，10千伏Ⅰ、Ⅱ段母线及母线所连接的设备，与一次设备对应的二次设备；公司属14座35千伏变电站，一、二次设备。电力线路：公司属35千伏线路24条，10千伏线路102条。用户站：110千伏埝沟变电站#1、#2主变；110千伏中钢变电站#1、#2主变；110千伏石矿变电站#1主变；35千伏十里泉补水泵站变电站35千伏进线开关、35千伏PT、35千伏避雷器；35千伏第三水泥厂变电站，35千伏进线刀闸。苍山县供电公司调度所在批准的调度管辖范围内行使指挥权，在运行指挥中与临沂市供电公司调度所是上下级关系。

调度运行

1988年前，苍山县供电局调度所执行《临沂电网调度规程》及上级有关规定。1988年，山东电网统一调度操作规程和术语，具体操作先审核操作票，以命令形式下达各操作单位。严格执行操作命令票制度、重复命令制度、监护制度、录音记录制度。1989年—1994年，苍山县供电局由于未成立变电运行工区，调度所负责所辖变电站日常管理工作。1990年4月1日，编制调度所管理标准和调度所工作标准。该标准包括：主任工作标准1种，班工作标准5种，班长工作标准7种，工作人员工作标准6种。1992年，先后编制各站现场运行规程。1998年1月，对上述各变电站现场运行规程进行修订。2009年10月，重新修订调度所管理标准和调度所工作标准。

调度设施

调度设备　1981年，苍山县供电局调度室

购置晶体管数字显示频率计、对讲机、扩大机、8080型录音机。自制作电力系统模拟盘，置身调度室内可清楚地了解到苍山县电网运行方式。1985年8月，从上海购进XDT-78型调度模拟盘1面和双座调度台1套，XDT-67型调度总机2台。1987年6月，从烟台购进新型调度模拟盘1面，通过模拟盘内部数字系统的变化，可以很直观地了解开关的变位情况。1988年12月，从烟台东方电子信息集团公司购进WDB-1型远动设备及DCX-5型微机远动系统，实现110千伏苍山站的遥测遥信功能。1989年6月，模拟屏增加RTS-100型模拟屏控制机、灯光驱动盒、数显表等控制设备，共控制126个灯光、11块数显表，灯光能反映线路设备运行状态，数显表可显示出各站有功功率的实时数据，屏上配有周波表和电网功率总加表。1994年3月，从苏州购置DT60L型调度交换总机，从扬州唐城电子设备厂购置ZD-5A型通讯话音记录仪，使调度系统得到完善。1996年12月，苍山县供电局调度所与山东大学威海分校电子研究所合作，新上分布式ES-450型远动主站，实现多个变电站的数据、信息传输。1999年10月，购置安装苏州市山友通信技术有限公司的CR-95D数字程控调度系统1套及扬州华达电力通信设备有限公司的DCR数字实时录音系统1套，极大地提高了调度工作效率。同年12月，安装比利时巴克公司的BG6300型大屏幕投影仪1台。2000年6月，通过临沂电业局调度所统一配置安装调度无纸化办公系统，同时安装微机潮流计算工具。2001年10月，与山东烟台东方电子股份有限公司合作，新上分布式DF8900型调度自动化系统，实现所有变电站的数据、信息传输。2009年6月，新上60英寸2×5大屏幕系统，为调度员提供更直观的电网监控画面。2009年10月，与山东济南积成电子股份有限公司合作，新上分布式DMS100E型配网自动化系统，实现县城配网的数据、信息传输。

通信设备　1968年4月斜沟变电站投入运行时，通信线路未架通，由农电所与枣庄调度所联系后，派人骑车去变电站下达操作命令。1968年5月，农电所投资架设从卞庄至斜沟变电站专线1对，7.2杆千米。1973年，车辋变电站从车辋架设专线1对，2.7杆千米。1979年，大官庄变电站开始筹建，架设从县邮电局至大官庄变电站电话线1对，3杆千米。1981年，兰陵变电站从兰陵总机架专线1对，1.5杆千米。以上各路都需经县总机和公社总机接转，接转环节多、时间长，调度命令的不能按时下达。1982年5月，调度室购置20门磁石电话总机1部，使斜沟、大官庄变电站与供电局调度室实现电话直通。1985年，调度所设话务员1人，通信设备管理、检修人员2人。同年9月，从临沂购进自动电话机16部，各股室都装上电话机。12月，从湖北恩施购进YWD-2型通讯主机1台，分机3台，VHT-A型双工无线电话机5台，开辟110千伏载波通道1条，接受临沂电业局调度所对110千伏变电站的操作指挥。开辟4条无线电话通道，分别与兰陵变电站、会宝岭变电站、车辋变电站和国营农场变电站实现无线电话联络。至此，调度所与管辖下的变电站实现直通，减少了接转环节，实现了通信现代化。

1993年，购置潍坊华光产JDQ-3型96门程控交换机，基本上满足当时的行政工作。1994年3月，从国有七一一厂购进JZD-316B型无线电话机、ZBJ405D型拨号单信道交换机终端2套和JZD-316A型无线电话机、ZBJ405D型拨号单信道控制头10套，使所有变电站都有通信。随着电网的不断发展，相继上7对载波（型号主要有南京无线电厂ZDD-21、ZDD-36、ZDD-50型及山东电讯十厂ZDD-20型），大幅度提高变电站的通信可靠性。1995年5月，从广州购进美国产哈里斯M20-20时分数字程控行政交换机，共有208个用户，既缓解了当时行政通信的紧张，又提高行政通信的可靠性。1998 年 9 月，新上以色列产扩频 1 套。1999 年 10 月，新上加拿大产 SR-500S 型微波主站 1 套和 8 个分站，极大地提高变电站通讯信的可靠性。2003 年 11 月，安装深圳通则网络有限公司 3A-NET10K 型光通信设备，所有变电站实现光缆通信。

第二节 电 网

1968 年—1978 年网电引入后，是 35 千伏输变电工程兴建、发展、使用的阶段。这期间，投资 40.9 万元架设 35 千伏输电线路 82.9 千米，投资 78 万元建变电站 3 处，初步改善了电力供需矛盾。1978 年—1985 年是 110 千伏供电起步阶段。这期间，国家投资 415 万元架设 35 千伏、110 千伏线路 28.7 千米，新建 110 千伏变电站 2 处、35 千伏变电站 2 处。1986 年—1995 年，电网发展迅速，布局也趋向合理，尤其是在负荷集中、经济较发达地区新建 35 千伏变电站 7 座，电网已初具规模。1996 年—1998 年，电网科技含量提高，微机综合自动化监控保护、有载调压先进技术开始应用于电网。1997 年，110 千伏城东变电站建成运行，它是全县第一个按无人值守设计的微机综合监控保护的变电站，标志着苍山城网首次实现双电源手拉手供电。1998 年—2003 年，实施一期农网改造。2004 年—2006 年，实施二期农网和城网改造。工程实施后，35 千伏及以下电网得到很大程度改善，电网结构更加合理，农村用电质量极大提高。2001 年—2010 年，完成新（扩）建变电站 8 座，改造 5 座，共计增容 345.6 千伏安；改造 110 千伏线路 4 条，新建线路 35 千伏线路 10 条，改造 35 千伏线路 6 条，共计 186 千米。到 2010 年，初步形成以 220 千伏苍山站、220 千伏兰陵站为中心，以 220 千伏宝泉站、220 千伏郯城站、十里泉电厂为备用电源的双电源 110 千伏网架，110 千伏、35 千伏变电站遍布全县实现环网供电。

输电线路

35 千伏输电线路　共 19 条，分别是：苍（苍山站）—车（车辋站）线、石（石门站）—兰（兰陵站）线、石（石门站）—会（会宝岭站）线、城（城区站）—仲（仲村站）线、东（城东站）—磨（磨山）线、苍（苍山站）—城（城区站）线、磨（磨山站）—神（神山站）线、苍（苍山站）—化（化肥厂）线、苍（苍山站）—合（三合）线、韩（韩塘站）—合（三合站）线、磨（磨山站）—层（层山站）线、东（城东站）—城（城区站）线、东（城东站）—神（神山站）线、东（城东站）—沂（沂堂站）线、石（石门站）—水（十里泉送水站）线、苍（苍山站）—向（向城站）线、向（向城站）—会（会宝岭站）线、向（向城站）—车（车辋站）线、层（层山站）—庄（庄坞站）线。

110 千伏输电线路　共 4 条，分别是：十（十里泉电厂）—门（石门站）线、门（石门站）—苍（苍山站）线、汤（汤庄站）—东（城东站）线、苍（苍山站）—东（城东站）线。

变电站

至 2010 年，县境内有 35 千伏变电站 18 处，分别是：车辋变电站、兰陵变电站、柳庄变电站、会宝岭变电站、仲村变电站、鲁城变电站、徐庄变电站、磨山变电站、三合变电站、城区变电站、韩塘变电站、层山变电站、沂堂变电站、向城变电站、庄坞变电站、长城变电站、矿坑

图 5—2　变电站　（2009 年摄）

变电站、新兴变电站。110千伏变电站5处，分别是：石门变电站、苍山变电站、城东变电站、神山变电站、青竹变电站。

继电保护

继电保护是保证电网安全运行、保护电气设备的主要装置，苍山电网内各变电站均按山东省继电保护配置原则要求对设备、线路的保护进行配置和整定。110千伏城东站、110千伏神山站、110千伏石门#2变及线路保护、110千伏青竹站、110千伏官庄站、35千伏向城站、35千伏徐庄站、35千伏长城站、35千伏层山站、35千伏车辋站、35千伏庄坞站、35千伏仲村站均采用DMP-300型微机保护，35千伏磨山站采用WBH南京许继系列微机保护，35千伏三合站、城区站采用DF3233烟台东方电子系列保护，35千伏会宝岭站采用DMP-5000型微机保护，35千伏韩塘站采用WKT-F2-965型保护装置，35千伏矿坑站、35千伏新兴站采用电磁式保护。对主变可以实现纵联差动、轻重瓦斯、过流、过负荷保护；对110千伏线路可以实现相间距离、零序电流，实现自动重合闸；对35千伏、10千伏线路可以实现无时限电流速断、限时电流速断、定时限过流保护，实现自动重合闸；对电容器可以实现过流、过压、欠压等保护。

配电网络

1968年斜沟变电站建成投入运行后，苍山县才有初具规模的配电网络。由于当时变电容量仅为1000千伏安，供电区域仅限于县城附近的用电及大工业用电，配电网络规模相对较小。1980年改、扩建后，容量达7600千伏安，负责全县18个乡镇362个村的工业、农业、生产生活用电。电网主结构呈放射状分布，以斜沟变电站为中心，南向三合、长城、二庙、南桥、横山、兰陵、韩塘供电，西向兴明、向城、尚岩供电，北向贾庄、小岭、仲村、车辋供电，东向磨山、层山、神山、沂堂供电。车辋变电站虽于1973年投入运行，但仅供镇驻地各单位

图5—3 电网建设 （2008年摄）

及附近4个村的用电。

1985年后，苍山县配电网络结构发生很大变化，全县28个乡镇全部通电。1994年—1995年，在全县范围内先后实现村村通电，户户通电。配电网络由以前的一点放射供电发展到多点分区供电，布局日趋合理化、实用化。2003年—2010年，先后有110千伏神山变电站、35千伏长城变电站等4座变电站投运，增加配电线路56千米。随着配电线路的运行总里程的不断增加，配电线路的设备科技含量和运行检修水平也不断提高。中压配变（台区）建设更加规范，全县公专配变共有配电室3424座，其中农村2837座，县城587座；全县有箱变30座，柱上变419台，其中农村390台，县城29台。总计配变容量637.24百万伏安，配变台数3873台，其中公用配变1571台，专用配变2302台，公用变容量150.375百万伏安，专用变容量486.865百万伏安，配变平均负载率35.8%，高损变比例32.15%。复合绝缘子、绝缘导线、低压无功补偿装置普及应用，配电线路远程集中抄表、配电线路DPS抢修等职能管理系统也得到广泛应用。2010年，苍山县供电公司运行10千伏配电线路总里程18.64千米，绝缘导线256.4千米，手拉手供电线路13条，环网柜6台，箱式配电站43座。2010年，建成配网抢修中心和集中抄表中心，大功率应急发电车2台，并

实现配线线路带电作业。配电管理朝着智能化管理方向发展，共建成标准化供电所18座，智能化小区56个。配电网络供电电压和供电可靠性得到极大改善，城区供电可靠性99.93%，电压合格率98.64%；农村供电可靠性98.12%，电压合格率99.45%。

第三章　电业管理

第一节　用电管理

用电水平

1979年，全县用电量达3166万千瓦时。改革开放后，全县工农业及人民生活用电有较大发展。1988年由于全县大建蒜薹恒温库，全县用电状况发生很大变化。1994年，全县实现村村通电，用电量又一次迅猛增长。1995年，全县实现户户通电，用电量增长到20788万千瓦时。1996年，由于几家水泥厂先后停产，全县用电量增长较为缓慢。2001年—2010年，由于社会生产力水平和人民生活水平不断提高，全县用电量增长迅速。2010年，全县用电量达到101820万千瓦时，地区最高负荷23.59万千瓦。

1979年—2010年苍山县用电水平情况

表5—2

年　份	全社会用电量（万千瓦时）	人均用电量（万千瓦时）	地区最高负荷（万千瓦）
1979	3166	—	—
1980	3092	—	—
1981	2812	—	—
1982	3803	—	—
1983	5011	—	—
1984	5005	—	—
1985	5811	—	—
1986	7552	0.0077	2.5
1987	8630	0.0087	2.9
1988	11046	0.011	3.1
1989	11602	0.0115	3.4
1990	12394	0.0119	3.7
1991	13440	0.0122	4.2
1992	14811	0.0135	4.7

续表 5—2

年　份	全社会用电量（万千瓦时）	人均用电量（万千瓦时）	地区最高负荷（万千瓦）
1993	15824	0.0143	5.1
1994	17668	0.0159	5.3
1995	20788	0.0189	5.6
1996	21298	0.0192	5.8
1997	22097	0.0197	5.9
1998	20962	0.0187	6.2
1999	24673	0.0218	6.311
2000	25708	0.0226	6.578
2001	27613	0.024	6.925
2002	30214	0.026	7.243
2003	38968	0.032	8.025
2004	48646	0.04	10.02
2005	47461	0.038	11.353
2006	61183	0.049	13.525
2007	80311	0.063	16.316
2008	87467	0.068	18.628
2009	93315	0.072	20.537
2010	101820	0.077	23.589

用电结构

工业用电　1968年，除机械厂、面粉厂、卞庄酒厂、兰陵美酒厂自己发电进行生产外，其他厂矿均系手工操作，工人劳动强度大，工作效率低，产品成本高。

台苍输变电工程运行后，有力推动了工业生产的发展。1969年后，全县相继建成化肥厂、矿机厂、建材厂、水泥厂、电子管厂和木器厂等厂矿企业，均以电力为主要能源进行生产。在生产过程中，电气化程度不断提高，用电量不断增长。1986年—2000年，工业生产规模持续扩大，工业用电量逐年递增。鲁城、新兴、尚岩等西部乡镇铁矿石资源较丰富，2001年钢铁市场逐渐走出低谷后，价格逐年攀升，拉动原材料铁矿石的价格，西部铁矿区用户纷纷恢复生产，扩大生产规模，拉动全县工业电量连年增长。2003年—2010年，促进了全县工业用电量的增长。

农业用电　1966年11月，苍山县成立电灌办公室，开始农电业务。1968年12月，斜沟至南桥小寺102线路投入运行，安装配电变压器11台，575千伏安。1969年春，国营苍山农场投资架设106线路，安装配电变压器5台，300千伏安；建成电灌站4处，可浇地533公顷。1973年3月，完成车辋35千伏输变电站架至甘霖的10千伏甘霖线路，沿线4个大队用上电。1976年，全县用电公社11个，占总数的52%；用电大队51个，年用电193万千瓦时。

1986年—1999年，随着中央加大对农业的支持，农业年用电量由1985年的722万千瓦时增长到1999年的1342万千瓦时，增幅达85.8%。1999年—2009年，随着农业产业结构的调整以及农业新技术、新的节能省电设备的推广，农业用电量逐渐停止增长。2010年，全县农业用电量为990万千瓦时。

1985年—2010年苍山县用电结构情况

表5—3　　单位：万千瓦时

年份	用电量合计	农村用电	工业用电	市政生活	交通运输
1985	5811	—	—	—	—
1986	7552	1038	4562	1107	41
1987	8630	1161	5185	1141	43
1988	11046	1350	6057	1192	47
1989	11602	1476	6625	1201	49
1990	12394	1638	7130	1259	52
1991	13440	1848	8013	1274	59
1992	14811	2052	8814	1308	64
1993	15027	2644	10011	1374	69
1994	17668	2798	12794	1401	77
1995	20788	2915	13880	1452	85
1996	21298	2942	14739	1514	91
1997	22097	3115	15267	1540	95
1998	20962	3232	13885	1490	94
1999	24673	3432	16044	1815	114
2000	25708	3687	16617	1883	119
2001	26181	3562	18555	1925	121
2002	31891	4021	18956	2158	131
2003	35244	5264	29472	2286	155
2004	48646	5435	33566	2945	198

续表 5—3

年份	用电量合计	农村用电	工业用电	市政生活	交通运输
2005	53216	7654	37541	3236	226
2006	64501	8683	41504	3618	287
2007	80311	10258	49538	4128	335
2008	87467	15795	57406	4259	349
2009	93315	19958	67201	4488	354
2010	100770	23654	68253	4625	365

第二节　“三电”管理

1972 年 2 月，水电局派 1 人去高密县参加山东省电力工业局举办的“三电”（节约用电、计划用电、安全用电）培训班。1988 年，县供电局成立降损节能领导小组、计划用电领导小组、安全用电领导小组。1988 年—1995 年，“三电”工作的重点是降损节能，计划用电。1995 年—2010 年，随着发电装机容量的增加，电力的供求矛盾等得到缓解，“三电”管理的重心转移到安全用电上来。注重对农电工的技术培训，每年开办 4 期农电工学习班，对维护农村电网起到较好作用，极大降低了触电伤亡事故的发生率；每年至少组织 2 次安全普查，加大对违章用电的查处力度。

计划用电

1968 年，上级分配苍山县负荷指标 500 千瓦，当时全县工农业生产、生活用电最大负荷仅 300 千瓦，出现供大于求的局面。1983 年，分配苍山县负荷 4000 千瓦，鼓励各用电单位按计划用电。1984 年年底，开始对设备容量 180 千伏安以上的用户分期分批安装负荷定量器，实行定量供电。1985 年年底，在化肥厂、水泥厂、第二水泥厂、石门铁矿、兰陵美酒厂、造纸厂、县农机厂、肉联厂、面粉厂、电子管厂、卞庄供销社、木器厂等 11 个用户安装负荷定量器。同时要求用电单位根据用电所列的电量、负荷、负荷率指标和规定的厂休日进行生产，并充分挖掘用电潜力，增加生产，以提高用电水平，但由于电力生产满足不了工农业生产和人民生活用电需要，拉闸限电现象依然存在。1996 年 4 月 1 日，《中华人民共和国电力法》开始施行。4 月 17 日，国务院《电力供应与使用条例》开始施行。10 月 8 日，电力工业部颁发实施《供电营业规则》。1997 年—2010 年，随着电力建设步伐的不断加快，全国电力事业得到迅猛发展，供电能力得到加强，对用电负荷不再进行限制，电力供需矛盾从根本上得到缓解。

节约用电

至 1985 年，全县共整改 35 千伏线路 63 千米，年节电 240 万千瓦时；改造调整 10 千伏线路布局 83 千米，年节电 48 万千瓦时；通过线路整改、调整布局和 110 千伏变电站建成运行，年节电 588 万千瓦时。1985 年年底，全县安装电容器 8356 千乏，力率由 75% 提高到 90% 以上，年节电量 141 万千瓦时。1978 年起，农村和城镇的全部用户安装电度表，取消包灯制，并规定凡是用电户必须安装分表方能用电。1980 年起，对 100 千伏以上变压器装设无功电路表，实行力率奖惩。1981 年，向用户提供技术服务，帮助用电单位节约用电，推荐、传授交流接触器无声运行、电焊机空载自动断电、远红外微波烘烤、高损变压器改造等节电技术。通过实施以上节电措施，1980年—1985年节电量逐年增加。1980年节电200万千瓦时，1985年节电588万千瓦时。1990年，苍山县用电较为紧张，为使有限的电力发挥最大的经济效益，苍山县加大节约用电管理工作力度，把节约用电落实到用电营业全过程，定期组织人员深入到各乡镇、厂矿、乡村宣传节约用电。强化节约用电工作的组织领导，加强产品单耗管理，对超能耗的企业实行超用扣还，督促企业合理用电。

1995年，在全县推行峰谷分时电价，共安装峰谷分时电能表206只，调整峰段负荷5000千瓦，苍山县供电局被授予市级“推行峰谷分时电价工作先进集体”称号。2000年，推广节能设备和节电产品，加速设备改造，淘汰高耗能设备。全县所有变压器开始更换为低耗变压器，并推广使用节能灯；加强电力需求侧管理为切入点，推广绿色照明技术、产品和节能型家用电器；推行用电设备经济运行方式，提高系统运行效率，全面推动公司和社会节能降耗，倡导全社会节约用电、科学用电、高效用电。

安全用电

苍山县用电历史短，初用网电时又处在“文化大革命”初期，原有的安全规定被废除，新的规章制度未颁布，安全管理无章可循。1968年—1978年，共发生触电事故23起，死亡30人，伤23人。1975年，县三电办公室组织宣传车、放映队，村、队组织宣传组，在集市、场间、地头巡回宣传，向全县10个用电公社、1个国有农场和县直机关近30万人宣传用电常识、触电急救、供用电规则等，到1985年放映安全用电的科教影片560场。1975年—1985年，共安装触电保安器720只。1985年起，场上用电采用发放“场上用电合格证”的办法，杜绝场间地爬线、拦腰线、挂钩线和因私乱拉乱扯违章用电事故的发生。1986年后，在全县蔬菜大棚区推行“一表一闸一保护”；对重点学校、医院、各类矿山、冷库、重要企业用户开展供用电安全检查，并督导用户对存在的安全隐患进行整改消除。2009年，投资1600余万元完成27个标准用电村、153个低压台区的改造，全面消除了电压低于170伏的用电村。2010年，投资1529万元，共批复260个项目，实施“村村强网”工程以及农电管理升级惠民工程，推进农网升级改造，确保了农网安全、可靠、经济地运行。

图5—4　安全用电教育　（2009年摄）

第三节　电费电价

电费管理

1962年年底，开始向用户收取电费，不论灯泡瓦数大小，每月每只收3角钱。1971年，售电量增加，用电按一栋房子、一个单位安装总表，直接到用户收取电费。1978年取消灯泡计费后，1981年，采取月底营业室查表、电费会计开单据、各农电站收费的办法。1982年，成立财供股，分财务、供销、营业3个组，电费由营业组负责催交、汇总，电费回收率91%，线损率23%左右。1983年，成立用电股，专门设立电费会计，建立电费台账，并设专职电费审核员。1984年，对各供电所下达平均电价指标，完善电费回收制度，线损下降到7%。1996年，引进电费管理的MIS系统，实现电费核算收费的微机化管理，负责全县范围内的电费票据的

打印、电量电费的统计，极大地提高了工作效率。1996 年，实现农村电费单据的微机化制单。2002 年，为进一步提高电费核算的效率和准确率，引进全市统一营销业务 MIS 系统，实现电费核算、线损率的准确统计和计算。

电价

1994 年，苍山县供电局开始执行分类综合电价，不满 1 千伏的电价类别中，居民生活电价的按 0.26 元/千瓦时，非居民生活电价按 0.47 元/千瓦时，非工业、普通工业电价按 0.396 元/千瓦时，农业生产电价按 0.33 元/千瓦时；化肥生产仍执行优惠电价，优待基数内按 0.153 元/千瓦时，优待基数外按 0.1615 元/千瓦时，最大需量每月收取基本电费 13.5 元/千瓦时，变压器容量每月按 9 元/千瓦时收取基本电费。

2001 年 9 月，在全县范围内，调整为不满 1 千伏的，居民生活为 0.65 元/千瓦时，非居民照明为 0.9194 元/千瓦时，非普工业 0.8213 元/千瓦时，农业生产 0.7124 元/千瓦时。2002 年 4 月，实现城乡居民生活同网同价。2003 年 12 月，降低农村四到户（收费到户，服务到户，销售到户，抄表到户）。除居民生活外其他三类用电价格，非普工业为 0.8023 元/千瓦时，非居民照明 0.8804 元/千瓦时，农业生产 0.6534 元/千瓦时。2005 年 5 月，对居民生活、非普工业、非居民电价综合电价进行上调，小于 1 千伏居民生活提高 2 分/千瓦时，10 千伏的居民生活电价提高 1.8 分/千瓦时，非普工业、非居民普涨 2.72 分/千瓦时。

2006 年 6 月 30 日，居民生活电价提高 0.69 分/千瓦时，非普工业 3.73 分/千瓦时，非居民电价上涨 0.74 分/千瓦时。2007 年 12 月 19 日，实行城乡用电分类同价，每千瓦时为 0.6578 元。2008 年 7 月 1 日，将非居民生活用电和非普工业用电合并为一般工商业，统一执行一般工商业电价，小于 1 千伏执行 0.7335 元/千瓦时，10 千伏执行 0.7235 元/千瓦时，35～110 千伏执行 0.7135 元/千瓦时，农业生产电价小于 1 千伏执行 0.514 元/千瓦时，10 千伏执行 0.507 元/千瓦时，居民生活继续执行原来电价小于 1 千伏 0.5469 元/千瓦时，10 千伏执行 0.4929 元/千瓦时。

2009 年 11 月 20 日，对一般工商业、农业生产电价进行再一次调整。一般工商业电价，小于 1 千伏执行 0.7753 元/千瓦时，10 千伏执行 0.7603 元/千瓦时，35～110 千伏执行 0.7453 元/千瓦时。农业生产电价，小于 1 千伏执行 0.5539 元/千瓦时，10 千伏执行 0.5389 元/千瓦时。居民生活电价没有作调整。

第六编
经济总情

蒼山縣志

新中国成立之初，苍山县的地区生产总值0.19亿元，全县财政收入214万元，至2010年地区生产总值达190.69亿元。全县地方财政收入达4.5亿元。苍山县是农业大县，有临沂市粮仓之称。新中国成立初期农业总产值占社会总产值的比重很大。改革开放后，工业经济得到快速发展，1978年，社会总产值三次产业构成比例是50.9 : 11.2 : 37.9；2010年，社会总产值构成比例是21.2 : 37.1 : 41.7。新中国成立初，苍山县国民人均收入42元。1990年，苍山县职工年平均工资1316元，农民年人均纯收入478元。2010年，苍山县职工年平均工资27996元，农民年人均纯收入6687元。

第一章　经济运行

第一节　发展速度

综合经济指标

地区生产总值　新中国成立之初，1949年地区生产总值只有0.19亿元，此后虽然逐年略有增长，但增长幅度不大，直到1975年地区生产总值才突破1亿元大关，达到1.08亿元。改革开放以来，苍山县经济社会发展步入快车道，农业、工业、服务业实现较快发展。1985年地区生产总值为4.77亿元，1990年地区生产总值为9.82亿元，1995年地区生产总值为27.78亿元（按可比价格计算，下同）。到“九五”末，全县地区生产总值达到47亿元，年递增10.6%，是“八五”末的1.69倍。2005年，全县生产总值达到102.23亿元，比2000年翻一番，年均增长14.1%，比“九五”平均增幅高3.5个百分点。到2010年“十一五”末，实现地区生产总值190.69亿元，是“十五”末的1.9倍，年均增长13.3%。

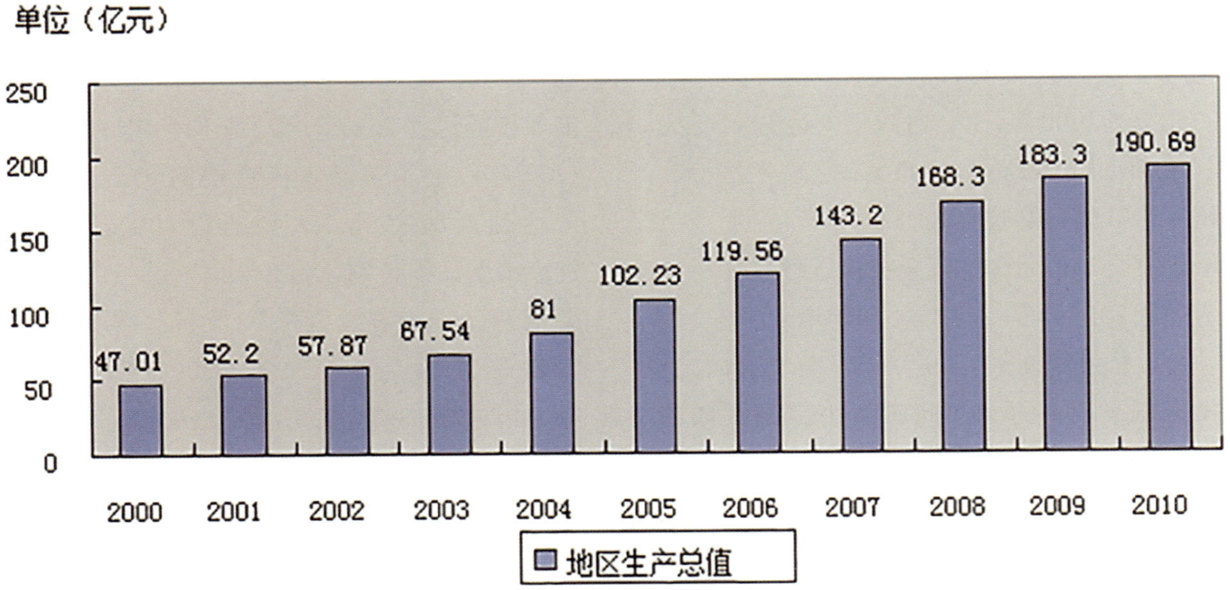

图6—1　2000年—2010年苍山县地区生产总值柱状图

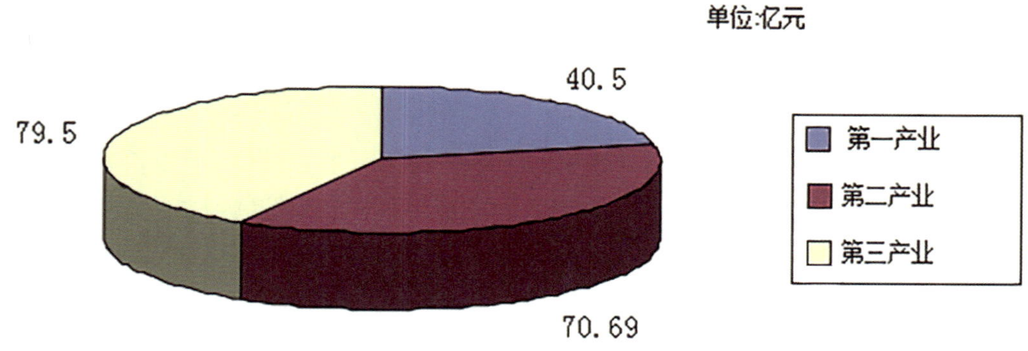

图6—2 2010年苍山县地区生产总值饼状图

财政收入 新中国成立后，县财政收入十分微薄，1949年为214万元，1965年为628万元。此后的五年，又略有下滑，1970年回落到595万元。1970年后财政收入增长较快，1975年财政收入达到951万元，是1970年的1.59倍。但到1980年又出现大幅度的回落，全县财政收入只有444万元，相当于20世纪50年代的水平。1981年财政收入增长迅速，当年达到1029万元，是1980年的2.32倍。此后财政收入逐年递增，到1985年达到2214万元，但一直增长比较缓慢，到1990年全县财政收入为2381万元。20世纪90年代后，财政收入实现较快增长，1995年全县财政收入7054万元，是1990年的2.96倍。到2000年，全县财政收入达1.41亿元，是1995年的1.99倍。2005年，财政总收入5.3亿元，其中地方财政收入1.91亿元，同口径比较年均增长23%。2010年，全县地方财政收入4.5亿元，是2005年的2.4倍，年均增长19%。

固定资产投资额 1949年，全社会固定资产投资额只有6万元，此时新中国刚刚成立，百废俱兴，投资额额度增长很快。1959年，全社会固定资产投资额达638万元，是1949年的106倍。此后的“大跃进”和“文化大革命”时期，全社会每年固定资产投资额一直在500万元以下徘徊。1977年，全社会固定资产投资1318万元，首次超千万元。之后，在千万元上下徘徊。从1983年起，全社会固定资产投资额明显增加，当年达到4500万元。到1987年突破亿元大关，达到1.01亿元。1994年达到4.52亿元。到2000年，全社会固定资产投资额达到8.6亿元，是1990年的9.15倍。2005年，全社会固定资产投资额为40.53亿元，是2000年的4.7倍。2010年，规模以上固定资产投资额85.2亿元，是2005年的2.1倍，年均增长16%。

社会消费品零售额 1949年，人们生活水平还比较低，社会消费品市场欠发达，当年实现社会消费品零售额686万元，全县人均消费14.53元，此后逐年递增。到1965年社会消费品零售额达到2557万元，是1949年的3.73倍。1975年社会消费品零售额4851万元。到1983年达到1.02亿元，人均消费108元。1990年社会消费品零售额达到2.62亿元。1995年，社会消费品零售额达到7.93亿元，是1990年的3.03倍，人均消费712元。2000年，社会消费品零售总额13.77亿元，是1995年的1.74倍，人均消费1182元。2005年，社会消费品零售总额34.09亿元，是2000年的2.47倍，人均消费2879元。2010年，全社会消费品零售总额98.9亿元，是2005年的2.9倍，人均消费7669元。

农业经济指标

1949 年全县农林牧渔总产值为 0.28 亿元，此后在 0.3 亿元～0.5 亿元间徘徊。1970 年，全县农林牧渔总产值达 0.5 亿元，1976 年突破 1 亿元，达到 1.05 亿元，是 1949 年的 3.75 倍。1981 年，全县农业总产值达 2.12 亿元，1985 年达 5 亿元。1990 年农业生产总值 8.19 亿元。2000 年，达到 28.05 亿元，农业总产值得到快速增长。2010 年，农业总产值 67.2 亿元，其中农、林、牧、渔服务业产值分别为 57 亿元、0.65 亿元和 0.7 亿元及农林牧渔服务业 7.61 亿元。2010 年，农业总产值比 2000 年增长 2.41 倍，其中农、林、牧业内产值分别增长 2.71 倍、0.75 倍、1.85 倍，实现种植业平稳增长，林业生产稳步发展，畜禽养殖和渔业平稳发展，农业生产条件进一步得到改善。

工业经济指标

1949 年新中国成立初期，县内工业几乎是一片空白。1951 年，全县工业总产值只有 0.01 亿元。此后虽然逐年递增，但到 1977 年全县工业总产值仅 0.33 亿元。1978 年，工业经济指标改为规模以上工业总产值，当年实现 0.42 亿元。1983 年才突破 1 亿元大关，全县规模以上工业总产值达到 1.18 亿元。之后，随着吸引外资的逐年增多，全县工业得到快速发展。2000 年，全县工业总产值 44.50 亿元，其中规模以上工业总产值 12.51 亿元。2005 年，全县工业总产值 120.85 亿元，其中规模以上工业总产值 56.85 亿元，工业增加值达到 31 亿元。规模以上工业企业达到 133 家，五年增加 78 家。2010 年，全县规模以上工业总产值 185.66 亿元，是 2005 年的 3.26 倍；实现工业增加值 48 亿元，利税 19.29 亿元，分别是 2005 年的 3.20 倍和 3.75 倍。

商业贸易指标

1949 年，全县社会消费品零售额 687 万元。1978 年，全县社会消费品总额 0.62 亿元。20 世纪 80 年代后，全县商业贸易得到快速发展。1997 年，全县社会消费品总额 11.15 亿元，全县拥有批发贸易法人单位 36 个，活动单位 67 个，营业网点 582 个，从业人员 4556 人；零售业法人单位 59 个，活动单位 466 个，营业网点 36133 个，从业人员 94308 人。2010 年，全县社会消费品总额 98.9 亿元，全县限额以上批发业法人企业 56 个，从业人员 12104 人，商品购进总额 19.19 亿元，商品销售总额 123.69 亿元；限额零售业法人企业 40 个，从业人员 5823 人，商品购进总额 14.05 亿元，商品销售总额 48.95 亿元。

第二节　横向位次

新中国成立初期，苍山县经济总量在全市排名较为靠前，随着全市工业经济发展，苍山县的排名有所下降。2005 年—2010 年，工业经济的快速发展，苍山县在全市的各项指标排名逐步上移。

1996 年，苍山县地区生产总值居全市第二位。2007 年苍山县地区生产总值 143.2 亿元，排在全市第 11 位。服务业占地区生产总值总量排在全市第 2 位。国地税收入 4.08 亿元，总量排在全市第 9 位，增速排在全市第五位。地方财政收入 2.63 亿元，总量排第 9 位，增速排第 6 位。2008 年，苍山县地区生产总值 168.3 亿元，排在全市第 5 位。地方财政收入 3.07 亿元，总量排在全市第 9 位，增速排第 4 位。税收占地方财政收入 83.5%，排在全市第 3 位，年度提高百分点排第 2 位。2009 年，苍山县地区生产总值 183.3 亿元，排在全市第 5 位。地方财政收入 3.61 亿元，总量排在全市第 8 位，增速排第 5 位，税收占比排第 2 位。2010 年，苍山县地区生产总值 190.69 亿元，排在全市第 4 位。地方财政收入 4.5 亿元，总量排在全市 7 位，增速排第 5 位。

第二章　经济结构

第一节　工农业总产值结构

新中国成立之初，全县工农业产值2835万元。其中，农业总产值2809万元，占99.08%；工业总产值仅26.1万元。农业为主要产业。1957年，全县工农业产值3348万元。其中，农业总产值3099万元，占92.56%；工业总产值249万元，占比有一定上升。1970年，全县工农业产值5649.9万元。其中，农业总产值5050万元，占89.38%；工业总产值599.9万元，占比进一步上升。

1978年，全县实现工农业总产值1.58亿元。其中，农业总产值1.17亿元，占74.05%；工业总产值0.41亿元，占25.95%。1990年，全县实现工农业总产值15.05亿元。其中，农业总产值8.9亿元，占54.42%；工业总产值6.86亿元，占45.58%。2005年，全县实现工农业总产值163.48亿元。其中，农业总产值42.63亿元，占26.08%；工业总产值120.85亿元，占73.92%。2010年，全县实现工农业总产值307.62亿元。其中，农业总产值67.2亿元，占21.98%；工业总产值240亿元，占78.02%。

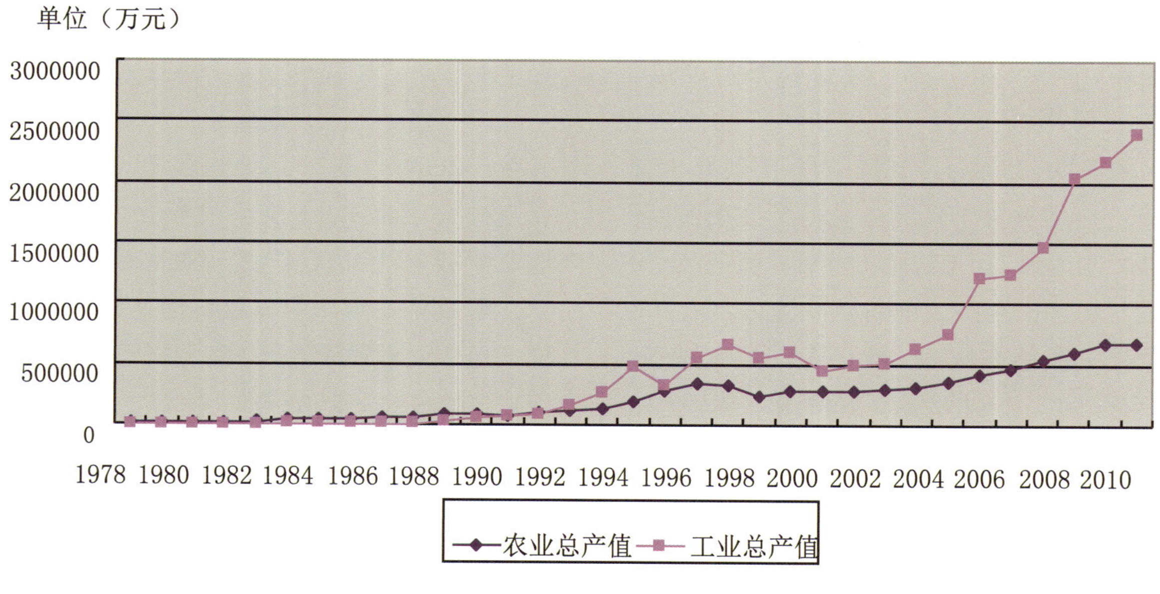

图6—3　1978—2010年苍山县工农业产值表

农业总产值结构

新中国成立之初，全县农业总产值2809万元。其中种植业2408万元，占85.72%；林业占0.84%；牧业占8.58%；副业占3.41%；渔业占1.4%。1966年，农业总产值为4512万元。种植业占78.52%，林业占1.57%，牧业占11.36%，副业占8.33%，渔业占0.19%。1978年，农业总产值达1.17亿元。种植业总产值占农业总产值的比重为74.60%，林业占3.24%，牧业占14.79%，副业占7.22%，渔业占0.14%。

1990年，农业总产值达8.19亿元。种植业总产值占农业总产值的比重为66.13%，林业占3.33%，牧业占21.60%，副业占6.81%，渔业占2.13%。2000年，农业总产值达28.05亿元。种植业占农业总产值的比重为77.83%，林业占3.10%，牧业占14.72%，副业占4.3%。2010年，农业总产值达67.62亿元。种植业总产值占农业总产值的比重为84.29%，林业占0.97%，牧业占11.25%，副业占1.03%，渔业占2.46%。

工业总产值结构

新中国成立之初，全县工业几乎一片空白。1949年工业总产值仅为26.1万元，主要为食品工业。1957年，全县工业总产值为0.03亿元。主要为燃料工业、机械工业、建材工业、缝纫及皮革工业、食品工业。1975年，全县工业总产值为0.16亿元。其中，食品工业5864万元，占36.65%。2010年，规模以上工业总产值185.66亿元，比2000年增加173亿元，是2000年的14.84倍。其中，轻工业总产值116.20亿元，占62.60%，重工业产值69.46亿元，占37.40%。

第二节 三次产业结构

苍山县是个典型的农业大县。新中国成立之初的1949年，农业总产值0.28亿元，工业总产值仅26.1万元，前者是后者的10.73倍。1977年，农业总产值0.94亿元，工业总产值0.33亿元，前者是后者的2.85倍。中共十一届三中全会后，苍山县的第一产业增加值和二、三产业增加值的比例才相当。但之后的几年，第一产业增加值始终超过二、三产业增加值。直到1993年，二、三产业增加值才超过第一产业增加值。2010年社会总产值构成比例是21.2:37.14:1.7。

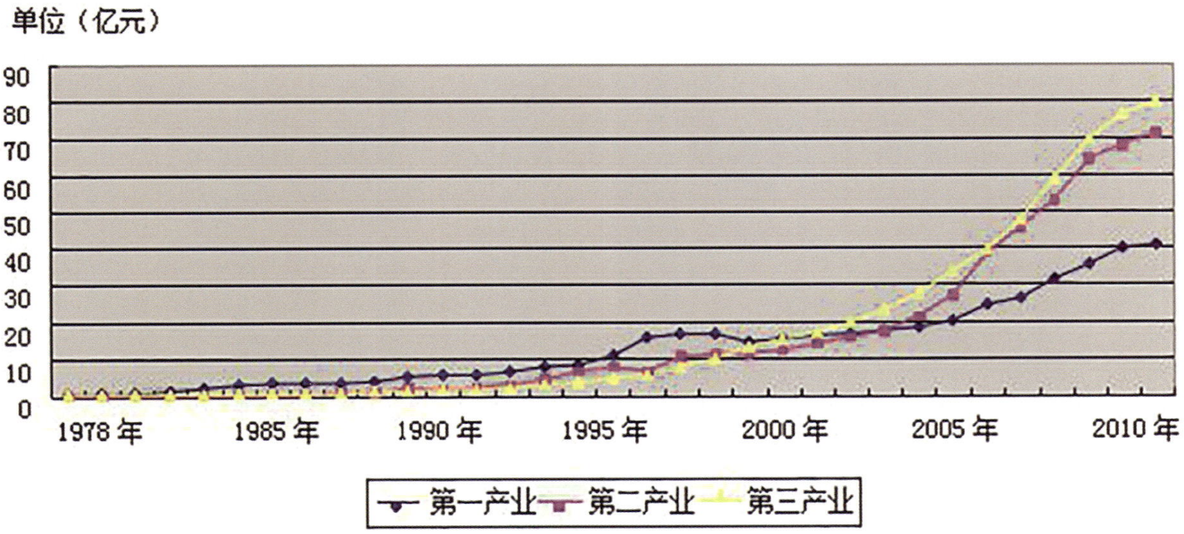

图6—4 1978年—2010年苍山县三大产业生产总值

1978年—2010年苍山县一、二、三次产业产值构成情况

表6—1　　　　单位：亿元

年份	地区生产总值	其中			三次产业构成（%）	人均生产总值（元）
		第一产业	第二产业	第三产业		
1978	1.16	0.59	0.13	0.44	50.9:11.2:37.9	131
1979	1.41	0.78	0.15	0.48	55.3:10.7:34.0	158
1980	1.47	0.82	0.13	0.52	55.8:8.8:35.4	167
1981	1.79	1.10	0.15	0.54	61.5:8.4:30.1	195
1982	2.93	2.10	0.19	0.64	71.7:6.5:21.8	316
1983	3.88	2.85	0.27	0.76	73.5:7.0:19.5	413
1984	4.51	3.35	0.34	0.82	74.3:7.5:18.2	474
1985	4.77	3.42	0.50	0.85	71.7:10.5:17.8	496
1986	5.46	3.71	0.81	0.94	68.0:14.8:17.2	562
1987	6.22	3.99	1.09	1.14	64.2:17.5:18.3	633
1988	8.92	5.43	1.97	1.52	60.9:22.1:17.0	896
1989	9.03	5.49	1.74	1.80	60.8:19.3:19.9	897
1990	9.82	5.68	2.30	1.84	57.8:23.4:18.8	906
1991	11.70	6.56	3.04	2.10	56.0:26.0:18.0	1070
1992	15.17	7.78	4.43	2.96	51.3:29.2:19.5	1375
1993	18.45	8.51	6.50	3.44	46.1:35.2:18.7	1670
1994	23.42	11.00	7.82	4.60	47.0:33.4:19.6	2114
1995	27.78	15.53	6.40	5.85	55.9:23.0:21.1	2499
1996	34.80	16.59	10.28	7.93	47.7:29.5:22.8	3124
1997	38.25	16.77	11.45	10.03	43.8:30.0:26.2	3420
1998	38.91	14.56	11.32	13.03	37.4:29.1:33.5	3436
1999	42.96	15.47	12.31	15.18	36.0:28.7:35.3	3786
2000	47.01	16.01	13.80	17.20	34.1:29.4:36.5	4083
2001	52.20	16.80	15.60	19.80	32.2:29.9:37.9	4500

续表 6—1

年份	地区生产总值	其中			三次产业构成（%）	人均生产总值（元）
		第一产业	第二产业	第三产业		
2002	57.87	17.41	17.50	22.96	30.1:30.2:39.7	1941
2003	67.54	18.34	21.50	27.70	27.2:31.8:41.0	5752
2004	81.00	20.25	27.00	33.75	25.0:33.3:41.7	6877
2005	102.23	24.27	38.46	39.50	23.7:37.6:38.7	8648
2006	119.56	26.34	45.40	47.82	22.0:38.0:40.0	11170
2007	143.20	31.53	52.97	58.70	22.0:37.0:41.0	13369
2008	168.30	35.57	63.73	69.00	21.1:37.9:41.0	15744
2009	183.30	39.72	67.69	75.89	21.7:36.9:41.4	17112
2010	190.69	40.50	70.69	79.50	21.2:37.1:41.7	17179

第三节　投资结构

新中国成立初期，苍山县的基本建设投资主要是以恢复生产为目的的生产性投资，投资主体是政府。1949 年，全社会固定资产投资仅 6 万元。1957 年为 320.8 万元，其中，农林水投资 301.8 万元，占总投资比重的 94.08%。1978 年实际完成投资额 910 万元，按行业分，工业完成投资额 656 万元，农林水利气象完成投资额 184 万元，商业、粮食、物资供应完成投资额 20 万元，文教卫生完成投资额 50 万元。之后，随着改革开放的实行，民间投资比例逐年增加。2001 年，全社会固定资产投资额 100453 万元，其中，国有及国有控股单位投资额额 38630 万元，城镇集体和控股单位投资额 3658 万元，农村集体及控股单位投资额 28700 万元，城乡个体建房投资额额 29465 万元。2005 年，全社会固定资产投资额 405270 万元，其中，投资额规模 50 万元以上 321505 万元。按建设性质分，新建 346288 万元，扩建 26780 万元，改建和技术改造 32202 万元；按投资构成分，国有及联营股份制、外商、港澳台投资额 177190 万元，集体单位 36009 万元；按投资行业分，第一产业 13088 万元，第二产业 2976653 万元，第三产业 94529 万元；按投资区域分，城关镇以上 116279 万元，农村 288991 万元。2010 年，全社会固定资产投资规模在 50 万元以上的投资额 851467 万元。其中，按投资行业分，第一产业 12802 万元，第二产业 533201 万元，第三产业 305464 万元；按投资区域分，县城驻地镇以上 522239 万元（其中房地产 57228 万元），农村 329228 万元。

第三章　居民生活

第一节　居民收入

新中国成立初，苍山县国民人均收入42元。1978年，苍山县全民所有制单位职工年平均工资604元，集体所有制单位职工年平均工资484.3元，分别是农民人均纯收入的8.75倍和7.02倍。1990年，苍山县职工年平均工资1387元，农民年人均纯收入553元。2000年，苍山县职工年平均工资6838元，农民年人均纯收入2262元。2010年，苍山县职工年平均工资27996元，农民年人均纯收入6687元。

2000年—2010年苍山县居民人均收入情况

表6—2　　单位：元

年份	职工年平均工资	农民年人均纯收入	年份	职工年平均工资	农民年人均纯收入
2000	6838	2262	2006	13495	3980
2001	7817	2387	2007	18480	4636
2002	8126	2478	2008	21658	5301
2003	9182	2648	2009	24279	5803
2004	9860	2928	2010	27996	6687
2005	11814	3402			

第二节　消费支出

新中国成立初期，苍山县社会消费品零售总额686.5万元，其中商品零售380.6万元，工业零售19.19万元，饮食业零售114万元。1957年，社会消费品零售总额1960.5万元，其中商品零售1656.3万元，工业零售192.9万元，饮食业零售1088万元，其他行业25万元。1975年，社会消费品零售总额4851.2万元，其中商品零售40488万元，工业零售472.5万元，饮食业零售276.8万元，其他行业53.1万元。1990年，社会消费品零售总额15612万元，其中食品类5909万元，衣着类2393万元，日用品类3088万元，文化娱乐用品类802万元，书报杂志类215万元，药和医疗用品类684万元，房屋及建筑材料类2174万元，燃料类347万元。2000年，全县农业居民消费总额163400万元，自给性消费52400万元，商品性消费69300万元，文化生活服务性消费12700万元，住房及水电消费29000万元；全县非农业居民消费总额34300万元，商品性消费30100万元，文化生活服务性消费1900万元，住房及水电消费2300万元。2006年，社会消费品零售总额420380万元，其中批发零售贸易业188151万元，住宿餐饮业28461万元，其他16068万元。2010年，

社会消费品零售总额989216.6万元，其中批发业304020.9万元，零售业604288.7万元，住宿业4857.8万元，餐饮业76049.2万元。

1984年—2002年苍山县农业居民最终消费水平情况

表6—3　　单位：万元

年份	总额	自给性消费	商品性消费	文化生活服务性消费	住房及水电消费
1984	22850	10226	8800	744	3080
1985	23333	10748	8459	851	3275
1986	27283	11985	10757	984	3557
1987	34413	13423	12603	1138	7249
1988	43653	23312	14791	1570	3980
1989	48022	24345	18034	1401	4242
1990	57383	30092	21562	1271	4458
1991	59902	29739	24228	1296	4639
1992	69074	33667	29270	1435	4702
1993	82749	39735	33263	4771	4980
1994	100475	49664	39862	4876	6073
1995	128000	54400	51000	7500	8200
1996	145000	57100	60400	10800	16700
1997	158500	60200	68500	11500	18300
1998	146600	51100	64000	11300	20200
1999	148700	51300	65400	11500	20500
2000	163400	52400	63900	12700	29000
2001	180591	53819	76791	14936	35045
2002	203660	59060	88064	16844	39692

1984年—2002年苍山县非农业居民最终消费水平情况

表6—4　　单位：万元

年份	总额	商品性消费	文化生活服务性消费	住房及水电消费
1984	1468	1330	124	14
1985	1914	1750	149	15

续表 6—4

年份	总额	商品性消费	文化生活服务性消费	住房及水电消费
1986	2497	2308	172	17
1987	2395	2200	170	25
1988	2665	2483	155	27
1989	2743	2410	163	170
1990	3274	2890	199	185
1991	2701	2306	205	190
1992	3277	2749	243	285
1993	3787	3040	420	326
1994	5326	4215	780	331
1995	7700	6500	800	300
1996	18000	15100	1400	1500
1997	20400	18700	2400	1600
1998	26800	23600	1500	1700
1999	28900	25400	1600	1900
2000	34300	30100	1900	2300
2001	38446	33276	2129	3041
2002	37037	31981	2069	2987

1949 年—1977 年苍山县主要经济社会发展指标

表 6—5

	单位	1949 年	1950 年	1951 年	1952 年	1953 年	1954 年	1955 年	1956 年	1957 年	1958 年	1959 年	1960 年	1961 年	1962 年	1963 年
年末总人口	万人	47.21	48.19	49.17	50.39	51.53	52.72	54.32	56.05	57.59	58.87	58.99	59.24	61.12	63.96	65.94
农业人口	万人	46.92	47.81	48.82	50.01	51.14	52.27	53.76	55.30	56.65	55.52	56.94	57.73	58.98	63.04	65.01
非农业人口	万人	0.29	0.38	0.35	0.38	0.39	0.43	0.56	0.75	0.94	3.35	2.05	1.51	2.14	0.92	0.93
社会消费品零售总额	万元	686	882	1031	1349	1396	1649	1676	1818	1961	2449	2635	2512	1975	1828	1995
农林牧渔业总产值	亿元	0.28	0.29	0.33	0.35	0.28	0.34	0.37	0.37	0.31	0.38	0.32	0.29	0.38	0.37	0.28
工业总产值	亿元	—	—	0.01	0.01	0.01	0.01	0.02	0.02	0.03	0.03	0.07	0.11	0.06	0.04	0.03
全社会固定资产投资额	万元	6	1.2	2.7	96.2	38.6	27.7	12.5	57.7	357.3	505	638	411	65.8	89.5	89.9
财政收入	万元	214	146	207	218	230	146	154	196	247	462	854	864	1115	935	847
财政支出	万元	214	146	207	218	230	146	154	196	247	462	854	864	1115	935	847
年末职工总人数	万人	0.06	0.12	0.15	0.22	0.28	0.32	0.34	0.53	0.57	1.1	1.2	0.87	0.63	0.63	0.61
职工工资总额	万元	14	26	33	50	70	90	105	218	248	273	424	507	424	330	307
职工平均工资	元	234	217	220	236	250	281	309	411	438	248	353	583	673	468	503
邮电业务收入	万元	1.1	1.2	1.2	1.3	1.4	2.1	3.3	4.2	6.2	11.5	17.6	22.2	16.8	12.2	11.9
年末金融存款余额	万元	0.5	1.5	7.7	36.4	48.2	70.6	91	122	234	379	649	486	693	614	406
其中：储蓄存款	万元	—	—	1.8	25	71	30.7	32.8	67.2	139	213	133	56.2	42.3	24.9	26.9

续表 6—5

	单位	1964年	1965年	1966年	1967年	1968年	1969年	1970年	1971年	1972年	1973年	1974年	1975年	1976年	1977年
年末总人口	万人	66.39	68.06	70.03	70.03	71.60	76.41	78.46	80.11	81.96	83.43	84.43	86.03	87.33	88.17
农业人口	万人	65.43	66.97	68.94	68.94	70.52	75.30	77.33	78.50	80.48	82.07	83.04	84.60	85.49	86.62
非农业人口	万人	0.96	1.09	1.79	1.09	1.08	1.11	1.13	1.61	1.48	1.36	1.39	1.43	1.84	1.55
社会消费品零售总额	万元	2305	2557	2971	2971	3192	3300	3485	4021	3896	4189	4049	4851	6208	7670
农林牧渔业总产值	亿元	0.43	0.40	0.45	0.45	0.49	0.39	0.50	0.74	0.80	0.96	0.81	0.94	1.05	0.94
工业总产值	亿元	0.03	0.04	0.05	0.05	0.05	0.05	0.06	0.08	0.10	0.15	0.11	0.16	0.23	0.33
全社会固定资产投资额	万元	90.9	144	22	65	166	247	106	229	264	194	245	378	614	1318
财政收入	万元	618	628	644	668	681	551	595	757	736	769	881	951	895	979
财政支出	万元	618	628	644	668	681	551	595	757	736	769	881	951	1000	979
年末职工总人数	万人	0.63	0.62	0.63	0.67	0.68	0.66	0.74	0.85	0.95	0.96	0.96	0.98	0.92	0.89
职工工资总额	万元	325	327	338	330	332	327	350	361	447	468	485	489	448	474
职工平均工资	元	516	519	537	492	488	495	473	425	471	487	505	499	485	533
邮电业务收入	万元	12.8	13.5	13.7	11.8	11.7	9.4	11.8	14.3	13.7	15	13.4	15.3	—	—
年末金融存款余额	万元	356	412	518	531	651	455	490	478	608	823	844	1069	1192	887
其中：储蓄存款	万元	35.5	43.8	45	48	51	54	53	57	62	73	84	86	98	104

1978 年—2010 年苍山县主要经济社会发展指标

表 6—6

	单位	1978 年	1979 年	1980 年	1981 年	1982 年	1983 年	1984 年	1985 年	1986 年	1987 年	1988 年
年末总户数	万户	19.89	20.46	20.96	21.45	21.49	21.77	22.26	22.57	23.02	23.77	24.95
年末总人口	万人	88.86	89.65	90.59	92.09	93.68	94.53	95.76	96.51	97.64	98.86	100.16
全社会从业人员	万人	36.76	38.12	40.31	42.27	42.36	43.53	45.11	48.63	49.78	51.22	53.13
地区生产总值	亿元	1.16	1.41	1.47	1.79	2.93	3.88	4.51	4.77	5.46	6.22	8.92
第一产业增加值	亿元	0.59	0.78	0.82	1.1	2.1	2.85	3.35	3.42	3.71	3.99	5.43
第二产业增加值	亿元	0.13	0.15	0.13	0.15	0.19	0.27	0.34	0.5	0.81	1.09	1.97
第三产业增加值	亿元	0.44	0.48	0.52	0.54	0.64	0.76	0.82	0.85	0.94	1.14	1.52
人均生产总值	亿元	131	158	167	195	316	413	474	496	562	633	896
地方财政收入	亿元	0.095	0.099	0.044	0.1	0.13	0.13	0.15	0.16	0.18	0.24	0.32
地方财政支出	亿元	0.11	0.13	0.14	0.12	0.14	0.15	0.17	0.22	0.33	0.38	0.41
金融机构存款余额	亿元	0.09	0.13	0.17	0.21	0.31	0.42	0.41	0.15	0.22	1.85	2.13
居民储蓄存款余额	亿元	0.012	0.015	0.02	0.03	0.04	0.05	0.06	0.09	0.12	0.3	0.55
金融机构贷款余额	亿元	0.43	0.48	0.54	0.51	0.67	0.8	1.19	1.43	1.68	2.05	2.46
农业总产值	亿元	1.17	1.4	1.5	2.12	2.76	4.54	4.9	5	5.45	6.18	8.45
规模以上工业总产值	亿元	0.42	0.49	0.41	0.45	0.63	1.18	1.3	1.33	1.81	2.54	4.51
全社会固定资产投资额	亿元	0.09	0.03	0.06	0.08	0.09	0.45	0.31	0.22	0.8	1.01	1.15
社会消费品零售额	亿元	0.62	0.59	0.73	0.84	0.88	1.02	1.16	1.05	1.31	1.6	2.17
农民人均纯收入	元	69	75	86	187	293	358	378	322	410	398	503
在岗职工年均工资	元	490	519	637	610	698	699	923	944	1067	1149	1341

续表 6—6

	单位	1989 年	1990 年	1991 年	1992 年	1993 年	1994 年	1995 年	1996 年	1997 年	1998 年	1999 年
年末总户数	万户	26.27	27.93	28.72	29.16	29.18	29.32	29.64	29.87	29.96	30.1	30.52
年末总人口	万人	101.28	108.67	110.13	110.4	110.57	111.01	111.25	111.55	112.16	113.25	113.77
全社会从业人员	万人	54.93	56.40	60.16	61.40	63.67	64.05	62.06	62.2	61.47	61.35	62.4
地区生产总值	亿元	9.03	9.82	11.7	15.17	18.45	23.42	27.78	34.8	38.25	38.91	42.96
第一产业增加值	亿元	5.49	5.68	6.56	7.78	9.51	11	15.53	16.59	16.77	14.56	15.47
第二产业增加值	亿元	1.74	2.3	3.04	4.43	6.5	7.82	6.4	10.28	11.45	11.32	12.31
第三产业增加值	亿元	1.8	1.84	2.1	2.96	3.44	4.6	5.85	7.93	10.03	13.03	15.18
人均生产总值	亿元	897	906	1070	1375	1670	2114	2499	3124	3420	3436	3786
地方财政收入	亿元	0.37	0.24	0.32	0.33	0.6	0.55	0.71	0.87	1	1.19	1.37
地方财政支出	亿元	0.45	0.54	0.56	0.65	0.87	1.11	1.24	1.51	1.74	2	2.39
金融机构存款余额	亿元	2.52	1.83	2.41	2.87	3.8	8.39	10.77	13.95	16.12	17.42	19.33
居民储蓄存款余额	亿元	0.83	1.12	1.53	2	2.62	6.82	9.33	11.62	13.78	14.81	15.95
金融机构贷款余额	亿元	2.98	2.84	3.42	3.93	4.47	7.51	9.47	12.57	14.86	16.98	17.95
农业总产值	亿元	8.26	8.19	9.92	11.48	13.55	19.87	29.25	35.11	33.09	24.06	28.01
规模以上工业总产值	亿元	5.93	6.86	9.66	8.2	12.5	19.4	15.1	22	26	11.07	10.79
全社会固定资产投资额	亿元	1.15	0.94	1.61	1.93	1.84	4.52	4	5.92	6.45	7.51	8.46
社会消费品零售额	亿元	2.49	2.62	2.9	3.38	4.68	5.79	7.93	9.74	11.15	11.99	12.85
农民人均纯收入	元	553	571	623	737	828	1128	1536	1836	2056	2018	2156
在岗职工年均工资	元	1387	1759	1808	2047	3357	3554	4205	4743	5330	5425	6406

续表 6—6

	单位	2000 年	2001 年	2002 年	2003 年	2004 年	2005 年	2006 年	2007 年	2008 年	2009 年	2010 年
年末总户数	万户	31.06	31.19	31.32	31.49	31.69	31.6	31.72	31.88	31.97	32.21	31.21
年末总人口	万人	116.49	116.95	117.29	117.55	118.02	118.42	118.88	119.39	120.72	122.26	128.96
全社会从业人员	万人	62.60	62.20	66.24	66.26	66.89	66.76	66.87	67.88	68.94	71.32	70.14
地区生产总值	亿元	47.01	52.2	57.87	67.54	81	102.23	119.56	143.2	168.3	183.30	190.7
第一产业增加值	亿元	16.01	16.8	17.41	18.34	20.25	24.27	26.34	31.53	35.57	39.72	40.5
第二产业增加值	亿元	13.8	15.6	17.5	21.5	27	38.46	45.4	52.97	63.73	67.69	70.69
第三产业增加值	亿元	17.2	19.8	22.96	27.7	33.75	39.5	47.82	58.7	69	75.89	79.5
人均生产总值	亿元	4083	4500	4941	5752	6877	8648	11170	13369	15744	17112	17179
地方财政收入	亿元	1.41	1.56	1.47	1.64	1.56	1.91	2.26	2.64	3.07	3.61	4.46
地方财政支出	亿元	2.63	2.73	3.13	3.45	4.17	5.3	7.03	9.12	11.37	13.49	16.1
金融机构存款余额	亿元	21.65	24.85	27.61	33.11	38.54	45.06	55.09	63.69	79.81	97.32	119.07
居民储蓄存款余额	亿元	18.02	20.14	22.05	26.56	31.30	36.60	43.86	51.52	63.22	74.57	93.27
金融机构贷款余额	亿元	18.55	24.84	22.37	25.13	23.95	24.68	28.83	38.39	40.50	51.78	61.49
农业总产值	亿元	28.05	28.73	30.03	31.65	35.3	42.63	47.03	53.57	60.04	66.9	67.6
规模以上工业总产值	亿元	12.51	14.27	15.69	22	30.2	56.85	69.2	90.1	125.2	155.13	185.66
全社会固定资产投资额	亿元	8.6	10.01	12.14	20.5	27.50	40.53	43.60	46.71	60.52	69.45	85.1
社会消费品零售额	亿元	13.77	15.02	16.53	20.01	23.01	34.09	42.04	50.33	65.40	78.32	98.9
农民人均纯收入	元	2262	2387	2478	2648	2928	3402	3980	4636	5301	5803	6687
在岗职工年均工资	元	6838	7817	8126	9182	9860	11814	13495	18480	21658	24279	27996

说明：规模以上工业总产值，1978—1991 年为全部工业产值，1992—1997 年为乡及乡以上工业产值

第七编
农　业

蒼山縣志

苍山县地处临沂市西南部平原，为农业大县。土地改革前，土地多为地主、富农占有，全县土地为封建土地私有制。1951 年，全县土地改革后，共有 92579 户无地或少地的农民分得 6 万公顷土地，全县农村土地实行农民的土地所有制。1956 年后，全县农村土地过渡到集体所有制。中共十一届三中全会后，县内实施农村经济体制改革。1981 年 4 月，全县农村普遍实行农业生产责任制。2006 年，全县有 1130 个村完成土地延包任务，土地流转面积 2267 公顷，涉及农户 1.53 万户。2010 年，全县有耕地 10.78 万公顷，占全县土地总面积的 62.55%，人均占有耕地 1.26 亩，全县农业总产值 67.62 亿元，蔬菜总产 355 万吨。全县共建立各类优质农产品生产基地 8 万公顷，24 种农产品获得出口农产品国际质量认证。

苍山县先后被中国国菜专家委员会、中国绿色食品协会授予“中国果菜无公害十强县”、被中国国蔬产业品牌专家委员会授予“中国蔬菜之乡”等称号。

第一章　农村生产关系和农业产业结构

第一节　农村生产关系变革

解放前的土地所有制

境内解放前，苍山县土地多为地主、富农占有，全县土地为封建土地私有制。县境内约占总人口 8.4%、占总户为 7.3% 的地主、富农，占有全县总面积 76% 以上的土地。车辋“翰林院”宋氏家族在周围十几个村庄占有土地 120 多公顷，佃农 300 多户为其耕种。兰陵“小红袄”王杞庸在兰陵附近有十几个佃户村，占有土地 53.3 公顷。卞庄的汉奸王占牛是占有 66.7 公顷土地的大地主，卞庄集市用的 20 公顷土地全归其占有，另在埝头东湖、纸坊等地占有土地 13.4 公顷。此外，长新桥的宋家曾挂过千顷牌，兰陵和卞庄的王家、庄坞的杨家、小岭和苍山大圩子村的刘家等地主也各有土地数百顷。

雇工和地租是县境内地主、富农剥削农民的主要方法。雇工有长工和短工之分，长工雇期一般为 1 年。地主、富农对长工可以续雇，亦可以辞退另雇。长工多在农历正月十六日上工，九月九日（重阳节）下工。报酬由主、雇双方面议商定，视劳动力的强弱、技能的高低，年工资额分为 15 ～ 30 元（银圆）不等。

农民租种地主的土地，称为佃农。有中间人作保，缴纳地租按租种土地亩数折算，扣除种子、肥料的费用，一般年景地主与佃农按“五五”分成或“四六”分成、“三七”分成，佃农得大头，地主得小头。遇上荒歉年景，租额略有浮动。

自耕农和半自耕农占农户的大多数。他们虽不直接受地主、富农的剥削，但其收入在缴纳税赋后所剩无几，难得温饱。每逢水、旱、虫灾之年，收获甚微，生活无着落。

减租减息

苍山境内的减租减息（简称“双减”）工作始于 1941 年。1942 年 7 月，刘少奇由滨海地区去延安，途经县境内迷龙汪、埠阳，对鲁南地区的减租减息等工作作重要指示。因当时“拉锯”形势严峻，直到 1943 年冬，临郯费峄四县边联县在上村区西北岭进行“双减”试点，斗争了地主刘廷继，取得扎根串联、发动群众进行减租减息的经验。1944 年春，在一系列军事胜利的鼓舞下，在赵镈县的山区和临沂县的平原地区普遍开展“双减”斗争。减租中实行“二五”

减租，即将佃农的原租额减少25%。1944年8月，中共赵镈县委举办各村支部书记、党员骨干、积极分子参加的减租减息训练班，在县学习后回到各分区委再办“双减”训练班，培训了一大批骨干，为秋收后广泛开展“双减”运动打下基础。卞庄区贫下中农在“双减”中，从地主手中夺回土地1200公顷、现金800余万元、粮食150余吨，有4726户佃户和贫农得到斗争果实。减租减息后，鲁南地区出现参军热潮。

土地改革

1946年7月，中共赵镈县委组织土改工作队进行土地改革试点，8月结束。后在全县范围内发起没收地主、富农的土地分配给贫苦农民的运动。10月，赵镈县委召开活动分子会议，总结土地改革经验，批判“支前任务紧张，土改可以慢慢来”的错误思想，决定加速进行土地改革。至年底，共没收地主、富农土地10267.3公顷，没收非耕地1268.3公顷、房屋2.46万间、各种浮财价值8.7亿元（北海币）。这次土改因国民党反动军队的大举进攻而停止。1947年6月9日，苍山、赵镈两县的军民被迫突围去滨海地区。继而，土改中外逃的恶霸地主和土匪等结成“还乡团”返乡，对土改干部和翻身农民进行反攻倒算，大搞阶级报复，杀害1594人。抢去粮食10720吨、耕畜8681头，杀树13.6万株，烧毁房屋1.68万间。

1947年10月，县境基本解放，开展反奸诉苦和土地复查运动。运动中，由于“左”的影响，一部分地方出现“搬石头，不要党的领导”，对地主“扫地出门”“乱棍砸死”以及侵犯中农利益的现象。问题发现后，及时得到了纠正。苍山县15个乡开展土改复查，有3000户贫雇农分到斗争果实。1948年春，结合土地改革进行查阶级、查思想、查作风和整顿组织、整顿思想、整顿作风运动，有力地推动了土地改革工作。1950年5月，苍山、赵镈两县合并后，中共苍山县委提出加快土改力度、结束土地改革的意见。1951年12月，土地改革结束，全县共有92579户无地或少地的农民分得6万公顷土地。全县农村实行农民的土地所有制。

互助组

在抗日战争和解放战争时期，苍山县境内各区都在农忙季节组织过变工组、搭犋组。1946年春，曾形成普遍的变工互助高潮，有效地解决了支援前线与发展生产的矛盾和农民在生产中缺劳力、耕畜、种子等困难。变工组、搭犋组忙时建，闲时散。1948年县境第二次解放后，大力发展互助合作组织，恢复生产，重建家园。1949年年底，赵镈县召开劳动模范代表会议，有3个劳模村、5个模范互助组的代表介绍开展互助合作、搞好农业生产的经验。当时，已组织起各种互助组7743个、51470人，占男女整半劳力的43%。1954年5月，参加互助合作组织的农户占总农户的54.6%；苍山县召开互助合作代表会议，有175名互助组代表参加，县委作关于互助合作运动的总结和夏季互助合作方案的报告，进一步明确互助合作运动的方针。

初级农业合作社

1953年2月，苍山县下村赵廷海办起全县第一处初级农业生产合作社（初级社），入社农民14户、73人。1954年5月，全县初级农业合作社发展到57处。在初级农业合作社的带动下，当年收购粗细粮26168吨，地瓜干323吨，超额完成粮食征购任务。1955年10月，全县对占后进村总数26.2%的58个后进村庄进行改造工作，发动群众检举漏划地主、富农，逮捕倒算地主、反革命分子，没收其土地、房屋、粮食等，促进农业合作化运动的开展。至1956年5月，全县入社的农户131666户，占总农户的96.61%，其中初级社600处、33869户，占总农户的26.1%。

初级社实行入社自愿、退社自由。入社的农户，把土地、耕畜、农具打价按股入社，归合作社统一使用，其所有权仍归社员个人所有，

如果退社，可以带出。初级社实行生产责任制，实行“三定”，即按正常年景将产、购数量定到农户，一定3年不变，定销1年核定1次。初级社划组作业，按劳记工，年终统一结算找平。收益分配实行入社股份和多劳多得相结合的原则，一般在农业收入中扣除农业税、生产费用和公积金、公益金后，按股份和劳动量各占50%进行分配，即实行“地五劳五”的分配方案。对社员中的老、弱、病、残和无劳力的困难户，从提取的公益金中给予适当照顾，对荣退、复退军人和烈军属补给一定的代耕费。

高级农业合作社

1955年9月，苍山县贯彻中共中央《关于农业合作化问题》的指示，开始由初级农业合作社向高级农业合作社（高级社）过渡，办起高级社13个。1956年5月，高级社发展到505个，入社农民97797户，占总农户的70.51%，占初、高级农业合作社总户数的74.3%。1956年10月，全县基本实现农业合作化，其中高级农业合作社547个、102981户，占入社农户的72.5%。1956年冬至1957年春，鲁城、层山等11个区、23个乡、24个农业社发生部分群众闹社、退社事件。各级党组织紧紧依靠贫下中农、团结争取中农、坚持互利政策和退社自由的原则，对坚持退社的群众让其退社。同时，对参加闹事的违法犯罪人员依法处理。

高级社的土地归集体所有，社员留有少量自留地，耕畜、农具等作价入社，由合作社逐年还清（未能兑现）。高级社实行统一经营，统一分配，在国家经济计划的指导下独立经营生产。社下设生产队，队配备队长、会计、保管员。社员下地干活时，锨、镢、锄、镰等小农具自备。高级社取消土地报酬，实行统一核算、按劳分配的原则，实行定工、定产、定报酬、定财务包干，有较周密的生产计划、财务制度，实行钱账分管，会计凭单据记账，日清月结，账目公开，计划内开支由社主任批准。

人民公社化

1958年11月，苍山县在原有28个乡（镇）、792个农业生产合作社的基础上，合并办起卞庄、贾庄、仲村、甘霖、下村、鲁城、文峰、新兴、兰陵、南桥、长城、层山、磨山、神山14个政社合一的人民公社，加入人民公社的农民141346户，占总农户的99%，土地属农民集体所有。初建时，实行统一种植、统一基本建设、统一规划使用，物资、资金无偿调用，劳动力统一调配，办起各种形式的公共食堂2758处，实行吃饭不要钱，一年后取消。社员实行工分制与供给制相结合的办法统一核算。由于“左”的思想影响和刮“共产风”，损害了农民的利益，挫伤了农民积极性。1962年后，纠正“左”的错误，认真贯彻中共中央《农村人民公社工作条例（修正草案）》，实行三级（人民公社、生产大队、生产队）所有、队（生产队）为基础的核算制度，统一领导，分级管理。生产队有生产经营自主权，分组作业，责任到人，评工计分，年终结算。实行“各尽所能，按劳分配”。社员口粮“三七开”（人七劳三）分配，口粮款从工分款中扣除。“文化大革命”期间，曾一度推行“大寨记工法”，改一天一记工为10天一评工，“一心为公，自要报酬”。中共十一届三中全会后，逐步被联产承包生产责任制取代。

联产承包生产责任制

1979年2月，苍山县召开10440人参加的四级干部会，学习中共十一届三中全会公报、《关于加快农业发展若干问题的决定（草案）》《农村人民公社工作条例（试行草案）》。县内大炉等部分地方暗地里开始试行包产到户做法，拉开了农业联产承包责任制的序幕。1980年11月，县委贯彻中共中央《关于进一步加强和完善农业生产责任制几个问题》的文件精神，大力推行各种不同形式的农业生产责任制。1981年4月，全县普遍实行农业生产责任制。其中，实行“两统一包”定额管理的有254个大队、1368个生产队，占总生产队数的22.6%；实行联产计酬，责任到劳或到组的有220个大队、1261个生产队，占总生产队数的20.6%；实行包产到户或包干到户的有335个大队、1693个生产队，占总生产队数的27.8%；实行部分土地不联产田间管理责任到人、部分土地包产到户的有332个大队、1771个生产队，占总生产队数的29%。1982年秋，全县普遍实行以“大包干”为主体的农业生产责任制，将土地按人口平均承包到户，耕畜、农具等作价卖给农民，土地所有权仍归集体。1983年，全县粮食总产50万吨，比1980年增长85.4%；粮食亩产524.5千克，比1980年增长94.6%。

土地延包和承包地使用权流转

1998年，根据中办发〔1997〕16号文件和市委、市政府《关于认真做好稳定和完善农村土地承包关系试点工作的通知》要求，在全县825个村进行二轮土地延包，占全县总村数的70%，农村土地承包期一律延长30年。2006年，全县有1130个村完成土地延包任务，占需延包村的98%。当年，土地流转面积2267公顷，涉及农户1.53万户。通过土地流转发展规模化集约经营，全县耕种面积在50亩（3.33公顷）以上的种田户达到120户。2008年，根据省市精神，对全县986个行政村、189795户进行土地经营权证的换发、补发工作。2010年，苍山县成立土地流转服务中心和土地纠纷仲裁委员会，乡镇成立土地流转服务站和土地纠纷调解委员会，依法保障农民合法权益，解决土地纠纷。

第二节　农业产业结构调整

1949年，全县工农业总产值2835.7万元，其中农业总产值2809.6万元，占工农业总产值的99.46%。建国后，随着国民经济的全面发展，农业的基础地位日益巩固和壮大，但是农业总产值在工农业总产值中的比重逐年下降。1952年，农业总产值占比为97.6%，1965年农业总产值占比为91.14%。1977年9月，县委作出大打农业“渡江”会战的决定，要求贯彻“以粮为纲，全面发展”的方针，在搞好粮、棉、油生产的同时，大力发展以林、牧、副、渔为主的多种经营。1978年，农业总产值占比为73.98%。1985年2月6日，县政府贯彻中共中央《关于进一步活跃农村经济的十项政策》和全省农村工作会议精神，制定搞活农村经济、调整产业结构的措施。1987年12月，县委、县政府认真总结“蒜薹事件”的经验教训，制定出“一稳三上二个面向”的经济发展战略，即在保证粮食总产稳定增长的前提下，上经济作物，上畜牧业，围绕农副产品加工上县乡工业，面向国际、国内两个市场。1988年起，对农业布局进行调整，确定“东蒜、西菜、南棉、北果”的区域化发展格局。1991年，苍山县获得“山东南菜园”称号，农业总产值99188万元，其中农业74750万元、林业3180万元、牧业19740万元、副业5630万元、渔业1928万元。1992年3月15日，在会宝岭灌区的卞庄、向城、尚岩、新兴、兰陵、横山、南桥、兴明、三合9个乡镇建立“三高”农业开发区。

1992年7月28日，中共中央总书记江泽民到临沂地区视察，谈到临沂地区农业结构调整时指出：“苍山蔬菜品种多，质量好，要多搞，占领市场，占领江苏、上海市场，让农民尽快富起来。”县委、县政府认真研究制定落实江总书记指示的具体措施，提出以江总书记指示精神为指导，以市场经济为发展方向，以高产、高质、高效“三高”农业为重点，先富民后富县的路子。

1996年，全县粮食总产达到63.29万吨，创历史最高水平，被农业部评为全国粮食生产先进县，跨入全国产粮百强县行列。北部山区有嫁接大枣6666.7公顷，板栗3333.3公顷，年产果品达到6.4万吨，为北果的形成奠定了重要的基础。在家庭饲养的基础上，养殖业出现了万只鸡场、万只兔场、百头牛场等养殖大户。1997年，全县大牲畜、兔、羊、生猪的存栏量分别达到14.5万头、65万只、46万只、28万头的规模；网箱养鱼发展到6000箱，稻田养蟹、太湖银鱼开发和水产名优珍稀品种的开发也有了新的突破。

2002年，粮食总产45.32万吨，各类蔬菜种植面积达到6万公顷，总产180万吨，分别比1997年增加16666.7公顷、44万吨，粮经比例由1997年的7.5：2.5调整到5.5：4.5。建设26处科技示范园，引进、推广新优品种100多个。实施“绿化活动年”和五大林业工程，2002年，果品总产达9.59万吨，林木覆盖率达19.5%。发展黄烟、桑园666.7公顷。实施畜牧水产强乡、强村和大户工程，建成52个养殖小区、100多个专业养殖场、2500个养殖大户。发展网箱养鱼1万余箱。

2004年，苍山县再次被农业部评为全国粮食生产先进县，王善启、赵兰芝、姜朝法等3人被农业部授予全国粮食生产大户称号。食用菌生产实现新突破，完成食用菌年投料15万吨，同年，苍山县被山东省农业厅评为全省食用菌科技示范县、全省食用菌先进县。2006年，全县有林地达到2.7万公顷，干鲜果品产量达到15万吨；水产品年产2万吨；畜牧业基本实现由农户散养到规模化、专业化、标准化养殖的转变，规模化养殖占养殖总量的90%，2006年，肉蛋奶总产6.53万吨。全县90%的村形成优势明显、特色突出的“一村一品”，21个乡镇形成分属11个大类、12个种类的专业化生产集群。

2010年，全县农业总产值67.62亿元，蔬菜总产355万吨。全县共建立各类优质农产品生产基地8万公顷，24种农产品获得出口农产品国际质量认证，“三品一标”（无公害农产品、绿色产品、有机农产品和农产品地理标志）认证产品达到126种。食用菌产业发展迅速，年产各类鲜菇20万吨，产值9.4亿元。相继被授予“中国果菜无公害十强县”“中国蔬菜之乡”“山东十大（农业）产业集群”“中国果菜加工十强县”等称号。完成合格造林6200公顷，2处生态林场顺利通过上级验收。全县存栏大牲畜3万头，生猪31.15万头，羊30.12万只，家禽650.48万只，兔43.8万只，肉蛋奶总产9.8万吨，水产品2.2万吨。建成1处国家级水生动物标准养殖示范基地。

第二章　管理服务和产业化

1950年，苍山县农业管理由县实业科负责，12月，县实业科改为县建设科，全县农业生产计划、农业发展纲要的制定，植物保护、良种推广、沤制绿肥、农业生产阶段总结等由其负责。1956年8月，撤销县建设科，成立县农业局。1968年10月，县农业局与县林业局合并，称县农林局。1974年2月，设立多种经营办公室。10月，县农业局恢复。1984年机构改革，撤销多种经营办公室，农业、牧业、渔业、能源管理办合并为农牧渔业局。1986年6月，恢复县多种经营办公室。1987年3月，县农牧渔业局分设县农业局、县水产办公室、县畜牧办公室、县果品办公室。2010年，县农业局下设农业技术推广中心、农村经济管理中心、农业广播电视学校3个副科级单位及20余个事业单位。

第一节　农村社会化服务

农业科技推广

1976年9月，苍山县建立县、公社、大队、生产队四级农业科技推广网。1978年，苍山县农民科技队伍主要为大队农科队、生产队的农业技术组。至1984年，全县有大队农科队1000个、生产队技术组4000余个，总人数达万人。1988年，县内开展农民技术人员的考核和职称评定。1996年，开展农民技师的考核和职称评定。是年，全县累计评定晋升农民科技人员870人，其中高级农民技师35人，农民技师184人，助理农民技师307人，农民技术员344人。

苍山县种植业、畜牧业、农机等专业科技人员，多为国家统一分配的大、中专毕业生。至1996年，共有667人，其中本科46人、中专508人；有482人获得技术职称。至2006年，共有1126人，其中高级职称58人、中级职称296人、初级职称772人。2010年，县乡科技推广队伍达到2600余人。

2005年—2010年，全县共举办各类技术培训2000多场次，培训农民10万多人次，现场指导5000多次，发放大蒜春季管理技术、花生高产栽培技术、姜瘟病综合防治技术、小麦春季管理及吸浆虫综合防治、大蒜高产栽培技术集成、小麦高产栽培技术等各类技术“明白纸”100多万份，进行电视专题及农业技术电视新闻宣传104次；共答复群众来电及来访咨询2万多次，组织专家现场调研、解决农业突发问题5000多次；共培植各类科技示范户2万多户，涉及村庄400多个。示范田覆盖粮食、花生、大蒜、棚菜等6700公顷。

2010年，全县农业使用技术覆盖率达到90%，新品种覆盖率达到93%，科技进步对农村经济增长的贡献率达60%。6月4日，苍山县被省科协、省财政厅授予“山东省科普惠农示范县”称号。

农业信息化建设

2003年，苍山县被列为山东省财政厅财政支持农业信息化建设试点县。省财政厅为苍山县配备微机和打印机30套，在各乡镇按照“五个一”(即有一处固定场所、一套信息设备、一名信息员、一套管理制度、一个长效机制)的标准建设乡镇农业综合信息服务站，并培训乡镇信息员40人。2004年，培训村级信息员1056人。至2010年，全县农业综合信息服务站免费为农民查询信息累计达40余万条。

2005年6月，国家发改委在苍山县鲁南蔬菜批发市场实施“农产品流通基础设施建设国债项目”，投资170多万元购置信息设备，建成信息网络和大型LED显示屏1处，用于市场蔬菜价格行情发布以及新品种、新技术介绍和推广。至2010年，该项目累计为菜区农民提供蔬菜价格行情2.5万余条次，推广新品种21个、新技术26项。

农资执法监督

1998年4月，县政府制定发布《苍山县农药管理暂行办法》。1999年3月，苍山县农业局在法规科的基础上成立苍山县农业局综合执法大队。2006年11月1日，《中华人民共和国农产品质量安全法》正式实施，县农业局采取悬挂过街联、发放明白纸、印制小册子等形式对该法进行宣传。2007年，以打劣扶优、倡导诚信经营为主题，开展放心农资下乡进村活动，全县共树立10户样板店。对全县农资市场及农药批零市场进行全面清理，对生产、经营、销售假冒伪劣农药特别是经营、销售国家禁用的5种高毒农药的违法行为，进行严肃查处、整治。全年共出动执法人员2700余人次，立案130余起，共清查国家禁用高毒高残留有机磷农药80余千克，查获“六六六”粉300余千克，净化了农产品生产源头，农产品农药残留抽检合格率达到99%。2008年，开展农药执法专项治理活动，重点打击高毒、高残留农药的使用，重点查处使用国家禁用农药的违法案件。全年出动执法人员1200余人次，立案查处157起，查获假冒伪劣农药17吨、种子14吨、肥料400多吨，捣毁制假窝点3个，有效净化了农资市场。同年结合奥运食品安全专项治理活动的开展，按照“预防为主、源头治理、全程监管”的要求，

以生产经营单位、生产基地和批发市场为主体，以五种有机磷和国家违禁农药为重点检查对象，对全县农业投入品进行全面清查。当年，苍山县农业执法案例入选农业部全国农业执法系统十大案件。2009年，开展农药市场清理整顿工作，提出农资产品市场准入制度，使农资管理工作做到从源头上把关，并且实现可追溯管理。2010年，开展种子执法年活动，保障购种农民权益。

农村市场体系建设

1987年前，苍山县农产品交易在农村集贸市场进行。1987年，苍山县第一个专业批发市场——苍山大蒜专业市场建成，并于1988年蒜薹收购时正式投入使用。1991年，建立全省第一个初级粮油批发市场。至2006年，全县第二次农业普查数据显示，全县有综合市场66个，专业市场47个。其中，农产品专业市场33个，年交易额超过1000万元的农产品专业市场20个；全县14个乡镇均有农产品专业市场，其中，年交易额超过1000万元的12个；有粮油专业市场1个，年交易额超过1000万元；有蔬菜专业市场31个，其中，年交易额超过1000万元以上的19个。85.71%的乡镇有综合市场，66.67%的乡镇有专业市场，66.67%的乡镇有农产品专业市场，57.14%的乡镇有年交易额1000万元以上的农产品专业市场。40.53%的村地域内有50平方米以上的综合商店或超市，54.92%的村在村内可以买到化肥，5.02%的村在村内可以买到彩电。2008年，日用品便民超市发展到685家，覆盖全县70%的行政村；农资连锁配送网点发展到1008个，覆盖全县95%的行政村。2010年，全县蔬菜专业市场发展到48处。

县农广校

1981年，中央农业广播电视学校苍山分校成立。1996年后，开展绿色证书教育和实用技术培训，每年培训绿色证书学员2000人，结合农时季节，每年举办4～5期实用技术培训班。至2005年，共培训农民15万多人，每人掌握1～2门实用技术，成为农村发家致富的带头人。

2001年，被农业部命名为全国育才兴农示范校。苍山县被省农业厅、省财政厅、团省委列为省级新世纪青年农民培训工程项目县。同年，与县供电局联合对全县农电工进行学历教育，培养农村电气化专业人员446人。2002年，实施新世纪青年农民培训工程项目，首批建立农民科技书屋7处，培训青年农民3150名人；与县计划生育管理局联合对全县生育管理人员进行学历教育，招生人口与计划生育管理学员284人。

2005年，开始承担农村劳动力转移培训阳光工程项目。至2006年12月，共培训农村富余劳动力4000余人，实现转移3986人。2006年，承担新型农民培训和小麦科技入户工程，对1200户新型农民和1000户小麦种植大户进行培训。2007年，招收成人中专学历生148人，开设现代乡村综合管理专业，招收成人高等函授生76人。实施农村劳动力转移培训阳光工程项目，当年转移培训3000名农村劳动力。实施新型农民培训工程：在县内6个乡镇，30个行政村，每个村培训40户，共计1200户。实施小麦科技入户工程：在兰陵、南桥等10个乡镇 每个乡镇选10个示范村，每个示范村选10个示范户，共计1000户接受培训。全年举办培训班356期，科技下乡80余次。2008年，实施农村劳动力转移培训阳光工程项目，转移培训3000名农村劳动力。2009年，苍山县农广校被农业部公布为全国A级农广校。实施农村劳动力转移培训阳光工程项目，转移培训2000人。2010年，实施农村劳动力转移培训阳光工程项目，转移培训1100人。实施全国基层农技推广体系改革与建设示范县项目，培训示范户1000户，技术人员100名，建立示范基地10个。

第二节 农业产业化经营

苍山县农业产业化经营始于20世纪80年代，以农业品批发和蔬菜产业化生产经营为主。2002年9月，为推进农业产业化经营，解决制约农业和农村经济发展的市场约束等问题，苍山县委、县政府发布《关于加快发展农业产业化的决定》。2002年—2005年，为培植壮大农产品加工龙头企业，发展农民合作组织，促进全县农业产业化发展，县委、县政府成立领导小组，先后下发《关于扶持龙头企业推进农业产业化的意见》《关于加快农业结构调整的若干规定》《关于大力发展农产品加工龙头企业的考核办法》《关于发展苍山县农村合作经济组织的意见》《苍山县农村专业合作组织管理办法（试行）》《苍山县农村专业合作组织考核办法》等一系列配套文件，并把农业产业化龙头企业发展和农民经济合作组织建设列入县委、县政府对乡镇和县直有关部门的目标考评。同时，县委、县政府加大财政扶持和金融信贷支持力度，简化登记注册手续，在用地、税收等各方面给予优惠政策，及时为企业和农民提供信息、技术等服务。

2006年，市政府公布临沂全市市级农业标准化生产基地，苍山县越洋食品公司蔬菜生产基地、苍山县龙湾蔬菜产销公司生产基地、山东南菜园蔬菜食品公司生产基地、苍山县南苑食品公司生产基地、苍山县天马瓜菜开发公司生产基地等5家名列其中。临沂市农业局、临沂市有机农产品协会表彰沂蒙特色农产品之乡和沂蒙特色农产品放心品牌，苍山县神山镇被列为“沂蒙大蒜之乡”，庄坞镇被列为“沂蒙牛蒡之乡”，长城镇被列为“沂蒙红辣椒之乡”，临沂天丰粮油食品有限公司的“文峰雪”牌小麦粉、苍山县沂沟粉业有限公司的“沂沟”牌粉条、山东南菜园蔬菜食品有限公司的“绿南福”牌黄瓜、苍山县天马瓜菜开发有限公司的“天马牌”冬瓜、苍山县龙湾蔬菜产销服务有限公司的“双龙湾”牌西红柿等5个品牌被列为沂蒙特色农产品放心品牌。临沂市农业局命名临沂十大农产品批发市场，苍山县有山东鲁南蔬菜批发市场、山东南菜园蔬菜食品有限公司、苍山县龙湾蔬菜产销服务有限公司3家市场入选，数量列全市第一。省农业厅与省远程教育中心“山东产业化之路”拍摄组专程到苍山县拍摄了《山东产业化之路——苍山行》专题片。2007年，县内新增农业标准化生产基地5个，全县农业标准化生产基地面积达到8万公顷，有5个品牌农产品被评为临沂市名优农产品。2008年，苍山县被省政府评为全省农业产业化先进县。2010年，全县农民专业合作经济组织达1300余家，农产品加工企业达到420家，有114家成为省、市、县农业产业化重点龙头企业，其中省级8家、市级36家、县级70家，另有4家省级企业通过ISO 9001认证，位居全市前列，有11家龙头企业基地被市政府命名为农业标准化生产基地。全县农产品加工企业年加工贮藏能力100万吨，开发出真空冻干、速冻、油炸、肉类、精粉淀粉、保鲜、脱水、腌渍、调理食品9大类150多种产品，产品销往日本、韩国、欧盟等40多个国家和地区。全县农产品加工企业固定资产总值17亿元，年实现销售收入59亿元，年出口创汇6000万美元。2010年5月27日，在深圳市举办的名优农产品及食品展示订货会上，全县有6家企业参展，签约1.2亿元。

第三节 农民专业合作组织

1998年10月，苍山县农民徐廷合组织368户农户在尚岩镇葛村成立“会宝蔬菜产销合作社”，是1978年后苍山县第一个以农户为主体、实行股份合作制的农民专业合作组织，通过入股筹集资金120万元建起了农产品交易市场。

2000 年 9 月，中央电视台第 7 套节目以“老徐的蔬菜产销合作社”为题对会宝蔬菜产销合作社进行报道。

至 2007 年，全县农民专业合作组织发展到 1231 个（其中专业协会 913 个，专业合作社 318 个），成员 9.3 万人，吸引和带动农户 10.3 万户，年销售农产品 28 万吨，实现销售收入 5.15 亿元，利润 1 亿元。按所属类型划分为劳动合作型 121 个，资产运营型 492 个，技术服务型 68 个，市场对接型 28 个，龙头企业带动型 369 个，综合互助型 153 个。会宝山林果产业合作社、农村沼气协会、蜂业协会等合作组织，文峰林果养殖、凯华蔬菜等 9 个合作社受到市政府表彰奖励。2008 年，全县农民专业合作组织发展到 1250 家，涌现出苍山县“新农村养殖”“双龙湾蔬菜”“平阳蔬菜”等一批优秀的农业专业合作社，15 家农民专业合作组织受到市委、市政府表彰。

2010 年，全县农民专业合作组织达 1300 余家，其中工商注册 879 家，占到全市总量的四分之一。“抱犊崮人家”“银河草莓”“一品农大枣”等 18 个合作社被市委、市政府评为全市农民专业合作社示范社。经营服务范围涉及种植、养殖、加工、流通等多个行业。全县参加农民专业合作经济组织成员达 18 万人，吸引和带动农户 14.3 万户，年销售农产品 32 万吨，实现销售收入 6.13 亿元。

第四节　农村经营管理

农村经济收益分配

农村集体经济的收益分配在集体化后，特别是人民公社阶段成为农村经济管理的重要内容。

人民公社收益分配的原则：一是坚持国家利益、集体利益和社员利益三者兼顾的原则；二是对个人消费品的分配坚持“各尽所能，按劳分配”的社会主义分配原则。人民公社基本核算单位的总收入扣除当年的生产费用和管理费用后，剩下的收益在国家、集体、社员个人三者间进行分配。国家部分通常以税收表现，包括农业税、工商税和所得税等。集体部分以集体提留形式体现，主要包括公积金、公益金、生产费基金、储备粮基金和其他提留等。国家、集体扣留后，剩下的作为社员消费基金。社员进行分配部分，一般占当年总收入的 50% ～ 60%。分配形式以粮食的实物分配和现金分配相结合，以实物为主，现金找补。在分配比例上，全县多以 70% 部分按人口分配，30% 部分按劳、肥分配。也有部分单位实行 60% 部分按人口分配，40% 部分按劳、肥分配。即为三七分配和四六分配 2 种。也有极少单位实行倒四六、倒三七的。收益、分配的程序是年初编制收益、分配计划，夏、秋预分前制订预分方案，年终进行全年决算。收益分配计划包括年初制订的总收入、分配计划，粮食和其他实物分配计划，社员一年早知道计划三部分。预分方案主要包括每年夏、秋两季粮食、油料等实物、现金数量。年终决算主要包括核实产量、核实收入、清理劳动工分、盘点财产物资、清理往来存欠、全面公布账目、编制决算方案、组织分配兑现等内容。

实行承包责任制后，农村的经济收益分配以土地承包的形式固定给农户，剩下的工副业一般按人口进行分配。

农村集体资产与财务管理

1961 年 5 月起，贯彻落实中央《农村人民公社工作条例》（即《农业六十条》）。到 1962 年 1 月，全县 4991 个生产队中有 4867 个成为独立核算单位，2420 个生产队建立财务管理制度。1962 年 3 月 4 日，全县开始传达落实中共中央《关于改变人民公社基本核算单位问题的指示》，将生产队全部划为核算单位。1984 年，公社改建为乡镇，生产队改建为村民小组，在生产大队的地理基础上，设立自然村，在村设立村民自治组织——村民委员会。1992 年，按

照“村有乡管、两权分离”的原则，将农村集体收入和财务统一纳入乡镇农经站管理，做到所有权和管理权、使用权的适当分离。

2000年，县政府印发《苍山县农村财务监督管理实施细则》，在全县范围内实行农村财务“双代管”，即把村级账务、资金一并纳入乡镇经管站统一管理。2003年，县政府印发《关于进一步规范村级“四监管”工作的意见》，在全县范围内推行村级事务“四监管”工作，即把村级账务、资金、合同、公章一并纳入乡镇经管站统一管理。为进一步提高基层会计的业务水平，经县政府研究决定，对全县农村财务管理人员进行“会计电算化”专业学历教育。

2006年8月18日，县政府印发《关于在全县范围内推行“四监管”一扎口工作的意见》，在全县21个乡镇1179个村居普遍推行“四监管一扎口”制度，效果非常明显，进一步规范了农村财务管理工作。

2010年，全县共有村民委员会1024个。其中，有集体经济收入的624个，占61%；无收入的400个，占39%。有集体经济收入的624个村中，年收入5万元以下的526个，占84.3%；5万～10万元的49个，占7.9%；10万～50万元的27个，占4.3%；50万～100万元的11个，占1.8%；100万元以上的11个，占1.8%。

农民负担监督管理

1952年10月，全县以常年产量、土质为标准进行查田定产，逐步实行累进税制。1953年11月，全县实行粮食统购统销政策，当年征粮11500吨。1957年1月，全县农村推行包工包产管理办法。1959年5月，集中对人民公社进行一系列的整顿巩固工作，到8月20日，共分自留地4498.3公顷，占总耕地面积的4.09%，户均4.9分，人均1.2分。

1978年，贯彻落实中央37号、42号文件。到8月17日，县、社两级共清理出平调、转嫁、克扣而增加农民不合理负担170万元（含实物折款），退赔65.8万元；清理出多占农村劳动力8500多个，退出4500个；多占生产队土地417.3公顷，退回119.3公顷。1983年11月8日，县委提出关于减轻农民负担的意见，作出10条规定，主要有：统一集体提留和比例；精简干部职工数和享受补贴的人数；公社、管理区调用的“八大员”原则一律取消，非用不可的要经县委批准；县、社各级部门要严格把关，不要把负担随意转嫁给农民。1985年，取消粮食统购，实行合同定购。农业税由征粮改为征代金，夏季预征，全年统算。1986年，每交100元粮食奖售化肥40千克。1987年，开征农业特产税。1991年3月，进一步做好制止乱收费、乱罚款和各种摊派（简称“三乱”）的工作，安排8个月的时间由面到点进行清理、检查、审核和整改工作。1993年春，开始进行“四清理、三整顿”（四清理，即清理涉及农民负担的各种文件、项目、非生产性建设和承包合同外收费提留；三整顿，即整顿村提留和乡统筹的使用与管理、收费罚款的使用与管理、义务工和劳动积累工的使用与管理）。至10月，共废止涉及农民负担的文件、规定5件，修改7件，明令取消和停止的各种收费、集资、达标项目55项，减轻农民负担近2000万元，人均20元；清理下放乡镇党政事业单位临时工作人员及编外民办教师4229人，每人均年可减轻农民负担650元。1996年3月，县委印发《关于进一步做好减轻农民负担工作的通知》，重点解决提留统筹费超过规定比例和农村“三乱”问题。

1949年—1985年，农业税的各种减免累计2110万元，占农业税总任务的18.5%。1986年—1996年，农业税的各种减免累计688万元，占农业税总数的9.4%，占实征农业税6710万元的10.3%。

1997年5月30日，县委作出《关于切实做好减轻农民负担工作的若干规定（试行）》。并采取了三条措施：第一，加强对农民负担的预算管理，把农民负担严格控制在人均收入的5%

以内，将“三提五统”、农业税费征收等填入农民负担监督卡发放到农民手中，接受群众监督；第二，建立村级收支公布制度，一月一核算，一月一张榜，严格控制非生产性开支；第三，加强对村提留、乡统筹费用的管理和审计，每年检查两次。由于措施得力，有效遏制了随意增加农民负担的现象。到7月底，全县清理涉及农民负担的文件项目26个，其中废止14个，修改4个；查处清退超收款1.65万元、以土地承包金承顶“三提五统”款162万元。1999年11月5日，召开全县减轻农民负担和土地延包工作会议。2002年，开展农村税费改革，主要内容是：取消乡统筹、农村教育集资等专门面向农民征收的行政事业性收费和政府性基金、集资，取消屠宰税，逐步取消统一规定的劳动积累工和义务工（简称“两工”），调整农业税政策和农业特产税政策，改革村提留收取、使用办法。税费改革前后相比，2002年，全县减负总额4415万元，人均减负42元。2003年，县委印发《苍山县农民负担监督管理领导小组关于实行农民负担工作一票否决制实施办法》，在全县范围内实行农民负担工作一票否决制。2003年9月，制定《苍山县减轻农民负担工作一票否决年度量化考核办法》，定期对减轻农民负担工作进行检查、督导。为规范“两工”使用程序，县委印发《关于严格贯彻农村“两工”使用政策的意见》。

2004年，根据农村税费改革逐步取消农业特产税的规定，只保留烟叶产品特产税，其他应税特产品全部免征农业特产税。2004年起，为保护粮食综合生产能力，保护农民种粮积极性，国家财政每年按小麦种植面积对种粮农民进行直接补贴。2004年，全县补贴面积为48333.3公顷，每亩补贴13元。2005年，全县补贴面积56733.3公顷，每亩补贴13元。同年开始实施优质专用小麦良种推广补贴项目，实施面积26666.7公顷，国家财政每亩补贴良种资金10元，共扶持资金400万元。2006年，实施优质专用小麦良种推广补贴项目面积为55400公顷，每亩补贴14元。2006年起，对小麦实行柴油、化肥综合补贴，每亩14.8元。同时继续实施优质专用小麦良种推广补贴项目，面积26666.7公顷。

2005年5月，为整合资源，降低管理成本，减轻农民负担，对大仲村、下村、尚岩、车辋、兰陵、鲁城6个乡镇的194个行政村进行调整，合并为71个行政村。

2006年，在全县范围内取消农业税和农业特产税，终结了延续2600多年农民种田交粮交税的历史，仅此一项全县农民就减负17443万元。深入开展减轻农民负担专项治理和涉农信访案（事）件查处工作，进一步规范完善了村级“一事一议”筹资筹劳监督管理制度，严格按照民主和审批程序进行，切实从源头上控制农民负担，坚决杜绝农民负担反弹。同时，对种粮农民进行直接补贴、良种补贴、农机具购置补贴和农业生产资料综合补贴“四补贴”，全县增加农民补贴收入13420万元左右，人均增加补贴收入124.3元。发放农民负担监督卡26.3万份、专用票据21万份、农民税收公开榜1200余份。2007年5月，开始实施农村居民最低生活保障制度。

2003年—2010年，全县组织实施项目带动战略、积极开展项目建设年活动，共争取2万亩优质专用小麦良种繁育基地建设、农业有害生物预警与控制区域站建设、标准良田建设、现代农业发展资金粮食产业工程等农业项目12个，项目投资18180多万元，减轻了农民负担，推动农村经济和农民收入持续、快速、稳步增长。

第五节　农场经营管理

苍山县塔子山农场

1949年4月，为恢复农业生产，支援国家建设，苍山县农场建立，场址位于苍山县城（卞庄）东塔子山，占地6.53公顷。有干部职工16人，场房21间，设在塔子山上原禅林寺的旧庙内。

建场初，由于土地零星，地力差，加之管理水平低，缺少经验，第一年的粮食产量很低，小麦亩产只有90.5千克。1950年4月，苍山县政府针对农场的实际情况，提出以搞作物良种试验为主、粮食生产为辅的建议。随后，农场进行一系列的良种试验工作。试验推广的作物有“胜利百号地瓜”“徐州438小麦”“金皇后玉米”“烟大八一单谷子”“四籽棉”等。同时，农场还举办农业技术学习班，对邻近几个区的群众骨干进行技术培训，推动全县农业技术的发展。

在种植制度上，打破群众旧的耕作习惯，试验将原一年一熟制或二年三熟制改为一年三熟制，提高单位面积产量，同时，农场还进行一系列农作物病虫害防治试验，把小麦锈病、地瓜黑斑病、花生根腐病等防治方法传授给农村群众，并大搞绿肥制作试验，使农民意识到病虫害防治的利害关系和沤肥用肥的益处。

1951年，农场职工帮助小岭区建立示范户16户，在农场以及示范户的引领带动下，全县有51%的农户大量采集青草、树叶等沤制绿肥。农场举办4次农展会，参观人数7642人次。召开农研会4次、座谈会17次，组织建立农研组49个，把农业技术推广到千家万户。

在农业技术推广过程中，全场的粮食产量也在迅速提高。1950年，粮食平均亩产187.5千克，比刚建场的1949年增产35%。1951年、1952年，农场开展群众性的爱国粮增产运动，支援抗美援朝，粮食生产连年获得丰收。1951年比1950年增产9%，1952年又比1951年增产4%，粮食平均亩产达到212.55千克。

1953年，因自然灾害，造成全场粮食作物大面积减产，粮食产量比1952年减少35%。1954年，农场重整旗鼓，采取一系列措施，使粮食生产恢复到1952年的水平。

农场的农机发展较为缓慢。起初，农机具原始笨重，工作效率极低。1953年，全场有铁车1辆，胶轮马车1辆，双铧犁2张，七寸、八寸步犁各1张，小铁犁3张，耩子3把，解放式水车1部，瓦斯抽水机1台，喷雾器5个，锄头7张。1955年，增加2张双铧犁和1张开沟犁。

建场初期，畜牧业生产基本空白。1951年，购买4头大牲畜（其中牛2头，驴、骡各1头）和10头猪。1952年，场里办起配种站，有种驴、种马、种牛各2头进行良种繁育。

1954年，原兰陵县（今苍山县兰陵镇）徐家庄农场撤销并至县塔子山农场，并迁移至白家洼（今国营苍山农场二分场驻地）。至此，全场土地发展到32.2公顷。

国营苍山农场

1956年3月，经山东省人民委员会以鲁计密甲（56）字第812号文批准，将原苍山县农场扩建为国营苍山机械农场（即国营苍山农场，简称苍山农场）。该场位于苍山县城西南端的孤山湖处，北依孤山，南靠三合，东邻卞庄，西接向城。地形南北长，东西窄，地势湖洼。1958年冬，农场附近的13个生产大队划归为苍山农场管辖，1962年8月，该场13个大队复划归南桥人民公社。2010年，全场土地面积703公顷，其中耕地面积571.67公顷；总人口540人，其中职工345人，各类科技人才100多人。下辖3个分场和1个良种繁育中心以及临沂市益丰园蔬菜种苗科研推广中心、苍山县宝联蔬菜食品有限公司、苍山县新型建筑墙体材料有限公司、苍山县大众双语学校、苍山农场子弟学校（1996年撤销）、苍山县第五中学、苍山县农场卫生所等机构。

苍山农场属政企合一的管理体制。1956年建场至1965年，由山东省农业厅主管；1966年—1969年，由临沂地区农业局主管；1970年—

1974年，由济南军区山东生产建设兵团主管；1975年后，由临沂地区农业局主管；2008年8月，移交苍山县政府主管。

苍山农场的农业生产以机械化为主，人工为辅。1956年2月，省政府拨给2台乌尔苏斯-45型拖拉机，共66.15千瓦。之后，农业机械不断增加。20世纪80年代初，全场拥有各种大、中型拖拉机18台、698.25千瓦，基本实现机械化。1986年，农机动力达到2279.97千瓦，是1956年的14.4倍。2010年，有大型联合收割机21台，大、中型拖拉机20台，大型自走式喷灌设备40余套，大型植保机械17套，以及配套农具56余台（套），机械总动力5397千瓦，机械库房及维修车间5000平方米，固定资产总值4000余万元。

苍山农场种植业以小麦、大豆、玉米为主。1956年，粮食总产量72吨，其中小麦41.8吨，占粮食总产量的58.06%。1970年，粮食总产量576.1吨。1973年，粮食总产量1653吨。1979年后，全面推行生产责任制，产量稳步增长，粮食总产量达到1676.8吨。1983年起，粮食总产每年稳定在2050吨以上。1986年，粮食总产量达2201吨，其中小麦总产超过1950吨，占粮食总产的88.91%。

1978年前，由于受极“左”路线的影响，企业管理一度混乱，粮食产量长期低而不稳，徘徊不前，连续16年亏损，总额达195.5万元。1979年后，贯彻执行中共十一届三中全会路线、方针、政策，坚持改革开放，合理调整作物布局，实行科学种田，全面推行联产承包责任制和兴办家庭农场。先后建立6个合作农场，承包土地487.46公顷；86个家庭农场，承包土地61.59公顷；1个联户家庭农场，承包土地9.33公顷。1984年—1989年，企业效益连年递增，共盈利149.5万元，实现企业经济发展的第一个飞跃。1990年—1994年，家庭农场、合作农场、联户农场逐步撤销，由家庭联产承包发展为以分场为独立核算单位、适度规模化的生产经营模式。完善生产经营体制改革后，总场对各分场实行“三统、五定、一挂钩”，即统一生产规划、统一产品结构、统一服务项目，定人员、定土地、定机械、定投入、定上交，交足总场的定额以后通过劳效挂钩的方式分给职工。2000年，该场发放职工工资总额239万元，比1978年的11万元增加20多倍。

从1993年起，苍山农场与山东省农科院联合开发万亩小麦良种繁育基地。主要以繁育小麦、大豆良种为主。所种品种为烟农19、烟农21、临麦4、临麦2、山农8255、邯6172、济麦22、良星66、良星99、山农14、山农15、中黄13号、荷豆12号、荷豆13号、高丰一号、临95089等。1995年，投资150余万元，拓展良种晒场超过2公顷，扩建良种仓储600平方米，更新2台选种机，完善一批种子检测设备。1999年，与苍山县政府合作建立临沂市益丰园蔬菜种苗科研推广中心。

2000年，苍山农场发展成为鲁南地区最大的农作物良种繁育基地和大蒜、蔬菜生产基地。农业上逐渐形成“一区二地二园”的经营格局，其中主要包括临沂市黄淮海开发示范区、小麦良种繁育基地、苍山农场无公害蔬菜基地、万亩良田喷灌示范园、万亩高科技农业示范园等。良种繁育实现大发展、大突破，每年生产小麦、玉米、大豆良种1万吨以上，形成引、繁、推一体化，产、加、销一条龙的良种产业格局。

2001年，苍山农场承担的农业部、财政部“农业科技跨越计划项目”“山东省优质小麦开发项目”以及临沂市5000亩大豆优质品种生产项目，均通过专家实地考察验收，获得好评，其中临沂市5000亩大豆优质品种开发项目获市计划二等奖。2005年，被临沂市政府确定为“农业产业化市重点龙头企业”，同时承接的“国家黄淮海玉米实验项目”获得成功，并通过农业部专家验收。2006年10月，顺利通过ISO 9001:2000质量管理体系认证。2007年8月，正式被农业部确定为“全国农垦现代化示范区”。2008年，“山东省苍山县国家小麦良种繁育基地项目”正式建成投产。2009年，经省专家实地实打验收，玉米单产达到1046.65千克，小麦单产突破709.3千克。

2010年，苍山农场拥有6万平方米的种子晒场、总容量1500万斤的种子仓库、5吨／小时的种子加工生产流水线3条。每年引进示范小麦新品种20多个，建立高标准穗行圃超过2公顷，原种田43.33公顷，良种田666.67公顷，外繁基地1333.33公顷，每年可向社会提供各类优质小麦良种1万多吨，“垦星”良种品牌享誉鲁、豫、苏、皖等地。2006年—2010年，连续5年参加山东省小麦良种统供竞标均中标，“垦星”小麦良种畅销到周边80多个乡镇，直接受益农民100多万户。2007年—2010年，小麦亩产连续3年过千斤。自建场至2010年，累计向国家交售粮食17万吨，实现利税8000万元。

第六节　现代农业示范园

2006年3月，苍山县现代农业示范园工程由中国农科院编制完成总体规划，10月开始建设。该工程将卞庄街道农业开发区、国营苍山农场与代村、晒米城前、洼桥、南小庄、北小庄5个行政村进行整合，同时把卞庄街道的相关养殖场、污水处理厂、度假村等园区纳入其中。园区规划占地1333.3公顷，分2期完成，计划投资6亿元。

示范园核心区位于县城西南城郊结合部的代村社区，由1个具有综合功能的高效种植区和6个具有特色的专业分区构成。高效种植区包括精品蔬菜区、观赏园艺区、优质种苗繁育区、绿化美化观光带、科技服务区5个功能区，6个专业分区分别为有机蔬菜专业分区、优质林木专业分区、名优水产养殖专业分区、畜牧养殖专业分区、农产品加工贮藏配送区、旅游休闲区，形成“1+6”模式。园区实行政府引导、企业化生产、市场化运作，由代村集体股份制企业——山东新天地现代农业开发有限公司开发建设和经营管理。2008年8月，开始建设一期工程。示范园先后建成“锦绣苍山”智能化温室、“农科蔬苑”智能化温室、果品花卉超市、蔬菜超市、高效农业观光示范园、农家乐生态家园、养殖区、银湖度假村、农展馆等10多处景点。同年，代村生态农业景区被评为国家AA级旅游景区和国家级农业旅游示范点。至2010年，一期工程基本完成，总投资2.6亿元。

至2010年，示范园引进广东驰丰、徐州润嘉食品、山东农业开发公司、中韩合资清水食品、星发科技、华馨花卉等9家企业和近百户农民种养大户入园从事高效农业生产经营，成立东禾蔬菜、九合韭菜、银河草莓、金禾蔬菜等4个专业合作社，发展直供港澳优质蔬菜、专供出口优质蔬菜、日光温室长廊、优质大蒜、优质良种实验田、花卉苗木、中药材和蔬菜“三进”工程（进上海、进世博会、进超市）等8大基地。苍山蔬菜“三进”工程、山东省现代农业蔬菜产业项目建设工程、山东省富民强县项目、上海绿叶菜基地建设工程，先后培育了“九合”有机韭菜、“泰玉”草莓以及“杭星”“汇河”“鲁杰”等知名瓜菜品牌。

图7—1　代村农业示范园一角　（2010年摄）

第三章　种植业

第一节　耕　地

耕地面积

1949年，全县耕地面积为106180公顷，1990年减少至84673公顷。41年间，减少耕地21507公顷，平均每年递减524.56公顷，即每7年就减少相当于一个庄坞镇的耕地面积。从各年份耕地变化动态看，以1949年为基数，1949年—1954年，因行政区划变动，耕地面积呈上升趋势；1960年开始减少，1960年—1982年减少耕地10666公顷，相当于三合、兴明、二庙3个乡耕地面积之和；1982年—1990年，由于注重土地管理，对非农业占地予以严格限制，耕地面积减少的速度有所下降，并开始趋向稳定。耕地减少，人口猛增，导致人均耕地逐年减少，由1949的人均0.225公顷（3.37亩）减少到1990年的0.078公顷（1.17亩），人均减少了0.147公顷。1991年—2001年，推进土地整理复垦开发、库区造地、旧村改造、基本农田保护等各项相关工作，耕地面积减少的趋势终止，耕地面积增长的基础逐渐牢固。至2002年，全县耕地面积恢复到97459公顷。2010年，全县耕地107843.04公顷，占土地总面积的62.6%。人均占有耕地0.084公顷。人均占有耕地最多的是矿坑镇，为0.151公顷，最少的是卞庄街道，为0.05公顷。各乡镇的耕地面积悬殊很大，最多的是卞庄街道，为11194.06公顷；最少的是庄坞镇，仅有2139.5公顷。各乡镇土地垦殖率悬殊也很大，最高的是长城镇，为73.52%；最低的是鲁城镇，为44.05%。北部山区乡镇土地垦殖系数低于南部的平原乡镇，兰陵、南桥、长城、三合、层山、兴明等平原乡镇垦殖率均在70%以上，下村、鲁城、矿坑、尚岩等山区乡镇在40%～60%之间。

1949年—2010年苍山县部分年份耕地面积情况

表7—1　　单位：公顷

年　份	耕地面积	人均耕地面积	年　份	耕地面积	人均耕地面积
1949	106180	0.225	1981	88360	0.096
1954	112693	0.214	1982	88227	0.094
1960	98893	0.167	1983	88233	0.093
1965	97333	0.143	1984	87933	0.092
1970	93947	0.120	1985	87333	0.090
1976	90760	0.104	1986	86227	0.088
1978	89200	0.100	1987	85713	0.087
1979	88800	0.099	1988	85147	0.085
1980	88500	0.098	1989	84753	0.084

续表 7—1

年　份	耕地面积	人均耕地面积	年　份	耕地面积	人均耕地面积
1990	84673	0.778	2001	82820	0.071
1991	84520	0.077	2002	97459	0.083
1992	84275	0.076	2003	96883	0.082
1993	84113	0.076	2004	95980	0.081
1994	83974	0.076	2005	94580	0.080
1995	83741	0.075	2006	92050	0.077
1996	83609	0.075	2007	91948	0.077
1997	83405	0.074	2008	111469.9	0.092
1998	83117	0.073	2009	112617.79	0.092
1999	83004	0.073	2010	107843.04	0.084
2000	82897	0.071			

耕地坡度

全县耕地坡度在 2° 以下的 9.34 万公顷，占耕地总面积 82.7%，主要分布在中、南部冲积平原和低平洼地。土层深厚，土壤保肥、保水能力强，地下水源比较丰富，是重要的粮食生产基地。坡度在 2° ～ 6° 之间的耕地分布在低丘、缓岗及河沟各地两侧，计 1.66 万公顷，占耕地总面积的 14.6%，土层较深厚，土质较好，是重要经济作物区。坡度在 6° ～ 15° 之间的耕地有 2918.2 公顷，占耕地总面积的 2.6%，分布在山丘中部，土层比较浅薄，保水、保肥能力较差，水土易流失，农业生产无保障。坡度在 15° ～ 25° 之间的耕地为 167.97 公顷，占 0.1%。分布在山丘上部，肥力差，水土流失严重，农作物产量低下。大于 25° 坡的耕地数量很少，约 1.41 公顷，分布于山区上部陡峭部位，土质差，无农用价值。

第二节　种植业结构

1949 年，苍山县农作物种植总面积 149013 公顷，其中粮食作物 138433 公顷，经济作物（包括蔬菜）种植面积 10580 公顷。1985 年，全县农作物种植总面积 142946.7 公顷，其中粮食种植面积 1205267 公顷，经济作物种植面积 11713 公顷。1996 年，全县农作物种植总面积 155440 公顷，其中粮食种植面积 118020 公顷，经济作物种植面积 37420 公顷，粮食作物种植面积比 1949 年下降 14.8%，经济作物种植面积是 1949 年的 3.54 倍。2010 年，全县农作物种植总面积 167888 公顷，其中粮食作物种植面积 105737 公顷，经济作物种植面积 62152 公顷。经济作物种植面积是 1949 年的 5.87 倍，是 1996 年的 1.66 倍。种植业总产值 56.99 亿元，

图 7—2　向城镇五万亩优质蔬菜示范区　（2010 年摄）

其中粮食作物产值14.11亿元，经济作物产值42.88亿元。经济作物产值是1997年的2.51倍。

第三节 粮食作物

小麦

小麦为苍山县的主要粮食作物之一，分布全县，以南部平原为重点产区。1949年，全县种植5.1万公顷，占粮田总面积的40%左右，总产3.6万吨，一般亩产35～45千克。1949年至20世纪50年代末，全县小麦种植面积总体维持在5.7万公顷左右，亩产提高到60千克，总产增加到5万吨。1956年产量最高，全县小麦种植6.56万公顷，总产6.05万吨。60年代初至70年代中期，全县小麦种植面积减少。1962年，总产一度降至2.6万吨，之后逐渐回升到4万吨上下。1975年，小麦种植面积降至3.51万公顷。亩产增至90千克上下。70年代末至80年代中期，全县小麦种植面积由4万公顷增加到5.4万顷，亩产增至200千克左右。1985年，全县小麦亩产238千克，总产达19.5万吨。20世纪80年代中期至2010年，全县小麦常年种植面积为5万公顷，亩产由1986年的240千克增长到2010年的414.8千克，总产由1986年的19.7万吨增长到2010年的30.3万吨。

图7—3 小麦 （1999年摄）

玉米

建国初期，县内种植面积少，产量低。1949年，全县玉米种植为217公顷，亩产180千克。1956年、1958年种植面积达到1.4万公顷，但单产低而不稳，亩产分别为112.5千克、65.5千克。1956年，总产2.5万吨，为建国后7年间最高产量。1959年，降为9155.8公顷，亩产84.5千克。20世纪60年代前，多为春玉米；70年代后，扩大复种指数，大田种植多为夏玉米。1960年—1974年，稳定在2000～4400公顷之间，亩产为55～156千克。1975年，玉米单交种、三交种应用于生产，种植面积上升至4914.7公顷，亩产168千克。1976年，玉米种植面积扩大到1.28万公顷，亩产183.5千克。1980年，大力推广玉米杂交种，种植面积1.46万公顷，亩产202千克。1984年，全县玉米种植面积2.46万公顷，亩产350.5千克。此后面积逐年增加，种植面积稳定在3.6万公顷，亩产稳定在325千克左右。1996年，全县种植玉米品种8个，主要分布在南部平原。2002年，全县玉米种植面积38321公顷，总产188111吨，亩产327千克。2004年后，每年种植4万公顷上下，亩产和总产呈现出稳定增长趋势，2010年，全县玉米种植42235.8公顷，总产27.3万吨，亩产430.3千克。

图7—4 玉米 （1999年摄）

地瓜

1949年，全县地瓜种植9400公顷，亩产鲜瓜152千克。至1955年前，生产比较平稳，种植约1万公顷，亩产稳定在160千克左右。

1958年，县内大面积推广种植地瓜，增加到3.04万公顷。1960年，在“一粗一细”的号召下，种植面积猛增到3.83万公顷，地瓜成为城乡人民的主要食品。20世纪50—70年代，地瓜是当地农民的主食之一，全县各地均大面积种植。80年代以后，主要分布在县内北部丘陵山区，南部平原有零星种植。1976年，种植面积开始回落，亩产鲜瓜迅速提高到244.5千克。1985年，种植面积降至2.1万公顷，亩产鲜瓜389千克。90年代，种植面积约1.5万公顷，亩产鲜瓜约500千克。1996年，全县种植地瓜共10个品种。2000年后，亩产较为稳定，多在500千克以上，而种植面积和总产逐年下降。2010年，全县地瓜种植面积5253.8公顷，总产39709吨，亩产503.9千克。

水稻

县内水稻种植为春季稻。20世纪50年代以前，水稻面积较小，常年在233.4～1066.7公顷之间，亩产10.5～98.5千克。1958年，全县水稻种植面积增加到4641公顷。1964年达到7112公顷，1965年近1万公顷，1967年继续增加到1.4万公顷，亩产150千克左右。因受水、肥限制，此后种植量逐渐减少。20世纪70年代以后扩大复种指数，夏季稻比重有所增加。主要分布于县境南部。1988年，全县水稻种植面积只有46.7公顷。1989年，县内进行中、低产田开发，推广水稻“三旱”栽培技术，面积增至1000公顷。90年代，种植面积波动较大，由1991年的3975公顷降至1994年的425公顷。由于实施稻改，1999年复又增至5000公顷以上。亩产多在400千克以上。2000年以后，亩产逐渐提高至500千克上下，而种植面积逐渐减少。2010年，全县水稻种植面积种植1043.47公顷，总产7895吨，亩产504.4千克。

图7—5　水稻　（1999年摄）

大豆

大田种植以夏大豆为主，常与玉米、棉花、芝麻等高秸秆作物间作。20世纪50年代中期以前，全县大面积种植大豆，常年稳定在4万公顷左右，亩产约50千克。分布全县，共有7个品种。1957年后逐渐减少，至1983年只有5800余公顷。90年代，常年种植面积5000～8000公顷，亩产约100千克，抗涝的“小滑皮”、早熟的“七月芒”品种面临绝迹的境地。2000年以后，种植面积约7000公顷，总产和亩产稳步提高，总产由2000年的13584吨提高至2010年的19340吨，亩产由2000年的120千克提高至2010年的170千克。2010年，全县大豆种植7585公顷，总产19340吨，亩产170千克。

高粱

县内种植主要为春高粱。高粱的产量虽然较低，但其秸秆的利用价值较高，至2010年，仍有小规模种植。新中国成立前后，常年种植面积约4万公顷，亩产30～76千克。1956年后，逐渐减少，由1956年的1.76万公顷降至1989年的1866公顷。到1999年全县仅有277公顷。2000年后，种植面积约250公顷，亩产约200千克。2010年，全县高粱种植面积种植217.4公顷，总产762.9吨，亩产234千克。

谷子

新中国成立前后，全县种植面积约7000公顷，亩产100千克左右，分布全县。1957年后逐渐减少。20世纪60年代降至4000公顷，70、80年代降至3000公顷。90年代，继续降至

1000公顷，亩产在155～385.5千克之间波动。2000年后，种植面积继续缩小，在273～463公顷之间波动，亩产稳定在200～260千克。2010年，全县谷子种植面积424.2公顷，总产1621吨，亩产254.7千克。

杂粮

夏季杂粮主要有大麦和大、小豌豆。1949年前，大麦种植面积较大。1949年后，因其产量低、粮质差，逐步减少。1996年已近绝迹。至2002年，约有18公顷，总产38吨，亩产141千克。大、小豌豆的种植主要是麦田间作，不单计产量，20世纪80年代前种植较为广泛，90年代至2010年，仅有零星种植，未作统计。

秋季杂粮主要有绿豆、豇豆、红小豆、爬豆、稷子、黍子、荞麦等。1949年前后，县内常年种植面积4000公顷，平均亩产50千克。20世纪50年代后，逐渐减少。90年代，秋季杂粮主要有绿豆、豇豆、红小豆、稷子、黍子、荞麦等常年种植面积约3400公顷，且多为零星种植，亩产100千克左右。2002年，绿豆种植面积144公顷，总产226吨，亩产105千克；红小豆种植面积55公顷，总产67吨，亩产81千克。2010年，绿豆种植面积158.6公顷，总产316吨，亩产132.7千克；红小豆种植面积30.6公顷，总产57吨，亩产123.7千克。

第四节　经济作物

花生

花生是县内主要油料作物。以北部山区为主产区，多为春花生；南部的砂礓黑土亦有较大面积的种植，多为夏花生。1949年，全县花生种植3420公顷，亩产77千克。1950年—1959年，种植面积常年稳定在3000公顷左右。三年困难时期（1959年—1961年），因片面强调粮食生产，县内花生种植面积锐减，1960年仅种植576公顷。之后，面积与单产逐渐提高。20世纪60年代增至2000公顷，亩产50千克。80年代，种植面积增至5000公顷，亩产130千克；90年代增至6000公顷，亩产200千克，花生品种增至6个。1999年，种植面积达到7000公顷。2000年，种植面积达到9700公顷。2000年后，种植面积稳定在1万～1.5万公顷，亩产260千克左右。2010年，全县花生种植面积11697.6公顷，总产48555吨，亩产276.7千克。

油菜

20世纪70年代，县内出现油菜与小麦间作种植。1981年，全县油菜种植2080公顷，亩产油菜籽15.7千克。1982年后减少，仅有零星种植。20世纪90年代，全县油菜种植面积不足340公顷，亩产50千克。2000年后，全县油菜种植面积200公顷，亩产达到100千克以上。2010年，全县油菜种植面积227公顷，总产352吨，亩产103.3千克。

芝麻

一般在田间地头零星种植。1949年—1955年，年种植面积400公顷上下，亩产在40～47千克。1956年—1979年波动较大，年种植面积113～471公顷，亩产6～44.5千克。20世纪80年代，种植面积160～538公顷，亩产稳定增长，多在50千克以上，1987年达到69千克。1990年后，全县芝麻种植面积逐渐减少，由1990年的260公顷递减至2010年的10.5公顷。2010年，全县芝麻种植面积10.5公顷，总产17吨，亩产106.7千克。

棉花

棉花是南部平原地区的主要经济作物。1949年，全县种植面积2632公顷，总产皮棉375吨。20世纪50年代前期种植面积在2000公顷上下，1950年—1953年总产稳定在400吨以上，亩产10千克。之后呈下降趋势。1959年—1965年，种植面积在800～1500公顷之间波动。1966年—1971年，种植面积2000公顷，亩产25千克。20世纪70年代，调整农作物种植结构，棉花生产发展加快。1975年，种植面积扩至5300公顷。1978年，种植面积增至8100公顷。1983年增至8700公顷，亩产46.5千克，总产6060吨。1984年起，棉花亩产50千克以上。1984年—1996年，种植面积3000～7000公顷。1991年，种植面积7200公顷，亩产57千克，总产6123吨，为历史最高产量。棉花品种增至6个。1997年—2010年，种植面积持续减少，由2600公顷降至1000公顷。2004年起，亩产稳定在70千克以上。2010年，全县棉花种植面积1049公顷，总产1352吨，亩产85.9千克。

麻类

县内主要有大麻、苘麻和红麻3种，供农民自己生产、生活用，产量低而不稳。1949年—1958年，种植面积稳定在1000公顷左右，亩产由1949年33千克逐渐增至80千克以上，1958年达到134千克。1959年—1981年，麻类种植面积400～1000公顷，亩产较低，为35千克。1985年，全县麻类总产2120吨，为历史最高点。1992年种植35公顷，总产115吨，亩均产217千克。1982年—2002年，种植面积迅速下降，由1982年的387公顷降至2002年的7公顷。2002年，全县种植面积7公顷，总产5吨，亩均产48千克。之后，逐渐无法统计。

茶叶

1973年，在仲村公社石坑大队试种20.7公顷茶园。1976年，茶园面积发展到流井、车辋、下村、鲁城、大炉、贾庄、层山等公社32个大队，种茶233.4公顷。1977年5月，县政府召开专业种茶会议，会后到浙江省茶叶研究所、龙井大队、东方红茶场等参观学习，之后在仲村公社十八岭掀起大种茶园的高潮，全县共建茶场8处。1978年，县副食品公司收购自产茶叶25吨。1980年，茶园亩收入6000余元。后因经济效益不高，县内茶园逐步被毁。至20世纪90年代末，茶园已所剩不多，产量逐渐减少。2010年，全县茶叶产量仅2.05吨。

烟草

苍山县引种烟草的具体时间无法考证。1972年前，种植的烟草大都是晒烟，面积不大、零星分布，以车辋乡牡丹池、白屋村等出产的“绺子烟”较有名气。1973年，从潍坊引种烤烟20公顷。1974年、1975年，烤烟面积稳定在34公顷。1976年，由于烟叶短缺，提倡种植“爱国烟”，面积扩至1066.7公顷，品种以“千斤黄”为主。1977年，发展到1334公顷，分布在仲村、沂堂、车辋、贾庄、尚岩、兰陵、向城、长城、卞庄9个公社。1978年实行土地联产承包责任制后，因粮烟比价不合理等原因，面积继续下滑至200公顷。1984年—1985年，种烟效益较好，面积恢复为334公顷。1986年—1987年，面积降到133.4公顷。1988年，烟价上涨，烟草供应紧张，引种“中烟14”，面积恢复到400公顷。1989年，烟叶获得丰收，收购量没有增加，烟农利益受损，再次挫伤种烟积极性。1993年，实行农民自愿种植，烟草面积降到27公顷，落入历史低谷。1996年，推广种植NC82、NC89等主料烟品种，并出台优惠政策，实行价外补贴，种植面积回升到134公顷。1997年，种植烤烟333.4公顷。2009年，种植烤烟1614.47公顷，为面积最大的年份。2010年，种植烤烟800公顷。

1949年—2010年苍山县农作物产量情况　（一）

表7—2

年份	小麦		稻谷		谷子		玉米		高粱		地瓜		杂粮	
	单产（千克）	总产（吨）	单产（千克）	总产（吨）	单产（千克）	总产（吨）	单产（千克）	总产（吨）	单产（千克）	总产（吨）	单产（千克）	总产（吨）	单产（千克）	总产（吨）
1949	47.5	36340	60	210	100	11200	180	585	72.5	36265	152	21430	60	3810
1950	52.5	42290	55	225	95	9170	110	595	65	33475	162	20250	49.5	2975
1951	55	46310	67.5	185	105	10240	140	770	76	39725	166	23570	59.5	3645
1952	60.5	53480	60	280	91	8640	138	855	70.5	36960	164.5	23880	40	2330
1953	39.5	34195	100	540	73.5	6570	92	510	64	33350	121	17610	35.5	2285
1954	63.5	54465	86	860	117.5	10545	136.5	2865	56.5	28845	161.5	24110	54.5	3035
1955	55	47590	98.5	1150	120	10005	132.5	11880	68.5	31100	152	22880	59	41100
1956	61.5	60480	105	1660	89	8645	112.5	24930	28.5	7515	159.5	33620	49	2225
1957	67	56900	35	550	68.5	6405	96.5	14435	42.5	11035	75.5	16190	22	2885
1958	51.5	44195	77.5	5395	83.5	6210	65.5	14280	60	8540	138	62995	53	2480
1959	66.5	47505	43	1425	91.5	8535	84.5	11605	62.5	14815	103	30290	33	2955
1960	63.5	53420	29.5	90	63.5	2825	55	3465	41.5	4275	80.5	46175	23	2425
1961	46.5	31925	55	165	81	4665	106.5	5530	52	9225	149	62595	32	1830
1962	49.5	26895	51	180	89	5175	115.5	5270	59	12085	140	59435	27	1285
1963	48.5	28420	98	890	63	4530	71	3150	24.5	5925	71.5	32155	15	765

续表 7—2

年份	小麦		稻谷		谷子		玉米		高粱		地瓜		杂粮	
	单产（千克）	总产（吨）	单产（千克）	总产（吨）	单产（千克）	总产（吨）	单产（千克）	总产（吨）	单产（千克）	总产（吨）	单产（千克）	总产（吨）	单产（千克）	总产（吨）
1964	47.5	28600	146	15575	100	6380	103	4535	60	9055	191.5	89000	59	1865
1965	61	39570	138.5	20555	76	4335	100.5	4435	55.5	6655	121	58430	46.5	2085
1966	76.5	37575	177.5	23155	115	6780	130	8465	102.5	19550	137	58910	68.5	2460
1967	65	38075	166	35050	109.5	6475	103.5	5385	82.5	19805	173.5	77045	58.5	2985
1968	74	46050	207.5	10205	114	7775	110	4300	82	14615	192.5	97060	52.5	2430
1969	52	30095	148.5	6770	103	7630	101.5	3365	59	9610	168	84680	43.5	1705
1970	61	33600	160.5	8010	92	8265	119	4405	52.5	8545	164	77305	42.5	1485
1971	82	46865	180	19705	103.5	6985	135	7810	57	8225	165.5	69550	67.5	2370
1972	86	49150	169.5	15445	96.5	5005	143.5	8205	86.5	12560	180	95050	66	1790
1973	89	48285	212.5	8855	107	4500	156	7545	101	16155	193.5	107655	74	1760
1974	93.5	53500	180	4560	92.5	3915	126	6830	62	5805	152	82905	59	1290
1975	86.5	45480	211.5	3295	128.5	5175	168	12385	93	8285	231.5	111825	78	1565
1976	118	73870	256	4020	137.5	5580	183.5	35350	101	7015	244.5	114840	51	2950
1977	82	45115	250	2150	122	5350	161	27630	85	6080	186.5	93480	56	1780
1978	130	80230	294.5	4395	134	6500	192.5	29760	78	4885	236.5	117015	67	1235
1979	161.5	97205	252	5275	112	5650	175	36060	61.5	3560	223.5	108255	65	1000
1980	118	71930	239.5	4905	128	5320	202	44265	70	3905	275	122780	82.5	1500

续表 7—2

年份	小麦		稻谷		谷子		玉米		高粱		地瓜		杂粮	
	单产（千克）	总产（吨）	单产（千克）	总产（吨）	单产（千克）	总产（吨）	单产（千克）	总产（吨）	单产（千克）	总产（吨）	单产（千克）	总产（吨）	单产（千克）	总产（吨）
1981	119	72995	252	2370	161.5	6360	252.5	60070	93.5	4795	286.5	124930	63.5	2095
1982	140.5	93105	325	585	204	8235	270.5	85190	98	4030	403	166945	99.5	2050
1983	208.5	157410	378.5	1400	238	10545	331	116595	146	5590	482	197190	119.5	1995
1984	209.5	164085	325	1105	235.5	12565	350.5	129080	155	7215	545	202845	131.5	2945
1985	238	194625	242.5	170	205.5	11600	292.5	121390	140	7525	389	123195	110	2740
1986	240	196970	357	250	199	9025	304.5	133845	143.5	6160	405	130630	120.5	2765
1987	223	177620	300	210	206	7990	324	149880	149	6595	416	135580	122	2625
1988	236	203315	243	170	195	6180	320	156350	142	4985	198.5	62190	109	2845
1989	274	207090	405	5995	157	4680	317	167635	126.5	3540	287.5	79955	91	1980
1990	227	202650	413	13045	176	5205	244	128470	223	5425	371	101620	98	1690
1991	218	189710	341	20330	172	4445	316	159505	204	4355	392	93880	112	1835
1992	277	238520	436	13165	203	39110	337	159245	134	2745	436	101195	118	4775
1993	248	202380	470	5420	155	3025	314	161985	174	2555	413	92410	106	755
1994	296	243250	451	2875	280.5	3835	328.5	188460	165	2160	466.5	99240	54.5	4290
1995	319	263495	459.5	3215	385.5	4545	340.5	207790	190	1675	480.5	98150	139	595
1996	367.5	285204	510	8966	244.5	2636	345.5	212167	201	1656	565.5	107679	—	—

续表 7—2

年份	小麦		稻谷		谷子		玉米		高粱		地瓜		杂粮	
	单产（千克）	总产（吨）	单产（千克）	总产（吨）	单产（千克）	总产（吨）	单产（千克）	总产（吨）	单产（千克）	总产（吨）	单产（千克）	总产（吨）	单产（千克）	总产（吨）
1997	355.5	297996	481	10947	221	2118	241	146563	156.5	947	489	85589	—	—
1998	238.5	195420	458	9173	239	1817	315.5	197023	167	726	506.5	73615	—	—
1999	319	253824	470	35488	242	1831	332	203755	176	732	506	72573	—	—
2000	231	189889	477.5	5551	257	1701	324.5	204709	188.5	667	521.5	72209	—	—
2001	239	184247	479	24036	255	1770	337	211442	204	670	521	70965	—	—
2002	218	154296	443	29452	207	1414	327	188111	171	740	455	63478	—	—
2003	286	188107	486	2856	213	1316	325	195520	177	698	505	64860	—	—
2004	336	205027	498	17370	201	1167	368	208159	186	617	507	65967	—	—
2005	352	248019	500	10363	200	1050	351	205946	253	908	502	60738	—	—
2006	377	262594	501	8399	210	893	392	236891	243	1282	496	54336	—	—
2007	378	263043	503	7847	210	1077	368	229902	241	897	502	52514	—	—
2008	400	290219	505.5	7817	208.3	852	401.8	251940	252.1	737	505.1	48444	—	—
2009	408	310450	499.1	8236	215.9	1102	432.4	276099	220.4	708	509.7	41526	—	—
2010	414.8	303425	504.4	9395	254.7	1621	430.3	272638	234	763	503.9	39709	—	—

1949—2010年苍山县农作物产量情况 （二）

表7—3

年份	花生		棉花		大豆		烟		芝麻		麻类	
	单产（千克）	总产（吨）	单产（千克）	总产（吨）	单产（千克）	总产（吨）	单产（千克）	总产（吨）	单产（千克）	总产（吨）	单产（千克）	总产（吨）
1949	77	3950	9.5	375	45	21825	75	300	47	305.5	33	589.5
1950	91	4150	12.5	505	47.5	23890	86	385	45	276	34.5	645
1951	113	5995	10.5	425	57.5	32025	93	390	42.5	255	44.5	691.5
1952	97	4623	10.5	464	59.5	37525	89.5	380	41	235	73.5	1128
1953	78.5	3940	11.5	436	40.5	25075	93.5	500	41	250	84	1423
1954	97.5	4297	12	337.5	50	32120	65	449.5	42.5	240	87.5	1300
1955	83.5	4936	11.5	347.5	72.5	43345	72.5	547	40	240.5	100	1404
1956	86.5	5330	9.5	325	62.5	39925	59	412	31.5	168	89	1297.5
1957	25.5	1303.5	3.5	85.5	29	19220	31	191	6	19	76	1054
1958	77.5	3435	1	169	38	18495	62.5	478.5	30	104	134	1979
1959	55	1016	7.5	139.5	68.5	33845	47	137	35	157.5	129	1124
1960	37.5	324	7	99	28.5	10895	36.5	37.5	15	49.5	16	100
1961	61	966	5.5	66.5	53	27400	64	83	32	67.5	43	270
1962	50	1479.5	7.5	158.5	44	21950	59	169	23	57	48	450.5
1963	32	968.5	1.5	34.5	11	4785	17	66	10	17	34	300.5
1964	60	1650	11.5	155	53	24260	48.5	96	0	0	39	285

272

续表 7—3

年份	花生		棉花		大豆		烟		芝麻		麻类	
	单产（千克）	总产（吨）	单产（千克）	总产（吨）	单产（千克）	总产（吨）	单产（千克）	总产（吨）	单产（千克）	总产（吨）	单产（千克）	总产（吨）
1965	44.5	1280	33	415	35.5	15425	33.5	67	29	205	29	205
1966	58	2188.5	20.5	578.5	67.5	26855	60.5	127.5	37.5	124	34	304.5
1967	70.5	2958.5	24	733.5	59.5	25310	50	80	42.5	216	34.5	318.5
1968	69.5	2585	30.5	927	56.5	22860	55	236.5	34.5	199	36	390
1969	34.5	1119	25.5	746.5	52.5	22285	60	120	35	70	35.5	379.5
1970	80.5	1354.5	25.5	846.5	53	19740	44.5	221.5	24	121	35	313
1971	57.5	1620	20	549	58.5	21755	72	223.5	22	82	36.5	292.5
1972	81	2565	19.5	495	50.5	16490	68.5	235	20.5	45	35.5	280
1973	68.5	3319	23	1222.5	61	19535	75	297.5	30.5	64.5	36.5	304
1974	59	4540	15	1172	46	16475	36	133.5	43.5	135	33.5	496
1975	69.5	6447	16.5	1309	62.5	19765.5	69.5	362	27	126.5	42.5	707.5
1976	69.5	3340	15.5	1257	73	19486	28	997.25	44.5	164.45	26	707.5
1977	58	2745	12	1205	56.5	13970	28	997.25	24.5	65	26	707.5
1978	94	2350	12	1460	33	8860	69.5	945	24.5	95	50	555
1979	85	3115	10.5	690	47	9570	73	820	24	160	149.5	940
1980	116	5755	33	2590	66	13215	116.5	815	25	185	178.5	1240

续表 7—3

年份	花生		棉花		大豆		烟		芝麻		麻类	
	单产（千克）	总产（吨）	单产（千克）	总产（吨）	单产（千克）	总产（吨）	单产（千克）	总产（吨）	单产（千克）	总产（吨）	单产（千克）	总产（吨）
1981	108	9680	40.5	3295	61.5	11250	117	690	45.5	150	74	620
1982	120	12070	45.5	5035	27.5	3635	137.5	810	42.5	110	93	540
1983	138.5	9935	46.5	6060	100	8795	151	740	59.5	215	88.5	275
1984	129.5	7515	53.5	5995	84.5	7985	148	665	59.5	480	85.5	240
1985	159.5	13125	50.5	2795	101.5	11845	161.5	1105	56.5	440	178.5	2120
1986	156	11985	50	2165	108	13135	150	420	60.5	380	108	475
1987	174	14076.5	53	2530	105	12600	158	725	69	340	103	330
1988	136	11138.5	56	3628.8	99	11276	128	1085	67	174	114	205.2
1989	108	9305	50.5	2725	89.5	8990	113.5	955	54	130	71	107
1990	181	14714	47	3528	71	6625	122	285.5	50	194	100	400
1991	212	18185	57	6123	102	8058	102	901	88	327	158	63
1992	167	15634	53	5726	128	13262	113	700	81	339	217	115
1993	197	17865	43	2862	92	10242	173	449	75	231	135	69
1994	236	20677	50	2500	61.5	7336	137.5	574	58	124	122.5	57
1995	252	23168	65	4791	140	11278	152.5	151	119	100	119.5	61
1996	221.5	18178	69	4058	148	13813	142	298	121.5	104	227.5	116

续表 7—3

年份	花生		棉花		大豆		烟		芝麻		麻类	
	单产（千克）	总产（吨）	单产（千克）	总产（吨）	单产（千克）	总产（吨）	单产（千克）	总产（吨）	单产（千克）	总产（吨）	单产（千克）	总产（吨）
1997	229	20504	65.5	2608	145.5	17892	156	688	111.5	209	214.5	74
1998	216.5	21241	53	1608	128.5	14258	129	763	118	145	159.5	55
1999	218	23013	57	1166	127	12911	146	704	94	124	94	65
2000	227.5	33100	61.5	1307	120	13584	139.5	941	101.5	116	79	38
2001	247	37587	96	1849	121	12835	148	674	107	96	81	33
2002	202	33725	71	1288	150	15421	169	516	85	93	48	5
2003	251	48253	67	1141	152	16357	170	992	98	111	—	—
2004	274	61535	70	1552	156	17089	167	1134	98	109	—	—
2005	271	60404	74	1274	162	17952	164	891	133	56	—	—
2006	273	58120	70	1126	174	19539	166	1547	122	79	—	—
2007	255	55561	70	989	162	17727	167	1583	124	83	—	—
2008	272.4	60696	72.6	1258	164	18100	165.1	2909	116.4	64	—	—
2009	287.5	60612	84.8	1617	158.3	19325	154.1	3536	123.2	85	—	—
2010	276.7	48555	85.9	1352	170	19340	148.5	2172	106.7	17	—	—

1978 年—2010 年苍山县农作物产量情况　（三）

表 7—4　　　　　　　　　　　　　　　　　　　　单位：万吨

年份	粮食总产量	油料产量	年份	粮食总产量	油料产量
1978	25.58	0.26	1995	59.29	2.35
1979	27.02	0.35	1996	63.29	1.91
1980	27.06	0.78	1997	56.36	2.1
1981	28.59	0.1	1998	49.13	2.16
1982	36.43	1.22	1999	58.3	2.33
1983	50.01	1.02	2000	49	3.34
1984	52.78	0.8	2001	50.64	3.8
1985	47.44	1.36	2002	45.32	3.45
1986	49.39	1.24	2003	47.01	4.89
1987	49.52	1.45	2004	54.54	6.09
1988	50.32	1.13	2005	51.58	6.21
1989	46.97	0.94	2006	58.43	5.87
1990	46.47	1.49	2007	57.33	5.6
1991	48.21	1.85	2008	61.84	6.11
1992	50.72	1.54	2009	65.77	6.13
1993	48.02	1.81	2010	64.63	4.91
1994	55.31	2.11			

第五节　肥　料

有机肥料

县内有机肥源丰富，类种繁多。农民传统种地施肥主要分为人畜粪尿、秸秆、饼肥、草木灰、泥土、绿肥、泥炭、糟渣 8 类。除草木灰外，一般不直接施用，需经沤制、发酵、腐熟后施用。人粪尿类除冬季可直接施用外，大多晒成大粪干或粪中掺土，堆面、封泥、发酵后捣碎施用。猪粪以圈内积肥为主，圈内加入碎草和土，混合沤造。牛、马、驴等大牲畜粪便多为圈外积肥，粪土混合，层层堆积，堆面封泥发酵腐熟。秸秆类肥料以地上堆造为主，也可用坑塘、路沟，在高温多雨季节沤制。泥土类肥料在曝晒风干。捣碎压细后施用。有机肥料多做基肥，结合耕翻进行沟施或撒施。20 世纪 60 年代，曾发展过绿肥，在卞庄等地进行稻田苕子压青肥田试验、粮肥间作示范，但未能得到推广应用。1987 年，推广秸秆还田，每年直接还田面积 4.7 万公顷，其中小麦留茬 3.4 万公顷，麦秸盖田 1.3 万公顷。1987 年—1993 年，在三合乡进行千亩秸秆还田、培肥地力开发试验，土壤有机质增加0.1%～0.14%，土壤速效氮、磷、钾含量都有增加。至2010年，随着养殖专业户的增加，鸡、鸭等养殖大户的有机肥料进入市场，用于大棚菜的施肥。

化学肥料

1953年，县内开始，施用化学肥料，只有硫酸铵1种；1970年，苍山县化肥厂投产后，农田施用主要为氨水，供县内各生产队使用。中共十一届三中全会后，农村实行家庭联产承包责任制，各农户开始施用碳酸氢铵、复合肥、磷酸二铵等。2010年，县内化学肥料的施用品种有氮肥、磷肥、钾肥、复合肥、微肥、叶面肥6大类，近百个品种。主要品种有碳酸氢铵、硫酸铵、氯化铵、硝酸铵、硝酸钾、硝酸钙、硝酸钠、尿素、过磷酸钙、钙镁磷肥、三料磷肥、硫酸钾、氯化钾、磷酸一铵、二铵、磷酸二氢钾，各种国产或进口的品种主要有三元复合肥、复混肥以及硫酸锌、钼铵酸、硼砂、活性钙肥、菌肥、复合微肥、光合微肥、多元素微肥等。化学肥料一是作基肥，二是在作物生长期根据生长情况及需肥规律进行追肥，三是在生长期喷施于叶面，四是播种期与种子混合一起做种肥。

其他肥料

县内施用的有磷细菌肥、生物钾肥及小麦氮菌等。鲁城、尚岩等乡镇有贮量丰富的矿物肥料。主要是含磷风化石、海绿石和草炭土。含磷风化石中含有可溶磷酸盐，海绿石富含钾和钙等营养元素，草炭土含有大量的腐殖质和植物残体。

肥料施用

1949年—1969年，县内种地以有机肥为主，每亩施用量约1500千克左右，化肥施用量很少，土壤养分来源主要靠土杂肥。肥少、地薄、产量低。1970年，粮食亩产仅130千克。1970年—1978年，无机氮肥使用量大幅增加，平均亩施15千克。1978年，亩产达241千克。但由于氮素化肥的大量使用，导致氮、磷、钾比例失调，致使1979年—1981年粮食产量徘徊不前。1979年—1985年，通过土壤普查和田间试验，对磷肥有了一定的认识，增加了磷肥的使用量。1983年比1978年亩增施磷肥13千克，粮食产量明显提高。1983年，粮食单产524.7千克，比1978年亩增283.7千克。1982年全国第二次土壤普查，取得全县土壤类型、分布、面积、养分含量、障碍因素等资料。1984年，开展20万亩砂礓黑土低产田增施化学肥料、无机换有机肥效实验示范和5万亩大蒜配方施肥实验示范工作，并安排20多处以小麦、玉米、大蒜为对象的氮、磷、钾肥肥效试验。1986年—2000年，农作物产量逐年提高，原因是秸秆等有机物质直接还田量增加，提高土壤中有机质的含量，同时含有氮素、磷素、钾素的多元素复合肥料如磷酸二铵、进口三元复合肥和国产三元复合肥料普遍使用，施肥结构得到进一步的优化和调整。1989年，开展以土壤微量元素为主的分析调查，通过采样化验，摸清全县各类土壤中部分微量元素（锌、硼、钼）的含量和分布规律，开发研制出中微肥，适用于大蒜、小麦、地瓜、花生等作物。2001年—2010年，测土配方施肥技术发展迅速。随着肥料加工业的发展，出现了一些新型肥料品种，如有机无机复合（混）肥、商品有机肥、各种作物专用配方肥等。

第六节　农作物品种

小麦

1949年，主要种植白秃头、小红芒、薄地犟、叫蝈头等农家品种。1949年—1956年，推广徐州438。1956年，全县种植面积2.05万公顷，小麦亩产由1949年的47.5千克提高到1956年的61.5千克。1956年—1965年，推广碧玛1号、石家庄407号、黄县大粒米芒等。1965年，亩产76.5千克，比1956年亩增15千克。1966

年—1974年，推广北京8号、济南9号、济南2411等。1972年，亩产93.5千克，比1965年亩增17千克。1975年—1979年，推广泰山1号、泰山4号，年播种泰山1号3.93万公顷，占小麦总面积95%，亩产156.5千克，亩增63千克。1980年，推广济南13号，播种2.95万公顷，亩产208.5千克，比1979年平均亩增52千克。1992年，推广鲁麦14、鲁麦15、鲁麦21、54368（济核02号优系）、济核916，基本淘汰济南13号，良种占有率80%以上。1996年，推广鲁麦22、鲁麦23。1998年，推广烟优361。为推广小麦新品种，县政府安排实施小麦统一供种，1998年，麦种统供量达2650吨。1999年，引进济南17。2000年，引进烟辐188。2001年，引进烟农19、济麦19。2003年，引进潍麦8号。2004年，推广种植优质专用小麦品种济麦19、淄麦20、烟农19等。2005年，推广超高产小麦山农664。至2010年，未再引进新品种。

玉米

20世纪50年代，县内主要种植小粒红、大粒红、金皇后等，为农家品种改良利用时期。1964年—1970年，推广引进双跃3号、双跃150、新双1号等，亩产比原有品种增产10%以上。1971年—1975年，综合利用单高种、三交种，推广群单105、烟三6、烟三10等。1975年，种植群单105号6666.7公顷，比双跃3号增产20%以上。1976年—1980年，推广鲁原单4号、丹玉6号等。1980年，种植丹玉6号面积7466.7公顷，鲁原单4号4353公顷、中三交3200公顷，较好解决了玉米病害问题，亩产215千克，增产14.8%。1980年后，推广聊玉5号、烟单14、掖单2号等。其中，掖单2号增产潜力大，适用麦田套种。1983年，玉米亩产331千克，比1980年增长53.8%。1990年后，推广掖单13、西玉3号等，其株型紧凑，产量高，适于套种。掖单13号最高亩产519.5千克。1997年，引进登海1号，并试种成功。1998年，引进鲁单50、豫玉22。1999年，进行6666.7公顷玉米品种9312（登海）高产开发，并对高产开发区所需种子进行统一供应，供应种子250多吨。2000年，引进鲁单981、五岳206、农大108。2001年，引进登海9号。至2010年，未再引进新品种。

地瓜

1950年前，县内主要种植长秧地瓜，筋多。1950年—1965年，推广胜利百号大地瓜，并在此后20年里成为当家品种。1976年，推广莒薯2号、徐薯18等抗烂根病品种。1983年，徐薯18种植面积占地瓜总面积的95%。1992年，推广脱毒地瓜徐薯18、鲁薯7号，春鲜薯亩产2233千克，薯干亩产748千克。2003年，引进富硒甘薯18号，在卞庄镇代村试种。至2010年，未再引进新品种。

大豆、谷子、高粱、大麦、水稻

大豆种植先后推广白花糙、蓝花糙、小滑皮、平枯黄、小铁荚、茶豆、黑豆、七月芒、齐黄1号、向阳1号、跃进5号、文峰7号、莒选23等。谷子推广竹叶青、黄毛谷、齐头白、绳子头、鲁谷1号、鲁谷3号、鲁4号、豫谷1号、铁谷1号等。高粱推广一支笔、瞎八斗、黄柳子、黑柳子、漓江高粱、红秸高粱、黎母鸡等。大麦有糙大麦、三月黄等。水稻有京行153、京行119、南粳15、农垦40、临稻4号、临稻5号、临稻291等。1999年，引进水稻豫粳6号。配合全县水稻开发，实施水稻统一供种，主要品种有豫粳6号、临稻4号、临稻5号等。2000年，引进临稻10号。至2010年，未再引进新品种。

棉花

1949年—2010年，县内棉花种植曾进行6次更新。1949年，种植当地小棉花。1952年—1960年，推广五爱斯字棉。1956年，种植2066.7公顷，占棉田总面积的90%以上。因推广新品种，1952年发生“拔棉事件”。1961年—1977年推广岱字棉15号，比原有品种增产15%

左右。1977 年—1983 年，推广鲁棉 1 号。1982 年，种植鲁棉 1 号 7393.3 公顷，亩产 45.5 千克，比 1977 年亩增 12 千克，增长 2.8 倍。1984 年—1989 年，推广鲁棉 6、鲁棉 9 号。因棉田连作，枯、黄、萎病发生面积逐年扩大，基本淘汰鲁棉 1 号。1991 年—1995 年，引进推广中棉 12、抗 86、中棉 19、鲁棉 11、中朵 028、泗棉 3 号等，适宜 1 年 2 熟或多熟，或蒜套棉、麦套棉品种。2004 年，引进示范抗虫棉新品种鲁棉研 15，并逐步成为抗虫棉的主推品种。至 2010 年，未再引进新品种。

花生

1957 年前，县内主要是爬蔓花生、大站秧、小粒红等农家品种。1957 年起，陆续引进半站秧、伏花生、反修 1 号、白沙 1016、徐州 68-4、徐系 1 号、临花 1 号、新城早、花 27、花 28、花 38、花 17、海花 1 号等。1996 年，主要种植品种有花 27、海花 1 号、花 17 等。2001 年，引进丰花 1 号。2003 年，引进抗病大花生丰花 3 号。2006 年，引进高硒黑色花生黑丰 1 号。至 2010 年，未再引进新品种。

西瓜、麻、芝麻

瓜类有西瓜、稍瓜、甜瓜等。20 世纪 80 年代，西瓜品种主要是柳条青、三白西瓜，90 年代引进新红宝、特大新红宝、金钟冠龙等，柳条青等农家品种逐渐绝迹。麻类主要有大麻、苘麻、红麻 3 个种类。芝麻有大八杈、黑芝麻等。至 2010 年，未再引进新品种。

第七节　耕作制度

作物熟制

新中国成立初期，苍山县内耕地以一年一作为主，部分耕地二年三作。主要轮作方式：春高粱或春地瓜，一年一作；有的实行小麦—大豆（花生）—春高粱（谷子）—小麦，二年三作。20 世纪 60 年代，出现小麦—地瓜一年二熟制，春花生（高粱、谷子）—小麦—地瓜二年三熟制，春花生（高粱、谷子）—小麦—夏地瓜、冬闲后再种玉米的三年四作制。20 世纪 60 年代中期，推广水稻，出现小麦—水稻或地瓜的一年二作制。70 年代中期，增加小麦—夏玉米的一年二熟制。80 年代后，农业内部结构围绕市场进行调整，经济作物尤其是大蒜、蔬菜种植面积扩大，全县范围内基本形成东蒜、西菜、南棉、北果的经济格局。县境南部淘汰二年三作的种植方式，固定为粮食作物的一年二熟制及蔬菜生产的一年多茬种植方式。1949 年，总复种指数为 140.34%，粮田复种指数 153.3%。1983 年，总复种指数 157.1%，粮田复种指数 179.3%。1996 年—2010 年，总复种指数达 211.3%，粮田复种指数 187.4%。

间作套种

1949 年前，耕作粗放，基本上没有间作套种的习惯；只有部分山区实行小面积的谷子、高粱间作，用高粱为谷子遮风；部分黑土洼湖实行小麦、豌豆间作，称“老虎洞”。20 世纪 50 年代后，间作套种陆续被广泛采用。20 世纪 80、90 年代至 2010 年，间作套种趋向普及，成为增加粮、棉、油产量的重要措施之一。间作套种的形式主要有小麦套种玉米，小麦套种大姜，小麦套种棉花，小麦同油菜、玉米间作套种，小麦、蔬菜、花生、玉米间作套种，大蒜套种玉米，小麦、西瓜间作套种，玉米、大豆同穴播种等。

图 7—6　机械化套种　（2010 年摄）

第八节　农作物保护

主要农作物病虫害

苍山县农作物常发性病虫害有蝗虫、黏虫、蝼蛄、蛴螬、金针虫、麦类黑粉病、线虫病、锈病、杂谷螟虫、禾谷类黑穗病、豆虫、大豆食心虫、地瓜黑斑病等30多种。常年发生面积5.4万公顷。

小麦病害　主要有锈病（叶锈、条锈、杆锈）、白粉病、根腐病、腥黑穗病（俗称乌麦）、土传花叶病、黄矮病、线虫病、纹枯病、散黑穗病等，其中以锈病、腥黑穗、白粉病危害最大。20世纪60年代以前，小麦黑穗病、散黑穗、秆黑粉、线虫病常年发病面积在6700公顷以上，病株率50%以上，严重地区晒麦场及周围地方都变成黑色，收获的麦粒虫瘿占20%以上，无法食用。20世纪50年代至60年代初，大力推广六氯代苯、赛力散、西力生等药剂拌种，用泥水选种等措施，加之频繁的品种更新，才得以控制。小麦锈病几乎年年都有发生，有“十年九疸”之说。发病的轻重除了菌源多少、气候因素外，品种的抗病性是锈病流行的基础条件。一个新的抗病品种一般可以维护5年不严重感染。20世纪60年代初，锈菌1号生理小种的出现，使大面积种植的碧玛1号等3个小麦品种丧失抗性，造成1960年—1964年锈病大流行，且逐年加重。1964年，发病面积3.13万公顷，占总面积的80%，平均亩产48.5千克，减产27%。1973年、1974年，锈病再次大流行。1980年，再次发病，病害面积2.7万公顷，占总面积的64.5%，减产20.5%。小麦白粉病随着水浇，特别是氮肥用量的增加，上升为主要病害。1980年后，每年发病6600多公顷。1990年，发病约1万公顷，严重的有4000公顷，减产2%以上。1997年，由于小麦生育后期雨水较多，小麦赤霉病中等发生，局部偏重，发生面积1万公顷。

小麦虫害　主要有麦蜘蛛、麦蚜、麦叶蜂、黏虫。小麦黏虫暴发在1963年、1977年。1977年，发生面积1.3万公顷，虫口密度达每平方米120头。1960年—1980年，小麦红蜘蛛每年发生面积为6600公顷以上，每0.3米垄长有虫100～200头。其中，1962年、1965年、1971年、1972年、1976年为重灾年。1962年，发生2.93万公顷，占总面积的81.5%，每0.3米垄长有虫200～400头，平均减产26%，兰陵、韩塘、长城等地共有3300多公顷绝产。20世纪80年代后，发生面积及虫口密度逐渐降低。小麦蚜虫在20世纪50、60年代为二叉蚜。1965年春，发生1万公顷，百株有蚜2000～4000头，减产30%。80年代，以长管蚜为主，常年发于小麦灌浆期，发生面积5300公顷以上，减产20%，多用有机磷农药喷洒治虫。90年代，黏虫的发生程度逐渐下降，麦蚜和红蜘蛛的危害则更为突出。1996年，麦田灰飞虱开始发生，并呈上升趋势。2006年，小麦吸浆虫在兰陵、南桥和长城等乡镇发生，全县共发生面积200公顷，发生程度平均3级，严重的达4～5级发生标准。发生地块小麦减产40%～60%，平均每亩减产小麦近250千克。

图7—7　机械化统防统治病虫害　（2010年摄）

玉米病虫害　主要是大斑病、小斑病、玉米螟。大、小斑病是20世纪80年代后玉米普遍发生的2种病害，掖单4号发病最严重，掖单2号、掖单13号次之。在玉米抽雄穗后，叶片先出现褐斑，病叶连片造成叶片干枯，影响光合作用，使粒重降低。主要靠推广抗菌品种进行防治。玉米螟年年发生，常年发生面积1.3万公顷，还危害谷子、高粱、棉花。幼虫蛀食茎秆和雌穗，造成干枯和秃穗，用有机磷颗粒剂灌芯，可控制危害。20世纪90年代末，玉米弯孢霉叶斑病开始发生，与大斑病、小斑病成为危害玉米叶的三大病害。1996年，玉米粗缩病开始发生，危害较重，重病地块可导致80%以上的减产，甚至绝产。2005年，玉米粗缩病在蒜套玉米田较重发生，发生面积7333公顷，占全县播种面积的18.6%，造成直接经济损失达270多万元，发生程度为中等偏重发生。

地瓜病虫害 主要有黑斑病、烂根病、茎线虫病、黑痣病、软腐病、蛴螬等。黑斑病为害最甚，烂根病、茎线虫病、蛴螬次之。黑斑病1937年从日本鹿儿岛传入辽宁省，后随胜利百号地瓜品种传入苍山县。种植地块都有轻重不同的发生，严重的地瓜病块率达30%～50%。在地瓜窖贮期，传播更快，造成烂窖。病块苦涩，对人、畜有毒。20世纪60年代后期，推广自留种、三级育苗、高剪苗等措施，病情有所减轻。烂根病在20世纪70年代初一度肆虐北部山区，年发病5000公顷，病株不结瓜。1976年更新品种后，烂根病基本得到控制。线虫病常年发生，患病瓜块糠心，状若牛肝，不能食用。20世纪80年代中、后期，推广甲基异硫磷、岩线灵防治，收效明显。蛴螬嚼食地瓜，使瓜块凸凹残缺，导致黑斑病等多种病菌侵染，栽秧时用农药可防治。1996年，二代甘薯天蛾在贾庄、车辋、矿坑、流井等北部乡镇发生为害，发生面积6667公顷，发生程度中等偏轻，局部中等发生。

棉花病虫害 1986年，棉花常发害虫有棉蚜、棉铃虫、红蜘蛛、金刚钻、盲蝽象、蓟马、小地老虎、棉大造桥虫等，蚜虫、棉铃虫危害最烈。常发病害19种，其中炭疽病、立枯病、红腐病、角斑病、疫病、黑果病发生最为普遍。新传入的检疫性病害有枯萎病、黄萎病，苗期病危害最大。主要以棉蚜及苗期防治为主，利用天敌、化学药剂综合分段治理。

蝗虫 南部涝洼地是飞蝗的发源地，在解放前多暴发成灾。在八大洼、大小湖子、田屯湖、糖稀湖、孤山湖等地设有治蝗观察员，与邻边县建立治蝗联防指挥部。每年春、夏、秋发动群众挖蝗卵、查蝗蝻，采用喷农药、撒毒饵、人工捕打灭蝗，根除了蝗虫的孳生环境。至1970年，飞蝗基本根除。

黏虫 在县内1年发生3代。第一代幼虫危害小麦。1959年—1982年，共发生受害小麦面积14.2万公顷。其中，1959年、1960年、1964年、1972年、1976年、1979年为中度发生，年发虫面积1万公顷，每平方米有虫21～36头；1963年、1967、1971、1977年为大发生，年发虫面积2万公顷，每平方米有虫43～57头。1963年，全县发生2万公顷，占总面积的57%，每平方米有虫40～60头。用飞机喷药防治5000公顷，人工喷药1万公顷，但仍有5000公顷被吃成花叶，3000多公顷吃成光杆，470公顷麦穗被咬掉30%。因黏虫危害，减收小麦5500吨。后期幼虫转移为害，吃光春播作物400公顷。20世纪80年代后，由于全国性监测和防治，其发生频率降低。

其他虫害 20世纪50年代，县内曾爆发过豆天蛾危害。60—70年代，发生过毒刺蛾危害。2000年，甜菜夜蛾普遍发生，危害严重，主要危害玉米、大豆、花生、棉花及多种蔬菜，发生面积5333公顷。美洲斑潜蝇中等偏重发生，受害作物一般减产10%～20%。丝瓜、芸豆、黄瓜、西红柿受害最重。发生面积5333公顷。2003年，烟粉虱普遍发生，主要危害蔬菜、大豆、棉花、花生等作物，全县发生面积6667公顷。2005年6月，大部乡镇出现大量菜粉蝶，为大程度发生；

但由于卵期遇高温，幼虫发生程度为中等偏轻发生。发生面积1000公顷。

鼠害　20世纪50年代后，因人口急剧增加和森林荒野栖息地相对减少，鼠害一度减少。后因老鼠的天敌减少和抗药性增强，鼠类密度急剧增加，盗取果实、扒食种苗，危害增大。1984年—2010年，全县每年统一进行1～2次大田投药灭鼠行动，取得成效。

病虫害防治

20世纪60年代前，病虫害发生后，只能靠人工捕打或用土药防治。60年代后，开展病虫害的预测、预报、检疫工作。

预测预报　1960年起，专业性病虫害预测预报，采用诱集法、物候法、田间调查法、数理统计法等，对主要农作物病虫害作出短、中、长期预报。从1964年起，建立病虫情报体系，对主要农作物病虫害进行调查记载，准确及时地反映全县发生及防治情况。全县建立起13个病虫测报点，定期交流情况。

植物检疫　全县分别在1964年、1965年、1971年、1975年、1995年进行了5次检疫大普查。查清了棉花黄萎病、枯萎病、小麦全蚀病等检疫对象的发生范围，对疫区采取综合防治措施，控制疫区的扩大和蔓延。

药物防治　20世纪50年代起，使用农药进行农作物病虫害的防治，主要农药有砷石、西力生、赛力散、石硫合剂等，防治面积很小。1952年起，使用有机氯3吨，防治面积600余公顷。20世纪60年代，化学农药广泛使用，农药剂增加了可湿性粉型和乳剂。1980年，推广高效、低残留农药，还积极推广生物防治技术，使用杀虫杆菌、7216、赤眼蜂防治玉米螟，用瓢虫防治棉蚜虫，用人工控卵、湿水浸种、泥水漂种、杨柳把诱蛾等物理防治病虫害办法，减少对农业环境的污染。2004年春，县植保站在深冬型大棚内进行黄板诱蚜物理防治试验、示范工作，每亩减少用药成本及人工费用200多元。同年3月，省电视台“乡村季风”栏目进行专题报道。2006年—2010年，实施农业有害生物预警与控制区域站建设项目，项目投资349万元，国家扶持300万元。病虫观测场共建日光温室1200平方米，养虫网室200平方米。项目建成后，全县农业有害生物长、中、短期预报准确率分别提高到85%、90%、95%以上，病虫害损失挽回率比实施前提高5%，每天有害生物应急防治作业能力面积达到1333公顷。

第九节　种植技术

1953年8月26日—9月1日，县政府举办以争取1954年小麦丰产为主要内容的农业技术短训班，参训学员344人。1954年4月—5月，发动广大农民群众对农作物查苗补苗，除虫保苗。1955年8月，县政府及时发文要求各基层干部向农民宣传适时正确收获玉米。1956年1月，发布《1956—1962年农业生产技术纲要》。1976年10月，在全县建立健全粮油三级良种繁育、推广体系。1978年2月，安排全县杂交玉米、高粱制种666.7公顷。1979年9月，全县有4.2万公顷耕地是砂礓黑土，土质很差，为对其进行彻底改造、综合治理，县委、县革委确定选择长城公社中的6个生产大队作为砂礓黑土综合治理的实验基地，面积为954.3公顷。1996年，推广玉米化学除草技术，覆盖2万公顷，实现玉米单产403千克，田间除草率87%。1998年，县政府提出稻改工程，计划利用3年的时间，在南部内涝区发展水稻30万亩。2007年，实施科技入户工程，全县1000个示范户的小麦亩产平均达到456公斤，比全县单产高出50公斤。2008年，全县推广“双晚技术”“玉米一增四改”等农业技术12项。2010年，推广“深耕改土”技术，培训农民10万人次。

山东省良种产业化开发（三〇工程）小麦课题

1996年，承担省级高产示范田4000公顷，选用济核02、鲁麦22、鲁麦23等品种。1998年6月1日，经过山东农业大学教授刘殿英为组长的“三〇工程”验收小组验收，实际开发面积4533公顷，实现单产398.28千克；承担省级高产攻关田1.3公顷，选用鲁麦23，实现单产556.1千克。

苍南治涝稻改工程

1998年，县委、县政府制订在县境南部治理内涝、3年发展水稻2万公顷的整体规划，即“苍南治涝稻改工程”，并被列为省政府重点扶持项目。省政府拨款200万元用于稻改工程，县政府从农发资金中拨款100万元作为配套资金，主要用于水利工程、机械购置的以奖代补和水稻统一供种的补贴。1999年1月29日，全县水稻生产技术骨干培训会议以“水稻三旱栽培技术”为主对参会的180多人进行技术培训。全县有15个乡镇参与当年的稻改工程。2000年，承担全市苍南治涝稻改工程水稻良种高产栽培技术开发，2001年工程结束。虽未达到规划的2万公顷，但水稻最大种植面积达到5733公顷，亩产480千克，最高单产突破500千克。

山东省小麦、玉米两熟丰产高效技术集成研究与示范项目——苍山县辐射区

2004年6月—2006年12月，实施该项目共涉及小麦75466.6公顷，玉米47467公顷。通过项目实施，辐射区内2006年小麦亩产达424.9千克，玉米亩产达509.0千克。完成项目要求的小麦、玉米分别比项目实施前亩增50千克，水分、配料利用率提高15%以上的任务目标。2006年，该项目顺利通过省科技厅委托临沂市科技局组织的小麦专家测产验收。

山东省出口农产品绿卡行动计划

2004年—2008年实施。该项目是以实施良好农业操作规范（GAP）为基础，从源头抓起，严格生产全过程监控与管理，为保证生产出的农产品达到进口国农产品质量安全标准要求而实施的一项农业系统工程。2004年，主要调查大蒜、马铃薯的病虫害发生及用药情况，研究制订《山东省出口日本大蒜良好农业操作规范（GAP）》《山东省出口日本春季地膜覆盖马铃薯良好农业操作规范（GAP）》，参与企业为越洋集团。2005年，起草大蒜良好农业操作规范及脚本，制订《出口欧盟花生良好农业操作规范（GAP）》，完成黄瓜、大蒜和花生GAP用药的药效、消解动态、最终残留和肥料试验共50项，发展并带动各类自建示范基地800公顷，GAP的示范、推广面积达到2333公顷。2006年，制订《牛蒡的春季露地栽培和越冬季栽培的良好农业操作规范》及相关药效、消解动态和最终残留试验，完成大蒜、马铃薯、花生和牛蒡GAP的示范、推广面积3667公顷，提升了农产品质量，扩大了出口。2007年—2008年，进一步编制完善大蒜、牛蒡、黄瓜等农作物的良好农业操作规范（GAP），完成项目要求的各项任务，通过省级验收。

超高产小麦山农664和优质高效栽培技术示范与推广项目

2005年8月—2006年8月实施。该项目是山东农业大学的农业科技成果转化项目。共建立13333公顷示范田，实现亩增产45千克以上，超高产攻关田2.53公顷，平均单产610.7千克。

测土配方施肥项目

2006年开始实施，项目资金75万元。2007年，实施面积2万公顷，共采土样4056个，分析化验15119样次，免费化验土样960个，培训农民8000人次，为项目区农户节支增收700多万元。2008年，实施面积2万公顷，免费为农户提供测土、配方、配肥和施肥指导等技术服务。通过项目实施实现每亩节本增效30元，全县节本增效900多万元。共采土样4056个，分析化验15119样次，免费化验土样960个，推广配方肥12200吨，培训农民8000人次。2009年，实施面积2万公顷，免费为农户提供测土、配方、配肥和施肥指导等技术服务。通过项目实施，实现每亩节本增效58.4元，全县节本增效7000多万元。共采土样598个，分析化验3352样次，推广配方肥2130吨，培训农民10820人次。2010年，实施国家级测土项目，实施面积13333公顷，免费为农户提供测土、配方、配肥和施肥指导等技术服务。全年共采土样500余个，化验土样560个，分析化验4500项次，推广配方肥2200吨。通过项目实施，实现每亩节本增效58.4元，全县节本增效7000多万元。

图7—8 田间技术指导 （2009年摄）

优质专用小麦良种繁育基地建设项目

2008年开始实施，项目资金739万元，其中国家扶持615万元，实施面积1333.3公顷。共建设种子仓库1466.07平方米，种子检验、检测室305.42平方米，种子加工车间305.42平方米。田间工程部分共整修排水沟40千米，整修机耕路20千米，打井10眼，维修桥涵80座。基地建成后，每年繁育小麦良种5000吨，完全满足全县小麦生产对良种的需求。

标准粮田建设项目

2008年开始实施，项目资金570万元，建成标准粮田1267公顷，其中新兴镇667公顷、南桥镇600公顷。完成项目区田间路、渠、沟、桥、井及配套设施建设，共修建机耕路39千米、田间路62千米、生产桥71座、机井58眼，疏挖排水沟126千米，铺地下管道27.2千米，并购置实验、监测和配肥等仪器。通过完善田间现有基础条件，加强地力建设，配合推广优良品种和先进栽培技术，每年新增粮食生产能力1150吨。

现代农业粮食产业项目

2009年开始实施，共组织县乡技术指导员培训3期，培训县乡科技指导员510人次；培训科技示范户和农民辅导员3期，培训科技示范户和农民辅导员6900人次；项目区合计开展技术指导1万人次，物化补贴示范户500户。项目核心区供应玉米良种50吨，玉米增施有机肥1130吨。安排县级试验示范基地面积3.3公顷，展示玉米品种10个；新兴镇试验示范基地面积0.7公顷，展示玉米品种5个，向城镇试验示范基地面积0.7公顷，展示玉米品种5个。项目区组建病虫害专业化防治队伍47支，统防统治面积达到7047公顷，发放药剂7.2吨，发放器械468台。2010年，共组织县级技术培训4期、乡镇培训3期，共计培训技术指导员和科技示范户9700人次；发放培训材料9500册、小麦高产栽培技术挂图2.5万份、各种技术明白纸24万余份。全县2万公顷项目区推广玉米秸秆还田1.1万公顷，深耕改土17333公顷，小麦良种补贴2万公顷，推广优质小麦良种2250吨，推广增施有机肥4000吨，测土配方施肥1600吨，建设县乡试验示范基地6公顷，展示小麦新品种22个。

小麦、玉米高产创建项目

2008年，小麦10亩超高产攻关田亩产702.1千克，玉米10亩高产攻关田亩产909.9千克。2009年，小麦10亩超高产攻关田亩产709.3千克，玉米10亩高产攻关田亩产1046.65千克，创单产新高。2010年，小麦10亩超高产攻关田亩产738.34千克，玉米10亩高产攻关田亩产908.2千克，完成项目实施的各项要求。

第四章　林果业

1953年，苍山县成立林业所。1955年，改为县林业科。1956年，改为县林业局。1968年，县农业局、县林业局合并为县农林局。1969年，撤销县农林局、县水利局，成立县农林水革命委员会。1969年8月，县农林水革命委员会撤销，再度成立县农林局。1974年，县林业管理职能又从农林局分出，成立县林业局。2010年，县林业局下设森林公安局，办公室、造林绿化科、资源林政科、计划财务科4个职能科室和林业站、林业种子站、木材检查站3个事业单位。

第一节　林业资源

林业资源调查

苍山县境树种主要有毛白杨、杨、刺槐、榆、国槐、楧、香椿、楸、苦楝、泡桐等。建国后，苍山县共进行6次森林资源清查工作。1975年，组织30名技术人员，利用简便仪器，进行第一次森林资源清查工作，历时8个月。全县共有林业用地1.73万公顷，其中有林地面积1.26万公顷，宜林地面积0.47万公顷。在有林地中经济林0.35万公顷，“四旁”（即路旁、沟旁、渠旁和宅旁）植树990万株，森林覆盖率7.7%，林木总蓄积量37万立方米，林业收入500万元，为1949年的1.2倍。

1980年，第二次组织粗线条林业资源调查和区划，全县林业用地面积1.87万公顷，其中有林地面积1.35万公顷，经济林0.35万公顷。“四旁”植树810万株，宜林荒山滩0.6万公顷，农田林网3.67万公顷。林木覆盖率9.3%，林木总蓄积量37万立方米。1984年冬，中央和山东省统一部署进行林业资源清查和区划工作，苍山县进行第三次林业资源调查，至1985年4月结束。全县共有林业用地2.4万公顷，其中有林地面积1.39万公顷，疏林地0.2万公顷，未成林造林地240公顷，经济林0.39万公顷，“四旁”植树620万株，农田林网1.6万公顷，竹园386.7公顷，林木覆盖率10.7%，为1949年的7倍。林木蓄积量40万立方米，其中用材林蓄积量1.43万立方米，防护林蓄积量5.7万立方米，“四旁”树木蓄积量15万立方米，农田林网蓄积量5万立方米。全县6～12径阶的林木350万株，14～24径阶的林木20万株，26径阶以上的林木6000株。全县每年林木蓄积生长量为9万立方米，其中刺槐2.1万立方米，杨树1万立方米，侧柏0.7万立方米，其他（农田林网、“四旁”植树）5.2万立方米。

1997年第五次全县森林资源普查数据显示，全县林木共有62科、330余种。全县林业用地面积2.3万公顷，其中北部低山丘陵区林地面积1.83万公顷，占全县有林地面积的79.6%，以侧柏、刺槐为主；南部平原有林地面积0.47万公顷，占全县有林地面积的20.4%，以杨树为主。用材林3600公顷，防护林9700公顷，经济林1.27万公顷，分别占全县总林木资源的15.7%、32.1%、52.2%。2010年，全县林业用地面积34792公顷，其中有林地面积26855公顷，灌木林地面积72公顷，疏林地面积326公顷，未成林造林地面积2201公顷，宜林荒山4934公顷，农田林网面积7.57万公顷，“四旁”植树10503万株，林木总蓄积量134.2万立方米，森林覆盖率29.4%。北部低山丘陵地区有林地面积18833公顷，占全县有林地面积的70.1%，以侧柏为主，多是幼林。南部平原有林地面积8022公顷，占全县有林地面积的29.9%，多为林网和“四旁”植树，以杨树为主。在有林地中，

用材林 7058 公顷，防护林 9548 公顷，经济林 10249 公顷，分别占比 26.3%、35.5%、38.2%。

品种分布

用材林以落叶阔叶林为主，刺槐、杨树是主要栽培品种。刺槐林多分布于车辋、下村、大仲村等乡镇山丘中下部区域，平原地区的兰陵、三合等乡镇也有种植，在河沟两岸有成片分布。杨树多分布在境内 12 条主要河流两岸，较集中于庄坞、兰陵、卞庄、三合、南桥等乡镇，有大面积成林。20 世纪 70 年代，推广泡桐种植。防护林以针叶林为主，侧柏是主要栽植树种，赤松、刺松、黑松、马尾松有少量栽植。防护林重点分布于下村、鲁城、大仲村、车辋、矿坑、沂堂等乡镇，位于县境北部低山丘陵地带。经济林主要栽植淡竹、柿子、山楂、花椒、板栗、大枣、苹果、石榴、葡萄、桃、杏、梨等，以县境北部山区为主产区，南部平原地区亦有小面积栽植。行道树主要有二球悬铃木（法桐）、合欢（马缨花）、女贞、紫叶李、梧桐（青桐）、银杏、栾树。此外，境内有塔山和文峰山 2 处观赏林木集中地，栽植侧柏、黄连木、火炬树、刺松、雪松、冬青等 10 多个品种。

古树名木

2006 年—2009 年，县绿化委员会、县林业局组织有关科技人员组成课题组对全县古树名木进行实地调查。先后调查全县 21 个乡镇、300 个村庄。共获国家级古树名木 121 余株，100 年以下树龄的县级名木（大树）681 棵，彩照 600 余幅，对其生长状况、立地条件、形态特征、树龄和历史沿革进行测定和记载，并记录了古树名木的分布状况、古树特色，分析了古树幸存原因，对今后名木古树的保护和开发利用提出建议。

经调查，全县共有古树名木 121 株，分属于 16 科、26 种。其中，银杏 21 株，国槐 14 株，侧柏 11 株，黄连木 6 株，其他树种 64 株，古树群 6 个。根据《全国古树名木调查建档技术规定》，从树龄分，国家把 500 年以上的古树定为国家一级，有 42 棵；300 ～ 499 年的古树定为国家二级，有 11 棵；100 ～ 299 年的古树定为国家三级，有 668 棵；100 年以下县级名木（大树）共有 681 棵。从生长势来分，生长良好树种占 66.1%，生长较差树占 19.8%，濒死树占 12.4%，死亡树占 1.7%。

银杏树　在县境内保存至今的银杏树有 21 株，主要分布于沂武河畔的二庙、层山、庄坞 3 个乡镇。文峰山上的 2 株最大，传说为春秋时季文子所植，至今已 2500 余年。

抱头毛白杨　1975 年林木选优时发现，1996 年全县有 1000 多株。早在清乾隆年间就有种植。县境最早的一棵树位于大仲村镇寨子村东，于 1930 年种植，雄株，高 26.8 米，胸径 35 厘米，枝下高 9.5 米。冠为长卵形，平均冠幅 3.6 米；枝短而弯曲，直立并上呈约 35 度角，无明显粗大枝。

华爪树　原产于湖北、河南、陕西、江苏、四川、云南等省。1978 年，发现于塔子山南坡，共有 6 棵。根条发达，耐干旱瘠薄，萌发力强，是荒山造林先锋树种。

榅桲　别称文香果。贾庄乡朱村有 1 株，清同治年间（1862—1874 年）由村人宗迎岗栽植。胸围 2.4 米，高 7 米，冠幅 13.5 米。枝短多丛生，幼枝有绒毛，主杆和粗大枝每年 5 月片状脱落。5 月初开花，白色，花梗有绒毛。果实着生于当年新抽小枝顶端，单果，形似苹果。10 月果熟，状如木瓜，异香奇特，可入药用，以治水泻、肠虚、烦热及散酒气。树势美观可做景园和美化树种栽培。

古槐　又称国槐。在下村乡小古村北有 1 棵古老的槐树，植于唐朝，相传唐武德九年（626 年）尉迟敬德勒马看古槐。树高 7.8 米，树下高 2.5 米，胸径 1.8 米，2.3 米主杆心腐，东侧剥蚀，基部中空，上着四枝，两枝已枯，似巨鹿之角，平均冠幅 11.5 米。新生幼枝旺盛。

古流苏　又称牛肋子树。下村乡孔庄村西头有 1 棵古老的牛肋树，栽培历史无确据考证。

相传有2000年左右。树高17米，胸围7米，冠幅15米，花白色。

黄连木　在贾庄乡尚庄村西北有1株，300年左右的树龄。树高15.5米，胸围3.5米，冠幅16米，生长旺盛，叶片夏绿秋红，是城镇绿化的优良树种。

厚壳树　又名梭罗树、红叶树。下村乡的孔庄、西上峪均有少数植株。孔庄西头2株约35年生，树高13米，胸围27厘米，树势优美，枝叶茂盛，秋叶变红，可做庭园绿化树种。

鸳鸯团松　庄坞镇马湾村南有2株对应生的鸳鸯团松树，分别为圆柏和刺柏，似情人俏立，苍郁葱翠。树龄300余年，高15.5米，树围3.2米。

图7—9　马湾鸳鸯松　（2010年摄）

2010年苍山县古珍稀树种情况

表7—5

树种	树龄（年）	地理位置	棵数
银杏	＞500	兰陵刘堡子、神山西庄、下村灵峰寺院内、尚岩文峰山、卞庄西大埠、庄坞镇政府、新兴太子堂、二庙池口、尚岩王楼村	99
	300—499	大仲村吴宅	
	100—299	大仲村陶朱院、车辋考村、下村灵峰寺院内、尚岩文峰山季文子庙后、庄坞前高尧等村	
国槐	＞500	大仲村西石曲、车辋桥庄、下村小古村、贾庄尚庄、长城镇长城村、矿坑镇驻地、卞庄街道北城里、卞庄街道张庄、车辋张桃峪	12
	100—299	新兴镇驻地、尚岩岳村	
紫藤	＞500	文峰山	2
皂荚	100—299	大仲村朗公寺	1
侧柏	＞500	下村吴沟、尚岩文峰山坐马松、文峰山赵镈墓、文峰山银厂惨案碑前	13
	300—499	大仲村大宗山、车辋桥庄、文峰山赵镈墓前台阶、车辋保合庄	
	100—299	文峰山	
圆柏	＞500	矿坑湖子峪、庄坞马湾村	4
	300—499	鲁城楼子	
	100—299	下村石桥	
刺柏	＞500	庄坞马湾村	1
黄连木	＞500	新兴镇东新兴	6
	300—499	大仲村西石曲、贾庄可乐圈、贾庄桥头村	
	100—299	贾庄尚庄	
楸树	100—299	车辋桥庄、下村灵峰寺院	6

续表 7—5

树种	树龄（年）	地理位置	棵数
流苏	＞500	下村孔庄	1
榅桲	＞500	贾庄乡贾庄	1
木瓜	＞500	兰陵伽右村	3
杏	100—299	大仲村朗公寺杏抱槐	1
小叶朴	100—299	下村小古村	1
板栗	100—299	下村双河	35
雪松	100—299	文峰山烈士园内	4
毛白杨	100—299	车辋韩庄、矿坑薛南	6
抱头毛白杨	100—299	大仲村寨子村	7

林木特产

县内林木特产主要有桐油、淡竹、槐花蜜、枣花蜜、柏子仁等。

桐油　县林业局于1970年、1981年先后从江苏、安徽、河南等省引进试种油桐，分别在大炉、下村、鲁城、流井、沂堂等5个乡的15个村庄栽培成功，每年产油桐籽50吨。5年生亩产桐油40千克，10年生亩产桐油100千克。桐籽生油率为33%。

淡竹　县内的铁角山、桥头、寨子、涝坡等处有占地数公顷的清末竹园。1966年4月，为大力发展淡竹生产，县人委要求当年移栽新增淡竹面积55.3公顷（每亩50墩以上），并拨款对新增竹园进行补贴。同时，要求对新老竹园要建立专业队（组）统一管理，适时浇水施肥，控制砍伐量。1987年，对淡竹园的发展作出具体规划。1996年，全县栽培淡竹400多公顷。其笋营养丰富，含有人体所需要的蛋白质、氨基酸、糖类、多种维生素和磷、铁、钙等微量元素。竹笋味甘性微寒，有清心火、除烦热、利小便等功效。至2010年，由于气候变化和保护管理措施不到位，全县淡竹保有量不足100公顷。

槐花蜜　至2010年，县境内约有刺槐6000余公顷，山区、平原均有分布，是槐花蜜源主要生产地之一。丰收年可收购蜂蜜50吨。

柏子仁　可入药，又可作为工业原料。县内侧柏约有4000公顷，每年可产侧柏子300多吨，年收购50～150吨。

第二节　植树造林

荒山绿化

1949年，苍山县有侧柏林3200公顷。全县有300多个山头为荒山秃岭，需要绿化。建国后，县政府实施封山育林。1956年，由过去个体、零星、分散的栽植走向互助合作造林，在北部山丘栽植用材防护林5333.3公顷。1958年，开展大规模的封山育林、造林运动，营造用材防护林2666.7公顷。“大跃进”期间，因“大炼钢铁”的需要，大量砍伐树木、烧炼木炭，成片成材林木几乎被砍光。1964年，县内林木确权发证、稳定林权。至1966年，3年共完成封山育林1333.3公顷。1966年—1976年，全县用材防护林被毁坏1333.3公顷。1976年，有用材防护林8526公顷，林木蓄积量12万立方米。1986年，14个山区乡镇发动群众整山治岭，实行封山育林。1年整山3000多公顷，主要栽植刺槐林、苦楝林和楸树。1990年，实施“5年消灭荒山秃岭，10 年实现绿化”的规划。1995 年 3 月，省委、省政府授予苍山县“荒山荒滩绿化先进县”和提前达到省“八五”绿化标准先进单位。1949 年—1996 年，全县共绿化荒山近 2 万公顷。2001 年，苍山县被国家纳入长江防护林体系建设工程区，国家累计投入防护林工程建设资金 1500 万元，营造防护林 3000 公顷。1996 年—2010 年，全县共造林 1.4 万公顷。2010 年，造防护林 1543.93 公顷，经济林 799.07 公顷，新育苗 176 公顷。创建省级绿化示范乡镇 2 个、市级绿化示范村 10 个，被国家林业局确定为首批创建全国农民林业专业合作社示范县。县委、县政府确立建设“新富美苍山”的工作目标，计划利用 3 ～ 5 年彻底消灭荒山。

速生林建设

1978 年起，在全县 12 条河流的两岸进行沿河林带及速生丰产林建设。至 1981 年，在横山、向城、三合、长城、南桥、层山、庄坞、尚岩、贾庄 8 个乡镇 60 个村建设刺槐基地 800 多公顷。1984 年—1986 年，全县大搞速生丰产林建设，共建速生丰产林 333.3 公顷。1996 年，全县有速生丰产林 2000 公顷，多已成材，占全县用材蓄积量的 3/4。2008 年，建杨树丰产林 400 公顷。2009 年，建杨树丰产林 148.87 公顷。2010 年，建杨树丰产林 334 公顷。

“四旁”植树

“四旁”植树是苍山县一种悠久的历史习惯，以栽植槐、楸、椿、榆、杨、柳等树种为多，还有桃、李、梨、栗、杏、枣等果木树。1949 年，全县共有“四旁”植树 48 万棵。1975 年，全县共有树木 920 万棵，是 1949 年的 19.2 倍。1980 年全县实行家庭联产承包责任制后，“四旁”树木乱砍滥伐现象严重。1984 年，全县“四旁”树木仅存 620 万棵，比 1980 年减少 90 万棵，减少 11%。1984 年，县内林木确权，“四旁”植树每年增加 200 万～ 300 万棵。至 1986 年底，全县“四旁”植树 1200 万棵，比 1984 年增加 1 倍。树种以欧美杨、69 杨、72 杨为主，其次是刺槐、榆树和部分果木树。“四旁”立木蓄积量 80 万立方米，占全县林木总蓄积量的 25%。1996 年，全县“四旁”植树 1650 万株，比 1986 年增长 37.5%，人均占有 15 棵。2000 年—2010 年，全县共增加“四旁”植树 10503 万株。

农田林网建设

1970 年—1975 年，磨山公社史庄大队利用干渠堤顶栽植白蜡条，进而培植蜡杆、蜡叉。1976 年起，县内开展农田林网化建设。首先由三合乡试点（原皇路公社），2 年建成 3333.3 公顷农田林网，达到地成方、树成行、沟渠纵横、道路四通八达，成为全县农田林网建设的模式。1978 年—1980 年，全县 5 万公顷适宜林网建设的农田共建设林网 3.3 万公顷，完成绿化沟、渠、路 3800 条、长 3000 千米，植树 300 万棵。1984 年，全县农田林网活立木蓄积量达到 12 万立方米，占全县总蓄积量的 40%。由于树种选择不当，1984 年部分林网开始枯萎，木青蛾危害严重，造成死亡或者不成材。1985 年，对现有林网有计划地改造，采用扒大沟（宽 1 米）、开大穴（1 米见方）、栽大苗（2 年生苗）等技术措施，选择栽植意 -69 杨，意 -72 杨、意 -214 杨、建杨、沙兰杨等树种。1987 年，全县共有农田林网共完成 4.7 万公顷，植树 250 万棵，建成沟、渠、林相结合，以林为主的防护体系。1993 年，全县农田林网发展到 6 万公顷，达到平原绿化标准，苍山县被林业部授予“全国平原绿化先进单位”。意 -69 杨，意 -72 杨、意 -214 杨、沙兰杨等欧美杨树成为农田林网的主栽品种。2008 年—2010 年，新建完善农田林网 1.7 万公顷。2010 年，全县农田林网面积 7.57 万公顷。

第三节　林木管理

林业管理

20 世纪 50、60 年代，苍山县建立健全护林

组织和管理制度。北部7个山丘区社、380个村庄建立护林联防委员会。截至1966年，全县有护林专业队750多个、8300余人。1963年12月，县政府组织30名干部进行林木确权、发证，明确权属，发展“四旁”植树。至1965年3月，全县公私林木和宜林地的确权发证工作基本完成。县人民委员会发布布告，依法保护国家、集体和个人的林木，严禁私砍滥伐、毁林开荒、放牧牲畜毁坏林木；严禁非法收购、贩运木材；对毁坏林木、放火烧山等行为依法惩处。

1982年，县政府发布关于保护林木资源发展林业的布告，明确国家、集体、个人林木所有权。1984年，在全县再次进行林木确权发证，全县林业生产责任制有3种形式：(1)以村为单位，统一组织管护专业组；(2)按大包干或比例分成；(3)对路沟、山头、山坡、河滩、果园等逐一承包。针对1980年的开荒种田造成的危害，1984年实行退耕还林，至1996年全县退耕还林3333公顷。

1998年，完成苍山县封山育林规划，全县规划封山育林面积1.17万公顷。2000年，完成苍山县森林资源调查规划，在摸清全县的森林资源状况基础上，制定苍山县林业发展规划。2001年，完成苍山县森林分类经营区划界定，苍山县界定公益林面积1.16万公顷，为争取公益林生态补偿资金打下了基础。2006年，完成1.01万公顷的省级公益林监测调查，争取省级公益林补偿资金75.6万元。

林权制度改革

2010年，全县开展林权制度改革，全县共有集体林地23866公顷，其中省级公益林11200公顷，商品林9220公顷，宜林地面积2913公顷，其他533公顷；涉及林改村庄628个，林改村总户数66389余户，林改涉及人口715804人，林改投入资金130多万元。至2010年年底，全县集体林地已明晰产权面积23963.47公顷，外业勘界达23413.97公顷，宗地达3864份。林权纠纷发生263起（涉及面积2420.53公顷），成功调处起数263起，调处面积2420.53公顷，林权纠纷调处率100%。林权制度改革前，营造1亩速生杨投资约350元左右，每亩出材率2～3立方米。权制度改革后，每亩投资在800～1000元，每亩出材率在5立方米以上。

病虫害防治

20世纪60年代前，县内阔叶林少，针叶林多，山区林木分布多，平原地区成片林木少。因鸟类繁盛，未发生大面积的林木病虫灾害。70年代后期，发生较为严重的林木病虫害，杨树（大关树）木毒蛾蔓延成灾，几乎使全县大关杨树濒于毁灭。20世纪80年代，开始现代药械防治，因经费缺乏、药械不足，仅在较小范围内达到防治效果。1997年，县林业局与临沂市森林植物保护站合作开展淡竹锈病防治试验，使用石硫合剂防治竹杆锈病取得良好效果，并获得临沂市科技进步成果三等奖。该项技术在全县推广，有效控制了病害的大面积发生。2004年，按照山东省林业局有害生物普查实施方案要求，开展森林有害生物普查。在21个乡镇和国有向城苗圃设置调查点426个，其中有61个点发现有害生物，共8种有害病虫草，基本摸清全县林业有害生物的种类、分布、危害及发生发展情况。2006年，全县森林病虫害成灾率控制在1‰以下，防治率95%，监测率97%以上，种苗监测率98%以上。2008年，县境北部陆续发现繁殖能力特别强的美国白蛾，逐渐泛滥成灾，2009年8月蔓延至南部乡镇。县政府组织各部门在发生虫害的乡镇进行人工防治。2010年5月底，实施飞防，用飞机低空喷洒防治药剂，有效遏制了灾情。2007年—2010年，苍山县加强林业有害生物防治软硬件设施建设，基本形成具备预警、预灾、减灾能力的管理服务体系，共防治林业有害生物19533.3公顷，病虫害成灾率控制在3‰以下。

林木蓄积

1996年，全县活立林总蓄积量为54.36万立方米。其中，用材林木蓄积量为14.28万立方米，占总蓄积量的26%；“四旁”林木蓄积量为14.95万立方米，占总蓄积量的27.5%；疏林林木蓄积量为19.8万立方米，占总蓄积量的36.5%；农田林网树木蓄积量为5.33万立方米，占总蓄积量的9.8%。全县林木年总生长量9万立方米。全县木材消耗量1.8万立方米，人均0.05立方米。所用木材除国家建设由国家调拨外，农民建房、生活用木材全靠市场调节，为1.8万立方米、1500吨。2010年，全县活立木蓄积量134.2万立方米，其中用材林蓄积61.8万立方米，占总蓄积量的46.1%；防护林蓄积17.2万立方米，占总蓄积量的12.8%；“四旁”植树蓄积39.5万立方米，占总蓄积量的29.4%；农田林网蓄积15.7万立方米，占总蓄积量的11.7%。

林业采伐

从1949年起，由工商部门管理树木采伐。1982年起，林业部门对市场出售的木材或木材半成品、竹材、树苗征收育林积金。采伐方式也由择伐向疏伐转变，并须办理采伐许可证。1990年起，全县采取限额采伐，对无证伐采、超量采伐及采后更新越过一年者，根据有关法规予以处罚，使采伐更新走向计划管理。1996年—2006年，共发放采伐证1900余份，批准采伐木材10.6万立方米。2000年起，实现由木材采伐为主向生态建设为主的转变，逐年削减采伐量。2001年10月，县成立林政稽查大队，整顿木材经营加工市场，先后将80余户木材经营加工户纳入正式管理，取缔非法经营加工户15家，改善了市场秩序。2001年，经省政府批准，设立苍山县木材检查站，为木材管理提供有力保障。2001年—2010年，共检查木材运输车辆27.8余万车次，检查应实施检疫车辆20.6万车次，年检木材流量130余万立方米，其中查处违章运输木材和林产品车辆1万余车次。

第四节 林 果

1949年，全县共有各种果树186.7公顷，以柿树为主，其次是核桃、板栗、桃、梨和少数散生杂果。年产柿子7500吨、板栗250吨、核桃150吨、银花500吨。1953年起，引种苹果，在文峰山下的安庄、玛瑙埠和贾庄、卞庄等地建苹果园。1958年“大跃进”时，大部分果园被毁。1962年—1966年，全县共栽植各种果树0.33万公顷，果品产量达到1万吨。1963年、1964年，嫁接大枣200万株。其中，柳峪村嫁接大枣10万多棵、龙沂庄10万多棵，压油沟村凡有酸枣的地均嫁接大枣。1966年，全县嫁接大枣500万株。“文化大革命”期间，因整梯田种粮，大量果树被毁。尚岩乡的王岭沟原有成片50年生以上大橡树，仅存几十棵；戚套庄北200年以上合抱粗的大板栗树上百棵，全部伐光；向城镇的道口、徐庄，卞庄镇的大官庄，尚岩镇的葛村，上百年生的柿树、成片的果园被伐光。中共十一届三中全会后，全县整顿林果专业队伍，落实专人管理。1980年，全县果树面积3427.2公顷。1981年—1983年，栽桃133.3公顷。其间，全县85万棵苹果树减少到35万棵，柿树毁坏万余棵。1983年后，农业承包责任制的不断完善促进了林果业发展，贾庄乡朱村在庭院栽植葡萄，专业户2年收入万元多，形成农民大种葡萄的热潮。1985年，全县种葡萄5万多棵。1986年，全县葡萄发展到20多万棵，种植山楂30多万棵。1986年、1987年，共栽植板栗40多万棵。1986年年底，全县果品总产量达1.85万吨，为1949年的2倍。1988年起，下村等乡引进大枣新品种，利用野生酸枣嫁接改良大枣。至1996年，全县嫁接大枣1000万余株，年产鲜枣9500吨。下村乡的大北庄建起几十处蜜枣加工厂，年产蜜枣1025吨，销往河北、安徽、江苏等省，年利润110万元。2001年，全县果品总产9.446万吨。2005年，全县果品总产9.75万吨。2007年，全县水果产量8.1万吨，干果1.3万吨。

2010年，全县有经济林面积10249公顷，其中木本粮油林4547公顷，占全县经济林44.3%，水果林5702公顷，占55.7%。年产水果7万吨，干果8780吨。木本粮油林主要有柿子、花椒、板栗、大枣、银杏、核桃。其中，柿子、花椒分布在下村乡、鲁城镇的西北低山区，贾庄乡、大仲村镇、车辋镇的山坡和梯田旁也有栽植；板栗集中分布在下村乡、贾庄乡；银杏重点分布在二庙乡、层山镇、庄坞镇。水果林以桃、梨为主，桃以车辋镇、贾庄乡、大仲村镇、庄坞镇为主产区，梨主要分布于大仲村镇、卞庄街道。

品种

境内果树资源有12个科、80余种，主要有苹果、桃、杏、梨、大枣、石榴、柿子、软枣、沙果、李、银杏、山楂、樱桃、板栗、核桃、木瓜、无花果、葡萄、猕猴桃等。

苹果　20世纪50年代，县内引进辽宁、烟台等地苹果品种，主要品种有大国光、小国光、祝光、祥玉、金帅、红香蕉、黄香蕉、青香蕉、印度、伏魁、红魁、黄魁、红玉、辽伏、鸡冠等。80年代中期，引进美国新红星、首红、玫瑰红、红富士、金矮生、秦冠、短枝国光等，主要分布在尚岩、向城、贾庄、大仲村、卞庄、层山等乡镇。1987年后，山区大搞果园开发，流井、甘霖、车辋、鲁城、矿坑等乡镇建设果园，成为重点发展区。至1996年，全县总面积178公顷，总产近1000吨。2010年，全县苹果总面积260公顷，总产1786吨。

山楂　传统品种有秤星子、费县查子、山里红。20世纪80年代，引进大金星、大绵球、磨盘红、长红等。分布以沙石山（岭）为主。建国前后，以大炉乡的大增光峪、东西马山、杨庄、上峪，大仲村镇的石坑、现庄、陶主院、陡沟庄等村为最多。20世纪70年代中后期，各乡镇引进新品种成片建园，以小岭、贾庄等乡镇面积最大。贾庄乡压油沟、小北山村的大金星、盘红最为有名。2010年，全县山楂产量152吨。

石榴　传统品种有冰糖石榴、甜石榴、酸石榴、白糖籽、铁皮石榴。1986年，引进大青皮、红皮甜等优良品种。先在流井乡荆山前村栽植3.3公顷，后在车辋乡杨庄村建园栽植。主要分布在尚岩镇的文峰山脉，鲁城镇马庙、下寺、白云山，大仲村镇的荆山前，车辋镇的杨庄等村。鲁城北山冰糖石榴大如碗，皮薄，呈金黄色，有光泽，成熟时自动炸皮。其仁晶黄透明，甜如冰糖，故称冰糖石榴。1949年有上百亩数千株，2010年仅存数株。

葡萄　1962年，县内引进保尔加尔、明尼斯卡等几个酿造品种，后被淘汰。又引进玫瑰香、黑虎香、龙眼。1985年，引进巨峰、红富士、黑奥林、先锋、龙宝、牛奶、金华藤稔、

图7—10　葡萄种植　（2006年摄）

板田良志等新品种，之后在全县形成种植热潮。1996年已分布全县，尤以山区乡镇为多。山区乡镇多成片种植，平原乡镇庭院种植。2002年，全县葡萄种植面积800公顷，总产量9600吨。2010年，全县葡萄种植面积380公顷，产量2704吨。

柿子　传统品种有牛眼、扁柿、青皮等10

多个品种，重点分布在北部山区，平原地区也有种植。1978年前后，大炉、下村2个公社年收购柿饼1235吨，为全国柿饼产量的第4位。

图7—11 水果采摘 （2005年摄）

其中下村的云峪、双沟峪、双河及大炉乡的大增光峪、明山等村，各村年产柿饼50吨，全县以下村的满堂红柿饼为最佳，其特点是个中等、扁圆形、上霜好、有光泽、油性大而柔软，糖分含量高、味甜可口，被列为山东省著名特产，畅销日本、东南亚。20世纪90年代后，柿树资源减少，产量下降。2010年，全县柿子产量为1119吨。

梨 传统品种有青皮槎子梨（又称落花甜）、紫苏梨、黄梨、寒梨、龟子头梨。1972年，引进砀山梨。1976年，引进香水梨、巴梨。1984年，引进晚三吉等品种。1999年春，大仲村镇利用平度6年生丰水梨树建园67公顷，并获成功。全县以青皮槎子梨、砀山梨面积最大，以下村乡的薄岭、大北庄，大仲村镇的西寨子村、石坑村，卞庄街道沙窝管理区各村最多。20世纪70年代，全县梨年产约1600吨。1996年，全县梨总产量2000吨。2002年，全县梨种植面积400公顷，总产量1.2万吨。2010年，全县梨种植面积570公顷，总产量13820吨。

桃 传统品种主要有四月白、五月红、六月鲜、蟠桃、吊枝白、山毛桃等。20世纪60年代，引进上海蜜、肥城桃、烟台水蜜、寒露蜜。80年代，引进沪005、安徽无核、黄金桃、雨花露、大久保、雪桃等。品种分布全县，以山区最多。2002年，全县桃种植面积3867公顷，总产量45500吨。2010年，全县桃种植面积2400公顷，总产量49900吨。

杏 传统品种主要有麦黄杏、青皮烂、关公脸、巴旦杏、泥蛋子、小山杏等。20世纪90年代，引进红荷包、红峪杏等品种。分布全县，山区有林园，平原多零星种植。2002年，总产量80吨。2010年，全县杏种植面积230公顷，总产量470吨。

栽培管理

新中国成立前，果树多在宅旁、院内或田间地头栽植，管理粗放，任其自然生长。新中国成立后，改为集中成片栽种，对果园的土、肥、水的使用管理更加科学。

整地 有挖大穴、沙地抽沙换土、挖带状种植沟、深翻扩穴、加深土层等。

施肥 结果前，每年追施1次土杂肥或少量化肥。结果后，每年施1次土杂肥，每株100千克。追肥以化肥为主，第一次在开花前，以促进新梢生长，提高坐果率；第二次约在5月下旬，主要促进花芽分化及果实膨大。

浇水 水浇条件好的果园浇花前水、花后水、播前水和封冻水4次。1983年，推广旱地果园地膜覆盖、穴贮肥水等措施。地下水位较高的园片要挖排水沟，以防雨季积水，造成果树烂根死亡。

整形修剪 20世纪60年代前，果蔬一般不进行修剪。1965年，对老柿树、梨树推广换头更新，对苹果、桃等果园进行整形修剪，但修剪技术落后。1968年，推广轻剪法，对红香蕉等反应敏感的品种几乎不剪。后实行按品种进行修剪。1978年，实行轻剪、长放、多留枝和夏季修剪拿、拉、别、捋等技术措施。90年代后，苹果枝形是根据矮化密植、早期丰产的要求，依栽培密度不同，以小冠疏形和自然纺锤形为

主。修剪方法主要推广刻芽、拉枝开角等。改冬季1次修剪为四季修剪。桃树普遍采用自然开心形为主，冬、夏结合，强调夏季修剪和冬季细致修剪。

病虫害防治 主要病害有苹果腐烂病、炭疽病、轮纹病、早期落叶病、干腐病、白粉病、缩果病、小叶病等。主要虫害有苹果小食心虫、桃小食心虫、梨小食心虫、苹果红蜘蛛、山楂红蜘蛛、桃蛀螟、蚜虫、金纹细蛾、卷叶蛾、金龟子及天牛、介壳虫等，尤以桃小食心虫、红蜘蛛、蚜虫为害最重。主要利用药物进行防治。2010年，对美国白蛾、草履蚧等病虫害实行综合防治，防治作业面积达到0.11万公顷次，监测覆盖面积达到8.44万公顷次。

第五章 畜牧业

1953年，成立县畜牧兽医站，隶属县农业技术推广站。1956年，成立县家禽配料站。1957年，改称大家畜改良站。同年，划归县农业局领导。1958年，全县建立14处公社畜牧兽医站、8处公社家畜配种站。1959年，成立县畜牧局，县、公社两级畜牧兽医站、配种站隶属县畜牧局统一管理。1962年，撤销畜牧局，畜牧兽医系统归县农业局领导。1981年，重设县畜牧局，并增建8处畜牧兽医站。1984年，增建6处乡镇畜牧兽医站，全县共有28处乡镇畜牧兽医站。1984年，撤销畜牧局，并归农牧渔业局。1987年，从农牧渔业局分出，成立畜牧办公室。1988年，建立畜禽良种场，乡镇畜牧兽医站职权归乡镇管理。1989年，县畜牧办公室改称畜牧局。1993年，改称畜牧技术开发服务中心。1996年6月，乡镇畜牧兽医站收归县级管理。1998年，县畜牧技术开发服务中心挂牌兼称畜牧局。2008年，撤销县畜牧技术开发服务中心，保留县畜牧局。2010年，全县畜牧兽医人员218人，其中大中专生68人，高级职称3人，中级职称16人，初级职称97人。

1987年，县畜牧局建成集种鸡养殖、鸡苗孵化和屠宰加工一体的县畜禽良种场，年供应社会鸡苗30万只。1991年，三合乡建成集种鸡养殖、孵化、屠宰一条龙的加工厂，年屠宰肉鸡25万只。1996年，全县肉、蛋、奶产量达到10万吨。2000年起，苍山东珍肉兔食品有限公司、金信皮革有限公司以及以畜禽饲料加工为龙头的六和、德厚、宏大大型饲料厂的建设投产对苍山肉兔、肉鸡、肉鸭、生猪的发展起到很大的拉动作用。2010年，全县牧业产值7.61亿元，其中牲畜饲养1.13亿元、猪的饲养2.63亿元、家禽饲养2.68亿元、其他畜牧业1.17亿元。

畜牧养殖由传统的一家一户散养逐步向规模化、标准化发展，由各家各户单舍庭院喂养逐步发展到小区养殖、合作社经营。2010年，全县养殖大户发展到3000余户，养殖小区150余个，养殖专业合作社386家。以三合、卞庄、南桥等乡镇、街道为主要基地的水貂养殖园基本形成，年出栏水貂200万只以上，数量多，品种好，位列全市之首，年外销貂皮150万只以上，向社会提供种貂苗50万只。向城富源养殖场注册的“蒙山”牌鸡蛋，销往济南、临沂、青岛等地的30多家大中型超市。2008年，“蒙山”牌鸡蛋被评为第二批临沂市名优农产品。2010年，“蒙山”牌鸡蛋被评为首届沂蒙优质农产品知名品牌。

第一节 畜禽生产

大牲畜养殖和改良

即牛、马、驴、骡，以牛为主，驴次之。牛主要分布在北部山区，马、驴、骡主要分布在南部平原。1949年，苍山县大牲畜存栏5.47万头，其中牛、驴5.42万头。1978年，大牲畜存栏4.64万头，其中牛驴4.43万头。1983年，大牲畜存栏32759头，其中牛驴2.93万头。1996年，大牲畜存栏19.71万头，其中牛13.31万头，驴4.5万头。1996年后，大牲畜存栏量呈逐年减少趋势，肉牛有所增加，但不明显。2010年，大牲畜存栏3万头，其中牛2.4万头，马、驴、骡0.6万头（匹）。

牛　县内牛的养殖主要为黄牛、奶牛，水牛较少。

黄牛，主要为本地黄牛，系蒙山牛后裔。重点分布在卞庄、磨山、神山、鲁城、大仲村、下村、车辋等乡镇（街道）。本地牛耐粗饲、易管理、抗病力强、役肉兼用。特征是体型中等，头清秀，颈头扁，肩高偏低，胸深较窄，背腰平直，腹大而下垂，四肢较短，蹄粗壮、毛皮杂，多为黄、黑色。役用一般每头每天可耕地0.1公顷，挽力180千克。一般一年一胎，一胎一犊，终生8～9胎。1957年，以鲁西黄牛为父本杂交，改良当地牛。改良牛体型较大，健壮匀称，肉用性能改善，使役性能更强。20世纪80年代，引进利木赞、西门塔尔等国外肉用型良种牛，改良当地牛，肉役兼用，以肉为主。2010年，改良牛占全县牛总数的40%，年存栏2.3万头。

奶牛，1958年，从济南购进黑白花（荷兰品种）小公牛5头。1959年，从上海购入黑白花小母牛10头。同年，从青岛调入黑白花小母牛2头。1963年起，有个别牛产奶。1964年，产奶量600千克。20世纪80年代，更新奶牛，从济南、重庆购进23头；开始引进美国高产奶牛（每头年产奶6吨以上），利用精液细管开展冷配，实行人工授精，改良原有奶牛。1987年，存栏奶牛30头，产奶牛13头。均为国有或集体单位饲养。80年代中后期，部分农户开始饲养奶牛。1996年，全县奶牛存栏75头。2010年，全县奶牛存栏1500头。

水牛，苍山历史上养水牛很少。为适应小区域水稻种植，1962年，从江苏镇江、扬州购进水牛123头。1963年—1964年，从南方购入200余头。1980年，全县发展到1128头。1983年，全县水牛突降至105头。至2008年，全县水牛已无养殖。

驴　分布于全县，以层山、二庙、磨山、长城、南桥、兰陵、三合等乡镇最多，主要为本地毛驴。本地驴属沂蒙山区小毛驴，体型小，耐粗饲，食量小，易管理，抗病力强。体型细致紧凑，精神活泼，头大略长，颈部较短，腹部稍大，四肢强劲，筋节明显，胸较宽深，耳大直立，反应灵敏，被毛较细短，多为银灰或青灰色，少数黑色、杂色。从1957年起，引进德州驴，以改良本地驴，至1996年，改良驴约占40%。改良驴个大力强，使役性能提高，产肉自然也多。随着市场经济的发展，驴肉加工生产逐年增多。二庙乡居村为闻名遐迩的“杀驴专业村”。1995年，建起库容1500吨的驴肉冷库。1996年，全县驴存养量4.5万头，占大牲畜的22.8%，为有历史记录以来最高点。20世纪90年代后期始，存养量逐渐减少。2010年，全县驴存栏量463头。

马、骡　马为杂交马，体型偏小。1959年，从东北购买马80匹，选种马4匹。1970年，从新疆购进马103匹。1976年，从内蒙古购进77匹，供给农村饲养、使役、配种繁殖。骡有驴骡、马骡之分。1996年，全县存养马1.5万匹，骡4000匹。20世纪90年代后，随着农业和交通运输的机械化程度提高，马、骡迅速减少，存者仅作运输之补充，或偶尔用于田间耕作。2010年，全县马存栏96匹，骡36匹。

中小家畜养殖和改良

猪 1949年，全县仅养猪4.99万头。1978年，全县猪存栏26万头，出栏18万头，出栏率69.2%。1983年，全县猪存栏36.89万头，出栏26.04万头，出栏率70.6%。1996年，全县猪存栏32.2万头，出栏30万头，出栏率93.2%。2010年，全县猪存栏31.15万头，出栏47.64万头，出栏率153.9%。

本地猪原属华北型黑猪，被毛全黑，耳大下垂，耐粗饲，抗病力强，颈下、腹侧、后臀、四肢上部等处褶皱明显，俗称“大褶皮”。20世纪50、60年代，“苍山大褶皮”载于畜牧教科书，但该猪体型偏小，育肥长达1年，体型仅70千克上下，出肉率也低。1955年后，陆续引进英国约克夏、苏联大白猪、美国杜洛克、丹麦长白等国外良种和垛山、新金、哈白、荣昌、内江、太湖等国内地方良种，以改良本地猪。60、70年代，饲养的为多血统杂交猪。经过长期筛选，80年代以饲养荣杂猪为主，原本地黑猪已绝迹，荣杂猪占70%以上。80年代后期至90年代，太湖猪被大量引进，其特征为“六白”，即嘴头、尾梢、四蹄皆白色，且耳大垂地，俗称“大耳朵猪”。产仔率较高，窝产可达15头以上，多达20～26头，育肥期较短，一般240天左右，出栏体重120千克，皮肉率45%，料肉比3.5～3.7，料肉比较低，但各项指标均优于“荣杂”。1990年，从杭州引进长白猪63头，后又从外地不断引进，主要用于与太湖母猪杂交改良，其杂交后代表现父母优势。窝产仔10头以上，育肥期190天左右，出栏体重120千克上下，皮肉率48%，料肉比3.5左右。至90年代末，长杂育肥猪占育肥总数的80%以上。2000年后，虽然改良覆盖面越来越大，但与社会对生猪体型好、皮肉率高、肉质佳的要求还相差甚远，严重制约着经济效益的提升。去杂母猪、太湖母猪为主的格局极需改变。

羊 苍山历史上有养羊的习惯，饲养有绵羊、山羊（青山羊、奶山羊、狗山羊）两种，以山羊为主，而山羊中狗山羊占多数。1949年，全县羊存栏5309只。1978年，全县羊存栏存栏42600只。1996年，全县羊存栏64万只。2010年，全县羊存栏30.12万只，出栏31.2万只。

绵羊，本地绵羊属山东小尾寒羊后裔，体型较小，结构紧凑，皮毛为白色，体重一般在30千克左右，年产毛平均1.76千克。1955年后，从外地购进考力代半细毛羊570只。1980年，从新疆购进细毛羊88只，以对当地绵羊进行改良。改良羊身躯变大，羊毛细度与产量都有较大提高，产毛量3千克以上。1996年，全县绵羊存栏16.2万只。2010年，全县绵羊存栏3.85万只，主要分布在北部山区乡镇。

奶山羊，体躯紧凑、四肢端正、皮毛白色、杂色甚少，体重多在30～40千克，年产羔1胎，胎产1～3只，产后一个月开始断奶，泌乳期6～8个月，平均日产奶1.25～1.75千克。20世纪80年代，从崂山、文登引进多产奶羊改良当地奶羊，日产奶可达3.5千克。1996年，全县存栏10.4万只。2008年，全县存栏仅有0.2万只。2010年，在县内奶山羊几乎绝迹。

狗山羊，体小灵活，俗称“小狗羊”，性情活泼，善跳跃攀登，又戏称“山羊猴子”，一般体重15千克左右，肉用为主，皮兼用之。曾于1982年进行过技术测定，屠宰率平均52.7%，出肉率38.47%。狗山羊长期以来没有得到改良，直至20世纪90年代，引进肉用型优良品种波尔山羊纯种繁育推广和改良当地狗山羊。1997年，鲁城乡建立1处波尔山羊种羊场，饲养种羊30多只（每只2万元）。2008年，卞庄波尔山羊场存栏种羊200余只，加快了山羊改良步伐，改良面占32%。2010年，全县存栏26.67万只，出栏28.3万只。

青山羊，皮肉兼用，以皮为主。20世纪

80年代前以皮出口，之后以肉为主，皮内销。1973年，从菏泽地区引进450只，以流井为饲养基地。1983年，发展到2万余只。1996年，扩养到大仲村、大炉、兰陵、新兴等乡镇一带，共4万余只。母羊胎产3～4只。出生3～7天的羔羊青猾子皮价格昂贵。2008年，全县尚存养1000只。至2010年，逐渐被白山羊代替，几乎绝迹。

家禽养殖和改良

县内饲养家禽主要为鸡、鸭、鹅，以鸡为主，其余次之，鹅少量饲养。1978年，全县家禽存栏178万只，其中鸡168万只。1983年，全县家禽存栏185万只，其中鸡155万只。1996年，全县家禽存栏1613万只，其中鸡1500万只。2010年，存栏650.48万只，其中鸡571.1万只。

鸡　本地鸡称草鸡，蛋用为主，该鸡体小紧凑，羽毛杂色，母鸡麻色居多，公鸡多为红色、黑红色。母鸡平均185天开产，平均每只年产蛋103枚，总重4～4.5千克。20世纪60年代，从外地购进少量莱克航鸡、澳洲黑鸡、安徽鸡、日照鸡、济南芦花鸡，放养于农村，改良当地鸡。80年代中期，引进推广罗斯鸡。1983年，从济南引进“星杂228”蛋用鸡。1987年，从上海引进美国艾维茵、AA肉用型父母代种鸡800套，从诸城、泰安引进2000套。1989年，引进英国伊莎蛋鸡1000套。1991年—1993年，引进父母代AA肉用种鸡1000套、艾维茵种鸡2000套、579蛋鸡1500套。重点分布在三合、卞庄、小岭、兰陵、沂堂等乡镇，进行扩繁饲养，并不断更新。1987年，全县鸡存栏195万只（主要是蛋用草鸡）。1996年，全县鸡存栏1500万只，其中蛋鸡1121万只，肉鸡379万只。2010年，全县鸡存栏571.1万只，其中蛋鸡178.1万只，肉鸡305.5万只，兼用型鸡87.5万只。

图7—12　蛋鸡养殖　（2002年摄）

鸭　20世纪90年代前，县内仅饲养蛋鸭，早年由微山湖传入，称为麻鸭。该鸭体型紧凑，觅食力强，产蛋率高。1993年，从临沂引进法国巴巴里肉鸭。2000年起，肉鸭饲养增多。2007年、2008年增长尤快，分别达到8.1万只和18.6万只。2010年，全县鸭存栏72.15万只。因效益稳定、易于饲养，仍有快速发展态势。

鹅　本地鹅主要散养于河边或湖边，体型中等，细致紧凑，公鹅较母鹅大，公鹅体重一般5～7千克。1987年起，其商品地位提高，饲养量增长较快。1990年，全县饲养25万只，比1983年增长3倍。1993年—1994年形成规模，如庄坞南营子村等鹅鸭专业贩运村，本地鹅产量不足时从县外收购，并在收购的鹅中选优秀个体以改良本地鹅。2010年，全县鹅存栏7.23万只，出栏7.31万只。

兔　分皮、毛、肉用兔3种，以肉兔为主。本地兔为肉、皮兼用兔，体型紧凑，活泼好动，耐粗饲，成年兔体重一般2千克左右。20世纪50年代末，引入安哥拉长毛兔，至80年代方形成规模产量，兔毛出口外销。1980年，引进青紫蓝兔、大耳白兔、新西兰兔、比利时兔等国外优良肉兔，进行繁殖饲养，体重一般3～3.5千克，当地兔逐渐被淘汰。90年代，县内曾一度快速发展皮用獭兔，数量达上百万只。1978年、1996年、2008年、2010年，县内兔类分别存栏11.2万只、110.8万只、51.65万只、43.8

万只，分别出栏18.3万只、121.6万只、62.3万只、52万只。

特种动物养殖

蜂　县内养蜂业长期零星分布，蜂群数量少，多为中华蜜蜂（即土蜂）。20世纪70年代后期，引进意大利蜂，出现了养蜂专业户，但数量不大，一般一群百箱左右。1980年，全县养蜂487箱。1983年，全县养蜂1181箱。后终因效益不好，数量减少。2008年，全县养蜂仅存200箱。2010年，全县养蜂100箱。

水貂　1980年，县内开始养水貂，由国外引种，仅养960只。1983年，降至存养592只。之后随着市场需求的增加和管理水平的提高，养殖规模逐步扩大，主要集中在卞庄、兴明、南桥、向城、三合等乡镇。1996年，全县存养水貂6.8万只。2003年，存养水貂15万只。2008年，存养水貂60万只。其间，培育出地方良种“苍山黑”。苍山水貂养殖以品种好、养殖量大、效益高，闻名省内。2010年，全县水貂存栏量在120万只以上。县内有3000家存栏量达500只的水貂规模养殖户，年产值近2亿元。

图7—13　三合乡斜沟村养貂农户　　（1999年摄）

狐狸　县内始养狐狸于20世纪80年代中期，90年代发展较快，之后速度放缓。1985年存养1.5万只，1996年8.5万只，2010年2.5万只。

野猪　县内野猪饲养始于2005年，虽起步较晚，但发展很快。2008年，全县野猪存养2万头，其中能繁母猪240头。2010年，全县野猪出栏近2万头，其中位于卞庄街道的银斗生态野猪繁育基地出栏2000头。

1949年—2010年苍山县部分年份牲畜养殖情况

表7—6

年份	大牲畜（头、匹）		生猪（头）	羊（只）	年份	大牲畜（头、匹）		生猪（头）	羊（只）
	总头数	骡马				总头数	骡马		
1949	54279	483	49914	5309	1978	46376	2119	203100	42600
1954	84374	373	65314	1550	1980	49093	2433	245700	80400
1958	59296	206	97585	21061	1983	32759	3495	36852	13457
1961	55854	225	78994	55972	1996	197100	19000	322100	201000
1965	53244	317	130158	21345	2001	65110	23000	305110	433751
1970	62618	476	180941	28000	2008	57000	1188	210000	309500
1975	51055	1124	219900	30369	2010	30000	132	311500	301200

第二节 畜禽饲养

20世纪50年代前，畜禽全部由家庭私养。50年代至70年代，除了家庭私养外，又出现了集体饲养（公养）。80年代后，重归于私养，并出现规模化养殖。

传统的饲养方式：大牲畜、猪、羊，以放牧与舍饲结合，并以粗饲料为主;鸡，白天散养，夜晚入舍；鸭、鹅，晚间入舍、入院，白天放养于沟河汪塘；兔为舍饲。20世纪80年代后至2010年，陆续出现山林养鸡、大棚养鸡（鸭）、暖圈养猪以及多种畜禽规模化标准化养殖方式。

牛的饲养

新中国成立前，牛作为畜力饲养，是农民种地的重要帮手。1952年，下村成立前进林牧合作社，仅100余户、300多人的村庄养牛130多头，并尝试黄牛挤奶、加工，兼“十区养（多种家禽）”，成为畜牧生产重点村、先进村。1960年，华东区省、市畜牧生产现场会在下村召开。20世纪50年代至70年代，国家对耕牛实行保护政策，明文规定私自杀牛违法，淘汰牛需经畜牧兽医部门检疫检验，报请政府部门批准。1990年起，县内发展肉牛规模饲养。1994年，全县有养牛大户115户，养牛1054头。2010年，全县养牛大户280户，养肉牛8600头。

猪的饲养

20世纪70年代前，以青草、糠、地瓜等饲料喂养，即所谓“一瓢水一瓢糠养猪法”，谷物饼类精饲料极少。不少养猪农户和集体，在秋季收获后放牧于地瓜田、花生田及荒地，饲养方式粗放，猪舍为土垒石砌且矮小。70年代起，推广青贮、打浆、糖化发酵饲料，以粗代精“穷养猪”。80年代，推广混合饲料。90年代，大面积推广暖圈养猪及生料喂猪。至2010年，全县已普及。猪舍日趋改善，砖混结构，水泥地面，圈外积肥，上有住房式盖顶，分单列、双列式，且均带走廊，便于饲养管理，分间（圈）饲养，一圈可养5～10头。由于规模化养殖，彻底改变了一年养猪半年长的传统习惯。

图7—14 养猪场 （2005年摄）

20世纪80年代前，养猪以积肥为主要目的，强调“一户一猪”“一亩一猪”，以多积肥促进农业生产。之后，猪的养殖市场化高，规模化养殖场快速发展，少则几十只，多则数万只以上。2010年，向城镇泽田养猪场年出栏可达2万头。

羊的饲养

县内羊的饲养以青草、作物秸秆为主，补饲少量玉米、麦麸、豆类精料。个体或联户养殖，几乎一年四季驱赶羊群野外放牧，甚至远走他乡。除波尔山羊和波尔山羊改良羊外，其他羊只至今不能适应长时间舍饲。

鸡的饲养

1958年前，县内鸡的养殖长期为农户散养，少则几只，多则10余只，以糠麸拌食，或直接饲喂原料。1958年起，建集体养殖场，以小苍山、下村、尚岩等4处鸡场为大，各养鸡3000余只，但为期不长，先后停养。20世纪80年代，县内发展规模养鸡户。1983年，三合乡斜沟村王富华率先饲养蛋鸡1000只，并因此走上致富路。1985年，全县养鸡大户发展到400个，养鸡10万余只。1987年，从外地引进蛋肉鸡良种，三合乡饲养蛋肉种鸡300套，形成饲养、孵化、饲料加工、肉鸡加工（年加工4000吨）冷藏配

套体系。1996年，全县养鸡专业户1018户，养鸡44.7万只，其中肉鸡29.86万只，全部饲喂全价饲料。2010年，全县养鸡专业户4000多户，养鸡400万只，其中肉鸡300万只。

第三节 疫病防治

疫病类型

全县曾发生和流行的畜禽疫病有82种，其中病毒病16种，细菌病23种，寄生虫40种，代谢病3种。主要疫病10余种，如猪瘟、猪丹毒、猪肺疫、猪气喘病、仔猪黄白痢、猪流感、猪传染性胃肠炎，鸡瘟、禽霍乱、鸡法氏囊炎、鸡球虫病、兔瘟、兔球虫病，牛羊肝吸虫、牛流感、牛流行热、牛卡他性热、口蹄疫和畜禽维生素、微量元素缺乏症等，以猪瘟、鸡瘟、兔瘟、禽霍乱危害最为严重。20世纪90年代后期又新增猪高致病蓝耳病、猪圆环病毒病、猪附红细胞体病，并于2006年—2008年夏秋季节呈暴发性大流行，且伴有温和性猪瘟。由于多呈混合感染，故常冠以“无名高热病”，给养猪业造成严重损失。

疾病防疫

猪病防疫 猪病主要有猪瘟、猪丹毒、猪肺疫、猪气喘病及猪伪狂犬病、细小病毒病、高致病性蓝耳病、圆环病毒病等。

猪瘟，俗称烂肠瘟，猪瘟病毒所致，一旦发病，几乎无药可治。20世纪50年代中后期，全县大流行，发病3万多头，死亡3万头，占存栏数的50%以上。1953年，兰陵黄泉村150户人家，养猪350头，因猪瘟2个月内死亡340多头，死亡率97%。为防控猪瘟，国家很快研制出猪瘟兔化弱疫苗（1965年改为“冻干苗”）。1954年起，全县开展一年春秋两季大面积高密度免疫注射和集市防疫。60年代，基本控制了全县猪瘟疫情。为巩固成果，70年代，除坚持两季和集市防疫外，又增加随时可以进行的窝防窝骟。80年代，推出防疫承包责任制。90年代，思想有些松懈、麻痹，出现防疫漏洞，因此，每年又有猪瘟散发。

猪丹毒，俗称打火印（皮肤有麦形红色丘疹），病原为丹毒杆菌，县内20世纪50年代末至60年代初流行严重。1954年—1956年，每年发病猪约占饲养量的40%左右。主要与猪瘟一起进行防疫。60年代末得到控制。

猪肺疫，俗称锁喉风，由多杀性巴氏杆菌感染所致，流行于20世纪50年代。防疫措施均与猪瘟、猪丹毒同时落实。70年代初得到控制。

猪气喘病，又称霉菌性肺炎、支原体感染。该病为发病率高、死亡率低的呼吸道慢性疾病。始发于20世纪60年代初，因无效果确实的疫菌和特效药品，且治愈后易复发，长期以来呈散发性流行，造成养猪业损失较大。

猪伪狂犬病、细小病毒病、高致病性蓝耳病、圆环病毒病，均始发于20世纪80年代。前两种疫病，只要按程序进行免疫防治，效果比较明显；后两种疫病，防疫效果较差，疫苗免疫保护率在60%～70%。

鸡病的防疫 鸡病主要有鸡新城疫、禽巴氏杆菌病、鸡传染性法氏囊炎等。

鸡新城疫，俗称鸡瘟，由鸡新城疫病毒引起，春季、秋季多发，无特效药治疗。发病率高，死亡率95%以上。1949年前，县内就有此病。20世纪50年代发生严重。1953年、1955年两次大流行，死亡近40万只，占存栏数近50%。60、70年代，实施免疫注射，流行轻，发病少。80年代，实行新的免疫程序，雏鸡在7～10天时用鸡新城疫Ⅱ系疫苗滴鼻，30天时用鸡新城疫Ⅰ系苗注射，疫情得到控制。1989年后，仅呈零星发生，发病率0.4%。至2010年，仍呈局部散发状态。

禽巴氏杆菌病，又称禽霍乱，鸡鸭鹅鸽等均会发生，以鸡最为严重。该病发病急，死亡快，常死于夜间窝内与产蛋时。20世纪50

年代中期，县内广泛流行。1955年，仅向城乡就死亡1万余只。70年代，依然流行严重。80年代，采取禽霍乱氢氧化铝菌苗和冻干疫苗，加之服药，疫情基本得以控制。但稍一松懈，个别年份，个别村庄，仍有暴发流行。

鸡传染性法氏囊炎，是由病毒引起的一种新病。1987年前，县内没有此病发生。1987年，卞庄镇小庄村和向城乡向城北村先后发生此病。采用法氏囊疫苗进行免疫，效果确实。1988年起，采用县兽医站自制疫苗，效果良好。但必须年年防疫，才能控制此病的发生和流行。

兔病的防疫 危害兔的主要疫病是兔病毒性败血病，俗称兔瘟。该病发病急，死亡快，病死率高。1984年，因个体商贩走家串户收购兔毛，带入疫源，传入苍山县。首次发生在流井、矿坑乡与费县交界的村庄，死亡3万多只。1985年，死亡7万多只。当年，开展兔瘟疫苗免疫注射。之后，每年凡养兔者都自觉防疫，采购疫苗和自制疫苗，效果都很确实，疫情得到控制。

大牲畜疫病防治 大牲畜疫病，马属动物（马、驴、骡）疫情一直较少。牛的疫病相对较多，但未曾造成大的危害。1953年，养牛较集中的磨山西疃村首次发生由气肿梭菌引起的牛气肿病，发病31头。1973年，在奶牛中检测出牛布氏杆菌病。1980年，县兽医站曾诊疗过数例牛三日热。20世纪90年代，发生过牛口蹄疫，未引起大范围流行。以上几种牛病，均呈零星散发，经采取相应措施，得到控制。

检疫检验

2008年，在畜牧局成立苍山县动物疫病预防控制中心，全面落实防控目标责任制和责任追究制。

产地检疫 20世纪80年代起，一改单纯的防疫为加强产地检疫。各乡镇兽医站抽出专人，对所有出栏畜禽做到逐头逐只检疫观察，发现病畜禽和疑似病畜禽，坚决杜绝买卖。2010年，产地检疫畜禽150万头（只）以上。

道路检疫 苍山县地处鲁南、苏鲁交界处，为防畜禽疫病传入传出，2003年、2007年，经省政府批准，先后在长城、兰陵镇成立检疫站，派专职人员昼夜值班，负责检疫把关，对来往畜禽运输车辆进行消毒，对畜禽进行检疫，出现疫情及时报告，对病畜禽按规定处置。1996年，在全县10处重点乡镇设立检疫消毒站。2007年，检疫消毒站调整为7处。2010年，检疫消毒站有专职检疫人员53人，每年检疫畜禽1200万头（只）。

驻场检疫 在县内县乡（镇）两级28处食品站定点屠宰场、县肉联厂、东珍公司（兔肉加工）、肉品冷库以及规模养殖场，在其驻地宰前宰后、出栏、加工等各环节都派专人检疫检验，合格者准予进入市场，否则按规定处理。2008年，畜禽出栏检疫量5000吨以上。2010年，检疫量与2008年基本持平。

检疫检验设备 20世纪90年代检验设备逐步完善。1996年，县内有超静工作台、显微镜、温控器共15套。多数微观化验项目均能自做，做不了的及时送检。2010年，国家投资80万元为全县10个乡镇兽医站配备仪器设备，重点对猪瘟、禽流感抗体、猪蓝耳病、口蹄疫等疫病实施监测，掌握疫情动态，防病于未然，保障了苍山县一直没有重大动物疫情发生。

第六章　渔　业

1959年12月，成立县水产局。1960年7月，县水产局并入水利局，内设水产组。1979年，水产组更名为县渔业技术推广站。1980年12月，县渔业技术推广站与农业局分开，称水产局。1984年，改称县渔技站，隶属农业局。1987年，成立县水产办公室，设立渔政监督管理站。1990年，恢复成立县水产局。2004年，成立县水产开发服务中心。2008年8月，撤销县水产开发服务中心，保留县水产局。2008年8月，在水产局渔政监督管理站加挂水生动物疫病防治站牌子。2010年，县渔业协会成立。

第一节　渔业资源

县境水域属淮河流域中运河水系，育有中运河水系的典型水产品，全县河、塘、库水域中，人工养殖和自然生长的水产品共分属5目18科64种。其中，鲤科40种，鲇科、龙虾科各3种，鳅科、鲴鱼科、匙吻鲟科各2种，其他科各1种。人工养殖有青、草、鲢、鳙、鲂、鲤、鲫鱼等。引进养殖品种有细鳞斜颌鲴、罗非鱼、虹鳟鱼、美国斑点叉尾鮰、匙吻鲟、史氏鲟、中华绒螯蟹、红螯螯虾、罗氏沼虾等。自然繁殖的有鲫鱼、餐条、马口麦穗，另有青虾、螃蟹等。

县境各类水体天然饵料丰富，水质良好。pH值（氢离子浓度指数）多在7.2～7.69之间，居微碱状态；溶解氧保持在每升5～8毫克之内，氨氮毒性在每升0.01～0.02毫克以下，亚硝基氮在每升0.1毫克以下。溶解氧、重金属等指标因子达到Ⅰ类水质标准，化学需氧量、氨氮、大肠杆菌等指标达到Ⅱ类水质标准，部分水域总磷、总氮指标达到Ⅲ类水质标准，符合国家渔业用水标准。

水生生物和底栖动物种类繁多、资源丰富。浮游植物的种类有7门，其中优势种群绿藻门、硅藻门、蓝藻门共71种，占总数的89.7%。浮游动物主要有原生动物、轮虫、枝角类、桡足类等。底栖动物的种类有水生昆虫、水栖寡毛类、多毛类、软体动物4属。据鱼类饵料生物资源抽样调查，浮游植物年平均生物量每升4.27毫克，年平均数量每升368万个；浮游动物优势种群（轮虫）占56.3%，适合鲢、鳙等鱼类的快速生长。

水生经济植物种植较少，主要有6种，即苇、蒲、藕、菱角、芡实、荸荠。宜植水面8.67公顷，其中植苇水面2公顷，平均亩产1250千克；植藕水面6公顷，平均亩产952.5千克。蒲、芡实、荸荠、菱角分布量、产量很低。水花生、水葫芦虽然种植，但面积甚小，产量不高，在猪、鱼饲料短缺时，部分用来喂猪和打浆喂鱼种，多为自然生长。浮萍分布广，任其自然生长，多用于喂猪，也用于喂鱼。沉水植物有菹草、马来眼子菜、轮叶黑藻、苦草、金鱼藻等，主要生长在路边沟、河、渠有底泥的地方，以东泇河、西泇河、武河、燕子河、汶河等处存量最大。

2010 年苍山县各水域类型养殖面积分布情况

表 7—7

单位：公顷

类型 地点	水库	池塘	其他	合计	类型 地点	水库	池塘	其他	合计
卞庄街道	2.67	23	0	25.67	南桥镇	0	29.6	3.4	33
神山镇	0	10.13	0	10.13	三合乡	0	4.4	0.6	5
大仲村镇	49.93	0.67	0	50.7	兴明乡	0	0.33	0	0.33
兰陵镇	0	19.47	0	19.47	二庙乡	0	1.47	0	1.47
长城镇	0	6.13	0	6.13	层山镇	0	10.13	13.33	13.46
磨山镇	0	0	0	0	庄坞镇	0	8	0	8
贾庄乡	13.33	0	0	13.33	会宝岭水库	1160	0	0	1160
矿坑镇	0	0	0	0	考村水库	40.27	0	0	40.27
车辋镇	7	7.73	0	14.73	小马庄水库	162	0	0	162
下村乡	13.53	0.47	0.6	14.6	长新桥水库	109.33	0	0	109.33
鲁城镇	0	2.93	0	2.93	双河水库	66.67	0	0	66.67
尚岩镇	0.67	3.4	0	4.07					
向城镇	0	13.67	0	13.67					
新兴镇	0	0.87	0	0.87					
合计	水库：1618.4　池塘：142.4　其他：17.93　合计：1778.73								

第二节　淡水养殖

养殖面积

境内解放初期基本没有养鱼业，水产品主要从河道、汪塘、水库中自然捕捞获得，产量极低。1949 年，捕获量为 60 吨。1958 年，建立国营淡水养殖试验场 1 处，占地面积 25.5 公顷，其中养殖水面 10.5 公顷。1960 年，全县仅利用池塘水面养殖 379.53 公顷。1962 年—1972 年，全县放养面积 1912.87 公顷（包括 5 座大中型水库，下同）。1973 年 4 月，县政府出台《关于发展坑塘水产生产的意见》，提出“以养为主，养捕并举”的方针。1981 年，成立南桥、三合 2 处渔场。南桥渔场面积 22.6 公顷，三合渔场面积 10 公顷。1987 年，全县水面普查，养殖面积为 2355.27 公顷，其中汪塘 733.33 公顷（含河道 4 条 200 公顷、塘坝 15.87 公顷），小型水库 88.6 公顷，大中型水库 1533.3 公顷。2010 年，全省渔业基本情况到乡入村调查发现，池塘水面由于农村规划占用、填埋以及多年沉淤等原因，养殖面积锐减，全县养殖面积为 1778.73 公顷。

网箱养殖

1986 年，苍山县以会宝岭、考村、双河、长新桥、马庄等 5 座大中型水库为重点发动库区群众利用有利库容水面，大力发展网箱养鱼。除会宝岭水库外，全都实行了养鱼承包。流井乡代村、团结村拦截库岔水面养鱼46.67公顷，投放鱼苗25万尾。1993年—1994年，全市渔业生产和网箱养鱼现场会连续2年在苍山召开，推动和促进了网箱养鱼的发展。1997年，全县投放网箱5720只，产值1000万元。2001年—2009年，发展网箱13500只。养殖品种以鲤鱼为主，占总养殖量的60%，投喂配合饲料饲养，兼养鲢鱼、鳙鱼、罗非鱼、鲂鱼等。至2010年，为使密度合理，养护水质以便长期利用，以会宝岭水库网箱养殖为主，全县发展网箱保持在13000只左右，并适当降低鲤鱼的养殖比重。

饲料生产

1994年，县水产局在下村南山湾建立饲料加工场1处，日产颗粒饲料5吨。1994年，县水产局在下村东山前建立饲料加工场1处，日产颗粒配合饲料12吨。1996年—1999年，在尚岩东南岭、鲁城庄岭、王子石、老书房以及下村粮所、县渔场等地先后出现私营饲料加工厂，县饲料加工厂也零星生产渔用饲料。全县日产颗粒配合饲料能力100吨，基本上解决了鲤鱼等吃食性鱼类的饲养问题。

标准化养殖基地建设

2007年，全县开始无公害渔业标准化养殖基地创建工作。首先在小马庄水库养殖场进行基地创建，创建面积162.67公顷。2008年8月，县淡水养殖试验场开发建设的银湖湾度假休闲园被山东省列为省级休闲渔业示范点。2010年，小马庄水库由2008年创建的省级标准化养殖基地升级为国家级标准化养殖基地，会宝岭、考村、长新桥水库等养殖场创建为省级标准化养殖基地。2010年8月，县水产局在代村现代农业示范园内自筹资金，投资36万多元新建钢架结构厂棚特种水产养殖基地1处，总占地面积2400平方米，建设水泥养殖池24个，面积1800平方米。2008年—2010年，会宝岭水库、小马庄水库、考村水库、长新桥水库等养殖基地相继通过山东省无公害水产品产地认定，产地认定面积1466.67公顷，占全县养殖面积的82%，鲤鱼、鲫鱼、鲢鱼、鳙鱼等13个水产养殖品种通过农业部农产品质量安全中心无公害水产品产品认证。

图7—15 工厂化养殖基地 （2007年摄）

财政补贴

良种补贴 2007年，国家为扶持渔业快速健康发展，对渔民生产采取水产良种补贴的惠民政策，苍山县涉及的良种有彭泽鲫、鳜鱼、斑点叉尾鮰、匙吻鲟4个品种。补贴情况为：2007年，补贴43户，补贴面积308.67公顷、网箱452箱，补贴款54900元；2008年，补贴18户，补贴面积166.53公顷、网箱400箱，补贴款58200元；2009年，补贴26户，补贴面积303.6公顷、网箱469箱，补贴款60200元；2010年，补贴21户，补贴面积519.49公顷、网箱705箱，补贴款51137元。

燃油补贴 2006年起，对水产养殖捕捞机动渔船进行燃油补贴。2006年，补贴渔船39艘，补贴金额61185元；2007年，补贴渔船51艘，补贴金额91033.36元；2008年，补贴渔船77艘，补贴金额257320元；2009年，补贴渔船77艘，补贴金额63580.30元；2010年（含2009年下半年），补贴渔船77艘，补贴金额194123.71元。

专业合作社建设

2009年，凯华蔬菜专业合作社渔业分社和震霖养殖专业合作社2家渔业专业合作社成立。2010年，震霖合作社入社社员363人，注入资金120万元，拥有生产基地80公顷，固定资产60万元，实行统一购种、统一施肥、统一管理、统一捕捞、统一销售的一体化生态养殖和营销模式，年商品鱼成交量320吨，销售额300余万元，年实现利润64万元，社员人均增收1700多元。

鱼苗繁育

人工孵化鱼苗主要为鲤、鲢、鳙、鲫、草、鲂鱼等品种，鲢、鳙鱼占到60%以上，鲤鱼占到20%。1986年，建设人工孵化环道设备1处。池塘苗种培育是鱼种生产的主要方式。每亩池塘可培育3寸以下鱼种1万～1.5万尾或3～4寸（越冬后第二年春出售）的鱼种0.6万～1万尾。1968年，仲村公社南仲村大队利用藕池培育鱼种，是全省最早的群众鱼种培育点。1988年—1990年，在流井的马庄水库利用网箱培育鱼种12500千克。1994年—1999年，培育鱼种主要供应网箱生产，满足不了的从外地购进。县内鱼种生产基本形成自繁自育、自产自销的格局。2000年，县渔场各类亲鱼老化，人工孵化鱼苗全部终止，鱼苗大多从无锡、泰安等地购进，池塘培育斤两鱼种170吨。2010年，渔场苗种繁育生产终止，社会零星培育点培育斤两鱼种80吨。

良种引进

1986年，从济南引进方正鲫。1987年—1988年，从济南、枣庄十里泉电厂引进罗非鱼苗15万尾（乌仔），在县渔场内池塘养殖分获成功。1987年，引进虹鳟鱼1000尾，在大仲村涝坡冷水泉进行养殖试验。1988年，引进荷元鲤乌仔10万尾，培育鱼种5万尾。1991年，从广州引进娃娃鱼20余尾，在贾庄养殖并销往广州。1992年，从潍坊引进罗氏沼虾，试验成功。同年，从江苏如东引进中华绒螯蟹，养殖获得成功。1993年，从太湖引进大银鱼卵950万粒，投放到会宝岭水库等5座大中型水库，移殖成功。1994年，从微山县引进黑鱼、甲鱼。同年，从无锡引进建鲤鱼苗进行培育，从此县内鲤鱼品种逐步被无锡建鲤更新换代。1995年，从梁山县、鱼台县引进中华绒螯蟹扣蟹苗，分获养殖成功。1997年，从东营购进中华绒螯蟹大眼蟹幼体，在县渔场利用池塘，使用塑料大棚增温，培育豆蟹和扣蟹获得成功，成蟹养殖也获成功。1998年，向会宝岭水库等5座大中型水库投放大银鱼卵1200万粒，增殖成功。1999年，从泰安市淡水研究所引进日本锦鲤、锦鲫观赏鱼1万尾在渔场养殖。同年，从泰安市淡水研究所引进既可观赏又可食用的长江胭脂鱼1000尾，投放会宝岭等5座大中型水库。2000年，从武汉引进美国青蛙100余组试养。2001年，从沂南县引进名优品种南美鲱鱼3000余尾，从江西国家水产良种繁育基地引进澎泽鲫亲鱼400组（175千克），并繁育成功。2006年，引进美国斑点叉尾鮰200万尾，黄金鲫5万尾，网箱养殖鳜鱼30万尾。同年，从莒南水库引进大银鱼卵2000万粒，投放到小马庄水库、长新桥水库、考村等水库中，银鱼逐步形成种群优势，并获收益。2007年，引进框鲤等5万尾，在池塘和网箱中养殖。2008年，引进良种匙吻鲟1500尾、美国斑点叉尾鮰2万尾，投放网箱养殖试验。2009年5月—6月，从湖北仙桃市、市渔业协会匙吻鲟培育基地引进大规格匙吻鲟6000尾，投放水库进行养殖试验。2009年，从江苏盱眙引进盱眙小龙虾2万尾和红螯螯虾5000尾，投放到南桥金峰养殖场。同年，从临沂水产研究所引进胭脂鱼500尾，分别投放网箱和池塘，长势良好，效果明显。2010年，从湖州引进红螯螯虾1万尾，由市水产局分配翘嘴红鲌10万尾，分别投放神山和南桥池塘养殖，均获成功。同年，从江西南昌引进匙吻鲟幼苗1万尾进行苗种培育试验。

图 7—16　池塘养殖匙吻鲟　　（2008 年摄）

产品销售

1980 年前，全县生产商品鱼以分散捕捞、集市零星销售为主，主要产量来源于池塘养殖，约占到全县销售量的 80%，其他产量从水库河沟等零星捕捞获得，基本上是自产自销，无专营或从外地购进。1981 年，苍山县成为山东省商品鱼小基地县，条件较好的兰陵艾曲、三合北头、南桥故河道、长城薛村等池塘经过开挖改造，单位面积产量有所增加。同年，成为国家商品鱼基地县。1984 年，全县上交国家商品鱼 100 吨。自此，苍山县养殖鱼走出县境，在东北等地销售。1984 年—1987 年，商品鱼基地年总产量最高达到 1390 吨，累计上交国家商品鱼 450 吨，为缓解当时“吃鱼难”问题做出一定的贡献。

1987 年，在县渔场内建造 30 吨低温库 1 座，专门用于贮存、冷冻商品鱼，年贮存能力约 400 吨，主要为本县市场供应，1995 年由于经营不善，宣告破产。1989 年，县商业系统建立水产蔬菜公司，主要以贮存蔬菜为主，辅以贮存水产品，大多为海产品，只存少量的淡水鱼。1995 年，尚岩镇投资 600 万元建造淡水水产品制品加工厂 1 处，主要以加工 0.5 千克左右的鲢鱼为主，加工成鱼肉制品，但由于技术条件、原料、成本核算以及市场评估等因素，只进行试产，次年停产。1996 年—2010 年，每年从水库中捕获大银鱼约 30 吨，主要销往青岛、徐州、临沂等地。

1973 年—2010 年苍山县部分年份水产品产量产值情况

表 7—8

年份	产量（吨）	产值（万元）	年份	产量（吨）	产值（万元）
1973	210	17	1989	3700	1550
1979	260	42	1990	4000	1750
1980	425	100	1991	4000	1820
1981	650	107	1992	4120	1820
1982	1025	235	1993	5500	2530
1983	1320	290	1994	5200	2392
1984	1605	350	1995	5600	2570
1985	1895	390	1996	15000	12000
1986	2135	883	1997	17000	13600
1987	2600	1100	1998	17700	14200
1988	3300	1300	1999	18600	14508

续表 7—8

年份	产量（吨）	产值（万元）	年份	产量（吨）	产值（万元）
2000	18600	14880	2006	21600	16200
2001	19300	15440	2007	18775	17860
2002	17205	12043	2008	20430	20120
2003	18920	13244	2009	21507	20532
2004	20160	15120	2010	22000	22000
2005	20160	15133			

第三节　渔政管理

渔政监督管理

1989 年 9 月，苍山县人民政府发布《苍山县淡水渔政管理暂行办法》，使渔业生产有法可依。2005 年 11 月，县水产局配合县环保局查处小马庄水库地瓜淀粉加工污染水质造成 100 吨鱼类死亡案件，并采取堵源、水体增氧、及时捕捞等措施，挽回经济损失 30 万元。

水域滩涂养殖证制度

1990 年，全县养殖水面第一次开始确权发证，利用 2 个月时间，共丈量养殖水面 969.67 公顷，发放使用证 1256 本。2006 年—2010 年，相继为县渔场、会宝岭水库管理所、双河水库管理所等养殖场办理水域滩涂养殖使用证，发证面积约 1566.67 公顷，占总养殖面积的 87.6%。

渔业监管

生产安全监管　县渔政部门对全县 376 只（其中机动渔船 77 只）养殖、捕捞的船只实施全面监管，制定渔业生产安全实施方案和应急预案，所有船只配备救生设施，大风恶劣天气及时通知养殖户。2006 年 4 月 28 日，遭强风暴袭击，由于组织有力、措施到位，除网箱遭受损失外，未造成人身伤亡事故。

质量安全监管　苍山县水生动物疫病防治站总投资 189.13 万元，其中中央投资 77 万元，2006 年开始建设，2010 年竣工。主要开展对水产品中渔药残留的抽检工作、“孔雀石绿”“硝基呋喃”“氯霉素”等禁用药物残留以及鲤春病毒等鱼类疫病的监督检测。

2008 年 12 月 1 日起，进行水产污染源普查工作，历时 2 年。主要针对施用药物品种、饲料及肥料等投入品对渔业生产环境的污染状况，共普查 164 户，其中水库网箱 142 户，池塘 22 户，涉及乡镇为卞庄镇、南桥镇、长城镇、兰陵镇、庄坞镇、新兴镇，涉及的养殖品种有鲤鱼、草鱼、鲂鱼、鲢鱼、鳙鱼等。

第七章　农业机械

1959 年 9 月，在县工业局分设县农业机械管理科（与县工业局平级）。1960 年 3 月，成立县农业机械管理局。1962 年 6 月，撤销县农机局。1970 年 8 月，成立县农业机械管理组。1972年1月，恢复成立县农业机械管理局。1984年5月，改称县农业机械服务公司。1988年7月，改称农业机械管理局。1989年，全县28个乡镇农机站下放乡镇管理。1993年12月，改称农机管理服务中心。1997年1月，挂牌兼称农业机械管理局。2008年8月，撤销农机管理服务中心，保留农业机械管理局。2010年，下设农机监理站、农机维修站、农机化学校等10个科室（单位）。

第一节　传统农具

1949年前，苍山县耕耙土地以畜力为主。耕具用的是老式铁木结构曲辕犁，耕深12～16厘米，牲畜牵引，日耕地0.2～0.3公顷。无畜力者则用人拉犁，或用铁锸、铁锨翻地。苍山县历史沿袭下来的耙具为长方形木框铁齿耙，以畜力牵引为主，无畜力亦可由人拉，主要用于大田碎土整平。另有钉齿铁耙，单人手工操作，用于小块田地及菜园地的碎土整平。使用久远的播种农具为木制2脚耩，耩脚距离26厘米，人、畜拉耩，日耩地0.1～0.5公顷。锄是沿用至今的主要田间耘耕工具，亦有使用抓钩为春耘工具。千百年来，收割小麦、大豆、谷子、稻子等细秆作物使用镰刀，收割高粱、玉米等粗秆作物使用镰刀、钎刀、镢镰等农具，收获地瓜、花生用犁、锸、镢。传统的脱粒农具是碌碡，在场地上对收获物滚动碾压脱粒。原始的排灌工具有吊斗、摇斗、水桶、盆、辘轳之类。原始的农业运输工具有扁担、钩担、单木轮手推车、双木轮牛车、杔等。2010年，县内有些传统农具已被淘汰，有些虽有改造仍在沿用，但其作用已被农业机械化所代替。

第二节　机械设备

新中国成立后，较先进的耕具逐步代替老式曲辕犁。1981年后，农村推行联产承包责任制，胶轮大车逐年减少，小平车和小型农机具大力发展。1996年，全县有小平车14886辆，山地犁9307部，耘锄280件，人畜力铺膜机66台，畜力播种机400台，喷雾器2806套。20世纪80年代后，农用汽车进入农家。1996年，全县有农用汽车536辆，农用油罐车2辆，农用运输车431辆，农用机动三轮车2019辆，农用拖拉机12231台，其中大、中型1283台，小型10948台。2010年年底，全县农机总值达6.7亿元，农机总动力为120万千瓦，拖拉机保有量7.16万台，大、中型拖拉机1.21万台，联合收获机1554台，微灌、电动卷帘机等田园管理设施农业机械3.2万台，大中型配套机具2.8万台（套），农机具配套比例1∶2.3，每公顷耕地平均动力装备12.9千瓦。

旋耕机具

1952年，苍山县引进推广新式步犁，耕深23～26厘米，效率较老式步犁高。因群众不认同，当年只推广115部。后经技术人员现场指导，农民认识到新式步犁耕得深、耕得透、稳妥好用，工效高。1953年，引进推广八寸、十寸步犁，沿用至今。1962年，拖拉机带动机引犁耕地，机引犁为二铧、三铧、四铧、五铧不等。每台拖拉机以其功率大小，日作业效率不同，小的日耕地1公顷，大者日耕地数公顷。实行联产承包责任制后，作业面积划小，圆盘耙只宜大田作业，小田不适，木框铁齿耙及小型机引耙具盛行。21世纪，随着土地流转的落实，一些农业大户使用大型播种机具作业。

农业动力机械

1956年，县内开始使用拖拉机，全县有6台、169千瓦。1958年，全县有24台、625千瓦。1962年8月，山东省农业厅分配给苍山县东方红-54履带式拖拉机5台，机引五铧犁10台，41片轻型圆盘耙20台。之后，拖拉机增加为履带式、胶轮式2种。1976年，全县机耕犁

218 部，机耕面积仅 1.93 万公顷。1960 年，引进汽车 2 辆。1965 年，全县有汽车 3 辆、拖拉机 52 台，总动力 1906 千瓦。20 世纪 80 年代，履带拖拉机已很少，多用胶轮式。2010 年，全县有大中型拖拉机 1253 辆，小型拖拉机 9291 辆，农用汽车 526 辆。

播种机具

1958 年，大搞农具改革，为适应密植和提高工效，试制了 3 脚耩、4 脚耩，脚距缩小，播幅加宽。改革后的多脚耩，因耩垄太窄，只宜播种小麦，其他作物播种仍用 2 脚耩或点播。20 世纪 70 年代初，县境内始用机引播种小麦。每台播种机有 9 ～ 11 个耩脚，用拖拉机牵引，日播数公顷。1976 年，全县有播种机 36 部，播种面积 1000 公顷。80 年代，农户使用的耩子仍是 2 脚式、3 脚式。耩子多为木制，亦有铁制。80 年代末，推广小型播种机械。21 世纪，随着土地流转的落实，一些农业大户使用大型播种机具作业。

收脱机具

1958 年，引进、仿制弓齿滚筒式脱粒机进行水稻脱粒。后随水稻面积急剧减少，使用量剧减。1973 年后，小型电动或柴油机传动的脱粒机很受欢迎，每小时可脱粒 700 ～ 1500 千克。1976 年，全县有机动脱粒机 240 台，人力脱粒机 382 台。20 世纪 80 年代末，推广中小型自走式联合收获机。1990 年，全县有自走式联合收获机 3 台、151 千瓦，机动收割机 13 台、290 千瓦，收割机 39 台，秸秆粉碎还田机 6 台，机收总面积 1.1 万公顷。1995 年，引用收割、脱粒一次完成的联合收割机。2010 年，有自走式联合收割机 43 台。

农药机具

20 世纪 60 年代前，农业病虫防治多为人工捕捉、撒药。1963 年 5 月，全县小麦发生 2 万公顷黏虫，调用飞机撒药灭虫 7 天。1970 年，引进、推广农业药用机械 1295 架，为背负式手摇及压缩喷雾器。后引进机动喷雾（粉）器。1976 年，全县有机动喷雾（粉）器 94 台、221 马力，有人力喷雾（粉）器 14294 个。1978 年后，农业病虫防治器械呈现多元化，1996 年，有各种农药器械 2 万余个。2010 年，电动喷雾器 1185 台，机动喷雾器 63 台。

1976 年—1995 年苍山县农用动力机械拥有量情况

表 7—9

年份	农用总动力（千瓦）	电动机（台）	柴油机（台）	汽油机（台）	大中型拖拉机（台）	小型拖拉机（台）	农用汽车（辆）	机动喷雾（粉）器（台）	农用机动三轮车（辆）	自走式联合收割机（台/辆）
1976	35434.72	776	1885	220	217	238	16	94	—	—
1977	46763.64	915	2576	231	317	342	21	37	—	—
1978	54340.76	1130	2769	239	503	421	10	105	—	—
1979	66535.88	1388	2819	189	769	444	15	89	—	—
1980	69582.45	1543	2748	180	956	471	33	80	—	—
1981	75511.69	1686	2539	153	1025	496	45	94	—	—
1982	78326.75	1962	2381	107	1154	469	58	101	—	—

续表 7—9

年份	农用总动力（千瓦）	电动机（台）	柴油机（台）	汽油机（台）	大中型拖拉机（台）	小型拖拉机（台）	农用汽车（辆）	机动喷雾（粉）器（台）	农用机动三轮车（辆）	自走式联合收割机（台/辆）
1983	100313.53	2507	2540	94	1369	617	160	48	—	—
1984	110100.79	2732	1676	94	1510	993	190	77	93	—
1985	110324.24	2933	2002	23	1496	1291	183	59	161	2/205
1986	93494.21	3208	181	60	1587	2167	229	61	560	8/440
1987	102335.52	3217	1847	78	1538	3134	270	22	398	8/440
1988	106783.01	3331	2042	109	1306	3584	276	36	490	8/440
1989	115355.31	3710	1907	171	1169	3964	258	56	610	8/285
1990	119896.14	3535	2804	468	1204	4322	325	62	698	8/285
1991	129400.43	3783	4965	637	802	5261	289	12	739	8/484
1992	161838.92	3441	11138	1335	772	5686	325	55	939	14/626
1993	177115.16	4311	11242	2200	712	6191	433	58	1240	15/742
1994	198122.19	4790	12391	2207	1046	6730	492	60	1479	23/897
1995	235676.28	4820	13691	2527	1253	9291	526	63	1586	43/1715

1996 年—2010 年苍山县农业机械动力情况

表 7—10

年 份	农业机械总动力（千瓦）	其中：拖拉机拥有量	
		混合台数	总动力（千瓦）
1996	340079	12231	134996
1997	350840	12900	140554
1998	430941	21443	207184
1999	469574	21643	238614
2000	515000	22143	266452
2001	525000	22285	266785
2002	535000	23467	265880
2003	623587	28976	317308

续表 7—10

年　份	农业机械总动力（千瓦）	其中：拖拉机拥有量	
		混合台数	总动力（千瓦）
2004	673434	31190	333178
2005	706841	32305	349131
2006	723873	32574	356938
2007	737529	32618	358659
2008	748974	33384	364472
2009	902901	38281	407483
2010	1109272	42459	449198

1996 年—2010 年苍山县农机化作业水平情况

表 7—11　　单位：公顷

年　份	机耕地总面积（公顷）	机耕作业（公顷）		机械播种（公顷）		机械收割（公顷）	
		总面积	其中：小麦	总面积	其中：小麦	总面积	其中：小麦
1996	58667	66000	48000	46667	46667	25333	25333
1997	58667	66000	50000	43333	43333	26667	26667
1998	52000	66667	48000	43333	43333	30000	30000
1999	58667	64000	52000	50133	43333	40000	38667
2000	58667	64000	52000	50133	45333	51467	50000
2001	58667	64000	52000	50133	45333	51467	50000
2002	58667	64000	52000	50133	45333	51467	50000
2003	58000	64000	52000	45600	40000	43500	40000
2004	39067	45333	32000	30400	26667	29067	26400
2005	59100	70600	48000	45600	40000	41800	39800
2006	62000	72800	54000	47000	41200	44800	40000
2007	62467	73267	56000	47467	41600	47067	41000
2008	62667	158670	45333	100000	45333	85333	44467
2009	62800	162000	58667	12900	56000	92400	52000

续表 7—11

年 份	机耕地总面积（公顷）	机耕作业（公顷）		机械播种（公顷）		机械收割（公顷）	
		总面积	其中：小麦	总面积	其中：小麦	总面积	其中：小麦
2010	62800	158000	52000	96667	56667	91333	52000

1996 年—2010 年苍山县小麦机械化收获装备情况

表 7—12

年 份	联合收获机		自走式联合收割机	
	台数	千瓦数	台数	千瓦数
1996	94	2870	91	2791
1997	170	4738	93	2879
1998	251	6995	93	2879
1999	350	14000	93	2879
2000	428	22080	268	13789
2001	428	22080	268	13789
2002	428	22080	268	13789
2003	428	22080	268	17169
2004	460	28760	272	17516
2005	495	20900	307	19648
2006	555	24740	367	23488
2007	706	25147	407	26119
2008	1073	29048	471	30144
2009	1697	45639	1308	83712
2010	1995	71060	1862	119168

第三节 农机服务

农机购置补贴

苍山县农机具购置补贴始于 2005 年。2005 年—2006 年，苍山县共争取省以上农机购置补贴资金 140 万元，扶持农民购置大型农机具和特色产业专用机具。2007 年，全县到位省财政资金 30 万元，市财政资金 5 万元，到位补贴资金占省对临沂补贴资金份额的 1/4，全县共补贴购置大型拖拉机、玉米联合收获机、深耕犁、旋耕机等配套机具 42 台套。到位中央农机购置补贴资金 120 万元，县级财政支付 4.4 万元，受益农户 116 户，购置各种农机具 164 台（套），其中50马力以上大型拖拉机49台，玉米联合收割机28台，小麦免耕播种机14台，旋耕、深耕犁69套，水稻收割机4台，直接带动农民投入资金461.6万元。2008年，全县共筹集农机购置补贴资金230万元，其中：①中央农机购置补贴资金100万元，补贴玉米联合收获机26台，补贴小麦免耕播种机17台，补贴大型拖拉机1台；②现代农业装备推进项目补贴资金100万元，补贴大型拖拉机27台，补贴旋耕机19台，补贴水稻收获机9台，补贴玉米联合收获机2台，补贴深耕犁12台，补贴秸秆还田机1台；③市财政补贴资金20万元，全部用于手扶拖拉机的补贴，共计200台；④省财政配套资金10万元，主要用于项目落实过程中的费用支出。2009年，全县农机购置补贴资金600万元，实际落实资金599.98万元，农户自筹资金1289.75万元，共计投入资金1889.73万元。补贴户数1469户，补贴机具总台数1538台。2010年，全县共争取农机购置补贴资金623万元，带动农民投资2067万元，有1625户农民享受补贴政策。新增各类农机具1792台（套），其中补贴大型拖拉机52台，保护性耕作机具67台（套），联合收割机65台，秸秆处理机械16台，手扶拖拉机1514台，大棚卷帘机78台。

图7—17　农机购置补贴机具展示会　（2008年摄）

农机跨区作业

1997年“三夏”（夏收、夏种、夏管）期间，苍山县农机具跨区作业，县农机局组织2台自走式联合收割机、8台背负式联合收割机到江苏宿迁、邳州等地进行小麦机收作业，完成收割面积267公顷。2006年，外出跨区作业的小麦联合收割机达300多台，总收入700多万元。“三夏”期间，同时接待外地收割机到苍跨区机收，大大加快了“三夏”抢收生产进度。2010年“三夏”“三秋”（秋整地、秋起垄、秋施肥）期间，组织小麦联合收割机460台，分赴安徽、河南、江苏等地参加麦收，累计收割小麦14667公顷，总收入达1100多万元；秋季，组织58台玉米联合收获机，到济宁、泰安等地参加玉米机收，

图7—18　农机跨区作业　（2010年摄）

收获玉米1533公顷，实现经济收入130万元。

农机化培训

苍山县农机化学校始建于1972年。1990年7月，纳入成人教育管理。1999年6月，被市政府批准为苍山县农机化成人中专学校。2000年后，针对学员的实际情况，分为校内班和校外班两种方式办学。对于离县城较远、交通不便、人员集中的，实行“送教上门，校内考试结业”的方式。对离城较近、交通方便的，实行校内培训结业的方式。2004年7月，被评定为山东省农机规范化建设示范学校，同时被确定为拖拉机驾驶培训学校。2006年12月，被省农机办评定为山东省农机规范化建设重点学校。2007年，被确定为“阳光工程”培训基地和农村劳

动力转移培训基地。2010 年，总投资 360 万元，对农机化学校进行规范化建设。该校占地面积 6400 平方米，建筑面积 3600 平方米。同年 12 月，被省农机办评定为“全省农机化重点学校”。2010 年，完成农机技能培训 4420 人次。

图 7—19　农机技术培训　（2006 年摄）

第四节　科技推广

1990 年，苍山县推广玉米大豆同穴套种耧和小麦精少量播种机新技术，在兴明、磨山、大仲村等乡镇直接无偿把 2000 台套种耧分给农民。2001 年，在兰陵镇朱堡村进行玉米机械化收获和翻转犁深耕实验。2003 年，重点组织实施设施农业项目，围绕大棚蔬菜生产，推广设施农业机械。先后引进推广电动卷帘机、多功能微耕机、二氧化碳气体施肥器、节水滴灌等机械，其中大棚机械卷帘项目取得较好的效益。2005 年，全市玉米机收、秸秆还田现场会在兰陵镇烟头村召开。2006 年，在向城、兰陵、兴明、尚岩等乡镇共安装卷帘机 2000 多台。2008 年，在兰陵镇沈坊前建立 26.7 公顷的玉米机收、秸秆还田和小麦免耕播种保护性耕作示范基地。2010 年，在卞庄街道、神山镇、磨山镇、三合乡等 4 个乡镇（街道）建立大蒜生产机械化示范基地，购置大蒜收获机 10 台、拖拉机 10 台。全县共免费安装小麦秸秆切碎机 1033 台，实现小麦秸秆还田率 50% 以上。

第五节　农机监理

1989 年，苍山县对拖拉机挂发牌照，实行一机一牌一证制度。当年，检审拖拉机 3263 台，审验驾驶员 2228 人，挂牌 106 副，新训驾驶员 368 人，复训 1606 人。1990 年 7 月，全县拖拉机挂发“山东 28”号牌，核发拖拉机反光号牌 10504 副，核（换）发拖拉机驾驶证 9351 个，新挂号牌 2637 台，新办拖拉机实习证 2232 个，检审拖拉机 7776 台，审验拖拉机驾驶员 5724 人。2000 年起，大量农用运输车从事县乡间的货物运输。变型四轮车挂拖拉机牌照使用大拖驾驶证；变型手扶车挂手扶牌照使用手扶驾驶证。2005 年 6 月，改换挂“鲁 13”号牌，拖拉机新上户 282 台，新办各类农机驾驶证 491 个，年检拖拉机 6996 台，审验驾驶员 2571 人。2006 年 9 月，苍山县农机监理站将 6500 台变型拖拉机有关档案移交给县交警大队管理。2009 年，开展安全生产百日督查专项整治行动，依法查处拖拉机无牌无证、违章载人、酒后驾驶、超速超载等违章行为，纠正各类违章作业 1060 余起，查处无证人员 240 人次、无牌车辆 360 余台。2010 年，全县年审拖拉机 11096 台，挂牌 3960 副，新办及换、补发驾驶证 2000 余个。全县农机挂牌率 93%，持证率 95%，年检年审率始终保持在 90% 以上，已创建农机安全示范乡镇 4 个，农机安全示范村 104 个，农机安全示范户 420 户，苍山县被省农业厅、省安全生产监督管理局列为全省平安农机创建示范县。

第八章 农村扶贫开发与农业综合开发

第一节 农村扶贫开发

1978年—1984年，苍山县的经济建设有了较大发展，但极不平衡。1985年，贾庄、矿坑、车辋、流井、甘霖、下村、大炉、鲁城、尚岩、新兴、小岭、大仲村、神山、沂堂14个乡镇、592个行政村、48.36万人，人均纯收入不足200元，温饱问题还没有解决。全县有204个村不通汽车，381个村不通电，296个村人畜饮水困难。

1985年，临沂地委、行署将苍山县列为地区贫困县予以扶持。8月27日，县委成立扶贫工作领导小组，下设办公室，领导开展扶贫工作。1986年，县委、县政府印发《关于扶持贫困村庄和贫困户发展生产、治穷致富的意见》，重点强调减轻贫困地区的税费负担，同时稳定各种形式的承包责任制。1988年7月，国务院贫困地区经济开发领导小组将苍山县14个山区贫困乡镇列为沂蒙山区连片扶持的老区贫困乡镇，使用扶贫贴息贷款，享受中央和地方关于贫困地区开发的一系列优惠政策和措施。1988年11月，县委、县政府印发《关于搞好扶贫工作的决定》，全县有计划、有组织、大规模的扶贫开发工作正式实施。

1987年—1997年，中央和地方共投入扶贫资金8659万元，其中扶贫贴息贷款2410万元，老少边穷贷款1105万元，县办企业贷款895万元，支援不发达地区发展资金458万元，周转金550万元，以工代赈款122.8万元，库区义务资助费438万元，架电款168万元，吃水专项资金535万元，公路建设补助资金313万元，各单位集资560万元。投入钢材320吨，木材670立方米，水泥3.2万吨，煤炭0.18万吨，化肥1.64万吨，柴油0.6万吨。共修乡村道路550千米，架设高低压输电线路637千米，打井436眼，建设农村小学校舍244处、1220间，为179个村通汽车、381个村通电、249个村解决人畜饮水困难，适龄儿童入学率达到99.8%。农民人均纯收入由扶贫前的不足200元增加到1860元，脱贫人口达46.26万人。全县基本实现整体解决温饱问题的目标。1996年11月，苍山县被省委、省政府表彰为脱贫先进县。

2000年，贫困乡镇人均纯收入达到1960元，人均纯收入在1000元以下的贫困村下降到43个。2003年，狠抓山区综合开发、林果业发展、库区造地、包扶贫困村户和人畜吃水等工作，共投入资金1650万元，其中争取省、市扶贫投入680万元，上大、小扶贫项目368个，10个山区乡镇各业总收入达35.5亿元，农民人均收入达2140元，粮食总产量14.5万吨，人均占粮240千克，解决13个村、3500人的人畜吃水难问题。2006年，贫困乡镇年人均纯收入达到2750元。至2010年，山区库区经济获得长足发展，人民生活水平极大提高，年人均纯收入达到5750元，全县农村整体达到小康水平。

“两山”开发扶贫

1985年，扶贫工作开展，县委、县政府将整治荒山作为扶贫工作的重点。1985年—1994年，全县开发砂石山4333.33公顷，其中高标准2000公顷，低标准2333.33公顷；开发青石山23533.33公顷，其中高标准1万公顷，低标准13533.33公顷。栽植各类优质果树960万棵，利用野生酸枣嫁接大枣720万株。修环山路410千米，修渠道9.3万米，打大口井121眼、深井97眼，建扬水站65座、蓄水池153个，水浇地面积达6133.33公顷。总投资2250万元，其中有偿资金750万元，无偿资金1500万元。1994年，14个山区贫困乡镇花生种植面积3560公顷，总产10936吨，总收入2792万元；干鲜果品总产66442.5吨，总收入22737.2万元。仅此两项，项目区农民人均增收343元。2001年，制订《苍山县10年扶贫开发规划》，确定用10年时间分3期完成11个山区乡镇近33334公顷的山区综合开发任务。至2010年，累计多层次开发青石山、砂石山近33330公顷，建设6个万亩优质林果花生示范基地，累计栽植各类果树13333.33公顷，发展优质地膜覆盖花生8000公顷，压植金银花1800万墩，栽植花椒2000公顷、板栗1333.33公顷，各种水利工程1000余处，修生产环山公路600千米，建供电线路70千米。

库区开发造地工程

1999年，省扶贫办批准苍山县库区开发造地工程为“山东省库区扶贫开发示范区”项目，主要借会宝岭水库除险加固工程放水期间，大搞挖库泥清淤造地、配套建设和高效农业开发。1999年—2002年，省级投资近400万元用于鲁城镇造地项目，市县及群众每年投资达75万元。2000年，完成投资660多万元（其中省扶贫专项资金160万元，县配套投入182万元，乡村自筹318万元），投入水泥500吨，累计出勤劳动力11万人次，搬动土石近百万立方米，清淤造地213.33公顷，库区人均增地0.013公顷，其中16个重点村人均增地0.02公顷。仅北小堡、庙东等7个村造地就超过133.33公顷。同时，栽植石榴3万株，嫁接大枣2.6万株，被省列为“山东省库区扶贫开发高标准示范区”。2001年—2002年，完成333.33公顷造地计划和实施二期配套工程，完成18千米交通路、12千米生产路、21座桥涵、3处观光休闲凉亭的建设任务，开挖垒砌排水沟123条、2300米，打大口井11眼，建扬水站3座，建蓄水池18座，铺设输水管道和垒石渠6.6万米，建成333.33公顷高效农业种植示范园。工程总投资1446万元。2003年，实现挖库泥造地86.67公顷，累计造地超过400公顷。

畜牧养殖扶贫

发展畜牧养殖是解决山区农民贫困的重要途径，是县内扶贫开发工作的重点。畜牧业主要是牛、羊、兔等食草畜禽养殖和专业村户的发展。1986年，全县贫困村共增养牛350头、肉食兔5000只、羊2550只，鸡、鸭、鹅等都有所增加。1992年，全县14个山区乡镇牛存栏2.1万头，羊存栏10.25万只，兔存栏39.05万只。1997年，山区乡镇牛、羊、兔的存栏量分别达到8.6万只、50万只、80万只，基本实现村村有带头户，户户有养殖项目的目标。2003年，牛、羊、兔养殖量分别达到8.3万头、46万只、230万只。在车辋镇沟底村引进了良种小尾寒羊，发展到350只。东珍肉兔养殖基地初具规模。2010年，山区乡镇牛、羊、兔存栏量分别为2.3万头、28万只、39万只。

省级重点扶持乡镇扶贫开发项目

2000年，苍山县被省政府列为34个扶贫开发重点县之一。

第一期（2002年—2004年）省级重点扶贫。共涉及车辋、下村、鲁城、贾庄4个乡镇。重点组织实施鲁城镇库区扶贫开发示范区项目、贾庄乡万亩优质林果蔬菜基地建设项目、车辋镇万亩优质桃基地建设项目、下村乡万亩花椒干鲜果基地建设项目。经过3年开发，贫困人口人均收入由600元增加到2400元，4个乡镇的财政收入由650万元增加到1320万元，基本实现人均收入和财政收入翻一番的整体脱贫致富目标。完成投资6804万元，造地整土640公顷，发展林果面积4333.33公顷，完成荒山植树造林1333.33公顷，发展畜牧养殖58万头（只）、网箱养鱼1800箱，修建道路88千米，修建桥涵360座，打深井、大口井105眼，建蓄水池64座、拦水坝217座，建管道3万米，架设高压线路2.5万米，建看护房120间，解决24个村3.8万人的人畜吃水难问题，扶持建设3处蔬菜批发市场。

第二期（2005年—2007年）省级重点扶贫。乡镇为大仲村镇、二庙乡、下村乡。以大仲村镇的花生、二庙乡的银杏和下村乡的花椒为主导产业，建成大仲村镇的万亩花生林果基地、二庙乡的特色产业示范银杏基地和下村乡的万亩干鲜林果基地。3年累计投入资金2882万元，其中中央配套230万元，省配套320万元，市配套157万元，县配套157万元，乡镇以下投资2018万元。共栽植各类果树2886.67公顷，发展地膜覆盖花生1866.67公顷，配套基础设施建设80余处。

第三期（2008年—2010年）省级重点扶贫。乡镇为尚岩镇、兴明乡、矿坑镇。重点抓了尚岩镇的万亩柿子核桃干鲜果品基地、兴明乡的万亩优质有机瓜菜生产基地、矿坑镇的万亩黄烟、林果示范基地。3年共投资4325万元，其中争取上级投入895万元，县以下自筹3430万元。共栽植各种果树1333.33公顷、黄烟1000公顷，修拦河坝1座，新建蓄水池30座，修大小桥涵25座，治理河道1000米，铺设管道11960米，开挖排水沟34510米，修水渠1000米，荒山整地1000公顷，护坡5000米，架电5000米，新建蔬菜大棚133.33公顷，改建蔬菜大棚200公顷，引进蔬菜优良新品种66.67公顷，种植丰产林66.67公顷。

产业化扶贫示范试点

2008年，制订《山东省苍山县产业化扶贫示范试点方案》，选定尚岩镇作为省级产业化扶贫示范点。该镇严格按照产业化扶贫示范试点工作方案的要求，坚持“村为基础、整镇推进、区域规划、综合开发”的原则，以会宝山生态产业合作社为龙头，实行“合作社＋基地＋农户”的发展模式，选择核桃、柿子等适宜当地发展的主导林果产业。经过3年的扶持发展，由最初18户社员入股发展到社员股3260户13200人，涉及28村，入股资金达1600多万元，入股荒山及土地666.67公顷，3年累计总投资3600余万元，治理流域面积13.8平方千米，建蓄水池10座，修建大型拦水坝1座，架电4000米，修环山路10千米，安置农村剩余劳动力500余人，户均增收2000多元。

科教扶贫

1986年，县政府成立办班致富领导小组，各乡镇也成立相应的组织。县科委、县科协、县农业局、县林业局、县乡镇企业局等部门经常组织人员深入贫困地区传授科学技术，先后举办林果、畜牧、编织等实用技术培训班14期，培训农民1000多人。地、县扶贫工作组也利用多种形式向农民传授科学技术知识。1986年—1996年，山区乡镇新建中小学224所，其中希望小学6所，春蕾小学3所。基本扫除了青壮年文盲，14个山区贫困乡镇基本实现初级中等义务教育。通过以会代训、县农函大、农广校和委托大中院校代培等多种培训形式培训各类技术人员8.9万人次。1992年，14个贫困乡镇成立农民技术协会166个，会员达4102人。当年，举办各类培训班314期，培训农民技术员2.4万人。1997年，认真实施“双百工程”，即在山区100个贫困村，放映100部科学教育电影。举办90个科技培训班，培训农民3800多人。1998年—2000年，市县直单位向81个村赠送科技书籍1.1万余册，放映科技电影561场，观看者达11万多人次。2001年—2004年，举办各种农技讲座12期，受训人员达2.5万人次。2003年，在贾庄乡实施“万亩科技扶贫工程”，利用省扶贫办发放的2万瓶价值50万元的“通丰”叶面肥，对贾庄乡的66.7公顷林果、133.3公顷小麦、133.3公顷大棚菜、333.3公

顷粮食作物实施叶面喷洒，起到良好的示范作用。2005年—2006年，县农业部门与吉林省宇瀚生物技术有限责任公司合作，对“增鑫牌”聚地能微生物菌剂进行试验和示范，兴明乡等9个乡镇的30个示范村蔬菜增产幅度平均达18.15%，亩增收产值904元，示范面积达920公顷。2010年，将贫困劳动力转移培训作为扩大就业和增加农民收入的重要渠道，全年共培训1430人。

包点扶贫

1985年，组织县直机关61个部委办局人员，深入农村调查研究，基本摸清贫困村户的底子。之后，县委、县政府组织200多名县直机关干部、500多名乡镇干部包点扶贫。县直部门包扶27个人均收入不足150元的贫困村。同年，地直部门扶贫工作组进驻甘霖、流井、矿坑3个乡帮助开展工作。1992年，县直87个包点单位向包点村投放资金44.8万元，投放物资290.8吨，帮助开发项目162个，实现产值达624万元。帮助21个村通车，17个村通电，14个村解决了吃水难问题。1996年—1998年，市、县直110个包点单位每年抽调300多名干部组成90个扶贫工作组，连同市县5600多名机关工作人员，共包扶9个山区乡镇的90多个特困村和876个特困户，3年投放资金1980万元，建设大小项目1213个。1998年起，从县乡选派机关干部组成工作组驻村包点，连续5年开展集中整治和扶贫开发工作。2000年，抽调573名干部组成163个工作组进驻163个贫困后进村，市直12个单位包扶10个村。2003年，抽调600名干部进驻200个贫困后进村，市直派出16个部门进驻13个贫困后进村；市县直机关72个部门单位共向包扶点无偿投入扶贫资金390万元，打深井13眼、机井56眼，修建蓄水池11处，修渠道4800米，修路87千米，共上大、小扶贫项目132个，发展大棚菜200公顷、林果40公顷，较好地改善了群众的生产生活条件。2004年，动员县乡机关干部对56个贫困村的2800户特困户实施帮扶救助，全年共投入扶贫款物计2417万元，完成扶贫项目271个。2010年，苍山县被中国扶贫基金会列入爱心包裹受益县，共接收5000多个学生型包裹和100多个学校型包裹。

互助资金试点

2008年—2010年，分别在矿坑、兴明、卞庄、尚岩、向城、贾庄、沂堂7个乡镇、38个村建立23个扶贫互助社，共3130户村民入社，总人数12195人，入社率达到试点村总户数的85.3%，其中绝对贫困户和低收入户总数3076户，贫困户入社率100%。农户出资金额158.05万元，政府出资金额165万元，集体资本共计323.05万元。社员累计借款户数达1652户，绝对贫困户和低收入户借款826户，累计借款额840.8万元，回收贷款964户，共计615.75万元，到期还款率100%。根据跟踪调查，每户借款户增收均在1500元以上。

特困村搬迁扶贫

1998年，县扶贫办制订特困村搬迁方案，计划对鲁城、下村、大炉、流井、矿坑5个乡镇的10个贫困村分期分批进行整村搬迁。2000年，完成鲁城镇北小堡村的整体搬迁。2001年，对鲁城镇的匡山后村实施搬迁，共筹集资金61.7万元，建标准房14位、办公室4间、老年房6套。对下村乡的钓鱼台村实施整体搬迁，共涉及居民218户、718人，投资569万元建设住宅218套，造地10公顷。至2004年，全县共多方筹集资金1300余万元，其中市县扶持403万元，完成5个村的整体搬迁，自筹资金整体搬迁2个村（鲁城镇平山后村、尚岩镇杜村），市县扶持下搬迁3个村（鲁城镇北小堡村、匡山后村和下村乡钓鱼台村）。2005年—2007年，对贾庄乡的吴家庙村、下村乡的下大炉村实施整体搬迁，对大仲村镇的胡彦庄村实施扶贫开发。共涉及3个村的151户、501人，共投资

338 万元，其中用于房屋建设 202 万元，用于造地 49 万元，用于水电路综合配套设施 87 万元。建设住房 361 间、7220 平方米，修建道路 6100 米，架设电路 3000 米，建设水渠 1200 米，铺设吃水管道 2.1 万米，打深井 1 眼，高标准造地 3.33 公顷。

第二节　黄淮海农业开发项目

1988 年 1 月，苍山县被列入黄淮海平原农业开发项目县。该项目主要以改造中低产田为中心，实行农林水牧副渔综合开发。10 月 27 日，县政府成立黄淮海平原农业开发领导小组，下设办公室，领导全县黄淮海平原农业开发工作。入冬后，组织 10 万人上阵，开发工作全面展开。至 1989 年 3 月 20 日，全县 150 个项目，已开工 120 个，占计划的 80%。共搬动土石 15 万立方米，备石料 3000 立方米，修沟渠 50 条、长 5 万米，打机井 30 眼、小土井 870 眼，新建、续建电灌站 10 处。

至 2010 年，全县共计改造治理中低产田面积 4 万公顷，完成总投资 10103 万元，其中完成财政投资 7191 万元，自筹资金 2885 万元，其他资金 27 万元；建设产业化经营项目 13 个，完成总投资 6593.2 万元，其中财政资金 1135 万元，企业自筹 4420.2 万元，贴息贷款 1038 万元。

2009 年—2010 年的土地治理项目，完成开挖疏浚排水沟 1905 多千米，新打机井 640 眼，新打大口井 105 眼，配套机井房 8 座；新修各类桥涵闸渡槽 65 座，新修电灌站 9 座，架设输电线路 27.9 米；完成小型水库（枣庄水库）扩建加固 1 座，埋设地下管道 35995 米，发展节水灌溉 3000 公顷，大棚微滴灌 10.67 公顷；修建桥涵闸 1025 座，建防渗渠 51.1 千米，蓄水池 6 处；修机耕路 185 千米，建设高标准梯田埂 980 米；建大蒜高效示范基地 133.33 公顷，大蒜提纯复壮 2.67 公顷；植树 133.35 万株；科技培训 1.62 万人次，印发技术资料 8 万份。深翻整平土地 6000 公顷，配方施肥 5333.33 公顷，秸秆还田 3333.33 公顷；购置各类大中型农业机械 234 台，配套各类农机具 570 台（套）。扶植农技服务站 9 个，项目区农民人均纯收入增加 350 元。其中，产业化项目通过投资开发，扩大了生产规模，提高了加工生产能力，使企业销售收入和利税所得明显增加，通过企业带基地、基地连农户的连锁经营方式，累计带动农户 5600 多户，实现劳动力就业 4000 多个。

第八编
苍山蔬菜

蒼山縣志

新中国成立前，境内蔬菜种植就已形成传统，以自种自食为主，部分农民也将蔬菜拿到集市出售，以调剂余缺，但商品率低。高级农业社成立后，农民家庭分得小菜园，普遍形成种菜的习惯。20世纪70年代，鲁城、尚岩、兴明、大仲村等地的农民开始种植生姜出售。从80年代起，蔬菜的种植技术水平、产量和商品率迅速提高，苍山县在山东省率先开始日光温室蔬菜生产，开创了在黄淮海地区深冬季节生产茄果类蔬菜的先河。1998年，山东省实施瓜菜“一减双保”安全工程项目，苍山县被省农业厅、省财政厅列为示范县。1999年5月，苍山县被国家特产委命名为“中国大蒜之乡”。2002年—2005年，苍山县先后被确定为全国农业标准化生产示范区、全国无公害蔬菜生产示范基地县、全国无公害创汇菜生产基地县和山东省放心菜生产基地县。2009年8月，苍山县成为国家大宗蔬菜产业技术体系示范县。2010年，全县蔬菜种植面积6.6万公顷，总产355万吨，产值63亿元。

第一章　蔬菜产业

第一节　生　产

品种

县境内传统的蔬菜有大蒜、大姜、黄瓜、辣椒、西红柿、白菜、萝卜、大葱、豆角、韭菜、菠菜、莴苣、芹菜、胡萝卜等百余种。1986年—1996年，陆续引进菜花、青刀豆、牛蒡、荷兰豆、西葫芦等100多个品种，有20余种蔬菜畅销国内外市场。2004年，按照“推优、改劣、引特并重”的方针，重点引进推广新优品种。在东南部洋菜区建立海都、原野、大地等创汇蔬菜科技示范园，先后引进牛蒡、大根萝卜、山药、芦笋、青刀豆、胡萝卜等优新品种20多个。2006年，对以蒲棵、糙蒜、高脚子为主的大蒜进行提纯复壮、异地繁种，提高大蒜品质产量。2008年，在代村建设苍山现代农业示范园智能温室，集中展示苦瓜、丝瓜、彩椒、钢笔黄瓜、金皮西葫芦、樱桃西红柿等蔬菜优新品种150多个。至2010年，全县共引进推广新优品种200多个，有80多个品种形成种植规模，100多项新技术得到推广应用。

图8—1　大姜　（1999年摄）

区域分布

2004年，按照“统一规划、突出特色、一乡一业、一村一品、扩大规模、提高效益”的指导思想，调整产业布局，重点是壮大提高蔬菜产业和建设特色乡镇。县境东部重点发展大蒜、创汇蔬菜和三种四收、四种五收夏秋露地菜；南部成规模地发展辣椒、土豆、大姜等高效蔬菜；西部着力改造棚体，扩大冬暖式大棚菜和夏秋露地蔬菜；北部突出发展食用菌、大葱、大姜和三种三收高效棚菜。全县形成大蒜、大姜、大棚菜、牛蒡、冬瓜、土豆、红辣椒、食用菌和三种四收露地菜9个特色鲜明的蔬菜产业区。

面积　产量

1978年，苍山县蔬菜总产7.48万吨。1985

年，达到26.33万吨。1989年，蔬菜种植面积2.67万公顷，总产44.3万吨。1990年，全县蔬菜种植面积2.7万公顷，其中塑料大棚、弓棚蔬菜面积8000公顷，成为“山东的南菜园”。1996年，全县蔬菜种植面积4万多公顷，总产量127万吨，其中大棚菜和创汇蔬菜年产量近75万吨。2000年，全县蔬菜种植面积5.33万公顷，总产173.07万吨。2004年，全县蔬菜种植面积5.67万公顷，其中大蒜1.67万公顷，棚菜1.53万公顷，大姜0.33万公顷，出口创汇菜0.33万公顷，夏秋露地菜1.8万公顷，食用菌投料10万吨，总产264.69万吨。2005年，全县蔬菜种植面积6万公顷，总产289万吨。2008年，全县蔬菜种植面积6.67万公顷，其中大蒜1.8万公顷，棚菜2万公顷，露地菜2万公顷，出口创汇菜0.6万公顷，大姜0.27万公顷，食用菌年投料20万吨，总产335万吨，总收入40多亿元。2010年，全县蔬菜种植面积6.6万公顷，总产355万吨，产值63亿元。蔬菜产业成为苍山县重要的支柱产业，占全县农民收入的60%。

1978年—2010年苍山县蔬菜产量情况

表8—1　　　　单位：万吨

年份	产量	年份	产量
1978	7.48	1995	122.07
1979	8.31	1996	126.98
1980	9.97	1997	136.7
1981	11.21	1998	92.8
1982	13.68	1999	145.4
1983	15.81	2000	173.07
1984	18.01	2001	195.69
1985	26.33	2002	220.78
1986	29.73	2003	242.28
1987	24.32	2004	264.69
1988	27.33	2005	289
1989	44.3	2006	310
1990	35.88	2007	300
1991	40.98	2008	335
1992	45.6	2009	350
1993	74.41	2010	355
1994	80.01		

日光温室种植

1982年，向城镇埠子村退伍军人李国从辽宁海城引进早春型温室大棚，当年试种130平方米黄瓜，收入2000多元，比种1公顷粮食效益还高。1986年，向城镇苏圈村民苏贵平、苏茨平等从辽宁瓦房店引入日光温室栽培越冬茬黄瓜种植技术，经过试种获得成功，当年种植面积1.53公顷，收入34.3万元。1987年，全村种植面积发展到16公顷。苏圈村种植日光温室黄瓜的成功经验，为全县农村经济的迅速发展开辟了一条重要途径。1988年春，县委、县政府号召全县党员干部、科技骨干、示范户到苏圈村参观学习，组织示范户到各乡镇介绍经验。自此，日光温室技术在向城镇及周边乡镇开始推广，日光温室蔬菜生产迅速发展壮大。当年达到600多公顷。2000年，实施省级沼气“四位一体”保温大棚示范项目，利用沼渣施肥、沼液叶面施肥，每个大棚比常规大棚增效3000～5000元。2000年，全县日光温室蔬菜面积2000公顷。2005年达到4000公顷。2009年达到6666.7公顷。2010年发展到8000公顷，主要分布在卞庄、向城、兰陵、兴明、尚岩、新兴等乡镇、街道。日光温室主要栽培品种为黄瓜、西红柿、辣椒、茄子等，至2010年已发展到第5代日光温室技术。

蔬菜检测

1999年—2001年，全县建立黄瓜、辣椒、大蒜、西红柿示范区9420公顷，带动推广1.53万公顷。示范区内基本杜绝高毒、高残留农药品种的使用，降低化学农药用量76.9%，生物农药占总农药用量的71.5%。其间，建检测中心1个，检测站1个和流动检测点5个，共检测各种样品320件。检测的主要品种有黄瓜、辣椒、茄子、莴苣、西红柿、大葱、甘蓝等。检测结果显示，示范区内瓜菜农药残留都在国家规定的标准之内，非示范区合格率也达到95%以上。

2001年4月，投资400多万元兴建全国首家县级无公害蔬菜检测与监控中心，2002年2月28日建成投入运行，可进行药残、肥残、重金属含量等50多项指标的检测。同年，苍山县被国家标准化管理委员会列为全国农业标准化生产示范区。2004年5月，顺利通过国家标准化管理委员会对国家级无公害蔬菜标准化示范区的考核验收，建立蔬菜标准化生产示范区47333公顷。

2007年—2008年，投资600多万元建设山东省农副产品质量监督检验中心（临沂），这是首次在县级地方设立省级检测机构。该中心占地1公顷，建筑面积3800平方米，检测项目覆盖农副产品的理化、农残、重金属、微生物和食品添加剂等全部指标项目，有能力承担对20大类、389种产品的全部项目和153种产品的2712项参数及246个试验方法的检验。在蔬菜集中生产区乡镇和鲁南、艾曲、天马、曹湾等蔬菜批发市场以及龙头加工企业建立质量速测站，对农产品质量进行定期检测和不定期抽检。

图8—2　检测中心　（2010年摄）

世博会专供

2009年—2010年，苍山县借助上海世博会，实施以“进上海、进超市、进世博会”为标志的苍山优质蔬菜“三进工程”，确定卞庄、向城、兰陵等9个乡镇（街道）为优质蔬菜基地建设示范乡镇，制定黄瓜、辣椒等16个蔬菜品种的绿色蔬菜生产标准和生产技术规程，并落实到生产基地。积极参与国家“863”计划，与山东

省质检局合作，共同在基地内建立食品安全质量追溯系统，实现由生产到餐桌的全程质量控制。苍山县15个蔬菜生产基地的青椒、韭菜、牛蒡、大蒜、西红柿等16个品种、19个单品全部达到绿色以上标准，成为2010年世博专供蔬菜。上海世博会指定山东省蔬菜生产供应基地98个，苍山县是世博蔬菜供应基地最多的县。2010年，全县发展蔬菜标准化生产基地6万公顷，其中专供上海世博会的蔬菜基地由4533公顷发展到6666公顷。世博会期间，“新苍山优质蔬菜”在上海江桥市场统一包装后进入世博会指定的酒店和餐厅，日供各类新鲜蔬菜超过120吨。“田园菜乡”“双龙湾”西红柿、长城红辣椒等名牌蔬菜进入上海、苏州、广州等南方名城超市，受到消费者青睐。

品牌创建

2002年，“一马”牌冬瓜、莴苣和“双龙湾”牌西红柿被评为“临沂市十大瓜菜”名牌产品。2006年，神山、庄坞、长城3个乡镇分别被沂蒙特色农产品绿色论坛评为“沂蒙大蒜之乡”“沂蒙牛蒡之乡”“沂蒙红辣椒之乡”，“双龙湾”牌西红柿、“一马”牌冬瓜、“绿南福”牌黄瓜被评为“沂蒙特产放心”品牌。2007年，“双龙湾”牌西红柿、“天一”牌白菜、“一马”牌冬瓜、“绿南福”牌黄瓜和“田之歌”牌蒜薹被评为临沂市名优农产品，“星发”牌活性硒蒜被评为山东名牌农产品。2010年6月30日，“苍山大蒜”荣获“临沂市首届沂蒙优质农产品十佳品牌”称号，“九合”牌韭菜、“双龙湾”牌西红柿荣获“临沂市首届沂蒙优质农产品知名品牌”称号。

至2010年年底，全县有70多个蔬菜产品在国家商标局注册商标，48处基地、110个产品取得国家无公害、绿色农产品生产基地认定和农产品认证，3处基地、12个产品获得有机转换和有机认证。“苍山大蒜”在国家商标局成功注册原产地证明商标。“苍山大蒜”“苍山辣椒”“苍山牛蒡”先后获得国家地理标志产品保护。出口蔬菜产品全部实现品牌包装销售，60%的内销蔬菜产品也实现包装入市和有品牌销售。

第二节 贮藏 加工 销售

贮藏

苍山县是全国最早利用恒温储存技术的蔬菜主产区之一。1983年5月，苍山县第一座蒜薹恒温库（属嘉德集团公司，容量2700吨）建成投产，蔬菜贮藏业开始起步。1987年“苍山蒜薹事件”发生后，为解决农民卖蒜薹难的现状，苍山县政府积极应对，筹措资金在两年内加快蒜薹恒温库建设，累计建蒜薹恒温库97座，可贮存蒜薹3万吨，基本解决了苍山县蒜薹的收储问题。到1989年，全县有冷库126座。1996年达到130座。2000年后，随着市场经济的逐步拓宽，苍山县的蔬菜、大蒜种植效益逐步提高，蔬菜、大蒜的种植面积和产量逐年提高，相应的贮藏冷库建设也随之得到发展。至2010年，全县冷库达到400多座，总库容35万吨，其中恒温库287座，基本实现产储平衡。

加工

1984年，蔬菜、果品综合加工能力6000吨，加工出口产品1200吨。1996年，全县蔬菜加工企业127家，其中中外合资企业7家，蔬菜保鲜、速冻、油炸、盐腌等综合加工能力3.5万吨，完成出口交货值2.35亿元，创汇1400万美元。2000年后，按照“重点培植一批、技改壮大一批、招商引进一批、改制盘活一批”的原则，苍山县重点培植发展龙头企业。2010年，蔬菜加工企业365家，规模以上龙头企业154家，其中市级以上农产品加工龙头企业52家（9个省级、43个市级），年加工贮藏能力100万吨，产品包括真空冷冻干燥、脱水烘干、速冻、保鲜、腌渍、油炸、调理食品等7大系列上百个品种，销往日本、韩国及欧美、东南亚等40多个国家和中国香港、中国台湾地区，年出口额6000万美元，成为山东省主要蔬菜加工出口创汇区之一。

销售

市场体系 苍山县先后建立48处蔬菜批发市场。1987年，投资35万元兴建苍山第一个专业批发市场——苍山大蒜专业市场，1988年蒜薹收购时正式使用。1990年，鲁南蔬菜批发市场建成开业。1994年，兴建横山大姜专业市场。8月，由农民自筹资金、经过多年建设的艾曲蔬菜批发市场建成。1995年，建立芦柞大蒜专业市场。1998年8月，建立南桥蔬菜批发市场。2006年6月，建立凯华蔬菜批发市场。苍山县本地蔬菜批发市场与上海的真如、曹安，南京白云亭，苏州南环桥，杭州笕桥，广州石景，深圳布吉等各大市场联网，随时给菜农和客户提供各地市场的蔬菜价格和供求信息。在南方大中城市形成众多的“苍山蔬菜一条街”和“苍山蔬菜直销市场”。苏州南环桥、杭州笕桥等蔬菜批发市场，苍山人经营的蔬菜占总量的60%以上。通过比较完善的市场网络，将全国各地的农副产品运往这些大中城市，满足城市各个季节、各个层次的消费需要，形成苍山人独特的“买全国、卖全国”的流通格局。

运销队伍 苍山县不断组织引导开拓异地销售市场，形成苍山蔬菜三大主销区：以上海为主的沪宁杭销区，以广州、福州为主的粤闽销区，以合肥、武汉、长沙为主的皖鄂湘销区。2010年，全县有20万农民脱离土地搞运销，大到上海、广州、杭州等大城市，小到长江中下游地区的乡镇驻地，都有苍山人经销蔬菜，仅在上海市经营蔬菜的苍山人就达10多万人，年销量占上海市场份额的1/4。

蔬菜物流配送 2001年，苍山县以鲁南蔬菜批发市场为核心、其他蔬菜批发市场为子公司，组建鲁南蔬菜企业集团蔬菜配送中心，以带动全县物流业发展。通过配送，把苍山蔬菜发往全国20多个省、直辖市、自治区，并吞吐周边地区的大量蔬菜，成为鲁南、苏北最大的蔬菜集散中心和净菜加工配送中心。2003年，鲁南蔬菜批发市场成交量达到91万吨，直接配送的蔬菜达20多万吨，占22%。在上海、杭州、南京、无锡、武汉、苏州等大中城市，苍山人

图8—3 鲁南蔬菜批发市场一角 （2005年摄）

依托蔬菜直销市场、20万流通大军和10万多台蔬菜运输车辆，形成集仓储、包装、配送于一体的经营模式，快速向现代物流业转变。通过建立蔬菜产品配送中心，把蔬菜直接配送到超市、机场、部队、学校、酒店、高速公路服务区等用户手中，实现“精菜入市、净菜进厨”，市场竞争力持续增强。2010年，主销区蔬菜配送中心达230家。

第三节 社会化服务

2001年—2010年，随着蔬菜产业规模持续扩大，苍山县以政府部门为依托，努力构建完善的蔬菜产业社会化服务体系，不断提高蔬菜产业链各个环节的组织化程度和生产效率。

科技服务

苍山县建立健全县、乡、村三级科技服务体系，充分发挥县乡农业、蔬菜、科技等部门站所和广大科技人员的主力军作用，深入田间地头，搞好技术指导和技术服务。聘请国内外蔬菜专家担任蔬菜产业科技顾问，定期指导蔬菜产业发展；开通蔬菜生产技术服务热线电话，配备蔬菜生产服务专车，定期巡回指导，开展

送科技下乡入户活动；编写完成“苍山蔬菜优质高产高效栽培使用技术丛书”4个分册和《苍山蔬菜标准化生产手册》，供企业职工、菜农学习参考。2005年，全县蔬菜种植技术规程达到19项。2010年，县乡科技推广队伍达到2600余人，全县80%以上的村实现科技信息网村村通。

信息服务

县政府信息中心、鲁南蔬菜批发市场等与农业部实现联网，定期发布全国各地的蔬菜价格与供求信息。龙头加工企业、运销大户、批发市场都建立自己的网站，开展网上联络、网上交易。为及时掌握主销区蔬菜的供求情况，县政府经常组织蔬菜、农业、工商、市场集团等部门到主销区对苍山蔬菜的市场份额、销售网络、流通队伍、市场需求趋向等进行调研考察，并在主销区设立信息收集点，及时收集信息，指导蔬菜的生产、加工、销售，减少菜农和运销户生产经营的盲目性。另外，还在重大天气变化之前向广大菜农发布灾害性天气预警信息，避免或减少菜农因自然灾害而造成的损失。

资金服务

县政府制定实施蔬菜产业发展优惠政策，扶持发展特色乡镇、专业村庄及种植、运销、加工大户。对特色种植户扶持贴息贷款；对运销户购买车辆实行分期付款；对蔬菜加工企业适当减免税费，并给予用地、技术、信息等方面的优惠扶持。县财政每年支出的农发基金、科技等经费达到2200万元，促进了蔬菜产业的发展。

物资服务

在蔬菜主产区规划建设20处蔬菜生产配套物资供应市场、280家庄稼医院和670家种子、农药、肥料销售部，围绕蔬菜标准化生产提供优质农药、种子、肥料、农膜、竹竿、铁丝等农用生产资料；各职能部门联合加强农业执法，全力抓好农资市场管理，严厉查处假冒伪劣农资，净化农资市场，维护企业与菜农利益。

产业协会建设

苍山县双龙蔬菜协会　2004年，以曹湾村西红柿生产供销合作社为基础在兴明乡曹湾村指导组建苍山县双龙蔬菜协会。协会无偿投入资金6万余元，购买种子分发到农户。引进推广荷兰等国6个系列、10多个蔬菜品种。组织会员实施棚体改造，推广大跨度无支柱钢架大棚。先后推广微滴灌、平衡施肥、土壤消毒等各类高新技术10多项。壮大运销队伍，拓宽销售市场。拥有自备车辆10台，带动1000多人从事瓜菜运销，在国内大中城市建立信息网点10余个，有固定客户80余家，蔬菜销售网点达到210个。在上海设立分公司，在南京、苏州、广州等地设立办事处，实现净菜配送、超市直销。2005年，被评为山东省优秀农村合作经济组织。至2006年，蔬菜协会拥有蔬菜批发市场1处，生产基地334公顷，会员3000户、1万余人，会员人均增收1200元以上。2007年7月，成为第一批国家星火计划农村专业技术示范协会；9月，被省科协、省财政厅评为“山东省科普惠农先进单位”。

鲁南蔬菜产业协会　2006年，成立鲁南蔬菜产业协会。协会由县级老干部担任名誉会长，分类下设32个委员会，吸收会员8万人，覆盖全县全部蔬菜储藏、加工、运输、流通、科研企业和90%的蔬菜种植户。

第四节　蔬菜企业选介

20世纪80年代，随着蔬菜产业的快速发展，全县形成了一定规模的各类蔬菜加工企业200家，涉及速冻、保鲜、脱水、腌渍、油炸五大系列100多个品种，年加工量40万吨。2010年，全县蔬菜加工企业发展到357家，恒温库369座，年加工贮藏能力100万吨，产品销往日本、韩国及欧美、东南亚等国家，中国台湾等地区，年创汇6000万美元。

山东鲁南蔬菜产业有限公司

位于县城兰陵路东段，其前身为工商行政管理部门投资建设的鲁南蔬菜批发市场，1998年因工商部门实行垂直管理，市场管办分离移交地方，县里成立市场贸易发展局予以接管，并改制而设立。2002年，公司注册资本为2000万元，2009年，增资到6000万元，员工1200人。主要从事市场经营管理，蔬菜加工、保鲜、批发、销售，生产资料经营等服务。公司下辖鲁南蔬菜批发市场及其分场8处，县城工业品、消费品综合市场7处，大型超市5处。被称为公司核心的山东鲁南蔬菜批发市场，位于向城镇驻地，始建于1989年，1990年3月建成投入使用，历经几次改扩建，累计总投资8000多万元，占地面积67公顷。1990年，成交量2.5万余吨，成交额3500多万元。1996年，成交量45万吨，成交额7.8亿元。2010年，成交量180万吨，成交额24亿元，列全国同类市场第7位，为鲁南、苏北最大的蔬菜集散中心。1992年，被评为全国文明市场，连续多年被评为“全国百强市场”。1999年，被确定为农业部定点市场。2008年，被评为“山东省十大蔬菜交易市场”。

苍山县龙湾蔬菜产销服务有限公司

位于兴明乡曹湾村，始建于2000年。2006年，生产销售产品1567吨，市场集散成交蔬菜40多万吨，年交易额10.96亿元，实现收入1.1亿元，上缴税金259.2万元。2003年，注册“双龙湾”牌商标。2004年，被山东省人民政府命名为引进国外蔬菜无公害技术示范园区。2008年4月，被命名为“省级农业产业化重点龙头企业”。2010年，资产总值1.24亿元，其中固定资产7199.3万元。公司拥有667公顷西红柿、333公顷黄瓜、333公顷冬瓜和1200公顷辣椒香葱标准化生产基地。公司创办科技信息生资服务公司，累计为农户提供价值180万元地膜、295万元棚体材料、180万元农药肥料等生产资料，每年为贫困户提供无偿扶持资金60万元。

山东南菜园蔬菜食品有限公司

位于兰陵镇艾曲后街村，始建于1989年。2002年注册为公司，注册资本2000万元。2003年，注册绿南福商标，并经农业部农产品质量安全中心认证颁发无公害蔬菜产地认定书。2007年，被评为“山东省十大蔬菜交易市场”“中国蔬菜批发市场十大影响力品牌”。2010年，公司占地11.6公顷，设蔬菜批发市场1座。拥有蔬菜生产基地9333.3公顷，以生产优质无公害蔬菜为主，带动周围40万农民从事专业化蔬菜生产。年经营量30万吨，成交额8亿元，年创外汇400万元，国内外固定客商1000余家。

苍山县越洋食品有限公司

位于神山镇后杨官庄村，始建于1985年。公司注册资本1690万元，占地6万平方米，其中厂房面积2万平方米，资产总值1.4亿元。拥有蔬菜脱水生产线1条，年加工生产能力2000吨；全封闭蒜粒、蒜粉生产线1条，年生产能力4000吨；恒温库20座，年储存、保鲜能力8000吨。2002年，获得无公害农产品标志证书。2004年，被山东省国际经济贸易联合会批准为会员。2005年8月，被命名为“省级农业产业化重点龙头企业”。2010年，实现销售收入2.18亿，出口创汇1200万美元。已发展蔬菜基地4000多公顷，与3万余户基地农户签订长期种植合同，带动当地农户近10万人从事大蒜生产加工，户均收入在3万元以上，每年基地农户增收3800余万元。

山东神氏食品集团有限公司

位于神山镇的兰陵县东部工业园，成立于1997年。公司注册资本1.22亿元，资产总值16.12亿元，固定资产3.6亿元。公司占地面积120公顷，建有真空冷冻干燥食品加工线20条，冻干面积0.4公顷，为亚洲最大的标准化真空冷冻干燥食品加工企业，是省级农业产业化重点龙头企业、省级农产品加工示范企业、省级高新技术企业、省级循环经济示范企业。公司拥有食用菌直属基地33公顷，草莓直属基地27公顷，建成高标准冬暖式大棚22座、智能化标准菇房132间、恒温库7座；集团科研中心被评为农业部农产品加工研发机构，承担了国家星火计划“鲁南有机蔬菜基地建设与产业化开发”项目。公司产品通过了“HACCP食品安全体系认证”和“犹太洁食”认证，出口欧盟和美、日等国家。2010年，实现销售收入10.1亿元，发展合同种植蔬菜、草莓、食用菌基地650公顷，使6个乡镇6500多农户经济收入提高。

山东星发农业科技股份有限公司

位于卞庄街道。公司前身为山东星发食品有限公司，成立于1994年。1999年，兼并山东嘉德集团公司。2001年，通过ISO 9002国际质量认证、无公害食品认证。2004年6月，被命名为“市级农业产业化重点龙头企业”。2005年8月，被命名为“省级农业产业化重点龙头企业”。2004年12月，改制为股份有限公司。2010年，总资产达8.2亿元，直属公司有苍山县北斗星实业有限公司、北京星发硒康生物科技有限公司、临沂三山进出口贸易有限公司、香港蒜王国际集团有限公司，并在韩国、美国、荷兰、中国香港分别成立4家跨国销售公司。公司占地26.6公顷，职工1909人，各类技术人员589人。年生产能力8万余吨，有保鲜、速冻、腌渍、脱水四大类60多个品种，出口40多个国家和地区，年出口创汇6000多万美元。

凯华蔬菜产销专业合作社

位于向城镇，成立于2007年10月。合作社发展社员3218户，涉及100多个村庄，社员股金1600万元，固定资产2700万元。有凯华蔬菜批发市场1处，投资380万元，占地面积13.3公顷，交易区面积10公顷，净菜加工配送厂、蔬菜保鲜仓储库预冷面积3.4公顷，年交易量15万吨，年交易额4.6亿元，年加工能力2000吨。有蔬菜食品加工厂1座、保鲜冷库1座，年加工、贮藏量4000吨。2008年—2009年，合作社创办的服务性经营实体实现利润逾500万元，社员百元基本股分红达到300元，加上蔬菜销售收入，每户社员增收1万元左右。

苍山县一马瓜菜产销专业合作社

位于向城镇常于沟村，成立于2007年年底，注册资本5000万元。前身是苍山天马瓜菜开发有限公司，始建于1996年10月。下辖瓜菜批发市场、腌渍加工厂、农资配送集散中心、净菜配送中心、绿色瓜菜生产示范基地、冬瓜菜脱水加工厂。自有蔬菜基地200多公顷，合同基地近8000公顷。入社农户9800多户，直接带动农户1.6万户，年经营蔬菜瓜果200万吨。2008年，大蒜、蒜薹、辣椒、茄子、豆角、冬瓜等11个品种通过中国绿色食品发展中心认证，获得绿色食品标志商标使用权。2010年，合作社被省政府列为山东省农业产业化重点扶贫支持龙头企业，先后与上海21家家乐福国际连锁超市订立绿色食品瓜菜产销合同。

苍山县南苑蔬菜食品有限公司

位于南桥镇驻地，始建于1998年8月。公司蔬菜市场交易容量达18万吨，有新型无公害蔬菜加工车间。2004年6月，公司生产的“鲁天一”牌白菜通过无公害农产品认证。2006年，被命名为市级农业产业化重点龙头企业，公司生产基地被命名为市级农业标准化生产基地。2008年8月，公司所产白菜、土豆、大蒜、蒜薹、黄瓜、茄子、莴苣、苦瓜、尖椒、西芹10种产品被中国绿色食品发展中心认证为绿色食品A级产品。2010年，公司占地10公顷，注册资本2600万元。设有大型蔬菜交易市场1处、2万吨恒温库1座，标准化绿色食品生产基地533.3公顷。

苍山县蔬菜产业所获荣誉情况

表 8—2

年份	荣　誉
1998	山东省“菜篮子工程”建设先进单位
1999	“中国大蒜之乡”
2004	“中国牛蒡之乡”
2005	中国蔬菜产业十强县
2006	中国果菜无公害十强县（区）
2006	山东省县区域经济十大高效农业聚集园区
2007	山东十大（农业）产业集群
2007	中国果菜加工十强县
2009	“中国蔬菜之乡”
2009	“苍山大蒜”获“中国农产品区域公用品牌价值百强”称号，列第七位
2009	中国农产品区域公用品牌建设贡献奖
2010	山东省引进国外智力成果示范推广基地

2000 年—2010 年部分年份苍山县蔬菜产业情况

表 8—3

项　　目	2000 年	2005 年	2009 年	2010 年
基本情况				
蔬菜播种面积（公顷）	53330	60000	61200	66333
设施蔬菜面积（公顷）	13333	16667	20000	22000
设施蔬菜播种面积（公顷）	14667	18667	21333	24000
其中：日光温室面积（公顷）	2000	4000	6667	8000
日光温室蔬菜播种面积（公顷）	2000	4000	6667	8000
塑料大中棚面积（公顷）	9333	11333	12667	13000
塑料大中棚蔬菜播种面积（公顷）	10333	12667	13667	14667
塑料小拱棚面积（公顷）	2000	1333	667	1000

续表 8—3

项　　目	2000 年	2005 年	2009 年	2010 年
塑料小拱棚蔬菜播种面积（公顷）	2333	2000	1000	1333
设施蔬菜产量（万吨）	120	150	195	210
其中：日光温室蔬菜产量（万吨）	70	90	120	132
塑料大中棚蔬菜产量（万吨）	35	40	60	65
塑料小拱棚蔬菜产量（万吨）	15	20	15	20
位于重点区域的蔬菜面积（公顷）	20000	26667	40000	46667
人均蔬菜占有量（千克／人）	2000	2560	2900	3000
蔬菜各品种情况				
面积：西红柿（公顷）	333	533	667	1000
黄瓜（公顷）	6000	8667	10667	11667
辣椒（公顷）	14000	15333	16667	17333
茄子（公顷）	667	1000	1333	1667
大白菜（公顷）	4000	3333	4000	4000
甘蓝（公顷）	667	667	400	667
豇豆（公顷）	667	667	667	667
萝卜（公顷）	3333	2000	1867	2000
胡萝卜（公顷）	133	133	200	200
大葱（公顷）	1333	667	667	467
大蒜（公顷）	10667	14667	16333	20667
西甜瓜（公顷）	2000	2667	4000	3333
马铃薯（公顷）	1333	1000	1333	1333
芸豆（公顷）	333	533	667	667
大姜（公顷）	4000	2667	1733	667
产量：西红柿（万吨）	2.5	4.8	6	9
黄瓜（万吨）	72	108	128	132
辣椒（万吨）	63	69	70	78
茄子（万吨）	3	4.5	6	7.5

续表 8—3

项　　目	2000 年	2005 年	2009 年	2010 年
大白菜（万吨）	24	20	24	25
甘蓝（万吨）	2.5	3	1.8	2.0
豇豆（万吨）	2.5	2.8	3	3
萝卜（万吨）	20	14	12	13
胡萝卜（万吨）	1	1	1.5	1.5
大葱（万吨）	8	4	4	3.5
大蒜（万吨）	11.2	15.4	16.2	23.8
西甜瓜（万吨）	15	20	30	30
马铃薯（万吨）	5	4	5	5
芸豆（万吨）	0.75	1.2	1.5	2
大姜（万吨）	24	16	14.8	4
产值与成本				
蔬菜产值（万元）	200000	350000	481000	630000
蔬菜产值占种植业产值百分比（%）	50	60	71.8	75
蔬菜净产值（万元）	170000	297500	408850	493000
投入生产成本（元／亩）	30000	52500	72150	87000
“三品”认证情况				
通过有机产品认证的蔬菜基地（个）	—	—	3	4
通过有机产品认证的蔬菜面积（公顷）	—	—	333	400
通过绿色食品认证的蔬菜基地（个）	—	8	21	25
通过绿色食品认证的蔬菜面积（公顷）	—	—	6667	8000
年绿色食品蔬菜产量（万吨）	—	—	30	36
通过无公害认证的蔬菜基地（个）	7	16	25	26
通过无公害认证的蔬菜面积（公顷）	667	4000	5333	6000
年无公害蔬菜产量（万吨）	30	180	240	270
科技情况				
蔬菜科研、教学单位（个）	2	2	3	3

续表 8—3

项　　目	2000 年	2005 年	2009 年	2010 年
其中：1. 国家级科研、教学单位（家）	—	—	—	—
2. 省、地级科研、教学单位（家）	2	2	3	3
蔬菜良种繁育场（个）	—	—	—	1
集约化育苗中心（个）	—	1	2	2
育苗总量（亿株）	—	0.5	1.5	1.8
其中：嫁接育苗（亿株）	—	0.3	1	1.2
地膜：1. 覆盖面积（公顷）	667	2000	4000	4333
2. 用膜量（万吨）	300	900	1800	1950
节水灌溉面积（公顷）	3333	13333	26667	30000
遮阳网：1. 覆盖面积（公顷）	—	333	667	1333
2. 用网量（万平方米）	—	250	500	1000
防虫网：1. 覆盖面积（公顷）	—	333	1333	2000
2. 用网量（万平方米）	—	100	400	600
促进农民增收情况				
农民人均纯收入（元）	2262	3541	5803	6500
农民来自蔬菜的纯收入（元／人）	1131	2124.6	4137.5	4875
从事蔬菜种植的劳动力（人）	300000	500000	600000	620000
提供的就业岗位（加工、贮藏、流通）（个）	50000	100000	150000	160000
采后处理及贮藏加工				
蔬菜采后商品化处理量（万吨）	125	180	279.2	295.2
蔬菜采后商品化处理率（%）	50	60	80	82
蔬菜加工品数量（万吨／年）	12.5	24	34.9	39.6
蔬菜加工用初级产品消耗量（万吨）	—	—	—	—
蔬菜加工率（%）	5	8	10	11
蔬菜贮藏量（万吨）	10	20	30	35
蔬菜贮藏率（%）	4	6.7	8.6	9.7
蔬菜企业及营销情况				

续表 8—3

项　　目	2000 年	2005 年	2009 年	2010 年
蔬菜生产加工企业（个）	300	350	359	365
龙头企业数量（个）	42	77	149	154
其中：1. 国家级龙头企业数量（个）	—	—	—	—
2. 省级龙头企业数量（个）	2	5	7	9
3. 地级龙头企业数量（个）	5	12	42	43
蔬菜出口企业（个）	12	32	45	47
出口量（万吨）	3	6	10	12
出口额（万美元）	3000	4000	5000	6000
蔬菜专业合作组织（个）	55	286	515	550
登记在册的蔬菜批发市场数量（个）	15	24	28	30
销往外地蔬菜的数量（万吨）	225	286	314.1	324
销往外地蔬菜的金额（万元）	180000	315000	432900	495000
调入蔬菜的数量（万吨）	0.1	0.2	0.3	0.5
调入蔬菜的金额（万元）	200	400	600	1000
蔬菜著名品牌数量（个）	3	6	12	13
获得原产地保护或地理标志的蔬菜产品（个）	—	1	3	3

第二章　苍山大蒜

苍山境内种植大蒜的历史始于西汉末年，距今已有 1900 多年的栽培史。东汉人李恂由西北到山东任刺史，在兖州附近开始田园种植，后逐步向外扩种推广，涉及济宁、嘉祥、泰安等地，进而引至苍山一带。据《郯城县志》载，明朝万历年间，神山镇和庄一带形成大蒜集中产区。苍山大蒜具有头大瓣匀、皮薄如纸、洁白似玉、黏辣清香、营养丰富等特点，在国内外享有盛誉。

苍山县为国家优质大蒜生产、加工、出口基地县。1999 年 5 月，被国家特产委命名为“中国大蒜之乡”。同年，“苍山大蒜”在昆明世界园艺博览会上获得银奖。2002 年，被国家标准委认定为无公害农产品。2006 年，被国家商标局核准注册原产地证明商标。2007 年 6 月，作为山东省唯一受邀产品参展世界地理标志大会，在代表中国参展的 30 件地理标志产品中占据重要一席，并被列入世界地理标志品牌。10 月 12 日，获得中国地理标志产品保护，被国家质

图 8—4　天下第一蒜牌坊　（2010 年摄）

检总局核准使用地理标志产品保护标志。地域保护范围为神山镇、磨山镇、卞庄镇、沂堂镇、大仲村镇、贾庄乡、三合乡、南桥镇、长城镇、二庙乡、层山镇、兴明乡、兰陵镇 13 个乡镇。2009 年 12 月 18 日，首届中国农产品区域公用品牌建设论坛在北京举行，在全国 600 多个主要品牌农产品价值评估中以 47.43 亿元列第 7 位，荣获“中国农产品区域公用品牌价值百强”称号。2010 年，荣获“临沂市首届沂蒙优质农产品十佳品牌”称号。同年，苍山县建成国家级大蒜生产标准化示范区。

第一节　品　种

蒲棵

蒲棵品种是冬播蒜，为苍山县蒜区种植面积最大的一个品种。2010 年，种植面积 2.13 万公顷，约占大蒜种植面积的 90%。生育期 235 ～ 240 天，系中晚熟品种。长势良好，适应性强，较耐寒，具有一定丰产性状，有利创高产。因种瓣小于糙蒜、高脚子，亩用种少，经济效益高。株高一般 80 ～ 90 厘米，丰产田达到 95 厘米。蒜薹为绿色，薹轴长 30 ～ 50 厘米，尾长 23.5 ～ 33.3 厘米，薹粗 0.46 ～ 0.58 厘米，薹重平均 18 克左右，组织幼嫩，品质较好，容易提薹。蒜头直径 3.45 ～ 3.2 厘米，高 3.2 厘米，头重 28 ～ 30 克，大的 40 克以上；瓣数一般为 6 ～ 7 瓣，头瓣比为 1 ∶ 0.85 ～ 1 ∶ 0.9；皮白有 3 层，肉白黄，组织细嫩。

糙蒜

糙蒜是冬播蒜，主要种植区域以芦柞为主，长城、磨山一带也少量种植。主要特点是早熟，生育期 230 天左右。常年在 5 月上旬提薹，5 月下旬起蒜，比蒲棵早 5 ～ 7 天，抗寒性较蒲棵差，后期有点早衰现象。株高稍低于蒲棵，一般 80 ～ 90 厘米。蒜薹为浅绿色，薹轴长 37 ～ 51.3 厘米，薹重平均 18.84 克。蒜头皮白，头直径 3.99 ～ 4.6 厘米，瓣高 3.28 ～ 3.42 厘米，头重 30 克以上，多数为 4 瓣，糙蒜头的特征是头大、瓣齐、瓣大、瓣高。糙蒜是大蒜中最黏最

辣的品种。

高脚子

高脚子是冬播蒜，晚熟品种。生育期240多天，比蒲棵晚熟2～5天，长势良好，适应性强，有抗寒能力，具有丰产性状，产量高。因种瓣大、用种量多、抗病性差，故遭淘汰，现已鲜有种植。植株高大，一般为85～95厘米（高者达1米以上），蒜薹为绿色，轴长35～54.6厘米，尾长约33.8厘米，薹粗约0.64厘米，薹重平均21.97克，蒜头皮白，有皮3层，直径4.53厘米，头高3.49厘米，头重31克以上，平均6瓣，肉色白黄，组织细嫩。蒜头的特征是瓣高、瓣齐、瓣大。

第二节　种　植

种植条件

温度、水分、光照、土壤是影响大蒜生长发育的四大要素，但影响最大的是温度。苍山县地处鲁南平原，属暖温带季风区半湿润气候，四季变化明显，光照充足，冬夏温差较大，极利大蒜生长。东部的砂礓黑土地更是得天独厚的优势。这种砂礓黑土多为河湖沉积物，冬季风化程度好，潜在养分积累多，质地中壤粒状结构，干湿变化频繁。土体疏松绵软，吸光能力强，含钾高，含有机质和全氮亦相对高，酸碱适度。砂礓黑土地下水丰富，上层潜水埋藏较浅，水质稳定，含有多种矿物质。用此水浇灌生产出的大蒜，鳞片洁白，肉黄黏度大、味道好。苍山大蒜正是在这种适宜的自然条件下，经过长期的自然选择和人工定向培育，逐渐形成独具一格的优良品种。

种植技术

苍山县大蒜的种植采用露地栽培。1998年，开始采用地膜覆盖，以提高地温、保持水分，从而减少浇水次数，缩短生长周期。2004年后，全县几乎全部采用地膜覆盖的方法。

常规露地栽培最佳播种期为9月28日—10月5日，有地膜覆盖最佳播种期为10月5日—15日。播种前严格精选蒜种，一般以头大、瓣大、瓣齐为标准。亩株数2.9万～3.5万株。播种前，先进行土壤消毒，再开沟栽植，整畦后覆盖地膜。出苗后，视墒情浇一次小水，11月上中旬浇透越冬水。翌年2月，在返青前后喷一次植物抗寒剂。在蒜薹生长期结合浇水进行追肥。清明前后，去除地膜和杂草，并追肥、浇水1～2次。提蒜薹后，在收获前要浇水2～3次。

20世纪80年代，由使用单一的碳酸氢铵、尿素等化学肥料，逐步演变到使用生物有机肥、复合肥、控释肥占主导地位。

第三节　病虫灾害与防治

长期以来，苍山县的大蒜没有病虫害防治的习惯。1985年，因天气高温高湿，大蒜叶枯病暴发，全县20万亩大蒜减产近50%。此后，县植保站农技人员在青竹、和庄等地指导农民使用喷雾器打药，开启了大蒜病虫害防治工作的先河。2010年，大蒜“面包蒜”暴发，卞庄街道柿树园村最为严重，减产60%以上。

病害

叶枯病　为苍山大蒜常见的主要病害，主要发生于叶及花薹上，花薹受害易从病部折断，造成大蒜不易抽薹、产量降低。在温度高、湿度大条件下易发病，因每年的气候变化不同，发病率亦不同。防治方法：第一，加强田间管理，增施氮磷钾完全肥料，培育壮苗，增强植株抗逆性，雨后及时排水，防止田间积水；第二，严格选种，收获时发现病株应彻底清除，掰瓣时应果断淘汰病瓣；第三，药剂防治。

二次生长　为大蒜的生理性病害。一种俗称“长小辫”，在蒜区较为常见，发生严重的年份二次生长株发生率高达50%以上，严重影响蒜薹、蒜头的产量和质量；另一种俗称“面包蒜”，即洋葱型大蒜，可导致蒜薹无薹化。另外还有“管叶”、抽薹不良、“开花蒜”“变色蒜”及“棉花蒜”等病变。

虫害

蒜蛆（葱蝇）为苍山大蒜常见的主要虫害，幼虫蛀入鳞茎内取食，造成孔洞引起腐烂。叶片枯黄，植株凋萎致死。在大蒜烂母期蒜蛆发生最为严重，常造成缺苗断垄。蒜蛆每年发生3～4代，以蛹在土壤或粪堆中越冬，早春成虫大量出现。成虫存在趋臭粪及饼肥特征，卵多产于潮湿土壤中，尤其是大蒜根部附近湿润土壤及蒜苗及鳞茎上，3～5天后，卵孵化为幼虫，钻入鳞茎为害，幼虫期约20天，老熟幼虫在被害植株周围土壤中化蛹，蛹期14天左右。以药剂防治为主。

其他虫害有葱蓟马、蚜虫、螨类、大蒜粪蚊等，危害性较小，防治措施简单。

第四节　面积　产量

境内解放前，因种植技术差、肥料短缺等，大蒜产量低。1949年，种植面积为200公顷，单产不足400千克。新中国成立后，种植面积有所扩大，但在国家计划经济时期一直未有大幅度增加。到1976年，全县种植大蒜1333.4公顷。改革开放后，大力发展商品经济，大蒜的种植面积、产量连年增长，经济效益开始显现，农民的种植积极性得到提高。1983年，全县种植大蒜3020公顷。1987年，全县种植大蒜6200公顷，是1976年的4.7倍；总产蒜头5.43万吨，大蒜产值占全县农业总产值的15%；总产蒜薹4.5万吨。1989年后，种植大蒜收益成为苍山县大蒜主产区农民家庭收入的主要来源之一。1996年，种植大蒜10666.7公顷，平均亩产蒜头1100千克，总产蒜头17.7万吨;平均亩产蒜薹650千克，总产蒜薹10万吨。2000年后，受蒜薹和蒜头价格增长较快的影响，种植面积有所扩大，达到13340公顷。2006年，达到16726.7公顷。2008年，种植面积18113.3公顷，达到历史最高点，约占全国大蒜面积的8%。单产达到1516千克，总产达到41万吨。2009年，种植面积15520公顷，约占全国大蒜面积的8%；蒜薹总产13.25万吨，约占全国蒜薹总产量的9.2%。2010年，种植面积15520公顷，蒜薹和蒜头总产达36万吨，种

图8—5　蒜薹产品　（2005年摄）

植效益较往年明显提高，产值突破20亿元。神山、磨山、长城、卞庄4个镇（街道）的大蒜种植面积较大，为苍山大蒜的正宗产地。神山镇和庄村出产的大蒜品质最优。

1971年—2010年苍山县大蒜种植情况

表8—4

年份	面积（公顷）	单产（千克/亩）	总产（吨）
1971	867	940	12220
1972	933	943	13202
1973	100	985	14775
1974	1407	949	20024

续表 8—4

年份	面积（公顷）	单产（千克 / 亩）	总产（吨）
1975	1033	954	14787
1976	1333	936	18720
1977	1033	984	15252
1978	1067	965	15440
1979	707	992	10515
1980	787	994	11729
1981	767	1050	12075
1982	1347	1002	20240
1983	3000	989	44802
1984	4627	1024	71066
1985	5120	1015	77952
1986	5440	1023	83477
1987	6200	1165	108345
1988	6400	1030	98880
1989	8900	1061	141644
1990	8107	1028	125005
1991	7247	959	104243
1992	7540	1024	115814
1993	12593	1023	193245
1994	11073	1070	177727
1995	10033	1037	156069
1996	10747	1100	177320
1997	10600	1120	178080
1998	10800	1050	170100
1999	11000	1110	183150
2000	10800	1130	183060
2001	11467	1120	192640
2002	11320	1112	188595
2003	13380	1210	242847

续表 8—4

年份	面积（公顷）	单产（千克／亩）	总产（吨）
2004	14927	1198	268232
2005	14780	1240	274908
2006	16727	1350	338715
2007	18073	1420	384962
2008	18113	1516	411897
2009	15520	1610	374808
2010	15520	1570	365496

第五节　贮藏　加工

贮藏

1992 年—1996 年，苍山县科委对国内 40 个大蒜品种进行耐贮性试验。苍山大蒜显现出较强的耐贮性，但 3 个品种间有差异。最耐贮的为苍山高脚子，其次为苍山蒲棵，第三是苍山糙蒜。

蒜薹贮藏保鲜贮藏期较短，一般为 3 个月左右。蒜头贮藏保鲜，一种为常温贮藏，是在自然温度状态下的贮藏方式，简便易行，成本低。这是苍山蒜农常用的贮藏方式，但贮藏期较短，而且易发生虫蛀和霉变，多在室外或棚下贮藏。另一种贮藏采用恒温库延长贮藏保鲜期，一般可贮藏 5 个月左右，这样可以使蒜头的供应期延长到下一年度。

1983 年 5 月，苍山县第一座蒜薹恒温库（属嘉德集团公司，容量 2700 吨）建成投产。1987 年 10 月，苍山县开始大规模建设贮蒜恒温库。1987 年—1988 年，大搞蒜薹恒温库建设，共建蒜薹恒温库 97 座，可贮存蒜薹 3 万吨。1989 年，达到 126 座。1996 年，达到 130 座。2010 年，全县以蒜薹、蒜头为主的冷藏企业 308 家，冷库 400 多座，总库容 35 万吨，其中恒温库 287 座，基本上实现产储平衡。

加工

20 世纪 80 年代，开始研发苍山大蒜加工产品。90 年代，在县内陆续建起以宝庆蔬菜公司为龙头的大蒜脱水厂。进入 21 世纪，出现了一批以越洋食品有限公司、山东星发食品有限公司为代表的大蒜深加工企业。2010 年，有 17 家企业从事大蒜加工出口，主要以生产脱水蒜片、

图 8—6　大蒜恒温库储藏　（2002 年摄）

图 8—7　大蒜脱水加工（1999 年摄）

速冻蒜泥、大蒜胶囊等为主，涉及食品、医疗保健品及畜禽饲料添加剂等行业，主要销往韩国、西欧、日本、美国和澳大利亚等国家和地区。全县形成脱水蒜片、蒜粒、蒜粉、蒜汁、蒜油、蒜盐、蒜酱、糖蒜、醋蒜、罐头蒜、蒜水饮料、大蒜口服液等10大系列60多个品种。全县大蒜出口主要集中在蒜头和蒜米上，深加工和高科技的产品比例很小。每年出口额蒜米约600万美元，占65%；蒜片约200万美元，占20%；蒜泥约100万美元，占10%。大蒜制品年出口总额占全县总出口额的25%以上。

1988年，苍山糖醋蒜获首届中国食品博览会金奖。2007年，山东星发食品有限公司研制的“硒达康”系列生态硒大蒜产品获首批“山东名牌农产品”。

第六节　市场销售

1984年前，农民所种大蒜除自食自用外，主要由国营机构统购包销，少量由农民自销。1984年蔬菜市场放开，变统购包销为多渠道经营，价格由市场调节，大蒜的商品率迅速提高，产量迅速增长。专业购销企业越来越多，但仍难以满足农民的销售需求。1987年5月27日，因蒜薹滞销发生了轰动全国的“苍山蒜薹事件”。事件发生后，苍山县开始大规模建设恒温库和大蒜批发市场，以解决农民卖蒜难的问题。1987年，投资35万元兴建苍山第一个专业批发市场——苍山大蒜专业市场，并于1988年蒜薹收购时启用。1995年，建立芦柞大蒜专业市场。进入21世纪后，随着一批大蒜深加工企业的建设，大蒜种植面积、产量和价格均呈现稳步增长的趋势。

2002年—2010年苍山县蒜薹、蒜头销售情况

表8—5

年份	蒜薹		蒜头	
	均价（元/千克）	总量（万吨）	均价（元/千克）	总量（万吨）
2002	1.6	9.3	1.3	9.45
2003	1.5	9.6	1.2	10.85
2004	2.2	12.3	0.9	12.35
2005	2.4	10.9	2	11.05
2006	3	13.45	2.6	15
2007	1.5	15	1.5	16.3
2008	—	16.5	1.3	—
2009	4.92	11.5	3.38	—
2010	6.56	15.5	9.16	—

说明：“—”栏为部分数据缺失

第七节　科学研究

医用、营养价值

苍山大蒜含有丰富的维生素、氨基酸、蛋白质、大蒜素和碳水化合物，有较高的药用和营养价值。1970年—1974年全国胃癌普查表明，大蒜产区苍山县的胃癌发病率为3.4/10万，是长江以北10万人口以上县、市中胃癌发病率最低的一个县。大蒜油可以杀死蚊子及某些农作物的害虫，对预防痢疾及乙型脑炎有奇效。苍山大蒜含有的17种可测氨基酸中，除胱氨酸外，其他16种含量均高于境外大蒜的含量。苍山大蒜蒜瓣所含的氨基酸总量比其他大蒜的含量高39.2%，可供人体直接吸收的氨基酸比其他大蒜多51.5%。

大蒜科研开发

苍山大蒜高产栽培研究　1979年，由苍山县农科所承担，对苍山大蒜高产栽培进行试验研究，经过3年多时间，于1982年6月完成课题任务。实现亩产鲜蒜头1416～1887千克的高产纪录。示范田由过去亩产700～800千克提高到900～1000千克，平均亩增鲜蒜头250千克。引进地膜覆盖栽培技术应用于大蒜生产，取得早熟、高产的明显效果。通过观察鉴定蒲棵、糙蒜、高脚子3个品种的特征、特性，肯定了各自的应用价值。该研究填补了国内大蒜研究的一项空白，居国内领先水平。1982年11月，通过临沂地区科委组织的技术鉴定，获山东省科委优秀科学技术成果三等奖、山东省农业厅科学技术成果三等奖。

大蒜分生组织培养脱病毒技术研究　1984年开始实施，主要承担单位为北京市农林科学院蔬菜研究中心、植保环保所、北京市理化分析测试中心、苍山县科委。项目分两个阶段，到1990年11月通过专家鉴定。该项目成功完成难度较大的大蒜脱毒生物工程，研究成果国内领先，达到国际先进水平，获北京市科技进步二等奖。

苍山大蒜深加工技术开发　1985年，由苍山县科委、三合大蒜食品厂、山东省食品发酵工业研究所共同承担研究。经过3年攻关，生产出蒜油、蒜酱、蒜粉、蒜盐、蒜片、蒜汁6种产品，为大蒜的多层次加工利用、多次增值开辟了良好的途径。特别是研发的蒜油蒸馏设备，生产工艺合理，形成工厂化生产规模，蒜油蒸出率26%，达到国际水平，为调味食品和医药工业创造了新的资源。1987年11月17日，国家科委委托山东省科委对项目进行验收。1988年11月获省科技进步三等奖，12月13日获国家星火科技奖。

脱毒苍山大蒜中试技术研究　1990年开始实施。由苍山县科委承担，北京农林科学院协作。经过3年的时间，取得6项成果。在大蒜脱毒网室系谱选优、脱毒蒜田间病毒再侵染规律及脱毒蒜开发繁殖利用代数等研究上填补了国内研究空白。该项目总体水平在国内居领先地位，使大蒜脱毒技术应用于生产成为可能。获山东省科技进步三等奖。

脱毒大蒜高产栽培技术研究　1993年开始实施。由苍山县科委承担。经过3年的田间试验，基本摸清脱毒大蒜群体生育动态和生育特点。试验示范与推广面积达273公顷，高产栽培比对照亩增产蒜薹289.53千克，增产57.71%；蒜头亩增产417.85千克，增产65.74%，亩增值964.67元。根据中国农科院提出的计算方法计算，项目总经济效益4407.18万元。获临沂市科技进步三等奖。

蒜薹贮存期病害发生规律及防治技术研究　1989年，由苍山县科技试验冷藏加工厂承担，山东省农业大学植保系协作。通过3年的试验研究，以大量的试验数据和充分的理论依据，证明引起蒜薹贮藏期霉烂变质的病原菌有8个属12个种，其中8种在国内属首次报告。1990

年—1991年，该冷藏厂贮存蒜薹420吨，存期220天，一级商品率92.2%，提高8%，净增纯利润12.77万元。1992年，在120多座冷库推广应用，每年减少霉烂蒜薹5000吨，价值1000万元，经济效益显著，获山东省科技进步三等奖。

大蒜病害发生规律及防治技术研究　1992年，山东省科委下达课题，由苍山县科委与山农大植保系联合研究。3年间，田间试验、示范、推广12333公顷，平均防治数93.93%。亩增蒜薹74.7千克，增产14.89%；亩增蒜头152.8千克，增产24.04%；平均亩产值1322.36元，平均亩增值211.88元，总增值达3919.78万元。按中国农科院经济研究所制定的计算方法计算，项目总经济效益13783.632万元，年经济效益2756.72万元，科研投资年平均收益率为56.82%。该项目总体研究填补了国内空白，居国内领先水平，获山东省科技进步三等奖。

蒜蛆发生规律及防治技术研究　1986年，临沂地区科委下达研究课题，由苍山县科委承担。1988年，完成课题任务。该项目研究的总体水平国内领先，获山东省科技进步三等奖。

大蒜综合利用技术研究　1984年，山东省科委下达课题，由苍山大蒜食品厂和山东省食品发酵工业研究所共同承担。1985年12月，完成课题研究任务。1985年12月，通过山东省科委组织的技术鉴定。研制出以苍山大蒜为原料加工制造的蒜水饮料及蒜盐、蒜酱、蒜油、蒜汁等调味品。获山东省科学技术进步三等奖、国家级星火奖。

大蒜渣预混剂的研究与应用　为减少大蒜渣的环境污染，变废为宝综合利用，1988年—1989年，苍山县科委与山东省化学研究所共同承担了山东省科委下达的“大蒜渣预混剂的研究与应用”任务。经过2年的工作，确定适宜的工艺路线，筛选出合理配方，完成了试验研究任务。1989年11月14日，通过省科委组织的技术鉴定。

200吨/天大蒜渣预混剂中试技术研究　在“大蒜渣预混剂的研究与应用”小试成功的基础上，1990年，苍山县大蒜食品厂与山东省化学研究所又承担了山东省科委下达的“200吨/天大蒜渣预混剂中试技术研究”任务。1991年12月，通过省科委组织的技术鉴定。该项研究填补了国内空白，达到国内先进水平，1992年获山东省科技进步三等奖。

大蒜高级营养液研制　由苍山县保健食品开发公司研制开发。该项研究的配方及工艺属国内首创，产品达到国内领先水平。1993年，在山东省第二届技术发明展览交易会上荣获一等奖。获临沂市科技进步二等奖。

蒜米复合保鲜剂及保鲜技术应用研究　1993年，由苍山黄埔冷藏总公司承担，苍山县科委协作。在我国首次实现新鲜蒜米的周年出口，为大蒜产品的深加工增值闯出一条新路。该项目居国内同类研究领先水平，填补了国内蒜米保鲜技术空白。获临沂市科技进步一等奖、山东省科技进步二等奖、国家级新产品称号、全国第八届发明展览会金牌。

附：苍山蒜薹事件

1978年，全县种植大蒜1000公顷。随着农村产业结构的调整，种植面积每年约增加333.3公顷。1987年达6200公顷，蒜薹总产4.5万吨。自1984年蒜薹购销实行产销直接见面、多渠道经营，蒜薹收购价格直线攀升。至1986年，蒜薹每千克均价0.86元，高的每千克超1元。在价格杠杆的作用下，苍山县以外的县、市及上海、安徽、江苏、河南等省份大蒜的种植面积也迅速增加。

为了做好1987年的蒜薹购销，苍山县人民政府成立10人领导小组，连续发文下达关于搞好蒜薹收购工作的通知。主要抓8项工作：一是调查摸底，分析蒜薹单产、总产，预计全县蒜薹平均亩产450多千克，总产4.25万吨；二是落实蒜薹购销大账，已安排4万吨销售计划，其中本县恒温库贮存7500吨；三是联系火车、汽车运输计划；四是通过了解信息、行情，获悉全国蒜薹普遍丰收，供过于求，价格将下跌；五是制定出蒜薹收购的指导性价格；六是维护交通秩序，保证车辆畅通；七是协调各业务部门的蒜薹收购工作；八是安排收购网点、秩序。进入蒜薹收获期后，出现3个始料未及的问题：一是部分蒜农沿袭上年经验，不相信价格会下降的信息，存货惜售盼高价；二是外地客户在南方市场已基本购足，看到苍山蒜薹价格飞速上扬而开始退约，未能引起警觉，直到“蒜薹事件”后，才统计出有60余家客户退约1.35万吨；三是往年蒜薹亩产400千克左右，1987年亩产557千克，总产比预计增加1万多吨。客户退约与增产2项，合计2.5万余吨蒜薹待购，出现滞销。至1987年5月26日，全县已销售蒜薹34220吨，仍有1万多吨积存待销。当时，本县恒温库已全部收满，外地客户极少，所有蒜薹收购网点停秤观望、待命。蒜农拉着已收获的蒜薹东忙西奔，寻觅销售地方。社会舆论哗然，社会秩序亦有点混乱，县委、县政府对此却没有高度重视。

1987年5月27日适逢县城大集，蒜薹销售形势仍未好转。上午11时左右，三合乡一蒜农把1地排车蒜薹拉进县人民政府院内，抛洒在地上，引起赶集群众的围观。中午后，观望者越聚越多，口哨声、抱怨声、叫骂声、呼喊声此起彼伏，并摇撼县政府已关闭的大门。少数不法分子利用群众的激愤情绪，冲进县政府院里闹事，毁木抛石，殴打劝阻干部。县委、县政府的领导人或出差、或午休、或佯装不知、或旁边观望，闹事事件愈演愈烈。下午2时许，闹事群众强行冲击县政府办公楼，把1楼4个单位的门窗玻璃全部砸碎，抢走档案资料、办公用具等，造成直接经济损失6万多元。与此同时，神山镇的青竹至和庄一带、长城镇等处有过路的汽车10余辆被砸，有的汽车司机、乘车干部被打伤。下午4时许，政法干警及县政府值班人员对闹事分子进行反击，共收审38名违法犯罪人员。砸、抢事件始得平息。

苍山蒜薹滞销和由此引起的砸、抢县政府办公楼的严重事件，引起中共山东省委、省政府重视，立即开会研究，并指派供销、商业、公安等部门负责人组成工作组连夜赶到苍山县，组织力量运销蒜薹。随后，省委、省政府、省纪委和临沂地区先后派出调查组，赴苍山县对事件进行全面调查，研究处理意见。一致认为，发生苍山“蒜薹事件”的原因固然很多，但主要是苍山县委、县政府主要负责人严重失职。他们对全县大蒜的生产、市场情况缺乏确切的调查研究，心中无数，对某些欺行霸市的不法行为和行业不正之风置之不理。事件发生后又出现怕字当头，优柔寡断，致使事态扩大，造成严重后果。7月18日，苍山县委在商业局礼堂召开会议，传达中共临沂地委的处理决定，对苍山县委副书记、县长李常存作撤销其县委副书记、建议撤销其县长职务的处理，对苍山县委书记杨国胜作停职检查处理。杨国胜、李常存分别在会上作深刻检讨。8月3日，召开严惩苍山“蒜薹事件”严重违法犯罪分子宣判大会，中心会场在电影院，各乡镇设28个分会场，参加宣判大会的干部、群众达3万人。宣判大会对在“蒜薹事件”中积极参加冲击、砸、抢县政府，聚众拦砸过往车辆的7名严重违法分子进行公开宣判、严惩，对其余31人分别作罚款、赔偿、教育释放处理。8月15日至16日，苍山县召开第十届人民代表大会第二次会议，认真总结汲取“蒜薹事件”的教训，依法罢免在“蒜薹事件”中犯有严重官僚主义和失职错误的李常存的苍山县县长职务。中共山东省委、山东省人民政府就此事件通报全省，并公开报道，要求全省上下各级、各部门都从中汲取教训，克服官僚主义，改进工作，转变作风，杜绝类似事件的发生。

第三章　名优产品

第一节　牛　蒡

苍山牛蒡是一种营养价值极高的保健食品，富含菊糖、纤维素、蛋白质、钙、磷、铁等人体所需要的多种矿物质、氨基酸，其中胡萝卜素含量比胡萝卜高110倍。1988年，苍山县嘉德公司张新谦从日本协和种苗株式会社引种试种牛蒡获得成功。1990年，苍山县开始大面积栽培，成为国内最早成功引进日本牛蒡品种的地区，并获山东省科技进步三等奖。1991年，张新谦等人研究开发牛蒡系列产品。1993年，承担“牛蒡栽培及加工”国家星火计划项目，制定完成牛蒡产品的企业收购标准和保鲜出口标准，先后开发了牛蒡保鲜、速冻、脱水、腌渍和牛蒡茶、牛蒡营养液、牛蒡酒、牛蒡醋、牛蒡粉和牛蒡元素等系列产品。1996年，获省星火科技二等奖，带动了苍山县牛蒡加工业的发展。其中，牛蒡茶在圣彼得堡举办的国际博览会上获名牌金奖，张新谦等人关于牛蒡茶的论文在1997年国际茶文化博览会上获金奖。1998年—2001年，山东省轻工农副原料研究所与苍山县农业技术推广中心联合开展牛蒡大面积高产优质栽培技术开发研究，4年中，累计落实开发面积3267公顷，平均每亩产商品牛蒡1858千克，比开发前增产358千克，增产23.87%，平均每亩增加农民收入286.4元，4年累计增加农民收入1403.36万元，同时牛蒡的商品出口率由65%提高到85%。

苍山牛蒡主要分布在庄坞、层山、二庙等乡镇，2010年，全县牛蒡种植面积6000多公顷，年产25万吨。其产品质量优于国内其他地区，被国家标准委确定为无公害农产品。全县与牛蒡相关的加工储藏企业有160余家，相继开发了牛蒡茶、牛蒡酒、牛蒡咸菜、牛蒡营养液和利用牛蒡叶提取绿原酸等系列加工产品，加工储藏量占全国的80%以上，主要出口日本、韩国、美国等国家和中国台湾地区。苍山县成为中国重要的牛蒡生产及加工出口的集散地，被誉为山东的“洋菜园”。2004年4月27日，苍山县被国家特产委命名为“中国牛蒡之乡”。2010年，全县牛蒡产业从业人员达15万人，牛蒡产业年总产值约12亿元。

2010年4月，经苍山县利泉牛蒡种植专业合作社申请，苍山牛蒡获得中国农产品地理标志保护，被国家质检总局核准使用地理标志产品保护标志。地域保护范围为苍山县21个乡镇，地理坐标为北纬34°45′～34°12′、东经118°26′～118°59′。

图8—8　牛蒡基地　（2007年摄）

图8—9　苍山牛蒡系列产品　（2006年摄）

第二节 辣 椒

苍山辣椒是苍山县长城镇出产的特色名优农产品，又称长城红辣椒，是在特定的土质、气候、光照、灌溉水质条件下，经过长期的自然生长和人工定向培育而形成的名优品种，有300多年的栽培历史。该椒果实一般朝天生长，大小均匀，椒长一般6～10厘米，青熟椒一般呈深绿色，老熟椒呈红色或紫红色，鲜椒表面油光发亮，干制辣椒皮带皱纹而均匀，肉厚、皮薄、椒籽多。品质独特，营养丰富而均衡，醇香浓郁，辣味极强，但辣而不燥，可用八个字来概括：形美、皮薄、香甜、味足。既能鲜食又能干制，是制作调味品的首选原料。

2008年12月，经苍山县平阳蔬菜产销专业合作社申请，苍山辣椒获得中国农产品地理标志保护，被国家质检总局核准使用地理标志产品保护标志。地域保护范围为苍山县长城镇，南北长10.7千米，东西宽8.5千米，总面积74.83平方千米，地理坐标为北纬32°20′～31°35′、东经118°06′～118°10′，主要涉及苍山县长城镇的长城一村、二村、三村、东官庄村、冯村、西王庄村等23个行政村。2010年，种植面积2000公顷，年产鲜椒4.5万吨，干椒7000吨。

图8—10 长城镇辣椒 （1999年摄）

第三节 食用菌

苍山县食用菌栽培始于20世纪80年代。经过30多年的发展，主要食用菌品种为金针菇、平菇、黑木耳、姬菇、袖珍菇5个品种，另有猴头菇、杏鲍菇、白灵菇、草菇、毛木耳、鸡腿菇、茶树菇等20多个品种，但栽培量较少，年投料50～250吨不等。栽培模式主要有日光温室模式、小棚大袋模式、生料地栽模式、林间空地栽培模式、大田栽培模式、工厂化周年生产模式。全县示范推广食用菌栽培技术20多项，基本实现四季有菇、周年生产，食用菌良种覆盖率超过80%。

全县拥有规模以上食用菌加工企业20家，其中重点企业3家。临沂新天益食品有限公司是集食用菌生产、加工、销售为一体的工厂化生产企业，带动食用菌种植户500余户，年产

图8—11 金针菇反季节种植 （2009年摄）

值1亿元。苍山县科协在公司设立食用菌科技示范基地，拥有实验大楼1600平方米，菌种生产车间1000平方米，用于品种研究、菌种生产和栽培示范，被临沂市科技局认定为市级农业科技示范园。苍山县福龙山食用菌有限公司发展金针菇工厂化种植，形成制种、拌料、培育、采收、生产、包装、销售一条龙生产；实现日投料5000千克，日供北京超市3吨，年利润760万元。山东神大集团年产真空冷冻干燥食用菌产品2000吨，实现年出口创汇600万美元。

2004年，苍山县食用菌协会成立。同年，苍山县被评为全省食用菌科技示范县、全省食用菌先进县。2008年4月17日，苍山县被山东省食用菌协会授予“2007年度全省小蘑菇新农村建设先进县”称号。2009年，苍山县被授予“山东省十大食用菌主产基地”称号，临沂市新天益食品有限公司被授予“山东省食用菌产销优秀企业”称号。

2010年，全县有食用菌栽培、管理等技术人员4000余人，大小菌种厂300家，食用菌生产专业协会3家，科研所3个，合作社25个，工厂化生产企业9家。全县400个村庄、2万户农民栽培食用菌，建成卞庄茶树菇，贾庄、车辋金针菇，下村、新兴、尚岩双孢菇，大仲村、矿坑黑木耳等20个食用菌生产示范基地，生产各类鲜菇20.3万吨，产值12.18亿元。

第九编
水　利

蒼山縣志

县境内有东泇河、西泇河、燕子河、吴坦河、汶河、武河等河流12条；大中型水库5座；小（一）型水库4座，小（二）型水库38座，总库容31821.03万立方米，主要分布在西部和北部山区；池塘面积143.33公顷，主要分布在南部平原乡镇。

1950年前，水利工作由县实业科主管。1950年，建设科主管农、林、水工作。1955年，设水利科。1956年，改为水利局。1969年，改为苍山县水利局革命委员会。1972年4月，县水利局和县供电局合并，成立苍山县革命委员会水电局。1974年2月，水电局分设水利局和供电局。1984年8月，成立苍山县水土保持委员会。1985年8月，成立苍山县水资源管理委员会。1990年10月，成立中德合作山东省粮援项目苍山县办公室。2007年—2009年，完成水管体制改革，将全县8处国有水管单位改为全额拨款事业单位。2009年，成立苍山县会宝岭水库管理处。

第一章　河道及涝洼治理

第一节　河道治理规划

1965年前，河道治理是局部小挖小治，多是农田水利工程，缺乏规划，标准不统一，一般是临沂专区水利建设指挥部或水利局自行规划设计。1963年—1965年，水电部上海勘测设计院派员到邳县、苍山县、郯城县、新沂县等4县市进行勘测、规划，1965年4月编制《邳苍郯新地区统一排水规划报告》。1965年后，河道治理均按所定标准，即近期按5年一遇排涝标准挖河，按20年一遇防洪标准筑堤，永久性建筑物可稍大于近期河道治理标准，桥梁应以不阻洪水为原则。

20世纪70年代，学习外地经验，提出河道治理原则为大弯就势、小弯取直、深挖河、高筑路。农田基本建设涝洼治理工程提出全面规划、综合治理、以村定路、以路定方、沟路结合、建立健全排水系统的方案。排水方法为：高水高排、低水低排，施工中迎水挖沟、背水筑路、沟通路成、路旁植树，做到土深翻、田成方、沟渠成网、井路林配套，实现大地园林化。

1992年4月，淮河水利委员会规划设计院编制邳苍郯新规划。1993年10月，山东省水利勘测设计院编制《山东省邳苍郯新地区水利规划》，规划的范围是：陶沟河以东，沭河以西，分沂入沭以南，韩庄运河以北地区及沭河以东黄墩河流域；规划区总面积3708平方千米。规划区内除沂河、沭河、苍邳分洪道外，对苍山县陶沟河、运女河、西泇河、白家沟、东泇河、吴坦河、燕子河、小涑河—武河及郯城县武河—沙沟河、黄泥沟、白马河、浪清河、郯新河、老墨河、柳沟河、赃圩河、黄墩河18条骨干河道及28条边界支沟（涉及苍山县16条）的工程情况、存在的主要问题进行分析，按规划标准分别提出治理意见。

图9—1　河道治理施工现场　（1996年摄）

第二节 主要河道治理

小涑河治理

小涑河原于芦塘附近汇入燕子河，苍邳分洪道建成后截断其原有出路。1960年、1962年，建成芦塘、古宅（江苏省邳州市）涵洞，使其排入分洪道。因分洪道水位高，涵洞过水能力不足，排水困难。小涑河另一个排水出路在古宅东流入邳州市，口门宽7米，排水能力也很低。小涑河流域年年形成涝灾，一般年景受涝2000公顷。1963年，受灾面积5000公顷，粮食减产1万吨，为计划产量的50%。1965年—1966年，进行疏浚治理，在姚场和瓦子埠向南开挖2条排水沟，将小涑河部分水量排入武河。该工程地方自筹资金6万元，完成土石方39.7万立方米，工日19.85万个。1975年，由省地组织郯、苍两县共同编制《小涑河、武河、沙沟河治理工程扩大初步设计》，苍山县水利局编制《小涑河治理工程施工详图》。1976年后，连续5年进行治理，1980年12月竣工。每期调集层山、二庙两公社民工0.8万～1万人施工。小涑河于芦塘东南改道，经大埠村东、于徐桥村东南入武河。小涑河以西9.8平方千米的涝水经小东沟于古宅东流入邳县。1991年秋、冬两季，调集庄坞、层山、二庙3个乡镇民工对小涑河进行疏浚开挖20.91千米，开挖土方25.68万立方米。1992年春，投资120.3万元重建生产桥4座、涵洞5座。治理后，达到5年一遇排涝、20年一遇防洪的标准，实现排涝效益1.32万公顷。

燕子河治理

清代，曾多次治理、开挖、疏浚燕子河支流柳庄路沟、四哨保沟等9条。1923年，治理燕子河10千米。新中国成立后，对燕子河进行多次治理。1953年，疏浚完成土方52万立方米，工日26万个，投资17万元。之后，主要治理2次。第一次，调集神山、磨山、长城3个区7000名民工，于1965年11月开工，至1966年3月完成。上游从小屯桥起，下至河头村南止，治理长度21.9千米。第二次，把燕子河下游作为苍邳分洪道支流回水段进行治理，于2009年2月开工，5月竣工。完成土石方12万立方米，投资240万元。治理后达到5年一遇排涝、20年一遇防洪的标准，实现排涝效益6667公顷，灌溉效益400公顷。

吴坦河治理

1957年，埝头桥北右岸砌石护岸，投资4万元，完成砌体0.32万立方米，工日3.2万个。1958年，开挖东枷河分洪道，从卞庄东大桥至吴坦村，长6千米，堤距150米；吴坦村以下长17千米培东堤，堤距扩大到220～450米。完成土石方165.73万立方米，工日62.5万个，投资53.23万元。1964年，在县城东培右堤，自拖拉机站至东大桥长2.5千米，完成土方12.5万立方米，工日8.2万个，投资4万元。1973年8月，调集卞庄、磨山、长城、神山、南桥5个公社民工分6期施工，每期调集民工2万人左右。于1973年11月开工，至1979年12月竣工，治理长度31.6千米。1993年10月，调集大仲村、小岭、卞庄、磨山、三合、芦柞、长城、南桥8个乡镇近6万人，施工期50天，完成17.8千米的清淤筑堤（小岭闸下至芦柞闸），建护堤挡土墙848米，新建及整修涵洞15座，建路口闸18处，完成土石方72.4万立方米，总投资868万元（自筹）。1995年10月—1996年4月，吴坦河芦柞闸至省界治理，长度12.5千米。完成土石方55.5万立方米，总投资386万元。1999年冬，进行吴坦河城区段清淤、两岸护砌和堤防加固，治理长度3.6千米，完成土石方67万立方米，总工日18万个，施工机械台班6532个，总投资1400万元（自筹）。2007年夏，对县城城区段进行治理并结合实施滨河大道工程。2008年冬，临沂市南水北调建

设管理局扩挖芦柞闸以下 8.4 千米河槽。治理后达到 5 年一遇排涝、20 年一遇防洪的标准，排涝效益 6667 公顷。

白家沟治理

新中国成立后，白家沟共进行过 2 次治理。第一次 1970 年 3 月开工，12 月底完成，治理长度 20.5 千米。1972 年 9 月，编制《白家沟治理工程设计说明书》。第二次 1977 年 2 月开工，抽调卞庄、三合、南桥 3 个公社民工 3 万人，1978 年 12 月完成。本次治理由小坊至省界长 19.4 千米，新建桥 2 座、桥附闸 2 座，整修旧桥底 8 座，新建涵洞 13 座。完成土石方 60.2 万立方米，砌体 3200 立方米，完成工日 52.3 万个，使用钢筋 4.5 吨、水泥 340 吨、木材 5 立方米，国家投资 28 万元。治理后达到 5 年一遇排涝、20 年一遇防洪的标准，排涝效益 4000 公顷。

汶河治理

新中国成立后，汶河共进行过 4 次大规模治理，2 次小的疏浚。第一次治理于 1964 年 11 月开工，1965 年 5 月完成。北起临枣公路桥，南至省界全部挖河筑堤，治理长度 24.2 千米。完成桥闸 19 座，完成土石方 99.15 万立方米，砌体 3039 立方米，完成工日 75.55 万个，使用钢筋 43 吨、水泥 438 吨、木材 166 立方米，国家投资 50 万元。第二次治理于 1969 年 2 月开工，至 6 月完成。北起临枣公路以北 600 米，南至阳明河入口处，长 8.4 千米。挖河筑堤，建桥 2 座，完成土石方 12.27 万立方米，砌体 650 立方米，完成工日 13.4 万个，使用钢筋 18 吨、水泥 98 吨、木材 20 立方米，国家投资 16.3 万元。1973 年进行于第三次治理，主要是农场西段疏浚，长 5.2 千米。完成土石方 6.3 万立方米，工日 7 万个，自筹资金 6 万元。第四次治理于 1976 年 2 月开工，1978 年 12 月完成。治理长度 22.15 千米，其中河道疏浚筑堤 12.95 千米。新改道三合至卢楼 3.5 千米、南桥至省界 5.7 千米。建大车桥 5 座，整修桥底 8 座，建涵洞 5 座。完成土石方 120.9 万立方米，砌体 7800 立方米，完成工日 105.9 万个。1982 年，在汶河上又新建桥 1 座、涵洞 2 座，完成土石方 5000 立方米，砌体 1390 立方米，完成工日 6000 个，使用钢筋 20 吨、水泥 200 吨、木材 30 立方米，国家投资 10 万元。1991 年冬再次进行疏浚，至 1993 年 6 月完成。抽调贾庄、卞庄、兴明、三合、南桥 5 个乡镇调集民工进行清淤筑堤，治理长度 17.8 千米，开挖土方 56.19 万立方米。1992 年春，重建生产桥 3 座、拦河闸 1 座，维修拦河闸 2 座，投资 102.5 万元（自筹）。治理后达到 5 年一遇排涝、20 年一遇防洪的标准，排涝效益 1 万公顷。

运女河治理

1972 年 1 月开工，1973 年 5 月竣工。治理长度 14.9 千米，其中筑堤长度 9.8 千米。建桥闸 11 座、倒虹吸 1 座。完成土石方 52.18 万立方米，砌体 2300 立方米，混凝土 409 立方米，完成工日 45.8 万个，使用钢筋 7 吨、水泥 300 吨、木材 10 立方米，国家投资 25 万元。治理后达 5 年一遇排涝、20 年一遇防洪标准，排涝效益 3334 公顷。1993 年冬，兰陵、横山、韩塘 3 个乡镇调集民工 3 万余人进行清淤筑堤，治理长度 17.5 千米，完成土方 31.7 万立方米，工日 22.89 万个。治理后达到 5 年一遇排涝、20 年一遇防洪的标准，排涝效益 3334 公顷。

陶沟河治理

1956 年春末夏初，陶沟河疏浚工程开始施工，至 8 月完成。出动劳力 7500 人，完成土方 24 万立方米，工日 10.5 万个，国家投资 3.75 万元。1975 年 2 月，进行第二次治理，11 月底竣工。挖河结合筑堤 17.33 千米，完成土方 43.2 万立方米，砌体 1200 立方米，完成工日 41.8 万个。1991 年冬，由兰陵、新兴 2 个乡镇调集民工进行清淤筑堤。治理长度 24.4 千米，开挖土方 64.83 万立方米。1992 年春，重建生产桥 6 座、拦河闸 2 座、涵洞 13 座，投资 154.6 万元（自筹）。治理后排涝效益面积 5000

公顷。

西洳河治理

1956年，陈桥以上培堤，完成土方420.2万立方米，工日146.5万个，投资36万元。1958年，进行筑堤疏浚，左岸由吴村起至蒲坦村长19.5千米，右岸从赵宅子村起至董塘村长22.5千米。老鸹巷段改道920米，堤距140～280米，建涵洞5座、桥2座，完成土石方118.94万立方米，工日39.93万个，投资11.78万元。阳明河从向城至陈桥改入西洳河，开挖1821米，完成土方9.35万立方米，工日3.18万个，投资3.59万元。1950年—1963年，几次岁修工程完成土石方8.45万立方米，工日7.8万个，投资5万元。1990年，建成大桥闸，完成土石方4.83万立方米，工日7.47万个，投资200.68万元。累计完成土石方561.95万立方米，工日204.88万个，投资257.05万元，防洪效益14万公顷，排涝效益2000公顷。1996年冬，南桥镇、横山乡集资200万元对河道下游（南桥镇大桥村至蒲坦庄）进行治理。2002年9月17日，淮河水利委员会批复由临沂市水利勘测设计院编制的《苍山县西洳河防洪除涝治理工程初步设计》，批复治理长度24.2千米，治理范围为省界至陈桥闸，两岸培堤45.3千米，挖河11.1千米，建生产桥6座、涵洞26座、护险3处长1千米。治理标准为除涝5年一遇、防洪20年一遇。核定工程总投资6960万元，分别由国家、省、地方各承担三分之一。工程分五期实施，2003年5月22日开工，至2008年5月31日完成四期工程的建设。共完成挖河11.1千米，两岸培堤37.9千米，涵洞20座，护险3处1000米。

苍邳分洪道治理

1957年11月16日，苍邳分洪道开挖筑堤工程第一期工程开工，至12月24日竣工，共调集民工3.5万人，完成左岸北段武河口至涌泉长6千米、南段南吴庄至省界长7.7千米、右岸北段蝎子山至小山子长8.4千米、南段前东哨至省界长11.55千米，总长33.65千米的开挖筑堤工程，完成土石方157.8万立方米，工日95万个，投资150万元。1958年3月12日，第二期工程开工，至6月7日竣工，调集民工1.48万人，完成左岸涌泉至南吴庄长16千米、右岸小山子至东哨长9.7千米的开挖筑堤工程，在燕子河、南涑河、小武河等支流回水段堤防工程，建大、小建筑物26座，完成土石方179.8万立方米，工日105万个，投资190万元。1963年—1964年，两次整修加固，由沂武河管理所组织施工，完成土石方68.87万立方米，工日46.12万个，投资47.62万元。1988年，治理西偏泓下游南哨至省界段，成立苍邳分洪道治理工程指挥部，调集磨山、芦柞、长城、庄坞、层山、二庙6个乡镇5万人施工，11月5日开工，至12月15日竣工。1989年3月10日，建筑物工程开工，至8月底建成桥梁8座。1990年，建成南哨闸，共完成挖河结合复堤10.37千米，燕子河顺直356米，建桥8座、闸1座，完成土石方80.68万立方米，工日97.5万个，投资303万元。1991年春，实施东偏泓治理工程，从层山公路桥北200米至苏鲁省界，长13.7千米。调集磨山、芦柞、长城、庄坞、层山、二庙6个乡镇5万人施工，2月22日开工，4月16日竣工。完成土方56.95万立方米，工日58.66万个，投资75.08万元，使用柴油29.3吨、粮食351.9万吨。工程完成后，上游2.8千米、底宽10米，下游10.9千米、底宽12米，达到5年一遇排涝标准。因受资金限制，建筑物一律未改建。1992年冬，治理西偏泓上游段，上起郯苍边界，下至南哨闸。工程经议标，承包给水电十三局四分局，采取机械化施工。1992年11月20日开工，1993年4月28日竣工，开挖河道7.06千米，完成土石方64.5万立方米，投资207万元，其中国家投资107万元，地方自筹100万元。治理后，西偏泓河底宽7～12米，深2～5米。几次治理累计完成土石方608.6万立方米，工日402.28万个，投资972.7万元。2000年3月，临沂市东调办公室作为建管单位组织苍邳分洪道治理工程，治理标准为防洪20年一遇培堤、除涝3年一遇。共完成挖河41.7千米，两岸培堤41.7千米，新建、改建、重建桥、涵、闸20座。完成土石方186万立方米，砌石2.65万立方米，混凝土0.38万立方米，苍山段总投资3200万元。2008年春，完成薛村、黄墩岭2处庄台和6条道路的清障工作。

沂河治理

1957年沂河岁修，10月1日开工，12月5日竣工，建马湾和安头、木柞（现属郯城县）3处石护岸长1685米，马湾和栗林（现属郯城县）2处培堤长2590米，完成土石方12万立方米，工日7.55万个，投资18万元。南、北营子段培堤工程长2440米，于1983年11月8日开工，12月12日竣工，完成沙方4万立方米，国家投资4.46万元，层山公社自筹7.63万元。1987年，马湾石护岸长200米维修工程开工，堵口工程中堤防加长41.5米，新修石护岸53米，挡土墙20.1米，完成土沙方3278立方米，砌石454.4立方米，使用水泥40吨，完成工日5333个，投资4.34万元。4月上旬至5月上旬完成石护岸维修、堵口、老堤加长和挡土墙工程。9月中旬至10月中旬，完成新修石护坡工程。1988年，马湾石护岸长450米维修工程开工，完成土沙方1158立方米，砌石204立方米。完成工日4104个，投资7.64万元。10月8日开工，12月7日竣工。1992年，对沂河苍山段右岸培堤，北起多福庄，南至南营子，全长5.4千米，其中土堤2.4千米，黏土包沙堤0.4千米。11月20日开工，12月20日竣工。共调集大小拖拉机350辆（台），民工4500余人。共完成土沙方9.8万立方米，总工日5.8万个，民工4.6万个，技工1.2万个，投资100万元，其中国家投资70万元，群众自筹30万元。

东泇河治理

卞庄以北原东泇河改称吴坦河，卞庄东大桥以南至省界段河道仍称东泇河，原东泇河水流已入吴坦河。1996年，对东泇河进行开挖治理，治理长度从东大桥至顾庄桥12.3千米。1996年11月1日开工，年底完成，完成土石方15万立方米，工日12万个，群众自筹资金120.85万元。

第三节　涝洼治理

苍山县东、南部地势低洼，洪涝灾害经常发生，严重影响着农业生产的发展。有名的洼湖有田营湖、柞城湖、孤山湖、荸荠湖、糖稀湖、山后湖、韩塘湖、潘王庄湖、龙王湖、石埠南大荒、南桥东湖、吕家西湖、皇路东湖、八大洼、芦柞南湖、西哨湖、芦塘湖、銮墩湖、山南湖、吴坦东湖、青竹湖等，易涝面积4.7万公顷，其中涝洼地面积2.8万公顷。

境内解放前，屡屡采取挖沟排水的办法进行涝洼治理。新中国成立初期，在挖沟治理的同时，修大畦田、稻谷连田、沟洫畦田。20世纪60年代，整修台田、条田，有水源的地方进行稻改，变旱田为水田。1963年，修台田1114公顷、条田2333.4公顷、稻改200公顷。1964年，修台田3817公顷、条田6616公顷，种水稻6667公顷。1965年，水稻面积历史上最多，达9800公顷。

70年代，在系统治理主要排涝河道的同时，全县进行农田基本建设大会战，规划山、水、田、林、路综合治理。临沂地区于1976年在汤庄成立临、郯、苍治涝会战指挥部，在临沂、郯城、苍山3县交界处进行搞治涝样板。1976年，苍山县在神山公社道庄成立东风湖会战指挥部，在东风湖“东战区”搞治涝样板。东风湖东战区位于道庄东南，南靠郯城县，东连临沂县，耕地面积216.2公顷。道庄有民谣：“密家洼、南大荒，夏天到处水汪汪，秋天茅草一片黄，地主逼租债，穷人饿断肠。”新中国成立前，粮食亩产只有几十斤，建国后开挖部分条田沟，初步改造涝洼，但洪涝灾害没有根除，产量仍是低而不稳，亩产在100千克上下徘徊。治理中对东风湖进行全面规划，田间排水工程以村定路，以路定方，沟路结合，建立健全排水系统。治理标准为一级沟深3米，根据流域面积确定断面尺寸。南北每隔400米设1条二级沟，附二级路，沟深2米、口宽5米、底宽1米，路基宽7米，路面宽5米、高0.8米。400米之间设1条三级沟附三级路，沟深1.5米、口宽4米、底宽1米，路基宽5米，路面宽3.5米、高0.7米。东西间隔100米挖1条田间沟，深1.2米，口宽3米、底宽0.8米。排水方法为高水高排、低水低排、分割排水。施工中，迎水挖沟，背水筑路，沟通路成，路旁植树。在解决排水的同时，打机井发展井灌。深翻与整地结合，做到土深翻、田成方、沟渠成网、井路林配套，实现大地园林化。东风湖会战区处临沂、郯城、苍山“会战”中心点。1976年10月初，农田基本建设工程开始，以800名战山河民兵作为该工程的专业骨干队伍，全公社中学生、公办民办教师和县直机关、县基建团作为辅助力量进行突击性施工。整个工程形成8000人“大会战”的农田基建规模。至11月中旬，完成了东战区的大框工程和部分深翻整平任务。开挖汤旺新河西支沟3.9千米，完成一级路0.6千米，二级沟、附二级路7千米，三级沟附三级路7.6千米，田间沟18千米，完成土石方18.5万立方米。

东风湖会战区样板树立后，展开“五湖”治涝会战。“五湖”系沂堂公社的双庆湖、神山公社的东风湖、磨山公社的反修湖、卞庄公社的红旗湖及长城公社的胜天湖的合称，皆位于县东部燕子河与吴坦河之间，南北长30千米，东西宽6千米，流域面积180平方千米，耕地面积1万公顷，大部分是黑土涝洼。每逢汛期，洪水淹没庄稼、冲塌房屋，是有名的洪泛区。一般年景粮食亩产只有几十千克。1976年冬，5万劳力大会战，完成一级沟20条、长78.7千米，一级路12条、长29.8千米，二级沟附二级路102条、长192.2千米，三级沟附三级路58条、长84.3千米，田间沟1284条、长384千米，完成土石方592万立方米，完成治涝面积0.88万公顷。1975年—1978年，在全县进行治涝大会战，开挖7条河，完成田间治涝配套工程。涝洼地治理面积增加1.2万公顷，达3.44万公顷，其中达到排涝5年一遇标准的1.6万公顷。全县共修一、二、三级路1731条、长2666千米，挖一、二、三级排水沟1968条、长2598千米，修干、支渠324条、长498千米，增加灌溉面积5266.7公顷，除涝面积4万公顷，划大方1891个、小方4804个，植树1499万株，修建筑物4240座，打井2360眼、配套1300眼，建扬水站114个，完成土石方4800万立方米，工日4200万个。农业增产效果显著，1974年，粮食亩产153千克。1978年，增加到241.5千克。此后，县域农田基本建设以治涝为重点，每年完成一批涝洼治理工程。

1995年4月—7月，县水利局汇同临沂市水利勘测设计院编制《郯南苍南治涝工程初步设计》，完成苍南治涝面积2万公顷的设计任务。1996年，省水利厅批复苍山县治涝工程总投资1933万元（其中省援助资金480万元）。工程西起陶沂河东至武河，南至苏鲁边界，北至郯夏公路北侧。工程主要包括：吴坦河、运女河、燕子河、白象沟等4条骨干河道的疏浚，筑堤26千米，疏通跨省排水沟14条、长69.3千米；共建桥、涵、闸103座和八大洼、沙元2处排灌站。1999年竣工，共完成土石方298.3万立方米，砌石2.91万立方米，混凝土及钢筋混凝土3260立方米，投入工日183.7万个。

第二章　水利工程

第一节　蓄水工程

20 世纪 50 年代初，苍山县开始兴建蓄水工程，从塘坝到大型水库，边干边总结经验。1958 年—1959 年，集中时间、劳力、物资，建成会宝岭水库。1959 年—1960 年，建成中型水库 4 座。以后，相继建成小（一）型水库 5 座、小（二）型水库 38 座、塘坝 118 座。2010 年，总库容 31821.03 万立方米，其中大中型水库 29944 万立方米，小型水库 1172.13 万立方米，塘坝 704.9 万立方米。兴利库容 18295.13 万立方米，其中大中型水库 17093 万立方米，小型水库 652.33 万立方米，塘坝 549.8 万立方米。有效灌溉面积 1.3 万公顷。

大型水库

会宝岭水库　会宝岭水库是全县唯一一座以防洪、灌溉为主，同时结合发电、养殖、工业供水实现综合利用的大（二）型水库，位于西泇河上游，坐落在尚岩、下村、鲁城 3 乡镇交界处的会宝岭村西，控制流域面积 420 平方千米，总库容 2.09 亿立方米，兴利库容 1.21 亿立方米，调洪库容 2620 万立方米，死库容 933 万立方米；校核洪水位 77.85 米，设计洪水位 76.6 米，兴利水位 75.4 米，死水位 65.5 米。主要枢纽工程由南北两坝、溢洪道、南北两放水洞、连通沟和电站组成。南坝长 1460 米，最大坝高 26 米，顶宽 8 米，坝顶高程 81 米。北坝长 1250 米，最大坝高 19.6 米，顶宽 7 米，坝顶高程 81.6 米。溢洪道设在南坝北端山丘谷口处。

1958 年 8 月开工，15 个公社调集民工 3 万人，自带工具、车辆施工。迁移村庄 37 个，移民 2987 户、1.3 万人。由于受施工等条件的限制，工程施工质量差，存在较大隐患，严重影响工程正常运用和安全运行。1992 年，水利部将其列为全国第二批危险水库。1999 年 11 月 8 日，开工建设除险加固工程，历时 50 个月，于 2003 年 12 月 29 日完工。

中型水库

1959 年 10 月—11 月，小马庄、长新桥、考村、双河 4 座中型水库相继开工，皆于 1960 年 5 月汛前建成。

小马庄水库　位于矿坑镇前马庄村西，吴坦河上游干流上，是一座以防洪、灌溉为主，结合发电、养鱼等综合利用的中型多年调节水库。该库控制流域面积 90 平方千米，总库容 4589 万立方米，兴利库容 2592 万立方米，防洪库容 1881 万立方米，死库容 116 万立方米；校核洪水位 109.31 米，设计洪水位 108.40 米，兴利水位 106 米，死水位 93 米。枢纽工程由大坝、溢洪道、放水洞、电站组成。大坝分主、副坝，为均质土坝。主坝长 600 米，最大坝高 23 米，坝顶宽 5.9 米，顶高程 110 米，防浪墙顶高程 111.1 米。溢洪道设 3 孔溢洪闸。1959 年 11 月开工，组织民工 3200 人，其中铁木石工 360 人。1960 年 5 月建成。共迁移村庄 9 个，移民 1155 户、4812 人。2005 年 4 月 28 日，水库除险加固工程开工，2010 年 7 月 26 日完工。

长新桥水库　位于贾庄乡长新桥村西，吴坦河支流上，是一座以防洪、灌溉为主，实现综合利用的中型水库。控制流域面积 36 平方千米，总库容 2452 万立方米，兴利库容 1350 万立方米，调洪库容 1052 万立方米，死库容 50 万立方米；校核洪水位 88.8 米，设计洪水位 87.79 米，

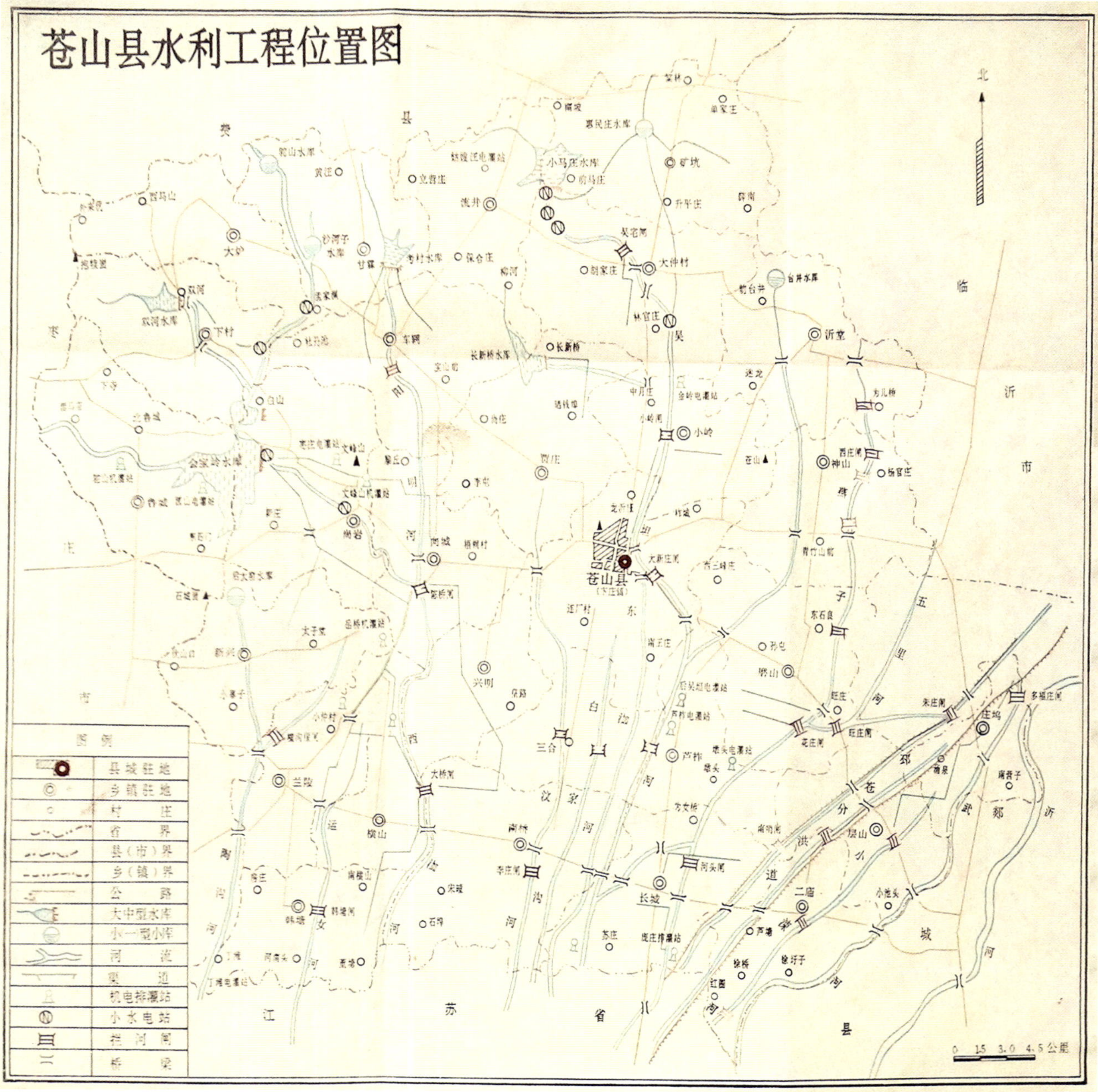

图 9—2　1999 年苍山县水利工程位置示意图

兴利水位 85.65 米，死水位 75.8 米。水库枢纽工程主要由大坝、溢洪道、放水洞及电站组成。大坝为黏土心墙坝，长 690 米，最大坝高 18.9 米，顶宽 6 米，顶高程 90.1 米，防浪墙顶高程 91.1 米。溢洪道为衬砌、护底式结构，底宽 31 米，堰顶高程 85.65 米，最大泄量 253 立方米 / 秒。1959 年 10 月开工建设，1960 年 5 月竣工，共完成土、砂、石方 61.61 万立方米，迁移村庄 6 个，移民 551 户、 2431 人。在水库运行 30 余年中，多次进行续建、加固、岁修。2006 年 3 月 25 日，水库除险加固工程开工，2010 年 7 月 30 日完工。

考村水库　位于车辋镇考村东，西泇河支流阳明河上游，是一座以防洪、灌溉为主，结合淡水养殖实现综合利用的中型水库。控制流域面积 16 平方千米，总库容 1002 万立方米，兴利库容 684 万立方米，调洪库容 292 万立方

米，死库容26万立方米；校核洪水位115.95米，设计洪水位115.18米，兴利水位114米，死水位103.4米。水库枢纽工程由大坝、溢洪道、输水洞组成。大坝为黏土心墙坝，长835米，最大坝高18.3米，坝顶宽6米，顶高程116.8米。溢洪道为钢筋混凝土结构，建闸2孔，最大泄量206.2立方米/秒。1959年10月开工建设，1960年5月竣工。水库大坝质量偏低，在水库运行的30余年中，进行多次续建、加固、岁修。2009年9月12日，水库除险加固工程开工，2010年7月19日完工。

双河水库　位于下村乡双河村西，西泇河支流下村河上，为会宝岭水库的上游水库，是一座以防洪为主，兼顾灌溉、养殖、旅游等实现综合利用的中型水库。控制流域面积42.6平方千米，总库容1001万立方米，兴利库容367万立方米，调洪库容583万立方米，死库容51万立方米；校核洪水位110.98米，设计洪水位109.91米，兴利水位106.36米，死水位99.8米。水库枢纽工程主要由大坝、溢洪道、放水洞组成。大坝系黏土心墙坝，坝长590米。最大坝高18.84米，坝顶宽6米，坝顶高程111.5米。溢洪道为钢筋混凝土衬砌结构，最大泄量698立方米/秒。1959年11月开工，1960年5月竣工。水库工程质量较差，在水库运行的30多年中，多次进行续建、加固、岁修工程。移民1个村，294户、1317人。2009年9月12日，水库除险加固工程开工，2010年7月26日完工。

小型水库

小型水库大部分建成于20世纪60、70年代，属年调节水库，具有防洪、灌溉、养殖、旅游观光等多项功能。2008年后，苍山启动全县小型病险水库除险加固工程建设，大力开展小型病险水库除险加固工作。至2010年年底，全县共加固小型水库42座（其中台井水库加固后划归罗庄区），其中小（一）型水库4座，小（二）型水库38座。

小（一）型水库

惠民庄水库　位于矿坑镇惠民庄北，吴坦河上游支流上，分东、西2库。1966年11月开工，1967年5月建成。按中型水库设计施工，1967年降为小（一）型水库。1967年汛期时，因东库发生险情炸毁溢流坝继而作废。西库为重点小（一）型水库，控制流域面积47平方千米，总库容565万立方米，兴利库容216万立方米，防洪库容343万立方米，死库容6万立方米。2003年，被矿坑乡政府申请报废。

沙河子水库　位于车辋镇东庄村以东，西泇河支流上，是一座以防洪、灌溉为主的小（一）型水库，水库总库容163万立方米，兴利库容107万立方米，控制流域面积9.3平方千米，设计灌溉面积267公顷，2010年有灌溉面积13.5公顷。1966年10月开工建设，1967年6月竣工。2009年，完成除险加固工程。

驼山水库　位于车辋镇驼山村以西，西泇河支流上，是一座以防洪、灌溉为主的小（一）型水库，水库总库容248万立方米，兴利库容200万立方米，控制流域面积5平方千米。设计灌溉面积200公顷，有效灌溉面积46.7公顷。1966年10月开工建设，1967年6月竣工。2010年，完成除险加固工程。

后大窑水库　位于新兴镇后大窑村以北，陶沟河支流上，是一座以防洪、灌溉为主的小（一）型水库，水库总库容145万立方米，兴利库容89.8万立方米，控制流域面积3.03平方千米。设计灌溉面积200公顷，有效灌溉面积66.7公顷。1960年5月开工建设，1960年10月竣工。1981年进行大坝加固，2008年、2010年分两期完成除险加固工程。

小（二）型水库

全县共有小（二）型水库38座，多数建于1966年—1967年，分布在山区13个乡镇。控制流域面积64.02平方千米，总库容616.13万立方米。

苍山县小（二）型水库工程情况

表 9—1

水库名称	所在乡镇	控制流域面积（平方千米）	建成时间（年月）	水库调节性能	坝长（米）	坝顶高程（米）	总库容（万立方米）	兴利库容（万立方米）	死库容（万立方米）
朱后院水库	尚岩镇	1.72	1958.1	多年调节	320	96.8	77.4	43.2	13.8
马后院水库	尚岩镇	1.08	1965.1	多年调节	225	92	33	18.2	3.5
枣庄水库	尚岩镇	1.57	1965.1	多年调节	330	93.6	36	19.6	1.4
杜后院水库	尚岩镇	0.56	1966.1	年调节	145	148.74	13.1	7.1	0.4
董后院水库	尚岩镇	0.47	1969.1	年调节	143	103.3	10	4.1	1.6
戚套水库	尚岩镇	1.1	1977.1	多年调节	213	73.7	10.2	2.5	1.7
保合庄水库	大仲村镇	0.82	1955.3	多年调节	250	148.88	18.6	9.12	1.28
柳河水库	大仲村镇	3.8	1961.2	多年调节	160	116.7	26	8	2
上流井水库	大仲村镇	0.8	1962.3	多年调节	275	130.25	11.4	4	1.2
现庄水库	大仲村镇	1.44	1964.5	多年调节	200	98.5	38.9	24.3	0.3
小寨子水库	新兴镇	0.55	1965.8	多年调节	350	56.6	38	13.6	0.5
后场水库	鲁城镇	1.25	1957.2	年调节	117	102.8	17.6	9.2	0.2
北山口水库	鲁城镇	0.7	1960.1	多年调节	153	131.2	10.6	6.1	0.6
雷雨口水库	鲁城镇	0.84	1961.1	年调节	165	100	10.1	1	1
大后庄水库	鲁城镇	0.55	1963.5	年调节	185	100.3	10	4.85	0.3
下寺水库	鲁城镇	0.99	1963.9	多年调节	206	149.2	33.5	25.15	1.25
楼子水库	鲁城镇	2	1966.11	多年调节	196	92.1	10.43	3.45	0.43
老鹰窝水库	鲁城镇	0.75	1967.4	年调节	140	163.3	10.2	5.2	0.95
魏庄水库	鲁城镇	0.48	1967.5	年调节	80	153.1	11.1	4.3	0.2
宋庄水库	下村乡	1.25	1965.10	年调节	90	175.8	12.88	5.47	0.25
葛宝庄水库	下村乡	0.46	1966.4	年调节	125	201.9	10.5	5	0.2
杨宅水库	下村乡	0.49	1966.10	年调节	90	172.3	10	5	0.2
云峪水库	下村乡	0.77	1966.11	多年调节	133	156.3	18.4	8.3	2.52
刘山前水库	下村乡	1.35	1967.10	年调节	98	187	23.7	12.1	3.6
外米坑水库	下村乡	1.54	1976.11	多年调节	100	178	10.5	5.5	0.2

续表 9—1

水库名称	所在乡镇	控制流域面积（平方千米）	建成时间（年月）	水库调节性能	坝长（米）	坝顶高程（米）	总库容（万立方米）	兴利库容（万立方米）	死库容（万立方米）
于庄水库	卞庄街道	0.92	1958.6	年调节	228	66.5	10.4	2.82	0.18
宝山前水库	车辋镇	0.46	1965.11	多年调节	103	109	11.8	8	0.88
马桃峪水库	车辋镇	1.1	1966.5	多年调节	196	133.1	16.88	6.32	0.4
杨庄水库	车辋镇	0.62	1965.10	年调节	200	115.6	10	6.5	0.4
宝山窝水库	车辋镇	0.79	1965.11	多年调节	236	125.5	10	4.3	0.3
韩庄水库	车辋镇	0.6	1966.10	多年调节	175	128	11	5.6	0.77
李村水库	车辋镇	3.04	1966.10	多年调节	175	89	14	3.5	0.5
陈林水库	车辋镇	1	1966.10	多年调节	230	127.2	10.4	5.8	0.1
蒋庄水库	车辋镇	0.51	1966.10	年调节	95	101.2	10	5.12	0.38
郭庄水库	车辋镇	0.54	2005.2	年调节	200	82	10	4.3	2.5
压油沟水库	贾庄乡	1.11	1958.5	多年调节	140	97.8	12.85	5.75	0.3
晒钱埠水库	贾庄乡	0.94	1959.7	年调节	350	75.73	11.4	4.42	1.3
灰泉水库	矿坑镇	1.49	1965.2	多年调节	175	89	10.8	3.5	0.3

第二节　灌溉工程

建国前，全县灌溉面积很少，只有汪塘、土石砖井能浇部分菜地。新中国成立后，新建一批蓄、提水工程。至 2010 年年底，有灌溉面积万亩以上大中型水库灌区 5 处，引河灌区 2 处，排灌站灌区 1 处，设计灌溉面积 43833 公顷，有效灌溉面积 12400 公顷。兴建小引河灌区、小电扬水站、小机电井、小型灌溉工程、喷灌灌溉。其中，小型水库灌区 41 处，有效灌溉面积 660 公顷；塘坝灌溉 118 处，设计灌溉面积 1573 公顷，有效灌溉面积 733 公顷。引河灌溉 1200 公顷，机电排灌站灌溉 6800 公顷，机电井井灌 6920 公顷，喷灌 5334 公顷。总有效灌溉面积 34047 公顷。

会宝岭水库灌区

位于县境西南部、西泇河两侧，分布在尚岩、向城、新兴、兰陵、兴明、三合、南桥 7 个乡镇。北起文峰山，南至苏鲁边界，东到汶河，西至凤凰山、青山山脚下及陶沟河下游。东西宽 14

图 9—3　会宝岭灌溉区总干分水闸　（2005 年摄）

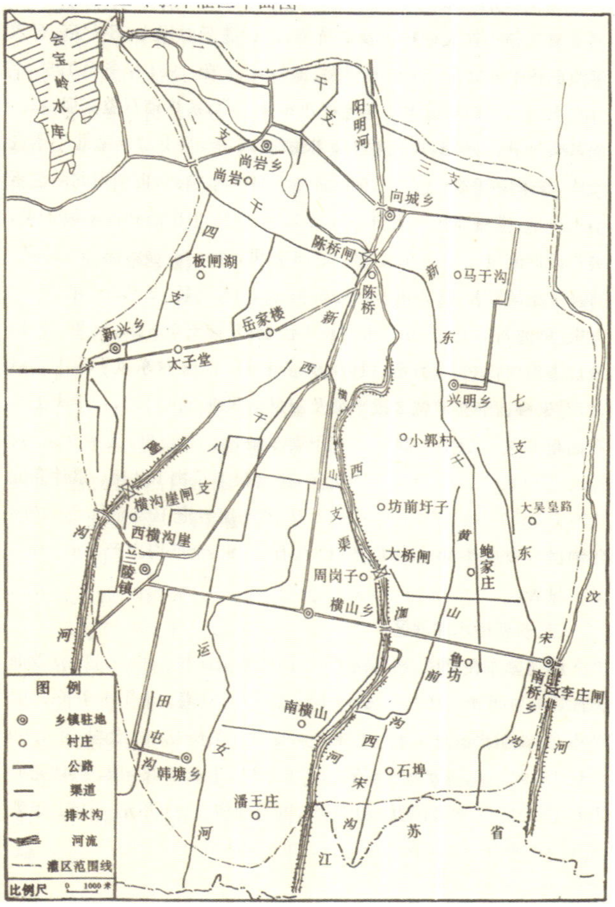

图 9—4　会宝岭灌区平面示意图

千米，南北长 25 千米，大部分是平原洼地，土壤肥沃，适宜灌溉。1959 年 11 月开发，1962 年 5 月开灌。完成干渠 2 条、支渠 14 条，配套面积 4427 公顷。1959 年灌区开发前，粮食平均亩产 113 千克，1990 年达 502 千克。1965 年—1968 年，进行第二期灌区配套工程施工，在向城镇陈桥庄北西泇河上兴建陈桥拦河潜堰，开挖新西干和新东干两条干渠，向灌区下游送水。至 1968 年，整个灌区配套工程基本竣工，共完成总干渠 1 条、干渠 4 条、支渠 27 条，发展灌溉面积 9300 公顷。1979 年年底，组织施工第三期配套工程，1984 年 10 月竣工。完成总干渠和部分干渠衬砌，改、扩建干支渠建筑物，兴建库区电灌站 4 座，改善和恢复灌溉面积 9220 公顷。1988 年—1990 年，在西泇河下游横山乡张岗子村东建成大桥闸，拦截灌区尾水及径流，灌溉灌区下游横山、南桥、韩塘 3 个乡镇的土地。1991 年—1992 年，对灌区进行配套。

沂武河灌区

位于县城东部，分布在卞庄街道和庄坞、层山、二庙、磨山、长城 5 个乡镇。1958 年 10 月开发，1959 年 6 月开灌。由江风口闸引沂河水入苍郯分洪道和武河，再引到灌区进行灌溉。全灌区共有干渠 9 条、长 50 千米，支渠 20 条、长 39.8 千米，排水沟 15 条、长 41 千米，建筑物 389 座，有效灌溉面积 2667 公顷。因水源无保证，灌区工程不配套，历年最大实灌面积 1627 公顷。

小岭灌区

位于县境中部卞庄街道。1959 年开发，设计灌溉面积 3000 公顷，1960 年开灌。灌溉水源由上游小马庄、长新桥 2 座中型水库及灌区尾水、河道来水，通过东泇河送至小岭闸，然后再引出浇地。累计完成土石方 30 万立方米，工日 35 万个，国家投资 53 万元。渠首闸建于 1958 年，1973 年进行改建。有东干渠和西干渠、长 23.9 千米，支渠 13 条、长 71 千米，斗渠 78 条、长 91 千米，排水沟 18 条、长 55.2 千米，建筑物 349 座，有效灌溉面积 1533 公顷。2000 年后，随着城市的发展，小岭闸西干渠县城段部分被人为堵死，效益不能发挥，东干渠破坏也很严重，仅有渠首的部分可以灌溉。

图 9—5　农田灌溉工程施工　（2008 年摄）

小马庄水库灌区

分布在大仲村镇及矿坑镇，设计灌溉面积4647公顷，有效灌溉面积1067公顷。1964年开发，1965年开灌。1964年—1965年春，在东泇河大仲村镇大小吴宅村西建吴宅闸，闸上游建南北干渠进水闸，修干渠2条，由小马庄水库将水放入东泇河，再利用此闸拦蓄引水浇地，灌溉面积667公顷。1970年—1973年，环山开挖东风干渠长15千米，劈开6道岭、长2.2千米，跨越3条河，建成3座石拱渡槽，增加灌溉面积2253公顷。1978年—1981年，对东风干渠进行衬砌，对朱柳、石曲、矿坑3段干渠及灰泉山洞进行拱衬砌，在干渠上建石曲机灌站1处。全灌区共有干渠3条、长17千米，支渠9条、长22.7千米，排水沟3条、长15千米，干支渠建筑物153座。

长新桥水库灌区

分布在贾庄、卞庄2个乡镇。设计灌溉面积1487公顷，有效灌溉面积533公顷。1961年9月开发，1962年开灌。干渠1条、长7.94千米，支渠4条、长10.87千米，斗渠39条、长15.9千米，排水沟13条、长32.5千米，建筑物384座。累计完成土石方32万立方米，工日31万个，国家投资16.3万元。

考村水库灌区

位于车辋镇。设计灌溉面积1067公顷，有效灌溉面积267公顷。1961年10月开发，1963年开灌。干渠5条、长24.27千米，支渠6条、长5.5千米，排水沟2条、长1.1千米，建筑物134座。累计完成土石方12.65万立方米，工日50万个，国家投资8万元。

双河水库灌区

位于下村乡。设计灌溉面积993公顷，有效灌溉面积267公顷。1961年10月开发，1962年开灌。总干渠1条、0.56千米，干渠2条、11.84千米，支渠25条、11.74千米，排水沟2条、5千米，建筑物230座。累计完成土石方11.5万立方米，工日17万个，国家投资10万元。

小引河灌区

在河道、排水沟上建闸引水，灌溉面积在万亩以内，闸建在万亩灌区范围以外的灌区，称小引河灌区。全县共建小引河闸18座，分布在10条河（沟）上，灌溉面积共1233公顷。

苍山县小引河闸灌溉工程情况

表9—2

闸名	所在河沟	建成年月	灌溉面积（公顷）
层山闸	小涑河	1979.11	133.3
二庙闸	小涑河	1979.11	66.7
红圈闸	武　河	1971.6	33.3
为儿桥闸	燕子河	1977	—
西庄闸	燕子河	1967.5	66.7
杨官庄闸	燕子河	1977	—
石良闸	燕子河	1980.8	133.3
青竹闸	燕子河	1988.6	100

续表 9—2

闸名	所在河沟	建成年月	灌溉面积（公顷）
大新庄闸	吴坦河	1979.4	133.3
芦柞闸	吴坦河	1979.4	133.3
赵村闸	白家沟	1980	—
农场闸	汶　河	1965	—
三合闸	汶　河	1979.4	—
李庄闸	汶　河	1979.4	66.7
韩塘闸	运女河	1963	66.7
孟渊闸	花园沟	1978	33.3
北芙蓉闸	东泇河	1993.10	133.3
姜庄闸	武城河	1991.11	133.3

小（一）型水库灌溉

惠民庄水库因漏水严重，只能解决秋季灌溉，实灌 66.7 公顷。1975 年，惠民庄水库因放水入小马庄水库东风干渠，惠民庄水库干渠成为东风干渠的 4 支渠。秋天惠民庄水库有水时利用库水灌溉。春天库水干涸，就引用东风干渠的水进行灌溉，灌溉面积有所增加。灌区范围在水库下游的朱柳、朱柳屯一带。2003 年，惠民庄水库报废。

沙河子水库实灌 13.4 公顷，有干渠 2 条、长 3.3 千米。

驼山水库有效灌溉面积 46.7 公顷，有干渠 2 条。南干渠经 2 级提水，沿环山渠部分水用于浇地，部分水送至北岭村蓄水池，解决北岭、沟底、曹家庄和李高山沟的人畜饮用。

1961 年春，后大窑水库开发灌区，有干渠 2 条、支渠 6 条、田间渠道 22 条、建筑物 62 座。1965 年、1978 年，分别对灌区进行整修配套，有效灌溉面积 66.7 公顷。

台井水库漏水，虽修了渠道，只能解决秋季灌溉，有效灌溉面积 33.3 公顷。

小（二）型水库灌溉

至 2010 年，全县共 38 座，效益好的水库是：朱后院水库，有效灌溉面积 46.7 公顷；下寺水库，有效灌溉面积 33.3 公顷；现庄水库，有效灌溉面积 26.7 公顷。效益差的是刘山前、杨宅、上云峪 3 座水库，漏水严重，无灌溉效益。一般 1 座小（二）型水库能浇地 13.3 公顷左右，有效灌溉面积合计 533.3 公顷。

塘坝灌溉

至 2010 年，全县共有塘坝 118 座，起到保土、蓄水、灌溉的作用。有的可自流灌溉，有的可用来点种作物、栽地瓜秧苗，共能浇地 733 公顷。

机电排灌站灌溉

全县原有电灌站及电力排灌站 217 处，装机 213 台、5216 千瓦；机灌站 106 处，装备柴油机 111 台、2679 千瓦，至 2010 年年底有水轮泵站原有 18 处，安装水轮泵 42 台，到 2010 年年底只剩 14 处、15 台泵。至 2010 年年底全县有效灌溉面积共 6800 公顷。

井灌

解放前，主要利用小井灌溉。1949 年，全县有

小井7679眼。建国后，曾在磨山、层山、神山、长城等公社推广小井灌溉。1954年，在仲村、神山等区开始打大口井。至1956年春，打大口井46眼。1958年，用二齿锥在磨山公社打井，没成功。1964年，在磨山公社杭庄等村搞大锅锥井试点，半年推广到层山、长城等公社。同时，磨山公社的孙庄等10多个村连成200公顷的小井灌溉区。1967年，全县有大锅锥36台，6个公社打大锅锥机井540眼，配套320眼，发展井灌186.7公顷。1970年，建立县打井队，配备全套钻机3台。同年10月，在矿坑公社楼山沟村打成第1眼井，深140米，出水量70立方米/小时。1978年—1980年，形成机井建设高潮，3年共打井1480眼，井灌面积11700公顷，其中纯井灌8200公顷。因灌溉成本高，管理不善，损坏严重。1980年，实有能用机井2675眼，其中大口井444眼、大锅锥井2171眼、深井60眼，报废机井620眼。1993年实施中德合作水利粮援项目后，4年钻深井25眼，打大口井14眼，配齐机、泵、电器等设备。2010年，全县实有机电井3510眼，配套1905眼、1905台，装机16550千瓦，机井灌溉面积6920公顷。

其他灌溉

县内山泉较多，涌水量较大的有30余处，主要有尚岩镇的大泉、文峰泉，大仲村镇的涝坡泉、泉汪、姑嫂汪，鲁城镇的龙湾泉，贾庄乡的小山子泉等。旱时出水量每小时达20～80立方米，多用圆形或方形的大口井拦蓄泉水。1979年，从打井经费中拿出20万元，由县电机厂、农机厂负责生产喷灌机，全县有喷灌机398台。1982年，在里米坑大队建固定式喷灌点，喷灌面积4.7公顷。2010年，全县有喷灌机5696套，灌溉面积5334公顷。

第三节　饮水工程

1990年后，农村饮水工程发展较快，主要兴建了74个工程项目。

中德合作粮援项目工程

中德合作山东粮援项目是德国政府对山东贫困区沂蒙山区腹地实施的无偿援助营养保障项目，主要致力于山区乡镇的人畜饮水、节水灌溉和水土保持，兼顾修路、架电等基础设施建设。1993年正式实施，总投资2302.79万元，2003年完成，共建设人畜饮水工程74处，解决100个行政村、84927人的饮水困难。覆盖苍山县绝大部分历史性缺水山区村庄，如车辋镇高山沟、祖居庄、郁家杭、唐庄，鲁城镇吴山头、后场等。

1993年—2003年部分年份中德合作粮援项目苍山县人畜饮水工程建设情况

表9—3

年份	工程处数（处）	行政村（个）	人口（人）	自来水入户（户）	总投资（万元）
1993	17	21	11844	2515	373.66
1994	13	21	14129	3548	453.59
1995	9	12	10582	2394	278.96
1996	20	30	23306	4492	634.12
1998	5	6	6217	1571	207.1
2000	4	4	10434	1810	165.71

续表 9—3

年份	工程处数（处）	行政村（个）	人口（人）	自来水入户（户）	总投资（万元）
2001	4	4	5604	1709	111.85
2003	2	2	2811	735	77.8
合计	74	100	84927	18774	2302.79

临沂市千村人畜饮水解困工程

2004 年，实施临沂市千村人畜饮水解困工程。临沂市委、市政府抓住国家和省加大解决革命老区饮水困难扶持资金投入的有利时机，计划用 2 年的时间全部解决临沂市农村人畜饮水困难问题。苍山县于 2004 年 3 月启动项目，2005 年 7 月完成，总投资 1700 万元，共建设人畜饮水工程 57 处，解决 101 个行政村、8.8 万人的饮水困难。建成兰陵镇水厂，解决兰陵镇 29 个高氟区村庄的饮水安全问题。

村村通自来水村工程

2005 年，在完成临沂市千村人畜饮水解困工程后，按照省里的统一要求，县委、县政府实施村村通自来水村工程。2005 年开工建设，2008 年年初竣工，共完成工程 108 处，346 个行政村、102285 户、35.8 万人受益，全县自来水普及率 53.8%。工程总投资 3981 万元，其中国家财政补助 1443 万元，县级配套资金 195.7 万元，自筹资金 2342.3 万元。完成土石方 32.2 万立方米，浆砌石 9896 立方米，混凝土及钢筋混凝土 899 立方米。

农村饮水安全工程

2008 年后，农村饮水工程由自来水工程向饮水安全工程发展。2008 年—2010 年，完成农村饮水安全及农村饮水安全试点县工程，解决饮水不安全人口 11.65 万人。建成苍山县凤凰山泉水厂、苍山县波涛水厂、苍山县新泉自来水有限公司、层山水厂 4 个水厂。

第三章 水土保持

第一节 水土流失状况

苍山县水土流失的主要形式为水力侵蚀。砂石丘陵区，坡耕地面积大、秃岭多、植被少，砂化、面蚀、沟蚀严重。青石山区植被稍好，坡式梯田较多。北部荒山荒坡滥垦乱种、乱刨现象时有发生，水土流失多为层状和鳞片状面蚀。西部山矿区私挖盗采、乱堆滥排矿渣现象严重。平原地区在耕地周边、沟路两沿发生层状和沟状面蚀。

苍山县是全省水土流失较严重的县之一。据 1984 年水土保持普查，全县水土流失面积为 652.1 平方千米，占全县总面积的 36.24%。山丘区面积 979.96 平方千米，其中水土流失面积 542.7 平方千米，占全县总面积的 30.16%。经过多年治理，北部山区的水土流失状况得到有效改善。2000 年第二次全国遥感显示，水土流失面积为 337.97 平方千米。2005 年，由于人为水土流失（城建、土地、矿产开发等）的加剧，水土流失面积增加到 445.0 平方千米。2008 年，仍有水土流失面积 385.6 平方千米，占全县总面积的 21.43%。

2008年，按照国家《土壤侵蚀强度分级标准》，全县共划分6个水土流失等级。一是微度侵蚀面积1414.01平方千米，占全县总面积的78.57%。主要分布于南部平原及全县的“三合一”梯田、水平梯田，植被覆盖率大于90%的林地、草地、盛果期的果园和水域内。二是轻度侵蚀面积96平方千米，占全县总面积的5.33%。主要分布在全县的水平梯田、坡式梯田，果园和植被覆盖率70%～90%的林草地。三是中度侵蚀40平方千米，占全县总面积的2.22%。主要分布田面较平的坡式梯田和植被覆盖率50%～70%的林草地。四是强度侵蚀面积23平方千米，占全县总面积的1.27%。主要分布在田面较缓的坡耕地和部分农田隙地以及村庄、路面等。五是极强度侵蚀面积3.6平方千米，占全县总面积的0.2%。主要分布西北部山丘区的花岗岩、片岩、变粒岩地带的坡式梯田以及严重的重力侵蚀区。六是剧烈侵蚀面积223平方千米，占全县总面积的12.39%。主要分布在西北部新兴、尚岩、鲁城、车辋等乡镇山区、矿区的采矿场、采石场、取土场等地。

2008年苍山县水土流失面积情况

表9—4

土地利用类型	水土流失面积（平方千米）			
	轻度	中度	强度及以上	合计
坡式梯田	58	3.9	23.3	85.2
低标准梯田	16.7	8	—	24.7
顺坡林地	6.1	10.2	—	16.3
低标准林地、果园	15.2	9.3	—	24.5
坡耕地	—	8.6	99.28	107.88
荒山荒坡	—	—	127.02	127.02
占总面积的百分比（%）	5.33	2.22	13.87	21.43
合　计	96	40	249.6	385.6

第二节　水土流失治理

新中国成立初期，全县仅有残林2000公顷，大部分山丘为荒山秃岭，水土流失严重。1953年—1956年，全县掀起整山治岭为中心的封山育林高潮。采取“山顶一撅松，山腰鱼鳞坑”的方式，大造水土保持林。1959年—1960年，大搞水利建设，兴修5座大中型水库和部分小型蓄水拦沙工程。1963年—1964年，大办国队合营林场，促进山丘区的绿化。同时，在当时的贾庄公社晒钱埠村搞整山治岭，修“三合一”梯田样板，推广到全县。1965年—1966年，治山、治水蓬勃发展，投入劳力20余万人实行大会战，对车辋区的十八岭统一规划、统一治理。全县完成标准“三合一”梯田2667公顷，植树造林2000公顷，新建小水库、塘坝80座。

1975年—1978年，全县开展农田水利基本建设大会战。1975年，在仲村公社陡沟庄西岭搞整山治岭样板。1978年，临沂地委行署在临沂、费县、苍山3县交界处组织卧虎山会战区。苍山县在仲村公社北部设立战场，投入劳力8000人，整地改土，建梯田267公顷。4年间，山丘地区会战10个岭，深翻整地，垒地堰，建“三合一”梯田，大搞农田林网，植树造林1499万株。

1985年后，实行小流域综合治理，全县水土保持工作进入一个全新的阶段。如尚岩镇的文峰山采取山上水土保持林、山脚水平梯田；车辋镇采取针、阔叶混交，乔、灌、草结合；贾庄乡的压油沟流域采取沟坡兼治，山坡建梯田果园，山沟建谷坊、塘坝浇田。苇湖小流域治理自1985年始，经过5年艰苦努力，到1990年自然状况大为改观。流域内粮食总产由治理前的513吨增长到1230.9吨，总产值由34.43万元增长到73.4万元，人均收入达到498元。林地面积由134.61公顷发展到253.94公顷，森林覆盖率由21.7%提高到38.5%，森林植被率由21.76%提高到53%。年侵蚀模数由4416吨/年/平方千米减少到1153吨/年/平方千米。蓄水总量比治理前增加24.17万立方米，蓄水效益52.3%，削减洪峰效益39.21%。1990年，全县林地面积达2.06万公顷，比1949年增加9倍多；全县共治理水土流失面积247.98平方千米。2000年后，农村义务工和劳动积累工逐渐取消，民营资本开始投入水土保持建设。至2010年，全县共治理水土流失面积314.17平方千米，其中整修水平梯田12253公顷，营造水土保持林7226公顷、经济林11310公顷，种草628公顷，封山育林726.4公顷，疏林补植338.6公顷，修建各类桥涵286座、蓄水池127座、谷坊669座、塘坝96座、环山路493千米，新建风力提水工程12处。

第三节　执法监察

1982年6月30日，国务院颁布实施《水土保持工作条例》。1984年，根据条例规定，成立苍山县水土保持委员会，下设办公室在水利局，具体负责全县的水土保持工作。2月，根据山东省水土保持委员会统一部署，组织抽调县农业局、县林业局、县水利局、县畜牧局、县农业区划办公室、县科委、县科协等部门24名专业人员进行培训，对全县进行历时10个月的水土保持普查、区划、规划，全面开展水土保持工作。

1993年，苍山县被列为山东省第二批执法试点县。1994年11月29日，根据相关的法律法规、政策，苍山县人民政府出台《苍山县防治水土流失暂行规定》。1993年9月，成立苍山县水土保持监督管理站，在北部14个山丘区乡镇水利站各配备1名水土保持监督检查员，并由苍山县人民政府办公室颁发水土保持监督检查证，形成县、乡两级执法网络。

2009年，苍山县被列为全国第一批水土保持监督管理能力建设试点县，苍山县人民政府办公室印发《关于认真做好水土保持监督管理能力建设的通知（实施方案）》《关于成立水土保持监督管理能力建设领导小组的通知》《关于印发水土保持监督管理能力建设相关制度的通知》《关于调整充实苍山县水土保持委员会的通知》。按照实施方案从2009年10月开始，至2011年6月结束。

至2010年，全县累计审批各类开发建设项目128个，编制水土保持方案67份、水土保持方案报告表61份，查处水土保持违法案件46起，结案46起，罚没收入36万元，收取水土保持设施补偿费473万元、水土流失防治费22万元。

第四章 水务管理

第一节 水库管理

全县5座大中型水库及其灌区、小岭灌区、庞庄排灌站及其灌区均由县水利部门建立管理机构；沂武河灌区和惠民庄水库管理机构，先由县管理，后下放到乡镇管理；后大窑、驼山、沙河子、台井4座小(一)型水库由所在乡镇管理；小（二）型水库、塘坝由所在村管理，扬水站由所在乡镇或村管理，机井由村管理，重要闸坝由乡镇管理，一般闸坝、桥梁由村管理。

大中型水库管理

1958年12月，动工兴建会宝岭水库，成立会宝岭水库施工指挥部。1960年3月，水库建成蓄水，水库施工指挥部撤销，随即设立会宝岭水库灌溉管理局，灌溉业务由县水利局领导，下设办公室、工程股、财务股、陈桥闸灌溉管理所。1975年3月，改为苍山县灌溉局，直接由县政府领导，人员经费及养护维修经费由县财政拨款。1980年，国家提出“两个支柱、一把钥匙”方针，开展水利综合经营，以节约大量资金用于建设，管理单位性质改为差额（实为自收自支）。1984年5月，水库管理单位改为会宝岭水库灌溉管理所。1993年，改为会宝岭水库管理处，属县水利局二级单位，单位性质为自收自支事业单位。

2007年3月，苍山县水利局编制完成《苍山县水管单位体制改革实施方案》。2009年3月21日，核定全额水管单位事业编制268名，其中会宝岭水库管理处102名，小马庄水库管理所24名，长新桥水库管理所24名，双河水库管理所23名，考村水库管理所23名。2010年，会宝岭水库管理处升格为副县级单位，在4座中型水库均设管理所。2010年，全县水库管理部门共有职工279人，其中会宝岭水库管理处222人，小马庄水库管理所20人，长新桥水库管理所19人，双河水库管理所10人，考村水库管理所8人。

小型水库管理

在5座小（一）型水库中，惠民庄水库建成后成立管理所，为国有单位，负责工程管理维修、防汛、灌溉、多种经营等，后因水库漏水严重，效益低，于1985年下放到矿坑乡管理。2003年，矿坑乡政府申请报废，后经临沂市水利局批复，进行报废拆除。其他4座小（一）型水库均由乡镇派人管理，开始由受益单位按人数分摊，管理人员工分，参加生产队收益分配；20世纪80年代后，实行管理承包，将水库承包给农民管理，明确管理责任，划给部分土地，其收入归管理人员所有。2009年，台井水库进行除险加固，加固后苍山县沂堂镇划归临沂市罗庄区管辖。2010年12月21日，该水库工程移交临沂市罗庄区沂堂镇。38座小（二）型水库均由所在村管理，平时一般无人，汛期或下雨天派专人看管。

第二节 灌溉管理

全县8处万亩以上灌区均设国营管理单位。会宝岭水库灌区由水库管理局（所、处）负责管理。1965年，陈桥闸建成，继而开挖新西干和新东干两条干渠，设立陈桥灌溉管理所，负责会宝岭灌区的管理工作。4座中型水库灌区均设有水库管理所负责管理。小岭灌区设立小岭闸管理所，既管闸又管灌区。1959年，沂武河灌区建成多福庄闸。开发多福庄灌区后，设立多福庄闸管理所。1964年，建成花庄闸、河头闸。1971年，建成朱庄闸，开发沂武河灌区、多福庄灌区成为沂武河灌区的一部分。1973年，建成旺庄闸，在旺庄闸设立沂武河灌区管理所，并派人住到多福庄闸、朱庄闸、花庄闸看管水闸，后因水源不足，1987年下放到乡镇管理，沂武河灌区管理所交给磨山镇。1975年，建成庞庄排灌站，开发庞庄灌区后，成立庞庄排灌站管理所，负责排灌站的管理运行维修及灌区管理工作。管区内各村配备管水员，由管理单位统一领导，负责管水用水、渠道维修养护。其它灌区工程，属一个乡镇的由乡镇及受益村管理，属一个管理区或一个村的由管理区或村负责管理。

第三节　施工管理

水利基本建设工程

水利基本建设工程由县组成施工指挥部，指挥一般由县级负责人兼任，副指挥由水利局领导兼任，配备有施工经验的工程技术负责人。指挥部下设办公室、工程科、质检科、财务科、安全保卫科等科室。基建工程按照基本建设程序进行招投标，开工前先编制施工计划，填写开工报告，按照施工规范及设计要求进行施工，工程完成后写出竣工验收申请报告、竣工验收报告，报请主管部门验收。岁修工程施工管理和基本建设管理基本相同。1987年10月，县水利建筑安装队成立，为三级施工企业，县内凡是5万元以上的基建、岁修、农田水利等工程，皆由水利建筑安装队施工。1988年—1990年，建造的西泇河大桥，坚固美观、质量好、标准高，工程竣工验收后被地区水利局和省水利厅评为优质安全工程。2002年6月28日，由山东省建筑工程管理局批准为水利水电工程施工总承包二级企业。2003年12月18日，经山东省建筑工程管理局批准为房屋总承包工程施工总承包三级企业。1989年，由会宝岭水库管理所负责施工的会宝岭大坝防浪墙、排水体工程被地区水利局评为优质工程。1989年—1990年，南坝防浪墙工程连续两年被省水利厅评为山东省防汛岁修优质工程。2008年12月30日，小马庄水库除险加固工程、大坝加固工程被山东省水利厅评为“2006—2007年度山东省水利优质施工工程”。

农田水利工程

农田水利工程主要有整地改土、田间灌排工程配套、机电扬水站、水轮泵站、小水电、小型水库、塘坝、打井、喷灌、涝洼地治理、稻改、人畜饮水等。每年秋天，县乡对农田水利工程进行统一规划，山、田、水、路、林统筹安排，“三秋”结束后由乡镇政府组织劳动力上阵，建筑物工程由专业队坚持常年施工或聘用技工完成。由国家扶持全部或部分材料费、技工工资，乡镇、村本着受益负担政策安排全中投工、筹集资金。随着国家政策的变化，义务工逐渐取消，遂按照一事一议的政策施工。施工期间，县水利局派工程技术人员进行技术指导，乡镇水利站人员参加施工。

第十编
工　业

蒼山縣志

苍山县工业经历了从手工业到现代工业的发展过程。早在清代，县内民间铁木、粗布纺织、草条苇编、陶瓷、食品加工等颇为兴盛。由于社会发展局限性，工业处于自生自灭状态，发展缓慢。1955年11月，县政府成立手工业合作社联合社筹委会，私营手工业走上组织起来的道路。1956年，全县共成立52个联合企业，新建铁木业合作社、粮油加工合作社、被服厂、砖瓦厂等7个县属企业。“文化大革命”初期，县内工业发展企业受到严重冲击，但1970年—1974年，县化肥厂、县无线电元件厂、县水泥厂等工业企业相继建成投产，机械加工设备和生产能力得到充实提高。1996年，全县拥有饮料制造、食品加工、造纸、木材加工、非金属矿业开采和制品、化工、机械制造等23个行业，累计58种产品获得地级以上优质产品称号。

2006年，全年实现工业总产值125.2亿元，增加值39.4亿元，全县117家规模以上工业企业完成总产值69.2亿元。其中，神大集团、金信皮革等12家企业产值过亿元，济钢石门铁矿、神大集团等9家企业累计利税均超过千万元，东珍食品、星发公司、天下木业、得力石膏等100家乡镇属规模工业企业累计实现工业总产值54.51亿元。此后，全县工业生产增长较快，规模以上工业企业发展迅速。2010年，全县255家规模工业企业总产值185.66亿元，增加值48亿元，销售收入183.75亿元，利税19.29亿元，利润11亿元，形成采矿、建筑材料、化工、食品加工、皮革、板材加工等一批县内支柱产业。

第一章　企业所有制

第一节　全民所有制企业

苍山县全民所有制工业企业始于1945年年底创建的兰陵酒厂。其前身是在私人酒店“东醴源”旧址上建立的兰陵酒店，占地0.13公顷，从事酒业生产经营。1946年9月，国民党军队进攻解放区，兰陵酒店迁至青山、万村，更名为万村酒店。1958年“大跃进”期间，县属汤庄煤矿、安城煤矿、金桥煤矿、县酒厂、县机械厂、县粮食加工厂、县食品加工厂等相继建成投产，工业总产值238.1万元，占全县工业总产值的72.84%。1970年，县化肥厂、县无线电元件厂和县水泥厂相继建成投产。1973年，县木器厂和县棉花加工厂建成投产。1974年，县南桥棉厂建成投产。1976年，全县全民所有制工业企业发展到15家，有固定资产1098.8万元，占全县工业固定资产的81.2%；工业总产值1518万元，占全县工业总产值的65.12%；利税108.4万元，占全县工业的61%。1978年，县石门铁矿、县造纸厂和县第二水泥厂建成投产。其间，汤庄煤矿因区划变更归属临沂市，安城煤矿和金桥煤矿下马停业，铝矾土矿改称第二陶瓷厂。1980年后，县化肥厂、县水泥厂、县特种水泥厂、县兰陵美酒厂、县酒厂、县造纸厂、县木器厂等一批老企业通过技术改造，企业规模迅速扩大；县肉联厂、县大蒜制品厂、县制药厂、县饲料厂、县淀粉厂、县石膏矿、县苍松建材公司等相继建成投产；兰陵美酒厂、苍松建材公司、县化肥厂、县木器厂、县造纸厂还各自组成企业集团或总厂。1995年，大蒜制品厂破产。1996年，县水泥厂归属卞庄镇。1996年，全县共有全民所有制工业企业22家，其中大型企业2家，中型企业3家，从业人员2078人；固定资产由1980年的2802万元增加到13.5亿元，占全县乡及乡以上独立核算工业企业的69.9%；工业总产值15亿元，占全县乡及乡以上独立核算工业企业的64.1%，比1980年的2466万元增长60倍；利税5.5亿元，占全县乡及乡以上独立核算工业企业的56.2%，比1980年的451.8万元增长122倍。2000年后，全县许多全民所有制企业相继改制、破产或重组。2006年—2010年，经贸系统破产、改制企业有10家，分别是苍泉酒业、县发电厂、工艺美术公司、县造纸厂、嘉德集团及嘉德食品公司、石膏矿、佳田水泥公司、苍松建材公司、县化肥厂、县泉山水泥有限公司。2010年，全县国有企业工业总产值12.65亿元。

第二节　集体所有制企业

县属集体企业

1945年，车庄区大仲村农民集资入股，成立县内第一家卷烟生产合作社。1951年，磨山成立前进铁木业合作社。1954年，在县城驻地建县被服组、县砖瓦厂，当年完成产值28.1万元，占全县工业总产值的19.51%。1956年，县被服组改组成县被服厂和县鞋厂。1958年，县印刷厂、县皮革厂建成投产。1963年—1976年，县集体所有制企业基本处于徘徊状态，仅增加了县陶瓷厂、县综合修理厂2家企业。1976年，县属集体所有制企业有12家，固定资产73.9万元，占全县工业企业的5.45%；产值由1958年的24.6万元增加到490万元，占全县集体所有制工业产值的60.27%，占全县工业总产值的21.02%；利税49.8万元，占全县工业的28.02%。1980年后，集体所有制工业企业抓住机遇，广开门路，发展迅速，新建了县塑料厂、县针织服装厂、县工艺美术厂、县挂毯厂、县染织厂、县发电厂等10家企业，其中1983年和1986年建设的2座恒温库，经过几年发展，分别组成嘉德公司和黄埔集团公司。1990年，县属集体企业有22家，固定资产3585万元，占全县工业的16.23%，比1976年增长38.5倍；工业产值3817万元，占全县工业总产值的15.9%，比1976年增长6.8倍；盈利企业利润89万元，亏损企业亏损额271万元。1993年，县塑料厂与县化肥厂合并，成立县化工总厂。1995年县被服厂、县染织厂破产后，成立文峰制衣厂。1996年，县属集体企业23家，产值4.9亿元，占全县工业产值的20.94%；利税1500万元，占全县工业的1.53%。因产品单一、科技含量低、经营困难等原因，大多数企业处于资不抵债、停车或半停车状态，1999年8月，对5家集体企业进行资产量化改革运作。年内，对县塑料厂等实行股份合作制，并结合股权调整，逐步解决了职工“人人持股”“平均职工”等问题。2000年，全县集体企业工业总产值3.79亿元。2005年7月，通过重组、破产、兼并出让、关闭终止等形式，对7家集体企业进行改制，占计划完成改制企业的87.5%。2005年，苍山县鞋厂、苍山县工业综合公司、苍山县挂毯厂、苍山县钟表维修厂等破产。2010年，全县集体企业工业总产值2.85亿元。

乡镇企业

1955年，县内乡镇工业开始兴起，当年兴办手工业合作社52个，从业人员3060人。1958年成立人民公社以后，全县24个公社都成立铁木业社，社办企业发展到135家。1972年，贯彻中共中央“围绕农业办工业，办好工业支援农业”的指示精神，全县乡镇企业增加到1213家，包括建筑、粮油加工、运输、建材、采矿等产业，从业人员8974人，年产值2436万元，利税1357万元。1984年后，乡镇企业发展速度加快，农业机械修造、水泥、服装、家具、皮革、蔬菜加工、石膏、石英砂等企业应运而生。1996年，乡镇企业增加到1807家，其中乡镇办118家、村办488家、联户办1201

家，工业总产值由1984年的8137万元增加到47.43亿元，利税由1984年的732万元增加到4.9亿元，从业人员由1984年的2.57万人增加到15.83万人。2002年后，随着经济体制改革，乡镇企业转轨改制为民营企业。

第三节　民营工业企业

2002年，伴随着乡镇企业改制应运而生的民营经济发展迅速，全县各乡镇积极推进企业集群建设和园区建设。全年全县各类民营企业、个体户完成工业总产值110亿元，出口创汇1.8亿元，完成销售收入107亿元，实现利税8.7亿元。全县民营企业有6500家，从业人员78900人，其中安排农村剩余劳动力8219人。2005年，全县民营经济完成企业营业收入110亿元，利税11.4亿元。全县有个体民营户3.23万户，民营企业1960家，从业人员16.5万人。2006年，全县民营经济完成营业收入167亿元，利税15.8亿元，出口交货值10.7亿元。全县有个体民营业户34716户，民营企业2558家，从业人员169211人。卞庄、磨山、鲁城、贾庄4个乡镇被市委、市政府授予发展民营经济“明星乡镇”和“先进乡镇”称号。金信皮革有限公司、兰陵石膏集团、荣夫物流有限公司等14家企业被临沂市委、市政府授予“民营企业50强”和发展民营经济“明星企业”荣誉称号。在综合排名上，苍山在“明星企业”位次上居临沂市第二名。

2008年，全县民营经济完成总产值242.1亿元，实现利税25.4亿元。全县有民营企业2750家，其中规模企业发展到175家。销售收入过亿元的有金信皮革有限公司、山东荣庆集团、山东神氏食品有限公司等17家企业。全县规模以上民营企业实现营业收入90.28亿元，利税11亿元，从业人员达到18万人。2009年，苍山民营经济（中小企业）受金融危机的影响较大，多数企业先后出现停产、限产现象，出口企业订单减少，库存增加。2010年，全县民营经济（中小企业）已完全摆脱金融危机的影响，经营情况进一步好转，当年完成总产值418.7亿元，从业人员达19.2万人。

第四节　工业管理

新中国成立后至2010年，县内工业管理主要分为两个阶段。新中国成立初期至20世纪80年代，县属工业企业实行计划经济管理，个体经济作为国民经济的补充自主经营。80年代后，进行经济体制改革，计划经济逐步向市场经济过渡，国家对企业由计划管理转向宏观调控，企业自主经营，自负盈亏。

管理机构

苍山县经济贸易和信息化局　1952年7月，苍山县供销合作社设立生产管理科，负责对全县工业企业进行管理。1957年11月，成立县工业局，与手工业联社合署办公。全民所有制工业企业和集体所有制工业企业隶属工业局管理，个体手工业隶属手工业联社管理。1959年7月，撤销县工业局，成立县重工业局、轻工业局和农业机械局，手工业联社改称手工业管理局。1962年3月，恢复县工业局，撤销重工业局、轻工业局和农业机械局。“文化大革命”初期，工业管理瘫痪，企业内部和主管部门领导被革委会取代。1975年，成立县工交办公室，工业局隶属于工交办公室。1977年3月，增设社办工业局。1981年，县工交办公室改称县经济委员会。2003年1月，县经济委员会改称县经济贸易局，是县政府经济综合管理部门，承担着调节工业经济正常运行、促进节能降耗、推动技术创新的重要职能。2010年5月，县经济贸易局改称县经济贸易和信息化局，为县政府工作部门。

苍山县集体工业联社　1997年7月，成立苍山县集体工业联社，由县二轻工业开发公司和县建筑材料开发公司组建，是县属集体所有制工业企业的经济联合组织。

苍山县二轻工业开发公司 1989年2月，在县工业公司基础上组建一轻纺织工业公司、二轻纺织工业公司、机械化工工业公司，下属企业有木器厂、鞋厂、服装厂、锯条厂、塑料厂、钟表眼镜厂、白铁制品厂、挂毯厂、工业展销部、工业综合公司、装饰装潢公司。1993年12月，改名为二轻工业开发公司。

苍山县建筑材料开发公司 1988年7月，成立县建筑材料工业公司，下属企业有苍山县第一水泥厂、苍山县第二水泥厂、苍山县石膏矿、苍山县建材厂。1991年8月，更名为苍山县建筑材料工业局。1993年机构改革，撤销建筑材料工业局，成立县建材开发公司。

兰陵县中小企业局 1977年3月，成立苍山县社办工业局。1982年4月，更名为苍山县社队企业管理局。1984年4月，更名为苍山县乡镇企业局，下设人事秘书股、财务股、生产股、多种经营股，县乡镇企业供销公司、工艺美术公司、乡镇企业矿产公司由乡镇企业局领导。1998年8月，在苍山县乡镇企业局设立直属企业办公室、乡镇企业审计事务所、外经科技站，均为股级事业单位。2002年5月，撤销乡镇企业局，成立苍山县民营经济办公室。2009年3月，更名为苍山县中小企业局。

管理职能转变

1955年12月，召开全县第一次手工业社员大会，成立手工业生产合作社联合社，选举产生手工业联社理事会和监事会，民主制定规章制度、生产定额、工资分配和生产管理办法。当年，手工业合作社发展到52个，个体手工业者3060人。1956年，对手工业进行社会主义改造，手工业合作社精简到42个。1957年，企业根据主管部门下达的产值、利润、产量等计划指标组织生产，原材料由上级调拨，产品价格由国家制定，产品由供销社统销，企业干部由主管部门选派。1959年，企业干部和技术人员由县统一调配，企业内部实行党委一元化领导，企业实行统筹统支，物资统一分配，产品计划调拨，企业无自主权。1970年后，加快工业建设，上马一批项目，其论证、管理较差。1975年进行整顿，企业内部实行党委集体领导，县工交办公室向各企业派驻8个学大庆工作队、30余人对县属企业进行整顿。1976年，整顿、建立各项规章制度，推行以小指标分解为内容的管理措施，企业管理得到加强。1979年，全县工业开展企业整顿，推行以责、权、利相结合的岗位责任制。1981年后，主管部门对全民所有制工业企业实行利润包干、超额利润分成、提留的管理办法，对集体所有制工业企业实行自负盈亏的管理办法。主管部门加强对生产的调度、指挥，历经3次利改税体制改革，企业经济效益实现同速度同步增长的目标。1984年后，进行工业管理体制改革，管理部门对企业实行承包责任制。对效益好的工业企业，实行税制与工资奖金挂钩，以前3年的税利、工资、奖金确定基数，根据当年完成利税的数额计发工资、奖金，上不封顶，下不保底，年奖金不超过2.5个月职工月平均工资，免征奖金税；对效益较差、完不成利润计划的企业，提高留利指标；对亏损企业核定扭亏额，超奖欠罚。计划部门取消钢材、煤炭以外的物资分配计划和对二、三类产品调拨及价格控制，改变国营企业统购统销、统收统支的局面。改革劳动用工制度，推行干部聘任制、工人优化组合和劳动合同制，对企业放权、扩权；企业内部层层建立经济责任制，实行定额、定岗、定员、计件、计分、计奖等分配办法，打破平均主义；根据需要招聘技术人才，从工人中选拔干部，改变“坐门等客、等米下锅”的生产经营观念，走出去寻找和建立自己的市场和合作伙伴。服装、食品、小农机具、日用杂品等产业开始建立门市、摆摊设点，

宣传促销，扩大经营。1986年，推行厂长（经理）负责制，实行厂长（经理）行政指挥、党委保证监督、职工参与民主管理的管理体制。首先在县酒厂、县化肥厂、县木器厂等6个基础较好的企业试点，把竞争机制引入承包。1987年，乡及乡以上工业企业全面推行厂长（经理）承包经营责任制（即第一轮承包），由县经委、财政局、主管局、乡镇政府为发包方（甲方）与企业承包人（乙方）签定承包经营合同书。承包期为3年，承包内容为上缴利润、资产增值、奖罚措施等。在全县第一轮承包中的158家企业中，有230多人投标参加竞争，有10家企业在竞争中更换厂长。1990年合同期满后，又进行续包（即第二轮承包），期限仍为3年，内容方式基本不变。

1993年，县一轻工业局、县二轻工业局、县机械电子化工工业局、县建材局4个主管部门撤销，成为独立经营的经济实体。国家除了对粮、棉、油等统配物资价格控制以外，其他物价全部放开，转为市场调节。工业企业内部主要围绕管理升级工作，建立标准化管理体系，推广现代化管理方法，内涵和外延并重，提高企业整体素质。1993年后，贯彻落实《中华人民共和国全民所有制工业企业法》和《全民所有制工业企业转换经营机制条例》，对工业企业进一步简政放权，使工业企业享有生产经营决策权、产品劳务定价权等14项经营权，逐步成为自主经营、自负盈亏、自我发展、自我约束的商品生产和经营单位，成为独立享有法律权利和承担法律义务的企业法人。1993年—1996年，县内工业企业实行全员劳动合同制，全县有3家县属企业破产，建立起股份制企业4家、企业集团4家、“三资”企业37家。2001年，建立全县工业经济运行预测预警工作制度，预测预报主要经济指标完成情况、主导产品产销情况、企业技术改造情况及发展情况等，对年销售5000万元以上的骨干企业重点调度。2003年，组织工业企业开展转机制、抓管理、练内功、增效益活动，提高传统产业、支柱产业和新兴产业技术素质，鼓励企业争创具有国内外市场竞争力的名牌产品，提高质量总体水平。2007年—2010年，企业宏观管理重点转向经济运行调控、节能减排任务落实督导、发展循环经济、搞好技术改造和设备更新、建立企业产学研平台等。

第二章　矿山开采业

苍山县采矿业主要开采品种有煤炭、石膏、铁矿石、石英砂、铝矾土等。

苍山矿产资源相对较丰富，采矿有悠久的历史。早在20世纪50年代和60年代初期，一些矿产资源丰富的地区就以社办或队办的形式兴建起一批小煤矿、小铁矿，其采矿设备、开采技术非常落后。大锤、钢钎、镐头、竹筐是主要的采掘工具，装备落后、劳动强度大、安全条件差、生产力水平低。80年代后，采矿条件得到较大改善，半机械化、机械化采掘方式开始广泛使用，生产能力大幅度提高。2010年，全县矿业开采加工企业有48家，从业人员15631人，实现工业总产值16.66亿元，利润总额5.12亿元，上缴税金2.18亿元。

第一节　铁矿石开采

1958年“大跃进”期间，在鲁城乡石门等地进行小量开采，至1960年产量达到4.54万吨，产值102.7万元，1961年关闭。1976年4月，筹建石门铁矿。1980年起，新兴、尚岩等乡镇进行铁矿石开采。1996年，全县铁矿石采选企业发展到60家，其中国有企业1家、乡镇企业3家、个体采矿30家、小选厂26家。截至1996年，历年累计开采量600万吨，年产精矿粉150万吨，产值2.2亿元。2000年后，铁矿企业发展较快，并且由小散乱向规模、专业、精细化发展。2006年，全县规模民营铁矿企业发展到16家。2008年，达到23家，当年实现产值13.39亿元，利税1.71亿元，从业人员达到1109人。2010年，铁矿石开采深加工规模企业达36家，固定资产总额28.79亿元，实现销售收入35.83亿元，利税3.1亿元，从业人员1809人。年销售收入超2亿元的有苍山金泰矿业有限公司、苍山凯利矿业有限公司、中钢山东矿业有限公司、苍山鹏辉矿业有限公司、中矿联华山东矿业有限公司、苍山胜龙矿业有限公司6家企业，年销售收入1亿～2亿元的企业有苍山东石门福利铁矿、临沂浩硕矿业有限公司、苍山县太平铁矿3家企业，年销售收入5000万元～1亿元的有苍山县金成矿业有限公司、苍山县新兴铁矿、苍山国兴选矿厂等15家企业。

图10—1　铁矿开采　（1999年摄）

重点企业

中钢山东矿业有限公司　中钢山东矿业有限公司成立于2006年，注册资金1亿元，位于山东省苍山县鲁城乡境内，矿区面积为2.61平方千米。设计规模为年采选原矿200万吨，最终产品为铁精粉，年产量57.12万吨。2010年，实现工业总产值2.47亿元。计划总投资12亿元，项目设计服务年限超过30年，工程建设期3年，投产后2年达产，达产后年产值3.6亿元，年上缴国家及地方税费约7000万元；矿山建成投产后，除上缴税费、解决当地部分人员就业外，还将带动地方的机修业、制造业、运输业及第三产业的发展，为临沂市和苍山县地方经济发展作出重要贡献。

苍山凯立集团　苍山凯立集团成立于1990年6月，前身是苍山县尚岩镇集体企业，1997年改制为私营企业，2003年6月更名为苍山县凯立集团。拥有凯立矿业有限公司等7个子公司，固定资产20亿元。拥有国内最先进的年生产能力50万吨的选矿设备两条，各类大型采矿及运输专用机械400余台。2010年，企业有员工2200余人，其中高级技术人员102人，高级工程师39人。实现工业总产值2.14亿元。逐步发展成为采矿、选矿、制管、加工、销售、房地产开发为一体的集团公司。

济钢集团石门铁矿有限公司　2008年，经国资委批准，济钢石门铁矿改制为新型的公司制企业。2010年4月19日，济钢集团石门铁矿有限公司成立。公司注册资金2.4亿元，国有参股20%，员工入股80%。公司铁矿资源储量7000多万吨，在册员工720多人，工程技术人员107人，中高级职称32人，拥有自备110KV变电站，机械设备685套，装机容量8910千瓦。公司坚持科学开采，走环保可持续发展的道路。年处理原矿120万吨，年产铁精粉18万吨。2010年，实现工业总产值1.114亿元。

苍山县东钢矿业有限公司　苍山县东钢矿业有限公司成立于2003年，占地面积13369平方米，企业总资产5600万元，拥有员工268人。其中管理人员15人，中高级以上技术人员12人。主要从事硅砂、铁矿石和铁精粉加工，是集科研、生产、销售于一体的高科技民营企业。公司从事“硅微粉、石英砂、铁精粉、泡花碱”等产品的开发和生产，已形成年产结晶、熔融石英、改性及球形硅微粉1万吨的生产能力，是目前国内自动控制水平最高、产品质量最优的权威硅微粉供应商。2004年3月，通过ISO 9001:2000质量管理体系认证，公司生产工艺先进，技术开发能力在国内处于领先地位，被山东省科技厅认定为“省级高新技术企业”。2008年，实现销售收入7000万元，利税1560万元。2010年，实现销售收入8100万元，利税1210万元。

第二节　石膏开采

苍山县石膏矿区位于韩塘南部，地处韩庄—四户地堑内，以断裂构造为主。据勘探取样分析，县境内的石膏以普膏为主，纤维膏呈夹层产出，厚度20～40厘米，约占其总储量的3%。县内石膏矿为一湖相蒸发矿床，含膏岩系分布稳定，厚度为100米左右，矿层呈多层产出，单层厚度个别达25米左右，品位、厚度稳定，质量好，构成一大型石膏矿床，总储量约5.2亿吨。

1980年5月，兰陵、车辋2个乡镇投资100万元，在韩塘合作筹建石膏矿。1982年5月投产，归县经委管理。初期，开掘矿井1眼，设计能力6万吨，从业职工120人，占地2万平方米。1984年，生产石膏5.1万吨，完成产值76.8万元，实现利税24万元。1984年年底至1991年，增加投资600万元进行技术改造，2号、3号矿井投产，生产能力达到25万吨。1996年，县属企业职工850人，完成产量13.1万吨，产值802.6万元，企业亏损。2002年，兰陵石膏集团实现产值2000万元，利税880万元。2003年，兰陵石膏集团实现财政税收545万元。苍山得力石膏矿实现财政税收243万元，华泰石膏公司实现财政税收86万元。2005年，通过强化企业管理、优化产品机构、推动项目建设，实现了石膏产业的升级。全县民营规模石膏企业8家，年销售收入11280万元，利税2190万元。2006年，石膏企业发展到9家，总产量300万吨，总产值13339万元，利税总额2393万元。2008年，全县民营石膏企业11家，总产量551万吨，总产值28138万元，利税3499万元，从业人员7527人。兰陵石膏集团产量超过百万吨，产值近5000万元，从业人员2400多人；大权石膏有限公司、得力石膏矿年产量分别为80万吨、50万吨，年产值均超过3000万元。2010年，全县石膏开采规模以上企业10家，年开采量579万吨，总产值30592万元，利税6763万元，从业人员4616人。其中，兰陵石膏集团、得力石膏有限公司、瑞泰石膏有限公司达到中型企业标准。

图10—2　石膏　（2002年摄）

重点企业

山东兰陵石膏集团有限公司　组建于2002年，以天然石膏开采、加工、销售、运输为主导产业，是一家集生产、加工、营销服务、物流配送、港口中转、新型墙材等产业为主的链式运作、跨区域经营的大型石膏集团。现有生产矿井8座、破碎加工机组18台套，年产石膏300万吨（其中普通石膏100万吨，破碎石膏130万吨，纤维石膏10万吨，优质石膏60万吨），为全国最大的石膏矿山企业。其产品畅销苏、浙、沪等省市，是安徽海螺水泥集团、中国联合水泥集团、南方水泥集团、山东山水水泥集团、山东沂州水泥集团、江苏盘固水泥集团等水泥巨头的重要石膏供应商。2010 年，实现工业总产值 9946 万元。

苍山县瑞泰石膏有限公司 位于苍山县兰陵镇东南部的董塘村，2001 年投资兴办，2002 年 5 月 30 日在苍山县工商局注册登记，注册资金 1060 万元，主营业务为石膏开采、加工和销售。公司经过 10 多年的艰苦创业和诚信经营，当年投资 500 万元兴建的石膏矿现已发展成为苍山县瑞泰石膏集团有限公司，拥有 4 个石膏矿井、1000 多名员工，资产总额 1.7 亿元。2010 年，实现工业总产值 3490 万元。

苍山县得力石膏矿 位于苍山县兰陵镇杨庄村，与江苏省邳州市四户镇、刑楼镇相邻。公司始建于 1998 年，2005 年组建山东得力矿业（集团）发展有限公司。下辖苍山得力石膏矿（一矿、二矿、三矿、四矿）、枣庄兴源矿业有限公司（原鲁南石膏集团）、亿力实业发展有限公司、枣庄健力食品有限公司、山西神池矿业有限公司、金瑞置业发展有限公司、枣庄得信担保有限公司、枣庄润源水泥有限公司、得力讯通运输有限公司、山东手足医院。业务涉及矿产、建材、房地产、食品、医疗等多项领域。拥有发货港口 3 处，铁路货站 2 处，自备运输车辆 40 台，水运船队 8 拖，并在大连港、日照港、岚山港、台儿庄港设有得力石膏矿建材专营办事处。2008 年，实现销售收入 3465 万元，利税 459 万元。2010 年，实现销售收入 5251 万元，实现利税 1226 万元。

第三节　煤炭开采

苍山县煤炭资源储量较小且分散。1940 年初，四县边联工会动员敌占区部分失业矿工在车辋北节义庄开办“大众煤矿”，支援抗日战争。1945 年，大槐树、金桥屯也有小量开采。1957 年，全县原煤产量 1.4 万吨，产值 15.4 万元。1959 年，汤庄、安城煤矿投产，生产原煤 4.9 万吨。1978 年，因行政区划变更，汤庄煤矿归临沂县。1980 年，安城煤矿采空报废，财务归苍山县处置，地域划归枣庄市。1996 年，县内有乡镇办煤矿 8 处，年产烟煤 360 万吨、无烟煤 720 万吨，年产值 1.08 亿元，实现利税 3600 万元。从 2005 年起，受国家产业政策的制约和宏观经济调控的影响，煤矿逐渐停产，后全部关闭。

第四节　石英砂开采

苍山县石英砂岩主要分布在新兴、鲁城、尚岩、沂堂 4 个乡镇，总储量 10 亿吨，矿种品位高。20 世纪 80 年代开始小量开采。1996 年，县内乡镇有石英砂矿 11 家，年生产能力 54 万吨，年产值 450 万元。鲁城乡分别引进美国、巴西等国投资和县农村信用合作社合资兴建鲁美、鲁凯、金信 3 个硅砂公司，年生产能力 45 万吨。2008 年，全县有民营规模以上硅砂企业 8 家。其中，苍山新纪元硅砂有限公司实现产值 7200 万元，利税 2150 万元；苍山金诺硅砂公司实现产值 5920 万元，利税 1410 万元。8 家规模企业实现总产值 24917 万元，利税 7092 万元，从业人数 408 人。2010 年，年销售收入超 8000 万元的企业有苍山金诺硅砂有限公司、苍山新纪元硅砂有限公司、苍山金成硅砂有限公司、苍山发达硅砂有限公司 4 家企业。

重点企业

山东丽晶集团 成立于 2003 年 12 月，位于苍山经济开发区，占地面积 5.73 万平方米。下辖山东玻璃有限公司、山东金诺硅砂有限公司、金诺矿业有限公司、腾达硅砂有限公司、腾达运输公司等 10 多家子公司，固定资产 1.6 亿元，员工 1600 人，其中各类技术人才 520 人。主要从事玻璃深加工、优质硅砂和铁精粉生产加工。

玻璃深加工产品60%以上出口，获得“3C”认证，是中国第一家通过ISO 9001认证的硅砂生产企业。公司具有年产80万吨优质硅砂、15万吨铁精粉、30万吨石子、40万平方米钢化玻璃、15万平方米中空玻璃的生产能力，是中国最具规模的玻璃深加工、生产、研发基地和优质硅砂生产基地。山东丽晶玻璃有限公司是丽晶集团全额投资的下属公司，主要从事钢化玻璃、夹层玻璃、太阳能专用玻璃、中空玻璃等研发与生产。太阳能专用玻璃、民用玻璃、汽车玻璃、电子玻璃、家具玻璃、家电玻璃，主要以出口为主，年销售收入2亿元，利税3000万元。

第三章　建筑材料业

砖瓦生产是苍山农村的传统产业。早在2000多年前，苍山境内就生产精美纹饰的方砖、型瓦和其他建筑材料。20世纪50年代后期，作为农村一项副业，许多公社、生产队投入劳力、资金办起砖瓦厂、石灰窑，主要用于农村建房。70年代中期，农村大搞农田基本建设，兴修水利，各地农村又陆续兴建小水泥厂。80年代，改革开放和国民经济的迅速发展，为乡镇建材工业提供良好的发展环境。至1985年，全县乡村建材企业发展到96家，产值4860万元，其中，乡镇办19家，产值1995万元；村办及其他77家，产值2865万元。90年代，随着科技水平的发展和提高以及市场需求的变化，苍山乡镇建材工业更加广泛地采用先进技术设备，产品结构进一步优化。2010年，全县有规模以上建筑材料企业35家，完成销售收入15.92亿元，实现利税1.50亿元，职工2481人。

图10—3　新型环保砖　　　　　　　　　　　（2010年摄）

第一节　水　泥

苍山县的水泥工业始于1958年“大跃进”期间，当时采用土窑烧制、碾压、粉碎等加工手段，工艺技术落后。1959年—1961年，共生产水泥55吨，后在经济调整中下马废弃。

1970年，在县城西北、泉山脚下建苍山县水泥厂。1988年，全县水泥生产能力达17.2万吨，年生产水泥14.3万吨，完成产值630万元，实现利税244万元。1996年，县属工业企业水泥生产能力增加到63万吨，有年产10万吨立窑水泥生产线6.5条，固定资产1.3亿元，从业职工1500人，生产水泥17.2万吨。

从1984年起，卞庄、神山、尚岩、矿坑、层山5个乡镇先后建成5个小水泥厂，年产能力2万吨。1996年，全县乡镇水泥工业企业发展到6家，年生产能力30万吨，工业产值6000万元，实现利税600万元。2002年，因国家淘汰落后产能政策，乡镇水泥厂相继关停。之后，因生产技术落后、经济效益差，县属水泥企业先后破产或停产。2006年，在苍山县车辋镇辖区投资8亿元，成立临沂中联水泥有限公司，年生产高标号水泥400万吨，标志着苍山乡镇水泥产业发展到一个新的发展时期。2010年，全县水泥产量达300万吨。

苍山县水泥厂

建于1970年10月，1971年10月投产，初期从业人员103人，生产能力7000吨，主要设备有直径1.2米土立窑1座、直径1.2×4.5米球磨机2台。1973年，生产水泥1.07万吨，完成产值35.5万元，实现利润10.3万元。因各项经济技术指标先进，出席全国小水泥现场会，其经验在全国小水泥企业中推广。1977年，增加1.5×5.7米球磨机1台，职工自己动手建造直径1.2米土立窑1座，年生产能力达到15000吨。1982年—1985年，投资190万元技改，生产全部实现机械化，年生产能力达到4.4万吨。1998年，苍山县水泥厂部分职工将集资转股成立苍山县泉山水泥有限公司。1988年，技改投资285万元，生产能力达到8.8万吨。1992年—1993年，投资3000万元建成高水材料生产线1条。1994年，水泥综合生产能力达到28.8万吨。1988年，泉山牌425#普通硅酸盐水泥被评为地优产品，1991年被评为省优产品。1996年，生产水泥15.2万吨，完成产值2282.7万元，实现利税22.3万元。之后，企业经济效益一路下滑。2002年6月，公司负债3536万元，负债率257%。2003年，泉山水泥有限公司破产还债。

鲁南特种水泥厂

1977年，县交通局建赵家洼水泥厂，生产能力7000吨。1980年，划归县经委管理，更名为苍山县第二水泥厂。20世纪90年代，更名为鲁南特种水泥厂。1994年，生产能力达37.6万吨，实际产量20.01万吨。由于体制、机制、市场、技术、管理等多种因素的影响，企业发展陷入困境。1996年全面停产。2003年，负债总额1.17亿元，依法申请破产。

临沂中联水泥有限公司

2004年成立，前身是山东江元水泥有限公司。位于苍山县车辋镇，厂区占地总面积68万平方米，员工人数400余人，有年产高标水泥200万吨能力。公司一期工程投资5.4亿元，建设年产200万吨新型干法水泥生产线1条，采用先进的预分解炉双系列预热器、回转窑烧成系统，2006年10月份建成投产。2008年2月加入中国联合水泥集团后，经过系统检修优化改造，生产趋于正常。熟料日产量5500吨，系统操作参数运行稳定。2010年，完成营业收入86136万元，利润总额6573万元，实缴税金2761万元，职工人数610人。

第二节　砖瓦和陶瓷

黏土烧制砖瓦在苍山历史久远。新中国成立前，分布在县内东、南部平原乡村，季节性生产。1955年，在县城南建县砖瓦厂，生产青砖、青瓦，形成规模经营。1956年，生产砖瓦111.9万块，完成产值2.6万元。20世纪70年代后，在大槐树、矿坑建立县第一陶瓷厂和第二陶瓷厂，生产瓷瓦、耐火砖、日用陶瓷等，以传统的马蹄窑为主，劳动强度大，耗能高。80年代中后期，轮窑逐渐取代马蹄窑，手工制坯也改为机械制坯，砖瓦质量和生产能力大为提升，能耗下降。1976年，产量708万块，完成产值58万元。1977年，县砖瓦厂停业，人员和财物分流至第一、第二陶瓷厂和造纸厂。1982年，第二陶瓷厂改称县建材厂。1985年，第一陶瓷厂财产转移临沂市。1988年，县建材厂增加空心砖生产线1条，填补省内空白。进入90年代，机械制坯和产量高、耗能低的轮窑被广泛采用。各乡镇还针对砖瓦业耗能高、吃地多的情况，加快节能、节地等技术的推广和应用，进行平整复垦、改造鱼塘等，并充分利用山丘、河淤、废渣生产砖瓦。1996年，全县共有砖瓦厂23家，其中县属企业1家、乡镇集体企业3家、个体企业19家，年生产能力54.77万吨，完成产值1354.7万元，实现利税200.97万元。2000年后，乡镇企业积极开发建筑、瓷墙陶砖。2005年后发展加快。2006

年，规模企业发展到16家，实现产值3.98亿元，利税4005万元。2008年，规模企业达到26家，实现产值6.89亿元，利税6291万元。

第三节　石膏刨花板

1993年6月，利用德国技术，投资1.6亿元筹建苍松建筑材料有限公司，占地10.66公顷，年产石膏刨花板能力3万平方米，填补了省内空白。1996年建成、试产，生产3900平方米，产品销往全国各地，并出口德国。由于项目建设资金全部为银行贷款，投资大，财务费用高。产品性能虽优越，但成本高，市场容量小。随着替代产品的出现，市场开发愈发艰难，导致长期处于半停产状态。职工人员多，养老金等职工权益无法保障。2005年—2006年，银行及职工纷纷起诉，被迫于2006年10月经苍山县人民法院裁定破产。

第四章　食品工业

新中国成立，苍山县受自给自足经济的制约和战乱、灾害的影响，食品加工业发展十分缓慢。20世纪50年代后期，随着社队工业的出现，农村食品生产得到较快发展。中共十一届三中全会后，社办食品加工企业有较快发展。1979年，全县食品生产企业12家，总产值138万元。80年代初期，随着农副产品市场价格的逐步放开和农民收入的不断增加，苍山县的乡镇食品加工业步入一个新的发展时期。1986年，全县乡村食品工业总产值1680万元。1990年，全县乡镇食品工业逐步发展为以蔬菜食品加工为主。生产企业发展到185家，其中乡镇办32家，村及其他办153家。食品工业总产值19560万元，利税2680万元。2000年后，苍山食品工业从单一分散向规模化、区域化发展。2002年，全县乡镇食品工业总体质量和管理水平得到很大提升。苍山县越洋食品公司、苍山县东珍食品公司、苍山县益星食品公司、苍山县保健饮品厂4家企业通过ISO 9000质量体系认证。2010年，全县食品加工企业121家，固定资产投资总额76508万元，实现工业总产值494523万元，利税44541万元，从业人员7507人。

第一节　粮油加工

油料加工

20世纪60、70年代，苍山县油料加工仍然是传统工艺作坊式的人工为主的榨油方式。大部分是由县、公社、大队、生产队集体兴办的小作坊，主要是满足当地农民的生活需要。每个作坊人员有5～8人或10多人不等。主要加工大豆、花生，产量很小。80年代初期至90年代后期，全县油料作物种植面积不断扩大，总产量逐年增加，再加上市场价格的放开、物流业的发展，油料加工业快速发展。2010年，全县油料加工企业、作坊106家，其中加工大豆、花生的企业、作坊达56家，年加工大豆1.38万吨，花生1420吨。规模较大的有临沂鲁汇油脂有限公司，年加工大豆和花生520吨。芝麻加工作坊50家，以家庭作坊为主，生产方式仍是石磨磨制，但大部分已改为机械动力，生产效率成倍提高。年加工芝麻25万千克，出品芝麻油9万千克，废渣近15万千克（一般作为肥料出售），实现销售收入460万元。

粮食加工

新中国成立前，苍山县粮食加工靠人力、畜力、石碾、石磨加工供应战争和民食。1955年实行城镇非农业人口定量后，采取委托农户加工的办法，主要供应机关、团体、学校和军队等，当年在卞庄二大队组建粮食加工组。1958年，移至西关，建立粮食加工厂，用柴油机作动力带动石磨生产，日产成品粮750千克。1959年，征地46800平方米筹建面粉加工厂，1960年10月投产。主要设备有钢磨、拉杆平筛、流筛、打麦机、打包机、去石机、洗麦机，日产面粉1.5吨。1969年，机械动力改为电力，日产面粉5吨。1986年—1988年，进行技术改造，新增磨粉机、平筛、风机、高平方筛、比重去石机、刷麸机、打麦机、洗麦机、水杯着水机、永磁滚筒等主要设备，日处理小麦150吨，生产标准粉、特一粉、特二粉等。1988年，全县加工小麦15450吨，生产面粉12530吨。1996年，加工小麦11490吨，生产面粉8650吨。2006年，全县乡镇规模以上、设备较先进的小麦加工企业33家，工业总产值199132万元，利税9006万元，从业人员5837人。规模较大的小麦加工企业有临沂天丰粮油食品有限公司（拥有固定资产5600万元）、苍山县鲁春面粉厂、苍山县车辋镇天源面粉厂。2010年，全县规模以上小麦加工企业16家，年加工小麦12.1万吨，实现销售收入26620万元，利税2300万元。

重点企业

临沂天丰粮油食品有限公司　位于苍山县城东6千米处，东临京沪高速公路，南接206国道，交通便利。建于2004年10月，与日照市新瑞食品有限公司合资创建。公司占地面积1.38万平方米，注册资金600万元，流动资金300万元。拥有职工80人，其中各类专业技术人员28人。拥有全县最大的日处理小麦200吨的等级粉现代化生产线1条，年加工能力8.2万吨。公司主要生产“文峰雪”牌高档面包粉、蛋糕粉和精致粉三大系列9类产品，所有产品均获得全国食品工业QS质量认证，并通过了ISO 9001：2000质量体系认证。2008年，实现产值4060万元，利税411万元。2010年，实现销售收入3104万元，利税278万元。

第二节　酿　酒

酿酒业在苍山有着悠久的历史，兰陵美酒久负盛名，距今已有3000多年的历史，在西汉时已成为贡品。据记载，兰陵“东醴源”曾在江南的上海、镇江等地设立货栈。

新中国成立后，酿酒业迅速发展。1958年，苍山县酒厂建立。20世纪80年代中后期至90年代，县内出台发展乡镇企业、振兴农村经济、改善人民生活水平等各项政策，广大农村地区相继兴建许多大小酒厂和制酒作坊，其中兰陵、卞庄、庄坞、层山、柞城等镇、村就有大小酒厂、作坊、酒店60多家。1996年，全县各乡镇办、村办、个体、联户办的具有一定规模的酒厂有18家，生产白酒2.19万吨，实现销售收入8129万元，从业人员4051人。2000年，全县酿酒制造业工业总产值6050万元。2009年，受金融危机的影响、人民生活水平的提高和消费观念的转变，中、低档白酒市场萎缩，白酒产量大幅下降。2010年，全县酿酒制造业实现工业总产值3.29亿元。除兰陵美酒股份有限公司外，县乡镇企业生产白酒7809吨，其中兰陵13家具有一定规模的酒厂生产白酒5890吨，实现销售收入2100万元，利税209万元。

苍山县酒厂

1958年，苍山县酒厂建立。初期，年产能力2000吨。1982年—1995年，进行4次技术改造，综合生产能力达到2万吨，有食用酒精生产线2条、粮香化白酒生产线1条、低甲醇酒精生产线1条、瓶酒灌装生产线3条。主要以瓜干为原料生产白酒、食用酒精、低甲醇酒精等。瓶酒系列有荀公酒、荀公宴酒、荀公特曲、跨洋二曲。其中低甲醇食用酒精获首届中国食品博览会铜奖；44度荀公酒1993年获世界金奖，1994年、1995年又被省检评为优级酒，产品销往山东、江苏、浙江等地。1996年，拥有固定资产2500万元，占地面积6万平方米，职工639人，其中大中专毕业生74人，工程技术人员53人，高中以上文化程度职工169人。1996年，生产白酒25895吨，完成产值6380万元，实现利税1233.9万元。1996年，生产白酒25895吨，完成产值6380万元，实现利税1233.9万元。1997年，被兰陵美酒股份有限公司兼并，成立苍山分公司。原职工分配到兰陵美酒股份有限公司296人，退休126人，苍山分公司职工215人。至2000年，亏损5000多万元。2001年—2003年，实行承包制。2004年，苍山分公司被总公司剥离。2004年12月，成立苍泉酒业有限公司，职工215人，生产酒精。2007年，因酒精生产规模不足，无法达到环保要求，停产。2007年年底，苍泉酒业有限公司改制，拍卖酒厂的土地资产2200万元，用于安置退休职工、补交养老保险金等福利。

图10—4　苍山县酒厂厂貌　（1997年摄）

第三节　肉类加工

新中国成立后，苍山县肉类加工为个体经济。1952年，全县共有屠宰户12家，从业人员16人。1956年，实行预约交售，定时、定点收购。1985年5月，取消生猪派购，放开经营。同年，建成日屠宰生猪400头的县肉联厂。1988年，山东东珍食品有限公司成立；苍山县荆华食品有限公司分别加工肉兔、肉鸡，年加工能力达5000吨。1994年，临沂市新天益食品有限公司成立，年加工肉鸡1080万只，具有日屠宰3万只鸡的自动化生产线。1996年，苍山县东珍食品有限公司按欧盟标准新建兔肉加工厂，年宰杀毛兔700万只，加工兔肉5000吨。1997年，通过欧盟卫生代表团验收，成为中国3家最早通过欧盟卫生注册的兔肉专业生产厂家之一。2004年，冯超香菇鸡有限公司成立，在全国各地拥有加盟店50多家，创单店日销量1000只记录。2010年，全县拥有各类肉类规模以上加工企业8家，当年实现总产值3.68亿元，利税2998万元，带动就业691人。其中，新天益食品有限公司当年实现销售收入12480万元，利税1190万元；东珍食品有限公司实现销售收入6540万元，利税593万元。

重点企业

东珍食品有限公司　建于1988年，占地面积6万平方米，其中车间面积1.2万平方米。是集肉兔养殖、宰杀出口一条龙的、临沂市重点农业产业化龙头企业。公司拥有2个养殖基地、1个饲料加工厂、1个肉兔加工厂。速冻能力40吨，冷藏能力500吨，日宰杀肉兔2万只，年宰杀毛兔700万只，加工兔肉5000吨。公司拥有职工160人，其中各类专业技术人员40人。第一养殖基地位于苍山县大仲村镇车庄村。2002年开始建设，占地6.67万平方米，其中兔舍2.6万平方米，其他附属设施0.4万平方米。2004年申请备案，备案号R/03175/01，有种兔区、商品兔区，年出栏商品兔84万只。第二养殖基地位于苍山县神山镇青竹南。第一期工程2008年4月竣工，建成2万个笼位，年出栏80万只商品兔。2000年，公司被省外经贸厅列为“省级外贸出口名牌产品”企业。2005年，公司被省中小企业办公室评为成长型中小企业，被农业部评为农产品加工流通企业、省级农产品加工示范基地。2007年11月，公司顺利通过GGE认证委员会的严格审核，获得GGE认证。2008年，公司的养殖基地被评委山东省出口农产品标准化示范基地，是临沂市政府确定的市级标准化养殖示范区。2008年3月，公司通过CQC的ISO 22000质量管理体系的全面认证。同年，通过国际食品标准安全（IFS）的认证。

第四节　蔬菜食品加工

1983年5月，苍山县第一座蒜薹恒温库建成投产，蔬菜加工业开始起步。1984年，全县蔬菜、果品综合加工能力达6000吨，加工出口产品1200吨。1987年苍山县“蒜薹事件”后，为发挥当地产业优势，全县多方筹集资金兴建恒温库和低温库96座，总容量5万吨，促进了蔬菜加工业的迅速发展。1996年，全县共有蔬菜加工企业129家、中外合资企业8家，恒温库、低温库136座，总容量8万吨，蔬菜、水果保鲜、速冻、油炸、盐渍等综合加工能力3.95万吨，完成出口交货值2.6亿元，创汇1600万美元。2006年，全县蔬菜食品加工规模以上企业33家，年加工蔬菜20万吨，主要从事蔬菜加工和油炸蒜片、绿豆茶、蜜枣茶、八宝粥等食品生产。2010年，全县拥有较大规模的蔬菜、水果加工企业101家，实现产值29.62亿元，利税2.47亿元，从业人员5929人。

苍山县大蒜制品厂

位于县城西部，1986年开始筹建，1988年6月投入生产。主要从日本引进大蒜油、大蒜粉2条生产线，同时设有蒜片车间，年生产能力为大蒜油10吨、大蒜粉500吨、大蒜片350～500吨。企业性质为全民企业，主管部门为苍山县农业局。建厂后，因领导更换频繁，经营管理不善，财务失去控制，缺少应变能力，1992年起，长期处于停产状态，1995年4月申请依法破产。

嘉德集团公司

该厂建于1982年。位于县城中兴北路。初期有蒜薹恒温库1座，容量2700吨，建筑面积3960平方米。1984年，加工、出口产品1200吨，完成产值835万元，实现利税108万元，创汇100万元。1988年，建成S-3速冻生产线和盐渍生产线。1994年，兼并二庙、庄坞、长城、林业局、畜牧局、农业局6座冷库。1995年，引用台湾技术，新建全密封式速冻、油炸生产流水线4条。1996年，拥有固定资产9600万元，总占地面积18.6万平方米，从业员工662人。公司下设15个专业分公司，有保鲜恒温库8座，储藏加工能力5000吨；冷冻低温库4座，加工能力2000吨；脱水蔬菜加工能力2000吨，油炸蔬菜加工能力1500吨;年出口各类产品1.5万吨。利用当地资源优势，培植2000公顷蔬菜出口商品基地。主要产品有牛蒡、大姜、青刀豆、荷兰豆、甜豌豆、绿花菜、大萝卜、大蒜等40多个品种，形成了独具风格的保鲜、速冻、盐渍、油炸、脱水5大系列生产工艺，销往日本、美国、韩国、新加坡等国家和地区，年创社会效益近亿元。1992年，公司实施国家级星火计划项目——牛蒡栽培及加工，1993年获省科技进步三等奖。其中科技开发产品牛蒡茶，1994年3月获全国第八届暨山东省第三届发明技术展览会优秀发明奖，1995年8月，在俄罗斯圣彼得堡举办的国际博览会上获名牌金奖，1996年9月，在北京星火计划实施十周年暨“八五”农业科技攻关成果博览会上获优秀项目奖，填补了国内空白。公司先后被外贸部和省政府授予外商投资“双优”先进单位、省级重合同守信用企业、省级消费者满意单位、省级食品卫生示范先进企业、省级文明企业、省级星火示范企业、全省供销社系统行业排头兵企业、淮海经济区优秀支农企业等荣誉称号，并于1994年跨入全省百家农副产品加工运销龙头企业行列。由于在发展过程中过度兼并乡镇冷库，造成规模大、负债重、资金匮乏，在1998年蒜薹受灾后，已无法继续经营，拖欠职工集资、养老金，银行收贷，虽几经尝试合资、联合，终未成功。2002年，中国长城资产管理公司处置不良资产，导致企业重组，职工集资、养老金、蒜薹款等问题导致职工不稳定。2007年6月经苍山县人民法院裁定破产清算。

黄埔集团公司

该厂建于1985年，初期有恒温库1座、容量4000吨，低温库1座、容量250吨。公司成立于1989年。1994年，变更为山东黄埔集团，下属有苍山县天源食品有限公司、苍山县兴埔食品公司、苍山县黄埔集团脱水蔬菜加工厂、苍山县皇亿食品有限公司。1994年，投资440万元购买二庙3座冷库和大蒜制品厂。1996年，公司下设8个紧密型企业，总占地面积12.8万平方米，建筑面积6.8万平方米，职工1200人，各类专业技术人员298人。融蔬菜保鲜、速冻、盐渍、脱水、食品调理、肉类加工、科研开发、引种栽培为一体。产品品种规格260多个，年产量2万吨，产值9700万元，利税780万元，创汇850万美元，销往日本、美国、韩国、澳大利亚和东南亚、东欧、南太平洋等国家和中国香港地区。从日本、韩国、美国、中国台湾地区引进30多个蔬菜品种，建立蔬菜基地7300公顷。公司被列为全省发展“三高”农业示范单位、国家区域性蔬菜支柱产业，产品获第八届全国发明最佳新产品奖。2000年后，因受东南亚金融危机影响，加之主营业务受国内、国外市场冲击较大，1997年—2000年亏损严重，无法继续经营。至2010年年底，公司负债3400万元。

第五章　化工　纺织　服装　轻工

第一节　化学工业

苍山县化工企业起步于80年代中后期，2000年后有了很大发展。2006年，全县规模较大的化工企业有7家。主要分为煤化工、肥料化工、生物化工3种门类。主要产品有煤焦炭、煤气、农用复合肥、有机肥和各种硫酸软骨素。2006年，企业固定资产12.68亿元，实现总产值51896万元，利税5290万元。2008年，实现产值79852万元，利税8794万元。2009年12月，因行政区划，苍山天发生物有限公司归临沂市罗庄区。2010年，企业增加到9家，实现总产值112991万元，利税12081万元，职工人数增加到1309人。

苍山县化工总厂

1970年8月，苍山县化肥厂作为县属企业建成投产，为全民所有制工业企业。初期设计能力年产合成氨3000吨，主要产品为农用氨水。1971年，生产合成氨2470吨，完成产值862万元，占全县工业总产值的10.3%。1982年，投资400万元进行技术改造，合成氨年生产能力达到1.5万吨，产品为碳酸氢氨。当年合成氨产量4538吨，产值237万元。1995年，技改投资470万元，合成氨年生产能力达2.5万吨，并新增年产甲基纤维素120吨生产线1条。固定资产3100万元，占地10万平方米，从业职工722人，其中各类专业技术人员62人。企业晋升为中（二）型，更名为苍山县化工总厂，下属化肥厂、精细化工厂、塑料厂、设备安装公司

4家企业。1996年，生产合成氨1.94万吨、甲基纤维素7.14吨，完成产值3341.2万元，实现利税285.3万元。20世纪90年代后期，受市场制约，生产不能正常进行，又无力进行技术改造，因职工多、债务重，长期停产，职工不稳定，被迫于2002年4月经苍山县人民法院裁定破产。

山东史贝美肥料股份有限公司

山东史贝美肥料股份有限公司是一家专门从事研发和生产高科技含量、绿色友好型肥料的企业。公司成立于2008年1月17日，位于县经济开发区，占地面积500余亩，总资产4.5亿余元，拥有职工600余人，其中工程技术人员55人，高级职称15人，中级职称18人，初级职称22人。公司主要生产脲甲醛缓释控释复合肥产品，产品生产能力65万吨，除在省内销售外，还销往黑龙江、吉林、辽宁、河北、河南、安徽等十几个省市，销售量占国内总销量的1.5%以上。2010年，实现工业总产值3458万元。

图10—5　山东史贝美肥料开发有限公司（2010年摄）

山东远东国际化工有限公司

山东远东国际化工有限公司隶属于山东宝华国际集团，前身是2000年成立的苍山中农国际化肥贸易公司。2006年10月，由山东宝华(国际)集团有限公司与俄罗斯远东国际化工股份有限公司共同投资设立，其中山东宝华国际集团控股75%。公司占地面积200余亩，合资后双方又投资2.2亿余元建设了当时世界上最先进的高塔熔体复合肥生产线2条，其控制系统采用世界上最先进的DCS集散系统，对生产进行全过程自动检测与控制，确保产品含量配比无误差。该生产线的塔体采用复合式双塔，塔高120米，为亚洲最高，年产能46万吨。另建有年产能10万吨滚筒造粒复合肥生产线2条，年产能15万吨BB肥生产线1条，全部生产线产值逾16亿元，是国内复合肥产能最大生产企业之一。是中国复合肥生产骨干企业、中国磷肥工业协会会员单位、临沂市肥料行业协会副会长单位。2010年，实现工业总产值1.16亿元。

山东普金肥料有限公司

山东普金肥料有限公司于2006年6月15日正式注册成立，注册资金4000万元，职工近千人，其中工程技术人员150人，高级职20人，中级职称40人，初级职称90人。主要生产四大系列30余种产品，主要产品生物有机肥、有机－无机复混肥料等，生产能力70万吨，销售量占国内总销量的5%以上。2010年，实现工业总产值8202万元。公司建有腐植酸类肥料（聚失肥）研究中心、院士工作站和产学研教学基地及研究生工作站，与中国农业大学、中国科学院南京土壤研究所、南京农业大学、上海化工研究院等10余家科研院校建立长期合作关系，共同致力于聚失肥等新型肥料在国内外的研发与推广应用。

第二节　纺织　服装业

棉花加工

1973年9月，苍山县棉烟麻公司成立，位于县城塔山西路184号，注册资金1050万元，负责指导全县棉、烟、麻生产和业务经营。设有业务组、棉检组、保管组、财务组和生产车间，从业人员14人。主要设备有40片轧花机1台、皮辊机12台，年收购加工籽棉882吨、皮棉507吨，销售收入114.8万元。1974年，全县棉花种植面积由2000公顷增加到4666.7公顷。当年，在南桥公社征地2.72公顷，投资21.13万元新建棉花加工厂1处，由县棉麻公司统一核算，1975年4月独立经营。1979年—1983年，棉花加工车间和公司办公地点先后由县城五岔路口南迁至塔山路西段。1987年年底，实行承包经营，当年收购、加工皮棉80吨，籽棉2901吨，完成产值463万元，实现利税8万元。1996年，企业固定资产达到2230万元，厂区占地面积13.5万平方米，从业职工328人。当年收购、加工皮棉471吨，籽棉3221吨，完成产值2672万元，实现利税139万元。由于受计划经济向市场经济转轨和历史原因的影响，棉花市场发生了很大的变化，单位人员较多，包袱沉重，政策性调价亏损数额巨大，超过了企业自身经营所能承受的程度，企业无法正常经营。1999年起，企业长期处于停止经营状态。2006年6月30日，企业现有资产总额1459万元。2007年9月10日，经苍山县人民法院裁定进行破产清算，负债总额7357万元，负债率504.34%，申请债权7831.82万元。

纺织

新中国成立前后，县内粗棉布纺织为民间私业，用手摇木制纺车和人工木制织机生产，以自产自用、来料加工为主，少量在集市出售。1949年，全县共有280架织机。1982年，在个别山村仍保留沿用。1987年，在县城西先后建成棉纺厂和染织厂，初期年产能力5000纱锭。1989年，建立挂毯厂，共有织机52台，固定资产40万元，职工230人。1990年，产品出口英国、德国、意大利、科威特等国家。1995年，县染织厂破产。1996年，县棉纺厂生产能力1.5万纱锭，拥有固定资产958万元，从业职工470人，完成产值300万元，销售收入3200万元，实现利税60万元。2000年，苍山县棉纺厂改制为股份合作制企业。2010年，苍山县棉纺厂企业员工280人，生产能力1.8万纱锭，产品由单一的纺棉增加到棉涤混纺及纯涤色纺，产品主要销往浙江、河北等省份。

服装加工

新中国成立前，服装加工业为家庭手工业，制作传统便服、鞋帽，以来料加工为主，少量在集市销售。1941年冬，鲁南军区在流井建立被服厂，解决抗日部队穿衣问题。1954年，成立县被服组。1956年，改称缝纫合作社。1957年，生产服装2000件，完成产值10.3万元，占全县工业产值的4.14%。1958年，将服装、鞋帽2个车间分别组建成县被服厂、县鞋厂，分立经营。1970年，经过多次技术改造，县被服厂产品由来料加工发展到定型生产童装、衬衣、西装、中山装、夹克衫、滑雪衫等22个品种，除在临沂地区销售外，还销往枣庄、徐州等地市。1990年，拥有固定资产25.4万元，占地面积3400平方米，建筑面积2500平方米，缝纫设备80台，职工80人，完成产值101.2万元。1995年破产。

苍山县鞋厂　建于1956年。初期固定资产2.3万元，职工48人，主要生产线缝布鞋、皮鞋。1957年，产量2000双。1958年—1990年，经过4次技术改造，年生产能力达到23万双，增置注塑机、合布机、胶粘设备等50台，主要产品有布鞋、皮鞋、凉鞋3个品种51个花色。1988年，儿童保温雪鞋获临沂地区评比定货会设计金杯奖。1992年，研制开发的功能保健童鞋填补了国内空白，获国家专利，产品销往山东、江苏、河北并出口美国、澳大利亚、新加坡等国家和中国香港地区。1995年，与香港大一贸易公司合资兴办山东鹏达鞋业有限公司。1996年，拥有固定资产63万元，占地面积1.5万平方米，建筑面积6200平方米，职工190人，年产量18.7万双，完成产值277.4万元，实现利税3万元。后因不适应市场经济竞争，经营不善，亏损严重，1977年6月停产，2005年依法破产。

第三节　轻　工

木器加工

新中国成立前，县内共有木匠74户。建国后，木器加工归属县乡铁木业合作社。1973年3月，成立县木器厂，固定资产28万元，从业职工34人。1976年，完成产值8.3万元，实现利税0.6万元。1991年—1992年，投资222万元进行技术改造，新增胶合板生产线2条、刨花板生产线1条，形成年产胶合板、刨花板1.5万平方米、家具1万套的综合加工能力。企业改称苍山县人造板厂，下设人造板厂、家具厂、家具研究所3个单位，从业职工350人，其中大、中专各类专业技术人员84人，固定资产增加到2050万元。1993年，研制开发的阻燃系列产品填补了省内空白，获省科技进步二等奖，列为“九五”国家新产品。产品出口韩国等国家，内销周边大中城市。1996年，完成产量4579.8平方米，产值1728.1万元，实现利税54.9万元。1998年5月进行改制，转出部分资产及债务成立苍山凯林人造板工业有限公司。同时，苍山县人造板厂停产。2002年，因经营不善，苍山凯林人造板工业有限公司停产，2004年申请破产。

工艺美术

苍山县工艺品厂　1980年建厂，1981年被省公司定为山东省出口工艺品一级包装单位。1983年，获外贸部颁发的优良品种荣誉证书。1986年，与山东省进出口贸易分公司联营，拥有固定资产137万元，职工106人，完成产值615万元，实现利税38.9万元，出口创汇157.49万美元。主要经营草、柳、竹、苇、玉米皮等6大类700多个花色品种。1989年总产值达820万元。1996年，完成产值378万元，实现利税49.9万元，产品销往美国、英国、日本、意大利、荷兰、法国、等20多个国家和中国香港地区。后因管理混乱，产品积压，加之受市场因素制约，导致负债经营。至2004年年底，资产总额242.84万元，负债总额510.14万元，申请破产。

山东临沂志泉工艺品有限公司　1993年成立，位于苍山县东南部，周边有临沂机场、日照口岸、连云港口岸、京沪高速，交通运输便利。苍山具有悠久的手工编制历史，是全国草柳手工编织的发源地。公司以生产野餐篮等为主要产品，召集民间大量的编制技术人员，开发出2000多个花色品种工艺品。草、柳、铁、木、竹、藤及铁柳、木柳、草柳染色、喷染、焊接

图10—6　柳编制品　（2010年摄）

等技术，已形成大规模技术。带动当地3000余户近万人从事白柳种植和柳编加工，取得很好的经济效益和社会效益。产品销往美国、韩国、日本、西欧等国家和地区，并建立良好的合作关系。先后被县、市多次评为“先进企业”“明星企业”“龙头企业”。2008年，实现销售收入4259万元，利税348万元。

手工钢锯条

磨山锯条厂建于1951年，是苍山县铁木制品外贸出口的重点企业。1975年，县轻工业机械厂经过技术改造，开始生产手工钢锯条，成为山东省最早出口手工钢锯条的唯一厂家。当年完成产值180万元，实现利润4万元，固定资产50万元。1982年，与山东工业大学联合进行T10A手工钢锯条高频淬火新技术研制。1984年，获山东省二轻工业厅三等奖、临沂地区科技进步三等奖。1984年，产量756万支，完成

产值78.1万元，实现利润3万元。1987年，经过技术改造，形成年产手工钢锯条800万支、高速钢机用锯条100万支、木工带锯300万米的综合能力。1988年，产品获轻工部优质产品铜质奖。1996年，生产各种锯条142万支，完成产值27.6万元。由于技术设备老化、管理落后、主导产品不明确、市场营销不畅等原因，1997年全面停产。1998年3月，实行分块租赁经营，但经营状况没有起色。至2010年，该厂仍在承包期内，因效益下滑停产。

塑料制品

1976年，建县磷肥厂，位于县城埝桥西路。1978年，改建为皮革厂。1980年，改为硫酸厂。1982年，改为塑料凉鞋厂。1986年10月，改建为县塑料厂。1993年，与浙江省苍南县经编12厂联营40万元，生产塑料编织袋，食品包装袋和塑料管材。1996年，拥有固定资产260万元，实现利税40万元，产品销往鲁南、苏北、安徽等地。1997年，改制为勤丰塑料厂制品有限公司。后因不适应市场经济竞争，经营不善，于2003年改制破产。

第六章 机械 造纸 印刷 皮革 板材

第一节 机械制造

中小农具生产在苍山有着悠久的历史。早在春秋战国时期，铁制农具的生产已具有一定的水平。犁、铧、锄、镰等农具开始广泛应用于农业。建国前，由于小农经济的束缚，社会生产力发展缓慢，中小农具主要是个体分散经营、手工锻打制造。1941年11月，边联县职工会在尚庄建立修械厂。1945年，为武装地方民兵，临沂武委会在四哨建立兵工厂。1949年，全县有铁匠红炉82盘，主要打制镢、锨、锄、镰、刀、斧各类小农具及生活用品。1951年1月，全县第一个铁木业社在磨山成立。1953年2月，卞庄村民集资2000元，建立卞庄铁木业生产合作社。1958年，全县生产水车292部，铁制小农具9.7万件，铁锅、鏊子3114件，产值80.3万元。1964年，磨山铁木业生产合作社分立为苍山县机械厂、苍山县第二机械厂。1970年，建立县综合修理厂。机械工业总产值135.8万元，占全县工业总产值的22.64%。1976年，机械修造业22家企业装备金属切削机床153台，年产中、小农具37.4万件，农用拖车179辆，播种机、粉碎机配件11658台（件），电机2287千瓦，完成产值381万元，占全县工业总产值的16.34%。1978年，全县公社办机械工业企业发展到43家，实现产值800万元，其中从事农机具修造的工业企业28家，从业人员2400人。1987年，全县乡村两级机械工业企业发展到112家，实现产值8600万元。1996年，全县机械制造业拥有固定资产1561万元，从业职工892人，生产拖拉机配件12.3万件、矿山机械配件8.9万件，完成产值1328.5万元，实现利税50.6万元。20世纪末，苍山县乡镇企业实行改制，企业由原来的集体所有向股份制、个体私营及其他所有制形式转变。2010年，全县民营机械制造业达1536家，重点企业有苍山县工程机械配件厂、苍山县德隆机械有限公司等，从业人员67739人，实现总产值206.76亿元，利润30.52亿元，上缴税金3.01亿元。

20世纪70年代，苍山县电子工业起步。1972年，苍山县无线电元件厂建立，并由兰陵酒厂的一个车间迁到县城西华街。1976年，生产电子元件3.2万支、15瓦以下日光灯1.99万支，完成产值74.7万元，实现利税10.2万元。

1985年后，经过技术改造和扩建，固定资产达404万元。1996年，生产15瓦以下日光灯15万支、节能日光灯5万支，完成产值239.6万元，出现亏损。由于在计划经济向市场经济转轨的过程中，企业观念陈旧，步伐迟缓，产品升级换代慢，产品市场日益萎缩，致使企业长期亏损，资不抵债。至2002年10月，企业有资产259万元，固定资产178万元，总负债356万元。2002年11月。申请依法破产。

重点企业

苍山县工程机械配件厂 始建于1970年，原厂位于苍山县城文化路39号。是专门从事工程机械配件加工生产的企业。2003年，在县工业园区内征地8万平方米，自筹资金800万元，建设现代化新厂区，于当年7月投产使用。2004年7月搬迁完毕。主导产品为与临工集团配套生产的ZL30、ZL40、ZL50装载机配件，液刹制动系统，手操制动系统，液压管路系统，驾驶室，仪表架，储气筒油底壳等九大系列300多个品种，是苍山县机械加工行业骨干企业之一。2005年，企业自主设计研发了CY08系列“沂蒙”牌农用铲车，其产品外观及内在质量达到国内领先水平，年产能力2000台，由于外形美观大方、质量可靠，产品销往全国各地，处于供不应求的状态。2003年，企业顺利通过ISO 9001—2000质量体系认证。2006年，实现产值7600万元，利税680万元。2008年，实现产值26190万元，实现利税2198万元。2010年，固定资产3215万元。有职工496人，其中技术人员108人，大专以上文化程度的74人。

苍山县德隆机械有限公司 成立于2005年3月，注册资金1200万元，位于苍山县经济开发区工业园。总建筑面积2.8万平方米，职工130人，高、中级以上技术人员12人，拥有各种大型和先进机械加工设备100台，是苍山县技术和加工能力非常强的企业。公司研发和生产的“矿友”牌双动力扒装机，属国内首家自主研发，填补了国内空白，已投入批量生产。以双动力扒装机为主导产品，获得国家3项专利。生产“沂工”牌柴油机启动助力器，各种型号挖掘机、驾驶室、平台、挖斗、机罩、左右架、装载机驾驶室、铲斗、车架、机架、底座等产品和配件。2006年，公司又自主研发生产了“沂工”牌污泥清理机，市场前景广阔。公司始终坚持“以市场为导向，以质量求生存”的原则，本着“生产一代、储备一代、研发一代的发展战略”，积极研发新产品。2006年，实现产值2219万元，利税210万元。2008年，实现产值4500万元，利税446万元。2010年，实现营业收入11856万元，利税1066万元。

苍山帝王卫浴有限公司 位于苍山县城泉山路北段，占地面积3万平方米。固定资产3200万元，员工169人，其中高级技术人员60多名人。主要生产各种豪华高档铸铁、钢板、亚克力等系列精品浴缸，是县级明星企业。公司集研发、精工制造、自动冲压、高效涂搪能力为一身，采用先进的“V”法造型真空铸造设备，引进国内外先进的自动钢板冲压流水线，年生产浴盆60万只。2001年，荣获“中国绿色建筑卫生陶瓷”推荐证书。2007年，实现产值7697万元，利税700万元。2008年，实现产值8221万元，利税761万元。2010年，实现营业收入10407万元，利税1184万元。

第二节　造纸　印刷

造纸

新中国成立前，苍山县农村造纸业以土法造纸为主，生产工艺十分简单，主要靠人工制浆土法贴晒，制造烧纸和粗糙的包装纸，本地销售。

新中国成立后，苍山县农村个体合作性质的手工纸坊逐步发展。1977年，县造纸厂建立，初期年产能力700吨，有纸机2台，职工75人。1981年，县造纸厂产量624吨，产值587万元，

固定资产94.8万元。1991年，县造纸厂进行技术改造。1995年，生产能力达到2万吨，固定资产3340万元，占地面积1.1万平方米，职工1300人，其中大、中专毕业生136人，工程技术人员30人。主要设备有1760短长网纸机3台、圆网纸机2台、2400板纸机1台、1092卫生纸机1台。主要生产书写纸、有光纸、胶印书刊纸、卫生纸等，产品销往山东、江苏、浙江、上海等地。当年，被批准为中（二）型企业，并被命名为市级先进单位。1996年，全县集资上马“2640”型多缸造纸机，完成产量1.66万吨，产值4969.8万元，实现利税1368.4万元，投资1000万元增加环保设施。之后效益下滑，1999年10月全面停产。2000年5月，进行技术改造。2001年10月，恢复生产。2002年7月，与临沂市造纸化工厂合资组建临沂震元纸业有限公司，注册资金1200万元。其中，临沂市造纸化工厂出资500万元，苍山县造纸厂以机器、厂房折价700万元。2003年，破产工作组进驻苍山县造纸厂进行破产清算。2007年2月，苍山县造纸厂资产总额1.25亿元，负债总额2.24亿元，依法破产。2008年，临沂震元纸业有限公司租赁苍山县造纸厂进行生产，因受金融危机影响，开工时断时续。2009年2月，重新评估资产，评估结果是苍山县造纸厂财产5695.97万元，县财政局投资资产1383.9万元，临沂震元纸业有限公司资产9424.10万元，政府收储国有土地地价1921.18万元，合计资产18425.15万元。2010年12月，拍卖成交。

印刷

在民国以前，苍山就有木版印刷私业，主要印刷套色年画、包装图案等。新中国成立前后，一直保持传统工艺，没有大的发展。新中国成立后，县内印刷行业主要为县印刷厂。21世纪后，随着农产品外销扩大，县内印刷包装行业以生产纸板纸箱为主。

县印刷厂　1958年，成立苍山报社，以印刷报刊为主。不久停刊，改为县印刷厂，主要生产商标、账簿、信封及社会印刷业务。1996年，拥有固定资产260万元，职工130人，其中大、中专毕业生和技术人员14人。主要设备有激光照排系统1套，四开机7台，卧式彩印机2台，切纸机3台，设有排版、铅印、装订、制版、胶彩印5个车间，年生产能力2780万元。1998年，新增双色双面胶印机。1998年后，分配学生、退伍军人20多人。2006年，改制为民营企业。至2010年，有职工158人，年产值200多万元。

苍山县南方兴华纸品有限责任公司　位于苍山县庄坞镇驻地，是一家股份制企业。建于1986年2月，总占地面积1.2万平方米，建筑面积8000平方米。投入资金1200万元，其中固定资产投资800万元。拥有单色印刷、双色印刷、三色印刷等国内先进的纸板纸箱3条生产线，并配有生产纸箱的刨车、开凿机、装订机等先进设备。主要生产各种纸板、纸箱、包装箱等。日生产纸板15万平方米，生产纸箱15万个。产品主要销往江苏、天津、河北及山东省的一些县市区。年产量2000万平方米，产值3000万元。

第三节　皮革加工

苍山县皮革加工起源于20世纪70年代，主要为个体家庭作坊式生产模式。80年代后期到90年代中期，苍山县皮革工业走上工厂化、规模化、机械化发展之路，苍山金信皮革有限公司、苍山恒源皮革有限公司等相继成立。2002年，金信皮革有限公司投资1000万元兴建羊皮皮革加工厂，当年实现产值1.2亿元，利税1000万元。2003年，全县皮革生产加工能力达到300万张。2004年，金信皮革有限公司通过扩大生产，全年实现财税收入403万元。2006年，全县乡镇规模皮革加工企业实现产值57985万元，利税2091万元。2010年，实现产值91434万元，利税7764万元。

重点企业

苍山县金信皮革有限公司　2002年6月成立，占地面积16万平方米，建筑面积6万平方米，注册资金1188万元，总投资7800万元，固定资产1亿元。拥有员工700人，其中专业技术人员40人。公司主要经营皮革加工，

图10—7　苍山县金信皮革有限公司　（2010年摄）

日加工羊皮3万张，是全国第一大羊皮加工企业。产品主要销往欧、美、日本、韩国等国家和中国香港地区。2005年4月，经国家质量监督检验检疫总局批准为进境皮张存放、生产、加工企业。2004年，公司被市委市政府授予临沂市“明星企业”。2005年—2008年，连续被市委、市政府评为“全市民营企业50强”“全市纳税百强企业”，并荣获“民族团结进步奖”。2010年，实现工业总产值11.65亿元，利润总额9267万元，上缴税金1655万元，劳动者报酬875万元。

第四节　板材加工

2000年，苍山县板材业开始起步。2003年，形成规模化、工厂化生产加工，并逐步向集装箱底板等高档板材发展。2005年，苍山鲁林木业（苍山）有限公司投资2000万元生产装饰用高密度板，苍山长城马庄投资1000万元建成板材加工厂。2008年，全县有规模以上板材企业8家，总产值35002万元，利税2998万元。

重点企业

鲁林木业（苍山）有限公司　鲁林木业（苍山）有限公司成立于2005年，总投资2000万元，占地面积4万平方米。是马来西亚三林集团投资兴建的外商独资企业。公司拥有年产5万立方米的“LVL”工程板材生产线1条，主要生产单板、单板层积“LVL”工程板材。利用我国人工速生杨，运用先进的科技工艺设备加工而成，具有幅面大、强度高、尺寸稳定、防腐阻燃等特点。广泛用于建筑房梁、门窗、车辆船舶制造、家具制作、室内装饰、工业配件包装等。产品主要销往美国、日本和欧洲市场。2010年，实现销售收入1亿元，出口创汇1402万美元，利税1192万元。

第十一编
兰陵美酒

蒼山縣志

兰陵美酒距今已有两千六百年的历史，一直长盛不衰。至2010年，除国家大型企业山东兰陵美酒股份有限公司外，兰陵镇中小型酿酒企业发展到34家。

兰陵美酒以黍米为主要原料，以麦曲糖化发酵，加高粱白酒陈酿而成，含有人体必需的17种氨基酸、6种维生素、11种微量元素，具有养血补肾、舒筋健脑、益寿强身的功能，明代营养学家汪颖称“入药东阳酒最佳”，李时珍考察了兰陵美酒后，在《本草纲目》中语“常饮入药俱良”。

历朝名人对兰陵美酒多有赞誉，李白创作了“兰陵美酒郁金香，玉碗盛来琥珀光。但使主人能醉客，不知何处是他乡”的千古绝唱，米芾、王安石等皆有诗作称赞。近代，臧克家、舒同、贺敬之等也均为之倾颂。

新中国成立前，兰陵的酿酒以小作坊为主，兴盛时达四五十家。新中国成立后，合并6家小型酒厂成立山东兰陵美酒公司。1993年，组建山东兰陵企业集团公司。1996年，在全国设24个分公司。2003年，兰陵集团从机制和体制两个方面进行改革，剥离10余家分公司，确立山东省内和临沂市内两个主战场。

1915年，在美国旧金山举办的巴拿马太平洋万国博览会上，兰陵美酒荣获金奖。1990年9月26日，兰陵美酒、兰陵特曲双获布鲁塞尔第28届国际产品质量评比博览会金奖。

第一章　历史渊源

第一节　溯　源

兰陵美酒产于苍山县兰陵镇，故名。史上又称“东阳酒”“金花酒”“金华酒”，为中国北方黄酒的典型代表，自古至今以黍米酿造，是中华民族酒文化的一个独立源头。

商代甲骨文武丁卜辞中有“鬯其酒”之句，“鬯”是商代用黑黍米酿造的好酒，而兰陵美酒正是以黍米为原料酿造。建国初期，在兰陵镇西修公路时曾挖掘出带有“鬯”字的商代酒器。因此，兰陵美酒的历史可以上溯至3000年前的商代，时称“郁鬯”“秬鬯”，多用于祭祀、宴饮、封赏等活动。1914年《山东物品展览会报告书》载：“兰陵美酒自前五代时已著名，父老相传为萧氏家酿，故又名萧王美酒。”《中国土特产大全》又载：“兰陵又名东阳，故兰陵美酒古称东阳酒，距今已有2600年的历史。”

公元前3世纪，荀子两次出任兰陵令，励精图治，使兰陵人口繁盛、百姓富足，兰陵美酒的产量增加，生产工艺逐渐完善。

公元前154年，西汉楚王刘戊薨，葬于狮子山（位于今江苏省徐州市）。1995年，在其墓中出土3坛保存完好的兰陵美酒，泥封上有“兰陵丞印”戳记。由此可以断定，兰陵美酒在西汉时就成为进献王侯的贡酒，生产工艺已臻成熟。

两晋南北朝时期，战乱不断，兰陵酒业衰退，但北魏著名农学家贾思勰在《齐民要术》中仍专门记述兰陵美酒的做法，详细说明它的酿造过程。这是中国最早的酿酒工艺文献资料。

隋唐的统一，促进了兰陵酒业的繁荣，兰陵美酒已销到长安、洛阳、南京、杭州等地，各地客商云集于兰陵，有“闻香下马，知味停车”之说。唐朝开元年间，兰陵美酒经诗仙李白咏唱，盛名益著。

宋朝民俗著作《西湖老人繁胜录》清楚地记载着“兰陵酒”及与其齐名的25种酒。那时全国城镇的酒店，为了装潢门面、招徕顾客，都在店前挂起“兰陵佳酿”的招牌。

此后历经元、明、清各朝，兰陵美酒一直长盛不衰。明代营养学家汪颖著《食物本草》，从营养学角度盛赞兰陵美酒：“入药东阳酒最佳，其酒自古擅名……清香远达，色复金黄，饮之至醉，不头痛，不口干，不作泻。其水秤之重于他水，邻邑所造俱不然，皆水土之美也。”1561年明代医学泰斗李时珍专程考察了兰陵美酒后，在《本草纲目》谷部第二十五卷“酒”章记述：“东阳酒即金华酒，古兰陵也，李太白所谓兰陵美酒郁金香即此也，常饮入药俱良。”

清末民初，酒业公司应运而生。抗日战争前夕，私人酒店尚有18家，如东醴源、西醴源、黄源盛、德源涌、源裕成、源茂成等。1938年，日军飞机轰炸兰陵，百姓逃难，酒业随之凋零。抗日战争结束后，兰陵酒业开始恢复。

新中国成立后，兰陵酒业蓬勃发展。2005年9月，兰陵酒业专业学会组织——山东兰陵酿酒协会成立，有会员52人。至2010年，除国家大型企业山东兰陵美酒股份有限公司外，兰陵镇中小型酿酒企业发展到34家，年产酒10万吨，其中13家具有一定规模的酒厂生产白酒5890吨，实现销售收入2100万元，利税209万元。

第二节 美酒文化

唐开元年间，“诗仙”李白在品尝兰陵美酒之后诗兴大发，创作《客中行》这首脍炙人口的千古绝唱。诗云：“兰陵美酒郁金香，玉碗盛来琥珀光。但使主人能醉客，不知何处是他乡。”

对此诗前两句的解读向来并无异议。首句点明兰陵美酒的名称及酿造特点。“郁金香”三字，既说明了兰陵美酒采用郁金香作为引料，又说明了兰陵美酒的香型。第二句是对盛酒器皿和酒的色泽的描绘。对三、四两句有两种理解。一为寓意说，如复旦大学编著的《李白诗选》注云：“但使二句，只要主人殷勤招待，让客人喝醉了酒，客人就会很快乐，而不再感到身在异乡。”一为实指说，如郑修平《李白〈客中作〉笺释》称：“造酒（或卖酒）主人殷勤的招待，使饮酒者在醉后的余香中，偶然提出对美酒产地的发问。”

此诗创作的时间、地点存在争议。詹锳在《李白诗文系年》中说：“兰陵县城，在沂州丞县（今枣庄峄城）东六十里，度作诗之地，当去此不远。”又根据末句断定“疑是初至东鲁之作”，把此诗系在开元二十四年（736年）下。而郑修平《李白〈客中作〉笺释》认为此诗是李白在漫游兰陵时所作，“开元二十六年末至开元二十八年间，李白曾由东鲁任城（今山东济宁）出发，漫游洛阳、南阳、淮南等地，此间他既有《题瓜州新河》之作，肯定他也到了扬州。这样事情就很明显了，开元二十六年末他漫游的路线自然是任城—金乡—单县—梁、宋—洛阳—南阳—淮南，最后到达扬州。他由扬州返回任城时，是途径下邳、兰陵这条南北直线。可见《客中作》其诗，应与《题瓜州新河》《圯桥怀张子房》二诗为同年先后之作，其时当在开元二十八年（740年）一至五月间。”

图11—1 兰陵美酒公司内太白醉饮雕像 （2010年摄）

兰陵美酒经李白歌咏，名动天下。在李白的影响下，历代文人雅士对兰陵美酒不吝笔墨，赞誉有加。

北宋著名书法家米芾在畅饮兰陵美酒之后挥毫泼墨，写下了“阳羡春茶瑶草碧，兰陵美酒郁金香”的诗句，至今留存于湖北襄樊米公祠内。北宋著名政治家、思想家、文学家王安石《答熊本推官金陵寄酒》诗云“郁金香是兰陵酒，枉入诗人赋咏来”，表达了喝不到兰陵美酒的遗憾。

明代散曲家陈铎在散曲中写道：“开口空吃烧刀子，难当，哪里有兰陵美酒郁金香。”

清代诗坛盟主王士祯在《寄任同年》诗中写道：“阳羡六班茶，兰陵十千酒。古来佳丽区，遥当五湖口……”袁枚《随园诗话》中《南归留别得“青”字》诗云：“何时载得兰陵酒，重向红桥共醉醒？”谢章铤《题黄九烟集后》诗云：“三户销沈博浪椎，一痴烂醉兰陵酒。”

山东省第一次物品展览会于1914年6月15日至7月15日在济南市商埠区的五里沟商埠公园举行，历时1个月。展品以山东省天产物、人为品为限，分10大部、74个品种。兰陵美酒公司参会样品为王思澄、王祥和选送的兰陵美酒和兰陵郁金香，于6月15日送到。经过评选，兰陵美酒公司的郁金香酒获最优等褒奖金牌，兰陵美酒获优等褒奖银牌。1915年2月20日，在美国旧金山举办巴拿马太平洋万国博览会。山东省展览会为巴拿马太平洋万国博览会选定参赛产品237种、682件，其中兰陵美酒公司的红色兰陵美酒6瓶。兰陵美酒在此次赛会上陈列在农业馆参赛，获金牌奖章。

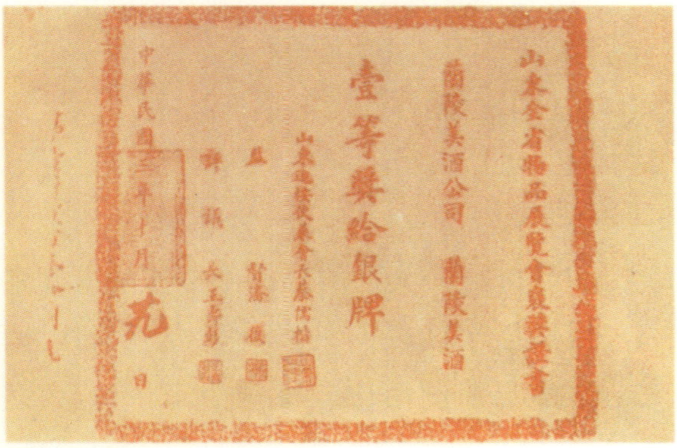

图11—2　1914年，山东物品展览会一等奖获奖证书

1935年，老舍作《诗三律》，其一云：“何年再举兰陵酒，共听潮声兼话声。”

1942年，郁达夫作《离乱杂诗》，其五云：“解忧纵有兰陵酒，浅醉何由梦洛妃？”

新中国成立后，赞颂兰陵美酒的诗文更多。著名诗人臧克家有“从来诗酒不分家，美酿兰陵李白夸”之句。著名书法家、中共山东省委原书记舒同为之书联：“船载美酒两岸醉，车运郁金一路香。”著名诗人贺敬之《饮兰陵酒》诗云：“太白何处访，兰陵入醉乡！我来千古后，与君共此觞。崎岖忆蜀道，风涛说夜郎。时殊酒味似，慷慨赋新章。”

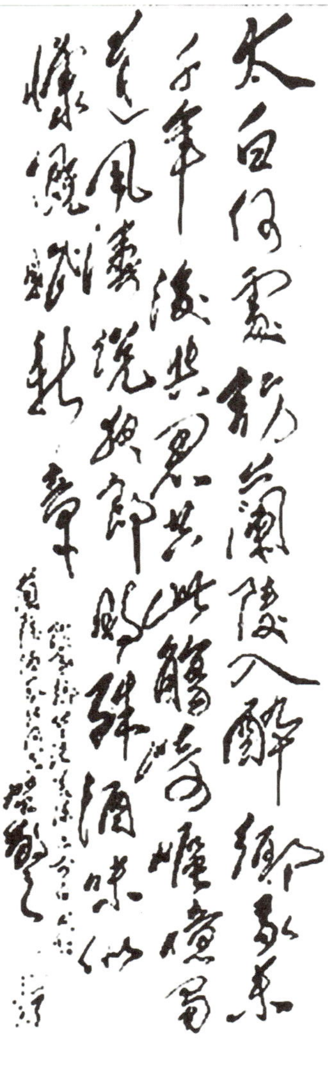

图11—3　贺敬之题兰陵美酒

1980年，《中国农民报》特为兰陵美酒出口东南亚博得赞誉而赋诗：“兰陵美酒齿龈香，仙家酿酒李白尝。南洋一带传情意，亿万华侨倍思乡。”新加坡《星洲日报》载：“兰陵美酒酒质醇香，适合男女各界饮用。过年过节送礼最好，令人赏心悦目，称心如意。”马来西亚《南洋商报》说：“兰陵美酒产于山东兰陵，素享盛名……兰陵美酒装潢雅致脱俗，格外玲珑精巧，不论送礼自酌，令人赏心悦目。”香港《大公报》

图 11—4　1915 年，巴拿马万国博览会金奖证书

赞："唐代诗人李白赞扬过的兰陵美酒，现在以崭新的面貌运销市场，更为顾客欢迎。兰陵美酒历史悠久，甘甜醇香，驰名中外；造型美观，雅致大方，风味独特，令人闻香下马，一饮为快。"

兰陵籍诗人田兵写有"兰陵古郡几沧桑，万劫历经人未忘。不为少年风华茂，只因美酒天下香""兰陵醇酒圣之清，千里飘香瑞气融。莫怕相逢难解醉，长天自古下高风""玉杯一举忘家乡，李白咏过有渔洋。历代争颂兰陵酒，今逢时雨添异香"3 首诗。兰陵籍散文作家王鼎钧也曾写诗赞誉过故乡的美酒，"太白诗肠满酒香，客中一首地增光。几杯琥珀几声泪，今夜听君说故乡""镇日诗肠伴酒香，浅斟低唱送流光。浮云莫道无归处，名士自来爱醉乡""东圣西贤爱酒香，兰陵琥珀邦之光。千年名产满天下，那分他乡与故乡""兰陵美酒传馨香，四海争看琥珀光。秋酿方过春宴在，计程何日好还乡"。

2005 年 1 月，中共中央原总书记江泽民品尝了兰陵美酒，对兰陵美酒的色、香、味予以高度赞赏，并饶有兴致地抄录了李白的《客中作》。

第二章　工艺和品种

第一节　酿造工艺

兰陵美酒的制作原料选择严格，黍子以当年新黍为最好，且要求颗粒饱满、形状整齐、不霉不烂、无秕无稷、光泽有亮，淀粉含量在 65% 以上。美酒用曲为储存期较长的中温曲，曲香浓郁，糖化力在 35% 以上。美酒与白酒的生产有别，其成本比白酒高。生产 50 千克美酒，需要 90 千克优质白酒、30 千克黏黍米、9 千克曲、1.5 千克大枣，酿造周期至少 210 天。具体制作方法为：30 千克黍米加 60 千克水，放入煮至 80 度左右，倒入大盆里用木棍搅拌冷却，再倒进大缸中，加 90 千克白酒、1.5 千克大枣，用慢火炒熟，不能有糊的，与曲一起放入缸里，用量酒尺上下捣拌均匀，最后把缸口密封；一般农历二月入缸，八月出缸，出缸应极其耐心、细心，用酒撇子轻轻向外撇，至少五六次才能出完；下面混浊酒用比较细密的筛子压，压出的酒澄清，即为"双笼顶"酒，剩下的酒渣可放到蒸白酒的料中继续蒸酒。

除酿造技术外，水、土便是决定因素。兰陵的地下水分碱、甜两种。碱水含有多种矿物质，人不能饮用，专供造酒。当地俗称"围里"的地方，水都是碱水，而一墙之隔的围子外，就是甜水，甚为奇特。造酒工人曾在兰陵及离兰陵 4 千米的横山做对比试验。两地酒工对换蒸酒，结果两地酒味仍区别明显。因此，抗日战争前兰陵的酒店一窝"源"，有东醴源、西醴源、开源、黄源盛、聚源、源裕成、源顺等 18 家酒店，只有裕盛恒、西裕恒、东裕恒 3 家不带"源"字。1993 年，经地矿部、卫生部及山东地矿局、卫生局联合鉴定，兰陵地下水属于含锶型天然优质矿泉水，为生产优质酒的重要条件。

1950 年，兰陵美酒公司恢复兰陵美酒的生产。第一批成品酒色淡、香味短。1952 年，改进工艺，产品味甜、醇厚，酒体协调，无异味，色呈琥珀光，有余香。1957 年后，质量波动，色浊味苦，落口寡淡。1966 年，轻工业部、省轻工业厅搞全国新工艺改革试点，把提高兰陵美酒质量专列为一项试验项目，重点解决苦的问题。除对原生产工艺、配方进行论证分析外，还用不同的配料、温度、度数、曲与水，分别研制出 52 个样品，经鉴定 35 度的兰陵美酒为好。1980 年 6 月，对兰陵美酒进行降度试验，找出其曲酒味较明显、传统风味不够的各种原因，制订出研制方案。在工艺上进行黍米、麦曲、曲酒精选、严格操作、分类试验 5 项改进，评出 28 ～ 30 度的美酒为好。其特点是醇香味正、甜度适中、酒香浓郁，理化指标均符合国家标准。1982 年 6 月，确定酒度 28 浮动 1 度的美酒生产工艺。1984 年，进行黄酒型兰陵美酒的试验，使产品酒度、酸度、甜度三者协调，色、香、味三者俱美。同年底，小试合格，批量生产，其酒度 20 度，糖分 13%，酸度 0.4，既保持美酒风味，又增添了黄酒的风格。1991 年，研制出 18 度半甘型兰陵美酒。

2006 年、2010 年，兰陵美酒股份有限公司先后发布新的《兰陵美酒生产工艺卫生要求》和详细的《兰陵美酒生产工艺及操作规程》。兰陵美酒的工艺流程基本可以表示为：黍子→脱皮→淘米→蒸煮→摊凉→拌曲糖化→落缸发酵→后发酵→压榨→澄清→勾兑→过滤→煎酒→贮存→散成品。

第二节　品　种

1950 年 4 月，兰陵美酒公司开发瓜干酒，深受欢迎，当年生产 190 吨。1954 年 10 月，工

图 11—5　部分兰陵美酒系列产品

人郭廷岱利用酒糟代替麸皮制造“糟麸曲”成功。1959 年 3 月，用美酒渣、玉米芯制酱油、做糕点，用酒糟、瓜干制醋。1960 年春，试制生产露酒 98.66 吨、果酒 170.85 吨。1960 年 3 月，因生活困难、粮食紧缺，试用茅草根、小麦秸、高粱秸、玉米芯等为原料酿酒，均未成功。1960 年 8 月，首次用蒸汽蒸酒。1960 年 10 月，在费县店子公社张庄村建兰陵分酒厂，用马尾松为原料，试制生产“松毛酒”、提炼芳香油、烤胶、打纸浆和做猪饲料等多项试验。生产出的松毛酒怪味大，不能饮用；稍后几天转产芳香油，因产品滞销停产，其他试验均不成功。工人上山采集野葡萄，生产出一批果露酒。1978 年—1983 年，开发白云陈香、醉太白等高档白酒。1990 年，开发兰陵特酿。1991 年，开发二曲酒的姊妹酒——49 度兰陵白干和 44 度兰陵喜酒。

兰陵美酒

兰陵美酒生产历史悠久，为中国历史名酒，属特种保健酒。采用传统工艺，以黍米、大枣、蜂蜜、冰糖、鸡蛋清为原料，封缸自然陈酿而成，花样品种有 10 个。此酒天然琥珀光泽，晶莹剔透，甜香爽口，醇厚柔和，风味独特，常饮可养血补肾、强身益寿，具有丰富的营养价值和很高的药用价值。富含 18 种氨基酸和 4 种矿物质，特别是人体必需的 8 种氨基酸含量最丰富。1950 年 3 月，聘请原东醴源酒店经理王玉鳌为技术员，恢复兰陵美酒的生产。1955 年 11 月，兰陵美酒瓶装产品由 700 克瓶改为 500 克瓶。

1963年，兰陵美酒质量下降，人称“酱油汤”，企业迅速制定改进措施。1974年10月，被评为山东省优质酒。1978年11月，获山东“名牌产品”称号。1979年9月，精装兰陵美酒改用陶瓷瓶装。1980年2月，兰陵美酒成套包装，被评为全国轻工业产品包装装潢优秀作品。1984年3月，试制北方黄酒型兰陵美酒。12月，召开黄酒鉴定会，黄酒型兰陵美酒小试合格，由28度降为20度。1987年11月，获首届中国黄酒节一等奖。1988年10月，在首届中国文化节酒类包装装潢大赛中，高盒兰陵美酒包装获一等奖，双瓶草编提篮包装获二等奖；12月，获首届中国食品博览会金奖。1990年9月，获中国首届名酒书画博览会金奖。当月26日，20度兰陵美酒获布鲁塞尔第28届国际产品质量评比博览会国际金奖。11月，被评为轻工业部优质产品。12月，获中国旅游饮品国产化研讨会金奖、全国轻工食品博览会金奖。1992年，20度兰陵美酒获布鲁塞尔第30届国际产品质量评比博览会国际金奖。1994年1月，在俄罗斯国际质量评比中获金奖；9月，获第一届中国国际保健节金奖；12月，被中国酿酒工业协会授予“名牌产品”称号。2010年，有四星兰陵美酒、1号兰陵美酒等品种。历史上，美酒的酒度有过6次变化：1950年为24度，1951年为27度，1966年为35度，1982年为28度浮动1度，1984年新开发20度美酒，1991年将28度美酒改为18度。

兰陵郁金香

兰陵郁金香是一种配制酒。以高档大曲为酒基，加入郁金、檀香、当归、砂仁等12种贵重药材以及晶体冰糖配制而成，色泽金黄，香味醇正，甜度适宜，入口绵柔，回味余香沉厚，有健胃、舒气、活血、补神之功效。1914年，在山东省第一届物品展览会上获最优等褒奖金牌奖。1957年9月，由王成章、朱焕玺等组成实验小组，开始兰陵郁金香酒的恢复试制。1958年9月，兰陵郁金香投料试产。1960年春，正式投产。1974年10月，兰陵郁金香被评为山东省一级酒。1981年11月，兰陵郁金香产品包装获山东省一轻系统包装装潢二等奖。1982年，被评为省一轻系统优良产品。1988年，获首届中国食品博览会金奖。1990年10月，获国家轻工业部A级产品称号；12月，33度、42度配制郁金香酒获山东省优质食品奖，被评为全国轻工业优质产品。1991年，获布鲁塞尔第29届国际质量评比博览会国际金奖。1992年，42度郁金香在国际质量评比中获质量最高金奖。1994年1月，在俄罗斯国际质量评比中获金奖；9月，获第一届中国国际保健节金奖。

兰陵大曲

以高粱、小麦为主要原料，中温曲为糖化发酵剂，采用传统老五甑生产工艺酿造而成。具有清澈透明、香醇味正、余味悠长等特点。酒度：1982年前为62度，1983年改为60度浮动1度；1985年品种增加，普通大曲为44度浮动1度，特级大曲、优质大曲为54度浮动1度、49度浮动1度及39度大曲；1992年推出新品50度优

图11—6　兰陵郁金香

质大曲。1964年，开始瓶装销售，24瓶木箱。1968年5月，改为20瓶纸箱包装。1974年10月，被评为山东省优质酒。1981年7月，被评为山东省优质产品。1986年10月，参加在北京农业展览馆举办的全国名、特、优、新产品展览。1987年，54度兰陵大曲获省优质食品金奖。1991年11月，44度、49度、54度兰陵大曲被

评为山东省优质产品。同年，获布鲁塞尔第29届国际产品质量评比博览会国际金奖。1992年，获首届中华酒文化精品展评金奖。

兰陵特曲

以高粱、小麦、大米为原料，以高中温曲为糖化发酵剂，采用传统固态混蒸老五甑生产工艺酿造而成。无色透明，酯香浓郁，绵甜爽净，有“开瓶满楼香”之称。酒度：1983年前为62度，之后改为60度浮动1度；1985年改为54度浮动1度和39度浮动1度两种；1990年开发出44度浮动1度特曲；1992年，54度浮动1度特曲改为49度浮动1度；1993年研制出36度浮动1度和28度浮动1度两种低度特曲；2000年后，又有39度和32度两种。1965年，兰陵特曲研制成功。1974年10月，被评为山东省一级酒。1978年11月，被授予省一轻系统优质产品。1978年后，多次被评为山东省优质产品。1979年9月，改用陶瓷瓶精装。1987年5月12日，在全国旅游低度白酒品评会上，39度兰陵特曲获银樽奖。1988年4月，推出一级特曲；12月，39度、54度兰陵特曲获首届中国食品博览会金奖。1990年9月，54度兰陵特曲获布鲁塞尔第28届国际产品质量评比博览会国际金奖；10月，39度、54度兰陵特曲获轻工业部A级产品称号；12月，获中国旅游饮品国产化研讨会金奖、全国轻工食品博览会金奖。1988年—1990年，连续3次被评为山东省十佳白酒。1992年，获首届中华酒文化精品展评金奖，获布鲁塞尔第30届国际产品质量评比博览会国际金奖。1994年，在俄罗斯国际质量评比中获金奖。2010年，有32度红特曲、80#特曲、59#特曲、8#特曲、6#特曲等品种。

图11—7　兰陵特曲

兰陵二曲

兰陵二曲为普通串香系列酒。以高粱、瓜干相拌为原料，用麸曲和麦曲为糖化发酵剂，采用传统老五甑生产工艺，具有大曲酒的粮食酒香，清澈透明，醇和可口。酒度：1977年—1982年为62度，1983年为60度浮动1度，1985年改为44度浮动1度。1977年3月，试制成功投产。1984年12月和1985年，两次被评为临沂地区优良产品。1988年12月，再次被评为地优产品。1989年，被评为山东省一轻系统优良产品。1993年12月，44度兰陵二曲被评为消费者最喜欢的白酒，物美价廉，是20世纪90年代产销量最大的产品之一。

兰陵老窖

采用传统工艺，以高粱、小麦为原料，双轮发酵，长期储存，科学勾兑而成。1979年开始生产，原称“兰陵陈窖”。20世纪80年代为省、部优质产品。

兰陵特液

采用传统工艺，以高粱、小麦、豌豆为原料。酒度有两种：44度浮动1度和39度浮动1度。1983年10月，获山东省一轻系统新产品三等奖。1987年5月，38度特液获旅游者喜爱的低度白酒银樽奖。1990年在中国旅游饮品国产化研讨会上获金奖。1991年，获布鲁塞尔第29届国际产品质量评比博览会国际金奖。1992年，在国际质量评比中44度兰陵特液获银质奖章；9月，获中国名优酒博览会系列金奖。

兰陵陈香

选用高粱为主要原料，配合兰陵天然矿泉水，以浓香型粮食酒老五甑工艺双轮发酵陈酿而成。无色透明，入口绵柔，酯香浓郁。1990

年研制成功。酒度:1992年前为54度浮动1度，1992年新研制39度浮动1度和44度浮动1度两种。1990年9月，在深圳秋季商品交易会上被评为荣誉产品。1992年，39度兰陵陈香在国际质量评比中获银质奖。1994年，在俄罗斯国际质量评比中获金奖。2001年，荣获中国白酒著名创新品牌称号。2010年，有一星兰陵陈香、二星兰陵陈香、51# 兰陵陈香、9# 兰陵陈香、陈香典藏、绵柔 1# 陈香、50度瓷瓶陈香、39度瓷瓶陈香、46度绵柔 2# 陈香等品种。

喜临门酒

以高粱为原料，以中高温曲为糖化发酵剂，双轮发酵，精心勾兑而成。窖香浓郁，入口爽净。酒度有4种：36度浮动1度、39度浮动1度、44度浮动1度、49度浮动1度。1994年11月研制成功，12月获全国酒类行业质量检评名牌产品奖。2010年，有喜临门喜上眉梢、喜临门珍品、6# 喜临门、红喜临门、双喜临门、G1喜临门、95号喜临门等品种。

兰陵王酒

采用50余年的窖藏酒基，精选高粱、糯米、大米、小麦和玉米5种粮食为原料，经长年陈酿，精心勾兑而成。绵甜醇厚，香气馥郁。外包装高贵典雅、气度深沉。酒度为38度、39度和52度。2006年研制成功。2006年11月，通过中国食品工业协会“中国固态白酒纯粮酿造”标志认证。2007年8月，39度兰陵王荣获苏鲁豫皖白酒风格金奖。2010年10月，在上海世博会上荣获“千年金奖”。2010年，有兰陵王至尊、兰陵王宝典、兰陵王典藏、百年兰陵王、52度兰陵王、39度兰陵王等品种。

九朝陈香

九朝陈香是一种芝麻香型白酒，兼具“浓、清、酱”三大白酒基本香型的特征，又别具芝麻香风味。含有数百种微量成分和30余种人体必需的氨基酸，酒体优雅细腻、韵味绵长，空杯留香持久。酒度为38度、42度、52度等。2010年，成功研发芝麻香型生产工艺，推出九朝陈香系列酒，并荣获山东省著名品牌称号。2010年8月上市。有九朝陈香金奖级、九朝陈香窖藏、九朝陈香至尊、九朝陈香贡藏、九朝陈香鉴赏级等品种。

第三章　产业发展

第一节　作坊经营模式

酒店管理

新中国成立前，兰陵的酿酒作坊、小酒店林立，最兴盛时酒店达四五十家，多为一家一户自立经营。私立酒店的规模一般只有二三十人，一二十个酿造池子，以掌柜为主体进行生产经营和管理。一个酒店有将近10名掌柜，并各有分工。大掌柜为主要负责人，掌握酒店的生产计划、人事调整和重大交易等事务。二掌柜为“内柜”，主要负责财务，亦掌管生产和销售。三掌柜负责外务，了解行情、外销外购等。其他掌柜具体分管曲房、仓库、磨坊、发酵池等具体工作，有的还负责带学徒。学徒期一般为3年，期满后合格的，可晋升为掌柜。

工人

酿酒工人多为招聘，每个酒店一般有12人，技术最高的称为“酒头工”，副手称“二簸箕”，分两班，每班五六人。工人待遇实行多劳多得，每个月根据蒸酒多少、出酒率高低、营业利润等,结账后付给工人工资。旧作坊操作比较简单，

全凭手摸、眼看、鼻闻、耳听等感觉观察和个人经验来掌握火候、温度和质量。

销售价格

酒的销售价格不得随意降低和提高，但为招揽顾客，只能从酒色上区别。零售酒为二分五至三分水、坛酒（挑子）三分五左右、娄酒（车子）三分八九，批量比较大的可提高至四分至四分三，远销至江南、河北等地的可高至四分五。

酒店的发展

民国初期，兰陵出现了“公司”。1914 年，王思瀓与王祥和联合成立兰陵美酒公司。兰陵美酒获巴拿马太平洋万国博览会金奖后，兰陵地方酿酒作坊发展迅速，至 1926 年兰陵镇已有 18 家酒店。1938 年 3 月 26 日，日军侵略兰陵，各酒店关闭停产。

第二节　恢复与发展

1948 年 11 月兰陵解放后，并万村、车辋、临沂、涌泉、卞庄、台儿庄 6 家小型酒厂，建起鲁中南沂河总厂兰陵分酒厂。1949 年 7 月，酒厂更名为山东兰陵美酒公司。

工艺改革

1950 年秋，王子玉任兰陵酒厂经理，聘请美酒传人、原东醴源酒店经理王玉鳌为技术员，进行美酒酿制实验，于 1952 年生产出风味独特的美酒，其产品味甜、醇厚，酒体协调，无异味，色呈琥珀光，有余香，酒度 25 度。产品问世后，畅销全国，供不应求。1954 年 4 月，周恩来总理赴日内瓦参加世界和平会议时用兰陵美酒招待外宾，极大地提高了兰陵美酒的国际声誉。回国后，周恩来总理指示有关部门，要加强领导，扩大生产，组织外贸出口。1957 年，朱德元帅在与城市服务部部长杨一辰谈话中，对兰陵美酒的出口作具体指示。1959 年，省轻工业厅发出关于改进产品装潢的通知，引起兰陵酒厂对商标装潢的重视。1963 年 3 月，上海美术模型厂设计出具有古老民族风格的商标。兰陵美酒、兰陵郁金香 2 种商标，均以齿轮、麦穗为基本元素。兰陵美酒商标上有金龙图案，兰陵郁金香的商标有美观的花边，均以烫金字印刷，图案美观雅致、色调和谐，表现民族古风，经山东省轻工业厅注册登记后使用。20 世纪 50 年代到 60 年代，兰陵酒厂还进行了多次技术革新和酒品试制。1955 年，郭廷岱试验酒糟代替麸皮作曲成功，不仅节约麸皮，提高原料出酒率，而且还减少中转环节，节省了人力。1957 年 9 月，王成章、朱焕玺、李德俊等人组成“兰陵郁金香”酒的试验小组，恢复兰陵郁金香的酿造工艺，从 1958 年 9 月投料试产到 1960 年春正式投产，试制获得成功。1960 年 10 月，以瓜干和野葡萄为原料的果露酒试制成功。1966 年，35 度兰陵美酒获国家轻工部鉴定委员会鉴定，逐渐取代原 25 度兰陵美酒。1980 年，兰陵酒厂进行降度试验，将兰陵美酒的酒度由 35 度降至 28 度，取其醇香味正，甜度适宜，酒香浓郁。1984 年，酒厂进行黄酒型兰陵美酒的试制成功，其酒度 20 度，糖分 13%，酸度 0.4。

荣誉

1974 年，兰陵大曲、兰陵美酒被评为山东省优质酒，兰陵特曲、兰陵白酒、兰陵郁金香被评为山东省一级酒。1979 年 9 月—10 月，兰陵美酒、兰陵特曲、兰陵陈窖、兰陵大曲参展“全国轻工新产品展销会”；11 月，兰陵美酒被山东省工商局评为“优质名牌”，授予“著名商标称号”。1980 年 9 月，兰陵美酒出口至新加坡、马来西亚等地，受到广泛好评。新加坡《星州日报》、香港《大公报》均刊文报道。1990 年 9 月 26 日，兰陵美酒、兰陵特曲双获布鲁塞尔第 28 届国际产品质量评比博览会金奖。

第三节　集团化

体制改革

1993 年，以山东兰陵美酒厂为核心，组建成立山东兰陵企业（集团）总公司，简称兰陵集团。1994 年 3 月，成立山东兰陵美酒厂营销公司，下辖销售公司、包装公司、运输公司；6 月，建立黄岛分公司；7 月，成立蒙阴、平邑 2 个分公司；10 月，在济南兴办山东兰陵酒家。1994 年 6 月，成立山东兰陵美酒股份有限公司。1996 年，新设武汉、昆明、柳州、广州、泉州、金华、成都、天津、长沙、长春、郑州、兰州、西安、太原、南昌、沈阳、合肥、无锡、北京、梅河口、石家庄、哈尔滨、呼和浩特、乌鲁木齐 24 个分公司，形成以山东兰陵美酒股份有限公司为龙头，下设 6 个酒业公司、8 个实业公司、26 个省外营销公司及包装制品、海南饮料、影视广告、矿泉水、金银花、柯斯达制罐 6 个独资、合资公司的大型企业集团。

2003 年，兰陵集团从机制和体制两个方面进行改革，采取“紧攥拳头、收缩战线”的策略，对市场控制能力弱、盈利空间小的经营单位进

图 11—8　窖藏车间　（2010 年摄）

行分离、改制和撤销。从 2003 年下半年起，先后将山东兰陵柯斯达包装有限公司、平邑兰陵金银花食品饮料有限公司、海南兰陵食品饮料有限公司、北京兰陵酒业有限公司、兰陵包装制品有限公司、蒙阴分公司、沂水分公司、沂南分公司、苍山分公司、德州分公司、临沂兰陵实业总公司、山东兰陵酒家等 10 余家分公司剥离集团，把市场、品牌、管理等优势力量集中到集团核心企业兰陵美酒股份有限公司发展上，突出集团核心企业的品牌、质量、管理等优势。

市场销售

2003 年，针对竞争激烈的市场形势，确立山东省内和临沂市内两个主战场，对市场营销资源进行重新整合，成立 21 个销售部，实行竞聘承包市场，配套建立奖惩激励机制。2005 年，提出新的营销战略，即精耕临沂，巩固山东，练好内功，走向全国，将兰陵区域性品牌打造为全国著名品牌。调整产品结构，大力宣传推广中高档酒，采取“重点市场、重点客户、重点扶持和发展”的策略，销售收入稳步增长，增幅连年在 35% 以上，单瓶均价每年以 30% 的幅度递增。2006 年 8 月，兰陵系列酒被选定为省政府机关接待专用酒。2007 年，主推兰陵王系列产品，兰陵王逐步成为兰陵酒的品牌代表。2007 年，中高档酒占总销量的 49%。2008 年，中高档酒占总销量的 60%。2009 年，集团销售收入增长 37.5%，其中中高档增长 30%，单瓶均价超出山东全省白酒行业平均水平。2009 年，引进北京赞伯公司作为战略顾问进行品牌全案策划，推出九朝陈香品牌策划案。2010 年，集团销售收入增长 34%，其中中高端产品所占比重上升到 73%，增长 40%，单瓶价格比 2009 年同期提高 2.64 元。

第十二编
商业　物资

蒼山縣志

苍山县商业贸易在民国时期即有雏形，卞庄、兰陵等城镇设有商店、集市。国有商业始于 1950 年，1997 年—2006 年针对商业系统改制中存在的弊端进行体制改革，商业系统共实施开发项目 18 个，8 宗国有资产被政府收储。2010 年，全县社会消费品零售总额达到 98.9 亿元，批发零售贸易业消费品零售总额 90.07 亿元，从业人员 18848 人；县城消费品零售额 82.6 亿元，农村社会消费品零售额 16.3 亿元。

苍山县的商场在计划经济时代多属于集体企业，在县城内有百货大楼、百汇商场、人民商场、新世纪大厦等商业场所。市场经济时代，集体企业纷纷改制成为股份制企业。至 2010 年，全县综合性的商场主要有宝庆超市有限公司、万家福商贸有限公司、银座超市等。1987 年苍山兴建第一个专业批发市场。2010 年，山东鲁南蔬菜批发市场、山东南菜园蔬菜批发市场、苍山县华凯蔬菜批发市场被《临沂统计年鉴》纳入亿元商品交易市场名录。

苍山县供销合作社始建于建国初期，是由最初的生产合作社演化而来。2004 年后，对新华商贸、生资、土产、综合四个企业进行改革改制，10 处社直公司中的新华商贸、果品公司、综合公司、土产公司组织职工回购资产，并成立新的有限责任公司。县供销社不断深化体制改革，现代流通服务体系的不断完善，企业数量和供销社网点也不断增加，至 2010 年，基本形成以县城网点为龙头，乡镇网点为支撑，村级网点为基础的县、乡、村三级经营网络。

境内解放前，抗日民主政府设立财政科主管财粮事宜。1947 年，赵镈县和苍山县同时设立粮食局。1951 年县级撤销粮库，改为苍山县人民政府粮食局。根据县政府《关于深化粮食流通体制改革的意见》，到 1999 年建立“一局、一办、一中心”的管理经营体制。2006 年，对县城粮食工业企业和城镇供应企业实施改革改制，采取依法自行清算、依法破产、企业改革改制等三种形式进行改革。2010 年，苍山县粮食局设有社会粮食统计中心，下辖县级地方粮食储备库 1 个。

第一章　商　业

第一节　商业经营体制改革

个体私营商业

苍山私营商业在清末民初已形成酒店、油坊、京货、广货、杂货、糕点、酱菜、饮食、旅店、屠宰、中药铺等多种行业，集中于兰陵、向城、卞庄、磨山、车辋、大仲村等大集镇，各具特色。兰陵镇以酿酒业为盛，向城以布业为主，卞庄镇以糕点、酱菜制作闻名，磨山镇是全县食盐和海货的集散地，车辋是全县山果集散地，大仲村以油坊名传全县，其中以东胜和布衣店、东醴源酒店　、天成号果子铺等为代表。1927 年始，境内匪盗四起，苛捐杂税繁重，各商户纷纷倒闭歇业。1948 年，苍山全境解放，战时停业的各商号纷纷复业，私营商业有所发展。1951 年，苍山县各界商业代表会议召开，宣传贯彻在经济恢复时期的商业政策，对私商人员进行“守法经营、公平买卖、照章纳税”的教育工作。1952 年春，全县进行整顿市场、稳定物价工作，下半年实行“减免税收、放宽贷款”政策，促进个体私营商业的发展，在全县形成门类齐全、分布广泛的私营商业网络。是年，全县私营企业发展到 3177 户，从业人员 4526

人，经营资金191449万元（旧币）。1954年，对私营工商业进行社会主义改造，1956年年底基本完成，全县共有2874家个体商业者接受改造，其中过渡到国有商业和供销社职工的527人，1346人组成合作商店，余者弃商从农。1958年后，个体商业户大部分转入人民公社经营，有的合并到供销社。“文化大革命”期间，小商、小贩被视为“资本主义尾巴”而取缔。1978年，按照国家、集体、个体一起上的方针，支持个体工商业的发展。1979年，全县有个体商业户1011户，其中饮食业71户、服务业223户、商贩324户。1996年，全县商业个体户24770户，从业人员70215人，注册资金1653万元，社会消费品零售额2.7亿元。其中，私营企业136户，注册资金1578万元，销售总额1.5亿元。2010年，全县城乡个体户数11515户，从业人员27393人，注册资本金38266万元；私营企业户数917户，从业人员2463人，注册资金264855万元。

国有商业

1933年春，苍山暴动的领导人刘之言在西大埠创办酒店，是为苍山公营商业之始。1943年后为控制粮食消耗，保证军需，抗日民主政府对酿酒业进行整顿，取消私人酒坊，实行酒类专卖，公营酒店应运而生。至1944年，全县先后连建立葛郎、埠南头、车辋、万村、大仲村、兰陵、涌泉、长城、叉河、北桥、重坊、官湖12处公营酒店。同时，各根据地成立公营商店，主要有西郭、南码头、庄坞、长城、皇路、重坊等6处。商店内一般设盐栈、粮栈、杂货栈、汇兑所4个经营单位，主要经营食盐、粮食、布匹、子弹、药品、纸张、染料、栗子、核桃、大枣、柿饼等农副产品并汇兑货币。1950年5月，苍山县烟酒专卖处建立，11月成立县工商科，主管全县工商业。1953年6月，临沂百货公司苍山经营组成立，1955年改称苍山县百货公司。1956年6月，县工商科改称商业局，内设人秘股、业务股、财会物价股、商政股，辖百货、花纱布、烟酒、食品、贸易、煤建6个公司。1957年1月成立服务局，1958年3月服务局并入县供销社。同年6月1日，县供销社与商业局合并，称苍山县商业局，内设秘书科、干部科、计划统计科、财会科、商政物价科、加工企业科、储运科、组检科，下辖百货、食品、日用杂货、生产资料、饮食服务、土特畜产废品6个经营部。1961年9月，县供销社与县商业局分开，县商业局恢复公司建制。1972年2月与县供销社再次合并。1975年7月再次分开，成立县供销社与商业局。1993年12月，苍山县商业局改为苍山县商业集团公司，辖百货、烟酒、五金、饮食服务、综合、食品、副食品、蔬菜、肉联厂、淀粉厂、冷藏、永昌等12个公司（厂）。1998年4月30日，县政府将县财政局冷库划归商业集团公司管理。2006年12月，全系统共有干部职工1928人。

1997年至1998年年底，进行以抽本租赁经营为主要形式的企业改制工作，以门店、柜组为单位，将企业商品折价出售给职工，职工利用单位的经营场所从事经营，按租赁合同约定向单位交纳租金，企业设少量的留守人员进行管理。1999年—2001年，针对商业系统改制中存在的弊端，进行规范完善工作，百货公司实行“五统一、两加强”，即统一收款、统一核算、统一定价、统一纳税、统一服务规范，加强柜台纪律监督、加强商品质量监督；五金公司实行“统一账号、统一收款、统一纳税”的三统一完善措施。2001年—2004年，抓住金融部门打包处置不良资产的机遇，多方筹集资金1300万元，买断金融债权1.86亿元，最大限度地保全商业资产，为下一步企业产权改革奠定良好的基础。

2003年3月，成立商业企业改革领导小组，组织改制企业的财会人员对全系统拖欠职工的集资、股金、养老金、抚恤金等职工债权进行全面无遗漏的摸底统计，对肉联厂、天龙公司、饮食服务公司、国丰商贸城等国有资产进行公

开处置，对全部职工债权进行清理核实和张榜公示。2007年年底，在县职工债权兑付监督指导组的监督指导下，对全系统10个企业2000余名职工5982万元的职工债权进行兑付，并解除职工的劳动合同。2010年，依法对饮食服务公司的21套沿街商品房及百货公司国丰商贸城进行公开拍卖，投入900余万元对500余名离退休人员办理医疗保险，并为系统2000余名下岗失业人员办理失业保险。至2010年年底，除县食品公司因承担生猪定点屠宰任务未进行企业改制外，商业系统剩余的8宗国有资产（主要为土地，评估价1亿多元）全部被县政府收储。

商业系统利用所属百货、五金、服务、烟酒、综合等企业处于县城黄金地段的有利条件，进行营业网点和职工宿舍拆迁还建。1999年—2006年，商业系统共实施开发项目18个，新增营业楼1栋，新增营业面积7500平方米，建设开发营业市场2处6500平方米，新建商住楼4座1.6万平方米，新建宿舍楼11幢4万平方米，总计新增建筑面积7万平方米，总投资达4600万元。

第二节　商品经营

商品购进

新中国成立前夕，苍山县域内的商品主要从临沂、枣庄、郯城3处进货，品种主要有布匹、丝绸、百货、烟糖、火柴、煤油、纸张、食盐、海货等。1950年起，苍山县国营商业开始运营，商品全部由临沂地区商业公司拨入，企业一般不自行采购，经营品种有烟、酒、茶叶、食糖及日用百货。苍山县农副产品购进进行过连续3次分工。1953年，进行第一次分工：商业局负责生猪、鲜蛋、蔬菜等农副产品，供销社负责手工业产品的加工、订货、收购、批发、以及原材料供应等。1954年7月，按照经营区域进行第二次分工：国有商业承担县城市场供应，供销社承担农村市场供应。1956年12月，按照商品种类进行第三次分工：国有商业仍负责生猪、鲜蛋、蔬菜等农副产品供应，供销社主管除粮食、油料以外的采购供应及废旧物资收购。1956年，苍山县商品调入有3种形式：一是属于国家计划分配的一、二类工业品和三类小商品，如棉布、絮棉、针织品、鞋子、食盐、食糖、火柴、煤油等，由临沂地区公司下达计划，县公司派员到指定地点催调；二是毛线、胶鞋、肥皂、保温瓶、手表、自行车等二类工业品也如第一种形式办理；三是三类小商品由县公司自行采购，主要进货渠道有3条：烟酒糖茶小食品从兖州二级站调入，百货、针纺织品、五金交电等主要从济南、青岛调入，自行采购的小商品多数从徐州、南京、上海等地调入。1958年，苍山县所有商品均纳入国家计划，按行政区划计划调拨。1962年，恢复按经济区域设置批发机构、组织商品流通，县供销社采购不出县，县商贸公司采购不出省，苍山县商品供应划归兖州片。由于兖州二级站货源不足，计划商品不能按时调入，后改从青岛、济南进货。1966年后，取消县商贸公司的批发业务，商品划归枣庄市供应，国有商店和基层供销社均直接从枣庄市进货。1970年后，国家将大部分工业品纳入计划，按行政区计划分配。1979年，再次恢复按经济区域组织商品流通，商品购进以计划调拨为主，自由采购为辅。苍山县商业计划分配的商品到临沂、兖州、青岛购进，其他商品实行跨省区自由采购。1981年后，进货渠道增多，计划商品减少，以自由采购为主，商品购进形式灵活多样，采购人员到各地参加供货会、展销会、物资交流会或者直接到厂订货，商品市场逐渐由卖方市场转为买方市场。1987年8月，苍山县塔山小商品批发市场成立；1990年7月，苍山县人民商场（北大市场）建成；2003年3月，鲁南农资批发市场开业运营。至2010年，全县各商业网点经营的日用百货、五金家电、土产杂品、文体用品、服装、布匹、鞋帽、烟酒糖茶、农业生产资料、生活资料、食品等商品主要从以上三大市场批发或直接从临沂批发市场、浙江义乌批发市场、福建石狮服装批发市场、上海批发市场等大型批发市场批发购进。

商品零售

1953年4月，县内始有国营商品零售业务，无专营商店，由批发企业兼营，主要经营棉布、针纺织品、日用百货等。1954年9月，发放第一批布票，对棉布、絮棉实行统购统销，机关干部、教职员、工人等每人每年17尺（5.67米），农民与农场、林场工人等每人每年10.5尺（3.5米）。1955年，开始对卫生衫裤、毛巾被、绒毯等针织品凭票供应。1956年后，将零售和批发分开。1958年，开展商业"大跃进"，零售营业网点营业时间延长到晚上9点半，由店内销售扩大到店外，开展送货下乡、送货到工地、预约销售、流动服务等活动。1960年，营业时间恢复正常，送货下乡活动停止，开始对纯棉制品、袜子、毛巾、手帕等小针织品和布鞋、缝衣针实行凭票供应。1961年—1964年，对食糖、糖果实行高价供应，对烟酒糖茶、糕点、肉食、肥皂等实行控制供应。控制供应的商品按人分到单位，持票到门市部购买，对高级干部、高级知识分子、肝炎等病患者、产妇实行特需供应，发给特需供应证。其间从1962年4月起，烟、酒、糕点、茶叶、自行车、钟表等实行高价；饮食业出售的饭菜等也实行高价，幅度一般高出平价的3倍。同年9月，茶叶退出高价；1963年，酒、自行车、钟表退出高价，饭菜恢复平价供应；1964年恢复送货下乡活动，店内销售开始按商品门类划分柜组。1965年3月，香烟、食糖、糕点、糖果等相继退出高价。至年底，所有高价商品均退出高价。1966年2月，对化纤与棉混纺制品按用棉比例折收布票。1967年后服务质量下降，送货下乡停止，出现"店内服务简单化、营业时间机关化、经营作风官商化"的现象。1976年，商业部门提出"主动、热情、耐心、周到"的八字服务方针，开展营业员上岗佩戴服务证章的活动，在店堂设立公平秤、公平尺、顾客意见簿、缺货登记簿、群众评议台等，自觉接受群众监督，服务质量明显提高，恢复送货下乡、上门服务、流动售货、售后服务等。同年，缝衣线免票供应。1979年，零售门市部实行独立核算，经营自主权扩大，进货多渠道，经营全方位，开始跨行业经营。对自行车、缝纫机、食糖、猪肉等商品又实行控制供应。1981年，县内商品市场开放，零售企业直接到厂进货，增加代销业务，棉维纱、线卡其、华达呢和涤棉混纺布免收布票。1983年5月，所有针织品、棉织品、棉絮全部免收布票。1984年，全县停发布票，买方市场形成。

之后，私营商业迅速崛起，商品零售业由国营、集体经营逐步转变为个体经营。1993年，苍山县宝庆超市有限公司成立，并于1996年开办全县第一家超市——文化路超市。2001年9月，苍山县万家福商贸有限公司成立。2003年，全县消费品市场呈现经营业态多样化发展局面，超市、连锁店、专卖店发展较快，宝庆超市、万家福超市交易额增长迅速；全县社会消费品零售总额达20亿元，县以下零售额10.1亿元；消费层次提升，汽车、电脑等高档商品快速进入城镇居民家庭，家电、电信产品在农村加快普及，摩托车销售猛增；全年摩托车挂牌7000辆，，少数高收入家庭转向汽车消费。2005年，苍山县银座超市成立，总投资3000多万元，营业面积2万平方米，经营各类商品4万多种。县内宝庆、万家福、银座3家大型超市均为私营企业，在县城居民小区和乡镇都设有便民店，为城乡居民购物提供方便。2010年，全县社会消费品零售总额达98.9亿元，批发零售贸易业消费品零售总额90.07亿元，从业人员1.88万人；县城消费品零售额82.6亿元，农村社会消费品零售额16.3亿元。全县商品零售业形成以宝庆、万家福、银座3家大型超市和人民商场、天运商城、代村商城等大型经营场所为主体，其他连锁店、专卖店、小超市等个体私

营店铺遍布全县城乡。

商品批发

1950年，苍山县商品批发，销售对象主要是基层供销社和个体经营商。1956年，商品批发各专业公司相继成立，国有商业开始担负起全县日用工业品的批发业务，经营商品有烟酒糖茶、布匹百货、针织鞋帽、文化用品、五金交电、石油煤炭等，供货对象为国营商店和基层供销社，主要商品实行计划分配。1965年，开展商品下乡活动。1966年春，批发业务划归枣庄市批发公司，至年底恢复。1976年后，除布匹、自行车、缝纫机、手表、食糖等紧缺型商品实行计划调拨，其余商品开始敞开供应，基层社开始跨区采购，县批发企业供货对象增加外县基层社和国有、集体、零售商店。1979年后，降低批发起点，拆散批零，定期召开商业批发展销会，开展对个体商户的批发业务。1982年，对百货、烟酒、五金设立批发下伸点。1983年，对名牌商品、紧销商品和库存积压商品搭配批发，对季节性商品实行提前下放、延期付款，对滞销商品实行委托代销、售后付款。2010年年底，全县商品批发市场主要有苍山县塔山小商品批发市场、苍山县人民商场（北大市场）和鲁南农资批发市场等几家。一般日用百货、五金交电、土产杂品、服装、布匹、鞋帽、烟酒糖茶、农业生产生活资料、食品等商品主要从以上批发市场或临沂批发市场批发购进。

商品贮运

仓库建设　1955年以前，县内商品贮运未有固定仓库，所经营的商品多存放在门市部或临时租用的民房里，有的单位则在院内搭草棚作为简易仓库。1956年兴建专用仓库。制定商品仓储保管制度，建立库存商品明细账，严格商品出入库手续，实行仓库核算，对仓储管理人员实行定岗培训，落实责任。1958年“大跃进”运动，人员流动较大，仓储管理制度执行不严，商品管理混乱，残损霉变损耗加大。1961年，开展“清资金、清商品、清库存”运动，恢复和建全仓储管理制度，实行仓库保管岗位责任制，做到定岗、定责、定奖惩，库存商品分类存放，明码标垛，账目齐全，定期盘点，账物相符。1969年，开始按防火、防水、防盗、防潮要求，建标准仓库。1974年后开始逐步恢复管理制度。1976年，开展清仓查库运动，所有库存商品均立卡建账，商品存放分类划区，明码标记，存放整齐。1978年后，建易燃、易爆品专用仓库。1979年，仓储管理引入竞争机制，将管理与职工的工资、奖金挂钩。1981年建低温库。1983年，建成防震2层仓库。1984年，开展“四好仓库”活动，分期分批组织仓库保管员学习培训，同时制作“四好仓库”流动循环红旗，做到月检查、季评比、年终发奖。

货运运输　1958年，开始制定商品调运计划，商品运输主要依靠社会运输力量。工业品调入、区外进货实行一级调运，短途商品、鲜活易腐商品、零担货物全部采用汽车运输。1966年，实行人、货同行的办法，即派采购员到发货点，催调商品并随车同行。1969年首次装备机械运输工具。1979年，36种大宗商品从省外和青岛、济南、维坊、烟台、兖州等地进货，用火车运至枣庄，再转汽运；从济宁、益都等地进货均直接采用汽运。1982年后，商品运输为社会运输、部门运输、企业自运相结合。1990年，鲁南蔬菜批发市场建成运营，形成专业的农民运销队伍，向城镇发展500多台大型运输车辆组成的农民运销队伍。2010年年底，全县专业批发市场的兴建培育发展20万人的蔬菜运销队伍，主要销往长三角等地区，各地流通网点发展到1100处，荣庆物流、北方物流等发展成资产过亿元的大型物流集团，被列为市级服务业重点企业。

经营管理

1996年—1998年，以门店、柜组为单位，将商品折价出售给职工，职工利用单位的场所从事经营，按租赁合同约定向单位交纳租金企业设少量留守人员进行管理。2001年—2006年，除食品公司等承担政策性企业外，全县90%的商业企业完成改制。

第三节 综合性商场

苍山县的商场在计划经济时代多属于集体企业，在县城内有百货大楼、百汇商场、人民商场、新世纪大厦等商业场所，后随着社会主义市场经济的发展，集体企业纷纷改制，上述商场均已被个人承包，改变经营模式。随着家电的普及，在县城出现三联家电、金鹰家电等专业性的家电市场。2010年，全县综合性的商场主要有宝庆超市有限公司、万家福商贸有限公司等。

宝庆超市有限公司

成立于1993年，是一家集超市连锁、物流配送于一体的大型现代商业流通企业，是“国家万村千乡市场工程”本地区承办企业。1996年，公司投资100多万元，开办文化路超市。2001年，以300万元的资金收购文化局剧院，建设塔山路0.22万平方米的超市。2005年，投资1700多万元收购位于中兴路的果品公司，建设1.2万平方米的中兴路宝庆购物广场；2006年，投资1200万元，在县城经济开发区新征1.33公顷土地，新建年吞吐量1000万吨的物流配送中心项目，购置12部配送车辆，当年为超市和便民店配送商品额达到8000多万元。2007年，入榜山东省先进企业，山东省消费者协会授予公司“山东省第七届消费者满意单位”“山东省第八届消费者满意单位”荣誉称号。2008年，又新征2.67公顷土地扩建物流配送中心项目。为方便农民购物，公司先后在大仲村等9个乡镇投资2500多万元开办宝庆超市连锁店。2010年，已经由当初的20平方米的经营场所发展成为拥有连锁超市24家以及占地6万余平方米的物流配送中心1处，投资金额累计5800余万元，经营商品品种近3万个，资产总额1.2亿元，年营业额1.5亿元。

图12—1 新世纪大厦内景 （1999年摄）

万家福商贸有限公司

成立于2001年9月，至2010年有12家连锁超市和1个仓储配送中心，经营面积2.4万平方米，有职工580人。公司在“百企千店无假货”活动中被评为“文明诚信示范店”，被列为省“大中专生就业实践基地”。

第二章 供 销

第一节 体制改革

1941年，鲁南专署在边联县刘郭村成立“盐糟子”，组织商人到滨海区运盐。漫溪、现庄、万村、上村、长新桥、鲁城、神山、坞丘8个区组织创办打油、纺织、卷烟等形式的生产合作社。1942年，苍山、车庄、庙山3个区发动农民集资、募捐，办起战地服务合作社，主要经营中草、西药、纱布、绷带、牙粉、金灵丹及毛巾、肥皂、油盐

等生活用品。1945年，在大仲村成立1个卷烟合作社，收购当地出产的烟叶加工成烟丝，配上佐料，用土卷烟机卷成纸烟供应军需，另有1处纺织合作社。1946年，组织合作社39处，吸收社员5700人，集资9300多股。其中，纺织合作社13处，打油合作社9处，卷烟合作社6处，弹花合作社5处，还有渔业、盐业、窑业、估衣等合作社6处。1947年，因国民党重点进攻山东解放区，各种合作社先后瘫痪停业。1948年3月，赵镈县政府成立推进社筹建领导小组；7月，办起合作事业经济实体推进社，推销、试销城市工业商品、新式农具等，签订城乡物资换购合同。至建国初期改换名称，变成联村供销合作社。共有联村社30余处，社员14990人，社干65人，社务委员155人，股金165万元（旧币）。1950年5月，苍山县供销合作联合社总社成立。1951年5月11日，苍山县供销合作社第一届社员代表大会召开，选举产生县联社理事会、监事会。1958年，县供销社、县商业局合并为县商业局。1961年10月，国有商业、合作社分家。1963年3月，恢复苍山县供销合作社联合总社名称。“文化大革命”期间，县供销社机构瘫痪。1972年2月，县供销社第二次合并到县商业局。1975年7月1日，商业、供销分家，恢复县供销合作社。1983年，改称为苍山县供销合作社联合社。1996年，全县供销系统共有干部职工5000人，38个独立核算企业，基层社26处，937个经销网点，实现销售总额4.4亿元，出口创汇240万美元。2004年后，按县委、县政府改制动员大会精神和改制意见，分别对新华商贸、生资、土产、综合4个企业进行改革改制，10处社直公司中的新华商贸、果品公司、综合公司、土产公司组织职工回购资产，并成立新的有限责任公司。2004年8月24日，生资公司宣告破产，破产时共有职工262人，债务3967万元，债权2417万元，于2007年完成改制。2007年，棉麻公司、第二棉厂、供销贸易中心、华贸冷藏厂先后进入破产程序。2008年9月28日，供销贸易中心宣告破产，破产时职工186人，之后所有资产及土地完成拍卖，拍卖价1193万元，债务2523.9万元，债权26.55万元。2008年9月28日，华贸冷藏厂宣告破产，破产时职工102人，债务3423.32万元，债权1238.03万元。至2010年，县供销联社辖36个企业，其中25个基层社、11个直属企业，在册干部职工3710人，其中在岗35人，总资产1.4亿元。直属企业包括华兴公司、金泰公司、五洲商贸、庆丰源、家家乐烟花公司、江明蔬菜公司、鲁源再生资源有限公司、凤林商贸有限公司、锦江农资公司、福利汽修厂。

1986年—2010年苍山县供销社主要经济指标完成情况

表12—1　　　　单位：万元

年份＼项目	资产	负债	商品销售总额	实现利润	利税
1986	5666	5436	3216	1	23
1987	6165	6165	12174	165	257
1988	9252	9252	16552	315	463
1989	11743	11743	18505	172	333
1990	13427	13427	16830	-6	133
1991	15902	15902	20971	81	220
1992	18685	15337	23290	73	281

续表 12—1

年份\项目	资产	负债	商品销售总额	实现利润	利税
1993	18193	15105	28116	68	347
1994	24408	21204	31882	88	585
1995	36767	32035	47618	711	1367
1996	48459	37327	50569	82	118
1997	47217	38490	41729	-214	-173
1998	56513	37025	17994	-5798	-5731
1999	37129	38810	11412	-1537	-1480
2000	35753	39367	8068	-1021	-960
2001	32476	37347	5948	-590	-548
2002	33258	38677	4483	-554	-548
2003	33643	39819	2567	-765	-726
2004	26995	30965	5425	15	169
2005	26628	31054	12146	7	69
2006	25327	29986	22816	8	141
2007	20293	21081	30585	14	124
2008	17108	16464	30585	31	213
2009	14644	13883	46465	34	231
2010	14506	13682	58302	42	349

第二节　供销经营

新中国成立初期，县供销社只经营食盐、火柴、煤油及少量的日用品百货，兼办土法榨油等生产资料、生活资料的供应。1951 年，全县营业额 34.8 万元，经营品种有生产资料、生活资料、小宗土特产品、代国有商业收购业务、直接有利于生产的加工业务 5 大类。1954 年，经营粮食购销业务，开展中药材收购供应和图书发行，重点区供销社将综合门市部划分为棉布、百货、副食品、生产资料、日用杂品、文化用品、采购小组、合作饭店等专业店、组，经营品种增加到 500 余个，营业额达 281.8 万元。1956 年，完成销售总额 1172.7 万元，实现利润 57.1 万元。1962 年，供销社实行奖售、留量、换购、议购、凭证供应、开放市场等，购销营业额逐年上升。到 1965 年，销售 2476.7 万元，购进 423.2 万元，实现利润 107 万元。1979 年，供销系统销售 7613.6 万元，购进农副产品 1482 万元，其中棉花、大麻、蚕丝、大蒜、蜂蜜等主要农副产品收购大幅度增加。1985 年，进一步明确供销社经济性质，扩大经营范围，发展各类加工业，改变单一经营模式。年销售9653万元，是1951年的32倍，比1976年增加2842万元。1990年，完成销售收入16830万元。1995年，完成销售收入47618万元。20世纪90年代末到21世纪初期，受社会转型影响，供销社发展受到限制，部分基层社资产被银行拍卖或抵押，经营性收入大幅减少。2001年，完成销售收入5948万元。2005年，全国总社提出“万村千乡市场工程”，省供销社加快发展“一网两平台”，供销社慢慢恢复经营。2005年，实现销售收入12146万元，比2001年增加了6198万元。2006年，苍山县农资经营网络建设得到突飞猛进的发展，在全县村庄发展网点近1000处，年配送率90%以上，配送品种300多个，配送额1.6亿元。2010年，实现销售收入58302万元。

供销网点

新中国成立初期，全县有联村社30余处。1996年，全县有基层社26处、937个经销网点。2005年，县供销社在县城兴办大型超市1家、农资配送中心1家、乡镇中型超市8家；在村级兴办50～200平方米便民店188家、农资连锁店680家，兴建村级综合服务中心5处，发展各类专业合作社、协会18家。发展农资、日用品配送中心4处、农家店520家，改造农家店168家。至2006年，发展农资经销店发展到800家。2008年，全县共发展日用品便民超市685家，农资网点发展到1008处。2010年，全系统拥有各类生产经营网点2034个。形成以县城网点为龙头、乡镇网点为支撑、村级网点为基础的县、乡、村三级经营网络。

专业合作社

2005年，苍山县部分种植、养殖、生产加工农户开始自发组织成立小型专业合作社，开展生产上的互帮互助。同年6月，全县供销社系统共发展建立农民专业合作组织、协会18个，其中专业协会1个，种植、收购、加工、销售专业合作组织9个，养殖、销售类4个，供销服务类4个，注册资金达778万元，固定资产总额4359万元。2007年，山东省政府将供销社在新农村建设时期的基本职能定位加以明确，即建设农村流通现代服务网络、农村社区服务中心和农村合作经济服务体系，搭建为农服务的“一个网络、两个平台”。2010年，全系统专业合作社总数达到50个，带动当地农户达到总农户的30%，促进农民增收效果非常明显。

图12—2　合作社养牛场　（2010年摄）

资金互助社

随着市场经济发展，农村资金需求量大，农村设立的金融机构较少，银行网点分散，贷款周期长，条件苛刻，导致众多农民无法及时享受到资金支持，出现了借贷难的问题。专业合作社社员之间尝试开展资金的互帮互助，以解决资金困难。2004年1月，中央“一号文件”发布“鼓励有条件的地方，在严格监管、有效防范金融风险的前提下，通过吸引社会资本和外资，积极兴办直接为‘三农’服务的多种所有制的金融组织。”从此，苍山县的部分专业合作社开始进入开展资金互助的探索阶段。2005年，深化经济体制改革的意见提出，“探索发展新的农村合作金融组织”。2006年，随着《中华人民共和国农民专业合作社法》的出台，调整放宽农村金融市场准入政策的推出，资金互助社开始进入正规化发展阶段。2006年4月，县供销社注册全县农村合作经济组织联合会，并注册资金500万元成立农合信用担保公司。2006年，发展专业合作社和协会31家，项目涉及种植、养殖、加工、生产经营多个领域，共发展入社社员2800户，入社股金22万元。2010年，兴明、大炉、安乐庄、大炉、宝山、磨山、芦柞、鲁园、庄坞等12家专业合作组织共融资9610万元，实现互助额7600万元，实现盈余100多万元。

基地建设

2008年10月起，县供销社牵头创办绿色蔬菜生产基地，引导农民进行标准化生产，打造新苍山“优质蔬菜及沂蒙”“绿源”品牌，分别在向城、兰陵、兴明、卞庄4个乡镇建立4处标准化示范基地。2009年4月，苍山县启动“进上海、进超市、进世博会”的“三进”工程，基地建设进入一个快速发展的阶段。先后在9个乡镇16个行政村发展优质蔬菜基地16处，占地3万亩，在苍山现代农业示范园建设了1000亩上海世博会专供基地。直供上海世博会期间，每天直供16个品种30吨左右，累计供应3000多吨。2010年，县供销社注册“田园菜乡”商标，申报绿色产品认证，组建了供销社控股的江明蔬菜公司。同年8月，上海沂蒙农产品分公司成立，并在上海江桥市场设立新苍山优质蔬菜销售专区，新苍山优质蔬菜直接打入上海家乐福、乐购、大润发、联华等高端市场，实现苍山“菜园子”与上海“菜篮子”的全面对接。同年11月，县供销社在武汉四季美蔬菜批发市场设立14个优质蔬菜销售档口，成立“新苍山蔬菜产销协会”武汉办事处。同年，在临沂九州超市十大直营店和银座超市4大直营店均设置销售专柜。上海世博会指定的山东省98个蔬菜生产供应基地中，苍山县有15个。基地蔬菜上市期间，日均销售20吨左右，累计销售8000多吨，价格每斤高于市场价0.2～0.5元，基地菜农增加效益500多万元，已有12个品种优质蔬菜被列为上海世博会直供蔬菜。

超市化经营

2003年，县供销社开始全面实施国家“万村千乡”市场工程和供销总社“新网工程”，全县农村现代流通服务网络基本形成。2004年，对工业品经营实行超市下乡，在农村村级组建“联合超市”便民店。2005年，开始大力实施“万村千乡市场工程”，继续深入开展农家店建设工作，初步形成的日用品和农资供应两大网络已得到较大的提升和完善。2006年，共发展各类超市464家，其中日用品286个，农资178个。在县城兴建1.3万平方米购物广场，在乡镇共发展300平方米以上中型超市16家，60平方米以上农资超市13家，其余均分布在村庄。2007年，共建成县级大型超市、购物中心3处，发展乡镇300平方米以上的中心超市20处，改造40平方米以上的农村便民超市900处，实现了乡乡有超市、90%行政村有经营网点、重点村庄有社区服务中心的发展目标，覆盖全县的农村新型经营服务体系初步形成。2010年，全县40平方米以上村级日用品超市245家，日用品超市覆盖率90%以上，农资便民超市突破1000处，覆盖95%以上的村庄。

第三章　粮　油

第一节　管理机构

1941年3月，边联县抗日民主政府设立粮食科。1942年10月，临西办事处亦设立财粮科。1944年，赵镈县设立财政科，负责粮食征收工作。1947年，赵镈县和苍山县同时设立粮食局。1947年7月，两县设粮库，县粮食局下设统调、秘书、会计、调保等股。1950年5月，赵镈县、苍山县合并，赵镈县粮食购销点并入苍山县。1951年，县级撤销粮库，改为苍山县人民政府粮食局。1953年，兰陵县部分粮食购销网点并入苍山县。1956年，苍山县人民政府粮食局改称苍山县粮食局。1957年，下设15个粮所，负责粮油收购和销售。1966年—1976年，苍山县粮食局先后改称粮食局革命委员会筹备委员会、苍山县粮食局办事处、苍山县粮食局革命委员会。1976年，恢复苍山县粮食局。1980年，苍山县粮食局设立粮油议价购销公司。1992年8月，苍山县粮食局改为苍山县粮油总公司。

1996年5月，恢复苍山县粮食局，设2个事业性公司、28个粮所、46处存粮点，县城设东苑、西苑、北苑等5处粮油供应点及粮油加工厂、饲料加工厂、恒温库等。1999年2月，撤销苍山县粮油总公司和28个粮管所，成立苍山县粮油收储管理中心、苍山县粮油附营企业管理办公室，设立28个基层粮食收储管理站、28个基层粮油工贸中心。1999年，粮油贸易公司与粮油综合公司合并称粮油贸易公司。2003年2月，苍山国家粮食储备库成立。2005年9月，原粮食局粮油加工厂改制，向社会拍卖。2006年3月，原粮食局饲料加工厂依法破产，向社会拍卖。2006年9月，撤销苍山县粮食收储管理中心、苍山县粮油附营企业管理办公室，成立苍山县社会粮食统计中心。2010年，苍山县粮食局设有社会粮食统计中心，下辖县级地方粮食储备库1个，同时设有苍山县国家粮食储备库1个，在南桥镇设有中央储备粮临沂直属库收纳库1个。

第二节　经营体制改革

1998年，根据县政府《关于深化粮食流通体制改革的意见》，苍山县粮食局制订《粮食收储业务与附营业务分开》《资产资金分离》《人员分开》等实施细则。按照粮办工业先行改制，基层粮所重点突破，县城粮店集中整改，先分资产后分人，先基层后机关，分步实施，整体推进的总体思路，至1999年5月中旬完成改革任务。改革后，建立“一局、一办、一中心”的管理经营体制，即县粮食局为政府管理粮食的职能部门（列政府序列），不参与和不直接干涉企业的经营活动；苍山县粮油附营企业管理办公室，负责全县粮食系统附营企业管理；苍山县粮食收储管理中心，负责粮食收储业务，实行企业化管理，自收自支，自主经营，独立核算。附营办和收储中心均隶属县粮食局领导。基层粮食收储管理站按业务量划转仓库、货场、办公设施设备和职工宿舍，其他仓库、沿街门店及有利从事商业性经营的设施划转给粮油工贸中心。原粮管所1456名职工，一次性分流到粮油工贸中心981人，减少69%，提前实现上级确定的用3到5年时间使从事收储业务的在职职工比1997年减少一半的目标。全县原粮所总资产17623万元，划归收储企业15886万元，划归附营企业1737万元。

2005年，苍山县国有粮食购销企业改革领导小组成立。全县纳入这次改革范围的粮食企业有28个粮食收储管理站和粮油工贸中心、1个国家粮食储备库，职工总数1536人。改革的形式主要有国有独资、股份合作、出售转让、关闭破产4种。改革按照清产核资、财务审计、资产评估、资产处置、筹措经济补偿金、职工安置的程序依次推进。按照程序对县城粮食工业企业和城镇供应企业实施改革改制。（一）采取依法自行清算形式对原粮油加工厂进行改制。县粮食局按规定程序进行债权申报、资产评估、依法组织拍卖等项工作。2005年9月3日，拍卖工作在济南世纪阳光拍卖大厅进行，以403万元成交价将粮油加工厂向社会拍卖。（二）采取依法破产形式对苍山县饲料厂实施改制。通过征求职工意见、资产评估、债权申报、债务清理等项工作，2006年3月10日，苍山县饲料厂以成交价310.99万元向社会拍卖。（三）按企业改革改制程序相继对金麦园、东苑、北苑粮油公司、蒜薹恒温库等单位进行改制。2006年5月，经临沂市政府国有粮食购销企业改革领导小组验收合格。2006年9月，为加强粮食执法体系建设，苍山县社会粮食统计中心正式成立，将原粮食收储管理中心、粮油附营企业管理办公室在编人员32人整合到该中心。至2010年，除东苑、北苑、西苑粮油公司、粮油贸易公司、磨山恒温库5个粮食企业外，其余粮食企业未完成改制工作。

第三节　粮油收购

粮食收购

1937年，抗日军队、机关的粮食采用募捐办法进行筹集。1940年，实行公平负担，调剂各阶级的利益，按贫富程度来负担军队、机关的粮食给养。1942年，根据每年每个农户的收获量，按累进比例征收救国公粮，每人年产量不足50千克者不予征收，每年分夏、秋两季进行。1946年，改为按土地等级征收田赋。1947年，改为无累计税率制，按土地平均负担，公粮、田赋一起合征。1949年，根据《山东省农业税征收暂行办法》，把公粮改为农业税，和乡村附加合为一起进行征收。1950年—1952年的3年恢复时期，采取种多少地、产多少粮、依率计征、依法减免、增产不增税的政策。农业税起征点为每亩地产量97.5千克，农户负担公粮夏季交40%，秋季交60%。同时，实行征收工业原料顶交公粮的办法，每交1千克净棉顶交1.5千克的秋粮，交1千克净麻顶交1.5千克秋粮，交1千克花生米顶交2.4千克秋粮。1953年11月23日，政务院发布《关于实行粮食的计划收购和计划供应的命令》，全县统购粮食1825.5吨。1955年，根据国务院《农村粮食统购统销暂行办法》，实行定产、定购、定销。定产即农户自报公议，把每户的常年粮食产量确定下来，作为统购的依据；定购即在定产的基础上，扣除全年的口粮、种子、饲料，其余则为余粮，国家统购余粮数的80%～90%；定销即对缺粮户进行逐户审查，在自报的基础上进行公议，确定各户缺粮数，由国家按时供应。1956年，广大农民由互助组转入农业生产合作社，根据国务院《关于农业生产合作社的粮食统购统销办法》，由以农户交粮变为以生产合作社为单位集体上交，粮食收购由过去供销社代购改为由粮食部门征购。苍山县制定农业生产合作社粮食三定办法。粮食总的购销政策不变，在三定的基础上将原农户核定的粮田、常年产量、交售任务及缺粮数字统并归农业社，以农业社为单位划分余缺、自足、缺粮社队，进行平衡自销，购销差额适当增大，以保证任务完成。当年，实际完成3.685万吨。1958年—1961年，实行3年包购政策，因浮夸虚报，征过头粮。1962年，调整征购任务，强调不征过头粮，对社员口粮人均达不到180千克的队坚决不购。

从1965年起，为平衡负担，实行征购基数一定3年不变的政策。1971年，改为一定5年不变，即在5年内征购基数不变，但5年内，增产增购，减产减购，合理确定征购任务，超购部分价格适当高于统购价。1979年，大幅度提高粮油收购价格，国家征购的6种粮食收购价格提高21.9%。1981年—1983年，实行购、销、调差额管理，开始户交粮户结算。农民每交50千克粮食，国家奖售标准化肥15千克、柴油10千克，开展农民为国家代存粮食。1985年，实行1年1定，取消粮食统购，实行合同定购，定购品种有小麦、稻谷、玉米，其他品种自由购销；农业税由征粮改为征代金，开展粮食换购。1986年，每交100元粮食奖售化肥40千克，每交50千克大、小花生仁分别奖售化肥27.5千克和22.5千克；农业税由征收代金改为征收实物。1987年，完善合同定购制度，实行化肥、柴油预付定金与粮食合同定购挂钩。每50千克贸易粮奖售标准化肥3千克、柴油1.5千克，按定购价款的20%预付定金；定购粮改为每50千克奖售标准化肥6.5千克、柴油1.5千克。1991年—1992年，在定购收购的同时，安排议转平小麦收购，粮价放开后，自由经营。1993年—1994年，实行定购任务1年1定。1995年后，实行宏观调控及购、销、调包干制度。

1950年—1995年苍山县粮食统购、议购情况

表12—2　　　　单位：吨

年份	收购合计	议价收购	年份	收购合计	议价收购
1950	10060	—	1967	34185	1530
1951	14050	—	1968	51440	450
1952	16275	—	1969	27370	2510
1953	18255	—	1970	27250	1665
1954	38170	—	1971	26605	105
1955	44420	—	1972	35260	380
1956	36850	—	1973	31500	1060
1957	25555	—	1974	20845	35
1958	34845	—	1975	27005	110
1959	61120	—	1976	44140	200
1960	29860	—	1977	26675	10
1961	45665	—	1978	28030	2090
1962	49405	—	1979	31405	6380
1963	16600	—	1980	21900	30
1964	51765	30075	1981	27885	30
1965	36740	11260	1982	38870	5350
1966	36300	1530	1983	62925	10255

续表 12—2

年份	收购合计	议价收购	年份	收购合计	议价收购
1984	116225	7485	1990	53515	26510
1985	58995	17850	1991	45205	12970
1986	51250	34200	1992	46220	9165
1987	58595	29740	1993	40600	41435
1988	46095	26035	1994	42360	30800
1989	42790	20305	1995	40950	17430

在计划经济年代后期，全县粮油定购任务稳定在 3.05 万吨，由县政府将粮油定购任务下达到各乡镇，级级分解、层层落实到户。1998 年 6 月，国务院《粮食收购条例》发布实施，全县粮食部门高度重视粮油购销工作，认真贯彻落实国家粮油购销政策，实行粮油收购数量、价格、质量标准公开，坚持户交粮、户结算，随收粮、随付款，除农业税外不代扣、代缴任何款项。开展“满意在粮所”活动，采取预约、定点、定仓收购的方式，积极为售粮群众提供服务，聘请乡镇人大代表、政协委员现场监督收购。2004 年 6 月 1 日起，全县取消粮食定购任务，放开粮食收购市场和粮食收购价格，粮食部门继续发挥主渠道作用，大力发展和规范多种市场主体从事粮食收购和经营活动，与公安局、工商局联合组成粮食稽查大队，加强粮食市场管理，打击不法粮贩，稳定全县粮食市场秩序。2005 年夏，为解决农民卖粮难问题，安排收购粮食 2.5 万吨，因适时组织收购，全县没有出现农民“卖粮难”问题。2006 年，实行托市收购，粮食部门坚持以市场为依托，开展粮食收购，掌握充足粮源，满足农民出售余粮的要求，搞活粮食流通，稳定粮食市场。2007 年—2010 年，每年夏、秋两季粮食收购期间，对全县粮食购销活动进行检查，加强粮食收购资格审核，严格粮食收购许可证办理，打击无证经营行为，维护全县粮食流通市场秩序。

1996 年—2006 年苍山县粮食购销情况

表 12—3　　单位：吨

年份	收购	销售	年份	收购	销售
1996	45849	39246	2002	68595.6	52913.7
1997	13906	13077	2003	35056	85014
1998	15061	15776	2004	27674	61219
1999	60745.6	27200.7	2005	25620	25620
2000	134697.4	121348.1	2006	12500	—
2001	91396.7	90211.8			

油脂收购

1953 年起，县内实行计划收购，对种植户实行留足口油、种子，剩余部分全作统购。1956 年，实行预购分配任务的办法，按种植面积分配预购任务。规定每人留口油 6.5 ～ 7.5 千克，人口少的适当增加；亩留种子 7.5 ～ 9 千克，剩余部分按 95% 作为预购任务。1958 年，种植面积减少，收购数量减少。到三年国民经济调整时期（1961 年—1963 年），逐年减少购量，从市场收购一部分豆油补充。1970 年，调整种植结构，花生面积有所增加，国家下达的统购任务都能完成。中共十一届三中全会后，任务完成既快又好。1979 年，调整油脂收购价格，实行定购，每年均完成定购任务。1985 年，实行合同定购，将油脂、油料收购价格提高到比例价收购。1986 年，调整定购花生仁奖售化肥标准，提高豆油收购价格。1987 年后，提高油脂、油料收购价格。1996 年，花生仁收购价格每千克 3.6 元。

1953 年—1995 年苍山县油脂、油料收购情况

表 12—4　　单位：吨

年份	油脂			油料					议价油脂		议购油料				
	花生油	豆油	棉籽油	花生仁	花生果	芝麻	棉籽	蓖麻籽	花生油	豆油	花生果	芝麻	花生仁	蓖麻籽	棉籽
1953	—	215.1	—	1145	—	59.1	89.3	—	—	—	—	—	—	—	—
1954	—	278.9	—	1174	—	76.5	171	—	—	—	—	—	—	—	—
1955	—	285	—	1925	—	125	260	8.5	—	—	—	—	—	—	—
1956	—	732	—	1487	—	30	149	11.7	—	—	—	—	—	—	—
1957	—	429	—	367	—	9.2	60.3	11.6	—	—	—	—	—	—	—
1958	—	506	—	181	—	12.3	30.2	6.1	—	—	—	—	—	—	—
1959	—	410	—	233	—	51.9	348	27.5	—	—	—	—	—	—	—
1960	—	191	—	351	—	20.6	122	3.8	—	—	—	—	—	—	—
1961	—	174.9	—	66.8	—	2.8	17.6	14.5	—	—	—	—	—	—	—
1962	—	138	—	241	—	2.9	7.4	51.1	—	—	—	—	—	—	—
1963	0.05	—	—	6.7	161.4	0.1	2.15	48.8	—	—	1.35	6	—	—	—
1964	1	—	—	11.9	424	3	—	116	—	—	25	130	—	—	—
1965	26.4	—	—	8.2	77.9	0.05	—	113	—	—	—	2.1	0.15	6.3	—
1966	10	—	—	26.9	418	—	—	93.6	0.25	—	0.05	50	—	41	—
1967	100	5	—	5	390	70	45	155	—	—	—	15	—	—	—
1968	55	—	—	19	155	20	165	75	—	—	—		—	—	—
1969	—	5	—	—	15	—	225	55	—	—	—	10	—	—	—

续表 12—4

年份	油脂			油料					议价油脂		议购油料				
	花生油	豆油	棉籽油	花生仁	花生果	芝麻	棉籽	蓖麻籽	花生油	豆油	花生果	芝麻	花生仁	蓖麻籽	棉籽
1970	54.7	—	—	0.65	215	—	240	23.2	1.2	—	0.7	0.55	—	2.7	—
1971	30.5	—	—	0.3	156.3	1	290	28.7	1	—	44.4	1.15	—	1.3	—
1972	71.3	—	15	12.9	435	0.05	0.05	22.2	1.1	—	37.6	0.15	—	1.1	0.2
1973	34.5	—	10	18.3	654.4	0.1	—	35.4	0.45	—	12.4	0.1	—	1.2	—
1974	29.4	—	3.6	4.35	1346	15.7	—	26.8	0.1	—	—	—	—	—	—
1975	87.3	1.8	3.6	68.6	2587	30.4	—	29.5	0.5	0.1	18.1	5.6	—	4.8	—
1976	12.3	0.05	30	9.85	763.5	19.3	—	39.4	—	—	—	—	—	—	—
1977	27	1.8	6.3	2.6	681	18.4	28.9	64.2	—	—	—	—	—	—	—
1978	37	2.15	10	0.45	418	8.75	286	70	0.1	—	47.8	1.45	—	—	—
1979	80	—	—	2.15	625	15.1	180	50.4	6.55	—	73.8	18.7	5.9	—	13
1980	44.6	0.15	—	58.9	2204	15.6	44.2	44.7	3.8	1.2	626.3	7.15	350	—	—
1981	77.7	0.35	—	49.7	1990	0.55	160	46.7	—	—	—	—	—	—	—
1982	54.4	—	—	73.6	3003	2	193	47	—	—	0.5	0.05	11.4	—	—
1983	41.4	1	—	17	1880	0.35	97	41	0.03	—	1.65	0.03	—	—	—
1984	77	21.4	—	45.4	1321	—	—	—	0.1	—	4.65	—	2.25	—	—
1985	137	—	—	312	1636	—	—	—	—	0.2	5.3	—	7.3	—	—
1986	8	—	—	19.5	850	—	—	—	—	—	6.7	—	3	—	—
1987	1	—	—	31.1	971	—	—	—	—	—	3.3	—	2.55	—	—
1988	—	—	—	0.43	39.8	—	—	—	0.1	—	0.26	—	0.5	—	—
1989	—	—	—	13.4	420.6	—	—	—		—	3.6	—	—	—	—
1990	—	—	—	8.5	1128	—	—	—	0.2	—	1	—	—	—	—
1991	—	—	—	—	874.5	—	—	—	1.5	—	—	—	—	—	—
1992	—	—	—	12.5	813	—	—	—	—	—	0.4	—	—	—	—
1993	—	—	—	—	—	—	—	—	123	12	475	0.45	0.15	—	—
1994	—	—	—	—	—	—	—	—	6.5	—	1530	—	123	—	—
1995	—	—	—	—	—	—	—	—	0.5	0.5	687	—	11.5	—	—

第四节　粮油价格和销售

新中国成立后，国家对粮油购销价格进行过多次调整。1953 年—1960 年，粮食销价大于购价，油脂油料实行购销同价。1957 年后，大豆购销价格倒挂。1961 年，粮食五大品种提价，提高幅度为 25.3%，销价未动，第一次出现倒挂。1963 年，工商行业用粮上调 13.27%，农销持平仍然倒挂。1965 年，国家再次提高粮食统购价格，并取消地区差价，将非农业人口的供应粮食价格调到购价，实行购销同价。1966 年—1978 年，实行购销一价。1971 年，提高大豆和油脂、油料收购价格。大豆由 50 千克 15.5 元调为 20 元，花生油由 50 千克 77 元调到 90 元，豆油由 50 千克 76 元调到 90 元，花生仁由 50 千克 29.99 元调到 38 元，但油脂油料销价未动。1978 年，大豆由 50 千克 20 元调到 23 元。1981 年，大豆由 50 千克 23 元调到 34.50 元。1979 年，中央掌握的 6 种粮食统购价格提幅 21.9%，油脂油料价格同时提高，销价未动，出现第 2 次倒挂。1991 年，提高统销价格。1992 年—2010 年，实行购销同价。

1981 年苍山县粮食购销价格

表 12—5　　　　单位：元 /50 千克

品种	中等		品种	中等	
	统购价	统销价		统购价	统销价
小麦	16.70	13.60	白小豆	28.00	21.50
大麦	11.00	9.00	豇豆	27.50	21.00
米大麦	12.80	10.80	瓜干	9.40	7.70
二棱大麦	12.00	9.80	鲜地瓜	2.80	2.30
大豌豆	20.50	15.50	特制粉	24.50	25.00
小豌豆	21.00	16.30	标准粉	20.30	17.80
粳稻	13.60	11.30	普通粉	—	16.60
籼稻	11.60	9.60	全麦粉	18.70	15.50
旱稻	12.50	9.60	等外粉	—	13.20
黄豆	34.50	14.20	标二粳米	19.00	16.50
黑豆	33.00	13.60	标二籼米	16.20	14.20
茶豆	32.00	13.30	标二旱粳米	16.50	14.20
杂豆	32.00	13.00	标二粳籼米	22.00	19.50
玉米	11.70	9.50	小米	15.50	13.00
高粱	10.90	9.30	高粱米	—	11.50

续表 12—5

品种	中等		品种	中等	
	统购价	统销价		统购价	统销价
谷子	11.60	9.40	玉米面	13.00	10.50
绿豆	35.00	30.00	瓜干面	10.80	9.00
红小豆	34.00	29.00	荞麦	12.00	11.00

1981 年苍山县油料及其他购销价格

表 12—6　　单位：元 /50 千克

<table>
<tr><th rowspan="2">品种</th><th colspan="2">中等</th><th rowspan="2">品种</th><th colspan="2">中等</th></tr>
<tr><th>统购价</th><th>统销价</th><th>统购价</th><th>统销价</th></tr>
<tr><td>花生油</td><td>115.50</td><td>79.00</td><td>蓖麻籽饼</td><td>—</td><td>8.30</td></tr>
<tr><td>豆油</td><td>165.00</td><td>79.00</td><td>油桐籽饼</td><td>—</td><td>7.00</td></tr>
<tr><td>菜籽油</td><td>106.00</td><td>76.50</td><td>花生壳</td><td>—</td><td>1.50</td></tr>
<tr><td>芝麻油</td><td>128.00</td><td>94.00</td><td>棉籽壳</td><td>—</td><td>2.00</td></tr>
<tr><td>精棉籽油</td><td>84.00</td><td>71.00</td><td>油桐籽</td><td>38.00</td><td>49.00</td></tr>
<tr><td>原棉油</td><td>72.00</td><td>60.00</td><td>蓖麻籽</td><td>49.00</td><td>—</td></tr>
<tr><td>黑棉油</td><td>60.00</td><td>55.00</td><td>麸皮</td><td>酿造 6.00</td><td>7.40</td></tr>
<tr><td>精炼桐油</td><td>130.00</td><td>180.00</td><td>土面</td><td rowspan="13">非饲料 11.50
酿造业 8.20</td><td>10.00</td></tr>
<tr><td>蓖麻油</td><td>120.00</td><td>138.00</td><td>粗谷糠</td><td>3.50</td></tr>
<tr><td>花生果</td><td>31.20</td><td>31.20</td><td>细谷糠</td><td>5.50</td></tr>
<tr><td>花生仁</td><td>48.00</td><td>48.00</td><td>稻壳</td><td>2.00</td></tr>
<tr><td>油菜籽</td><td>36.00</td><td>36.00</td><td>粗稻糠</td><td>2.50</td></tr>
<tr><td>芝麻</td><td>58.00</td><td>58.00</td><td>细稻糠</td><td>5.50</td></tr>
<tr><td>一等棉籽</td><td>11.50</td><td>—</td><td>谷糠饼</td><td>4.30</td></tr>
<tr><td>二等棉籽</td><td>10.50</td><td>—</td><td>米糠饼</td><td>3.50</td></tr>
<tr><td>三等棉籽</td><td>8.50</td><td>—</td><td>花生饼</td><td>11.50</td></tr>
<tr><td>菜籽饼</td><td>—</td><td>8.30</td><td>豆饼</td><td>16.50</td></tr>
<tr><td>芝麻饼</td><td>—</td><td>8.00</td><td>冷榨饼</td><td>21.50</td></tr>
<tr><td>棉仁饼</td><td>—</td><td>8.10</td><td>浸出豆饼</td><td>15.00</td></tr>
<tr><td>油豆沙饼</td><td>—</td><td>8.30</td><td>棉籽饼</td><td>5.10</td></tr>
</table>

1991 年苍山县提高统销价格

表 12—7　　　　单位：元 /50 千克

品种	统销价		品种	统销价		备注
	调前	调后		调前	调后	
小麦	13.60	21.00	玉米面	10.50	17.00	
玉米	9.50	15.00	花生油	79.00	231.00	
粳稻	11.30	22.00	豆油	79.00	215.00	
籼稻	9.60	18.00	菜籽油	76.00	207.00	
谷子	9.40	15.00	精棉籽油	54.36	190.00	
瓜干	7.70	12.00	毛棉籽油	—	163.00	
大豆	14.20	37.00	花生仁	48.00	96.50	鲁政发（91）35 号文，鲁价农字（91）65 号文 1991 年油脂油料实行购销同价 1991 年 5 月 1 日起执行
黑豆	13.60	35.00	花生果	31.20	67.80	
杂豆	13.30	34.00	油菜籽	53.80	70.40	
特一粉	25.00	38.00	麸皮	7.40	12.00	
特二粉	22.40	34.00	花生饼	11.50	18.00	
标准粉	17.80	28.00	豆饼	16.50	25.00	
标二粳米	16.50	32.00	菜籽饼	8.30	13.00	
标二籼米	14.20	26.00	棉籽饼	5.10	13.00	
小米	13.00	21.00				

第五节　粮油计划供应

粮食计划供应

在全国粮食实行统购统销前，国家机关工作人员实行供给制。1953 年，实行粮食统购统销政策。1955 年 8 月，苍山县对城镇非农业人口开始实行定量供应，全县分为 3 等 9 级标准，在核定人口、定量后发证供应，即特重体力 21.5 千克 / 人，重体力 19 千克 / 人，轻体力 17 千克 / 人，职工及其他脑力劳动者 18 千克 / 人，大中学生 17.5 千克 / 人，居民及 10 周岁以上儿童 13.5 千克 / 人，6 至不满 10 周岁 12 千克 / 人，3 至不满 6 周岁 7 千克 / 人，不满 3 周岁 6 千克 / 人，均为每月供应量；另对非农业人口出差及夜间加班有每天 2 两的补助粮。1955 年—1992 年，虽几次调整物价，销价未有变动，全县 28 处乡镇粮所和 5 处粮油供应站具体负责供应。1992 年后，取消定量供应办法，对工商行业用粮（饮食、糕点、熟食等）采取凭票（指标）供应，非农业饲料核定供应，军粮凭军人供应指标或特购粮票供应，粮票同时流通，实行专人管理。部队由当地粮食部门负责供应，工业用粮（包括饮料酒）由省、地下达指标。对农村缺粮户，国家实行统销粮政策。1992 年 10 月，各种粮票停止使用。粮油销售市场和销售价格放开，粮食供应制度取消。

1950年—1995年苍山县粮食供应情况

表12—8　　　　单位：吨

年份	总计	非农业供应								农业供应							
		合计	定量人口	事业供应	行业用粮	工业	酒精	饲料	其他	合计	口粮	种子	饲料	奖售粮	民工补贴	饼肥	其他
1950	790	—	—	—	—	—	—	—	—	—	—	—	—	—	—	—	—
1951	925	—	—	—	—	—	—	—	—	—	—	—	—	—	—	—	—
1952	4475	—	—	—	—	—	—	—	—	—	—	—	—	—	—	—	—
1953	7875	—	—	—	—	—	—	—	—	—	—	—	—	—	—	—	—
1954	14170	—	—	—	—	—	—	—	—	—	—	—	—	—	—	—	—
1955	16045	4905	1630	15	429	130	410	5	570	11140	6095	335	50	—	—	—	4660
1956	20475	5985	2330	160	462	90	580	5	510	14490	6860	175	30	—	—	—	7425
1957	26025	8785	2750	1875	476	455	485	305	535	17240	10735	310	2330	—	—	—	3865
1958	34035	14400	7065	2975	486	340	1180	410	0	19635	14935	1445	2950	—	—	—	305
1959	37285	15920	6770	4820	320	710	1905	115	0	21365	15800	1240	3085	—	—	—	1215
1960	20420	6135	5110	410	56	25	50	260	0	14285	11110	1175	1935	—	0	—	65
1961	9205	1385	980	55	6	25	225	70	0	7820	7660	100	60	—	0	—	0
1962	3480	2540	2100	0	17	15	0	340	0	940	575	0	0	360	0	—	5
1963	13930	3715	2005	0	30	1240	0	320	0	10215	8355	610	535	490	225	—	0
1964	18860	3285	2040	0	27	915	0	190	5	15575	13130	1195	120	425	680	—	25
1965	8075	2880	2170	65	24	225	0	295	5	5195	2685	85	395	355	1435	—	240

续表 12—8

年份	总计	非农业供应								农业供应							
		合计	定量人口	事业供应	行业用粮	工业	酒精	饲料	其他	合计	口粮	种子	饲料	奖售粮	民工补贴	饼肥	其他
1966	16180	3120	2460	225	18	5	0	330	10	13060	11130	495	120	880	410	—	25
1967	13880	3390	2505	0	87	110	0	325	15	10490	7870	0	0	1870	685	—	65
1968	11030	3695	2500	0	154	165	0	240	20	7335	4845	110	0	1850	225	—	305
1969	7235	3245	2165	0	158	5	0	230	55	3990	2735	0	0	995	165	—	95
1970	10980	3715	2675	0	137	75	0	255	25	7265	4445	0	0	2270	520	—	30
1971	20925	4600	3245	0	172	65	0	425	5	16325	11795	0	0	2985	1540	—	5
1972	19615	4080	2835	0	163	175	0	190	65	15535	10605	0	0	3015	1660	—	260
1973	15670	7290	2685	0	178	385	2810	225	295	8380	5060	0	0	2095	1210	—	15
1974	12260	4315	2650	5	238	290	0	180	0	7945	3320	35	0	2680	1555	—	355
1975	19305	4685	3005	25	233	335	0	145	10	14620	8960	60	20	3125	2060	—	395
1976	15960	6280	3500	0	287	1150	0	150	45	9680	3095	175	15	3985	2080	—	180
1977	20160	7420	3840	5	324	1555	275	120	5	12740	7590	-5	5	3695	1280	150	85
1978	23975	5515	3125	10	271	920	0	105	0	18460	13480	55	0	3430	1365	100	30
1979	14205	5960	3480	5	235	1220	0	70	10	8245	3665	0	0	3550	825	0	5
1980	19110	7085	3955	0	263	1655	0	120	40	12025	6225	5	0	5255	460	80	0
1981	18320	8670	4035	10	285	1890	0	85	15	10860	4510	—	0	6175	110	65	0
1982	26685	8245	4360	10	361	770	1240	60	0	18440	4340	—	0	13860	170	—	70
1983	39985	28685	4135	25	441	4770	17430	115	5	11300	1370	—	20	9795	90	—	25

续表 12—8

年份	总计	非农业供应								农业供应							
		合计	定量人口	事业供应	行业用粮	工业	酒精	饲料	其他	合计	口粮	种子	饲料	奖售粮	民工补贴	饼肥	其他
1984	41005	26255	5670	5	362	4855	13805	105	5	14750	1445	—	—	12790	105	—	410
1985	18915	7070	5640	10	262	—	—	80	30	11140	1670	—	—	180	420	—	50
1986	18552	7452	5879	10	1489	—	—	74	—	2933	2394	—	—	—	530	—	9
1987	13895	7753	6708	1	972	—	—	68	4	6142	2778	—	—	—	—	—	3364
1988	15338	10299	8647	—	1462	—	—	190	—	5039	3128	—	—	—	—	—	30
1989	14716	8198	7964	—	230	—	—	—	4	6518	6478	—	40	—	—	—	—
1990	15291	9166	9166	—	—	—	—	—	—	6125	6090	—	35	—	—	—	—
1991	19678	14860	14885	5	—	—	—	—	—	4818	4503	—	205	—	—	—	110
1992	4564	3255	3254	1	—	—	—	—	—	1309	1259	—		—	—	—	50
1993	1993 年、1994 年两个年度系放开粮食价格，均属市场供应																
1994																	
1995	5158	5158	5148	10	—	—	—	—	—	—	—	—	—	—	—	—	—
备注	1996 年至 2010 年放开粮食价格，属市场供应																

说明：1996 年至 2010 年放开粮食价格，属市场供应

食油计划供应

新中国成立初期至 1956 年，实行市场自由买卖。1957 年，非农业人口采取定量凭票供应的方法，至 1992 年 3 月结束。从 1992 年 4 月起，为议价供应。农村根据有油料者自给、缺油者定量供应的原则，逐步登记缺油户，分季度安排供应。7 千克花生仁为自给食油料标准（1 至 2 口人者，多留半口人），国家不供应；对油料不足、需要供应者，根据其不足部分国家发油票；对没有油料的社队，国家按每人 1875 克定额发票供应。农村统销则根据当年灾情供应。库区缺油及时供应。对各饮食业、糕点业用油实行计划控制，定期进行检查、盘点，杜绝漏洞，节约收回。工业用油（手工业如制药、皮革）根据本单位提报计划予以解决。

1963 年—1992 年苍山县油品供应情况

表 12—9　　　　单位：吨

年份	总计	非农业供应							农业供应				
		合计	定量人口	事业供应	饮食业	糕点业	工业	其他	合计	农销	奖销	民工补贴	其他
1963	8860	5660	2415	5	2685	560	—	—	3195	2270	890	35	—
1964	21385	4985	2275	0	2620	90	—	—	16400	12470	3675	205	50
1965	15130	5890	3460	75	2355	0	—	—	9240	5005	3175	980	75
1966	18015	6805	4245	615	1945	0	—	—	11210	8965	2165	55	0
1967	15670	7965	3785	0	4085	0	—	95	7705	4035	3340	0	325
1968	16000	12655	5030	0	7075	0	500	50	3345	1825	1410	0	110
1969	17490	15535	3925	0	8665	0	2890	55	1955	1120	820	0	15
1970	12550	10920	3875	0	2665	4345	35	0	1630	995	505	0	130
1971	21145	16905	5715	0	2215	6180	2765	30	4240	2130	700	1010	400
1972	19225	13995	5960	0	2365	4965	320	360	5230	2490	445	1260	1035
1973	20430	16860	5455	0	1590	9195	40	580	3570	1965	560	1010	35
1974	21560	17320	6035	190	2315	8495	15	270	4240	2065	390	1305	480
1975	25440	19320	6085	55	3525	9260	210	185	6120	2560	550	2085	925
1976	32680	26885	7630	15	7715	11385	5	135	5795	1840	700	2295	960
1977	19890	14430	7125	35	995	6145	15	130	5445	2340	1150	1745	210
1978	22625	16815	7795	30	1170	7815	5	5	5810	1955	1355	1330	1170
1979	27335	22385	7190	10	2360	12800	45	25	4950	1900	1255	850	945
1980	24310	20125	6365	25	2330	11315	65	90	4185	2270	1615	425	330

续表 12—9

年份	总计	非农业供应							农业供应				
		合计	定量人口	事业供应	饮食业	糕点业	工业	其他	合计	农销	奖销	民工补贴	其他
1981	31755	27990	8060	85	4990	9825	15	15	3765	2110	1220	115	320
1982	37620	34235	14610	55	3875	15690	5	0	3385	2190	2070	155	335
1983	35815	33015	11490	40	4485	16620	300	80	2800	2155	570	65	10
1984	45980	43265	14925	20	4835	23485	0	—	2715	2520	—	105	90
1985	38610	38235	12680	25	4155	21375	0	—	375	360	—	—	15
1986	21915	21690	6895	10	1810	12975	0	—	225	225	—	—	—
1987	22255	22140	8450	0	2075	11615	0	—	115	115	—	—	—
1988	21530	21275	9765	45	3085	8325	0	—	255	255	—	—	—
1989	20390	20135	7560	5	—	11820	750	—	255	255	—	—	—
1990	22995	22875	22875	—	—	—	—	—	120	120	—	—	—
1991	12340	12330	—	—	—	—	—	—	10	10	—	—	—
1992	1780	1770	—	—	—	—	—	—	10	10	—	—	—
备注	1993 年—2010 年，油品价格放开												

第六节　粮油储运

仓库建设

抗日战争时期，因无仓房，实行民间储存，订有具体的保粮方法及措施。1946 年，建立粮库，利用祠堂、庙宇、征用地主的宽敞房屋，进行统一储存，建有卞庄代村、贾庄官庄、仲村桥头、下村王楼、磨山、层山高尧 6 个支库。1950 年起，建设新库房，代村粮库是全县第一处新建仓库。1951 年，在卞庄西关建 2 排苏式大仓，容量 500 万吨。1953 年，粮食收购量增加，新建仓房不足，借用旧式民房 559 间，容量 2590 万吨。后逐步在各粮所有计划地建设仓房。20 世纪 50 年代，全县共兴建仓库 13 处、9789 平方米，容量 8140 万吨。60 年代，根据行政区划点增加到 27 处、14292 平方米，容量 10430 万吨。70 年代，建仓房 27 处、14312 平方米，容量 12325 万吨。80 年代，新建仓房 10 处、6571 平方米，容量 8135 万吨。90 年代，建仓房 6069 平方米，容量 6200 万吨。1996 年，全县共有仓房 554 口，总容量 11 万吨。

2000 年 9 月 8 日，苍山县国家粮食储备库开工建设，2001 年 10 月开始装粮压仓，2002

图 12—3　国家粮食储备库苍山分库　（2007 年摄）

年 1 月完成 1.5 万吨的新库压仓试验任务，2002 年 11 月通过由省发展计划委、省粮食局组织的国家正式验收。2004 年 3 月，由中央储备粮直属库派人驻库监管，2005 年 5 月被临沂中心库确定为直管库。苍山县国家粮食储备库占地 6.87 公顷，建设面积 8389 平方米，建有 5 库、1 棚，设计仓容 2.5 万吨。2006 年粮食系统改制后，长城收储中心改制为苍山县瑞仓粮油购销有限公司，内设县级地方粮食储备库。2010 年，在南桥镇建立中央储备粮临沂直属库南桥收纳库。

保粮措施

储备方法 贯彻“以防为主，防重于治”的保粮方针，储粮前清仓消毒，入库时严格粮质要求。入库后，夏粮及时密闭，秋粮及时通风，低剂量熏蒸，断氧保管，防治虫害。做到 5 日小查，10 日大查，风雨及时查，月普查，季度汇查。建立“四无”粮仓制度，即无虫、无霉、无鼠雀、无事故。1970 年，全县基层单位 20 处全部达到“四无”粮仓。1983 年夏粮普查时，实现“四无”的粮仓有 540 处，占总口数的 99.8%，实现“四无”的单位有 24 个。1983 年后，利用薄膜密闭仓房 73 处、存粮 6710 吨，低剂量熏蒸 110 处、熏粮 5735 吨，低温储粮 58000 吨。2010 年，苍山县国家粮食储备库和县级地方粮食储备库的新建仓房普遍采用电子测温、机械通风、环流熏蒸三项储粮新技术。同时，县级地方粮食储备库仍有部分老旧仓房无法采用储粮新技术。

仓储制度 库存粮油建账立卡，做到账、物、卡相符。3 天一小查，7 天一大查，有重点的及时检查。提出“一、三、七”保粮制度，即危险粮油每天一检查、半安全粮油三天一检查、安全粮油七天一检查。20 世纪 80 年代后，层层建立保粮责任制，所站划分责任区。露天垛设有铁丝网和安全线，并设有明显的防火、防盗标语牌和消防池、抽水泵等。1996 年年底，全县粮食库房备有消防泵 50 台、防火池 33 个、消防井 53 眼、防火沙 994 立方米；全县 57 个存粮点组织 34 个安全领导小组做到有备无患。粮油出入库做到收有货、支有据，有正式凭证动用粮油时必须严格验质检斤。2010 年，完善财务制度、统计制度，建立安全储粮责任制、粮情检查与处置制度、粮油保管员责任制、粮油质量检验员责任制度、粮油出入库制度、粮油保管器材管理制度，建立安全生产责任制、安全生产检查及隐患排查处理制度、药剂管理制度、防火制度、防汛制度、保卫制度、持证上岗制度，制订和实施安全生产应急预案及演练。制度的完善和管理的加强，保障了储存粮食安全。

质量标准 1950 年—1977 年，一直执行粮食厅规定的标准。1978 年，国家标准计量局发布大豆、小麦、玉米、稻谷、大米、小麦粉 6 种粮食的国家标准。1979 年，国家标准计量局发布花生果、花生仁、花生油、大豆油、菜籽油和精炼棉籽油 6 种油脂国家标准，成为粮油征购、销售、调拨、储存、加工、出口定质作价的主要依据。在检验方法上，建国前质量检验全靠牙咬、手摸、无尘、鼻嗅无异味、眼视无虫霉，以感观方法分等定级。1952 年，开始使用水份测定仪和分样器。1971 年，开始使用电烘箱。20 世纪 70 年代，使用电子水分快速测定器、油蒸式水分测定器。80 年代初期，使用钳式快速电子水分测定器、万分之一天平。2010 年，使用快速水分测定仪、容重器、扦样器、电子天平等先进设备，提高了检测水平。

储存机械 新中国成立初期，检斤使用木杆秤，倒仓用肩扛人抬，整晒粮食靠天气。1969 年，开始在卞庄、向城使用 2 台粮食输送机、扒谷机。1978 年，有 15 个粮所配备输送机。卞庄、向城、兰陵、南桥、长城、层山、磨山、仲村等粮所配套使用机械，使入库、倒仓、装运机械化。2010 年，苍山县国家粮食储备库和县级地方粮食储备库使用电子地磅、传送带输送机、扒谷机、

滚筒筛等机械设备。

粮油调运

粮油调拨遵循地方服从中央、局部服从全面、先中央后地方和保证重点、照顾一般的原则，结合粮油购销库存，全面规划，统筹安排。凡国家下达的调拨计划均按质量、数量、时间要求，严格执行，保证完成。1953年—1984年，始终执行统一调拨制度，根据省、地下达的粮油调拨计划，按月填写调拨通知书，统一安排调运。调运粮油装具为麻袋、面袋、铁桶等，霉烂、变质、虫粮一律不发运。省内外调拨主要靠公路运输，有时中转到枣庄铁运或到台儿庄、邳县港口外运。1996年后，粮食调运主要是省外调入大豆、稻谷，长途使用铁路运输，到火车站后使用公路运输。

调运的种类　县内调拨主要是粮油加工、成品粮面粉、食油等。粮所按计划把原粮调入加工企业，再将成品粮发运到基层粮所、站。1984年后，改为价拨加工，由加工企业按调拨计划执行调运。省、地调拨多为原粮调拨，从苍山县调出的粮油品种主要有小麦、面粉、玉米、瓜干、花生等，从外地调入的粮食主要有大米、种粮调剂及部分工业原料。1996年—2010年，主要是从东北调入大豆、稻谷。

调拨结算　1955年—1984年，粮食系统内部调拨实行送货制度，结算实行银行托收承付方法。1985年后逐步改为提货制度，即发货方就仓、车板交货，交货后一切费用由收货方承担。调拨论价按粮食统购价上下浮动，再加调拨经营费用，合称调拨价格。原粮调出经营费由每50千克1.25元调高到2.4元，调出成品粮经营费由每50千克1.5元调高到2.6元，调出食用植物油和油料经营费调高12%。省内市、地间调豆饼和麸皮按原粮计算调拨经营费，调出糙米按成品粮计算调拨经营外，每千克加1元。1996年，经营费由调出原粮每50千克2.4元调高到3.7元，调出成品粮由每50千克2.6元调高到3.9元，调出食用植物油由统购价12%调高到17%，调出豆饼、麸皮按原粮经营费计算，调出糙米除按成品粮计算调拨经营费外每50千克另加0.5元。

1950年—1996年苍山县粮食库存情况

表12—10　　单位：吨

年份	原粮合计	小麦	稻谷	大豆	杂粮	谷子	玉米	高粱	其他	瓜干
1950	3450	1580	—	1255	615	—	—	—	—	—
1951	10050	3200	—	4070	2780	—	—	—	—	—
1952	3385	735	—	740	1910	—	—	—	—	—
1953	6465	440	90	2610	3325	—	—	—	—	—
1954	15355	1380	55	7460	6180	—	—	—	—	280
1955	25035	1385	15	17050	6565	—	—	—	—	0
1956	14700	1170	350	10115	3020	—	—	—	—	45
1957	20885	1860	1125	5690	11205	—	—	—	—	1005
1958	15010	4970	1490	3845	2875	—	—	—	—	1830
1959	16225	1170	370	8530	3325	—	—	—	—	2830

续表 12—10

年份	原粮合计	小麦	稻谷	大豆	杂粮	谷子	玉米	高粱	其他	瓜干
1960	17640	3040	120	2250	4225	—	—	—	—	8005
1961	14505	1245	60	3930	490	—	—	—	—	8780
1962	13225	2230	50	1955	2735	—	—	—	—	6255
1963	10530	2970	125	1125	2150	930	230	590	400	4160
1964	11660	1790	2045	2390	2715	1235	290	930	260	2720
1965	27050	5650	6895	2095	3370	650	445	1075	1200	5400
1966	28920	4605	9065	3180	5540	1420	520	1865	1735	6530
1967	22100	5935	1035	4030	3925	675	250	2885	115	7175
1968	39185	8890	2195	5730	4060	1295	215	2145	405	18310
1969	28505	6240	1310	5090	2920	925	130	1280	585	12940
1970	19445	5230	2520	2710	2675	1375	10	640	650	6310
1971	20200	8670	3410	1520	3040	230	2120	385	305	3560
1972	27020	8795	3705	1055	2690	385	480	880	945	10775
1973	32005	13275	1170	1115	3120	760	135	610	1615	13325
1974	20115	8245	385	800	2220	455	270	1025	470	8465
1975	16540	6125	900	2295	1315	260	560	185	310	5905
1976	19870	14690	1200	495	1640	80	430	30	1100	1980
1977	20015	12350	925	430	785	370	2115	70	635	3120
1978	16780	12780	425	715	580	75	405	0	305	2075
1979	20790	13865	565	195	685	65	215	65	235	5855
1980	15955	10335	380	280	3340	65	595	0	30	4275
1981	25410	9260	140	1020	3615	25	3315	0	0	11650
1982	32265	9440	-35	710	11350	10	3505	20	30	18535
1983	48880	19685	210	625	23315	60	11365	-25	0	17010
1984	92795	31695	10	70	16455	10	22850	60	0	37905
1985	51775	36450	-125	-430	42600	405	16310	65	-5	-575
1986	166795	118995	-255	210	109840	85	42250	355	-40	5345
1987	263165	140130	-485	1375	71580	260	109410	380	-40	12305

续表 12—10

年份	原粮合计	小麦	稻谷	大豆	杂粮	谷子	玉米	高粱	其他	瓜干
1988	157370	67540	-75	1955	65975	90	71200	380	0	16370
1989	98600	25785	655	2545	71365	0	65595	380	0	2460
1990	148220	1580	1250	3010	80250	0	70975	380	0	3550
1991	117310	3200	2285	2465	39655	10	79825	380	0	1860
1992	134695	735	75	1980	42250	45	39260	380	0	230
1993	94140	440	-1315	4135	-975	15	40870	10	205	24810
1994	860	1380	65	215	49365	940	1415	—	225	-510
1995	96175	1385	235	775	0	-4115	—	—	—	7355
1996	110000	—	—	—	49280	—	—	—	—	—

第四章　物　资

第一节　经营体制改革

苍山县物资流通机构始建于1963年10月，随着经济建设的发展，由单一的木材组逐步形成具有一定规模、结构趋于合理的物资流通系统。流通体制由计划供应，经过计划供应与市场调节相结合的双轨制，转换为自主经营的市场体制。

物资计划供应时期（1953年—1981年）

1963年前，苍山县没有专门的物资机构，物资供应分别由国有商业、供销社、工业、水利等部门兼营。1963年，苍山县成立木材组单管木材供应，严格按地区下达的供应指标购销。1964年7月，木材组从煤建公司划出。1965年8月，改为物资供应站，经营范围迅速扩大为木材、金属、机电、化轻工、建材等。“文化大革命”期间，陷入混乱，苍山物资供应总量严重不足，品种比例失调，大多数物资紧缺，少数品种长期积压。1971年，县物资局成立。10月，物资供应指标由县革委会生产指挥部分配下达，物资部门只管供应。1975年后，供应指标由计划委员会分配，物资供应在低水平上起伏。1976年，步入正常轨道。1976年—1980年，共供木材1.1万立方米，金属材料3179吨，水泥1205吨，煤9.96万吨，累计金额1787.4万元，平均年增长35%。

物资供应“双轨”时期（1981年—1992年）

指令性计划逐步缩小，市场调节比例逐年增大，经营渠道疏通放开。1982年，经营物资种类增至186种。1984年，苍山县物资局改称为物资综合公司，完成销售收入887.6万元，实现利税13.7万元。1985年，机电产品、建材等物资基本取消计划供应。1987年，物资局恢复。1988年12月，实行承包经营责任制。1991年，

取消木材计划供应，计划内供应木材仅 93 立方米。1992 年，取消金属和燃料的计划供应。至此，物资的计划供应转换为市场调节的体制。1993 年 12 月，改称物资集团公司。

市场调节时期（1994 年—2010 年）

1994 年—1998 年，以岗位目标责任制为重点，本着“人人有活干，人人有饭吃”的目标，推行企业干部制度、用工制度和分配制度三项改革，以门店、科室为单位下达经营任务和管理目标，对于减少经营亏损、发挥职工主人翁责任感起到积极作用。1998 年—2004 年，重点采用合并、分立等形式改组企业，通过改变企业规模，提高经营管理水平，增强企业市场竞争能力。1995 年—2006 年，物资系统共实施建设 10 个项目，新建商住楼 1 幢 4000 平方米、沿街营业楼 3 幢 8000 平方米，新建宿舍楼 6 幢 1.8 万平方米，吸引社会投资 1000 余万元。2005 年—2006 年，按照县委、县政府“明晰产权、民有民营”的要求，着力改革企业产权制度。经营状况好的企业，由企业管理层和职工共同出资购买，实现企业所有制和职工身份的双重转换；经营状况差的企业，采取破产、拍卖、长期租赁等形式，通过处置资产、清偿债务，企业转为民有民营企业。至 2006 年，物资集团公司下属的 11 家企业中，改制企业已达 7 家。通过改制，企业经营活力逐步显现出来，如民用爆破器材专卖公司 2004 年民营改制后，上缴税金连年倍增，2006 年达 250 余万元，企业社会效益和职工利益都得到大幅提高。2007 年—2010 年，由于企业转型，民爆公司等一部分下属企业切转为民营，化轻公司等一部分差的企业改制自主清算。

第二节　物资采购与供应

在物资实行计划供应阶段，物资的购进一律按国家分配计划到指定的经营单位组织调进。购进物资品种由最初的单一木材逐步增加为 63 个品种，数量也增多。木材由 1963 年的 2200 立方米增加到 1981 年的 2357 立方米，金属材料由 1965 年的 16 吨增加到 1981 年 1668 吨，购进物资总额由 1976 年的 208 万元增加到 1981 年的 499 万元。

在物资计划供应时期，主要表现为物资的调进、调出衔接。1963 年木材组初创时，正是国民经济调整时期，国家加大木材供应，从 10 月至年底，3 个月共供应木材 2139 立方米。1965 年 8 月，县内物资供应品种达 61 种，供应钢材 14 吨、水泥 1000 吨、平板玻璃 56 万箱。供应的机电产品有电线、刀具、仪表、轴承等，化工产品有油毡、炸药、雷管、导火索等。“文化大革命”期间，物资供应降到最低点，最严重的 1974 年仅供应木材 371 立方米，占购进木材的 65%。

1981 年，开始计划外购进，供应单位猛增到上百家。1983 年，开展代购、代营业务，扩大物资购进。1985 年，煤炭购进数量首次突破千万元大关，达到 1369 万元；金属材料由 1982 年 2668 吨增加到 3868 吨。1988 年，开始购进汽车投放市场。1989 年，建起冷藏厂、物资商场。至 1996 年，购进物资总值 9783 万元，物资品种 600 余个，供货厂家 960 余个。

其间，对计划供应的物资采取批量中转、就厂就站直达，来减少流通费用。在保证国家指令性计划的同时，采取灵活方式进行计划内、外的物资调剂。1989 年 1 月，围绕全县工农业生产的具体需求，将计划内分配的次煤与计划外优质煤相调换，既保证居民生活，又增强工业生产。1990 年后，由于市场经济体制转型，县属物资企业大部分转为民营，物资计划供应业务中断。至 2010 年，县物资集团公司机关靠争取县财政的定额补助维持运转。

第三节　物资经营

1981 年，在完成计划的同时，积极疏通渠道，组织适销对路的商品进行市场调节，各类物资都开展计划外的销售。当年完成销售总值556万元，其中计划外销售167万元，占全部销售额的33%。1982年11月，县物资经营实行专业分工，分别成立木材公司、金属机电公司、化轻工建材公司，促进管理和经营。1983年，开展代销、代营业务。1984年，健全各项规章制度，改进经营管理，经济效益明显提高。当年完成物资销售额887.6万元，比1980年增加370万元。1987年，成立庄坞、长城、新兴3个物资供应站。1988年，组建汽车配件公司。1989年，建成恒温库、物资商场。抓住全县大上蒜薹冷库、急需建筑材料的机遇，组织货源，投放市场。1987年—1989年，县物资总公司共完成销售1658万元，其中木材3.17万立方米，金属材料1.14万吨，为历史最好时期。1991年，实现利润42万元，比1990年提高50%。1992年，流通行业实行市场放开、价格放开、用工放开、分配放开，销售出现负增长。

1993年，物资销售完全进入市场体制，县物资总公司效益出现滑坡，虽然完成销售6547万元，但实现利税仅36万元，其中利润仅0.4万元。1994年，围绕促销增盈、扭亏增效开掘探索，终未扼制住经营大幅下滑局势，完成销售5151万元，亏损112万元。企业遇到前所未有的困难，职工的危机感增加。1995年，从强化管理入手，以销售为龙头，以效益为中心，以扭亏为目标，在全国物资销售形势进一步恶化的情况下，完成销售9173万元，实现利税43万元，减亏63万元。1996年，注重改善管理，搞好规模，节省经营开支，加快资金周转，在全国物资市场处于困难徘徊的形势下，苍山县提前走出困境，先后成立合资企业苍山县宝泰蔬菜有限公司、苍山县物资化工建材有限公司，全年共实现利税122万元，设有物资销售网点36处。1997年后，县物资总公司由于体制转型，县属国企退出市场，物资不再购进，销售业务终止。

第五章　石油　食盐　烟草

第一节　石　油

苍山县石油公司隶属于中国石油化工股份有限公司山东临沂石油分公司。2010年，公司有员工158人，有大中型加油站19座、配送油库1座、IC卡发卡网点5处、精品便利店6处、易捷便利店13处，主要从事汽油、柴油、润滑油、日用百货、汽车类服务等经营项目的批发与零售业务。是年，销售汽、柴油6.8万吨，实现销售收入3.6亿元，缴利税500多万元，是苍山县境内成品油供应的主渠道。

经营体制改革

1958年，苍山石油公司成立，前身为苍山县石油供应站，隶属于苍山县商业局。1989年前，县内石油以计划定量供应为主，实行独家经营，所有油品供应完全按计划进行分配，不对外经营。1989年，按照新的经营管理机制的要求，苍山石油公司划归山东省石油公司临沂分公司管理。1989年—1995年，国家逐步取消石油计划内供应，成品油购进以公司自行采购为主，经营逐步放开，成品油供应全面市场化，苍山石油公司全面参与市场经营。

2001年，国家对石化企业进行转换经营体制改革，石油公司由国有企业改制为股份制企业。按照改制要求，石油公司的优良资产全部改制上市，苍山石油公司隶属中国石油化工集团公司，并更名为中国石油化工股份有限公司山东临沂石油分公司苍山公司（简称中石化苍山公司）。2002年，按照集团公司主辅业进行分离的改革要求，公司将运营几十年的油库关闭，由过去以批发经营为主转变为以零售为主。2010年，零售市场占有率68%。

网点建设

1992年前，苍山石油公司共设3处加油站。1995年后，车辆迅速发展，原有的经营网点已远远不能满足消费者的用油需求，公司利用5年的时间新增35座加油站。2001年改制上市后，由中石化收购投资新建11座加油站。2010年年底，中石化苍山公司共拥有全资自有加油站19座，遍布城区、国省道、各重点乡镇。

油气储运

1973年—1990年，公司共投资500多万元建设占地4公顷的花园式油库1座，总储量达5000立方米。2003年该油库关闭，2010年被县政府列入泉山片区整体改造拆迁范围。

第二节　食　盐

苍山县盐业有限公司成立于1998年12月31日，是由原苍山县果品盐业总公司分出来的独立法人企业。2001年6月26日，全市盐业体制改革，改由市垂直管理，苍山县盐业公司改为苍山县盐务局、苍山县盐业公司，一套班子，两块牌子。2010年，苍山县盐务局、苍山县盐业公司固定资产900万元，有办公楼2座，仓库30间，仓储能力3000吨。是年，各类用盐的供应1.98万吨，销售收入1960万元。

图12—4　盐业超市一角　（2010年摄）

2003年—2010年苍山县盐业销售基本情况

表12—11

年份	销售各类盐产品（吨）	完成当年计划百分比	销售收入（万元）	实现利税（万元）
2003	12815	183.4%	1010.2	179.4
2004	14000	162.3%	1219	268
2005	10953	134.66%	1137	158
2006	16080	133%	1558	—
2007	12680	152.8%	1148.6	160
2008	17660	176.6%	1635	188
2009	16377	142.15%	1608	144
2010	19800	155.9%	1960	157

第三节　烟　草

1983年3月，苍山县烟草公司成立。此前，烟草生产、调拨属县供销社管理，卷烟销售属县商业局管理。1984年5月，苍山县烟草专卖局成立。1985年6月，县烟草专卖局划归山东省烟草公司垂直管理。2010年，苍山县烟草专卖局设办公室、财务科、政工科、安保科、卷烟营销科、专卖监督管理科、烟叶科、专卖稽查大队（辖2个稽查中队）、法制科、烟缘经营部等。基层部门包括8个基层专卖监督管理所和大仲村、车辋2个烟叶工作站，拥有固定资产3043.35万元，共有干部职工183人。

烟叶收购

1972年前，本地产烟叶多为晒烟，不收购。1977年，收购烟叶113万千克，均价1.4元/千克。1997年，收购烟叶65万千克。2005年，收购烟叶37.3万千克。2010年，收购烟叶206.47万千克。

2005年—2010年苍山县烟叶收购情况

表12—12

年份	收购量（万千克）		均价（元/千克）	累计投放金额（万元）	烟叶税（万元）
		其中上等烟叶占比（%）			
2005	37.3	13.37	9	336	67.2
2006	78.8	13.78	8.25	650	143
2007	191.4	21.6	9.81	939	206.6
2008	229	41.22	11.78	2695	593
2009	268	17.13	12.24	3280	722
2010	206.47	42.44	13.75	2839.81	627.76

卷烟销售

1950年，卷烟销售及市场管理由苍山县烟酒专卖处负责。1954年，对私营烟厂实行包销，县专卖事业公司在省内调配商品，县商业部门控制货源及市场销售，卷烟销量比1953年增长160%。1956年，大量裁减零售网点，但销售量并未下降。1958年，只准县供销社独家在农村销售卷烟，销量猛增为3124箱，是1949年的80余倍。1961年，卷烟实行配额分配供应，销量大幅度下降。1963年，在定量供应的基础上，高档烟实行高价，敞开供应；11月，又将卷烟零售价提高20%，供求矛盾有所缓和。1965年，取消高价，由全国统一调拨，卷烟销量由1964年的1634箱增加到3035箱。1966年，卷烟销量以50%的幅度下降，到1968年才有所恢复。1971年，商业库存量增大1倍，大量熄火烟进行削价处理。到1975年，卷烟销售形势日趋平衡。1976年—1982年，卷烟购销隶属县烟酒公司负责，卷烟销量保持在1.3万箱。

1986年，对全县卷烟市场进行治理整顿，当年销售卷烟1.7万箱，社会上的卷烟吸食档次跳跃式提高。1989年，卷烟销量上升到2.02万箱，是1983年的2倍，年人均消费5条。1994年4月，增设兰陵、南桥、车辋、沂堂、层山、神山、庄坞、流井等9处卷烟批发网点，开拓农村市场。1996年2月，对塔山市场卷烟进行大规模清理。全年共查处各类案件840起，查扣违法卷烟2000件，总值93

万元，全县累计发放烟草专卖许可证2200份。2000年，共销售卷烟16945箱，完成计划的93.52%，实现利润256万元。2005年，销售卷烟25731.05箱，人均5.7条，完成计划的100.02%。2010年，销售卷烟34535箱，实现销售收入47925万元。

1997年—2010年苍山县卷烟销售情况

表12—13

年份	销售量（箱）	销售收入（万元）	实现利润（万元）	上缴税金（万元）
1997	17169	—	100	—
1998	13500	—	272	—
1999	15867	—	148	—
2000	16945	—	256	—
2001	18411	6825.3	980.5	303.8
2002	20617	7713	660	488
2003	—	10445	751	1037
2004	24556	12117	1012.42	783.86
2005	25731	16881.37	1350	1014
2006	28833	21859.65	2900	2057
2007	30403	27526.76	6502（毛利）	2596.56
2008	33115	35860	8955（毛利）	3164.27
2009	33852	39553	9740.6（毛利）	4062.64
2010	34535	47925	11895（毛利）	4396.49

第六章　市　场

第一节　集市设置

据《沂州府志》（1760年版）记载，苍山县集市有庄坞集、卞庄集、车辋集、大冶集、上庄（今贾庄乡尚庄）集、银厂集、旦上集（今尚岩镇坦上集村）、南桥集、三河（今三合乡三合村）集、向城集、兰陵集、作字（今兰陵镇作字沟村）集、鲁坊集、神山集、磨山集、长城集、柞城（今卞庄街道柞城村）集、芙蓉集、仲村（今大仲村镇驻地）集等20个农村集市。据《续修临沂县志》（1935年版）记载，苍山县集市有庄坞集、高尧集、徐桥（今二庙乡徐桥村）集、层山集、卞庄集、楼子集、兰陵集、向城集、兴明集、尚岩集、贾庄集、南桥集12个农村集市。

新中国成立前，苍山县有集市20处，均为5日一集，较大的有卞庄、兰陵、磨山、神山、长城、尚岩、向城、车辋、大仲村等。1950年，增设到45处，有山会、庙会26处，以街为集，沿路设摊，上市商品主要有粮食、猪羊、大牲畜、木材家具、铁货、水产品、蔬菜、小百杂货、糕点副食等。1958年，全县集市只有卞庄、大仲村、下村、向城、兰陵、南桥、长城、层山、磨山、神山等15处，赶集人数和商品种类都很少。1959年—1962年，大部分集市自行关闭，有些商品交易在场外或地下成交。1962年，恢复集市贸易。“文化大革命”期间，许多品种包括食品、粮食、油脂、油料、废旧工业品等都不准上市，禁止转手倒卖任何物资，集市商品种类和上市量连续下降。1977年，所有集日统一定为农历五、十两天进行，并关闭公社驻地以外的所有集市，连县城大集也迁到城外。1978年，原有45处集市及集期迅速恢复。1985年，全县集市55处，比1977年增加一倍多。农副产品除贵重药材、金银制品等，工业产品除石油、钢材、汽车等24种外，其余生产和生活所需产品均可上市销售。至2005年，全县共有农村集贸市场104处。2009年，新兴、车辋、庄坞、下村、大炉、大仲村集贸市场实施公司化管理，进行法人登记。

图12—5　芦柞集贸市场　（1992年摄）

2010年苍山县集贸市场情况

表12—14

市场名称	市场地点	农历集期
横山集贸市场	兰陵镇横山村	三、八
南桥集贸市场	南桥镇南桥村	二、七
车辋集贸市场	车辋镇驻地	一、六
甘霖集贸市场	车辋镇甘霖村	三、八
贾庄集贸市场	贾庄乡贾庄村	四、九
小岭集贸市场	卞庄街道小岭月庄村	二、七
兴明集贸市场	兴明乡驻地	四、九
向城集贸市场	向城镇东村	三、八
三合集贸市场	三合乡驻地	三、八
新兴集贸市场	新兴镇驻地	四、九
层山镇集贸市场	层山镇驻地	二、七
长城集贸市场	长城镇三村	一、六
姚村集贸市场	长城镇姚村	五、十
尚岩集贸市场	尚岩镇岳村	二、七

续表 12-14

市场名称	市场地点	农历集期
鲁城雷雨口集贸市场	鲁城乡驻地	五、十
神山东南村集贸市场	神山镇东南村	三、八
神山镇青竹集贸市场	神山镇青竹山前村	二、七
神山镇西道庄集贸市场	神山镇西道庄村	四、九
兰陵集贸市场	兰陵镇驻地	一、六
艾曲集贸市场	兰陵镇艾曲村	四、九
韩塘集贸市场	兰陵镇韩塘村	五、十
庄坞集贸市场	庄坞镇驻地	五、十
矿坑集贸市场	矿坑乡驻地	三、八
棠林集贸市场	矿坑乡棠林村	一、六
流井集贸市场	大仲村镇流井村	四、九
大仲村集贸市场	大仲村镇驻地	五、十
下村集贸市场	下村乡驻地	四、九
大炉集贸市场	下村乡大炉村	二、七
二庙集贸市场	二庙乡驻地	五、十
磨山集贸市场	磨山镇河西村	四、九
芦柞集贸市场	卞庄街道芦柞村	三、八

第二节　专业批发市场

1987年，投资35万元兴建苍山第一个专业批发市场——苍山大蒜专业市场，1988年蒜薹收购时正式使用。1988年年底，向城镇驻地投资兴建鲁南蔬菜批发市场。1992年3月，该市场成交量达到1.4亿千克，成交额1.5亿元，被评为全国文明市场。1993年起，连续4年被评为全国百强市场。1993年建设艾曲蔬菜批发市场，1994年建设横山大姜专业市场，1995年建设尚岩生资市场，1995年建设芦柞大蒜专业市场。1996年，全县有专业批发市场18处，总面积39.7万平方米。其中，农副产品专业批发市场13处、面积33.9万平方米，工业品专业市场5处、面积5.8万平方米。在完善内部管理和服务的基础上，鲁南蔬菜批发市场大力发展专属于自己的农民运销队伍，仅驻地向城镇就有由500多台大型运输车辆组成的农民运输队伍，带动全县形成一个“万台车辆搞运输，上万农民跑贩运”的局面。至2010年，山东鲁南蔬菜批发市场、山东南菜园蔬菜批发市场、苍山县华凯蔬菜批发市场被临沂市统计局纳入《临沂统计年鉴》亿元商品交易市场名录。

人民商场

位于县城北关，是县城各专业市场的龙头市

场，人们习惯称为“北大市场”。1990年7月建成，总投资300多万元，占地面积36665平方米，建筑面积10389平方米，其中大棚5700平方米，商品楼164间、3280平方米，仿古商品房64间、1409平方米，硬化地面15150平方米。市场经营摊位1800多个，其中固定摊位983个。日上市人流量4万余人次，集市日达十几万人

图12—6　人民商场　（2005年摄）

次。批零兼营，经营项目有日用百货、五金交电、土产杂品、服装、布匹、鞋帽、烟酒糖茶、生产生活资料、肉类、水产品及各种蔬菜。1992年起，连续4年被省工商局评为省级文明市场。2010年，根据规划正在进行升级扩建。

塔山市场

位于县城中心，始建于1987年8月，后因拓宽公路，由卞庄一村投资改建，1992年投入使用。占地面积8.9公顷，其中商品房235间，

图12—7　塔山市场　（1999年摄）

玻璃钢瓦大棚5968平方米，总投资130万元。该市场为小商品批发市场，经营的个体户268家，经营项目有副食品、小百货、酒类、糖果、茶叶、瓜子、文化用品等100多个品种。日上市人数1万人，日成交额15万元。1989年—1991年，连续3年被评为省级文明市场。2010年年底，塔山市场业户集体搬迁到代村商城，原有市场被拆除。

代村商城

2010年，由山东新天地现代农业开发有限公司投资兴建。该公司是苍山县卞庄街道代村集体股份制企业，注册资金2000万元，资产总额10亿元，固定资产净值6亿元。代村商城总体规划占地面积66.67公顷，分三期建设。一期工程占地20公顷，于2010年7月兴建，投资总额1亿元，总建筑面积10万平方米，其中交易场所（商铺）建筑面积8万平方米，有商铺1100家，日交易额300万元。

大蒜专业市场

位于县城东1千米潍徐和苍邳公路交汇处，1988年年初动工修建。占地总面积1万多平方米，其中商品房78间、1560平方米，玻璃钢瓦大棚2839平方米，总投资35万元。主要经营蒜薹、大蒜，每年5月至春节为经营旺季。固定经营户和联营户216个，日平均上市人数七八千人，年成交量4500万千克，其中本地蒜和外地蒜各占一半。除销售本县产品外，还吸收江苏、安徽、河南及本省嘉祥的大批货源，销往全国各地，为鲁南、苏北地区最大的大蒜集散市场。2003年被拆除。

鲁南农资批发市场

2002年3月动工兴建，2003年3月正式开业运营。该市场位于县城会宝路西段，占地面积1.6万平方米，建筑面积1万平方米，总投资860万元，年销售各种化肥9.6万吨。2010年，容纳经营户118户，业务辐射范围周边省份多个县区，发展农资配送中心6个、农资直营店

60 个，发展测土配方试验田 8 处。初步构建起集连锁配送、测土配方施肥科技推广于一体的新型农资经营服务新体系。

鲁南蔬菜批发市场

位于向城镇驻地，1990 年建成投入使用，几经改扩建，总投资 8000 多万元，占地面积 66.67 公顷。2009 年，市场成交量 16 亿千克，成交额 24 亿元，列全国同类市场第 7 位，为鲁南、苏北最大的蔬菜集散中心。

图 12—8　鲁南蔬菜批发市场干鲜果品市场（2003 年摄）

第三节　物资交流会

苍山县山会、庙会较多，在大集镇驻地，大多每年 1 次，每次 1～3 天，多为春闲季节。除进行物资交流外，文化娱乐占有重要内容，一般有戏曲、杂技、曲艺及大量的儿童耍货，较有名气的有兰陵会、大仲村会、长城会等山会、庙会。由于老百姓的历史习惯，每年集中时间进山、上庙，烧香拜佛，商人乘机参与，经营商品多为供神用品，并提供饮食服务，最为有名的为四月初八卞庄塔山庙会。随着历史的发展，山会、庙会均演变为物资交流会。为加强对物资交流会的管理，工商部门从 1978 年起发布公告，包括时间、地点、上市商品种类、市场划分、优惠政策及联系单位等。1980 年起，由原来的单纯春季物资交流会增加 28 处秋季物资交流会。1996 年，全县有物资交流会 58 处，年成交额 1688 万元。2010 年，全县有物资交流会 56 处，其中春季物资交流会 30 处，秋季物资交流会 26 处。

2010 年苍山县春、秋物资交流会情况

表 12—15

名　称	地　点	春会农历日期	秋会农历日期
尚岩物资交流会	尚岩镇驻地	正月初七、十五，三月十七	十月二十七
大桥物资交流会	南桥镇大桥村	正月十五	
庄坞物资交流会	庄坞镇驻地	正月十五，三月十九、二十，四月十四、十五	十月初五
二庙物资交流会	二庙乡驻地	二月初二	十月初十
棠林物资交流会	矿坑乡棠林村	二月初七	
磨山物资交流会	磨山镇河西村	二月十四，三月二十九	十月二十九
芦柞物资交流会	卞庄街道芦柞驻地	二月十八	十一月初八
层山物资交流会	层山镇驻地	三月初二，四月初一、二	十一月初七
大炉物资交流会	下村乡大炉村	三月初三	十月十七

续表 12—15

名　称	地　点	春会农历日期	秋会农历日期
兴明物资交流会	兴明乡驻地	三月初四	十一月十四
文峰山物资交流会	尚岩镇文峰山	清明节	
韩塘物资交流会	兰陵镇韩塘驻地	三月初五	十月初五
朗公寺物资交流会	大仲村镇朗公寺	三月初八	
下村物资交流会	下村乡驻地	三月初九	十月初九
甘霖物资交流会	车辋镇甘霖驻地	三月十三	
流井物资交流会	大仲村镇流井驻地	三月十四	十一月初四
大仲村物资交流会	大仲村镇驻地	三月十五，四月初五	十一月初一
横山物资交流会	兰陵镇横山驻地	三月十五	十月十三
长城物资交流会	长城镇驻地	三月十五、十六， 四月初一、十五、十六	十月十一
三合物资交流会	三合乡驻地	三月十八	十一月十八
车辋物资交流会	车辋镇驻地	三月十九	十月二十六
小岭物资交流会	卞庄街道 小岭驻地	三月二十一	十一月初六
向城物资交流会	向城镇驻地	三月二十三、二十八	十月二十三
贾庄物资交流会	贾庄乡驻地	三月二十四	十一月十九
神山物资交流会	神山镇驻地	四月初三	十月初八
新兴物资交流会	新兴镇驻地	四月初四	十一月初九
南桥物资交流会	南桥镇驻地	四月初七	十一月初二
卞庄物资交流会	卞庄街道驻地	四月初八至初十	十月十八至二十
兰陵物资交流会	兰陵镇驻地	四月十一	十月初六
矿坑物资交流会	矿坑乡驻地	三月十八	十一月十三
鲁城物资交流会	鲁城乡驻地	三月十五	十一月十五

第七章　居民服务业

第一节　餐饮　住宿业

苍山县的饮食服务业历史悠久。新中国成立前，卞庄、兰陵、向城等集市就有饭店、车马店、剃头铺、修理铺的存在，规模普遍较小，多为家庭式经营。建国后，国营的饭店、照相馆、理发店、浴池、旅社等开始出现，但发展较为缓慢。改革开放后，国家积极鼓励和支持农民兴办饮食服务业，一些投资少、见效快、易经营的项目迅速发展起来。2000 年，全县餐饮业消费总额 16478 万元。2009 年，城乡私营企业住宿和餐饮业 7 家，城乡个体住宿和餐饮业 968 户，从业人员 1662 人。2010 年，住宿业消费总额 4857.8 万元，其中企业 848.7 万元、个体经营户 4009.1 万元；餐饮业消费总额 76049.2 万元，其中企业 30693.8 万元、个体经营户 45355.4 万元。

餐饮业

新中国成立前，苍山饮食业主要有菜馆和饭铺。菜馆主要分布于兰陵、向城、卞庄、磨山、大仲村等大的集镇驻地。饭铺则普遍分布于交通便利的集镇和村庄，经营规模较小，一般无字号。经营品种有锅饼、烤牌、高桩馒头、花卷、煎包、水饺、面条、油条等传统食品。糕点加工以卞庄镇“天成”号最为著名，其他乡镇亦有分布。主要产品有绿豆糕、栗子酥、芙蓉果、羊角蜜、桃酥、蜜三刀等。

新中国成立后，国有饮食业始于 1953 年。由卞庄镇供销社组织 3 人成立第一家公私合营饭店，主营馒头、煎包、水饺、面条等面食，后增加炒菜，兼营烟酒。

1956 年，在合作饭店基础上吸收商改人员，成立人民饭店、回民饭店和城北饭店（后来改为聚宾馆）。1958 年“大跃进”开始后，流动人员减少，多数都在机关和农村食堂就餐，饭店经营萧条。1959 年—1961 年，由于经济困难，饭店无面食、炒菜可卖，用高粱面、地瓜面掺菜制作窝头出售。1963 年后，饮食业由衰转旺，顾客就餐需持粮票，无粮票者需用粮食换购，经营受到局限。“文化大革命”期间，顾客就餐需排队买牌、买饭，有时自己洗碗洗筷。

1978 年，市场放开，出售议价面食，全县有饮食业 320 家，其中个体户 71 户，饭菜质量、档次、服务设备逐步提高，饭菜品种逐年增加，能制作 20 多种高档饭菜。1984 年后，饭店、宾馆争相建设，集住宿、吃饭、娱乐为一体，内有空调、彩电，个别宾馆建有卡拉 OK 厅。1996 年，有会宝宾馆、鲁南宾馆、聚宾馆、兰陵大酒店、天都大酒店等 10 余个设备比较高级的宾馆，余者皆比较简陋。到 2010 年，苍山已建成多处现代化的豪华宾馆酒店，其中限额以上企业 15 家，从业人员 732 人，年营业额 1.34 亿元，仅县城就有大小饭店 230 多家。比较知名的有苍山县会宝宾馆、宝华国际大酒店、彩云大酒店、一家人饺子村、生态园饮食有限公司、向城张家全羊饭店、向城李家全羊饭店、兰陵王大酒店、兰陵仲村大酒店、兰陵镇东方酒楼、兰陵胜利酒楼、帝豪浴都等。饮食业比较有特色的是向城全羊宴、二庙驴肉、横山烧饼、磨山锅饼、大仲村豆腐干等，其中向城全羊宴等还走出苍山，在临沂等地设立分店。

住宿业

1960 年前，县城无国有旅社，过往客人均在私人客店住宿。1961年秋，人民饭店和车站饭店各盖起4间草房，开始兼营旅社，设备简陋，为土炕通铺。1965年春，有5间房，每间设2个床位，设有被褥、桌椅、茶具等。1966年，车站饭店将旅社与饭店分开经营。1967年，健康旅社开业，主要接待到县医院就诊的病人。1971年，建成全县规模最大的旅社，有81个房间、245个床位。1980年后，对房间进行调整，增设单人、双人房间，配备沙发、写字台、电风扇、电视机等设施。

2003年1月，宝华国际大酒店（原为贵华大酒店）建成并正式营业。宝华国际大酒店总投资8887万元，占地1.53公顷，建筑面积2.2万平方米，拥有员工238人。坐落在苍山县城南环路中段，外观采用欧式风格，内部装饰现代和古典建筑风格相结合，高贵典雅、豪华气派。酒店设有总统套房、商务套房、单人间、标准间共111套，配有可容纳300多人的大型会议室。餐饮装修风格各异的大小包厢设鲁、奥、湘等各种菜系，燕、鲍、翅、参及各种海鲜，零点大厅、多功能厅、宴会厅可供500余人同时就餐。康乐部设有夜总会、棋牌室、台球室、健身房、美容厅、“秦淮人家”茶艺园和金海岸洗浴中心。2003年6月29日，在省旅游局星评组的严格检查考评下，被评为国家三星级旅游涉外酒店，结束了苍山没有星级酒店的历史。2004年5月，

图12—9　宝华国际大酒店　　（2010年摄）

被苍山县工商行政管理局及苍山县个体私营企业协会评为“十优经营户”，荣获“临沂市十佳星级酒店”“全市旅游系统先进集体”“山东省儒商企业”等称号。2010年，有限额以上住宿企业15家，从业人员732人。

第二节　美容美发　洗浴　保洁业

美容美发

1956年前，理发业属个体经营，多为走村串乡的流动挑摊。1956年，与照相、修表、镶牙、刻字等行业共同发起成立先锋服务社，隶属服务局领导，属集体性质。1965年1月，先锋服务社解体，修表、刻字、镶牙、修自行车等归县手工业管理局管理，理发、照相归饮食服务公司管理。1968年，重新个体经营，理发工具由剃刀、单手推子向电动推子革新，设备越来越多；经营项目增加，向理发、按摩、美容等综合经营发展。1996年，有30余家理发店。2000年后，理发、美容、保健已基本分为三类相对独立的行业，理发店主要以剪、理、烫、染为主，美容业主要面向女性顾客提供美容护理、纹眉、祛斑等专业美容业务，保健行业主要以足疗为主。至2010年，全县发展个体工商户236户，注册资本达500多万元。

洗浴业

苍山县浴池业始于1950年，由县委、县政府伙房开办，设备简陋，用大锅烧水，土炕通铺，可容30人。1953年，移交卞庄镇供销社经营。1954年，原池停止使用，在人民饭店旧址新建浴池，称胜利池堂。设池堂1间，更衣室6间，其中雅座3间、普通座3间。雅座设单人床铺、浴巾、茶具，免费供应茶水，每人收费1角2分；普通座仍为土炕通铺，每人次收费8分。1965年，胜利池堂停止使用，建东风池堂，设池堂2间、更衣室9间，其中雅座6间，可容40人，每人次收费2角。同年，增设搓背、修脚等服务项目。

1966 年，搓背、修脚等服务项目取消。1980 年，东风浴池停止使用，建 2 层楼新浴池 1 座，营业面积 640 平方米，设女大池、女小池、男小池、男盆池、男大池，共有床位 160 余个。1995 年，对苍山浴池进行改造，新上桑拿浴、冲浪浴等，并改称华清池。1996 年，副食品公司建浴池 1 座，称碧玉池。2000 年—2010 年，以中药泡脚、足部按摩、修脚为主的洗脚城在苍山兴起，主要有阿里山洗脚城、鑫泓足浴等十几处。至 2010 年，全县洗浴服务场所 11 个，主要从事洗浴服务，兼有足浴、旅店的功能，比较知名的浴池有集娱乐、休闲、洗浴、演艺、客房、绿色保健于一体的浴场会所帝豪浴都等。

清洁服务业

2007 年起，随着人民群众和办公场所的保洁需要，成立保洁服务公司。至 2010 年，全县成立保洁公司 20 余家，注册资本 300 余万元，主要从事家政保洁服务、室内外保洁、道路清扫服务、厂矿企业办公场所保洁、管道清洁、洗车服务等。

第三节　摄影　修理

摄影

1952 年，苍山第一照相馆成立。1956 年，同刻字、镶牙、修表等行业组成先锋服务社。1965 年解体。1968 年，改称卫东照相馆，营业面积 124 平方米。1980 年，改称国营苍山第一照相馆，私营照相业迅速崛起。至 1996 年，全县有照相馆 87 处，其中国有 2 处；从业人员 260 余人，其中国有 13 人。开展彩照、彩印、彩扩、化妆、婚纱及艺术照等业务。2005 年后，摄影器材得到很大发展，主要以数码相机、计算机软件为主，基本取消机械相机照相和胶片，照相内容由过去工作照为主逐步演变为生活照、艺术照、婚纱照为主。随着照相机、摄影机的普及和进入家庭，家庭照、生活照逐渐融入日常生活。相片的冲扩业务得到很大发展，一般都使用彩色扩印技术。同时，一些影楼配合婚纱照的拍摄，逐渐衍生出婚庆服务、婚礼化妆、配套摄影、翻刻光碟等服务项目。至 2010 年，全县摄影服务个体达到百余家，较大规模的婚纱摄影照相馆有 38 家，如红旗照相馆、白玫瑰婚纱摄影、浪漫经典婚纱摄影、永芳鲜花婚纱影楼、金世缘婚纱影楼等。

修理

苍山县早期的维修业主要从事家用电器、衡器、钟表和自行车的维修。至 2010 年，发展到 370 余家，从业人员 1100 余人，注册资本 800 余万元。维修业由过去的杂牌军、混合性逐渐转为专业型、细化型、集约型模式。轿车一般以品牌成立专业维修服务店，家用电器一般由厂家成立专门安装和售后服务队，提供专业规范服务，维修人员一般由受过正规专业培训的人员担任。规模较大的主要有山东荣庆卓越物流服务有限公司、苍山县信达汽车修理有限公司、苍山县为民交通施救有限公司等。

第十三编
对外开放与园区开发

蒼山縣志

2002年前，苍山县未设专门的招商引资机构。随着经济的发展和改革开放的深入，外地客商进入苍山县做生意、办企业，促进县域经济的发展，招商引资工作重要性凸显。2002年5月，苍山县招商局正式成立。2010年，合同引资72.3亿元，其中，实际到位资金33.74亿元。

1976年，苍山县外贸局开始大蒜出口的调拨。1983年，开始调出蒜薹。1996年，全县形成以蔬菜食品和建筑材料为主的出口创汇体系。至2010年，全县主要出口以板材、工艺品、冻干食品、搪瓷制品等为主的产品系列。

苍山经济开发区位于苏北、山东半岛蓝色经济圈两大经济板块的结合部，县境中部、县城西部，北邻金岭镇，西接向城镇和国营苍山农场，东、南与下庄街道相连。2006年3月经山东省人民政府批准为省级开发区，审核面积3平方千米，是一类工业为主的工业集聚区。2007年—2010年，苍山经济开发区连续4年被临沂市委、市政府评为“先进经济开发区”。

第一章　招商引资

第一节　政策环境

2001年，县政府印发《苍山县招商引资优惠政策规定》。2003年，县政府印发《苍山县人民政府关于对苍政发〔2001〕41号文件进行修改的通知》，将文件中第三条第三款三、四项合并为一项，修改为“外商投资企业应按程序依法取得土地使用权，县政府将按项目投资规模和产业性质，予以财政支持，提供适当优惠。”2005年，县委、县政府印发《苍山县经济工作考核奖惩办法》，其中第三条第一、二、三款分别对招商引资中介人奖励、向上争取无偿资金奖励及招商引资工作奖惩作出规定。2007年7月12日，县政府印发《苍山县重点外商投资企业优惠证及车辆通行证发放使用管理办法的通知》。

2008年，县委、县政府印发《苍山县招商引资奖惩办法》，重新对招商引资工作奖惩和招商引资中介人奖励作出规定。2009年，县政府印发《苍山县招商引资优惠政策若干规定》，鼓励国内外客商到苍山县投资兴业，调动社会各方面力量招商引资，促进县域经济的发展，根据国家和省、市有关规定，结合苍山县实际，给予在苍山境内投资的外商项目建设用地、税收、行政事业性收费等方面的优惠政策。

第二节　招商活动

1996年，苍山县参加福建投资贸易洽谈会，签订出口合同600万元。2002年6月，举办苍山县招商引资及科技项目合作洽谈会，来自澳大利亚、美国等19个国家和地区的49家公司代表及12家国内外科研机构的专家实地考察苍山县的蔬菜种植基地和部分企业，签约合作项目46个，总投资2.75亿美元，合同、协议外资额2.2亿美元；签订贸易项目2个，出口贸易额70万美元。

2004年5月31日，举办苍山“中国牛蒡之乡”揭牌暨招商推介会，来自海内外260多人参加“中国牛蒡之乡”揭牌和招商引资推介活动。此次招商活动共推介招商项目66个，签约县外引资额6.5亿元，其中签约合同项目20个，签约引资额3.8亿元。6月9日，苍山县组织参加临沂海外联谊招商引资项目推介会，大会合同签约项目3个，其中蔬菜加工项目2个，高密度纤维材料项目1个，总投资额1.96亿元，总引资额1.42亿元。9月4日，苍山县参加第二届书圣文化节（临沂）招商推介会，共提报合同项目19个，签约总金额12.4亿元，利用县外资金10.3亿元；协议项目6个，协议金额6.28亿元，利用县外资金5.8亿元。其中，神大集团的“沂蒙红”葡萄酒和向城镇的无滴膜生产线两个项目被确定为大会上台签约项目。

2005年6月5日，山东临沂（杭州）招商项目推介会在浙江省杭州市举行。苍山县在会上有4个签约项目，签约引资额1.5亿元。12月24日，苍山县举办首届外来投资企业家联谊会。

2006年1月31日，苍山县举行外出创业人员春节招待会。2月15日，苍山县在苍山经济开发区举行招商项目集中奠基仪式。10月21日，第四届中国（临沂）农业科技成果展示会招商引资引智项目签约仪式在苍山举行。这次大会共邀请中外客商60余人，提报招商引资项目31个，合同引资19.86亿元，其中大会签约项目18个，签约引资额16.6亿元；达成引进人才、智力意向项目36个。

2007年3月26日，在苍山经济开发区举行6个招商引资过千万元项目集中奠基仪式。4月6日—10日，赴西安参加第十一届中国东西部合作与投资贸易洽谈会。西安市旺佳储藏有限公司与苍山县春雨食品有限公司投资2000万元蔬菜深加工项目、西安海诗韵养生有限公司与苍山县庄坞镇人民政府投资1000万元牛蒡深加工等项目在会上签约。10月18日，神和研发中心启用仪式、美威企业集团（山东）电子科技有限公司投产暨美威企业集团（山东）高新产业园区奠基仪式在山东神大集团工业园区内举行。

2008年4月20日—25日，参加临沂市在北京举办的“中国临沂（北京）招商引资洽谈会”，苍山县有6个签约项目，总投资额21.4亿元。6月16日，投资2.2亿元年产20万吨高强瓦楞纸项目签约仪式在苍山县举行。

2009年9月3日，苍山县人民政府与烟台龙泵集团、临沂金玖有限公司合作的90万吨焦化项目签约仪式在县行政办公大楼举行。10月14日，苍山县庄坞镇与嘉德保健食品有限公司合作投资8000万元的牛蒡深加工项目签约。

2010年1月11日，苍山县与四川省夹江县华宸瓷业有限公司投资1.2亿元生产西式精工瓦项目正式签约。1月22日，苍山经济开发区与山东十方环保能源股份公司合作的蔬菜垃圾处理及综合利用项目签约。2月18日，苍山县举办在外创业成功人士回乡投资兴业春节团拜会。4月26日，“新苍山”优质蔬菜直供世博新闻发布会暨招商引资推介会在上海市举行。6月28日，苍山县在卞庄街道代村现代农业示范园举行山东顺诚太阳能光电有限公司年产200兆瓦单多晶硅光伏电池片项目开工奠基仪式。

2001年—2010年苍山县招商引资情况

表13—1　　　　单位：亿元

年份	2001	2002	2003	2004	2005	2006	2007	2008	2009	2010
合同引资	3.87	17.1	27.5	31	37	42.9	40.8	89.6	72.64	72.3
实际到位资金	2.67	4.1	8.2	11	17.6	19.7	12.65	36.26	26.57	33.74
其中市外引资	2.1	3.85	7.3	10.3	16.3	17.57	10.86	30.87	19.68	18.63

第三节　利用外资

1996年—2000年，全县利用外资基数较低，每年在200万美元～600万美元之间，且增幅不大。合同利用外资5532万美元，实际到位外资1800万美元。外资主要来源于中国香港地区、中国台湾地区和韩国、澳大利亚、德国、巴西、荷兰、泰国等国家。利用外资的形式主要以独资和合资为主，大部分外资投放于农副产品加工业和轻工产业。

2001年—2005年，随着全县对外经济的不断发展，利用外资增幅较大，累计合同外资116.47亿元，增幅46%；实际外资43.57亿元，增幅169%。2006年—2010年，全县利用外资逐步实现多元化，投资领域不断拓宽。企业境外上市、吸收境外战略投资、外商独资、企业增资、BOT方式成为拉动全县利用外资快速增长的主要力量，累计合同外资318.24亿元，实际外资128.02亿元。

第二章　对外贸易

第一节　外贸体制改革

苍山县对外贸易局的前身是苍山县矿山公司。苍山县矿山公司建于1972年2月，各项业务计划由山东省对外贸易总公司统管，主要经营铝矾土出口调拨。1973年7月，在矿山公司的基础上成立苍山县对外贸易局，业务仍由山东省对外贸易局统管。1984年9月，改称苍山县外贸公司，具体负责进出口业务。1988年6月，县政府成立苍山县对外经济贸易委员会，为正科级行政单位，内设办公室、外商投资管理科、对外经济技术合作科。1989年，外贸体制改革，苍山县外贸公司以原有科室为基础成立4个专业公司，实行经营承包责任制，独立核算、自负盈亏。1992年1月，苍山县外贸公司由省属企业下划县级管理，改成苍山县对外贸易总公司，完全实行自主经营、自我发展、自负盈亏。1998年11月，省政府确定苍山为改革开放试点县，并明确省外经贸委和即墨市对口支援苍山。1999年，全县自营出口创汇、合同利用外资和实际利用外资三项指标取得较大幅度增长，县政府被市政府授予年度自营出口创汇组织奖。

2002年5月，撤销苍山县对外经济贸易委员会，设立苍山县对外贸易经济合作局（挂招商办公室牌子）。2010年5月，撤销苍山县对外贸易经济合作局和苍山县流通业发展局，设立苍山县商务局。苍山县商务局的成立标志着苍山县结束过去内外贸分割、国内外市场分割的行政管理体制，开始步入合理配置流通资源、统筹内外贸易管理的新时期。

第二节　进出口贸易

进口贸易

改革开放之初，全县只有少数公司有进口业务，进口贸易较单一。主要企业有苍山县外贸公司、苍山县丰宝公司、临沂三山进出口贸易公司、山东神氏食品集团有限公司、苍山县金信皮革有限公司等。进口产品类别主要是设备和农产品以及少量的板纸、塑料包装（聚乙烯）、肥料等。进口来源地主要有日本、韩国、欧盟成员国和澳大利亚等。2010年，主要进口企业为金信皮革有限公司，从澳大利亚进口羊皮，进口额694万美元，占全县进口总额的66.4%。

出口贸易

新中国成立后至1976年，出口商品的收购在国家计划下达后，由供销社代购，外贸收购的农副产品主要为花生、板栗、槐米、刺槐粉、大蒜、兔毛等，苍山县矿山公司（外贸局）只负责调拨出口铝矾土。1976年，苍山县外贸局开始大蒜出口的调拨，每年2000吨左右。1979年，调出肉兔9.4万余只，经营出口产品品种增至46个。1983年，开始调出蒜薹。1984年，增加保鲜蒜薹的调拨出口任务。1985年，增加棉籽饼、瓜干、玉米、蜂蜜等品种。至1992年，外贸企业经营出口产品品种30余个，出口产品调出量近10万吨，总值近5000万元。

1996年10月，苍山县外贸总公司消化挂亏工作结束，取得进出口经营权，成为临沂市第二个获得进出口经营权的企业，当年实现出口创汇40万美元。是年，全县形成以蔬菜食品和建筑材料为主的出口创汇体系，仅蔬菜食品就有保鲜、速冻、脱水、盐渍、油炸5大系列60多个品种，出口创汇1600万美元，列全市各县区之首。

1997年7月，“东珍”牌冻兔肉通过欧盟EEC卫生注册，获欧盟3700/03175注册专号。12月，东珍公司被外经贸部授予自营进出口经营权。2000年12月，省外经贸厅批复将苍山“东珍”牌冻兔肉列入山东省出口名牌产品管理。2002年1月，欧盟以食品药物残留超标为由单方面宣布停止进口中国动物源性食品，对东珍公司兔肉出口造成严重影响。2004年12月，欧盟宣布恢复对中国动物源性食品进口，东珍公司开始恢复出口。

2000年，初步打破以蔬菜食品为主的格局，兔肉、人造板、服装等产品的出口创汇额首次超过全县出口总额的50%。此后，板材深加工、草柳工艺品、冻干食品、搪瓷制品等深加工逐步兴起。2006年，全县板材、工艺品、冻干食品、搪瓷制品分别出口1731万美元、764万美元、800万美元、109万美元，占全县出口创汇总额的68%。2007年，蔬菜食品、板材、工业品和工艺品的出口额分别占到全县的65%、12%、9%和6%。2008年爆发的全球经济危机对全县外经贸企业造成严重影响，2008年、2009年分别出口4288万美元、3855万美元，同比分别下降18%、7.5%。2010年，全县有外经贸企业108家，自营出口创汇7104万美元，创历史最高水平，出口创汇过百万美元的企业18家。出口市场有日本、韩国、美国等国家和欧盟成员国、中东等地区。

1992年—2010年苍山县进出口情况

表13—2　　单位：万美元

年份	进出口额	同比增加	自营出口	同比增加	进口	同比增加
1992	—	—	84	—	—	—
1993	—	—	106	26%	—	—
1994	—	—	309	192%	—	—
1995	—	—	466	51%	—	—
1996	—	—	1260	170%	—	—
1997	—	—	1396	11%	—	—

续表 13—2

年份	进出口额	同比增加	自营出口	同比增加	进口	同比增加
1998	—	—	1250	-10%	—	—
1999	—	—	2326	86%	—	—
2000	2592	—	1675	-28%	917	—
2001	1433	-44.7%	1136	-32%	297	-82.1%
2002	2020	41%	2019	78%	1	-99.7%
2003	3148	55.8%	2900	44%	248	24700%
2004	4718	50%	3061	6%	1657	568%
2005	4002	-15.2%	3694	20.6%	308	-81.6%
2006	5330	33.2%	5002	35.4%	328	2%
2007	6943	30.3%	5158	3%	1785	444%
2008	5518	-20.5%	4228	-18%	1290	-27.7%
2009	4109	-25.5%	3855	-7.5%	254	-80.3%
2010	8149	102.1%	7104	87.1%	1045	340.9%

第三节　海外投资

1999 年 5 月，山东星发食品有限公司为开辟韩国市场、扩大出口业务、及时了解掌握市场信息、减少中间商经营环节、增加企业经营利润，投资 5 万美元在韩国釜山设立“山东星发（韩国）分公司”。2001 年 1 月，苍山东珍食品有限公司为直接参与国际市场竞争、尽量减少欧洲商人从中多层加价抑制产品销量的影响，设立驻德国办事处。2009 年 2 月，苍山县山河食品有限公司投资 30 万美元，设立韩国山河有限公司。

第三章　经济开发区

第一节　园区规划

苍山经济开发区位于苏北、山东半岛蓝色经济圈两大经济板块的结合部，县境中部、县城西部，北邻金岭镇，西接向城镇和国营苍山农场，东、南与卞庄街道相连。206 国道横贯园区中心，临枣铁路、临枣高速公路经过境内北部。

2006 年 5 月，聘请上海同济大学日景设计院对开发区进行规划。2007 年 6 月 6 日，开发区分区规划经专家评审通过。分区规划把开发区定位为产业新区、生态新区、高效新区。规划提出“发展轴线推进，中心节点带动，景观轴线催化，生态廊道升华”的发展模式，形成“一条城市发展基轴、两个中心节点、两条景观轴线、一道生态走廊”的结构形态。2010 年，投资 120 万元开工建设新华路西段，投资 280 万元在兰陵路和新华路之间开工建设开发区新开路，投资 800 万元对园区抱犊崮路进行整体改造提升，投资 150 万元安装路灯 210 盏。

图 13—1　苍山县经济开发区　（2010 年摄）

第二节　园区管理

苍山经济开发区不断建立健全办事机构，依法依规行使县级管理权限。2007 年 3 月，设立党工委（管委会）办公室、招商局、经济发展服务局、规划建设局、社会事务局“一室四局”5 个副科级内部组成机构以及公安派出所、财政所等县直派驻机构。2008 年—2010 年，先后成立国税分局、地税分局、环保分局、工商所、国土资源管理所、司法所。

2009 年，对开发区四至范围内的所有税源（包括原有企业及新建企业）进行管理征收，县财政局对开发区财税收入单列户头、独立核算、单独通报。2010 年，县政府对开发区实行“扎口管理”，严格限制对开发区及区内企业的考核、评比、达标、检查活动。

2010 年，县政府设立开发区企业发展专项基金，县财政每年划拨 1000 万元作为“开发区企业发展专项基金”，支持开发区发展。该基金主要用于园区企业品牌建设补助、项目贷款贴息奖励以及对本年度贡献特别突出的单位和个人的专项奖励等方面。推行县级领导班子成员帮扶重点项目责任制。每个重点项目都有 1 名县级领导班子成员和职能部门人员组成的帮扶组重点帮扶，加强与重点项目建设单位的联系，具体深入项目单位检查督导、现场办公，及时帮助协调解决项目建设中遇到的困难和问题，确保重点项目建设顺利实施。努力打造服务型管理机关。本着“小政府、大服务”的工作原则，在国家法律、法规和政策规定的范围内，围绕加快开发区建设和发展，更新服务理念，创新服务手段，建立快捷高效的管理服务网络，同时进一步转变职能、简化程序、提高效率、依法行政。

第三节　园区产业

产业结构

2006 年—2010 年，引进规模以上工业企业 86 家，服务业企业 26 家，外商投资企业 21 家，初步形成光伏太阳能、机械、建材、肥料、饲料、造纸、食品、仓储物流等主导产业，累计固定资产总投资 114.1 亿元。2010 年，苍山经济开发区新开工建设项目 26 个，总投资 41.9 亿元；完成固定资产投资 31.7 亿元，占全县的 58%；

图 13—2　开发区局部鸟瞰图　（2010 年摄）

规模以上工业总产值121.8亿元，工业增加值38.3亿元，主营业务收入118亿元，分别占全县的41%、46%、42%；实现进出口额6070万美元，其中出口5292万美元，进口778万美元。

主要产业

开发区重点培植十大支柱产业和培育百家规模企业，不断扩大园区企业规模。至2010年，主要有苍山县翔地制管有限公司年产30万吨焊管和10万吨热镀锌管材及北扩轧钢生产项目，临沂市德厚饲料公司年产40万吨饲料及二期屠宰深加工项目，苍山县六和饲料股份有限公司年产28万吨生产线项目，山东史贝美肥料有限公司年产30万吨复混肥及普金肥业年产45万吨有机肥项目，山东美洁纸业有限公司年产5万吨高档生活用纸项目，临沂震元纸业有限公司增资建设20万吨文化用纸项目及总投资980万美元的高档簿本项目，山东旭日昊得太阳能有限公司空调的生产及二期西扩项目，山东顺诚太阳能科技有限公司年产200兆瓦电池片项目，上海双周机械设备有限公司年产100万辆电动车及2万台柴油发电机组项目，山东邦尼新建材有限公司、鲁林木业（苍山）有限公司、临沂东日木业有限公司、苍山县万利木业有限公司、红木家具厂等1000万平方米玻纤板和7万立方米板材产能项目，苍山县德隆机械有限公司、苍山县工程机械厂、苍山县鲁斯科洁具有限公司、临沂钜鼎搪瓷有限公司、苍山县恒瑞洁具有限公司等年产65万台机械制造加工产能项目，苍山县华瑞集团、苍山县天益汽车贸易有限公司、苍山县新广源汽车贸易有限公司、苍山县望宇汽车贸易有限公司等年销售汽车6000台，苍山县荣庆汽车检测中心维修检测15万辆（次）服务产能项目，苍山县宝庆储配中心、苍山县金盛物流有限公司、苍山县天勤物流有限公司、苍山县弘力物流有限公司、苍山县睿智物流有限公司等40万吨的仓储物流产能及临枣铁路及高速物流基地建设项目，苍山现代农业物流园区、苍山县丰苑蔬菜食品有限公司、苍山县利发蔬菜食品有限公司、苍山县宏润蔬菜食品有限公司、苍山县恒盛源蔬菜食品有限公司、苍山县新天益蔬菜食品有限公司、苍山县天梓蔬菜食品有限公司、苍山县新嘉德牛蒡有限公司、苍山县盛世天豪蔬菜食品有限公司、苍山县超伟保健品有限公司等45万吨的蔬菜冷藏深加工产能项目。

第十四编

财政　税务　金融

蒼山縣志

境内解放前，抗日民主政府设财政科，财政收入主要靠募捐、摊派进行筹集。新中国建立初期，国家实行高度集中的统收统支财政体制。1996年—2006年，县乡财政体制先后经历四次改革和调整。2006年，全面取消农业税和农业特产税，推进农村综合配套改革。2006年—2010年"十一五"期间，预算内总收入16.03亿元，预算内总支出56.01亿元。

1940年3月，创建人民税收制度，实行分散管理。1982年，税务登记制度逐步完善。1994年，进行税制改革，苍山县税务局分设为苍山县国家税务局和苍山县地方税务局，设立中央税、中央地方共享税种，国税部门主要负责中央税和部分中央地方共享税的征收。2010年，苍山县国税共管理纳税人3270户。2009年—2010年，全县地税系统累计组织各项税费收入5.92亿元。

1948年，在苍山县境内成立北海银行鲁中南分行苍山办事处，后改称中国人民银行苍山支公司。1993年，中共十四届三中全会明确提出建立社会主义市场经济体制，中国人民银行苍山县支行工作重点转向加强金融监管、金融宏观调控和金融服务。2010年，苍山县共有7家金融机构，年末人民币存款余额119.07亿元，贷款余额61.50亿元，从业人员985人。

1951年—1981年，苍山县保险业务时办时停，保费收入不固定。1981年，苍山县的保险业务再次恢复。1982年，保险业务逐步推开。1997年3月，原中国人民保险公司苍山支公司分设为中国人民财产保险股份有限公司苍山支公司和中国人寿保险有限公司苍山支公司。2010年，苍山县设有保险公司分支机构19家，全年各财产保险公司实现保费收入151.91亿元。

第一章　财　政

第一节　管理机构

1940年3月，临沂县抗日民主政府二科为财政科。1943年，财政与粮食合并称财粮科。1947年，同时组建苍山、赵镈两县财政科。1948年1月，将财政、粮食、工商合并为工商财粮局。1948年9月，财政科由工商财粮局分出，县财政科设会计股、村经费股、税收股，在卞庄、神山、长城、层山、磨山、褚墩、贾庄、甘霖、下村、鲁城、向城、尚岩设稽征所。1950年6月，赵镈县大部并入苍山县，设财政科、农税科、税务局。1952年4月，撤销苍山县农税科，其业务归属县财政科。1953年8月，原兰陵县的兰陵、南桥两税务所划归苍山县管理。1956年9月，县财政科改称苍山县财政局，下设会计、农税、人秘3个股和保险营业所。1958年，财政局、税务局合并，统称苍山县财政局，下设会计股、税收股、农税股、基建股和行政股。同年年底，褚墩税务所划归郯城县，鲁城税务所的税郭征收区划归峄县。1962年1月1日，重新成立苍山县税务局，下设基层税务所14处。1968年，财政、税务等单位合并，统称苍山县革命委员会生产指挥部后勤组。1970年，将财政、税务、民政3部门组成苍山县财税局革命委员会。1974年5月，县财税局革命委员会改称苍山县财税局。1996年，县财政局下辖国有资产管理局、投资公司、财务税收物价大检查办公室、住房资金管理办公室等。1996年12月，设立预算外资金管理局，为副科级事业单位，隶属于财政局。1997年1月，县会计师事务所升格为副科级事业单位。1998年8月，县国有资产管理局和预算外资金管理局由副科级事业单位升格为正科级全额事业单位；县财政局农税科改为苍山县农业税收征收管理局，为正科级行政单位，同时在全县28个乡镇设立农税征管所，与乡镇财政所合署办公。1999年5月，成立县会计管理局，隶属于县财政局，为副科级全额事业单位；县财务税收物价大检查办公室更名为县财政监督局，为副科级事业单位；6月，成立县政府采购中心，为股级全额事业单位，隶属于县财政局。2002年7月，为适应税费改革的需要，苍山县农业税收征收管理局由正科级行政单位改为正科级事业单位，在乡镇设立农税征收管理所，形成从县农税征收管理局到乡镇农税征收管理所纵向垂直管理的农税征收体系，促进农业税收征管工作。2005年4月，撤销县国有资产管理局，内设县国资科，为股级全额事业单位。2009年3月，将苍山县政府采购中心更名为苍山县政府采购监督管理办公室，将苍山县控制社会集团购买力办公室更名为苍山县财政投资评审中心。2010年9月，苍山县农税征收管理局更名为苍山县基层财政管理局。2010年，县财政局下属3个正科级单位（县预算外资金管理局、县基层财政管理局、县经济开发投资公司）、2个副科级单位（县财政监督局、县会计管理局）、21个基层财政管理所。

第二节 财政体制改革

境内解放前，根据地、解放区政府的财政无固定收入，供给也没有一定的规范，其日常费用、衣食等问题主要靠募捐、摊派进行筹集。1941年，财政逐步依靠税收、田赋及贸易收入，基本上终止募捐、摊派、罚款等做法，田赋折中亩征收，公粮实行累进计征。凡是田赋正税、盐税、出口货物税、罚款等国有收入均归上级支配，田赋及牲畜屠宰等地方税收归地方政府支用，全额收入的70%归军队，30%归政府及民众团体。解放战争时期，财政收支权力集中在行署级，县级财政决定支出的项目很少，主要根据上级决定的支出项目、拨款的数额作分配与审核。

新中国成立初期，国家实行高度集中的统收统支财政体制。1951年—1952年，实行“统一领导、分级管理、划分收支范围”的财政体制，县列入省级财政。由省直接下拨的支出有农业水利支出、社会文教费、抚恤和社会救济费、行政管理费及其他支出，月终报账结算。地方款收入来源为各项附加收入、契税收入、农税收入、事业收入、公学产收入、罚没收入、其他收入及上级补助收入。地方款支出有农业、林业、水利、文化、教育、卫生支出、优抚及社会救济、行政管理支出和其他支出等。1953年，实行“固定比例、分类分成、支出包干”的财政体制，定收定支，超收上解，结余留用，县预算收入不敷支出部分由省拨给。1954年，地方固定收入增加印花税、利息所得税，农业税按38%、工商营业税按40%留县。1955年，实行“固定收入、比例分成、调剂收入”的财政体制。1956年，县固定分成比例为工商营业税30%，工商所得税、商品流通税、货物税各15%，农业税45%，公债25%。1958年，县固定分成比例为国有商业利润20%，商品流通税、货物税、工商营业税、工商所得税各36%，农业税35%，公债70%。1959年—1970年，执行“收支下放、计划包干、总额分成、一年一定”的财政体制。1971年—1973年，年实行“定收定支、保证上交、超收分成、结余留用、收支包干”办法，县超收留成60%。1974年—1979年，采用“定收定支、固定留成、超收分成”办法，上级财政分配支出预算指标，包干使用。1980年—1985年，实行“划分收支，分级包干，分灶吃饭”，苍山县地方固定收入小于地方支出，由共享收入按一定比例留县。1985年，实行“划分税种、核定收支、固定比例、总额分成”的财政管理方法。县固定收入有排污费及城市水资源费收入、城市维护建设税。全额上解的有奖金税、建设税。能源交通重点建设基金全额上交，超收部分30%返还给县。属于分成的有产品税、增值税、营业税、所得税及其他工商税（屠宰税、牲畜交易税）、农业税、企业收入、其他收入等，县为70%。1986年、1987年，实行"划分税种、核定收支、总额分成"的办法，确定收入基数、支出基数、定额上解、各项补助结算等。1988年—1989年，实行"收入全留加定额上交，上交数逐年递增8%"的办法。1986年—1990年，县对乡镇实行"定收定支、超收分成、节约留用、一年一定"的管理办法。属于各乡镇财政收入的税收有产品税、增值税、营业税、集体企业所得税、城市维护建设税、集市征收农业税和其他收入。属于乡镇财政支出的项目有乡镇等行政支出、中小学教育、计划生育、文化、财政、水利、农业、农机、林业、广播等各项事业费和民办教师补助、邮电机线维修员工资。结算办法为收入全额上交，支出下拨，年终进行统算。1990年—1993年，实行收入全留，加定额补助，补助数年递增10%。1991年—1993年，实行三年一定。

1994年—1996年，采用分税制的结算方法。1994年，实行分税制，为"核定收支，定额包干（补助或上解），超收分成、欠收自负，一定四年"。7月，各乡镇设立金库。乡镇的财政收入有：增值税（25%），营业税、个人所得税、车船税、房产税、屠宰税、土地使用税、印花税、固定资产投资方向调节税、城建税、资源税（50%），工商税收税款滞纳金、罚款、农业税正税、农业特产税（烤烟税30%）、契税、企业所得税、其他收入。乡镇财政支出有党政群机关支出，文化、教育、卫生、计划生育、广播、财政、农技、经管、林业、水利、农机、法律、兽医站部门事业费、各种价格补贴、乡镇建设、其他支出；上级财政的专项补助，由上级下达的专项指标等。结算按划分归乡镇管理的收入项目，根据1994年收入计划，参照1993年收入情况，具体预算其乡镇的收入基数。全县28个乡镇有3个乡镇需要上解。其中，卞庄镇上解16%，留成84%；韩塘乡上解38%，留成62%；神山镇上解14%，留成86%。收入基数确定后，各乡镇每年超收部分，县、乡实行二、八分成。

图14—1　苍山县部门决算编制会议　（2010年摄）

1996年—2006年，县乡财政体制先后经历4次改革和调整。1996年—1998年，继续沿用1994年1月实行的"核定收支，定额包干（补助或上解），超收分成、欠收自负，一定四年"的分税制财政管理体制。1998年—2000年，县对乡（镇）实行"核定收支、定额补助（或上解）、逐年递减（或递增），超收全留、短收自负，一定三年"的管理办法。2001年—2006年，实行"基数定补（或上解），超收全留、短收自负，一定三年"的管理办法。县乡财政体制的改革，坚持财权与事权相统一原则，与中央和省、市财政体制改革同步进行。2002年，通过体制调整，省市县三级财政收入结构由2000年的13.2∶30.2∶56.6变为2005年的13.8∶28.7∶57.5，财力结构发生积极变化，县级保障能力明显提高。2005年，中央和省财政为缓解县乡财政困难，相继实施"三奖一补"和"五奖一补"政策，苍山县被列为全省51个财政困难帮扶县之一。2005年—2006年，通过上级财政拨付，累计获得奖补资金10699万元，缓解苍山县县乡财政困难。2006年，全面取消农业税和农业特产税，推进农村综合配套改革，全县获得农村税费改革专项转移支付4450万元，取消农业税、农业特产税7702万元。2007年，推行部门预算改革，并将非税收入统筹纳入部门预算编制。支持实施公务员工资制度改革，先后兑现人均300元和200元增资政策，实现县委、县政府提出的工资“三年翻番”的目标。2008年，实施津贴补贴改革，县直行政事业单位每人每月增发100元，乡镇增发120元。进一步增加公安巡防队员、环卫工人和消防队员工资，提高养老金、公积金缴纳比例，保障行政事业单位在职人员、“三支一扶”、到村任职大学生工资的按时发放。2009年，上级拨付各项补助资金99492万元，其中中央扩大内需项目资金10248万元；各类转移支付资金69487万元。2010年，上级拨付基本财力保障机制奖补资金1.96亿元、财政专款3.4亿元、省市财政部门调度款6.75亿元，缓解了苍山县财政支出压力。同时，加大对下转移支付，累计拨付2.46亿元，保障乡镇和村级组织正常运转。

第三节　财政收入和支出

预算内财政收入

1949年，预算总收入214万元。1950年—1952年的国民经济恢复时期，预算内总收入571万元，年均190.3万元。1953年—1957年，预算内总收入691.7万元，年均138.3万元，是国民经济恢复时期的72.68%。1958年—1962年，总收入3098万元，年均619.7万元。1963—1965年的调整时期，总收入1544万元，年均514.7万元。主要为农业税收、企业收入、工商各税收入，分别占总收入的33.9%、20%、44.7%。1966年—1970年的“三五”期间，总收入2440万元，年均488万元。其中，农业税收、企业收入、工商各税收入占总收入的40.8%、14.2%、44.4%。1971年—1975年的“四五”时期，预算内总收入3254.8万元，年均651万元，比“三五”时期增长33.4%。其中，农业税收、企业收入、工商各税收入分别占总收入的31%、23.2%、45.2%。1976年—1980年的“五五”时期，预算内总收入4477.8万元，年均895.6万元，比“四五”时期增长37.6%。其中，农业税收、企业收入、工商各税收入分别占总收入的22.1%、14%、63.8%。1981年—1985年的“六五”期间，预算内总收入6761.3万元，年均1352.3万元，比“五五”期间增长51%。1986年—1990年的“七五”期间，预算内总收入13423.7万元，年均2684.7万元，比“六五”期间增长98.5%。其中，农业税收、企业收入、工商各税收入分别占总收入16.2%、3%、74%。1991年—1995年的“八五”期间，预算总收入24631万元，年均4926.2万元，比“七五”时期增长25.5%。其中，农业税收、企业收入、工商各税收入分别占总收入的22.4%、0.1%、68.4%。1996年—2000年的“九五”期间，预算内总收入58400万元，年均11680万元，比“八五”时期增长137%。2001年—2005年的“十五”期间，预算内总收入81434万元，年均16287万元，比“八五”时期增长39%。2006年—2010年“十一五”期间，预算内总收入160313万元，年均32062.6万元，比“十五”期间增长96.9%。

预算外财政收入

境内解放初期，按农业税正税的15%附加征收作为村经费，用于办公经费及村干部、教师津贴。1956年，增加工商税附加，按工商税的1%计征。1961年，增加公房收入。1972年，增加预算外企业上缴利润。1976年，增加企业更新改造资金。1978年，增加县办工业利润留成。1983年，增加粮油超收附加款。1985年，工商税附加、公房收入、县办工业利润留成相继取消。1993年后，预算外收入主要是农业税附加及行政、事业各项收费。1996年，预算外收入有地方各种附加，行政、事业单位的预算外收入及其他预算外收入，国有企业内的利润留成、企业奖金、大修理基金等基金。1996年—2006年，累计实现政府调控预算外资金8236万元。2006年—2010年，提出“加大非税收入宣传力度，加强票据源头控制，拓宽非税收入领域”的政府非税收入改革工作新思路，完成预算外资金向政府非税收入的转变，取消“第二预算”，统筹安排使用预算内外资金，逐步形成科学、合理、完整的部门预算编制体系。

图14—2 非税收入政策法规宣传 （2008年摄）

预算内财政支出

1949年，预算内总支出9.6万元。1950年—1952年的恢复时期，总支出93万元，年均31万元，主要为文教卫生及行政管理支出。1953年—1957年的“一五”计划期间，总支出770.3万元，年均154.1万元，比恢复时期增长397%。1958年—1962年的“二五”计划期间，总支出2214.1万元，年均442.8万元，比“一五”计划时期增长187%。1963年—1965年的调整时期，总支出1361.8万元，年均453.9万元,比“二五”计划时期增长2.5%。1966年—1970年的“三五”计划时期,总支出2345.8万元，年均469.2万元，比三年调整时期增长3.36%。1971年—1975年的“四五”计划时期，总支出3862.5万元，年均772.5万元，比“三五”计划时期增长64.6%。1976年—1980年的“五五”计划时期，总支出5829.6万元，年均11659万元，比“四五”计划时期增长50.9%。1981年—1985年的“六五”计划时期，总支出8079万元，年均1615.8万元，比“五五”计划时期增长38.5%。1986年—1990年的“七五”计划时期，总支出21011.3万元，年均4282.3万元，比“六五”计划时期增长160%。1991年—1995年的“八五”计划时期，总支出43991万元，年均8798.2万元，比“七五”计划时期增长105.5%。1996年—2000年的“九五”计划时期，总支出102745万元,年均20549万元,比“八五”计划时期增长134%。2001年—2005年的“十五”计划时期,总支出187630万元,年均37526万元,比“九五”计划时期增长83%。2006年—2010年“十一五”规划时期，预算内总支出560055万元，年均112011万元，比“十五”计划时期增长198%。

新中国成立以来，各个时期预算内主要支出项目中，文教卫生支出比重最大，平均占38%，且逐年上升，其次是行政管理支出，占20%，且逐年下降，由三年恢复时期占65.6%下降到“八五”计划期间的21.9%（包括公检法支出）。另外，社会抚恤和社会救济占7.5%，历年变化不定，所占比例时高时低，三年调整时期比重较大，占24.1%。

预算外财政支出

预算外财政支出源于境内解放初期的农村经费，项目不断增加。预算外支出有两种，一是由财政部门统一计划支出，二是由各单位以收抵支，年终向财政部门报送决算。1993年后，严格预算外资金的收支制度。

1949 年—1996 年苍山县预算内收支情况

表 14—1　　单位：万元

年份	财政收入					财政支出					财政结余			备注
	合计	预算内收入	上级补助	上年结转	调入资金	合计	本年支出	上解部分	结转下年	调出资金	当年结余	上年结余	累计结余	
1949	214.0	214.0	—	—	—	9.0	9.0	—	—	—	205.0	—	—	
1950	146.0	146.0	—	—	—	13.0	13.0	—	—	—	133.0	—	—	
1951	207.0	207.0	—	—	—	23.0	23.0	—	—	—	184.0	—	—	
1952	218.0	218.0	—	—	—	57.0	57.0	—	—	—	161.0	—	—	
1953	224.2	127.6	96.6	—	—	215.5	105.5	110	—	—	8.7	5.5	14.2	
1954	131.8	121.1	10.7	—	—	133.6	133.6	—	—	—	-1.8	14.2	12.4	
1955	141.5	111.0	30.5	—	—	139.8	139.8	—	—	—	1.7	12.4	14.1	
1956	182.3	144.5	37.8	—	—	173.6	173.6	—	—	—	8.7	6.5	15.2	
1957	224.1	187.5	36.6	—	—	217.8	217.8	—	—	—	6.3	15.2	21.5	
1958	438.0	231.2	206.8	—	—	365.8	365.8	—	—	—	72.2	16.3	88.5	
1959	767.4	725.5	41.9	—	—	793.1	436.1	357.0	—	—	-25.7	86.2	60.5	
1960	803.3	596.3	207.0	—	—	867.1	493.0	374.1	—	—	-63.8	60.5	-3.3	
1961	1110.7	681.9	414.6	—	14.2	1058.4	628.8	429.6	—	—	52.3	-3.3	49.0	
1962	875.5	863.1	9.4	—	3.0	842.6	290.4	543.7	6.3	2.2	32.9	49.0	81.9	
1963	777.8	575.6	193.9	6.3	2.0	849.4	429.6	362.7	28.5	28.6	-71.6	81.9	10.3	
1964	875.8	482.8	352.7	28.5	11.8	901.4	569.2	304.2	28.0	—	-25.6	10.3	-15.3	

续表 14—1

年份	财政收入					财政支出					财政结余			备注
	合计	预算内收入	上级补助	上年结转	调入资金	合计	本年支出	上解部分	结转下年	调出资金	当年结余	上年结余	累计结余	
1965	626.5	485.6	109.5	28.0	3.4	630.4	363.0	239.6	27.8	—	-3.9	—	—	
1966	644.3	422.2	198.1	24.0	—	631.3	492.2	80.2	58.9	—	13.0	—	—	
1967	886.8	428.6	384.9	58.9	14.4	855.2	565.2	231.5	58.5	—	31.6	13.0	44.5	
1968	1022.7	577.5	386.7	58.5	—	1061.3	444.6	577.5	39.2	—	-38.6	44.5	5.9	
1969	726.4	482.8	181.2	39.2	23.2	703.8	389.4	281.2	33.2	—	22.6	5.9	28.5	
1970	566.3	528.9	4.2	33.2	—	594.4	454.4	105.8	34.2	—	-28.1	28.5	0.4	
1971	1364.4	583.8	746.4	34.2	—	1379.8	743.6	607.5	28.7	—	-15.4	0.4	-15.0	
1972	751.3	613.5	109.1	28.7	—	725.2	682.5	22.2	20.5	—	26.1	-15.0	11.1	
1973	757.5	674.2	62.8	20.5	—	752.1	704.0	16.9	31.2	—	5.4	11.1	16.5	
1974	864.5	531.3	302.0	31.2	—	872.5	824.1	—	48.4	—	-8.0	16.5	8.5	
1975	942.2	852.0	41.8	48.4	—	944.9	908.3	—	36.6	—	-2.7	8.5	5.8	
1976	977.4	895.1	45.7	36.6	—	1010.8	1000.0	—	10.8	—	-33.4	5.8	-27.6	
1977	1007.0	884.6	11.6	10.8	—	1066.5	946.9	111.2	8.5	—	-59.5	-27.6	-87.1	
1978	1176.8	955.2	213.2	8.4	—	1205.7	1170.9	—	34.8	—	-28.9	-87.1	-116.0	
1979	1391.7	871.4	485.5	34.8	—	1327.3	1286.6	22.4	18.3	—	64.4	-116.0	-51.6	
1980	1865.6	871.5	975.8	18.3	—	1866.4	1425.2	427.9	13.3	—	-0.8	-51.6	-52.4	
1981	1940.0	1028.9	897.8	13.3	—	1985.5	1248.7	492.0	3.6	241.2	-45.5	-52.4	-97.9	
1982	2196.1	1256.8	935.7	3.6	—	2175.1	1444.7	628.4	—	102.0	21.0	-97.9	-76.9	

续表 14—1

年份	财政收入					财政支出					财政结余			备注
	合计	预算内收入	上级补助	上年结转	调入资金	合计	本年支出	上解部分	结转下年	调出资金	当年结余	上年结余	累计结余	
1983	2158.8	1317.6	801.2	—	40.0	2158.8	1496.5	658.8	3.5	—	0	-76.9	-76.9	
1984	2418.5	1527.1	867.9	3.5	20.0	2457.1	1674.7	263.5	18.9	—	-38.6	-76.9	-115.5	
1985	2847.5	1630.9	1197.7	18.9	—	2806.2	2214.4	489.3	102.5	—	41.3	-115.5	-74.2	
1986	3499.8	1842.4	1554.9	102.5	—	3522.6	3258.9	174.5	263.7	—	-197.3	-174.2	-271.5	
1987	4257.0	2381.2	1612.1	263.7	—	4249.7	3826.3	219.4	146.1	57.9	7.3	-271.5	-264.2	
1988	4411.0	3154.8	1093.4	146.1	16.7	4409.9	4061.6	51.2	297.1	—	1.1	-264.2	-263.1	
1989	4829.0	3664.4	822.5	297.1	45.0	4780.1	4507.6	51.2	221.3	—	48.9	-263.1	-214.2	
1990	5664.2	2380.9	2977.5	221.3	84.5	5664.0	5356.9	71.2	235.9	—	0.2	-214.2	-214.0	
1991	6300.9	3209.0	2732.0	235.9	124.0	6299.0	5640.0	181.0	478.0	—	1.9	-214.0	-212.1	当年收入、支出包括社会劳动保险收支
1992	7741.0	3795.0	2996.0	478.0	445.0	7712.0	7256.0	208.0	248.0	—	2.0	-212.1	-210.1	
1993	9796.0	6490.0	3058.0	248.0		9693.0	9262.0	314.0	117.0	—	103.0	-210.1	-107.1	
1994	11729.0	6048.0	5375.0	117.0	189.0	11727.0	11350.0	91.0	286.0	—	2.0	-107.1	-105.1	
1995	13494.0	7620.0	5536.0	286.0	52.0	13386.0	13014.0	359.0	13.0	—	108.0	-105.0	2.9	
1996	15448.0	8712.0	6433.0	13.0	290.0	15448.0	15101.0	347.0	0	—	0	2.9	2.9	当年收入支出不含社会劳动保险收支，当年社保基金结余 398 万元

1955 年—1996 年苍山县预算外财政收支情况

表 14—2 单位：万元

年份	财政收入			财政支出				结余			备注
	合计	本县收入	上级补助	合计	本县支出	调解	上举	当年结余	上年转入	累计结余	
1955	10.6	10.6	—	1.1	1.1	—	—	9.5	—	9.5	
1956	78.9	72.2	6.7	71.5	60.5	—	11.0	7.4	9.5	16.9	
1957	47.7	44.1	3.6	17.1	12.9	—	4.2	30.6	16.9	47.5	
1958	65.3	56.3	9.0	73.8	65.5	—	8.3	-8.5	47.5	39.0	
1959	67.7	67.7	—	60.6	57.0	—	3.6	7.1	31.5	38.6	
1960	95.7	95.7	—	93.6	93.6	—	—	2.1	61.2	63.3	
1961	31.0	31.0	—	45.8	45.8	—	—	-14.8	64.9	50.1	
1962	34.0	34.0	—	19.2	19.2	—	—	14.8	50.1	64.9	
1963	15.3	13.9	1.4	65.9	19.6	45.0	1.3	-50.6	64.9	14.3	
1964	34.1	34.1	—	23.2	9.5	8.0	5.7	10.9	14.3	25.2	
1965	32.0	30.3	1.7	40.6	23.2	17.4	—	-8.6	25.2	16.6	
1966	34.2	31.5	2.7	37.2	24.4	12.8	—	-3.0	16.6	13.6	
1967	31.1	31.1	—	20.8	17.3	—	3.5	10.3	12.1	22.4	
1968	41.9	41.9	—	26.4	18.1	—	8.3	15.5	19.5	35.0	
1969	23.3	23.3	—	19.5	19.5	—	—	3.8	35.0	38.8	
1970	31.2	31.2	—	38.7	38.7	—	—	-7.5	38.8	31.3	
1971	58.4	58.4	—	71.2	71.2	—	—	-12.8	31.3	18.5	

续表 14—2

年份	财政收入			财政支出				结余			备注
	合计	本县收入	上级补助	合计	本县支出	调解	上举	当年结余	上年转入	累计结余	
1972	60.6	60.6	—	60.5	60.5	—	—	0.1	18.5	18.6	
1973	65.5	65.5	—	77.5	77.5	—	—	-12.0	18.6	6.6	
1974	25.8	25.8	—	30.6	30.6	—	—	-2.1	6.6	4.5	
1975	67.4	52.4	15.0	68.0	68.3	—	—	-0.9	4.5	3.6	
1976	64.8	64.8	—	67.0	67.0	—	—	-2.2	3.6	1.4	
1977	64.1	64.1	—	98.2	98.2	—	—	-34.1	1.4	-32.7	
1978	58.3	58.3	—	76.5	76.5	—	—	-18.2	-32.7	-50.9	
1979	111.8	111.8	—	63.6	63.6	—	—	48.2	-50.9	-2.7	
1980	86.2	86.2	—	69.5	69.5	—	—	16.7	-2.7	14.0	
1981	115.4	115.4	—	82.8	82.8	—	—	32.6	14.0	39.2	购国库券 74
1982	87.7	87.7	—	118.7	118.7	—	—	-31.0	39.2	8.2	
1983	142.8	142.8	—	123.1	83.1	40.0	—	19.7	8.2	27.9	
1984	160.6	160.6	—	151.1	131.1	20.0	—	9.5	27.9	37.4	
1985	184.6	184.6	—	153.0	—	—	—	31.6	37.4	69.0	另结转国库券 74
1986	113.0	105.6	—	92.8	92.8	—	—	20.2	76.4	96.6	结余含结国库券
1987	129.0	129.0	—	109.3	109.3	—	—	19.7	96.6	116.3	
1988	122.3	122.3	—	187.2	187.2	—	—	-64.9	116.3	51.4	
1989	142.6	142.6	—	177.6	177.6	—	—	-35.0	51.4	16.4	

续表 14—2

年份	财政收入			财政支出				结余			备注
	合计	本县收入	上级补助	合计	本县支出	调解	上举	当年结余	上年转入	累计结余	
1990	90.7	90.7	—	93.1	93.1	—	—	-2.4	16.4	14.0	
1991	117.1	117.1	—	116.8	116,8	—	—	0.3	14.0	14.3	
1992	295	295	—	278.0	278.0	—	—	17.0	14.3	31.3	
1993	3435	3435	—	2665.3	2665.3	—	—	769.7	31.3	801.0	正式决算表未到
1994	4688	4688	—	4725	4536	189	—	-37	801	764	
1995	3447	3447	—	3310	3310		—	137	764	901	
1996	11443	11443	—	10925	10376	549	—	518	3722	424	其中乡自筹统筹和社会保险结余2810

1996 年—2006 年苍山县财政一般预算收入情况

表 14—3　　单位：万元

年份 项目	1996	1997	1998	1999	2000	2001	2002	2003	2004	2005	2006
增值税	1030	1071	1139	1223	910	1109	1103	1290	1603	2777	3559
营业税	1033	1297	1692	2062	2421	1654	1649	2198	2484	3159	4721
企业所得税	1244	1134	1359	715	1442	3975	1252	894	611	675	1050
个人所得税	199	362	211	838	651	987	500	392	403	377	511
资源税	51	29	48	91	94	66	76	122	568	2168	2446
固定资产投资方向调节税	121	164	323	272	144	32	—	—	—	—	—
城市维护建设税	214	267	144	165	260	227	211	233	374	596	633

续表 14—3

项目＼年份	1996	1997	1998	1999	2000	2001	2002	2003	2004	2005	2006
房产税	135	183	181	217	212	233	445	465	309	408	448
印花税	15	12	76	8	8	9	10	11	27	43	91
城镇土地使用税	39	39	86	112	132	120	135	259	196	208	515
土地增值税	—	—	—	—	—	—	—	—	2	16	90
车船使用和牌照税	163	149	107	55	67	102	223	352	241	438	243
屠宰税	126	107	54	62	40	630	137	—	—	—	—
工商税收税款滞纳金、罚款收入	3	3	—	—	—	—	—	—	—	—	—
农业税	1396	1396	1395	1314	1134	973	3069	7700	3742	1131	—
农业特产税	1879	2591	3001	2524	2268	3098	3934	—	105	49	143
耕地占用税	76	81	138	136	111	120	120	121	397	227	980
契税	11	10	20	112	162	92	94	78	562	946	695
国有资产经营收益	—	—	28	191	298	149	42	—	15	—	76
国有企业计划亏损补贴	-325	-295	—	—	—	—	—	—	—	—	—
行政性收费收入	560	469	797	2360	2548	91		470	397	737	190
罚没收入	354	636	665	872	979	1780	1478	1507	3251	3012	3850
海域场地矿区使用费	—	—	202	160	—	—	—	—	—	—	—
专项收入	178	—	197	199	172	158	254	294	319	2076	2302
其他收入	159	314	—	—	—	—	—	10	19	33	76
外商投资企业和外国企业所得税	51	30	35	—	—	—	—	—	—	—	—
合　计	8712	10049	11898	13688	14053	15605	14732	16396	15625	19076	22619

1996年—2006年苍山县财政一般预算支出情况

表 14—4　　单位：万元

项目＼年份	1996	1997	1998	1999	2000	2001	2002	2003	2004	2005	2006
基本建设支出	—	—	—	—	—	—	—	—	—	—	2
企业挖潜改造资金	458	516	388	200	200	1618	1612	1749	353	977	1490
地质勘探费	—	—	—	—	—	—	—	—	—	—	—
科技三项费用	128	160	174	293	296	149	251	235	315	320	168
流动资金	—	—	—	—	—	—	—	—	—	—	—
农业支出	790	1785	1481	2645	3499	1985	1746	2106	3500	2860	4474
林业支出	88	—	—	—	—	—	—	144	318	387	280
水利和气象支出	275	—	—	—	—	—	—	389	420	599	497
工业交通等部门事业费	117	89	71	87	54	68	164	398	119	144	273
流通部门事业费	36	44	39	52	56	64	87	75	105	138	223
文体广播事业费	393	6511	500	761	672	731	1217	1571	2424	2392	2476
教育支出	5110	—	5872	7064	7397	8300	8698	9017	10703	11282	13648
科学支出	31	31	27	30	27	29	36	39	56	112	73
医疗卫生支出	953	1124	1206	1257	1301	1255	1393	1663	1701	2957	4800
其他部门事业费	1118	1013	1828	1130	1115	1018	1193	1088	1819	2289	3239
抚恤和社会福利救济	541	570	625	940	912	981	1289	1437	1593	2111	3437

续表 14—4

项目＼年份	1996	1997	1998	1999	2000	2001	2002	2003	2004	2005	2006
行政事业单位离退休支出	40	31	2054	2496	2371	2834	2638	2778	2306	4200	4544
社会保障补助支出	—	—	279	253	167	327	195	363	387	473	412
国防支出	—	—	—	—	—	—	70	—	—	—	—
行政管理	2122	2344	2042	2198	2518	2500	5438	6847	9039	7588	9313
公检法司支出	1148	1322	1446	1961	1924	2228	2230	2302	2885	3288	3740
城市维护费	484	715	562	855	1577	539	490	706	482	966	1541
政策性补贴支出	227	90	120	60	60	—	51	42	136	208	442
支援不发达地区支出	40	39	77	142	295	296	267	233	240	249	341
海域开发建设和场地使用费支出	—	—	100	—	—	—	—	—	—	—	—
专项支出	191	—	288	215	194	218	163	266	348	2501	3945
其他支出	446	606	607	643	1229	1825	1515	1022	2412	6918	10907
农业综合开发	365	307	412	611	392	319	513	—	—	—	—
合计	15101	17297	20198	23893	26256	27284	31256	34470	41661	52959	70265

2007年—2010年苍山县财政一般预算收入

表14—5　　单位：万元

项目＼年度	2007	2008	2009	2010
增值税	4631	5734	6145	7038
营业税	6123	8373	9528	13951
企业所得税	1441	1755	1936	1653
个人所得税	606	554	453	433
资源税	2740	4089	4691	5041
城市维护建设税	899	887	1096	1860
房产税	567	645	688	627
印花税	234	301	355	446
城镇土地使用税	973	1060	1817	1472
土地增值税	165	47	117	204
车船税	276	901	958	1213
耕地占用税	563	660	2239	1654
契税	449	34	—	2600
烟叶税	207	593	722	625
国有资产经营收益	—	2	—	—
国有资源（资产）有偿使用收入	182	164	102	95
行政性收费收入	712	—	838	600
罚没收入	4397	2769	1906	1880
专项收入	1183	1330	1212	1500
其他收入	—	802	1274	1677
合　计	26348	30700	36077	44569

2007年—2010年苍山县财政一般预算支出情况

表14—6 单位：万元

项目＼年份	2007	2008	2009	2010
一般公共服务	21445	20756	22021	23445
国防	71	107	—	178
公共安全	4967	5380	6219	6458
教育	25415	28788	31717	38510
科学技术	568	378	356	355
文化体育与传媒	807	762	850	868
社会保障和就业	12844	15381	18214	22337
医疗卫生	6397	12452	16195	19460
环境保护	1002	2062	3218	1639
城乡社区事务	3262	4161	4501	5334
农林水事务	9734	12939	19556	26514
交通运输	1126	1792	3270	4700
工业商业金融等事务	4131	5387	—	—
资源勘探电力信息等事务	—	—	2732	2579
商业服务业等事务	—	—	—	4413
金融监管等事务支出	—	—	—	115
国土资源气象等事务	—	—	—	859
住房保障支出	—	—	—	2089
粮油物资储备事务	—	—	4166	714
其他支出	-579	3375	1865	400
年度合计	91190	113720	134880	160967

第四节 农业税收征管与改革

农业税

农业税的前身是田赋，由财政局直接征收。抗日战争时期，以户为负担单位，以村为实行单位，分10个等级折成分数负担，由村政委员会估计决定。1941年，按照山东省战时工作执行委员会《关于粮食与征收救国公粮的决议》，按户按人，根据收入多寡，折合中亩累进征收

救国公粮，建立新的田赋粮银册薄，改以前的银两征收为钱币征收，开征田赋。1942 年，按户按人，根据收入多寡规定起征点和最高限额累进征收。自耕农民、佃民、地主的实际收入分别为 500、625、375，折合数额都是 250 千克，征收率都是 12.6%，公粮数都是 31.5 千克。1945 年，执行《山东省征收公粮条例》，一等户按 35% 计征，二等户按 30% 计征，三等户按 20% 计征，四等户按 10% 计征，五等户免征。1946 年，增征 20% 附加粮。1947 年春，为粉碎国民党重点进攻，按 1946 年秋季公粮的基数预借 40%，按人另预借 500 克公粮，附借 750 克柴草。土地改革中，将以土地划分等级征收改为按标准亩征收。1949 年，以中亩为负担标准，扣除人均中亩 7 分地的免税点后按比例征收。

1950 年，建立农业新税制，分等累进征收。农业收入以土地的常年应产量为准，增产不增税。经过 1950 年—1952 年的土地改革，清丈地亩，颁发土地证，评定常年应产量等工作，1952 年计税土地 9.86 万公顷，最低为 3 级地，常年亩产量 15 千克；最高为 30 级，常年亩产量 150 千克，均按 18% 计征。1956 年，从按户为负担单位改为按互助组、农业社为负担单位，将组、社各户的常年产量加在一起计算征收。1958 年，全县亩均常产 72.75 千克，平均税率 14.9%，标准粮价格每千克 0.2 元，全年计征标准粮 1973 万千克，扣除减免后实际征收 1828 万千克，折金 366 万元。年全县的税率为常产的 14.9%。1962 年，将税率调为 11.9%，农业税平均税率调整为 11.89%。

1985 年，将农业税以收粮食为主改为折征代金，夏季预征，全年统算，有条件的一次完成。按 11.9% 应征折代金 462.86 万元，其中正税 402.48 万元，地方附加 60.38 万元。夏季实征 431.2 万元，占全年稽征的 96%。1987 年，夏征完成全年农业税征收。此后 9 年，每年夏季可完成 90% 以上。1996 年，对大棚菜开征特产税，全年农业四税共完成 3362 万元，占全年财政收入的 38.59%，比 1995 年增长 9.12%。截至 2001 年，常产及平均税率均没有再作过调整。标准粮价格 1958 年是每千克 0.2 元，由于粮食收购价格的上调，逐次调到 1996 年的每千克 1.46 元，1999 年，根据全国粮食流通体制改革会议精神，由每千克 1.46 元调整为每千克 1.36 元。2000 年，调整为每千克 1.18 元。征收方式由征收实物改为折征代金为主，又改为以征收粮食实物为主，实行实物征收、货币结算的办法。1996 年—2001 年，苍山县农业税亩均常产 61 千克，平均税率 11.89%，即每亩地平均缴纳正税粮食 7.25 千克、附加粮食 1.09 千克，2 项合计 8.34 千克。

2002 年，全国推行农村税费改革，苍山县的农业税按计税土地面积、农作物常年产量、规定的计税价格和税率计征。农业税分夏、秋两季征收，夏征期为 1 月 1 日—8 月 31 日，秋季征收期为 9 月 1 日—12 月 31 日。夏季征收额原则上不低于全年应纳税额的 70%，如纳税人自愿，可以夏季一次性缴清。农业税采取征收代金的方式，由征收机关直接征收。苍山县农业税税率为 6%，并随同农业税征收应纳税额 40% 的附加。苍山县农业税计税价格，综合考虑粮食保护价格和市场价格等因素，确定为 1.14 元 / 千克。

农业税计税土地面积以农民第二轮承包用于种植农作物的土地为基础，根据土地的增减变化等实际情况确定。2002 年，苍山县共计核实农业税计税土地面积 140.76 万亩，比原计税土地面积增加 4.44 万亩，比二轮土地承包面积增加 23.88 万亩。农业税常年产量按照当地 1994 年—1998 年农作物 5 年平均产量和规定的比例折算确定，全县农业税平均计税常产核定为 737 千克 / 亩，按每亩 100 千克差别为一个类型，21 个乡镇划分为 6 个常产类型。其中，一类的有向城、庄坞 2 个菜区乡镇，平均常产 950 千克 / 亩；二类的有层山、兴明、三合、二庙、磨山、神山6个乡镇，平均常产850～950千克/亩；三类的有卞庄、尚岩、长城3个乡镇，平均常产750～850千克/亩；四类的有新兴、兰陵、南桥、贾庄4个乡镇，平均常产650～750千克/亩；五类的有大仲村、沂堂2个乡镇，平均常产550～650千克/亩；六类的有矿坑、车辋、下村、鲁城4个山区乡镇，平均常产在550千克/亩以下。

1972年，开始执行灾情减免，全年全部农作物总产量比正常年景产量歉收不足三成的不减，歉收三至六成的依据歉收程度减免，歉收6成以上的免征农业税。1983年，社会减免控制在依率计征总额的2%左右。1949年—1985年，农业税的各种减免累计8776.5万千克，折款2110万元，占农业税总任务的18.5%。1986年—1996年，农业税的各种减免累计688万元，占农业税总数的9.4%，占实征农业税6710万元的10.3%。

2004年，苍山县的农业税税率下调3个百分点，农业税附加同步下调。2005年，全省农业税税率降低2个百分点，即农业税税率由2004年的3%下调到1%。2006年1月1日起取消农业税征收。

农业特产税

1987年，苍山县开征林特产税，应税品种有苹果、桃、芦苇、淡竹、各种条子等。1994年，改称农业特产税，统一征收，并对大蒜、大姜开征。1996年，对大棚菜、牛蒡开征。农业特产税实行比例税制，最高为实产的31%，最低不低于实产的5%。大蒜、大姜、大棚菜、牛蒡按实产的5%计算征收。是年，征收农业特产税由1995年1105万元增长到1999万元，占农业四税的59.46%。

1987年—1993年，农业特产税由乡镇财政所征收，上缴县金库。1994年实行分税制后，农业特产税划为乡镇地方税，由乡镇负责征收管理，税款直接入乡金库。农业特产税以1988年实征税额为基数，用于建立农林特产税专项基金；每年超基数部分，一半用于建立农业发展基金，一半用于粮价补贴。

苍山县由于工商业经济欠发达，比较稳定的、固定性强的工商税收总量不足，占财政收入的比重较低。以1998年为例，来自农业的税收占地方总收入的比重为50%，相当部分乡镇占到70%以上，农业税收的大头来自农业特产税收入。农业特产税不仅较好地解决了苍山县农业产品税负不均的问题，也大幅度增加苍山县的地方财政收入，成为支柱财力。2006年，取消农业特产税的征收。

第五节　财政管理

行政、事业财务管理

1950年，设专职监察员。每年对文教、卫生、建设事业及行政部门进行检查监督。1953年前的行政、事业经费，由县统一编造预算、决算，按月向专署报领核销，结余上缴或抵顶下期经费。1953年起，执行系统化管理的方法，按行业逐步建立单位预算。1958年，成立基建股，负责基本建设检查，实行包干管理，时间不长改回预算管理。1980年，采取定员定额定包干，支出预算核批后支出不得超过预算范围，节约归己，超支不补。1982年，在农林水等试行事业单位企业化管理。1984年，成立行政、事业财务管理股，负责核定行政、事业单位的收支计划，拨付行政、事业单位经费，掌握开支标准，编审财务预决算，检查监督单位预算及各项开支制度的执行情况。1985年，对事业单位拨发周转金14.6万元。1996年，公用经费1278万元，占人头费的11.95%。1997年1月，苍山县财政局内部增设社会保障管理科，将民政事业管理、抚恤、社会救济费、卫生事业费管理、劳动保障事业费、残疾人联合会事业费、老干局经费管理、公费医疗经费管理、行政事业费管理等业务从行政事业管理科分离出来，实行社会保障资金归口管理。2005年7月，苍山县财政局行政事业财务管理科，分为财政局教育科学文化财务管理科和财政局行政政法科，教育经费、科学经费、文化部门经费由教科文科事业管理，行政经费、公检法司单位经费由行政政法科管理。2009年，建立国有资产信息库，实现对资产从“入口”到“出口”的全过程管理，将行政事业单位国有资产受益全部纳入“收支两条线”管理。同年，先后设立政府投资评审中心和政府采购监督管理办公室，对行政事业单位涉及民生领域工程项目进行评审，评审投资额2600万元，核减不合理支出500万元，审减率19.23%。2010年，在全市率先实施政府采购电子化管理，将县直131户行政事业单位和各乡镇、街道办、开发区的固定资产纳入“山东省行政事业单位资产信息管理系统”，实现资产的动态管理。

企业财务管理

新中国成立初期，国家以所得税形式征收工商利润。1958年，执行国有企业财务会计制度，利润和折旧基金统一解交县财政，纳入国家预算。1960年，核定14个县属工交企业的流动资金定额384.2万元，其中80%作为企业的自有流动资金，其余20%拨给人民银行，由银行向企业发放定额贷款。企业利润留成基金、大修理基金、附加工资等专款专存、专用，不参加流动资金周转。各项专用基金先收后支，账户不得透支。1979年，国有企业试行企业基金法。凡全面完成国家下达的产量、品种、质量、原材料、燃料动力消耗、劳动生产率、成本、利润、流动资金8项指标以及供销合同的工业企业，可按工资总额的5%提取企业基金；完成产量、品种、质量、利润4项指标及供货合同的，可按3%提取企业基金；没完成的不提取。完成产量、品种、质量、利润及供货合同后，每多完成一项指标，可按工资总额多提取0.5%的企业基金。企业主管部门提取的企业基金50%用于奖励超额完成利润指标的企业，50%用于生产技术措施和集体福利设施。1981年，对国拨资金实行有偿占用。企业的流动资金由原财政拨款改为银行贷款，按期核定企业贷款计划。财政主要进行财务检查，督促企业利润、基本折旧基金等结转入库。1983年“利改税”后，企业由交纳利润改为上交所得税、调节税。企业的税后利润按比例分为生产发展基金、福利基金、职工奖励基金，专款专用。财政每年定期、不定期地对企业进行财税大检查。1988年，实行承包经营责任制，承包的主要内容是上缴所得税和调节税。1994年，实行分税制，企业主要缴纳营业税、增值税、所得税，税后利润归企业所有，按照新财务制度对税后利润进行分配。1996年—2006年，财政预算内投入资金9229万元，财政周转资金752万元，经济开发投资公司投入资金8794万元。2009年，建立企业快报专管员制度，实行企业快报与项目申报、资金扶持相结合，督促企业及时上报财务报表，共编报国有及国有控股企业类15户、集体类1户、民营企业34户、外资企业17户。2010年，实行企业快报与奖惩制度挂钩，全年纳入企业快报网络户数达到80户，新纳入快报企业20户，初步形成能够反映全县企业运行情况的信息体系。

事业单位的企业化管理

1985年，对事业单位实行企业化管理，推行对有收入的事业单位实行差额补助，用单位的收入抵补事业费开支，不足部分由财政补贴。从1993年起，对事业单位实行分类管理，划分为全额拨款、差额拨款及自收自支单位。全额拨款的单位预算收入全部纳入财政预算，工作经费由财政拨款解决。差额预算单位财政只给差额补助。自收自支单位的收入、支出均自行解决，财政一般不再拨款。1996年，全县事业单位共842个，其中全额拨款单位790个，差额补贴单位26个，自收自支单位26个。1998年后，对农口改企单位，财政部门不再对其进行管理。至2010年，全县157户行政事业单位资产信息基础资料录入信息系统。

住房资金管理

从1994年起，进行住房制度改革，至1996年12月累计归集住房资金2584.2万元；制定实施《苍山县住房公积金管理细则》，对住房资金账务处理、公积金缴存等作出具体规定。1997年，制定实施《苍山县住房基金考评办法》和《住房公积金手册》，共收取各项住房资金228万元，拨出100万元支持县城安居工程建设。1998年1月起，提高住房公积金的缴交率，一律按工资总额的5%执行，当年共收取各项住房资金1733万元，住房资金归集面达到80%。2001年，对全县82个单位住房资金收入使用情况进行全面检查，查出欠缴住房公积金384.8万元，当年共结存各类住房资金3790.5万元，归集住房资金53万元。2002年，拨付住房资金1105.10万元，建造购买住宅568套，有效解决部分职工的住房困难。2003年，苍山县财政局住房公积金管理中心的住房公积金业务和人员全部移交给临沂市住房公积金管理中心苍山管理部管理。

2004年—2010年苍山县住房公积金归集、个贷情况

表14—7　　　　单位：万元

年份	归集金额	个贷金额	年份	归集金额	个贷金额
2003	822	—	2007	2899	5260
2004	1091	812	2008	4553	5466
2005	1715	1349	2009	5639	8205
2006	2223	1768	2010	6485	7675

支农周转金管理

在新中国成立后一个较长时间内，国家财政用于支援农业的各项专用资金都是采用无偿形式。尤其1956年农业合作化后，国家每年都拨出专款购买农机具、良畜、良种等，无偿支持生产。因授受双方不承担经济责任，致使浪费严重，效益不理想。从1980年起，对支援农业的各项专用资金逐步由无偿支援改为有条件、有偿无息周转使用。1981年—1998年，共投放支农周转金6882.4万元，扶持单位（户）7024个，产值57665.6万元，税金5824万元，纯收益19364万元。1998年，财政支农周转金停止投放。

控制社会集团购买力

1953年，为夺取抗美援朝战争的胜利，确保建设计划的完成，大力开展增产节约运动，完成节约61.59万元。1960年，全县办公经费压缩50%，检察院、法院、妇联、共青团业务费压缩20%，其他单位业务费压缩40%，停止非生产性建设，取消实物奖励，年末节约各项经费44.7万元。其中，压缩公务费及业务设备购置费5.7万元、企业管理费9.5万元，停止非生产性基本建设29.5万元。1961年，进一步压缩办公费、会议费等支出，比上年决算实际支出压缩37.3万元。1962年，重点压缩电话费支出，比上年少支4.7万元，压缩31%。1980年起，实行分级分类控制社会集团购买力办法，全县列为专控的商品共33种，比国家规定增加电视机1种。1984年，取消专控指标及限额，专控商品购置额36.3万元，其中汽车30.5万元，占专控商品总额的89%。1985年，专控商品17种，全县购置额28.4万元，比上年下降21.8%。其中，小汽车20.1万元，占专控商品购置总额71%。1986年，专控商品为18种。

从1989年起，凡机关、团体、企事业单位购买国家专控商品，必须缴纳附加费。1991年，试行小汽车总量分配双轨制，既控制数量又控制金额，两个限额都不能突破。1993年，对全县范围内的小汽车进行全面清理检查，共查出违控车辆17台，价值211.2万元。其中，豪华小汽车3辆，价值77万元，入库罚款14万元。1996年，全县社会集团购买专控商品支出579万元，机动车燃油费支出826万元，办公用品支出1435万元，食品、礼品、奖品、纪念品支出61万元，文体用品支出56万元，其他一般商品支出93万元。

2009年3月21日，苍山县控制社会集团购买力办公室更名为苍山县财政评审中心，执行《苍山县政府公共投资建设项目管理暂行办法》《苍山县财政投资评审管理暂行办法》，积极开展财政投资评审。当年，评审政府投资项目2个，评审投资额2600万元，核减不合理支出500万元，审减率19.23%，有效节约财政资金。2010年，扩大投资评审范围，将市政建设、水利交通、土地开发整理等项目纳入财政投资评审范围，核减不合理支出，有效节约财政资金。

预算外资金管理

1985年后，加强对预算外资金的管理。1986年，拟定《预算外资金管理实施细则》。20世纪90年代初，改为专户储存、计划管理、财政审批、银行监督。1996年6月—8月，对全县485个单位1995年的预算外资金进行清理检查，共查出预算外资金收费项目398个，收入总额27683万元，其中上交上级主管部门3058.5万元。1996年9月，县政府制定实施《苍山县财政第二预算管理暂行办法》，以单位1995年实际收入为基数，本着保证重点、压缩一般、全面兼顾、内外平衡、谁收费谁受益的原则，编制1996年县直财政第二预算收支计划。1996年年底，县财政专户代管单位户数95个，代管预算外资金达7670万元，分别比1995年改革前增长11.76%、47.5%。1997年，配合预算外资金管理制度改革，对10个乡镇1996年预算外资金、县直49个单位1996年和1997年上半年预算外资金进行清理检查，共查出预算外总收入15545万元，违规违纪金额2772万元。1998年，苍山县人民政府制订《关于进一步加强乡镇财政管理的意见》，要求各乡镇实行统管和代管相结合，加强预算外资金管理。1999年6月，全县实施罚缴分离制度改革。1996年—2006年，累计实现政府调控预算外资金8236万元，开展历次行政事业性收费、罚没收入和收支两条线专项检查，累计查处6580万元违纪金额。2007年，制定《苍山县政府非税收入稽查管理办法》，进一步规范非税收入稽查工作。2008年，制定《苍山县河道工程维护管理费征收管理办法》，将河道工程维护管理费纳入地税代征。2009年，按照部门预算的要求，把非税收入"收支两条线"管理与部门预算改革紧密结合起来，实行收入全额上解、支出统筹安排，将国有资产处置收益、以政府名义接受的捐赠收入等富有潜力的非税收入全部纳入非税收入征管系统。2010年，按照上级有关规定，针对非税管理新形势、新情况，相继出台《关于进一步加强政府非税收入征管工作的意见》以及国有土地使用权出让收支、城市基础设施配套费等文件，对非税收入的预算编制、收缴管理、票据管理、监督检查进行了规范。2007年—2010年，累计实现政府非税收入15.56亿元。

国有资产管理

1991年，苍山县成立国有资产管理局。同年，进行一次国有企业国有资产产权登记，登记企业户数21户，资产总额1807万元。1993年4月1日，成立苍山县清产核资领导小组，对全县行政事业单位的资产全面清理，共清产核资单位710个，全县行政事业单位职工在编人数为13150人，清查资产总额为32509万元，其中固定资产

29106万元，流动资产3046万元，专项资产351万元，其他资产6万元。2005年，投入注册资金6753万元成立国有资产运营有限公司。2006年—2010年，公司共融资2亿多元。1996年—2006年，对全县行政事业单位的国有资产存量和使用情况进行清查，并对227户行政事业单位颁发国有资产产权登记证书。全县行政事业单位资产总额37748万元，负债总额4816万元，国有资产总额32932万元。2006年，对全县行政事业单位和乡镇资产进行产权登记，共汇总上报行政事业单位156户，资产总额9.9亿元。2007年，对全县163户行政事业单位和21个乡镇进行国有资产产权登记年检。2008年，对全县166户行政事业单位和21个乡镇的资产重新进行登记年检。2009年，建立国有资产信息库，实现对资产从“入口”到“出口”的全过程管理，将行政事业单位国有资产受益全部纳入“收支两条线”管理。2010年，印发《关于进一步加强国有资产管理的通知》，规范资产处置程序，将131户行政事业单位和各乡镇、街道办、开发区的固定资产纳入“山东省行政事业单位资产信息管理系统”，实现资产的动态管理。

财政监督

1996年—1997年，每年组织一次税收财务物价大检查，从财政、税务、物价、审计、监察等部门抽调人员组成检查组，累计检查单位317个次，查处违纪金额1095万元，收缴各类税款471万元。1998年，组织收支两条线清理检查，查出违纪金额1360万元，欠交财政专户资金620万元。2000年，组织财务收支情况检查、收支两条线检查、地方金融企业财务检查、全县基本建设项目检查和国债资金使用情况检查，共查出各类违纪金额2067万元。2001年，开展各项监督检查7次，抽调检查人员103人次，检查单位226户，查出违纪金额2360万元，应入库税费及罚款445万元，催交入库382万元。2005年，组织检查单位212个次，查处违纪金额820万元，向单位提出整改建议465条。2007年，开展支农资金管理年活动、社会抚养费征收管理情况检查和全系统内部监督检查，组织财政专项资金检查，查出19个单位违规使用资金352.6万元，处罚单位18个，罚款31万元，共回收财政资金20万元。2008年，集中开展收支两条线、政府采购、财政专项资金和会计信息质量“四项”检查，依法查处违规违纪资金700万元。2009年，共检查单位184个，依法查处违规违纪金额780万元，其中处罚单位12个，处罚金额16.3万元。2010年，开展中央预算内投资项目、财政专项资金、“收支两条线”“小金库”专项治理、会计信息质量等一系列监督检查，共计查处违规违纪资金890万元。

会计事务管理

1996年—2006年，累计组织720人次参加会计电算化培训班，组织珠算定级52场次，鉴定会计人员4270人；组织会计人员继续教育培训，共培训9900人次；组织机关企事业单位和村级组织会计培训班，培训会计人员3000人，先后为5900人次换发、核发新会计证；招收会计学专业函授大专班125人，财会专业函授中专班228人。1996年9月，开展会计工作秩序整顿，共检查单位132个，查出违纪金额389万元。1997年，组织召开苍山县珠算协会第三次代表会议，换届选举珠算协会会员，吸纳700人为新会员。1999年，组织会计发展和计划委员会派制试点工作，在全县范围内公开选拔录用委派会计20人。同年，举办会计法培训班38期，培训会计人员2861人。2000年，首次组织会计人员普查，共普查会计人员3236人，其中持有会计证人员2075人。2003年，组织会计诚信建设年活动，发放竞赛试题2100份，发放会计诚信倡议书3000份。2007年，组织行政企事业单位1800余会计人员进行继续教育培训，完成会计从业资格证书注册登记人员2156人，换发新证1880人。

2008年，做好新会计准则实施的准备工作，组织会计人员继续教育培训1700人，初级会计电算化报名考试104人，会计从业资格报名130人，全县会计人员整体素质进一步提高。2009年，开展会计执法检查、“会计管理规范年”活动，健全更新会计人员档案库，全县会计从业资格人员注册登记2896人；组织会计继续教育培训1907人，会计专业技术资格报名199人。2010年，组织会计初中级资格考试报名305人，培训行政、企事业会计人员继续教育11期共2200余人次，核发会计从业资格证书301本，办理会计人员调出、调入、变更101人次。

会计服务

会计中介业务原属县财政局管理。1996年—1999年，山东临沂会计师事务所苍山分所通过接受行政企事业单位委托，开展审计、验资、资产评估、工程决算审查等业务，累计查账16户，验资67户，工程审查43户，资产评估95户，审计112户。1998年，山东省临沂会计师事务所苍山分所改建为山东恒正会计师事务所，注册会计师9人，成立独立的会计师事务所，隶属省注册会计师协会，并受其监督和管理。1999年，山东恒正会计师事务所实施脱钩改制，与原挂靠苍山县审计局脱钩后的审计师事务所共同组建山东恒正有限责任会计师事务所。2000年1月26日，山东临沂恒正会计师事务所成立，与苍山县财政局正式脱钩。

第六节　国库债券

新中国成立后，国家1950年发行胜利折实公债，1954年—1958年发行国家经济建设公债。1954年发行的为8年偿还，其他为10年偿还，利息为年息4厘。1954—1958年，苍山县共认购经济建设公债60.5万元。

从1981年起，发行国库券，年息4厘。自发行后第6年起一次抽签，按发行额分5年作5次偿还本金，利息在还本时1次付给，全县认购41.5万元。1982年，单位购买的国库券年息4%，个人认购的年息8%。从第6年起，按单位购买总额平均分5年偿还。个人购买的国库券票面为1元、5元、10元、50元、100元和1000元6种，自发行后第6年起1次抽签，按发行额分5年5次偿还，每年偿还总额的20%。1985年发行的国库券，单位购买的年息为5%，个人购买的年息为9%。1986年—1996年，共发行3216.4万元，财政实际兑付950.2万元，占发行数的30%。

1989年，发行3年期保值公债，年息14.14%。1989年、1990年，发行5年期特种国债，年息15%。1991年，发行特种国债，年息为9%。1992年、1993年发行的国库券均有保值。此后，国库券逐步推向市场。

1950年—1985苍山县部分年份国债发行情况

表14—8　　单位：万元

名称	年份	分配任务	实际完成数	完成计划(%)	实际完成数		备注
					单位购买	个人购买	
人民胜利折实公债	1950	—	1173份 0.35	—	—	0.35	
国家经济建设公债	1954	12.58	12.14	96.5	—	12.14	8年还
	1955	20.34	8.61	4.23	—	8.61	10年归还年息4厘

续表 14—8

名称	年份	分配任务	实际完成数	完成计划（%）	实际完成数		备注
					单位购买	个人购买	
国家经济建设公债	1956	22.35	11.17	5.0	—	11.17	10 年归还年息 4 厘
	1957	15.83	12.47	7.87	—	12.47	10 年归还年息 4 厘
	1958	—	16.11	—	—	16.17	10 年归还年息 4 厘
国库券	1981	4.15	4.15	10	4.15	—	5 年后分 5 年归还
	1982	96	102.2	10.6	16.2	86	5 年后分 5 年归还
	1983	100.5	106.7	10.62	13.5	93.2	
	1984	105	108.1	10.3	15.1	93	
	1985	167.4	187.3	11.19	16.5	170.8	

1956 年—1996 年苍山县国库券发行兑付情况

表 14—9　　单位：万元

年份	任务数	实际发行数	实际兑现数	利息	备注
1986	—	—	13	5 年　年息 10%	
1987	157.7	182	8	5 年　年息 10%	
1988	195.9	300	6	3 年　年息 10%	
1989	545	545	112	3 年　年息 10%	为 1989 年数
1990	278	278	105	3 年　年息 14%	
1991	663	663	53	3 年　年息 10%	
1992	—	12.47	7	3 年　年息 9.5%	保值
1993	1053	874	63	3 年　年息 13.96%	保值
1994	590	324.4	76.2	2 年　年息 13%	
1995	198.2	96	106	3 年　年息	
1996	—	50	401	3 年　年息 14.5%	

说明：实际兑付数系财政兑付部分没有包括银行兑付数

第二章　税　务

第一节　税　制

税收制度

1940年3月，临郯费峄四县边联县创建人民税收制度，实行分散管理，主要采取设立税卡、查私缉私、赶集设点、巡回检查等征管方式。1943年秋，工商管理将工业、商业、贸易、税收统一管理，自办自收，废除中间盘剥。1947年4月，执行山东省人民政府关于修订内地税率的命令，为保证解放战争的供给，调整税负，修订部分税率。1949年后，开展税法宣传、掌握税源变化、辅导纳税人依法纳税、对纳税情况进行监督检查等成为税务管理的主要工作任务。1950年起，对部分纳税单位实行纳税鉴定制度。同年，工商企业建立账簿，实行月终向税务机关申报纳税制度。1951年，建立税收专管员制度，当时称税务驻厂员，只对兰陵美酒厂等少数企业进派。1982年，税务登记制度逐步完善。全县有4396户纳税单位及个人，其中国营企业94家，集体企业106家，社、队、村办企业161家，个体工商业4035户。在个体工商业户中，1210户为经销户，600户为饮食业，660户为修理服务业，1565户为其他杂业。经过税务登记，限期取缔6个小酒厂、小烟厂及小油漆厂；对84户从未办理过纳税的个体工商业户予以补税，共补齐税款1704元；对368户未经公安、工商部门同意发照的鞭炮生产经营户，采取只登记不发证的办法，加强对特种行业管理。从1984年10月1日起，将月纳税申报期限改为次月7日前报送。从1993年起，实行纳税人直接申报、邮寄申报、委托申报3种申报方式。1993年后，税款征收有自核自缴、查账征收、查定征收、查验征收、定期定额和其他征收方式。1996年3月，进行税务登记换证，全县共有13381户，其中国税登记5205户，地方税收登记8176户。1999年1月，山东国税税收征收管理系统（STMIS98）在全县国税系统推广应用。2001年，综合征管软件（CTAIS1.0）在苍山县国税系统全面上线。2006年，县地方税务局加强“一户式”基础数据的采集和录入工作，完善户籍管理档案，加强发票管理，积极推广使用税控收款机。2006年7月，苍山县作为省内第一批试点单位，综合征管软件（CTAIS2.0）在苍山国税系统全面上线。2009年—2010年，县地税局按规定审批或经层报审批共办理减免企业所得税218万元，减免营业税1238万元，办理税前扣除财产损失584万元。2010年，苍山县国税共管理纳税人3270户，其中一般纳税人309户，小规模企业240家，个体工商户2721户。

税制改革

国家的税制先后进行五次重大改革。第一次是新中国成立之初的1950年，在总结老解放区税制建设的经验和全面清理旧中国税收制度的基础上建立的新税制。第二次是1958年的税制改革，主要内容是简化税制，以适应社会主义改造基本完成、经济体制改革之后的形势要求。第三次是1973年税制改革，主要内容是简化税制，此为“文化大革命”的产物。第四次是1984年税制改革，主要内容是普遍实行国有企业“利改税”和全面改革工商税收制度，以适应发展有计划社会主义商品经济的要求。第五次是1994年税制改革，主要内容是全面改革工商税收制度，以适应社会主义市场经济体制的要求。

图 14—3　税法宣传　（2010 年摄）

1994 年，为适应建立社会主义市场经济体制的要求，国家实施结构性税制改革。税种从原来的 37 种减少到 25 种。改革原来的地方财政包干体制，代之以分税制财政管理体制，划分了国、地税的征收范围。苍山县国家税务局负责征收增值税、消费税、企业所得税、营业税、储蓄存款利息个人所得税、车辆购置税、外商投资企业和外国企业所得税等税种。县地方税务局负责征收营业税、企业所得税、个人所得税、印花税、房产税、城市房地产税、土地增值税、车船使用税、车船使用牌照税、屠宰税、城市维护建设税、资源税和城镇土地使用税、教育费附加、文化事业建设费、发展旅游事业费、残疾人就业保障金、地方教育附加。尚有部分涉农税，如耕地占用税、农业税、农业特产税等，由财政部门直接征收，并入地方财政收入。

第二节　税　种

进出口税

称出入口货物税，1941 年—1948 年开征的主要税种之一。进出口界限系指敌占区与解放区而言。对敌占区，不论是过去的还是新占的往来货物一律征税。解放区与其他直接毗邻的解放区之间货物往还，一律不征进口税。1941 年 9 月起，执行《山东省税收暂行条例》。1948 年 6 月，执行《进出口货物暂行章则》，出境税率一般为 5% ～ 20%，最高为 100%，入境税率为 5% ～ 106% 不等。

货物税

采用差别比例税率，应税种类 8 大类，38 项，258 个税目，税率 5% ～ 12%，共 92 种。1950 年 5 月，在全县开征，应税品种有烟叶、酒类、土纸、鞭炮等，实行驻厂、查定、起运征收等办法课税。1958 年 8 月，并为工商统一税。

印花税

建国前，苍山沿用旧税制开征印花税。新税制印花税于 1950 年 12 月开始征收，比例税率为 1‰、3‰、3‰ 3 种，分为 25 个类目。1958 年 9 月，印花税并入工商统一税。1988 年 10 月起，重新征收印花税，税率分为 5 档，即 0.3‰、0.5‰、1‰、3‰、5‰。

文化娱乐税

1950 年，称特种消费行为税。1953 年修正税制后，改称文化娱乐税。1956 年 5 月，县内开征文化娱乐税，执行五级税级，电影为 5%，其他为 2%。1966 年 9 月停止。

契税

1954 年 7 月，苍山县开征契税。1956 年社会主义改造完成后，土地为国家和集体所有，不准买卖，因而契税税源仅限于房屋买卖或转移一项，收入甚微。随着农业合作化的逐步实现，契税征收也随之终止。1991 年，恢复契税的征收工作。

工商统一税

1958 年—1972 年，工商统一税是县内最主要的税种。1964 年夏，对小麦受五成灾以上的重灾队给予减免工商统一税的照顾。1994 年取消。

车船使用牌照税

县内本应 1957 年开征，实际 1958 年始征。1964 年 1 月，机动车辆按季征收，非机动车辆

按年一次征收。1973年，车船使用牌照税并入工商税，县内停征。1986年重征。1994年1月，取消车船使用牌照税，改为车船税。

车船使用税

1986年10月起征收，车辆按载重吨位征收。2007年7月，改收车船税。

工商所得税

1950年，全国统一税收，税率实行全额累进制，共21级，最低税率为5%，最高税率30%，加上附加为34.5%。从1985年1月1日起，按新8级超额累进税率征收。1994年，并入个人所得税。

牲畜交易税

1962年前，主要对牛、马、骡、驴等按交易价格向购方征税。1966年起，只对个人购买的牲畜征收交易税。1983年1月1日起，全面恢复征收牲畜交易税。1984年9月，对全县大牲畜实行登记建卡补税，补齐牲畜交易税23.2万元，补税头数占登记总数的64%。1994年取消。

工商税

1973年—1984年9月试行，为县内开征的主要税种。税目44个，其中工业30个，农林牧水产品采购行业9个，商业、服务行业5个。采用差别比例税率，级别3%～66%，共82个税率。

增值税

1983年1月1日起试行，对县机械厂生产的油箱等拖内配件和县轻工机械厂生产的手用钢锯条试行征税。1985年，对新兴乡办轧钢厂征收。1987年3月，对苍山县造纸厂生产的机制纸、苍山县木器厂生产的家具试行增值税。1993年，依据新颁布的《增值税暂行条例》进行税制改革，在工商企业普遍推行增值税。

建筑税

1983年10月1日县内开征，建筑税实行比例税率，为10%。1991年停征。

产品税

1984年10月1日起执行。县内开征的税目有粮食酒、薯类酒、生猪、水泥、烟叶、化肥、土布、土纸、机制普通纸、鞭炮、服装鞋帽、砖瓦、印刷品、原木、毛绒、植物油、家具、大理石等47个税目。

消费税

1994年正式开征。2006年，调整征税范围。2009年，实施成品油税费改革，提高税率，同时取消公路养护费等6项收费。

国营企业所得税

1983年1月1日起计算，1984年1月1日试行。全县核定缴纳国营企业所得税41个单位，其中工业企业11个，商业企业22个，粮食企业1个，物资企业5个，其他企业2个。1994年，合并为企业所得税。

教育费附加

1986年7月1日执行。计征依据为实际缴纳的产品税、增值税、营业税的总额。征收率为1%，以后相继调整为2%和3%。1996年，教育费附加的征收管理全部移交到地税局。

土地使用税

1988年11月开始征收。1993年，在城镇土地使用税的基础上，扩大征税范围，提高税额，下放管理权限，更名为土地使用税。每平方米按0.15～0.2元进行征收。1996年，征收38.9万元。苍山县的土地使用税税额为县城2元/平方米，建制镇和工矿区1元/平方米。

耕地占用税

1987年4月1日，苍山县开始征收耕地占用税，每平方米3.8元，农民减半。1987年—1988年，耕地占用税由中央和地方五五分成。1989年—1993年，实行中央地方三七分成。1994年实行分税制后，耕地占用税划为地方税，全部划归地方财政。税额亦相继增加。全县征收的耕地占用税并入农业发展基金，用于中低产田及荒山丘陵改造、小型农田水利设施维修等。

固定资产投资方向调节税

1991年起征。税目有14大类，296个。实行差别比例税率，分 0%、5%、10%、15%、30%5 个档次。由银行等金融机构负责代扣代缴。2000 年 1 月 1 日起，新发生的投资额暂停征收。

外商投资企业和外国企业所得税

1994 年 4 月实施。计税依据是所得额。税率分 33% 税率和 20% 的预提所得税税率 2 种。同时分产业、地区实行 15%、24% 的优惠税率。限定行业、项目实行定期减免税，再投资退税、亏损弥补、间接投资、地方所得税的减免等。

土地增值税

1993 年新建立的税种。实行 4 级超额累进税率。1996 年开始征收。2006 年 1 月 1 日起，苍山县统一按 3% 的预征率预征土地增值税。

个人所得税

1994 年起征收。1996 年，征收 199.3 万元。1999 年 11 月起，对居民储蓄存款利息征收个人所得税，税率为 20%。2007 年 8 月 14 日，税率调减到 5%。

集市交易税

1962 年 6 月县内开征，分为家畜、肉类、干鲜果、土特产品、家庭手工业产品 5 大类和旧钟表、旧自行车 2 项，共 28 个项目，起征点 10 元，设置 5%、10%、15%3 个税率。1964 年暂停，1989 年恢复征收，1994 年取消。

资源税

1986 年 1 月开始征收，当时只有铁矿石 1 种产品征收。1994 年，资源税按产量或销量核定税额从量征收。1994 年，全县共征收资源税 57.4 万元，1995 年征收 50 万元，1996 年征收 51.1 万元。1986 年 1 月，财政部决定对原油、天然气、煤炭实行按实际产量或销售数量定额征收办法。1999 年 8 月 1 日起，苍山县对天然矿泉水、建筑用砂、其他黏土及其他建筑石料开征资源税，税额为天然矿泉水 3 元 / 吨、建筑用砂 1 元 / 立方米、其他黏土 1 元 / 立方米、建筑石料 1 元 / 立方米。

水利基本建设专项资金

1994 年 1 月开始征收，标准按上年销售收入（或营业收入）1‰、2‰实行征收。

企业所得税

1994 年 1 月 1 日实施。企业所得税的基本税率为 33%，另有 27%、18% 两档优惠税率和 55% 的特殊税率。国家税务局管理中央企业和其他非银行金融企业的企业所得税，其余为地方税务局征收。

营业税

1984 年第二步利改税，营业税从原工商税中分离出来，成为一个独立的税种。2001 年 1 月起，每年下调 1 个百分点，分 3 年将金融保险业的税率从 8% 降至 5%。

地方教育费附加

2005 年 1 月 1 日开始征收，对全县范围内缴纳增值税、消费税、营业税（简称“三税”）的单位和个人，按实际缴纳“三税”税额的 1% 计征。

屠宰税

苍山县屠宰税采用定额税率：猪每头 10 元，牛、马、骡、驴每头（匹）20 元，羊每只 2 元。2003 年，停征屠宰税。

第三节　税收征管

国家税收

1994 年，进行税制改革，苍山县税务局分设为苍山县国家税务局和苍山县地方税务局。设立中央税、中央地方共享税种，国税部门主要负责中央税和部分中央地方共享税的征收。苍山县国家税务局负责征收的中央税为消费税、车辆购置税、银行营业税（2003 年以后取消），负责征收的中央地方共享税为增值税、企业所得税、个人所得税（储蓄存款利息所得税）。2010 年，苍山县国家税务局有在职干部职工 157 人，内设 10 个职能科室、1 个事业单位，下辖 1 个稽查局和城区、卞庄、向城、兰陵、磨山、神山、大仲村、车辋 8 个税务分局。

1996 年 4 月，成立稽查局，设选案科、稽查科、审理科、执行科 4 个科室，当年查补税款入库 82 万元。1997 年，由选案科对全县国有粮食企业、部分商贸企业进行科学选案，共选出 19 户，由稽查科的人员分组对其调账，实行全面检查，共查补入库税款 175 万元。1998 年，进一步加强稽查力量，严格执行《税务稽查规程》，强化对稽查各环节的工作规范，实现查补入库税款 215.3 万元。1999 年，实现查补税款 403 万元。2000 年，查补入库税款、滞纳金、罚款 298 万元。2001 年，实现查补税款、滞纳金、罚款 306 万元，制定和完善了稽查预案制度，在检查过程中采取突击调账、实地检查等措施，检查效果明显。2004 年，查补入库税款 401 万元。2005 年，查补入库税款、罚款、滞纳金 280 万元。2006 年，共检查各类业户 52 户，协查户数 30 起，协查人数 179 人次，宏观税负分析户数 134 户，共计查补、评估分析入库税款、罚款、滞纳金 1394.73 万元。2007 年，共检查各类业户 32 户，协查户数 6 起，协查人数 89 人次，税收专项整治户数 21 户，共计查补入库税款、罚款、滞纳金 900 万元。2008 年，共检查各类业户 34 户，协查户数 6 起，协查人数 89 人次，税收专项整治户数 21 户，共计查补、自行申报入库税款、罚款、滞纳金 890.86 万元。2009 年，共检查企业 24 户，其中专项检查 21 户，举报案件 3 户已查结的 2 户，共入库税款、罚款、滞纳金计 402.97 万元。2010 年，共检查企业户数 31 户，其中稽查户数 23 户、自查补税户数 8 户，查补入库税款、罚款、滞纳金 621.73 万元。

2001 年—2010 年苍山县国税收入情况

表 14—10　　单位：万元

年份	完成数	增长（%）	年度	完成数	增长（%）
2001	9231	86.15	2006	18460	36.67
2002	7003	-24.14	2007	23929	29.63
2003	6835	-2.4	2008	34445	43.95
2004	8928	30.64	2009	40871	18.66
2005	13507	51.29	2010	46982	14.95

2001 年—2010 年苍山县国税局减免退税情况

表 14—11　　单位：万元

年份	税收减免退税	年度	税收减免退税
2001	314	2006	2747
2002	477	2007	2589
2003	576	2008	2868
2004	1262	2009	4312
2005	1733	2010	1941

2001年—2010年苍山县国税局出口退税情况

表14—12　　单位：万元

年份	合计	出口退税	免抵调库	年份	合计	出口退税	免抵调库
2001	620	620	—	2006	3292	1660	1632
2002	425	265	160	2007	3126	1504	1622
2003	971	679	292	2008	1323	874	449
2004	1862	1562	300	2009	2810	956	1854
2005	2623	1486	1137	2010	1871	874	997

地方税收

1994年8月，苍山县地税局成立。当年，全县地税收入2353万元。1998年9月，苍山县地税局划归省、地垂直管理。2006年，全县地税收入1.29亿元。2008年，全县地税收入2.31亿元。2009年—2010年，全县地税系统累计组织各项税费收入5.92亿元。2010年，局机关内设8个职能科室和稽查局、直属征收分局，下设卞庄（原城关）、大仲村、车辋、鲁城、向城、神山、兰陵、磨山8个中心税务所，职工168名。

1994年—2010苍山县地方税务税收收入分税种情况（一）

表14—13　　单位：万元

项目	1994年	1995年	1996年	1997年	1998年	1999年	2000年	2001年
各项合计	2459	3127	3704	4084	4682	4893	5702	8185
税收合计	2353	3112	3616	4021	4592	4769	5596	8074
营业税	805	1162	1307	1573	2004	2352	2763	1853
企业所得税	674	1193	1247	1134	1359	598	1224	3815
个人所得税	12	112	199	362	211	838	651	987
资源税	58	50	51	29	48	91	94	66
城建税	165	171	214	267	144	165	260	227
房产税	91	110	135	183	181	217	212	233
印花税	119	18	14	12	75	8	8	9
土地使用税	42	29	39	40	86	112	133	120
车船税	25	48	163	149	107	55	67	102

续表 14—13

项目	1994 年	1995 年	1996 年	1997 年	1998 年	1999 年	2000 年	2001 年
固定资产调节税	282	117	121	165	323	271	144	32
屠宰税	80	102	126	107	54	62	40	630
教育费附加	106	15	88	63	90	124	106	111

1994 年—2010 苍山县地方税务税收收入分税种情况（二）

表 14—14　　单位：万元

项目	2002 年	2003 年	2004 年	2005 年	2006 年	2007 年	2008 年	2009 年	2010 年
各项合计	6707	7249	6897	9818	12881	16838	23082	26081	33183
税收合计	6562	7118	6718	9276	12315	16020	21916	24715	31351
营业税	2061	2747	3106	3948	5901	7654	10466	11910	17439
企业所得税	2266	1949	888	655	1123	1290	1640	924	789
个人所得税	1000	979	1009	796	682	1016	1287	1437	1635
资源税	76	122	568	2168	2446	2740	4089	4691	5041
城建税	211	233	374	596	633	899	887	1096	1860
房产税	445	465	308	408	448	567	645	688	627
印花税	10	11	26	43	91	234	301	355	446
土地使用税	135	260	196	208	515	973	1060	1817	1472
土地增值税	—	—	2	16	90	164	47	117	204
车船税	222	352	241	438	243	276	901	958	1213
烟叶税	—	—	—	—	143	207	593	722	625
屠宰税	136	—	—	—	—	—	—	—	—
二、其他合计	145	131	179	542	566	818	1166	1366	1832
1. 教育费附加	145	131	179	480	436	652	679	859	1119
2. 地方教育附加	—	—	—	62	129	163	224	288	428

续表 14—14

项目	2002 年	2003 年	2004 年	2005 年	2006 年	2007 年	2008 年	2009 年	2010 年
3. 文化事业建设	—	—	—	—	1	3	10	4	7
4. 残保金收入	—	—	—	—	—	—	252	312	276
5. 税务罚没收入	—	—	—	—	—	—	1	2	2

第三章 金 融

第一节 金融体制改革

1978 年前，苍山县只有 1 家人民银行和 16 家农村信用合作社。1979 年 2 月，恢复苍山县农业银行，农村信用社重新划归农业银行管理。1984 年 5 月，中国人民银行苍山县支行履行总行派出机构职能，以保持辖区内货币稳定为基本职责。1986 年 6 月，苍山县人民银行与工商银行分家，从此人民银行行使中央银行职能，而工商银行对工商企业、民营企业、个体工商户及居民办理存贷款业务，实行自主经营、自负盈亏、自担风险的管理模式。1989 年，中国人民银行苍山县支行按照“一级财政、一级国库”的要求，在辖区先后组建 28 个乡镇国库。2003 年，随着国库制度的不断改革，撤销全部乡镇国库。

1993 年，中共十四届三中全会明确提出建立社会主义市场经济体制，中国人民银行苍山县支行工作重点转向加强金融监管、金融宏观调控和金融服务。1994 年 10 月，苍山县信用社与苍山县农业银行分门办公，行政隶属关系不变。1996 年 4 月，按照分业经营的原则，将原中国人民保险公司苍山支公司分成中国人民财产保险公司苍山支公司和中国人寿保险公司苍山支公司。根据 1996 年 10 月国务院出台的《国务院关于农村金融体制改革的决定》，11 月，苍山县农业银行与苍山县农村信用社正式脱离行政隶属关系，按照合作制的原则成立苍山县农村信用社联合社。同月，从苍山县农业银行中又分设出中国农业发展银行苍山县支行。1998 年，人民银行苍山县支行工作重点转向加强金融服务和对农村信用社的监管。1999 年 12 月，按照国务院的要求清理农村基金会，全县共清理并撤销农村基金会及联合会 27 家，清理资产总额 4.63 亿元。同月，将苍山县城市信用社的人员、资产、账务并入苍山县农村信用社联合社，并入后的城市信用社称苍山县城区信用社。2003 年 12 月，人民银行苍山县支行分离监管职能，成立中国银行业监督管理委员会临沂监管局驻苍山办事处，对县内银行业、农村信用社和邮政储蓄业务实施监管。2004 年 9 月，中国人民银行苍山县支行对苍山县农村信用社发行兑付专项央行票据 1.19 亿元。2005 年 9 月，筹建苍山县农村信用合作联社。12 月 3 日，苍山县农村信用合作联社召开创立大会暨首届社员代表大会，选举产生第一届理事会、监事会及经营管理层，建立“三会一层”法人治理结构，全县 27 个信用社取消法人资格，只保留联社一级法人，完成苍山县农村信用社的一级法人改革工作。2010 年，苍山县内有共有 7 家金融机构，人民币存款余额 119.07 亿元，贷款余额 61.50 亿元，从业人员985人。

第二节　货　币

货币发行

清末，苍山有银圆、铜圆、制钱3种金属币流通于市场。民国以后，制钱停用。1935年后，国民政府中央银行、中国银行、交通银行和农民银行发行的钞票为法定货币，即“法币”，银圆、铜圆均用法币收回，不准在市面流通。抗日战争时期，市场流通的货币，除法币外，还有日伪联合创办的中央储备银行发行的储币。1940年7月，临郯费峄四县边联办事处发行地方性纸币——鲁南流通券35万元，翌年全部收回。1942年，根据地发行的北海银行货币在苍山县北部山区一带参与流通。1944年4月，解放区停用法币，以北海币取代法币。日军投降后，日伪中央储备银行的储币停用。解放战争时期，苍山流通的主要是北海银行发行的纸币，间有华北银行、冀南银行等发行的纸币，互相等价流通。1947年国民党军队占领苍山后，短期内又曾流通“法币”，国民党军队被赶走后即停用。1948年12月1日，中国人民银行开始发行统一的人民币，至2010年已发行5套人民币，形成纸币与金属币、一般金属币与贵金属币、流通金属币与流通纪念金属币等多品种、多系列并存的货币体系。

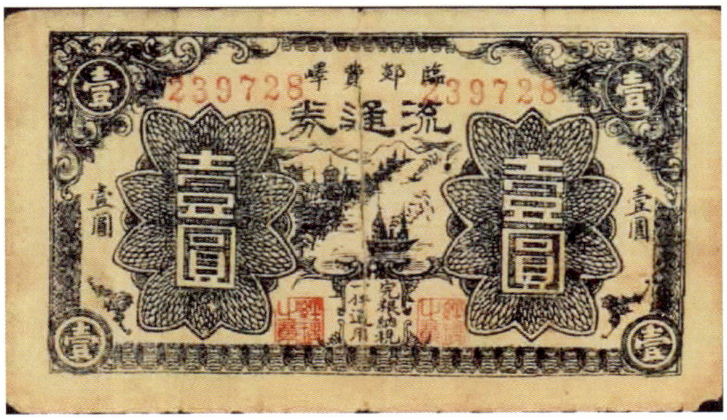

图14—4　临郯费峄流通券

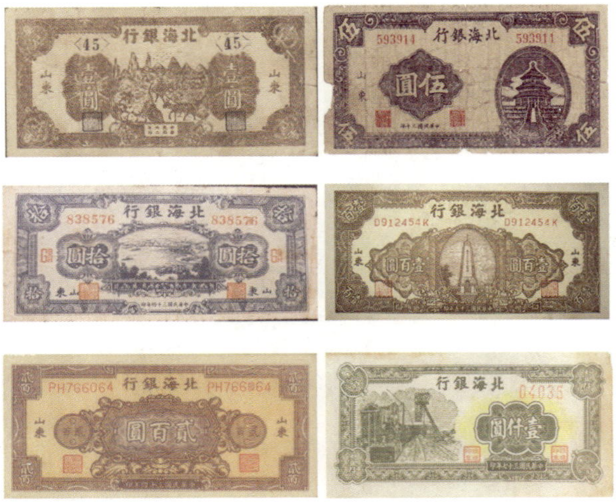

图14—5　北海银行发行的钞票

反假币

1986年后，人民银行苍山县支行组织成立由人民银行、各金融机构、县公安局、县工商局等组成的反假币工作领导小组，组织领导辖区反假币及《人民币管理条例》的学习、宣传、培训和假币鉴定收缴工作。

1995年后，定期组织开展“反假人民币宣传周”活动，先后在下村、兰陵、大仲村等乡镇的农贸市场开展反假货币宣传活动。2009年，有针对性地开展打击贩卖、使用假币违法行为的专项行动。至2010年，人民银行苍山县支行组织举办反假人民币知识培训班26次，培训金融机构人员2300多人次，培训企事业财会人员700多人次。2010年，金融机构通过柜面堵截等方式收缴假币1991张，金额15.5万元。

第三节　存贷业务

存款

1950年，人民银行苍山县支行开展对机关、团体、企事业单位的存款业务，把单位现金吸收进银行，逐渐做到代理收付及通过银行存款。1950年，先后举办“折实”储蓄和“保本保值”储蓄，1952年停办；后举办“货币定额储蓄”，1954年年底停办。1951年，开始举办活期储蓄，后改为“存折”和“存单”2种，沿用至今。1954年，举办定期储蓄（整存整取定期储蓄，零存整取定期储蓄），沿用至今。1955年，举办“零存整取定期有奖储蓄”和“活期有奖储蓄”，1966年11月停办。1987年，举办“定活两便储蓄”。1988年9月，举办“保值储蓄”，保值率由人民银行总行按季公布，随着市场物价的稳定于1996年停止保值。至2010年，全县存款余额119.07亿元。

1949年—2010年苍山县存款余额情况

表14—15　　单位：万元

年度	1949	1950	1951	1952	1953	1954	1955	1956	1957	1958	1959	1960	1961	1962
余额	1	2	8	36	48	71	91	122	234	378	648	485	693	614
年度	1963	1964	1965	1966	1967	1968	1969	1970	1971	1972	1973	1974	1975	1976
余额	405	355	411	518	531	651	455	490	478	608	823	844	1069	1192
年度	1977	1978	1979	1980	1981	1982	1983	1984	1985	1986	1987	1988	1989	1990
余额	887	960	1309	1724	2112	3059	4241	4056	5220	5941	18516	213314	25212	29722
年度	1991	1992	1993	1994	1995	1996	1997	1998	1999	2000	2001	2002	2003	2004
余额	373838	28661	37962	83946	107718	139544	161217	174174	193258	216455	248445	276077	331097	385407
年度	2005	2006	2007	2008	2009	2010								
余额	450558	550854	636854	798115	973285	1190718								

贷款

工商业贷款　国民经济恢复时期（1950年—1952年），放款的重点是对城乡公营工商业积极扶持、大力帮助，对私营工商业发放小本贷款。1952年年底，贷款余额26万元。社会主义改造时期（1953年—1957年），工商信贷工作重点是为发展社会主义工商业、促进资本主义工商业的社会主义改造服务。1957年，工业贷款460万元，商业贷款23万元。1958年，为适应当时的“大跃进”需求，“资金需要多少，供应多少”，放弃必要的规章制度，取消信贷监督的作用，造成资金和财物浪费。年底，工业贷款余额1278万元，商业贷款余额95万元。1962年3月，苍山县人民银行严格控制货币和信贷投放。1962年，工商贷款余额为955万元，比1961年下降331万元。国民经济调整时期（1963年—1965年），贯彻“管严管实信贷，积极支持工业增产，扭亏增盈，协助商业改善管理，活跃城乡物资交流，改善市场供应”的方针。1965年，工业贷款余额1049万元，商业贷款余额13万元。1975年，工业贷款余额2688万元，商业贷款余额45万元。

1976年—1980年，工商信贷以挖潜促产

图14—6　农户办理贷款手续　（2010年摄）

为重点，清仓查库，清产核资，择优放贷。至1980年年底，工业贷款余额512万元，商业贷款余额3001万元。1981年后，工商信贷以提高资金使用效益为中心，加强计划管理，严格控制货币投放。1985年年底，工业贷款余额1501万元，商业贷款余额6500万元。1996年年底，工业贷款余额15248万元，商业贷款余额72681万元。至2010年年底，金融统计口径发生较大变化，贷款分列单位和个人，按长期和短期区分，其中长期贷款余额118132万元，短期贷款余额469674万元，加上27190万元的票据融资，各项贷款余额达到614996万元。

农业贷款　1950年，发放农业贷款5万元，帮助农民解决购置耕牛、农具、种子、肥料和打井等各项资金困难。1953年，农村贷款余额35万元。1953年后，农村互助合作运动蓬勃发展。1956年年底，农业贷款余额244万元（含贫农合作基金贷款）。1958年，农贷曾一度出现“管贷不管用，管放不管收”的倾向，造成资金和物资的浪费。1962年，贯彻执行“确有物资，物资适用，群众欢迎，讲求实效”的贷款原则，年底农业贷款余额249万元。“文化大革命”时期，在“社员种田，国家拿钱”的错误思想指导下，部分贷款长期无法收回，农贷指标年年增加，1976年年底农业贷款余额1040万元。

中共十一届三中全会以后，随着农村联产承包责任制的实施和商品经济的发展，农业信贷规模、对象、投向以及贷款管理相应发生变化。1980年后，大力支持发展农村商品生产，积极支持发展多种经营，支持推行科学种田，支持开发性生产，支持贫困村户脱贫致富，逐步实现“五个转变”。1981年年底，农贷余额2387万元。1996年年底，全县农业贷款余额37903万元。之后，因统计制度变革，统计口径发生较大变化，取消农业贷款的专项统计，以涉农贷款统称。至2010年年底，全县涉农贷款余额58亿元。

农村信用社贷款　1954年1月，苍山县开始试办农村信用合作社。到1956年6月，全县17个区134个小乡全部办起信用社，加入信用社的农户7.3万户，收集股金15.33万元。1956年年底，贷款余额97万元。1956年8月，召开全县信用社干部职工大会，介绍推广涧村信用社李金玉“三勤、四上门”（脑勤，多为人民生产生活着想；嘴勤，宣传金融政策家喻户晓；腿勤，走村串户登门服务。动员储蓄存款上门，兑付存款送上门，发放贷款“三查”上门，催收贷款上门）的工作经验。1964年10月，临沂地区中心支行在苍山县召开全区银行营业所和信用社主任会议，学习推广李金玉“三勤、四上门”的工作经验。1965年，李金玉的先进事迹和工作经验先后在全省和全国得到学习推广。李金玉曾3次进北京，受到毛泽东等党和国家领导人接见。1965年10月，被誉为“全国金融战线上的一面红旗”。

1972年，山东省农村信用社在苍山县进行信用社体制改革试点，全县由60处小信用社合并为17处大信用社，年底贷款余额139万元。1984年，全县28处信用社全面开展清股付息、发展新社员、建立民管组织等项工作，恢复信用社的“三性”，推动业务的发展，年底贷款余额2385万元。1994年4月，落实信用社“自主经营，独立核算，自负盈亏，民主管理”的经营管理体制，至2010年年底，全县信用社贷款余额36.63亿元，是1984年的153.8倍。

基本建设投资贷款　新中国成立后，全县各条战线掀起建设高潮，基本建设全部由国家拨款，均系无偿投资。到1979年，全县累计投资总额7676.2万元，完成基本建设项目482个，先后建起苍山一中等22所公办中学，县人民医院等卫生设施和酒厂、机械厂、化肥厂、水泥厂等一批骨干企业。1979年4月起，凡有偿还能力的企业、事业单位，无偿投资改为有偿投资，国家预算内拨款改为建设银行贷款。1980年4月，苍山县建设银行办理苍山县肉联厂500吨冷库工程项目第一笔“拨改贷”业务，贷款金额73.9万元，1982年1月投产使用，当年实现利润99万元。此为全县第一笔改拨款为贷款的业务。

1980年—1996年，累计投资总额16亿元，完善基本建设项目620余个，兴建起嘉德、黄埔2个蔬菜集团公司、石膏刨花板厂等骨干企业，支持化肥厂、水泥厂、造纸厂、酒厂等企业的扩建改造和206国道工程建设。

1949年—2010年苍山县贷款余额情况

表14—16 单位：万元

年度	1949	1950	1951	1952	1953	1954	1955	1956	1957	1958	1959	1960	1961	1962
余额	4	5	3	30	136	155	693	741	723	1717	1986	1985	1642	1204
年度	1963	1964	1965	1966	1967	1968	1969	1970	1971	1972	1973	1974	1975	1976
余额	866	1531	1554	1982	2040	2479	2064	2547	2374	2303	2690	2329	3225	3524
年度	1977	1978	1979	1980	1981	1982	1983	1984	1985	1986	1987	1988	1989	1990
余额	3891	4318	4838	4556	5194	6710	8029	11867	10696	13442	15724	19357	21141	28398
年度	1991	1992	1993	1994	1995	1996	1997	1998	1999	2000	2001	2002	2003	2004
余额	34247	39348	44650	75123	94725	125832	148610	169834	179522	185488	201417	223731	251280	239542
年度	2005	2006	2007	2008	2009	2010								
余额	246775	288266	383852	404999	517869	614996								

第四节　金融管理

金融机构监管

1993年前，苍山县金融机构全部由中国人民银行苍山县支行监督和管理。1994年4月，国务院颁布《中华人民共和国保险法》。按照保险法的规定，保险公司由保监会监督和管理。从此，中国人民银行苍山县支行不再监督管理苍山县保险公司，只监督苍山县银行、信用社、城市信用社和邮政储蓄金融机构。2003年12月，中国人民银行苍山县支行将金融机构监管职能移交给临沂市银监分局苍山办事处，中国人民银行苍山县支行只保留人民币管理、征信管理、利率管理、准备金管理、账户管理、结算管理、外汇管理、国库管理、人民币反假、反洗钱等监督管理职能。至2010年，苍山县的金融监管格局没有再发生任何变化。

信贷资金管理

1993年前，苍山县银行信贷资金实行“统一计划，划分资金，实贷实存，相互融通”的管理办法。1994年1月起，苍山县银行信贷资金实行“总量控制，比例管理，分类指导，市场融通”的管理办法，一直延续到2010年。

现金管理

1988年，中国人民银行印发《现金管理暂行条例实施细则》。中国人民银行苍山县支行加强现金管理，禁止非基本账户提现行为，加强对大额现金提现的审查，防止越权审批行为，严格控制不合理的货币投放。1993年，全县经济快速发展，资金需求异常旺盛，社会出现集资热，资金分流严重。中国人民银行苍山县支

行确定“保支付、保收购、保重点急需”的资金投向序列，灵活运用人民银行再贷款弥补资金投放不足的问题，在全县开展现金管理大检查，针对问题提出整改建议，提高各结算单位的现金归行率，基本保证市场货币结构的合理性、稳定性。1997年7月，中国人民银行苍山县支行印发《大额现金支付登记备案规定》;8月，印发《关于大额现金支付管理的通知》，规定凡在工商行政管理机关登记注册的企业，只能选择1家银行的营业场所开立1个基本存款账户办理现金收付业务，企业如有需要，可在其他金融机构开立一般存款账户，用于办理转账结算和现金缴存业务，但不得支付现金。任何单位和个人不得将单位的资金以个人名义开立账户存储，严格禁止公款私存。

1997年，中国人民银行苍山县支行制定《大额现金登记备案规定实施办法》，将现金回笼计划下发到各商业银行、信用社，按季调度完成情况。各行社全面履行现金管理职责，杜绝不合理提现，加大现金回笼力度。1999年，根据国家扩大内需的总体要求，人民银行扩大再贷款投放，基础货币供应量增大。同时，加大存款工作力度，加强现金管理，严格控制不合理的货币投放，货币回笼加快。2002年后，全县金融机构大额现金提现实行备案制度。2010年，苍山县金融系统建立蒜薹购销现金保障工作机制，辖内农发行、国有商业银行、农村信用社和邮政储蓄银行等7家金融机构为成员，成立现金保障领导小组，要求各金融机构要合理确定现金库存量和现金调拨频率，确保现金供应。

外汇管理

1989年，国家外汇管理局苍山县支局隶属中国人民银行苍山县支行管理，履行辖区外汇管理职责。1992年，国家外汇管理局苍山县支局核销出口收汇额896万美元，收汇率92.6%。1995年起，工商银行、农业银行和中国银行3家苍山县支行先后开始经营外汇业务，开办国际贸易和非贸易结算业务。

1999年1月，海关、外汇指定银行和外汇局之间的进出口报关单联网核查系统正式启动，大大便利了企业进出口项下结、售、付汇的真实性审核。2000年，国家外汇管理局苍山县支局进一步规范核销业务操作规程，实行分级审核审批制度，完善内部约束机制，推广“口岸电子执法系统”，有效防范出口骗税和进口骗汇行为。2004年，全县各国有商业银行全部办理结、售汇业务。2005年年末，全县外汇登记企业32家，实收境外资本1660万美元。2005年9月，全县顺利实现网上核销。2006年，国家外汇管理局苍山县支局共为35家进出口企业发放核销单1678份，核销额4987.98万美元。2007年—2010年，共向企业发放出口收汇核销单4916份，出口创汇14903万美元，办理外商登记11家，出口企业核销率99.8%，收汇率99.2%。

结算管理

人民银行会计演变　1948年6月北海银行苍山办事处建立时，记账方法使用流水账、分户账、总账3种，科目设置资产、负债、损益3大类。新中国成立后，建立全国统一的会计制度和统一的会计科目，逐步统一完善会计工作的基本制度。1952年7月，会计工作由业务股负责改为由会计股统一负责，包括接柜记账、综合平衡、联行、汇兑等一切内外账务，账务组织采取单线核算，科目日结单扎账，流动组向县行每10天1次清算的核算方法。1953年，学习苏联国家银行的会计核算办法，在记账方法上由收付记账法改为借贷记账法，账务组织实行双线复核法。1958年“大跃进”时期，提出会计制度限制太多，要“大破大立”，取消复核制度和钱账分管制度，改为个人负责制，致使错账时有发生。1966年9月，改借贷记账法为收付记账法。1983年起，推行经济责任制，实行利润留成办法。

1993年11月30日，中国人民银行行使中央银行职能后，修改会计科目，设置全国银行系统的统一会计科目，专业银行根据需要分设各自的会计科目，确定各自会计科目与统一会计科目的归属；改变货币发行业务的核算手续，货币发行业务属于人民银行，设专门科目。各专业银行需要现金，从人民银行开立的往来账户的存款中提取。各专业银行自成联行核算系统，跨行直接通汇，相互发报移卡，及时清算资金。后改为跨系统汇划款项一律划交有关行转汇。各专业行（处）的票据交换差额，通过人民银行清算，增加专业银行向人民银行交存财政性存款和一般存款准备金的核算手续。1994年1月后，会计记账方法由收付记账法恢复为借贷记账法。

会计结算　1950年，政务院颁布《货币实施办法》，严格区分使用现金和转账的范围，大力开展转账结算。企业单位和非企业单位在银行开立结算账户和往来账户，推行划拨结算的凭证，同城有4种，即结算收支凭证、转账支票、专用支票、支票送存簿。异地划拨结算凭证2种，即委托收款、委托付款。1953年，会计结算制度参照苏联的作法进行全面修改。1959年，重新确定使用6种结算方式，异地托收承付结算和汇兑结算2种，同城有支票结算、付款委托书结算、托收承付和托收无承付4种。1977年，异地结算增加限额支票结算，后推行付款委托书结算，逐渐代替托收承付结算。后来增设特种汇票结算。1982年，停用托收承付结算方式。1983年，放宽在银行的开户条件，凡经工商管理部门批准，有营业执照、有一定资金者均可在银行开户。1984年工商银行分设后，配备专职核算员以加强结算工作。1986年8月，恢复保付支票、限额支票、电话汇款和票汇结算方式。1986年后，开展同城票据交换业务，对县辖银行之间收付的票据进行当日结算。县人民银行统一组织并指派专人主持日常工作。县辖各行可以相互代收、代付票据，加强联行资金清算管理。

1989年3月31日前，采用托收承付、汇兑、国内信用证、付款委托书、托收无承付、保付支票和省内限额结算。1989年4月1日后，结算方式采用汇票、本票委托收款、托收承付。1989年8月1日，废止托收承付。1990年4月1日，恢复托收承付。2006年，完成对辖区各商业银行、农村信用社人民币结算账户管理的统一化，对国库资金账户实行单一账户管理，对预算单位实行零余额账户管理。制定《苍山县预算资金管理细则》，加强对预算资金的管理。同年，推广大同城票据交换业务。撤销县域同城票据交换所，辖区金融机构票据交换统一纳入到临沂市大同城票据交换。2007年，小额支付系统在全县推广上线。

联行　1955年3月1日前，省辖联行往来主要以委托行、代理行账单核算，核算县外联行业务。1955年3月1日—1958年6月，改为以省辖代收代付报单核算的办法，省辖往来集中在省分行对账。1958年7月，实行省分行逐笔抄列清单、寄收、汇出行对账。1971年8月后，改为甲乙两行直接对账的办法，按月核对总数，由中心支行汇总扎平，全区上划分行。1981年1月，省辖往来改为人、农两行按系统各自办理。1985年4月1日，各行自成联行系统，跨行直接通汇，相互发报移卡、及时清算资金，凡跨系统汇划款项一律划交有关行转汇，采取代签报单方法按代发报行的有关规定办理。

1955年3月1日前，县辖往来以内部账单核算，核算县内联行业务，后改为以县辖代收、代付报单核算，由发报行和收报行分别送报告表，由管辖支行逐笔核对，集中监督，核算县内联行业务。1981年人、农两行分设后，县辖往来由农行主办，人行参加。1985年县辖制度改革后，取消县辖往来业务，县内汇划款项通过省辖往来处理。

同城支付结算　苍山县同城支付结算经历了由“小同城”向“大同城”的转变。苍山县同城支付结算原来由驻苍山县的各金融机构按照县人行设置的同城票据交换所的规定，按时提入提出票据信息，定时到县人行票据交换所进行纸制票据交换。改革后，在临沂市人民银行成立全市大同城票据交换所，全市所有参加票据交换的金融机构按时提入、提出票据信息，定时到临沂市人行票据交换所进行纸制票据交换。

利率管理

各级人民银行对利率管理统一按人民银行总行的规定执行，县级人行对县辖内金融机构利率执行情况负责。

存款准备金管理

金融机构只要经营存款业务，就必须交存存款准备金。金融机构一旦少缴或漏缴，中央银行就会按照规定依法对违规者进行处罚。1987 年起，存款准备金率进行过多次调整。自 2008 年 1 月 25 日起，央行执行差别准备金率，至 2010 年年底共调整 16 次，最后调整日期为 2010 年 11 月 29 日。

中国人民银行苍山县支行对辖内金融机构缴存的存款准备金实行严格的管理，根据月报表中的各项存款数与上缴的存款准备金数额进行核对，按月进行考核，建立考核登记制度，一旦发现少缴或漏缴，对违规单位进行严厉的处罚，并追究有关责任人的责任。

金银管理

中国管理金银的主管机关是中国人民银行。1983 年 6 月 15 日，国务院发布《金银管理条例》，由此确立了中国金银管理的法律制度。1993 年，苍山县对黄金白银的收购、配售实行“统购统配”的管理体制，对黄金、白银市场实行严格的审批制度，只批准苍山县塔山金店 1 家黄金饰品销售店。1999 年年底，取消国家对黄金白银的收购、配售的“统购统配”管理体制。2000 年 1 月 1 日起，黄金白银全部放开，按市场供求关系，人民银行仅储备而不再收购。放开白银市场，允许白银产需直接见面，扩大出口，限制进口，利用现有的有色金属交易市场，组织白银上市交易，促进白银资源合理配置。

第五节　金融机构

北海银行

1948 年 6 月，成立北海银行鲁中南分行苍山县办事处，驻磨山村。同年，成立北海银行鲁中南分行赵镈县办事处，驻赵镈县南漫溪村（今属车辋镇）。1950 年 5 月，改称中国人民银行苍山县支行。

中国人民银行苍山县支行

1950 年 5 月，成立中国人民银行苍山县支行，驻连厂村，后迁至卞庄村，工作人员 12 人。1951 年 11 月，苍山县支行在兴明、磨山、仲村、向城设立 4 个金融流动组，人员 42 人。1952 年 9 月，在神山、鲁城、尚岩设立 3 个组，向城组并入尚岩组，流动组达到 6 个，每个组配备会计 1 人、业务员 2～3 人。县行机关设立人事秘书股、信贷业务股、会计出纳股，人员 67 名。1953 年兰陵县撤销，划来兰陵营业所及南桥、新兴 2 个流动组。同年 9 月，把原来的 6 个流动组改为营业所。1954 年，县行机关增设信用合作股，在全县 17 个区全部设立银行营业所。1956 年并为 15 个，1958 年增加到 28 个，1959 年合并为 14 个，1963 年改为 22 个，1965 年合并为 14 个，1971 年恢复到 17 个，1975 年增加到 21 个。到 1980 年 10 月，中国人民银行苍山县支行、中国农业银行苍山县支行两行分设时，仍保持 21 个处所、3 个储蓄所，县行科室设人事股、会计股、出纳股、工商信贷股、行政股。1984 年 11 月，成立中国工商银行苍山县支行，将原来人民银行办理的业务交由县工商银行代管，人员划归工商银行。1986 年 6 月 1 日，重新恢复中国人民银行苍山县支行，专门行使中央银行金融宏观调控、货币发行、利率、信贷资金、外汇、金融市场管理、代理国库、审批金融机构设置或撤销等职能，对辖区金融机构领导、管理、协调、监督和稽核。设人秘、国库会计、金融管理稽核、计划调研、货币发行、保卫6个科室，人员8人。1996年年底，县人行设有办公室、人事、纪检监察、工会、稽核、金融管理、会计国库、货币保卫、计划调研9个科室，人员33人。1999年年底，发行库与业务库同时撤销，并入郯城支行，原发行人员除留下1人主持处理遗留问题外，其余人员分流到其他科室。2003年12月，成立临沂市银监分局苍山办事处，将中国人民银行苍山县支行的部分监管职能划归临沂市银监分局苍山办事处，从而使金融业务实现分业经营和分业监管的格局。2006年，中国人民银行总行对县级支行进行改革，支行内设办公室、综合业务部、调查信息部、纪检监察室，设行长1名、副行长2名、纪检组长兼总稽核1名，中层干部实行竞聘上岗，职工竞岗实行双向选择，至2010年年底，在职员工22人。

国家外汇管理局苍山县支局

1995年6月，成立国家外汇管理局苍山县支局。国家外汇管理局苍山县支局是国家外汇管理局的派出机构，与人民银行苍山县支行合署办公，局长由县人民银行行长兼任。

银监局苍山办事处

2003年12月，中国银监会临沂分局苍山办事处成立，职工3人，其中办事处主任1名。2009年年底，该办事处集中到临沂分局办公。

中国农业银行苍山县支行

1955年12月，遵照国务院逐步建立农业银行的指示，苍山县人民银行对外挂2个牌子，未单设机构，1957年撤销。1964年10月，中国人民银行苍山县支行、中国农业银行苍山县支行两行分设，人员、财物分开，1965年12月合并。1980年10月1日，人、农两行第3次分设，人、财、物完全分开，设人事、会出、农金、企业信贷、行政、工会等股室和21个基层处所，共有人员126人。1984年，全县划分为28个乡镇，县农行在6个镇设立办事处，在22个乡设立22个营业所、4处储蓄所，在行内设立苍山县农村信用合作联社。1996年11月，信用社与农业银行彻底“脱钩”，同时分设出中国农业发展银行苍山县支行。同年年底，苍山县农业银行机关设立人事秘书科、会计出纳科、保卫科、信贷业务科、信贷监管科、稽核科、资金组织科、工会、纪检监察室、总务部、金穗信用卡部、电脑部、营业部，基层乡镇共有6个办事处、22个营业所、12个储蓄所。至2010年年底，仅在向城、兰陵2个乡镇设有分理处，在县城设2个分理处、3个储蓄所，加上县行营业部，共8个营业机构网点。

中国工商银行苍山县支行

1984年11月1日，中国工商银行苍山县支行成立，代理人民银行金库等业务。县行设人秘、会计、出纳、计划、信贷、储蓄、保卫、信托8个科室，下设4个储蓄所、1个代办所，人员67人。1986年6月，人、工两行分设。1994年8月—1996年年底，增设南环路、向城、文泉路3个储蓄所。1996年，县行设有人事科、房地产牡丹卡科、稽核科、储蓄科、行政保卫科、信贷计划科、对公存款科、出纳科、会计科，下设7个储蓄所、5个联办所、1个办事处，人员85人。至2010年年底，该行营业网点仅保留原第三储蓄所，加上县行营业部，共2个营业机构网点。

中国建设银行苍山县支行

1964年5月，成立中国人民建设银行临沂地区支行苍山县办事处，设在安城煤矿，后迁至苍山县财政局。1965年2月，改为中国人民建设银行临沂地区支行第一办事处，迁至临沂罗庄矿务局。1975年11月，在苍山县财税局配备基建拨款员，业务受地区建行领导。1978年10月，成立中国人民建设银行苍山县支行，人员8人。1982年1月，设立拨款股、会计股，行使财政（基建财务监督）、银行双重职能。1986 年 8 月，独立开办现金业务。1995 年年底，财政职能移交归财政局。1996 年，中国人民建设银行苍山县支行更名为中国建设银行苍山县支行，县行机关设办公室、纪检监察室、总稽核室、投资科、储蓄科、会计科、出纳科、计算机科、审计科、人事科、保卫科、委托科、

图 14—7 中国银行苍山支行营业大厅 （1999 年摄）

工会，拥有 19 个所柜、1 个分理处、1 个房地产信贷部、1 个信用卡业务部，人员 99 人。至 2010 年年底，该行仅保留塔山分理处，加上县行营业部，共 2 个营业机构网点。

中国银行苍山县支行

1994 年 7 月 16 日，成立中国银行苍山支行，设人秘、业务、财会 3 个科室，人员 16 人。1996 年，设人秘、业务、财会、信用卡、存汇、保卫 6 个科室，下设 6 个储蓄所、2 个专柜、1 个分理处，工作人员 41 人。至 2010 年年底，该行仅保留埝桥路分理处，加上县行营业部，共 2 个营业机构网点。

中国农业发展银行苍山县支行

1996 年 11 月 1 日，成立中国农业发展银行苍山县支行，设计划信贷部、会出营业部、办公室，职工 20 人，接管原由农业银行管理的粮棉油储备贷款和扶贫贴息贷款等项业务。2009 年起，该行进行商业化银行改革试点，对企业信贷资金投放开始按市场化运营操作。

苍山县农村信用社

1954 年 1 月，苍山县人民银行在卞庄区柞城乡进行信用社试点工作，成为苍山县第一个农村信用合作社。5 月，又在鲁城区刘郭乡进行第二个信用社试点工作。1954 年下半年至 1956 年上半年，在全县 17 个区建立起 124 处信用合作社，每社配备主任 1 人、会计 1 人。1960 年增设到 146 个，1965 年合并为 81 个，1971 年为 60 个。1965 年 7 月，鲁城信用社试行小社并大社。1972 年 2 月，省行到苍山县进行信用社改革试点，把全县 60 个信用社合并为 17 处大信用社（每个公社 1 处）。1978 年起，信用社与农行基层处所合署办公，分别核算。1984 年 11 月，成立苍山县农村信用合作社联合社。1987 年，增设小岭、甘霖、韩塘、兴明、芦柞、庄坞 6 个信用社，全县信用社达 28 处。1994 年 5 月，苍山县信用社与农业银行实行分门办公。1996 年 10 月，苍山县信用社与农业银行脱离行政隶属关系，11 月迁至顺和路新址。1996 年，县农村信用联社辖属 28 个信用社、42 个分社。2010 年，有 48 个营业网点，人员 539 人。

苍山县城市信用社

1992 年 12 月 1 日，成立苍山县城市信用合作社，隶属人民银行管理，设营业处 1 个，职工 5 人。1994 年 3 月，与人民银行脱离隶属关系，成为独立的法人单位。1996 年 12 月，苍山县城市信用合作社设大社 1 个、分社 4 个，人员 37 人。1999 年年底，归并到苍山县农村信用联社。

中国邮政储蓄银行苍山县支行

1952 年，开办代理储蓄业务，1953 年停办。1986 年 9 月 12 日，苍山县邮电局储蓄所开办业务。同年，磨山、长城、兰陵、向城 4 个支局开办储蓄业务。1987 年，增加到 14 处邮政储蓄所。1990 年，全县共有 23 处邮电支局开办储蓄业务。2008 年 5 月 11 日，中国邮政储蓄银行苍山县支行成立，内设综合管理部、信贷部、个人业务部、公司业务部、事后监督、营业部 6 个部门，其中营业部包括 2 个一类网点、13 个二类网点及 10 个代理网点，营业范围囊括苍山

县所有乡镇。

小额贷款公司

2009年1月8日，荣庆小额贷公司成立。2010年12月18日，惠方小额贷公司成立。

第六节 保 险

财产保险

中国人民财产保险股份有限公司苍山支公司位于苍山县城东环路西侧，占地面积6700平方米，建筑面积4800平方米，是苍山最大的国有非寿险公司。公司设有综合部、客户服务部、营业分部、理赔分部、营业部，员工155人。1999年，中保财险有限公司苍山支公司恢复为中国人民保险股份有限公司苍山支公司。2003年11月，更名为中国人民财产保险股份有限公司苍山支公司。至2010年，公司已累计承担风险848多亿元，处理各类赔案45000余起，保险赔款超过3.8亿元。

公司业务从单一的机动车辆险、家庭财产险扩展到更加广泛的业务领域。为更好地体现“人民保险　服务人民”的宗旨，公司根据社会需要，曾开办生猪保险、自行车保险、农村干部一揽子保险、远程教育企财险、能繁母猪保险、治安保险等险种，为帮助人民恢复生产、稳定企业经营、促进社会经济交往发挥了重要作用。随着社会发展，淘汰部分落后险种。2010年，主要有机动车辆保险、企业财产险、责任保险、家庭财产保险、现金保险、学幼险、货物运输险、农业保险、旅游保险、交通意外保险、社会治安保险、能繁母猪保险等多个险种。

图14—8　中国人民财产保险股份有限公司苍山支公司（2010年摄）

1993年—2010年中国人民财产保险股份有限公司苍山支公司保费收入、赔款支出情况

表14—17　　单位：万元

年份	保费收入	赔款支出	年度简单赔付率	年份	保费收入	赔款支出	年度简单赔付率
1993	590	583	98.81%	2002	1659	800	48.22%
1994	982	505	51.43%	2003	1732	1095	63.22%
1995	1171	512	43.72%	2004	2734	1843	67.41%
1996	925	729	78.81%	2005	2532	1549	61.18%
1997	1001	510	50.95%	2006	2394	2628	109.77%
1998	1313	635	48.36%	2007	3276	1174	35.84%
1999	1506	807	53.59%	2008	3454	2534	73.36%
2000	1511	688	45.53%	2009	4155	2561	61.63%
2001	1510	819	54.24%	2010	5472	2690	49.15%

中华联合财产保险股份有限公司苍山支公司　2007年1月，成立中华联合财产保险股份有限公司苍山支公司，主要险种有机动车辆保险、企业财产保险、家庭财产保险、建筑工程保险、货物运输保验、责任保险、人身意外保险及医疗责任保险等业务。至2010年，共实现保费收入8451万元，上缴税金1502万元，支付赔款4584万元。

中国太平洋财产保险股份有限公司苍山支公司　2006年5月12日，经保监局批准成立中国太平洋财产保险股份有限公司临沂中心支公司苍山营销服务部。2008年12月26日，经保监局批准成立中国太平洋财产保险股份有限公司苍山支公司。公司成立以来，不断创新和完善保险业务，开办了车险、企业财产损失险、家庭财产险保险、建筑工程保险、货物运输保险、船舶保险等险种业务。2010年，实现保费收入1600余万元，缴纳税款112.6万元，赔偿各类损失800余万元。

人寿保险

中国人寿保险股份有限公司苍山县支公司　中国人寿保险股份有限公司苍山县支公司是中国人寿保险股份有限公司在苍山设立的分支机构。1984年1月，成立中国人民保险公司苍山县营业部，经营产寿险业务。1996年，财、寿险分业经营，成立中保人寿保险公司苍山县营业部，专业经营寿险业务，2003年重组改制。2010年，拥有员工700余人，保费总收入1.5亿元。

2003年—2010年中国人寿保险股份有限公司苍山县支公司保费收入、赔款支出情况

表14—18　　　　单位：万元

年份	保费收入	赔付支出	赔款支出	年份	保费收入	赔付支出	赔款支出
2003	2187	179.74	131.49	2007	8892.24	2348.06	240.88
2004	6835	346.67	213.8	2008	12309.82	2336.06	358.39
2005	6374.5	375.3	200.42	2009	13027.53	2761.87	397.27
2006	6974.59	1092.08	291	2010	15426.75	1332.72	466.05

第十五编
经济综合管理

蒼山縣志

苍山县长期规划的编制始于1957年。至2010年，全县先后编制过11个五年计划规划。新中国成立后至2010年，全县共进行20余次大型普查和20多次中小型普查，为领导决策和业务部门提供数字服务。1984年，苍山县审计局成立，开展对县内行政单位、企业的审计。至2010年，全县审计工作审计项目数量、查处违规金额和应交财政数额三项主要审计指标分别比1984年增长10倍、21.5倍和12倍，共累计完成审计项目1163项，查处违纪违规金额76825万元。

1950年，苍山县通过对全县工商业普查、核资、登记、发证制度，推行新的度量衡等，取缔非法经营。1979年，全县有社队集体办企业847家，个体工商户1011户，特种行业37户。2010年，全县工商业注册登记内资企业584家、私营企业917家、个体工商户14010户、农民专业合作社731个。

第一章　计划管理

第一节　计划管理体制

新中国成立后，县政府工作着重点逐步向经济建设转移，管理经济的职能逐步强化。1955年，县政府设立计划委员会。1972年2月，改称县计划统计局。1976年7月，改称县计划委员会。2002年10月，改称县发展计划局。2006年2月，改称县发展和改革局，并将县经济体制改革办公室并入发改局。

1953年—1957年，采用直接计划与间接计划相结合的管理模式，对国有企业基本建设项目等采用直接计划，控制较严格，其余的则采用间接计划。1958年，实行单一的指令性计划，执行制定不切实际的高指标，给国民经济管理造成损害。“文化大革命”期间，计划管理瘫痪，经济计划得不到落实。1973年后，主要对工业生产、农业生产、劳动、物资、物价等实行计划管理。1978年后，逐步缩减指令性计划，增加指导性计划和市场调节数量。农作物生产除少数作物外，大都实行指导性计划；油料生产在完成国家定购任务前提下，实行市场调节，引导企业参与市场竞争。但物资分配、基本建设项目、固定资产投资、重要工业品生产和人口出生、招工、招生、大中专毕业生分配等仍实行指令性计划。1992年，中共十四大正式提出建立社会主义市场经济体制，对国民经济和社会发展主要采用宏观控制、综合平衡、协调服务等管理模式，充分发挥市场对资源配置基础性作用。对工业生产、农业生产、劳动、物资、物价等全面取消计划管理，在年度计划中只是制定地区生产总值、地方公共财政预算收入、规模以上固定资产投资、社会消费品零售总额、规模以上工业增加值、城镇居民人均可支配收入、农民人均纯收入等重要指标的预期目标，而不对经济发展作过多的干涉。

2002年—2010年，计划工作重点调整为全县国民经济和社会发展战略、中长期规划和年度发展规划。提出总量平衡、发展速度和结构调整的调控目标及措施，衔接各主要行业发展规划，平衡社会总需求和总供给，协调重大比例关系，制定资源开发、生产力布局和生态环境建设规划，引导和促进全县经济结构合理化和国民经济可持续发展，分析全县国民经济运行情况，提出对策和建议，实行全县经济目标管理和考核，确定全县固定资产投资总规模，筛选重大建设项目，申报、审批基本建设投资项目，实行项目审批备案制。落实招商引资带动县域经济发展战略。

第二节 计划编制与执行

长期规划的编制与执行

苍山县第一个五年计划（1953年—1957年）没有系统编制就下达执行。1957年，完成工业总产值248.7万元，农业总产值3099万元，基本建设投资75.73万元，播种面积18.94万公顷，牲畜饲养量2.6万头，社会购买力1900万元，基本完成计划指标。1958年—1962年的第二个五年计划，因“大跃进”和自然灾害，完成很不理想。到2010年，苍山县先后编制过11个五年计划，其中已执行10个，有9个计划目标基本或超额完成。

“三五”计划（1966年—1970年）规划指标：到1970年，全县粮食总产量达到3.5亿千克，平均亩产250千克（其中，小麦、大豆及其他杂粮要求占70%以上）。棉花播种3万亩，总产皮棉150万千克，平均亩产皮棉50千克。花生播种4万亩，亩产生米100千克，总产花生米400万千克。贯彻“小型为主，中小型并举；社队自办为主，国家支援为辅；当年见效为主，水旱兼治”的方针，扩大灌溉面积，保证实现100万亩稳产高产田。新建扩建水库达到163个，新建引河闸29处；初步治理和绿化山头240个，集中造林，大力培植金银花、花椒、中药材等产业。

“五五”计划（1976年—1980年）编制情况：农业坚持“以粮为纲，全面发展”的方针，争取每年产粮4300万公斤，棉花154万公斤，生猪5.6万头；工业坚持“以钢为纲”，轻重工业并举，到1980年全县工业总产值计划完成8000万元，平均年增长60%以上。

“六五”计划（1981年—1985年）完成情况：到1985年，全县社会总产值5.54亿元，比1980年增长83.2%，平均每年增长13%，国民经济持续稳定增长；随着党在农村各项经济政策的落实和推行以家庭联产承保责任制为中心的一系列改革，结束了农村经济长期发展缓慢的局面。1985年，全县农业总产值3.33亿元，平均每年增长10.8%；工业生产持续、稳定、协调发展。“六五”期间，全县工业品总产值9731万元，平均每年增长18.3%，其中乡镇工业发展较快，1985年实现产值2230万元，比1980年增长55%；完成基本建设投资2345万元，新增固定资产1743万元；贯彻开发搞活的方针，进行商品流通领域的体制改革，端正服务方向，商品货源日益充足。1985年，全县社会商品零售额达到1.37亿元，平均每年增长9.6%。

“七五”计划（1986年—1990年）编制情况：到1990年，全县社会总产值11.3亿元，平均每年增长9%；工农业总产值达到7亿元，平均每年增长9.1%；国民收入达到6.1亿元，平均每年增长7.6%；合理安排积累与消费，积累率控制在25%左右；进一步搞活流通，大力发展内外贸易，实财政、信贷的收支平衡。逐步增加城乡居民收入，提高人民的物质文化消费水平，到1990年，全县农民人均收入达到560元，平均每年增长10%左右；严格控制人口增长，五年平均自然增长率控制在9‰以内，总人口控制在100万人左右。计划执行情况：到1990年，全县国民生产总值达到4.89亿元，年增长6.7%；三次产业结构比例由1985年的71.7∶10.5∶17.8调整为57.8∶23.4∶18.8；农业总产值达到3.96亿元，年递增3.5%；乡镇企业总产值4.3亿元，年递增27.6%；全社会固定资产总投资完成5亿元，其中，基本建设投资3.9亿元；全社会商品零售额3.3亿元，平均年增长19.2%，服务网点15315个。

“八五”计划（1991年—1995年）计划编制情况：到1995年，国民生产总值达到8.23亿元，年递增11%；农业总产值4.93亿元，年

递增 11%；工业总产值达到 8.87 亿元，年递增 13.5%；财政收入达到 4012 万元，年递增 11%；农民人均纯收入达到 920 元，年递增 10%；一、二、三产业的比例调整到 33 ∶ 37 ∶ 30；粮食总产达到 5.5 亿千克，棉花 500 万千克，花生 1665 万千克；全县林木覆盖率达到 25%，比 1990 年提高 7 个百分点；果园面积发展到 20 万亩，比 1990 年增加 90 万亩，果品总产量达到 5000 万千克；发展规模经营，提高畜禽产品的商品率和综合效益，到 1995 年，牛发展到 2.7 万头、羊 25 万只，生猪稳定在 36 万头左右；水产品总量达到 500 万千克，渔业产值 700 万元。计划执行情况：到 1995 年，全县国民生产总值达到 21.6 亿元，比 1990 年增长 1.2 倍，年增长 17.2%；三次产业结构比例由 1990 年的 57.8 ∶ 23.4 ∶ 18.8 调整为 55.9 ∶ 23 ∶ 21.1；财政收入 6237 万元，比 1990 年增长 1.6 倍，年均增长 21.2%；粮食总产 56 万吨，比 1990 年增长 20.5%；农业投入达 3.3 亿元，比“七五”期间增长 53.2%；乡镇企业总产值 52 亿元，比 1990 年增长 8.5 倍；工业总产值 48.5 亿元，年递增 47.6%；“八五”期间电力设施投资 2200 万元，全县供电能力达到 3.5 万千瓦；全县社会零售品销售总额 6.95 亿元，年增长 16.1%，各类商业网点 19696 处，各类市场 89 个；全县农民人均纯收入 1500 元，职工工资 3500 元。

“九五”计划（1996 年—2000 年） 计划编制情况：预计到 2000 年，全县国内生产总值可达到 52.8 亿元，年递增 14%；一、二、三产业增加值分别达到 15.63 亿元、20.97 亿元、15.3 亿元；三次产业结构调整为 31 ∶ 40 ∶ 29，城镇化水平达到 28.2%；职工平均工资达到 7200 元，农民人均纯收入达到 3150 元；零售物价指数上涨每年控制在 8% 左右；城镇居民人均住房面积达到 15 平方米；人口自然增长率控制在 7‰ 以内。计划完成情况：到“九五”末，全县国内生产总值达到 47 亿元，年递增 10.6%，其中一、二、三产业增加值分别为 16 亿元、13.8 亿元和 17.2 亿元；实施“双增工程试点县”“优质粮食基地县”等项目，产业化水平提高；工业企业完成增加值 12.3 亿元，限额以上工业企业实现利税 8300 万元。“九五”期间，完成轻工、建材、食品等行业技改项目 236 个，投资 8.4 亿元；全县个体私营业户达 3.8 万户，民营经济比重占总量的 1/3；流通商贸繁荣活跃，完成社会消费品零售总额 13.8 亿元，年递增 11.7%；全县地方财政收入 14053 万元，年递增 14.8%；全县农民人均纯收入由“八五”末的 1536 元提高到 2262 元，城镇居民人均可支配收入由 3212 元提高到 4434 元。

“十五”计划（2001 年—2005 年） 计划编制情况：到“十五”末，国内生产总值达到 80 亿元，年递增 11%；三次产业比例调整为 25:29:46，地方财政收入达到 2.48 亿元，年递增 12%；全社会固定资产投资累计完成 70 亿元，年递增 17%；社会消费品零售总额达到 23.6 亿元，年递增 11%；城镇居民人均年可支配收入 6500 元，农民人均纯收入达到 3000 元；人口自然增长率控制在 5‰ 以内。计划完成情况：到 2005 年，全县生产总值达到 102.23 亿元，比 2000 年翻一番，年均增长 14.1%，比“九五”平均增幅高 3.5 个百分点；财政总收入 5.3 亿元，其中地方财政收入 1.91 亿元，同口径比较年均增长 23%；社会消费品零售总额 34.09 亿元，年均增长 19.9%；金融机构存贷款余额分别为 45.06 亿元、24.68 亿元，比 2000 年分别增加 23.41 亿元、6.13 亿元。三次产业结构由 2000 年的 34 ∶ 29 ∶ 37 调整到 23.7 ∶ 37.6 ∶ 38.7。粮食总产连年稳定在 50 万吨左右，蔬菜面积扩大，效益增加，产业优势日益显现，蔬菜总产达 203.6 万吨。林果业和养殖业有新发展，5 年累计完成造林面积 21.8 万亩，干鲜果品总产量达到 10 万吨；大牲畜存栏 3 万头，肉蛋奶总产量达到6万吨，水产品产量2.2万吨。大力推行农业产业化和农业标准化，有42个蔬菜产品获得国家无公害产品认证。农产品加工企业发展到357家，其中省、市级农业产业化龙头企业18家。工业增加值达到31亿元，年均增长17.7%。规模以上工业企业达到128家，5年增加78家。实现工业增加值15亿元，利税5.14亿元，年均分别增长23.4%和44%。有9家企业销售收入过亿元，7家企业利税过千万元。5年累计工业投入35亿元，竣工投产投资千万元以上的工业项目58个，新增工业产值35亿元。规划建设经济开发区和东部民营工业园，加快工业产业聚集。全县形成60万吨蔬菜食品、300万吨水泥、10万立方米板材、150万吨硅砂、250万吨石膏、100万吨铁精粉、500万张皮革的工业生产能力。5年累计投资110.5亿元，年均增长36.4%，是“九五”期间的2.9倍。206国道改线工程建成通车，新建、改建县乡公路160千米、农村公路1186千米，全县公路通车里程达到1931千米，87%的行政村通硬化路；新建和改造110千伏、35千伏输电线路34.6千米，完成农村和城区电网改造工程，1×1.5万千瓦热电机组投产运行；固定和移动电话用户达到32万户。县城建成区面积18平方千米，城区人口达到13万人，日供水能力达到2.5万立方米。民营企业发展到889家，个体工商户达到4.7万户，民营经济占全县生产总值和地方财政收入的比重分别达到62%和59.2%。5年累计利用外资7583万美元，是“九五”期间的4倍；外资企业发展到30家。进出口总额达到4002万美元，其中自营出口总额3694万美元，年均分别增长19%和17%。外贸出口企业发展到67家，其中获得自营进出口权的企业45家。2005年，农民人均纯收入3402元，年均增长8.5%；城镇居民可支配收入7878元，年均增长12%。农村贫困人口由2000年的16.5万人减少到2005年的9.5万人。

“十一五”规划（2006年—2010年） 2005年，编制《苍山县国民经济和社会发展第十一个五年规划》。计划提出，苍山县发展的总体战略是：建成苏鲁边界两省三市结合部区域性中心城市。主要内容由全国生态农业大县和蔬菜产业强县、国内著名的农产品加工和物流基地、

图15—1　苍山县第“十一”个五年规划

鲁南苏北建材和矿产品加工基地、鲁南生态山水园林城市四个战略定位组成。主要经济指标：2010年，地区生产总值260亿元，人均达到2600美元，地方财政6亿元，三次产业结构调整为12∶48∶40，城镇居民人均可支配收入达到13600元。

2010年，全县实现生产总值190.7亿元，是“十五”末的1.9倍，年均增长13.3%；规模以上固定资产投资85.2亿元，是“十五”末的2.1倍，年均增长16%；全社会消费品零售总额98.9亿元，是“十五”末的2.9倍，年均增长23.7%；地方财政收入4.5亿元，是“十五”末

的2.4倍，年均增长19%。全县规模以上工业企业发展到255家，比“十五”末净增127家；实现增加值48亿元、利税19.3亿元，年均分别增长18.5%、23.8%。经济开发区累计完成基础设施投资1.2亿元，入园规模以上企业58家。矿产建材、蔬菜食品、机械加工、轻工制品四大支柱产业实现产值132.3亿元，占规模以上工业产值的73.1%。高新技术产业产值占规模以上工业产值的比重比“十五”末提高6.4个百分点。全县优质农产品基地发展到120万亩，有126个农产品通过“三品一标”（无公害产品、绿色产品、有机食品、农产品地理标志）认证。食用菌产业快速发展，年产各类鲜菇2亿公斤，产值9.4亿元。市级以上农业产业化龙头企业发展到39家。修建、改造农村公路1535千米，新建农村户用沼气1.8万户。全部完成46座中小型水库除险加固任务。农民人均纯收入6687元，年均增长14.5%。全县服务业增加值达到79.5亿元，占生产总值的比重为41.7%，比“十五”末提高3个百分点。全县物流业实现地税8492万元，占全县地税总额的25.6%；金融机构存、贷款余额为119亿元、62亿元，分别比“十五”末增加74亿元和36.8亿元。房地产开发5年累计完成投资25.6亿元，商品房销售面积120万平方米。全县城镇化水平达到39%，比“十五”末提高9.5个百分点。县城建成区面积达到23平方千米，县城人口20万人。全县累计利用县外资金128.9亿元，市外资金96.7亿元；实现进出口总额3.1亿美元，其中自营出口2.6亿美元。累计完成规模以上固定资产投资305亿元，是“十五”期间的2.8倍，年均增长16%；开工建设总投资过亿元的重大工程项目76个。规模以上民营企业发展到285家，销售收入过亿元的企业20家，个体私营业户达到3.8万户。

年度计划与实施

计划经济体制向市场经济体制过渡阶段（1996年—2000年）

1996年，实施农业产业化和科技兴农战略，经济作物面积进一步扩大，林果业形成以“干杂果”为主的思路。制订《关于深化县域改革的实施意见》，推进企业兼并，县保庆公司兼并华星公司，县生产资料公司兼并银星公司，组建鲁城硅砂集团、新杨集团。推进股份制改革，全县股份制企业115家。

1997年，农业实行贸工农一体化经营，加快农业产业化进程；工业以企业改制为动力，促进资产优化重组。农业：以大蒜、大棚菜、大姜和创汇蔬菜为特色的苍山“三大一洋”蔬菜形成生产规模。工业：对全县246家乡镇企业进行改制，苍松建材公司、县酒厂、县工程机械厂分别挂靠大企业集团。

1998年，面对淮河流域治污、亚洲金融危机造成的市场疲软，坚持“抓重点企业保财政，抓骨干项目保发展，抓扭亏增盈保稳定”的方针。企业改革按照“抓大放小”和“三改一加强”的要求，重点突破，全面推进。县营工业企业完成改制17家，盘活有效资产2亿元。

1999年，进行农村经济发展体制创新，成立蔬菜运销、产销合作社；县营31家工业企业改制完成，募集股本1.1亿元。

2000年，实施“双增工程试点县”“优质粮食基地县”等项目，进行农村产权制度改革，成立蔬菜运销联合会和7家股份制农村经济合作组织。县工业企业改制面97%，泉山、恒力等企业恢复生产。全县12家企业获得自营进出口经营权。

市场经济体制为主阶段（2000年—2010年）

2001年，加大农业结构调整的力度，组织实施双增工程、稻改工程、无公害蔬菜基地示范、农产品市场建设等项目，建成蔬菜检测与监控中心；县直企业加大技改力度，完成技改投资2.7亿元，培植骨干企业和拳头产品。

2002年，围绕“1246”工程实施，通过改制、改革、改造，加大骨干企业培植力度，10大技改项目进展顺利，有9家企业利税过百万元。

2003年，总投资12.3亿元，完成投资6.5亿元，其中投资过亿元的项目4个，过千万元的项目24个，创历史之最；农业形成60万亩无公害蔬菜生产基地，10多个品牌获绿色无公害食品认证。

2004年，实施50万元以上新上和技改工业项目160个，完成投资13亿元，增长59%；无公害蔬菜生产基地发展到70万亩，42个品牌获绿色食品认证；投资5700万完成县城道路拓宽改造。

2005年，全县90%的国有、集体企业进行产权制度改革，公司制企业达到703家；土地资源招挂拍，5年累计实现政府纯收益3.8亿元；进驻工业园企业10家，总投资2亿元。

2006年，围绕“骨干企业培植、重点项目推广、矿产资源开发”三大重点，大力实施“项目推进年”活动，34个重点项目，总投资12.4亿元，完成投资7.9亿元，其中十大重点项目完成投资5.9亿元；实施“万村千乡”工程建设，培养物流骨干企业。

2007年，工业围绕“加快园区建设、培植产业集群、扶持骨干企业”三大重点，产值过亿的企业达到10家；农村综合改革逐步深化，农业税、农业特产税全部取消，落实惠农政策，累计发放小麦直补、小麦良种、农机具补贴、库区移民扶持资金1.2亿元，发放百万农户致富工程贷款40亿元。

2008年，矿产建材、轻工制品、机械制造、蔬菜食品四大支柱产业，完成销售收入94.4亿元，占全县工业总收入78%。苍山经济开发区、东部民营工业园和西部矿产建材加工区“三大板块”产业集聚企业113家，业务总收入43亿元。

2009年，加快传统产业优化升级，淘汰落后产能，着力培植新兴产业，全县高科技产业产值占规模以上工业产值比重提高了2.1个百分点；推进优质蔬菜“三进”工程，新建优质蔬菜基地26个800公顷。

2010年，全县规模以上工业企业255家，完成增加值48亿元，其中高新技术产值占规模以上工业产值的15.4%；农业基础设施不断完善，累计投资6.23亿元，完成各类农田水利工程2600项、饮水工程103处。

第三节　项目管理

2002年，重点搞好热点联供、18万吨饲料生产线、百万张羊皮加工、杨木单层板项目、覆膜胶合板和环保家具板材等15个重点项目的建设。

2003年，计划开工建设和续建投资1000万元以上的项目44个，其中江泉集团200万吨水泥、铁矿石开发、神大集团生物制药、FD四期五期工程、十万纱锭等6个项目投资过亿元。

2004年，神大纺纱、FD二三期工程、华龙热点、嘉诚陶瓷、天下木业二期工程、鲁林木业LVL工程板材、金信皮革、贵华机焦等14个项目竣工投产。

2005年，西部工业园区实现“四平一通”，进区企业10家，累计投资2亿元；东部民营工业园初步形成以食品加工、建材陶瓷、生化制药等为主的特色经济隆起带。

2006年，投资1000万元以上的重点建设项目56个，总投资45.3亿元，年内计划投资25.8亿元。中钢集团山东分公司铁矿综合开发、江山水泥5000吨熟料生产线、济南钢铁总产走马岭地下矿区开采3个项目被市政府列为市重点调度的重点项目。

2007年，重点调度建设项目80个，其中西泇河复航京杭大运河、临枣铁路（苍山段）、临枣高速公路（苍山段）、苍邳分洪道综合整治项目、鲁南经济带规划研究、国家大型商品粮生产基地、申报服务业综合改革试点县7个项目作为苍山县特别重点建设项目单独列出。其余73个项目总投资77.8亿元，年内计划投资

30.9 亿元。

2008 年，荣庆物流中心项目被列为省政府重点调度的项目，中钢集团山东矿业、荣庆物流中心、苍山现代农业示范园、东伽河综合治理、大成肉制品加工、中联水泥二期、美威电子产品 7 个项目被列为市政府调度的重点建设项目，计划总投资 31.22 亿元，年度计划投资 11.59 亿元，实际完成投资 6.9 亿元。

2009 年，苍山县重点项目共 64 个，总投资 104.3 亿元，年度计划投资 35 亿元。中钢集团苍山铁矿采选项目被列为省政府重点调度的项目，临矿集团会宝岭铁矿采选项目、中联水泥余热发电及水泥二期项目、苍山现代农业示范园项目、抱犊崮风景区旅游综合开发项目、文峰山旅游开发项目、中钢集团苍山铁矿采选项目被列为市政府调度的重点建设项目，计划总投资 39.6 亿元，年度计划投资 10.98 亿元，实际完成投资 7.61 亿元。

2010 年，全县重点项目共 75 个，总投资 145.11 亿元，年度计划投资 48.56 亿元，开工 73 个，完成 48.01 亿元，同比增长 98.4%。其中工业项目 32 个，总投资 67.65 亿元，年度计划投资 18.91 亿元，全部开工，完成投资 18.97 亿元；农业项目 5 个，总投资 1.12 亿元，年度计划投资 0.66 亿元，全部开工，完成投资 0.66 亿元；城建环保项目 13 个，总投资 30.01 亿元，年度计划投资 13.60 亿元，开工 12 个，完成投资 13.96 亿元；交通运输项目 6 个，总投资 23.28 亿元，年度计划投资 7.26 亿元，全部开工，完成投资 8.36 亿元；服务业项目（不含城建环保、交通运输项目）19 个，总投资 23.05 亿元，年度计划投资 8.14 亿元，开工 18 个，完成投资 6.07 亿元。

第二章　国土资源管理

第一节　管理机构

1987 年 5 月，成立苍山县土地管理局。1989 年 1 月，成立苍山县矿产资源管理局。1993 年 12 月，苍山县土地管理局、苍山县矿产资源管理局合并为苍山县土地矿产管理局。1999 年 5 月，苍山县土地管理机构和矿产管理机构分设，重新设立苍山县土地管理局和苍山县地质矿产局。

2002 年 5 月，苍山县土地管理局更名为苍山县国土资源局，苍山县地质矿产局更名为苍山县矿产资源办公室，归口苍山县国土资源局。2005 年 6 月，苍山县国土资源局和苍山县矿产资源办公室合并成立苍山县国土资源局。2010 年，下设 17 个职能科室和土地储备中心、矿产资源管理办公室、统一征地办公室、地租征收办公室、土地整理中心、执法大队（下设 2 个中队）、地价评估事务所、矿产资源管理所、矿产资源补偿费征收办公室 9 个事业单位，在编职工 132 人。

第二节　土地资源管理

测绘管理

2004 年，在全县开展涉密地图保管使用情况保密检查工作。同年，对全县测量标志进行普查，建立测量标志档案。2005 年，完成 C 级 GPS 控制网的布设，建立苍山县 C 级 GPS 控制网。2007 年，对全县范围内的 84 个等级以上测量标志进行普查登记，经普查 39 个点保存完好，17 个点被破坏，28 个点迷失。同年，将保存完好的 39 个点托管到各国土资源所，并建立电子档案。2008年，完成《临沂市地图集·苍山篇》的汇总，提交资料3000余字，图片10张，修订图件6幅。2009年，联合工商、文化等部门对全县地理信息市场开展专项清理整顿。同年，完成土地测绘项目247宗，测绘面积485.3公顷。2010年，组织开展城区40平方千米1:500地形图测绘和12个建制镇的1∶500地形图测绘工作，为“数字苍山”提供技术支持。

土地规划

1992年，完成苍山县土地利用总体规划的编制工作。1993年10月，《苍山县土地利用总体规划》及《苍山县基本农田保护区规划》两项成果通过评审验收。1996年，编制《苍山县矿产资源及开发利用发展规划》。1997年，重新编制县、乡两级土地利用总体规划。2003年6月，编制《苍山县矿产资源总体规划》。2004年4月，完成基本农田标准样地设置工作。2007年，编制《苍山县地质灾害防治规划》。2009年，开展第二轮土地利用总体规划修编工作。2010年，完成县城和21个乡镇土地利用总体规划修编工作。

基本农田保护

1995年，县、乡、村三级共签订基本农田保护责任书988份，设立基本农田保护区标志牌868块，建立基本农田保护档案。1996年，县政府下发《关于实施基本农田使用许可证制度的通知》，建立基本农田使用许可证和基本农田建设基金征收制度。2001年，编制县、乡（镇）两级基本农田保护区规划图，把基本农田保护指标落实到村庄和具体地块。同年12月，完成基本农田保护区调整划定工作，共划定基本农田保护面积98632.45公顷，其中温室菜地1.1万公顷，大蒜地1.2万公顷。2004年4月，开展基本农田保护检查工作，签订基本农田保护责任书42.7万份，设立基本农田保护区标志牌548块，树立大型基本农田保护区宣传牌1处，编制基本农田保护区图件1500余幅，建立完善县、乡基本农田保护档案500余卷。2009年，按照基本农田行政首长负责制要求，县政府和乡镇政府签订耕地保护年度目标责任书，确保耕地保有量和基本农田保护面积动态平衡，全县耕地保有量和基本农田面积稳定在111469.9公顷和98632.45公顷。

图15—2　基本农田保护区　（2010年摄）

建设用地管理

1988年，审批国家建设用地20.6公顷，集体建设用地16.67公顷，农房用地123.8公顷。1989年，审批建设用地89.53公顷，并以贾庄乡时村为试点，开始农村宅基地有偿使用工作。1992年，办理建设用地审批76宗。1993年，开展国有土地有偿出让试点工作。1994年，审批建设用地项目168宗，其中7宗国家机关和公用事业用地以划拨方式供应，161宗实行有偿出让。1996年，在县城东苑新区以预付补偿款的方式预征地66.67公顷，逐步尝试政府统一征地工作。2000年，根据1998年修订的《中华人民共和国土地管理法》规定，实行建设用地农转用审批制度，上报用地项目23个，面积25.8公顷，实现政府土地收益1126万元。2007年，苍山县人民政府办公室下发《转发山东省国土资源厅等部门关于工业用地招拍挂出让实施意见的通知》，将工业用地纳入招拍挂出让范围。至2010年，出让面积和政府收益逐年增加。

2000 年—2010 年苍山县国有土地出让情况

表 15—1

年份	出让土地使用权宗数	出让面积（公顷）	政府收益（万元）
2000	—	25.8	1126
2001	—	158.4	3000
2002	—	—	3500
2003	—	—	7038
2004	—	—	3280
2005	—	—	4093
2006	11	24.15	8493
2007	19	23.59	12400
2008	19	52.79	16800
2009	41	54.32	20300
2010	74	75.67	45500

土地复垦开发

1988 年，开发复垦土地 460.17 公顷。1989 年，开发复垦土地 166.67 公顷，新增耕地 73.33 公顷。1990 年，完成全县 270 个村的旧村改造，新增耕地 14 公顷。1991 年，开发复垦土地 269.4 公顷。1997 年—1999 年，开发复垦土地 525 公顷，新增耕地 212 公顷。2000 年，土地整理项目立项 20 宗，面积 650 公顷，完成 110 公顷，新增耕地 68 公顷。2001 年，建立土地开发整理项目库，对土地开发复垦实行立项管理。2002 年，开发整理土地 20 宗，总规模 58.91 公顷，新增耕地 45.23 公顷。2003 年，完成规模为 30.50 公顷的尚岩镇白水牛石前村市级土地开发整理项目和总规模为 56.29 公顷的 8 个县级土地开发项目，新增耕地 42.79 公顷。2004 年，完成规模为 165.6 公顷的大仲村镇柳河村市级土地开发项目和总规模为 292.18 公顷的 27 个县级土地开发整理项目，新增耕地 274.3 公顷。2005 年，完成规模为 151.95 公顷的尚岩镇安庄村市级土地整理项目和总规模为 155.17 公顷的 21 个县级土地开发整理项目，新增耕地 85.64 公顷。2006 年，实行土地开发整理招投标制度，完成总规模为 92.17 公顷的 5 个县级土地开发整理项目，新增耕地 65.14 公顷。2007 年，完成总规模为 386.67 公顷的 3 个市级土地整理项目和总规模为 15.04 公顷的 4 个县级土地开发项目，新增耕地 52.07 公顷。2009 年，完成规模为 399.53 公顷的大仲村镇市级土地整理项目和总规模为 168.34 公顷的 14 个县级土地开发整理项目，新增耕地 147.88 公顷。2010 年，申报兰陵综合整治项目，项目农用地整治总规模 3392.83 公顷，投资规模 1.5 亿元，拆旧规模 421.58 公顷，复垦耕地面积 392.3 公顷，预计新增耕地 164.89 公顷。

地籍管理

1989 年，开展乡镇土地申报登记工作，全县共有8155个单位申报土地8887宗、面积2062公顷。1990年，完成苍山县土地资源调查外业测绘任务，调绘航片868张，签订土地权属协议书5128份，解决土地纠纷37起。同年，全县城镇土地申报登记820宗，颁发土地使用证740份。1991年，颁发国家、集体建设用地使用证11个，解决土地纠纷4起，为10个单位办理权属变更手续。1992年1月，苍山县土地资源调查、土地详查工作分别通过省级验收，绘制图件2000张，整理档案1112卷，完成50多万字的调查报告。同年，完成城镇地籍调查870宗，确权发证769宗。1995年11月，城镇地籍调查工作通过省级验收。1999年，开展全县国有土地证书年检工作，检验国有土地证书780宗，换发国有土地证书460宗。2002年，开展城镇居民住房土地登记发证工作，发证5880宗。2005年，完成土地利用现状更新调查工作，调绘1∶10000标准分幅正射影像图96幅，图斑41646个、线状地物36053条、零星地类430个，签订权属界线协议书4868份、争议缘由书21份，调查飞地2943宗。2007年，开展城镇地籍调查工作，调查宗地7000余宗，完善调查成果3000宗，布设30个D级点，联测23个C级点，县城城区布设12个E级点和350个一、二级导线点，布设水准路线1000多千米，完成全县D级网、E级网和一、二级导线观测。2009年，全面完成第二次土地调查工作。

宅基地管理

1989年—1990年，苍山县有969个村试行宅基地有偿使用制度，占全县村庄总数的82%。1992年，完成全县宅基地勘丈21.58万户，颁发集体土地使用证17.56万份，建立宅基地档案10556卷。1994年，县政府办公室下发《关于清理农房建设用地要严格执行政策规定的通知》，在全县推广卞庄镇清理农房建设用地经验。同年，完成28个乡镇3400宗农村集体土地确权发证工作，并健全村级土地统计台账。1997年—1998年，在矿坑、沂堂等乡镇开展集体土地使用证换发证试点工作。1999年—2001年，对集体土地使用证进行年检，换发农村集体土地证6万余份，补发农村集体土地所有证2700份。2007年，苍山县政府下发《苍山县农村宅基地专项清理整治实施方案》，对全县1201个自然村进行摸底调查，绘制村庄宅基地分布平面图。2008年，选择51个村开展宅基地清理整治试点工作，完成5034宗集体土地使用证补发工作。2009年，完成123个村4355户的宅基地集体土地使用证补发工作和17个村5406户宅基地集体土地使用证换发工作。2010年，完成4个批次6799宗宅基地集体土地使用证报批发证工作，完成35个村4326户宅基地集体土地使用证换发工作。

第三节　矿产资源管理

地质矿产勘查

1986年—1991年，山东省第二地质矿产勘查院对苍峄铁矿区开展区域地质调查。1996年，山东省第二地质矿产勘查院在下村乡龙宝山地区开展金矿找矿工作。1997年，山东省第二地质矿产勘查院在苍山县下村乡龙宝山地区与苍山县供电局合作，提交400千克黄金储量的地质勘查报告，投资200万元开办日处理50吨矿石的黄金选矿厂。同年，开展苍山县矿产储量登记工作。1998年，在龙宝山地区发现储量D+E级稀土氧化物198701吨，在车辋发现8个铜铅矿体。2007年，设立铁矿探矿权3个，县政府投资1176万元探明铁矿储量0.41亿吨。2003年—2009年，在鲁城乡走马岭矿段、小闫庄矿段、尚岩镇王埝沟地区、兰陵—古林地区开展地质勘查工作，探明铁矿石资源储量3.84亿吨。2010年，完成李山根和大青山地区铁矿勘查成果转让工作，增加政府收益2.8亿元。

地质环境保护与治理

1998年5月，苍山县石膏矿1号井发生采

空区地面塌陷，塌坑长100米、宽30米、深3米，由矿山企业自筹资金进行治理。2000年4月，划定文峰山、大宗山、塔山3处为地质地貌景观保护区。2005年，中钢集团山东矿业有限公司（苍山县小闫庄铁矿）和苍山县胜龙矿业有限公司自筹资金对矿区范围内的采坑进行回填，恢复土地面积17.35公顷。2006年年初，山东省地质环境监测总站对苍山县境内地质环境问题展开调查，提交《山东省苍山县地质灾害调查与区划报告》。2007年，县政府开始征收矿山地质环境恢复治理保证金，全年征收75.8万元。同年，申请财政资金40万元对兰陵镇大庄子塌陷区进行恢复治理。2008年—2009年，苍山县投资450万元开展燕柱山采石场地质环境恢复治理和刘河崖石膏矿采空塌陷区地质环境治理工作，治理面积26.4公顷。燕柱山治理项目完工后，新增耕地6.67公顷；刘河崖治理项目完工后，解决38户受灾居民住房问题，复垦土地5.33公顷。2010年，成功申报文峰山省级地质公园，争取市级财政资金220万元用于文峰山破损山体治理和矿坑村煤矿采空区塌陷治理。

矿产开发监督管理

1989年，县内开始开展采矿权审批登记工作。1994年，全县合法矿山企业126家。同年，苍山县政府下发《关于加强黄金矿产管理的通告》，将金矿勘查开发纳入统一管理。1995年，为38个新建矿山企业（包括个体采矿）办理采矿权登记，24家矿山企业办理延续登记。1998年，县政府下发《苍山县矿产资源管理暂行办法》《苍山县河道砂石管理办法》和《苍山县人民政府关于加强黄金矿产管理的通告》。2006年，开展矿山企业定界埋桩工作，测量界址点390个，埋设矿界界桩787个，绘制埋设大型户外矿区范围图36幅。同年，编制《苍山县矿产资源整合方案》。2007年，开展以巩固矿业市场清理整顿成果为目的的年度执法检查工作。2008年，对19家合法铁矿石开采企业安装电子监控，开发矿产资源远程监控系统，尝试对矿山企业实时监控。2009年，在23家石膏矿山安装远程监控系统。2010年，对全县所有矿山企业进行界桩复核、矿区实测和设立采矿权标识牌工作。

第四节 执法监察

土地执法监察

1988年，县政府开始对1982年—1988年的非农业建设用地进行全面清查，共查出违法占地案件1199起，面积560.4公顷，拆除违法建筑物15处，补办手续1199宗。1989年，立案查处违法占地案件142起，收回土地8.8公顷，拆除房屋72间。1990年，开展越权批地和违法占地清理，共查出越权批地、违法占地6248宗，面积154.67公顷，收回土地14公顷，补办手续4010宗。1992年，查处违法占地案件110起。1993年4月，苍山县法院在苍山县土地管理局设立土地巡回法庭，实行巡回办案。1996年—1998年，建立土地巡回检查制度、联合办案制度、局长接访日制度，全年查处违法占地530宗，涉及面积0.45公顷。2000年，查处违法占地30宗，涉及面积3.33公顷。2001年—2002年，苍山县连续两年开展清理整顿土地市场秩序工作，查处违法占地492宗，面积244.4公顷。2003年，开展以清理各类开发区为重点的整顿和规范土地市场秩序工作，清理违法占地168宗、面积69.73公顷。2006年，开展新开工项目用地和以租代征占地、闲置土地清理工作以及土地违法违规案件专项行动，共查处违法占地73宗，涉及面积175.1公顷。2007年，开展土地违法违规专项行动和土地执法"百日行动"，查处土地违法案件92起，移交公安机关10起。2008年，苍山县政府和各乡镇政府签订土地执法监察目标责任书，建立土地监管共同责任机制，全年共查处土地违法案件350起，面积146.01公顷，申请法院强制执行50起，移交公安机关15起，提出党纪、政纪处分建议书10份。2009年，实行动态巡查网格化管理责任制，全年查处新发生土地违法案件192起，查处积案1202起，移交法院407起，移交公安机关36起。2010年，立案查处土地违法案件790宗，拆除50宗，面积8.8公顷，申请法院强制执行案件139起，移交公安机关6起。

矿产执法监察

从1995年起，县政府组织有关主管部门对矿产品流通秩序进行清理整顿。1996年年初，县政府成立整顿工作领导小组，对全县矿业生产秩序进行全面整顿，县政府与各乡镇政府和矿山企业层层签订矿业秩序检查整顿目标责任书。2003年前，因铁矿石价格低，每吨仅10元左右，仅够开采成本，没有利润，铁矿业基本无人问津，铁矿资源丰富的鲁城一度为全县贫困乡。建于1975年的济钢集团石门铁矿多年以来效益不好，有时候甚至亏损。2003年，因钢材市场需求旺盛，带动了铁矿业的发展，年初铁矿石价格涨到20元左右，此后价格一路飙升，2004年年初达120元/吨，随着矿石与铁精粉价格的疯长，小铁矿开采急剧升温，众多业户争相开采，达到疯狂掠夺的地步。部分村民靠出卖个人承包地获得大量金钱补偿，出现大量无章违规私开的矿坑、矿塘、选场，至2004年，全县有200多家大小矿塘、180多家选矿厂。

毫无法律约束的盗采、毫无秩序的乱选，国家应收的矿产资源费、矿产价款、土地恢复治理费等都无人缴纳，大片被毁耕地无人治理。全县因盗采留下矿坑130余处，永久破坏土地133公顷，废弃土石、尾砂占地266公顷，会宝岭水库的几处入库河道淤积严重，矿区环境遭到巨大破坏。面对疯狂盗采和非法选矿造成的严重后果，2004年，县政府开始整顿铁矿，处罚一部分盗采分子，关闭回填部分矿坑、矿塘，对个别私自买卖土地矿体的村民进行处理，加强炸药的管理，关闭100多个非法采矿点，拆除120多处无手续的选厂，有力地打击了各类违法采选行为。所有的采矿权均由市国土资源局进行招标拍卖，盗采问题被禁止。

2005年，苍山县地质矿产局印发《矿产开采秩序集中整治活动实施方案》。2005年—2010年，苍山县政府组织开展全县整顿和规范矿产资源开发秩序活动，共立案查处违法采矿案件110多起，依法拆除非法小选厂25个，查扣违法盗采设备200余台。

第三章 统计管理

第一节 管理机构

1953年5月，苍山县设立统计科，有工作人员4人。1958年6月，并入计划统计局。1960年6月，县设统计局。1968年8月—1976年7月，统计局被撤销，先后在县革命委员会生产指挥部办公室、计划组、计划统计局内设3人做统计工作。1976年7月—1980年11月，统计工作由县计划委员会管理。1979年7月，在县计划委员会内设立统计科。1980年11月，恢复苍山县统计局。1984年7月，县农村抽样调查队成立。1994年4月，设立苍山县农村经济调查队。1996年10月，设立苍山县普查办公室。2003年12月，设立企业经济调查队和城市社会经济调查队。2010年，苍山县统计局下设4个职能科室、3个副科级事业调查队和1个股级事业普查办公室，在全县各乡镇和开发区设

有统计站，在大型企业设有统计科。

第二节　统计业务改革

新中国成立初期，统计调查内容比较单纯。随着国民经济和社会的发展，统计内容日趋广泛。1956 年，统计机构直接调查的内容共 9 项、341 个指标。1958 年，受“浮夸”风的影响，统计数字严重失实。到 1965 年，统计工作才走上正轨，统计调查项目发展到农业、工业、商业、劳动工资、基本建设共 30 项、1200 个指标。1984 年，贯彻执行《中华人民共和国统计法》，调查项目、调查程序、调查手段更为科学完善。

1992 年—1993 年，推进统计改革，改进工业生产评价考核指标，淡化总产值指标，促进企业由生产型向生产经营型转变。在全县推进农村农业、农村企业、工业企业、建筑企业、运输企业、商业企业、服务企业、行政 8 个一套表制度，与国家实施的新国民经济核算体系相配套。

1995 年—1997 年，提高统计整体功能，深化统计调查方法改革，推进抽样调查技术在商贸企业、工业统计中的应用，建立起科学的统计调查方法体系。

1998 年，全县统计工作以统计数据质量为核心，加大统计方法制度改革。国内贸易统计，从统计的内容上进行改革。从填报范围上，按行业间不同标准，对批发贸易业年销售额 2000 万元以上、零售贸易业年销售额 500 万元以上、餐饮业年营业额 200 万元以上的实行全面统计，对限额以下的小型商贸企业进行抽样调查，并建立数据库；对工业总产值在 500 万元以上的工业企业和全部国有工业企业采取全面调查方式，此外的单位采取抽样调查。在固定资产投资方面，对计划总投资额 50 万元以下的项目，按名录库排队随机抽样调查。

1999 年，加强统计基础规范化建设，建立起统计快速反应机制，并初步建立起以周期性普查为基础，以经常性抽样调查为主体，以必要的统计报表、重点调查等多种方法综合运用的统计调查方法体系。

2000 年—2010 年，实施统计年审制度，实施名录库的动态管理，全县 17 个乡镇和经济开发区统计站统一统计站工作和统计员岗位职责等各项制度，统一配发档案盒、统计台账，并配发计算机和打印机等办公设备，规范基层统计工作。

第三节　普查与调查

普查

1949 年—2010 年，全县共进行 20 余次大型普查和 20 多次中小型普查。

基本单位普查　1996 年 12 月 31 日，苍山县开展第一次基本单位普查工作，普查范围是境内所有法人单位和产业活动单位。对 1784 个法人单位及所属 1632 个产业活动单位的名称、属性、地址、代码、法人代表、资产等项目进行调查，获取 21 万多个数据。2001 年 12 月 31 日，开展第二次基本单位普查。该次普查把个体工商户纳入普查范围，普查标准时点是 2001 年 12 月 31 日。普查结果显示，2001 年年底，全县共有各类法人单位 2113 个，产业活动单位 4087 个，个体工商户 13528 户，从业人员 23238 人。

农业普查　1996 年 12 月 31 日，按照全国开展第一次农业普查工作要求，普查对象是全县范围的各种类型的农业生产经营单位、农村住户、非农乡镇企业、行政村和乡镇企业、行政村和乡镇。普查结果显示，1996 年底，全县从事生产经营活动的农村住户为 26.3 万户。2006 年 12 月，开展全国第二次农业普查工作。普查结果显示，2006 年年底，全县从事生产经营活动的农村住户为 28.6 户，全县共有农业生产经营单位 171 个，在农业生产经营户中，以

农业收入为主的户占88.39%。

工业普查　1950年3月、1986年，苍山县分别进行两次工业普查。1995年12月31日，开展第三次工业普查工作，普查对象是全县范围的全部独立核算乡镇以上和年产品销售收入在100万元以上的村办、私营、合作经营、个体工业企业和生产单位。普查结果显示，至1995年年底，全县企业及单位数为82个，其中大型企业1个，中型企业7个，小型企业74个；工业总产值168390.1万元，利润总额150570.2万元，年末从业人员22914人。

人口普查　1953年6月30日24时，进行全国第一次人口普查，苍山县普查人口为575039人。1964年6月30日24时，进行全国第二次人口普查，苍山县普查人口为660371人。1982年7月1日零时，进行全国第三次人口普查，苍山县普查人口为926659人。1990年7月1日零时，进行全国第四次人口普查，苍山县普查人口为1082844人。2000年11月1日零时，进行全国第五次人口普查，苍山县普查人口为1128161人。2010年11月1日零时，全县普查登记户籍人口为129.85万人。普查登记常住人口为116.19万，其中男性为59.84万人，占总人口的51.50%；女性为56.35万人，占总人口的48.50%；其中0～14岁的人口为26.78万人，占23.05%，15～64岁的人口为78.79万人，占67.81%；65岁及以上的人口为10.63万人，占9.14%；具有大学（指大专以上）受教育程度的为2.69万人；具有高中（含中专）受教育程度的为7.71万人；具有初中受教育程度的为40.29万人；具有小学受教育程度的为42.70万人。

经济普查　从2004年起，将之前属于专项经济普查的工业普查、第三产业普查和基本单位普查三项经济普查合并，并将建筑业纳入普查范围，2004年9月5日，国务院第415号颁布《全国经济普查条例》。条例规定：经济普查每五年进行一次（逢3、8进行），标准时点为普查年份的12月31日，普查对象是国内从事第二产业、第三产业活动的全部法人单位、产业活动单位和个体工商经营户。第一次经济普查的标准时点为2004年12月31日。普查结果显示，2004年年底，全县共有各类法人单位2604个，产业活动单位4144个，其中多产业所属的产业活动单位1710个，个体工商户29576户，从业人员86837人。第二次经济普查的标准时点为2008年12月31日。普查结果显示，2008年年底，全县共有各类法人单位3834个，产业活动单位5631个，其中多产业所属的产业活动单位1950个，个体工商户45232户，从业人员141469人。

统计调查

1954年起，对农村经济进行调查，采用快速调查、简易调查、抽样调查等形式。1954年4月，对私营零售商业变动情况和互助合作基本情况进行调查。1955年，对农业合作社收益分配和国家职工人数进行调查。1956年，对中小学教育、职工业余文化教育进行调查。1959年，对耗油设备拥有量、商业部门的库存、商业网点进行调查。1960年，对农村人民公社公共食堂、福利设施进行快速调查。1960年秋，对业余教育、扫盲、普通教育等进行调查。1962年，对1958年以来农村土地增减变化等进行调查。1981年，按山区、丘陵、平原和经济发展好、中、差不同类型，选点进行农村经济调查。1983年，在原调查点的基础上又选2个点50户进行调查。1984年，更换调查点，采取等距抽样方法进行调查。1987年，农村住户调查点1140个，占全县农业总户数的4.97%，抽中农户家庭收支天天记账，县农调队对调查户检查指导，分年、季定期汇总分析。调查的主要内容有农村住户人口、劳力、文化、土地、住房和生产性固定资产状况、耐用消费品拥有量、农业、动物饲养业、林业、副业、食品消费、粮食收支、现金收支、

总收入、纯收入等，汇总后分析推算全县农村经济发展情况。1989 年，进行全国 1% 人口抽样调查，对被抽的 17 个乡镇的 17 个样点、3875 户、15472 人进行 27 项指标调查登记，获 1576 笔原始数据。1995 年 10 月，对全国 1% 人口抽样调查中的 40 个小区、3506 户、14002 个农民进行 43 项指标登记。所获数据除上报外，不予公布。1993 年，对 18957 个第三产业单位的人员、经营、实物资产等 85 项指标进行统计登记，获 24 万笔原始数据。1997 年，全县实施辖区内所有畜牧业生产单位和农户牧业抽样调查。1998 年，对规模以下（年销售收入 500 万元以下）非国有工业级及产业活动单位的附属工业企业，按销售收入排队，抽取 5% 进行全面调查，其余 95% 按等距离抽样调查；个体工业以村为单位进行整群抽样调查，规模以下工业已形成一年进行四次的定期调查制度；对规模以上工业企业调查，并纳入按月、季、年的正规统计制度。

第四节 统计服务与监督

统计服务

统计机构直接为领导决策和业务部门提供服务。1953 年、1964 年，分别将人口普查数据编印成资料。1959 年新中国成立十周年大庆，编印《苍山县 1949—1959 年国民经济统计资料》。1964 年，编印《苍山县 1949—1963 年国民经济统计资料》。1983 年后，编印《苍山县第三次人口普查资料汇编》《苍山县第二次工业普查资料汇编》《苍山县一九八〇年人口普查资料》《苍山县第三产业普查资料》及《苍山县第三次工业普查资料》。1954 年起，每年终都将该年度的各项统计数据及时整理为统计资料或统计简报发送有关单位。1984 年后，每年终向社会发布《苍山县统计公报》。为保证统计资料连续、完整，整理出版《1949—1975 年国民经济统计资料》上、下册；1976 年起，每年出版一册。从 1990 年起，改名为《苍山县统计年鉴》。编写出版《苍山巨变》（1949—1999 年），创办《统计信息》《统计简报》，不定期地为县领导和有关部门提供统计数据，为领导决策提供依据。2003 年起，每年编写统计服务两会专刊，为人大代表、政协委员了解县情、给县政府领导献言献策提供数字依据。

统计监督

按照统计法的要求，苍山县统计局每年都对全县工业、农业、农村及账号、建筑业、房地产开发业、劳动工资、批零贸易业、公共管理和社会组织等多个行业的单位进行统计执法大检查，对迟报、拒报、虚报、瞒报统计资料的，该催报的催报，该纠正的纠正，该处罚的处罚，确保全县统计数字真实、及时、准确，为各级领导决策提供可靠依据。1954 年起，不断地对各项统计数据从源头进行质量检查。同时，每年第三季度集中进行检查，及时纠正虚假数据。1960 年，检查落实 1958 年、1959 年的粮食产量数据。1981 年、1985 年，检查纠正社队企业总产值和沂堂乡办工业产值数据。1985 年，纠正部分村将实晒瓜干统计为地瓜产量的问题。1989 年 5 月，全县进行统计法规执行情况检查，抽查 3 个乡镇、2 家工业企业，对个别失实数字及时纠正。1991 年，对各乡镇办工业的产值、产量、销售及各项财务指标进行检查，纠正部分单位扩大统计范围等现象。1995 年 8 月，对 3 个乡镇经委进行经济处罚。每次大型统计普查的后期都抽取一定比例的基层普查单位，进行数据质量检查，发现问题及时纠正，并分析验证普查综合数字的质量，编译数据的精确程度逐步提高。1995 年起，省、市、县于每年 3 月—10 月组成联合检查组开展“四上企业”（即规模以上工业企业、资质等级建筑企业、限额以上批发零售餐饮企业、规模以上服务企业）统计执法大检查，指出检查中存在的问题，提出整改意见，切实提高统计能力、统计数据质量及政府统计公信力。

第四章 审计监督

1984年5月，苍山县审计局成立。是年，各企事业单位逐渐建立内部审计机构。1988年3月，审计师事务所成立，全县形成国家审计、内部审计、社会审计“三位一体”的审计监督全覆盖。1996年起，对县级预算执行情况进行审计监督。1999年，设立县经济责任审计办公室，根据中共中央办公厅、国务院办公厅《关于党政领导干部任期经济责任审计暂行办法》和《国有企业及国有控股企业领导人员任期经济责任审计暂行规定》，开展对县内机关事业单位、国有企业法人代表及乡镇等经济责任审计。

第一节 国家审计

财政审计

乡镇财政决算审计 从1990年起，县审计局逐步加大对乡镇政府财政决算及其他财政财务收支的审计监督，共审计乡镇政府财政收支236个（次），重点审计乡镇政府年度预算执行情况、财政性资金的管理和使用情况、财政决算的真实性。延伸审计乡镇直属部门523个（次），查出隐瞒转移预算内收入、虚列支出、挪用财政资金等违纪违规资金23619万元，增加财政收入600余万元。1996年起，按照市审计局对乡镇审计覆盖面不少于50%的要求，每年对10～14个乡镇上年度财政决算情况进行审计，重点对财政决算真实性、预算外资金管理合法性和各项支出效益兴进行审计。

县级预算执行审计 从1996年起，根据《中华人民共和国审计法》规定，对县级预算执行情况进行审计。至2010年，共审计财政、地税、国库及247个预算部门和企业，查出违规调整预算、隐瞒截留转移预算收入、虚列支出等违法违规金额128764万元，增加财政收入710余万元，提出850条审计建议，向县政府和上级审计机关提交22篇审计结果报告。促进财政部门规范预算资金分配和管理，强化部门单位预算资金支出管理，建立健全制度、堵塞漏洞。2010年，对县财政局、县民政局、县建设局等10个单位预算执行情况进行了审计。

行政事业审计

从1985年起，对行政事业单位进行审计，重点审计所属行政事业单位财务收支的真实性、合法性和效益性，各项收费制度的执行情况，财政财务管理情况。1985年—2010年，共完成92个审计项目，审计资金总额206352万元，查出应交未交预算收入、挤占挪用、乱收费乱罚款乱摊派等违规违纪金额3620万元，增加财政收入652万元，促进增收节支1280万元。2010年，对苍山一中、二中和县东苑高级中学学校收费及财政财务收支进行审计，同时对县发改局等13个单位财务及县医院、县卫校进行审计，有效地规范了学校、医院和部门单位收费管理和财务收支。

金融审计

1995年《中华人民共和国审计法》颁布实施后，重点加大对地方金融行业资产、负债、损益的审计监督。1995年—2010年，对地方金融机构审计8次，查出违纪违规问题金额6830万元，罚款180万元。

企业审计

1984年起，扩大审计覆盖面，工业、供电、商业、供销均确定为审计对象。同时，开展承包兑现审计和厂长（经理）任期目标责任审计。1984年—2010年，围绕“管理效益年”活动，以

促进国有企业改革、建立现代企业制度为目标，从真实性入手，先后对13家企业的资产、负债、损益进行审计，查处违规违纪金额1250万元，提出32条合理化建议，促进企业增收节支682万元。

资产投资审计

1990年—2010年，共完成审计183项，审计总投资额38540万元，查出计划外投资、超标准和超规模建设、高估冒算等违纪违规金额1980万元。2010年，审计县医院病房楼等基建项目26个，共审计基建投资5820万元，核减工程造价620万元，有效地节约了政府性资金投入。

经济责任审计

1999年5月，中共中央办公厅、国务院办公厅颁布的《县级以下党政干部任期经济责任审计暂行规定》和《国有企业及国有控股企业领导人员任期经济责任审计暂行规定》实施后，县经济责任审计办公室成立，进一步加强经济责任审计项目。至2010年，先后对357个县直部门和142个乡镇党政主要负责人进行经济责任审计，查出违纪违规金额26580万元，提交499篇审计结果报告。

第二节　社会审计

1988年3月，苍山县审计师事务所成立。1990年—1999年，苍山县审计师事务所接受社会委托，共完成验资年检、资产评估、基本建设项目决算验证等各类委托审计项目1359个（次），查证资金总额42654万元，核减工程结算金额924万元。1999年11月，苍山县审计师事务所与县审计局脱钩，成为独立法人的中介组织，改名为临沂恒正会计师事务所。2000年—2010年，临沂恒正会计师事务所共完成各类验资1962项，验证资金总额3420万元；完成公司年检和企业改制、破产等审计69项，审计资产总额14526万元；完成基本建设项目审计86项，审计工程总造价9540万元，审减工程造价572万元；完成评估项目78项，评估价值7960万元。

第三节　内部审计

1989年，省审计厅下发《关于建立内部审计机构加强审计监督的通知》。1990年—2010年，各内部审计机构共完成2552个审计项目，查出损失浪费金额9620万元，促进增收节支1349万元，纠正违规行为金额862万元，提出3270条合理化审计建议。2010年，全县有94个部门单位内部审计机构，有127名审计人员。

第五章　工商行政管理

第一节　管理机构

1940年3月，临沂县抗日民主政府及临沂游击总队在庄坞成立。1940年，鲁南地区工商局在县境设沂河工商支局。同年，山东省临时参议会通过《修正商会组织大纲》，各县商会陆续恢复。1942年，鲁南专署在庄坞乡南营子村设沂河区工商局，管理运河、邳县、兰陵、峄县、费县、麓水、边联、临沂8个县的工商工作。1943年11月，鲁南工商管理总局成立，辖运河、沂河两个分局。

1944年2月，临郯费峄边联县改称赵镈县，于北哨村（今层山镇）成立赵镈县工商支局，下设皇路、兰西、重坊、长城4个工商事务所，各所以下又设检查站。1944年，撤销赵镈县工商支局，成立温（河）赵（镈）工商支局，隶属山东工商总局第八分局领导，以贸易、工商管理、金融管理和税收、稽私检查为主。1946年5月16日，经山东省工商总局决定，成立赵（镈）峄（县）工商支局。8月10日，华东财经办事处决定，山东工商机构各地以专署行政区为单位，设立全分区领导机构，原有工商支局县局一级组织撤销，分局以下的各地县级业务单位均直接受分局领导，今苍山县属沂河分局。10月7日，撤销运河分局，全部机构合并于赵峄支局。1947年3月，赵镈县分为赵镈、苍山两县，划归鲁南三专署。11月，按省政府的要求，赵（镈）峄（县）工商支局归县政府领导。1948年10月,赵（镈）峄（县）工商支局撤销。

1949年1月，工商业务由苍山县人民政府财政科统管。1950年，赵镈县并入苍山县；11月13日，成立苍山县人民政府工商科，是全县工业企业、商业企业、个体工商业的主管单位，其工作主要是为发展生产、繁荣经济服务。1953年7月1日，全县市场交易管理所在县城驻地卞庄成立，下设磨山、神山、层山、褚墩、长城、南桥、兰陵、向城、车辋、鲁城、仲村等市管小组，负责全县市场管理工作。

1955年12月，苍山县人民政府改称苍山县人民委员会。1956年5月，撤销市场交易管理所，建立市场管理委员会，由粮食、税务和区乡工作人员参加，由各区乡长任主任。6月，工商科改称商业局，内设人秘股、业务股、财会物价股、商政股，辖百货、花纱布、烟酒、食品、贸易、煤建6个公司。1957年6月，县人民委员会发出《关于迅速建立市场交易管理所和加强当前市场管理的通知》，恢复和建立贾庄、鲁城、向城、长城、层山、神山、磨山、南桥、兰陵9个市管所。1959年，成立县市场物价管理委员会。1967年4月20日，撤销市场物价管理委员会，改建苍山县工商行政管理局；10月，撤销工商行政管理局，改为打击投机倒把指挥部。1973年11月，改为苍山县革命委员会工商行政管理局。1974年7月1日，工商局合并于商业局，设工商行政管理科，对外是一个机构挂两个牌子（即商业局和工商行政管理局）。

1976年11月，工商局从商业局分出独立办公。1977年7月，县工商局设立工商股、专案股、人秘股3个股。1981年7月3日，苍山县革命委员会工商行政管理局改为苍山县工商行政管理局。1983年1月，苍山县卞庄镇成立个体劳动者协会，这是临沂地区第一家个体劳协组织。9月26日，苍山县个体劳动者协会成立。1984年9月，调整充实县工商局机构，设立办公室、工商股、市管股、合同股、政工股、财务股、个体股。

1986年，苍山县工商局成立经检所。1993年8月,苍山县工商行政管理局与县物价局合并。1994年，苍山县消费者协会成立，随后24个乡镇的消协分会依托各工商所全部建立，并初步建立县、乡、村三级维权网络。1995年11月，物价局脱离工商行政管理局而单独设立，苍山县工商行政管理局（简称工商局）内设办公室、人事股、法制股、企业股、个体股、财务股、合同股、市场股、商广股、监察室和经济监督检查所11个股室（所），县个体劳动者协会、消费者协会挂靠县工商局，下设28个乡镇基层所。1997年3月,苍山县工商局成立工商事务所。

1998年12月，工商行政管理部门实行省以下垂直管理体制，工商系统所辖市场实行“办管分离”。1999年3月，县政府决定组建县市场贸易发展局，接收县工商局所办市场。2000年10月，苍山县工商局成立市场信息科。2001年7月，成立信息中心；8月，成立市场稽查大队。

2002年6月，经省工商局批准，县工商局撤销企业股、个体股，组建企业注册局；撤销经济监督检查所，组建公平交易局，2个直属局

均为副科级单位；市场管理科、市场信息科与合同管理科合并为市场合同科，人事科改为人事政工科，财务科改为财务装备科，新成立消费者权益保护科；同时，保留办公室、法制科、商广科、监察室，共7个内设科室、2个直属局、2个社会团体。在基层所，新成立城区工商所、蔬菜市场管理所和运输市场管理所，撤销小岭、横山、韩塘、流井、大炉、甘霖6个工商所，小岭并入卞庄工商所，横山、韩塘并入兰陵工商所，流井并入大仲村工商所，大炉并入下村工商所，甘霖并入车辋工商所，共设25个基层工商所。2005年7月，成立苍山县工商行政管理稽查大队，挂靠县工商局运输市场管理所，一套机构、两个牌子。2007年4月，成立开发区工商所；11月，成立“12315”消费者申诉举报中心。2008年9月，设宣传科；10月21日，山东省工商行政管理经济检查总队苍山大队在苍山县工商局挂牌成立，挂靠县公平交易局，一套机构、两个牌子。2010年1月，沂堂镇划归临沂市罗庄区管理，沂堂工商所归临沂市工商行政管理局罗庄分局管理。

第二节　工商企业登记

1941年9月，滨海专署发布《关于禁止宰杀耕牛及禁止棉花出境的布告》，规定：“严禁内地棉花贩运出境，保障抗日根据地的生产和军民穿衣的需要。”1942年，滨海专署指令各地政府对私酿酒坊进行登记，并命令暂停酿酒，以保证根据地军民粮食供应。1945年1月，第一次进行普遍性的工商业登记，凡登记的工商业者，如有转业、兼业、合并、转让、变更字号、地址迁移等，均需在15天前申请变更登记，换领新证，休业时间不得超过3个月。同时，明确划分座商、行商和摊商的界限。全县共有手工业614户，从业人员3280人，其中商业从业人员2542人。

1950年7月，通过对全县工商业普查、核资、登记，实行发证制度，推行新的度量衡等，取缔非法经营。1952年，根据《山东省行商管理暂行办法》，重点对境内各类集镇的行商依次办理登记与审查发证工作。1954年1月20日，县政府决定在全县举办私营企业登记，以工商科为主，会同公安、税务、银行、统计、统战、工商联等组成私营登记委员会，并颁布《举办私营企业登记工作方案》。通过这次登记发证，全县个体工商业户共有7600户。1956年春，对私营商业、饮食业进行社会主义改造，2874名私营从商人员分别过渡到商业、饮食业和供销社1834人，占总人数的63.8%。1954年—1956年，县政府工商科有计划、有步骤地完成对全县私人工商业和个体手工业者的社会主义改造，组织手工业者和小商贩走社会主义集体化的道路，工商企业登记管理工作暂告一段落，转入正常的登记发证工作。

1958年“大跃进”开始后，换发营业证工作中断。1961年6月起，调整对小商贩和手工业的政策，把许多并转不当的个体手工业、商业及其人员从公营和公私合营的企业中分离出来，恢复为手工业合作社或合作商店，同时发展一批个体工商业。1962年，党中央和国务院针对1958年出现的国民经济比例严重失调的情况，制定“调整、巩固、充实、提高”的方针，工商登记管理工作重点是会同商业部门恢复一部分在经济困难时期取消、关闭、停业的合作商店、合作小组和个体工商业户，调动他们的生产经营积极性。同时，还明文规定，农村“四坊”（油坊、粉坊、豆腐坊、磨坊）只许集体经营，以成品换原料，另收加工费；不准私营，不准购买原料加工成品出售，以副业为名进行商业活动。1963年，根据国务院发布的《工商企业登记管理办法》，对国有、合作私营和个体工商户进行清理整顿和全面登记，并配合计划部门和业务主管部门，重新划分各行各业的生产经营范围，调整网点布局，取缔无证经营，对全县工商业进行第二次登记、发证工作。

“文化大革命”期间，对国有、集体企业不进行登记，对个体工商业实行关、卡、压，不允许个体业发展。

1979年7月，苍山县工商局恢复对工商业的登记发证，对社队、街道企业和个体工商业进行全面登记。共登记全县社队集体办企业847家，个体工商业1011户，特种行业37户。此次登记本着“三宽三严”的原则进行，即国营暂不能代替者从宽，已经代替满足市场需要者从严；缺门行业从宽，过剩行业从严；手工艺匠人修理业从宽，商业从严。1980年，中央指示“要适当发展不剥削他人的个体经济”，个体工商业得到进一步发展。1981年1月起，换发全国统一营业执照，改革企业登记管理办法，进一步放宽经营范围。1981年6月，根据国家工商总局《关于开展商业、饮食业、服务业、交通运输业全面登记的通知》，开展全县企业普查登记。1983年1月，在县城驻地卞庄镇成立个体经营者协会；3月，召开全县工商业者先进代表大会，表彰一批先进经营户。1984年，中共中央通过《关于经济体制改革的决定》，经济体制改革农村转向城市。县内一部分个体工商业户转变经营方式，成为私营企业。1985年，根据国务院《关于进一步清理和整顿公司的通知》要求，吊销并收回36个公司、货栈、厂店的营业执照。1996年，进行企业名称的专项清理，全县工商企业达2325家，包括国有企业815户、集体企业1463家、联营企业9家、股份制企业38家，按不同性质分类，有法人企业656家、各类公司31家，全部为有限责任公司。1997年，山东省人民政府下发《关于加快发展个体私营经济的通知》。全县个体工商户发展到6200户，私营企业200家。

2000年起，对全县龙头企业办理登记人员发放企业工商联络员登记表，对重要工作提前介入，及时解决企业在工商登记中遇到的困难和问题。2001年，新发展个体工商户2354户，总数达6115户；新发展私营企业110家，总数达225家。同年，结合全县税源普查活动，县工商局组织13名工作人员与财政等部门对全县1100多个村的个体私营经济发展现状进行20天的调查摸底。全县个体工商户贴花验照4942户，企业年检1356家，帮助12户个体工商户和30家私营企业完善前置审批手续。2002年企业年检中，有9家存在问题的企业定为B级企业，对168家法人企业和316户营业企业的前置审批手续进行审查、备案，清理30户“假集体”企业。2004年，为下岗职工免费办理营业执照117个，帮助400多名下岗职工重新走上就业岗位。2005年，新发展个体工商户953户，总数到10245户；新发展私营企业172家，总数达659家。2008年，共新登记各类企业131家，工商部门参与部分县属国有企业的改制工作。2009年，新登记各类企业144家，共有1218家企业通过年检。年末，全县登记农民专业合作社总数609个，入社农民7万多人，出资总额6.2亿元，合作社数量和规模均居全市各县（区）前列。2010年，共新登记各类企业425家，8处集贸市场实行公司化登记，办理二、三产业分离企业7家，新增营业收入110万元。

2001 年—2010 年苍山县工商业注册情况

表 15—2　　　　　　　　　　　　　　　　　　　　　　　　　单位：家、户

年份	内资企业		私营企业		个体工商户			农民专业合作社	
	年末实有	本年登记	年末实有	本年登记	年末实有	本年登记正式营业执照	本年登记临时营业执照	年末实有	本年登记
2001	1263	140	225	110	6115	2354	—	0	0
2002	1205	87	320	129	7194	1084	—	0	0
2003	1202	72	440	168	8103	915	—	0	0
2004	1156	43	596	178	9308	1230	—	0	0
2005	985	27	659	172	10245	953	—	0	0
2006	691	18	627	160	12631	1659	1227	0	2
2007	706	66	771	145	14695	1814	1540	2	2
2008	681	13	848	125	11344	1747	2637	463	461
2009	570	12	782	132	13377	2620	2329	609	146
2010	584	24	917	167	14010	2334	2495	731	122

第三节　经济合同管理

中华民国成立前，苍山县民间存在的经济合同主要有田产买卖、房产买卖、租赁及合伙做生意等契约。各种契约关系一般由官府或具有声望的人过目作证，只是起证明作用而非现在意义上的鉴证。1913 年 1 月，中华民国政府司法部和农商部公布实施《商事公断处章程》，明确商事合同纠纷由各地商会负责裁决。契约管理无专职机构，一般是由商会或同行业组织监督执行。一旦出现违约纠纷，则由商会、乡绅或官府出面调解、裁决。

1949 年后，在工商业经济组织之间推行经济合同制，主要由各业务主管部门分别管理。1950 年，中国政务院颁布《机关、国营企业、合作社等签订契约暂行办法》，县内一些有主要商贸业务行为不能马上清结的双方当事者，开始签订合同，主要包括供销社与互助组、社员之间的代购代销合同；供销社、国有商店与私商批发赊销合同及加工订货合同等。1957 年至中共十一届三中全会间，产供销等经济活动都由计划统管，经济合同可有可无。

1978 年起，商品经济不断发展，经济合同逐步为人们重视和采用。1980 年，县工商局业务股改称经济合同管理股。9 月，苍山县作为试点单位，开始推行经济合同制，实施经济合同纠纷的调解与仲裁。其间，合同仍由工商局、法院、银行等部门会同各业主管部门共同管理。1982 年 5 月，根据国务院〔1982〕73 号文件规定，经济合同管理工作由县工商局专办。7 月，《中华人民共和国经济合同法》实施，全面推行农商合同制，当年鉴证蒜薹收购合同 262 份、940.5 万千克，大蒜购销合同 851 份、920.5 万千克，鉴证合同履约率 100%。1984 年 7 月，经县政府批准，苍山县工商局经济合同仲裁委员会正式成立，合同监管工作成为工商行政管理工作的一项重要内容。1985年，实行合同备案制度，所有签约的合同均须到工商部门登记备案。6月，实行凭法定代表人证明书、法人授权委托书签订合同的制度，由在商业、农商、建筑、运输等承包活动中推行经济合同制逐步向生产、销售等各环节扩展。1986年8月，对推行合同制情况进行检查，66个单位共签订合同21909份，履行21803份，履约率99.5%。1987年“蒜薹事件”后，专门举办155名领导干部参加的经济合同培训班，提高认识，依法管理蒜薹购销。1988年，县内的蒜薹购销全部实行合同化管理，实行双向合同制，共鉴证合同110份，收购蒜薹2251万千克，促进了蒜薹购销工作顺利进行。之后，全县大蒜、大棚菜、大姜、洋蒜等购销活动始终保持渠道畅通、价格合理的形势。1991年9月，临沂地区工商局推广兰陵美酒厂把全方位深层次的经济合同管理运用到生产经营全过程的典型经验，这一经验后被省工商局转发全省。1994年，省工商局在苍山县召开全省农产品购销合同管理现场会，进一步推广临沂地区及苍山县工商局合同管理的经验。

从1992年起，县内合同工作重点是加强监管，依法鉴证登记。1996年，鉴证合同履约率保持100%的记录，有132家企业被省、市命为重合同守信用单位。1992年—1996年，合同立案229件，金额364万元，仅有84起进行裁决。2001年，共鉴证各类经济合同1086件，合同金额1.5亿元；办理财产抵押登记56份，抵押物金额1.2亿元，主债权金额9826万元；检查各类合同952份，合同金额8000余万元；监督合同当事人履行合同134份，合同金额1185万元，协同合同当事人挽回或避免经济损失18万元；发放各类合同统一文本5000余份，受理评定“重合同、守信用”企业53家。2002年，共鉴证各类经济合同1215件，合同金额1.9亿元；办理财产抵押登记46份，抵押物金额6986万元，主债权金额6263万元；查处合同欺诈案件2起，调解合同纠纷3件，挽回或避免经济损失29万元；发放各类合同统一文本8000余份，受理评定“重合同、守信用”企业38家，其中省级8家。

图15—3　经济合同仲裁　（1986年摄）

2002年，“重合同、守信用”活动改称为“守合同、重信用”活动。2003年，办理财产抵押登记51份，抵押金额13565万元，主债权金额7580万元；调解合同纠纷5件，挽回和避免经济损失25万元；发放各类合同统一文本5万余份，受理评定“守合同、重信用”企业40家，其中省级10家。2004年，开展“守合同、重信用”活动，打造诚信企业，实施企业信用公示制，建立企业信用监管体系，将企业分为绿、蓝、黄、黑四类进行管理。是年，共办理财产抵押登记45份，抵押金额4082万元，调解合同纠纷8件，挽回和避免经济损失10万元；发放各类合同统一文本6000余份。2005年，推荐12家省级“守合同、重信用”企业，26家市级“守合同、重信用”企业，办理抵押登记23份，抵押物价值2.18亿元，主债权金额7946万元；调解合同纠纷18起，挽回和避免经济损失51万元；发放各类合同统一文本8.6万余份。2006年，共办理财产抵押登记51件，抵押金额5065万元；调解合同纠纷8起，挽回和避免经济损失10万元；发放各类合同统一文本6000余份。2007年，依法鉴证、登记，严厉打击合同欺诈行为，共申报省级“守合同、重信用”企业4家，市级2家，发放各类合同统一文本1.5万余份。

2008年，县工商局与县内60家重点企业建立“一对一”帮扶关系，指导企业进行动产抵押登记，抵押物价值10781万元，主债权金额3821万元。全县拥有省级守合同重信用企业18家，市级守合同重信用企业18家。2009年，发展订单农业和农村经纪人，帮助黄烟、土豆、蔬菜等种植户与加工企业签订合同5000多份，发展经纪人403人，共办理6次商品展销会登记。3月20日，县工商局帮助临沂三山进出口贸易有限公司通过股权质押融资9亿元。8月31日，县政府印发《关于建立动产抵押股权质押工作联席会议制度的通知》，县工商局编印1460余份动产抵押登记、股权质押登记宣传资料，召开4次银企座谈会，办理动产抵押登记41件，抵押物价值4.74亿元，主债权金额1.67亿元；办理股权质押登记6起，帮助企业融资9.38亿元。全县拥有省级“守合同、重信用”企业18家，市级14家。2010年，共办理动产抵押登记60份，主债权金额6.32亿元，抵押物价值13.24亿元；办理股权质押登记25起，出质股权数额4.17亿元，为企业融资5.7亿元。推广应用3种订单格式文本，发展农村经纪人700户，帮助130多家企业、合作社和农户与大、中城市的超市、商场签订农产品订单，办理5次商品展销会登记。截至2010年，全县拥有省级守合同重信用企业20家，市级18家。

第四节　商标　广告管理

商标注册及管理

1950年10月，兰陵酿酒厂注册“兰陵”商标，是苍山县首例注册商标。1965年前，商标的申请注册程序是企业向县工商局申请，县工商局将申请直报国家工商总局审批。1975年7月，苍山县轻工机械厂注册“飞鱼”牌手用钢锯条，产品销往9个省市和法国、美国等5个国家。1977年10月31日，苍山县酒厂注册“苍山牌”白酒。1978年9月国家工商行政管理总局成立后，设商标管理局，恢复全国统一商标注册。1979年10月3日，山东兰陵酒美酒厂注册“兰陵”牌兰陵大曲、兰陵美酒、兰陵特曲。10月，山东省革命委员会为兰陵美酒厂产品颁布“优质产品证书”。11月，山东省工商行政管理局颁发证书，“兰陵牌”美酒被评为优质名牌产品，并授予“著名商标”称号。同月，县内全面恢复商标统一注册制度，对全县商标进行清理，对已使用的商标全部登记造表上报、重新注册。全县有苍山县酒厂的“苍山牌”白酒、苍山无线电元件厂的“苍山”晶体管及“兰陵牌”兰陵大曲、兰陵美酒、兰陵特曲等商标获批准注册。1983年4月，苍山县鞋厂擅自在未注册商标图形上加“注册商标”字样，印制1万张用于装有布鞋的包装盒上，被县工商局查获处理。1987年，为贯彻落实《中华人民共和国商标法》，对全县使用和承印商标标识的企业单位进行清理整顿，建立商标档案，首次有13件注册商标在法律上受到保护。1988年6月，在全县范围内整顿酒类商品商标；7月，捣毁制售假冒沂蒙啤酒的窝点1处，查处仿冒兰陵美酒厂“兰陵二曲”商标图形等。1988年10月22日起，县内实行按国际商品分类表指定的商品类别和名称上报核转申请书。1990年，对28家企业使用的39件商标进行验查，纠正不正确使用未注册商标1件。1991年，围绕开展“质量、品种、效益年”活动，县工商局从强化监督管理入手，把打击商标侵权、假冒行为作为工作重点，查获假“兰陵”商标标识195万套。1992年7月起，商标注册试行代理制；11月，全面实行代理制，全县商标注册需要到省工商局商标事务所。1998年3月，“兰陵”商标被省工商局认定为“山东省著名商标”。2001

年，新注册商标39件，全县注册商标达80件。2003年11月，兰陵集团的商标“兰陵”及图案被国家工商总局商标局认定为“中国驰名商标”，实现苍山县驰名商标零的突破。2007年，立案查处销售假冒、仿冒“兰陵”商标案件25起，涉及案值30多万元。2010年，全县商标注册数286件，申请注册数242件，累计年末实有有效商标815件。

2001年—2010年苍山县商标注册、申请及年末实有数量情况

表15—3　　单位：件

年份	2001	2002	2003	2004	2005	2006	2007	2008	2009	2010
商标注册数量	39	20	34	23	65	47	61	82	159	286
商标申请数量	27	45	76	113	154	128	110	140	215	242
年末有效商标	80	100	132	155	220	258	311	386	536	815

广告管理

清末民国初期，随着资本主义经济的发展，在县城和较大的集镇出现许多商号店铺，商业活动增多，刺激竞争。遍布街头巷尾的茶肆、酒店、饭店、杂货铺、商号争相利用招牌、门匾、路匾及对联等形式招徕顾客，扩大生意。随着石印局出现，文字广告也大量出现，对联广告也普遍应用起来。兰陵古镇旧时有18家作坊各立堂号，自称“酒家”。几乎所有酒家大门均用同一内容的对联：“名驰冀北称好酒，味压鲁南一品香”。不少酒家在店堂内悬挂着诗人李白的《客中行》：“兰陵美酒郁金香，玉碗盛来琥珀光。但使主人能醉客，不知何处是他乡。” 这些广告一般都是自发的，官府基本不予干涉。

新中国成立前后，苍山县民间的广告形式有酒店、客栈开张时张贴告示或挂上酒旗、请人题写门匾等。小商小贩在集市、街头打围说唱或肩挑货担摇鼓叫卖。1959年5月，县百货大楼、县五金公司、县饮食服务公司等单位开展商品陈列或开设橱窗进行广告活动，后虽有发展，但形式较为单一。1979年，县境内的广告事业逐步得到恢复和发展。直至1982年，因县内经济处在计划经济和短缺经济时期，商品广告的制作和宣传作用不大。

从1982年起，县工商局对广告经营单位办理登记发证。起初，主要通过报刊、有线广播、电影幻灯片进广告宣传，户外广告有海报、商品信息、路牌、霓虹灯等形式。1984年10月，县工商局对广告专（兼）营单位所发布的广告进行初次审查。1985年，临沂地区工商局、公安处、城乡建设委员会联合制定《关于加强对路牌、公共广告栏管理的暂行办法》，要求县城主要路段、繁华街口统一规划，建立公共广告栏，禁止任何单位、个人在街道墙壁、柱杆和建筑物上随意张贴、涂写广告。1987年后，加强对广告的监督管理，明确广告发布办法及禁止广告刊播内容。1990年，县城统一制作20块广告牌（栏），清理乱张贴广告3000多张。1996年，全县有30多家企业利用广告宣传产品，90%以上的企业获得显著效益。

2001年，严格广告经营主体资格审查，发展广告经营单位2家，办理户外广告、印刷品广告登记126份；开展“反误导打虚假”广告市场治理专项行动，对8家医疗广告发布单位进行整改，查处广告违法案件3起，收缴广告宣传单1.6万张。2002年，从加强广告发布备案入手，结合各种专项治理，加大执法力度，对6家广告发布单位进行整改，查处广告违法案件 17 起，收缴广告宣传单 2 万张。2003 年 7 月，市工商局与市建设局联合制定《临沂市房地产广告发布管理暂行规定》，开展户外广告清理工作，对 6 家广告发布单位进行整改，查处商标广告违法案件 10 起，收缴广告宣传单 2 万张。2004 年，县工商局对辖区内违法使用党和国家名义发布广告及推销商品或服务的情况进行全面检查，对大众媒介加强监测，对印刷品广告进行重点巡查，要求 3 家广告发布单位进行整改，查处广告违法案件 4 起。2005 年 9 月，开展“整治虚假违法广告专项行动”，对 3 家广告发布单位进行整改，查处广告违法案件 6 起。2006 年，苍山县人民政府下发《全县打击非法行医暨规范医疗广告专项行动实施方案》，对医疗广告开展清理整顿活动，对 10 家广告发布单位进行整改，查处广告违法案件 33 起。2007 年，引导企业运用广告策略提高产品竞争力，严厉查处虚假广告行为，发放合同示范文本 1.5 万份。2008 年，发放合同示范文本 1.5 万份，开展“打虚假、树诚信”广告专项整治行动，进行电视广告、印刷品广告、户外广告的检查整治，严厉打击欺骗消费者和误导消费者的保健食品、药品、医疗服务虚假广告，突出对虚假宣传、仿冒知名商品包装、装潢、商业贿赂、违法促销等不正当竞争行为的查处。2009 年，登记各类户外广告 158 件，检查辖区内户外广告 152 处、媒体医疗药品广告 30 多条、广告经营单位 20 多家，发现违法广告 50 多起，共责令停止发布广告 15 起、限期整改 10 起、立案查处 21 起，罚没金额 10.7 万元。开通应用广告监测系统，对苍山县电视、广播电台播放的广告内容进行 24 小时全天候监测。2010 年，登记各类户外广告 153 件，共检查户外广告 152 处、媒体医疗药品广告 300 多条、广告经营单位 20 多家，发现违法广告 50 多起，共责令停止发布广告 15 起、限期整改 10 起、立案查处 16 起。

第五节　市场监督管理

清末民国初期，卞庄大集被临沂县西南乡老区区长王洪铎控制，设置“秤、斗、牙、尺”四行，进行工商业管理。抗日战争前，集贸市场自由贸易无人管理。抗日战争时期，境内市场管理以反对经济封锁、争夺物资、管理货币、稳定物价和发展生产为中心。商人向外贩运物资必须为根据地换回子弹、药品等，并要发给特种货物出入许可证。在边沿地区设立检查站，对过往商人逐一检查，打击和限制商人的不法活动。对市场物价的管理，以粮食价格稳定作为稳定各种物价的中心任务。

1940 年 3 月，临沂县抗日民主政府在庄坞成立，鲁南专署工商局设沂河支局。为控制集市、保证税收、供应部队，取缔原霸市欺行的人物和行为，将市场收入各市口，委以军、工、烈属及荣残军人管理，当时称为“点行”。1940 年 12 月，山东省临时参议会通过《贸易暂行条例》，要求各县选择较安全之中心地区设置集市，定期赶集，禁止定官价、强制收买及抬高物价和囤积居奇之行为。县政府对经纪和牙行进行整治和改组。1944 年，温（河）赵（镈）工商支局成立。围绕抗战大局，保障前线物资供应，工商工作以贸易、工商管理、金融管理和税收、稽私检查为主，并在边沿地区设立检查站，对过往商人进行逐一检查，打击和限制商人的不法活动，对粮食、棉花、蚕丝等实行限价，禁止提价、抢购，打击不法商贩。1948 年秋，以稽征所为主，成立集市管委员，对商贩进行管理教育，并配备司升、司秤员，参与集市交易服务与管理。1949 年后，境内有大小集市 45 处，山会、古会 26 处。市场管理的主要任务是继续稳定物价，安定人民生活，恢复和发展经济。1950 年，根据《山东省市场管理办法》，对市场划行归市，整顿牙行；取消“行商证”和“采购证”；

严禁抢购、哄抬物价及投机行为;对粮食、牲畜、棉花和杂货等商品，实行集市交易，禁止买空卖空，保护国营商业牌价的主导地位。1952年，根据《山东省行商管理暂行办法》，重点对境内各类集镇的行商依次登记与审查发证，所发的“行商证”每年更换一次。同年春，按地委要求，县工商科开展“三反”“五反”运动。1953年，为保证国家对粮棉油实行统购统销政策的实施，工商部门规定，凡统购物资不准私商贩运经营，同时关闭粮棉油市场。1954年，建立国家粮食市场，实行集中贸易，由指定单位收购经营钢材、牛皮、木材、花生、黄烟、线麻等66种物资。1957年，将粮食、棉花、油料等定为国家一类统购物资,不准私人经营。国家统购结束后，允许农民在市场上进行有无调剂。生猪、烤烟、大麻、黄麻、桑蚕、羊毛等为二类国家统购物资，由国有商业或委托供销社统一收购。其他为三类物资，可以在市场上自由交易。1958年，“大跃进”开始，取消个体交易行为，全县集市关闭。20世纪60年代,县内基本取消集市贸易，在国家征购期间关闭粮、油市场，禁止私人经营，只准社员自产自销、自买自食，常年关闭棉花市场，对生猪、鲜蛋、蔬菜、羊等实行派购，限制农村磨坊、粉坊、油坊、豆腐坊的数量。政府严厉打击投机倒把活动，小商小贩的经营活动也在查处之列，造成打击面过宽，制约经济发展。1962年，根据中共中央《农村人民公社工作条例》，一度名存实亡的集市贸易又得以恢复，允许国有集体和有证个体商贩进入市场从事三类物资的交易。同时，开展打击投机倒把活动，控制参加集市贸易的数量。在国家征购期间关闭粮、油市场，禁止私人经营。1964年，工商部门规定，在收购结束后，消费者到市场上购买粮食，一次购纯粮不得超进5千克，多购者须持公社或所在单位证明，经市场管理部门审查同意后方可购买。

“文化大革命”期间，集市贸易受到严格限制，全县市场一片萧条。1968年，全县范围开展“一打三反”运动，重点“打击投机倒把”，“左”倾扩大，全县市场贸易更趋冷落。1977年9月28日，临沂地区革委会发布《关于改革集期的通告》，苍山县关闭公社驻地以外的所有集市，集日统一定为农历五、十两天进行，其他时间一概不准逢集。1978年9月13日，临沂行署批转临沂市工商局《关于统一集期后集市贸易情况的报告》，全县恢复传统赶集日期，并恢复已取消的传统集市。1977年9月—1978年9月，传统集市边撵边逢，并沿袭原有集期。

1978年后，市场管理逐步放开，集市贸易迅速发展。1983年，全县进一步放宽农副产品贩运政策，允许完成统购任务后的多余农副产品多渠道经营。1985年，全县有集市55处，比1977年增加1倍多。农村产品除贵重品药材、金银制品外，工业产品除石油、钢材、汽车等24种外，其余生产和生活所需产品均可上市出售。规定进入集市的商品价格在政策允许的范围内由买卖双方协商议定，同时取缔和处理黑市交易人员，对欺行霸市、少尺短秤、掺杂使假者进行重点打击。1986年，县内重要生产资料和耐用消费品部分放开，出现多途径流通、多家经营的市场形势。

从1984年起，苍山县工商局加强对企业单位投机倒把活动的检查。1985年4月26日，县工商局在企业清查整顿中，查处以韩某某等为首的三无皮包公司——卞庄镇购销贸易公司诈骗大案，冻结诈骗款425152.25元，扣留日本丰田牌面包汽车1辆。9月19日，在卞庄集市中心，由县政府召开有2万多人参加的查扣、销毁假冒伪劣商品现场会，共销毁各种劣质饮料14546瓶，查扣冒牌电风扇130台，假银圆125块及其他一批劣质商品，在全县引起强烈反响。1988年12月，苍山县工商局查获价值40万元的假冒茅台酒，保护了“茅台”的商标权。

20世纪90年代，经济检查工作重点是“打防结合”，实行综合管理，严厉打击倒买倒卖工农业生产资料、生活资料以及制售假冒伪劣商品等非法活动，以维护消费者的合法权益，建立良好的经济秩序。1991年，查处倒卖香烟及走私烟万元以上大案13起，捣毁制造假兰陵酒窝点9处，查获假酒19.5吨、假商标标识195万套。1993年，经济检查的重点是打击制售假冒伪劣商品和走私贩私。苍山县工商局根据掌握的线索，查获没收20辆从台湾走私的“光阳”高档摩托车，价值20多万元。1994年8月9日，《山东省惩治生产、销售假冒伪劣商品违法行为条例》颁布实施，全县开展打假斗争。1994年，县消费者协会成立，当年受理消费者投诉54件，为消费者挽回经济损失14.8万元。1990年—1996年，累计查处各类经济违法案件1269起，其中万元以下851起，万元以上401起，生活资料类74起，各种假冒伪劣商品120多个种类，总罚没金额238万元。

1997年，县内56位农户种植的“洛辣4号”辣椒几近绝产，县工商局经济检查所组织人员前往河南洛阳索赔，经调解由种子研究所赔偿受害农民经济损失6万元，并免费付给洛辣4号良种56包。

2001年7月，开展“查无证、促办照”活动，共查处无照经营1368户，补办营业执照1179户，发放限期整改通知书12份、行政处罚书6份，对3处规模较大的“脱管”市场进驻人员进行管理，办理营业执照356份；开展“打假劣、保节日”“打假劣、保春耕”“打假劣、保健康”“打假劣、保秋种”等专项治理活动，查获假化妆品120箱、假饮料7000瓶（听）、假酒3800瓶、假烟820条、劣质食品900千克、假种子2300千克、假化肥49吨等假劣商品，总价值130万元；清理21家非法从事电子游艺、网吧、录像放映、桑拿按摩业户，没收盗版光盘4000余张。

图15—4 执法人员开展食用明胶专项检查（2010年摄）

2002年3月，重点开展整顿和规范市场经济秩序工作。为整治“脱管”市场，县政府成立全县整顿和规范市场经济秩序工作领导小组，重点对全县38处蔬菜批发市场进行重点规范和清理，对“无规划”“无审批”“无土地使用证”的“三无”小市场进行合并、关闭和取缔，促进蔬菜批发市场秩序的健康有序发展。5月，对全县加油站市场秩序进行规范，联合公安消防、经贸部门，严格清查102处加油站的经营资格，取缔28处违规加油站，净化油品市场秩序。县工商局联合公安、城建、交通等部门大力整治运输市场，印刷宣传单1万多份，出动宣传车100台次，办理个体运输业开业登记2039户。开展打击无照经营专项活动，共办理各类营业执照1830户，其中为符合条件的无照经营户办理营业执照1327户，取缔无照经营287户。开展整顿和规范市场经济秩序工作，开展“打假劣、保春耕”“打假劣、保双节”“打假劣、保健康”等专项治理行动，查获假化妆品120箱、假饮料3000瓶（听）、假酒1800瓶、假烟320条、劣质食品700千克等假劣商品，总值53万元。规范农资、生猪等重要商品交易活动，查处假化肥300吨，查处生猪案件10起，查扣注水生猪和注水肉5800千克。

2003年，继续对“脱管”市场进行清理和整顿，共办理运输营业执照2600多份。在防治“非典”期间，加强防“非典”商品市场管理，组织执法人员200多人对集贸市场、超市、人口聚集区展开拉网式大检查，防止与“非典”相关商品价格上涨。共检查各类市场、超市100多家，查处各类违法行为50多起，没收劣质口罩200多个及劣质原材料50千克。同时，展开市场专项大检查，对集贸市场、专业市场加强巡查。全年共接待消费者咨询2200人次，受理申诉65件，为消费者挽回经济损失6万元。同年，县工商局将执法权限下放，为基层所配备48名法制员，实现办案数量和质量的大突破。全年共查处各类违法违章案件1152起，比上年同期增长35%以上。查获假饮料3000瓶（听）、假酒1800瓶、假烟320条、劣质食品1600千克、假农药600瓶、假化肥200吨，查扣注水生猪和病猪肉5800千克。

2006年6月，苍山县政府下发《关于做好马路集市清理搬迁工作的通知》，搬迁马路集市24处。是年，查获假劣化肥500多吨，假劣种子1600千克，假劣农药3300余瓶。对集贸市场、农村食品经营者开展专项检查，检查农村食品经营者860户，扣留假冒伪劣、过期失效食品1690千克。全年共立案查处违法违规案件900起，重点开展“红盾护农”、查“黑网吧”等专项执法和打击传销、商业贿赂行为等专项治理活动，立案查处商业贿赂案件8起，涉案金额67.5万元。打掉以“青岛海洋厚德保健品”、邳州“银杏保健品”为标的物的2个传销团伙，查处“黑网吧”16家，扣留电脑主机400多台。

2007年10月，开展农产品质量和食品安全专项整治，全面规范经营户经营行为，先后6次对农资、钢筋建材、食品、成品油等商品进行重点抽查。在县交通局设立工商办事窗口，派驻人员联合办公，为个体运输车辆办理营业执照3500余份，查处无照运输案件45起。与县农资办联合设立监管机构，抽调专人组成专职管理队伍，查处农资案件85起。对教育、文化、卫生领域的商业贿赂行为进行调查，共立案14起，实现该领域办案零的突破。

2009年，对粮食批发、零售市场和粮食经营者进行监督检查，督促指导19处夏粮收购点办理相关证照，依法取缔2处非法粮食收购点。深化农村食品市场“四项制度”的建设，开展滥用食品添加剂和违法添加非食用物质的专项整治活动。组成40人的检查整治小组，对全县黑网吧进行专项检查，依法扣留微机276台，取缔黑网吧21家，对依法没收的130余台黑网吧专用微机公开销毁，将122家“黑网吧”名单向电信经营单位进行通报，并由电信部门全部切断信号。开展商业贿赂专项整治，共检查乡镇卫生院19家，学校、书店16家，查处商业贿赂案件14起，办理涉烟违法案件127起。受理申诉举报468起，为消费者挽回经济损失35万元。组织打击传销宣传活动3次，散发宣传资料12700份，接受群众咨询300人次，新建无传销社区565处，全县无传销社区达982处，覆盖面达到100%。全年共查办一般程序案件1010起，取缔无照经营450余户。

2010年年初，推进监管模式改革，对监管网格进行重新划分，划定43个四级监管网格，并对各类市场主体信用等级和风险度进行科学划分。发放食品安全制度宣传画288张、食品安全监管档案盒1550个，引导食品经营户建立进销货台账3220份，录入食品经营户信息和供货商信息7550条，全县1196户食品经营户中达到“三条线”标准的998户，录入质量追溯系统1104户。开展对流通领域成品油、食品、建材等重点商品的质量监测，共抽取样品126批次。对农资市场、食品安全、虚假广告等损害群众利益违法行为开展查处，查办各类违法案件1280起。查处侵犯商标注册专用权案件25起，查扣假冒伪劣酒4143箱。检查农资经营主体1180户，没收不合格化肥3.5吨。开展对公共服务行业的检查，查处4起商业贿赂案件。共受理消费者申诉490起，为消费者挽回损失130万元，有效化解矛盾纠纷。2010年12月开始使用网络市场监管信息系统。

第六章　物价管理

1950年，市场物价由苍山县工商科管理。1956年6月，物价工作划归商业局。1957年6月，苍山县市场物价管理委员会成立。1980年4月，苍山县物价局成立。1994年3月，县物价局合并入县工商局。1995年11月，物价局从工商局分出，重新恢复苍山县物价局。2004年6月，更名为县物价办公室。2009年3月，更名为县物价局。2010年9月，县物价局由事业单位改为正科级行政单位。

以1979年实行经济体制改革为界，之前国家实行统购统销，1979年至90年代初采用计划经济与市场调节相结合的价格管理模式。在此过程中，县物价管理经过主要由政府定价到逐渐放开市场调节的阶段。至2010年，基本形成政府定价、政府指导价和市场调节价三种价格管理形式并存的格局。

1990年，物价指数上涨近20%。1993年，在坚持不懈的治理整顿下，物价开始回落。1996年，平均物价指数上涨控制在6%以内，进入平稳时期。1997年—2002年，物价指数进入低位运行期。2003年—2008年，物价指数呈小幅度上扬。2009年—2010年，物价指数进入高位运行期。

第一节　价格体制改革

新中国成立初，人民政府采取措施平抑物价。一方面开始在较大的集市抛售货物，一方面在农村供销合作社、中心社严格控制货物的批发对象，并以批发价格进行市场销售，对故意抬高物价者从严打击，加强对市场的管理，使物价逐渐降低。1951年3月，国家对粮棉麻的比价作适当调整，苍山县市场粮（小米）棉比价为1∶8.5;粮（小米）麻（洋麻）比价为1∶3.5。1952年，对5615种商品扩大批零差率，调整部分商品的批发起点，扩大174种商品的地区差价，紧缩国有商业的经营范围。物价指数1950年为100，1951年为109.5，1952年为107.1。1953年，取消粮食、油料、棉花、大麻等农副产品的季节差价，对粮油实行统购统销，调整部分日用小百货和食粮、纸张、煤油等商品的价格。1954年，对国营企业和供销合作社经营的商品统一价格，提高食用油、卷烟和计划供应的食用粮价格。1956年—1957年，工业品基本不动，大麻、生猪、水产品等部分农产品价格适当调整，进一步缩小工业品与农产品的比价。

1958年—1961年，经济工作中“左”的错误导致综合平衡失调，集市贸易价格大幅度上升，高于计划价格3～5倍。从1961年起，逐步恢复农村集市贸易，扩大商品定量供应范围，对敞开供应的高档商品实行高价销售以回笼货币，将农产品分为统购、派购、议购3类进行管理。粮食、棉布、针织品、絮棉、食盐、鞋、鱼、肉、食油、食粮、糕点、蔬菜、火柴、煤炭、煤油、文具等18类生活必需品的价格稳定在当时水平上。至1965年10月，高档高价商品分3次全部恢复平价供应，同时调整部分粮油的统销价格，解决粮油购销倒挂问题，物价逐步趋向稳定。

1967年8月后，市场物价基本冻结。由于商品缺乏，紧俏商品黑市成交，变相涨价或随意提价现象时有发生。1971年，分别对油脂、油料的收购价格提高16.7%，石油、化肥等支农产品降价15%左右。1973年，提高部分农副产品的收购价格，调整铁制小农具价格和服装、铁木器加工收费标准。1979年，大幅度提高主要农副产品价格，猪、牛、羊肉提价33%，鲜蛋、家禽提价20%，水产品提价42.3%，牛奶提价16.7%，比1978年农副产品收购总指数上升22.1%，社会零售价格总指数上涨1.9%。当年，国家为保证职工生活水平不致下降，每人每月增加副食品补贴5元。1980年，物价指数比1979年上涨6%。1981年，逐步放宽农副产品议购议销范围，提高部分以农副产品为原料的加工工业产品价格，提高部分高档烟酒的销售价格和南、北方木材供应价格，对烤烟、大麻、苹果、对虾的收购价格和小农具产销价格作适当的调整。同时，降低国产手表、电视机、涤棉布及其制品的销售价格，整顿饮食业普通面食饭菜价格，对中小学学杂费收费标准，“四机”修理，钟表、车辆修理等非商品收费标准作出适当调整。

1982年，对748种小商品价格放开，实行市场调节。1983年，对化纤布平均降价20%左右，棉纺织品平均提价20%左右，小商品实行企业定价。1984年，调整医疗收费标准，重新修订和整顿车辆修理收费和电影票价及沿海客运运价。1985年，调整粮油购销政策，生猪购销价格放开，调整整顿理发、浴池、电视录像、广告收费标准，由过去单一的价格调整为国家牌价、国家指导价和调节价3种价格管理形式，在全县范围内实行三色标价签。1986年，降低碳酸氢铵价格，调整农机作业收费标准，统一制订沙石开采出场价和电力收费、自来水收费标准，进一步放开965种小商品价格。1988年，由于全国性的经济过热，通货膨胀，苍山市场酿成抢购风潮，部分生产资料和生活日用品价格猛涨。1989年，对农产品价格以调控为主，调控结合。一方面，加强价格调控，控制物价过快上涨；另一方面，按照建立社会主义市场经济体制的新要求，不失时机放开价格，调整结构，进一步推进价格形成机制的转换。其间，适当缩小“双轨”价差，全面提高钢材、有色金属等重要生产资料的计划价格，放开粮食销售价格，多次提高棉花、原油、统配煤炭、电力等基础产品价格。

1992年，改粮食合同定购为国家定购，适当提高粮食定购价格。1998年，粮食定购价格和定购以外的余粮实行政府指导价供应价全部放开。1999年，国务院发布《关于深化棉花流通体制改革的决定》，放开棉花收购价格。2001年，国家下放蚕茧收购价格权限，执行省级政府定价。2002年，山东省物价局发布山东省定价目录。从2002年8月1日起，只将重要储备物资、重要农业生产资料、工程供水和重要公用事业等16个类商品列入政府定价，并将其中居民生活用水、工业用水和其他用水价格，供热销售价格，管道燃气价格，城市公交票价、出租车租费，经营性环保收费，经济适用住房基准价格及浮动幅度，房屋拆迁安置补偿价格及补助费标准，政府直管的经营用房租金，辖区内物业管理收费以及景点门票授权县政府定价。2005年，启动最低收购价稻谷执行预案。

第二节　价格检测与鉴证

价格检测

成品油　1992年，恢复农用柴油城乡差价，县以下基层供销社经营的计划内平价柴油，按进货地批发价格加定额运杂费和批零差率定价。1993年，除农业用油外，成品油计划内多种价格并轨，实行统一价格，即70号汽油批发价1570元/吨，0号柴油批发价1430元/吨，灯用煤油批发价1445元/吨，其他油品加质差率制定。农用平价0号柴油批发价590元/吨。1994年，成品油计划内外价格并轨，标准品70号柴油批发价2656元/吨，0号柴油批发价2207元/吨，灯用煤油批发价2301元/吨，1998年，成品油零售价格由政府定价改为政府指导价，由中石油、中石化公司根据国家发展和计划委员会公布的零售中准价和浮动幅度制定具体价格，批发价由企业自主确定。2000年，成品油价格参照新加坡市场油价变化相应调整。2001年后，国家发改委参照新加坡、鹿特丹、纽约三地市场价格调整国内成品油价格，确定国内成品油零售基准价，再由中石油、中石化在基准价上下浮动的范围内制定具体零售价。

食盐　境内食盐价格实行国家定价。1989年，国家对食盐原盐销售价格进行调整，批发价352.8元/吨，零售价0.42元/千克。县城（或进货地）以下农村市场实行城乡差价，距县城（或进货地）10千米以内的同价，10～25千米的每千克加价2分，26千米以上的加价4分。1996年，国家对食盐价格再次进行调整，县城以下农村市场城乡差价执行原规定。2005年，国家发改委再次调整，食盐出厂价格（不含税）每吨上调25元，食盐产区批发价格保持不变，原在产区批发价格内提取的每吨25元国家碘盐基金并入食盐产区批发价格。

食糖　1990年，国家调整食糖价格，规定批零差率为13%。1992年，放开食糖价格，由经营企业自主定价。1994年，食糖批发和零售实行差率控制，批零差率为18%。1995年，调整为20%。1996年，食糖价格由市场自由调节。

天然气、自来水、供热　2007年，苍山县核定管输天然气临时销售价格为3元/立方米，至2010年年底未调整。苍山县自来水价格由三部分组成，即基本水价、污水处理费和水资源费。2002年，制定水资源费0.20/立方米。2003年，制定基本水价，居民生活用水1.2元/立方米，生产及办公用水1.4元/立方米，商业、建筑用水1.8元/立方米。2005年，制定污水处理费标准，居民生活用水0.58元/立方米，工业、行政用水0.8元/立方米，经营服务用水0.9元/立方米，特种用水1元/立方米，自备水源1元/立方米。综合水价分别为：居民生活用水1.98元/立方米，生产及办公用水2.4元/立方米，商业、建筑用水2.9元/立方米。

2007年，暂定采暖集中供热价格，居民用按套内建筑面积计价17元/平方米，办公及经营用供热价格按建筑面积计价22元/平方米。2008年，调整非居民用供热价格，办公及经营用供热价格提高到30元/平方米。2010年，召开城区集中供热价格听证会，制定居民用供热价格19元/平方米。

价格鉴证

2001年12月县价格认证中心成立后，专司涉案物品价格鉴证工作。2001年—2005年，累计评估案件1063件，总评估额1.23亿元。2006年—2010年，累计评估案件2358件，总评估额3.17亿元。

第三节　收费管理

1991年，贯彻中共中央、国务院《关于坚决制止乱收费、乱罚款和各种摊派的决定》和国家物价局、财政部《关于审定行政事业性收费的若干问题的通知》精神，依据减轻农民负担的原则，贯彻项目从严、标准从低的规定。1992年，根据《山东省农民负担监督检查办法》，物价工作从管理价格转为管理收费，对全县行政事业性收费进行严格控制，并结合治理乱收费，对行政事业性收费实行收费许可证和年终审验制度。1994年，省物价局、省财政厅分两批取消收费项目5172项，缩小收费项目2项。1998年，国家先后两批取消收费项目176项。2006年—2010年，取消行政事业性收费84项，涉及全县21个部门，降低行政事业性收费15项，建立涉农收费公示制度，在17个乡镇制作500个涉农收费公示牌。至2010年底，全县办理收费许可证731个，收费员证438个。

第四节　价格监督检查

物价监督检查主要分正常监督检查、节日

性、时令性商品监督检查和专项商品价格监督检查3种。建国以来，县物价部门每年每季都进行物价检查。20世纪50年代，实行审价制度，凡是国家下达的商品牌价，包括批发和零售，一律实行明码标价，各级主管部门定期或不定期的审查、互查。1960年—1963年，由于经济困难，商品价格呈混乱状态。60年代后，县政府开展审价工作，针对发现的价格错调、漏调、擅自提级提价等问题进行纠正。1979年起，根据有的企业自定价、乱定价、扩大差率、增加收入等违价现象，每年都进行一次或数次物价大检查。1985年年底，全县开展近3个月的自查、互查及重点抽查，查出违价单位42个，违价金额4.26万元，共没收和罚款0.35万元，退赔用户5712元。截至1986年7月底，全县共查出违反物价纪律案件96起，罚款和没收金额38916元。

1986年起，在全县工商企业单位中组织开展争创“物价计量信得过单位”的活动。至1996年底，全县国营企业、供销社、饮食服务等行业共有56个单位被县政府表彰为“物价计量信得过单位”。1997年，全县物价大检查，主要检查农村电价、国土、建设、劳动、教育、卫生等部门的行政事业性收费，安排自查单位185个，自查数100%，重点检查单位148个，查处违价行为11件，违价金额5.8万元，处罚5.2万元，退还消费者0.6万元。1998年起，停止每年一度的检查，物价年度大检查转为常规检查。1999年起，除少数商品执行国家定价外，绝大多数商品价格放开，行政事业性收费经多次专项检查，违价行为也逐步减少，专项检查也随之逐渐减少，转为常规监督检查。2000年—2010年，通过各类检查，共查处价格违价行为案件378起，违价金额295.1万元，处罚295.1万元，返还消费者130.22万元，上缴财政164.88万元。

第七章　质量技术监督

1975年前，苍山县标准计量工作由县科委兼管。1975年5月，设立苍山县标准计量所，隶属于县科委。1979年8月，改称县标准计量管理局。1984年7月，复称苍山县标准计量所。1989年10月，改称苍山县技术监督局。1994年12月，改为苍山县技术监督办公室。1995年11月，恢复为苍山县技术监督局。2001年1月，改为质量技术监督局。2010年，下设稽查队、产品质量监督检验所和计量检定测试所3个直属事业单位。

第一节　产品质量检测

1985年，县标准计量所建立化验室，开始对产品质量进行监督检验。1990年3月，苍山县技术监督局成立产品质量监督检验所。1991年12月，通过省级计量认证，成为法定检验机构，在全县范围内全面展开对生产、流通领域里的产商品质量监督检验，包括食品、化工、轻工、建材、煤炭、石油及其他计8个种类，78个品种。2002年，按照监督检验计划，对全县600余家国营、集体、个体企业生产、经销的食品和化工、建材、轻工、石油、煤炭等产（商）品质量进行定期监督检查、日常监督检查及委托检验，共监督检验1400个批次。2003年，按照监督检验计划，对全县300家国营、集体、个体企业生产、经销的食品和化工、建材、轻工、石油、煤炭等产（商）品质量进行定期监督检查、日常监督检查及委托检验，共监督检验760余个批次，批次合格率65%；为15家技术和检验手段落后的生产企业无偿提供技术指导和培训，帮助建立化验室，改进生产工艺，提高产品档次。

2004年，根据国家、省、市局的工作部署，在全县全面开展企业质量普查建档工作。县质监局集中全局人员，组成4个普查小组，分赴各乡镇、各有关企业，统一进行企业质量普查建档。历时一个多月的时间，共普查生产企业250余家，为企业质量动态化管理奠定基础。

2005年，以食品质量安全为重点，切实加强质量监督工作。全年共对20余类824个批次的产（商）品进行定期监督抽查，按时完成省局下达的定检任务指标，并组织对涉及人体健康和人身财产安全的苏丹红、液态奶、月饼馅料、禽类产品、白酒、农资、建材等重点产品进行专项监督治理。组织对全县所有的食品生产加工企业生产许可、质量保障等情况进行专项调查摸底，建立健全食品生产企业质量档案，并与全县重点食品生产企业逐一签订食品质量安全责任书。加强对已获证的14家食品生产企业、18家白酒生产企业的后续监管工作，并通过巡查、回访、抽查等类型的监管方式，确保食品质量安全。

2007年，组织对糕点、白酒、纯净水、面粉、化肥、建材等产品开展定期监督检查、日常监督检查及委托检验，共完成460余批次的产品定检，产品合格率达79%，完成委托检验890余批次，及时向受检单位反馈检测结果，并督促不合格产品的生产企业完善整改措施，提高产品质量。积极帮助部分获证企业建立化验室，改进生产工艺，提高产品档次。2007年11月，县质监局多方筹措近200万元，以质检所为依托筹建“山东省农副产品质量监督检验中心（临沂）”。2008年10月29日，“山东省农副产品质量监督检验中心（临沂）”在苍山县正式挂牌。

图15—5　山东省农副产品质量监督检验中心（临沂）揭牌仪式（2008年摄）

2008年，组织对糕点、白酒、纯净水、面粉、化肥、建材等产品的定期监督检验和委托检验，完成产品定检426个批次，完成委托检验1758个批次；并及时向委托单位反馈检测结果，督促不合格产品的生产企业完善整改措施，提高产品质量。举办“食品生产加工企业化验人员培训班”，培训食品化验人员65人。帮助部分获证企业建立化验室，改进生产工艺，提高产品档次，为全县产品质量稳步提高做出积极努力。

2009年，充分发挥山东省农副产品质量监督检验中心的辐射作用和技术优势，导入市场化运作模式，加大市场营销力度，加强大企业协作机制，拓宽检验市场的服务和检验资源的开发工作。全年检验委托样品4812个批次，定期监督检验产品84个批次产品；承担2009年第三季度全省15个地市57家企业的小麦粉、挂面等67个产品的省监督抽查工作。检测中心的检测服务业务已扩展到日照、临沂、枣庄、菏泽、济宁、泰安、莱芜、徐州、连云港等9个地市40余个县的工商、农业等部门和有关检测机构。

2010年，分别完成省、市、县监督抽查任务461个、144个、117个批次，接受委托检验1865个批次。免费检测蔬菜26个批次，为苍山蔬菜“三进工程”（进上海、进超市、进世博）提供技术支持。

第二节　计量监督检测

新中国成立前后，境内度器主要有棉布

尺、市尺等，量器有斗、升等，衡器有16两秤。1959年8月起，逐步将16两一斤的手提秤改制成10两一斤的市制秤，液体容器一律采用一两、二两、一斤的市制单位量器。1986年1月1日起，10市两制木杆秤全部改换成千克秤，推行法定计量单位。从1989年1月起，停止使用非法定计量单位。

1975年5月，对全县计量器具调查摸底，建档立卡。1976年10月，以原属矿机厂的衡器组为主，组成衡器厂，负责修理地、台、案秤和杆秤制造。1977年8月，对社会上制修木杆秤人员进行考核，有25家修秤专业户取得修理、制造计量器具许可证，年生产木杆秤逾万支。1978年，对全县1000台地、台、案秤，20台天平进行检定。1990年3月，建立社会公用计量标准6项，即单相电能表检定装置，交流、电流电压功率表检定装置，精密压力表标准装置，二等克组砝码标准装置，五级（M1）砝码标准装置，加油机标准罐。1996年，检定8155台件。2002年，对全县范围内在用的社会公用计量器具进行监督检测，共安装、检定、修理地、台、案秤2081台次，检定、调修加油机540台次，检定天平、电能表、压力表890块，检查集贸市场358次、大型蔬菜批发市场13处，检定木杆秤2.1万支，没收、销毁不合格计量器具119支。2003年，进行全县在用计量器具的监督管理工作，共检定、维修台秤、地磅秤、案秤、吊秤、电子秤、邮政秤2512台，木杆秤3.6万余支，天平、电三表、砝码、压力表、B超、加油机等1721台。抽查生产定量包装商品企业137个批次，检查集贸市场32个批次。2004年，起草《苍山县计量监督管理手册》，举办“加油站计量管理人员培训班”，对全县69个加油站的71名计量管理人员进行计量业务知识培训及考试，领取省质检局颁发的上岗证书。2005年，共检定各类计量器具1.2万余台（件），强检计量器具检定率达98%以上。2007年，对全县在用的社会公用计量器具进行监督检测，共检定燃油加油机1080台次，定量包装186个批次，检定电能表200块，台、案、秤、电子计价秤、电子汽车衡器586台（件），分析天平20台、压力表386块。2008年，在全县启动“关注民生、计量惠民”专项行动，对8个集贸市场300余台衡器进行摸底调查和检测，对县域内的10余家眼镜店进行计量准确度检查，帮助社区居民检定民用四表500余台，对3家大型超市130余台计量器具进行检定。开展各类强制计量器具的周期检定工作，检定各类计量器具943台（件），开展送检维修服务进厂活动，帮助企业维修各类计量器具165余台（件）。2009年，对全县86个加油站298台加油机进行检定，及时对消费者举报的加油站违法行为进行查处，共查处加油站10家、加油机30余台。2010年，开展“5·20世界计量日”宣传咨询活动，免费检测水表、电表等计量器具35台。对部分检定周期到期的计量器具进行周期检定，全年共检定燃油加油机、压力表、衡器、天平等各类计量器具800余台。

第三节　标准化与代码标识管理

从1978年起，县内有专人负责标准化工作。全县10家县属企业有产品19种，其中执行国家标准的1种，执行部颁标准的3种，执行省企业标准的7种。企业产品的标准覆盖率为60%，乡镇企业标准覆盖率为3%。《中华人民共和国标准化法》实施以来，全县有22类68种主要产品，实行国家标准20个，行业标准21个，地方标准10个，企业标准13个。生产化标准覆盖率达到95%。1993年7月，县内推行统一代码标识制度。

2002年，共开展企业产品标准登记89个，标准备案26家，建立企业档案85家，帮助2家企业推荐采用国际标准，帮助苍山县星发食品有限公司申请办理大蒜、蒜薹等9个品种无公害蔬菜农产品标志使用。组织机构代码工作改变以往坐等办证的习惯，深入到各乡镇和有关单位上门服务，充分提高工作效率，全年共办理年检428个单位，换证651个单位，并依照规定注销208个单位。2003年，共开展企业产品标准登记和复审160家，企业标准备案9家，为11家生产企业的条码申办和质量认证宣传咨询。2004年，采取从网上下载、传送等方法，共收集最新标准15大类120余份，接待企业咨询60余人次，为企业提供标准60余份；对32家企业的43个标准进行备案，累计备案标准达到431个。2005年，对410余家生产企业产品执行标准进行登记、审验，帮助21家企业编写并备案产品标准30个，为企业提供标准技术资料150多份，提供咨询服务及整改建议300多项次。为1090余家单位办理或年审代码证书，无一差错，实现代码数据零差错，代码年检率76%。帮助7家企业申办商品条码，方便企业产品进入超市。2007年，帮助、指导企业制定、修订企业产品标准9项，办理产品标准登记、换证82家，年检83家，制定苍山地方标准4个，为企业提供咨询服务及整改建议200余项；新发展条形码系统成员7家，续展11家；为562家单位办理代码证书年检，为504家单位办理代码新增、换证，把2200余份有效代码全部扫描并报省质监局，通过省代码办代码档案扫描审核、验收。2008年，帮助企业申报食品企业标准化示范项目1个（兰陵集团）、服务标准化示范项目1个（荣庆物流）、采用国际标准企业2个（普金肥业、史贝美肥业）；帮助企业办理标准登记、换证95家，年审92家，指导企业制定修订企业产品标准7项，为企业提供咨询服务及整改意见100余项；新办代码证540家，年检代码591家，代码新办换证率47.5%，年检率66.4%；帮助23家企业办理商品条码，19家企业办理商品条码续展；对9类69种产品29家生产企业推广电子监管网工作，帮助企业办理电子监管入网的有关手续。2009年，帮助企业办理标准登记80家，年审105家，帮助企业制定修订产品标准7项；为企业提供咨询服务及整改建议500余项；帮助9家企业申办生产许可证；帮助8家企业更换生产许可证；帮助47家企业年审生产许可证；帮助企事业单位办理组织机构代码516家，年审1339家。2010年12月1日，苍山县质监局发布实施《苍山大蒜联盟标准》，提升苍山大蒜产品的国内外市场竞争力，促进国内外大蒜贸易的发展；实施动态监管，产品标准登记133家；帮助14家食品生产企业做好生产许可证申报工作；为116家企业办理产品标准登记换证；办理组织机构代码631家，年审650家。

第四节 行政执法

1986年7月，《中华人民共和国计量法》实施，县内开展计量监督执法管理。1994年6月，苍山县专职稽查部门成立，开展打击生产、销售假冒伪劣商品违法行为活动，依据《中华人民共和国计量法》《中华人民共和国标准化法》《中华人民共和国产品质量法》规范市场经济秩序。共检查经营场所3200个，现场处罚1400个，立案查处86起，查出假冒伪劣商品标值3800万元。

2002年，共查处包括食品、白酒、化肥、面粉、钢筋、水泵、注水肉、黑心棉、自行车、农用车等涉及人民生命健康、财产安全的制假售假案件193件，涉案货值金额400余万元。移送公安机关刑事拘留1名造假人员，检察机关批准逮捕1名造假人员，申请人民法院强制执行案件18起。2003年，共查处包括食品、白酒、化肥、面粉、石油、沙发、饮料、水泵、捆扎啤酒、三轮车、消毒液等涉及人民生命健康、财产安全的制假售假案件115起，涉案货值270万元，结案67起，申请人民法院强制执行16起。

其中，封存扣押劣质肥料220吨，假冒三轮车45辆、消毒液1952瓶、喷雾器117箱、捆扎啤酒1.6万捆，端掉制假黑窝点2个。

2004年，以政府关切的难点、媒体关注的焦点、群众关心的热点"三点"为中心，重点整治食品、农资、建材、轻工、电器、"黑心棉"、化工、危险化学品、特种设备、"3C"认证产品等关系人民群众健康安全的产（商）品，共计出动执法人员2000多人次，出动执法车辆700多辆次，检查各类工商企业及个体工商户1500多家，检查产（商）品货值金额600余万元，查处制假售假案件210余起，其中万元以上大案12起，捣毁制假售假黑窝点5个。在食品打假专项行动中，查处滥用食品添加剂、使用过期变质的原料生产食品等违法行为15起；检查粮油制品、乳制品、熟肉制品等共100余种，查获大量用工业盐、工业色素加工的挂面和肉制品、添加增白剂磨制的面粉等，货值达58万余元。组织开展3次"3C"产品大检查，共检查家用电器、插头插座、电线电缆等国家实行强制性认证的产品6大类98个规格型号，其中查出无3C认证标志的电线电缆、插头插座等350余台（件），涉案货值5万余元。在农资检查中，共查处不合格肥料60余吨。

2005年，重点开展白酒生产企业的专项整治，重点对兰陵镇周边地区的30余家白酒生产企业进行摸底、整治和规范，取缔10家无证生产企业。围绕食品、建材、农资等开展多次专项打假治劣活动，共查处各类制假售假案件近200件，端掉造假窝点14个，受理产品质量投诉12件。同时，加大执法帮扶力度，多次与兰陵集团等企业开展市场联合检查，为企业和群众挽回经济损失200余万元。

2007年，利用先进的PDA掌上监管设备对企业进行巡查，先后开展"查农资保春耕""打假保三夏""建材市场专项整治""白酒市场专项整治""产品质量和食品安全专项整治"等执法活动。与兰陵集团等企业开展市场联合大检查，为企业培训化验员200人次，为18家白酒获证企业及13家食品获证企业分别设计、修订30余份比较实用的企业质量管理手册和产品原始记录，指导企业整改厂区23处，指导40家生产厂、小作坊将管理、进销货台账、质量承诺书等自律制度上墙，与24家食品生产加工作坊签订食品安全承诺书、产品质量安全承诺书。

2008年，组织开展十大类重点产品质量专项整治、28大类食品无证查处、速冻面米食品、汽车刹车片、强制性认证农机产品、供2008北京奥运会食品和乳制品等专项检查工作，共出动执法车辆450余台次，执法人员670余人次，对全县范围内的90余家生产加工企业进行检查，共立案查处85起，受理投诉19起。

2009年，围绕"质量和安全年"活动，加强对48家获证企业证后监管，重点检查生产企业原材料采购验证、生产过程控制以及成品出厂检验3个环节，加大无证生产的查处力度，重点查处使用非食用原料或过期变质原料加工食品、超范围超限量使用食品添加剂等严重危害百姓生命健康安全的违法行为。建立食品企业约谈工作制度，定期开展违规违法行为约谈，共开展4期、264人次的约谈。扎实开展农资打假专项行动，检查农资经营店60余家，检查农资生产企业5家。全年共出动执法人员1500余人次，立案查处违法案件85起，结案76起，未出现1起行政复议和行政诉讼案件

2010年，召开全县食品生产企业落实质量安全主体责任宣贯会和现场会，与48家获证企业签订《食品生产企业落实质量安全主体责任承诺书》。是年，开展建材市场专项整治、"清新居室"专项检查、秋季农资打假、家电下乡电器3C执法检查等专项执法活动。

第五节 特种设备安全监察

2000年特种设备安全监察工作由县劳动部

门划转到县质量技术监督部门后，县质量技术监督局对全县在用特种设备开展调查摸底，建立“金质工程”特种设备信息库，并根据设备变更情况及时更新数据，当年纳入监管的设备857台。在全县范围内先后进行1350余次安全监察，查处事故隐患5800余起，下达安全监察通知书1030余份，消除大量特种设备事故。重点开展气瓶和压力管道专项普查整治工作，消除安全隐患，保证人民群众的财产安全。加大定期检验、资质审查和人员培训力度，共检验各类特种设备1450余台；举办特种设备操作人员培训班20余期，培训操作人员800余人，提高操作人员的安全操作技术水平。

2002年，共检查低压锅炉、压力容器使用单位199个，查出隐患420条，下达安全监察通知书236份，提出整治意见526条，责令限期报废停止运行的低压锅炉16台，更新压力容器12个单位；对全县范围内260余台压力容器进行一次全面检验，对全县60余名司炉操作人员举办1期培训班。

2003年，全县开展低压锅炉、压力容器、充装燃气的安全专项检查活动，共检查低压锅炉、压力容器使用单位280个，燃气充装站35家。其中，下达安全监察通知书130份，提出整治建议160条，限期责令报废停止运行的低压锅炉9台、压力容器更新2个单位，清理气瓶充装点18家，异地封存气瓶52个，充装工具10套；共立案查处违反特种设备安全行为的案件40余起。举办1期压力容器操作人员培训班，培训人员33人；发放宣传材料6000份，向群众详细讲解特种设备法律法规及液化气瓶的检验、使用安全等常识。2003年，共审验安装、维修和改造的特种设备26台，其中压力容器7台，锅炉15台，电梯2台，起重机械2台。普查登记压力管道62.10万米，考核发放特种设备使用证70余份，培训上岗特种设备操作人员72人。

2004年，全县开展气瓶产权转移和压力管道普查整治工作，气瓶专项整顿，共查扣各类气瓶171只，责令整改12家，依法关停3家，查扣30余只无证乙炔气罐体。全县10家充装单位基本上建立气瓶档案，喷涂或粘贴充装站标识、警示标签和充装标签，实现产权转移，定点充装。为确保五一、国庆等重大节日的安全，组织7次特种设备安全大检查，共检查190余家企业的280余台特种设备，发现安全隐患120余条，下发安全监察意见书90余份，查封和责令立即停止运行的设备2台。

2005年，联合市特检所等有关部门对全县压力容器强制检验，共强制检验单位225家，检验压力容器1167台，检验率100%，达到国家规定压力容器定检率100%的标准。开展危险化学品槽罐车和锅炉、电梯等特种设备的专项治理和“百日安全”集中整治活动，对32台电梯、24台锅炉进行定期检验，对38家存在安全隐患的企业责令限期整改。

2007年，制定特种设备事故应急救援预案，建立动态监管机制。对“金质工程”信息数据进行更新、补录、核对、清理，录入各种信息290余条。开展全县恒低温库压力容器安全大检查，共检查恒低温库163个，下达隐患通知书96份，提出整改意见126条，登记恒低温库压力容器126台，建立压力容器普查数据库。配合市特检站检验锅炉16台，行车19台，电梯30台，压力容器38台。开展特种设备“百日整治”活动，共核实清理特种设备1263台，清理报废拆除设备212台，变更法人及单位名称29个，排查登记隐患39条。

2008年，开展特种设备安全百日督查专项行动，检查特种设备使用企业268家，检查特种设备800余台，下达特种设备安全监察通知书82份，立案查处特种设备违法行为28起，注册登记新增特种设备184台次，定期检验特种设备276台次。

2009年，对全县恒低温库进行检查、检验，并会同省特检院临沂分院检查冷库251个，检验冷库119个单位，检验压力容器599台。检查特种设备使用单位395家，检查各类特种设备857台，下达特种设备安全监察通知书98份，整改存在的隐患问题168条。配合省特检院临沂分院检验电梯、锅炉等特种设备132台，立案查处特种设备违法案件19起，与218家特种设备使用单位签订落实主体责任书。

2010年，协同省特检院临沂分院的检验专家，对全县的恒低温库在用压力容器进行强制检验，对14个乡镇的100余座恒低温库在用的500余台压力容器设备进行检验。对460余家特种设备使用单位在用的1000余台特种设备进行检查，对查出的隐患下达安全监察指令书并监督整改，确保特种设备安全运行。

第八章　安全生产监督管理

第一节　管理机构

1996年—2000年10月，苍山县安全生产办公室主管全县安全生产工作，属县劳动局。2000年6月，撤销苍山县安全生产办公室，设苍山县经济贸易局，挂苍山县安全生产监督管理局牌子，正科级事业单位。2004年，在各乡镇成立安全生产监督管理办公室（站），配备专、兼职安全监管人员。2007年，在各乡镇成立安全生产监察中队。2005年11月，成立非煤矿山安全管理协会办公室，为股级事业单位。2005年2月，苍山县安全生产监督管理局由原科级事业单位调整为县政府工作部门，挂苍山县安全生产委员会办公室牌子，是主管全县安全生产综合监督管理的县政府工作部门。2006年12月，苍山县安全生产监察大队成立，为副科级事业单位，隶属于苍山县安全生产监督管理局。2008年9月，设立苍山县安全生产应急救援指挥中心，为股级事业单位。2010年6月，增设工商贸安全监管科。

2003年4月，苍山县安全技术培训咨询中心成立，属中介服务机构，是苍山县唯一一家经省安监局批准成立的特种作业人员安全培训机构和四级安全培训机构，具体负责对全县企事业单位进行安全技术培训、提供安全技术咨询服务。中心注册资金50万元，有专、兼职教师及管理人员16人，其中高级职称2人、中级职称8人，拥有先进教学设备1套。

第二节　安全重点行业生产监管

非煤矿山安全管理

2007年，全县非煤矿山主要集中在西部矿区。全年集中开展了西部矿区安全专项整治、石膏矿区专项整治、尾矿库专项整治、露天采石场百日零死亡事故等活动，对矿山企业进行不定期检查260多次，查出各类事故隐患1160多条，下达隐患通知书198份，共整改各类事故隐患1084多条，隐患整改率93.5%。对井下开采矿山企业进行2次停产整顿，依法吊销24家采石场的安全生产许可证件，督促12处尾矿库进行安全设计。对石膏矿采空区进行详细调查摸底，督促各石膏矿总投资350多万元安装地下电子监控系统，进行封堵墙建设，石膏矿采空区治理工作取得初步成效；严厉打击私挖乱采矿产资源，收缴炸药726千克，填坑4处，扣留挖掘机6台，刑事拘留9人。

2008年，全县对所有非煤矿山企业于重要节假日等重点时期内实行停产检修，同时分重

点、分阶段地组织各非煤矿山企业开展事故隐患排查活动，进行自查自纠。全年非煤矿山企业开展大检查150个次，共查出隐患1200条，现场整改366条，后期整改率98%。

2009年，全县共有石膏矿山11家，铁矿20家，硅砂矿11家，采石场15家，矿山企业众多，安全生产压力较大。对尾矿库、采空区等重点监控单位开展矿山领域治大隐患、防大事故的活动，共派出检查组90余次，排查各类矿山企业87个，排查隐患478条，治理整改392条，剩余制定整改期限并定期回访。

2010年，全县共有非煤矿山65家，其中铁矿24家，石膏矿9家，硅砂矿8家，页岩2家，采石场22家。全县除22家铁矿处于基建期外，其余32家非煤矿山企业全部完成标准化建设。在石膏矿山企业推广电子监控、岩音仪和顶底板位移报警仪等系统，对顶板变化情况进行监测、监控。县安监局与市支队、各有关乡镇安监办组成联合检查组，开展安全生产大检查活动，共下达整改指令书19份，提出需要整改的安全问题102处。县安监局成立检查组，开展矿山集中治理活动，共检查非煤矿山企业84余家，查出各类安全问题346处，共下达各类执法文书88份。全县非煤矿山汛期安全生产大检查活动，共检查石膏矿11家、铁矿13家、尾矿库7处、采石厂33家，共计查处隐患189条，下达整改指令44份，对不符合安全生产条件的3家企业下达强制措施决定书，责令其停产停业整顿。召开非煤矿山安全生产现场会议，下发《苍山县矿山企业承包联合经营安全管理暂行规定》，对全县范围内各种形式的承包和联营进行详细的责任划分，将承包、联营两种经营机制纳入安全生产系统化管理。

危险化学品安全管理

2007年，重点整治包括加油站、化工和医药生产储存企业在内的危险化学品建设项目，依法关闭2家不符合安全生产条件的企业。

2008年，进一步完善企业安全生产规章制度和操作规程，实行企业负责人、安全管理人员和特种作业人员持证上岗制度；实现重大危险源和事故隐患控制管理制度化、规范化；实行夏季高温时期重点抽查危险化学品企业，严密监控重大危险源，确保安全生产。

2009年，全县重点落实对因金融危机影响停产或停工后复产化工企业的安全监管，加强督促有毒有害化学物品输送设备和管道的检查和维护，强化对剧毒化学品、成品油库等设施的巡回检查和安全监控，加强对发货和装卸环节的安全监管，共排查各类危化品生产经营企业650个，排查治理隐患825条。开展危险化学品和城市燃气安全生产专项治理工作，共计查处非法加油站（点）29处、非法液化气罐装点5处；拆除加油机29台，没收成品油1000公升，收缴非法经营工具1宗；没收违法经营的液化气500千克，收缴非法经营工具4件。

2010年，全县共有生产、经营、使用、运输危险化学品企业415家，其中加油站88家，农药经营企业321家，生产企业3家，储存使用备案1家，运输1家，特种气体经营1家。开展加油站专项治理，对安全生产条件差的加油站进行关闭，对全县危险化学品安全生产大检查，对没有按期申办安全生产许可证的企业予以关闭。在对加油站监管中，重点突出对非法加油站的取缔，依法拆除非法油站点15家，拆除油罐29座、加油机33台，没收成品油2吨。

烟花爆竹安全管理

2006年前，烟花爆竹制作由公安部门管理，县安监局成立后接管此职能。2007年，对兴明乡、向城镇有烟花爆竹制作传统的12个重点村庄进行地毯式拉网检查，共查获烟花爆竹成品23800响，半成品82400响，黑火药30千克，制作工具5套；参与非法生产的违法分子，刑事拘留2人、治安拘留1人；1家烟花爆竹批发企业进行重点监控，605家烟花爆竹经销点和有烟花爆竹制作传统的重点村庄不定期进行检查。安监、公安、质监等组成联合工作组进行烟花爆竹专项整治，累计查获烟花爆竹成品半成品10万余响，并进行集中销毁，有力地震慑了违法犯罪行为。

2008年春节期间，安监、公安等部门组成联合工作组，对605家烟花爆竹经销点和17个有烟花爆竹制作传统的重点村庄进行拉网式检查，并开展为期3个月的专项整治，累计查获烟花爆竹成品半成品25800万余响。同时，加强烟花爆竹储存仓库的安全检查，强化储存作业安全管理，对1家烟花爆竹批发企业进行重点监控，有效杜绝批发企业仓库超量存储的违规现象。举行非法烟花爆竹现场销毁活动，共销毁鞭炮30万响、烟花10万余件，价值共计15万元。

2009年，全县不断完善烟花爆竹安全监管工作，大力推进联合执法，建立县、乡“打非”工作机制，创出“总量控制、乡镇布点、高科技监管” 的新路子。同时，发现烟花爆竹非法生产行为不再仅局限于销售旺季，出现了反季节生产销售倾向，非法生产的区域也从传统乡镇向其他乡镇辐射转移。县安委会在年中开展了全面“打非”行动，组织开展打击取缔烟花爆竹非法生产行动。在经济开发区西部空地区域举行非法烟花爆竹现场销毁活动，现场销毁了在专项行动中收缴的非法烟花爆竹，共销毁价值2万元的鞭炮（30余万响）、价值1.5万元的组合烟花、价值2万元的小礼花类烟花和礼花弹、价值5000元的旋转类烟花，共计6万元，有力地震慑了违法犯罪行为。

2010年，通过整合资源进一步缩减烟花爆竹零售经营户的户数，核准许可销售经营业户减少到496家，烟花爆竹行业安全生产水平极大提高。春节期间，对全县的烟花爆竹零售网点进行逐一检查；与各乡镇签订烟花爆竹安全生产责任书，下发《苍山县打击非法生产经营烟花爆竹实施方案》。县安监、公安、工商等部门成立联合执法小组，配备烟花爆竹探测仪，集中对各乡镇开展非法生产烟花爆竹专项检查，对无证经营户采取现场立即查封，对情节严重的移交当地派出所处理。

恒低温库安全管理

2007年，重点加强对恒低温库的安全监管。在恒低温库专项整治中，各乡镇、各有关部门、各企业严格按照全县恒低温库安全专项整治实施方案，重点强调冷库压力容器检测检验和制冷工安全技能培训，改善安全设施条件，全面提高企业安全管理水平。县政府成立2个恒低温库专项整治检查组，深入企业开展专项执法检查活动。通过此次整治，共检查恒低温库288个，检测压力容器500多台，下达安全隐患通知书83条，提出整改意见166条，确保全县各类恒低温库安全管理实现制度化、规范化。

2008年，对全县294座恒低温库开展恒低温库专项排查治理行动，抽调安监、质监、工商、民营、消防、供电等部门的技术人员组成专项检查组，在城区和各乡镇进行拉网式检查，共查出隐患2168条，当场整改1908条，限期整改260条，实现对各类压力容器进行100%再检测，企业负责人、安全管理人员和制冷工等特种作业人员全部持证上岗，重大危险源和事故隐患实现可控、再控，安全管理实现制度化、规范化，有效遏制了恒低温库安全事故的发生。

2009年，全县开展为期1个月恒低温库专项排查治理行动，抽调安监、质监、消防、供电等部门的技术人员组成专项检查组进行拉网式检查。共排查冷库306家，治理整改隐患1867条，当场整改1708条，限期整改159条，下达安全检查指令书306份，实现了恒低温库在蒜薹收购季节前全面消除隐患的目标，确保了安全生产。

2010年，全县共有恒低温库329座，已形成一个庞大的冷库群。县安监部门组织专业技术人员和执法人员对全县各类恒低温库进行安

全生产专项整治活动。共查出安全隐患2147条，当场整改1608条，限期整改539条，下达安全检查指令书281份，关停和停止使用的冷库30家。在全县范围内开展恒低温库在用压力容器强制检验活动，并对各乡镇的恒低温库进行托底建档，对各个冷库的设备设施、运行情况和安全隐患进行详细登记，且和这些企业全部签订安全生产目标责任书。县政府召开恒底温库安全生产工作会议，向各乡镇下达详细的冷库重大隐患挂牌督办通知书，并采取县领导包扶、将管理责任分解到基层、落实到人等措施，加强对恒低温库的监管。

第三节　专项安全监察

联合检查

2007年—2010年，在突出抓好非煤矿山、危险化学品、烟花爆竹、恒低温库等四个重点领域安全生产专项治理的基础上，监督、协调有关部门开展公众聚集场所消防安全、道路交通、压力容器、建筑市场、校舍危房、农机、爆炸物品等领域的专项治理活动，改善重点行业的安全生产条件，确保安全生产。按照“专家查隐患、政府搞督查、部门抓监管、企业抓落实”的安全生产检查方式，对非煤矿山、危险化学品、烟花爆竹和恒低温库从业单位等重点监控企业进行反复检查，监督企业全面落实各项安全生产保障措施，建立起预防为主的安全生产自我约束机制。

规章制度

2007年—2010年，县政府将安全生产工作纳入“三个文明”建设考核范围，实行“安全生产一票否决”、安全生产第一责任人、领导干部“一岗双责”等责任制度，全面落实安全生产责任。相继制定出台《关于进一步加强安全生产工作的意见》《苍山县安全生产“一票否决”暂行规定》《苍山县重大隐患整改指令督办制度暂行规定》《关于完善全县安全生产责任制体系的意见》《苍山县安全生产目标管理考核办法》《苍山县重大安全生产事故隐患治理责任追究暂行规定》等一系列规范性文件，制定若干个关于加强非煤矿山、危险化学品、冶金、建筑施工、道路和水上交通等重点领域安全生产工作的规范性文件，为做好安全生产工作提供制度保障。

行政许可

2010年，共有5家矿山企业申领安全生产许可证，2家危险化学品生产企业、32家加油站、15家农药经销点申领危险化学品经营许可证，为496家烟花爆竹企业办理烟花爆竹销售许可证。

第四节　安全培训教育与应急救援

安全生产培训教育

开展生产经营单位主要负责人、安全管理人员及特种作业人员安全培训活动，对非煤矿山、危险化学品、烟花爆竹生产经营企业工作人员进行全面安全培训和考核发证。2007年—2010年，累计举办各类安全技能培训班150余期，培训考核发证2.1万余人。2010年年底，开始对培训中心进行升级改造，投资30多万元增添电脑30台及投影仪、影音教学等设备1宗，中心办公面积800多平方米，以多媒体教室、电脑培训室、考试中心、电工操作室为核心，培训能力进一步得到强化。

安全生产月活动

根据全国统一安排，通过制作安全生产公益广告片、组织安全生产知识竞赛活动、组织“我与安全生产”征文活动、开展“青年安全生产示范岗”活动、十支服务队下基层活动、安全生产集中执法行动，采用悬挂主题横幅、宣传标语等形式，营造宣传气氛。2010年，全县共设置宣传咨询站106处，展出宣传展板110余块，制作安全生产宣传画296个，出动宣传车12台，在县城驻地和各乡镇进行巡回宣传。悬挂过街帘180多条，播放电视公益广告2幅，印发各类安全生产宣传材料4万多份。

应急救援

2005年2月，县政府制订《苍山县危险化学品重特大事故应急救援预案》；6月，制订《苍山县重特大生产安全事故应急处置预案》。2007年10月，制订《苍山县矿山重特大事故应急救援预案》，组织开展各类应急救援演练活动，进一步加强企业管理人员的应急处置能力和一线职工的逃生自救能力，为事故应急救援积累了宝贵的实战经验。

第九章　食品药品监管

1986年3月起，苍山县由卫生部门对食品生产经营单位实行卫生许可制度，对从业人员进行健康查体，发放健康证。2002年5月，苍山县药品监督管理局成立，负责全县药品、医疗器械的监督管理。2003年1月，实行省垂直管理。2004年11月，改称苍山县食品药品监督管理局。2009年9月，由省垂直管理改归地方管理。2011年4月，正式将县卫生局餐饮服务许可、餐饮服务环节食品安全监管和保健食品、化妆品卫生监督管理的职责划入食品药品监管局。

第一节　食品监督管理

1986年3月，全县食品卫生监督工作正式起步，县卫生局将食品生产经营单位卫生许可，从业人员健康查体纳入监督管理。

2004年12月，成立苍山县食品安全协调委员会，在全县实施“食品放心工程”。按照“全县统一领导、地方政府负责、部门指导协调、各方联合行动”的工作格局和“谁主管、谁负责”的要求，强化相关部门的监管责任，制定相关工作制度，使食品安全综合监管逐步达到制度化、规范化、科学化。之后，县政府同各乡镇政府及食品安全协调委员会成员单位签订《食品安全工作责任书》，制定食品安全工作考核办法和考核标准。组织各成员单位开展学校周边食品安全专项整治、农畜产品专项整治、劣质奶粉核查、瘦肉精、地沟油、食品添加剂等各类食品安全专项检查行动。开展“两节”期间的食品安全及食品安全责任制专项检查、食品安全责任制专项检查。2006年，在全县21个乡镇成立食品药品安全监管站，聘请42名食品药品安全协管员、1179名村信息员，构建起县、乡、村三级上下联动、左右协调的食品安全监管网络。推进农村食品“三网”（农村安全食品现代流通网络、食品安全监管责任网络和食品安全群众监督网络）建设，建立各级责任制和责任追究制。

2010年，检查农产品生产基地14个，食品生产加工企业20家，食品流通企业57家，餐饮消费企业64家，学校食堂15家。

第二节　药品与医疗器械市场监督管理

2002年前，由卫生行政部门负责药品监督检查、药品抽验等日常管理工作。2002年，由县药品监督管理局负责全县的药品安全监管工作，贯彻“以监督为中心，监、帮、促相结合”的工作方针，按照“五不放过”（假劣药品的来源、去向不查不放过，涉案的单位、责任人不查清不放过，案件产生的原因不分析透不放过，涉案人员未受到应有的惩处不放过，今后的防范整改措施不到位不放过）的原则，切实抓好药品（医疗器械）质量检查、市场整治、基础建设、宣传教育、班子建设等工作，保障人民群众的用药用械安全。2003 年，开展一次使用无菌医疗器械、隐形眼镜、“防非典”医疗器械的专项整治工作，对一次使用无菌医疗器械的重复使用和用后毁形的管理进行重点治理，对隐形眼镜的经营资质进行重点把关，对防治“非典”医疗器械进行储量调查和质量把关。2004 年，开展农村药品“两网”（药品监督网络、药品供应网络）建设。药品监督网络建设上，在乡镇设立食品药品协管站，在农村聘任食品药品协管员，建立县、乡、村三级监管网络；药品供应网络建设上，在市县级药品批发公司选择优秀诚信的公司作为招投标单位，提供高质量的药品，在各乡镇卫生院建立药品代购分发站，规范卫生院药房、药库，统一为乡镇卫生室代购分发药品，并加强医院药房和社会药店的规范化建设，建立医院“规范化药房”23 家、社会“诚信药店”17 家作为农药药品的供应网络。开展高风险医疗器械监测和义齿专项检查、植入性医疗器械专项检查、医疗器械标签说明书专项检查工作，并开展“医疗器械使用规范化管理单位”“医疗器械经营诚信单位”创建活动。2005 年，全县创建“医疗器械使用管理规范化”单位 31 家，“医疗器械经营诚信单位”17 家。2002 年—2005 年，担负全县麻醉药品、精神药品、医疗用毒性药品、放射性药品这四大类特殊药品的监管，审批医疗机构麻醉药品和一类精神药品，核发麻醉药品印鉴卡。2006 年，根据《麻醉药品和精神药品管理条例》，将此项工作移交给卫生行政部门。

图 15—6　药品安全检查　（2010 年摄）

2002 年 5 月，县药品检验所整个建制归并到县药品监督管理局，利用“快检箱”开展快检，对药品进行现场检测和针对性抽样工作，发现质量问题进行抽样并及时送临沂市药检所进行检测。2010 年，共快检药品 430 批，送市所检验 88 批，送省所检验 4 批。2003 年 10 月，苍山县药品不良反应监测站成立。2005 年 8 月，县食品药品监督管理局成立苍山县药品不良反应监测中心。2006 年，开展医疗器械不良事件监测工作，健全药品不良反应监测中心的监测网络，在监测中心下设立 35 个监测站和监测哨点，聘任药品不良反应、医疗器械不良事件监测人员 1362 名，形成县、乡、村三级监管网络。2010 年，上报药械安全性监测报告 1340 例。2010 年，立案 119 起，现场检查 872 起，抽验药品 438 批次，申办药店 15 家，完成药品使用质量规范化管理建设单位 480 家。

第十六编
中共地方组织

蒼山縣志

1928 年 9 月，在济南求学的王以仁加入中国共产党后返回家乡老屯村，建立老屯党小组，自此，中国共产党组织在苍山大地上生根发芽。土地革命战争、抗日战争、解放战争时期，苍山境内的共产党人历尽艰辛，经受了革命斗争的严峻考验，得到了锻炼和发展，广大党员干部为了人民的解放事业英勇奋斗，前仆后继，不怕流血牺牲。据不完全统计，先后有 2076 名优秀儿女为革命献出了自己的宝贵生命。

1949 年 10 月 1 日，中华人民共和国成立，标志着中国民主革命的基本结束和中国从新民主主义到社会主义转变的开始。从新中国成立到 1956 年年底，苍山县委带领全县人民完成了土地改革，开展了镇压反革命、抗美援朝和“三反”“五反”等运动，进一步巩固了人民民主专政，促进了国民经济的恢复和发展。

1957 年，进入全面建设社会主义新时期，由于党的工作在指导方针上的某些失误以及“文化大革命”的全面开始，苍山也同全国各地一样，经历了曲折的发展道路。

粉碎“江青反革命集团”后，特别是中共十一届三中全会以后，县委认真贯彻党中央的正确路线、方针、政策，恢复和发扬党的优良传统和作风，积极发展工农业生产，国民经济得到迅速恢复和发展。

截至 2010 年，全县共有党员 45844 名。

第一章　组织机构与代表大会

第一节　组织建设

早在土地革命时期，中国共产党就在县境内开展活动，主要是创建组织、发展党员、壮大革命力量。中共苍山地方组织的创建活动有 3 条主线：一是大革命失败后，在外地求学、接受了马列主义思想的进步青年王思璞、陈耀贤、王以仁等回到苍山，进行革命宣传和创建组织活动。1929 年 9 月，老屯党小组发展党员 20 余人，扩建为中共老屯支部。二是中共马头小学支部成立后，1929 年刘之言介绍郯城县农会主席朱次彭等人入党，朱次彭在北哨、芦柞、芦汪子等地建立党组织。1931 年春，在四哨成立中共郯四区委，辖长城、四哨、磨山 3 个乡党支部。三是“九一八”事变后，宋鸣时（后成为叛徒）受中共山东省委的派遣到后杨官庄一带进行革命活动，支持“农民医社”进步医生陈信亭在神山成立“抗日救国会”。1932 年 5 月，中共徐海蚌特委建立中共临郯县委，9 月扩建为中共临郯（中心）县委。中共临郯（中心）县委以西大埠为中心，向四周农村辐射，发展到临沂、郯城、费县、峄县及江苏省邳县等 100 多个村庄，建起 4 个区委、21 个党总支、101 个党小组，有党员 350 人。中共临郯县委于 1932 年 6

图 16-1　苍山暴动旧址　（2010 年 10 月摄）

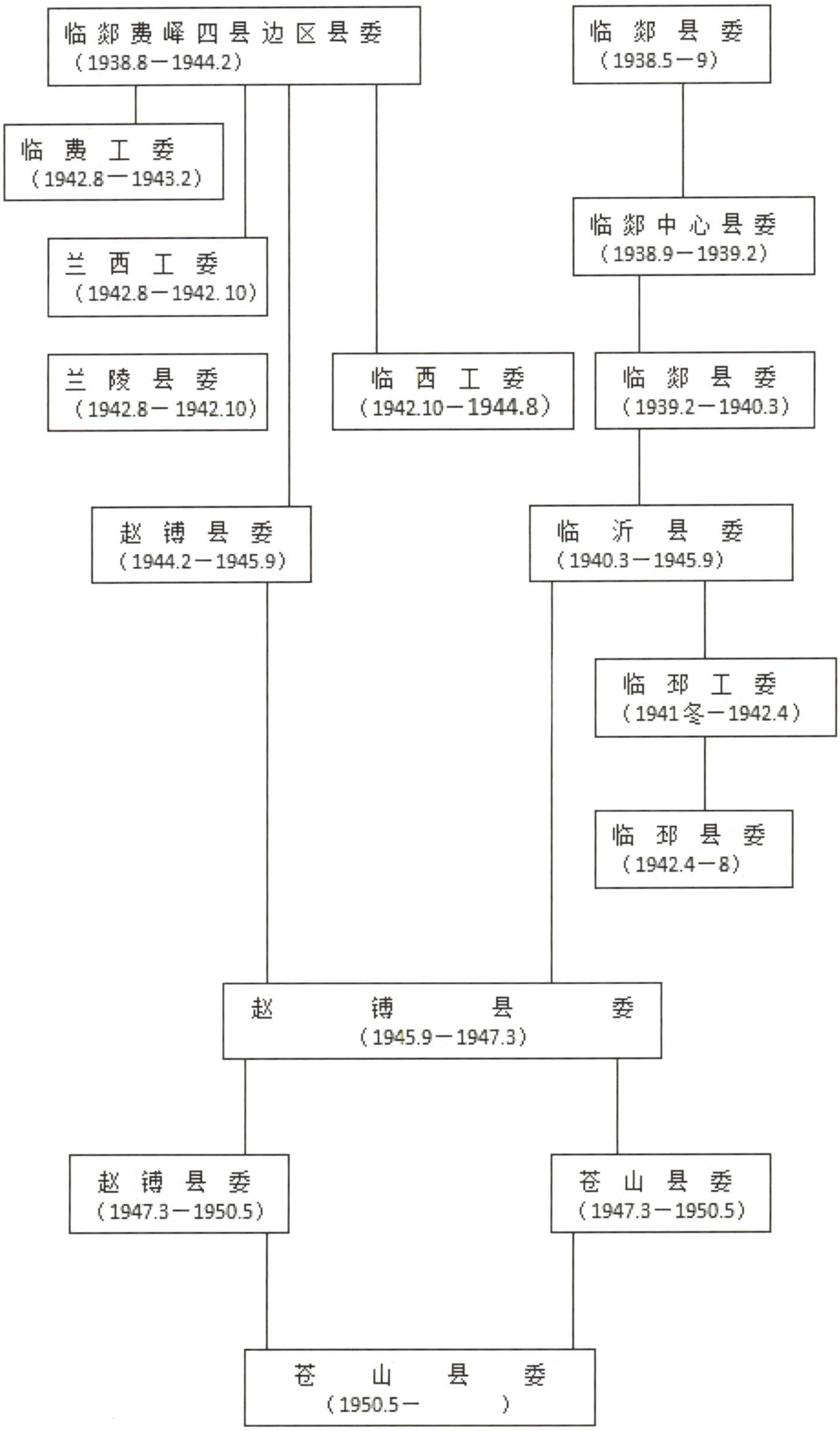

图 16—2　中国共产党苍山县地方组织机构演变

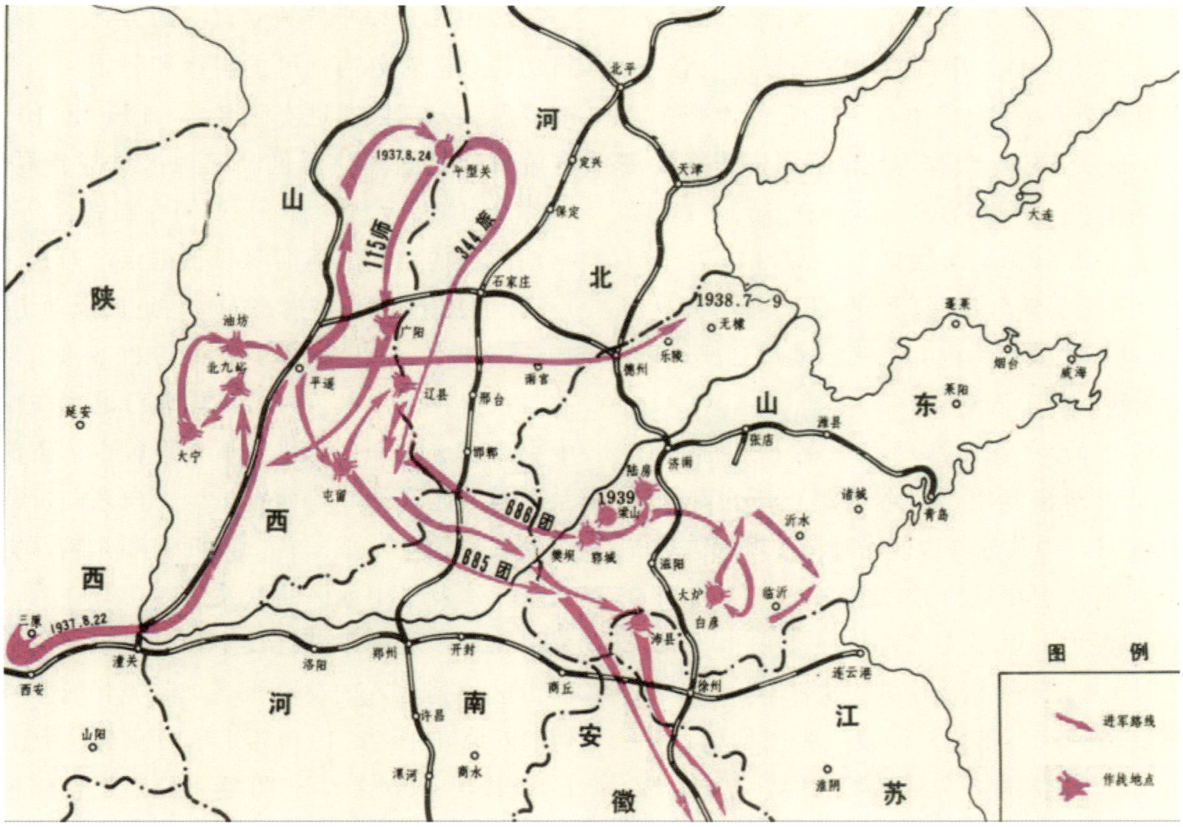

图 16—3　八路军一一五师东进路线图

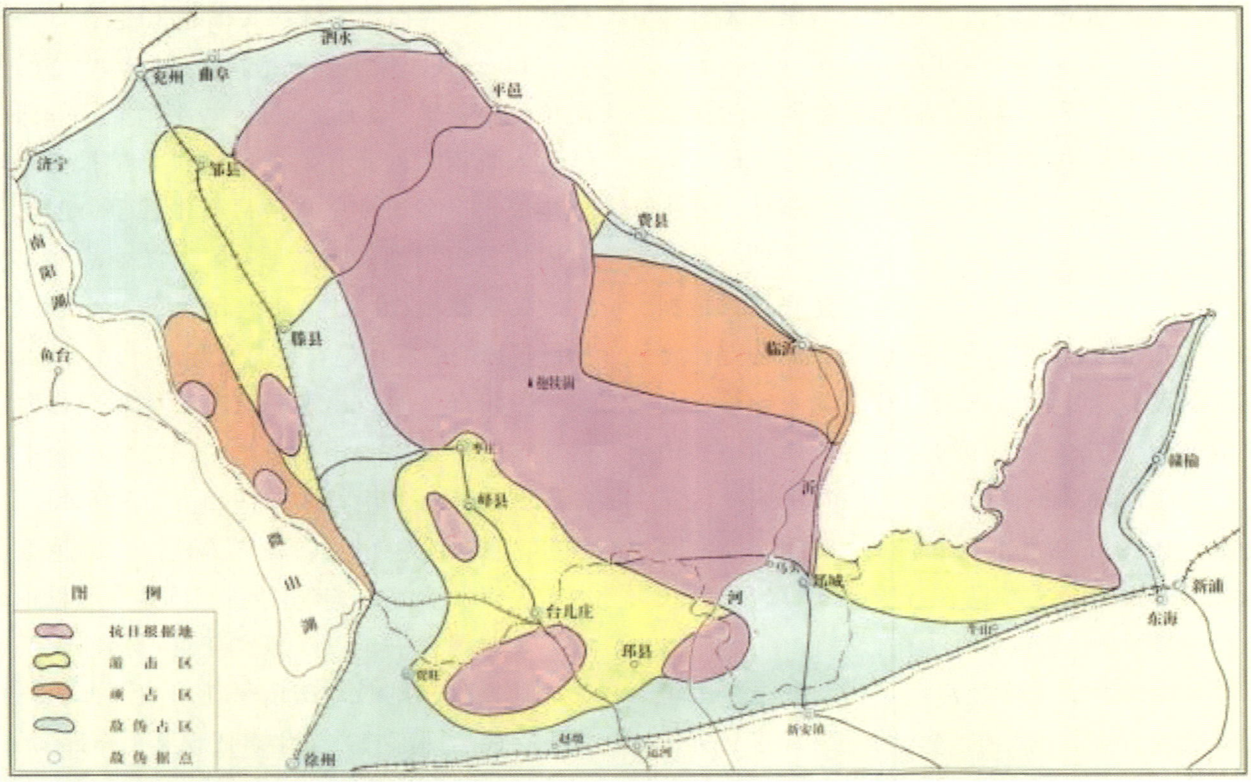

图 16—4　1940 年鲁南抗日根据地大发展形势图

月举行“郯马暴动”，失败后转移到西大埠建立掩护点。1933年春，中国共产党领导的农会在鲁南拥有会员万余名，仅中心区亦有6000余人，在沂武河区、小屯、芦柞等地掌握了部分武装。根据中共中央关于暴动的指示，在5月枣庄矿工大罢工和沂水暴动的鼓舞下，1933年7月6日举行“苍山暴动”，10日遭到镇压，暴动失败。“苍山暴动”失败后，中共临郯县委遭到严重破坏，党的活动处于低潮。

1935年后，“苍山暴动”保存下来的中国共产党员重新恢复组织，继续进行革命斗争。1935年4月，中共苏鲁边区临时特委派郭志远、张光中到抱犊崮山区开展工作。1936年9月，建立起上大炉、埠阳支部，恢复东白山支部。1937年10月，董少白受中共中央派遣，从延安回到家乡临沂，到庄坞、涌泉一带同傅伯达等人组织“中华民族解放先锋队”。1937年11月，成立临郯费峄四县边区联庄办事处。1938年5月，在涌泉建立中共临郯县委，9月，建立5个分区委。1938年8月，在车辋建立中共临郯费峄四县边区县委。1939年年初，中共鲁南特委在南坡成立，下辖临郯、临郯费峄四县边区县等6个县委。中共鲁南特委建立起由桃峪、大炉通往湖西铁道游击队驻地，最终至延安及由抱犊崮山区到中共中央山东分局驻地的2条交通线，决定以抱犊崮山区为中心建立抗日根据地。1939年7月，中共中央山东分局决定，将胶济铁路以南、津浦铁路以东、陇海铁路以北的地区划为第一区。1939年9月，成立中共山东一区委，中共鲁南特委改为中共山东一区三地委。1939年9月1日—10月27日，八路军一一五师部分主力部队在政委罗荣桓、代师长陈光的率领下，陆续到达大炉。

一一五师挺进抱犊崮山区后，政委罗荣桓总结抗战以来鲁南地区国共两党联合建立抗日根据地计划失败的教训，提出由中国共产党单独创建根据地的号召，强调在与国民党实行统一战线中，必须坚持独立自主的方针。为打破日伪、顽匪对鲁南地区的封锁和包围，一一五师直属队一部以东进支队名义，1939年10月，向临郯平原进军，开创临郯地区抗战新局面。1939年11月，一一五师后防司令部先后拔除根据地附近的白山、石河等日伪据点，向孔庄的反动地主堡垒进攻，横扫大炉附近的反动土顽。1940年2月，攻克白彦、铜石等鲁南重镇。至此，以抱犊崮山区为中心，向北打通了与中共中央山东分局和山东纵队所在地鲁中沂蒙的联系，向西北联结起鲁西根据地，向东与沂河以东的滨海地区连成一片，向西南和东南，打通与新四军及华中地区的联系。1940年1月，罗荣桓在一一五师干部会议上作《关于建设抱犊崮山区根据地》的动员报告，陈光作《坚持我们的阵地》的报告。1940年4月14日至5月上旬，日军集中8000余人分10路“扫荡”鲁南根据地，向以大炉为中心的抱犊崮山区合击，妄图一举歼灭八路军一一五师主力。八路军采取内外线相结合的作战方针，共作战30余次，毙伤敌2200余人，保卫了以抱犊崮山区为中心的鲁南抗日根据地。4月21日，八路军一一五师总结进入鲁南后的工作，罗荣桓作总结报告，进一步提出准备长期坚持敌后游击战争、创建与巩固抗日根据地的指导原则，对统一战线、地方政权建设、政治工作、党的建设等作全面阐述，抗日根据地的各项建设全面展开。

1940年4月，山东军政委员会将统称大鲁南地区的中共中央山东分局一区，划分为中共鲁南区委和鲁东南特委。1940年5月下旬，中共鲁南区委在沂南县青驼寺筹建，并翻越蒙山进入鲁南，于1940年6月在平邑县油篓村正式成立，赵镈任书记，魏思文任组织部部长，林乎加任宣传部部长，李乐平任统战部部长，杨涤生任民运部部长，于化琪任政府工作部部长，南竹泉任秘书长（不是区委员），李岩任妇女部部长，张光中、邝任农、杨士法、许言、孙学之等为委员。中共鲁南区委成立后，即召开第一次会议，传达中共中央《关于山东及苏鲁战区工作的方针》《关于山东、华中发展武装、建立根据地的指示》及《一一五师创建抱犊崮山区抗日根据地的战略计划》。会议分析鲁南抗日形势，找出存在的问题，形成如下决定：将原一区所属的三、四地委撤销，组建一、三地委；筹备召开鲁南各界代表会，选举产生鲁南参议会和鲁南专员公署；发展主力部队，扩大地方武装，尽快组建鲁南军区；发动群众，建立和发展各抗日群众团体。依据这一决定，原一区所辖的三、四地委于7月撤销，改建为一、三地委。三地委由李汞平任书记，辖临郯、邳县、赣榆、苍马、郯马、东海等县（工）委。滕东、峄县、费县、临郯费峄四县边区县委由中共鲁南区委直接领导后，中共鲁南区委进驻抱犊崮山区。中共临郯费峄四县边区县委由大炉迁到车辋，辖6个分区委。1940年9月，一一五师召开高级干部会议，罗荣桓总结入鲁以来对敌、对顽斗争和开辟鲁南根据地的重要经验，提出插入敌后及一切间隙地区，争取立住脚，建立根据地，排挤敌伪力量、缩小敌占区，多打胜仗、扩大八路军影响，广泛开展统一战线，反击一切顽固派的进攻等方针，号召建立“铁的模范党军”。10月14日，罗荣桓向中央军委报告工作。17日中央军委回复：“一一五师有较大的成绩，你们的总路线是正确的。”25日，鲁南军区建立。11月8日，一一五师指挥机关抵达沂南县，与中共中央山东分局靠拢。1941年，春荒严重，日伪“扫荡”，中共鲁南区委、专署、军区机关转移到沂河以东的苍马地区。国民党反动派在“宁亡于日，勿亡于共”的政策下，先后制造“四二五”“七二五”“十·二七”事变。其间，鲁南地区的中共组织遭受重大损失，中共鲁南区委书记赵镈被敌人杀害，临郯地区全部伪化，抱犊崮山区根据地形成“南北征战十余里，东西交通一线牵”的困难局面。

图16—5　一一五师在天宝山区桃峪召开高级干部会议

1941年冬，中共鲁南区委在临沂、郯城、邳县交界处建立中共临邳工委，1942年4月，改建为中共临邳县委，先后恢复26个党支部。8月，建立中共兰西工委，10月，扩建为中共兰陵县委。1942年8月，建立中共临费工委，10月建立中共临西工委，加强对甘霖、沂堂等边缘地区的斗争领导，改变了过去被严重分割、封锁的局面。中共中央代表刘少奇在山东抗日根据地检查工作后返回延安，途中经过埠阳、大炉，对抱犊崮山区根据地的建设作重要指示，成为鲁南地区革命斗争继续发展的转折点，此后，根据地减租减息、武装斗争普遍开展起来。

1944年1月，发起陡沟庄战役，驱逐国民党第10军。3月，消灭土匪汉奸李子瀛部，拔除许多日伪据点。7月，八路军五团消灭盘踞在临郯边界的汉奸、土匪张思俭，连克十多个日伪据点。在军事胜利的鼓舞下，鲁南地区的抗战形势大有好转，各级党组织发动群众掀起热火朝天的减租减息、除奸反霸和大生产运动。许多“双减”积极分子加入共产党，中共党组织得到大发展。1945年9月全境解放。

1946年2月，鲁南地区的各级组织抽集5000名县、区干部到新解放区发动群众，进行反奸诉苦、减租减息运动。6月起，组织民兵、民工配合主力部队阻击国民党军队31个师的全面进攻。1947年1月，鲁南战役结束，粉碎了国民党的全面进攻。同时老解放区进行土地改革，

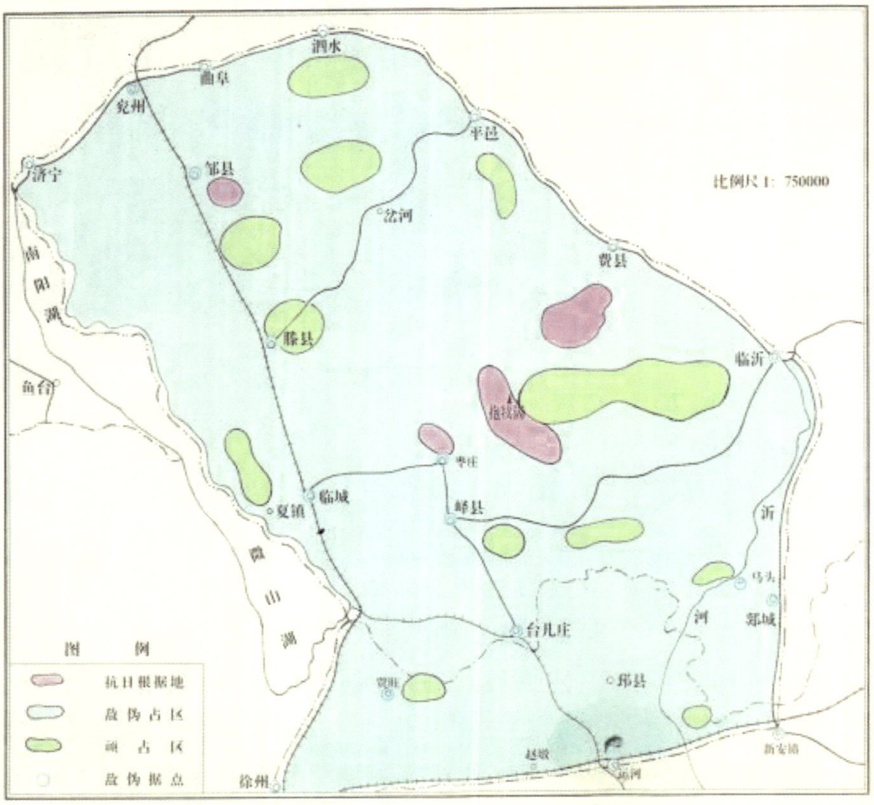

图 16—6　1943 年鲁南抗日根据地形势图

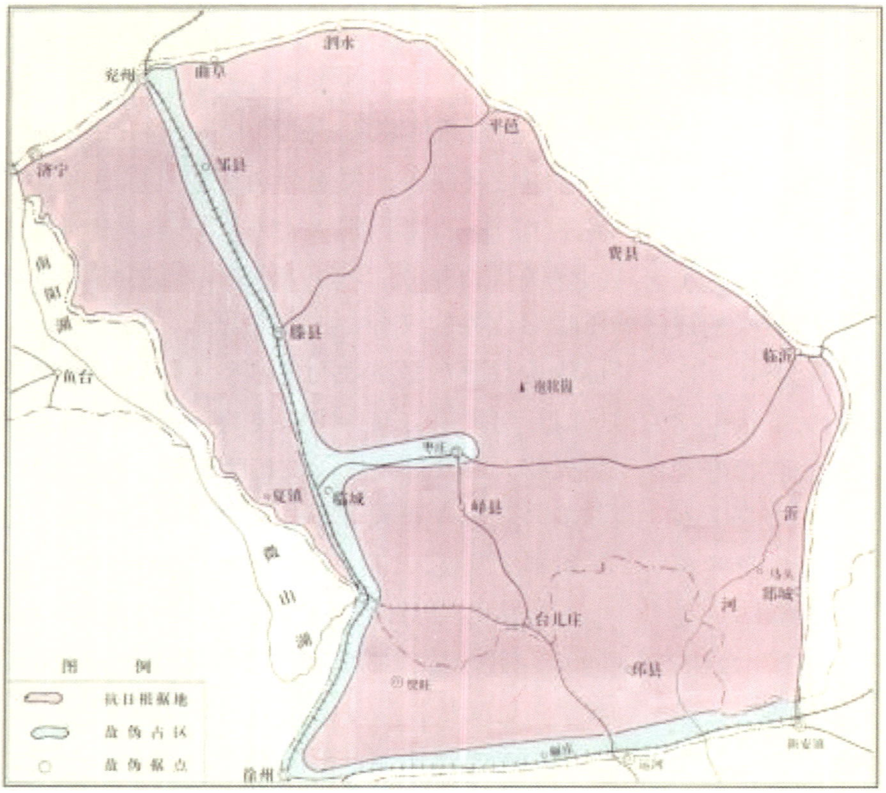

图 16—7　1945 年鲁南抗日根据地形势图

大批积极分子、活动骨干加入中国共产党。1947 年春，中共苍山县委建立，境内并存苍山、赵镈 2 个县委，各建立 6 个区委，共有党员 2200 余人。5 月，国民党军以 35 个团的兵力合击抱犊崮山区根据地，鲁南地区党、政、军、民 5 万余人突围转移，6 月 9 日到达滨海地区。其间，苍山、赵镈两县外逃的地主和土匪结成还乡团卷土重来，进行反攻倒算，有 1594 名干部群众被杀害。7 月，鲁南地区党政军机关从滨海返回，重建遭到破坏的中共党组织，带领群众进行拉锯争夺。10 月，苍山、赵镈 2 县大部解放。1948 年，国民党军重点进攻山东解放区期间，2 月，重建中共兰陵县委。苍山、赵镈、兰陵 3 县中共党组织发动群众，广泛开展游击战争，牵制国民党军队 35 个团兵力。3 县共有中共党员 3430 人。1949 年 3 月，中共兰陵县委迁驻台儿庄，辖 9 个分区委，其中横山、南桥、青山 3 个分区委在今苍山县境。中共苍山、赵镈两县委共辖 16 个分区委、577 个党支部、党员 3754 人。1950 年 5 月，中共赵镈县委撤销，县境并入苍山县。中共苍山县委辖 14 个分区委，有党员 8357 人。1953 年 8 月，中共兰陵县委撤销，其横山、南桥、青山三个区委划归苍山县。中共苍山县委辖 17 个分区委，有党员 10309 人。

新中国成立后，苍山县委率领各级党组织和全县人民开展镇压反革命、土地改革、“三反”“五反”、抗美援朝等运动，对农业、手工业和资本主义工商业进行社会主义改造，同时加强组织和思想建设，为完成社会主义过渡时期各项任务，巩固人民民主专政，促进国民经济恢复和发展提供思想和组织保证。1950 年 10 月，中共苍山县第一次代表大会召开，县委领导由任命制改为选举制。1956 年后，整风反右、大跃进、人民公社化等接踵而至，县委受到“左”的路线影响，作出脱离县情的决策，给经济发展和社会进步带来严重损失。20 世纪 60 年代，县委总结经验教训，恢复实事求是的思想路线。“文化大革命”初期，县委受到冲击。1967 年，县委机构瘫痪，全县陷于混乱，各级干部被揪斗批判。1971 年 12 月，中共苍山县第四次党员代表大会召开，党的组织机构和工作制度得到初步整顿和陆续完善，“靠边站”的干部逐步得到解放和使用。1975 年，按照中共中央的部署，各条战线整顿，全县形势有明显好转。1976 年 10 月，粉碎江青反革命集团，“文化大革命”结束。

中共十一届三中全会以后，县委突出抓纠正“文化大革命”错误和平反冤假错案等工作，妥善处理了一大批历史遗留问题；同不正之风进行坚决斗争，开展反腐倡廉等，加强党的思想、组织和作风建设。在各项改革事业中，各级党组织带领全县人民继承和发扬沂蒙精神，努力工作，无私奉献，使苍山的面貌发生了史无前例的变化。

1982 年 9 月，中共十二大胜利召开，县委认真贯彻十二大精神，带领全县人民为实现新时期的总任务努力工作，国民经济迅速发展。

1984 年 8 月 30 日至 9 月 1 日，中共苍山县第六次代表大会召开。会后，县委继续贯彻三中全会以来的路线、方针、政策，努力加强“两个文明”建设，取得了很大成绩。

2007 年 1 月，中共苍山县第十二次代表大会召开，会议选举产生中共苍山县第十二届委员会委员、候补委员、中共苍山县纪律检查委员会委员。

第二节　机构设置

中共临郯县委员会

1932 年 9 月成立。刘之言任书记兼组织部部长，赵叙五、马叙卿、刘谐和、郭云舫、田英为委员。隶属于中共山东省委。1933 年 7 月 6 日，领导“苍山暴动”，成立“中国工农红军鲁南游击总队”和苏维埃政府。10 日，“苍山暴动”遭国民党镇压而失败。县委主要领导人刘之言、郭云舫牺牲，县委遭到严重破坏。1938 年 5 月，在郯城县三重村重新组建中共临郯县委，韩去非任书记，隶属中共苏鲁豫皖边区特委领导。县委成立后迅速建立老屯、芦柞、沙埠、北哨、宋庄、芦汪子、白山、小城东、兴明等 10 多个党支部。1938 年 9 月，由临郯县委扩建为中共临郯中心县委，刘剑为书记。建立庄坞、道桥、长城、兰陵、沂东 5 个分区委。1939 年 2 月，中共临郯中心县委撤销。4 月，在涌泉恢复中共临郯县委，王永福为书记，辖 5 个分区委和 2 个特别支部，隶属中共鲁南特委领导。1940 年 3 月撤销。

中共临郯费峄四县边区县委（亦称边联县委）

1938 年 8 月在车辋村成立，王永福任书记，隶属中共鲁南中心县委领导。同年 10 月于化琪任书记。1939 年年初停止活动。1939 年 3 月，在大炉重建，孙振华任书记，隶属中共鲁南特委领导，恢复建立 75 个党支部。同年 4 月崔晓东任书记。5 月迁至车辋。9 月王右池任书记，辖 5 个分区委，隶属一区委四地委领导。1940 年 4 月邸励代理书记，辖 7 个分区委，隶属中共鲁南区委领导。7 月张旭任书记。9 月邸励再任书记。1941 年 8 月李华林代理书记。同年 11 月县委工作由中共鲁南区委直接领导。1942 年 1 月刘子见任书记，辖 9 个分区委和 1 个特支。

1943年2月吕志先任书记，驻车辋、甘霖村，辖10个分区委，隶属中共沂河地委领导。1944年春改称中共赵镈县委。

中共临沂县委

1940年3月成立，刘子见任书记。驻庄坞、涌泉，后迁至宋庄。辖6个分区委，先后隶属一区党委四地委和鲁南三地委领导。1941年2月孙哲南任书记，辖5个分区委。7月傅展如任书记，辖9个分区委。9月中共临沂县第一次代表大会召开，选举傅展如为书记，丁梦孙、张兆涌、王文彬、李华源、危益民、王明池、张士珍为委员。先后隶属中共鲁南三地委、中共鲁南区委、中共沂河地委领导。1944年8月刘子见再任书记，驻涌泉村，辖8个分区委，隶属中共鲁南三地委领导。1945年9月撤销，在临沂城重新组建中共临沂县委。

中共临邳工作委员会

1941年冬在临沂、郯城、邳县交界处组建，陶有亮任书记，隶属中共鲁南三地委领导，辖长城区、临八区、新四区、邳六、七区。主要因1941年10月日军大“扫荡”后，临郯地区逐渐伪化，为继续进行地下对敌斗争而设立。1942年4月撤销。

中共临邳县委

1942年4月成立，孙哲南任书记。同年8月，日军频繁“扫荡”临郯地区，环境恶化，中共鲁南区委决定将中共临邳县委扩建为中共临郯邳中心县委，孙哲南任书记。

中共临费工作委员会

1942年8月成立，王右池为书记。主要为加强甘霖、流井一带边缘区的对敌斗争，以保合庄为中心建立。1943年1月崔晓东为书记。1943年年底撤销，其辖区划归温河县。

中共兰西工作委员会

1942年8月成立，萧芳洲任书记，驻郭村。活动范围包括兰陵西部的黎增、新兴、底阁，兰陵东部的兴明、鲁坊等地。10月，改建为中共兰陵县委。

中共兰陵县委

1942年10月，由中共兰西工作委员会扩建而成。孙哲南任书记，驻坊前村，辖兰东、兰西2个分区委，隶属中共沂河地委领导。1944年4月，刘子见任书记，辖4个分区委。8月，萧芳洲任书记，驻刘郭村一带，辖鲁城、新兴、黎增、城前、峨山等6个分区委，隶属中共鲁南三地委领导。同年年底，由任广秀代理县委书记。1945年10月撤销，其辖区分别划归峄县和赵镈县。1948年2月恢复，驻王庄，隶属鲁南三地委、鲁中南五地委领导，辖6个分区委。1949年3月，从峄县、邳县、铜山县划出8区1镇组成新的兰陵县。兰陵县委驻台儿庄，辖9个分区委，刘向一任书记。同年5月宋克明任书记。1950年4月隶属中共临沂地委领导。10月，周廷佩任书记。1952年2月县委辖14个区委。12月，高振林任书记，吴振东任副书记。1953年8月撤销。

中共临西工作委员会

1942年10月成立，萧芳洲任书记，辖苍山、庙山、车庄、棠林4个分区委（特支），隶属中共沂河地委领导。1944年8月撤销。其辖区划归赵镈县。主要为加强沂堂、迷龙边缘区的斗争，粉碎敌人的“蚕食”、封锁。

中共赵镈县委

1944年2月，由中共临郯费峄四县边区县委改称，吕志先任书记，驻甘霖村，辖7个分区委，隶属中共沂河地委领导。10月刘显辉任书记，驻下大炉村，辖9个分区委，隶属中共鲁南三地委领导。1945年9月驻代村，辖12个分区委。1947年3月析置苍山县后，驻漫溪村，辖6个分区委。1948年7月，隶属中共鲁中南五地委领导。1949年2月刘耀华任书记，驻安庄，辖8个分区委。7月隶属中共鲁中南区台枣地委领导。1950年5月撤销。

中共苍山县委

1947年3月在桃峪成立，王子通任书记，驻晒钱埠一带，辖6个分区委，隶属中共鲁南三地委领导。同年10月，傅展如任书记，驻旺庄、宋庄一带，辖7个分区委。1948年3月，杨源时任书记，驻磨山、代村，辖8个分区委。同年7月，隶属中共鲁中南五地委领导。1949年2月，郑希孟任书记，驻磨山，辖8个分区委。同年7月，隶属鲁中南台枣地委领导。1950年5月8日，赵镈县并入苍山县，刘耀华任县委书记，驻卞庄，辖14个分区委。隶属于中共临沂专署。1951年12月，徐迅任书记。1953年1月，李福崇任书记。同年8月，兰陵县撤销，其南桥、横山、青山划归苍山县，县委辖17个分区委。1955年7月，张清波兼任县委第一书记。之后，中共苍山县委辖区及名称沿用至今。

县委工作机构 中华人民共和国成立前，中共苍山县委工作机构设秘书处、组织部、宣传部、民运部等。

1949年10月，县委设秘书处、组织部、宣传部。1950年5月，增设纪律检查委员会、机关党总支。1951年设立党训班。1954年设立财政贸易部、生产合作部。

图16—8 中共苍山县委办公地点大门（2006年3月摄）

1956年，随着社会主义改造的基本完成，党的工作中心转移到经济建设上来，县委恢复统战部，增设政法部、交通工业部、文教部，同时将纪律检查委员会改称监察委员会。1958年，为适应“大跃进”的新形势，县委设立《苍山县报》报社。1961年增设县委政策研究室。1963年2月，全县14个公社党委调整为22个公社党委。

1964年为适应“向解放军学习”的新形势，中共苍山县第三届委员会工作机构增设财贸政治部，至1966年5月，县委常设机构10个。

1966年5月，“文化大革命”开始后，县委尚能行使职权，并试图领导这场运动。但不久即受到“造反派”的冲击，被迫停止工作。其间，县委常设机构10个，辖14个区委。

1971年12月17日—19日，中共苍山县第四次代表大会召开，选举出新一届县委，但未单独设立工作机构，与县革委“两部一室”（即政治部、生产指挥部、办公室）合署办公。1972年7月，恢复机关党委和党校。1975年6月，先后恢复办公室、组织部、宣传部、统战部等。

1982年，设立政法委员会和党史资料征集办公室。1984年5月，为适应经济体制改革的需要，恢复农村工作部，增设企业政治工作部。

1986年8月，设立信访办公室，与县政府信访办公室合署办公。至1987年10月，县委工作机构有15个副科级以上单位，下辖28个乡镇党委。

1988年，撤销企业政治工作部、农村工作部，增设政策研究室、机要科、档案馆、老龄委员会办公室、组织员办公室，同时在县委工作机构中开始配备正科、副科级非领导职务干部。1989年，设立精神文明协调委员会办公室、对台工作领导小组办公室。1990年，设立老年体协办公室、新闻科、县直机关计生委。1991年，设立信息科、党员电教中心，县委有关机构开始设常务副职。1992年，县委党校升格为副县级事业单位，设立县直机关纪律检查委员会。

1993年，设立社会治安综合治理委员会办公室，民族宗教办由隶属县政府改为隶属县委，同时，按公务员制度设立非领导职务的主任科员、副主任科员。撤销信息科、政策研究室、机要科、档案局、组织员办公室、精神文明协调委员会办公室、新闻科、对台湾工作领导小组办公室、打击严重经济犯罪办公室、县直机关武装部、县直机关计生委；县委老干部局改称老干部工作办公室。

1994年，恢复机要科、档案局、台湾工作办公室、县直机关计生委，设立保密委员会办公室、机关事务处。1995年，撤销机要科、信访办公室，设立机要局、信访局、新闻出版办公室。老干部工作办公室恢复为老干部局。

1996年，恢复县直机关武装部，县委党校设立办公室、教务处、总务处、函授处、乡镇党校指导室、理论教研室6个处室。1998年3月，县委工作机构共有25个副科级以上单位。

2002年，调整规范县委机构，保留纪律检查委员会机关（与监察局合署办公）、县委办公室（包括县委政策研究室、机要局、保密办等）、组织部、宣传部（包括文联、文明办）、统一战线工作部、政法委员会（与社会治安综合治理委员会办公室合署办公）、县直机关工作委员会；老干部局由县委组织部管理；县委、县政府信访局由县委办公室和县政府办公室管理，以县委办公室管理为主；县档案馆加挂档案局牌子，授权行使有关行政职能，使用事业编制。

2005年，将县台湾工作办公室机构单列，隶属于县委办公室。2010年，将原与县人事局合署办公的县机构编制委员会办公室单独设置，列入党委机构序列。

2010年12月，县委工作机构共有21个。

基层工作机构　1949年10月，中共苍山县委辖8个分区委。1950年5月，赵镈县并入苍山县后扩大到14个分区委。1953年8月，兰陵县委撤销，其南桥、横山、青山3个分区委划归苍山县委，苍山县委辖17个分区委。1956年2月，调整区划，向城、兴隆（兴明）两个区委撤销，县委辖15个分区委。

1958年2月，撤区建乡，全县建有28个乡镇党委。11月，全县实现人民公社化，28个乡镇党委全部改称公社党委。并先后将税郭、丰山、蔡村、褚墩乡分别划归峄县、临沂县和郯城县。1959年3月，全县24个公社党委调整为14个公社党委。

1965年4月，由24个公社党委调整为14个区委。1971年，全县先后建立17个公社党委。1976年1月，增设皇路、横山、迷龙、大炉4个公社党委，县委辖21个公社党委。

1980年12月，增设矿坑公社党委。1984年5月，进行撤销人民公社、改为乡镇的体制改革，实行政社分开，全县建立28个乡镇党委。

2001年1月，撤销小岭、芦柞、韩塘、横山、流井、甘霖、大炉7个乡党委，分别并入下庄、兰陵、大仲村、车辋、下村5个乡镇。全县辖21个乡镇党委。

2010年1月，沂堂镇党委划归临沂市罗庄区党委管辖。至2010年12月，全县辖20个乡镇（街道）党委。

第三节　代表大会

中华人民共和国成立前，苍山县境内的中共地方组织均没有举行过代表大会。

1950年10月21日—26日，苍山县在卞庄举行首届党员代表大会第一次会议。出席会议代表200人。会议以整风精神总结上半年工作，动员全县党员进一步转变思想作风，更好地完成今后的各项任务。首届党员代表大会共举行过3次会议。

1955年1月27日—2月3日，苍山县第二次党员代表大会举行。出席代表560人，列席275人，特邀非党员干部89人。通过这次会议，明确春季工作的方针、政策、做法，树立爱国主义与国防主义思想，激发保卫社会主义建设的信心和决心。

1956年5月16日—21日，中共苍山县第一次代表大会举行。选举产生中共苍山县第一届委员会。至2010年共举行过12次代表大会，分别选举出一至十二届中共苍山县委员会。

第一次代表大会

1956年5月16日至21日召开。与会代表438人，列席9人。会议听取李福崇代表上届县委作工作报告，讨论制订1956—1967年发展规划，通过1956年巩固发展农业生产合作社及发展农业生产的决议；选举中共苍山县第一届委员会委员21人，候补委员2人；选举出席省党代会代表7人。一届一次会议选举李福崇为县委书记，李希祥、高新炬为县委副书记。

中共苍山县委第一届常务委员会

（1956年5月至1960年8月）

表16—1

职　务	姓　名	性　别	任职时间	籍　贯
书　记	李福崇	男	1956.5—1960.3	山东莱芜
第一书记	薛　亮	男	1958.2—1960.4	
副书记	李希祥	男	1956.5—1957.8	
	高新炬	男	1956.5—1960.8	沂南县
	高庆德	男	1957.3—1960.3	
	王树群	男	1957.3—1960.3	沂水县
	张文潮	男	1957.7—1958.10	
常　委	张文潮	男	1956.5—1957.7	
	王树群	男	1957.4—1960.8	沂水县
	高庆德	男	1957.3—1960.3	
	丁履扬	男	1959.4—1960.8	山东日照
	盛玉璞	男	1956.5—1956.8	
	李保义	男	1956.5—1960.8	沂水县
	邢继岭	男	1956.5—1960.8	苍山县
	戴高明	男	1956.5—1959.8	
	杨振德	男	1956.12—1958.10	苍山县
	孙立阶	男	1957.1—1960.8	
	李明兰	女	1959.7—1960.8	
	张盛法	男	1959.5—1960.8	
	刘尚文	男	1960.6—1960.8	沂南县

第二次代表大会

1960年8月6日至12日召开。与会代表486人，列席560人，特邀2人。会议听取审议周晓代表上届县委作的题为《认清形势、明确方向乘胜前进，争取1960年工农业生产更大更好更全面地跃进》的工作报告；贯彻中央大办农业、大办粮食的指示，决定开展以保粮保钢为中心的增产节约运动；制订1960—1963年发展国民经济计划；选举中共苍山县委会委员29人，候补委员9人；选举出席省党代会代表7人，候补代表1人。二届一次全会上，周晓当选为县委第一书记，丁履阳、高新炬、刘尚文、王树群、李明兰、孙立阶为书记处书记。

中共苍山县委第二届常务委员会

（1960年8月至1963年11月）

表16—2

职　务	姓　名	性　别	任职时间	籍　贯
第一书记	周　晓	男	1960.8—1963.11	
书记处书记	丁履扬	男	1960.8—1963.11	山东日照
	高新炬	男	1960.8—1961.8	沂南县
	刘尚文	男	1960.8—1963.11	沂南县
	王树群	男	1960.8—1963.11	沂水县
	李明兰	女	1960.8—1963.11	
	孙立阶	男	1960.8—1963.11	
常　委	韩去非	男	1960.8—1963.11	
	李保义	男	1960.8—1963.11	沂水县
	邢继岭	男	1960.8—1963.11	苍山县
	张盛法	男	1960.8—1962.8	
	陆柏林	男	1961.1—1962.9	
	宋　洛	男	1961.1—1962.9	
	刘月庭	男	1961.1—1962.9	
	白　敏	女	1963.5—1963.11	临沂市

第三次代表大会

1963年11月17日至20日召开。与会代表430人。会议听取审议周晓作的题为《认清形势，明确方向，鼓足干劲，高举三面红旗，乘胜前进，为争取实现今冬明春和1964年工农业生产更大跃进而奋斗》的工作报告；制订工农业生产的长远规划；选举产生中共苍山县第三届委员会委员21人，候补委员5人；选举产生出席省第三届党代会代表7人，候补代表1人。三届一次全委会选举周晓为县委第一书记，丁履阳、刘尚文、孙立阶为副书记。

中共苍山县委第三届常务委员会

（1963年11月至1966年5月）

表16—3

职　务	姓　名	性　别	任职时间	籍　贯
书　记	周　晓	男	1963.11—1964.8	
	丁履扬	男	1964.8—1965.5	山东日照
副书记	丁履扬	男	1963.11—1964.8	山东日照
	刘尚文	男	1963.11—1966.5	沂南县
	孙立阶	男	1963.11—1965年上半年	
	庄虔恺	男	1964.7—1966.5	
	翟秀吉	男	1964.7—1966.5	山东日照
	王　林	男	1964.8—1965.4	
常　委	李保义	男	1963.11—1966.5	沂水县
	邢继岭	男	1963.11—1966.5	苍山县
	于国祥	男	1963.11—1966.5	

第四次代表大会

1971年12月17日至19日召开。与会代表1205人，列席68人。会议通过县革委党的核心领导小组所作的工作报告；选举产生中共苍山县第四届委员会委员33名。四届一次全委会选举丁履阳为书记，王传荣、毛振勇为副书记。

中共苍山县委第四届常务委员会

（1971年12月至1976年10月）

表16—4

职　务	姓　名	性　别	任职时间	籍　贯
书　记	丁履扬	男	1971.12—1976.3	山东日照
	李顺祥	男	1976.3—1976.10	
副书记	王传荣	男	1971.12—1973.9	
	毛振勇	男	1971.12—1973.9	
	王德臣	男	1975.5—1976.10	莒南县
	李桂兰	女	1975.5—1976.10	苍山县
	李中全	男	1975.5—1976.10	莒南县

续表 16—4

职　务	姓　名	性　别	任职时间	籍　贯
常　委	李中全	男	1971.12—1975.5	莒南县
	李桂兰	女	1971.12—1975.5	苍山县
	庄虔恺	男	1971.12—1976.10	
	马学瑞	男	1971.12—1973.12	
	翟秀吉	男	1971.12—1975.3	山东日照
	李若善	男	1971.12—1973.10	
	刘尚文	男	1972.10—1976.10	沂南县
	王开顺	男	1973.12—1975.4	
	孙本章	男	1973.12—1976.10	
	崔玉衡	男	1973.12—1974.12	
	解广先	男	1975.4—1976.3	
	李春学	男	1976.3—1976.10	临沭县
	伏广余	男	1976.3—1976.10	沂南县
	周爱三	男	1976.3—1976.10	郯城县
	张继宗	男	1976.3—1976.10	临沂市
	张宝忠	男	1976.3—1976.10	郯城县

第五次代表大会

1980 年 9 月 9 日至 11 日召开。与会代表 398 人。会议听取审议李顺祥代表上届县委所作的题为《坚决贯彻执行党的政治路线，加强党的建设，为加快苍山县经济建设步伐而奋斗》的工作报告；选举产生中共苍山县第五届委员会委员 31 人、候补委员 6 人；选举出席省党代会代表 4 人。五届一次全会，选举李顺祥为县委书记，胡广惠、姚学益、戚建业、刘广伦为县委副书记。

中共苍山县委第五届常务委员会

（1980 年 9 月至 1984 年 8 月）

表 16—5

职　务	姓　名	性　别	任职时间	籍　贯
书　记	李顺祥	男	1980.9—1981.6	
	姚学益	男	1982.1—1984.8	莒南县
副书记	胡广惠	男	1980.2—1981.9	临沭县

续表 16—5

职　务	姓　名	性　别	任职时间	籍　贯
副书记	姚学益	男	1980.9—1982.1	莒南县
	戚建业	男	1980.9—1984.2	蒙阴县
	刘广伦	男	1980.9—1982.9	苍山县
	周爱三	男	1981.5—1984.2	郯城县
	白正和	男	1982.1—1983.12	沂源县
	刘承才	男	1982.2—1984.2	
	杨国胜	男	1984.2—1984.8	安徽潜山
	孙运河	男	1984.2—1984.8	苍山县
常　委	王世堂	男	1980.9—1984.8	沂南县
	吕长海	男	1980.9—1984.2	
	宋体正	男	1980.9—1984.2	苍山县
	陈兆泉	男	1980.9—1983.3	莒南县
	周爱三	男	1980.9—1981.5	
	李桂兰	女	1980.9—1984.7	苍山县
	吴传经	男	1983.11—1984.8	临沭县
	李常存	男	1984.2—1984.8	郯城县
	张万连	男	1984.2—1984.8	苍山县
	王世业	男	1984.2—1984.8	苍山县
	王占鹤	男	1984.2—1984.8	莒南县
	李春兰	女	1984.2—1984.8	苍山县

第六次代表大会

1984年8月30日至9月1日召开。与会代表401人候补代表40人。会议听取审议姚学益代表五届县委作的题为《加强党的建设，改善党的领导，为全面开创苍山县四化建设新局面而奋斗》的工作报告和中共苍山县委纪律检查委员会的工作报告；选举产生中共苍山县第六届委员会30人，候补委员5人；选举产生中共苍山县纪律检查委员会。六届一次全会选举姚学益为县委书记，杨国胜、孙运河为副书记；中共苍山县纪委全会上，王世业当选为书记。

中共苍山县委第六届常务委员会

（1984年9月至1987年9月）

表16—6

职务	姓名	性别	任职时间	籍贯
书记	姚学益	男	1984.9—1985.5	
	张洪举	男	1985.5—1986.2	
	杨国胜	男	1986.2—1987.7	安徽潜山
	李荣强	男	1987.7—1987.9	临沂罗庄
副书记	杨国胜	男	1984.9—1986.2	安徽潜山
	孙运河	男	1984.9—1986.1	
	张保忠	男	1985.3—1987.5	郯城县
	郑承泰	男	1986.2—1986.7	
	李常存	男	1986.8—1987.7	郯城县
	张万连	男	1986.8—1987.9	苍山县
	刘其夏	男	1987.2—1987.9	山东青州
	潘本学	男	1987.7—1987.9	蒙阴县
常委	李常存	男	1984.9—1986.8	郯城县
	王世业	男	1984.9—1987.4	苍山县
	吴传经	男	1984.9—1987.9	临沭县
	王立运	男	1984.9—1987.9	苍山县
	王占鹤	男	1984.9—1987.9	莒南县
	张万连	男	1984.9—1986.8	苍山县
	李春兰	女	1984.9—1987.9	苍山县
	王祖和	男	1984.9—1987.2	
	潘玉琪	男	1986.9—1987.9	沂水县
	沈云兴	男	1986.11—1987.9	江苏无锡
	秦砚海	男	1987.2—1987.9	江苏丰县
	孙家振	男	1987.3—1987.9	莒南县

第七次代表大会

1987 年 9 月 13 日至 15 日召开。与会代表 384 人。会议听取审议李荣强所作的《加强和改善党的领导，努力把苍山县两个文明建设推向新高潮》的工作报告和中共苍山县纪律检查委员会的工作报告；选举产生中共苍山县第七届委员会委员 31 人，候补委员 4 人；选举产生中共苍山县纪律检查委员会。七届一次全会选举李荣强为县委书记，潘本学、张万连、刘其夏为副书记；中共苍山县纪委全会上，沈云兴当选为书记。

中共苍山县委第七届常务委员会

（1987 年 9 月至 1990 年 4 月）

表 16—7

职　务	姓　名	性　别	任职时间	籍　贯
书　记	李荣强	男	1987.9—1990.4	临沂罗庄
副书记	潘本学	男	1987.9—1990.2	蒙阴县
	张万连	男	1987.9—1990.4	苍山县
	刘其夏	男	1987.9—1990.4	青州市
	孙家振	男	1990.2—1990.4	莒南县
常　委	王立运	男	1987.9—1990.2	苍山县
	王占鹤	男	1987.9—1990.2	莒南县
	孙家振	男	1987.9—1990.2	莒南县
	吴传经	男	1987.9—1990.4	临沭县
	李春兰	女	1987.9—1990.2	苍山县
	沈云兴	男	1987.9—1990.4	江苏无锡
	秦砚海	男	1987.9—1990.3	江苏丰县
	潘玉琪	男	1987.9—1990.4	沂水县
	于中华	男	1990.2—1990.4	江苏东海
	毛继华	男	1987.9—1990.4	苍山县
	杜华生	男	1987.9—1990.4	沂南县

第八次代表大会

1990 年 4 月 2C 日至 22 日召开。与会代表 387 人。会议审议通过李荣强代表上届县委所作的工作报告和沈云兴代表中共苍山县纪律检查委员会所作的工作报告；选举产生中共苍山县第八届委员会委员 31 人，候补委员 3 人；选举产生中共苍山县纪律检查委员会。八届一次全会选举李荣强为县委书记，刘其夏、张万连、孙家振为副书记，沈云兴为县纪委书记。

中共苍山县委第八届常务委员会

（1990年4月至1995年5月）

表16—8

职务	姓名	性别	任职时间	籍贯
书记	李荣强	男	1990.4—1992.12	临沂罗庄
	蔺景何	男	1992.12—1995.5	平邑县
副书记	刘其夏	男	1990.4—1992.6	青州市
	张万连	男	1990.4—1991.3	苍山县
	孙家振	男	1990.4—1995.2	莒南县
	颜廷瑞	男	1991.3—1992.12	
	于中华	男	1992.12—1995.5	江苏东海
	赵树林	男	1993.1—1995.5	沂南县
	王举生	男	1993.9—1995.5	沂水县
	武玉学	男	1995.2—1995.5	沂水县
常委	于中华	男	1990.4—1992.12	江苏东海
	公茂森	男	1990.4—1995.5	苍山县
	毛继华	男	1990.4—1992.12	苍山县
	沈云兴	男	1990.4—1992.12	江苏无锡
	杜华生	男	1990.4—1992.12	沂南县
	吴传经	男	1990.4—1993.1	临沭县
	任奎军	男	1991.3—1993.7	
	任学年	男	1992.12—1995.5	日照市
	刘志启	男	1992.12—1995.5	苍山县
	朱茂军	男	1993.1—1995.5	苍山县
	刘建全	男	1993.7—1995.5	沂水县
	李沂明	男	1995.2—1995.5	沂水县
	张志法	男	1992.12—1995.5	郯城县
	张希彦	男	1992.12—1995.2	苍山县

第九次代表大会

1995年5月23日至30日召开。与会代表400人，列席80人，特邀24人。会议审议通过蔺景何代表上届县委作的题为《坚定地贯彻执行党的基本路线，为全面振兴苍山，胜利跨入二十一世纪而努力奋斗》的工作报告和中共苍山县纪律检查委员会工作报告；选举产生中共苍山县第九届委员会委员31人，候补委员5人；选举产生中共苍山县纪律检查委员会。九届一次全会蔺景何当选为县委书记，于中华、赵树林、王举生、武玉学为副书记，张志法为纪委书记。

中共苍山县委第九届常务委员会

（1995年5月至1998年3月）

表16—9

职　务	姓　名	性　别	任职时间	籍　贯
书　记	蔺景何	男	1995.5—1997.12	平邑县
	李富山	男	1997.12—1998.3	临沂河东
副书记	于中华	男	1995.5—1997.12	江苏东海
	赵树林	男	1995.5—1998.1	沂南县
	王举生	男	1995.5—1998.3	沂水县
	武玉学	男	1995.5—1998.1	沂水县
	张汝俊	男	1998.1—1998.3	平邑县
	李明开	男	1998.1—1998.3	沂水县
	徐　勇	男	1998.1—1998.3	临沂河东
常　委	公茂森	男	1995.5—1998.1	苍山县
	朱茂军	男	1995.5—1998.1	苍山县
	任学年	男	1995.5—1998.1	山东日照
	刘志启	男	1995.5—1996.4	苍山县
	刘建全	男	1995.5—1998.3	沂水县
	李沂明	男	1995.5—1998.3	沂水县
	张志法	男	1995.5—1998.1	郯城县
	马金国	男	1998.1—1998.3	平邑县
	刘　霞	女	1998.1—1998.3	苍山县
	徐海江	男	1996.5—1998.3	烟台栖霞
	谢华东	男	1998.1—1998.3	临沭县
	刘贵增	男	1998.1—1998.3	郯城县

第十次代表大会

1998年3月6日到7日召开。与会代表379人。会议听取并通过县委书记李富山作的《同心同德，开拓前进，为实现富民兴苍的宏伟目标而努力奋斗》的工作报告和县纪委书记刘霞作的《认真贯彻落实十五大精神，进一步开创纪检监察工作新局面》的纪律检查工作报告；提出今后任务：高举邓小平理论伟大旗帜，坚持党的基本路线不动摇，全面贯彻落实党的十五大精神，牢固把握改革、发展、稳定工作大局，实事求是，推进改革开放，稳中求进，实现有效增长，促进政治、经济、社会、文化协调发展；选举产生中共苍山县第十届委员会，委员31人，候补委员5人。十届一次全委会上选举李富山、王举生、李明开、张汝俊、徐勇、李沂明、徐海江、刘霞、刘贵增、马金国、谢华东为常委。书记李富山，副书记王举生、李明开、张汝俊、徐勇。选举中共苍山县纪律检查委员会，委员15人，书记刘霞。

中共苍山县委第十届常务委员会

（1998年3月至2003年2月）

表16—10

职　务	姓　名	性　别	任职时间	籍　贯
书　记	李富山	男	1998.3—2001.1	临沂河东
	王举生	男	2001.1—2003.2	沂水县
副书记	王举生	男	1998.3—2001.1	沂水县
	张汝俊	男	1998.3—2003.1	平邑县
	李明开	男	1998.3—2003.1	沂水县
	徐　勇	男	1998.3—2001.2	临沂河东
	葛元强	男	1998.3—1999.3（挂职）	
	贺可印	男	1998.3—1999.3（挂职）	
	杨俊波	男	2001.1—2003.2	沂水县
	李兴军	男	2001.2—2003.1	
	王行华	男	2001.2—2003.2	莒南县
	段卫东	男	2003.1—2003.2	山东单县
	郑发祥	男	2003.1—2003.2	沂南县
常　委	马金国	男	1998.3—2003.2	平邑县
	刘　霞	女	1998.3—2001.2	苍山县
	刘贵增	男	1998.3—1998.12	郯城县
	李沂明	男	1998.3—2001.1	沂水县
	徐海江	男	1998.3—2003.2	烟台栖霞
	谢华东	男	1998.3—2003.1	临沭县

续表 16—10

职　务	姓　名	性　别	任职时间	籍　贯
常　委	崔成兵	男	1999.7—2003.2	沂南县
	褚友祥	男	1998.12—2003.2	山东新泰
	王佩玉	男	1998.12—2003.2	苍山县
	刘思通	男	2001.2—2003.2	临沂河东
	王精华	男	2001.2—2003.2	苍山县
	曹德玉	男	2003.1—2003.2	临沂兰山
	张秀玲	女	2003.1—2003.2	临沂河东

第十一次代表大会

2003 年 2 月 18 日到 19 日召开。与会代表 398 人。会议听取并通过县委书记王举生作的《认真贯彻“三个代表”重要思想，全面建设富裕文明的新苍山》的工作报告和县纪委书记郑发祥作的《扎实工作，锐意进取，努力开创纪检监察工作的新局面》的纪律检查工作报告；总结第十次党代会以来所进行的各项工作，提出今后任务：高举邓小平理论伟大旗帜，全面贯彻“三个代表”重要思想，以党的十六大精神为指针，正确把握改革、发展、稳定工作大局，大力实施农业产业化、工业化、城市化三大战略，集中力量加快经济发展，全面推进精神文明建设、民主法制建设和党的建设，团结带领全县人民，奋战五年过百亿元，打好基础翻三番，建设富裕文明的新苍山；选举产生中共苍山县第十一届委员会，委员 31 人，候补委员 6 人。十一届第一次全委会，选举王举生、杨俊波、王行华、段卫东、郑发祥、曹德玉、刘思通、王精华、张秀玲、杨少奎为常委。书记王举生，副书记杨俊波、王行华、段卫东、郑发祥。选举中共苍山县纪律检查委员会，委员 15 人，书记郑发祥。

中共苍山县委第十一届常务委员会

（2003 年 2 月至 2007 年 1 月）

表 16—11

职　务	姓　名	性　别	任职时间	籍　贯
书　记	王举生	男	2003.2—2005.1	沂水县
	张闻宇	男	2005.1—2007.1	临沂兰山
副书记	杨俊波	男	2003.2—2004.10	沂水县
	王行华	男	2003.2—2006.12	莒南县
	段卫东	男	2003.2—2006.1	山东单县
	郑发祥	男	2003.2—2006.1	沂南县
	方晓鸣	男	2004.2—2006.3（挂职）	山东蓬莱

续表 16—11

职　务	姓　名	性　别	任职时间	籍　贯
副书记	王正武	男	2004.2—2006.3（挂职）	
	谭庆功	男	2005.1—2007.1	沂南县
	高贵金	男	2005.2—2007.1	临沂罗庄
	马远新	男	2006.3—2007.1（挂职）	
	王晓军	男	2006.12—2007.1	日照市
常　委	马金国	男	2003.2—2004.4	平邑县
	刘思通	男	2003.2—2005.1	临沂河东
	王精华	男	2003.2—2007.1	苍山县
	曹德玉	男	2003.2—2007.1	临沂兰山
	张秀玲	女	2003.2—2007.1	临沂河东
	杨少奎	男	2003.2—2006.3	莒南县
	李　鑫	男	2004.2—2006.3（挂职）	
	申延军	男	2004.5—2007.1	日照市
	刘连栋	男	2005.1—2007.1	临沂兰山
	薛　峰	男	2006.1—2007.1	郯城县
	董世武	男	2006.3—2007.1	莒南县
	方　伟	男	2006.3—2008.3（挂职）	
	孙　永	男	2006.3—2007.4（挂职）	

第十二次代表大会

2007年1月29日到31日召开。与会代表390人。会议听取并通过县委书记张闻宇作的《以科学发展观为统领全面建设富裕文明和谐新苍山》的工作报告和县纪委书记颜廷湘作的纪律检查工作报告；总结第十一次党代会以来所进行的各项工作，提出今后任务：高举邓小平理论和“三个代表”重要思想伟大旗帜，全面贯彻落实科学发展观，按照“重点突破工业、发展现代农业、着力提升服务业，大力推进新型工业化、新型城镇化、农业现代化、经济国际化进程”的工作思路，坚定不移地实施“一二三四战略”，全面推进精神文明建设、和谐社会建设和党的建设，努力打造创新活力苍山、文明诚信苍山、绿色生态苍山、和谐平安苍山，力争2011年全县经济社会各项事业发展达到全市中上游水平；选举产生中共苍山县第十二届委员会，委员43人，候补委员8人。十二届第一次全委会选举颜廷湘、王精华、张秀玲、薛峰、申延军、刘连栋、董世武、刘茜堂为常委。书记张闻宇，副书记王晓军、谭庆功。还选举中共苍山县纪律检查委员会，书记颜廷湘。

中共苍山县委第十二届常务委员会

（2007 年 1 月至 2010 年 12 月）

表 16—12

职　务	姓　名	性　别	任职时间	籍　贯
书　记	张闻宇	男	2007.1—2010.12	临沂兰山
副书记	王晓军	男	2007.1—2010.12	日照市
	谭庆功	男	2007.1—2008.12	沂南县
	高贵金	男	2007.1—2007.8（挂职）	
	马远新	男	2007.1—2008.3（挂职）	
	薛　峰	男	2008.12—2010.12	郯城县
常　委	颜廷湘	男	2007.1—2008.12	郯城县
	王精华	男	2007.1—2007.11	苍山县
	张秀玲	女	2007.1—2010.12	临沂河东
	薛　峰	男	2007.1—2008.12	郯城县
	申延军	男	2007.1—2009.11	日照市
	刘连栋	男	2007.1—2010.12	临沂兰山
	董世武	男	2007.1—2008.2	莒南县
	刘茜堂	男	2007.1—2010.12	临沂河东
	翟玉才	男	2007.8—2010.12	苍山县
	刘洪军	男	2007.11—2010.12	郯城县
	胡　勇	男	2008.12—2010.12	平邑县
	孙　涛	男	2008.12—2010.12	费　县
	于勇富	男	2008.2—2009.6	莒　县
	翁宪祥	男	2009.6—2010.12	山东安丘
	蔡纯良	男	2009.11—2010.12	临沭县

第二章　重大决策

第一节　党的建设

1950年5月，苍、赵两县合并为苍山县，苍山县委根据“苍、赵合并”后的新形势，提出今后的工作意见，其中之一就是要开展整党整风。同年10月21至26日，中共苍山县党员代表大会在卞庄召开，会议以整风精神，总结上半年的工作，动员全党进一步转变思想作风，更好地完成今后的各项工作任务。会后，全县开展以克服骄傲自满、贪图享受和官僚主义、命令主义作风为重点的干部整风运动。

1957年4月，根据中央《关于整风运动的指示》和《关于组织力量准备反击右派分子进攻的指示》，全县开展“整风反右”斗争，斗争中由于扩大化，将144名干部、知识分子划为“右派”。1961年12月9至17日，县委召开全县四级干部会议，部署冬季整风整社工作。1964年，县委领导开展城乡社会主义教育运动（亦称“四清”运动，即清政治、清经济、清组织、清思想）。1970年10月25日，根据省、地革委党的核心领导小组的部署，县革委党的核心领导小组决定，从11月开始在全县分期分批开展整党建党工作。

中共十一届三中全会后，为了提高广大党员、干部在政治上同党中央保持一致的自觉性，全县各级党组织以中共十一届三中全会精神、《关于党内政治生活的若干准则》、六中全会决议等为主要内容，普遍对全县广大党员进行政治教育，联系实际，整党整风。

1985年5月，县委根据《中共中央关于整党的决定》，成立整党办公室。5月25日，县委召开整党动员大会，全县整党首先在县直机关及卞庄镇开始。翌年冬，全县农村整党全面展开。1987年5月，全县整党结束。

1990年3月20日，县委印发《关于对全县干部进行马列主义、毛泽东思想基本理论，党的基本路线，党的基本知识培训的意见》。从本月开始到翌年5月，县委利用党校脱产集中轮训的办法，分期分批对全县740多名副科级以上领导干部全部进行培训；乡镇党校对全县1162名农村党支部书记和542名乡镇业务部门负责人进行培训。

1998年，中共苍山县第十届党员代表大会上通过《中共苍山县委关于加强自身建设的决定》，要求十届县委必须建设成为一个团结务实、精干高效、廉洁勤政、群众信任的坚强战斗集体。

2001年，出台《关于在全县开展“三个代表”重要思想学习教育活动的实施意见》，分批次、分层次地在乡镇和县直部门的领导班子和领导干部中间开展“三个代表”学习思想教育活动。紧紧围绕农村改革发展稳定的大局，着力解决当前农业、农村经济发展和农村基层干部存在的问题，努力创建“五个好”村党支部、“六个好”乡镇党委，进一步提高农村基层干部素质，增强农村基层组织的凝聚力和战斗力；出台《中共苍山县委关于进一步加强农村基层组织建设的意见》，指出要以邓小平理论和“三个代表”重要思想为指导，围绕发展农村经济、增加农民收入这一中心，突出抓好乡镇党委建设、农村后进班子整顿、党员干部教育培训、村务公开民主管理、农村干部管理制度改革、集中解决村级班子涣散，干部整体素质不高，村务管理透明度不够，基层组织建设力度不够、深度不够、创新步子不大等问题，全面提高基层组织建设水平。

2003年，出台《关于2004年全县党风廉政建设和反腐败工作实施意见》《关于进一步加强农村基层组织建设工作的意见》《关于在全县开展“抢抓机遇、奋力赶超”解放思想大讨论活动的实施意见》《关于在全县城乡开展党的十六届四中全会精神集中教育活动的意见》等。

2005年，出台《中共苍山县委关于深入开展以实践“三个代表”重要思想为主要内容的保持共产党员先进性教育活动的实施方案》《中共苍山县委关于在县直部门、单位党组织和党员干部中开展“双联双带”活动的意见》《中共苍山县委关于进一步加强农村基层组织建设工作的意见》《关于在保持共产党员先进性教育活动整改阶段开展解放思想大讨论活动的意见》《关于健全完善决策目标执行责任考核监督三个体系的意见》等。

2006年—2010年，县委先后出台《关于在全县开展“站在新起点、实现新跨越”解放思想大讨论活动的意见》《关于进一步加强农村基层组织建设工作的意见》《关于在全县开展又好又快发展大讨论活动的意见》《关于进一步加强非公有制经济组织“党建带工建、党工共建”工作的意见》《关于在全县县乡机关开展党员干部思想作风整顿活动的实施意见》《关于在全县事业单位开展“五个好”领导班子创建活动的实施意见》《关于进一步加强和改进新时期群众工作的意见》《关于开展深入学习实践科学发展观活动的实施意见》《关于组织开展“科学发展、突破苍山”解放思想大讨论活动的实施意见》《关于进一步加强和改进领导班子思想政治建设的实施意见》《关于开展“三学一讲”活动推进学习型党组织、知识型党员干部队伍建设的实施意见》《关于在全县基层党组织和党员中深入开展创先争优活动的实施意见》《关于开展“转方式、调结构”解放思想大讨论活动的意见》等，采取多种方式，不断加强党的建设。

第二节　经济发展

1950年5月，苍山县委提出“结束土改、生产救灾”的工作意见。同年12月，县委根据中央《关于严厉镇压反革命活动的指示》，组织发动群众，大张旗鼓地开展镇压反革命运动。从1952年12月到1953年7月，县委带领全县人民开展“三反”“五反”运动。

经过3年的经济恢复时期，苍山县国民经济初步有了好转。1952年，全县工农业总产值3589万元，比1950年增长21%，其中工业总产值86万元，比1950年增长217%；农业总产值3503万元，比1950年增长19.2%。粮食总产3.28亿斤，比1950年增长23.3%。

1953年，县委领导全县人民实行统购统销。从1953年开始，县委在群众中进行贯彻党的过渡时期总路线的教育，逐步实现农业社会主义改造，开展互助合作运动，全县掀起农业合作化的高潮。全县人民在党的过渡时期总路线的指引下，进行大规模的社会主义改造和有计划的经济建设。

1956年，中共苍山县第一次代表大会讨论制订1956至1967年的发展规划；制定1956年巩固发展农业生产合作社及发展农业生产的决议。

图16—9　1960年的会宝岭水库

1958年—1960年，县委带领全县人民掀起以整山治水为重点的农田水利基本建设高潮，经过三年的奋战，修建起会宝岭、小马庄、长新桥等大、中、小水库17座，总蓄水3.4亿立方米，有效灌溉面积扩大到13.3万亩；开挖疏通35.5里的沂武河行洪道一条；初步治理东泇河、西泇河、燕子河等7条主要河流。

1958年6月，全县掀起以大炼钢铁为中心的“大跃进”。同年秋，开展“人民公社”化运动，在全县792个农业合作社的基础上合并办起15个人民公社。

1960年8月，中共苍山县第二次代表大会召开。从1961年开始，县委根据中央提出的“调整、巩固、充实、提高”的方针，开始总结“大跃进”中的教训，纠正农村工作中的“左”倾错误，采取加强农业战线、恢复和发展农业生产、压缩基本建设规模、缩短重工业战线、精简下放职工、减少城镇人口等各项措施，刹住“共产风”和“浮夸风”。

1962年，县委贯彻“以农业为基础”的方针，精简下放职工28559人，充实到农业第一线。1965年，全县工业总产值达到3912万元，粮食总产达到15217公斤。

1966年12月，“文化大革命”在全县展开。随后，各“造反”组织联合夺取县委、县人委的党、政、财、文大权（亦称“二二五夺权”），成立苍山县革命委员会，全县14个区委、区政府也相继被夺权，分别成立区革委筹委会。“二二五夺权”后各级党组织陷于瘫痪，全县处于一片混乱状态。直到1975年，新成立的县委认真贯彻中央关于在各条战线进行整顿的指示，在调整班子的同时，抓工农业生产，苍山的形势明显好转。

中共十一届三中全会后，县委认真贯彻“调整、改革、整顿、提高”的方针和《中共中央关于加快农业发展的决定》，由点到面，逐步推行联产承包责任制，从而扩大了农民生产的自主权，调动了农民的积极性，粮食产量大幅度提高，1979年全县粮食亩产达到209.5公斤，比1976年增长72.4%，社员平均口粮达到210公斤，比1976年增长11.7%，农民群众的温饱问题得到初步解决。工业生产狠抓以支农为重点的厂矿企业建设，化肥厂、水泥厂先后恢复生产，1979年工业总产值达到4916万元，比1976年增长110.8%。

1982年9月，中共十二大召开，县委认真贯彻十二大精神，带领全县人民为实现新时期的总任务努力工作，国民经济迅速发展。1983年粮食总产量达到5亿公斤，比1980年增长85.4%，粮食亩产达到524.5公斤，比1980年增长94.6%；工业总产值达到8001万元，比1980年增长94%。

1984年县第六次党代会后，县委继续贯彻三中全会以来的路线、方针、政策，努力加强“两个文明”建设，取得很大成绩，特别是农业生产，由于调整了内部结构，促进了粮食和多种经营生产的发展，粮食总产连续几年稳定在5亿公斤左右，林、牧、副、渔收入占农业总收入的比例由1983年的24%上升到1986年的34.95%。工业生产由于推行经营承包责任制，使企业有了活力，1986年工业总产值达到1.07亿元，比1983年增长33.7%。

1987年10月，中共十三大召开，县委发出通知，号召全县人民认真学习十三大文件，坚决贯彻十三大制定的基本路线，坚持改革、开放、搞活的方针，努力加强“两个文明”建设，为振兴苍山做出积极贡献。

1988年开始，县委认真贯彻落实党在农村的一系列方针、政策，抓住机遇、加快发展，以深化完善农村联户承包责任制为动力，以改善生产条件为基础，以开发山区优势资源为重点，以加强农村基层组织建设为保证，立足本地实际，采取“班子、路子、法子、引子、样子”五位一体的综合措施，大力实施科技兴农战略，调整优化产业结构，不断增加农村投入。

1990年9月10日—11日，县委研究制定深化农村改革的基本思路：以双层经营为基础，以强化服务体系建设为中心，以实行“区域经济”“规模经济”为主攻方向，抓好“两个最大”，搞好综合开发，逐步形成工农商相结合、产供销一体化的高产、高效、大农业生产体系。

1992年7月，江泽民总书记视察临沂时指示“苍山蔬菜要占领上海、江南市场”后，苍山大力发展“三高”农业、特色农业，不断推广名优特农产品的更新并扩大其生产规模。同时，积极调整农村产业、产品结构，实现农村经济的全面良性发展。工业方面，以调整企业结构为重点，以产权制度改革委突破口，以转换经济机制，建立新的企业制度为核心，多种形式整体推进，严格规范运作。到20世纪末，全县工业已初步形成酿酒、机械、化工、水泥、轻纺、石膏、人造板、食品加工、蔬菜保鲜等23个门类200多个品种系列的工业体系。

1999年，中共苍山县委出台工作要点。继续坚持“实事求是、推进改革开放，稳中求进、实现有效增长”的指导思想，以经济建设为中心，抓结构调整促三大产业优化，抓干部作风转变促党建工作，抓全民教育促社会文明程度提高，正确处理改革发展、稳定的关系，推动全县政治、经济、文化全面协调发展，开创苍山工作新局面。

进入21世纪以后，县委相继出台《关于切实促进农民增收的意见》《关于在全县实施少数民族“帮扶工程”的意见》《关于实施全市百万农户致富工程的方案》《关于深化县属企业改革的意见》《关于加快经济开发区建设与发展的意见》《关于实施新农村建设“千村帮扶”工程的意见》《关于加快全县旅游产业发展的意见》《关于实施科技规划纲要增强自主创新能力建设创新型县的决定》《关于积极发展现代农业、加快社会主义新农村建设步伐的实施意见》《关于进一步加快服务业发展的实施意见》《关于进一步加强全县招商引资工作的意见》等，推动全县经济社会快速发展。

第三章　纪检监察

1950年5月15日，苍山县纪律检查委员会成立，为中共苍山县委的办事机构，县纪律检查委员会没有专门的办事机构。1955年4月，将中共苍山县委纪律检查委员会改称为中共苍山县委检查委员会。1966年“文化大革命”开始后，纪律检查工作中断。1979年7月，苍山县正式恢复县委纪律检查委员会。是年，28个公社党委陆续配备纪律检查委员。

根据《中国人民政治协商会议共同纲领》，1952年9月设立苍山县政府人民监察委员会，1955年9月撤销。1958年4月县政府设立监察室，1959年6月撤销。

1984年5月，中共苍山县委纪律检查委员会升格为中共苍山县纪律检查委员会，由县党代会选举产生，成为独立的党的纪律检查机构，内部机构为3科1室。县纪律检查委员会由党代会选举产生，由书记、副书记、常委、委员组成。1988年7月县政府设立监察局。1991年3月后，28个乡镇设立纪律检查委员会，26个县直部门成立纪检组或纪律检查委员会。

1993年5月，县纪律检查委员会与监察局合署办公，将原11个科室合并为9个室，履行党的纪律检查和行政监察两种职能。内设办公室、监察综合室、信访室（加挂“苍山县行政机关及其工作人员违法违纪举报中心”牌子）、检查一室、检查二室、案件审理室、宣教研究室、党风廉政建设室、执法监察室等9个副科级工作机构。

2004年5月，新设苍山县行政效能监察投诉中心和苍山县人民政府纠正部门和行业不正之风办公室两个正科级部门，隶属于县纪委监察局。

2010年，制订中共苍山县委、苍山县人民政府《关于加强纪检监察机关建设的实施意见》《关于对县纪委、县监察局派驻机构实行统一管理的意见》和《关于基层纪检监察体制改革的意见》等3个文件，对县直部门归口设8个派驻纪检组（监察室），在乡镇、街道和开发区设4个农村纪工委（监察分局），均为正科级编制。当年，内设机构增加干部室，并代管“四监管一扎口”办公室。

第一节　党风廉政建设

20世纪50年代至“文化大革命”前的党风廉政建设，主要围绕党在各个时期的中心工作，教育党员发扬艰苦奋斗的优良作风，严守党的纪律。从查处少数党员干部贪污盗窃、严重违法乱纪的案件，从总结典型案件中对党员进行廉政建设。

1951年12月，开展“三反”“五反”运动，对县直机关全体党员进行一次大规模的廉政建设教育。1960年年初，全县开展整风、社会主义教育运动。1961年和1962年，在党校举办培训班，受训党员干部864人次。“文化大革命”开始后，教育中断。

1982年年初，进行《关于党内政治生活的若干准则》教育。1985年整党运动开始，在运动中强化规章制度和纪律检查，使广大党员干部普遍受到一次深刻的党风廉政教育。

1991年—1999年，党风廉政教育以反腐倡廉为重点，县纪委开展各种教育206场次，受教育党员近30万人次，有5万余名党员参加了各种形式的党规党纪教育考试；巡回放映录像片近1000场次。

2000年，抓党风廉政建设责任制的学习、宣传教育。县、乡、村层层签订责任书，全县共签订责任书1746份。开展干部职工多占公有住房清理、清退工作。清理出多占住房652套，涉及县级干部10人、乡科级干部135人、一般干部491人。县级干部多占住房全部退出。科级以下干部及职工多占公有住房清退320多套。建立县纪委常委同乡镇、县直部委办局主要领导谈话制度，设立党员干部廉政专用账户，实行领导干部廉政档案和党风廉政责任制管理。同年，开展“三讲”活动，以“三讲”的要求指导纪检监察工作。县纪委常委参加县级和部分县直部门领导班子、领导干部“三讲”教育活动。4月中旬起，开展“干部作风建设年”活动。联合县委组织部、宣传部印发《关于在全县党员干部中利用胡长清等重大典型案件进行警示教育的实施意见》，与全县党员干部正在开展的向张金华同志学习活动结合，开展“教育警示月”活动。

2001年，同各乡镇、县直各部门、各企业单位签订党风廉政建设责任书1766份，健全完善科级干部廉政档案、廉政账户。苍山广播电台、苍山电视台、《今日苍山》报开辟廉政建设专栏。对领导干部收受现金、有价证券和支付凭证进行集中清理。完善和重申关于招待费实行限额管理、减轻农民负担、交通通信工具配备和话费报销、狠抓利用公款大吃大喝歪风以及制止乱集资、拉赞助、搞摊派等一系列规定。全县全年节支电话费、招待费230万元。同年，利用县委党校和基层党校这块阵地，举办副科级以上党员干部学习班4期，一般党员干部培训班105期，派出纪检干部为基层支部上党课120余次。

2003年，研究制定《党员干部廉洁自律八项规定》《关于重申机关工作人员因私使用公车实行有偿使用制度的通知》《关于重申领导干部个人重大事项报告的规定》以及《关于重申县纪委常委与科级干部谈话制度的通知》等一系列文件。健全领导干部廉政档案，建立反腐败联席会议制度和经济责任审计工作联席会议制度，变干部的离任审计为年度审计，使监督的关口前移。同年，县纪委配合县委，利用2个月的时间，在全县范围内开展“县乡机关作风整顿”活动。5月下旬，在全县副科级以上领导干部配偶中开展助廉警示教育活动。专门召开动员大会，并邀请市检察院副检察长于家珍等有关领导作警示教育专题报告，编印1100册教育学习资料，分发到领导干部配偶手中，营造反腐倡廉的良好氛围，筑起牢固的家庭廉政防线。6月，按照省、市指示，县纪委、县委组织部、县委宣传部联合在全县开展“艰苦奋斗、廉洁从政”教育活动。10月，县纪委常委组成9个小组，分别对全县21个乡镇、65个县直部门党政主要领导进行廉政谈话。12月28日，县纪委参照市纪委下发廉政提示函的形式，印制150份廉政提示函，寄送到全县21个乡镇党委书记、乡镇长和县直各部门主要负责人手中。

2004年，以集中开展学习《中国共产党党内监督条例（试行）》《中国共产党纪律处分条例》和《中华人民共和国行政许可法》为主要载体，加强对监察对象的党纪条规教育；深入开展助廉警示教育，在全县副科级以上领导干部配偶中开展助廉警示教育活动，对层层推荐筛选出的54名助廉先进典型进行大会表彰。

2005年，着力抓好“十廉”活动。组织科级干部开展廉政承诺和“红绿灯杯反腐倡廉演讲比赛”，组成反腐倡廉巡回演讲报告团进行巡回演讲；在全县党政机关开展“廉洁奉公、执政为民”主题教育活动、惩防体系建设实施纲要集中宣传活动和党内法规知识竞赛活动。年底，组织临沂市“廉政之声”反腐倡廉巡回演讲苍山专场演讲活动。

2006年5月，在全县开展学党章知识竞答活动，全县1.7万名党员干部参加知识竞答；精心组织学党章电视知识竞赛；联合举办“清风杯”大型廉政书画图片展，共展出图片50幅、书画作品100幅；联合举办廉政歌曲大奖赛；对7名科级领导干部进行函询、谈话。同时，在一些学校、居民小区、机关和企业、村居等条件较好的地方广泛开展廉政文化“六进六上”（进班子、进机关、进厂房、进项目、进基地、进家庭和上网络、上报刊、上电视、上橱窗、上墙面、上舞台）活动。

2007年，开展“加强作风建设、促进社会和谐”主题教育活动。组织又好又快发展大讨论活动；建设廉政文化一条街、建立13个廉政文化建设示范点和廉政警示教育基地。同年，为全县647名副科级以上干部分别建立廉政档案，并每年进行考核、充实。在全县推广以“四监管一扎口”为抓手的农村“三资”管理制度。积极推行“村两委成员勤廉双述”制度。开展公务用车清理检查工作，清理违规公务用车5辆。

2008年，为进一步加强对反腐败工作的领导，建立反腐败工作联席会议和经济责任审计工作联席会议制度。开展清理个人“小灵通”捆绑单位电话工作。同年，组织“做勤廉表率、促科学发展”主题教育活动、“廉政自省日”和警示教育活动。继续推进廉政文化“六进六上”

图16—10　2009年11月，党风廉政建设教育活动

等活动。举办庆“七一”暨纪念党的纪律检查机关恢复重建30周年大型反腐倡廉诗歌朗诵文艺演出5场。

2009年，对全县各乡镇和县直单位落实党风廉政建设责任制情况进行检查考核，加强对“四监管一扎口”工作的检查指导，扎实开展农村基层党风廉政建设示范点创建活动，成功创建22个市级和57个县级农村基层党风廉政建设示范村。继续开展“反腐倡廉教育月”“廉政自省日”和警示教育活动。推进廉政文化“六创建”工作，向全县党员干部赠送廉政挂历、台历和年画3.2万份。

2010年，开展廉政风险防范管理工作，稳步推进科技防腐工作。建成县公共资源交易中心和电子监察系统。开展创建“示范乡镇”“示范站所”“示范村居”活动。11月，召开全县农村基层党风廉政建设“三基联创”暨“四监管一扎口”工作现场会。开展学习贯彻《中国共产党党员领导干部廉洁从政若干准则》活动和“廉政自省日”活动。推进“廉政文化六创建”工作。

第二节 执法监察与纠风正纪

自2000年始，县纪委开展“万家企业评行风”活动，120家企业参加评议。查处公路“三乱”（乱设站卡、乱罚款、乱收费）案件13起，处理当事人17人。狠刹医药购销不正之风、行政管理部门实行收支两条线管理等工作。开展两次减轻农民负担专项检查和减轻企业负担检查。发现案件线索6条，立案查处6起，处理7人。在企业减负工作中，县纪委对36个企业实行挂牌保护，查处乱收费、乱罚款、乱集资案件2起。

2001年，推行县直单位及乡镇直部门政务公开，继续巩固村务公开成果，完善经济责任审计联席会议制度。特别是在离任审计中，协调组织有关部门对在机构改革中撤并的7个乡镇及14名离任干部进行经济责任审计，查处违纪金额28万余元。对财政、地税、土地、房管、农机局和国库苍山县支库等6个单位2000年度财政预算执行情况审计中，共查出问题17个，有针对性地提出15条改进意见和建议。大力推进政府采购制，当年，采购车辆保险52万元，节支7万元；采购教学设备120万元，节支11万元；采购交通工具140.6万元，节支9万元；其他项目28.8万元，节支4.6万元，综合节支率12%。组织或配合有关部门，开展对社会保障四项资金、工程建筑项目及建筑市场整顿、农民负担、粮食体制改革、收支两条线、中小学收费、厂务公开等十个方面的专项执法监察。共查出违规违纪金额342.2万元，挽回经济损失313.4万元，尤其是对群众反映强烈的中小学乱收费进行专项执法检查，收到了效果。对全县68个被查单位查出问题16项，违规收费146.6万元。组织交通、交警、林业等部门明查暗访8次，查处南桥生猪稽查队查扣生猪、矿坑乡派出所越权查扣生猪等“三乱”案件7起，处理当事人4人。加大医疗市场整顿力度，取缔非法医疗机构10家，没收非法所得及药品价值3.8万余元。组织对县级以上医疗机构进行行风评议。发放问卷8000余张，评议出全县医疗机构存在的问题210个。

2003年，组织对用公款为个人购买商业保险情况进行集中清理，对党政机关、企事业单位违规购买使用小汽车情况进行摸底调查，清理违规小汽车10辆。对全县有关党员干部进行任期和离任经济责任审计。9月底，对印制、使用代币购物券（卡）现象进行集中清理，查封没收20台刷卡机。10月，安排4个专项检查组，对全县72个县直部门、单位和21个乡镇开展收支两条线专项检查，查处纠正违规违纪金额800多万元。11月，由县纪委、监察局牵头，经过层层推荐和筛选，对全县32家重点企业给予挂牌保护，再一次重申严禁到企业吃、拿、

卡、要、报的规定。年底，组织全县53个执法部门、经济管理部门和窗口服务行业进行行风评议活动，评议出最佳科室101个，最差科室42个。针对公路“三乱”现象有所抬头的实际，加大明查暗访力度，组织交通、交警、林业等部门明查暗访6次，查处“三乱”案件12起，对14名违规人员进行严肃处理。加大医疗市场整顿力度，依法取缔非法药品生产经营户5个，捣毁制售假药窝点3处，清理销毁假劣和过期药品、医疗器械总价值15万元。推行药品集中招标采购，全县所有医院均实行药品集中招标采购，2003年招标额900多万元。

2004年，扎实开展矿山开采秩序、建设领域、清理个人私借公款和征用农民集体所有土地补偿费管理使用情况执法监察。73处非法采矿场和86处无证选矿厂被查处，清理个人借用公款1870万元，追缴土地占有补偿费810万元。从严治理公路“三乱”，查处公路“三乱”问题4起，1人受到党纪政纪处分，多人受到严肃的批评教育；坚决纠正医疗购销和医疗服务中的不正之风；加大治理教育乱收费工作力度；开展清理整顿统一着装行动；搞好代币券（卡）的清理整顿工作，收缴磁卡机11台；对全县32个重点企业实行挂牌保护，加强政府机关的行政效能建设。

2005年，进一步开展规范矿山开采秩序工作；推进计划生育集中整治活动，976名党员干部受到党纪政纪处理。加大治理教育乱收费工作力度，向学生退还各种乱收费总金额6.5万余元，减轻学生经济负担86万元，1人受到政纪处分。协调配合卫生主管部门和药监部门查处非法行医、假劣药品器械、违规广告等问题66件，2人受到党纪政纪处分。从严治理公路“三乱”，牵头组织有关部门取消对6204台拖拉机、农用三轮车等机动车辆的不合理运输管理、集资摊派等项目费用涉及金额123.7万元。

2006年，查处公路“三乱”行为13起；深入推行村务、厂务、政务和校务公开。对“收支两条线”“票款分离”、收费许可证和收费登记（簿）卡制度执行情况进行全面检查。

2007年，开展“加强行风建设、优化发展环境”活动，设立“马上就办”举报电话，做好“行风热线”的播出工作。

2008年，加强对建筑市场的规范整顿，对38起工程进行公开招投标，严肃查处2005年至2010年违反招投标法规工程7起。加强对行政事业性收费和财政专项资金使用情况专项监察，对11个县直单位挪用专项资金100多万元以及财务管理不规范等问题进行查处；积极开展对抗震救灾捐赠资金收缴、保管和上缴全过程的监督检查和专项审计，确保全县1120.74万元抗震救灾捐款的安全管理和及时上缴。积极开展新型农村合作医疗专项执法检查和涉农资金使用情况的监督检查。开展清理个人“小灵通”捆绑单位电话工作，及时清退51个单位违规“小灵通”93部。下发《关于进一步提高行政效能、优化发展环境的意见》《苍山县优化发展环境投诉处理工作暂行办法》《关于对损害经济发展环境实施责任追究的暂行规定》。建立优化发展环境联系点制度，针对2008年苍山县的优化发展环境和“行风热线”工作，分别在全市会议上作典型发言。

2009年，开展专项监察18项，查处工程建设领域违规违纪案件3起，环保违规违纪案件43起。加大对“收支两条线”检查和“小金库”治理工作力度，查处“小金库”2个，涉及金额310余万元。加大对全县计划生育集中清理活动的监督检查力度，严肃查处违反计生政策法规人员894人。

2010年，加大对中央拉动内需项目的监督检查，开展小金库专项治理，加强对临枣铁路、临枣高速公路项目补偿款使用情况的监管。同年，全县开展“企业服务年”活动。

第三节　案件查处

中华人民共和国成立初期，配合党的各项工作严肃认真地查处中共党内违纪案件，并对建国前的积案进行处理。

1951年，重点查处中共党内丧失阶级立场、隐瞒政治历史和腐化堕落分子，有12人被开除党籍，23人受到留党查看处分。1952年，重点查处中共党内犯有严重贪污、盗窃、腐化、官僚主义等错误的干部，全县发现较大的集体贪污案5起，打大小“老虎”32个，其中定案15个。1953年，对互助合作组织和粮食统购统销进行监督检查。1954年，开展反对官僚主义、命令主义和违法乱纪的运动，查处违纪中共党员干部107人。1956年4月，纪律检查委员会改称监察委员会，在全县肃反运动中，有20人被定为反革命分子，立案查处违纪案件407起。1957年，进行的反右派斗争中，有464名中共党员干部受到党纪处分。1959年，在“反右倾”和整风补课中，有142名中共党员干部受处理。

1960年—1962年，按照实事求是、有错必纠的原则，对“整风反右派”“拔白旗”“反右倾”和“整风整社”等运动中受到错误批判和处理的3771名干部全部进行复议、甄别，对67名错划“右派分子”摘掉帽子。

1963年—1965年，围绕发展工农业生产和社会主义教育运动，县监察委员会严肃查处中共党内严重违反财经纪律、挥霍浪费和严重违反党的政策及国家法律法令的案件。立案查处241起，其中有56人被开除党籍，16人撤销党内职务，28人留党查看。

1979年7月，苍山县正式恢复县委纪律检查委员会，一方面查处中共党内的各类违纪案件，另一方面全面贯彻党的干部政策。对过去错划的“右派”平反昭雪，反右斗争中受处理的1344人，改正1254人；对“文化大革命”中的冤假错案进行复议和纠正，全县共复议案件2537起，给345人改变结论、平反纠正。

1980年—1984年，县委纪律检查委员会对利用职权侵占集体财物建私房、动用公款请客送礼大吃大喝、拖欠公款、违反财经纪律、截留利税、乱发钱物等问题进行检查处理，共查处违纪案件205起，处理中共党员干部128人。立案审查经济案件82起，涉及92人，追回赃款9万余元。

1985年—1987年，加大查处经济案件力度，重点对以改革之名，钻改革空子，在农转非、招生、招工、转干工作中以权谋私及党政干部经商办企业、用公款大吃大喝、请客送礼、铺张浪费、牟取工资以外的不正当收入等6股不正之风进行查处，共查处案件109起，处理中共党员干部83人；查办经济案件67起，涉及90人，追回赃款28.5万元;查清“文化大革命”期间重大事件、重点人物9起。

1988年—1990年，对以权谋私、贪污受贿、投机倒把、敲诈勒索及有令不行、有禁不止、失职渎职等严重官僚主义案件进行查处，共查办案件256起，处理中共党员干部256人。

1991年—1995年，狠抓反腐败斗争，共查案件1973起。其中，自办案件908起，经济案件532起，违反计划生育政策1327起，腐化堕落7起，失职渎职4起，处理中共党员干部1535人。

1996年，重点查办党政领导机关、行政执法机关、司法机关及经济管理部门中违法违纪案件，共受理案件101起，全部审结，共处理党员干部98人，其中副科级以上干部4人。

2000年，立案查处各类违纪案件128起；处分违纪党员和监察对象106人，其中科级干部7人；查处经济类案件53件，查处违规金额42万元。

2001年，全县纪检监察机关共初核案件262起，立案查处136起。其中，乡镇纪委立案

63起，县纪委监察局立案27起，县直部门立案46起。处理违法违纪人员103人。其中，党纪处分86人，政纪处分20人，双重处分6人，涉及乡科级干部8人。

2003年，全县纪检监察机关共初核案件158起，立案查处130起。其中，乡镇立查案件101件，县纪委自办案件24件，县直部门纪检组办案5件。结案96件，处理违纪违法人员93人。其中，给予撤销党内职务以上处分的共85人，涉及乡科级干部3人。

2004年，共初核案件122件，立查121件。其中，乡镇纪委立案107件，委局机关立案14件，给予党纪、政纪处分122人。涉及科级干部8人，撤销党内职务以上重处分的61人。

2005年，立查各类违纪案件124起，共处分违纪党员128人（不含违反计划生育政策被严重警告、留党察看人员）。其中，开除党籍22人，留党察看49人，撤销党内职务17人，党内严重警告35人，警告5人。行政开除公职3人，行政撤职1人。受党政纪双重处分3人。涉及乡科级干部4人，一般党员干部124人。

2006年，立案查处违纪违法案件110起，为国家挽回经济损失184.91万元；处分党员干部114人。其中，副科级以上领导干部7人，给予撤销党内职务以上处分的63人。

2007年，共初核各类违纪违法案件115起，立查案件113起，县纪委自办案件32起。其中，万元以上经济案件22起，涉及科级干部4人。给予党纪、政纪处分120人，给予撤销党内职务以上处分的65人，党内严重警告33人，警告22人。

2008年，全县纪检监察机关共立查案件96起，给予党纪政纪处分99人。其中，警告9人，严重警告37人，撤销党内职务12人，留党察看25人，开除党籍12人，给予行政记大过处分4人，依法追究刑事责任8人，涉及乡科级干部4人。

2009年，立查案件140起，给予党纪政纪处分144人。其中，警告12人，严重警告14人，撤销党内职务2人，留党察看18人，开除党籍92人，记过3人，记大过1人，降低工资级别3人，行政撤职2人，开除公职8人，涉及副科级以上干部3人。

2010年，共处理党员干部671人（包括违反计划生育政策法规人员）。其中，开除党籍194人，留党查看237人，撤销党内职务20人，严重警告188人，警告29人。政纪处理7人，其中开除2人、撤职1人、降级3人、记大过1人。

第四节　纪检信访

从20世纪80年代开始，苍山县纪检监察机关按照《信访条例》《控告申诉条例》《中华人民共和国监察法》《信访双向承诺工作办法》和《信访举报办事公开制度》规定，为群众反映问题搭建多种平台，拓宽畅通信访渠道。坚持领导定期公开接访，开展多种形式的下访活动。至1999年，接待来信来访3400余件次。

2000年，全县纪检监察系统受理群众来信来访353件次，检举控告中，涉及党员211件次，监察对象47件次；涉及乡科级以上干部29件次。

2001年，受理群众来信来访288件次。其中，来信132件次，来访152起次，举报电话4次，涉及乡科级以上干部22件次。已处结266件，结案率90%，优质结案率86%。

2003年，受理群众信访245件次。其中，来信121件次，来访96件次，举报电话28次。涉及副科级以上党员干部19件次，一般干部22件次，其他人员204件次。

2004年，受理群众信访316件次。其中，来信149件次，来访126件次，举报电话41次。

2006年，受理群众来信来访261件次，处结243件次。实行领导信访接待日制度和领导包案责任制。

2007年，受理群众信访173件次，共查办信访案件165件，初核转立案85起。全县纪检监察机关立案查处98起，其中由信访举报提供线索的91起。

2008年，开通网络和电话举报系统，实施县纪委常委包片联系乡镇制度。2008年—2010年，委局机关共受理信访举报259件次。

2009年，共受理群众信访223件次。

2010年，在全县纪检监察系统开展“信访监督年”活动，共受理群众信访268件次。其中，来信79件，来访140件，举报电话49件，涉及副科级以上党员干部12件，计7人；一般干部27件，计23人；其他人员178件，计98人。

第五节 队伍建设

2000年以前，县纪委采取多种形式大力抓纪检干部队伍建设，认真组织政治理论学习，学习马克思列宁主义、毛泽东思想和邓小平同志建设有中国特色社会主义理论，坚定社会主义、共产主义的理想信念，学习党的路线、方针、政策，学习中央领导同志的重要讲话，加深对党的路线、方针、政策的理解，进一步提高政治素质和理论水平，增强了做好新形势下纪检监察工作的使命感和责任感。

1995年，完善各项工作程序，建立健全各项规章制度。同时，大力开展向孔繁森、王廷江、韩素云等先进模范人物学习的活动，倡导勤奋工作，无私奉献。

1996年，加强职业道德建设，开展“向曹克明同志学习，做忠诚卫士”的活动；努力学习业务知识，搞好在职学习和专业培训，不断提高纪检监察工作水平；主动和组织人事部门配合，参照执行国家公务员制度，加强干部队伍管理，积极做好干部的培养、提拔、交流工作，使纪检监察机关保持生机和活力。

1998年，开展学理论、讲政治、讲正气集中教育整顿活动。利用3个月时间进行理论学习、对照检查和整改，进一步提高了广大纪检监察干部的政治素质和理论水平，增强了做好本职工作，服务中心的紧迫感、责任感，理清了工作思路，加强了作风、纪律建设，提高了业务水平，保证了各项纪检监察工作的顺利开展。

2001年，组织委局机关全体人员参加“三个代表”重要思想学习教育活动，积极参与省市纪委组织的各种专业培训。全面修订完善了财务开支、内部接待、学习、会议、保密、考勤等12项规章制度。

2003年5月，举办全县纪检监察干部业务培训班，由市纪委有关领导授课，县纪委有关室业务骨干结合实际工作进行业务宣讲。

2007年，制订《关于在全县纪检监察系统开展思想作风纪律整顿的实施意见》，组织全县纪检监察干部思想作风纪律整顿活动。

2008年，开展“讲党性、重品行、作表率”和“做党的忠诚卫士、当群众的贴心人”主题教育活动。制定《乡镇纪委工作目标责任考核办法》《县直部门纪检监察机关工作目标责任考核办法》和《委局机关绩效考核办法》。

2000年—2010年，县纪委多次举办纪检干部培训班，先后培训专职纪检干部120多人次。开展“做党的忠诚卫士、当群众的贴心人”活动；强化制度建设和激励机制，加强对纪检监察干部的监督制约，增强工作的主动性；将各室各人的工作量化分解，统一考核，进一步提高办事效率；加大对纪检监察干部的培养、提拔和交流工作力度。

2006年—2010年，共有52人次受到省、市党委、政府和上级纪委的表彰和奖励。

第四章　组织工作

第一节　干部队伍建设

中共苍山县党组织成立之初，即把组织建设工作放在重要位置。当时，党处秘密活动状态，组织系统严密性、机动性尤显重要。1928年9月，王以仁在家乡老屯村建立老屯党小组，吴敬坡任组长。翌年9月，扩建为党支部，由王以仁负责。1932年5月，中共徐海蚌特委鲁南特派员唐东华与刘之言在马头取得联系，组建中共郯城县委，刘之言任书记。6月，郯城县委制定的“郯马暴动”计划败露，县委遭到严重破坏，刘之言等转移到西大埠建立新的掩护点。不久，与中共山东省委接上组织关系。9月，经山东省委批准，中共临郯县委在西大埠成立，刘之言任书记，领导临沂、郯城和峄县的党组织。临郯县委成立后，以西大埠为中心，向周围农村发展党的组织，至1933年7月，临郯县委活动范围扩大到100多个村庄，党员发展到350人，先后建立4个区委、21个党支部、110个党小组，党的工作获得顺利发展。受王明“左”倾路线的影响，苍山的党组织发动苍山农民暴动。暴动失败后，区内党的基层组织均遭到十分严重的破坏，革命形势一度处于低潮。

1937年7月7日，卢沟桥事变发生，抗日战争全面爆发。在中华民族面临危亡的重要关头，中共苍山党组织坚决贯彻党中央的抗战路线、方针和政策，努力恢复发展党的组织，广泛建立抗日民族统一战线，深入发动群众，大力组建抗日团体和抗日武装，使抗日的烽火燃遍苍山大地，为在苍山创建抗日根据地打下一个良好的基础。

1942年3月，鲁南区党委就1941年至1942年3月的组织工作，向中共中央山东分局汇报，报告以四县边区、临沂两县为例，认真总结全区开展组织工作的经验教训。报告中说：边区县自“三大事变”、临沂县自“双十”大“扫荡”后，为防止敌人破坏，“停止了开支委会、小组长联席会，工作采取分头传达方式，新、老党员分别编组并且严格了组织手续。”临沂县“完全配备了灰色干部，撤出了53个公开的干部”；“党员深入群众，进行对敌人奸细的侦察工作”；“并能对伪军进行争取工作”。边区县“在我占区恢复整理143名党员，顽占区恢复了23个村的党组织，5个党支部。”报告中说：自1942年以后，区党委对基层党支部进行恢复整顿，并总结河头、芦汪子、段庄、宝山前、长新桥、南码头、赵庄等支部对敌斗争、巩固组织的经验，在全区范围内进行推广。

1944年12月，临沂县委建有8个分区委，130个党支部（其中农村支部119个），党员发展到1708人；赵镈县委建有9个分区委，232个党支部（其中农村支部212个），党员发展到3230人；兰陵县委建有6个分区委，33个党支部（其中农村支部29个），党员发展到461人。

1946年6月，赵镈县有党员9631人，其中正式党员8451人、预备党员1180人。建有12个分区委，641个党支部，其中机关支部21个、农村支部619个、矿山支部1个。全县共有村庄878个，其中有党员的村庄749个。

1948年12月，苍山县共有党员3430人，其中正式3200人、预备230人；赵镈县共有党员2573人，其中正式2564人、预备9人；兰陵县共有党员780人，其中正式751人、预备

29 人。

1949 年 4 月，苍山县共有干部 368 人（党员 253 人、非党 115 人），其中党务系统 61 人、政府系统 177 人、财经系统 53 人、群工系统 65 人、人武系统 12 人。妇女干部 40 人、青年干部 53 人。赵镈县共有干部 359 人（党员 243 人、非党 116 人），其中党务 76 人、政府 161 人、财政 41 人、群工 67 人、人武 14 人。妇女干部 36 人、青年干部 60 人。兰陵县共有干部 277 人（党员 167 人、非党 110 人），其中党务 59 人、政府 134 人、财政 32 人、群工 39 人、人武 13 人。妇女干部 24 人、青年干部 52 人。

至 1949 年 9 月，苍山县委辖 8 个区委、285 个党支部，党员发展到 3754 人；赵镈县委辖 8 个区委、346 个党支部，党员发展到 4765 人；兰陵县委辖 9 个区委、89 个党支部，党员发展到 909 人。

中华人民共和国成立后，党组织和党员身份全部公开，组织机构日趋完善。1961 年 8 月，山东省委《关于甄别和处理几年来党内斗争案件增强党的团结的决定》下达后，县委成立甄别工作领导小组，对全县党员、干部的甄别工作全面展开，但进度迟缓。1962 年 4 月 24 日，中共中央发出《关于加速进行党员、干部甄别工作的通知》。根据省委和地委的部署，县委采取措施，加快甄别工作的步伐，组织力量，对在 1958 年“整风”“拔白旗”、1959 年“反右倾”和 1960 年“整风整社”等运动中，受到错误批判和处分的 3771 名党员、干部全部进行复议。到年底，甄别 3767 人，占受错误处理人数的 99.7%。至 1965 年年底，全县党员发展到 14804 人，建有 93 个党委，1001 个党支部。

1966 年下半年“文化大革命”开始后，县内各级党组织受到冲击。1967 年 1 月后，各级党的组织均被夺权，广大党员被迫停止组织生活。1970 年 3 月后，全县各级党的基层组织在整党建党后相继建立。在 1974 年“批林批孔”运动中，一些造反派借机冲击、围攻党的基层组织及其负责人，使一些基层组织无法开展正常工作。1976 年开展的“批邓反击右倾翻案风”运动，使党的基层组织建设再次受到干扰。

1972 年 4 月 24 日，《人民日报》发表根据周恩来的意见写成的社论《惩前毖后，治病救人》。社论重申党的干部政策，强调指出要相信 90% 以上的干部是好的和比较好的。社论发表后，县委一方面组织各级党组织认真学习，另一方面根据中央、省委、地委的指示，从本月开始努力做好落实党的干部政策工作。至 12 月，全县党政干部 1200 人中已安排工作的 1180 人，占 98.3%，其中县委、人委原正副部长、原正副科局长和公社党委原正副书记、原正副社长以上的干部 192 人，已安排工作的 185 人，占 96.4%。

中共十一届三中全会后，县委围绕党在新时期的中心工作，加强党的基层组织建设。从 1978 年 3 月始，对在“文化大革命”“四清”、反右倾和“四清”前的历次政治运动中被错误审查、处理的农村基层干部、党员的问题逐一进行审查、复议、落实。

1987 年，全县共有基层党委 34 个，其中乡镇党委 28 个，党总支 220 个，党支部 1721 个，党组 39 个，共有党员 32350 人。1998 年 3 月，全县共有基层党委 50 个，其中乡镇党委 28 个；党总支 229 个，党支部 1896 个，党组 49 个，共有党员 39334 人。

进入 21 世纪后，组织县直部门单位和乡镇领导班子及领导干部的年度考察工作，在此基础上，本着“保持稳定，适当调整，提高素质，完善结构”的原则，严格按照《党政领导干部选拔任用工作条例》规定，坚持重德才、重政绩、重社会公论，分期分批对乡镇和县直领导班子进行适当调整，树立正确的选人用人导向，优化领导班子和领导干部队伍结构。2006 年年底，全县共有在职科级干部 877 人，其中女干部 84

人，少数民族干部 6 人，党外干部 19 人。50 岁以上的 56 人，35 ～ 50 岁的 689 人，35 岁以下的 132 人。本科以上 421 人，大专 368 人，中专及以下 88 人。

组织实施“科学规范和有效监督县区委书记用人行为”试点工作，深入整治用人上不正之风。加大改革创新力度，开展科级领导干部政德专项考核，至 2010 年，面向社会公开考选正科级领导干部 1 名、副科级干部 55 名，为县直单位招考工作人员 22 名，采取“四推荐一答辩”和“两公开四差额”办法公开选任 8 名乡镇党政正职和 5 名县直单位主要负责人。

推进干部人事制度改革，推行干部考察预告、公示制、试用期制、常委会和全委会票决制、考察责任制等制度。配合市委考察组做好县级领导班子和领导干部年度考察工作，做好县党政正职后备干部人选民主推荐，县党政副职后备干部征求意见和实地考察等方面的工作。2010 年年底，全县共有在职科级干部 840 人，其中女干部 99 人，少数民族干部 6 人，党外干部 21 人。50 岁以上的 88 人，35 岁至 50 岁的 677 人，35 岁以下的 75 人。研究生学历 15 人，本科 545 人，大专 251 人，中专及以下 29 人。1993 年—2010 年，先后接收省、市委组织部选调生 16 批共计 69 名。

第二节　党员发展与教育

发展党员

1928 年 9 月 14 日，老屯党小组建立，吴敬坡任组长，此时，苍山境内有党员 3 人。继 1927 年春白山、漫溪、黎臣等地组织起农民协会后，1928 年冬，长城、四哨、芦汪子、小马庄一带也先后组织起农民协会，赵新铭、赵修等被推举为农民协会负责人，以此发展党员。1929 年 9 月，老屯一带党员发展到 20 余人，老屯党小组扩建为党支部，由王以仁负责。1932 年 9 月，中共临郯县委成立后，以西大埠为中心，呈辐射状向周围农村发展党的组织。至“苍山暴动”前，中共临郯县委活动范围发展到临、郯、费、峄和莒县以及江苏省邳县等地100多个村庄。先后建立 4 个区委、21 个党支部、101 个党小组，党员发展到 350 人。“苍山暴动”失败后，党员人数急剧减少。

抗日战争爆发后，党员人数快速增加，至 1940 年抱犊崮山区和临郯平原 2 个抗日革命根据地的形成，是苍山党组织发展的黄金时期，仅临沂县就达 1500 名党员。从 1941 年上半年，临沂县抗日斗争进入最困难的时期。10 月 10 日，日军调集万余兵力对临郯平原疯狂地进行“大扫荡”，临沂县党组织遭到严重破坏，全县党员由 1500 人减少到 338 人。

1946 年，新四军北上，华东野战军准备鲁南战役，大批积极分子、活动骨干被吸收入党。1947 年，全县有党员 2200 余人。1948 年，猛增到 3430 余人。

1949 年 5 月，苍山县有 8 个区，509 个自然村 245484 人；267 个党支部，其中农村支部 255 个；共有党员 3209 人，其中，农村党员 2950 人，妇女党员 414 人，青年党员 425 人。赵镈县有 8 个区，603 个自然村 226293 人；332 个党支部，其中农村支部 322 个；共有党员 4151 人，其中农村党员 3906 人，妇女党员 698 人，青年党员 581 人。兰陵县有 9 个区，709 个自然村 215529 人；29 个党支部，其中农村支部 15 个；共有党员 319 人，其中农村党员 119 人，妇女党员 38 人，青年党员 64 人。

中华人民共和国成立后，全县各级党组织有了很大发展。1965 年年底，党员发展到 14804 人。1975 年年底，发展到 22075 人，建有 24 个党委，1322 个党支部。

1987 年 10 月，全县党员发展到 32350 人。1996 年，全县党员有 38098 人，其中女党员 4029 人。

1999年7月，在全县推行发展党员“五制”管理规定，即党支部确定发展对象，实行“无记名投票推荐制”；领导干部亲属入党，实行“提前申报预批制”；县乡机关、企事业单位党支部讨论发展新党员，实行“无记名投票表决制”；支部大会讨论通过的入党申请人，实行“张榜公示制”；专兼职组织员谈话方式，实行“考谈结合制”。

制订驻外党组织发展党员工作制度，实行双向征求意见和两地政治审查制度，对驻外党组织中党员发展对象，充分征求流出地党组织和流入地党组织的意见，在流入地和流出地党组织同时进行计划生育、遵纪守法等方面的审查，确保在驻外党组织中发展党员的质量。全县设立驻外党委2个，驻外党支部11个，已在驻外党组织中发展党员4名，培养入党积极分子160多名。

1996年—2006年，全县共发展新党员11510名。其中生产工作一线的7849名，占68.2%；妇女党员2647名，占23%；35岁以下的8172名，占71%；高中以上文化程度的8195名，占71.2%。全县年均发展党员1000名左右。2010年年底，全县共有党员45844名。党员队伍结构发生明显变化，35岁以下党员7804名，占17.02%；农村党员28366名，占61.88%；女党员5838名，占12.73%。

2010年年底苍山县党员基本情况

表16—13 单位：人

项目		总数	预备党员	女	少数民族	年龄				
						35岁及以下	36～45岁	46～54岁	55～59岁	60岁及以上
总计		45844	876	5838	149	7804	10089	8277	5409	14265
一、在岗职工		12372	335	2284	39	3253	4507	3387	1222	3
公有经济单位	党政机关工作人员	2048	47	350	6	516	735	636	161	0
	事业单位管理人员、专业技术人员	5869	204	1288	25	1889	2133	1380	466	1
	企业管理人员	422	11	55	0	70	168	145	39	0
	企业专业技术人员	220	3	44	1	34	73	89	24	0
	工人	2583	37	429	5	465	938	818	362	0
非公有经济单位	企业管理人员	154	3	11	0	22	71	44	17	0
	企业专业技术人员	172	6	13	0	43	54	48	27	0
	民办非企业管理人员、专业技术人员	66	2	17	0	27	19	9	9	2
	工人	838	22	77	2	187	316	218	117	0
二、农牧渔民		28366	452	2720	101	3661	5404	4610	3756	10935
三、离退休人员		3886	0	518	5	0	0	187	398	3301
四、其他		1220	89	316	4	890	178	93	33	26

党员教育

抗日战争和解放战争时期，由于处在战争环境条件下，党员的日常教育以党支部或党小组为单位秘密进行，主要向党员讲解共产主义理想及救国救民的革命道理，提高党员的思想觉悟，使党员树立起革命必胜的信念。同时，组织党员学习土改、生产、动参等有关文件，教育党员带头参加党的中心工作，艰苦奋斗，不怕牺牲，以早日取得民主革命的胜利。

1940 年 11 月下旬，鲁南区抗日干部学校（简称鲁南干校）在埠阳成立。干校的主要任务是培训区、乡群众工作干部。鲁南专署专员于化琪兼任校长，鲁南区党委组织部部长魏思文兼任副校长，靳耀南任教导主任。学校从创办到结束历时 1 年，培训干部 200 余人。

中华人民共和国成立后，党内逐步建立健全“三会一课”制度（即定期召开党支部会、党小组会、党员大会、上党课），结合党的中心工作，对党员进行思想教育。

1950 年 6 月 6 日—9 日，中共七届三中全会在北京举行。会上，毛泽东作《为争取国家财政经济状况的基本好转而斗争》的书面报告。会后，根据中共中央山东分局和临沂地委的部署，县委由党内到党外、由干部到群众迅速将全会精神传达到全县党员、干部和群众。通过传达贯彻，全县上下出现了为完成党中央提出的争取 3 年内实现国家财政经济状况的根本好转而共同奋斗的新局面。

1951 年 2 月，中共中央发出《关于加强党的宣传教育的指示》，在此后的 5 年间，县委即围绕贯彻党在过渡时期的总路线、整党整风以及社会主义建设的总路线等各项中心任务，向全县党员深入进行形势教育、理论教育、基础教育和党在农村的政策教育，教育广大农村党员积极参加互助合作和农业合作化运动。

1953 年 11 月，根据临沂地委的部署，县委于 11 月 12 日—21 日召开由 707 人参加的全县三级干部大会，传达贯彻党在过渡时期社会主义建设的总路线。会后，县委推广十一区对区、乡、村三级干部深入进行党在过渡时期的总路线任务教育的经验，各区普遍召开党员大会、群众大会，全县迅速掀起学习和宣传总路线的热潮，做到家喻户晓、人人明白。12 月 10 日，地委将苍山县十一区的经验批转全区。

1954 年 7 月上旬，在全县人代会上，组织各界人民代表认真学习、讨论，并作出《大力开展群众性学习、宣传、讨论〈宪法〉（草案）运动的决议》。会后，县委组织报告团到各区巡回报告，全县迅速掀起学习、讨论《中华人民共和国宪法》（草案）的热潮。

1955 年 9 月 1 日，县委召开扩大会议，传达毛泽东《关于农业合作化问题》的指示。随后，县委于 4 日至 10 日召开由 1874 人参加的全县党的活动分子会议，学习毛主席《关于农业合作化问题》的指示，批判“右倾保守思想”，加快农业合作化的步伐。

1956 年 11 月，根据省委和地委的指示，县委及时组织广大干部群众迅速在全县掀起学习中共八大文件的热潮。11 月 29 日至 12 月 2 日，县委召开会议，传达贯彻中共八大精神。12 月 4 至 9 日，各区委分别召开党的干部扩大会议，深入贯彻八大精神，全县参加会议的达 3811 人。会后，县委从县直机关抽调 293 名干部组成工作队，分成 63 个工作组，分赴各区帮助整社工作。

1957 年 10 月 31 日—11 月 6 日，县委召开由县、区、乡、社干部共 3003 人参加的全县四级干部会议。会议传达中共八届三中全会精神，县委作《关于开展社会主义教育运动的报告》和《发动与组织冬季生产高潮，开展生产救灾的报告》。会议组织 220 名县、乡、社干部到莒南县英雄社学习改造自然发展生产的经验。会议号召，坚定不移地贯彻生产自救、节约度荒的方针，迅速掀起一个大规模的冬季农田水利建设和以积肥、改良土壤为主要内容的冬季生产高潮。

1959年4月29日，针对农业生产方面存在的不实事求是的作风，毛泽东以《党内通讯》的形式给省、地、县、公社、大队、小队干部写信，就包产、密植、节约粮、播种面积、机械化、讲真话等6个方面的问题谈了自己的意见。本月，县委组织党员干部认真学习。广大干部在学习中，对1958年以来农村工作中存在的浮夸风、瞎指挥风等问题进行认真总结和反思，决心在今后的工作中坚持毛泽东主席一贯倡导的实事求是的工作作风，讲真话，办实事，脚踏实地做好工作。同年11月22日—29日，县委召开有1476人参加的全县五级干部会。会上，县委传达地委扩大会议精神，第一书记薛亮作《关于开展两条道路的斗争和开展社会主义教育运动》的报告。会议采取回忆对比、实物展览等方法，认真地进行批评与自我批评，开展两条道路的斗争。会后，全县采取忆过去、看现在、望将来的方式，开展“魏隆民（费县新桥乡小吉庄大队党支部书记）忘本回头”大讨论，使23万名群众受到教育。

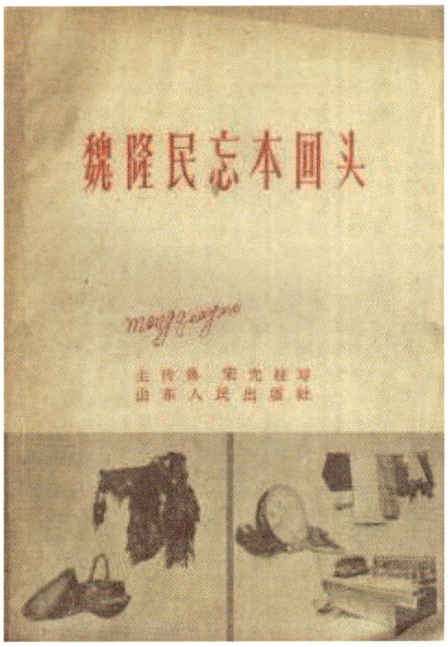

图16—11 《魏隆民忘本回头》

1960年3月，根据省委《关于学习马克思列宁主义、学习毛泽东著作的决定》和地委的部署，县委作出关于开展学习毛泽东著作的决定。随后召开动员大会，号召全县党员、干部带头认真学习毛泽东著作，用毛泽东思想解决社会主义革命和社会主义建设中的实际问题、理论问题以及立场、观点、方法问题。会后，全县掀起学习毛泽东著作的热潮。

从1962年11月开始，根据省委、地委的部署，县委认真贯彻中共八届十中全会决议，领导全县开展为期5个月的社会主义教育运动。整个运动分为三个阶段进行：第一阶段，从1962年11月中旬到1963年2月初，从党内到党外、由干部到群众传达中共八届十中全会决议和毛泽东关于“阶级、形势、矛盾”的论述，在此基础上，进行“洗手洗澡”，开展社会主义和资本主义两种思想、两条道路的斗争。第二阶段，从1963年2月初到3月上旬，开展财务大清查（清账、清仓、清财物）和干部思想作风整顿。第三阶段，从1963年3月中旬到4月上旬，以阶级斗争为纲，开展打击投机倒把，反对封建迷信、“牛鬼蛇神”等活动。

1964年2月，根据省委和地委的指示，县委先后召开县直机关、厂、矿、学校干部职工和公社干部等参加的动员会，号召全县人民响应党中央提出的“工业学大庆、农业学大寨、全国学习人民解放军”的号召，掀起比、学、赶、帮、超运动的高潮。此后，全县从机关到农村、从厂矿到学校掀起“三学”活动的热潮。在这一活动中，县委学习推广沂水县西旺庄大队政治工作的经验，坚持十日五好评比制度，推动“三学”活动的开展。

1978年12月18日—22日，中共十一届三中全会在北京举行。会议公报发表后，县委常委认真进行学习，联系实际讨论贯彻中共十一届三中全会精神、实现工作重点转移的问题，随后，组织全县广大党员干部群众掀起学习中共十一届三中全会精神的热潮。2月9日—18日，县委召开由10440人参加的全县四级干部会，学习中共十一届三中全会公报，传达中共中央《关于加快农业发展若干问题的决定（草案）》《农村人民公社工作条例（试行草案）》和省委工作会议精神，听取县委书记李顺祥作《全党动员，搞好转移，集中全力把苍山县农业搞上去》的工作报告，讨论制定1979年的农业生产计划和措施。

1989年5月后，针对当时的形势，及时在全县党员中进行关于制止动乱、反对资产阶级自由化的宣传教育。

1990年3月20日，县委印发《关于对全县干部进行马列主义、毛泽东思想基本理论，党的基本路线，党的基本知识培训的意见》。从本月到翌年5月，县委利用党校脱产集中轮训的办法，分期分批对全县740多名副科级以上领导干部全部进行培训；乡镇党校对全县1162名农村党支部书记和542名乡镇业务部门负责人进行培训。

进入21世纪，县委组织开展“三讲”和“三个代表”重要思想学习、保持共产党员先进性教育、深入学习科学发展观等活动。在教育活动形式上，充分发挥县、乡党校培训主阵地的作用，进行理论教育；充分发挥先模人物的带动作用，进行示范教育；充分依托县、乡、村远程教育站点、分播点及中心播放户，开展网络教育。

2003年8月，按照中央和省、市委的部署安排，在党员电化教育工作的基础上，开展党员干部现代远程教育工作。12月，苍山县党员干部现代远程教育中心成立；乡镇成立党员干部现代远程教育管理站，组织委员兼任站长，根据工作需要配备1至3名专职副站长。各站点配备1名以上专兼职站点管理员。建立选拔、培训、管理相结合的站点管理队伍建设机制，完善落实考核、晋级、奖惩等激励约束制度。累计投入资金1300万元，共建成终端接收站点1051个，形成覆盖全县城乡的党员干部现代远程教育网络。

从2005年1月开始，分三批在全县2029个基层党组织、41580名党员中集中开展保持共产党员先进性教育活动，活动中，全县共举办先进性教育业务培训班8期，培训党组织负责人及业务指导人员1.2万多人次，派出督导组30个、指导组1070个、督导指导员3236名，建立党员干部联系点508个。

图16—12 2005年8月，全县第二批保持共产党员先进性教育知识竞赛

2006年6月，全县具备上网条件的村全部开通互联网。2008年，建设开通县远程教育综合服务平台网站，完善拓展了网络功能。2009年，开发建设流动党员在线学习系统。建立以“设备备案制、产权明晰制、责任追究制、联合通告制和远教设备加入保险”为内容的“四制一保”设备管理制度，其中以三权分离站点设备管理制度为主要内容的产权明晰制在全市推广；建立以“争创星级规范化站点”为内容的考核评估制度；建立以“定期检修、快捷报修、限时抢修”为内容的维修服务制度及站点运行维护经费补助办法等一系列制度。

围绕党的先进性建设、和谐社会建设和社会主义新农村建设，下大力抓好农村党员干部和农民群众的学习培训。确定每月5日、15日、25日为全县党员干部固定集中学习日制度，落实机关工作人员包村、党员联户、学习需求定期反馈、考勤登记、交流讨论、学习内容记录等帮带和激励约束制度。在保持共产党员先进性教育活动、深入学习实践科学发展观活动、创先争优活动等重要活动中，充分发挥远程教育网络优势，组织党员干部开展学习教育。

开展远程教育科技致富培训活动，尤其是2007年至2010年，组织实施新型农民“双富”培训工程，1万余名“双富”学员通过培训掌握了1至2门致富技能。在课件资源建设上，先后投入资金60万元，配备摄像机、非线性编辑机等设备。开发制作一批特色鲜明、乡土味浓的教学课件。有2个课件分别在首届和第二届中国农业电视节目评选活动中获一等奖和三等奖，有16个在全市优秀课件评选活动中获金、银及铜奖。

2009年，开展创先争优活动，涌现出管相德、孔成功等许多先模人物。2010年，在全县范围内开展以“学特色理论、学政策法规、学先进经验”为主要内容和以开办“周一大讲堂”为主要形式的“三学一讲”活动，共开办“周一大讲堂”120余场次。同年，苍山县驻沪流动党员党委作为山东省唯一一个基层党组织被中共中央组织部、中央创先争优活动领导小组命名表彰为“上海世博会创先争优先进基层党组织”。

1990年—2010年，全县共培训党员干部1747700人，其中省级培训260人，市级培训3280人，县级培训222400人，基层党委培训747600人，党支部培训774160人。

第三节　组织制度建设

1949年6月30日，赵镈县委通过《加强纪律性决议案》，规定了八条禁约：一、不准事前不请示，事后不报告或报喜不报忧；二、不准向党闹独立性、闹本位或私结宗派团体，进行宗派斗争；三、不准对党对同志阳奉阴违、两面三刀或在党内耍手段，恶意攻击同志，排挤别人；四、不准私存公款、贪污腐化或与民争利，一切账目要公开；五、不准当面不说，背后议论，不负责任的自由主义态度；六、不准乱打、乱压、乱没收，更不准敲诈群众，严格保障人权；七、不准对任务打折扣、讲价钱，消极怠工；八、不准有任何违犯党章的行为。

1959年5月10日，苍山县委制定《县、公社、生产大队、生产队党员干部十项守则》，约束党员干部。（一）忠实地贯彻执行党的方针、政策，反对个人主义、官僚主义和自作主张的错误行为；（二）发扬民主，走群众路线，虚心听取群众的意见；（三）发扬敢想、敢说、敢干的共产主义风格和实事求是的工作作风；（四）每个党员干部都要积极参加劳动，县直机关科局长以上干部每年劳动不少于30天，公社脱产干部不少于60天，生产大队（管理区）干部不少于150天；（五）每个党员干部都应切实搞好丰产试验田；（六）发扬艰苦朴素的优良作风，坚持与群众同吃同住同劳动；（七）贯彻勤俭办社、勤俭办一切事业的方针，精打细算、厉行节约，反对铺张浪费、贪污盗窃、挪用公共财物；（八）保护社员私有财产的所有权；（九）公社、生产大队、生产队的一切重大问题，都必须经过党委和管理委员会讨论决定，并提交社员代表大会讨论通过；（十）加强理论、文化学习，提高政治理论和文化水平。

1984年2月26日，苍山县委印发《关于改进作风的几项规定》，主要内容是：（一）坚决贯彻执行党的路线、方针、政策，在政治上、思想上和行动上自觉地同党中央保持一致；（二）坚持实事求是的思想路线；（三）勤奋学习；（四）加强团结合作；（五）严格实行民主集中制和集体领导的原则；（六）坚持党性，根绝派性；（七）认真贯彻执行《准则》，进一步端正党风；（八）坚持定期的组织生活制度；（九）严守党的机密；（十）认真做好人民来信来访工作。

1987年9月27日，苍山县委、县政府作出《关于防止和克服官僚主义作风加强自身建设的决定》，主要内容有：（一）加强政治学习，在政治上、思想上同党中央保持一致；（二）坚持实事求是的思想路线，每年为党为人民办几件实事；（三）

坚持任人唯贤的干部路线；（四）精简会议和文件，腾出更多的时间搞调查研究；（五）倾听群众的呼声，及时查处群众反映最强烈的一些问题；（六）健全党委制，实行集体领导与个人负责相结合的分工制；（七）健全和坚持党内生活制度；（八）加强党性锻炼，不准以权谋私。

1990 年 3 月，为贯彻中共十三届六中全会通过的《中共中央关于加强党同人民群众联系的决定》，根据省委、地委的指示精神，23 日，苍山县委制订《关于组织党政机关干部下基层的试行意见》，要求县直机关干部每年都要通过各种形式，分期分批轮流下派到基层去，听取群众的呼声，搞好调查研究；宣传党的政策，进行形势教育；整顿支部班子，抓好党的建设；搞好综合服务，解决实际困难等。自此，县委每年从县直机关抽调一部分干部，通过包点、挂职锻炼、建立联系点、调查研究等多种形式，轮流下派到基层去。相继规范推行 176 项规章制度，内容涉及农村干部队伍建设、党员教育管理、党费收缴、村“两委”换届选举等 17 大项、160 个小项。

1999 年，为规范党员发展程序，县委专题研究制定发展党员“五制管理规定”。

2002 年，在全县 21 个乡镇积极推行以村级账目、合同、资金、公章和农村宅基地扎口管理为主要内容的“四监管”管理制度，建立为民服务大厅，推广为民服务代理制度，健全完善村务公开民主管理，推进村级民主自治建设。同年，在全县基层全面推行农村“五个一”工作法。以上 3 项制度的确立和实施，均得到中央和省市组织部门的认可和推广。

2008 年，在成立驻沪流动党员党委、驻苏流动党员党委的基础上，建立健全《驻外党委工作细则》《驻外党委议事制度》等 36 项工作制度，构建流动党员教育管理的长效机制，相关做法被中组部《组工信息》、上海《组织人事报》《山东省基层组织建设工作情况通报》等各类媒体刊发。

图 16—13　驻苏流动党员党委成立大会（2008 年 11 月摄）

2009 年，推行以“党支部提议、村委会商议、党员大会审议、村民代表大会决议”和村务公开、财务公开为主要内容的“四议两公开”制度。

2010 年，推行以“民主选举、民主监督、民主管理、民主评议、综合考核”为主要内容的“四民主一考核”工作制度。

第四节　基层组织建设

1942 年 11 月，鲁南区党委在西涧村召开全区群众工作会议，总结 1942 年“双减”试点工作。会上，费滕边、费南县和边区县分别介绍发动群众搞好“双减”和坚持武装斗争的经验。经验表明，通过“双减”运动，广泛发动了群众，改善了贫苦农民的生活，参军参战的积极性大大提高，党的基层组织和群众团体有了很大发展。

中华人民共和国成立后，为加强人民政权建设，动员人民为展开大规模的经济建设而斗争，根据《中华人民共和国选举法》和地委的部署，县委、县政府于 1953 年 12 月上旬开始进行基层普选工作试点，当月结束。在选举工作中，大张旗鼓地宣传党在过渡时期的总路线和选举法，深入进行回忆对比和实行人民民主专政的教育，从而提高广大群众对普选重大意义的认识。在此基础上，全面开展人口登记工作。全县参加登记的选民共316985人。在选举中，充分发扬民主，产生各级人民代表，建立人民代表会议制度，改选乡镇政府185个；同时，清洗出原违法乱纪干部171人，并查出漏网地主17户、反革命分子6户，分别进行处理。

1960年6月19日，根据中共中央《关于在农村开展“三反”运动的指示》（反贪污、反浪费、反官僚主义）和省委、地委的要求，县委决定在全县农村基层组织中开展“三反”运动，并制订《关于开展“三反”运动的方案》。县委计划分三批进行，第一批“三反”运动首先在134个核算单位进行。县委抽调200人组成工作组，深入到队帮助开展工作。6月21日，省委、地委工作组到仲村公社棠林大队进行“三反”试点工作。8月15日，转入第二批。

1964年1月13日，县委发出关于开展面上社会主义教育运动的意见，决定从本月开始在全县农村开展面上的社会主义教育运动。整个运动分三批进行，到1965年结束。这次社教的基本方针是：以阶级斗争为纲，放手发动群众，有步骤、有领导地开展“四清”（清工分、清账目、清财物、清仓库）运动，团结95%以上的干部群众，打退资本主义势力和封建势力的进攻，提高干部群众的社会主义觉悟和阶级觉悟，整顿农村基层组织，健全和巩固集体经济，发展农业生产。自此，全县面上的社会主义教育运动开始。县委首先在卞庄、层山两处公社进行试点。在取得经验的基础上，组织大批干部深入农村，由县、社党委领导干部向全体党员和全体农民群众宣讲中央两个文件。运动中，采取挖老根、查危害、忆苦思甜、算账对比等方法。

1982年，按照省委《关于在实行生产责任制中加强和改善农村党支部领导工作的意见》，县委组织工作组，对全县农村基层党组织进行整顿，澄清了一度出现的“土地到了户，不用党支部”“粮棉包了产，不用支部管”的模糊认识，初步改变了一些基层组织涣散软弱、战斗力不强和少数支部瘫痪瓦解的状况。同时，在全县范围内对一些农村支部进行调整和改选。在此基础上，根据《中国共产党农村党支部工作条例（试行草案）》的要求，在全县农村党支部中普遍实行支部委员岗位责任制，定人员、定任务、定报酬、定奖罚，建立农村支部的激励约束机制。

1984年，按照中央1号文件和省委组织部《关于在发展商品生产中，加强农村党的基层组织建设的几点意见》的精神，县委按照干部的“四化”要求，对农村基层班子进行充实、调整。

1987年，临沂地委组织部先后下发《对农村后进支部进行集中整顿的意见》和《农村党支部分类标准》，总结前几年在整顿基层组织中形成的“帮钱帮物，更要建个好支部”“不怕有个烂摊子，就怕没个好班子”的经验，进一步完善了全区扶贫、加强后进村党的建设的规划，按照系统工程观点，采取选聘脱产干部挂职、任职，鼓励先进村干部跨村任职、兼职或两个支部班子合并办公，选拔乡镇企业或乡镇直属部门优秀临时工、合同工、民办教师返村任职，公开招标、自荐竞争、民主选举等措施，对后进村进行综合治理。同时，注重在乡镇企业、联合经济组织、城镇个体工商户中，建立健全党的组织，消除基层党建工作的断层。

1989年3月，临沂地委组织部发出《关于农村党支部开展重新分类、达标、升级工作的试行意见》，在总结上年秋冬郯城、蒙阴两县试点经验的基础上，在全县农村支部中开展达标升级活动，把党建工作与两个文明建设有机地融为一体，落实党支部、党员、包村干部、县乡有关部门包支部达标升级责任制，较好地解决了党建工作与经济工作“两张皮”的问题。在企业党建中，贯彻落实中共中央〔1989〕9号文件《关于加强党的建设的通知》精神，理顺了企业法人的“中心”与党组织的核心的关系，健全企业党的机构，稳定充实了企业党务、政工干部队伍，为深化企业改革提供了组织保障。

1991年1月，地委下发《中共临沂地委关于在全区农村开展创建九间棚式先进党支部活动的决定》（简称《决定》），要求以经济建设为中心，以强化思想政治工作、弘扬沂蒙精神为动力，全面加强农村党支部的思想、组织、作风建设，力争经过两三年的努力，把全区10%的农村党支部建设成为九间棚式的先进党支部，形成先进群体优势，带动和促进农村的两个文明建设。按照《决定》要求，苍山县下派工作组和包村机关干部，切实抓好重点创建村。12月，按照临沂地委组织部发出的《关于整顿后进村党支部的意见》要求，苍山县决定在是年冬翌年春利用开展农村社教工作的有利时机，对全县后进村党支部从思想上、组织上、作风上进行一次集中整顿。

1992年，围绕深化农村改革和实施奔小康规划，加强农村基层组织建设。坚持抓两头促中间，把侧重点放在选好配强村支部班子，提高农村干部带领群众发展高产、优质、高效农业的素质和能力上。以奔小康目标为主要内容，深化了农村党支部达标升级工作，并分解量化，落实到每个村级组织和干部、党员，调整了达标考评分类标准，完善竞争激励机制，使之更便于操作。

1994年11月，县委抽调干部对农村基层组织进行教育整顿。从县乡机关选调261名干部进驻87个后进村，集中开展农村基层组织教育整顿。经过3个月的工作，全县党员干部受教育面达95%，一般群众受教育面达80%以上；共调整支部班子141个、村委班子100个，培养入党积极分子4558人，发展新党员361人，选拔培养后备干部2299人；整顿财务混乱的村145个，有191个村的社会治安问题得到了较好的解决。

企业党建方面，认真推广兰陵美酒厂党委等一批好的典型经验，推动企业党建工作的开展。围绕解放思想、转变作风，加强机关事业单位党组织建设。是年，还组织实施部分企业党组织换届选举，总结推广苍山县嘉德蔬菜食品有限公司开展党建工作的经验。坚持在农村党员中开展“学科技，用科技”活动。

1995年8月25日，为加强农村和企业基层党组织建设，促进全县经济发展，培养锻炼年轻干部，根据党的十四届四中全会《决定》和省委《关于选派机关干部到后进村任职的意见》，县委从县乡直党政机关事业单位选派221名优秀年轻干部到农村和企业任实职。下派干部中有138人分别被任命为农村党支部书记和村委会主任、副厂长、副经理，7人担任厂长（经理）助理。

2001年，出台《关于在全县开展“三个代表”重要思想学习教育活动的实施意见》，分批次、分层次地在乡镇和县直部门的领导班子和领导干部中间开展“三个代表”重要思想学习教育活动。紧紧围绕农村改革发展稳定的大局，着力解决当前农业、农村经济发展和农村基层干部存在的问题，努力创建“五个好”村党支部、“六个好”乡镇党委，进一步提高农村基层干部素质，增强农村基层组织的凝聚力和战斗力；出台《中共苍山县委关于进一步加强农村基层组织建设的意见》，指出要以邓小平理论和“三个代表”重要思想为指导，围绕发展农村经济、增加农民收入这一中心，突出抓好乡镇党委建设、农村后进班子整顿、党员干部教育培训、村务公开民主管理、农村干部管理制度改革、集中解决村级班子涣散，干部整体素质不高，村务管理透明度不够，基层组织建设力度不够、深度不够、创新步子不大等问题，全面提高基层组织建设水平。

2003年，县委出台《关于进一步加强农村基层组织建设工作的意见》。

2005年，县委出台《中共苍山县委关于进一步加强农村基层组织建设工作的意见》。

2006 年，县委出台《关于进一步加强农村基层组织建设工作的意见》。

2010 年，县委出台《关于在全县基层党组织和党员中深入开展创先争优活动的实施意见》。

2010 年 1 月，开展 “五位一体”集中整治、“三级联创”、合并行政村、“千村帮扶”“百村示范”等活动。积极推行“两推一选”“海选”、公开考选等方式，选优配强农村干部队伍，注重优化组合，选派机关干部到村挂职，倡导村干部交叉任职、村党支部书记和村委会主任“一人兼”。

农村党支部、村民委员会分别于 1996 年、1999 年、2001 年、2004 年、2007 年进行换届选举工作。2010 年，圆满完成了第十届村“两委”换届选举工作。换届后的村“两委”班子平均 4.07 职；书记、主任“一人兼”的 748 人，占 74.2%；村“两委”成员交叉任职比例达到 61.4%；100% 的村“两委”成员兼任村级下属组织负责人。新当选的村“两委”成员中，45 岁以下的 2473 名，占总数的 60.3%；高中（中专）以上文化程度的 2510 名，占 61.2%；女性成员 1026 名，100% 的村委会有女性成员，29.1% 的村党组织有女性成员。坚持选派工作组、配强村班子、解决突出问题、健全村级制度、巩固整治成果“五步工作法”，加强后进村整治力度，

图 16—14　选派县直机关干部到乡镇挂职工作座谈会（2010 年 11 月摄）

每年在全县倒排出 100 个左右的后进村进行集中整治。相继开展选派机关干部到乡镇挂职、到社区任职工作。2009 年 7 月，开始为全县在职农村干部、离职村主职干部发放生活补助。

努力抓好新型经济组织和新型社会组织党建工作。全县非公有制企业 133 家，其中规模以上企业 77 家，规模以下非公有制企业 56 家，采取单独建、联合建等形式，建立党组织的 132 家。新型社会组织共有 22 家，已有 12 家单独建立党组织，1 家建立联合党支部。

2010 年，全县有 1024 个行政村，962 个村有办公场所，其中 899 个村已办理房产证，产权全部确定到乡镇政府。2006 年—2010 年，利用下拨款和自筹资金先后投入 1672 万元，新建 187 个村级组织活动场所，修缮 80 多个村级组织活动场所。

1949 年—2010 年，全县共有 5 个基层党组织、11 名优秀党员受到省委表彰，共有 104 名优秀党员受到市委表彰。1986 年—2010 年，受到县委表彰的基层党组织 969 个次、优秀党员 4314 人次。

2008 年 8 月，成立苍山县选聘高校毕业生工作办公室，为苍山县委组织部下属副科级单位。9 月，苍山县共接收到村任职高校毕业生 396 名，分布在 189 个行政村。至 2010 年，共有 230 人考入党政企事业单位工作或到高校学习，尚有 148 人在岗，分布在全县 128 个行政村。

在全省率先开展大学生村官兼任科普员活动，实施大学生村官帮扶农户科技致富工程，累计发放财政贴息贷款 7000 余万元，增加农户收入近亿元；公开考选 29 名农村党组织书记，其中 3 人担任村党支部书记，3 人担任村党支部第一书记，23 人担任村党支部副书记；把 83 名优秀的大学生村官吸收到党员队伍中。建立大学生村官激励保障机制，参照新录用公务员标准核定工作和生活补贴并按月准时发放，为其办理职工医疗保险和商业保险，交纳养老

图 16—15　到村任职高校毕业生工作座谈会
（2008 年 11 月摄）

保险和住房公积金。

第五节　整党与民主评议党员

1948 年 3 月，苍山、赵镈、兰陵 3 县开展“三查、三整”（查阶级、查思想、查作风，整顿组织、整顿思想、整顿作风）整党工作。

1950 年 7 月，苍山县开展全党整风运动。根据中共中央《关于全党全军进行大规模整风运动的指示》和山东分局、临沂地委的部署，从 7 月 25 日开始至 10 月 10 日，全县进行为期两个半月的整风运动。县委组织全县党员、干部认真学习毛泽东主席在党的七届三中全会上所作的《为争取国家财政经济状况的基本好转而斗争》的报告，然后开展以查思想、查作风、查工作、查历史为主要内容的批评与自我批评活动。

1952 年 8 月，苍山县委制订整党工作计划。2 日，根据山东分局和临沂地委的部署，县委决定，在“三反”运动的基础上，在全县范围内开展整党工作，组织党员学习共产党员的八项条件和八条标准，提高共产主义觉悟，增强组织纪律性和党性观念，树立密切联系群众的思想。时间安排：县、区机关，从该月开始，到 9 月底结束；农村，从本月开始，到翌年 6 月底结束。

1958 年 10 月，开展全党全民整风运动。13 日，县委召开由各乡镇、厂、矿党委书记等参加的全党全民整风动员大会。会上，县委第一书记薛亮传达地委关于开展以钢为纲的全党全民整风运动和大“插红旗、拔白旗”的指示，部署通过鸣放辩论进行“插红旗、拔白旗”活动。会后，各乡镇、厂、矿分别召开干部会议，传达县委会议精神。全县以钢为纲的全党全民整风运动和“插红旗、拔白旗”活动普遍开展起来。到 11 月 12 日，全县投入整风运动的已达 309103 人，鸣放各种意见 117385 条，张贴大字报 182977 张。同时，“插红旗”11793 人，“拔白旗”1194 人，被错误处分的 389 人，其中党员 295 人、团员 34 人、非党干部 60 人。在这次运动中，对成绩突出的单位和个人，不论是否真实，一律“插红旗”，并集中批判所谓分散主义、本位主义、个人主义和所谓少、慢、差、费的右倾保守思想和行为。一部分坚持原则、实事求是的同志被当成右倾保守人物，被拔了“白旗”。

1961 年 12 月，进行整风整社工作。9 日至 17 日，县委召开由 3232 人参加的全县四级干部会议，部署冬季整风整社工作。县委决定，从即日起到翌年 2 月 5 日，在全县进行整风整社工作。会后，全县整风整社运动自上而下全面展开。在整风整社工作中，县委坚持以《农业六十条》为纲的方针，广泛开展社会主义教育，进一步落实党在农村的各项政策。首先，对农村干部和群众进行社会主义、集体主义、爱国主义、工农联盟、艰苦奋斗、遵守纪律等为主要内容的教育。在此基础上，先后进行三个方面的工作：（一）普遍推行“三定”管理办法，实行以生产队为基本核算单位；（二）进一步改进生产队的管理工作；（三）加强党的建设，整顿党团和生产队基层组织，改进干部作风。到 1962 年 1 月 31 日，全县 1042 个大队、4991 个生产队已基本结束了“三定”；已将核算单位下放到生产队的有 4867 个。在此基础上，大抓生产队的管理工作，全县已搞好生产计划管理的有4800个；建立劳动组织，搞好劳动定额，改进评工记分的有3500个；搞好财务管理的有2420个；改进与建立牲畜饲养管理的有3050个；已搞完评比的有652个大队、3000个生产队；已搞好组织建设的有636个大队、3405个生产队。至此，全县整风整社工作基本结束。

1970年11月，开展整党建党工作。10月25日，根据省、地革委党的核心领导小组的部署，县革委党的核心领导小组决定，从11月份开始在全县分期分批开展整党建党工作。11月19日，县革委党的核心领导小组成立整党建党领导小组，并组织由452人参加的整党工作队，深入各区帮助整党工作。全县整党工作由点到面全面展开。整个运动分为思想发动、思想整顿、组织整顿、总结落实四个阶段，到1972年1月底基本结束，历时1年零3个月。据统计，全县96%的单位进行整党工作，新建党委17处、支部1119个；共处理党员521人，其中清除出党165人，占已处理的31%。共接收新党员4552人。同时，对共青团和其他群众组织也进行整顿。

1985年5月，全县开展整党工作。根据《中共中央关于整党的决定》和省委、地委的部署，县委决定从25日开始开展大规模的整党活动，并成立由县委副书记孙运河任主任的整党办公室。全县整党工作分三批进行。第一批从5月25日开始，到1986年2月28日结束，历时9个月。参加第一批整党的县直机关共68个单位（含兰陵美酒厂和苍山农场），包括5个党委、32个党组、4个党总支、95个党支部、1927名党员。第二批从1986年1月27日开始，到同年5月底结束，历时4个月。参加第二批整党的有27个乡镇党政机关、244个乡镇企事业单位、82个县直企事业单位、3个试点村，共30个党委、3个党总支、356个党支部、5885名党员。第三批从1986年11月1日开始，到12月13日结束，历时43天。参加第三批整党的共有1158个农村党支部、21139名党员。整个工作分为四个阶段：学习，对照检查、整改，组织处理、党员登记，检查验收。全县整党工作到1987年4月28日基本结束，历时2年。全县已结束整党的正式党员29970名，其中予以登记的29833名，缓登记的68名，不予登记的64名。在正式党员中，受处分的96名，其中开除党籍的13名，留党察看的28名，撤销党内职务的3名，严重警告的21名，警告的31名。全县已结束整党的预备党员831名，取消预备党员资格5名。

1987年7月下旬到8月下旬，在省委、地委和上级有关部门的帮助下，县委组织各级干部认真学习省委关于苍山“蒜薹事件”的通报和地委扩大会议精神，对照诸城的经验，认真总结“蒜薹事件”的教训，开展防止和克服官僚主义的“三自”（自学、自查、自改）活动。整个活动分为学习、自查、深入农村走访和开门整风四个阶段。首先，县委常委、正副县长进行自查，查摆官僚主义的表现。其次，县六大班子负责人带领50多名县直部门负责人，分成14个组，从8月7日至8日，进行为期两天的“百村千户”调查。这次共调查112个村，走访群众1091户，召开多种形式的会议210次，征得群众意见和建议630余条，解答群众提出的问题800多个。接着，发动县乡机关干部开展向县委、县政府“进一言、献一计”活动，共提合理化建议250多条。在此基础上，县委常委、正副县长再次整风，从思想、作风、工作等方面找差距，开展批评与自我批评，制定防止和克服官僚主义的措施。8月22日至23日，县委召开县乡领导骨干会议，把全县各级党组织以及广大干部群众的注意力不失时机地引到商品生产大合唱上来。整风结束后，县委扎扎实实地为群众办了一些实事，主要有：（一）在全县范围内大张旗鼓地宣传诸城的经验，组织商品

生产大合唱。9 日，县委从县直机关抽调 134 名干部到 100 个贫困山村帮助发展商品生产。（二）汲取“蒜薹事件”的教训，对 1988 年大蒜生产、加工、销售、储存、运输等问题进行超前研究。（三）以卞庄镇为重点，在全县范围内开展普法教育突击活动。

1998 年 2 月，县委集中加强干部思想作风整顿。3 日至 10 日，县委在县乡机关干部中开展以贯彻中共十五大精神、大力加强干部思想作风建设为主要内容的集中活动。其指导思想是：坚持以党的十五大精神为指导，以高举邓小平理论伟大旗帜、全面推进苍山改革开放和现代化建设事业、实现富民兴苍宏伟目标为主题，以统一思想、理顺情绪、振奋精神、严明法纪、增强团结、转变职能、改进作风、反对腐败、廉洁勤政为重点，弘扬光大理论联系实际、密切联系群众、批评与自我批评的优良传统和作风，营造“讲学习、讲政治、讲正气”的浓厚氛围，使县乡机关真正成为政治坚定、思想统一、精力旺盛、团结一致、纪律严明、作风扎实、廉洁高效、服务优良、争创一流的新型机关。

健全完善“党员目标管理”“党员联户”“民主评议党员”等制度，加强对党员的管理和监督。同时，在机关推行党员公开承诺服务制度，在农村开展无职党员“设岗定责”活动。从 1991 年开始，每年均下发《关于开展民主评议党员活动的实施方案》，采取民主测评、组织考察等方式，分年度对全县党员进行民主评议。1980 年—2010 年，签订目标责任书 906880 份。经民主评议和组织审查，给予严重警告的 368 人，留党察看 294 人，限期 6 个月至 1 年改正的党员 456 人，劝退的 62 人，受党纪处分 193 人，开除党籍的 206 人，参评率达 92.5%。

第六节　干部监督

1950 年 5 月 2 日，根据山东分局 1949 年 10 月发出的《关于公开党支部的通知》和临沂地委的有关指示，县委决定分期分批公开中共党的支部，将党组织和党员置于广大群众的监督之下。到 7 月底，全县各级党的支部全部公开。

根据中央、省委、地委关于扩大范围继续进行审干工作的指示，县委从 1957 年 12 月开始到翌年 7 月，进行为期 8 个月的审干工作。全县列入审查范围的文教卫生、国营企事业单位干部 2270 人，其中确定审查对象 312 人，占 13.7%。经审查，不需结论的 28 人，调查不清悬挂的 2 人，查清做出结论的 282 人。

1989 年 4 月，县委、县政府决定，把政务公开、增加工作透明度作为廉政建设的重点来抓，推行政务公开，即公开办事制度，公开办事结果，依靠群众监督，建立内部的社会制约机制，防止腐败现象的发生。

2005 年，县委出台《关于健全完善决策目标执行责任考核监督三个体系的意见》。

截至 2010 年，按照“用好的作风选作风好的人”的要求，严格选人用人纪律，严格对考察组的监督，控制职数，强化督查，树立干部选拔任用工作的正气。围绕建立科学的干部管理监督机制，实行组织函询、个别谈话、诫勉、个人重大事项报告、经济责任审计、离任审计、与执纪执法部门联席会议、干部监督工作联络员等制度，指导各级开好民主生活会，加强对领导班子和领导干部的监督。按照领导干部 100% 熟知、组工干部 100% 精通、党员干部 100% 知晓的标准要求，认真抓好干部选拔任用工作四项监督制度的贯彻落实，坚决整治用人上的不正之风，营造风清气正的用人环境。严格执行《全县组织部门处理群众信访举报工作考核办法》，落实信访排查、领导包案制度，对群众举报受理情况每月定期汇总通报，坚持部长公开接访制度，公开举报电话，开通举报网站，畅通信访渠道，有效控制了组织部门信访举报数量。

第七节 老干部工作

1982年4月，苍山县委组织部老干部科撤销，组建县委老干部局，与县老龄工作委员会合署办公，为县委正科级行政机关，隶属县委组织部管理。2010年，下属事业单位有老年体协办公室、老年大学、老干部活动中心、干休所。

从1983年开始，县委每年至少召开1次驻城老干部会议，通报一年来县委老干部工作情况。县委常委会每年召开专题研究老干部工作会议，根据中央、省委、市委关于老干部工作的政策，制定落实老干部工作措施。

2010年，全县共有离退休干部5300人，离退休干部党支部95个、党小组158个。

老干部待遇

落实政治待遇　从20世纪80年代开始，县委就按照有关文件精神，通过多种方式为离休老干部做好服务，使其享受到应有的政治待遇。每到重要节日，县委及各部门主要领导都要走访老干部，为他们排忧解难，关心他们的生活。

2010年年底苍山县离休干部基本情况

表16—14

<table>
<tr><td>年　龄</td><td colspan="2">70～80（岁）</td><td colspan="2">81～90（岁）</td><td colspan="2">91～100（岁）</td></tr>
<tr><td>人　数</td><td colspan="2">99</td><td colspan="2">308</td><td colspan="2">40</td></tr>
<tr><td>单位性质</td><td colspan="2">机关</td><td colspan="2">事业</td><td colspan="2">企业</td></tr>
<tr><td>人　数</td><td colspan="2">174</td><td colspan="2">156</td><td colspan="2">117</td></tr>
<tr><td>健康状况</td><td colspan="2">良好</td><td colspan="2">一般或较弱</td><td colspan="2">生活不能自理</td></tr>
<tr><td>人　数</td><td colspan="2">68</td><td colspan="2">371</td><td colspan="2">8</td></tr>
<tr><td>享受待遇</td><td>副地级</td><td colspan="2">县处级</td><td colspan="2">乡科级</td><td>一般干部</td></tr>
<tr><td>人　数</td><td>5</td><td colspan="2">100</td><td colspan="2">34</td><td>308</td></tr>
<tr><td>政治面貌</td><td colspan="3">党员</td><td colspan="3">群众</td></tr>
<tr><td>人　数</td><td colspan="3">361</td><td colspan="3">86</td></tr>
</table>

2003年6月，在全县离退休干部党支部和党员中开展争创先进党支部和优秀党员活动。7月，在全县离退休干部中开展学习贯彻“三个代表”重要思想活动。2004年9月，县委老干部局在全县老干部系统深化和拓展“树组工干部形象”学习教育活动。

2005年，向抗战时期离休干部颁发抗日战争胜利60周年纪念章。4月，中共苍山县委、县人民政府下发《关于进一步加强老干部工作的意见》，进一步加强对老干部工作的领导，提出新时期做好老干部工作的指导原则、方法、措施和步骤。

2008年11月，苍山县委组织部、县委老干部局制订下发《关于开展创建“五个好”离退休干部党支部活动的实施意见》，广泛开展创建“五个好”（支部班子好、党员队伍好、组织设置好、活动开展好、群众反映好）离退休干部党支部活动。落实离退休干部“五项基本制度”，即在职领导干部联系老干部、走访慰问老干部、定期向老干部通报工作情况、组织老干部就地就近参观考察、老干部阅文和参加重大活动制度。每年组织担任过县级实职的离退休干部就近到企事业单位、新农村建设和城区重点建设项目进行参观考察；每年 10 月至 12 月，为离休干部统一订阅《老干部之家》等刊物；每月 20 日为离退休干部固定学习日；每年县委、县政府召开老干部座谈会，向老干部通报情况、征求意见；每年春节期间，对老干部进行走访慰问。

落实生活待遇　1997 年 1 月，县委组织部、老干部局、县人事局下发《关于解决拖欠离休干部“两费”问题的通知》，全县离休干部“两费”问题得到很好解决。

2001 年 7 月，县委办、县政府办印发县委组织部、老干部局等 4 部门《关于优先将企业离休干部纳入医疗保险范围有关问题的通知》，自 2001 年 7 月 1 日起，全县企业离休干部的医疗费用纳入医疗保险范围，推行财政支持机制，保障了全县企业离休干部的医疗费按规定据实报销。

2006 年 6 月，县委老干部局下发《关于离休干部医药费实行季度报销的通知》。

图 16—16　组织担任过实职副县级以上职务的老领导到下村参观考察　（2009 年 5 月摄）

2009 年 3 月，县委老干部局下发《苍山县离休干部及离休干部遗属特殊困难专项救助办法》。9 月，县委组织部、县委老干局、县人事局、县劳动和社会保障局联合下发《关于在中华人民共和国成立 60 周年之际开展走访慰问老干部、老工人、老党员活动的通知》。

2010 年 5 月，县政府召开专题会议，根据临纪发〔2009〕48 号文件《转发中央纪委等六部门关于解决离休人员待遇有关问题的通知》，确定为全县离休干部发放取暖补贴，具体标准是：一般人员 650 元，科级 750 元，县级 900 元，厅级 1200 元，从 2010 年 12 月开始执行。

“四个亮点”建设

干休所　1982 年建立苍山县老干部休养所。至 2010 年，入住老干部 5 户，设有办公室、棋牌室、门球场。

老年人体育协会　1986 年，成立苍山县老年人体育协会，下设办公室，为副科级事业单位，体育协会下设门球、太极拳剑、舞蹈、秧歌、台球、乒乓球、地掷球、棋类、保健操、戏曲、科学研究、健身气功 12 个研究会，广泛组织开展多项老年体育活动，不定期地举办老年人门球教练员、裁判员培训班、太极拳培训班和老年人健身腰鼓、秧歌、健身气功等培训班。自 1987 年第一届全县老年人运动会始，至 2010 年共举办 18 届老年人运动会。2009 年，召开全县老年人体育协会第四次代表会议，选举产生新一届老年体协组织。2010 年，承办临沂市第五届“烟草杯”老年人乒乓球比赛。2010 年，全县老年文体活动骨干队伍达到 27 个，老年人文体活动骨干 500 多人。

老年大学　1991 年 9 月，创办县老年大学。2005 年 9 月，被省委老干部局、省老年大学协会确定为“省级老年大学示范校”，为副科级事业单位。2006 年，成立苍山县老干部党校。4 月，联合县电大站开办老年大学微机班，利用县电

图 16—17　老年人体育协会、老年大学（2010 年 7 月摄）

图 16—18 举行“庆国庆、迎全运”老年人书画展（2009 年 9 月摄）

大站的教学资源和师资力量，为老年人传授实用微机知识，共培训学员 31 人。12 月，制定《苍山县老年教育“十一五”发展规划》。2007 年，更新课桌椅，配备教学音响，购买新版老年大学教材，重新整修阅览室。2009 年 4 月，投资 10 万元，购买 20 台电脑，接通宽带，增添教学投影仪。5 月，开通老年教育网站——琅琊文化网。7 月，成立县老年大学艺术团，选配团长、副团长，制定工作章程，团员达到 60 多人。2010 年 9 月，召开全县第一届老干部摄影家协会会员大会，选举产生领导成员，通过章程。11 月，县老干部摄影家协会代表临沂市唯一的老干部团体参加全省“庆祝抗日战争胜利 65 周年摄影图片展”。

至 2010 年，共开设书法、文艺、卫生保健等 8 个专业、10 个教学班，聘请专兼职教师 13 名，在校学员 460 多人，至 2010 年 12 月，累计结业学员 7600 多人。

老干部活动中心 2003 年 5 月，县委、县政府投资 500 多万元，在县城东苑新区新建占地 2.5 公顷的县老干部活动中心，配套活动设施和活动器材。2005 年，被评为“省级示范老干部活动中心”。2006 年，投资 16 万元硬化室外活动场地 1000 平方米，栽植绿化树木 1300 棵，安装太空漫步机等老年人健身器材，修建太极拳训练场。2008 年 3 月，投资 60 多万元进行基础设施配套建设，新建乒乓球馆、网球场、羽毛球场各 1 处，硬化地面 2000 平方米，栽植各类绿化苗木 2610 棵，绿化 1 万平方米。2010 年，增添大型石雕。县老干部活动中心已成为离退休干部学习、娱乐、活动、休闲于一体的综合活动场所，每天到中心内参加各类文体和学习研讨活动的老同志 300 多人次。

老干部文体活动

2001 年 5 月，县委办、县政府办印发《关于加强老年人体育活动站点建设的意见》，老年人体育活动站点建设成效显著。

2005 年 4 月，按照省委的统一部署，在全县老干部系统开展“亲情服务年”活动。9 月，由江苏省邳州市、新沂市，山东省郯城县、临沭县、苍山县共同发起，在苍山县老干部活动中心成功举办苏鲁五县市老年人书画展。

2006 年 5 月，县委、县政府下发《关于进一步做好老干部工作的意见》，县委办公室、县政府办公室下发《关于进一步加强老年体育工作的意见》。

2008 年 10 月，举办苍山县第十七届老年人运动会。

2010 年 6 月，临沂市第五届“烟草杯”老年人乒乓球比赛在苍山县体育馆举行。9 月，全县“中国人寿”杯第十八届老年人运动会在县体育馆举行。

第五章　宣传工作

第一节　理论学习与宣传

1929年9月，临郯地区最早的党支部在老屯建立前后，就开展广泛的宣传活动。在当时极艰苦的条件下，配合武装夺取政权进行大量有效宣传工作。1932年9月，中共临郯县委建立后，由赵叙五担任宣传部部长，宣传工作更加活跃。刘之言在苍山暴动前化名“张三”，以经商为掩护，在敌人严密通缉监视之下仍抓住一切机会进行革命宣传。

1938年5月，临郯青年救国团成立后，先后在三重、南头、涌泉举办7期青年干部训练班，宣传教育了一大批抗日骨干。6月，临郯青救团儿童部成立，组织儿童贴标语，撒传单，教唱革命歌曲，开展抗日救亡宣传活动。8月，临郯费峄四县边区县委成立，由金保荣任宣传部部长。其后，赵镈县委成立，赵进先任宣传部部长。

中华人民共和国成立后，社会宣传工作主要围绕党和国家的中心工作进行。1950年8月25日，临沂地委宣传部发出《关于执行中国保卫世界和平大会征集和平签名的通知》，这次教育历时半年，苍山县人民踊跃参加签名。1951年—1953年，为配合抗美援朝斗争，采取报告会、声讨会、游行示威、捐献慰问、订立爱国公约等形式，在全县范围内开展群众性的国际主义和爱国主义的宣传教育。由于宣传有力，全县社会各界均全部投入了抗美援朝运动。自1955年起，在群众中广泛开展农业合作化运动的宣传教育。

图16—19　街头宣传

《中华人民共和国宪法》（草案）公布后，根据省委和地委的部署，县委、县政府利用各种形式，广泛开展学习宣传活动。1954年7月上旬，在全县人代会上，组织各界人民代表认真学习、讨论，并作出大力开展群众性学习、宣传、讨论宪法（草案）运动的决议。会后，县委组织报告团到各区巡回报告，全县迅速掀起学习、讨论宪法（草案）的热潮。通过学习，国家第一部宪法（草案）精神深入人心，广大干部群众提出部分修改补充意见。

《中华人民共和国兵役法》颁布实施后，县委于1955年1月在全县第二次党员代表大会上进行宣传学习。2月上旬，在全县首届人大二次会议上组织各界代表学习讨论，之后利用多种形式向全县人民进行广泛宣传教育。全县人民热烈拥护、坚决执行兵役法。广大适龄青年踊跃报名参军，到2月底，全县首批征集义务兵完成。自此，全县每年征集义务兵1次。

1957年8月23日—31日，县委召开由县、区、乡、社等干部1657人参加的扩大会议。会议提出，根据中共中央发出的《关于向全体农村人口进行一次大规模的社会主义教育的指示》和省委、地委的部署，结合苍山的实际，决定冬季对全县农民进行一次大规模的社会主义宣传教育运动。这次社教的方针是：以生产、整社、分配为中心，以社会主义教育为重点，结合做好其他各项工作。会上，县委书记李福崇作动员报告，小岭、土楼两个试点乡作经验介绍。会后，全县农村社会主义宣传教育运动由点到面展开。在社教中，县委贯彻先党内后党外、由干部到群众的原则，采取回忆对比的方法，组织群众围绕农业合作化、粮食统购统销、工农关系等问题展开大讨论。在此基础上，批判党内右倾机会主义思想以及资本主义、个人主义、绝对平均主义、本位主义思想。

1958 年 6 月 5 日—23 日，中共八大二次会议在北京举行。会议通过根据毛泽东主席倡议而提出的“鼓足干劲，力争上游，多快好省地建设社会主义”的总路线。6 月上旬，县委发出关于认真传达学习和宣传总路线的通知，确定本月为全县“宣传总路线活动月”。决定下发后，县委组织 5 万人的宣传大军，运用多种形式，广泛开展宣传教育活动，全县迅速掀起宣传社会主义建设总路线的热潮，到 8 月 15 日，90% 以上的群众受到了教育。

山东省委《关于当前农村若干政策的规定》和中共中央《关于农村人民公社当前政策问题的紧急指示信》（即《十二条》指示）发出后，县委进行认真传达贯彻。1960 年 11 月，县委召开扩大会议，认真检查“五风”（即“共产风”、浮夸风、命令风、干部特殊风和对生产瞎指挥风）错误，深刻地开展批评与自我批评，总结经验教训，提高对“五风”危害的认识。在此基础上，实事求是地研究了纠正“五风”的措施：（一）大力宣传中央和省委、地委有关人民公社的政策，做到家喻户晓、人人皆知；（二）大抓政策的落实，将平调群众的土地、房屋、粮食、农具、牲畜、林木等退还给群众；（三）在深入做好思想工作的基础上，将县、社办厂、矿调用的民工退回农村参加农业生产；（四）发动群众大力开展生产自救，争取翌年农业丰收。会后，县委在全县范围内开展声势浩大的宣传教育活动，做到边宣传、边清算账目、边组织兑现，开始认真地纠正“五风”。

1963 年 10 月，为提高广大干部群众的阶级和阶级斗争觉悟，根据中共八届十中全会精神，从本月开始，县委利用多种形式，对干部群众进行阶级教育。县委印发了《关于阶级、阶级斗争问题的辅导材料》；在县机械厂举办大型阶级教育展览，组织群众看歌剧《三世仇》、电影《白毛女》等阶级教育节目；组织老党员、老干部讲革命斗争史，组织老贫农忆苦思甜等。这一活动一直持续到“文化大革命”开始。

图 16—20　歌剧《三世仇》剧照

1966 年 4 月 18 日—19 日，县委举行由生产队长以上干部共 1 万余人参加的学习毛主席著作报告会，请全省金融战线上的一面红旗——下村区信用社主任李金玉和外地 3 名学习毛主席著作积极分子作经验报告。会后，县里组织将报告录音巡回到各区播放，听众达 6 万人次，迅速掀起了学习毛主席著作的热潮。广大干部群众积极学习《为人民服务》《纪念白求恩》《愚公移山》《反对自由主义》等著作。到 30 日，全县参加学习的干部群众达 17.4 万人，建立学习小组 4500 个，其中中心组 900 个，配备辅导员 2300 名。

同年 8 月 1 日—12 日，中共八届十一中全会在北京举行，全会通过《关于无产阶级文化大革命的决定》（即“十六条”)。13 日下午 6 时，全县各级党委组织干部、群众收听党的八届十一中全会公报。14 日,县直机关干部、职工、师生万余人在县城卞庄举行集会、游行，庆祝中共八届十一中全会的召开。20 日，县委发出通知，号召全县人民认真学习“十六条”，积极参加“文化大革命”。按照“十六条”规定，全县派往各学校的工作组于 9 月陆续撤出。

1971 年 11 月，为对广大群众进行无产阶级国际主义教育、政策教育和革命传统教育，根据省委和地委的指示，县革委党的核心领导小组发出通知，在全县广泛开展学唱《国际歌》和《三大纪律,八项注意》两首革命歌曲的活动，要求全县广大党员、干部带头学好唱好两首革命歌曲，做到理解歌词的内容、实践歌词的思想、指导自己的行动。

从 1978 年起，针对十年“文化大革命”对经济、社会建设造成的巨大浩劫，特别是以阶段斗争为纲的理念在全党乃至全民心中根深蒂固，县委宣传部突出思想建设长抓不懈，持续深入开展真理标准大讨论和各条战线上的拨乱反正、坚持四项基本原则教育、社会主义经济理论问题讨论、“两思”教育和多轮解放思想大讨论活动。

1979 年 3 月 30 日，邓小平在党的理论工作务虚会上提出坚持四项基本原则，即坚持共产党的领导，坚持社会主义道路，坚持无产阶级专政（即人民民主专政），坚持马列主义、毛泽东思想。本月，县委通过召开会议、举办学习班和广播讲座等多种形式，大张旗鼓地宣传党的四项基本原则。

1984 年，是中华人民共和国成立 35 周年。临沂地委下发〔1984〕34 号文件，对 35 年国庆宣传庆祝活动做出 10 项安排。国庆节前，苍山县举办“建国 35 周年建设成就展览”，向群众充分展示苍山县 35 年来特别是中共十一届三中全会以来的巨大成就。其间，举办了电影晚会、文艺晚会、读书演讲会、书画摄影展览、瞻仰烈士陵园、体育比赛等活动。

1989 年 6 月 13 日，县委发出关于《学习赵镈英雄事迹，进行革命传统教育的决定》，要求全体共产党员和广大干部群众学习赵镈坚定的共产主义信念，克服消极情绪，树立强大的精神支柱；学习赵镈坚强的无产阶级党性，克服自由主义，增强组织纪律观念；学习赵镈时刻把群众的疾苦和利益放在心中的高贵品质，克服利己主义，增强群众观念；学习赵镈勇于战胜艰难险阻的坚强斗志，克服面临的困难，坚定改革必胜的信心。随后，县委多次举行赵镈事迹报告会，组织党员、团员和青少年到文峰山等地，瞻仰赵镈烈士墓和烈士纪念碑，全县掀起向赵镈烈士学习热潮。随着向赵镈烈士学习活动的深入进行，学英雄精神、创英雄业绩在全县蔚成风气。县直机关 286 名干部到贫困村驻点扶贫，开展为群众办实事、留脚印活动。甘霖乡 603 名党员主动捐款 3000 多元，2.1 万人投工投料，在九女山下的一条河上架起一座“赵镈桥”，解决了该地交通不便的问题。

1990 年 3 月 24 日，县委组织由一部分宣传理论工作者组成的“认清国内国际形势，坚定社会主义信念”教育活动宣讲团，深入基层开始对全县广大农村党员、干部群众进行宣讲。宣讲的内容有四个方面：（一）认清我国的基本国情，坚定走社会主义道路的信念；（二）认清国内国际形势，加强和维护党的领导；（三）治理整顿、深化改革，创造和维护稳定的政治经济环境；（四）继承和发扬党的优良传统和作风，振奋革命精神。宣讲的主要对象是农村党支部成员以上干部。有的乡镇还带录音巡回到各村，向党员、学校师生、群众播放，扩大教育面。

11 月 14 日，根据省委《关于今冬明春在全省开展社会主义思想教育活动的通知》精神，县委决定，今冬明春在全县农村开展社会主义教育，集中解决当前农村存在的一些思想问题和实际问题。这次社教，从11月16日开始，到翌年1月底基本结束，历时近2个半月。为搞好这次社教，县委成立农村社会主义教育领导小组，并从县、乡抽调2512人，组成社会主义思想教育宣讲队，进驻28个乡镇、531个村。与此同时，地委社会主义思想教育宣讲队一行44人到达苍山，进驻新兴、神山、大仲村3个乡镇的18个村庄，帮助搞好农村社教工作。

2000年以后，县委宣传部利用基层党校、党员活动室等阵地，利用党委理论学习中心组、城乡集中教育活动、党课系列教育活动等主要载体，开展以邓小平理论、“三个代表”重要思想和科学发展观为重点的思想教育活动，推进学习型党组织建设，至2010年，先后培训教育骨干980余人次，组织宣讲及专题辅导报告近900场次，举办各类培训班240余期次，培训人员26万多人次。

第二节　舆论引导

1939年11月，八路军一一五师政治部机关报——《时事通讯》在边区县吴家沟创刊，师政治部新闻股股长陈虞榕任主编，白刃（王寄生）任编辑。当时为油印刊。1940年7月，合并于《鲁南时报》。

1940年4月，中共山东一区党委四地委机关报——《新群众报》在涌泉创刊。鲁南区党委成立后，四地委改称鲁南三地委，《新群众报》又成为三地委机关报。该报为四开版，石印，3日刊。创刊时，地委宣传部部长周南兼任社长，王士超任总编辑。冬，苏鲁边干校副校长乔彬调任总编。1941年2月，乔彬改任社长，冷明任总编。同年7月，乔彬调离，赵宏弼继任社长。10月，日军大“扫荡”，该报停刊。

1940年7月1日，鲁南区党委机关报《鲁南时报》在油篓村创刊，林乎加兼任社长，白刃任总编辑。一一五师政委罗荣桓亲自为该报题名。开始为油印，八开四版。1941年春，因日军“扫荡”而停刊。同年11月，在东涧村复刊，赵宏弼任社长，黄华任总编辑。1942年7月7

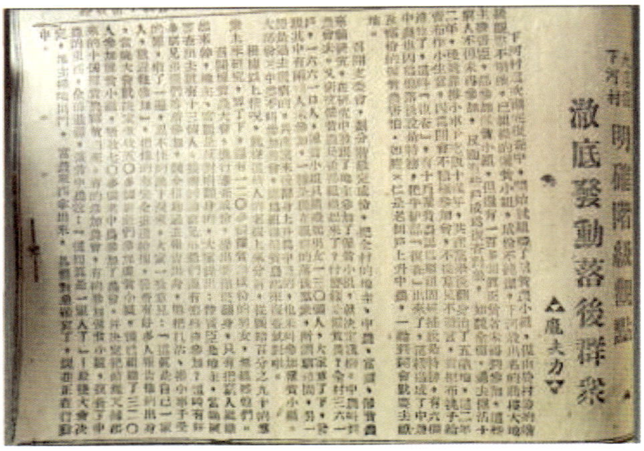

明確階級觀點
徹底發動落後群衆
△鹿夫力▽

图16—21　鲁南时报

日改为石印，2～3天一期。1945年8月改为铅印，四开四版，3天一期。

11月，鲁南军区政治部主办的《抱犊崮报》在边区县岭南头、张峪子一带创刊。1941年改称为《战号》。1943年改名为《鲁南报》。刘兴华、郭仲选、高博、李洪林先后任主编。

1944年秋，鲁南军区和兰陵县委、县政府命名下湖为“抗日模范村”。同时，兰陵县委、县政府授予黄玉凯一家“抗日模范家庭”光荣称号。《鲁南时报》作专门报道。鲁南文工团王汝俊、王鲁珍以此为素材编写了话剧《抗争》，在鲁南各地公演，鼓舞了广大军民的抗日斗志。

1958年7月1日，县委机关报——《苍山县报》创刊，开始在全县发行。该报为5日刊，八开二版。在创刊号上，县委第一书记薛亮发表了题为《依靠群众，办好报纸》的文章。该报于1959年7月16日停刊，共发行114期。

1958年10月1日，苍山县人民广播站建成并开始向全县播音。

1996年6月1日，复刊《苍山县报》。

1997年7月，总投资120万元的临沂至苍山广播电视数字光缆传输工程竣工。10月1日，传输讯号开通，传送18套电视节目，全县电视覆盖率达90%以上。同时开通电视电话会议讯号。

1997年—1999年，为庆祝中国对香港、澳门恢复行使主权这两件历史性事件，在全县开展一系列宣传庆祝活动。

2004年1月，《苍山县报》更名为《今日苍山》。

2006年，依托新华网超大网站建立新华网苍山网站，把宣传工作内容融于新兴媒体。围绕计划生育、农村税费改革、防治“非典”、招商引资、“平安苍山”建设、精神文明建设等工作积极开展社会宣传。

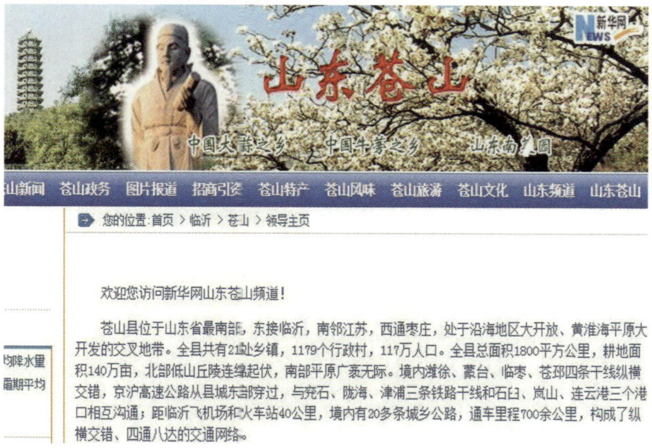

图16—22 新华网苍山频道截图

2006年，被省委宣传部列为全省宣传信息直报点，综合成绩一直位居全省前列。

2008年至2010年，宣传部成功组织“跃出欠发达地带系列报道”“突破苍山”等一系列战役性宣传报道。以“上大报、上头条、上联播”为目标，先后开展“南菜园里看小康”“金秋苍山行”、上海“新苍山”优质蔬菜直供世博会新闻发布暨招商引资推介会、苍山大蒜蒜薹产销新闻发布会等重大宣传活动。在中央、省、市级主流媒体、重点网站发表稿件3.6万余篇，电视台、电台发稿篇数连续多年位居全市前列。

2009年3月，《今日苍山》与《农村大众》报联办县域版，至2010年出版1400多期。

第三节 精神文明建设

1981年2月28日，中共中央宣传部等部门联合发出《关于开展文明礼貌活动的通知》。本月，县委利用多种形式发动全县各行各业广大团员青年大力开展以“五讲四美”（讲文明、讲礼貌、讲卫生、讲秩序、讲道德，心灵美、语言美、行为美、环境美）为主要内容的文明礼貌月活动。

此后，每年的3月被定为“文明礼貌月”，开展学雷锋树新风活动，师生上街扫地，医生街头义诊，工人义务维修，干部扶危济困蔚然成风。20世纪80年代末，“讲理想、讲道德、讲科学、讲文明、讲卫生，心灵美、行为美、语言美、环境美，爱祖国、爱人民、爱社会主义”活动在苍山兴起，“五讲四美三热爱”一时成为衡量人们言行的标尺。

1982年8月2日，县委、县政府作出关于开展向芦永田、傅旭东学习的决定。芦永田是大仲村邮电支局投递员，5月被邮电部授予“全国优秀投递员”荣誉称号。傅旭东1962年退休后，义务养路20多年，1979年被评为山东省养路模范。

1983年3月，全县响应省委向八十年代活雷锋——张海迪学习的号召，开展文明礼貌月活动。兰陵西北圩党支部书记魏君喜被授予全国“三八红旗手”荣誉称号。

5月25日，县委表彰文明礼貌月活动101个先进集体，命名横山公社孙楼等5个大队为文明村庄，县委党校等7个单位为文明单位。

1988年，根据地委文明办“抓整顿、促提高、保质量、上水平”的要求，对照重新修订的地级文明单位（村庄）、乡镇评定标准成功创建一批地级文明单位。1990年，地区文明委开始对地级文明单位进行表彰。

图 16—23　1983 年 3 月魏君喜所获“三八红旗手”奖牌

图 16—24　魏君喜所获奖状

1989 年 11 月，开展向杨振刚学习的活动。杨振刚，大炉乡杨庄村党支部书记，一等伤残军人。1986 年担任村党支部书记始，带领全村群众，艰苦奋斗，苦战 4 年，改变了该村的落后面貌，使杨庄村由原来又穷又乱的山沟变成“文明村庄”。他任职 4 年，没拿一分钱的报酬，却向村里献出 2200 元的积蓄和 1000 元的劳模奖金。是年，他先后被授予“省劳动模范”和“全国劳动模范”称号，并赴京参加建国 40 周年国庆观礼，受到党和国家领导人的亲切接见。16 日，县委、县政府作出《关于开展向杨振刚同志学习活动的决定》，号召全县广大党员、干部“学习他牢记宗旨、忘我工作的共产党员的本色，学习他无私奉献、甘愿吃亏的优秀品质，学习他艰苦奋斗、勇于开拓的创业精神，学习他身残志坚，勇于战胜困难的革命意志”。21 日，县委、县政府召开有 1 万余人参加的学习杨振刚动员大会。会后，县委运用多种形式宣传杨振刚的模范事迹。各级党组织制定学习计划、措施，迅速在全县范围内掀起学习杨振刚的热潮。

1995 年 3 月 20 日，县委发出关于在全县广泛深入开展向孔繁森、王廷江、韩素云学习活动的决定。全县各级党组织认真贯彻省委、市委关于“领导干部学习孔繁森、基层干部学习王廷江、人民群众学习韩素云”的指示精神，积极引导、教育、组织广大党员干部群众学英模事迹、走英模道路、创英雄业绩，在全县范围内迅速掀起了一个“三学”活动热潮。

1996 年，开展“建创做”活动，即建文明城市、创文明单位、做文明市民，县委提出“精神文明三大工程”，即县城城市化工程，文明单位创建系统工程，文明细胞工程。组织“学、讲、树”职工巡回演讲团，在全县 12 个机关、企事业单位作演讲报告。县糖业烟酒公司、县粮油采购供应公司、县总工会、县实验中学被评为 1990 年度临沂地区“学先进、讲奉献、树新风”活动先进单位。

同年，苍山县委将“县城城市化工程”列入精神文明三大工程之首，组织专家评审规划，构筑了跨世纪的城市发展总体规划（1995—2010 年），并在新创刊的县报上刊登。在硬环境建设上，一是抓好城市规划，立足未来把苍山建成县级市的目标，依托泇河、小汶河、泉山、九顶莲花山、塔山等山水资源，按照“两轴、两带、四区”的城市布局结构，大力推进生态园林城市建设；二是抓好基础设施建设力度，主要以道路、供水、排水、供热和污染治理为重点，大力提高县城承载能力和综合服务功能。

在软环境建设上，一是与单位、个体工商户签订“门前六包”责任书，建立健全环卫管理体系；二是深入组织开展“百企千店”无假货、规范化文明市场、文明经商户等创建活动。开展“文明一条街”评选活动，卞庄镇代村，向城镇朱村、东村被评为“文明一条街先进村庄”。卞庄镇卞庄东村江福堂荣获全省百佳文明户荣誉称号。

11月26日，县委举行九届三次全委（扩大）会议。会议传达省委六届六次全委会和市委九届三次全委会议精神，审议通过《苍山县“九五”期间社会主义精神文明建设规划》。该规划共8章31条，其指导思想是：以邓小平建设有中国特色社会主义理论和党的基本路线为指针，紧紧围绕经济建设这个中心，按照有特色、有创新、有影响的具体要求，立足苍山，着眼未来，积极培育有理想、有道德、有文化、有纪律的社会主义“四有”公民，提高全县人民的思想道德素质和科学文化素质，形成有利于改革开放和现代化建设健康发展的舆论力量、价值观念、道德观念、文化条件和社会风尚，推动全县各项事业的全面发展。

1997年3月13日，县委、县政府隆重举行见义勇为表彰大会，授予下村乡东涧村小学11名学生“见义勇为先进群体”、徐启峰等8人“见义勇为先进个人”称号。县委号召全县人民学习他们见义勇为的精神，勇于同一切违法犯罪行为作坚决的斗争，为确保全县政治社会稳定、促进经济健康发展做出应有的贡献。1996年4月19日下午，下村乡东涧村小学11名学生奋力扑救山火，保住了价值11万元的山林。1996年12月14日零时许，苍山一中学生徐启峰、刘勇冒着生命危险智擒盗贼，保住了师生们的财产安全。

1997年，县委认真贯彻落实中共十四届六中全会精神，积极开展群众性精神文明建设活动，取得显著成效：（一）深入开展十星级文明户评选活动。全县28个乡镇80%的村庄农民参加评选活动，形成人人参与、户户争星的局面。（二）积极开展文化、科技、卫生“三下乡”活动。半年来，共送书下乡8万册，放映农村电影68部、5000余场，观众达90万人次；组织科技报告会120余场，放映科技录像150余部，受教育群众60万人次；卫生部门组织40余人的医疗队，义务下乡诊病1000余人次。（三）开展以平坟还耕为重点的移风易俗活动。清明节期间，全县平掉坟头13万个，还耕400公顷。（四）积极开展“扫黄、打非”活动。

1998年4月，召开“建创做树”活动动员大会，县委书记李富山在会上讲话，县六大班子领导、各乡镇、县直各单位主要负责人及县城沿街个体户1500多人参加大会。重点解决县城卫生、交通、建设、市场、治安秩序等方面存在的问题。动员大会后，县文明委成员单位对县城主要街道29个路段进行全面综合治理，共清理拆除乱搭乱建建筑890余处，占道经营电话亭、售货亭125个，清淤下水道3500米，硬化人行道3000米，安装新路栏3000多米，新增垃圾箱66只，清理垃圾死角30余处，清除垃圾3800多吨，新栽苗木1100多棵。

2001年，在全县范围内广泛深入开展《公民道德建设实施纲要》宣传活动。

2005年，全面启动“文明苍山，从我做起”主题活动暨苍山县、卞庄镇“文明苍山”建设，县委书记张闻宇在动员大会上讲话，全县学生、干部群众6000余人参加，计生局、团县委、县工商局等14个单位在文化广场设置了咨询台向群众发放倡议书。以“内强素质、外树形象”为目标，县委、县政府制订《关于开展“争创文明苍山县、争做文明苍山人”活动的实施意见》，全面启动“争创文明苍山县，争做文明苍山人”活动，12月1日在电影院召开2000人参加的动员大会。

2006年，大力开展以“八荣八耻”为主要内容的社会主义荣辱观宣传教育活动。

2007年，积极开展“四德工程”建设活动。这一系列活动，培育出了一大批省市级道德模范、“身边好人”，刘丽芳、王胜启分别被评为全省、全市道德模范，张玉庆、刘云峰等6人入选“中国好人榜”。同时，积极推进未成年人思想道德建设，不断强化对乡村少年宫活动的投入和管理，进一步健全学校、家庭、社会“三结合”教育网络，开展“做一个有道德的人”等主题活动，推进社会文化环境整治，开展“扫黄打非”斗争。

2008年，苍山县荣获争创市级文明城市先进县称号。4月29日，召开全县创建文明城市动员大会，成立分别由县委书记张闻宇、县长王晓军担任正副组长的创建文明城市工作领导小组，领导小组下设办公室及7个专业工作组，具体负责全县创城工作的策划部署、组织协调和督查指导。

2008年—2010年，县委提出争创文明城市目标，组建文明城市创建工作领导小组，制订《关于深入推进文明城市创建工作的实施意见》，做到思想认识、领导力量、工作班子、具体措施、创建合力和保障机制“六个落实”。着力解决群众普遍关注的市容市貌、环境卫生、交通秩序等方面存在的问题，先后组织开展多次大规模的集中整治行动。

图16—25 万人创城大行动动员大会（2008年6月摄）

积极开展文化、科技、卫生、法律“四下乡”活动，广泛开展“文明一条街”“十星级文明户”和“好媳妇、好婆婆、好妯娌”等评选活动，促进文明乡风建设。至2010年年底，全县共有14个省级文明单位、5个省级文明机关、7个省级文明村镇、4个省级文明社区，46个市级文明单位、8个市级文明机关、31个市级文明村镇、8个市级文明社区，评选出县级十星级文明户3900余户。

1990—2010年苍山县文明单位（机关、村镇、社区）情况

表16—15

时间	获奖级别	获奖单位
1990	地级文明单位	大炉乡杨庄村、向城乡苏圈村、沂堂乡龙泉官庄村、长城镇后土头村
1991	地级文明单位	县水泥厂、县医药公司、芦柞乡小卞庄村、县财政局、县保险公司、县工商行政管理局、县燃料公司、县糖业烟酒公司、大炉乡里米坑村、兰陵镇西北圩村
1992	地级文明单位	县酒厂、县造纸厂、中国人民武装警察部队苍山中队、三合乡任河湾村、新兴乡岳桥村、大仲村镇永安村
1993	地级文明单位	兴明乡郭东村、兰陵镇东北圩村、长城镇西王庄村、县招待所、嘉德蔬菜食品有限公司、黄埔冷藏总公司、县邮电局

续表 16—15

时间	获奖级别	获奖单位
1994	地级文明单位	中国农业银行苍山县支行、中国建设银行苍山县支行、大炉乡杨庄村、县供电局、县国税局、大仲村镇泉汪村、县地税局、中国人民银行苍山县支行、农村信用社苍山县联合社、韩塘乡潘王庄村、县水泥厂、县医药公司、芦柞乡小卞庄、县财政局、县保险公司、向城乡苏圈村、长城镇后土头村、县工商行政管理局、县燃料公司、县糖业烟酒公司、大炉乡里米坑村、兰陵镇西北圩村、县酒厂、县造纸厂、中国人民武装警察部队苍山县中队、三合乡任河湾村、新兴乡岳桥村、大仲村镇永安村、兴明乡郭东村、兰陵镇东北圩村、长城镇西王庄村、黄埔冷藏总公司、县邮电局
1995—1996	市级文明乡镇	卞庄镇、神山镇
1995—1996	市级文明单位	县财政局、农村信用合作社苍山县联合社、县国税局、县糖业烟酒公司、县地税局、县燃料公司、县工商行政管理局、县造纸厂、县邮电局、县黄埔集团公司、县供电局、长城镇前王庄村、中国人民武装警察部队苍山县中队、三合乡任河湾村、中保人寿保险有限公司苍山县营业部、中保财产保险有限公司苍山县支公司、大炉乡杨庄村、兴明乡小郭村、中国人民银行苍山县支行、中国农业银行苍山县支行、中国建设银行苍山县支行、向城镇苏圈村、大仲村镇泉汪村、兰陵镇西北隅村
1990	省级文明单位	县人民医院、县税务局、县招待所、县供电局、县嘉德公司
2007	省级文明单位	县民政局、道路运输管理所
2007	省级文明村镇	兰陵镇横路口村
2007	省级文明社区	卞庄镇碧翠苑社区
2007	省级文明机关	县统计局
2008	省级文明单位	临沂市公路管理局206国道苍山收费处、中国人民财产保险股份有限公司苍山支公司、县供电公司、县人民医院、县国税局、临沂市公安局交通警察支队苍山大队、县交通局、县地税局、县中医院、山东临沂烟草有限公司苍山分公司、县民政局、道路运输管理所
2008	省级文明村镇	向城镇、兰陵镇西北圩村、卞庄镇代村、兴明乡曹湾村、神山镇后杨官庄村
2008	省级文明机关	县国税局、县人民检察院、县统计局、县教育局
2008	省级文明社区	卞庄镇朝阳社区、卞庄镇碧翠苑社区
2009	省级文明单位	县工商行政管理局、县公路管理局、县供电公司、县人民医院、县国税局、临沂市公安局交通警察支队苍山大队、县交通局、县地税局、县中医院、山东临沂烟草有限公司苍山分公司、县民政局、临沂市公路管理局206国道苍山收费处、中国人民财产保险股份有限公司苍山支公司
2009	省级文明村镇	矿坑乡后立庄村、卞庄镇代村、兴明乡曹湾村、神山镇后杨官庄村、向城镇、兰陵镇西北圩村

续表 16—15

时间	获奖级别	获奖单位
2009	省级文明机关	县国税局、县人民检察院、县统计局、县教育局
2009	省级文明社区	卞庄镇东埝头社区、卞庄镇碧翠苑社区、卞庄镇朝阳社区
2010	省级文明单位	县国税局神山分局、县第一中学、县供电公司、县人民医院、县国税局、临沂市公安局交通警察支队苍山大队、县交通局、县地税局、山东临沂烟草有限公司苍山分公司、县民政局、临沂市公路管理局206国道苍山收费处、中国人民财产保险股份有限公司苍山支公司、县工商行政管理局、临沂市公路局苍山县公路管理局
2010	省级文明村镇	兰陵镇西横沟涯村、向城镇、神山镇后杨官庄、矿坑镇后立庄、卞庄镇代村、兰陵镇西北圩村、兴明乡曹湾村
2010	省级文明机关	县地税局、县国税局、县人民检察院、县统计局、县教育体育局
2010	省级文明社区	卞庄镇中兴社区、卞庄镇碧翠苑社区、卞庄镇朝阳社区、卞庄镇东埝头社区

第四节　文化创新

1940年9月，边区县成立文联，赵进先兼任会长，马云汉任秘书长。边区县文联成立后，办起了会刊《边联抗战文艺》。同时，鲁南三军分区将临郯民众剧社、先锋剧社合并，成立沂河剧社，刘子恒任剧社队长。11月，鲁南军区以原苏鲁支队政工队为基础，从部队、地方抽调一部分文艺工作者40余人，在大炉办起了抱犊剧社，王化南任剧社大队长，龚振华任副大队长，李成宗任指导员。1941年年底，区党委决定将三地委主办的黎明剧社、分区主办的沂河剧社及鲁南军区主办的抱犊剧社合为鲁南文工团。

图 16—26　鲁南文工团合影

1978年2月，在县城文化路西侧兴建电影院，1979年5月1日竣工，共设单人铁椅1560个。

1989年6月15日，县委发出通知，要求“七一”前夕在全县范围内广泛开展演唱革命歌曲活动，用歌声歌颂党，歌颂社会主义和人民解放军，歌颂艰苦奋斗、勤俭建国的民族精神。县六大班子领导成员带头大唱革命歌曲。在各级领导干部的带动下，全县从机关到农村，从厂矿到学校，掀起了大演大唱革命歌曲活动的热潮。

1991年7月，由县委宣传部、县委党史委、县广播电视局为纪念中国共产党诞生70周年而共同拍摄的电视录像片《人民心中的丰碑——赵镈》在全区汇映中获二等奖。

从2000年开始，通过开展青年歌手大奖赛、春节文艺晚会、书画展等一系列健康向上的文化活动，不断满足人民群众的精神文化需求。积极健全县文联各类文艺协会组织，成立书画家协会、音乐家协会、摄影家协会。实施精品工程，组织创作《苍龙山传奇》《老庄市邻》《天下菜园》等3200多篇文艺作品。在高标准建设两馆一中心等标志性文化设施的同时，乡镇综合文化站（室）建设、广播电

图 16—27 “迎奥运优秀影片农村放映活动”启动仪式（2008 年 8 月 4 日摄）

图 16—28 《李双双》剧照

视村村通、文化信息资源共享、“农家书屋”和农村电影放映等“五大文化惠民工程”扎实推进，实现乡乡建有综合文化站，建立农家书屋 400 家，有线电视“户户通”入户率近 60%。扶持开发民间文化艺术，举办苍山民歌节，整理出花灯、民歌、山歌、柳琴戏、民间舞曲 80 多首，剧目 32 个，“中国民歌之乡”申报工作正式启动；兰陵猴呱哒鞭舞走进中央电视台《民歌·中国》大舞台，在艺术文化节演出中获得表演金奖，并成功入选省级非物质文化遗产；整理编纂《苍山历史文化系列丛书》，发掘整合出具有地域特色的小郭泥塑、蓝印花布、木制玩具、剪纸、过门笺等民间艺术品，被文化部评为“中国民间艺术之乡”。

先后组织拍摄了《李双双》《一个钱的天子》《蒙花与大川》等多部大型柳琴电视剧。

2006 年，与八一电影制片厂联合拍摄了八集电视连续剧《血沃丰碑》，该剧被评为临沂市第六届精神文明建设“精品工程”、26 届“飞天奖”三等奖。设立文化产业发展专项资金，着力培植文化娱乐休闲、文艺演艺等九大板块文化产业。2010 年，全县有文化产业经营单位 688 家，文化产业增加值占 GDP 比重达 4.9%。坚持文旅结合，深入挖掘兰陵古镇、荀子、兰陵萧氏、兰陵美酒、《金瓶梅》研究等文化资源，强势推进兰陵古镇文化旅游开发，打造“兰陵文化”这一拳头文化品牌。

图 16—29 电视剧《血沃丰碑》宣传画

第六章　统战工作

第一节　抗日民族统一战线

中国共产党苍山地方组织自成立之初，就比较重视做社会各界有影响人物的工作，以争取他们同情和支持革命，或加入中共党组织。

抗日战争前，已有郯城县农会主席朱次彭、郯城县四区农会主席沈林甫等加入中国共产党。

抗日战争时期，活动在临沂地区的各级党组织从抗日救国的民族利益出发，根据中共中央的指示，坚持独立自主的原则，与一切爱国的力量和阶层建立广泛的抗日民族统一战线，从而保证了抗日战争的最后胜利。

农村建党和上层社会统一战线

1936年9月，中共苏鲁边特委进入抱犊崮山区后，决定大力开展农村建党和上层社会的统一战线工作，为即将到来的抗日民族解放战争做准备。抗日战争爆发后，沈林甫等人组织“抗日民族解放促进会”，拿出自家钢枪20条、银圆500块、粮食一宗支持组建抗日武装。1937年，中共党组织与国民党专员张里元建立统战关系，组成临郯费峄四县边区联庄会办事处。张里元及其秘书李同伟（后为峄县县长）、尚岩大地主陈毓山、士绅宋鲁泉等在联庄会办事处任职，临沂县联庄会长万春圃、临郯联庄会长王伯英都拥有武装常备队。1937年10月，中共苏鲁豫皖边区临时特委书记郭子化以地方名流身份参加李宗仁的第五战区抗敌总动员委员会，担任委员，负责统战工作。1938年8月，中共党员司贺峰等受八路军西安办事处负责人林伯渠之嘱，动员老屯村佛教会长王伯英组织起农民抗日武装。1939年2月，临郯地区的中共党组织与国民党山东第三区第三行署主任蔡少衡，在层山建立临郯抗日联合指挥部。

图16—30　四县边联办事处遗址　　（2009年7月摄）

团结万春圃

八路军一一五师到达大炉后，发布《对抱犊崮山区的统战工作的指示》，明确提出在统战工作中的独立自主原则。

罗荣桓到大炉后，住在万春圃家中，经常与万拉家常，向万讲述革命道理。一一五师代师长陈光还将自己的战马送给万春圃。罗荣桓、陈光等党的高级干部平易近人的作风和八路军严明的纪律使万春圃深受教育，坚定了他在共产党领导下抗战到底的决心。当国民党顽固派将其小儿子和女儿扣做人质逼其倒向他们一边时，万春圃说：“我儿子、闺女宁

图16—31　万春圃

可不要了，也要跟着共产党走！”1940年3月，万春圃领导的四县边联办事处武装和费南游击大队及自卫团等武装合编为八路军临郯费峄四县边联支队，万春圃被任命为支队长，成为八路军的一名指挥员。

1942年，鲁南地区的抗日斗争进入最艰苦的时期。万春圃与共产党人一起坚持斗争，同甘共苦，经受了严峻的考验。翌年，万春圃被任命为八路军鲁南军区副司令员。1945年年底，63岁的万春圃加入了中国共产党。

策反孔昭同

孔昭同是滕县人，曾在北洋军中当过中将师长。1938年夏，石友三部驻扎临沂地区，孔是石的结拜兄弟，便接受了石部颁给的暂编第六师的番号，拉队伍活动于抱犊崮山区。一一五师入鲁南后，孔即派其二旅旅长董尧卿和秘书长刘元甫带大批慰问品慰劳八路军，要求接受共产党的领导，同八路军联合抗日。罗荣桓、陈光认为，孔昭同具有较强的民族意识和爱国热忱，特别是日军飞机炸死他两个儿子后，他身披书有“上尽国忠，下报家仇”的黄带，为组织抗日武装奔走呼号，在群众中享有较高的威望，是一支不可忽视的力量。当孔昭同请山东教育界名流彭畏三到一一五师陈述心曲时，罗荣桓接见了彭畏三，对孔昭同的抗日救国愿望给予了高度称赞，并先后派黄玉昆、周乐亭到孔部工作。不久，孔昭同主动取消了国民党第十军团暂编第六师的番号，决定接受共产党、八路军的领导。朱德特电委孔昭同为第十八集团军一一五师曲、泗、邹、滕、费五县游击司令。孔昭同亲率部队到一一五师驻地接受委任，师部为其召开隆重的欢迎大会，给孔部官兵颁发了八路军军装和臂章，补充了弹药。1940年10月，孔昭同积劳成疾，被送往一一五师卫生部治疗。11月，孔昭同于临终前留下“上尽国忠，下报家仇，和衷共济，协助杀敌，在共产党领导下抗战到底”的遗嘱。

争取王桂荣

王桂荣，靠油漆手艺谋生。他平时走乡串户，职业上的方便，当地人对他都比较熟悉。1938年夏，王桂荣自称道长，开始了无极道传道活动。无极道以“防匪保家”“刀枪不入”为信条，信仰“无极神位”“无极至高无上”。其道友大部分为青壮年农民，平时劳动，一旦有匪情，便立即集中起来。

无极道以大刀、红缨枪为武器，因大多数道友使用大刀，亦称“大刀会”。

至1939年春，当地群众入道者很多。境内南至李家官庄（今属苍山县兴明乡），北至文峰山，西至刘家郭（今属苍山县鲁城乡），东至杭头（今属苍山县向城镇）100多个村庄，村村都有道友，约5000余人。

1939年春，根据抗日民族统一战线政策，中共边联县委派鲁南特委干部丁一、第11工作区（向城、杭头村一带）指导员郑书箴具体做团结、争取工作，使无极道逐步摆脱迷信，走上革命道路。王桂荣担任了边联地区第11工作区（漫溪、黎丘）自卫团团长，先后率部与其他自卫团一起参加消灭顽匪陶国强、国民党暂编保安第5旅王学礼部、讨伐国民党费县县长李长胜、攻克长新桥日伪据点等战斗。

1940年4月，王桂荣部由中共边联县委改编为边联县自卫团特务团，王桂荣任团长。同年冬，王桂荣病逝。1941年年初，王桂荣部改编为抗日游击队，归边联县大队领导。

实行“三三制”

1940年3月6日，中共中央发出《抗日根据地的政权问题》的指示，指出共产党建立的抗日民主政权是统一战线性质的政权，在政权工作人员中，共产党员、非党左派进步分子和中间派各占三分之一（即“三三制”）。苍山抗日根据地在6月以后的一段时间里，按照中央和山东分局的要求，陆续召开各界抗日人民代表大会，选举产生各级参议会和抗日民主政府。

收编灰色武装

1941年年初至10月，日军临郯平原大“扫荡”后，临郯平原全部伪化，中共党组织转入隐蔽活动。中共党组织和地方武装在日军占领区，贯彻执行中共中央“广泛的展开统一战线工作，……发展进步势力（发展党的组织和民众运动），争取中间势力（民族资产阶级、开明绅士、杂牌军队、国民党内部中间派、中央军中的中间派、上层小资产阶级和小党派7种），孤立顽固势力”的基本方针，经过中共鲁南区第三地委、沂河地委和各县县委加强对伪军、土匪头目的工作，采取“晓以民族大义，秘密加委，严格代为保密”的办法，争取、收编土匪、伪军武装。至1943年1月，境内103股土匪、伪军被团结、争取96股。

策动杨廷芸

1944年，驻庄坞的伪警备第十二大队大队长杨廷芸被共产党争取策动，成为共产党控制的两面政权。对敌斗争的胜利和中共党的耐心细致教育，使杨廷芸认识到，只有共产党才能救中国，只有坚定不移地跟共产党走，才是唯一的光明大道。3月27日，杨廷芸伪团部的炮楼首先点大火为号，层山、徐圩子、黄山、兰山等杨团所属的17个据点也相继燃起大火，接着磨山、华岩寺、长城等14个和杨廷芸有联系与共产党建立关系的伪据点也起了火。6月，根据鲁南军区关于扩军的指示，三军分区以直属二大队为基础组建一一五师教导旅十七团，团长杨廷芸，副团长王福堂。该团一营由邳县大队组成，二营由军分区直属二大队组成，三营由临沂县大队组成。

第二节　爱国统一战线

新中国成立初期，中共苍山县委团结各界爱国人士、知识分子和民族工商业者，积极参加各种政治活动。1953年—1956年，围绕党在过渡时期的总路线、总任务，动员一切可以团结的力量，投入社会主义改造运动。1956年，中国共产党提出与民主党派实行“长期共存，互相监督”的方针，但由于1957年“反右”斗争的扩大化，给统战工作带来不利影响，特别是“文化大革命”十年中，党的统战政策受到严重破坏。1978年12月，中共十一届三中全会后，国家进入建设有中国特色社会主义的新时期，统一战线被称为“爱国统一战线”，它由全体社会主义劳动者、拥护社会主义的爱国者和拥护祖国统一的爱国者组成，包括台湾同胞、港澳同胞和海外侨胞在内的最广泛的联盟。

1997年，紧密联系香港回归祖国和中共十五大召开，以“迎香港回归、促祖国统一”为主题，在全县组织开展省委统战部、省委台办、市委统战部等部门举办的3期知识竞赛活动。1999年，紧紧抓住“国庆五十周年”和“澳门回归”两件大事的实施，积极开展“两面旗帜”教育。召开全县各界人士座谈会，并在《今日苍山》上开设迎回归专栏，进一步系统地介绍和宣传澳门的历史及党的“一国两制”“和平统一”祖国的方针。2001年，以抓好传达、学习、宣传中央、省、市、县四级统战工作会议精神为重点，组织参加“全国统一战线知识竞赛”活动。2006年，第二十次全国统战工作会议召开后，县委统战部组织统战成员认真学习领会会议精神，认真把握会议精神实质，组织参加“山东省统一战线知识竞赛”活动，推动了全社会对党的统战理论知识的学习和宣传。为认真贯彻落实全省、全市无党派人士政治交接主题教育活动工作会议精神，推动和引导无党派人士继承和发扬老一代无党派人士的优良传统，顺利实现政治交接，2008年8月—11月，在全县广大无党派人士中开展政治交接主题教育活动。2009年，组织召开纪念国庆60周年暨迎中秋统战人士座谈会，共同学习中共中央总书记胡锦涛在庆祝全国政治协商会议成立六十周年和中共中央党外人士座谈会上的讲话精神，进一步了解了中共中央在新形势下的对统战工作的指导思想。

第三节　非党知识分子与党外干部工作

非党知识分子

中华人民共和国成立初期，全县各级党委、政府认真贯彻党的人民民主统一战线政策，坚持“团结、教育、改造”的原则，对从旧社会过来的一部分知识分子分配了适当工作，对其中的代表人物在政治上做了适当安排。

1952年，据不完全统计，经审查和短期训练，吸收录用的旧知识分子80%以上参加文化教育工作，近20%参加企业、财经或政府部门的工作。当时，有不少非党知识分子被选为县人大代表，或担任了政府职能部门的负责人。

1957年—1978年，由于受“左”倾思想的影响，知识分子被冠以“资产阶级”的属性，挫伤了非党知识分子的工作积极性和上进心。中共十一届三中全会后，中央明确宣布知识分子是工人阶级的一部分。县内党政部门对知识分子“在政治上充分信任，工作上放手大胆使用，生活上充分照顾”，实事求是地落实了党的知识分子政策。到1987年，全县非党知识分子应解决的历史遗留问题全部得到解决，有关部门为用非所学的非党知识分子调整工作，为知识分子家属子女办理“农转非”，并安排家属子女就业，解决了住房困难。根据“革命化、年轻化、知识化、专业化”的要求，全县各级党政热心培养，大胆选拔，放手使用非党知识分子。

1988年，全县各级统战、组织等有关部门密切配合，注意抓好非党知识分子的培养教育工作，多次举办非党知识分子学习班，或安排非党知识分子参加各种培训班等，努力提高他们的政治素质和理论政策水平，增强参政议政的综合能力。遵照中央提出的对党外知识分子工作要“了解情况、综合研究、掌握政策、调整关系”的要求，全县各级统战部门从思想认识入手，从基础工作抓起，使党外知识分子工作进一步深入开展，调动了广大党外知识分子为经济建设献计出力的积极性、创造性。

1990年—2010年，坚持尊重知识、尊重人才的方针，认真贯彻落实党的知识分子政策，努力为党外知识分子在科教兴县中发挥作用创造条件。充分发挥党外知识分子联络员的作用，加强与党外代表人士的沟通和联系，定期召开党外知识分子代表座谈会，主动征求他们的意见和建议，帮助他们解决工作中遇到的困难和问题。2009年，对全县专科学历（或中级职称）以上党外知识分子进行调查摸底，进一步充实了党外知识分子人才库。2010年，结合全县党外知识分子工作实际，在各乡镇、苍山经济开发区以及教育、卫生等部分县直部门调整充实了43名党外知识分子联络员。

党外干部

中华人民共和国成立后，苍山县有多名开明绅士、民主人士被推举为各界人民代表大会代表，县级政权机构中非党人士占一定比例。中共十一届三中全会后，注意吸收各界民主人士参政议政。1984年机构改革后，一批非党人士被安排担任了县政府、人大、政协的领导职务。1989年，《中共中央关于坚持和完善中国共产党领导的多党合作和政治协商制度的意见》和中发〔1990〕10号文件下发后，党外人士的实职安排工作得到了县委、县政府的高度重视和大力支持。1991年8月，临沂地委召开各县组织部长、统战部长会议，就选拔党外干部工作作了部署，地委以临发〔1991〕33号文件印发地委组织部、统战部《关于培养选拔党外干部工作的规划》，使党外干部的培养、选拔、使用形成了制度。

1993年，结合县级地方人大、政府、政协换届工作，各级把搞好党外人士安排工作当作是坚持和完善党领导的多党合作和政治协商制度的一项重要措施来抓，使党外人士安排工作取得了很大成绩。

进入21世纪，在党外干部工作中，坚持“五到位”（即思想认识、责任落实、特色培养、安排使用、工作支持到位），认真做好党外干部选拔、培养、任用工作。按照《党政领导班子后备干部工作规定》，充实了党外后备干部人才库。县委统战部、县委组织部和县党校联合举办党外后备干部培训班，并安排他们到基层锻炼，使他们在实践中积累经验、增长才干。在使用上，既坚持干部“四化”标准和德才兼备的原则，又做到高看一眼、厚爱一层。

2006年，在县直部门和乡镇领导班子调整中，将3名党外副镇长安排到县直部门担任实职副职领导职务。另外，还建立公开、平等、竞争、择优的党外干部选拔任用机制，2006年，面向社会公开选考5名非党女副乡镇长。2007年，按照《党政领导班子后备干部工作规定》，结合苍山实际，县委统战部、县委组织部下发《关于呈报党外后备干部人选名单的通知》，调整充实了党外后备干部人才库，使党外后备干部达到90人。县委统战部、县委组织部和县委党校联合举办党外后备干部培训班，提高他们的整体素质。2007年，提拔2名正科级党外干部和2名副科级党外干部；在县人大、政府、政协换届中，提拔2名副县级党外干部。为认真贯彻落实中央、省、市培养选拔党外干部有关精神，建立一支素质优良、数量充足、结构合理的党外后备干部队伍，更好地适应苍山县各级领导班子建设的需要，2010年，县委组织部、县委统战部联合下文，调整充实党外后备干部60人。

第四节　宗教工作

中华人民共和国成立初期，全县各级党组织认真贯彻执行党的宗教政策，在宗教界中肃清了帝国主义势力。开展“三自”（即自传、自治、自养）爱国革新运动，加强了对宗教人员的教育、团结与改造。多次邀请宗教界代表举行座谈会，征求其对政府工作的建议，向他们传达贯彻共产党和人民政府的有关政策，并选举宗教界代表人物担任县人民代表大会代表，参政议政。

“文化大革命”期间，党的宗教政策受到严重破坏，天主教、基督教出现了个别串联、秘密聚会等不正常的状态。

1978年后，党和政府重申了宗教信仰自由的政策，平反了一批冤假错案，退还了“文化大革命”中被占用的宗教房产。宗教爱国组织得到恢复，并召开了宗教代表会议。县委统战部按照“保护合法的，教育引导不正的，打击非法的”的方针，在先行试点的基础上，对县内宗教活动逐步实行了开放管理，通过对宗教活动实行“三定”（即定地点、定时间、定负责人），积极做好宗教上层人物和活动点负责人的工作，对宗教人员和信教群众进行爱国守法和拥护社会主义制度的教育，逐步把宗教活动纳入正常轨道。

1990年，全县有伊斯兰教、天主教、基督教3种宗教，信教群众41136人，其中基督教36957人，伊斯兰教4059人，天主教120人。2010年，全县有佛教、伊斯兰教、天主教、基督教4种宗教，信教群众57764人，其中佛教500人，伊斯兰教5076人，天主教1832人，基督教50356人。

县、乡镇成立宗教工作领导小组，有信教群众的村均有1名支部成员分管宗教工作，形成县、乡镇、村三级宗教管理网络。同时，各乡镇宣传统战委员全部兼任民宗助理；对各乡镇宗教爱国小组进行调整充实，在全县宗教人士中形成良好的自我管理群体。

2003年，按照《山东省宗教管理条例》，县委出台《苍山县关于开展清理整治基督教私设聚会点活动实施方案》，并合理布局，统盘安排，批准登记129处活动场所，同时取缔“非三自”活动场所28处。帮助宗教爱国组织和活动场所完善各项规章制度。

2003年8月，对台湾“神之子”成员的非法宗教活动进行查处，收缴非法宗教出版物一宗。2005年6月，及时妥善制止1起非法跨省宗教活动。2005年，对重点宗教活动场所进行消防安全检查。先后在信教群众中举办科技培训班20期，受训人数达4000多人，举办天主教、基督教、伊斯兰教、佛教四教代表人士培训班10余期，培训人数200多人。在广大信教群众中开展勤劳致富奔小康活动。

1998年，长江、嫩江流域发生水灾，全县信教群众一次捐款7万多元，捐衣物上千件。至2010年，苍山县民宗局认真落实国务院《宗教事务条例》，依法管理宗教事务。按照市民族宗教事务局《开展创建“和谐宗教活动场所”活动的实施方案的通知》文件精神和部署，苍山县积极开展创建“和谐宗教活动场所”活动。

第五节　民族工作

民族构成及分布

2006年，全县有22个少数民族。2010年，全县有回族、蒙古族、藏族、维吾尔族、苗族、彝族、壮族、布依族、朝鲜族、满族、侗族、土家族、哈尼族、傣族、黎族、傈僳族、佤族、拉祜族、土族、布朗族、哈萨克族、羌族、普米族等25个少数民族，5663人，均为常住人口，分布在全县17乡镇和部分县直单位。其中，回族5484人，占少数民族人口的96.8%。有9个民族村（居），分别是磨山镇西疃村、马庄村、皇甫寺村、孙庄村，尚岩镇马套村、杨套村、坦上集村，层山镇新吴庄村，大仲村镇大仲村。

少数民族帮扶工作

新中国成立初期，县委、县政府认真贯彻落实党的各项民族政策，促进了各族的团结和各项事业的发展。中共十一届三中全会后，民族政策得到重申。县政府依照《山东省民族工作条例》制订了关于少数民族生产、生活、教育、招工等方面的一系列优惠政策及规定。

基础设施建设

从2004年开始，在全县实施少数民族“帮扶工程”，县土地、水利、林业、农业、财政等9个部门分别帮扶全县9个民族村庄。市信访局、市地震局、县国土资源局帮扶尚岩镇杨套村，先后对该村投入帮扶资金35万元，帮助该村硬化村庄道路2000米；县民政局向磨山镇皇甫寺村投入帮扶资金6万元，帮助该村修建了9项水利设施，促进了农业发展。至2010年，各帮扶单位已累计投入资金500余万元，打大口井26眼，硬化村级道路1.3万米，全县9个民族村全部实现村村通水泥路。

经济发展

2004年，制订《苍山县2004年—2011年度帮扶少数民族村“帮扶工程”》以及《五年发展规划》，下发《关于扶持少数民族发展经济促进民族团结进步的意见》，使少数民族原有的传统手工技术得到充分发展，形成许多具有民族特色的系列化工副业生产体系，如皮革、冷藏、加工等，调动了少数民族立足传统优势、加快发展的积极性。2005年，制订《关于建立长效工作机制维护民族团结和社会稳定的意见》，在财政、税收等方面落实优惠政策，在资金、物资、技术、信息、人才等方面提供优惠条件，帮助少数民族发展经济。2010年，全县少数民族企业有金信皮革、鹏辉矿业、友禾木业、鑫豹实业、凯泰冷藏等7家。其中，金信皮革有限公司积极发展“公司+农户”的经营模式，带动100多户群众从事皮毛贩运，2000多群众发展牛羊养殖，300多人进厂从事生产、销售工作。全县少数民族群众从事皮毛加工、屠宰加工、清真餐饮的个体私营户达200户。

尊重少数民族风俗习惯，加强对清真食品的管理，促进经济和谐平稳发展。1993 年，由县委统战部、县工商局、县质量技术监督局、县卫生局联合下发《关于生产经营清真食品必须尊重少数民族风俗习惯的通知》，采取定期与不定期相结合的方式，对清真食品的生产经营情况进行检查清理。2002 年，《山东省清真食品管理规定》颁布实施。2003 年中秋节前，县民族宗教、工商、卫生、质监、公安、物价等部门抽调人员对全县食品市场进行检查清理。2004 年，对符合《山东省清真食品管理规定》的清真食品生产经营场所予以挂牌、发证，逐步建立起对清真食品管理的长效机制。由于措施得力，至 2010 年，县内未发生违反清真食品管理规定的现象。

民族教育

全县有民族小学 3 所，分别为尚岩镇山套回民小学、磨山镇马庄小学（现更名为苍山县沂州民族希望小学）、磨山镇西疃回族希望小学。3 所小学共有 24 个班，在校学生 583 人，教师 33 人。至 2010 年，县委、县政府不断加大投入，改善办学条件，确保少数民族适龄儿童按时入学。尚岩镇山套回民小学，原来房屋简陋，教学条件差，临沂市、苍山县民宗及教育部门和所在乡镇多方筹资，兴建教学楼 1 座，总建筑面积 800 多平方米，并对学校进行扩建。协调沂州集团捐资 150 万元在磨山镇马庄村兴建 1 所高标准的回民小学。

少数民族干部

2008 年，全县有少数民族干部 49 人。2010 年，全县有少数民族干部 52 人，其中副县级以上干部 1 人、副科级以上干部 17 人。

第六节　对台工作

1989 年 1 月，苍山县设立对台工作领导小组办公室，1993 年 12 月撤销，1994 年 6 月恢复机构，并改为台湾工作办公室，与县委统战部合署办公，属正科级单位。2005 年 7 月，县台湾工作办公室单列，保留正科级建制，隶属于县委办公室，核定行政编制 5 名。

对台经贸交流合作和涉台宣传教育

对台交流和涉台宣传教育形式多样，每年接待到苍山县探亲、参观旅游、投资兴业的台胞都在 50 人次以上。台湾原“法务部”部长萧天瓒、台湾原国民党中将曹幕廷等率考察团先后到苍山考察。萧天瓒一行在参观兰陵萧氏大宗祠建设后当即表示捐资 100 万元。台湾董海树在磨山、鲁城、下村等处捐建海树小学 7 所。台北曹仲植基金会自 2008 年开始，连续三年向苍山残疾人联合会捐赠轮椅共计 550 辆。苍山县委主要领导分别于 2009 年、2010 年两次组团赴台进行考察交流。

招商引资工作

通过各种形式，宣传招商引资优惠政策，强化“亲商、安商、富商”意识。1995 年，台胞

图 16—32　苍山沂州民族小学

图 16—33　台资企业　（2010 年 7 月摄）

黄炎钟在庄坞镇驻地投资兴建山东福禄寿农产品有限公司，以生产牛蒡酒、牛蒡茶、牛蒡胶囊为主，是苍山县第一家台资企业。

1999年，台商注册的临沂东泰农产有限公司在苍山县大仲村镇租赁土地67公顷，栽植梨树1.8万余棵。随后，天下木业、大成集团等台资企业先后入驻苍山县。

服务台胞台属

县台办采取措施，及时了解、帮助解决台属在生产、生活方面的困难，建立健全服务机制。坚持“全方位、全过程、全天候”和“零距离”服务，设立24小时台属服务电话，及时为台属解答问题。在每年的中秋节、元旦期间开展向台属写一封信、打一个电话、寄一份贺年卡活动，以亲情乡谊增强认同感。进一步健全涉台突发事件、台胞台属投诉、涉台信访协调处理机制，对台胞台属投诉的案件及时解决，限期办结。

第七章　信　访

1976年10月，苍山县革委会办公室成立信访组，为官方首设处理信访机构。1979年12月，县革委办公室改信访组为信访科，同时成立县委办公室信访科（副科级）。1981年3月，县革委信访科更名为县政府信访科。1984年6月，县委信访科与县政府信访科合并，改名为县来信来访办公室（副科级）。1985年9月，升格为正科级单位，称中共苍山县委苍山县人民政府信访局。

2010年，苍山县信访局下设办公室、来信审理科、来访接待科、督查督办科、复查复核办。

第一节　信访制度

制度建设

1998年后，苍山县信访工作逐步走上制度化、规范化，先后建立健全信访事项受理分流机制，成立8个专项工作小组，即联席会议办公室、土地征用问题工作小组、城镇房屋拆迁问题工作小组、企业改制问题工作小组、涉法涉诉问题工作小组、困难企业军转干部问题工作小组、对越参战退伍军人及部队置业士官问题工作小组、党员干部违法违纪查处小组；建立和完善领导阅批群众来信、领导公开接访、领导包案督办等领导责任制度；建立矛盾纠纷排查制度，即半月一次定期排查、重大节日重点排查、敏感时期超前排查、共性问题联合排查、突出问题专项排查，建立处置突发事件的应急机制，先后颁发《县级有关领导同志轮流值班接访制度》《建立大维稳工作机制》《关于成立信访事项听证委员会的通知》《关于进一步加强和改进新时期群众工作的意见》《信访工作首问责任制度》《建立信访风险评估和监测预警机制》《关于对信访事项实行问责制的实施意见》《信访稳定制约金制度》《关于在全县开展矛盾纠纷“百日集中排查化解活动”的通知》《乡镇领导信访接待日工作制度》《关于成立信访事项复查复核委员会的通知》《春节和中央、省、市“两会”期间县乡领导包处重要信访事项制度》《关于进一步做好县级领导公开接访案件处结工作的通知》《关于进一步规范全县信访工作程序的通知》《关于进一步推进全县大调解机制建设的实施方案》《关于进一步加强和改进信访案件办理工作的意见》等一系列规章制度。

第二节　信访工作创新

领导接访

2008年—2010年，苍山县实行每月每天1名县级领导公开轮流接访制度，并将县级领导接访时间表发至乡镇、社区、村（居），告知全县干部群众。每月1日、2日，由县委书记和县长分别带头接待群众来访，其他时间由其他县级领导轮流公开接访。当天接访领导如遇到特殊情况不能接访，由其他县级领导补位接访，确保接访不出现空档。

党政领导干部采取走访、约访、专访、回访等多种形式，定期定点开展下访工作。县党政领导下访每月安排一次，县直机关领导下访每月安排一次，乡镇领导每半个月到村街（社区）下访一次。

信访救助

按照“党委领导、政府推动、政策引导、社会参与、慈善组织实施”的信访救助机制，对群众反映事项合情合理，但一时难以解决或无政策可落实、上访人确实生活困难的，实施信访救助。对困难涉军人员、涉法涉诉上访人员等特殊群体，除给予普遍救助外，对个别十分困难对象又采取特殊情况特殊对待的救助方式给予救助。2000年以后，县政府每年拿出300万元专项资金用于解决各类信访问题，县慈善总会专门设立信访救助金。至2010年，县慈善组织先后募集慈善资金4010多万元，发放信访救助金500多万元，共救助困难涉军人员1000多人、困难涉法涉诉上访人员50多人、长期上访而又无政策落实的困难上访人员210多人。共收到群众送来的锦旗60多面，感谢信100多封。有些上访群众不是通过一次性信访救助就能解决问题，或者虽然一时的困难得到了解决，也能够“息诉罢访”，但是，没有经济收入，生活依然十分困难。针对这种情况，县委、县政府本着以人为本的原则，采取实施社会保障与就业安置相结合的办法，对符合条件的人员纳入社会保障体系，有一技之长的推荐就业，争取让他们有稳定的收入，从根本上解决他们的生活困难。县政府先后投入120万元，为涉军人员办理失业保险和医疗保险；推荐安排160名涉军人员就业。针对上访群众中的部分弱势群体，县委、县政府积极以为民务实举措重民情、暖民心，在春节、仲秋等节日期间，专门安排相关部门到部分困难上访群众家中走访慰问，并送去慰问资金、慰问物品等，帮助他们解决实际困难，让他们能够过上欢乐、祥和的节日。如上访群众有孩子上大学、患病等特殊情况，给予一定的信访救助，帮助其渡过难关，使他们感受到党和政府的温暖。

依法处理信访

律师参与配合县信访局接待人民群众来访，为信访群众提供义务法律咨询；对来访群众进行法制宣传教育，协助县信访局做好息访解纷、化解矛盾的工作，维护社会稳定。为县信访局接待处理涉法上访事项提供法律咨询服务；受县信访局委托，参与重大疑难信访案件的法律论证，提出法律咨询意见。

信访宣传

2005年1月10日，温家宝总理正式签署颁发国务院第431号令，决定自2005年5月1日起施行新修订的《信访条例》。县委、县政府及时作出部署，研究制定《关于集中开展〈信访

图16—34　2009年8月，县领导公开接访

条例〉学习宣传教育的实施意见》。

2005年4月28日，县委、县政府在县城文化广场举办集中宣传教育启动仪式，书记张闻宇、县长王行华等县六大班子领导参加启动仪式。本次启动仪式共出动22台宣传车，设置12个宣传站，接受群众咨询1000多人次。各乡镇、县直各部门通过媒体宣传、知识竞赛、咨询活动等多种形式，向广大干部群众广泛宣传《信访条例》，使广大群众了解信访的程序、信访人的权利和义务。本次集中宣传活动，共发放宣传材料50万份，1300多份条例上墙，制作宣传标示牌100多块，同时明确每年5月为《信访条例》集中宣传月。

采取集中培训、中心组学习、专题研讨、案例分析、典型交流等形式，集中时间，集中力量，对全县党政领导干部、信访专兼职干部和农村基层干部进行培训。县委主要领导参加市委举办的研讨班；县直有关部门负责人、各乡镇分管副书记、信访办主任分8期参加全市的培训班。

县委、县政府研究制订《关于开展信访秩序集中整治活动的实施方案》。在整治中，坚持防范、教育、管理、调处、打击多管齐下，积极稳妥综合整治。至2010年，共刑事拘留33人，治安拘留169人，训诫谈话374人，批捕12人。

第三节　信访案件处理

1953年，通过人代会制定县长每月两次接见人民来访制度，设立“人民来访接待室”，同时在县政府驻地和重要城镇设立“人民来信投递箱”。1953年，信访案件的处理方法是：将案件进行登记、分类、排队，分别轻重缓急，结合中心工作，通过基层组织，调查研究案情，然后区别情况进行处理。凡属严重违法乱纪分子，一般通过县、乡人民代表会议或群众性大会进行处理；属于一般的强迫命令，多是通过各级干部会或村民代表会、党员会等处理；属于群众内部纠纷问题，则采取“当庄事、当庄了”等调解方法处理。后来，经过不断改进，逐步形成拆阅（来信）、接待（来访）、登记、分类、摘报、送批、转办、交办、催办、协办、查办、审理、回复、结案、立卷、归档等程序，建立信访处理制度，确保人民来信来访“件件有着落，事事有结果”。

1984年，为解决重复信访多、越级上访多、上访老户多、信访积案多的“四多”问题，全县抽调多名机关干部集中3个月的时间，配合临沂地区处理了多起信访案件，临沂地区这一做法后被新华社《国内动态清样》转登。

进入21世纪，苍山县信访局对信访案件的处理，坚持以下办理程序：

做好登记：主要记好来信来访人所反映的问题及其单位、住址、联系电话，接到信访事项后，能够当场答复受理的，当场书面答复，不能当场答复的，15日内决定是否受理并书面告知信访人，并向转送交办信访部门报告。

实行分理：一是分级分理。按属地管理、分级负责和归口办理的原则，分级分理。二是等级分理。根据信访人反映的问题，按等级分理。一般案件归口办理；疑难重大复杂和越级上访案件报县领导阅批并交有关单位办理，信访局挂账督办。

抓好办理：转交承办单位负责处理的信访事项，简单案件当日办结，一般信访案件30日内结案，上级转办案件和疑难重大案件、越级上访案件60日结案，情况复杂的案件，经主管领导批准，可以适当延长办理期限，最长不得超过30天。

统一归档：凡由县局批转案件，建立统一归档制度，各受理单位将处理案件的结果上报信访局，统一归档入卷。

信息通报：一是按月向县委、县政府报告一次当月信访稳定工作和案件处理情况。二是将发生的信访事项实行周通报、月通报、半年考核、全年考核。

第八章　党史资料征集研究

1978年春，苍山县开始地方党史资料征集工作，县委从县直机关临时抽调一部分人员征编革命斗争回忆录。1982年2月9日，县委成立由县委副书记戚建业为组长的党史资料征集领导小组，领导小组下设办公室，以加强地方党史资料的征集工作。1984年11月3日，设立中共苍山县委党史资料征集委员会，为县委序列的正科级事业单位，编制5人。

第一节　党史书籍编写

组织史资料

《中国共产党山东省苍山县组织史资料（1928—1987）》 中共苍山县党史研究室（委）张立法、王兴荣、魏景山主编，386千字，山东省出版总社临沂分社出版，1990年1月第一版。

该书收录苍山县自1928年有党的活动到1987年11月1日党、政、军、统战和人民团体系统的组织机构和领导人名录。收录范围均按现有辖区，追溯历史进行编纂。

《中国共产党山东省苍山县组织史资料（1987—1998）》 中共苍山县委党史研究室(委)尹树文、王华光主编，270千字，中央文献出版社出版，2001年5月第一版。

该书收录苍山党、政、军、政协、群众团体系统的党组织机构沿革和领导人名录，包括国家、省和临沂市属单位驻苍山县分支机构的党组织的史料，其行政机构的建制沿革及任职人员名录作为附录一并收入；采用按系统归类的编纂体例编排，全书按党、政、军、政协、群团、乡镇6个章节依次排列，对县属小（二）型以上企业沿革和党政领导人名录等一并收录。

党史大事记

《中共苍山党史大事记（1927年1月—1949年9月）》 刘开、张立法、魏景山主编，141千字，临沂地区出版办公室出版，1993年3月第一版。

该书采用编年体，以事件发生的时间为序，主要记述民主革命时期苍山地区中国共产党组织的创立、发展及其领导下的政、军、群众组织的重大活动和重要事件，以党的活动为主线，真实反映苍山每一历史时期的斗争特点，同时收录发生在苍山县辖范围内的上级党、政、军、群众组织的重大事件，对发生在邻边县（市）区有影响的重大历史事件，也作适当收录。

《中共苍山党史大事记（1949年10月—1998年3月）》 张立法主编，尹树文、王华光副主编，301千字，济南黄河出版社出版，1999年12月第一版。

该书以苍山现有区划为主，并注意历史沿革，力求客观地反映历史的本来面目，对已撤销的赵镈县、兰陵县的主要大事也一并收录，采用编年体与纪事本末体相结合的方法记述历史大事。主要记述新中国成立后苍山县党组织领导全县人民进行社会主义革命和社会主义建设的历史。首篇以概括综合全书基本内容，然后，分为基本完成社会主义改造时期、开始全面建设社会主义时期、“文化大革命”时期、社会主义现代化建设新时期，按时期顺序逐条记述，并以党的活动为主线，记述党、政、军、群众组织的重大活动和重要历史事件，同时收录地（市）级以上党、政、军领导机关及其主要负责人在苍山的重大活动等。

其他党史资料

《苍山暴动》 该书由苍山县党史研究室（委）魏景山、张立法主编，120千字，济南出版社出版

图 16—35 《苍山暴动》

发行，1994 年 12 月第一版。

该书分史海钩沉、难忘岁月、热血春秋、历史鉴证四个部分，主要记述中共领导苍山暴动前前后后党的活动情况，暴动过程，记述并刊发张北华、郭子化、段君毅等革命前辈的回忆文章及中央、省委和鲁南区委一批文件、文献等。

《耿耿丹心照汗青》——赵镈牺牲四十五周年纪念册　苍山县党史研究室（委）张立法、魏景山主编，68.6 千字，山东省出版社出版，1987 年 10 月第一版。

该书由薄一波、王任重、刘澜涛、王六生、穆林等的题词、纪念文章、诗歌、散文、图画等构成，还刊发了中共山东省委、临沂地（市）委、苍山县委各级为其活动工作情况及致辞、悼念文章，赵镈生前战友及亲属的一些纪念文章和回忆文章等。

《山东南菜园》　中共苍山县党史研究室刘兆东、尹树文、张立法主编，230 千字，济南出版社出版，1998 年 12 月第一版。

该书为向中共十一届三中全会胜利召开 20 周年献礼作品。记述了苍山县改革开放后，以发展蔬菜产品为主线，全县政治、经济、文化等各项事业发生的喜人变化等，并收录了温家宝、乔石、吴官正、姜春云、赵志浩、李振等中央、省领导到苍山指导工作活动情况图片等。

第二节　党史宣传与服务

纪念新中国成立 55 周年宣传活动

2004 年，苍山县党史委联合中共苍山县委宣传部、县委党校组织开展“建国 55 周年”教育理论研讨会，提供论文 48 篇；组织召开“建国 55 周年”座谈会，邀请部分老党员、先模人物、社会各界代表参加。在鲁南革命烈士陵园赵镈纪念馆，畅谈苍山县改革开放和社会主义建设所取得的伟大成就，缅怀前辈的光荣业绩，起到警示、激励后人的作用。

革命遗址普查

2010 年 11 月，根据省、市党史研究革命遗址普查工作要求，苍山县党史委成立遗址普查工作领导小组。通过制定周密普查方案，迅速开展工作。

在普查活动中，先查阅相关档案材料，对照普查登记表中的要求，通过走访当事人，知情人和有关管理人员，采取实地拍照、登记造册、查阅档案资料、全面采访、查找有关革命史迹来源等形式，搜集整理革命遗址的宝贵史料。对辖区范围内民主革命时期的 100 多处革命遗址进行全面详细的实地普查，逐项逐条收集整理汇总数据。内容包含革命遗址的名称、地址、面积、建筑样式及材质，遗址的形成时间、利用时间、本体的历史由来，遗址的使用状况、保存状况、陈列物品及环境状况等。

其他服务活动

为迎接中华人民共和国成立 50 周年，配合市委党史委出版的《历史的丰碑——沂蒙百处革命纪念地巡视》《放歌沂蒙——献给共和国 50 周年》编写配稿 3 篇；承担山东省纪委原副书记孙怒之的《革命回忆录》苍山工作部的收信整理撰写约 25 千字；协助山东电视台赴大炉召集老干部、老党员座谈会，拍摄罗荣桓率领一一五师创建鲁南抗日根据地，发动群众抗日回忆图片及拍照录像材料；为中共中央党史研究室和省委党史研究室编写的《革命英烈大典》《山东党史人物辞典》供稿37条；为《齐鲁共产党人风采》收集整理英模人物4名；为市委党史委出版的《抗日战争的艰难风貌——沂蒙反扫荡纪实》等供稿4篇；2000年—2001年，为《沂蒙红嫂颂》《沂蒙双拥颂》提供典型材料32篇，抗日模范村等典型材料2篇；2002年—2004年，参与临沂市委党史委组织的《历史的丰碑》《中共临沂党史人物》《临沂市英模人物》等书的编写工作，《历史的丰碑》和《中共临沂党史人物》两部书收入苍山县党史委提供的史料48篇，近20万字。

第九章　党校教育

中共苍山县委党校坐落于县城西南部，顺和路西段。学校总占地面积2.1公顷，建筑面积7400平方米，可同时容纳800人培训学习。基础设施和教学设备齐全，设有1个报告厅、1个多媒体教室、3个普通教室、1个图书室和学员公寓；校园内还设有网球场、篮球场、羽毛球场等体育娱乐设施。苍山县委党校人员编制30人，2010年有干部职工28人，其中参照公务员法管理16人，高级讲师6人，讲师9人；大学学历12人，研究生学历6人。

第一节　历史沿革

中共苍山县委党校始创于1951年11月，始称中共苍山县委党训班，1959年8月改为苍山县委党校。1967年年初，因“文化大革命”之故停办。1972年2月，恢复为正科级事业单位，设立党总支。党校内设办公室、教务处、总务处3个科室。1985年，新增函授站、乡镇党校指导室2个科室。1992年2月，被批准为中等专业学校体制，开始设立常务副校长，县委书记兼任党校校长，党总支书记、常务副校长主持日常工作。1992年8月，县委党校升格为副县级，内设办公室、教务处、总务处、函授处、乡镇党校指导室、理论教研室6个处室。1996年8月，6个处室升格为副科级。1993年，县委党校开始举办中央党校函授大专班、山东省委党校大专班和本科班、临沂市委党校函授大专班等业余教育班次，同时开展党员干部培训，党校成为以党员干部培训为主，函授教育、社会办学和继续教育为辅的综合性培训基地。

图16—36　党校全景　（2010年摄）

1982年—1987年，宋致业、邹维明、秦纪法先后任校长。1988年至2010年12月，县委书记蔺景何、李富山、王举生、张闻宇先后兼任县委党校校长，刘建华、宋学光、王克洪先后任党委书记、常务副校长。

第二节　教育教学

培训轮训工作

1951年—1967年，举办党员轮训班9期，受训党员干部3165余人；互助合作社训练班7期，培养社员2130余人；整风训练班6期，培训干部360余人。1972年—1992年，举办中共十二大、十三大精神培训班、机关文秘培训班等培训班57期，培训干部8700余人。

图16—37　农村党组织书记培训班　（2010年8月摄）

1993年—2010年，共举办中共十四大、十五大、十六大、十七大精神培训班，农村党支部书记、入党积极分子、中青年干部、妇女干部及工会干部等各类主体培训班次156期，培训党员干部和各类专业技术人才2.8万余人次；共举办中央、省市委党校函授业余本科班和大专班53个班次，专业涵盖政治、经济管理、法律、涉外经济、行政管理、建设经济管理、会计学等，招收学员3559人。此外，不断外派教师赴县直单位、乡镇、乡村、企业、学校开展宣讲活动，培训人数3万余人。

业余函授工作

1993年，举办中央党校政治专业函授大专班，招收学员102人，毕业98人。举办省委党校涉外经济管理专业大专班，招收学员87人，毕业78人。1994年，举办市委党校业余函授大专班，省委党校业余本科、大专及农村干部业余大专班。到1995年，共举办省委党校业余专、本科班、农村干部业余大专班等6个班次，学员达733人，业余函授教育办学规模不断扩大，教学质量进一步提高。1996年—2003年，先后举办中央党校法律专业函授大专班，省委党校农村经济管理、经济管理、法律、行政管理专业大专班17个，经济管理、法律专业本科班11个，共毕业学员1549人。2004年—2008年，先后举办省委党校经济管理、法律、建设经济管理专业等本专科班23个，招收学员880人，毕业学员767人。2003年被市委党校评为“业教教学管理工作先进学区”，2004年被市委党校评为“业教教学检查先进学区”。2009年，在中央党校和省委党校确定停止业余函授班招生后，重点放在在校生的教学管理、毕业工作和业教转型的基础性工作上，促进了向社会办学的初步转变。

教学工作

1996年—2010年，党校建立以党委书记、常务副校长主抓教学的工作机制，相继制定与完善《苍山县委党校教师守则》《苍山县委党校考试考核制度》《苍山县委党校公开课评比实施办法》《苍山县委党校春季教师试讲实施办法》等一系列规章，进一步完善教学评估机制。

2008年，根据中共中央《党校工作条例》，按照“强化理论武装、拓展世界眼光、培养战略思维、加强党性修养”的新时期干部教育培训要求，创新教学模式，采取案例式、菜单式、互动式、体验式以及异地教学等新手段。2009年，在中青班、副科级干部培训班等主体班次中采取异地教学方式，组织学员赴无锡、昆山、龙口等地市开展异地培训和现场教学，并把红色教育和拓展训练加入教学内容。

2010年，县委党校利用县委开办“周一大讲堂”有利时机，拓宽培训渠道。采取党校集中授课和外派骨干教师赴各单位宣讲相结合，走出一条大党校、大课堂、大培训的路子。推行县级领导上讲台制度，县级领导干部轮流在党校重要理论培训班上授课。开展现场教学，带领学员走出去学、到农村学、到田间地头学，加强学员对县情和基层工作的熟悉把握。

1998年后，先后有2名教师获得山东党校优秀教学奖。2005年—2010年，党校教师连续数年在市委党校举办的教学观摩竞赛中获得第一名的优异成绩。

第三节　教学研究

1987年—1993年，参加山东大学出版社发行的《共青团的光辉历程》、石油出版社发行的《企业思想政治工作纵横论》、海南人民出版社发行的《政治经济学》社会主义部分的编写，发表论文37篇。

1994年—2003年，参与编写了经济出版社发行的《面向二十一世纪的教育和文化》，编写出版了中国商业出版社发行的《股份合作制要在实践中完善》著作，发表论文89篇，其中，《农村干部要探求新的工作方法》一文在《支部生活》发表，《在知识经济条件下大力发展党校业余函授教育》一文在《中国现代教育研究杂志社》发表，《抓住机遇，在发展中赢得主动权》一文在《重庆广播电视大学学报》发表，《农村生产责任制的实践》一文在《时代的变迁》发表；57篇论文在省市研讨会上获奖，其中，《邓小平市场经济的理论与实践》获省委组织部理论研讨会一等奖，8篇论文被选入全省党史系统“中国共产党与中国现代化学术讨论会”，并分别获二、三等奖；10篇论文被选入市委党校举办的理论研讨会，15篇论文被选入市委宣传部举办的理论研讨会，并分别获一、二、三等奖。

2004年—2008年，发表论文40多篇，一大批优秀论文在省级以上公开刊物发表，其中，《论“党的干部”与“人民公仆”的逻辑关系》在《新乡师范高等专科学校学报》发表，《临沂城市建设的文化学分析》在《临沂师范学院学报》发表，《农业税改革：一条惠农而坎坷之路》在《山东省农业管理干部学院学报》发表，《浅议我党小康理论的形成和发展》在《领导科学报》发表，《加强公民对中国近代史教育之我见》在《河南教育学院报》发表，《营造和谐健康心理环境，创建绿色校园》在《成才之路》发表，《浅谈票据融资的必要性、制约瓶颈与政策取向》在《淮海经济》发表，《建设社会主义核心价值体系，增强社会意识的吸引力和凝聚力》在《新西部》发表，《20世纪贺铸在研究领域所受冷落及其原因》在《现代语文》发表；22篇论文分别在省、市研讨会上获奖。2007年，实施课题带动战略，《向城镇小城镇建设的定位思考》和《荀子隆礼重法的社会管理思想及其当代价值》分别获市委党校和市社联立项，并获市社联优秀社会科学成果三等奖；优秀教学案例《积极稳妥地推进政治文明建设》被评为市委党校优秀讲稿。

2009年—2010年，在国家、省、市级刊物上发表论文28篇，其中，《从分散的小农户到组织化的大农民——以苍山县会宝山生态产业合作社为例》在《中国农民合作社》发表，《从分散的小农户到组织化的大农民》《以大讲堂促大工程》在《山东经济研究》上发表，《农村养老保障调查分析与对策研究——以山东省苍山县为例》在《山东农业管理干部学院学报》上发表，《加快农村社会事业发展的对策研究——以山东省苍山县为例》在《山东行政学院学报》上发表，《合作社的标准化基地和品牌建设》在《农业部管理干部学院学报》上发表等；在省社科联、市委党校组织的研讨会上有9篇文章获优秀奖；有1项课题获省委党校立项并成功结项，5项课题获市社科联立项并成功结项，7项课题获市委党校立项并成功结项；1项课题被省委党校评为优秀科研课题，3项科研成果《加快实施“突破苍山”战略，促进县域经济又好又快发展》《从分散的小农户到组织化的大农民》《想作为　能作为　有作为——做好县级党校科研工作的思考》分获临沂市第十五次、第十七次社会科学优秀成果三等奖。

第四节　学员管理

1998年起，相继制定和完善了《苍山县委党校学员守则》《中共苍山县委党校学员管理制度》《苍山县委党校学员档案管理规定》等规章。2008年，根据《干部教育培训工作条例（试行）》和《中国共产党党校工作条例》，制订了《苍山县委党校学员党性锻炼计划》《中共苍山县委党校学员百分制考核办法》。从开班报到、课前点名、教学、食宿等各个环节入手，确保干部培训管理的系统化、规范化和制度化。2010年7月，在临沂市党校学员管理工作会议上，苍山县委党校作典型发言。

第五节　后勤保障

针对老校位置闭塞、规模偏小的现状，从2008年开始，采取异地置换方式，选址另建新校。2009年3月，新党校建成并投入使用。学校内铺设宽带光缆，校园局域网布线，配备高标准信息化教学设备和设施，实现省委党校提出的“八配套”“新四化”的要求，党校具备了大规模培训干部的基本功能。

图16—38　党校机房　（2010年3月摄）

学校行政后勤工作由分管副校长主抓，办公室和总务处具体负责。先后出台《苍山党校图书使用管理规定》《苍山党校车辆使用制度》《苍山党校办公用品采购及使用制度》《苍山党校卫生值日办法》《苍山党校文印物品使用规则》等一系列规章制度。教学管理主要由教务处负责，实行任务目标层层分解，落实到人。从学员报到、学习、食宿等重点服务环节入手，抓好细节服务，对学员做到严格要求与热情服务相结合，保证各类培训任务的顺利进行。

县委党校图书馆和阅览室建立于1980年，隶属教务处管理。图书馆面积70平方米，藏书5000余册，各种报刊200余份。阅览室面积130平方米，可提供50个座位供教职工和学员学习。2007年6月，全国农村党员干部现代远程教育网和中央党校远程教学网开通并投入使用。在教室配备电教设备，各科室全部配备微机，并开通互联网。2010年2月，苍山党校网站开通。

第六节　教师队伍

2004年—2010年，学校共交流副科级以上领导干部10人，提拔副科级以上领导干部3人，实现党校领导班子的年龄和知识结构的优化及合理配置。在人才队伍和自身建设方面，自2006年起，苍山党校就开始注重更新教师队伍知识结构，补充高学历高层次人才。采取选派教师到上级党校培训、函授和到厂矿、学校、农村调查研究及到基层挂职锻炼的方法，从理论和实践上提高教师的业务素质。

1996年—2010年，先后选派教师40多人次到中央党校、清华大学、山东大学及省市党校进修学习，下派5名骨干教师到农村基层包点帮扶和挂职任职锻炼。2006年，招考录用2名本科生。2007年和2008年，分别录用一名研究生充实到教师队伍中来。2010年5月，经县委同意，会同人事、纪检部门，采取公开招考的方式，面向全市公开考录4名硕士研究生，进一步改善教师队伍结构。

第十七编
地方权力机关

蒼山縣志

1937 年 7 月，抗日战争爆发后，在中华民族面临危亡的关键时刻，苍山境内的党组织坚决贯彻中共中央的抗战方针，广泛建立抗日民族统一战线，开辟抗日根据地，成立参议会和抗日民主政府，并召开各界民众代表大会，推选参议长和抗日民主政府县长。

1949 年年初，苍山县与赵镈县根据《山东省县人民政府组织条例（试行）》，分别召开第一届各界人民代表会议。1950 年 5 月，苍山、赵镈两县合并为苍山县后，至 1953 年 12 月，相继召开了苍山县第二、第三届各界人民代表大会。各代会的职权为：1949 年至 1951 年，主要是参政、议政、资政。1952 年召开的各代会会议，代行县人民代表大会的职权。在各代会历次会议期间，均选举产生了各界人民代表会议常委会（协商委员会）。历届各界人民代表会议，刘耀华连任主席，李光明、郑作贤、徐公轩、万兴安先后任副主席。

1954 年 7 月，苍山县第一届（首届）人民代表大会一次会议召开。这次大会根据中央人民政府公布的《中华人民共和国全国人民代表大会及地方各级人民代表大会选举法》和《关于基层选举工作的指示》，选举李肃为县长，王熙民为副县长；还选举了法院院长及出席省人代会的代表。第一届人民代表大会五次会议根据有关规定，决定于 1955 年 12 月撤销各代会常委会，选举成立苍山县人民委员会。自此，苍山县人民代表大会成为苍山县县级地方政权机关，县人民代表大会选举产生的县人民委员会为县级行政机关。苍山县第一届人民代表大会一次会议后，相继于 1957 年 1 月至 1966 年 3 月召开第二届至第六届人民代表大会各次会议。

1966 年—1976 年，由于全国开展“文化大革命”运动，苍山县没有召开人民代表大会。其间，由军队、干部、群众代表“三结合”的苍山县革命委员会取代了县委、县人委的职能。1971 年 12 月，中共苍山县委恢复后，县革委改为行政机构。

1978 年 4 月，召开苍山县第七届人民代表大会第一次会议。选举产生新的革命委员会作为人民政权机关，任期 3 年。

1981 年 5 月 28 日—6 月 1 日，召开苍山县第八届人民代表大会，选举产生县第八届人民代表大会常务委员会，撤销“苍山县革命委员会”，恢复苍山县人民政府，并选举产生县人民政府组成人员、县人民法院院长和县人民检察院检察长。自此，苍山县人民代表大会制度建设全面恢复。县九届、十届、十一届、十二届、十三届、十四届、十五届人民代表大会常务委员会，根据《中华人民共和国全国人民代表大会和地方各级人民代表大会选举法》和《中华人民共和国地方各级人民代表大会和地方各级人民政府组织法》的要求，依法行使职权，将县人民代表大会制度建设推向一个新的发展阶段。

第一章　参议会

临沂县参议会

1940 年 8 月 17 日成立。杨舒臣、盛儒修、郭图臣依次任参议长。傅普仁、王砚初、张淮亭、杨锡九为副参议长。先后驻庄坞、涌泉村。1945 年 9 月撤销。

临郯费峄四县边区县参议会

1941 年 3 月 28 日，临郯费峄四县边区县在万村召开抗日人民代表大会，选举产生边区县参议会议员 61 名，盛清沂任参议长。1942 年 9 月，刘仲旭兼任参议长，赵进先、刘子才、宋鲁泉、盛儒修为副参议长。1944 年 2 月撤销。

1941年3月，边区县参议会成立，使边区县政府成为一个名副其实的“三三制”抗日民主政府，抗日民族统一战线得到巩固和壮大，是中国共产党的四县边联统一战线工作达到鼎盛的标志。

赵镈县参议会

1944年2月，临郯费峄四县边区县参议会改称赵镈县参议会。刘仲旭、盛儒修先后任参议长，赵进先、刘子才、宋鲁泉、郑作贤为副参议长。中华人民共和国成立后不再设参议会。

苍山县参议会

1947年3月，苍山县从赵镈县析置后设立，1949年9月撤销。

第二章　各界人民代表会

第一节　临郯费峄抗日人民代表会

1941年3月28日—31日在万村召开，工、农、青、妇、学各界抗日救亡团体，士绅代表150余人参加会议，决定成立临郯费峄四县边区县政府，选举狄井芗为县长和61人的县参议会。

第二节　赵镈县各界人民代表会

第一次会议

1949年10月17日至18日在车辋召开，出席会议代表151名，会议听取审议政府工作报告。通过确定地权，迅速颁发土地证；要求省政府指令邻县协作，挖河排水；推广造林、销售土产；政府贷款辅助，发展农村手工业、采矿、淘金；解决师资，开展文化教育5项议案。选举万兴安为出席山东省人民代表会议的代表。

第二次会议

1949年12月6日—9日召开。出席会议代表149名，缺席2名，外县来宾13名。听取审议政府工作报告，制订全县冬季工作计划。

第三节　苍山县各界人民代表会

第一届各界人民代表会

第一次会议　1949年11月21日—23日在磨山召开。出席会议代表144名，缺席9名。副县长王士一作施政方针报告，县委书记郑希孟作政府工作报告。选举出席山东省各界人民代表会议的代表。

第二次会议　1950年6月24日—26日在卞庄召开。出席代表215名，缺席3名。县长李光明作1950年上半年工作报告。选举产生各界人民代表会常务委员会，刘耀华为主席，郑作贤、徐公轩、李光明、万兴安为副主席。

第二届各界人民代表会

第一次会议　1950年11月5日—7日召开。出席代表326名。县长李光明作政府工作报告。选举产生常务委员会，刘耀华为主席，李光明、郑作贤为副主席。

第二次会议　1951年7月1日—10日召开。出席代表235名，吸收民兵代表82名。县委书记刘耀华作工作报告。会议控诉美、日帝国主义的侵略罪行，作出“抗美援朝、保家卫国”的决议。

第三届各界人民代表会

第一次会议　1952年7月13日至15日召

开。出席代表276名，缺席30名。县长张作臣作1952年上半年政府工作报告，县委书记徐迅作夏季生产工作报告。会议通过巩固、提高、发展变工互助，搞好城乡物资交流，做好公粮预征，镇压反革命等工作的决议。

第二次会议　1952年11月1日至4日召开。出席代表265名，有34名代表因查田、整党等工作，未能到会。县长张作臣作施政工作报告，指出县政府在7月初清理棉田时，犯有严重的强迫命令错误，酿成了苍山县“拔棉事件”。县委书记徐迅作总结报告。通过在全县实行查田定产的决议。会议选举韦佃廷、成秀兰（女）为出席山东省各界代表会议的代表。

第三次会议　1953年2月25日至28日在县驻地卞庄召开。出席代表261名。县长李肃作施政工作报告，县委副书记柏茂贞作今后工作任务的报告。大会决定把春耕生产和生产救灾作为压倒一切的中心任务来抓，巩固、发展农业合作组织。

第四次会议　1953年5月2日至6日召开。出席代表217名，特邀代表2名。县长李肃代表县政府作关于对人民群众乱捕乱判的检讨和春季工作报告，县委副书记柏茂贞作夏季工作建议的报告。会议追查县法院院长杨心一的责任，给予撤销院长职务的处分。大会通过在机关开展反对官僚主义、命令主义、违法乱纪斗争的决议。

第五次会议　1953年7月20日至23日召开。出席代表219名，区乡干部318名列席会议。听取审议政府施政工作总结和秋季工作意见的报告。作出抓好普选试点、开展普选工作、定期开好乡人民代表会议的决议。

第六次会议　1953年12月24日至26日在县驻地卞庄召开。出席代表219名。听取审议政府施政工作报告。作出在全县宣传贯彻党在过渡时期的总路线、总任务，实行粮食统购统销政策的决议。

第三章　苍山县人民代表大会

第一节　代表选举

苍山县（赵镈县）各界人民代表会议的代表，是经过工、农、青、妇等群众团体和民主党派、社会名流协商产生的。他们通过参加各界人民代表会议，代表全县人民行使地方国家权力。建国初期，苍山（赵镈）县人民政府召开的一、二、三届各界人民代表会议的代表，是依照中央人民政府委员会第四次会议通过的《各界代表会议组织通则》和山东省《试行组织条例》产生的。第一、二届任期为半年，第三届任期为一年，可连选连任。对不称职的代表，政府予以撤换。代表为了履行职责，开展工作，以区为单位建立代表小组，自选正、副组长，制定小组工作计划，负责收集提案等工作。

1954年，依照《中华人民共和国宪法》规定，苍山县人民委员会召开的一、二、三、四、五、六届，共15次人民代表大会的代表，是按照1953年1月13日和3月1日中央人民政府通过的地方组织法、选举法的规定，在全县用普遍选举的方法，由各区、乡镇（人民公社）召开人民代表大会，选举产生县人民代表大会代表，每届任期3年。至1966年第六届一次人民代表大会后，开始了“文化大革命”。当地政府机关受到冲击，各级领导干部被批判而靠边站，人民代表大会随之中断。

1978年，第七届人民代表大会代表，根据中发〔1977〕39号文件和省、地革命委员会通知精神，有21个公社革命委员会召开扩大会议，根据县分配名额与要求，提名酝酿协商，民主推选人民代表。

1981年—2010年，第八届至十五届人民代表大会代表的产生、选区划分、选民登记、代表候选人的提出及选举程序等都是按照1979年7月1日全国第五届人民代表大会第二次会议通过的地方组织法、选举法的规定进行的。以代表候选人名额多于应选代表名额的二分之一至一倍的差额，由选区的选民过半数选票通过，直接选举出席县人民代表大会的代表。从十二届开始，每届任期由3年改为5年。

依据《中华人民共和国全国人民代表大会及地方各级人民代表大会选举法》和中央选举委员会关于基层选举工作的规定，按照各乡人口，照顾人民代表的广泛性、代表性，每个乡（镇）按照应选县人民代表的名额，认真进行选举。代表条件：凡居住在苍山境内，年满18周岁的中华人民共和国公民，不分民族、性别、职业、社会出身、宗教信仰、教育程度、财产状况和居住期限均可当选为人民代表。但尚未改变成分的地主分子、依法被剥夺政治权利的反革命及其他分子和精神病患者，无选举权和被选举权。代表候选人初步名单，一般由党组织、乡（镇）人民政府及各人民团体的代表共同协商提出后，经乡（镇）人民代表大会代表酝酿同意，并征求群众意见，作为代表候选人正式名单，于选举前由县选举委员会公布。代表候选人的提名应照顾到少数民族，尤其是妇女的代表名额。

采用举手和无记名投票的方法，进行选举。但是，选举县人民代表，需得乡镇人民代表大会代表过半数出席，并获得出席代表过半数赞成，始得当选。

第二节　历届人民代表大会

1954年7月6日，苍山县召开首届人民代表大会。“文化大革命”期间，人民代表大会中断。1978年恢复人民代表大会制度，设立常务委员会。到1996年4月18日，共召开12届人民代表大会，举行过33次会议。

第一届人民代表大会

第一次会议　1954年7月6日—12日在县驻地卞庄召开。出席代表427名，缺席22名，列席4名。听取审议政府工作报告。决定在全县开展群众性的学习讨论宪法草案的运动，迎接国家根本法的诞生。采用无记名投票等额选举的办法，选举李肃为县长，王熙民为副县长，张友文为法院院长，于廷森、张瑠、任志明、李希平为省人大代表。

第二次会议　1954年9月10日—13日举行。出席代表344名，缺席104名，邀请各界人民代表会议常务委员会委员12名，省人大代表1名，列席会议。省人大代表于廷森传达省人民代表大会会议精神，学习省人代会作出的各项决议。县长李肃对县人民政府执行一次人代会决议的情况向本次大会汇报。通过棉花计划收购和坚决拥护、广泛宣传解放台湾联合宣言的决议。

第三次会议　1954年10月22日—25日召开。出席代表278名，缺席170名，列席21名。副县长王熙民作施政工作总结报告，县委书记李福崇作时事报告并对今后工作提出建议。会议对促进农村农业、手工业、供销、信贷合作化的共同发展，认真做好粮食征购销售工作形成决议。

第四次会议　1955年2月4日—6日召开。出席代表312名，缺席137名。县长盛玉璞作施政工作报告，县委书记李福崇作关于春季工作建议的报告，县委副书记李希祥作当前形势与任务的报告。会议作出决议：号召全县认真执行义务兵役制，反对美蒋战争条约，加强社会治安，打击反革命分子破坏活动，坚决完成国家经济建设公债的发行任务，支援国家建设。

第五次会议　1955年12月17日—23日召开。出席代表345名，缺席104名。省人大代表于廷森传达省人大首届三次会议精神。副县长王熙民作政府工作报告，县委副书记李希祥作关于目前形势和今后任务的报告，县委合作部部长高新炬就全县三年全面建设规划向大会提出建议，县公安局局长王文希传达县新兵征集方案。经审议，通过上述报告的决议。依照《中华人民共和国地方各级人民代表大会和地方各级人民委员会组织法》规定，大会决定，撤销县各级人代会常务委员会，选举成立苍山县人民委员会。自此，县人民政府改称县人民委员会（简称县人委）。会议选举产生县人民委员会和县人民法院院长。盛玉璞为县长，王熙民为副县长，李福崇、邢继岭、高新炬、李文祉、王文希、朱民三、杨培兰（女）、王志善、王连福、李仲仁、朱景全、王凯、马文全、陈广年、郑作贤、王善政、陈毓山、刘学武、褚思平为委员，张友文为法院院长。

第六次会议　1956年10月21日—23日召开。出席代表287名。因事和工作调动缺席163名。听取审议副县长王熙民作的施政报告、法院院长张友文作的人民法院的工作报告。省人大代表于廷森传达省人民代表大会的精神。确定今后的任务为：以农业生产为中心，坚决完成秋季征购任务；贯彻男女同工同酬的原则，切实抓好农业合作社的分配工作；广泛宣传选举工作的伟大意义，认真做好普选工作；结合做好物资计划供应、拥军优属、镇压反革命及除“四害”（苍蝇、蚊子、老鼠、麻雀）讲卫生工作。

第二届人民代表大会

第一次会议　1957年1月8日—14日召开。出席代表316名，缺席44名。县人民委员会科、局长及部分区干部共47名列席会议。审议施政工作报告。确定今后任务为：要依靠党的领导，充分发挥合作化的优越性，确保全年增产计划的实现；要贯彻互利政策和民主办社的原则，处理好合作社的政策问题；抓好税收，搞好粮食定销，打击粮商粮贩的不法活动；继续贯彻生产自救，稳定灾民情绪，发动妇女参加一切社会活动。会议采用无记名投票的方法，选举产生县人民委员会和县人民法院院长。孙立阶为县长，王连福、李春学、宋沛汉为副县长。李福崇、齐登禄、杨培兰（女）、刘春法、李文祉、张立廷、马文全、陈广年、陈毓山、刘学武、郑作贤、褚思平、王善政、王锡瑞、陈玉玺、徐慎点、朱景全、李仲仁为委员。张友文为法院院长。

第二次会议　1957年12月27日—30日召开。出席代表257名，缺席103名，列席8名。听取孙立阶县长作的县人委工作报告，总结战胜几十年未有的严重水旱灾害的经验，商讨以生产救灾为中心，结合做好其他各项工作的方针，保证灾民不逃荒、不要饭，不发生冻饿死人的事故。决定继续开展全党全民整风运动，彻底肃清领导上的官僚主义、主观主义、宗派主义和右倾保守思想，继续贯彻农业生产发展纲要四十条，全面贯彻民主办社、勤俭办社的方针，正确处理国家、农业社和社员的三者关系。

第三届人民代表大会

第一次会议　1958年5月25日—30日召开。出席代表341名，缺席63名，列席10名。听取审议施政工作报告、法院工作报告。商讨继续开展全民整风运动，巩固合作组织，抓好粮食征购、统销、分配工作。决定广泛深入地宣传贯彻鼓足干劲，力争上游，多快好省地建设社会主义的总路线。会议选举孙立阶为县长，王连福为副县长。薛亮、齐登禄、李文祉、张青山、王永芬（女）、李春学、陈毓山、郑作贤、王善政、王锡瑞、刘学武、马文全、柴维州、张玉廷（女）、朱景全、陈玉玺、李仲仁、王克善、赵廷海、戴高明、刘大鹏、冯骁、赵玉佩为委员。张友文为法院院长。林明、张瑨、于廷森、张玉廷（女）、李希平为省人大代表。

第二次会议　1959年9月10日—11日召开。出席代表232名，缺席127名（因区划变更，有45名代表划属归临沂、郯城两县），列席10名。听取县委书记薛亮作的政治工作报告、县长孙立阶作的施政工作报告。确定今后的任务为：认真贯彻党中央和毛主席关于建设社会主义的总路线和以农业为基础、工业为主导，发展国民经济的总方针；农业要以粮为纲，贯彻八字方针；工业要大搞技术革命和技术革新运动，保证优质高产；结合做好财贸、交通、邮电、文教卫生等工作，以适应工农业生产“大跃进”的新形势。补选李春学为副县长。

第四届人民代表大会

第一次会议　1961年4月17日—22日召开。出席代表357名，缺席43名，县直机关负责人列席会议。听取施政报告、财政预决算报告、国民经济计划报告、法院工作报告。经审议，通过上述报告，并作相应决议。会议以无记名投票的方法，选举孙立阶为县长，邢继岭、张盛发、李春学、王兴泉为副县长。于国祥、马文全、王克善、王永芬（女）、王玉堂、王锡瑞、王善政、冯骁、刘大鹏、孙发俊、陈玉山、李仲仁、李继荣、周晓、居怀玉、郑作贤、杨廷芝、张玉廷（女）、赵廷海、赵玉佩、徐兰九、盛乐堂为委员。补选杨毅为出席山东省二届人大会议的代表。

第二次会议　1962年7月23日—27日举行。出席代表260名，缺席18名，列席60名。听取审议施政工作报告、法院工作报告，代表典型发言。确定今后任务为：集中力量搞好农业生产，克服畏难发愁和依靠思想，积极做好生产救灾工作；继续调整工业体制，下放社办工业，进一步做好精简职工和压缩城镇人口工作；做好物资供应和农副产品收购工作，活跃农村市场，巩固工农联盟，坚决打击投机倒把活动。补选王士一、霍恩洋为副县长。

第五届人民代表大会

第一次会议　1963年5月19日—28日举行。出席代表349名，缺席51名，列席32名。听取审议县人委工作报告、财政预决算报告、农业发展规划报告、县人民法院工作报告。并作出如下决议：高举总路线、大跃进、人民公社三面红旗，坚持政治挂帅，加强人民民主专政；认真贯彻执行以农业为基础，以工业为主导的方针，进一步巩固人民公社集体经济，为争取全面丰收和实现十年远景规划而奋斗；号召全县人民大力提倡晚婚和计划生育。会议选举孙立阶为县长，邢继岭、王士一为副县长。万兴安、王永芬（女）、王克善、王玉堂、王善政、刘学贵、李春学、李仲仁、宋文恒、杜文藻、吴兴汉、周晓、居怀玉、郑作贤、赵玉佩、柳子芬、徐兰九、马文全、高清太、冯庆明、冯骁、张锡杰、张玉廷（女）、颜士练为委员。张友文为法院院长。杨毅、陈庆麟、于廷森、张玉廷（女）、王善政、李凤鸣、李桂真（女）为省人大代表。

第二次会议　1964年7月24日—26日举行。出席代表329名，缺席68名，列席12名。听取审议县人委工作报告、县财政预决算报告、县法院工作报告。审查批准以上报告，并作出决议。要求全县加强阶级教育，广泛深入地开展阶级斗争、生产斗争和科学实验三大革命运动，争取形势的进一步好转；以大庆、大寨人的精神为榜样，开展群众性的比学赶帮运动，努力搞好农田水利基本建设。选举翟秀吉为县长，李中全为副县长。

第六届人民代表大会

第一次会议　1966年3月4日—6日举行。出席代表329名，缺席76名。听取审议县人民委员会工作报告、财政预决算报告、法院工作报告。会议通过上述报告，作出相应决议。号召全县人民认真贯彻毛主席“备战、备荒、为人民”的指示，高度警惕帝国主义的侵略阴谋，加强国防建设，保卫社会主义的建设成就。选举翟秀吉为县长．李保义、邢继岭、李中全、伏广余为副县长。丁履阳、万兴安、王士一、王永芬（女）、王克善、李春学、李仲仁、杜文藻、宋文恒、居怀玉、郑作贤、赵玉佩、张玉连、张玉廷（女）、徐兰九、马永泉、高清太、冯骁、冯庆明、潘兆吉、颜士练、王善政为委员。

第七届人民代表大会

1978年4月23日—26日在县剧院举行。出席代表714名，缺席36名，县直机关部门主要负责人列席会议。听取县革命委员会主任李顺祥作的工作报告。审议通过这个报告并作出相应决议。要求全县大力宣传新时期的总任务和新宪法，深入进行揭批江青反革命集团的斗争，调动一切积极因素，为把我国建设成为四个现代化的社会主义强国而奋斗。大会采用无记名投票的办法，选举产生苍山县革命委员会、法院院长和检察院检察长。李顺祥为主任，王德臣、李中全、李桂兰（女）、张保忠、庄虔恺、李春学、戚建业、李保义为副主任。崔云鹏为法院院长，刘春法为检察院检察长。

第八届人民代表大会

第一次会议　1981年5月28日—6月1日举行。出席代表400名，缺席46名，县直部、委、办、局的主要负责人48名及出席县首届政协一次会议的87名委员列席会议。听取审议县革命委员会的工作报告、国民经济计划报告、财政预决算报告、法院工作报告和检察院工作报告，并通过上述各项报告的决议。号召全县坚决执行中共十一届三中全会以来的路线、方针、政策，坚持四项基本原则，加强思想政治工作，发扬勤俭建国、艰苦奋斗的革命精神，纠正各种不正之风，维护安定团结、生动活泼的政治局面，搞好国民经济的调整工作，为建设社会主义现代化强国而奋斗。会议实行差额选举。人大常委会主任、县长、法院院长和检察院检察长各有2名候选人。应选3名人大常委会副主任，设5名候选人。人大常委会委员设候选人35名，应选23名。有副县长候选人7名，应选5名。经无记名投票，庄虔恺为人大常委会主任，吉祥山、邱炳、张秀常为副主任；姚学益为县长，宋体正、李保义、李桂兰（女）、郑宗厚、周爱三为副县长，恢复县人民政府；崔云鹏为县人民法院院长，刘春法为检察院检察长。

第二次会议　1982年7月27日—29日举行。出席代表392名，缺席53名，县直机关主要负责人43名和出席县政协一届二次会议的66名委员列席会议。听取审议政府工作报告、人大常委会工作报告、财政预决算报告、法院工作报告和检察院工作报告。批准上述报告，并通过相应决议。同意姚学益不再担任县长职务的请求，批准潘兆吉等9人辞去县人大常委会委员职务的报告。补选白正和为县长。

第三次会议　1983年2月21日—23日举行。出席代表380名，缺席57名，县直机关主要负责人55名和出席县政协一届三次会议的79名委员列席会议。听取审议政府工作报告、人大常委会工作报告、国民经济计划报告、财政预决算报告、人民法院工作报告、人民检察院工作报告。通过以上报告，并作相应决议。会议采用等额无记名投票的办法，选举马自力、白正和、龙于江、冯骁、陈茂英（女）、顾凤祥、凌菊翠（女）、盛云佩（女）、董业举为苍山县出席山东省第六届人民代表大会的代表。

第九届人民代表大会

第一次会议　1984年7月4日—7日举行。出席代表430名，缺席11名，县直机关主要负责人48名和出席县政协二届一次会议的全体委员及特邀代表15名列席会议。听取审议政府工作报告、人大常委会工作报告、国民经济计划报告、财政预决算报告、人民法院工作报告和人民检察院工作报告，并通过上述各项报告的决议。提出今后经济翻番的规划设想，要求全县继续解放思想、放宽政策、大胆推进改革，大力发展商品生产，积极发展教育、科学、文化、卫生等事业。经过预选，确定正式候选人。经无记名投票，选举姚学益为县人大常委会主任，王世堂、宋体正、张秀常、李桂兰（女）、郑宗厚为副主任；杨国胜为县长，陈兆全、李常存、郭东林为副县长，刘春法为县人民法院院长，张志法为县人民检察院检察长。

第二次会议　1985年5月6日—9日举行。出席代表389名，缺席53名，部分省六届人大代表、出席县政协二届二次会议的全体委员、县直机关部门主要负责人及特邀的17名老干部列席会议。听取审议政府工作报告、国民经济计划报告、财政预决算报告、人大常委会工作报告、人民法院工作报告、人民检察院工作报告，大会批准上述报告。会议认为，1985年是贯彻执行党中央关于经济体制改革决定的第一年，必须不失时机地、有步骤地进行各项改革，在加强社会主义物质文明建设的同时，大力加强社会主义精神文明建设。会议增选王兴国为县九届人大常委会副主任。

第三次会议　1986年5月2日—6日举行。出席代表387名，缺席54名，出席县政协二届三次会议的全体委员、县直机关部门主要负责人、部分省人大代表和特邀代表列席会议。听取审议政府工作报告、人大常委会工作报告以及国民经济计划报告、财政预决算报告、法院和检察院工作报告，并作相应决议。确定1986年的任务，要求全县坚持把改革放在首位，团结奋斗，再展宏图。会议采用无记名投票的办法，补选郑承泰为县长。

第十届人民代表大会

第一次会议　1987年3月23日—26日举行。出席代表363名，缺席18名，9名省人大代表、13名特邀代表、出席县政协三届一次会议的全体委员和县直机关部门主要负责人列席会议。听取审议政府工作报告、人大常委会工作报告、国民经济计划报告、财政预决算报告、人民法院工作报告和人民检察院工作报告，并通过上述报告的决议。决定原则批准《苍山县国民经济和社会发展第七个五年计划》。全体代表认真学习、讨论六届全国人大常委会第十九次会议通过的《关于加强法制教育维护安定团结的决定》，一致通过关于认真学习、宣传和贯彻《全国人大常委会关于加强法制教育维护安定团结的决定》的决议。大会总结过去三年的工作，确定今后三年经济和社会发展的指导思想、奋斗目标及主要任务。要求全县坚持四项基本原则，坚决反对资产阶级自由化，珍惜和维护安定团结的政治局面，有计划有步骤地进行经济体制和政治体制改革，大力推进两个文明建设，努力改变苍山县经济基础薄弱的落后局面，为完成和超额完成全县第七个五年计划，为苍山90年代经济振兴而努力奋斗。大会选举张保忠为县人大常委会主任，郑宗厚、陈兆全、王世堂、李桂兰（女）为副主任。李常存为县长，王占鹤、王世业、郭东林、杜华生为副县长。于连法为法院院长，张志法为检察长。

第二次会议　1987年8月15日—16日举行。出席代表380名，2名省人大代表、15名特邀代表、出席县政协三届二次会议的全体委员和县直机关部门主要负责人列席会议。听取县人大常委会主任张保忠和县委书记李荣强的讲话。由于县长李常存在“蒜薹事件”中犯有严重的官僚主义错误和失职行为，决定罢免李常存的苍山县人民政府县长职务。采用无记名投票的办法，补选潘本学为苍山县人民政府县长。

第三次会议　1988年1月3日—6日举行。全会代表382名。驻苍山县的省六届人大代表、特邀代表、县政协委员、县直部委办局和省、地驻苍山单位不是县人大代表的主要负责人列席会议。听取审议政府工作报告、国民经济计划报告、财政预决算报告、人大常委会工作报告、人民法院工作报告、人民检察院工作报告，并通过以上报告的决议。会议确定当年经济建设奋斗目标、主要任务和措施。要求全县坚持四项基本原则，深化改革，加快农村产业结构的调整和工业生产，提高乡镇企业的管理水平，坚持乡、村、联户、个体“四个轮子一起转”，以提高经济效益为中心，确保国民经济的持续稳定发展。采用差额无记名投票的办法，选举薛亚萍（女）、刘柱、张保忠、张朴、王兴国、刘传德（女）、陈茂英（女）为苍山县出席山东省第七届人民代表大会的代表。

第四次会议　1989年3月27日—29日举行。本届代表382名，驻苍山县的省七届人大代表、特邀代表、县政协委员、县直部委办局和省、地驻苍山单位、县人大、县政协机关各科室及法院、检察院的负责人列席会议。听取审议政府工作报告、国民经济计划报告、财政预决算报告、人大常委会工作报告、人民法院工作报告、人民检察院工作报告，并通过以上报告的决议。要求把工作的重点放在治理经济环境、整顿经济秩序和全面深化改革上，强化农业基础，增强农业后劲，严格控制人口增长，夺取治理、整顿、改革、开放新胜利，向建国40周年献礼。

第十一届人民代表大会

第一次会议　1990年4月6日—9日举行。本届代表392名，列席107名，特邀代表17名，县政协四届一次会议的全体委员列席有关会议。听取审议政府工作报告、国民经济和社会发展计划报告、财政预决算报告、县人大常委会工作报告、人民法院工作报告、人民检察院工作报告，并通过上述报告的决议。提出下届工作的主要任务。会议认为，全县人民必须进一步动员起来，把稳定放在压倒一切的位置，深入进行坚持四项基本原则、反对资产阶级自由化的教育，提高干部群众反颠覆、反渗透、反演变、走社会主义道路的自觉性，加强民主和法制建设，巩固和发展安定团结的政治局面。会议强调，必须切实加强廉洁勤政建设，积极开展反腐败斗争，更加紧密地团结在以江泽民为核心的党中央周围，振奋精神，同心同德，勇于拼搏，为完成今后三年的各项任务而努力。采用无记名投票的办法，选举张保忠为县人大常委会主任，王占鹤、陈兆全、李洪秀、秦砚海、李庆生、任士庆、钟士富为副主任，刘其夏为县长，杜华生、王世业、郭东林、李金胜、冯国民为副县长，于连法为人民法院院长，张志法为人民检察院检察长。

第二次会议　1991年3月21日—23日举行。与会代表392名，列席128名，特邀代表17名。出席县政协四届二次会议的委员列席有关会议。听取审议政府工作报告、国民经济计划报告、财政预决算报告、人大常委会工作报告、人民法院工作报告、人民检察院工作报告。会议通过上述报告，并作相应决议。原则批准县人民政府制订的《苍山县国民经济和社会发展十年规划及第八个五年计划要点》。要求全县集中精力抓好两件大事：继续稳定局势，协调发展经济。会议补选张志法为副县长，薛振岭为人民检察院检察长。

第三次会议　1992年3月25日—27日在苍山电影院举行。代表392名，列席115名，特邀代表17名。出席县政协四届三次会议的全体委员列席有关会议。听取审议政府工作报告、国民经济计划报告、财政预决算报告、人大常委会工作报告、人民法院工作报告、人民检察院工作报告。通过上述报告，并作相应决议。要求全县坚定不移地贯彻执行党的基本路线，进一步解放思想，加快改革步伐，集中精力发展经济，保持政治稳定，社会安定，一心一意奔小康，以优异成绩迎接党的十四大的胜利召开。会议还审查通过县人大常委会关于组织人民代表评议县、乡（镇）政府职能部门和“双管”单位工作的报告并做出决议。

第十二届人民代表大会

遵照1993年3月29日第八届全国人民代表大会第一次会议通过的《中华人民共和国宪法修正案》第九十八条规定，县十二届人民代表大会任期5年。

第一次会议　1993年3月1日—4日举行。本届代表394名，列席105名，特邀代表18名，出席县政协五届一次会议的全体委员列席有关会议。山东省人大常委会临沂地区工作委员会副主任高仁山到会致辞、祝贺。会议听取审议政府工作报告、国民经济和社会发展计划（草案）报告、财政预决算报告、人大常委会工作报告、人民法院工作报告、人民检察院工作报告。审查批准以上报告，并通过相应决议。号召全县以党的十四大精神为指针，围绕建立社会主义市场经济体制，巩固发展农业，重点突破县乡工业，努力搞活第三产业，积极发展外向型经济。大会采用无记名投票的办法，选举王兴国、田忠秀（女）、孙家振、张朴、张从兰（女）、张怀三、杨汉东、郁操政为省八届人大代表；张保忠为县人大常委会主任，王占鹤、李洪秀、沈云兴、秦砚海、任士庆、钟士富为副主任，孙家振为苍山县人民政府县长，赵树林、王世业、李金胜、刘霞（女）、赵启全为副县长；刘信吉为人民法院院长，薛振岭为人民检察院检察长。

第二次会议　1994年3月20日—22日举行。本届代表394名，列席107名，特邀代表24名。出席县政协五届二次会议的全体委员列席有关会议。听取审议政府工作报告、国民经济计划报告、财政预决算报告、人民法院工作报告、人民检察院工作报告。大会批准上述报告，并通过相应的决议。要求全县积极稳妥地推进企业、财税、投资、价格、住房、社会保障制度等改革，提高经济效益，保持国民经济持续、快速、健康发展，深入持久更有成效地开展反腐败斗争。

第三次会议　1995年4月6日—8日举行。本届代表394名，列席112名，特邀代表33名。出席县政协五届三次会议的全体委员列席有关会议。听取审议政府工作报告、国民经济计划报告、财政预决算报告、人大常委会工作报告、人民法院工作报告、人民检察院工作报告，并通过上述报告的决议。会议强调，要把强化农业基础地位，搞好国有企业改革，作为今年经济工作的突出重点，切实抓紧抓好；大力推进普及九年制义务教育，努力提高教学质量；坚决贯彻执行计划生育和环境保护的基本国策；各级政府要依法行政，深入持久地开展勤政廉政建设和反腐败斗争；虚报浮夸、弄虚作假是腐败的表现，必须坚决制止。大会采用无记名投票的方式，选举于中华为苍山县人民政府县长，补选李金胜为人大常委会副主任，刘贵增为人民检察院检察长；张保忠、于中华等61人为苍山县出席临沂市第十四届人民代表大会的代表。

第四次会议　1996年4月18日—20日举行。本届代表394名，列席127名，特邀代表25名。出席县政协五届四次会议全体委员列席有关会议。听取审议苍山县国民经济和社会发展第九个五年计划和2010年远景目标纲要的报告、国民经济和社会发展计划报告、财政预决算报告、人大常委会工作报告、人民法院工作报告、人民检察院工作报告。批准以上报告，并通过相应的决议。要求全县始终坚持以经济建设为中心，切实推进经济体制和经济增长方式的转变，走出一条抓农稳县、重工强县、科技兴县、以法治县，既有较高速度、又有较好效益、可持续发展的路子。补选刘耀为县人大常委会副主任、孙忠民为副县长。

苍山县第十三届人民代表大会

第一次会议　1998年2月8日—10日召开，本届人大代表应到343名，实到342名。根据组织法的有关规定，选举产生苍山县第十三届人民代表大会常务委员会。本届人民代表大会

及其常务委员会任期5年。

本届343名代表的构成是：工人、农民占58.4%，干部占24.1%，知识分子占17.2%，解放军代表占0.3%，少数民族占1.2%。在代表总数中，中共党员占70.6%，妇女占25%。

苍山县第十四届人民代表大会

第一次会议　2003年2月10日至12日召开，本届大会应到代表340名，实到代表340名。根据组织法的有关规定，大会选举产生本届人民代表大会常务委员会，任期为5年。

本届340名代表中，中共党员229名，占67.4%；群众111名，占32.6%；汉族335名，占98.5%；少数民族5名，占1.5%。代表中男性257名，占75.6%；女性83名，占24.4%；35岁以下的78名，36至55岁的260名，56岁以上的2名；大学本科以上的72名，大专及高职以上的97名，中专（高中）的86名，初中以下文化程度的85名，分别占代表总数的21.2%、28.5%、25.3%和25%。

会议听取和审议了县长杨俊波作的《苍山县人民政府工作报告》，县发展计划局局长薛良斗作的《关于苍山县2002年国民经济和社会发展计划执行情况与2003年计划草案的报告》，县财政局局长李相启作的《关于苍山县2002年财政预算执行情况和2003年财政预算（草案）的报告》，县人大常委会副主任刘志启作的《苍山县人大常委会工作报告》，县法院院长朱太铭作的《县人民法院工作报告》，县检察院检察长侯顺吉作的《县人民检察院的工作报告》，并分别作出了相应的决议。

会议选举王举生为县人大常委会主任，刘志启、田凤翔、王佩玉（回）、张艳丽（女）、李善东、王金营、张德华为副主任，卞洪林、王会雅、刘中连、刘国华、刘学瑞、刘美华、孙士祥、孙兰荣（女）孙成伦、孙建华、远传仁、李恒举、宋庆华、金磊、金庆民、高思正、郭庆军、谭运举、翟玉才为委员。

选举杨俊波为县政府县长，马金国、公丕宣、范秋艳（女）、陆晓东、赵志德、薛峰为副县长。选举朱太铭为县法院院长，侯顺吉为县检察院检察长。

会议收到代表提出的议案、建议批评和意见68件。选出苍山县出席临沂市第十五届人民代表大会代表64名。

第二次会议　苍山县第十四届人民代表大会第二次会议于2004年1月4日至6日，在县城召开，会期3天。出席会议代表340名。

会议听取和审议了县长杨俊波作的《苍山县人民政府工作报告》，县发展计划局局长薛良斗作的《关于苍山县2003年国民经济和社会发展计划执行情况与2004年计划草案的报告》，县财政局局长赵平森作的《关于苍山县2003年财政预算执行情况和2004年财政预算（草案）的报告》，县人大常委会主任王举生作的《苍山县人大常委会工作报告》，县人大常委会副主任刘志启作的《县人大常委会关于磨山代表团代表联名提出的〈关于对行政执法单位加强监督检查，纠正部门不正之风的议案〉办理情况的报告》，县法院院长朱太铭作的《县人民法院工作报告》，县检察院代检察长张玉新作的《县人民检察院工作报告》，并分别作出了相应的决议。

会议选举张玉新为县检察院检察长。会议收到代表提出的议案、建议批评和意见50件。

第三次会议　苍山县第十四届人民代表大会第三次会议于2005年2月17日至19日，在县城召开，会期3天。出席会议代表339名。

会议听取和审议了代县长王行华作的《苍山县人民政府工作报告》，县发展计划局局长薛良斗作的《关于苍山县2004年国民经济和社会发展计划执行情况与2005年计划草案的报告》，县财政局局长赵平森作的《关于苍山县2004年财政预算执行情况和2005年财政预算（草案）的报告》，县人大常委会副主任刘志启作的《苍山县人大常委会工作报告》，县法院代院长谷恒广作的《县人民法院工作报告》，县检察院检察长张玉新作的《县人民检察院的工作报告》，并分别作出了相应的决议。

图 17—1　2005 年 2 月，苍山县人大十四届三次会议会场

会议选举张闻宇为县人大常委会主任。选举王行华为县政府县长。选举谷恒广为县法院院长。会议收到代表提出的议案、建议批评和意见 54 件。

第四次会议　苍山县第十四届人民代表大会第四次会议于 2006 年 2 月 7 日至 9 日在县城召开，会期 3 天。出席会议代表 339 名。

会议听取和审议了县长王行华作的《苍山县人民政府工作报告》，审查、批准了《苍山县国民经济和社会发展第十一个五年总体规划纲要（草案）》；听取和审议了县发展计划局局长薛良斗作的《关于苍山县 2005 年国民经济和社会发展计划执行情况与 2006 年计划草案的报告》，县财政局局长赵平森作的《关于苍山县 2005 年财政预算执行情况和 2006 年财政预算（草案）的报告》，县人大常委会副主任刘志启作的《苍山县人大常委会工作报告》，县法院院长谷恒广作的《县人民法院工作报告》，县检察院检察长张玉新作的《县人民检察院的工作报告》，并分别作出了相应的决议。

会议增选赵平森、田家成、薛良斗为苍山县第十四届人民代表大会常务委员会副主任，补选王传喜、刘献利、房耀东、孟祥宏、赵启民为苍山县第十四届人民代表大会常务委员会委员。会议收到代表提出的议案、建议批评和意见 62 件。

第五次会议　苍山县第十四届人民代表大会第五次会议于 2007 年 2 月 7 日至 9 日，在县城召开，会期 3 天。出席会议代表 300 名。

会议听取和审议了代县长王晓军作的《苍山县人民政府工作报告》，听取和审议了县发展计划局局长刘正生作的《关于苍山县 2006 年国民经济和社会发展计划执行情况与 2007 年计划草案的报告》，县财政局局长李玉廷作的《关于苍山县 2006 年财政预算执行情况和 2007 年财政预算（草案）的报告》，县人大常委会副主任王佩玉作的《苍山县人大常委会工作报告》，县法院院长谷恒广作的《县人民法院工作报告》，县检察院检察长张玉新作的《县人民检察院工作报告》，并分别作出了相应的决议。

会议选举王晓军为县政府县长，刘连栋为副县长。会议收到代表提出的议案、建议批评和意见 45 件。

苍山县第十五届人民代表大会

第一次会议　2007 年 12 月 11 日—14 日召开，会期 4 天。本届大会应到代表 357 名，实到代表 357 名。根据组织法的有关规定，大会选举产生本届人民代表大会常务委员会，任期为 5 年。本届 357 名代表中，工农 196 人，占 54.9%；干部 115 人，占 32.2%；知识分子 45 人，占 12.6%；女性 79 人，占 22.13%；中共党员 264 人，占 73.95%；少数民族 4 人，占 1.1%。大学本科及以上学历的 115 人，占 32.2%；大专及高职 101 人，占 28.3%；中专职高及高中 87 人，占 24.4%；初中及以下 56 人，占 15.7%。选举产生乡级人大代表 1588 名，为应选代表 1595 名的 99.6%，其中工农 1194 人，占 75.2%，干部、知识分子 359 人，占 22.6%；女性 339 人，占 21.34%；党员 1085 人，占 68.3%；少数民族 16

人，占1%。大学本科及以上学历的167人，占10.5%；大专及高职199人，占12.5%；中专职高及高中394人，占24.8%；初中762人，占47.98%；小学以下66人，占4.2%。

本届人大代表名额为357名，一次会议以后，本届人大代表董世武、谭庆功、颜廷湘、孙朋辉、远传仁先后调离苍山。

第二次会议　苍山县第十五届人民代表大会第二次会议于2009年1月9日至11日在县城召开，会期3天。出席会议代表355名。

会议听取和审议了县长王晓军作的《苍山县人民政府工作报告》，县发展和计划局局长王立武作的《关于苍山县2008年国民经济和社会发展计划执行情况与2009年计划草案的报告》，县财政局局长李玉廷作的《关于苍山县2008年财政预算执行情况和2009年财政预算草案的报告》，县人大常委会第一副主任李善东作的《苍山县人大常委会工作报告》，县法院院长张永利作的《县人民法院工作报告》，县检察院检察长张玉新作的《县人民检察院工作报告》，并分别作出了相应的决议。

会议选举宋中东、高思圣为副县长。会议收到代表提出的议案、建议批评和意见60件。二次会议以后，本届人大代表于永富、申延军、房耀东先后调离苍山。县人大代表张俪铧、李宽广、王磊申请辞去本届人大代表职务，本届人大常委会接受他们的请求，以上3人的代表资格终止。2009年1月，神山镇西杨选区补选胡勇、青竹选区补选葛峰、三合乡机关选区补选于永富、新兴镇山口选区补选马新华、二庙乡张村选区补选周磊波为本届人大代表。2009年12月，三合乡机关选区补选翁宪祥、沂堂镇机关选区补选蔡纯良、经贸一选区补选刘卫东、车辋镇中联教育选区补选张子斌、贾庄乡机关选区补选苏云涛、神山镇机关选区补选王健为县十五届人民代表大会代表。代表资格审查委员会对这些选区补选县人大代表的工作进行审查，认为补选工作符合法律规定，选举有效。至此，本届人大代表仍为357名。

第三次会议　苍山县第十五届人民代表大会第三次会议于2010年1月15日至17日在县城召开，会期3天。出席会议代表357名。

会议听取和审议了县长王晓军作的《苍山县人民政府工作报告》，县发展和计划局局长王立武作的《关于苍山县2009年国民经济和社会发展计划执行情况与2010年计划草案的报告》，县财政局局长李玉廷作的《关于苍山县2009年财政预算执行情况和2010年财政预算草案的报告》，县人大常委会第一副主任李善东作的《苍山县人大常委会工作报告》，县法院院长张永利作的《县人民法院工作报告》，县检察院代检察长王纪起作的《县人民检察院工作报告》，并分别作出了相应的决议。

会议选举王景亮、邢希雷、刘坤、刘卫东、杜华、李慧、吴付岭、张子斌、周磊波、赵家和为委员。选举王纪起为县检察院检察长。会议收到代表提出的议案、建议批评和意见57件。

由于工作变动，本届人大常委会委员远传仁、陈国义、孙成伦、李恒举、姚远、王伟、肖欣、房耀东、陈玉春、陈建新先后辞去本届人大常委会委员职务。根据工作需要，2010年1月17日补选王景亮、邢希雷、刘坤、刘卫东、杜华、李慧、吴付岭、张子斌、周磊波、赵家合为本届人大常委会委员。常务委员会主任张闻宇。

第四章 县人大常委会

第一节 组织机构与制度建设

组织机构

随着民主法制建设的进程和人大及其常委会开展工作的需要，苍山县人大常委会工作机构经历了建立健全和逐步完善的过程。

1981年7月，县第八届人大常委会选举产生后，设立办公室，选配工作人员，作为常委会的综合办事机构。

1985年3月，县第九届人大常委会的工作机构为“一室三科”，即办公室、代表联络科、法律政策科、调查研究科，均为正科级科室。

1987年11月和1989年2月，根据地方组织法的规定和工作需要，经过两次调整，将县第十届人大常委会工作机构调整为“一室四科”，即办公室、代表联络科、法制科、教科文卫科、经济建设科。

1990年5月，县第十一届人大常委会工作机构调整为“二室四委”，即办公室、人事代表工作室、法制工作委员会、农村工作委员会、财经建保工作委员会、教科文卫工作委员会，同时增设秘书科、信访科、行政科3个副科级单位，隶属于办公室。

1994年4月，设立机关事务处为副科级事业单位，隶属于办公室。

1998年9月，县第十三届人大常委会工作机构调整为“三室五委”，即办公室、人事代表工作室、信访工作室、法制工作委员会、城建环保工作委员会、财政经济工作委员会、教科文卫工作委员会、农村经济工作委员会。

2004年4月，根据上级要求，设立老干科，为副科级单位，隶属于办公室。

制度建设

县第八届人大常委会选举产生后，首先围绕着党的中心任务，根据法律规定制定一系列工作制度、学习制度、民主生活制度等。规定每星期一、五上午作为常委会机关学习日，并制定《常委会委员联系代表小组制度和实施细则》。

县第九届人大常委会，在上届基础上新制定关于工作会议、财务管理方面的《各项制度的暂行规定》，坚持常委会组成人员例会集体学习和机关每星期一、五上午学习制度，使人大常委会和机关工作走上规范化的轨道。

县第十届人大常委会，重申并坚持上届人大常委会制定的《各项制度的暂行规定》，又制定《人大常委会工作报告制度》《议事规则》等，对常委会的工作请示报告，会议的召开，议案的提出，工作报告的审议、质询、发言和表决及其视察等问题，都作出明确的规定。此外，人大机关还制定工作目标责任制，把常委会的各项具体工作任务，分别落实到各科、室，做到各负其责。

县第十一届人大常委会，坚持并修订上届人大常委会制定的《工作报告制度》《议事规则》和《各项制度的暂行规定》，又制定《关于联系代表组织代表活动的暂行办法》《关于人事任免暂行规定》《关于受理代表和人民群众来信来访工作简则》等22个规定办法。

县第十二届人大常委会，进一步完善并坚持上届常委会制定的学习、工作、会议等各项制度和各项规定，修订《监督工作办法》，制定《人大代表评议制度》等11项规则办法，重申《岗位责任制》《财务管理制度》等10项制度。

县第十三届人大常委会，根据人大机关工作机构的调整，完善并修订《机关工作学习制度》和《工作职责》《信访接待制度》等，进一步明确文件管理、档案管理、印章管理、文印室管理等项制度。

县第十四届人大常委会，把制度建设列入常委会的重要议事日程。总结历届常委会制度建设经验，修订与建立并举，坚持《常委会议事规则》和《常委会组成人员守则》《人大新闻宣传奖励办法》《加强廉政建设的规定》《主任会议议事规则》《关于加强代表小组活动的意见》等规章制度。

县十五届人大常委会，针对往届常委会在履行职务过程中发现的一些问题，专门出台《苍山县人大常委会组成人员守则》，对常委会在学法、守法、履行职务、发挥模范带头作用等方面进行规范。为全面提高人大代表的整体素质和履职能力，为基层代表活动提供阵地保障，专门出台《苍山县人大常委会关于加强代表小组建设，做好代表工作的意见》。

图 17—2 2008 年 2 月，第十五届人大常委会第一次会议

第二节 重大事项审议决定

根据地方组织法规定，县级人民代表大会及其常务委员会对本级行政区域内有重大事项决定权、人事任免权、对“一府两院”的监督权。1980 年—2010 年，苍山县历届县人民代表大会及其常务委员会共作出各项决议、决定等 873 项。

重大事项审议决定情况

表 17—1

决定名称	会　议	通过时间
关于认真处理代表提案的决议	第八届人大常委会第二次会议	1981 年 8 月 15 日
关于建立与县人民代表大会代表联系办法的意见	第八届人大常委会第二次会议	1981 年 8 月 15 日
关于严厉打击刑事犯罪活动的决议	第八届人大常委会第十八次会议	1983 年 10 月 29 日
关于改进作风的八条措施	第九届人大常委会第一次会议	1984 年 7 月 8 日
关于加强与人民代表联系的办法	第九届人大常委会第九次会议	1985 年 8 月 8 日
关于加强地方志工作的决议	第九届人大常委会第十六次会议	1986 年 10 月 28 日
关于人事任免的暂行办法	第十届人大常委会第一次会议	1987 年 4 月 16 日
关于县人民代表大会代表持证视察的决定	第十届人大常委会第四次会议	1987 年 8 月 3 日
关于保持清正廉洁的决议	第十届人大常委会第十次会议	1988 年 7 月 22 日
关于对司法机关依法监督的试行办法	第十届人大常委会第十二次会议	1988 年 10 月 28 日
乡镇人大工作办公室工作职责（试行）	第十届人大常委会第十五次会议	1989 年 2 月 14 日

续表 17—1

决定名称	会　　议	通过时间
苍山县人大常委会同县人民政府、县人民法院、县人民检察院加强工作联系的暂行办法（试行）	第十一届人大常委会第三次会议	1990 年 7 月 26 日
监督工作办法	第十一届人大常委会第三次会议	1990 年 7 月 26 日
关于实施《苍山县法制宣传教育第二个五年计划》的决议	第十一届人大常委会第八次会议	1991 年 5 月 8 日
关于批准《苍山县人民政府关于实施义务教育的若干规定》的决议	第十一届人大常委会第九次会议	1991 年 7 月 13 日
苍山县驻乡镇人大代表评议乡镇政府职能部门和“双管”单位工作试行办法	第十一届人大常委会第十五次会议	1992 年 5 月 13 日
关于批准《县人民政府关于建造“大蒜塔”的报告》的决定	第十一届人大常委会第十六次会议	1992 年 5 月 26 日
苍山县人大代表评议县直部门和“双管”单位工作试行办法	第十一届人大常委会第十八次会议	1992 年 10 月 21 日
苍山县人大常委会对县政府《关于贯彻两个〈条例〉减轻农民负担工作情况的汇报》的审议意见	第十二届人大常委会第二次会议	1993 年 7 月 16 日
关于开展全县各级人大代表带领群众致富活动的决议	第十二届人大常委会第十次会议	1994 年 9 月 16 日
苍山县人大代表评议县直部门和“双管”单位工作试行办法	第十二届人大常委会第十次会议	1994 年 9 月 16 日
关于在国家机关实行执法责任制的决议	第十二届人大常委会第十七次会议	1995 年 11 月 9 日
苍山县人大代表评议县城市容和环境卫生管理工作暂行办法	第十二届人大常委会第十七次会议	1995 年 11 月 9 日
关于对司法和行政执法机关实施“两化一制”监督试行办法	第十二届人大常委会第二十八次会议	1997 年 11 月 13 日
关于在全县国家行政机关、司法机关中开展评选“百名优秀执法工作者”的决定	第十三届人大常委会第五次会议	1998 年 11 月 11 日
苍山县人大常委会联系县人民代表大会代表办法	第十三届人大常委会第十八次会议	2000 年 8 月 30 日
关于对司法机关个案实施监督的暂行办法	第十三届人大常委会第二十八次会议	2001 年 12 月 31 日
关于组织部分人大代表旁听法庭庭审的试行办法	第十三届人大常委会第三十三次会议	2002 年 7 月 26 日
关于加强自身建设的决定	第十四届人大常委会第一次会议	2003 年 5 月 9 日
苍山县人大常委会主任会议议事规则	第十四届人大常委会第一次会议	2003 年 5 月 9 日
苍山县人大常委会议事规则	第十四届人大常委会第一次会议	2003 年 5 月 9 日
苍山县人大常委会关于加强代表小组活动的意见	第十四届人大常委会第一次会议	2003 年 5 月 9 日
关于批准县政府《苍山生态县建设规划纲要》的决议	第十四届人大常委会第二十二次会议	2005 年 12 月 31 日
关于编纂《苍山县人大志》的决定	第十四届人大常委会第二十八次会议	2006 年 8 月 2 日
关于同意县政府关于苍山县更名恢复兰陵县的报告的决议	第十四届人大常委会第三十五次会议	2007 年 8 月 10 日

续表 17—1

决定名称	会　　议	通过时间
关于加快发展工业经济和加强招商引资的意见和建议	第十五届人大常委会第二次会议	2008 年 4 月 11 日
关于加强纠正行业不正之风，优化发展环境的决议	第十五届人大常委会第二次会议	2008 年 4 月 11 日
关于《全县防汛及小型水库除险加固工作情况报告》的审议意见	第十五届人大常委会第三次会议	2008 年 7 月 21 日
关于批准县政府《关于申请批准文峰山等 3 个县级风景名胜区》的决定	第十五届人大常委会第三次会议	2008 年 7 月 21 日
关于对全县新型农村合作医疗工作情况的审议意见	第十五届人大常委会第三次会议	2008 年 7 月 21 日
关于加快全县畜牧养殖业发展的决议	第十五届人大常委会第四次会议	2008 年 10 月 18 日
关于全县基础设施建设情况的审议意见	第十五届人大常委会第十次会议	2009 年 11 月 2 日

第三节　监督工作

1981 年前，苍山县人民代表大会闭会期间的监督工作，主要由县人民委员会（县革命委员会）组织人大代表进行。1981 年 5 月，县第八届人大常委会成立以后，在不同历史时期和不同阶段，围绕党的中心工作和主要任务，把依靠党的领导作为做好人大工作的根本保证，主动把党的意图和主张通过法律程序变为国家意志和人民意愿，使党的方针政策更具有约束力和强制力。在行使监督权的过程中，坚持实事求是的原则，把监督当作手段，把推动工作作为目的，把监督与服务、支持紧密结合起来。在监督方法上，注重监督实效，做到既不越权、又不失职，实现监督动机和效果统一。至 2010 年，县人大常委会共组织政治、经济、司法等方面的大型检查、调查和代表视察 199 次，作出重大决议、决定 144 项，先后听取 201 名政府组成人员的工作述职，并对其工作进行评议；根据改革和工作需要，依法任免国家机关工作人员，充分发挥了地方国家权力机关的作用。

法律监督

县人大及其常委会在监督“一府两院”对宪法、法律、地方性法规实施及规范性文件执行等方面，采取听取和审议工作报告、视察、特定问题调查、执法检查、代表评议、建立执法责任制、实行部分案件报人大备案制度、对群众反映强烈的案件实施个案监督等措施，提高人大监督的效果。

1983 年 7 月 2 日，苍山县八届人大常委会对县城的 5 条主要街道、2 处农贸市场及 16 个食品生产经营单位的爱国卫生、食品卫生开展情况和贯彻《中华人民共和国食品卫生法》的情况进行视察。针对在视察中发现的问题，向县政府提出 6 条建议。1984 年 12 月，县九届人大常委会对全县贯彻执行宪法和法律的情况组织专题调查，重点抓了“一府两院”工作人员执法情况的调查，调查公民的合法权利、人身自由、合法财产是否得到保护，国家机关工作人员是否依法办事等方面的问题。1985 年 11 月，县九届人大常委会突出抓了《中华人民共和国宪法》学习。对选举产生的县人大常委会主任、副主任、委员，县长、副县长，法院院长、检察院检察长和经人大常委会批准任命的局长、主任、科长、副院长、副检察长等干部进行法律考试。

1986 年 8 月，县九届人大常委会组织全体委员和有关部门负责人，对大仲村等 6 个乡镇的部分厂矿、村庄、学校的普法教育进行视察。

1987年夏，县十届人大常委会为保证《中华人民共和国食品卫生法》和国家物价、市场法规的贯彻实施，组织县政府分管副县长和有关部门对卞庄、长城、向城以及县城65个食品经营单位进行视察。

9月，县十届人大常委会组织人员到法院、检察院、公安局和基层法庭、派出所等单位召开座谈会，进行认真的调查，并在县人大常委会第五次会议上听取县政府《关于贯彻〈中华人民共和国治安管理处罚条例〉情况和普法工作的情况汇报》，针对存在的问题提出建议。

10月，县十届人大常委会针对全县1986年种子市场发现大量伪劣假冒玉米种子，造成大面积减产的问题，组织人员对苍山县贯彻实施《山东省农作物种子管理条例》情况进行调查。1988年11月初，县十届人大常委会对人民商场侵权案件进行调查。

1988年11月中旬，县十届人大常委会组织人员对全县宣传贯彻实施《中华人民共和国土地管理法》和土地管理工作开展情况进行调查。

11月底，县十届人大常委会党组向县委提出关于在全县进行执法大检查的安排意见，对全县执法大检查提出具体措施。1988年12月，县十届人大常委会组织人员对全县宣传贯彻《山东省计划生育条例》情况进行视察。

12月，坐落在卞庄水泥厂周围的十几个单位向县人大常委会写信，反映该水泥厂污染情况严重，危害周围学校、机关数千人的身心健康。为此，县常委会立即组成联合调查组进行实地考察，写出调查报告，建议县政府尽快解决这一污染问题。

1989年，县十届人大常委会遵照省人大常委会的决定，在全县范围内开展以《中华人民共和国宪法》为核心内容的执法大检查。

1990年7月，县十一届人大常委会围绕保证宪法和法律的贯彻实施，加强民主与法制建设，对县政府和“两院”开展普法教育、执法检查、社会治安、“打拐”“扫黄”、除“六害”和反贪污、反受贿以及贯彻执行《中华人民共和国治安管理处罚条例》和“两高”通告等工作情况进行详细调查研究，写出《关于社会治安综合治理工作情况的调查报告》。

1991年6月，县十一届人大常委会围绕实施《中华人民共和国环境保护法》，对苍邳分洪道、沙沟河、汶河、运女河下游污染情况和部分重点污染企业进行视察，对县属4家骨干企业的环保工程进行详细调查研究。组织各级人大代表，在全县范围内开展历时6天的视察计划生育活动，共视察16个行政事业单位、531个行政村。

6月下旬，县十一届人大常委会为进一步搞好《中华人民共和国义务教育法》的宣传教育和贯彻实施，组织人员到4个乡镇调查了解全县宣传贯彻《中华人民共和国义务教育法》的情况。

1992年3月，县十一届人大常委会组织人员对全县彻贯实施国务院《农民承担费用和劳务管理条例》《山东省农民负担管理条例》的情况进行调查，写出专题调查报告，督促县政府制定贯彻落实两个“条例”的实施办法，并在县第十一届人大常委会第16次会议上作出《批准两个〈条例〉实施办法的决定》。之后，常委会组织各乡镇人大工作办公室负责人协同政府部门一起，对全县乡镇贯彻《决定》情况进行检查，促进两个“条例”的贯彻落实。

1993年6月，为促进国务院《农民承担费用和劳务管理条例》和《山东省农民负担管理条例》的贯彻实施，县十二届人大常委会组织全县1336名各级人大代表对全县贯彻两个“条例”的情况进行视察，并在常委会第二次会议上听取县政府《关于贯彻两个〈条例〉，减轻农民负担工作情况的汇报》，做出审议意见。针对两个“条例”学习宣传的深度和广度不够、农民负担仍然过重等问题，向政府提出建议，督促政府较好地落实两个“条例”。

1995年，县十二届人大常委会为保证宪法和法律的贯彻实施，突出抓了法律监督。一是在全县国家机关实行执法责任制，二是加强对重点法律、法规贯彻实施的视察、检查工作。

1996年5月，县十二届人大常委会组织委员分3组，利用10多天的时间深入到乡镇、农村、县直有关单位对行政审判、反贪、社会治安工作进行视察和调查。委员们就解决当前现实生活中存在的一些问题提出意见和建议，加强对法院行政审判、检察院反贪污反贿赂和社会治安等3项工作的监督。

1999年10月，县十三届人大常委会组成人员对全县社会治安综合治理情况进行视察。

2000年1月，在《中华人民共和国刑事诉讼法》颁布实施三周年之际，县十三届人大常委会组织人员深入公、检、法、司等单位对《中华人民共和国刑事诉讼法》执行情况进行重点检查，并召开由部分人大代表、司法人员、律师和社会各界人士参加的座谈会，听取对《中华人民共和国刑事诉讼法》实施情况的意见和建议。

11月8日，县委副书记、县人大常委会主任李明开，县人大常委会副主任王世业、李洪秀、孙忠民、刘志启、车庆敏、田凤翔、张艳丽（女）、李善东、王金营及部分驻城委员对全县《中华人民共和国药品管理法》执行情况进行视察。

9月5日，县十四届人大常委会副主任刘志启、田凤翔、王佩玉、李善东、王金营及部分常委会组成人员对长城、南桥、大仲村等8个乡镇贯彻实施《中华人民共和国烟草专卖法》情况进行视察。

2004年3月26日，县十四届人大常委会副主任刘志启、田凤翔、王佩玉、李善东、张德华及部分委员，对全县《中华人民共和国矿产资源法》贯彻实施情况进行视察。

2005年8月25日，县十四届人大常委会对全县环保工作进行视察，视察组重点视察《中华人民共和国环境保护法》贯彻实施情况和全县重点环境治理情况。

7月28日，县委书记、县人大常委会主任张闻宇，副主任王佩玉、李善东、张德华、赵平森、田家成、薛良斗和县十四届人大常委会委员对《中华人民共和国食品卫生法》贯彻实施情况进行视察。

10月10日，县十四届人大常委会组织人员成立调查组，对县人民法院提请拟任命的6名干部进行任命前的调查了解。

2008年7月27日，苍山县人大常委会组织《中华人民共和国各级人民代表大会常务委员会监督法》知识考试。

图17—3　县人大执法检查组检查县质监局贯彻落实食品安全法情况　（2009年4月摄）

工作监督

县人大常委会在对“一府两院”进行工作监督中，听取和审议工作报告，审查和批准国民经济和社会发展计划、财政预算等监督方式在其他章节已有记述。

1981年11月16日，苍山县第八届人大常委会在第三次会议期间，组织与会人员视察卞庄、贾庄、南桥公社的联中、小学办学情况。

1983年8月29日，在召开县八届人大常委会第十七次会议期间，对县城的物价工作进行视察，视察烟酒公司、百货公司、果品公司和新市场共4个单位的物价政策执行情况。

1986年11月，县九届人大三次会议后，针对代表议案反应比较强烈的中学教育问题，县九届人大常委会主任会议研究决定，对全县中学教育进行一次全面调查。

1987年6月，县十届人大常委会在第三次会议期间，视察会宝岭水库、东泇河、苍邳行洪道、武河等主要水利工程的防汛清障工作，在充分肯定成绩的前提下，实事求是地提出一些亟待解决的问题，建议县政府进一步把领导包工程责任制和各项防汛措施落到实处。

1988年10月25日—26日，县十届人大常委会在县第十届人大常委会第十二次会议期间，吸收有关部门人员共73人，分4组赴39个单位对物价、税务工作、市场建设和市场整顿以及开展“优质服务”活动的情况进行视察。

1991年4月，县十一届人大常委会组织人员在全县范围内对全县普法情况进行广泛地调查，向县委提交《关于普法情况的调查报告》，实事求是地总结“一五”普法的经验，提出“二五”普法的建议和设想。

4月下旬至5月上旬，县十一届人大常委会组织人员对全县林业生产进行广泛深入的调查研究，写出专题调查报告，针对存在的问题，向有关部门提出进一步加强森林法学习宣传，保护好林业资源、加快造林绿化步伐等项建议。

5月，县十一届人大常委会为贯彻落实省人大常委会《关于坚决制止乱收费、乱罚款和各种摊派的决议》，组织人员在全县范围内针对“三乱”问题进行专题调查，并在常委会第八次会议上听取县政府《关于治理“三乱”工作情况的汇报》，做出相应的决议。

11月，县十一届人大常委会组织人员分3组对全县的依法行政、“二五”普法、廉政建设、民政等工作情况进行4天的视察，对社会治安综合治理、扫黄、打拐等情况作广泛的调查，先后召开105个座谈会，听取各部门和各级人大代表的建议、意见。

1992年5月，县十一届人大常委会针对人民群众反映强烈的乱收费、乱罚款和各种摊派问题，组织人员在全县范围内进行专题调查，并在常委会第八次会议上作出《关于制止乱收费乱罚款和各种摊派的决议》，督促县政府对“三乱”进行集中清理。

1995年4月，县十二届人大常委会组织人员先后对棉花生产、春季林业生产、全县大蒜生产及蒜薹购销准备工作、农田水利基本建设、中德合作粮援项目工作、畜牧业及渔业生产、山区开发和大枣嫁接等情况进行调查和视察，共提出36条有针对性的审议意见，交县政府及有关部门抓紧进行落实。

1999年6月30日，县人大常委会组成人员对人们关注的县城“十大”工程建设进行视察，提出4条建议意见，要求县政府要切实加强领导，强化措施，进一步加快县城“十大”工程建设。

2000年4月，县十三届人大常委会组成人员对“双增工程”“优质粮基地”、产业结构调整、畜牧业发展、蔬菜生产及销售、农业水利建设等工作进行专题视察，向县政府提出7条建议意见。

2002年4月29日—30日，县十三届人大常委会组成人员和工业方面的有关县人大代表在县政府分管县长和有关部门及县人大常委会有关委室负责人的陪同下，对“1246”工程的实施运行情况进行视察。

6月11日，县十三届人大常委会副主任王世业、李洪秀、孙忠民、刘志启、车庆敏、田凤翔、王金营及部分委员对县化肥厂改制进展情况进行视察。

7月12日，县十三届人大常委会副主任王世业、李洪秀、刘志启、李善东以及人大常委会有关委室人员对苍山县206国道改线北环路拆迁建设情况进行视察。

7月25日，县十三届人大常委会对苍山县工商局和质量技术监督局打假工作情况进行视察。

9月17日，县委副书记、县人大常委会主任李明开，副主任王世业、李洪秀、孙忠民、刘志启、张艳丽、李善东、王金营及县十三届人大常委会委员对全县税费改革工作进行视察。

2003年5月20日，县委书记、县人大常委会主任王举生，县人大常委会副主任刘志启、田凤翔、张艳丽（女）、李善东、王金营及县十四届人大常委会委员对全县十大“非典”检查站、“非典”防治定点医院的建设进行专题视察，并听取县政府关于“非典”防治工作情况汇报，向县政府提出6条审议意见，要求严防死守，确保不发生“非典”疫情和阻止“非典”疑似病人流入苍山。

6月6日，县十四届人大常委会副主任刘志启、田凤翔、李善东、王金营、张德华及部分县人大常委会委员和县人大常委会各委室负责人慰问造纸厂、水泥一厂、特种水泥厂、凯林公司、开元公司、鞋厂六大县企业改制工作组。

8月4日，市人大常委会副主任王友忠在副市长王晓曼及市教育局和市人大常委会有关委室负责人的陪同下一行9人视察苍山，对全县农村税费改革后教育事业发展情况进行调查研究。

2004年4月7日—8日，市人大常委会副主任王友忠、赵世群，在市农业局和市人大常委会有关负责人的陪同下，利用一天半时间，对苍山县农民增收工作情况进行视察。

2005年4月20日，县委书记、县人大常委会主任张闻宇，县人大常委会副主任刘志启、田凤翔、王佩玉、王金营、张德华及常委会部分委室负责人到县法院视察。

8月25日，县委书记、县人大常委会主任张闻宇，县人大常委会副主任刘志启、田凤翔、王佩玉、李善东、王金营、张德华和县十四届人大常委会委员对新型农村合作医疗工作进行视察。

2006年8月15日，县委书记、县人大常委会主任张闻宇，副主任王佩玉、李善东、张德华、田家成、薛良斗及县人大常委会办公室主要负责人一行7人到苍山县人民法院进行视察。

9月4日，县十四届人大常委会根据省、市人大常委会《关于组织省人大代表开展2006年专题调研的通知》要求，组织在苍山参选的省人大代表到苍对建设和谐社会中新型农村合作医疗专题进行调研。

10月13日，县委书记、县人大常委会主任张闻宇，副主任王佩玉、李善东、赵平森、田家成、薛良斗和县十四届人大常委会委员对全县工业发展运行情况及环保工作进行视察。

2008年4月7日，县人大常委会副主任李善东、赵平森、田家成、薛良斗及全体县人大常委会委员对全县重点工业项目和县城教育工作进行视察。

10月9日，县委书记、县人大常委会主任张闻宇，县人大常委会副主任李善东、李玲、赵平森、田家成、薛良斗和常委会委员对全县畜牧业发展情况、房地产开发和物业管理工作情况进行视察。

2009年5月21日，县人大常委会第一副主任李善东，副主任李玲（女）、赵平森、田家成、薛良斗及部分人大常委会委员对全县民政工作进行视察。

第四节　人事任免工作

1987年4月16日，县十届人大常委会第一会议通过《苍山县人大常委会人事任免暂行办法》，1990年9月14日，县十一届人大常委会第三次会议第一次修订。在人事任免工作中，常委会坚持党管干部和依法任免相统一的原则，按照县人大常委会人事任免及监督办法的有关规定，严把提请程序关，坚持法律知识考试、听取供职报告等制度，依法行使人事任免权。

苍山县人大常委会人事任免情况

表 17—2　　单位：人次

	人　大	政　府	法　院	检察院	合　计
第十届常委会	13	56	134	57	260
第十一届常委会	19	43	31	4	97
第十三届常委会	24	75	172	40	311
第十四届常委会	5	24	14	3	46
第十五届常委会	10	75	99	13	197

第五节　代表工作

苍山县历届人大常委会在中共苍山县委的领导和上级人大常委会的指导下，积极创造条件，从政治、法律、时间以及经费上为人大代表依法执行职务提供服务和保障。

完善服务机构

苍山县第八届人民代表大会开始设立常务委员会，下设办公室，作为机关综合性的办事机构，具体负责对县人大代表的联系和服务性工作，每季度召开一次人大代表座谈会；县人大常委会主任、副主任有计划地与代表直接见面，征求代表意见。县九届人大常委会于1985年3月设立代表联络科，是联系和服务县人大代表及驻苍山县的各级人大代表的专门办事机构。1988年2月，中共苍山县委为加强党对人大工作的领导，召开全县人大工作会议，强调要进一步加强代表工作，促进代表活动的开展，决定在乡镇设立人大工作办公室，由县委任命办公室主任、副主任。下发《关于设立乡、镇人大工作办公室及有关问题的通知》，对乡镇人大工作办公室人员配备、隶属关系、职权范围、政治和经济待遇等方面作明确规定。县人大常委会制定乡镇人大工作办公室工作职责。9月，组织乡镇人大工作办公室的负责人到外地参观学习，随后又帮助乡镇建立健全各项规章制度，使省、县、乡人大代表的活动逐步走向制度化经常化的轨道。1990年换届后又设立乡镇人大主席团专职常务主席，并对外挂牌办公，从而为人大代表工作提供保证。1990年6月，县十一届人大常委会决定将代表联络科改为人事代表工作室。1995年2月28日，第八届全国人民代表大会常务委员会第十二次会议对《中华人民共和国地方各级人民代表大会和地方各级人民政府组织法》进行修改。根据修改后的地方组织法规定，乡镇人大工作办公室的日常工作由乡镇人大主席、副主席负责。

建立代表活动小组

苍山县历届人大常委会换届后都及时建立代表活动小组，定期开展代表小组活动。

县八届人大常委会按选区或系统，将全县人大代表划分为42个小组，平均每组10人左右，民主选举正、副组长，小组活动每季度开展1次。

县九届人大常委会将全县441名代表划分为56个代表联系组，其中乡镇47个，县直9个，定期进行活动。九届人大三次会议以来，人大常委会继续完善执行《联系人大代表的〈试行〉办法》。县人大常委会负责人带领机关工作人员经常到乡镇走访代表，召开座谈会，与代表面对面交流情况，支持代表积极开展工作。农历每月初十为主任接待日，县人大常委会主任、

副主任接待代表。加强与代表的通信联系，向代表寄发《人大公报》《工作情况》。

县十届人大县、乡普遍建立代表活动组织，制定走访代表、接待代表来访、代表联系选民、组织代表学习、视察和调查等项制度，使联系代表工作有了组织和制度保证。

县十一届人大换届后，全县以乡镇和县直为单位，按就地就近便于活动的原则，把分布在各条战线的2634名省、县、乡（镇）三级人大代表混合编成168个活动小组，民主推选正、副组长。各代表小组在闭会期间，广泛开展调查、视察和联系选民活动。

县十二届人大换届后，全县以乡镇和县直为单位，按照就地就近便于活动的原则，把分布在各条战线上的省、县、乡镇三级人大代表混合编成203个活动小组，在闭会期间，广泛开展调查、视察和联系选民活动。为了有效地调动代表联系选民、参与经济建设、为民办实事的积极性和主动性，县人大常委会在全县范围内开展各级人大代表带领群众致富活动，并在十二届人大常委会第十次会议上，作出《关于开展全县各级人民代表带领群众致富活动的决议》（简称《决议》）。常委会采取三项措施：常委会成员分片指导，积极督促乡镇人大抓好这项工作；召开全县各级人大代表带领群众致富经验交流会，推广致富经验；配合新闻宣传等有关部门，在县广播电台开办为期45天的人大代表风采专栏，集中宣传17位人大代表带领群众致富事迹。各乡镇人大主席团认真落实《决议》精神，开展形式多样、丰富多彩的代表带领群众致富活动，深化和活跃了代表工作。

5年中，县十三届人大常委会认真贯彻落实代表法，修订《苍山县人大常委会组成人员分工联系代表制度》和《苍山县人大常委会联系人大代表办法》，加强常委会同全县各级人大代表的联系。1999年，常委会发出《关于加强代表小组活动的通知》，指导全县建立健全206个代表活动小组。2001年11月，组织在苍山的省、市人大代表开展为期两天的集中视察活动，积极引导和鼓励代表开展个人持证视察活动。5年来，全县各级人大代表共开展个人持证视察活动16400余人次，解决各类问题1470多个。积极督办代表建议、批评和意见，常委会按法定程序及时进行交办、承办、催办、查办。同时，召开常委会，专门听取县政府关于代表建议、批评和意见办理情况的汇报。运用多种形式有计划地组织代表学习与培训，提高执行代表职务的能力。帮助各位代表征订《人民权利报》《山东人大工作》等报刊。同时，常委会办公室编发《县人大常委会公报》和《人大工作情况》及有关材料，加强对代表业务知识的学习，教育代表自觉做学法、守法的模范，更好地行使代表的权力。

县十四届人大常委会增强服务意识，加强与代表的联系，为代表履行职务提供服务。定期不定期深入基层，采取走访、召开座谈会、直接到代表小组参加活动等多种方式，了解代表的工作、生活情况，倾听代表对“一府两院”及常委会工作的意见和建议。常委会还以代表团为单位组织各乡镇的县人大代表进行会前视察活动。认真指导代表小组活动，制订《苍山县人大常委会关于加强代表小组活动的意见》，向全县223个代表小组提出具体的活动内容和建议。积极组织指导市人大代表开展代表小组活动和评选优秀市级人大代表活动，苍山县评选出的4名优秀市人大代表在市十六届人大三次会议上受到表彰。为纪念中国人民代表大会制度建立50周年，精心组织驻苍山各级人大代表以及人大工作者、“一府两院”组成部门的股级以上干部共2145人参加全省“人民代表大会知识竞赛”活动，并获组织奖。为保障代表知情知政，为全县省、市、县、乡（镇）四级人大代表订阅《人民权利报》《山东人大工作》杂志。

驻苍山县的市人大代表侯峰等提出的《关

于拓宽改造郯夏公路的建议》、田家成等市人大代表提出的《关于整修鲁南革命烈士陵园的建议》、杨秀业等市人大代表提出的《关于落实边界水利工程建设资金的建议》在全市人大工作会议上被评为“优秀代表建议”。

县十五届人大常委会始终坚持邀请乡镇人大主席列席常委会会议，组织各级人大代表参与视察调研和执法检查活动，拓宽代表知情渠道，努力扩大代表有序参与国家事务管理。倡议各级人大代表投身慈善事业，积极参与把温暖献给贫困家庭、把真情倾注苍山发展等系列活动。代表们利用“人大代表活动室”这一平台，定期开展学习交流、接待选民、向选民述职等活动，代表活动进一步制度化、规范化。开展“我为苍山建设出份力、做人民满意代表”活动。在评选优秀市级人大代表活动中，苍山县6名优秀市人大代表在市十七届人大三次会议上受到表彰。

建立健全代表工作制度

历届人大常委会都十分重视代表工作的制度建设，制定一系列代表活动的规章制度。主要有：1981年8月15日县八届人大常委会二次会议通过的《关于建立与县人民代表大会代表联系办法的意见》；1985年8月8日《苍山县人大常委会关于加强与人民代表联系、发挥代表作用的试行办法》；九届人大常委会九次会议通过的《苍山县人大常委会联系代表的暂行办法》，后经十一届人大常委会第三次会议修订，讨论制定《关于联系县人民代表的试行办法》，并在四次会议上作出《关于县人民代表持证视察的决定》，制定代表持证视察守则，颁发代表视察证。1992年，县委转发县人大常委会党组《关于组织人民代表评议县、乡（镇）政府职能部门和双管单位工作的报告》，十一届人大三次会议作出相应决议。1994年9月16日，县十二届人大常委会通过《关于开展全县各级人大代表带领群众致富活动的决议》。县十三届人大常委会第十八次会议通过《苍山县人民代表大会常务委员会联系县人民代表大会代表办法》。2002年7月26日，县十三届人大常委会第三十三次会议通过《苍山县人大常委会关于组织部分人大代表旁听法庭庭审的试行办法》。2003年5月9日，县十四届人大常委会第一次会议通过《苍山县人大常委会关于加强代表小组活动的意见》。2008年2月14日，县十五届人大常委会第一次会议通过《苍山县人大常委会关于加强代表小组建设做好代表工作的意见》。

强化服务措施

历届县人大常委会换届后，县委都及时召开全县人大工作会议，对做好全县人大工作、开展活动提出要求。1985年，县委召开全县人大工作会议。1997年、1998年、2003年、2006年县委召开由县直部门负责人、乡镇党委书记、分工联系人大工作的副书记和人大主席、副主席参加的全县人大工作会议。1998年，下发《关于加强乡镇人大工作的决定》。2003年、2006年，先后下发文件对落实代表活动经费、活动场所，办理代表意见、建议，加强乡镇人大办公室建设，配备人大专职秘书等问题作明确规定。

采取多种形式，加强与县人大代表的联系。主要有：向县人大代表寄送信件、县人大常委会公报、工作情况和有关学习文件，供代表学习和了解情况；定期走访县人大代表；召开代表座谈会，征求代表意见；邀请部分在苍山县的省、市和县人大代表列席县人大常委会会议；九届县人大常委会将农历每月初十定为主任接待日，建立县人大常委会主任、副主任轮流接待代表来访日制度；第十四届人大常委会还对人大常委会组成人员进行具体分工，实行联系代表分工责任制等。

组织代表学习，提高代表素质。县人大常委会每年年初在向县人大代表寄送人大常委会工作要点的同时，要求各位县人大代表，根据“要

点”制定出自己的全年学习、工作计划并上报县人大常委会人事代表工作室。人大常委会组成人员按照分工定期走访、检查、落实。1986年，县人大常委会各副主任深入全县56个代表联络组，向县人大代表宣讲《中华人民共和国宪法》《中华人民共和国森林法》《中华人民共和国治安管理处罚条例》等法律知识。为充分发挥全县人大代表在普法中的作用，人大常委会还向每位代表印发《学习宣传法律常识的一封信》。1994年10月，县人大常委会举办为期6天的人大工作理论学习班，各乡镇人大工作办公室主任、副主任和人大秘书，县直被评议单位的主要负责人参加培训，学习人民代表大会制度、组织法、选举法、代表法、代表工作、评议工作及乡镇人大等方面的知识。通过培训，使人大工作者进一步熟悉人大业务，会做人大工作，推动了全县人大工作的开展。1996年7月，县人大常委会组织为期3天的苍山县行政法律学习班，聘请省高级人民法院行政审判庭庭长进行行政执法辅导，学习行政处罚、行政诉讼、国家赔偿等法律知识，对提高全县各级行政机关、行政执法人员的行政执法水平起到推动作用。1999年，县人大常委会针对换届后代表中新成分增加的实际，组成由1名人大常委会副主任、1名党组成员和人事代表工作室工作人员参加的代表培训辅导小组，分别到全县28个乡镇，以宪法关于人民代表大会制度部分、代表法和“加强代表学习，发挥代表作用”为课题，对全县四级人大代表作巡回辅导，活动历时近4个月，受培训的代表达90%以上。

县、乡镇两级人民政府，把接受代表监督，执行好人代会的决议决定，落实好代表的意见建议，作为支持代表工作的实际行动。并定期向代表通报政府工作情况，主动征求代表对政府工作的意见和建议。在财政相对困难的情况下，县、乡镇政府都把代表活动经费列入本级财政预算。这些经费除用于代表活动外，县人大常委会和乡镇人大，每年还为每位代表订阅《人民权利报》，为代表小组订阅《山东人大工作》。

第六节　代表议案、建议、批评和意见办理

自1981年5月县级设立人民代表大会常务委员会至2010年12月，苍山县八届至十五届三次人民代表大会共收到代表议案、建议、批评和意见4479件。经议案审查委员会审查交办的，办结率达100%，落实率达66.8%以上。

苍山县第一届各界人民代表会议，代表提出议案（当时称提案）400余条，均在会议期间进行研究处理。在二次会议上，代表们讨论了有关发行人民胜利折实公债的问题。第三次会议上，进行和平签名运动。第三届各界人民代表会议第二次会议上，有186名代表发言，揭发批评当时的官僚主义作风。

1954年—1986年，苍山县第一至第九届人民代表大会，有记载的是，第一届人大六次会议共收到议案、建议885件，第二届265件，第三届251件，第四届一次102件，五届276件，八届542件，九届484件。

在县九届人大一次会议上，收到代表意见和建议249件。下村代表团提出的修建双河水库上游通往抱犊崮山区东南岭桥的议案，经县长杨国胜主持召开有关单位会议，研究建桥办法，并解决建桥经费。九届二次会议建议、批评、意见104件，办理84件。

县十届人大代表共提出议案和建议、批评、意见297件。其中，一次会议收到代表议案、批评、意见和建议132件，落实38件，基本落实和部分落实的73件，暂时不能落实、向代表说明的21件。三次会议代表议案和建议、批评、意见56件，车辋乡代表要求解决银厂管理区几个村不通电、人畜吃水难的问题，县政府给予了解决。二庙乡代表提出恢复县城通往二庙班

车的建议，县政府只用10天就恢复了通车。关于县乡道路应该整修的建议，这是全县广大干部群众迫切要求解决的问题，县政府召开专题会议，投资80万元对全县4条主干线进行重点整修，又制定下发《关于加强公路建设的决定》和《加快发展交通运输的若干规定的意见》，进一步促进了苍山县道路建设事业的发展。

县十一届人大共收到代表议案8件，建议、批评和意见513件。其中，一次会议代表议案3件，建议、批评和意见170件，落实129件，基本落实和部分落实的12件，解释说明的29件。县政府对办理代表议案非常重视，在办理《关于加强社会治安，使政治经济形势进一步稳定的议案》《关于建议筹建县城中小学的议案》和《关于发展苍山县良种基地的议案》中，3位分管副县长亲自挂帅，3个议案办理小组采取各种措施，保证了办理质量。县政府研究决定，多渠道筹集资金，在县城建设育才中学，当年招生初中4个班。

县十二届人大一次会议期间，代表共提议案和建议、批评、意见142件，其中议案2件，建议和批评、意见140件。对代表提出的“关于开发大枣资源”议案办理工作进行监督，县政府成立大枣资源综合开发领导小组，抽调专业人员组成专业技术队伍，为下村、大炉等十几个乡镇培训大批技术人员，并筹集专项资金120万元，用于扶持大枣开发生产。当年，全县利用酸枣嫁接大枣320万株，促进了大枣的开发生产。在县十二届人大二次会议上，代表共提出建议、批评和意见84件。在县十二届人大三次会议上，代表提出67件建议、批评和意见。在县十二届人大四次会议上，代表提出35件建议、批评和意见。

县十三届人民代表大会五次会议共收到代表议案、建议、批评和意见262件。经办理答复，得到解决落实的162件，基本解决或部分解决的71件，暂时不能解决、解释说明的29件。5年中，代表们所提议案、建议比较多，反映比较集中的是加快交通道路建设、县城建设和管理、农业标准化生产、加快企业发展、社会治安、治理环境污染、乡镇离退休干部医疗费、净化文化环境、资源保护等方面的问题。

县十四届人大一次会议期间，磨山代表团代表提出《关于对行政执法单位加强监督检查，纠正部门不正之风的议案》，经县十四届人大一次会议议案审查委员会讨论，确定作为议案，县人大常委会组织专门班子进行办理，对评议工作中没有被测评的25个单位执行县委、县人大常委会决议决定、职业道德、执法执纪、行业作风等情况进行测评，并要求这些单位对代表所提建议、意见认真整改。

县第十四届人民代表大会一、二、三次会议共收到代表议案、建议、批评和意见169件。经办理答复，得到解决落实的98件，基本解决或部分解决的52件，暂时不能解决、解释说明的19件。3年中，代表们所提议案、建议比较多，反映比较集中的是加快交通道路建设、县城建设和管理、农业标准化生产、扶持种养加销四类大户、规范矿产资源开采秩序等方面的问题。县十四届人大四、五次会议共收到代表建议、批评和意见108件。其中，农林水方面41件，公路交通方面14件，城建环保方面20件，财税方面3件，土地矿管方面2件，其他方面28件。已办理落实和正在落实27件，列入计划办理24件，解释说明12件。从书面征询代表意见的情况看，代表对建议办理的满意率为81%，基本满意率为19%，不满意率为零。赵金巨等10位代表提出的关于加强矿产资源开发的统一规划和管理，全面整顿矿山开采秩序，实现资源高效开发与可持续利用的建议，县国土资源局给予认真答复。2006年—2010年，县委、县政府针对矿产资源工作中存在的问题，采取措施，开展矿产资源开采秩序整顿和规范工作。

县第十五届人民代表大会一、二次会议共收到代表议案、建议、批评和意见 113 件。至 2009 年 12 月，经办理答复，得到解决落实的 80 件，基本解决或部分解决的 27 件，暂时不能解决、解释说明的 16 件。

县第十五届人民代表大会第三次会议收到代表议案、建议、批评和意见 61 件。

第七节　人大信访工作

1985 年 3 月，苍山县第九届人民代表大会常务委员会（以下简称人大常委会）根据有关规定，设立法律政策科（正科级），其工作重点之一就是处理群众来信来访工作。1990 年 5 月 17 日，县十一届人大常委会第二次会议作出调整县人大常委会办事机构的决定，人大常委会增设信访科（副科级），隶属于县人大常委会办公室。配备 3 名专职信访干部，设立信访接待室。1998 年 10 月 29 日，县十三届人大常委会四次会议决定撤销信访科，改设信访工作室（正科级），同时配备主任、副主任各 1 名，建立健全信访工作人员岗位责任制。

制度建设

根据宪法、地方组织法以及上级人大常委会关于信访工作的条例、规定，结合苍山县实际情况，1990 年 9 月 14 日，县十一届人大常委会第三次会议审议通过《苍山县人大常委会关于受理人民群众来信来访试行办法》。之后，县人大常委会根据变化的形势，多次修订该试行办法。1999 年 6 月 30 日，县十三届人大常委会第九次会议进一步修改，并制订《苍山县人大常委会受理人民来信来访办法》。该办法对人大信访工作任务、受理范围、处理原则、基本要求、处理程序、责任追究等都作出明确规定。县人大办公室根据此办法制定和完善《阅信制度》《接访制度》《呈报制度》《立案查办制度》《主任接访制度》和《工作人员守则》等信访工作制度。至 2010 年，苍山县人大《信访办法》运转良好，形成一整套人大来信来访处理机制。

基本情况及特点

1990 年 5 月至 2010 年 12 月，共接待群众来访 1987 起、3412 人次，办理群众来信 966 件，市人大转来信访事项 125 件；对群众来访反映的问题，逐一进行登记、归类整理，及时转交有关单位、部门，限期办理。经过各承办单位努力，这些问题基本得到解决，做到件件有回声、有答复。

随着全县经济社会快速发展，人民群众法律意识不断提高，县人大信访工作日趋活跃，人民群众对人大监督“一府两院”工作的期望越来越高，来信来访数量逐年增长。群众信访反映的热点内容相对集中，信访总量的 90% 集中在涉法涉诉、城市建设、劳动保障、企业改制、拆迁补偿、干部作风、“三农”等问题上，尤其是涉法涉诉信访占 60% 以上，信访诉求也由以往的咨询、提出建议转变为要求人大常委会协调解决具体问题，监督“一府两院”依法行政等。重访缠访问题比较突出。在受理的来访中，重访量占来访总量的 25%，这类信访问题涉及面较广，许多属于历史遗留问题和改革中出现的难点、热点问题，协调处理难度较大。

第五章　乡镇人大及工作机构

第一节　乡镇人民代表

1953年中央人民政府颁布的《中华人民共和国全国人民代表大会和地方各级人民代表大会选举法》、1954年9月第一届全国人民代表大会第一次会议通过的《中华人民共和国宪法》《中华人民共和国全国人民代表大会和地方各级人民代表大会组织法》规定："乡、民族乡、镇设立人民代表大会和人民委员会。"依照上述法律，1953年年底至1954年5月，苍山县在全县17个区的185个乡（镇）实行普选，乡镇人民代表大会代表由选民直接选举产生。之后，各乡镇相继召开第一届人民代表大会第一次会议。

因全县行政区划多次变动和机构改革（先是撤区乡设公社，又撤公社改设乡镇，合并乡镇等），乡镇一级召开人民代表大会的届次不尽相同。至2009年年初，多数乡镇召开到第十四届人民代表大会。

第二节　乡镇人大工作机构

1954年8月至1981年4月，全县各乡镇（人民公社）人民代表大会无常设工作机构，无专职工作人员。1981年5月至1984年2月，根据上级指示和人大工作需要，参照外地做法，全县各乡镇都有1名党委负责人分工负责乡镇人大工作，有的乡镇还配备兼职人大工作秘书。1984年3月至6月，全县28个乡镇相继召开人民代表大会，并将该乡镇人民代表大会主席团作为乡镇人民代表大会的常设机构，负责闭会后的乡镇人大工作，并召集下一次乡镇人民代表大会。

改革开放促进了全县经济、政治、文化、社会的发展，为适应新形势下的乡镇人大工作，1988年3月，中共苍山县委决定在全县28个乡镇设立人大工作办公室，办公室设主任1名，副主任1～2名。主任、副主任由县委任命，负责闭会后的乡镇人大工作。

1996年年初，依照新修订的地方组织法，全县乡镇人民代表大会换届时，都分别选出人民代表大会主席1名，副主席1～2名。人大主席、副主席负责闭会后的乡镇人大工作，与乡镇人民代表大会任期相同。2001年年底，根据上级指示精神，乡镇规模调整为21个，其中，14个乡镇人大主席由党委书记兼任，4名由副书记兼任，其余3名为专职主席。各乡镇还配备1～2名专职副主席。到2009年9月，全县21个乡镇配齐专职人大主席。

第十八编
地方行政机关

蒼山縣志

1939 年 2 月，临郯费峄边区联合办事处成立。1941 年 3 月，成立临郯费峄边区抗日民主政府。1944 年 2 月，改称赵镈县。成立于 1940 年 3 月的临沂县抗日民主政府于 1945 年 9 月并入赵镈县；1947 年 2 月，析出赵镈县东部设立苍山县。1950 年，人民政权赵镈县辖区并入苍山县；1953 年，兰陵县部分辖区并入苍山县。

自成立苍山县以来，在历届政府的不断努力下，县域经济社会都得到长足发展，截至 2010 年，全县地区生产总值达到 190.7 亿元，三次产业结构调整优化，工业经济实现跨越发展，农业农村经济全面繁荣，综合实力显著提升。

第一章　县级行政机构

第一节　抗战时期行政机构

临郯费峄四县边区联合办事处

抗日战争爆发后，中共苏鲁豫皖边区特委与国民党临沂专员张里元建立统战关系。1937 年 11 月，临郯费峄四县边区联庄会办事处在尚岩成立，主任李同伟，副主任宋鲁全。除主任由张里元的秘书担任外，组训、宣传、军事、保卫各股由中共党员掌握。1938 年春，辖 9 个工作区。

1939 年 2 月，临郯费峄四县边区联庄会办事处迁至车辋，改称临郯费峄四县边区联合办事处，万春圃为主任，宋鲁泉、陈毓山为副主任。辖 8 个工作区。1939 年 10 月发展为 22 个工作区。办事处初步具备县政权的职能性质。

临沂县抗日民主政府

1940 年 3 月 14 日，在庄坞由临沂县各界民众代表大会选举产生临沂县抗日民主政府。丁梦荪为县长。1941 年后，王元荣、王振南先后任县长。县政府设立秘书处、民政科、财粮科、建设科、教育科、武装科、公安局、司法科、战时邮局、金库等办事机构，下辖庄坞、道桥、长城等 7 个区公所。1940 年 6 月，隶属鲁南专署直接领导。同年 8 月改属鲁南专署一行署领导。1941 年 8 月，隶属鲁南第三行政主任公署领导。1944 年 1 月，隶属鲁南三专署领导。1945 年 9 月撤销。

临郯费峄四县边区县政府

1941 年 3 月 28 日，在万村由临郯费峄四县边区抗日人民代表大会选举产生。狄井芗任县长。县政府设立民政科、财政科、实业科、教育科、武装科、粮食科、公安局、战时邮局，下辖车辋、石坑、万村、鲁城、新兴、苍山 6 个区公所，下设乡公所。1943 年年底，增加为 8 个区公所。县政府隶属鲁南专员公署领导。1941 年 11 月后，刘清如、华山曾先后任县长。1944 年 2 月，改称赵镈县抗日民主政府。

临西办事处

1943 年 1 月在前峰山村成立。萧芳洲兼任主任。下辖苍山、车庄、庙山、棠林 4 个区公所。1943 年 10 月，杨权为办事处主任。1944 年 8 月撤销。

兰陵办事处

1943 年 3 月在坊前村成立，王芗南为主任，下辖 2 个区公所，隶属于鲁南三专署。办事处有民政科、财粮科、建设科、文教科、公安局 5 个办事机构。1944 年 8 月撤销。

赵镈县抗日民主政府

为纪念被国民党顽固派杀害的鲁南区党委书记兼鲁南军区政委赵镈，1944 年 2 月，临郯费峄四县边区县改称赵镈县，华山任县长。县政府设 8 个科局，下辖 8 个区。驻甘霖，隶属鲁南三专署领导，同年 10 月，商向前任县长。1944 年 8 月，临西办事处撤销，其辖区（共3个）划归赵镈县。

兰陵县抗日民主政府

1944年8月成立，孙文成为县长。驻坊前、刘郭村等。县政府有民政科、财粮科、文教科、公安局4个工作部门，下辖城前、峨山、鲁城、新兴、利增等6个区公所。县政府隶属鲁南三专署领导。1945年10月撤销。

第二节　解放战争时期行政机构

赵镈县政府

1945年9月，由赵镈县抗日民主政府与战时的临沂县抗日民主政府合并改称。商向前、何杰之、王伯华、王芗南、刘耀华、项思忠先后任县长。设有秘书科、民教科、战勤科、财政科、粮库、银行办事处、工商支局、实业科、教育科、司法科、公安局、战时邮局，下辖12个区公所。县政府驻代村，隶属鲁南三专署领导。1947年2月分置苍山县，此时赵镈县辖7个区，县政府驻漫溪村。1948年2月重建兰陵县，5月辖区调整，辖5个区，其中4个区属今县境。赵镈县改辖5个区。1949年3月辖区调整，辖8个区，县政府驻安庄，隶属鲁中南台枣专署领导。中华人民共和国成立后，县政府驻漫溪村。1950年4月，隶属临沂专署领导。同年5月8日撤销。

1944年—1950年赵镈县政府县长、副县长任职情况

表18—1

职　务	姓　名	任职时间
县　长	华　山	1944.2—1944.11
	商向前	1944.11—1946.10
	何杰之	1946.10—1947.06
	王伯华	1947.6—1947.11
	王芗南	1947.11—1948.2
	刘耀华	1948.2—1949.2
	项思忠	1949.2—1950.5
副县长	王善林	1949年2月任职

苍山县政府

1947年2月，苍山县始置，辖区为赵镈县的东半部，共7个区，杨权、王振南、房永典、李光明先后任县长。王士一、张作臣任副县长。县政府设秘书处、战勤科、财粮科、工商支局、实业科、教育科、公安局、战时邮局8个办事机构。县政府驻晒钱埠，后迁至旺庄、宋庄一带，隶属鲁南三专署领导。1947年8月增设贾庄区公所。1948年7月增设磨山区公所。是年县政府迁至磨山，辖8个区公所。1950年5月赵镈县撤销，其辖区大部并入苍山县，共辖14个区。苍山县政府驻地迁至卞庄。1953年，兰陵县撤销，有3个区划归苍山县，共辖17个区。

1947 年—1950 年苍山县政府县长、副县长任职情况

表 18—2

职　务	姓　名	任职时间
县　长	杨　权	1947.03—1947.11
	王振南	1947.11—1948.04
	房永典	1948.04—1949.07
副县长	王士一	1949.02—1950.04
	张作臣	1950.01—1950.09

兰陵县政府

1948 年 2 月成立。孙文成、韩韦铁、王正言、吴振东先后任县长，吴振东、李金生任副县长。设有秘书室、战勤科、银行办事处、文教科、战时邮局。县政府驻王庄，隶属鲁南三专署领导。1949 年 3 月，组建新的兰陵县，县政府驻地迁至台儿庄。1953 年 8 月，兰陵县撤销。其第八区、第九区、第十区 3 个区划归苍山县。

第三节　新中国成立后行政机构

苍山县人民政府（1951—1955 年）

1951 年 12 月，苍山县政府改称苍山县人民政府，李光明、张作臣、李肃、盛玉璞依次任县长。张作臣、李子平、盛玉璞、王珉为副县长。设有秘书处、民政科、公安科、司法科、邮电局、建设科、财政科、粮食局、供销合作总社、工商支局、银行办事处、文教科，为工作机构，下辖 14 个区，隶属临沂专署领导。1952 年 4 月，县府设秘书室、民政科、人事科、人民监察委员会、建设科、财政科、工商科、农业税科、文教科、公安局、邮政局（1953 年 9 月改称邮电局）、粮食局、税务局及法院、供销合作社、林业所等机构。1952 年 7 月，增设卫生科。1953 年 1 月，增设扫盲办公室。6 月，增设人民检察署，增设统计科（1955 年 3 月改称计划统计科）、财政经济委员会。8 月，防疫委员会更名为爱国卫生委员会，林业所改为林业科。1954 年 12 月，人民检察署改称人民检察院。1955 年 2 月，增设计划委员会、手工业联社。1955 年 10 月，撤销人民监察委员会。

1954 年 7 月，苍山县首届人民代表大会选举产生苍山县第一届人民政府，李肃任县长。

苍山县人民政府下辖 14 个区。1953 年 8 月辖 17 个区。1955 年 11 月调整乡的区划，共合并取消 20 个乡。

1955 年 10 月 10 日，将以数字命名的 17 个区，分别改按地名称呼。

1950 年—1955 年苍山县县长、副县长任职情况

表 18—3

职　务	姓　名	任职时间
县　长	李光明	1950.04—1952.01
	张作臣	1952.01—1953.01

续表 18—3

职　务	姓　名	任职时间
县　长	李　肃	1953.01—1954.10
	盛玉璞	1954.10—1955.12
副县长	张作臣	1950.09—1952.01
	王熙民	1954.04—1955.12

苍山县人民委员会

1955年12月，苍山县首届人民代表大会第五次会议选举产生第一届苍山县人民委员会，盛玉璞任县长。县人委所辖机构有人事科、民政科、交通科、建设科、文教科、工商科、公安局、计划委员会（1958年6月撤销，1960年6月恢复）、计划统计科、税务局、粮食局、邮电局、供销合作社等。并将秘书室更名为办公室，林业科更名为林业局，财政科更名为财政局；文教科析分为文化科和教育科，新设水利科、卫生科、兵役局、农产品采购局、财粮贸办公室、气象局。下辖卞庄、贾庄、仲村、下村、鲁城、文峰、向城、青山、兰陵、南桥、长城、层山、磨山、神山、甘霖、兴明、横山17个区公所。

1956年2月，成立转业建设委员会、山区生产规划水土保持委员会；4月，新建国营苍山农场。6月，工商科取消，业务并入新设商业局；9月，教育科改为教育局，农业科改为农业局，水利科改为水利局，新设统计科、劳动科、体育运动委员会。1957年1月，农产品采购局改为服务局；11月，新设工业局（手工业社与其合署办公，1958年11月并入工业局）、施工指挥部。1958年3月，服务局并入供销社；5月，供销社并入商业局；6月，新设监察室，税务局并入财政局，统计科、计划委员会、劳动科合并成立计划统计局，体委并入教育局，民政科、转业建设委员会合并成立民政局；8月，交通局更名为苍山县委交通运输指挥部。

1959年8月，工业局析分为工业局和手工业管理局；11月，成立科学技术委员会；12月，成立农业机械科、水产局、畜牧局。1960年3月，农业机械科更名为农业机械管理局（1962年6月撤销），体育运动委员会从教育局析出；6月，交通运输指挥部改称交通局，计划统计局析分为统计局、计划委员会、劳动局；7月，成立人民公社事务管理局。水产局并入水利局。1961年1月，人民公社事务管理局撤销；8月，成立市场管理委员会；9月，供销合作社从商业局析出。1962年1月，重新成立税务局；撤销畜牧局，业务归农业局；教育局改称文教局；成立档案科，1963年4月，改称档案局。1963年5月，设立水利移民安置办公室、山区水土保持办公室；6月，新设财贸办公室、农业生产办公室。1964年4月，成立科学技术委员会。1965年9月，撤销农业生产办公室。1966年12月，教育局与文化科合并成立文教局。

随着事业的发展和工作的需要，县人民委员会所设部门时有增减，名称亦有变更。至“文化大革命”前，县人民委员会下设办公室、人事科、民政科、财贸办公室、财政科、计划委员会、农业局、水利局、林业局、卫生科、文教局、粮食局、商业局、工业交通局、邮电局、公安局等科局办机构。

1957年1月至1966年5月，分别选举产生苍山县第二、第三、第四、第五、第六届人民委员会，孙立阶任第二至第五届人民委员会县长，翟秀吉任第六届人民委员会县长。至1957年1月，全县17个区公所，下辖185个乡。1957年3月，全县15个区公所，下辖173个

乡。1958 年 2 月撤区，县人委改辖 28 个乡镇人民政府；同年 11 月，税郭乡划归枣庄峄县，其余乡镇改称人民公社，公社设有管委会，配正副社长（后改称主任），同时配若干助理员协助社长做好行政工作。辖 27 个政社合一的人民公社管委会，公社下辖管理区，管理区辖生产大队。年底，褚墩人民公社划归郯城县。

1958 年冬，靠近农场附近的 13 个生产大队划归国营苍山农场，总面积扩大到 4200 公顷，其中耕地 3933.4 公顷。农场把这 13 个生产大队划为 5 个管理区，即孤山管理区、小店管理区、湖子管理区、黄山管理区和老屯管理区。

1959 年 3 月公社调整后，辖 14 个人民公社管委会。

1962 年 8 月，国营苍山农场所属的张庄、庄屯、徐皇路、赵皇路、西小店、东小店、河西、王庄、黄山前、后兰庄、前兰庄、小湖子、大湖子 13 个大队划归南桥公社。

1962 年，全县划为 8 个区，原规模较大的公社撤销，以原管理区为基础建立公社，县辖区，区辖公社，公社辖生产大队。

1963 年 3 月，将原 14 个人民公社调整为 22 处人民公社。

1965 年 5 月，将 22 个公社调整为 14 个区，下辖 93 个人民公社。

1966 年 5 月，“文化大革命”开始，县人民委员会受到冲击。1967 年 2 月 25 日，县人民委员会被造反派夺权，县直工作机构及 14 个区公所相继被夺权。

1955 年—1967 年苍山县县长、副县长任职情况

表 18—4

职　务	姓　名	任职时间
县　长	盛玉璞	1955.12—1956.08
	孙立阶	1957.01—1964.07
	翟秀吉	1964.07—1967.02
副县长	王熙民	1955.12—1956.08
	陈毓山	1955.12—1958.08
	王连福	1956.11—1959.09
	李春学	1956.11—1961.06
	宋沛汉	1956.11—1958.05
	王兴泉	1960.02—1962.05
	张盛法	1960.07—1962.08
	孙本章	1960.08—1960.12
	邢继岭	1961.04—1964.07
	盛乐堂	1961.06—1962.05
	王士一	1961.12—1966.02
	霍恩祥	1961.12—1963.05

续表 18—4

职　　务	姓　　名	任职时间
副县长	李中全	1963.09—1967.02
	伏广余	1965.03—1967.02
	李保义	1966.03—1967.02
	邢继岭	1966.03—1967.02

苍山县革命委员会

1967年，“造反派”夺取苍山县人民委员会权力后，成立苍山县革命委员会筹备委员会。1968年3月15日，苍山县革命委员会成立，乔文德、霍胜涛、丁履阳、李顺祥先后为主任。县革委成立后，其工作机构进行相应调整。1968年3月，中国人民解放军苍山县公安机关军事管制小组成立，行使公检法的权力。1969年11月，县革委设立办公室、政治部、生产指挥部，政治部下设组织组、宣传组、教育组、群工组等，生产指挥部下设办公室、政工组、计划组、民政组等。工业局、交通局、邮电局、农林局、水利局、财政局、商业局、粮食局、供销合作社、人民银行等县直单位分别设立革命委员会。1973年6月，军管组撤销，恢复公安局。1975年6月，撤销党政合一的办公室、政治部、生产指挥部，党委与政府的办事机构分开。县革委成立后，下辖机构也发生变化。1968年春，先后建立14个区革命委员会。1969年1月，撤销区恢复公社建制，全县辖17个公社。1970年3月，公社改区，仍为14个区。1971年3月，全县区划调整，将14个区划分为17个公社，分别为卞庄、贾庄、仲村、车辋、下村、鲁城、向城、新兴、兰陵、南桥、长城、层山、磨山、神山、流井、尚岩、二庙（后三个为新设）。

1978年4月，苍山县第七届人民代表大会第一次会议选举产生苍山县革命委员会，李顺祥为主任，庄虔恺、李中全、李春学、李桂兰（女）、戚建业、王德臣、张保忠为副主任。1980年增设矿坑人民公社。全县共辖22个人民公社革委会。

1981年春，撤销各公社革命委员会，建立各公社管理委员会。同年5月底至6月初，召开苍山县第八届人民代表大会第一次会议，决定撤销苍山县革命委员会。

1967年—1981年苍山县革命委员会主任、副主任任职情况

表 18—5

职　　务	姓　　名	任职时间	备　　注
主　任	于国祥	1967.02—1968.03	筹委会
	乔文德	1968.03—1968.12	军代表
	霍胜涛	1968.12—1969.12	军代表
	丁履阳	1969.12—1976.03	
	李顺祥	1976.04—1981.05	

续表 18—5

职　务	姓　名	任职时间	备　注
副主任	庄虔恺	1967.02—1967.03	筹委会
	孙寿年	1967.02—1967.03	筹委会
	萧庆文	1968.03—1968.12	群众代表
	丁履阳	1968.03—1969.12	
	徐玉金	1968.03—1968.12	群众代表
	尤传瑞	1968.03—1970.04	群众代表
	张玉莲	1968.12—1973.10	军代表
	乔文德	1968.12—1973.10	军代表
	庄虔恺	1968.12—1980.05	
	霍胜清	1969.12—1970.08	军代表
	马英贤	1970.08—1971.01	军代表
	尹德贵	1970.08—1972.07	军代表
	李若善	1971.01—1973.10	军代表
	王传荣	1971.01—1973.10	军代表
	毛振勇	1972.02—1973.10	军代表
	翟秀吉	1975.02—1975.09	
	解广先	1975.04—1976.03	
	李桂兰	1975.08—1981.05	女
	张保忠	1977—1979.03	
	王德臣	1978.04—1979.06	
	李春学	1978.04—1981.05	
	李中全	1978.04—1981.05	
	戚建业	1978.04—1981.05	
	李保义	1978.04—1981.05	
	王家柱	1979.06—1980	
	姚学益	1979.07—1981.05	
	郑宗厚	1980.03—1981.05	

苍山县人民政府（1981—2010 年）

1981 年 5 月，苍山县第八届人民代表大会第一次会议撤销苍山县革命委员会，设立苍山县人民政府。县政府由县长 1 人、副县长 4 人组成，分工主持县政府所属各项政务。

1981 年 11 月，皇路、仲村 2 个人民公社更名为三合、大仲村人民公社。12 月，卞庄人民公社改称卞庄镇，兰陵人民公社改称兰陵镇，设镇政府。1984 年年底，基层行政单位实行“社改乡，队改村”，全县设 22 个乡人民政府、6 个镇人民政府，乡（镇）政府配正副乡（镇）长和助理若干人。县政府办事机构由 54 个调整为 42 个。

1981 年—2010 年，姚学益、白正和、杨国胜、郑承泰、李常存、潘本学、刘其夏、孙家振、于中华、王举生、杨俊波、王行华、王晓军先后任县长。县政府下设委、办、科、局，下辖 1 个镇人民政府和 21 个公社管理委员会。

1993 年进行县乡机构改革，县直机构精简 62.8%，人员精简 18.1%，乡镇机关人员精简 67.8%，县人民政府辖 96 个办事机构、22 个乡人民政府和 6 个镇人民政府。1996 年，辖 108 个办事机构、17 个乡人民政府和 11 个镇人民政府。1998 年，从兰陵镇析出一个工作区，成立艾曲小康实验区，设管理委员会。后撤销，其辖区仍归兰陵镇。

2000 年 1 月，沂堂撤乡改镇。县政府辖 14 个乡政府、14 个镇政府。

2001 年 1 月，撤销小岭、芦柞、韩塘、横山、流井、甘霖、大炉 7 个乡，分别并入卞庄、兰陵、大仲村、车辋、下村 5 个乡镇。县政府辖 21 个乡镇政府。

2006 年 12 月，由卞庄镇、贾庄乡各析出部分村，建置苍山县经济开发区。

2010 年 1 月，沂堂镇划归罗庄区管辖。同年 6 月，矿坑、鲁城撤乡改镇。

2010 年 10 月，卞庄镇人民政府改为卞庄街道办事处。

派出机构　1989 年 3 月，设立驻济南办事处，为副科级单位，隶属于县经济协作办公室。

1989 年 3 月，设立县政府驻青岛办事处，为副科级单位，隶属于县经济协作办公室领导。1990 年 9 月，设立县政府驻淄博办事处，为副科级单位。1994 年 3 月，设立县政府驻日照办事处，为副科级单位。隶属于对外贸易总公司。1999 年 5 月，设立县政府驻上海、杭州、常州办事处，为副科级单位。

2001 年 9 月，设立县政府驻京办事处，为副科级单位。2002 年 9 月，升为正科级单位，2010 年 11 月，按照国务院的通知精神撤销。

2003 年 6 月，苍山县经济开发区成立管委会，2006 年 11 月区划调整，下辖从卞庄镇、贾庄乡划入的 9 个行政村。

2007 年 5 月，文峰山旅游风景区管理处成立，为正科级单位。

1981 年—2010 年苍山县县长、副县长任职情况

表 18—6

职　务	姓　名	任职时间
县　长	姚学益	1981.05—1982.07
	白正和	1982.07—1983.12
	杨国胜	1984.02—1986.05
	郑承泰	1986.05—1986.08

续表 18—6

职　务	姓　名	任职时间
县　长	李常存	1986.08—1987.07
	潘本学	1987.08—1990.04
	刘其夏	1990.04—1992.06
	孙家振	1992.12—1995.01
	于中华	1995.01—1998.02
	王举生	1998.02—2001.01
	杨俊波	2001.02—2004.10
	王行华	2004.11—2007.01
	王晓军	2007.02—2010.12
副县长	周爱三	1981.05—1984.07
	李保义	1981.05—1984.07
	郑宗厚	1981.05—1984.07
	李桂兰（女）	1981.05—1984.07
	宋体正	1981.05—1984.07
	王世业	1983.07—1984.02
	李常存	1984.02—1987.03
	陈兆全	1984.02—1987.03
	郭东林	1984.02—1993.03
	王占鹤	1986.09—1990.04
	王世业	1987.03—1998.01
	杜华生	1987.03—1993.03
	万志军（挂职）	1988.08—1989.08
	牟善霄（挂职）	1989.04—1990.02
	李金胜	1988.11—1995.01
	杨春升（聘任，科技）	1989.03—1993.10
	冯国民	1990.02—1993.03
	姚爱光（挂职）	1990.07—1999.09

续表 18—6

职　务	姓　名	任职时间
副县长	古　平（挂职）	1991.04—1999.09
	张志法	1991.03—1993.01
	崔红旗（挂职）	1991.07—1992.12
	赵树林	1993.03—1998.01
	刘　霞（女）	1993.03—1998.01
	赵启全	1993.03—1998.01
	曹庆寿（挂职）	1994.03—1995.11
	陈晓坤（挂职）	1994.03—1995.11
	王传新（挂职）	1994.03—1995.11
	程春生	1994.09—1996.10
	张汝俊	1995.01—2001.03
	邹更新（挂职）	1995.12—1997.04
	李　强（挂职）	1995.12—1997.04
	孙忠民	1996.04—2001.03
	公茂森	1998.01—2003.02
	王行华	1998.01—2001.03
	公丕宣	1998.01—2007.02
	陆晓东	1998.01—2004.05
	李文忠（挂职）	1997.11—2001.03
	李勇普（挂职）	1997.11—2001.03
	范秋艳（女，兼）	1998.03—2008.01
	刘志启	1998.07—2001.03
	石　晓（挂职）	2000.03—2002.03
	赵志德	2001.03—2004.03
	马金国	2001.03—2004.04
	孙晋玉（挂职，科技）	2002.03—2004.03
	薛　峰	2003.01—2006.01

续表 18—6

职　务	姓　名	任职时间
副县长	方晓鸣（挂职）	2004.03—2006.03
	李　鑫（挂职）	2004.03—2006.02
	刘洪军	2005.05—2012.12
	谭庆功	2004.08—2006.01
	王精华	2006.01—2007.12
	宋学军	2006.01—2012.12
	侯　峰	2006.01—2012.12
	方　伟（挂职）	2006.03—2008.03
	孙　勇（挂职）	2006.03—2007.04
	刘连栋	2007.03—2012.12
	徐　刚（挂职）	2007.03—2012.12
	孙　涛	2008.01—2009.01
	范辉政（挂职）	2008.01—2012.12
	宋中东（女）	2009.01—2012.12
	高思圣	2009.01—2012.12

第二章　县政府施政

第一节　县政府重要会议

1950 年 10 月 30 日，县委、县政府召开扩大干部会议，一是传达上级指示精神，主要有巩固城市与加强农村工作的关系，土地改革问题；二是研究部署工作，主要有发展农业，生产救灾，副业生产，整编节约等。

1951 年 3 月 20 日，县政府召开第二届各界人民代表会第二次会议，会议安排春季生产，通过《青年爱国公约》《妇女爱国公约》等多项爱国公约。4 月 29 日，县委县政府召开干部会议，主要内容是：土地改革、镇压反革命、支援抗美援朝、春耕生产及帮助困难户代工代耕等工作。6 月 30 日，县政府召开第二届各界人民代表会第三次会议，会议的主题是抗美援朝，激发广大群众的爱国热潮，积极捐献，努力生产，支援前线。8 月 28 日，县委、县政府召开干部会议，主要内容是：通报土地改革工作情况，要求总结经验，尽快扫尾结束，研究依靠贫雇农团结中农开展对地主的管制措施和对富农的教育工作，以及农业生产问题。

1952年8月11日—13日，县委、县政府召开全县第二次农业生产变工互助代表大会。县长张作臣在11日的会上讲话，他通报了全县变工组发展的基本情况，工作经验及存在的问题，提出大会讨论的题目和评选模范变工组的条件。各区的代表逐个汇报各区的变工组发展情况。会议产生评选委员会名单。张作臣作大会总结。

1953年2月25日—28日，县政府召开第三届各界人民代表会第三次会议，有261人参加。会议总结一年来的工作，通报了县委、县政府对“拔棉事件”处理情况，部署春季农业生产和深入开展互助合作运动等工作。县长李肃在第三天的会议上对代表提出的问题当场一一作解答。5月3日—6日，县政府召开第三届各界人民代表会第四次会议，县长李肃主持会议并作讲话。会议通过决议，主要内容有：一、夏季农业生产：防治小麦、果树病虫害，夏锄等；二、生产救灾：生产自救为主，社会互助、政府扶持为辅，组织灾民进行各种副业生产；三、积极宣传贯彻婚姻法；四、积极开展爱国卫生运动，做好牛痘接种等工作；五、做好夏季物资交流，活跃经济繁荣市场等。会上，代表共提出提案议案270件。7月21日—24日，县政府召开第三届各界人民代表会第五次会议，会议总结上次会议近三个月来的生产、工作情况，提出缺点和不足。会议还通报了上次会议代表提出的提案议案的处理情况。县区乡三级干部列席会议。

1954年12月12日—16日，县委、县政府召开四级干部会议，贯彻上级会议精神，总结一年来的工作，部署下一步的工作。各区负责人相继作工作汇报，大会还进行分组讨论。

1955年3月17日—18日，县政府召开第四届各界人民代表常务委员会议，听取各位委员汇报各乡村群众的建议与要求，研究部署以互助合作为中心的几项工作。6月21日，县委、县政府召开扩大干部会议，传达贯彻上级会议精神，部署全县的互助合作工作。

1956年10月15日，县委、县政府召开扩大干部会议，有各区区长参加。会议研究部署了粮食征购及减免等工作。1957年12月2日—4日，召开全县冬季农业积极分子代表会，对61个先进单位进行表彰，全县掀起以水肥土为中心的冬季生产高潮。

1958年1月13日—2月13日，召开县、区、乡、社四级干部1240人参加的会议，开展整风反右斗争。1959年3月26日—4月7日，县委、县人委召开5694人参加的五级干部会议，提出《关于人民公社管理体制和若干政策问题》的10个具体方案。1960年2月24日—3月3日，县委、县人委召开有5000余人参加的五级干部会，号召开展生产运动、学习运动、技术革新运动。

1960年4月7日—11日，五省一市农业厅和农业院校主要负责人共60余人，参加在下村由农业部召开的畜牧业生产现场会。赵廷海介绍发展畜牧业生产和利用黄牛加工挤奶的经验。

1961年1月6日—18日，县委、县人委召开3925人参加的四级干部大会，继续清算共产风、浮夸风、命令风、干部特殊风和对生产瞎指挥风，揭露其在全县的表现及所造成的危害。12月9日—17日，县委、县人委召开四级干部会，制定通过冬季整风整社计划。决定从当月起到翌年2月进行整风整社运动。

1962年5月21日，全县机关和公社干部大会召开，传达周恩来总理的政府工作报告。

1964年12月27日至1965年1月14日，县委县人委召开县、社、大队2777名干部参加的会议。学习中共中央《关于目前农村工作中若干问题的决定（草案）》和《关于农村社会主义教育运动中一些具体政策的规定（草案）》，准备进行大规模的社教运动；“洗手洗澡”，检

查贪污盗窃、铺张浪费、多吃多占等问题；讨论生产救灾问题。

1965年12月8日，县委、县人委召开1585人参加的四级干部会议，参观冬季农田水利建设现场，增强战备观念，决心自力更生，艰苦奋斗，愚公移山，改造自然。

1970年2月13日—14日，县革委召开四级干部会，传达中央《关于反对贪污盗窃、投机倒把的指示》，听取赴省毛泽东思想学习班人员的汇报，揭发批判王效禹的罪行。11月11日，县革委、人武部召开全县民兵工作会议。

1972年9月18日，全县业余文艺创作会议召开。

1973年3月，县革委召开全县农业学大寨先进集体代表会，1546名代表参加。7月31日，全县农业工作会议召开。12月17日，全县农业科学实验经验交流会议召开。

1975年8月21日，全县群众大会召开，县委书记、县革委主任丁履阳在会上传达中央17号文件并作讲话。11月2日，全县四级干部广播大会召开，县委书记、县革委主任丁履阳在会上传达全国农业学大寨会议精神并作讲话。

1976年2月，县革委召开农业学大寨会议，计划5年把苍山县建成大寨县。1977年5月，县革委召开专业种茶会议。

1978年1月30日，县革委召开全县科技卫生工作会议。11月28日，县革委召开全县计划生育、地方病防治工作会议。

1979年1月18日，县革委召开全县水产工作会议。3月13日，县革委召开全县棉花工作会议。9月27日，县革委召开全县社队企业工作会议。11月17日，县革委召开全县多种经营和经济作物生产会议。

1980年1月25日，县革委召开全县工业交通工作会议。2月23日，县委、县革委召开县、社领导骨干会议，李桂兰在会上作关于计划生育工作的讲话。3月13日，县革委召开全县棉花生产工作会议。5月20日，县革委召开全县沼气工作会议。

1981年2月11日—15日，县委、县革委召开三级干部会议，贯彻中共中央〔1981〕2号文件，调整国民经济并制订1981年度国民经济计划和措施。9月25日，召开全县企业民主管理工作会议。9月6日，召开全县三秋工作会议。

1983年3月6日，全县全民义务植树工作会议召开。10月11日，召开全县秋季粮油棉征购会议。

1983年10月24日，召开全县增收节支力争实现全年财政收支平衡工作会议。10月30日，召开全县多种经营社队企业工作会议。11月15日，召开全县农作物实产统计工作会议。

1984年1月9日，召开全县水产工作会议。1987年9月22日，召开全县扶贫工作会议，副县长王士业传达地区扶贫工作会议精神，副县长王占鹤在会上讲话。

1991年12月21日，召开全县经济和科技进步工作会议，副县长崔红旗传达地区经济形势分析座谈会精神和全区技术进步工作会议精神。

1993年2月10日，召开全县蔬菜建设、管理和大棚菜销售座谈会。2月11日，召开农村工作会议，贯彻落实县委、县政府制定的全面实施第二步战略目标：1999年全县人均国民生产总值达3000元，实现小康水平。提出推进改革、发展科技教育、优质高效农业、强化市场流通等6项措施。7月26日，召开全县山区工程造林现场会议。12月6日，召开县城规划、建设、管理工作座谈会。

1995年5月30日，山东省苍山县、郯城县和江苏省邳州市、新沂市代表等参加的苏鲁边界水利协调会议在苍山县召开。

1998年2月5日，召开县政府工业经济专题会议，县经委等7个主管部门先后作工作汇报，副县长王行华对如何抓好工业经济作部署。4月

15日，召开县政府“县城住房建设控制”专题会议。12月21日,召开全县蔬菜生产工作会议。

1999年10月13日，县政府在兴明乡召开稻茬麦苫播现场会，与会人员参观了兴明乡的人工和机械苫播现场，县农业技术人员讲解稻茬麦苫播技术要点。11月5日，召开全县减轻农民负担和土地延包工作会议。

2001年9月8日，召开全县农业结构调整暨秋种工作会议。2002年5月31日，召开全县县乡机构改革工作会议。6月，苍山县招商引资及科技项目合作洽谈会举行，数十家海内外单位和企业协办，是苍山县历史上首次在县内举办的招商引资洽谈活动。会上共签约合作项目46个，总投资27469万美元，合同、协议外资额22038万美元；签订贸易项目2个，出口贸易额70万美元。

2003年4月5日，召开少数民族经济发展座谈会。

2004年2月17日，召开县政府社会综合治税专题会议，县长杨俊波、县人大常委会副主任李善东、副县长公丕宣、县政协副主席李相启等领导和29个“苍山县社会综合治税工作领导小组成员单位”的主要负责人参加会议。3月30日，全县劳动保障及职业培训工作会议召开。

2004年7月28日，全县综合治税表彰大会在县电影院召开，县长杨俊波、副县长公丕宣等领导和28个社会综合治税单位的主要负责人以及各乡镇乡镇长、各有关单位受托代征员、信息员等200余人参加会议。会议表彰8个综合治税工作先进单位，对这8个单位的负责人和协税员每人奖励1000元，并按规定给89个代征代扣税款单位兑付手续费14万元。

2005年9月22日，召开全县加快经济开发区建设与发展动员会议。2006年5月16日，召开全县新型农村合作医疗总结表彰工作会议。5月31日，山东省小麦机收开机仪式在苍山县矿坑乡举行。6月1日，召开全县城乡建设管理暨校舍危房改造工作会议。6月19日，召开全县旅游发展大会。6月19日，召开全县加快文化产业发展动员大会。8月3日，召开全县测土配方施肥工作会议，专题部署测土配方施肥工作。9月14日，召开省直医疗卫生系统对口帮扶苍山县卫生工作现场会。

2007年7月11日，召开东洳河综合治理工程建设推进会议。2008年8月14日，召开全县后进村整治工作会议。2009年11月27日，召开全县土地利用总体规划编修方案讨论会。2010年3月24日，召开全县加快工业经济发展暨招商引资开发区建设动员大会。

第二节　发展地方经济

1952年10月，全县以常年产量、土质为标准进行查田定产，逐步实行累进税制。

1953年夏秋，各种农作物的虫害发生严重，重点是豆虫和蝗虫，其中蝗虫发生两代。县政府发动农民群众积极灭虫。共捕获豆天蛾9736斤，捕捉豆虫1681810斤。对蝗虫采取药械喷药为主的方式，在三龄前予以毒杀，效果达90%以上。8月26日—9月1日，县政府举办以争取明年小麦丰产为主要内容的农业技术短训班，参训学员344人。11月，全县实行粮食统购统销政策，当年征粮1150万千克。

1954年1月，县政府总结两年来发展互助组工作，全县已有43.6%的农户参加互助组。县政府要求当年秋季要在原有基础上再发展25%左右。4月—5月，坚决纠正部分群众认为“缺苗稀苗不少收”的错误认识，发动广大农民群众对农作物查苗补苗，除虫保苗。

1955年8月，针对部分农户提前收割尚未完全成熟的玉米造成减产的情况，县政府及时发文要求各基层干部向农民宣传适时正确收获玉米。适时收割的玉米应在玉米棒全白并下垂时为好；即使要提前收割，也要连棵带穗一起收割，捆上堆放待秸秆干后再掰为好。8月，运用多种形式开始对私营工商业进行社会主义改造，到1956年3月基本结束。安排私商2006人，组织合作商店、饭店41处，供销生产社53处，运输社1处。11月，成立4处合作指导站，具体指导全县的合作化运动。

1956年1月，发布《1956年—1962年农业生产技术纲要》，主要方面有农田水利，水土保持，推广新式农具，增养牲畜以增施厩肥，推广化肥，改良土壤，推广良种，扩大复种面积，改进耕作方法，消灭病虫害，植桑养蚕，种植新品果树等。

1956年冬至1957年春，发动全县组织起来的农民掀起大规模的农田改良和水利基本建设高潮，打砖石井600余眼，兴修水库18座，大规模平整土地，压沙改良土壤，积肥增施肥料等。

1957年1月，全县农村推行包工包产管理办法。7月6日—26日，全县平均降雨607.4毫米，最大降雨点达800毫米，沂河洪峰15500个流量，分洪致使全县大面积受灾。受灾农作物5.3万公顷，冲毁塘坝40余个，倒塌房屋5748间，伤亡66人，砸死牲畜118头，冲走粮食5.5万千克。为百年一遇特大水灾。中央、省先后派飞机9架次空投食品、药品、麻袋、救生器材等物资，专署调来20只汽艇帆船及大批救灾物资。全县10万名干部、党团员日夜与洪水搏斗，4.3万名老弱群众安然脱险，受灾群众得到安置。水灾过后多种疾病相继并发，上级还派来大批医务人员帮助救治。8月上旬，被淹土地退水后，安排灾区群众全力恢复生产，重建家园，全县补种荞麦、豆子、蔬菜1万公顷。共发放救济款200万元，救济粮73.5万千克。

是年冬，全县掀起农田水利建设高潮。至翌年6月，完成沂河行洪道筑堤、小涑河疏通培堤、燕子河下游延修、吴坦河中游筑堤、东泇河改筑堤、阳明河改道、西泇河下游退修河堤等9项工程，总长150千米，计土方950万立方，动用民工7万人，73天完成。同时，兴建多福庄闸、小岭闸、金桥屯自流灌溉3处工程及桥涵37座，计石方7.2万立方米。

1958年7月，全县养猪达23万头，其中集体养猪21.5万头，平均户均1.6头。当年支援兄弟县及河北省仔猪1.2万头。8月22日，发动群众昼夜奋战大搞钢铁生产。到9月16日，建成各种炼铁炉1058座，投入生产282座。全县投入钢铁生产21470人。其中，采矿10777人，建炉冶炼1740人，采煤4418人，交通运输和服务钢铁4435人。不少群众家中的锅、鏊等被聚集炼钢。接着组织数万农民赴汤庄煤矿，支援“大跃进”生产。12月初，调集3万余名民工修建会宝岭水库，于1959年12月竣工，累计完成工程量288万立方米。库容1.97亿立方米，控制灌溉面积420平方千米。

是年，全县试种水稻10019公顷，并获得好收成；小岭炸药厂建成，隶属于水利局，是临沂地区最早的炸药厂之一，主产黑色火药；在县城新建苍山县酒厂。

1959年5月，集中对人民公社进行一系列的整顿巩固工作。到8月20日，共分自留地4498.3公顷，占总耕地面积的4.09%，户均4.9分，人均1.2分。

是年冬，组织12万群众兴修水利。到翌年底，完成土、石4100万立方米，铺工修建长新桥等4座中型水库，平原水库2座，武河、燕子河、东泇河、西泇河4大灌渠。治山7733.3公顷，治岭6400公顷，造林5800公顷，改造洼地1.6万公顷。

同年，从东北购进马80匹，选种马4匹；县运输公司成立，从业人员566人，拥有马车3辆，四轮拖车、地排车72辆，胶轮手推车313辆。是年苍山酒厂酿酒1575吨，完成产值160.4万元，占全县工业总产值的49.1%。

1961年6月21日，在省市县代表的共同参与下，签订《山东省苍山县与江苏省邳县边界水利问题协议书》，本着上下游兼顾、有利团结、有利生产的精神，经充分商讨，双方达成7条协议。

是年，县农场接来2部嘎斯51型汽车，是有史以来首次落户苍山的汽车。

1962年3月4日，全县开始传达落实中共中央《关于改变人民公社基本核算单位问题的指示》，将生产队全部划为核算单位。5月，苍山县人委代表参与边界水利纠纷问题的商谈，签订鲁苏两省苍、邳、郯、新边界地区水利问题协议。

1963年5月，全县有2万公顷小麦发生黏虫灾害，麦叶被吃光，麦穗头被咬掉，磨山、层山等地连路边青草都被吃光。县人委调用飞机撒药灭虫7天。12月，组织30名干部进行林木确权、发证，明确权属，发展"四旁"植树。

1963年—1964年6月，农业部门先后从外地调入各种良种225万千克，帮助生产队从江南调运水牛200多头；拖拉机站给生产队代耕土地35.9万亩，其中免费的10万多亩；财政部门向农业投资126.8万元；商业、供销部门供应化肥1417吨，氨水320吨，农药17.7万千克，并从江南购进蕉藕种25万千克，廉价出售给社员种植。

1964年，在农业生产方面：集中抓了农田基本建设，经过一冬春的艰苦努力，共完成土石方110多万立方米，新建各种建筑物2300多座，整修渠道304里，治理涝洼地11.4万亩，其中修建比较标准的台田4.8万亩，从而使当年安排的10万亩水稻的种植计划得以顺利完成。

1965年3月，全县公私林木和宜林地的确权发证工作基本完成。县人民委员会发布布告，依法保护国家、集体和个人的林木，严禁私砍滥伐、毁林开荒、放牧牲畜毁坏林木，严禁非法收购、贩运木材。对毁坏林木、放火烧山等行为依法惩处。

1966年4月，为大力发展苍山县的淡竹生产，县人委要求当年移栽新增淡竹面积830亩（每亩50墩以上），并拨款对新增竹园进行补贴。同时要求对新老竹园要建立专业队（组）统一管理，适时浇水施肥，控制砍伐量。

1967年4月，台儿庄至斜沟35千伏输变电工程兴建，1968年4月25日投入运行。斜沟变电站是全县第一个变电站。

1968年8月，筹建县化肥厂。

1970年8月，投资180万元建立化肥厂，初期设计能力年产合成氨3000吨，主要生产农用氨水。10月，在县城西北、泉山脚下建县水泥厂，初期生产能力7000吨。11月，小马庄水库东风干渠开工，经2年奋战，修渠15千米，过5座山，劈6道岭，跨3条河，凌空架起高12米、宽4米、长1010米渡槽3个，扩大水浇面积2533.4公顷。

1970年及1981年，先后从江苏、安徽、河南等省引进试种油桐，分别在大炉、下村、鲁城、流井、沂堂等5个乡的15个村庄栽培成功，5年生亩产桐油40千克，10年生亩产桐油100千克。桐籽生油率为33%。

1973年，在仲村公社石坑大队试种茶叶20.7公顷。1976年，发展到流井、车辋、下村、鲁城、大炉、贾庄、层山等公社32个大队，种茶233.4公顷。1973年12月，召开全县农业科学实验经验交流会，传达全国科技会议精神，分析全县农业科学实验运动的形势，总结、交流经验。

1975年11月，传达全国农业学大寨会议精神，组织成立1200人学大寨工作队分赴农村生产大队，全面开展学大寨运动。

是年，位于燕子河与行洪道交汇处的庞庄排灌站建成，总装机容量480千瓦，装有4台排水量每秒1立方米的轴流泵。

1976年4月，筹建石门铁矿。11月，组织鲁城、下村、大炉、车辋、新兴、尚岩6个公社的1350余名民工在走马岭矿区开展剥离工程第一期大会战，至1977年3月，共完成工程总量185220立方米。铁矿于1979年1月正式投产。7月，发动群众投资支援扩建县化肥厂，全县计划筹资100万元。9月，在全县建立健全四级农科网。10月，在全县建立健全粮油三级良种繁育、推广体系。

是年秋冬，县革委在神山公社道庄成立东风湖会战指挥部，在东风湖东战区搞治涝样板。东风湖战区样板拿出后，接着开展“五湖”治涝会战（“五湖”系沂堂公社的双庆湖、神山公社的东风湖、磨山公社的反修湖、卞庄公社的红旗湖及长城公社的胜天湖）。经过连续4年的治涝大会战，开挖7条河，完成田间治涝配套工程，涝洼地治理面积增加1.2万公顷，达3.44万公顷，全县一、二、三级路1731条，长2666千米；挖一、二、三级排水沟1968条，长2598千米；修干、支渠324条，长498千米，增加灌溉面积5266.7公顷。

同年，于县城北中兴路征地3.4万平方米建立县副食品加工厂。

1977年5月，县政府召开专业种茶会议，会后到浙江省茶叶研究所、龙井大队、东方红茶场等参观学习。然后在仲村公社十八岭展开大种茶园的高潮，全县共建茶场8处。

是年，建立县造纸厂，初期年产能力700吨。

1978年2月，安排全县杂交玉米、高粱制种1万亩。开始在全县12条河流的两岸，重点进行沿河林带及速生丰产林建设。

1978年前后，大炉、下村2个乡镇年收购柿饼123.5万千克，为全国柿饼产量的第4位。全县以下村的满堂红柿饼为最佳，其特点是个中等、扁圆形、上霜好、有光泽、油性大而柔软，糖分含量高、味甜可口，被列为山东省著名特产，畅销日本、东南亚。

1979年9月，苍山县135万亩耕地中有63万亩是砂礓黑土，土质很差，为对其进行彻底改造、综合治理，县委县革委确定选择长城公社中的6个生产大队作为砂礓黑土综合治理的实验基地，面积为14315亩耕地。选择全县的38个生产大队作为1980年的小麦丰产基点单位。

1980年3月，全县已改造较标准的汪塘2332亩，建鱼种培育点50处。为充分利用苍山县的有利条件，计划将全县3500亩故河道改造成鱼池，将10多万亩涝洼地开挖成4500亩鱼池，以此把苍山县建成商品鱼基地。5月，兰陵、车辋2个乡镇投资100万元，合作在韩塘筹建石膏矿。1982年5月投产，归属县经委管理。

是年，深入贯彻中共中央《关于进一步加强和完善农业生责任制的几个问题》，部分社队开始推行多种形式的农业生产责任制。全县生产鱼苗1500万尾，培育各种规格鱼种7000万尾，生产鱼苗800万尾，培育鱼种10余万千克，是临沂市放养规格鱼种比重较大的县。

1981年4月，全县普遍推行农业生产责任制。实行“两统一包”定额管理的有254个大队，1368个生产队，占总队数22.6%；实行联产计酬、责任到组的有220个大队，1261个生产队，占总队数20.6%；实行包产到户、包干到户的有335个大队，1693个生产队，占总队数27.8%；实行部分土地不联产、田间管理责任到人，部分土地包产到户的有332个大队，1771个生产队，占总队数29%。12月15日，地、县在神山进行完善农业生产责任制试点，总结交流这个公社自1980年包产到户，一年粮食大增产的经验，指导全县进一步完善农业生产责任制。

1982年，春季降雨仅66.5毫米，地下水位下降3至5米。30座小型水库干涸，10条河断流。受旱5.2万公顷，严重干旱2.85万公顷，2.35万公顷春田不能下种，140个村庄人畜吃水困难。全县20万人抗旱播种。5月10日，县委抽调280名干部，深入76个大队落实中共中央《全国农村工作会议纲要》精神，进一步完善农业生产责任制。

是年，继续完善农业生产责任制，不搞平均主义：一是稳定山权林权；二是集体耕畜作价归农户所有；三是对“四园”（果、茶、竹、桑）坚持集体经营实行专业承包，不准平分到户，以防造成破坏；四是对林、牧、副、渔、水利设施要坚决统起来，因地制宜的实行专业承包。

1983年5月，苍山县第一座蒜薹恒温库（属嘉德集团公司，容量2700吨）建成投产。蔬菜加工业开始起步。

11月8日，县委、县政府作出关于“统一集体提留比例，减轻农民负担”的10条规定。

1984年—1986年，全县大搞速生丰产林建设，共建速生丰产林333公顷。

1985年12月，苍山县110千伏变电所在县城西大官庄建成。是年，取消粮食统购，实行合同定购。农业税由征粮改为征代金，夏季预征，全年统算。1986年，每交100元粮食奖售化肥40千克。

1986年，开始推广温室棚菜种植。10月，在县城西郊建立县肉联厂。

1987年4月，因冬春干旱，苍山县爆发小麦红蜘蛛虫害，据县植保站调查，每市尺垄长有虫300只以上，个别地块达600只以上。县政府要求各乡镇要立即组织人员深入田间调查，并在4月15日前组织人力对发生虫害地块突击喷药防治。8月，三代黏虫在苍山县爆发，严重危害玉米等农作物。由于农药紧缺，县政府安排有关部门积极组织进货，同时通知农户尽量不要使用1605、久效磷等剧毒农药，防止人畜中毒。9月，在县城西筹建火力发电厂。第一期工程投资600万元，安装3000千瓦发电机组1台，1988年10月投入运行。1989年，投资450万元进行二期工程，增加3000千瓦发电机组1台，1990年10月投入运行，年发电量2000万千瓦时。12月，县委、县政府提出“在保证粮食总产稳定增长的前提下，上经济作物、上畜牧业，围绕农副产品加工上县乡工业，面向国际、国内两个市场”的经济发展战略。

是年，投资35万元兴建的苍山第一个专业批发市场——苍山大蒜专业市场建成，并于1988年蒜薹收购时正式投入使用。

从1987年开始，全县大搞蒜薹恒温库建设，共建恒温库97座，可贮存蒜薹3000万千克。5月25日，全县顺利完成9000万千克蒜薹购销任务，基本做到客户、蒜农、社会各界的满意。9月，企业分配制度改革，全民所有制企业实行工资总额同经济效益挂钩。

是年，在企业中推行承包经营责任制，县属125家企业中有116家企业签订承包合同。

1989年7月中旬，连续70天基本无雨，降雨比常年同期减少300多毫米。伏旱连着秋旱，8.4万公顷秋季作物普遍受旱。全县每天上阵30万人抗旱保秋2.5万公顷。

是年，开始进行税收财务大检查，先由各单位进行自查，然后有目的进行重点检查。除每年例行全县规模的大检查外，对有罚没收入的单位、控购商品执行情况、乡镇统筹费和治理“三乱”等进行重点检查。

1990年8月，应县政府要求，苍山农场下放给苍山县管理。此举既能解决苍山县的制种基地问题，又可理顺农场与周边村庄的关系，有利矛盾的协调处理。

是年，开始实施“5年消灭荒山秃岭，10年实现绿化”的规划。开始脱毒大蒜中试技术研究的课题。由苍山县科委承担，北京农林科学院协作。经3年时间，取得较好成果，据原种至原种四代试验，蒜头平均亩产809.12千克，增产27.3%；蒜薹平均亩产596.67千克，增产18.95%。从而使大蒜脱毒技术研究、利用总体水平，在国内居领先地位；使大蒜脱毒技术应用于生产成为可能，有推广应用价值和良好的发展前景。该项目获山东省科委科技进步三等奖。

1991年3月18日，鲁南蔬菜批发市场在向城镇建成开业。该市场建筑面积6.6万平方米，场内建有钢骨架玻璃钢瓦交易大棚4座，面积7600平方米。为山东省最大的蔬菜批发市场，销售辐射至苏、皖、沪、京、津、塘、东北三省，以及新疆、甘肃、青海、宁夏和深圳、海南等地。3月，苍山县制订十年经济发展规划，以县城驻地为中心，以食品、建材、轻纺为主体，建设一批加工程度深、低消耗、高效益的骨干龙头企业，带动全县工业的发展。农业初步形成“东蒜、西菜、南棉、北果”的经济格局。10月8日，沂蒙公路（苍山段）竣工。自4月动工兴建，沿线7万群众投工145万个，开挖山头28座，填平沟涧15条，动用土石方104万立方米，建桥涵182座，铺设管道2100米，修防护工程21处。

图18—1　鲁南蔬菜批发市场

冬，农田水利建设和山区开发全面铺开，每天上阵劳力13万人。平原实行旱涝兼治，建管并举，重点是陶沟河、汶河、阳明河、小涑河治理和宋疃、吴坦、八大洼排灌站建设，改造治理孤山湖、吴坦湖、八大洼、糖稀湖、韩塘湖、柞城南湖、兴明北湖、二庙湖。山区实行山水林田路综合治理，重点抓好十八岭、放马岭和矿坑至沂堂、甘霖至向城、大炉至鲁城3条线的开发。共153项工程，完成土石方793.9万立方米，投资2500万元。

是年，建立全省第一个初级粮油批发市场。

1992年1月，县委、县政府制定出全面实施第二步战略目标：1999年全县人均国民生产总值达3000元，实现小康水平。提出推进改革、发展科技教育、优质高效农业、强化市场流通等6项措施。3月15日，会宝岭灌区的卞庄、向城、尚岩、新兴、兰陵、横山、南桥、兴明、三合9个乡镇建立“三高”农业开发区。计划到1995年，开发区粮食亩产1000千克，亩均农业总收入2000元，人均纯收入1500元。5月，成立临沂地区苍山生物技术育种中心，隶属于县科委。8月，成立县经济开发投资公司，挂靠县财政局。9月，向城建成农副产品产、供、销一条龙综合市场，年成交额2亿元，为鲁南之首。12月，中德合作苍山粮援项目全面动工。总投资2500万元，其中德国援助1081万元。主要解决山区41个村庄，2.6万人吃水困难；治理小流域8条，43平方千米；灌溉工程8处，发展灌溉面积233.3公顷。

1993年2月，筹建县林业石膏刨花板厂，并于当年6月开工建设。该厂是山东省“八五”期间的重点项目，是与德国比松公司共同投资兴建的中外合资企业。5月，成立县投资公司，隶属于计划委员会。6月，苍山县城乡个体客运站成立，有17部个体客车参加客运。至1996年，开通县内城乡线路19条，个体客车104辆，总座位1123个，年客运量20万人次，完成年客运周转量420万人千米，全县28个乡镇全部开通班车。11月10日，部署冬季农田水利建设，确立吴坦河、运女河、山区开发为3大战场，突出南部治河，北部整岭为重点。完成土石方50万立方米。

是年，全县农田林网发展到6万公顷，达到平原绿化标准，被林业部授予“全国平原绿化先进单位”；苍山县酒厂生产的44度荀公酒获世界金奖；组织兴明乡20名农民赴俄罗斯伊德金斯基农场种植土豆、大头菜、胡萝卜、血头菜等，结算收入1200万卢布；进行股份制改革试点，县属2家企业改组为有限责任公司，新募股金168.8万元。

1994年3月1日起，根据国务院规定以及上级文件精神，在全县机关、事业单位实行新工时制度，每周工作44小时，一般安排隔周一个双休日。6月19日，大炉乡扁担山村通电，临沂地区实现村村通电。6月，开始在全县国有、集体企业普遍推行“先出售、后改制”的股份合作制改组工作，以及对部分企业实施兼并、拍卖的政策。7月，下村乡提前一年绿化达标，通过地县检查组验收合格。当年，县政府授予下村乡“绿化先进单位”称号，授予该乡党政主要负责人、政府分管负责人和林业站长4人“县级林业绿化劳动模范”称号，每人晋升一级工资。

1995年3月9日，苍山县被省委、省人民政府授予“荒山荒滩绿化先进县”称号。至此，全县共植树350万棵，发展经济林1.6万公顷。3月12日—18日，苍山县保鲜、速冻、脱水、腌渍、油炸5大系列的100多个加工产品，在青岛交易会上与十几个国家和地区签订合同2500张，出口成交1310万美元。签订合同协议利用外资项目5个，合同利用外资231万美元。5月，制订《苍山县小城镇体系规划》，其构成主要是：以县城建设为中心，以重点小城镇建设为依托，以经济强村为基础，以五大交通干线为纽带，实现乡村城市化、城乡一体化的格局。规划到2010年，全县建制镇发展到20个，镇驻地人口规模达到2万～3万人。9月，为发展规模经济，成立苍山化工总厂，下设苍山化肥厂、苍山精细化工厂、苍山塑料厂和苍山工程安装公司。11月，苍山县县城新一轮总体规划由武汉城市建设设计院编制，通过省市专家评审，经县十二届人大常委会第十七次会议审议通过。12月，设立苍山县黄金公司。

是年，开始实施1995年—2000年全县扶贫攻坚，重点是砂石山开发、青石山开发、库区水面养殖和畜牧业开发，进一步促进山区、库区经济发展。

1996年，蔬菜种植快速发展，种植面积增加到4万公顷，山牛蒡、青刀豆等创汇蔬菜发展到33334公顷。蔬菜年总产量百万吨，其中温室棚菜和创汇蔬菜年产量75万吨。蔬菜品种增加为大蒜、大姜、黄瓜、辣椒、花菜、西瓜、香椿、青刀豆、西葫芦、西红柿、山牛蒡等几十个品种。

由苍山县农技中心承担的牛蒡高产栽培技术开发项目，通过牛蒡的引进、筛选试验，筛选出适合本地栽培的高产品种；并通过高产栽培试验，找出高产条件下牛蒡生产特点，总结出高产栽培技术要点，取得显著的经济和社会效益。获1996年度临沂市星火一等奖。

是年实施的30万亩玉米化学除草技术开发工程，实现玉米平均单产403千克，田间除草率87%。

1997年，引进玉米新品种登海1号并试种成功；全县出口创汇1217万美元，连续4年列全市第一位。

1998年，推行瓜菜“一减双保”（减少化肥农药用量，保护环境，保证农药残留不超过国家标准）安全工程取得显著成果，被省列为示范县。

是年11月，在“菜篮子工程”10周年之际，山东省人民政府表彰全省“菜篮子工程”建设先进单位和先进个人，其中苍山县被评为“蔬菜生产先进单位”，向城镇苏圈村的苏潮金被评为“蔬菜种植能手”，鲁城乡王子石村的王彦全被评为“水产运销大户”。

从是年开始，苍山县连续8年实施小麦统一供种工作。1998年，统一供种量265万千克。全县实施封山育林。

1999年4月，开始在全县县乡两级行政事业单位社会团体实行政府采购。6月，开始在全县行政、事业单位，县直国有、集体企业和国家控股的公司制企业实行会计委派制。

是年，县政府与国营苍山农场合作，投资

300万元建成高标准蔬菜示范大棚50座和其他温室10座，主要从事蔬菜良种的引进、培育和先进生产技术的推广。

2000年2月，新建苍山国家粮食储备库项目启动。4月，县政府大力推进农业内部结构调整，开始实施三大工程：一是大户工程，对种植、养殖、加工、运输大户，在资金投入、科技服务、土地流转等方面给予扶持；二是双增工程，再争取省财政扶持1000万元，完成总投资5000万元。重点抓好项目区蔬菜示范基地建设，带动棚菜西扩东进、品种改良和棚体改造；加快石榴、板栗、鲜果保护地栽培、黄烟、桑蚕、柳条等基地建设；搞好畜牧水产规模化、良种化养殖。三是继续实施稻改工程，确保全县当年完成12万亩水稻种植任务。同时，继续实施扶贫开发，推行小型水利工程产权改革，巩固土地延包成果，逐步建立和完善土地流转制度。

2001年1月，筹建县热电厂。4月，投资400多万元建立全省首家县级“无公害蔬菜检测与监控中心”，可进行药残、肥残、重金属含量等50多项指标的检测。至2001年，全县建立黄瓜、辣椒、大蒜、番茄示范区14万余亩。经检测显示，示范区内瓜菜的农药残留都在国家规定的标准之内。

2002年1月，全县农业实施六大工程：1.双增工程，总结前期工程经验，完善资金投入、回收、再利用的良性运转机制；集中抓好农业示范园区建设，充分发挥示范带动作用。2.稻改工程，确保全县当年完成10万亩水稻种植任务。3.农业标准化工程，重点抓好20万亩大蒜、15万亩棚菜、5万亩牛蒡、20万亩夏秋露地菜的标准化生产，全县首期建设60万亩无公害蔬菜生产基地。4.绿化工程，重点实施平原林网、封山育林、地堰绿化、绿色通道、经济林基地建设。5.养殖大户工程，建成畜牧养殖小区30个，发展网箱养鱼1万只，培育畜产品市场，以畜产品加工企业为龙头带动全县养殖业基地建设。6.扶贫开发工程，抓住网箱被列为省级扶贫开发重点县契机，加快实施扶贫开发。

是年，县委、县政府命名艾曲蔬菜批发市场、星火冷藏公司等25家企业为“县级农业产业化龙头企业”。

2003年6月，开始实施村村通硬化路工作，争取用3年时间，投资2.9亿元，完成209条999.3千米的农村公路改造任务，实现全县行政村通硬化路的目标。11月，苍山县经过20年的发展，累计输出劳务工达16万人次，常年在外务工人员10余万人，年收入约6亿元，有力促进了农民观念转变、农民收入增加和农村经济结构调整。县政府对全县下一步劳务输出工作总的要求是：以增加农民收入为目标，按照“公平对待，合理引导，完善管理，搞好服务”的方针，围绕国内国际“两个劳务市场”，建立和完善“市场化运作，网络化管理，一体化服务”的工作运行机制，进一步巩固老渠道，大力开拓新渠道，着力打造苍山劳务输出的品牌，把劳务输出抓成促进农村人口非农化、加快经济建设和扩大就业的新兴产业。

2004年4月，中联水泥200万吨水泥生产项目在车辋镇启动。9月，举办枣文化博览会。11月，投资5972万元，在当年冬和次年春相继上马一大批农村水利工程，其中有西泇河二期治理，小马庄、长新桥等8座中小型水库除险加固，农村人畜饮水及打井配套1000眼等。

是年，开展森林有害生物普查，全县共设置426个调查点，其中有61个点发现有害生物，计8种有害病虫草。苍山被评为“全国粮食生产大县”和“粮食生产先进县”，受到农业部表彰奖励。

2005年3月，开始实施对种粮农民直接补贴工作，以当地人民政府每年核定的小麦种植面积为计算发放补贴资金的依据。粮食直补资金兑付工作由乡镇财政所具体承担，以给农户发放的“补贴通知书”作为直补资金依据，严禁任何形式的抵扣。当年全县补贴面积为72.5万亩，每亩补贴13元。6月，在全县贯彻实施临沂市“百万农户致富工程”，主要内容有项目选报，贷款及贴息，补助和奖励，技术指导、培训与服务，龙头企业、专业合作社的引导与带动等。力争通过三年的努力，使参加致富工程的农户家庭经营性资产平均达到8000～10000元，增加农民人均纯收入400元。至2006年年底，全县参加致富工程的农户123116户，发放专项贷款32亿元，其中贴息贷款4亿元，享受贴息户24555户。

2006年3月，为进一步发展社会主义新农村建设，规划在2010年全县确定的110个示范村，要实现“居住进社区、种植进园区、加工进厂区、养殖进小区”的要求。11月19日—22日，第四届中国（临沂）农业科技成果展示会在苍山县城举行，36家市以上新闻媒体的80多位记者参加报道，签约招商引资引智项目18个，引资16.6亿元。

是年，开始筹建苍山现代农业示范园。示范园将卞庄镇农业开发区、苍山农场与代村、晒米城前、洼桥、南小庄、北小庄5个行政村进行整合，同时把附近的养殖场、加工厂、污水处理厂等纳入园中；筹备成立“鲁南蔬菜产业协会”，吸收会员8万余人，覆盖苍山县全部蔬菜储藏、加工、运输、流通、科研企业和90%的蔬菜种植户。

全县基本实现畜禽养殖业由农户散养到规模化、专业化、标准化养殖的战略转变，规模化养殖占养殖总量的90%。

全县农机总动力72.3万千瓦，拖拉机保有量32574台，各类配套农机具36256具，小麦联合收割机555台，农机总值3.57亿元。当年全县机播面积70万亩，其中小麦61.8万亩。

12月，在第四届“中国果菜产业发展论坛”上，苍山县被授予“中国果菜无公害十强县（市、区）”荣誉称号，是山东省唯一获此殊荣的县区。

2007年4月，东泇河大新庄橡胶坝工程启动，县政府于6月安排拨付50万元建设资金。5月，由县国有资产运营有限公司负责建设的2万亩农业综合开发项目启动，总投资10700万元，县政府先行安排从财政预算中拨付2000万元用作资本金。

2008年3月，“突破苍山”战略提出，明确提出并扎实推进“三个转变”“四个翻番”和“五大创建”。推进小麦高产创建活动，主要目标是：小麦种植面积稳定在80万亩以上，其中优质专用小麦种植面积达70万亩，平均亩产500千克。主推品种：烟农15、山农664、良星99。5月，对“苍山大蒜”地理标志产品进行依法保护管理，保护范围系苍山县13个乡镇内。未经核准的大蒜生产、加工单位不得使用“苍山大蒜”称谓。

2009年6月，县政府发布公告，决定从即时起，在县城规划区内的工程建设中禁止现场搅拌混凝土。8月，县政府决定在全县矿产资源开采行业应用安全和税收远程监控系统，并从12月1日起全面运营。

2010年1月，“苍山牛蒡”获农业部地理标志产品认证。6月4日，苍山县被省科协、省财政厅授予“山东省科普惠农示范县”称号。12月6日，苍山大蒜生产标准化示范区通过国家标准委考核验收组审核，示范区蒜薹亩产1400千克，蒜头亩产1100千克。

2010年，全县实现地方生产总值190.69亿元，同比增长13%。其中第一产业增加值40.5亿元，第二产业增加值70.69亿元，第三产业增加值79.5亿元，分别增长3.8%、15.5%、14.7%。三次产业构成为21.2∶37.1∶41.7。

第三节　发展社会事务

1950年1月—4月，由于1949年以来全县普遍遭受水灾，部分群众生活困难。县政府相继组织三次发放救济粮，其重点先是军工烈属，其次是贫雇农，兼顾其他断粮群众。5月，原仅有4个班的下庄完小迁至现驻地，定名为下庄第一小学。9月，开始土地改革试点，县里抽调20余名机关干部和60余名乡村干部组成工作组，由副县长张作臣带队，在全县14个区中的7个区、16个乡、95个村里进行试点。至12月，完成试点。10月，对全县的受教育程度进行摸底调查。初步查明，全县文化程度最好的耿墩村文盲人数占全村人口的80%，文化程度最差的孟烟村文盲人数占全村人口的99%。县政府由此推行冬季识字运动，动员各村选派民师参加培训，至年底共举办短训班两期，受训504人。

1951年3月，成立县文化馆。10月，土改结束，全县共划出地主5679户、25125人，富农2261户、11287人。共征收没收土地54007.99亩、非耕地9402亩、房屋14660间、牛驴1836头，受益贫雇农29842户、121331人，中农5410户、19720人，其他185户、337人。

1952年，苍山县建立第一所中学，名称为山东省苍山中学，初设在县城西北的管庄，有2个初中班。1953年，夏迁入塔山北麓的新校。1956年，更名为山东省苍山县第一中学。1958年，开始招收高中一年级新生。

1953年8月1日—5日，全县降暴雨3次，主要河流漫溢，决口23处，县城以东的泇河3天不能过人。全县有87个乡、401个村受灾，被淹作物2.24万公顷，冲倒房屋38间。县政府拨1.3亿元（旧币）及物资救灾。

1954年10月，全县共发展农业合作社222处（4581户），常年互助组6715个（47805户）。

1955年8月，开始实行对城镇非农业人口进行粮食定量供应，全县分为3等9级标准，在核定人口、定量后发证供应。是年，进行优属对象普查登记。

1956年，县柳琴剧团成立，开始在农村巡演。

1957年2月，进行第1次文化普查，发现古墓46处、古遗址10处、古建筑6座、石刻14件、其他文物68件。是年，全县共有各类学校522所，在校初中生1010人，小学生44481人，占适龄儿童的51%；有2500余人已基本扫除文盲，另有2万余人在业余学校继续学习。

1958年夏，苍山师范学校、苍山县卫生学校建立。是年，进行麻风病普查，查出麻风病人566人。

图18—2　苍山师范教学楼

1959年6月，劳务输出，抽调2410人到东北支援铁路建设，招收200人到黑龙江进行林业生产。10月，在苍山县城代村建烈属养老院1座，房屋36间，占地0.39公顷，配备院长、会计、炊事员和事务员，有宿舍、办公室、伙房、餐厅、仓库及娱乐场所。第一批接收贫困山区22名无依无靠的烈属老人入院。1961年增至33人。是年，1959年在小含山建立麻风村，收治全县的麻风病人。

1960年，全县受灾严重。1月—11月，县人委先后发文12件，部署救灾救济工作；先后发放救济款7批次39.3万元、衣物3批14883件。4月，全县动员500户、2705人移居黑龙江省林口县。同时，发给移民大衣300件，棉袄1600件，棉布4826.3米，棉花2469.5千克。11月12日—16日，接收安置临邑县3批受灾移民2251户，5708人，为其捐献粮食2.4万千克、干菜2.95万千克、生活用具2100件，腾出房屋2500间。这批灾民1962年组织返迁。

12月，劳务输出，组织1000人赴浙江省安吉县伐竹、搞副业，组织1500人到外地抢修铁路。12月1日，号召开展以生产救灾为中心的群众运动，实现保人、保牲畜、保夏收、保社会治安。18日后组织11万人进入荒山、田间开展小秋收，复打粮食7.3万千克，小秋收总值10.85万元。组织医务人员304人，分赴各公社检查、抢救危重病人，拨大豆26.3万千克、康复饼干2.6万千克，服营养药16926瓶。加工地瓜本、秧750万千克。挖鲜茅草根1500万千克，种植越冬春菜4000公顷。同时，大搞“人造肉”“小球藻”“叶蛋白”等微生物代食品。

1958年—1960年，全县共建敬老院94所，收养老人715人。是年，苍山县人民医院搬迁至现址。

1961年1月，全县大力开展生产救灾，安排统销粮221.5万千克，加工代食品33.2万千克，110个大队互借粮食2300千克、干菜1.3万千克，解决1760户7100人暂时困难。办起营养食堂432处、疗养院9处，制造康复饼干750千克和价值20万元的药品。组织3510个大小车日夜运煤4万余吨，解决烧柴问题。9月，全县疟疾大流行，先后有30万人患疟疾。在磨山、兰陵、下村、文峰等地还发生白喉病238人，死亡9人。组织医疗队迅速下乡，控制住疫情。10月，县里部署发动广大干群支援灾区，共安排接收灾民2300户、7508人，分别安置到13个公社的748个生产大队。对所安置的灾民，共帮助生产工具2100余件，生活用具3500余件，以及棉衣、粮食等物资。自1958年修建水库以来，移民工作涉及村庄41个、4209户、17754人，至12月，就地安置3319户，分散安置890户。

1959年—1961年，苍山县收容遣送站共收容遣送来自江苏、安徽等省19个县灾民32219人。收容量最大的1959年为15169人，伙食费开支2.8万元，发给救济款2800元、棉衣250件。

1962年3月—4月，麻疹爆发流行，造成45人死亡，县人委紧急安排有关方面防治。是年，进行优属对象普查登记。

1963年，进入汛期以后，县内连降大雨、暴雨20余次，7月—8月平均1030毫米，其中南部7个公社1200毫米。特点是雨急量大，时间集中，次数频繁，还常伴有狂风，以致山洪暴发，河堤决口，农作物受灾严重，农田水利设施、桥梁、房屋等财产造成巨大破坏，死伤人员各48人，死亡大家畜39头，损失猪羊595头（只），霉烂粮食13.4万千克，毁损树木6.4万余株。面对灾情，县委、县人委组织全县人民展开抗灾斗争，县领导率县机关185名干部组成工作组深入重点地域，同时组织各公社干部635人投入抗灾，先后发动25万人投入护堤护坝、排水抢种等工作，及时修复河道决口，开挖排水沟，抢种地瓜、绿豆、荞麦、胡萝卜、秋菜等近7万亩。

汛期过后，县委、县人委相继采取如下措施：1. 灾民吃粮问题，采取由生产队出面互帮互借、国家增拨统销粮等方法；2. 对倒塌房屋的缺房困难户，由生产队安排劳力及部分草料给予帮助解决；3. 组织医务人员深入灾区，搞好卫生防疫、抢救传染病人；4. 组织群众大力开展副业生产；5. 动员供销、手工业等部门对农村的副业生产给予支援；6. 劝阻外来灾民，资助遣返，对部分老弱病残予以收容安排；7. 向上级请求核减农业税、征购任务，增加统销粮；8. 请求上级批准维修5个大中型水库，加深2条重点河道等工程。

1964年，由于上年全县旱涝灾害严重，造成农作物严重减产，全年粮食总产量只有8700万千克，是新中国成立以来最低的一年。自受灾以来，至当年6月，全县共下拨、发放统销粮指标1993万千克，救济款151万元，救济布107万余尺，救济棉34400千克，救灾煤炭17000吨，木材390立方米，化肥1000吨，食油8.1万千克，水肿病专用糖2.1万千克。全县比1963年，共调减农业税135万元，其他税款4.9万元。1964年，开始接收上山下乡知识青年，到1971年共接收淄博、青岛集体插队知识青年477人，外地回乡知识青年48人，外地成户下乡285人。

1965年1月，针对前两次发放社会救济款物工作中发现的问题，县人委组织一次大检查。检查的方法是：一查（查发放物资联单）、二对（对发放救济物资的数量）、三看（看社员衣着情况）、四听（听群众反映）、五访（访问贫下中农）、六帮（帮助困难户解决实际问题）、七调正（调正发放不合理的物资）。6月，县人民委员会发布布告，要求对农村有线广播网加强管理，认真维护。

1965年，在神山青竹洼湖里原县办大家畜繁殖场旧址集中为当年从淄博市来的下乡知识青年109人单独成立一个生产大队，名叫新建队。因该处远离群众，土质瘠薄，管理不力，1968年4月，县革委决定撤销新建队，将其队员分散安置到条件较好的大队，一般每个大队安置10余人。

1969年8月，兰陵公社乙脑流行，安排县医院组织医疗队赴病区救治，控制住病疫。其间，兰陵西北圩发生食物中毒100人，经医疗队抢救，无一死亡。

1969年—1975年，全县有1138个大队办起合作医疗室，资金由社员个人、生产队、生产大队三方筹集。

1970年4月，在全县范围内开展疟疾全民预防服药。6月28日—7月29日，平均降雨892毫米，同时受暴风、冰雹侵袭。水库溢洪，河流决口，进水288个村，倒塌房屋、仓库2500间，冲毁桥涵、渠道129个，受灾作物4万公顷，减产8000万千克，伤17人。全县16万人投入抢险救灾。7月，苍山县接收安置青岛市疏散人口上山下乡人员1000人。7月9日—17日，召开全县业余毛泽东思想文艺宣传队会演大会，来自全县14个区80多个生产大队和县直工交、商业系统的业余毛泽东思想文艺宣传队共700多人参加会演。8月，因普降大雨造成积水，引起部分地区钩端螺旋体病流行，县革委紧急通知各有关方面积极采取应对措施予以防治。

1971年11月，筹建皮肤病防治村，地址在神山青竹村东南。

1972年2月，公布苍山县第一批县级重点文物保护单位10处。12月，全县1200名党政干部已安排工作1180人，占98.3%，其中副科级以上干部192人，安排185人，占96.4%，“文化大革命”中靠边站的干部基本安置完毕。

1973年8月，对全县麻风病患者实行集中统一治疗。1990年苍山县基本消灭麻风病。

1974年11月，全县有131名知识青年安排上山下乡，占应动员数的89%，其中集体插队87人，回乡29人，到农场15名。

1976年8月，唐山大地震后，县成立抗震救灾领导小组，要求全县从思想上、组织上，物质上做好防震准备。各单位、企业纷纷搭建防震棚，并搬入防震棚工作、生活，工农业生产受到影响。

1977年1月，苍山县火化场建成，自5月1日起全县一律实行殡葬火化，严禁土葬。2月6日—11日，全县各公社以公社为单位组成文艺演出代表队，在县驻地举行全县群众文艺会演。2月，在县城文化路西侧兴建电影院，于1979年5月1日竣工，共设单人铁椅1560个。6月，对农村优抚对象实行定工劳动定工优待的政策，减轻群众负担。

1978年，对1974年以来的上山下乡、回乡知识青年予以安置，到1978年共安置下乡、回乡知识青年491人。进行优属对象普查登记，全县共有优属对象2174户、103164人。

1979年5月，在县城文化路建成县电影院，建筑面积2585平方米，设1560个座位。6月，全县共为7000名地、富分子摘掉帽子，有3万多名地、富出身的人改变为社员成分或社员出身。10月，对1958年错划的196名右派分子，已全部进行复议，给予改正165人，安排工作162人。同月，筹建县自来水厂。12月，成立苍山县防治地方病工作队，由县直卫生单位的医务人员抽调10%、各公社抽调2～3人组成，分期分批对全县21个公社的重点地方病进行查治。同月，对“文化大革命”中立案审查的373名干部全部进行审查，其中受处理177人中已平反纠正125人，占受处理的70%。对从“文化大革命”开始到1978年判刑的797起案件全部复查完，其中改正183起，占总案件的20%。在“文化大革命”和“四清”运动中受审查处理的农村党员干部911人，已全部复议，受各种处分的757人中，已平反纠正345人，占处理总数的46%。在“反右倾”“拔白旗”期间受审查处理的党员干部1334人，已平反纠正1254人，复议80人全部得到纠正。另外，对国民党起义、投诚人员的政策，全部落实。

1980年11月，县革委公布启用新地名，对全县88个大队的原名作更名处理。

1982年7月，《苍山县县城总体规划》完成，并于1982年7月26日经县第八届人大常委会第七次会议审查通过。8月，在县城东建苍山县农业技术中学，1983年1月改名苍山县第一农技中学，1988年8月改名职业高级中学，不久改为苍山县第一职业高级中学，1989年1月改为苍山县职业中等专业学校。

1983年2月，筹建干部离休所。3月，全县开展农村五保户普查工作。5月，在磨山、贾庄、车辋3个公社开展扶贫工作，帮扶困难户1949户。是年，筹建县直属机关托儿所（幼儿园）。

1984年3月，开展全面落实知识分子政策工作，重点解决中青年知识分子在政治、工作、生活中的实际困难。到年底，有21户由农业户口转为城镇户口，解决住房困难问题35户。5月，始建塔山公园，占地13.87公顷。到1987年初具规模，有仿古式四、六、八角亭各1座，辟有花圃1处。5月，购进50瓦彩色电视发射机，在县城塔山前架设高54米的广播电视发射塔转播电视节目。6月，筹建县中医院。11月，随着城乡养犬数量的增加，恶犬伤人现象时有发生，为彻底消灭狂犬病，县政府安排有关部门实施以下措施：一、县城内禁止养犬。个别获准养犬的单位应办理免疫、登记、缴费、挂牌、领证等手续，并一律实行圈养（拴养）；其它各类家犬限于12月中旬以前自行捕杀，逾期不杀的由公安等部门组织人员进行捕杀。二、农村养犬适当限制，实行免疫、登记、缴费、挂牌制度，对逾期未进行免疫登记，无挂标牌的一律视为野犬，公安人员、广大群众均有权捕杀。

1985年2月6日，传达贯彻中共中央《关于进一步活跃农村经济的十项政策》和全省农村工作会议精神，制定搞活农村经济，调整产业结构的措施。6月20日，韩塘乡除氟改水工程验收合格，有18个村庄，1万余人用上低氟自来水。7月，安排县直部门包扶27个人均收入不足150元的贫困村。

1986年5月14日，县委、县政府作出贯彻《中共中央关于教育体制改革的决定》的意见，提出有计划地实行九年制义务教育。9月2日，甘霖乡石河供水工程建成，使石河等8个村庄3000人吃上自来水。

1987年3月，为加强扶贫资金的周转、管理和使用，加快苍山县贫困户脱贫致富的步伐，苍山县救灾扶贫基金会成立。4月，开始对县城住房进行确权发证工作。6月30日，南桥等9处乡镇遭受历史上罕见的龙卷风、冰雹和暴风袭击。受灾中心最大风力11级，降冰雹12厘米厚，降暴雨56毫米以上。受灾村庄157个，2.5万户，12.4万人。受灾作物1万公顷，绝产1066.7公顷，受灾果园100公顷。倒塌房屋166间，砸死2人，伤26人，刮断树19万棵，刮断高压线、电话线、广播线杆6793棵，直接经济损失1530.5万元。灾区群众在县委、县政府领导下，掀起救灾运动。7月9日，流井等10个山区乡镇遭暴风雨袭击，平均降雨181.5毫米，流井乡为224毫米。暴雨使南部平原11个乡镇、156个村庄、2.1万户、10.5万人受水灾。受灾作物5333.3公顷，冲断桥涵13座，刮断树3.6万棵，刮倒房屋557间，砸死1人，伤16人，直接经济损失558万元。在各地支援下，灾区迅速恢复生产。7月25日—26日，苍山县向城等南部乡镇降雨110毫米以上，因江苏邳县方沿苍邳边界筑起的31条阻水坝等建筑物阻挡，造成长城乡一带18个村庄被洪水围淹，倒塌房屋110余间，伤5人，死亡大牲畜30多头。县政府对此非常重视，当即向上级报告，积极与邳县方沟通排水，并下拨救灾款26万元救助灾民，下拨400吨化肥指标给受灾乡镇以恢复生产。8月1日—2日，苍山县南部降雨160～230毫米，因江苏邳县方沿苍邳边界筑起的阻水坝等建筑物阻挡，造成南桥兰陵一带严重积水。8月2日上午，南桥乡小湖子村群众自发将邳县地界的东宋家沟的堵坝扒开泄水。10时许，邳县四户镇竹园等村群众100余人又将扒口堵闭。此后，小湖子村约200余人赶到现场阻止打坝，双方发生争执。四户镇公安助理景桂春出面干预，并鸣枪两响，随后景的手枪被群众夺去（后已交苍山县公安局）。灾情及该事件发生后，县委、县政府非常重视，采取多项措施疏通排水，并及时上报情况。8月6日至12日，水电部纪检组、中央防汛办公室、淮委邀集苏鲁两省纪委、水利厅以及有关地市县负责人在徐州对有关纠纷情况进行现场检查，座谈并研究处理意见。事后，县政府安排113万元对有关水毁工程进行整修，并下拨20万元救灾款救助灾民。

1988年8月27日，有12个乡镇被国务院列为沂蒙山区贫困区予以扶持。是年，经卫生部专家组考核验收，苍山县达到基本消灭疟疾标准。

1990年8月3日—6日，全县平均降雨量220毫米，造成农作物受灾42万亩，成灾面积15万亩，绝产4万亩，64个村庄进水，倒塌房屋3910间，冲毁桥涵28座。其中，受灾特别严重的有二庙、磨山、层山、长城、芦柞5个乡镇。水灾发生后，县委、县政府领导带领60多人的工作组冒雨分赴受灾乡镇，进村进户查看灾情，慰问受灾群众，组织救灾，并安排民政、水利、农业等部门派员救灾，帮助群众生产自救。

1991年3月起，进一步做好制止乱收费、乱罚款和各种摊派（简称“三乱”）的工作，安排8个月的时间由面到点进行清理、检查、审核和整改工作。8月，公布第二批县级重点文物保护单位，共25处。11月，为振兴苍山县中医事业，满足人民群众医疗保健的需要，县中医院与卞庄卫生院合并，在原卞庄卫生院的院址上成立“苍山县中医医院”。

1992年5月27日，大蒜塔奠基动工。塔址在塔子山顶，塔高33米，11层，八角顶，外回廊，塔体像倒立的大蒜造型。建筑面积1100平方米，100万干部群众捐款120万元。至1994年5月建成。10月，开始兴建聋哑学校，是全县唯一的特殊教育学校，占地1.89公顷，建筑面积2270.19平方米。1993年夏开始招生，收2个班24名学生。是年，县城有线电视开通，转播10套节目。

1993年8月4日—5日，降特大暴雨，伴有8级大风。20小时内平均降水320毫米，最大400毫米。水库溢洪，河堤决口，淹及20个乡镇的534个村庄，受困群众11万人。受灾作物重灾3.9万公顷，绝产1.7万公顷；倒房7994间，死亡13人，死亡牲畜5495头、家禽5万只；冲毁塘坝、桥涵1143处，道路276千米，刮倒通讯、电力、广播线杆1500棵；533家工商企业进水受淹，146家停产。全县直接经济损

图 18—3　大蒜塔　（2009 年 12 月摄）

失 4.3 亿元。发动群众捐款 32 万元及粮食、衣物等自救。省地机关、人民解放军、兄弟县市纷纷予以支援。

1994 年 8 月 4 日，由中共中央直属机关党团员和干部职工捐资 20 万元援助的“山东省苍山希望小学”在小岭乡官庄村奠基。1995 年 12 月 24 日竣工，解决了 8 个村庄 500 多名儿童的上学问题，使 280 名失学儿童重返校园。是年，县城修建南环路（现更名为“顺和路”）工程启动。

1995 年 8 月，生猪定点屠宰全面实行。11 月，城镇职工住房制度改革正式启动。是年，县人民医院通过临沂市二级甲等医院评审。

1996 年，全县共建有劳动服务企业 51 家，累计安置待业青年和富余职工近万人。苍山县实现基本普及九年义务教育、基本扫除青壮年文盲。

从 1997 年 5 月 1 日起，全县范围的婚姻登记统一实行由民政局集中办理与 7 个巡回登记点轮流办理。7 月，城乡居民最低生活保障制度启动，县政府办公室公布《苍山县城乡居民最低生活保障制度调查方案》。8 月 19 日，遭受 11 号台风带来的暴风雨袭击，造成秋季作物大面积倒伏，房屋倒塌 681 间。

1998 年 8 月 12 日，暴雨、龙卷风袭击苍山县南部，造成 2 人死亡，6 人受伤，13.6 万棵树木刮断，1772 间房屋损坏，33 万亩农田被淹，秋季作物大面积倒伏，直接经济损失 1.3 亿元。

1999 年 9 月，东泇河城区段综合治理工程开工建设，全县各乡镇都组织人员参与施工。按各乡镇人口分担工程量，治理总长度 3500 米。主要实施清淤、加宽、取直的土方和护坡垒砌的石方工程，两岸护栏安装和人行道板的铺设，工程于 11 月竣工。2003 年 3 月，在河道两岸栽植行道树，种植草皮。是年，东泇河改造治理工程城区段涉及拆迁户 64 户，拆迁面积 4250 平方米，总补偿额 79 万元。

2000 年 3 月，东苑安居工程启动。是年，县政府投资 400 万元筹建东苑高级中学，投资 200 万元扩建职教中心。

2001 年 1 月，对城镇居民中人均收入不到 120 元的家庭户实行最低生活保障制度。9 月，东苑高级中学开始招生。

2002 年 5 月，为全面提高劳动者素质，进一步加强职业培训教育。一是广泛开展企业职工培训，提高职工队伍素质；二是大力开展再就业培训，全面推行劳动预备制度；三是全面推行职业资格证书制度，严格实行就业准入。11 月，全面开展食品药品市场专项整治活动，重点抓好六大类商品：一是猪、牛、羊、鸡等畜禽屠宰加工肉品和熟肉制品，二是以小麦粉、大米和食用油为主的粮食制品，三是以食醋、酱油为主的家用调味品，四是公开宣称具有抗疲劳、减肥、美容、抑制肿瘤、促进生长发育等特定功能的保健食品，五是以农村用药、中药材及饮片、医疗机构用药及配制剂为主的中西药品，六是群众反映意见比较集中的其他日用食品和药品。是年，筹备建设城市污水处理厂。

2003年1月，对农村特别困难的缺钱、缺粮“双缺户”发放“救助卡”，在全国属首次。4月，大力开展爱国卫生运动，广泛发动群众积极参与防治传染性非典型性肺炎。各单位开展环境卫生综合整治，公共场所定期消毒，客运车辆集中消毒并注明已消毒；有关部门和地区在交通要道设立检查站，对外来人员进行重点检查；各有关部门分工负责，落实责任，有力保障防治“非典”工作顺利开展。6月，全面落实《社会抚养费征收管理办法》，开始在全县征收社会抚养费。

2004年4月，安排在全县中小学进行校舍维护、改造和建设工程，在两年时间内消除现存危房。5月，确定每年的5月为慈善捐助月，并同时开展“慈心一日捐活动”，动员社会各界踊跃捐款救助弱势群体。7月，由于兰陵酒业集团苍山分公司（苍山县酒厂）超标排放污染物，且治污措施不力，县政府决定对该公司停产治理。8月，苍山一中新校建设启动。县政府安排今明两年拨款500万元予以支持。

2005年3月，投资4430万元，开始在县城东洳河东岸修建滨河大道。4月，新型农村合作医疗在苍山县启动试点。5月，为整合资源，降低管理成本，减轻农民负担，根据苍山县实际情况，对大仲村、下村、尚岩、车辋、兰陵、鲁城6个乡镇的194个行政村进行调整，合并为71个行政村；依托县消防大队组建森林消防大队，县消防大队加挂“苍山县森林消防大队”牌子，承担森林消防职能，消防队员扩充至30人；成立苍山慈善总会，广泛动员社会各界开展慈善募捐活动。6月，对全县城镇住房和收入情况进行调查。

2006年3月，为进一步发展社会主义新农村建设，规划在2年内在全县建设40个农村社区综合服务中心。农村社区综合服务中心的项目设置为经营性、公益性和中介性三大类。4月，《苍山县小城镇建设考评细则》和《苍山县村庄建设考评细则》发布，对苍山县村镇建设工作进行细化，提出标准和目标。4月28日下午，苍山县突遭强风暴袭击，最大风力11级，电力、通信等设施全部中断，死亡8人，受伤115人，造成直接经济损失达10亿元。全县各级紧急动员，迅速开展灾情调查、抢救受伤群众、抢修毁损设施、全力恢复生产、帮助灾民恢复生活等工作。5月，在全县开始建设村村通自来水工程。以水源为依托，合理确定工程类型和规模，采用新建跨村连片集中供水的形式建设。当年完成232个村、67143户、23.5万人的通自来水任务。8月，《苍山县城市总体规划（2005—2020年）》获得市政府批准。其中，城市性质：县域矿产资源综合利用基地，以发展农副产品加工业为主的现代化山水园林城市。城市规模：规划近期到2010年城市人口20万人，远期到2020年，城市人口30万人。城市用地发展方向：近期城市向东向西发展，继续开发西部工业区、完善东部新城区，远期向北发展建设北部新区，南部控制发展。

2007年2月，发布《苍山县救灾款使用管理暂行办法》。该办法规定救灾款的使用范围：1. 解决灾民因自然灾害造成的无力克服的衣、食、住、行、医等生活困难；2. 紧急抢救、转移和安置灾民；3. 灾民倒房恢复重建。救灾款发放使用的重点是重灾户，特别是自救能力较差的灾民。3月，东洳河综合治理暨滨河大道修建工程启动，总投资约6000万元，共需拆迁466户。5月，开始实施农村居民最低生活保障制度。

2008年5月，“5·12”四川汶川大地震发生后，苍山县积极支援灾区抗震救灾，给灾区无偿援助大蒜等物资。7月，车站搬迁提上议事日程，县城公共交通枢纽建设启动。8月，县政府决定对县城城区的21条主要道路进行命名和更名。9月，选聘高校毕业生到村任职工作开始报名。

2009年4月，由于苍山县近期连续发生手足口病例，县政府决定于4月27日启动《苍山县突发公共卫生事件应急预案》。7月8日下午，苍山县西部、北部部分乡镇遭受龙卷风和暴雨袭击，受灾村庄67个，倒塌房屋261间，损坏房屋1356间，农作物受灾面积2.8万亩，成灾面积0.92万亩，直接经济损失1260万元。县委、县政府迅速启动自然灾害应急预案，采取得力措施紧急组织抗灾救灾，主要领导带领有关部门负责人深入灾区察看灾情，慰问灾民，指挥救灾；安排县乡两级及时下拨救灾款12万元用于临时救助，组织灾民生产自救，尽快恢复生产生活。9月，开始苍山县二轮修志工作。12月，为扶持中医药事业发展，县政府发文提出：用5年左右时间，在全县建成功能完善、特色突出、基本满足人民群众需要的中医药服务体系；创建知名中医医院，建成一批知名专科；建设一支结构合理的高素质中医药队伍，培养一批知名中医药专家；建立中医药进农村、进社区、进家庭的有效机制；打造中药材种植、加工、流通于一体的中药产业化格局。

图18—4 2008年5月，向四川灾区捐款暨开展慈善捐助月活动动员大会

2010年1月，新增140辆出租车投入运行。8月，本年度困难家庭大学新生慈善救助会发放仪式举行，本次共筹集各类救助金57.6万元，救助困难大学生136人。10月，开展第六次人口普查。

第三章 综合政务

第一节 机 构

县政府办公室为县政府的综合办事机构，内设综合（文书）科、信息调研科、秘书科、督查科、机要科、行政接待科、老干科（离退休干部科）、财务科、保卫科等9个科室。下辖经研室、协作办、法制办、机关事务管理局4个正科级事业单位和机关事务服务处、网络管理中心、驻京办事处、外事侨务办公室等4个副科级单位。其中，县法制办1993年机构改革时，并入县政府办公室，称县政府法制办公室，为股级单位，1995年又改为副科级单位，1998年9月升格为正科级单位，改称县政府法制局，隶属于县政府，2002年5月，机构改革时又并入政府办公室，改称县政府法制办，为正科级事业单位。2001年9月，设立县政府驻京办事处，为副科级单位；2002年9月，升为正科级单位，编制5名；2010年11月，按照国务院通知精神撤销。2005年4月，网络管理中心成立，编制6名。2010年，县政府办公室共有工作人员 91 人，其中行政人员 48 人，事业人员 35 人，工勤人员 8 人。

第二节　政府法制

苍山县人民政府法制局于 1990 年 5 月成立，为正科级事业单位，编制 10 人。2010 年，法制局内设办公室、法制协调科、法规科、行政复议应诉科等 4 个职能科室。

规范性文件审查制定

2002 年—2010 年，县政府先后出台《苍山县人民政府规范性文件制定程序规定》和《苍山县行政机关规范性文件备案办法》等文件，使县政府规范性文件制定工作不断规范化、制度化、法制化。2009 年 5 月，在全市规范性文件备案工作会议上，苍山被确定为省规范性文件备案工作示范点。

1990 年—2010 年，县政府法制局共审查出台规范性文件 245 件，涉及法律、法规及规章 180 余部，其中退回规范性文件草案 10 件，对 4 件涉及城区封停自备水源、对外劳务输出和财务监督的规范性文件草案依法进行重大修改。

行政复议应诉

自 1991 年国务院《行政复议条例》实施至 2010 年，县法制局先后出台《苍山县行政复议工作规定》《苍山县行政应诉工作规定》等规章制度，行政复议办公室积极发挥行政复议的行政监督作用，共办理行政复议案件 196 件，其中维持具体行政行为 189 件，撤销具体行政行为 5 件，终止审查具体行政行为 2 件。会同有关部门协调各类行政争议 110 起。在办理行政应诉案件中，全县各级行政机关共应诉行政诉讼案件 165 件，其中县政府共应诉行政诉讼案件 38 起。2007 年，县政府各行政执法部门成立法制科，行政复议应诉工作变被动为主动，使事后监督变为事前防范，将有可能产生行政复议的因素提前消除。

行政执法监督

从 1990 年开始，县政府法制局多次组织行政执法人员参加市政府举办的行政执法人员岗前培训活动，并举办各类学法讲座、法律知识辅导活动，至 2010 年，共组织参加培训 40 余次，培训行政执法人员 7000 余人次。为全县 2800 名行政执法人员建立文本档案和电子档案。

2007 年，县政府先后制定出台《苍山县人民政府关于推行行政执法责任制工作的意见》《苍山县人民政府行政执法证件管理办法》等规范性文件。成立由主要领导任组长，政府办、法制、监察、人事、财政、发改、司法等有关部门主要负责人为成员的“苍山县实施依法行政暨推行行政执法责任制工作领导小组”，明确县法制局负责全县推行行政执法责任制工作的指导协调、监督检查和评议考核工作。县法制局成立专门的领导小组，对法制科长进行专门培训，并推行行政执法责任制。对各行政执法部门的行政执法职权、行政许可办理流程进行分解，至 2007 年 10 月，共落实分解 186 个科室、2000 多个行政执法岗位。

2009 年，制定下发《苍山县行政处罚案卷质量规范（试行）》《苍山县行政执法案卷评查实施意见》等规范性文件，明确行政执法案卷规范工作的工作重点、方法步骤。成立执法案卷评查领导小组，对全县 55 个行政执法单位的行政执法情况进行全面评查。

对全县各乡镇和各部门的法制工作进行监督，并对行政执法机关的主体资格、执法依据、执法程序、执法形式、执法活动进行监督检查。2006 年，统一法制机构名称，乡镇统一为“依法行政工作办公室”，县直各部门统一为法制科，充实工作人员。为各乡镇依法行政办公室和各单位法制科充实 2～3 名专兼职工作人员。2007 年，对 55 个部门执行或配合执行的法律法规和其他规范性文件及 2900 多项行政执法依据进行全面、认真的梳理。对上级已明令废止的、过期失效的、与市场经济体制不相适应的予以清理废止，涉及法律、法规、规章220余部。

法制宣传工作

县政府法制局逐步建立健全领导干部学法制度，对行政机关工作人员特别是领导干部举行定期的专题法制讲座，进行集中培训活动。同时，积极做好人民群众的法制宣传教育，通过广播、电视、网络等多种媒体，使用宣传车、宣传栏、发表电视讲话、在主要街道挂横幅、设立咨询站等多种方式进行法制宣传。

2002年—2010年，县政府法制局先后做好《中华人民共和国行政复议法》《中华人民共和国行政诉讼法》《中华人民共和国行政许可法》《中华人民共和国突发事件应对法》《学习全面推进依法行政实施纲要》《国务院推行行政执法

图18—5　法制宣传　（2010年12月摄）

责任制工作的意见》等法律、法规的宣传工作。并开展"法制宣传月"活动，在县城繁华地段设立宣传站，至2010年，共向群众发放宣传材料2万余份，解答群众法律咨询2.2万余人次。特别是2007年建立政府法制网站，运用网络技术，加强电子政务建设，推进政府法制工作信息化，建立法制宣传板块，对国家和地方性法律法规进行宣传。

政务大厅

2006年，苍山县委、县政府组建集行政审批（许可）等行政服务功能于一身的政务大厅，并于2006年10月26日正式启用，位于县行政大楼一楼，办公面积约1000平方米。成立政务大厅管理办公室，隶属于政府办公室，全面负责政务大厅的组织、协调、管理工作，事业人员编制5名，经费全额财政拨款。

第一批进驻大厅的部门、单位共45个，首席代表及窗口工作人员共106人，行政审批事项282项。2007年，共受理各类审批服务事项21768件，办结21768件，办结率100%，规范行政事业性收费2500余万元。2008年，共受理各类审批服务事项33485件，办结33485件，办结率100%，规范行政事业性收费达3200余万元。2009年，共受理各类审批服务事项35000件，办结35000万件，办结率100%，规范行政事业性收费6000余万元。

2010年10月，政务大厅完成新址搬迁。至12月底，大厅总办件量29.33万余件次，接待群众咨询19.85万人次，经大厅办理完成的财政、税收及非税性收入资金总额达9.65亿元，仅经大厅邮储银行现金入库就达2.25亿元。交易中心完成交易项目136宗，总成交金额2.92亿元，节约增收资金0.43亿元，节支增收率17.3%。同时，政务大厅管理办公室加挂公共资源交易中心的牌子，内设综合科、督查科、业务科和交易管理科4个科室，人员编制由5名调整为20名。

2010年，县政府相继制定并实施《关于在行政许可（审批）及非税收入工作中严肃纪律的若干规定》《政务大厅管理办法》等规范性文件，县政务大厅管理办公室先后制定出70余件内容具体、易于操作的管理办法、工作流程及交易细则，保证大厅高效率、规范化运行，并将这些制度规范统一汇编成册，形成《苍山县政务大厅制度汇编》，便于工作人员统一学习遵守和为日常管理提供统一标准依据。

县长及各位副县长轮流在政务大厅值班，每位县长（副县长）轮流值班一周。其分管的进厅单位主要负责人及分管领导，在相对应的时间内陪同值班一天，负责行政审批和行政事务服务联

合办理工作，解决大厅运行中的困难和问题。

2010年，由县政府发文安排部署，政务大厅管理办公室会同县纪委、财政等有关部门，分别对行政许可（审批）及非税收取项目进行两次全面清理，所有行政审批（许可）及非税收入项目，按照省、市规定，该取消的坚决取消，该进驻的全部进驻，经过清理，第一批进驻大厅的部门有49个，共有346项（许可）审批及非税收入等事项及县人社局、县国税局、县地税局、县房管局等为民众、企业服务事项整体纳入大厅办理。

图18—6　政务大厅　（2010年摄）

2010年12月，公共资源交易中心暨电子监察、党风廉政教育平台正式启用。专项设计的公共资源交易系统中的专家自动抽取系统、变声评标系统、专家识别门禁系统、专家独立评标室等软硬件设施处全省领先水平。

在公共资源交易中心进驻项目上，全县范围内的政府采购、国有土地招拍挂、建设工程招投标以及国有资产处置等项目逐步进入到交易中心进行，依托县公共资源交易系统实现矿业权网上挂牌出让。

图18—7　公共资源交易中心　（2010年摄）

第三节　老龄工作

苍山县老龄工作委员会办公室主管老龄工作，为参照公务员法管理正科级事业单位，与县委老干部局合署办公，受县委组织部领导。核准编制3人，有主任1名，副主任2名，工作人员1名。

政策文件

1997年12月省人民政府颁布《山东省老年人优待规定》后，苍山县相继下发苍政发〔1998〕94号《关于贯彻落实〈山东省老年人优待规定〉的通知》，苍老办〔2002〕3号《关于转发〈临沂市老龄委办公室关于在农村税费改革中认真贯彻落实减免老年人税费政策〉的通知》，苍老干〔2005〕6号《关于在全县老干部工作系统开展“亲情服务年”活动的实施意见》，苍老干〔2006〕4号《苍山县老龄办关于转发省老龄办等十五部门〈关于加强老年人优待工作的意见〉的通知》，苍政办发〔2007〕73号《苍山县人民政府办公室关于印发苍山县贯彻落实临沂市老龄事业发展“十一五”规划实施意见的通知》，苍老办发〔2009〕2号《关于实施“银龄安康工程”的通知》。

养老保障

完善城镇社会养老保险　至2010年，贫困老年人救助金额和实物折款累计2080多万元。同时，以有偿供养、生活照料、疾病护理、文体活动、学习教育、旅游观光、老年用品为主要内容的老龄产业开始起步。

推进社会化养老服务业　2010年，有老年公寓2个，其中“夕阳红”民营老年公寓拥有床位90张，入住老人48人，工作人员9人；

卞庄代村老年公寓拥有床位46张，入住老年人40人；农村敬（养）老院20所，床位2600张。老年医疗机构1个，老年家庭病床10张，服务队伍不断扩大。

全面实施“银龄安康工程” 2009年3月，苍山县老龄工作委员会办公室、中国人寿保险股份有限公司苍山支公司联合下发《关于实施“银龄安康工程”的通知》，开展老年人意外伤害保险工作，采取鼓励老年人自己购买、村集体组织向老年人赠送、社会捐助、利用党费垫支等形式，积极落实保费。至2010年，全县共落实保费32万元，接报案30多人，赔付金额18.8万元。

2009年9月，苍山县老龄办、中国人寿苍山支公司印发《关于为老年人购买人身意外伤害保险的倡议书》，动员广大职工、青年朋友为自己的父母、岳父母购买人身意外伤害保险。

文体活动 2001年6月，举办“庆祝建党80周年书画展”，共展出作品106幅。

2003年，在东苑新区新建县老干部活动中心，县城建设19个老年人活动站点，各乡镇驻地均建设老年人活动场所，老年人体育示范村达到560个。2010年，全县共有秧歌、舞蹈、太极拳剑等老年人文体活动骨干队伍19支，参加人员810人。自1981年举办第一届全县老年人运动会始，至2010年，共举办了18届运动会，举行各类大型文体活动56次，参加人员6700人次；县老年大学共开设11个专业、13个教学班，在校学员3100多人，满足了老年人老有所学的需求。

2010年5月，县老龄办、县老年体协举办“迎五一”驻城老年人门球、象棋、台球等比赛活动。

宣传工作

法律法规宣传 1996年，《中华人民共和国老年人权益保障法》颁布后，通过广播电视台、报纸、黑板报、明白纸、发送移动短信等形式，大力宣传尊老敬老法律法规。在县城和19个乡镇、1个开发区、1个街道分别设立宣传站，发放明白纸5600份，发送移动短信1.2万多条。

2010年9月，县老龄办下发《关于开展“敬老月”活动的通知》，以“关爱老人，构建和谐”为主题，落实《中华人民共和国老年人权益保障法》，让广大老年人切实感受到党和政府的关怀、温暖。

典型宣传 1991年—2010年，先后对老龄工作先进单位和先进个人的事迹通过电视、报纸等媒体，进行广泛宣传报道。如县政协原主席李桂兰带头推广食用菌种植，县人大常委会原副主任张德华建立现代农业示范园、推广农业技术的先进典型。

老年人优待

发放“老年人优待证” 1998年11月，县政府下发《关于贯彻落实〈山东省老年人优待规定〉的通知》，决定从1998年老人节开始，对全县60岁以上老年人发放“山东省老年人优待证”。至2010年，共免费办理老年人优待证5680个。

维护老年人合法权益 通过宣传车、黑板报、标语牌、过街联、报刊、文艺演出等多种形式，宣传老年法律法规的各项内容。全县拥有县以上老年法律服务机构1个，实施法律援助老年人260人次，援助金额2.4万元，司法救助老年人20人，救助金额5160元，审结侵害老年人合法权益案件18起，办理老年人来信来访48人次。

发放长寿补贴金 2010年年底，全县60周岁以上老年人口已达17.8万，占全县总人口的14%，已进入老龄化社会。100岁以上老人有43人，男12人，女31人。1982年开始，建立百岁老人档案，定期组织进行走访慰问，发放每人每月200元的长寿补贴金。

关怀老年人 自1988年山东省第一个老人节始，每年老人节期间，县老龄办开展为老年

人送温暖活动，协调组织对乡镇敬老院、百岁老人进行走访慰问；到敬老院帮助老年人打扫卫生、理发，为老年人做可口的饭菜；加大对贫困老年人和百岁老人的帮扶支持力度，实施“荧屏惠老”工程，为部分贫困老年人送去了彩色电视机。

2002年9月，县委宣传部、县妇联、县老龄办、县计生委联合下发《关于在全县开展十佳“金婚伴侣”“银婚伴侣”和“尊老敬老好儿女”评选表彰活动的通知》，开展评选表彰活动。

第四节　外事　侨务

1984年，苍山县外事侨务办公室设立，负责侨务、外事。1998年10月，更名为苍山县人民政府外事侨务办公室。2000年年底，因机构改革被撤销，苍山县人民政府外事侨务办公室归县政府办公室管理。1985年后，根据“对外开放，对内搞活”的方针，苍山县对海外侨胞实行“一视同仁、不得歧视、适当照顾”的政策，外事及侨务工作被列入重要议程，对因有海外关系而造成冤假错案的4人，均予平反纠正。为掌握侨情，搞好工作，县政府办公室于1997年首次进行侨情调查。基本查清全县华侨、归国华侨及外籍华人外侨情况，即苍山籍华侨有52户侨眷262人，归侨9个，新移民35人。至2010年，侨务办公室以服务华侨、搞好服务为宗旨，积极为华侨搞好服务，共办理因公出国手续38人次。

1991年—2010年，县侨务外事办公室共接待外宾900余人次，办理县内公务出国考察、经贸洽谈、学习交流1400余人次。

第五节　信息化建设

2006年8月，县政府网络管理中心设立。投资100万元建设电子政务信息网站机房，电子政务专网主要用于电子公文传输、视频会议信号传输，覆盖全县所有乡镇和城区单位。中心机房设在县政府办公室，由县电子政务网络中心负责管理与维护。

2003年，注册申请苍山县人民政府网站域名（www.cangshan.gov.cn），建立政府门户网站。后逐渐对其升级改造。2007年，在全省“百件实事网上办”工作暨政府网站绩效评估总结表彰会议上，被评为“2006年度山东省优秀政府网站”。

第六节　行政事务管理

2006年前，县政府办公室内设机关事务处，为副科级单位。2006年2月，成立机关事务管理局，由县委办公室、县政府办公室管理，以县政府办公室管理为主。原县多种经营开发服务中心撤销，其人员整建制转入。

县直机关事务管理局核定编制26名，执行机关制度管理，经费实行全额预算管理。所需人员从全额预算管理事业单位在编人员中调剂解决。配备局长1名，副局长3名，纪检组长1名。内设办公室、财务科、治安保卫科、综合管理科、物业管理科、公共机构节能管理科、政府采购管理科7个科室。

苍山县县直机关事务管理局的主要职责是研究拟定县直机关后勤体制改革的规划及实施方案，推动县直机关后勤体制改革，协调解决机关后勤工作中的有关问题；负责县直机关国有资产和专项经费的管理，制定县级机关财务管理和会计工作的制度、国有资产管理办法并监督执行；负责县级机关的财务管理和内部审计工作；负责县直机关办公区、生活区规划建设，负责县级机关国有土地使用管理工作，制定房屋、设施的建设、改造计划，使用、调整方案，并组织实施；负责县级机关办公区、生活区的美化、绿化、爱国卫生等活动的组织安排；负责县级机关办公区、生活区的水、电、暖的安装、改造、维修和供应工作；负责县级机关办公区、生活区的治安保卫工作；负责县直机关公务用车的编配、维修和退役、报废工作；负责县级机关公共机构节能监督管理工作；负责政府采购的组织实施工作；承办县委办公室、县政府办公室交办的其他事项。

第四章　乡镇人民政府

第一节　设立与撤并

苍山县于1947年2月由赵镈县东部划出建置。时设层山、芙蓉、长城、贾庄、仲村、苍山6个区公所。

1948年5月，设西柞、苍山、大冶、芙蓉、长城、层山、褚墩7个区公所。同年7月，增设磨山区公所。

1949年3月，苍山县的仲村、贾庄2个区划归赵镈县，兰陵县的南桥、兴明划入苍山县，苍山县设7个区公所。10月，苍山县政府辖苍山、层山、芙蓉、磨山、兴明、南桥、长城、褚墩8个区公所。

1950年5月，赵镈县撤销，除青山区外，其余辖区并入苍山县。苍山县政府辖芙蓉、贾庄、仲村、甘霖、大炉、尚岩、向城、鲁城、兴明、长城、层山、磨山、神山、褚墩14个区公所。

1953年8月，兰陵县撤销，把横山、南桥、青山3个区并入苍山县，横山区改称兰陵区。苍山县人民政府辖卞庄、磨山、神山、兰山、层山、长城、南桥、兰陵、青山、文峰、鲁城、贾庄、仲村、下村、甘霖、向城、兴明17个区公所。

1955年10月，将以数字命名的17个区，分别改称按地名称呼。

1956年，撤销向城、兴明2个区，将向城分划给文峰、贾庄2个区，将兴明分划给卞庄、南桥2个区。此时，苍山县人民政府辖15个区公所。

1958年年初，撤区并乡，全县辖卞庄镇、苍山乡、神山乡、迷龙乡、峰山乡、层山乡、磨山乡、芦塘乡、长城乡、皇路乡、南桥乡、横山乡、兰陵乡、新兴乡、向城乡、尚岩乡、鲁城乡、下村乡、大炉乡、车辋乡、甘霖乡、流井乡、贾庄乡、仲村乡、矿坑乡、褚墩乡、蔡村乡、税郭乡28个乡镇政府。11月，税郭乡划归峄县，其余27个乡镇改为卞庄、贾庄、仲村、车辋、下村、鲁城、文峰、新兴、兰陵、南桥、长城、层山、磨山、神山、褚墩15个人民公社。

1958年年底，将褚墩人民公社划归郯城县，苍山县人民委员会辖14个人民公社管委会，县域始得固定。

1963年，撤销文峰人民公社，析置尚岩、向城2个人民公社，仲村公社析出矿坑人民公社，下村公社析出大炉人民公社，车辋公社析出流井人民公社，兰陵公社析出横山人民公社，南桥公社析出皇路人民公社，层山公社析出芦塘人民公社，神山公社析出迷龙人民公社。3月，全县设卞庄、贾庄、仲村、矿坑、车辋、流井、大炉、下村、鲁城、尚岩、向城、新兴、兰陵、横山、南桥、皇路、长城、芦塘、层山、磨山、神山、迷龙22个人民公社管委会。

1965年，将22个人民公社改为卞庄、贾庄、仲村、车辋、下村、鲁城、向城、新兴、兰陵、南桥、长城、层山、磨山、神山14个区，区设区公所。区以下设 93 个人民公社。

1968 年 3 月—5 月，先后建立 14 个区的革命委员会。1970 年 3 月，区改公社，全县设 14 个公社革命委员会。

1971 年 3 月，复将区改称人民公社，增设二庙、流井、尚岩 3 个人民公社，全县设 17 个人民公社革委会。

1975 年 12 月，增设迷龙、横山、大炉、皇路 4 个人民公社，全县设 21 个人民公社革委会。

1976 年 1 月，调整为 22 个公社革命委员会。是年，迷龙人民公社革委会驻地由迷龙迁至沂堂。

1980 年，增设矿坑人民公社。全县设 22 个人民公社革委会。

1981 年 1 月—10 月，各公社革委会相继改称公社管委会。11 月，皇路、仲村 2 个人民公社分别更名为三合、大仲村人民公社。12 月，卞庄人民公社改称卞庄镇，设镇政府。另设兰陵、贾庄、大仲村、矿坑、车辋、流井、大炉、下村、鲁城、尚岩、向城、新兴、横山、南桥、三合、长城、二庙、层山、磨山、神山、迷龙 21 个人民公社管委会。

1984 年 5 月，撤销人民公社，改置乡镇。新建 6 个乡：由卞庄镇、贾庄人民公社、神山人民公社各析出部分建置小岭乡，由车辋人民公社析出部分建置甘霖乡，由三合、向城 2 个人民公社各析出部分建置兴明乡，由层山人民公社析出部分建置庄坞乡，由兰陵、横山 2 个人民公社各析出部分建置韩塘乡，由长城、磨山 2 个人民公社的各析出部分建置芦柞乡；另外，迷龙人民公社改称沂堂乡。

全县设卞庄、兰陵、大仲村、长城、磨山、神山 6 个镇政府和贾庄、矿坑、流井、车辋、大炉、下村、鲁城、尚岩、向城、新兴、横山、南桥、三合、二庙、层山、沂堂、芦柞、小岭、甘霖、兴明、庄坞、韩塘 22 个乡政府。

1993 年 10 月，撤销向城乡，设立向城镇。

1996 年 1 月，撤销层山、尚岩乡，设立层山、尚岩镇。5 月，撤销车辋、南桥乡，设立车辋、南桥镇。1996 年，全县设卞庄、兰陵、大仲村、长城、磨山、神山、向城、层山、尚岩、车辋、南桥 11 个镇政府和贾庄、矿坑、流井、大炉、下村、鲁城、新兴、横山、三合、二庙、沂堂、芦柞、小岭、甘霖、兴明、庄坞、韩塘 17 个乡政府。

1997 年，撤销新兴乡，设立新兴镇。

1999 年 2 月，撤销庄坞乡，设立庄坞镇。

2000 年 1 月，沂堂撤乡改镇。以上撤乡设镇的行政区域和政府驻地不变。

2001 年 1 月，撤销小岭、芦柞、韩塘、横山、流井、甘霖、大炉 7 个乡，分别并入卞庄、兰陵、大仲村、车辋、下村 5 个乡镇。全县设 21 个乡镇政府。

2006 年 12 月，由卞庄镇、贾庄乡各析出部分村建置苍山县经济开发区。

2010 年 1 月，沂堂镇划归罗庄区管辖。6 月，矿坑、鲁城撤乡设镇。10 月，卞庄镇人民政府改为卞庄街道办事处。

第二节　乡镇工作机构

1981 年 1 月—10 月，各人民公社革委会相继更名为人民公社管委会。

1984 年改社建乡（镇），全县辖 22 个乡人民政府和 6 个镇人民政府。各乡镇政府机构及人员设置如下：

乡（镇）长 1 人（由党委副书记兼），副乡（镇）长 2～3 人；

办公室工作人员 4 人（行政、财务、文书、统计）；

助理员 5 人（司法、民政、生产、财粮、文教）；

计划生育、科学技术工作人员各 1 人；

武装部工作人员 2～4 人。

1994 年机构改革，乡镇设党政办公室、农业办公室、经贸办公室、社会事务办公室、建设环保土地办公室、计划生育办公室、社会治安综合治理办公室等部门。

2002年机构改革，乡镇设党政办公室、经济发展办公室、社会事务办公室、计划生育办公室、社会治安综合治理办公室5个部门。